2판

BARSOUM
세라믹스 개론

FUNDAMENTALS OF CERAMICS SECOND EDITION

2판

BARSOUM
세라믹스 개론

Michel W. Barsoum 지음
최윤혁 감수
권도균, 김현석, 문경석, 윤요한, 이정우, 최용규, 최웅, 최윤혁 옮김

교문사

Cover: "The Wave" designed and colorized by Patricia Lyons, Moorstown, NJ. This scanning electron microscope micrograph of a Cr_2AlC single crystal deformed at high temperatures was taken by Prof. Thierry Ouisse, LMGP, INP-Grenoble, France.

Fundamentals of Ceramics 2nd edition by Michel Barsoum
Copyright © 2020 Taylor & Francis Group, LLC
CRC Press is an imprint of Taylor & Francis Group, an Informa business

Korean edition copyright © 2022 Gyomoon Publishers

Authorised translation from the English language edition published by CRC Press, a member of the Taylor & Francis Group, LLC.

'세라믹스 공학' 혹은 무기재료공학은 신소재공학 혹은 재료공학이라는 통합적 학문의 세부 전공 중 하나로써 자리매김하고 있다. 통합되기 이전부터 금속공학 및 고분자·섬유공학과 더불어 '세라믹스 공학'은 한강의 기적으로 대변되는 우리나라의 산업발전을 최전선에서 견인하는 고급 엔지니어를 양성하는 중추적인 학문과 학과로써의 역할을 다해 왔다. 뿐만 아니라 최근 나노테크놀로지를 필두로, 반도체·디스플레이 기술과 에너지 생산·저장·변환 장치의 주요 과학기술적 핵심 내용을 모두 포함하는 최첨단 학문과 전공으로 발전해 왔다. 그러나 21세기에 들어 뚜렷이 구분된 전통 학문 간의 장벽이 무너지고 다학제간(multidisciplinary) 융합 전공이 우후죽순처럼 생겨남에 따라 학문 고유의 기초 교육이 부실해지고 말았다. 물론 그러한 새로운 융합 학문의 발전이 인류의 과학 기술적 진보를 위해 바람직하다고 본다. 하지만 일반적으로 제한된 대학 4년 과정에서 새로운 융합 과목의 수가 늘어남에 따라 반드시 배워야 할 기본 과목들의 수가 줄어들어 학생들의 전공이해도가 낮아지는 부작용이 생겨나는 것은 필연적일 수밖에 없다. 이에 역자들은 짧게는 수년, 길게는 수십 년 동안 대학 현장에서 세라믹스 과목을 가르쳐오며 신소재공학 학생들의 전공역량을 함양시키기 위해 부단히 노력해 왔다. 그러나 항상 아쉬웠던 점은 이 분야에서 제대로 된 교재가 없어 원서로 가르칠 수밖에 없었다는 것이다(물론 역자들 역시 학창 시절 원서를 가지고 끙끙대며 공부했다). 이에 전국 여러 대학의 교수님들이 뜻을 모아 학부 수준에서 가장 적합한 원서를 선정하여 국문으로 번역하게 되었다.

말할 필요도 없이, 세라믹스 분야의 고전적 교재는 Kingery, Bowen, Uhlmann이 쓴《Introduction to Ceramics》이다. 너무나도 오래된 이 책은 아직도 유효한 개념이 많고 여전히 많은 세라미스트에게 영감을 준다. 그러나 당연하게도 세월이 많이 흘렀기에 최신 내용들이 담기지 않았다. 바통을 이어받아 1997년에 Michel W. Barsoum 교수가《Fundamentals of Ceramics》1판을 편찬하였고, 빠르게 세라믹스 분야의 새로운 교재로 부상하게 되었다. 세라믹스의 기초원리부터 응용 분야까지 모두를 아우르는 이 멋진 교재는 그 인기에 힘입어 2020년에 2판이 발간되었다. 국내에서도 이미 여러 대학에서 이 책으로 세라믹스 과목을 가르치고 있다.

이 책의 번역 목적은 오로지 세라믹스 관련 전공 학생들과 현장 엔지니어 및 연구자들에게 도움을 주고자 하는 것이다. 최근 새롭게 대두된 4차 산업혁명과 관련하여 소·부·장의 뿌리기술에서부터 반도체·디스플레이, 에너지·환경, 차세대 모빌리티 및 항공·우주 분야까지 최첨단기술 개발에 국가 간, 기업 간 경쟁이 치열하다. 빠르게 변화하는 산업발전의 거대한 흐름 가운데서 기본 학문적 초석을 다지는 데 이 책이 부디 도움이 될 수 있으면 더할 나위 없이 기쁠 것이다.

2022년 2월 하양에서
역자 대표 대구가톨릭대학교 최 윤 혁

저자 머리말

McGraw Hill은 1997년에 이 책을 처음 출판했다. 영국물리학회(Institute of Physics)는 2003년에 두 번째 인쇄본을 인쇄했다. 둘 사이의 주요 차이점은 두 번째 인쇄본에서 오타가 더 적었다는 것이다. 2003년 이후, 약 200개 이상의 오타가 더 있다는 것을 발견했다(엔트로피는 강력한 힘이다). 그것은 본 2판에서 수정되었다. 이것은 두 번째 판이 완벽하다는 것을 말하는 것이 아니라 오타가 최소화되었다는 것을 말한다. 그림들은 또한 깔끔해졌고 지금은 대부분 빨간색을 포함하고 있다.

세상은 정말 빠르게 변하고 있고 우리는 그것에 따라 변해야 한다. 나에게는 다행히도 기초원리는 변하지 않았다. 이 두 번째 판을 쓰는 것은 11년 동안 쓰여진 첫 번째 판만큼 오래 걸리지 않았다. 이 판을 21세기로 가져오기 위해 각 장의 끝부분에 사례연구 및/또는 계산 재료과학이라고 표시한 하나 이상의 절을 추가했다. 만약 한 장의 사진이 천 단어의 가치가 있다면, 1분짜리 비디오는 아마도 이 책에 있는 것만큼 많은 단어들을 포함하고 있을 것이다. 오늘날 세계의 비디오는 어디서나 볼 수 있다. 계산 재료과학과 통합하면 우리는 이제 원자 규모에서 무슨 일이 일어나고 있는지 상상할 수 있을 뿐만 아니라 실제로 그것을 시뮬레이션할 수 있다.

사례연구 절은 세라믹스로 광범위하게 정의되는 이 분야의 새로운 발전과 흥미 진진한 방향을 강조하기 위해 추가되었다. 여기에는 일반적으로 나노 기술의 출현과 특히 2차원 소재 혁명이 포함된다. 이러한 절들에서 나는 미래로만 나 자신을 제한하지 않았고, 다시 세라믹스로 광범위하게 정의되는 이 분야의 엄청난 성취를 강조하기 위해 과거를 되돌아보았다.

MXene을 포함한 2차원 고체에 대해서는 3장에서 간략하게 기술하였다. 7장에서 고체산화물 연료 전지와 공기 중 가장 높은 온도에서 적용되는 것의 핵심인 알루미나 형성 재료의 속도론에 대하여 논의한다. 9장에서는 새로운 것은 아니지만 상업적으로 아주 성공적이었던 글라스세라믹에 초점을 맞추었다. 훨씬 더 최근에 다른 응용분야보다도 경이적일 만큼 성공적으로 발전해온 것은 모든 휴대 전화를 덮고 있는 매우 강하고 얇은 유리를 제조하는 것이다. 전기장 인가 소결과 마이크로파 소결은 10장에 설명되어 있다. 11장에서 내마모성 세라믹스, 강하고 질긴 세라믹스, 그리고 균열 굴절이 인성을 어떻게 향상시키는지를 소개한다. 12장에서 유리섬유의 놀라운 강도와 환경 안정성을 강조한다. 유리섬유는 오늘날 수백만 킬로미터의 길이가 일상적으로 제조되고 있으며, 그것이 없다면 인터넷이 느려질 것이다. 이 섬유는 믿을 수 없을 정도로 강할 뿐만 아니라, 비할 데 없는 투명성을 지닐 정도로 순도가 높다. 또한 현재 제트엔진에 사용되고 있는 세라믹 기지 복합재료에 대해서도 개관하였다. 세라믹 기지 복합재료에 대해 말하자면, 제트 엔진이 훨씬 더 뜨거워지고, 따라서 더 효율적으로 작동할 수 있게 해주는 세라믹 기반 기술로써 열 차단 코팅이 13장에서 논의된다. 역시 13장에서 우주 왕복선 타일에 대해 설명하고 있는데, 새롭지는 않지만 여전히 주목할 만하다. 14장에서는 전기화학적 임피던스 분광법을 개괄적으로 살펴본다. 코발라이트(cobalite), 망가

나이트(manganite) 및 초거대 자기저항은 15장에서 검토된다. 마지막 장에서는 광섬유와 점결함이 어떻게 색으로 이어질 수 있는지에 대해 논의한다.

계산 재료과학 절은 계산 재료과학에서 만들어지고 계속 진행되는 엄청난 발전을 반영한다. 2장에서 밀도 범함수 이론(DFT)과 분자 동역학을 소개한다. 4장에서는 탄성 텐서 특성과 표면 에너지를 다루는데, 이는 측정하기가 더 어려운 물리적 특성 중 2가지이다. DFT가 고체에서 포논 분포(실험적으로 측정하기에 쉽지 않은 또 다른 물리적 특성)를 결정하는 데 어떻게 사용될 수 있는지가 제시된다. 점결함을 형성하는 데 필요한 에너지는 측정하기 쉽지 않은 고체 상태의 또 다른 측면이며, 이는 DFT 계산으로 해결된다. 이것은 6장에 설명되어 있다.

우리 세계는 현재 전례 없는 문제에 직면해 있다. 가장 어려운 것 중 하나는 어떻게 하면 우리의 바다를 산성화시키고, 극지방을 녹이고, 더 극단적인 날씨를 초래하는 온실가스를 발생시키지 않으면서 에너지 부족 국가에 더 많은 전력을 공급할 수 있을까 하는 것이다. 어떻게 하면 모든 인간이 깨끗한 물과 충분한 음식을 접할 수 있도록 보장할 수 있을까?

어떤 식으로든, 새로운 재료들이 우리가 이러한 문제들 중 일부를 해결하거나 적어도 개선할 수 있게 해줄 것이라고 확신한다. 이 교재가 어떤 작은 방법으로 젊고 창의적인 사람들에게 이러한 탐구에 대한 영감을 주길 진심으로 바란다. 나로서는 자멸하지 않는 세상에서 살고 싶다. 내가 가장 좋아하는 말 중 하나는 희망은 없지만 내가 틀릴 수도 있다는 것이다.

차례

1

서론
INTRODUCTION

All that is, at all
Lasts ever, past recall,
Earth changes,
But thy soul and God stand sure,
Time's wheel runs back or stops:
Potter and clay endure.

Robert Brownin

1.1 서론

우주는 원소로 이루어져 있으며, 이 원소는 차례로 중성자, 양성자, 전자로 구성되어 있다. 약 100개의 원소가 있으며, 각각에 대하여 원자번호 Z와 공간 분포에 의하여 결정되는 고유한 전자 구성과 고유한 전자들의 에너지를 가지고 있다. 후자를 결정하는 것은 양자역학에 대한 약간의 이해를 필요로 하며 다음 장에서 더 자세히 논의한다.

양자 이론의 주요 승리 중 하나는 양자역학이 출현하기 훨씬 전부터 오랫동안 실험적인 관찰에 의해 결정되었던 원소의 **주기율표**(periodic table)에 대한 합리적인 설명이었다. 주기율표는 원자번호가 증가하는 수평 행(주기)과 수직 열(족)에 원소들을 배치한다. 족에 위치한 원소는 모두가 유사한 화학적 특성을 보여준다. 예를 들어, 할로겐화물이라고 알려진 17족의 모든 원소는 매우 높은 반응성을 특징으로 하는 이원자 기체로 존재한다. 반대로 18족 원소인 불활성 기체는 단원자로 구성되며 화학적으로 극도로 불활성이다.

원소의 대부분은 상온에서 고체이며, 빛나고, 연성이며, 좋은 전기 및 열전도체이기 때문에 **금속**으로 간주된다. 원소들(특히 N, O, H, 할로겐화물 및 불활성 기체)의 일부는 상온에서 기체이다. 나머지 원소들은 주로 상온에서 절연체(B, P, S, C[1]) 또는 반도체(Si, Ge)인 공유 결합 고체이다. 이러한 원소들은 전형적으로 반금속(metalloid)이라고 불린다.

순수한 형태로 사용되는 원소는 거의 없으며, 대부분 공업용 재료를 만들기 위해 다른 원소와 합금된다. 후자는 금속,

---

[1] 다이아몬드 형태에서. 흑연은 좋은 전기전도체이지만 광택도 연성도 없기 때문에 금속으로 간주되지 않는다는 점에 주목할 필요가 있다.

고분자, 반도체 또는 세라믹으로 크게 분류할 수 있으며, 각 부류는 결합 본성의 차이를 반영하는 독특한 특성을 가지고 있다.

금속에서 결합은 주로 금속성이며, 비편재화된 전자는 양이온 중심들을 서로 붙잡는 '접착제' 역할을 한다. 이러한 결합 전자의 비편재화는 금속과 밀접하게 관련된 특성인 연성, 열 및 전기전도도, 반사도 및 기타 구분되는 특성에 영향을 미치기 때문에 광범위한 파급효과를 가진다.

고분자는 대부분 다른 유기 원자들(예: C, H, N, Cl, F)과 분자들이 붙어 있는 매우 긴 C 기반 사슬로 구성되어 있다. 사슬 내의 결합은 강하고 방향성이 있으며 공유 결합인 반면 사슬 간 결합은 상대적으로 약하다. 따라서 고분자의 특성은 상대적으로 더 약한 결합에 의해 좌우되며, 결과적으로 고분자는 대부분의 금속 또는 세라믹스보다 더 낮은 녹는점과 더 높은 열팽창계수를 가지고 덜 강하다.

반도체는 공유 결합 고체이며, 이미 언급한 Si와 Ge 외에도 GaAs, CdTe, InP 등이 있다. 일반적으로 반도체들을 서로 고정시키는 강한 공유 결합은 세라믹스와 유사한 기계적 특성(즉, 부서지기 쉽고 단단함)을 만든다.

이제 이러한 구별이 이루어졌으므로, 사소하지 않은 질문에 대답할 수 있다. 세라믹은 무엇인가?

1.2 세라믹스의 정의

세라믹스(ceramics)는 열(때로는 열과 압력)을 가하여 형성되는 고체 화합물로 정의할 수 있으며, 최소 2개의 원소로 구성되는데 그 중 하나가 비금속 또는 반금속이다. 나머지 원소는 금속 또는 또다른 반금속이다. 킹거리(Kingery)는 세라믹스를 "많은 부분이 무기 및 비금속 재료로 구성된 고체 재료를 만들고 사용하는 기술과 과학"이라고 좀 더 간단히 정의했다. 즉, 금속, 반도체, 고분자가 아닌 것은 세라믹이다.

예를 들어, 마그네시아(Magnesia)[2] 또는 MgO는 비금속 산소 O와 결합된 금속 Mg의 고체 화합물이기 때문에 세라믹이다. 실리카(Silica) 또한 반금속인 Si와 비금속이 결합되어 있기 때문에 세라믹이다. 마찬가지로, TiC와 ZrB_2는 금속(Ti, Zr)과 반금속(C, B)이 결합하기 때문에 세라믹이다. SiC는 2개의 반금속이 결합되어 있기 때문에 세라믹이다. 세라믹스는 2성분계 화합물에 국한되지 않는다. $BaTiO_3$, $YBa_2Cu_3O_3$, Ti_3SiC_2는 모두 완벽하게 훌륭한 등급의 세라믹 구성원이다.

따라서 모든 금속과 반금속의 산화물(oxide), 질화물(nitride), 붕화물(boride), 탄화물(carbide), 규화물(silicide)[규산염(silicate)과 혼동하지 말 것]은 세라믹스이며, 이는 말할 필요도 없이 굉장히 많은 화합물로 이어진다. 이 숫자는 규산염 역시 정의상 세라믹스라는 것을 알게 되면 더욱 벅차게 된다. 자연에 산소와 규소가 풍부하기 때문에 규산염은 어디에나 존재한다. 바위, 먼지, 점토, 진흙, 산, 모래, 즉 지구 지각의 대부분은 규산염 기반의 광물로 구성되어 있다. 시멘트, 벽돌, 콘크리트가

---

[2] 명명법에 대한 참고 사항: 원소 이름 끝에 a가 더해지면 그것의 산화물을 가리킨다. 예를 들어, 실리콘은 원소를 가리키는 반면, 실리카는 SiO_2 또는 실리콘의 산화물이다. 마찬가지로, 알루미나는 알루미늄의 산화물 또는 Al_2O_3이다. 마그네슘, 마그네시아 등도 마찬가지이다.

본질적으로 규산염이라는 것을 또한 알게 되면, 우리가 세라믹 세계에 살고 있다는 것을 새삼 인식할 수 있게 될 것이다.

규산염은 어디에서나 볼 수 있을 뿐 아니라, 또다른 이유로 위에서 발탁되었는데, 그것은 전통 세라믹스와 현대 세라믹스의 화학을 구분 짓는다. 그러나 그 구별이 이루어지기 전에 원자들이 어떻게 3차원으로 배열되어 있는지를 간략히 살펴보는 것이 중요하다.

1.2.1 결정질 대 비정질 고체

일반적으로 고체, 특히 세라믹스에서 원자의 배열은 **장범위 규칙**(long-range order), **단범위 규칙**(short-range order), 또는 둘의 조합을 나타낼 것이다.[3] 장범위 규칙[4]을 나타내는 고체를 **결정질**(crystalline)이라고 부르는 반면, 그 주기성이 부족한 고체는 **비정질**(amorphous), **유리질**(glassy) 또는 **비결정질**(noncrystalline) 고체로 알려져 있다.

둘 사이의 차이는 그림 1.1에 도식적으로 나타나 있다. 그림에서, 고체는 원자들이 주기성을 가지고 반복배치될 때 결합 길이 또는 원자들 사이의 거리보다 훨씬 큰 장범위 규칙을 가지고 있음

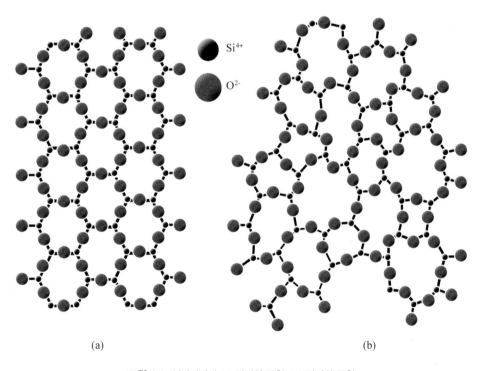

Si^{4+}

O^{2-}

(a) (b)

그림 1.1 실리카에서 (a) 장범위 규칙, (b) 단범위 규칙.

---

[3] 엄밀히 말하면, 결정립계가 없는 고체, 즉 단결정만이 장범위 규칙을 갖는 것으로 간주할 수 있다. 아래에서 논의된 바와 같이, 결정질 고체의 대다수는 장범위 규칙이 깨지는 영역인 결정립계를 가지므로 비정질과 결정질 영역의 조합으로 간주하여야 한다. 그러나 대부분의 경우 결정립계 영역의 부피 분율이 0.01보다 훨씬 적기 때문에 다결정질 재료를 장범위 규칙만 갖는 것으로 묘사하는 것이 일반적이다.

[4] 장범위 규칙을 나타내는 모든 고체는 역시 단범위 규칙도 나타내야 하지만 그 반대의 경우는 아니다.

이 분명하다. 유리와 글라스세라믹(9장 참고)을 제외한 대부분의 금속과 세라믹스는 결정질이다.

이 책에서 논의한 바와 같이 격자 패턴의 세부 사항은 세라믹스의 거시적 특성에 강한 영향을 미칠 수 있으므로 결정학의 기초를 이해하는 것이 필수적이다.

1.3 기초 결정학

위에서 언급한 바와 같이, 장범위 규칙은 원자들이 반복되는 3차원(3D) 패턴으로 배열되어야 한다. 패턴을 설명하는 가장 간단한 방법은 패턴 안에 **단위격자**(unit cell)를 설명하는 것이다. 단위격자는 결정에서 원자들이 반복될 때 원자들의 3D 패턴을 완전히 묘사하는 공간에서 가장 작은 영역으로 정의된다. 기하학적으로, 3차원 공간을 채우기 위해 원자들이 함께 쌓여질 수 있는 단위격자의 모양, 즉 **결정계**(crystal system)가 7개뿐이라는 것이 보여질 수 있다. 그림 1.2에 표시된 7개의 결정계는 입방정(cubic), 정방정(tetragonal), 사방정(orthorhombic), 삼방정(rhombohedral), 육방정(hexagonal), 단사정(monoclinic), 삼사정(triclinic)이다. 이러한 결정계는 단위격자 모서리의 길이와 **격자 매개변수**(lattice parameter) 또는 **격자 상수**(lattice constant)(그림 1.2에서 a, b, c, α, β 및 γ)로 총칭되는 모서리 사이의 각도에 의해 서로 구별된다.

주어진 결정계를 일정한 모양의 '벽돌'로 생각하는 것이 유용하다. 예를 들어, 벽돌은 정육면체, 육각형, 평행육면체 등이 될 수 있다. 그리고 벽돌의 모양은 결정 구조를 설명하는 중요한 기술어(키워드)이지만 그것만으로는 충분하지 않다. 벽돌 모양 외에도 각 벽돌 내의 격자 패턴의 대칭성과 이들 격자 자리에서 원자들의 실제 위치를 아는 것이 중요하다. 그래야만 설명이 완성될 것이다.

각 단위격자 내의 대칭만을 고려한다면 가능한 순열의 수는 14개로 제한된다. 그림 1.2에 나타낸 14개의 배열은 **브라베 격자**(Bravais lattices)로도 알려져 있다. **격자**는 점들의 무한 확장 배열로 정의할 수 있으며, 각각의 점들은 인접한 점들의 동일한 그룹으로 둘러싸여 있다. 벽돌에 좀 더 비유하자면, 브라베 격자는 벽돌에서 발견되는 패턴의 대칭을 나타낸다.

마지막으로, 원자 배열을 설명하려면 각 격자 자리에 위치한 원자 또는 원자들의 그룹으로 정의된 기저(basis 또는 motif)의 대칭성을 설명해야 한다. 격자에 기저가 추가되면, 가능성의 총 수는 32개의 점군으로 증가한다.[5]

1.4 세라믹스 미세조직

결정질 고체는 단결정 또는 다결정질 고체로 존재한다. **단결정**(single crystal)이란 원자의 주기적이고 반복적인 배열이 완벽하고 끊김없이 시편 전체에 걸쳐 확장되는 고체이다. **다결정질 고체**(poly-

---

[5] 자세한 내용은, A. Kelly and G. W. Groves, *Crystallography and Crystal Defects*, Longmans, London, 1970을 참고하라.

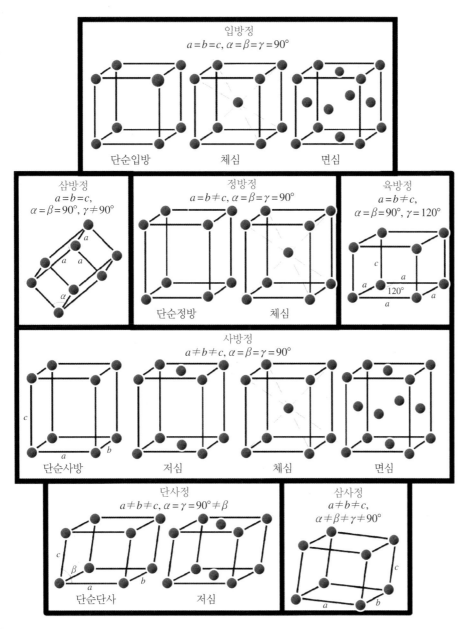

그림 1.2 7개의 결정계와 14개의 브라베 격자의 기하학적 성질

crystalline solid, 그림. 1.3)는 **결정립**(grain)이라고 불리는 많은 단결정의 집합체로 구성되어 있으며, **결정립계**(grain boundaries)로 알려진 무질서한 영역에 의해 서로 분리되어 있다(6장 참고).

일반적으로 세라믹스에서 결정립은 1~50 μm의 범위에 있으며 현미경으로만 볼 수 있다. 기공, 이차상 등의 존재와 함께 결정립의 모양과 크기, 그것들의 분포는 **미세조직**(microstructure)이라고 불리는 것을 설명한다. 이후 장에서 논의되는 바와 같이, 세라믹스의 많은 특성이 미세조직에 의존한다.

1.5 전통 세라믹스와 첨단 세라믹스

많은 사람들은 세라믹스라는 단어를 도자기, 조각상, 위생용품, 타일 등과 연관시킨다. 그리고 이 관점이 틀린 것은 아니지만, 전통적인 혹은 규산염 기반의 세라믹스만을 고려하기 때문에 불완전하다. 오늘날 세라믹스 과학과 공학 분야는 규산염보다 훨씬 더 많은 것을 아우르며 전통 및 현대 세라믹스로 나눌 수 있다. 그러나 구별하기 전에 세라믹스의 역사와 세라믹스와 사람들 간의 관계를 추적해볼 가치가 있다.

우리 조상들은 오래 전부터 일부 진흙이 젖었을 때 어떤 형태를 가지고 쉽게 성형될 수 있고, 그것이 가열되면 단단해진다는 것을 알고 있었다. 불에 구운 진흙에서 유용한 도구를 형성시키는 것은 인간의 노력 중 가장 오래되고 더 매력적인 것 중 하나임에 틀림없다. 불에 구운 진흙 도구들은 문명의 태동기까지 거슬러 올라간다. 그러나 이러한 새로운 재료의 유용성은 불에 구웠을 때 기공이 다수 형성되어 액체를 운반하거나 저장하는 데 사용할 수 없다는 사실에 의해 제한되었다. 나중에 열을 가하고 나서 천천히 식힐 때, 일부 모래가 오늘날 유리로 알려진 투명하고 물이 투과되지 않는 고체를 형성하는 경향이 있다는 뜻밖의 발견이 이루어졌다. 그 시점부터, 점토 물체를 방수뿐만 아니라 매우 아름답게 만드는 유약이 개발되기까지는 단순히 시간 문제였다.

산업혁명의 도래와 함께 대규모 금속 제련을 위한 벽돌과 내열성 내화재와 같은 구조용 점토 제품이 개발되었다. 그리고 전기의 발견과 그것을 보급할 필요성으로 전기 절연, 규산염 기반의 세라믹스 시장이 발전하였다.

전통적인 세라믹스는 대부분 상당히 거칠고 균일하지 않으며 다상의 규산염 기반의 다공성 미세조직이 특징이다. 그것들은 일반적으로 점토와 장석을 혼합한 다음 슬립 주조 또는 도예가의 물레를 이용하여 형태를 잡은 후 가마에서 소성하여 소결하고 마지막으로 유약을 발라서 형성시킨다.

훨씬 후기의 개발 단계에서 점토나 규산염을 기반으로 하지 않은 다른 세라믹스들은 2원계 산화물, 탄화물, 페로브스카이트와 같은 훨씬 더 정교한 원재료에 의존했고 심지어 자연에 상응하는 물

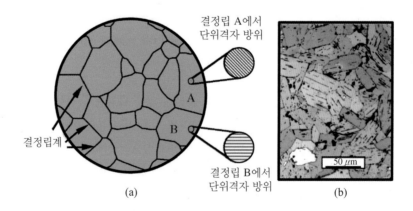

그림 1.3 (a) 다결정질 시편의 개략도. 다결정은 결정립계라고 알려진 무질서한 영역에 의해 서로 분리된 많은 결정립으로 이루어져 있다. (b) 광학 현미경을 통해 본 전형적인 미세조직.

질이 없는 완전한 합성 물질에 의존했다. 이러한 현대 세라믹의 미세조직은 전통적인 세라믹보다 적어도 한 차수 더 미세하고, 더 균일하며, 훨씬 덜 다공성이었다. 이 책이 주로 다루는 것은 후자 (**현대** 또는 **공업용 세라믹스**)이다.

1.6 세라믹스의 일반적 특성

세라믹은 단단하고 내마모성이며 비가공성이고, 부서지기 쉬우며 열충격에 취약하며, 내화성, 전기 및 열적 절연성이 있으며 본질적으로 투명하고 비자성이며 화학적으로 안정적이고 산화에도 강하다. 모든 일반화와 마찬가지로 예외가 있을 것이다. 어떤 세라믹은 전기적으로나 열적으로 전도도가 꽤 높은 반면, 어떤 다른 세라믹은 심지어 초전도성을 보인다. 산업 전체가 자성을 띠는 세라믹이 있다는 사실에 기반을 두고 있다.

이 책의 주요 목표 중 하나는 왜 세라믹이 그들이 지니는 특성을 보여주는가에 대한 질문에 답하는 것이다. 그리고 이 목표를 달성하기 위해서는 다음 장들까지 기다려야 하지만, 이 시점에서 개발되었거나 개발되고 있는 세라믹스의 응용 분야 중 일부를 나열하는 것은 가치가 있다.

1.7 응용

전통적인 세라믹스는 위생용품에서부터 고급 도자기와 유리 제품에 이르기까지 매우 흔하다. 현재 세라믹스는 수십 년 전에는 상상도 할 수 없었던 용도로 고려되고 있다. 세라믹 엔진에서 광통신, 전기광학 응용에서 레이저 재료에 이르기까지, 그리고 전자회로의 기판에서 광전기화학 장치의 전극에 이르기까지 다양한 응용 분야가 있다. 세라믹스가 사용되는 최근 응용 분야 중 일부를 표 1.1에 나열하였다.

역사적으로 세라믹스는 전기적 절연 특성 때문에 주로 이용되었는데, 전기 도자기와 알루미나가 대표적인 예이다. 오늘날, 소위 전기 및 전자 세라믹스라고 불리는 것은 여전히 현대 기술사회에서 중추적인 역할을 하고 있다. 예를 들어, 낮은 손실 계수 및 우수한 열적·환경적 안정성과 더불어 세라믹의 전기적 절연 특성은 전자 패키지의 기판 재료로 선택되도록 만든다. 매우 큰 유전 상수를 가진 페로브스카이트 계열의 개발(15장)은 전 세계에서 생산되는 축전기의 상당한 시장 점유율을 차지하고 있다. 마찬가지로 스피넬 페라이트를 기반으로 한 자성 세라믹스의 개발은 오늘날 이미 성숙한 기술이다. 상업적으로 이용되고 있는 세라믹스의 다른 전자/전기적 특성으로는 센서 및 액추에이터용 압전 세라믹, 회로 보호를 위한 비선형 *I-V* 특성, 고온 연료 전지 및 배터리에 사용되는 고체 전해질과 화학 센서로 사용되는 이온전도성 세라믹스가 있다.

상온에서 세라믹스의 기계적 응용은 일반적으로 경도, 마모, 내부식성을 이용한다. 거친 환경에서 응용 분야에는 절삭 공구, 노즐, 밸브 및 볼 베어링이 포함된다. 그러나 세라믹스의 내화성과 낮

표 1.1 첨단 세라믹스의 특성 및 응용

특성	응용(예)
열적 특성	
절연성	절연을 위한 고온로 라이닝(SiO_2, Al_2O_3, ZrO_2와 같은 산화물 섬유)
내화도	용융 금속 및 슬래그의 단열 및 봉쇄를 위한 고온로 라이닝
열전도도	전자 패키지용 열 싱크(AlN)
전기적 특성 및 유전 특성	
전기전도도	용광로용 발열체(SiC, ZrO_2, $MoSi_2$)
강유전성	축전기(Ba-titanate 기반 물질)
저전압 절연체	세라믹 단열재(도자기, 스테아타이트, 감람석)
전자회로 내의 절연체	전자 패키지용 기판 및 일반적인 전기 절연체(Al_2O_3, AlN)
가혹한 환경에서의 절연체	점화 플러그(Al_2O_3)
이온전도 특성	센서 및 연료 전지(ZrO_2, Al_2O_3 등)
반도체 특성	서미스터 및 발열체(Fe, Co, Mn의 산화물)
비선형 I-V 특성	전류 서지 보호기(이중 도핑 ZnO, SiC)
가스 감응 전도체	가스 센서(SnO_2, ZnO)
자기 및 초전도 특성	
경자석	페라이트 자석[(Ba, Sr)O·$6Fe_2O_3$]
연자석	변압기 코어[(Zn, M)Fe_2O_3, M = Mn, Co, Mg], 자기 테이프(희토류 석류석)
초전도성	와이어 및 SQUID 자력계($YBa_2Cu_3O_7$)
광학적 특성	
투명성	유리창(소다석회 유리), 광통신용 케이블(ultrapure silica)
반투명성 및 화학적 불활성	일반적으로 Na 램프용 내열 및 내식 재료(Al_2O_3MgO)
비선형성	광학 계산을 위한 스위칭 장치($LiNbO_3$)
적외선(IR) 투과도	적외선 레이저 창(CaF_2, SrF_2, NaCl)
핵 응용	
핵분열	핵연료(UO_2, UC), 연료 피복관(C, SiC), 중성자 감속재(C, BeO)
핵융합	삼중수소 증식 물질(Li, Li_2O의 지르콘산염 및 규산염), 핵융합로 라이닝(C, SiC, Si_3N_4)
화학적 특성	
촉매반응	필터(제올라이트), 배기가스의 정화
부식방지	열 교환기(SiC), 부식 환경에서의 화학 장비
생체적합성	인공 관절 보철물(Al_2O_3)
기계적 특성	
경도	절삭 공구(SiC 휘스커 강화 Al_2O_3, Si_3N_4)
고온 강도 유지	고정자 및 터빈 블레이드, 세라믹 엔진(Si_3N_4)
내마모성	베어링(Si_3N_4)

은 밀도와 더불어 고온에서 높은 하중을 견딜 수 있는 능력이 가장 큰 관심을 불러 일으켰다. 운송용 세라믹 엔진과 에너지 생산을 위한 터빈이 이 분야에 응용되고 있다.

1.8 미래

역설적이게도, 현대 세라믹스에 대한 관심이 금속과 고분자에 대한 관심보다 늦게 찾아왔기 때문에, 세라믹스는 인류의 가장 오래된 고체인 동시에 가장 최신의 고체이다. 결과적으로, 세라믹스 분야에서 일하는 것은 아주 보람 있고 흥미로울 수 있다. 특성평가는 말할 것도 없고 합성된 적도 없는 화합물이 무수히 많다. 다음 예에서 알 수 있듯이 놀라운 발견은 항상 코앞에 있다.

1986년, 어떤 물질이 초전도체가 될 수 있는 가장 높은 온도, 즉 사실상 손실 없이 전기를 전도할 수 있는 능력은 약 $-250°C$ 또는 23K였다. 그 해에 베드노르츠(Bednorz)와 뮐러(Muller)[6]가 층상 란탄 스트론튬 구리 산화물이 46K의 비교적 온화한 온도에서 초전도가 된다는 것을 증명함으로써 기록을 깨뜨린 획기적인 사건이 있었다. 이 발견은 이 주제에 대한 전 세계적인 열광을 불러일으켰고, 몇 달 후 기록은 다시 약 90K로 거의 2배가 되었다. 오늘날 기록은 120K를 초과한다.

1995년 말에 우리는 가공 가능하고 열역학적으로 안정된 다결정질 나노층상으로 가장 잘 묘사된 새로운 종류의 고체를 확인했다[7,8](그림 1.4a). 이러한 고체는 일반 식 $M_{n+1}AX_n$을 갖는 3원계 층상 육방정의 앞 전이금속 탄화물 및 질화물이며, 여기서 $n = 1\sim3$, M은 앞 전이금속이고, A는 A족 원소(주로 IIIA 및 IVA)이고 X는 C 및/또는 N이다. 오늘날 이 계열은 150개가 넘으며, 여전히 정기적으로 더 많이 발견되고 있다.

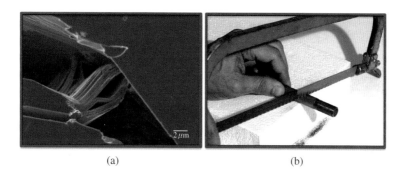

(a)　　　　　　　　　　(b)

그림 1.4 (a) Ti_3SiC_2에서 가능한 박리(층간 분리)의 예. (b) Ti_3SiC_2는 상당히 단단하고 가볍지만 여전히 가장 쉽게 가공할 수 있다. (M. W. Barsoum, MAX Phases, VCH−Wiley, 2013.)

[6] T. G. Bednorz and K. A. Muller, Z. Phys. B, 64, 189 (1986).

[7] M. W. Barsoum, *MAX Phases: Properties of Machinable Carbides and Nitrides*, Wiley VCH GmbH & Co., Weinheim, 2013.

[8] M. W. Barsoum and T. El-Raghy, *American Scientist*, 89, 336-345(2001).

열적, 탄성적, 화학적, 전기적으로 이러한 소위 MAX 상은 각각의 화학양론적 2원계 전이금속 탄화물 또는 질화물의 많은 장점을 공유한다. 전기적, 열적 전도성이 있고 화학적으로 안정적이다. 기계적으로 그들은 더 이상 다를 수 없다. 변형되거나 파괴되었을 때, 나무가 변형되는 방식과 다르지 않게, 기저면이 쉽게 꼬이고 구부러지고 박리된다(그림 1.4a). 이러한 과정은 상온과 고온에서 모두 발생한다. 우리가 그것들을 열역학적으로 안정한 나노층상으로 설명하게 된 것은 그것들이 거의 마음대로 박리되는 능력 때문이다. MAX 상은 또한 비교적 부드러우며 가장 쉽게 가공할 수 있다(그림 1.4b).

또한 이들 화합물 중 일부(예를 들어, Ti_3SiC_2)는 금속과 세라믹스의 많은 우수한 특성과 결합한다. 금속과 마찬가지로 그것들은 우수한 전기적·열적 전도체이고 열충격에 취약하지 않으며 고온에서 소성 거동한다. 세라믹스와 마찬가지로 그것들은 높은 비강성 값(동일한 밀도에서 Ti_3SiC_2는 금속 Ti의 약 3배 높은 강성을 가지고 있다)을 가지고 있지만 위에서 언급한 바와 같이 수동 쇠톱보다 더 정교하지 않은 가공이 가능하다(그림 1.4b). 일부는 또한 양호한 크리프 및 피로 특성을 가지고 있다. 또한 Ti_2AlC는 예외적으로 높은 내산화성을 가지고 있다.

세 번째 예도 MAX 상과 관련이 있다. 2011년에 우리는 MAX 상을 Li 이온에 대한 음극으로 사용하여 현재 Li 배터리의 음극으로 선택된 흑연을 대체하고자 했다. 우리가 직면했던 한 가지 문제는 Li이 MAX 상 구조에 들어가는 것을 거부한다는 것이었다. 그러나 약 9개월간 몇 가지 접근법을 시도한 후, HF 또는 HCl 및 LiF와 같은 F 음이온이 포함된 용액에 Al이 함유된 MAX 상을 담그기만 하면 된다는 것을 알아냈다. 후자는 선택적으로 Al 층을 O, OH 및 F 종단으로 대체하면서 에칭시켰다. 일단 Al 층이 에칭되면, 2차원(2D) 조각을 물에 분산시켜 수성 콜로이드 현탁액을 형성하는 것은 어렵지 않다. 일단 콜로이드 현탁액이 만들어지면 가능성은 무궁무진하다. 필자는 2가지 이유로 이 물질을 맥신(MXene)이라고 이름을 붙였다. 첫 번째는 MAX에서 A층을 제거하는 것을 나타내는 것이고, 두 번째는 그래핀(graphene)과 기타 다른 2D 재료와의 연결성을 만드는 것이다. 오늘날 MXene은 엄청난 관심을 불러일으킨 2D 재료 계열의 성실한 구성원이다. 무수히 많은 응용 분야에서 그것들을 아주 매력적인 것으로 만드는 것은 우수한 전기전도도와 친수성의 독특한 조합이다. MXene은 2D 금속, 전도성 점토 또는 친수성 그래핀과 같은 다양한 방식으로 묘사될 수 있다.

전통적인 세라믹스는 적어도 지난 1만 년 동안 인류에게 도움이 되었다. 그러나 재료에 대한 끊임없는 요구로 인해 현대 기술의 본질은 연구자들이 이 석기 시대의 재료들을 다시 한번 살펴보도록 자극했고 지금 이 가장 오래된 재료들이 진정한 미래의 재료가 될 수 있다는 것은 분명하다. 이 책이 새로운 세대의 재능 있고 헌신적인 연구자들에게 영감을 주어 이 가장 흥미진진한 분야에서 발견의 여정을 시작하기를 진심으로 바란다.

문제

1.1 (a) 본문에 제시된 세라믹의 정의에 따르면, Si_3N_4를 세라믹으로 간주할 수 있는가? CCl_4, $SiCl_4$ 또는 SiF_4는 어떠한가? 설명하시오.

(b) $TiAl_3$를 세라믹이라고 생각하는가? Al_3C_4, BN, CN 또는 SiB_6는 어떠한가? 설명하시오.

1.2 (a) 2차원에서 얼마나 많은 결정계가 있을 것으로 예상하는가? 격자 상수를 사용하여 그림을 그리고 특성을 나타내시오.

답: 4

(b) 2차원에 브라베 격자가 몇 개 있는가? 그려보시오.

답: 5

더 읽을거리

1. W. D. Kingery, H. K. Bowen, and D. R. Uhlmann, *Introduction to Ceramics*, 2nd ed., Wiley, New York, 1976.
2. A. R. West, *Solid State Chemistry and Its Applications*, Wiley, Chichester, UK, 1984.
3. R. J. Brook, Ed., *Concise Encyclopedia of Advanced Ceramic Materials*, Pergamon, NY, 1991.
4. D. W. Richerson, *Modern Ceramic Engineering*, 3rd ed., Taylor and Francis, NY, 2006.
5. P. A. Cox, *The Electronic Structure and Chemistry of Solids*, Oxford University Press, New York, 1987.
6. J. P. Schaffer, A. Saxena, S. D. Antolovich, T. H. Sanders, and S. B. Warner, *The Science and Design of Engineering Materials*, Irwin, Chicago, 1995.
7. C. Kittel, *Introduction to Solid State Physics*, 8th ed., Wiley, NY, 2004.
8. Y.-M. Chiang, D. P. Birnie, and W. D. Kingery, *Physical Ceramics: Principles for Ceramic Science and Engineering*, John Wiley and Sons, NY, 1997.
9. N. N. Greenwood, *Ionic Crystals, Lattice Defects and Non-Stoichiometry*, Butterworth, London, 1968.
10. L. Pauling, *The Nature of the Chemical Bond*, Cornell University Press, Ithaca, NY, 1960.
11. L. Azaroff, *Introduction to Solids*, McGraw-Hill, New York, 1960.
12. T. Ohji, M. Singh, Eds., *Engineered Ceramics: Current Status and Future Products*, Wiley, Hoboken, NJ, 2016.

세라믹스의 결합
BONDING IN CERAMICS

All things are Atoms: Earth and Water, Air And Fire, all,
Democritus foretold. Swiss Paracelsus, in's alchemic lair,
Saw Sulfur, Salt, and Mercury unfold Amid Millennial
hopes of faking Gold. Lavoisier dethroned
Phlogiston; then Molecular Analysis made bold
Forays into the gases: Hydrogen
Stood naked in the dazzled sight of Learned Men.

John Updike; The Dance of the Solids[*]

2.1 서론

고체의 특성과 그를 이루는 원자가 3차원으로 배열되는 방식은 주로 원자 덩어리들을 함께 유지하려는 결합의 성질과 방향성에 의해 결정된다. 결과적으로 고체 특성의 변화를 이해하려면 고체가 서로 '접착'되어 있는 방법과 이유를 이해하는 것이 중요하다.

이런 접착 특성은 강할 수 있으며, 이온 결합, 공유 결합 또는 금속 결합인 1차 결합을 생성할 수 있다. 일반적으로 반데르 발스 및 수소 결합은 2차 결합이라고 하며 더 약하다. 그러나 모든 경우에 고체의 응집을 일어나게 하는 것은 핵의 양전하와 전자의 음전하 사이의 정전기적 상호작용에 의한 인력이다.

매우 광범위하게 말하면, 세라믹스는 이온 결합 또는 공유 결합으로 분류될 수 있으며, 단순화된 표현을 위해 이 개념은 이번 장 전체에서 적용될 것이다. 하지만 이 간단해 보이는 개념에 추후 4장을 공부할 때 약간의 수정이 필요하다는 것을 알게 될 것이다. 세라믹스에서의 결합은 순수한 공유 결합도 아니고 순수한 이온 결합도 아닌 2가지 결합 특성이 혼재되어 있기 때문이다. 또한 흥미롭게도 MAX 상, 전이금속 탄화물 및 질화물과 같은 일부 세라믹스에서의 결합은 금속 결합과 공유 결합의 조합으로 이루어져 있다.

결합의 복잡성을 설명하기 전에 원자 궤도의 모양에 대한 간략한 리뷰를 2.2절에서 다룬다. 전기음성도의 개념과 이

---

[*] J. Updike, *Midpoint and Other Poems*, A. Knopf, Inc., New York, 1969. 허가 후 게재.

것이 세라믹스에서 결합의 성질을 어떻게 결정하는지에 대해서는 2.3절에서 소개한다. 그리고 2.4절 및 2.5절에서는 이온 결합을 간단한 정전기적 모델을 통해 다루고, 이러한 결합을 통해 어떻게 이온성 고체를 형성하게 되는지를 논의한다.

전자 파동 함수의 중첩에 의해 발생하는 복잡한 공유 결합은 2.6절과 2.7절에서 논의한다. 2.8절에서는 하나 이상의 원자에서 파동 함수의 상호작용이 어떻게 결정성 고체에서 에너지띠를 형성하는지 설명한다.

시작하기 전에, 이번 장은 독자가 기초 화학에 대해 익숙하다는 가정 아래 리뷰하는 내용으로 구성된 것을 먼저 알린다. 또한 이번 장에서 다루는 내용 대부분은 대학 학부의 화학 교과서 수준이다.

2.2 원자의 구조

원자 간의 결합에 대해 논의하기 전에 단일 원자의 에너지와 모양을 이해하는 것이 필수적이다. 또한 결합은 양자역학의 법칙을 따르는 전자를 포함하기 때문에 결합에 적용할 때 양자 이론의 다음의 주요 결론들을 다시 살펴보는 것이 중요하다.

1. 입자의 구속은 에너지 준위의 양자화를 초래한다. 달리 말하면, 입자가 특정 영역에 끌려 들어가거나, 또는 공간이 특정 영역으로 제한될 때마다 에너지 준위는 필연적으로 양자화된다. 간략히 논의된 바와 같이 이것은 슈뢰딩거의 **파동 방정식**(Schrödinger's wave equation)을 따른다.
2. 주어진 하나의 양자 준위는 **파울리의 배타 원리**(Pauli's exclusion principle)에 의해 2개 이상의 전자를 받아들일 수 없다.
3. 하이젠베르크의 **불확정성 원리**(Heisenberg uncertainty principle)에 따라 운동량과 움직이는 입자의 위치를 동시에 확실히 아는 것은 불가능하다.

첫 번째 결론은 궤도의 모양과 그 에너지를 설명한다. 두 번째 결론은 높은 에너지 궤도가 안정적이고 전자들이 그 궤도를 채우고 있는 이유이다. 세 번째 결론은 무엇보다도 전자가 계속해서 나선형으로 회전하지 않고 핵으로 떨어지지 않는 이유를 설명한다.

이론적으로 원자 또는 분자 궤도의 모양을 결정하는 절차는 매우 간단하며 가장 중요한 전자 파동 함수를 얻을 수 있는 슈뢰딩거 방정식을 (적절한 경계 조건과 함께) 푸는 것을 포함한다. 후자는 주어진 부피에서 전자를 찾을 확률로 계산할 수 있다. 이를 설명하기 위해 양성자와 전자로 구성된 수소 원자와 같이 가장 간단한 경우를 생각해보자.

2.2.1 수소 원자

1차원에서 시간 독립적 슈뢰딩거 방정식은 다음과 같이 주어진다.

$$\frac{\partial^2 \psi}{\partial x^2} + \frac{8\pi^2 m_e}{h^2}(E_{\text{tot}} - E_{\text{pot}})\psi = 0 \tag{2.1}$$

여기서 m_e는 전자의 질량 9.11×10^{-31} kg, h는 플랑크(Planck) 상수 6.625×10^{-34} J·s, E_{tot}는 전자의 총(운동 + 퍼텐셜)에너지이다. 전자의 퍼텐셜 에너지 E_{pot}는 다음과 같이 주어진 전자와 양성자 사이의 쿨롱 인력[1]으로 표현된다.

$$E_{\text{pot}} = \frac{z_1 z_2 e^2}{4\pi\varepsilon_0 r} = -\frac{e^2}{4\pi\varepsilon_0 r} \tag{2.2}$$

여기서 z_1과 z_2는 전자와 핵의 전하로 각각 -1과 $+1$이고 e는 전자의 단위 전하 1.6×10^{-19} C, ε_0는 진공의 유전율 8.85×10^{-12} C²/(J·m) 또는 F/m, r은 전자와 핵 사이의 거리이다.

ψ는 전자의 파동 함수이며 그 자체로는 물리적 의미가 없지만 $|\psi(x, y, z; t)|^2$으로부터 부피 요소 $dxdydz$에서 전자를 찾을 확률을 구할 수 있다. 가령, 공간의 어떤 부피에 더 큰 수치의 ψ^2가 있을수록 그곳에서 전자가 발견될 가능성이 더 높아진다.

가장 간단한 예로 들 수 있는 수소 원자의 경우, 궤도는 구형 대칭 구조이기 때문에 구면 좌표에서 작업하기가 더 쉽다. 따라서 식 (2.1)을 풀기 위한 미분 방정식은

$$\frac{h^2}{8\pi^2 m_e}\left(\frac{\partial^2 \psi}{\partial r^2} + \frac{2}{r}\frac{\partial \psi}{\partial r}\right) + \left(E_{\text{tot}} + \frac{e^2}{4\pi\varepsilon_0 r}\right)\psi = 0 \tag{2.3}$$

이고, 여기서 E_{pot}는 식 (2.2)에 주어진 값으로 대체되었다. 이 방정식의 해는 r에 대한 ψ의 기능적 의존성을 산출하며 다음과 같이 나타낼 수 있고(문제 2.1 참고)

$$\psi = \exp(-c_0 r) \tag{2.4}$$

식 (2.3)을 만족하지만, 전자의 에너지가 다음과 같이 주어진 **경우**에만 해당된다.

$$E_{\text{tot}} = -\frac{m_e e^4}{8\varepsilon_0^2 h^2} \tag{2.5}$$

그리고

$$c_0 = \frac{\pi m_e e^2}{\varepsilon_0 h^2} \tag{2.6}$$

위에서 언급했듯이 ψ 자체는 물리적 의미가 없지만 ψ^2는 주어진 부피 요소에서 전자를 찾을 확률이다. 따라서 r과 $r + dr$ 사이의 얇은 구형 껍질에서 전자를 찾는 확률 분포 함수 W는 $|\psi|^2$에 해당 껍질의 부피를 곱하여 얻거나(그림 2.1a의 빗금 친 영역 참고) 다음 식으로부터 얻을 수 있다.

$$W = 4\pi r^2 |\psi|^2 dr \tag{2.7}$$

---

[1] 수소 원자의 경우 z_1과 z_2는 모두 동일하다. 그러나 일반적으로 전자와 핵 사이의 인력은 전체 핵 전하, 즉 원소의 원자 번호를 반영해야 한다.

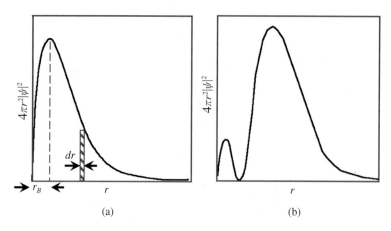

그림 2.1 (a) 1s 상태 전자의 방사형 분포 함수. 빗금 친 스트립의 부피는 $4\pi r^2 dr$이며, $|\psi|^2$를 곱하면 r과 $r + dr$ 사이에서 전자를 찾을 확률이 나타난다. 핵에서 아주 가깝거나 아주 멀리 떨어져 있는 전자를 찾을 확률은 0에 가깝다. 전자가 존재할 가능성이 가장 높은 위치는 거리 $r_B = 1/c_0$이다. (b) 전자의 에너지가 1s 상태의 에너지 대비 1/4인 2s 전자의 방사형 분포 함수.

즉, y축은 단순히 거리 r에서 전자를 찾을 확률을 나타낸다.

그림 2.1a는 핵에서 또는 핵에서 아주 멀리 떨어진 전자를 발견할 확률은 무시할 수 있지만 그 확률 사이의 어딘가에서 최대임을 보여준다. 이 거리는 **보어 반경**(Bohr radius) r_B로 알려져 있다(그림 2.1a 참고). 이 결과의 중요성은 (1) 전자가 거리 r_B에서 대부분의 시간을 보내지만 전자의 공간적 범위는 그 거리 값으로 제한되지 않으며 (2) 전자를 어떤 부피에서 찾을 확률에 대해 이야기할 때 전자의 위치로 논의할 수 있는 부분이라는 점이다. 여기서 식 (2.4)~(2.7)을 결합하여 최댓값의 위치가 $r_B = 1/c_0$이 되는 것을 주목할 가치가 있다.

예제 2.1

수소 원자에 있는 전자의 바닥상태 에너지 준위를 계산하고, 그 결과를 −13.6 eV의 실험적으로 유도된 값과 비교하시오.

정답[2]

식 (2.5)를 이용하여

$$E_{tot} = -\frac{me^4}{8\varepsilon_0^2 h^2} = -\frac{(9.1\times10^{-31})(1.6\times10^{-19})^4}{8(8.85\times10^{-12})^2(6.63\times10^{-34})^2} \tag{2.8}$$

$$= -2.165\times10^{-18}\,\text{J} = -13.6\,\text{eV} \qquad\blacksquare$$

이 값은 수소 전자의 가장 낮은 에너지 준위이며, 양자역학이 도래하기 전에 실험적으로 잘 알려진 사실이다. 이 결과는 양자 이론의 최초이자 가장 큰 성공 중 하나였다. 이 에너지는 음수이므로 양성자 근처의 전자 에너지는 무한한 거리에서의 전자 에너지(0의 값에 해당)보다 낮다는 점에 유의

---

[2] 모든 문제와 이 책 전체 내용에서는 SI 단위만 사용된다.

하는 것이 중요하다.[3]

식 (2.4)는 존재하는 많은 해들 중 하나일 뿐이다. 예를 들어 다음과 같이 나타낼 수도 있고,

$$\psi(r) = A(1 + c_1 r)\exp\left(-\frac{rc_0}{2}\right) \tag{2.9}$$

이는 식 (2.3)에 대한 또 다른 해이고, 식 (2.5)를 4로 나눈 값이다. 해당 방사형 분포 함수는 그림 2.1b에 표시되어 있다. 따라서 이 전자의 에너지는 $-13.6/4$이고 대부분의 시간을 그림 2.1b의 두 번째 최댓값에 의해 주어진 거리에서 보낼 것이다.

일반화하기 위해 구형 대칭 파동 함수의 경우 해(여기서는 증명 없음)는 다음과 같고,

$$\psi_n(r) = e^{-c_n r} L_n(r)$$

여기서 L_n은 다항식이다. 이에 대한 에너지는 다음과 같이 주어지고,

$$E_{\text{tot}} = \frac{-me^4}{8n^2\varepsilon_0^2 h^2} = -\frac{13.6\text{ eV}}{n^2} \tag{2.10}$$

여기서 n은 주양자수를 의미한다. n이 증가함에 따라 전자의 에너지가 증가하고(예: 음의 절댓값이 작아짐) 공간 범위가 증가한다.

2.2.2 궤도 모양과 양자수

식 (2.4) 및 (2.9)는 구형 대칭으로 제한되었다. 훨씬 더 일반화된 해는

$$\psi_{n,l,m} = R_{nl}(r)Y_l^m(\theta, \pi)$$

이고, 여기서 Y_l은 θ와 π에 의존한다. 결과적으로 궤도의 크기와 모양은 고려되는 특정 해에 따라 달라진다. 각 궤도는 주양자수, 각양자수 및 자기 양자수로 알려진 n, l 및 m_l로 표시된 3개의 상호 관련된 양자수와 연관되어 있음을 알 수 있다.

주양자수(principal quantum number) n은 궤도의 공간적 범위와 에너지를 결정한다.

각운동량 양자수(angular momentum quantum number)[4] l은 주어진 n값에 대한 궤도의 모양을 결정하고 0, 1, 2, 3, ..., $n-1$에 해당되는 값을 갖는다. 예를 들어, $n = 3$인 경우 l의 가능한 값은 0, 1 및 2이다.

---

[3] 양자역학 이론을 개발할 때 물리학자들을 괴롭혔던 어려운 질문은 다음과 같다. 전자가 지속적으로 에너지를 잃으면서 핵 속에 나선형으로 들어가 무한한 양의 에너지를 방출하는 것을 막는 것은 무엇일까? 원래 고전적인 설명은 전자의 각 운동량이 명백한 반발을 일으킨다는 것이었지만 s 전자에는 각운동량이 없기 때문에 여기에서는 이 설명이 맞지 않다(15 장 참고). 실제 이유는 하이젠베르크의 불확정성 원리와 관련이 있으며 다음과 같이 설명할 수 있다. 전자가 점점 더 작은 부피로 제한됨에 따라 위치 Δx의 불확실성이 감소한다. 그러나 $\Delta x \Delta p = h$는 상수이기 때문에 운동량 p, 즉 운동 에너지는 Δx가 감소함에 따라 증가해야 한다. 운동 에너지는 $1/r^2$로 확장되지만 퍼텐셜 에너지는 $1/r$로만 확장되므로 주어진 평형 거리에서 에너지 최솟값이 설정되어야 한다.

[4] l은 가끔 궤도 모양 양자수(orbital-shape quantum number)로 불리기도 한다.

자기 양자수(magnetic quantum number) m_l는 공간에서 궤도의 방향과 관련이 있다. 주어진 l값에 대해 m_l는 $-l$에서 $+l$까지의 값을 취할 수 있다. 예를 들어, $l = 2$의 경우 m_l는 $+2$, $+1$, 0, -1 또는 -2가 될 수 있다. 따라서 l의 값에 대해 m_l의 값은 $2l + 1$이다.

$l = 0$인 모든 궤도를 **s 궤도**라고 하며 구형 대칭이다(그림 2.1). $l = 1$일 때 궤도를 **p 궤도**라고 하며 세 종류가 있고(그림 2.2a), 각각은 $l = 1$과 관련된 다른 m_l값, 즉 $m_l = -1$, 0, $+1$에 해당된다. 이 3개의 궤도는 최대 확률의 로브가 각각 x, y 및 z축을 따라 있기 때문에 p_x, p_y 및 p_z로 표시된다. 여기서 두 로브의 전자 스핀이 서로 반대임을 주목하기 바란다. 이것은 궤도가 빨간색과 회색으로 표시되는 이유이다. 각각의 p 궤도가 비구형 대칭이지만 그 합이 ψ^2의 구형 대칭 분포를 나타낸다는 점은 주목할 가치가 있다.

$l = 2$일 때 **d 궤도**에는 5개의 가능한 m_l값이 있으며 그림 2.2b에 개략적으로 나와 있다. 이러한

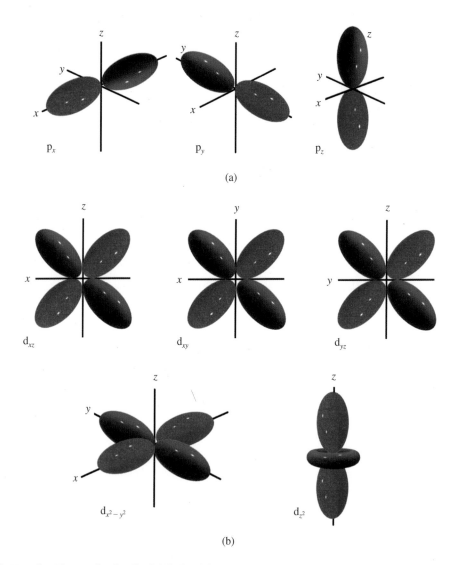

그림 2.2 (a) p 궤도 및 (b) d 궤도의 모양. 빨간색 궤도에서 전자의 스핀은 회색 궤도의 스핀과 반대이다.

표 2.1 궤도 및 표기법 요약

n	l	궤도 명칭	m_l 궤도 개수	전체 궤도
1	0	1s	1	1s
2	0	2s	1	2s
	1	2p	3	$2p_x$, $2p_y$, $2p_z$
3	0	3s	1	3s
	1	3p	3	$3p_x$, $3p_y$, $3p_z$
	2	3d	5	$3d_{z^2}$, $3d_{x^2-y^2}$, $3d_{xy}$, $3d_{xz}$, $3d_{yz}$

궤도는 d_{xy}, d_{xz}, d_{yz}, d_{z^2} 및 $d_{x^2-y^2}$로 표시된다. 후자의 2개는 주축을 따라 방향이 지정되는 로브이고, 전자의 3개는 2개 축 사이의 로브이다. 여기서 다시 다른 색상은 다른 스핀을 나타낸다. 표 2.1은 n = 3까지의 궤도 표기법을 요약한다. l과 m_l의 물리적 중요성과 원자의 각운동량과의 관계는 15장에서 더 자세히 논의한다.

마지막 참고 사항: 지금까지는 동일한 n을 가진 모든 상태들은 동일한 에너지를 갖는다는 결론에 도달했지만, 실제로는 각 상태마다 약간씩 다른 에너지를 갖는 경향이 있다. 또한 여기서는 전자의 스핀 방향을 나타내는 제4양자수인 **스핀 양자수**(spin quantum number) m_s는 언급하지 않았다. 이러한 생략은 상대론적 효과를 무시한 부분이라고 할 수 있다.

2.2.3 다전자 원자와 주기율표

지금까지의 내용은 슈뢰딩거 방정식에 대한 정확한 해가 존재하는 유일한 경우인 수소 원자와 같이 매우 단순한 경우로 한정되었다. 다전자 원자에 대한 해는 정확하지 않고 얻기가 훨씬 더 어렵다는 점을 제외하고는 수소 원자의 해와 유사하다. 다행스럽게도 궤도의 기본 모양을 바꾸지 않으면서 양자수 개념을 이용하여 약간의 수정을 가하면 수소 형태를 기반으로 해서 다전자 원자의 전자 구조를 설명할 수 있다.

주요 수정내용은 전자의 에너지를 포함한다. 핵 전하 또는 원자번호 Z가 증가함에 따라 전자의 퍼텐셜 에너지는 그에 따라 감소해야 한다. 왜냐하면 큰 양의 핵 전하가 이제 전자를 더 강하게 끌어당기기 때문이다. 이것은 전자가 상호작용하지 않는다고 가정함으로써 얻은 대략적인 근사치로 설명될 수 있으며, 이 경우 전자의 에너지는 다음과 같이 주어진다.

$$E_n = -13.6\frac{Z^2}{n^2}\ \mathrm{eV}$$

그러나 실제 상황은 전자–전자 반발 및 전자 스크리닝으로 인해 더 복잡하며, 두 효과 모두 E_n의 증가에 기여한다. 개념적으로 이것은 전자가 경험하는 실제 핵 전하가 항상 핵의 실제 전하보다 작거나 같다는 개념을 고려하는 **유효 핵 전하**(effective nuclear charge) Z_{eff}를 도입함으로써 설명할 수 있다. 이것은 헬륨의 실험적인 첫 번째 이온화 에너지 IE, 즉 −24.59 eV(표 2.2 참고)와 비교함으로써 쉽게 파악할 수 있다. $Z = 2$ 및 $n = 1$, 전자−전자 상호작용이 없는 경우 예상되는 값은 $-13.6 \times (2^2)/1^2$ 또는 -54.4 eV이다. 이 간단한 예는 He의 이온화 에너지에 대한 전자−전자 상호작용의 극적인 효과와 유효 전하 개념의 중요성을 보여준다. 표 2.2에 나열된 He에 대해 측정된 두 번째 이온화 에너지는 정확히 54.4 eV이다!

전자 수가 증가함에 따라 파울리의 배타 원리에 의해 더 높은 에너지 준위, 즉 더 높은 n값을 차지할 수밖에 없게 된다. 이것은 **쌓음 원리**(aufbau principle), 주기율표 및 각 원소에 대한 고유한 전자 배열로 이어진다. 첫 83개 원소의 전자 구조는 표 2.2에 요약되어 있다.

예제 2.2

(a) He, Li 및 F의 전자 배열은 무엇인가? (b) 첫 번째 전이금속 계열 원소들을 밝히시오. 이러한 원소의 공통점은 무엇인가?

정답

(a) 헬륨($Z = 2$)은 2개의 전자를 가지고 있으며, 전자의 스핀이 반대인 상태로 1s 궤도에 수용될 수 있다. 따라서 전자 배열은 $1s^2$ 이다. 이것은 닫힌 껍질 상태이기 때문에 He는 매우 불활성인 기체이다. 리튬($Z = 3$)에는 3개의 전자가 있다. 2개는 1s 껍질에 수용되고 세 번째는 더 높은 에너지 상태, 즉 $n = 2$ 및 $l = 0$을 차지해야 한다. 따라서 전자 배열은 $1s^2 2s^1$ 이다. 유사하게, 불소의 9개 전자는 $1s^2 2s^2 2p^5$와 같이 분포한다.

(b) 첫 번째 전이금속 계열 원소들은 Sc, Ti, V, Cr, Mn, Fe, Co 및 Ni이다. 이들은 모두 부분적으로 채워진 d 궤도를 가지고 있다. d 궤도가 완전히 채워진 Cu 및 Zn은 때때로 전이금속으로 간주되지만, 엄밀히 말하면 d 궤도가 완전히 채워져 있기 때문에 그렇지 않다(표 2.2 참고). ■

2.3 이온 결합 대 공유 결합

이번 장의 서론에서 세라믹스는 매우 광범위하게 말하면 이온 결합 또는 공유 결합으로 간주될 수 있다고 언급했다. 이에 대한 질문은 다음과 같다. "결합의 특성을 결정하는 것은 무엇일까?"

이온 화합물은 일반적으로 활성이 강한 금속 원소와 비금속 사이에 형성된다. 곧 명확한 이유를 알게 되겠지만, A는 전자를 쉽게 잃을 수 있고(즉, 가능한 한 적은 에너지 소모로) B는 너무 많은 에너지 유입 없이 전자를 받아들일 수 있는 전제조건 아래에서만 AB 이온 결합이 형성된다. 이 때문에 이온 결합은 대부분 1, 2, 3족 금속과 일부 전이금속에 대해서만 나타난다.

공유 결합이 일어나기 위해서는 이온 결합이 잘 일어나지 않는 조건이어야 한다. 이것은 A와 B의 결합 전자의 에너지가 비슷해야 한다고 말하는 것과 같다. 왜냐하면 원자 중 하나의 전자 에너지가 다른 원자의 전자 에너지보다 훨씬 낮으면 한 원자에서 다른 원자로 전자 이동이 일어나게 되어

표 2.2 원소들의 전자 배열과 첫 번째 및 두 번째 이온화 에너지

원자번호	원자	궤도 전자 배열	첫 번째 이온화 에너지(eV)	두 번째 이온화 에너지(eV)
1	H	$1s^1$	13.598	—
2	He	$1s^2$	24.587	54.416
3	Li	$(He)2s^1$	5.392	75.638
4	Be	$(He)\ 2s^2$	9.322	18.211
5	B	$(He)2s^22p^1$	8.298	25.154
6	C	$(He)2s^22p^2$	11.260	24.383
7	N	$(He)2s^22p^3$	14.534	29.601
8	O	$(He)2s^22p^4$	13.618	35.116
9	F	$(He)2s^22p^5$	17.422	34.970
10	Ne	$(He)2s^22p^6$	21.564	40.962
11	Na	$(Ne)3s^1$	5.139	47.286
12	Mg	$(Ne)3s^2$	7.646	15.035
13	Al	$(Ne)3s^23p^1$	5.986	18.828
14	Si	$(Ne)3s^23p^2$	8.151	16.345
15	P	$(Ne)3s^23p^3$	10.486	19.725
16	S	$(Ne)3s^23p^4$	10.360	23.330
17	Cl	$(Ne)3s^23p^5$	12.967	23.810
18	Ar	$(Ne)3s^23p^6$	15.759	27.630
19	K	$(Ar)4s^1$	4.340	31.625
20	Ca	$(Ar)4s^2$	6.113	11.871
21	Sc	$(Ar)4s^23d^1$	6.540	12.800
22	Ti	$(Ar)4s^23d^2$	6.820	13.580
23	V	$(Ar)4s^23d^3$	6.740	14.650
24	Cr	$(Ar)4s^13d^5$	6.766	16.500
25	Mn	$(Ar)4s^23d^5$	7.435	15.640
26	Fe	$(Ar)4s^23d^6$	7.870	16.180
27	Co	$(Ar)4s^23d^7$	7.860	17.060
28	Ni	$(Ar)4s^23d^8$	7.635	18.168
29	Cu	$(Ar)4s^13d^{10}$	7.726	20.292
30	Zn	$(Ar)4s^23d^{10}$	9.394	17.964
31	Ga	$(Ar)4s^23d^{10}4p^1$	5.999	20.510
32	Ge	$(Ar)4s^23d^{10}4p^2$	7.899	15.934
33	As	$(Ar)4s^23d^{10}4p^3$	9.810	18.633
34	Se	$(Ar)4s^23d^{10}4p^4$	9.752	21.190
35	Br	$(Ar)4s^23d^{10}4p^5$	11.814	21.800
36	Kr	$(Ar)4s^23d^{10}4p^6$	13.999	24.359
37	Rb	$(Kr)\ 5s^1$	4.177	27.280
38	Sr	$(Kr)\ 5s^2$	5.695	11.030
39	Y	$(Kr)\ 5s^24d^1$	6.380	12.240
40	Zr	$(Kr)\ 5s^24d^2$	6.840	13.130
41	Nb	$(Kr)\ 5s^14d^4$	6.880	14.320
42	Mo	$(Kr)\ 5s^14d^5$	7.099	16.150

(계속)

표 2.2 (계속) 원소들의 전자 배열과 첫 번째 및 두 번째 이온화 에너지

원자번호	원자	궤도 전자 배열	첫 번째 이온화 에너지(eV)	두 번째 이온화 에너지(eV)
43	Tc	$(Kr)5s^2 4d^5$	7.280	15.260
44	Ru	$(Kr)5s^1 4d^7$	7.370	16.760
45	Rh	$(Kr)5s^1 4d^8$	7.460	18.080
46	Pd	$(Kr)4d^{10}$	8.340	19.430
47	Ag	$(Kr)5s^1 4d^{10}$	7.576	21.490
48	Cd	$(Kr)5s^2 4d^{10}$	8.993	16.908
49	In	$(Kr)5s^2 4d^{10} 5p^1$	5.786	18.869
50	Sn	$(Kr)5s^2 4d^{10} 5p^2$	7.344	14.632
51	Sb	$(Kr)5s^2 4d^{10} 5p^3$	8.641	16.530
52	Te	$(Kr)5s^2 4d^{10} 5p^4$	9.009	18.600
53	I	$(Kr)5s^2 4d^{10} 5p^5$	10.451	19.131
54	Xe	$(Kr)5s^2 4d^{10} 5p^6$	12.130	21.210
55	Cs	$(Xe)6s^1$	3.894	25.100
56	Ba	$(Xe)6s^2$	5.212	10.004
57	La	$(Xe)6s^2 5d^1$	5.577	11.060
58	Ce	$(Xe)6s^2 4f^1 5d^1$	5.470	10.850
59	Pr	$(Xe)6s^2 4f^3$	5.420	10.560
60	Nd	$(Xe)6s^2 4f^4$	5.490	10.720
61	Pm	$(Xe)6s^2 4f^5$	5.550	10.900
62	Sm	$(Xe)6s^2 4f^6$	5.630	11.070
63	Eu	$(Xe)6s^2 4f^7$	5.670	11.250
64	Gd	$(Xe)6s^2 4f^7 5d^1$	5.426	13.900
65	Tb	$(Xe)6s^2 4f^9$	5.850	11.520
66	Dy	$(Xe)6s^2 4f^{10}$	5.930	11.670
67	Ho	$(Xe)6s^2 4f^{11}$	6.020	11.800
68	Er	$(Xe)6s^2 4f^{12}$	6.100	11.930
69	Tm	$(Xe)6s^2 4f^{13}$	6.180	12.050
70	Yb	$(Xe)6s^2 4f^{14}$	6.254	12.170
71	Lu	$(Xe)6s^2 4f^{14} 5d^1$	5.426	13.900
72	Hf	$(Xe)6s^2 4f^{14} 5d^2$	7.000	14.900
73	Ta	$(Xe)6s^2 4f^{14} 5d^3$	7.890	—
74	W	$(Xe)6s^2 4f^{14} 5d^4$	7.980	—
75	Re	$(Xe)6s^2 4f^{14} 5d^5$	7.880	—
76	Os	$(Xe)6s^2 4f^{14} 5d^6$	8.700	—
77	Ir	$(Xe)6s^2 4f^{14} 5d^7$	9.100	—
78	Pt	$(Xe)6s^1 4v^{14} 5d^9$	9.000	—
79	Au	$(Xe)6s^1 4f^{14} 5d^{10}$	9.225	—
80	Hg	$(Xe)6s^2 4f^{14} 5d^{10}$	10.437	18.756
81	Tl	$(Xe)6s^2 4f^{14} 5d^{10} 6p^1$	6.108	20.428
82	Pb	$(Xe)6s^2 4f^{14} 5d^{10} 6p^2$	7.416	15.032
83	Bi	$(Xe)6s^2 4f^{14} 5d^{10} 6p^3$	7.289	16.600

결국 이온 결합이 좀 더 우세하게 형성되는 경향이 있다.

이러한 정성적인 전제조건은 문제 해결에 대한 약간의 도움을 제공하지만, 형성될 결합의 특성에 대해 예측할 수 있는 부분을 많이 제공하지는 않는다. 이런 부분에서, 결합의 성질에 대한 답을 어느 정도 정량화하려는 시도가 있었는데, 폴링(Pauling)[5]은 상대적인 **전기음성도**(electronegativity) 또는 원자의 '전자 탐욕'의 척도를 설정하고 전기음성도를 **전자를 자기 자신으로 끌어당기는 원자의 힘**으로 정의했다. 표 2.3에 나열된 폴링의 전기음성도 척도는 수소 원자의 값을 2.2로 임의로 고정하여 얻은 것이다. 이 척도를 사용하면 결합의 특성을 비교적 간단하게 예측할 수 있다. 결합을 형성하는 두 원소가 유사한 전기음성도를 갖는다면, 그들은 그들 사이에 전자를 공유하는 경향이 있고 공유 결합을 형성할 것이다. 그러나 그들 사이의 전기음성도 차이 ΔX가 크면(한 원소가 다른 원소보다 훨씬 탐욕적임을 나타냄), 전자는 더 전기음성도가 높은 원소에 끌어당겨 이온을 형성하여 서로 끌어당길 것이다. 말할 필요도 없이, 이온 결합과 공유 결합 사이의 경계는 명확하지 않으며 순수한 공유 결합인 동극 결합을 제외하고 모든 결합은 이온 및 공유 특성을 모두 갖는다(문제 2.16 참고). 그러나 매우 대략적인 기준으로 $\Delta X > 1.7$일 때 결합은 주로 이온 결합으로 간주되고 $\Delta X < 1.7$일 경우 주로 공유 결합으로 간주된다.

각 결합의 유형과 그것이 고체를 형성하는 방법에 의해 아래에서 별도로 논의하게 되는데, 2가지 결합 중 더 간단한 이온 결합부터 다룬다.

표 2.3 원소들의 상대적인 전기음성도 척도

원소	전기음성도	원소	전기음성도
1. H	2.20	42. Mo(II)	2.16
2. He		Mo(III)	2.19
3. Li	0.98	43. Tc	1.90
4. Be	1.57	44. Ru	2.20
5. B	2.04	45. Rh	2.28
6. C	2.55	46. Pd	2.20
7. N	3.04	47. Ag	1.93
8. O	3.44	48. Cd	1.69
9. F	3.98	49. In	1.78
10. Ne		50. Sn(II)	1.80
11. Na	0.93	Sn(IV)	1.96
12. Mg	1.31	51. Sb	2.05
13. Al	1.61	52. Te	2.10
14. Si	1.90	53. I	2.66
15. P	2.19	54. Xe	2.60
16. S	2.58	55. Cs	0.79
17. Cl	3.16	56. Ba	0.89
18. Ar		57. La	1.10
19. K	0.82	58. Ce	1.12

---

[5] L. Pauling, *The Nature of the Chemical Bond*, 3rd ed., Cornell University Press, Ithaca, NY, 1960.

표 2.3 (계속) 원소들의 상대적인 전기음성도 척도

원소	전기음성도	원소	전기음성도
20. Ca	1.00	59. Pr	1.13
21. Sc	1.36	60. Nd	1.14
22. Ti(II)	1.54	62. Sm	1.17
23. V(II)	1.63	64. Gd	1.20
24. Cr(II)	1.66	66. Dy	1.22
25. Mn(II)	1.55	67. Ho	1.23
26. Fe(II)	1.83	68. Er	1.24
Fe(III)	1.96	69. Tm	1.25
27. Co(II)	1.88	71. Lu	1.27
28. Ni(II)	1.91	72. Hf	1.30
29. Cu(I)	1.90	73. Ta	1.50
Cu(II)	2.00	74. W	2.36
30. Zn(II)	1.65	75. Re	1.90
31. Ga(III)	1.81	76. Os	2.20
32. Ge(IV)	2.01	77. Ir	2.20
33. As(III)	2.18	78. Pt	2.28
34. Se	2.55	79. Au	2.54
35. Br	2.96	80. Hg	2.00
36. Kr	2.90	81. Tl(I)	1.62
37. Rb	0.82	82. Pb(II)	1.87
38. Sr	0.95	83. Bi	2.02
39. Y	1.22	90. Th	1.30
40. Zr(II)	1.33	92. U	1.70
41. Nb	1.60		

출처: https://en.wikipedia.org/wiki/Electronegativity

2.4 이온 결합

이온 결합 고체는 **양이온**(cation)이라고 하는 양으로 전하를 띤 이온과 **음이온**(anion)이라고 하는 음으로 전하를 띤 입자로 구성된다. 그들의 상호 인력은 고체를 견고하게 유지하게 한다. 이온 결합은 전방향에 대해서 일어날 수 있다. 이온 화합물은 일반적으로 단단하고 부서지기 쉬우며 전기 및 열전도도가 좋지 않다.

이온 결합 에너지를 설명하기 위해 Na와 Cl 사이에 형성된 결합을 생각해보자. Cl(원자번호 $Z = 17$)의 전자 구성은 $[1s^22s^22p^6]3s^23p^5$이고 Na($Z = 11$)의 전자 구성은 $[1s^22s^22p^6]3s^1$이다. Na와 Cl 원자를 가까이 가져오면 그림 2.3에 개략적으로 표시된 것처럼 Na 원자에서 Cl 원자로 전자가 이동하여 결합이 형성된다. Na 원자 구성은 $[1s^22s^22p^6]$이 되어 이제 $+1$ 양전하를 띠게 되고 Cl 원자는 전자를 얻어서 -1 음전하를 띠며 전자 구성은 $[1s^22s^22p^6]3s^23p^6$이 된다. 전자 이동 후 Na 및 Cl 이온의 구성은 각각 비활성 기체인 Ne 및 Ar의 구조와 같아지게 된다.

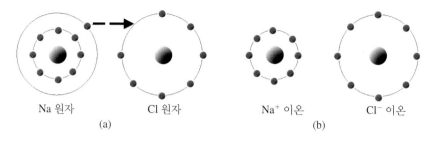

Na 원자   Cl 원자   Na⁺ 이온   Cl⁻ 이온
(a)   (b)

그림 2.3 (a) Na 원자에서 Cl 원자로의 전자 이동은 (b) 양이온과 음이온의 형성을 초래한다. 양이온은 원자보다 작으며 음이온은 원자보다 크다.

무한대에서 거리 r만큼 떨어진 이온을 가져오기 위해 한 일은 다시 한번 쿨롱의 법칙으로 표현할 수 있다[식 (2.2)].

$$E_{pot} = \frac{z_1 z_2 e^2}{4\pi\varepsilon_0 r} \tag{2.11}$$

이 경우 z_1 및 z_2는 이온의 **알짜** 전하이다(NaCl의 경우 +1 및 −1, Al_2O_3의 경우 −2 및 +3 등). z_1과 z_2가 반대 부호일 때 E_{pot}은 음수이며, 이는 이온이 무한대의 거리에서부터 결합을 이룰 때 에너지가 방출된다는 사실과 일치한다. 식 (2.11)에 대한 그래프를 그림 2.4a(하단 곡선)에 표시하였으며, 이로부터 이온들이 서로 무한히 분리될 때 상호작용 에너지가 사라진다는 것을 알 수 있다. 또한 식 (2.11)은 이온 사이의 거리가 0이 되면 이온이 함께 융합되어 무한한 양의 에너지를 방출해야 한다고 예측한다! NaCl이라는 물질은 실제 존재하며, 더불어 우리 자신들도 존재하기 때문에 이러한 융합이 일어나지 않는다는 것은 명백하다.

따라서 안정적인 격자 구조를 얻으려면 가까운 거리에서 반발력이 작용해야 한다. 위에서 논의한 바와 같이 인력은 이온의 **알짜** 전하에서 발생한다. 그러나 이러한 이온은 그 자체로 양과 음의 실체, 즉 각 이온의 핵과 각 핵을 둘러싸고 있는 전자구름으로 구성되어 있다. 이온이 서로 접근함에 따라 이러한 동종 전하가 반발하여 이온이 더 가까이 오는 것을 방지한다.

반발 에너지 용어는 정의에 따라 양수이며 일반적으로 다음과 같은 경험적 수식으로 표현된다.

$$E_{rep} = \frac{B}{r^n} \tag{2.12}$$

여기서 B와 n은 해당 재료에 따라 달라지는 경험적 상수이다. 가끔 **보른 지수**(Born exponent)라고도 하는 n은 일반적으로 6과 12 사이에 있다. 식 (2.12)도 그림 2.4a(상단 곡선)에 표시되어 있으며, 이로부터 반발 성분이 작은 r에서 크게 나타나지만, r이 증가함에 따라 매우 빠르게 감소한다는 것을 분명히 확인할 수 있다. 보른 지수는 주양자수 n과 관계가 없기 때문에 혼동해서는 안 된다.

이 시스템의 알짜 에너지 E_{net}은 인력과 반발력에 의한 에너지 항들의 합이고, 다음 식으로 나타낼 수 있다.

$$E_{net} = \frac{z_1 z_2 e^2}{4\pi\varepsilon_0 r} + \frac{B}{r^n} \tag{2.13}$$

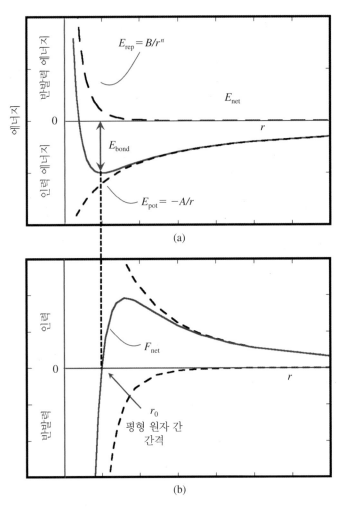

그림 2.4 (a) 이온 결합에 대한 에너지 대 거리 곡선. 알짜 에너지는 인력 에너지와 반발력 에너지의 합으로, 에너지 우물을 생성한다. (b) 이온 결합에 대한 힘 대 거리 곡선. 이 곡선은 (a)에 표시된 알짜 에너지 곡선의 도함수이다. 에너지가 최소일 때 알짜힘은 0이다.

E_{net}이 r의 함수로 표시되면(그림 2.4a의 가운데 빨간색 곡선), r_0으로 표시된 거리에서 최솟값을 통과한다. 평형상태에 해당되는 곡선의 최솟값은 다음 식으로부터 쉽게 구할 수 있다.

$$\left.\frac{dE_{net}}{dr}\right|_{r=r_0} = 0 = -\frac{z_1 z_2 e^2}{4\pi\varepsilon_0 r_0^2} - \frac{nB}{r_0^{n+1}} \tag{2.14}$$

이를 통해 상수 B를 계산하여 식 (2.13)에 대입하면, 에너지 우물 E_{bond}의 깊이는 다음과 같이 주어진다.

$$E_{bond} = \frac{z_1 z_2 e^2}{4\pi\varepsilon_0 r_0}\left(1 - \frac{1}{n}\right) \tag{2.15}$$

여기서 r_0는 평형상태에서 이온들 사이의 거리이다. 이 최솟값으로부터 결합을 정의할 수 있기 때문에 매우 중요하다. 즉, 무한대의 거리에 존재하는 2개의 이온이 가까워질수록 서로 끌어당기게 되고, 이는 **평형거리**(equilibrium distance) r_0까지 작용되며 이를 통해 식 (2.15)에 해당되는 에너지를 방출하게 된다. 반대로, E_{bond}는 거리 r_0에서 무한대의 거리로 각 이온들을 끌어당기는 데 필요한 에너지로 생각할 수 있다.

식 (2.14)는 이온들 사이의 알짜힘을 표현한 것으로 주목할 필요가 있고, 다음과 같은 식으로 정의할 수 있다.

$$F_{net} = \frac{dE_{net}}{dr} = -\frac{z_1 z_2}{4\pi\varepsilon_0 r^2} - \frac{nB}{r^{n+1}} \tag{2.16}$$

F_{net}은 그림 2.4b에 표시되어 있다. $r > r_0$의 경우 이온의 F_{net}이 인력, $r < r_0$의 경우 F_{net}이 반발력이다. r_0에서 이온에 대한 알짜힘은 0이고[식 (2.14)], 이것이 r_0가 평형 원자 간 간격인 이유이다. 그림 2.4a와 b는 기본적인 자연의 법칙, 즉 평형상태에서 에너지는 최소화되고 시스템에 작용하는 알짜힘은 0이라는 것을 보여준다.

2.5 이온 결합 고체

그 다음 질문은 "이러한 결합이 어떻게 고체의 형성으로 이어지는가?"이다. 결국, 고체는 대략 10^{23}개의 결합으로 구성된다. 이와 관련된 또 다른 중요한 질문은 고체 격자의 에너지와 관계가 있다. 뒤의 질문은 주어진 구조의 안정성과 관련이 있으며, 4장에서 다루겠지만, 이는 융점, 열팽창, 강성 등의 소재 특성을 직·간접적으로 결정한다. 이번 절에서는 격자 에너지가 어떻게 계산되고 실험적으로 검증되는지를 식 (2.15)로 유도되는 간단한 정전기적 모델을 통해 설명할 것이다.

2.5.1 격자 에너지 계산

격자 에너지(lattice energy) E_{latt}는 x몰의 양이온 A와 y몰의 음이온 B가 반응하여 고체 $A_x B_y$를 형성할 때 방출되는 에너지로 정의된다. E_{latt}를 계산하려면 이온의 구조 또는 충진 배열을 설정해야 하며[6] 이온 간의 모든 상호작용을 고려해야 한다. 실제 예를 들어 설명하기 위해 가장 단순한 이온 구조로 알려진 NaCl을 고려하면(그림 2.5a), 각 Na 이온은 6개의 Cl 이온으로 둘러싸여 있으며 그 반대도 마찬가지이다. 밝은 회색으로 표시된 격자 중심의 양이온은 거리 r_0에서 6개의 Cl^- 음이온에 끌리고(그림 2.5b), 거리 $\sqrt{2}\,r_0$에서 12개의 Na^+ 양이온에 의해 반발되고(그림 2.5c), $\sqrt{3}\,r_0$에서 8개의 Cl^- 음이온에 끌리는 것을 볼 수 있고(그림 2.5d), 이런 상호작용은 결정 전체의 이온들에 대해 계속적으로 진행된다. 정전기 상호작용[7]을 요약하면 다음과 같이 표현할 수 있다.

---

[6] 이 주제는 다음 장에서 더 자세히 논의하며 관련된 이온의 크기, 결합의 특성 등에 따라 다르다.

[7] 엄밀히 말하면, 식 (2.17)에서 가장 가까운 이웃이 아닌 이온의 반발 성분은 무시되었기 때문에 정확하지가 않다. 그 상호작용을 고려하여 E_{sum}에 대해 정확히 표현하면 다음과 같다.

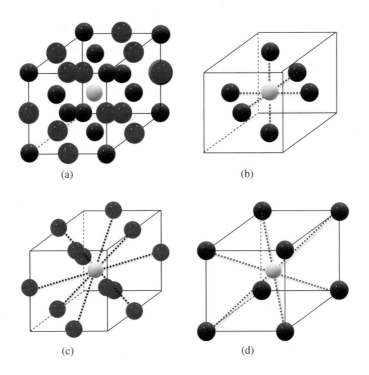

그림 2.5 (a) NaCl 구조의 개략도. 중심 양이온에 (b) 처음 6개의 가장 가까운 이웃은 끌리고, (c) $\sqrt{2}\,r_0$ 거리에 있는 두 번째 12개의 가장 가까운 이웃은 반발하고, (d) 세 번째 8개의 가장 가까운 이웃은 끌린다.

$$E_{sum} = \frac{z_1 z_2 e^2}{4\pi\varepsilon_0 r_0}\left(1 - \frac{1}{n}\right)\left(\frac{6}{1} - \frac{12}{\sqrt{2}} + \frac{8}{\sqrt{3}} - \frac{6}{\sqrt{4}} + \frac{24}{\sqrt{5}} - \cdots\right)$$

$$= \frac{z_1 z_2 e^2}{4\pi\varepsilon_0 r_0}\left(1 - \frac{1}{n}\right)\alpha$$

(2.17)

두 번째 괄호 안의 항은 **마델룽 상수**(Madelung constant)로 알려진 값 α로 수렴하는 교대급수이다. 이 상수값을 구하는 작업은 직관적이지만 급수가 매우 천천히 수렴하기 때문에 인내를 요한다. 여러 결정 구조에 대한 마델룽 상수가 표 2.4에 정리되어 있다.

1몰의 NaCl은 아보가드로 수(Avogadro's number) N_{Av}보다 2배 많은 이온이 있지만 결합의 개수는 N_{Av}이므로, NaCl을 형성하기 위한 전체 정전기 인력 또는 격자 에너지는 다음과 같다.

$$E_{latt} = \frac{N_{Av} z_1 z_2 e^2 \alpha}{4\pi\varepsilon_0 r_0}\left(1 - \frac{1}{n}\right)$$

(2.18)

보른–란데 방정식(Born-Lande equation)이라고도 하는 이 방정식을 따르면, E_{latt}를 계산하는 데 필요한 정보는 X선 회절 분석으로부터 얻을 수 있는 결정 구조(α를 결정)와 평형상태에서의 이온 간 거리(r_0), 압축률 수치로 얻을 수 있는 n값이다. E_{latt}는 n의 작은 오차에 크게 영향 받지 않는다.

$$E_{sum} = \frac{-z_1 z_2 e^2 \alpha}{4\pi\varepsilon_0 r} + \frac{B\beta}{r^n}$$

여기서 β는 또 다른 무한급수이다. 여기서 중요한 것은 식 (2.18)에서와 같이 결과는 바뀌지 않는다는 것이다.

표 2.4 일반적인 세라믹 결정 구조에 대한 마델룽 상수(3장 참고)

구조	배위수	α^a	α_{conv}^b
NaCl	6 : 6	1.7475	1.7475
CsCl	8 : 8	1.7626	1.7626
섬아연광(Zinc blende)	4 : 4	1.6381	1.6381
섬유아연석(Wurtzite)	4 : 4	1.6410	1.6410
형석(Fluorite)	8 : 4	2.5190	5.0387
금홍석(Rutile)	6 : 3	2.4080^c	4.1860^c
강옥(Corundum)	6 : 4	4.1719^c	25.0312^c

[a] 구조가 등전하 이온으로 구성되어 있다고 가정한다.
[b] Al_2O_3와 같이 1가지 이상의 전하를 갖는 구조의 문제는 다음 관계식을 사용하여 해결할 수 있다.

$$E_{sum} = \alpha_{conv} \frac{(Z\pm)^2 e^2}{4\pi\varepsilon_0 r_0}\left(1 - \frac{1}{n}\right)$$

여기서 $Z\pm$은 z_1과 z_2의 최대공약수이다. 즉, NaCl, CaF_2 및 Al_2O_3의 경우 1, MgO, TiO_2, ReO_3 등의 경우 2이다.
[c] 정확한 값은 c/a 비에 따른다.

식 (2.18)을 유도할 때 몇 가지 항은 무시되었다. E_{latt}에 대한 좀 더 정확한 표현은 다음과 같다.

$$E_{latt} = \frac{dE_{net}}{dr} = -\frac{A}{r_0} + \frac{B}{r^n} + \left(\frac{C}{r_0^6} + \frac{D}{r_0^8}\right) + \frac{9}{4}h\nu_{max} \tag{2.19}$$

여기서 처음 2개의 항이 가장 지배적이다. 식 (2.13)에서 $z_1 z_2 e^2/4r\varepsilon_0$라는 항이 식 (2.19)에서는 상수 A로 대체되었다. 괄호 안의 항은 이온 간의 쌍극자–쌍극자 및 쌍극자–사중극자 상호작용을 나타낸다. 마지막 항은 격자 진동 모드에서 가장 높은 주파수인 ν_{max}로 영점 보정한 것을 나타낸다. 마지막으로, 이 절에서는 큰 음이온과 작은 양이온을 포함하는 결정 구조인 이온 결합 모델을 설정했지만, 공유 결합 특성이 두드러지게 나타나는 경우 잘못된 접근이 될 수 있다(3장 참고).

예제 2.3

(a) $n = 8$일 때 NaCl의 격자 에너지를 계산하시오.

(b) 문항 (a)에서 구조가 NaCl 대신 CsCl이라고 가정하고 차이점에 대해 설명하시오.

(c) 문항 (a)에서 NaCl 대신 MgO 구조로 설정하고 계산하시오.

정답

(a) E_{latt}를 계산하려면 r_0, n 및 NaCl의 구조가 모두 필요하다. 위에서 언급했듯이 NaCl의 구조는 암염 구조(그림 2.5)이므로 마델룽 상수는 1.748이다(표 2.4). 평형상태에서의 이온 간 거리 r_0는 단순히 Na^+ 및 Cl^- 이온 반지름의 합이다. 이 값들은 3장의 부록 3A에 수록되어 있다. 이 값들을 살펴보면 평형 이온 간 거리 $r_0 = 181 + 102 = 283$ pm이다. 이것을 식 (2.18)에 적용하면 다음과 같다.

$$E_{latt} = \frac{(-1)(+1)(6.02 \times 10^{23})(1.6 \times 10^{-19})^2(1.748)}{4\pi(8.85 \times 10^{-12})(283 \times 10^{-12})}\left(1 - \frac{1}{8}\right) \approx -749 \text{ kJ/mol}$$

(b) 구조가 CsCl이라고 가정하면 위의 방정식에서 변경되는 유일한 항은 마델룽 상수와 이온 반지름이다. 이 경우 Na^+ 이온은 8 배위이고 반지름은 118 pm이다. Cl^-는 8 배위이지만 반지름은 부록 3A에 나와 있지 않으므로 NaCl의 경우와 같다고 가정한다. 이를 적용하면, $r_0 = 181 + 118 = 299$ pm이고

$$E_{latt} = \frac{(-1)(+1)(6.02 \times 10^{23})(1.6 \times 10^{-19})^2(1.7626)}{4\pi(8.85 \times 10^{-12})(299 \times 10^{-12})}\left(1 - \frac{1}{8}\right) \approx -714.8 \text{ kJ/mol}$$

이 계산은 다음 사항들을 명확하게 한다. (i) NaCl의 E_{latt}는 CsCl 구조에서보다 암염 구조에서 에너지가 더 낮고 더 안정적이다. 이것이 NaCl이 암염 구조로 결정화되는 이유이다. (ii) 2가지 경우 에너지 차이가 5% 미만이다. 따라서 여기서 사용된 모델과 매개변수가 매우 정확해야 한다. 많은 경우에서 서로 다른 동질이상 간의 에너지 차이는 훨씬 더 작다. (iii) 정확한 이온 반지름 값을 아는 것은 어떤 동질이상이 더 안정적인지를 판단할 때 중요하다.

(c) MgO의 경우 $r_0 = (72 + 140) = 212$ pm이고 $n = 8$이라고 가정하면,

$$E_{latt} = \frac{(-2)(+2)(6.02 \times 10^{23})(1.6 \times 10^{-19})^2(1.748)}{4\pi(8.85 \times 10^{-12})(212 \times 10^{-12})}\left(1 - \frac{1}{8}\right) \approx -4000 \text{ kJ/mol}$$ ∎

2.5.2 보른-하버 사이클

지금까지는 이온 고체가 쿨롱 인력에 의해 서로 끌어당기는 이온으로 구성되어 있다고 가정하는 다소 단순한 모델을 사용하였다. 그럼 이 모델이 맞는지 어떻게 확인할 수 있을까? 가장 간단한 방법은 E_{latt}를 실험 결과와 비교하는 것이다. 이는 아주 쉬운 것처럼 들리지만 E_{latt}가 1 mol의 기체 상태의 양이온과 음이온이 고체로 응축될 때 방출되는 에너지라는 점을 감안하면 이것은 말할 필요도 없이 쉽지 않은 실험이다.

다른 접근 방법은 열역학 제1법칙, 즉 에너지는 생성되거나 소멸될 수 없다는 것을 사용하는 것이다. E_{latt}를 제외한 모든 에너지를 실험적으로 알 수 있는 사이클을 고안할 수 있다면, E_{latt}를 계산할 수 있다. 그림 2.6에 보른-하버 사이클(Born-Haber cycle)로 알려진 방법을 나타냈고, 다음과 같은 과정이 필요하다.

$$\Delta H_{form}(exo) = E_{latt}(exo) + E_{ion}(endo) + E_{EA}(endo \text{ or } exo) + E_{diss}(endo) + E_{vap}(endo)$$

각각의 항은 NaCl과 관련하여 아래에서 더 자세히 논의한다.

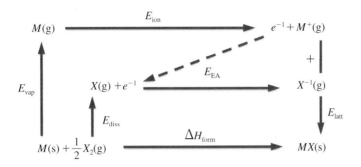

그림 2.6 보른–하버 사이클

생성 또는 반응 엔탈피

생성 엔탈피(enthalpy of formation) ΔH_{form}은 실험적으로 반응이 일어날 때 흡수되거나 방출되는 에너지이다. NaCl의 경우 반응은 다음과 같다.

$$Na(s) + \tfrac{1}{2}Cl_2(g) \rightarrow NaCl(s)$$

에너지가 방출되기 때문에 이 반응은 발열 반응이고 관례상 ΔH_{form}은 음수이다. NaCl의 경우 298K 에서 실험적으로 알려진 생성 엔탈피 값 $\Delta H_{form} = -411$ kJ/mol이다. 대부분의 화합물 생성 엔탈피 는 발열 반응과 관련이 있다.

해리 에너지

분자의 해리 에너지(dissociation energy) E_{diss}는 분자를 원자로 분해하는 데 필요한 에너지이다. NaCl의 경우 반응에 대한 에너지 변화이다.

$$\tfrac{1}{2}Cl_2 \rightarrow Cl(g)$$

이 에너지는 항상 흡열이므로 양수이다. 이 반응에 대해 $E_{diss} = +121$ kJ/mol이다.

기화열

기화 잠열(latent heat of vaporization) E_{vap}은 반응에 필수적인 에너지이고

$$M(s) \rightarrow M(g)$$

항상 흡열 반응이다. Na의 경우 이 값은 107.3 kJ/mol이다.

ΔH_{form}, E_{diss} 및 E_{vap}의 값은 다양한 출처[8]에서 찾을 수 있으며 대부분의 원소 및 화합물에 대해 잘 문서화되어 있다.

---

[8] 신뢰할 수 있는 열역학 데이터 출처는 1800개 이상의 물질에 대한 열역학 데이터를 제공하는 JANAF *Thermochemical Tables*, 4th ed.이다. http://kinetics.nist.gov/janaf/.

이온화 에너지

이온화 에너지(ionization energy) E_{ion}은 기체 상태의 고립된 원자에서 전자를 완전히 제거하는 데 필요한 에너지이다. 이온화 에너지는 모든 경우에 핵에서 전자를 제거하는 작업을 수행해야 하기 때문에 흡열이다. 표 2.2는 선택된 원소에 대한 첫 번째 및 두 번째 이온화 에너지를 나타낸다. Na의 경우 첫 번째 이온화 에너지 값은 5.14 eV 또는 495.8 kJ/mol이다.

전자 친화도

전자 친화도(electron affinity) E_{EA}는 전자가 원자의 원자가 껍질에 추가될 때 발생하는 에너지 변화의 척도이다. 일부 선택된 비금속에 대해 E_{EA}값을 표 2.5에 표시하였다. 첫 번째 전자의 추가는 일반적으로 발열(예: 산소, 황)이다. 두 번째 추가되는 전자부터 이제 음으로 전하를 띤 개체에 전자가 접근하고 있기 때문에 이 경우는 흡열이다. Cl의 전자 친화도는 −348.7 kJ/mol이다.

예제 2.3에서 NaCl의 격자 에너지는 −750 kJ/mol로 계산되었다. 이러한 모든 부분을 종합하면 NaCl에 대한 보른–하버 사이클에 대한 합을 다음과 같이 얻을 수 있다.

$$\Delta H_{form}(exo) = E_{latt}(exo) + E_{ion}(endo) + E_{EA}(exo) + E_{diss}(endo) + E_{vap}(endo)$$
$$= -750 + 495.8 - 348.7 + 121 + 107.3 = -374.6 \text{ kJ/mol}$$

이는 실험적으로 결정된 값 −411 kJ/mol과 비교할 만하다. 만약 식 (2.19)를 사용하면 더 나은 수치를 얻을 수 있다.

이것은 2가지 면에서 중요한 결과이다. 첫째, 고체 내 이온 간의 상호작용에 대해 이런 간단한 모델이 대부분 정확하다는 것을 확인할 수 있다. 둘째, NaCl이 이온 결합으로 이루어진 고체로 간주될 수 있다는 생각을 뒷받침한다.

표 2.5 선택된 비금속의 0K에서의 전자 친화도[a]

원소	전자 친화도(kJ/mol)	원소	전자 친화도(kJ/mol)
O → O⁻	141 (발열)	Se → Se⁻	195 (발열)
O⁻ → O²⁻	780 (흡열)	Se⁻ → Se²⁻	420 (흡열)
F → F⁻	322 (발열)	Br → Br⁻	324.5 (발열)
S → S⁻	200 (발열)	I → I⁻	295 (발열)
S⁻ → S²⁻	590 (흡열)	Te → Te⁻	190.1 (발열)
Cl → Cl⁻	348.7 (발열)		

[a] 전자 친화도는 일반적으로 전자가 원자의 원자가 껍질에 추가될 때 방출되는 에너지로 정의된다. 이것은 상당히 혼동스러울 수 있다. 이런 혼동을 피하기 위해 이 표에 나열된 값은 전자 추가가 흡열 또는 발열인지 여부를 명확하게 나타내었다. 데이터는 다음 사이트를 참고하였다. https://en.wikipedia.org/wiki/Electron_afinity_(data_page).

2.6 공유 결합 형성

두 번째로 중요한 1차 결합 유형은 공유 결합이다. 이온 결합은 전자 이동을 포함하기 때문에 반대 전하를 띠는 종이 생성되는 반면, 공유 결합은 전자 공유의 결과로 발생한다. 이론적으로 공유 결합은 전자가 다른 곳보다 핵과 핵 **사이**의 영역에서 더 많은 시간을 보낸다는 것으로 이해할 수 있다. 핵과 핵 사이의 상호작용, 그리고 그 사이에 존재하는 전자들과의 상호작용은 전체 시스템의 퍼텐셜 에너지를 낮추고 결합을 생성하게 한다. 공유 결합의 형성을 설명하기 위해 여러 이론과 모델이 제안되었다. 이들 중 **분자 궤도 이론**(molecular orbital theory)은 특히 잘 들어맞고 이에 대해 아래에서 자세히 다룬다. 이름에서 알 수 있듯이 분자 궤도(MO) 이론은 분자를 단일 개체로 취급하고 분자 전체에 궤도를 부여한다. 원론적으로 이 아이디어는 고립된 원자의 에너지 준위를 구하는 방법과 유사하다. 그렇지만 이제 파동 함수는 분자를 구성하는 **모든** 전하에 대한 퍼텐셜 에너지 값을 고려하는 슈뢰딩거 방정식을 만족시켜야 한다. 이에 대한 해는 파울리의 배타 원리에 따라 분자 전체의 핵 전하 균형을 유지하는 데 필요한 전자 수만큼 채워진 궤도의 수와 함께 다양한 분자 궤도를 발생시키게 된다.

예를 들면 가장 간단하면서 존재 가능한 분자, 즉 하나의 전자와 2개의 핵을 가진 H_2^+ 분자를 고려해보자. 이 분자는 앞서 언급한 전자–전자 반발로 인해 발생하는 복잡함을 피하기 위해 선택되었다.

2.6.1 수소 이온 분자

절차는 퍼텐셜 에너지 관련 항에 대해 하나가 아닌 2개의 양으로 하전된 핵을 고려해야 한다는 점을 제외하고는, 앞선 H 원자의 전자 파동 함수를 푸는 데 사용되는 것과 유사하다[즉, 파동 함수는 식 (2.1)을 만족시켜야 한다]. 따라서 H_2^+ 분자에 대한 슈뢰딩거 방정식은 다음과 같다.

$$\frac{\partial^2 \psi}{\partial x^2} + \frac{8\pi^2 m_e}{h^2}\left(E_{\text{tot}} + \frac{e^2}{4\pi\varepsilon_0 r_a} + \frac{e^2}{4\pi\varepsilon_0 r_b} - \frac{e^2}{4\pi\varepsilon_0 R}\right)\psi = 0 \tag{2.20}$$

여기서 거리 r_a, r_b 및 R은 그림 2.7a에 정의되어 있다. 두 핵 사이의 거리 R이 고정되어 있으면 정확한 해가 존재하며, 이는 2개의 해 또는 **파동 함수**가 나타나는 것을 제외하고 H 원자의 경우와 매우 유사하다. 하나의 해는 핵 사이의 전자밀도를 증가시키는 반면(그림 2.7c) 다른 해는 이를 감소시킨다(그림 2.7d). 첫 번째 경우, 두 핵은 그들 사이의 전자에 끌리며, 이는 고립된 원자의 경우에 비해 시스템의 에너지를 낮추는 결과를 가져오므로 **결합 궤도**(bonding orbital)로 알려져 있다(그림 2.7b). 두 번째 경우는 고립된 원자에 비해 에너지가 증가하는 결과를 낳는다. 그 이유는 이제 전자껍질이 없거나 부분적으로 노출된 부분을 통해 핵이 서로 반발하기 때문이다. 이것은 그림 2.7b에서도 볼 수 있는 **반결합 궤도**(antibonding orbital)로 알려져 있다.

결합의 특징적인 에너지–거리 곡선을 얻기 위해(그림 2.4a 참고), 식 (2.20)에 대한 해를 양성자 사이의 거리인 R이 다양한 값을 갖는 조건에서 각각 구해야 된다. 그래야만 평형 원자 간 거리를 예

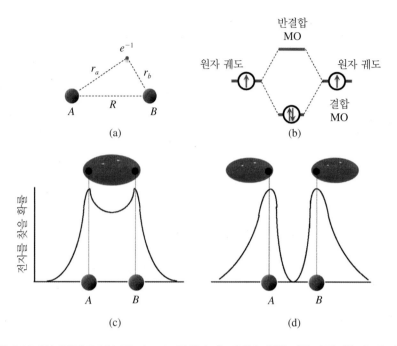

그림 2.7 (a) 식 (2.20)에서 사용된 H_2^+ 분자의 좌표. (b) 두 원자 궤도의 상호작용은 결합 및 반결합 궤도를 생성한다. (c) 핵 사이의 전자밀도가 증가한 결합의 확률 함수. (d) 핵 사이의 공간에서 전자를 찾을 확률이 감소하여 더 높은 에너지 궤도를 생성하는 반결합의 확률 함수.

측하고 궁극적으로 실험값과 비교할 수 있는 에너지 거리 곡선을 얻을 수 있다.

H_2 분자에 대한 해는 이제 두 전자 사이의 반발력에 대한 추가 퍼텐셜 에너지 항이 슈뢰딩거 방정식에 포함되어야 한다는 점을 제외하고는 매우 유사하다. 이것이 간단하지는 않지만 다행스럽게도 최종 결과는 H_2^+ 경우의 결과와 유사하다. 개별 에너지 준위는 결합 궤도와 반결합 궤도로 나뉜다. 원자 궤도의 중첩은 핵 사이에서 전자를 찾을 확률을 증가시킨다. H_2 분자의 경우 2개의 전자가 결합 궤도에 수용된다. 세 번째 전자, 즉 H_2^-는 파울리의 배타 원리 때문에 반결합 궤도로 들어가야 한다.

계속 진도를 나가기 전에 약간 더 복잡한 예를 가지고 이해를 해보자(예: HF 분자).

2.6.2 HF 분자

이전 절에서 두 원자의 전기음성도와 결합을 구성하는 상호작용 궤도의 모양(둘 다 구형)은 동일했다. 다른 원자 사이의 결합을 고려할 때 상황은 더욱 복잡해진다. HF 분자가 좋은 예다. H의 전자 구성은 $1s^1$이고 F의 전자 구성은 $(He)2s^22p^5$이다. F 원자의 원자가 궤도는 그림 2.8a에 나와 있다 (내부 코어 전자는 결합에 관여하지 않기 때문에 무시된다). 원자는 계산적인 또는 실험적인 거리만큼 떨어져 있다고 생각하고 HF의 분자 궤도를 계산한다. 계산과정은 복잡하기 때문에 이 책에서 다루지 않는다. 하지만 그 결과는 그림 2.8b에 개략적으로 나와 있다. 분자 궤도에 수용되어야 하는 총 전자 수는 8개(F에서 7개, H에서 1개)다. 각 궤도에 2개씩 전자를 배치하면 첫 4개의 궤도를

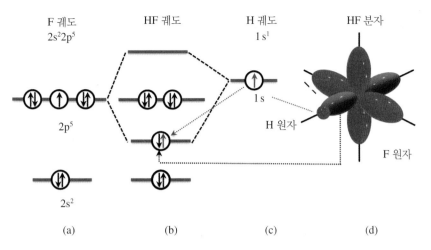

그림 2.8 (a) F 원자 궤도. (b) HF 분자 궤도. (c) H 원자 궤도. (d) F p 궤도 중 하나와 H 1s 궤도의 상호작용. 이 두 궤도가 중첩되면 시스템의 에너지가 낮아진다. (b)와 (d)를 연결하는 점선은 H 궤도와 중첩되면서 에너지를 낮추는 것은 F p 궤도 밖에 없음을 강조한다. 짝을 이루지 않은 두 쌍의 전자(빨간색 로브)는 분자 상태에서 본래 F 원자에서와 동일한 에너지를 가지고 있다. 이러한 소위 비공유 전자쌍은 H 원자의 존재에 의해 영향을 받지 않기 때문이다.

채우기 때문에 2개의 분리된 원자 상태의 에너지 합보다 더 낮은(더 음의) 분자 에너지를 생성하여 HF 분자를 더 안정적으로 만든다.

그림 2.8은 다음과 같이 해석할 수도 있다. F 2s의 전자는 수소보다 훨씬 더 낮은 에너지를 갖기 때문에(F 핵의 전하가 더 큰 값을 갖기 때문에) 수소 원자에 의한 영향을 받지 않는다.[9] H 원자의 1s 전자 파동 함수와 F 원자의 2p 궤도 중 하나가 서로 중첩되어 1차 α 결합(그림 2.8d)을 만든다. F 원자의 나머지 전자들(소위 비공유 전자쌍)은 에너지와 공간에 영향 받지 않은 상태로 남아 있다.

위에서 언급한 바와 같이 그림 2.8에 대한 계산은 주어진 원자 간 거리에 대해 이루어졌다. 다양한 원자 간 분리에 대해 동일한 계산을 반복할 수 있다. 무한한 분리에서 원자는 서로 상호작용하지 않으며 전체 시스템의 에너지는 개별 원자에 대한 전자의 에너지 합으로 나타난다. 원자들이 서로 가까워지게 되면 전자와 핵 사이의 상호 인력으로 인한 퍼텐셜 에너지는 반발 성분이 작용하여 에너지가 다시 증가하기 시작하는 지점이 될 때까지 전체 시스템의 에너지를 감소시킨다. 다시 말해, 어떤 원자 간 거리에서 에너지의 최솟값이 발생할 때 에너지 대 원자 간 거리는 그림 2.4a에 표시된 것과 같은 에너지 우물을 생성한다.

2.7 공유 결합 고체

지금까지는 두 원자 사이의 단일 공유 결합의 에너지에 초점을 맞추었다. 그러나 그러한 결합은 강한 고체, 즉 모든 결합이 1차 결합으로 된 물질 형성으로 이어지지는 않는다. 이러한 고체를 형성하

---

[9] 궤도가 중첩되려면 서로 비슷한 에너지를 가져야 한다.

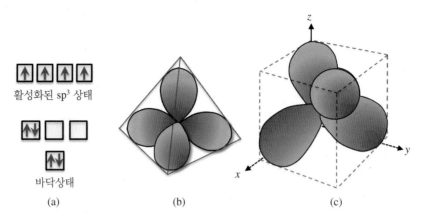

활성화된 sp³ 상태

바닥상태

(a)   (b)   (c)

그림 2.9 (a) Si 원자의 바닥상태(아래)와 혼성화 후(위)의 전자 구성. (b) 사면체에 대한 sp³ 결합의 방향성. (c) (b)와 같지만 이제 각 로브가 다른 모서리를 가리키는 정육면체에 포함되었다. 이렇게 함으로써 전자는 가능한 한 서로 멀리 떨어져 유지된다. 각 결합 로브에는 하나의 전자가 포함되어 있으므로 원자는 이제 다른 원자와 4개의 공유 결합을 형성할 수 있다.

려면 각 원자가 적어도 2개의 다른 원자와 동시에 결합되어야 한다. 예를 들어, 실온에서 HF는 고체로 존재하지 않는다. 왜냐하면 일단 HF 결합이 형성되면 각각의 원자가 모두 가장 안정적인 배열(H는 He, F는 Ne와 같은 전자 구조)이 되기 때문에 다른 원자와 추가적으로 공유 결합을 형성할 수 있는 전자가 없다는 것을 의미한다. 이러한 이유로 HF 결합이 상당히 강하다는 사실에도 불구하고 HF가 실온에서 기체이다.[10]

다음 장에서 더 자세히 다루겠지만, 공유 결합 특성이 두드러진 많은 세라믹 소재들, 특히 탄화규소, 질화규소 및 규산염과 같은 Si 기반 세라믹스는 사면체 배열에서 4개의 다른 원자에 동시에 결합된 Si 원자로 구성된다. Si의 바닥상태, 즉 (Ne) $3s^2 3p^2$(그림 2.9a)를 살펴보았을 때 2개의 1차 결합만 형성될 것으로 예상할 수 있지만 실제로는 4개의 결합이 형성된다. 이러한 모순은 s 파동 함수와 p 파동 함수 사이의 **혼성화**(hybridization)가 발생한다고 가정함으로써 설명되어진다. 혼성화는 새로운 혼성 궤도를 형성하는 방식으로 원자에서 s 및 p 궤도의 혼합 또는 선형 조합으로 이루어진다. 이 혼성화는 하나의 s 궤도와 하나의 p 궤도(sp 궤도 형성) 또는 하나의 s와 2개의 p 궤도(sp² 삼각 궤도 형성) 사이에서 발생할 수 있다. Si의 경우 s 궤도는 3개의 p 궤도 모두와 혼성화하여 **sp³ 혼성 궤도**(sp³ hybrid orbitals)를 형성한다. sp³ 혼성 궤도는 s와 p 특성을 모두 가지고 있으며, 그림 2.9c와 같이 결합 각도가 109°인 사면체 배열의 방향성을 갖고 공간상으로 로브가 뻗어 있다. 이러한 각각의 궤도에 전자가 하나씩 채워진다면(그림 2.9b), 각 Si 원자는 이제 4개의 다른 Si 원자 또는 다른 어떤 4개의 원자와 결합할 수 있으며, 이는 결국 3차원 구조로 이어질 수 있다. s 궤도에서 sp³ 혼성 궤도로 전자가 여기하는 것은 4개의 1차 결합의 형성으로 안정화되는 것보다 더 많은 에너지를 필요로 한다.

---

[10] 충분히 냉각되면 HF는 2차 결합의 결과로 고체를 형성한다.

2.8 고체의 띠이론

고체의 띠이론(band theory of solid)은 고체의 다양한 전기적 및 광학적 특성을 설명하기 위해 만들어진 이론 중 하나이다. 이 모델에서 전자들은 띠 내에 속해 있다. 불완전하게 채워진 띠(그림 2.10a)는 **전도띠**(conduction band)라고 하고, 채워진 띠는 **원자가띠**(valence band)라고 한다. 전도띠에서 가장 높은 에너지를 차지하는 전자는 인가된 전기장 또는 자기장에 빠르게 반응할 수 있으며 금속의 특성과 같이 높은 전기 및 열전도도, 연성 및 반사율 특성을 나타낸다. 반면에 원자가띠가 완전히 채워진 고체(그림 2.10b)는 전기전도도가 낮고 0K에서 완벽한 절연체다. 일반적으로 고체, 특히 세라믹스의 전기적 및 광학적 특성을 이해하려면 이러한 고체 상태의 모델을 이해하는 것이 가장 중요하다.

다음 3개의 하위 절에서는 띠가 고체에서 어떻게, 왜 형성되는지에 대해 대략적인 개념을 다룬다. 여기서 3가지 접근 방법을 소개한다. 첫째는 단순한 질적 모델이다. 둘째는 약간 더 정량적이며 고체를 구성하는 원자의 특성과 띠간격 사이의 관계에 대해 약간의 실마리를 제공하는 모델이다. 마지막 모델은 물리적으로 가장 실재적이기도 하고, 띠의 형성이 주기적으로 배열된 원자에 의한 전자의 내부 전반사와 관련이 있기 때문에 포함되었다.

2.8.1 띠이론의 소개

앞서 두 수소 원자 사이의 상호작용이 2개의 궤도(하나는 결합과 다른 하나는 반결합)를 생기게 한 것과 같은 방식으로, 고체 내부에 존재하는 10^{23}개 원자에 대한 파동 함수의 상호작용 또는 중첩은 에너지띠를 발생시킨다. 예를 들어, 바닥상태에 있는 10^{23}개의 Si 원자를 생각해보자(그림 2.11a). 그 띠모델은 다음과 같이 구성된다.

1. 각 Si 원자에 4개의 국부적 사면체 sp^3 혼성 궤도를 부여하여, 총 4×10^{23}개의 혼성 궤도를 배

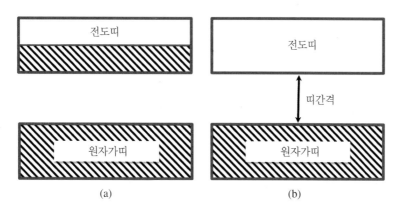

(a)　　　　　　　　　　(b)

그림 2.10 (a) 불완전하게 채워진 전도띠가 있는 금속 및 (b) 절연체 또는 반도체의 띠구조. 0K에서 이러한 고체는 원자가띠가 완전히 채워지고 전도띠가 완전히 비어 있기 때문에 절연체다. 온도가 상승함에 따라 일부 전자는 전도띠로 들뜨게 되고 물질은 전도를 시작한다.

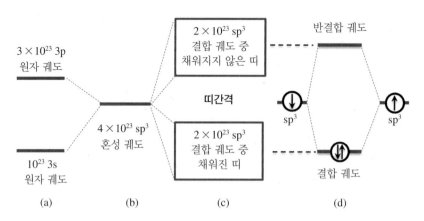

그림 2.11 (a) Si 원자들의 바닥상태. (b) sp³ 혼성 궤도. (c) 에너지띠를 형성하기 위한 sp³ 궤도 간의 상호작용. (d) Si₂ 분자를 형성하기 위한 두 Si 원자 사이의 국부적 궤도 에너지 준위. 에너지띠는 이원자 결합의 에너지를 중심으로 한다.

치한다(그림 2.11b).

2. 그림 2.11d와 같이 인접한 두 sp³ 로브의 중첩은 하나의 결합 궤도와 하나의 반결합 궤도를 형성한다.

3. 이 2개의 로브와 관련된 2개의 전자는 결합 궤도에 수용된다(그림 2.11d).

4. 결정이 성장함에 따라 추가되는 모든 새로운 원자는 하나의 결합 궤도와 하나의 반결합 궤도 세트를 가져온다. 이들은 궤도 또는 전자 파동 함수가 겹침에 따라 파울리의 배타 원리 때문에 그림 2.11c와 같이 확장되어야 한다.

   따라서 고체에서 궤도 에너지의 확산은 각 궤도의 세트 내에서 발생하고, **HOMO**(highest occupied molecular orbital)와 **LUMO**(lowest unoccupied molecular orbital) 사이의 분리는 **에너지띠간격**(energy band gap) E_g이 된다(그림 2.11c). 새로운 궤도는 원래 이원자의 σ 결합 에너지 및 σ^* 반결합 에너지 근처에서 생성되고(그림 2.11d) 결정의 크기가 증가함에 따라 띠 가장자리를 향해 이동한다.

5. Si의 경우 각 원자는 4개의 원자가전자로 시작되므로 원자가띠에 수용되어야 하는 전자의 총 수는 4×10^{23}개이다. 그런데 2×10^{23}개의 준위가 원자가띠에 존재하고, 각 준위에서 2개의 전자를 수용할 수 있으므로 0K에서 원자가띠는 완전히 채워지고 전도띠는 비어 있다.[11]

여기서 마지막 부분은 광범위한 의미를 가지고 있다. 일반적으로 E_g로 표시되는 띠간격이 약 0.02~3 eV 사이에 있으면 해당 재료는 반도체로 간주된다. 그리고 더 높은 값의 E_g를 나타낼 경우 그 고체는 절연체로 간주된다. 반대로 얘기하면, 모든 전자가 결합에 사용된다면 자유롭게 움직이고 전기를 전도할 수 있는 전자가 하나 남지 않게 된다. 다양한 2성분계, 3성분계 세라믹스의 띠간격이 표기되어 있는 표 2.6은 대부분의 세라믹스가 절연체임을 분명히 나타내고 있다.

---

[11] 이후에 논의되는 바와 같이 이것은 0K에서만 사실이다. 온도가 상승함에 따라 열에너지는 전자의 일부를 전도띠로 들뜨게 만들 것이다.

표 2.6 다양한 세라믹 물질의 띠간격 E_g

물질	띠간격(eV)	물질	띠간격(eV)
할로겐화물			
AgBr	2.8	MgF_2	11.0
BaF_2	8.8	MnF_2	15.5
CaF_2	12.0	NaCl	7.3
KBr	7.4	NaF	6.7
KCl	7.0	SrF_2	9.5
LiF	12.0	TlBr	2.5
2원계 산화물, 탄화물, 질화물			
AlN	6.2	Ga_2O_3	4.6
Al_2O_3 평행	8.8	MgO (페리클레이스)	7.7
Al_2O_3 수직	8.85	SiC (α)	2.6 – 3.2
BN	4.8	SiO_2 (석영유리)	8.3
C (다이아몬드)	5.3	UO_2	5.2
CdO	2.1		
전이금속 산화물			
2성분계		3성분계	
CoO	4.0	$BaTiO_3$	2.8 – 3.2
CrO_3	2.0	$KNbO_3$	3.3
Cr_2O_3	3.3	$LiNbO_3$	3.8
CuO	1.4	$LiTaO_3$	3.8
Cu_2O	2.1	$MgTiO_3$	3.7
FeO	2.4	$NaTaO_3$	3.8
Fe_2O_3	3.1	$SrTiO_3$	3.4
MnO	3.6	$SrZrO_3$	5.4
MoO_3	3.0	$Y_3Fe_5O_{12}$	3.0
Nb_2O_5	3.9		
NiO	4.2		
Ta_2O_5	4.2		
TiO_2 (금홍석)	3.0 – 3.4		
V_2O_5	2.2		
WO_3	2.6		
Y_2O_3	5.5		
ZnO	3.2		

궤도 간의 상호작용 정도는 원자 간 거리 또는 상호작용하는 전자의 공간적 비편재화에 따라 달라진다(둘은 관련이 없음). 예를 들어, C(다이아몬드), Si 및 Ge의 띠간격은 각각 5.33, 1.12 및 0.74 eV이다. C에서 상호작용은 $n = 2$개의 전자를 고려하는 반면 Si와 Ge의 경우 각각 $n = 3$ 및 $n = 4$개의 전자를 고려해야 한다. 상호작용하는 원자가 커질수록 궤도의 상호작용이 증가하여 띠가 넓어지고 띠간격이 줄어든다.[12]

---

[12] 흥미롭게도 반도체 결정에 엄청난 압력을 가하면 전도성이 될 수 있으며, 이는 띠가 넓어지고 결국 중첩되는 정도까지 궤도의 상호작용을 증가시킨다.

궤도 중첩은 중요하지만 띠간격 너비의 유일한 결정 요인은 아니다. 또 다른 중요한 요소는 격자가 전자를 얼마나 단단히 속박하는가이다. 이것은 다음 모델에서 다룬다.

2.8.2 밀접 결합 근사[13]

이 접근 방식에서는, 공유 결합의 형성을 설명하는 것과 다르지 않게 다음과 같은 슈뢰딩거 방정식을 전자가 격자와 동일한 주기성을 갖는 주기적인 퍼텐셜 에너지 E_{pot}에 영향을 받는다고 가정하고 푼다.

$$\frac{\partial^2 \psi}{\partial x^2} + \frac{8\pi^2 m_e}{h^2}[E_{tot} - E_{pot}(x)]\psi = 0 \tag{2.21}$$

원자 간 간격이 a인 1차원 형태로 이 문제를 단순화하고, 핵 근처 영역에 대해 $E_{pot}(x) = 0$, 핵과 핵 사이 영역에 대해 $E_{pot} = E_0$이라고 가정하며, 추가적으로 장벽의 너비 w(그림 2.12a 참고)로 가정할 때 식 (2.21)을 풀 수 있다. 이러한 단순화에도 불구하고 해의 세부 사항은 여전히 이 책의 범위를 벗어나기 때문에 최종 결과만 제시한다.[14] 다음과 같은 제한 조건이 충족되는 경우에만 풀이가 가능하다.

$$\cos ka = P\frac{\sin \phi a}{\phi a} + \cos \phi a \tag{2.22}$$

여기서

$$P = \frac{4\pi^2 ma}{h^2}E_0 w \tag{2.23}$$

와

$$\phi = \frac{2\pi}{h}\sqrt{2mE_{tot}} \tag{2.24}$$

이고 k는 파수로 다음과 같이 정의된다.

$$k = \frac{2\pi}{\lambda} \tag{2.25}$$

여기서 λ는 전자의 파장이다. 드브로이(DeBroglie)에 따라, $p = 2\pi k/h$[식 (2A.3) 참고], 전자의 파수는 전자의 운동량을 측정할 수 있는 직접적인 척도임을 상기하자.

식 (2.22)의 좌변은 +1과 −1 사이의 값만 취할 수 있으며, 이 방정식에 대한 가능한 해를 찾는 가장 쉬운 방법은 식 (2.22)의 우변을 그림 2.12b와 같이 ϕ의 함수로 도식화하는 것이다. 그 함수가 +1과 −1 사이에 있을 때마다(그림 2.12b에서 음영 처리된 영역), 이는 해를 나타낸다. ϕ가 전자의

---

[13] 크로니그-페니(Kronig-Penney) 모델이라고도 한다.

[14] 이 문제를 푸는 방법은 $E = 0$인 경우, 즉 $\phi = \sqrt{2\pi mE_{tot}}/h$일 때 $\psi_0 = A\exp(i\phi x) + B\exp(i\phi x)$. 그리고 $E = E_0$인 경우의 해, 즉 $\beta = 2\pi\sqrt{2\pi m(E_0 - E_{tot})}/h$일 때 $\psi_v = C\exp\beta x + D\exp(-\beta x)$. 적절한 경계 조건, 즉 경계에서 파동 함수의 연속성을 사용하고 해가 주기적임을 확인함으로써 A, B, C 및 D를 풀 수 있다. 장벽 영역, 즉 wE_0이 일정하다고 가정하면 식 (2.22) 및 (2.23)을 따른다. 자세한 내용은 R. Bube, *Electrons in Solids*, 2nd ed., Academic Press, New York, 1988을 참고하라.

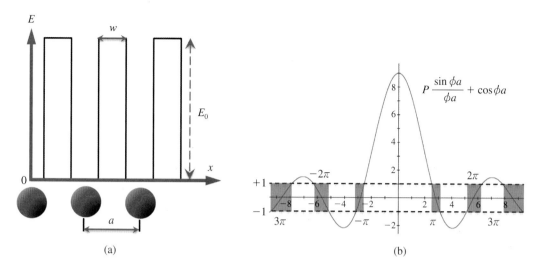

그림 2.12 (a) a의 주기를 갖는 1차원 결정에서 전자가 받는 주기적인 퍼텐셜의 근사치. 여기서 w는 장벽의 너비이고 E_0은 에너지 우물의 깊이다. (b) 식 (2.22)의 우변과 ϕa에 대한 도식. x축은 전자의 에너지에 비례하며, 음영이 있는 부분은 허용 가능한 에너지이고, 이들 영역 사이의 에너지는 허용되지 않는 부분이다.

에너지에 비례할 때[식 (2.24)], 그림 2.12b에서 바로 알 수 있는 것은 허용되는 에너지 영역(그림 2.12b의 음영 영역)과 금지된 에너지 영역이 있다는 것이다. 이것은 주기적인 퍼텐셜 안에서 움직이는 전자가 금지된 에너지 영역에 의해 서로 분리된 소위 허용된 에너지띠에서만 이동할 수 있음을 의미한다. 또한 이 해는 전자의 E_{tot}가 파동 함수 k의 주기적인 함수라는 것을 분명히 나타낸다.

다른 모델에 비해 이 모델의 장점은 격자에 대한 전자의 결합과 띠간격의 크기 사이의 반정량적 관계를 해석할 수 있다는 것이다. 이것은 P항에 반영되며, 전기음성도가 높은 원자의 경우 E_0와 P가 증가한다. P가 증가할수록 식 (2.22)의 우변은 더 가파르게 변하고 띠는 좁아지며 금지된 에너지 영역은 넓어진다. 이 모델이 맞다면 고체를 구성하는 원자 또는 이온의 전기음성도와 띠간격 사이의 경험적 관계가 존재해야 한다. 그러한 관계, 즉

$$E_g (\text{eV}) \approx -15 + 3.75 \left(\sqrt{\left| 10X_A - 17.5 \right|} + \sqrt{\left| 10X_B - 17.5 \right|} \right)$$

가 존재한다는 것은 그림 2.13에 잘 설명되어 있다. 여기서 X_A와 X_B는 고체를 구성하는 원자의 전기음성도를 나타낸다.

계속 더 진행하기 전에 위에 도달한 해의 2가지 제한 사항을 살펴보는 것이 좋을 것 같다.

1. 전자와 격자 사이의 상호작용이 사라지는 경우 E_0 또는 P가 0에 접근한다. 식 (2.22)에서 $P = 0$인 경우 $\cos ka = \cos k\phi$ 및 $k = \phi$이며, 이는 식 (2.24)에 대입할 때 다음과 같이 다시 쓸 수 있다.

$$E_{\text{tot}} = \frac{h^2 k^2}{8\pi^2 m} \qquad (2.26)$$

이것은 자유전자의 에너지에 대해 잘 알려진 관계이다(부록 2A 참고).

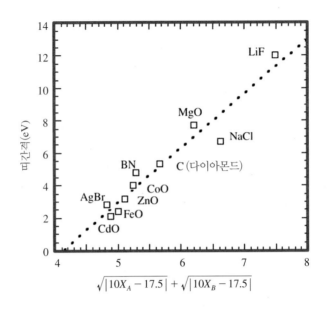

그림 2.13 고체를 구성하는 원자의 전기음성도와 띠간격 사이의 경험적 상관관계. X_A 및 X_B는 구성 원자 또는 이온의 전기음성도이다.

(그래프 세로축) 띠간격(eV)

(그래프 가로축) $\sqrt{|10X_A - 17.5|} + \sqrt{|10X_B - 17.5|}$

2. 허용 대역의 경계, 즉 $\cos ka = \pm 1$일 때 또는

$$k = \frac{n\pi}{a} \quad \text{여기서} \quad n = 1, 2, 3 \tag{2.27}$$

이것은 조건이 충족될 때마다 에너지 불연속성이 발생함을 의미한다. 이 결과를 식 (2.26)과 결합하면 그 에너지는 그림 2.14 결과와 같이 k에 대해 도식화할 수 있다. 이 그림의 핵심은 띠의 맨 아래에서 k에 대한 전자 의존도가 포물선이라는 것을 인식하는 데 있다. 다르게 얘기하면, 전자들은 마치 그들이 자유로운 것처럼 행동하고 있는 것이다. 그러나 k가 증가함에 따라 주기적으로 식 (2.27)이 만족되어 띠간격이 발생한다. 이러한 간격이 형성되는 이유는 다음 소절에서 설명한다.

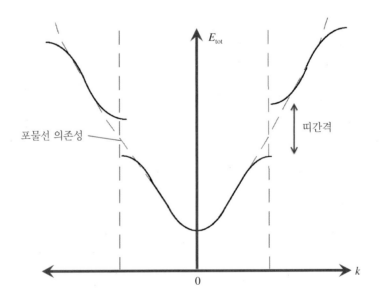

그림 2.14 k에 대한 E_{tot}의 기능적 의존성. 불연속성은 $k = n\pi/a$, $n = 1, 2, 3, \ldots$에서 발생한다.

2.8.3 준자유전자 근사

이전 모델에서 예측된 띠간격의 물리적 근원은 다음과 같이 이해할 수 있다. 완전히 비어 있는 띠가 전자로 채워질 때 더 높은 에너지 또는 파수 k의 수준에 전자가 채워져야 한다. 이때 운동량 p는 증가하고 파장은 감소한다[식 (2A.2) 참고]. 결과적으로, 어떤 지점에서 조건 $k = n\pi/a$가 충족될 것인데, 이는 **정상파**의 패턴이 만들어지고 나서 전자가 더 이상 결정을 통해 자유롭게 전파되지 않는다고 말할 수 있다. 왜냐하면 파동이 오른쪽으로 진행될수록 왼쪽으로 반사되고 그 반대도 마찬가지이기 때문이다.[15]

이러한 정상파는 격자점 자리, 즉 $\psi^2 =$ (상수) $\cos^2(n\pi x/a)$ (그림 2.15의 하단 곡선), 또는 격자점 사이, 즉 $\psi^2 =$ (상수) $\sin^2(n\pi x/a)$ (그림 2.15의 상단 곡선)에서 최대 진폭으로 발생한다.[16] 전자의 경우 중심부에 대한 전자의 인력은 시스템의 에너지(원자가띠의 상단에 해당하는 에너지)를 감소시킨다. 후자의 경우 에너지가 더 높으며 전도띠의 하단에 해당한다. 이 2가지 경우 사이의 에너지 차이는 E_g이다.

고체의 띠모델이 매우 좋은 모델이기는 하지만 고체의 특성을 설명하는 데 사용할 수 있는 여러 접근 방식 중 하나일 뿐이다. 물론 띠모델은 품격 있고 강력하며 설득력 있는 접근 방법이다. 하지만 다른 가정에서 출발하여 동일한 결론에 도달할 수 있다. 예를 들어, 띠간격은 단순히 공유 결합

높은 에너지 구성−전자를 찾을 확률은 이온 중심부가 위치한 곳에서 가장 낮다. 전도띠의 바닥.

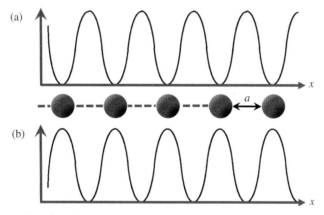

낮은 에너지 구성−전자를 찾을 확률은 이온 중심부가 위치한 곳에서 가장 높다. 원자가띠의 상단.

그림 2.15 두 정상파가 $k = n\pi/a$일 때 중심부들의 위치에 대한 상대적인 전자 발견 확률. 하단 그림의 경우 정상파는 이온 중심부에 전체에 걸쳐 전하를 분배하고, 음전하의 전자와 양전하의 이온 중심부 사이의 인력은 전자가 이온 중심부 사이에서 대부분의 시간을 보내는 상단 그림 상황에 비해 전체 시스템의 에너지를 감소시킨다. 이러한 표현에서 원자 중심부는 무시되었다.

---

[15] 조건 $k = n\pi/a$는 $\theta = 0$일 때 $n\lambda = 2a\cos\theta$로 잘 알려진 브래그 반사 조건에 해당된다. 자세한 내용은 3장을 참고하기 바란다.

[16] 예를 들어 L. Solymar and D. Walsh, *Lectures on the Electrical Properties of Materials*, 4th ed., Oxford University Press, New York, 1988, p. 130을 참고하라.

된 고체에서 공유 결합을 끊거나 이온 고체에서 음이온을 이온화하는 데 필요한 에너지로 볼 수 있다. 절대 영도에서 전자는 결합을 이루는 데 종속되어 있고, 이때 고체는 전기적 절연체이다. 유한한 온도에서 격자 원자는 무작위로 진동하며 때로는 진동의 진폭이 결합을 끊고 전자를 방출하는 것과 같을 수 있다. 온도가 높을수록 결합이 깨질 확률이 높아지고 전자가 비편재화되어 전류가 흐를 수 있는 가능성이 높아진다.

계산 재료과학 2.1: 밀도 범함수 이론

지난 30여 년 동안, 계산 재료과학을 통한 학문의 엄청난 발전의 결과로 우리는 재료과학, 고체 물리학 및 화학에 대해 깊은 이해를 할 수 있게 되었다. 이때 계산 재료과학은 일반적으로 적어도 2개의 하위 분야로 나눌 수 있다. **분자 동역학**(MD, molecular dynamic, 다음 절 참고)에서는 뉴턴의 법칙($F = ma$)을 통해 문제를 푼다. 두 번째는 **밀도 범함수 이론**(DFT, density functional theory)이라고 하며 다전자를 포함하는 시스템에 대한 슈뢰딩거 방정식을 푼다. 월터 콘(Walter Kohn)은 밀도 범함수 이론을 개발한 공로로 1998년에 노벨 화학상을 수상했다.

밀도 범함수 이론에서, 정적 외부 퍼텐셜 조건을 적용하면 전자들이 서로 상호작용하는 경우와 같이 다루기 힘든 다체 문제는 유효 퍼텐셜 내에서 움직이고 서로 상호작용하지 않는 전자를 다루기 때문에 쉬운 문제로 바뀌게 된다. 고체에서 후자는 핵으로 인한 퍼텐셜과 전자 간의 상호작용에 대한 효과를 포함한다. 밀도 범함수 이론은 콘(Kohn)과 샴(Sham)에 의한 2가지 이론을 기반으로 한다. 첫째는 전자밀도 $n(r)$이 시스템 에너지 E_{min}을 최소화하게 되면 모든 특성이 고유하게 결정된다는 것이다. 둘째는 시스템의 에너지를 **최소화**하는 $n(r)$이 슈뢰딩거 방정식의 해에 해당하는 실제 전자밀도라는 것이다. 달리 말하면, 고체의 에너지를 최소화하는 $n(r)$을 찾는 것은 궁극적인 목표인 고체의 성질을 예측하는 데 사용될 수 있다.

밀도 범함수 이론을 설명하기 좋은 출발점은 식 (2.20)이다. 다만, 현장에서 일하는 분들이 선호하는 형태로 재구성해보겠다. 단순화를 위해 2개의 전자만 존재한다고 가정하자. 이러한 조건에서 식 (2.20)을 다음과 같이 재구성할 수 있다.

$$\left[-\frac{\hbar^2}{2m_e}\sum_{i=1}^{2}\nabla_i^2 + \sum_{i=1}^{2}V_{e-n}(r_i) + E_{n-n} + V_{e-e}(r_1, r_2) \right]\psi = E_{tot}\psi \tag{2.28}$$

괄호 안의 첫째 항은 두 전자의 운동 에너지, 둘째 항은 전자와 핵 사이의 퍼텐셜 에너지, 셋째 항 E_{n-n}은 핵 사이의 반발력을 다룬다. 마지막 항은 식 (2.20)에 포함되지 않은 항인 전자−전자 상호작용을 나타낸다. 이것은 하나의 전자만 다루도록 설정되었기 때문이다(그림 2.7a). 이 경우 합은 2개의 전자에 대한 것이다. N개의 전자가 있는 고체 또는 클러스터에서 그 수는 수십 배 더 높다. 밀도 범함수 이론 계산의 핵심은 가장 정량화하기 어려운 마지막 항에 대한 근사치를 도출하는 것이다.

그 전에 식 (2.28)을 다른 사람이 풀 수 있도록 수학적으로 조금 더 간결하게 재구성해보자. 즉,

$$\left[-\frac{\hbar^2}{2m_e}\sum_{i=1}^{N}\nabla_i^2 + \sum_{i=1}^{N}V(r_i) + E_{nn} + \sum_{i=1}^{N}\sum_{j<i}U(r_i, r_j)\right]\psi = E\psi \qquad (2.29)$$

여기서 첫째 항은 N개의 전자에 대한 운동 에너지이다. 둘째는 이러한 각각의 전자와 원자핵 집단 사이의 상호작용이다. 넷째 항은 서로 다른 전자 간의 상호작용이다. 괄호 안의 용어는 해밀토니안(Hamiltonian)이라고 하며 많은 고체 물리학 책에서 다음과 같이 줄여서 읽는다.

$$H\psi = E\psi$$

식 (2.29)의 해는 모든 N개 전자에 대한 공간 좌표의 함수인 파동 함수 ψ를 산출하고, E는 모든 전자의 바닥 또는 가장 낮은 상태 에너지 $E_{\min}$이다. 밀도 범함수 이론의 궁극적인 목표는 E를 최소화하는 파동 함수 세트를 찾는 것이다. 식 (2.29)에 대한 해를 구하는 다른 방법들에서는 전자−전자 상호작용을 설명하는 방법이 다르다. 예를 들어, 한 접근 방법에서는 식 (2.29)를 다른 모든 전자의 반발 효과를 없애거나 평균화하면서 각각 전자에 대해 문제를 풀어간다. 다른 방법들에서는 더욱 정교한 근사치를 사용한다. 이에 대한 부분은 아래와 같고

$$n(r) = 2\sum_{i}\psi_i^* * (r)\psi_i(r) \qquad (2.30)$$

별표는 파동 함수의 켤레복소수를 나타낸다. 여기서 합은 전자가 차지하는 모든 파동 함수에 대한 것이다. 2라는 인수는 각 파동 함수를 반대 스핀을 갖는 2개의 전자가 차지할 수 있기 때문에 발생한다.

식 (2.30)은 바닥상태 밀도에 대해 바닥상태 파동 함수를 계산할 수 있도록 뒤바뀔 수 있다. 해를 얻는 과정은 본질적으로 반복적인 작업이다. 먼저, $n(r)$을 가정하고 그 결과로 얻을 수 있는 퍼텐셜 $V(r)$을 계산하고, 이는 궤도 파동 함수를 계산하는 데 쓰이고, 그 결과 $n(r)$ 값이 다시 생겨난다. E가 최소화될 때까지 이 과정을 반복한다.

밀도 범함수 이론 계산은 이제 재료과학에서 보편적으로 사용되고 있다. 그림 2.16은 밀도 범함수 이론이 예측할 수 있는 물리적 및 화학적 특성 중 일부를 요약한 것이다. 다른 많은 것들 중에서, 여기에는 결함 에너지(6장), 상 안정성 및 새로운 상 예측, 확산계수(7장), 포논 모드(5장), 탄성 특

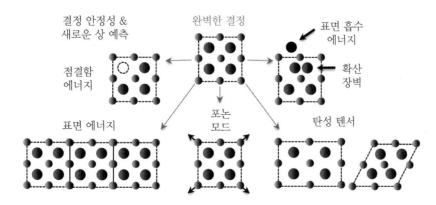

그림 2.16 결정질 고체에서 밀도 범함수 이론이 예측할 수 있는 물리적 및 화학적 특성의 일부분

성(4장), 흡수 및 표면 에너지(4장)가 포함되었다.

여기서 또 다른 주의 사항은 일부 사람들이 새로운 재료의 특성을 예측할 때 밀도 범함수 이론 계산을 장점으로 내세웠다는 사실이다. 그러나 이 부분은 수천 가지의 예측이 이루어졌지만 대부분이 실현되지 않았다는 사실과 함께 다시 생각해봐야 한다. 하지만 당연하게도 여전히 관련 경험이 풍부한 연구진에 의해 이루어진 정확한 밀도 범함수 이론 계산은 매우 중요할 수 있다(15장).

이러한 논평에도 불구하고, 문헌에 있는 상당수의 밀도 범함수 이론 논문은 실제로 매우 수준이 낮고, 일반적으로 문헌을 나쁜 논문으로 오염시킨다는 부분에서 유용한 점보다 해로운 점이 더 크다는 것을 인식하는 것이 중요하다. 불행히도 오늘날에는 이러한 계산을 쉽게 수행할 수 있기 때문에 더욱 그러하다. 다행히도 이런 오염에 대한 해결책이 있다. 관심 영역에 대해 더욱 공부를 하라. 좋은 연구팀의 논문은 나쁜 연구팀의 논문보다 훨씬 더 자주 인용된다. 그것이 하나의 지침이 되게 하라.

계산 재료과학 2.2: 분자 동역학

계산 모델링의 또 다른 발전은 분자 동역학(MD)이다. 이 접근법에서 N개의 원자는 축소된 용수철과 뉴턴의 운동 법칙($F = ma = m\,dv/dt$, 여기서 v는 속도)에 의해 서로 연결되어 있다고 가정하고 다음과 같은 형태로 표현할 수 있다.

$$F(X) = -\nabla E_{\text{pot}}(X) = M\frac{V(t)}{dt} \tag{2.31}$$

$$V(t) = \frac{dX}{dt} \tag{2.32}$$

여기서 X는 각 입자의 좌표 (x, y, z)를 나타내고 V는 3차원에서의 속도, 즉 v_x, v_y 및 v_z를 나타낸다. $E_{\text{pot}}(X)$는 X의 함수인 짝 상호작용에 대한 퍼텐셜 에너지이다. 분자 동역학의 핵심 아이디어는 다소 간단하고 매우 직관적이다. 분자 동역학이 어떻게 작동하는지 설명하는 한 가지 방법은 당구대에서 랙이 부러졌을 때 어떤 일이 발생하는지 상상하는 것이다. 여기서 큐볼로 랙을 세게 치게 된다. 이제 이 과정을 매우 느린 동작 또는 아주 작은 시간 단계들로 이루어져 있다고 상상해보자. 고체에서는 일반적으로 피코초 단위의 시간으로 표시된다. 우리의 경우, 이런 작은 시간 단계를 사용할 필요는 없다. 그럼에도 불구하고 당구공은 뉴턴의 법칙을 따르므로 당구대에 있는 16개 공의 궤적을 시간의 함수로 추적할 수 있다. 이 특정 예에서 시간이 지나면 마찰로 인해 공이 멈추고 분자 동역학 시뮬레이션이 최종 위치를 알려준다. [이 특정 시뮬레이션을 수행하려면 마찰에 대한 항을 식 (2.31)에 추가해야 한다.] 포켓과 마찰이 없는 당구대에서 공의 좌표와 공의 속도는 시간이 지남에 따라 계속해서 변화한다. 분자 동역학은 이 변화를 추적한다.

물리학자들은 퍼텐셜로서 식 (2.31)의 E_{pot}을 지칭하고, 화학자들은 그것을 역장(force field)이라고 부른다. 여기에서는 물리학자들의 방향을 따라 E_{pot}으로 지칭할 것이다. 예를 들어, 이온 결합의 경우 E_{pot}은 식 (2.13)에 의해 구면 좌표계로 제공된다. 모든 경우에 예외 없이 퍼텐셜 에너지는 그림 2.4a에서 알짜 에너지로 표시된 곡선과 같다. 즉, 에너지 우물의 형태이다. 3차원적으로 그 에너지 우물은 아이스크림이 없는 아이스크림콘처럼 보일 것이다.

또 다른 예는 약한 반데르발스 결합을 설명하는 데 사용되는 소위 레너드−존스(Lennard-Jones) 퍼텐셜이고,

$$E_{net} = 4\varepsilon \left[\left(\frac{\sigma}{r} \right)^{12} - \left(\frac{\sigma}{r} \right)^6 \right] \tag{2.33}$$

여기서 ε과 σ는 상수이다.

모델링 대상에 따라 분자 동역학 계산을 수행할 수 있는 여러 가지 방법이 있다. 작은 바른 틀 모둠(NVE)에서 시스템은 몰(N), 부피(V) 및 에너지(E)의 변화로부터 분리된다. 따라서 이 시스템은 열교환이 허용되지 않는 단열 시스템이다. 바른 틀 모둠(NVT)에서는 N, V 및 온도(T)가 보존된다. 이것은 때때로 정온 분자 동역학이라고 한다. 흡열 또는 발열 반응이 발생하면 조절 장치에서 에너지를 주고 받는다.

기타 참고는 흥미로운 분자 동역학 시뮬레이션에 대한 몇 가지 인터넷 웹사이트들에 대한 목록이다.

2.9 요약

1. 핵에 대한 전자의 인력 또는 구속은 에너지의 양자화를 초래한다. 공간에서 전자의 위치를 찾을 확률은 전자의 에너지와 전자가 채워야 하는 궤도의 함수가 된다. 궤도의 모양은 전자의 양자 수에 따라 다르다. s 궤도는 구형 대칭이고 p 궤도는 로브형이고 서로 직교한다.

2. 이온 결합은 전기음성도가 낮은 원자에서 전기음성도가 높은 원자로 전자 이동에 의해 형성된다. 이렇게 서로 전하를 띤 입자들은 가까운 거리의 반발 에너지 성분과 먼 거리의 쿨롱 인력 성분을 통해 평형 원자 간 거리에서 이온 결합을 형성한다.

3. 공유 결합은 원자 파동 함수의 중첩에 의해 형성된다. 두 파동 함수가 중첩되려면 에너지가 비슷하고 공간에서도 중첩될 수 있어야 한다.

4. sp^3 혼성화는 에너지적으로 축퇴되어 각각 하나의 전자를 포함하는 사면체 형태의 4개 결합을 형성한다. 이것은 원자가 동시에 4개의 다른 원자와 결합할 수 있도록 한다.

5. 고체 내부의 많은 원자 또는 이온의 파동 함수의 상호작용 및 중첩은 에너지띠를 발생시킨다. 가장 바깥쪽 띠가 채워지지 않으면 전자는 비편재화되고 고체는 금속으로 간주된다. 만약 띠가 띠간격 E_g에 의해 서로 분리되어 있는 경우 고체는 해당 간격의 크기에 따라 반도체 또는 절연체로 간주된다.

부록 2A: 자유전자의 운동 에너지

자유전자의 총에너지에서, $E_{pot} = 0$인 전자는 운동 에너지 또는

$$E_{tot} = \frac{1}{2}mv^2 = \frac{p^2}{2m} \tag{2A.1}$$

여기서 p는 운동량이고 v는 속도다. 운동량 p는 다음과 같이 전자의 드브로이 파장 λ와 관련이 있다.

$$p = \frac{h}{\lambda} \tag{2A.2}$$

이 방정식을 식 (2.25)와 결합하면, 전자의 파수 k는 다음과 같다.

$$k = \frac{2\pi p}{h} \tag{2A.3}$$

달리 말하면, k는 전자의 운동량에 정비례한다. 이 3가지 방정식을 결합하면 자유전자에 대해 다음과 같이 표시할 수 있다.

$$E_{tot} = \frac{h^2 k^2}{8\pi^2 m} \tag{2A.4}$$

주기적인 장이 존재하는 경우 속도가 0일 수 있음에도 불구하고 전자의 에너지는 0이 아닌 값을 가질 수 있다.

문제

2.1 (a) 식 (2.4)는 E_{tot}가 식 (2.5)로부터, 그리고 c_0는 식 (2.6)으로부터 주어질 때 실제로 식 (2.3)의 해임을 보이시오.

(b) 첫 번째 보어 궤도의 반지름을 계산하시오.

답: 0.0528 nm

(c) 2개의 수소 원자를 고려하시오. 첫 번째 전자는 $n = 1$ 상태에 있는 반면 두 번째 전자는 $n = 3$ 상태에 있다. (i) 어떤 원자가 바닥상태 배열에 있는가? 그 이유는 무엇인가? (ii) 어느 궤도의 반지름이 더 큰가? (iii) 어느 전자가 더 빨리 움직이는가? (iv) 어느 전자가 더 낮은 퍼텐셜 에너지를 가지고 있는가? (v) 어느 원자가 더 높은 이온화 에너지를 가지고 있는가?

2.2 (a) 다음 식 역시 슈뢰딩거 방정식[식 (2.1)]의 해인 것을 보이고 c_1에 대한 표현을 찾으시오.

$$\psi(r) = A(1 + c_1 r)\exp\left(\frac{-rc_0}{2}\right)$$

(b) 이 준위의 에너지가 −3.4 eV임을 보이시오.

(c) A의 값을 결정하시오. (힌트: 모든 곳에서 전자를 찾을 수 있는 총 확률은 1이어야 한다.)

2.3 식 (2.13)으로부터 식 (2.15)를 유도하시오.

2.4 Li의 세 번째 이온화 에너지를 계산하시오. 이 계산이 근사치 없이 정확하게 수행될 수 있는 이유를 설명하시오.

답: −122.4 eV

2.5 보른 지수 $= \infty$라고 가정하고 Na^+ 1 mol, Cl^- 이온 1 mol일 때 이러한 이온이 응축될 때 방출되는 에너지를 다음의 조건에서 계산하시오.

(a) 상호작용하지 않는 이온쌍, 즉 한 쌍의 상호작용만 고려하시오.

답: -490 kJ/mol

(b) 상호작용하지 않는 이온 클러스터, 즉 4개의 이온마다 2Na와 2Cl은 서로 상호작용하지만 다른 이온과는 상호작용하지 않는다.

답: -633 kJ/mol

(c) NaCl의 1/8 단위격자, 즉 8개의 원자가 상호작용한다.

답: -713 kJ/mol

(d) 문항 (c)의 답을 예제 2.3에서 계산했던 NaCl 격자 에너지, 즉 -755 kJ/mol과 비교하고 마델룽 상수 접근 방식에 비해 이 클러스터 방법이 정답으로 수렴하는 속도가 얼마나 빠르거나 느린지 설명하시오. [힌트: (b)와 (c)의 경우 쌍으로 된 모든 끌림과 반발을 포함하고 또한 정사각형/정육면체의 최종 개수를 계산해야 한다.]

2.6 NeCl이 NaCl 구조로 결정화된다고 가정할 때 보른–하버 사이클을 사용하여 NeCl이 존재하지 않는 이유를 보이시오. 이때 필요하다면 어떠한 가정이라도 하시오.

2.7 (a) Mg^{2+}와 O^{2-} 사이의 인력, 반발 및 알짜 에너지를 $0.18 \sim 0.24$ nm 사이에서 0.01 nm 단위로 그리시오. $n = 9$, $B = 0.4 \times 10^{-105}$ J m^{9}이다.

(b) Mg^+O^-와 $Mg^{2+}O^{2-}$에서 모두 암염 구조에서 결정화되고 이온 반지름이 이온화와 강력한 함수관계가 아니라고 가정하고 $n = \infty$일 때, $Mg^{2+}O^{2-}$와 Mg^+O^- 생성 엔탈피 차이 ΔH_{form}을 계산하시오. 어느 것이 더 안정적인가?

답: $Mg^{2+}O^{2-}$이 1200 kJ/mol만큼 더 안정적이다.

(c) MgO가 $Mg^{3+}O^{3-}$로 표기되지 않는 이유는 무엇인가?

2.8 (a) $+ - + - + - + - + -$ 등의 교번하는 양이온과 음이온의 무한 사슬에 대한 마델룽 상수를 계산하시오.

답: $2 \ln 2$

(b) 2차원 NaCl 결정의 마델룽 상수의 처음 네 항을 쓰시오.

2.9 NaCl 및 CsCl 구조에 대한 마델룽 상수의 처음 세 항을 쓰시오. 이 용어의 합은 표 2.4에 나열된 숫자와 어떻게 비교되는가? 마델룽 상수가 음수이면 어떤 의미가 있는가?

2.10 (a) He_2가 불안정한 이유를 분자 궤도 이론으로 설명하시오. 이 진술은 고립된 원자의 에너지에 대한 결합 및 반결합 궤도의 에너지에 대해 무엇을 의미하는가?

(b) 왜 He_2^+가 안정하고 $\approx H_2^-$인 결합 에너지(고립된 원자에 비해)를 갖는지 분자 궤도 이론의 관점에서 설명하시오.

2.11 (a) 붕소는 산소와 반응하여 B_2O_3를 형성한다. (i) 각 B에는 몇 개의 산소 원자가 결합되어 있는가? 그 반대의 경우도 마찬가지인가? (ii) B와 O의 바닥상태의 전자 구조일 때 결합 배열을 설명할 수 있는 혼성화 방법을 제안하시오.

(b) BN에 대해 문항 (a)를 반복하시오.

2.12 원자 또는 분자의 총에너지(전자)는 개별 전자의 에너지 합으로 간주할 수 있다. 그림 2.8a에 표시된 HF 분자에 있는 전자의 에너지 합은 2개의 고립된 원자의 에너지 합보다 실제로 더 낮다(더 음수)는 것을 증명하시오.

2.13 (a) 더 높은 이온화 에너지를 갖는 것은 무엇인가?

Li 또는 Cs, Li 또는 F, F 또는 I

이에 대해 설명하시오.

(b) 더 높은 전자 친화도를 갖는 것은 무엇인가?

−Cl 또는 Br, O 또는 S, S 또는 Se

이에 대해 설명하시오.

2.14 기호 n은 이 장에서 완전히 별개의 두 양을 나타내는 데 사용되었다. 이를 명명하고 각각에 대해 명확하게 구분하시오.

2.15 (a) Ca^{2+}와 O^{2-} 이온은 어떤 불활성 기체에 해당하는가?

(b) $Ca^{2+}O^{2-}$ 결합의 평형상태에서의 이온 간 거리를 추정하시오.

(c) 이온 중심이 1 nm 떨어져 있는 경우 Ca^{2+} 이온과 O^{2-} 이온 사이의 인력을 계산하시오. 모든 가정을 명시하시오.

2.16 원소 A와 B의 결합에서 이온 특성 분율은 다음과 같이 근사화될 수 있다.

$$\text{이온 특성 분율} = 1 - e^{-(X_A - X_B)^2/4}$$

여기서 X_A와 X_B는 각 원소의 전기음성도이다.

(a) 이 식을 사용하여 다음 화합물에 대한 분수 이온 특성을 계산하시오.

NaCl, MgO, FeO, SiO_2 및 LiF

(b) 고체에서의 결합이 50% 이온 결합이고 50% 공유 결합이라는 말의 의미를 설명하시오.

더 읽을거리

1. W. D. Kingery, H. K. Bowen, and D. R. Uhlmann, *Introduction to Ceramics*, 2nd ed., Wiley, New York, 1976.
2. R. West, *Solid State Chemistry and Its Applications*, Wiley, Chichester, UK, 1984.
3. J. Maier, *Physical Chemistry of Ionic Materials*, Wiley, Chichester, UK, 2004.
4. N. N. Greenwood, *Ionic Crystals, Lattice Defects and Non-Stoichiometry*, Butterworth, London, 1968.
5. P. W. Atkins, *Physical Chemistry*, 4th ed., Oxford University Press, New York, 1990.
6. M. Gerloch, *Orbitals, Terms and States*, Wiley, Chichester, UK, 1986.
7. D. S. Sholl and J. A. Steckel, *Density Functional Theory: A Practical Introduction*, Wiley, Hoboken, NJ, 2009.
8. P. A. Cox, *The Electronic Structure and Chemistry of Solids*, Oxford University Press, Oxford, UK, 1987.
9. C. Kittel, *Introduction to Solid State Physics*, 6th ed., Wiley, New York, 1986.
10. L. Solymar and D. Walsh, *Lectures on the Electrical Properties of Materials*, 4th ed., Oxford University Press, New York, 1988.
11. J. Huheey, *Inorganic Chemistry*, 2nd ed., Harper & Row, New York, 1978.
12. R. J. Borg and G. D. Dienes, *The Physical Chemistry of Solids*, Academic Press, New York, 1992.
13. F. Wells, *Structural Inorganic Chemistry*, 4th ed., Clarendon Press, Oxford, UK, 1975.
14. J. C. Slater, *Introduction to Chemical Physics* McGraw-Hill, New York, 1939.
15 L. Pauling, *The Nature of the Chemical Bond* Cornell University Press, Ithaca, NY, 1960.
16. L. Pauling and E. B. Wilson, *Introduction to Quantum Mechanics with Applications to Chemistry* McGraw-Hill, New York, 1935.
17 C. A. Coulson, *Valence*, Clarendon Press, Oxford, UK, 1952.
18. L. Azaroff, *Introduction to Solids*, McGraw-Hill, New York, 1960.
19. G. S. Rohrer, *Structure and Bonding in Crystalline Materials*, Cambridge University Press, Cambridge, UK, 2001.
20. C. B. Carter and M. G. Norton, *Ceramic Materials* 2nd ed., Springer, New York, 2013.

기타 참고

1. Introduction to molecular dynamics: https://www. youtube.com/watch?v=lLFEqKl3sm4.
2. MD simulations of six particles in a box where the potential between the particles is given by the Lennard–Jones potential [Eq. (2.33)] https://www. youtube.com/watch?v=YyHjYkeUex4.
3. To visualize the various atomic and molecular orbitals go to http://www.chemtube3d.com/Organic%2 0Structures%20and%20Bonding.html.
4. This website is recommended for anybody interested in materials science and chemistry. It is excellently well laid out, intuitive and includes a large number of atomic structures: http://www.chemtube3d. com/index.html.

5. A compilation of MD animations: https://www. youtube.com/watch?v=x8F02slT2WA.
6. Database: https://materialsproject.org/.
   This free database is quite useful and easy to use. To start the following tutorials are useful:
   https://www.youtube.com/playlist?list=PL TjFYVNE7LTjHJwV994iQHS-bIkh3UXKJ.
   It includes the structures, lattice parameters, electronic and band structures, elastic constants, XRD diffraction patterns and much more of a large number of compounds.

세라믹스의 구조
STRUCTURE OF CERAMICS

The Solid State, however, kept its grains
of microstructure coarsely veiled until
X-ray diffraction pierced the Crystal Planes
That roofed the giddy Dance, the taut Quadrille
Where Silicon and Carbon Atoms will
Link Valencies, four-figured, hand in hand
With common Ions and Rare Earths to fill
The lattices of Matter, Glass or Sand
With tiny Excitations, quantitatively grand.

John Updike; *The Dance of the Solids* [*]

3.1 서론

이전 장에서는 원자가 서로 어떻게 결합을 형성하는지에 대해 다루었다. 이번 장은 다음 단계의 구조, 즉 결정질 세라믹스에서 이온과 원자의 배열에 대해 설명한다. 이 주제는 열, 전기, 유전체, 광학 및 자기를 포함한 많은 특성이 결정 구조에 매우 민감할 수 있기 때문에 아주 중요하다.

세라믹스는 정의에 따라 적어도 2가지 원소로 구성되며, 결과적으로 그 구조는 보통 금속보다 복잡하다. 대부분의 금속은 면심입방정(FCC), 체심입방정(BCC) 또는 조밀육방정(HCP) 구조이지만 세라믹스는 훨씬 다양한 구조를 나타낸다. 또한 구조 이름으로부터 원자 배열을 알 수 있는 금속과는 달리 세라믹스의 구조는 처음 구조가 해독된 광물의 이름을 따서 명명되었다. 예를 들어, 음이온과 양이온이 암염 구조와 같이 배열되어 있는 NiO, FeO와 같은 화합물은 암염 구조를 가지고 있다고 설명된다. 이와 유사하게, Al_2O_3의 광물명인 강옥과 같은 배열로 결정화되는 화합물은 강옥 구조를 갖는다.

그림 3.1은 다양한 음이온–양이온 반지름 비율을 갖는 많은 일반적인 세라믹 결정 구조를 보여준다. 이들은 다음과 같이 분류할 수 있다.

[*] J. Updike, *Midpoint and Other Poems*, A. Knopf, Inc., New York, 1969. 허가 후 게재.

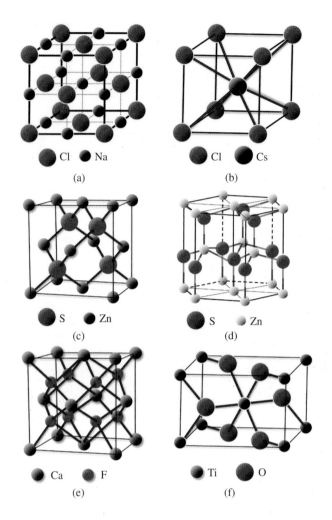

그림 3.1 몇 가지 일반적인 세라믹스의 구조. (a) 암염, (b) 염화세슘, (c) 섬아연광, (d) 섬유아연석, (e) 불화칼슘, (f) 금홍석.

∞ **AX-형 구조.** 암염, 염화세슘, 섬아연광 및 섬유아연석 구조를 포함한다. NaCl의 이름을 따서 명명된 암염 구조(그림 3.1a)는 2성분 구조 중 가장 일반적이며, 지금까지 조사된 400개 화합물 중 절반 이상이 이 구조를 가지고 있다. 이 구조에서 양이온과 음이온의 가장 가까운 이웃의 숫자로 정의된 **배위수**(coordination number)는 6이다. CsCl 구조(그림 3.1b)에서 두 이온의 배위수는 8이다. ZnS는 그림 3.1c와 d에 각각 표시된 섬아연광 및 섬유아연석형 구조의 2가지 동질이상으로 존재한다. 이러한 구조에서 배위수는 4이고, 모든 이온은 사면체로 배위를 한다.

∞ **AX$_2$-형 구조.** 그림 3.1e와 f에 각각 표시된 불화칼슘(CaF_2)과 금홍석(TiO_2)은 이러한 유형의 구조를 갖는 2가지 예다.

∞ **A$_m$B$_n$X$_p$-형 구조.** 하나 이상의 양이온 A와 B(또는 원자가가 다른 동일한 양이온)가 음이온 부격자에 포함된다. 스피넬(그림 3.10)과 페로브스카이트(그림 3.9)는 보다 보편적인 2가지 예다.

여기 간략한 소개의 끝에서, 그림 3.1에 표시된 구조는 훨씬 더 많은 수의 가능한 구조들 중 일부에 불과하다는 점에 주목하는 것이 중요하다. 세라믹 구조에 대한 포괄적인 조사는 이 책의 범위 내에서 불가능하지만, 대신 원자와 이온이 결정에서 배열되는 방식을 제어하는 어떤 기본 원리에 대한 개요를 보여주고 있고, 이것은 존재하는 여러 구조를 이해하는 데 도움이 될 수 있다. 이 장은 다음과 같이 구성되어 있다. 다음 절에서는 **국부적인 원자 구조**(즉, 양이온과 음이온의 배위수)를 결정하는 보다 중요하고 분명한 몇 가지 요소와 이러한 요소를 사용하여 특정 화합물에 대해 구조 유형을 예측하는 방법을 간략히 설명한다. 3.3절에서, 2성분 이온 구조는 이온 충진의 관점에서 다루어진다. 3.4절에서, 더 복잡한 3성분 이온 구조가 간략하게 설명되어 있다. 3.5절과 3.6절에서는 SiC 및 Si_3N_4와 같은 Si 기반 공유 결합 세라믹스와 규산염을 다룬다. 유리의 구조는 9장에서 별도로 다룰 것이다. 마지막 절에서는 격자 상수와 밀도를 다룬다.

3.2 세라믹 구조

3.2.1 구조에 영향을 미치는 인자

다음 3가지 인자, 즉 결정 화학양론, 반지름 비율, 공유원자가 및 사면체 배위에 대한 성향은 세라믹 화합물의 구조를 결정하는 데 매우 중요하다.

결정 화학양론

모든 결정은 전기적으로 중성이어야 한다. 즉, 양전하의 합은 동일한 수의 음전하와 균형을 이루어야 하며, 이는 화학식에 반영된다. 예를 들어, 알루미나에서 모든 2개의 Al^{3+} 양이온은 3개의 O^{2-} 음이온에 의해 균형을 이루어야 하므로 화학식은 Al_2O_3이다. 이 필요조건은 이온이 가정할 수 있는 여러 구조 유형에 중요한 제한을 둔다. 예를 들어, AX_2 화합물은 암염 구조로 결정화할 수 없다. 왜냐하면 암염 구조의 화학양론은 AX이기 때문이다.

반지름 비율[1]

양이온과 음이온이 하나의 구조로 결합할 때 인력을 최대화하고 척력을 최소화하여 결합한다. 각 양이온이 가능한 한 많은 음이온으로 둘러싸일 때 인력이 극대화된다. 단, 양이온이나 음이온이 '닿아 있지는' 않는다. 설명을 위해 그림 3.2에서와 같이 반지름이 증가하는 양이온을 둘러싸고 있는 고정된 크기의 음이온 4개를 고려해보자. 그림 3.2a의 원자 배열은 명백한 음이온–음이온 반발 때문에 안정적이지 않다. 그러나 그림 3.2c는 양이온과 음이온의 상호 인력에 의해 안정화된다. 음이온이 막 닿기 시작할 때(그림 3.2b), 이 구조는 **임계적으로 안정**하다고 하며, 한 구조가 다른 구조에 대

---

[1] 이 반지름 비율 개념은 폴링에 의해 처음 제안되었다. 예를 들어, 문헌 *The Nature of the Chemical Bond*, 3rd ed., Cornell University Press, Ithaca, NY, 1960을 참고하라.

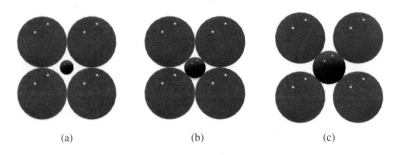

그림 3.2 임계 반지름 비율을 결정하는 데 사용되는 안정성 기준

해 불안정해지는 임계 반지름을 계산하는 데 사용된다(예제 3.1 참고).

양이온은 보통 음이온보다 작기 때문에 결정 구조는 일반적으로 양이온 주위에 채워질 수 있는 최대 음이온 수에 의해 결정되며, 이는 주어진 음이온 크기에 대해 양이온 크기가 증가함에 따라 커진다. 기하학적으로 이것은 반지름 비율 r_c/r_a로 표현할 수 있다. 여기서 r_c와 r_a는 각각 양이온과 음이온 반지름이다. 다양한 배위수에 대한 임계 반지름 비율은 그림 3.3에 나와 있다. 가장 작은 양이온조차도 2개의 음이온으로 둘러싸여 있을 수 있으며 선형 배열이 된다(그림 3.3에는 표시되지 않음). 양이온의 크기가 증가함에 따라, 즉 r_c/r_a가 증가함에 따라 주어진 양이온 주위에 수용될 수 있는 음이온 수는 3으로 증가하고 삼각형 배열(그림 3.3의 상단)이 안정해진다. $r_c/r_a \geq 0.225$의 경우 사면체 배열이 안정해진다.

공유 결합성 및 사면체 배위에 대한 경향

반지름 비율로부터 다른 구조가 예측된다는 사실에도 불구하고 많은 화합물에서 사면체 배위가 관찰된다. 예를 들어, 많은 화합물에서 반지름 비율이 0.414보다 큰 섬아연광 및 섬유아연석의 경우 여전히 사면체 배열로 결정화된다. 이러한 상황은 일반적으로 다음과 같이 공유 결합 특성이 강화될 때 발생한다.

∞ 분극력이 높은 양이온(예: Cu^{2+}, Al^{3+}, Zn^{2+}, Hg^{2+})은 쉽게 분극될 수 있는 음이온[2](I^-, S^{2-}, Se^{2-})에 결합된다. 4장에서 더 자세히 논의하겠지만, 이 조합은 결합의 공유 결합 특성을 증가시키고 사면체 배위를 선호하는 경향이 있다.

∞ Si, C 및 Ge와 같이 sp^3 혼성화를 선호하는 원자는 분명한 이유로 사면체 배위를 통해 안정화하는 경향이 있다.

예제 3.1

사면체 배열에 대한 임계 반지름 비율을 유도하시오(그림 3.3의 위에서 두 번째).

정답

이 비율을 구하는 가장 쉬운 방법은 반지름 비율이 임계값을 가질 때, 양이온은 음이온과 막

---

2   분극력과 분극성은 4장에서 다룬다.

배위수	중심 이온 주위에 존재하는 이온 배열	양이온/음이온 비율의 범위	구조
3	삼각형의 모서리	≥ 0.155	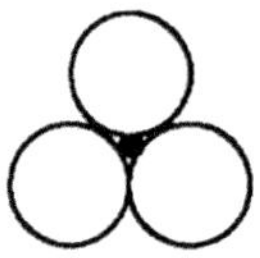
4	사면체의 모서리	≥ 0.225	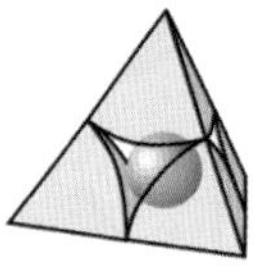
6	팔면체의 모서리	≥ 0.414	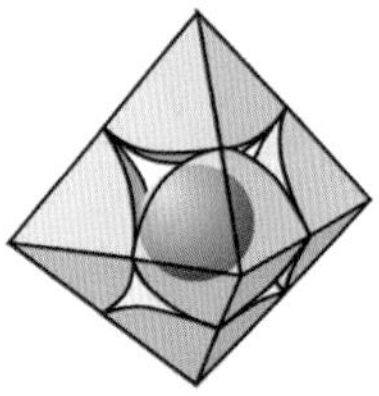
8	정육면체의 모서리	≥ 0.732	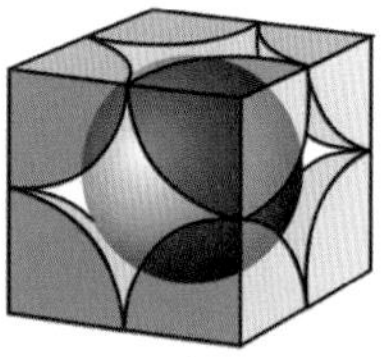
12	육팔면체의 모서리	≈ 1.000	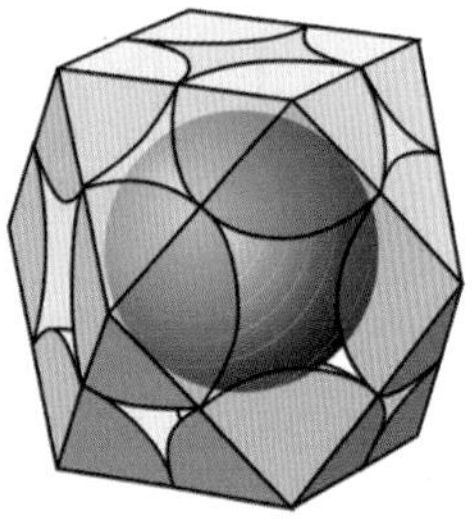

그림 3.3 다양한 배위수에 대한 임계 반지름 비율. 가장 안정적인 구조는 일반적으로 반지름 비율이 허용하는 최대 배위수를 가진 구조이다.

접촉하는 반면 음이온은 서로 막 접촉한다는 것을 인식하는 것이다(즉, 음이온은 조밀 충진 구조임). 조밀 충진 배열(그림 3.4b)에서 사면체 위치의 좌표가 ¼, ¼, ¼이므로 음이온과 양이온 중심 사이의 거리는 다음과 같다.

$$r_{\text{cation}} + r_{\text{anion}} = \sqrt{\left(\frac{a}{4}\right)^2 + \left(\frac{a}{4}\right)^2 + \left(\frac{a}{4}\right)^2} = \sqrt{3}\,\frac{a}{4} \tag{3.1}$$

여기서 a는 격자 상수이다. 그림 3.4b를 참조할 때, 임계 조건은 음이온이 면 대각선을 따라 접촉하는 것을 의미하므로 $4r_{\text{anion}} = \sqrt{2}\,a$이다. 이 두 방정식을 결합하면 $r_c/r_a = 0.225$가 된다. ■

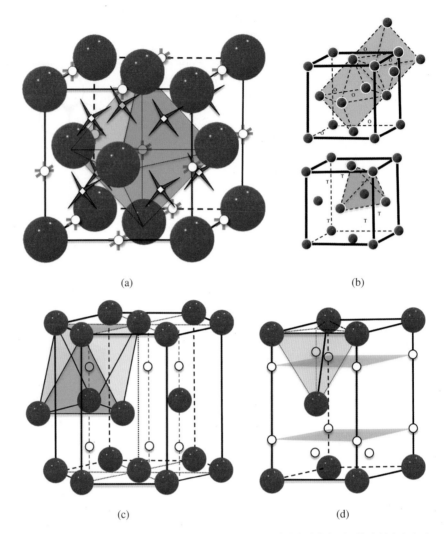

(a)

(b)

(c)

(d)

그림 3.4 (a) 정육면체 조밀 충진 배열 내의 사면체 및 팔면체 침입형 자리. 팔면체 자리의 수는 항상 원자 수와 같고, 사면체 자리의 수는 항상 원자 수의 2배이다. 단위격자의 중심에 있는 이온 주위의 팔면체에 주목하라. (b) 여러 개의 구가 조밀 충진된 2개의 평면에서 하나의 평면 위에 다른 평면이 쌓이면, 그 평면 사이에 팔면체(O)와 사면체(T) 자리가 정의된다. (c) 육각형 조밀 충진 배열에서 팔면체 자리. (d) 사면체 자리의 위치.

3.2.2 구조 예측

앞선 논의를 토대로, r_c/r_a 비율을 알고 있는 경우 결정에서 이온의 **국부적인 배열**을 예측하는 것이 적어도 이론적으로 가능해야 한다. 이 내용의 일반적인 타당성을 설명하기 위해 14족 원소의 산화물을 생각해보자. 결과는 표 3.1에 요약되어 있으며, 모든 경우에 관찰된 구조는 반지름 비율을 기반으로 예측할 수 있다.

중요한 예외가 있기 때문에, 이것이 반지름 비율을 절대적으로 고려해야 한다는 말은 아니다. 예를 들어, 반지름 비율에 따르면 CsCl의 Cs는 팔면체로 배위되어야 하지만 실제로는 그렇지 않다.

분명히 결정 구조를 이해하고 격자 에너지 계산 등을 수행하는 데 필요한 더 중요한 매개변수 중

표 3.1 r_c/r_a의 반지름 비율을 기반으로 한 예측되는 구조와 관찰되는 구조 비교

화합물	반지름 비율[a]	예측	관찰된 구조
CO_2	0.11	선형 배위	CO_2 선형 분자
SiO_2	0.19	사면체 배위	석영-사면체
GeO_2	0.28	사면체 배위	석영-사면체
SnO_c	0.49	팔면체 배위	금홍석-팔면체
PbO_2	0.75	입방체 배열	금홍석-팔면체
ThO_2	0.85	입방체 배열	형석-입방체

[a] 반지름은 부록 3A(표 3A.1)에 수록된 수치를 사용하였다.

하나는 이온 반지름이다. X선 회절을 통해 이온 사이의 거리, 즉 $r_c + r_a$를 매우 정확하게 측정할 수 있다. 그러나 하나의 이온이 어디에서 끝나고 다른 이온이 어디에서 시작되는지 아는 것은 매우 어려운 문제이다. 세밀한 X선 회절 측정이 이온 간의 전자밀도를 매핑하는 데 사용되었을 때, 전자밀도가 최소가 되는 지점이 이온의 경계에 대한 정의로 간주된다.

수년에 걸쳐 이온 반지름 수치에 대한 많은 모음집이 만들어져 왔으며, 아마도 가장 주목할 만한 것은 폴링[3]에 의한 것이다. 섀넌(Shannon)[4]은 폴링의 것과 약간 다르지만(표 3.2 참고) 부록 3A에 목록으로 되어 있는 포괄적인 반지름 수치에 대한 모음집을 만들었다. 폴링 반지름은 섀넌 반지름과 비교할 때 매우 잘 일치하고, 특히 표 3.2에 표시된 것처럼 더 큰 이온의 경우에 적합하다. 현재, 섀넌 반지름은 다른 모음집의 것보다 결정 안에서 이온의 실제 크기에 더 가깝다고 간주되며 이 책에 나와 있는 수치이다. 위에서 언급했듯이 섀넌의 포괄적인 반지름 수치는 이 장의 끝부분에 있는 부록 3A에 표 3A.1의 목록으로 나타나 있다.

표 3.2 X선 회절 분석으로 측정된 pm 단위의 이온 반지름(결정 반지름) 비교

결정	r_{M-X}	X선 회절 분석으로부터 측정된 최소 전자밀도 거리	폴링 반지름	섀넌 반지름
LiF	201	$r_{Li} = 92$	$r_{Li} = 60$	$r_{Li} = 59$
		$r_F = 109$	$r_F = 136$	$r_F = 131$
NaCl	281	$r_{Na} = 117$	$r_{Na} = 95$	$r_{Na} = 102$
		$r_{Cl} = 164$	$r_{Cl} = 181$	$r_{Cl} = 181$
KCl	314	$r_K = 144$	$r_K = 133$	$r_K = 138$
		$r_{Cl} = 170$	$r_{Cl} = 181$	$r_{Cl} = 181$
KBr	330	$r_K = 157$	$r_K = 133$	$r_K = 138$
		$r_{Br} = 173$	$r_{Br} = 195$	$r_{Br} = 196$

[3] L. Pauling, *The Nature of the Chemical Bond*, 3rd ed., Cornell University Press, Ithaca, New York, 1960, pp. 537–540.
[4] R. D. Shannon, *Acta Crstallogr.*, A32, 751(1976).

3.3 2성분계 이온 화합물

구체의 조밀 충진은 ABABAB 또는 ABCABC의 두 적층 순서 중 하나로 존재한다. 전자는 육방 밀집 배열(HCP)을 형성하고 후자는 입방 밀집 구조 또는 면심 입방 배열(FCC)을 형성한다. 기하학적으로, 그리고 적층 순서에 관계없이, 두 배열은 각각 배위수 6과 4로 **팔면체와 사면체 자리**(octahedral and tetrahedral sites)를 만든다(그림 3.4a[5]). 원자의 위치에 대한 이런 침입형 자리의 위치는 FCC 배열의 경우 그림 3.4b에, HCP 배열의 경우 그림 3.4c와 d에 나와 있다.

이러한 측면에서 많은 세라믹 구조가 음이온 충진과 함께 음이온 충진에 의해 결정되는 각 침입형 자리의 부분 점유율을 간결하게 설명할 수 있기 때문에 충진은 매우 중요하다. 표 3.3은 이 개념을 바탕으

표 3.3 음이온 충진에 따라 그룹화된 이온 구조

구조명	음이온 충진	M과 X의 배위수	양이온이 채워진 자리	예시
2성분계 화합물				
암염	입방 밀집 구조	6:6 MX	모든 팔면체 자리	$NaCl$, KCl, LiF, KBr, MgO, CaO, SrO, BaO, CdO, VO, MnO, FeO, CoO, NiO, EuO
금홍석	변형된 입방 밀집 구조	6:3 MX_2	1/2 팔면체 자리	TiO_2, GeO_2, SnO_2, PbO_2, VO_2, NbO_2, TeO_2, MnO_2, RuO_2, OsO_2, IrO_2
섬아연광	입방 밀집 구조	4:4 MX	1/2 사면체 자리	ZnS, BeO, SiC
반형석	입방 밀집 구조	4:8 M_2X	모든 사면체 자리	Li_2O, Na_2O, K_2O, Rb_2O, sulfides
섬유아연석	육방 밀집 구조	4:4 MX	1/2 사면체 자리	ZnS, ZnO, SiC, $ZnTe$
비소화 니켈	육방 밀집 구조	6:6 MX	모든 팔면체 자리	$NiAs$, FeS, $FeSe$, $CoSe$
요오드화 카드뮴	육방 밀집 구조	6:3 MX_2	1/2 팔면체 자리	CdI_2, TiS_2, ZrS_2, MgI_2, VBr_2
강옥	육방 밀집 구조	6:4 M_2X_3	2/3 팔면체 자리	Al_2O_3, Fe_2O_3, Cr_2O_3, Ti_2O_3, V_2O_3, Ga_2O_3, Rh_2O_3
CsCl	단순 입방 구조	8:8 MX	모든 정육면체 자리	$CsCl$, $CsBr$, CsI
형석	단순 입방 구조	8:4 MX_2	1/2 정육면체 자리	ThO_2, CeO_2, UO_2, ZrO_2, HfO_2, NpO_2, PuO_2, AmO_2, PrO_2, CaF_2
실리카 유형	연결된 사면체 구조	4:2 MO_2	—	SiO_2, GeO_2
복잡한 구조(3성분계 이상)				
페로브스카이트	입방 밀집 구조	12:6:6 ABO_3	1/4 팔면체 자리 (B)	$CaTiO_3$, $SrTiO_3$, $SrSnO_3$, $SrZrO_3$, $SrHfO_3$, $BaTiO_3$
스피넬 (정상)	입방 밀집 구조	4:6:4 AB_2O_4	1/8 사면체 자리 (A), 1/2 팔면체 자리 (B)	$FeAl_2O_4$, $ZnAl_2O_4$, $MgAl_2O_4$
스피넬 (역)	입방 밀집 구조	4:6:4 $B(AB)O_4$	1/8 사면체 자리 (B), 1/2 팔면체 자리 (A,B)	$FeMgFeO_4$, $MgTiMgO_4$
일메나이트	육방 밀집 구조	6:6:4 ABO_3	2/3 팔면체 자리 (A,B)	$FeTiO_3$, $NiTiO_3$, $CoTiO_3$
감람석	육방 밀집 구조	6:4:4 AB_2O_4	1/2 팔면체 자리 (A), 1/8 사면체 자리 (B)	Mg_2SiO_4, Fe_2SiO_4

출처: W. D. Kingery, H. K. Bowen, D. R. Uhlmann, *Introduction to Ceramics*, 2d ed., Wiley, New York, 1976에서 각색.

---

[5] 자리는 침입형 자리 주위에 형성되는 형태의 면 수에 따라 명명된다.

로 가장 일반적인 세라믹 재료의 구조를 요약하고 있다. 이러한 방식으로 그룹화하면 대부분의 구조에서 음이온은 조밀 충진 배열(두 번째 열)이고 양이온(네 번째 열)은 음이온 충진에 의해 결정된 침입형 자리를 다양한 비율로 차지한다는 것이 명백해진다. 이것이 어떻게 다양한 세라믹 구조를 만들게 되는지 아래에 설명되어 있다. 그러나 그 주제를 다루기 전에 가장 단순한 이온 구조 중 하나인 CsCl을 먼저 살펴보는 것이 유용하다.

3.3.1 CsCl 구조

그림 3.1b에 표시된 이 구조에서 음이온은 단순 입방체 배열이고 양이온은 각 단위격자의 중심을 차지한다.[6] 이것은 2가지 다른 종류의 이온이 관련되어 있기 때문에 BCC 구조가 아니다.

3.3.2 음이온의 조밀 충진을 기반으로 한 2성분 구조

입방 밀집 구조

음이온이 FCC 배열에 있는 구조는 다양하며 암염, 금홍석, 섬아연광, 반형석(그림 3.6), 페로브스카이트(그림 3.9) 및 스피넬(그림 3.10)을 포함한다. 이 개념이 어떻게 적용되는지 보려면 표 3.3에 따라 음이온이 FCC 배열인 암염 구조를 생각해보자. 양이온이 그림 3.4b의 각 팔면체 위치에 배치되면 그로부터 얻어지는 구조는 그림 3.1a와 같은 암염 구조이다. 이와 비슷하게, 섬아연광(그림 3.1c) 구조는 사면체 자리의 절반이 채워진 구조이다.

육방 밀집 구조

지금까지 입방 단위격자만을 고려했다. 그러나 표 3.3에서 알 수 있듯이 육각형 기반의 2성분 세라믹스가 많이 존재한다. 그 중 기술적인 측면에서 가장 중요한 세라믹스는 Al_2O_3의 한 형태인 강

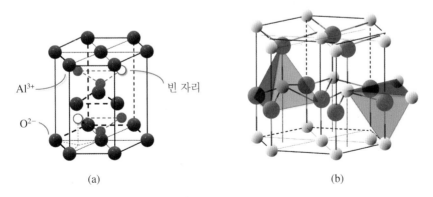

(a) (b)

그림 3.5 육각형 기반 2성분 세라믹스. (a) α-Al_2O_3의 단위격자. (b) 섬유아연석(ZnS) 구조. 구조는 사면체 자리를 강조하기 위해 위와 같이 그려졌다.

---

[6] 단위격자와 격자 상수는 1장과 3.8절에서 논의된다.

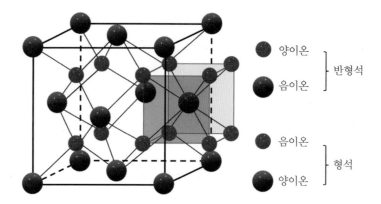

그림 3.6 형석과 반형석 구조 사이의 관계. 형석 구조에서 양이온의 배위수는 8이고 음이온은 단순 입방체 배열을 하고 있다. 두 구조 모두 FCC와 단순 입방체라는 2개의 엇갈린 구조로 볼 수 있다.

옥이다. 이것은 편암, 편마암 및 기타 변성암의 광물로 존재한다. 단결정 형태일 때 색상에 따라 사파이어 또는 루비라고 한다. 루비는 Cr 이온의 존재로 인해 빨간색이다. 사파이어는 전이금속 불순물의 특성에 따라 다양한 색상을 나타낸다. 흥미롭게도 강옥(corundum)은 고대 산스크리트어 'Kuruvindam'에서 파생된 타밀어 'Kurundam'에서 파생되었다.

α-Al_2O_3라고도 하는 강옥의 구조는 그림 3.5a에 나와 있다. 여기서 산소 음이온은 HCP 배열을 하고 있고 Al 자리의 2/3는 Al이 차지한다. a 및 c 격자 상수는 각각 0.478 및 1.299 nm이다.

또 다른 일반적인 육각형 기반 구조는 섬유아연석(그림 3.5b)이며, 그 화학적 원형은 ZnS이다. 표 3.3에 따르면, 이 구조에서 음이온은 HCP 배열을 하고 있고 양이온은 사면체 자리의 절반을 차지한다. 이것을 명확하게 하기 위해, 이 구조에서 Zn:S 비율이 실제로 1:1이고 양이온과 음이온 모두 배위수가 4임을 보여주는 것은 독자들에게 연습문제로 남겨둔다. ZnS는 입방 동질이상, 즉 그림 3.1c에 표시된 섬아연광으로 될 수 있음을 주목하라.

강옥 및 섬유아연석 외에 비소화 니켈, 요오드화 카드뮴, 일메나이트 및 감람석은 모두 음이온 배열이 HCP인 구조이다.

형석 및 반형석 구조

반형석 구조는 그림 3.6과 같이 음이온을 FCC 배열로 배치하고 모든 사면체 자리를 양이온으로 채움으로써 가장 시각적으로 잘 보여줄 수 있다. 그에 따른 화학양론은 M_2X이다. Li_2O, Na_2O, Li_2S 및 Li_2Se와 같은 알칼리 금속의 산화물 및 칼코겐화물은 이 구조로 결정화된다.

그림 3.6에서도 볼 수 있듯이 형석 구조에서 상황은 그 반대로 나타나는데, 조밀 충진 양이온 부격자의 모든 사면체 작은 공간들을 음이온이 채운다. 생성된 화합물은 MX_2이다. Zr, Hf, Th와 같은 큰 4가 양이온의 산화물과 Ca, Sr, Ba, Cd, Hg 및 Pb와 같은 큰 2가 양이온의 불화물은 이 구조로 결정화된다.

이 구조를 살펴보는 또 다른 방법은 음이온에 초점을 맞추는 것이다. 음이온은 단순 입방체 배열 (그림 3.6 참고)을 하는데, 체심을 양이온이 교대로 채우고 있다. 이러한 관점에서 보면, 양이온의

8 배위가 명확해지며, 이는 표 3.3에 따라 r_c/r_a가 이제 1에 가까워지기 때문이고, 이는 입방체 배열을 안정적으로 만든다.

금홍석 및 기타 구조

그림 3.1e에 표시된 이상적인 금홍석, 즉 TiO_2 단위격자는 입방체 구조도 밀집 구조도 아니다. 이 구조에서 각 Ti^{4+}를 6개의 O^{2-} 이온이 팔면체 형태로 둘러싸고 있고 각 O^{2-} 이온은 평면 삼각형 형태로 분포된 3개의 Ti^{4+} 이온(그림 3.7a에서 점선으로 표시)으로 둘러싸여 있다. 또한 이 구조는 TiO_6 팔면체의 직선형 리본이 이와 유사한 형태의 다른 리본들과 모서리를 공유하며 연결된 것으로 볼 수 있는데, 인접한 리본의 방향이 90°씩 틀어져 있다(그림 3.7b). 단위격자(점선으로 표시)와 팔면체의 적층 사이의 관계는 그림 3.7a에 나와 있다. 실제 구조는 여기에 표시된 일반 구조가 아닌 왜곡된 팔면체로 구성되어 있다.

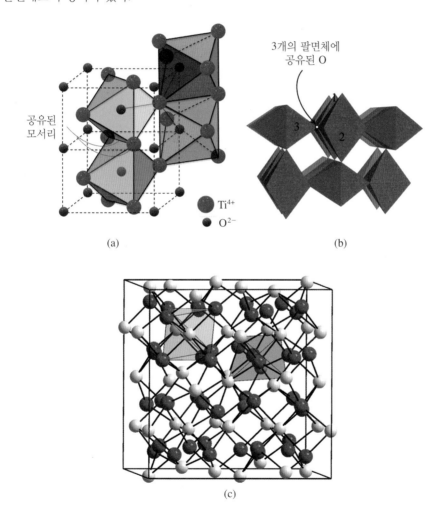

그림 3.7 (a) 금홍석 결정에서 TiO_6 팔면체의 이상적인 적층. (b) TiO_6 팔면체의 적층. 2개의 단위격자는 (a)에서 점선으로 표시된다. (c) Y_2O_3의 이상적인 단위격자. 교대로 층층이 이루어진 구조에서 2가지 유형의 팔면체 양이온 자리를 주목하라. 정팔면체는 회색을 띠고 있다. 불규칙한 것은 빨간색을 띠고 있다. 이 단위격자에서 Y 이온은 빨간색이고 산소 이온은 회색이다. O 이온은 FCC 배열을 하고 있다.

모든 2성분 산화물이 표 3.3에 포함되어 있지는 않다. 그러나 표에 수록되지 않은 물질의 많은 경우들은 수록된 물질들로부터 파생된 것이다. 이해를 돕기 위해 그림 3.7c에 표시된 산화이트륨 Y_2O_3의 구조를 생각해보자. 여기서 각 양이온은 정육면체의 8개의 모서리 중 6개에 존재하는 6개의 음이온으로 둘러싸여 있다. 정육면체의 절반에서는 누락된 산소가 격자 면의 대각선 방향 끝에 있고 나머지 절반의 경우 누락된 산소가 격자 내부의 대각선 방향에 존재한다. 단위격자는 48개의 O^{2-} 이온과 32개의 Y^{3+} 이온을 포함한다. 즉, 전체 단위격자에는 이러한 작은 격자로 이루어진 4개 층이 포함되어 있으며 명확하게 설명하기 위해 첫 번째 행만 여기에 표시된다. 단위격자의 화학식은 $Y_{32}O_{48}$이며 Y_2O_3로 단순화된다. Gd_2O_3, Pr_2O_3, Yb_2O_3 등과 같은 희토류의 모든 이삼산화물은 Ga_2O_3, In_2O_3, Tl_2O_3 및 빅스바이트 광물 $(Fe,Mn)_2O_3$와 마찬가지로 이 시스템에 속한다.

예제 3.2

r_c/r_a 값이 각각 0.3 및 0.5인 2개의 가상 화합물 MX 및 MX_2를 고려하시오. 각각의 조건을 만족하는 구조는 무엇인가?

정답

MX 화합물의 경우 r_c/r_a로부터 사면체 배열이 가장 안정적이라고 예측할 수 있다. 표 3.3으로부터 반지름 비율에서 요구되는 조건과 화학적 성질을 동시에 충족하는 유일한 구조는 섬아연광과 섬유아연석이고 나머지는 모두 배제된다. 이 두 구조 중 어느 것이 더 안정적인가는 대답하기 매우 어려운 질문이면서 현재 연구 주제로 진행 중이고, 이것은 이온 간의 미묘한 상호작용에 달려 있다.

이와 유사한 내용으로, MX_2 화합물에 대해 만들 수 있는 유일한 구조는 금홍석과 요오드화 카드뮴뿐이다. ■

3.4 복합 결정 구조

이전 절에서 2성분 세라믹스의 구조에 대해 논의했다. 그러나 화합물의 원소 수가 증가함에 따라 각 이온의 크기와 전하 요건이 다르기 때문에 구조는 자연스럽게 더 복잡해진다. 그리고 표 3.1에 나와 있는 방식으로 3성분 화합물의 구조를 설명하는 것이 가능하지만, 또 다른 방법으로는, 양이온의 배위수를 때때로 더 잘 설명할 수 있는 것으로 그림 3.3에 나와 있듯이 다양한 벽돌 쌓기로 만들어질 구조를 상상하는 것이 있다. 즉, 구조는 3차원 조각그림 퍼즐로 볼 수 있다. 이러한 복합 결정 구조의 예는 그림 3.8에 나와 있다. 2가지 복잡한 구조는 아래에 설명된 것과 같은 스피넬과 페로브스카이트이다.

3.4.1 페로브스카이트 구조

19세기 러시아 광물학자인 페로브스키(Perovski) 백작의 이름을 따서 명명된 자연 발생 광물인 페로브스카이트의 조성은 $CaTiO_3$이다. 따라서 일반적인 페로브스카이트 화학식은 ABX_3이다. 이상적인 입방체 구조는 그림 3.8b와 3.9a에 나와 있고, 여기에서 더 큰 A 양이온인 Ca^{2+}는 12개의 산소로 둘러싸여 있고 더 작은 B 또는 Ti^{4+} 이온은 6개의 산소에 의해 배위된다.

다음 소절에서 스피넬과 같이 논의되는 페로브스카이트는 전체 결정이 중성을 유지하는 이상 많은 양이온 조합을 수용할 수 있다. 예를 들어, $NaWO_3$, $CaSnO_3$ 및 $YAlO_3$는 모두 그 구조 또는 수정된 형태로 결정화된다. 수정된 형태는 일반적으로 2개의 양이온 중 더 큰 양이온의 크기가 작을 때 발생하며, 이는 이웃에 대해 B 팔면체의 축을 기울이는 경향이 있다. 그 결과 페로브스카이트의 특이한 전기적 특성, 즉 압전기의 기초가 되는 연결된 B 팔면체의 주름진 네트워크가 생성되며, 이는 15장에서 더 자세히 다룬다.

몇 가지 AB_3 구조는 페로브스카이트 구조로부터 쉽게 파생될 수 있는데, 이것은 육팔면체 위치

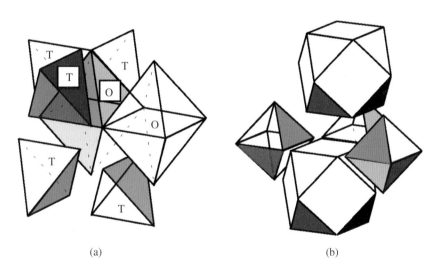

(a)   (b)

그림 3.8 복합 결정 구조의 예. (a) 팔면체가 채워져 있지 않은 경우의 반형석 구조. (b) 페로브스카이트 구조($CaTiO_3$). 각 육팔면체의 중심에는 Ca 이온이 있다. 각 Ca 육팔면체는 8개의 산화티타늄 팔면체로 둘러싸여 있다. 그림 3.9를 같이 참고하라.

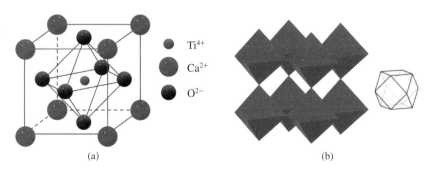

Ti^{4+}
Ca^{2+}
O^{2-}

(a)   (b)

그림 3.9 (a) Ti^{4+} 이온을 중심으로 한 페로브스카이트의 구조. Ca^{2+} 이온을 중심으로 표현한 것은 그림 3.8b를 참고하라. (b) Re 팔면체를 중심으로 한 ReO_3. 단위격자의 중앙에 있는 큰 육팔면체를 주목하라.

에 있는 원자를 단순히 제거함으로써 얻을 수 있다. ReO_3, WO_3, NbO_3, NbF_3, TaF_3와 같은 몇몇 산화물과 불화물, 그리고 $TiOF_2$ 및 $MoOF_2$와 같은 다른 불소산화물은 그림 3.9b와 같은 구조로 결정화된다. 이 구조에서 비어 있는 큰 육팔면체(그림 3.9b의 삽도)가 단위격자의 중앙에 존재한다. 이 자리는 Li^+와 양성자 및 기타 양이온의 삽입을 허용한다.

3.4.2 스피넬 구조

자연적으로 발생하는 광물 $MgAl_2O_4$의 이름을 따서 명명된 이 구조는 AB_2O_4의 일반 화학식을 가지며, 여기서 A 및 B 양이온은 각각 +2 및 +3 산화 상태에 있다. 이 구조를 그려보는 방법에는 여러 가지가 있다. 여기에서 몇 가지 방법을 생각해볼 것이다. 구조를 들여다보는 한 가지 방법은 산소 이온의 FCC 적층에 초점을 맞추는 것이다.[7] 양이온은 사면체 자리의 1/8과 팔면체 자리의 1/2을 차지한다(표 3.3 참고). 동일한 구조를 단위격자 관점에서도 볼 수 있다. 스피넬 단위격자는 2개의 하위 단위로 구성된다(그림 3.10b와 c). 하나의 하위 단위(그림 3.10b)에서 8개의 사면체 자리 중 2개와 1.5개의 팔면체 자리가 채워진다. 두 번째 하위 단위(그림 3.10c)에서는 사면체와 2.5개의 팔면체 자리가 채워져 있지 않다. 그림 3.10a에 삽입된 그림은 2개의 하위 단위가 단위격자에 함께 들어맞는 방식을 보여준다. 완전한 단위격자는 32개의 O^{2-} 음이온, 사면체 자리에 8개의 A^{2+} 양이온, 팔면체 자리에 16개의 A^{3+} 양이온으로 구성된다.

A^{2+} 이온이 사면체 자리를 독점적으로 차지하고 B^{3+} 이온이 팔면체 자리를 차지할 때 스피넬은 **정상 스피넬**(normal spinel)로 표시된다. 일반적으로 더 큰 양이온은 더 큰 팔면체 자리를 채우는 경향이 있으며 그 반대의 경우도 마찬가지다. **역 스피넬**(inverse spinel)에서 A^{2+} 이온과 B^{3+} 이온의 절반은 팔면체 자리를 차지하고 B^{3+} 이온의 나머지 절반은 사면체 자리를 차지한다.

6장에서 더 자세히 논의하겠지만, 스피넬 양이온의 산화 상태는 +2와 +3으로 제한될 필요가 없고 결정이 중성을 유지하는 한 어떠한 조합도 될 수 있다. 이 세라믹스의 중요한 내용은 15장에서 자성 세라믹스를 다룰 때 다시 논의할 것이다.

3.5 공유 결합성 세라믹스의 구조

규산염에서 SiO_4, SiC의 경우 SiC_4 및 Si_3N_4용 SiN_4와 같이, SiC, Si_3N_4 및 규산염(다음 절에서 별도로 설명)을 포함하는 규소 기반 공유 세라믹스의 기본 구성단위는 모든 경우에 Si 사면체이다. Si 결합이 사면체로 결합하는 이유는 지난 장에서 논의되었다.

질화규소 Si_3N_4는 2가지 동질이상 α와 β로 존재한다. β 동질이상의 구조는 그림 3.11에 나와 있으며, 질소 원자의 일부는 2개의 Si 원자에 연결되어 있고 다른 일부는 3개의 Si 원자에 연결되어

---

[7] 그림 3.10b는 ABCABC 또는 FCC 음이온의 적층 순서를 잘 보여주고, 그 적층이 2가지 유형의 침입형 자리를 어떻게 만드는지를 분명하게 나타낸다.

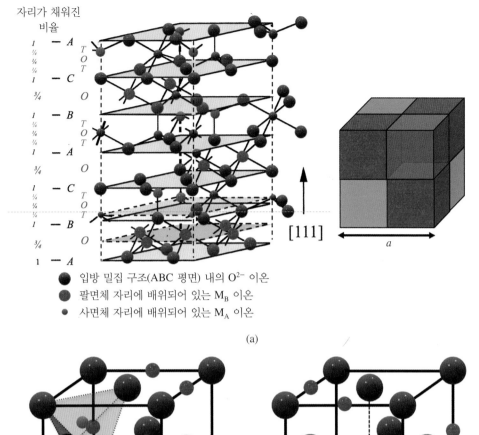

자리가 채워진
비율

$\frac{1}{4}$ — A T O T
$\frac{1}{4}$
$\frac{1}{4}$
$\frac{1}{4}$
1 — C
$\frac{3}{4}$ O
1 — B T O T
$\frac{1}{4}$
$\frac{1}{4}$
$\frac{1}{4}$
1 — A
$\frac{3}{4}$ O
1 — C T O T
$\frac{1}{4}$
$\frac{1}{4}$
$\frac{1}{4}$
1 — B
$\frac{3}{4}$ O
1 — A

[111]

a

- ● 입방 밀집 구조(ABC 평면) 내의 O^{2-} 이온
- ● 팔면체 자리에 배위되어 있는 M_B 이온
- • 사면체 자리에 배위되어 있는 M_A 이온

(a)

(b)   (c)

그림 3.10 (a) FCC 충진에서 O의 적층으로 본 스피넬 구조. (b), (c) 스피넬 구조를 구성하는 8분 공간 또는 하위 단위 2개. (a)의 삽입된 그림은 격자 상수 a 를 갖는 단위격자를 형성하기 위해 2가지의 하위 단위가 어떻게 함께 결합하는지 보여준다.

있다. 높은 경도, 우수한 내마모성 및 내충격성으로 인해 Si_3N_4는 다양한 용도로 사용되는데, 가장 많이 쓰이는 곳이 볼 베어링이다. 그림 11.25는 Si_3N_4로 만들어진 다양한 베어링의 사진이다.

 SiC의 구조에서 또한 많은 동질이상이 존재하며, 가장 단순한 입방형 SiC는 섬아연광 구조를 가지며 그림 3.12 및 3.1c에 나와 있다.

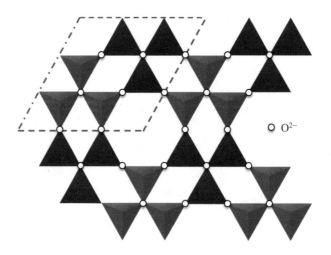

그림 3.11 β-Si_3N_4의 구조는 육각형이며 모서리에서 서로 연결된 주름진 육원자 고리로 구성된다. Si 이온이 중심에 존재하는 빨간색 사면체의 경우 종이의 평면 위로 튀어나와 있는 반면 회색의 사면체는 종이의 평면 아래를 가리킨다. 단위격자는 점선으로 표시된다.

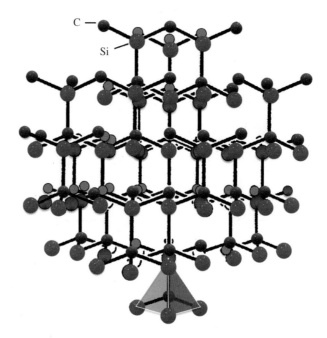

그림 3.12 섬유아연석형 구조에서 결정화되는 육각형 SiC 구조. 구조는 사면체로 구성된다.

3.6 층상 세라믹스의 구조

많은 세라믹스는 층상 구조를 이루고 있다. 관점에 따라 어떤 수준에서는 대부분의 세라믹스가 실제로 층을 이룬다고 주장할 수도 있다. 예를 들어, NaCl 구조에서 Na 양이온 층 사이사이에 존재하는 순수한 Cl 음이온 층의 [111] 방향을 따라가 보면, Na 양이온 층은 Cl⁻ 충진 구조에서 팔면체 자리에 존재하는 것을 분명히 알 수 있다. 거의 밀집된 구조들이 교대로 존재한다고 생각하는 것은 그리 어렵지 않다. 앞에서 설명한 부분의 또 다른 예는 스피넬이다(그림 3.10a).

깁사이트 $Al(OH)_3$는 모든 O 음이온이 양성자에 결합된 AlO_6 팔면체 층으로 구성된다. 수활석 $Mg(OH)_2$는 팔면체가 Mg 기반인 것을 제외하고는 또 다른 층상 물질이다. 층들은 서로 약한 수소 결합으로 연결된다.

층상 세라믹스는 현재 진행 중인 나노물질 혁명의 핵심이기 때문에 최근 많은 관심을 받고 있다. 이는 사례연구 3.1절에서 논의된다. 다음 절에서 논의되는 또 다른 사례는 지질학에서의 기반암인 층상 규산염이다.

3.7 규산염의 구조

지각은 약 48 wt.%의 산소, 26%의 규소, 8%의 알루미늄, 5%의 철, 11%의 칼슘, 나트륨, 칼륨 및 마그네슘을 합친 것이다. 따라서 지구의 지각과 맨틀이 주로 규산염 광물로 구성되어 있다는 것은 놀라운 일이 아니다. 규산염의 화학과 구조는 실제로 매우 복잡할 수 있으며 여기서 자세히 다룰 수 없다. 대신 구조를 이해하기 위한 몇 가지 지침이 아래에 나와 있다.

더 진행하기 전에, 규산염 구조에 존재하는 2가지 유형의 산소, 즉 **가교 산소**(bridging oxygen)와 **비가교 산소**(nonbridging oxygen)를 구별하는 것이 중요하다. 2개의 Si 원자에 결합된 산소 원자는 가교 산소이고, 하나의 Si 원자에만 결합된 산소 원자는 비가교 산소이다. 비가교 산소(NBO)는 대부분 다음 화학 반응식에 따라 실리카에 알칼리 또는 알칼리 토금속 산화물을 추가하여 형성된다.

$$\underset{|}{\overset{|}{\text{O}}} \quad \underset{|}{\overset{|}{\text{O}}} \qquad \qquad \underset{|}{\overset{|}{\text{O}}} \quad \text{M}^+ \quad \underset{|}{\overset{|}{\text{O}}}$$
$$-\text{O}-\text{Si}-\text{O}-\text{Si}-\text{O}+\text{M}_2\text{O} \rightarrow -\text{O}-\underset{|}{\overset{|}{\text{Si}}} \quad \overset{-\text{O}}{\underset{\text{O}}{\diagdown}} \quad \underset{|}{\overset{|}{\text{Si}}}-\text{O}- \qquad \qquad (3.2)$$
$$\underset{|}{\overset{|}{\text{O}}} \quad \underset{|}{\overset{|}{\text{O}}} \qquad \qquad \underset{|}{\overset{|}{\text{O}}} \quad \text{M}^+$$

여기서 O^-는 NBO를 나타낸다. NBO는 음전하를 띠고 있고 양이온이 NBO에 인접하게 됨으로써 국부적인 전하 중성이 유지된다는 점에 주목할 가치가 있다. 또한 이 화학식을 바탕으로 다음과 같은 점을 주목할 필요가 있다.

1. NBO의 수는 첨가된 알칼리 또는 알칼리 토금속 산화물의 몰수에 비례한다(예제 3.3 참고).
2. 실리카에 알칼리 또는 알칼리 토금속 산화물을 추가하면 규산염의 전체 O/Si 비율이 증가해야 한다.
3. NBO의 수를 늘리면 규산염 구조가 더 작은 단위로 점차적으로 분해된다.

따라서 규산염 구조를 결정하는 중요한 매개변수는 사면체당 NBO의 수이며, 이는 결국 O/Si 비율에 의해 결정된다. 이 비율이 어떻게 구조를 결정하는지는 아래에 설명되어 있다. 이 부분을 다루기 전에 일반

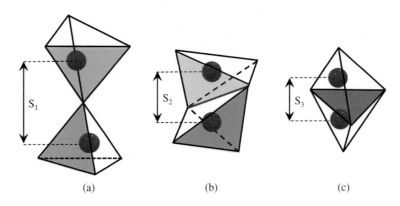

그림 3.13 양이온-양이온 분리에 대한 사면체의 꼭짓점, 모서리 및 면 공유 효과. 거리 $S_1 : S_2 : S_3$의 비율은 $1 : 0.58 : 0.33$이다. 따라서 양이온-양이온 반발이 왼쪽에서 오른쪽으로 갈수록 증가하여 구조가 불안정해지는 경향이 있다.

적으로 다음의 원칙들도 적용된다는 점을 이해하는 것이 중요하다.

1. 기본 구성단위는 SiO_4 사면체이다. Si–O 결합은 부분적으로 공유 결합성이며 사면체는 공유 결합의 방향성과 상대적 크기 비율에 해당하는 결합의 필요조건을 모두 충족한다.

2. Si^{4+} 이온의 전하가 크기 때문에 사면체 단위는 모서리에서 모서리로 연결되는 경우가 거의 없고 면과 면으로는 절대 만나지 않고 거의 항상 꼭짓점을 공유한다. 이때 한 꼭짓점을 2개 이하의 사면체가 공유한다. 폴링이 처음 언급한 이 규칙의 이면에 있는 이유는 그림 3.13에 나와 있다. 여기에서 분명한 것은 양이온들끼리 서로 떨어져 있는 거리가 꼭짓점에서 모서리, 면을 공유할수록 감소한다는 것이다. 이것은 결국 양이온-양이온 반발과 구조의 안정성 감소를 일으킨다.

O/Si 비율은 2와 4 사이에서만 변할 수 있고, 이 비율과 규산염 구조 사이의 관계는 표 3.4에 나와 있다.[8] 반복되는 기본 구성단위의 형태에 따라 이러한 구조는 3차원 네트워크, 무한한 판상, 사슬 및 고립된 사면체로 분류되어 왔다. 이러한 각 구조는 아래에서 자세히 설명한다.

3.7.1 실리카

2의 값을 갖는 비율, 즉 SiO_2의 경우 각 산소 원자는 2개의 Si 원자에 연결되고 각 Si는 4개의 산소에 연결되어 표 3.4의 상단과 같이 3차원 네트워크가 생성된다. 이로부터 얻어지는 구조는 사면체의 배열에 따라 석영, 인규석 및 홍연석을 포함하는 실리카의 모든 동소체이다. 그러나 장거리 규칙성이 결여된 경우 생성된 고체는 비정질 실리카(amorphous silica) 또는 용융 석영(fused quartz)으로 표시된다(용융 실리카의 구조에 대한 자세한 내용은 9장 참고).

---

[8] 표 3.4에 내포되어 있는 의미는, 각 O 원자가 2개의 Si 사면체 사이에서 공유되지 않은, 즉 비가교 산소는 음전하를 띤다는 것이다.

구조	O/Si 비율	각 Si 1개당 O의 개수		구조와 예시
		가교 산소	비가교 산소[a]	
	2.00	4.0	0.0	3차원 네트워크 석영, 인규석, 홍연석은 모두 실리카의 동질이상이다.
반복 단위 $(Si_4O_{10})^{4-}$	2.50	3.0	1.0	무한한 판상의 $Na_2Si_2O_5$ 점토 (고령석), 운모, 활석
반복 단위 $(Si_4O_{11})^{6-}$	2.75	2.5	1.5	이중 사슬, 예제, 석면
반복 단위 $(SiO_3)^{2-}$	3.00	2.0	2.0	사슬 $(SiO_3)_n^{2n-}$ Na_2SiO_3, $MgSiO_3$
반복 단위 $(SiO_4)^{4-}$	4.00	0.0	4.0	고립된 SiO_4^{4-}, 사면체, Mg_2SiO_4 감람석, Li_4SiO_4

[a] Si당 비가교 산소의 수를 결정하는 가장 간단한 방법은 반복 단위의 전하를 반복 단위의 Si 원자 수로 나누는 것이다.

3.7.2 판상 규산염

4개의 산소 중 3개가 공유될 때, 즉 O/Si 비율이 2.5인 경우 판상 구조가 생성된다(표 3.4). 이러한 광물은 집합적으로 엽상 규산염(phyllosilicate)으로 표시된다. phyllo는 그리스어로 잎을 의미한다. 많은 광물의 구조는 이러한 O/Si 비율을 가지며 이들 사이에서의 차이점은 단순히 판상이 연결되는 방식에 있다. 점토, 활석 및 운모가 이러한 3가지 예다. 각각을 살펴보자.

점토: 점토(clay)는 1:1과 2:1의 2가지 종류가 있다. 전자는 하나의 Al 기반 팔면체 판상과 하나의 Si 기반 사면체 판상으로 구성된다(그림 3.14a). 후자는 2개의 Si 기반 사면체 판상 사이에 끼워진 하나의 Al 기반 팔면체 판상으로 구성된다(그림 3.14b). 고령석 점토인 $Al_2(OH)_4 \cdot Si_2O_5$는 1:1 점토의 예다. 그 구조를 보면 점토가 물을 쉽게 흡수하는 이유를 설명할 수 있다. 극성 물 분자는 양전하를 띠는 판상의 상단과 규산염 판상의 하단 사이에 쉽게 흡수된다. 층 사이에 단층의 물이 존재하는 경우 광물을 할로이사이트라고 한다. 몬모릴로나이트 $Al_2(OH)_2 \cdot Si_4O_{10}$은 2:1 점토의 한 예다(그림 3.14b). 개별 층은 상대적으로 약하게 결합되어 있어 물이 층 사이로 쉽게 침투하여 점토를 부풀게 한다. 몬모릴로나이트의 수분 함량은 가변적이며 광물은 물을 흡수할 때 부피가 크게 증가한다. 이것의 양이온 교환 능력은 중앙 알

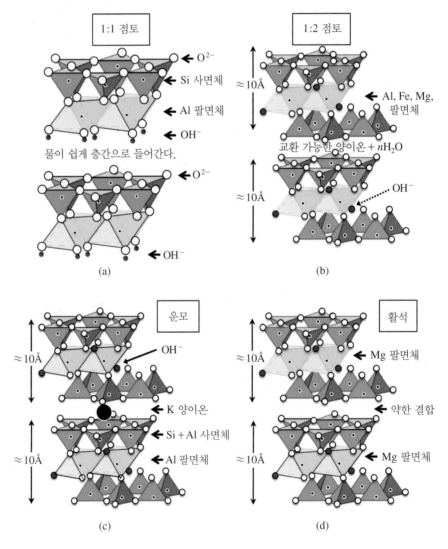

그림 3.14 (a) 1:1 고령석 점토, (b) 1:2 고령석 점토, (c) 운모 및 (d) 활석의 구조.

루미나 평면에서 Al에 대한 Mg의 동형 치환 때문이다. Mg가 Al 양이온을 대체하면 양전하의 결핍이 발생하게 된다. 이 결핍은 $(Na, Ca)_{0.33}(Al, Mg)_2(Si_4O_{10})(OH)_2 \cdot nH_2O$의 전형적인 화학 구조에서 판상들 사이에 Na^+ 및 Ca^{++} 양이온이 존재하면서 전하의 균형을 이루게 된다.

운모: 운모(mica)[그림 3.14c에 표시된 일반적인 화학식 $KAl_2(OH)_2(AlSi_3)O_{10}$]에서 Al^{3+} 이온은 판상에 있는 Si 원자의 4분의 1을 대체하므로 전기적으로 중성을 유지하는 구조를 위해 K^+와 같은 알칼리 이온이 필요하다. 알칼리 이온은 사면체 판상의 육각형 구멍에 적절하게 맞기 때문에 점토보다 다소 강한 이온 결합으로 판상과 결합한다. 따라서 운모는 점토만큼 쉽게 물을 흡수하지는 않지만 약간의 노력만으로도 얇은 층의 재료를 뜯어낼 수 있다.

활석: 활석(talc)[전형적인 화학식인 $Mg_3(OH)_2 \cdot Si_4O_{10}$]은 위에서 설명한 것과 같이 Mg^{2+} 팔면체로 연결된 2개의 규산염 판상 구조를 가지고 있다(그림 3.14d). 여기서 이러한 가교 Mg^{2+} 양이온 중 3개가 $[Si_2O_5]^{2-}$ 2개마다 존재한다. 추가적인 수산화물 그룹(Mg 양이온 사이에 공유되고 그림 3.14에서 빨간색으로 표시됨)은 전하 균형에 필요하다. 운모와 달리 층간은 전기적으로 중성이다. 따라서 이것들은 매우 약한 반데르발스 결합으로 연결된다. 이것은 활석(및 그것으로 만든 활석 가루)에 미끄러운 느낌을 주게 된다.

3.7.3 사슬 규산염

O/Si 비율이 3.0인 경우 무한한 사슬 또는 환상 구조가 생성된다. 이 종류에서 가장 악명 높은 석면은 규산염 사슬이 사슬끼리 함께 묶는 결합보다 각자 분리되기 쉬운 약한 정전기력에 의해 서로 매여 있게 된다. 그 결과 인간의 폐에 이들 섬유질 구조가 박히게 되어 장기적으로 치명적인 결과를 초래한다.

3.7.4 섬 규산염

O/Si 비율이 4일 때, 기본 구조단위는 따로 분리되는 $(SiO_4)^{4-}$ 사면체로, 서로 결합할 수 없지만 결정 구조의 양이온에 의해 결합된다. 생성된 구조를 섬 규산염(island silicate)이라고 하며, 석류석$(Mg, Fe^{2+}, Mn, Ca)_3(Cr, Al, Fe^{3+})_2(SiO_4)_3$ 및 감람석$(Mg, Fe^{2+})_2SiO_4$이 그 예이다.[9] 여기서 $(SiO_4)^{4-}$ 사면체는 음이온으로 작용하고 생성된 유사 이원소 구조는 이온 결합이 된다.

3.7.5 알루미늄 규산염

알루미늄은 규산염에서 2가지 역할을 할 수 있다. 첫째는 구조 네트워크에서 Al^{3+} 이온이 Si^{4+} 이온을 대체하고 누락된 전하는 추가 양이온(예: 운모)으로 보상되는 것이다. 둘째는 점토의 경우와 같

---

[9] 쉼표로 원소를 구분하는 것은 이러한 원소가 기본 구조를 변경하지 않고 다양한 비율로 발견될 수 있음을 나타낸다. 예를 들어, 내성분인 $Mg_2(SiO_4)$, $Fe_2(SiO_4)$와 이들 사이의 임의의 조합인 $(Mg, Fe)_2SiO_4$로 표시된 것은 모두 동일한 구조를 나타낸다.

이 규산염 네트워크 사이의 팔면체 및/또는 사면체 구멍을 단순히 점유할 수 있다. 즉, 다른 양이온과 같이 작용한다.

네트워크에서 Al이 Si를 대체할 때 규산염 구조를 결정하기 위한 적절한 비율은 O/(Al + Si) 비율이다. 따라서 예를 들어 조장석(NaAlSi$_3$O$_8$), 회장석(CaAl$_2$Si$_2$O$_8$), 유크립타이트(LiAlSiO$_4$), 정장석(KAlSi$_3$O$_8$) 및 스포듀민(LiAlSi$_2$O$_6$)에서 O/(Al + Si) 비율은 2다. 모든 경우에 3차원 구조가 예상되고 실제로 관찰된다. 이러한 3차원 구조의 결과로 이런 규산염 중 일부의 융점은 알려진 최고점을 나타낸다.

앞의 논의를 따르면 실리카와 더불어 앞서 언급한 일부 알루미늄 규산염을 제외하고, 대부분의 규산염은 규산염 네트워크 내, 즉 Si–O–Si 결합에서 혼합 결합 특성을 나타내며, 재료에 따라 기본 구조를 유지하는 결합인 이온 결합 또는 약한 2차 결합과는 상당히 다르다는 것이 명백하다.

예제 3.3

(a) 규산염 구조에 존재하는 Si 원자당 비가교 산소의 수를 첨가된 금속 산화물의 몰분율과 관련하여 일반화된 표현을 유도하시오.

(b) Na$_2$O·2SiO$_2$에 대해 Si 원자당 가교 산소 및 비가교 산소의 수를 계산하시오. 이 화합물에 대해 가장 적합한 구조는 무엇인가?

정답

(a) 적절한 표현을 얻는 가장 간단한 방법은 전하 중성을 유지하기 위해 비가교 산소의 수가 총 양이온 전하와 같아야 한다는 것을 인식하는 것이다. 따라서 y몰의 SiO$_2$를 기준으로 시작하여 η몰의 M$_\zeta$O를 추가하면 $z(\zeta\eta)$ 비가교 산소가 형성되며, 여기서 z는 변형 양이온의 전하이다. 따라서 Si 원자당 비가교 산소의 수는 다음과 같다.

$$NBO = \frac{z(\zeta\eta)}{y}$$

R로 표시된 해당 O/Si 비율은 다음과 같다.

$$R = \frac{2y + \eta}{y}$$

(b) Na$_2$O·2SiO$_2$의 경우, $\eta = 1$, $\zeta = 2$ 및 $y = 2$이다. 결과적으로 비가교 산소 $= (2 \times 1 \times 1)/2 = 1$이고, 따라서 Si 원자당 가교 산소는 $4 - 1 = 3$이다. 또한 $R = 2.5$이므로, 이 규산염의 가장 가능성 있는 구조는 판상 구조이다(표 3.4). ▮

3.8 격자 상수와 밀도

3.8.1 격자 상수

1장에서 언급했듯이, 모든 단위격자는 3개의 모서리 길이(a, b 및 c)와 3개의 축 사이의 각도(α, β 및 γ)인 6가지 **격자 상수**(lattice parameter)로 표현할 수 있다. 이를 기반으로 a, b, c와 α, β, γ로 7개의 가능한 조합에 해당되는 7개의 결정계가 있다(그림 1.2 참고). 대칭성이 감소되는 순서로, 입방정계, 육방정계, 정방정계, 삼방정계, 사방정계, 단사정계 및 삼사정계가 있다. 이 절의 나머지 부분에서는 단순화를 위해 $a = b = c$ 및 $\alpha = \beta = \gamma = 90°$인 입방정계에 대해서만 논의할 것이다. 결과적으로 이 계는 보통 **a**로 표시되는 하나의 매개변수에 의해서만 특징지어진다.

격자 상수는 단위격자의 길이로, 결정의 **대칭성**(symmetry)을 만족하는 가장 작은 반복 단위로 정의된다. 예를 들어, 그림 3.1a에 표시된 암염 단위격자는 4개의 양이온과 4개의 음이온을 포함하는데, 이것은 이 결정이 4회 대칭(격자 대각선을 따라 3회 대칭)을 가져야 한다는 요구 조건을 충족하는 가장 작은 반복 단위이기 때문이다. 그림 3.1a에 표시된 단위격자의 하나의 사분면만 단위격자로 선택됐다면, 그러한 최소 단위는 필요한 대칭을 갖지 **않을** 것이라는 점을 쉽게 이해할 수 있다. Y_2O_3의 단위격자가 그림 3.7c에 표시된 것과 같은 이유 또는 스피넬의 단위격자가 그림 3.10에 표시된 것과 같은 이유에 대해서도 유사한 논의를 할 수 있다.

3.8.2 밀도

세라믹스의 주요 속성 중 하나는 여러 재료들 중에서 금속보다 밀도가 낮기 때문에 비율적인(즉, 단위질량당) 특성이 중요한 부분에서 매력적이다. 먼저, 밀도를 결정하는 주요 요인은 고체를 구성하는 원자의 질량이다. 분명히, 원자 질량이 무거울수록 고체는 더 밀도가 높아진다. 예를 들어 NiO가 NaCl보다 밀도가 높은 이유다. 둘째 요인은 결합의 특성 및 방향성과 관련이 있다. 공유 결합된 세라믹스는 더 '개방된' 구조이고 덜 조밀한 경향이 있는 반면, NaCl과 같이 거의 밀집된 이온 구조는 더 조밀한 경향이 있다. 예를 들어, MgO와 SiC는 분자량이 매우 유사하지만(≈ 40 g) SiC의 밀도는 MgO의 밀도보다 낮다(예제 3.4 및 표 4.3 참고).

예제 3.4

이온이나 원자의 반지름으로부터 MgO와 SiC의 이론 밀도를 계산하시오.

정답

모든 고체의 밀도는 단위격자에 대한 지식으로 결정할 수 있다. 밀도는 다음 관계식으로부터 계산할 수 있다.

$$\rho = \frac{\text{단위격자 내에서 이온의 질량}}{\text{단위격자의 부피}} = \frac{n'(\sum M_C + \sum M_A)}{V_C N_{Av}}$$

여기서

n' = 단위격자 내에서 수식 단위의 개수

M_C = 단위격자 내에서 모든 양이온 원자량의 합

M_A = 단위격자 내에서 모든 음이온 원자량의 합

V_C = 단위격자의 부피

N_{Av} = 아보가드로 수

MgO는 암염 구조를 가지고 있는데, 이는 그림 3.1a와 같이 이온이 단위격자의 측면을 따라 접촉함을 의미한다. 따라서 격자 상수 a는

$$2r_{Mg} + 2r_0 = 2(72 + 140) = 242 \text{ pm}$$

이다. Mg의 원자량은 24.31 g/mol인 반면, O의 원자량은 16 g/mol이다. 단위격자 내에는 4개의 Mg와 4개의 O 이온이 있으므로 다음과 같다.

$$\rho = \frac{4(16 + 24.31)}{(6.022 \times 10^{23})(424 \times 10^{-10})^3} = 3.51 \text{ g/cm}^3$$

SiC(그림 3.1c)에 대한 격자 상수 a를 계산하는 것은 길이가 $\sqrt{3}\,a$인 격자 대각선 방향을 따라 원자가 접하기 때문에 조금 더 까다롭다. 따라서 Si–C 거리는 격자 대각선 길이의 1/4과 같다. Si의 원자 반지름은 118 pm이고 C의 원자 반지름은 71 pm이다. 따라서

$$\frac{\sqrt{3}}{4}a = 118 + 71$$

$$a = 4365 \text{ pm}$$

이다. 각 단위격자에 4개의 C 원자와 4개의 Si 원자가 포함되어 있고 분자량이 각각 12와 28.09인 경우 밀도는 다음과 같다.

$$\rho = \frac{4(12 + 28.09)}{(6.022 \times 10^{23})(436.5 \times 10^{-10})^3} = 3.2 \text{ g/cm}^3$$

단위격자에 있는 원자의 질량은 상당히 비슷하지만 SiC의 더 낮은 밀도는 공유 결합 고체의 더 큰 격자 상수로부터 발생한 더 '개방된' 구조가 반영된 결과다. 이때 결합이 거의 순수하게 공유 결합이기 때문에 부록 3A에 목록으로 나타낸 이온 반지름 값을 사용하는 것은 적절하지 않다. ■

결정 구조 및 격자 상수

현재까지 결정 구조를 측정하는 가장 강력한 기술은 X선 또는 중성자 회절을 사용하는 것이다. 이 기술의 필수적인 요소는 그림 3.15에 나와 있다. 이 그림에서 시준된 X선 빔은 결정에 부딪힌다. 결정에 존재하는 전자는 빔을 넓은 각도로 산란시키고, 이 산란된 광선의 대부분은 서로 상쇄적으로 간섭하여 사라지게 된다. 하지만 산란된 X선은 여러 방향에서 보강 간섭을 일으켜 강한 반사를 발생시키기도 한다.

보강 간섭의 조건은 산란된 파동들의 위상이 같을 때이다. 그림 3.15a에서 1로 표시된 파면은 2로 표시된 파면보다 $AB + BC$의 거리를 더 멀리 이동해야 한다. 따라서 $AB + BC$가 입사 X선 파장 λ의 배수인 경우, 즉

$$AB + BC = n\lambda$$

결맞음 반사가 발생한다. 삼각법을 쉽게 활용해서 다음과 같이 표현할 수 있다.

$$AB + BC = 2d \sin \theta$$

여기서 θ는 그림 3.15a에 정의된 결정 표면에 대한 X선의 입사각이다. 두 방정식을 결합하면 **브래그의 법칙** (Bragg's law)이라고도 하는 다음과 같은 회절 조건을 얻을 수 있다.

$$2d_{hkl} \sin \theta = n\lambda, \quad n = 1, 2, \dots \tag{3.3}$$

여기서 d_{hkl}은 결정에서 인접한 평면 사이의 거리이다.

수많은 X선 회절 기술이 있지만, 이들 모두의 이면에 있는 아이디어는 비슷하다. 빔이 회절이 일어나는 결정을 기준으로 이동하고 회절 빔의 세기가 각도 θ의 함수로 측정된다. 또는 빔이 고정되고 결정이 회전하면서 회절이 발생하는 각도가 기록된다.

어떤 회절이 발생하는 각도는 결정 구조를 분석하는 데 사용되는 정보의 일부일 뿐이다. 회절 빔의 세기도 필수적인 실마리이다. 이것은 그림 3.15b와 c의 두 격자를 비교하면 쉽게 파악할 수 있다. 이용 가능한 유일한 정보

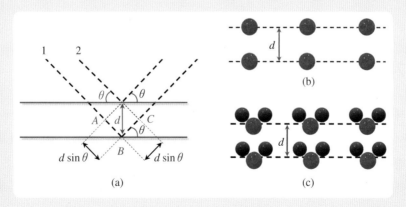

그림 3.15 (a) 결정면에 의한 파동의 산란. 산란파의 각도는 d에만 의존하지만 세기는 (b)와 (c)를 비교할 때 분명하게 드러나는 것처럼 산란체의 특성에 따라 달라진다. 이 둘은 동일한 격자 간격 d를 갖지만 결정 구조가 상당히 다르기 때문에 결국 산란파의 세기에 반영된다.

가 회절각이라면 이 2개의 매우 다른 구조는 구별할 수 없을 것이다. 그러나 그림 3.15c에서와 같이 분자 내의 원자 사이의 보강 간섭 또는 상쇄 간섭은, 예를 들어 그림 3.15b에서와 같이 세기가 다른 X선 피크를 생성한다. 요컨대, 산란이 일어나는 각도는 격자의 종류에 따라 달라지지만 세기는 산란체의 성질에 따라 달라진다.

밀도

완전히 조밀한 세라믹스의 밀도를 측정하는 것은 비교적 간단하다. 시편의 모양이 균일하면 치수에서 부피를 계산하고 민감한 저울을 사용하여 무게를 정확하게 측정한다. 무게 대 부피의 비율이 밀도이다.

시편의 부피를 측정하는 더 정확한 방법은 아르키메데스의 원리를 사용하는 것이다. 여기서 공기에서의 시편 무게 w_{air}와 유체에서의 시편 무게 w_{fluid}의 차이를 유체 밀도 ρ_{fluid}로 나눈 값은 빠져나온 액체의 부피이고, 이것은 시편의 부피와 동일하다. 시편의 밀도는 다음과 같다.

$$\rho = \frac{w_{air}}{(w_{air} - w_{fluid})/\rho_{fluid}} \tag{3.4}$$

그러나 세라믹스가 항상 완전히 밀도가 높은 것은 아니며 개방된 다공성 물질은 밀도를 측정하는 데 문제를 일으킬 수 있다. 유체에 다공성 물질을 담그면 유체가 기공들을 통과하기 때문에 빠져나온 유체의 부피가 줄어들어 결과적으로 밀도가 실제보다 더 높게 나타날 수 있다. 이 문제를 극복하기 위해 여러 기술을 사용할 수 있다. 하나는 유체에 담그기 전 기공을 밀봉하기 위해 용융된 파라핀 왁스를 매우 얇은 층으로 시편을 코팅하는 것이다. 다른 하나는 앞에서 설명한 대로 측정을 수행하고 유체에서 시편을 제거한 다음 유체를 적신 천으로 시편에서 과도한 액체를 닦은 후 유체가 포화된 시편의 무게를 측정하는 것이다. $w_{sat} - w_{air}$ 무게의 차이는 기공에 갇힌 액체의 무게를 측정한 것으로, 이를 ρ_{fluid}로 나누면 기공의 부피가 산출된다. 자세한 내용은 ASTM 시험 방법을 참조하는 것이 가장 좋다.

계산 재료과학 3.1:   죽느냐, 사느냐

새로운 재료를 발견할 때, DFT 계산은 실제로 매우 유용할 수 있다. 예를 들어 Mo_2GaC 및 Mo_2Ga_2C의 경우, 전자는 1967년에 발견된 MAX 상이며, 후자는 2015년에 발견되었다.[10] 이 상을 합성한 후 XRD를 사용하여 층의 순서가 Mo-C-Mo-Ga-Ga-Mo-C-Mo임을 확인했다. 그러나 고해상도 투과 전자 현미경(TEM) 이미지(그림 3.16)는 Ga 원자에 대해 매우 독특한 배열을 보였다. 예상할 수 있는 조밀 충진 배열(그림 3.16의 오른쪽 단위격자) 대신에 단순 입방체 배열, 즉 Ga 원

---

[10] Hu, C. et al. Mo_2Ga_2C: A new ternary nanolaminated carbide, *Chem. Commun.*, 51, 6560(2015).

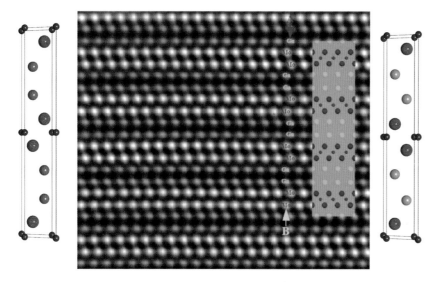

그림 3.16 원자의 배열을 보여주는 Mo_2Ga_2C의 HRTEM 이미지. 메인 패널의 왼쪽과 오른쪽에 표시된 단위격자는 예측되는 경쟁 구조. DFT 계산으로부터 실제로 왼쪽에 있는 구조가 더 안정하고, 이것은 TEM 이미지와 일치하는 것임을 확인했다. (C.-C. Lai *et al.*, Acta Mater. **99**, 157, 2015에서 가져옴.)

자 하나가 다른 Ga 원자 하나 위에 있는 것처럼 보였다(그림 3.16의 왼쪽 단위격자). 이 비정상적인 배열이 실제인지(얇은 TEM 포일을 생성하는 인공물인지는 말할 것도 없음) 여부를 결정하기 위해 Ga 원자의 배열을 제외하고는 모든 면에서 동일한 두 결정의 에너지가 DFT에 의해 계산되었으며, 결론적으로 단순 입방체 배열이 실제로 더욱 안정적이었다! 에너지의 차이는 $-130\ \mathrm{meV/atom}$로 Ga 원자가 단순 입방체 배열에 있는 구조에 대해 더 음수였다.

여기서 DFT 이론의 출현과 그에 따른 정확도의 발전 이전에는 원자 집합이 한 방향으로 결정화되고 다른 방향으로는 결정화되지 않는지에 대한 질문에 쉽게 답할 수 없었다는 점이 중요하다. 이 것은 일반적으로 동질이상 간의 에너지 차이가 실제로 매우 작을 수 있다는 점을 고려할 때 특히 그렇다(문제 2.3 참고). 마지막으로, 일반적으로 실험에 의한 결과와 DFT로부터 얻어진 격자 상수 간의 일치도가 대부분 높다는 점이 중요하다.

사례연구 3.1: 2차원 고체

1959년 리차드 파인만(Richard Feynman)은 "바닥에는 충분한 공간이 있다."라는 제목의 강연을 통해 현재 우리가 겪고 있는 나노혁명을 예언했다. 그 광범위한 내용의 강의에서 그는 다음과 같이 말했다. "적절한 층만 있는 층상 구조로 무엇을 할 수 있을까요? 원자를 원하는 대로 배열할 수 있다면 물질의 속성은 어떻게 될까요? 그들을 이론적으로 조사하는 것은 매우 흥미로울 것입니다. 무슨일이 일어날지 정확히 알 수는 없지만, 우리가 작은 규모로 사물의 배열을 어느 정도 통제할 수 있을 때 물질이 가질 수 있는 훨씬 더 넓은 범위의 가능한 속성을 얻게 될 것이라는 점은 의심할 여지

표 3.5 알려진 2차원 재료 요약. 굵은 글씨체는 공기 중에서 불안정한 물질을 나타낸다. TMD는 전이금속 칼코겐화물을 나타낸다. RE는 희토류를 의미한다.				
그래핀 계열	그래핀, C_2N	h-BN BCN	**포스포린**	산화 그래핀
TMDs	반도체: MoS_2, $MoTe_2$, ZrS_2, WS_2, WSe_2	**금속: $NbSe_2$, TaS_2, WTe_2**		반도체: **$GaSe$, Bi_2Se_3, $InSe$**
산화물 & 수산화물	산화물: 운모/점토 MoO_3, WO_3, $YBa_2Cu_3O_7$ TiO_2, MnO_2, RuO_2, TaO_3	페로브스카이트형 산화물: $LaNb_2O_7$, $Ca_2Ta_2TiO_{10}$, $(Sr,Ca)Nb_3O_{10}$, $Bi_4Ti_3O_{12}$,		수산화물: $M^{2+}_{1-x}M^{3+}_x(OH)_2^{x+}$ $RE(OH)_{2.5} xH_2O^{0.5+}$
맥신	대부분 금속: Ti_2CT_x, $Ti_3C_2T_x$, Mo_2CT_x, Nb_2CT_x, $Nb_4C_3T_x$, $Mo_{1.33}CT_x$ 등			

가 없습니다. 우리는 할 수 있습니다." 평소와 같이 그는 매우 예지력이 있었다.

2차원(2D) 고체에 대한 관심은 2004년에 물리학자들(2010년에 결국 노벨상을 수상함)이 그래핀이라고도 하는 단일 흑연 층을 분리하고 그 특성을 밝혀내면서 높아졌다. 그 이후로 2차원 고체에 대한 관심이 폭발적으로 증가했다. 표 3.5에는 현재까지 알려진 2차원 재료의 종류를 나열했다. 이 체계에는 기본적으로 4가지 그룹이 있다.

(a) 그래핀 계열(표 3.5의 맨 첫째 행): 이 계열은 1개의 원자층 두께다. 그래핀과 육각형 BN에서 층은 평평하다(그림 3.17a에서 왼쪽). 포스포린(그림 3.17a의 오른쪽)과 같은 경우에는 주름이 있다. 그래핀과 BN 구조는 h-BN이 2가지 원소로 구성되어 있다는 점을 제외하고는 동일하다.

(b) 전이금속 칼코겐화물 또는 TMD(표 3.5의 둘째 행): 칼코겐은 16족 원소이며 황(S), 셀레늄(Se) 및 텔루륨(Te)을 포함한다. 그 중 MoS_2와 같은 많은 것들은 전이금속이 칼코겐 사이의 팔면체 자리를 차지하는 단순한 구조를 가지고 있다(그림 3.17b의 왼쪽 스케치). 이 계열 물질이 흥미로운 것은 어떤 물질은 반도체 성질을 갖고 다른 물질은 도체 성질을 갖는다는 것이다. 더욱이 판상 사이에 양이온을 삽입함으로써, 즉 도핑에 의해 전도 특성을 반도체에서 금속으로, 또는 그 반대로 바꾸는 것이 가능하다. $NbSe_2$와 같은 일부는 초전도체다. Bi_2Se_3(그림 3.17b의 오른쪽 스케치)와 같은 다른 물질들은 위상 절연체다.

(c) 산화물과 수산화물(표 3.5의 셋째 행): 가장 오래된 것으로 알려진 점토, 활석 및 운모는 이전에 논의되었다. 그러나 자연적으로 층을 이루는 많은 산화물이 있으며 그 층간 삽입물들이 서로 분리되어 2차원 조각을 생성할 수 있다. 예는 그림 3.17c에 나와 있다. 여기서 점토와 같은 판상은 음전하를 띠므로 양이온이 층간 공간으로 끌린다. 수산화물도 마찬가지다(그림 3.17d). 그들 중 일부는 층을 이루고 있으며, 적절한 화학물질/용매를 사용하면 층이 벗겨지도록 유도되어 콜로이드 현탁액을 형성할 수 있다. 흥미롭게도, 이 경우 판상은 양전하를 띠기 때문에 층간 공간이 음이온을 잘 받아들일 수 있다.

(d) 맥신(MXenes): 2011년에 Al을 함유한 MAX 상(1장 참고)을 HF에 단순히 담그면 Al 층이 선택적으로 에칭되고, 그 표면이 종단되는 것을 발견했다. 즉, 단순히 MAX 상을 산에 담그

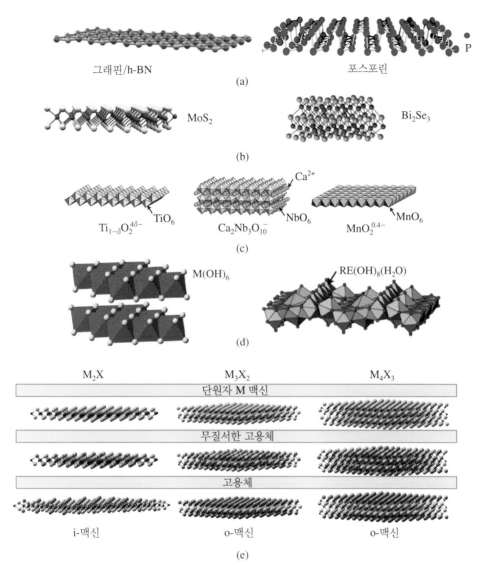

그림 3.17 일부 2차원 재료의 개략도. (a) 그래핀/BN(왼쪽), 포스포린(오른쪽); (b) MoS_2(왼쪽) 및 Bi_2Se_3(오른쪽); (c) [$Ti_{1-\delta}O_2$]$^{4\delta-}$)(왼쪽), [$Ca_2Nb_3O_{10}$]$^{-1}$ (가운데), MnO_2 (오른쪽); (d) $M_{1-x}^{2+}M_x^{3+}(OH)_2^{x+}$ (오른쪽) 및 RE(OH)$_{2.5}x$H$_2$O$^{0.5+}$(왼쪽). 여기서 RE는 희토류를 나타낸다. (e) 맥신 구조. n값이 증가하는 맥신 구조(왼쪽에서 오른쪽으로). 맨 위 행은 단일 M 원소가 있는 맥신을 나타낸다. 중간 행은 2개의 M 원소가 있는 무질서한 사성분 맥신을 나타낸다. 맨 아래 행은 i-맥신(왼쪽)과 2개의 o-맥신 구조(오른쪽)를 보여준다. i-맥신의 경우 2가지 구조를 얻을 수 있다. 약한 에칭을 사용하면 여기에 표시된 구조가 나타난다. 강한 에칭을 사용하면 정렬된 이중공공이 생성된다. 참고로 표면 종단은 여기에 표시되지 않았다.

면 3차원에서 2차원으로의 변환이 유도된다. Al 층은 −OH, −F 및 −O의 조합인 표면 종단 T로 선택적으로 에칭되고 대체된다. 필자는 MAX 상에서 A-층의 손실을 나타내기 위해 2차원 재료 MXenes으로 분류하였고, 그래핀 및 기타 2차원 재료와 연결시키기 위해 −ene 접미사를 추가했다. 오늘날 맥신은 2차원 재료 세계의 가족 구성원으로 잘 알려져 있다.

2011년 첫 번째 구성원인 $Ti_3C_2T_x$가 발견된 이후 맥신의 수는 비약적으로 증가했다. 이러한 상황의 이유는 MAX 상에 존재하는 많은 수의 구성과 직접적인 관련이 있다. 이것은 그림 3.17e에 표시된 개략도에서 가장 잘 설명된다. 첫째, Al을 함유한 단원자 MAX 상은 매우 많고 $n = 1$, $n = 2$, $n = 3$의 3가지 종류가 있다(그림 3.17e에서 왼쪽에서 오른쪽으로 표시). 다음으로, 이들은 임의의 고용체를 쉽게 형성한다(그림 3.17e의 두 번째 행). 마지막으로, 그들은 또한 규칙적인 고용체를 형성한다. $n = 2$ 및 3의 경우 면에 수직방향으로 정렬을 한다. 필자는 그것들이 o-MAX 상에서 파생된 것으로 본다. $n = 1$의 경우 스웨덴의 한 그룹은 $n = 1$인 일부 MAX 상이 평면 내에서 정렬되어 있음을 아주 최근에 발견했다. 이를 i-MAX라고 한다. 오늘날 발견 후 약 8년 동안 Ti_3C_2, Mo_2C, $TiNbC_2$ 등과 같은 30개의 개별 맥신 화합물이 합성되었으며, 수십 가지 재료가 추가적으로 개발될 것으로 예상된다. 아직 준비가 되지 않았다면, 때가 되면, 알려진 2차원 재료 중 맥신은 가장 큰 분류가 될 것이다.

맥신은 (i) 페르미 준위에서 높은 상태 밀도와 금속과 같은 전하 운반자 밀도로 전도성이 있고, (ii) 화학적으로 다양하고 맞춤 가능하여 고유한 조성과 그들의 합성 후 변형된 표면 화학의 체계적인 변형을 허용하고, (iii) 친수성이기 때문에 극성 종과 같이 조립을 가능하게 하고 지속 가능한 친환경 가공성을 가능하게 때문에 여러 면에서 두드러지게 나타난다.

맥신에 대해 사용할 수 있는 여러 설명어가 있으며 모두 합리적이다. 하나는 2차원 금속, 다른 하나는 전도성 점토, 세 번째는 친수성 그래핀으로 생각하는 것이다. 맥신의 잠재적인 응용은 매우 광범위해 보인다. 배터리 및 슈퍼커패시터와 같은 에너지 저장 장치의 전극에서 전도성 투명 전극, 양이온 흡수, 전자기 차폐에 이르기까지 다양하다.

3.9 요약

세라믹 구조는 상당히 복잡하고 다양할 수 있으며 대부분 존재하는 결합 유형에 따라 다르다. 이온 결합 세라믹스의 경우, 화학양론과 음이온 대 양이온의 반지름 비율은 구조의 중요한 결정 요인이다. 전자는 가능한 구조의 선택지를 좁히고 후자는 양이온 주위의 음이온의 국소 배열을 결정한다. 구조는 대부분의 세라믹스에 대해 먼저 음이온 배열이 FCC, HCP 또는 단순 입방체인지 초점을 맞추면 가장 잘 시각화될 수 있다. 음이온 부격자가 설정되면 발생하는 구조는 음이온 부격자에 의해 정의된 다양한 간극 위치(팔면체 대 사면체)의 양이온의 점유 비율에 따라 달라진다.

Si 기반 공유 결합 세라믹스의 구조는 SiX_4 사면체를 기반으로 한다. 이 사면체는 일반적으로 서로 꼭짓점이 연결된 형태이다. 규산염의 경우 기본 구성단위는 SiO_4 사면체이다. 규산염의 구조를 결정하는 가장 중요한 매개변수는 O/Si 비율이다. 최소 비율은 2이고 결과적으로 3차원 네트워크가 생성된다. 실리카에 수식제 산화물을 첨가하면 그 비율이 증가하고 비가교 산소가 형성되며 구조가 점진적으로 파괴된다. O/Si 비율이 증가함에 따라 구조가 판상, 사슬로 변하고 마지막으로 비율이 4일 때 섬 규산염으로 변한다.

표 3A.1 원소들의 유효 이온 반지름

이온	배위수	유효 반지름(pm)	이온	배위수	유효 반지름(pm)	이온	배위수	유효 반지름(pm)
Ac^{3+}	6	112.0		8	142.0	Ce^{4+}	6	87.0
Ag^{+}	2	67.0		9	147.0		8	97.0
	4	100.0		10	152.0		10	107.0
	4 SQ	102.0		11	157.0		12	114.0
	5	109.0		12	161.0	Cf^{3+}	6	95.0
	6	115.0	Be^{2+}	3	16.0	Cf^{4+}	6	82.1
	7	122.0		4	27.0		8	92.0
	8	128.0		6	45.0	Cl^{-}	6	181.0
Ag^{2+}	4 SQ	79.0	Bi^{3+}	5	96.0	Cl^{5+}	3 PY	12.0
	6	94.0		6	103.0	Cl^{7+}	4	8.0
Ag^{3+}	4 SQ	67.0		8	117.0		6	27.0
	6	75.0	Bi^{5+}	6	76.0	Cm^{3+}	6	97.0
Al^{3+}	4	39.0	Bk^{3+}	6	96.0	Cm^{4+}	6	85.0
	5	48.0	Bk^{4+}	6	83.0		8	95.0
	6	53.5		8	93.0	Co^{2+}	4 HS	58.0
Am^{2+}	7	121.0	Br^{-}	6	196.0		5	67.0
	8	126.0	Br^{3+}	4 SQ	59.0		6 LS	65.0
	9	131.0	Br^{5+}	3 PY	31.0		6 HS	74.5
Am^{3+}	6	97.5	Br^{7+}	4	25.0		8	90.0
	8	109.0		6	39.0	Co^{3+}	6 LS	54.5
Am^{4+}	6	85.0	C^{4+}	3	−8.0		6 HS	61.0
	8	95.0		4	15.0	Co^{4+}	4	40.0
As^{3+}	6	58.0		6	16.0		6 HS	53.0
As^{5+}	4	33.5	Ca^{2+}	6	100.0	Cr^{2+}	6 LS	73.0
	6	46.0		7	106.0		6 HS	80.0
At^{7+}	6	62.0		8	112.0	Cr^{3+}	6	61.5
Au^{+}	6	137.0		9	118.0	Cr^{4+}	4	41.0
Au^{3+}	4 SQ	68.0		10	123.0		6	55.0
	6	85.0		12	134.0	Cr^{5+}	4	34.5
Au^{5+}	6	57.0	Cd^{2+}	4	78.0		6	49.0
B^{3+}	3	1.0		5	87.0		8	57.0
	4	11.0		6	95.0	Cr^{6+}	4	26.0
	6	27.0		7	103.0		6	44.0
Ba^{2+}	6	135.0		8	110.0	Cs^{+}	6	167.0
	7	138.0		12	131.0		8	174.0

(계속)

이온	배위수	유효 반지름(pm)	이온	배위수	유효 반지름(pm)	이온	배위수	유효 반지름(pm)
	9	178.0	F^{7+}	6	8.0		8	101.5
	10	181.0	Fe^{2+}	4 HS	63.0		9	107.2
	11	185.0		4 SQ HS	64.0		10	112.0
	13	188.0		6 LS	61.0	I^-	6	220.0
Cu^+	2	46.0		6 HS	78.0	I^{5+}	3 PY	44.0
	4	60.0		8 HS	92.0		6	95.0
	6	77.0	Fe^{3+}	4 HS	49.0	I^{7+}	4	42.0
Cu^{2+}	4	57.0		5	58.0		6	53.0
	4 SQ	57.0		6 LS	55.0	In^{3+}	4	62.0
	5	65.0		6 HS	64.5		6	80.0
	6	73.0		8 HS	78.0		8	92.0
Cu^{3+}	6 LS	54.0	Fe^{4+}	6	58.5	Ir^{3+}	6	68.0
D^+	2	−10.0	Fe^{6+}	4	25.0	Ir^{4+}	6	62.5
Dy^{2+}	6	107.0	Fr^+	6	180.0	Ir^{5+}	6	57.0
	7	113.0	Ga^{3+}	4	47.0	K^+	4	137.0
	8	119.0		5	55.0		6	138.0
Dy^{3+}	6	91.2		6	62.0		7	146.0
	7	97.0	Gd^{3+}	6	93.8		8	151.0
	8	102.7		7	100.0		9	155.0
	9	108.3		8	105.3		10	159.0
Er^{3+}	6	89.0		9	110.7		12	164.0
	7	94.5	Ge^{2+}	6	73.0	La^{3+}	6	103.2
	8	100.4	Ge^{4+}	4	39.0		7	110.0
	9	106.2		6	53.0		8	116.0
Eu^{2+}	6	117.0	H^+	1	−38.0		9	121.6
	7	120.0		2	−18.0		10	127.0
	8	125.0	Hf^{4+}	4	58.0		12	136.0
	9	130.0		6	71.0	Li^+	4	59.0
	10	135.0		7	76.0		6	76.0
Eu^{3+}	6	94.7		8	83.0		8	92.0
	7	101.0	Hg^+	3	97.0	Lu^{3+}	6	86.1
	8	106.6		6	119.0		8	97.7
	9	112.0	Hg^{2+}	2	69.0		9	103.2
F^-	2	128.5		4	96.0	Mg^{2+}	4	57.0
	3	130.0		6	102.0		5	66.0
	4	131.0		8	114.0		6	72.0
	6	133.0	Ho^{3+}	6	90.1		8	89.0

표 3A.1 (계속) 원소들의 유효 이온 반지름

이온	배위수	유효 반지름(pm)	이온	배위수	유효 반지름(pm)	이온	배위수	유효 반지름(pm)
Mn^{2+}	4	66.0	Nb^{5+}	4	48.0		6	54.5
	5	75.0		6	64.0	Os^{7+}	6	52.5
	6	67.0		7	69.0	Os^{8+}	4	39.0
	6	83.0		8	74.0	P^{3+}	6	44.0
	7	90.0	Nd^{2+}	8	129.0	P^{5+}	4	17.0
	8	96.0		9	135.0		5	29.0
Mn^{3+}	5	58.0	Nd^{3+}	6	98.3		6	38.0
	6	58.0		8	110.9	Pa^{3+}	6	104.0
	6	64.5		9	116.3	Pa^{4+}	6	90.0
Mn^{4+}	4	39.0		12	127.0		8	101.0
	6	53.0	Ni^{2+}	4	55.0	Pa^{5+}	6	78.0
Mn^{5+}	4	33.0		4 SQ	49.0		8	91.0
Mn^{6+}	4	25.5		5	63.0		9	95.0
Mn^{7+}	4	25.0		6	69.0	Pb^{2+}	4 PY	98.0
	6	46.0	Ni^{3+}	6 LS	56.0		6	119.0
Mo^{3+}	6	69.0		6 HS	60.0		7	123.0
Mo^{4+}	6	65.0	Ni^{4+}	6 LS	48.0		8	129.0
Mo^{5+}	4	46.0	No^{2+}	6	110.0		9	135.0
	6	61.0	Np^{2+}	6	110.0		10	140.0
Mo^{6+}	4	41.0	Np^{3+}	6	101.0		11	145.0
	5	50.0	Np^{4+}	6	87.0		12	149.0
	6	59.0		8	98.0	Pb^{4+}	4	65.0
	7	73.0	Np^{5+}	6	75.0		5	73.0
N^{3-}	4	146.0	Np^{6+}	6	72.0		6	77.5
N^{3+}	6	16.0	Np^{7+}	6	71.0		8	94.0
N^{5+}	3	−104.0	O^{2-}	2	135.0	Pd^{+1}	2	59.0
	6	13.0		3	136.0	Pd^{2+}	4 SQ	64.0
Na^{+}	4	99.0		4	138.0		6	86.0
	5	100.0		6	140.0	Pd^{3+}	6	76.0
	6	102.0		8	142.0	Pd^{4+}	6	61.5
	7	112.0	OH^{-}	2	132.0	Pm^{3+}	6	97.0
	8	118.0		3	134.0		8	109.3
	9	124.0		4	135.0		9	114.4
	12	139.0		6	137.0	Po^{4+}	6	94.0
Nb^{3+}	6	72.0	Os^{4+}	6	63.0		8	108.0
Nb^{4+}	6	68.0	Os^{5+}	6	57.5	Po^{6+}	6	67.0
	8	79.0	Os^{6+}	5	49.0	Pr^{3+}	6	99.0

(계속)

이온	배위수	유효 반지름(pm)	이온	배위수	유효 반지름(pm)	이온	배위수	유효 반지름(pm)
	8	112.6	S^{4+}	6	37.0		7	69.0
	9	117.9	S^{6+}	4	12.0		8	74.0
Pr^{4+}	6	85		6	29.0	Tb^{3+}	6	92.3
	8	96	Sb^{3+}	4 PY	76.0		7	98.0
Pt^{2+}	4 SQ	60.0		5	80.0		8	104.0
	6	80.0		6	76.0		9	109.5
Pt^{4+}	6	62.5	Sb^{5+}	6	60.0	Tb^{4+}	6	76.0
Pt^{5+}	6	57.0	Sc^{3+}	6	74.5		8	88.0
Pu^{3+}	6	100.0		8	87.0	Tc^{4+}	6	64.5
Pu^{4+}	6	86.0	Se^{2-}	6	198.0	Tc^{5+}	6	60.0
	8	96.0	Se^{4+}	6	50	Tc^{7+}	4	37.0
Pu^{5+}	6	74.0	Se^{6+}	4	28.0		6	56.0
Pu^{6+}	6	71.0		6	42.0	Te^{2-}	6	221.0
Ra^{2+}	8	148.0	Si^{4+}	4	26.0	Te^{4+}	3	52.0
	12	170.0		6	40.0		4	66.0
Rb^+	6	152.0	Sm^{2+}	7	122.0		6	97.0
	7	156.0		8	127.0	Te^{6+}	4	43.0
	8	161.0		9	132.0		6	56.0
	9	163.0	Sm^{3+}	6	95.8	Th^{4+}	6	94.0
	10	166.0		7	102.0		8	105.0
	11	169.0		8	107.9		9	109.0
	12	172.0		9	113.2		10	113.0
	14	183.0		12	124.0		11	118.0
Re^{4+}	6	63.0	Sn^{4+}	4	55.0		12	121.0
Re^{5+}	6	58.0		5	62.0	Ti^{2+}	6	86.0
Re^{6+}	6	55.0		6	69.0	Ti^{3+}	6	67.0
Re^{7+}	4	38.0		7	75.0	Ti^{4+}	4	42.0
	6	53.0		8	81.0		5	51.0
Rh^{3+}	6	66.5	Sr^{2+}	6	118.0		6	60.5
Rh^{4+}	6	60.0		7	121.0		8	74.0
Rh^{5+}	6	55.0		8	126.0	Tl^+	6	150.0
Ru^{3+}	6	68.0		9	131.0		8	159.0
Ru^{4+}	6	62.0		10	136.0		12	170.0
Ru^{5+}	6	56.5		12	144.0	Tl^{3+}	4	75.0
Ru^{7+}	4	38.0	Ta^{3+}	6	72.0		6	88.5
Ru^{8+}	4	36.0	Ta^{4+}	6	68.0		8	98.0
S^{2-}	6	184.0	Ta^{5+}	6	64.0	Tm^{2+}	6	103.0

표 3A.1 (계속) 원소들의 유효 이온 반지름

이온	배위수	유효 반지름(pm)	이온	배위수	유효 반지름(pm)	이온	배위수	유효 반지름(pm)
	7	109.0	V^{3+}	6	64.0	Yb^{2+}	6	102.0
Tm^{3+}	6	88.0	V^{4+}	5	53.0		7	108.0
	8	99.4		6	58.0		8	114.0
	9	105.2		8	72.0	Yb^{3+}	6	86.8
U^{3+}	6	102.5	V^{5+}	4	35.5		7	92.5
U^{4+}	6	89.0		5	46.0		8	98.5
	7	95.0		6	54.0		9	104.2
	8	100.0	W^{4+}	6	66.0	Zn^{2+}	4	60.0
	9	105.0	W^{5+}	6	62.0		5	68.0
	12	117.0	W^{6+}	4	42.0		6	74.0
U^{5+}	6	76.0		5	51.0		8	90.0
	7	84.0		6	60.0	Zr^{4+}	4	59.0
U^{6+}	2	45.0	Xe^{8+}	4	40.0		5	66.0
	4	52.0		6	48.0		6	72.0
	6	73.0	Y^{3+}	6	90.0		7	78.0
	7	81.0		7	96.0		8	84.0
	8	86.0		8	101.9		9	89.0
V^{2+}	6	79.0		9	107.5			

HS = high spin(고스핀), LS = low spin(저스핀), SQ=square(정사각형), PY = pyramid(피라미드)

출처: R. D. Shannon, *Acta. Crystallogr.*, A32, 751(1976).

문제

3.1 (a) 배위수 6에 대한 최소 양이온/음이온 반지름 비율이 0.414임을 보이시오.

(b) 배위수 3에 대해 문항 (a)를 반복하시오.

(c) 사면체와 팔면체 중 어느 것이 침입형 자리 공간이 더 큰가? 팔면체 자리와 사면체 자리에 대한 침입형 자리 크기의 비율을 계산하시오.

(d) 산소 이온이 육방 밀집 배열을 할 때, 산소 이온에 대한 팔면체 자리의 비율은 얼마인가? 산소 이온에 대한 사면체 자리의 비율은 얼마인가?

3.2 산소 이온의 입방 밀집 배열로 시작하여

(a) 단위격자당 몇 개의 사면체와 몇 개의 팔면체 자리가 있는가?

(b) 팔면체 자리 대 산소 이온의 비율은 얼마인가? 산소 이온에 대한 사면체 자리의 비율은 얼마인가?

(c) 팔면체 자리의 절반이 채워지면 어떤 산화물을 얻을 수 있는가? 3분의 2가 채워질 경우는 어떠한가? 모두 채워질 경우는 어떠한가?

(d) 모든 사면체 자리를 찾고 양이온으로 채운다. 어떤 구조를 얻는가? 음이온이 산소인 경우 전하 중성을 유지하기 위해 양이온의 전하는 얼마여야 하는가?

(e) 모든 팔면체 자리를 찾아 양이온으로 채우고 문항 (d)를 반복한다. 어떤 구조가 결과로 나타나는가?

3.3 표 3.3의 정보를 이용하여 섬아연광 구조를 그리시오. 이 구조와 다이아몬드 입방체 구조의 공통점이 있다면 무엇인가? 설명하시오.

3.4 산화 리튬 Li_2O의 구조는 모든 사면체 위치를 차지하는 Li 이온과 함께 입방 밀집 배열을 하는 음이온을 가지고 있다.

(a) 구조를 그리고 Li_2O의 밀도를 계산하시오. (힌트: 산소 이온들은 서로 닿지 않지만 O–Li–O 이온은 닿는다.)

답: $\rho = 1.99$ g/cm^3

(b) Li_2O의 음이온 배열의 빈 공간에 수용될 수 있는 양이온의 최대 반지름은 얼마인가?

답: $r_c = 1.04$ Å

3.5 부록 3A에 수록된 Ti^{4+}, Ba^{2+} 및 O^{2-}의 반지름을 찾아보고, 폴링의 크기 기준을 사용하여 각 양이온에 가장 적합한 케이지를 선택하시오. 결과에 따라 적절한 복합 결정 구조를 선택하고 $BaTiO_3$의 단위격자를 그리시오. 각 단위격자에는 각 원소의 원자가 몇 개 있는가?

3.6 석류석은 화학 조성이 $Ca_3Al_2Si_3O_{12}$인 준보석이다. 결정 구조는 입방체이며 사면체, 팔면체 및 십이면체(왜곡된 입방체)의 3가지 기본 구성단위로 만들어진다.

(a) 어떤 이온이 어떤 기본 구성단위를 차지한다고 생각하는가?

(b) 주어진 단위격자에서 기본 구성단위 수의 비율은 얼마여야 하는가?

3.7 표 3.3의 정보를 사용하여 NiAs 구조를 그리시오. 문헌에서 구조를 찾아 그린 구조와 비교하시오.

3.8 베릴륨 산화물(BeO)은 산소 이온이 FCC 배열을 하는 구조를 형성할 수 있다. Be^{2+}의 이온 반지름을 찾아보고 그것이 점유할 치환형 자리 유형을 결정하시오. 치환형 자리를 차지할 수 있는 비율은 얼마인가? 결과가 표 3.3에 표시된 것과 일치하는가? 그렇지 않은 경우 이 차이점에 대한 이유를 설명하시오.

3.9 황화 카드뮴의 밀도는 4.82 g/cm^{3}이다. 이온 반지름을 이용하여 다음에 대해 답하시오.

(a) 이 물질은 입방 단위격자 구조를 갖는 것이 불가능함을 보이시오.

(b) CdS의 가능한 구조를 제안하시오. 단위격자에는 몇 개의 Cd^{2+} 및 S^{2-} 이온이 있는가?

3.10 화합물 MX는 밀도가 2.1 g/cm^{3}이고 격자 상수가 0.57 nm인 입방 단위격자를 가지고 있다. M과 X의 원자량은 각각 28.5와 30 g/mol이다. 이 정보를 바탕으로 NaCl, CsCl 또는 섬아연광 중 어떤 구조가 가능한가? 여러분의 선택이 옳음을 보이시오.

3.11 다음 화합물에서 어떤 복합 음이온(예: 판상, 사슬, 섬 등)이 예상되는가?

(a) 투감섬석 또는 $Ca_2Mg_5(OH)_2Si_8O_{22}$

(b) 운모 또는 $CaAl_2(OH)_2(Si_2Al_2)O_{10}$

(c) 고령석 $Al_2(OH)_4Si_2O_5$

3.12 A의 반지름이 154 pm이고 B의 반지름이 49 pm인 가상의 염 AB_2에 대해 이온 위치를 포함하여 예상되는 결정 구조를 밝히시오. A의 전하가 +2라고 가정한다.

3.13 (a) N의 전자 구조는 $1s^2 2s^2 2p^3$이다. Si_3N_4의 구조는 SiN_4 사면체를 기반으로 한다. 그림 3.11에 표시된 것과 달리 Si와 N의 비율을 3:4로 유지하면서 이러한 사면체를 3차원으로 결합하여 고체를 형성할 수 있는 방법을 제안하시오.

(b) SiC 에 대해 문항 (a)를 반복하시오. 각 Si에는 몇 개의 탄소가 붙어 있는가? 그 반대로 탄소에는 몇 개의 Si가 붙어 있는가? 이 구조가 다이아몬드 입방체 구조와 어떤 관계가 있다고 생각하는가?

3.14 (a) 비가교 산소(NBO)의 형성에 대한 방정식을 쓰시오. NBO가 무엇을 의미하는지 설명하시오. 그들의 개수가 어떻게 바뀌는가? NBO의 수가 증가함에 따라 유리의 특성에 어떤 일이 일어날 것으로 예상하는가?

(b) O/Si 비율이 증가함에 따라 규산염은 어떻게 되는가?

3.15 그림 3.18에 표시된 규산염 단위의 공식(음전하 포함)은 무엇인가?

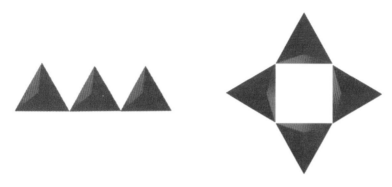

그림 3.18 규산염 단위들. 이 그림에서 공유되지 않은 꼭짓점은 음으로 하전된 비가교 산소이다.

3.16 (a) 규산염 구조에 존재하는 Si 원자당 비가교 산소의 수에 대해 알칼리 토금속 산화물의 몰분율과 관련된 식을 유도하시오.

(b) $Na_2O_{0.5}CaO \cdot 2SiO_2$ 조성에 대해 예제 3.3b를 반복하시오.

답: 1.5

(c) SiO_2와 견주었을 때 0.5의 Na_2O 몰분율에서 무한한 길이의 사슬이 발생함을 보이시오. 0.33~0.5 사이의 조성에 대한 구조는 무엇이라고 생각하는가?

(d) 규산염 구조의 경우 Si당 비가교 산소의 수는 NBO = $2R - 4$로 주어지고 가교 산소의 수는 $8 - 2R$임을 보이시오. 여기서 R은 O/Si 비율이다.

3.17 (a) 활석 $Mg_3(OH)_2(Si_2O_5)_2$는 미끄럽다. 그것의 구조에 기반한 이유는 무엇인가?

(b) $CaAl_2(OH)_2(Si_2Al_2)O_{10}$ 및 $KAl_2(OH)_2(AlSi_3)O_{10}$의 두 운모를 고려하시오. 그들 중 하나의 모스 (Mohs) 경도는 다른 것의 2배이다. 그들의 화학과 구조에 대한 지식을 바탕으로 어느 것이 더 단단한 광물이라고 결론지을 수 있다. 근거를 설명하시오.

(c) 같은 맥락으로 문항 (b)의 운모와 비교하여 엽랍석 $Al_2(OH)_2(Si_2O_5)_2$의 경도가 어떤 부분에서 떨어진다고 생각하는가? 근거를 설명하시오.

더 읽을거리

1. R. W. G. Wyckoff, *Crystal Structures*, vols. 1 to 6, Wiley, New York, 1971.
2. F. D. Bloss, *Crystallography and Crystal Chemistry, An Introduction*, Holt, Rinehart and Winston, New York, 1971.
3. W. D. Kingery, H. K. Bowen, and D. R. Uhlmann, *Introduction to Ceramics*, 2nd ed., Wiley, New York, 1976.
4. L. Van Vlack, *Elements of Materials Science and Engineering*, 5th ed., Addison-Wesley, Reading, MA, 1985.
5. O. Muller and R. Roy, *The Major Ternary Structural Families*, Springer-Verlag, Berlin, 1974.
6. N. N. Greenwood, *Ionic Crystals, Lattice Defects and Non-Stoichiometry*, Butterworth, London, 1968.
7. R. J. Borg and G. D. Dienes, *The Physical Chemistry of Solids*, Academic Press, New York, 1992.
8. A. F. Wells, *Structural Inorganic Chemistry*, 4th ed., Clarendon Press, Oxford, UK, 1975.
9. N. B. Hannay, ed., *Treatise on Solid Chemistry*, vols. 1 to 6, Plenum, New York, 1973–1976.
10. C. B. Carter and M. G. Norton, *Ceramic Materials*, 2nd ed., Springer, New York, 2013.

기타 참고

1. Data Base: https://materialsproject.org/.

   This free database is quite useful and easy to use. To start the following tutorials are useful: https://www.youtube.com/playlist?list=PLTjFYVNE7LTjHJwV994iQHS-bIkh3UXKJ.

   In addition to structures, lattice parameters, etc. one can find the electronic and band structures, elastic properties, XRD diffraction patterns, phase diagrams and much more.
2. This website is good for visualizing roughly 60 atomic structures, many of them discussed in this chapter and throughout the book. To see the structures, click on gray column on top left titled Inorganic Chemistry. The site is interactive and allows the viewer to rotate the structure and different visualizations are possible (ball and stick, space filling, etc.) Compare the table found when clicking the URL (http://www.chemtube3d.com/solidstate/_table.htm) to Table 3.2.
3. This website (https://en.wikipedia.org/wiki/Lattice_constant) lists a number of lattice parameters of select materials.Figure 3.6 Hexagonal-based binary ceramics. (*a*) Unit cell of α-Al_2O_3. (*b*) Wurtzite (ZnS) structure. The structure is drawn in this way to emphasize the tetrahedral sites.

4

물리적 특성에 대한 화학적 힘의 영향
EFFECT OF CHEMICAL FORCES ON PHYSICAL PROPERTIES

*Now how curiously our ideas expand by watching
these conditions of the attraction of cohesion! —
how many new phenomena it gives us beyond
those of the attraction of gravitation!
See how it gives us great strength.*

Michael Faraday, *On the Various Forces of Nature*

4.1 서론

고체의 다양한 이온 또는 원자 사이의 인력은 많은 물리적 특성을 결정한다. 직관적으로 강하게 결합된 재료가 높은 융점(melting point) 및 단단하다는 것을 인식하는 것은 어렵지 않다. 또한 이론적 강도(theoretical strength)와 표면 에너지(surface energy)도 증가하고 열팽창이 감소함을 알 수 있다. 이 장에서는 이러한 속성과 2장에서 설명한 에너지 우물의 깊이 및 모양 사이의 반정량적 관계에 대해 설명한다.

4.2절에서, 세라믹스의 융점에 대한 결합 강도의 중요성이 설명된다. 4.3절에서, 강한 결합이 어떻게 열팽창 계수가 낮은 고체를 생성하는지 논의한다. 4.4절에서, 결합 강도, 강성도(stiffness) 및 이론적 강도 간의 관계가 개발된다. 4.5절에서는 결합 강도를 표면 에너지와 관련시킨다.

4.2 융점

융해, 기화 및 승화는 원자들을 함께 유지하는 퍼텐셜 에너지를 극복하기 위해 충분한 열에너지가 결정에 공급될 때 발생한다. 경험에 따르면, 일정한 압력에서 순수한 물질은 열을 흡수하면서 일정한 온도에서 녹는다. 흡수된 열의 양은 **융해열**(heat of fusion) ΔH_f로 알려져 있으며, 다음의 상변화에 필요한 열이다.

고체 → 액체

ΔH_f는 융점에서 고체와 액체 상태 사이의 엔탈피(enthalpy) 차이의 척도이다. 액체와 고체 사이의 엔트로피(entropy) 차이 ΔS_f는 다음과 같이 정의된다.

$$\Delta S_f = \frac{\Delta H_f}{T_m} \tag{4.1}$$

여기서 T_m은 켈빈 단위의 융점이다. 엔트로피 차이 ΔS_f는 용융 과정 동안 시스템에서 발생하는 무질서 정도의 직접적인 척도이며, 액체 상태가 항상 고체보다 더 무질서하기 때문에 필연적으로 양수값을 갖는다. 여러 세라믹스에 대한 융점과 ΔS_f의 값들이 표 4.1에 나열되어 있다. 표 4.1을 살펴보면 융점 또는 세라믹 재료에 따라 상당한 변동이 있음을 알 수 있다.[1] 이러한 다양성을 이해하려면 융점에 영향을 미치는 다양한 요인을 이해해야 한다.

표 4.1 선택된 무기화합물의 융점과 융해 엔트로피 값

화합물	융점(℃)	ΔS_f(J/mol·K)	화합물	융점(℃)	ΔS_f(J/mol·K)
산화물					
Al_2O_3	2054±6	47.7	멀라이트	1850	
BaO	2013	25.8	$Na_2O(\alpha)$	1132	33.9
BeO	2780±100	30.5	Nb_2O_5	1512±30	58.4
Bi_2O_3	825		Sc_2O_3	2375±25	
CaO	2927±50	24.8	SrO	2665±20	25.6
Cr_2O_3	2330±15	49.8	Ta_2O_5	1875±25	
EU_2O_3	2175±25		ThO_2	3275±25	
Fe_2O_3	1735K에서 Fe_3O_4와 산소로 분해		TiO_2(금홍석)	1857±20	31.5
			UO_2	2825±25	
Fe_3O_4	1597±2	73.8	V_2O_5	2067±20	
Li_2O	1570	32.0	Y_2O_3	2403	≈38.7
Li_2ZrO_3	1610		ZnO	1975±25	
Ln_2O_3	2325±25		ZrO_2	2677	29.5
MgO	2852	25.8			
할로겐화물					
AgBr	434		LiBr	550	
AgCl	455		LiCl	610	22.6
CaF_2	1423		LiF	848	
CsCl	645	22.2	Lil	449	

---

[1] 흥미롭게도 금속을 포함한 대부분의 고체에서 이온당 융해 엔트로피는 10~12 J/(mol·deg)의 좁은 범위에 들어 있다. 이것은 융점의 큰 변화를 감안할 때 매우 놀라운 것이며, 융해로 인한 원자 단위의 구조적 변화가 대부분의 물질에서 유사하다는 것을 강력하게 시사한다. 이러한 관찰은 Ar과 같은 비활성 기체의 고체(noble gas solid)에 대한 데이터를 포함할 때 더욱 주목할 만하다. Ar의 융점은 83K이고 ΔS_f = 14 J/mol·K이다.

표 4.1 (계속) 선택된 무기화합물의 융점과 융해 엔트로피 값

화합물	융점(°C)	ΔS_f(J/mol·K)	화합물	융점(°C)	ΔS_f(J/mol·K)
KBr	730		NaCl	800	25.9
KCl	776	25.2	NaF	997	
KF	880		RbCl	722	23.8
규산염과 다른 유리 형성 산화물					
B_2O_3	450±2	33.2	$Na_2Si_2O_5$	874	31.0
$CaSiO_3$	1544	31.0	Na_2SiO_3	1088	38.5
GeO_2	1116		P_2O_5	569	
$MgSiO_3$	1577	40.7	SiO_2(고온 석영)	1423±50	4.6
Mg_2SiO_4	1898	32.8			
탄화물, 질화물, 그리고 붕소화물, 규화물					
B_4C	2470±20	38.0	ThN	2820	
HfB_2	2900		TiB_2	2897	
HfC	3900		TiC	3070	
HfN	3390		TiN	2947	
HfSi	2100		$TiSi_2$	1540	
$MoSi_2$	2030		UC	2525	
NbC	3615		UN	2830	
NbN	2204		VB_2	2450	
SiC	2837		VC	2650	
Si_3N_4	2151K (1기압 이상의 질소 분압하에서)		VN	2177	
			WC	2775	
			ZrB_2	3038	
TaB_2	3150		ZrC	3420	
TaC	3985		ZrN	2980±50	
$TaSi_2$	2400		$ZrSi_2$	1700	
ThC	2625				

4.2.1 주로 이온 결합 세라믹스의 융점에 영향을 미치는 요인

4.2.1.1 이온 전하량

이온성 세라믹스의 융점을 결정하는 가장 중요한 요인은 이온을 제자리에 유지시키는 결합 강도이다. 식 (2.15)에서, 이온 결합의 강도 E_{bond}는 고체를 구성하는 이온 전하량 z_1과 z_2의 곱에 비례하는 것으로 제시되었다. 따라서 이온 전하량이 클수록 이온 사이의 인력이 강해지고, 결과적으로 융점이 높아진다. 예를 들어, MgO와 NaCl은 모두 암염 구조에서 결정화되지만, 융점은 각각 2852°C와 800°C이다. 이러한 차이는 MgO에서는 이온이 2가로 이온화되는 반면 NaCl에서는 1가로 이온

화된다는 사실에 기반한 차이이다. 다시 말하면, 다른 모든 것이 동일할 때 MgO의 에너지 우물은 NaCl의 에너지 우물보다 대략 4배 더 깊다. 따라서 NaCl을 녹일 때보다 MgO를 녹일 때 더 많은 열에너지가 필요하다는 것은 놀라운 일이 아니다.

4.2.1.2 이온 결합의 공유 특성

식 (4.1)을 기반으로 T_m은 ΔH_f에 비례하므로 결과적으로 이중 하나를 감소시키는 것은 다른 하나를 감소시킨다. 이후 논의되는 바와 같이, 이온 결합의 공유 결합성을 증가시키는 것은 용융물에서 개별적 단위(discrete unit)를 안정화시킴으로써 ΔH_f를 감소시키는 경향이 있으며, 이는 용융 중에 끊어져야 하는 결합의 수를 감소시키며, 결과적으로 더 낮은 융점을 갖게 한다.

공유 결합 자체가 반드시 더 높거나 더 낮은 융점을 선호하는 것은 아니라는 점에 유의하는 것이 중요하다. 중요한 고려 사항은 용융된 구조에 따른다는 것이다. 용융이 일어나기 위해 강한 공유 결합이 끊어져야 한다면 매우 높은 용융 온도가 발생할 수 있다. 반대로 용융이 일어나기 위해 강한 결합이 끊어질 필요가 없다면 상황은 상당히 달라질 수 있다.[2]

3가지 MX_2 화합물의 구조에 대한 공유 결합의 영향은 그림 4.1에 가장 잘 나타나 있다. 그림에서 결합의 공유 결합성은 왼쪽에서 오른쪽으로 갈수록 증가하고, 이로 인해 TiO_2의 3차원 구조에서 CdI_2의 경우 층상 구조, CO_2의 경우 분자 격자로 구조가 변화한다. 또한 그림 4.1에서 그에 해당하는 융점이 나타나 있다. 구조적 변화가 후자에 미치는 영향은 분명하다.

이 간단한 소개로부터 융점 변화의 미묘함을 이해하려면 이온 결합에 존재하는 공유 결합성의 정도를 어느 정도 정량화해야 한다. 2장에서, 이온 사이의 결합은 주로 공유 결합 또는 이온 결합인 것으로 가정되었다. 그때 언급되었고, 여기서 반복해서 말하지만 실제의 상황은 훨씬 더 복잡하다. 이온 결합은 공유 결합 특성을 가지며 그 반대의 경우도 마찬가지이다. 역사적으로 이 문제는 2가지 접근 방식 중 하나로 해결되어 왔다. 첫째는 결합이 순수하게 공유 결합이라고 가정한 다음

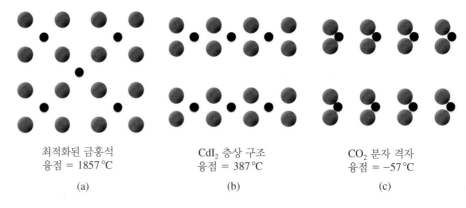

최적화된 금홍석
융점 = 1857 ℃

CdI_2 층상 구조
융점 = 387 ℃

CO_2 분자 격자
융점 = −57 ℃

(a)

(b)

(c)

그림 4.1 결정 구조와 용융 온도에 대한 분극의 영향

---

[2] 이 현상의 극단적인 예는 사슬 내에서 결합이 매우 강하지만 이러한 결합이 용융 중에 끊어지지 않기 때문에 융점이 상당히 낮게 나타나는 고분자에서 발생한다.

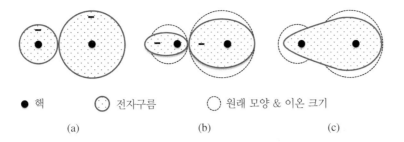

● 핵　　　○ 전자구름　　　○ 원래 모양 & 이온 크기

(a)　　　　　　　　　(b)　　　　　　　　　(c)

그림 4.2 분극 효과. (a) 분극이 없는 이상적인 이온 쌍, (b) 극성화된 이온 쌍, (c) 공유 결합을 형성하기에 충분한 분극.

전자구름을 전기음성도가 더 큰 원자 쪽으로 이동시키는 효과를 고려하는 것이다. 둘째 접근 방식은 이후에 논의되는 것처럼 결합이 순수하게 이온 결합성이라고 가정한 다음 공유 결합 특성을 부여하는 것이다.

후자의 접근 방식은 파얀스(Fajans)[3]에 의해 옹호되었으며 기본 전제가 그림 4.2에 요약되어 있는 파얀스의 규칙에 구현되어 있다. 그림 4.2a에서 공유 결합성이 존재하지 않는 이상적인 이온 쌍이 표시된다(즉, 이온은 단단한 구형으로 가정됨). 그림 4.2b에서 분극성이 좋은 음이온의 전자구름을 높은 분극력의 양이온 쪽으로 이동시킴으로써 결합에 일부 공유 특성이 부여된다. 극단적인 경우, 즉 양이온이 음이온의 전자구름에 완전히 묻혀 있는 경우(그림 4.2c) 강한 공유 결합이 형성된다. 따라서 전자구름이 왜곡되고 두 이온 간에 공유되는 정도는 해당 결합의 공유 결합성에 대한 척도이다. 이렇게 정의된 후자는 다음 3가지 요인에 따라 달라진다.

양이온의 분극력. 높은 전하량과 작은 크기는 양이온의 분극력을 증가시킨다. 수년에 걸쳐 이러한 효과를 정량화하기 위해 많은 함수가 제안되었으며, 가장 간단한 함수 중 하나는 양이온의 **이온 전위**(ionic potential)를 다음과 같이 정의하는 것이다.

$$\phi = \frac{z^+}{r}$$

여기서 z^+는 양이온의 전하이고 r은 반지름이다. 몇 가지 선택된 양이온의 이온력(ionic power)이 표 4.2에 나열되어 있고, 여기서 높은 전하량과 작은 크기는 ϕ를 크게 증가시키고 결과적으로 결합의 공유 결합성을 향상시키는 것이 분명하다.

MgO와 Al_2O_3를 비교하여 설명한다. 이온 전하만을 기준으로 하면 $Al_2O_3(+3, -2)$의 융점이

표 4.2 선택된 양이온의 이온 전위(단위: nm⁻¹)					
Li^+	17.0	Be^{2+}	64.0	B^{3+}	150.0
Na^+	10.5	Mg^{2+}	31.0	Al^{3+}	60.0
K^+	7.0	Ca^{2+}	20.0	Si^{4+}	100.0

[3] K. Fajans, *Struct. Bonding*, 2, 88(1967).

MgO(−2, +2)보다 높을 것으로 예상되지만 그 반대가 관찰된다. 그러나 Al^{3+}와 Mg^{2+}의 상대적인 분극력에 기초하여 Al-O 결합의 공유 특성이 Mg-O 결합의 공유 특성보다 크다는 결론을 내리는 것이 합리적이다. 이러한 더 큰 공유 결합성은 액체 상태에서 개별적 단위를 안정화시키고 융점을 낮추는 것으로 보인다. Al_2O_3 용융물이 MgO보다 더 '구조화'되었다는 추가적인 증거는 Al_2O_3의 이온당 ΔS_f[9.54 J/(mol·K)]가 MgO의 이온당 ΔS_f[12.9 J/(mol·K)]보다 작다는 사실에 반영된다.

음이온의 분극성. 이온의 분극성(polarizability)은 전자구름이 핵에서 쉽게 당겨질 수 있는 정도를 나타내는 것으로, 이는 14장에서 더 자세히 논의되며, 부피에 비례한다. 음이온 분극성을 증가시키면 결합의 공유 특성이 증가하여 또다시 융점이 낮아진다. 예를 들어, LiCl, LiBr 및 LiI의 융점은 각각 613, 547 및 446°C이다.[4]

양이온의 전자 배열. d 전자는 s 또는 p 전자보다 핵 전하를 막는 데 덜 효과적이므로 분극력이 더 높다. 따라서 d 전자를 가진 이온이 더 공유 결합을 형성하는 경향이 있다. 예를 들어, Ca^{2+}와 Hg^{2+}는 반지름이 매우 비슷하지만(각각 100 및 102 pm), $HgCl_2$는 276°C에서 녹는 반면 $CaCl_2$는 782°C에서 녹는다.

4.2.2 공유 결합 세라믹스

지금까지의 논의는 원자들 사이를 유지하는 원자 간 힘과 대부분 이온성 세라믹스의 융점 사이의 관계를 이해하는 데 중점을 두었다. 공유 결합 세라믹스의 융점과 일반적인 열 안정성은 일반적으로 Si와 C, N 또는 O 사이에 형성되는 매우 강한 1차 결합의 결과로 상당히 높다. 공유 결합 세라믹스는 일부가 녹지 않고 더 높은 온도에서 분해된다는 점에서 흥미로운 재료이다. 예를 들어, Si_3N_4는 질소 분압이 1기압에 도달할 때 2000°C를 초과하는 온도에서 분해된다.

4.2.3 유리 형성 액체

SiO_2, 많은 규산염, B_2O_3, GeO_2 및 P_2O_5와 같은 유리 형성 산화물은 비정상적으로 낮은 융해 엔트로피를 가지고 있다. 예를 들어, SiO_2의 경우 ΔS_f는 4.6 J/(mol·K)이다. 이는 T_m에서 고체 및 액체 구조가 매우 유사함을 의미한다. 유리가 과냉각된 액체로 간주될 수 있다는 점을 감안할 때, 망목형성제(network former)라고 하는 이러한 산화물이 많은 무기 유리의 기초라는 것은 놀라운 일이 아니다(9장 참고).

---

[4] 무시할 수 없는 융점 감소의 또 다른 요인은 r_0을 증가시켜 E_{bond}를 감소시키는 음이온의 반지름 증가이다. 그러나 이는 2차 효과이다.

4.3 열팽창

가열하면 고체가 팽창한다는 것은 잘 알려져 있다. 팽창 정도는 일정한 압력에서 온도 변화에 따른 길이의 비율적 변화로 정의되는 **선형 팽창 계수**(coefficient of linear expansion) α로 특징지어진다.

$$\alpha = \frac{1}{l_0}\left(\frac{\partial l}{\partial T}\right)_p \tag{4.2}$$

여기서 l_0은 원래 길이이다.

열팽창(thermal expansion)의 기원은 2장에서 논의된 에너지-거리 곡선의 **비조화성**(anharmonicity) 또는 비대칭으로 추적될 수 있고, 이는 그림 4.3에 재현되어 있다. 이 비대칭은 두 원자를 함께 밀어내는 것보다 당기는 것이 더 쉽다는 사실을 반영한다. 바꾸어 말하면 이것은 결합을 형성하기 위해 더 긴 범위의 인력과 반대로 짧은 범위의 반발력이 필수적이라는 사실 때문이다(2장 참고).

비대칭이 열팽창을 초래하는 이유를 이해하려면 0K에서 시작하여 다양한 온도에서 원자의 평균 위치를 따라갈 필요가 있다. 0K에서 총에너지는 본질적으로 퍼텐셜 에너지이며, 원자는 우물의 바닥에 있다(그림 4.3의 a 지점). 온도가 T_1으로 올라가면 시스템의 평균 에너지가 kT_1값만큼 증가하며, 여기서 k는 볼츠만 상수이다. T_1에서 원자는 위치 x_1과 x_2 사이에서 진동하고 에너지는 x_1과 x_2에서 순수한 퍼텐셜 에너지(즉, 운동 에너지가 0임)를 갖고 그 사이에서 변동하여 속도가 빨라진다. 즉 원자는 용수철로 서로 연결된 것처럼 거동한다. 따라서 T_1에 있는 원자의 평균 위치는 x_1과 x_2 사이의 중간, 즉 x_{T_1}에 있을 것이다. 온도가 T_2로 올라가면 원자의 평균 위치는 x_{T_2} 등으로 이동할 것이다. 이에 따라, 온도가 증가함에 따라 원자의 평균 위치는 그림 4.3에 나타난 선 ab를 따라 이동하며, 가해진 힘에 따라 결정의 치수가 확장된다.

일반적으로 에너지 우물의 비대칭은 결합 강도가 감소함에 따라 증가하고, 결과적으로 고체의 열팽창은 결합 강도 또는 융점에 반비례한다. 예를 들어, 고체 Ar의 α는 1×10^{-3} K^{-1} 정도인 반면,

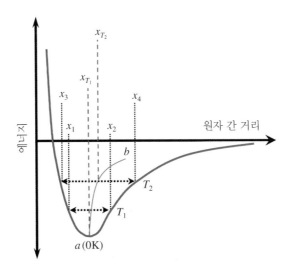

그림 4.3 원자 사이의 원자 간 거리에 대한 열의 영향. 우물의 비대칭성이 열팽창의 원인이 됨을 주목하라. 완벽하게 대칭인 우물에서 원자의 평균 위치는 온도에 따라 변하지 않는다.

표 4.3 다양한 세라믹스의 평균 열팽창 계수와 이론 밀도(TD)

세라믹스	TD(g/cm³)	α(℃⁻¹)×10⁶	세라믹스	TD(g/cm³)	α(℃⁻¹)×10⁶
2원계 산화물					
α-Al_2O_3	3.98	7.2 – 8.8	Nb_2O_5	4.47	
BaO	5.72	17.8	SiO_2(저온 크리스토발라이트)	2.32	
$Bi_2O_3(\alpha)$	8.90	14.0			
		(상온~730℃)	ThO_2	9.86	9.2
$Bi_2O_3(\delta)$	8.90	24.0	TiO_2	4.25	8.5
		(650~825℃)	UO_2	10.96	10.0
CeO_2	7.20		WO_2	7.16	
Cr_2O_3	5.22		Y_2O_3	5.03	9.3[a]
Gd_2O_3	7.41	10.5	ZnO	5.61	8.0 (c축)
Fe_3O_4	5.24				4.0 (a축)
Fe_2O_3	5.18		ZrO_2 (단사정계)	5.83	7.0
HfO_2	9.70	9.4~12.5			
MgO	3.60	13.5	ZrO_2 (정방정계)	6.10	12.0
Na_2O	2.27				
혼합 산화물					
$Al_2O_3 \cdot TiO_2$		9.7(평균)	근청석	2.51	2.1
$Al_2O_3 \cdot MgO$	3.58	7.6	$MgO \cdot SiO_2$		10.8[a]
		(25~1400)	$2MgO \cdot SiO_2$		11.0[a]
$BaO \cdot ZrO_2$		8.5[a]	$MgO \cdot TiO_2$		7.9
$BeO \cdot Al_2O_3$	3.69	3.2~6.7	$MgO \cdot ZrO_2$		12.0[a]
		(25~1000)	$2SiO_2 \cdot 3Al_2O_3$	3.20	5.1[a]
$CaO \cdot SiO_2(\beta)$		5.9	(멀라이트)		
		(25~700)	$SiZrO_4$	4.20	4.5[a]
$CaO \cdot SiO_2(\alpha)$		11.2	(지르콘)		
		(25~700)	$SrO \cdot TiO_2$		9.4[a]
$CaO \cdot ZrO_2$		10.5	$SrO \cdot ZrO_2$		9.6
$2CaO \cdot SiO_2(\beta)$		14.4	$TiO_2 \cdot ZrO_2$??		7.9[a]
붕소화물, 질화물, 탄소화물, 규화물					
AlN	3.26	5.6[a]	TaC	14.48	6.3
B_4C	2.52	5.5	TiC	4.95	7.7 – 9.5
BN	2.27	4.4	TiN	5.40	9.4
Cr_3C_2	6.68	10.3	$TiSi_2$	4.40	10.5
$CrSi_2$	4.40		Ti_3SiC_2	4.51	9.1
HfB_2	11.20	5.0	WC	15.70	4.3
HfC	12.60	6.6	ZrB_2	6.11	5.7 – 7.0
$HfSi_2$	7.98		ZrC	6.70	6.9[a]

표 4.3 (계속) 다양한 세라믹스의 평균 열팽창 계수와 이론 밀도(TD)

세라믹스	TD(g/cm³)	α(°C⁻¹)×10⁶	세라믹스	TD(g/cm³)	α(°C⁻¹)×10⁶
β-Mo_2C	9.20	7.8	$ZrSi_2$	4.90	7.6[a]
Si_3N_4	3.20	3.1~3.7	ZrN	7.32	7.2
SiC	3.20	4.3~4.8			
할로겐화물					
CaF_2	3.20	24.0	LiCl	2.07	12.2
LiF	2.63	9.2	LiI	4.08	16.7
LiBr	3.46	14.0	MgF_2		16.0
KI	3.13		NaCl	2.16	11.0
소다-석회 유리					
Soda-lime glass	2.52	9.0	용융 실리카	2.20	0.55
Pyrex	≈2.23	3.2			

[a] 25~100℃까지 나타낸다.

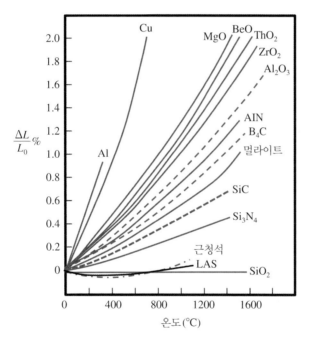

그림 4.4 선택된 재료에 대한 $\Delta L/L_0$(%)의 온도 의존성. 모든 온도에서 이 선의 기울기는 α를 산출한다. 대부분의 세라믹스에서 α는 온도에 따라 다소 일정하다. 등방성 고체의 경우, c축 팽창이 보고된다. (J. Chermant, *Les Ceramiques Thermomechaniques*, CNRS Presse, France, 1989에서 발췌.)

대부분의 금속 및 세라믹스(아래 참고)의 경우 1×10^{-5} K⁻¹에 가깝다.

여러 세라믹스의 평균 α가 나열되어 있는 표 4.3을 자세히 살펴보면 대부분의 세라믹스에 대한 α가 3과 10×10^{-6} K⁻¹ 사이에 있음을 알 수 있다. 다양한 세라믹스와 금속에 대한 길이의 비율적 증가의 온도 의존성은 그림 4.4에 나와 있다. 이 선의 기울기가 α라고 가정하면 다음과 같은 일반화가 가능하다.

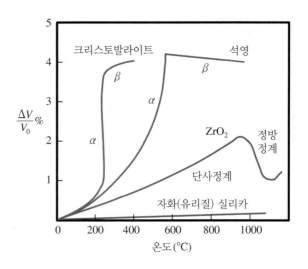

그림 4.5 크리스토발라이트, 석영, 지르코니아, 그리고 자화(유리질) 또는 비정질 SiO_2에 대한 $\Delta V/V_0(\%)$의 온도 의존성. 온도에 따른 거동의 급격한 변화는 상변태의 결과이다(8장 참고). (W. D. Kingery, H. K. Bowen, and D. R. Uhlmann, *Introduction to Ceramics*, 2d ed., Wiley, New York, 1976에서 발췌.)

1. 세라믹스는 금속보다 α값이 낮다.

2. α는 온도가 증가함에 따라 증가한다. 이것은 에너지 우물 위로 올라갈수록, 즉 온도가 증가함에 따라 더 비대칭이 된다는 사실을 반영한다. 따라서 보고된 온도 범위를 명시하는 것이 중요하다. 온도 범위가 확장됨에 따라 평균 α도 증가하기 때문이다.

3. SiC 및 Si_3N_4와 같은 공유 결합 세라믹스는 NaCl 및 MgO와 같은 더 조밀한(close-packed) 세라믹 구조보다 α값이 더 낮다. 이것은 원자 충진(packing)의 영향을 반영한다. 모든 진동이 결정의 치수를 증가시키는 조밀한 구조와 대조적으로, 공유 결합 세라믹스의 더 개방된 구조는 반드시 열팽창에 기여하지 않는 다른 진동 모드를 허용한다. 다시 말해, 추가된 열에너지는 결합 길이의 큰 변화 없이 결합 각도의 변화를 유도할 수 있다. (원자들이 서로에 대항하여 진동하는 것이 아니라 '열린 공간'으로 진동한다고 생각하라.)

   α에 대한 원자 적층의 중요성에 대한 가장 두드러진 예 중 하나는 α가 매우 낮은 자화(유리질) 실리카(vitreous silica)이다(그림 4.5). 반면에 석영(quartz)과 크리스토발라이트(cristobalite)는 그림 4.5와 같이 훨씬 더 높은 α값을 가지고 있다.

4. 명시적으로 언급되지는 않았지만 지금까지의 논의는 등방성(예: 입방체, 다결정질 재료)에 대해서만 엄격하게 적용되었다. 입방이 아닌 결정은(결과적으로 열팽창이 이방성임) 상당히 다르게 거동할 수 있다. 어떤 경우에는 결정이 한 방향으로 팽창하면서 실제로 다른 방향으로 수축할 수 있다. 다결정이 이러한 결정으로 구성되면 평균적 열팽창이 실제로 상당히 낮을 수 있다. 근청석(cordierite)과 리튬-알루미노실리케이트(LAS)(그림 4.4 참고)는 이러한 종류의 재료의 좋은 예이다. 13장에서 더 자세히 논의하겠지만, 매우 낮은 α 재료를 제조하기 위해 이용된 열팽창의 이방성은 또한 세라믹 부품의 강도와 무결성에 상당히 해로울 수 있는 큰 열잔류 응력(thermal residual stress)의 축적을 초래할 수 있다.

4.4 영의 계수와 이상적 고체의 강도

가열에 대한 세라믹스의 반응을 이해하는 것 외에도 하중을 받거나 응력을 받을 때 세라믹스의 거동을 이해하는 것도 중요하다. 이 절의 목적은 2장에서 논의된 에너지 대 거리 곡선 $E(r)$의 모양을 탄성 계수(elastic modulus)에 연관시키는 것이다. 탄성 계수는 해당 재료의 강성도와 이론적 강도의 척도이다. 이 목표를 달성하려면 외부에서 적용된 응력의 결과로 원자 사이에서 발생하는 힘 $F(r)$를 조사해야 한다. 2.4절에서 $F(r)$는 다음과 같이 정의된다.

$$F(r) = \frac{dE(r)}{dr} \tag{4.3}$$

$E(r)$ 곡선의 일반적인 모양에서 그림 4.6과 같이 일반적인 힘 $F(r)$과 거리 곡선의 모양을 쉽게 도식화할 수 있다. 주목할 만한 특징은 다음과 같다.

∞ 원자 또는 이온 사이의 알짜힘은 평형상태, 즉 $r = r_0$에서 0이다.

∞ 원자를 떼어내면 원자 사이에 다시 끌어당기는 경향이 있는 복원력(attractive restoring force)이 발생한다. 원자를 함께 서로 밀면 그 반대가 된다.

∞ $r = r_0$ 부근의 영역에서는 매우 좋은 근사에 대해 그 반응이 선형으로 간주될 수 있다(그림 4.6의 삽도). 즉 원자는 마치 소형 용수철로 연결된 것처럼 작동한다. 훅의 법칙(아래 참고)이 적용되는 영역이다.

∞ 원자를 떼어내는 힘은 무한정 증가할 수 없다. 어느 정도의 범위 r_{fail}를 넘어서면 그 결합은 끊어진다. 이것이 발생하는 힘은 그 결합이 끊어지기 전까지 견딜 수 있는 최대 힘 F_{max}를 나타낸다.

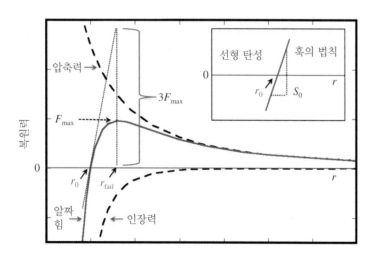

그림 4.6 일반적인 힘-거리 곡선. r_0를 지나는 선의 기울기는 결합의 강성도 S_0이다. 이 구성에서 최대 힘은 그림과 같이 강성도와 관련이 있다고 가정한다. 이것은 매우 근사적이지만 강성도와 이론적 강도 사이의 관계, 식 (4.12)를 설명하는 역할을 한다. 삽도는 평형 근처에서 응답이 선형 탄성임을 강조한다.

이 영역의 나머지 부분에서는 강성도와 이론적 강도 사이의 관계와, 다른 한편으로는 $E(r)$ 및 $F(r)$에 대한 관계가 개발된다.

4.4.1 영의 계수의 원자적 관점

고체에 작은 **응력**(stress) σ가 가해지면 적용된 응력에 비례하여 변형되면서 응답한다. 이는 **훅의 법칙**(Hooke' law)으로 설명되는 현상이다.

$$\sigma = Y\varepsilon \tag{4.4}$$

여기서 Y는 영의 계수(Young's modulus)이고 ε은 재료가 겪는 **변형률**(strain)이며 다음과 같이 정의된다.

$$\varepsilon = \frac{L - L_0}{L_0} \tag{4.5}$$

여기서 L은 적용된 응력을 받는 길이이고 L_0는 원래 길이이다.

그림 4.6에 표시된 삽도를 다시 한번 참조하면, r_0 부근에서 다음과 같은 탁월한 근사가 가능하다.

$$F = S_0(r - r_0) \tag{4.6}$$

여기서 S_0는 결합의 **강성도**(stiffness)이며 다음과 같이 정의된다.

$$S_0 = \left(\frac{dF}{dr}\right)_{r=r_0} \tag{4.7}$$

식 (4.6)은 선형 용수철의 거동을 설명한다. 식 (4.6)의 양변을 r_0^2로 나누고 F/r_0^2는 대략적으로 결합에 대한 응력이고 $(r - r_0)/r_0$는 동일한 결합에 대한 변형률이며 결과식을 식 (4.4)와 비교하면, 다음을 알 수 있다.

$$Y \approx \frac{S_0}{r_0} \tag{4.8}$$

이 결과를 식 (4.3) 및 (4.7)과 결합하면, 다음을 추가로 보여줄 수 있다.

$$Y = \frac{1}{r_0}\left(\frac{dF}{dr}\right)_{r=r_0} = \frac{1}{r_0}\left(\frac{d^2E}{dr^2}\right)_{r=r_0} \tag{4.9}$$

이것은 Y로 측정된 고체의 강성도를 에너지/거리 곡선의 곡률과 관련시키기 때문에 중요한 결과이다. (수학에서 함수의 2차 도함수는 곡률이다.) 더욱이 이는 강한 결합이 약한 결합보다 더 강하다는 것을 의미하며, 그 결과는 그다지 놀라운 일이 아니다. 또한 일반적으로 높은 융점을 감안할 때, 세라믹스가 매우 단단한 고체인 이유를 설명한다.

4.4.2 고체의 이론적 강도

다음 작업은 파단면을 가로질러 모든 결합을 **동시에** 끊는 데 필요한 응력 또는 고체의 이론적 강도를 추정하는 것이다. 대부분의 1차 결합은 그들이 이 약 25% 늘어날 때, 즉 $r_{fail} \approx 1.25 r_0$일 때 끊어진다는 것을 알 수 있다(문제 4.2 참고). 그림 4.6에 나타난 기하학적 구조에서 다음과 같은 결과를 얻는다.

$$S_0 \approx \frac{3F_{max}}{r_{fail} - r_0} \approx \frac{3F_{max}}{1.25 r_0 - r_0} \tag{4.10}$$

이 방정식의 양변을 r_0로 나누고 다음 식을 주목하면

$$\frac{F_{max}}{r_0^{\,2}} \approx \sigma_{max} \tag{4.11}$$

즉 힘이 작용하는 면적으로 나눈 것이 응력이며, 다음을 얻을 수 있다.

$$\sigma_{max} \approx \frac{Y}{12} \tag{4.12}$$

보다 정확한 계산을 위해 가장 일반적인 형태의 에너지/원자 간 거리 함수로 시작할 수 있다. 즉

$$E_{bond} = \frac{C}{r^n} - \frac{D}{r^m} \tag{4.13}$$

여기서 C와 D는 상수이고 $n > m$이다. $\sigma_{max} \approx F_{max}/r_0^2$라고 가정하면 σ_{max}는 다음으로 더 잘 근사된다는 것을 보여줄 수 있다(문제 4.2 참고).

$$\sigma_{max} = \frac{Y}{[(n+1)/(m+1)]^{(m+1)/(n-m)}} \frac{1}{n+1} \tag{4.14}$$

이온 결합에 대해 m 및 n에 대한 일반적인 값, 예를 들어 $m = 1$ 및 $n = 9$를 대입하면 $\sigma_{max} \approx Y/15$가 된다. 이 값은 식 (4.12)로부터 도출된 값과 크게 벗어나지 않는다.

이러한 결과를 바탕으로 고체의 이론적 강도는 영의 계수의 약 1/10이어야 한다는 결론을 내릴 수 있다. 그러나 경험에 따르면 세라믹스의 실제 강도는 이보다 훨씬 낮다. $Y/100 \sim Y/1000$에 더 가깝다. 이러한 상황에 대한 이유는 11장에서 더 자세히 논의될 것이다. 실제 고체는 여기서 가정한 것처럼 완벽하지 않고 가해진 응력을 국부적으로 집중시키는 경향이 있는 많은 결함을 포함하고 있어서 재료를 크게 약화시킨다는 사실을 반영한다.

4.5 표면 에너지

고체의 표면 에너지 γ는 표면의 단위면적을 만드는 데 필요한 에너지이다. 이 과정은 그림 4.7a에 나와 있으며, 고체를 둘로 쪼개면 2개의 새로운 표면이 생성된다. 이 그림에서 γ는 단순히 결정 표

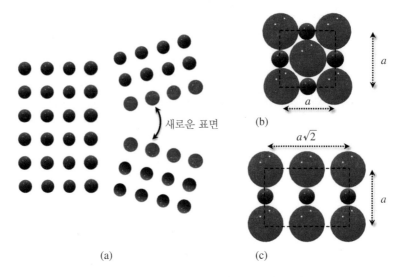

그림 4.7 (a) 새로운 표면의 생성은 그 표면을 가로지르는 결합의 파괴를 수반한다. 암염 구조에서 (b) (100) 및 (c) (110) 면의 구조.

면의 단위면적당 끊어진 결합 수 N_s와 결합당 에너지 E_{bond}의 곱이다. 즉

$$\gamma = -N_s E_{bond} \tag{4.15}$$

E_{bond}는 음수이므로 γ가 양수, 즉 흡열 반응임을 보장하기 위해 $-$ 부호가 도입된다. 간편함을 위해, 최인접 원자 간 상호작용만 고려되고, E_{bond}는 식 (2.15)에서 주어진 것으로 나타난다.

N_s는 결정학의 함수이므로 γ도 역시 결정학의 함수이다. N_s를 계산하려면 다음 식이 유용하다.

$$N_s = \left(\frac{CN - CN_p}{2} \right) \left(\frac{\text{면당 이온의 개수}}{2 \times \text{면적}} \right) \tag{4.16}$$

여기서 CN은 배위수, 즉 가장 가까운 이웃 이온의 수이고, CN_p는 형성된 표면의 **평면**에 있는 이온의 배위수이다. 식 (4.16)은 양이온과 음이온 배위수가 동일한 경우에만 유효하다. 그렇지 않은 경우 이 관계를 수정할 필요가 있다(문제 4.11 참고).

식 (4.16)을 기반으로 γ값을 계산하면 항상 측정된 것보다 상당히 더 큰 값을 산출한다(표 4.4 참고). 이 불일치의 이유는 우리의 간단한 모델에서 새로운 표면의 형성에 따른 표면 이완과 원자 재배열이 고려되지 않았기 때문이다. 표면이 이완되면 표면을 형성하는 데 필요한 에너지의 일부가 회복되고 이론적 예측은 실제로 실험적으로 측정된 값에 접근한다(아래 참고).

다양한 결정학적 평면의 표면 에너지를 계산하는 방법은 다음 예제에서 가장 잘 설명된다.

예제 4.1

암염 구조에서 (a) (100) 및 (b) (110) 면[5]의 γ를 계산하고 그 결과를 표 4.4에 나열된 결과와 비교하시오.

---

[5] 여기서 독자는 거의 모든 재료과학 입문 교과서에서 다루는 주제인 밀러 지수(Miller indices)에 익숙하다고 가정한다.

표 4.4 선택된 고체의 측정된 자유 표면 에너지

물질	표면	환경	온도(K)	표면 에너지(J/m^2)
운모	(0001)	대기	298	0.4
		진공	298	5.0
MgO	(100)	대기	298	1.1
KCl	(100)	대기	298	0.1
Si	(111)	액체 질소	77	1.2
NaCl	(100)	액체 질소	77	0.3
CaF_2	(111)	액체 질소	77	0.4
LiF	(100)	액체 질소	77	0.3
$CaCO_3$	(10$\bar{1}$0)	액체 질소	77	0.2

정답

(a) NaCl의 (100) 평면은 그림 4.7b에 나와 있다. r_0가 평형상태 이온 간 거리일 때, $(2r_0)^2$의 면적에는 2개의 양이온과 2개의 음이온이 존재한다. 그러나 생성된 총 표면적은 쪼개짐 시 2개의 표면이 생성되기 때문에 그 2배 또는 $2 \times (2r_0)^2$이다. 암염의 CN은 6이고 (100) 면에서의 CN은 4이다. 평면 안에 원자의 총 수는 4이다(2개의 양이온과 2개의 음이온). 따라서 다음 식이 성립된다.

$$N_s(\text{bonds/m}^2) = \left(\frac{6-4}{2}\right)\left(\frac{4}{2(2r_0)^2}\right) = \frac{1}{2r_0^2}$$

이 결과를 식 (2.15) 및 (4.15)와 결합하면

$$\gamma_{100} \approx -E_{\text{bond}}\left[\frac{1}{2r_0}\right] \approx -\frac{z_1 z_2 e^2}{8\pi\varepsilon_0 r_0^3}\left(1 - \frac{1}{n}\right) \tag{4.17}$$

NaCl의 경우 $r_0 = 283$ pm이며, 이를 식 (4.16)에 대입하고, $n = 8$이라고 가정하면 4.44 J/m^2의 γ 값을 산출한다. 이 값을 표 4.4에 나열된 실험적으로 측정된 값과 비교하면 아래에 언급된 이유로 인해 한 자릿수 이상 차이가 난다는 것이 즉시 명백해진다.

$$\gamma_{100} \approx -\frac{(1.6 \times 10^{-19})^2}{8\pi 8.85 \times 10^{-12}(283 \times 10^{-12})^3}\left(1 - \frac{1}{8}\right) = 4.4 \text{ J/m}^2$$

(b) (110) 면(그림 4.7c)의 면적은 $\sqrt{2}(2r_0)(2r_0)$이지만 여전히 2개의 Na 이온과 2개의 Cl 이온을 포함한다. 그러나 평면에 있는 각 원자의 CN은 이제 4가 아닌 2이며, 이는 각 이온이 평면 위의 다른 두 이온과 아래의 두 이온에 배위된다는 것을 의미한다(여기서 다시 한번 단순화를 위해 최인접 원자 간 상호작용만 고려됨). 즉 평면을 만들려면 이온당 2개의 결합을 끊어야 한다. 그것은 다음과 같다.

$$N_s(\text{bonds/m}^2) = \left(\frac{6-2}{2}\right)\left(\frac{4}{\sqrt{2}(2r_0)^2}\right) = \frac{\sqrt{2}}{r_0^2}$$

$$\gamma_{110} \approx - \frac{(1.6 \times 10^{-19})^2}{4\pi 8.85 \times 10^{-12}(283 \times 10^{-12})^3} \left(1 - \frac{1}{8}\right)\sqrt{2} = 12.6 \text{ J/m}^2$$

4.6 원자 진동의 주파수

원자 결합이 용수철에 의해 합리적이고 정확하게 모델링될 수 있다면 용수철에 부착된 질량처럼 고유 진동 주파수(natural frequency of vibration) ν_0를 가져야 한다. ν_0는 위에서 논의되었듯이 아래식에 의해 결합의 용수철 상수 S_0와 관련이 있다.

$$\omega_0 = 2\pi\nu_0 \approx \sqrt{\frac{S_0}{M_{\text{red}}}} \tag{4.18}$$

여기서 ω_0는 rad s^{-1} 단위를 갖는 각주파수이고 M_{red}는 발진기(oscillator) 시스템의 축소된 질량이다. 단일 원자 고체의 경우 M_{red}는 간단히 진동하는 원자의 질량이다. 질량 m_1과 m_2의 서로 다른 두 원자를 가진 세라믹스의 경우 $M_{\text{red}} = m_1 m_2 / (m_1 + m_2)$이다. 더 자세한 계산은 예제 5.3을 참고하라.

이 단계에서 ν_0의 크기를 추정하는 것이 유용하다. 그렇게 하는 가장 간단한 방법은 원자의 평균 열에너지를 진동 에너지와 동일시하는 것이다. 즉 $3/2\ kT \approx \frac{1}{2}h\nu_0$로 가정한다. 300K에서 $\nu_0 \approx 9.4 \times 10^{12}$ s^{-1} 또는 $\approx 10^{13}$ s^{-1}이다. 이것은 평균적으로 우리 몸의 원자와 우리 주변의 모든 원자가 초당 대략 10^{13}번 앞뒤로 진동한다는 것을 의미하기 때문에 놀라운 결과이다!

| 실험 세부 사항 | **융점**

고체의 융점을 측정하기 위해 여러 가지 방법을 사용할 수 있다. 가장 간단한 방법 중 하나는 **시차 열 분석기**(differential thermal analyzer) 또는 줄여서 DTA를 사용하는 것이다. DTA의 기본 배열은 그림 4.8a에 개략적으로 나와 있다. 시료와 불활성 표준시편(대체로 알루미나 분말)을 가열로(furnace) 안에 나란히 놓고 동일한 열전대(thermocouple)를 각각 아래에 놓는다. 가열로의 온도는 천천히 증가하고 온도의 차이 $\Delta T = T_{\text{sample}} - T_{\text{ref}}$가 세 번째 열전대(그림 4.8a의 열전대 3)에 의해 측정되는 가열로 온도의 함수로 측정된다. 일반적인 결과는 그림 4.8b에 나와 있으며, 다음과 같이 해석된다. 시료와 표준시편이 모두 불활성이라면 둘은 동일한 온도를 가져야 하고 $\Delta T = 0$이어야 한다. 그러나 어떤 이유로 시료가 열을 흡수(흡열 과정)하거나 방출(발열 과정)하면 기준 열전대에 대한 그것의 온도가 그에 따라 바뀌게 된다. 예를 들어, 흡열 과정인 용융은 가열 시 골(trough)로 나타난다. 따라서 융점은 골이 나타나는 온도이다. 대조적으로, 냉각 시 발열 과정인 응고는 피크로 나타날 것이다.

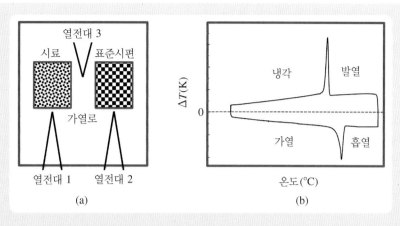

그림 4.8 (a) DTA 장비의 개략도. (b) 가열(하단 곡선) 및 냉각(상단 곡선) 시 일반적인 DTA 곡선.

탄성 계수

고체의 탄성 특성을 측정하는 가장 간단하면서도 가장 좋은 방법은 해당 고체에서 음속을 측정하는 것이다. 이것은 일반적으로 고체에서 수직 또는 전단파(shear wave)를 생성할 수 있는 압전 변환기(piezoelectric transducer)를 사용하여 수행된다. 파가 생성된 후 시료의 한쪽 끝에서 다른 쪽 끝으로 이동하는 데 걸리는 시간은 다른 변환기에 의해 측정된다. 그런 다음 해당 정보를 사용하여 고체에서 소리의 종 속도(longitudinal velocity) v_L와 전단 속도 v_S를 계산한다. 그러고 나서 영의 계수 Y 및 전단 계수 G는 다음을 가정하여 계산된다.

$$Y = \rho v_L^2 \left(\frac{3v_L^2 - 4v_S^2}{v_L^2 - v_S^2} \right) \tag{4.19}$$

그리고

$$G = \rho v_S^2 \tag{4.20}$$

여기서 ρ는 고체의 밀도이다.

열팽창 계수

열팽창 계수는 기본적으로 막대가 튀어나와 있는 고온 가열로인 팽창계(dilatometer)로 측정된다(그림 4.9). 막대의 한쪽이 열팽창을 측정할 시료에 대해 밀리게 된다. 다른 쪽은 선형 가변 시차 변환기(linear variable differential transformer) 또는 LVDT와 같이 막대의 변위를 매우 정확하게 측정할 수 있는 장치에 부착된다. 일반적인 실

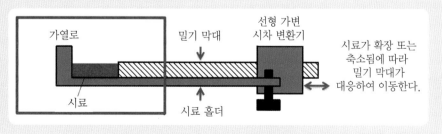

그림 4.9 팽창계의 개략도

험에서 시료는 가열로 내부에 배치되고 일정한 속도로 가열된다. 동시에 밀기 막대(push rod)의 변위가 측정된다. 많은 세라믹스와 금속에 대한 일반적인 곡선이 그림 4.4에 나와 있다.

표면 에너지

다양한 방법을 사용하여 세라믹스의 표면 에너지를 측정할 수 있다. 제한된 적용 가능성(아래 참고)의 한 기술은 길이 c의 원자적으로 날카로운 노치(notch)로 시작하여 결정을 쪼개는 데 필요한 힘을 측정하는 것이다. 모든 기계적 에너지가 새로운 표면을 생성하는 데 사용된다면 표면 에너지, 영의 계수 및 파단 시 적용된 응력 σ_{app} 사이의 다음 관계를 유도할 수 있다.

$$\gamma = \frac{A' c \sigma_{app}^2}{2Y}$$

여기서 A'은 하중 조건 및 시편 형상에 따라 달라지는 기하학적 요소이다. 주어진 c에 대해 σ_{app}이 측정되고 영의 계수를 알면 위의 방정식으로부터 γ를 계산할 수 있다. 이 방정식을 유도할 때 실험 장비에서 제공하는 모든 기계적 에너지가 새로운 표면을 생성하는 데 사용된다는 것은 내포되어 있다. 또한 전위 운동(dislocation movement)과 같이 균열 선단에서 발생하는 에너지 소모 매커니즘이 없음이 가정되었다. 즉 파손은 순수한 취성 파괴(brittle failure)이다. 이 조건은 소수의 이온 및 공유 결합 세라믹스에 대해서만 충족된다는 것에 유의하는 것이 중요하고, 그 중 일부가 표 4.4에 나열되어 있다. 운 좋게도 아래에 설명된 것처럼 DFT 계산은 γ를 계산하는 데 매우 적합하다.

계산 재료과학 4.1: 탄성 계수

식 (4.8)을 유도할 때, 일부 대략적인 가정이 이루어졌다. 영의 계수의 단일 값이 가정되었다. 실제로 탄성 특성은 결정의 대칭성에 의존하는 텐서(tensor)이다. 대칭성이 높을수록 더 적은 개수의 상수가 필요하다. 일반적으로 고체의 탄성 계수(elastic constant)를 측정하는 것은 사소하지 않은데, 이는 대부분 좋은 품질의 큰 단결정이 필요하기 때문이다. 다행히도 오늘날 DFT 계산을 사용하여 탄성 계수 c_{ij}를 매우 정확하게 계산할 수 있다. 이것은 일반적으로 먼저 고체를 모델링한 다음 다양한 방향으로 원자를 이동시키고 그림 4.6에 표시된 것과 다르지 않은 에너지/거리 곡선을 생성하여 수행된다. 특정 방향의 결합 강성도는 식 (4.7)로부터 간단히 구한다.

c_{ij}를 계수로 변환하기 위해 소위 보이트(Voigt) 전단 계수 G_v는 다음을 가정하여 계산된다.

$$G_v = \frac{1}{15}(2c_{11} + c_{33} - c_{12} - 2c_{13}) + \frac{1}{5}\left(2c_{44} + \frac{1}{2}(c_{11} - c_{12})\right) \tag{4.21}$$

대응하는 보이트(Voigt) 체적 탄성 계수 B_v는 아래 식에 의해 주어진다.

$$B_v = \frac{2}{9}\left(c_{11} + c_{12} + 2c_{13} + \frac{c_{33}}{2}\right) \tag{4.22}$$

표 4.5 DFT로부터 계산된 Ti_2SC에 대한 탄성 계수 c_{ij}(단위: GPa). 또한 마지막 열에는 식 (4.21)~(4.23)을 사용하여 c_{ij}에서 계산된 G_v, E_v 및 B_v값이 나열된다. 마지막 행은 식 (4.19) 및 (4.20)을 사용하여 실험적으로 결정된 값을 나열한다.

c_{11}	c_{12}	c_{13}	c_{33}	c_{44}	c_{66}	E_v	G_v	B_v
335±4	98±8	99±2	362±19	161±3	119±5	328	137	180
실험값 →						292	128	140

출처: M. Shamma et al., *Scr. Mater.*, 65, 573–576(2011).

다음으로 대응하는 보이트(Voigt) 탄성 계수 E_v는 아래를 가정하여 계산된다.

$$E_v = \frac{9G_v B_v}{3B_v + G_v} \tag{4.23}$$

표 4.5는 육방구조 MAX 상인 Ti_2SC에 대해 다양한 연구 그룹에서 DFT를 사용하여 계산한 평균 c_{ij}값을 요약한 것이다. 마지막 세 열은 식 (4.21)~(4.23)을 사용하여 계산된 E_v와 G_v의 값을 다결정 Ti_2SC 시료(하단 행)에서 v_L 및 v_S를 측정하여 실험적으로 결정된 값과 비교한다. 이러한 결과로부터 오차율이 10% 이내임을 알 수 있으며, 이는 매우 일반적이다.

종종 실험값은 이론값보다 낮다. 불일치의 이유는 측정된 계수를 작게 하는 경향이 있는 기공 및 공공(vacancy)과 같은 고체 내의 결함을 포함하기 때문이다. 계산은 일반적으로 0K에서 수행되지만 실험은 실온에서 수행된다는 사실도 불일치에 기여하는 요소이다.

그림 4.10은 여러 MAX 상에 대한 측정 및 DFT 계산된 Y 및 G 값을 비교한다. 몇 가지 예외를 제외하고는 일치도가 상당히 좋다.

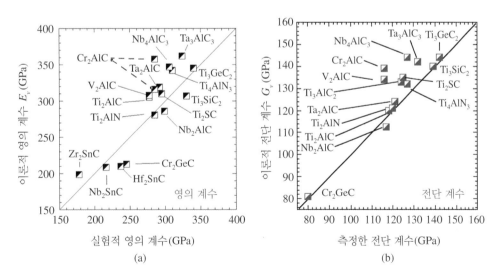

그림 4.10 선택된 MAX 상에 대한 이론값과 실험값 비교(M. W. Barsoum, *MAX Phases*, VCH-Wiley, 2013에서 가져옴.)

계산 재료과학 4.2: 표면 에너지 계산

앞서 언급했듯이, γ를 측정하는 것은 쉽지 않다. 오늘날 DFT 계산은 γ를 추정하는 데 일상적으로 사용된다. 일반적인 절차는 먼저 단위격자당 체적의 원자 에너지 E_{bulk}를 계산하는 것이다. 그런 다음 비교적 적은 수의 층으로 구성된 판(slab)인 E_{slab}의 에너지가 계산된다(그림 4.7a 참고). 1개의 판이 인접한 다른 판에서 충분히 멀리 떨어져 있어 두 판의 원자가 상호작용하지 않는 경우 표면 에너지는 다음과 같이 간단히 주어진다.

$$\gamma = \frac{1}{A}[E_{\text{slab}} - nE_{\text{bulk}}] \tag{4.24}$$

여기서 A는 생성된 전체 표면적(그림 4.7a에서 빨간색 원자로 표시된 상단과 하단)이고 n은 판당 단위격자의 수이다. 일반적으로 DFT 계산에서 얻은 γ값은 $eV/\text{Å}^2$ 단위를 갖는다. 측정값은 J/m^2 단위를 갖는다. 변환 인자는 $1\ J/m^2 = 16\ eV/\text{Å}^2$이다.

표면 에너지에 대한 2가지 유형의 DFT 계산이 일반적으로 수행된다. 더 빠른 것은 표면 원자가 재구성되거나 재배열되는 것을 허용하지 않고 단순히 식 (4.24)에서 γ를 계산하는 것이다. 항상 더 낮은 γ값으로 이어지는 두 번째 접근 방식은 표면 원자가 이완되도록 한다.

단원자 고체에서 결정이 쪼개질 때 생성되는 두 표면은 동일하다. 세라믹스에서는 절단이 이루어지는 위치는 극명한 차이를 만들 수 있다. 예를 들어 그림 4.7b 또는 c를 다시 참조하라. (100) 또는 (110) 면을 생성하기 위해 NaCl 결정을 절단하면 중성 또는 비극성 표면이 생성된다. 그러나 절단되어 (111) 면을 생성하면 한 표면은 Cl^- 음이온만으로 구성되고 다른 표면은 Na^+ 양이온으로만 구성된다. 명백한 이유로 이러한 표면을 극성이라고 한다. 표면이 극성인지 아닌지는 많은 특성에 영향을 줄 수 있으며, 그 중 최소한 분자의 표면 흡착과 촉매 작용 중 반응성에 영향을 미친다.

3원소 이상 화합물의 경우, 특히 층상 구조인 경우 추가적인 주름(wrinkle)이 있다. 예를 들어, Ti_2AlC에서 절단을 어디서 하는지가 표면 에너지를 결정한다. Ti와 C 층 사이에 절단이 이루어지면 이완되지 않은 γ는 $6.2\ J/m^2$이고 이완되면 $5.3\ J/m^2$로 떨어진다. 반면에 Ti와 Al 층 사이에 절단이 이루어지면 이완 및 이완되지 않은 γ는 $2\ J/m^2$이다(Music et al., 2007).[6]

4.7 요약

1. 일반적으로 고체의 원자 또는 이온 사이의 결합 강도는 융점과 끓는점, 강성도, 열팽창, 표면 에너지 및 이론적 강도와 같은 많은 특성을 결정한다.
2. 결합이 강할수록 융점이 높아진다. 그러나 이온 결합의 부분적 공유 결합성은 용융물 안의 개별적 단위를 안정화시키고 융점을 낮추는 경향이 있다.

---

[6] Music D. et al., *Surface Science* 601 (2007) 896-899.

3. 열팽창은 고체 원자의 비조화 진동에서 발생한다. 에너지 우물의 비대칭은 열팽창 계수 α의 척도이며, 결합이 강할수록 대칭적 에너지 우물이 되어 결과적으로 α값이 작아진다. 또한 원자 배열은 α를 결정하는 데 중요한 역할을 할 수 있다.

4. 첫 번째 근사로, 에너지/거리 우물의 곡률은 고체의 강성도 또는 영의 계수의 좋은 척도이다. 일반적으로 결합이 강할수록 고체가 더 단단해진다. 그러나 원자 배열과 같은 다른 요소도 중요하다.

5. 결합의 이론적 강도는 $Y/10$의 수준이다. 그러나 세라믹스의 실제 강도는 11장에서 논의될 이유들 때문에 훨씬 낮다.

6. 고체의 표면 에너지는 결합 에너지에 비례할 뿐만 아니라 결정학적 방향에 따라 달라진다.

7. 결합은 10^{13} Hz 정도의 고유 진동수를 가지고 있다.

문제

4.1 (a) 할로겐화 나트륨의 평형 원자 간 간격과 그 융점은 다음과 같다. 관찰된 경향을 설명하시오.

	NaF	NaCl	NaBr	NaI
간격(nm)	0.23	0.28	0.29	0.32
융점(℃)	988	801	740	660

(b) HCl($-115.8℃$)에서 CsCl로 갈 때 알칼리 금속 염화물에 대해 관찰된 융점 경향을 설명하시오.

(c) 다음 화합물 쌍 중 어느 것이 더 높은 융점을 가질 것으로 예상되는가? 설명하시오.

$$CaF_2 \text{ 대 } ZrO_2, \quad UO_2 \text{ 대 } CeO_2, \quad CaF_2 \text{ 대 } CaI_2$$

4.2 식 (4.13)부터 시작하여 다음을 수행하시오.

(a) 다음 관계를 유도하시오.

$$S_0 = \frac{mD}{r_0^{m+2}}(n-m)$$

이 방정식을 사용하여 NaCl에 대한 S_0를 계산하시오. $n = 9$라고 가정한다.

힌트: 이온 결합에 대해 다음을 보여라. $D = \dfrac{z_i z_2 e^2}{4\pi\varepsilon_0}$

답: 81 N/m

(b) 영의 계수에 대해 다음 식을 유도하시오. 모든 가정을 명시하시오.

$$Y \approx \frac{mD}{r_0^{m+3}(n-m)}$$

(c) 결합이 끊어지는 거리 r_{fail}가 다음과 같이 주어짐을 보이시오.

$$r_{\text{fail}} = \left(\frac{n+1}{m+1}\right)^{\frac{1}{n-m}} r_0$$

이온 결합의 경우 $m = 1$이고 $n \approx 9$이다. 반데르발스 결합의 경우 $m = 6$ 및 $n = 12$이다. 각 결합에 대한 파괴 시 변형률을 계산하시오. 어느 것이 더 높은가? 예상한 결과인가?

(d) 식 (4.14)를 유도하고 이온 결합에 대해 $\sigma_{\text{fai}} \approx Y/15$임을 보이시오.

4.3 300K과 900K에서 NaCl에 있는 Na 및 Cl 이온의 평형 위치로부터 최대 변위 크기를 추정하시오.

4.4 정확도 손실이 거의 없이 선형 팽창 계수 α가 열팽창에 대한 체적 계수 α_v의 1/3로 가정될 수 있음을 증명하시오. $l = l_0(1 + \alpha)$ 및 $v = v_0(1 + \alpha_v)$ 및 $v_0 = l_0^3$이라고 가정할 수 있다.

4.5 (a) "에너지 거리 곡선이 완벽하게 대칭인 고체는 열팽창 계수가 클 것이다." 이 말에 동의하는가? 설명하시오.

(b) 평형 위치에서 x만큼 변위된 한 쌍의 원자의 퍼텐셜 에너지 $U(x)$는 $U(x) = \alpha x^2 - \beta x^3 - \gamma x^4$로 쓸 수 있다. 여기서 마지막 두 항은 우물의 비조화 부분을 나타낸다. 주어진 온도 T에서 변위가 발생하지 않는 경우 상대적으로 변위가 발생할 확률은 볼츠만 인자 $e^{-U/(kT)}$로 주어지며, 이로부터 이 온도에서의 평균 변위는 다음과 같다.

$$\overline{x} = \frac{\int_{-\infty}^{\infty} x e^{-U/(kT)}}{\int_{\infty}^{\infty} e^{-U/(kT)}}$$

작은 변위에서 평균 변위는 다음과 같음을 보이시오.

$$\overline{x} = \frac{3\beta kT}{4\alpha^2}$$

이 최종 결과는 결합 강도가 열팽창에 미치는 영향에 대해 무엇을 의미하는가?

4.6 (a) 암염 구조에 대해 $\gamma_{(111)}/\gamma_{(100)} = \sqrt{3}$ 임을 보이시오.

(b) MgO의 (100)과 (111) 면의 표면 에너지를 제1원리로부터 계산하시오. 여러분이 얻은 값은 표 4.4에 표시된 값과 어떻게 비교되는가? 모든 가정을 논의하시오.

(c) NaCl 결정은 (110) 면보다 (100) 면을 따라 더 쉽게 절단되는 것으로 관찰되었다. 왜 그렇게 되는지 계산을 사용하여 여러분이 생각하는 것을 보이시오.

4.7 (100) 및 (111) 면에 대해 Ge(모든 원자가 동일한 것을 제외하고는 그림 3.1c에 표시된 것과 동일한 다이아몬드 입방 구조를 가짐)의 제곱센티미터당 끊어진 결합 수를 계산하시오. 어느 표면이 더 낮은 표면 에너지를 가지고 있다고 생각하는가? 왜 그런가? Ge의 격자 상수는 0.565 nm이고 밀도는 5.32 g/cm³이다.
답: (100)의 경우 1.25×10^{15} bonds/cm², (111)의 경우 0.72×10^{15} bonds/cm².

4.8 C–C 결합 에너지를 376 kJ/mol이라고 가정한다. 다이아몬드에서 (111) 면의 표면 에너지를 계산하시오. (100) 면에 대해 반복하시오. 어떤 면이 더 쉽게 쪼갤 것 같은가? 다이아몬드의 밀도는 3.51 g/cm³이고 격자 상수는 0.356 nm이다.
답: $\gamma_{(111)} = 9.82$ J/m²

4.9 비활성 기체의 고체 상태 표면 에너지가 이온 결정의 표면 에너지보다 크거나 거의 같거나 작을 것으로 예상하는가? 설명하시오.

4.10 그림 4.4에서 알루미나의 열팽창 계수를 추정하고 표 4.3에 나열된 값과 비교하시오. 계산을 수행하는 온도 범위에 따라 답이 달라지는가? 설명하시오.

4.11 (a) 식 (4.16)은 양이온과 음이온의 CN이 동일하다고 가정한다. 양이온과 음이온의 CN이 다를 수 있다는 사실을 설명할 수 있는 보다 일반화된 표현을 유도하시오.

(b) CN이 같을 때 문항 (a)에서 유도된 식이 식 (4.16)과 동일함을 보이시오.

(c) 여러분의 식을 사용하여 금홍석의 (100) 면의 표면 에너지를 계산하시오.

더 읽을거리

1. L. Van Vlack, *Elements of Materials Science and Engineering*, 5th ed., Addison-Wesley, Reading, MA, 1985.
2. N. N. Greenwood, *Ionic Crystals, Lattice Defects and Non-Stoichiometry*, Butterworth, London, 1968.
3. L. Azaroff, *Introduction to Solids*, McGraw-Hill, New York, 1960.
4. J. Huheey, *Inorganic Chemistry*, 2nd ed., Harper & Row, New York, 1978.
5. L. Solymar and D. Walsh, *Lectures on the Electrical Properties of Materials*, 4th ed., Oxford University Press, New York, 1988.
6. C. Kittel, *Introduction to Solid State Physics*, 6th ed., Wiley, New York, 1986.
7. B. H. Flowers and E. Mendoza, *Properties of Matter*, Wiley, New York, 1970.
8. A. H. Cottrell, *The Mechanical Properties of Matter*, Wiley, New York, 1964.
9. M. F. Ashby and R. H. Jones, *Engineering Materials*, 4th ed., Butterworth-Heinemann, Oxford, UK, 2011.
10. C. B. Carter and M. G. Norton, *Ceramic Materials*, 2nd ed., Springer, New York, 2013.

기타 참고

1. Database: https://materialsproject.org/
   This free database is quite useful and easy to use. To start the following tutorials are useful:
   https://www.youtube.com/playlist?list=PLTjFYVNE7LTjHJwV994iQHS-bIkh3UXKJ.
   In addition to structures, lattice parameters, etc. one can find the electronic and band structures, elastic properties, XRD diffraction patterns phase diagrams and much more.
2. MD of melting of ice: https://www.youtube.com/watch?v=6s0b_keOiOU.
3. MD of water freezing to form ice Part I: https://www.youtube.com/watch?v=gmjLXrMaFTg.
4. MD of water freezing to form ice Part II: https://www.youtube.com/watch?v=RIW65QLWsjE.
5. MD of water vaporization: https://www.youtube.com/watch?v=B3cXuisH8PI.
6. Y. Fei, *Mineral Physics and Crystallography: A Handbook of Physical Constants*, AGU Reference Shelf 2, 1995. This reference lists the thermal expansion coefficients of over 200 compounds.

5

열역학 및 속도론적 고찰
THERMODYNAMIC AND KINETIC CONSIDERATIONS

$$S = k \ln \Omega$$

Boltzmann

5.1 서론

일반적으로 고체, 특히 세라믹스에서 (가열 또는 냉각의 결과로) 일어나는 대부분의 변화는 계의 자유 에너지 감소로 이어지기 때문에 발생한다. 어떤 주어진 온도와 압력, 속도론적 허용 범위 안에서 모든 계는 가능한 가장 낮은 자유 에너지에 도달하기 위해 노력한다. 열역학의 아름다움은 일어날 수 있는 일을 예측하지는 않겠지만, 일어날 수 없는 일을 가장 확실하게 예측할 것이라는 사실에 있다. 즉, 계산 결과가 특정 과정이 계의 자유 에너지를 증가시킬 수 있다는 것을 알려준다면 최대한 자신감 있게 그 과정이 불가능하다고 단정 지으며 무시할 수 있다.

불행하게도 열역학은 대부분 혼란스럽고 매우 추상적이다. 실제로 열역학은 가장 쉬운 과목은 아니지만 일반적으로 인식되는 것만큼 어렵지 않다. 누군가 언급했듯이, 어떤 사람들은 술 취한 사람이 가로등(불빛을 이용하기보다 기대는 용도로)을 사용하기 때문에 열역학을 사용한다. 이 장의 목적은 열역학을 둘러싼 미스터리를 없애고 그 아름다움의 일부를 조명하고 노출시키는 것이다. 그러나 하나의 장만으로는 아무리 상상해도 열역학처럼 복잡하고 미묘한 주제를 모두 다룰 수 없다는 점을 강조해야 한다. 이 장은 완벽을 위해 더 많은 부분이 포함되어 있다. 그것은 피상적인 방식으로 주제를 다루기보다는 독자가 이미 친숙한 것을 상기시키는 것부터 시작한다.

이 장은 다음과 같이 구성된다. 다음 세 세부 절에서 엔탈피, 엔트로피, 그리고 자유 에너지가 정의되고 설명된다. 5.3절은 평형의 조건과 그에 상응하는 질량 작용 표현을 다룬다. 2원계 화합물의 화학적 안정성이 5.4절에서 논의된다. 5.5절에서 전기화학적 퍼텐셜의 개념이 제시되고, 그 다음에 전하를 띤 계면과 디바이(Debye) 거리의 밀접하게 관련된 개념이 제시된다. 5.7절에서는 2원계 산화물에 대한 깁스-듀헴(Gibbs-Duhem) 관계식이 소개된다. 마지막 절에서는 고체에서 발생하는 다양한 과정의 속도론과 구동력에 관해 몇 가지 언급하였다.

5.2 자유 에너지

평형 조건이 단순히 계의 에너지 함량 또는 엔탈피를 최소화하는 것이라면 일반적으로 발생하는 많은 현상, 특히 흡열 과정을 설명하기가 어려울 것이다. 예를 들어, 용융 중에 용융물의 에너지 함량은 대체하는 고체의 에너지 함량보다 크지만, 경험에 따르면 충분히 높은 온도로 가열되면 대부분의 고체가 녹을 것이다. 깁스는 평형이 이루어지기 전에 최소화되어야 하는 또 다른 함수가 있다는 것을 처음으로 인정했다. **깁스 자유 에너지 함수**(Gibbs free-energy function)라고 불리는 이 함수가 이 절에서 다루어지는데, 그 함수는 주로 엔탈피 H와 엔트로피 S의 두 용어로 구성된다.

5.2.1 엔탈피

물질이 열량을 dq만큼 흡수하면 물질의 온도는 그에 따라 dT만큼 상승할 것이다. 2가지 변화량의 비율이 **열용량**(heat capacity)이며 다음과 같이 정의된다.

$$c = \frac{dq}{dT} \tag{5.1}$$

dq는 상태 함수가 아니기 때문에 c는 경로에 의존할 것이다. 문제는 다음과 같이 정의된 **엔탈피 함수** (enthalpy function)를 도입함으로써 단순화될 수 있다.

$$H = E + PV \tag{5.2}$$

여기서 E, P 및 V는 각각 계의 내부 에너지, 압력 및 부피이다. 식 (5.2)를 미분하고, 열역학 제1법칙 $dE = dq + dw$(여기서 dw는 계에서 행해진 일)로부터 다음을 얻을 수 있다.

$$dH = d(E + PV) = dq + dw + PdV + VdP \tag{5.3}$$

만약 열용량 측정이 일정한 압력($dP = 0$)에서 수행되면, 정의에 의해 $dw = -PdV$이므로 식 (5.3) 으로부터 $dH = dq|_p$가 된다. 즉, 일정한 압력에서 어떤 물질에 의해 흡수되거나 방출되는 열은 그 엔탈피의 척도이다.

이 결과로부터 식 (5.1)은 다음과 같이 된다.

$$c_p = \left(\frac{dq}{dT}\right)_p = \left(\frac{dH}{dT}\right)_p \tag{5.4}$$

여기서 c_p는 일정한 압력에서 측정된 열용량이다. 식 (5.4)를 적분하면 결정의 엔탈피 함량이 다음과 같이 주어진다는 것을 알 수 있다.

$$H^T - H_{\text{elem}}^{298} = \int\limits_{298}^{T} c_{p,\text{elem}}\,dT \tag{5.5}$$

에너지에 대한 절대적인 척도가 없다는 점을 감안할 때, 할 수 있는 최선의 방법은 표준 상태를 임의로 정의하고 다른 모든 변화를 해당 상태에 관련시키는 것이다. 즉, 열역학은 오로지 상대적인 변화만을 다룬다. 결과적으로, 그리고 관례에 의해, 298K의 표준 상태에서 원소의 형성 엔탈피는 0으로 가정된다. 즉, 어떤 원소에 대해서도 $H^{298} = 0$이다.

어떤 원소들로부터 화합물이 형성되는 동안 방출되거나 소비되는 열은, 예를 들어 열량 측정법을 사용하여 실험적으로 결정될 수 있다. 많은 화합물에 대하여 298K에서 $\Delta H_{\text{form}}^{298}$ 형태로 표시된 형성 엔탈피가 알려져 있고 표로 나타나 있다. 298K 이외의 온도에서, 화합물의 열함량 ΔH^T는 다음과 같다.

$$\Delta H^T = \Delta H_{\text{form}}^{298} + \int\limits_{298}^{T} c_{p,\text{comp}}\,dT \tag{5.6}$$

마지막으로 열용량 데이터가 경험적 형태로 표현되는 경우가 많다는 점에 주목할 필요가 있다.

$$c_p = A + BT + \frac{C}{T^2}$$

따라서 임의의 온도에서 고체의 열함량은 이 식을 (5.5) 또는 (5.6)으로 대체하고 적분함으로써 간단히 결정된다.

예제 5.1

Al의 c_p는 298~932K 온도 범위에서 $c_p = 20.7 + 0.0124T$로 주어지며 Al_2O_3의 c_p는 298~1800K 온도 범위에서 $c_p = 106.6 + 0.0178T - 2{,}850{,}000\,T^{-2}$로 주어진다. 298K에서 원소들로부터 Al_2O_3의 형성 엔탈피가 -1675.7 kJ/mol이라면, 298 및 900K에서 Al 및 Al_2O_3의 엔탈피 함량을 계산하시오.

정답

298K에서 Al의 엔탈피 함량은 정의에 의해 0이 된다. 그러므로 900K에서 Al의 열함량은 다음과 같다.

$$H_{\text{Al}}^{900} - H_{\text{Al}}^{298} = H_{\text{Al}}^{900} = \int\limits_{298}^{900} (20.7 + 0.0124T)\,dT = 16.93\,\text{kJ/mol}$$

298K에서 Al_2O_3의 열함량은 단순히 원소들로부터의 형성 엔탈피 또는 -1675.7 kJ/mol이다. 900K에서는 다음과 같다.

$$H_{Al_2O_3}^{900} - H_{Al_2O_3}^{298} = \Delta H_{form}^{298} + \int_{298}^{900} (106.6 + 0.0178T - 2{,}850{,}000T^{-2})dT$$

$$H_{Al_2O_3}^{900} = -1675.7 + 64.2 = -1611.1 \text{ kJ/mol}$$ ∎

5.2.2 엔트로피

무질서는 엔트로피를 구성하며, 거시적으로 다음과 같이 정의된다.

$$dS = \frac{dq_{rev}}{T} \tag{5.7}$$

여기서 q_{rev}는 가역적인 과정에서 흡수되는 열이다. 볼츠만(Boltzmann)은 그의 가장 뛰어난 통찰력 중 하나로써 엔트로피를 다음과 같은 표현으로 미시적 영역과 관련시켰다.[1]

$$S = k\ln\Omega_\beta \tag{5.8}$$

여기서 k는 볼츠만 상수이고 Ω_β는 계가 일정한 에너지로 배열될 수 있는 서로 다른 구성의 총 수이다. 엔트로피에는 여러 가지 형태가 있는데, 여기에는 다음과 같다.

- ∞ 구성(배열) 엔트로피: 엔트로피가 다양한 원자 및/또는 결함이 주어진 수의 격자 자리 상에 배치될 수 있는 구성의 수와 관련된다.
- ∞ 열 엔트로피: 여기서 Ω_β는 입자(예: 원자 또는 이온)가 기존 에너지 준위 상에 배열될 수 있는 가능한 다른 구성의 수이다.
- ∞ 전자 엔트로피
- ∞ 자기 또는 유전 모멘트의 무작위화에서 발생하는 것과 같은 다른 형태의 엔트로피

각각은 다음 소절들에서 자세히 설명한다.

5.2.2.1 구성(배열) 엔트로피

이것은 원자 무질서와 관련된 엔트로피를 말한다. 이를 설명하기 위해, n개의 점결함 혹은 공공의 형성과 관련된 엔트로피를 고려해보자(자세한 내용은 6장을 참고하기 바란다). 조합론적으로, $n + N$개의 자리에 n개의 공공 자리와 N개의 원자를 분배하는 방법의 수는 다음과 같이 주어진다.[2]

$$\Omega_\beta = \frac{(n+N)!}{n!N!} \tag{5.9}$$

---

[1] 이 식은 오스트리아 빈(Vienna)에 있는 볼츠만(Boltzmann)의 묘비에 새겨져 있다.

[2] C. Newey and G. Weaver, eds., *Materials Principles and Practice*, Butterworth, London, 1990, p. 212를 참고하라.

식 (5.9)가 식 (5.8)에 대입되고, 다음과 같은 스털링(Stirling)의 근사식[3]이 적용되면

$$\ln x! \approx x \ln x - x$$

구성(배열) 엔트로피에 대한 다음 식이 얻어진다(문제 5.1 참고).

$$S_{\text{config}} = -k\left(N \ln \frac{N}{N+n} + n \ln \frac{n}{n+N}\right) \tag{5.10}$$

여기서도 비슷한 표현, 즉 이상용액을 형성하는 A와 B 두 고체의 혼합에 대한 결과를 주목할 필요가 있다.

$$S_{\text{config}} = -R(x_A \ln x_A + x_B \ln x_B) \tag{5.11}$$

여기서 x_A와 x_B는 각각 A와 B의 몰분율이다. R은 보편적인 기체 상수로써, $R = kN_{\text{Av}}$이다.

예제 5.2

(a) 8개의 원자와 1개의 공공(빈자리)에 대한 가능한 구성(배열)의 총 수를 계산하시오. 다양한 구성(배열)을 그려보시오. (b) 완벽한 결정 1 mole에 1×10^{18}개의 공공(빈자리)을 도입할 때 엔트로피 변화를 계산하시오. 엔트로피는 증가하는가 혹은 감소하는가?

정답

(a) 식 (5.9)에서 $N = 8$과 $n = 1$을 넣으면 $\Omega_\beta = 9$가 나온다. 가능한 구성(배열)을 그림 5.1에 나타내었다.

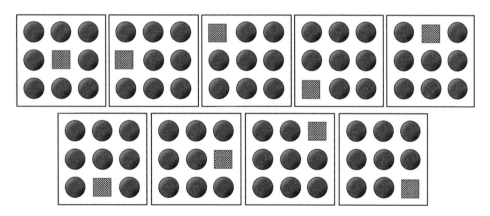

그림 5.1 8개의 원자(원)와 1개의 공공(네모)을 배열하기 위한 다양한 구성. 원이 A원자이고 네모가 B원자였다면 동일한 그림이 나타났을 것이라는 점에 유의하라.

---

[3] $\ln x! \cong x \ln x - x + 1/2 \ln 2\pi x$

(b) 식 (5.10)을 적용하면

$$\Delta S_{\text{config}} = (-1.38 \times 10^{-23})$$
$$\times \left(6.02 \times 10^{23} \ln \frac{6.02 \times 10^{23}}{6.02 \times 10^{23} + 10^{18}} + 10^{18} \ln \frac{10^{18}}{6.02 \times 10^{23} + 10^{18}} \right)$$
$$= 0.0002 \text{ J/K}$$

ΔS_{config}는 양의 값이기 때문에 결함을 가지고 있는 결정의 엔트로피가 결함이 없는 완벽한 결정보다 높다는 것을 알 수 있다. 즉, 공공(빈자리)을 도입하면 결정의 S_{config}가 증가한다.

■

5.2.2.2 열 엔트로피

원자나 이온이 고체에서 진동하기 때문에, 그것들의 에너지의 정확한 값에 대한 불확실성은 열 엔트로피 S_T를 구성한다. 식 (5.4)와 (5.7)을 결합하면 다음과 같다.

$$dS_T \equiv \frac{dq_{\text{rev}}}{T} = \frac{c_p}{T} dT$$

어떤 물질이든 그것은 직접적으로 다음을 따른다.[4]

$$\Delta S_T = \int_0^T \frac{c_p}{T} dT \tag{5.12}$$

미시적 관점으로 열 엔트로피 또는 그 물질의 열용량의 개념을 이해하기 위해서는 결정 내 원자의 진동 에너지 준위가 양자화되어 있음을 인식할 필요가 있다. 원자가 **단순 조화 진동자**(simple harmonic oscillator), 즉 소형 용수철과 같이 동작한다고 가정하면(4장 참고), 다음과 같이 주어진 에너지 준위들 사이의 간격을 가지고 에너지가 양자화될 것이다.

$$\varepsilon = \left(n + \frac{1}{2} \right) h\nu \quad \text{여기서 } n = 0, 1, 2, \dots \tag{5.13}$$

여기서 h, n 및 ν는 각각 플랑크(Planck) 상수, 정수 및 결합의 특징적인 진동 주파수 ν_0이다. 식 (4.18)과 (5.13)을 결합하면 직접적으로 다음을 보여준다.

$$\varepsilon = \left(n + \frac{1}{2} \right) \frac{h}{2\pi} \sqrt{\frac{S_0}{M_{\text{red}}}} \tag{5.14}$$

여기서 S_0[5]는 식 (4.7)에 의해 주어진 결합 강성이다. 식 (5.14)로부터 다음과 같은 사실들이 명확하

---

[4] 에너지와는 대조적으로, 만약 결함이 없는 완전한 고체의 엔트로피가 절대 0도에서 0으로 간다고 가정하면 엔트로피에 대한 절댓값을 부여할 수 있다(열역학의 제3법칙). 제3법칙의 함축적 의미 중 하나는 모든 물질이 절대 0K 이상의 어떤 주어진 온도에서 그것과 관련된 일정량의 'S'를 가지고 있다는 것이다.

[5] S_0는 엔트로피 S와 혼동해서는 안 된다.

다. (i) 강한 결합(즉, 높은 S_0)을 가지고 있는 고체에 대한 에너지 준위들 사이 간격 $\Delta\varepsilon$은 약한 결합을 가지고 있는 고체에 대한 $\Delta\varepsilon$보다 더 클 것이고, (ii) 더 크고 무거운 원자로 구성된 고체에 대한 $\Delta\varepsilon$은 가벼운 원소를 가진 고체에 비해 작을 것이다. 용수철이 더 단단하고 질량이 더 가벼울수록 용수철에 대한 질량의 고유 진동수가 더 높다는 것이 잘 확립되어 있기 때문에[식 (4.18)], 이 중 어느 것도 놀랍지는 않다.

절대 0도에서 원자는 이용 가능한 가장 낮은 에너지 준위를 채우며 단 하나의 구성(배열)만 존재한다. 그러나 가열 시, 원자가 더 높은 에너지 준위로 들뜰 확률이 증가하는데, 이는 계의 가능한 구성(배열)의 수를 증가시킨다. 이것은 S_T가 증가했다고 말할 수 있는 또 다른 방법이다.

논의를 진행하기 위해, 더 단순한 모델 중 하나인 **아인슈타인 고체**((Einstein solid)의 주요 결과가 증명 없이 아래와 같이 주어진다.[6] 계산 재료과학 5.1에서 논의했듯이 실제 상황은 더 복잡하다.

아인슈타인은 모든 온도에서 동일한 주파수 ν_e로 진동하는 독립적인 조화 진동자들이 아보가드로의 수 N_{Av}만큼 구성된 고체를 가정함으로써 몰당 열 엔트로피 S_T가 다음과 같이 주어진다는 것을 보여주었다.

$$S_T = 3N_{Av}k\left[\frac{h\nu_e}{kT(e^{h\nu_e/kT}-1)} - \ln\left(1-e^{-h\nu_e/kT}\right)\right] \tag{5.15}$$

온도 $kT \gg h\nu_e(e^x \approx 1+x)$ 에 대하여, 식 (5.15)는 다음과 같이 간소화된다.

$$S_T = 3R\left(\ln\frac{kT}{h\nu_e} + 1\right) \tag{5.16}$$

이러한 중요한 결과를 바탕으로,[7] S_T에 대한 결론은 다음과 같다.

1. S_T는 T에 대하여 단조롭게 증가하는 함수이다. 다른 말로, S_T는 T가 증가함에 따라 증가한다. 이것은 T가 상승함에 따라 원자들이 더 높은 에너지 준위들을 채워 나가기 때문에 발생한다. 더 많은 **접근 가능한** 에너지 준위들 중에서 이 원자들을 분배하는 불확실성은 **열 엔트로피** S_T를 구성한다.

2. S_T는 ν_e가 증가함에 따라 감소한다. ν_e가 S_0와 비례하고[식 (4.18)], 차례로 결합 강도와 비례한다는 점을 고려하면, 주어진 온도에 대해 더 약한 결합을 가지고 있는 고체는 S_T가 더 높을 것이다. 이유는 간단하다. 결합이 강하다면, 즉 S_0가 크다면, 에너지 준위들 사이의 간격[식 (4.3)] 역시 클 것이고, 주어진 ΔT가 증가할 경우 단지 몇 가지 준위들만 이용할 수 있고 S_T는 낮을 것이다. 반면에 약하게 결합된 고체에서는 동일한 ΔT에 대해 훨씬 더 많은 준위들이 이용될 수 있고 불확실성이 증가한다. 나중에 더 자세히 논의하겠지만, 이 결론은 온도야기 다형

---

[6] 더 자세한 사항은 K. Denbigh, The *Principles of Chemical Equilibrium*, 4th ed., Cambridge University Press, New York, 1981, Chap. 13을 참고하라.

[7] 단일 주파수가 아닌, 주파수의 분포를 가정하는 더 정확한 디바이 모델은 더 높은 온도에서 사실상 같은 결과를 산출한다. 자세한 내용은 계산 재료과학 5.1을 참고하라.

변태(temperature-induced polymorphic transformation)를 다룰 때 중요하다. 그것은 S_T가 증가되는 방향으로 발생하는 경향이 있기 때문이다. 다시 말해서, 다형 변태는 더 높은 응집 에너지 상(예: 조밀한 구조)로부터 더 낮은 응집 에너지 상(더 개방된 구조)로 발생하는 경향을 가질 것이다.

식 (5.16)의 또 다른 함축은 원자의 진동 주파수가 예를 들어 상변태 또는 결함 형성의 결과와 같이 주파수 ν에서 ν'으로 변한다면(6장 참고), 관련된 엔트로피의 변화는 다음과 같다.

$$\Delta S_T^{\text{trans}} = 3R \ln\left(\frac{\nu}{\nu'}\right) \tag{5.17}$$

만약 $\nu > \nu'$이면 $\Delta S_T^{\text{trans}}$는 양의 값이 될 것이고 그 반대의 경우도 마찬가지라는 점에 유의하라.

예제 5.3

(a) 계의 총에너지가 3 단위로 일정하다는 제약을 받는 3개의 에너지 준위에 걸쳐 분포된 3개의 입자에 대해 다양한 가능한 구성(배열)을 그려보시오.

(b) 아인슈타인 특성 온도를 $\theta_e = h\nu_e/k$로 정의함으로써 다음과 같이 나타낼 수 있다.

$$c_v = 3N_{\text{Av}}\, k \left(\frac{\theta_e}{T}\right)^2 \left[\frac{e^{\theta_e/T}}{(e^{\theta_e/T}-1)^2}\right]$$

여기서 c_v는 일정한 부피에서의 몰 열용량이다. 일반적으로 θ_e는 실험으로 얻은 c_p 대 T 데이터에 가장 적합한 값을 선택하여 결정된다. KCl에 대해 $\theta_e \approx 230\,\text{K}$이다. c_p 데이터로부터 KCl에 대한 ν_e 값을 추정하고 식 (4.7)을 기반으로 계산된 결과와 비교하시오. 보른 지수 $n = 9$를 KCl에 대해 가정한다. Cl의 원자량은 35.5 g/mol이고 K의 원자량은 39.1 g/mol이다.

정답

(a) 그림 5.2에 다양한 구성(배열), 총 10가지가 나와 있다.

(b) KCl의 원자 간 거리는 319 pm이며, KCl의 경우 다음과 같다(문제 4.2 참고).

$$S_0 = \frac{z_1 z_2 e^2}{4\pi\varepsilon_0 r_0^3}(n-m) = 56.7\,\frac{\text{N}}{\text{m}}$$

$$M_{\text{red}} = \frac{m_1 m_2}{(m_1+m_2)} = \frac{18.6}{1000\,N_{\text{Av}}} = 3.1\times10^{-26}\,\text{kg}$$

식 (4.7)을 적용하면

$$\nu = \frac{1}{2\pi}\sqrt{\frac{S_0}{M_{\text{red}}}} = \frac{1}{2\pi}\sqrt{\frac{56.7}{3.1\times10^{-26}}} = 6.8\times10^{12}\,\text{s}^{-1}$$

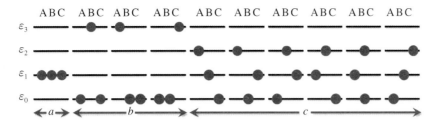

그림 5.2 총에너지가 3개의 (세부 에너지) 단위로 구성된 계에서 3개의 입자를 배열할 때 가능한 구성. 여기서 $\varepsilon_0 = 0$, $\varepsilon_1 = 1$ 단위, $\varepsilon_2 = 2$ 단위 등으로 가정한다(더 자세한 내용은 D. Gaskell, *Introduction to Metallurgical Thermodynamics*, 2nd ed., Hemisphere, New York, 1981, Chap 4를 참고하라).

$\theta_e = h\nu_e/k = 230\text{K}$이므로 $\nu_e = 4.8 \times 10^{12}\ \text{s}^{-1}$이다.

식 (4.7)에 도달하기 위해 만들어진 많은 단순화된 가정들을 고려하면, 그러한 합의는 꽤 좋은 것으로 간주되어야 한다. 이러한 결과가 고체의 이온들이 $10^{12} \sim 10^{13}\ \text{s}^{-1}$ 차원의 주파수에서 진동한다는 것을 확인시켜준다는 점에 주목하라. ■

5.2.2.3 전자 엔트로피

이용 가능한 에너지 준위에 놓여 있는 원자들의 무작위화가 엔트로피를 구성하는 것과 같은 방식으로, 에너지 준위에 놓여 있는 전자들의 분포에 대해서도 마찬가지라고 말할 수 있다. 0K에서 반도체 및 절연체의 전자와 정공은 가장 낮은 에너지 상태에 있으며 단 하나의 구성(배열)만 존재한다. 그러나 온도가 상승함에 따라 그것들이 더 높은 에너지 준위로 여기되고, 어떤 수의 여기된 에너지 준위에서 그것들을 발견하는 불확실성은 엔트로피의 한 형태를 구성한다. 이 점은 6장과 7장에서 더 자세히 다룰 것이다.

5.2.2.4 엔트로피의 다른 형태

일부 원소와 화합물은 자기 또는 유전 모멘트를 갖는다. 이러한 모멘트들은 무작위로 배향될 수도 있고, 아니면 질서정연해질 수도 있다. 예를 들어 질서정연해질 때, 자기 엔트로피는 오직 하나의 구성(배열)만 있기 때문에 0이다. 그러나 온도가 증가함에 따라 가능한 구성(배열)의 수가 증가하기 때문에 엔트로피가 증가한다. 유전 모멘트에 대해서도 같은 방식으로 논의할 수 있다(14장 참고).

5.2.2.5 총 엔트로피

엔트로피들은 합성분으로 더해지기 때문에 계의 총 엔트로피는 다음과 같이 주어진다.

$$S_{\text{tot}} = S_{\text{config}} + S_T + S_{\text{elec}} + S_{\text{other}} \tag{5.18}$$

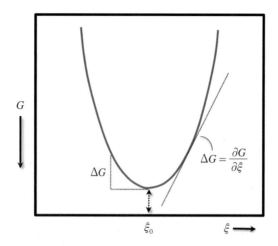

그림 5.3 자유 에너지 대 반응 좌표 곡선의 개략도. $\xi = \xi_0$에서, 즉 $\Delta G = 0$일 때, 계는 평형상태에 있다고 한다.

5.2.3 자유 에너지, 화학 퍼텐셜 및 평형

이 절의 시작 부분에서 언급했듯이, 평형 또는 그 부족을 정의하는 함수는 엔탈피도 엔트로피도 아니고 오히려 깁스가 정의한 자유 에너지 함수 G이다.

$$G = H - TS \tag{5.19}$$

따라서 어떤 반응이나 변태 중에 발생하는 자유 에너지 변화는 다음과 같다.

$$\Delta G = \Delta H - T\Delta S \tag{5.20}$$

여기서 ΔS는 모든 형태의 엔트로피 변화를 포함한다.

또한 평형에서 $\Delta G = 0$이라고 나타낼 수 있다. 예를 들어, 그림 5.3에서 도식적으로 볼 수 있듯이 계에서 발생하는 변화를 자유 에너지에 영향을 미치는 주어진 반응 변수 ξ의 함수로써 간주해 보자. 변수 ξ는 고체 내 공공의 수일 수도 있고, 기체상에서 원자의 수일 수도 있고, 반응의 정도일 수도 있고, 과냉각 액체 내 핵의 수 등일 수도 있다. $\xi \neq \xi_0$이면(그림 5.3), $\Delta G \neq 0$이 되고 반응이 진행될 것이다. $\xi = \xi_0$일 때 ΔG는 최소이며, 변화를 위한 구동력이 사라지기 때문에 계는 평형상태에 있다고 말한다. 그러므로 평형 조건은 다음과 같이 간단하게 기술할 수 있다.

$$\Delta G\big|_{P,T,n_i} = \frac{\Delta G}{\Delta \xi} = 0 \tag{5.21}$$

식 (5.21)은 겉보기에는 단순함에도 불구하고, 계의 자유 에너지가 ξ의 함수로 공식화되면 그 함수의 미분(즉, 최소 위치)에 의해 간단하게 평형상태를 결정할 수 있기 때문에 극도로 강력한 관계식이다.[8] 이

---

[8] 말할 필요도 없이, 진짜 어려움은 최소 위치를 결정하는 데 있지 않다. 그것은 쉬운 부분이다. 어려운 부분은 G와 반응 변수 사이의 관계를 결정하는 것이다. 거기에 난제가 있는 것이다.

간단하지만 강력한 방법이 어떻게 고체의 평형 공공의 수를 결정하는 데 사용되는지 6장에서 전개된다. 중요한 점은, 이러한 평형 조건이 일정한 온도와 압력에서 변화가 일어날 때만 유효하다는 것이다.

자유 에너지 변화, 즉 ΔG는 계의 크기에 따라 달라지는 크기성질이다. 그러나 만약 그것이 몰당 또는 원자당 기준으로 표준화되면 **화학 퍼텐셜**(chemical potential)로 된다. i종의 화학 퍼텐셜에 대한 공식적인 정의는 다음과 같다.

$$\mu_i = \left.\frac{\partial G}{\partial n_i}\right|_{P,T,j} \tag{5.22}$$

따라서 정의된 화학 퍼텐셜은 일정한 압력과 온도에서 계의 다른 모든 화학 성분들 j가 고정된 채로, 전하를 띠지 않은 무한한 고체 덩어리로부터 원자 하나를 제거하는 데 필요한 일이다.

엔탈피의 경우처럼 에너지를 다루고 있기 때문에 절댓값은 없다. 이 문제를 피하기 위해 순수한 원소 또는 화합물의 **표준 화학 퍼텐셜**(standard chemical potential) μ_i^o이 정의되고, 계에서 발생하는 모든 변화가 표준 상태로 언급된다.[9]

원소나 화합물이 표준 상태에 있지 않다는 사실을 고려하기 위해서는 활동도(activity)의 개념이 도입되어야 한다. 수학적으로 μ_i는 다음과 같이 묘사할 수 있다.

$$\mu_i = \mu_i^o + RT \ln a_i \tag{5.23}$$

여기서 a_i는 그 종의 활동도이며, 이는 다음과 같이 정의할 수 있다.

$$a_i = \gamma_i X_i \tag{5.24}$$

X_i와 γ_i는 각각 몰분율과 활동도 계수이다. 표준 상태의 정의로부터, 표준 상태에 있는 순수한 원소의 a_i는 1이고, 이 경우 $\mu_i = \mu_i^o$이다.

활동도 계수는 일반적으로 조성의 함수이다. 그러나 용질 원자들이 서로 상호작용하지 않도록 용액이 충분히 희석되면 활동도 계수는 일정하다고(상수로) 가정할 수 있다.

$$a_i = \gamma_i^o X_i \tag{5.25}$$

여기서 γ_i^o은 **헨리안 활동도 계수**(Henrian activity coefficient)로 알려져 있고, 이것은 조성의 함수가 아니다. 또한 이상용액에 대한 정의에 따라 $\gamma_i = 1$이 되면 활동도는 단순히 몰분율과 동일해진다. 이 단순화된 가정은 이 책 전반에 걸쳐 이루어진다.

---

[9] 이 값은 알려져 있지 않다. 그러나 이것은 문제가 아니다. 왜냐하면 관심은 차이에 있기 때문이다($\mu_i - \mu_o$).

식 (5.23)을 사용하여 수학적으로 활동도를 정의하는 것이 가능하지만, a_i가 어떻게 측정되는지 알게 될 때 비로소 그 개념에 대하여 더 나은 이해를 할 수 있다. a_i를 측정할 수 있는 몇 가지 방법이 있다. 가장 명백한 것은 활동도가 결정되어야 하는 종의 분압 P_i를 측정하고 그 값을 순수한 표준 상태에 있을 때 동일한 종의 분압과 비교하는 것이다. 그러면 활동도는 다음과 같이 분압과 관련된다.[10]

$$a_i = \frac{P_i}{P^o} \tag{5.26}$$

여기서 P^o는 표준 상태인, 즉 순수한 동일한 종의 분압이다. 기체의 경우 P^o는 1 atm 또는 0.1 MPa로 간주된다.

더 자세한 이해를 위해 다음 사고 실험을 고려해보자. 원소 M을 밀폐된 빈 용기에 넣고 평형에 도달할 때까지 주어진 온도로 가열한 다음 용기 내 기체 원자의 압력을 측정해보라. 정의에 따라, 측정된 양은 순수한 M의 P_M^o을 나타낸다. 온도의 함수일 뿐인 이 값은 문헌에 잘 입증되어 있으며 잘 찾을 수 있다.

사고 실험을 더 진행하여 M을 두 번째 원소 N과 합금시켜 몰 비(molar ratio)가 50 : 50이 되도록 하고 앞에서 말한 실험을 반복한다면 다음 3가지 결과 중 하나가 얻어질 것이다.

1. 용액을 이상용액이라 하고, $a_i = P_i/P^o = 0.5 = X_i$ 및 $\gamma_i = 1$이라고 한다면, 기체상에서 M 원자의 분율은 합금에서의 분율과 같다(몰분율은 0.5).

2. 기체상에서 M 원자의 분율은 0.5 미만이다. 따라서 $a_i = P_i/P^o < 0.5$, 그러므로 $\gamma_i < 1$이다. 이것은 이상으로부터의 음의 편차(negative deviation)라고 불리며 M 원자가 이상적인 혼합물에 대하여 기체 상태로 존재하는 것보다 고체(또는 융해물)로 존재하는 것을 더 선호한다.

3. 기체상에서 M 원자의 분율이 0.5 이상이다. 따라서 $a_i = P_i/P^o > 0.5$, 그러므로 $\gamma_i > 1$이다. 이것은 이상으로부터의 양의 편차(positive deviation)라고 불리며 M 원자가 이상적인 혼합물에 대하여 기체 상태로 존재하는 것을 선호한다.

따라서 원소 또는 화합물의 순수한 상태에서 분압을 측정하고, 일부 다른 물질과 결합된 원소 또는 화합물을 가지고 측정을 반복함으로써, 원소 또는 화합물의 활동도를 계산할 수 있다.

---

[10] 이것은 압력이 P_i인 영역에서 압력이 P^o인 영역으로 원자 1몰을 전달하는 일(work)이 단순히 $\Delta\mu = RT \ln(P_i/P^o)$이라는 점을 주목함으로써 쉽게 알 수 있다. 이 일은 $\Delta\mu = RT \ln(a_i/1)$인 반응 $M_{pure} \Rightarrow M_{alloy}$에 대한 에너지 변화와 동일해야 한다. 이것이 본질적으로 식 (5.23)을 얻는 방법이다.

5.3 화학 평형과 질량 작용 표현

다음 반응을 고려해보자.

$$M(s) + \tfrac{1}{2}X_2(g) \Rightarrow MX(s) \quad \Delta G_{rxn} \qquad (I)$$

여기서 ΔG_{rxn}은 이 반응과 관련된 자유 에너지 변화를 나타낸다. 분명히 ΔG_{rxn}은 반응물의 상태에 따라 달라질 것이다. 예를 들어, X_2의 분압이 1 atm일 때의 ΔG_{rxn}은 분압이 1 atm보다 더 낮은 경우일 때의 ΔG_{rxn}보다 더 클 것으로 예상하고 그 반대의 경우도 마찬가지이다.

수학적으로, 이것은 어떤 반응의 구동력이 2가지 항으로 구성되어 있다는 것을 이해함으로써 고려될 수 있다. 첫째는 **표준 조건** 하에서 반응이 일어날 것으로 예상하는 것이고, 둘째 요인은 반응물이 표준 상태에 있을 수도 있고 없을 수도 있다는 사실을 고려하는 것이다. 다른 말로, 어떠한 반응에 대한 구동력 ΔG_{rxn}을 다음과 같이 나타낼 수 있다(부록 5A 참고).

$$\Delta G_{rxn} = \Delta G_{rxn}^o + RT \ln K \qquad (5.27)$$

여기서 ΔG_{rxn}^o은 반응물이 표준 상태에 있을 때 반응과 관련된 자유 에너지 변화이다. K는 반응의 **평형 상수**(equilibrium constant)로 알려져 있다. 반응 (I)에 대하여,

$$K = \frac{a_{MX}}{a_M (P_{X_2})^{1/2}} \qquad (5.28)$$

여기서 a_{MX}, a_M 및 P_{X_2}는 각각 MX와 M의 활동도 및 반응 중 어떤 시간에서 X_2의 분압이다. 식 (5.28)은 반응 (I)에 대한 **질량 작용 표현**(mass action expression)으로도 알려져 있다.

평형상태에서 $\Delta G_{rxn} = 0$이 되고, 식 (5.27)은 잘 알려진 결과로 단순화된다.

$$\Delta G_{rxn}^o = -RT \ln K_{eq} \qquad (5.29)$$

평형상태에서 $K = K_{eq} = \exp -[\Delta G_{rxn}^o / RT]$이다.

더 나아가기 전에 식 (5.27)의 영향에 대해 간략히 살펴보는 것이 유익하다. 첫째, 이 식은 반응물과 생성물이 표준 상태인 경우,[11] 즉 $P_{X_2} = a_M = a_{MX} = 1$, 따라서 $K = 1$이고 $\Delta G_{rxn} = \Delta G_{rxn}^o$인 경우를 말한다(애초에 어떻게 ΔG_{rxn}^o이 정의되었는가!). 다른 극단은 반응에 대한 구동력이 0일 때, 즉 정의상 평형상태인 $\Delta G_{rxn} = 0$일 때 발생하고 식 (5.29)가 적용된다.

---

[11] 위에서 언급한 바와 같이, 기체의 표준 상태는 관심 온도의 1 atm(0.1 MPa) 압력에서 1 mol의 순수한 기체 상태로 정의된다. 따라서 분압 P_i가 식 (5.28)과 같은 표현식에 나타날 때마다 무차원 비율인 $P_i/1$ atm을 다루고 있다는 것이 암묵적이라는 점을 깨달아야 한다. 반대로, 질량 작용 표현식이 무차원이라면 암묵적으로 대기 중에서 분압이 모두 주어진다.

다음과 같은 일반화된 반응에 대하여

$$aA + bB \Rightarrow cC + dD$$

평형 상수가 다음과 같이 주어진다.

$$K = \frac{a_C^c a_D^d}{a_A^a a_B^b} \tag{5.30}$$

여기서 a_i값들은 각각의 화학양론적 계수 a, b, c 등으로 나타나는 다양한 종의 활동도를 나타낸다.

이러한 중요한 관계식들을 바탕으로 하여 다음 중요한 주제, 즉 세라믹 화합물의 화학적 안정성 영역의 묘사를 다루는 것이 이제 가능하다.

5.4 화학적 안정성 영역

화합물의 화학적 안정성 영역은 그 화합물이 안정한 활동도 또는 기체 분압의 범위를 나타낸다. 예를 들어, 충분히 환원된 조건에서 모든 산화물은 불안정하며 모재 금속으로 환원될 수 있다. 반대로, 모든 금속은 귀금속을 제외하고 공기 중에 불안정하다. 그것들의 산화물은 더 안정적이다. 실용적인 관점에서 볼 때, 주어진 환경에서 세라믹스의 안정성 또는 그것의 부족을 예측할 수 있는 것은 중요하다. 관련 질문은 다음과 같다(해답은 광석의 성공적인 환원을 위해 중요하다). 산화물이 더 이상 안정적이지 않을 산소 분압 P_{O_2}값은 얼마인가?

예를 들어, 더 많은 산소 결합을 가진 산화물 MO_y(즉 $y > z$)의 형태로도 존재할 수 있는 산화물 MO_z를 고려하여 그 산화물의 안정성 영역을 계산해보자. 모재 금속과 평형을 이루는 산화물의 평형 분압은 다음 반응에 대하여 식 (5.29)를 적용함으로써 결정된다.

$$\frac{z}{2}O_2 + M \leftrightarrow MO_z \quad \Delta G_f^I \tag{II}$$

또는

$$\ln P_{O_2} = +\frac{2\Delta G_f^I}{zRT} \tag{5.31}$$

MO_z에서 MO_y로의 추가 산화는 다음 반응에 의해 발생한다.

$$O_2 + \frac{2}{y-z}MO_z \leftrightarrow \frac{2}{y-z}MO_y \quad \Delta G_f^{II} \tag{III}$$

그리고 그에 상응하는 평형 산소 분압은 다음과 같이 주어진다.

$$\ln P_{O_2} = \frac{\Delta G_f^{\mathrm{II}}}{RT} \tag{5.32}$$

여기서

$$\Delta G_f^{\mathrm{II}} = \frac{2}{y-z}\left[\Delta G_{f,\mathrm{MO}_y} - G_f^{\mathrm{I}}\right]$$

따라서 MO_z가 안정한 P_{O_2} 영역은 식 (5.31)과 (5.32)로부터 얻은 값들에 의해 구속된다. 다음 예제는 개념을 명확하게 해줄 수 있다. 말할 필요도 없이, 방금 설명한 유형의 계산을 수행하는 것은 관련된 산화물의 형성을 위한 표준 자유 에너지의 온도 의존성에 대한 지식 없이는 불가능할 것이다. 그림 5.4는 다수의 2원계 산화물에 대한 그러한 데이터를 도식화하여 보여준다.

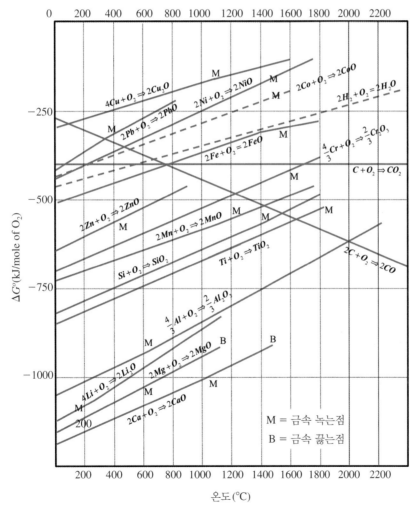

그림 5.4 온도의 함수로써 나타낸 다수의 2원계 산화물들의 산소 몰당 형성의 표준 자유 에너지 (Darken and Gurry, *Physical Chemistry of Metals*, McGraw-Hill, New York, 1953에서 발췌.)

예제 5.4

다음과 같은 산화물 형성에 대한 표준 자유 에너지들을 고려하여 1000 K에 있는 Fe–O 계에서 상들에 대한 화학적 안정성 영역을 계산하시오.[12]

$$\Delta G^o_{FeO}@1000\,K = -206.95\,kJ\,mol$$

$$\Delta G^o_{Fe_3O_4} = -792.6\,kJ\,mol$$

$$\Delta G^o_{Fe_2O_3} = -561.8\,kJ\,mol$$

정답

Fe와 FeO 사이의 평형에서, 적절한 반응은 다음과 같다.

$$Fe + \frac{1}{2}O_2 \Rightarrow FeO \quad \Delta G_{FeO}$$

식 (5.31)을 적용하고 1000K에서 평형 P_{O_2}를 풀면 2.4×10^{-22} atm이 된다.

P_{O_2}가 더 증가함에 따라 Fe_3O_4는 다음에 따라 안정한 상이 된다.[13]

$$3FeO + \frac{1}{2}O_2 \Rightarrow Fe_3O_4 \quad \Delta G_{r,1} = \Delta G_{Fe_3O_4} - 3\Delta G_{FeO}$$

다시 한번 P_{O_2}를 풀면 1.14×10^{-18} atm이 된다.

마찬가지로, Fe_3O_4는 Fe_2O_3와 평형을 이루는 P_{O_2}까지 안정하다.

$$\frac{2}{3}Fe_3O_4 + \frac{1}{6}O_2 \Rightarrow Fe_2O_3 \quad \Delta G_{r,2} = \Delta G_{Fe_2O_3} - \frac{2}{3}\Delta G_{Fe_3O_4}$$

P_{O_2}를 풀면 3.4×10^{-11} atm이 된다.

요약하면, 1000 K에 2.4×10^{-22} atm의 P_{O_2} 아래에서 Fe가 안정하고, 2.4×10^{-22} atm과 1.14×10^{-18} atm 사이에서 FeO가 안정하다. Fe_3O_4는 1.14×10^{-18} atm과 3.4×10^{-11} atm 사이에서 안정하다. 3.4×10^{-11} atm 이상의 P_{O_2}에서 Fe_2O_3는 1 atm까지 안정한 상이다(이러한 결과들을 온도의 함수로써 도식적으로 표현한 그림 6.8c를 참고하기 바란다). ■

5.5 전기화학 퍼텐셜

이전 절에서, 주어진 상에서 종 i의 화학 퍼텐셜은 무한으로부터 그 상의 덩어리로 그 종의 1몰을 가져오는 데 필요한 일로써 정의되었다. 그러나 이 개념은 **중성** 종 또는 전하를 띠지 않은 매질에만 적용되기 때문에(어느 경우든 전기적 일은 0이다) 세라믹스에 대한 유효성이 제한되어 있다. 분명히, 용액에서 이온성 세라믹스와 이온의 전하를 띤 고유성질은 그 정의를 무효로 만든다. 대신

---

[12] 열역학 데이터의 보다 포괄적이고 신뢰할 수 있는 출처 중 하나는 JANAF 열화학 표이다.

[13] 관심 상들의 화학양론은 해당 상태도로부터 쉽게 파악할 수 있다.

이 경우에 적용되는 관련 함수는 다음과 같이 알짜 전하 z_i 입자 하나에 대해 정의된 **전기화학 퍼텐셜** η_i이다.

$$\eta_i = \frac{\mu_i}{N_{Av}} + z_i e \phi \qquad (5.33)$$

여기서 μ_i는 몰당 화학 퍼텐셜이고 ϕ는 전위이다. 몰 단위로 표현하면,

$$\eta_i^{molar} = \mu_i + z_i F \phi \qquad (5.34)$$

여기서 F는 패러데이(Faraday) 상수이다($F = N_{Av} e = 96,500$ C/당량). 즉 식 (5.33)은 η_i가 무한대로부터 그 상으로 전하 $z_i e$ 입자를 가져오는 데 필요한 화학적 및 전기적 일의 합계라고 명시하고 있다. 만약 z_i가 0이면 금속 및 기타 전자 전도성 물질의 경우에 전기화학 퍼텐셜과 화학 퍼텐셜이 동일할 것이다($\eta_i = \mu_i$). 이러한 결론은 이온성 세라믹스나 액체 전해질과 같은 전하를 띤 매질에서 중성 종의 삽입 또는 제거를 다룰 때 역시 유효하다.[14] 그러나 이온성 세라믹스를 다루는 데 있어 근본적인 문제는 전하를 띤 종을 포함할 때 발생한다. 그러한 경우 η_i와 씨름해야 한다.

전하를 띤 종에 대한 구동력은 전기화학 퍼텐셜의 구배라는 것을 알 수 있다(7장 참고). 어떤 주어진 종 i에 대한 평형 조건은 모든 구배가 사라지는 것, 즉 다음과 같을 때 나타난다.

$$\frac{d\eta_i}{dx} = 0 \qquad (5.35)$$

즉, 평형상태에서 모든 종의 전기화학 퍼텐셜 구배는 모든 영역에서 사라져야 한다. 대전된 종의 경우 평형 조건은 $d\mu = 0$이 아니라 $d\eta = 0$일 때 발생한다.

눈치 빠른 독자는 이 시점에서 어떤 물질의 대부분이(덩어리가) 전하 중성조건을 만족해야 하기 때문에 ϕ가 그 물질에 걸쳐 일정하며, 따라서 전기적 일은 예를 들어 μ^o에 포함될 수 있는 상수라고 주장할 수 있다. 그러나 이러한 접근법의 근본적인 문제는 전하를 띤 입자를 주어진 상에 삽입하기 위해서 계면이 교차되어야 한다는 것이다. 만약 그 계면이 덩어리 내와 비교해서 전하를 띠고 있다면 전기적 일은 무시할 수 없다.

---

[14] 이러한 서술의 흥미로운 결과는 하나의 화합물에서 전하 축적 없이 한 종류의 이온만을 무기한 첨가거나 제거하는 것이 불가능하다는 간단한 이유로 개개의 이온들의 활동도나 화학 퍼텐셜을 측정하는 것이 불가능하다는 것이다. 예를 들어, MX 화합물에서 양이온을 제거하기 시작하면, 알짜 음전하를 매우 빠르게 얻을 수 있겠지만 그로 인해 더 많은 이온을 제거하기가 점점 더 어려워질 것이다. 다른 말로, NaCl 결정 상의 Na 이온들의 '분압'을 측정하는 것이 불가능하기 때문에 그것들의 활동도를 측정하는 것이 불가능하다. 흥미롭게도, 원칙적으로 NaCl 결정 상의 Na 금속, Cl_2 기체 또는 NaCl 증기의 분압을 측정하는 것이 가능하다. 그렇지 않으면 중성 개체의 활동도를 측정하는 것만이 가능하다. 이 문제는 결코 이온성 고체에만 국한되지 않는다. 이 문제는 역사적으로 액체 전해액에서 처음 검토되었다. 이 문제에 대한 뛰어난 해설이 J. Bockris and A. K. N. Reddy, *Modern Electrochemistry*, vol. 2, Plenum, New York, 1970, Chap. 7에 제시되어 있다.

5.6   전하를 띤 계면, 이중층, 그리고 디바이 거리

다음 적절한 질문은 계면이 전하를 띠고 있는가 하는 것이고, 만약 그렇다면 왜 일까? 첫 번째 부분에 대한 대답은 간단하다. 거의 모든 계면과 표면이 실제로 전하를 띤다. 두 번째 부분에 대한 답은 더 복잡하다. 그것은 계면의 유형, 재료의 종류 등에 따라 다르며, 이 책의 범위를 분명히 넘어선다. 그러나 개념을 설명하기 위해서는 다음과 같은 이상적이고 단순화된 사고 실험이 유용하다. 그림 5.5a에 묘사된 MO 산화물의 덩어리를 생각해보라. 중심 이온에 집중하라. 이 이온이 모든 방향으로 똑같이 당겨지고 있는 것은 분명하다. 이제, 앞서 언급한 이온의 가까운 부근에서 계면이 생성되도록 결정이 2개로 얇게 썰어진다고 상상해보라. 이 절단 공정은 2개의 표면을 드러내고 그림 5.5b에 묘사된 표면 근처에 있는 이온들에 작용하는 힘의 불균형을 유발시킨다.

이러한 힘의 비대칭은 차례로 이온이 어떻게 해서든 이동하도록 유도한다. 다시 한번 단순화를 위해 가정한다면, 이 경우 O 이온들은 움직이지 않고, 구동력이 M 이온들이 표면으로 이동하도록 유도하는 것과 같다고 한다면, 이제 계면이나 표면은 덩어리 내와 비교해서 양전하를 띠게 될 것이

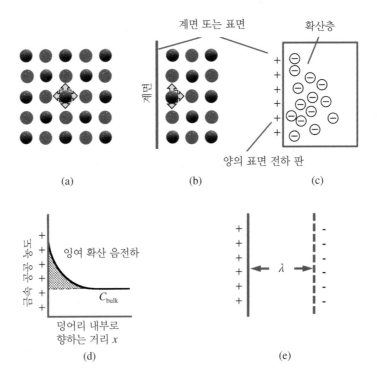

그림 5.5 (a) 덩어리 내의 이온은 대칭적으로 힘을 받는다. (b) 계면 근처에서 힘은 더 이상 대칭적이지 않으며 이온들은 어디로든 이동한다. (c) 계면으로부터 덩어리로 확장되는 확산층의 개략도. 이 경우 단순성을 위해 양이온이 표면을 향해 이동하고 묘사된 양전하 판을 담당한다고 가정한다. 알짜 양전하는 덩어리 내에서 음으로 전하를 띤 양이온 공공의 분포에 의해 보상된다(6장 참고). (d) 양이온 공공의 전하 분포. (e) 전하 판은 계면으로부터의 거리 λ에서의 표면 전하와 크기가 동일하다.

다. 그 양전하는 덩어리 내에서의 음전하와 함께 균형을 이루어야 한다. 순수한 MO 화합물의 경우,[15] 이온들이 표면으로 이동함에 따라 뒤에 남겨진 공공들이 음전하를 띠기 때문에 이것이 자동으로 달성된다(6장 참고). 반대 전하로 전하를 띤 덩어리 개체의 농도에 의해 균형 잡힌 전하의 표면 판(sheet) 형성은 **이중층**(double layer)을 구성한다(그림5.5c).

7장(주로, 확산)에서 분명해질 이유들 때문에, 계면 전하에 대한 보상 전하(이 경우 양이온 공공)가 평면에 집중되어 있지 않고 오히려 그림 5.5c와 d에서 보듯이 고체의 덩어리 내에 확산 분포되어 있음을 알 수 있다. **디바이 거리**(Debye length) λ라고도 하는 이러한 소위 이중층 두께의 한 척도는 다음과 같다.[16]

$$\lambda = \left(\frac{e^2 n_i z_i^2}{k' \varepsilon_0 kT} \right)^{-1/2} \tag{5.36}$$

여기서 z_i와 n_i는 각각 물질의 덩어리 내에서의 결함의 전하와 밀도(세제곱미터당 입자들)이고, ε_0과 k'은 각각 자유 공간의 유전율과 용매의 상대 유전율이다(14장 참고). 다른 모든 기호들은 그것들의 일반적인 의미를 가지고 있다. 확산 전하가 동등한 전하 판으로 대체될 수 있는 거리(그림 5.5e)를 (이것은 확산 전하와 동일한 전기용량을 초래한다) λ로 정의한다. 식 (5.36)은 희석용액에만 적용되며 고농도에서는 성립되지 않는다는 점에 유의하라.

전하를 띤 계면은 자유 표면뿐만 아니라 2개의 다른 상이 접촉할 때마다 생성된다. 전류가 흐르는 계면은 의약품 제조에서부터 집적 회로에 이르기까지 오늘날 많은 기술의 핵심에 있다. 그것들이 없다면 삶 자체가 불가능할 것이다. 세라믹스에서 더욱 구체적으로 전기 이중층은 배리스터(varistor) 거동, 화학센서, 촉매작용 등과 같은 다양한 현상에서 주요 역할을 담당한다.

5.7 2원계 산화물에서 깁스-듀헴 관계식

다성분계에서 다양한 성분의 화학 퍼텐셜은 이 절에서 설명할 **깁스-듀헴 식**(Gibbs-Duhem equation)에 의해 상호 연관되어 있다. 그러나 그것의 적용성과 유용성은 비로소 7장에서 명백해질 것이다.

2원계 MO_ξ 화합물의 구성 요소에 있어서, 다음과 같이 쓸 수 있다.

$$MO_\xi \Leftrightarrow M^{\xi(2+)} + \xi O^{2-} \tag{5.37}$$

그로부터 다음에 이른다.

$$\eta_{MO_\xi} = \eta_{M^{\xi(2+)}} + \xi \eta_{O^{2-}}$$

---

[15] 대부분의 산화물은 계의 변형 에너지를 줄이기 위해 계면, 결정립계 및 표면으로 이동하는 경향이 있는 불순물을 포함한다. 대개 표면 전하를 담당하는 것은 이러한 불순물의 편석이다. 그러나 이 전하는 보통 덩어리 내 이온 결함으로 보상된다(6장 참고).

[16] 예를 들어, J. Bockris and A. K. N. Reddy, *Modern Electrochemistry*, Plenum, New York, 1970을 참고하라.

평형에서 정의에 의해 $d\eta_{MO_\xi} = 0$, 결과적으로 $d\eta_{M^{\xi(2+)}} = -\xi d\eta_{O^{2-}}$ 또는는

$$d\mu_{M^{\xi(2+1)}} + 2\xi ed\phi = -\xi(d\mu_{O^{2-}} - 2ed\phi)$$

또한 국부적으로 음이온과 양이온은 동일한 전위 ϕ를 받기 때문에, 2원계 산화물의 경우 다음을 따른다.

$$d\mu_{M^{\xi(2+)}} = -\xi d\mu_{O^{2-}} \tag{5.38}$$

이 표현은 **깁스-듀헴 관계식**으로 알려져 있으며, 2원계 결정(즉, 음이온과 양이온)의 구성 요소의 화학 퍼텐셜에서의 변화가 상호 관련되어 있다는 사실을 표현한다.[17]

식 (5.37) 역시 다음과 같이 쓸 수 있다.

$$MO_\xi \Leftrightarrow M + \frac{\xi}{2}O_2 \tag{5.39}$$

그로부터 평형상태에서 다음에 이른다.

$$d\mu_M = -\frac{\xi}{2}d\mu_{O_2} \tag{5.40}$$

위에서 언급했듯이, 이러한 관계의 중요성과 적용 가능성은 7장에서 분명해질 것이다.

예제 5.5

(a) 그림 5.6에 보인 것처럼, 한쪽에 Mg 금속과 다른 한쪽에 1 atm의 순수한 산소 사이에 MgO 결정이 놓여 있다고 가정한다. 1000 K에서 $\Delta G^o_{MgO} = -492.95$ kJ/mol이라면, 그 온도에서 각 계면에 있는 각 종의 화학 퍼텐셜을 계산하시오.

(b) 문항 (a)에서 묘사된 MgO 결정에 대해 깁스-듀헴 관계식이 유효하다는 것을 보이시오.

정답

(a) 관련 반응과 그에 상응하는 평형 질량 작용 표현은 각각 다음과 같다.

$$Mg + \frac{1}{2}O_2 \Rightarrow MgO(s)$$

$$\Delta G^o = -RT\ln K = -RT\ln\frac{a_{MgO}}{a_{Mg}P_{O/2}^{1/2}}$$

이 경우 형성되는 MgO는 순수하기 때문에, 즉 그것의 표준 상태(예를 들어 고용체가 아닌)에서는 양쪽에서 정의에 의해 $a_{MgO} = 1$을 따른다. 금속 측에 대하여, $a_{Mg} = 1.0$이고, 1000 K에서 P_{O_2}를 풀면 3.2×10^{-52} atm, 즉 3.2×10^{-53} MPa이 산출된다.

---

[17] 용액 열역학 교재에서 깁스-듀헴 표현은 일반적으로 $x_A d\mu_A + x_B d\mu_B = 0$으로 쓰여지며, 여기서 x_A와 x_B는 각각 A와 B의 몰분율을 나타낸다.

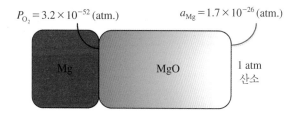

그림 5.6 한쪽은 Mg 금속이, 다른 한쪽은 1 atm의 순수한 산소가 동시에 접해 있는 MgO 결정의 평형 조건.

반대로 산소 측에서는 $P_{O_2} = 1$ atm, 그리고 a_{Mg}는 다음과 같이 계산된다.

$$a_{Mg} = 1.8 \times 10^{-26}$$

그 결과는 그림 5.6으로 요약된다.

(b) 깁스-듀헴 표현은 단순히 2원계 화합물의 구성 요소의 화학 퍼텐셜이 상호 관련되어 있다는 사실을 표현한다. 그림 5.6을 참조하면 다음이 적용된다.

$$\mu_{MgO}|_{oxygen} = \mu_{MgO}|_{metal}$$

또는

$$\mu^o_{O_2} + \frac{RT}{2} \ln P_{O_2} + \mu^o_{Mg} + RT \ln a_{Mg}|_{oxygen}$$

$$= \mu^o_{O_2} + \frac{RT}{2} \ln P_{O_2}|_{metal} + \mu^o_{Mg} + RT \ln a_{Mg}|_{metal}$$

그것은 다음과 같이 간소화된다.

$$\ln a_{Mg}|_{oxygen} = \frac{1}{2} \ln P_{O_2}|_{metal}$$

각 계면에서 Mg와 P_{O_2}의 활동도에 적절한 값을 대입하면 이러한 특성이 실제로 만족됨을 알 수 있다. ■

5.8 속도론적 고찰

앞부분에서는 평형의 기본 개념에 대해 논의하였다. 충분한 시간이 주어질 때, 모든 계는 가장 낮은 에너지 상태를 보이는 경향이 있다. 그러나 경험에 의하면 많은 계가 가장 안정한 구성으로 존재하기보다 준안정적인 형태로 존재하는 것으로 나타났다. 대부분의 물질은 일반적으로 평형상태에서 생산되거나 사용되지 않는다. 예를 들어, 유리는 그것의 결정상에 비해 준안정적이지만, 일반적으로 사용되는 온도에서 유리-결정 변태 속도론을 무시할 수 있기 때문에 매우 유용하다.

일반적으로, 첫 번째 근사로써, 어떤 변태의 속도론 또는 변태 속도가 구동력 F에 비례한다고 가정한다.

$$속도 = \beta F \tag{5.41}$$

표 5.1 이 책에서 논의된 다양한 현상을 지배하는 구동력 크기의 일반적인 순서

과정	구동력	일반적인 값(J/mol)[a]	코멘트
파괴(균열)(11장)	$V_m\sigma^2/(2Y)$	0.5	σ는 파괴(균열)에 대한 응력이고, Y는 영률(Young's modulus)이다.
입자성장(10장)	$2V_m\gamma_{gb}/r$	20	γ_{gb}는 결정립계 에너지이고, r은 입자의 반지름이다.
소결 및 조대화(10장)	$2V_m\gamma/r$	20	γ는 표면 에너지 항이다(4장).
크리프(12장)	σV_m	1000	σ는 인가 응력이고, V_m은 몰부피이다.
결정화(9장)	$\Delta H_m\Delta T/T_m$	2400	ΔH는 변형 엔탈피, ΔT는 과냉각, T_m은 융점이다.
상호확산(7장)	$RT(x_a\ln x_a + x_b\ln x_b)$	5000	이상용액을 가정할 것 [식 (5.11) 참고]
산화(7장)	ΔG^o_{form}	50,000~500,000	ΔG^o_{form}은 산소 1몰당 단위로 정규화된 산화물 형성의 자유 에너지

[a] 가정: $T=1000\,K$, 몰부피, $V_m=10^{-5}\,m^3/mol(10\,cm^3/mol)$; $r=1\,\mu m$, $\gamma=\gamma_{gb}=1\,J/m^2$; $\sigma=100\,MPa$, $Y=100\,GPa$; $\Delta S_m=12\,J/mol\,K$; $\Delta T=200\,K$.

여기서 비례상수 β는 관련 과정에 따라 달라지는 계의 속성이다. 예를 들어, β는 확산계수, 반응 속도 상수 또는 모든 종류의 컨덕턴스일 수 있다.

구동력은 계가 평형상태에서 얼마나 멀리 떨어져 있는지를 나타내는 척도이다. 그림 5.3을 참조하면, 구동력은 $\partial G/\partial\xi$, 즉 ΔG에 불과하다. 따라서 열역학의 중요성은 평형상태를 정의하는 것뿐만 아니라 구동력을 정량화하는 데에도 있다. 계가 그 상태에 접근하는 속도를 추정할 수 있는 것은 최종 평형상태를 아는 것뿐이다.

모든 변화와 변태에는 구동력이 필요하며, 그 성질과 크기는 관련된 과정에 따라 수십 배 이상 달라질 수 있다(표 5.1 참고). 예를 들어, 산화와 같은 화학 반응의 구동력은 대개 1몰당 수백 kJ 범위로 상당히 크다. 반면에, 입계 이동, 조대화 및 치밀화를 위한 구동력은 100 J/mol 이하의 차원으로 훨씬 더 작다. 이것은 미세한 금속 분말을 산화시키는 것이 소결하는 것보다 훨씬 쉬운 이유를 부분적으로 설명한다.

재료과학에서 작용하는 4가지 가장 중요한 구동력은 다음과 같다.

1. 화학 반응 및 상변태의 결과로써 형성 자유 에너지의 감소(예: 산화 또는 결정화)
2. 가해진 응력에 의한 에너지의 감소[예: 크리프(creep)]
3. 표면 또는 계면 에너지의 감소(예: 소결 및 입자성장)
4. 변형 에너지의 감소(예: 균열, 편석)

이 시점에서 이러한 구동력들의 표현과 크기 차수 값이 간단히 나열된다(표 5.1). 그러나 각각은 다음 장들에서 자세히 검토하고 논의할 것이다. 파괴는 11장에서 다루며, 10장에서는 입자성장 및 소결, 9장에서는 결정화, 12장에서 크리프, 그리고 7장에서는 산화 및 상호확산을 다룬다.

주어진 과정이 발생하는 속도를 결정하는 두 번째 중요한 매개변수는 β이다. 그리고 파괴를 제외하고, 표 5.1에 나열된 모든 과정은 원자의 이동을 필요로 하기 때문에 β는 일반적으로 원자 또는 이온이 점프하는 속도와 동일하다. 이 개념은 확산이 논의되는 7장에서 더 자세히 논의한다.

계산 재료과학 5.1: 음성자(포논, phonon) 모드

고체가 가열되면 그 고체를 구성하는 원자들이 진동한다. 상온에서 진동 주파수는 10^{13} Hz 정도이다. 이러한 진동은 다양한 주파수를 가진 파동(**포논**이라고 함)의 조합으로 설명될 수 있음을 알 수 있다. 임의의 T에서, 상이한 질량 및 결합 강도를 가진 다양한 원자들은 다르게 진동할 것이고, 따라서 이들 진동의 분포가 생긴다. 열용량, 열전도도, 열적 안정성 등과 같은 고체의 열적 특성을 이해하려면, 모든 중요한 주파수 분포를 알아야 한다. 5.2.2절에서 논의한 바와 같이, 아인슈타인은 이 문제를 처음으로 해결했다. 즉, 그는 모든 원자가 같은 주파수로 진동한다고 가정했고, 우리는 식 (5.15)에서 그 주파수를 ν_e라고 표시했다. 나중에 디바이는 보다 현실적인 가정을 했다. 그는 주파수 분포가 그림 5.7b에서 검은 파선으로 묘사된 포물선이라고 가정했다.

고체의 실제 상태는 특히 세라믹스와 같은 다중 원소 화합물에서 더욱 복잡하다. 왜냐하면 모든

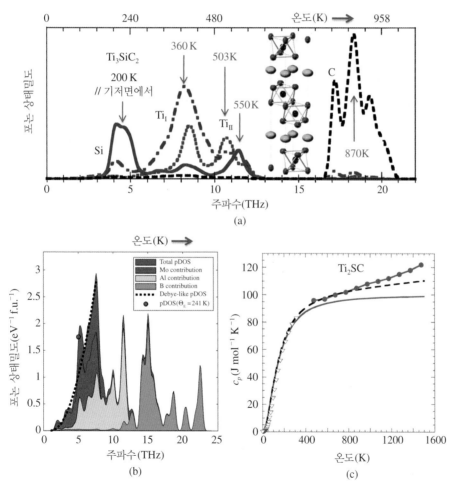

그림 5.7 (a) Ti_3SiC_2에 대한 포논 상태밀도. 그림 안쪽에 900 °C에서 원자들의 상대적인 진폭을 보여주며, (b)는 MoAlB에 대한 것이다. (c) Ti_2SC의 열용량. 파란색 삼각형과 빨간색 채워진 원은 실험 결과이다. 녹색 실선은 DFT가 예측한 것이다. 검정 파선은 DFT 예측과 실험적으로 결정된 전자 열용량의 합이다.

원자 종이 약간씩 다르게 결합되어 있고 질량이 다르므로 다르게 진동하기 때문이다. 즉, 고체 전체에 대해 상태 $D(\omega)$의 **포논 상태밀도 분포**(distribution of the phonon density of state)를 얻는 것이 중요하다. 그림 5.7a는 Ti_3SiC_2 층상 MAX 상에 대해 DFT에 의해 결정된 $D(\omega)$의 예이다. Ti_3SiC_2에서, Si 원자는 구조에 상대적으로 약하게 결합되어 있고, C 원자는 훨씬 더 그렇다. Ti_3SiC_2 단위격자가 그림 5.7a 안에 나타나 있다. 층상 3원계 전이금속 붕화물인 MoAlB에 대하여 상응하는 결과가 그림 5.7b에 나타나 있다.

그림 5.7a 및 b에 보인 것들과 같은 $D(\omega)$ 결과들을 해석하는 방법을 이해하기 위해서 0 K에서 시작하는 것이 유용하다. 그 온도에서 유일한 진동은 영점 에너지이다. (후자는 $\Delta x \Delta p > h$를 보증하기 위해 필요하다.) 그림 5.7a를 참조하여, Ti_3SiC_2가 가열될 때, 약 200 K에서 진동하는 첫 번째 원자, 즉 Si은 가장 느슨하게 결합되어 있다. 그러나 이 원자들이 수직 방향보다 기저면 내에서 덜 결합되어 있기 때문에, 처음에 기저면에 평행하게 진동하기 시작한다. 그 온도에서 Ti과 C 원자들은 별로 진동하지 않는다. 그러나 ≈ 360에서 ≈ 500 K 사이에서는 Ti 원자들이 진동하기 시작한다. 550 K에서 Si 원자들은 기저면에 수직으로 진동하기 시작하고 전반적인 진동은 이제 저온일 때보다 등방적이다. C 원자들은 가장 강하게 결합되어 있고 가장 가볍기 때문에 온도가 800 K에 도달할 때만 진동하기 시작한다(그림 5.7a). ≈ 1000 K를 넘어서면 모든 원자들이 완전히 진동하고 각 원자는 열용량에 $3k$씩을 기여한다. 달리 말하면, 1000 K를 초과하면, 원자당 $3k$ 또는 1몰당 $3R$의 듀롱-쁘띠(Dulong-Petit) 한계가 적용될 수 있다(아래 참고). 적절한 소프트웨어를 사용하여 $D(\omega)$ 결과들을 상대적인 원자 변위 매개변수가 비교되는 도식으로 변환할 수 있다. 그림 5.7a 안에는 Ti_3SiC_2에 대해 900°C에서 그러한 연습의 결과를 보여준다. 그 온도에서 Si(녹색) 원자들의 진폭이 Ti(빨간색) 또는 C(검정색) 원자들의 진폭보다 상당히 높다.

MoAlB에 대해서도 같은 논지를 가져올 수 있다. 여기서 최소 결합 원자는 Mo(그림 5.7b의 빨간색 영역)이다. 다음은 Al 원자(그림 5.7b의 회색 영역)이다. 가장 좋은 결합은 B 원자이며 700 K 이상의 온도에서만 진동하기 시작한다. 디바이 모델은 이 고체에 대해 검은 파선으로 표시되고 포논 DOS를 훌륭하게 설명하지만 약 300 K까지만이다.

$D(\omega)$가 알려지면 총 모드 수는 다음과 같다.

$$N = \int\limits_0^\infty D(\omega)\, d\omega \qquad (5.42)$$

차례로, 내부 에너지 U는 다음과 같이 주어진다.

$$U = \int\limits_0^\infty D(\omega)\langle E_\omega \rangle\, d\omega = \int\limits_0^\infty D(\omega)\, \frac{\hbar\omega}{\exp(\hbar\omega/k_B T)-1}\, d\omega \qquad (5.43)$$

여기서 E_ω는 주파수 ω를 갖는 파동에 의해 운반되는 에너지이다. U가 계산되면 c_v는 다음과 같이 주어진다.

$$c_v = \left[\frac{\partial U}{\partial T}\right]_V \qquad (5.44)$$

따라서 고체의 모든 중요한 c_v의 온도 의존성을 계산하는 데 필요한 것은 모두 $D(\omega)$이다. DFT 계산이 $D(\omega)$를 아주 정확하게 결정할 수 있다는 사실은 실험적으로 $D(\omega)$를 측정하는 것이 사소하지 않기 때문에 굉장한 혜택이 되어 왔다. 한 가지 실험적인 방법은 비탄성 중성자 산란을 사용하는 것인데, 여기서 논의하지는 않을 것이다.

실험적으로 일정한 압력 c_p, 즉 1기압에서 열용량을 측정하고 DFT 계산에 의해 예측된 결과와 비교하는 것이 훨씬 쉽다. 고체의 경우 계산된 c_v와 측정된 c_p 사이의 차이는 무시할 만한 수준이기 때문에 안전하게 무시할 수 있다. 그림 5.7c는 또 다른 MAX 상인 Ti_2SC에 대해 c_v와 c_p를 비교하는 예를 보여준다. 여기에 세 묶음의 선들이 표시된다. 실험적 포인트는 기호(저온의 경우 열린 삼각형 및 고온의 경우 채워진 원)으로 표시된다. 더 낮은 실선은 포논에 대해서만 DFT에 의해 예측된 것이다. Ti_2SC가 괜찮은 금속 도체이기 때문에 전도 전자들도 열을 흡수한다. 이러한 전자 열용량은 저온 c_p 결과로부터 쉽게 얻을 수 있다. 검은 파선은 전도 전자와 포논의 열용량의 합으로, 궁극적으로 실험 결과와 비교된다. 이론과 실험 사이의 일치는 $\approx 900\,K$까지 우수하다. 포논 계산이 $\approx 100\,J/mol\,K$, 즉 원자당 $3R$과 공식 단위당 4개 원자의 곱에 점근적으로 접근한다.

결론적으로, 탄성 특성과 마찬가지로 대부분의 세라믹스의 열용량은 DFT에 의해 잘 예측될 수 있으며 실험 결과가 알려지지 않은 경우 높은 신뢰도를 가지고 사용될 수 있다. DFT 계산에서 항상 그렇듯이, 이론과 실험 사이의 큰 불일치는 적신호를 발생시킨다. 만약 DFT 계산을 수행하는 과학자들이 평판이 좋고 그들이 무엇을 하고 있는지 안다면, 그것은 측정에 사용된 시료들이 일반적으로 DFT 계산이 처음 수행되기 시작하는 완벽한 고체와는 거리가 멀다는 것을 암시한다.

5.9 요약

자유 에너지는 엔탈피 항과 엔트로피 항의 2가지 항으로 구성된 함수이다. 엔트로피는 다양한 종류가 있을 수 있지만 기본적으로 계의 무질서를 측정하는 척도이다.

일정한 압력과 온도에서 계의 평형상태는 자유 에너지가 최소인 상태로 정의된다.

화학 반응에 대해 평형은 $\Delta G_{rxn} = 0$이고 결과적으로

$$\Delta G^o = -RT \ln K$$

여기서 K는 그 반응에 대한 평형 상수이다.

이온성 세라믹스에서 평형을 정의하는 것은 화학 퍼텐셜이 아니라 전기화학 퍼텐셜이다.

만약 포논의 상태밀도가 계산되거나 측정된다면 모든 고체의 열역학적 매개변수를 쉽게 계산할 수 있다.

부록 5A: 식 (5.27)의 도출

본문에서 반응 (I)

$$M(s) + \frac{1}{2}X_2(g) \Rightarrow MX(s) \quad \Delta G_{rxn} \tag{5A.I}$$

반응물 및 생성물에 식 (5.23)을 적용하면 다음을 얻는다.

$$\mu_{MX} = \mu_{MX}^o + RT \ln a_{MX} \tag{5A.1}$$

$$\mu_M = \mu_M^o + RT \ln a_M \tag{5A.2}$$

$$\mu_{X_2} = \frac{1}{2}\mu_{X_2}^o + RT \ln P_{X_2}^{1/2} \tag{5A.3}$$

이 반응과 관련된 자유 에너지 변화는 다음과 같다.

$$\Delta G_{rxn} = \mu_{MX} - \mu_M - \frac{1}{2}\mu_{X_2} \tag{5A.4}$$

식 (5A.1)부터 (5A.4)까지를 조합하면

$$\Delta G_{form} = \left(\mu_{MX}^o - \mu_M^o - \frac{1}{2}\mu_{X_2}^o\right) + RT \ln \frac{a_{MX}}{a_M P_{X_2}^{1/2}} \tag{5A.5}$$

G^o를 다음과 같이 정의하는 경우

$$\Delta G^o = \mu_{MX}^o - \mu_M^o - \frac{1}{2}\mu_{X_2}^o \tag{5A.6}$$

식 (5.28), (5A.5) 및 (5.27)에 의해 K는 동일하다. 더욱이 평형에서 $\Delta G_{form} = 0$이기 때문에 식 (5A.5)는 이제 다음과 같다.

$$\Delta G^o = -RT \ln K_{eq} = -RT \ln \frac{a_{MX}}{a_M P_{X_2}^{1/2}} \tag{5A.7}$$

문제

5.1 식 (5.9)로 시작하고 스털링 근사를 사용하여 식 (5.10)을 유도하시오.

5.2 순수한 화학양론적 조성을 갖는 ZnO는 기상 증착로의 진공 챔버에서 1400 K로 가열된다. ZnO의 열분해에 의해 생성되는 Zn과 O_2의 분압은 얼마인가? 1400 K에서 $\Delta G_{ZnO}^o = -183$ kJ/mol이다. 힌트: 분압과 관련이 있다.
답: $\log P_{O_2} = -4.75$, $\log P_{Zn} = -4.45$

5.3 1000K에서 10^{-12} atm의 산소 분압을 받는 순수한 Mg의 산화를 위한 구동력을 계산하시오. 산소 분압이 1 기압인 경우 그 값을 구동력과 비교하시오.
답: -378.1 kJ/mol

5.4 (a) Si + ½ O₂ = SiO₂에 대해 1000 K에서 ΔG^o가 −729.1 kJ/mol인 경우, 1000 K에서 Si-silica 계의 산소 평형 분압을 계산하시오.

(b) 산화가 수증기의 존재 하에서 일어나는 경우, 1000 K에서 Si 및 silica와 평형상태에서 평형 상수와 H_2/H_2O 비율을 계산하시오.

(c) 문항 (b)에서 계산된 H_2/H_2O 비율을 갖는 기체 혼합물에 대한 산소의 평형 분압을 계산하시오. 결과를 문항 (a)에서 계산된 산소 분압과 비교하시오.

5.5 1623 K에서 다음과 같이 주어진다면,

$$\Delta G^o_{SiO_2} = -623 \text{ kJ/mol}$$

$$\Delta G^o_{Si_2N_2O} = -446 \text{ kJ/mol}$$

$$\Delta G^o_{Si_3N_4} = -209 \text{ kJ/mol}$$

1623K에서 Si−N−O계의 안정성 다이어그램이 그림 5.8에 표시된 것임을 확인하시오.

5.6 (a) Al이 1200°C에서 Fe_2O_3를 환원시킬 수 있는가? 설명하시오.

(b) 0.1의 비율을 가진 CO/CO_2 분위기에서 Ni을 산화시킬 수 있는가?

(c) Silica는 700°C에서 아연을 산화시킬 것인가? 설명하시오.

5.7 1000 K에서 NiO와 CoO의 화학적 안정성 영역을 계산하시오. 표 6.1에 나열된 결과와 비교하시오. 힌트: 이 문제를 해결하는 데 필요한 정보는 의도적으로 생략되었다. 그것을 찾아야 한다. 힌트: JANAF 표를 찾아보라.

5.8 BN 도가니를 N_2, H_2 및 H_2O를 함유하는 기체 흐름 내에서 1200 K로 가열한다. 질소 분압을 0.5 atm으로 유지한다. B_2O_3가 형성되지 않기 위해서는 P_{H_2}/P_{H_2O}의 비율이 얼마여야 하는가? 혹은 얼마의 값을 초과해야 하는가? 1200K에서

$$\Delta G^o_{BN} = -743 \text{ kJ/mol}, \quad \Delta G^o_{B_2O_3} = -957.47 \text{ kJ/mol}, \quad \Delta G^o_{H_2O} = -181.425 \text{ kJ/mol}$$

이다.

답: 1

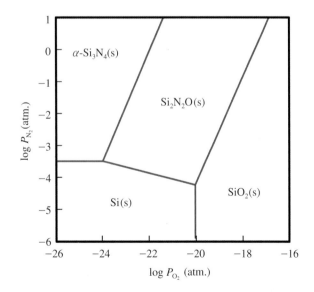

그림 5.8 1623K에서의 Si−N−O계의 안정성 다이어그램

더 읽을거리

1. R. A. Swalin, *Thermodynamics of Solids*, 2nd ed., Wiley, New York, 1972.
2. D. R. Gaskell, *Introduction to Metallurgical Thermodynamics*, 2nd ed., Hemisphere Publishing, New York, 1981.
3. K. Denbigh, *The Principles of Chemical Equilibrium*, 4th ed., Cambridge University Press, New York, 1981.
4. C. H. P. Lupis, *Chemical Thermodynamics of Materials*, North-Holland, Amsterdam, 1983.
5. J. W. Gibbs, *The Scientific Papers of J. W. Gibbs, vol. 1, Thermodynamics*, Dover, New York, 1961.
6. J. Bockris and A. K. N. Reddy, *Modern Electrochemistry*, Plenum, New York, 1970.
7. P. Shewmon, *Transformation in Metals*, McGraw-Hill, New York, 1969.
8. R. DeHoff, *Thermodynamics in Materials Science*, McGraw-Hill, New York, 1993.
9. L.S. Darken and R. W. Gurry, *Physical Chemistry of Metals*, McGraw-Hill, New York, 1951.

기타 참고

10. M. W. Chase, C. A. Davies, J. R. Downey, D. J. Frurip, R. A. McDonald and A. N. Syverud, JANAF thermodynamic tables, 3rd ed., *J. Phys. Chem. Ref. Data*, **14**, Supp. 1 (1985).
11. J. D. Cox, D. D. Wagman, and V. A. Medvedev, *CODATA Key Values of Thermodynamics*, Hemisphere Publishing, New York, 1989.
12. Online access to the SOLGASMIX program is available through F*A*C*T (Facility for the Analysis of Chemical Thermodynamics), Ecole Polytechnique, CRCT, Montreal, Quebec, Canada.
13. I. Barin, O. Knacke, and O. Kubaschewski, *Thermodynamic Properties of Inorganic Substances Supplement*, Springer-Verlag, New York, 1977.

세라믹스 결함
DEFECTS IN CERAMICS

Textbooks and Heaven only are Ideal;
Solidity is an imperfect state.
Within the cracked and dislocated Real
Nonstoichiometric crystals dominate.
Stray Atoms sully and precipitate;
Strange holes, excitons, wander loose, because
Of Dangling Bonds, a chemical Substrate
Corrodes and catalyzes—surface Flaws
Help Epitaxial Growth to fix adsorptive claws.

John Updike, *The Dance of the Solids**

6.1 서론

유감스럽게도, 존 업다이크(John Updike)가 너무나도 설득력 있게 웅변했듯이 단지 교과서(본 출판사는 예외)와 천국만이 이상적이다. 그러나 실제 결정들은 완벽하지는 않지만 기하학과 모양에 따라 점, 선, 면으로 분류되는 결함을 포함하고 있다. **점결함**은 구조물의 장범위 주기성을 보존하는 데 필요한 적절한 이온 또는 원자가 차지하지 않는 어떤 격자 점으로 정의할 수 있다. 전위는 선을 중심으로 격자 왜곡을 일으키는 결함이므로 **선결함**으로 분류된다. **면결함**은 다른 방향의 결정립 또는 영역을 분리하는 다결정질 고체의 표면 결함으로, 결정립계 및 쌍정립계를 포함한다. 또한 기공, 균열 및 개재물과 같은 3차원 벌크 결함이 있다. 그러나 이 벌크 결함은 이 장에서 다루지 않지만 11장에서 세라믹스의 강도를 결정하는 데 중요한 것으로 고려된다.

일반적으로 결함의 중요성, 특히 점결함은 과소평가될 수 없다. 후속 장들에서 분명해지듯이, 고려되는 많은 속성들은 이러한 결함의 유무에 따라 강하게 영향을 받는다. 예를 들어, 7장에서, 점결함의 농도와 원자 이동 또는 확산 사이의 일대일 상관 관계가 밝혀진다. 금속에서와, 그보다는 덜하지만 세라믹스에서(고온에서의 경우는 제외함) 연성과 크리프를 담당하는 것은 전위의 존재와 움직임이다. 11장에서는 결정립 크기와 기계적 강도 사이의 상관관계가 논의된다. 16장에서 논의되는 바와 같이 기공에 의한 빛의 산란은 혼탁도(불투명성)에 영향을 미친다.

---

* J. Updike, *Midpoint and Other Poems*, A. Knopf, Inc., New York, 1969. 허가 후 게재.

일반적으로 세라믹 시스템에서는 전위, 결정립계 또는 자유 표면의 구조보다 점결함에 대해 더 많이 알려져 있다. 그러한 사실이 반영되어, 이 장의 범위에서 점결함이 가장 많은 부분을 차지한다.

6.2 점결함

점결함을 설명하기에 다소 간단한(원자의 한 종류만 관여하고 전하 중성도는 문제가 되지 않기 때문에) 순수한 금속과 원소 결정과는 대조적으로, 세라믹스의 상황은 훨씬 더 복잡하다. 세라믹 결함의 형성 중에 작동하는 하나의 최우선 제약 조건은 전하 중성도가 항상 보존되어야 한다는 점이다. 결과적으로 결함은 중성적인 '다발'로 발생하며 3가지 범주 중 하나에 해당하게 된다.

6.2.1 화학양론적 결함

이것은 결정 화학, 즉 양이온 대 음이온의 비율이 변하지 않는 것으로 정의되며, 그 중에서도 쇼트키(Schottky)와 프렌켈(Frenkel) 결함이 포함된다(그림6.3).

6.2.2 비화학양론적 결함

이러한 결함은 결정의 구성성분 중 하나(또는 그 이상)의 선택적 첨가 또는 손실에 의해 형성되고, 결과적으로 결정 화학의 변화와 그 후에 논의된 비화학양론의 개념을 초래한다. 화합물의 조성이 구성 원자의 수 사이의 단순한 비율을 갖는 상수라는 기본적인 개념은 대부분의 화학 과정에서 반복되는 것이다. 예를 들어, MgO에서 양이온/음이온 비율은 동일하며, Al_2O_3의 경우 2/3이다. 그러나 실제로는 모든 화합물의 조성이 존재 체계 안에서 다양해야 한다는 점을 열역학적 논거를 사용하여 엄밀하게 나타낼 수 있다.[1]

물질은 그 구성요소 중 하나를 선택적으로 주위 환경으로 잃고, 차례로 결함을 생성하거나 제거함으로써 조성 변화를 수용한다(예를 들어 그림 6.4 참고). 그렇게 함으로써, 화합물은 외부적으로 부과된 열역학적 매개변수들을 반영하도록 그 조성을 조정할 것이다. 이것은 화합물의 구성 원자의 수 사이의 단순한 비율이 깨지는 **비화학양론**(nonstoichiometry)의 아이디어로 이어진다. 예를 들어, MO 산화물이 높은 산소 분압 P_{O_2}에서 어닐링되면 O 음이온의 수가 M 양이온의 수보다 상대적으로 더 크게 될 것이라고 가정하는 것이 옳을 것이다. 반대로 P_{O_2}가 매우 낮으면 양이온 농도가 더 높을 것으로 예상할 수 있다.

비화학양론의 중요성은 색상, 확산계수, 전기전도도, 초전도, 광전도, 자화율과 같은 많은 물리적 특성이 조성의 작은 변화에 따라 현저하게 달라질 수 있다는 사실에 놓여 있다.

---

[1] 존재 체계는 열역학적으로 안정한 화합물의 성분들의 화학 퍼텐셜의 범위를 정의한다. 예를 들어, 예제 5.5에서 MgO가 1 atm의 P_{O_2}와 3.2×10^{-52} atm 사이에서 안정적이며, 3.2×10^{-52} atm 아래에서 MgO는 Mg 금속과 산소로 분해되었다.

6.2.3 외인성 결함

이것은 호스트 결정에 **불순물**이 존재함에 따라 생성된 결함이다.

6.2절의 나머지 부분은 다음과 같은 질문에 답하고자 시도한다. 왜 점결함이 형성되는가? 형성될 수 있는 결함의 종류는 무엇인가? 그리고 그들의 농도는 온도와 P_{O_2}와 같은 외부적으로 부과된 열역학적 매개변수에 의해 어떻게 영향을 받는가? 그러나 진행하기 전에, 형성될 수 있는 다양한 결함을 더 자세히 묘사하고 결함이 표기될 수 있는 방법을 수립하는 것이 필수적이다.

6.2.4 점결함과 표기법

순수한 2원계 화합물에서는 그림 6.1에 개략적으로 나타낸 다음과 같은 격자 결함이 존재할 수 있다.

1. **공공**: 원자가 사라진 자리. 이것은 양이온, 음이온 2개의 부격자 모두에서 발생할 수 있다.
2. **침입형 원자**: 일반적으로 점유되지 않은 자리에서 발견되는 원자.
3. **잘못 위치한 원자**: 일반적으로 다른 유형이 점유하는 자리에서 발견되는 원자 유형. 그러나 이 결함은 원자가 대전되지 않은 공유 결합성 세라믹스에서만 가능하다.

   다음의 전자 결함도 존재한다.

4. **자유전자**: 결정의 전도띠에 있는 전자.
5. **전자 정공**: 결정의 원자가띠에 존재하는 양전자 운반자(7장 참고).

   앞서 언급한 것 외에 불순한 결정은 다음을 포함할 것이다.

6. **침입형 및 치환형 불순물**: 그림 6.1에 묘사된 바와 같이, 양이온, 음이온 2개의 부격자 모두에서 발생할 수 있다.

수년에 걸쳐 세라믹스의 결함을 묘사하기 위한 몇 가지 방법이 제시되었다. 현재 거의 보편적으로 사용되는 것은 **크뢰거-빙크 표기법**(Kroger-Vink notation)이며, 따라서 여기서 채택된 표기법이다.

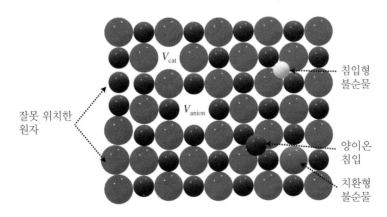

그림 6.1 일반적으로 2원계 세라믹스에서 발견되는 다양한 유형의 결함들. 잘못 위치한 원자는 전하 고려로 인해 단지 공유 결합성 세라믹스에서만 발생할 수 있다.

이 표기법에서, 결함은 주 기호로 표시되고, 그 다음은 위 첨자와 아래 첨자로 표시된다.

주 기호. 주 기호는 관련된 종, 즉 원소의 화학 기호 또는 공공을 나타내는 문자 V이다.

아래 첨자. 아래 첨자는 관련된 종들이 차지하고 있는 결정학적 위치이거나 침입형을 나타내는 문자 i이다.

위 첨자. 위 첨자는 결함의 **유효 전하**(effective electric charge)를 나타내며, 결함 종의 실제 전하와 완벽한 결정에서 해당 자리를 차지했을 종의 전하 사이의 차로 정의된다.[2] 위 첨자는 각 음전하에 대하여 프라임(′)으로, 각 양전하에 대하여 점(·)으로, 유효 전하가 0인 경우에는 x로 표기한다.

표기법이 어떻게 작동하는지 설명하는 가장 좋은 방법은 일련의 예를 통해서이다.

예 6.1

순수한 NaCl 결정에서 발생할 수 있는 가능한 결함을 고려하시오.

(a) Na^+ 부격자 상의 공공: $V'_{Na \Rightarrow 공공이\ 차지하고\ 있는\ 자리}$. 기호 V는 항상 공공에 사용된다. 여기서 위 첨자는 프라임(′)인데, 이는 단일 음전하를 나타낸다. 왜냐하면 공공에 대한 유효 전하가 0 − (+1) = −1이기 때문이다.

(b) Cl^- 부격자 상의 공공: $V^\cdot_{Cl}$. 이 경우 공공에 대한 유효 전하가 0 − (−1) = +1이기 때문에 위 첨자는 작은 점(양전하를 나타낸다)이다.

(c) Na 부격자 상의 침입: $Na^\cdot_i$. 여기서 주요 기호는 잘못 위치한 Na 이온이다. 아래 첨자 i는 침입형 자리를 나타낸다. 유효 전하는 +1 − 0 = +1이다.

(d) Cl 부격자 상의 침입형 자리: Cl'_i. 여기서 주요 기호는 잘못 위치한 Cl 음이온이다. 아래 첨자 i는 침입형 자리를 나타낸다. 유효 전하는 −1 + 0 = −1이다. ■

예 6.2

NaCl에 $CaCl_2$를 첨가하는 것을 고려해보자. Ca 양이온은 Na 이온을 치환하거나 침입형으로 들어갈 수 있다(말할 필요도 없이, 전하 고려 때문에 오직 양이온만 양이온을 치환하고 음이온만이 음이온을 치환할 것이다). 첫 번째 경우, 결함 표기법은 x이고, 유효 전하[+2 − (+1) = 1]는 +1이다. 반대로, 침입형 Ca 이온은 $Ca^{\cdot\cdot}_i$로 표기된다. ■

예 6.3

$CaCl_2$를 첨가하는 대신 KCl을 고려해보자. 만약 Na와 동일한 전하를 갖는 K 이온이 Na 이온을 치환하면, 이 경우 유효 전하가 0(x로 표시된다)이기 때문에 표기법은 K^x_{Na}이다. 만약 K 음

---

[2] 전하는 완벽한 결정과 비교하여 결함에 대한 실제 전하가 아닌 유효 전하를 나타내기 때문에 그렇게 불린다. 결함이 전기장에 응답하여 이동하는 방향을 결정하는 것은 이 유효 전하이다(7장 참고). 또한 두 결함이 서로를 끌어당기거나 밀어낼 것인지와 같은, 결함 간의 상호작용의 유형을 나타낸다.

이온이 치환형으로 들어간다면 표기법은 $K_i^{\cdot}$이다. ∎

예 6.4

NaCl 결정에 Na_2S를 도핑한다. 다시 한번 음이온만이 음이온을 치환할 수 있고, 또는 침입형으로 들어갈 수 있다. 2가지 가능성은 각각 S'_{Cl}와 S''_i이다. ∎

예 6.5

순수한 Al_2O_3에서 다음과 같은 결함을 발견할 것으로 예상된다. $Al_i^{\cdots}$, O''_i, V'''_{Al}, 그리고 $V_O^{\cdot\cdot}$. ∎

결함과 그 표기법에 대한 간략한 소개 후에, 애초에 점결함이 왜 형성되는지 물어보는 것이 적절하다. 2원계 이온 결합성 세라믹스에서 결함의 더 복잡한 사례가 6.2.6절에서 다루어지기 전에, Si, Ge 또는 순금속과 같은 원소 결정에서의 공공 형성과 관련된 더 간단한 상황을 다룬다.

6.2.5 원소 결정의 점결함 형성에 대한 열역학

공공 형성을 구상할 수 있는 몇 가지 방법이 있다. 특별히 유용하고 교훈적인 것은 원자를 결정 벌크로부터 제거해서 결정의 표면에 놓는 것이다. 그러한 과정과 관련된 엔탈피 변화 Δh는 결합이 재형성되는 것보다 더 많은 결합이 파괴되기 때문에 흡열이어야 한다. 이것은 정당한 질문을 불러온다. 만약 결함이 생기는 데 에너지가 든다면, 그것들은 왜 형성되는가? 해답은 5장에서 논의한 바와 같이 평형상태에서 엔탈피가 최소화되는 것이 아니라 자유 에너지가 최소화된다는 사실에 있다. 다른 말로 하자면, 결함 형성과 관련된 엔트로피 변화가 고려될 때에만 공공이 열역학적으로 안정하고 결합의 평형 농도를 계산할 수 있는 이유가 명확해진다. 그러므로 어떤 주어진 온도에서 완벽한 결정 G_{perf}와 관련된 깁스 자유 에너지는 n_v개의 결합을 포함하는 결정의 자유 에너지보다 더 크다고 볼 수 있다. 즉, $G_{def} - G_{perf} < 0$이다. 여기서 G_{def}는 결함이 있는 결정의 자유 에너지이고, 결함이 있는 결정이 더 안정해야 한다. 과정은 다음과 같다.

6.2.5.1 완벽한 결정의 자유 에너지[3]

완벽한 결정에 대하여

$$G_{perf} = H_{perf} - TS_{perf}$$

여기서 H는 엔탈피, S는 엔트로피, T는 결정의 절대 온도이다.

5장에서 언급한 바와 같이, 원자 집합의 총 엔트로피는 구성(배열) 항과 진동 엔트로피 항의 합이다.

---

[3] G_{perf}가 절대적인 척도로 계산될 수 없기 때문에 이러한 접근법은 엄격하게 옳다고 인정되지는 않는다. 그러나 여기서의 접근법은 여전히 유효하다. 왜냐하면 최종 결과에 도달하기 전에, 그 에너지는 G_{def}에서 뺄 것이기 때문이다.

$$S = S_{\text{config}} + S_T$$

완벽한 결정의 경우, N개의 원자를 N개의 격자 자리에 배열하는 방법은 하나뿐이기 때문에 S_{config} = 0이다. 그러나 진동 성분은 식 (5.16)으로 추정할 수 있다.

$$S_T = Nk\left(\ln\frac{kT}{h\nu} + 1\right)$$

여기서 N은 관련된 원자의 수이고, k는 볼츠만(Boltzmann) 상수이며, ν는 완벽한 결정에서 원자의 진동수이다. 다양한 항들을 더하면 다음과 같이 얻어진다.

$$G_{\text{perf}} = H_{\text{perf}} - TS_{\text{perf}} = H_{\text{perf}} - NkT\left(\ln\frac{kT}{h\nu} + 1\right) \tag{6.1}$$

6.2.5.2 결함이 있는 결정의 자유 에너지

만약 누군가가 하나의 결함을 만드는 데 h_d만큼의 비용이 든다고 가정한다면, n_v개의 공공이 형성될 때 결정의 엔탈피가 $n_v h_d$에 의해 증가된다(즉, 덜 음수화된다). 따라서 결함이 있는 결정의 엔탈피는 다음과 같다.

$$H_{\text{def}} = H_{\text{perf}} + n_v h_d \tag{6.2}$$

게다가, n_v개의 공공과 N개의 원자는 이제 $N + n_v$개의 총 원자 자리에 분포할 수 있기 때문에, 구성(배열) 엔트로피는 더 이상 0이 아니다. 해당하는 구성(배열) 엔트로피[식 (5.10) 참고]는 다음과 같이 주어진다.

$$S_{\text{config}} = -k\left(N\ln\frac{N}{N+n_v} + n_v\ln\frac{n_v}{N+n_v}\right) \tag{6.3}$$

첫 번째 및 마지막 근사치로써, 여기서 (i) 각 공공의 가까운 곳에 있는 원자만이 나머지와 다른 주파수 ν'로 진동하고, (ii) 나머지 원자는 영향을 받지 않고 식 (6.1)에 주어진 것과 동일한 주파수로 진동을 계속한다고 가정한다.

즉, 가장 가까운 이웃 상호작용만 가정한다. 이 경우, 공공의 배위수 ζ에 대해 영향을 받는 원자의 총 수는 단순히 ζn_v이다. 따라서 진동 엔트로피 항은 다음과 같이 주어진다.

$$S = k(N - \zeta n_v)\left(\ln\frac{kT}{h\nu} + 1\right) + n_v\zeta k\left(\ln\frac{kT}{h\nu'} + 1\right) \tag{6.4}$$

여기서 첫째 항은 진동 주파수가 공공의 영향을 받지 않은 원자들을 나타내고, 둘째 항은 새로운 진동수 ν'를 가지고서 현재 진동하고 있는 원자들을 나타낸다.

식 (6.2)와 (6.4)를 결합하면 다음과 같이 된다.

$$\begin{aligned} G_{\text{def}} = {}& H_{\text{perf}} + n_v h_d \\ & - kT\left[(N - n_v\zeta)\left(\ln\frac{kT}{h\nu} + 1\right) + n_v\zeta\left(\ln\frac{kT}{h\nu'} + 1\right) - N\ln\frac{N}{n_v + N} - n_v\ln\frac{n_v}{n_v + N}\right] \end{aligned} \tag{6.5}$$

식 (6.5)로부터 식 (6.1)을 빼면 원하는 결과가 얻어진다.

$$\Delta G = G_{\text{def}} - G_{\text{perf}}$$

$$= n_v h_d + kTn_v \zeta \ln \frac{\nu'}{\nu} + kT\left(N \ln \frac{N}{n_v + N} + n_v \ln \frac{n_v}{n_v + N}\right) \tag{6.6}$$

이것은 중요한 결과인데, 그 이유는 완벽한 결정에 n_v개의 결함이 도입되었을 때 발생하는 자유 에너지 변화가 n_v와 T의 함수라는 것을 보여주기 때문이다.

그림 6.2a와 같이 T가 일정하게 유지되고 ΔG가 n_v에 대해 그래프로 그려진다면, 이 함수는 최솟값을 통과한다는 것이 명백하다.[4] 즉, 완벽한 결정에 공공을 추가하면 처음에는 공공의 개수 증가가 더 이상 에너지적으로 유리하지 않은 지점까지 자유 에너지가 낮아지다가, 자유 에너지는 다시 증가한다.[5] ΔG에서 최솟값이 발생하는 공공의 수는 ($\partial G / \partial n_v = 0$일 때) 해당 온도에서 평형 공공의 개수이며 다음과 같이 주어진다(문제 6.1 참고).

$$\frac{n_{\text{eq}}}{n_{\text{eq}} + N} \approx \frac{n_{\text{eq}}}{N} \approx \exp\left(-\frac{h_d - \Delta s_{\text{vib}}}{kT}\right) = \exp\left(-\frac{\Delta g_d}{kT}\right) \tag{6.7}$$

여기서 $\Delta g_d = h_d - T\Delta s_{\text{vib}}$ 및 $\Delta s_{\text{vib}} = \zeta k \ln(\nu/\nu')$이다. 마지막 식은 어떤 구성(배열) 엔트로피 항도 포함하지 않지만, 단일 결함 Δg_d의 형성과 관련된 자유 에너지에만 의존한다.

식 (6.7)은 n_{eq}가 온도에 따라 기하급수적으로 증가하는 것을 예측한다. 그 이유를 이해하려면 식 (6.6)이 플롯된 그림 6.2a와 b를 2가지 다른 온도에 대해 동일한 척도로 비교하는 것이 도움이 된다. 온도가 높을 경우(그림 6.2b), 구성(배열) 엔트로피 항이 엔탈피 항에 비해 더 중요해짐에 따라 엔탈피 항은 n_{eq}를 더 높은 값으로 이동시킨다.

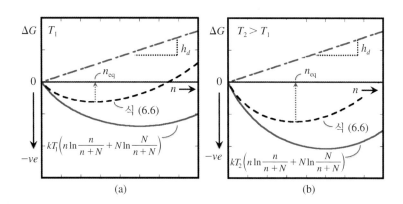

그림 6.2 (a) 결함 수 n_v의 함수로써 나타낸 자유 에너지 변화. 맨 위 선은 결함을 만드는 데 필요한 에너지를 나타낸다. 가장 낮은 곡선은 구성(배열) 엔트로피에 온도를 곱한 결과로 얻어진 자유 에너지이다. 검은색 파선으로 나타낸 중앙선은 두 성분의 합 [즉, 식 (6.6)의 플롯]을 나타내며, 이는 분명히 최솟값을 통과한다. (b) 더 높은 온도에서를 제외하고 (a)와 동일한 척도를 사용하는 동일한 플롯이다. 평형 결함의 수는 온도가 증가함에 따라 증가한다는 점에 유의하라.

---

[4] 단순성을 위해 식 (6.6)의 둘째 항은 그림 6.2에서 생략되었다.
[5] 여기서 n_v는 5장에서 논의한 반응 변수이다(그림 5.3 참고).

이쯤에서 세라믹스의 결함이라는 조금 더 복잡한 문제가 다뤄진다. 위에서 언급한 바와 같이, 결함에 대한 전하가 결함이 별도로 형성되는 것을 방해하기 때문에 복잡성이 발생한다. 그래서 결함은 전하 중성도를 유지시키기 위해 항상 '다발'로 형성된다. 다음 절에서 2원계 이온 화합물에서의 결함 형성이 균형 잡힌 결함 반응을 기록함으로써 다루어진다. 그런 다음 이러한 결함의 평형 농도에 대한 식을 2가지 접근법을 사용하여 계산한다. 첫 번째는 식 (6.7)을 도출하는 데 이용되는 통계적 접근방식을 사용한다. 두 번째(6.2.8절)는 관련 결함 반응의 질량 작용 표현을 사용한다. 말할 필요도 없이, 두 접근법은 동일한 결과를 내야 하며, 그렇게 되어야 한다.

6.2.6 결함 반응

다양한 점결함의 형성은 다음 규칙을 따라야 하는 화학 반응에 의해 가장 잘 설명된다.

- ∞ 질량 균형: 질량은 생성하거나 소멸할 수 없다. 공공에는 질량이 없다.
- ∞ 전자 중성도 또는 전하 균형: 전하는 생성하거나 소멸할 수 없다.
- ∞ 정규 자리 비율의 보존: 정규 양이온과 음이온 자리 수 사이의 비율은 일정하게 남아 있어야 하고 모격자의 비율과 동일해야 한다.[6] 따라서 한 구성요소의 정상적인 격자 자리가 생성되거나 소멸되는 경우, 화합물의 자리 비율을 보존하기 위해 다른 구성요소의 해당 수만큼의 정규 자리가 동시에 생성하거나 소멸해야 한다. 이러한 요구 사항은 한 유형의 격자 자리를 다른 유형의 격자 자리 없이 생성할 수 없으며 결정을 무한정 확장시킬 수 없음을 알게 한다. 예를 들어, MX 화합물의 경우, 다수의 양이온 격자 자리가 생성되거나 소멸되면 동일한 수의 음이온 격자 자리가 생성되거나 소멸되어야 한다. 반대로, M_2X 화합물의 경우 비율은 $2:1$로 유지되어야 한다.

일반화하기 위해서는 M_aX_b 화합물의 경우 항상 다음과 같은 관계가 유지되어야 한다.

$$a(X_X + V_X) = b(M_M + V_M)$$

즉, 각 부격자에 대한 원자와 공공의 수의 합계의 비율은 화학양론적 비율로 유지되어야 한다.

$$\frac{M_M + V_M}{X_X + V_X} = \frac{a}{b}$$

이것은 원자나 이온의 수가 그 비율을 유지해야 한다는 것을 의미하지는 않는다. 단지 자리의 수가 그 비율을 유지해야 한다는 것을 의미한다. 다음 소절에는 이러한 규칙이 세라믹스에 존재하는 다양한 유형의 결함에 적용된다.

---

[6] 침입형 자리는 정규 자리로 간주하지 않는다.

6.2.6.1 화학양론적 결함 반응

정의에 의한 화학양론적 결함 반응은 반응의 결과로 결정의 화학이 변하지 않는 것이다. 달리 말하면, 화학양론적 반응은 질량이 결정 경계를 가로질러 전달되지 않는 반응이다. 가장 일반적인 화학양론적 결함 3가지는 쇼트키(Schottky) 결함, 프렌켈(Frenkel) 결함, 자리바꿈 결함(antistructure disorder) 혹은 잘못 위치한 원자(misplaced atom)이다.

쇼트키 결함 반응. 쇼트키 결함 반응에서, 공공의 전하 등가 수는 각 부격자 상에 형성된다. 예를 들어, NaCl에서 쇼트키 결함은 Na와 Cl 공공 쌍을 형성한다(그림 6.3a). 일반적으로, MO 산화물의 경우 반응은 다음과 같이 읽힌다.[7]

$$\text{Null (or perfect crystal)} \Rightarrow V_M'' + V_O^{\bullet\bullet} \quad \Delta g_S \tag{6.8}$$

여기서 Δg_S는 쇼트키 결함의 형성과 관련된 자유 에너지 변화이다.

   마찬가지로 M_2O_3 산화물의 경우,

$$\text{Null (or perfect crystal)} \Rightarrow 2V_M''' + 3V_O^{\bullet\bullet}$$

일반적으로 M_aO_b 산화물의 경우,

$$\text{Null (or perfect crystal)} \Rightarrow aV_M^{b-} + bV_O^{a+}$$

이러한 반응이 앞서 언급한 규칙을 만족하는지 확인하는 것은 독자들에게 연습문제로 남겨둔다.

   식 (6.7)은 공공 형태가 단지 한 종류뿐이라는 암묵적 가정으로 도출되었다. 그러나 쇼트키 결함 형성의 열역학은 이제 두 부격자 모두에서 결함이 발생할 수 있기 때문에 약간 더 복잡하다. 이것은 다음과 같이 설명된다. 즉, $N_{cat} + V_{cat}$ 자리에 양이온 공공 V_{cat}을 분배하는 방법의 수가 Ω_1이라고 가

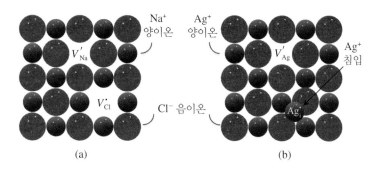

그림 6.3 (a) NaCl에서의 쇼트키 결함, (b) AgCl에서의 프렌켈 결함.

---

[7] 그것이 어떻게 일어나는지 보기 위해, 양이온과 음이온이 표면으로 이동함에 따른 MO 산화물 내의 결함 쌍의 형성을 고려해보자. 그런 경우라면, 다음과 같이 쓸 수 있다.

$$O_O^x + M_M^x \Rightarrow O_{O,s}^x + M_{M,s}^x + V_O^{\bullet\bullet} + V_M''$$

여기서 아래 첨자 s는 표면 자리를 나타낸다. 하지만 표면으로 이동한 이온이 이전에 표면에 있던 이온을 덮었기 때문에 이 방정식은 식 (6.8)로 축약된다.

정하고, $N_{an} + V_{an}$ 자리에 V_{an} 음이온 공공을 분배하는 방법의 수가 Ω_2라고 가정할 때, 두 결함의 도입에 따른 구성(배열) 엔트로피 변화는 다음과 같이 나타낼 수 있다.

$$\Delta S = k \ln \Omega = k \ln \Omega_1 \Omega_2$$

여기서

$$\Omega = \frac{(N_{cat} + V_{cat})!\,(N_{an} + V_{an})!}{(N_{cat})!\,(V_{cat})!\,(N_{an})!\,(V_{an})!}$$

위 식에서 N_{cat}와 N_{an}은 각각 결정에 있는 양이온과 음이온의 총 수이다. 원소 결정에 대하여 보여진 것과 유사한 유도, 즉 $(N_{cat} + n_{cat})/(N_{an} + n_{an}) = 1$이라는 제약을 받는 MO 산화물을 예로 들면 평형 상태에서 다음을 나타낼 수 있다(문제 6.1c 참고).

$$\frac{V_{an}^{eq} V_{cat}^{eq}}{(N_{an} + V_{an}^{eq})(V_{cat}^{eq} + N_{cat})} \approx \frac{V_{an}^{eq} V_{cat}^{eq}}{N_{an} N_{cat}} = \exp\left(-\frac{\Delta h_s - T\Delta S_S}{kT}\right) \tag{6.9}$$

여기서 V_{cat}^{eq}와 V_{an}^{eq}는 각각 양이온과 음이온 공공의 평형 개수이다. ΔS_S와 Δh_S는 각각 쇼트키 쌍의 형성과 관련된 엔트로피와 엔탈피, 즉 $\Delta g_S = \Delta h_S - T\Delta s_S$이다.

이 결과는 양이온과 음이온 공공 농도의 곱이 온도에만 의존하는 상수이며 평형을 가정할 수 있는 한 참임을 예측한다.[8] 특정 경우, 더 자세하게 논의해보면, 쇼트키 결함이 지배할 때, 즉 $V_{cat}^{eq} = V_{an}^{eq} \gg$ 다른 모든 결함의 합계, 식 (6.9)는 다음으로 단순화된다.

$$[V_a] = [V_c] = \exp\frac{\Delta s_S}{2k} \exp\left(-\frac{\Delta h_S}{2kT}\right) \tag{6.10}$$

여기서

$$[V_c] = \frac{V_{cat}}{V_{cat} + N_{cat}} \quad \text{와} \quad [V_a] = \frac{V_{an}}{V_{an} + N_{an}} \tag{6.11}$$

이때부터 결함이 관련된 식에서 대괄호는 결함의 몰(mole) 또는 자리 분율(fraction)을 나타내기 위해 전적으로 사용된다.

프렌켈 결함 반응. 프렌켈 결함(그림 6.3b)은 정규 격자 자리에 있는 이온이 침입형 자리로 이동함으로써 공공이 생기는 결함이다. 이 결함은 양쪽 부격자 모두에서 발생할 수 있다. 예를 들어, 3가 양이온에 대한 프렌켈 반응은 다음과 같다.

$$M_M^x \Rightarrow V_M''' + M_i^{\cdots} \tag{6.12}$$

산소 부격자에 대한 것은 다음과 같다

$$O_O^x \Rightarrow O_i'' + V_O^{\cdots} \tag{6.13}$$

---

[8] 화학에서 좋은 유사점이 있는데, 상온에서 물의 H^+와 OH^- 이온의 농도의 곱은 항상 10^{14}과 같으며, 그 결과는 항상 유효하다. 양성자 농도가 증가하면 OH^- 농도가 감소하며, 그 반대의 경우도 마찬가지이다.

침입형 자리는 정규 격자 자리가 아니므로, 작성된 프렌켈 반응은 위의 규칙 3을 위반하지 않는다. FeO, NiO, CoO 및 Cu_2O가 프렌켈 결함을 나타내는 산화물의 예이다.

쇼트키 공식과 유사하게, N^* 침입형 자리에 n_i 침입형 이온을 분배하는 방법의 수는 다음과 같다.

$$\Omega_1 = \frac{N^*!}{(N^* - n_i)! n_i!}$$

마찬가지로 N_T 총 자리에 V_{cat} 공공을 분배하는 구성(배열)의 수는 다음과 같다.

$$\Omega_2 = \frac{N_T!}{(N_T - V_{cat})! V_{cat}!}$$

구성(배열) 엔트로피는 다시 한번 $\Delta S = k \ln \Omega_1 \Omega_2$이다. 평형상태에서

$$\frac{V_{cat}^{eq} n_i^{eq}}{N_T N^*} \approx \exp\left(-\frac{\Delta g_F}{kT}\right) \tag{6.14}$$

여기서 Δg_F는 프렌켈 결함의 형성과 관련된 자유 에너지 변화이다.

일반적으로 N^*는 결정 구조에 의존한다는 점에 유의하라. 예를 들어, NaCl 1몰의 경우 이온이 사면체 자리로 이동하면 $N^* \approx 2N_{AV}$이 되고, 팔면체 자리로 이동하면 $N^* \approx N_{AV}$이 된다.

예제 6.1

500°C에서 AgBr(NaCl 구조)의 프렌켈 결함의 수를 추정해보시오. 결함의 형성 엔탈피는 110 kJ/mol이고, 형성 엔트로피는 $6.6R$이다. 밀도와 분자량은 각각 6.5 g/cm³, 187.8 g/mol이다. 필요한 가정을 모두 진술하라.

정답

1 mol을 기초로 하여, 프렌켈 결함이 양이온 부격자에서 발생한다고 가정하고, 더 나아가 은(Ag) 이온이 사면체 자리로 들어간다고 가정하면(즉, 침입형 자리의 수 = 격자 자리 수의 2배 $\approx 2N_{AV}$), 다음을 따른다.

$$\frac{V_{cat}^{eq} n_i^{eq}}{2(6.02 \times 10^{23})^2} = \exp\frac{6.6R}{R} \exp\left\{-\frac{110 \times 10^3}{8.314(500 + 273)}\right\} = 2.7 \times 10^{-5}$$

또는

$$V_{cat}^{eq} n_i^{eq} \approx 1.96 \times 10^{43} \ defects/mol^2$$

결정이 평형상태에 있는 한, 이 식은 항상 유효하다. 즉, 식의 왼쪽은 항상 2.7×10^{-5}와 같다. 이후 논의되는 특정 조건 하에서, 프렌켈 결함이 지배적일 수 있으며, 이 경우 $V_{cat}^{eq} = n_i^{eq}$ 및

$$V_{cat}^{eq} = n_i^{eq} = 4.43 \times 10^{21} \ defects/mol$$

부피당 결함 수는 $4.43 \times 10^{21} \times 6.5/187.7 = 1.5 \times 10^{20}$ cm⁻³이다.

자리바꿈 결함 또는 잘못 위치한 원자. 이것은 일반적으로 다른 종류의 원자가 점유하는 자리에서 다른 한 종류의 원자가 발견되는 자리이다. 이 결함은 이온 결합성 세라믹스에서 발생하지 않지만 SiC와 같은 공유 결합성 세라믹스에서 발생하는 것으로 가정되어 왔다. 이러한 결함에 대한 표기법은 Si_C 또는 C_{Si}이며, 상응하는 결함 반응은 다음과 같다.

$$C_c + Si_{Si} \Rightarrow Si_C + C_{Si}$$

여기서 유효 전하가 전체적으로 0으로 가정된다.

마지막으로, 화학양론적인 반응에서 일어나는 모든 일은 결정을 구성하는 이온들을 더 많은 격자 자리에 재배열하는 것이고, 결과적으로 결정의 구성(배열) 엔트로피를 증가시킨다는 점에 주목하라. 화학양론적인 반응에서, 결정을 구성하는 원자의 비율은 변하지 않는다.

6.2.6.2 비화학양론적 결함

비화학양론적 결함 반응에서 결정의 조성은 변한다. 달리 말하면, 비화학양론적 반응은 질량이 결정의 경계를 가로질러 전달되는 반응이다. 가능한 비화학양론적 결함 반응의 수는 상당히 크며, 그 중 일부만을 다루는 것은 여기에서 불가능하다. 할 수 있는 최선의 방법은 몇 가지보다 두드러진 부분을 언급하는 것이다.

낮은 산소 분압에서 발생하는 보다 일반적인 비화학양론적 반응 중 하나는 그림 6.4에 나와 있으며, 여기서 구성요소(이 경우 산소) 중 하나가 결정을 빠져나간다. 해당 결함 반응은 다음과 같다.

$$O_O^x \Rightarrow \frac{1}{2} O_2\,(g) + V_O^x \tag{6.15}$$

산소 원자가 빠져나갈 때, 산소 공공이 생긴다. 산소가 중성 종으로써 빠져나가야 한다는 것을 고려하면,[9] 2개의 전자(처음부터 양이온에 속했던 전자들!)을 남겨야 한다(그림 6.4a). 이러한 전자가 빈

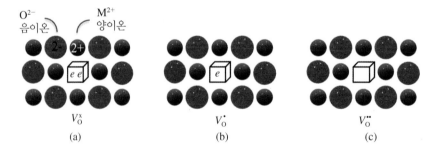

그림 6.4 (a) 산소 원자가 기체상으로 빠져나감에 따른 산소 공공의 형성. 결정 화학이 결과적으로 바뀌기 때문에 이것은 비화학양론적 반응이다. 그림에서 볼 때, 전자는 공공에 위치하여 유효 전하 0을 만든다. (b) $V_O^{\cdot}$ 자리는 이러한 전자들 중 하나가 전도띠로 들뜬 경우에 형성된다. (c) 두 번째 전자가 전도띠로 탈출하면 $V_O^{\cdot\cdot}$ 자리가 생성된다.

---

[9] 이유는 매우 간단하다. 만약 전하를 띤 실체가 탈출한다면, 전하가 표면 근처에 축적되어 이온의 더 이상의 탈출을 막을 수 있기 때문이다. 5장의 전기화학적 퍼텐셜에 관한 절을 참고하라.

자리에 위치하는 한, 효과적으로 중성인 {−2 − (−2) = 0}이 된다. 그러나 이 구성의 전자들은 보통 결합 자리에 약하게 결합되어 있고 전도띠로 쉽게 들뜬다. 즉, V_O^x가 주개(도너, donor) 역할을 한다(7장 참고). 이온화 반응은 두 단계로 진행될 것으로 예상할 수 있다.

$$V_O^x \Rightarrow V_O^{\cdot} + e'$$

$$V_O^{\cdot} \Rightarrow V_O^{\cdot\cdot} + e'$$

그리고 알짜 반응은,

$$O_O^x \Rightarrow \frac{1}{2}O_2(g) + V_O^{\cdot\cdot} + 2e' \qquad (6.16)$$

이 단계에서 산소 공공은 이중으로 이온화(doubly ionized)되며(그림 6.4c), 지적한 바와 같이 +2의 유효 전하를 나른다.

또 다른 가능한 비화학양론적 결함 반응은 산소가 결정에 침입형으로 들어가는 반응이다. 즉,

$$\frac{1}{2}O_2(g) \Rightarrow O_i^x \qquad (6.17)$$

이온화는 또한 다음과 같은 원자가띠[즉, 결함이 받개(억셉터, acceptor) 역할을 함]에 정공을 만들 수 있다.

$$O_i^x \Rightarrow O_i' + h^{\cdot}$$

$$O_i' \Rightarrow O_i'' + h^{\cdot}$$

알짜 반응에 대하여,

$$\frac{1}{2}O_2(g) \Rightarrow O_i'' + 2h^{\cdot} \qquad (6.18)$$

성분 중 하나를 선택적으로 추가하거나 제거할 때 비화학양론적 결함 반응은 자연적으로 비화학양론적 화합물의 형성을 초래한다. 발생하는 결함 반응의 유형은 산화물이 산소 결핍인지 금속 결핍인지를 결정할 것이다. 예를 들어, 반응 (6.16)은 산소 결핍된 산화물을 생성할 것인 반면,[10] 반응 (6.18)은 산소가 풍부한 산화물을 생성할 것이다.

산화환원반응

식 (6.16) 또는 (6.17)과 같은 **산화환원반응**(redox reaction)의 결과로 생성된 전자나 정공이 비편재화된다고 가정할 때(즉, 전도띠 또는 원자가띠에서, 7장 참고), 암묵적인 가정은 양이온이 하나의 산화 상태에서만 안정적이라는 것이다(예: Al의 경우 +3 및 Mg의 경우 +2). 전이금속 이온과 같이 양이온이 둘 이상의 산화 상태로 존재할 수 있는 산화물의 경우 대체 가능성이 존재한다.

양이온의 산화 상태 변화와 관련된 에너지가 너무 크지 않은 한, 전자 결함은 전도띠로 들뜨는 대신 양이온의 산화 상태를 변화시킬 수 있다. 예를 들어, Fe 이온의 3분의 2가 +3 상태이고 3분의

---

[10] 산소 결핍은 또한 잉여 금속의 존재와 동등하다는 것에 유의하라. 이러한 반응 중 하나는 $M_M + O_O \Rightarrow M_i^x + \frac{1}{2}O_2(g)$ 이다.

1이 +2 상태인 스피넬 구조를 가진 자철석 Fe_3O_4를 생각해보자. Fe_3O_4의 산화는 다음과 같은 두 단계로 표현할 수 있다.

$$\tfrac{1}{2}O_2(g) \Leftrightarrow O_O^x + V_{Fe}'' + 2h^{\cdot}$$

$$2Fe^{2+} + 2h^{\cdot} \Rightarrow 2Fe^{3+}$$

알짜 반응은,

$$\tfrac{1}{2}O_2(g) + 2Fe^{2+} \Rightarrow 2Fe^{3+} + O_O^x + V_{Fe}''$$

즉, 산화 작용으로 생성된 정공은 양이온의 원자가 상태를 +2에서 +3으로 변환시킨다.[11] 이 아이디어를 사용하여 La-manganate의 전도도를 이해하는 방법이 7장과 15장에서 논의된다.

외인성 결함

지금까지의 논의는 순수한 결정에만 적용되었다. 그러나 대부분의 결정은 순수와는 거리가 멀고, 그 물성, 특히 전기적인 혹은 광학적인 특성은 종종 미량의 불순물의 존재에 의해 지배된다(예제 6.3 참고). 이러한 불순물은 피할 수 없으며, 비록 처음 원료 재료가 예외적으로 순수하다고 할지라도, 이후의 고온 처리 과정에서 순도 수준을 유지하는 것이 어렵다. 따라서 다음 과제는 불순물 주입 반응(말 그대로 수천 개의 화합물과 반응으로 매우 빠르게 통제 불능 상태가 되는 작업)을 고려하는 것이다. 대신 여기서 시도되는 것은 이 문제를 해결하기 위한 몇 가지 간단한 지침을 제시하는 것이다.

무엇보다도, 불순물은 보통 이온들의 크기가 다르더라도 그것들 자신과 가장 가까운 전기음성도를 가진 호스트 이온을 대체한다. 즉, 크기 차이와 관계없이 양이온은 양이온을, 음이온은 음이온을 대체한다.[12] 예를 들어 NaCl에서 Ca와 O는 양이온과 음이온 자리를 각각 점유할 것으로 예상된다. 전기음성도가 유사한 공유 결합성 화합물에서는 크기가 더 중요한 역할을 할 수 있다. 불순물이 침입형 자리를 차지할지는 예측하기가 더 어렵다. 대부분의 침입형 원자는 작지만 큰 이온도 침입형 자리에서 발견되기도 한다.

외인성 결함 주입 반응을 작성할 때 다음과 같은 간단한 부기 작업이 도움이 된다.

1. 그림 6.5a와 같이 호스트(용매) 결정의 단위 또는 복수 단위를 스케치한다.
2. 1단계에서 그린 스케치 위에는 양이온이 양이온 위에, 음이온이 음이온 위에 놓이도록 도펀트(용질) 결정을 한 단위 또는 여러 단위 올린다. 중요한 것은 그렇게 올려진 이온들의 위치가 결정에서 끝나는 것이 아니라는 것이다. 이것은 단순히 부기 작업이다.
3. 남은 것이 무엇이든지 간에 발생하는 결함에 대하여, 형성된 결함의 총 수를 최소화하도록 노력해야 한다는 단서 조항이 있다.

---

[11] 자철석은 FeO와 Fe_2O_3의 고용체로 간주할 수 있다. 따라서 산화 시 평균 산화 상태가 Fe_2O_3으로 이동해야 하며, 즉 Fe^{3+} 이온이 더 많이 존재해야 한다.

[12] 이 주제는 고용체 및 상태도가 고려된 8장에서 다시 다룬다.

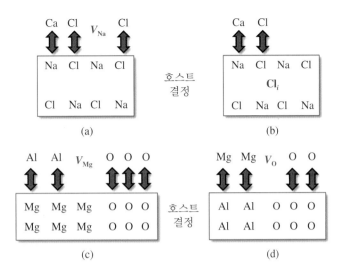

그림 6.5 불순물 주입 반응에 대한 부기 기법. (a) NaCl에 $CaCl_2$는 양이온 부격자 상에 공공을 남긴다. (b) 대체 반응은 여분의 Cl 이온이 침입형으로 들어가는 것이지만, Cl 이온의 큰 크기를 고려할 때 그럴 가능성은 낮다. (c) MgO에 Al_2O_3는 양이온 부격자 상에 공공을 만든다. (d) Al_2O_3에 MgO는 음이온 부격자 상에 공공을 만든다. 결함에 대한 유효 전하가 표시되어 있지 않음에 유의하라.

예시를 위해 다음 예를 보자.

예 6.6

$CaCl_2$를 NaCl에 주입해보자. 그림 6.5a에서, 하나의 가능한 주입 반응은 명백하다.

$$CaCl_2 \underset{2NaCl}{\Rightarrow} Ca^{\bullet}_{Na} + V'_{Na} + 2Cl^{x}_{Cl}$$

두 번째 완전히 규칙에 부합한 주입 반응이 그림 6.5b에 나와 있으며, 그에 해당하는 결함 반응은 다음과 같다.

$$CaCl_2 \underset{NaCl}{\Rightarrow} Ca^{\bullet}_{Na} + Cl'_{i} + Cl^{x}_{Cl}$$

두 경우 모두 가장 중요한 관심사는 호스트 결정의 정규 자리 비율의 보존이었다는 점에 유의하라. 첫 번째 경우에서는 도펀트의 도입으로 Cl 격자 자리가 2개 생성되었으며, 따라서 동일한 수의 격자 자리가 양이온 부격자 상에 생성되어야 했다. 그러나 단지 Ca 양이온 1개만 이용 가능했기 때문에, Na 부격자 상에 공공이 생길 수밖에 없었다. 두 번째 경우(그림 6.5b)에서는 격자 자리의 수가 호스트 결정의 **정규 자리 비율**을 바꾸지 않기 때문에 공공을 만들 필요가 없다(침입형 자리는 정규 자리로 간주되지 않음을 기억하라). ∎

예 6.7

MgO에 Al_2O_3를 도핑(그림 6.5c):

$$Al_2O_3 \underset{3MgO}{\Rightarrow} 2Al^{\bullet}_{Mg} + V''_{Mg} + 3O^{x}_{O}$$

예 6.8

Al_2O_3에 MgO를 도핑할 때(그림 6.5d), 가능한 주입 반응은 다음과 같다.

$$2MgO \underset{Al_2O_3}{\Rightarrow} 2Mg'_{Al} + V_O^{\cdot\cdot} + 2O_O^x \qquad \blacksquare$$

실제 주입 반응을 선험적으로 예측하기 어렵다는 점을 현시점에서 강조해야 한다. 과거에는 밀도 측정(문제 6.8과 6.9 참고)과 XRD 회절과 같은 실험을 통해 후자를 결정했다. 최근에는 이론적 계산이 그 문제를 밝히기 위해 사용되고 있다.

일부 산화물에서는 구조가 다양한 종류의 외부 양이온을 동시에 수용할 수 있도록 되어 있다. 전하 중립성이 유지되는 한 이러한 다중 치환은 허용된다. 정규 격자 자리와 비어 있는 정규 격자 자리 사이에 구분이 모호하기 때문에 자리 비율 보존은 더 이상 문제가 되지 않는다. 좋은 예로는 점토, 스피넬(그림 3.10) 및 β-알루미나 구조(그림 7.9)가 있다.

그림 3.14b에 표시된 점토 구조를 고려해보자. 판 사이에 3가 Al 이온에 2가 양이온 치환은 모든 Al^{3+} 치환에 대해 단일 원자가로 전하를 띤 양이온(보통 주변으로부터 들어온 알칼리 금속 이온)의 추가적인 주입을 발생시킨다. 이는 다음 반응이 항상 유지되도록 전하 중성도를 유지하기 위해 일어난다.

$$Al_2(OH)_4(Si_2O_5) \Rightarrow (Al_{2-x}Na_xMg_x)(OH)_4(Si_2O_5)$$

스피넬의 화학 또한 결정이 중성도를 유지하는 한 다중 치환이 가능하다는 점에서 비슷하다. 예를 들어, 정상 스피넬의 단위격자인 $Mg_8Al_{16}O_{32}$는 8개의 Mg 이온을 4개의 Li과 4개의 Al 이온으로 대체하여 $Li_4Al_{20}O_{32}$를 제공함으로써 역 스피넬로 변환될 수 있다. 여기서 Li 이온들은 팔면체 자리에 위치하고 Al 이온들은 남은 팔면체 자리와 사면체 자리에 분포된다. 여기서 주목할 가치가 있는 것은 스피넬에서 방대한 수의 가능한 구조적, 화학적 조합과 그에 상응하는 자기적, 전기적, 유전 특성 변화가 그것들을 전자 산업에 없어서는 안 될 존재로 만들었다. 본질적으로 스피넬은 양이온성 '쓰레기 캔'으로 간주될 수 있으며, 적당한 크기의 제약 안에서, 결정이 끝까지 중성으로 남아 있는 한 양이온의 어떠한 조합도 가능하다. 이 점에서 스피넬은 또 다른 '범용' 용매, 즉 유리와 비교될 수 있다(9장 참고).

6.2.7 전자 결함

0K의 완벽한 반도체나 절연체 결정에서는 모든 전자가 국소화되어 원자핵의 손아귀에 완고히 붙잡혀 자유전자와 정공이 존재하지 않는다. 그러나 유한한 온도에서 이러한 전자들 중 일부는 격자 진동으로 인해 느슨해지고 결국 전도띠에 도달한다. 7장에서 상세히 기술된 바와 같이, 고유 반도체의 경우, 전자의 해방은 또한 전자 정공의 형성을 초래한다. 고유 전자 결함 반응을 다음과 같이 쓸 수 있다.

$$\text{Null} \Leftrightarrow e' + h^{\cdot} \tag{6.19}$$

전자를 원자가띠에서 전도띠까지 들뜨게 하기 위해 필요한 에너지가 띠간격 에너지 E_g(2장 참고)라는 것을 고려한다면, 식 (6.14)에 도달하기 위해 사용된 것과 유사한 유도방식에 의해 다음을 나타낼 수 있다.

$$\frac{np}{N_v N_c} = \exp\left(-\frac{E_g}{kT}\right) = K_i \tag{6.20}$$

여기서 n과 p는 각각 단위부피당 자유전자와 정공의 수이며, N_c와 N_v는 각각 전도띠 및 원자가띠에서 단위부피당 상태밀도이다. 고유 반도체의 경우 N_c와 N_v가 다음과 같이 주어진다는 것을 알 수 있다(부록 7B).

$$N_c = 2\left(\frac{2\pi m_e^* kT}{h^2}\right)^{3/2} \quad \text{와} \quad N_v = 2\left(\frac{2\pi m_h^* kT}{h^2}\right)^{3/2} \tag{6.21}$$

여기서 m_e^*와 m_h^*는 각각 전자와 정공의 유효 질량이고, h는 플랑크(Planck) 상수이며, 다른 모든 항은 일반적인 의미를 갖는다.

프렌켈 결함 쌍의 형성에 대한 수학적 처리는 전자–정공 쌍의 그것과 거의 동일하다. 프렌켈 결함은 이온이 정공이나 공공을 남기고 침입형 자리로 이동할 때 형성된다. 마찬가지로 전자–정공 쌍은 전자가 원자가띠에 전자 정공 또는 공공을 남기고 전도띠으로 빠져나갈 때 형성된다. 개념적으로 N_c와 $N_v(N^*$ 및 N_T와 완전히 유사)는 전자와 정공이 분포할 수 있는 에너지 준위의 수 또는 '자리'의 수로 간주될 수 있다. 전자 결함이 이러한 준위를 채울 수 있는 구성(배열)의 다양성은 계의 자유 에너지를 낮추는 데 필요한 구성(배열) 엔트로피의 원천이다.

6.2.8 결함 평형도 및 크뢰거–빙크 도표

이 장의 주요 목표 중 하나는 결함의 농도를 온도와 다른 외부적으로 부과된 열역학적 변수(P_{O_2}와 같은)와 관련시키는 것이다. 이것은 결함을 화학 퍼텐셜과 그에 따른 활동도를 갖는 구조적인 요소로 간주함으로써 달성된다.[13] 식 (5.30)과 유사한 질량 작용식으로 결함의 평형 농도를 표현한다.

$$\frac{x_C^c x_D^d}{x_A^a x_B^b} = \exp\left(-\frac{\Delta G^{\circ}}{kT}\right) = K^{\text{eq}} \tag{6.22}$$

이 표현은 이상성을 가정하고 활동도가 몰분율 x_i로 대체되었다는 점을 제외하면 식 (5.30)과 거의 동일하다.

예를 들어, 다음과 같은 P_{O_2} 범위에 영향을 받는 MO 산화물을 생각해보자.

---

[13] 화학 퍼텐셜과 가상 퍼텐셜을 구별해야 한다. 5장에서 설명한 바와 같이 개별 이온 또는 전하를 띤 결함의 활동도나 화학 퍼텐셜을 정의할 수 없기 때문에, 화학 퍼텐셜도 정의되지 않는다. 그러나 결함 반응이 항상 자리의 비율과 전기중성도를 보존하기 위해 쓰여지기 때문에 이러한 차이는 순수하게 학술적인 것이며 화학 퍼텐셜을 논의하는 것이 정당화된다.

6.2.8.1 낮은 산소 분압

매우 낮은 P_{O_2}에서, 산소 공공이 반응 (6.16)에 따라 형성될 것이라고 가정하는 것이 타당하다.

$$O_O^x \Rightarrow V_O^{\cdot\cdot} + 2e' + \frac{1}{2}O_2(g) \quad \Delta g_{\text{red}} \tag{I}$$

해당하는 질량 작용식은 다음과 같다.[14]

$$\frac{[V_O^{\cdot\cdot}][n]^2 P_{O_2}^{1/2}}{[O_O^x]} = K_{\text{red}} \tag{6.23}$$

여기서 $K_{\text{red}} = \exp(-\Delta g_{\text{red}}/kT)$이다. $V_{\text{an}} \ll N_{\text{an}}$이면 $[O_O^x] = N_{\text{an}}/(N_{\text{an}} + V_{\text{an}}) \approx 1$이라는 것을 주목하라.

중간 수준의 산소 분압

여기서 쇼트키 평형이 지배한다고 가정한다.

$$M_M^x + O_O^x \Leftrightarrow V_M'' + V_O^{\cdot\cdot} \quad \Delta g_s \tag{II}$$

질량 작용 법칙을 적용하면 다음과 같은 결과가 나온다.

$$\frac{[V_M''][V_O^{\cdot\cdot}]}{[M_M^x][O_O^x]} = K_s = \exp\left(-\frac{\Delta g_s}{kT}\right) \tag{6.24}$$

$[O_O^x] \approx [M_M^x] \approx 1$이기 때문에 놀랍지 않게도 식 (6.9)와 동일하다.

높은 산소 분압

이 영역에서 가능한 결함 반응은 다음과 같다.[15]

$$\frac{1}{2}O_2(g) \Leftrightarrow O_O^x + 2h^{\cdot} + V_M'' \quad \Delta g_{\text{oxid}} \tag{III}$$

$$\frac{[O_O^x][V_M''][p^2]}{P_{O_2}^{1/2}} = K_{\text{oxid}} \tag{6.25}$$

---

[14] 위에서 설명한 표기 체계를 준수하기 위해 전자 결함에 대해서 다음이 적용된다.

$$[n] = \frac{n}{N_c} \quad \text{과} \quad [p] = \frac{p}{N_v}$$

p와 n은 m^{-3}의 단위를 갖는 반면 $[n]$과 $[p]$는 무차원이라는 것을 다시 한번 강조할 필요가 있다. 질량 작용식에 실제 농도 대신 자리 분율을 사용하는 것의 장점은 질량 작용식[예를 들어, 식 (6.23)]의 왼쪽 항이 무차원이므로 $\exp\{-\Delta g/kT\}$와 동일하다는 것이다. 다른 단위를 농도에 사용할 경우 K값은 그에 따라 바뀌어야 한다(예제 6.2 및 6.3 참고).

[15] 일반적으로 일어나는 반응은 알려져 있지 않다. 실제로, 다양한 결함 모델이 실험 결과를 설명하기 위해 제안된다. 선험적 예측을 위해서는 모든 가능한 결함 반응에 대한 모든 관련된 열역학적 데이터의 완전한 세트(실제로 몇 가지 산화물에 대해서만 이루어진 어려운 임무)를 알아야 퍼즐을 완전히 해결할 수 있다. 그럼에도 불구하고, 계산 재료과학 6.1에서 논의했듯이, DFT 계산은 상당히 정확해지고 있으며, 원칙적으로 크뢰거-빙크 도표를 생성하는 데 사용될 수 있다.

$K_{\text{oxide}} = \exp\{-\Delta g_{\text{oxid}}/(kT)\}$이다. 여기서 P_{O_2}를 늘리면 양이온 공공의 수가 증가한다.[16]

식 (6.23)부터 (6.25)까지의 반응 외에 다음과 같은 반응이 있다.

$$\text{Null} \Leftrightarrow e' + h'' \tag{IV}$$

평형에서,

$$[n][p] = K_i = \exp\left(-\frac{E_g}{kT}\right) \tag{6.26}$$

놀랄 것도 없이 식 (6.20)과 동일하다.

평형상태에서 다양한 결함의 농도는 식 (6.23)~(6.26)을 동시에 만족시켜야 한다. 게다가 또 하나의 조건, 즉 결정 전체가 전기적으로 중성으로 남아 있거나 아래를 만족시켜야 한다.

$$\sum \text{양전하}(m^{-3}) = \sum \text{음전하}(m^{-3})$$

중성도 조건을 작성할 때 **몰분율보다는 단위부피당** 결함의 수가 중요하다는 점에 유의하라. 선택된 예에서, 어떤 상당한 양으로 존재하는 유일한 결함이 h', e', $V_O^{\cdot\cdot}$ 및 V_M''이라고 가정할 때, 중성도 조건은 다음과 같다.

$$p + 2V_O^{\cdot\cdot} = 2V_M'' + n \tag{6.27}$$

이 시점에서, 다양한 결함의 농도를 결정을 둘러싼 산소 퍼텐셜 또는 산소 분압과 관련시키는 데 필요한 모든 정보를 이용할 수 있다. 식 (6.23)부터 (6.27)까지에는 4개의 미지항 [n, p, $V_O^{\cdot\cdot}$, V_M'']과 5개의 방정식이 있다. 따라서 원칙적으로 이 방정식들은 다양한 반응에 대한 모든 Δg값을 알고 있다면 동시에 풀 수 있다. 이것이 반드시 사소한 연습은 아니지만, 다행히도 다양한 P_{O_2} 영역에서 하나의 결함 쌍이 중성 조건에서 단지 2개의 항만 남아 다른 모든 쌍보다 우세하다는 것을 인식함으로써 문제를 크게 단순화할 수 있다. 소위 **브라우어 근사**(Brouwer approximation)가 이 문제를 해결하기 위해 어떻게 사용되는지 다음에서 보여진다.

충분히 낮은 P_{O_2}에서 대기로 산소를 잃는 구동력은 매우 높으며[즉, 반응 (I)은 오른쪽으로 이동], 결과적으로 결정의 산소 공공의 수는 증가한다. 산소 공공이 이중으로 이온화되면, 결정을 떠나는 모든 산소에 대해 2개의 전자가 전도띠에 남는다(그림 6.4c 참고). 이 경우 충분히 낮은 P_{O_2}에서 다음을 가정하는 것이 무리는 아니다.

$$n \approx 2V_O^{\cdot\cdot} \gg \sum \text{ (다른 모든 결함)} \tag{6.28}$$

식 (6.28)을 (6.23)과 결합하여 n과 $V_O^{\cdot\cdot}$에 대하여 풀면,

---

[16] 이를 더 명확하게 보기 위해 반응 (III)을 다음과 같이 다시 쓸 수 있다.

$$\frac{1}{2}O_2(g) + V_O^{\cdot\cdot} \Leftrightarrow O_O^x + 2h^{\cdot}$$

즉, 기체상 O 원자가 결정에 존재하는 산소 공공을 채움으로써 결정으로 주입되는데, 이에 자연적으로 기체상 O 원자의 농도가 감소된다. 이것은 결국 쇼트키 평형을 유지하기 위해 식 (6.9)를 통해 양이온 공공 농도를 증가시켜야 한다.

$$n = 2V_{\mathrm{O}}^{\cdot\cdot} = \left[2K_{\mathrm{red}}'\right]^{1/3} P_{\mathrm{O}_2}^{-1/6} = \left[2K_{\mathrm{red}}N_{\mathrm{an}}N_c^2\right]^{1/3} P_{\mathrm{O}_2}^{-1/6} \tag{6.29}$$

여기서 $K_{\mathrm{red}}' \approx K_{\mathrm{red}}N_{\mathrm{an}}N_c^2$이다. 이 관계에 따라 $\log n$(또는 $V_{\mathrm{O}}^{\cdot\cdot}$) 대 $\log P_{\mathrm{O}_2}$의 그래프는 기울기가 $-1/6$(그림 6.6a, 영역 I인 직선을 보여준다), 즉 n과 $V_{\mathrm{O}}^{\cdot\cdot}$는 모두 P_{O_2}가 증가함에 따라 감소한다. 물리적인 그림은 간단하다. 환원 시, 산소 이온은 결정 밖으로 밀려나게 되고, 전자와 산소 공공을 남겨 두게 된다.

유사한 논리로, 높은 P_{O_2} 영역에서, 전기중성도 조건은 $p \approx 2V_{\mathrm{M}}''$으로 가정할 수 있으며, 식 (6.25)와 결합될 때, 다음과 같은 결과를 가져온다.

$$p \approx 2V_{\mathrm{M}}'' = \left[2K_{\mathrm{oxid}}'\right]^{1/3} P_{\mathrm{O}_2}^{-1/6} = \left[2K_{\mathrm{oxid}}N_{\mathrm{cat}}N_v^2\right]^{1/3} P_{\mathrm{O}_2}^{-1/6} \tag{6.30}$$

여기서 $K_{\mathrm{oxid}}' \approx K_{\mathrm{oxid}}N_{\mathrm{cat}}N_v^2$이다. 이 영역에서 결함 농도 대 $\log P_{\mathrm{O}_2}$의 그래프는 $1/6$의 양의 기울기를 갖는 직선을 보여준다(그림 6.6a, 영역 III).

중간 수준의 P_{O_2} 영역에서는 2가지 가능성이 존재한다.

1. $K_s \gg K_i$, 이 경우 중성도 조건은 다음과 같이 된다.

$$V_{\mathrm{O}}^{\cdot\cdot} = V_{\mathrm{M}}'' = \sqrt{K_s'} \tag{6.31}$$

여기서 $K_s' = N_{\mathrm{cat}}N_{\mathrm{an}}K_S$, 그리고 점결함 농도는 P_{O_2}와 상관없게 된다(그림 6.6a, 영역 II).

세 영역을 결합함으로써 P_{O_2}의 광범위한 영역에 대한 결함 농도의 함수 의존성을 그림 6.6a에 나타낸 **크뢰거–빙크 도표**로 알려진 그래프로 간결하게 나타낼 수 있다.

2. $K_i \gg K_s$, 이 경우 중성도 조건은 다음과 같다.

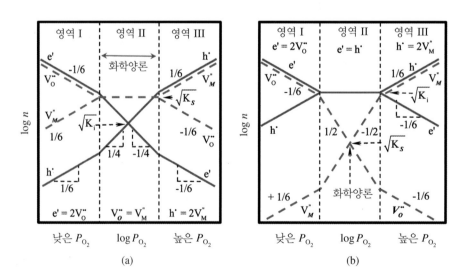

(a)   (b)

그림 6.6 P_{O_2}에 따른 MO 산화물 내 결함 농도의 변화. (a) $K_S \gg K_i$, 산화물은 상당히 큰 P_{O_2} 영역에서 화학양론적이다. (b) $K_i \gg K_S$. 여기서 '화학양론'은 $V_{\mathrm{M}}'' = V_{\mathrm{O}}^{\cdot\cdot}$가 되는 지점까지 감소한다.

$$n = p = \sqrt{K'_i}$$

여기서 $K'_i = N_c N_v K_i$이다. 해당 크뢰거-빙크 도표가 그림 6.6b에서 보여진 도표임을 나타내는 것은 독자들의 연습문제로 남겨둔다.

이때까지는 **다수 결함**(majority defect), 즉 환원 조건 하에서 $V_O^{\cdot\cdot}$와 n(산화 조건 하에서 V_M'''과 p 등)에 미치는 P_{O_2}의 영향에 초점을 맞추었다. 낮은 P_{O_2} 영역에서 전자 정공과 금속 공공, 이른바 **소수 결함**(minority defect)은 어떨까?

이 질문에 답하기 위해서는 평형상태에서 식 (6.23)부터 (6.26)까지 항상 만족해야 한다는 것을 이해하는 것이 중요하다. 예를 들어, 평형은 항상 그리고 모든 상황에서 곱 $[V_O^{\cdot\cdot}][V_M''']$이 K_S와 동일한 상수를 유지해야 함을 가리킨다. 그리고 낮은 산소 분압 영역에서[식 (6.29)] 다음 식이 막 확립되었다.

$$V_O^{\cdot\cdot} = (\text{상수}) \left[P_{O_2}\right]^{-1/6}$$

그러므로 쇼트키 평형이 만족되기 위해서는 V_M'''이 동일한 멱함수 법칙(power law)에 의해 증가해야 한다.

$$V_M^{\cdot\cdot} = (\text{상수}) \left[P_{O_2}\right]^{1/6}$$

마찬가지로, $n = (\text{상수}) \left[P_{O_2}\right]^{-1/6}$이므로 식 (6.26)을 만족시키기 위해, $p = (\text{상수}) \left[P_{O_2}\right]^{1/6}$가 된다. 영역 I에서 소수 결함의 거동이 그림 6.6a와 b(하한선)에 플롯되어 있다.

$K_s \gg K_i$일 때, 중간 수준의 영역에서 식 (6.31)이 유지되고, $V_O^{\cdot\cdot} = \sqrt{K'_s}$이고 P_{O_2}와는 무관하다. 이 결과를 식 (6.23)에 대입하면 다음과 같다.

$$n = \left[\frac{K'_{red} P_{O_2}^{-1/2}}{V_O''''}\right]^{1/2} = \sqrt{\frac{K'_{red}}{\sqrt{K'_s}}} P_{O_2}^{-1/4} \tag{6.32}$$

즉, n은 P_{O_2}가 증가할 때 1/4의 지수함수적으로 감소하며, 이는 p가 그 영역에서 동일한 지수함수를 가지고 증가한다는 것을 의미한다.

그림 6.6과 같은 도표는 결정 성분 중 하나의 분압과 같은 외부적으로 부과되는 열역학적 매개변수와 결정의 결함 농도와 관련된 특성 사이의 관계를 이해하려고 할 때 매우 유용하다. 예를 들어 7장에서 자세히 설명하겠지만 산소의 확산계수는 공공 농도에 비례한다. 따라서 주어진 산화물의 크뢰거-빙크 도표가 그림 6.6a에서 보여진 것과 같다면 산소 확산계수는 맨 왼쪽에서 가장 높을 것이다. 즉, 환원 조건 하에서 산소 확산계수는 P_{O_2}가 증가할 때 $-1/6$의 기울기로 감소할 것이며, 중간 수준의 P_{O_2} 영역에서 일정하게 될 것이고, 더 높은 P_{O_2}값에서 $-1/6$의 기울기로 다시 하락하기 시작할 것이다. 이와 비슷하게, 산화물이 전자전도체이고 전도도가 충분히 넓은 P_{O_2} 영역에서 측정했을 때, 전도도는 낮은 P_{O_2}에서의 n형으로부터 더 높은 산소 퍼텐셜에서의 p형으로 변할 것으로 예상된다.

예제 6.2

NaCl에 대하여 다음 정보가 주어진다.

600K에서: $K'_S = 3.74 \times 10^{35}$ cm^{-6} 및 K'_F (양이온 부격자 상에서) $= 5.8 \times 10^{34}$ cm^{-6}

800K에서: $K'_S = 7.06 \times 10^{37}$ cm^{-6} 및 $K'_F = 1.7 \times 10^{37}$ cm^{-6}

평형 결함 수를 600K와 800K에서 각각 계산해보시오.

정답

3개의 관련 식은 다음과 같다.

$$(V'_{Na})(V^{\bullet}_{Cl}) = K'_S$$

$$(V'_{Na})(Na^{\bullet}_i) = K'_F$$

$$V'_{Na} = Na^{\bullet}_i + V^{\bullet}_{Cl} \quad \text{전기중성도 조건}$$

이 문제에서 풀어야 할 3개의 방정식과 3개의 미지수를 가지고 있다. 처음 두 방정식을 더하면 다음과 같은 식을 얻을 수 있다.

$$V'_{Na}(Na^{\bullet}_i + V^{\bullet}_{Cl}) = K'_S + K'_F$$

전기중성도 조건과 결합될 때

$$\left(V'_{Na}\right)^2 = K'_S + K'_F$$

600K에서 다양한 농도에 대하여 풀면 다음을 얻는다.

$$V'_{Na} = 6.6 \times 10^{17}\,\text{cm}^{-3}, \quad Na^{\bullet}_i = 8.8 \times 10^{16}\,\text{cm}^{-3}, \quad V^{\bullet}_{Cl} = 5.7 \times 10^{17}\,\text{cm}^{-3}$$

800K에서

$$V'_{Na} = 9.4 \times 10^{18}\,\text{cm}^{-3}, \quad Na^{\bullet}_i = 1.8 \times 10^{18}\,\text{cm}^{-3}, \quad V^{\bullet}_{Cl} = 7.5 \times 10^{18}\,\text{cm}^{-3}$$

최종 농도 값들은 몰분율 대신 cm^{-3} 단위로 주어지는데, 그 이유는 평형 상수가 그 단위로 주어졌기 때문이다. 일단 그러한 문제가 해결되면 뒤로 돌아가서 위의 평형식으로 얻은 값들을 대입해보며 정확도를 다시 확인하는 것이 좋다. ∎

예제 6.3

순수한 MO 산화물에 대하여 다음과 같다.

$$K_o(\text{cm}^{-9}\,\text{atm}^{-1/2}) = \frac{(V''_M)p^2}{P^{1/2}_{O_2}} = 7.7 \times 10^{63} \exp\left(-\frac{390\ \text{kJ/mol}}{RT}\right)$$

(a) 대기 중 1327 °C에서 M 공공 농도를 계산하시오. 모든 가정을 기술하라.

(b) MO가 Al_2O_3 10 ppm으로 도핑된 경우, M 공공을 발생시키는 적절한 결함 반응을 쓰고 공공 농도를 계산하시오.

(c) 문항 (a)와 (b)에서 계산한 공공 농도를 비교하시오. 도핑된 산화물의 M 공공 농도에 의존하는 특성이 내인성(고유)으로, 혹은 외인성으로 조절될 것이라고 생각하는가? 설명해 보시오.

(d) 문항 (a)와 (b)에서 정공 농도를 추정해보시오. 어떤 결정이 더 전도도가 높을 것으로 기대하는가?

MO 밀도 = 5.4 g/cm³, M의 원자량 = 25 g/mol이고, 단위격자 = 암염 구조, 단위격자 상수 = 370 pm이다.

정답

(a) K_o에 대해 주어진 값이 무차원이 아니라면, 그것들을 찾아내야 한다. 1327°C에서,

$$K_o(\text{cm}^{-9}\,\text{atm}^{-1/2}) = \frac{(V_M'')p^2}{P_{O_2}^{1/2}} = 7.7 \times 10^{63} \exp\left(-\frac{390000}{8.314(1327+273)}\right) \approx 1.42 \times 10^{51}$$

V_M''을 풀기 위해서는 $2V_M'' = p$를 가정해야 한다. 대기 중에서 $P_{O_2} = 0.21$ atm임을 기억하라. 그것을 얻는 모든 것에 대입하면

$$(V_M'')(2V_M'')^2 = 1.42 \times 10^{51}(0.21)^{1/2}$$
$$(V_M'') = \left[\frac{1}{4} 1.42 \times 10^{51}(0.21)^{1/2}\right]^{1/3} = 5.5 \times 10^{16}\,\text{cm}^{-3} = 5.5 \times 10^{22}\,\text{m}^{-3}$$

(b) Al_2O_3을 도핑 시 V_M''을 생성하는 결함 반응은

$$Al_2O_3 \Rightarrow 2Al_M'' + V_M'' + 3O_O^x$$

이다. 따라서 모든 몰의 Al_2O_3은 1몰의 V_M''을 생성시킨다. 그러므로 10 ppm의 Al_2O_3은 10×10^{-6}몰의 공공을 생성시킬 것이다. m⁻³당 수로 변환하려면 m⁻³당 양이온의 수를 계산해야 한다. 암염 구조에는 단위격자당 4개의 양이온이 있으므로 다음과 같다.

$$V_M'' = \frac{4}{(370 \times 10^{-12})^3} \times 10 \times 10^{-6} = 7.9 \times 10^{23}\,\text{m}^{-3} = 7.9 \times 10^{17}\,\text{cm}^{-3}$$

(c) 외인성 결함의 수가 1327°C에서 공기 중에 생성된 결함의 수보다 한 차수 더 많기 때문에, 그 특성은 도핑에 의해 지배될 것이다.

(d) 문항 (a)에서, $2V_M'' = p$이므로 $p = 2 \times 5.5 \times 10^{-23} = 1.1 \times 10^{-23}$ m⁻³인 것으로 가정하였다. 문항 (b)에서 평형상태가 가정되기 때문에 해야 할 일은 질량 작용식에 문항 (b)에서 계산된 V_M''값을 삽입하는 것이다.

$$K_o(\text{cm}^{-9}\,\text{atm}^{-1/2}) = \frac{(7.9 \times 10^{17})p^2}{P_{O_2}^{1/2}} \approx 1.42 \times 10^{51}$$

p에 대하여 풀면 2.9×10^{16} cm^{-3} 또는 2.9×10^{22} m^{-3}를 얻는다. 이 값은 대략 위에서 계산된 값보다 4배 작다. 그러므로 우리의 모든 가정이 정확하다면 도핑된 산화물의 전도도는 내인성(고유) 결함인 경우보다 약 4배 더 적어야 한다.

이 문제에서 정답을 얻기 위해서는 단위를 찾아야 한다는 점을 지적하기 위하여 평형 상수가 m^{-3}이 아닌 cm^{-9}으로 주어졌다. 또 다른 중요한 점은 질량 작용식이 외인성 결함 반응에는 적용되지 않는다는 것이다. ∎

6.2.9 화학양론 대 비화학양론 화합물

앞서의 분석에 따르면, 화학양론(음이온과 양이온의 수가 결정의 화학에 기반한 단순한 비율과 일치하는 지점으로 정의된다)은 매우 구체적인 P_{O_2}에서 발생하는 **단일**(singular) 지점이다. 이것은 바로 문제를 야기시킨다. 만약 화학양론이 분압 영역의 단일 지점이라면, 일부 산화물은 화학양론적으로 표시되고 다른 산화물은 비화학양론적으로 표시되는 이유는 무엇인가? 질문에 답하려면 많은 산화물에 대한 화학양론의 범위와 화학 안정성 영역이 나열된 표 6.1을 검토하라. Δx에 의해 정의된 화학양론으로부터의 편차는 MO$_{b/a}$ 산화물에서 b/a의 최댓값과 최솟값 사이의 차이이다. FeO와 MnO는 화학양론에서 오직 양의 편차만 보인다는 것을 주목하라. 즉, 그것들은 항상 산소가 풍부하다. 반면에 TiO는 음의 편차와 양의 편차를 모두 나타낸다.

표 6.1에서 Δx가 P_{O_2}에 약하게 작용할 경우 산화물이 화학양론적으로 분류되고, 반대로 P_{O_2}가 조성에 미치는 영향이 주요할 경우 비화학양론적으로 결론 내릴 수 있다. 이 개념은 그림 6.7과 같이 그래프로 더 잘 이해할 수 있다.

비화학양론적 화합물의 전형적인 예로써, 산소 분압이 1000K에서 변함에 따른 MnO의 조성 변화를 고려해보자(그림 6.8a). MnO는 $10^{-34.5}$ atm의 P_{O_2}와(이 아래에서 Mn이 안정상이다) $10^{-10.7}$ atm의 P_{O_2}(이보다 높으면 Mn$_3$O$_4$가 안정상이고, O/M = 1.18이다) 사이에서 안정하다. 화학양론의 범위는 x축에 수직인 파선으로 표시된다. 이러한 변화는 아주 크며 결과적으로 MnO는 비화학양론적 산화물로 간주된다.

마찬가지로, Fe-O 계의 상태도를 그림 6.8b와 c에 보였다. FeO와 Fe$_3$O$_4$는 비화학양론적이지만, Fe$_2$O$_3$는 화학양론적임을 주목하라.

전이금속 산화물은 화학양론보다 비화학양론적일 가능성이 더 높다는 것에 주목할 필요가 있다. 그 이유는 간단하다. 양이온이 산화 상태를 쉽게 바꿀 수 있을 때 결정에서 주위로의 산소 손실과 그에 따른 보정이 훨씬 쉽기 때문이다.

표 6.1 1000K에서 선택된 산화물의 화학양론의 범위와 존재 영역

산화물		화학양론으로부터의 편차			안정성 영역[a](-log P_{O_2})	
		x_{min}	x_{max}	Δx	Min.	Max.
비화학양론적 산화물						
TiO_x	TiO	0.65	1.25	0.65	44.2[b]	41.5
TiO_x	Ti_2O_3	1.501	1.512	0.011	41.5	30.1
TiO_x	TiO_2	1.998	2.00	0.008	25.7	–
VO_x	VO	0.8	1.3	0.50	35.9	33.2
Mn_xO	MnO	0.848	1.0	0.152	34.5[b]	10.7
Fe_xO	FeO	0.833	0.975	0.155	21.6[b]	17.9
FeO_x	Fe_3O_4	1.336	1.381	0.045	17.9	10.9
Co_xO	CoO	0.998	1.000	0.012	17.1[b]	2.5
CeO_x	Ce_2O_3	1.50	1.52	0.02		
CeO_{2-x}	CeO_2	0	0.50	0.50		
Ni_xO	NiO	0.999	1.000	0.001	16.5[b]	–
CuO_x	Cu_2O	0.50	0.5016	0.0016		
UO_x	UO_2	1.65	2.25	0.60	9.97[b]	7.0
ZrO_x	ZrO_2	1.70	2.0	0.30		
Li_xWO_3		0	0.50			
$Li_xV_2O_5$		0.2	0.33			
화학양론적 산화물						
AlO_x	Al_2O_3	1.5000	1.5000		71.3[b]	–
MgO		1.0000	1.0000		51.5[b]	–

[a] 좀 더 자세한 내용은 5.4절을 참고하라.
[b] 모금속과 평형상태에서.
출처: T. B. Reed, *The Chemistry of Extended Defects in Non-Metallic Solids*, L. Eyring and M. O'Keeffe, eds., North-Holland, Amsterdam, 1970.

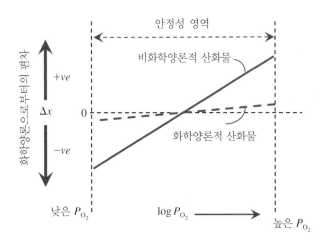

그림 6.7 화학양론적 및 비화학양론적 $MO_{b/a\pm\delta}$ 산화물 사이의 구분은 동일한 범위에서 화학적 안정성을 갖는 2개의 가상 화합물에 대하여 P_{O_2}에 대한 화학양론적 변화 Δx의 함수 의존성이 비교된다. Δx가 안정성 영역에서 광범위하게 변하는 산화물은 비화학양론적으로 표시되며 그 반대도 마찬가지이다.

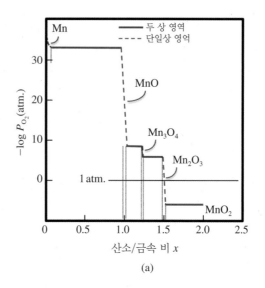

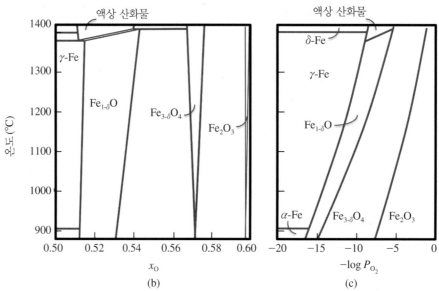

그림 6.8 (a) Mn-O 계에서 다양한 상들의 안정성 영역 및 화학양론으로부터의 해당 편차. (T. B. Reed, *The Chemistry of Extended Defects in Non-Metallic Solids*, L. Eyring and M. O'Keeffe, eds., North-Holland, Amsterdam, 1970.) (b) Fe-O 계의 상태도. x_O는 산소의 몰분율. (c) Fe-O 계에서 다양한 상들의 안정성 영역. (R. Dickmann, J. Electrochem, SOC. **116**, 1409, 1969.)

예제 6.4

(a) 10ppm 미만의 이종원자가 불순물을 함유하는 분말을 얻는 비용과 어려움을 감안하여, 불순물에 의해 특성이 지배되는 고유 결함 형성에 대한 형성 엔탈피를 추정해보시오. 모든 가정을 기술하라.

(b) 1000K에서 Mn_3O_4와 평형을 이루는 MnO에 대하여 문항 (a)를 반복하여 풀어보시오.

정답

다음과 같은 가정을 해보자.

∞ 불순물의 분율(1 ppm)은 농도에 대략 비례하여 부격자 중 하나에 공공을 만든다. 다시 말해서, 부격자 중 하나에 존재하는 외인성 공공의 몰분율은 10^{-6} 차수라고 가정한다.

∞ 결함은 형성 엔탈피가 Δh_S인 화학양론적 쇼트키 결함이다.

∞ ΔS_S는 무시한다.

∞ 온도는 1000℃이다.

(a) 고유 결함이 지배하는 고체의 몰분율은 불순물에 의해 생성된 결함의 몰분율을 초과해야 한다(즉, 10^{-6}). 그러므로

$$[V_M''][V_O^{\cdot\cdot}] \approx 10^{-12} = \exp\left(-\frac{96{,}500\,\Delta h_S}{1273 \times 8.314}\right)$$

Δh_S를 풀면 ≈3.03 eV를 얻는다. (참고: 1 eV/입자 = 96,500 J/mol)

이것은 쇼트키 또는 프렌켈 결함 형성 에너지가 3 eV보다 훨씬 큰 화학양론적 산화물이나 화합물의 결함 농도가 불순물에 의해 지배되기 쉽다는 것을 암시하기 때문에 중요한 결과이다.

(b) 표 6.1에 따르면 1000K에서 Mn_3O_4와 평형상태인 MnO는 조성 $MnO_{1.18}$을 갖는다. 따라서 이 산화물이 불순물에 의해 지배되기 위해서는 도펀트가 0.18을 초과하는 공공 몰분율을 생성시켜야 한다. ■

| 실험 세부 사항 | **비화학양론 측정**

산화물이 화학양론적인지의 여부를 알아내는 가장 쉽고 빠른 방법은 온도와 P_{O_2}의 함수로써 열중량(thermogravimetry) 측정을 수행하는 것이다. 그러한 실험에서 결정은 민감한 저울에 매달려 가열로에 들어간다. 로는 가열되고 시료는 알려진 P_{O_2}의 기체에서 평형을 이룬다. 일단 평형이 성립되면(무게 변화가 0), 가열로의 P_{O_2}는 갑자기 변화하고 해당 무게 변화는 시간의 함수로 기록된다.

전형적인 곡선이 그림 6.9에 나와 있다. 무게 증가로부터 새로운 화학양론을 쉽게 계산할 수 있다(문제 6.9 참고). MgO 또는 Al_2O_3에 대해 동일한 실험을 반복할 경우, 광범위한 P_{O_2}에 걸친 무게 변화는 가장 민감한 저울의 측정 한계 아래에서 검출되기 때문에 화학양론적 산화물로 간주된다.

이 단계에서 비화학양론적 결정을 스펀지가 습도에 반응하는 것과 같은 방식으로 P_{O_2}에 반응하는 일종의 산소 '스펀지'로 생각하는 것은 나쁘지 않다. 산소가 어떻게 결정에 주입되고 확산되는지는 다음 장에서 논의한다.

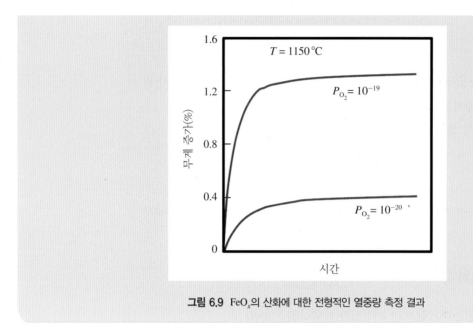

그림 6.9 FeO$_x$의 산화에 대한 전형적인 열중량 측정 결과

6.2.10 점결함 형성의 에너지론

위에서 설명한 다양한 결함 반응과 관련된 자유 에너지 변화에 대한 지식은 평형 농도를 계산할 수 있으려면 분명히 필요하다. 불행하게도, 많은 산화물과 화합물에 대한 정보가 많이 부족하다.

이 장의 시작에서 언급한 바와 같이, 공공의 생성은 고체 벌크 내부로부터 무한대로의 이온을 제거함에 따라($\approx E_{bond}$가 소비된다), 그리고 그것을 결정 표면으로 다시 가져옴으로써($\approx E_{bond}/2$가 회복된다) 시각화할 수 있다. 마찬가지로, 2원계 MX 화합물의 쇼트키 공공 쌍의 형성은 $\approx 2E_{bond}/2$ $\cong E_{bond}$가 소비된다. 일반적으로 알칼리 할로겐화물의 격자 에너지가 650~850 kJ/mol 범위에 속하므로 쇼트키 결함 형성 에너지도 같은 차수일 것으로 예상된다. 그러나 실험적으로 알칼리 할로겐화물의 쇼트키 및 프렌켈 결함의 형성 엔탈피는 100~250 kJ/mol 범위에 있다(표 6.2). 이 불일치는 (1) 전하를 띤 장범위 결함 형성의 결과로써 격자의 분극을 무시함으로써 발생하고, 또한 (2) 결함 주위 이온의 이완의 결과로써 발생한다. 이러한 효과가 고려될 때 이론과 실험 사이의 일치가 더 나아진다.

이 장의 끝부분에는 결함 에너지를 제1원리로부터 계산하는 방법이 간략하게 설명된다.

표 6.2 선택된 할로겐화물과 산화물에 대한 결함 형성과 이동 에너지

결정	결합 유형	Δh_{form}(kJ/mol)	Δs_{form}, in units of R	ΔH_{mig}(kJ/mol)	ΔS_{mig}, in units of R
AgCl	프렌켈	140	9.4R	$28(V'_{Ag})$	$-1.0(V'_{Ag})$
				$1\sim10(Ag^{\bullet}_i)$	$-3.0(Ag^{\bullet}_i)$
AgBr	프렌켈	116	6.6R	$30(V'_{Ag})$	
				$5\sim20(Ag^{\bullet}_i)$	
β-AgI	프렌켈	67			
BaF$_2$	프렌켈	190		$40\sim70(V^{\bullet}_F)$	
				$60\sim80(F'_i)$	
CaF$_2$	프렌켈	270	5.5R	$40\sim70(V^{\bullet}_F)$	$1\sim2(V^{\bullet}_F)$
				$80\sim100(F'_i)$	$5(F'_i)$
CsCl	쇼트키	180	10.0R	$60(V'_{Cs})$	
KCl	쇼트키	250	9.0R	$70(V'_K)$	$2.4(V'_K)$
LiBr	쇼트키	180		$40(V'_{Li})$	
LiCl	쇼트키	210		$40(V'_{Li})$	
LiF	쇼트키	226	9.6R	$70(V'_{Li})$	$1(V'_{Li})$
LiI	쇼트키	110		$40(V'_{Li})$	
NaCl	쇼트키	240	10.0R	$70(V'_{Na})$	$1\sim3(V'_{Na})$
SrF$_2$	프렌켈	67		$50\sim100(V^{\bullet}_F)$	
MgO	쇼트키	637			
CaO	쇼트키	588			
UO$_2$	프렌켈	328		O_i	
ZrO$_2$	프렌켈	396		O_i	

이 값들의 대부분은 J. Maier *Physical Chemistry of Ionic Materials*, Wiley, 2004에서 가져온 것이다.

6.3 선결함

6.3.1 전위

전위는 원래 금속의 소성변형 동안 관찰된 이론강도와 실제강도 사이의 큰 불일치를 설명하기 위해 가정되었다. 소성변형이 일어나기 위해서는 결정의 일부분이 다른 부분에 대해 움직이거나 전단되어야 한다. 만약 전체 면들이 동시에 움직여야 한다면, 즉 그 면들의 모든 결합이 동시에 끊어지고 움직여야 한다면, 소성변형은 4장에서 추정한 $Y/15$ 차수에 대한 응력을 필요로 할 것이다. 대신 금속이 상당히 낮은 응력에서 변형된다는 것은 잘 확립된 사실이다. 소성변형의 용이성에 원인이 되는 결함은 **전위**라고 알려져 있다. 전위에는 기본적으로 칼날전위(그림 6.10a에 표시)와 나선전위(표시되지 않음)의 2가지 유형이 있다. 모든 전위는 그림 6.10a에 나타낸 전위에 대하여 단위슬립 거리로 정의되는 **버거스 벡터**(Burgers vector), **b**로 특징지어진다. 칼날전위의 경우 버거스 벡터는 항상 전위선에 수직이고, 나선전위의 경우 전위선에 평행이다.

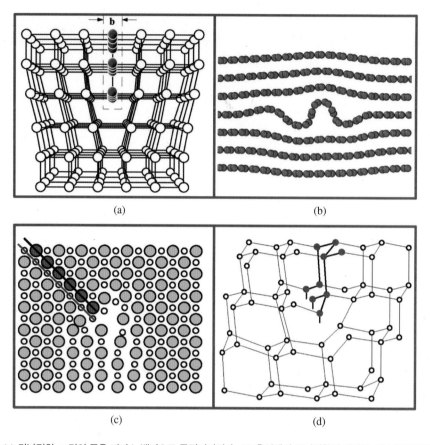

그림 6.10 (a) 칼날전위, 그것의 폭은 버거스 벡터 **b**로 특징지어진다. (b) 흑연에서 물결결함의 개략도. 이 물결결함은 궁극적으로 물결결함을 형성한 원자면에 회색으로 표시된 C 원자들을 추가함으로써 생성되었다. (c) NaCl에서 칼날전위는 이온들의 2개의 잉여 반면(빨간색 실선과 원)의 삽입에 의해 생성되었다. (d) 다이아몬드 입방 구조에서 〈110〉을 따라 형성된 60° 전위. 활주면은 (111)이고, 잉여 반면은 더 두꺼운 선과 빨간 원으로 묘사된다.

이온 결합성 고체에서 전위의 구조는 전하 중성도를 유지해야 하기 때문에 상당히 복잡할 수 있다. 예를 들어, 칼날전위가 NaCl 결정에서 형성되기 위해서는 금속 결정에서처럼 단순히 이온의 한 줄을 삽입하는 것이 가능하지 않다. 여기에는 그림 6.10c와 같이 2개의 반면을 삽입해야 한다. 여기에 나타난 면은 NaCl에서 (010)면이며 슬립은 (10$\bar{1}$)면을 따라 발생한다.

3장에서 논의한 바와 같이, 사면체 공유 결합을 가진 원소들 중에 꽤 자주 인용되는 다이아몬드 격자의 전위 구조는 그림 6.10d와 같이 비교적 단단한 사면체 결합을 이루어야 한다. 11장에서 논의하겠지만, 이것은 그것들이 매우 강한 전단 저항력을 갖게 하며, Si, SiC, 다이아몬드와 같은 고체가 상온에서 취성을 가지는 이유이다.

6.3.2 물결결함

기저전위가 층상 고체의 변형에서 작동되는 미시 메커니즘이라고 오랫동안 암시적, 명시적으로 가정되어 왔다. 2015년 초, 물결결함(ripplocation)이라고 불리는 새로운 미시 메커니즘에 대한 증거가 제시되었다. 후자는 약하게 결합된 2차원 반데르발스(Van der Waals) 고체의 변형 동안 작동하는 표면 물결로 정의되었다. 2016년에, 이 아이디어를 모든 층상 고체로 확장하였고, MAX 상인 Ti_3SiC_2 상에 대한 나노압착(nanoindentation) 실험과 흑연에 대한 통합된 모델링을 가지고 물결결함이 본질적으로 원자 규모의 뒤틀림 현상임을 보여주었다. 물결결함은 층상 고체가 층들이 뒤틀리도록 쌓여질 때 발생하는 원자 규모의 물결(그림 6.10b)로써 가장 잘 묘사된다. 다시 말해, 물결결함을 처음에 가정한 반데르발스 고체로만 한정하지 않고, 벌크에서도 발생하며, 따라서 표면 또는 원래 가정된 표면 근처로만 반드시 한정하지 않는다는 것을 보여주었다. 또한 전위와는 달리, 물결결함이 버거스 벡터나 극성이 없다는 것을 보여주었다. 이들의 에너지는 단지 수용할 필요가 있는 '잉여' 물질의 양, 혹은 면내 압축 변형률 정도에 따라 달라진다. 흑연에서, 물결결함은 같은 층 내에서나 인접한 층에서 다른 물결결함으로 끌어당겨지며, 인접한 층에서는 킹크(kink) 경계를 형성시킨다. 흑연에 대한 우리의 원자 수준의 계산은 그것들이 심지어 10K에서도 잘 움직일 수 있다는 것을 보여주었다. 마지막으로, 물결결함이 원자 층에서 모든 중요한 면내 결합을 끊지 않고 원자 층들이 서로 상대적으로 미끄러질 수 있도록 하기 때문에 위상학적으로 피할 수 없는 경우임을 증명하였다.

6.4 면결함

결정립계와 자유 표면은 면결함으로 간주된다. 자유 표면은 4장에서 논의되었다. 이 절에서는 결정립계 구조와 결정립계 편석을 다룬다.

6.4.1 결정립계 구조

결정립계(grain boundary)는 단순히 두 결정립 사이의 계면이다. 두 결정립은 동일한 물질일 수 있으며, 이 경우 **동종 상경계**(homophase boundary)로 알려져 있다. 또한 두 결정립이 2개의 다른 물질일 수 있으며, 이 경우 **이종 상경계**(heterophase boundary)로 불린다. 세라믹스의 경우는 더 복잡하다. 왜냐하면 단지 몇 나노미터 두께의 다른 상들이 종종 결정립 사이에 존재할 수 있기 때문이다(아래 참고). 이 경우 결정립계는 삼상을 나타낸다. 이러한 상들은 보통 공정 중에 형성되며(10장 참고), 결정질이거나 비정질일 수 있다. 일반적으로 이러한 막들의 유무는 공정, 전기적 특성 및 크리프에 큰 영향을 미치므로 중요하다.

전형적으로 결정립계는 구조에 따라 저각(< 15°), 특수 및 무질서로 구분된다. 가장 쉽게 구상할 수 있는 것은 **저각 결정립계**(low-angle grain boundary)이며, 이는 변형된 격자 영역으로 분리된 전위의 배열로 묘사될 수 있다. 이러한 결정립계의 예는 그림 6.11a에서 보여지고, 2개의 전위가 빨간색 원자들로 강조된다. 결정립계의 각도 θ는 전위 간격 λ_d와 $\mathbf{b}$로부터 결정된다. 그림 6.11a로부터 경사각 또는 이탈방위가 다음과 같이 주어진다는 것을 쉽게 이해할 수 있다.

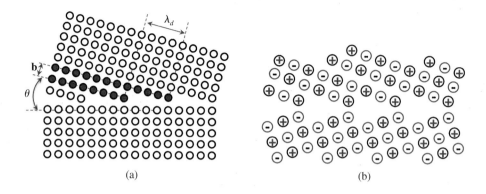

(a)

(b)

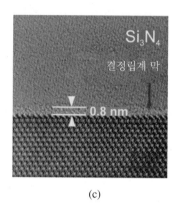

(c)

그림 6.11 (a) λ_d만큼의 간격을 둔 버거스 벡터 **b**를 가지고 있는 일련의 전위들(빨간색 원)로 구성된 저각 경사입계의 개략적 표현. (b) NiO에서 특수 정합입계 구조. (c) Si_3N_4에서 0.8 nm 두께의 결정립계 막의 고해상도 TEM 사진. (H.-J. Kleebe, J. *Amer. Cer. Soc.*, 85, 43-48, 2002.)

$$\sin\theta = \frac{\mathbf{b}}{\lambda_d} \tag{6.33}$$

특수 정합입계는 결정립계의 양쪽 면의 두 결정립 사이에 특수한 방위관계가 존재하는 것이다. 이 경계에서 두 결정립 사이 전체 격자 자리의 일부가 일치한다. 예를 들어, NiO의 경우 36.87° 입계에서 Ni과 O 이온들은 그림 6.11b에 도시된 바와 같이 주기적으로 일치한다. 이러한 특수 결정립계는 일반 결정립계에 비해 더 낮은 에너지, 감소된 확산계수 및 더 높은 이동도를 갖는다. 그러나 그것들은 매우 드물기 때문에 물성에 미치는 영향은 일반적으로 두드러지게 나타나지 않는다.

그러나 대부분의 결정립계는 저각입계도 아니고 특수입계도 아니지만, 정합도가 더 좋은 영역으로 구분되고, 정합도가 나쁜 불규칙한 물질로 이루어진 섬들로 구성되어 있는 것으로 여겨진다. 이러한 소위 섬 모델은 모트(Mott)[17]에 의해 처음 제안되었으며 결정립계 구조에 대한 하나의 관점을 정성적으로 기술한 것으로 보인다.

---

[17] N. F. Mott, *Proc. Phys. Soc.*, 60: 391(1948).

6.4.2 결정립계에서의 불순물 편석

물성에 대한 결정립계 화학의 역할은 아무리 강조해도 지나치지 않다. 많은 세라믹스의 경우, 출발 물질에 적은 양의 불순물이 존재하면 그것의 기계적, 광학적, 전기적, 유전적 특성에 큰 영향을 미칠 수 있다. 불순물이 결정립계에 편석되려는 경향을 가지기 때문에 불순물의 효과는 더욱 복잡해진다. 만약 용질의 농도가 너무 크지 않다면, 결정립계 농도 C_{gb} 대 벌크 농도 C_{bulk}의 비율은 편석 ΔG_{seg}에 의한 자유 에너지 변화에 따라 달라진다.

$$\frac{C_{gb}}{C_{bulk}} = \exp\frac{\Delta G_{seg}}{kT} \tag{6.34}$$

자유 에너지 감소에 기여하는 것들 중 하나는 격자 내의 용질 부적합으로 인한 변형 에너지의 감소에서 비롯된다. 이러한 변형 에너지의 감소는 $[(r_2 - r_1)/r_1]^2$로 어림잡아 나타낼 수 있다. 여기서 r_1과 r_2는 각각 용매 이온과 용질 이온의 이온 반지름이다. 따라서 반지름 차이가 클수록 편석을 위한 구동력은 더 커지며, 이는 실험적으로 검증되었다. 중요한 것은 절대적인 크기 차이이다. 즉, 더 작은 이온들과 더 큰 이온들은 모두 결정립계로 편석될 것이다. 이유는 간단하다. 결정립계가 벌크에 비해서 다른 크기의 이온을 쉽게 수용할 수 있는 무질서한 영역이기 때문이다. 결론적으로 ΔG_{seg}가 크면 결정립계 화학이 벌크 화학과 상당히 달라져 불순물의 영향이 중요해지게 된다.

6.4.3 결정립계 막

10장에서 논의하겠지만, 많은 경우 치밀화는 액체에 의해 매개되는데, 이는 액체에서의 확산이 고체에서의 확산보다 훨씬 더 빠르기 때문이다. 냉각되면 이 막은 이미 몇 번 지적했듯이 물성에 영향을 미칠 수 있는 결정립계에 형성될 수 있다. 예를 들어, Si_3N_4와 Al_2O_3에서 이러한 막의 존재는, 특히 막이 비정질인 경우 일반적으로 고온에서의 기계적 특성과, 특히 크리프에 해롭게 작용한다. 어떤 경우에는, 그 막들이 너무 얇아서 고해상도 투과전자현미경(transmission electron microscope, TEM)으로만 관찰할 수 있다. Si_3N_4에서 0.8 nm 두께의 막에 대한 예가 그림 6.11c에 나타나 있다.

계산 재료과학 6.1: 점결함 에너지

몇 가지 이유로 점결함 에너지를 실험적으로 측정하는 것은 매우 어려운 일이며, 그 중 가장 중요한 것은 많은 경우 점결함의 농도가 매우 작아서 정량화하기 쉽지 않다는 것이다. 주어진 결함의 본성을 파악하는 작업도 많이 필요하다. 많은 경우 결함 농도는 고유 특성이 아니라 적은 농도의 이종원자가 양이온으로 인해 존재한다는 사실 때문에 문제가 더욱 복잡해진다. 예를 들어, 금홍석(rutile)의 결함화학은 화학양론적인 결함에 의해 결정되는 것이 아니라 처리 횟수마다 달라질 수 있는 미량 불순물에 의해 결정된다.

다행히도 오늘날, DFT 계산이 그 주제에 대해 많은 것을 밝혀줄 수 있다. 세부 사항을 탐구하기 전에 결함을 모형화하는 방법에는 주기적 접근법과 군집적 접근법의 2가지가 있다는 것을 이해하는 것이 중요하다. 전자의 경우, 세 방향으로 무한 반복되는 초격자(supercell)가 만들어지고 결함이 그 초격자에 도입된다. 하지만 초격자에 포함될 수 있는 원자의 총 수가 상대적으로 적기 때문에 (숫자가 클수록 계산 비용이 더 많이 든다), 계산된 결함 농도는 일반적으로 실험적으로 얻은 것보다 훨씬 높다. 군집적 접근법은 그 반대이다. 여기서 어떤 결함을 포함한 원자 군집체가 만들어지고 완벽한 결정 속에 박히게 된다. 따라서 무한한 희석이 가정된다.

주어진 결함 d에 대해, 알짜 전하 z_i를 가지고 그것의 형성 에너지는 다음과 같이 주어진다.

$$E_d = E_{\text{tot}} - E_{\text{perf}} - \sum_i n_i m_i \tag{6.35}$$

여기서 E_{tot}는 하나의 결함을 가진 초격자의 에너지이고 E_{perf}는 완벽한 결정의 에너지이다. 만약 군집적 접근법이 대신 사용된다면, 에너지 차이는 완벽한 결정과 결함을 포함한 군집체를 가진 결정 사이의 에너지 차이가 될 것이다. 마지막 항은 소위 저장소(reservoir)의 화학 퍼텐셜을 나타낸다 (아래 참고).

식 (6.35)에서 다양한 항들을 더 잘 이해하기 위해 다음과 같은 간단한 반응을 고려하라.

$$\text{MO}_2 = n_{\text{O}}\text{O} + n_{\text{O}}V_{\text{O}}^x \tag{6.36}$$

이 반응의 에너지를 계산하기 위해서는 완벽한 MO_2 결정의 에너지와 n_{O} 중성 O 원자의 손실로 인해 형성된 n_{O} 산소 공공이 있는 결정의 에너지를 계산할 필요가 있다. 여기서 계산된 것은 유효 전하가 0인 V_{O}^x의 형성이라는 것이 중요하다. 다시 말해, 계산은 그림 6.4a와 같은 배치를 나타내기 위해 2개의 전자가 남겨진다고 가정한다.

하지만 O 원자들을 끄집어낼 때는 그것들의 기준 상태에 대해 신경써야 한다. 만약 각각의 O 원자가 격리된 저장소에 위치하여 다른 원자와 반응하는 것으로부터 막아진다면, O 원자는 $E_d(\text{O})$를 얻을 것이다. 그러나 O는 불활성 기체가 아니며 기준 상태는 O_2이고 O가 아니다. 2개의 O 원자가 결합할 때, 고려해야 하는 에너지를 방출한다. 그러므로 식 (6.35)의 마지막 항은 저장소의 화학 퍼텐셜을 나타낸다. 다시 말해, 계산해야 하는 에너지 변화는 다음 반응에 대한 것이다.

$$\text{MO}_2 = \text{MO}_{2-n} + n_{\text{O}}V_{\text{O}}^x + \tfrac{1}{2}n_{\text{O}}\text{O}_2 \tag{6.37}$$

이 경우 필요한 결과는 $E_d = E_d(\text{O}) - \tfrac{1}{2}E_{\text{diss}}$이며, 여기서 E_{diss}는 O_2 분자의 해리 에너지이다(2장 2.5.2절 참고). E_{diss}는 DFT로 계산할 수 있기 때문에, 그것이 고려되는 한 모든 것이 좋다.

전이금속 산화물은 불균일 촉매, 광전기화학 및 기타 응용 분야에서 중요하다. 전자전도도에 따라 그것은 연료전지의 혼합전도체(7장 참고)와 센서로 사용될 수도 있다. 이러한 응용 분야 중 일부는 산소 공공의 수가 반응성/유용성 등에 핵심이다. 따라서 이러한 산화물에서 산소 공공 형성의 에너지를 이해하고 정량화하는 것이 중요하다.

TiO_2, ZrO_2, V_2O_5 및 CeO_2에 대해 DFT로 계산한 산소 공공의 형성 에너지 E_d[즉, 식 (6.37)]가

표 6.3 골라진 산화물의 벌크와 표면에서 공공 형성 에너지(eV/결함)

산화물	벌크	표면	코멘트
TiO_2 금홍석	4.4 ± 0.25	3.8 ± 0.6 (110)	원자의 상당한 재배열
ZrO_2	5.8 ± 0.3	5.5 [(101)t-ZrO_2	꽤 작고 국소화된 재배열
V_2O_5		1.9 ± 0.2(001)	큰 변위와 결합 형성
CeO_2		1.6–5.5(110)	작은 변위

출처: Ganduglia-Pirovano et al. *Surface Science Reports*, 62 (2007).

표 6.3에 요약되어 있다. 계산은 먼저 V_O^x가 표면 또는 벌크에서 형성되는 것을 가정한다. 그 결과 빈 자리에 남아 있는 두 전자의 운명(예: 그림 6.4a)도 결정된다.

표 6.3을 참조하여 각 산화물을 별도로 논의하자.

i) 금홍석과 예추석(anatase): TiO_2에서, 특히 금홍석 TiO_2 (110) 표면에 가교(bridging) 산소결함이 형성되면, 잉여 전자들은 결함에 가까운(꼭 가장 가까운 것일 필요는 없다) 2개의 Ti 이온에 국소화된 Ti 3d 상태를 점유한다. 결함 반응은 다음과 같이 쓸 수 있다.

$$2Ti_{Ti}^x + O_O^x = 2Ti_{Ti}' + V_O^{\cdot\cdot} + \frac{1}{2}O_2 \qquad (6.38)$$

즉, O 원자들이 탈출하면, 2개의 전자는 이웃한 Ti^{4+} 이온과 결합하여 산화 상태가 +3으로 변한다. 이 경우 공공이 형성되면서 주변의 원자들이 재배열된다. 표 6.3에 나와 있지는 않지만, 예추석에서 V_O^x를 형성하는 데 드는 비용이 더 높은 것은 유사한 환원 조건 하에서 예추석으로부터 O를 방출하는 것이 금홍석보다 더 어렵다는 사실과 일치하는 결과이다.

TiO_2 단결정을 가열하면 투명하다. 처음에 빛이 나고, 그 다음 짙은 파란색으로 가시적인 색 변화가 일어난다. 결함 반응은

$$Ti_{Ti}^x + O_O^x = Ti_{Ti}' + V_O^{\cdot} + \frac{1}{2}O_2 \qquad (6.39)$$

이 경우, 공공과 그것과 관련된 전자의 조합은 색 중심(16장 참고)으로 분류된다. 이 색 중심은 띠간격에서 국소화된 준위를 도입시킨다.

ii) 지르코니아: ZrO_2에서 V_O^x 형성의 DFT 계산은 O 원자가 떠난 후 남은 전자가 빈 자리에 위치하여 다시 색 중심 역할을 한다는 것을 시사한다. 이 경우 결함 반응은 다음과 같다.

$$O_O^x = V_O^x + \frac{1}{2}O_2 \qquad (6.40)$$

정확한 ZrO_2 동질이상은 E_d에 작은 영향을 미친다. 원자 재배치는 작고 국소적이다.

iii) 바나디아: V_2O_5는 모든 V^{5+} 양이온이 5개의 산소들로 둘러싸인 VO_5 사면체로 구성된 층상 고체이다(그림 6.12). 이 고체는 층간 결합이 상대적으로 약하기 때문에 층상으로 간주된다. 그러나 3개의 다른 O 자리가 있다. 그림 6.12를 참조하여 O^1, O^2, O^3이 각각 하나, 둘, 세 개

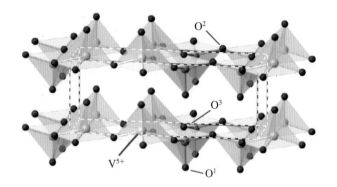

그림 6.12 V_2O_5 구조의 개략도. 이 경우 사면체는 밑면이 정사각형인 피라미드이다. 파선은 단위격자를 나타낸다.

의 V^{5+} 사면체에 결합되어 있는 것을 알 수 있다. 최종 결과는 표면 O의 제거에 따라 구조가 이완될 수 있는지 아닌지 여부에 따라 달라진다. 이완되지 않으면 하나의 V^{3+} 양이온이 형성되고 전자는 국소화된다. 그러나 만약 계가 이완되면 2개의 V^{4+} 양이온과 그것들 사이에 2개의 V-O-V 결합이 형성된다. 이 결합은 결함 형성의 에너지를 크게 감소시킨다(표 6.3 참고). V_2O_5 표면의 X선 광전자 분광분석은 환원 시 V^{4+} 양이온의 존재에 대한 증거를 보여 주었다.

iv) 세리아: CeO_2는 띠간격이 약 6 eV인 절연체이다. 이 산화물에 $V_\ddot{O}$를 형성시키는 데 필요한 계산된 에너지는 DFT가 p 전자 또는 d 전자뿐만 아니라 f 전자도 모형화할 수 없다는 단순한 이유로 광범위한 범위에 걸쳐 변한다. 더 정확한 결과를 얻기 위해서는 DFT가 f 전자를 더 잘 처리할 때까지 기다려야 한다.

이 절의 요점은 선택된 산화물에서 어떤 특정 결함을 형성하는 데 필요한 에너지를 나열하는 것이 아니라, 오늘날 DFT가 결함 에너지를 예측할 수 있을 뿐만 아니라 남겨진 전자의 운명과 그에 따른 원자 이완에 대해 말할 수 있다는 사실을 강조하는 것이다.

여기에서 논의되지 않은 다른 계산에서 DFT는 본질적으로 크뢰거-빙크 도표를 작성하는 데에도 사용할 수 있다. 이러한 계산은 주어진 산소 분압에 대해 산화물에서 가장 가능성이 높은 결함 종을 예측할 수 있게 한다. 만약 적절하게 사용된다면, 이러한 계산은 아주 유용하며 관찰된 현상을 이해하는 데 중요한 서광을 비춰 줄 수 있다.

6.5 요약

점결함 및 전자 결함은 고체의 엔트로피를 증가시킴으로써 고체의 자유 에너지를 감소시킨다. 결함의 농도는 온도에 따라 기하급수적으로 증가하며, 결함의 형성 자유 에너지의 함수이다.

화합물 결정에서 균형 잡힌 결함 반응은 질량, 전하 중성도, 정규 격자 자리의 비율을 보존해야 한다. 순수한 화합물에서 형성된 점결함은 화학양론 또는 비화학양론적으로 분류될 수 있다. 정의에 따르면, 화학양론적인 결함은 결정화학의 변화를 초래하지 않는다. 예를 들어 쇼트키(양이온과 음이온 부격자 상에서 동시에 공공이 형성됨) 결함과 프렌켈(공공-침입형 이온 쌍) 결함이 있다.

비화학양론적 결함은 화합물이 구성성분 중 하나 이상을 선택적으로 잃을 때 형성된다. 질량은 결정 경계를 가로질러 전달되며, 전하 중성도를 유지하기 위해 결함이 보상적으로 형성되어야 한다. 예를 들어, 아주 강한 환원 조건에 노출되면, 대부분의 산화물은 산소를 잃게 되고, 그 결과 산소 공공과 자유전자가 동시에 형성된다. 산화물의 조성이 주변 환경의 변화에 민감하고 일반적으로 양이온(또는 음이온)의 산화 상태가 변하기 쉽다면 비화학양론적 산화물로 분류한다.

외인성 결함은 불순물이 유입되면서 형성된다. 어떤 호스트 화합물에 이종원자가 불순물의 주입은 격자 자리 비율을 보존하기 위해 부격자 중 하나에 결함을 형성시킨다.

점결함 및 전자 결함의 농도를 온도 및 산소 분압과 같은 외부에서 부과된 열역학적 조건과 관련시키기 위해 결함은 화학종으로 취급되며 그것들의 평형 농도는 질량 작용식으로부터 계산된다. 모든 결함 반응과 관련된 자유 에너지 변화가 알려진 경우, 결함 농도를 외부적으로 부과된 열역학적 매개변수, 불순물 정도 등과 관련시킨 크뢰거-빙크 도표를 구성할 수 있다.

화학양론에서 크게 벗어나는 전이금속 화합물의 일부를 제외하고, 대부분의 세라믹 화합물에서 고유결함 또는 비화학양론적 결함의 농도는 매우 낮아서 결함 농도가 대개 불순물의 존재에 의해 지배된다.

점결함 및 전자 결함 외에도 세라믹 결정은 전위와 결정립계를 포함할 수 있다.

문제

6.1 (a) 식 (6.6)으로부터 식 (6.7)을 유도하시오.

(b) 동일한 그래프상에서 동일한 온도에 대한 2개의 서로 다른 h_d 값에 대해 식 (6.6)을 그래프로 그리고 평형 공공의 수를 비교하시오. 평형상태에서 결함 수가 더 많은 것은 어느 것인가? 이유는 무엇인가?

(c) 식 (6.6)과 (6.7)에 도달하기 위해 수행한 동일한 방식으로 식 (6.9)를 유도하시오.

6.2 (a) 철산화물 결정 Fe_yO는 격자 상수 $a = 0.43$ nm, 밀도 5.72 g/cm³인 것으로 밝혀졌다. 결정의 조성은 무엇인가(즉, Fe_yO의 y 값)? 모든 가정을 명확하게 기술하시오.

답: $y = 0.939$

(b) $Fe_{0.98}O$의 경우 밀도는 5.7 g/cm³이다. 철 공공의 자리 분율과 세제곱센티미터당 철 공공의 수를 계산하시오.

답: 자리 분율 = 0.02, $V''_{Fe} = 9.7 \times 10^{20}$ cm⁻³

6.3 (a) 금속이 결핍된 화합물의 형성을 초래할 수 있는 2가지 결함 반응을 쓰시오. 다양한 산화물의 구조와 화학에 대한 여러분의 지식으로부터 선택한 각 결함 반응을 형성할 수 있는 산화물의 예를 들어 보시오.

(b) 다음에 대해 가능한 결함 반응과 해당 질량 작용식을 쓰시오.

(i) 대기의 산소가 침입형으로 들어감

(ii) M_2O_3에서 쇼트키 결함

      (iii) ZnO로부터 금속 손실

      (iv) Al_2O_3에서 프렌켈 결함

      (v) Al_2O_3에 MgO의 용해

      (vi) NiO에 Li_2O의 용해

6.4 결함 형성을 위한 엔탈피가 2 eV인 고체에서 1000K의 MO 산화물 내 쇼트키 결함 n_{eq}의 평형 개수를 계산하시오. 엔트로피에 대한 진동 기여분은 무시될 수 있다고 가정한다. 이 계의 ΔG를 3가지 농도, 즉 n_{eq}, $2n_{eq}$ 및 $0.5n_{eq}$에 대한 쇼트키 결함 수의 함수로 계산하시오. 모든 가정을 기술하시오. 데이터 결과를 n에 대하여 그래프로 나타내시오.

    답: $\Delta G_{n_{eq}} = -0.15$ J, $\Delta G_{2n_{eq}} = -0.095$ J, 그리고 $\Delta G_{0.5n_{eq}} = -0.129$ J

6.5 400°C의 NaCl 결정에 $CaCl_2$ 불순물이 10^{-4} mol 분율로 존재할 때 양이온 공공의 농도를 순수한 NaCl 결정에서 평형상태에 존재하는 고유 공공 농도와 비교하시오. 쇼트키 결함의 형성 에너지 ΔH_S는 2.12 eV이고, 쇼트키 결함의 몰분율은 800°C의 녹는점 부근에서 2.8×10^{-4}이다.

    답: $V'_{Na(extrinsic)}/V'_{Na(intrinsic)} = 6.02 \times 10^{19}/1.85 \times 10^{17} = 324$

6.6 (a) 예제 6.2에서 주어진 데이터를 사용하여 NaCl에서 쇼트키 및 프렌켈 결함의 형성 자유 에너지를 추정하시오.

      답: $\Delta g_S = 104.5$ kJ/mol, $\Delta g_F = 114$ kJ/mol

    (b) Δg_F가 문항 (a)에서 계산된 값의 2배라고 가정하고 예제 6.2를 다시 반복하여 풀어보시오. 최종 결함 농도에 어떤 영향을 미치는가?

6.7 입방정 이트리아(Yttria)의 결정구조가 그림 3.7b에 나타나 있다.

    (a) 이트리아는 어떤 구조를 가장 닮았는가?

    (b) 격자 상수 a를 추정하시오. 힌트: 반지름을 a와 연관시키기 위해 접촉하고 있는 이온들을 이용하라.

    (c) 이트리아의 이론밀도를 계산하시오. 얻은 결과를 실제 값 5.03 g/cm^3과 비교해보시오. 왜 두 값이 다르다고 생각하는가?

    (d) 그러한 구조가 어떤 화학양론적 결함을 선호한다고 생각하는가? 그 이유는 무엇인가?

    (e) ZrO_2를 Y_2O_3에 첨가함에 따른 실험적으로 결정된 밀도 변화는 다음과 같다.

조성(mol.% ZrO_2)	0.0	2.5	5.2	10.0
밀도(g/cm^3)	5.03	5.04	5.057	5.082

    이러한 관측치와 일치하는 결함 모형을 제안하시오.

6.8 (a) ZrO_2의 격자 상수가 0.513 nm일 경우 이론밀도를 계산하시오.

      답: 6.06 g/cm^3

    (b) ZrO_2에 CaO가 용해될 때 발생할 수 있는 2가지 결함 반응을 쓰시오. 각 결함 모형에 대해 10 mol% $CaO-ZrO_2$ 고용체의 밀도를 계산하시오. 고용체의 격자 상수가 순수한 ZrO_2의 격자 상수, 즉 0.513 nm와 동일하다고 가정한다.

      답: 침입형 6.03 g/cm^3, 공공 5.733 g/cm^3

6.9 Fe와 평형상태에 있는 FeO에 대한 O/Fe 비율은 750~1250°C의 온도 범위에서 매우 안정하며 ≈ 1.06으로 고정된다. 이 산화물을 1150°C의 열저울에서 다양한 P_{O_2}에 노출시킬 때 얻은 결과가 그림 6.9에 나타나 있다.

    (a) 왜 더 높은 P_{O_2}가 더 큰 무게 증가를 초래했는지 설명하시오.

(b) 이 결과들로부터, 나타낸 2개의 P_{O_2}값에서 O/Fe 비율을 결정하시오.

    a. 답: 1.08 및 1.12

(c) 만약 분압이 갑자기 10^{-20} atm으로 변경되었다면, 더 높은 P_{O_2}에서 평형을 이룬 결정에 어떤 일이 일어날 것이라고 생각하는지를 원자 수준에서 설명하시오.

6.10 (a) 모든 물질에 대해 $\Delta h_{red} + \Delta h_{ox} = 2E_g$임을 보이시오. 물질이 화학양론적으로 되기 위해 무엇이 필요한지에 대한 관점에서 이 결과의 함의를 논의하시오.

(b) 예제 6.4(a)에 표시된 것과 유사한 계산을 수행하여, 환원에 대한 활성화 에너지 Δh_{red}가 ≈ 6 eV보다 큰 한 산화물이 1000°C에서 적당한 수준의 환원 대기($\approx 10^{-12}$ atm)에 대하여 상당한 저항성이 있다고 (즉, 화학양론적이라고) 간주될 수 있음을 보이시오. 만약 Δh_{red}가 더 낮다면 어떻게 될까? 모든 가정을 기술하시오.

6.11 관련 열역학 데이터를 사용하여 FeO 및 NiO의 화학적 안정성 영역(P_{O_2}로 대변됨)을 계산하시오. 표 6.1에서 주어진 데이터를 사용하여 각 화합물에 대해 그림 6.7과 같은 그림을 비례를 맞춰 그려보시오. 두 산화물 중 어느 것이 1000°C에서보다 더 화학양론적이라고 생각하는가? 그 이유는 무엇인가? 유용하다고 생각되는 정보는 그림 5.4에서 찾을 수 있다.

6.12 그림 6.11a에 묘사된 바와 같이, 다결정질 세라믹스의 결정립계는 칼날전위가 다량으로 축적되어 이루어진 것으로 간주할 수 있다. 재료가 고온에서 오랜 시간 동안 어닐링되었을 때 그러한 결정립들이 성장할 수 있는 간단한 메커니즘을 묘사하시오.

6.13 (a) Al_2O_3에서 Y^{3+}의 초기 농도가 C_0로 균일한 경우, 만약 편석 에너지가 0.2 eV이라면 1200°C에서 그것의 결정립계 농도를 C_0를 가지고 추정하시오.

    답: $4.85C_0$

(b) 1300°C의 온도에서 문항 (a)를 반복하시오. 열역학적으로 결과를 합리적으로 설명할 수 있겠는가?

    답: $4.84C_0$

더 읽을거리

1. F. A. Kroger and H. J. Vink, *Solid State Physics*, vol. 3, F. Seitz and D. Turnbull, eds., Academic Press, New York, 1956, Chap. 5.
2. J. Maier, *Physical Chemistry of Ionic Materials*, Wiley, 2004.
3. R. J. D. Tilley, *Defects in Solids*, Wiley, Hoboken, NJ, 2008.
4. L. A. Girifalco, *Statistical Physics of Materials*, Wiley-Interscience, New York, 1973.
5. F. A. Kroger, *The Chemistry of Imperfect Crystals*, North-Holland, Amsterdam, 1964.
6. I.Kaur and W. Gust, *Fundamentals of Grain and Interphase Boundary Diffusion*, 2nd ed., Zeigler Press, Stuttgart, 1989.
7. P. Kofstad, *Nonstoichiometry, Diffusion and Electrical Conductivity in Binary Metal Oxides*, Wiley, New York, 1972.
8. O. T. Sorensen, ed., *Nonstoichiometric Oxides*, Academic Press, New York, 1981.
9. W. D. Kingery, Plausible concepts necessary and sufficient for interpretation of ceramic grain-boundary phenomena, I and II, *J. Amer. Cer. Soc.*, **57**, 74–83 (1974).
10. D. Hull, *Introduction to Dislocations*, Pergamon Press, New York, 1965.
11. F. R. N. Nabarro, *Theory of Crystal Dislocations*, Clarendon Press, Oxford, UK, 1967.
12. N. Tallan, ed., *Electrical Conduction in Ceramics and Glasses, Parts A and B*, Marcel Decker, New York, 1974.
13. D. M. Smyth, *The Defect Chemistry of Metal Oxides*, Oxford University Press, 2000.
14. C. B. Carter and M. G. Norton, *Ceramic Materials*, 2nd ed., Springer, New York, 2013.

Electroconductivity depends
On Free Electrons: in Germanium
A touch of Arsenic liberates; in blends
Like Nickel Oxide, Ohms thwart Current. From
Pure Copper threads to wads of Chewing Gum
Resistance varies hugely. Cold and Light
as well as "doping" modify the sum
of Fermi levels, Ion scatter, site
Proximity, and other Factors recondite.

John Updike, *The Dance of the Solids*[*]

확산과 전기전도도
DIFFUSION AND ELECTRICAL CONDUCTIVITY

7.1 서론

고체는 정적인 상태에 있지 않다. 열에너지는 원자들을 각각의 격자 위치에서 격렬하게 진동시키며, 원자들은 끊임없이 서로 부딪히고 이웃한 원자 등 주변 환경과 에너지를 교환한다. 일부 원자는 화학결합보다 큰 에너지를 얻어서 다른 위치로 움직일 수 있다. 이와 같은 원자의 이동을 **확산**(diffusion)이라 지칭하며, 확산은 세라믹스의 소결, 금속의 산화, 강철의 템퍼링, 합금의 석출경화, 반도체의 도핑과 같은 현상을 가능하게 하고, 세라믹스에서 크리프 및 입자성장 속도를 결정하는 매우 중요한 역할을 한다.

뒤에서 명확하게 기술되는 이유로 인하여, 점결함과 전자 결함은 각각 확산과 전기전도도의 이해에 필수적이다. 따라서 6장과 7장은 서로 밀접하게 연관되어 있으며, 이 장에서는 6장에서 기술한 결함과 전기전도도와의 상관관계를 자세하게 다룬다.

많은 세라믹 재료에서 확산과 전기전도도는 2가지 이유로 서로 떼려야 뗄 수 없는 불가분 관계에 있다. 첫째로 이온 종(ionic species)은 화학 퍼텐셜 구배(확산) 또는 전기적 퍼텐셜 구배(전기전도도)의 영향을 바탕으로 이동할 수 있다. 두 경우 모두 원자 단위에서의 기구는 기본적으로 동일하므로 주어진 이온 종의 확산계수는 전도도와 직접적으로 연관되며, 이는 이 장의 주요 결론이다. 둘째로 확산 및 전기전도도에 관여하는 결함들은 종종 함께 생성된다. 예를 들어, 6장

---

[*] J. Updike, *Midpoint and Other Poems*, A. Knopf, Inc., New York, 1969. 허가 후 게재.

에서 논의한 바와 같이, 산화물에서 발생하는 환원은 산소 공공의 형성과 동시에 전도띠에서 자유 전자의 형성을 야기할 수 있으므로, 해당 산화물의 전자전도에 기인하는 전도도가 향상될 뿐만 아니라 산소 이온의 확산계수 역시 증가한다.

이 장의 구성은 다음과 같다. 7.2.2절은 원자 규모에서의 확산을 다루며, 원자의 확산계수와 활성화 에너지 사이의 관계와 더불어 원자의 이동에 관여하는 온도와 결함 농도 사이의 관계를 다룬다. 7.2.3절에서는 화학 퍼텐셜 구배가 존재하는 상황에서의 이온 및 결함의 확산을 전기전도도와 연관을 짓지 않고 자세히 설명한다. 그러나 전하를 띤 결함의 확산은 결국 전류이기 때문에 7.2.4절에서는 확산과 전기전도도의 관계를 명확하게 다룬다. 7.2.5절에서는 더 나아가 본질적으로 모든 이온 종의 선속을 발생시키는 진정한 구동력은 전기화학 퍼텐셜 구배임을 설명한다.

7.3.1절은 전기전도도의 개념에 관한 내용이며, 이온전도도 외에도 전자 결함의 이동 또한 총 전기전도도에 기여할 수 있음을 기술한다. 7.3.2절에서는 전자 결함의 형성과 관련하여 더욱 자세한 내용을 기술한다.

7.4절에서는 상이한 이온 종의 선속이 서로 **결합**되어 발생하는 상황을 고려한다. 이러한 결합성 확산(coupled diffusion) 또는 양극성 확산(ambipolar diffusion)은 특히 금속의 크리프, 소결 및 고온 산화와 같은 다양한 현상에 크게 기여한다.

7.5절에서는 이 장에서 소개하는 다양한 확산계수 간의 관계를 상세히 설명한다.

7.2 확산

원자 또는 이온의 확산에는 다양한 원자 수준의 기구가 작용한다. 이 책에서는 가장 중요한 2가지 기구를 자세히 소개하며, 세 번째는 단순하게 언급한다. 첫 번째는 **공공 확산**(vacancy diffusion)이며, 원자 또는 이온이 정상적인 원래 위치에서 인접한 공공으로 도약하는 과정을 포함한다(그림 7.1a). 두 번째는 그림 7.1b에 개략적으로 나타낸 바와 같이 침입형 원자 또는 이온의 존재를 필요로 하는 **침입형 확산**(interstitial diffusion)이다. 세 번째는 상대적으로 덜 흔한 기구로서 그림 7.1c에 나타낸 것과 같이 **자기침입형 확산**(interstitialcy diffusion)이며, 정상격자 내 원자가 침입형 자리로 이동하는 형태로 발생하는 확산을 지칭한다.

모든 경우의 확산에 있어 원자가 도약하기 위해서는 에너지 장벽을 극복해야 한다. 이러한 장벽을 이동 에너지(migration energy)라 하며 그림 7.1d는 그림 7.1b의 침입형 자리에 위치한 이온이 확산하기 위해서 극복해야 하는 에너지 장벽의 존재를 개략적으로 보여준다.

7.2.1 현상학적 방정식

5장 마지막 부분에서 전하, 질량, 운동량의 이동에 수반되는 많은 물리적 현상들에서 결과적으로 발생되는 선속 J는 아래와 같이 구동력 F에 선형적으로 비례한다는 가정이 적용되었다.

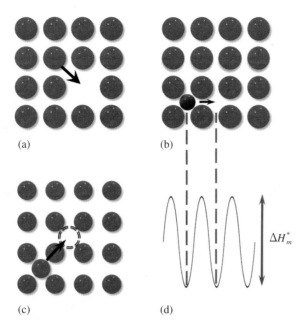

그림 7.1 (a) 공공 확산. (b) 침입형 확산. (c) 자기침입형 확산. (d) 침입형 원자[(b)]에 도시]가 도약하기 위하여 극복해야 하는 에너지 장벽 ΔH_m^*.

$$J = \beta F \tag{7.1}$$

여기서 β는 주어진 계의 물성을 나타낸다. 확산의 경우에 선속 J와 농도 구배 dc/dx는 픽의 제1법칙[1]에 의해 다음과 같이 표현된다.

$$J_A^B\left(\frac{\text{mol}}{\text{m}^2\text{s}}\right) = -D_A^B\left(\frac{\partial c_A}{\partial x}\right)\left(\frac{\text{m}^2}{\text{s}}\frac{\text{mol}}{\text{m}^3\cdot\text{m}}\right) \tag{7.2}$$

여기서 D_A^B는 기지 B에서 화학 종 A의 화학적 확산계수이며, 단위는 m^2/s이다. c_A는 단위부피당 몰 또는 킬로그램 등의 단위로 표현되는 농도이며, c_A에 적용된 단위에 따라 선속의 단위가 표현된다.

원자 또는 이온의 **자기확산계수**(self-diffusivity) D는 외부에서 작용하는 힘이 없는 상황에서 주어진 결정격자에서 해당 원자 또는 이온이 무작위적으로 도약할 수 있는 용이성과 빈도를 나타내는 척도이다. 실험적으로 D는 열적으로 활성화되는 것으로 인식되어 왔으며 아래와 같이 표현된다.

$$D = D_0\exp\left(-\frac{Q}{kT}\right) \tag{7.3}$$

여기서 Q는 확산을 위한 활성화 에너지이며 온도와 무관한 반면에, D_0는 약하게 온도의 영향을 받는다. 확산계수는 전통적으로 세라믹스의 화학양론과 불순물 함량에 크게 의존하는 것으로 알려져 있으며, 이러한 변수들이 어떻게 확산계수에 영향을 미치는가를 이해하기 위해서는 확산 현상이 원자 수준에서 고려되어야 한다. 먼저 D를 측정하는 방법에 대하여 간략하게 소개한다.

---

[1] 픽의 제1법칙이 식 (7.1)과 동일한 형태를 갖지 않는 이유는 결국 농도 구배는 힘이 아니기 때문이며, 나중에 자세히 논의한다.

확산계수를 측정하는 많은 방법들이 있다. 가장 일반적인 방법은 주어진 위치와 시간에서 활동도 또는 농도를 알 수 있는 확산 종이 포함된 고체를 잘 제어된 환경에서 열처리하여 해당 확산 종의 농도 분포를 측정하는 것이다. 이와 같이 얻어진 농도 분포는 확산계수(D가 클수록 재료 내부로 더 빠르게 더 깊이 침투함), 시간, 온도에 의존하여 확연하게 달라진다. 확산계수를 결정하기 위해서는 픽의 제2법칙인 아래 방정식을 적절한 경계조건과 초기조건을 적용하여 풀어야 한다.

$$\frac{\partial c}{\partial t} = \frac{\partial}{\partial x}\left(D\frac{\partial c}{\partial x}\right) \tag{7.4}$$

해당 방정식의 유도과정은 확산을 다루는 대부분의 전공서적에서 찾을 수 있으며, 질량 보존 법칙의 표현형식으로 간주된다. D가 위치의 함수도 아니고 농도의 함수도 아닌 경우 식 (7.4)는 아래와 같이 단순화된다.

$$\frac{\partial c}{\partial t} = D\frac{\partial^2 c}{\partial x^2} \tag{7.5}$$

이때 c는 x와 t의 함수이다.

식 (7.5)는 실험 시 설정한 초기조건 및 경계조건을 바탕으로 풀 수 있으며, 실험적으로 획득한 농도 분포에 가장 잘 맞는 D값을 해당 온도에서 해당 확산 종의 확산계수로 간주할 수 있다.

$c(x)$를 측정하는 편리한 방법은 D의 측정 대상이 되는 원자 또는 이온의 방사성 동위원소를 활용하는 것이다. 예를 들어, MnO에서 Mn의 확산계수를 구하려면, 방사성 ^{54}MnO 박막 층을 비방사성 MnO로 이루어진 긴 막대 형태 시편의 한쪽 끝에 형성시킨 후 주어진 온도에서 적절한 시간 동안 열처리를 진행한다. 그 다음 해당 시편을 급랭 후 확산하는 방향에 수직으로 절단하고, 각 단면의 방사능을 측정함으로써 실험적인 농도 분포를 얻을 수 있다. 이러한 조건에 대한 픽의 제2법칙의 해는 다음과 같다.[2]

$$c(x, t) = \frac{\beta}{2\sqrt{\pi Dt}}\exp\left(-\frac{x^2}{4Dt}\right) \tag{7.6}$$

이때 β는 설정한 실험조건을 만족하는 초기에 존재하는 용질의 단위 단면적당 총량이다.

$$\int_0^\infty c(x)dx = \beta$$

식 (7.6)에 의하면, $\ln c(x)$를 x^2에 대하여 도시하면 기울기 $1/(4Dt)$를 가지는 직선을 나타내기 때문에 주어진 t에서 D는 쉽게 계산된다.

주목해야 할 점은 이러한 실험에서 측정한 값은 **추적자 확산계수**(tracer diffusion coefficient) D_{tr}로 알려져 있으며, 이는 위에서 정의한 자기확산계수와 다르다. 둘 사이는 **상관 계수**(correlation coefficient) f_{cor}를 활용하여 연결될 수 있으며, 이에 대한 자세한 내용은 7.5절에서 논의한다.

---

[2] 풀이 방법은 여기에서 다루지 않는다. 관심이 있는 독자는 J. Crank, *Mathematics of Diffusion*, 2nd ed., Clarendon Press, Oxford, 1975, 또는 H. S. Carslaw and J. C. Jaeger, *Conduction of Heat in Solids*, Clarendon Press, Oxford, 1959, 그리고 R. Ghez, *A Primer of Diffusion Problems*, Wiley, New York, 1988에서 확인할 수 있다.

7.2.2 원자론 관점의 고체 확산

주어진 고체를 대상으로 원자론 관점에서 원자 또는 이온의 자기확산계수 D는 아래와 같이 표현된다.[3]

$$D = \alpha \Omega \lambda^2 \tag{7.7}$$

여기서 Ω은 성공적으로 도약하는 빈도, 즉 초당 성공적인 도약 수이며, λ는 원자 사이의 간격에 대응되는 도약거리를 의미한다. α는 결정구조에 의존하는 기하학적 상수이며, 이에 대한 자세한 설명은 뒤에서 논의한다. 여기에서 입방격자의 경우만을 간주하면, 도약은 가장 인접한 위치로만 가능하며 확산은 공공 기구에 의해 발생하므로 $\alpha = 1/\zeta$로 표현되며, ζ는 공공의 배위수 또는 최근접 원자 수이다.

빈도수 Ω은 도약하는 데 충분한 에너지를 가진 원자의 확률 ν과 해당 확산 종의 근접 위치가 비어 있을 확률 θ의 곱으로 아래와 같이 표현된다.

$$\Omega = \nu\theta \tag{7.8}$$

이러한 관계로부터 확산 현상 자체와 확산의 온도 의존성을 이해하기 위해서는 화학양론과 분위기의 변화에 대하여 확률 ν 및 확률 θ가 어떻게 변화하는지에 대한 이해가 필요하다. 이에 대한 각각의 내용은 이어지는 내용에서 서로 구분하여 취급한다.

도약 빈도 ν

원자가 한 자리에서 다른 자리로 이동하려면 그림 7.1d에 나타낸 바와 같이 형성된 화학결합을 끊을 수 있어야 하고 인접한 원자들 사이의 틈을 지나야 한다. 이러한 과정은 에너지 ΔH_m^*가 요구되며, 이는 $\approx kT$ 수준으로 주어지는 일반적으로 원자가 가지는 평균 열에너지보다 훨씬 높다. 따라서 일부 원자만이 도약하기에 충분한 에너지를 얻을 수 있다. 그러므로 확산을 이해하기 위해서는 주어진 온도에서 성공적인 도약을 할 수 있는 ΔH_m^* 이상의 에너지를 가지는 원자들의 분율을 알아야만 한다. 또한 원자들이 단위시간당 얼마나 자주 확산에 필요한 에너지 장벽을 극복하기에 충분한 에너지를 가지고 있는지를 알아야 한다.

이는 **볼츠만 분배 법칙**(Boltzmann distribution law)으로부터 에너지 장벽을 극복할 수 있을 만큼

---

[3] 식 (7.7)은 무작위 행보 이론을 바탕으로 도출할 수 있다. n회 무작위 도약한 입자는 평균적으로 기본 도약거리 λ에 $\sqrt{n}$ 배에 비례하는 거리를 이동하므로, 일반적으로 입자의 확산거리는 확산계수 D와 시간 t로 아래와 같이 쉽게 나타낼 수 있다.

$$x^2 \approx Dt$$

그 다음은 아래와 같이 간주할 수 있다.

$$(\sqrt{n}\,\lambda)^2 \propto Dt$$

이를 다시 정렬하면

$$D \propto \lambda^2 n/t \propto \lambda^2 \Omega$$

이때 Ω은 n/t로 정의되며 초당 성공적인 도약 수를 의미한다. 더 자세한 사항은 P. G. Shewmon, *Diffusion in Solids*, McGraw-Hill, New York, 1963, Chap. 2에서 확인할 수 있다.

또는 그 이상의 에너지 ΔH_m^*를 가지는 입자의 확률 P를 논의할 수 있다.[4]

$$P(E > \Delta H_m^*) = (상수)\exp\left(-\frac{\Delta H_m^*}{kT}\right) \tag{7.9}$$

이때 k는 볼츠만 상수이며, T는 켈빈 단위의 온도이다.

인접한 위치가 비어 있는 경우, 성공적인 도약이 가능한 원자의 빈도 ν는 에너지 장벽을 넘기에 충분한 에너지를 가지는 원자의 분율과 자연 상태에서의 원자 진동수[5] ν_0의 곱으로 아래와 같이 표현할 수 있다.

$$\nu = \nu_0 \exp\left(-\frac{\Delta H_m^*}{kT}\right) \tag{7.10}$$

이때 ν_0는 대략적으로 10^{13} s^{-1} 수준의 값을 가진다(예제 5.3b 참고). 저온 또는 ΔH_m^* 값이 큰 경우, 성공적인 도약의 빈도는 매우 작아지므로 대부분의 경우 고체 상태 확산은 높은 온도에서만 용이하게 발생한다. 거꾸로 충분히 높은 온도인 $kT \gg \Delta H_m^*$인 경우에는 해당 에너지 장벽은 역할을 하지 못하여 원칙적으로 원자의 모든 진동이 성공적인 도약으로 이어질 수 있다.

확산 종의 인접한 자리가 비어 있을 확률 Θ

확산하는 종이 도약하기 위해서 인접한 자리가 유효할 확률은 결함의 이동을 고려하는지 또는 이온 자체의 이동을 고려하는지에 따라 달라지므로 각각을 별도로 고려한다.

결함의 확산계수. 위에서 언급한 바와 같이, 원자의 이동도를 결정하는 2가지 주요한 결함은 공공 결함과 침입형 결함이다. 두 결함의 농도가 작은 상황에서는(실질적으로 대부분의 고체에 해당) 해당 결함에 인접한 위치는 거의 항상 도약에 활용될 수 있으므로 $\theta \approx 1$로 간주할 수 있다.

그러나 공공 결함과 침입형 결함에는 약간의 차이가 있다. 침입형 결함의 이동은 오로지 성공적인 도약의 빈도 ν_{int}에 의해 결정된다. $\theta_{int} = 1$일 때, 식 (7.7), (7.8), (7.10)을 결합하면 침입형 확산 계수 D_{int}는 아래와 같이 주어지며,

$$D_{int} = \alpha_{int} \lambda^2 \nu_0 \exp\left(-\frac{\Delta H_{m,int}^*}{kT}\right) \tag{7.11}$$

이때 $\Delta H_{m,int}^*$는 침입형 결함의 도약에 필요한 활성화 에너지이다.

한편, 공공 결함의 경우 성공적인 도약의 확률은 배위수(ζ)가 클수록 증가한다. 이는 해당 공공의 최근접 원자 수가 많아지면 인접한 원자가 도약하는 데 필요한 에너지를 얻게 되어 도약할 것이며 이는 공공의 도약을 의미한다. 따라서 공공의 확산계수는 아래와 같고

---

[4] 식 (7.9)는 ΔH_m^*값이 대상 계에 있는 원자들의 평균 에너지인 kT보다 매우 큰 경우에만 유효하며, 고체의 대부분의 경우가 이에 해당된다. 예를 들어, 고체에서 원자의 평균 에너지는 kT 수준이며, 이는 실온에서 ≈ 0.025 eV이고 1000°C에서 ~ 0.11 eV 수준이다. 확산 및 공공 형성 등에 필요한 활성화 에너지는 일반적으로 수 eV 정도이다.

[5] 이는 진동 에너지 $h\nu$를 열에너지 kT와 동일하게 간주함으로써 쉽게 얻을 수 있다. 1000K에서 $\nu_0 \cong 2 \times 10^{13}$ s^{-1}이다.

$$\nu_{\text{vac}} = \zeta \nu_0 \exp\left(-\frac{\Delta H_m^*}{kT}\right)$$

$\theta_{\text{vac}} \approx 1$인 가정하에서 식 (7.7)과 (7.8)을 결합하면 아래와 같이 쓸 수 있다.

$$D_{\text{vac}} = \alpha \zeta \lambda^2 \nu_0 \exp\left(-\frac{\Delta H_m^*}{kT}\right) \tag{7.12}$$

원자 또는 이온의 확산계수. 결함과 다르게 정상적인 자리에 있는 원자 또는 이온의 경우 대부분의 근접한 자리는 다른 원자들에 의해 채워져 있기 때문에 $\theta \ll 1$이다. 이러한 상황에서 근접한 자리가 비어 있을 확률은 단순하게 대문자 람다 Λ로 표현되는 해당 고체 내 공공의 몰분율 또는 자리 분율과 같다. 이에 따라 공공 기구에 의한 원자 확산을 위한 성공적인 도약의 빈도는 아래와 같다.

$$\Omega = \theta \nu_{\text{vac}} = \Lambda \zeta \nu_0 \exp\left(-\frac{\Delta H_m^*}{kT}\right)$$

여기서 ζ항은 배위수가 증가할수록 확산하는 원자 옆의 자리가 비어 있을 확률이 높아지기 때문에 도입된다. 결국 확산계수는 아래와 같이 주어진다.

$$D_{\text{ion}} = \alpha \lambda^2 \Lambda \zeta \nu_0 \exp\left(-\frac{\Delta H_m^*}{kT}\right) \tag{7.13}$$

식 (7.12)와 (7.13)을 비교하면 아래와 같이 공공 확산계수와 이온 확산계수의 관계를 도출할 수 있다.

$$D_{\text{ion}} = \Lambda D_{\text{vac}} \tag{7.14}$$

일반적으로 $\Lambda \ll 1$이므로 $D_{\text{ion}} \ll D_{\text{vac}}$이 되는데, 이는 얼핏 보면 모순적인 것으로 보이나 결국 동일한 확산 종을 다루는 상황이다.[6] 따라서 한 단계 더 나아가면 $\Lambda \approx c_{\text{vac}}/c_{\text{ion}}$ [식 (6.11)]으로 근사할 수 있으므로, c_{vac}와 c_{ion}이 각각 공공과 이온의 농도일 때 아래의 관계를 얻을 수 있다.

$$D_{\text{ion}} c_{\text{ion}} = D_{\text{vac}} c_{\text{vac}} \tag{7.15}$$

이제는 원자 수준의 확산 현상에 대한 이해가 조금 더 쉬워졌다. 결함은 높은 D를 가지므로 더 자주 이동하지만 농도가 그다지 높지 않으며, 원자는 덜 자주 움직이지만 매우 높은 농도를 가진다. 이는 매우 중요한 결과이며 보다 명확하게 아래에서 설명한다.

단순화를 위해서 식 (7.13)을 유도할 때 진동 엔트로피에 대한 도약의 영향을 무시하였는데, 매우 짧은 시간 동안 유지되는 들뜬 평형상태(그림 7.4a)의 존재를 가정함으로써 이를 고려할 수 있다. 이는 인접한 원자의 진동 빈도에 영향을 미치며 $\Delta S_m^* \approx kT \ln(\nu'/\nu)$ 형태로 주어지는 엔트로피

---

[6] 여기서 암시하는 바는 실제로 공공이 원자보다 훨씬 더 자주 도약한다는 것이다. 예를 들어, 확산 과정의 시뮬레이션에서 공공을 중심으로 분석하면 도약을 위해서 옆자리가 빌 때까지 기다릴 필요가 없기 때문에 실제 도약 빈도가 매우 높다. 반면, 원자에 초점을 맞추면 옆자리에 공공이 나타나는 경우에만 도약이 가능하기 때문에 평균적으로 성공적인 도약 빈도는 훨씬 낮다.

변화와 관련이 있는데, 여기서 ν와 ν'는 각각 바닥상태와 들뜬상태에 있는 해당 이온의 진동 빈도를 의미한다. 따라서 보다 정확한 D_{ion}에 대한 표현은 아래와 같으며,

$$D_{ion} = \alpha \lambda^2 \Lambda \zeta \nu_0 \exp\left(-\frac{\Delta G_m^*}{kT}\right) \tag{7.16}$$

이때 ΔG_m^*은 다음과 같이 정의된다.

$$\Delta G_m^* = \Delta H_m^* - T\Delta S_m^* \tag{7.17}$$

관련된 모든 수식들을 합치면 식 (7.3)과 가장 유사한 최종 수식을 아래와 같이 얻을 수 있으며,

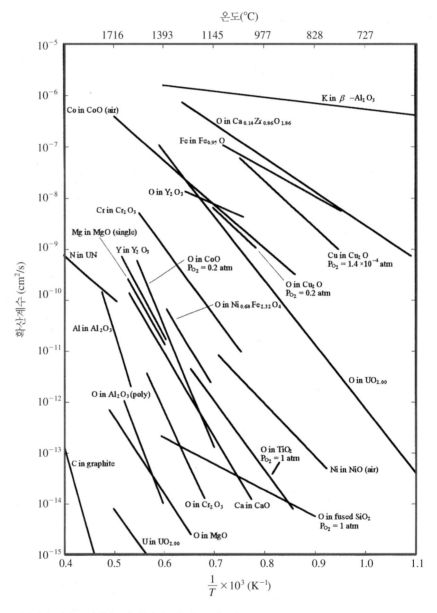

그림 7.2 일반적인 산화물 세라믹스의 확산계수의 온도 의존성(W. D. Kingery, H. K. Bowen, and D. R. Uhlmann, *Introduction to Ceramics*, 2nd ed., Wiley, New York, 1976에서 발췌. 허가 후 게재.)

$$D_{\mathrm{ion}} = \nu_0 \lambda^2 \alpha \zeta \Lambda \exp\frac{\Delta S_m^*}{k} \exp\left(-\frac{\Delta H_m^*}{kT}\right) = D_0 \exp\left(-\frac{Q}{kT}\right) \tag{7.18}$$

이제 확산계수가 위와 같은 형태의 수식으로 표현되는 이유가 보다 명확해진다. 몇몇의 일반적인 세라믹스에 대한 확산계수의 온도 의존성을 그림 7.2에 나타내었다.

활성화 에너지 Q값과 해당 수치의 온도에 대한 변화는 수반되는 확산 과정의 특성을 해석하는 데 매우 유용하다. 예를 들어, Λ가 열적으로 활성화되어 자연적으로 형성되는 점결함의 경우라면, 해당 결함의 형성에 필요한 에너지가 Q에 대한 최종 수식에 포함된다. 그러나 공공이나 결함의 농도가 불순물에 의해 결정되면, Λ는 더 이상 열적으로 활성화되지 않고 불순물 농도에 비례한다. 다음에 제시하는 예제에서 이러한 부분을 명확하게 하고자 한다. 마지막으로 여기에서 주목할 점은 식 (7.18)로부터 계산된 D_0 항은 일반적으로 실험결과와 잘 부합하지 않는데, 아직 그 이유가 완전히 명확하게 밝혀지지 않았다.

예제 7.1

NaCl에서 Na^+ 이온의 이동의 경우 ΔH_m^*는 77 kJ/mol이며 쇼트키 결함을 형성하기 위한 엔탈피와 엔트로피는, 표 6.2를 참고하면 각각 240 kJ/mol과 10 R이다.

(a) 0.01% $CaCl_2$를 포함하는 $NaCl-CaCl_2$ 고용체에서 대략 어느 온도에서 확산이 외인성(즉, 불순물에 의하여 제어되는 형태)에서 진성으로 변화하는가? 단, ΔS_m^*는 무시한다.

(b) 800K에서 D_{Na^+}를 10배 증가시키기 위하여 순수한 NaCl에 몇 몰%의 $CaCl_2$를 용해시켜야 하는가?

정답

(a) 이 문제를 풀기 위해서는 외인성 및 진성 영역 모두에서 D_{Na^+}의 온도 의존성에 대한 수식이 유도되어야 한다. 일단 유도되면, 두 수식을 연립하여 풀어서 해당 T를 계산할 수 있다. 진성 영역에서 공공의 농도는 쇼트키 평형에 의해 결정되므로 아래와 같이 표현되며,

$$[V'_{\mathrm{Na}}]\,[V^{\cdot}_{\mathrm{Cl}}] = \exp\frac{\Delta S_S}{k}\exp\left(-\frac{\Delta H_S}{kT}\right)$$

여기서 ΔH_S와 ΔS_S는 각각 쇼트키 결함의 형성을 위한 에너지와 엔트로피이다. 쇼트키 결함이 지배적이라고 가정하면, $[V'_{\mathrm{Na}}] = [V^{\cdot}_{\mathrm{Cl}}]$이므로

$$[V'_{\mathrm{Na}}] = [V^{\cdot}_{\mathrm{Cl}}] = \exp\frac{\Delta S_S}{2k}\exp\left(-\frac{\Delta H_S}{2kT}\right) \tag{7.19}$$

식 (7.18)과 결합하면, $\Lambda = [V'_{\mathrm{Na}}]$이므로 진성 영역에 해당되는 수식을 얻을 수 있다.

$$D_{\mathrm{Na}^+} = \lambda^2 \alpha \zeta \nu_0 \exp\frac{\Delta S_S}{2k}\exp\left(-\frac{\Delta H_S}{2kT}\right)\exp\left(-\frac{\Delta H_m^*}{kT}\right) \tag{7.20}$$

만약 아래와 같은 반응을 통하여 $CaCl_2$가 NaCl에 도입되는 경우로 가정하면(6장 참고)

$$CaCl_2 \Rightarrow V'_{Na} + Ca^{\bullet}_{Na} + 2Cl^{x}_{Cl}$$

외인성 영역에서 NaCl에 용해된 1몰의 $CaCl_2$마다 Na 공공 1몰이 생성됨을 의미하여, 따라서 $\Lambda = [V'_{Na}] = [Ca^{\bullet}_{Na}] = 0.0001$이 된다. 그러므로 외인성 영역에서 공공 농도는 고정되며 온도와 무관하여 아래와 같이 표현할 수 있다.

$$D_{Na^+} = [Ca^{\bullet}_{Na}]\lambda^2\alpha\zeta\nu_0\exp\left(-\frac{\Delta H^*_m}{kT}\right) \tag{7.21}$$

식 (7.20)과 (7.21)을 연립하여 T를 계산하면 해당 온도는 743℃가 된다.

(b) 800K에서 진성 공공의 몰분율[식 (7.19)]은 2.2×10^{-6}이며, 이는 1몰당 1.3×10^{18}개의 공공이 있음을 의미한다. D_{Na^+}를 10배 증가시키기 위해서는 진성 공공이 10배 형성되어야 한다. 따라서 1몰의 NaCl에 2.2×10^{-5} 몰분율의 $CaCl_2$를 첨가해야 한다.

참고로 결함의 농도가 진성 영역에서 결정될 때, 공공 형성을 위한 활성화 에너지는 D를 표현하는 최종 수식[식 (7.20)]에 포함되나, 이와는 다르게 결함의 농도가 외인성 영역에서 결정되는 경우에 최종 수식에는 이동 에너지 항만 포함된다. 이러한 사실이 ΔH^*_m과 ΔH_S를 실험적으로 결정하는 데 어떻게 사용되는지를 보여주는 사례를 예제 7.3에서 논의하며, 그전에 D에 대한 P_{O_2}의 영향을 해석하는 방법에 대하여 논의한다. ■

예제 7.2

MnO에서 ^{54}Mn 확산의 P_{O_2}와의 관계를 그림 7.3에 나타내었다. 이러한 기울기가 나타나는 이유를 설명하시오. 온도가 증가하면 해당 기울기가 변화할 것인가?

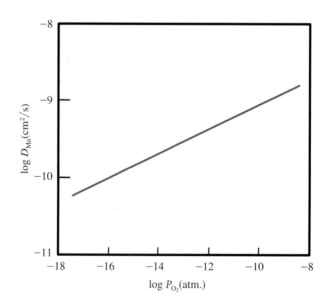

그림 7.3 MnO에서 산소분압에 대한 ^{54}Mn의 확산계수의 변화

정답

D_{Mn}은 산소분압 P_{O_2}에 크게 의존하기 때문에 문제를 풀기 위한 첫 번째 단계는 확산계수를 P_{O_2}와 연관시키는 것이다. MnO에서 Mn의 확산을 공공 기구에 의해 발생하는 것으로 가정하면, 즉 $\Lambda = [V_{Mn}'']$이므로 식 (7.18)의 D_0를 $[V_{Mn}'']D_0'$으로 대체하여 대입하면,

$$D_{Mn} = [V_{Mn}'']D_0'\exp(-\Delta H_m^*/kT)$$

다음 단계는 $[V_{Mn}'']$을 P_{O_2}와 연관시키는 것이다. 그래프의 기울기가 $+1/6$이기 때문에 P_{O_2}의 증가는 Mn 확산계수를 증가시키며, 발생 가능성이 가장 높은 결함 반응은 6장의 반응 (III)이다. 전하 중성 조건이 $p = 2[V_{Mn}'']$인 경우 식 (6.30)에 제시된 질량 작용 법칙의 관련 수식에 의거하여 다음과 같은 관계를 얻을 수 있다.

$$[V_{Mn}''] = (상수)\,P_{O_2}^{+1/6}$$

이러한 결과를 D_{Mn}에 대한 식과 결합하면 위에서 관찰된 것과 같은 거동을 확인할 수 있다. 이와 같은 현상은 다음과 같이 요약하여 설명할 수 있다. P_{O_2}를 증가시키면(즉, 그림 7.3에서 왼쪽에서 오른쪽으로 갈수록) 쇼트키 평형을 유지하기 위해 산소 공공 농도가 감소하며, 이는 $[V_{Mn}]$의 증가와 이에 수반되어 D_{Mn}을 증가시킨다.

참고로 $[V_{Mn}]$가 외부 불순물에 의해 결정되는 경우에는 D_{Mn}는 P_{O_2}의 영향을 받지 않는다. 마지막으로 온도를 높이는 경우 원칙적으로 위 그래프에서 해당 선이 더 높은 값을 가지는 방향으로 이동하지만 기울기는 변하지 않는다. ■

7.2.3 화학 퍼텐셜 구배에서의 확산

앞선 논의에서 식 (7.7)에서 D를 정의할 때 확산은 완전히 무작위로 일어난다고 가정하였다. 그러나 이러한 자기확산은 실용성이 없고 측정하기 어렵다. 확산은 조성과 미세구조의 변화에 영향을 미칠 수 있기에 중요하다. 원자는 자유 에너지가 더 높은 영역 또는 화학 퍼텐셜이 더 높은 영역에서 낮은 자유 에너지 영역으로 확산되며, 이러한 상황에서 확산의 방향은 더 이상 무작위가 아니며 자유 에너지가 감소하는 방향으로 발생한다.

그림 7.4b에서 이온이 화학 퍼텐셜 구배 $d\mu/dx$가 존재하는 상태에서 확산되는 경우를 고려한다. 화학 퍼텐셜이 몰당 주어지는 경우 해당 구배 또는 원자당 힘 f는 아래와 같다.

$$f = \frac{\Xi}{\lambda} = -\frac{1}{N_{Av}}\frac{d\mu}{dx} \tag{7.22}$$

여기서 N_{Av}는 아보가드로의 수이다.[7] 결과적으로(그림 7.4b 참고), 순방향과 역방향의 에너지 장벽의 차이 Ξ는

---

[7] f는 여기를 포함하여 책 전체에서 양수로 정의된다.

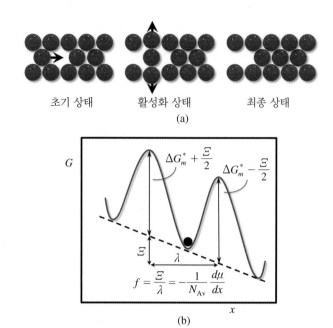

초기 상태   활성화 상태   최종 상태

(a)

(b)

그림 7.4 (a) 확산 과정에서 발생하는 활성화 상태의 개략도. (b) 화학 퍼텐셜 구배에서 이온의 확산

$$\varXi = \lambda f = -\lambda \frac{d[\mu/N_{Av}]}{dx} \tag{7.23}$$

따라서 원자가 순방향으로 도약하는 비율은 아래의 수식과 같이 표현된다.

$$\nu_{forward} = \varLambda \alpha \zeta \nu_0 \exp\left(-\frac{\Delta G_m^* - \varXi/2}{kT}\right) \tag{7.24}$$

또한 역방향으로 도약하는 비율은 아래와 같다.

$$\nu_{back} = \varLambda \alpha \zeta \nu_0 \exp\left(-\frac{\Delta G_m^* + \varXi/2}{kT}\right) \tag{7.25}$$

수식에서 $\varLambda$가 나타나는 이유는, 앞에서 언급했듯이 도약에 성공하기 위해서는 도약하여 도달하는 자리가 비어 있어야 하기 때문이다. 또한 α는 식 (7.7)에 나오는 상수이며, 총 도약 $\zeta\nu$ 중에서 x방향 또는 관심을 가지는 방향으로의 도약만을 반영하는 항이다. 예를 들어, $\zeta = 6$인 단순입방격자에서 성공적인 도약의 1/6만이 순방향인 x방향을 향하므로 $\alpha = 1/6$이고 $\alpha\zeta = 1$이 된다.

화학 퍼텐셜 구배가 존재하기 때문에 도약은 순방향으로 편향되며, 순방향으로 도약하는 비율은 아래와 같이 표현된다.

$$
\begin{aligned}
\nu_{net} = \nu_{forward} - \nu_{back} &= \varLambda \alpha \zeta \nu_0 \left\{ \exp\left(\frac{\Delta G_m^* - \varXi/2}{kT}\right) - \exp\left(-\frac{\Delta G_m^* + \varXi/2}{kT}\right) \right\} \\
&= \varLambda \alpha \zeta \nu_0 \exp\left(-\frac{\Delta G_m^*}{kT}\right) \left\{ 1 - \exp\left(-\frac{\varXi}{kT}\right) \right\}
\end{aligned}
\tag{7.26}
$$

일반적으로 화학 퍼텐셜 구배는 열에너지보다 작아서 $\varXi/(KT) \ll 1$이고, x가 작으면 $e^{-x} \cong 1 - x$로 간주할 수 있으므로 식 (7.26)은 아래와 같이 정리된다.

$$\nu_{\mathrm{net}} = \Lambda\alpha\zeta\nu_0 \left(\frac{\Xi}{kT}\right)\exp\left(-\frac{\Delta G_m^*}{kT}\right) \tag{7.27}$$

평균 유동속도 ν_{drift}는 $\lambda\nu_{\mathrm{net}}$와 같으며, 식 (7.27)과 (7.23)을 결합하면 다음과 같다.

$$v_{\mathrm{drift}} = \lambda\nu_{\mathrm{net}} = \frac{\alpha\lambda^2\zeta\nu_0\Lambda}{kT}\exp\left(-\frac{\Delta G_m^*}{kT}\right)f \tag{7.28}$$

따라서 도출되는 선속은 아래 식과 같다.

$$J_i = c_i v_{\mathrm{drift}} = \frac{c_i}{kT}\left\{\alpha\lambda^2\Lambda\zeta\nu_0\exp\left(-\frac{\Delta G_m^*}{kT}\right)\right\}f \tag{7.29}$$

이때 c_i는 고체 내에서 확산하는 원자 또는 이온의 단위부피당 개수로 표현되는 전체 농도를 의미한다. 위 수식에서 괄호 안의 항은 식 (7.16)에 의하여 D_{ion}으로 대응되므로 이를 정리하면 아래와 같다.

$$J_{\mathrm{ion}} = \frac{c_{\mathrm{ion}}D_{\mathrm{ion}}}{kT}f \tag{7.30}$$

해당 식은 아래와 같은 근본적으로 중요한 사실을 내포한다.

1. 선속을 $c_{\mathrm{ion}}D_{\mathrm{ion}}$ 형태로 표현한다. 이를 통해 앞에서 도출한 식 (7.15)에서의 $D_{\mathrm{ion}}c_{\mathrm{ion}} = c_{\mathrm{vac}}D_{\mathrm{vac}}$ 관계식의 의미가 명확해진다. 주어진 종의 확산을 고려할 때 이온 자체를 고려하는지 아니면 이온의 이동에 영향을 미치는 결함을 고려하는지 여부는 중요하지 않다. 이온의 선속과 결함의 선속은 반드시 서로 동일하다.

2. 선속과 **구동력** f를 연결시킨다. f가 힘에 해당되는 단위를 가지므로 식 (7.29)는 실제 선속 방정식이며, 식 (7.1)과 동일한 형식을 가진다. 또한 참고로 이 관계는 일반적으로 타당하며 화학 퍼텐셜 구배에 국한되지 않는다. 예를 들어, 다음의 두 소절에서 논의되는 것과 같이, f는 전기적 퍼텐셜(또는 전위) 및 전기화학 퍼텐셜의 기울기와도 관련될 수 있다.

3. 또한 이상적인 거동을 하는 희석 용액에서 식 (7.30)은 식 (7.2)에 나타낸 픽의 제1법칙과 동일하다(부록 7A 참고).

7.2.4 전기적 퍼텐셜 구배에서의 확산

지금까지 확산의 구동력이 화학 퍼텐셜 구배인 상황이 논의되었는데, 전기적 퍼텐셜 구배가 이온의 확산에 대한 구동력인 경우에는 다음과 같이 표현된다.[8]

---

[8] 여기에 정의된 대로 f는 양전하의 경우 양의 값을 가지며, 음전하의 경우 음의 값을 가진다. 이는 양전하가 퍼텐셜 구배를 따라 흐르는 것을 의미하고, 음전하는 말하자면 '오르막' 방향으로 흐름을 의미한다.

$$f_i = -z_i e \frac{d\phi}{dx} \tag{7.31}$$

여기서 ϕ는 볼트 단위의 전기적 퍼텐셜이고 z_i는 움직이는 이온 또는 결함의 알짜 전하이다. 전류밀도 $I_i(\text{A/m}^2) = \text{C}/(\text{m}^2 \cdot \text{s})$는 이온 선속 $J_{\text{ion}}[\text{atoms}/(\text{m}^2 \cdot \text{s})]$과 아래의 식에 의해 연관된다.

$$I_i = z_i e J_{\text{ion}} \tag{7.32}$$

식 (7.30)에 식 (7.31)과 (7.32)를 대입하면 아래와 같은 식이 유도된다.

$$I_i = z_i e J_{\text{ion}} = \frac{z_i e c_{\text{ion}} D_{\text{ion}}}{kT} f = -\frac{z_i e c_{\text{ion}} D_{\text{ion}}}{kT} \left[z_i e \frac{d\phi}{dx} \right] \tag{7.33}$$

이는 $I = -\sigma_{\text{ion}} d\phi/dx$로 표현되는 옴의 법칙[식 (7.39) 참고]을 활용하면 아래의 식이 산출된다.

$$\sigma_{\text{ion}} = \frac{z_i^2 e^2 c_{\text{ion}} D_{\text{ion}}}{kT} = \frac{z_i^2 e^2 c_{\text{def}} D_{\text{def}}}{kT} \tag{7.34}$$

여기서 σ_{ion}는 이온전도도이다. 이러한 관계식은 **네른스트-아인슈타인 관계**(Nernst-Einstein relationship)로 알려져 있으며, 자기확산계수와 이온전도도의 관계를 보여준다. 두 경우 모두 하나의 자리에서 인접한 다른 자리로 도약하는 이온 또는 결함을 고려하기 때문에 해당 관계식은 명확하다. 여기에서 구동력은 달라질 수 있으나 기본적으로 원자 수준의 이동 기구는 동일하다.

식 (7.34)를 적용할 때 다음의 사항을 유의해야 한다.

1. 전도도 σ_{ion}는 총 전도도에서 이온 전도에 의한 기여만을 대변하며, 자세한 사항은 다음 소절에서 기술한다.
2. 이 관계는 결함에 대한 θ가 $\approx$ 1인 매우 희석된 경우에만 유효하다.
3. 식 (7.29)와 현재 식 (7.34)에 도입된 변수 c_i는 결정에서 확산하는 이온의 총 농도이다.[9] 예를 들어, 산소 이온전도체인 칼시아 안정화 지르코니아(calcia-stabilized zirconia) 결정의 경우 c_{ion}는 결함의 총 수가 아닌 산소 이온의 총 수를 의미한다(예제 7.4 참고). 한편, 침입형 기구에 의해 확산 또는 전도가 발현되는 고체에서 c_{ion}는 해당 결정에 존재하는 침입형 이온의 총 수를 의미하는데, 이 경우 결함의 총 수와 동일하다.

---

[9] 한 번에 오직 몇 개의 이온만이 움직인다는 사실을 감안할 때 주어진 계에 존재하는 전체 이온의 농도를 c로 사용하는 것이 타당하지 않다고 주장할 수 있다. 결국, 대부분의 이온은 화학 퍼텐셜 구배가 작아지는 방향으로 동시에 이동하지 않는다. 이렇게 겉으로 보이는 모순을 해결하는 방법은 충분한 시간이 주어지면 실제로 모든 이온은 결국 구배가 낮은 방향으로 이동한다는 것을 인식하는 것이다. 이를 설명하기 위해서, 양이온의 확산이 음이온의 확산보다 훨씬 빠르며 공공 기구에 의해 확산이 이루어지는 2원계 산화물 단결정을 서로 상이한 2개의 산소분압 영역에 동시에 노출시키면, 높은 산소분압 영역에서 산소 원자는 표면에 흡착되어 양이온 공공과 정공을 만든다. 이러한 결함은 국부적으로 쇼트키 평형을 유지하기 위해서 그들이 제거되는(즉, 산소 공공과 결합하는) 낮은 산소분압 영역으로 확산된다(7.4절 참고). 반면, 낮은 산소분압 방향으로 이동하는 양이온 공공의 이동은 높은 산소분압 방향으로 이동하는 양이온의 이동과 동일하기 때문에 전체 결정은 산소분압이 높은 방향으로 실제 성장하고 산소분압이 낮은 방향에서는 수축한다. 따라서 해당 고체는 실험실 기준 좌표계에 대하여 실제로 움직이며, 이는 유체가 파이프에서 흐르는 것과 거의 같은 양상으로 발생하는데, 여기에서 파이프는 가상의 외부틀이다!

예제 7.3

NaCl에서 Na 양이온의 추적자 확산계수가 그림 7.5a에 도시되어 있고, 순수한 NaCl 및 CdCl₂가 첨가된 NaCl의 전기전도도가 그림 7.5b에 도시되어 있다.

(a) 이 결과로부터 Na 이온의 이동에 대한 이동 엔탈피와 쇼트키 결함 형성을 위한 엔탈피를 계산하고, 모든 가정에 대해 논의하시오.

(b) 전도도와 확산의 거동이 일치하는가?

정답

(a) 그림 7.5a에 나타난 거동은 많은 세라믹스에서 관찰되는 전형적인 거동이며, 고온에서의 진성 거동으로부터 저온에서의 외인성 거동으로의 전환을 나타낸다. 다시 말해, 고온에서는 식 (7.20)이 적용되고 직선의 기울기는 $\Delta H_m^*/k + \Delta H_s/2k$와 같다. 저온에서는 식 (7.21)이 적용되고 직선의 기울기는 단순히 $\Delta H_m^*/k$와 같다. 그림에서의 기울기를 측정하고 간단한 계산을 통해서 $\Delta H_m^* \approx 74$ kJ/mol과 $\Delta H_s = 199$ kJ/mol 값을 얻을 수 있다.

여기서 주목할 것은 표 6.2와 그림 7.5를 도출한 실험은 서로 동일한 기법이라는 것이다.

(b) 그림 7.5a로부터 727°C(1000K)에서는 $D \approx 4.5 \times 10^{-9}$ cm²/s인 것을 알 수 있다. 모든 수치를 SI 단위로 변환하고 식 (7.34)에 적용하면 다음을 얻을 수 있다.

$$\sigma = \frac{(1.6 \times 10^{-19})^2 \, 4.5 \times 10^{-13} \times 2.23 \times 10^{28}}{1000 \times 1.38 \times 10^{-23}} = 0.0186 \text{ S/m} = 1.86 \times 10^{-4} \text{ S/cm}$$

참고로 수식을 풀기 위해서는 c_{ion}값이 필요하며, 이를 구하기 위한 여러 가지 방법이 있다. 가장 간단한 방법은 아마도 NaCl 결정의 격자 상수(564 pm)를 찾는 것이다. 모든 단위격자

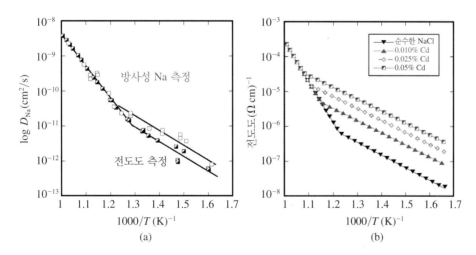

그림 7.5 (a) NaCl에서 Na 양이온 확산계수의 아레니우스 플롯. 빨간색 사각형은 추적자 실험에서 얻은 결과이며, 검은색 사각형은 전도도 측정으로부터 도출한 결과이다. [Mapother et al. J. Chem. Phys. 18, 1231 (1950).] (b) '순수한' NaCl 및 CdCl₂가 도핑된 NaCl의 전기전도도. CdCl₂ 농도가 증가하면서 전도도가 향상된다. (P. G. Shewmon, *Diffusion in Solids*, McGraw-Hill, NY, 1963.)

에는 4개의 Na 양이온이 포함되어 있으므로, $c_{ion} = 4/(564 \times 10^{-12})^3 = 2.23 \times 10^{-28}$ m^{-3}으로 계산할 수 있다.

따라서 D를 활용하면 727°C에서 NaCl의 전도도는 $\approx 1.86 \times 10^{-4}$ S/cm가 되며, 그림 7.5b로부터 온도 1000K에서의 이온전도도는 $\approx 3 \times 10^{-4}$ S/cm로 확인된다. 두 값의 차이는 서로 다른 방법으로 도출한 점을 감안하면 매우 유사한 수준인 것으로 볼 수 있다. ■

7.2.5 전기화학 퍼텐셜 구배에서의 확산

어떤 상황에서는 확산의 구동력이 온전히 화학적이거나 전기적인 요인이 아니라 모두 해당되는 전기화학적이며, 이 경우 해당 선속 방정식은 2가지 요인의 영향을 모두 반영해야 한다. 식 (7.30)을 식 (7.32)를 활용하여 전류에 대한 표현으로 수정하고, 식 (7.34)와 (7.22)를 결합하면, 아래와 같은 관계를 얻을 수 있다.

$$I'_k = -\frac{z_k e c_k D_k}{kT}\frac{d\tilde{\mu}_k}{dx} = -\frac{\sigma_k}{z_k e}\frac{d\tilde{\mu}_k}{dx} \tag{7.35}$$

여기서 $d\tilde{\mu}_k/dx$는 이온당 구동력을 의미하며,[10] 이는 $\tilde{\mu}_k = \mu_k/N_{Av}$로 표현된다. 화학 및 전기적 퍼텐셜 구배를 모두 받는 이온에 의한 총 전류를 단순히 식 (7.35)와 옴의 법칙으로 주어지는 $I''_k = -\sigma_k \, d\phi/dx$ 방정식의 합으로 가정하면 다음과 같은 기본 식을 도출할 수 있다.

$$I_k = I'_k + I''_k = -\frac{\sigma_k}{z_k e}\left(\frac{d\tilde{\mu}_k}{dx} + z_k e\frac{d\phi}{dx}\right) = -\frac{\sigma_k}{z_k e}\left(\frac{d\tilde{\eta}_k}{dx}\right) \tag{7.36}$$

여기서 $\tilde{\eta}_k = \tilde{\mu}_k + z_k e\phi$는 전기화학 퍼텐셜이며, 기울기 $d\tilde{\eta}_k/dx$는 뉴턴의 단위를 가진다. 식 (7.36)은 해당 기울기를 전류밀도와 연관시킨다. 여기에 대응되는 선속 방정식(단위: 제곱미터당 초당 입자 수)은 아래와 같다.

$$J_k = -\frac{D_k c_k}{kT}\frac{d\tilde{\eta}_k}{dx} = -\frac{\sigma_k}{(z_k e)^2}\left(\frac{d\tilde{\eta}_k}{dx}\right) \tag{7.37}$$

식 (7.36)과 (7.37)은 전자 및 정공을 포함하는 다양한 조건에서 생성되는 전하를 가진 모든 종의 선속을 기술하기 때문에 중요한 의미를 가지며, 일반적인 상황에서 타당하다. 해당 수식과 관련하여 다음의 사항들이 명확해진다.

1. 전하를 띤 종에 작용하는 구동력은 전기화학 퍼텐셜 구배이다.
2. 전하를 띠지 않은 중성의 종에는 전기적 퍼텐셜은 영향을 미치지 않으며, 이 경우 구동력은 단순히 화학 퍼텐셜 구배인 $d\mu/dx$이다.

---

[10] 이 장의 나머지 부분에서 μ 또는 η 위에 표시된 물결표는 이온 또는 원자당 에너지를 나타낸다.

3. 전기장이 인가되지 않은 상황에서는 식 (7.37)은 식 (7.30)과 동일하다.

4. 단순히 전기장에 의해서만 구동력이 가해지는 $d\mu/dx = 0$인 상황의 경우, 식 (7.36)은 옴의 법칙을 나타내는 식 (7.39)와 같아진다.

5. 5장에서 논의된 바와 같이 평형은 오직 $d\tilde{\eta}/dx$ 가 없는 상황에서만 이뤄질 수 있다.

6. 선속을 다루는 모든 방정식에서 $D_i c_i$ 곱의 항이 존재해야 한다. 이를 통해 결함 또는 이온에 상관없이 그리고 확산계수의 차이에 상관없이 동일한 선속을 구할 수 있다.

7.3 전기전도도

역사적으로 기술 분야에서 세라믹스는 전기절연 특성을 활용하기 위하여 채용되었으며, 이와 더불어 화학적 및 열적 안정성이 우수하기 때문에 전력선 용도부터 권선 저항기의 코어에 걸쳐 이상적인 절연체로 활용되었다. 오늘날 세라믹스는 전통적인 절연체로서의 응용분야 외에도 전극, 촉매, 연료전지, 광전극, 배리스터, 센서 및 기판 등 많은 응용분야에서 훨씬 더 보편적으로 활용된다.

이 절에서는 일정한 전기장이 인가된 상황에서의 세라믹 소재의 반응을 소개하고, 그 결과로서 발생하는 **정상상태** 전류의 특성과 크기에 대해서만 다룬다. 아래에서 논의되는 바와 같이, 인가된 전기장에 대한 전류의 비율은 재료의 특성인 **전도도**로 알려져 있으며, 이를 이 절에서 중점적으로 다룬다. 고체의 정전 특성을 야기하는 변위 전류 또는 비정상상태에서의 반응은 선형 및 비선형 유전특성을 다루는 14장과 15장에서 각각 별도로 다룬다.

금속에서는 자유전자가 전기전도를 결정한다. 반도체에서 전도에 관여하는 종은 전자 및/또는 정공이다. 그러나 세라믹스에서는 이온이 존재하기 때문에 전기장을 인가하여 이온이 이동하도록 유도할 수 있다. 따라서 세라믹 재료에서 전기전도성은 이온 및 전자에 의한 영향을 모두 고려해야 한다.

이를 명확히 구분하기 전에 전도도의 개념을 먼저 짚고 넘어가고자 한다. **옴의 법칙**은 좋은 출발점이며, 다음과 같이 표현된다.

$$V = iR \tag{7.38}$$

여기서 V는 인가전압(V)이고, R은 옴(Ω) 단위의 저항이며, i는 고체에 흐르는 전류(C/s)이다. 식 (7.38)을 재배열하고 양변을 전류가 흐르는 단면적 A로 나눈 후 오른쪽 변에 d/d를 곱하면 아래 식을 얻는다.

$$I = \frac{i}{A} = \frac{d}{RA}\frac{V}{d}$$

여기서 d는 시편의 두께이며, $I = i/A$는 시편에 흐르는 **전류밀도**(current density)를 의미한다. V/d가 전기적 퍼텐셜 구배인 것을 감안하면, **옴의 법칙**은 아래와 같이 표현된다.[11]

---

[11] 여기에서 음의 기호(−)는 픽의 제1법칙에서와 동일한 이유로 붙으며, 양전하의 전류는 전기적 퍼텐셜 구배를 따라 흐를 때 양(+)이 된다.

$$I_i = -\sigma_i \frac{d\phi}{dx} \tag{7.39}$$

여기서 σ는 아래와 같이 표현된다.

$$\sigma = \frac{d}{RA}$$

식 (7.39)는 선속 I가 $d\phi/dx$에 비례하는 것을 명시한다. 이때 비례상수 σ가 재료의 **전도도**(conductivity)를 의미하며, 이는 단위 단면적을 가지는 3차원 형태 재료의 컨덕턴스와 같다. 전도도의 단위는 미터당 **지멘스**(Siemens), 즉 S m^{-1}이며, 여기서 S는 옴의 역수($1/\Omega$)와 같다.

세라믹 소재들에서 전자전도도의 범위(그림 7.6 오른쪽)는 24 자릿수 차이 이상으로 다양하며, 초전도체의 전도도까지 포함한다. 이와 같이 넓은 범위에서 변화하는 물리적 특성은 거의 없다. 전자전도도에 추가하여 일부 세라믹스는 그림 7.6에 왼쪽과 같이 이온전도체로 알려져 있다. 위와 같이 상당히 넓은 범위의 전도도를 보이는 이유와, 일부 세라믹스는 이온전도체이고 다른 세라믹스는 전자전도체인 이유를 이해하기 위해서는 미시적인 영역을 탐구해야 할 뿐만 아니라 거시적으로 측정할 수 있는 σ를 운반자 이동도와 농도와 같은 근본적인 매개변수와 연관 짓는 것이 필요하며, 이에 대한 내용을 다음 소절부터 기술한다.

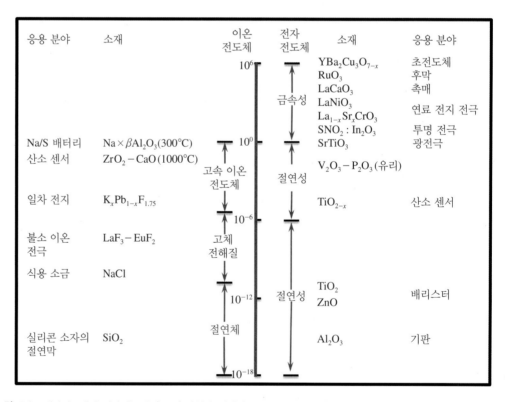

그림 7.6 세라믹스에서 나타나는 $\Omega^{-1}\,cm^{-1}$ 단위의 전자전도도(오른쪽)와 이온전도도(왼쪽)의 범위와 일부 응용 분야 (H. Tuller, in *Glasses and Ceramics for Electronics*, 2nd ed., Buchanan, Ed., Marcel Dekker, New York, 1991. 허가 후 게재.)

7.3.1 일반 방정식

평균 유동속도 v_d로 유동하는 운반자가 단위부피당 c_m개만큼 있다고 가정하면 이에 따른 선속은 아래와 같이 표현할 수 있다.

$$I_i = |Z_i| e v_{d,i} c_{m,i} \tag{7.40}$$

이때 **전기이동도**(electric mobility)는 $\mu_d(\text{m}^2/\text{V·s})$로 표기할 수 있으며, 전기장당 평균 유동속도로 정의하고 아래와 같이 나타낸다.

$$\mu_{d,i} = \frac{-v_{d,i}}{d\phi/dx} \tag{7.41}$$

식 (7.39)와 (7.41)을 결합하여 계산하면 아래와 같이 거시적으로 측정 가능한 σ과 미시적인 매개변수인 μ_d와 c_m 사이를 연결하는 중요한 관계를 도출할 수 있다.

$$\sigma_i = c_{m,i} e |Z_i| \mu_{d,i} \tag{7.42}$$

위의 방정식을 유도할 때는 오직 한 가지 종류의 전하를 띤 운반자만 나타나는 것으로 가정하였다. 그러나 원칙적으로 전하를 띤 모든 종의 이동이 전체 전도도에 기여할 수 있다. 따라서 재료에서의 총 전도도는 아래와 같다.

$$\sigma_{\text{tot}} = \sum_i c_{m,i} |z_i| e \mu_{d,i} \tag{7.43}$$

z_i의 절댓값 기호는 운반자의 종류에 상관없이 전도도가 항상 양의 값을 갖도록 한다.

총 전도도는 아래와 같이 **수송률**(transference) 또는 **수송 수**(transport number)로 표현하기도 한다.

$$t_i = \frac{\sigma_i}{\sigma_{\text{tot}}} \tag{7.44}$$

이로부터 관계식 $\sigma_{\text{tot}} = t_{\text{elec}} \sigma_{\text{tot}} + t_{\text{ion}} \sigma_{\text{tot}}$을 도출할 수 있으며, 여기서 t_{ion}은 음이온과 양이온을 모두 포함하는 이온 수송 수이며, t_{elec}은 전자와 정공을 모두 포함한 전자 수송 수를 의미한다. 모든 재료에 대해 $t_{\text{ion}} + t_{\text{elec}} = 1$이다.

식 (7.42)로부터 전자 또는 이온과 같은 이동성 운반자의 이동도와 농도가 전도도에 영향을 미치며, 온도, 도핑, 주변 분위기 등에 따라 변화함을 이해할 수 있다.

7.3.2 이온전도도

이온전도체에 대한 t_{ion}은 정의상 반드시 ≈ 1이며, 이는 $\sigma_{\text{elec}} \ll \sigma_{\text{ion}} \approx \sigma_{\text{tot}}$를 의미한다. 이러한 고체에서 이동성 운반자는 전하를 가진 이온 결합, 즉 $c_{m,i} = c_{\text{def}}$이며, 여기서 c_{def}는 공공 및/또는 침입

형 이온의 농도를 나타낸다.[12] 식 (7.42)에서 $c_{m,i}$ 대신 c_{def}을 대입한 후 식 (7.34)에 적용하면 아래와 같은 관계를 도출할 수 있다.

$$\mu_{d,i} = \frac{|z_i|e_i D_{\text{def}}}{kT} = \frac{|z_i|e_i D_{\text{ion}}}{kT\Lambda} \tag{7.45}$$

이는 전하를 가진 종의 이동도가 결함의 확산계수와 직접적으로 연관됨을 의미하기 때문에 중요한 결과인데, 이온의 이동도는 해당 결함이 격자 내에서 도약하기에 용이한 정도를 반영해야 하므로 그리 놀라운 결과는 아니다.

참고로 공공 기구에 의해 확산이 발생하는 경우 $\Lambda \approx c_{\text{def}}/c_{\text{ion}} \ll 1.0$으로 간주할 수 있으며, 반면에 침입형 확산이 발생하는 경우에는 $\Lambda \cong 1.0$이므로 아래와 같이 표현된다.

$$\mu_{\text{int}} = |z_i|e_i D_{\text{int}}/(kT)$$

| 실 험 세 부 사 항 |　**이온전도도 측정**

고체에서의 이온전도도 측정을 위한 많은 방법들이 있다. 그 중에서 가장 간단한 방법을 그림 7.7에 간략하게 나타내었다. 여기에서 용융 상태 Na는 Na^+ 이온전도체인 고체 전해질(즉 $t_e \ll t_{\text{ion}} \approx 1.0$) 막에 의해 두 구획으로 분리된다. 직류 전압 V를 인가하면 양극에서 음극으로 이온 전류 I_{ion}가 흐른다. 전극에서의 분극 효과를 무시할 수 있다고 가정하면, V/I_{ion} 비율은 고체에서의 이온 저항의 척도이므로 전류가 흐르는 단면적과 고체 막의 두께를 알면 쉽게 전도도를 계산할 수 있다.

이와 같은 실험은 다음 반응으로 진행된다.

$$Na(\text{전극}) \Rightarrow Na^+(\text{고체}) + e^{-1}(\text{외부 회로 내})$$

위의 반응이 양극에서 일어나며, 동시에 역반응이 아래와 같이 음극에서 발생한다.

$$Na^+(\text{고체}) + e^{-1}(\text{용융 Na로부터}) \Rightarrow (\text{전극})$$

(그림 7.7의 전극 배열을 고려하면, 모든 Na는 오른쪽에 모이게 된다.) 따라서 이온전도도를 측정하기 위해서는

1. 고체는 전자나 정공에 의해서가 아닌 이온에 의해 전도되어야 한다. 그렇지 않은 경우, 전류는 단순히 전자 결합 또는 이온과 전자 결합의 조합에 의해서 발생된다. 후자가 발생하는 경우 혼합 전도체로 간주한다.
2. 전극이 전기적으로 활성화된 종(이 경우 Na^+)을 차단하지 않고 이동시킬 수 있어서 고체 전해질에서 액체

---

[12] 관련된 총 이온 수보다 이동성 운반자의 수를 사용하는 이유는 식 (7.29)에서의 이유와 유사하다. 여기서 하나의 부격자는 전도되는 이온이 흐르는 '파이프'라고 가정할 수 있다. 그림 7.7을 참조하면, 이온 또는 결함이 한 면에서는 해당 고체로 들어가고 다른 면에서는 나오게 된다. 결정 전체가 화학 퍼텐셜 구배에 있는 경우와 달리 여기서는 결정 자체가 외부 기준 좌표계에 대한 상대적 이동이 발생하지 않는다.

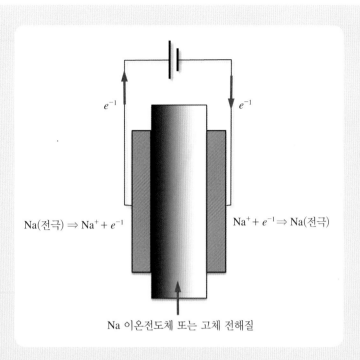

$$Na(전극) \Rightarrow Na^+ + e^{-1} \qquad\qquad Na^+ + e^{-1} \Rightarrow Na(전극)$$

Na 이온전도체 또는 고체 전해질

그림 7.7 이온전도도를 측정하기 위한 실험 모식도. 만약 전극이 이온의 이동을 차단하지 않는 소재라면 이온전도도는 단순히 $R_{ion} = V/I_{ion}$이 된다.

전극으로 또는 그 반대로 Na^+ 이온이 방해받지 않고 교차할 수 있어야 한다. 이는 기초 전기화학에서 자주 볼 수 있는 사례이며, 유일한 차이점은 이온이 실제로 고체를 통과한다는 것이다.

세라믹스에서 전도성이 있다면 대부분의 경우 전자전도체이다. 만약 띠간격이 크고(예제 7.4 참고) 예외적인 수준으로 매우 순도가 높은 경우라면 이온전도도를 측정할 수 있다. 그러나 일반적으로 이러한 이온전도도는 상당히 낮은 수준이다. 용융염의 전도도($\sigma > 10^{-2}$ S cm^{-1})에 근접한 수준의 매우 높은 이온전도도를 나타내는 특정 종류의 고체가 있는데, 이를 **고속 이온전도체**(FIC, fast ion conductor)라 지칭하며, 때때로 **고체 전해질**(solid electrolyte)이라 표현한다. 그림 7.8은 결정질과 비정질을 포함하는 다양한 세라믹스에서 이온전도도의 온도 의존성을 나타낸다.

고속 이온전도체는 대략 세 그룹으로 나눌 수 있다. 첫 번째는 은과 구리 기반의 할로겐 화합물과 칼코겐 화합물이다. 그 중에서 비정질 α-AgI가 가장 독보적인 은 이온전도도를 보인다. 두 번째는 비화학양론적 조성의 알루미늄 화합물을 기반으로 하는 알칼리 금속 전도체이며, 그 중에서 가장 중요한 조성은 β-Al$_2$O$_3$이며, 대략적인 화학식은 Na$_2$O·11Al$_2$O$_3$이다. 세 번째는 형석 구조를 가진 산화물을 기반으로 하며, 산소 부격자에 많은 수의 공공을 형성하기 위해 다른 원자가를 갖는 산화물을 도핑하므로 이는 산소 이온전도체이다. 이러한 소재들의 모든 구조에서 소재 자체적으로 또는 외부적인 요인이 수반되어 결함의 농도가 큰 특징을 가진다. 할로겐 화합물과 β-Al$_2$O$_3$는 '진성'

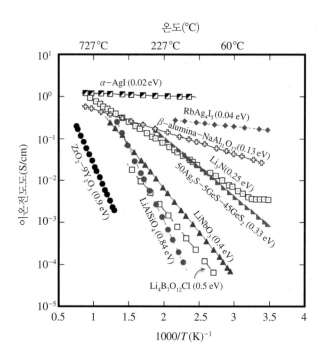

그림 7.8 다양한 Ag, Na, Li, O 기반 고속 이온전도체에 대한 이온전도도의 아레니우스 플롯 (H. Tuller, D. Button, and D. Uhlmann, *J. Non-Cryst. Solids*, 40, 93, 1980. 허가 후 게재.)

고속 이온전도체의 좋은 예이며, 구조적으로 전도가 발생하는 결정면에서 많은 수의 공공이 존재한다(예: 그림 7.9 참고). 더욱이 자리 사이의 이동을 위해 필요한 활성화 에너지 ΔH_m^*가 0.01~0.2 eV 범위로 매우 작으므로 매우 큰 결함 이동도와 전도도를 나타낸다.

칼시아 안정화 지르코니아는 다른 원자가를 가지는 성분을 도핑함으로써 결함 수를 외부에서 임의적으로 제어한 사례이며, 아래의 반응식에 따라 ZrO_2에 1몰의 CaO가 추가될 때마다 1몰의 산소 공공이 형성된다.

$$CaO \underset{ZrO_2}{\Rightarrow} Ca''_{Zr} + V_{\ddot{O}} + O_O^x$$

결과적으로 전도도는 그림 7.10과 같이 낮은 도핑 농도에서만 유의미하게 선형적인 거동을 보이

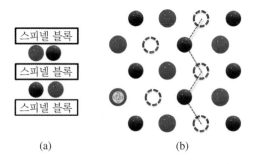

그림 7.9 β-알루미나의 구조. (a) c축에 평행한 면. (b) 전도가 발생하는 면에서의 원자 배열(즉, 전도 면의 평면도). 빈 원은 비어 있는 Na 이온 자리를 나타내며, 전체 자리와 채워진 자리 간에 번갈아 나타나는 Na^+ 사슬에 유의해야 한다.

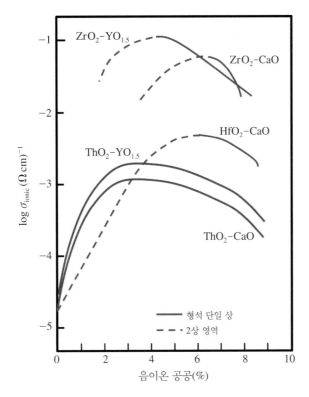

그림 7.10 많은 종류의 산소 이온전도체의 이온전도도에 대한 도핑의 영향(W. H. Flygare and R. A. Huggins, *J. Phys. Chem. Solids*, 34, 1199, 1973에서 발췌.)

며, 도핑 농도가 증가하면서 최댓값을 나타낸 이후 감소하는 경향을 보인다. 이는 결함-결함 사이의 상호작용과 더불어 희박농도 조건 관련 가정이 잘 맞지 않기 때문이다.

일반적으로 다음 2가지의 구조적인 특징이 대부분의 고속 이온전도체를 구분되게 한다. 첫 번째는 매우 잘 정렬된 이동성이 없는 부격자의 존재이며, 이는 구조 내에서 이온의 유동이 용이하기 위한 연속적인 채널을 제공한다. 두 번째는 움직일 수 있는 이온의 수보다 더 많은 수의 자리를 가지는 매우 무질서한 여분의 부격자가 있다는 것이다. 이러한 조건에서 고속 이온전도체의 전도도는 다음과 같이 표현될 수 있다(문제 7.2b 참고).[13]

$$\sigma_{FIC} = (상수) \frac{\beta[1-\beta]}{kT} \exp\left(-\frac{\Delta H_m^*}{kT}\right) \tag{7.46}$$

여기서 β는 $\beta = n_{mob}/n_0$이며, $\beta = 1/2$일 때 최댓값을 가진다. 그림 7.9b를 참조하면, 해당 식이 이와 같은 형태를 취하는 이유는 전도가 발생하는 면에서 이온 수가 비어 있는 자리의 수와 같을 때 최대 전도도를 갖기 때문이다. 여기에서 차량에 의한 교통의 흐름이 좋은 비유가 될 수 있는데, 자동차의 최대 유동량은 n_0가 작은 심야시간이나 $1 - n_0$가 작은 러시아워 시간에 발생하지 않고 오히려 그 사이 시간대에 존재한다.

---

[13] 이 식은 결함-결함 상호작용을 무시할 수 있는 경우에만 유효하다.

7.3.3 전자전도도

이온전도도와 마찬가지로 전자전도도는 식 (7.42)에 의해 결정되며, 전자와 정공과 같은 이동성 전자 운반자의 농도와 운반자 이동도에 비례한다. 일반적으로 세라믹스에서 이와 같은 이동성 전자 운반자는 3가지 방법, 즉 (1) 띠간격을 통한 들뜸(진성)에 의해, (2) 불순물(외인성)에 의해, (3) 화학양론에서 벗어난 결과(비화학양론)로 생성될 수 있다. 각각에 대하여 아래에서 자세히 논의한다.

7.3.3.1 진성 반도체

전자와 정공은 재료에서 띠간격을 통한 들뜸에 의해 생성된다. 전도띠로 들뜬 모든 전자에 대응하여 원자가띠에는 정공이 남는다. 따라서 결과적으로 진성 반도체의 경우 $n = p$이다.

주어진 온도에서 띠간격을 가로질러 들뜨는 전자의 수를 예측하기 위해서는 상태밀도 함수와 각 상태의 점유 확률을 모두 알아야 한다(자세한 내용은 부록 7B 참고). **상태밀도**(density of state)는 단위 에너지 간격당 상태 수로 정의되며, 점유 확률은 아래와 같은 페르미-디락 에너지 함수에 의해 주어진다.

$$f(E) = \frac{1}{1 + \exp[(E - E_f)/kT]} \tag{7.47}$$

해당 수식이 그림 7.11에서 온도의 함수로 표시되었다. 여기서 E는 에너지이고 E_f는 전자를 찾을 확률이 0.5인 에너지로 정의되는 페르미 에너지이다. k 및 T는 일반적으로 활용되는 볼츠만 상수와 온도를 의미한다. 전도띠에서 단위부피당 전자 수 n은 다음과 같이 표시된다(부록 7B 참고).

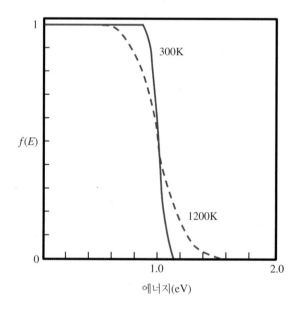

그림 7.11 E_f가 1 eV인 것으로 가정한 서로 다른 두 온도에 대한 페르미-디락 분포 함수. 온도가 증가함에 따라 해당 분포가 더 높은 에너지로 이동하는 반면 전자를 찾을 확률이 0.5인 에너지로 정의되는 E_f는 변하지 않는다.

$$n = N_c \exp\left(-\frac{E_c - E_f}{kT}\right) \tag{7.48}$$

정공 수 p 또한 아래와 같다.

$$p = N_v \exp\left(-\frac{E_f - E_v}{kT}\right) \tag{7.49}$$

여기서 E_c와 E_v는 각각 전도띠의 가장 낮은 에너지와 원자가띠의 가장 높은 에너지를 의미한다(그림 7.12 참고). N_c와 N_v는 6장에서 정의되었으며 아래와 같이 주어진다(부록 7B 참고).

$$N_c = 2\left(\frac{2\pi m_e^* kT}{h^2}\right)^{3/2}, \quad N_v = 2\left(\frac{2\pi m_h^* kT}{h^2}\right)^{3/2}$$

여기서 m_i^*는 이동하는 종의 유효질량이다. 식 (7.48)과 (7.49)의 곱으로부터 아래와 같은 반도체 물리학의 기본 방정식을 산출할 수 있다.

$$np = N_c N_v \exp\left(-\frac{E_g}{kT}\right) = N_c N_v K_i \tag{7.50}$$

이에 따라 곱 np는 E_f의 함수가 아님을 알 수 있으며, 해당 방정식은 식 (6.20)과 동일하다.

위에서 언급한 바와 같이 진성 반도체에서는 $n = p$이므로

$$n = p = \sqrt{N_c N_v} \exp\left(-\frac{E_g}{2kT}\right) \tag{7.51}$$

이에 따라 전도도는 아래와 같다.

$$\sigma = e\mu_n n + e\mu_p p = ne(\mu_n + \mu_p) \tag{7.52}$$

지금까지 전자 운반자의 이동도와 이의 온도 의존성은 논의되지 않았다. 전자와 정공의 이동도에

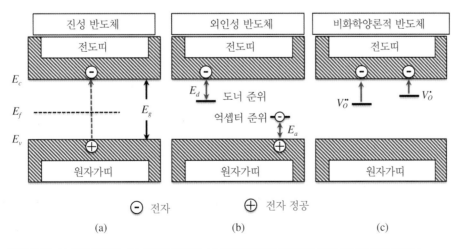

그림 7.12 (a) 진성 반도체, (b) 외인성 반도체, (c) 비화학양론적 반도체에 대한 에너지 준위 개략도

대한 온도의 영향은 몇몇의 요인에 의해 달라지는데, 그 중에서 전도띠 및/또는 원자가띠의 폭이 가장 중요한 역할을 한다. 띠의 폭이 넓은 소재의 경우(띠간격이 큰 재료와 혼동하지 말 것), 금속에서와 같이 온도가 증가함에 따라 격자 또는 포논 산란에 의해서 전자 운반자의 이동도가 떨어진다. 이 경우 μ_n과 μ_p가 모두 $T^{-3/2}$에 비례하며, $\sigma_{el,int}$의 온도 의존성은 아래와 같이 주어진다.

$$\sigma_{el,int} = K''T^{-3/2}T^{3/2}\exp\left(-\frac{E_g}{2kT}\right) = K''\exp\left(-\frac{E_g}{2kT}\right) \tag{7.53}$$

참고로 $T^{3/2}$ 항은 식 (7.51)의 상수항인 상태밀도에서부터 도출되었다. 이 결과는 포논 산란이 전자 이동도의 온도 의존성에 큰 영향을 미치는 상황, 즉 온도가 증가함에 따라 이동도가 감소하는 경향을 보이는 진성 반도체에 적용할 수 있다.

다음으로는 **작은 폴라론**(small polaron)과 **큰 폴라론**(large polaron)에 의한 기구가 전자와 정공의 이동도에 대한 온도의 영향을 결정할 수 있다. 폴라론은 한 위치에서 과량의 전하가 바로 근처의 격자를 분극시키거나 왜곡시킬 때 형성되는 이온 결정에서의 결함이다. 예를 들어, 산소 공공이 전자를 포획하면[14](그림 6.4b), 이를 둘러싸고 있는 양이온을 결함 방향으로 끌어당기는 반면 음이온은 멀어지게 된다. 이와 같은 분극이 격자를 통해 이동할 때 전자 결함을 가두거나 이동을 방해한다.

작은 폴라론. 이 기구에서 전도는 일반적으로 산화가가 서로 상이한 인접한 이온 간의 전자 결함의 '호핑'에 의해 발생한다. 전이금속 이온은 다양한 산화가를 가질 수 있기 때문에 이와 같은 유형의 전도는 전이금속 산화물에서 가장 많이 관찰된다. 예를 들어 전하 운반자가 전자인 경우 아래와 같은 과정을 생각할 수 있다.

$$M^{+n} + e^{-1} \Rightarrow M^{n-1}$$

격자의 분극은 계의 에너지를 감소시키며, 운반자는 유효 깊이 E_B의 퍼텐셜 에너지 우물에 갇힌 것으로 가정한다. 이에 따라 이동이 발생하기 위해서는 최소한 퍼텐셜 에너지 우물을 벗어날 수 있는 만큼의 에너지가 공급되어야 하며, 결과적으로 이동도는 열적으로 활성화된다. 폴라론 전도도는 고속 이온전도체에서 표현했던 방식과 매우 유사한 표현으로 아래와 같이 나타낼 수 있다(문제 7.2c 참고).

$$\sigma_{hop} = (상수)\frac{x_i[1-x_i]}{kT}\exp\left(-\frac{E_B}{kT}\right) \tag{7.54}$$

여기서 x_i는 하나의 전하가 차지하는 자리의 분율이며, $[1-x_i]$는 다른 전하가 차지하는 자리의 분율이다. 예를 들어, Fe 양이온 사이의 폴라론 호핑의 경우 x 및 $(1-x)$는 각각 Fe^{2+} 및 Fe^{3+} 양이온의 농도를 나타낸다. 해당 모델에서 이론적으로 최대 전도는 $x \approx 0.5$에서 발생할 것으로 예측될 수 있으나, 실험적으로는 항상 일관적으로 관찰되지 않는다.

큰 폴라론. 왜곡이 전자를 완전히 가둘 만큼 크지 않으나 여전히 속도를 늦출 만큼 충분히 크다

---

[14] 불순물이나 결함에 갇힌 전자나 정공의 조합을 색 중심이라 부르며, 이는 흥미로운 광학적 특성 및 자기적 특성을 나타낼 수 있다(16장 참고).

면 큰 폴라론 모델을 적용할 수 있다. 큰 폴라론은 자유전자보다 유효질량이 더 크다는 점을 제외하고는 자유 운반자와 같이 거동할 수 있다. 큰 폴라론의 이동도는 $T^{-1/2}$에 비례하며, 이에 따라서 진성 반도체에서 전도도 및 전도도의 온도 의존성은 큰 폴라론의 영향이 매우 크다.

$$\sigma = \text{(상수)}T^{3/2}\,T^{-1/2}\exp\left(-\frac{E_g}{2kT}\right) = \text{(상수)}T\exp\left(-\frac{E_g}{2kT}\right) \tag{7.55}$$

예제 7.4

좋은 고체 전해질은 적어도 $0.01\ (\Omega\cdot\text{cm})^{-1}$의 이온전도도를 가져야 하며, 전자 수송 수는 10^{-4}를 넘지 않아야 한다. 1000K에서 이러한 고체의 띠간격은 최소 $\approx 4\ \text{eV}$이어야 함을 보이시오. 전자 이동도와 정공 이동도가 모두 $100\ \text{cm}^2/\text{V}\cdot\text{s}$로 같다고 가정하고, 다른 모든 가정을 기술하시오.

정답

명시된 소재의 성능 지수에 의하면 전자전도도는 다음을 초과해서는 안 된다.

$$\sigma_{\text{elec}} = t_e \sigma_{\text{tot}} \approx t_e \sigma_{\text{ion}} = 0.01 \times 10^{-4} = 1 \times 10^{-6}\ (\Omega\cdot\text{cm})^{-1}$$
$$= 1 \times 10^{-4}\ (\Omega\cdot\text{m})^{-1}$$

식 (7.52)에 σ_{elec}값을 대입하고, 1000K에서 $\mu_e = \mu_p = 0.01\ \text{m}^2/(\text{V}\cdot\text{s})$라고 가정하고 n에 대하여 풀면 다음과 같으며,

$$n = \frac{1 \times 10^{-4}}{1.6 \times 10^{-19}(0.01 + 0.01)} = 3.12 \times 10^{16}\ \text{electrons/m}^3$$

또한 $m_e = m_e^*$을 가정하면 다음과 같다.

$$N_c = 2\left(\frac{2\pi m_e^* kT}{h^2}\right)^{3/2} = 2\left(\frac{2\pi \times 9.1 \times 10^{-31} \times 1.38 \times 10^{-23} \times 1000}{(6.63 \times 10^{-34})^2}\right)^{3/2}$$
$$= 1.5 \times 10^{26}\ \text{m}^{-3}$$

마지막으로 $N_c = N_v$라고 가정 후 식 (7.51)에 대입하여 E_g에 대서 풀면 다음과 같다.

$$E_g = -2kT \ln\frac{n}{N_c} = -2 \times 1000 \times 8.62 \times 10^{-5} \ln\frac{3.12 \times 10^{16}}{1.5 \times 10^{26}} = 3.84\ \text{eV} \quad \blacksquare$$

7.3.3.2 외인성 반도체

외인성 반도체의 전도도는 주로 외부 불순물의 존재에 의해 결정된다. 외인성 반도체의 개념을 설명하는 가장 좋은 방법은 실리콘 원소에 대한 구체적인 사례를 보는 것이며, 이를 위해서 인과 같은 5족 원소 첨가를 고려한다. 인 원자가 실리콘 원자를 치환하면 4개의 전자가 인접한 실리콘 원자와 결합하는 데 사용되고 여분의 전자가 남게 된다(그림 7.13a). 이 전자는 여타 결합에 참여하는 전자

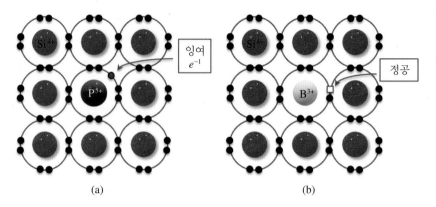

그림 7.13 (a) n형 반도체 및 (b) p형 반도체의 개략도. 붕소가 실리콘에 첨가되면 이탈된 전자(정공의 정의)가 형성되며, 에너지 E_d를 받으면 원자가띠의 전자가 전자 정공의 위치로 움직이고, 원자가띠에 정공이 형성된다.

만큼 강하게 구속되지 않으며 전도띠로 쉽게 이동한다. 다시 말해서, 각각의 인 원자는 전도띠에 하나의 전자를 제공함으로써 실리콘의 전도도를 증가시키며, 이를 **n형 반도체**(n-type semiconductor)로 부른다. 띠이론 관점에서 도너는 E_c(그림 7.12b)보다 낮은 에너지 E_d에서 띠간격 내의 국부적인 준위로 표시되며, E_d는 전자를 그 자리에 묶어둘 수 있는 에너지의 크기이다.

이와는 반대로 만약 실리콘에 붕소와 같은 3족 원소를 첨가하면(그림 7.13b), 3족 원소의 경우 원자 껍질에 3개의 전자만 존재하므로 원자가띠에 정공이 생성된다. 여기에 전기장을 인가하면 정공은 이웃 원자의 전자가 도약할 수 있는 공공으로 작용한다. 이와 같은 소재를 **p형 반도체**(p-type semiconductor)라 지칭하며, 이에 대한 에너지 다이어그램을 그림 7.12b의 하단에서 볼 수 있다.

외인성 반도체의 전도도를 정량화하기 위해서 도펀트 원자 농도 N_D로 도핑된 n형 반도체를 고려한다. 도너의 이온화 반응은 다음과 같이 쓸 수 있다.

$$D \Rightarrow D^{\cdot} + e'$$

질량 균형 조건은 아래와 같으며,

$$N_D = D + D^{\cdot}$$

여기서 D와 $D^{\cdot}$는 각각 이온화되지 않은 도너와 이온화된 도너의 농도를 지칭한다. 이에 해당되는 질량 작용 법칙 관련 식은 아래와 같다.

$$\frac{[D^{\cdot}][n]}{[D]} = \exp\left(-\frac{E_d}{kT}\right) \tag{7.56}$$

이때 E_d는 도너가 이온화하는 데 필요한 에너지이며(그림 7.12b 참고), 대괄호는 농도가 아니라 몰분율을 나타낸다. 따라서 $[D]$와 $[D^{\cdot}]$는 각각 이온화되지 않은 도너와 이온화된 도너의 몰분율을 지칭하며, $[n] = n/N_c$을 의미하고 $[D^{\cdot}] = D^{\cdot}/N_D$이다.

여기에서 3가지 온도 범위를 고려하여 거동에 대한 이해를 도울 수 있다.

낮은 온도 영역(그림 7.14의 영역 1). 낮은 온도에서는 소수의 도너만 이온화될 수 있으므로 $n = D^{\cdot}$

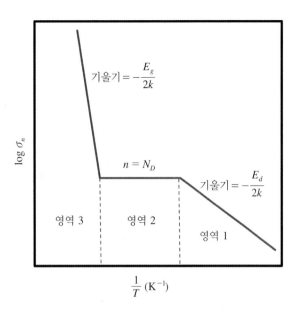

$$\text{기울기} = -\frac{E_g}{2k}$$

$$n = N_D$$

$$\text{기울기} = -\frac{E_d}{2k}$$

영역 3 영역 2

영역 1

$$\frac{1}{T} \ (\text{K}^{-1})$$

그림 7.14 외인성 반도체의 전자전도도의 온도 의존성. 영역 2는 때때로 소진 영역이라 칭한다.

$\ll N_D$의 조건이 되고, 이는 다시 말해 $[D] \approx 1$과 $n = D^{\cdot}$로 표현할 수 있다. 이를 식 (7.56)에 대입하면 아래와 같은 식을 얻을 수 있다.

$$\sigma_{\text{elec}} = \sigma_n = e\mu_n \sqrt{N_D N_c} \exp\left(-\frac{E_d}{2kT}\right) \tag{7.57}$$

따라서 낮은 온도 영역에서 $\log \sigma_n$과 온도의 역수는 서로 기울기가 $E_d/(2k)$인 직선의 관계로 나타난다.

중간 온도 영역(그림 7.14의 영역 2). 해당 온도 구간에서는 낮은 온도에서는 $kT \approx E_d$이므로 대부분의 도너 원자가 이온화된다. 따라서 이동성 운반자의 총 수는 단순히 도펀트 농도 N_D와 같으며, 이 경우 전도도는 아래와 같이 표현된다.

$$\sigma_{\text{elec}} = \sigma_n = eN_D\mu_n \tag{7.58}$$

이 영역에서 전도도는 온도에 크게 영향을 받지 않지만, 포논 산란이 중요해지는 경우 온도가 증가함에 따라 전도도가 감소할 수 있다.

높은 온도 영역(그림 7.14의 영역 3). 해당 영역에서는 원자가띠에서 전도띠로 들뜬 전자의 수가 매우 많을 정도로 온도가 충분히 높다고 가정하며, 이 경우 반도체는 진성 반도체와 같이 거동하며 전도도는 식 (7.53)과 같이 표현된다. 해당 온도 구간에서는 $\log \sigma_n$과 온도의 역수는 서로 기울기가 $E_g/(2k)$인 직선의 관계로 나타난다(그림 7.14).

다시 정리하면, 낮은 온도 영역에서는 이동성 운반자가 부족하여 전도도가 낮으며, 대부분은 트랩에 갇히게 된다. 온도가 증가함에 따라 트랩에서 전자를 방출하는 데 필요한 활성화 에너지가 공급되어 결함이 이온화되기 시작하여 전도도가 증가한다. $kT \approx E_d$ 조건의 중간 온도 영역에서는 대부분의 불순물은 전자를 전도띠에 보내고 전도도의 포화가 시작된다. 온도가 더욱 증가하면(용융되지 않은 경우) 띠간격을 통하여 전자가 여기하여 운반자의 농도가 더욱 증가하므로 전도도가 $E_g/(2k)$에 비례하는 기울기를 가지며 다시 증가한다.

7.3.3.3 비화학양론적 반도체

앞선 소절에서 n과 p는 특히 더 낮은 온도에서는 도핑 준위에 의해 고정되고, 도너 및 억셉터의 국재화된 준위의 개념이 도입되었다. 비화학양론적 전자 반도체의 띠구조는 전자 결합이 도핑의 결과가 아니라 결정의 화학양론을 변화시킴으로써 형성된다는 점을 제외하고는 외인성 반도체와 매우 유사하다.

외인성 반도체와 비화학양론적 산화물 사이의 유사성을 설명하기 위하여 그림 7.13a와 그림 6.4a 또는 b를 비교한다. 두 경우 모두 전자는 트랩과 느슨하게 결합되어 쉽게 전도띠로 들뜨게 된다. 1가 또는 2가로 이온화된 산소 공공에 대한 에너지 다이어그램은 그림 7.12c에 나와 있다. 본질적으로 비화학양론적 반도체에서 전도띠와 원자가띠로 들뜬 전자와 정공은 환원 또는 산화의 결과이다. 예를 들어, 산화물의 환원은 산소 원자의 제거를 수반하며 이는 전기적 중성을 유지하기 위해 전자를 남겨두어야 하는데, 이러한 전자가 전도를 담당한다.

비화학양론적 산화물의 거동을 이해하기 위해서는 6.2.8절에서 논의되었던 크뢰거-빙크 (Kroger-Vink) 도표의 구성이 필요하며, 아래와 같이 구체적인 예시에서 설명한다.

ZnO: 실험적으로 ZnO의 전도도는 그림 7.15a에 대략적으로 나타낸 바와 같이 산소분압이 증가함에 따라 감소하는 것으로 밝혀졌다. 이에 대한 로그-로그 플롯의 기울기는 ¼로 측정되며, 이는 다음과 같이 설명된다.

$$O_O^x + Zn_{Zn}^x \Leftrightarrow \frac{1}{2}O_2(g) + Zn_i^{\cdot} + e^{-1}$$

이에 대한 질량 작용 법칙에 의한 식은 아래와 같다.

$$P_{O_2}^{1/2}[Zn_i^{\cdot}][n] = 상수$$

위 식을 전기적 중성 조건인 $Zn_i^{\cdot} \approx n$과 결합하면 아래와 같이 표현된다.

$$\sigma \propto n = (상수)P_{O_2}^{-1/4}$$

만약 해당 Zn 칩입형 결함이 2가로 이온화된다고 가정했다면, P_{O_2} 의존성은 실험결과와 일치하지 않았을 것이다.

Cu₂O: ZnO와 달리 Cu$_2$O의 전도도는 $\approx +1/7$의 기울기로 산소분압이 증가함에 따라 증가한다. 이 결과를 설명하기 위해 아래와 같은 결합 반응을 가정한다.

$$\frac{1}{2}O_2(g) \Leftrightarrow O_O^x + 2V_{Cu}' + 2h^{\cdot}$$

이를 전기적 중성 조건인 $V_{Cu}' = p$와 질량 작용 법칙 관련 식과 결합하면 아래와 같이 표현된다.

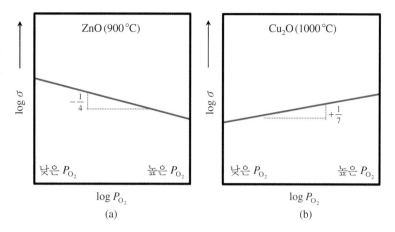

그림 7.15 (a) ZnO 및 (b) Cu$_2$O의 산소분압에 따른 전도도 변화 개략도. 해당 그래프는 실제 실험으로 도출되었다.

$$\sigma \propto p = (상수)\, P_{O_2}^{1/8}$$

따라서 이는 그림 7.15b에 표시된 측정값 1/7과 유사한 것을 알 수 있다.

CoO: CoO는 Co$_{1-x}$O 식으로 표현되는 금속 부족 산화물[15]이며(표 6.1 참고), 전도도는 열적으로 활성화되고 p형으로 알려져 있다. 즉 $\mu_p = (상수)[\exp - E_B/kT]$가 되는 폴라론 호핑에 의해 전도가 발생한다. 높은 P_{O_2}에서 전도도의 변화는 $\approx +1/4$의 기울기로 더 급격하지만 낮은 산소분압에서는 더 낮은 $\approx +1/6$의 기울기를 나타낸다. 이는 높은 P_{O_2}에서 결함 반응이 다음과 같이 일어남을 시사한다.

$$\tfrac{1}{2}O_2(g) \Leftrightarrow O_O^x + V_{Co}' + h^{\cdot} \quad \Delta G_{V_{Co}}$$

여기서 평형상수 $K_{V_{Co}'}$는 $\exp[-\Delta G_{V_{Co}}/(kT)]$와 같다. 이에 대응하는 질량 작용 법칙 관련 식과 전기적 중성 조건 $p = V_{Co}'$를 활용하면 아래 식을 얻는다.

$$\sigma = \sigma_p = pe\mu_p = (상수)(K_{V_{Co}'})^{1/2} P_{O_2}^{1/4} \exp\left(-\frac{E_B}{kT}\right)$$

여기서는 압력 의존성이 관찰되며, 나아가 아래와 같은 관계를 가지기 때문에

$$K_{V_{Co}'} = \exp\frac{\Delta S_{V_{Co}'}}{k}\exp\left(-\frac{\Delta H_{V_{Co}'}}{kT}\right)$$

이에 따라 전자전도도의 최종 형태는 다음과 같다.

$$\sigma = \sigma_p = pe\mu_p = (상수)\exp\left(-\frac{\Delta H_{V_{Co}'}}{2kT}\right)\exp\left(-\frac{E_B}{kT}\right)P_{O_2}^{1/4} \tag{7.59}$$

이와 유사한 방식으로, 낮은 P_{O_2}에서도 해당 반응이 2가로 이온화된 코발트 공공이 형성되는 반응임을 다음과 같이 알 수 있다.

---

[15] 실제로 CoO에 관한 내용은 이곳에 기재된 것처럼 간단하지 않다. 자세한 정보는 H.-I. Yoo, et al., *Solid State Ion.*, 67, 317–322 (1994)를 참고하라.

$$\frac{1}{2}O_2(g) \Leftrightarrow O_O^x + V_{Co}'' + 2h^\cdot \quad \Delta G_{V_{Co}''}$$

독자는 낮은 P_{O_2} 영역에서 전도도가 아래와 같이 표현됨을 보일 수 있어야 한다.

$$\sigma = \sigma_p = (상수)\exp\left(-\frac{\Delta H_{V_{Co}''}}{3kT}\right)\exp\left(-\frac{E_B}{kT}\right)P_{O_2}^{1/6} \tag{7.60}$$

여기서 $\Delta H_{V_{Co}''}$는 2가로 이온화된 코발트 공공의 형성에 필요한 엔탈피를 의미한다.

전도도가 산화환원 반응에 의해 결정될 때, 최종 수식은 띠간격이나 도핑에 의존하지 않고 오히려 산화물의 산화 또는 환원에 대한 용이성, 즉 Δg_{red} 및 Δg_{oxid}에 의존한다는 것에 주목해야 한다. 이는 일반적으로 양이온이 1개 이상의 산화 상태를 가지기 때문이며, 따라서 6.2.6절에서 논의된 비화학양론의 범위와 밀접한 관계에 있다.

ZrO₂: 이트리아가 도핑된 지르코니아에 대한 크뢰거-빙크 도표는 그림 7.16a에서 이미 확인하였으며, 이에 대한 구성 및 해석은 독자들에게 연습문제로 남겨둔다. 순수한 지르코니아에서의 산소 결함의 농도는 단순히 $\sqrt{K_F}$이나, 앞서 언급한 바와 같이 Ca^{2+} 또는 Y^{3+}와 같은 이종 양이온의 도핑으로 크게 향상시킬 수 있다. 이 도표를 기반으로 이온전도를 보이는 영역에서 전자 결함이 소수 운반자가 된다.

이트리아가 도핑된 지르코니아에서 온도에 따른 실제 데이터는 그림 7.16b에 나타나 있으며, 일반적으로 그림 7.16a에 표시된 결과를 재확인시킨다. 온도 1000℃ 및 산소분압 10^{-10} atm인 조건에서 $t_{ion} \approx 10^{-1}/(10^{-1} + 1 \times 10^{-6}) \approx 1.0$이며, 산소분압 $\approx 10^{-30}$ atm에서는 $t_{ion} \approx t_{elec} \approx 0.5$이다.

전자전도와 달리, 이온전도도는 이온 결함의 농도가 외인성이어서, 즉 도핑에 의해 고정되기 때문에 P_{O_2}에는 영향을 받지 않는다. 이와 같은 산소분압에 대한 독립성은 실제로 어떤 고체가 이온전도체라고 판단할 수 있는 강력한 근거로 활용될 수 있으나, 예외가 있을 수 있고 이를 아래에 설명하고자 한다.

예제 7.5

킨거리 외(Kingery et al.)에 의해 저술된 저명한 논문에서 $Zr_{0.85}Ca_{0.15}O_{1.85}$의 전도도를 산소분압과 온도의 함수로 측정한 바가 있다.[16] 이때 전도도(S/m)는 산소분압과 무관하며 아래와 같은 관계식을 따르는 것으로 밝혀졌다.

$$\sigma = 1.5 \times 10^5 \exp\left(-\frac{1.26 \text{ eV}}{kT}\right)$$

동일한 재료에서 산소 이온의 확산계수 역시 별도의 실험을 통하여 측정되었으며, 아래의 수식을 따르는 것으로 밝혀졌다.

$$D_O(m^2/s) = 1 \times 10^{-6} \exp\left(-\frac{1.22 \text{ eV}}{kT}\right)$$

[16] W. D. Kingery, J. Pappis, M. E. Doty, and D. C. Hill, Oxygen mobility in $Zr_{0.85}Ca_{0.15}O_{1.85}$, *J. Amer. Cer. Soc.*, 42(8), 393–398 (1959).

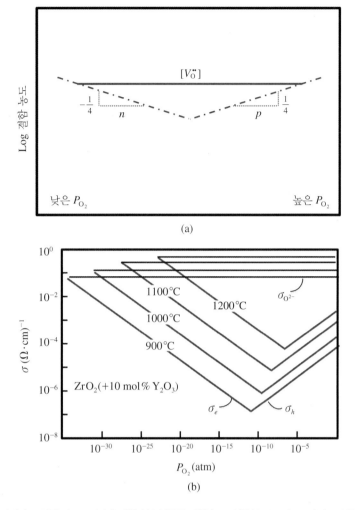

(a)

(b)

그림 7.16 (a) 이트리아가 도핑된 지르코니아에 대한 산소분압의 결함 농도 의존성. (b) 지르코니아(+10몰% 이트리아)에서 산소분압과 온도에 대한 이온전도도 및 전자전도도의 의존성. $\sigma_e \approx \sigma_{ion}$인 매우 낮은 산소분압을 제외하고는 이온전도성이며, 산소분압에 무관하다. (L. D. Burke, H. Rickert, and R. Steiner, *Z. Physik. Chem. N.F.*, 74, 146, 1971.)

이 산화물의 전도 기구와 결합 구조에 관하여 어떠한 결론에 도달할 수 있는가? 이때 지르코니아의 밀도는 $\approx 6.1 \text{ g/cm}^3$, Zr의 몰질량은 91.22 g/mol, O_2의 몰질량은 32 g/mol이다.

정답

총 전도도는 P_{O_2}의 함수가 아니기 때문에 관찰되는 전도도는 이온전도도로 가정할 수 있다.[17] 단위부피당 산소 이온 농도는 아래와 같다.

$$c_{ions} = \frac{6.1 \times 1.85 \times 6.02 \times 10^{23}}{(91.22 + 32) \times 10^{-6}} = 5.52 \times 10^{28} \text{ ions/m}^3$$

---

[17] 전자전도도의 기여가 더욱 크면서도 산소분압에 독립적일 수 있는 상황이 있기 때문에 항상 참은 아니다(예: 그림 7.21c 참고).

네른스트-아인슈타인 관계를 활용하고 모든 단위를 SI 단위로 변환하면 전도도에 대한 아래 식을 얻는다.

$$\sigma_{\text{Oions}} = \frac{(2^2)(1.6 \times 10^{-19})^2(5.5 \times 10^{28})(1 \times 10^{-6})}{1.38 \times 10^{-23} \times T} \exp\left(-\frac{1.22 \text{ eV}}{kT}\right)$$

$$= \frac{4.07 \times 10^8}{T} \exp\left(-\frac{1.22 \text{ eV}}{kT}\right) \text{S/m}$$

1000K에서는 지수항 앞의 항은 4.07×10^5 S/m이 되며, 이는 위에서 표시한 전도도 표현식의 지수항 앞의 항의 상수와도 꽤 일치하고 더 높은 온도에서는 더욱 잘 맞는다. 이에 따라서 칼시아 안정화 지르코니아에서 전도는 산소 이온의 이동에 의해 발생하는 것을 증명하였다. ■

7.4 양극성 확산

지금까지 논의에서 이온 운반자와 전자 운반자에 의한 확산 및 전기 선속을 분리하여 고려하였다. 5.6절에서 간략하게 언급된 바와 같이, 그림 7.7과 같은 외부 회로가 없는 경우, 전하를 띤 종의 확산은 그로 인해 생성되는 전기장에 의해 즉각적으로 중단되므로 정상상태 조건으로 이어질 수 없다. 정상상태의 경우 확산 종들에 의해 발생하는 각각의 선속은 전기적 중성이 유지되어야 하므로 서로 독립적으로 거동하지 않는다. 따라서 크리프, 소결, 금속 산화, 연료전지와 고체 상태 센서의 효율성과 같이 실질적으로 중요한 현상에서는 2가지 선속의 영향을 모두 산정하는 **결합 확산** 또는 **양극성 확산**을 고려해야 한다. 이를 합리적으로 설명하고 이해를 돕기 위하여 결합 확산과 관련된 4가지 현상에 대하여 아래의 소절에서 자세히 논의한다. 첫 번째는 금속의 산화, 두 번째는 2원계 산화물에서의 일반적인 양극성 확산, 세 번째는 고용체를 형성하기 위한 두 이온 화합물의 상호확산이다. 마지막 소절에서는 전위차 센서로 활용하기 위한 조건을 살펴본다.

7.4.1 금속의 산화

양극성 확산의 개념에 대한 명확한 이해를 위하여 와그너(C. Wagner)가 처음 제안한 금속 산화를 위한 처리 과정을 예로 활용하여 설명한다.[18] 해당 모델이 활용되는 또 다른 이유는 일반적으로 전기화학 퍼텐셜이 단순한 화학 퍼텐셜 또는 전기적 퍼텐셜보다 고체에서 전하를 띤 종의 이동도를 담당하기 때문이다. 또한 화학적 안정성과 비화학양론의 개념 사이의 관계를 이해하는 데 도움을 줄 수 있다. 자세한 설명 전에 산화율이 어떻게 측정되는지 간략하게 검토하고 포물선 속도상수를 소개하고자 한다.

---

[18] C. Wagner, *Z. Physikal. Chem.*, B21, 25 (1933).

산화율은 다양한 방법으로 측정할 수 있다. 가장 간단한 방법 중 하나는 내산화성을 측정할 재료(일반적으로 금속 호일)를 주어진 시간 동안 주어진 P_{O_2}(대부분 일반 대기)의 산화 분위기에 노출시키고 냉각시킨 다음 시간에 따라 형성되는 산화물의 두께를 측정하는 것이다. 원자론적 모델이 나오기 이전에도 많은 금속의 산화율이 포물선 형태로 표현된다는 것이 경험적으로 잘 확립되어 있었다. 즉, 산화물 층의 두께 증가 Δx는 주어진 시간 t에 연관되며, 아래와 같이 표현된다.

$$\Delta x^2 = 2K_x t \tag{7.61}$$

여기서 비례상수 $K_x(\mathrm{m^2/s})$는 **포물선 속도상수**(parabolic rate constant)로 알려져 있으며, 이는 온도와 산소분압 모두에 영향을 받는다.

산화율을 측정하는 다른 방법은 열중량 측정법을 통하여 시간의 함수로 내산화성을 측정하고자 하는 재료의 무게 증가량을 측정하는 것이다(그림 7.17). 이 경우 단위면적당 무게 변화 Δw는 시간과 관련된다.[19]

$$\Delta w^2 = K_w t \tag{7.62}$$

여기서 $K_w(\mathrm{kg^2/m^4 \cdot s})$ 또한 온도와 산소분압에 의존하는 상수이며, 당연하게 K_x와 K_w는 서로 밀접한 관계에 있다(문제 7.17 참고). K_w는 중량 포물선 속도상수라고도 알려져 있다.

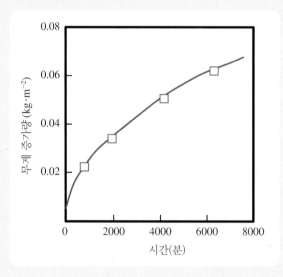

그림 7.17 Ti_3SiC_2에 대한 1000°C의 대기에서 산화 중 무게 증가량

이 소절의 나머지 부분에서의 목표는 현상학적 속도상수를 좀 더 산화물 층의 성장에 대한 기초적인 매개변수들과 연관시키는 것이다. 표 7.1에 1000°C에서 순수한 산소 분위기에서 산화된 다양

---

[19] 때때로 식 (7.62)는 식 (7.61)과 유사하게 상수항 2가 추가되는데, 이 책에서 K_w는 기술된 그대로 정의한다.

표 7.1 1000°C, 1기압에서 산화된 다양한 금속에 대한 포물선 속도상수 K_w

금속산화물	Fe-FeO	Ni-NiO	Co-CoO	Cr-Cr$_2$O$_3$	Si-SiO$_2$
$K_w(kg^2/m^4 \cdot s)$	4.8×10^{-5}	2.9×10^{-6}	2.1×10^{-8}	1.0×10^{-8}	1.4×10^{-14}

한 금속에 대한 포물선 속도상수를 나열하였다.

그림 7.18a에 실제로 발생할 수 있는 반응을 간단하게 그림으로 도시하였으며, 여기서 금속은 고온에서 산소에 노출되고 전자와 함께 양이온 침입형 결함이 외부로 확산되어 산화물 층을 형성한다. 이때 양이온과 전자는 모두 같은 방향으로 확산하고 있으며, 지금부터 표기된 아래첨자 'def'는 결함을 의미한다. ZnO는 이러한 산화물의 좋은 예이다.

금속/산화물 계면(그림 7.18a)에서 결합 반응은 다음과 같다.

$$M^* \leftrightarrow M_{def}^{z+} + ze^{-1} \tag{7.63}$$

여기서 z는 양이온의 원자가이며, M^*은 중성 또는 금속 종을 나타낸다. 여기서부터 위첨자 별표 *는 중성 종을 나타낸다.

반대로, 산화물/기체 계면에서 양이온과 전자는 다음과 같이 산소와 결합한다.

$$\frac{z}{4}O_2(g) + M_{def}^{z+} + ze^{-1} \leftrightarrow MO_{z/2} \tag{7.64}$$

이로 인하여 반응 층을 형성하며, 이는 시간이 경과하면서 성장하며 성장속도는 해당 층에서의 결함의 선속에 비례한다. 발생하는 알짜 반응은 단순히 식 (7.63)과 (7.64)의 합이다.

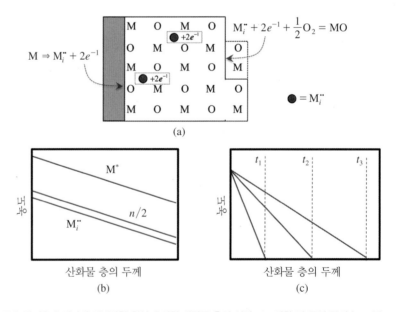

그림 7.18 (a) 금속 양이온과 전자의 외부방향 확산에 의한 산화물 층의 성장. (b) 결합 및 중성 종의 농도 분포. (c) 준정상상태 근사에 대한 개략도. 모든 시간 t에서 선속에 비례하는 농도 분포는 항상 선형적인 거동을 보이므로 x의 함수가 아니다. 그럼에도 불구하고 x가 증가하면 선속은 감소한다(기울기 감소). (b)와 (c)에서 농도 분포는 단순하게 선형으로 가정한다.

$$\frac{z}{4}\mathrm{O}_2(\mathrm{g}) + \mathrm{M}^* \leftrightarrow \mathrm{MO}_{z/2} \quad \Delta G_{\mathrm{MO}_{z/2}} \tag{7.65}$$

여기서 $\Delta G_{\mathrm{MO}_{z/2}}$는 성장하는 산화물 층의 형성에 필요한 자유 에너지이다.

와그너는 다음과 같은 상황을 가정하였다.

1. 해당 과정은 완전히 치밀하며, 균열이 존재하지 않는 층을 통하여 확산 지배 형태로 진행된다. 이러한 층은 산화 시 부피 변화가 너무 크지 않은 경우에만 발생한다. 이를 통해 성장하는 산화물 층에 의해 발생할 수 있는 균열 또는 좌굴 현상과 같은 불균일 변형을 배제한다.

   산화물 층이 보호 기능을 수행하는지 여부를 나타내는 좋은 지표는 아래와 같은 **필링-베드워스 비**(Pilling-Bedworth ratio)이며,

$$\text{P-B 비} = \frac{V_{\mathrm{MO}_{z/2}}}{V_{\mathrm{M}}} = \frac{\mathrm{MW}_{\mathrm{MO}_{z/2}}\rho_{\mathrm{M}}}{\mathrm{MW}_{\mathrm{M}}\rho_{\mathrm{MO}_{z/2}}} \tag{7.66}$$

   이를 통해 금속의 몰부피 V_{M}을 산화물의 몰부피 $V_{\mathrm{MO}_{z/2}}$와 비교한다. MW와 ρ는 각각 금속과 산화물의 분자량과 밀도를 나타낸다.

   P-B 비가 1 미만인 금속은 부피가 아래에 위치한 금속 표면을 모두 덮기에 충분하지 않기 때문에 다공성 산화물 층을 형성하여 보호 기능을 가지지 못한다. 1보다 큰 경우에는 층에 압축응력이 발생한다. P-B 비가 2 이상으로 크게 차이 나면 산화물 코팅이 휘어지고 벗겨져 새로운 금속이 계속 노출되므로 다시 보호 기능을 잃는다. 따라서 이상적인 P-B 비는 1이며, 일반적으로 보호 기능을 가진 코팅은 P-B 비가 1과 2 사이인 금속에 형성된다.

2. 전하를 띤 종의 확산은 독립적인 경로를 통해 이뤄진다. 즉 종 I의 선속은 전기화학 퍼텐셜 구배에만 비례하며, 다른 구성 원소의 전기화학 퍼텐셜 기울기와는 무관하다고 가정한다.

3. 전기적 중성이 유지되고 거시적인 범위에서도 전하는 분리되지 않는다. 예를 들어 위에 제시된 사례와 같이 전자 결함의 이동도가 커서 전자 결함은 이온보다 빠른 이동이 가능하지만, 동반되는 **국부적인 전기적 퍼텐셜 구배** $d\phi/dx$가 이를 억제한다. 그러나 해당 전기장은 이온 결함의 선속을 향상시킨다. 곧 더욱 자세히 논의하겠지만 유효 또는 양극성 확산계수를 발생시키는 것은 두 선속의 이러한 **결합**이다.

4. 층 전체에 걸쳐 결정상의 경계에서 국부적인 평형을 이룬다. 이는 모든 위치에서 반응 (7.63)이 유지됨을 의미하며,

$$\tilde{\mu}_{\mathrm{M}*} = z\tilde{\eta}_e + \tilde{\eta}_{\mathrm{def}} = z(\tilde{\mu}_e - e\phi) + (\tilde{\mu}_{\mathrm{def}} + ze\phi) \tag{7.67}$$

   여기서 ϕ는 결함에 작용하는 국부적인 전기적 퍼텐셜이다.[20] 그러므로 층 전반에 걸쳐서 아래와 같은 관계식을 따른다.

$$\frac{d\tilde{\mu}_{\mathrm{M}*}}{dx} = \frac{d(z\tilde{\mu}_e)}{dx} + \frac{d(\tilde{\mu}_{\mathrm{def}})}{dx} \tag{7.68}$$

---

[20] 앞에서 언급했듯이 물결표는 해당 수량이 몰당이 아니라 결함당 또는 전자당으로 표시되는 것을 나타낸다.

이러한 가정에 따라서 결함의 선속은 층의 성장속도와 관련될 수 있다. 1차원 확산을 가정하면 전기화학 퍼텐셜 구배가 적용되는 결함 및 전자의 선속 밀도(초당 제곱미터당 입자)는 식 (7.37)에 의해 아래와 같이 주어진다.

$$J_{\text{def}} = -\frac{\sigma_{\text{def}}}{(ze)^2}\frac{d\tilde{\eta}_{\text{def}}}{dx} = -\frac{\sigma_{\text{def}}}{(ze)^2}\left(\frac{d\tilde{\mu}_{\text{def}}}{dx} + ez\frac{d\phi}{dx}\right) \tag{7.69}$$

$$J_e = -\frac{\sigma_e}{e^2}\frac{d\tilde{\eta}_e}{dx} = -\frac{\sigma_e}{e^2}\left(\frac{d\tilde{\mu}_e}{dx} - e\frac{d\phi}{dx}\right) \tag{7.70}$$

전기적 중성을 유지하기 위해서는 이러한 두 선속이 같아야 하며 질량 평형에 따라 이들은 중성 금속 종 $J_{\text{M*}}$의 선속과 같아야 한다. 다시 말해,

$$\frac{J_e}{z} = J_{\text{def}} = J_{\text{M*}} \tag{7.71}$$

이 조건에서 $d\phi/dx$는 아래와 같으며,

$$\frac{d\phi}{dx} = \frac{t_e}{e}\frac{d\tilde{\mu}_e}{dx} - \frac{t_{\text{def}}}{ze}\frac{d\tilde{\mu}_{\text{def}}}{dx} \tag{7.72}$$

이를 식 (7.69) 또는 (7.70)에 대입하고 식 (7.68)을 활용하면 아래와 같은 관계식이 산출된다.

$$J_{\text{M*}} = \frac{-\sigma_{\text{def}}t_e}{(ze)^2}\frac{d\tilde{\mu}_{\text{M*}}}{dx} = \frac{-\sigma_{\text{def}}\sigma_e}{(ze)^2(\sigma_{\text{def}}+\sigma_e)}\frac{d\tilde{\mu}_{\text{M*}}}{dx} \tag{7.73}$$

여기서 $J_{\text{M*}}$은 초당 산화물의 단위면적을 통과하는 중성 금속 원자의 수이며, $d\mu_{\text{M*}}/dx$은 중성 금속 종의 화학 퍼텐셜 구배이다.

이는 산화가 일어나기 위해서는 산화물 층이 이온과 전자를 모두 전도해야 함을 의미하며, 만약 σ_e 또는 σ_{def}가 없는 경우 침투 선속 또한 사라지는데, 이는 초기에 전자 및 이온 결함이 전하 중성을 유지하기 위해 함께 확산되는 것으로 가정했기 때문이다. 또한 식 (7.73)에 따라 두 확산 종 중에서 더 느린 것에 의해 속도가 제한된다. 산화물이 주로 전자전도체이면 $t_e \approx 1$이며, 침투 선속은 이온전도도에 의해 결정된다. 반대로 $t_{\text{ion}} \approx 1$이면 침투 속도는 전자 결함이 산화물 층을 통해 이동하는 비율에 의해 결정된다.

식 (7.73)은 또한 **중성 종의 화학 퍼텐셜 구배**가 층의 성장을 위한 구동력임을 의미하며, 이는 결국 반응 (7.65)를 위한 자유 에너지 변화이다. 다시 말해 산화물이 더 안정할수록 층 형성을 위한 구동력이 높아진다.

침투 선속을 포물선 속도상수와 연관시키기 위해서 와그너는 준정상상태 성장 조건을 추가로 가정하였다. 이 가정은 반응 층으로의 선속이 반응 층 밖으로 나가는 유량과 동일하고 박막에 물질이 축적되지 않는 것을 의미한다. 즉, 어느 때라도 선속은 x의 함수가 아니라 시간의 함수이다. 이 조건은 성장하는 동안 다양한 시간에 대하여 그림 7.18c에서 대략적으로 확인할 수 있다. 수학적으로는

유량이 Δx에 반비례하는 것을 의미하므로 식 (7.73)의 dx는 Δx로 대체할 수 있다. 이를 삽입하여 산화물 층이 성장하는 속도를 다음과 같이 구할 수 있다.

$$\frac{d(\Delta x)}{dt} = J_{M^*}\Omega_{MO} = \frac{-\sigma_{def}\sigma_e\Omega_{MO}}{(ze)^2(\sigma_{def}+\sigma_e)}\frac{1}{\Delta x}d\tilde{\mu}_{M^*} \tag{7.74}$$

여기서 Ω_{MO}는 MO 분자의 부피이다.[21] 식을 다시 정리하여 표현하면 아래 관계식을 얻는다.

$$\Delta x^2 = 2\left[\frac{\Omega_{MO}}{(ze)^2}\int_{\mu_{M^*} \text{ at metal/oxide interface}}^{\mu_{M^*} \text{ at oxide/gas interface}}\frac{-\sigma_{def}\sigma_e}{\sigma_{def}+\sigma_e}d\tilde{\mu}_{M^*}\right]t \tag{7.75}$$

이를 식 (7.61)과 비교하면 포물선 속도상수는 아래와 같이 주어진다.[22]

$$K_x = \frac{\Omega_{MO}}{(ze)^2}\int_{\mu_{M^*} \text{ at metal/oxide interface}}^{\mu_{M^*} \text{ at oxide/gas interface}}\frac{-\sigma_{def}\sigma_e}{\sigma_{def}+\sigma_e}d\tilde{\mu}_{M^*} \tag{7.76}$$

깁스-뒤앙의 관계인 $d\tilde{\mu}_{M^*} = -d\tilde{\mu}_{O_2} = -(zkT/4)d\ln P_{O_2}$ [식 (5.40)]을 사용하면 다음과 같이 식을 표현할 수 있다.

$$K_x = \frac{zkT\Omega_{MO}}{4(ze)^2}\int_{P_{O_2}^I}^{P_{O_2}^{II}}\frac{\sigma_{def}\sigma_e}{\sigma_{def}+\sigma_e}d\ln P_{O_2} \tag{7.77}$$

이때 $P_{O_2}^I$와 $P_{O_2}^{II}$는 각각 금속/산화물 및 산화물/기체 계면에서의 산소분압이다. 전자 및 이온 결함 농도가 모두 산소분압의 함수이기 때문에 식 (7.77)을 적분하는 것은 자명하지 않은 해를 나타낸다. 따라서 관례적으로는 층 전체에 걸쳐 전도도의 평균값을 가정하며, 결과는 아래와 같다.

$$K_x = \frac{zkT\Omega_{MO}}{4(ze)^2}\frac{\overline{\sigma}_{def}\overline{\sigma}_e}{\overline{\sigma}_{def}+\overline{\sigma}_e}\ln\frac{P_{O_2}^{II}}{P_{O_2}^I} \tag{7.78}$$

이 시점에서, 다른 관점에서 양극성 확산계수를 분석하기 위하여 픽의 제1법칙을 활용하여 식 (7.73)을 재구성하면 아래와 같이 나타난다(부록 7C 참고).

$$\frac{d\mu_{M^*}}{dx} = kT\left(\frac{z}{n}+\frac{1}{c_{def}}\right)\frac{dc_{M^*}}{dx} \tag{7.79}$$

이를 식 (7.73)과 결합하면,

---

[21] 선속 J_{M^*}에 층의 면적 A를 곱하여 얻을 수 있으며, 표면에 도달하여 산소와 반응하는 초당 금속 원자의 총 수(AJ_{M^*})를 나타낸다. MO 분자의 부피가 Ω_{MO}이면 두께는 단순히 Ω_{MO}/A가 된다. 따라서 층이 성장하는 속도는 단순하게 $\Omega_{MO}J_{M^*}$가 된다.

[22] 와그너는 합리적인 스케일링 속도상수(rational scaling rate constant) K_r을 산화물 형성의 시간 속도로 정의하였으며, 이는 단위 층 두께당 당량으로 표현된다. 당량(equivalent)은 하나의 양전하와 하나의 음전하를 운반하는 화합물의 분율로 정의된다. 일반적으로 M_aX_b 산화물의 경우 당량 $\phi = (b|Z^-|)^{-1} = (a|Z^+|)^{-1}$이다. 예를 들어 $Ni_{0.5}O_{0.5}$인 소재에서 $\phi = 0.5$이며, $Al_{1/3}O_{1/2}$에서는 $\phi = 1/6$이다. K_r은 $K_r = K_x/(\phi\Omega_{MO})$로 표현할 수 있다(문제 7.17 참고).

$$J_{M*} = J_{def} = -\frac{J_e}{z} = \frac{-\sigma_{def}\sigma_e kT}{(ze)^2(\sigma_{def}+\sigma_e)}\left(\frac{z}{n}+\frac{1}{c_{def}}\right)\frac{dc_{M*}}{dx} \tag{7.80}$$

또한 네른스트-아인슈타인 방정식을 활용하여 이 식은 다음과 같이 나타낼 수 있다.

$$J_{M*} = -(t_e D_{def} + t_{def} D_e)\frac{dc_{M*}}{dx} \tag{7.81}$$

이 방정식은 픽의 제1법칙의 형태이므로 산화를 담당하는 화학적 또는 양극성 확산계수는 아래와 같다.

$$D_{ambi}^{oxid} = t_e D_{def} + t_{ion} D_e \tag{7.82}$$

이는 침투가 발생하는 속도가 이온 및 전자 운반자의 확산계수 또는 전도도에 따라 달라지는 것을 의미한다. 둘 중 하나가 사라지면 D_{ambi}^{oxid}가 사라지고 산화물 층이 보호 층으로 작용하여 추가 산화로부터 금속을 보호한다. 알루미늄이 매우 좋은 예이며, 알루미늄에서 성장하는 산화알루미늄은 절연성, 수불용성, 접착성 등의 뛰어난 특징을 보이므로 알루미늄은 Fe와 같이 다양한 원소들로부터 보호될 필요가 없다.

예제 7.6

NiO에서 Ni의 자기확산계수는 $1000\,^{\circ}C$에서 2.8×10^{-14} cm^2/s로 측정되었다. 공기 중 동일한 온도에서 K_x는 2.9×10^{-13} cm^2/s로 측정되며, NiO는 주로 전자전도체로 알려져 있다. Ni가 산화되는 동안 속도 제한 단계에 관하여 어떠한 결론을 내릴 수 있는가? NiO의 격자 상수는 0.418 nm이고 $1000\,°C$에서 NiO 형성의 자유 에너지는 -126 kJ/mol이다.

정답

해당 산화물이 주로 전자전도체이므로 $z = 2$라 가정하면 식 (7.77)은 다음과 같이 단순하게 표시된다.

$$K_x = \frac{kT\Omega_{MO}}{2(ze)^2}\int_{P_{O_2}^{I}}^{P_{O_2}^{II}} \sigma_{def}\, d\ln P_{O_2}$$

네른스트-아인슈타인 관계[식 (7.34)]를 활용하여 σ_{def}를 대체하고 적분하면,

$$K_x = \frac{\Omega_{NiO}c_{Ni}D_{Ni}}{2}\ln\frac{P_{O_2}^{II}}{P_{O_2}^{I}}$$

이때 $\Omega_{NiO}c_{Ni} = 1$이며, 적분 한계는 공기의 $P_{O_2}^{II}$(0.21 atm)과 Ni/Nio 계면에서의 $P_{O_2}^{I}$이다. 반응 $Ni + \frac{1}{2}O_2 \Rightarrow NiO$의 경우, 평형 $P_{O_2}^{I}$는 다음과 같이 계산된다(자세한 정보는 예제 5.4 참고).

$$P_{O_2}^1 = \exp\left(\frac{-2 \times 126{,}000}{8.314 \times 1273}\right) = 4.56 \times 10^{-11} \text{ atm}$$

따라서 다음 식이 유도된다.

$$\ln\frac{0.21}{P_{O_2}^1} = 22.24$$

그러므로 만약 Ni 확산이 속도 제한 단계라면, 이론적으로 계산된 K_x는 아래와 같다.

$$K_x^{\text{theo}} = \frac{2.8 \times 10^{-14} \times 22.24}{2} = 3.1 \times 10^{-13} \text{ cm}^2/\text{s}$$

이는 실험적으로 결정한 값인 2.9×10^{-13} cm²/s와 매우 잘 일치하며, Ni의 산화는 실제로 Ni 쪽에서 산소 쪽으로의 Ni 이온 확산에 의해 속도가 제한됨을 나타낸다. ■

7.4.2 2원계 산화물에서의 양극성 확산

이 소절에서 고려하는 문제는 위에서 설명한 주제와 조금 다르다. 간단하게 생각해보면, MO 산화물은 전기화학 퍼텐셜 구배 $d\eta_{\text{MO}}/dx$를 받게 되며, 이에 따라서 한 영역에서 다른 영역으로 MO '단위' 형태로 물질 전달이 발생된다. 일반적으로 곡률 또는 외부에서 인가되는 압력의 결과로서 소결 또는 크리프 중에 이와 같은 현상이 발생하며, 해당 산화물에서 전기화학 퍼텐셜이 낮은 영역으로 확산이 발생된다(10장과 12장 참고). 전기적 중성과 질량 평형을 유지하기 위해서 M 및 O 이온의 선속은 크기와 방향이 동일하다.

M^{2+} 및 O^{2-} 이온의 선속을 식 (7.37)에 대입하면 아래를 얻을 수 있다.

$$J_{M^{2+}} = -\frac{D_M c_{M^{2+}}}{kT}\frac{d\tilde{\eta}_{M^{2+}}}{dx} = -\frac{D_M c_{M^{2+}}}{kT}\left(\frac{d\tilde{\mu}_{M^{2+}}}{dx} + 2e\frac{d\phi}{dx}\right) \tag{7.83}$$

$$J_{O^{2-}} = -\frac{D_O c_{O^{2-}}}{kT}\frac{d\tilde{\eta}_{O^{2-}}}{dx} = -\frac{D_O c_{O^{2-}}}{kT}\left(\frac{d\tilde{\mu}_{O^{2-}}}{dx} - 2e\frac{d\phi}{dx}\right) \tag{7.84}$$

여기서 c_i와 D_i는 각각 종 i의 농도와 확산계수를 의미한다. 여기에 전기적 중성, 국소 평형, 질량 평형의 3개 조건을 반영하면 아래를 도출할 수 있다.

$$J_{M^{2+}} = J_{O^{2-}}, \quad \mu_{\text{MO}} = \mu_{O^{2-}} + \mu_{M^{2+}}, \quad c_{O^{2-}} = c_{M^{2+}} = c_{\text{MO}}$$

이때 c_{MO}는 단위부피당 MO '분자'의 몰농도이다(즉 $c_{\text{MO}} = 1/V_{\text{MO}}$이며, 여기서 V_{MO}는 몰부피를 의미). MO 단위 또는 분자의 선속은 다음과 같이 주어지며, 이는 식 (7.73)을 도출하는 과정과 매우 유사하다.

$$J_{\text{MO}} = \frac{D_M D_O}{D_M + D_O}\frac{c_{\text{MO}}}{kT}\frac{d\tilde{\mu}_{\text{MO}}}{dx} \tag{7.85}$$

여기에서 구동력은 MO의 전기화학 퍼텐셜 구배이다. 픽의 제1법칙(부록 7A 참고)으로 해당 식을

다르게 표현하면 아래와 같이 표시된다.[23]

$$D_{ambi} = \frac{D_M D_O}{D_M + D_O} \qquad (7.86)$$

위 식은 MO 산화물에만 유효하다. $M_\kappa O_\beta$ 형태를 가지는 보다 일반적인 산화물에 대해서는 아래와 같이 대략적으로 표현될 수 있다.

$$D_{ambi} = \frac{D_M D_O}{\beta D_M + \kappa D_O} \qquad (7.87)$$

식 (7.87)은 광범위한 영향을 미치며, 기본적으로 2원계 이온 결합성 화합물에서 확산 제어 과정은 D_{ambi}에 의해 결정되며, 이는 각 구성 원소의 개별 확산계수의 함수임을 나타낸다. 그러나 대부분의 산화물의 경우 일반적으로 서로 다른 부격자의 확산계수 간에 수십 배의 차이가 있다(예: 그림 7.2 참고). 결과적으로 오차범위 내에서 D_{ambi}는 더 느린 확산 종과 동일시될 수 있다. 예를 들어, MgO에서는 $D_{Mg^{2+}} \gg D_{O^{2-}}$이고 $D_{ambi} \approx D_{O^{2-}}$이다.

식 (7.87)을 유도할 때 도입된 기본적인 가정을 아래와 같이 정리하였다.

1. 여기에서 산화물은 순수한 진성 산화물이며, 따라서 **쇼트키** 결함이 지배적이다. 이는 $c_{O^{2-}} = c_{M^{2+}} = c_{MO}$를 가정했을 때 이미 알 수 있다.
2. 공공 농도는 모든 곳에 걸쳐서 평형상태에 있다.
3. 국부적인 전기적 중성은 어디에나 적용된다.
4. 이온 수송 수는 1이다.

7.4.3 고체 간 반응–상호확산

고체 사이에서 발생할 수 있는 반응은 매우 다양하며 대부분 매우 복잡하다. 이 소절에서는 매우 간단한 경우로서 양이온이 동일한 전하를 갖는 두 이온 결정(예: AO 및 BO)의 상호확산에 초점을 맞춘다. 문제를 더욱 단순화하기 위해 아래와 같은 가정을 도입한다.

∞ 음이온의 부격자는 이동성이 없다.
∞ 양이온 A와 B는 각각 자기확산계수 D_{A^+} 및 D_{B^+}를 가지며, 이는 조성의 함수가 아니며, 서로 반대방향으로 독립적으로 확산한다.
∞ 서로 반대방향으로 확산하는 양이온 선속이 결합되어 전기적 중성이 유지된다. 이를 위해서는 해당 계는 주로 $t_e \ll t_i$ 조건을 만족하는 이온전도체여야 한다. 그렇지 않으면 해당 선속의 결합이 나타나지 않는다(아래 참고).

---

[23] 여기에서 D_{ambi} 항은 D_{chem}과 구별하기 위해서 사용된다. 그러나 선속 사이에 약간의 결합이 발생하는 모든 확산 과정을 거의 대부분 예외가 없이 화학적 확산이라 지칭한다.

∞ 상호확산 층 내에서 계는 이상적으로 거동한다.

이러한 가정하에서 두 양이온에 대한 선속 방정식은 아래와 같이 주어진다.

$$J_{A^+} = -\frac{D_{A^+} c_{A^+}}{kT} \frac{d\tilde{\eta}_{A^+}}{dx} = -\frac{D_{A^+} c_{A^+}}{kT} \left(\frac{d\tilde{\mu}_{A^+}}{dx} + ez_{A^+} \frac{d\phi}{dx} \right) \tag{7.88}$$

$$J_{B^+} = -\frac{D_{B^+} c_{B^+}}{kT} \frac{d\tilde{\eta}_{B^+}}{dx} = -\frac{D_{B^+} c_{B^+}}{kT} \left(\frac{d\tilde{\mu}_{B^+}}{dx} - ez_{B^+} \frac{d\phi}{dx} \right) \tag{7.89}$$

질량 보존을 위해서는 몰분율의 합 $X_A + X_B = 1$의 조건이 필요하며, 해당 화합물이 가정된 바와 같이 이상적으로 거동하면 $dc_{A^+}/dx = -dc_{B^+}/dx$이다. 이 결과를 전기적 중성을 위해서 도입된 $J_{A^+} = J_{B^+}$의 가정을 함께 활용하면 식 (7.86)으로 이어지는 것과 유사한 유도를 따르며, 상호확산계수 D_{AB}가 다음과 같이 주어진다.

$$D_{AB} = \frac{D_{A^+} D_{B^+}}{X_{AO} D_{A^+} + X_{BO} D_{B^+}} \tag{7.90}$$

이 표현을 때때로 **네른스트-플랑크**(Nernst-Planck) 정리라고도 부르며, 이를 유도하기 위해서 도입된 많은 단순화된 가정들을 감안하여 주의해서 사용해야 한다.

식 (7.90), (7.86), (7.87)을 비교하면 D_{AB}는 D_{ambi}와 표현이 동일하지 않으므로 두 표현에 대하여 서로 혼동해서는 안 된다. 2개의 전하를 띤 운반자가 반대방향으로 움직이면 D_{AB}가 발생하므로, 동일한 전하량을 가지는 두 성분이 반대방향으로 이동할 때 사용하기에 적절한 계수이며, 예를 들어 이온 교환 실험을 분석하는 등에 활용된다.

식 (7.90)은 계가 주로 이온전도체인 경우에만 유효한데, 이러한 조건하에서만 확산 퍼텐셜 또는 소위 네른스트 퍼텐셜이 형성될 수 있기 때문이다. 전자전도체의 경우 선속 사이에 결합이 발생하지 않으며, 이 경우 D_{AB}는 아래와 같은 유형으로 표현된다.[24]

$$D_{AB} = X_{AO} D_B + X_{BO} D_A \tag{7.91}$$

예를 들어 MgO−NiO에서의 상호확산은 이러한 표현을 활용하여 해석되었다.

7.4.4 고체 갈바니 전지에서의 기전력

기술적으로 이온 결합성 세라믹스의 중요한 용도 중 하나는 전위차 센서이다. 이들은 주로 이온전도체이기 때문에 다양한 종의 열역학적 활동을 측정할 수 있다.

그림 7.19a에 개략적으로 표현한 것처럼 화학 퍼텐셜이 μ_I와 μ_{II}인 두 전극 사이에 고체를 위치시켰을 때 이러한 전지의 개방전압 V는 아래와 같이 주어진다(부록 7D 참고).

---

[24] 야금학에서 이 표현은 다큰(Darken) 유형으로 알려져 있다.

$$V = -\frac{1}{z\chi e} \int_{\mu_{\mathrm{I}}}^{\mu_{\mathrm{II}}} t_{\mathrm{ion}}\, d\mu_{\mathrm{M^*}} \tag{7.92}$$

여기서 z와 χ는 표준상태에서 전기활성 이온의 전하 및 화학양론을 지칭한다.[25] 전극 사이에 고체가 이온전도체인, 즉 $t_{\mathrm{ion}} \approx 1.0$인 전지에서의 V는 단순히 아래와 같다.

$$V = -\frac{1}{z\chi e}(\mu_{\mathrm{II}} - \mu_{\mathrm{I}}) = -\frac{kT}{z\chi e} \ln \frac{a_{\mathrm{II}}}{a_{\mathrm{I}}} \tag{7.93}$$

이때 활동도 a_{I}과 a_{II}는 각각 화학 퍼텐셜 μ_{I} 및 μ_{II}에 해당한다. 두 전극 중 하나가 $a_{\mathrm{I}} = 1$인 표준상태인 경우, V는 두 번째 전극에서 활동도 a_{II}에 대한 직접적인 척도가 된다. 이는 활동도, 활동도 계수, 용액의 비열, 용해도 한계, 비화학양론의 범위 등과 같은 열역학적 매개변수를 측정하는 매우 유용한 방법이다.

관찰된 전압이 어떻게 발생하는지 이해하기 위해서 그림 7.19에 나타낸 바와 같은 사고 실험을 진행한다. 문제를 단순화하기 위해 아래의 가정을 먼저 수립한다.

1. 고체 전해질 SE는 완벽한 Na 이온전도체이며, 즉 $t_i \approx 1.0$이다.
2. 전극 중 하나는 순수한 Na이고 $a_{\mathrm{I}} = 1.0$이며, 다른 하나는 $a_{\mathrm{II}} < 1.0$인 전극이다.
3. 처음에 전극은 고체 전해질 SE에서 분리되므로 초기조건은 $\eta_{\mathrm{Na}}^{\mathrm{I}} > \eta_{\mathrm{Na}}^{\mathrm{SE}} > \eta_{\mathrm{Na}}^{\mathrm{II}}$이다(그림 7.19a).
4. 전극은 전자를 완벽하게 차단한다. 즉 전해질은 전자가 뛰어들 수 있는 표면상태를 가지고 있지 않다.

이러한 계에서 전압이 어떻게 발생하는지는 전극이 고체 전해질 SE와 밀접하게 접촉할 때 발생하는 일을 고려함으로써 이해할 수 있다(그림 7.19b). 접촉한 상태의 $\eta_{\mathrm{Na}}^{\mathrm{I}} > \eta_{\mathrm{Na}}^{\mathrm{SE}}$인 계면에서 Na 이온은 전자를 남겨두고 전극에서 전해질로 계면을 가로질러 도약한다(그림 7.19b). 이는 2가지 결과를 초래한다. 첫 번째는 계면 부근의 SE에서 Na 이온 농도를 높이며, 이러한 이온은 내부로 확산되는 경향이 있다(즉, SE로의 Na 이온의 확산 선속은 그림 7.19c에서 확산으로 표시된 화살표로 나타냈다). 두 번째는 계면에서 공간 전하의 생성이다. 이 공간 전하 또는 전압은 동일한 이온을 전극으로 다시 끌어들이려는 경향을 가지는 전기장을 생성한다(그림 7.19c에서 이동이라 표시된 화살표 참고). 따라서 발생된 전압은 전기장이 발생하는 위치까지 증가하고 이동 선속을 담당하는 ϕ_{I}는 내부로의 확산 선속과 정확히 균형을 이룬다. 이 시점에서 계는 국부적인 동적 평형상태에 도달했다고 할 수 있다. 추가적으로 해당 과정을 보는 또 다른 방법은 $\eta_{\mathrm{Na}}^{\mathrm{I}} = \eta_{\mathrm{Na}}^{\mathrm{SE}}$인 조건을 만족할 때까지 반응이 계속될 것이라는 점을 이해하는 것이며, 이를 평형이라 정의한다[식 (5.35)].

반대로 $\eta_{\mathrm{Na}}^{\mathrm{SE}} > \eta_{\mathrm{Na}}^{\mathrm{II}}$라 가정된 전극에서 Na 이온은 SE에서 전극으로 도약한다. 다시 한번 말하지만 해당 계면에서의 전기화학 퍼텐셜이 $\eta_{\mathrm{Na}}^{\mathrm{SE}} = \eta_{\mathrm{Na}}^{\mathrm{II}}$인 조건으로 서로 동일하도록 충분한 전압 ϕ_{II}(계면 I에서 발생된 것과 극성이 반대)이 발생할 때까지 과정이 진행된다. 요약하면, 전극/전해질 계면

---

[25] 모든 금속에 대하여 $\chi = 1$이며, 반면에 O_2 및 Cl_2 등에서는 $\chi = 2$이다.

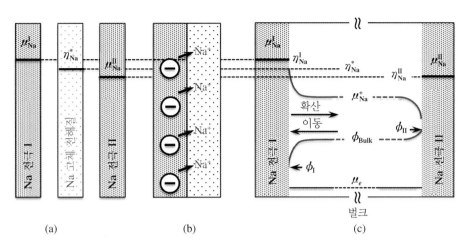

그림 7.19 서로 다른 화학 퍼텐셜을 가지는 전극에 삽입된 고체 전해질 양단의 공간 전하와 그에 따른 전위차 $\phi_I - \phi_{II}$의 발생. (a) 처음에는 접촉이 이루어지기 전에 $\eta_{Na}^I > \eta_{Na}^{SE} > \eta_{Na}^{II}$로 가정한다. (b) 접촉한 상태에서는 $\eta_{Na}^I > \eta_{Na}^*$ 조건이므로 Na 이온은 전자를 남겨두고 전극에서 전해질로 계면을 가로질러 도약한다. 그리고 계면에 공간 전하를 생성한다. (c) 이동 및 확산 선속이 동일해지면 각 전극에서는 국부적인 동적 평형에 도달한다.

에서 형성되는 공간 전하는 측정 가능한 전압차 $V = \phi_{II} - \phi_I$를 발생시키고, 이는 전극에서의 전기적 활성 종의 활동도와 관련되며, 이는 식 (7.93)에 내포되어 있다.

7.5 확산계수들(자기확산, 추적자 확산, 화학적 확산, 양극성 확산, 결함 확산) 간의 관계

지금까지 상당히 많은 수의 확산계수가 소개됨에 따라 해당 분야에 정통하지 않은 독자의 경우에는 혼동될 수 있다. 이 절의 목적은 이에 대하여 더 자세히 설명하는 것이며, 아래와 같은 확산계수에 대하여 간략히 설명하고 논의하고자 한다.

∞ 자기확산계수 D_{ion}는 A 원자가 순수한 A에서 호핑을 발생시킬 수 있는 용이성과 빈도에 대한 척도이나 M 및 X 종이 2개의 독립적인 부격자를 형성하는 화합물 $M_k X_\beta$에도 동일하게 적용된다.

∞ 추적자 확산계수 D_{tr}^*는 방사성 또는 특정 원자가 기지에서 확산되는 용이성과 빈도를 판단하는 척도이다. $D_{tr}^* = f_{cor}D_{ion}$로 나타낼 수 있으며, 여기서 f_{cor}는 결정구조와 확산 기구에 의존하는 상관계수임을 알 수 있다.

∞ 결함 확산계수 D_{def}는 결함이 고체에서 호핑을 발생시키기 위한 용이성과 빈도의 척도로서 $D_{ion} = \Lambda D_{def}$로 표현되며, 여기서 Λ는 확산되는 원자 또는 이온이 도약할 수 있는 자리의 분율이다.

∞ 화학적 확산계수 D_{chem}는 형식적으로는 다음과 같이 정의된다.

$$D_{chem} = -\frac{J_i}{dc_i/dx}$$

여기서 J_i는 종의 선속이며, dc_i/dx는 농도 구배이다.[26] 본질적으로 D_{chem}는 주어진 확산 과정이 발생하는 유효속도를 설명하는 현상학적 계수를 의미한다. 아래에 논의된 바와 같이 D_{chem}를 구성 이온의 확산 또는 결함의 확산과 같은 주어진 계에서의 보다 본질적인 매개변수와 연관시키기 위해서는 이에 대한 추가적인 정보가 반드시 필요하다.

∞ 양극성 확산계수 D_{ambi}^{oxid}와 D_{ambi}는 D_{chem}의 특별한 경우이며, 이온 결합성 화합물에서 전기적 중성을 유지하기 위해 이온과 결함의 선속이 필연적으로 결합되어야 한다는 사실을 반영한다.

∞ 상호확산계수 D_{AB}는 이온이 상호확산될 때 확산 과정이 진행되는 속도에 대한 척도이다.

다양한 확산계수 사이의 미묘한 차이와 의미를 설명하기 위해 예제 7.6에서 고려한 NiO를 다시 활용한다. Ni가 NiO로 얼마나 빨리 확산되는지 측정하기 위해 앞에서 설명한 것처럼 추적자 확산 실험이 수행된다. 방사성 추적자의 농도 구배를 분석하여 NiO에서 Ni의 추적자 확산계수 D_{tr}를 결정할 수 있다. 산소의 D_{tr}를 측정하기 위해 해당 결정이 일반적으로 산소 원자가 방사능을 가지는 기체에 노출된다. 그 다음 D_{tr}는 상관계수 f_{cor}에 의해 자기확산계수 D_{Ni}과 연관된다. 계수 f_{cor}는 많은 구조에 대하여 계산된 바가 있으므로 참고할 수 있다.[27]

D_{ion}를 결함 확산과 연관시키기 위해서는 계에 대한 더 많은 정보가 필요하다. 우선 확산 기구를 아는 것이 필수적이다. 확산이 공공에 의한 경우 농도 또는 몰분율 Λ은 식 (7.14)에 따라 $D_{vac} = D_{ion}/\Lambda$로 표현되기 때문에 결함 확산과 이온 확산을 연결시킬 수 있으나, 결함의 수를 알지 못하면 의미가 없다. 그러나 침입형 확산에 의한 D_{tr}인 경우 $D_{int} = D_{tr} = D_{ion}$으로 표현할 수 있다. 이 경우 상관계수는 1이다.[28]

다음 단계는 D_{chem}를 D_{tr} 또는 D_{ion}에 연결하는 것과 같이 주어진 과정에서 속도 제한 단계의 특성을 결정하는 것과 관련된다. 예를 들어, 예제 7.6에서 Ni의 산화가 발생하는 동안 속도 제한 단계는 산화물을 통한 Ni 이온의 확산이라 결론지었다.

그러나 산화물 층의 전도도 특성에 대한 정보가 있었기 때문에 이러한 결론을 내릴 수 있었다. 이를 일반화하기 위해서 다음의 2가지 제한적인 경우를 고려한다.

1. 형성되는 산화물 층이 주로 전자에 의한 전도체이며 $t_e \gg t_{ion}$이다. 따라서 식 (7.82)에 의해 $D_{ambi}^{oxid} \approx D_{def}$ 및 침투는 이온 결함의 확산계수에 의해 속도가 제한된다. 또한 이러한 조건에서

---

[26] 이것이 픽의 제1법칙[식 (7.81)]의 형태로 선속 방정식을 해석하는 이유이다. 일단 해당 형태로 변형되면 J에 대한 dc/dx의 비율은 정의상 화학적 확산계수이다.

[27] J. Philibert, *Atom Movements, Diffusion and Mass Transport in Solids*, Les Editions de Physique, in English, trans. S. J. Rothman, 1991을 참고하라.

[28] 서로 연관되지 않은 기초적인 단계에서의 확산인 경우에만 D_{ion}와 D_{tr}가 동일하다. 모든 성공적인 도약 후에 확산되는 입자가 확산 이전과 동일한 기하학적 상황에 놓이는 것으로서 침입형 확산이 대표적인 사례이다. 그러나 공공 기구에 의한 확산의 경우에는 해당되지 않는다. 도약에 성공할 때마다 추적자 이온이 빈자리로 이동하므로 이온이 원래의 빈자리로 다시 돌아갈 가능성이 있기 때문에 이때는 앞선 도약이 없던 일이 된다.

아래와 같이 나타낼 수 있다.

$$K_x = D_{\text{fast}} \frac{\left| \Delta \tilde{G}_{\text{MO}_{z/2}} \right|}{kT} \tag{7.94}$$

여기서 D_{fast}는 두 이온 종에서 더 빠른 것에 대한 확산계수이며, $\Delta \tilde{G}_{\text{MO}_{z/2}}$는 $\text{MO}_{z/2}$ 산화물 형성에 대한 자유 에너지이다[식 (7.65)]. 대부분의 전이금속 산화물의 경우 $D_{\text{O}^{2-}} \ll D_{\text{M}^+}$ 조건과 식 (7.94)에 의해 아래와 같이 표현된다.

$$K_x = D_{\text{M}+} \frac{\left| \Delta \tilde{G}_{\text{MO}_{z/2}} \right|}{kT}$$

위 식은 예제 7.6에서 도출했던 결과와 같다.

$t_e \gg t_{\text{ion}}$인 조건이므로 NiO의 전기전도도만을 측정하면 이온전도도에 대한 정보를 얻을 수 없으며, 따라서 전자 결함에 대한 정보만 획득할 수 있다.

2. 형성되는 산화물 층이 주로 이온에 의한 전도체이면, 식 (7.82)에 따라 $D_{\text{ambi}}^{\text{oxid}} \approx D_e$ 또는 $D_{\text{ambi}}^{\text{oxid}}$ $\approx D_h$이다(어떤 경우인지 확인하려면 산화물이 p형인지 n형인지에 대한 더 많은 정보가 필요하다). 이러한 상황에서 식 (7.78)은 아래와 같이 표현된다.

$$K = \frac{\overline{\sigma}_e \, \Omega_{\text{MO}}}{(ze)^2} \left| \Delta \tilde{G}_{\text{MO}_{z/2}} \right| \tag{7.95}$$

여기서 $\overline{\sigma}_{\text{elec}}$은 성장하는 층에 대한 평균적인 부분 전자전도도이다. 앞에서 언급한 상황과 달리 K_x를 측정하면 이온의 확산계수에 대한 정보가 아니라 전자 운반자에 대한 정보를 얻을 수 있으며, 이러한 상황에서 속도 제한 단계는 전자 결함의 확산이기 때문에 당연한 결과이다. 이온 확산계수에 대한 정보는 전도도 실험에서 네른스트-아인슈타인 관계를 통해 전도도와 확산계수를 연결함으로써 추론할 수 있다(예: 예제 7.3 및 7.5 참고).

사례연구 7.1: 알루미나 형성제의 산화 반응속도 모델링

바람직하게는 형성된 산화물이 고온에서 금속을 보호해야 하지만 포물선 반응은 빠르게 진행되며, 시간이 지나면 결국 형성된 산화물이 금속을 보호하지 못한다. 실제로 산화 반응속도는 저포물선 (subparabolic) 형태여야 하며, 아래와 같다.

$$x = K' \left(\frac{t}{t_0} \right)^n \tag{7.96}$$

여기서 $n < 0.5$이면 포물선 지수 0.5보다 느린 것을 의미하며, t_0는 시간 차원으로 정의된다.

결과적으로 일반적인 원소들 중에서 Si, Al, Cr의 3가지 원소만 반응속도가 저포물선 형태로 산화된다. 놀랍게도 대부분의 고온 응용분야에서 3가지 원소 중 하나를 포함하고 해당 원소의 산화

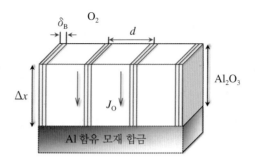

그림 7.20 결정립계를 통한 확산에 의해 성장하는 알루미나 층의 개략도

과정으로 고온 특성을 구현한다. 따라서 이러한 원소와 산화물이 없다면 제트 엔진 등과 같은 많은 고온 응용분야가 실현될 수 없다. 이 중에서 알루미나 Al_2O_3 층을 형성하는 합금은 보호 특성이 뛰어나고 상업적으로 활용이 용이하므로, 이에 대하여 산화 반응속도를 해석하고 이해하는 것이 중요하다.

식 (7.74)를 다시 배열하면 아래와 같다.

$$\frac{dx}{dt} = D_{\text{eff}} \frac{\Delta\mu}{kT} \times \frac{1}{x} \tag{7.97}$$

여기서 D_{eff}는 유효 확산계수이다. 산화 반응속도가 Al_2O_3를 통한 산소의 입계 확산에 의해 제어된다고 가정하면(그림 7.20) 아래와 같이 표현할 수 있다.

$$D_{\text{eff}} = D_{\text{GB}} f_{\text{GB}} = D_{\text{GB}} \frac{2\delta_{\text{GB}}}{d} \tag{7.98}$$

여기서 D_{GB}와 f_{GB}는 각각 산소의 계면 확산계수와 계면 밀도를 의미한다. 이때 f_{GB}는 산화물의 결정이 그림 7.20과 같이 결정크기 d와 결정입계 너비 δ_{GB}를 갖는 입방체라고 가정할 때 추정할 수 있다.

10장에서 논의하는 바와 같이 일반적으로 결정립 조대화에 대한 반응속도는 아래의 관계로 설명할 수 있다.

$$d^m = d_o^m + K_d t \tag{7.99}$$

이때 K_d는 상수이고 m은 결정립 성장 지수[식 (10.36)에서는 2로 도출]이며, d_o는 초기 결정립 크기를 지칭한다. 식 (7.97)과 (7.99)를 결합하고 더 긴 시간 조건에 대하여 도출하면,[29]

$$x^2 \approx K'' \left(\frac{t}{t_0}\right)^{(m-1)/m} \tag{7.100}$$

으로 표현되며, 여기서 K''는 상수, t_0는 1 s이다. 위의 가정이 옳다면 해당 방정식을 식 (7.96)과 비교하여 아래와 같이 나타낼 수 있다.

---

[29] Z. Liu, W. Gao, and Y. He, *Oxid. Met.*, 53, 341−350(2000).

$$n \approx (m-1)/2m \tag{7.101}$$

즉, 산화 반응속도 지수 n은 결정립 성장 지수 m과 관련이 있다. 이는 산소가 결정립계를 통해 확산된다고 가정하면 당연한 결과이며, 산화물 입자가 성장하기에 충분한 시간 간격에 걸쳐 산화를 관찰하면 결정립계를 통한 선속이 감소되어야 한다.

이러한 개념을 시험하기 위해서 대략 3000시간 동안 산화된 Ti_2AlC 시료에 형성된 Al_2O_3 박막의 결정립 크기와 산화 반응속도를 평가하였으며, 실험적으로 $m \approx 3.44$인 결과를 도출하였다. 식 (7.101)에 따르면 n은 ≈ 0.35인 것을 알 수 있는데, 이는 우연히도 산화 실험에서 도출한 값인 0.36과 매우 잘 일치한다.

사례연구 7.2: 고체 산화물 연료 전지

활성물질의 양이 정해진 배터리와 달리 고체 산화물 연료 전지(SOFC)의 연료는 일반적으로 기체이며 외부에서 지속적으로 제공된다. SOFC에는 여러 유형이 있는데, 여기서는 전해질이 산소 이온전도체인 경우이며, 보다 구체적으로는 안정화 지르코니아가 전해질로 활용된 SOFC에 대해서만 다루도록 한다. 일반적인 전지의 개략도는 그림 7.21과 같으며, 모든 전기화학 장치와 마찬가지로 음극(연료극), 양극(공기극), 전해질로 구성된다.

양극(공기극)에서는 아래와 같은 반응이 일어난다.

$$\frac{1}{2}O_2(g) + V_O^{\cdot\cdot} + 2e' \Rightarrow O_O^x \tag{7.102}$$

그 다음 산소는 고체 전해질을 통해 음극(연료극)으로 이동하며 이 지점에서 다음 반응이 발생한다.

$$H_2(g) + O_O^x \Rightarrow V_O^{\cdot\cdot} + 2e' + H_2O(g) \tag{7.103}$$

발생하는 알짜 반응은 아래와 같다.

$$H_2(g) + \frac{1}{2}O_2(g) \Rightarrow H_2O(g)$$

구동력은 마지막 화학 반응의 ΔG 변화이며, 이 경우 237 kJ/mol이다. 이에 해당되는 평형 개방전지전압은 아래와 같다.

$$\Delta V_{ocv} = -\frac{\Delta G}{nF} = 1.23 \text{ V}$$

SOFC의 전기화학적('열역학적'과 혼동하지 말 것) 효율은 다음과 같이 주어진다.

$$\varepsilon_V = -\frac{\Delta V_{cell}}{\Delta V_{ocv}} = 1 - \frac{(\eta_c(i) + \eta_a(i) + R_e i)}{\Delta V_{ocv}} \tag{7.104}$$

여기서 η_c와 η_a는 각각 음극과 양극에서의 과전위(overpotential)을 의미하고, R_e는 전해질의 저항이

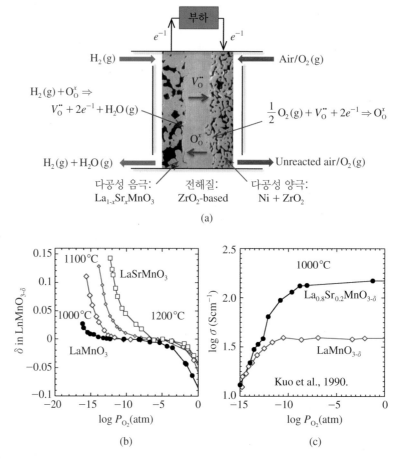

그림 7.21 (a) 고체 산화물 연료 전지의 개략도. LaSrMnO$_3$의 (b) 비화학양론 및 (c) 전도도에 대한 온도 및 산소분압의 영향.

다. 이 세 항은 에너지 손실을 초래하므로 최소화되어야 한다.

지금부터는 SOFC의 구성 요소를 개별적으로 구분하여 설명한다.

고체 전해질: 상용화된 SOFC 계는 전해질로 Ca 또는 Y로 안정화된 ZrO$_2$를 활용한다. 그 중 이트리아 안정화 지르코니아는 넓은 범위의 산소분압과 고온에서 $t_i \approx 1$을 가진다(그림 7.16 참고). 전지는 약 900°C에서 동작하여 빠른 전극 반응속도와 높은 이온전도도를 모두 보장한다.

음극(연료극): 가장 널리 사용되는 음극 소재는 La-Sr 망간산염이며, 정확하게는 La$_{0.8}$Sr$_{0.2}$MnO$_{3\pm\delta}$이다. 음극은 양극과 마찬가지로 혼합 이온/전자전도체여야 한다. 더욱 구체적으로 말하면, 높은 산소분압 조건에서는 전자전도체로 동작해야 하기 때문에 p형 전도체여야 한다.

여기서 LaMnO$_{3\pm\delta}$ 소재와 Ca, Sr, Mg와 같은 전형적인 알칼리 토류 양이온이 La^{3+} 양이온을 대체하여 도핑된 La$_{1-x}$A$_x$MnO$_{3\pm\delta}$ 소재에 대한 결함 화학이 매우 중요하다. 결함의 통합 반응은 식 (15.45)에서 볼 수 있다. 이러한 산화물이 그 자체로 유용한 이유 중 하나는 화학양론과 그에 따른 수송 특성 때문이며, 이러한 특성은 산소분압 및/또는 도핑에 따라서 손쉽게 조절할 수 있다. 그림 7.21b에서 산소분압에 따른 δ의 변화로부터 1000°C에서 0.1 정도의 양수 및 음수 값을 모두 가정할 수 있음을 확인할 수 있다.

15장에서 논의하는 바와 같이, 도핑량 x는 정공 농도를 결정할 수 있는 직접적인 척도이다. 달리 말하면, Mn^{4+}/Mn^{3+} 비율은 대부분 도펀트에 의해 결정되고 Mn^{3+}가 낮지 않는 한 산소분압의 함수가 아니다. 이러한 산화물에서의 수송은 Mn^{3+}에서 Mn^{4+}로의 정공 호핑에 의한 것으로 여겨진다. 높은 산소분압 영역에서 비율이 변하지 않는 사실로부터 전도도가 산소분압의 영향을 받지 않는 이유를 설명할 수 있다(그림 7.21c). 이는 전도도가 산소분압으로부터 독립적인 경향이 항상 이온에서부터 기인할 수 없는 이유를 보여주는 좋은 예이다.

흥미롭게도 이 설명과 일치하는 것은 낮은 산소분압에서 전도도가 감소한다는 것이다(그림 7.21c). 이를 이해하기 위해서는 아래의 2가지 결함 반응을 결합해야 한다.

$$O_O^x \xrightarrow{\text{LaMnO}_3} V_O^{\cdot\cdot} + 0.5O_2 + 2e' \tag{7.105}$$

$$2e' + 2Mn_{Mn}^{\cdot} \xrightarrow{\text{LaMnO}_3} 2Mn_{Mn}^x \tag{7.106}$$

이에 대한 알짜 반응은 아래와 같다.

$$O_O^x + 2Mn_{Mn}^{\cdot} \xrightarrow{\text{LaMnO}_3} 2Mn_{Mn}^x + V_O^{\cdot\cdot} + 0.5O_2 \tag{7.107}$$

첫 번째 반응은 고전적인 산소환원 반응인 반면, 두 번째 반응은 생성된 전자가 Mn 이온의 산화 상태를 Mn^{4+}에서 Mn^{3+}로 변환시키는 것을 보여준다. 환원 조건에서는 Mn^{4+} 농도가 감소하여 전도도가 감소한다(그림 7.21c).

양극(공기극): 양극은 음극과 마찬가지로 환원 조건에서 이온 및 전자에 의한 전도가 잘 혼합된 전도체여야 한다. 재료로는 Ni/ZrO_2 서멧 또는 금속-세라믹 복합재가 활용된다. Ni이 약 30 vol.%인 복합재의 전도도는 Ni에 대한 여과 문턱에 도달함에 따라 약 4배 정도 증가한다. 혼합 전도체 외에도 양극은 연료가 고갈될 경우 발생하는 산소분압의 급격한 증가에 반드시 잘 견뎌야 한다.

지르코니아는 (i) 전기화학적으로 활성화된 영역을 비국재화하고, (ii) 전지가 동작하는 온도에서 Ni의 조대화를 억제하고, (iii) 전해질의 열팽창계수와 더 잘 맞도록 금속성 양극의 열팽창계수를 낮추며, (iv) 금속 입자의 전자전도도를 보완하는 이온전도도를 제공하는 역할을 수행한다.

7.6 요약

1. 이온과 원자가 에너지 장벽 ΔG_m^*을 넘을 수 있을 만큼 충분한 에너지를 가지고 있고 인접한 자리가 비어 있는 경우 격자 안에서 이동할 수 있다.

2. 일반적으로, 세라믹스에서의 확산계수는 다음과 같이 표현할 수 있다.

$$D_k = \Lambda D_0 \exp\left(\frac{-\Delta H_m^*}{RT}\right)$$

여기에서 Λ는 확산하는 이온의 인접한 자리가 비어 있을 확률을 의미하며, 결함의 경우 Λ ≈ 1.0이다. D_0는 확산하는 이온의 진동 주파수, 도약거리 및 원자 도약의 엔트로피 효과와 같은 온도의 영향을 받지 않는 항을 의미한다. 공공 기구에 의해 발생하는 원자 확산의 경우, $\Lambda \ll$ 1이고 이는 공공의 몰분율과 같다.

3. 확산계수의 온도 의존성은 확산 기구에 따라 달라진다. 침입형 확산이 발생하는 경우, 침입형 원자의 인접한 자리가 비어 있을 확률은 ≈ 1이므로 D의 온도 의존성은 이동 에너지 항인 ΔH_m^*만 포함한다.

4. 공공 기구에 의한 확산에서 확산계수의 온도 의존성은 2가지에 의해 달라진다. 첫째는 이동 엔탈피인 ΔH_m^*이며, 둘째는 열적으로 활성화되는 경우, 즉 진성 결함의 농도가 외인성 결함의 농도보다 훨씬 클 경우에 공공을 형성하는 데 필요한 에너지이다. 그러나 Λ가 도핑에 의해 고정된 값을 가질 경우, 확산계수는 온도와 무관한 상수가 되며 도핑 수준에 비례하게 된다. 따라서 후자의 경우, 확산을 위한 활성화 에너지는 ΔH_m^*에만 의존하게 된다.

5. 또한 확산계수는 결정의 화학적 환경에 따라 달라진다. 특히 비화학양론적 산화물에서 이 특성이 잘 나타나는데, 화학양론과 이에 따른 결함의 농도는 해당 화합물 구성 성분의 분압에 의해 크게 영향을 받는 함수이다. 이 경우, 확산계수의 분압 의존성은 확산계수에 영향을 주는 결함의 분압 의존성과 같다.

6. 화학 퍼텐셜 구배 또는 전기적 퍼텐셜 구배와 같은 퍼텐셜 구배가 존재하는 경우, 퍼텐셜 구배가 낮은 방향으로 이온의 선속이 발생하게 된다. 결과적으로, 이온전도도는 네른스트-아인슈타인 관계[식 (7.34)]를 통해 이온의 확산계수에 직접적으로 비례한다.

7. 모든 형태의 전하를 띤 종이 전기화학 퍼텐셜 구배에 노출되는 상황에서 가장 기본적이고 일반적인 식은 다음과 같으며, 이 식은 픽의 제1법칙 및 옴의 법칙을 포함한다.

$$J_k = -\frac{D_k c_k}{kT}\frac{d\tilde{\eta}_k}{dx} = -\frac{\sigma_k}{(z_k e)^2}\frac{d\tilde{\eta}_k}{dx}$$

8. 총 전기전도도는 다음과 같이 결정된다.

$$\sigma = \sum |z_i| e c_{m,i} \mu_{d,i}$$

여기서 $c_{m,i}$와 $\mu_{d,i}$는 각각 이동하는 종의 농도와 이동도를 의미한다. 총 전도도는 전자전도도와 이온전도도의 합이다.

9. 이온전도도와 확산계수는 네른스트-아인슈타인 관계에 의거하여 매우 밀접한 관계에 있으므로 하나의 값이 주어지면 나머지 값이 결정된다. 고속 이온전도체는 전자전도도보다 이온전도도가 훨씬 큰 고체의 한 종류이다. 고체가 고속 이온전도를 나타내기 위해서는 이온 결함의 농도가 전자 결함의 농도보다 훨씬 높아야 하며, 이온 이동도 또한 높아야 한다. 총 전도도에 대한 전자의 기여를 최소화하기 위해서는 재료의 띠간격과 순도가 상당히 높아야 한다.

10. 전자전도도는 자유전자와 정공의 농도에 크게 의존한다. 아래에 나타낸 바와 같이, 기본적으

로 3가지 기구에 의해 이동성을 가지는 전자 운반자가 생성될 수 있다.

    a. 재료의 띠간격을 지나 들떠 발생하는 전자를 가지는 재료 고유의 성질에 의한 진성 전도체이며, 전도도는 띠간격 E_g의 크기에 의해 결정되며 온도에 큰 영향을 받는다.

    b. 정공 또는 전자를 생성하는 2가 불순물로 고체를 도핑하는 외인성 전도체이며, 여기에서 도펀트가 완전히 이온화되는 경우 전도도는 도펀트의 농도에 의해 정해지고 온도와는 거의 무관한 성질을 띤다.

    c. 화학양론적 조성을 벗어난 결과로 인해 발생하는 전도체이며, 산화물의 산화 또는 환원은 전자와 정공을 생성할 수 있다.

11. 2원계 화합물이 화합물 구성 원소 중 하나의 화학 퍼텐셜 구배에 놓이는 경우, 2원계 화합물을 통해서 중성 종으로서 해당 구성 원소의 선속이 발생한다. 이 과정을 양극성 확산이라고 하며, 화학적 확산계수 D_{chem}로 정의되는데, 이는 결함 및 전자의 확산성과 관련되어 있으며 다음과 같이 표현된다.

$$D_{chem} = t_i D_{elec} + t_e D_{def}$$

    이 과정은 이온 및 전자 결합의 동시에 결합된 확산을 포함하므로, 반응이 더 느린 기구에 의해 속도가 결정된다. 세라믹스를 고체 전해질로 효과적으로 활용하고 내산화성 및 전기화학적 감지 특성을 극대화하기 위해서는 D_{chem}을 최소화해야 한다.

12. 2원계 MX 화합물 전체가 화학 퍼텐셜 구배에 놓이는 경우, 즉 $d\mu_{MX}/dx \neq 0$일 때, 구배가 낮은 쪽으로 화합물의 두 성분이 모두 양극성 확산을 하게 된다. 결과적으로 MX에 대한 양극성 확산계수는 다음과 같이 주어진다.

$$D_{ambi} = \frac{D_M D_X}{D_M + D_X}$$

이 경우 D_{ambi}는 두 구성 성분 중 더 느린 쪽에 의해 정해진다.

13. 준2원계에서 발생하는 이온의 상호확산은 두 이온 중 느린 확산계수를 가지는 이온에 의하여 반응속도가 결정된다. 예를 들어, 이러한 과정은 세라믹스 간의 고상 반응이나 이온 교환 실험에서 나타난다.

14. 고체 전해질은 활동도나 활동도 계수와 같은 열역학 데이터를 측정하는 센서로 활용할 수 있다. 이와 같은 고체들을 통해 생성된 전압은 각 전극에서 전기적으로 활성화된 종의 활동도와 직접적인 관련이 있다.

부록 7A: 픽의 제1법칙과 식 (7.30)의 상관관계

화학 퍼텐셜과 농도는 다음과 같은 관계를 갖는다[식 (5.23) 참고].[30]

$$\mu_i = \mu_i^\circ + RT \ln a_i = \mu^\circ + RT \ln c_i \gamma_i \tag{7A.1}$$

여기서 γ_i는 활동도 계수이다. 이 식을 통하여 식 (7.22)를 다음과 같이 나타낼 수 있다.

$$f = -\frac{1}{N_{Av}}\frac{d\mu}{dx} = -\frac{RT}{N_{Av}}\left[\frac{d\ln c}{dx} + \frac{d\ln \gamma}{dx}\right] = -kT\left[\frac{1}{c}\frac{dc}{dx} + \frac{1}{\gamma}\frac{d\gamma}{dx}\right] \tag{7A.2}$$

이상용액이나 희박용액의 경우, γ는 상수이며 이에 따라 괄호 안의 둘째 항은 0이 된다. 식 (7.30)에 식 (7A.2)를 대입하면 다음과 같은 식이 얻어지며,

$$J_{ion} = -\frac{c_{ion}D_{ion}}{kT}\left\{kT\left[\frac{1}{c_{ion}}\frac{dc_{ion}}{dx}\right]\right\} = -D_{ion}\frac{dc_{ion}}{dx} \tag{7A.3}$$

이는 픽의 제1법칙과 같다. 이러한 결과는 $\gamma \neq f(x)$일 때, 즉 c와 관련된 함수가 아닐 경우에 일반화된 선속 방정식[식 (7.30)]이 픽의 제1법칙으로 돌아가는 것을 의미하므로 매우 중요하다.

만약 γ_i가 농도와 관련된 함수일 경우, 식 (7A.2)의 괄호 안의 둘째 항은 무시할 수 없게 된다. 여기에서,

$$\frac{\partial \ln \gamma}{dx} = \frac{\partial \ln \gamma}{\partial \ln c}\frac{\partial \ln c}{dx}$$

이므로 이 식을 사용하여 식 (7A.3)을 얻기 위한 절차를 동일하게 거치면 다음과 같은 식을 얻는다.

$$D_{chem} = D_{atom}\left(1 + \frac{\partial \ln \gamma_{atom}}{\partial \ln c_{atom}}\right)$$

여기서 괄호 안의 항은 **열역학적 인자**(thermodynamic factor)로 알려져 있다. 즉 원자의 자기확산계수는 입자가 서로 상호작용할 때 고려될 수 있는 요인에 따라 달라진다. 참고로 전하를 띤 종의 활동도 계수를 정의할 수 없기 때문에(5장 참고), D_{chem}에 대한 위와 같은 표현은 중성 종에만 유효하므로 'atom'이라는 아래 첨자로 나타낸다.

---

[30] 정확하게는, 식 (7A.1)은 $\mu_i = \mu_i^\circ + RT \ln x_i \gamma_i$로 표현되어야 하며, 여기서 x_i는 종 i의 몰분율을 의미한다. 그러나 c_i 및 x_i는 다음과 같은 관계를 갖는다.

$$x_i = \frac{c_i v_i}{\Sigma_i c_i V_i}$$

여기서 V_i는 종 i의 몰부피를 의미한다. 2가지의 종만 존재한다고 가정했을 경우, 희박 농도에서는 $X_i \approx c_1 V_1/(c_2 V_2)$로 표현할 수 있다. 그러나 $V_1/(c_2 V_2)$는 거의 상수로 취급하기 때문에, μ_i°로 통합하여 나타낼 수 있다.

부록 7B: 유효질량과 상태밀도

금속에 존재하는 자유전자의 경우, 3차원에서의 $E-k$ 관계는 다음과 같이 나타낼 수 있다.

$$E = \frac{h^2}{8\pi^2 m_e}\left(k_x^2 + k_y^2 + k_z^2\right) \tag{7B.1}$$

여기서 k_i는 3개의 직교하는 기본방향에 대한 전자의 파수를 의미하며 m_e는 전자의 정지질량을 의미한다. 반도체나 절연체의 상태밀도(2장 참고) 또한 거의 비슷한 관계를 보이며 다음과 같다.

$$E = \frac{h^2}{8\pi^2 m_e^*}\left(k_x^2 + k_y^2 + k_z^2\right) \tag{7B.2}$$

여기서 전자의 유효질량인 m_e^*이 정지질량을 대신한다. **유효전자질량**(effective electron mass)은 다음과 같이 정의된다.

$$m_e^* = \left(\frac{h}{2\pi}\right)^2\left(\frac{\partial^2 E}{\partial k^2}\right)^{-1} \tag{7B.3}$$

이는 전자 에너지가 띠 끝단에 있는 전자의 에너지에 가까울수록 해당 전자의 유효질량이 커지고 가속화에 필요한 힘이 매우 커진다는 것을 말해준다.[31]

임의의 온도 T에서 전도띠에 존재하는 전자의 총 개수는 다음과 같은 적분식을 사용하여 계산할 수 있다.

$$n = \int_{\text{bottom of cond. band}}^{\text{top of cond. band}} (\text{상태밀도}) \times (\text{주어진 상태에 전자가 존재할 확률})\, dE$$

또한 이를 보다 단순화하면 다음과 같다.

$$n = \int_{E_g}^{\infty} f(E)Z(E)\, dE \tag{7B.4}$$

여기서 식 (7.47)에서 주어진 바와 같이 $f(E)$는 상태밀도이며, $Z(E)\,dE$는 단위부피당 E와 $E + dE$ 사이의 에너지를 가지는 전자 상태개수 또는 상태밀도이다. 원자가띠의 최상단 에너지를 0이라 가정하면, 전자에 대한 $Z(E)\,dE$는 다음과 같이 표현될 수 있다.[32]

$$Z(E)dE = \chi_e(E - E_g)^{1/2}\, dE \quad \text{여기서} \quad \chi_e = \frac{4\pi(2m_e^*)^{3/2}}{h^3} \tag{7B.5}$$

$E - E_F \gg kT$인 경우 페르미-디락 함수[식 (7.47)]는 다음과 같이 근사될 수 있다.

---

[31] 전자 에너지가 브래그 회절 조건(즉, 원자가띠의 상단의 경우)을 만족한다는 전제하에, 전자는 정상파를 형성하며, 심지어 힘을 받고 있는 상태에서도 '정지된 상태'를 유지, 즉 무한히 무거운 물체처럼 행동한다.

[32] L. Solymar and D. Walsh, *Lectures on the Electrical Properties of Materials*, 4th ed., Oxford University Press, New York, 1988.

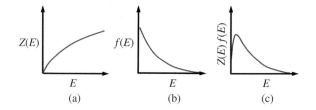

그림 7.22 (a) 에너지에 따른 전도띠 바닥 근처의 상태밀도 의존성. (b) $f(E)$ 또는 식 (7B.6)과 같은 에너지 E의 전자를 찾을 확률. (c) 대부분의 전자가 전도띠 바닥에 모여 있는 것을 보여주는 $f(E)Z(E)$와 E의 상관관계 모식도. 이와 반대로, 정공은 원자가 띠의 상단 부분에 몰려 있다.

$$f(E) = \exp\left(-\frac{E - E_f}{kT}\right) \qquad (7B.6)$$

식 (7B.4)에 식 (7B.5)와 (7B.6)을 대입하고 적분하면 식 (7.48)과 같은 결과를 얻는다.

$$n = N_c \exp\left(-\frac{E_c - E_f}{kT}\right) \qquad (7B.7)$$

여기서 N_c는 다음과 같다.

$$N_c = 2\left(\frac{2\pi m_e^* kT}{h^2}\right)^{3/2} \qquad (7B.8)$$

정공에 관련한 식 또한 동일하다.

$$p = N_\nu \exp\left(-\frac{E_f - E_\nu}{kT}\right) \qquad (7B.9)$$

여기서 N_ν는 다음과 같으며, m_h^*는 정공의 유효질량을 의미한다.

$$N_\nu = 2\left(\frac{2\pi m_h^* kT}{h^2}\right)^{3/2} \qquad (7B.10)$$

그림 7.22a에 나타낸 바와 같이 상태밀도는 에너지에 단순 증가하는 형태를 보이지만[식 (7B.5)], 전자가 더 높은 준위에 존재할 확률은 급격히 감소하며(그림 7.22b), 결국 **채워진 전자 상태는 전도띠의 바닥에 모여 있음**을 이해하는 것이 중요하다(그림 7.22c). 결과적으로, 많은 세라믹 재료에서 전자와 정공의 유효질량은 알려져 있지 않으며, 이로 인해 일반적으로 $m_e = m_e^* = m_h^*$라는 가정을 세운다.

부록 7C: 식 (7.79)의 유도 과정

결함-결함 상호작용이 무시될 수 있는 희박 근사 조건에서 결함 및 전자의 화학 퍼텐셜은 다음과 같이 표현될 수 있다.

$$\mu_{\mathrm{def}} = \mu^o_{\mathrm{def}} + kT \ln c_{\mathrm{def}} \tag{7C.1}$$

$$\mu_e = \mu^o_e + kT \ln n \tag{7C.2}$$

전기적 중성과 질량 평형으로 인해 $c_{\mathrm{def}} = n/z = c_{\mathrm{M*}}$의 식으로 표현될 수 있고, 따라서 다음과 같은 식으로 표현된다.

$$\frac{dc_{\mathrm{M*}}}{dx} = \frac{1}{z}\frac{dn}{dx} = \frac{dc_{\mathrm{def}}}{dx} \tag{7C.3}$$

위 식과 식 (7C.1) 및 (7C.2)의 결과와 식 (7.68)을 결합하면 다음과 같이 나타낼 수 있으며 이는 식 (7.79)가 된다.

$$\frac{d\mu_{\mathrm{M*}}}{dx} = kT\left[\frac{z}{n} + \frac{1}{c_{\mathrm{def}}}\right]\frac{d\mu_{\mathrm{M*}}}{dx} \tag{7C.4}$$

부록 7D: 식 (7.92)의 유도 과정

그림 7.18a와 7.19c는 물질 전달을 위한 구동력이 존재한다는 점에서 매우 유사하다. 이 힘은 그림 7.18a의 경우 성장 산화물 층을, 그림 7.19c의 경우 고체 전해질 또는 센서를 가로질러 존재하는 화학 퍼텐셜 구배인 $d\mu/dx$에 기인한다.

Na 이온의 선속과 전자 선속의 크기는 식 (7.37)에 의해 각각 다음과 같이 주어진다.

$$J_{\mathrm{Na}^+} = -\frac{\sigma_{\mathrm{Na}^+}}{e^2}\frac{d\bar{\eta}_{\mathrm{Na}^+}}{dx} \tag{7D.1}$$

$$J_e = -\frac{\sigma_e}{e^2}\frac{d\bar{\eta}_e}{dx} \tag{7D.2}$$

전기적 중성을 만족하기 위해 $J_{\mathrm{Na}^+} = J_e$ 조건이 성립되어야 하므로 다음과 같이 표현된다.

$$\frac{d\bar{\eta}_{\mathrm{Na}^+}}{dx} = \frac{\sigma_e}{\sigma_{\mathrm{Na}^+}} = \frac{d\bar{\eta}_e}{dx} \tag{7D.3}$$

국부적 평형을 가정하면 다음과 같은 식으로 나타난다.

$$d\bar{\eta}_{\mathrm{Na}}|_{\mathrm{electrode}} = |d\bar{\eta}_e + d\bar{\eta}_{\mathrm{Na}^+}|_{\mathrm{SE}} \tag{7D.4}$$

여기서 SE는 고체 전해질을 의미한다. 위 식에 식 (7D.3)을 결합하면 다음 식을 얻는다.

$$\frac{d\tilde{\mu}_{\mathrm{Na}^+}}{dx} = \frac{\sigma_e}{\sigma_{\mathrm{Na}^+}}\frac{d\tilde{\eta}_e}{dx} + \frac{d\tilde{\eta}_e}{dx} = \frac{1}{t_{\mathrm{ion}}}\frac{d\tilde{\eta}_e}{dx} \tag{7D.5}$$

아래와 같은 식을 사용하여,

$$\Delta\tilde{\eta}_e = \eta^{\mathrm{II}}_e - \eta^{\mathrm{I}}_e = -eV$$

해당 식을 정리하고 적분하면 다음과 같다.

$$V = -\frac{1}{e} \int_{\mu_{Na}^{I}}^{\mu_{Na}^{II}} t_{ion} \, d\tilde{\mu}_{Na}$$

보다 일반적인 상황에서는, 양이온의 전하가 1이 아닌 z로 표현되고 전기적으로 활성화된 종의 화학양론이 χ가 아닌 보다 일반적인 결과로 나타나는데, 이는 식 (7.92)로 주어진다.

문제

7.1 (a) $D_o = 10^{-3}$ m²/s, $D = 10^{-17}$ m²/s일 때 300K에서의 활성화 에너지를 계산하시오.

(b) NaCl 내부에 존재하는 Na 이온의 확산에 대하여 D_o의 값을 구하고 실험적인 결과 값 ≈ 0.0032 m²/s와 비교하시오. 계산에 사용된 모든 가정을 서술하고 필요한 정보는 표 6.2를 참조하시오.

답: $D_o = 8.8 \times 10^{-4}$ m²/s

(c) 그림 7.4a를 참조하여, $\Delta H_m^* \approx 74$ kJ/mol 및 $\Delta H_s = 199$ kJ/mol임을 확인하시오.

(d) 그림 7.5b에 Cd 농도에 관한 함수로서의 NaCl의 이온전도도가 나타나 있다. 이 결과를 설명하는 결함 모델을 제시하시오.

(e) 700°C에서 UO_2 내부에 존재하는 침입형 산소 이온의 이동도를 계산하시오. 단, 해당 온도에서의 산소 이온의 확산계수는 10^{-17} m²/s이다. 계산에 사용되는 모든 가정을 서술하고, 계산된 이동도를 반도체에서의 전자 및 정공의 이동도와 비교하시오.

답: 2.4×10^{-16} m²/(V·s)

7.2 (a) 고체에서 이온전도도가 지배적으로 나타나려면 움직일 수 있는 이온의 농도가 전자 결함의 농도보다 훨씬 커야 하는 이유를 설명하시오.

(b) 식 (7.46)을 유도하고 해당 자리의 절반이 채워질 경우 전도도가 최대치를 보여야 함을 나타내시오.

(c) 식 (7.54)를 유도하고 문항 (b)에서 유도된 식과 본 식의 유사성에 대해 논의하시오.

7.3 양이온이 주요 전하 운반자인 경우, 상온에서 이온전도체의 공공의 개수를 계산하시오. 단, 상온에서 전도도는 $10^{-17}(\Omega \cdot m)^{-1}$이고 이온 이동도는 10^{-17} m²/(V·s)이다. 계산에 사용되는 모든 가정을 서술하시오.

7.4 (a) 세라믹스에서 전도도가 이온전도성인지 전자전도성인지를 결정하는 요인은 무엇인가?

(b) 일반적으로 세라믹스의 크기가 줄어들면 전자전도도가 증가한다고 말한다. 의견에 동의하는가? 설명하시오.

(c) 다수 운반자의 산소분압 의존성 관점에서 p형 산화물과 n형 산화물을 구분하고, 구분할 수 있는 실험에 대해 서술하시오.

7.5 중심에 하나의 V_{Ni}가 존재하는 NiO 단위격자($a = 212$ pm)가 있다(즉, 단위격자의 중심에는 원자가 존재하지 않는다고 가정한다).

(a) 1500K에서 Ni 이온의 확산계수가 9×10^{-12} m²/s일 때, σ_{ion}을 계산하시오.

답: 14.02 S/m

(b) Ni 공공 확산계수를 계산하시오. 계산에 사용되는 모든 가정을 서술하시오.

답: 2.7×10^{-11} m²/s

7.6 (a) 화학양론을 만족하는 산화물 M_2O_3는 5 eV의 띠간격을 가진다. 프렌켈 결함 형성의 엔탈피는 2 eV인

반면, 쇼트키 결함 형성의 엔탈피는 7 eV이다. 추가 실험에 의해 움직일 수 있는 이온 종은 침입형 양이온이며, 1000K에서 확산계수 $D_{M,int}$는 1.42×10^{-10} cm²/s인 것으로 밝혀졌다. 정공과 전자의 이동도는 각각 2000 및 8000 cm²/(V·s)인 것으로 나타났다. 1000K에서 이 산화물이 이온전도체, 전자전도체, 혼합 전도체 중 무엇일거라 예상하는가? 이유는 무엇인가? 이때 산화물의 분자량은 40 g/mol이며, 밀도는 4 g/cm³이다. 여기서 정공과 전자의 상태밀도는 10^{22} cm³ 정도라고 가정한다.

답: $\sigma_{ion} = 2.6 \times 10^{-9}$ S/cm, $\sigma_p = 8.0 \times 10^{-7}$ S/cm, $\sigma_n = 3.2 \times 10^{-6}$ S/cm

(b) 문항 (a)의 산화물에 MbO 산화물을 5 mol% 도핑할 경우[최종 조성: $(MbO)_{0.05}(M_2O_3)_{0.095}$], M_2O_3 산화물에 MbO 혼합 시 발생할 수 있는 2개의 결함 반응을 쓰고 형성된 각 결함의 몰분율을 계산하시오.

(c) 문항 (b)의 결함 반응 중 하나가 Mb_i의 생성과 관련이 있다고 가정한다. 1000K에서 M_2O_3의 침입형 Mb의 확산계수 D_{Mbi}가 10^{-9} cm²/s로 주어졌을 때의 이온전도도를 다시 계산하시오. 참고로, 최종 조성이 1 mol이라고 가정하여 침입형 Mb 이온의 분율을 계산하고 유효전하를 고려해야 한다.

답: $\sigma_{Mbi} = 7.44 \times 10^{-6}$ S/cm

7.7 (a) 순수 지르코니아의 크뢰거-빙크 도표를 그리시오.

답: 그림 7.16a 참고

(b) 칼시아가 도핑된 지르코니아에 대하여 문항 (a)와 같이 그리고, 이를 그림 7.16a와 비교하시오. 모든 가정을 서술하고, 같은 도표에서 도펀트 농도가 증가함에 따라 발생하는 현상을 설명하시오.

7.8 예제 7.3 참조하여 다음 문제를 해결하시오.

(a) 문항 (c)에서 Al_2O_3의 도핑이 20 ppm으로 증가할 경우, 어떤 현상이 발생할 것으로 예상되는가? 모든 가정을 서술하고 이유를 설명하시오.

답: 외인성

(b) Al_2O_3 0.1 ppm으로 도핑된 산화물과 20 ppm으로 도핑된 산화물에서 예상되는 로그 전도도와 로그 P_{O_2}의 그래프를 도시하고 이유를 설명하시오.

답: 0.1 ppm의 경우 +1/6의 기울기를 가진 직선. 20 ppm의 경우 P_{O_2} 의존성이 존재하지 않음.

(c) V_M, D_v, D_M이 도핑에 의해 변화할 수 있는지에 대해 정확하게 설명하시오. 모든 가정을 서술하고 이유를 설명하시오.

(d) Al_2O_3 20 ppm으로 도핑된 시료의 1700K에서의 전자전도도를 계산하시오. 계산에 사용된 모든 가정을 서술하고 이유를 설명하시오.

답: 5.92 S/m

7.9 (a) ZnO의 전자(n형)전도도를 증가시키기 위해서 Al_2O_3, Li_2O 중 어떤 것을 첨가해야 하는가? 이유를 설명하시오.

답: Al_2O_3

(b) ZnO에서 도핑 수준이 0.23에서 0.7 mol%로 증가함에 따라 비저항이 4.5에서 1.5 Ω·cm로 감소하는 것으로 나타났다. 도펀트는 Al_2O_3, LiO_2 중 무엇이며 이유는 무엇인가? 도펀트의 종류를 고려하여 도펀트 농도 측면에서 해당 산화물의 전도도에 관한 식을 유도하시오. 유도된 식이 위의 전도도의 변화와 일치하는지 확인하시오.

(c) ZnO는 반도체이다. 극고온을 제외한 상황에서 구조 내에서 침입형으로 존재하는 잉여의 Zn은 운반자 농도와 관련되어 있다. 침입형 Zn의 1차 이온화 에너지는 0.04 eV이며, 2차 이온화 에너지는 ≈ 1.5 eV이다. Zn 원자의 전자 구성은 ...$3d^{10}4s^2$, 산소 원자의 전자 구성은 ...$2s^22p^4$이며 띠간격은 3.2 eV이다.

(i) ZnO의 대략적인 띠구조를 그리고, 원자가띠, 전도띠 및 2개의 침입형 Zn 결함 수준을 표시하시오.

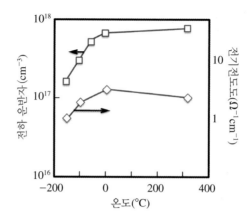

그림 7.23 ZnO 전기전도도의 온도 의존성(오른쪽 축)과 전하 운반자의 온도 의존성(왼쪽 축). y축은 log 단위로 표시되어 있다.

(ii) Zn 증기가 ZnO에 결합할 때의 결함 반응은 무엇이며 어떤 종류의 전자 운반자가 생성되는가?

(iii) ZnO 시료들을 1300°C에서 Zn 증기 하에 어닐링하고 상온으로 급냉하였다. 이후 −200에서 300°C 의 온도 범위에서 해당 시료들의 전기적 특성을 평가하였으며 결과는 그림 7.23에 표시되어 있다. 이때 상온 이하의 온도에서 운반자 농도가 줄어드는 이유는 무엇인가?

(iv) 이동도는 자유전자와 '호핑' 중 어떤 것에 의한 것인지 설명하시오.

7.10 양전하를 띤 공공과 음전하를 띤 공공은 쿨롱 힘에 의해 서로를 끌어당기게 된다. 이들 쌍의 인력이 E_p일 때, 평형상태에서의 이들 쌍의 비율은 다음과 같이 나타나는 것을 증명하시오.

$$\frac{V_p}{(V - V_p)^2} = K = 6e^{E_p/RT}$$

여기서 V_p는 이들 쌍의 개수이고, $V = V_{cat} = V_{an}$이며, 계산에 필요한 모든 가정을 서술하시오.

7.11 토마스(Thomas)와 랜더(Lander)는 ZnO 내부에서 수소의 전도도와 용해도를 측정하였으며, 해당 값들은 $P_{H_2}^{1/4}$에 따라 달라지는 것을 확인하였다.[33] 해당 모델을 유도하고 이와 같은 결과를 설명하시오. 참고로, 수소는 침입형으로 존재하며 이온화되어 있다.

7.12 도핑되지 않은 PbS는 n형 반도체이며 NaCl 구조로 결정화된다. 지배적인 결함은 Pb 부격자에서 발생하는 프렌켈 결함 쌍이다.

(a) PbS 내부에서 Pb 또는 S의 확산계수가 증가할 것으로 예상하는가? 이유는 무엇인가?

(b) PbS에 Ag_2S를 첨가할 경우, Pb의 확산 선속에 어떤 현상이 나타나는지 설명하시오.

답: Pb 이온 선속은 첨가에 따라 증가한다.

(c) Bi_2S_3는 Pb의 확산에 어떠한 영향을 줄 것인가?

7.13 CuCl은 Cl의 분압이 높을 때 p형 전도체가 되며 Cl의 압력이 감소함에 따라 이온전도도가 높아진다.

(a) 이 현상을 설명하는 하나의 기구 또는 기구들을 조합하여 제안하시오.

(b) 실험 결과와 일치하는 제안된 기구(들)에 대하여 전도도와 결함들 간의 관계를 구하시오. 참고로, 화학 양론적인 기구와 비화학양론적 기구, 총 2개의 기구를 고려해야 한다.

7.14 고체의 전기전도도 σ는 다음 식에 따라 변할 것으로 예상된다.

---

[33] D. G. Thomas and J. J. Lander, *J. Chem. Phys.*, 25, 1136−1142 (1956).

$$\sigma = \frac{C}{T} \exp\left(-\frac{Q}{kT}\right)$$

여기서 C는 상수이며 k는 볼츠만 상수이다. T에 관한 함수로서 얼음에 대한 임의의 단위 σ의 측정값은 다음과 같다.

σ	31	135	230	630
T(K)	200	220	230	250

위와 같은 결과를 바탕으로, 얼음의 전도 기구는 다음 중 어떤 것으로 예상되는가? (i) 얼음의 띠간격이 0.1 eV인 경우, (ii) H 결합을 끊는 것과 관련된 양성자 운반이 0.25 eV인 경우, (iii) 4개의 수소 결합을 동시에 끊는 데에 필요한 착이온의 전달이 1 eV인 경우.

답: 전도에 필요한 활성화 에너지는 0.3 eV이므로, (ii)가 적합한 기구이다.

7.15 그림 7.24a에 P_{O_2}와 온도에 대한 산화물의 전기전도도의 의존성이 나타나 있다. 전도도의 온도 의존성은 그림 7.24b에 나타나 있다. 다음 질문에 답하시오.

(a) 이 산화물이 화학양론적인지 비화학양론적인지 설명하시오.

(b) 기울기에 유념하여 이 현상을 설명할 수 있는 결함 반응 혹은 반응들을 전개하시오.

(c) 이 산화물은 어떤 종류(이온, p형, n형 등)의 전도체인가? 적절한 식을 사용하여 서술하시오.

(d) 그림 7.24b에서 기울기는 어떤 에너지에 해당하는가? 사용되는 모든 가정을 서술하고 설명하시오.

(e) 온도가 증가하는 상황에서 그림 7.24a의 곡선을 정의하고 설명하시오.

(f) 이 그림은 어떠한 종류의 평형을 가정하고 있는가? 간단히 서술하시오.

(g) 온도가 T_1에서 T_2로 갑자기 바뀔 때($T_1 > T_2$로 가정), 이 결정에 존재하는 결함에 변화가 있을 경우 어떠한 변화가 발생하는지 설명하시오. 변화가 존재하는 경우, 변화에 영향을 주는 원자 기구를 서술하시오.

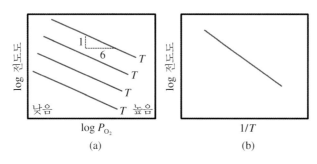

그림 7.24 (a) $\log P_{O_2}$에 대한 $\log \sigma$의 함수적 의존성. (b) P_{O_2} 값이 고정되었을 때, 전도도에 대한 온도 효과.

7.16 (a) 칼시아 안정화 지르코니아(CSZ) 내부 산소의 추적자 확산계수는 다음과 같은 식을 만족하며 측정된다.

$$D = 1.8 \times 10^{-6} \exp\left(-\frac{1.35\ eV}{kT}\right) m^2/s$$

산소의 수송 수가 1이라고 가정하였을 때, 1000°C에서의 전기전도도를 계산하시오. 단위격자 상수는 513 pm라고 가정하며 계산에 사용되는 모든 가정을 서술하시오.

답: ≈ 2.81 S/m

(b) CSZ 막은 현재 연료 전지의 고체 전해질로 사용되고 있다. 그러나 최대 효율을 내는 연료 전지를 얻기

위해서는 막을 통한 산소 투과를 줄이는 것이 필수적이다. 문항 (a)의 CSZ가 1000°C에서 정공 수송 수가 10^{-3}이라고 가정한다. CSZ의 두께가 1 mm이고 연료 전지가 대기와 10^{-10} atm의 P_{O_2} 사이의 범위에서 작동할 경우, 막을 투과하는 산소의 몰 선속을 계산하시오.

답: O/m²s당 8.33×10^{-6} mol

7.17 산소 센서의 한쪽은 평형상태를 이루고 있는 Ni와 NiO의 혼합물과 닿아 있으며 다른 쪽은 대기에 노출되어 있다. 아래에 기재된 다양한 온도에서 다음과 같은 결과가 얻어졌다.

T(K)	1200	1300	1400
Emf(V)	0.644	0.6	0.55

(a) 1300K에서 Ni/NiO 쪽의 P_{O_2}를 계산하시오.

(b) 1300K에서 NiO 형성에 필요한 엔트로피와 엔탈피의 표준 자유 에너지를 계산하시오.

답: 1300K에서의 $P_{O_2} = 1 \times 10^{-10}$ atm, $\Delta G_{1300} = -124$ kJ/mol

7.18 (a) 그림 7.17에 나타난 결과는 식 (7.62)를 따르는지 설명하시오.

(b) 위의 결과가 식을 따른다면, K_w를 계산하고 표 7.1에 표시된 값과 비교하시오.

7.19 (a) 산화 과정의 경우, 이상적인 속도상수는 포물선 속도상수 K_x와 다음과 같은 관계를 가지는 것을 보이시오.

$$K_r = \frac{K_x}{\Omega_{M_aO_b}\phi}$$

여기서 ϕ는 당량의 개수이다(8장의 각주 1 참고).

(b) 이어서 K_r과 K_w가 다음과 같은 관계를 가지는 것을 증명하시오.

$$K_r = \frac{1}{2}\frac{|z|^2 V_{MO}}{M_O^2}\frac{\Delta w^2}{t} = \frac{1}{2}\frac{|z|^2 \phi V_{MO}}{M_O^2}K_w$$

여기서 M_O는 산소의 원자량이고, z는 음이온의 원자가이다.

(c) 그림 7.25a에 2가지 다른 온도에서의 6×3 mm² 면적을 가지는 Gd 금속 박막의 무게 증가량에 대한 시간 의존성이 나타나 있다. 이 산화물에 대하여 K_w와 K_r을 계산하시오.

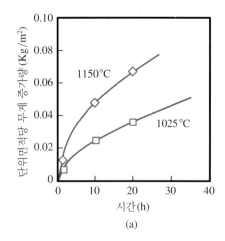
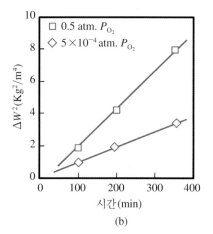

(a) (b)

그림 7.25 (a) 2개 온도에서 Gd 금속의 산화에 의한 무게 증가량. (b) 1027°C에서 2개 P_{O_2}의 Gd 금속의 산화에 따른 무게 증가량. (D. B. Basler and M. F. Berard, *J. Amer. Cer. Soc.*, 57, 447, 1974에서 발췌.)

(d) 1027°C에서 산화물 층이 25 μm까지 성장하기 위해 걸리는 시간은 얼마인가?

(e) 그림 7.25b에 표시된 산소분압 의존성에 대하여 설명하시오. 다시 말해, 해당 시료가 높은 분압에서 더 많은 무게를 얻는 이유는 무엇인가? 여기서 Gd_2O_3의 몰질량은 362.5 mol이며 밀도는 7.41 g/cm^3이다.

7.20 P–B 비를 기반으로 Be, Nb, Ni, Pd, Pb, Li, Na 금속 중 보호 산화물 층을 형성할 금속과 형성하지 않을 금속을 예상하여 쓰시오.

7.21 식 (7.94)와 (7.95)를 유도하시오.

더 읽을거리

1. J. Maier, *Physical Chemistry of Ionic Materials*, Wiley, Chichester, 2004.
2. R. Bube, *Electrons in Solids*, Academic Press, New York, 1988.
3. L. Solymar and D. Walsh, *Lectures on the Electrical Properties of Materials*, 4th ed., Oxford University Press, Oxford, 1988.
4. F. A. Kröger, *The Chemistry of Imperfect Crystals*, 2nd ed. rev., vols. 1 to 3, North-Holland, Amsterdam, 1973.
5. L. Heyne, in *Topics in Applied Physics*, S. Geller, Ed., Springer-Verlag, Berlin, 1977.
6. P. Kofstad, *Nonstoichiometry, Diffusion and Electrical Conductivity in Binary Metal Oxides*, Wiley, New York, 1972.
7. O. Johannesen and P. Kofstad, Electrical conductivity in binary metal oxides, Parts 1 and 2, *J. Mater. Ed.*, 7, 910–1005 (1985).
8. C. Kittel, *Introduction to Solid State Physics*, 6th ed., Wiley, New York, 1986.
9. P. Kofstad, *High Temperature Oxidation of Metals*, Wiley, New York, 1966.
10. H. Tuller in *Nonstoichiometric Oxides*, O. T. Sorensen, Ed., Academic Press, New York, 1981, p. 271.
11. R. E. Hummel, *Electronic Properties of Materials*, Springer-Verlag, Berlin, 1985.
12. L. Azaroff and J. J. Brophy, *Electronic Processes in Materials*, McGraw-Hill, New York, 1963.
13. H. Rickert, *Electrochemistry of Solids*, Springer-Verlag, Heidelberg, 1982.
14. H. Schmalzreid, *Solid State Reactions*, 2nd rev. ed., Verlag Chemie, Weinheim, 1981.
15. P. G. Shewmon, *Diffusion in Solids*, 2nd ed., TMS, Warrendale, PA, 1989.
16. R. Allnatt and A. B. Lidiard, *Atomic Transport in Solids*, Cambridge University Press, Cambridge, MA, 1993.
17. J. Philibert, *Atom Movements, Diffusion and Mass Transport in Solids*, Les Editions de Physique, in English, trans. S. J. Rothman, 1991.
18. R. J. Borg and G. J. Dienes, *An Introduction to Solid State Diffusion*, Academic Press, New York, 1988. *Diffusion Data*, 1967–1973, vols. 1–7, Diffusion Information Center, Cleveland, OH.
19. F. H. Wohlbier and D. J. Fisher, Eds., *Diffusion and Defect Data (DDD)*, vol. 8, Trans. Tech. Pub., Aerdermannsdorf, Switzerland, 1974.
20. J. C. Bachman et al. Inorganic solid-state electrolytes for lithium batteries: Mechanisms and properties governing ion conduction, *Chem. Rev.*, 116, 140–162 (2016).

기타 참고

1. Animation of diffusion in solids: https://www.youtube.com/watch?v=t0NKd6YKm2U.
2. Explanation of drift velocity: https://www.youtube.com/watch?v=qg0JY4GNK0w.
3. Animation of an electron flowing in a metal: https://www.youtube.com/watch?v=07qqC85Qcpg.

8

상평형
PHASE EQUILIBRIA

Like harmony in music; there is a dark inscrutable
workmanship that reconciles discordant elements,
makes them cling together in one society.

William Wordsworth

....

8.1 서론

상태도는 다양한 온도, 조성, 압력 하에서 재료 계(system)에 존재하는 평형 상들을 그래프로 나타낸 것이다. **상**(phase)은 물성과 조성이 공간적으로 균일한 계의 영역으로 정의된다. 평형 조건은 계의 모든 구성성분들의 전기화학적 구배가 사라지는 것이다. 계는 시간이 지남에 따라 특성 또는 미세조직의 어떤 것에서도 변화가 관찰되지 않을 경우, 평형상태에 있다고 말한다.

어떤 특정한 계의 상태도를 아는 것의 중요성은 아무리 강조해도 지나치지 않는다. 상태도가 없다면 고체의 최종 특성에 큰 영향을 미칠 수 있는 미세조직과 그 변화를 해석하고 예측하는 것은 매우 어렵다.

이론적으로 상태도는 다음 정보를 제공한다.

1. 평형상태에서 존재하는 상
2. 평형상태에서 상의 조성
3. 존재하는 상들의 각각의 분율
4. 하나의 원소 혹은 다른 원소 화합물에 고용(solid solubility)되는 범위

2장 및 5장과 같이, 이 장에서도 상평형 및 상태도에 대한 포괄적인 논문을 의도한 것은 아니다. 완성도를 위해 더 많이 넓게 다루고 있으며, 언급된 중요한 개념 중 일부를 독자에게 상기시키기 위해 사용되었다. 자세한 내용은 이 장의 마지

막에 나열한 참고문헌을 참조하기 바란다.

8.2절은 깁스 상률(Gibbs phase rule)을 짧게 소개한다. 8.3절은 1성분계에 대해 설명하고, 2성분계 및 3성분계는 8.4절과 8.5절에서 각각 다룬다. 한편, 8.6절에서는 자유 에너지(free energy), 온도 및 조성과 상태도와의 상관관계를 다룰 예정이다.

8.2 상률

앞서 언급했듯이, 상태도는 평형상태의 도표이다. 깁스(J. W. Gibbs)는 어떤 평형상태에서의 조건이 계가 가질 수 있는 자유도(degree of freedom) F에 구속되는 것을 보였다. 이 제약 조건은, 존재하는 상의 개수(P) 및 성분의 개수(C)와 자유도(F)와의 상관관계를 나타낸 **상률**(phase rule)로 알 수 있다.

$$F = C + 2 - P \tag{8.1}$$

여기서 우변의 2는 2개의 외부 변수가 고려되는 것을 의미하며, 일반적으로 계의 온도와 압력으로 간주된다.

존재하는 상의 수(P)는 원칙적으로 계 내부에서 물리적으로 기계적으로 분리가 가능한 부분의 수이다. 상을 확인하는 가장 쉽고 모호함이 적은 방법 중 하나는 X선 회절 패턴을 분석하는 것이다. 이때 모든 상들은 매우 명확한 각도에서 발생하는 피크들을 갖는 고유의 패턴이 있다(4장 참고). 고용체 및 비화학양론적(nonstoichiometric) 화합물의 경우 상황은 더 복잡하고, 상들은 여전히 특정한 X선 회절 패턴을 가지고 있지만, 조성에 따라 피크가 나타나는 각도는 달라진다.

액체 상태에서는 대부분의 경우 액체 용액이 단일상(알코올과 물이 일반적인 예)이기 때문에 상의 수는 고체 상태보다 훨씬 제한된다. 그러나 일부 계, 특히 규산염은 액체-액체가 혼합되지 않고 2개 이상의 (기름과 물 등) 액체 상태로 존재할 수 있다. 기체 상태는 모두 어떠한 비율로도 혼합할 수 있기에 항상 하나의 상으로 간주한다.

성분의 수 C는 존재하는 모든 상의 조성을 완벽하게 묘사하기 위해 필요로 하는 구성요소들의 최소 수이다. 2성분계를 다루고 있다면, 성분의 수는 존재하는 원소의 수가 된다. 마찬가지로, 3성분계에서는 성분의 수 C는 3일 것으로 예상된다. 그러나 C가 2밖에 없는 경우도 있다. 예를 들어, 3성분계 상태도에 2성분계 결합이 포함되는 경우, 하나의 요소가 일반적이기 때문에 성분의 수는 2이다. (즉, 3성분계의 안의 2성분계를 하나의 성분으로 간주할 수 있다.)

자유도 F 수는 평형상태의 계를 완벽하게 정의하기 위한 온도, 압력, 조성 등의 변수를 포함하는 수를 나타낸다.

8.3 단일성분계(1성분계)

1성분계(one-component system)에서 성분의 개수는 $C = 1$, 자유도는 $F = 2$이다. 계를 완벽하게 정의하려면, 온도와 압력 모두 특정되어야 한다. 계의 상태를 설명하기 위해서, 만약 2개의 상들이 존재한다면 $F = 1$이 되므로, 압력이나 온도 중 하나를 특정해야 하지만, 모두 특정할 필요는 없다(하나를 정하면 하나는 '당연히' 정해지게 된다). 예로, 1기압에서 물과 얼음은 오직 하나의 온도(0℃)에서만 공존(동시에 존재, 함께 존재)할 수 있다. 삼중점은 3개의 상이 공존하고 자유도는 0이 되고, 즉 3개의 상이 공존하기 위해서는 특정 온도와 특정 압력을 선택해야 한다.

단상 물질이 가열 또는 냉각되면서, 동질이상의 상전이를 겪을 수 있다. **동질이상**(polymorph)은 같은 화학 물질의 다른 결정질로의 변화를 말한다. 이러한 전이는 매우 일반적이며, 유리의 결정화, 용융 및 많은 고상-고상 전이가 포함된다. 일반적으로, 동질이상의 전이는 변위형(displacive) 전이와 재결합형(reconstruction) 전이, 2가지 유형이 있다.

8.3.1 재결합형 전이

그림 8.1a에 개략적으로 모식화되어 있는 바와 같이, 재결합형 전이는 결합들을 끊고 재배열하게 된다. 이러한 전이는 일반적으로 핵 생성 및 성장에 의해 발생한다. 이것은 일반적으로 원자 확산 속도에 의존하기 때문에 상대적으로 느리고, 쉽게 억제된다(9장 참고). 석영에서 발생하는 재결합형 전이, 특히 α-β 전이(아래 참고)는 좋은 예이다.

8.3.2 변위형 전이

재결합형 전이와는 대조적으로, 변위형 전이는 결합을 끊지 않고, 그림 8.1b와 같이 원자 수준의 평면의 상호 변위에 의해 발생한다. 이러한 반응은 매우 빠르게 발생하고, 결과적으로 나타나는 미세 조직은 일반적으로 쌍정이다. 이러한 상전이는, 상전이 온도의 양쪽 상들의 엔탈피가 매우 비슷하기 때문에 엔트로피의 역할이 중요하다. 그 결과 그 상전이는, 5장에서 언급한 이유로, 더 높은 온도에서 더 열린 (밀도가 낮은) 구조가 나타난다. 더 열린 구조란 더 큰 엔트로피를 갖고 있는 구조이다.[1]

강(steel)의 마르텐사이트(martensitic) 상전이는 아마도 이러한 상전이 중 가장 많이 연구되고 있다. 기술적으로 중요한 세라믹 계의 예로는 ZrO_2의 정방정계(tetragonal)에서 단사정계(monoclinic)로의 상전이, $BaTiO_3$의 입방정계(cubic)에서 정방정계로의 상전이, 실리카의 다수의 상전이가 포함된다. 이 절의 나머지 부분에서 각각에 대해 자세히 설명한다.

---

[1] 예외가 있다. 예를 들어, ZrO_2의 정방정계에서 단사정계로의 상전이는 더 낮은 온도에서 더 '열린' 구조가 더 안정하다.

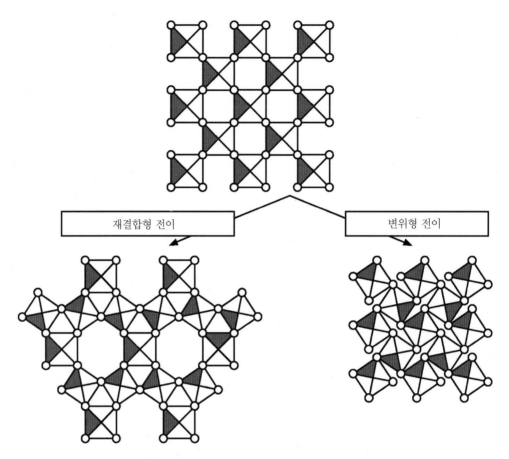

그림 8.1 재결합형 전이(왼쪽)와 변위형 전이(오른쪽) 개략도

티탄산바륨

티탄산바륨(BaTiO₃, Barium Titanate)은 가열되는 동안 다음과 같은 상전이를 한다.

$$\text{삼방정계} \underset{-90°C}{\rightarrow} \text{사방정계} \underset{0°C}{\rightarrow} \text{정방정계} \underset{130°C}{\rightarrow} \text{입방정계}$$

130℃ 이상에서 단위격자는 입방정계이고 Ti 이온은 단위격자 중심에 위치하고 있다. 0℃와 130℃ 사이에서는 Ti 이온이 중심에서 벗어난 뒤틀린 페로브스카이트(perovskite) 구조를 갖는다. 14장과 15장에서 더 자세히 다루겠지만, 이 현상은 티탄산바륨의 큰 유전상수의 근원이며, 이로 인해 커패시터(capacitor)의 소재로 선택된다.

실리카

실리카(silica)는 변위형 전이 및 재결합형 전이를 모두 거치는 다수의 동질이상이 있고, 그 중 가장 중요한 것을 그림 8.2a에 요약하였다. 고온 석영에서 저온 석영의 변위형 전이는 큰 부피 변화를 수반하고(그림 4.5 참고) 냉각 시에 잔류응력이 발생하여 강도가 손실될 수 있다(13장 참고). 이 문제를 해결하는 가장 좋은 방법은 공정 동안 모든 석영이 크리스토발라이트(cristobalite)로 전이되도록

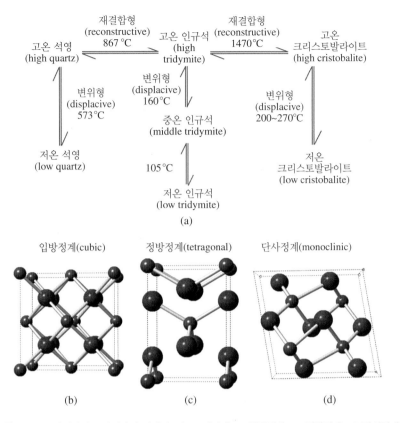

그림 8.2 (a) 실리카의 동질이상의 상전이. 지르코니아의 (b) 입방정계, (c) 정방정계, (d) 단사정계.

하는 것이다. 느린 재결합형 전이로 상온에서 준안정상이다. 고온 크리스토발라이트에서 저온 크리스토발라이트로의 부피 변화는 석영보다 심하지 않다.

지르코니아

지르코니아(ZrO_2, Zirconia)를 1기압 아래에서 가열하면, 다음의 상전이를 거치게 된다.

$$단사정계 \underset{1170°C}{\rightarrow} 정방정계 \underset{2370°C}{\rightarrow} 입방정계 \underset{2680°C}{\rightarrow} 액상$$

그림 8.2b~d에서 보인 대로, 단사정계 상, 정방정계 상, 입방정계 상으로 명확하게 3개의 동질이상을 나타낸다. 저온의 상은 단사정계(그림 8.2b)이고, 1170℃ 이상에서는 정방정계(그림 8.2c)로 가역적으로 변화되고, 정방정계는 2370℃까지 안정하다. 2370℃ 이상으로 온도가 올라가면, 입방정계 상(그림 8.2d)이 안정해지고, 2680℃ 이상에서는 녹아서 액상이 된다. 냉각 중 정방정계에서 단사정계로의 상전이는 강의 마르텐사이트 형성과 유사하게 확산 과정 없는 전단 공정에 의해 일어난다고 믿고 있다. 이 상전이는 큰 부피 변화를 수반하고, 지르코니아의 상전이 강화의 기본이 되는 광범위한 전단 과정을 겪게 된다(11장).

8.4 2성분계

2성분계(binary system)는 2개의 성분으로 구성되어 있고, 온도, 압력 및 조성의 3가지 변수의 영향을 받는다. 두 성분을 서로 혼합하면 평형상태가 된 후 다음 3가지가 가능하다.

1. 모든 조성 범위에 걸쳐서 상호 용해 및 고용체(solid solution) 형성. 전율 고용체(complete solid solution)로 알려져 있음.
2. 중간(intermediate) 상을 형성하지 않는 부분 고용체(partial solid solution)
3. 중간 상을 형성하는 부분 고용체

이 절의 목적 중 하나는 이러한 다양한 현상과 이로 인한 상태도와의 관계를 정성적으로 설명하는 것이다. 그러나 첫째로, 세라믹 계의 고용체가 무엇을 의미하는지와 발생하는 고용체의 종류를 이해하는 것이 중요하다. 이는 6장에서 간접적이고 쉽게 다루어졌다. 다음에 설명하는 고용체의 2가지 주요 유형은 치환형과 침입형이다.

치환형 고용체(substitutional solid solution)는 용질 이온이 6장에서 논의한 대로 함축한 전기음성도가 가장 가까운 호스트 이온을 직접 교체하는 것이다. 물론 결함 혼합 반응(defect incorporation reaction)의 규칙은 항상 만족되어야 한다. 예로, MgO 안에서의 NiO의 혼합 반응은 다음과 같이 쓸 수 있다.

$$NiO \underset{MgO}{\rightarrow} O_O^x + Ni_{Mg}^x$$

여기서 Ni^{2+} 이온은 Mg^{2+} 이온을 대체한다. 그 결과 치환된 고용체는 $(Ni_{1-x}, Mg_x)O$로 표현되고, 그림 8.3a에 모식적으로 나타내었다. 고용 정도를 결정하는 요인에 대해서는 다음에 설명한다.

용질 원자의 크기가 작은 경우, 그들은 호스트 결정격자 사이에 침투하여 용해될 수 있고, 그 결과 **침입형 고용체**(interstitial solid solution)가 생긴다. 침입형 고용체 형성의 용이성은 용질 이온의 크기에 대한 호스트 격자 내부의 침입형 자리의 크기에 의존한다. 예를 들어, 암염과 같은 조밀 충진 구조에서는, 침입형 자리가 작은 정사면체 자리만 있기 때문에 침입형 고용체가 거의 없다. 대조적으로, 산화 토륨(ThO_2)에서는 침입형 자리가 상대적으로 큰 형석 구조(fluorite structure)를 갖기 때문에, 침입형 고용체가 쉽게 형성될 수 있다. 예를 들어, YF_3가 CaF_2에 용해될 때, 혼합 반응은 다음과 같다.

$$YF_3 \underset{CaF_2}{\rightarrow} Y_{Ca}^{\cdot} + F_i' + 2F_F^x$$

즉, 전하 중성을 유지하기 위해 잉여의 F^- 음이온은 그림 8.3b에 검은색 원으로 표시한 형석 단위격자의 중심에 있는 침입형 자리에 들어가게 된다. 또다른 예는, Y_2O_3 안으로 ZrO_2가 용해되어 들어가는 것이다. 이때 반응식은 다음과 같다.

$$2ZrO_2 \underset{Y_2O_3}{\rightarrow} 2Zr_Y^{\cdot} + 3O_O^x + O_i''$$

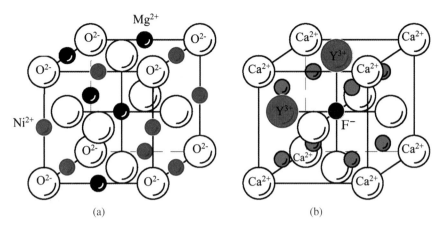

그림 8.3 (a) $(Mg_{0.5}Ni_{0.5})O$ 고용체와 (b) 0.25 mol.% YF_3가 첨가된 CaF_2 고용체의 단위격자 개략도. 단, 꼭짓점 원자들만 명명하였다.

예제 8.1

다음의 단위격자를 그리시오.

(a) $(Mg_{0.5}Ni_{0.5})O$ 고용체

(b) CaF_2에 0.25몰 분율의 YF_3가 존재할 때

정답

(a) 이 고용체의 대표적인 단위격자는 2개의 Ni^{2+}와 2개의 Mg^{2+} 양이온을 포함해야 한다. 그림 8.3a의 단위격자가 그 조건을 충족하는 것을 나타내는 것은 독자들에게 연습문제로 남겨둔다.

(b) 대표적인 단위격자는 고용체의 조성, 즉 $Y_1Ca_3F_9$를 반영해야 한다. 이러한 단위격자는 그림 8.3b에 보였다. 잉여 F 이온은 일반적으로 형석 구조에서 빈자리인 중앙의 큰 침입형 팔면체 자리를 차지한다. ■

고용체에 대해 간단한 소개하고, 위의 3가지 가능한 결과에 대해 각각 기대되는 상태도의 유형을 검토할 것이다.

8.4.1 전율 고용체(완전 고용체)

2개의 끝 성분 간에 완전하게 서로 고용되기 위해서는 다음 조건을 충족해야 한다.

1. **결정 구조 종류.** 2개의 끝 성분은 동일한 결정 구조를 가져야 한다. 예를 들어, SiO_2와 TiO_2를 혼합하여 전율 고용체(complete solid solution)를 형성하는 것은 기대할 수 없다.

2. **원자가 수.** 2개의 끝 성분은 동일한 원자가를 가지고 있어야 한다. 이 조건을 만족하지 않는다면 전하의 중성을 유지하기 위해 보상 결함이 호스트 결정에 형성되어야 한다. 결함 형성에 수반된 엔트로피의 증가가 조성 전체 범위에서 결함 형성을 위해 요구되는 에너지에 의해 보

상될 가능성이 거의 없기 때문에, 전율 고용체 가능성은 거의 없다.

3. 크기. 용매 이온과 용질 이온의 크기 불일치의 결과로 하나가 다른 하나를 대체할 때 변형 에너지가 발생하게 된다. 전율 고용체가 생성되기 위해서는 그 잉여의 변형 에너지가 낮아야 한다. 따라서 일반적으로 용매 이온과 용질 이온의 크기 차이는 15% 미만이어야 한다.

4. 화학 친화도. 2개의 끝 성분은 서로 화학 친화도가 너무 높을 수 없다. 그렇지 않으면 계의 자유 에너지는 중간 화합물의 형성으로 감소할 수 있다.

전체 조성 범위에서 전율 고용체를 형성하는 2성분계의 전형적인 상태를 그림 8.4에 나타내었다. NiO와 MgO 모두가 암염 구조로 결정화되고, 그들의 양이온 반지름은 매우 비슷하다.

상태도의 사용법과 유용성을 설명하기 위해, 그림 8.4의 Y로 표시한 수직의 점선에 의해 나타내어진 60 mol.%의 MgO 성분을 고려하고, 용융 상태로부터 냉각되면서 어떤 현상이 일어나는지를 조사해보자. 온도 T_1에서 MgO와 NiO의 고용체(약 80 mol.% Mg^{2+})가 응고하기 시작한다. 온도 T_2 또는 약 2500°C에서 조성 Z의 고용체(그림 8.4의 상단 참고)와 조성 X의 액상의 2개의 상이 공존한다. 각 상의 상대적인 양은 **지렛대 원리**(lever rule)에 의해 결정된다.

$$\text{액체의 몰분율} = \frac{yz}{xz}, \quad \text{고체의 몰분율} = \frac{xy}{xz}$$

온도가 내려가면, 고용체의 조성은 **고상선**(solidus line)을 따라 NiO 쪽으로 이동하고, 반면 액상은 **액상선**(liquidus line)을 따라 이동한다는 것에 주의하기 바란다.[2] 온도 T_3 또는 약 2400°C에서, 최종 액상이 응고될 때, 그 때의 고용체의 조성은 최초의 조성과 동일하다.

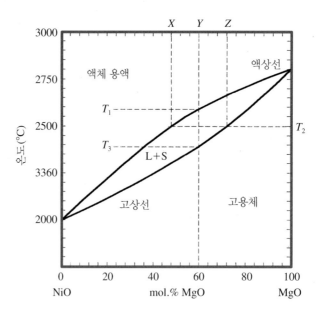

그림 8.4 조성 전 범위에서 고용체가 존재하는 MgO-NiO 상태도. 고상선과 액상선을 주의해서 보라.

---

[2] 두 상 (S + L) 영역으로부터 단일 액상 영역을 분리하는 선을 액상선이라 한다. 유사하게, 두 상의 영역으로부터 단일 고상의 영역을 분리하는 선을 고상선이라 한다.

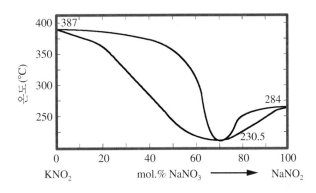

그림 8.5 온도의 최솟값을 갖는 전율 고용체 계

그림 8.5와 같이, 전율 고용체를 나타내는 계는 최댓값(세라믹 계에서는 드물다) 또는 최솟값을 나타낼 수 있다.

8.4.2 중간화합물이 형성되지 않고 부분 고용체가 있는 공정 상태도

전율 고용체의 형성에 필요한 많은 제한을 고려할 때, 그들은 규칙이 아니라 예외이다. 대부분의 세라믹 2성분계 상태도에서는 부분 고용체를 보인다. 또한 어떤 성분을 다른 성분에 첨가할 때, 혼합물의 어는점은 양끝 성분의 융점에 비해 낮아지게 될 것이다. 최종 결과는 한 지점에서 교차하는 두 끝 성분의 액상 곡선이 낮아진다. 교차점은 액상이 존재할 수 있는 최소의 온도가 되고 이를 **공정 온도**(eutectic temperature) T_E라 한다. 이 형태의 상태도는 그림 8.6에 나타낸 CaO가 MgO에 녹거나 그 반대가 되는 MgO-CaO 계에 잘 나타나 있다. 용해도 한계는 Ca와 Mg 이온 사이의 크기 차이가 너무 커서 전율 고용체가 발생하기 어렵기 때문에 대부분 존재한다. 특정 조성을 넘어 용질 함량의 증가에 수반된 변형 에너지의 증가는 더 이상 구성(배열) 엔트로피(configuration entropy) 증가에 의해 보상될 수 없다.

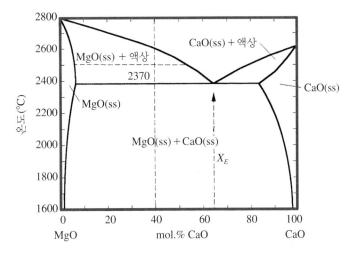

그림 8.6 MgO-CaO 상태도. 여기서 양끝 성분의 각각에 부분 고용체가 보이고, 공정점이 하나 있다.

냉각 중 발생하는 변화를 설명하기 위해, 그림 8.6에서 수직 점선으로 표시된 40 mol.% CaO 조성이 용융 상태에서 냉각될 때 무슨 일이 일어나는지를 생각해보자. 2600°C 이상에서 액상은 안정하다. 2600°C 바로 아래에서, MgO 고용체(CaO로 포화된 약 95 mol.% MgO)가 침전하기 시작한다. 2500°C에서는 2개의 상이 공존하는데, MgO-CaO 고용체와 초기 조성보다 CaO가 많은 액상(약 55 mol.% CaO)이다. 계속 냉각하면, 액상의 조성은 공정점(eutectic point)을 향해 액상선을 따라 이동하지만, 침전하는 고상의 조성은 고용 한계점을 향해 고상선을 따라 이동한다. T_E 바로 위, 즉 $T_E +$ δ 온도에서는, MgO 안 CaO의 고용체와 공정 조성 $X_E \approx 65$ mol.% CaO의 액상이 공존한다.

그러나 T_E 바로 아래의 온도에서는, **공정 반응**(eutectic reaction)이라 불리는 다음 반응식이 일어난다.

$$L \Rightarrow S_1 + S_2 \tag{8.2}$$

그리고 액상은 산화칼슘(칼시아, CaO)이 많은 고용체(CaO-rich solid solution)와 산화마그네슘(마그네시아, MgO)이 많은 고용체(MgO-rich solid solution)로 서로 완전 다른 조성의 고상[3]으로 반응하여 분리된다.

여기서 중요한 것은, 결함이 없는 결정이 불가능하다는 것과 같은 이유로,[4] 완전한 순수 결정은

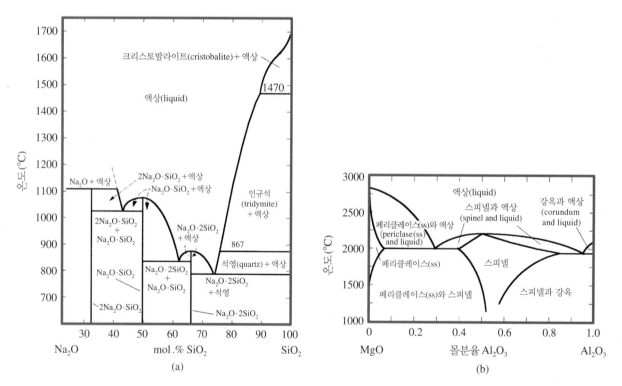

그림 8.7 (a) Na_2O-SiO_2 계와 (b) MgO-Al_2O_3 계의 상태도

---

[3] 공정 온도에서, 3개의 상이 공존하고 자유도가 0이 된다. 다시 말해, 2성분계에서 3개의 상이 공존하기 위해서는 오직 특정한 온도, 특정한 압력, 특정한 조성에서만 가능하다.

[4] 혼합 과정으로 수반된 엔트로피의 증가로 인한 자유도의 감소는 용질의 농도가 0에 가까워질수록 무한히 가파르게 된다. 즉 $\partial \Delta G / \partial n$가 $n \rightarrow 0$에서 $-\infty$가 된다[식 (6.6) 참고].

열역학적으로 불가능하기에 어떤 화합물이 다른 화합물로 용해되는 것은 피할 수 없다는 것을 알아야 한다(열역학적인 측면이다). 따라서 합당한 질문은 '용해도는 얼마나 되는가?' 뿐이다. 많은 2성분계에서 반드시 존재하는 고용체의 영역은 상태도에서 나타나지 않는다. 예를 들어, 그림 8.7a와 8.8에 따르면, Na_2O나 Al_2O_3 어떤 것도 SiO_2에 용해되지 않는 것으로 잘못된 결론을 내릴 수 있다. 이러한 상태도는 결과들을 도식화할 때 간단히 반영되어 보이지 않는 것이라고 보면 된다. 즉, x축을 확대한다면 존재해야 하는 고용체의 범위가 보이게 될 것이다. 많은 응용과 공정에서, 이것은 순수하게 학술적인 문제가 아니라는 것에 유의하기 바란다. 예로, 앞 장에서 설명한 바와 같이 화합물의 전기적 및 전자적 특성은 상당히 미량의 불순물 첨가로도 급격히 바뀔 수 있다. 광학적 특성과 소결 속도론 또한 소량의 불순물에도 강하게 영향 받는다. 이것은 6장에서 설명한 바와 같이 이러한 불순물들이 입계에 편석되는 경향이 있을 때 특히 나타난다.

8.4.3 중간화합물이 형성되는 계에서의 부분 고용체

앞에서 설명한 바와 같이, 넓은 범위에서 고용체가 존재하기 위한 조건 중 하나는 끝 성분의 다른 성분에 대한 강한 친화도가 없을 때이다. 다만, 이것은 항상 적용되는 것은 아니다. 많은 경우 양끝 성분들은 중간화합물로 3원계 화합물을 형성한다. 예를 들어, 화학물 $A_xB_yO_2$이 다음과 같은 반응으로 형성이 가능하다.

$$x\,AO_{1/x} + y\,BO_{1/y} \Rightarrow A_xB_yO_2$$

여기서 이 반응의 자유 에너지 변화는 양끝 성분을 단순히 혼합하여 고용체를 형성하는 경우의 자유 에너지보다 훨씬 크다. 이러한 조건에서는 3원계 중간화합물은 상태도에 나타난다. 이것은 양끝 성분과 유사하게 선형 화합물(line compound, 즉 중간화합물에 대한 양끝 성분의 고용도가 매우 작다)이 될 수 있고, 또는 화학양론으로 넓은 범위를 가질 수 있다. 게다가, 이러한 중간화합물 상들은 액상이 형성되기 전까지 동일한 조성을 유지할 수도 있고(congruently), 분해가 되어(incongruently) 다른 고상이 될 수도 있다.

동질 용융 중간화합물 상

그림 8.7a에 보인 대로, 3원계 화합물 $Na_2O \cdot 2SiO_2$와 $Na_2O \cdot SiO_2$는 조성변화 없이 **동질 용융**(congruently melting)하는 선형 화합물의 예들이다. 이 경우에 생성된 상태도는 간단하게 더 작은 단순 공정 계(simple eutectic system)들로 분할될 수 있다(예: 그림 8.7a에서 50 mol.% 실리카 이상의 영역).

그러나 동질 용융하고 상태도가 2개의 단순 공정 계로 분할되는(그림 8.7b) 스피넬 $MgO \cdot Al_2O_3$는 선형 화합물이 아니지만, 상당한 양의 MgO와 Al_2O_3를 쉽게 용해한다.

분해 용융 중간화합물 상

중간화합물이 **분해 용융**(incongruently melting)한다면, 화합물은 액상이나 다른 고상으로 용융되

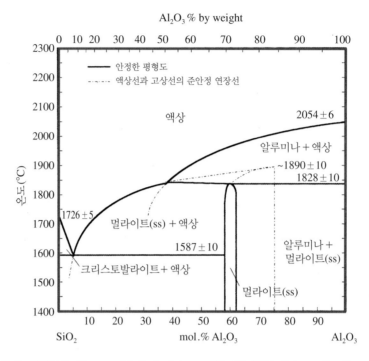

그림 8.8 SiO_2-Al_2O_3 상태도(I. Aksay and J. Pask, *Science*, 183, 69, 1974. *J. Amer. Cer. Soc.*, 74, 2341, 1991)

기 전에 분해되고 난 다음, 상태도는 상당히 복잡해진다. 이러한 현상의 전형적인 예는, 멀라이트 $2SiO_2 \cdot 3Al_2O_3$가 약 1828°C에서 용융되고 약 40 mol.% Al_2O_3를 포함하는 액상을 형성하는 SiO_2-Al_2O_3 계(그림 8.8) 상태도이다. 그리고 '순수한' 알루미나(Al_2O_3)는 다음 반응을 따른다.

$$S_1 \Rightarrow L + S_2 \tag{8.3}$$

이 반응으로 **포정 반응**(peritectic reaction)이라 하고, 세라믹 계에서는 매우 흔하다. 분해 용융 3원계 화합물의 다른 예들은 $2Na_2O \cdot SiO_2$(그림 8.7a)와 $3Li_2O \cdot B_2O_3$(그림 8.9)가 있다.

위 아이디어의 변형은 3원계 화합물이 냉각 또는 가열 중에 2개의 다른 고상으로 분리되는 상태도이다. 예를 들어, 그림 8.9에 따르면 약 700°C에서 $2Li_2O \cdot 5B_2O_3$는 1:2와 1:3의 화합물로 분리된다.

8.5 3성분계

3성분계(ternary system)는 3개의 성분으로 된 계에서의 상과 관련된다. 온도, 압력 및 두 성분들의 농도(세 번째 성분의 조성은 다른 2개에 의해 고정됨)를 고려하여 4개의 변수를 고려한다. 그림 8.10a와 같이, 삼각형 좌표계를 이용하여 각 꼭짓점은 순수한 구성 요소의 조성을 나타내고, 3차원으로 나타낼 때, 수직축에 온도를 표시하여 도식화될 수 있다. 동일한 상태도의 2차원으로 투영

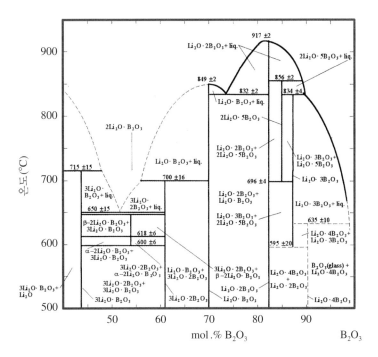

그림 8.9 Li_2O–B_2O_3 상태도

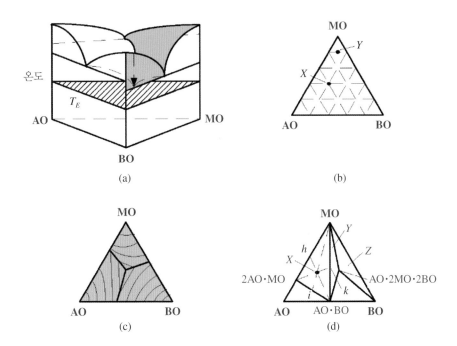

그림 8.10 (a) 3성분계 상태도의 3차원 표현. (b) 3성분계의 조성을 나타내는 삼각형 좌표. (c) (a)의 2차원 표현. 온도는 등온 선으로 표시되고, 굵은 선은 두 언덕면이 만나는 경계 곡선이다. (d) $AO \cdot BO$와 $2AO \cdot MO$의 두 3성분계 상과 $AO \cdot 2MO \cdot 2BO$의 4성분계 상을 포함한 3성분계 상태도의 등온 절단면. 굵은 선으로 공존 삼각형이 그려진다. (온도는 지형도에서의 높이와 유사하다.)

한 표현을 그림 8.10c에 나타내었고, 여기서 두 언덕 면의 교차점은 선이 되고, 3개의 언덕 면의 교차점은 점이 되며, 온도는 등온선으로 표시된다. 경계 곡선은 두 고상과 액상 사이의 평형을 나타내고, 경계 곡선의 교점에서는 평형상태에서 4개의 상(3개의 고상과 액상)들이 존재한다. 이 점은 2성분계 상태도와 완전히 유사하며 액상이 존재할 수 있는 가장 낮은 온도로 **3성분계 공정**(ternary eutectic)이라고 한다. 임의의 점에서의 조성은 삼각형의 세 변에 평행한 선을 그려서 찾을 수 있다. 예를 들어, 그림 8.10b의 X점의 조성은 40 mol.% AO, 20 mol.% BO 및 40 mol.% MO이고, Y점은 80 mol.% MO, 10 mol.% AO 및 BO가 맞춰진 조성이다. 액상면의 온도는 그림 8.10c와 같이 등온선으로 표시된다.

고용체 영역을 포함하지 않는 임의의 3성분계 상태도는 그림 8.10d에 굵은 선으로 표시된 것처럼 여러 개의 공존 삼각형(compatibility trianlge)으로 구성된다. 이 삼각형의 꼭짓점은 평형상태에서 존재하는 고상을 나타낸다. 예를 들어, 그림 8.10d의 X 조성이 출발 혼합물이라면, 평형상태에서 존재하는 상들은 MO, 2AO·MO 및 AO·BO가 된다. 마찬가지로, Z점이 출발 조성인 경우 MO, BO 및 4개의 상인 AO·2BO·2MO($AB_2M_2O_5$)가 평형 상이다. 이것은 냉각 중에 나타나거나 사라지는 어떤 상의 조성이 삼각형에 제한된다는 의미는 아니고, 평형상태에서 원래 삼각형의 경계 안에 없는 임의의 상은 모두 사라져야 한다는 것을 의미한다.

일단 공존 삼각형을 알면, 평형상태에 존재하는 상들과 그들의 상대적인 양을 모두 결정할 수 있다. 그림 8.10d를 더 참조하여, 평형상태에서 X 조성은 다음 식처럼 계산된 비율로 MO, 2AO·MO 상 및 AO·BO 상을 포함할 것이다.

$$\text{MO 몰분율} = \frac{X_i}{i - \text{MO}}$$

$$2\text{AO·MO 몰분율} = \frac{Xk}{k - 2\text{AO·MO}}$$

$$\text{AO·BO 몰분율} = \frac{Xh}{h - \text{AO·BO}}$$

3성분계 상태도로부터 2성분계를 표현할 때, 차원이 손실된다. 즉 평면은 선이 되고, 선은 점이 된다. 따라서 3개의 상이 공존하는 것은 점이고, 삼각형의 모서리는 2성분계 상태도를 표현한다(그림 8.10a와 c 비교).

8.6 자유 에너지 조성과 온도 도표

지금까지 다양한 형태의 상태도와 그 해석에 대해 설명하였으나, 간과된 것은 그 모양을 결정하는 인자에 대한 것이다. 원칙적으로 답은 간단하다. 계의 자유 에너지가 가장 낮을 때의 상 또는 상의 조합으로 평형상태에서 결정된다. 그러나 계의 자유 에너지가 낮아지기 때문에 상전이가 일어난다고 말하는 것은 그렇지 않으면 관찰되지 않기 때문에 중언부언이다. 보다 직접적이고 답하기 어려운 질문은 다음과 같다. 특정 온도, 조성, 또는 압력하에서 주어진 상은 왜 더 낮은 자유 에너지를 갖는가? 이 어려운 질문에 답하기 위해서는 고체를 구성하는 모든 원자 사이의 상호작용과 그 진동 특성 등에 대한 정확한 지식이 필요하다. 이것은 많은 변수에 대해 민감한 다체 문제(many-body problem)이며, 그중 가장 적은 계산을 수행하기 위해 선택되는 것은 원자 간 퍼텐셜의 특성이다. 오늘날 DFT 이론은 이론적인 상태도를 예측할 수 있는 정도로 발전하였다.

이 절의 목적은 다음과 같이 공식화할 수 있다. 특정 계의 모든 상에 대한 자유 에너지 함수가 온도와 조성의 함수로 알려져 있다면, 해당 상태도를 어떻게 만들 수 있을까? 즉 자유 에너지와 상태도의 관계는 무엇인가? 1성분계의 동질이상 전이와 전율 고용체, 2가지 예를 고려하자.

8.6.1 1성분계의 동질이상 전이

화합물의 동질 용융이나 앞서 언급한 동질이상 전이는 상전이 형태의 좋은 예이다. 설명하기 위해서 화합물의 용융을 고려하자. 액상의 자유 에너지 함수의 온도 의존성은 다음과 같다.

$$G_{T,\text{liq}} = H_{T,\text{liq}} - TS_{\text{liq}}$$

반면에 고상은 다음과 같다.

$$G_{T,s} = H_{T,s} - T_s S_s$$

여기서 H와 S는 각각 액상과 고상의 엔탈피와 엔트로피이다. 온도에 대해 선형적이라고 가정하고, 두 함수를 그림 9.1에 도시하였다. 열용량이 온도의 강한 함수가 아니고 고려되는 온도 범위가 너무 넓지 않을 때 유효하다.

여기에서 액상의 엔트로피는 고상의 엔트로피보다 크기(더 무질서하다) 때문에 $G_{T,\text{liq}}$는 $G_{T,s}$보다 기울기가 크다(가파르다). 여기서 중요한 점은 두 선이 교차하는 온도 이상에서 액상은 더 낮은 에너지를 갖고 더 안정하다는 것이다. 반면 그 아래의 온도에서는 고체가 그렇다. 당연히 교차점이 바로 융점이다.

8.6.2 전율 고용체

전율 고용체가 나타나는 계에 대한 자유 에너지 대 조성의 도표를 그림 8.11에서 보였다. 이 도표의 성분은 순수 AO(왼쪽)와 순수 BO(오른쪽)를 표현하는 두 수직선이다. μ_{AO}^0로 표시된 점은 원소들로부터 만들어지는 AO의 몰당 생성 자유 에너지 ΔG_{form}를 나타낸다. 마찬가지로 μ_{BO}^0는 BO의 몰당 생성 자유 에너지이다. 그림 8.11의 경우에는 AO의 생성 자유 에너지가 BO보다 작다. 단순화를 위해 만약 이상적인 용액이라면, 즉 $\Delta H_{\text{mix}} = 0$이라면, AO와 BO의 혼합 자유 에너지는 다음과 같이 주어진다.

$$\Delta G_{\text{mix}} = X_{\text{AO}}\mu_{\text{AO}}^0 + X_{\text{BO}}\mu_{\text{BO}}^0 - T\Delta S_{\text{mix}} \tag{8.4}$$

여기서 X_i는 i상의 몰분율이고, 혼합 엔트로피 ΔS_{mix}[식 (5.11) 참고]는 다음과 같이 주어진다.

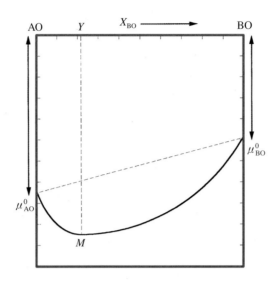

그림 8.11 고상선 아래의 온도에서 전율 고용체가 나타나는 AO-BO 혼합의 자유 에너지 대 조성 도표

$$\Delta S_{\mathrm{mix}} = -R(X_{\mathrm{AO}} \ln X_{\mathrm{AO}} + X_{\mathrm{BO}} \ln X_{\mathrm{BO}}) \tag{8.5}$$

이 두 식을 조합하고 ΔG_{mix} 대 조성을 도식화하면 그림 8.11과 같은 $\mu_{\mathrm{AO}}^0 - M - \mu_{\mathrm{BO}}^0$ 곡선이 그려진다.

같은 논의를 이용하여 액상에 대한 자유 에너지 대 조성의 함수를 결정할 수 있다. 2개의 함수를 온도의 함수로 중첩시키면 그림 8.12b~d에 나타낸 곡선이 생성된다. 원칙적으로 이러한 유형의 곡선에서 그림 8.12a에 표시된 상태도를 그릴 수 있다. T_1의 온도에서, 액상의 자유 에너지는 모든 조성에서 가장 낮고(그림 8.12b) 그 온도에서 유일하게 존재하는 상이 된다. 반대로, T_3 온도에서는 고용체가 가장 안정한 상이다(그림 8.12d). 일부 중간 온도 T_2에서, 자유 에너지 대 조성의 곡선은 교차점을 갖고(그림 8.12c), 그림 8.12a에 보인 것처럼 다음 내용은 분명하다.

∞ AO와 M점 사이에 계의 가장 낮은 에너지는 액상의 에너지이다.

∞ BO와 N점 사이에 고용체가 에너지가 가장 낮다.

∞ M과 N 조성 사이에, 계의 가장 낮은 에너지 상태는 공통 접선을 구성하여 주어진다. 즉 계의 최소 자유 에너지는 2개의 상(조성 N의 고상과 조성 M의 액상)이 공존할 때이다.

8.6.3 화학양론 및 비화학양론적 화합물 재검토

6장에서 화학양론 및 비화학양론적 개념이 어느 정도 논의되었고, 비화학양론적 화합물은 화합물이 안정한 조성 범위가 무시할 수 없는 것임을 주목하였다. 이 장의 맥락에서, 적절한 질문은 자유 에너지 대 조성 도표에서 그와 같은 화합물을 어떻게 표현하는가이다. 이 질문에 답하기 위해 그림 8.13과 같이, 비화학양론적 화합물 $A_{1/2}B_{1/2}O$가 두 화학양론적 화합물, 즉 $A_{3/4}B_{1/4}O$와 $A_{1/4}B_{3/4}O$ 사이에 존재한다고 가정하자. 후자는 매우 좁은 조성 범위에만 존재한다는 것을 강조하기 위해 두

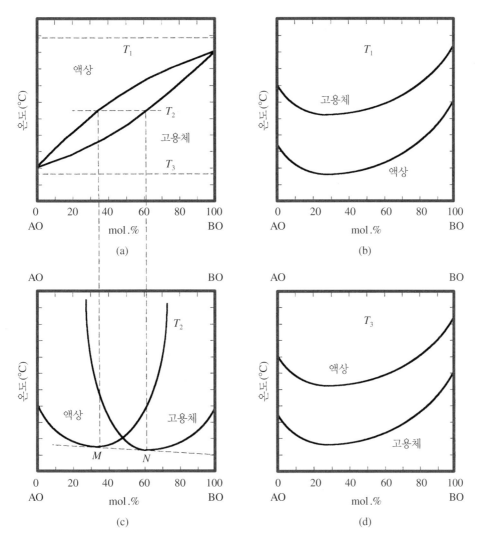

그림 8.12 온도 대 조성 상태도와 온도에 따른 자유 에너지 대 조성 도표. 두 상의 영역은 고상과 액상의 혼합이 에너지가 가장 낮은 구성이다.

수직선으로 그려져 있다. 즉 화학양론적 또는 **선형 화합물**(line compound)이다. 인접한 상들로부터 비화학양론적 상으로의 두 접선은 한 점에서 만나지 않고, 이는 비화학양론적 상이 가장 낮은 자유 에너지를 가지므로 존재하는 조성의 범위가 있음을 의미한다.

그림 8.11과 8.13을 비교하면, 비화학양론적 화합물과 고용체에 대한 자유 에너지 대 조성 곡선의 유사성은 명백하다. 따라서 비화학양론적 상인 $A_{1/2}B_{1/2}O$를 조사하기 위한 유용한 방법은 $X_{BO} < 1/2$인 경우 $A_{3/4}B_{1/4}O$와 $A_{1/2}B_{1/2}O$ 사이의 고용체이며, $X_{BO} > 1/2$인 경우 $A_{1/4}B_{3/4}O$와 $A_{1/2}B_{1/2}O$ 사이의 고용체이다. 이것이 일어나기 위해서는 비화학양론적 상 안의 양이온이 하나 이상의 산화 상태로 존재해야 한다.

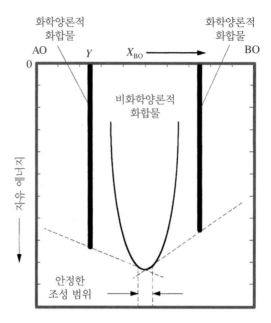

그림 8.13 $A_{3/4}B_{1/4}O$와 $A_{1/4}B_{3/4}O$ 조성 사이에 존재하는 비화학양론적 화합물 $A_{1/2}B_{1/2}O$ 조성의 자유 에너지 대 조성 곡선

| 실 험 세 부 사 항 | **상태도 결정하기**

아마도 상태도를 결정하는 가장 간단한 방법은 평형에 도달할 때까지 알려진 조성으로 조심스럽게 준비된 혼합물을 상승된 온도에서 등온적으로 유지하고, 냉각 중 상변화를 억제할 수 있을 만큼 충분히 빨리 시편을 실온으로 급랭한 다음, 시편을 분석하여 존재하는 상을 결정하는 것이다. 일반적으로 X선 회절과 현미경 기술을 조합하여 분석한다.

원칙적으로 절차는 매우 간단해 보이지만, 모든 상태도 결정에서 직면하는 문제는 평형이 실제로 달성되었는가 확인하는 것이다. 세라미스트(ceramist)를 위한 가장 광범위하고 최신의 상태도 모음집은 미국세라믹학회(American Ceramic Society)에서 발행한다.

8.7 요약

상 사이의 평형은 온도, 조성 및 압력의 특정 조건에서 발생한다. 깁스의 상률은 평형상태에서 존재하는 상의 수, 계에서 활용할 수 있는 자유도 및 계의 성분 수 사이의 관계를 제공한다.

상태도는 상의 수, 그들의 조성 및 그 비율을 온도의 함수로 결정할 수 있는 로드맵이다. 일반적으로 2성분계의 상태도는 끝 성분 간에 완전한 또는 부분적인 고용을 나타내는 것으로 특성화할 수 있다. 후자의 경우, 존재하는 종에 따라 다음의 반응 중 하나 또는 모두를 포함한다. 첫째, 액상이 끝 성분에 대해 포화되어 공정 온도에서 두 고상이 동시에 석출되는 공정 반응이다. 둘째, 포정 반응으로 알려져 있으며, 포정 온도에서 고체가 액체와 다른 조성의 두 번째 고체로 분리된다. 공정 반응 및 포정 반응은 고체 상태에서의 공석 반응(eutectoid)과 포석 반응(peritectoid)이라는 유사한 현상도 있다.

3성분계 상태도는 3개의 성분계의 로드맵이고, 2성분계와의 주요 차이점은 결과가 표시되는 방법에 있다. 3성분계 상태도에서, 정삼각형의 꼭짓점은 순수한 구성 요소의 조성을 나타내고, 온도는 등고선으로 표시된다.

원칙적으로, 온도와 조성의 함수로 각 상의 자유 에너지 의존성을 알고 있다면, 해당 상태도를 예측하는 것이 가능하다. 임의의 온도에서 존재하는 상의 수는 단순히 계의 총 자유 에너지가 최소가 될 때의 상의 수이다. 자유 에너지 대 조성의 정보가 부족하다는 것을 감안할 때, 현재까지 대부분의 상태도는 실험적으로 결정되어 있다. 이 의견에도 불구하고, 상태도를 결정할 수 있는 강력한 계산 방법이 있다. 그러나 이러한 상태도의 품질은 입력하는 결과값과 직접적으로 연관된다.

문제

8.1 다음의 상전이에서 변위형 전이로 고려되는 것과 재결합형 전이로 고려되는 것은 어떤 것인가?

(a) 용융

(b) 결정화

(c) 지르코니아의 정방정계–단사정계 상전이

8.2 (a) 전율 고용체는 치환형 고용체에서 일어날 수 있고, 침입형 고용체에서는 일어날 수 없는지 설명하시오.

(b) NaCl과 CsCl은 광범위한 고용체를 형성할 수 있는지를 설명하시오.

(b) 이트리아와 마그네시아에서 어떤 형태의 고용체가 가능할 것인지 설명하시오.

8.3 그림 8.14에 CaO-ZrO₂ 상태도를 보였다. 출발 조성이 어떤 범위일 때 인성이 강화된 지르코니아가 만들어

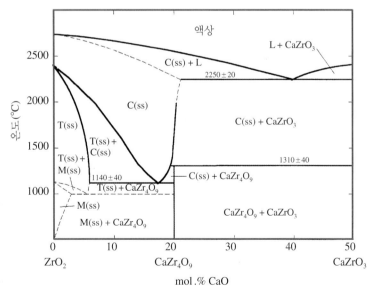

그림 8.14 ZrO₂-CaZrO₃ 상태도

질 수 있는지 설명하시오(11장 참고).

8.4 화학양론적 스피넬로 출발하여, 알루미나와 마그네시아의 결합 반응에 대해 쓰시오. 스피넬이, 예를 들어 $Na_2O \cdot SiO_2$와 비교해서 그 양끝 성분에 대한 넓은 고용 범위를 갖는 이유가 무엇이라고 생각하는가?

8.5 (a) 화합물의 비화학양론적 범위가 자유 에너지 대 조성 도표에서 $\partial G/\partial X$는 무한대에 수렴할 때 선형 화합물을 얻는다는 것을 기하학적으로 보이시오.

(b) 구조적은 관점에서, $\partial G/\partial X$를 결정하는 인자는 무엇이라고 생각하는가? 변형 효과와 결합 화학을 고려하시오.

더 읽을거리

1. W. D. Kingery, H. K. Bowen, and D. R. Uhlmann, *Introduction to Ceramics*, 2nd ed., Wiley, New York, 1976.
2. P. Gordon, *Principles of Phase Diagrams in Materials Systems*, McGraw-Hill, New York, 1968.
3. J. E. Ricci, *The Phase Rule and Heterogeneous Equilibrium*, Dover, New York, 1968.
4. A. Muan and E. F. Osborne, *Phase Equilibria among Oxides in Steelmaking*, Addison-Wesley, Reading, MA, 1965.
5. M. Alper, Ed., *Phase Diagrams: Materials Science and Technology*, vols. 1 to 3, Academic Press, New York, 1970.
6. L. S. Darken and R. W. Gurry, *Physical Chemistry of Metals*, McGraw-Hill, New York, 1953.
7. G. Bergeron and S. H. Risbud, *Introduction to Phase Equilibria in Ceramics*, American Ceramic Society, Columbus, OH, 1984.
8. M. F. Berard and D. R. Wilder, *Fundamentals of Phase Equilibria in Ceramic Systems*, R. A. N. Publications, Marietta, OH, 1990.
9. F. A. Hummel, *Introduction to Phase Equilibria in Ceramic Systems*, Marcel Dekker, New York, 1984.
10. E. M. Levin, C. R. Robbins, and H. F. McMurdie, *Phase Diagrams for Ceramists*, vol. 1, 1964; vol. 2, 1969.
11. E. Levin and H. McMurdie, Eds., *Phase Diagrams for Ceramists*, vol. 3, 1975.
12. R. Roth, T. Negas, and L. Cook, Eds., *Phase Diagrams for Ceramists*, vol. 4, 1981.
13. R. Roth, M. Clevinger, and D. McKenna, Eds., *Phase Diagrams for Ceramists*, vol. 5, 1983, and cumulative index, 1984.
14. R. Roth, J. Dennis, and H. McMurdie, Eds., *Phase Diagrams for Ceramists*, vol. 6, 1987.

상태도 정보

The most comprehensive compilation of ceramic phase diagrams is published by the American Ceramic Society, Columbus, Ohio. Additional volumes are anticipated.

9

유리의 형성, 구조 및 물성
FORMATION, STRUCTURE AND PROPERTIES OF GLASSES

Prince Glass, Ceramic's son though crystal-clear
Is no wise crystalline. The fond Voyeur
And Narcissist alike devoutly peer
Into Disorder, the Disorderer
Being Covalent Bondings that prefer
Prolonged Viscosity and spread loose nets
Photons slip through. The average Polymer
Enjoys a Glassy state, but cools, forgets
To slump, and clouds in closely patterned Minuets.

John Updike, *The Dance of the Solids* [*]

....

9.1 서론

수천 년 전(아마도 모닥불이 꺼진 고대 이집트의 어느 해변에서) 유리가 처음 발견된 시기부터 오늘날까지 유리는 특별한 매력으로 인류에게 사랑을 받아왔다. 유리는 자연에 의해 미리 정해진 본연의 색과 모양을 지닌 보석류와는 달리 다양한 모양과 색상으로 제작 가능하여 미적인 욕구를 충족시키는 가치를 지녀왔으며, 오늘날에는 과학적 관점으로 유리의 구조와 특성을 이해하려는 시도를 통해 미적 매력이 더욱 강화되었다.

유리에 대한 수많은 회절 연구를 통해 유리에서의 원자 배열은 단범위 규칙을 가지고 있지만, 장범위 규칙은 현저히 부족하여 오히려 액체의 원자 배열에 가까운 구조적 특징을 갖는 고체로 분류될 수 있다는 것을 보여주었다. 이는 액체가 냉각되는 과정 중 원자가 결정질 패턴으로 재배열하는 데 필요한 충분한 시간이 제공되지 않고 빠르게 냉각되어 유리가 형성된다는 것을 시사한다. 이러한 유리의 구조에 기인하여 유리는 결정질 고체에서는 볼 수 없는 독특한 특성을 보여준다. 유리를 가열하면 특정 온도에서 액체로 용융되는 녹는점이 존재하는 것이 아니라 어떤 온도 구간에서 점차 연화되는 특성을 보이며, 마찬가지로 냉각되면 점도가 점차 높아진다.

이 장에서는 유리가 형성되는 이유, 유리의 구조, 유리전이온도 및 점도와 같은 유리의 독특한 특성들을 집중적으로 다룬다. 9.2절에서는 유리가 형성되기 위해서 유리 용융액을 얼마나 빨리 냉각해야 하는지에 대한 문제를 다룬다. 9.3절

[*] J. Updike, *Midpoint and Other Poems*, A. Knopf, Inc., New York, 1969. 허가를 받아 재판됨.

은 유리 구조를 간략히 설명하며, 9.4절에서는 유리전이온도의 본질과 유리 점도의 화학적 조성 및 온도 의존성을 이해하는 것에 중점을 두고 있다. 첫 번째 사례연구에서는 또 다른 기술적으로 중요한 물질군인 글라스세라믹에 대해서, 글라스세라믹의 공정, 장점 및 물성을 다룬다. 두 번째 사례연구는 초박형, 초강력 유리를 만드는 방법에 대해 설명하며, 결정질 고체와 유사성을 보이는 기계적, 광학적 및 유전적 물성과 같은 기타 특성은 해당 장에서 다루게 된다.

9.2 유리의 형성

대부분 액체는 용융된 상태에서 냉각하다 보면 특정 온도, 즉 녹는점에서 갑자기 결정성 고체로 응고된다. 그러나 일부 액체는 그렇지 않다. 대신 냉각되는 동안 비정질 고체를 형성한다. 통상 액체가 결정질 고체로 변환되는 것은 결정핵의 생성과 결정 성장이라는 두 단계의 과정을 통해 일어나며, 이는 시간을 요구하는 과정이다. 따라서 열에너지 제거 속도가 결정화에 필요한 시간보다 빠르면 이러한 결정질 고체가 생성되지 못하고 유리가 형성된다. 유리 형성에 관한 결정적인 질문, 즉 유리 용융액의 냉각 속도가 어느 정도로 빠르면 유리가 형성되는가에 대한 해답은 결정핵생성 및 성장의 속도론에 대한 이해를 통해 얻을 수 있을 것이다.

9.2.1 핵생성

액체가 결정화되는 2가지 주요 메커니즘은 균일 핵생성과 불균일 핵생성이다. 균일 핵생성(homogeneous nucleation)이란 이미 존재하고 있는 이질상의 도움 없이 액체 내에서 발생하는 핵생성을 말한다. 균일 핵생성은 불균일 핵생성에 비해 단순한 메커니즘으로 우선적으로 고려되며 상세하게 이해된다. 불균일 핵생성(heterogeneous nucleation)은 용기 벽, 불용성 개재물 및 자유 표면과 같은 용융액상 내 이질상에서 발생한다. 그리고 대부분의 핵생성이 불균일 핵생성으로 발생하지만, 균일 핵생성만큼 깊은 이해와 용이한 분석이 가능하지 않다는 사실은 이 절에서 이어지는 논의를 통해 반영된다.

균일 핵생성

T_m의 녹는점을 갖는 용융물의 결정화를 생각해보자. T_m의 온도에서 고체상–액체상 간 상전이에 수반되는 몰당 자유 에너지 변화(ΔG_f)는 0이고[식 (4.1) 참고],

$$\Delta S_f = \frac{\Delta H_f}{T_m}$$

여기서 ΔH_f와 ΔS_f는 각각 몰용융 엔탈피와 몰용융 엔트로피이다.

$T < T_m$인 온도에서 고체상은 낮은 자유 에너지로 인해 더 안정적이어서 자발적으로 형성되고자 한다. 상전이에 따른 자유 에너지 변화 ΔG_v는 과냉각액체와 고체 간 에너지 차이를 의미하며, 과냉

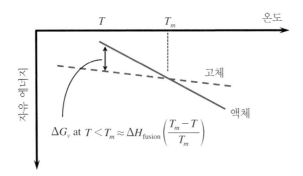

그림 9.1 평형 녹는점(T_m) 이하로 냉각에 따른 자유 에너지 변화

각의 정도가 작아서 ΔH_f와 ΔS_f가 변화 없이 유지된다고 가정할 때 온도 T에서의 ΔG_v는 다음과 같이 주어진다(그림 9.1).

$$\Delta G_v = \Delta H_f - T\Delta S_f \approx \Delta H_f - \frac{T\Delta H_f}{T_m} = \Delta H_f\left(\frac{\Delta T}{T_m}\right) \tag{9.1}$$

여기서 과냉각(undercooling) $\Delta T = T_m - T$이며, 이 식은 ΔT가 증가할수록 결정화에 대한 구동력은 직선적으로 증가한다는 것을 의미한다.

균일 핵생성이 발생하는 동안에 고려할 필요가 있는 에너지 변화는 다음을 포함한다.

∞ $T < T_m$인 온도에서 액체에서 고체로의 상전이 결과 방출되는 부피 자유 에너지

∞ 새로운 고체 표면 형성에 따라 요구되는 표면 에너지. 이 항목은 흡열성이다.

∞ 상전이로부터 유발되는 부피 변화에 수반하는 변형 에너지

반지름의 크기가 r인 구형의 결정핵, 성장하는 결정핵과 용융액체 간의 고체-액체 계면 에너지 γ_{sl} 그리고 변형 효과를 무시한다고 가정할 때, 결정핵생성에 수반되는 에너지 변화는 다음과 같다.

$$\text{부피 자유 에너지} = -\frac{4}{3}\pi r^3 \frac{\Delta G_v}{V_m} = -\frac{4}{3}\pi r^3 \frac{\Delta H_f}{V_m}\left(\frac{\Delta T}{T_m}\right) \tag{9.2}$$

$$\text{표면 에너지} = 4\pi r^2 \gamma_{sl} \tag{9.3}$$

단, V_m은 결정상의 몰부피이다. 식 (9.2)와 (9.3)을 더하면 결정핵생성의 결과 발생한 초과 자유 에너지 변화 ΔG_{exc}를 얻을 수 있다.

$$\Delta G_{exc} = 4\pi r^2 \gamma_{sv} - \frac{4}{3}\pi r^3 \frac{\Delta H_f}{V_m}\left(\frac{\Delta T}{T_m}\right) \tag{9.4}$$

ΔG_{exc} 함수의 결정핵의 반지름 r에 대한 의존성을 그림 9.2에 나타내었다. 표면 에너지 항목은 r^2에 비례하는 반면(그림 9.2a의 상단 곡선), 부피 에너지 항목은 r^3에 비례하기 때문에(그림 9.2a의 하단 곡선), 이 함수는 임계 결정핵반지름 r_c에서 극대점을 지난다. 다시 말해, $r < r_c$인 작은 클러스

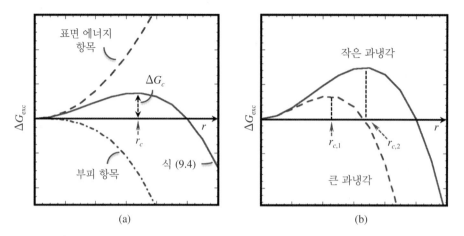

그림 9.2 (a) $T < T_m$에서 엠브리오 반지름과 자유 에너지 관계. $r = r_c$에서 ΔG_{exc}는 극대점을 지난다. (b) ΔG_c에 대한 과냉각 효과. 과냉각이 증가할수록 ΔG_c와 r_c는 모두 감소한다.

터의 형성은 **국부적으로** 계의 자유 에너지를 증가시키는 것이다.[1] 식 (9.4)의 미분값이 0이 되는 r을 구함으로써 다음과 같이 임계 핵반지름 r_c를 얻게 된다.

$$r_c = \frac{2\gamma_{sv}V_m}{\Delta H_f(1 - T/T_m)} \tag{9.5}$$

이 식을 식 (9.4)에 대입하면 ΔG_c 에너지 장벽의 높이가 얻어진다(그림 9.2a).

$$\Delta G_c = \frac{16\pi\gamma_{sl}^3 V_m^2}{3\Delta H_f^2(1 - T/T_m)^2} \tag{9.6}$$

$r < r_c$를 갖는 작은 클러스터를 엠브리오(embryo)라고 부르며, 이것들은 성장하기보다는 용융액체 내로 재용해된다. 그러나 임계크기에 육박할 정도로 충분히 큰 엠브리오의 경우($r \approx r_c$) 성장과 소멸의 동일한 가능성 속에서 가끔 **결정핵**(nucleus)으로 전환되기도 한다. 여기에서 유의할 것은 그림 9.2b에서 보이는 바와 같이 ΔG_c와 r_c는 모두 과냉각에 강하게 의존한다는 사실이다.

N_v[단위부피당 전체 분자 수 또는 단위부피당 핵생성 상(phase)의 화학식 단위]를 포함하는 계의 자유 에너지를 최소화함으로써 결정핵의 준안정 평형농도(단위부피당) N_n^{eq}는 식 (9.7)과 같이 ΔG_c와 연관성을 갖게 된다.

$$N_n^{eq} = N_v\left[\exp\left(-\frac{\Delta G_c}{kT}\right)\right] \tag{9.7}$$

단위시간, 단위부피당(cm^3당 결정핵 수) 핵생성 속도는 다음과 같다.

$$I_v = \nu N_n^{eq} \tag{9.8}$$

---

[1] 식 (9.4)는 핵생성에 따른 자유 에너지의 국부적 증가를 나타내며, 계의 총 자유 에너지 증가를 의미하지 않는다. 계의 총 자유 에너지는 액체 내 n개의 결정핵의 혼합에 대한 배열 엔트로피 항을 포함해야 한다. 이 항이 포함되면 총 자유 에너지는 당연히 감소한다(부록 9A 참고).

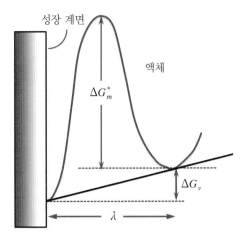

그림 9.3 성장하는 핵 또는 결정의 계면 개략도. 원자 또는 분자는 ΔG_m^*의 에너지 장벽을 넘고, $\Delta G_v/\lambda$의 화학 퍼텐셜 구배를 내려가, λ의 거리를 점프하여 성장 계면에 도달함으로써 성장에 기여한다.

이때 ν는 원자가 결정핵과 액체 간 계면을 가로질러 성공적으로 점프하는 빈도 또는 임계 결정핵에 원자가 추가되는 속도로 정의되며 다음과 같이 표시된다.

$$\nu = \nu_0 \exp\left(-\frac{\Delta G_m^*}{kT}\right) \tag{9.9}$$

여기서 ν_0는 원자의 진동주파수이고, ΔG_m^*는 결정핵과 액체 간 계면을 가로질러 원자가 점프하는 데 필요한 활성화 자유 에너지이다[2](그림 9.3). 식 (9.7)에서 (9.9)까지를 결합하면 균일 핵생성 속도에 대한 결과식을 얻을 수 있다.

$$I_v = \nu_0 N_v \left[\exp\left(-\frac{\Delta G_m^*}{kT}\right)\right]\left[\exp\left(-\frac{\Delta G_c}{kT}\right)\right] \tag{9.10}$$

첫째 지수항은 종종 핵생성에 대한 속도론적 장벽(kinetic barrier to nucleation)으로 불리는 반면, 둘째 지수항은 핵생성에 대한 열역학적 장벽(thermodynamic barrier to nucleation)으로 알려져 있다. 그리고 식 (9.10)에서 즉시 드러나지는 않더라도 I_v는 다음의 요인으로 ΔT에 대한 함수로써 극대점을 지난다. ΔT의 증가는 r_c와 ΔG_c(그림 9.2b)를 모두 감소시키고 결국 핵생성속도를 급격히 높힘과 동시에 원자 이동도 및 성장하는 엠브리오에 원자가 흡착되는 속도를 심각하게 저해한다(문제 9.2a 참고). 종합적인 효과로 극대점을 갖게 될 것이라는 것이 예측되고 실험적으로도 입증되었다(그림 9.4a 참고).

실험적으로, ν를 측정하는 것보다 과냉각 액체의 점성도 η를 측정하는 것이 훨씬 용이하다. 따라서 핵생성 속도를 다음과 같이 η와 연관하여 다루는 것이 유용하다. 그림 9.3에서 소개된 기본 점프

---

[2] 모든 점프하는 원자는 계면에 부착되어 결정핵 성장에 기여한다는 가정이 내포되어 있다. 즉, 부착계수(sticking coefficient)가 1이라는 것을 가정한다.

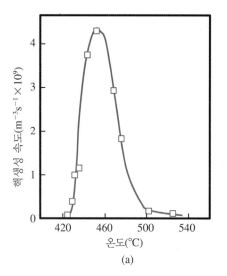

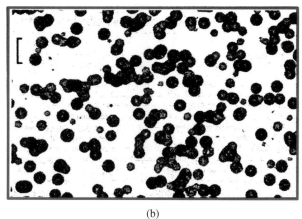

그림 9.4 (a) $Li_2O \cdot 2SiO_2$ 유사 조성 유리에 대한 온도에 따른 정상상태 핵생성 속도. (b) 열처리 후 $BaO \cdot 2SiO_2$ 유리의 반사 광학현미경 이미지. (P. James, Chap 3 in *Glasses and Glass-Ceramics*, M. H. Lewis, Ed., Chapman & Hall, New York, 1989. 허가 후 게재.)

와 확산 점프(그림 7.5b 참고)의 유사성을 고려할 때, 이 둘에 대해 다음과 같은 연관성을 가정할 수 있다.

$$D_{\text{liq}} = (\text{상수})\nu\lambda^2 = (\text{상수})\nu_0\lambda^2 \exp\left(-\frac{\Delta G_m^*}{kT}\right) \qquad (9.11)$$

여기서 D_{liq}는 액체 내에서 '화학식 단위(formula units)'의 확산계수이고, λ는 단위 속도론적 과정 (unit kinetic process)에서 성장하는 계면(그림 9.3)에 의해 확장된 거리를 의미하며 일반적으로 분자 또는 화학식 단위의 지름에 해당한다. 일반적으로 λ는 $(V_m/N_{\text{Av}})^{1/3}$과 같고, 여기서 V_m은 결정화가 진행되는 상의 몰부피이다. 더 나아가 **스토크스-아인슈타인**(Stokes-Einstein) 관계에 의해 D_{liq}가 용융액체의 η와 식 (9.12)의 관계가 있다고 가정하면,

$$D_{\text{liq}} = \frac{kT}{3\pi\lambda\eta} \qquad (9.12)$$

식 (9.10)과 (9.12)의 결합을 통해 다음 식을 구할 수 있다.

$$I_v = (\text{상수}) \frac{N_v kT}{3\pi\lambda^3\eta} \exp\left(-\frac{\Delta G_c}{kT}\right) \qquad (9.13)$$

이 식을 보면, 온도 감소에 따라 달라지는 속도에서 η(아래 참고)와 식 (9.13)의 지수항이 모두 증가함에 따라, I_v가 과냉각의 함수로 극대점을 지나는 이유는 다시 한번 명백하게 드러나게 된다.

식 (9.10)과 (9.13)을 유도함에 있어서 다음의 가정들이 적용된다.

∞ 핵생성은 드물게 일어나는 경우인 균일 핵생성을 가정한다. 아래에서 논의되는 바와 같이, 결

정핵생성은 거의 항상 상대적으로 낮은 ΔT_s에서 불순물 입자 또는 용기 벽에서 불균일 핵생성으로 발생한다.

∞ 식 (9.7)에서 주어진 속도는 정상상태 속도이다. 즉, 밀도 변동은 임계크기에 미치지 못하는 엠브리오의 평형 분포를 일으키고 유지한다. 핵생성이 임계크기에 육박한 엠브리오를 소모함에 따라 새로운 엠브리오는 평형 분포를 유지할 수 있을 만큼 빠른 속도로 생성된다.

∞ 핵생성은 조성의 변화 없이 발생한다. 조성 변화가 핵의 형성을 수반하는 경우, 얻어진 에너지[식 (9.2)]는 더이상 단순히 ΔH_f로 표현될 수 없고, 새로운 상 형성과 결부된 자유 에너지 변화를 반드시 포함해야 한다(8장 참고).

∞ 핵생성은 부피의 변화 없이 일어난다. 즉, 변형 에너지는 무시된다. 만일 부피 변화가 존재하고 이에 수반되는 변형 에너지를 알고 있다면, 식 (9.3)에 추가항이 더해지게 된다.

예제 9.1

1. (a) 유리 형성 규산염 액체의 ΔH_f가 53 kJ/mol, 몰부피는 60 cm^3/mol, 고체-액체 계면 에너지 γ_{sl}는 150 mJ/m^2, 녹는점이 1034°C일 때, $\Delta T = 500$°C에서의 결정핵의 임계크기 r_c, 결정화 에너지 장벽의 높이, 정상상태 준안정 평형 농도를 계산하시오.

   (b) 고체-액체 계면 에너지가 130 mJ/m^{2}인 경우에 대해 문항 (a)를 다시 계산하시오.

   (c) 이 유리 형성 액체의 γ_{sl} 하한값이 왜 약 50 mJ/m^{2}이 되어야 하는지 이유를 설명하시오.

정답

(a) ΔT가 500°C이면 결정화 온도는 $1034 - 500 = 534$°C 또는 807K이다. SI 단위로 변환하고 식 (9.5)에 대입하면,

$$r_c = \frac{2\gamma_{sl}V_m}{\Delta H_f(1-T/T_m)} = \frac{2(150\times10^{-3})(60\times10^{-6})}{53,000\left(1-\dfrac{534+273}{1034+273}\right)} = 8.9\times10^{-10} \text{ m}$$

규산염 내에서 Si-Si 원자 간 거리는 3×10^{-10} m 범위에 있기에, 이 결과는 불합리한 것이 아니다. 임계 반지름은 몇 개의 SiO$_4$ 사면체로 이루어져 있을 것이다[문항 (c) 해설 참고]. 따라서 ΔG_c[식 (9.6)]는 다음과 같다.

$$\Delta G_c = \frac{16\pi\gamma_{sl}^3 V_m^2}{3\Delta H_f^2(1-T/T_m)^2} = \frac{16\pi(150\times10^{-3})^3(60\times10^{-6})^2}{3(53,000)^2(0.38)^2} \approx 5\times10^{-19} \text{ J}$$

1몰을 기준으로 할 때, N_v는 간단히 N_{Av}/V_m 또는 1 cm^{3}당 1×10^{22}분자 단위이며, 식 (9.7)에 따르면 다음과 같이 계산된다.

$$N_n^{eq} = N_v\left[\exp\left(-\frac{\Delta G_c}{kT}\right)\right] = 1\times10^{22}\exp\left(-\frac{5\times10^{-19}}{1.38\times10^{-23}\times807}\right)$$
$$= 317 \text{ nuclei/cm}^3$$

(b) γ_{sl}을 약간 낮은 값인 130 mJ/m^2로 적용해서 반복 계산하면 $N_n^{eq} \approx 2.7 \times 10^9$ nuclei/cm^3 이며, 이는 문항 (a)에서 계산된 값보다 10^6배 이상 큰 결과이다. 이러한 간단한 계산을 통해 핵생성 과정에서 γ_{sl} 항목이 가장 중요하다는 것을 확실히 보여준다. 다만, 일반적으로 표면 에너지, 특히 고체-액체 사이의 계면 에너지를 실험적으로 측정하는 것은 무척 어려운 일이다.

(c) 엠브리오의 크기가 단일 SiO_4 사면체보다 작을 수는 없기 때문에 O-O 간 거리가 약 0.26 nm 임을 고려할 때, 위에서 언급한 조건인 γ_{sl}의 하한값은 다음과 같이 계산된다.

$$\gamma_{sl} = r_c \frac{\Delta H_f (1 - T/T_m)}{2V_m} = 0.26 \times 10^{-9} \frac{53,000 \times 0.38}{2 \times 60 \times 10^{-6}} = 43.6 \text{ mJ/m}^2$$

조금 더 현실적인 엠브리오 크기를 고려하면(약 50개의 조밀 충진된 사면체) $r_c \approx 1$ nm이고 γ_{sl}의 하한값은 약 168 mJ/m^2이 된다. ■

불균일 핵생성

위에서 언급한 바와 같이, 기술적으로, 대부분의 핵생성은 전위, 계면, 기공, 결정립계(grain boundary, GB), 그리고 특히 자유 표면과 같은 결함에서 불균일 핵생성으로 발생한다. 이러한 영역들은 다음의 3가지 이유로 인해 우선 선호되는 핵생성 자리를 제공한다. 첫째, 결정학적 결함 영역은 더 높은 자유 에너지를 가진 지역이고, 과잉 에너지는 계 내에서 핵생성을 일으키는 데 활용될 수 있다. 둘째, 더 중요한 것은, 결정학적 결함에 의한 불균일성이 γ를 감소시키는 경향이 있으며, 이는 균일 핵생성이 발생할 가능성이 낮은 상대적으로 작은 과냉각에서도 핵생성이 이루어지도록 한다. 셋째, 기공 또는 자유 표면의 존재는 핵생성 및/또는 성장 과정을 억제할 수 있는 변형 에너지 기여를 감소시킨다.

편평한 기판 위에서 과냉각 액체의 정상상태 불균일 핵생성 속도는 다음과 같이 주어진다.[3]

$$I_v = \nu_0 N_s \left[\exp\left(-\frac{\Delta G_m^*}{kT}\right) \right]\left[\exp\left(-\frac{\Delta G_{het}}{kT}\right) \right]$$

여기서, N_s는 기판과 접촉하는 액체의 단위면적당 원자 수 또는 화학식 단위 수를 의미하며, ΔG_{het} = $(1/2 - 3/4 \cos\theta + 1/4 \cos^3\theta) \times \Delta G_c$이다. 이때, θ는 결정핵과 기판 사이의 접촉각이다(10장 참고). 단, 완전 적심(complete wetting)의 한계점, 즉 θ = 0에서 핵생성에 대한 열역학적 장벽이 사라진다는 사실에 주목할 필요가 있다.

---

[3] 구체적인 사항은 J. W. Cahn, *Acta Met.*, 4, 449 (1956), J. W. Cahn, *Acta Met.*, 5, 168 (1957), J. W. Christian, *The Theory of Transformations in Metals and Alloys*, 2nd ed., Pergamon Press, London, 1975를 참고하라.

일반적으로 대다수의 유리에서는 불균일 핵생성이 발생하기 때문에 균일 핵생성 또는 부피 핵생성(volume nucleation)은 드물게 관찰된다. 하지만 몇몇 유리 시스템에서는 균일하게 핵생성이 발생하고, 이를 이용하여 식 (9.10) 또는 식 (9.13)의 유효성을 검증하기 위한 연구가 진행되어 왔다. 물론, 리튬디실리케이트($Li_2O \cdot 2SiO_2$)는 더욱 심도 있게 연구되어 온 유리 중 하나일 것이다. 일반적인 핵생성 실험에서 유리를 특정 온도에서 특정 시간 동안 열처리한 후 냉각 및 분할한다. 광학 또는 전자현미경을 이용하여 생성된 결정핵의 개수를 파악하고, 정상상태 핵생성을 가정하여 핵생성 속도를 계산한다.[4] 온도에 따른 핵생성 속도를 도표로 나타내면 핵생성 이론에서 예측한 전형적인 종 모양의 곡선(그림 9.4a)을 얻게 된다. 핵생성을 유도하기 위한 열처리 후 얻어진 유리의 일반적인 반사광학현미경 이미지를 그림 9.4b에 나타내었다.

그러나 식 (9.13)이 핵생성 속도의 온도 의존성을 정확하게 나타내지만, 측정된 속도는 일반적으로 예측한 것보다 10^{20}배 이상 크다는 점이 주목할 만하다. 이렇게 큰 차이가 나는 이유는 명확히 설명되지 않는다. 표면 에너지항의 온도 의존성을 약화하는 것에 대해 설명되어 왔고, 또 다른 많은 가능성들이 제시되었지만, 오늘날까지 그 문제는 해결되지 않고 있다.[5]

9.2.2 결정 성장

일단 여러 개의 결정핵들이 형성되면, 서로 접촉할 때까지 성장을 지속한다. 이러한 결정들의 성장은 성장 계면의 특성에 의존하며, 이 성장 계면의 특성은 용융 엔트로피 ΔS_f와 연관되어 있다.[6] ΔS_f가 작은(< 2R) 결정화 공정의 경우 계면이 거칠고 성장 속도는 다소 등방적으로 될 것임을 알 수 있다. 반대로 ΔS_f가 클 때(> 4R), 가장 조밀하게 충진된 면은 매끄러워야 하고 덜 조밀하게 충진된 면은 거칠어야 하므로 큰 성장 속도의 이방성을 초래한다. 이러한 개념을 바탕으로 다양한 결정 성장 모델이 개발되었으며, 그중 가장 주목할 만한 것은 다음과 같다.

표준 성장, $\Delta S_f < 2R$

이 모델에서는 계면은 원자 규모로 봤을 때 거칠게 형성되며 상당 부분의 계면 자리에서 성장이 일어나는 것을 가정한다. 이러한 상황에서 성장 속도는 오로지 계면을 가로질러 점프하는 원자의 점프 속도에 의해 결정된다(즉, 이 과정은 확산 속도가 아닌 표면 반응 속도에 의해 제어된다고 가정

---

[4] 종종 형성된 핵의 크기가 너무 작아 관찰할 수 없는 경우, 더 높은 온도에서 두 번째 열처리를 수행하여 핵을 관측 가능한 크기로 성장시킨다. 이 접근방식은 낮은 온도에서 형성된 핵이 두 번째 열처리 중에 용해되지 않는다는 것을 암시한다.

[5] 유리의 균일 핵생성과 이에 수반되는 미스터리들에 대한 심층적 검토를 위해서는 V. M. Fokin et al., *J. Non-Cryst. Solid*, 352, 2681(2006)을 참고하라.

[6] K. A. Jackson in *Progress in Solid State Chemistry*, vol.3, Pergamon Press, NY, 1967.

한다). 7.2.3절에서 수행한 것과 거의 같은 분석을 이용하면 식 (7.26)에서 설명된 원자 이동의 알짜 속도(net rate of atom movement)와 화학 퍼텐셜 구배의 관계를 다음 식으로 정리할 수 있다.

$$\nu_{net} = \nu_0 \exp\left(-\frac{\Delta G_m^*}{kT}\right)\left\{1 - \exp\left(-\frac{\Xi}{kT}\right)\right\}$$

여기서 Ξ는 식 (7.23)에서 정의되었으며, 이를 이용하면 식 (9.14)와 같이 성장 속도식을 유도할 수 있다. 그림 7.5와 그림 9.3을 비교하면, Ξ와 ΔG_v의 등가성은 명확히 드러난다. 따라서 이러한 조건 속에서 계면의 성장 속도 u는 다음과 같이 주어진다.

$$u = \lambda\nu_{net} = \lambda\nu_0\left\{\exp\left(-\frac{\Delta G_m^*}{kT}\right)\right\}\left\{1 - \exp\left(-\frac{\Delta G_v}{RT}\right)\right\} \tag{9.14}$$

여기서 ΔG_v는 식 (9.1)에서 주어진다. ΔT만큼 과냉각 상태인 온도 T에서 성장이 일어날 때, 식 (9.14)를 점도 η의 함수로 표현하면 식 (9.15)와 같이 표현됨을 증명하는 것은 독자들에게 연습문제로 남겨둔다.

$$u = (\text{상수})\frac{kT}{3\pi\eta\lambda^2}\left[1 - \exp\left(-\frac{\Delta H_f}{RT}\frac{\Delta T}{T_m}\right)\right] \tag{9.15}$$

핵생성 속도와 마찬가지로 성장 속도도 과냉각의 함수로 극대점을 지나야 함을 예측하기 때문에 식 (9.15)의 도출은 매우 중요한 결과로 볼 수 있다. 그 이유를 다시 강조하면, ΔT가 증가함에 따라 η의 항으로 표현되는 원자 이동도가 감소하는 반면 성장의 구동력, 즉 ΔG_v는 증가하기 때문이다. 이 둘의 변화는 모두 지수적으로 발생한다. 최대 성장 속도가 발생하는 온도는 일반적으로 핵생성 속도가 정점에 도달하는 온도에 비해 더 높다는 점을 주목할 필요가 있다.

작은 ΔT 값에 대해($e^x \approx 1 - x$), u와 ΔT 사이에는 직선적 관계가 존재한다(문제 9.2b 참고). 역으로 큰 과냉각은 예상되는 바와 같이 성장 속도를 제한한다.

$$u = (\text{상수})\frac{kT}{3\pi\eta\lambda^2} = (\text{상수})\frac{D_{liq}}{\lambda} \tag{9.16}$$

일단 안정된 핵이 형성되면, 다른 결정을 만날 때까지 또는 분자 이동도가 충분히 감소하여 추가 성장이 차단될 때까지 성장할 것이다.

표면 결정 성장, $\Delta S_f > 4R$

정상 성장 모델에서는 성장 경계면에 도달하는 모든 원자가 성장하는 결정으로 들어간다고 가정한다. 이런 일은 계면이 원자 규모로 봤을 때 거친 경우에만 발생한다. 그러나 계면이 매끄러우면 성장은 레지(ledge)나 스텝(step) 같이 선호하는 장소에서만 이루어진다. 다시 말해, 성장은 표면을 가로질러 단원자층이 퍼져 나가며 발생하게 될 것이다.

나선 전위 성장

계면은 매끄럽게 보이지만, 원자 규모에서는 불완전하고 결함이 존재한다. 이 경우 성장은 계면을 가로지르는 나선 전위가 제공하는 스텝 자리에서 발생한다고 가정한다.

$$u = f_g \lambda \nu \left[1 - \exp\left(-\Delta H_f \frac{\Delta T}{T_m R T} \right) \right] \tag{9.17}$$

이때 f_g는 선호되는 성장 자리의 분율이며, 이런 자리들의 비율은 과냉각과 연관되어 있다.[7]

$$f_g \approx \frac{\Delta T}{2\pi T_m}$$

따라서 이 모델에서는 작은 과냉각 상황에서 u가 ΔT^2에 비례하는 것이 예상된다.

예제 9.2

녹는점이 1300°C이고 용융 엔탈피가 8 J/(mol·K)인 유리가 있다. 식 (9.15)의 상수가 0.1이고, η의 온도 의존성이 아래 표와 같을 때, 1000°C에서 1 cm³ 크기의 시료를 열처리하는 동안 인지 가능한 수준의 큰 규모의 결정화(bulk crystallization)가 발생하지 않고 유지될 수 있는 시간을 구하시오. 이때 결정화된 부분의 부피 분율은 얼마인가? 핵생성 자리의 농도는 2 × 10⁶ cm⁻³, 몰부피는 약 10 cm³/mol로 적용한다.

T(°C)	1400	1300	1200	1000
η(Pa·s)	10	250	1000	100,000

정답

결정핵의 수가 고정되어 있기 때문에 결정핵의 성장 속도 u에 의해 결정의 성장 범위가 정해진다. u가 얻어지면 일정 시간 이후에 결정핵의 크기를 계산하는 것이 가능하다. 식 (9.15)를 ΔS_f의 함수로 재작성하고 상수를 0.1로 적용하면 다음 식을 도출할 수 있다.

$$u = \frac{0.1\,kT}{3\pi\eta\lambda^2} \left[1 - \exp\left(-\frac{\Delta S_f \Delta T}{RT} \right) \right]$$

여기서 도약거리 λ는 다음과 같이 근사할 수 있다.

$$\lambda = \left[\frac{10}{(6.02 \times 10^{23})} \right]^{1/3} = 2.55 \times 10^{-10}\ \text{cm}$$

이 근삿값을 대입하면 선형 성장 속도가 다음과 같이 구해진다.

$$u = \frac{0.1\,(1.38 \times 10^{-23})(1273)}{3\pi\,(10^5)(2.55 \times 10^{-10})^2} \left[1 - \exp\left(-\frac{8 \times 300}{8.314 \times 1273} \right) \right] = 5.8 \times 10^{-9}\ \text{m/s}$$

---

[7] W. B. Hillig and D. Turnbull, *J. Chem. Phys.*, **24**, 914 (1956).

결정핵의 지름이 1 μm에 도달할 때 그 결정핵은 인지 가능하다고 가정하면, 성장 속도를 기준으로 볼 때 그 크기에 도달하는 데 소요되는 시간은 $(0.5 \times 10^{-6})/(5.8 \times 10^{-9}) \approx 86$ s이다.

초기 부피 V_0를 1 cm³로 설정하고, 결정핵의 반지름을 cm 단위로 환산한 후 계산되는 결정화된 부분의 부피 분율은 다음과 같이 얻어진다.

$$\frac{V_t}{V_0} = \frac{4\pi}{3} r^3 N_c = \frac{4\pi}{3}(0.5 \times 10^{-4})^3 (2 \times 10^6) \approx 1 \times 10^{-6}$$

아래에서 논의되는 것과 같이, 이 부피 분율은 일반적으로 상한선으로 적용되어 그 이하를 갖는 고체는 유리로 간주된다. ■

9.2.3 유리 형성의 속도론

이 시점에서 제기되는 근본적인 질문은 다음과 같다. 결정화 단계의 인지 가능한 부피 분율이 형성되지 않도록 하려면 얼마나 빨리 녹여야 하는가? 더욱 정량적인 측면에서 다뤄질 수 있다. 첫 번째 단계에서는 주어진 시스템에 대한 **시간-온도-상전이**(TTT) 곡선을 작성한다. 이러한 곡선은 어떤 온도에서도 주어진 부피 분율이 결정화되는 데 필요한 시간을 정의한다.

어떤 시간 t에서 전체 부피 V, 결정화 속도 I_v를 갖는다면, $d\tau$의 시간 간격 동안 새로 형성되는 입자의 개수 N_t는 다음과 같다.

$$N_t = I_v V d\tau$$

시간에 의존하지 않고 변하지 않는 성장 속도 u에 대해 등방적 성장(즉, 구형 성장)을 가정하면, t시간 이후에 구의 반지름은 다음과 같이 되고,

$$r = \begin{cases} u(t - \tau), & t > \tau \\ 0, & t < \tau \end{cases}$$

부피는 다음과 같다.

$$V_\tau = \frac{4}{3}\pi u^3 (t - \tau)^3$$

여기서 τ는 결정핵이 나타나는 데 걸리는 시간이기 때문에, t시간 이후에 변환된 전체 부피(V_t)는 t시간에서의 결정핵의 개수와 부피의 곱으로 주어진다.

$$V_t = V_\tau N_t = \int V_\tau I_v V d\tau = \int_{\tau=0}^{\tau=t} V I_v \left(\frac{4}{3}\pi u^3\right)(t-\tau)^3 d\tau$$

적분 및 이항정리를 거치면 다음 식을 얻는다.

$$\frac{V_t}{V} = \frac{\pi}{3} I_v u^3 t^4 \tag{9.18}$$

이러한 표현을 도출하는 과정에서 만들어진 암묵적 가정은 결정화된 영역이 서로 간섭하거나 침해하지 않는다는 것이다. 즉, 이 관계식은 상전이의 **초기** 단계에 대해서만 유효하다. 따라서 각기 결

정화된 영역이 서로 침해하는 경우를 고려한 조금 더 정확하고 일반적인 분석을 통하면 식 (9.19)를 산출할 수 있다.

$$\frac{V_t}{V} = 1 - \exp\left(-\frac{\pi}{3} I_v u^3 t^4\right) \tag{9.19}$$

이 관계식은 존슨-멜-아브라미 방정식(Johnson-Mehl-Avrami equation)[8]으로 알려져 있으며, 간단히 식 (9.18)로 축약하여 표현할 수 있다. 이 방정식을 유도하는 데 사용된 가정은 다음과 같다.

1. 핵생성 및 성장 속도는 볼츠만 분포를 따른다.
2. 성장 속도는 등방적이고 직선적이며(즉, 표면 반응 속도제어 프로세스), 시간에 따라 3차원적으로 진행된다. 만일 성장이 확산제어 프로세스라면, 성장 속도는 시간에 대해 직선이 아니라 포물선을 그릴 것이다.
3. 결정화 속도는 랜덤하고 연속적이다.

주어진 온도에서의 핵생성과 성장 속도를 고려하면, 결정화 분율은 식 (9.19)를 이용하여 시간의 함수로 계산할 수 있다. 다른 온도에 대해 이 과정을 반복하고 동일한 부피 분율을 변환한 점의 위치를 결합하면 그림 9.5에 도식화된 TTT 다이어그램이 그려진다.

TTT 다이어그램을 완성하면 **임계 냉각 속도**(critical cooling rate, CCR)가 아래와 같이 정의된다.

$$\text{CCR} \approx \frac{T_L - T_n}{t_n}$$

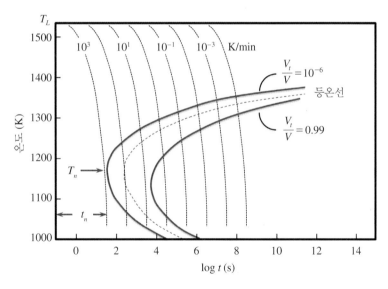

그림 9.5 등온적 시간-온도-상전이 또는 TTT 다이어그램

---

[8] 유도 과정은 K. Tu, J. Mayer, and L. Feldman, *Electronic Thin Film Science for Electrical and Materials Engineers*, Macmillan, New York, 1992, Chap.10을 참고하라. 오리지널 참고문헌은 W. L. Johnson and R. F. Mehl, *Trans. AIME*, 135, 416 (1936)과 M. Avrami, *J. Chem. Phys.*, 7, 1103 (1937), 8, 221 (1940), 9, 177 (1941)이다.

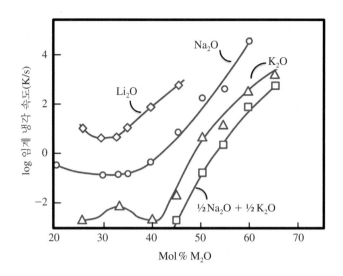

그림 9.6 유리 조성에 대한 임계 냉각 속도 (A. C. Havermans, H. N. Stein and J. M. Stevels, *J. Non-Cryst. Solids*, **5**, 66–69, 1970.)

여기서 T_L은 용융액체의 온도, T_n과 t_n은 TTT 곡선의 노즈 부위에 해당하는 온도와 시간을 지칭한다(그림 9.5 참고). 많은 규산염 유리들에 대한 초당 섭씨온도 단위로 표현된 CCR이 그림 9.6에 표시되어 있는데, 두드러진 특징은 유리 조성에 대한 CCR의 강한 기능성이다(y축의 로그 스케일을 보라). 원론적으로 필요한 데이터들을 확보할 수 있으면, 모든 재료에 대한 TTT 다이어그램을 생성할 수 있으며, 결정화를 방지하는 데 요구되는 CCR을 계산할 수 있다. 다만, 그 정보는 알려진 것보다 훨씬 부족할 가능성이 높기 때문에, 더 간단한 기준을 개발하면 유용할 것이다.

9.2.4 유리 형성의 기준

이제 유리 형성에 대한 질문을 다시 할 수 있다. 왜 어떤 액체는 쉽게 유리를 형성하지 않는가? 앞서 논의한 내용을 바탕으로 볼 때, 유리가 형성되기 위해서는 다음 조건이 존재해야만 한다.

1. 느린 핵생성 속도. 이것은 ΔS_f가 작거나 결정/액체 계면의 계면 에너지(γ_{sl})가 클 때 일어난다. 어떤 경우라도, ΔG_c가 크기 때문에 결과적으로 핵생성은 더 어려워진다.
2. 녹는점 근처의 온도에서 높은 점도(η_m). 이 물성은 느린 성장 속도로 해석된다.
3. 이질상(이물질 또는 결함)의 부재. 이질상은 강력한 핵생성 물질로 작용할 수 있고 임계 핵 크기를 감소시킬 수 있으며, 따라서 핵생성의 동적 과정을 크게 강화시킬 수 있다. 이러한 일이 발생하는 것은 피해야 한다.

위의 조건 1과 2를 기준으로 볼 때 유리 형성에 유용한 기준은 $\Delta S_f/\eta_m$ 비율이다. 이 비율이 작을수록 용융액체는 고체로 전이되는 과정 중 유리를 형성할 가능성이 높으며, 그 반대의 경우에는 유리 형성 가능성이 낮아진다. 표 9.1은 실제로 그러한 경우를 보여준다. η_m에 반영된 바와 같이,

표 9.1 다양한 화합물의 유리 형성 능력

화합물	녹는점(°C)	ΔS_f(J/(mol·K))	η_m(Pa·s)	$\Delta S_f/\eta_m$	코멘트
B_2O_3	450	33.2	5,000	0.0066	Excellent glass former
SiO_2	1423	4.6	230,000	2.0×10^{-5}	Excellent glass former
$Na_2Si_2O_5$	874	31.0	200	0.155	Good glass former
Na_2SiO_3	1088	38.5	20	1.9	Poor glass former
GeO_2	1116	10.8	71,428	2×10^{-4}	Excellent glass former
P_2O_5	427	73.22	5×10^6	1.5×10^{-5}	Glass former
$NaAlSi_3O_8$			44,668		Glass former
$CaSiO_3$	1544	31.0	1.0	31.0	Difficult to form glass
$NaCl$	800	25.9	0.002	1.3×10^4	Difficult to form glass

추가적인 조사로 원자 이동도가 단연 지배적인 요소임을 알 수 있다. 간단히 말해 액체의 액상경계 온도(liquidus temperature) 또는 동결점(freezing point)에서의 점도가 높을수록 유리가 형성될 가능성이 높아진다.

9.3 유리의 구조

위에서 언급했듯이 어떤 액체도 충분히 빠르게 냉각되면 유리를 형성하며 실제로 유리는 이온성, 유기성, 심지어 금속성 용융물로부터 형성된다. 그러나 이 절에서 관심을 갖는 유리는 공유 결합된(대부분 규산염 기반의) 산화물 용융물로부터 형성된 무기 유리이다. 이러한 유리 형성 산화물은 연결된 다면체의 연속적인 3차원 네트워크를 갖는 것이 특징이며, **망목형성제**(network former)로 알려져 있다. 여기에는 실리카, 산화붕소(B_2O_3), 오산화인(P_2O_5) 및 게르마니아(GeO_2)가 포함된다. 상업적으로 규산염 기반 유리는 단연 가장 중요하고 가장 많이 연구되었으며, 따라서 이 책에서는 규산염 유리에 대해서만 논의할 것이다.[9]

유리는 단범위 규칙만을 갖고 있기 때문에 반복되는 단위격자의 개념은 적용할 수 없다. 따라서 유리를 설명하는 가장 좋은 방법은 먼저 단범위 규칙을 갖는 빌딩 블록(예: 각 원자의 배위수)을 설명한 다음 이러한 블록이 어떻게 연결되어 있는지 설명하는 것이다. 가장 단순한 규산염은 용융 실리카(fused-silica) 또는 **자기질실리카**(vitreous silica, v-SiO_2)이며, 그 구조를 이해하는 것은 다른 규산염의 구조를 이해하는 데 기본이 된다.

---

[9] 규산염 외의 다른 종류의 유리들의 구조에 대한 설명은 킨거리(Kingery)의 세라믹총론을 참고하거나, 이 장의 끝에 나열되어 있는 참고문헌들을 참고하라.

9.3.1 자기질실리카 또는 실리카(SiO₂)

모든 결정질 규산염(실리케이트)의 기본 구성 요소는 SiO_4 사면체이다(3장 참고). 석영(quartz)의 결정 구조에서 모든 SiO_4 사면체는 4개의 다른 SiO_4 사면체와 접하여 3차원(3D)적이고, 주기적 네트워크를 형성하게 된다(표 3.4의 상단 참고). **용융 실리카**(fused silica), 즉 v-SiO_2의 구조는 네트워크에 장거리 주기성이 없다는 점을 제외하고는 매우 유사하다. 자카리아센(Zachariasen)[10]에 의해 처음 제안된 소위 랜덤 네트워크 모델은 일반적으로 v-SiO_2의 구조에 대한 최상의 설명으로 받아들여지며, 그림 1.1b에 2차원으로 도식화되어 있다. v-SiO_2에서 Si-O-Si 결합의 결합 각도는 대략 ±10° 편차의 분포를 갖는다[Si-O-Si 결합 각도의 분포에서 중심 각도는 144°이며, 이것은 석영 구조에서의 결합 각도와 동일하다(문제 9.5 참고)]. 즉 v-SiO_2에서 대부분의 Si-O-Si 결합각은 130°~160°의 범위를 갖는다. 요약하면, 용융 실리카의 구조는 짧은 범위에서 매우 규칙적이면서 균일한 질서를 갖지만, 그 질서는 몇 개의 사면체 이상으로는 장거리에 걸쳐 지속되지 않는다.

9.3.2 복합조성 실리케이트(규산염)

3.6절에서 규산염 용융물에 알칼리금속 또는 알칼리토금속의 산화물을 첨가할 때 비가교 산소 (non-bridging oxygen, NBO)의 형성에 대해 자세히 논의했다. 간단히 논의한 바와 같이, 이 산화물들은 일반적으로 유리의 물성을 크게 변경하므로 **망목수식체**(network modifier)라 부른다. 망목수식체의 첨가에 의해 만들어진 유리의 구조는 그림 9.7과 같이 NBO의 존재로 인해 연속적인 3차원 네트워크가 끊어진 것을 제외하고는 순수 실리카의 구조와 다르지 않다.

표 9.2는 일반적으로 사용되는 다양한 상용 유리의 전형적인 화학 조성과 연화점(softening point)을 보여준다(아래 참고). 대부분의 유리들은 실리카 기반 조성으로 이루어져 있다. 알루미나는 때로는 유리 네트워크로, 때로는 유리 수식체로 작용한다는 점에서 흥미롭다. Al^{3+} 이온이 Si^{4+}

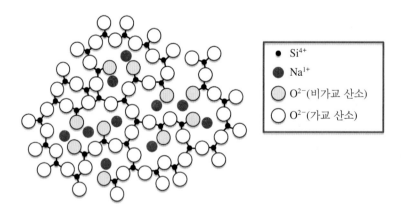

그림 9.7 Na⁺와 같은 수식체 이온의 존재로 인해 비가교 산소가 형성되는 규산염 유리 구조의 2차원 개략도. 이때 모든 NBO 는 음전하로 충전되어 있다.

---

[10] W. H. Zachariasen, *J. Amer. Chem. Soc.*, 54, 3841 (1932).

표 9.2 일반적인 유리의 대략적 조성(무게 분율) 및 연화 온도 T_s

	망목형성제			망목수식체					T_s(°C)
	SiO_2	B_2O_3	Al_2O_3	Na_2O	K_2O	MgO	CaO	PbO	
Fused silica	99.8					0.1	0.1		1600
Vycor	96.0	3	1						
Pyrex	81.0	13	2	3.5	0.5				830
Soda silica	72.0		1	20.0		3.0	4.0		
Lead silica	63.0		1	8.0	6.0		1.0	21	
Window	72.0	1	2	15.0	1.0	4.0	5.0		700
E glass	55.0	7	15	1.0	1.0		21.0		830

이온을 대체하면 네트워크의 일부로 포함되는 반면, Al^{3+}의 도입의 결과 NBO가 형성되면 망목수식체로 간주된다(3.6절 참고). 알루미나는 일반적으로 유리화학에서 복합기능적 역할을 수행한다.

이 규산염 사면체 구조의 네트워크 모델은 유리 이론 개발의 초기 단계에서 매우 유용했지만 몇 가지 실험적 사실을 완전히 설명하지 못한다는 점을 주목할 필요가 있다. 예를 들어, 약 10 mol% 알칼리 함량에서 상당한 구조적 변화가 발생하는 것으로 관찰되었으며, 규산염 용융물의 몰부피는 광범위한 알칼리 농도에서 상당히 일정하게 유지된다는 것이 보고되었다. 이 2가지 실험은 위에서 설명한 단순 네트워크 모델과는 상반되는 결과를 보인다. 결과적으로 이산 다중음이온(discrete polyanion) 모델이나 '빙산(iceberg)' 모델과 같은 다른 제안들이 실험 결과에 더 잘 일치하는 것으로 보인다. 이 모델에서 0~0.1 몰분율의 알칼리 산화물 함량이 포함되면 NBO의 형성에 의해 결합은 끊어지는 반면, 0.1~0.33 몰분율의 알칼리 산화물이 포함된 경우 개별적인 $(Si_6O_{15})^{6-}$ 육각링이 존재한다고 가정한다. 0.33~0.5 몰분율 범위에서는 $(Si_6O_{15})^{6-}$와 $(Si_3O_9)^{6-}$ 환상체의 혼합형태 또는 $(Si_4O_{12})^{8-}$와 $(Si_6O_{20})^{8-}$ 환상체의 복합형태로 존재한다고 가정한다.

이 책의 범위를 벗어나지만 완전성을 위해 추가적으로 언급하자면, 12~33 mol%의 조성 범위에서 M_2O와 SiO_2는 액체 상태에서 완전히 섞이지 않는다.

9.3.3 복합조성 붕산염

순수한 B_2O_3에서 각 B 원자는 3개의 O 원자와 결합하고, 각 O 원자는 2개의 B 원자와 결합한다. 이 물질에는 Na_2O와 같은 망목수식체가 추가되더라도 즉시 NBO를 형성하지 않는다. 대신 단단한 BO_4 사면체가 형성된다. 수식체 산화물의 함량이 약 0.2 몰분율을 초과하게 되면, NBO가 나타나기 시작한다. 이러한 이유로 여러 가지 붕산염 유리의 유리전이온도 T_g(아래 참고)와 비커스 경도가 Na_2O의 몰분율의 함수로 도식화하여 설명되고 있으며(문제 9.12와 그림 9.19 참고), 이 2가지 물성은 모두 0.2 몰분율 근처에서 최대치를 기록한다.

순수한 붕산염 유리 상용 제품은 거의 찾을 수 없지만, B_2O_3가 SiO_2와 일부 알칼리 및 알칼리토 금속 산화물과 함께 혼합된 붕규산 유리는 훨씬 더 흔하게 사용된다(표 9.2 참고).

9.4 유리의 물성

유리의 비결정질적인 속성은 이에 대응되는 결정질 물질과 비교할 때 독특한 물성을 부여한다. 일단 유리가 형성되면 추가 냉각 시 유리에서 발생하는 변화는 매우 미묘하고 응고(solidification) 또는 결정화 같은 다른 상전이 과정 중에 발생하는 변화와는 다른 양상을 보인다. 유리 형성은 일반적인 액체-고체 상전이에서 보이는 불규칙-규칙 상전이가 아니라, 오히려 불규칙 상태에서 상대적으로 빈 공간이 적은 또 다른 불규칙상으로의 상전이라 할 수 있다. 이 절에서는 이 설명이 유리의 물성에 미치는 영향에 대해 논의한다.

9.4.1 유리전이온도

결정질 고체와 유리의 여러 속성의 온도 의존성은 그림 9.8에 개략적으로 비교되어 있다. 그림 9.8a~d에서는 결정질 고체와 유리에 대해 비부피(specific volume) V_s, 배열 엔트로피(configurational entropy) S_{config}, 열용량(heat capacity) c_p, 열팽창(thermal expansivity) α를 각각 비교하고 있다. 전형적인 결정질 고체는 일반적으로 V_s 및 S_{config}가 급격히 감소하면서 T_m에서 결정화된다(그림 9.8a와 b 참고). 하지만 유리의 경우 그 변화가 훨씬 더 점진적이다. 용융액체 상태에서 냉각 과정 중 온도 변화에 대해 V_s 또는 S_{config} 물성은 T_m에서의 급격한 변화 없이 그 이하의 온도에서도 액체에서의 경향을 계속 따라가다가 특정 온도에서 그 기울기가 급격히 감소하게 된다. 이렇게 기울기의 변화가 발생하는 온도를 **유리전이온도**(glass transition temperature) T_g라 하며, 이 온도는 유리 형성 액체가 고무처럼 부드러운 플라스틱 상태에서 단단하고 부서지기 쉬운 유리 상태로 변하는 온도를 나타낸다. 즉, 과냉각된 액체가 유리, 즉 단단하고, 비정질이며, 깨지기 쉬운 취성체가 되는 온도를 T_g로 정의할 수 있다. T_m과 T_g 사이의 물질은 일반적으로 **과냉각 액체**(supercooled liquid, SCL)라고 부른다.

열역학적 고려

T_g에서 V_s와 S_{config}는 연속적인 반면 c_p와 α가 불연속적인 것을 보면 T_g에서의 상전이 특성을 2차 상전이로 규정하는 것은 불합리하지 않다. 결국, 정의에 따르면, 2차 상전이의 경우 V_s와 S_{conf} 등의 물성은 자유 에너지 G의 1차 도함수에 의존하여 상전이 온도에서 연속적이고,

$$V_s = \left(\frac{\partial G}{\partial P}\right)_T, \quad S = -\left(\frac{\partial G}{\partial P}\right)_P$$

α와 c_p는 G의 2차 도함수에 의존하여 상전이 온도에서 불연속적이다.

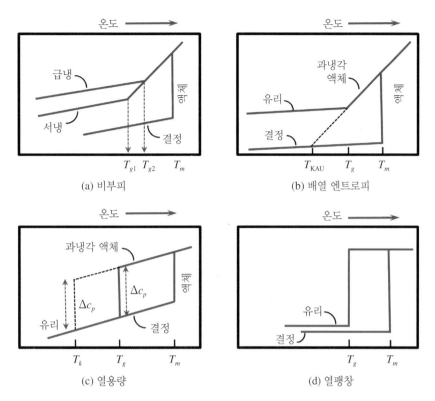

그림 9.8 유리 또는 결정이 T_g를 지나 냉각됨에 따라 관찰되는 물성 변화

$$\alpha = \frac{1}{V}\left(\frac{\partial V}{\partial T}\right)_P = \frac{1}{V}\left(\frac{\partial^2 G}{\partial P \partial T}\right), \qquad c_p = \left(\frac{\partial H}{\partial T}\right)_P = -T\left(\frac{\partial^2 G}{\partial T^2}\right)_P$$

하지만 실험적으로 입증된 바와 같이 T_g는 냉각 속도의 함수이기 때문에 T_g에서 발생하는 현상은 더욱 복잡하다. 그림 9.8a에서 볼 수 있듯이, 냉각 속도가 감소하면 T_g는 낮아진다. 이것은 원자가 재배열되는 시간이 길수록 밀도가 높은 유리가 생성되며, T_g가 열역학적 물리량이 아니라 속도론적 물리량이라는 강력한 증거임을 의미한다.

이러한 결론에 대한 추가적인 증거는 α와 c_p의 변화에서 찾을 수 있다. T_g에서 이러한 물성의 급격한 감소는 이러한 열역학적 양에 기여하는 일부 분자 자유도의 갑작스러운 불능화와 연관되어야 한다. 따라서 이러한 분자 자유도(아래 참고)의 '동결(freezing out)'이 실험적으로 관찰된 거동의 원인이 된다. 아래에서 논의되는 바와 같이 T_g에서의 유리의 점도 η는 10^{15} Pa·s의 규모로 상당히 크고, 이는 결국 원자 이동도가 매우 낮다는 것을 암시한다. 실험에 있어서 시간의 척도가 원자가 영구적으로 움직이는 평균 시간보다 짧은 경우 해당 원자는 측정되는 물성에 기여할 수 없으며, 사실상 T_g에서 급격히 물성이 변화하는 현상으로 드러나게 된다.

흥미로운 점은, 유리 형성 액체가 충분히 느린 속도로 냉각되어(천체 나이의 몇 배에 해당할 정도로) 그림 9.8b의 점선을 따른다면, 특정 온도 T_{KAU}에서 과냉각 액체의 엔트로피는 결정질의 엔트로피보다 낮게 된다. 이것은 명백히 성립될 수 없는 상황으로 카우즈만(Kauzmann)에 의해 처음으로 언급되었으며, 이후 카우즈만의 역설(Kauzmann paradox)로 알려져 있다. 이 역설에 대해서는 9.4.2절에서 자세히 다룬다.

T_g에 대한 조성 효과

사실 T_g는 유리 네트워크의 강성도에 대한 척도라 할 수 있다. 일반적으로 망목수식체를 첨가하면 T_g가 감소하는 경향을 보이는 반면, 망목형성제를 추가하면 T_g가 증가한다. 이 관찰은 매우 보편적이어서 산화물이 네트워크로 들어가는지 아니면 NBO를 형성하는지 여부를 실험적으로 결정하는 기술 중 하나는 이 산화물의 첨가가 T_g에 미치는 효과를 알아보는 것이다. 복합조성 붕산염의 사례는(문제 9.12 참고) 이 개념을 잘 설명하고 있다.

| 실 험 세 부 사 항 | **유리전이온도 측정**

유리전이온도 T_g는 그림 9.8에 수록된 물성 중 하나를 냉각 속도의 함수로 측정함으로써 결정할 수 있다. 물성 변화의 기울기가 연속적이거나 또는 급격하게 변화하는 온도를 T_g로 정의한다.

이론적으로, 시차 주사 열량측정법(DSC)과 시차 열분석법(DTA)이 사용된다. TGA와 혼동하지 말라. DSC가 단순히 온도 차이를 측정하는 것(그림 4.8 참고)뿐만 아니라 열유동도 함께 측정한다는 사실만 제외하면 이 2가지 측정 기술은 매우 유사하다. 유리를 가열함에 있어서 T_g에서는 약한 흡열과정이 있어 그림 9.9에서 보이는 것과 같이 DSC 곡선의 기준선에서 작은 단차(step)로 나타난다. 만약 유리가 용융 전까지 결정화하지 않는다면 이러한 변칙적 변화는 유리의 유일한 특징이다. 하지만 T_g와 T_m 사이의 어떤 온도 T_{cryst}에서 유리가 결정화하면, 2개의 추가적인 피크가 나타난다(그림 9.9). 첫 번째 피크는 발열피크로 과냉각 액체의 결정화 또는 실투(devitrification)에 의한 것이고, 두 번째 피크는 흡열피크로 이 결정의 용융에 따른 것이다.

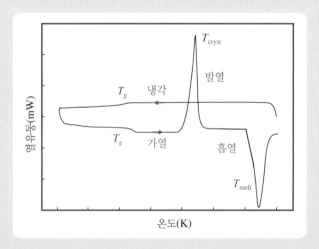

그림 9.9 유리의 가열 및 냉각에 대한 전형적인 DSC 결과 데이터. 가열하는 동안 첫 번째 흡열과정이 T_g에서 발생하고, T_{cryst}에서 발열피크가 관찰된 후 T_{melt}에서 용융된다. 냉각 과정에서 냉각 속도가 충분히 빠르다면 T_g에서 작은 단차를 발견할 수 있다.

9.4.2 점성도

기술적으로 유리의 점성도 η와 점성도의 온도 의존성은 유리 용융물을 균질화하는 데 필요한 용융 시간과 온도, 공정 및 풀림 온도(아래 참고), 실투율 및 이에 따른 CCR, 잔류 응력의 풀림을 위한 온도 등을 결정하기 때문에 중요한 물성이다.

점성도(viscosity) η는 액체의 유속 v에 대한 인가 전단응력의 비에 해당한다. 액체가 면적이 A이고, d의 간격을 두고 있는 2개의 평행한 판 사이에 위치한 상태에서 F의 전단힘으로 분리되려 한다면, 이때 점성도 η는 식 (9.20)으로 정의된다.

$$\eta = \frac{Fd}{Av} = \frac{\tau_s}{\dot{\varepsilon}} \tag{9.20}$$

여기서 $\dot{\varepsilon}$는 s^{-1}의 단위를 갖는 변형 속도이고, τ_s는 Pa 단위의 인가 전단응력이다. 따라서 η의 단위는 Pa·s이다.

위에서 언급되었듯이, 응고에 있어서 결정질 고체의 η는 급격하게 변화할 것이고, 매우 좁은 온도 범위에서 매우 큰 폭의 증가를 보인다. 그러나 유리 형성 액체의 점성도는 다소 점진적인 형태로 변화한다. 유리 형성 액체의 점성도에 온도가 미치는 효과를 그림 9.10에 도식적으로 표현하였으며, 여기에는 T_g뿐만 아니라 다른 4가지 중요한 온도들도 정의되어 있다. **변형점**(strain point)은 $\eta = 10^{15.5}$ Pa·s가 되는 온도로 정의된다. 이 온도에서는 어떤 내부 변형도 4시간 안에 허용 가능한 수준으로 감소한다.[11] **풀림점**(annealing point)은 $\eta = 10^{14}$ Pa·s가 되는 온도를 의미하며, 이때 내부 변형은 15분 이내의 시간에서 급격하게 감소한다. **연화점**(softening point)은 $\eta = 10^{8.6}$ Pa·s가 되는 온

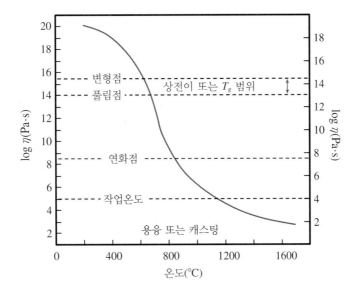

그림 9.10 온도에 대한 점성도의 기능적 의존성. y축은 로그 스케일로 표시되어 있다.

---

[11] 비교를 위해서 물, no.10 자동차 오일, 초콜릿 시럽, 코킹 페이스트 등은 각각 0.001, 0.5, 50, 그리고 1000 Pa·s 이상의 점성도를 갖는다. cgs 단위계에서 점성도의 단위는 포아즈(poise)(약어 P 사용)를 가지며 1센티포아즈(cP) = 0.01 P = 0.1 Pa·s이다.

도이다. 이 온도에서 유리 제품은 0.03 s⁻¹의 변형 속도로 인장된다. 마지막으로, **작업온도**(working point)는 $\eta = 10^5$ Pa·s가 되는 온도이고, 이 온도에서 유리의 성형, 가공 및 실링 공정이 가능하다.

점성도에 대한 온도 효과

온도에 대한 η의 기능적 의존성은 많은 유리 형성 액체에 대해 측정되었다. 현상학적으로 넓은 온도 범위에서 측정된 데이터에 대한 가장 정확한 3-매개변수 보정식은 **보겔-풀처-탐만**(Vogel-Fulcher-Tammann)(V-F-T) 방정식[12]으로 주어진다.

$$\ln \eta = A + \frac{B}{T - T_0} \tag{9.21}$$

이때 A, B, T_0는 온도에 의존하지 않는 조정 가능한 매개변수이다.

이러한 거동을 설명하기 위해 많은 이론들이 제안되었으며, 이 중 가장 주목할 만한 이론은 자유 부피이론(free volume theory)[13]과 배열 엔트로피 이론(configuration entropy theory)[14]이다. 자유 부피이론에서는 T_g에서 발생하는 전이를 1차 상전이 일부 시스템에서 T_g가 압력이 증가함에 따라 증가한다는 사실을 설명할 수 없다고 예측하므로, 더 이상 논의하지 않을 것이다. 이 절의 나머지 부분에서는 완벽하지는 않지만 많은 실험적 관찰을 설명하는 데 성공하고 현재로서는 가장 유망한 것으로 보이는 배열 엔트로피 모델에 대한 설명을 기술하고 있다.

5장과 6장에서 확인된 내용에 따르면, 결정의 엔트로피는 진동 엔트로피와 및 배열 엔트로피가 합쳐진 형태로 구성된다. 배열 엔트로피는 결정에 결함 및/또는 불순물의 도입에 기인한 것이다. 추가적으로 액체나 유리의 엔트로피에는 배열을 변경하는 능력을 반영하는 항목도 포함된다. 여기에 제시된 단순화된 버전의 배열 엔트로피 모델에서 액체는 각각 $n = N/N_c$개의 원자들을 포함하는 N_c개의 블록들로 나뉘진다. 여기서 N은 시스템의 총 원자 수이다. **협력적 재배열 영역**(cooperatively rearranging region)으로 불리는 이러한 블록들은 경계에서 요구되는 동시 배열 변화 없이 새 배열로 전환할 수 있는 가장 작은 영역으로 정의된다. 여기에서는 단순화를 위해 각 블록에 대해 2가지 구성만 존재한다고 가정한다. 따라서 각 블록의 전체 엔트로피는 $k \ln 2$이고, 과냉각 액체(SCL)의 전체 배열 엔트로피는 간단히 $\Delta S_{config} = N_c k \ln 2$가 된다. N_c를 N/n으로 치환하고 정리하면 식 (9.22)가 얻어진다.

$$n = \frac{Nk \ln 2}{\Delta S_{config}} \tag{9.22}$$

T_k가 조정 가능한 매개변수이고, $T = T_k$에서 SCL과 유리의 엔트로피가 동일하고, 유리와 SCL의 열용량 차이(Δc_p로 표현됨)가 일정하며, 온도 의존성의 없다고 가정하면(즉, T_g에서 Δc_p는 T_k에서의 값과 같다), $T > T_k$에 해당하는 모든 온도에 대해 다음과 같이 나타낼 수 있다(문제 9.7 참고).

---

[12] G. Fulcher, *J. Amer. Cer. Soc.*, 75, 1043–1059 (May 1992).

[13] M. Cohen and D. Turnbull, *J. Chem. Phys.*, 31, 1164169 (1959)와 D. Turnbull and M. Cohen, *J. Chem. Phys.*, 34, 120125 (1961).

[14] G. Adams and J. Gibbs, *J. Chem. Phys.*, 43, 139 (1965).

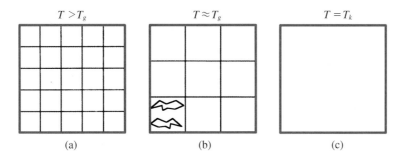

그림 9.11 블록 수와 크기에 대한 온도의 영향 개략도. 온도가 왼쪽에서 오른쪽으로 감소함에 따라 블록 수는 감소하지만 각 블록의 원자 수는 증가한다. 중간 다이어그램의 모서리에 표시된 것은 주어진 격자 블록의 원자가 가질 수 있는 2가지 배열을 의미한다. 단순한 설정을 위해 2가지로 선택하였으나, 원래 모델은 그렇게 단순화된 가정을 하지 않는다.

$$\Delta S_{\text{config}} = S_{\text{config}}^{\text{SCL}} - S_{\text{config}}^{\text{glass}} = \Delta c_p \ln \frac{T}{T_k} \tag{9.23}$$

식 (9.22)와 (9.23)을 결합하면,

$$n = \frac{Nk \ln 2}{\Delta c_p \ln(T/T_k)} \tag{9.24}$$

이 식은 온도가 감소함에 따라 n(각각의 **협력적 재배열 영역** 내의 원자 수)이 증가함을 예측한다. 이러한 상황은 그림 9.11에서 3가지 다른 온도 조건, $T > T_g$, $T \approx T_g$ 및 $T = T_k$에 대해 개략적으로 묘사되어 있다. 온도가 낮아지고 다양한 배열이 동결됨에 따라 협력적 재배열 영역의 수는 감소하고 부피는 증가한다. T_k에서는 하나의 배열만 남게 되고, 배열 엔트로피가 완전히 손실된다.

이 모델의 주요 교리는 배열 엔트로피와 분자의 이송 속도 사이에 직접적인 관계가 있다는 것이다. 즉, 블록이 커질수록 그 블록 내 배열을 전환하는 데 더 많은 시간이 소요된다고 가정한다. 이완 시간(relaxation time) τ는 n에 비례한다고 가정할 수 있다.[15]

$$\tau = (\text{상수})\exp[\zeta n] \tag{9.25}$$

여기서 ζ는 확정되지 않은 상수이다. τ는 구조적 이완의 특성 시간을 나타내므로 η에 비례한다고 가정하는 것은 무리가 아니다. 이 모든 것들을 모두 결합하면, 다음 식을 도출할 수 있다.

$$\ln \eta = K^{\wedge} \exp - \frac{\zeta Nk \ln 2}{\Delta c_p \ln(T/T_k)} \tag{9.26}$$

여기서 $K^{\wedge}$는 상수이다. 양변에 자연로그를 취하면,

$$\ln \eta = \ln K^{\wedge} + \frac{\zeta Nk \ln 2}{\Delta c_p \ln(T/T_k)} = A' + \frac{B'}{\ln(T/T_k)} \tag{9.27}$$

여기서 A'과 B'은 상수이다. 그리고 언뜻 보기에 이 식은 식 (9.21)과 동일한 온도 의존성을 갖지 않는

---

[15] 재배열을 위해 극복해야 할 에너지 장벽은 n에 비례하여 증가한다. 장벽 ΔE의 퍼텐셜 에너지 증가가 $n\Delta\mu$로 스케일링되기 때문이다. 여기서 $\Delta\mu$는 재배열을 방해하는 분자당 퍼텐셜 에너지 장벽이다.

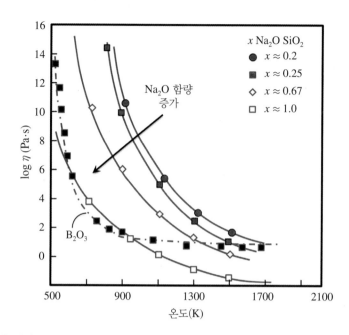

그림 9.12 유리 점성도의 온도 의존성. (실리케이트의 데이터는 Fulcher의 논문에서 발췌하였으며, B₂O₃의 데이터는 Macedo and Napolitano의 *J. Chem. Phys.*, 49, 1887-1895. 1968를 인용하였다.) 실선들은 식 (9.27)을 따라 피팅한 결과이다. 최대 알칼리 농도(T_k를 136K로 선택)를 제외한 모든 경우, 식 (9.27)은 Fulcher가 사용한 것과 동일하다. B₂O₃의 경우, $T_k = 445K$ 에 대해 가장 잘 맞는다. (G. S. Fulcher, *J. Amer. Cer. Soc.*, 8(6), 339-355, 1925. Reprinted in *J. Amer. Cer. Soc.*, 75(5), 1043-1059, 1992.)

것처럼 보이지만 $T_0 \approx T_k$일 때 그 의존성이 실제로 회복된다는 것을 보여줄 수 있다(문제 9.7 참고).

두 표현식이 수학적으로 동일한지 여부에 관계없이 이들 모두 동등하게 η의 온도 의존성을 잘 묘사하고 있다. 이 사실은 그림 9.12에서 명확히 확인된다. 그림 9.12에 다수의 소듐실리케이트 용융물과 B₂O₃ 유리에 대해 η의 온도 의존성이 도식화되어 있다. 실리케이트에 대한 데이터 포인트는 식 (9.21)을 사용하여 생성되었으며, 이것이 결국 실험 결과에 가장 잘 일치하였다. 그림 9.12에 그려진 피팅 선들은 식 (9.27)을 이용하여 표시한 것이다. B₂O₃의 경우 데이터 점은 실험에 의해 얻어졌으며, 선은 역시 식 (9.27)을 사용하여 그려진다. 모든 경우에 적합성이 우수하며 하나의 조정 가능한 매개변수, 즉 T_k를 사용한다.

마지막으로, η 결과에 피팅하기 위해 필요한 T_0 또는 T_k의 값은 카우즈만 온도 T_{KAU}가 그림 9.8 에 표시된 것과 같은 다른 속성의 외삽에서 추정되는 온도에 가깝다는 점은 주목할 만하다. 이 모델은 또한 T가 T_k에 접근함에 따라 이완 시간이 무한대가 될 뿐만 아니라 $T = T_k$에서 하나의 배열 만 가능하기 때문에 배열 엔트로피가 사라지게 되며, 카우즈만 역설에서 자연스럽게 벗어날 수 있는 방법을 제공한다.

점성도에 대한 조성 효과

순수한 SiO₂가 유동하기 위해서는 높은 에너지로 방향성 있게 결합한 Si-O-Si 결합들이 끊어져야 한다. 이러한 과정을 위한 활성화 에너지는 매우 크며(565 kJ/mol), 결과적으로 순수한 액체 SiO₂

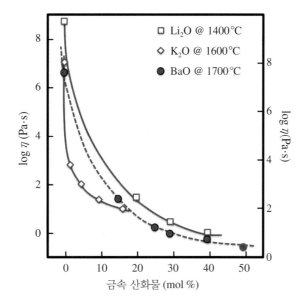

그림 9.13 다양한 온도에서 용융 실리카의 점도에 대한 수식체 금속 산화물 함량의 극적인 효과. 약 10 mol%의 수식체 산화물을 첨가하면 5배 이상의 점도 강하가 발생한다(J. O'M. Bockris, J. D. Mackenzie, and J. A. Kitchener, *Faraday Soc.*, 51, 1734, 1955.)

의 점성도는 1940°C의 매우 고온에서도 1.5×10^4 Pa·s에 달하는 매우 큰 값을 갖는다.

앞서 논의된 바와 같이 용융물에 **염기성 산화물**(basic oxide)을 첨가하면(염기성 산화물은 용융물에 용해되어 산소 이온을 제공하는 Na_2O, CaO 등을 일컫는다), NBO의 형성에 의해 실리케이트 네트워크를 끊어내고, 결국 최초의 3차원 네트워크를 지속적으로 파괴하여 작은 분리된 단위로 만든다. 결과적으로 점성유동 중에 끊어져야 하는 Si-O 결합의 수가 줄어들고 전단과정이 쉬워진다. 용융 실리카의 점도에 대한 염기성 산화물 첨가의 극적인 효과는 그림 9.13에 나와 있다(y축이 로그 스케일임을 주목하라).

| 실험 세부 사항 | **점성도 측정**

η를 측정하는 데 사용되는 기술은 일반적으로 유리의 점성도 범위에 따라 다르다. 최대 $\approx 10^7$ Pa·s까지는 그림 9.14a에 개략적으로 표시된 **점도계**가 사용된다. 여기서 η가 측정될 유체는 서로에 대해 길이가 L인 2개의 회전하는 동심 실린더 사이에 배치된다. 일반적으로 실린더 중 하나, 즉 내부 실린더는 각속도 ω_a로 회전하는 반면, 외부 실린더는 토크 T를 측정하는 용수철에 의해 고정되어 유지된다. 이러한 상황에서 다음 식으로 표현할 수 있다.[16]

$$\eta = \frac{(b^2 - a^2)T}{4\pi a^2 b^2 L \omega_a} \tag{9.28}$$

---

[16] R. Feynman et al., *The Feynman Lecture on Physics*, vol.2, Addison-Wesley, Reading, MA, 1964, pp. 41-43.

이때, a와 b는 그림 9.14a에서 정의된 값이다.

위에서 언급되었듯이, 점도계는 일반적으로 약 10^7 Pa·s까지 무리 없이 사용할 수 있다. 더 높은 점성도를 측정해야 하는 경우 종종 섬유 신장 방법(fiber elongation method)이 사용된다. 이 방법(그림 9.14b)에서는 η를 측정하려는 재료에 하중을 더하고 특정 온도까지 가열한다. 그런 다음 섬유가 늘어나는 변형률을 측정한다. 높이가 L_c이고 반지름이 R인 실린더의 점성유동의 결과로 나타나는 에너지 소실 속도 $\dot{E}_v$는 다음과 같이 주어진다.[17]

$$\dot{E}_v = \frac{3\pi\eta R^2}{L_c}\left(\frac{dL_c}{dt}\right)^2 \tag{9.29}$$

이 식을 시간의 함수로 통합하고, 일정한 변형률을 가정한 후, 이를 시스템의 퍼텐셜 에너지 감소와 동일시하면서 표면 에너지 변화를 무시하면 다음과 같이 나타낼 수 있다.

$$\eta = \frac{mg}{3\pi R^2 \dot{\varepsilon}} = \frac{mgL_0 t}{3\pi R^2 \Delta L} \tag{9.30}$$

여기서 ΔL_c는 최초 길이 L_0인 섬유가 t시간 동안 신장된 길이이다. 단, $\Delta L \ll L_0$이다.

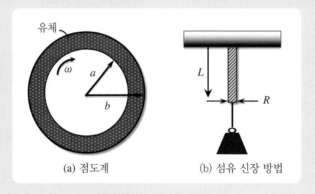

(a) 점도계   (b) 섬유 신장 방법

그림 9.14 점성도 측정 방법

9.4.3 기타 물성

모든 상태도에서 알 수 있듯이 비화학량론에도 불구하고 대부분의 결정상은 매우 좁은 범위의 조성에 걸쳐 존재하며 다른 화합물에 대한 용해도는 제한적이다. 이 모든 것이 물성 조정의 가능성을 제한하는 경향이 있다. 다만 유리는 이러한 제약을 받지 않는다. 유리는 다른 화합물에 대한 '범용 용제' 또는 '쓰레기통'으로 생각할 수 있다. 말할 필요도 없이, 유리를 매우 유용하고 매력적인 재료로 만든 것은 이러한 자유도이다.

---

[17] J. Frenkel, *J. Phys.* (*Moscow*), 9(5), 385–391 (1945).

사례연구 9.1: 글라스세라믹

글라스세라믹은 큰 상업적 성공을 이어오고 있는 소재로, 중요한 물질의 분류이다. 글라스세라믹은 다결정질 소재로 유리의 결정화 제어를 통해 제작되며, 랜덤하게 배향된 결정과 약간의 2~5% 정도의 잔류 유리질로 구성되어 있고, 공극이나 기공이 없는 치밀한 구조를 가진다.

글라스세라믹 공정에 대한 일반적인 온도 대 시간 주기가 그림 9.15a에 나와 있으며 4단계로 구성되어 있다.

1. **혼합 및 용융.** 석영, 장석, 백운석, 리티아휘석 등의 원료 물질을 TiO_2 또는 ZrO_2 등의 핵생성 첨가제와 혼합하고 용융한다.

2. **성형.** 아래에 언급된 바와 같이, 글라스세라믹의 주요 장점 중 하나는 회전, 롤링, 블로잉 및 주조와 같은 기존의 유리 형성 기술을 사용하여 성형할 수 있다는 사실에 있다. 따라서 복잡한 모양의 기공이 없는 제품을 쉽고 경제적으로 제조할 수 있다. 그러나 형성 과정에서 냉각 속도는 핵이 형성되는 경우 결정화 또는 핵의 성장을 방지할 수 있을 만큼 충분히 빨라야 한다.

3. **핵생성.** 일단 형성되면, 유리는 큰 핵생성 속도를 얻기에 충분히 높은 온도로 가열된다. 효율적인 핵생성은 성공적인 공정의 핵심이다. 핵생성은 불균일 핵생성으로 발생하며, 결정은 용융물에 추가되는 TiO_2 또는 ZrO_2와 같은 핵생성 첨가제의 입자에서 성장한다. $1~\mu m$ 정도의 결정을 얻기 위해, 핵생성 첨가제의 밀도가 $10^{12}~10^{15}~cm^{-3}$ 정도가 되어야 한다.

4. **성장.** 핵생성 이후에 결정의 성장이 쉽게 일어나는 지점까지 온도를 승온한다. 원하는 미세조직이 얻어지면 냉각 단계가 진행된다. 이 단계에서 물체는 일반적으로 약 1~5% 정도 약간 수축한다.

글라스세라믹은 다음을 포함하여 유리상과 결정상 모두와 비교했을 때 몇 가지 장점을 갖는다.

1. 결정질에 비해 글라스세라믹의 가장 중요한 장점은 유리의 쉬운 가공공정을 이용하여 복잡한 모양을 형성하고, 정밀한 결정화 과정을 통해 유리상을 내화성 고체로 변환하고 특성을 재단

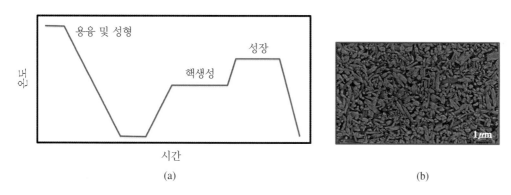

그림 9.15 (a) 글라스세라믹 소재의 결정화 제어를 위한 온도 대 시간 주기. (b) 40% HF 증기에서 30초 동안 에칭한 리튬 디실리케이트 기반 글라스세라믹의 전형적인 SEM 이미지. (Ritzberger et al., *Materials*, 3, 3700, 2010에서 발췌.)

할 수 있다는 것이다. 기존의 압축성형 및 소결로 만들어진 세라믹 물질과 달리 글라스세라믹은 기공을 포함하지 않는 경향이 있다. 이는 결정화 동안 유리가 흐르고 부피 변화를 수용할 수 있기 때문이다.

2. 일반적으로 결정상의 존재는 동일한 조성을 갖는 유리보다 훨씬 더 높은 변형 온도를 초래한다. 예를 들어, 많은 산화물은 400~450°C의 T_g값을 가지며 600°C 이상의 온도에서 쉽게 연화된다. 그러나 동일한 조성의 글라스세라믹은 1000~1200°C의 높은 온도에서도 기계적 완전성과 강성을 유지할 수 있다.

3. 글라스세라믹의 강도와 인성은 일반적으로 유리보다 높다. 예를 들어, 일반적인 유리판의 강도는 100 MPa 정도인 반면 글라스세라믹은 몇 배 더 높을 수 있다. 그 이유는 11장에서 더 자세히 논의하겠지만 글라스세라믹에 존재하는 결정이 재료에 존재하는 결함의 크기를 제한하여 강도를 증가시키는 경향이 있기 때문이다. 또한 결정상의 존재는 인성을 향상시킨다(11장 참고).

4. 유리와 마찬가지로 글라스세라믹의 특성(특히 열팽창 계수)은 조성을 조절하여 제어할 수 있다. 유리-금속 접합 및 재료 접합과 같은 많은 응용 분야에서 열응력 생성을 피하기 위해 열팽창 계수를 일치시키는 것이 중요하다.

5. 일부 글라스세라믹의 주요 장점 중 하나는 가공이 용이하다는 것이다. 치과 가족(아버지와 형제) 출신으로 말하자면 필자는 치과 재료에 대해 다른 사람들보다 더 익숙하다. 20세기에는 치아가 썩어서 제거해야 했을 때 보통 금속에 도자기를 접합한 크라운으로 대체되었다. 이 과정은 치과 의사가 충치의 틀을 만들어 치과 기공소로 보내 크라운을 제작하고, 두 번째 때로는 세 번째 약속을 잡아야 하는 긴 시간이 소요되는 과정이었다. 20세기 말에 올-세라믹 솔루션이 모색되고 발견되었다. 마지막으로 치과를 방문했을 때 크라운을 제작할 충치의 디지털 이미지를 찍어 다른 방에 있는 컴퓨터로 보냈고, 3축 밀을 제어하여 전체 글라스세라믹 블록을 약 15분 내에 필요한 모양으로 가공했다. 그 후 크라운을 빠르게 소결하고 약 1시간 만에 완전히 치료하여 치과를 나올 수 있었다. 치과에서 사용되는 리튬 디실리케이트 기반 글라스세라믹의 일반적인 미세조직은 그림 9.15b에 나와 있다. 여기서 밝은 영역은 결정질이고 어두운 영역은 유리가 에칭된 영역이다.

가장 중요한 글라스세라믹 조성은 리튬 실리케이트 기반 조성이다. Li_2O-SiO_2 시스템의 상태도는 그림 9.16에 나와 있다. 상업적인 조성물은 일반적으로 약 30 mol% 이상의 리튬을 함유하며, 결정화 시 주요 결정상으로 $Li_2Si_2O_5$를 생성하고 일부 SiO_2 및 Li_2SiO_3는 이차상으로 생성된다.

사례연구 9.2: 초박형 초고강도 유리

유리제조업은 합당한 이유를 갖고 이야기할 수 있는 수억원대 규모의 사업이다. 휴대용 전자기기, 초고층 건물, 자동차, 기차, 음료 등에서 이 다재다능한 재료는 광범위하게 사용된다. 이 재료를 만

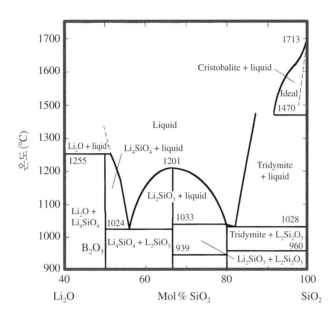

그림 9.16 Li_2O-SiO_2 상태도 (F. C. Kracek, *J. Phys. Chem.*, 34, 2645, Part II, 1930.)

드는 데 사용되는 원료물질이 흙(모래)조각이라는 사실은 또다른 큰 장점으로 작용한다. 유기 유리(매우 흔하고, 투명하며 성형 비용이 상당히 저렴한 폴리머라 불리는 소재)와 극명한 대조를 이루는 무기 유리는 일반적으로 긁힘, 마모 및 환경에 의한 기능 저하에 강하다. 필자의 첫 번째 컨버터블 자동차에는 플라스틱 뒷창이 있었는데, 몇 년 안에 못생긴 갈색으로 변하고 약해져서 교체해야 했다. 반면에 새 컨버터블의 뒷창은 유리로 되어 있어 깨지지 않는 한 교체할 필요가 없었다.

수백 년 동안 인류는 유리창에 매우 만족해 왔다. 그러나 아주 최근에 인류는 휴대용 전자기기 없이는 살 수 없게 되었다. 이러한 기기가 더 작고 가벼워짐에 따라 더 얇고 더 강한 새로운 유리가 필요하게 되었다. 필요는 발명의 어머니라고, 유리 과학자들은 이러한 더 얇고 더 강한 유리를 개발하기 위한 도전에 나섰다. 오늘날 얇은 유리판은 다양한 첨단 기술 응용 분야에서 일상적으로 사용되며 그중에 스마트폰도 포함된다. 이러한 유리는 또한 플렉서블 디스플레이의 기판과 하드 디스크 커버를 포함한 다른 많은 하이테크 애플리케이션에 사용되고 있다. 갑자기 유리가 다시 '섹시'해진 것이다.

유리의 열적 템퍼링이 어떻게 표면 압축응력을 도입하여 강도를 높이고 덜 위험하게 만드는지에 대해 13장에서 논의한다. 여기에서 우리는 이온 교환에 의한 화학적 강화에 관심이 있다. 이 기술은 새로운 것이 아니라 1940~1950년대부터 사용되어 온 기술이다. 아이디어는 간단하다. 반지름이 r_g인 양이온을 포함하는 유리를 반지름이 r_m인 양이온을 포함하는 용융염 욕조에 담고 교환되도록 한다(그림 9.17a 및 b). $r_m > r_g$인 경우 표면 압축응력[벌크 인장응력(그림 9.17c)에 의해 균형을 이룬다]이 발생한다. 유리는 압축응력이 초과될 때만 파손될 수 있으므로 강도가 크게 증가한다. 이온 교환은 일반적으로 빠르게 냉각되기 전에 유리의 온도가 변형점(400~600°C) 이하인 지점에서 수행된다. $r_{Li+} < r_{Na+} < r_{K+}$이기 때문에, Na 함유 유리인, 즉 일반적인 알칼리 알루미노실리케이트는

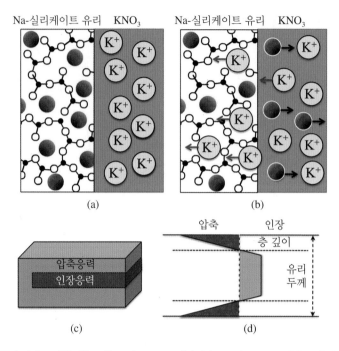

그림 9.17 유리의 화학적 강화를 위한 이온 교환 공정. (a) Na–실리케이트 유리를 KNO_3 용융염 용액에 침지한다. (b) t시간 후에 몇몇 Na^+ 양이온(빨간공)은 K^+ 양이온으로 치환된다. (c) 이온 교환 이후의 응력 상태. (d) 단면 응력 상태. 표면 가까이에 압축응력(빨간색 부분)이 형성되는 반면, 내부에는 인장응력(회색 부분)이 형성된다.

KNO_3와 같은 K^+ 함유 용융물에 담그면 강화될 수 있다.

공정의 속도론은 두 양이온이 반대방향으로 거동하는 양극성 확산에 의해 결정된다. 이와 관련된 문제는 7.4.3절에서 다룬다. 그리고 여기에서 다루는 상황은 이온 교환에 따라 응력 상태가 변하기 때문에 약간 더 복잡하고 이를 고려해야 하지만 기본 아이디어는 동일하게 유지된다. 용융염으로 들어가는 이온의 전체 선속은 다른 방향으로 가는 이온의 반대 선속과 같아야 한다. 따라서 압축층의 깊이는 교환되는 양이온의 특성, 유리 구조, 온도 및 공정 시간에 따라 달라진다. 연구에 따르면 20~30 μm의 깊이가 최적인 것으로 나타났다. 다른 요인들 중에서 유리 화학 성분은 지속 가능한 깊이를 결정한다. 예를 들어, 소다라임 유리는 빠른 응력 완화로 인해 높은 압축응력을 견딜 수 없다. 오늘날 알칼리–알루미노실리케이트 유리판(두께 0.5~0.7 mm)은 800~1000 MPa 범위의 강도를 나타낸다! 얇은 특성으로 인해 매우 유연하기도 한 이러한 강한 유리는 플렉서블 디스플레이, 태양 전지 및 차세대 터치스크린 장치 개발에 중요한 역할을 할 것이다.

9.5 요약

유리는 결정화 없이 응고하는 과냉각 액체이다. 유리는 오로지 단범위 규칙만 가지고 있는 것으로 분석된다. 유리의 구조는 랜덤 네트워크 모델로 잘 묘사되고 있으며, 망목형성제와 망목수식체의 상대적인 양적 비율로 결정된다.

유리를 형성하려면 결정상이 핵생성 및 성장하는 데 충분한 시간이 없도록 용융물을 충분히 빠른 속도로 냉각해야 한다. 강력한 핵생성 첨가제의 부재와 함께 녹는점 또는 그 부근에서 낮은 원자 이동도는 유리가 적당한 냉각 속도로 형성되기 위한 필수 조건이다. 유리가 형성될지 여부에 대한 가장 중요한 예측 변수는 녹는점 또는 그 부근의 온도에서의 점성도이다.

유리 용융물이 냉각되면 핵생성의 구동력이 증가하지만 원자 이동도는 감소한다. 이 2가지 상반되는 힘은 핵생성 및 성장 속도 모두에 대해 최댓값을 생성한다. 두 함수의 복합성은 온도-시간-상전이 다이어그램(TTT diagram)을 생성하며, 이 다이어그램에서 원칙적으로 유리를 생성하는 임계 냉각 속도를 정량화할 수 있다.

유리전이온도 T_g에서 과냉각된 액체는 고체로 변한다. 변형은 본질적으로 속도론을 따르며 관찰의 시간 척도에서 다양한 속성에 기여하는 원자 또는 분자의 병진 및 회전 운동이 '동결'된다는 사실을 반영한다. 즉, 이 상태에서 원자나 분자는 더이상 측정되는 물성에 기여하지 않는다. T_g 아래에서 유리는 부서지기 쉽고 탄성이 있는 고체로 작용한다.

유리 점성도는 온도의 함수로 급격하면서도 곡선을 따라 변한다. 점성도와 온도 사이의 관계는 대부분 간단한 Arrhenian 방정식으로 설명할 수 없다. 온도에 따른 점성도의 점진적인 변화는 가공 관점에서 중요하며, 이러한 성질을 바탕으로 유리를 빠르고 비교적 쉽게 기공이 없는 복잡한 모양으로 가공할 수 있다.

유리 용융물에 비가교 산소의 도입은 T_g와 η 모두를 감소시킨다.

글라스세라믹은 유리와 동일한 공정방식으로 제작되지만, 추가 열처리를 통해 핵생성 및 결정상으로의 성장이 이루어지고, 그 결과 최종 미세조직이 작은 다결정으로 구성되고 그 사이에 유리상이 있는 상태로 만들어진다. 초기 조성과 크기 및 결정상의 부피 분율을 모두 조정할 수 있기 때문에 글라스세라믹의 물성을 정밀하게 조절할 수 있다. 마지막으로, 큰 표면 압축응력을 초래하는 이온 교환에 의한 유리의 화학적 강화는 이제 초박형, 초고강도 유리를 대량 생산하는 데 일상적으로 사용된다.

부록 9A: 식 (9.7)의 유도

단위부피당 N_v개의 원자를 포함한 균일상이 있고, 그 안에 n개의 원자가 존재하는 더 작은 부피 영역의 밀도가 새로운 상을 형성하기 위해 변동됨을 고려하자. 9.2절에서 논의한 바와 같이 이러한 엠브리오의 형성은 자유 에너지 ΔG_c의 **국부적** 증가를 초래한다. 따라서 결정핵생성의 요인은 계의 엔트로피 상승과 관련이 있다. 이러한 증가는 구조적이며, 일단 핵이 형성되면 N_v개의 가능한 위치에 N_n개의 엠브리오를 분배하는 것이 가능하기 때문에 발생한다. 계의 자유 에너지는 다음과 같이 표현할 수 있다.

$$\Delta G_{sys} = N_n \delta G_c - kT \ln \Omega \qquad (9A.1)$$

이때 Ω는 엠브리오와 호스트 원자의 독립된 배열의 개수이고, 각각의 배열은 동일한 에너지를 갖는다. k와 T는 일반적인 의미인 볼츠만 상수와 절대 온도이다. N_v 자리에 분산된 N_n개의 엠브리오의 배열의 개수는 다음과 같다[식 (5.9) 참고].

$$\Omega = \frac{N_v!}{N_n!(N_v - N_n)!} \qquad (9A.2)$$

식 (9A.1)과 (9A.2)를 결합하면 평형상태(즉, $\partial G_{sys}/\partial N_n = 0$인 상태)에서의 결정핵의 개수를 구할 수 있다.

$$N_n^{eq} \approx N_v \exp\left(-\frac{\Delta G_c}{kT}\right)$$

이런 관점에서 볼 때, 이 문제와 결함의 평형 개수를 결정하는 문제[식 (6.7)]의 유사성은 명확히 보인다.

문제

9.1 (a) 물과 얼음의 계면 장력이 2.2×10^3 J/m^{2}로 측정되었다. 물이 극도로 깨끗하다면, 결정화되기 전에 40℃까지 과냉각이 가능하다. 얼음의 용융 엔탈피가 6 kJ/mol일 때, 임계 결정핵의 크기를 추정하시오. 답: 0.9 Å

(b) 물이 깨끗하지 않다면 어떤 일이 일어날지 논의하시오. 과냉각이 증가할 것인가 아니면 감소할 것인가? 설명하시오.

9.2 (a) 예제 9.1에서 사용된 값을 활용하고, $\Delta G_m^* = 50$ kJ/mol을 가정하여, I_v를 온도의 함수로 플롯하시오.

(b) 식 (9.14) 또는 (9.15)에서 시작하여 작은 과냉각(ΔT_s)에 대해서 성장 속도와 과냉각도 사이의 직선적 관계가 성립함을 보이시오.

9.3 (a) $2R$의 순서로 ΔS를 취하고, 성장이 1000℃에서 일어난다고 가정하시오. 1500℃에서 용융되는 액체에 대해서 작은 과냉각은 어느 정도를 나타내는가? 단, 모든 가정을 기술하시오. 답: $T < 100$℃

(b) 표 9.1에 나열되어 있는 결과에 기반하여 NaCl에 대해 문항 (a)를 반복 계산하시오. 그 답을 기반으로 비정질 NaCl을 얻는 것이 쉬운지 아니면 어려운지 판단하시오. 단, 모든 가정을 기술하시오.

9.4 실리케이트의 결정구조에 대한 지식을 바탕으로 각각의 녹는점에서 $Na_2Si_2O_5$의 점성도가 Na_2SiO_3의 점성도보다 큰지 아니면 작은지에 대해 추정하시오. 어떤 것이 더 좋은 유리 형성체인지 설명하시오.

9.5 (a) 석영의 Si-O-Si 결합 각도가 144°가 됨을 증명하시오.

(b) 산화물 유리에서 그것들의 역할에 따라 다음의 원소들이 망목수식체인지, 중간체인지, 또는 망목형성제인지 분류하시오.

Si———; Na———; P———; Ca———; Al———

9.6 비정질 고체의 핵생성 속도[식 (9.13)]는 $I_v = I_{v,0} \exp(-\Delta H_N/kT)$로 표현할 수 있다. 동일한 고체에서 $I_{v,0} = 8 \times 10^4$ m$^{-3}\cdot$s^{-1}이고, 140℃에서의 핵생성 속도는 16.7 m$^{-3}\cdot$s^{-1}로 측정되었다. 결정의 성장 속도는 140℃

와 160°C에서 각각 7×10^{-7}과 3×10^{-6} m/s로 측정되었다. 이 고체가 165°C에서 95% 결정화되는 데 걸리는 시간은 몇 시간인가? 단, 성장 속도는 등방적이며 시간에 따라 직선적으로 증가하고, 핵생성은 랜덤하며 연속적으로 일어난다고 가정하시오.

답: 1.7시간

9.7 과냉각 액체와 유리 사이의 엔트로피 변화가 식 (9.23)으로 표현될 수 있음을 보이시오. 또한 $T \approx T_k$에서 식 (9.27)로부터 식 (9.21)이 나오는 것을 보이시오. 힌트: $T \approx T_k$일 때 $\ln(T/T_k) \approx (T - T_k)/T_k$이다.

9.8 순수한 실리카의 활성화 에너지는 MgO 또는 CaO를 0.5 몰분율 첨가하면 565 kJ/mol에서 163 kJ/mol로 떨어진다. 알칼리 금속 산화물의 첨가는 0.5 몰분율 첨가에 대해 활성화 에너지를 96 kJ/mol로 낮추는 훨씬 더 극적인 효과를 가진다. 스케치를 사용하여 이것이 왜 그런지 설명하시오.

9.9 핵생성 및 성장의 2차원 시뮬레이션 결과를 그림 9.18에 보여주고 있다. 핵생성 속도는 mm^2/s당 0.0015로 일정하고, 성장 속도는 1 mm/s로 가정했다. 컴퓨터에서 실험을 반복하고 시뮬레이션에서 얻은 결정화된 표면 분율을 이 특정 문제에 대해 분석적으로 도출할 수 있는 부분과 비교하시오.

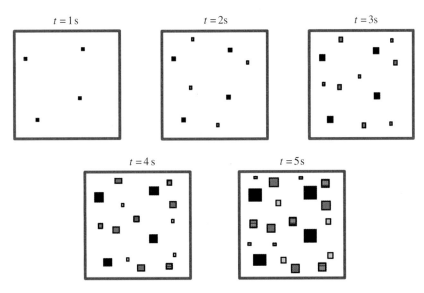

그림 9.18 시간에 따른 이차상의 핵생성과 성장에 대한 2차원 시뮬레이션

9.10 재료 X는 2가지 동소체 형태를 가지고 있다. 고온상인 β상은 1000K에서 저온상인 α상으로 전이한다. $T > 1000K$에서 고체는 순수하게 β상으로 존재한다. 2가지 별도의 사례를 고려하시오.

사례 1: 시료 A에는 10^8 cm^{-3} 분량의 개재물이 포함되어 있다. 이러한 개재물은 상변환에서 불균일 핵으로 작용한다. 시료는 980K로 급랭되고 α상으로의 변환이 일어나는 동안 해당 온도에서 유지된다.

사례 2: 시료 B는 충분히 깨끗하여 α상으로 균일 핵생성이 일어난다. 시료를 800K로 급랭하고 해당 온도에서 유지한다.

(a) 어떤 경우에 시료를 상전이하는 데 더 오랜 시간이 소요되는가? 즉, 99%까지 상전이가 완료될 것인가? 열전도율이 높고 정상적인 성장이 일어난다고 가정한다.

(b) 성장이 정상적이지 않다면 문항 (a)에서 순위가 변경될 것으로 예상되는가? 설명하시오.

유용한 정보:

상전이 엔탈피	$\Delta H = 0.5\ RT_e$ where T_e is transform. T
α상의 몰부피	$V_m = 10\ cm^3/mol$
α상의 격자 상수	$a = 3 \times 10^{-8}\ cm$
α-β 계면 상의 표면 에너지	$\gamma_{\alpha\text{-}\beta} = 0.05\ J/m^2$
격자 확산계수	$D = 10^{-8}\ cm^2/s$ at 980 K
	$D = 10^{-10}\ cm^2/s$ at 800 K
α-β 계면 간 확산계수	$D = 10^{-7}\ cm^2/s$ at 980 K
	$D = 10^{-9}\ cm^2/s$ at 800 K

9.11 Loehman[18]은 Y-Si-Al-O-N 시스템에서 산질화물(oxynitride) 유리의 형성에 대해 보고했다. 실리카가 풍부한 유리는 최대 7 원자%의 질소를 함유한다. 열팽창 계수 및 유리전이온도의 변화는 다음 표에 제시되어 있다.

(a) 산화물 유리에 질소가 혼입되는 것에 대해 논의하시오. 위치는 어디이며 속성에 어떤 영향을 미치게 되는가?

(b) 이러한 결과에 어떤 기술적 의미가 있는가?

질소 원자 %	0.0	1.5	7.0
열팽창($\times 10^{-6}\,°C^{-1}$)	7.5	6.8	4.5
유리전이온도, °C	830	900	920
마이크로경도(비커스)	1000	1050	1100

9.12 Smedskjaer 등(*Phys. Rev. Lett.* 105 115503(2010))은 일련의 Na-붕산염 유리의 경도 값을 측정했는데 여기서 B_2O_3를 희생시키면서 Na_2O 함량을 체계적으로 변화시켰다. 결과는 그림 9.19와 있다. 저자들은 B 원자의 평균 배위수를 기반으로 이러한 결과를 설명하는 우아한 모델을 개발했다. 논문을 찾아 모델을 설명하고 모델과 실험 결과가 얼마나 잘 일치하는지 또는 동의하지 않는지 토론하시오.

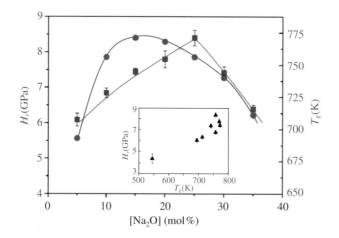

그림 9.19 붕규산나트륨 유리의 비커스 경도 H_v 및 T_g의 조성 의존성. 삽입된 그림은 비커스 경도 H_v와 T_g 사이의 관계를 보여준다. (Smedskjaer et al. *PRL* 105, 2010에서 발췌.)

[18] R. Loehman, *J. Amer. Cer. Soc.*, 62, 491 (1979).

더 읽을거리

1. H. Rawson, Properties and Applications of Glass, vol. 3, Glass Science and Technology, Elsevier, Amsterdam, 1980.
2. R. Doremus, Glass Science, Wiley, New York, 1973.
3. G. Beall, Synthesis and design of glass-ceramics, J. Mater. Ed., 14, 315 (1992).
4. G. Scherer, Glass formation and relaxation, in Materials Science and Technology, Glasses and Amorphous Materials, vol. 9, R. Cahn, P. Haasen, and E. Kramer, Eds., VCH, New York, 1991.
5. G. O. Jones, Glass, 2nd ed., Chapman & Hall, London, 1971.
6. J. Jackle, Models of the glass transition, Rep. Prog. Phys., 49, 171 (1986).
7. G. W. Morey, The Properties of Glass, Reinhold, New York, 1954.
8. J. W. Christian, The Theory of Transformations in Metals and Alloys, 2nd ed., Pergamon Press, London, 1975.
9. M. H. Lewis, ed., Glasses and Glass-Ceramics, Chapman & Hall, London, 1989.
10. J. Zarzycki, Glassses and the Vitrous State, Cambridge University Press, Cambridge, UK, 1975.
11. The December 2016 of the International Journal of Applied Glass Science is a special issue in which the first paper argues that our age should be referred to as The Glass Age.

기타 참고

Videos/animations were chosen based on how entertaining/illuminating they are. They are not an endorsement of any product or company.

1. The Glass Age, Part 1: Flexible, Bendable Glass: https://www.youtube.com/watch?v=12OSBJwogFc.
2. The Glass Age, Part 2: Strong, Durable Glass: https://www.youtube.com/watch?v=13B5K_lAabw.
3. Crystallization of sodium acetate: https://www.youtube.com/watch?v=BLq5NibwV5g.
4. Movie of spherulite formation in polymers; a beautiful example of nucleation and growth. https://www.youtube.com/watch?v=9qbCyJ-nF5A.
5. MD of water freezing to form ice Part I: https://www.youtube.com/watch?v=gmjLXrMaFTg.
6. MD of water freezing to form ice Part II https://www.youtube.com/watch?v=RIW65QLWsjE.

10

소결과 입자성장
SINTERING AND GRAIN GROWTH

The best wat to have a good idea is to have lots of ideas.

Linus Pauling

10.1 서론

지금까지는 영률(Young's modului), 열팽창, 전기전도도, 융점 및 밀도와 같은 특성에 대해 논의하였고, 이 특성들은 대부분 미세조직에 영향을 크게 받지 않기 때문에, 미세조직의 효과는 다루지 않았다. 그러나 이 책의 나머지 부분에서 미세조직은 재료의 특성을 결정하는 데 매우 중요한 역할을 하는 것을 명백히 확인하게 될 것이다. 예를 들어, 표 10.1에서 보면 다양한 특성의 최적화를 위해서는 특성에 맞는 다양한 미세조직이 요구된다.

표 10.1 각 특성별 최적화를 위해 요구되는 미세조직

특성	요구되는 미세조직
고강도	작은 결정립 크기를 갖고 무결함의 균일한 미세조직
고인성	고이방성 이종 미세조직
고 크리프(creep) 저항성	비정질 계면(interface)을 포함하지 않은 큰 입자
광투과도(optical transparency)	빛의 파장길이보다 작거나 큰 입자를 갖고 기공 없는 치밀한 미세조직
배리스터(varistor) 거동	입계(grain boundary) 및 계면 화학 제어
촉매	입자성장과 치밀화가 억제된 넓은 표면적을 갖는 미세조직

일반적으로 금속과 고분자가 용융, 주조, 그리고 필요에 따라서 가공되거나 단조 공정을 통해 최종 형태가 된다면, 세라믹 공정은 내열성(refractoriness)과 취성(brittleness)으로 인해 극복해야 할 문제가 더 많이 있다. 일반적으로 세라믹스는 용융 온도가 매우 높기 때문에, 유리를 제외하고, 용융 공정이 적용되는 경우는 거의 없다. 대신에, 일반적으로 출발 물질로써 다양한 공정에 의해 분쇄 및 혼합되어 원하는 형태로 성형된 미세한 분말을 활용하여 이후 열처리하거나 소결하여 치밀한 고체로 만들어진다. 소결되지 않은 성형체(green body)의 성형법도 최종 소결체의 미세조직에 큰 영향을 미치지만, 이 장에서는 다루지 않고 나중에 다룰 예정이다. 성형법에 관심 있다면, 이 장의 끝부분에 나오는 더 읽을거리를 참고하기를 바란다.

앞서 언급했듯이 성형체는 열처리되어 소결된다. 미세한 분말로 만든 성형체를 열처리하면, 강도가 증가하고, 평균 입자 크기는 증가하고 치밀화되는데, 이를 소결이라 한다. 헤링(Herring)[1]에 의한 **소결**(sintering)의 정의는 "고온에서 균일한 조성의 입자나 클러스터가 겪는 형태의 변화를 의미하는 것으로 이해"할 수 있다. 소결은 여러 공정이 동시에 일어나는 복잡한 현상이라는 것을 이 장을 통해 분명히 알게 될 것이다.

소결은 액상이 존재하거나 없는 상태에서 일어날 수 있다. 액상이 존재하는 경우를 액상소결(liquid phase sintering)이라고 하며, 이때 그림 10.1a에서 개략적으로 보인 것과 같이, 소결 중 액상이 형성되는 조성과 소결 온도를 선택한다. 반면, 액상이 존재하지 않는 공정을 고상소결(solid-state sintering)이라고 한다(그림 10.1b).

세라믹 문헌에는 소결 공정의 이해와 모델링에 대한 많은 논문이 있다. 세라믹 공정 과학의 성배(聖杯)가 있다면, 아마도 저온에서 이론 밀도의 치밀한 구조를 균일하게 확보하는 방법이 될 것이다. 그러나 이를 달성하기 위한 가장 큰 어려움은, 소결의 구동력이 산화와 같은 화학 반응의 수 kJ/mol에 비해 수 J/mol의 수준으로 매우 작다는 것이다(예제 10.1 참고). 결과적으로 고상소결 중

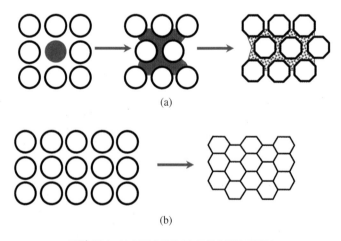

그림 10.1 (a) 액상소결과 (b) 고상소결의 개략도

---

[1] C. Herring, *J. Appl. Phys.*, 21, 301-303 (1950)

에 세심한 주의를 기울이지 않으면 완전 치밀한 구조를 확보하긴 어렵다. 반면에, 액상소결은 보다 가능성이 있으므로, 기술적으로 채택되는 공정이다.

이 장에서는 소결 공정의 과학을 이해하는 데 주안점을 둔다. 다음 절에서는 고상소결에서 소결 구동력과 원자 이동 기구(mechanism)에 대해 알아본다. 10.3절에서는 소결 속도론(kinetics)을 다루고, 고상소결에 영향을 미치는 인자는 10.2절에 제시된 이론에 기반하여 설명한다. 10.4절에서는 액상소결에 대해 논의하고, 10.5절에서는 열간가압소결(hot pressing)과 열간정수압소결(hot isostatic pressing)에 대해 간단히 살펴본다. 마지막으로 새로운 치밀화 기술의 2가지 사례연구에 대해 설명하고 논의한다.

10.2 고상소결

소결 중 작용하는 거시적인 구동력은 표면과 관련된 잉여 에너지의 감소다. 이는 (1) 입자조대화(그림 10.2b)에 의한 평균 입자 크기의 증가로 인한 전체 표면적의 감소 현상 또는 (2) 고상/기상 계면이 고상/고상 계면, 즉 입계(GB, grain boudary)로 전환되는 현상이 일어나게 되고(그림 10.2a), 결과적으로 입자성장과 치밀화 현상이 일어난다. 이 입자성장과 치밀화 2가지 기구는 일반적으로 경쟁 관계다. 치밀화를 일으키는 원자적 과정이 지배적인 경우, 기공은 작아지고 시간에 따라 소멸하여 성형체는 수축하게 된다. 그러나 입자성장을 일으키는 원자적 과정이 더 빠른 경우, 기공과 입자는 시간에 따라 더 커지게 된다(역자주: 입자조대화와 입자성장의 용어를 최근 구분하지 않는다).

치밀화의 필수 요건은 입계 에너지 γ_{gb}가 고상/기상 표면 에너지 γ_{sv}보다 2배 이상 작아지는 것

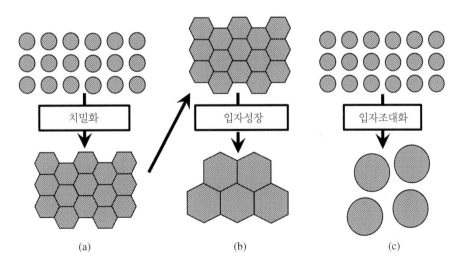

(a)   (b)   (c)

그림 10.2 분말 성형체의 전체 에너지를 감소시키는 2가지 기구에 대한 개략도. (a) 치밀화 후 (b) 입자성장. 이 경우, 성형체는 수축하게 된다. (c) 작은 입자는 녹고, 큰 입자는 성장하게 되는 입자조대화.

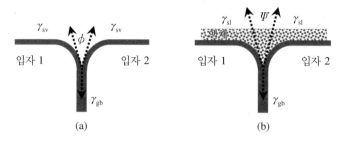

그림 10.3 (a) 입계와 고상/기상 계면 간, (b) 입계와 고상/액상 간의 계면 사이의 평형 이면각

이다. 이는 그림 10.3a에서, 다음 식 (10.1)로 표현되는 평형 이면각(dihedral angle) ϕ이 180° 보다 작은 값을 가져야 하는 것을 의미한다. 많은 산화물계[2]에서, 이면각은 $\gamma_{gb}/\gamma_{sv} \approx 1.0$이 되며 약 120° 이다. 반면, 금속계는 γ_{gb}/γ_{sv}가 0.25~0.5 정도 된다.

$$\gamma_{gb} = 2\gamma_{sv}\cos\frac{\phi}{2} \tag{10.1}$$

예제 10.1

(a) 평균 입자 지름이 0.5 μm에서 10 μm로 증가할 때의 엔탈피 변화를 계산하시오. 단, 몰부피는 10 cm^3/mol, 표면 에너지는 1 J/m^{2}로 가정하시오.

(b) 입자조대화 대신, 지름 0.5 μm의 구가 정육면체로 소결될 때의 엔탈피 변화를 계산하시오. 이 계의 이면각은 100°로 측정되었다고 가정하시오.

정답

(a) 지름 0.5 μm로 균일한 구 입자의 1 mol을 생각하자. 부피는 10 cm^{3}가 된다. 이때 전체 입자의 개수 N은

$$N = \frac{10 \times 10^{-6}\,\text{m}^3}{\frac{4}{3}\pi(0.25 \times 10^{-6}\,\text{m})^3} = 1.5 \times 10^{14}$$

이때, 전체 표면적 S는

$$S = 4\pi r^2 N = 4\pi r^2 \times (1.5 \times 10^{14}) = 120\,\text{m}^2$$

이고, 0.5 μm 구의 전체 표면 에너지 $E_{0.5}$는 다음과 같이 120 J이 된다.

$$E_{0.5} = N \times \gamma_{sv} = (120\,\text{m}^2)(1\,\text{J/m}^2) = 120\,\text{J}$$

유사한 방법으로 계산하면, 10 μm 구의 전체 표면 에너지는 약 6 J이 된다. 그러므로 입자조대화에 의한 엔탈피 변화는 다음과 같다. (역자주: J/mol의 단위가 되는 것은, 처음 가정에서 1 mol을 고려하였기 때문이다.)

---

[2] C. Handwerker, J. Dynys, R. Cannon, and R. Coble, *J. Am. Ceram. Soc.*, 73, 1371 (1990).

$$6 - 120 = -114 \text{ J/mol}$$

엔탈피 변화가 음수로, 이것은 표면이 사라지므로 발열 반응이 된다. 이 에너지가 입자 조대화를 위한 구동력이 된다.

(b) 이면각이 100°이므로, 식 (10.1)에 의해 입계 에너지(γ_{gb})는 다음과 같이 구할 수 있다.

$$\gamma_{gb} = 2\gamma_{sv}\cos\frac{\phi}{2} = 2 \times 1 \times \cos 50° = 1.28 \text{ J/m}^2$$

소결 후 정육면체의 한 변을 l이라고 하면, 질량 보존을 위해 소결 전 구의 부피와 정육면체의 부피는 $l^3 \approx 4/3\pi r^3$로 같아야 하므로, $l \approx 0.4\ \mu\text{m}$이다. 이때 정육면체 입자 전체 입계의 면적(표면적은 무시)은 다음과 같다.

$$S_{gb} \cong \frac{6}{2}(0.4 \times 10^{-6})^2 (1.5 \times 10^{14}) = 72 \text{ m}^2$$

그러므로 소결 후 전체 입계 에너지는 1.28 J/m^2 × 72 m^2 ≈ 92.2 J로, 이는 소결 전 전체 표면 에너지 120 J보다 작다. 이 두 에너지의 차이가 바로 치밀화의 구동력이 된다. ■

| 실 험 세 부 사 항 | **소결 속도론**

앞에서 논의한 바를 바탕으로, 소결 중에 일어나는 현상에 대해 이해하기 위해서는, 소결 시간, 소결 온도 및 초기 입자 크기 분포 등의 소결 공정 변수에 따른 분말 성형체의 수축뿐만 아니라, 입자 크기 및 기공 크기를 측정해야 한다. 성형체가 수축한다면, 그 밀도는 시간에 따라 증가할 것이다. 그러면 치밀화는 소결 시간에 따른 함수로써, 소결체의 상대밀도(대부분 이론적 밀도의 백분율로 보고되어 있음)를 측정하는 것이 가장 좋다. 치밀화는 보통 팽창계(그림 4.9)로 측정되고, 이때 분말 성형체의 길이는 주어진 소결 온도에서 시간에 따른 함수로 측정된다. 서로 다른 소결 온도($T_2 > T_1$)에서의 전형적인 수축 곡선을 그림 10.4에 보였다. 치밀화 속도는 그림에서 보는 바

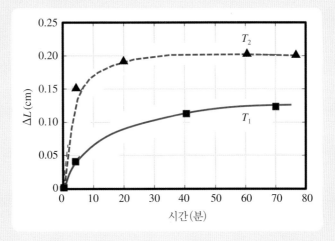

그림 10.4 소결 중 소결 온도별($T_2 > T_1$) 시간에 따른 전형적인 선형 수축곡선

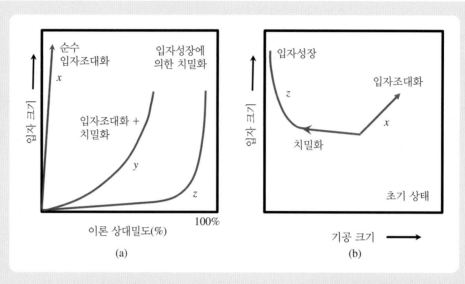

그림 10.5 (a) 치밀화(곡선 z) 및 입자조대화(곡선 x)에 대한 입자 크기 대 밀도 곡선. 곡선 y는 입자조대화와 치밀화가 동시에 일어나는 경우이다. (b) 입자와 기공 크기에 대해 나타낸 그래프.

와 같이 소결 온도에 강한 함수이다.

대조적으로, 분말 성형체에서 입자조대화가 일어나는 경우는 팽창계 실험에서 수축이 되지 않는다. 이 경우 입자조대화는 광학현미경 혹은 주사전자현미경(SEM, scanning electron microscopy)을 통해 소결 시간에 따른 함수로 평균 입자 크기와 기공을 측정해야 한다.

그림 10.5a와 b에 보인 **입자 크기 대 밀도 곡선**으로 나타낸 결과의 거동은 유용하다. 재료는 전형적으로 입자조대화와 치밀화가 동시에 일어나는 곡선 y로 표시된 경로를 따른다. 그러나 이론에 가까운 밀도를 얻기 위해서는, 입자조대화는 대부분의 수축이 일어나기 전까지 억제되어야 한다. 즉, 계는 곡선 z로 표시한 궤적을 따라야 한다. 그러나 x 곡선으로 소결이 이루어진 경우는 자유 에너지를 소모하고 큰 입자들이 형성되지만, 큰 기공을 갖게 됨으로써 기공이 많이 남아 있게 된다. 일단 형성된 기공은 속도론적으로 제거되기 상당히 어렵고, 아래에서 논의되는 바와 같이, 기공은 열역학적으로도 안정적인 경우 제거가 불가능하다.

소결 데이터를 표시하는 또 다른 방법으로, 입자 크기와 기공 크기의 시간에 따른 변화를 표시할 수 있다(그림 10.5b). 이때 입자조대화는 입자 크기와 기공 크기 증가를 모두 일으키지만, 치밀화는 기공을 제거한다. 그림 10.6a는 MgO를 첨가하지 않은 Al_2O_3와 첨가한 Al_2O_3를 1600℃에서 여러 시간에 걸쳐 소결하여 얻은 입자 크기 대 밀도 곡선을 비교한 그래프이다. 이러한 그래프는 완전히 치밀한 구조를 얻기 위해 소결되는 많은 세라믹스의 전형적인 그래프이다. 아주 미량의 첨가가 궤도에 극적인 영향을 미치게 되어, 100% 밀도를 달성할 수 있다. 이러한 미세조직 발현의 시간 의존성에 대해, 그림 10.6b~f에서 볼 수 있다. 소결 시간이 증가할수록, 평균 입자 크기는 증가하고 반면 평균 기공 크기는 감소한다.

치밀화 없이 입자조대화가 일어나는 좋은 예로 HCl이 함유된 분위기에서의 Fe_2O_3를 소결한 것이다. 그림

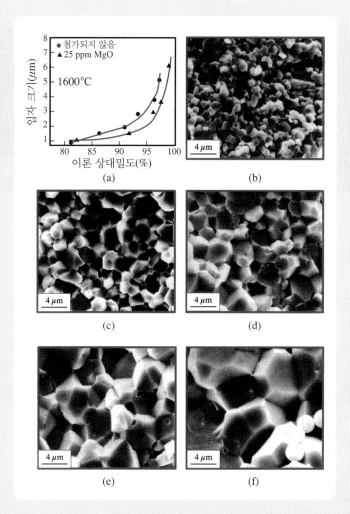

그림 10.6 (a) 1600℃에서 공기 중에 소결된 순수 Al₂O₃와 500 ppm의 MgO가 첨가된 Al₂O₃의 입자 크기-치밀화 곡선. (b-f) MgO가 첨가된 Al₂O₃의 소결 시간에 따른 미세조직 발현(K. A. Berry and M. P. Harmer, *J. Am. Ceram. Soc.*, **69**:143-149, 1986. 허가 후 게재.)

10.7a와 b는, 공기 중에서 그리고 Ar-10% HCl 분위기에서 각각 1200℃ 5시간 소결한 후 미세조직을 각각 보여준다. 그림 10.7c는 소결 분위기의 HCl 함량에 따른 상대밀도의 시간에 따른 변화를 보여준다. 이러한 결과들은 Fe₂O₃는 공기 중에서는 치밀하게 소결되는 반면, HCl 분위기에서는 입자조대화가 우세한 것을 명백히 볼 수 있다.

완전한 치밀화는 입자조대화에 대한 원자적 과정이 억제되고, 반면 치밀화에 대한 원자적 과정이 강화된 경우에 얻어진다. 따라서 소결 동안 일어나는 현상을 이해하고 제어하기 위해서는 이러한 결과의 각각에 관여하는 여러 가지 원자적 과정을 식별하고 설명할 수 있어야 한다. 그러나 그러기 전에 고체 내부의 이온이나 원자의 화학 퍼텐셜에서의 곡면의 효과에 대해 반드시 이해해야 한다.

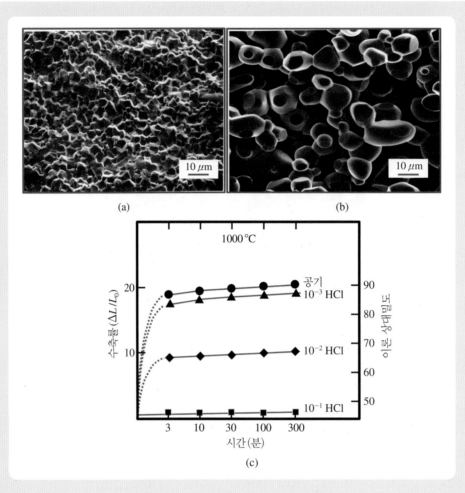

그림 10.7 Fe_2O_3를 (a) 공기 중에 소결한 경우와 (b) HCl이 함유된 분위기에서 소결된 경우의 미세조직. 미세조직에서 확인한 입자조대화에 주목하라. (c) 1000°C에서 소결한 Fe_2O_3의 시간에 따른 상대밀도 변화에 대한 분위기 효과(D. Ready, in *Sintering of Advanced Ceramics, Ceramic Trans.*, vol. 7, C. A. Handwerker, J. E. Blendell, and W. Kayser, Eds., American Ceramic Society, Westerville, OH, 1990, p. 86. 허가 후 게재.)

10.2.1 국부적인 소결 구동력

앞서 언급한 대로, 소결 중 작용하는 전체적인 구동력은 표면 에너지 감소이며, 이는 곡률의 차이로 국부적으로 나타난다. 깁스-톰슨(Gibbs-Thompson) 식(유도는 부록 10A 참고)으로부터, 화학 퍼텐셜 차이는 편평한 면에서의 원자들과 곡률이 κ인 표면에서의 원자들 사이의 화학 퍼텐셜 차이로 다음과 같이 나타낼 수 있다.

$$\Delta\mu = \mu_{\text{curv.}} - \mu_{\text{flat}} = \gamma_{\text{sv}}\,\Omega_{\text{MX}}\,\kappa \tag{10.2}$$

여기서 Ω_{MX}는 MX의 부피이고, 단순화를 위하여 MX 화합물로 가정한다. 곡률 κ는 기하학적 형상에 따라 달라진다. 즉, 반지름이 ρ인 구의 경우, $\kappa = 2/\rho$이다(부록 10B 참고). 식 (10.2)를 통해 소결 공정을 이해하는 데 매우 중요한 2가지를 알 수 있다. 첫째는 곡면 위의 재료의 부분 압력에 대한 곡률의 영향이고, 둘째는 공공 농도에 대한 곡률의 영향이다.

부분 압력에 대한 곡률의 영향

평형상태에서, 화학 퍼텐셜 차이는 곡면 위의 재료의 부분 압력의 차이가 된다. 즉,

$$\Delta\mu = kT \ln \frac{P_{curv.}}{P_{flat}} \tag{10.3}$$

식 (10.2)와 (10.3)으로부터,

$$\ln \frac{P_{curv.}}{P_{flat}} = \kappa \frac{\Omega_{MX}\gamma_{sv}}{kT} \tag{10.4}$$

가 된다. 만약 $P_{curv.} \approx P_{flat}$이라면, 식 (10.4)는 다음과 같이 단순화된다.

$$\frac{\Delta P}{P_{flat}} = \frac{P_{curv.} - P_{flat}}{P_{flat}} = \kappa \frac{\Omega_{MX}\gamma_{sv}}{kT} \tag{10.5}$$

위 식 (10.5)에서 만약 반지름이 ρ인 구라고 가정하면, 곡률은 $\kappa = 2/\rho$가 되고, 식 (10.5)는 다음과 같다.

$$P_{curv.} = P_{flat}\left(1 + P_{flat}\frac{2\Omega_{MX}\gamma_{sv}}{\rho kT}\right) \tag{10.6}$$

오목한 면의 경우 음수($\rho < 0$), 볼록한 면의 경우 양수($\rho > 0$)이므로 식 (10.6)에서 볼록한 면의 재료는 편평한 면의 재료보다 부분 압력이 더 크고, 마찬가지로 오목한 면의 경우 편평한 면의 재료보다 부분 압력이 더 작다. 예로, 반지름이 ρ인 기공 안의 압력은 편평한 면보다 작다. 반대로 구 형태로 모인 입자는 편평한 면의 부분 압력보다 크다.[3]

이러한 현상을 이해할 수 있어야 입자조대화를 이해할 수 있어서, 원자 수준에서 어떤 현상이 발생하는지 연구할 필요가 있다. 따라서 다음의 사고 실험을 살펴보자. 그림 10.8과 같이 동일한 고체

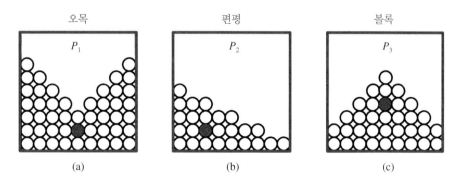

그림 10.8 평형 증기압의 곡면의 곡률 효과. 이 경우 $P_1 < P_2 < P_3$이다.

---

[3] 이 결과는 MX 화합물이 MX 분자들로 증발하고 있다는 것을 의미한다.

로 3가지 형태의 면을 만들고, 밀폐된 챔버에서 평형 증기압이 될 때까지 가열한다고 생각하자. 각각의 부분 압력은 평균적으로 $P_1 < P_2 < P_3$가 되므로, 볼록한 면의 원자들은 오목한 면의 원자들보다 약하게 결합되어 있고, 기상으로 빠져나가고 싶어 하고 결과적으로 상대적으로 더 큰 부분 압력을 갖게 된다.

공공 농도에 대한 곡률의 영향

식 (10.2)의 또 다른 중요한 점은, 평형 공공 농도도 곡률의 함수라는 것이다. 6장에서, 응력이 없는 편평한 면에서 공공의 평형 농도(C_v)의 생성 엔탈피(Q) 및 온도와의 관계는 식 (6.7)로 주어지고, 이 식은 다음과 같이 쓸 수 있다.

$$C_0 = K' \exp\left(-\frac{Q}{kT}\right) \tag{10.7}$$

여기서 C_0는 편평하고 응력이 없는 면 아래에서의 공공의 평형 농도, h_d는 Q로 변환하고, 공공 생성 엔트로피 및 모든 지수항은 K' 상수로 포함된다. 이 장에서는 알기 쉽도록, C_v를 C_0로 대체한다. 이 식에서는 공공이 편평하고 응력이 없는 면에서 형성되는 것을 가정한다.

곡면 상의 원자의 화학 퍼텐셜은 편평한 면에서의 화학 퍼텐셜보다 작거나 크기 때문에, 이때의 화학 퍼텐셜 차이($\Delta\mu$)는 곡면에서의 공공 형성과 관련된 에너지로 설명되어야 한다. 그러므로 곡면에서의 공공 농도는

$$C_{\text{curv.}} = K' \exp\left(-\frac{Q + \Delta\mu}{kT}\right) = C_0 \exp\left(-\frac{\kappa\Omega_{\text{MX}}\gamma_{\text{sv}}}{kT}\right) \tag{10.8}$$

이 된다. 여기서 대부분 $\kappa\Omega_{\text{MX}}\gamma_{\text{sv}} \ll kT$이므로, 다음과 같이 나타낼 수 있다.

$$C_{\text{curv.}} = C_0 \left(1 - \frac{\kappa\Omega_{\text{MX}}\gamma_{\text{sv}}}{kT}\right) \tag{10.9}$$

따라서 식 (10.9)는 다음과 같이 나타낼 수도 있다.

$$\Delta C_{\text{vac}} = C_{\text{curv.}} - C_0 = -C_0 \left(\frac{\kappa\Omega_{\text{MX}}\gamma_{\text{sv}}}{kT}\right) \tag{10.10}$$

오목한 면 아래의 공공 농도는 편평한 면에서의 공공 농도보다 높고, 볼록한 면 아래의 공공 농도보다도 높다는 것을 연습해보기를 바란다.[4] 그림 10.8을 다시 참조하고 음영으로 표시된 원자에 집중하여, 물리적 현상은 다음과 같이 설명할 수 있다. 공공 생성의 엔탈피 측정은 벌크 원자와 표면에서의 원자 사이의 결합 차이로 측정할 수 있다. 볼록한 면 아래의 원자는 오목한 면 아래의 원자보다 평균적으로 적은 수의 원자들과 결합될 것이므로, 오목한 면 근처의 공공보다 볼록한 면 근처 공공이 더 많

---

[4] 식 (10.10)을 유도하기 위해 적용된 중요한 가정은, 곡면에서 화학양론에 의해 결함이 형성되는 것이다. 즉 결함의 농도는 쇼트키 평형 [V_M] = [V_X]에 의해 결정된다.

이 형성된다. 다르게 표현하면, 오목한 면에 원자를 결합할 때보다 볼록한 표면에 원자를 결합할 때 에너지가 더 적게 든다.

요약하면, 곡률은 부분 압력과 공공 농도의 국부적인 변화를 발생시킨다. 볼록한 면의 부분 압력은 오목한 면의 부분 압력보다 높다. 반대로 오목한 면 아래의 공공 농도는 볼록한 면 아래의 공공 농도보다 높다. 두 경우에서, 볼록한 면에서 오목한 면으로 원자가 이동하려는(즉, 산 정상에서 계곡으로 이동하는 것과 같이) 국부적인 구동력이 존재한다. 이러한 중요한 결론을 가지고, 소결 중에 발생하는 다양한 원자 이동 기구를 연구하는 것이 가능하게 되었다.

10.2.2 소결 중에 일어나는 원자 이동 기구

분말 성형체에서 물질의 이동을 위한 원자 기구는 다음 5가지가 있다.

1. 그림 10.9a에서 경로 1로 표시한 증발-압축
2. 그림 10.9a에서 경로 2로 표시한 표면 확산
3. 체적 확산(volume diffusion). 체적 확산에는 2가지 경로가 있다. 그림 10.9a에서 경로 3으로 표시한 물질처럼 표면에서 목(neck) 표면으로 이동할 수 있고, 그림 10.9b에서 경로 5로 표시한 것과 같이 입계에서 목으로 이동할 수도 있다.
4. 그림 10.9b에서 경로 4로 표시한 입계에서 목으로 입계를 따라 확산되는 입계 확산
5. 점성 혹은 크리프 유동. 이것은 큰 응력이 작용하는 부분에서 작은 응력이 작용하는 부분으로 물질이 이동하는 소성 변형(plastic deformation)이나 점성 유동을 수반하고 치밀화를 일으킨다. 그러나 본질적으로 12장에서 다루는 크리프 상에서 일어나는 과정과 동일하다.

이 기구들이 입자조대화와 치밀화를 일으키는 것을 고려하자.

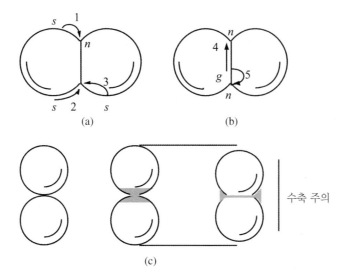

그림 10.9 (a) 입자조대화와 기공 형상의 변화를 일으킬 수 있고, (b) 치밀화를 일으킬 수 있는 기본적인 원자 이동 기구. (c) 입자 사이에서부터 기공으로의 물질 제거가 수축과 치밀화를 어떻게 일으키는지 나타낸 사고 실험.

입자조대화

가장 먼저, 물질 이동의 원천(source)이 입자의 표면이고 귀착지(sink)는 목이 되면 어떠한 기구라도 치밀화가 일어나지 않는다. 그 이유는, 이러한 기구는 입자들이 서로 가까워지지 못하기 때문이다. 그 결과, 증발-압축, 표면에서 목으로의 표면 확산과 격자 확산은 치밀화가 일어나지 않는다. 그러나 기공 형태의 변화 및 목의 성장으로 강도를 향상시킬 수 있다. 또한 곡률 반지름이 작은, 작은 입자들은 '증발'되어 큰 입자로 붙는 경향이 있을 것이고 그 결과 미세조직은 조대화된다. (역자주: 사실 지금의 모델에서는 큰 입자로 흘러가지 않고 목으로 흘러가며 입자조대화를 고려하지 않는다.)

모든 경우의 구동력은 국부적인 곡률 차이로 인한 부분 압력의 차이이다. 예를 들면, 그림 10.9a에서 s점은 n점보다 부분 압력이 크기 때문에 그 결과 볼록한 면에서 오목한 면으로 물질 이동이 일어나게 된다. 실제 경로는 다양한 경로의 속도론에 따라 달라진다. 이는 곧 설명할 것이다. 원자적 이동 과정은 주어진 온도에서 병렬적으로 동시에 발생하므로, 이 중 가장 빠른 기구가 전체 물질 이동의 속도를 지배하는 것으로 설명할 수 있다.

치밀화

물질 이동이 표면에서부터 목으로 일어나거나, 작은 입자의 표면에서부터 더 큰 입자로 일어나서 치밀화되지 않는다면, 작은 입자에서 큰 입자로의 물질 이동은 다른 기구로 설명해야 한다. 치밀화가 이루어지기 위해서는, 물질의 원천은 입계나 입자 사이의 계면이어야 하고 귀착지는 목이나 기공 영역이어야 한다. 그 이유를 설명하기 위해, 그림 10.9c에 보인 사고 실험을 고려하자. 2개의 구 사이로부터 부피를 잘라내고(그림 10.9c의 음영 표시), 두 구를 서로 가까이하면 기공 영역에 제거되었던 그 잉여의 부피 부분이 붙게 되는 과정이다. 분명히 이러한 과정은 수축과 기공 제거에 도움이 된다. 따라서 점성 유동 혹은 소성 변형을 제외하고, 치밀화를 위해서는 입계로부터 목으로의 입계 확산이나 체적 확산이 유일한 기구가 된다(그림 10.9b).

원자적으로 두 기구는 입계 영역으로부터 목으로의 이온 확산을 포함한다. 이때 구동력은 앞서 설명한 입계나 계면의 곡률에 수반된 공공 농도의 차이이다. 10.2.1절에서 설명한 것을 참고하여, 목 영역이 입자 사이에서 공공의 양이 상대적으로 많기 때문에, 공공의 이동은 기공의 표면에서 입계로 이동하여 공공은 결과적으로 소멸된다. 물론 원자의 유량(flux)은 기공을 채우는 반대방향으로 확산되는 것이다.

10.3 고상소결 속도론

앞서 설명한 것을 바탕으로, 분말 성형체는 여러 가지 경로를 통해 입자조대화 또는 치밀화를 발생시키며 에너지를 줄일 수 있다. 그렇다면 입자가 모여질 때 치밀화가 되는지 입자조대화가 되는지

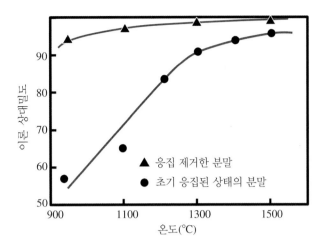

그림 10.10 소결 전에 응집된 것을 제거한 것과 그대로 소결한 이트리아 안정화 지르코니아의 소결 밀도의 온도 의존성. 분말 성형체에 응집을 제거한 경우 치밀화가 잘 된다. (W. H. Rhodes, *J. Am. Ceram. Soc.*, 64, 19, 1981. 허가 후 게재.)

를 결정 짓는 것은 무엇인가라는 질문을 할 수 있다. 이에 대한 답은, 위에서 언급된 각 기구 경로의 모델들을 개발하고 가장 빠른 경로가 무엇인지 알아야 한다. 예를 들어, 표면 확산이 체적 확산보다 빠른 성형체는 치밀화보다는 입자조대화가 우세할 것이다.

그러나 입자에서, 위 질문은 소결 속도론은 입자 크기, 성형, 소결 분위기, 입자 응집의 정도 (degree of agglomeration), 소결 온도, 불순물 존재 등을 포함한 많은 변수들에 의존하기 때문에 정확히 답하기 어렵다. 이 문제의 어려움은 이트리아 안정화 지르코니아(yttria-stabilized zirconia)에서 소결 전에 응집된 것(agglomeration)을 제거한 것과 그대로 소결한 경우의 치밀화 속도 비교를 통해 잘 설명된다(그림 10.10). 응집된 것을 제거한 분말 성형체는 그렇지 않은 분말보다 현저히 낮은 온도(약 300°C)에서도 치밀화가 되는 것을 확인할 수 있다.

이 절에서는 복잡한 공정을 모델링하기 위해 수년간 제안된 많은 소결 모델 중 일부를 다룰 것이다. 복잡한 기하학적 형상 때문에, 실제 상황에서는 거의 가능성 없는, 기하학적 및 확산 유동 부분에서의 상당한 가정에 의해서만 분석적 해답이 가능하다. 결과적으로, 다음에 논의할 모델들은 제한적이며, 실제 분말의 소결 거동을 예측하고 이해하려는 경우 상당히 주의해서 사용해야 한다. 따라서 이러한 소결 모델들은 예측 기능보다는 소결 현상에서 예상되는 일반적인 경향을 이해하고 중요한 제어 변수를 알아내는 데 의의가 있다.

소결 단계

코블(Coble)[5]은 소결 단계를 "기공 형상이 완벽히 정의된 기하학적 변화의 구간이나 기공의 크기가 감소하면서 형상이 일정해지는 시간적 구간"으로 설명하였다. 이러한 정의를 바탕으로, 소결 초기, 중기, 후기의 3단계로 나누었다.

---

[5] R. L. Coble, *J. Appl. Phys.*, 32, 787–792 (1961), R. L. Coble, *J. Appl. Phys.*, 36, 2327(1965).

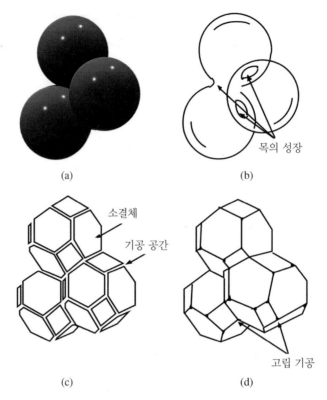

그림 10.11 (a) 구상의 입자가 서로 접촉한 형태의 소결 초기 단계. (b) 소결 초기 단계의 끝부분, 구 입자들은 조대화 시작. (c) 소결 중기 단계, 기공 채널이 14면체(tetrakaidecahedron) 입자의 모서리에서 입자에 의해 둘러 싸여 있는 형상. (d) 소결 후기 단계, 기공들은 4개의 14면체 입자들이 모여 있는 꼭짓점이다.

소결 초기 단계에서, 입자 간 접촉 면적은 목의 성장에 따라 0(그림 10.11a)에서부터 약 0.2(그림 10.11b)까지 증가하고, 이때 상대밀도는 약 60~65%까지 증가한다.

소결 중기 단계에서, 3개의 입자의 모서리(그림 10.11c)와 일치하는 연속적인 기공 채널에 의해 특정된다(열린 기공). 이 단계에서 물질은 긴 원통형의 채널로 확산되고, 공공은 멀어지면서, 상대 밀도는 65%에서 약 90%까지 증가한다.

소결 후기 단계는 기공 채널이 국부적으로 수축되기 시작하고, 연속적인 기공 채널이 사라지고 닫힌 기공이 특징이다(그림 10.11d). 개별 고립 기공들은 입계에 있는 경우 렌즈 모양이고, 입자 내부에 있는 경우 구 형태가 된다. 이 단계의 중요한 특성은 기공 및 입계의 이동성이 증가하며, 이들은 이론적 밀도를 달성하기 위해 반드시 제어되어야 한다.

소결 속도는 각 단계에 따라 분명히 다르다. 문제를 더욱 복잡하게 만드는 것은, 각 단계를 분리해서 다루어야 하는 것 외에도, 소결 속도는 작용하는 특정한 원자 이동 기구에 따라 달라진다는 것이다. 이러한 복잡성에도 불구하고, 대부분의 소결 모델은 다음의 공통적인 접근 방식을 이용한다.

1. 대표적인 입자 형상을 가정
2. 표면 곡률은 기하학적인 함수로 계산
3. 율속 단계를 나타내는 유량 방정식을 적용

4. 유량 방정식은 기하학적인 변화를 예측하기 위해 통합

다음의 소절에서 접근 방식은 앞서 설명한 소결 단계 동안 일어날 수 있는 다양한 공정의 속도를 예측하는 데 사용된다. 특히 10.3.1절은 소결 초기를 다루고, 10.3.2절은 치밀화 속도에 대해 설명한다. 입자조대화와 입자성장은 결국 비슷하기 때문에 10.3.3절에서 다룬다.

10.3.1 소결 초기 단계

소결 초기에는 분말 성형 방법에 따라 크게 차이날 수 있는데, 성형 방법은 매우 다양하므로 이 절에서 모든 방법을 상세하게 다루는 것은 거의 불가능하다. 다만, 증발-압축(그림 10.9a의 경로 1)에 의한 방법을 상세하게 다루었고, 표면 확산, 입계 확산, 격자 확산 및 점성유동 소결은 유도 없이 최종 결과만 다루었다.[6]

증발-압축 모델

이 기구(그림 10.9a의 경로 1)에서는, 입자의 표면과 목의 표면 사이의 압력 차이가 입자 표면에서 목으로의 기체 확산에 의해 물질이 이동한다. 증발 속도[단위면적당(m^2) 단위시간(초)당 MX 분자의 증발 속도]는 랭뮤어(Langmuir) 식에 의해 다음과 같이 주어진다.

$$j = \frac{\alpha \Delta P}{\sqrt{2\pi m_{MX} kT}} = K_r \Delta P \tag{10.11}$$

여기서 α는 증발 계수, m_{MX}는 MX로 가정된 증발 기체 분자의 질량이다. ΔP는 표면과 목의 압력 차이다. 식 (10.5)에서 입자의 곡률과 목의 곡률로 ΔP는 다음과 같다.

$$\Delta P = \frac{\Omega_{MX} P_{flat} \gamma_{sv}}{kT} \cdot \left[\frac{1}{\rho} - \frac{1}{r} \right] \approx \frac{\Omega_{MX} P_{flat} \gamma_{sv}}{\rho kT} \tag{10.12}$$

여기서 ρ와 r은 그림 10.12a에 나타낸 것과 같이 목의 곡률 반지름과 구의 반지름이다. 또한 그림 10.12에서 다음 식으로 나타낼 수 있다.

$$(r + \rho)^2 = (x + \rho)^2 + r^2$$

여기서 x는 목의 반지름이다. $x \ll r$이므로, 위 식은 다음과 같이 간단히 나타낼 수 있다.

$$\rho = \frac{x^2}{2(r-x)} \approx \frac{x^2}{2r} \tag{10.13}$$

목으로 이동하는 물질의 유량과 몰부피 Ω_{MX}를 곱하면 목의 성장 속도를 나타낼 수 있다.

$$\frac{dx}{dt} = j\Omega_{MX} \tag{10.14}$$

---

[6] 소결 초기 모델의 중요한 분석을 종합한 것은 W. S. Coblenz, J. M. Dynys, R. M. Cannon, and R. L. Coble, in *Sintering Processes*, G. C. Kuczynski, Ed., Plenum Press, New York, 1980을 참고하기 바란다.

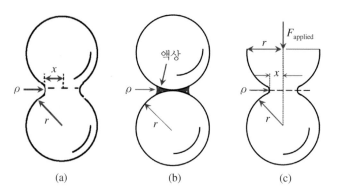

그림 10.12 (a) 소결 초기 모델의 두 입자 모델. (b) 액상의 모세관력에 의해 결합되어 있는 두 구상 입자. (c) 열간가압소결 중 두 구상 입자. 입계에 인가된 응력은 $(x/r)^2$에 비례한다(그림 10.5 참고).

식 (10.11)~(10.14)를 조합하면 다음과 같이 나타낼 수 있다.

$$\left(\frac{x}{r}\right)^3 = \left[\frac{6\alpha\gamma_{sv}\Omega_{MX}^2 P_{flat}}{kTr^2\sqrt{2\pi m_{MX}kT}}\right]t \tag{10.15}$$

식 (10.15)에서 목의 성장 속도가 (1) 처음에 급격히 증가하고 나중에는 평평해지고, (2) 입자 크기에 영향을 크게 받는 함수, (3) 온도에 기하급수적으로 비례하는 분압 P_{flat}의 함수라는 것을 알 수 있다.

식 (10.15)는 표면 곡률이 기하학적 함수에 의해 계산[식 (10.13)]되는 대표적인 형태(그림 10.12a)로 가정하고 유도되었다. 유량 방정식[식 (10.11)]으로 가정하고 통합하여 최종 결과를 얻었다. 기본적으로 동일한 과정을 사용하여 다른 모델에 대해 다음과 같은 결과들을 얻을 수 있었다.

격자 확산 모델

입계 영역에서부터 입자 내부를 지나 목의 2ρ 너비의 영역으로 확산되는 것으로 가정(그림 10.9b의 경로 5)하면, 목의 성장 속도는 다음과 같이 나타난다.[7]

$$\left(\frac{x}{r}\right)^4 = \left[\frac{64D_{ambi}\gamma_{sv}\Omega_{MX}^2}{kTr^3}\right]t \tag{10.16}$$

여기서 D_{ambi}는 식 (7.87)에 의해 주어진 양극성(ambipolar) 확산계수이다. 식 (10.16)에서 D_{ambi}를 사용한 것은 화합물은 쇼트키 결함이 지배적으로 존재하는 순수물질이고, 화학양론적이라는 것을 함축한다.[8] 일반적으로 가장 빠른 경로를 따라 확산하는 가장 느린 원소가 속도를 결정하게 되고 이것은 다른 기구에도 적용된다.

---

[7] D. L. Johnson, *J. Appl. Phys.*, 40, 192 (1969).

[8] 이 현상은 산화물에 불순물이 포함되어 있다면, 상당히 빠르고 복잡해진다. D. W. Ready, *J. Am. Ceram. Soc.*, 49, 366 (1966)을 참고하라.

입계 확산 모델

이 모델은 물질이 입계 영역에서 두께가 δ_{gb}인 입계에 방사형으로 확산되고, 입계를 따라 목의 표면으로 확산하는 것으로 가정한다(그림 10.9b의 경로 4). 목의 성장 속도는 다음과 같이 주어진다.[9]

$$\left(\frac{x}{r}\right)^6 = \left[\frac{192\delta_{gb}D_{gb}\gamma_{sv}\Omega_{MX}^2}{kTr^4}\right]t \tag{10.17}$$

이 식으로부터 다음의 선형 수축 속도를 나타낼 수 있다.

$$\left(\frac{\Delta L}{L}\right)^3 = \left[\frac{3\delta_{gb}D_{gb}\gamma_{sv}\Omega_{MX}}{kTr^2}\right]t$$

여기서 D_{gb}는 입계 확산계수이다.

표면 확산 모델

이 모델은 원자들이 목 영역과 가까운 입자의 표면으로부터 목으로 표면을 따라 확산되는 것을 가정한다(그림 10.9a의 경로 2). 시간에 따른 목의 성장 속도는 다음과 같다.[10]

$$\left(\frac{x}{r}\right)^5 = \left[\frac{225\delta_s D_s \gamma_{sv}\Omega_{MX}}{kTr^4}\right]t \tag{10.18}$$

여기서, D_s는 표면 확산계수이고, δ_s는 표면 두께이다.

점성유동 소결

이 모델에서는 프렌켈(Frenkel) 식[11]으로 주어진 소결 초기 단계에서 두 유리 구의 수축으로 다음과 같이 주어진다.

$$\frac{\Delta L}{L} = \frac{3\gamma_{sv}}{4\eta r}t \tag{10.19}$$

여기서 η는 점도(viscosity)이다(9장 참고). 그림 10.13에 점성유동 소결에 의해 형성된 유리 구의 미세조직을 나타내었다.

결론

일반적으로 표면 확산, 입계 확산, 격자 확산을 위한 각각의 활성화 에너지는 증가한다(표면 확산 < 입계 확산 < 격자 확산). 그러므로 표면 확산은 낮은 온도에서, 격자 확산은 더 높은 온도에서 일어나게 된다. 식 (10.16), (10.17), (10.19)를 비교하면, 입자가 작아질수록 입계와 표면 확산이 격

[9] W. S. Coblenz, J. M. Dynys, R. M. Cannon, and R. L. Coble, in *Sintering Processes*, G. C. Kuczynski, Ed., Plenum Press, NY, 1980. R. L. Coble, *J. Am. Ceram.* Soc., 41, 55 (1958).

[10] W. S. Coblenz, J. M. Dynys, R. M. Cannon, and R. L. Coble, in *Sintering Processes*, G. C. Kuczynski, Ed. Plenum Press, New York, 1980.

[11] J. Frenkel, *J. Phys. (USSR)*, 9, 305 (1945).

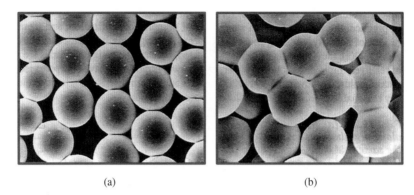

(a)　　　　　　　　　　　　　(b)

그림 10.13 유리 구의 미세조직: 공기 중에 점성유동이 일어나는 온도에서 (a) 소결 전과 (b) 소결 후 모습. 압력이 인가되지 않았고, 전적으로 표면 에너지만 고려되어 일어난다.

자 확산보다 잘 일어나는 것을 확실히 알 수 있다. 그러나 격자 확산은 입자가 커질수록, 소결 온도가 높을수록, 소결 시간이 길어질수록 지배적이다. 그리고 입자 크기에 가장 관대한 기구는 점성유동이다(예제 10.2 참고). 이러한 일반적인 경향은 소결 중기와 후기에도 적용된다.

예제 10.2

평균 입자 지름이 1 μm인 분말의 상대밀도가 60%에서 65%로 증가하기 위해 걸린 시간이 0.2시간이라면, 10 μm인 분말이 같은 정도로 소결되기 위해 걸리는 시간을 계산하시오. 여기서 (a) 격자 확산이 지배적인 경우와 (b) 점성유동이 지배적인 경우를 각각 계산하시오.

풀이

(a) x/r이 상대밀도가 60%에서 65%로 증가하는 동안 변하지 않는다고 가정하고, 격자 확산을 위한 식 (10.16)은 다음과 같이 나타낼 수 있다.

$$\Delta t = \left(\frac{x}{r}\right)^4 \frac{kTr^3}{64 D_{\text{ambi}} \gamma_{\text{sv}} \Omega_{\text{MX}}^2} \approx K' r^3$$

1 μm 크기의 입자가 격자 확산에 의해 소결되고, 60%에서 65%로 치밀화되기 위해 필요한 시간이 0.2시간이라면 $\Delta t = K' r^3$에 의해 K'은 다음으로 구해진다.

$$K' = \frac{0.2}{(0.5 \times 10^{-6})^3} \approx 1.6 \times 10^{18} \text{ h/m}^3$$

위 식에서 10 μm 크기의 입자의 경우 걸리는 시간은 다음과 같이 구해진다.

$$\Delta t = K' r^3 = 1.6 \times 10^{18} (5 \times 10^{-6})^3 = 200 \text{ h}$$

(b) 점성유동의 경우, 식 (10.19)로부터 같은 소결 정도로 소결되는 데 걸리는 시간은 입자 크기에 비례한다. 그러므로 10 μm 입경의 경우 20 h이 필요하다.

점성유동 소결의 경우 초기 입자 크기의 영향이 상대적으로 적다. 또한 치밀화를 위해서

는 초기 입자 크기가 작아야 하는 것을 알 수 있다. ■

10.3.2 치밀화 속도

소결 중기 모델

대부분의 분말 성형체의 치밀화는 소결 중기 단계에서 일어난다. 소결 중기 단계는 규정하기 매우 어려운 인자인 분말 성형 상태에 상당히 의존하기 때문에 다루기 어렵다. 코블(Coble)은 단순화를 위해 다음과 같이 가정하였다.

1. 분말 성형체는 한 변의 길이가 a_p인 이상적인 정14면체(tetrakaidecahedra) 입자로 구성되어 있고, 이때 밑면의 반지름이 r_c인 원통형의 기공 채널로 분리되어 있다.
2. 치밀화는 원통형의 기공 채널로부터 입계로 공공의 체적 확산에 의해 일어난다(그림 10.14b 의 곡선).
3. 공공 농도는 물질 원천과 귀착지 사이에서 선형적이고, 정상상태 프로파일이다.
4. 입계는 공공의 귀착지로 공공은 입계에서 사라진다. 응력이 걸리지 않은 편평한 계면에서 공공이 사라지고, 이때 농도는 c_0[식 (10.7)]이다.

위와 같이 가정할 경우, 소결 중기 단계 동안 **기공률**(porosity) P_c는 다음과 같으며, 원통형의 기공 채널이 사라지는 시간 t_f에 따라 선형적으로 감소한다.

$$P_c \approx (상수) \frac{D_{\text{ambi}}}{d^3} \frac{\gamma_{\text{sv}} \Omega_{\text{MX}}}{kT} (t_f - t) \tag{10.20}$$

여기서 d는 14면체 한 변인 $a_p(t = 0)$와 비례하는 소결 입자의 평균 지름이다.

확산이 입계 확산(그림 10.14b의 점선 화살표)으로 치밀화가 일어나는 것으로 가정하면 식 (10.20)의 유도 방법으로 기공률은 다음과 같이 나타낼 수 있다.

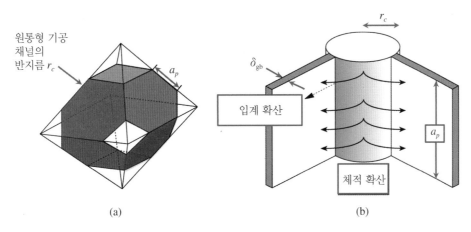

(a) (b)

그림 10.14 (a) 소결 중기의 정14면체 모델. (b) 원통형 기공 채널의 확대 모식도. 공공은 입계(점선 화살표) 혹은 체적(곡선 화살표) 확산될 수 있다. 모두 공공은 입계에서 사라진다.

$$P_c \approx (상수)\left[\frac{D_{gb}\delta_{gb}}{d^4}\left(\frac{\gamma_{sv}\Omega_{MX}}{kT}\right)(t_f - t)\right]^{2/3} \tag{10.21}$$

여기서 δ_{gb}는 입계의 두께이다(그림 10.14b).

분말 성형 상태의 변수 및 인자에 대한 세부 사항을 고려하지 않는 중간 단계 모델은 유효성이 제한되므로, 소결 단계 중에서 가장 중요한 단계인 소결 중기를 모델화하는 것이 매우 어렵다는 것은 안타깝다. 그림 10.10에 나타난 결과를 대략 살펴봐도, 응집 현상을 줄이고, 성형 상태에 따라 크게 차이 나는 것을 분명히 알 수 있다.

소결 중기 모델의 과정에서 흥미로운 것은 원통형 기공의 지름 감소 및 곡률 차이 증가로 이에 수반되는 공공 농도 구배(차이)가 증가하면서 일어나는 자체적인 물질 이동 속도의 증가이다. 이 과정은 무한히 계속되지도 않고 될 수도 없다. 원통형 기공이 계면을 따라 길어지고 얇아짐에 따라, 어떤 한 점은 불안정해지고, 작은 구 형태의 기공으로 끊어지게 된다. 혹은 입자들 사이의 삼중점에 모이게 된다(그림 10.11d 참고). 이때 소결 중기 단계는 후기로 넘어가게 되고, 여기서 남아 있는 기공들은 소멸하고, 동시에 입자조대화 및 입자성장이 모두 발생한다. 다음 소절에서는 기공 제거, 즉 치밀화에 대해 다루고, 입자성장은 10.3.3절에서 다룰 예정이다.

기공 제거

원자들이 기공으로 확산하고 공공들이 기공에서부터 입계, 전위(dislocation), 또는 결정 외부의 표면과 같은 귀착지로 이동할 때, 기공들은 사라진다. 그 전에 어떻게 결정 결함들이 공공의 원천과 귀착지로서 작용하는지 이해가 필요하다. 다음의 예시들을 살펴보자. 가장 간단한 것은 표면과 입계가 원천과 귀착지 작용을 할 수 있는지 살펴보는 것이다. 만약 원자가 내부에서 표면이나 입계로 이동한다면, 공공은 내부에 남게 되고, 본질적으로 표면과 입계는 공공의 원천으로 작용하게 된다. 반면에 원자가 표면이나 입계에서 입자 내부의 공공 자리로 이동하게 되면 공공은 소멸하고, 표면이나 입계는 공공의 귀착지로 작용하게 된다. 같은 원리로 전위(dislocation)도 이해하면 된다. 예로, 원자가 칼날 전위(edge dislocation)의 중심으로 이동하게 되면 잉여 원자의 선은 하나만큼 수축하고, 공공은 소멸하며, 전위는 상승(climb)하게 된다. 상승은 크리프의 중요한 기구 중 하나이다.

다음 2가지의 대표적인 기구를 고려하자.

체적 확산. 이 모델에서는 공공의 원천은 반지름이 ρ_p인 기공의 표면이고 귀착지는 반지름이 R인 구 표면이라고 하자($R \ll \rho_p$, 그림 10.15a). 적절한 조건에 따라 유량 방정식을 유도하면 다음과 같이 나타낼 수 있다(부록 10D 참고).

$$\rho_p^3 - \rho_{p,0}^3 = \frac{6D_{ambi}\,\gamma_{sv}\Omega_{MX}}{kT}t \tag{10.22}$$

여기서 $\rho_{p,0}$는 시간 $t = 0$에서 초기 기공의 크기이다. 기공의 반지름을 기공률(P_c)과 연관시키기 위해 그림 10.14a에 보인 모델을 다시 사용하자. 하나의 기공은 각 정14면체에서 4개의 다면체와 만

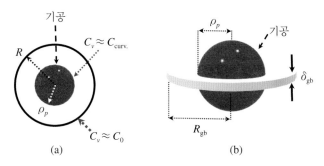

그림 10.15 기공 제거 모델로 사용된 기하학적인 구조. (a) 공공은 입자의 표면에서 소멸되는 체적 확산으로 가정한 것과 (b) 공공은 두께가 δ_{gb}인 입계를 따라 확산되어 입계 확산되도록 제한한 입계 확산이라고 가정한 것.

나는 24개의 꼭짓점에 존재한다고 가정한다. 기공률은 다음과 같이 주어진다.

$$P_c = \frac{8\pi\rho_p^3}{8\sqrt{2a_p^3}} = \frac{\pi\rho_p^3}{\sqrt{2a_p^3}} \tag{10.23}$$

여기서 분모는 한 변의 길이가 a_p인 정14면체의 부피이다. 식 (10.22)와 조합하면, 입자 크기 d는 정14면체 한 변 길이 a_p에 비례하므로, 다음 식을 도출할 수 있다.

$$P_c - P_0 = -(\text{상수}) \frac{D_{ambi}\gamma_{sv}\Omega_{MX}}{d^3 kT} t \tag{10.24}$$

여기서 P_0는 소결 후기 단계의 시작에서의 기공률이라고 하자. 이 모델로 소결 후기 동안 기공이 시간에 따라 선형 비례로 감소하고, 입자 크기 d^3에 반비례한다는 것을 예측할 수 있다. 다시 말해서, 입자 크기가 작을수록 더 빨리 기공이 소멸하고 치밀화가 이루어진다.

입계 확산. 아래에 자세히 논의하겠지만, 공공의 마지막 남아 있는 것의 제거는 보통 그 공공들이 입계에 붙은 후 제거되면서 사라지게 되므로 식 (10.24)는 한계가 있다. 적당한 기하학적 구조는 그림 10.15b에 나타내었고, 부록 10D에서 유도한 것처럼 다음과 같이 나타낼 수 있다.

$$\rho_p^4 - \rho_{p,0}^4 = -\frac{8\delta_{gb}D_{gb}\gamma_{sv}\Omega_{MX}}{kT} \cdot \frac{1}{\log\left(R_{gb}/\rho_p\right)} t \tag{10.25}$$

여기서 R_{gb}는 그림 10.15b에 정의되어 있다. 다시 말해, 입계 확산이 작용하는 기구라면, 평균 기공 크기는 체적 확산에서는 $t^{1/3}$이었지만, $t^{1/4}$로 수축되어야 한다. 불행히도, 기공률을 ρ_p와 연관시키는 간단한 분석적 표현은 없고, 수치적인 방법이 사용된다.

기공 제거에 대한 이면각의 효과

기공 형태와 기공의 부피 분율은 소결 도중에 지속적으로 진화하고, 이 진화가 어떻게 높은 이론적 밀도를 달성할 수 있을지를 이해하는 데 매우 중요하다는 것을 알아야 한다. 앞서 한 분석에서 만들어진 함축적이고 기초적인 가정은 모든 시간에 기공 수축을 위한 구동력이 존재한다는 것이다. 그러나 항상 유효하지는 않다. 아래에서 논의하는 바, 몇몇 조건에서 기공은 열역학적으로 안

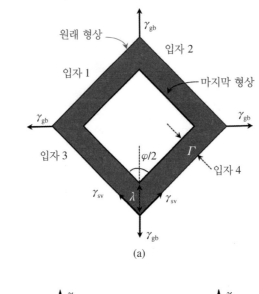

(a)

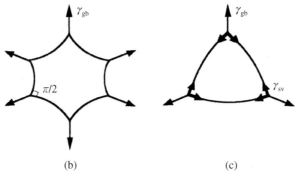

(b)   (c)

그림 10.16 평형 이면각 $\phi = \pi/2$인 계에서 기공 수축에 대한 기공 배위의 효과. (a) 기공 주위로 4개의 입자가 접한다. (b) $\varphi =$ 120°이고 기공 주위로 6개의 입자가 접한다. 평형 이면각이 $\phi = \pi/2$를 유지하려면 기공을 둘러싼 입자의 표면이 볼록해야 한다. (c) $\varphi = 60$°인 동일한 계. 평형 이면각을 유지하기 위해 기공을 둘러싼 입자의 표면은 오목해야 한다.

정할 수 있다.

이러한 경우의 조건을 설명하기 위해서, 그림 10.16a에 보인 서로 접해 있는 4개의 입자를 고려하자. 이 그림을 참조하면, 사각형의 기공이 음영 영역에 동일한 양만큼 수축할 경우, 제거되는 잉여 에너지는 $2\gamma_{sv}\Gamma$에 비례하고 얻어지는 잉여 에너지는 $\lambda\gamma_{gb}$에 비례한다(λ와 Γ는 그림 참고). 두 에너지의 비율은 다음과 같이 표현된다.

$$\frac{\text{잉여 에너지}}{\text{손실 에너지}} = \frac{2\Gamma\gamma_{sv}}{\lambda\gamma_{gb}} \tag{10.26}$$

이 결과를 식 (10.1)과 조합하면 $\cos(\varphi/2) = \Gamma/\lambda$(그림 10.16a 참고)라는 사실에서 식 (10.26)의 우변은 $\varphi = \phi$의 경우 1.0이 된다. 즉, 기공 주위의 입자가 $\gamma_{gb} = 2\gamma_{sv}\cos(\phi/2)$가 되도록 만나면 입계의 이동과 기공 수축의 구동력은 0이다.

기공을 완전하게 제거하기 위해서는, 그 배위수는 임계값 n_c보다 작아야 하는 것을 함축한다. 또한 n_c는 이면각과 $n_c < 360/(180 - \phi)$의 관계를 갖는다(문제 10.9 참고).

이러한 결과를 바탕으로, 소결 후반부에는 이면각이 큰 것이 도움이 된다는 결론을 내릴 수 있다(고상소결에서). 그러나 단순하지 않다. 이면각이 낮을수록 입계로 기공들이 붙는 경향이 강하기 때문이다. 기공을 제거하기 위해서는 기공은 반드시 입계에 붙어 있어야 하고, 낮은 이면각이 입계와 기공의 분리를 막을 수 있기 때문이다. 결국 이면각이 작을 때, 소결 중기의 끝에서 기공 채널의 끊어짐이 기공의 부피 분율이 더 적을 때 발생하고, 이때가 치밀화에 유리하다고 할 수 있다.

10.3.3 입자조대화와 입자성장 속도

미세한 입자의 어떤 집합체도 시간이 지남에 따라 평균 입자 크기가 증가하는 입자조대화가 일어날 것이다. 그림 10.2b와 c를 비교할 때 입자조대화와 입자성장은 유사하다(크게 구분하지 않는다). 이 절에서는 입자조대화 동안의 미세조직 발현의 속도(그림 10.2c)와 소결 후기와 관련된 입자성장 속도(그림 10.2b)에 대해서 다룬다.

입자조대화

입자조대화 모델을 위해서, 평균 입자 반지름이 $r_{av.}$이고 입자 크기 분포를 갖는 성형체를 고려하자. 이때 모든 입자는 구형으로 가정하고, 평균 분압은 식 (10.6)에 의해 주어지고 다음과 같이 표현할 수 있다.

$$P_{av.} = P_{flat}\left(1 + \frac{2\Omega_{MX}\gamma_{sv}}{r_{av.}kT}\right) \tag{10.27}$$

이와 유사하게, 평균 입자 반지름이 아닌 입자들의 분압도 식 (10.6)과 같이 나타낼 수 있다. 결과적으로 평균 입자 반지름($r_{av.}$)보다 작은 입자들은 '증발'할 것이고, 평균 입자 반지름보다 큰 입자들은 시간에 따라 성장할 것이다(그림 10.17a).

만약 계면 반응이 속도를 지배하는 경우, 고상/기상 계면의 반응속도가 구동력에 단순히 비례한다고 가정하여(실제 현상과 맞지 않음) 속도는 다음과 같이 나타낼 수 있다.

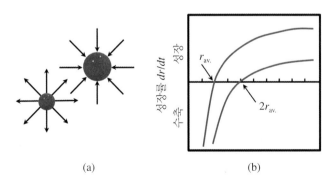

(a)   (b)

그림 10.17 (a) 평균 입자 크기보다 작은 입자들이 수축하고 큰 입자들은 성장하는 것을 보여주는 개략도. (b) 식 (10.29)를 도식한 도표. 아래 곡선은 위의 곡선보다 반지름이 2배이다.

$$u = \frac{dr}{dt} = K_r(P_{av.} - P_r) \tag{10.28}$$

여기서 K_r는 미지의 계면 이동도를 포함하는 비례 상수이다.[12] 식 (10.6), (10.27), (10.28)을 조합하면 다음 식을 얻는다.

$$\frac{dr}{dt} = K_r(P_{av.} - P_r) = \frac{2\Omega_{MX} P_{flat} K_r \gamma_{sv}}{kT}\left(\frac{1}{r_{av.}} - \frac{1}{r}\right) \tag{10.29}$$

그림 10.17b에 평균 입자 크기가 다른 두 계에 대해 이 식을 도식하였다. 작은 입자들의 수축과 큰 입자들의 성장을 보여주는 것뿐만 아니라, 작은 입자들은 큰 입자가 성장하는 것보다 빠르게 수축하여 사라지는 것을 보여준다. 소결 시간이 증가할수록 평균 입자 크기는 증가하고, 모든 입자들의 성장 속도는 감소하며 결국 성장이 멈추게 된다.

이 모델은 평균 입자 반지름($r_{av.}$) 증가 속도가 $r_{av.}$의 2배가 되는 입자의 증가율과 같은 것으로 단순화하여 더 발전시킬 수 있다. 즉

$$r = 2r_{av.} \text{ 일 때 } \frac{dr_{av.}}{dt} = \frac{dr}{dt}$$

라고 하고, 이 가정을 이용하면 식 (10.29)는 적분하면 결국 다음과 같이 쓸 수 있다.

$$r_{av.}^2 - r_{0,av.}^2 = \frac{2\gamma_{sv}\Omega_{MX}P_{flat}K_r}{kT}t \tag{10.30}$$

여기서 $r_{0,av.}$는 시간 0에서의 평균 입자 반지름이다. 보다 엄격한 환경에서 2 대신 64/81의 값이 주어진다.[13] 식 (10.30)은 시간에 따라 $r_{av.}$는 포물선 증가하는 것을 예측할 수 있다. 입자조대화의 속도는 높은 표면(고체/기체 계면) 에너지와 높은 증기압을 갖는 고체에서 향상된다. 이 두 예측은 실험 결과에서도 잘 맞는다. 예로, 공유 결합을 하는 Si_3N_4, SiC, Si와 같은 고체는 치밀화에 필요한 온도에서 상대적으로 높은 증기압을 갖기 때문에 치밀화보다는 입자조대화가 일어난다.

입자성장

앞서 언급한 바와 같이, 소결 후기 동안 추가적인 기공 제거와 함께 입자성장에 의한 미세조직의 일반적인 입자조대화가 일어난다. 이 과정 동안 $r_{av.}$는 그림 10.18에 보인 것과 같이, 큰 입자들이 작은 입자들을 흡수함으로써 시간에 따라 증가한다. 입자성장을 일으키는 공정을 제어하고 이해하는 것은 2가지를 위해 중요하다. 첫째는, 다음 장들에서 더 자세히 논의되겠지만, 소결 후 최종 입자 크기가 세라믹스의 전기적, 자기적, 광학적, 특히 기계적 특성을 결정하는 중요한 인자라는 사실이다. 둘째는, 평균 입자 크기보다 훨씬 크게 빠르게 성장하는 소수의 입자들이 존재하는(그림 10.21b) **비정상 입자성장**(abnormal grain growth)으로 알려진 현상을 억제하는 것과 관련이 있다. 이러한 큰 입

---

[12] 증발–제어 기구 과정, $K_r = a/\sqrt{2\pi m_{MX} kT}$ [식 (10.11) 참고].

[13] C. Wagner, Z. *Electrochem.*, 65, 581 (1961).

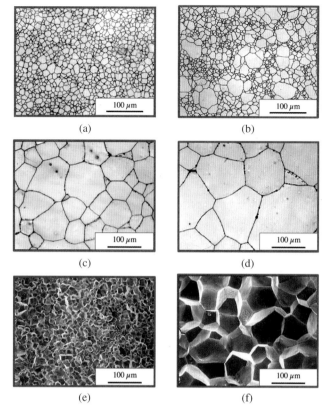

그림 10.18 CsI를 100℃에서 103 MPa 압력으로 (a) 5분, (b) 20분, (c) 1시간, (d) 120분간 열간가압소결한 시편의 미세조직. (e) (a) 시편의 파단면. (f) (d) 시편의 파단면. (H.-E. Kim and A. Moorhead, *J. Am. Ceram. Soc.* **73**, 496, 1990. 허가 후 게재.)

자들은 기계적 특성에 미치는 악영향 외에도(11장 참고), 이 큰 입자들의 '벽'은 기공을 갇히게 하여, 기공이 빠져나갈 수 없어서 이론적 밀도에 도달할 수 없게 한다. (역자주: 기공을 제거하려면 입계나 계면에 존재해야 한다.)

이 모델을 진행하기 전에 입자성장 구동력의 기원에 대해 이해하는 것이 중요하다. 다양한 곡률의 입자들로 이루어진 2차원 미세조직 개략도를 고려하자(그림 10.19a). 이 구조에서 평형 이면각은 120°가 되어야 하므로, 6면을 갖는 입자들은 성장하는 경향이 있지만, 6면보다 적으면 수축하는 경향이 있다.[14] 이것은 화살표의 방향으로 입계의 이동에 의해 일어난다(그림 10.19a).

입자성장 구동력의 근원을 이해하기 위해서는, 계면에서의 원자적 관점을 고려해야 한다(그림 10.19b). 원자 관점에서, 평균적으로 더 촘촘한 경계가 더 낮은 퍼텐셜 에너지를 갖기 때문에 원자는 계면의 오목한 면보다는 볼록한 면에 있어야 하는 이유를 분명히 해야 한다. 결국 원자는 화살표로 표시된 방향으로 오른쪽에서 왼쪽으로 이동하게 되고, 입계는 그 반대방향으로 이동하게 된다. 원자적 관점에서 살펴보면, 곡률이 없는 직선의 입계는 안정적이고 움직이지 않는다는 것을 알 수 있다(역자주: 단, 2차원 핵생성과 성장에 의해 이동한다). 후자는 표면 이방성이 없을 때만 해당한

---

[14] 6면 이하의 입자가 수축하는 이유는 그림 10.16c에서 보여준 기공의 이유와 같다.

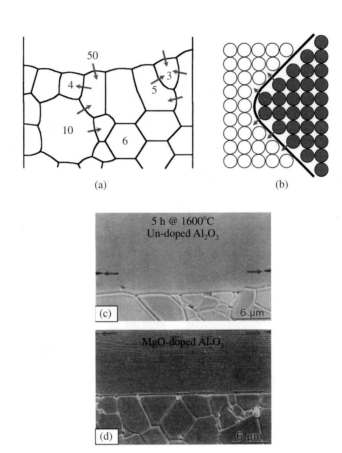

그림 10.19 (a) 2차원 시트에서 입계의 이동방향과 평형 입자모양. 6면으로 둘러싸인 입자는 안정하고, 6면 이하의 경우는 수축, 6면 이상의 경우 성장한다. (b) 곡면의 계면에서의 원자적 관점 모식도. 원자들은 빨간색 화살표로 표시한 바와 같이 오른쪽에서 왼쪽으로 이동하고 입계는 반대방향으로 이동한다. (c) 1600°C에서 5시간 소결한 단결정과 다결정 Al₂O₃ 사이의 계면. (d) Al₂O₃에 MgO를 첨가하여 (c)와 동일하게 제조한 것. 화살표는 원래의 계면을 가리킨다. 분명한 것은 MgO를 첨가한 경우 계면의 이동 속도가 향상된다는 것이다. (J. Rodel and A. M. Glaeser, *J. Am. Ceram. Soc.* 73, 3292, 1990에서 발췌.)

다(4장 참고). 이방성이 존재할 경우, 곧은 계면은 더 높은 에너지를 갖는 계면을 희생시키고 더 낮은 에너지를 갖는 계면의 면적을 증가시키기 위해서 이동할 수 있게 될 것이다.

그림 10.19c와 d는 Al₂O₃ 다결정체에 Al₂O₃ 다결정을 올려놓고 1600°C에서 5시간 열처리한 시편의 단결정과 다결정체 계면을 보여준 미세조직이다. 그림에서 열처리를 통해 단결정과의 계면을 아래로 이동시켰다(즉 단결정이 다결정체 방향으로 성장). 원래의 계면을 빨간색 화살표로 표시하였다. 이것은 입계 이동을 훌륭하게 보여주는 예이다. 그림 10.19d는 c 과정을 동일하게 하면서 다결정체 MgO를 첨가한 시편의 미세조직 사진이다. 여기서 단결정의 직선으로 보여지는 계면은 에너지가 상대적으로 낮은 것을 함축하며 이 곧은 계면은 분명히 이동하였다.

좀 더 정량적으로 살펴보면, 입계를 가로지르는 MX 분자당 입자성장 구동력($\Delta\mu_{\text{gb}}$)은 다음과 같이 주어진다.

$$\Delta\mu_{\text{gb}} = \kappa\gamma_{\text{gb}}\Omega_{\text{MX}} \tag{10.31}$$

여기서 γ_{gb}는 입계 에너지, κ는 곡률 반지름이다.

이 과정을 모델링하기 위해서는, 입계의 속도(u_{gb})와 계면에 작용하는 구동력의 관계에 대해 확립해야 한다. 그 상황은 고상/액상 계면의 성장과 거의 유사하므로(그림 9.3), 식 (9.14)를 그대로 적용할 수 있고 다음과 같이 나타낼 수 있다.

$$u_{gb} = \lambda \upsilon_{net} = \lambda \nu_0 \exp\left(-\frac{\Delta G_m^*}{kT}\right)\left\{1 - \exp\left(-\frac{\Delta\mu_{gb}}{kT}\right)\right\} \tag{10.32}$$

여기서 ΔG_v는 $\Delta\mu_{gb}$로 교체된다. $\Delta\mu_{gb} \ll kT$인 일반적인 경우로 식 (10.32)의 중괄호 안의 인자를 확장하면 다음을 얻을 수 있다.

$$u_{gb} = \lambda \upsilon_{net} = \frac{\lambda \nu_0}{kT} \exp\left(-\frac{\Delta G_m^*}{kT}\right)\Delta\mu_{gb} \tag{10.33}$$

이 표현은 다음과 같이 단순화할 수 있다.

$$u_{gb} = M\Delta\mu_{gb} \tag{10.34}$$

여기서

$$M = \frac{\lambda \nu_0}{kT} \exp\left(-\frac{\Delta G_m^*}{kT}\right) \tag{10.35}$$

이고, 식 (10.33)과 (10.28)의 비교는 이 문제와 이전 절에서 살펴본 입자조대화 문제 사이의 유사성을 보여준다. 그래서 식 (10.30)을 위의 문제 측면에서 수정하면 결과적으로 입자성장은 다음과 같다.

$$d_{av.}^2 - d_{av,0}^2 = \frac{4M\gamma_{gb}\Omega_{MX}}{\beta}t \tag{10.36}$$

여기서 $d_{av,0}$는 시간 0에서의 평균 입자 크기이고, β는 계면의 곡률에 의존하는 기하학적인 인자이다. 예로, 모든 입계의 곡률이 없는 곧은 고체의 경우라면, 입자성장은 일어나지 않고, β는 무한대가 된다. 이 결론은 입계 에너지가 등방적일 때만 유효하다. 만약 그렇지 않다면, 상대적으로 낮은 에너지를 갖는 입계들은 다른 계면으로 확장되면서 성장할 것이다. 방금 설명한 이 과정은 **오스트발트 숙성**(Ostwald ripening)이라고 하며 시간에 따른 입자 크기의 변화는 포물선 의존성을 특징으로 한다.

미세조직과 입계 화학의 계면 이동에 대한 효과

식 (10.36)은 입계에 기공, 불순물 및 용질 입자 등이 없는 것을 가정하고 유도하였다. 이는 매우 드문 경우이고, 입계 식 (10.36)은 소위 진성(intrinsic) 입자성장 속도를 예측한다고 볼 수 있다. 입계에 '이차상'이나 용질원자가 존재하는 경우 입계의 이동에 극적으로 영향을 미치게 되고, 실제적 관점에서 볼 때 일반적으로 입계 이동을 지배하는 것은 이차상이나 용질원자의 이동 속도가 된다. 이 문제의 복잡성을 설명하기 위해서 몇 가지 가능한 속도 제한 과정을 고려하자.

1. 앞서 논의한 진성 입계 이동도

2. 외인성(extrinsic) 또는 용질끌림(solute drag) 현상. 입계에 편석되어 있는 용질원자의 확산이 진성 입계 이동도보다 느리다면, 용질원자의 이동이 속도를 지배하게 된다. 즉, 입계의 이동은 용질에 의해 끌림 현상이 일어나고, 속도는 느려진다.

3. 입계에 이차상 등의 불순물이 존재. 불순물의 크기가 클수록 이동도가 감소하고, 입계에 존재하는 불순물의 부피 분율이 높을수록 이동이 억제된다.

4. 물질이 연속된 계면상을 따라 이동한다. 이 경우, Si_3N_4 계면의 이동은 일반적으로 입자 사이에 존재하는 얇은 유리질 막을 통해 실리콘과 산소가 확산하는 경우에만 발생할 수 있다.

5. 몇몇 경우에는, 계면을 고정하는 이차상이 기지 내로 재용해되어 속도를 제한할 수 있다.

이 외에도, 다음의 입계와 기공 사이의 반응이 일어날 수 있다.

1. 기공 또한 이차상이다. 기공은 계면의 이동을 향상시킬 수 없다. 기공은 오직 영향을 주지 않거나 억제한다. 기공이 수축하는 소결 후기 동안 계면의 이동도는 증가할 것이다(아래 참고).

2. 기공은 항상 수축하는 것은 아니다. 기공은 입계를 따라 이동하거나 가로지를 때 커질 수 있다.

3. 기공도 오스트발트 숙성 기구에 의해 성장할 수 있다.

4. 기공은 반응 가스 및 시편 팽창에 의해 성장할 수 있다.

이러한 가능성의 극히 일부라도 상세히 논하는 것은 분명히 이 책의 범위에는 속하지 않는다. 대신 시도되는 것은 보다 중요한 입계 상호작용 중 하나, 즉 입계와 기공 사이의 상호작용을 고려하는 것이다.

입자들이 커지고 기공이 작아지면서 입자의 성장속도가 증가한다. 몇몇 경우에는, 입자 크기와 밀도의 조합에서, 입계의 이동도가 기공이 더 이상 따라갈 수 없을 만큼 증가한다. 기공이 따라갈 수 없을 만큼 계면의 이동이 매우 빨라서 기공이 분리되어 계면 이동에 영향을 주지 못한다. 이 영역을 그림 10.20a의 오른쪽 상단에 입자 크기 대 밀도의 궤적으로 표시하였다.

만약 이론적 밀도를 얻기 위해서는, 입계 대 밀도 궤적이 이 분리된 영역을 통과하지 않도록 해야 한다. 입계 근처에 기공이 위치하도록 하는 것이 중요하다는 것을 그림 10.20b에 보였다. 이 그림에서, 입계가 아래로 이동한 것은 그 여파로 기공을 휩쓸고, 제거하게 되었다. (이 그림에서, 원래의 입계 위치를 점선으로 표시하였다.) 입자 내부로 잡힌 기공들은 물질의 원천 및 귀착지인 입계와 매우 떨어져 있으므로 제거되지 않고 남는다.

본질적으로 계면에서 기공의 분리를 억제하기 위해, 입계 이동도를 감소시키거나 기공 이동도를 증가시키는 2가지 전략이 있다. 입계 이동도를 감소시키는 방법의 예로, 순수 알루미나와 250 ppm의 MgO를 첨가한 알루미나의 2가지 알루미나에 대해 입자 크기 대 밀도 궤적의 최종 밀도를 비교하여 그림 10.6a에 예로 보였다. MgO가 첨가된 알루미나의 경우, MgO에 의해 입계 이동도가 감소하여 높은 밀도를 확보할 수 있었다고 설명될 수 있다.

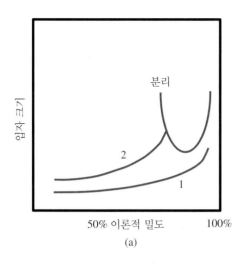

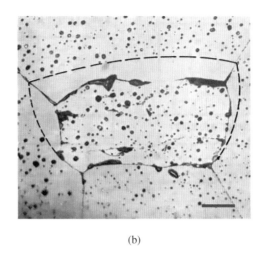

(a)   (b)

그림 10.20 (a) 계면과 기공의 분리 영역을 포함한 입자 크기 대 밀도의 궤적. 입자 내부로 기공이 들어가면서 기공으로부터 계면이 분리된다. 이론적 밀도를 확보하기 위해서는 경로 1을 따를 수 있도록 해야 한다. 경로 2는 기공이 입자 내부로 잡히게 된다. (b) 입계의 이동에 의해 기공이 입자 내부에 잡혀 있는 모습의 예시. 원래의 입계 위치를 점선으로 표시하였다. (J. E. *Burke, J. Am. Ceram. Soc.*, 40, 80,1957. 허가 후 게재.)

비정상 입자성장

몇몇 계에서, 소수의 입자들이 평균 입자 크기보다 상대적으로 매우 큰 입자들이 매우 빠르게 성장한다(그림 10.21b). 이 현상을 비정상 입자성장(AGG)이라고 한다. AGG는 기공-입계의 분리를 유도할 수 있으므로 피해야 할 수도 있다. (역자주: 응용에 따라 필요할 수도 있는 현상이다.)

AGG 현상의 결과가 무엇인지 완벽하지 않지만, 입자 사이의 액상의 형성 또는 매우 얇은 액상막과 관련이 있다는 증거도 있다. 이는 출발원료에서 불순물이 첨가되거나 첨가제에 의한 결과일 수도 있다. 고상소결 동안 소량의 액상을 갖는 효과와 소결 및 입자속도의 영향은 다음 절에서 논의할 예정이다. 그러나 그림 10.24와 같이 소량의 액상이 미세조직의 조대화를 만들 수 있다.

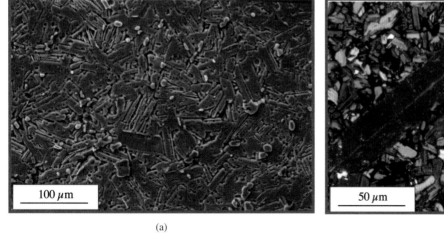

(a)   (b)

그림 10.21 Ti$_3$SiC$_2$에서 (a) 정상 입자성장 및 (b) 비정상 입자성장을 보여주는 미세조직

10.3.4 고상소결에 영향을 미치는 인자

전형적으로, 고상소결된 세라믹스는 초기 입자 크기보다 훨씬 큰 입자와 잔류 기공을 포함하는 불투명한 재료이다. 방금 제시된 논의와 모델에 기초해서, 고상소결을 제어하는 인자를 요약하는 것은 유용하다. 다음 논의에서 내포된 것은 이론적 밀도가 요구되는 경우이다.

1. **소결 온도.** 확산은 소결에서 중요하므로, 소결 온도를 증가시키는 것은 확산계수가 증가하기 때문에, 소결 속도를 확실히 증가시킬 수 있다. 앞서 논의한 바, 체적 확산의 활성화 에너지는 보통 표면 확산이나 계면 확산의 활성화 에너지보다 훨씬 크다. 그러므로 소결 온도를 증가시키는 것은 치밀화를 일으킬 수 있는 체적 확산 기구를 향상시킬 수 있다.

2. **성형밀도.** 일반적으로 소결 전 성형밀도가 높을수록 제거해야 할 기공의 부피가 적기 때문에 최종 밀도와 관련이 있다.

3. **성형체의 균일한 미세조직.** 성형밀도에서 중요한 것은 성형체의 미세조직의 균일성과 응집 현상의 억제이다(그림 10.10 참고). 응집 현상을 제거하는 것은 아래에서 더 자세히 다룬다.

4. **소결 분위기.** 소결 분위기의 효과는 분말 성형체의 치밀화에 매우 중요할 수 있다. 몇몇 경우에서, 소결 분위기는 결함 구조에 영향을 줌으로써, 전체 속도를 지배하는 원소의 확산을 향상시킬 수 있다. 특성 기체의 존재가 증기압을 향상시킴으로써 치밀화를 완전히 억제하고 입자 조대화를 촉진시킬 수 있다. 소결 분위기의 그 효과에 대해 그림 10.7에 보였다. Fe_2O_3는 공기 중에 치밀화되지만, HCl이 포함된 분위기에서는 치밀화가 어려울 것이다. 고체 내에서의 기체의 용해가 중요한 인자가 될 수 있다. 기공이 수축하면서 그 사이의 기체 압력은 증가하기 때문에 고체 내부로 용해될 수 있는 소결 분위기 기체를 선택하는 것은 중요하다.

5. **불순물.** 불순물의 역할은 아무리 강조해도 지나치지 않는다. 많은 성공적인 상용화된 제품들은 마법 먼지의 올바른 역할을 확인한 것이다. 불순물의 역할은 광범위하게 연구되고 있으며, 현재까지 몇 가지 효과를 다음과 같이 요약할 수 있다.

   ① **소결 조제.** 소결 조제(sintering aids)는 액상을 형성하기 위해 첨가되기도 한다(다음 절 참고). 불순물의 역할은 항상 속도를 감소시키지 않는다는 것을 유의해야 한다. 불순물의 존재는 미량에서도 낮은 공정 온도를 형성할 수 있고, 그 결과 소결 속도를 증대시킬 수 있다.

   ② 증발 속도와 표면 확산의 속도를 감소시켜 입자조대화를 억제한다. 전통적인 예로 SiC에 B를 첨가한 예로, B가 없이는 치밀화가 매우 어렵다.

   ③ 입자성장을 억제하고 입계 이동도를 낮춘다(그림 10.6)

   ④ **확산계수 증가.** 소결 중 속도를 지배하는 이온이 확인된다면, 적절한 첨가제는 격자 내로 고용되어 공공을 형성시켜 치밀화 속도를 향상시킬 수 있다.

6. **입자 크기 분포.** 좁은 입자 크기 분포가 AGG 거동을 변화시킬 수 있다.

7. **평균 입자 크기.** 치밀화의 구동력은 총 표면 에너지를 감소시키는 것이기 때문에, 초기 표면적이 넓을수록 구동력이 크다. 그래서 가능한 미세한 입자들을 사용해야 하고, 원칙적으로 유리할 수는 있지만, 실제로 매우 미세한 입자는 다른 심각한 문제를 발생시킬 수도 있다. 입자의

표면적이 증가함에 따라 정전기 및 기타 표면장력이 커져서 응집 현상이 발생할 수 있다. 열처리하는 응집체는 큰 입자로 국부적으로 함께 소결되는 경향이 있으며, 이는 치밀화를 위한 구동력을 분산시키고, 제거하기 힘든 큰 기공을 형성하게 된다. 치밀화 속도에 대한 응집 현상의 효과는 그림 10.10에 설명되어 있다.

그 해결책은 자연에 맞서는 게 아니라 자연과 함께 하는 것이다. 즉 표면장력을 이용하여 분말을 콜로이드적으로 응집을 해제하고 응집되지 않도록 한다.[15] 그러나 일단 분산되면 분말을 건조하지 말고, 원하는 모양의 금형이나 장치에 직접 연결하여 주입해야 한다. 그 이유는 간단하다. 건조할 경우, 응집이 다시 일어나고 콜로이드화한 것이 무의미해진다.

슬러리 공정에서, 액체 제거 중의 과도한 수축을 방지하기 위해 고함량의 고상 입자를 갖는 슬러리가 필요하다. 일단 슬러리가 성형되고, 금형에서 이탈되는 동안 모양을 유지할 수 있도록 하기 위해서는 슬러리의 유변학적 특성을 극적으로 제어해야 한다. 이 단계에서 필요한 것은 액상을 제거하지 않고 점성 슬러리를 탄성체로 변화시키는 것이다. 기본적인 아이디어는 액상/기상 계면이 존재하는 단계를 거치는 것을 반드시 피하도록 하는 것이다. 액상/기상 계면의 존재는 입자의 재배열과 응집 현상을 초래할 수 있는 강한 모세관력을 발생시킬 수 있다. 그리고 이 현상은 액상소결(다음 절 참고) 중에는 필요하지만, 슬러리가 건조될 때는 슬러리를 제어할 수 없고 수축력이 발생하여 응집체 또는 수축률이 다른 영역 사이에 큰 균열이 형성될 가능성이 크기 때문에 피하는 것이 좋다. 진흙을 건조할 때의 현상이 좋은 예가 될 수 있다.

응집체와 기지 사이의 밀도 차이로 인해 응집된 분말을 냉간 압축하는 동안 또 다른 결함의 원인이 될 가능성이 있다. 압력이 제거되면 응집체와 기지의 탄성 팽창률이 달라 균열을 일으킬 수 있다. 다르게 표현하면, 응집체의 탄성복원력은 밀도 차이의 결과로 기지와 다르다.

10.4 액상소결

액상소결이라는 용어는 소결되는 재료 중 일부가 액체 상태로 되어 있을 때의 소결 공정을 설명할 때 사용된다(그림 10.1a). 페라이트 자석, 질화규소 등의 공유 결합 세라믹스, 강유전체 커패시터, 연마제 등 세라믹 주요 제품들은 액상소결에 의해 제조되므로, 액상소결은 상업적으로 매우 중요하다. 고상소결이라고 생각되는 몇몇 제품도 입자 사이의 계면에 소량의 액상의 존재가 매우 중요한 역할을 할 수 있다는 것이 알려지고 있다.

액상소결은 고상소결에 비해 2개의 큰 장점이 있다. 첫째, 액상소결의 속도는 훨씬 더 빠르다. 둘째, 액상소결은 더 균일한 상태의 치밀화를 제공한다. 아래에서 설명하는 바와 같이, 액상의 존재는 입자 사이의 마찰을 줄이고 모세관력을 발생시켜 날카로운 모서리를 빨리 용해하고 고상 입자

---

[15] 예로 F. Lange, *J. Am. Ceram. Soc.*, 72, 3 (1989)를 참고하기 바란다.

들을 빠르게 재배열한다.

액상소결 동안, 액상은 출발 고상 입자 조성을 가열하면서 형성되는 것이다. 형성된 액상은 고상을 충분히 용해하고 적시게 된다. 다음 절에서 이러한 2가지 요구사항을 충족해야 하는 이유와 액상소결 중에 작용하는 힘의 근원을 밝힌다.

10.4.1 표면 에너지 고려사항

이미 여러 번 언급했듯이, 소결 중의 구동력은 계의 총 표면 에너지의 감소이다. 고상소결에서는, 계면 에너지가 큰 고상/기상 계면이 상대적으로 더 작은 계면 에너지를 갖는 입계(고상/고상 계면)로 대체된다. 액상이 존재하려면 더 작은 에너지를 갖는 액상/기상 계면 에너지(γ_{lv})와 액상/고상 계면 에너지(γ_{ls})가 고려되어야 한다.

액상이 고체 입자 표면에 놓이게 될 때 퍼지면서 고체 입자 표면을 적시거나 구슬처럼 될 수 있다(그림 10.22b). 계가 적셔지는지 적셔지지 않는지의 적심 정도(degree of wetting)는 그림 10.22a와 b에서 정의한 액상과 고상 사이의 평형 접촉각(contact angle) θ로 정량화될 수 있다. 평형상태에서 각 힘의 간단한 균형은 다음과 같이 나타낼 수 있다.

$$\gamma_{sv} = \gamma_{ls} + \gamma_{lv} \cos \theta \tag{10.37}$$

그리고 γ_{sv}이 커지고, γ_{ls}나 γ_{lv}가 작아지면 적심이 진행된다. 식 (10.26)을 유도하기 위해 사용되는 것과 같은 증명을 이용하여, 액상소결이 일어나기 위한 필요조건은 액상의 적심이 가능하기 위해 접촉각이 0과 $\pi/2$ 사이에 있어야 한다. 액상이 적셔지지 않는 계에서 액상은 간단하게 기공 안에서

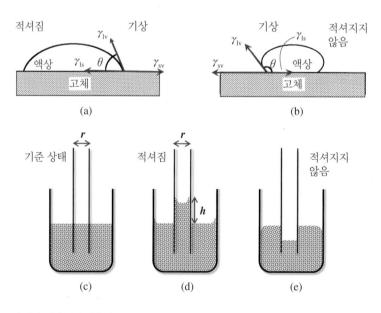

(a)
(b)
(c)
(d)
(e)

그림 10.22 (a) 고체 기판 위의 액상 방울에 작용하는 힘들을 나타낸 적셔지는 계. (b) $\theta > 90°$로 적셔지지 않는 계. (c) 평형상태가 되기 전 초기 계. (d) $\gamma_{sv} > \gamma_{sl}$ 조건에서 평형상태가 된 후의 계. (e) $\gamma_{sv} < \gamma_{sl}$ 조건에서 평형상태가 된 계.

구슬처럼 있게 되고, 소결은 오직 앞서 논의한 고상소결에 의해서만 이루어진다.

액상이 입자와 입자 사이로 완벽하게 침투(penetration)하는 것은 입자 응집을 억제하는 등 미세조직 발현에 매우 중요하다. 연속된 액상막으로 입자들을 분리하고 침투하기 위한 필요조건은 γ_{gb} > $2\gamma_{ls}$로 문제 10.12에 나타내었다. 이것은 그림 10.3b에서 보인 평형 이면각 ψ

$$\gamma_{gb} = 2\gamma_{sl} \cos\frac{\psi}{2} \tag{10.38}$$

이 0이 되어야 한다는 것을 함축한다. 이런 맥락에서, 큰 γ_{gb}와 작은 γ_{ls}가 요구된다.

10.4.2 모세관력

고상과 액상이 공존할 때 모세관력이 발생한다. 이러한 힘은 아래에서 설명하는 바와 같이, 인접한 입자 사이에 강한 인력을 발생시킬 수 있고, 액체 윤활력과 결합되면 매우 빠르게 입자들의 재배열과 치밀화를 이끌 수 있다. 소결 및 치밀화에 대한 모세관력의 영향을 설명하기 전에 모세관 현상의 원자적 근원에 대해 이해하는 것이 중요하다.

모세관력의 원자적 근원

모세관 현상은 전형적으로 γ_{lv}로 설명된다. 그러나 아래에서 논의되는 바로, 액상소결과 관련하여 모세관 현상의 원자적 근원은 γ_{lv}로 설명하기보다 γ_{sv}와 γ_{sl}의 차이로 설명한다. 그림 10.22c에 보인 계를 고려하자. 액상이 반지름이 r인 길고 얇은 튜브로 침투되기 전에, 이 계의 에너지는 다음과 같이 주어진다.

$$E_{\text{initial}} = \pi r^2 \gamma_{lv} + 2\pi rh\gamma_{sv} \tag{10.39}$$

여기서 h는 튜브 안에서 액상 기둥의 높이이다. 액상이 튜브로 들어갈 때, 계의 에너지는 다음과 같이 주어진다.

$$E_{\text{Final}} = \frac{4\pi r^2}{2}\gamma_{lv} + 2\pi rh\gamma_{sl} + \rho_{\text{den.}}gh\pi r^2 h \tag{10.40}$$

여기서 $\rho_{\text{den.}}$은 액상의 밀도이고, g는 중력가속도이다. ($\rho_{\text{den.}}gh$는 단위부피당 에너지임을 주의하고, 여기에 부피를 곱하게 되면 에너지가 된다.) 이때 초기와 최종의 에너지 차이는 다음 식 (10.41)과 같이 나타낼 수 있다. 식 (10.40)과 식 (10.39)의 차이다.

$$\Delta E = \pi r^2\gamma_{lv} + 2\pi rh[\gamma_{ls} - \gamma_{sv}] + \rho_{\text{den.}}g\pi r^2 h^2 \tag{10.41}$$

평형상태에서는 이 에너지는 최소가 되고 다음과 같이 미분하여 구할 수 있다.

$$\frac{dE}{dh} = 2\pi r[\gamma_{sl} - \gamma_{sv}] + 2\rho g\pi r^2 h = 0 \tag{10.42}$$

식 (10.42)를 h에 대해서 나타내면 다음과 같이 액상의 높이를 구할 수 있다.

$$h = \frac{\gamma_{\mathrm{sv}} - \gamma_{\mathrm{sl}}}{\rho_{\mathrm{den.}} g r} \tag{10.43}$$

이것은 다음과 같은 광범위한 의미를 함축한 중요한 결과이다.

1) 얇은 튜브로 액상이 침투되는 구동력은 γ_{sv}와 γ_{sl}의 차이다. 만약 $\gamma_{\mathrm{sv}} > \gamma_{\mathrm{sl}}$라면, 높이 h는 양수 (+)가 되고, 이때 액상은 그림 10.22d에서 보인 것과 같이 높이 h만큼 기둥으로 올라간다. 그러나 만약 $\gamma_{\mathrm{sv}} < \gamma_{\mathrm{sl}}$라면 액상은 그림 10.22e에서 보인 것과 같이 높이 h만큼 내려갈 것이다. 얇은 유리 튜브를 물에 넣으면 전자의 현상이 일어나고, 수은에 놓으면 후자의 현상이 일어난다. 이것은 γ_{lv} 값과 상관없다.

2) 높이 h는 튜브의 반지름 r에 반비례한다. 얇은 튜브일수록 부피 대비 더 큰 표면적을 갖기 때문이다.

3) γ_{lv}는 아무런 역할도 하지 않지만, 모세관 현상에 대한 대부분의 설명에서 언급된다. 이것은 $\cos\theta$는 $(\gamma_{\mathrm{sv}} - \gamma_{\mathrm{sl}})$에 비례하기 때문이다. γ_{lv}가 언급될 때는, 오목한 면 위의 압력이 편평한 면 위의 압력보다 낮고 그 압력의 차이(ΔP)가 액상을 끌어당길 때이다. 식 (10.37)과 (10.43)을 조합하면 다음 식을 얻을 수 있다.

$$\Delta P = \rho_{\mathrm{den.}} g h = \frac{\gamma_{\mathrm{lv}} \cos\theta}{r} \tag{10.44}$$

이것은 $\rho_{\mathrm{den.}} g h$와 마찬가지로 ΔP도 단위부피당 에너지로 측정되기 때문이다. 그리고 이 접근법에는 문제가 없지만, 특히 액상소결의 경우 γ_{sv}와 γ_{ls}의 상대적인 값을 기반으로 접근하는 방법보다 덜 투명하다.

액상소결 중 어떤 현상이 일어나는지를 더 잘 이해하기 위해서 다음의 사고 실험들을 고려하자. 반지름이 X인 고체 실린더가 두 기판 사이에 놓여 있고(그림 10.23a), 가열하여 고체를 녹인다. 만약 $\gamma_{\mathrm{sl}} > \gamma_{\mathrm{sv}}$, $\theta > 90°$라면, 액상은 적셔지지 않고 두 기판을 그림 10.23c와 같이 밀어낼 것이고 치밀화가 일어날 수 없다. 만약 $\gamma_{\mathrm{sl}} < \gamma_{\mathrm{sv}}$라면, 액상은 그림 10.23b와 같이 적셔지게 될 것이다. 일정 부피의 액상의 경우, 액체가 퍼지는 유일한 방법은 두 기판을 가깝게 하는 것이다. 만약 기판들이 가까워지지 않는다면, 압축 수직 응력이 발생하고, 간단히 다음과 같은 식으로 표현할 수 있다.

$$F_{\mathrm{att}} = \pi X^2 \Delta P \tag{10.45}$$

여기서 ΔP는 식 (10.44)에 의해 주어진 곡면을 가로지르는 압력으로 다음과 같다.

$$\Delta P = \frac{\gamma_{\mathrm{lv}} \cos\theta}{\rho_2} = \frac{\gamma_{\mathrm{sv}} - \gamma_{\mathrm{sl}}}{\rho_2} \tag{10.46}$$

여기서 ρ_2는 그림 10.23b에서 정의된 곡률이다.[16] 최대 ΔP는 θ가 0일 때 가능하다. 모든 경우, 구

---

[16] 일반적으로 ΔP는 부록 10B의 그림 10.26b에 보인 안장 곡면의 두 주요 곡률 반지름과 관련된다. 그러나 대부분의 경우, $\rho_1 \gg \rho_2$이므로 식 (10.41)로 근사할 수 있다.

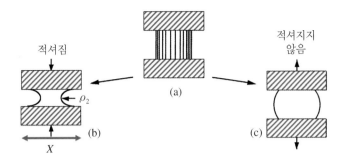

그림 10.23 두 기판 사이의 액상 방울에 작용하는 주요 힘의 근원을 실험하는 모식도. 각각 (a) $\theta = 90°$, (b) 적셔짐, $\theta < 90°$, (c) 적셔지지 않음 또는 $\theta > 90°$일 때.

동력은 $(\gamma_{sv} - \gamma_{sl})$에 비례한다.

이 문제를 다르게 생각하는 방법은 기공들의 음의 압력이 기공 쪽으로 액상을 끌어당김으로써 입자들을 서로 당기게 하는 것으로 가정하는 것이다.[17] 전형적으로, 액상소결 동안 기공들의 크기는 0.1~1 mm 수준이다. 액상/기상 계면 에너지 γ_{lv}가 1 J/m² 수준이라면, 입자 사이의 압축응력은 1~10 MPa 정도 된다[식 (10.46)]. 이러한 응력은 액상에서 확산을 향상시키는 인자로(아래 참고) 액상소결의 주요 인자가 된다.

10.4.3 액상소결 기구

용융될 때 그림 10.12b에 표현한 개략도와 같이 입자들 사이에 액상이 침투할 것이고, 인장력으로 인해 입자들을 당기게 된다. 이러한 힘과 액체의 윤활 작용의 조합은 다음 3가지 기구가 지속해서 작용한다. 3가지 소결 단계의 전형적인 수축 곡선의 개략도를 그림 10.24에 보였다[x축은 로그(log) 스케일].

입자 재배열

여기서 치밀화는 모세관력의 영향 아래서 입자의 재배열에 의해 일어난다. 이 과정은 초기에 매우 빠르게 일어나고 소결 초기 단계에서 액체가 유동하면서 입자 사이에 존재하면서 치밀화가 일어난다. (역자주: 이때는 기공이 액상으로 채워지는 것을 제대로 설명하지 못한다.)

용해-재석출

두 입자가 접촉하는 지점에서, 형성된 모세관력은 접촉하지 않은 영역 대비 접촉 지점의 원자의 화학 퍼텐셜을 증가시키게 된다. 두 영역 사이의 원자 화학 퍼텐셜 차이는 다음과 같이 주어진다(12장 참고).

---

[17] 예를 들어, 이 힘으로 두 기판의 유리 슬라이드 사이에 얇은 물의 층이 침투될 때 두 유리 슬라이드가 강하게 응집되는 현상.

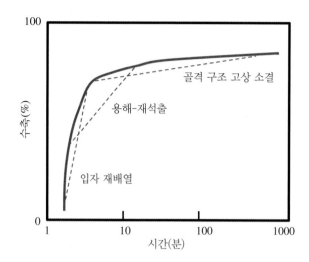

그림 10.24 적셔지는 액상이 존재하는 상태에서 분말이 열처리되는 동안 액상소결의 3단계. x축은 로그(log) 스케일이다.

$$\mu - \mu_0 = kT \ln \frac{a}{a_0} = \Delta P \Omega_{\text{MX}} \qquad (10.47)$$

여기서 ΔP는 식 (10.46)에 주어진 것과 같고, a는 접촉 지점에서 액상 안의 고체 활동도, a_0는 기공 표면이나 그 근처의 응력이 존재하지 않는 부분의 활동도이다. 이 화학 퍼텐셜 구배는 접촉 지점에서 원자의 용해를 야기하고, 두 입자 사이의 공간에서 떨어진 부분에서 원자 재석출을 일으키면서 수축과 치밀화가 일어나게 된다. 중요한 것은 확산이 고체 상태보다 몇 배나 빠르게 액상에서 확산이 일어나고 있으므로, 치밀화의 속도는 고상소결보다 훨씬 빨라지게 된다. 물론, 이 과정이 발생하기 위해서는 액상에서 고체 입자의 용해도가 어느 정도 있어야 하지만, 그 반대는 없다. 여기에서 주목할 것은 치밀화 외에도, 입자조대화 또는 오스트발트 숙성 현상이 발생하면서 더 미세한 입자는 액상에 녹아서 큰 입자로 재석출되게 된다. 최종 미세조직에서 소량의 액상을 포함시키는 것의 극적인 효과들은 그림 10.25에 나타나 있다.

고상소결

단단한 골격이 일단 형성되면, 액상소결은 중지되고 고상소결이 일어나면서 수축이나 치밀화 속도는 급격히 저하된다.

다른 두 단계와 비교하여, 입자 재배열이 몇 분 정도로 가장 빠르다. 다른 두 단계는 액상 또는 고상을 통한 확산에 의존하기 때문에 더 오래 걸린다(그림 10.24).

그동안 연구된 많은 연구들을 기반으로 액상소결 중 급속한 치밀화가 일어나기 위해서는 다음 조건들을 충족해야 하는 것으로 인식되고 있다.

∞ 접촉 부위에서 물질 이동이 일어나기 위해서는 액상으로 고체의 입자가 적절히 용해되어야 한다.

∞ 모세관력이 $1/\rho_2$에 비례하므로, 고상의 입자가 작을수록 더 큰 모세관력이 발생하고, 치밀화

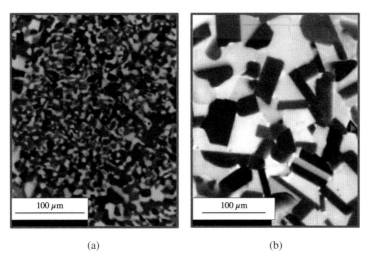

(a)   (b)

그림 10.25 TiB₂/TiC에서 (a) 액상이 없을 때와 (b) 소량의 액상이 있을 때, 소결 중 입자조대화 현상을 비교한 미세조직 사진. (T. Lien, MSc. thesis, Drexel University, 1992.)

를 더 빠르게 할 수 있다.

∞ 고상에 액상이 적셔져야 한다.

∞ 고상을 충분히 적실 수 있는 액상의 양이 존재해야 한다.

분명히 세라믹스의 액상소결은 고상소결보다 분말 충전 측면에서 더 유리하고, 신속하기 때문에 경제적이다. 실제로 위와 같이 대부분의 상용 세라믹스는 액상소결을 이용한다. 질화규소(Si_3N_4) 및 탄화붕소(B_4C) 등의 고급 재료 중에는 액상이 존재하지 않으면 쉽게 치밀화되기 어렵다. 부품에서 요구하는 특성이 액상의 존재에 의해 영향을 받지 않는 경우, 액상소결이 바람직하다. 그러나 일부 응용에서는 입계에 액상필름이 존재하면 그 특성에 악영향을 미칠 수도 있다. 예를 들어, 크리프 저항은 가열하면 유리상의 존재에 의해 크게 저하될 수 있다. 이온전도성의 유리상의 존재를 허용하지 않는 또 다른 분야는 세라믹 절연체 분야이다. 그 결과 오늘날 전자세라믹의 공정은 액상과 잔류 기공을 가능한 피해야 한다.

10.5 열간가압소결과 열간정수압소결

지금까지 치밀화를 위한 구동력은 목 영역의 원자와 기공에 인접한 원자 사이의 화학 퍼텐셜 구배인 것이 확실하다. 이것은 소결 중에 성형체에 압축응력이 인가되면서, 즉 열과 압력을 동시에 가하여 얻을 수 있다(그림 10.12c). 가해지는 압력이 일축(uniaxial)인 경우, 열간가압소결(hot pressing, HP)이라고 하고, 압력이 등방적인 경우 열간정수압소결(hot isostatic pressing, HIP)이라고 한다. 그림 10.26a는 가해지는 압력이 알루미늄(Al), 알루미나, 마그네시아 및 지르코니아 분말의 치밀화를 어떻게 가속시키는지 보여준다.

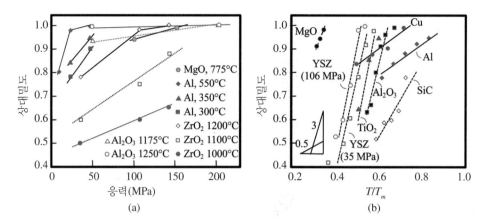

그림 10.26 (a) 여러 재료에서 온도에 따른 상대밀도 대 외부 인가 압력 그래프. (b) 다양한 금속 및 세라믹 재료에서 상대밀도 대 융점 대응 온도(homologous temperature) 그래프. 세라믹스의 경우 기울기가 약 3이고, 금속은 약 0.5이다. 이온 결합 고체는 왼쪽에, SiC 등의 공유 결합 고체는 오른쪽에 있다. 두 결과의 데이터들은 FAST 또는 PECS 공정 중 하나를 사용하여 얻어졌다.(J. E. Garay, *Annu. Rev. Mater. Res.* 40, 445, 2010에서 발췌.)

인가된 응력이 화학 퍼텐셜과 공공의 농도에 미치는 영향에 대해서는 12장에 자세히 설명되어 있다. 여기서 응력 σ_b를 받은 영역의 공공 농도 C_b는 식 (10.9)와 같은 식으로 C_0(즉, 응력이 없는 경우의 농도)에 관련된다는 점에 주목해야 된다. 즉,

$$C_b = C_0 \left(1 + \frac{\Omega_{\text{fu}} \sigma_b}{kT}\right) \tag{10.48}$$

여기서 σ_b는 인가된 힘에 의한 계면에 작용하는 유효 응력이다(예제 10.3 참고). 관례상, 인가된 응력이 압축응력일 때 σ_b는 음수이며,[18] 식 (10.48)에 따라 C_b(입자 사이에서)는 모서리의 농도보다 작고, 그 결과 목에서 계면으로 알짜 공공 유동이 생기고 이것이 치밀화를 유도한다.

HP와 HIP의 주요 장점은 치밀화가 매우 쉽고 빠르게 일어날 수 있으며 입자가 성장할 수 있는 시간을 최소화하여 더 미세하고 균일한 미세조직을 확보할 수 있다는 점이다. 그러나 주요한 단점은 가공 및 금형과 관련된 비용이 발생하고, 보통 진공 상태나 불활성 가스 분위기에서 실시되므로 연속 공정이 어려워 양산 공정에 적합하지 않다는 점이다.

예제 10.3

50 MPa의 응력이 인가되면, 1200°C에서 소결 초기 단계 중 $x/r = 0.2$인 분말 성형체 안의 공공 농도에 미치는 효과를 계산하시오. 표면 에너지는 1.2 J/m²이고 몰부피는 10 cm³, 평균 입자 반지름은 2 μm이다.

정답

$x/r = 0.2$이고 $r = 2 \times 10^{-6}$ m라면 $x = 4 \times 10^{-7}$ m가 된다. 식 (10.13)으로부터 $\rho \approx x^2/(2r)$

---

[18] 이 책 전체에서 인장응력은 양수이고 압축응력은 음수이다.

$= 4 \times 10^{-8}$ m가 된다. 목의 곡률 반지름은 $\kappa \approx -1/\rho$이고, 식 (10.9)에 의해 주어지는 곡률에 의한 목 영역의 공공 농도는 다음과 같다.

$$C_{\text{neck}}^{\text{curv}} = C_0 \left(1 + \frac{V_m \gamma_{sv}}{\rho RT}\right) = C_0 \left(1 + \frac{10 \times 10^{-6} \times 1.2}{4 \times 10^{-8} \times 8.314 \times 1473}\right) = 1.0245 C_0$$

그림 10.12c에 보여준 입자 재배열과 정육면체 배열이라고 가정하면 간단한 힘의 균형의 관계를 이용할 수 있다.

$$F_{\text{app}} = \sigma_a (2r)^2 = F_{\text{boundary}} = \pi \sigma_b x^2$$

여기서 σ_b는 목과 계면에 인가된 응력이다. 이 식을 이용해서 다음을 얻는다.

$$\sigma_b \approx -(4\sigma_a/\pi)(r/x)^2 \approx -1.6 \text{ GPa}$$

결과적으로, 식 (10.48)에 의해 주어진 입자들 사이의 압력 σ_b에 의해 발생한 공공의 농도는 다음과 같다.

$$C_{\text{bound}}^{\text{stress}} = \left(1 + \frac{V_m \sigma_b}{RT}\right) C_0 = \left(1 - \frac{10 \times 10^{-6} \times 1.6 \times 10^9}{8.314 \times 1473}\right) C_0 = -0.3 C_0$$

$\approx x/2$의 거리에 걸쳐 있는 전체 공공 농도의 구배는 대략 다음과 같다.

$$\Delta C/(x/2) \approx C_0 [1.0245 - (-0.3)]/(x/2) \approx 2.65 C_0/x$$

그러나 응력의 효과는 더 확실하다. 이 계산으로부터 적당한 압력을 가하면 모든 소결 단계에서 치밀화 속도를 확실히 증가시킬 수 있다는 것은 분명하다. ■

사례연구 10.1: 전기장 인가 소결

금속 분말을 열간가압소결할 때 전류를 흘려주는 주면 치밀화에 도움이 된다는 것은 오랫동안 알려져 있었다. 처음에는 스파크(spark)와 플라즈마(plasma)가 발생한다고 생각되었기 때문에 이 공정을 스파크 플라즈마 소결(spark plasma sintering, SPS, 방전 플라즈마 소결)이라고 하였다. 지난 수십 년 동안, 세라믹 분말에도 동일하게 적용되는 것을 확인하였다. 그러나 SPS가 만들어진 이후로 스파크나 플라즈마가 생성되지 않는 것을 확인하였으나, 여전히 SPS라고 불리고 있다. 그것은 분명히 잘못되었기 때문에 고쳐져야 하지만, 그럼 무엇으로 바뀌어야 하는가에 대한 의문이 들게 된다. 주요 후보로는 펄스 전류 소결(pulsed electric current sintering, PECS, 간헐 전류 소결), 전계 활성화 소결 기술(field-activated sintering technique, FAST), 전류 활성 가압 치밀화(current activated pressure assisted densification, CAPAD) 등이다. 그러나 이것은 철학적 문제를 야기한다. 예를 들어, 흑연 금형에 큰 펄스 전류를 흘려주거나 시도한 것으로 공정을 설명하거나, 기본 물리학을 설명하는가? 후자의 경우, 절연성 분말에 대해서 좀 더 정확한 약어는 일반적인 실험에서 세라믹 분말이 흑연 금형에 장입이 되고 큰 직류 전류를 그 계에 간헐적으로 흘려준다는 단순한 이유 때문에 FAST라고 할 수 있다. 전형적인 세라믹 산화물의 전기전도도가 흑연 금형보다 상당히 낮은 것을 고려하면, 대부분의 전류가 흑연 금형으로 흘려가게 되는 것은 어렵지 않다. 보다 구체적으로는, 세라믹 분말의 전기전도도가 100 S/m가 되지 않는다면, 전류가 세라믹스를 통과하더라도 전류량은 매우 적다는 것이다. FAST는 (i) 많은 경우 치밀화 속도는 금형이 기존의 전기로에서 가열되는 경우보다 빠르고, (ii) 분당 100℃에서 600℃ 승온 속도로 기존의 가열 속도보다 매우 빠르다는 추가적인 이점이 있다. 소결되거나 반응되는 분말이 전도성이라면 PECS라는 용어로 불리는 것이 좋다. 따라서 절연성 분말은 FAST로, 전도성 분말일 경우 PECS라는 용어를 사용하는 것이 바람직할 것이고 이후 이 책에서 이렇게 사용할 것이다.

처음에는 FAST가 어떻게 또는 왜 작동하는지는 미스터리로 남아 있음을 인정하는 것이 중요하다. 앞서 제시된 주장 중 어떤 것도 충분히 설득력이 없으므로 공언하거나 설득하거나 하는 대신 그대로 두겠다. 그러나 이러한 맥락에서, 생각을 위한 소재로 적어도 몇 가지 결과를 제시하는 것이 유용하다.

그림 10.26b는 FAST 또는 PECS 공정 중 하나를 사용하여 치밀화된 여러 가지 재료의 상대밀도를 융점 대응 온도로 나타내었다. 여기서 융점 대응 온도란 재료의 절대 온도 융점(T_m)에 대한 실제 절대 온도의 비율로 정의된다. (역자주: 즉, 실제 온도를 융점으로 나눈 값. 1이면 융점에서 열처리하는 것이 된다.) 융점 대응 온도가 약 3에서는 세라믹 분말의 기울기는 금속 분말의 기울기(약 0.5)보다 확연히 크다. 또한 이온 세라믹스를 위한 융점 대응 온도는 MgO와 SiC를 극단적인 예로 비교하면 공유 결합 소재보다 낮아진다(그림 10.26b).

사례연구 10.2: 마이크로파 소결

감자를 전자레인지에 넣고 조리하면 마이크로파(microwave)가 감자의 물 쌍극자와 결합하여 에너지를 소비하고 온도를 높이고 감자를 안쪽에서 바깥쪽으로 요리한다. 이 과정은 기존의 오븐에 감자를 넣은 경우보다 빠르고 에너지 소비도 줄어든다. 일부 세라믹 분말도 마찬가지다. 세라믹 분말 중 일부는 전자레인지에 넣어 일반 전기로에서 가열할 때보다 더 빠르게 치밀화시킬 수 있고, 저온에서 치밀화가 가능하다. MgO와 Y_2O_3를 함께 첨가한 알루미나 분말의 소결에 대한 좋은 예가 그림 10.27a에 나타내었다. 연구자들은 기존의 소결과 마이크로파 소결하는 동안에 동일한 승온 속도를 사용했기 때문에 이러한 결과는 분명하다. 마이크로파가 치밀화에 도움이 된다는 것은 적어도 이 조성에 대해서는 상당히 설득력이 있다.

그 이유에 대해서 이해하려면 세라믹 재료가 마이크로파에 노출되면 어떤 현상이 일어나는지 이해할 필요가 있다. 유전체 재료(dielectric material)가 크기가 E_0이고 주파수가 ω인 AC 전계에 놓여 있을 때, 단위부피당 에너지 소비량 P_V는 다음과 같이 표현될 수 있다[식 (14.25) 참고].

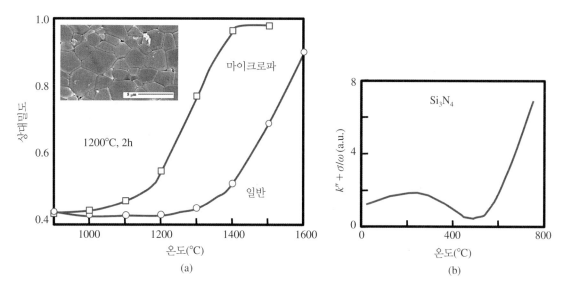

그림 10.27 (a) Al_2O_3의 마이크로파 소결 및 일반 소결에서 소결 시간에 따른 상대밀도 변화. 이 실험에서, 승온 속도는 동일하다. 삽입된 사진은 마이크로파로 1200 °C에서 2시간 소결 후의 미세조직을 보여준다. [Brosnan et al. *J. Am. Ceram. Soc.* 86, 1307 (2003)에서 발췌.] (b) Si_3N_4에서 온도에 따른 유전 손실. (Peng et al. *J. Microw. Power Electromag. Energy*, 38, 243, 2003에서 발췌.)

$$P_V = \frac{1}{2}\{\sigma_{dc} + \omega\varepsilon_0 k''\}E_0^2 \tag{10.49}$$

여기서 σ_{dc}는 재료의 낮은 주파수에서의 DC 전기전도도이고, ε_0는 자유공간에서의 유전율(permittivity), k''은 유전상수의 허수부이다. 괄호 안의 첫째 항은 일반적으로 줄 열(Joule heating)이라고 하고, I^2R 또는 IV와 같다. 여기서 I와 V는 각각 인가 전류와 전압이며, 시편의 부피로 표준화되어 있다. 둘째 항은 k''에 의존하며, 마이크로파 주파수에서 작동하는 다양한 분극 기구의 손실과 관련된다. 14장에서 살펴보겠지만, 마이크로파 주파수 대역에서의 손실은 오직 쌍극자 분극(dipolar polarization) 기구이다. 그러나 쌍극자 존재하에서 최대 에너지 손실은 일반적으로 치밀화에 필요한 온도보다 훨씬 낮은 온도에서 일어난다. 다시 말해, 전형적인 치밀화 온도에서, $\sigma_{dc} \gg \omega\varepsilon_0 k''$이 되고, 전력 손실은 단순히 줄 열 항에 의한 것이 된다. 또한 7장에서 논의한 바와 같이, 전기전도도는 다음 식으로 표현되는 열적 활성화 과정이다.

$$P_V \approx \sigma_{dc}\frac{E_0^2}{2} \approx \sigma_0 \frac{E_0^2}{2} e^{-Q/kT} \tag{10.50}$$

여기서 Q는 활성화 에너지이고, σ_0는 온도에 의존하지 않는 상수이다. 그러나 많지는 않으나, 존재하는 결과들 중에 유전손실의 증가는 온도에 따라 지수보다는 선형적으로 증가하는 것임을 보여준다(그림 10.27b 참고).

이러한 의견에도 불구하고, **FAST** 및 **PECS**와 같은 마이크로파를 이용한 공정으로 일부 세라믹 분말의 저온 치밀화가 가능한 이유는 기본적으로 이해되어 있지 않다. 몇 가지 가설이 제시되어 있다. 현재 가장 가능성 있는 것은, 입계에서 매우 무질서하여 발생한 유전손실이 입자 내부보다 크다는 것이다. 이때 국부적으로 입계의 온도가 상승하여 입계를 따라 확산 속도가 빨라질 수 있다는 것이다. 다만 이 추측은 합리적인 것 같지만, 실험적으로 검증할 필요가 있다.

10.6 요약

1. 곡률 κ의 국부적인 차이는 양의 곡률(볼록한) 면으로부터 음의 곡률(오목한) 면으로 물질 이동을 일으킨다. 정량적으로, 몰 기준으로 이때의 화학 퍼텐셜 차이는 다음과 같이 나타낼 수 있다.

$$\Delta\mu = \mu_{conv} - \mu_{conc} = \gamma_{sv} V_m \kappa$$

이 값이 양수일 때 소결이 일어난다.

2. 원자적 관점에서, 이 화학 퍼텐셜 구배에 의해 고체의 부분 압력이 국부적으로 증가하고 볼록한 면 아래의 공공 농도가 오목한 면의 아래 공공 농도 대비 국부적으로 감소한다. 다른 관점에서 보면 물질은 산에서 계곡으로 이동하는 것과 같다.

3. 높은 증기압을 갖는 작은 입자들은 기체 확산 기구를 선호하는 경향이 있어서 입자조대화로 이어지는 반면, 낮은 증기압과 체적 확산 및 입계 확산이 빠른 경우는 치밀화를 선호하는 경향이 있다. 원자 확산이 입자의 표면에서 목으로 이동하면 목 성장으로 이어지고, 작은 입자에서 큰 입자로 이동한다면 이는 입자조대화로 이어진다. 그러나 입계 영역을 통한 목으로의 원자 확산은 치밀화를 일으킨다. 그러므로 수축이 일어나는 모든 모델은 항상 입계 영역 또는 표면이 공공의 귀착지이며, 목의 표면은 공공이 생겨나는 원천이 된다.

4. 소결 속도는 입자 크기와 확산계수에 의존하며, 작은 입자는 입계 및 표면 확산을 선호하고, 큰 입자는 체적 확산을 선호한다. (역자주: 소결 분위기, 온도 등 소결 환경에 따라 달라질 수 있으므로 절대적인 것은 아니다.)

5. 소결 중기 단계 동안 기공률은 기공이 많은 영역에서 입계, 표면 및 전위(dislocation)로 공공의 확산 때문에 감소한다. 입자 성형의 균일도 및 입자 응집 감소는 빠르고 완전한 치밀화를 얻기 위해 고려되어야 하는 중요한 인자이다.

6. 소결 후기에서는 일반적으로 남아 있는 잔류 기공의 제거가 목적이다. 그러나 만약 기공이 입계에 남아 있을 때만 기공 제거가 가능하다. 그 방법으로 첨가제나 이차상 및 불순물 등으로 계면의 이동도를 감소시키는 것이다.

7. 액상소결 동안 모세관력은 상당히 증가할 수 있다. 이로 인해 입자 사이의 용해를 향상시킬 뿐만 아니라 입자들을 재배열시킬 수 있고, 그 결과 수축과 치밀화가 빨라질 수 있다. 대부분의 상업용 세라믹스는 액상소결에 의해 제조된다.

8. 소결하는 동안 외부압력의 인가는 입자 사이의 원자 화학 퍼텐셜 구배를 증가시킴으로써 치밀화 속도를 훨씬 증가시킬 수 있다.

부록 10A: 깁스-톰슨 식 유도

방울을 팽창시키는 일은 표면 에너지 증가와 동일하고 다음과 같이 표현할 수 있다.

$$\Delta P dV = \gamma \, dA$$

반지름이 ρ인 구형의 방울이라면, $dA/dV = 8\pi\rho/(4\pi\rho^2) = 2/\rho$가 된다. 그러면 위 식은 $\Delta P = 2\gamma/\rho$가 된다.

깁스 자유 에너지 변화는 다음과 같이 나타낼 수 있다.

$$dG = V \, dP - S \, dT$$

등온 과정에서, $dT = 0$이고 $dG = V \, dP$가 된다. 적분하면 $\Delta G = V \Delta P$로 표현되고, ΔP를 위의 값으로 치환하고 1 mol이라고 가정하면 다음을 얻는다.

$$\Delta\mu = 2\gamma V_m/\rho$$

여기서 V_m은 몰부피이다. MX 화합물 기반으로 다음과 같이 표현할 수 있다.

$$\Delta\mu = 2\gamma V_m /N_{Av} \, \rho = 2\gamma \, \Omega_{MX}/\rho$$

이때 $\Omega_{MX} N_{Av} = V_m$이다.

부록 10B: 곡률 반지름

곡률에 의해 발생하는 여러 가지 힘을 이해하기 위해서는 곡률의 정의와 그 의미를 이해하는 것이 필수적이다. 어떤 표면이라도 곡률 반지름 κ로 정의할 수 있고, 이 곡률은 다시 서로 직교하는 곡률 반지름 ρ_1과 ρ_2로써 다음과 같이 정의할 수 있다.

$$\kappa = \frac{1}{\rho_1} + \frac{1}{\rho_2} \tag{10B.1}$$

구형 입자에서는, 두 곡률 반지름이 모두 양수로 서로 같고, 이를 $\rho_1 = \rho_2 = \rho_{sphere}$ [그림 10.28(a)]로 할 수 있다. 그러면 구형 입자에서의 곡률은 $\kappa = 2/\rho_{sphere}$가 되고, 이때 압력 차이 ΔP는 양수가 된다. (역자주: 단순히 구형 입자는 양수로 알기보다 압력의 차이를 어떻게 규정하는지 제대로 고민하기를 바란다.)

반대로, 구형의 기공에서는, 두 곡률 반지름이 같지만, 이 경우는 기공의 표면이 오목하기 때문에, 곡률은 $\kappa = -2/\rho_{sphere}$와 같고 압력 차이 ΔP는 음수가 된다. 그러면 $\Delta C_{vac.}$ [식 (10.10)]는 양수가 된다. 즉, 볼록한 면 바로 아래의 공공 농도는 편평한 면 아래의 공공 농도보다 적다.

소결 중에는 입자들을 분리하는 표면의 기하학적 요소(목 부분)는 그림 10.28b에서 나타낸 것과

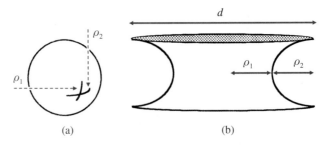

그림 10.28 (a) 구형일 때와 (b) 안장 모양일 때의 곡률 반지름 정의

같은 2개의 곡률 반지름으로 구성된 안장 모양으로 모델링한다.

$$\kappa = \frac{1}{\rho_1} + \frac{1}{\rho_2} = \frac{2}{d} - \frac{1}{\rho_{neck}} \tag{10B.2}$$

대부분 소결 문제에서, ρ_1은 입자의 지름 d와 같은 수준이고, 이것은 목의 곡률 반지름 ρ_{neck}보다 훨씬 크기 때문에 결국 곡률은 $\kappa \approx -1/\rho_{neck}$이 된다.

부록 10C: 식 (10.20) 유도

식 (10.14a)를 참고하자. 각 다면체의 부피는

$$V = 8\sqrt{2}\,a_p^3$$

이고, 다면체 1개당 기공 채널의 부피는

$$V_P = \frac{1}{3}\left(36 a_p \pi r_c^2\right)$$

가 된다. 여기서 r_c는 기공 채널의 반지름이다. 앞의 1/3 인자는 다면체 모서리인 기공 채널을 3개의 다면체가 공유하기 때문이다. 기공의 분율은 간단히 다음과 같이 표현된다.

$$P_c = \frac{V_p}{V} = \frac{12\pi a_p r_c^2}{8\sqrt{2}\,a_p^3} \approx 3.33\,\frac{r_c^2}{a_p^2} \tag{10C.1}$$

표면적 S의 원통으로부터 확산되어 나가는 음이온 공공의 전체 유량 $C_{0,X}$은 다음과 같이 주어진다.[19]

---

[19] 원통 좌표에서 픽의 제2법칙은

$$\frac{\partial c}{\partial t} = \frac{D}{r}\frac{\partial}{\partial r}\left(r - \frac{\partial c}{\partial r}\right)$$

로 주어지고, 정상상태, 즉 $\partial c/\partial t = 0$에서는 $A + B \log r$의 해를 갖는다. 여기서 A와 B는 경계조건으로부터 결정되는 상수이다. 엄밀히 말하면, 편평한 기하학으로 가정하였기 때문에 식 (10C.2)는 맞지 않다. 단순화를 위해 사용되었다. 좀 더 정확한 표현을 위해서는

$$J_X \cdot S = -\frac{D_{v,X} \Delta C_{v,X}}{a_p}(2\pi r_c a_p) = 2\pi D_{v,X} \Delta C_{v,X} r_c \tag{10C.2}$$

여기서 $D_{v,X}$는 전체 속도를 지배하는 것으로 가정한 음이온 공공의 확산계수이다. 원통형의 기공에 대해 곡률은 $\kappa = -1/r_c$이고, 이 경우의 $\Delta C_{v,X}$는 식 (10.10)에 의해 다음과 같이 표현된다.

$$\Delta C_{v,X} = C_{v,X}\left(\frac{\Omega_X \gamma_{sv}}{r_c kT}\right) \tag{10C.3}$$

여기서 Ω_X는 음이온 공공의 부피이다. 식 (10C.2)와 (10C.3)을 조합하고, 음이온의 확산계수를 D_X라고 할 때 $D_{v,X}\Omega_X C_v = D_X$인 것을 주목하여, 다음 식을 유도할 수 있다.

$$J_X \cdot S = -2\pi D_{v,X} C_v\left(\frac{\Omega_X \gamma_{sv}}{kT}\right) = -\frac{2\pi D_X \gamma_{sv}}{kT} \tag{10C.4}$$

전체 속도를 결정하는 과정은 음이온의 확산이라고 가정했기 때문에, 양극성 확산계수는 음이온 확산계수와 유사하다($D_{ambi} \approx D_X$)(7.5절 참고). 식 (10C.4)에 확산계수를 치환하고, 단위시간당 물질 이동의 총 부피 변화를 $J \cdot S \cdot \Omega_{MX}$로 할 수 있고, 또는 다음과 같이 나타낼 수도 있다.

$$\frac{dV}{dt} = 2\pi D_{ambi}\left(\frac{\gamma_{sv}\Omega_{MX}}{kT}\right)$$

반지름이 r이고 길이가 a_p인 원통에서, 부피 변화와 관련하여 $dV = 2\pi a_p r dr$이다. dV를 치환하고 시간 t에서 t_f까지 미분하면 다음을 얻는다.

$$\frac{r_c^2}{a_p^2} = \frac{2D_{ambi}}{a_p^3}\left(\frac{\Omega_{MX}\gamma_{sv}}{kT}\right)(t_f - t) \tag{10C.5}$$

여기서 t_f는 기공이 소멸되는 시간이다. 실험적으로, 실제 기공의 반지름을 측정하는 것보다 평균 기공률을 측정하는 것이 더 쉽다. 식 (10C.1)과 (10C.5)를 조합하고, 입자 지름 d가 a_p와 비례하는 것에 주의하면, 이 모델은 다음과 같이 쓸 수 있다.

$$P_c - P_0 = (상수)\frac{D_{ambi}\gamma_{sv}\Omega_{MX}}{d^3 kT}t$$

여기서 P_0는 소결 중기의 끝에서의 기공률이다.

$$J = D_v \frac{\Delta C}{\log(r/a_p)}\frac{1}{r}$$

이고 최종 결과에 큰 영향을 주지 않는다.

부록 10D: 식 (10.22) 유도

문제가 구형 대칭으로 주어진다면 다음과 같이 쓸 수 있다.

$$C_{\text{vac.}}(r) = B + \frac{A}{r} \tag{10D.1}$$

이것은 구좌표로 나타낸 픽의 제1법칙의 해이고,[20] $C_{\text{vac.}}(r)$은 임의의 r에서의 공공 농도이다. 그림 10.15a를 참조하여, 다음의 경계조건들이 적용된다고 가정하자. $r = \rho_p$이고 $C_v(r) = C_{\text{curv.}}$는 식 (10.9)로 주어진다. $r = R$에서 식 (10.7)에 의해 $C_0(r) = C_0$로 주어진다. 그러면 다음과 같은 식이 얻어진다(문제 10.7a 참고).

$$\left(\frac{dC_{\text{vac.}}}{dr}\right)_{r=p_p} = -\frac{1}{\rho_p}\Delta C_{\text{vac.}}\frac{R}{R - \rho_p} \tag{10D.2}$$

이는 정상상태 조건이다. 여기서 $\Delta C_{\text{vac.}}$는 식 (10.10)에 의해 주어진다.

결과적으로, 기공에서부터 구형의 방사형으로 멀어지는 공공의 총 유량은 다음과 같이 나타난다.

$$J_X \cdot S = -4\pi\rho_p^2 D_v \left(\frac{dC_v}{dr}\right)_{r=\rho_p} = -4\pi\rho_p D_v \Delta C_{\text{vac.}}\left(\frac{R}{R - \rho_p}\right) \tag{10D.3}$$

여기서 S는 기공 표면의 면적이다. 단위시간당 소멸되는 총 부피는 다음과 같이 구할 수 있다.

$$\frac{dV}{dt} = -J_a S \Omega_{\text{MX}} = -D_a \frac{8\pi\gamma_{\text{sv}}\Omega_{\text{MX}}}{kT}\left(\frac{R}{R - \rho_p}\right) \tag{10D.4}$$

여기서 $D_v \Omega_a C_{\text{vac}}$는 벌크에서 전체 확산 속도를 지배하는 이온의 확산계수 D_a로 교체되었다. 구형의 기공에 대해, $dV = 4\rho_p^2 d\rho_p$이고, 이 식을 식 (10D.4)와 조합할 때, 적분하고 R 대비 매우 작은 ρ_p를 무시하면, 최종 해답은 다음과 같이 얻을 수 있다.

$$\rho_p^3 - \rho_{p,0}^3 = -\frac{6D_a\gamma_{\text{sv}}\Omega_{\text{MX}}}{kT}t \tag{10D.5}$$

---

[20] 구 좌표에서 픽의 제2법칙은

$$\frac{\partial c}{\partial t} = \frac{D}{r^2}\frac{\partial}{\partial r}\left(r^2 - \frac{\partial c}{\partial r}\right)$$

이고 정상상태는

$$\frac{d}{dr}\left(r^2\frac{dc}{dr}\right) = 0$$

가 된다.

문제

10.1 (a) 소결에서 $\gamma_{gb} < 2\gamma_{sv}$ 조건이 왜 반드시 필요한지 설명하시오. 그리고 또한 이 조건이 왜 이면각이 $\phi > 0°$ 가 되는 조건인지 설명하시오.

(b) 3개의 산화물의 이면각 ϕ이 각각 150°, 120°, 60°이다. 만약 3개의 산화물이 표면 에너지가 비슷하다 면, 3개 중 어느 것이 치밀화에 유리할 것으로 판단되는지 설명하시오.

(c) 1850°에서 알루미나 고상과 그 기상과의 계면 에너지가 약 0.9 J/m²이다. 표면과 접하는 입계의 이면 각이 115°로 측정되었다. 알루미나의 인성을 증가시키기 위해, 입계에 끝에 ZrO_2가 분산된다. 고온에 서 장시간 열처리하면, 입자가 평형 형태를 갖게 된다. 입계에서 입자 사이의 평균 이면각이 150°로 측 정되었다면, 알루미나/지르코니아 계면의 계면 에너지를 구하시오. 입자가 구형 그대로였다면, 계면 에 너지에 대해 어떤 결론을 내릴 수 있는가?

답: 1.87 J/m²

10.2 ZnO 분말 8.5 g을 지름 2 cm 및 높이 1 cm로 원통 금형으로 압축 성형하였다. 이 성형체를 열팽창계에 놓 고 온도를 T_2까지 빨리 가열하였다. 등온 선형 수축 정도를 시간에 따라 확인하고, 그 결과를 그림 10.4와 같이 나타내었다. 공정이 완료된 후 시편의 이론적 밀도에 대한 상대밀도를 계산하시오(즉 T_2의 온도에서 80분 후). 모든 가정을 명시하시오. 방사형 수축은 무시할 수 없다.

답: 0.94

10.3 (a) 만약 표면장력이 1.6 J/m²이고 원자 부피가 20×10^{-30} m³일 때, 300K에서 반지름이 1 nm인 구에서 P/P_{flat} 값을 구하시오.

답: $P/P_{flat} = 5.2 \times 10^6$!

(b) 평균 입자 크기가 0.5 μm에서 10 μm로 증가할 때, 1300K에서 평균 분압의 상대적인 변화를 계산하 시오.

답: $P_{0.5\mu m}/P_{10\mu m} = 1.0068$

(c) 최종적으로 입자의 지름이 10 cm³인 구가 된다면 문항 (b)의 답은 어떻게 바뀌는가?

10.4 (a) 밀도가 2.3 g/cm²인 고체 안에서 SiO_2 단일 분자의 부피를 계산하시오.

답: 43 Å³

(b) 2000K에서 SiO_2(1iq) $\Rightarrow SiO_2$(g) 반응이 일어나고, 이때 $\Delta G = 253$ kJ/mol이라면, 2000K 편평한 표 면 위의 액상 실리카의 증기압을 계산하시오.

답: $P_{flat} = 2.5 \times 10^{-7}$ atm

(c) 문항 (b)에서 계산된 값을 동일한 온도의 액상 SiO_2에 떠 있는 0.5 μm 지름의 SiO_2 방울 내부의 평형 증기압과 비교하시오. 액상 SiO_2의 $\gamma_{sv} = 1.2$ J/m²이라고 가정한다.

답: 0.985 P_{flat}

10.5 그림 10.9의 s와 n점 사이의 ΔP를 표현하고 유도하시오.

10.6 1 cm² 표면이 반구형 클러스터의 양봉 분포(bimodal distribution, 바이모달 분포)로 덮여 있다. 이때 10 nm 지름과 30 nm 지름의 두 분포이다.

(a) 이 계를 승온하면서 가열할 경우 어떤 현상이 일어날지 설명하시오.

(b) 평형상태에서 작은 클러스터가 큰 클러스터로 확산되어 들어간다면, 이 계의 에너지 감소량은 얼마인 가? γ_{sv}는 2.89 J/m²이고, 초기의 총 클러스터 수는 4×10^{10}이다. 힌트: 기판의 반응은 무시하고 지름 이 아닌 반지름을 이용하라.

답: -6.8 μJ

10.7 (a) 식 (10.20)과 유사한 방법으로 식 (10.21)을 유도하시오.

   (b) 소결 중기 모델에서, 입자들은 정14면체(그림 10.14a)로 가정하였다. 입자가 정육면체일 경우 어떻게 되는지 설명하시오. 식 (10.20) 또는 식 (10.21)과 많이 달라지는가?

10.8 식 (10.25)를 유도하고, 얻어진 식을 R_{gb}와 ρ_p에 따라 그래프를 그린 후 로그 항의 중요성에 대해 논하시오.

10.9 (a) 이면각 ϕ의 기공의 배위수 n과의 관계에 대해 표현하시오.

   답: $n = 360/(180 - \phi)$

   (b) 입자들을 성형할 때, 이면각을 증가시키는 것은 기공 제거에 도움이 되는가 방해가 되는가? 설명하시오.

   (c) 그림 10.16에서 어느 기공이 열역학적으로 안정한지 설명하시오.

10.10 $D_{cat} < D_{an}$로 알려진 MO 산화물에서 산소 결핍될 경우 치밀화가 어렵다. 소결 속도를 향상시키기 위한 전략에 대해 설명하시오.

10.11 MO 화합물의 소결은 산소 이온의 확산에 지배받는다. 만약 이 화합물이 양이온 결핍이라면, 소결 속도를 향상시킬 수 있는 방법을 제시하시오.

10.12 (a) 다음 조건들에서 접촉각의 범위를 구하시오.

   1. $\gamma_{lv} = \gamma_{sv} < \gamma_{ls}$
   2. $\gamma_{lv} > \gamma_{sv} > \gamma_{ls}$
   3. $\gamma_{lv} > \gamma_{sv} = \gamma_{ls}$

   (b) 다음 경우에 대해 그림 10.3b를 다시 그리시오.

$$\gamma_{gb} = \gamma_{sl}, \ \gamma_{gb} = 2\gamma_{sl}, \ \gamma_{gb} = 0.1\,\gamma_{sl}$$

   입계로 액상이 어떻게 침투할 수 있는지 특별히 주의하시오. 또한 3가지 경우에서 어떤 것이 더 치밀화가 빠를 것으로 예상되는지 설명하시오.

10.13 (a) 그림 10.23b를 참고하여, 그림을 그려서 액상이 고상 표면에 확산될 수 없도록(즉, X는 그림 10.23b에서 고정되어 있음) 용융되고, 양쪽 기판은 수직방향으로 자유롭게 움직일 수 있다면, 원통 모양이 어떻게 될지 정량적으로 설명하시오.

   (b) 문항 (a)에서 곡률 반지름이 1.5 X인 평형 모양에 도달한다고 가정한다면, 젖음각을 계산하시오.

   답: 160°

   (c) 그림 10.23b를 참조하여, 용융 시 모양이 부피 V인 정육면체라고 가정하면, 결과적으로 생기는 힘을 유도하시오. 그 힘은 반발력인가 인력인가? 설명하시오.

   답: $4\gamma_{lv}V^{1/3}$

   (d) 문항 (c)에서 기판 사이의 액상이 정14면체라고 가정하고(그림 10.14a) 그 힘을 유도하시오. 그 답은 14면체 어느 면에 적셔지는지에 따라 달라지는가? 설명하시오.

10.14 (a) 그림 10.29a의 그림과 같은 계에서, '구형의 캡'의 총 표면 에너지가 다음과 같음을 유도하시오.

$$E_{tot} = \gamma_{sv}A + \gamma_{lv}\left[\frac{2V}{h} + \frac{2\pi h^2}{3}\right] + (\gamma_{sl} - \gamma_{sv})\left[\frac{6V - \pi h^3}{3h}\right]$$

   여기서 V는 $(\pi/6)(h^3 + 3h^2a)$로 주어진 방울의 부피이고, A는 평판 전체 면적이다. 구형 캡의 표면적은 $S = 2\pi Rh$이고 $R = (a^2 + h^2)/2h$이다.

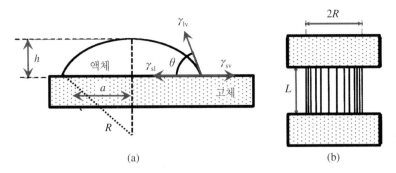

그림 10.29 (a) 구형 캡으로 가정한 방울의 개략도. (b) 두 기판 사이의 원통형 액상.

(b) 표면 에너지는 높이가 다음과 같을 때 최소가 됨을 보이시오.

$$h^3 = \frac{3V}{\pi} \frac{\gamma_{sl} + \gamma_{lv} - \gamma_{sv}}{\gamma_{sv} + 2\gamma_{lv} - \gamma_{sl}}$$

(c) 이 표현이 식 (10.37)과 일치함을 보이시오. 즉, $\phi = 0$, 완전히 적셔질 때 $h = 0$이고, $\phi = 90°$일 때 $h = R$이다.

10.15 (a) 길고 얇은 모든 재료와 길고 얇은 원통형 기공은 본질적으로 불안정하고, 하나 이상의 구체로 분리되는 경향이 있다. 이것을 레일리 불안정성이라고 한다. 이 현상이 일어나는 이유를 설명하시오.

(b) 그림 10.29b에 나타낸 원통형 액상에 대해, 길이가 $L = 2\pi R$ 이상이 되면 기계적으로 불안정해지는 것을 보이시오. 이것은 열역학적으로 불안정하게 될 때의 값과 같은가? 설명하시오. 고상/액상 상호작용과 중력은 무시한다.

10.16 (a) 만약 반지름이 r이고 길이가 l인 얇은 와이어가 가열된다면, 어떻게 짧아지는 경향이 생기는지 설명하시오.

(b) 수축되는 동안, 힘 F는 와이어에 반드시 작용되어야 한다. 그 힘을 와이어의 표면 에너지 γ_{sv}의 인자로 표현하고 유도하시오.

(c) γ_{sv} 및 와이어 치수 관점에서 와이어 길이의 미소 증가에 대한 에너지 변화를 나타내시오. 그 결과를 문항 (b)의 값과 연관시켜 $\sigma = \gamma_{sv}$임을 보이시오.

(d) 이러한 접근이 고체의 γ_{sv}를 측정하기 위해서 어떻게 활용되는지 설명하시오.

10.17 (a) 일반적으로 액상소결에서의 젖음 현상에 대해 설명하시오.

(b) 만약 1875°C 용융점에서 $Al_2O_3(s)$의 γ_{sv}가 0.9 J/m²이고, Cr 액상의 표면장력이 2.3 J/m²이라면, Cr 액상은 Al_2O_3를 완전하게 적실 수 있을지를 설명하시오.

(c) 액상 Cr과 Al_2O_3 사이의 계면 에너지를 계산하면 0.32 J/m²이 된다. 이 값이 맞다고 가정하고, 이 서멧(cermet, 즉 금속 세라믹)의 액상소결이 함축하는 바를 논의하시오.

10.18 한 면이 h인 정육면체에 대해 식 (10.2)는 $\gamma_{sv}\Omega/h$가 됨을 보이시오.

더 읽을거리

1. R. M. German, *Liquid Phase Sintering*, Plenum, New York, 1985.
2. V. N. Eremenko, Y. V. Naidich, and I. A. Lavrinenko, *Liquid Phase Sintering*, Consultants Bureau, New York, 1970.
3. W. D. Kingery, Densification and sintering in the presence of liquid phase, I. Theory, *J. Appl. Phys.*, 30, 301–306 (1959).
4. J. Philibert, *Atom Movements, Diffusion and Mass Transport in Solids*, in English, S. J. Rothman, trans., Les Editions de Physique, Courtabeouf, France, 1991.
5. J. W. Martin, B. Cantor, and R. D. Doherty, *Stability of Microstructures in Metallic Systems*, 2nd ed., Cambridge University Press, Cambridge, UK, 1996.
6. J. McColm and N. J. Clark, *High Performance Ceramics*, Blackie, Glasgow, Scotland, 1988.
7. R. L. Coble, Diffusion models for hot pressing with surface energy and pressure effects as driving forces, *J. Appl. Phys.*, 41, 4798 (1970).
8. D. L. Johnson, A general method for the intermediate stage of sintering, *J. Amer. Cer. Soc.*, 53, 574–577 (1970).
9. W. D. Kingery and B. Francois, The sintering of crystalline oxides. I. Interactions between grain boundaries and pores, in *Sintering and Related Phenomena*, G. C. Kuczynski, N. A. Hooten, and C. F. Gibbon, Eds., Gordon and Breach, New York, 1967, pp. 471–498.
10. S. Somiya and Y. Moriyoshi, Eds., *Sintering Key Papers*, Elsevier, New York, 1990.[150]
11. J. Reed, *Principles of Ceramic Processing*, 2nd ed., Wiley, New York, 1995.
12. The August 2012 issue of the J. Amer. Ceram. Soc. was devoted to sintering.

기타 참고

1. In this video, soap bubbles are generated on water—so-called bubble rafts—and then allowed to interact freely. The bubbles act as atoms would if restricted to 2D. The results are fascinating. https://www.youtube.com/watch?v=ah1Q6yqTdpA.
2. Sintering simulation in 3D: https://www.youtube.com/watch?v=48Is5ENhkGE&index=1&list=PLXY9aXdWOPapbz4QEeoikL3WJ6ojGm8Z1.
3. MD simulation of nano-capillary: https://www.youtube.com/watch?v=Z8n3m36GVQo.
4. MD of bilayer formation by self-assembly: https://www.youtube.com/watch?v=lm-dAvbl330.
5. Grain Growth in 2D https://www.youtube.com/watch?v=J_2FdkRqmCA&list=PL2365260 8CEF19DB9&index=7.
6. Grain Growth in 3D https://www.youtube.com/watch?v=Ac_ca_NeRnw.

11

기계적 성질: 빠른 파괴

MECHANICAL PROPERTIES
Fast Fracture

The careful text-books measure
(Let all who build beware!)
The load, the shock, the pressure
Material can bear.
So when the buckled girder
Lets down the grinding span.
The blame of loss, or murder,
Is laid upon the man.
Not on the stuff—the Man!

R. Kipling, "Hymn of the Breaking Strain"

11.1 서론

문명이 시작되기 전에 인류는 깨진 돌의 가장자리가 먹이를 죽이고 포식자를 막는 데 매우 유용하다는 것을 발견했다. 이러한 인류 역사상 중요한 분기점은 고고학자들과 인류학자들에 의해 석기시대라고 구분 지어졌다. 스미스(Smith)[1]는 더 나아가 "인간은 아마도 그 존재 자체가 무기 물질의 기본적 특성인 이온 화합물의 취성에 빚지고 있다."라고 말했다. 이와 같은 맥락에서, 키플링(Kipling)의 찬가와 "공업재료가 가지는 최악의 성질은 강도나 강성 부족이 아니라 인성의 부족, 즉 균열 전파에 대한 저항력 부족이다."라는 고든(Gordon)의 진술[2]은 첨예한 대립을 이룬다. 그러나 이러한 대립은 매우 실제적인 의미에서 수천년 동안 문제가 없었지만 현재는 문제가 되는 구조 세라믹스의 짧은 역사를 반증하는 것이다. 결국 깨진 거울이나 냄비는 파열된 터빈날개와 같이 심각하지 않다. 이것은 세라믹스가 가지는 취성 때문이 아니라 낮은 밀도와 높은 비강성(specific stiffness)의 성질로 인해 높은 온도에서의 구조재로서 적용이 많이 되기 때문이라고 주장할 수도 있다. 중요한 점은 어떤 것들은 산화와 크리프(creep) 내성이 있다는 것이다.

　고체에 하중 또는 응력을 가하면 처음에는 가역적인 탄성변형이 발생하고 이후 소성변형(plastic deformation)이 거의 없는 파괴(fracture)(그림 11.1a) 또는 소성변형까지 진행되는 파괴(그림 11.1b)가 뒤따른다. 대부분의 경우, 세라믹스와

---

[1] C. S. Smith, *Science*, 148, 908 (1965).

[2] J. E. Gordon, *The New Science of Engineering Materials*, 2nd ed., Princeton University Press, Princeton, NJ, 1976.

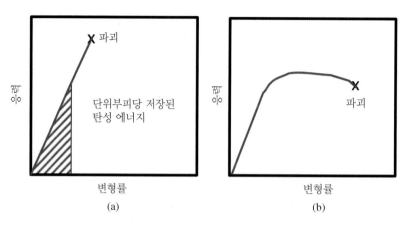

그림 11.1 (a) 취성 및 (b) 연성 고체에 대한 일반적인 응력-변형률 곡선

유리는 전자에 속한다. 이러한 이유로 이 물질들은 취성 재료로 간주된다. 반면, 대부분의 금속과 폴리머는 유리전이온도(glass transition temperature)보다 높은 온도에서 후자에 속한다.

접합파열(bond rupture)에 의해 소재가 파괴될 것으로 예상되는 이론적 응력 수준이 $Y/15$ 정도로 추정되며(Y는 영의 계수) 이는 4장에서 논의되었다. 세라믹스의 경우 Y의 범위는 100~500 GPa 이고(표 11.1 참고), 예상되는 '이상적인' 파괴응력(fracture stress)은 10~50 GPa이다. 곧 명백하게 다뤄질 이유들로 인해, 그림 11.2와 같은 결함의 존재는 취성 재료에서 파괴응력(failure stresse)을 크게 감소시킨다. 반대로, 재료에 결함이 존재하지 않는다면, 엄청나게 큰 파괴응력을 가질 수 있을 것이다. 예를 들어, 사례연구 12.1에서 다룬 결함이 없는 실리카 유리섬유(silica glass fiber)는 10 GPa이 넘는 응력에 탄성변형을 일으킨다. 따라서 재료 내의 특정 결함은 물질의 이상적 파괴응력 보다 낮은 응력 수준에서 파괴를 촉진하는 역할을 한다고 결론 내릴 수 있다.

취성 재료에 존재하는 결함의 확률 정보는 결함에 대한 민감성과 함께 물질을 설계하는 데 있어 서 또한 중요하다. 평균값에서 25% 내외의 응력변화는 드물지 않으며, 몇 %에 불과한 물질 내 응력

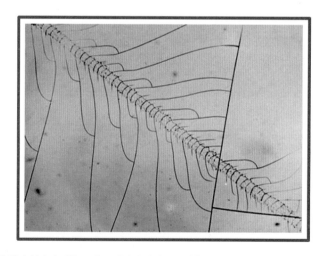

그림 11.2 유리 표면이 먼지 입자나 다른 고체 표면과 우발적으로 접촉하여 발생하는 표면 균열. 이러한 결함으로 인해 강도 가 크게 감소한다.

표 11.1 영의 계수(Y), 푸아송비(ν), 파괴인성(K_{Ic}) 및 비커스 경도(H), 상온에서 선택된 세라믹스들의 값[a]

	Y(GPa)	푸아송비 ν	K_{Ic}(MPa·m$^{1/2}$)	비커스 경도(GPa)
산화물				
Al_2O_3	390	0.20 – 0.25	2.0 – 6.0	19 – 26
Al_2O_3 (단결정, (10$\bar{1}$2))	340		2.2	
Al_2O_3 (단결정, (0001))	460			
$BaTiO_3$	125			
BeO	386	0.34		0.8 – 1.2
HfO_2 (단사정)	240			
MgO	250 – 300	0.18	2.5	6 – 10
$MgTi_2O_5$	250			
$MgAl_2O_4$	248 – 270		1.9 – 2.4	14 – 18
Mullite (완전히 치밀한 구조)	230	0.24	2.0 – 4.0	15
Nb_2O_5	180			
$PbTiO_3$	81			
SiO_2 (석영)	94	0.17		12(011)
SnO_2	263	0.29		
TiO_2	282 – 300			10 ± 1
ThO_2	250		1.6	10
Y_2O_3	175		1.5	7 – 9
$Y_3Al_5O_{12}$				18 ± 1
ZnO	124			2.3 ± 1
$ZrSiO_4$ (지르콘)	195	0.25		≈ 15.0
ZrO_2 (입방정)	220	0.31	3.0 – 3.6	12 – 15
ZrO_2 (부분적으로 안정화된)	190	0.30	3.0 – 15.0	13
탄화물, 붕화물, 질화물, 규화물				
AlN	308	0.25		12
B_4C	417 – 450	0.17		30 – 38
BN	675			
Diamond	1000			
$MoSi_2$	400	0.15		
Si	107	0.27		10
SiC (열간가압)	440 ± 10	0.19	3 – 6	26 – 36
SiC (단결정)	460		3.7	
Si_3N_4 (열간가압된 치밀한 구조)	300 – 330	0.22	3 – 10	17 – 30
TiB_2	500 – 570	0.11		18 – 34
TiC	456	0.18	3.0 – 5.0	16 – 28
Ti_3SiC_2	340	0.20	7 – 15	2 – 4
WC	450 – 650		6 – 20	
ZrB_2	440	0.14		22
할로겐화물				
CaF_2	76	0.26	0.8	1.8
NaCl	≈ 33	0.2	≈ 0.2 (SC)	≈ 0.2

(계속)

표 11.1 영의 계수(Y), 푸아송비(ν), 파괴인성(K_{Ic}) 및 비커스 경도(H), 상온에서 선택된 세라믹스들의 값[a]

	Y(GPa)	푸아송비 ν	K_{Ic}(MPa·m$^{1/2}$)	비커스 경도(GPa)
할로겐화물				
KCl (단조된 단결정)	24		≈ 0.35	0.15
MgF$_2$	138	0.28	1.0	6.0
SrF$_2$	88		1.0	1.4
유리 및 유리 세라믹스				
규산알루미늄 (Corning 1720)	89	0.24	0.96	6.6
붕규산 유리 (Corning 7740)	63	0.20	0.75	6.5
붕규산 유리 (Corning 7052)	57	0.22		
LAS (유리 세라믹)	100	0.30	2.00	
용융 실리카	72	0.16	0.80	6.0 − 9.0
실리카 (96% 밀도)	66		0.70	
소다 라임	69	0.25	0.82	5.5

[a] 파괴인성은 미세조직의 함수이다. 나열된 값들은 대부분 비교를 위한 것이다.

의 확산 정도와 비교해도 매우 크다. 말할 필요도 없이, 그러한 응력의 변화는 물질 자체의 취성파괴에 대한 성질과 함께 구조 및 기타 중요한 용도로 세라믹스를 사용하는 것을 고려하는 설계 엔지니어에게 현실적인 문제를 제기한다.

결함, 결함의 형태, 그리고 결함의 전파가 이 장의 핵심 주제이다. 취성파괴의 다양한 측면들이 몇 가지 관점에서 논의된다. 파괴인성 및 결함 민감도의 개념이 먼저 논의된다. 세라믹스의 강도에 영향을 미치는 요소는 11.3절에서 다룬다.[3] 강화 메커니즘은 11.4절에 다루어진다. 11.5절에서는 취성파괴의 통계와 설계를 위한 방법론을 소개한다. 2가지 사례연구를 통해 이 장을 마무리한다.

11.2 파괴인성

11.2.1 결함 민감도

그림 11.3은 결함 또는 노치(notch) 민감도를 설명하고 있다. 하중 F_{app}이 균열이 없는 시료(그림 11.3a)에 가해지면, 각 원자사슬들은 하중에 대한 몫(F/n, n은 총 사슬의 개수)을 가질 것이다. 이러한 조건에서는 가해진 하중 또는 응력(σ_{app})이 균일하게 분포된다. 그러나 표면 균열이 유입되면 응력 재분배가 일어나 다수의 결합에 의해 지탱되었던 하중이 균열 선단에 있는 단지 몇 개의 결합에 전달된다(그림 11.3b). 다시 말해, 결함은 국부적으로 균열 선단에 응력(σ_{tip})을 증폭시킬 것이다.

4.4절에서 힘의 일반적인 형태 대 원자 간 거리에 대한 내용 및 재료가 파괴되기 전 최대 힘까

---

[3] 크리프 및 아임계 균열 성장과 같은 시간에 따른 기계적 특성은 다음 장에서 별도로 다룬다.

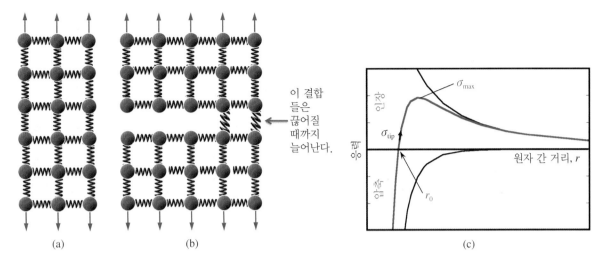

그림 11.3 (a) 균일한 응력의 묘사. (b) 균열로 인한 응력 재분배. (c) 주어진 적용된 하중에 대해 균열이 커지고 결합이 순차적으로 파괴됨에 따라 σ_{tip}은 응력 대 거리 곡선에서 σ_{max}의 위쪽으로 이동한다. $\sigma_{tip} = \sigma_{max}$일 때 치명적인 파괴가 발생한다. 이 그림은 y축이 적용된 하중이 아닌 결합에 대한 응력을 나타내는 것을 제외하고는 그림 4.6과 동일하다.

지만 결합이 당겨질 수 있다는 사실이 상세히 논의되었다. 그림 4.6의 힘을 응력으로 바꾸면 그림 11.3c로 표현할 수 있다. 여기에서 결합이 파괴되는 최대 응력은 σ_{max}로 표시되어 있다. 다시 균열 선단으로 돌아가서, σ_{app}이 증가함에 따라 σ_{tip}이 그에 따라 증가하고, 그림 11.3c의 응력 대 원자 간 거리 곡선에서 짧은 검은색 화살표 방향으로 위로 이동한다. $\sigma_{tip} < \sigma_{max}$ 경우에서는 상황은 안정적이며 결합은 전파되지 않는다. 그러나 언제든지 σ_{tip}이 σ_{max}를 초과하면 상황이 (댐이 붕괴되는 경우와는 다르게) 매우 불안정해진다. 이 간단한 그림을 보면, 취성파괴가 경고 없이 음속에 근접한 속도로 빠르게 발생하는 이유가 이제는 명백하다. 또한 세라믹스가 인장보다 압축에 훨씬 더 강한 이유도 분명해진다.

파괴를 일으키기 시작하는 σ_{app}을 조금 더 정량적으로 예측하기 위해서는, σ_{tip}이 계산되어야 하며 그 값은 σ_{max} 혹은 $\approx Y/15$과 그 크기가 같다. σ_{tip}의 계산은 다소 복잡하며(최종 결과만 여기에 제공됨), 하중, 시료, 균열구조 등의 함수로 표현된다.[4] 그러나 얇은 시트의 경우, σ_{tip}이 가해진 응력과 다음 식과 같은 관련이 있다.

$$\sigma_{tip} = 2\sigma_{app} \sqrt{\frac{c}{\rho}} \tag{11.1}$$

여기서 c와 ρ는 그림 11.4에서 도식적으로 보여지는 대로 균열 길이와 곡률 반지름이다.[5]

위에서 언급한 바와 같이, $\sigma_{tip} = \sigma_{max} \approx Y/15$일 때 파괴가 발생하는 것으로 합리적으로 가정할 수 있으므로 다음과 같이 표현할 수 있다.

---

[4] C. E. Inglis, *Trans. Inst. Naval Archit.*, 55, 219 (1913).

[5] 이 방정식은 얇은 시트에서 길이 c의 표면 균열 또는 길이 $2c$의 내부 균열에 한해서 적용된다. 재료의 표면은 그것에 수직인 응력을 견딜 수 없기 때문에 이 조건은 평면 응력 조건(즉, 2차원적 응력)으로 알려진 조건에 해당한다. 두꺼운 부품의 경우 상황이 더 복잡하지만 취성 재료의 경우 두 표현이 크게 다르지 않다.

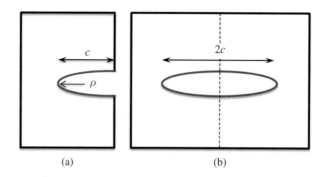

그림 11.4 (a) 길이 c의 표면 균열 및 곡률 반지름 ρ, (b) 길이 $2c$의 내부 균열. 파괴의 관점에서 둘은 동등하다.

$$\sigma_f \approx \frac{Y}{30}\sqrt{\frac{\rho}{c}} \tag{11.2}$$

여기서 σ_f는 파괴응력이다. 이 방정식은 (i) σ_f가 결함 크기 c의 제곱근에 반비례하고, (ii) 날카로운 균열, 즉 작은 ρ값을 가진 균열이 뭉툭한 균열보다 더 유해하다는 것을 예측한다. 두 예측 모두 여러 실험값들과 잘 일치한다.

11.2.2 파괴 에너지 조건-그리피스 조건

1920년대 그리피스(Griffith)[6]에 의해 파괴 문제에 대한 대안적이고 궁극적으로 더 유용한 접근방식이 개발되었다. 그의 기본 아이디어는 탄성 에너지 방출에 반하여 균열이 전파되는 동안 새로운 표면을 형성하는 데 소비되는 에너지의 균형을 맞추는 것이었다. 파괴의 임계 조건은 에너지가 방출되는 속도가 소비되는 속도보다 클 때 발생한다. 여기에서 다뤄지는 접근법은 원래 접근법의 단순화된 버전이고, 균일한 응력 σ_{app}을 받는 소재에서 길이 c의 결함의 도입에 따른 에너지 변화에 대한 표현을 유도하도록 이끈다.

변형 에너지

고체가 일정하게 응력을 받으면 재료의 모든 결합이 길어지며, 가해진 응력에 의해 수행된 일은 탄성 에너지로 변환되고, 그 탄성 에너지는 늘어진 결합의 형태로 저장된다. 단위부피당 저장된 탄성 에너지의 크기는 응력-변형률 곡선[7]에서의 곡선 아래 면적(그림 11.1a)에 의해 결정되고 다음과 같이 표현된다.

$$U_{\text{elas}} = \frac{1}{2}\varepsilon\sigma_{\text{app}} = \frac{1}{2}\frac{\sigma_{\text{app}}^2}{Y} \tag{11.3}$$

---

[6] A. A. Griffith, *Philos. Trans. R. Acad.*, A221, 163 (1921).

[7] 결합이 늘어나면 에너지는 탄성 에너지의 형태로 그 결합에 저장된다. 이 에너지는 새총을 가진 학생이라면 누구나 입증할 수 있듯이 다른 형태의 에너지로 변환될 수 있다. 고무줄에 저장된 탄성 에너지는 발사체의 운동 에너지로 변환된다. 만약 우연히, 유리창이 발사체의 길을 막는다면, 그 에너지는 차례로 열, 음향, 표면 에너지와 같은 다른 형태의 에너지로 변환될 것이다. 즉, 유리가 산산조각이 나고 운동 에너지의 일부가 새로운 표면을 만들게 된다.

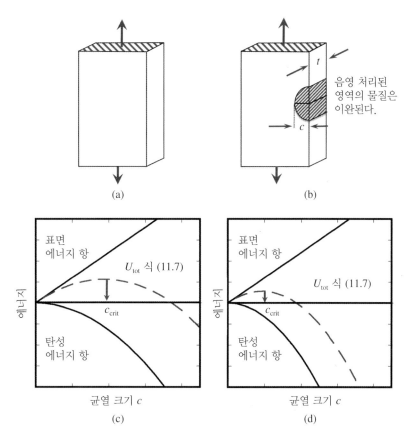

그림 11.5 (a) 균일하게 응력을 받는 고체, (b) 길이 c의 균열 부근에서 이완된 부피. (c) c의 함수로서의 식 (11.7) 플롯. 위쪽 곡선은 표면 에너지 항을 나타내고 아래쪽 곡선은 변형 에너지 방출 항을 나타낸다. U_{tot}으로 표시된 곡선은 두 곡선의 합이다. 빠른 파괴가 발생하는 임계 균열 길이 c_{crit}가 최댓값에 해당한다. (d) (c)와 동일한 스케일에서의 식 (11.7)의 플롯이지만, (c)에서 가해진 응력의 $\sqrt{2}$ 배로 응력을 증가시키면 c_{crit}가 2배로 감소한다.

따라서 균일한 응력 σ_{app}에 따른 평면육면체 부피의 총에너지는 다음과 같이 증가한다(그림 11.5a).

$$U = U_0 + U_{elas}V_0 = U_0 + \frac{1}{2}\frac{V_0\sigma_{app}^2}{Y} \tag{11.4}$$

여기서 U_0은 응력이 없는 자유 에너지이다.

길이가 c인 표면 균열이 존재하는 경우(그림 11.5b), 해당 균열 주위의 일부 부피는 이완될 것이라고 가정하는 것이 타당하다(즉, 그 부피 내의 결합들은 이완되고 변형 에너지를 잃게 될 것이다). 가정하건대, 이것은 곧 명확해질 것이기 때문에 나쁘지 않은 가정이다. 즉, 그림 11.5b에서 이완된 부피가 음영 영역으로 주어질 때, 균열이 존재하는 상태에서 계의 변형 에너지는 다음과 같이 주어진다.

$$U_{strain} = U_0 + \frac{V_0\sigma_{app}^2}{2Y} - \frac{\sigma_{app}^2}{2Y}\left[\frac{\pi c^2 t}{2}\right] \tag{11.5}$$

여기서, t는 판의 두께이다. 셋째 항은 이완된 부피에서 방출되는 변형 에너지를 나타낸다.

표면 에너지

길이 c의 균열을 형성하려면

$$U_{surf} = 2\gamma ct \tag{11.6}$$

의 에너지 소모가 필요하다. 여기서 γ는 재료의 고유 표면 에너지이다(4장 참고). 식에서 계수 2는 파괴현상에 의해 바닥과 상단의 두 표면이 새로 생성되기 때문이다.

균열이 도입됨에 따라 계의 총에너지 변화는 간단하게 식 (11.5)와 (11.6)의 합으로 표현되고, 이는 다음과 같이 표현된다.

$$U_{tot} = U_0 + \frac{1}{2}\frac{V_0 \sigma_{app}^2}{Y} - \frac{1}{2}\frac{\sigma_{app}^2}{Y}\left(\frac{\pi c^2 t}{2}\right) + 2\gamma ct \tag{11.7}$$

표면 에너지 항은 c에 비례하고 변형 에너지 항은 c^2에 비례하기 때문에, U_{tot}은 그림 11.5c와 같이 임계 균열 크기 c_{crit}에서 **최댓값**을 가진다. 이것은 c_{crit}보다 작은 균열을 확장하면 에너지를 방출하기보다는 소비할 것이고 따라서 안정적이라는 점에서 중요한 결과이다. 반대로 c_{crit}보다 긴 결함은 소비되는 에너지보다 더 많은 에너지가 방출되기 때문에 불안정하다. σ_{app}을 늘리면(그림 11.5d) 더 작은 c_{crit}에서 파괴를 유발할 것이다. 예를 들어, 가장 큰 결함[8]의 크기가 그림 11.5c와 d에서 보여지는 곳 어딘가에 위치하고 있는 고체물질은 그림 11.5c에서 보여지는 응력에 파괴되지 않지만, 응력이 증가하면(그림 11.5d) 파괴가 일어난다. σ_{app}을 증가시키면 변형 에너지 항에만 영향을 미치고 표면 에너지 항은 동일하게 유지된다.

최댓값의 위치는 식 (11.7)을 미분하여 0이 되는 점을 통해 결정된다. σ_{app}을 σ로 바꾸고 항을 재배열하여 미분을 수행하면 파괴 조건이 다음과 같이 표시될 수 있다.

$$\sigma_f \sqrt{\pi c_{crit}} = 2\sqrt{\gamma Y} \tag{11.8}$$

조금 더 정확하게는

$$\sigma_f \sqrt{\pi c_{crit}} \geq \sqrt{2\gamma Y} \tag{11.9}$$

와 같이 나타낼 수 있고, 이는 이후 논의에서 사용되는 표현이다.[9] 이 식은 파괴에 필요한 응력과 결함 크기의 임계 조합을 예측한다. 조합 $\sigma\sqrt{\pi c}$는 빠른 파괴 논의 시 매우 자주 거론되므로 MPa·m$^{1/2}$의 단위를 가지는 하나의 기호 K_I로 약칭하고, 이를 **응력확대계수**(stress intensity factor)라고 한다. 이와 유사하게, 식 (11.9)의 오른쪽에 있는 항들의 조합을 **임계응력확대계수**(critical stress intensity factor)라고도 하고, 더 일반적으로는 **파괴인성**(fracture toughness)이라 일컬어지고 이는 K_{Ic}로 표시한다. 따라서 파괴 조건은 다음과 같이 간결하게 재작성할 수 있다.

---

[8] 가장 큰 결함은 일반적으로 다른 작은 결함보다 먼저 치명적으로 되기 때문에 파괴를 일으키는 결함이다(그림 11.8a 참고).

[9] 식 (11.8)과 (11.9)를 비교한 결과, 그림 11.5b에서 응력이 해소되는 부피의 추정치가 $\sqrt{2}$ 정도로 차이가 났지만, 이는 그리 나쁘지 않은 수치다.

$$K_I \geq K_{Ic} \tag{11.10}$$

식 (11.9) 및 (11.10)은 균열을 유지하는 유일한 요인이 새로운 표면을 형성하는 것이라는 암묵적 가정에 의해 도출되었다. 그러나 이는 무기질 유리와 같은 극도의 취성물질에 대해서만 해당된다. 일반적으로 균열 선단에서의 소성변형 또는 마찰과 같은 다른 에너지로 에너지 변환이 일어나는 경우, K_{Ic}는 더 일반적으로 다음과 같이 정의된다.

$$K_{Ic} = \sqrt{Y G_c} \tag{11.11}$$

여기서, G_c는 물질의 **인성**(toughness)이다. G_c의 단위는 표면 에너지의 단위와 같고, 이는 J/m²이다. 굉장히 취성이 강한 고체물질에서,[10] G_c는 하한값 2γ에 가깝다. 표 11.1은 여러 가지 세라믹 소재들의 영의 계수, 푸아송비, 그리고 K_{Ic} 값들을 보여준다. K_{Ic}(아래 참고)는 미세조직에 따라 달라지는 재료 특성이므로 표 11.1에 나열된 값을 주의해서 사용해야 한다.

　마지막으로 그리피스 접근방식인 식 (11.10)이 ρ가 $10 r_0$ 정도가 된다고 가정할 때 식 (11.2)로 표현될 수 있다는 점에 주목해볼 필요가 있다. 여기서 r_0은 평형 이온 간 거리이다(문제 11.3 참고). 즉, 그리피스 접근방식은 결함이 원자크기 정도로 날카롭다고 암시적으로 가정하며, K_{Ic}를 결정할 때 반드시 염두에 두어야 할 사실이다.

　요약하면, σ_{app}과 결함 치수의 제곱근의 곱이 재료의 파괴인성보다 클 때 재료에서 빠른 파괴가 발생한다.

예제 11.1

(a) 얇은 MgO 판에 $120\ \mu m$ 깊이의 날카로운 가장자리 노치를 가한다. 그런 다음 판에 노치 평면에 수직 방향으로 장력이 가해진다. 만약 $\sigma_{app} = 150$ MPa일 경우, 판은 파괴가 일어나지 않고 멀쩡할까? (b) 노치가 동일한 길이이지만 가장자리 노치 대신 내부 노치가 있다면(그림 11.4b) 답이 바뀔까?

정답

(a) MgO 판이 σ_{app}의 응력을 견딜지 판단하기 위해서는, 균열 선단의 K_I를 계산하여 MgO의 파괴인성과 비교해야 한다. 표 11.1에 따르면 파괴인성은 2.5 MPa·m$^{1/2}$이다. K_I의 정의를 활용해서,

$$K_I = \sigma \sqrt{\pi c} = 150 \sqrt{\pi \times 120 \times 10^{-6}} = 2.91\ \text{MPa·m}^{1/2}$$

이 값이 MgO의 K_{Ic}보다 크므로 판은 파괴가 일어난다.

(b) 이 경우는 내부 노치이므로(그림 11.4b), 표면 또는 가장자리 노치만큼 나쁘지 않고, 그 값은

---

[10] 이러한 조건에서는 K_{Ic} 측정을 통해 고체의 표면 에너지를 계산할 수 있다.

$$K_I = \sigma \sqrt{\pi \frac{c}{2}} = 150 \sqrt{\pi \times 60 \times 10^{-6}} = 2.06 \text{ MPa} \cdot \text{m}^{1/2}$$

이다. 이 값이 K_I보다 작으므로, 판은 가해지는 응력을 견딜 것이다. 내부 균열에 $c/2$만 사용하는 이유는 그림 11.4b를 점선을 따라 자르고 그 결과를 그림 11.4a와 비교하면 쉽게 알 수 있다. ∎

세라믹스의 파괴인성을 높이는 데 다양한 방법들을 살펴보기 전에, K_{Ic}가 어떻게 측정되는지 이해하는 것이 중요하다.

| 실 험 세 부 사 항 | K_{Ic} 측정

K_{Ic}를 측정할 수 있는 몇 가지 기술이 있다. 가장 일반적인 2가지 방법은 (i) 주어진 형상 및 알고 있는 c에 대한 파괴응력 측정하기와 (ii) 경도 압흔(hardness indentation)의 모서리에서 발생하는 균열 길이 측정하기이다.

파괴응력

식 (11.9)는 가장 일반적인 형태로 다시 쓸 수 있다.

$$\Psi \sigma_f \sqrt{\pi c} \geq K_{Ic} \tag{11.12}$$

여기서, Ψ는 시료 모양, 균열 형상 및 시료 크기에 대한 상대적 크기에 따라 달라지는 차원이 없는 무차원 상수이다. 이 관계를 통해 K_{Ic}를 측정하려면 길이가 c인 원자크기 정도로 날카로운 균열[식 (11.10)을 도출할 때 가정된 암묵적 가정, 문제 11.3 참고]로부터 시작해서, 파괴가 일어나는 응력 σ_f를 측정해야 한다. 시료와 균열 형상 정보가 주어지면, Ψ는 다양한 파괴역학 핸드북으로부터 찾을 수 있고, K_{Ic}는 식 (11.12)로부터 구할 수 있다. 그러므로 이론적으로 K_{Ic}를 측정하는 것은 간단하다. 그러나 실험적으로는 원자크기 정도의 날카로운 균열을 만들기 힘들기 때문에 어려움이 있다.

2가지 일반적인 시험 구성이 그림 11.6에 나와 있다. 여기에 표시되지 않은 세 번째 형상은 **이중 비틀림 시험**(double torsion test)으로, K_{Ic}를 측정하는 것 외에도 균열 속도 대 K의 곡선을 측정할 때 사용할 수 있다. 후자는 12장에 설명되어 있다.

단일 모서리 노치 빔(Single-edge Notched Beam, SENB) 실험

이 시험에서, 초기 깊이 c_i의 노치는 일반적으로 얇은 날을 가지고 있는 다이아몬드 휠을 사용하여 굽힘 시편 인장 면에 도입된다(그림 11.6a). 시료가 파괴될 때까지 하중을 가하고 c를 초기 균열 길이로 한다. K_{Ic}는 다음을 가정하여 계산된다.

$$K_{Ic} = \frac{3 \sqrt{c_i} (S_1 - S_2) \xi F_{\text{fail}}}{2BW^2}$$

여기서, F_{fail}은 시편이 파괴될 때의 하중 값이고, ξ은 보정계수이다. 다른 기호는 그림 11.6a에 정의되어 있다. 이

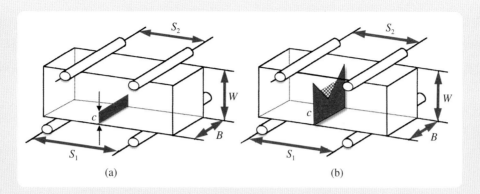

그림 11.6 (a) 단일 모서리 노치 빔 및 (b) 쉐브론 노치 시편의 개략도

시험의 장점은 간단하다는 데 있다. 그러나 이 시험의 주요 단점은 균열이 원자크기 정도로 날카롭다는 조건이 충족되지 않는 경우가 많으며, 이로 인해 K_{Ic}가 지나치게 커지게 된다는 것이다.

쉐브론 노치 시편[11]

쉐브론 노치(chevron notch, CN) 시편 구성은 최초 균열의 형태가 평탄하지 않고 V형 또는 쉐브론 모양이라는 중요한 차이를 제외하면 SENB와 매우 유사하다(그림 11.6b의 음영 처리된 부분 참고). 균열전선이 전진함에 따라 균열이 지속적으로 확장되면 균열성장이 파괴되기 전에 안정적으로 이루어진다. 균열이 확장되는 것을 지속하기 위해서는 하중을 증가시켜야 하기 때문에 최종적으로 파괴되기 전에 원자크기 정도로 날카로운 균열을 발생시킬 수 있고, 이러한 이유로 미리 시편에 균열을 낼 필요가 없다. 그러면 K_{Ic}는 F_{fail} 및 컴플라이언스(compliance) 함수의 최솟값[12] ξ과 관련되고 이는 다음과 같이 표현된다.

$$K_{Ic} = \frac{(S_1 - S_2)\xi^* F_{fail}}{BW^{3/2}}$$

일반 의견

이러한 측정을 수행할 때 주의를 기울이지 않으면, 시험마다 다른 K_{Ic}값의 결과를 낼 수 있다. 더 일반적인 문제로는 (1) 시료 치수가 공정 영역(즉, 전파되는 균열 선단 앞의 영역)에 비해 너무 작은 경우, (2) 측정이 이루어지기 전에 시편의 기계가공 중에 발생된 내부 응력이 충분히 완화되지 않은 경우, (3) 균열 선단이 원자크기 정도로 날카롭지 않은 경우 등이 있다. 위에서 언급한 바와 같이, 결함을 유발하는 파괴가 원자크기 정도로 날카롭지 않을 경우, 분명히 더 큰 K_{Ic}값이 얻어질 것이다. 따라서 원칙적으로 단순하지만 측정에는 함정이 있을 수 있으므로, 신뢰할 수 있고 정확한 데이터를 얻으려면 주의를 기울여야 한다.

비커스 경도와 관련 압흔 방법

단순성, 비파괴성, 시료 준비에 최소 가공의 이유로 인해, K_{Ic} 측정을 위한 압흔의 방법으로 비커스 경도(H)가 널

---

[11] 쉐브론은 V자 모양을 가진 그림 또는 패턴이다.
[12] 자세한 내용은 J. Sung and P. Nicholson, *J. Amer. Cer. Soc.*, 72 (6), 1033-1036 (1989)을 참고하라.

리 사용되고 있다. 이 기법을 설명하기 전에 비커스 경도 시험을 설명할 필요가 있다. 후자의 경우, 사각형 다이아몬드 인덴터가 미리 선택된 하중 F로 연마된 표면을 몇 초 동안 누른 다음 제거된다. 비커스 경도는 하중을 인덴터의 실제 접촉 면적(즉, 피라미드 인덴터의 4면의 면적)으로 나눈 것으로 정의된다. F가 뉴턴 단위인 경우

$$H \,(\text{GPa}) = 1.854 \, F/(2a)^2$$

여기서, $2a$는 mm 단위의 대각선 길이이다(그림 11.7a 참고).

다이아몬드 인덴터를 이용하여 K_{Ic}를 측정하는 방법으로 다시 돌아가 보자. 이 방법은 비커스 시험으로 시작된다. 인덴터 제거 시 움푹 들어간 곳의 가장자리에서 (때때로) 나오는 균열의 크기를 측정한다(그림 11.7 참고). K_{Ic}, c, Y, H와 관련하여 많은 실험적, 반실험적 관계가 제안되었고, 일반적으로 다음과 같이 표현된다.

$$K_{\text{Ic}} = \Phi \sqrt{aH} \left(\frac{Y}{H}\right)^{0.4} f\left(\frac{c}{a}\right) \tag{11.13}$$

여기서, Φ은 기하학적 구속 계수(geometric constraint factor)이며, c와 a는 그림 11.7에 정의되어 있다. 사용된 표현식의 정확한 형태는 압흔으로부터 생성되는 균열의 유형에 따라 달라진다.[13] 가장 일반적이고 흥미로운 2가지 균열의 단면도와 평면도가 그림 11.7에 나와 있다. 저하중에서는 팜크비스트(Palmqvist) 균열이 대부분 발생하며, 고하중에서는 완전히 발달된 중앙 균열이 발생한다. 2가지 유형을 구분하는 방법은 표면층을 연마하는 것이다. 그림 11.8b에서 보는 바와 같이 중앙 균열 시스템은 항상 움푹 들어간 반전 피라미드에 연결된 상태로 유지되는 반면에, 팜크비스트는 분리되어 있다.

이 기법을 사용하여 측정한 K_{Ic}값은 대략적인 값이고, 대부분의 경우 잘못된 값이다. 모서리에서 균열이 발생하지 않으면 K_{Ic}값이 무한대가 된다! 이것은 널리 이용되고 있기 때문에 완성도를 위해서 포함되었다. 하지만 이 방법은 권장되지 않으며 단지 다른 방법이 없을 때에만 사용해야 한다.

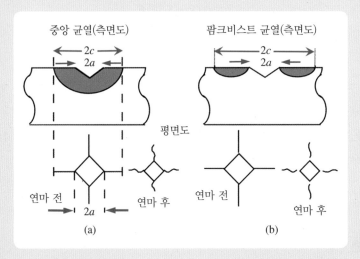

그림 11.7 비커스 압흔에 의해 만들어진 균열 시스템. (a) 중앙 균열의 측면도와 평면도. (b) 팜크비스트 균열의 평면도와 측면도.

---

[13] 자세한 내용은 G. R. Anstis, P. Chantikul, B. R. Lawn, & D. B. Marshall, *J. Amer. Cer. Soc.*, 64, 533 (1981), & R. Matsumoto, *J. Amer. Cer. Soc.*, 70(C), 366 (1987), 그리고 문제 11.9를 참고하라.

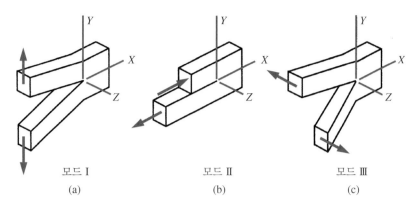

모드 I	모드 II	모드 III
(a)	(b)	(c)

그림 11.8 3가지 파괴 모드. (a) 개방 모드 또는 모드 I(K_{Ic}으로 표현), (b) 슬라이딩 모드 또는 모드 II(K_{IIc}으로 표현), (c) 찢기 모드 또는 모드 III(K_{IIc}으로 표현).

다음 주제로 넘어가기 전에, 일반적으로 모드 I, II 및 III로 알려진 3가지 파괴 모드가 있다. 모드 I(그림 11.8a)은 지금까지 다루어 온 모드이다. 모드 II와 III는 각각 그림 11.18b와 c에 나와 있다. 모드 I에 적용되는 동일한 에너지 개념이 모드 II와 III에도 적용된다. 그러나 모드 I은 취성 소재의 균열 전파에 훨씬 더 적합하다. 많은 실제적인 경우에서는, 이 모드들이 섞여 있다.

11.3 파괴의 원자학적 측면

지금까지 논의는 거시적 용어로 진행돼 왔다. 결함은 선단 부분에 가해진 응력이 집중되어 결국 파괴로 이어진 것으로 나타났다. 취성 재료와 연성 재료를 구분하지 못했지만, 경험에 따르면 재료 종류에 따라 상당히 다르게 반응한다. 즉, 유리판에 선을 긋는 것과 금속 재질 재료에 하는 것과는 상당히 다르다. 따라서 질문은 무엇이 취성 재료를 노치에 민감하게 하는가, 좀 더 직접적으로 왜 세라믹 물질이 취성을 가지는가이다.

이에 대한 답은 **균열 선단의 가소성**(crack-tip plasticity) 또는 세라믹스의 경우 가소성 부족과 관련이 있다. 앞서 논의에서, 본질적으로 취성파괴는 균열 선단의 가소성, 즉 전위의 발생 및 움직임과 관련이 없다고 가정했다. 전위가 발생하고 전단응력의 영향하에 움직인다면 2가지 제한 사례를 고려할 수 있다.

1. 이론적인 인장응력 $\approx Y/15$가 전단부의 응집력보다 작은 경우, 고체는 날카로운 균열을 견딜 수 있으며 그리피스 접근방식을 사용할 수 있다.
2. $Y/15$가 전단부의 응집력보다 클 경우, 파괴가 발생한다. 즉 전위가 균열 선단에서부터 이동하고 균열은 날카로움을 잃게 된다. 즉, 그림 11.9a와 같이 균열 선단에서 전위가 발생하면 물질이 균열 선단에서부터 이동하게 되고, 에너지를 흡수함으로써 그림 11.9b와 같이 균열이 무뎌지게 된다.

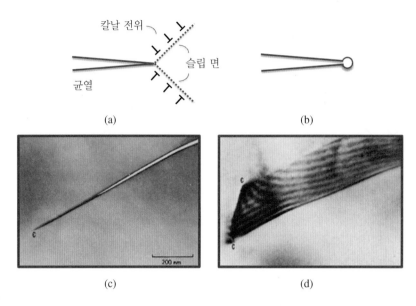

그림 11.9 (a) 균열 선단에서 전위 방출. (b) 전위 이동으로 인한 균열 선단의 무뎌짐. (c) 25°C에서 Si의 균열에 대한 투과전자현미경 사진. (d) 500°C에서 형성된 Si의 또 다른 균열. 균열 선단 부근의 전위 활동이 분명하다. (BR Lawn, B. J. Hockey, and S. M. Wiederhorn, J. Mater. Sci., 15, 1207, 1980. 허가 후 게재.)

이론적인 계산을 통해, 이론적인 전단강도와 인장강도의 비율이 공유 결합에서 이온 결합, 금속 결합으로 진행될수록 감소한다는 것을 보여주었다. 금속의 경우 고유 전단강도가 너무 낮아서 상온에서 전위 이동에 의한 소성유동이 거의 불가피하다. 그에 반해, 다이아몬드 및 SiC와 같은 공유성 소재의 경우 그 반대이다. 예외적으로 단단한 4면체 결합은 전단보다는 모드 I 유형의 균열로 확장된다!

이론적으로, 이온 결합성 고체의 상황은 덜 간단하지만, 투과전자현미경에서 균열 선단을 직접 관찰하면 대부분의 공유 및 이온 결합성 고체가 실온에서 정말로 취성을 가진다는 점을 어느 정도 알 수 있다(그림 11.9c 참고). 금속의 파괴인성(20~100 MPa·m$^{1/2}$)과 세라믹스(1~10 MPa·m$^{1/2}$)의 파괴인성과의 대략적인 차이는 세라믹스의 균열 선단의 소성 부족과 직접적인 관련이 있다. 전위 이동은 상당한 에너지를 소비하고 균열을 무디게 할 수 있다. 간단히 말해서 이것이 금속이 그만큼 유용하고 튼튼한 이유이다.

이러한 점에도 불구하고 작동하는 슬립 시스템에 대해 올바른 방향으로 적재된 세라믹 단결정은 매우 연성을 가질 수 있다는 점에 유의하는 것이 중요하다. 예를 들어, KCl 단일 결정이 (110) 평면에 분해된 전단응력이 0이 아니도록 적재되면, 전위는 핵을 생성하고 1~30 MPa의 전단응력으로 해당 시스템에서 이동할 수 있다(그림 11.10). 따라서 일부 세라믹스가 깨지기 쉬운 이유는 전위 부족 그 자체 때문이 아니라 연성에 필요한 5가지의 슬립 시스템이 부족하기 때문이다.

고온에서는 상황이 다르다. 전위의 이동성이 열에 의해 활성화되기 때문에, 경우에 따라 온도를 증가시키면 전위의 활동성이 증가하고(그림 11.9d), 이는 다시 물질의 연성을 증가시킬 수 있다. 따라서 취성의 조건은 다음과 같이 다시 쓸 수 있다. 고체는 전위 이동에 대한 에너지 장벽이 시스템에서 사용할 수 있는 열에너지 kT에 비해 크면 부서지기 쉽다.

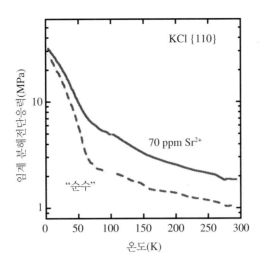

그림 11.10 순수하고 불순한 결정에 대한 KCl의 {110} 슬립에 대한 유동 응력의 온도 의존성 (W. Skrotzki, P. Haasen, 110 및 100 슬립 평면에 대한 이온 결정의 경화 메커니즘, *J. De Physique Colloques*, 1981, 42, pp. C3-119.)

산화물 단결정 온도가 증가할 때 전위를 이동시키는 데 필요한 응력의 흐름이 커짐을 고려할 때 세라믹스가 실온에서 부서지기 쉽다는 것은 다시 한번 놀라운 일이 아니다. 결국 전위의 활동성은 균열 무뎌짐의 유일한 메커니즘이 아니다. 유리전이온도 이상에서는 점성 흐름도 효과적으로 균열을 무디게 할 수 있다.

11.4   세라믹스의 강도

세라믹스의 강도가 장력에서보다 압축력에 현저히 높다는 것은 매우 오래전부터 알려져 왔다. 이 성질 때문에 포틀랜드 시멘트라고도 알려진 건조 페이스트로 높은 건물을 지을 수 있었다. 다음 소절들에서는 세라믹스의 강도를 결정하는 데 필요한 몇 가지 요소에 대해 논의한다.

11.4.1 압축 파괴

이제껏 단순하고 명확하게, 적용된 하중은 인장이었고 결함 평면에 수직이었다. 그림 11.11a와 같이 균열 크기의 분포가 있는 취성 소재에 장력을 가할 경우 그림 11.11b와 같이 가장 길고 가장 나쁜 방향의 결함이 파괴를 일으킨다. 이는 가장 긴 균열의 선단이 다른 모든 균열보다 σ_{max}에 먼저 도달하기 때문이다. 장력과는 반대로, 이론적으로 압축력 하에 이론적 결합력은 무한하다(그림 11.3c). 이것은 압력이 정수압인 고압 다이아몬드 모루(앤빌) 셀(anvil cell) 실험에서 분명히 나타난다. 하중이 정수압 상태일 때 300 GPa을 초과하는 응력이 가장 취성이 강한 소재에 주어질 수 있고, 기계적 파괴를 초래하지 않는다! 최악의 경우, 그러한 응력은 상변태를 일으킬 수 있는데, 이는 지각이 어떻게 변형되는지를 이해하려는 지질학자들에게 매우 중요한 주제이다.

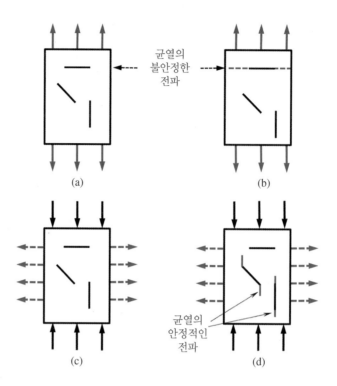

그림 11.11 기존 결함으로 인한 세라믹스 파괴. (a) 인장 시험. (b) 파괴가 일어나기 가장 쉬운 방향의 가장 긴 균열의 불안정한 전파에 의해 파괴가 발생한다. (c) 압축 시험. (d) 푸아송 팽창으로 인한 균열의 안정적인 전파에 의해 파괴가 발생한다. 크랙은 결국 파괴 영역을 생성하도록 연결된다. (G. Quinn and R. Morrell, *J. Am. Cer. Soc.*, 74, 2037-2066, 1991.)

여기서, 세라믹스는 왜 그리고 어떻게 압축에 파괴가 일어나는지 하는 의문이 든다. 이 질문에 대한 답은 그림 11.11c의 빨간색 화살표로 표시된 것처럼, 단축 압축 하중이 대부분의 물질에 가해질 때의(가해진 응력에 대해 수직인 방향으로 팽창) 결과라는 것을 이해하는 데 있다. 이는 푸아송의 효과로 알려져 있으며 **푸아송비**(Poisson's ratio) ν에 의해 정량화된다. 이는 횡방향 변형률 대 축방향 변형률의 비의 음수로 다음과 같이 정의된다.

$$\nu = -\frac{\varepsilon_{\text{transverse}}}{\varepsilon_{\text{axial}}}$$

표 11.1은 여러 세라믹 재료들의 푸아송비를 보여준다.

당면한 질문으로 돌아가서, 빨간색 화살표로 표시된 이 인장응력은 가해진 응력에 수직이 아닌 모든 균열에서 작용하여 적용된 하중과 평행한 방향으로 성장할 수 있다(그림 11.11d에 균열 선단에 빨간색으로 표시됨). 그래서 압축응력을 가하고 있지만, 균열이 자라는 원인은 여전히 인장력이다. 이를 통해 압축력 하에 균열이 안정적으로 전파되고 원래 방향에서 벗어나 압축 축에 평행하게 전파되는 이유를 명확히 알 수 있다. 따라서 파괴는 장력(그림 11.11b)의 경우처럼 단일 균열의 불안정한 전파 때문이 아니라, 느린 성장과 많은 균열이 연결되어 부서진 영역을 형성하기 때문에 발생한다. 따라서 중요한 것은 가장 큰 균열의 크기가 아니라 균열의 평균 크기 c_{av}이다. 파괴까지의 압축응력은 여전히 식 (11.12)와 유사한 식에 의해 주어진다. 하지만 다음과 같은 경우는 예외이다.

$$\sigma_f \geq Z \frac{K_{Ic}}{\sqrt{\pi c_{av}}} \tag{11.14}$$

여기서 Z는 15 정도의 상수값을 가진다. 이는 c_{av}가 가장 긴 균열이 아니라 평균이라는 사실과 결부되어 세라믹스의 압축강도는 인장강도에 비해 비슷하거나 또는 그 이상이 되는 경우가 많은 이유가 된다.

11.4.2 경도

경도 실험에서는, 세라믹스의 작은 부분이 인덴터에 의해 강한 압력을 받게 된다. 표 11.1의 마지막 열은 선택된 세라믹스들의 H값들을 보여준다. H를 측정하는 방법에 대해서는 위에서 논의하였다. 이러한 결과에서 즉시 알 수 있는 것은 최저 0.1 GPa에서 최고 35 GPa에 이르는 매우 광범위한 값이 관측된다는 것이다. 이렇게 범위가 매우 넓은 이유는 세라믹 재료에서 인덴터에 의해 발생할 수 있는 일이 상당히 복잡하다는 점과 관련이 있다. 일반적으로, H는 전위 및/또는 쌍정(twin)이 인덴터에 의해 핵을 생성하는지 여부에 달려 있다. 할로겐화물, ZnO, MgO에서는 전위가 핵생성되고, H는 낮은 값을 가진다. Al_2O_3에서는 쌍정이 핵생성되고 H는 꽤 높은 값을 가진다. 층상고체에서는 물결결함(ripplocation)과 그에 따른 킹크(kink) 띠가 형성되며, 이로 인해 압흔 자국 가장자리에 대규모 박리와 더미가 발생할 수 있다. 후자는 마이카, 흑연, MAX 상과 같은 층상고체의 전형적인 형태이다.

11.4.3 파열 계수

10장에서 논의한 바와 같이, 용해 및 주조와 같이 금속 및 폴리머 산업에서 일반적으로 사용되는 대부분의 성형 방법은 세라믹스에 적용되지 않는다. 세라믹스의 취성은 변형 방법들을 쓸 수 없게 만들고, 높은 융점과 경우에 따라서는 용융 전 분해(예: Si_3N_4, SiC)로 인해 주물을 할 수 없게 만든다. 따라서 10장에서 논의한 바와 같이, 대부분의 다결정 세라믹스는 고상 또는 액상 소결로 제작된다. 이는 세심한 주의를 기울이지 않는 한(사례연구 12.1 참고) 필연적으로 결함이 발생할 수 있다. 예를 들어, 분말 준비 시 응집 및 비균질 패킹이 때때로 소결체 결함을 발생시키는 것에 대해 10장에서 논의했다. 이 소절에서는, 가공 중에 발생하는 다양한 유형의 결함과 강도에 미치는 영향에 대해 논의한다. 후속 절들에서는 결정립 크기가 강도에 미치는 영향과 압축 표면층의 도입으로 세라믹스가 강화되는 방법을 다룬다(사례연구 9.2 참고). 그러나 더 진행하기 전에 세라믹스의 강도를 어떻게 측정하는지 간략히 검토하는 것이 중요하다.

세라믹스의 인장 시험은 적절한 형상으로 시험 시편을 가공하는 것이 어렵기 때문에 시간과 비용이 많이 든다. 대신에 시편이 3점 또는 4점 굽힘에서 파괴될 때까지 더 간단한 횡굽힘(transverse bending) 또는 굽힘 시험(flexure test)이 사용된다. 최대 응력 또는 파괴응력은 일반적으로 파열 계수(modulus of rupture, MOR)라고 일컬어진다. 직사각형 단면의 경우 4점 굽힘의 MOR는 다음과 같이 주어진다.

$$\sigma_{MOR} = \frac{3(S_1 - S_2)F_{fail}}{2BW^2} \tag{11.15}$$

여기서, F_{fail}은 파괴 시 하중이며 다른 모든 기호는 그림 11.6a에 정의되어 있다. MOR 시편은 이 그림에 표시된 것과 달리 노치가 없으며 기존의 표면 또는 내부 결함으로 인해 파괴가 일어난다.

다시 한번 주의사항: MOR 시험은 간단해 보이지만 함정들도 많다.[14] 예를 들어, 일부 재료에서는 날카로운 모서리에 응력이 집중되어 강도가 현저하게 낮게 측정될 수 있으므로, 검사 전에 시료의 모서리를 경사지게 만들어야 한다. 또한 기계공의 능력도 한 요인이 될 수 있다. 만약 여러분이 이 분야에 종사하게 된다면 반드시 돈을 많이 지불하더라도 좋은 기계공을 찾아라.

가공 및 표면 결함

세라믹스의 결함은 가공 중에 발생하거나 나중에 기계가공 또는 사용 중에 도입되는 내부 또는 표면 결함일 수 있다. 여기서 다음과 같은 결함을 살펴본다.

개재물

초기 분말의 불순물은 기지(matrix)와 반응하여 포함된 기지와는 기계적, 탄성적, 열적 특성이 다른 개재물(inclusion)을 형성할 수 있다. 결과적으로 기지의 열팽창 계수 α_m과 개재물의 열팽창 계수 α_i의 불일치로 인해, 부품이 가공 온도에서 냉각될 때 큰 잔류응력이 발생할 수 있다(13장 참고). 예를 들어, 무한 크기의 기지에서 반지름 R의 구형 개재물의 경우, 2가지의 지름방향(방사형) 잔류응력(σ_{rad})과 접선방향 잔류응력(σ_{tan})이 생기는데, 이는 개재물/기지 경계면으로부터 떨어진 방사형 거리 r에서 다음과 같이 주어진다.

$$\sigma_{rad} = -2\sigma_{tan} = \frac{(\alpha_m - \alpha_i)\Delta T}{[(1-2\nu_i)/Y_i + (1-\nu_m)/2Y_m]}\left(\frac{R}{r+R}\right)^3 \tag{11.16}$$

여기서, ν는 푸아송비이다. m과 i는 각각 기지와 개재물을 나타낸다. ΔT는 초기 온도와 최종 온도 간의 차이이다. 참고로, ΔT는 냉각 중에는 양의 값으로, 가열 시에는 음의 값으로 정의된다. 냉각

---

[14] MOR 시험에 대한 포괄적인 검토를 위해 G. Quinn and R. Morrell, *J. Am. Cer. Soc.*, **74**, 2037–2066 (1991)을 참고하라.

시 초기 온도는 응력이 완화되지 않는 최대 온도이다(자세한 내용은 13장 참고).

식 (11.16)에 따르면 냉각 시 $\alpha_i < \alpha_m$일 경우, 큰 접선방향의 인장응력이 발생하여 방사형 기지 균열이 발생할 수 있다. 반대로, $\alpha_i > \alpha_m$일 경우, 개재물은 기지에서 떨어져 나와 기공 같은 결함을 발생시키는 경향이 있다.

기공

기공(pore)은 일반적으로 하중이 가해지는 단면적을 감소시킬 뿐만 아니라 하중이 집중되는 역할을 할 수 있기 때문에 세라믹스의 강도에 악영향을 끼친다. 일반적으로 강도와 기공도는 다음과 같은 실험적 관계식에 의해 연관이 된다.

$$\sigma_p = \sigma_0 e^{-BP} \tag{11.17}$$

여기서, P, σ_p, 그리고 σ_0는 각각 시편의 부피 분율 기공도 및 기공이 있거나 없는 시편의 강도이고, B는 기공의 분포와 형태에 따라 달라지는 상수이다. Si_3N_4 및 알루미나와 같은 다양한 취성 세라믹스의 기공도에 대한 강한 의존성이 그림 11.12에 나와 있다. 그림 11.12에서 보듯이, Ti_2AlC의 강도에 대한 기공도의 영향은 이 경우 물결결함이 핵생성되기 때문에 다르다.

일반적으로 기공 자체와 관련된 응력 강도는 파괴를 유발하기에 충분하지 않으므로 기공의 역할은 간접적일 수 있다. 기공으로부터의 파괴는 일반적으로 바로 근처에 다른 결함의 여부에 의해 결정된다. 예를 들어, 기공이 주변 결정립보다 훨씬 크면 기공 표면 주위에 원자크기 정도로 날카로운 첨점(cusps)이 생길 수 있다. 따라서 결함은 기공 크기와 비슷해진다. 기공이 안경과 같이 구형이면 강도에 덜 악영향을 준다. 따라서 기공의 가장 큰 길이와 기공 표면의 최소 곡률 반지름이 강도에

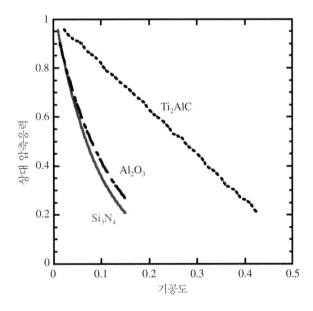

그림 11.12 Si_3N_4, 알루미나 및 MAX 상 Ti_2AlC의 기공도에 대한 강도의 기능적 의존성. (자료 출처: Hu et al. Acta Mater. **60**, 6266, 2012.)

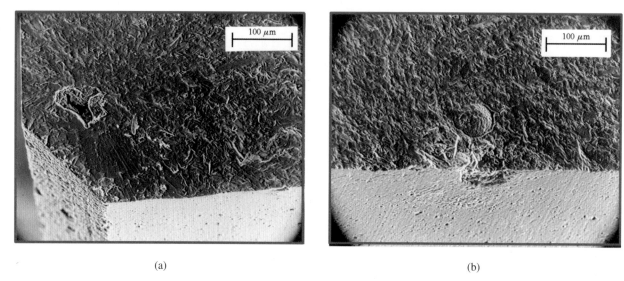

그림 11.13 (a) 소결 α-SiC에서 큰 결정립과 관련된 큰 기공. (b) 소결된 α-SiC에서 관련 기공을 가진 응집체. (G. Quinn and R. Morrell, *J. Am. Cer. Soc.*, 74, 2037-2066, 1991. 허락 후 게재.)

미치는 영향을 결정한다. 파괴를 초래한 기공의 일반적인 현미경 사진이 그림 11.13a에 나와 있다.

응집체 및 큰 결정립

그림 11.13b에서 볼 수 있듯이, 일반적으로 기공과 균열이 응집체 주위에 형성되는 경향이 있다. 이러한 기공은 소결 초기 단계에서 응집체의 빠르고 큰 수축으로 인해 형성된다. 이러한 응집체는 성형체를 제조하는 동안 형성되기 때문에(10장 참고), 피하기 위해 주의를 기울여야 한다.

유사하게, 소결 중 과도한 입자성장으로 인한 큰 결정립(10장 참고)도 종종 강도 저하를 초래할 수 있다. 입방이 아닌 경우 큰 결정립은 열팽창 및 탄성 계수와 같은 특성과 관련하여 이방성이고, 결정립이 미세한 기지에 존재하면 본질적으로 균질한 기지에서 개재물로 작용할 수 있다. 강도의 저하는 또한 부분적으로 큰 결정립과 주변 기지 간의 열팽창 불일치로 인한 결정립계의 잔류응력으로 인한 것으로 생각된다. 잔류응력의 크기는 결정립 모양 인자와 그 크기에 따라 달라지지만, 식 (11.16)으로 근사할 수 있다. 잔류응력과 자발적인 미세균열에 대한 결정립 크기의 영향은 13장에서 더 자세히 다룰 것이다.

표면 결함

세라믹스에서 표면 결함은 고온에서의 결정립계 그루빙(grooving), 제조 후 가공 작업 또는 사용 중 우발적인 표면 손상 등으로 인해 발생할 수 있다. 연삭, 연마 또는 기계가공 중에 연삭 입자는 표면에 결함을 도입하는 인덴터 역할을 한다. 이러한 균열은 그림 11.14와 같이 벽개면을 따라 또는 결정립계를 따라 결정립을 통과하여 전파될 수 있다. 두 경우 모두 균열이 한 결정립 지름 이상으로 확장되지 않고 보통 제지된다. 따라서 가공 손상은 표면에서 대략 하나의 결정립 지름을 관통한다. 따라서 그리피스 기준에 따르면 결정립 크기가 증가하면 파괴응력이 감소할 것으로 예상되는데, 이는 일반적인 관측치이다. 이것은 세라믹스의 강점과 결정립 크기에 관련된 다음 중요한 주제를 제기한다.

결정립 크기가 강도에 미치는 영향

일반적으로 세라믹스의 강도는 평균 결정립 크기 d_{gr}에 반비례한다. 의존성에 대한 개략도가 그림 11.15a에 나와 있으며, 여기서 파괴 강도는 $d_{gr}^{-1/2}$에 대해 표시된다. 이 거동에 대한 가장 간단한 설명은 고유 결함 크기가 그림 11.14에 표시된 것과 비슷하게 d_{gr}에 따라 확장된다는 것이다. 결함은 처음에는 약한 영역인 결정립계에 형성되고 약 1개의 결정립 지름까지 전파된다. 따라서 그리피스 기준을 다시 인용하면, 관측된 바와 같이 강도는 $d_{gr}^{-1/2}$에 비례할 것으로 예상된다(그림 11.15). 결정립 크기가 줄어들어도 강도가 계속 높아지는 것은 아니라는 점을 유념할 필요가 있다. 매우 미세한 결정립 세라믹스의 경우, 일반적으로 결정립 크기와 무관한 사전 가공 또는 표면, 결함으로 인해

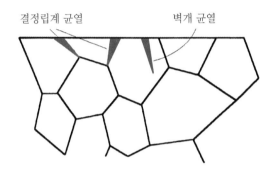

그림 11.14 세라믹 표면에 기계 가공의 결과로 형성될 수 있는 벽개 균열 및 결정립계 균열의 개략도. 결함은 결정립계에서 꺾이거나 포획되기 때문에 일반적으로 하나의 결정립 지름으로 제한된다.

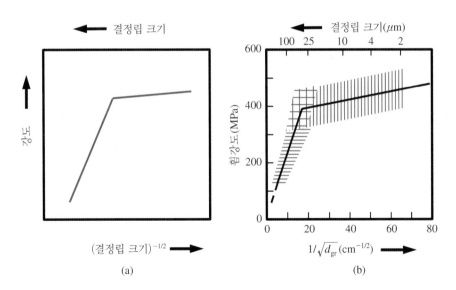

그림 11.15 (a) 다수의 세라믹스에 대한 결정립 크기와 강도의 개략적 관계. (b) $MgAl_2O_4$의 실제 데이터. (R. W. Rice 제공)

균열이 발생하므로 강도는 상대적으로 결정립 크기에 민감하게 된다. 즉, 그림 11.15b에 표시된 선은 결정립 크기가 미세할수록 덜 가파르게 된다.

압축 표면 잔류응력의 영향

표면 압축층의 도입은 세라믹스를 강화할 수 있으며 유리 기술로서 잘 확립되어 있다(자세한 내용은 13.5절 참고). 기본 원리는 압축 표면 잔류응력 상태를 도입하는 것인데, 이러한 응력은 표면 균열이 전파되기 전에 극복해야 하기 때문에 표면 결함으로 인한 파괴를 억제한다. 이러한 압축응력은 열 충격 저항성과 접촉 손상 저항성을 높이는 것으로 나타났다.

압축 잔류응력 상태를 도입하는 방법에는 여러 가지가 있지만 모든 경우에 기본 원리는 원래 기지보다 부피가 더 큰 표면층을 생성하는 것이다. 이는 다양한 방법으로 수행될 수 있다.

- ∞ 세라믹스의 유리화(glazing)나 유리 뜨임(tempering)에서와 같이 열팽창 계수가 낮은 외부 층의 도입. 이러한 사항에 대해서는 13장에서 자세히 설명한다.
- ∞ 특정 지르코니아 세라믹스에서 변태 응력을 사용한다(다음 절 참고).
- ∞ 이온 주입과 같이 원자 또는 이온으로 외부 층을 물리적으로 채운다.
- ∞ 작은 이온과 큰 이온의 이온 교환. 기지에 들어가는 이온이 클수록 압축된 상태로 전환된다. 이는 물리적 조임(stuffing)과 유사하며 안경에서 가장 일반적으로 사용된다(사례연구 9.2 참고).

이 기법의 1가지 측면은 압축 표면 응력의 균형을 맞추기 위해 부품의 중심에 인장응력이 발생한다는 것이다. 따라서 결함이 실제로 압축층을 통해 전파되는 경우, 압축층이 없는 경우보다 소재가 약해지고 잔류응력의 해제로 인해 실제로 유리가 깨질 수 있다. 이것은 자동차 앞유리용 강화 유리 제조에서 작동하는 원리이다(13.5절 참고). 후자는 충격 시 상당히 치명적일 수 있는 큰 유리 조각보다 훨씬 덜 위험한 다수의 작은 조각으로 산산조각이 나도록 설계되어 있다.

온도가 강도에 미치는 영향

세라믹스의 강도에 대한 온도의 영향은 많은 요인에 따라 달라지는데, 그 중 가장 중요한 것은 시험을 수행하는 대기가 기존의 표면 결함을 치유하는지 또는 악화시키는지 여부이다. 일반적으로 세라믹스가 고온에서 부식성 대기에 노출될 경우 다음 2가지 시나리오 중 하나가 가능하다. (1) 표면에 일반적으로 산화물 보호층이 형성되며, 이는 기존 결함을 무디게 하고 부분적으로 치유하는 경향이 있으며 강도를 높일 수 있다. (2) 대기는 표면을 공격하여 표면에 구덩이를 형성하거나 표면의 선별적인 부위를 에칭한다. 어느 경우든 강도가 떨어지는 것이 관찰된다.

중요한 것은 유리질 입계상을 포함하는 세라믹스의 경우 충분한 온도에서 강도의 감소가 이러한 상의 연화와 관련이 있다는 것이다.

11.5 인성 강화 메커니즘

세라믹스는 본래 부서지기 쉽지만, 파괴인성과 파괴 저항성을 향상시키기 위해 다양한 접근방식이 사용되어 왔다. 모든 인성 강화 메커니즘의 기본 개념은 균열을 확장하는 데 필요한 에너지, 즉 식 (11.11)에서 G_c를 증가시키는 것이다. 기본 접근법은 균열 굴절(crack deflection), 균열 교합(crack bridging), 변태 강화(transformation toughening)이다.

11.5.1 균열 굴절

다결정 세라믹스의 파괴인성이 동일한 조성의 단결정보다 상당히 높다는 것은 실험적으로 잘 확립되어 있다. 예를 들어, 단결정 알루미나의 K_{Ic}는 약 2.2 MPa·m$^{1/2}$인 반면, 다결정 알루미나의 K_{Ic}는 4 MPa·m$^{1/2}$에 가깝다. 유사하게, 유리의 K_{Ic}는 ≈ 0.8 MPa·m$^{1/2}$인 반면, 동일한 조성의 유리-세라믹의 K_{Ic}는 2 MPa·m$^{1/2}$에 가깝다. 이 효과를 설명하기 위해 사용된 이유 중 하나는 그림 11.16a에 설명된 과정인 결정립계의 균열 굴절이다. 다결정 재료에서 균열이 약한 결정립계를 따라 굴절됨에 따라 응력이 더 이상 균열에 항상 수직이 아니므로 선단의 평균 응력 강도 K_{tip}이 감소한다[식 (11.9) 도출 시 암묵적 가정]. 일반적으로 K_{tip}은 가해진 응력 강도 K_{app} 및 굴절 각도 θ(그림 11.16a에서 정의)와 관련이 있음을 다음과 같이 나타낼 수 있다.

$$K_{tip} = \left(\cos^3 \frac{\theta}{2} \right) K_{app} \tag{11.18}$$

이 식에 기초하여 평균 θ값이 45°라고 가정하면 예상되는 파괴인성의 증가는 단결정 값보다 약 1.25 높아야 한다. 이 결론을 위에 나열된 실험 결과와 비교함으로써 균열 굴절 자체가 인성 강화의 전부는 아닐지라도 일부는 설명한다는 점을 명확히 할 수 있다. 사례연구 11.1에서 균열 굴절이 파괴인성을 향상시키는 방법에 대해 자세히 설명한다.

다결정 재료에서 결정립 주변의 균열 분기(crack bifurcation)는 훨씬 더 강력한 인성 강화 메커니즘, 즉 균열 교합(다음에 다룰 주제)으로 이어질 수도 있다.

11.5.2 균열 교합

이 메커니즘에서 강한 교합 인대에 의해 균열 선단 뒤의 균열 표면이 교합되면서 강화가 발생한다. 후자(그림 11.16b 및 c)는 균열 표면에 K_{tip}을 감소시키는 폐쇄력을 발생시킨다. 즉, 적용된 하중을 부분적으로 지지함으로써 교합 성분은 균열 선단 응력 강도를 감소시킨다. 인대의 본질은 다양하지만 위스커, 길게 늘어난 결정립(그림 11.16b) 또는 연속 섬유(그림 11.16c)일 수 있다. 그림 11.16c는 그러한 탄성 인대가 어떻게 폐쇄력을 발생시킬 수 있는지에 대한 개략도이다. 이 문제를 생각할 수 있는 한 가지 유용한 방법은 균열 전면이 앞으로 나아가는 데 있어서, 균열이 지나간 자국에 파괴되지 않고 남아 있는 인대가 늘어나야 하고, 따라서 에너지를 소비해야 하는 작은 용수철처럼 상

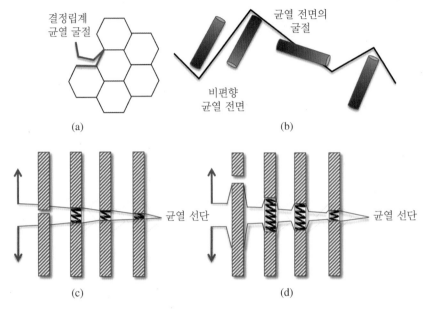

그림 11.16 (a) 결정립계에서의 균열 굴절 메커니즘의 개략도. (b) 막대 모양 입자 주위의 균열 전면의 굴절. (c) 계면 분리가 없는 인대 교합 메커니즘 및 (d) 분리가 있는 인대 교합 메커니즘. 후자의 경우 인대의 변형이 비편재화되고 강화 효과가 향상된다.

상하는 것이다.

계면 마찰 없이 균열 선단에서 부분적으로 분리된 강화상(reinforcing phase)의 탄성 스트레칭으로 인한 복합재의 파괴인성은 다음과 같이 표시할 수 있다.[15]

$$K_{\mathrm{Ic}} = \sqrt{Y_c G_m + \sigma_f^2 \left(\frac{r V_f Y_{c\gamma f}}{12 Y_{f\gamma i}} \right)} \tag{11.19}$$

여기서 첨자 c, m, f는 각각 복합재, 기지 및 보강재를 나타낸다. Y, V, σ_f는 각각 보강재 상의 영의 계수, 부피 분율 및 강도이다. r은 교합 인대의 반지름이고 G_m은 보강되지 않은 기지의 인성이다. 비율 γ_f/γ_i는 강화재/기지 계면에 대한 교합 인대의 파괴 에너지 비율을 나타낸다. 식 (11.19)는 파괴인성이 다음과 같이 증가한다고 예측한다.

- ∞ 보강상의 섬유 부피 분율 증가
- ∞ Y_c/Y_f 비 증가
- ∞ γ_f/γ_i 비 증가(즉, 약한 섬유/기지 계면에 대해 인성이 향상됨)

그림 11.16c와 d를 비교하면 분리된 계면의 형성이 더 긴 게이지 길이에 걸쳐 교합 강화 인대에 부과된 변형 변위를 어떻게 퍼뜨리는지 보여준다. 그 결과 인대에 의해 지지되는 응력은 균열 선단 뒤의 거리에 따라 더 느리게 증가하며 교합 구역에서 균열 개구 변위가 커짐에 따라 복합재의 파단 저항성이 크게 향상된다. 지속적인 교합 활동의 필수적인 요소는 위스커나 섬유 파단 후 상당한 인발

---

[15] P. Becher, *J. Amer. Cer. Soc.*, 74, 255-269 (1991)를 참고하라.

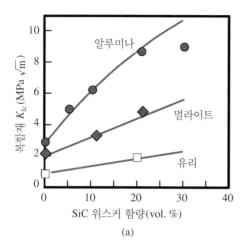
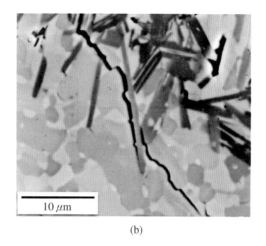

(a) (b)

그림 11.17 (a) SiC 위스커 함량이 서로 다른 기지에서 강도 강화에 미치는 영향. (b) 강화는 균열 교합과 Si$_3$N$_4$에서 길쭉한 기지 결정립의 결정립 인발과 관련이 있다. (P. Becher, *J. Amer. Cer. Soc.*, 74, 255-269, 1991.)

이 발생할 수 있다는 것이다. 따라서 섬유 교합 메커니즘은 일반적으로 섬유의 기여로 보완되고 균열 평면에서 이탈한다(그림 11.16c). 인대가 기지에서 빠져나오면서 전진하는 균열에 공급해야 하는 에너지를 소모해 복합재의 인성을 더욱 강화한다.

균열 교합 및 기지로부터의 제거를 통해 얻은 강화에 대한 기여가 실질적으로 파괴인성을 증가시킬 수 있다는 점은 다수의 위스커 강화(whisker-reinforced) 세라믹스에 대해 그림 11.17a에서 확인할 수 있다. 실선은 예측 곡선이고 데이터 점은 실험 결과이다. 이 둘은 꽤 잘 맞는다. 더 큰 입자 크기의 알루미늄 및 기타 세라믹스를 사용하여 Si$_3$N$_4$에서 달성된 높은 인성 값을 비슷한 메커니즘으로 설명할 수 있다(그림 11.17b).

11.5.3 변태 강화

변태 강화(transformation toughening) 재료는 균열 전파 부근에서 준안정상의 응력 유발 변형으로 인해 매우 큰 인성을 보인다. 지르코니아의 정방정계에서 단사정계($t \Rightarrow m$)로의 변태(8장 참고)가 지르코니아 및 지르코니아 함유 세라믹스의 파괴응력과 파괴인성을 모두 증가시킬 가능성이 있다는 최초의 발견[16] 이후 현상을 이해하려는 많은 노력이 기울여져 왔다.[17]

이 현상을 이해하기 위해서는 미세한 정방정계 지르코니아 입자가 기지에 분산되어 있는 그림 11.18을 참조하는 것이 유용하다. 이러한 정방형 입자가 충분히 미세하면 처리 온도에서 냉각될 때 주변 기지에 의해 변형이 제한될 수 있으며 결과적으로 **준안정 정방정**으로 유지될 수 있다. 어떤 이유로든 해당 구속조건이 없어지면 상대적으로 큰 부피 팽창 또는 $\approx 4\%$의 확장 및 $\approx 7\%$의 전단변

---

[16] R. Garvie, R. Hannick, and R. Pascoe, *Nature*, 258, 703 (1975).

[17] A. G. Evans and R. M. Cannon, *Acta. Metall.*, 34, 761-800 (1986), D. Marshall, M. Shaw, R. Dauskardt, R. Ritchie, M. Ready, A. Heuer, *J. Amer. Cer. Soc.*, 73, 2659-2666 (1990)을 참고하라.

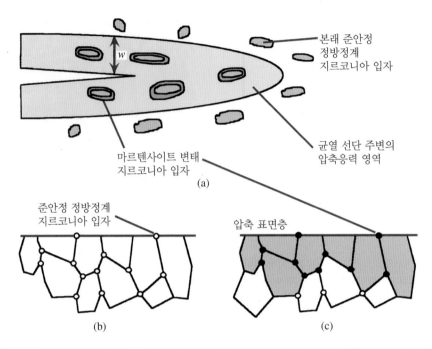

그림 11.18 (a) 균열 선단 앞과 주변 및 (b) 미변태 입자를 포함하는 표면 근처 변태 구역의 개략도. (c) (b)와 동일하지만 마르텐사이트 변태를 유도하는 표면 연마 후 다시 압축된 표면층을 생성하고 이에 따른 강도 증가.

형을 수반하는 변태가 유도된다. 변태 강화에서 자유 표면인 접근하는 균열 전면은 변태를 유발하는 촉매이며, 이는 균열 선단 앞쪽에 있는 영역을 압축한다. 변태가 균열 선단 근처에서 발생한다는 점을 감안할 때 압축층을 통해 균열을 확장하려면 추가 에너지가 필요하며, 이는 세라믹스의 인성과 강도를 모두 증가시킨다.

팽창 변형의 효과는 균열 선단 K_{tip}의 응력 강도를 다음과 같은 차폐계수 K_s에 의해 감소시킨다.

$$K_{tip} = K_a - K_s \tag{11.20}$$

균열 선단 앞쪽 구역이 균열 표면으로부터 그림 11.18a와 같이 너비 w의 영역에서 변태하는 변태 가능상의 균일한 부피 분율 V_f를 포함하면 차폐 균열 강도 계수는 다음과 같이 주어진다.[18]

$$K_s = A' Y V_f \varepsilon^T \sqrt{w} \tag{11.21}$$

여기서 A'은 균열 선단 앞 영역의 모양에 따라 달라지는 단위 차수의 무차원 상수이고 ε^T는 변태 변형률이다. ε^T를 계산하는 방법론은 13장에서 논의한다.

차폐가 없는 상태에서 기지가 $K_{tip} = K_{Ic}$일 때 파괴가 여전히 발생한다. 그러나 K_s에 의한 K_{tip}의 차폐에 의해 파괴인성이 강화된다. 다양한 지르코니아에서 균열 선단 영역의 세심한 미세구조 특성화를 통해 파괴인성의 강화가 실제로 제품 $V_f \sqrt{w}$에 따라 확장된다는 사실이 밝혀졌으며, 이는 식 (11.21)과 일치한다.

---

[18] R. M. McMeeking and A. G. Evans, *J. Amer. Cer. Soc.*, 63, 242–246(1982).

불행히도, 변태 강화가 실온(주로 정방정계의 준안정성)에서 잘 일어나는 이유는 온도가 상승할 때 효과가 없기 때문이다. 온도를 높이면 변태의 구동력이 감소하고 결과적으로 변태 영역의 범위가 줄어들어 덜 강한 재료가 된다. 습도는 또한 변태를 유발하는 경향이 있으므로 이러한 재료는 습한 환경에서 사용할 수 없다.

준안정 입자에 대한 기지의 정역학적 제약이 완화될 때마다 변태가 유도될 수 있다는 점은 주목할 가치가 있다. 예를 들어, 압축 표면층이 이러한 자발적 변태의 결과로 발달할 수 있다는 것은 이제 잘 확립되었다. 이 과정은 그림 11.18b 및 c에 개략적으로 나와 있다. 표면 연마가 변태를 유도하는 효과적인 방법으로 입증되었기 때문에 단순히 표면을 연마하는 것만으로도 파괴 강도를 거의 2배로 높일 수 있다. 원리적으로 취급될수록 그리고 표면에 작은 스크래치가 발생할수록 더 강해지는 세라믹스가 있기 때문에 실질적으로 이것은 중요하다.

이 단계에서 강화 지르코니아 함유 세라믹스의 3가지 부류가 확인되었다.

- ∞ 부분 안정화 지르코니아(PSZ). 이 재료에서 입방정상은 MgO, CaO 또는 Y_2O_3의 첨가에 의해 완전히 안정화되지 않는다. 그런 다음 입방정상을 열처리하여 일관된 정방정계 침전물을 형성한다. 열처리는 침전물을 충분히 작게 유지하여 입방정 지르코니아 기지 내에서 자발적으로 변태되지 않고 오직 응력의 결과로 변태될 정도로만 해도 충분하다.
- ∞ 정방정계 지르코니아 다결정(TZP). TZP의 지르코니아는 100% 정방정이며 소량의 이트리아 및 기타 희토류 첨가제가 있다. 굽힘 강도가 2 GPa을 초과하는 이 세라믹스는 알려진 것 중 가장 강력하다.
- ∞ 지르코니아 강화 세라믹스(ZTC). 이들은 알루미나, 멀라이트 및 스피넬과 같은 다른 세라믹 기지에 미세하게 분산된 정방정계 또는 단사정계 지르코니아 입자로 구성된다.

11.5.4 R 곡선 거동

위에서 설명한 인성 강화 메커니즘의 중요한 결과 중 하나는 R 곡선 거동으로 알려진 결과를 초래한다는 것이다. 파괴인성이 균열 크기와 무관한 일반적인 그리피스 고체와 달리, R 곡선 거동은 그림 11.19a에 개략적으로 표시된 것처럼 균열이 성장함에 따라 증가하는 파괴인성을 나타낸다. 이러한 유형의 거동을 담당하는 주요 메커니즘은 균열 교합 또는 변태 강화(변태 영역 또는 교합 인대에 의해 부과되는 폐쇄력) 중 작동하는 메커니즘과 동일하다. 예를 들어, 다시 그림 11.16c를 참조하면, 균열 후류에서 교합 인대의 수가 증가함에 따라 균열을 확장하는 데 필요한 에너지도 증가한다는 것을 알 수 있다. 그러나 파괴인성은 무한정 증가하지 않고 균열이 지나간 자국에 있는 인대의 수가 균열 확장이 증가하면서 정상상태에 도달할 때 정체기(plateau)에 도달한다. 균열 선단에서 멀리 떨어져 있는 경우 인대가 완전히 부서지고 빠져나와 효과가 없어지는 경향이 있다.

Ti_3SiC_2와 같은 미세 또는 조대한 결정립을 가진 MAX 상은 모두 강한 R 곡선 거동을 보인다. 그림 11.19c에서 볼 수 있듯이, 조대한 결정립을 가진 시료의 경우 K_{Ic}는 처음에는 ≈10~11에서 경우에 따라 15 MPa√m을 초과하는 값으로 증가한다. 이 값은 층상 비변태 세라믹스에 대한 기록적

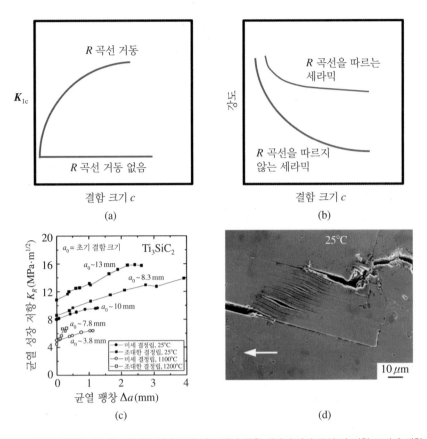

그림 11.19 (a) R 곡선 거동을 나타내는 세라믹(상단 곡선)과 그렇지 않은 세라믹(하단 곡선)의 결함 크기에 대한 파괴인성의 함수적 의존성. (b) 결함 크기가 증가함에 따라 강도 저하에 대한 R 곡선 거동의 영향. R 곡선 거동을 나타내는 세라믹스는 그렇지 않은 세라믹스보다 결함 저항성이 더 높아야 한다. (c) Ti_3SiC_2의 R 곡선 거동. (d) 왼쪽에서 오른쪽으로 뻗어 있는 Ti_3SiC_2 균열의 SEM 사진. (D. Chen et al., *J. Amer. Cer. Soc.* 84, 2914, 2001.)

인 K_{IC} 값이다. 그림 11.19d는 왼쪽에서 오른쪽으로 뻗은 Ti_3SiC_2의 균열의 주사전자현미경 사진을 보여준다. 균열이 큰 결정립과 교차하면서 갈라지며 결정립의 반대편에 나타난다. 균열 개구부가 증가하면서 이러한 구성은 그림 1.4a에 나타난 독특한 나무 모양의 인대로 이어진다. 이 인대는 물 결결함의 핵생성 및 전파에 의해 형성된다.

R 곡선 거동을 나타내는 세라믹스에는 4가지 중요한 의미가 있다.

1. 결함 크기가 증가함에 따라 강도 저하가 R 곡선을 따르지 않는 세라믹스보다 덜 심각하다. 이것은 그림 11.19b에 개략적으로 나와 있다.

2. 세라믹스의 신뢰성이 높아진다. 이것은 11.6절에서 논의할 것이다.

3. 부정적인 측면에서, R 곡선 거동을 나타내는 세라믹스가 R 곡선 거동을 나타내지 않는 세라믹스보다 피로에 더 취약하다는 것을 보여주는 증거가 증가하고 있다. 이에 대해서는 12장에서 자세히 설명한다.

4. R 곡선 거동이 일부 세라믹스의 열 충격 저항을 향상시킨다는 최근 증거가 있다. 그러나 이 시점에서 증거는 결정적이지 않으며 이 영역에서 더 많은 연구가 필요하다.

요약하면, 파괴인성은 균열을 확장하는 데 필요한 일과 관련이 있으며 균열 전파 과정의 세부 사항에 의해 결정된다. 오직 취성 물질의 파괴에서, 파괴인성은 표면 에너지에 관련되어 있다. 균열을 확장하는 데 필요한 에너지를 증가시켜 파괴인성을 향상시킬 수 있다. 균열 교합 및 마르텐사이트 변태는 R 곡선 거동을 초래하여 K_{Ic}를 증가시키는 2가지 메커니즘이다.

11.6 세라믹스 설계

앞에서 설명한 내용에 비추어 볼 때, 파괴응력은 결함 크기 및 분포에 민감한 만큼 상당한 변동성 또는 분산을 보일 것으로 예상된다. 이러한 가변성을 감안할 때, 세라믹스로 중요한 하중 지지 부품을 설계할 수 있을까?라는 질문을 갖게 한다. 이론적으로 부품의 결함을 완전히 분석(즉, 가해진 응력에 대한 크기 및 방향)하고 각 균열 선단의 응력 집중도를 계산할 수 있다면, K_{Ic}에서 구성요소가 파괴되는 정확한 응력을 결정할 수 있으며, 질문에 대한 답은 '예'일 것이다. 말할 필요도 없이 이러한 절차는 여러 가지 이유로 상당히 비실용적이며, 최소한 그 중에서도 물질 내부의 모든 결함을 분석하는 어려움과 시간과 노력 등이 수반된다.

아래에서 설명하는 대안적 접근법은 동일한 소재의 많은 시료의 거동을 특성평가하고 통계적 접근방식을 사용하여 설계하는 것이다. 문제를 통계적으로 처리해야 한다는 것은 광범위한 의미를 갖기 때문에 취성 물질로 설계할 때 가장 바람직한 방법은 가해진 응력에서 부품의 생존 **확률**을 명시하는 것이다. 그런 다음 설계 엔지니어는 허용 가능한 위험 요인을 평가하고 적절한 설계 응력을 예상해야 한다.

세라믹스의 신뢰성을 높이기 위해 사용되는 다른 방법으로는 비파괴 검사 및 검증 시험이 있다. 후자의 접근방식은 11.6.2절에서 간략히 설명한다.

11.6.1 와이블 분포

다양한 형식으로 세라믹스의 강도 분포를 설명할 수 있다. 오늘날 가장 널리 사용되는 것은 와이블 분포[19]이다. 이 2-매개변수 반경험적 분포는 다음과 같이 주어진다.

$$f(x) = m(x)^{m-1}\exp(-x^m) \tag{11.22}$$

여기서 $f(x)$는 랜덤 변수 x의 빈도 분포이고 m은 형상 인자이며, 일반적으로 **와이블 계수**(Weibull modulus)라고 한다. 식 (11.22)를 그림으로 표시하면(그림 11.20a 참고) 종 모양의 곡선이 나타나며, 그 폭은 m에 따라 달라지며 m이 커질수록 분포가 좁아진다.

강도 분포를 다루기 때문에 여기서 랜덤 변수 x는 σ/σ_0로 정의된다. 여기서 σ는 파괴응력이고

---

[19] W. Weibull, *J. Appl. Mech.*, 18, 293-297(1951); *Mater. Res. Std.*, May 1962, 405-411.

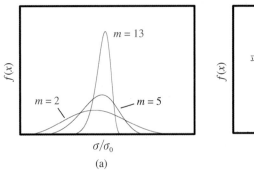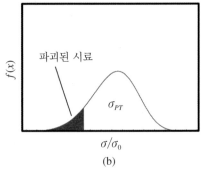

그림 11.20 (a) 와이블 분포의 모양에 대한 m의 영향. m이 증가할수록 분포가 좁아진다. (b) 검증 시험 결과 와이블 분포의 잘림.

σ_0는 x를 무차원화하는 데 필요한 규격화 매개변수이며 물리적 중요성에 대해 곧 논의할 것이다.

식 (11.22)에서 x를 σ/σ_0로 대체하면 생존 확률, 즉 주어진 응력 수준에서 생존할 시료의 분율은 다음과 같이 간단히 주어진다.

$$S = \int\limits_{\sigma/\sigma_0}^{\infty} f\left(\frac{\sigma}{\sigma_0}\right) d\left(\frac{\sigma}{\sigma_0}\right)$$

또는

$$S = \exp\left[-\left(\frac{\sigma}{\sigma_0}\right)^m\right] \tag{11.23}$$

식 (11.23)을 $1/S = \exp(\sigma/\sigma_0)^m$으로 다시 쓰고 양변에 자연로그를 두 번 취하면 다음과 같이 표현된다.

$$\ln\ln\frac{1}{S} = m\ln\frac{\sigma}{\sigma_0} = m\ln\sigma - m\ln\sigma_0 \tag{11.24}$$

식 (11.24)의 양변에 -1을 곱하고 $-\ln\ln(1/S)$ 대 $\ln\sigma$를 표시하면 기울기 m을 갖는 직선이 생성된다. 이제 σ_0의 물리적 중요성도 명백해졌다. ($S = 1/e$일 때 RHS가 0일 때) S에서의 응력 수준은 $1/e$ 또는 0.37이다. 일단 m과 σ_0가 실험 결과로부터 결정되면 임의의 응력에서 S는 식 (11.23)으로부터 쉽게 계산할 수 있다(예제 11.2 참고).

설계 목적으로 와이블 플롯을 사용할 때는 주의해서 다루어야 한다. 모든 외삽과 마찬가지로 m의 작은 불확실성이 S의 큰 불확실성을 초래할 수 있다. 따라서 신뢰 수준을 높이려면 데이터 시료가 충분히 커야 한다($N > 100$). 또한 와이블 모델에서는 시간에 따라 변하지 않는 단일 결함과 함께 재료가 균질하다고 암시적으로 가정한다. 또한 하나의 파괴 메커니즘만 작동하고 결함이 무작위로 분포되며 시편 또는 구성요소 크기에 비해 작다고 가정한다. 말할 필요도 없이, 이러한 가정 중 하나라도 유효하지 않을 때마다 식 (11.23)을 수정해야 한다. 예를 들어, 선형 와이블 플롯에서 큰 편차를 초래하는 바이모달 분포(bimodal distribution)는 드문 일이 아니다.

예제 11.2

10개의 명목상 동일한 세라믹 바의 강도를 측정한 결과 387, 350, 300, 420, 400, 367, 410, 340, 345 및 310 MPa인 것으로 나타났다. (a) 이 재료에 대한 m 및 σ_0를 결정하시오. (b) 0.999보다 높은 생존 확률을 보장하는 설계 응력을 계산하시오.

정답

(a) m과 σ_0를 결정하기 위해 이 데이터 집합에 대한 와이블 플롯은 다음과 같이 생성된다.

∞ 강도가 증가하는 순서로 시편의 순위를 매긴다. 1, 2, 3, ..., j, $j + 1$, ..., N, 여기서 N은 총 시료의 수이다.

∞ j번째 시편의 생존 확률을 결정한다. 첫 번째 근사치로 첫 번째 시편의 생존 확률은 $1 - 1/(N + 1)$이다. 두 번째는 $1 - 2/(N + 1)$, j번째 시편은 $1 - j/(N + 1)$ 등이다. 이 표현은 대부분의 응용 분야에서 적합하다. 그러나 보다 상세한 통계 분석을 통해 도출된 더 정확한 표현은 다음과 같다.

$$S_j = 1 - \frac{j - 0.3}{N + 0.4} \tag{11.25}$$

∞ $\ln \ln (1/S)$ 대 $\ln \sigma$를 플롯한다. 결과치에 부합하는 최소제곱값은 m이다.

표 11.2의 마지막 두 열은 그림 11.21에 표시되어 있다. 최소제곱법에 의해 10.5의 기울기를 산출하는데, 이는 일반적인 완제품 세라믹스의 전형적인 값이다. 표에서 $\sigma_0 \approx 385$ MPa이다(즉, $-\ln \ln 1/S = 0$일 때 파괴응력).

(b) 생존 확률이 0.999인 응력을 계산하려면 식 (11.23)이나 다음 식을 사용하여

$$0.999 = \exp\left\{-\left(\frac{\sigma}{385}\right)^{10.5}\right\}$$

표 11.2 실험 결과 집합에서 m을 찾는 데 필요한 데이터의 요약

Rank j	S_j	σ_j	$\ln \sigma_j$	$-\ln \ln(1/S)$
1	0.932	300	5.70	2.65
2	0.837	310	5.73	1.73
3	0.740	340	5.82	1.20
4	0.644	345	5.84	0.82
5	0.548	350	5.86	0.51
6	0.452	367	5.90	0.23
7	0.356	387	5.96	−0.03
8	0.260	400	5.99	−0.30
9	0.160	410	6.02	−0.61
10	0.070	420	6.04	−0.98

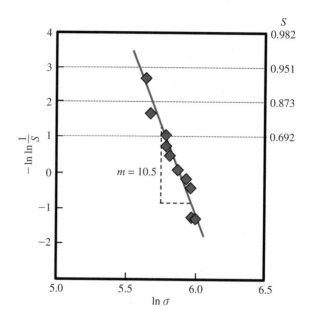

그림 11.21 표 11.2에 나열된 데이터의 와이블 플롯. 선의 기울기는 와이블 계수 m 이다. 실제 생존 확률은 오른쪽 y 축에 표시된다. 낮은 응력에서 S 는 크다(그림의 왼쪽 모서리). $\ln\ln(1/S)$ 이 아닌 $(-\ln\ln(1/S))$ 이 플롯된 이유는 플롯의 왼쪽 상단에 높은 생존 확률이 나타나도록 하는 미적인 이유이다.

$\sigma = 200$ MPa을 계산할 수 있다. σ_0 대신 366 MPa의 평균 응력을 사용할 때의 오차는 설계 응력에 대한 최종 결과에 큰 영향을 주지 않는다. 대부분의 응용 경우에서 σ_0 를 평균 응력으로 대체해도 문제없다. ■

와이블 계수에 영향을 미치는 요인

분명히 설계 관점에서 m 값이 높을수록 더 좋다. m 이 높은 약한 물질을 가질 수 있고 그 반대의 경우도 있으므로 m 을 강도와 혼동해서는 안 된다. 예를 들어, 크기가 모두 동일한 큰 결함이 있는 고체는 약하지만 원칙적으로 큰 m 을 가진다. 높은 m 값을 얻는 데 중요한 것은 결함, 결정립 크기 및 개재물을 포함한 미세조직의 균일성이다.

흥미롭게도 진정으로 취성 재료에 대한 파괴인성을 높인다고 해서 m 이 증가하지는 않는다. 이것은 다음과 같이 표시할 수 있다. 식 (11.24)를 재구성하여, m 을 다음과 같이 다시 쓸 수 있다.

$$m = \frac{\ln\ln(1/S_{\max}) - \ln\ln(1/S_{\min})}{\ln(\sigma_{\max}/\sigma_{\min})} \tag{11.26}$$

따라서 모든 시료 세트에서 분자는 검사된 총 시료의 수[즉, 식 (11.25)에서의 N]에 따라 달라지는 상수이다. 분모는 비율 $\sigma_{\max}/\sigma_{\min}$ 에 따라 달라지며, 이는 K_{Ic} 과 명백히 독립적인 비율 $c_{\min}/c_{\max}$ 에 비례한다(R 곡선 거동 효과 없음). 따라서 물질 자체의 인성 강화는 종종 m 을 증가시키지 않는다. 그러나 고체가 R 곡선 거동을 보일 경우 원칙적으로 m 이 증가한다는 것을 알 수 있다(문제 11.12 참고).

크기 및 시험 형상이 강도에 미치는 영향

취성 파괴 또는 약한 부분 통계의 중요한 결과 중 하나는 강도가 부피의 함수가 된다는 사실이다. 시편이 클수록 더 큰 결함을 포함할 확률이 높아져 결과적으로 낮은 강도를 유발한다. 즉, 시편이 클수록 약해질 가능성이 높다. 분명히 이것은 일반적으로 작은 시편에서 얻은 데이터를 더 큰 구성요소의 설계에 사용할 때 중요한 고려 사항이다.

지금까지 분석에 내포된 것은 시험한 모든 시료의 부피가 동일한 크기와 모양이라는 것이었다. 응력 σ에서 견딜 수 있는 시료의 부피 V_0의 확률은 다음과 같이 주어진다.

$$S(V_0) = \exp\left\{-\left[\frac{\sigma}{\sigma_0}\right]^m\right\} \tag{11.27}$$

이러한 시료의 n개 묶음이 모두 동일한 응력에서 견딜 수 있는 확률은 더 낮으며 다음과 같이 주어진다.[20]

$$S_{\text{batch}} = [S(V_0)]^n \tag{11.28}$$

n개의 조각을 함께 배치하여 더 큰 부피 $V(V = nV_0)$를 생성하면, 응력 σ에서 견디는 더 큰 부피의 확률 $S(V)$가 식 (11.28)과 동일함을 알 수 있다. 또는 다음과 같이 표현된다.

$$S(V) = S_{\text{batch}} = [S(V_0)]^n = [S(V_0)]^{V/V_0} \tag{11.29}$$

이 식은 수학적으로 다음 식과 동일하다.

$$S = \exp\left\{-\left(\frac{V}{V_0}\right)\left(\frac{\sigma}{\sigma_0}\right)^m\right\} \tag{11.30}$$

이것은 세라믹스의 S가 응력을 받는 부피와 m 모두에 의존한다는 것을 의미하기 때문에 중요한 결과이다. 식 (11.30)은 부피가 증가함에 따라 주어진 S를 유지하는 데 필요한 응력 수준이 감소해야 한다고 명시한다. 이것은 2가지 유형의 시편(부피 V_{test}를 가지는 시험 시편과 부피 V_{comp}를 가지는 구성요소 시편)의 생존 확률을 같다고 보면 보다 명확하게 알 수 있다. 2가지 유형의 시료의 생존 확률을 동일시하고 식 (11.30)의 재배열을 통해 다음을 알 수 있다.

$$\frac{\sigma_{\text{comp}}}{\sigma_{\text{test}}} = \left(\frac{V_{\text{test}}}{V_{\text{comp}}}\right)^{1/m} \tag{11.31}$$

이 식의 그래프는 강도와 부피 사이의 관계가 표시된 그림 11.22에 나와 있다. 여기서 중요한 점은 V_{comp}가 증가하거나 m이 감소할수록 주어진 S를 유지하는 데 필요한 설계 응력의 정도가 더 심각하게 낮아진다는 것이다.

---

[20] 여기서 유추해보면, 6면체 주사위를 사용하여 주어진 숫자를 굴릴 확률은 1/6이다. n개의 주사위를 동시에 굴렸을 때 같은 숫자가 나올 확률은 $(1/6)^n$이다.

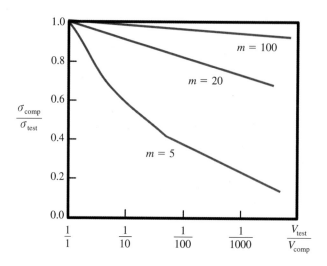

그림 11.22 m의 함수로써 부피가 강도 저하에 미치는 영향. V가 증가하면 강도가 감소하고 m이 낮은 물질일수록 그 정도는 더욱 심하다.

식 (11.31)을 도출할 때의 암묵적인 가정은 하나의 결함 집단[예: 기계적 가공(machining)보다는 공정(processing)에 의해 생긴]이 강도를 결정한다는 것이었다. 결함 집단마다 강도 분포가 다르고 크기가 다르게 조정된다. 또한 식 (11.31)을 도출할 때 가정은 부피 결함이 파괴의 원인이라는 점이다. 대신에, 표면 결함이 파괴를 일으킨 것으로 의심되었다면, 식 (11.31)에 도달하기 위해 사용된 것과 유사한 추론을 사용하여 다음을 나타낼 수 있다.

$$\frac{\sigma_{\text{comp}}}{\sigma_{\text{test}}} = \left(\frac{A_{\text{test}}}{A_{\text{comp}}} \right)^{1/m} \tag{11.32}$$

이 경우 강도는 부피 대신 면적에 따라 조정된다.

마지막으로 취성 파괴의 확률론적 특성의 또 다른 중요한 파급 효과는 시험 중 응력 분포 자체가 결과에 미치는 영향이다. 세라믹스 한 묶음을 인장 시험을 할 때 전체 부피와 표면에 응력이 가해진다. 따라서 시료의 어디에서나 똑같은 확률로 치명적인 결함이 전파된다. 그러나 3점 또는 4점 굴곡 시험의 경우 시료의 절반만 인장에 노출된 상태이며, 나머지 절반은 압축력을 받는다. 즉, 시험된 유효 부피는 본질적으로 감소된다. 동일한 생존 확률에 대한 인장강도 대 굽힘 강도의 비율은 다음과 같다.

$$\frac{\sigma_{3\text{-point bend}}}{\sigma_{\text{tension}}} = \left[2(m+1)^2 \right]^{1/m} \tag{11.33}$$

다시 말해, 굽힘을 받은 같은 묶음의 시료는 m에 영향을 받는 요소에 의해 더 강해진다. 예를 들어, $m = 5$의 경우 비율은 약 2인 반면 m을 20으로 늘리면 비율이 1.4로 감소한다.

11.6.2 검증 시험

검증 시험에서 시료는 잠시 σ_{PT}의 응력을 받게 되는데, 이는 사용 시 예상되는 수준을 초과한다. 가장 약한 시료는 통과하지 못하고 제거된다. 그림 11.20b에 보인 절단분포는 σ_{PT}보다 약간 낮은 모든 응력에서 높은 신뢰도를 가지고 사용될 수 있다.

그러나 검증 시험과 관련된 위험 중 하나는 다음 장에서 논의하는 아임계 균열 성장이다. 습기는 일반적으로 아임계 균열 성장에 관여하므로 효과적인 검증 시험은 불활성, 즉 수분이 없는 시험 환경과 최대 응력에서의 시간을 최소화하는 신속한 로딩/언로딩 사이클을 요구한다.

사례연구 11.1: 균열 굴절의 중요성

캐나다에서 이루어진 훌륭한 연구를 통해, 계면에서 균열의 굴절이 어떻게 인성을 강화시켰는지 잘 이해할 수 있게 되었다. 작은 인장 유리 시료를 사용하여 균열면에 다양한 각도 θ에서 균열 앞에 결함을 만들었다(그림 11.23a). 그런 다음 시료에 장력을 가하고 임계 파괴인성 K_{Ic}를 계산했다. 파괴역학을 통해 다음과 같이 예측했다.

$$\frac{K_c}{K_{Ic}^b} = \frac{1}{\cos^2(\theta/2)} \frac{K_{Ic}^i}{K_{Ic}^b} \tag{11.34}$$

여기서 K_{Ic}^b 및 K_{Ic}^i는 각각 벌크와 계면 유리의 벌크 및 계면의 임계 파괴인성 값이다. 시스템은 K_{Ic}^b/K_{Ic}^i가 0.5가 되도록 설계되었다. 즉, 계면은 의도적으로 벌크보다 약하게 만들어졌다.

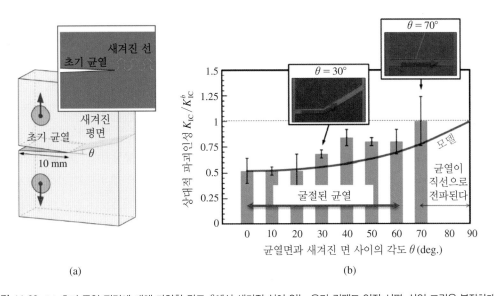

(a)   (b)

그림 11.23 (a) 초기 균열 평면에 대해 다양한 각도 θ에서 새겨진 선이 있는 유리 컴팩트 인장 시편. 삽입 그림은 복잡하게 새겨진 선을 보여준다. (b) θ의 함수로서의 상대적 파괴인성. 최대 60°까지 균열이 굴절되었다. 그 값 이상에서는 굴절되지 않았다. 왼쪽 삽입 그림은 $\theta = 30°$일 때 균열 전파를 보여준다. 오른쪽 삽입 그림은 $\theta = 70°$일 때 균열 전파를 보여준다. (Mirkhalaf et al. *Nat. Comm.*, 2013에서 발췌.)

도입된 결함은 원래 균열 경계면에 대해 각도 θ의 평면에 놓이도록 만들어졌다(그림 11.23a). 그 결과는 그림 11.23b에 나와 있으며 그림 11.23b에서 빨간색 선으로 표시된 θ가 60°까지 상당히 잘 따랐음을 분명히 보여준다. 각도가 > 60°일 때 균열은 더 이상 굴절되지 않고 대신 그림 11.23b의 오른쪽 상단에 삽입된 것과 같이 유리 시편을 가로질러 직선으로 이동한다. 균열을 60°까지 굴절시켜 인성을 0.5에서 ≈ 0.75까지 증가시켰다.

그런 다음 그림 11.23a에 삽입된 연동식 직쏘 모양의 계면과 같은 보다 정교한 균열 표면을 만드는 작업을 진행하였다. 이러한 경계면들이 장력을 받으면 균열이 안정적으로 전파되고 에너지가 급격히 증가한다. 마지막으로, 이러한 균열은 얇은 폴리머 층으로 채워져 장력 하에서의 견고성을 더욱 강화시켰다. 따라서 이 연구는 이 장에서 논의된 점들을 포함하여 이 분야에서 알려진 많은 것들의 내용을 확인시켜준다.

사례연구 11.2: 강하고 견고한 세라믹스

이 장에서 제시된 아이디어를 기반으로 하여, 고강도(균일하고 작은 결정립들)에 대한 요구 사항과 높은 파괴인성(약한 계면을 가진 비균질 이중 미세조직, 예: 그림 11.17b)에 필요한 요구 사항들은 양립할 수 없다. 따라서 강한 세라믹스와 견고한 세라믹스 중에서 선택해야 할 것으로 보인다. 그러나 자연에서 영감을 받았을 가능성이 있으므로 그렇지 않다는 것이 밝혀졌다.

지난 30여 년 동안 재료 설계에서 진행 중인 주제는 자연이 어떻게 견고한 재료를 설계하고 이를 모방하려고 하는지 이해하는 것이었다. 이는 당연하게도 생체모방이라고 분류된 접근방식이다. 취성 광물로 견고한 재료를 설계할 때 자연을 이기기 어렵다. 매우 얇은 단백질 또는 폴리머 층으로 결합된 극도의 취성을 지닌 방해석(calcite) 플레이트가 95% 이상으로 구성된 연체동물의 껍질로 만든 진주층이 그 좋은 예다. 최종 설계는 벽돌이 얇은 폴리머 시멘트와 함께 고정되는 벽돌 벽과 같다. 진주층, 치과 에나멜 등에 대한 여러 연구에 따르면 인성 강화는 계층적 구조에 기인하는데, 이는 광물로부터 멀리 균열을 굴절시키거나 통과시켜 폴리머에 유지시키는 것으로 나타났다. 후자는 폴리머/세라믹 계면이 약한 경우에만 가능하다. 그러나 약한 계면은 퍼즐의 일부일 뿐이다. 다른 더 중요한 부분은 폴리머이다. 폴리머를 2차원으로 제한하면 인성과 강도가 크게 향상된다. 일부는 약한 계면과 계층적 구조만이 열쇠를 쥐고 있다고 생각했다. 그러나 이러한 개념은 올바르지 않다. 연체동물 껍질을 섭씨 수백도로 가열해도 그 구조에는 영향을 미치지 않지만 기계적으로는 쓸모가 없게 된다.

이러한 의견에도 불구하고 강하고도 견고한 세라믹스를 설계하는 것은 가능하다. 2011년에 ≈ 17 MPa·$m^{1/2}$ 및 굽힘 강도 > 1.2 GPa의 성질이 보고된 MAX 상 Nb_4AlC_3를 생각해보자(그림 11.24a). 이것은 본질적으로 매우 미세한 입자로 '벽돌 벽'을 제작함으로써 달성되었다(그림 11.24g). 입자를 작게 유지함으로써 '벽돌 벽' 구조를 가지고 크게 향상된 K_{Ic}의 높은 강도를 얻을 수 있었다. 이러한 강화는 균열 경로의 비틀림 때문이라고 볼 수 있으며, 균열은 그림 11.24b~g와 같이 밀리미터와 마이크로미터의 2가지 스케일로 굴절된다.

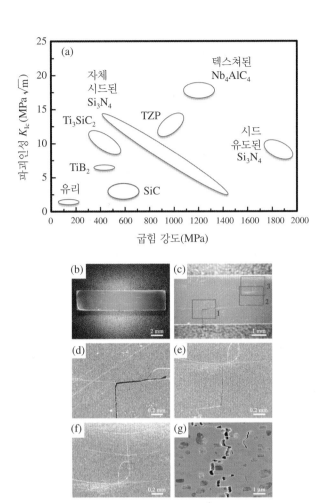

그림 11.24 (a) 다양한 세라믹스에 대한 파괴인성 대 굽힘 강도의 연관도. (b) 파괴 로딩된 고도로 텍스쳐된 Nb₄AlC₃의 굽힘 막대의 광학 현미경 사진. (c)~(f) (c)에 표시된 균열의 다양한 영역의 더 높은 배율 사진. (g) 더 높은 배율에서 균열의 세부 사항을 보여주는 SEM 사진. 결정립 주위의 균열의 비틀림에 유의하라. 결정립은 벽에 있는 '벽돌'처럼 방향이 지정되어 있다(배향되어 있다). (C. Hu et al. *Scripta Mater.*, **64**, 765, 2011.)

사례연구 11.3: 내마모성 세라믹스

경도 및 그에 수반되는 내마모성은 세라믹스를 많은 구조적 응용 분야에서 유용하게 만드는 중요한 속성이다. 예를 들어 세라믹스의 내마모성은 인공 고관절, 무릎, 치아를 비롯한 생체 임플란트에 사용되는 이유이다. 다른 중요한 응용 분야로는 펌프 씰, 절단 도구, 볼 및 롤러 베어링이 있다. SiC 및 B₄C의 높은 경도는 낮은 밀도와 함께 세라믹 장갑판 응용 분야의 핵심 재료가 된다. 여기서 경도가 유일한 중요한 속성이 아니라 높은 파괴인성이 중요하다는 점에 유의해야 한다. 화학적 불활성은 부식성 액체가 사용되는 많은 응용 분야에서도 핵심이다. 알루미나, SiC, Si₃N₄, ZrO₂ 및 B₄C는 모두 이러한 응용 분야에 널리 사용된다. 그림 11.25는 일반적인 세라믹 볼 및 기타 베어링 유형의 사진이다.

그림 11.25 다양한 세라믹 베어링의 사진

11.7 요약

1. 세라믹스는 균열과 결함의 선단에 축적된 응력을 이완시키는 메커니즘이 없기 때문에 부서지기 쉽다. 가장 효과적인 이완 메커니즘 중 하나는 전위의 미끄러짐에 의한 소성변형이기 때문에 가소성에 필요한 5개의 독립적인 슬립 시스템이 없는 세라믹스는 부서지기 쉽다. 이것은 노치에 민감하게 만들고 결과적으로 강도는 가해진 응력과 결함 크기의 조합에 따라 달라진다. 파괴의 조건은 다음과 같다.

$$K_\mathrm{I} = \sigma_f \sqrt{\pi c} \geq K_\mathrm{Ic}$$

여기서 K_Ic는 그 물질의 파괴인성이다. 세라믹스의 강도는 K_Ic를 증가시키거나 결함의 크기 c를 감소시킴으로써 증가된다.

2. 가공은 높은 강도를 달성하려면 피해야 할 소재의 결함을 야기한다. 결함은 기공, 미세한 기지의 큰 결정립 및 개재물 등이 될 수 있다. 또한 세라믹 성분의 강도는 결정립 크기가 커질수록 감소하기 때문에 고강도 세라믹스를 얻기 위해서는 결함이 없고 미세한 미세조직이 바람직하다.

3. 일부 세라믹스의 높은 경도와 내마모성은 많은 구조적 및 내마모성 응용 분야에서 유용하다.

4. 다양한 방법으로 세라믹의 인성을 강화할 수 있다. 이러한 접근방식의 공통점은 균열 전파를 에너지적으로 힘들게 만드는 것이다. 이것은 균열 앞의 영역을 마르텐사이트 변태하여 압축 상태에 균열 선단을 놓거나, 균열이 전파될 때 균열면을 연결하는 위스커, 섬유 또는 큰 결정립(이중 미세조직)을 추가하여 이루어질 수 있다.

　고강도(균일하고 미세한 미세조직)에 대한 요구 사항을 인성 향상에 필요한 요구 사항(비균질 이중 미세조직)과 비교하면 2가지를 동시에 달성하는 데 문제가 있음을 알 수 있다.

5. 가해진 응력과 관련하여 다양한 크기, 모양 및 방향의 결함을 찾는 확률론적 특성과 함께 세라믹스의 취성은 항상 강도에 일부 분산을 초래한다. 와이블 분포에 따르면 생존 확률은 다음과 같이 지정된다.

$$S = \exp\left\{-\left(\frac{\sigma}{\sigma_0}\right)^m\right\}$$

여기서, m은 와이블 계수로 알려진 분산의 척도이다. 큰 분산은 낮은 m 값과 연관되며 그 반대의 경우도 마찬가지이다.

6. 강도가 부피 내에 무작위로 분포된 결함에 의해 제어되는 경우, 강도는 부피의 함수가 되며 S는 부피가 증가함에 따라 감소한다. 강도가 표면 결함에 의해 제어되는 경우, S는 대신 면적에 따라 조정된다.

7. 구성요소가 사용 응력보다 높은 수준으로 가해지는 검증 시험은 약한 시료를 제거하여 분포를 잘라내고 설계에 대해 명확한 응력 수준을 설정하게 한다.

문제

11.1 (a) 식 (11.7)에 도달하기 위해 사용된 유사한 분석 결과, 길이 c의 내부 균열이 같은 길이의 표면 균열과 비교하여 세라믹 강도에 $\sqrt{2}$만큼 더 나쁜 영향이 있음을 보이시오.

(b) 세라믹스가 일반적으로 인장력보다 압축력이 훨씬 강한 이유는 무엇인가?

(c) 세라믹스의 항복점이 이상적인 강도 σ_{theo}에 접근할 수 있는 반면 금속의 항복점은 σ_{theo}보다 훨씬 작은 이유를 설명하시오. 세라믹의 인장 파괴 강도가 보통 항복 강도보다 훨씬 작다는 점을 감안할 때, 세라믹스의 항복 강도를 측정하기 위해 어떤 방법을 사용할지 말해 보시오.

11.2 (a) $\gamma = 1\ \text{J/m}^2$ 및 $Y = 70\ \text{GPa}$인 경우 102 MPa에서 파괴된 유리에 대한 임계 결함의 크기를 추정하시오.
답: 4.3 μm

(b) 가장 큰 균열이 100 μm 정도이고 가장 작은 균열이 7 μm 정도인 경우, 이 유리가 견딜 수 있는 최대 응력은 얼마인가?
답: 21 MPa

11.3 균열의 곡률 반지름이 $\rho \approx 14r_0$이면(즉, 균열이 원자크기 정도로 날카롭다고 가정할 경우), 식 (11.2)와 (11.9)가 동등함을 보이시오. 여기서 r_0은 원자 간 평형 거리이다. 힌트: 4장에 정의된 n, m 및 r_0에 의해 정의된 γ 및 Y에 대한 식을 찾아보라. $n = 9$, $m = 1$ 및 $\sigma_{\text{th}} = Y/10$이라고 가정할 수 있다.

11.4 Al_2O_3는 약 4 MPa·m$^{1/2}$의 파괴인성 K_{Ic}를 가지고 있다. Al_2O_3 시료 배치에는 약 30 μm 깊이의 표면 결함이 포함되어 있는 것으로 확인되었다. 평균 결함 크기는 10 μm 정도였다. (a) 이 배치의 인장강도 및 (b) 압축강도를 추정하시오.
답: 412 MPa, 10 GPa

11.5 반응 결합된 Si_3N_4의 강도에 대한 기공 크기의 영향을 조사하기 위해 하인리히(Heinrich)[21]는 반응 결합 전에 그의 콤팩트 내에 인공 기공(가공 중에 녹는 왁스 구체)을 도입했다. 얻어진 결과를 다음 표에 요약하였다. 이 데이터가 그리피스 기준과 일치하는가? 모든 가정을 명시하여 명확하게 설명하시오.

---

[21] J. Heinrich, *Ber. Dt. Keram. Ges.*, **55**, 238 (1978).

왁스 결정립 크기(μm)	평균 기공 크기(μm)	굽힘 강도(MPa)
0~36	48	140 ± 12
63~90	66	119 ± 12
125~180	100	101 ± 14

11.6 상온에서 측정된 3가지 구조용 세라믹스인 열압축된 Si_3N_4(HPSN), 반응 결합된 Si_3N_4(RBSN) 및 CVD 증착된 SiC(CVDSC)의 인장 파괴 강도는 다음과 같다.

(a) 누적 파괴 확률을 각각에 대한 파괴 강도의 함수로 표시하시오.

(b) 강도 분포에서 평균 강도와 표준편차를 계산하고, 각 재료의 와이블 계수를 구하시오.

답: m = 8.15(HPSN), m(RBSN) = 4.31, m(CVD) = 6.95

(c) 표준편차와 와이블 계수 사이에 어떤 관계가 있을 것으로 예상하는가? 설명하시오.

(d) 1000개 중 한 부품만 고장 날 수 있다고 가정하고 각 재료에 대한 설계 응력을 추정하시오.

답: σ = 197 MPa(HPSN), σ(RBSN) = 60 MPa, σ(CVD) = 37.3 MPa

(e) 이러한 재료에 대한 지식 및 가공 방법에 기초하여, 이러한 재료가 다르게 작동하는 이유는 무엇이라고 생각하는가? 모든 가정을 진술하시오.

HPSN (MPa)	521, 505, 500, 490, 478, 474, 471,453, 452, 448, 444, 441, 439, 430, 428, 422, 409, 398, 394, 372, 360, 341, 279.
CVDSC	386, 351, 332, 327, 308, 296, 290, 279, 269, 260, 248, 231, 219, 199, 178, 139.
RBSN	132, 120, 108, 106, 103, 99, 97, 95, 93, 90, 89, 84, 83, 82, 80, 80, 78, 76.

11.7 그림 11.26에 표시된 세라믹에 인장력이 가해지면(시료의 길이방향을 따라) 20 MPa에서 파괴되었다. 굵은 빨간색 선은 균열(내부 균열 2개 및 표면 균열 1개)을 나타낸다. 이 세라믹에 대한 K_{Ic}를 추정하시오. 모든 가정을 명시하시오.

답: 3.5 MPa·m$^{1/2}$

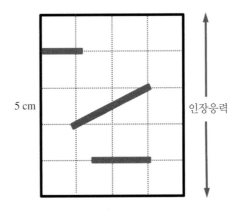

5 cm

인장응력

그림 11.26 인장력이 가해진 세라믹 부품의 단면. 굵은 빨간색 선은 결함을 나타낸다.

11.8 Si_3N_4의 경우 K_{Ic}는 미세조직에 크게 의존하며 3~10 MPa·m$^{1/2}$까지 다양한 값을 가질 수 있다. 가장 큰 결함 크기가 50 μm 정도이고 파괴인성이 8 MPa·m$^{1/2}$인 Si_3N_4과 가장 큰 결함 크기가 25 μm이지만 파괴 인성이 절반에 불과한 Si_3N_4 중 어느 것을 선택하겠는가? 설명하시오.

11.9 Evans와 Charles[22]는 압입으로 인한 파괴인성 계산을 위해 다음 방정식을 제안했다.

$$K_{Ic} \approx 0.15(H\sqrt{a})\left(\frac{c}{a}\right)^{-1.5}$$

여기서 H는 GPa 단위의 비커스 경도이고 c와 a는 그림 11.7에 정의되어 있다. 그림 11.27은 유리 슬라이드의 비커스 압입과 파생되는 균열의 현미경 사진을 보여준다. 경도가 $\approx$ 5.5 GPa일 때 이 유리의 K_{Ic}를 추정하시오.

답: 측정된 균열의 크기에 따라 $\approx$ 1.2에서 1.6 MPa·m$^{1/2}$

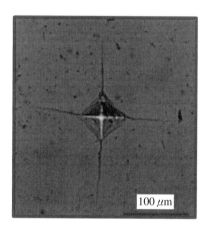

그림 11.27 200x 배율에서 유리의 압흔 부분의 광학 현미경 사진

11.10 한 제조업체에서 특정 용도를 위해 두 세라믹 중 하나를 선택하려고 한다. 동일한 조건에서 시험한 두 세라믹에 대한 데이터는 다음과 같았다.

세라믹	평균 파괴응력	와이블 계수
A	500 MPa	12
B	600 MPa	8

사용 조건은 시험 조건과 기하학적으로 동일하며 300 MPa의 응력을 가한다. 와이블 통계에 대한 지식을 바탕으로 300 MPa에서 어떤 세라믹을 더 신뢰할 수 있는가? 어떤 응력에서 두 세라믹이 동일한 성능을 제공하는가?

답: 동일한 성능을 위한 응력 = 349 MPa

11.11 지름 5 mm, 길이 25 mm인 원통형 시료 세트의 MOR을 와이블 통계를 사용하여 시험하고 분석했다. 평균 강도는 112 MPa이고 와이블 계수는 10이다.

(a) 0.95의 S를 얻는 데 필요한 응력을 추정하시오. 모든 가정을 명시하시오.

답: 74.5MPa

(b) 이제 지름이 10 mm이고 길이가 25 mm인 동일한 재료로 부품을 제작하여 판매한다면 설계 응력이 부분적으로 변경되어야 하는가? 그렇다면 얼마나 변경해야 하는가? 모든 가정을 명시하시오.

답: 64.8 MPa

11.12 R 곡선 거동을 나타내는 세라믹스가 원칙적으로 더 큰 m 값도 나타내야 하는 이유를 설명하시오.

---

[22] A. G. Evans and E. A. Charles, *J. Amer. Cer. Soc.*, 59, 317 (1976).

11.13 (a) 식 (11.30)을 유도할 때, 결함 집단은 두 부피에서 동일한 것으로 가정되었다. 그러나 때때로 다른 부피와 모양의 세라믹 본체를 제조할 때 다른 결함 집단이 도입된다. 세라믹스로 설계하는 데 있어서 이것이 어떤 의미가 있는가? 구체적으로 답하시오.

(b) 이 문제를 해결하기 위해 Kschinka[23]는 압축 하에서 서로 다른 유리구의 강도를 측정했다. 결과는 아래에 요약되어 있다. 여기서 D_0는 유리구의 지름, N은 시험된 시료의 수, m은 와이블 계수, σ_f는 평균 강도, V는 구의 부피이다.

D_0(cm)	N	m	σ_f (50%)	V(cm^3)
0.368	47	6.19	143	2.6×10^{-2}
0.305	48	5.96	157	1.5×10^{-2}
0.241	53	5.34	195	7.3×10^{-3}
0.156	30	5.46	229	2.0×10^{-3}
0.127	45	5.37	252	1.1×10^{-3}
0.108	38	5.18	303	6.6×10^{-4}
0.091	47	3.72	407	3.9×10^{-4}
0.065	52	4.29	418	1.4×10^{-4}
0.051	44	6.82	435	6.9×10^{-5}

(i) 한 그래프에서 0.051, 0.108 및 0.368 cm 지름의 구에 대한 와이블 플롯을 표시한다. 이들은 왜 다른가?

(ii) 0.051 cm 구의 경우 $S = 0.99$를 보장하기 위한 설계 응력은 무엇인가?

(iii) 지름이 1 cm인 유리구의 평균 강도를 추정하시오.

(iv) 부피의 영향을 고려하면 마스터 곡선의 모든 데이터를 축소할 수 있다. 어떻게 할 수 있는지 보이시오. 힌트: 예를 들어 0.156 cm 구로 데이터를 규격화하라.

---

[23] B. A. Kschinka, S. Perrella, H. Nguyen, and R. C. Bradt, *J. Amer. Cer. Soc.*, 69, 467 (1986).

더 읽을거리

1. R. W. Davidge, *Mechanical Behavior of Ceramics*, Cambridge University Press, New York, 1979.
2. R. Warren, Ed., *Ceramic Matrix Composites*, Blackie, Glasgow, Scotland, 1992.
3. B. Lawn, *Fracture of Brittle Solids*, 2nd ed., Cambridge University Press, New York, 1993.
4. A. Kelly and N. H. Macmillan, *Strong Solids*, 3rd ed., Clarendon Press, Oxford, UK, 1986.
5. G. Weaver, Engineering with ceramics, Parts 1 and 2, *J. Mater. Ed.*, 5, 767 (1983); 6, 1027 (1984).
6. T. H. Courtney, *Mechanical Behavior of Materials*, McGraw-Hill, New York, 1990.
7. A. G. Evans, Engineering property requirements for high performance ceramics, *Mater. Sci. Eng.*, 71, 3 (1985).
8. S. M. Weiderhorn, A probabilistic framework for structural design, in *Fracture Mechanics of Ceramics*, vol. 5, R. C. Bradt, A. G. Evans, D. P. Hasselman, and F. F. Lange, Eds., Plenum, New York, 1978, p. 613.
9. M. F. Ashby and B. F. Dyson, in *Advances in Fracture Research*, S. R. Valluri, D. M. R. Taplin, P. Rama Rao, J. F. Knott, and R. Dubey, Eds., Pergamon Press, New York, 1984.
10. P. F. Becher, Microstructural design of toughened ceramics, *J. Amer. Cer. Soc.*, 74, 225 (1991).
11. F. Riley, *Structural Ceramics, Fundamentals and Case Studies*, Cambridge University Press, 2009.

12

크리프, 아임계 균열 성장 및 피로

CREEP, SUBCRITICAL CRACK GROWTH AND FATIGUE

The fault that leaves six thousand tons a log upon the sea.

R. Kipling, *McAndrew's Hymn*

....

12.1 서론

이전 장에서 논의한 바와 같이 저온 및 중온에서 파괴는 일반적으로 공정 또는 표면 처리 중에 형성된 기존 결함으로 인해 발생한다. 파괴조건은 간단했다. 파괴는 $K_I > K_{Ic}$일 때 빠르고 치명적이게 일어났다. $K_I < K_{Ic}$인 조건에서 균열은 안정적이며, 즉 시간이 지남에 따라 성장하지 않으며 결과적으로 재료가 하중을 무한정 견딜 수 있다는 것을 암묵적으로 암시했다. 실제상황은 그렇게 간단하지 않다. 기존 균열은 $K_I < K_{Ic}$일지라도 일정한 그리고 주기적인 하중 하에서 천천히 성장할 수 있고 실제로 그러하다. 예를 들어, 금속의 경우 작은 부하에서도 반복적으로 하중이 가해지면 균열을 발생시킬 수 있으며, 이를 **피로**(fatigue)라고 한다. 대조적으로, 세라믹스는 균열 선단 가소성 또는 가공경화가 부족하기 때문에 피로에 취약하지 않다고 오랫동안 받아들여져 왔다. 그러나 최근에는 꼭 그렇지 않은 것이 드러났다. 일부 세라믹스, 특히 *R* 곡선 거동을 나타내는 세라믹스는 실제로 주기적 하중에 취약하다.

오랫동안 잘 알려져 있는 또 다른 현상은, 세라믹스가 일정한 응력과 부식 환경의 결합된 영향에 노출되면 느린 균열 성장이 발생한다는 것이다. 이 파괴 모드에서 기존의 아임계 균열 또는 사용 중에 핵이 생성되는 균열은 균열 선단에서 응력강화 화학 반응성에 의해 천천히 성장한다. 이러한 현상을 **아임계 균열 성장**(subcritical crack growth, SCG)이라고 한다. 불행히도, 이 현상은 때때로 **정적피로**(static fatigue)라고도 하며, 겉보기에는 방금 언급한 동적피로(dynamic fatigue) 상황과 구별하기 위한 것처럼 보이지만 더 큰 혼란을 야기한다.

마지막으로, **크리프**(creep) 또는 고온에서 응력을 받는 고체의 느린 변형은 세라믹스에서도 발생한다. 조만간 크리프를 경험하는 부품에 고장이 발생하거나, 모양 및 길이의 변화를 일으켜 내마모성 부품을 무용지물로 만들게 된다.

이러한 각각의 현상이 발생하는 동안 일어나는 원자적 과정과 미시적 메커니즘은 상당히 다르지만, 그들 사이에는 공통점이 있다. 각각의 경우, 기존 또는 핵이 생성된 결함이 시간이 지남에 따라 자라나 결국 부품의 고장으로 이어지며 일반적으로 비참한 결과를 초래한다. 다시 말해, 세라믹스는 이제 이러한 것들을 이겨나가야 할 수명이 생기게 되었다.

다음 절들에서는 각 현상을 개별적으로 다룬다. 12.5절에서는, 수명을 추정하고 적절한 설계 기준을 선택하는 방법론의 개발에 대해 다룬다.

12.2 크리프

크리프는 높은 온도, 즉 $T > 0.5T_m$에서만 발생하는 시간에 따른 고체의 느리고 지속적인 변형이다. 여기서 T_m은 켈빈 단위의 융점이다. 금속에서 결정립계 슬라이딩 및 관련 공동(cavity) 성장은 크리프 저항에 가장 해로운 메커니즘으로 오랫동안 확립되어 왔으며, 이는 크리프에 매우 강한 단결정 초합금 터빈 블레이드의 개발로 이어졌다. 세라믹스에서는 일부 메커니즘이 충분히 이해되지 않은 경우 크리프 변형을 초래할 수 있기 때문에 상황이 더 복잡하다. 문제는 서로 다른 온도 및 응력 방식에 대해 서로 다른 메커니즘이 작동할 수 있다는 사실로 인해 더욱 복잡해진다. 일반적으로 크리프는 응력, 시간, 온도, 결정립 크기 및 모양, 미세조직, 부피 분율 및 결정립계에 존재하는 유리상(있는 경우)의 점도, 전위 이동성 등의 복잡한 함수이다. 주제를 더 자세히 다루기 전에 크리프를 측정하는 방법을 간략하게 검토하는 것이 좋다.

| 실 험 세 부 사 항 | **크리프 측정**

일반적으로 고체의 크리프 응답은 가해진 하중과 시간의 함수로 변형률을 측정하는 것이 특징이다. 이것은 가장 간단한 방법으로, 시료에 하중을 부착하고 주어진 온도인 T로 가열하고 시간 t의 함수로 변형을 측정함으로써 수행할 수 있다. 그 결과 변형률 ε은 그림 12.1a와 같이 t에 대해 표시되며 일반적으로 세 영역이 관찰된다. (1) ε이 거의 순간적으로 증가한 후 t에 따라 ε의 증가율이 감소하는 초기 영역. 이 영역을 **1차 크리프**(primary creep) 영역이라고 한다. (2) ε이 t에 따라 다소 선형적으로 증가하는 영역. 이것은 **정상상태**(steady-state) 또는 2차 크리프(secondary creep) 단계로 알려져 있으며, 실용적인 관점에서 볼 때 가장 중요한 단계이며 여기에서 주요 관심사이다. (3) 시편이 파괴되기 직전에 발생하는 **3차 크리프**(tertiary creep) 단계로, 시간이 지남에 따라 변형률이 급격히 증가한다.

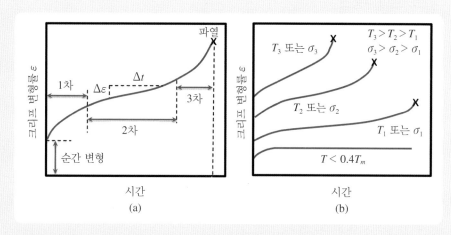

그림 12.1 (a) 일반적인 변형률 대 시간 크리프 곡선. 실험적으로 세 영역 모두 항상 관찰되는 것은 아니다. (b) 재료의 크리프 응답에 대한 응력 및/또는 온도 증가의 영향.

T 및/또는 응력이 증가하면(그림 12.1b) 파괴 시간의 감소와 함께 순간 변형률 및 정상상태 크리프 속도 모두의 증가를 초래한다.

그림 12.1b와 같은 데이터는 일정한 T에서 정상상태 크리프 속도 $\dot{\varepsilon}_{ss}$의 로그 대 가해진 응력 σ의 로그를 플롯팅하여 더 줄일 수 있다. 이러한 곡선은 일반적으로 직선을 생성하며, 이는 곧 다음을 의미한다.

$$\dot{\varepsilon}_{ss} = \frac{d\varepsilon}{dt} = \Gamma\sigma^p \qquad (12.1)$$

여기서 Γ는 온도에 의존하는 상수이고 p는 **크리프 법칙 지수**(creep law exponent)라고 하며 일반적으로 1과 8 사이의 값을 가진다. $p > 1$의 경우, 크리프는 일반적으로 **멱법칙 크리프**라고 한다.

식 (12.1)에 의해 기술된 기능적 의존성을 설명하기 위해 12개 이상의 메커니즘이 제안되었다. 일반적으로 확산, 점성, 결정립계 슬라이딩 또는 전위 크리프의 4가지 범주 중 하나에 속한다. 이 모델들 중 일부라도 세부적으로 다루는 것은 이 책의 범위를 벗어난다. 대신, 확산 크리프는 아래에서 상세하게 다루어지며, 다른 2개의 중요하지만 잘 이해되지 않고 모델링하기 더 어려운 메커니즘에 대한 간략한 언급이 이어진다. 보다 포괄적인 검토는 이 장 끝부분의 참고문헌을 참조하기 바란다.

12.2.1 확산 크리프

영구 변형이 일어나려면 원자가 한 영역에서 다른 영역으로 이동해야 하며, 이는 일종의 구동력을 필요로 한다. 따라서 크리프를 이해하려고 시도하기 전에 관련된 구동력의 기원을 이해하는 것이 필수적이다.

크리프의 구동력

일반적으로, 헬름홀츠[1] 자유 에너지 A의 변화는 다음과 같이 주어진다.

$$dA = -SdT - pdV \tag{12.2}$$

여기서 S는 엔트로피, p는 압력, V는 부피이다. 일반적인 크리프 실험에서처럼 일정한 온도 T에서 발생하는 변화에 대해 $dA = -pdV$로 표현된다. 재정렬하면,

$$p = -\frac{\partial A}{\partial V}$$

양변에 화학식 단위의 부피 Ω_{fu}를 곱하고 V/Ω_{fu}가 단위부피 N당 화학식 단위의 수 f.u.이라는 사실을 알면 다음을 알 수 있다.

$$p\Omega_{fu} = -\frac{\partial A}{\partial V}\Omega_{fu} = -\frac{\partial A}{\partial(V/\Omega_{fu})} = -\frac{\partial A}{\partial N} \tag{12.3}$$

따라서 $\partial A/\partial N$는 f.u.당 초과 (응력으로 인한) 화학 퍼텐셜 혹은 $\Delta\mu = \tilde{\mu} - \tilde{\mu}_0$로 나타낸다. 여기서 $\tilde{\mu}_0$은 응력이 없는 물질에서 f.u.의 표준 화학 퍼텐셜이다(5장 참고).

p를 가해진 응력 σ과 같다고 하면, 응력을 받는 물질 내에 f.u.의 화학 퍼텐셜은 다음과 같다.

$$\tilde{\mu} = \tilde{\mu}_0 - \sigma\Omega_{fu} \tag{12.4}$$

관례에 따라 σ는 가해진 응력이 인장일 때 양수이고 압축될 때 음수로 간주한다. Ω_{fu}에 아보가드로의 수 N_{Av}를 곱하면 몰 부피 V_m이 된다. Ω_{fu}를 사용하고 있으므로, 몰수가 아니라 원자를 다루고 있다는 것을 뜻하고, 따라서 기체상수 R이 아니라 볼츠만 상수 k가 이용하는 상수이다. 이러한 이유로 식 (12.4)에서 물결표가 사용된다(7장 참고).

식 (12.4)의 기원을 더 잘 이해하려면, 그림 12.2에 개략적으로 묘사된 상황을 고려하라. 여기에서 4개의 피스톤이 재료 입방체의 4면에 부착되어 피스톤 내 압력들이 $P_A > P_B$와 같이 다르게 된다. 이러한 압력은 A면과 B면에 각각 수직 압축력 $-\sigma_{11}$ 및 $-\sigma_{22}$를 발생시킨다. 만약 f.u.가 이제 표면 A에서 제거된다면(예: A 표면 바로 아래의 빈 공간을 채움으로써), 피스톤 A는 부피 Ω_{fu}만큼 이동하고 계에서 수행된 일은 $\Omega_{fu}P_A = \Omega_{fu}\sigma_{11}$이 된다. 표면 B에 화학식 단위를 배치하면(예를 들어, 표면 바로 아래에서 표면으로 확산되는 f.u.를 가짐으로써), 계에 의해 수행된 일은 $\Omega P_B = -\Omega\sigma_{22}$이다. 실제로 수행된 알짜 일은 다음과 같다.

$$\Delta W_{A \Rightarrow B} = \Omega_{f.u.}(P_B - P_A) = \Omega_{f.u.}(\sigma_{11} - \sigma_{22}) \tag{12.5}$$

이는 원자가 높은 응력을 받는 영역에서 낮은 압축응력의 영역으로 확산될 경우 에너지가 회복될 수 있다(즉 ΔW가 음이다)는 것을 의미하기 때문에 핵심적인 결과이다(예제 12.1a 참고).

---

[1] 헬름홀츠 자유 에너지 A는 일정한 부피에서 수행될 때 계의 자유 에너지 변화를 나타낸다. 대조적으로, ΔG는 일정한 압력에서 발생하는 자유 에너지 변화를 나타낸다. 그러나 응축상의 부피 변화와 그에 따른 대기압 하에서 하는 일이 작기 때문에 무시할 수 있으며 일반적으로 고체의 경우 $\Delta G \approx \Delta A$이다.

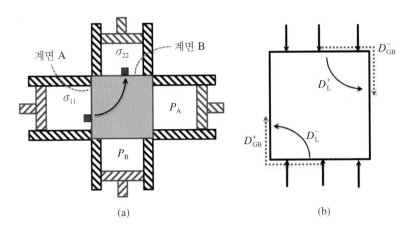

그림 12.2 (a) 식 (12.5)에 도달하기 위해 가상된 사고 실험의 개략도. (b) 수직방향을 따라 압축된 주어진 결정립 내부 및 주변의 양이온 및/또는 음이온 확산에 대한 가능한 경로.

$\sigma_{11} = -\sigma_{22} = \sigma$일 때 회복된 에너지는 다음과 같다.

$$\Delta W = -2\Omega_{f.u.}\sigma \tag{12.6}$$

이 에너지는 f.u.가 압축응력을 받는 영역에서 동일한 인장응력을 받는 영역으로 확산되는 데 사용할 수 있는 구동력을 직접 측정하는 것이다.

f.u.가 계면 A 바로 아래에서 계면 B 바로 아래로 이동할 때 회복되는 에너지는 식 (12.5)에서 주어진 것보다 훨씬 더 크기가 작다. 즉, 공정에 대한 변형 에너지 기여(11장 참고)는 구동력이 아니며, 원자 또는 f.u.가 표면에서 '플레이트 아웃'될 때에만 에너지가 회수된다. 중요한 결론은 다음과 같다. 형태 변화를 초래하는 원자 운동이 그러한 변화를 초래하지 않는 원자 운동보다 훨씬 더 에너지적으로 유리하다. (이 마지막 포인트는 예시를 통해 이해하는 것이 가장 좋다.)

예제 12.1

(a) 그림 12.2a를 참조하여, P_A가 25 MPa이고 P_B가 15 MPa이면 계면 A에서 계면 B로 확산하는 원자의 에너지 변화를 계산하시오. 이 에너지 변화를 실온 및 1000K에서 원자의 평균 열에너지와 비교하시오. (b) σ_{22} = 100 MPa 및 σ_{11} = 0으로 바꿔서 (a)를 반복하시오. 동일한 계에서 탄성 변형 에너지 변화에 대해 얻은 값과 비교하시오. Y = 150 GPa이고, V_m = 10 cm³/mol이다. 모든 가정을 명시하시오.

정답

(a) V_m = 10 cm³/mol이면 $\Omega_{f.u.}$ = 1.67 × 10⁻²⁹ m³이다. 관례에 따르면, σ_{11} = −20 MPa 및 σ_{22} = −10 MPa, 회수된 알짜 에너지는 식 (12.5)에 의해 다음과 같이 주어진다.

$$\Delta W_{A \Rightarrow B} = 1.67 \times 10^{-29}[-25 - (-15)] \times 10^6 = -1.67 \times 10^{-22} \text{ J/atom}$$
$$= -100.5 \text{ J/mol} = -0.001 \text{ eV}$$

상온에서 원자가 사용할 수 있는 열에너지는 $\approx kT = 0.026$ eV이다. 1000 K에서 열에너지는 ≈ 0.9 eV이며, 이는 $\gg 0.001$이다.

(b) $\sigma_{22} = 100$ MPa이고 $\sigma_{11} = 0$이므로 이것은 간단한 인장 실험에 해당하고 다음과 같다.

$$\Omega_{f.u.}\sigma = -1.67 \times 10^{-29} \times (100 - 0) \times 10^6 = -1.67 \times 10^{-21} \text{ J/atom}$$
$$= -1005 \text{ J/mol}$$

두 번째 부분의 경우, 단위부피당 탄성 에너지는[식 (11.3) 참고] 다음과 같이 주어진다.

$$U_{elas} = -\frac{1}{2}\frac{\sigma^2}{Y} = -\frac{1}{2}\frac{(100 \times 10^6)^2}{150 \times 10^9} = -33{,}000 \text{ J/m}^3$$

1 mole, 10 cm^3 또는 10^{-5} m^3 = -0.33 J/mol에 대한 에너지 변화는 이 경우 ≈ 1005인 $\sigma\Omega$항보다 대략 3000배 작다. 에너지가 음수 값을 가지는 모든 경우 그 에너지가 회복된다. ■

크리프 과정 중 원자 메커니즘

식 (12.4)에서 (12.6)까지는 크리프 과정 중에 작동하는 구동력의 특성을 설명하지만, 원자 수준에서 프로세스가 어떻게 발생하는지 밝혀주지는 않는다. 그러기 위해서는 한 단계 더 나아가, 공공 농도에 대한 가해진 응력의 영향을 알아야 한다. 문제를 간단하게 하기 위해, 다음 논의에서는 순수한 원소 고체에서 크리프가 발생한다고 가정한다. 이온 화합물에서 양극성 확산으로 인해 발생하는 문제점들은 나중에 논의된다. 평평하고 응력이 없는 표면 아래의 공공의 평형 농도 c_0는 식 (6.7)에 의해 주어지고, 다음과 같이 다시 쓸 수 있다.

$$c_0 = K' \exp\left(-\frac{h_d}{kT}\right) \tag{12.7}$$

여기서 h_d는 공공 형성 엔탈피이다. 여기서 결함 형성의 엔트로피와 모든 사전 지수 항은 K'에 포함된다. 응력을 받는 표면 아래에서 원자의 화학 퍼텐셜은 응력이 없는 평평한 표면 위의 화학 퍼텐셜보다 $\Delta\mu$만큼 크거나 작기 때문에[식 (12.4)], 이 에너지는 공공 형성을 고려할 때 설명되어야 한다. 그것은 다음과 같다.

$$c_{11} = K' \exp\left(-\frac{h_d + \Delta\mu}{kT}\right) = c_0 \exp\frac{\Omega_{fu}\sigma_{11}}{kT} \tag{12.8}$$

그리고 유사하게

$$c_{22} = c_0 \exp\frac{\Omega_{fu}\sigma_{22}}{kT} \tag{12.9}$$

여기서 c_{ii}는 수직 응력 σ_{ii}를 받는 표면 바로 아래에 있는 공공의 농도이다(그림 12.2a 참조). 이 두 방정식을 서로 빼고, 대부분의 상황에서 $\sigma\Omega_{fu} \ll kT$(예제 12.1 참고)라고 한다면, 다음을 얻는다(x가 작은 경우 $e^x = 1 - x$라는 것을 기억하라).

$$\Delta c = c_{22} - c_{11} = \frac{c_0 \Omega_{fu}(\sigma_{22} - \sigma_{11})}{kT} \tag{12.10}$$

이것은 완전히 일반적인 결과이다. $\sigma_{11} = -\sigma_{22} = \sigma$인 특별한 경우에는 다음과 같이 단순화된다.

$$\Delta c_{t-c} = c_{tens} - c_{comp} = \frac{2c_0 \Omega_{fu}\sigma}{kT} \tag{12.11}$$

식 (12.10)과 (12.11)은 인장 영역의 공공 농도가 압축 영역의 공공 농도보다 높을 것으로 예측하기 때문에 근본적으로 중요하다(그림 12.3a). 다시 말해서, 응력이나 압력 구배는 공공 구배를 초래하고, 이는 차례로 원자 또는 물질을 반대방향으로 운반하는 원자 흐름을 유발한다(그림 12.3b). 이 사실을 이해해야만 무엇보다도 열간 프레스 중에 발생하는 소결, 크리프 및 치밀화 현상을 진정으로 이해할 수 있다.

확산 흐름

식 (7.30)에서는, 원자의 흐름이 구동력과 다음과 같은 관련이 있음을 보여주었다.

$$J_i = \frac{c_i D_i}{kT} f \tag{12.12}$$

여기서 f, c_i 및 D_i는 각각 원자당 구동력, 원자 농도 및 확산계수이다. 다시 한번, $\sigma_{11} = -\sigma_{22} = \sigma$

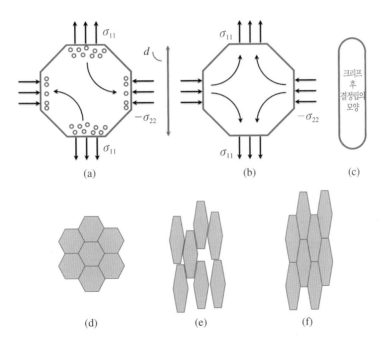

그림 12.3 (a) 응력 구배의 결과로 발생하는 공공 농도 구배. 공공 농도는 인장 표면 아래에서 더 높다. 곡선 화살표는 공공 흐름의 방향을 나타낸다. (b) 수직 인장 및 측면 압축응력을 동시에 받는 지름 d의 결정립 개략도. 곡선 화살표는 원자 흐름의 방향을 나타낸다. (c) 크리프가 발생한 후 결정립의 모양. (d) 크리프 변형 이전의 모델 미세구조. (e) 입계 슬라이딩을 제외하고는 (d)와 동일하다. (f) 입계 슬라이딩 이후의 (e)와 동일하다.

라고 가정하면, 그림 12.3b에 표시된 결정립계의 윗면과 측면 사이의 원자당 화학 퍼텐셜 차이는 단순히 $\Delta \tilde{\mu} = -2\sigma\Omega_{\text{fu}}$이다[식 (12.6)]. 이 화학 퍼텐셜 차이는 평균 거리 $d/2$에 걸쳐 작용한다. 여기서 d는 결정립 지름이다. 즉 $f = -d\tilde{\mu}/dx = 4\sigma\Omega_{\text{fu}}/d$이고, 식 (12.12)와 결합할 때 다음과 같다.

$$J_i = \frac{c_i D_i}{kT} \frac{4\sigma\Omega_{\text{fu}}}{d} \tag{12.13}$$

시간 t 동안에 A 영역을 통과하여 이동한 원자의 총 수는 $N = J_i A_t$이다. N f.u.와 관련된 부피가 $\Omega_{\text{fu}}N$임을 생각하면, 두 반대면들의 변위로 인한 변형률은 다음과 같이 주어진다.

$$\varepsilon = \frac{\Delta d}{d} = \frac{2(\Omega_{\text{fu}}N/A)}{d} = \frac{2\Omega_{\text{fu}}J_i t}{d} \tag{12.14}$$

식 (12.13)과 (12.14)를 결합하면, 해당 변형률은 다음과 같이 주어진다.

$$\dot{\varepsilon} = \frac{8 D_i \Omega_{\text{fu}} \sigma}{d^2 kT} \tag{12.15}$$

이 표현은 크리프에 대한 **나바로-헤링**(Nabarro-Herring) 표현으로 알려져 있으며 다음 내용들을 예측한다.

1. 크리프 속도는 결정립 크기 d의 제곱에 반비례한다. 따라서 결정립이 큰 고체는 미세한 결정립의 고체보다 크리프에 더 강하다. 이것은 실험적으로 잘 정리되어 있다.

2. 크리프 속도는 가해진 응력에 비례하며, 이는 실험적으로도 관찰되지만, 아래에서 더 자세히 설명하는 것처럼 더 낮은 응력에서만 발생한다. 더 높은 응력에서 응력 지수는 일반적으로 1보다 크다.

3. $\ln(T\, d\varepsilon/dt)$ 대 $1/kT$ 플롯의 기울기는 크리프에 대한 활성화 에너지를 나타낸다. 여기에서 가정한 바와 같이, 격자 확산에 의해 크리프가 발생하면, 그 값은 동일한 재료에 대한 확산 실험에서 측정한 값과 같아야 한다. 이것은 특히 금속의 경우에 자주 발견된다.

4. 압축응력은 음의 변형 또는 수축을 초래하는 반면 인장 변형은 가해진 응력 방향과 평행한 방향으로 신장을 초래한다(그림 12.3c).

식 (12.15)를 유도할 때, 확산 경로는 벌크를 통과하는 방향으로 가정되었으며, 이는 일반적으로 벌크 확산이 입계 확산보다 빠른 고온에서 보통 사실이다. 그러나 더 낮은 T 또는 미세한 결정립의 고체의 경우, 입계 확산이 더 빠른 경로일 수 있으며, 이 경우 **코블**(Coble) **크리프**라고 알려져 있는 크리프의 속도는 다음과 같다.

$$\dot{\varepsilon} = \psi \frac{\delta_{\text{gb}} D_{\text{gb}} \Omega_{\text{fu}} \sigma}{d^3 kT} \tag{12.16}$$

여기서 δ_{gb}는 입계의 폭이고 ψ는 수치 상수 $\approx 14\pi$이다. 여기서 식 (12.15)에서의 D_i는 $D_{\text{gb}}\delta_{\text{gb}}/d$로

대체된다. $1/d$는 단위면적당 결정립계의 밀도 또는 수를 나타낸다. 결과적으로 δ_{gb}/d는 '입계 단면적'에 비례하는 것으로 간주할 수 있다(그림 7.20 참고). 정상상태 조건에서는 전체 f.u.가 이동해야 하기 때문에, 여기서 그리고 다른 크리프 표현에서 $\Omega_{f.u.}$의 사용은 정당하다.

식 (12.15) 및 (12.16)은 다음 조건에서 유효하다는 점을 강조해야 한다.

- ∞ 입계는 공공의 주요 공급처이자 흡수원이다. 그렇지 않다면, 크리프가 계면 제어 상태가 될 수 있다.

- ∞ 국부적 평형은 사용된 온도 및 응력 수준에서 설정된다. 즉, 공급처와 흡수원이 충분히 효율적이다.

- ∞ 공동현상(cavitation)은 삼중 접합점이나 입계에서 발생하지 않는다. 입계에서 공동을 제거하는 메커니즘이 없으면, 후자가 핵을 생성한다는 점에 유의하는 것이 중요하다. 그 이유를 이해하려면 그림 12.3d에서 수직축을 따라 각 결정립을 변형시켜 보자. 그것이 작동하는 유일한 메커니즘이라면, 결정은 그림 12.3e처럼, 공공이 많은 형태가 될 것이다. 그러나 변형되는 동안 이러한 결정립이 입계를 따라 슬라이드하면 그림 12.3f와 같이 공동이 없는 미세조직을 얻을 수 있다. 발생하는 크리프 메커니즘에 관계없이 크리프 후 미세조직에 공동이 없으면 어떤 형태의 입계 슬라이딩이 발생한다고 어느 정도 생각할 수 있다.

입계와 부피, 또는 격자 확산 모두 크리프에 독립적으로 기여할 수 있으므로, 전체 크리프 속도는 식 (12.15)와 (12.16)의 합으로 나타낼 수 있다. 금속과 원소 결정의 경우, 확산하는 종의 성질인 i는 명백하다. 그러나 2원계 세라믹스의 경우, 전체 f.u.가 확산되어야 하기 때문에, i의 성질이 더 복잡하다. 즉, 확산은 양극성이어야 한다(7장 참고). 만약 그렇다면, 느린 이온이 그 속도를 제한하게 된다. 2원계 세라믹스에서, 속도를 제한하는 단계는 항상 **가능한 가장 빠른 경로를 따라** 확산 속도가 느린 종이 이동할 때이다. 그림 12.2b를 참조하자. 이 그림에서는 압축 하중을 받는 상단 표면에서 수직방향으로 원자를 이동시키기 위한 4개의 확산 경로를 나타낸다. 경로 중 2개는 양이온 D_L^+ 및 D_{GB}^+과 연관되고 2개는 음이온 D_L^- 및 D_{GB}^-과 연관된다(L 및 GB는 각각 격자 및 입계를 나타낸다). 앞서 언급한 아이디어를 적용하여 2가지 경우를 고려해보자. 첫째, 고체가 $D_L^+ > D_{GB}^+ > D_L^- > D_{GB}^-$인 경우이다. 여기에서 속도 제한 단계는 D_L^-이 될 것이다. 왜냐하면 그것이 가장 빠른 경로를 따라 이동하는 느린 종이기 때문이다. 따라서 크리프는 격자를 통해 확산되는 음이온에 의해 제한된다. 둘째, 이 경우 $D_L^+ > D_{GB}^+ > D_{GB}^- > D_L^-$라고 가정하자. 여기서 크리프는 다시 음이온에 의해 제한되지만 이 경우에는 입계를 따라 확산된다.

일반적으로 2원계 또는 더 복잡한 화합물의 경우 복합 확산계수 $D_{complex}$(이는 벌크 및 입계를 따라 전하를 띤 각 종에 대해 가능한 다양한 확산 경로와 후자의 유효 폭을 고려)가 사용되어야 한다(이러한 표현의 예는 문제 12.1 참고). 그러나 많은 실제 응용 분야에서 $D_{complex}$는 방금 논의한 대로 가장 빠른 경로를 따라 움직이는 율속단계 이온의 확산계수로 단순화된다.

마지막 참고 사항: 7장에서 원자의 흐름이나 결함이 고려되는지 여부는 중요하지 않다고 언급하였다. 이 중요한 개념을 다시 설명하기 위해, 결함의 흐름을 기반으로 하는 크리프 속도에 대한

식을 유도하는 것이 좋다. 식 (12.11)을 공공의 확산에 대한 적절한 흐름 방정식에 대입하면 다음과 같다.

$$J_\nu = -D_\nu \frac{\Delta C_{t-c}}{\Delta x} = -\frac{c_0 D_\nu}{kT} \frac{4\Omega_{\mathrm{fu}}\sigma}{d} \qquad (12.17)$$

위 식은 원자와 공공이 반대방향으로 확산되기 때문에 예상되는 식 (12.13)과 동일하지만 음의 부호를 가진 식을 초래한다(7장에서 $c_i D_i = c_\nu D_\nu = c_0 D_\nu$임을 상기하라). 따라서 원자의 흐름을 고려하든 결함의 흐름을 고려하든 그 결과는 동일하다는 것이 다시 한번 명백하다. 최종 결과는 같아야 하므로 편안하다.

12.2.2 점성 크리프

많은 구조용 세라믹스는 종종 입계에 상당한 양의 유리상을 포함하며, 대부분의 경우 주된 크리프 메커니즘은 확산이 아니라 이러한 유리상의 연화 및 점성 흐름에서 비롯된다는 것이 잘 확립되어 있다. 이러한 현상을 설명하기 위해 몇 가지 메커니즘이 제안되었으며, 그 중 가장 주목할 만한 것은 다음 3가지 메커니즘이다.

용액 재침전

이 메커니즘은 압축 하중을 받는 계면에서 결정 물질이 유리상으로 용해되고 장력 하중을 받는 계면에서 재침전이 일어나는 액상 소결 동안 발생하는 메커니즘과 유사하다. 이 경우 속도 제한 단계는 용해 역학 또는 입계 상을 통한 이동 중 더 느린 쪽이 될 수 있다. 이 주제는 10장에서 좀 더 자세히 논의하였고, 여기서 다시 반복하지 않는다.

유리층의 점성 흐름

온도가 상승함에 따라 유리 점도가 감소하고 결정립 사이에서 유리질 층의 점성 흐름으로 인해 크리프가 발생할 수 있다. 재료의 유효 점도를 예측하는 사용 가능한 모델은 입계 상의 부피 분율 f의 세제곱에 반비례한다. 즉,

$$\eta_{\mathrm{eff}} = (\text{상수}) \frac{\eta_i}{f^3} \qquad (12.18)$$

여기서 η_i는 입계 상의 고유 점도 또는 벌크 점도이다. 전단변형률 속도와 전단응력은 다음 식과 연관이 있으므로,

$$\dot{\varepsilon} = \frac{\tau}{\eta_{\mathrm{eff}}} \qquad (12.19)$$

이 모델은 때때로 관찰되는 1의 응력 지수를 예측한다. 이 모델의 한 가지 어려움은 결정립들이 서로 미끄러지고 점성 유체가 결정립들 사이에서 빠져나오면서 결국 결정립들이 서로 맞물릴 것으로 예상된다는 것이다. 따라서 상당한 부피 분율의 유리상이 존재하지 않는 한 이 과정은 기껏해야 일

시적인 과정이어야 한다. 이 과정이 잘 이루어지는지 시험해볼 수 있는 흥미로운 방법 중 하나는 인장과 압축 모두에서 동일한 재료의 크리프 속도를 비교하는 것이다. 이 과정이 제대로 이루어지면 크리프 속도의 큰 차이가 관찰되어야 한다.

점성 크리프 공동현상[2]

일부 세라믹 재료, 특히 유리상을 포함하는 세라믹스에서 파괴는 일반적으로 입계 공동의 형태로 크리프 손상이 시간에 따라 누적되어 입계를 따라 발생한다. 손상이 누적되는 정확한 메커니즘은 미세조직, 유리상의 부피, 온도 및 가해진 응력과 같은 여러 요인에 따라 다르지만, 2가지 제한 메커니즘이 확인되었다. 그것은 분산 및 국부 손상이다.

낮은 응력과 긴 노출 시간은 공동이 입계 영역 전체에 걸쳐 핵생성 및 성장하는 것으로 추정되는 분산 손상을 유발하는 경향이 있으며, 이러한 공동이 모여서 파괴가 일어나고 궁극적으로 심각한 균열을 형성한다. 그림 12.4a는 2개의 결정립 면을 따라 수많은 공동을 보여주는 전형적인 입계 파괴를 보여준다.

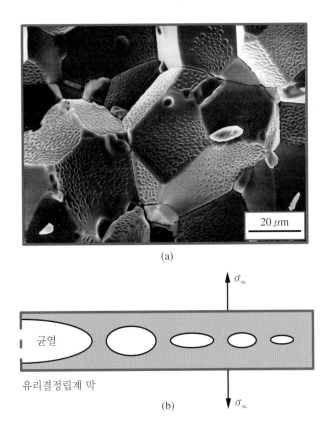

(a)

(b)

그림 12.4 (a) 1600°C에서 압축 크리프에 의한 크리프 공동을 나타내는 알루미나 시료의 입계 파괴. 두 결정립 면을 따라 밀접하게 있는 공동에 주목하라. (b) 가해진 인장응력의 결과로 점성 결정립계 막에서 공동 형성의 개략도. (현미경 사진 제공: R. Page, C. Blanchard and R. Railsback, Southwest Research Institute, San Antonio, TX.)

---

[2] 자세한 내용은 K. Chan and R. Page, *J. Amer. Cer. Soc.*, **76**, 803 (1993)을 참고하라.

본질적으로 유리상이 없는 세라믹스에서 공동은 공극 확산 및 군집화에 의해 발생하는 것으로 믿어진다. 그러나 보다 일반적으로 공동현상은 입계 유리상 내에서 공극의 핵생성에 의해 발생하는 것으로 생각된다.

그러나 높은 응력과 짧은 노출 시간은 보다 국부적인 유형의 손상을 유발하는 경향이 있으며, 이러한 손상은 공동의 핵생성과 성장이 기존의 결함과 같은 국부적 응력 집중부의 영향 영역 내에서 국부적으로 발생한다. 여기에서 2가지 균열 성장 메커니즘이 확인되었다. (1) 확산 또는 점성 흐름에 의한 입계를 따라 크리프 균열의 직접적인 확장, (2) 그림 12.4b와 같이 균열 선단 앞의 공동 손상 및 이러한 공동의 뭉침에 의한 성장, 이어서 새로운 공동의 핵생성 및 성장 등이 발생한다.

문제는 걱정해야 할 3가지 종류의 시간 척도가 있다는 사실로 인해 더욱 복잡해진다. 서로에 대한 결정립들의 미끄러짐은 차례로 공동의 핵생성을 담당하는 삼중점에서 음압을 생성하고 공동의 핵생성에 필요한 시간과 최종적으로 이러한 공동의 성장과 결합(둘 중 하나는 속도 제한적일 수 있음)을 유발한다.

이 특정 크리프 메커니즘은 일반적으로 액상 소결에 의해 제조되는 Si_3N_4에서 발생하고, 따라서 거의 항상 입계에서 약간의 유리상을 포함하므로 자연스럽게 공동현상 크리프를 중요하게 만든다. 문제를 가장 잘 해결하는 방법은 완전히 명확하지 않지만, 제조 후 단계에서 쉽게 결정화될 수 있는 유리 구성을 선택하거나 입계의 미끄러짐을 제어할 수 있는 SiC와 같은 이차상을 도입하는 것이 시도되었으며, 때로는 좋은 결과를 얻었다.

12.2.3 전위 크리프

위에서 언급했듯이 실험적으로 관찰된 크리프 멱법칙 지수는 특히 고온과 응력이 가해진 상황에서 3~8 사이이며(그림 12.6), 앞서 언급한 모델 중 어느 것도 예측하지 못했다. 따라서 더 높은 응력 지수를 설명하기 위해서는, 압축 영역에서 인장으로의 원자 이동은 전위 활주 및 상승을 통해 물질의 '블록'의 조정된 이동에 의해 발생한다고 제안되었다. 이 메커니즘에서 크리프 속도는 공식적으로 다음과 같이 표현할 수 있다.

$$\dot{\varepsilon}_{ss} = \mathbf{b} \left\{ \rho \upsilon(\sigma) + \frac{\lambda d\rho(\sigma)}{dt} \right\} \tag{12.20}$$

여기서 $\mathbf{b}$는 Burgers 벡터, ρ는 m^{-2} 단위의 전위 밀도, $\upsilon(\sigma)$는 가해진 응력 σ에서 전위의 평균 속도, $d\rho/dt$는 응력 σ에서 전위의 핵생성 속도이고 λ는 고정되기까지 이동하는 평균 거리이다. 성공적인 크리프 모델을 개발하고 유효성을 확인하는 데 있어 가장 큰 어려움은 주로 이러한 매개변수 중 많은 부분이 알려져 있지 않고 매우 비선형적이며 상호작용적이라는 사실에서 비롯된다. 그러나 일부 재료에 대해서는 진전이 있었다.[3]

---

[3] O. A. Ruano, J. Wolfenstine, J. Wadsworth, and O. Sherby, *J. Amer. Cer. Soc.*, **75**, 1737 (1992).

12.2.4 일반화된 크리프 표현식

일반적으로 세라믹스의 정상상태 크리프는 다음과 같은 형식으로 표현될 수 있다.[4]

$$\dot{\varepsilon} = \frac{(\text{상수})\,D_i\,G\mathbf{b}}{kT} \left(\frac{\mathbf{b}}{d}\right)^r \left(\frac{\sigma}{G}\right)^p \tag{12.21}$$

여기서 G는 전단 계수, r은 **결정립 크기 지수**(grain-size exponent), p는 식 (12.1)에서 정의된 응력 지수이다. $p = 1$이면 식 (12.15)와 (12.16)이 이 형식임을(문제 12.3 참고) 확인할 수 있다. 식 (12.15) 또는 (12.16)에서 식 (12.21)을 얻으려면 $\Omega_{fu}c_i$는 1로 가정한다.

세라믹스의 크리프 거동은 식 (12.21)에 근거하여 2가지 방법으로 나눌 수 있다.

1. 크리프 속도가 결정립 크기의 함수이고 응력 지수가 1인 낮은 응력, 작은 결정립 크기 영역. 결과적으로 $\log\{\dot{\varepsilon}kT/(DG\mathbf{b})\}(d/\mathbf{b})^r$ 대 $\log(\sigma/G)$의 플롯은 기울기가 1인 직선을 생성한다. 결정립 크기 지수 r은 특정 크리프 메커니즘에 따라 달라진다. 나바로-헤링 크리프의 경우 2이고 코블 크리프의 경우 3이다. 그림 12.5에서는, 나바로-헤링 크리프가 작동 메커니즘인 경우 예측된 데이터와 여러 조건들(음영 처리된 영역)에서 수집된 σ/G에 대한 알루미나의 정규화된 크리프 속도의 실험적 데이터를 비교한다. 확산계수 등의 불확실성을 감안하면 일치도는 양호한 편이다. 여기서, 플롯된 것은 d^2이고 기울기가 1이기 때문에 크리프가 나바로-헤링 유형임을 확인시켜 준다.

2. 크리프 속도가 결정립 크기와 무관하게 되는 높은 응력 수준 영역이고($r = 0$), p가 3과 7 사이 수치를 가진다. 이 영역에서 $\log\{\dot{\varepsilon}kT/(DG\mathbf{b})\}$ 대 $\log(\sigma/G)$의 플롯은 다시 한번 직선을 생성한다. 그림 12.6에서 여러 세라믹스에 대한 정규화된 크리프 속도는 $\log(\sigma/G)$의 함수로 표

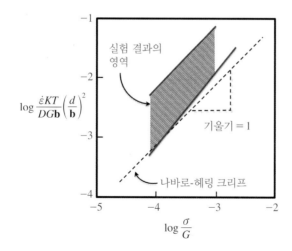

그림 12.5 알루미나에 대한 정규화된 크리프 속도 대 정규화된 응력의 요약. 점선은 식 (12.15)를 기반으로 예측할 수 있는 것이다. (자료 출처: W. R. Cannon and T. G. Langdon, *J. Mater. Sci.*, 18, 1-50, 1983.)

---

[4] B. M. Moshtaghioun, D. G. García, A. D. Rodríguez and N. P. Padture, *J. Europ. Cer. Soc.* **35**, 1423 (2015).

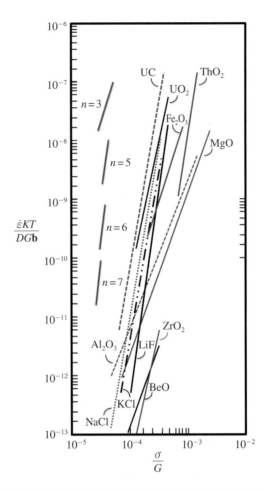

그림 12.6 여러 가지 세라믹스들에 대한 멱법칙 크리프 데이터의 요약. (자료 출처: W. R. Cannon and T. G. Langdon, *J. Mater. Sci.*, 18, 1-50, 1983.)

시되며, 여기서 모든 데이터는 기울기가 3과 7 사이인 직선 위에 존재한다.

그림 12.7은 결정립 크기의 함수로서 광범위한 응력에 대한 세라믹스의 크리프 거동을 개략적으로 요약한 것이다. 그림에서 작은 입자는 낮은 응력에서 크리프 속도에 안 좋은 영향을 끼치지만, 높은 응력에서는 상승 또는 활주에 의한 전위의 입자 내 이동이 효력이 있고, 더 중요한 메커니즘이라는 것이 분명하다. 그림 12.7에서 입계막의 역할과 다중 입자 접합 공동현상의 형성은 다루지 않았지만, 이러한 메커니즘에서 실험적으로 얻은 응력 지수도 2에서 7의 범위에 속하므로, 이는 말할 필요도 없이 크리프 결과의 해석을 더욱 힘들게 할 수 있다.

주제를 변경하기 전에, 가장 일반적인 표현이며 여기에서 권장하는 크리프 속도에 대한 표현은 다음과 같다.

$$\dot{\varepsilon} = (상수)\left(\frac{\Omega_{fu}}{\mathbf{b}^2}\right)(c_i D_l)\left(\frac{\mathbf{b}}{d}\right)^{n'}\left(\frac{\sigma}{G}\right)^{m''}\frac{\Omega_{fu}\sigma}{kT} \tag{12.22}$$

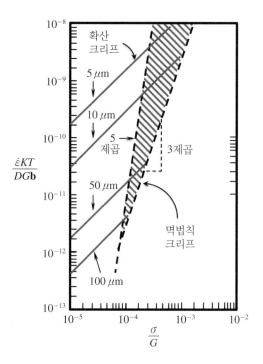

그림 12.7 정규화된 크리프 속도 대 정규화된 응력에 대한 결정립 크기의 영향. 결정립 크기가(결과적으로 확산 거리가) 작아질수록 확산 크리프가 더 중요해진다. (자료 출처: W. R. Cannon and T. G. Langdon, *J. Mater. Sci.*, 18, 1-50, 1983.)

식 (12.21)에 대한 이 관계식의 장점은, (i) $c_i D_i$ 곱을 명시적으로 표시한다. (ii) 응력을 2가지 항으로 구분한다. 첫째 항은, 지수 m''는 전위 크리프를 설명한다. 둘째이자 마지막 항은 메커니즘에 상관없이 적용되고 크리프의 가속화와 연관된다!

12.3 아임계 균열 성장

아임계 균열 성장(subcritical crack growth, SCG)은 응력과 부식 환경의 결합된 영향에 노출된 결과로 아임계 결함의 느린 성장을 나타낸다.[5] 아래에서 더 자세히 논의되는 바와 같이, 반응성 분위기와 응력 집중의 조합은 균열 전파 속도를 크게 향상시킬 수 있다. 예를 들어, 실리카는 10^{-17} m/s의 속도로 물에 용해되지만 응력을 가하면 10^{-3} m/s 이상의 속도로 균열이 성장할 수 있다. 이 현상에 대해 방심할 수 없고 이해가 중요한 이유는, 균열 선단이 진행됨에 따라 재료가 매우 약해지고 결국 수년간의 사용 후에 갑자기 그리고 치명적으로 무너질 수 있다는 사실에 있다.

이 절의 목적은 2가지이다. SCG의 현상을 설명하고 이를 원자 수준에서 균열 선단에서 발생하는 것과 연관시키는 것이다. 그러나 더 진행하기 전에 이 효과를 정량화할 수 있는 방법을 간략하게 설명하도록 한다.

---

[5] 많은 사람들에게 친숙한 이 현상의 좋은 예는 자동차 앞유리가 손상된 후 시간이 지남에 따른 느린 균열 성장이다.

세라믹스에서 SCG를 측정하는 데 사용된 기술 및 실험 형태는 여러 가지가 있다. 그러나 그들 모두는 공통 원리를 가진다. 즉, 잘 제어된 균열에 잘 제어된 응력 강도 K_1을 적용한 후 속도 v를 측정한다. 아래에서 자세히 장점들이 자세히 설명된 여기서 고려되고 있는 기법은 그림 12.8에 보인 이중 비틀림 형상(double torsion geometry)이다. 이 형상에 대해 K_1은 다음과 같이 주어진다.

$$K_1 = PW_m \sqrt{\frac{3(1+\nu)}{Wd^3 d_n}}$$

여기서 P는 가해진 하중이고 ν는 푸아송비이다. 다른 모든 기호와 치수는 그림 12.8에 정의되어 있다. 균열 길이 c는 이 방정식에 나타나지 않는다. 이는 이 형상에서 K_1이 c의 함수가 아님을 의미한다! 그리고 K_1은 균열 길이 c의 함수가 **아니므로** v의 함수도 아니다. 주어진 하중에 대해 일정한 값의 v를 관찰하므로 측정 및 분석이 크게 단순화된다. 그러나 이 기술의 주요 단점은 약간의 가공이 필요한 상당히 큰 시료가 필요하다는 것이다.

측정은 다음과 같이 진행된다.

1. 그림 12.8과 같이 길이 c_0의 초기 균열이 시편에 도입되고 하중 P가 가해진다. 결과적으로 초기 균열은 시간이 지남에 따라 커질 것이다.

2. 균열 성장 속도 v는 일반적으로 광학적으로 측정된다. 예를 들어, 시편 표면에 2개의 표시를 하고 균열이 그 거리를 전파하는 데 걸리는 시간을 측정한다. 균열 속도는 간단히 $v = \Delta c / \Delta t$이다. 동일한 시편이 충분히 길다면 같은 시편에 대해 다른 하중 조건에서 실험을 반복하고, 그렇지 않은 경우 다른 시편에 대해 반복한다.

충분히 넓은 스펙트럼에 걸쳐 탐색하면 $\ln v$ 대 K_1 플롯은 그림 12.9a와 같이 4개의 영역이 존재한다.

∞ 균열 성장이 관찰되지 않는 문턱값 영역

∞ 균열 성장이 K_1에 극도로 민감하고 다음 지수 함수와 연관되는 영역 I

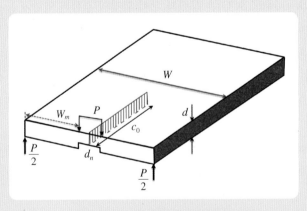

그림 12.8 이중 비틀림 시편의 개략도

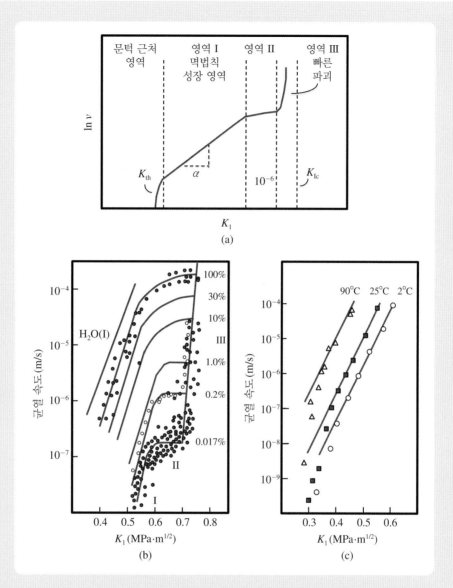

그림 12.9 (a) 4단계가 식별되는 K_1의 함수로서의 균열 전파 속도의 개략도. (b) 오른쪽에 표시된 다양한 상대 습도의 N_2 가스에서 시험된 소다 석회 유리의 실제 자료. (c) 물속에서 동일한 유리 내 균열 전파의 온도 의존성. (자료 출처: M. Wiederhorn, *J. Amer. Cer. Soc.*, 50, 407, 1967.)

$$v = \mathbf{A}^* \exp \alpha K_1 \tag{12.23}$$

여기서 $\mathbf{A}^*$ 및 α는 실험적 매개변수이다.

∞ v가 높고 K_1과 무관한 것으로 보이는 영역 II

∞ 영역 I보다 v가 K_1이 증가함에 따라 훨씬 더 빠르게 증가하는 영역 III

v 대 K_1 곡선에서 직접 n[식 (12.30)에 정의됨]을 측정하는 것은 때때로 어렵고 시간이 많이 걸린다. 다행히도 **동적피로 시험**(아래에서 설명하는 일반 피로 시험과 혼동하지 말 것)이라고 하는 더 간단하고 빠른 기술을 사용할

수 있다. 이 방법에서 파괴에 대한 평균 강도의 변형률 속도의 의존성이 측정된다. 즉, 시료는 다양한 속도로 가해지고 파괴 시 강도가 기록된다. 일정한 변형률 $\dot{\varepsilon}_1$에서 평균 파괴응력 σ_1은 다음과 같이 다른 변형률 속도 $\dot{\varepsilon}_2$에서 평균 파괴응력 σ_2와 관련되어 있음을 알 수 있다(부록 12A 참고).

$$\left(\frac{\sigma_1}{\sigma_2}\right)^{n+1} = \frac{\dot{\varepsilon}_1}{\dot{\varepsilon}_2} \tag{12.24}$$

따라서 다른 변형률 속도에서 파괴에 대한 응력을 측정하여 n을 이 관계식에서 직접 계산할 수 있다.

그러나 크리프 정보를 얻기 위해 사용되는 이 시험의 또 다른 변형은 단순히 시편에 하중을 부착하고 파괴 시간을 측정하는 것이다. 결과는 그림 12.11a와 같은 반복 피로에 대한 형식으로 표시되며 **정적피로** 또는 **응력/수명 곡선**(stress/life curve)이라고 한다.

습도의 함수로 시험된 소다석회 규산염 유리에 대한 일반적인 v 대 K_1 데이터가 그림 12.9b에 나와 있으며, 다음 사항들이 중요한 점들이다.

∞ v는 K_1 또는 가해진 응력의 강한 함수이다. 로그 y축 스케일에 유의하라.

∞ 습도는 v에 큰 영향을 미친다. 주변 대기의 상대 습도를 0.02%에서 100%로 증가시키면 v가 3배 이상 증가한다.

∞ 방금 설명한 세 영역을 명확하게 식별할 수 있다.

∞ 문턱값 K_1의 존재는 10^{-7} m/s보다 훨씬 느린 균열 속도를 측정하기 어렵기 때문에 명확하게 정의되지 않는다.

∞ 균열 속도에 대한 온도 증가의 큰 효과는 그림 12.9c에 나와 있다. v는 열 활성화 과정의 일반적인 $\approx$ 100°C의 온도 범위 내에서 약 2배 증가한다.

이 흥미로운 현상을 이해하기 위해서는 원자 규모의 균열 선단에서 일어나는 현상을 이해하는 것이 필수적이다. SCG가 발생하는 고체의 화학적 성질, 부식성 환경의 특성, 온도 및 응력 수준 등 몇 가지 요인에 따라 세부 사항이 달라질 것은 말할 필요도 없다. 그러나 대기 중 수분의 편재성과 규산염 유리의 상업적 중요성을 고려할 때, 제시된 아이디어는 일반적인 타당성을 갖는 것으로 여겨지지만, 규산염 기반 유리의 SCG에 국한되어 다음과 같은 논의가 이루어지고 있다. 더욱이, 12.5.1절에서 더 자세히 논의하겠지만, 아래에서 다루는 부품의 수명을 결정하는 것은 영역 I이다. 이 절의 끝부분에서 다른 영역들에 대해 간략히 설명한다.

습기가 있는 상태에서 유리에 대한 영역 I을 설명하기 위해 제안된 모델은 확산(즉, 파단면을 따라 재료의 소결), 소성 흐름, 그리고 화학 반응 이론의 3가지 범주로 나눌 수 있다. 현재 화학 반응 접근법은 실험 결과와 가장 일치하는 것으로 보이며 여기에서 개발된 것이다.

현재는 다음과 같은 화학 반응에 따라 균열 선단에서 응력이 있는 Si–O–Si 결합이 물과 반응

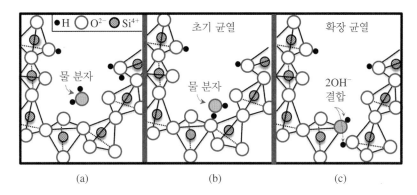

그림 12.10 석영유리의 균열 선단에서 물의 해리성 화학흡착 단계. (a) 물 분자에 접근하는 균열 선단, (b) 물의 화학흡착 및 정렬, (c) Si–O–Si 결합이 끊어지고 2개의 Si–OH 결합이 형성된다. (자료 출처: T. Michalske and B. Bunker, *Sci. Amer.*, 257, 122, 1987.)

하여 2개의 Si–OH 결합을 형성할 것이라고 일반적으로 받아들여지고 있다.

$$Si–O–Si + H_2O = 2Si–OH \tag{I}$$

이 과정에서(그림 12.10에 설명되어 있고 해리성 화학흡착이라고 한다) 물 분자는 균열 선단으로 확산되고 균열 선단에서 화학흡착되는 것으로 가정된다(그림 12.10a). 그러면 분자는 산소 분자의 쌍을 Si 원자의 비어 있는 전자 궤도에 맞추도록 회전한다(그림 12.10b). 동시에 물 분자의 수소는 가교 산소에 끌려간다. 결국, Si–O–Si 결합에 대한 변형을 완화하기 위해 후자가 파괴되고 2개의 Si–OH 결합으로 대체된다(그림 12.10c).

실험적으로, 이제 물이 유리에서 SCG를 유발하는 유일한 물질이 아니라는 것이 상당히 잘 확립되어 있다. 메탄올 및 암모니아와 같은 다른 극성 분자들도 분자가 확장 균열에 들어갈 만큼 충분히 작은 경우(즉, 약 0.3 nm 미만) SCG를 유발하는 것으로 밝혀졌다.

화학 반응 이론의 기본 전제는 반응 속도(I)가 균열 선단에서 K_1의 강력한 함수라는 것이다. 절대 반응 속도 이론에 따르면,[6] 화학 반응의 무응력 반응 속도는 다음과 같이 주어진다.

$$K_{r,0} = \kappa \exp\left(-\frac{\Delta G_P^* = 0}{RT}\right) = \kappa \exp\left(-\frac{\Delta H^* + T\Delta S^*}{RT}\right) \tag{12.25}$$

여기서 κ는 상수이고 ΔH^*와 ΔS^*는 각각 바닥상태와 활성화 상태의 반응물 사이의 엔탈피와 엔트로피의 차이이다.[7] 정수압 P가 있는 경우 이 표현식은 다음과 같이 수정되어야 한다.

$$K_r = \kappa \exp\left(-\frac{\Delta G^*}{RT}\right) \tag{12.26}$$

여기서 ΔG^*는 다음과 같다.

---

[6] S. Glasstone, K. Laidler, and H. Eyring, *The Theory of Rate Processes*, McGraw-Hill, NY, 1941.
[7] 여기서 암시적인 가정은 순방향 반응 속도가 역반응 속도보다 훨씬 빠르다는 것이다.

$$\Delta G^* = \Delta H^* - T\Delta S^* + P\Delta V^*$$

ΔV^*는 바닥상태와 활성화 상태의 반응물 사이의 부피 차이이다. 식 (12.25) 및 (12.26)을 결합하면, 다음 관계가 복구된다.

$$K_r = K_{r,0} \exp\left(-\frac{P\Delta V^*}{RT}\right) \tag{12.27}$$

이 결과는 반응에 정수압($P > 0$)을 적용하면 반응이 느려지고 그 반대의 경우도 마찬가지임을 예측하기 때문에 중요하다. 물리적으로 이것은 이원자 분자 결합을 고려하여 더 쉽게 이해할 수 있다. 결합 축을 따른 인장응력은 파괴가 발생하는 속도와 결과적으로 화학 반응성을 향상시킨다는 것이 분명하다.

이제 υ가 반응 속도 K_r과 직접적인 관련이 있고, P가 균열 선단에서 K_1에 비례한다고 가정하면 식 (12.27)은(문제 12.5 참고) 다음과 같이 다시 쓸 수 있다.[8]

$$\upsilon = \upsilon_0 \exp\left[\frac{-\Delta H^o + \beta K_1}{RT}\right] \tag{12.28}$$

여기서 υ_0, ΔH^* 및 β는 $\log \upsilon$ 대 K_1 유형의 플롯에서 결정된 실험적 상수 값이다.

이 수학적 형식은 다음과 같은 이유로 주요 외부 변수들에 대해 최소한 정성적으로 설명한다.

1. 영역 I에서의 거동과 일치하는 K_1에 대한 υ의 강한 의존성을 예측한다.
2. 관찰된 바와 같이(그림 12.9c), 지수적 온도 효과를 예측한다. 일정한 온도의 경우 식 (12.28)과 (12.23)은 같은 형태이다.
3. 식 (12.28)에 명시적으로 포함되지는 않았지만, 수분의 영향은 전 지수 인자에 내재되어 있다. 이것은 반응 속도[식 (12.26)]가 물의 농도에 비례한다는 점을 생각하면(문제 12.5b 참고) 알 수 있다.

많은 문헌에서, 형태의 경험적 멱법칙 표현은 다음과 같다.

$$\upsilon = A\left(\frac{K_1}{K_{Ic}}\right)^n \tag{12.29}$$

일반적으로 더 줄여서 다음과 같고,[9]

$$\upsilon = A'' K_1^n \tag{12.30}$$

---

[8] R. J. Charles and W. B. Hillig, pp. 511–527 in *Symposium on Mechanical Strength of Glass and Ways of Improving It,* Florence, Italy, 1961, *Union Scientifique Continentale du Verre,* Charleroi, Belgium, 1962, 그리고 S. W. Weiderhorn, *J. Amer. Cer. Soc.,* 55, 81-85 (1972)를 참고하라.

[9] A의 치수가 m/s인 반면 A''의 치수는 $\text{ms}^{-1}(\text{Pa}\cdot\text{m}^{1/2})^{-n}$의 다루기 힘든 치수이다.

식 (12.28) 대신 SCG를 설명하는 데 자주 사용된다. 이 수학적 형식에서 온도 의존성은 A'' 항에 내포되어 있다. 식 (12.29) 또는 (12.30)을 식 (12.28)보다 더 사용할 수 있는 유일한 장점은 전자를 쉽게 통합할 수 있다는 것이다(12.5.1절 참고). 그러나 식 (12.28)은 i) 과학적 토대가 있고, ii) 관측된 지수적 온도 의존성을 명시적으로 예측하기 때문에 보다 근본적인 것으로 간주되어야 한다. 마지막으로, 실험 결과는 일반적으로 이러한 방정식 중 하나에 의해 잘 맞을 수 있다. 그러나 외삽은 상당한 차이를 초래할 수 있다.[10]

더 진행하기 전에 v 대 K_1 플롯에서 관찰된 다른 영역을 간략하게 고려해보자.

1. 문턱 영역. v 대 K_1 유형의 곡선에서 그 이하에서는 균열 성장이 발생하지 않는 문턱 응력 강도 K_{th}가 있다는 것을 실험적으로 명확하게 설정하기는 어렵지만, 실제로 존재한다는 것을 나타내는 가장 설득력 있는 결과는 아마도 균열 회복 연구에서 나온 것이다. 매우 낮은 K_1값에서 균열 성장의 구동력은 낮으므로 어떤 지점에서 균열 성장 속도가 구동력이 표면 에너지의 감소인 치유 속도와 같을 것이라고 생각할 수 있다. 즉, 일종의 동적 평형이 설정되고 문턱값이 산출된다.

2. 영역 II. 영역 II에서 K_1에 대한 v의 약한 의존성을 설명하는 가설은 v가 균열 선단에서 부식 종의 도달 속도에 의해 제한된다는 것이다.

3. 영역 III. 이 단계는 잘 이해되지 않았지만, 다시 한번 응력과 화학 반응의 조합이 균열을 가속화하는 것으로 믿어진다.

12.4 세라믹스의 피로

세라믹스 내에서의 전위의 움직임이 제한되기 때문에 반복 하중 동안 변형 경화 및 결과적인 균열 확장이 발생하지 않으므로 세라믹스는 피로 손상에 취약하지 않다고 오랫동안 가정되어 왔다. 그리고 실제로 유리 또는 매우 미세한 단상 세라믹스와 같은 균질한 미세조직을 가진 세라믹스는 반복 하중에 민감한 것으로 보이지 않는다.

그러나 변태강화 지르코니아와 위스커 및 섬유강화 세라믹스(11장 참고)와 같이 R 곡선 거동을 나타내는 더 거친 세라믹스의 개발로 상황이 처음 생각만큼 단순하지 않다는 것이 분명해지고 있다. R 곡선 거동은 피로 수명에 해로울 수 있다. 그러나 피로 미세 메커니즘을 다루기 전에 피로가 의미하는 것과 관련 매개변수가 무엇인지에 대한 간략한 설명이 필요하다.

---

[10] T. Michalske and B. Bunker, *J. Amer. Cer. Soc.*, **76**, 2613 (1993).

일반적인 피로 시험에서 시료는 주어진 진폭과 주파수의 교대로 응력을 받는다. 주기적 응력 진폭은 다음과 같이 정의된다.

$$\sigma_{amp} = \frac{\sigma_{max} - \sigma_{min}}{2} \tag{12.31}$$

반면에 부하 비율 R은 다음과 같이 정의된다.

$$R = \frac{\sigma_{min}}{\sigma_{max}} \tag{12.32}$$

여기서 σ_{min} 및 σ_{max}는 각각 시료가 받는 최소 및 최대 응력이다(그림 12.11a). 실험은 장력-장력, 압축력-압축력 또는 장력-압축력으로 수행될 수 있으며 이 경우 R은 음수이다.

2가지 유형의 시편이 일반적으로 사용된다. 매끄러운 '균열이 없는' 시편 또는 재료의 결정립 크기와 같은 미세 조직적 특징과 비교하여 큰 치수의 긴 균열을 포함하는 시편이다.

매끄럽거나 균열이 없는 시편의 경우 실험은 시료가 피괴될 때까지 실행된다. 그런 다음 그 결과는 그림 12.11a와 같이 가해진 응력 진폭 대 파괴 주기(주파수가 일정하게 유지될 경우 파괴까지의 시간)가 표시되는 **S/N 곡선**을 생성하는 데 사용된다.

균열이 긴 시편의 경우 v 대 K_1 측정 대신에 주기당 균열 성장 속도(dc/dN)를 ΔK_1 함수로 측정하는 것을 제외하고는 이전 절과 다르지 않다. ΔK_1는 다음과 같이 정의된다.

$$\Delta K_1 = \xi(\sigma_{max} - \sigma_{min})\sqrt{\pi c} \tag{12.33}$$

여기서 ξ는 1차의 기하학적 인자이다.

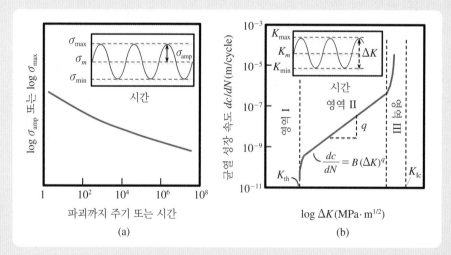

그림 12.11 (a) 응력 진폭 대 파괴 곡선 주기(S/N 곡선). 삽입된 그림은 응력 진폭 σ_{amp}의 정의를 보여준다. (b) log (dc/dN) 대 log ΔK_1의 곡선. 영역 II에서 곡선의 기울기는 q이다. ΔK는 삽입된 그림에 정의되어 있다.

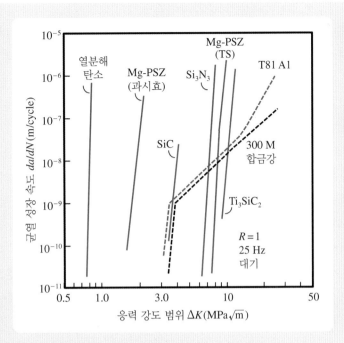

그림 12.12 전통 금속 물질과 비교하여 여러 가지 세라믹스들의 반복 피로하에서 긴 균열 전파 데이터. TZP는 정방정계 지르코니아 다결정체이다(11장 참고). (자료 출처: C. J. Gilbert et al., *Scr. Mater.*, 42, 761-767, 2000.)

세라믹스의 일반적인 균열 성장 거동은 그림 12.11b에 $\log \Delta K_I$ 대 $\log(dc/dN)$ 곡선으로 개략적으로 표시된다. 결과적인 곡선은 S자형이며 I, II 및 III로 표시된 세 영역으로 나눌 수 있다. K_{th} 이하, 즉 영역 I에서는 반복 하중으로 균열이 성장하지 않는다. 그리고 급격한 파괴 직전에 균열 성장이 다시 한번 가속화된다(영역 III).

중간 영역 또는 영역 II에서 성장률은 다음과 같이 잘 설명된다.

$$\frac{dc}{dN} = B(\Delta K_I)^q \tag{12.34}$$

여기서 B와 q는 실험적으로 결정된 상수이다.

여러 세라믹스에 대한 일반적인 긴 균열 결과가 그림 12.12에 나와 있으며, 여기서 $\log(dc/dN)$ 대 $\log \Delta K_I$ 곡선은 선형이고 상당히 가파르며 이는 높은 q 값을 의미한다. 이러한 연구는 또한 반복 하중 하에서 균열 성장 문턱값이 단조증가 하중에서 측정된 파괴인성의 50%만큼 낮을 수 있음을 나타낸다.

피로 미세 메커니즘

이 시점에서 세라믹 재료의 균열 선단에서 발생하는 미세역학은 완전히 이해되지 않는다. 그러나 다음과 같은 결과를 얻을 수 있다. (1) 어떤 미세역학 모델도 모든 피로 데이터를 성공적으로 설명할 수 없다. (2) 세라믹스의 피로가 금속의 피로와 근본적으로 다른 것으로 보이며, 균열 전파는 균열 선단에서의 전위 이동으로 인해 발생한다. (3) R 곡선 거동을 나타내는 세라믹스는 피로에 가장 민감한 것으로 보이며, 이는 하중의 주기적 특성이 11장에서 논의된 균열 선단 차폐 메커니즘의 효과를 어느 정도 감소시킨다는 것을 나타낸다. 예를 들어, 섬유 또는 위스커 강화 세라믹스의 경우, 하중 제거가 균열 후류에서 위스커의 파괴 또는 좌굴을 유발하여 차폐 효과를 감소시키는 것으로 알려져 있다. 반면에 강화가 주로 결정립 가교 결합 또는 연동에 의해 달성되는 경우 하중 제거 사이클은 균열면 사이의 균열 및/또는 파괴를 유발하여 연결 경계면에서 마찰 슬라이딩을 감소시키는 것으로 알려진다.

피로와 SCG 사이의 거동의 유사성 때문에[그림 12.9a 및 12.11b 또는 식 (12.34) 및 (12.30)] 피로 실험을 수행할 때의 주요 실험적 어려움 중 하나는 관찰된 강도 저하가 실제로 SCG 때문이 아니라 하중의 주기적 특성 때문임을 확인하는 데 있다. 위에서 언급한 바와 같이 SCG는 열적으로 활성화되는 과정이므로 고온에서 더 중요해지기 때문에 더 높은 온도에서 시험을 수행할 때는 더욱 주의해야 한다.

고온에서 세라믹스의 반복 피로에 대한 몇 가지 연구는 높은 동질 온도(즉, 크리프 영역)에서 반복 피로가 SCG만큼 손상되지 않는 것으로 나타났다. 관측된 경우들에서, 결정립계 유리상에 의한 균열면의 가교 결합에 의해 고온에서의 반복 피로 거동 개선이 이루어졌다.

12.5 수명 예측

크리프, 피로 및 SCG는 시간이 지남에 따라 갑작스럽고 치명적인 파괴를 초래할 수 있기 때문에 위험하다. 따라서 설계 관점에서 11장에서 논의된 파괴의 확률적 부분 외에도 중요한 질문은 다음과 같다. 부품이 그 자체의 목적을 안정적으로 수행할 수 있는 기간은 얼마나 되는가? 물론 전통적인 접근방식은 위에서 논의한 문턱 응력 미만의 응력으로 설계하는 것이다. 대안적인 접근방식은 특정 수명 동안 지속되도록 부품을 설계하고, 그 후에 교체하거나 최소한 손상 여부를 검사하는 것이다. 이어지는 소절에서는 지금까지 다룬 3가지 현상 각각에 대한 수명을 계산하는 데 사용할 수 있는 방법론을 설명한다.

12.5.1 SCG 과정 중 수명 예측

식 (12.29)의 v를 dc/dt로 대체하고, 재배열하여 적분하면 다음을 얻는다.

$$\int_0^{t_f} dt = \int_{c_i}^{c_f} \frac{dc}{v} = \frac{K_{Ic}^n}{A} \int_{c_i}^{c_f} \frac{1}{K_1^n} dc \qquad (12.35)$$

여기서 c_i 및 c_f는 각각 초기 및 최종(파괴 직전) 균열 길이이다. t_f는 파괴하는 데 걸리는 시간이다. $K_1 = \Psi \sigma_a \sqrt{\pi c}$ [식 (11.12)], 식 (12.35)의 dc는 다음과 같이 K_1에 의해 제거되고 재구성될 수 있다.

$$t_f = \frac{2K_{Ic}^n}{A\Psi^2\sigma_a^2\pi}\int_{K_i}^{K_{Ic}}\frac{dK_1}{K_1^{n-1}} \tag{12.36}$$

적분하면 다음과 같다.

$$t_f = \frac{2K_{Ic}^n}{A\Psi^2\pi\sigma_a^2(n-2)}\left[\frac{1}{K_i^{n-2}}-\frac{1}{K_{Ic}^{n-2}}\right] \tag{12.37}$$

$n \approx 10$의 경우 K_i가 $0.5K_{Ic}$만큼 높더라도 둘째 항은 첫째 항의 0.5% 미만이므로 다음과 같이 써도 무방하다.[11]

$$t_f = \frac{2K_{Ic}^n}{A\Psi^2\pi\sigma_a^2(n-2)K_i^{n-2}} \tag{12.38}$$

식 (12.28)에서 비슷하게 적분하면 t_f는 다음과 같다(문제 12.5 참고).

$$t_f = \frac{2}{\upsilon_0'}\left[\frac{RT}{\beta\sigma_a\Psi}\sqrt{\pi c_i}+\left(\frac{RT}{\beta\sigma_a\Psi}\right)^2\right]\exp\left(\frac{\beta\sigma_a\Psi\sqrt{\pi c_i}}{RT}\right) \tag{12.39}$$

여기서 $\upsilon_0' = \upsilon_0\exp[-\Delta H^*/(RT)]$이다. 식 (12.38)과 (12.39)는 SCG에 민감한 요소의 t_f는 K_1의 강력한 함수라는 것을 예측한다(예제 12.2 참고).

예제 12.2

상온의 물에서 시험된 석영유리의 경우 $\upsilon_0 = 3\times10^{-22}$ m/s 및 $\beta = 0.182$ m$^{5/2}$이다. K_1을 0.4에서 0.5 MPa·m$^{1/2}$로 증가시킬 때 수명에 미치는 영향을 추정하시오.

정답

$K_1 = \Psi\sigma_a\sqrt{\pi c}$ 임을 상기하면, 식 (12.39)는 다음과 같이 다시 쓸 수 있다.

$$t_f = (상수)e^{-\beta K_1/(RT)}$$

여기서 K_1에 대한 사전 지수 항과의 관계는 무시되었으며, 이는 지수 의존성에 대한 양호한 근삿값이다. 이 식에서 K_1과 β에 적절한 값을 대입하면 다음을 얻는다.

$$\frac{t_{f@0.4}}{t_{f@0.5}}=\frac{\exp\left(-\dfrac{0.182\times0.4\times10^6}{8.314\times300}\right)}{\exp\left(-\dfrac{0.182\times0.5\times10^6}{8.314\times300}\right)}=1476$$

즉, K_1이 0.5에서 0.4 MPa·m$^{1/2}$로 감소하면 t_f가 $\approx$ 1500배만큼 증가한다! ∎

---

[11] 식 (12.37)의 둘째 항을 무시하면, 균열의 크기가 c_f에 접근함에 따라 균열이 소비하는 수명의 비율이, 속도가 상당히 낮을 때 균열이 c_i에서 $c_i + \delta c$로 증가하는 데 걸리는 시간에 비해 중요하지 않다.

방금 설명한 방법론은 잘 제어된 초기 균열로 t_f를 예측하는 데 유용하지만(t_f는 K_i 또는 c_i에 대한 지식 없이는 계산할 수 없음) 11.5절에서 설명한 것과 같은 확률론적 분석에 적용될 수 없다. 그러나 아래에 논의된 바와 같이 t_f에 대해 도출된 관계식[특히 식 (12.38)]은 설계 목적으로 사용할 수 있는 강도/확률/시간(SPT) 도표를 산출하는 데 직접적으로 쓰일 수 있다.

SPT 도표

동일한 시편 세트(즉 A, K_1 또는 동등하게 c_i 및 Ψ가 일정하다)의 경우, 식 (12.38)로부터 다음을 나타낼 수 있다.

$$\frac{t_2}{t_1}\left(\frac{\sigma_1}{\sigma_2}\right)^n = \text{상수} \tag{12.40}$$

여기서 t_1과 t_2는 각각 σ_1과 σ_2에서의 수명이다. 시료가 σ_1의 응력에서 1초 안에 파괴되었다고 가정하는 경우[분명히 쉬운 작업은 아니지만, 일정한 변형률 실험에서 해당 응력을 추정하는 방법은 부록 12A에서 식 (12A.8) 참고하라], 식 (12.40)에 의해 동일한 시료가 $t_2 = 10^\theta$의 수명 동안 생존하는 σ_2는 다음과 같다.

$$\frac{10^\theta}{1} = \left(\frac{\sigma_1}{\sigma_2}\right)^n$$

여기서 t_1은 1초이다. 양변에 log를 취하고 재배열하면, 다음을 얻는다.

$$\log \sigma_2 = \log \sigma_1 - \frac{\theta}{n} \tag{12.41}$$

이것은 와이블 플롯(그림 11.21)에서 SPT 도표를 직접적으로 산출할 수 있는 중요한 결과이다. 방법은 다음과 같다(예제 12.3 참고).

∞ 모든 파괴 확률에서의 응력을 1초 내에 파괴를 일으킨 등가 응력으로 변환한다. 즉 식 (12A.8)에서의 σ_{1s}.

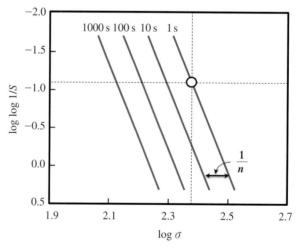

그림 12.13 와이블 플롯에 대한 SCG 속도 지수 n의 효과. 와이블 플롯은 부품에 필요한 수명의 10배씩마다 $1/n$씩 이동한다. 데이터는 그림 11.21에 표시된 것과 로그 스케일로 변환된 것을 제외하곤 동일하다.

∞ 그림 12.13(1 s로 표시된 선)과 같이 $\log \sigma_{1s}$ 대 $\log \log (1/S)$를 표시한다. 와이블 계수 m은 변하지 않는다고 가정하므로, 선의 기울기는 그림 11.21에 표시된 원래 데이터세트의 와이블 분석에서 얻는다.

∞ 그림 12.13과 같이 원래 선에 선 사이의 간격이 $1/n$인 평행한 일련의 선들을 그린다. 각 선은 t_f의 10배씩 증가를 나타낸다.

예제 12.3

예제 11.2에서 수집된 데이터가 1×10^{-3} s^{-1}의 변형률 속도에서 측정되었고 이 재료에 대한 n이 10으로 측정된 경우, (a) 표 11.2에 나열된 데이터에 대한 SPT 도표를 그리시오. (b) t_f가 10^4 s이고 여전히 0.999의 생존 확률을 유지하는 설계 응력을 계산하시오. $Y = 350$ GPa이라고 가정한다.

정답

(a) 표 11.2를 참조하면, $S = 0.837$[즉, $\log \log(1/S) = -1.11$]에서 파괴응력은 310 MPa이다. 식을 (12A.8)을 사용하여, 이 응력을 σ_{1s}로 변환하면 다음과 같다.

$$\sigma_{1s} = 310 \left(\frac{310 \times 10^6}{350 \times 10^9 \times 10^{-3} \times (10+1)} \right)^{1/10} = 241 \text{ MPa}$$

여기서 $\log \sigma = 2.38$이다. 그림 12.13에서 두 점선의 교차점은 와이블 플롯의 한 점을 만든다. 그런 다음 원래 선과 동일한 기울기 m을 갖는 선을 이 점을 통해 그린다. 다른 선들은 이 선과 평행하게 그려지지만 그림 12.13과 같이 수명의 10배씩마다 $1/n$ 또는 0.1씩 오른쪽으로 이동한다.

(b) 예제 11.2에서, S가 0.999인 응력은 200 MPa로 계산되었다. 그에 따른 1 s 파괴응력은 다음과 같다.

$$\sigma_{1s} = 200 \left(\frac{200 \times 10^6}{350 \times 10^9 \times 1 \times 10^{-3} \times (10+1)} \right)^{1/10} = 149 \text{ MPa}$$

10^4 s의 수명을 갖도록 하는 설계 응력을 계산하기 위해 식 (12.40)을 이용하면 다음과 같다.

$$\frac{10^4}{1} = \left(\frac{149}{\sigma_2} \right)^{10}$$

위를 풀면 σ_2가 59.3 MPa이 된다. 즉, SCG 때문에 가해진 응력은 다음과 같아야 한다. 즉, SCG가 없을 때 0.999의 동일한 S를 유지하기 위해, 가하는 응력은 SCG로 인해 약 3배만큼 낮춰야 한다. n값이 **높을수록** 설계 응력의 감소가 덜 하다는 점을 증명하는 것은 독자들의 몫으로 남겨놓는다. ■

12.5.2 피로 과정 중 수명 예측

SCG와 피로에 대한 중간 영역의 곡선 모양들 사이의 유사성을 감안할 때, 앞서 언급한 방법론을 사용하여 주어진 피로 수명에 대해 설계할 수 있다(문제 12.13 참고). 그러나 식 (12.34)에서 q의 큰 값을 감안할 때, 그렇게 하면 이득이 거의 없다. 문턱 파괴 인성 ΔK_{th}에 기반한 설계만으로도 충분하다. 이것은 그림 12.12에서 쉽게 볼 수 있다. 피로 파괴를 피하기 위해, 사용 중 응력 강도는 표시된 선의 왼쪽에 있어야 한다.

그러나 그림 12.12의 결과는 긴 균열에만 적용할 수 있기 때문에 실제 상황은 더 복잡하다. 짧은 균열은 긴 균열과 다르게 행동하는 것으로 나타났다. 더욱이, q값이 매우 높다는 것은, 가정된 초기 균열 크기 또는 구성요소 사용 응력의 한계적 차이가 예상 수명에 상당한 변동을 초래할 수 있음을 의미한다(문제 12.13 참고).

현재 더 나은 접근방식은 그림 12.11a와 같은 S/N 곡선을 사용하고 피로 손상이 예상되지 않는 응력 이하에서 설계하는 것, 즉 피로 한계 접근방식을 사용하는 것으로 보인다. 그러나 이 접근방식의 큰 문제점은 단순하고 일반적으로 작은 부품에 대해 평가된 데이터를 결함 수가 상당히 다를 수 있는 크고 복잡한 구조에 대입시키는 데 있다.

12.5.3 크리프 중 수명 예측

크리프 중 t_f를 예측하기 위한 시작점은 **몽크만-그랜트**(Monkman-Grant) **방정식**으로, 파괴 시간 t_f와 변형률 $\dot{\varepsilon}$의 곱이 일정함을 다음과 같이 나타낸다.

$$\dot{\varepsilon}t_f = K_{MG} \tag{12.42}$$

실제로 이 관계가 말하는 바는 해당 재료의 변형률이 얼마나 느리거나 얼마나 빨리 도달했는지에 관계없이 해당 재료의 변형률이 특정값 K_{MG}에 도달하면 크리프 중 모든 재료가 파괴된다는 것이다. 몽크만-그랜트 표현식이 2가지 다른 결정립 크기의 Ti_3SiC_2에 대해 유효하다는 것은 그림 12.14에 나와 있다. 이러한 곡선에서, 식 (12.42)는 기울기가 1인 직선으로 나타나며 실제로 그런 것처럼 보인다.

크리프 속도가 결정립 크기와 무관하거나 비슷한 결정립 크기를 가진 시료 세트에 대해 가정하면, 식 (12.21)은 다음과 같이 다시 쓸 수 있다.

$$\dot{\varepsilon}_{ss} = A_0 \left(\frac{\sigma_a}{\sigma_0}\right)^p \exp\left(-\frac{Q_c}{kT}\right) \tag{12.43}$$

여기서 Q_c는 크리프에 대한 활성화 에너지, A_0는 상수, σ_a는 파괴를 유발하는 응력, σ_0는 σ_a의 단위를 정의하는 정규화 매개변수이다. 가해지는 응력은 일반적으로 MPa 범위에 있으므로 σ_0은 일반적으로 1 MPa로 간주된다. 이 두 방정식을 결합하면 다음을 얻는다.

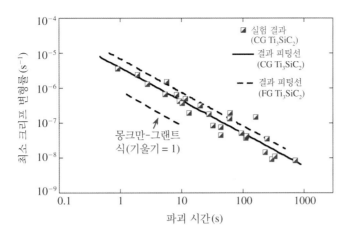

그림 12.14 조대한 결정립(CG) 및 미세 결정립(FG), 그리고 Ti₃SiC₂에 대한 log 인장 크리프 변형률 대 log t_f 의 플롯. 이러한 플롯에서 몽크만-그랜트 관계[식 (12.42)]는 관찰된 대로 기울기가 1인 직선으로 나타난다. 명확성을 위해 이 플롯에서 FG 실험 결과는 표시되지 않고 피팅선만 표시되었다. (자료 출처: M. Radovic et al. *J. Alloy Compds.*, **361**, 299, 2003.)

$$t_f = \frac{K_{\text{MG}}}{A_0} \left(\frac{\sigma_0}{\sigma_a} \right)^p \exp \frac{Q_c}{kT} \tag{12.44}$$

즉, 부품의 t_f 는 온도가 증가하고 가해진 응력이 증가함에 따라 기하급수적으로 감소해야 한다. 두 예측 모두 실험에 의해 뒷받침된다. 식 (12.42)~(12.44)는 손상 발생 속도가 재료의 벌크 크리프 응답에 의해 제어되고 실험 중에 정상상태 조건이 설정된 경우에만 유효하다는 것은 주목할 가치가 있다.

12.5.4 파괴 메커니즘 지도

세라믹스의 고온 파괴는 일반적으로 SCG 또는 크리프에 의해 발생한다. 파괴의 원인이 되는 메커니즘과 그 상대적 중요성을 식별할 수 있도록 사용 가능한 데이터를 요약하기 위해 Ashby와 동료 연구자들은 현재 파괴 메커니즘 지도로 알려진 데이터를 표시할 것을 제안했다.[12] 이러한 지도를 구성하기 위한 시작점은 식 (12.44) 및 (12.38)을 각각 다시 작성하는 것이다.

$$\sigma_a = \left(\frac{K_{\text{MG}}}{A_0} \right)^{1/p} \frac{\sigma_0}{t_f^{1/p}} \exp \frac{Q_c}{pkT} \tag{12.45}$$

$$\sigma_a = B_0 \sigma_0 \left(\frac{t_0}{t_f} \right)^{1/n} \exp \frac{Q_{\text{SCG}}}{nkT} \tag{12.46}$$

여기서 그들의 유사점은 매우 분명해진다.[13] 변수 t_0 및 σ_0 는 B_0 를 무차원으로 유지하고 척도를 정

---

[12] M. F. Ashby, C. Gandhi, and D. M. R. Taplin, *Acta Metall.*, 27, 1565 (1979).

[13] 식 (12.38)에서 A에 숨겨져 있던 온도 의존성이 드러나게 됐다. 또한 식 (12.38)에서 K_1이 $\Psi \sigma_a \sqrt{\pi c}$ 로 대체되면, σ_a의 지수는 n이 된다(문제 12.5 참고).

의하기 위해 식 (12.46)에 도입되었다. 가장 일반적으로, t_0는 1 h로 선택되고 σ_0는 다시 1 MPa로 선택된다.

이러한 지도를 만들려면(예제 12.4 참고), 다양한 온도에 대한 SCG 및 크리프 파열 데이터를 알아야 한다. 주어진 t_f를 초래하는 데 필요한 응력 값들의 온도 의존성은 식 (12.45) 및 (12.46)에서 계산된다. 주어진 온도에서 가장 낮은 파괴응력을 초래하는 메커니즘은 주어진 시간 동안 부품의 생존을 위한 문턱 응력 또는 가장 높은 적용 가능한 응력을 정의한다. 즉, t_f는 가능한 가장 빠른 경로에 의해 결정된다. 이러한 지도는 실제로 그래프로 그려보면 가장 잘 이해된다.

예제 12.4

다음 정보를 사용하여 Si$_3$N$_4$에 대한 파괴 변형 지도를 구성해보시오. $K_{MG} \approx 5.4 \times 10^{-3}$, $p = 4$, $Q_c = 800$ kJ/mol, $A_0 = 1.44 \times 10^{19}$ h^{-1}, $\sigma_0 = 1$ MPa(이들은 보통 8 또는 9에 더 가까운 값을 가지는 p를 제외하고 Si$_3$N$_4$의 일반적인 값들이다. 다른 데이터세트에 대해서는 문제 12.11을 참고하라)이다. Si$_3$N$_4$의 SCG에 대해 $B_0 = 80$, $n = 55$, $Q_{SCG} = 760$ kJ/mol, $\sigma_0 = 1$ MPa 및 $t_0 = 1$ h라고 가정한다.

정답

식 (12.45)에 적절한 숫자를 대입하면 다음을 얻는다.

$$\sigma_a(\text{MPa}) = \sigma_0 \left(\frac{K_{MG}}{A_0 t_f}\right)^{1/p} \exp\frac{Q_c}{pRT} = \frac{4.4 \times 10^{-6}}{t_f^{1/4}} \exp\frac{24,055}{T}$$

이 방정식을 온도의 함수로 표시하면 그림 12.15에서 빨간색으로 표시된 것처럼 수명이 증가함에 따라 왼쪽으로 이동하는 일련의 가파른 선이 나타난다.

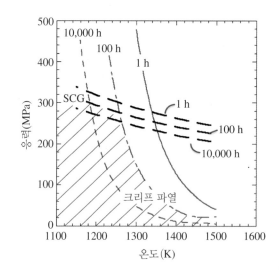

그림 12.15 예제 12.4에 제공된 데이터를 사용하여 개발된 Si$_3$N$_4$에 대한 파괴 메커니즘 지도. 빗금 친 영역은 부품이 최소 100시간 동안 견딜 수 있는 응력−온도 영역을 나타낸다.

마찬가지로, 다음 식 (12.46)을 플롯하면,

$$\sigma_a(\text{MPa}) = \sigma_0 B_0 \left(\frac{t_0}{t_f}\right)^{1/n} \exp\frac{Q_{\text{SCG}}}{nkT} = \frac{80}{t_f^{1/55}} \exp\frac{1662}{T}$$

그림 12.15에서 SCG라고 표시된 또 다른 일련의 거의 평행한(검은색으로 표시된) 선이 나타 난다. 큰 n값은 Si_3N_4를 더 높은 온도에서 SCG에 훨씬 덜 민감하게 만든다. ■

이러한 지도의 장점은 일단 구성되면 부품이 주어진 t_f에 살아남을 수 있는 응력-온도 영역이 쉽게 묘사된다는 것이다. 그림 12.15를 참조하면, 100시간 사용을 견딜 수 있는 부품을 설계하려면 설계가 100시간 선에 포함된 영역으로 제한되어야 함을 알 수 있다. 즉, 그림 12.15의 왼쪽 하단 모서리에 있는 응력과 온도의 조합을 받는 부품은 최소 100시간 동안 생존하고 다른 조합에서는 수명이 더 짧아진다.

사례연구 12.1: 광섬유의 강도와 수명

광섬유는 초순수 용융 석영유리에서 뽑아낸 머리카락처럼 얇은 단일 필라멘트이다. 오늘날 세상에서 석영 기반 광섬유의 중요성은 아무리 강조해도 지나치지 않다. 이 섬유는 정보가 빛에 근접한 속도로 지구의 한쪽에서 다른 쪽으로 정보를 전달하는 도관이다(사례연구 16.2 참고). 이러한 섬유가 광학적 투명도를 위해 개발됨에 따라 다른 질문이 가장 눈에 띄게 나타났다. 이러한 섬유는 얼마나 강한가? 그리고 무엇보다 중요한 것은 석영 기반 유리가 SCG를 겪는 경향을 고려할 때 수명이 얼마인가?

후자의 질문에 답하기 위해 SCG가 없는 경우의 강도로 정의되는 유리섬유의 **불활성 강도**(inert strength) $\sigma^{\ddagger}$를 측정해야 한다. 그러기 위해서는 다음 전략 중 하나를 사용해야 한다. (i) 초고진공과 같은 무수분 환경에서 시험, (ii) 밀폐 섬유 시험, (iii) 매우 높은 변형률에서 시험, (iv) 액체 질소(N_2) 또는 액체 헬륨(He)과 같이 SCG 역학이 매우 느린 온도에서 시험.

이러한 측정의 결과는 그림 12.16a에 나와 있으며, 여기서 석영유리 섬유의 인장강도는 온도 및 시험 환경에 따라 표시된다. 그림에서 액체 He 온도(4K)에서의 강도가 15 GPa에 근접할 정도로 가장 높다는 것이 분명하다! 액체 N_2(77K) 온도에서 시험된 섬유 또는 밀폐된 섬유는 그 다음으로 가장 높고($\approx$ 12 GPa), $T > -100$℃에서 진공에서 시험된 섬유가 그 다음이다(9 GPa). 가장 약한 섬유는 실온에서 공기에서 시험한 것이다($\approx$ 7 GPa).

그림 12.16b는 77K 진공에서, 그리고 실온 공기 중에서 시험한 섬유들에 대해 가해진 응력의 함수로서의 파괴에 걸리는 시간을 비교한다. 이러한 결과는 실리카 섬유의 SCG에 대한 온도와 수분의 중요성을 잘 보여준다. 77K에서 유지된 섬유의 인장강도는 약 13 GPa 값을 가지고 시간에 따라 저하되지 않았다! 동일한 섬유가 실온의 진공 상태에서 시험되었을 때(열린 원), 약 한 달 후에 약 9

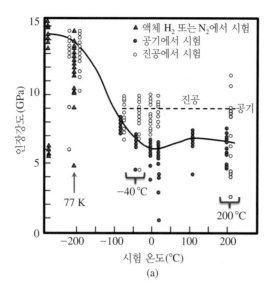
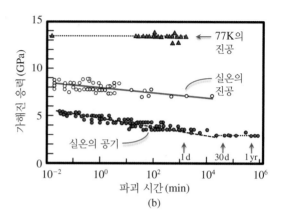

그림 12.16 (a) 액체 He 또는 액체 N₂(채워진 삼각형), 진공(열린 원) 또는 공기(채워진 원)에서 시험된 실리카 섬유의 인장강도의 온도 의존성. (b) 77K의 진공(상단 채워진 삼각형), 실온의 진공(열린 원) 및 실온의 공기(채워진 원)에서 유지되는 실리카 섬유의 인장강도의 시간 의존성. (자료 출처: B. A. Proctor, I. Whitney, J. W. Johnson, *Proc. Roy. Soc.* A 297, 534, 1967.)

GPa에서 약 7 GPa로 시간이 지남에 따라 강도의 느린 저하가 관찰되었다. 반면에 실온의 공기 중에서 보관된 섬유는 인장강도가 1년 후에 약 5 GPa에서 약 3 GPa로 떨어졌다.

상업적으로 광섬유는 섬유로 뽑아진 직후 폴리머 코팅으로 밀봉된다. 이 접근방식은 비교적 저렴하고 섬유를 손상과 수분으로부터 보호한다. 그 결과 시간이 지남에 따라 저하되지 않는 인장강도를 가진 매우 강한 유리섬유를 만든다. 최고의 투명도가 추가되면(16장 참고), 이러한 섬유가 광섬유 시장을 지배하는 것은 놀라운 일이 아니다.

사례연구 12.2: 섬유 강화 세라믹 기지 복합재

세라믹스는 금속보다 가볍고 일반적으로 훨씬 더 높은 온도를 견딜 수 있기 때문에 항공우주 분야에서 매력적인 재료라는 것이 오랫동안 인정되어 왔다. 제트 엔진에 세라믹스를 도입하면 무게 감소와 그에 따른 연료 절감, 수명 연장, 배기가스 정화 및 비용 절감으로 이어질 것이다. 그러나 그들의 취성이 문제이다. 항공우주 응용 분야의 재료는 하중 및 비하중 베어링으로 세분될 수 있다. 후자에 대한 세라믹스의 사용은 잘 정립되어 있다. 아마도 대중의 상상력을 사로잡은 항공우주 분야의 세라믹스의 첫 번째 사용은 아마도 도자기에서 최첨단에 이르기까지 세라믹 재료에 대한 대중의 인식을 영원히 바꾸어 놓았던 우주 왕복선 타일일 것이다(사례연구 13.2 참고). 그러나 궁극적인 목표는 모두 다 세라믹스로 만들어진 제트 엔진, 더 정확하게는 가스터빈 엔진의 제작이다. 후자는 상업용 및 군용 항공기에 주로 쓰이고 지상에서 쓰이는 것들은 세계 전력의 80%를 생산한다.

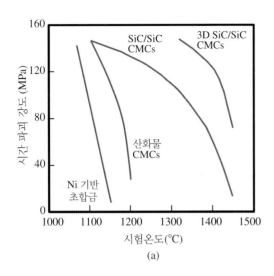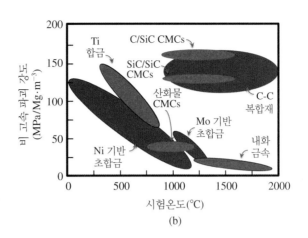

그림 12.17 (a) 500시간 인장 파단 강도, (b) 재료 밀도로 정규화된 고속 파괴 강도에 대한 여러 고온 구조 재료의 온도 의존성. (자료 출처: N.P. Padture, *Nat. Mater.* **15**, 804, 2016.)

20여 년 전만 해도 세라믹스가 제트 엔진에 사용될 수 있다는 생각은 터무니없는 것으로 여겨졌다. 오늘날 일부 제트 엔진에서 세라믹스가 실제로 사용되고 있다는 사실은 해당 분야에서 일하는 연구원들의 독창성과 끈기의 증거이다. 현재 제트 엔진이 작동하는 상태는 심신미약자를 위한 것이 아니다. 그림 12.17a는 오늘날 제트 엔진의 핵심소재인 Ni 기반 초합금, 산화물 및 SiC/SiC 세라믹 기지 복합재 또는 CMC의 온도에 대한 500시간 인장 파괴 강도를 보여준다. 그림 12.17b는 고온 재료들의 다른 제품군에 대한 비 고속 파괴 강도(즉, 강도를 밀도로 나눈 강도) 대 온도를 표시한다. 두 플롯 모두에서 CMC의 장점은 분명하다. 섬유와 기지의 많은 조합이 있다. 그림 12.17에 표시된 결과를 통해, 여기서 그리고 산업적으로 섬유와 기지가 모두 SiC로 구성된 SiC_f/SiC_m 복합 재료에 초점을 맞춘 이유가 분명해진다. C/C 복합재료는 훨씬 더 매력적이지만(그림 12.17b) 산화로부터 보호하는 것은 훨씬 더 어렵고 거의 불가능에 가깝다.

SiC_f/SiC_m 복합재 부품 제조의 첫 번째 단계는 다공성 SiC 섬유 프리폼을 만드는 것이다. 그런 다음 후자는 SiC 기지로 침투된다. 침투 단계는 화학적 증기 침투, 슬러리 침투 또는 반응성 용융 침투에 의해 수행될 수 있다. 틀림없이 가장 중요하지만 가장 어려운 CMC 제조 단계가 침투의 질을 결정한다. 필요한 것은 부품 내부가 완전히 조밀해지기 전에 표면 기공을 채우지 않는 기술이다.

그러나 침투 전에 BN의 얇은 층이 섬유/기지 계면 강도를 감소시키기 위해 섬유에 증착된다. 이 계면층은 균열과 기지 사이의 광범위한 결합을 해제하고 섬유와 마찰 풀아웃에 의한 균열 교합을 야기한다. 그림 11.18c를 참조하면, 계면이 너무 강하면 결합이 끊어지지 않고, 파괴가 부서지듯 일어나는 단일 벌크 세라믹 재료인 경우 기계적 특성이 달라지지 않는다. 균열 교합은 파괴가 부서지기 쉽거나 갑자기 일어나지 않고 부품을 검사하고 손상이 누적되었을 경우 교체할 수 있는 기회를 보장한다.

12.6 요약

1. 압축력을 받는 영역에서 원자를 제거하고 장력이 있는 영역에 배치하면 에너지가 약 $2\,\Omega\sigma$만 큼 감소한다. 여기서 σ는 가해진 응력이고 Ω은 원자의 부피이다. 영구적인 형태 변화를 초래 하는 이러한 에너지 감소는 크리프의 구동력이다.

2. 2원계 세라믹스의 확산 크리프는 가장 빠른 경로를 따라 느린 종의 확산에 의존하는 열 활성 화 과정이다. 재료가 비교적 낮은 응력 및/또는 온도를 받는 경우 크리프 속도는 일반적으로 가해진 응력에 따라 선형적으로 증가한다. 즉, 응력 지수는 1이다. 확산 경로는 결정립 크기 d에 따라 조정되기 때문에 결정립이 더 미세한 물질은 일반적으로 결정립이 큰 물질보다 확 산 크리프에 대한 저항성이 낮다. 이온이 벌크를 통해 확산되면(나바로-헤링 크리프), 크리프 속도는 d^{-2}에 비례한다. 결정립계를 따라 확산되는 경우(코블 크리프), 크리프 속도는 d^{-3}으 로 조정된다.

3. 더 높은 응력에서 크리프 속도는 가해진 응력에 훨씬 더 민감하며 응력 지수는 3~8 사이이 며 일반적으로 결정립 크기와 무관하다. 결정립계를 따라 유리상이 존재하면 공동현상 및 응 력 파열이 발생할 수 있다.

4. SCG는 응력과 부식이 결합된 환경 및/또는 균열 선단에서의 손상 축적으로 인해 발생할 수 있다. 상온 및 상온에 가까운 온도에서의 기본 전제는 SCG는 균열 선단에서 화학 결합의 응 력 강화 반응성으로 인해 발생한다는 것이다. 따라서 이 현상은 균열 선단에서 응력 강도의 강 력한 함수이며 일반적으로 열적으로 활성화된다. 고온에서 SCG 현상은 균열 선단 앞의 공동 형성에 의해 발생하는 것으로 여겨진다. 그런 다음 균열은 이러한 공동의 유착에 의해 자란다.

5. 일부 세라믹 재료(특히 R 곡선 거동을 나타내는 재료)는 위스커 또는 큰 결정립 같은 차폐 요 소의 약화로 인해 피로가 발생한다. 그 결과는 또한 짧은 균열이 긴 균열과 다르게 거동함을 시사하며, 이는 아마도 설계 관점에서 균열 성장 속도 곡선(그림 12.11b)보다 S/N 곡선(그림 12.11a)을 사용하는 것이 더 현명하고 실용적임을 나타낸다. 이 3가지 시간 종속 변형 메커니 즘들의 공통점은 부품에 고려해야 할 수명이 부여된다는 사실에 있다.

부록 12A: 식 (12.24) 유도

식 (12.40)은 부품의 수명을 추정하는 데 유용한 식으로 보이지만, c_i가 모든 시료에서 동일하다고 가정하기 때문에 주의해서 사용해야 한다. 그리고 이는 시료에 잘 제어된 균열이 생길 수 있는 실험 실 환경에서는 가능하지만 실제로는 제한성이 존재한다. 따라서 필요한 것은 데이터(즉, 파괴 시간 분포가 있는 것)를 1초 내에 파괴를 일으킨 동등한 응력으로 변환하는 방법이다. 다시 말해서, 시간 대 파괴 데이터의 재정규화이다.

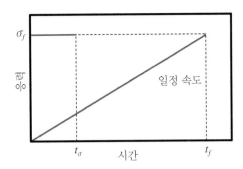

그림 12.18 일정 응력 및 일정 속도 시험에서 응력 대 시간 응답 비교

그림 12.18은 이 문제를 보여준다. 경사선은 변형률 $\dot{\varepsilon}$ 증가에 따른 시료에 가해지는 응력을 나타낸다. 시편은 시간 t_ε 이후 응력 σ_f에서 파괴된다. 응력이 순간적으로 가해지면, 시료는 평균 응력이 초기에는 더 높기 때문에 짧은 시간 t_σ 이후 파괴될 것이다. 식 (12.40)은 다음과 같이 다시 쓸 수 있다.

$$t\sigma^n = \Gamma' \tag{12A.1}$$

여기서 Γ'은 상수이다. 이는 재료가 각 응력을 받는 시간의 비의 합이 1이 되어야 함을 나타낸다.

$$\sum \frac{dt}{t} = 1 \tag{12A.2}$$

변형률이 일정한 경우는 다음과 같이 표현할 수 있다.

$$\int_0^{t_\varepsilon} \frac{dt}{t} = 1 \tag{12A.3}$$

여기서 t_ε은 변형률이 $\dot{\varepsilon}$일 때 시료가 파괴되는 시간이다(그림 12.18). 그것은 그림 12.18에서 직접적으로 다음과 같이 표현된다.

$$t_\varepsilon = \sigma_f \frac{dt}{d\sigma} \tag{12A.4}$$

식 (12A.4) 및 (12A.3)을 결합하고, 식 (12A.1)을 사용하여 t를 제거하고, 식 (12A.3)을 적분하면, 다음을 얻는다.

$$1 = \int_0^{\sigma_f} \frac{t_\varepsilon \sigma^n d\sigma}{\Gamma' \sigma_f} = \frac{t_\varepsilon \sigma_f^n}{\Gamma'(n+1)} \tag{12A.5}$$

여기서 σ_f는 파괴응력이다. 식 (12A.1)을 다시 한번 사용하면 다음과 같다.

$$\frac{t_\varepsilon}{t_\sigma} = n+1 \tag{12A.6}$$

훅의 법칙을 $\sigma_f = Y\dot{\varepsilon} t_\varepsilon$으로 다시 쓰면 다음을 얻는다.

$$\sigma_f = Y\dot{\varepsilon}_1(n+1)t\sigma \tag{12A.7}$$

이 식을 식 (12.40)과 결합하면 다음의 원하는 결과를 얻는다.

$$\sigma_{1s} = \sigma_f\left(\frac{t_a}{t_0}\right)^{1/n} = \sigma_f\left(\frac{\sigma_f}{Y\dot{\varepsilon}(n+1)}\right)^{1/n} \tag{12A.8}$$

여기까지가 1초이다. 따라서 이 결과는 시료가 변형률 $\dot{\varepsilon}$에서 파괴가 일어난 응력 σ_f값으로부터, 1초 내에 파괴를 일으킨 일정 값의 응력(σ_{1s})의 계산을 가능하게 한다. 둘 다 실험적으로 가능하다.

식 (12A.8)을 2가지 다른 변형률 속도에 대해 다시 쓰면 다음과 같이 간단하게 표현된다.

$$\frac{\bar{\sigma}_{\dot{\varepsilon}1}}{\bar{\sigma}_{\dot{\varepsilon}2}} = \left(\frac{\dot{\varepsilon}_1}{\dot{\varepsilon}_2}\right)^{1/n+1} \tag{12A.9}$$

여기서 $\bar{\sigma}_{\dot{\varepsilon}1}$은 변형률 $\dot{\varepsilon}_1$에서 측정된 파괴응력의 평균값이다.

문제

12.1 (a) M_aX_b 화합물의 경우 다음과 같이 나타낼 수 있다[예: R. S. Gordon, *J. Amer. Cer., Soc.*, 56, 174 (1973)].

$$D_{\text{complex}} \approx \frac{\left(D^Md + \pi\delta_{gb}^M D_{gb}^M\right)\left(D^Xd + \pi\delta_{gb}^X D_{gb}^X\right)}{\pi\left[a\left(D^Md + \pi\delta_{gb}^M D_{gb}^M\right) + b\left(D^Xd + \pi\delta_{gb}^X D_{gb}^X\right)\right]}$$

여기서 d는 결정립 크기, δ_{gb}는 결정립계의 폭, D^i 및 D_{gb}^i는 각각 해당 종의 벌크 및 입계 확산계수이다. $dD^M \gg \delta_{gb}D_{gb}^M \gg dD^X \gg \delta_{gb}D_{gb}^X$인 산화물을 고려하시오. 어떤 이온이 속도를 제한하고 어떤 경로를 따를 것이라고 생각하는가?

(b) $dD^X \gg \delta_{gb}D_{gb}^M \gg \delta_{gb}D_{gb}^X \gg dD^M$인 경우에 대해 (a)를 반복하시오.

12.2 입계 확산계수가 다음과 같이 주어지면,

$$D_{gb} = 100\exp(-40\,\text{kJ}/RT)$$

그리고 벌크 확산계수가 900K에서 다음과 같으면,

$$D_{\text{latt}} = 300\exp(-50\,\text{kJ}/RT)$$

GB 또는 격자 확산 중 어느 것이 지배적인지 설명하시오. 1300K에서는 어떠한가? 어떤 온도에서 2가지가 똑같이 중요해지는가?

답: 1095K

12.3 r과 p가 어떤 값을 가질 때 식 (12.21)이 식 (12.15) 및 (12.16)과 비슷해지는가?

12.4 (a) 0.2%의 인장 변형을 받은 Al과 Cu의 절대 융점의 2/3 지점에서 공공 농도를 계산하시오. Cu와 Al에 대한 공공 형성 엔탈피는 각각 1.28 및 0.67 eV이다. 각각의 융점의 2/3 지점에서 영의 계수는 각각 110 및 70 GPa이다. Al 및 Cu의 밀도는 각각 2.7 및 8.96 g/cm³이다. 모든 가정을 명시하시오.

답: $c_{\text{Cu}} \approx 1.1 \times 10^{22}\,\text{m}^{-3}$, $c_{\text{Al}} \approx 3.24 \times 10^{24}\,\text{m}^{-3}$

(b) 수직 인장응력 σ_{nn}(10장 참고)을 받는 반지름 ρ의 원통형 와이어의 측면과 바닥면의 공공 농도 차이에 대한 식을 유도하시오.

(c) 와이어의 어떤 곡률 반지름에서 표면 에너지 기여도가 가해진 응력 기여도와 비슷해지는가? 가해진 응력이 10 MPa이라고 가정한다. 다른 모든 가정을 기술하시오. 곡률로 인한 응력에 비해 외부적으로 가해진 응력의 상대적 중요성에 대한 해답의 의미에 대해 설명하시오.

답: $r_c \approx 0.01~\mu m$

12.5 (a) 식 (12.28)을 유도하시오.

(b) 수분의 농도를 고려한 항을 포함하여 식 (12.28)을 재유도하시오.

(c) 식 (12.38)과 (12.39)를 유도하시오.

(d) $n = 10$인 경우 식 (12.37)에서 괄호 안의 둘째 항을 무시할 경우 생기는 오류치를 예상하시오. 이 항을 무시할 수 있는 이유는 무엇인가? 그리고 그것은 t_f가 K_{Ic}와 무관하다는 것을 의미하는가? 설명하시오.

(e) SCG[식 (12.38)]의 영향을 받는 부품의 수명은 다음과 같이 초기 균열 길이 c_i로 표현될 수 있음을 보이시오.

$$t_f = \frac{2K_{Ic}^n}{A(\Psi\sqrt{\pi\sigma_a})^n(n-2)c_i^{n/2-1}}$$

12.6 습한 환경에서 유리에 대한 일반적인 균열 성장 데이터는 아래 표에 나와 있다. $K_{Ic} = 0.7$ MPa·m$^{1/2}$인 경우, A'', A, n의 값[식 (12.30)] 참고]을 계산하시오. A''의 단위는 무엇인가?

응력 강도(MPa·m$^{1/2}$)	0.4	0.5	0.55	0.6
균열 속도(m/s)	1×10^{-6}	1×10^{-4}	1×10^{-3}	1×10^{-2}

답: $n = 22.5$, $A'' = 772$, $A \approx 0.25$ m/s

12.7 문제 11.7에서의 시편이 10 MPa의 응력하에서 인장하중을 받고 있고 왼쪽에 나타난 표면 균열을 제외한 모든 균열을 무시한다면, 이 부품의 수명을 계산하시오. $n = 15$ 및 $A = 0.34$ m/s라고 가정한다. 다른 모든 가정을 기술하시오.

답: 123초

12.8 (a) 그림 12.19에 표시된 와이블 플롯은 $\dot{\varepsilon}_1 = 2 \times 10^{-6}$ s^{-1} 및 $\dot{\varepsilon}_2 = 2 \times 10^{-5}$ s^{-1}의 2가지 다른 변형률 속도에서 생성되었다. 어떤 변형률 속도가 어떤 곡선과 관련되어 있는가? 이유를 설명하시오.

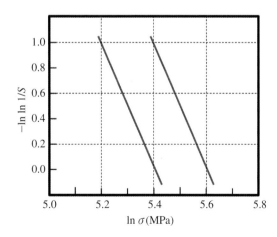

그림 12.19 와이블 플롯에 대한 변형률 속도의 영향

(b) 0.9의 생존 확률과 10^7초의 수명을 얻는 데 필요한 응력을 계산하시오. $K_{Ic} = 3$ MPa·m$^{1/2}$, $Y =$ 100 GPa이다.

답: 45 MPa

12.9 (a) 최대 파괴 확률이 0.01이 되도록 엔진 구성요소를 설계할 때, 다음 2가지 재료 중에서 어떤 것을 선택할지 쓰시오.

세라믹 A	평균 강도 600 MPa	$m = 25$	$n = 11$
세라믹 B	평균 강도 500 MPa	$m = 17$	$n = 19$

왜 그런가? 필요한 생존 확률을 보장하기 위해 허용되는 최대 설계 응력은 얼마인가? 모든 가정을 명시하시오.

답: 499 MPa

(b) 문항 (a)에 표시된 값은 $1 \times 1 \times 8$ cm^{3}의 치수를 갖는 시료에 대해 측정되었다. 구성 부품이 그 부피의 10배라면 어떤 재료를 추천할지가 변경되는가? 설계 응력값이 변경되는가? 그렇다면 새로운 응력을 계산하시오.

답: 455 MPa

(c) 부품이 습한 환경에서 사용된다면, 걱정되는가? 부품의 수명이 4년 또는 약 10^9초인 경우, 만약 있다면 설계 응력에 대해 어떤 점들을 변경하겠는가? 사용할 재료에 대한 권장 사항이 변경되는가? 설명하시오. 단순화를 위해 문항 (a)에 보고된 데이터가 1초 안에 획득되었다고 가정하고, 둘 모두에 대해 기록된 수명에 필요한 설계 응력을 계산하여 사용할 재료를 결정하시오.

답: 세라믹 A: 76 MPa, 세라믹 B: 128 MPa

12.10 (a) 세라믹 부품의 강도 저하를 연구하기 위해, 부식 환경에서 응력에 노출된 후 재료의 평균 굽힘 강도를 측정했다. 10으로 측정된 와이블 계수는 시간에 따른 변화가 없었으나 평균 강도는 1일 후 350 MPa에서 3일 후 330 MPa로 감소하는 것으로 나타났다. 무슨 일이 일어났는지 설명하시오.

(b) 10주 노출 후 예상되는 평균 강도를 계산하시오.

답: 279 MPa

(c) 1일 후에 파괴된 시료의 시험 후 검사에서 파괴를 유발한 균열의 평균 크기가 120 μm 정도임이 나타났다. 3일 후 파괴의 원인이 된 평균 균열 크기를 계산하시오. $K_{Ic} = 3$ MPa·m$^{1/2}$이다.

답: 135 μm

12.11 현재 예제 12.4에 나열된 특성을 가진 Si$_3$N$_4$를 사용하고 있으며 다음 특성을 가진 새로운 Si$_3$N$_4$가 시장에 나와 있다. $K_{MG} = 5.4 \times 10^{-3}$, $p = 9$, $Q_c = 1350$ kJ/mol, $A_0 = 4 \times 10^{19}$ h^{-1} 및 $\sigma_0 = 1$ MPa이다. 아임계 균열 성장의 경우 $B_0 = 100$, $n = 50$, $Q_{SCG} = 900$ kJ/mol, $\sigma_0 = 1$ MPa 및 $t_0 = 1$ h로 가정할 수 있다. 파괴 메커니즘 지도를 구성하고 그림 12.20과 비교하여, 어떤 재료를 사용하고 그 이유는 무엇인지 설명하시오.

답: 그림 12.20을 참고하라.

12.12 유리의 표면 에너지는 유리섬유를 용광로에 매달아 가열하는 제로 크리프 실험을 수행하여 측정할 수 있다. 중력의 결과로 와이어는 최종 평형 길이 l_{eq}까지 확장되며, 그 이상에서는 길이의 증가가 더 이상 측정되지 않는다.

(a) 섬유가 무한정 늘어나는 것을 막는 것은 무엇이라고 생각하는가?

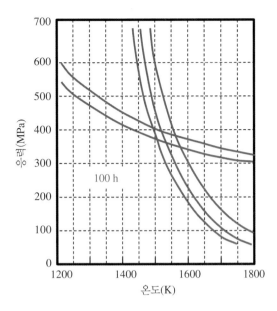

그림 12.20 Si_3N_4(특성이 문제 12.11에 나열됨)에 대한 파괴 메커니즘 지도

(b) 평형에서 $l_{eq} = 2\gamma_{sv}/\rho r_{eq}g$임을 보이시오. 여기서 g와 ρ는 각각 중력 상수와 유리의 밀도이고, r_{eq}는 와이어의 평형 반지름이다. 힌트: 중력 및 표면 에너지 항을 포함하는 계의 총에너지에 대한 식을 작성하고 l에 대해 해당 식을 간소화하라.

12.13 (a) 피로 동안 파괴까지의 사이클 수가 다음과 같이 주어진다는 것을 보이시오.

$$N_f = \frac{2}{B(\xi\sqrt{\pi}\,\Delta\sigma_a)^q\,(q-2)c_i^{q/2-1}}$$

여기서 c_i는 초기 균열 크기이다. 다른 모든 용어는 본문에 정의되어 있다. 문제 12.5(e)에서 유도한 식과 이 표현의 유사성에 주목하라.

(b) 그림 12.12에 나와 있는 Mg-TZP에 대한 B와 q의 값을 추정하시오. B의 단위는 무엇인가?
답: $B = 1.7 \times 10^{-48}$, $q \approx 40$

(c) 가해진 응력을 2배 증가시키는 N_f를 추정하시오.
답: 4.3×10^{12}사이클!

(d) 가정된 초기 균열 크기를 2배로 늘리는 N_f를 추정하시오.
답: 5×10^5사이클!

12.14 직사각형 유리 슬라이드는 표면 마감의 정도에 따라 3점 굴곡으로 시험되었다. 얻은 결과는 아래와 같다. 아래와 같은 경향을 가지는 이유를 설명하시오.

처리	받은 상태	HF 에칭처리	가해진 응력에 수직방향으로 마모	가해진 응력방향으로 마모
강도(MPa)	87	106	42	71

12.15 그림 12.16b의 결과에서, 석영유리의 n값을 추정하시오.

더 읽을거리

1. W. Cannon and T. Langdon, Creep of ceramics, Parts I and II, *J. Mater. Sci.*, 18, 1–50 (1983).

2. R. Ritchie and R. Daukardt, Cyclic fatigue of ceramics: a fracture mechanism approach to subcritical crack growth and life prediction, *J. Cer. Soc. Japan*, 99, 1047–1062 (1991).

3. R. Raj, Fundamental research in structural ceramics for service near 2000°C, *J. Am. Cer. Soc.*, 76, 2147–2174 (1993).

4. N. A. Fleck, K. J. Kang, and M. F. Ashby, The cyclic properties of engineering materials, *Acta Metall. Mater.*, 42, 365–381 (1994).

5. S. Suresh, *Fatigue of Materials*, Cambridge University Press, Cambridge, UK, 1991.

6. H. Reidel, *Fracture at High Temperatures*, Springer-Verlag, Heidelberg, Germany, 1987.

7. K. Chan and R. Page, Creep damage in structural ceramics, *J. Amer. Cer. Soc.*, 76, 803 (1993).

8. R. L. Tsai and R. Raj, Overview 18: Creep fracture in ceramics containing small amounts of liquid phase, *Acta Metall. Mater.*, 30, 1043–1058 (1982).

9. M. F. Ashby, C. Gandhi, and D. M. R. Taplin, Fracture mechanism maps for materials which cleave: FCC, BCC and HCP metals and ceramics, *Acta Metall. Mater.*, 27, 1565 (1979).

10. R. W. Davidge, *Mechanical Behavior of Ceramics*, Cambridge University Press, Cambridge, UK, 1979.

11. B. Lawn, *Fracture of Brittle Solids*, 2nd ed., Cambridge University Press, Cambridge, UK, 1993.

12. R. Warren, Ed., *Ceramic Matrix Composites*, Blackie, Glasgow, Scotland, 1992.

13. A. Kelly and N. H. Macmillan, *Strong Solids*, 3rd ed., Clarendon Press, New York, 1986.

14. G. Weaver, Engineering with ceramics, Parts 1 and 2, *J. Mater. Ed.*, 5, 767 (1983); 6, 1027 (1984).

15. A. G. Evans, Engineering property requirements for high performance ceramics, *Mater. Sci. Eng.*, 71, 3 (1985).

16. S. M. Weiderhorn, A probabilistic framework for structural design, in *Fracture Mechanics of Ceramics*, vol. 5, R. C. Bradt, A. G. Evans, D. P. Hasselman, and F. F. Lange, Eds., Plenum, New York, 1978, p. 613.

17. M. F. Ashby and B. F. Dyson, *Advances in Fracture Research*, S. R. Valluri, D. M. R. Taplin, P. Rama Rao, J. F. Knott, and R. Dubey, Eds., Pergamon Press, New York, 1984.

18. T. H. Courtney, *Mechanical Behavior of Materials*, McGraw-Hill, New York, 1990.

열 특성
THERMAL PROPERTIES

What happens in these Lattices when Heat
Transports Vibrations through a solid mass?
T = 3Nk is much too neat;
A rigid Crystal's not a fluid Gas.
Debye in 1912 proposed Elas-
Tic Waves called phonons that obey Max Planck's
E = hv. Though amorphous Glass,
Umklapp Switchbacks, and Isotopes play pranks
Upon his Formulae, Debye deserves warm Thanks.

John Updike, *The Dance of the Solids* *

13.1 서론

세라믹스는 취성과 낮은 열전도성으로 인해 열충격에 노출되기 쉬워 큰 열 구배에서는 깨지기 쉽다. 이와 같은 이유로 고온의 액체를 차가운 유리 용기에 붓거나, 고온의 세라믹 용해로 튜브에 찬물을 붓게 되면 쉽게 깨지기 때문에 권장하지 않는다. 급속으로 냉각된 표면은 수축이 일어나지만, 세라믹 용기의 대부분은 낮은 열전도 때문에 수축이 일어나지 않아, 용기 내 응력이 쌓이게 되고, 응력이 충분히 커지면 깨지게 된다.

다중상 재료에서 열수축 불일치나 단상 재료의 열팽창 이방성으로 인해 열응력이 발생하게 된다. 따라서 다음과 같은 i) 비입방체, ii) 상전이가 일어나거나 일어나지 않거나, iii) 모상과 다른 열팽창 특성을 보이는 이차상이 존재하는 다결정 세라믹스에서는 열응력이 존재한다. 이러한 열응력은 미세균열을 형성할 수 있으며 세라믹스의 강도 및 파괴 인성에 큰 영향을 미칠 수 있다. 최악의 경우, 이러한 응력으로 인해 세라믹스가 파괴되는 원인이 될 수 있으나, 적절하게 사용하면 유리의 강도를 증가시킬 수도 있다. 이 장의 목표는 잔류 열응력이 발생하는 이유 및 정량화를 통해 잔류 열응력 문제를 해결하는 데 있다.

또 하나의 중요한 열 특성으로는 13.6절에서 다루는 열전도율이 있다. 세라믹스의 낮은 열전도율은 화학적 불활성 및 내산화성과 함께 금속 제련 및 정제 과정에서 매우 중요한 역할을 한다. 다이어스포어(diaspore), 알루미나(alumina), 포

---

* J. Updike, *Midpoint and Other Poems*, A. Knopf, Inc., New York, 1969. 허가 후 게재.

스터라이트(forsterite) 및 페리클레이스(periclase)와 같은 세라믹스들은 고온에서 정제가 필요한 금속의 단열 내화벽돌에 사용된다.

13.2 열응력

잔류 열응력의 근원

다상 재료의 시차 열팽창이 어떻게 열응력을 발생시키는지에 대한 내용을 이해하기 위해 그림 13.1a의 간단한 사례를 고려해보아야 한다. 이때 고체 디스크는 다른 재료의 링 내부에 배치한다. 11장에서 논의한 기지(matrix) 내 개재물(inclusion)과 유사성을 강조하기 위해 디스크는 개재물이라 하고 외부링을 기지라 하며, 각각의 열팽창 계수를 α_i, α_m이라 한다.

정량적인 답을 찾기 전에 온도가 변화할 때 시스템에서 어떠한 일이 발생하는지 정성적으로 이해하는 것도 중요하다. 당연히 α_i와 α_m의 상대적인 값은 가열되는지 냉각되는지에 따라 달라진다. 열팽창 계수의 크기가 $\alpha_i > \alpha_m$일 때, 가열되는 경우를 생각해보자. 개재물과 기지 모두 팽창한다[1](그림 13.1b). 그러나 $\alpha_i > \alpha_m$를 고려할 때, 개재물은 더 빠른 속도로 팽창하고자 외부링에, 즉 기지에 의해 팽창하는 것이 반지름 방향으로 제한된다. 따라서 가열 시 개재물과 기지 모두 방사형 압축 상태가 된다. 반대로 냉각을 진행하게 되면 개재물이 방사형 인장응력을 발생시킨다는 것을 보여주기 위해 독자들에게 연습문제로 남겨둔다. 방사형 응력 이외의 압력이 발생한다는 점에 유의해야 하며 아래에서 더 자세히 설명하기로 한다.

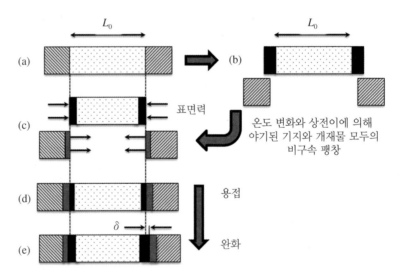

그림 13.1 에셸비의 방법 준비 및 진행 단계. (a) 초기 단계 (b) 절단 및 가열로 인해 개재물 및 기지가 자유롭게 팽창. 가열 시 외부링의 반지름이 증가. (c) 원래 형태로 돌아가기 위한 표면력 작용. (d) 접합부 용접. (e) 충분한 시간을 통한 완화. 완화의 결과로 인한 계면의 크기 변화 확인.

---

[1] 기지의 팽창은 온도가 증가함에 따라 링의 내부 지름의 증가를 의미한다.

이 문제를 정량화하는 것은 단순한 것이 아니며, 일반적으로 오늘날에는 유한요소 및 기타 수치 해석 기술을 사용하여 수행된다. 그러나 단순한 형상의 경우 원칙적으로 상당히 단순하고 우아하며 기발한 에셸비(Eshellby)가[2] 개발한 강력한 방법이 존재한다. 이 문제는 그림 13.1에 예시된 다음과 같은 일련의 가상 절단, 변형 및 용접 작업을 수행함으로써 해결한다.

1. 기지에서 개재물을 잘라낸다.
2. 개재물이나 기지를 가열 또는 냉각의 결과(또는 상전이의 결과)로 팽창하거나 수축하도록 한다(그림 13.1b).
3. 원래 형태로 돌아가기 위해 표면에 충분한 표면력이 작용한다(그림 13.1c).
4. 접합부를 용접한다(그림 13.1d).
5. 시스템이 완화되도록 한다(그림 13.1e).

위와 같은 방식을 실제 적용하기 위해선 다음과 같은 단계를 수행해야 한다.

1. 개재물을 절단하고 개재물과 기지가 자유롭게 팽창될 수 있도록 한다(그림 13.1b). 개재물의 열변형률은 식 (4.2)와 같이 표현된다.

$$\frac{\Delta L}{L_0} = \varepsilon_i = \alpha_i \Delta T = \alpha_i (T_{\text{final}} - T_{\text{init}})$$

$$\varepsilon_i = \alpha_i (T_{\text{final}} - T_{\text{init}}) \tag{13.1}$$

마찬가지로 기지의 경우

$$\varepsilon_m = \alpha_m \Delta T \tag{13.2}$$

위의 식에 따라 ΔT는 가열 중에는 양수이며, 냉각 중에는 음수이다. 냉각 시 T_{final}은 일반적으로 실온으로 볼 수 있다. T_{init}는 명확하게 결정하기가 어렵지만 잔류 응력이 완화되지 않은 가장 높은 온도이며, 재료에 따라 또는 처리 방식에 따라 재료의 풀림 온도와 같거나 같지 않을 수 있다. 충분히 높은 온도에서 확산 또는 점성 흐름에 의한 응력 완화는 일반적으로 발생하는 응력 대부분은 아니지만, 일부를 완화한다. 이러한 응력 완화 메커니즘이 작동하지 않고 수축 불일치로 인해 국부적인 탄성 잔류 응력이 발생하기 시작하는 것은 특정 온도 이하에서만 가능하다.

2. 각 요소에 응력을 가해져 원래 형상으로 돌아가려 한다[3](그림 13.1c). 이럴 때, 개재물에 가해지는 응력은 다음과 같다.

$$\sigma_i = -Y_i \varepsilon_i = -Y_i \alpha_i \Delta T \tag{13.3}$$

---

[2] J. D. Eshellby, *Proc. R. Soc.*, A241, 376-396 (1957).
[3] 식 (13.2)와 (13.3)은 엄격하게는 1차원적인 문제에 대해서만 참이다. 다른 차원을 포함하는 경우 일반적으로는 최종 결과에 큰 영향을 미치지 않는다[식 (13.8) 참고].

여기서 Y는 영률을 의미한다. 기지에 가해지는 응력은 다음과 같다.

$$\sigma_m = Y_m \varepsilon_m = Y_m \alpha_m \Delta T \tag{13.4}$$

개재물이 원래 형태로 돌아가는 데 필요한 응력은 압축력이므로(그림 13.1c 참고), 식 (13.3)의 부호는 마이너스이다.

3. 두 부분을 다시 용접하고(그림 13.1d) 응력을 완화한다. 응력이 같지 않고 한 재료가 다른 재료를 '밀기' 때문에 두 응력이 같아질 때까지 더 큰 응력 방향으로 변형 δ만큼 이동한다(그림 13.1e). 평형상태에서의 두 **방사형 응력**(radial stress)의 크기는 같으며 다음과 같이 주어진다.

$$\sigma_{i,\mathrm{eq}} = Y_i [\varepsilon_i + \delta] = \sigma_{m,\mathrm{eq}} = Y_m [\varepsilon_m - \delta] \tag{13.5}$$

δ를 구해 해당 값을 식 (13.5)에 대입하고, 식 (13.1)~(13.4)를 사용하여 다음과 같이 표현할 수 있다(문제 13.2 참고).

$$\sigma_{i,\mathrm{eq}} = \sigma_{m,\mathrm{eq}} = \frac{\Delta\alpha\Delta T}{1/Y_i + 1/Y_m} = \frac{(\alpha_m - \alpha_i)\Delta T}{1/Y_i + 1/Y_m} \tag{13.6}$$

이 결과는 다음을 예측하는 데 있어 중요하다.

∞ $\Delta\alpha$가 0이면 응력이 발생하지 않는데, 이는 기지와 개재물이 같은 속도로 팽창하기 때문이다.

∞ $\alpha_i > \alpha_m$의 경우 가열 시(양의 ΔT), 개재물 및 기지에서 생성된 응력은 압축력으로 마이너스 부호를 가질 것으로 예측된다.

∞ 만약 개재물이 이동에 제약을 받는 경우(즉 $a_m = 0$이고 $Y_m = $ ⊂) 식 (13.6)은 다음과 같은 방정식으로 단순화될 수 있다.

$$\sigma_{i,\mathrm{eq}} = -Y_i \alpha_i \Delta T \tag{13.7}$$

이는 가열 시 생성된 응력이 압축력이며, 냉각 시 그 반대의 경우도 마찬가지임을 예측할 수 있다.

그림 13.1과 같은 시스템의 경우 단순화를 위해 방사형 응력만을 고려했다. 3차원 상황은 더 복잡하며 이러한 응력 특성을 정성적으로 예측할 수 있는 것이 중요하다. 1차원의 문제가 아니므로 방사형 응력 외에도 **축 방향**(axial)과 **접선**(tangential) 또는 **원주**(hoop) **응력**을 고려해야 한다.

다양한 응력의 특성을 정성적으로 예측하려면, 낮은 열팽창 계수(TEC)를 가지는 재료를 가지고 열팽창 계수를 0으로 가정하고 에셸비 기법을 적용하는 것이 유용하다. 예를 들어, α_f를 갖는 섬유가 기지에 포함되어 있고(현재 3차원 응력 상태가 관심이라는 점을 제외하면 그림 13.1에 나타난 것과 동일한 문제), $\alpha_m > \alpha_f$인 경우에 대해 공정온도에서 **냉각** 및 조밀화되는 경우 생성될 잔류 열응력 특성에 대해 고려해보자. $\alpha_m > \alpha_f$가 주어지고, 앞서 언급한 에셸비 기법을 적용하기 위해 $\alpha_f = 0$으로 가정하면(이는 크기가 온도 변화에 따라 변화하지 않음을 의미한다) 냉각 시 기지가 축 방향 및 방사 방향으로 모두 수축한다(구멍이 작아진다). 결과적으로 기지를 섬유에 맞추기 위해서는

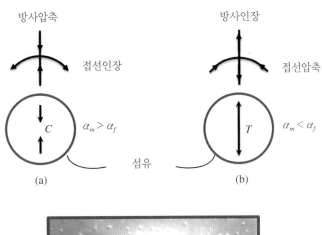

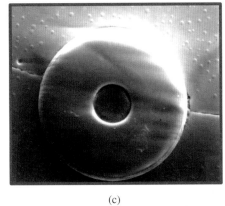

(c)

그림 13.2 (a) $\alpha_m < \alpha_f$, (b) $\alpha_m > \alpha_f$에 대한 기지에 섬유가 포함되어 있을 때, 냉각 시 발생하는 방사 및 접선 응력. (c) $\alpha_m > \alpha_f$일 때, 냉각 시 섬유 주위에 생성된 방사 균열의 현미경 사진.

축 방향으로 작용하는 축 인장력이 필요하다. 기지가 섬유와 접합하고 완화되면 섬유가 축 방향 잔류 압축응력 상태에 놓이게 되고, 이는 차례로 기지의 축 방향 인장응력에 의해 균형을 이룬다. 기지는 섬유를 방사압축 방향으로 조여 위에서 도출한 결론과 일치하며, 섬유와 기지 모두 방사압축 응력을 만든다. 또한 이러한 시스템은 그림 13.2a와 같이 인장 접선 응력도 발생시킨다.[4] 이러한 응력이 충분히 높으면, 그림 13.2c와 같이 기지는 방사 방향으로 균열이 발생할 수 있다. $\alpha_m > \alpha_f$일 때 응력의 상태를 결정하고 그 결과를 그림 13.2b에 정리된 결과와 비교하는 것은 독자들을 위한 연습문제로 남겨둔다.

마지막으로 이 절에서는 무한한 기지에 구형 개재물을 포함한 문제를 해결하고자 한다. 경계면으로부터 r만큼 떨어진 거리에서 구형 개재물의 반지름을 R이라고 할 때, 생성된 방사 σ_{rad}와 접선 σ_{tan} 응력은 다음과 같이 주어진다.

---

[4] 접선 응력의 특성을 이해하기 위해서는 에셸비 기법으로 돌아가서 다음과 같이 질문해야 한다. 지금은 그것을 둘러싸고 있는 섬유보다 작은 기지의 구멍을 더 크게 만들기 위해서는 무엇이 필요한가? 답은 더 큰 지름의 파이프 주위에 더 작은 지름의 고무호스를 끼우는 것과 같은 방식으로 기지를 늘려야 하는 것이다. 이는 자연스럽게 호스의 접선 응력을 발생시킨다. 경험에 따르면 호스가 너무 작으면, 그림 13.2c에 나타낸 것과 유사한 방사 균열이 발생한다.

$$\sigma_{\text{rad}} = -2\sigma_{\text{tan}} = \frac{(\alpha_m - \alpha_i)\Delta T}{(1 - 2\nu_i)/Y_i + (1 + \nu_m)/(2Y_m)}\left(\frac{R}{r + R}\right)^3 \tag{13.8}$$

여기서 ν_i 및 ν_m은 각각 개재물과 기지의 푸아송비(Poisson's ratio)이다. 응력은 경계면, 즉 $r = 0$에서 최대이며 떨어진 거리에 따라 빠르게 감소하는데, 이는 식 (13.6)과 유사하다. 덧붙여서 에셸비 기법은 열응력 계산에만 국한되지 않고, 상전이 응력을 계산하거나 2개의 인접한 영역이 다르게 모양을 변경하는 다른 문제를 계산하는 데 사용할 수 있다.

자기 에나멜을 입힌 금속 또는 얇은 박막, 반도체 산업에서 중요한 금속-세라믹 접합 및 유리-금속 실(seal) 같은 이종재료가 함께 결합하고 가열될 때 발생하는 열응력은 완화되지 않으면 심각한 문제를 일으킬 수 있다.

13.3 열충격

일반적으로 열응력은 부품 구성 요소를 크게 악화시킬 수 있으므로 피해야 한다. 극단적인 경우 냉각 중 부품이 부서질 수 있다. 앞서 언급한 바와 같이 세라믹의 **급속 가열** 또는 **급속 냉각**은 세라믹 부품의 손상을 가져온다. 이러한 손상을 가져오는 현상을 **열충격**이라 하며, 온도 구배로 인한 열응력이 세라믹의 강도를 초과할 때 발생한다. 예를 들어 세라믹 부품이 온도 T에서 T_0로 급속 냉각됨에 따라 부품의 표면은 수축하는 경향을 보이지만 부품 내부는 여전히 온도 T이므로, 수축하지 않는 경향을 보인다. 앞서 말했듯이 이러한 상황에서 표면에 인장응력이 쉽게 발상하여 부품 내부의 압축응력이 발생하여 균형을 이루어야 한다는 것을 쉽게 이해할 수 있을 것이다.

실용적인 관점에서 ΔT_c를 예측할 수 있는 것은 매우 유용하다. 또한 열충격에 영향을 미치는 다양한 매개변수를 이해해야만 열충격에 강한 물질을 성공적으로 설계할 수 있다. 이 절에서는 열충격에 강한 세라믹을 설계할 수 있는 방법론에 관해 설명할 것이다.

ΔT_c를 예측하기 위해 다음과 같은 가정을 한다.[5]

1. 재료는 단위부피당 N개의 동일하고 균일하게 분포된 그리피스 결함(Griffith flaws)을 포함한다.
2. 결함은 반지름이 c_i인 원형이다.
3. 몸체는 다음과 같이 정의된 3축 인장 상태의 응력을 제공하기 위해 외부 표면이 균일하게 냉각되었다.[6]

$$\sigma_{\text{ther}} = -\frac{\alpha Y \Delta T}{(1 - 2\nu)} \tag{13.9}$$

4. 균열 전파는 N개 균열의 동시 전파에 의해 발생하며 인접한 균열의 응력장 사이의 상호작용은 무시할 수 있다.

---

[5] 이 파생은 D. P. H. Hasselman, *J. Amer. Cer. Soc.*, **46**, 453 (1963) and 52, 600 (1969)에 의해 요약된 것의 간단한 버전이다.

[6] 식 (13.7)과 이 식의 유사성에 주목하라.

열충격 저항은 일반적으로 시료를 다양한 온도(T)로 가열하여 평가하게 된다. 시료를 특정 온도(T)까지 가열하고, 주변 온도의 물로 급냉하여 빠르게 냉각시킨다. 담금질(quenching) 후 시료의 유지강도(retained strength)를 측정하고, 담금질 정도의 차이인 $\Delta T = T - T_{ambi}$와 함께 다음 그림과 같이 플롯한다. 일반적인 열충격 저항 결과는 그림 13.3a에 나타내었으며, 임계온도 차이인 ΔT_c 부근에서 유지강도의 급격한 감소가 발생하며, 그 이후에는 다시 일정한 원래 강도를 보이는 것으로 보인다. 담금질 온도 T가 증가하면 강도는 점진적으로 감소한다. 단결정 및 다결정 알루미나에 대한 실제 실험 데이터는 그림 13.3b에 나타내었는데, 두 경우 모두 ΔT_c에서 강도의 급격한 변화를 관찰할 수 있다.

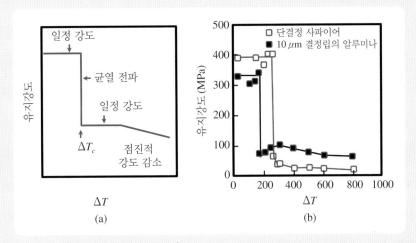

그림 13.3 (a) 담금질 정도의 차이 ΔT에 따른 강도 거동의 개략도. (b) 단결정 및 다결정 알루미나에 대한 실제 데이터(명확성을 위해 오차는 생략함) (T. K. Gupta, *J. Amer. Cer. Soc.*, 55, 249,1972.)

식 (11.9)를 이용하며 쉽게 유도할 수 있으며, 시스템의 총에너지는 다음과 같이 표현할 수 있다.

$$U_{tot} = U_0 - U_{strain} + U_{surf}$$

여기서 U_0는 부피 V_0에서 응력 및 균열이 없는 결정의 에너지이다. U_{surf}, U_{strain}은 각각 시스템의 표면 에너지와 변형 에너지이며, 응력장 사이의 상호작용은 무시한다고 가정했기 때문에 N개의 균열이 있는 경우 U_{tot}는 다음과 같이 수정할 수 있다.

$$U_{tot} = U_0 + \frac{V_0 \sigma_{ther}^2}{2Y} - \frac{N\sigma_{ther}^2}{2Y}\frac{4\pi c_i^3}{3} + N G_c \pi c_i^2 \tag{13.10}$$

식 (13.10)에서 오른쪽 셋째 항은 균열에 의해 방출되는 변형 에너지를 나타내고 마지막 항은 균열이 확장하는 데 필요한 에너지이며, G_c는 재료의 인성을 나타낸다[식 (11.11) 참고].

이 식을 c_i에 대해 미분값을 0으로 두고, 항을 정리하면 $\Delta T > \Delta T_c$로 나타낼 수 있고(문제 13.6a

참고), 여기서 ΔT_c는 다음과 같이 주어진다.

$$\Delta T_c \geq \sqrt{\frac{G_c(1-2\nu)^2}{\alpha^2 Y c_i}} \tag{13.11}$$

식 (13.11)에 따르면 균열이 커지고 변형 에너지가 방출된다. 반대로 $\Delta T \leq \Delta T_c$의 경우, 발생하는 변형 에너지는 균열을 확장하기에 불충분하며, 이는 실험적으로 관찰하였을 때, 강도가 변하지 않고 유지됨을 의미한다(그림 13.3a 및 b).

일정한 응력이 가해지면 결함이 파단될 때까지 무한하게 연장되는 결함의 상황과 달리 열충격 동안 균열 전파의 구동력은 유한하다. 여기서 균열은 이용 가능한 변형 에너지에 상응하는 특정 길이 c_f까지만 확장된 다음에 멈춘다. c_f를 추정하기 위해서, 사용 가능한 변형 에너지를 표면 에너지의 증가와 동일시하거나 다음과 같은 식으로 표현한다.

$$\pi N G_c(c_f^2 - c_i^2) = \frac{(\alpha \Delta T_c)^2 Y}{2(1-2\nu)^2} \tag{13.12}$$

식 (13.11)에서 ΔT_c를 대체할 수 있는 짧은 초기균열, 즉 $c_f \gg c_i$ 경우 아래와 같이 나타낼 수 있으며,

$$c_f \cong \sqrt{\frac{1}{\pi N c_i}} \tag{13.13}$$

이것은 흥미롭게도 재료 물성에 의존하지 않는 것을 알 수 있다.

명확성을 위해 식 (13.11)과 (13.13)을 도출하는 데 사용된 모델이 여기에서 다소 단순화되었다. Hasselman은 약간 더 정교한 접근방식을 사용하여 다음 관계를 도출해냈다.

$$\Delta T_c = \sqrt{\frac{\pi G_c(1-2\nu)^2}{Y\alpha^2(1-\nu^2)c_i}}\left[1 + \frac{16 N c_i^3(1-\nu)^2}{9(1-2\nu)}\right] \tag{13.14}$$

$$c_f = \sqrt{\frac{3(1-2\nu)}{8(1-\nu^2)N c_i}} \tag{13.15}$$

언뜻 보기에는 도출된 식이 위의 식과 다르게 보일 수 있지만, 자세히 살펴보면 유사성이 분명해진다. 예를 들어, 저밀도의 작은 균열의 경우 식 (13.14)의 괄호 안의 둘째 항은 무시할 수 있지만, 이 경우 푸아송비와 π를 포함한 몇 가지 항의 경우 식 (13.14)는 식 (13.11)과 유사하다. 식 (13.13)과 식 (13.15)도 마찬가지이다.

한 단계 더 진행하기에 앞서 열충격 중에 발생하는 현상에 대해 물리학적으로 요약하는 것이 좋다. 고체에 급격한 온도 변화를 가하면 고체의 다양한 부분에서 크기가 다른 변화를 일으키고 그 안에 응력이 축적된다. 결과적으로 계의 변형 에너지가 증가한다. 변형 에너지 증가가 크지 않은 경우, 즉 ΔT값이 작으면 기존 균열이 성장하지 않고 고체가 열충격을 받지 않는다. 그러나 열충격이 크면 고체에 존재하는 많은 균열이 성장하여 많은 변형 에너지를 흡수한다. 사용 가능한 변형 에너

지는 유한하므로 균열은 대부분의 변형 에너지가 표면 에너지로 변환될 때까지만 성장하고 이후에는 성장이 멈춘다. 균열이 성장하는 최종 길이는 초기 균열 크기와 밀도에 따라 달라진다. 작은 균열이 적은 수가 존재하면 최종 길이는 커지고 강도의 감소가 커진다. 반대로, 작은 균열이 많이 있는 경우 각 균열이 조금씩 성장하고 그에 따른 강도의 감소가 크지 않다. 따라서 후자의 경우에는 고체가 **열충격 내성**(thermal-shock-tolerant)이 있는 것으로 간주한다.

용광로 및 가마용 단열 내화벽돌을 제조하는 데 사용되는 이유는 후자의 방식으로 접근한 것이다. 내화벽돌은 다공성으로 제작되어 많은 결함을 가지고 있어 내부에는 많은 수의 결함과 기공이 있으므로 구조적 결함 없이 극한의 온도 사이클 환경에서 견딜 수 있다.

식 (13.11) 또는 (13.14)를 통해 열충격 저항에 대한 우수한 성능을 아래와 같은 식으로 표현하고,

$$R_H = (상수)(\Delta T_c) = (상수)\sqrt{\frac{G_c}{\alpha^2 Y}} = \frac{K_{Ic}}{\alpha Y} \tag{13.16}$$

위 식에서 열팽창 계수와 탄성 계수는 낮지만 파단 강성이 높은 고체는 열충격 저항이 큰 것을 알 수 있다.

이 문제에 대한 Kingery[7]의 접근방식은 약간 다르다. 그는 식 (13.7)에 의해 주어진 열응력이 고체의 인장강도 σ_t와 같을 때 결함이 생긴다고 가정하였다. 열응력과 인장강도를 동일시하면 성능지수는 다음과 같이 나타낼 수 있다.

$$R_{TS} = (상수)(\Delta T_c) = (상수)\frac{(1 - 2\nu)\sigma_t}{\alpha Y} \tag{13.17}$$

그러나 σ_t가 $(G_c Y/c_{max})^{1/2}$에 비례한다는 점을 고려할 때 R_{TS}가 $R_H/c_{max}^{1/2}$에 비례한다는 것을 보여주는 것은 쉬운 것이며, 이는 두 기준이 관련이 있음을 의미한다.[8]

위의 두 모델에 포함되지 않는 매개변수 중 분명히 열충격 저항에 큰 영향을 미치는 매개변수는 k_{th}, 즉 세라믹의 열전도율이다(13.6절 참고). 열 구배가 궁극적으로 응력 축적의 원인이 된다는 점을 감안할 때, 열전도성이 높은 재료는 큰 구배를 발생시키지 않기 때문에 열충격 저항에 강할 것이다. 이러한 이유로 열용량과 열전달 계수도 같은 역할을 한다. 따라서 열충격 저항의 더 나은 식은 식 (13.16) 또는 (13.17)에 세라믹의 열전도율 k_{th}를 곱하는 것이다. 이 값들은 세라믹스에 대해 계산되었으며 표 13.1의 7열과 8열에 나열되어 있다. 또한 표 13.1에는 실험적으로 얻은 값이 나열되어 있고, 계산식과 실험적으로 얻은 값은 상관관계가 명백하여 앞서 언급한 모델에 타당성을 부여한다.

일반적으로 Si의 질화물과 탄화물은 열팽창 계수가 낮아 산화물보다 열충격에 더 강하다. 이론적으로 열팽창이 0인 재료는 열충격에 취약하지 않다. 실제로, 열팽창 이방성의 결과로 매우 작은 α를 갖는 일부 유리 세라믹스를 포함하여 많은 재료가 상업적으로 존재한다. 또 다른 좋은 예는 α가 매우 낮아(4장 참고) 열충격에 취약하지 않은 용융 실리카가 있다. 용융 실리카는 열충격에 매우 강해 고온 용광로 튜브를 만드는 데 사용된다.

---

[7] W. D. Kingery, *J. Amer. Cer. Soc.*, 38, 3-15 (1955).
[8] Hasselman 고체는 모든 결함들이 동일한 크기인 매우 이상적인 고체이다.

표 13.1 다수의 세라믹스의 열충격 관련 계수들의 비교. 모든 재료에 대해 푸아송비는 0.25로 적용됨.

물질	MOR(MPa)	Y(GPa)	$\alpha(10^6\ K^{-1})$	$k_{th}[W/(m\cdot K)]$	$k_{1c}(MPa\cdot m^{1/2})$	$k_{th}R_{TS}(W/m)$	$R_H k_{th}(W/m^2)$	ΔT_c(exper.)
SiAlON	945	300	3.0	21	8	16 500	180	900
HPa-Si_3N_4	890	310	3.2	15~25	5	16 800	126	500 – 700
RB^b-Si_3N_4	240	220	3.2	8~12	2	2557	28	≈ 500
SiC (sintered)	483	410	4.3	84	3	17 300	143	300 – 400
HPa-Al_2O_3	380	400	9.0	6~8	4	633	8	200
PSZ	610	200	10.6	2	≈ 10	435	9	500
Ti_3SiC_2	300	320	9.1	43	≈ 10		149	>1400

^{a} 고압
^{b} 반응결합
^{c} 부분적으로 안정한 지르코니아

13.4 세라믹스의 자발적인 미세균열

13.3절에서는 빠르고 급격한 온도 변화로 인해 균열이 생기는 문제가 발생하는 열충격에 대해 중점적으로 다루었다. 하지만 항상 큰 온도 변화로 인해 균열이 발생하는 것은 아니고, 단상 및 다상 세라믹스 모두 느린 냉각을 진행하게 되면 자발적으로 미세균열이 발생하는 것으로 알려져 있다. 열충격은 서냉을 통해 피할 수 있지만 느린 냉각 속도에서도 발생하는 미세균열은 온도 변화율과 관계없이 피할 수 없다.

자발적인 미세균열은 다음 이유 중 하나 이상으로 발생할 수 있는 잔류 응력 축적으로 인해 발생한다.

- ∞ 단상 재료의 열팽창 이방성
- ∞ 다상 재료의 열팽창 불일치
- ∞ 단상 또는 다상 재료의 상전이 및 그에 따른 부피 변화

이 절에서는 이러한 각 경우 대해 자세히 살펴볼 것이다.

13.4.1 열팽창 이방성에 기인한 자발적 미세균열

열팽창 이방성이 높은 비입방체 세라믹스는 냉각 시 자발적으로 미세균열이 발생하는 것으로 알려져 있다.[9] 결정립계를 따라 발생하는 균열은 결정립 크기가 감소함에 따라 점진적으로 감소하는 것으로 보이며, '임계' 결정립 크기 이하에서는 관찰되지 않는다. 이러한 현상은 Al_2O_3, 흑연, Nb_2O_5 및 TiO_2, Al_2TiO_5, Mg_2TiO_5 및 Fe_2TiO_5과 같은 티타니아 함유 세라믹스에서 보고되었다. 일부 이방

---

[9] 입방체 재료의 열팽창 계수는 등방적이므로 이러한 현상을 보이지 않는다.

표 13.2 비등방적 열팽창 거동을 보이는 세라믹 단결정 물질들의 열팽창 계수(K^{-1} 단위)

물질	c축에 수직	c축에 평행
Al_2O_3	8.3×10^{-6}	9.0×10^{-6}
Al_2TiO_5	-2.6×10^{-6}	11.5×10^{-6}
$3Al_2O_3 \cdot 2SiO_2$ (mullite)	4.5×10^{-6}	5.7×10^{-6}
$CaCO_3$	-6.0×10^{-6}	25.0×10^{-6}
C (graphite)	1.0×10^{-6}	27.0×10^{-6}
$LiAlSi_2O_6$ (β-spodumene)	6.5×10^{-6}	-2.0×10^{-6}
$LiAlSiO_4$ (β-eucryptite)	8.2×10^{-6}	-17.6×10^{-6}
$NaAlSi_3O_8$ (albite)	4.0×10^{-6}	13.0×10^{-6}
SiO_2 (quartz)	14.0×10^{-6}	9.0×10^{-6}
TiO_2	6.8×10^{-6}	8.3×10^{-6}
$ZrSiO_4$	3.7×10^{-6}	6.2×10^{-6}

성 결정에 대한 데이터는 표 13.2에 나타내었다.

문제를 정량화하기에 앞서, 근본적인 물리학을 이해하는 것이 다시 한번 중요하다. 그림 13.4a와 같이 입방체로 가정된 **결정립**이 그림과 같이 x 및 y축을 따라 $\alpha_1 < \alpha_2$인 서로 다른 열팽창 계수를 가지는 상황을 생각해보자. 문제를 더욱 쉽게 접근하기 위해 더 낮은 열팽창 계수를 0으로 가정하는 에셸비 기법을 사용하여 $\alpha_1 = 0$으로 가정한다. 냉각하는 동안 결정립이 구속되지 않는 경우는 그림 13.4b와 같다. 그러나 냉각이 제한되는 것은 아니므로 입계 응력은 증가한다. 궁극적으로 이러한 응력은 균열의 원인이 된다.

자발적인 미세균열이 발생하는 임계 결정립 크기를 추정하기 위해서는 다양한 에너지와 관련되었다는 것을 고려해야 한다. 단순화를 위해 결정립은 크기가 d인 입방체로 가정하며 이 경우 시스

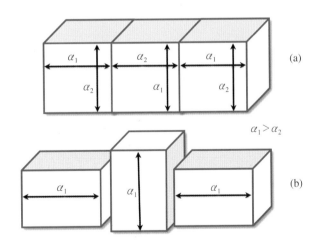

그림 13.4 다결정 고체의 냉각 시 열팽창 이방성으로 인한 열응력 발생 관계 개략도. (a) 냉각 전 결정립의 배열은 열팽창 계수와 결정립 축 사이의 관계를 보여준다. (b) 구속되지 않은 결정립의 수축. 여기서 $\alpha_1 = 0$으로 가정한다.

템의 총에너지는 다음과 같다.[10]

$$U_{tot} = U_s - NU_g d^3 + 6Nd^2 G_{c,gb} \tag{13.18}$$

여기서 N은 응력을 완화하는 결정립의 수이고, $G_{c,gb}$는 결정립계 인성, U_s는 미세균열이 일어나지 않은 부분의 에너지, U_g는 결정립에 저장된 단위부피당 변형 에너지를 나타낸다. d에 대해 식 (13.18)을 미분하고 식을 0과 같다고 하여 계산을 진행하면 임계 결정립 크기를 구할 수 있다.

$$d_{crit} = \frac{4G_{c,gb}}{U_g} \tag{13.19}$$

U_g는 다음과 같이 생각할 수 있다. 완전히 구속된 결정립의 경우 발생한 응력은 식 (13.7)에 의해 구할 수 있다. 변수를 인접한 2개의 결정립으로 확장하면 잔류 응력은 다음과 같이 근사할 수 있다.

$$\sigma_{th} = \frac{1}{2} Y \Delta \alpha_{max} \Delta T \tag{13.20}$$

여기서 $\Delta \alpha_{max}$는 두 결정학적 방향 사이의 열팽창에서 최대 이방성을 나타낸다. 단위부피당 변형 에너지, 즉 $U_g = \sigma^2/(2Y)$에 대한 식을 식 (13.20)에 대입하고 식 (13.19)와 결합하면 다음과 같다.

$$d_{crit} = \frac{32G_{c,gb}}{Y \Delta \alpha_{max}^2 \Delta T^2} \tag{13.21}$$

이 식을 일반화하면,

$$d_{crit} = (상수) \frac{G_{c,gb}}{Y \Delta \alpha_{max}^2 \Delta T^2} \tag{13.22}$$

여기서 얻은 상수 값은 사용한 식 모델의 세부 내용에 따라 다르다. 이 모델은 자발적인 미세균열이 발생하지 않는 임계 결정립 크기가 열팽창 이방성, 결정립계 파괴 인성 및 영률의 함수임을 알 수 있다. 실험적으로 d_{crit}, ΔT와 $\Delta \alpha_{max}$ 사이의 기능적 관계는 확립되어 있다(문제 13.8 참고).

| 실 험 세 부 사 항 | **미세균열의 판정**

소결 또는 열처리 온도에서 시료가 냉각되면서 로 내에서 세라믹 성분이 완전히 분해되지 않는 한 결정립계 미세균열을 직접 관찰하는 것은 실험적으로 어렵다. 그러나 이 현상을 연구하기 위해서는 다양한 간접적인 방법을 통해 진행해야 한다. 그중 하나는 다양한 결정립 크기의 세라믹 시료를 제작하고 냉각 후 굽힘 강도를 측정하는 것이다. 미세한 결정립 크기 변화에 따른 굽힘 강도의 급격한 감소는 일반적으로 자발적인 미세균열이 발생했음을 나타내는 척도이다.

---

[10] 이 처리는 J. J. Cleveland and R. C. Bradt, *J. Amer. Cer.,* **61**, 478 (1978)에서 수행된 연구의 단순화된 버전이다.

13.4.2 다상 재료의 열팽창 불일치로 인한 자발적 미세균열

개념적으로 이전에 설명한 단상 열팽창 이방성에 따른 자발적 미세균열과 거의 차이가 없다. 그림 13.4의 결정립 중 하나를 주변과 다른 열팽창 계수를 가지는 결정립으로 교체하면 두 사례의 유사성을 쉽게 이해할 수 있다.

13.4.3 상전이로 인한 자발적 미세균열

여기서 잔류 응력은 열팽창 불일치 또는 급격한 온도 변화의 결과로 발생하는 것이 아닌 상전이의 결과로 발생한다. 이러한 상전이는 원자 재배열을 수반한다는 것을 생각해보면 항상 부피 변화와 관련이 있을 것이다(예: 그림 4.5). 개념적으로 이러한 부피 변화가 잔류 응력을 발생시키는 이유를 이 시점에서 명확히 이해해야 한다. 그러나 $\Delta\alpha$를 사용하는 대신 결과 응력(resultant stress)은 $\Delta V / \Delta V_0$ 스케일로 가정한다. 여기서 ΔV는 상전이와 관련된 부피 변화이다. 응력을 다음 식과 같이 근사하게 되면 클 수 있다.

$$\sigma \approx \frac{Y}{3(1-2\nu)} \frac{\Delta V}{V_0} \tag{13.23}$$

예를 들어, $Y = 200$ GPa이고 푸아송비가 0.25인 재료의 부피 변화가 3%라면 약 4 GPa의 응력이 발생한다.

잔류 응력은 일반적으로 기계적 특성에 안 좋은 영향을 미치므로 피해야 하며, 온도 사이클에 노출되어 사용되어야 하는 재료의 경우 특히 잔류 응력을 제거해야 한다. 그러나 11장에서 논의한 지르코니아의 변형 강화 같은 특수한 상황에서는 잔류 응력이 유리하게 작용할 수 있고, 또 다른 좋은 예는 다음 절에서 논의할 유리의 강화도 잔류 응력을 통해 이뤄진다.

13.5 유리의 열 템퍼링

무기 유리는 투명도와 화학적 불활성으로 인해서 일상생활에서 널리 사용된다. 그러나 많은 응용 분야, 특히 안전과 관련하여 유리는 매우 약하고 깨지기 쉬운 것으로 간주된다. 다행히도 유리는 표면에 압축 잔류 응력을 형성하는 **열 템퍼링**(thermal tempering) 공정에 의해서 강화될 수 있다 (11.3.3절 참고).

그림 13.5에 적절한 열처리 공정을 나타내었다. 열처리 공정은 유리 본체를 유리전이온도(T_g) 이상으로 가열한 뒤 두 단계의 담금질 공정이 진행된다. 첫 번째 담금질 단계에서 초기의 표면층은 내부보다 더 빠르게 수축하며(그림 13.5b), 내부가 여전히 점성이 있는 상태에 있는 동안 단단해진다. 그 결과 그림 13.5c에 나타낸 것과 같이 표면에 인장응력이 형성된다. 그러나 내부는 점성이 있기 때문에 그림 13.5d에 나타낸 것과 같이 이러한 응력이 완화된다.

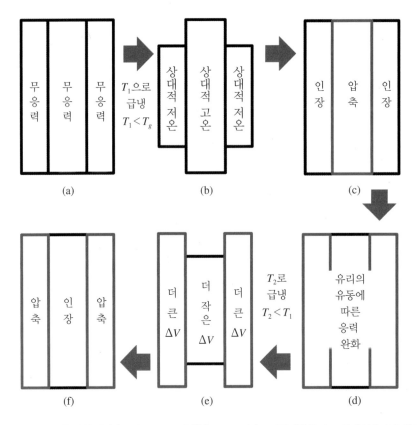

그림 13.5 강화 유리 제작을 위한 열처리 모식도. (a) 초기 형태. (b) T_g 이하로 담금질된 유리, 표면에 급속 수축의 결과를 보여준다. (c) 일시적인 응력 상태의 결과. (d) 이러한 응력의 완화는 내부의 유동과 변형에 의해 발생된다. (e) 두 번째 담금질 단계에서 외부는 내부보다 냉각 속도가 빨라진다. 결과적으로 유리는 외부보다 중앙에 더 작은 비부피를 갖는다. (f) 상온에서의 최종 응력 상태.

두 번째 담금질 단계에는 전체 유리 시료가 상온까지 냉각된다. 평균적으로 유리 내부는 외부보다 느린 속도로 냉각된다. 이를 감안했을 때 최종적인 내부의 비부피는 외부보다 작은 비부피를 갖는다.[11] 이러한 상황은 그림 13.5e에 표현되었으며, 이 과정을 통해 외부 표면은 압축응력, 내부는 인장응력을 갖는 최종적인 응력 상태(그림 13.5f)를 갖는다.

이러한 공정기술을 사용함으로써, 소다라임 실리케이트 유리(soda-lime silicate glass)의 평균 강도를 150 MPa 범위로 높일 수 있다. 강화 유리(tempered glass)는 안전 렌즈뿐만 아니라 대형 문과 창문에도 사용할 수 있을 만큼 충분한 강도이다. 또한 강화 유리는 자동차의 측면 및 후면 창에도 사용된다. 강화 유리가 강화되지 않은 유리에 비해서 선호되는 이유는 강도뿐만 다른 중요한 이유가 있다. 파괴 시에 저장된 탄성 에너지의 대량 방출은 유리를 많은 파편으로 조각나게 한다. 이러한 작은 파편들은 큰 조각들에 비해 더 위험성을 가진다. 그러나 앞유리(windshield)는 두 장의 강화 유리로 제작되며 고분자층이 중간에 내장되어 있다. 고분자층은 유리가 파괴될 때 파편을 붙잡아 치명적인 발사체가 되는 것을 방지하는 역할을 한다.

---

[11] 이 효과는 9.4.1절 및 그림 9.8a에 설명되어 있다. 간단히 말해서, 냉각 시 원자가 스스로 배열하는 시간이 많을수록 더 조밀한 유리가 제작된다.

13.6 열전도도

고체를 통한 열전도는 온도 구배의 결과로 인해 발생한다. 픽(Fick)의 법칙에 의해 열의 유동과 온도 구배 dT/dx 사이의 관계는 다음과 같이 주어진다.

$$\frac{\partial Q}{\partial t} = k_{th} A \frac{\partial T}{\partial x} \tag{13.24}$$

여기서 dQ/dt는 열에너지 흐름에 수직인 영역 A의 평면을 가로질러 단위시간당 전달되는 열이다. k_{th}는 열전달 능력을 설명하는 재료 특성(확산계수와 유사)이다. 단위는 $J/(s \cdot m \cdot K)$ 또는 이에 상응하는 $W/(m \cdot K)$이다. 다수의 세라믹스에 대한 대략적인 k_{th}값은 표 13.3에 나타나 있다.

표 13.3 몇 가지 세라믹 물질들의 일반적인 상온 열전도도 값

물질	$k_{th}[W/(m \cdot K)]$	물질	$k_{th}[W/(m \cdot K)]$
Al_2O_3	30~35	스피넬($MgAl_2O_4$)	12.0
AlN	200~280	소다라임 실리케이트 유리	1.7
BeO	63~216	TiB_2	40.0
MgO	37.0	Ti_3SiC_2	43.0
PSZ	2.0	Ti_2AlC	40.0
SiC	84~93	코어디어라이트 (Mg-aluminosilicate)	4.0
SiAlON	21.0	유리	0.6~1.5
SiO_2	1.4	포스터라이트	3.0
Si_3N_4	25.0		

열전도 메커니즘

고체의 열전도 메커니즘에 대한 설명은 간단하지 않다. 여기에는 물리적 현상의 일부에 대한 간략한 정성적 스케치만 제공된다. 일반적으로 고체의 열에너지는 격자 진동, 즉 포논, 자유 전자 및/혹은 복사에 의해서 전달된다. 일반적인 세라믹스는 자유 전자의 농도가 낮고 대부분의 세라믹스가 투명하지 않다. 이를 감안할 때, 포논 메커니즘은 열전도 메커니즘에서 지배적이며 아래에서 유일하게 설명될 메커니즘이다.

가열되는 고체의 작은 영역을 상상해보자. 그 영역의 원자들은 더 큰 진폭을 가지며 평균 위치를 중심으로 격렬하게 진동할 것이다. 원자들이 이웃 원자와 결합을 이루고 있는 점을 감안할 때, 이는 무리하게(per force) 이웃 원자들을 진동하게 할 것이다. 결과적으로, 열의 적용에 의한 교란은 파동의 형태로 외부로 전달된다.[12] 전자기파와 완전히 유사한 이러한 파동은 결함, 입계 및 기공에 의해 산란되거나 다른 내부 표면에서 반사될 수 있다. 다시 말해, 교란이 전파 방향을 변경시키는 경우가

---

[12] 고체를 통한 빛이나 소리의 전파와 같은 상황이다.

발생할 수 있다. 교란이 산란되기 전에 이동하는 평균 거리는 기체 분자의 평균 이동 거리와 유사하며 평균 자유 행로(mean free path) λ_{th}라고 한다.

이러한 열에너지 나르개(carrier)의 수를 N_{th}, 평균 속도를 v_{th}라 가정하고 전기전도도 방정식(즉, $\sigma = n\mu q$)과 유사하게 가정했을 때 k_{th}는 다음과 같이 주어진다.

$$k_{th} = (상수)(N_{th}\lambda_{th}v_{th}) \tag{13.25}$$

비슷한 크기와 질량의 원자 또는 이온으로 구성된 규칙성이 높은 구조는 일반적으로 포논 산란을 최소화하고 k_{th}를 증가시키는 경향이 있다. 높은 열전도도 값을 가지는 재료 중 하나인 다이아몬드는 훌륭한 예시가 된다. 다른 좋은 예시들은 SiC, BeO, AlN이다. 스피넬 구조와 같이 복잡한 구조와 UO_2, ZrO_2와 같이 이온 간 질량 차이가 큰 구조들은 낮은 k_{th}를 갖는 경향이 있다. 유사하게 고용체에 2차 성분을 추가하면 열전도도가 감소될 수 있다. 이 효과는 예를 들어 MgO에 NiO를 추가하거나 Al_2O_3에 Cr_2O_3를 첨가할 때 보여지는 것과 같은 잘 알려진 효과이다.

게다가, 장거리 규칙이 부족한 비정질 세라믹스의 경우 결정질에 비해서 포논 산란이 많이 발생되며 이는 k_{th}값을 저하시킨다.

미세조직이 열전도도에 미치는 영향

세라믹의 미세조직은 위에 정리된 인자와 더불어 열전도도에 중요한 영향을 미친다. 아래에서 설명할 3가지 인자는 결정립 크기, 점결함, 기공이다.

일반적으로, 포논 평균 자유 행로(λ_{th})는 결정립 크기보다 작다. 따라서 결정립계의 포논 산란은 k_{th}에 작은 영향을 미친다. 단결정과 다결정의 k_{th}값은 상온뿐 아니라 고온 영역에서도 비견될 만한 것은 이러한 주장을 뒷받침할 최고의 근거이다.

방금 언급했듯이 질량과 크기가 다른 원자의 존재는 포논 산란으로 이어지며 k_{th}를 감소시킨다. 그러나 이에 의한 효과는 크지 않다. 같은 맥락에서, 점결함 또한 k_{th}에 영향을 미치는 인자이다. 완벽한 예시로 AlN이 있다. 고순도의 AlN은 k_{th}값이 300 W/(m·K) 정도인 매우 우수한 열전도체이다. 그러나 대부분의 Al이 함유된 비산화물과 같이, AlN 분말은 일반적으로 자연적으로 형성된 얇은 Al_2O_3 층으로 둘러싸여 있다. AlN 분말이 소결될 때, Al_2O_3는 AlN으로 용해되며 다음과 같은 결함 반응식을 따른다.

$$Al_2O_3 \rightarrow 2Al_{Al}^x + 3O_N^{\cdot} + V_{Al}'''$$

이렇게 형성된 Al 공공은 결국 좋은 포논 산란체가 되며 k_{th}를 50~200 W/(m·K) 정도로 감소시킨다. 이러한 문제를 해결할 한 가지 방안은 시작 분말에 CaO나 Y_2O_3 같은 귀금속이나 알칼리 금속을 첨가하는 것이다. 소결 온도에서 이러한 첨가제들은 자연적으로 형성된 Al_2O_3 층과 반응하여 액상을 형성한다. 이러한 액상은 소결에 도움될 뿐만 아니라 산소를 모으거나 저장하는 역할을 한다. 냉각 시, 이러한 산소가 풍부한 액체는 삼중점에서 해롭지 않게 편석된다.

전자기기들이 점점 더 작아지고, 가볍고, 얇아지며 강력해짐에 따라 형성된 열을 빠르고 효율적으로 제거하는 것이 심각한 문제로 대두되기 때문에 이러한 것은 중요하다. AIN은 많은 이유들로 이러한 적용을 하기에 이상적이다. 많은 이유 중에 불활성과 높은 전기적 비저항이 있다. 24~400°C의 온도 범위에서 Si(집적 회로의 핵심 요소)와 열팽창 계수가 유사한 것은 매우 중요하다. 이것은 디바이스에 악영향을 줄 수 있는 잔류 응력의 축적을 최소화한다.

마지막으로, 이 소절에서 기공에 대한 내용은 중요하다. 공기의 열전도도는 대부분의 세라믹스에 비해 무시할 수 있을 정도로 작기 때문에, 큰 부피 분율(> 0.25)의 기공 첨가 시에 k_{th}를 상당히 감소시킬 수 있다. 이러한 접근법은 내화벽돌 제조에 사용된다. 위에서 언급했듯이, 큰 부피 분율의 기공을 첨가했을 때 내화벽돌을 열충격 내성을 갖도록 만드는 이점이 있다. T_3로 확장되는 기공을 가로지르는 복사에 의한 열전달은 최소되어야 한다. 따라서 최적의 내열성을 위해서는 기공이 작아야 하고 기공상은 고립되어 있지 않고 연속적이어야 한다.

열 조절을 위한 기공의 다른 예시들은 사례연구 13.2에서 논의된다.

| 실 험 세 부 사 항 | 열전도도 측정

k_{th} 측정에는 여러 기술이 사용된다. 한 가지 방식은 레이저 플래시(laser flash) 기술이다. 원칙적으로 이 방식은 다른 쪽이 레이저 펄스에 의해서 빠르게 가열될 때, 시료의 한쪽에서 온도의 시간 변화를 측정하기 위해서 시도된다. 고체를 통과할 때 신호는 2가지 방식으로 변경된다. 고체가 펄스된 시간과 응답의 최댓값 사이에는 시간 지연이 있다. 이러한 시간 지연은 직접적으로 재료의 열확산계수(D_{th})에 비례한다. 두 번째 효과는 고체의 열용량 (c_p)과 직접적인 관련이 있는 온도 스파이크의 감소이다. 열용량, 열확산계수, 그리고 열전도도와 밀도 σ의 관계는 다음과 같이 주어진다.

$$k_{th} = \rho c_p D_{th} \tag{13.26}$$

따라서 고체의 밀도 ρ를 알고, D_{th}와 c_p를 측정하면 쉽게 k_{th}를 계산할 수 있다.

사례연구 13.1: 단열 코팅

11장의 마지막 부분에서, CMC가 느리지만 확실하게 제트 엔진을 더 가볍고 효율적으로 만드는 방법인지에 대해 논의하였다. 여기에서는 또 다른 필수 기술인 단열 코팅(TBC)을 다룬다. TBC는 가스터빈 엔진에 단열을 제공하여 더 뜨겁게 가동되어 효율적으로 작동할 수 있도록 해준다. 이러한 엔진은 대략 500억 달러 규모의 산업을 대표하며, 매출의 65%는 전기 생산에 사용되고 나머지는 항공에 사용된다. 전 세계 전력의 20% 이상은 가스터빈에서 생산된다.

성공적인 TBC의 필수 요소는 다음과 같다. (i) 기본 엔진 부품에 단열을 제공해야 한다. (ii)

TBC와 기본 부품 사이의 열팽창 불일치를 수용할 수 있도록 변형률을 수용해야 한다. (iii) 뜨거운 엔진 가스의 복사열을 반사해야 한다. (iv) 상온에서 1300°C까지 여러 번 순환되므로 온전한 상태를 유지해야 한다. (v) 열충격, 극단적인 열 구배와 에너지 흐름을 견딜 수 있어야 한다. (vi) 산화 분위기에서 작동하며, 음속에 가까운 속도로 최대 10기압의 압력으로 흐를 수 있어야 한다.

TBC는 Ni 기반의 초합금 조성 위에 증착된 여러 층으로 구성된다. 그림 13.6a에 나타낸 층은 (i) 초합금에 직접 증착된 30~100 μm의 두꺼운 **본드 코트**로 구성되며, (ii) 0.1~3 mm의 다공성 산화물이 증착되어 있다. 오늘날 주로 사용되는 산화물은 Y_2O_3 7 wt%가 도핑된 지르코니아이다. 이 산화물은 낮은 열전도도 때문에 주로 사용된다. 이 시스템의 절단면의 실제 SEM 현미경 사진은 그림 13.6b에 나타내었다.

본드 코트는 일반적으로 Al이 함유된 합금으로, 다공성 산화물층 사이에 얇고 접합성과 정합성이 있는 알루미나 층을 형성하는 방식으로 산화되도록 설계되었다. 이러한 산화물은 (그림 13.6a에

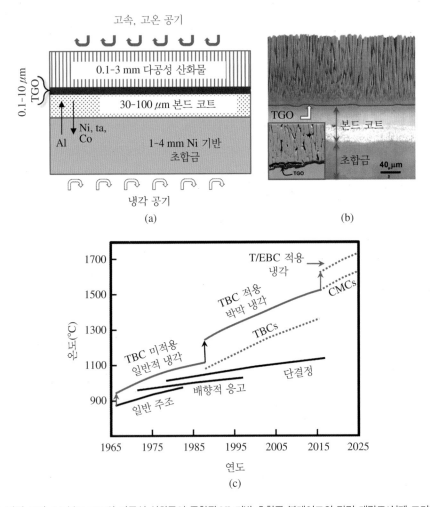

그림 13.6 단열 코팅. (a) 본드 코트와 다공성 산화물이 증착된 Ni 기반 초합금 블레이드의 단면 개략도(실제 크기와 맞지 않음). 수직 화살표는 다양한 원자들의 확산 방향을 나타내었다. (b) 실제 미세조직의 SEM 사진. (c) 제트 엔진의 최대 작동온도의 시간에 따른 변화. TBC가 도입된 1988년 부근의 큰 도약에 주목하라. (D. R. Clarke, M. Oechsner and N. Padture, *MRS Bulletin*, 37, 891, 2012에서 발췌.)

검정색으로 나타낸) 일반적으로 열적으로 형성된 산화물(TGO)이라고 불리며, 이는 본드 코트에 포함된 Al의 선택적인 산화에 따라 형성된다. 그림 13.6b에는 13.6a에 나타낸 개략도의 SEM 현미경 사진을 나타내었다. SEM 현미경 사진에서 TGO는 TGO라 표시된 얇은 어두운 선으로 나타내었다. 그림 13.6b에 삽입은 TGO 층의 고배율 SEM 현미경 사진을 나타낸다.

마지막으로 증착된 0.1~3 mm의 두꺼운 산화물층은 이 코팅의 핵심이자 코팅을 유용하게 만드는 층이다. 이 코팅은 본질적으로 큰 미세균열을 갖는 ZrO_2이다! 일반적으로 이 층은 제트 엔진의 심장부를 구성하는 블레이드에 기상 증착을 이용해 증착된다. 11장에서 미세균열은 세라믹스에 큰 문제를 일으키기 때문에 피해야 한다고 설명했다. 여기서 이러한 코팅의 설계자들은 내화벽돌을 폭열 및 열충격에 더 잘 견디도록 하기 위해 오랜 기간 동안 미세균열을 제어해온 내화용 세라믹스 분야의 선례를 따랐다. 미세균열은 엔진 점화 시 온도가 급격히 증가함에 따라 코팅의 열팽창을 가능하게 한다. 또한 그들은 기판과 코팅 사이에 모든 열팽창 불일치를 수용한다. 마지막으로 공기가 채워진 균열들은 TBC의 주목적인 완벽한 단열재이다. 열역학적으로 더 뜨거운 엔진이 더 효율적인 엔진이다. 그림 13.6c에 시간에 따른 가스 터빈의 최대 작동온도를 나타내었다. 오늘날의 엔진은 30년 전에 비해서 약 400°C 더 높은 온도에서 작동한다.

사례연구 13.2: 우주 왕복선 타일

우주 왕복선은 우주 표면에서 우주까지 승무원들과 화물의 일정한 교통수단을 제공했다. 이러한 왕복선들의 주요 구성요소와 재사용을 가능하게 하는 것은 재진입 시 겪게 되는 고온으로부터 승무원들과 궤도선을 보호하는 단열 체계였다. 이 체계는 재진입 시 고온을 견디고, 단열성과 경량성을 가졌어야 했다. 공기는 뛰어난 단열재이며 치밀하지 않다는 생각은 1970년대 NASA가 우주 왕복선 타일을 개발하도록 이끌었다(그림 13.7a). 타일은 저밀도, 99.8%의 고순도 비정질 실리카 섬유 타일에 갇혀 있는 90%의 공기로 구성되었다. 지름이 2~4 μm인 실리카 섬유는 매우 얇았다(그림 13.7b). 타일의 밀도는 0.14 g/cm³로 매우 가벼우며, 타일의 최대 작동온도는 1250°C 이하이다. 상

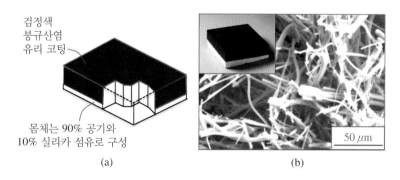

그림 13.7 우주 왕복선 타일. (a) 전형적인 타일의 개략도. (b) 얇은 비정질 실리카 섬유로 구성된 타일 본체의 SEM 사진. 삽입은 실제 타일의 사진을 나타낸다.

온, 1 atm에서 타일의 열전도도는 0.05 W·m^{-1}K^{-1}이다.

타일의 상단과 측면에는 액체 캐리어에 현탁된 사규화물(tetrasilicide) 분말과 붕규산염 유리(borosilicate glass) 혼합물이 분무되었다. 코팅된 타일은 1250°C에서 소결되었으며 검정색의 방수 광택 코팅이 형성되었다(그림 13.7b 삽입). 다음 단계로, 나머지 실리카 섬유는 추가 방수를 위해 수지로 처리되었다.

타일의 대부분은 공기이기 때문에 열팽창은 왕복선 기체의 열팽창에 비해 현저히 낮다. 만약 타일이 간단히 하중이 가해지는 기체에 단단히 고정되었다면, 왕복선이 겪는 큰 온도 변화가 타일을 말 그대로 파괴했을 것이다. 따라서 타일은 왕복선 기체에서 기계적으로 분리되어야 한다. 응력 고립 패드인 SIP는 이러한 것을 제공했다. SIP는 두께가 0.3 mm 정도인 아라미드(aramid) 펠트 재료로 제작되었으며, 타일의 바닥에 부착되었다. 이 조합은 상온의 가황 실리콘(일명 욕실 코크)을 접착제로 사용하여 궤도 비행체에 결합되었다.

마지막으로 우주 왕복선이 우주의 극저온환경에 놓여 있을 때 타일 간 접촉이 방지되어야 했기 때문에 타일 사이에 간격을 두고 조립해야 한다. SIP에 사용된 것과 같은 펠트 재료가 약 1 mm 두께의 2 cm 스트립 형태로 사용되었다. 스트립은 타일들의 사이에 놓여지고 구조물에 접착되었다.

비극적으로 우주 왕복선 컬럼비아호가 이륙할 때 외부 연료 탱크에서 떨어져 나온 단열재 덩어리가 우주선 날개에 구멍을 내는 일이 발생하였다. 2003년 2월 재진입 시 뜨거운 대기 가스가 방열판을 관통하고 내부 날개가 파괴 분해되어 탑승자 7명의 사망을 초래하였다.

13.7 요약

부피 변화를 일으키는 온도 변화 발생 시, 완화되지 않는다면 열변형이 발생된다. 균일한 온도를 받는 등방적이고 제한되지 않은 고체는 열응력의 형성 없이 이러한 열변형 수용이 가능하다. 그러나 다음 상황 중 하나 이상이 발생 시 아래의 상황에 직면하게 된다.

∞ 제한된 가열 및 냉각

∞ 급속 가열 및 냉각. 이 상황은 위의 상황의 변형이다. 고체의 온도가 빠르게 변화하면서, 표면은 일반적으로 몸체에 의해서 구속되며 이에 따라 응력이 발생된다. 이러한 응력의 크기는 열충격의 심각성 혹은 온도 변화의 속도에 따라 다르다. 일반적으로 세라믹이 급냉되기 시작하는 온도가 더 높을수록 파손되거나 열충격이 발생할 확률이 증가한다. 열충격은 천천히 가열 혹은 냉각하면 피할 수 있다. 높은 열전도도와 파괴 인성 및/혹은 낮은 열팽창 계수를 갖는 고체는 열충격에 덜 취약하다.

∞ 다양한 구성 상들이 각기 다른 열팽창 계수를 갖는 혼합상으로 이뤄진 세라믹스의 가열이나 냉각. 이 경우에 형성된 응력은 다양한 상의 열팽창 계수의 불일치에 따라 달라진다. 이러한 응력은 천천히 가열 혹은 냉각을 하더라도 피할 수 없다.

∞ 다양한 결정학적 축을 따라서 이방적인 열팽창을 보이는 세라믹스의 가열 또는 냉각. 발생하는 응력의 크기는 열팽창의 이방성에 따라 달라지며, 다결정체의 자발적인 미세균열을 야기한다. 이러한 피해는 천천히 냉각하더라도 피할 수 없으나, 결정립 크기가 충분히 작은 경우에는 피할 수 있다.

∞ 전이 과정 중 부피 변화를 수반하는 상전이. 이러한 경우 응력은 부피 변화의 크기에 따라 달라진다. 이는 상전이를 억제해야만 피할 수 있다.

앞에서 언급했듯이, 잔류 열응력은 강화 유리의 경우와 같이 이점으로 작용할 수 있다.

마지막으로, 격자 진동에 의해서 고체 내에서 소리가 전달되는 방식과 마찬가지의 과정으로 열이 전달된다. 즉, 열전도는 인접한 원자의 여기 및 상호작용에 의해서 발생된다.

문제

13.1 (a) 응력이 없는 열변형, (b) 열응력은 있으나 변형은 없는 경우, (c) 열응력 및 변형이 둘 다 발생하는 각 경우에 대한 예시를 제시하시오.

13.2 (a) 식 (13.6)을 유도하시오.

(b) 금속 막대($\alpha = 14 \times 10^{-60}C^{-1}$, $Y = 50$ GPa, 800℃일 때)가 치밀한 상온의 Al_2O_3 튜브 내부에 완벽히 맞게 가공되었다. 그 다음 이 조립품을 천천히 가열하였다. 이때 800℃에서 튜브에 균열이 발생하였다. 두 재료의 푸아송비를 0.25로 가정한다.

(i) 가열될 때 계에서 발생하는 3차원의 응력 상태에 대해서 서술하시오.

(ii) 알루미나 튜브의 강도를 추정하시오.

답 : 170MPa

(iii) 이 계가 도달할 수 있는 온도를 높이기 위해서 몇 개의 전략들이 제안되었다. (몇 가지 전략은 틀렸다.) 더 큰 결정립 크기를 가진 Al_2O_3를 사용, 더 높은 열팽창 계수를 가진 다른 세라믹을 사용, 금속과 결합되지 않는 세라믹을 사용, 800℃에서 더 높은 강성을 가진 금속 사용. 어느 전략이 적합한가, 아니면 적합하지 않은가? 왜 그런가? 가능하다면 계산을 사용하여 구체적으로 설명하시오.

(iv) 상황이 반대로 된 경우(즉, Al_2O_3 막대가 금속 튜브 내부에 배치된 경우) 가열 시 해당 계에서 발생하는 3차원 응력 상태를 상세히 설명하시오.

(v) 조립체를 사용하기 위해 세라믹 로터를 금속 막대에 결합하는 한 가지 방식은 문항 (iv)에서 설명되었다. 여러분이 담당 엔지니어라면 어떻게 할 것인지 서술하시오. 이것은 가상의 문제가 아니며, 상업적으로 사용되고 있고 꽤 잘 작동한다!

13.3 구형의 개재물 B가 있는 2개 상의 세라믹을 고려하시오. 냉각 시에 개재물이 상전이를 거쳐 팽창한다면, 다음 중 어느 상태가 예상되는가? 그 이유를 설명하시오.

(a) B에 가해지는 정수압; 방사, 압축 그리고 접선 인장 원주 응력.

(b) 계면의 탈결합 및 모든 곳의 제로 응력

(c) B에 가해지는 정수압; 방사, 인장 그리고 접선 압축 원주 응력.

(d) B에 가해지는 정수압; 방사, 압축 그리고 접선 압축 원주 응력.

(e) B에 가해지는 정수압; 방사, 인장 그리고 접선 인장 원주 응력.

13.4 (a) 무한한 기지 내 하나의 개재물에 대한 방사 응력을 r에 대한 함수로 표시하시오. 단, $\Delta\alpha = 5 \times 10^{-6}$, $\Delta T = 500°C$, $Y_i = 300$ GPa, $Y_m = 100$ GPa, $\nu_i = \nu_m = 0.25$이다.

(b) 개재물의 크기가 10 μm라면, 어느 정도의 부피 분율을 갖게 될 경우 '무한한' 기지 용액으로 보기에 적합한가? 부피 분율이 더 높아진다면 어떻게 될 것이라 여겨지는가? 모든 가정을 서술하시오.

답: 과정에 따라 $\approx$ 5~10 vol.%

13.5 (a) 열충격은 급속 가열 또는 급속 냉각의 결과 중 어느 경우에 발생하기 쉬운가?

(b) 영률이 300 GPa이고 K_{1c}가 4 MPa·m$^{1/2}$인 세라믹 부품이 500°C에서의 수냉에서 견뎌야 한다. 재료 내 가장 큰 결함이 10 μm 정도인 경우, 이 세라믹이 수냉을 견디기 위한 최댓값이 얼마인가? 모든 가정을 서술하시오.

답: 5×10^{-6} °C^{-1}

13.6 (a) 식 (13.11)을 증명하시오.

(b) 아래 나열된 재료 중에 사용 중 급격하고 극심한 열 요동의 환경을 겪는 부품에 적용하기에 가장 적합한 것은 무엇인가?

재료	MOR(MPa)	k_{th}[W/(m·K)]	계수(GPa)	K_{1c}(MPa·m$^{1/2}$)	α(K^{-1})
1	700	290	200	8	9×10^{-6}
2	1000	50	150	4	4×10^{-6}
3	750	100	150	4	3×10^{-6}

13.7 (a) 열팽창이 다른 유약이 세라믹 부품의 유효 강도에 어떻게 영향을 미칠 수 있는지 설명하시오. 부품의 강도를 높이기 위해서 열팽창 계수가 더 높은 또는 낮은 유약 중 어느 것을 사용할 것인가? 서술하시오.

(b) 완전히 치밀한 1 cm 두께의 Al$_2$O$_3$ 판에 열팽창 계수가 4×10^{-6} °C인 도자기 유약 ($Y = 70$ GPa, $\nu = 0.25$)을 1 mm 두께로 도포해야 한다. 유약의 '응력−동결' 온도를 800°C로 가정했을 때, 상온에서의 응력을 계산하시오.

13.8 음향 방출 및 열 수축 데이터를 사용하여, Ohya 등[13]은 알루미늄 티탄산(aluminum titanate) 세라믹스가 1500°C에서 냉각될 때 결정립 크기에 대한 미세균열 온도의 기능성 의존성을 측정하였고, 다음과 같은 결과를 도출했다.

결정립 크기(μm)	3	5	9
냉각 시 미세균열 온도(°C)	500	720	900

(a) 관찰된 경향을 정성적으로 설명하시오.

(b) 이 결과들은 13.4.1절과 일치하는가? 그렇다면 식 (13.22)에 나타낸 상수값을 계산하시오. 단, $G_{c,\text{gb}} = 0.5$ J/m^2, $Y = 250$ GPa, $\Delta\alpha_{\text{max}} = 15 \times 10^{-6}$ °C이다.

답: ≈ 337(°C)$^{-2}$

(c) 이러한 결과를 바탕으로 상온에서 균열이 없는 알루미늄 티탄산을 얻는 데 필요한 결정립 크기를 서술하시오. 필요한 모든 가정을 기술하시오.

답: $\approx 1.47 \mu$m

---

[13] Y. Ohya, Z. Nakagawa, and K. Hamano, *J. Amer. Cer. Soc.*, 70, C184–C186 (1987).

13.9 세라믹스의 상전이 과정에서 0.5%의 작은 부피 변화가 결정립 파괴를 일으킬 수 있는 이유에 대해 서술하시오. 모든 가정을 기술하시오.

13.10 (a) 유리 섬유의 표면에서 '모든' 그리피스 균열을 없애기 위해 에칭을 하는 경우 얼음물 욕조에서 파괴 없이 급냉할 수 있는 최대 온도를 추정하시오. 모든 과정을 기술하시오. $Y = 70$ GPa, $\nu = 0.25$, $\gamma = 0.3$ J/m^2, $\alpha = 10 \times 10^{-6}$ ℃이다.

답: 5000℃

(b) 표면에 1 μm 결함이 존재한다고 가정한 뒤 문항 (a)를 반복하시오.

답: 82℃

(c) $\alpha \approx 3 \times 10^{-6}$ K인 붕규산염 유리인 파이렉스(Pyrex)에 대하여 문항 (b)를 반복하시오. 결과를 바탕으로 파이렉스가 실험실에서 많이 사용되는 이유를 설명하시오.

13.11 다음 인자들이 강화 유리판의 잔류 응력의 최종적인 값에 미치는 영향을 정성적으로 설명하시오.

(a) 유리의 두께, (b) 유리의 열전도도, (c) 담금질 온도, (d) 담금질 속도.

13.12 열전도도 측면에서 다음의 3가지 세라믹의 순위를 정하고 설명하시오.

$$MgO, \ MgO \cdot Al_2O_3, \ 창유리$$

13.13 (a) 내부 온도가 25℃이고 외부 온도가 0℃인 경우 두께가 0.5 cm이고 1000 cm^{2}인 창문의 열 손실을 추정하시오. 소다라임 유리의 k_{th} 전도도는 1.7 W/(m · K)이다.

(b) 1200℃에서 작동되는 로에 사용되는 다공성 내화벽돌에 대해 문항 (a)를 반복하시오. 일반적인 내화벽돌의 k_{th} 값은 1.3 W/(m · K)이다. 모든 가정을 서술하시오.

더 읽을거리

1. W. D. Kingery, H. K. Bowen, and D. R. Uhlmann, *Introduction to Ceramics*, 2nd ed., Wiley, New York, 1976.
2. C. Kittel, *Introduction to Solid State Physics*, 6th ed., Wiley, New York, 1986.
3. W. D. Kingery, Thermal conductivity of ceramic dielectrics, in *Progress in Ceramic Science*, vol. 2, J. E. Burke, Ed., Pergamon Press, New York, 1961.
4. D. P. H. Hasselman and R. A. Heller, Eds., *Thermal Stresses in Severe Environments*, Plenum, New York, 1980.
5. H. W. Chandler, Thermal stresses in ceramics, *Trans. J. Brit. Cer. Soc.*, 80, 191 (1981).
6. Y. S. Touloukian, R. W. Powell, C. Y. Ho, and P. G. Klemens, Eds., *Thermophysical Properties of Matter, vol. 2, Thermal Conductivity—Nonmetallic Solids*, IFI/Plenum Press, New York, 1970.
7. D. W. Richerson, *Modern Ceramic Engineering*, 2nd ed., Marcel Dekker, New York, 1992.
8. C. Barry Carter and M. Grant Norton, *Ceramic Materials*, Springer Verlag, New York, 2013.
9. H. M. Rosenberg, *The Solid State*, Oxford University Press, Oxford, UK, 1988.

기타 참고

(1) To appreciate how thermally insulating the space shuttle tiles are see: https://www.youtube.com/watch?v=Pp9Yax8UNoM.

선형 유전 특성
LINEAR DIELECTRIC PROPERTIES

It serves to bring out the actual mechanical connexions between the known electro-magnetic phenomena; so I venture to say that any one who understands the provisional and temporary character of this hypothesis will find himself rather helped than hindered by it in his search after the true interpretation of the phenomena.

James Maxwell, *Phil. Mag.*, 21:281 (1861)

14.1 서론

유전재료(dielectric material)는 전류가 흐르지 못하므로 전자 분야에서 축전기와 절연체로 매우 중요하게 응용된다. 반도체 기반의 소자와 회로가 놀랍도록 소형화된 데에는 전하를 많이 저장할 수 있도록 개발된 유전상수 10,000이 넘는 유전재료도 크게 기여했다. 그리고 전통적으로 세라믹스를 사용해 온 고압 송전용 절연체 분야는 여전히 상당한 규모의 시장을 형성하고 있다.

전하 나르개의 장거리 이동이 필요한 전기전도도와 달리, 유전 특성은 외부 전기장 E가 인가되었을 때 나타나는 전하 나르개의 단거리 움직임에 기인한다. 고체는 양전하와 음전하 성분으로 이루어져 있으므로, 고체에 외부 전기장을 인가하면 전하가 분리된다. 이러한 전하의 분리를 **분극**(polarization)이라고 하며, 분극은 외부 전기장에 의한 유전체 **구속전하** (bound charge)의 유한한 변위(displacement)로 정의된다. 만약 유전체에 영구 전기쌍극자가 존재할 경우, 영구 전기쌍극자는 전기장 방향과 평행하게 정렬한다.

유전 특성은 고체에 따라 다양하게 나타나며, 온도, 인가된 전기장의 주파수, 습도, 결정구조, 그리고 기타 외부 요인에 따라 달라진다. 또한 유전 특성은 **선형적**일 수도 있고, **비선형적**일 수도 있다. 이 장에서는 선형 유전재료를 미시적인 관점에서 살펴본다. 온도와 주파수에 따른 유전 특성의 변화를 논의한다. 유전 특성이 비선형적인 재료는 다음 장에서 다룬다.

14.2 기초 이론

분극을 논의하기 전에 분극을 어떻게 측정하는지, 그리고 고체에서 분극이 발생하기 쉬운지 어려운지 대략적인 이해가 필요하다. 진공에 놓여 있는 면적이 A이고 간격이 d인 2개의 평행한 금속판을 생각해보자(그림 14.1a). 이 금속판을 그림 14.1a처럼 전기회로에 연결하면 그림 14.1b처럼 전류 I가 발생한 후 금방 0으로 떨어진다. 회로에 흐르는 총 전하 Q는

$$Q = \int I dt \tag{14.1}$$

으로 주어지므로 Q는 I-t 곡선의 면적에 해당되며 축전기 금속판에 저장된다.

여러 전압 V에서 같은 실험을 반복하여 Q를 V에 대해 그려보면 그림 14.2처럼 일직선으로 나타난다. 즉, 잘 알려진 것처럼

$$Q = CV \tag{14.2}$$

의 관계가 성립한다. Q-V 그래프의 기울기는 진공에서의 평판 **전기용량**(capacitance) C_{vac}이며 다음과 같이 주어진다.

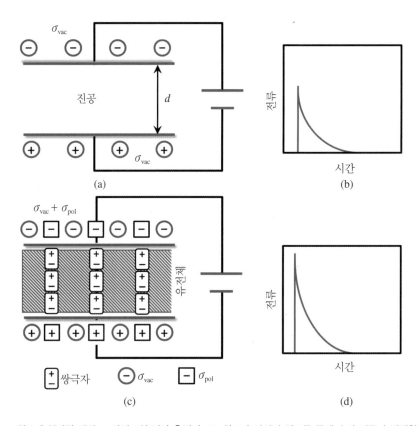

그림 14.1 (a) 회로에 연결된 면적 A, 간격 d인 평판 축전기. (b) 회로가 닫히면 회로를 통해 순간 전류가 발생한다. 축전기에 저장된 전하는 곡선 아래 면적과 같다. (c) 금속판 사이에 유전체가 채워진 점을 제외하면 (a)와 같은 상황. (d) 회로가 닫히면 금속판에 (b)보다 큰 전하가 저장된다.

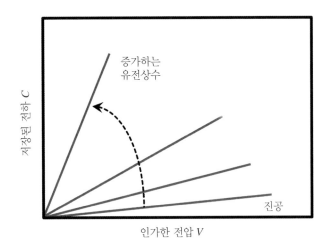

그림 14.2 Q의 전압 의존성. 그래프의 기울기는 물질의 유전상수와 관련되어 있다.

$$C_{vac} = \frac{\varepsilon_0 A}{d} \tag{14.3}$$

여기서 ε_0는 진공의 유전율로 그 크기는 8.85×10^{-12} F/m인 상수[1]이다. 전기용량의 단위는 패럿 (farad, F)으로 1 F = 1 C/V = 1 C^2/J이다.

축전기의 금속판 사이에 유전체(기체, 고체 또는 액체)를 채우고(그림 14.1c) 앞서 말한 실험을 반복하면 회로에 흐르는 전류의 크기가 증가한다(그림 14.1d). 이 실험을 여러 전압 V에서 반복하여 Q-V 그래프를 그리면 진공일 때보다 기울기가 큰 일직선을 얻는다(그림 14.2). 즉, 식 (14.3)을 다음과 같이 나타낼 수 있다.

$$C = \frac{\varepsilon A}{d} \tag{14.4}$$

여기서 ε은 금속판 사이에 존재하는 물질의 유전상수이다.

물질의 **상대유전상수**(relative dielectric constant) k'은 다음과 같이 정의한다.

$$k' = \frac{\varepsilon}{\varepsilon_0} \tag{14.5}$$

ε이 ε_0보다 항상 크므로, k'의 최솟값은 1이다. 식 (14.4)와 (14.5)를 결합하면 유전체가 채워진 금속판의 전기용량은

$$C = \frac{k'\varepsilon_0 A}{d} = k'C_{vac} \tag{14.6}$$

---

[1] 만약 cgs 단위를 사용하면, ε_0 = 1이고 ε = k'이며 모든 식에 $1/4\pi$을 곱해야 한다. SI 단위에서는 ε_0 = 8.85×10^{-12} F/m 이고 여기에 $1/4\pi$이 이미 포함되어 있다. 또한 cgs 단위에서는 분극율의 단위가 cm^{3}다. SI 단위를 cgs 단위로 환산하면 α(F·m^2) = $4\pi\varepsilon_0 \times 10^{-6}\alpha$(cm^3)이다. 다행히도 이 책에서는 오직 SI 단위만을 사용한다.

따라서 k'은 진공 대비 그 물질의 전하 저장 능력을 보여주며 단위가 없다.

지금까지 살펴본 내용은 다음과 같이 요약할 수 있다. 진공 상태의 평판 축전기에 전압이 가해지면, 축전기는 전하를 저장한다. 평판 축전기에 유전체가 존재하면 유전체 내부에 추가로 '어떤 일'이 생겨 축전기에 더 많은 전하가 저장된다. 이 장의 목적은 이 '어떤 일'의 본성을 탐구하는 것이다. 그러나 우선 몇 가지 개념을 더 이해할 필요가 있다.

분극 전하

식 (14.2)와 (14.3)을 결합하면, 진공의 **표면 전하**(surface charge) σ_{vac}은

$$\sigma_{\text{vac}} = \left[\frac{Q}{A}\right]_{\text{vac}} = \frac{\varepsilon_0 V}{d} = \varepsilon_0 E \tag{14.7}$$

여기서 E는 가해준 전기장이다. 마찬가지로, 식 (14.2)와 (14.4)를 결합하면, 유전체가 존재할 때 금속판의 표면 전하는 다음과 같이 증가한다.

$$\left[\frac{Q}{A}\right]_{\text{die}} = \frac{\varepsilon_0 k' V}{d} = \sigma_{\text{vac}} + \sigma_{\text{pol}} \tag{14.8}$$

여기서 σ_{pol}은 유전체 표면의 단위면적당 과잉 전하(excess charge)이다(그림 14.1c). σ_{pol}은 유전체의 분극 $\mathbf{P}$와 같은 크기와 단위(C/m^2)를 갖는다. 즉,

$$\mathbf{P} = \sigma_{\text{pol}} \tag{14.9}$$

전자기 이론에서는 **유전변위**(dielectric displacement) $\mathbf{D}$를 금속판의 표면 전하로 정의하므로 $\mathbf{D} = Q/A|_{\text{die}}$이다. 이 정의와 식 (14.7), (14.9)를 결합하면, 다음과 같다.

$$\mathbf{D} = \varepsilon_0 \mathbf{E} + \mathbf{P} \tag{14.10}$$

즉, 평판 축전기에 저장되는 총 전하 $\mathbf{D}$는 진공에서 존재할 전하 $\varepsilon_0 E$와 유전재료의 분극에서 유발된 여분의 전하 $\mathbf{P}$의 합이다. 이 상황은 그림 14.1c에 개략도로 나타나 있다. 만약 $\mathbf{P} = 0$이면, $\mathbf{D}$는 식 (14.7)로 주어진다.

식 (14.7)과 (14.10)을 추가로 결합하면, 두 식 모두 $\mathbf{E}$가 동일하므로

$$\mathbf{P} = (k' - 1)\varepsilon_0 \mathbf{E} = \chi_{\text{die}} \varepsilon_0 \mathbf{E} \tag{14.11}$$

여기서

$$\chi_{\text{die}} = \frac{\sigma_{\text{pol}}}{\sigma_{\text{vac}}}$$

는 물질의 **유전 감수율**(dielectric susceptibility)로 알려져 있다. 다음으로 $\mathbf{P}$를 원자 단위에서 일어나는 현상과 연결해보자.

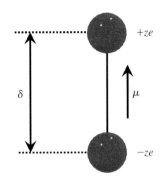

그림 14.3 전기쌍극자 모멘트의 정의

미시적 접근. **쌍극자 모멘트** μ(그림 14.3)는 다음과 같이 정의된다.[2]

$$\mu = q\delta$$

여기서 δ는 양전하 $+ze$ 중심과 음전하 $-ze$ 중심 사이 거리이다. 그림 14.3에 나와 있듯이, μ는 음전하에서 양전하로 향하는 방향이 $+$인 벡터이다.

만약 단위부피당 이런 쌍극자가 N개 존재하면, **P**는 단순하게 다음과 같다.

$$\mathbf{P} = N\mu = Nq\delta \tag{14.12}$$

식 (14.11)과 (14.12)를 결합하면, 다음과 같다.

$$k' - 1 = \frac{P}{\varepsilon_0 E} \tag{14.13}$$

이 결과는 고체의 유전 특성을 이해하는 근본이다. 주어진 **E**에서 쌍극자의 전하 사이 거리 $\Delta\delta$가 커질수록 k'도 커짐을 알 수 있다. 즉, 물질의 분극이 커질수록 유전상수도 커진다.

더 나아가 원자나 이온의 **분극률**(polarizability) α를 다음과 같이 정의할 수 있다.

$$\alpha = \frac{\mathbf{P}}{N\mathbf{E}_{\mathrm{loc}}} \tag{14.14}$$

여기서 $\mathbf{E}_{\mathrm{loc}}$은 원자가 받는 국소 전기장이다. 분극률의 SI 단위는 $\mathrm{Fm^2}$ 또는 $\mathrm{C \cdot m^2 V^{-1}}$이다. 나중에 살펴보겠지만 α는 주로 원자/이온 반지름에 의존하므로 원자/이온의 특성임을 이해하는 것이 중요하다.

농도가 낮아 분자 간 거리가 먼 기체에서 $\mathbf{E}_{\mathrm{loc}}$은 외부에서 가한 전기장 **E**와 같다고 가정할 수 있

---

[2] 고정된 지점에 대한 전하 $q = ze$의 쌍극자 모멘트는 벡터 $ze\zeta_i$로 정의되며, ζ_i는 고정된 지점부터 전하의 위치까지의 반지름 벡터이다. 전체 시스템의 총 쌍극자 모멘트는 각각의 쌍극자의 벡터 합이며 $\mu = \sum z_i e\zeta_i$. 이 값은 고정된 지점의 위치에 무관하다. 전기장이 없는 경우, $\sum z_i e\zeta_0 = 0$. 전기장을 가하면 전하가 평형 위치에서 δ_i만큼 이동하므로 $\zeta = \zeta_0 + \delta_i$. 따라서 $\mu = \sum z_i e\zeta_i = \sum z_i e\delta_i$. 실질적으로 이온의 쌍극자 모멘트를 계산하기 위해서는 평형 위치에서 벗어난 거리만 알면 된다.

으며, 식 (14.13)과 (14.14)를 결합하면, 다음과 같다.

$$k' - 1 = \frac{N\alpha}{\varepsilon_0} \tag{14.15}$$

그러나 고체의 경우, 주변의 분극률이 $\mathbf{E}_{\text{loc}}$에 영향을 줄 수 있다. 입방 대칭에 대해 국소 전기장은 $\mathbf{E}$와 다음과 같은 관계를 갖는다(부록 14A 참고).

$$\mathbf{E}_{\text{loc}} = \frac{\mathbf{E}_{\text{loc}}}{3}(k' + 2)$$

이 식을 식 (14.13)과 (14.14)와 결합하면 다음과 같다.

$$k' - 1 = \frac{N\alpha/\varepsilon_0}{1 - N\alpha/(3\varepsilon_0)} \tag{14.16}$$

이 식을 정리하면 다음과 같이 표현할 수 있다.

$$\frac{k' - 1}{k' + 2} = \frac{\alpha N}{3\varepsilon_0} \tag{14.17}$$

이 식은 **클라우지우스-모소티 관계식**(Clausius-Mossotti relation)으로 알려져 있다.[3] 엄밀하게 말하면, 식 (14.17)은 입방 결정과 같이 대칭성이 매우 높은 결정에서만 유효하다.

클라우지우스–모소티 관계식은 거시적인 k'과 미시적인 α를 연결해주는 중요한 연결고리이므로 유용하다. 이 식을 바탕으로 k'을 측정하면 원칙적으로 고체를 구성하는 양전하와 음전하의 상대적인 변위에 대한 정보를 얻을 수 있다. 여기서 이 식은 선형 유전체에 대해서만 유효하며 다음 장에서 논의할 강유전체에는 적용할 수 없다는 점을 기억하라. 또한 기체와 같이 원자의 밀도가 낮을 경우, $N\alpha/3\varepsilon_0 \ll 1$이 되어 식 (14.16)은 식 (14.15)로 나타낼 수 있다.

지금까지 정전기장에 한정해서 유전 특성을 살펴보았다. 그러나 대부분의 전기적 응용에서는 E는 표준 교류주파수인 60 Hz부터 통신용 네트워크 주파수인 기가헤르츠 이상까지 시간에 따라 변한다. 따라서 k'과 α와 같이 유전체의 정전기장 특성뿐 아니라 시간에 따라 변하는 E를 인가했을 때 전기장의 주파수가 k'과 유전체에 나타나는 손실에 미치는 영향을 반영하는 이론을 도입할 필요가 있다. 이를 위해 다음 절에서는 유전상수를 주파수에 의존하는 복소수로 표현한다.

---

[3] 상대 굴절률 $n = \sqrt{k_e}$로 표현하면 이 관계식은 로렌츠-로렌츠의 식으로 알려져 있다. 따라서 당연하게도 16장에서 다루듯 절연체의 유전 특성과 광학 특성이 밀접하게 연결되어 있다. 전자기파의 자기장 성분을 무시할 경우, 전자기파는 시간에 따라 변화하는 전기장일 뿐이다.

14.3 선형 유전체의 등가회로

이상적인 유전체

손실이 발생하지 않는 이상적인 유전체에 각주파수 ω rad/s인[4] 사인/코사인 함수 형태의 전압 $\mathbf{V} = \mathbf{V_0}\exp i\omega t$를 가해주면 다음과 같은 충전 전류가 발생한다(문제 14.1 참고).

$$I_{chg} = \frac{dQ}{dt} = C\frac{dV}{dt} = i\omega CV = \omega CV_0 \exp i\left(\omega t + \frac{\pi}{2}\right)$$

또는

$$I_{chg} = -\omega k' C_{vac} V_0 \sin\omega t \tag{14.18}$$

즉, 발생하는 전류는 $\mathbf{V_0}$ 대비 $\pi/2$ rad(= 90°)만큼 위상이 달라진다. 이 사실은 진동 전하가 가해준 $\mathbf{V}$와 위상이 같다는 것을 의미한다.[5] 그 이유는 가해준 전기장은 코사인 함수이나 전류는 사인 함수이기 때문이다.

현실적인 유전체

위에서 언급했듯이 식 (14.17)은 이상적인 유전체에만 유효하다. 현실에서 전하는 2가지 이유로 결코 완전하게 위상이 같을 수 없다. (1) 움직이는 전하의 관성으로 인한 에너지 손실, (2) 전하의 장거리 호핑(hopping)으로 인한 전기전도. 따라서 총 전류는 $\mathbf{I_{chg}}$와 손실 전류 $\mathbf{I_{loss}}$의 벡터 합이며

$$\mathbf{I_{tot}} = \mathbf{I_{chg}} + \mathbf{I_{loss}} = i\omega C\mathbf{V} + \{G_L(\omega) + G_{dc}\}\mathbf{V} \tag{14.19}$$

여기서 G는 물질의 컨덕턴스다(아래 참고).

손실 전류 $\mathbf{I_{loss}}$는 다음과 같이 정의되며

$$\mathbf{I_{loss}} = \{G_L(\omega) + G_{dc}\}\mathbf{V}$$

G_L은 주파수의 함수이나 G_{dc}는 그렇지 않다. 주파수가 0이 되는 극한의 경우, $G_L \Rightarrow 0$이 되어 옴의 법칙을 회복한다.

$$\mathbf{I_{tot}} = \mathbf{I_{loss}} = G_{dc}\mathbf{V}$$

$G_{dc} = 1/R$이며 R은 물질의 직류 저항이다. 이 경우, 전류와 전압은 위상이 같으나 **진동 전하**는 가해준 $\mathbf{V}$에서 90° **어긋나** 있다. 여기서 $\mathbf{V}$와 $\mathbf{I_{loss}}$ 모두 코사인 함수이다.

따라서 시간에 따라 변하는 전기장 하에서 유전체의 총 전류는 서로 90° 어긋나는 두 성분으로

---

[4] $e^{i\omega} = \cos\omega + i\sin\omega$이며, 여기서 ω는 각주파수로 단위는 rad/s이다. Hz로 환산하려면 $\omega = 2\pi\nu$이므로(ν의 단위는 Hz 또는 s^{-1}) 2π로 나누면 된다.

[5] 전하가 가해준 전기장과 같은 위상일 때, 전류는 자동으로 가해준 전압보다 $\pi/2$ rad 앞서게 된다. 그 이유는 $I = dQ/dt$이기 때문이다. 흥미롭게도 손실 전류에서는 전하가 가해준 전압보다 $\pi/2$ rad 차이가 나게 진동한다.

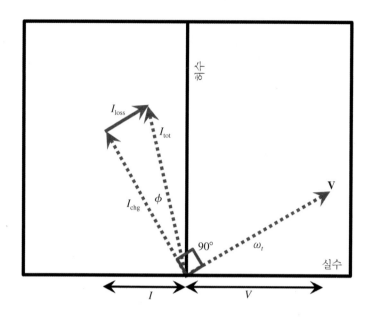

그림 14.4 벡터로 나타낸 가해준 전압, 전하, 손실, 그리고 총 전류. $\phi = 0$이면 $I_{\text{tot}} = I_{\text{chg}}$이고, $\phi = \pi/2$이면 $I_{\text{tot}} = I_{\text{loss}}$이다.

구성되며 그림 14.4에서 보듯 벡터로 합해야 한다. 현실적인 유전체의 총 전류는 가해준 전압보다 $(90° - \phi)$만큼 앞서게 되며, ϕ는 **손실각, 손실 탄젠트** 또는 **손실 인자**로 알려져 있다.

상대유전상수를 실수부 k'과 허수부 k''의 복소수로 표현하면, 고체의 유전 특성은 간단하게 기술할 수 있다.

$$k^* = k' - ik'' \tag{14.20}$$

식 (14.2)를 이용하여 식 (14.6)에서 k'을 k^*으로 대체하면, $\mathbf{I}_{\text{chg}} = \mathbf{I}_{\text{tot}} - \mathbf{I}(\omega = 0) = dQ/dt$이므로

$$\mathbf{I}_{\text{tot}} - \mathbf{I}(\omega = 0) = \frac{dQ}{dt} = k^* C_{\text{vac}} i\omega \mathbf{V} = (k' - ik'') C_{\text{vac}} i\omega \mathbf{V} \tag{14.21}$$

이 식을 정리하면

$$\mathbf{I}_{\text{tot}} = i\omega C_{\text{vac}} k' \mathbf{V} + (\omega k'' C_{\text{vac}} + G_{\text{dc}}) \mathbf{V} \tag{14.22}$$

이 식을 식 (14.19)와 비교하면

$$G_{\text{ac}} = G_{\text{dc}} + G_{\text{L}} = G_{\text{dc}} + \omega k'' C_{\text{vac}}$$

여기서 G_{ac}는 물질의 **교류 컨덕턴스**로, 단위는 지멘스(S 또는 Ω^{-1})다. **교류 전기전도도**(S/m)는 다음과 같다.

$$\sigma_{\text{ac}} = \sigma_{\text{dc}} + \omega k'' \varepsilon_0 \tag{14.23}$$

지금까지 이 절에서 배운 내용을 요약하면 다음과 같다. 주파수 ω로 시간에 대해 변하는 전기장을 가해주면, 전기전도도는 ω와 무관한 직류 성분과 진동 전하에서 유래된 성분의 두 부분으로 구성된

다. 이 결론은 그림 14.4에 잘 요약되어 있다.

V, $\mathbf{I}_{chg}$, $\mathbf{I}_{loss}$가 그려진 그림 14.4를 통해 이 문제를 다른 관점에서 볼 수 있다. 그림에서 $\tan \phi$를 다음과 같이 정의할 수 있다.

$$\tan \phi = \frac{\mathbf{I}_{loss}}{\mathbf{I}_{chg}} = \frac{G_{dc} + \omega k'' C_{vac}}{\omega k' C_{vac}} \tag{14.24}$$

$G_{dc} \ll \omega k'' C_{vac}$인 유전체의 경우, $\tan \phi \approx k''/k'$이다.

유전체의 전력 손실

일반적으로 손실 전류는 유전체에 열을 발생하고 전자기파 신호를 방해하므로 골칫거리이다. 유전체의 평균 손실 전력은

$$P_{av} = \frac{1}{T} \int_0^T \mathbf{I}_{tot} \mathbf{V} \, dt$$

여기서 $T = 2\pi/\omega$로 주기다. 이상적인 유전체의 경우, $\mathbf{I}_{tot} = \mathbf{I}_{chg}$이므로 식 (14.18)을 이용하면

$$P_{av} = \frac{1}{T} \int_0^T -\omega k' C_{vac} V_0^2 \sin \omega t \cos \omega t \, dt = 0$$

주기의 전반부 동안 축전기는 충전되며 전력원은 축전기에 일을 한다. 주기의 후반부에 축전기는 방전하고 전력원에 일을 한다. 따라서 전력원에서 빠져나간 일의 평균은 0이 되며 이상적인 유전체에서는 손실이 없다.

그러나 현실적인 유전체에서는 $\mathbf{I}_{loss}$와 **V**가 같은 위상이며

$$P_{av} = \frac{1}{T} \int_0^T I_{loss} V \, dt = \frac{1}{T} \int_0^T (\omega k'' C_{vac} + G_{dc}) V_0^2 \cos \omega t \cos \omega t \, dt$$

$$= \frac{1}{2} G_{ac} V_0^2$$

직류에서 $\omega = 0$이므로 이 식은 줄 발열(Joule heating)로 잘 알려진 직류의 전력 손실 관계식 $I^2 R$과 같아진다.

이때 단위부피당 전력 손실은 다음과 같으며

$$P_V = \frac{1}{2} \sigma_{ac} \mathbf{E_0^2} = \frac{1}{2} (\sigma_{dc} + \omega k'' \varepsilon_0) \mathbf{E_0^2} \tag{14.25}$$

여기서 $\mathbf{E_0} = \mathbf{V_0}/d$는 가해준 전기장의 크기다. 따라서 유전체의 단위부피당 전력 손실(W/m³)은 σ_{ac} 또는 σ_{dc}, k'' 그리고 ω와 직접 연관되어 있다. **V**에서 **E**로의 변환은 시스템의 형태가 규격화되지

않은 시스템에서 규격화된 시스템으로 변환하며 발생하는 자연스러운 결과이다. 이 과정을 알고 싶으면 P_{av}를 시스템의 부피($A \times d$)로 나누면 된다.

비록 처음 볼 때 수학적인 표현은 복잡해 보이지만, 물리적인 내용은 매우 간단하다. 시간에 따라 변하는 전기장이 유전체에 가해지면, 물질의 전하는 반응한다. 일부의 구속전하는 가해준 전기장과 같은 위상으로 진동하며 저장되며 k'에 기여한다. 또 다른 전하(구속전하 및 직류 전기전도도에 기여하는 전하)는 가해준 전기장과 90° 어긋난 위상으로 진동하며 유전체의 에너지 손실을 유발한다.[6] 이러한 에너지 손실은 열을 발생한다(유전체의 온도 상승). 이상적인 유전체에서는 손실각 ϕ와 에너지 손실 모두 0이다.

이 장의 남은 부분에서는 세라믹스에서 나타나는 다양한 분극 기구와 온도와 주파수 의존성에 대해 살펴본다. 그 전에 유전체의 특성을 측정하는 방법을 이해하면 유익하다.

| 실 험 세 부 사 항 | **유전 특성 측정**

고체의 유전 특성을 측정하는 기술은 몇 가지가 있다. 가장 흔히 사용하는 방법의 하나는 아래에 기술할 **교류 임피던스 분광법**이다. 또 다른 기술은 유전체의 반응을 보정된 축전기의 반응과 비교하는 방법이다. 이 방법에서는 진공 평판 축전기의 전기용량을 측정하려는 유전체로 채워진 평판 축전기의 전기용량과 비교한다. 그리고 식 (14.6)을 이용해서 k'을 계산한다. 그림 14.5a는 이런 실험을 수행하는 전형적인 회로를 보여준다. 진공 중 금속판 사이의 공진주파수 $\omega_0 = \{L(C_s + C)\}^{-1/2}$가 상수가 되도록 보정된 축전기의 전기용량을 조절하면 유전체가 채워졌을 때와 비교해 C_{vac}과 C_{solid}를 구할 수 있고 궁극적으로 k'을 구할 수 있다.

교류 임피던스 분광법

이 방법에서는 사인/코사인 함수 형태의 전압을 가하고 그 결과 나타나는 전류의 위상 변화 크기와 각도를 전자 장비를 이용해 측정한다. 가해준 전압 V_0에 대해 나타나는 전류 I_0의 크기의 비율과 그 둘 사이의 위상 차이 ϕ로부터 그림 14.5b에 나오는 것처럼 k'과 k''을 구할 수 있다. 만약 그림 14.5c와 같은 등가회로를 가정한다면, k'과 k''은 다음과 같이 주어진다(문제 14.1b 참고).

$$k' = \frac{I_0 d}{V_0 A \omega \varepsilon_0} \sin\left\{\frac{\pi}{2} - \phi(\omega)\right\}$$

그리고

$$k'' = \frac{\sigma_{ac} - \sigma_{dc}}{\omega \varepsilon_0}$$

---

[6] 이는 단순한 해석이나 쉽게 시각화할 수 있다. 실제로는, 전하는 인가한 전기장에 대해 각도 ϕ만큼 어긋나 약간 다른 위상으로 진동한다. k'은 구속전하의 특성을 나타내며 σ_{ac}는 2가지가 기여함을 유의할 필요가 있다. 컨덕턴스가 $k''\omega C_{vac}$인 가해준 전기장과 어긋난 구속전하와 컨덕턴스가 G_{dc}인 '자유'전하이다. 전기장의 방향이 바뀔 때 전하가 제자리로 돌아가 구속전하가 될지 또는 전기장을 따라 흘러가며 이동할지 여부는 직류 전기장이 가해졌을 때만 구분된다.

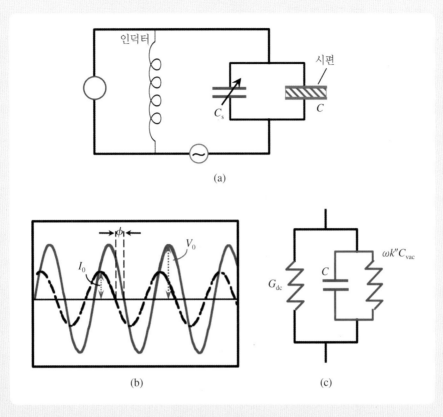

그림 14.5 **(a)** 물질의 유전상수 측정 장치, L은 코일의 인덕턴스. **(b)** 가해준 전압에 대한 현실적인 유전체의 실제 반응은 전류와 전압 사이 각도가 $\pi/2$가 아니고 $\pi/2 - \phi$이다. **(c)** 고체의 유전 특성 등가회로 모델. 여기서 G_{dc}는 직류 반응이고 $\omega k'' C_{vac}$은 ω가 0으로 가면 사라지는 구속전하의 컨덕턴스이다.

여기서

$$\sigma_{ac} = \frac{I_0 d}{V_0 A} \cos\left\{ \frac{\pi}{2} - \phi(\omega) \right\}$$

이며, d와 A는 각각 시편의 두께와 단면적이다. I_0와 ϕ 모두 가해준 전기장의 주파수 ω에 의존함을 유의하라. 여기서 직류 한계를 고려해보면 도움이 된다. 이 경우, 축전기에 흐르는 전류는 직류 전기전도도에 의해 결정된다. ω가 증가하면서 가해준 전압과 어긋난 위상으로 진동하기 시작하는 구속전하가 증가하면서 σ_{ac}에 기여한다.

전형적인 실험에서는 가해준 전압의 ω가 수 Hz에서 100 MHz 사이에서 변한다. $10^9 \sim 10^{12}$ Hz 사이의 주파수 측정은 더욱 복잡하고 이 책의 범위를 넘어선다. 그러나 IR과 UV 주파수에서는 유전상수와 손실은 반사율과 굴절률을 측정하여 얻을 수 있다(16장 참고).

교류 임피던스 분광법은 강력하고 중요하여 사례연구 14.1과 14.2는 이 방법이 고체와 계면의 유전 특성을 파악하는 데 어떻게 이용되는지 보여준다.

14.4 분극 기구

지금까지 전하의 변위인 분극의 관점에서 살펴보았다. 이 절에서는 구체적인 전하의 분리를 고려한다. 고체에서, 특히 이온 결합 세라믹스에서는, 전자, 양성자, 양이온, 음이온, 그리고 전하를 띤 결함까지 다양한 전하 구성요소들이 분극을 일으킬 수 있다. 다음의 분극 기구는 세라믹스에서 가장 중요한 분극 기구들이다.

1) **전자 분극**: 이 기구는 전자와 핵 사이의 변위가 필요하다(그림 14.6a).
2) **이온 분극**: 이 기구에서는 이동한 이온들이 평형상태의 위치에 대해 탄성 결합하고 있다(그림 14.9).
3) **양극성 분극**: 간혹 방향성 분극이라고 불리는 이 기구는 이웃하는 동등한 격자 위치로 이온의 이동이 필요한데, 이온이 격자 위치에 있을 확률은 외부 전기장의 강도와 주파수에 의존한다(그림 14.10). 만약 이온의 배열이 **자발적이고 협력**하면서 발생하면 **비선형 분극**이 발생하고 물질은 **강유전체**가 된다. 이런 물질에서는 상대적으로 큰 변위 때문에 상대유전상수가 5,000을 초과할 수 있다. 비선형 유전체는 15장에서 따로 다룬다. 그러나 만약 분극이 단순히 이온의 이동 때문에 발생하면 분극 반응은 V에 대해 **선형적**이다. 아래에서는 이러한 고체들에 대해서 다룬다.
4) **공간전하 분극**: 5장에서 디바이 길이에 대해 간단하게 다루며 서로 다른 두 상이 접촉하면 전기적 계면이 발생한다고 설명했다. 이런 이중층은 축전기처럼 작동하는데 부피의 축전기와 다른 특성을 나타낸다. 계면 현상의 거동과 해석은 꽤 복잡하여 이 책의 영역을 벗어나며 고체 전기화학의 영역에 속하므로 더는 논의하지 않는다. 그렇지만 사례연구 14.2에서 계면 분극에 대해 간단히 살펴본다.

총 분극은 다양한 기구의 기여도 합으로 나타나며

$$k' = \frac{1}{3\varepsilon_0}[N_e\alpha_e + N_{ion}\alpha_{ion} + N_{dip}\alpha_{dip} + N_{space\ chg}\alpha_{space\ chg}] \tag{14.26}$$

여기서 N_i는 단위부피당 분극에 참여하는 개체 수이다. 이 절의 남은 부분에서는 전자, 이온, 그리고 양극성 분극에 대해 조금 더 상세히 다룬다.

14.4.1 전자 분극

그림 14.6a와 b에 개략도로 나타낸 전자 분극은 전자구름이 둘러싸고 있는 핵에 대해 이동하며 발생한다. 이 기구는 대부분의 주파수에서 발생하며 매우 높은 주파수($\approx 10^{15}$ Hz)에서만 감소한다. 모든 원자는 전자가 핵을 둘러싸고 있으므로 전자 분극은 **모든** 고체, 액체, 그리고 기체에서 발생한다. 또한 이 기구는 이온이 격자 위치 사이를 이동할 필요가 없으므로 온도와 무관하다.

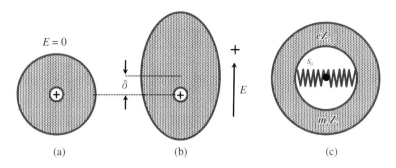

그림 14.6 핵을 둘러싼 전자구름의 전자 분극. (a) 외부 전기장이 없는 평형상태. (b) 외부 전기장이 인가된 상태. (c) 본문에서 가정한 모델의 개략도. S_0는 전자와 핵의 결합 강성도이다.

전자 분극을 설명하는 가장 간단한 고전 이론에서는 원자수 Z_i인 원자나 이온을 핵에 붙어 있는 전하량 $Z_i e$, 질량 $Z_i m_e$인 전기 껍질로 다룬다[7](그림 14.6c). 만약 이 물질의 자연적인 진동 주파수가 ω_e라면, 이에 해당하는 복원력은

$$F_{\text{restor}} = M_r \omega_e^2 \delta \tag{14.27}$$

여기서 M_r은 진동하는 물체의 **환산 질량**으로 다음과 같이 정의된다.

$$M_r = \frac{Z_i m_e m_n}{Z_i m_e + m_n} \tag{14.28}$$

여기서 m_e와 m_n은 각각 전자와 핵의 질량이다. 이 경우 $m_e \ll m_n$이므로 전자 분극에서는 $M_r \approx Z_i m_e$ 이다.

위에서 살펴본 것처럼 전기장 **E**를 가하면 전하가 분리되고 음전하의 중심과 양전하의 중심이 일치하지 않으므로 그림 14.6b에 개략도로 나타낸 것처럼 전기쌍극자 모멘트가 생성된다.

전하 $Z_i e$(전체 전자구름)인 진동자가 진동 구동력 $\mathbf{F} = Z_i e\mathbf{E} = Z_i e\mathbf{E}_0 \exp(i\omega t)$과 식 (14.27)에 표시된 복원력으로 **감쇠 상수**(또는 **마찰계수**) f에 의해 δ만큼 이용하면, 다음과 같은 운동 방정식이 성립한다.

$$M_r \left(\frac{d^2\delta}{dt^2} + f\frac{d\delta}{dt} + \omega_e^2\delta \right) = Z_i e\mathbf{E}_0 \exp i\omega t \tag{14.29}$$

이 방정식은 뉴턴의 법칙에 복원력과 마찰계수 f를 추가한 것일 뿐이다. f의 단위는 rad/s이다. 괄호 안의 둘째 항은 마찰력을 나타내며 전자구름의 속도 $d\delta/dt$에 비례한다고 가정한다. 만약 f가 작다면 마찰이 적고, 만약 f가 크다면 마찰력이 크다.[8]

다음 두 식(문제 14.3 참고)

$$\delta = \frac{e\mathbf{E}_0}{m_e \sqrt{(\omega_e^2 - \omega^2)^2 + f^2\omega^2}} \exp i(\omega t - \phi) \tag{14.30}$$

---

[7] 물론 이것은 지나치게 단순화한 설명이다. 각 전자의 복원력과 이에 따른 공진주파수는 서로 다르다. 더 정확한 표현을 위해서는 식 (14.40)을 참고하라.

[8] 감쇠 상수 f는 진동의 비조화와 관련되어 진동이 비조화해질수록 f가 커진다.

그리고

$$\delta = \frac{e\mathbf{E_0}}{m_e\{(\omega_e^2 - \omega^2) + i\omega f\}} \exp i\omega t \tag{14.31}$$

은 진동과 그 결과로 나타나는 분극 사이의 위상 차이인 ϕ가 다음과 같다면

$$\tan \phi = \frac{f\omega}{\omega_e^2 - \omega^2} \tag{14.32}$$

식 (14.29)의 해이다. δ는 전기장이 없는 평형 위치 대비 전기장 E가 존재할 때 전자구름 전체의 변위 척도이다(그림 14.6a).

식 (14.13)의 k'_e를 k_e^*로 교체 후 δ에 대해 대입하고, 만약 $\mathbf{E} = \mathbf{E_{loc}}$이라고 가정하면 k_e^*의 실수부와 허수부는 다음과 같이 나타낼 수 있다(문제 14.5 참고).

$$k'_e(\omega) = 1 + \frac{Z_i e^2 N(\omega_e^2 - \omega^2)}{\varepsilon_0 m_e \{(\omega_e^2 - \omega^2)^2 + f^2\omega^2\}} \tag{14.33}$$

$$k''_e(\omega) = \frac{Z_i e^2 N\omega f}{\varepsilon_0 m_e \{(\omega_e^2 - \omega^2)^2 + f^2\omega^2\}} \tag{14.34}$$

식 (14.33)과 (14.34)는 $\mathbf{E} = \mathbf{E_{loc}}$이라고 가정했으므로 농도가 낮은 기체에서만 유효하다. 이 문제를 고체나 액체에 대해 더 정확하게 풀기 위해서는 식 (14.29)에 E가 아니라 $\mathbf{E_{loc}}$을 사용해야 한다. 다행히 이 과정에서 해의 일반적인 형태는 변하지 않으며 공진주파수 ω_e의 값만 바뀐다(부록 14A 참고). 식 (14.17)을 이용하면 고체에 대한 방정식을 세울 수 있다.

$$\frac{k'_e(\omega) - 1}{k'_e(\omega) + 2} = \frac{Z_i e^2 N(\omega_e'^2 - \omega^2)}{3\varepsilon_0 m_e \{(\omega_e'^2 - \omega^2)^2 + f^2\omega^2\}} \tag{14.33}$$

$$k''_e(\omega) = \frac{Z_i e^2 N\omega f}{\varepsilon_0 m_e \{(\omega_e'^2 - \omega^2)^2 + f^2\omega^2\}} \tag{14.34}$$

그림 14.7에서 k'_e와 k''_e의 주파수 의존성을 보여주고 있으며, 주파수 의존성은 유전체에서 실험적으로 관찰되는 전형적인 특징이다. 단, 이 관계식은 대칭성이 높은 결정을 가정하고 있음에 주의하라.

식 (14.33)과 (14.34)를 바탕으로 주파수 반응은 세 영역으로 나눌 수 있다.

1. $\omega_e \gg \omega$. 여기서 전하는 가해준 전기장과 같은 위상으로 진동하며 k'_e에 기여한다. 직류 조건에서는 식 (14.33)이 성립한다고 가정하면

$$\frac{k'_e - 1}{k'_e + 2} = \frac{Z_i e^2 N}{3\varepsilon_0 m_e \omega_e'^2} \tag{14.35}$$

이고 k''_e는 0이다.

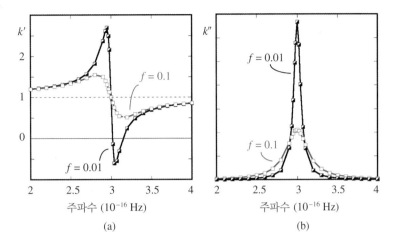

그림 14.7 일반적인 주파수 의존성. (a) k'_e[식 (14.33)]. f가 증가하면서 공진 봉우리의 폭도 증가한다. (b) k''_e[식 (14.34)]. 여기서 ω_e는 3×10^{16} Hz로 가정했다.

2. $\omega_e \approx \omega$. 가해준 전기장의 주파수가 물질의 자연 진동 주파수 ω_e와 근접하면 물질은 **공진 상태**이다. 마찰력만 없다면 변위는 무한대로 갈 것이다. 따라서 공진이 일어나기 직전에 k'_e는 최댓값을 갖는다. 공진 상태에서 전하는 가해준 전기장과 90° 어긋나서 유전상수에 기여하지 않는다. 그러나 공진 상태에서 k''_e와 에너지 손실은 모두 최댓값을 갖는다(그림 14.7b).

3. $\omega_e \ll \omega$. 이 영역에서는 전기장 방향이 매우 빠르게 변하여 전하는 반응하지 못한다. 분극은 발생하지 않으며 k'_e는 1로 수렴한다.

요약하면 다음과 같다. 시간에 대해 변하는 전기장이 고체에 가해지면, 전하는 외부에서 가해준 전기장을 따라서 같은 주파수와 같은 위상으로 진동하며 춤추기 시작한다. 그러나 진동의 진폭은 다르며 ω_e와 ω의 상대적인 값에 의존한다. 가해준 전기장과 같은 위상인 전하는 에너지를 흡수하지 않으며 k'_e에 기여한다. 가해준 전기장과 다른 위상으로 진동하는 전하는 에너지를 흡수하며 유전손실에 기여한다. $\omega_e \ll \omega$일 때, 전하는 전기장을 잘 따라가며 k''_e와 손실은 작다. 전기장의 주파수가 물질의 자연 진동수와 근접해지면 공진 현상이 나타난다. 진동의 진폭은 매우 커지며 k'_e도 매우 커진다. 그러나 이렇게 진폭이 커지면 공진에서 손실이 커진다.[9] 매우 높은 주파수의 전기장이 가해지면 전하는 가해준 전기장에 반응하지 못하며, 진동 진폭은 제각각이 되어 k'_e는 1로 접근한다. 즉, 가해준 전기장의 주파수가 너무 커지면 분극 기구가 따라갈 수 없고 분극은 발생하지 않는다.

전자 분극에 영향을 미치는 미시 요인들

식 (14.17)과 (14.35)를 비교하면, 다음 식을 얻는다.

---

[9] 공진에 대한 이러한 서술은 기계적, 전기적, 자기적 공진을 포함해 어떤 공진 현상에도 적용된다. 공진하는 개체와 구동력은 다를 수 있으나, 원리와 해석은 같다.

$$\alpha_e = \frac{Z_i e^2}{m_e \omega_e^2} \tag{14.36}$$

4.4절에서[식 (4.6)] 작은 변위에 대해 복원력은 변위에 비례한다고 가정할 수 있음을 보였다.

$$F_{\text{restor}} = S_0(r - r_0) = S_0 \delta \tag{14.37}$$

여기서 r은 핵과 전자구름 사이의 거리, S_0는 결합의 강성도(stiffness), δ는 평형 위치로부터 변위이다. 그림 14.6c에 나오듯 전자구름은 핵과 강성도 S_e인 용수철로 연결되었다고 가정한다. 쿨롱의 법칙에 따르면 Z_i 전자와 핵 사이의 힘은(2장 참고)

$$F = -\frac{(Z_i e)^2}{4\pi\varepsilon_0 r^2}$$

이 식으로부터

$$S_e = \left(\frac{dF}{dr}\right)_{r=r_0} = \frac{2(Z_i e)^2}{4\pi\varepsilon_0 r_0^3} \tag{14.38}$$

식 (14.36)부터 (14.38)을 식 (14.27)과 결합하면

$$\alpha_e \approx 2\pi\varepsilon_0 r_{\text{ion}}^3 \tag{14.39}$$

이 결과에 따르면, α_e는 원자나 이온의 부피에 비례한다. 간단하게 표현하면, 원자나 이온이 클수록 전자는 핵과 느슨하게 결합하고, 분극이 발생하기 쉽다. 표 14.1은 몇 가지 흔한 이온의 α_e를 보여준다.

식 (14.39)에 따르면 α_e는 r_{ion}^3에 대해 기울기 $2\pi\varepsilon_0$인 일직선으로 그릴 수 있다. 그림 14.8은 알칼리 금속 양이온, 할로겐 음이온, 그리고 칼코겐 2가 이온의 α_e를 r_{ion}^3에 대한 그래프로 나타낸다. 만약 우리의 단순한 모델이 옳다면 모든 점은 식 (14.39)로 표시된 선상에 있고 기울기는 $2\pi\varepsilon_0$이다. 식 (14.39)는 어느 정도 실험결과와 잘 맞는 것을 알 수 있다. 그러나 이 결과는 크기뿐 아니라 다른 2가지 요인(분극률을 처음 언급한 4.2.2절 참고)을 고려해야 함을 보여준다.

1. 전하: 이온의 분극률은 그림 14.8에 나오듯 전하의 함수이다. 보통 음이온은 양이온보다 분극 발생이 쉽고, 이 효과는 단순히 부피에 따른 효과보다 강력하다. 예를 들어, Cl^-와 S^{2-}는 크기가 비슷하지만, S^{2-}는 2가 이온이므로 Cl^-보다 거의 3배나 더 분극 발생이 쉽다. 음이온에

표 14.1 몇 가지 이온의 전자 분극률 α_e (10^{40} F·m² 단위)와 이온 반지름

알칼리 금속 양이온			할로겐 음이온			칼코겐 음이온		
이온	α_e	r_0(pm)	이온	α_e	r_0(pm)	이온	α_e	r_0(pm)
Na^+	0.22	102	F^-	1.33	133	O^{2-}	3.05	140 pm
K^+	1.00	138	Cl^-	3.33	181	S^{2-}	9.54	184
Rb^+	1.89	152	Br^-	5.00	196	Se^{2-}	12.4	198
Cs^+	2.77	167	I^-	7.77	220	Te^{2-}	17.4	221

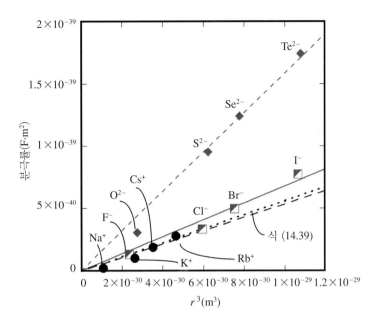

그림 14.8 이온 반지름과 전자 분극률의 관계(반지름은 부록 3A 참고. 분극률은 굴절률로부터 실험적으로 결정했다.)

서는 최외각 전자가 핵과 느슨하게 결합하므로 분극률에 가장 크게 기여하는 것으로 이해할 수 있다.

2. 핵 차폐: 그림 14.8에 나타나지 않았으나 일반적으로 d 전자는 s나 p 전자만큼 핵을 차폐하지 않는다. 따라서 d 전자가 있는 원자나 이온의 분극률은 s나 p 전자가 있는 비슷한 크기의 원자보다 작다.

직관과는 약간 반대로 전자구름의 자연 주파수 ω_e는 분극률에 거의 의존하지 않는다. 그 이유는 식 (14.36)에서 ω_e는 Z_i에 선형적으로 비례하고 α_e에 반비례함에서 알 수 있다. 그리고 Z_i가 증가하면 α_e도 증가하므로, 그 비율은 거의 일정하게 유지된다. 따라서 라돈을 포함한 비활성기체의 ω_e 측정 값은 8.9 × 10¹⁵ Hz(He)에서 12.6 × 10¹⁵ Hz(Ne)로 크게 다르지 않다. 다음 주제로 넘어가기 전에 ω_e는 매우 큰 값이고 대개 10¹⁶ Hz 범위에 있음을 기억하라.

예제 14.1

O_2 기체의 상대유전상수는 0°C, 1기압에서 1.000523이다. 이 결과를 이용하여 O_2 액체(밀도 1.19 Mg/m³)의 유전상수를 예측하시오. 계산 결과를 실험값 1.507과 비교하시오. 모든 가정을 명시하고 각 가정과 비교하여 결과의 의미를 논하시오.

정답

0°C에서 이상 기체를 가정하면($N = N_{Av}P/RT$) 세제곱미터당 원자 수는

$$N = \frac{(6.02 \times 10^{23})(1.013 \times 10^5)}{8.31 \times 273} = 2.69 \times 10^{25} \, \text{m}^{-3}$$

이 값을 식 (14.15)에 대입하고 α_e에 대해 풀면

$$\alpha_e = \frac{(1.000523 - 1)(8.85 \times 10^{-12})}{2.69 \times 10^{25}} = 1.72 \times 10^{-40} \, \text{F} \cdot \text{m}^2$$

액체에 있는 산소 분자의 수는

$$N_{\text{liq}} = \frac{1.19 \times 10^6}{32} \, 6.02 \times 10^{23} = 2.25 \times 10^{28} \, \text{m}^{-3}$$

이 값들을 식 (14.17)에 대입하면

$$\frac{k'_e - 1}{k'_e + 2} = \frac{(2.25 \times 10^{28})(1.72 \times 10^{-40})}{3 \times 8.85 \times 10^{-12}} = 0.145$$

k'_e에 대해 풀면 1.509를 얻으며 이 값은 실험값과 매우 일치한다. 이는 1) 분극률이 밀도 N의 함수가 아닌 원자의 특성이라는 가정이 타당하고, 2) 주어진 문제에서 클라우지우스-모소티 관계식 (14.17)이 유효하다는 것을 의미한다. ■

지금까지 편의상 전자구름은 단일 개체로 간주했으나 이는 지나치게 단순화한 것이다. 실제로는 각각의 원자가 j개$(j = Z_i)$의 진동자를 가지고 있으며 각 진동자는 진동자 강도 γ_j를 갖는다. j번째 진동자는 그 자신의 자연 주파수와 감쇠 상수 f_j로 진동한다. 그런 원자나 이온의 총 전자 분극률은 모든 진동자의 합으로 나타난다.

$$\frac{k_e^* - 1}{k_e^* + 2} = \frac{e^2}{\varepsilon_0 m_e} \sum_j \frac{\gamma_j (\omega_{e,j}^2 - \omega^2)}{(\omega_{e,j}^2 - \omega^2)^2 + i\omega^2 f_j^2} \tag{14.40}$$

양자역학에 따르면 진동자 강도 γ_j는 에너지띠 사이의 전자 이동 확률과 연관되어 있다.

공유결합성 절연체

앞에서 전자 분극에 대해 살펴보았다. 그러나 엄밀하게 말하면, 이 개념은 이온이 존재하는 이온결합 고체에 대해서 적용하였다. 예를 들어, NaCl의 α_e는 Na^+와 Cl^-의 α_e의 합이다. 즉, 화합물의 α_e는 대략 그 화합물을 구성하는 이온의 전자 분극률의 합으로 생각할 수 있다.

그러나 이런 논리는 SiC와 같은 공유결합성 세라믹 절연체에 적용할 수 없다. 이런 물질에는 원자 사이에 상당한 전자구름이 존재한다. 따라서 전하 분포는 개별 원자가 아닌 고체 전체의 함수이다. 다른 말로 표현하면, SiC의 α_e는 개별 Si 원자와 C 원자가 아니라 전체 결정의 분극률과 관련되어 있다. 이런 이유로 공유결합성 고체에서는 결합에 참여하는 전자의 전자 분극이 유전상수에 기여하는 주된 성분이다.

예제 14.2

Si의 유전상수가 11.9이고, Ne의 분극률이 0.45×10^{-40} F·m²이라면, Si의 최외각 전자를 제외한 전자들은 분극률에 크게 기여하지 않음을 보이시오. 이 경우 분극의 종류는 무엇이며, 분극이 온도의 함수일 것으로 예상하는가?

정답

Si의 전자구조는 [Ne]3s²3p²이므로, 이 문제를 푸는 가장 쉬운 방법은 Si의 분극률을 계산하고 Ne과 비교하는 것이다.

$$N_{Si} = \frac{2.33 \times 10^6}{28.1} 6.02 \times 10^{23} \approx 5 \times 10^{28} \text{ m}^{-3}$$

식 (14.35)를 재배열하면

$$\alpha_{Si} = \frac{3 \times 8.85 \times 10^{-12}}{5 \times 10^{28}} \frac{11.9 - 1}{11.9 + 2} = 4.16 \times 10^{-40} \text{ F·m}^2$$

따라서 Si에서 최외각 전자를 제외한 전자들은 전체 분극률의 약 10%(0.45×10^{-40} F·m²)를 기여한다. 이런 이유로 원자의 분극률을 고려할 때에는 최외각 전자가 아닌 경우 무시해도 무방하다. Si는 공유결합으로 이루어져 있으므로, 유전상수에 기여할 이온이나 다른 쌍극자가 없다. 이 경우 분극률은 순전히 전자 분극이며, 따라서 온도의 함수가 아니다. 이 부분은 Si의 전자가 가해준 전기장에 반응해서 뛰어다니는 것으로 생각하면 이해하기 쉽다. ■

14.4.2 이온 분극

전자구름뿐 아니라 다른 개체도 전기장에 반응할 수 있다. 고체의 이온도 같이 반응할 수 있고 유전상수에 기여할 수 있다. 이온 분극은 그림 14.9에 나오듯 음극과 양극에 대한 양이온과 음이온의 변위로 정의할 수 있다. 이온 공진은 자외선 주파수 영역($10^{12} \sim 10^{13}$ Hz)에서 나타나므로 이 현상은 16장에서 다룬다.

식 (14.29)와 유사한 운동 방정식을 푸는데, 차이점은 다음과 같다.

∞ 이온은 쿨롱 인력과 연관된 자연 진동 주파수 ω_{ion}를 가진 용수철로 서로 연결되어 있다고 가정한다.

∞ 환산 질량은 $M_r = m_c m_a / (m_c + m_a)$으로 주어지며, 여기서 m_c와 m_a는 각각 양이온과 음이온의 질량이다.

∞ 이 경우 마찰계수 f_{ion}은 다른 값을 가지며 이온의 이동에 따른 에너지 손실을 반영한다.

따라서 이온 분극률의 최종 결과는 전자 분극률과 매우 유사하며 다음과 같다.

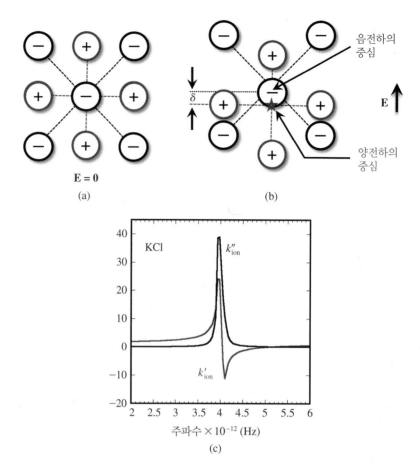

그림 14.9 이온 분극. (a) 평형상태에서 이온의 위치. (b) 수직방향으로 전기장이 가해지면 음전하의 중심이 양전하의 중심과 일치하지 않으며 분극이 발생한다. (c) KCl의 이온 분극률의 실수부와 허수부.

$$k'_{\text{ion}}(\omega) = 1 + \frac{(ze)^2 N_{\text{ion}}(\omega_{\text{ion}}^2 - \omega^2)}{\varepsilon_0 M_r \{(\omega_{\text{ion}}^2 - \omega^2)^2 + f_{\text{ion}}^2 \omega^2\}} \tag{14.41}$$

$$k''_{\text{ion}}(\omega) = \frac{(ze)^2 N_{\text{ion}} \omega f_{\text{ion}}}{\varepsilon_0 M_r \{(\omega_{\text{ion}}^2 - \omega^2)^2 + f_{\text{ion}}^2 \omega^2\}} \tag{14.42}$$

여기서 N_{ion}은 세제곱미터당 이온쌍의 개수이다. 식 (14.33)과 (14.41) 사이의 유사성에 주목하라. 유일한 차이는 ω_e 대신 ω_{ion}, f 대신 f_{ion}, m_e 대신 M_r이 나타나는 것이다. 또한 $\omega \gg \omega_{\text{ion}}$일 때, 이온은 가해준 전기장을 따라가지 못하며 $k'_{\text{ion}} \Rightarrow 1$이 된다. 그림 14.9c는 KCl에서 얻은 실제 결과를 보여준다. 이 경우 ω_{ion}은 10^{12} Hz 영역에 있다.

직류 조건에서는 클라우지우스-모소티 관계식을 이용하면 식 (14.41)은 다음과 같다.

$$\frac{k'_{\text{ion}} - 1}{k'_{\text{ion}} + 2} = \frac{(ze)^2 N_{\text{ion}}}{3\varepsilon_0 M_r \omega_{\text{ion}}^2} \tag{14.43}$$

즉, 이온 분극은 이온 질량에 반비례하며 이온결합 강도에 의존하는 ω_{ion}의 제곱에도 반비례한다. 또한 이온 이동을 포함하지 않으므로, 이온 분극은 온도에도 거의 무관하다.

4장에서 이온결합의 강도에 영향을 미치는 인자들에 대해 살펴보았으므로 여기서는 반복하지 않는다. 예제 14.2에서 살펴보았듯 공유결합(원자들이 전하를 띠지 않음)을 근간으로 형성된 세라믹스에서는 이온 분극이 거의 나타나지 않는다.

예제 14.3

(a) 식 (14.39)를 유도한 유사한 방식으로 k'_{ion}을 유도하시오.

(b) NaCl의 보른 지수는 약 8, MgO의 보른 지수는 약 7일 때, 문항 (a)에서 유도한 식을 바탕으로 NaCl과 MgO의 k_{ion}을 계산하시오. 모든 가정을 명시하고 계산 결과를 표 14.2에 나열된 실험결과와 비교하시오.

정답

(a) 식 (14.43)의 ω^2_{ion}을 S_0/M_r로 대체하고 이온결합의 경우(문제 4.2 참고)

$$S_0 \approx \frac{(ze)^2}{4\pi\varepsilon_0 r_0^3}(n-1)$$

여기서 r_0는 평형 이온 간격이고, n은 보른 지수이며, 따라서

$$\alpha_{ion} \approx \frac{4\pi\varepsilon_0 r_0^3}{n-1}$$

위 식을 클라우지우스-모소티 관계식과 결합하면

$$\frac{k'_{ion}-1}{k'_{ion}+2} \approx \frac{\alpha_{ion}N_{ion}}{3\varepsilon_0} \approx \frac{4\pi N_{ion}r_0^3}{3(n-1)} \tag{14.44}$$

흥미롭게도 이온의 전하는 최종 관계식에 나타나지 않으며, 그 이유는 전기력과 복원력 모두 z_1z_2에 비례하기 때문이다!

(b) NaCl(밀도 2.165 g/cm³)과 MgO(밀도 3.6 g/cm³)의 이온쌍 개수는

$$N_{ion}(NaCl) = \frac{2.165 \times 6.02 \times 10^{23} \times 10^6}{23 + 35.45} = 2.23 \times 10^{28} \text{ 이온쌍/m}^3$$

$$N_{ion}(MgO) = \frac{3.6 \times 6.02 \times 10^{23} \times 10^6}{24.31 + 16} = 5.38 \times 10^{28} \text{ 이온쌍/m}^3$$

부록 3A에서 $r_0(NaCl) = 102 + 181 = 283$ pm이며 $r_0(MgO) = 72 + 140 = 212$ pm이다. 이 값을 식 (14.44)에 대입하고 k'_{ion}에 대해 풀면 다음을 얻는다.

$$k'_{ion}(NaCl) = 2.3과 \quad k'_{ion}(MgO) = 2.67$$

실험적으로는(표 14.2 참고) $k'_{ion}(NaCl) = 5.89 - 2.41 = 3.48$, $k'_{ion}(MgO) = 9.83 - 3 = 6.83$

표 14.2 일부 세라믹 재료의 유전 특성[a]

화합물	k'_{static}	$k'_e = n^2$	tan $\delta (\times 10^4)$	화합물	k'_{static}	$k'_e = n^2$	tan $\delta (\times 10^4)$
할로겐 화합물							
AgCl	12.3	4.0		LiF	8.9	1.9	2
AgBr	13.1	4.6		LiI	11.0	3.8	
CsBr	6.7	2.4		NaBr	6.4	2.6	
CsCl	7.2	2.6		NaCl	5.9	2.4	2
CsI	5.6	2.6		NaF	5.1	1.7	
KBr	4.9	2.3	2	NaI	7.3	2.9	
KCl	4.8	2.2	10	RbBr	4.8	2.3	
KF	5.5	1.8		RbCl	4.9	2.2	
KI	5.1	2.6		RbF	6.5	2.0	
LiBr	9.0 – 13.0	3.2		RbI	4.9	2.6	
LiCl	11.9	2.8		TlBr	30.0	5.4	
이원소 산화물(2성분계)							
Al_2O_3	9.4	3.1	0.4 – 2	MnO	18.1		
BaO		3.9		Sc_2O_3		4.0	
BeO	6.8	2.9	2	SiO_2	3.8	2.3	4
CaO	12.0	3.4		SrO	13.0	3.3	
Cr2O3	11.8	6.5		TiO_2 rutile	114.0	6.4 – 7.4	2 – 4
Eu_2O_3		4.4		$TiO_2 (\parallel c)$[b]	170.0	8.4	16
Ga_2O_3		3.7		$TiO_2 (\parallel a)$[c]	86.0	6.8	2
Gd_2O_3		4.4		Y_2O_3		3.7	
MgO	9.8	3.0	3	ZnO	9.0	4.0	
삼원소 산화물(3성분계)							
$BaTiO_3$	3000.0	5.8	1 – 200	$MgTiO_3$	16.0		2
$CaTiO_3$	180.0	6.0		$SrTiO_3$	285.0	6.2	
$MgAl_2O_4$	8.2	3.0	5 – 8				
유리							
Pb-silica glass	19.0	57		Soda-lime glass Vycor	7.60	2.3	100
Pyrex	4.0 – 6.0						8
기타							
AlN	8.80		5 – 10	α-SiC	9.7	6.7	
C(diamond)	5.7	5.7		Si	11.7	11.7	
				ZnS	8.3	5.1	

[a] 문헌에서 인용된 값들은 시편의 순도와 품질에 따라 편차가 크다.
[b] 금홍석(TiO$_2$, rutile) 단결정의 c축에 평행
[c] a축에 평행

이다. 비록 이론값과 실험값 사이에 차이가 있으나, 우리가 사용한 모델(이온을 단단한 구의 형태로 가정하는 등)의 단순함을 고려하면 만족할만하다. 특히, 다음 절에서 살펴보겠지만 표 14.2에 나타난 정적(static)유전상수의 값은 이온 분극뿐 아니라 다른 분극도 포함할 수 있으므로 더욱 그렇다. ∎

14.4.3 양극성 분극

고주파($\omega > 10^{10}$ Hz)에서 발생하는 전자 분극 및 이온 분극과 달리, 양극성 분극은 낮은 주파수에서 발생하며 저주파 응용되는 유리와 세라믹스의 축전기나 절연체 특성에 큰 영향을 끼친다. 이 절의 남은 부분에서는 먼저 정적 전기장(직류 전기장) 아래, 그 후 더 복잡한 동적 전기장 아래에서 양극성 분극을 살펴본다.

정적 반응

이 경우, 유전체에 가해진 전압이 평형에 도달할 때까지 유지된다. 위에서 언급했듯이 **양극성 분극**은 가해준 전기장 때문에 이온이 동등한 격자 위치를 선택적으로 차지하는 것이다.[10] 이 상황은 그림 14.10에 개략도로 나타나 있으며, 이온이 깊은 에너지 우물에 갇혀 있고 그림 14.10b에 표시했듯이 A와 B로 표시한 두 동등한 위치가 존재한다. 두 위치는 도약거리 λ_s만큼 떨어져 있고 에너지 장벽은 ΔH_m이다. 전기장이 없으면(그림 14.10a) 각각의 위치에 이온이 있을 확률은 같고 분극은 발생하지 않는다. 전기장을 가하면(그림 14.10b) 두 위치는 동등하지 않으며 전위 차이로 인해 분극이 발생한다.[11]

7장에서 살펴보았듯 이온이 전기장 없이 도약할 확률은 볼츠만 인자로 주어진다.

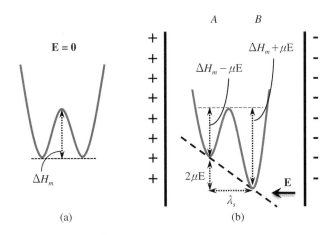

그림 14.10 양극성 분극. (a) 전기장이 없을 때 에너지와 위치. 두 위치에 이온이 존재할 확률은 같다. (b) 전기장을 가해주면 위치 사이에 전위 차이가 발생한다.

---

[10] 이 절에서 논의하는 양극성 분극은 영구 쌍극자를 가진 모든 극성 고체에 적용된다. 원칙적으로 이러한 접근은 전이온도 이상에서 압전체와 강유전체에도 적용될 수 있다(15장 참고). 그러나 그림 14.11에 나오듯 감쇠 공진의 결과로 같은 반응이 나타날 수 있다. 이는 그림 14.7a에서 쉽게 볼 수 있는데, 감쇠의 척도인 f가 커지면서 공진 곡선이 평평해진다. 두 현상은 실험적으로 쉽게 구분할 수 있다.

[11] 다음과 같이 결정을 배로, 이온을 승객으로 비유할 수 있다. 승객들은 2개의 침대를 가진 선실에 갇혀 있고 침대는 배의 축과 평행하게 배열되어 있다. 전기장이 없으면, 승객들은 배의 무게 중심이 두 침대의 가운데에 유지되도록 두 침대 중 아무 곳이나 같은 확률로 차지할 것이다. 만약 배가 한쪽으로 기운다면 승객들은 한쪽 침대를 선호할 것이며 배의 무게 중심은 두 침대의 가운데가 아닐 것이다.

$$\Theta = K \exp\left(-\frac{\Delta H_m}{kT}\right) \tag{14.45}$$

쌍극자의 퍼텐셜 에너지는 쌍극자 모멘트 μ_{dip}의 전기장 E에 대한 방향에 의존한다.

$$U = -\mu_{dip} \cdot E = -\mu_{dip} E_{cos}\,\theta$$

여기서 θ는 μ와 E 사이의 각도이다. $\theta = 0°$ 또는 $180°$일 때, 퍼텐셜 에너지는 모멘트가 전기장에 평행하게 정렬하는지 반대로 정렬하는지에 따라 간단히 $\pm\mu_{dip}E$가 된다. 따라서 두 방향 사이의 에너지 차이는 $2\mu_{dip}E$가 된다. 단위부피당 N_{dip} 쌍극자가 있다면, 전기장 아래에서 $A \Rightarrow B$ 도약할 확률은

$$\Theta_{A \to B} = K_{exp} \exp\left(-\frac{\Delta H_m - \mu_{dip} E}{kT}\right)$$

대부분, 가해준 전기장은 작으므로 $\mu_{dip}E/(KT) \ll 1$이고, 이 식은

$$\Theta_{A \to B} = \left(1 - \frac{\mu_{dip} E}{kT}\right)\Theta \tag{14.46}$$

비슷하게 $B \Rightarrow A$ 도약할 확률은

$$\Theta_{B \to A} = \left(1 + \frac{\mu_{dip} E}{kT}\right)\Theta \tag{14.47}$$

정상상태에서

$$N_A \Theta_{A \to B} = N_B \Theta_{B \to A} \tag{14.48}$$

여기서 N_A와 N_B는 각 우물에 있는 이온의 개수이다. 식 (14.46)과 (14.48)을 결합하고 재배열하면

$$N_B - N_A = (N_B + N_A)\frac{\mu_{dip} E}{kT} = N_{dip}\frac{\mu_{dip} E}{kT} \tag{14.49}$$

단위부피당 정적 분극 P_s는 다음과 같이 정의된다.

$$P_s = (N_B - N_A)\mu_{dip} = N_{dip}\frac{\mu_{dip}^2 E}{kT} \tag{14.50}$$

이 식에서 $N_B = N_A$라면 분극이 발생하지 않음은 자명하다. 식 (14.13)과 (14.50)을 결합하고 $\mu_{dip} = ze\lambda_s/2$이므로

$$k'_{dip} - 1 = \frac{N_{dip}\mu_{dip}^2}{\varepsilon_0 kT} = \frac{N_{dip}(ze)^2\lambda_s^2}{4kT}$$

이 식을 유도하며 쌍극자가 E에 대해 같은 방향 또는 반대방향으로 회전한다고 가정했다. 실제로는 모든 각도에 대해 평균을 구할 필요가 있다. 다행히도 이 경우 위 식에 3을 추가하면 된다. 즉,

$$k'_{\text{dip}} - 1 = \frac{N_{\text{dip}}\mu_{\text{dip}}^2}{3\varepsilon_0 kT} = \frac{N_{\text{dip}}(ze)^2\lambda_s^2}{12kT} \tag{14.51}$$

다음 사항들에 유의하라.

∞ 이제 k'_{dip}은 단위부피당 쌍극자의 총 개수, 도약하는 이온의 이온화 수, 도약거리 λ_s에 의존한다. 식 (14.51)은 **정적(직류)** 조건에서 평형상태를 나타내므로 ΔH_m이나 가해준 전기장의 주파수 ω에는 무관하다. 이 식은 평형값을 알려주지만, 평형에 도달하는 시간에 대해서는 알려주지 않는다(아래 참고).

∞ 온도가 증가하면 열적 무질서의 결과로 k'_{dip}은 감소한다. 이러한 온도 의존성은 **퀴리의 법칙**으로 알려져 있으며 15장에서 다시 다룬다. 상자성체와 유사하게(15장 참고) 유전 감수율이 온도에 반비례하는 모든 고체는 **상유전체**라고 부를 수 있다.

동적 반응과 디바이 방정식

양극성 분극의 동적 반응을 이해하고 모형을 세우는 것은 꽤 복잡한 일이다. 그러나 디바이는 이 문제를 다루기 쉽게 다음 가정을 세웠다.

∞ 고주파에서($\omega \gg 1/\tau$, 여기서 τ는 **완화 시간**, 원자나 이온이 주어진 위치에 머무는 평균 시간) 상대 유전상수는 k'_∞으로 주어지며 $k'_\infty = k'_{\text{ion}} + k'_e$(이온과 전자 기여분의 합)이다.

∞ $\omega \Rightarrow 0$으로 가면서 상대유전상수는 k'_s로 주어지며 $k'_s = k'_{\text{dip}} + k'_\infty$이다.

∞ 탈분극 비율이 분극과 비례한다고 가정하면 P는 다음과 같이 감소함을 보일 수 있다(부록 14B 참고).

$$P(t) = P_0 \exp\left(-\frac{t}{\tau}\right) \tag{14.52}$$

위와 같은 가정으로부터 다음 식이 성립함을 보일 수 있다.[12]

$$k'_{\text{dip}} = k'_\infty + \frac{k'_{\text{dip}}}{1 + \omega^2\tau^2} \tag{14.53}$$

$$k''_{\text{dip}} = \frac{\omega\tau}{1 + \omega^2\tau^2} k'_{\text{dip}} \tag{14.54}$$

$$\tan\phi = \frac{k''_{\text{dip}}}{k'_{\text{dip}}} = \frac{k'_{\text{dip}}\omega\tau}{k'_s + k'_\infty\omega^2\tau^2} \tag{14.55}$$

[12] L. L. Hench and J. K. West, *Principles of Electronic Ceramics*, Wiley-Interscience, NY, 1990.

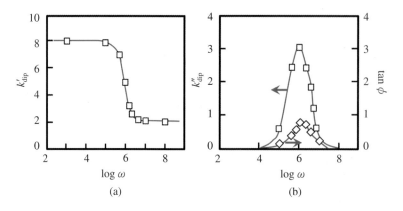

그림 14.11 양극성 분극에서 나타나는 유전 특성의 주파수 의존성. (a) k'(시간 상수 τ는 10^{-6} s로 가정), (b) k''과 $\tan\phi$. k''의 최댓값은 k'의 변곡점과 일치하며, $\tan\phi$ 최댓값은 약간 고주파 쪽으로 이동했다.

위 식들은 합쳐서 **디바이 방정식**으로 알려져 있으며 그림 14.11에 나타내었다. 저주파에서는 모든 분극 기구가 가해준 전기장을 따라갈 수 있으며 전체 유전상수는 $\approx k'_S$이며 양극성, 이온, 그리고 전자 기여가 포함된다. $\omega\tau = 1$일 때, k'_{dip}은 변곡점을 지나며 k''_{dip}은 최댓값을 갖는다(문제 14.12 참고). 고주파에서는 k'_{dip}에 기여하는 양극성 분극 성분은 사라지며 이온과 전자 성분만이 기여한다.[13]

디바이 방정식을 유도하는 과정에 포함된 가정은 단일한 완화 시간이다. 즉, 그림 14.10a의 장벽 높이는 모든 위치에서 동일하다고 가정한다. 그리고 이는 일부 결정질 고체에서 사실이나, 유리와 같은 비정질 고체에는 구조가 무질서하므로 완화 시간에 분포가 나타나서 적용하기 어렵다. 이 경우에는 활성화 장벽의 분포를 가정하기도 한다.

양극성 분극의 온도 의존성

위에서 언급했듯이 τ는 이온이 한 위치에 머무는 평균 시간의 척도이다. 즉, 식 (14.45)에 의해 $\tau \propto 1/\Theta$에서 τ는 온도에 다음과 같이 의존한다.

$$\tau = \tau_0 \exp\frac{\Delta H_m}{kT} \tag{14.56}$$

이 식은 공진주파수도 온도의 지수함수임을 의미한다. 온도가 증가하면 원자의 진동 속도가 증가하고 고주파의 전기장을 가해도 따라갈 수 있다. 유리의 유전손실을 온도의 함수로 나타낸 그림 14.12a에 나오듯 이는 사실이다. 예상처럼 온도가 증가하며 손실각의 최댓값이 고주파수로 이동한다. 또한 봉우리가 발생하는 주파수를 온도의 역수에 대해 나타내면 예상처럼 아레니우스 관계식을 관찰할 수 있다(그림 14.12b).

---

[13] 만약 이온이 위치에 머무는 시간보다 더 짧은 시간 안에 전기장의 극성이 변하면, 두 위치의 평균 에너지는 동등해진다(전위 차이는 사라지며 두 위치는 에너지적으로 겹쳐진다).

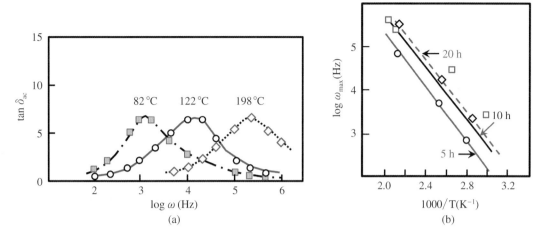

(a)

(b)

그림 14.12 Li_2O-SiO_2 유리에서 온도가 유전손실 봉우리에 미치는 영향. 온도가 증가하며 이온의 이동도가 증가하므로 손실이 최대가 되는 주파수도 증가한다. (b) 유전손실이 최대가 되는 주파수의 온도 의존성.

14.4.4 유전 스펙트럼

앞에서 살펴보았듯 유전 특성은 주파수, 온도, 그리고 고체의 종류에 따라 복잡하게 나타난다. 직류 조건에서 모든 기구가 작동하며 유전상수는 최대가 되고 모든 기구의 합으로 나타난다. 주파수가 증가하면서 다양한 기구들이 가해준 전기장을 따라갈 수 없으며, 그림 14.13에 나타나듯 사라진

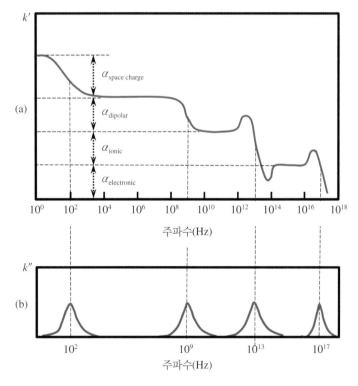

그림 14.13 가해준 전기장에 따른 (a) 상대유전상수와 (b) 유전손실의 변화.

다. 매우 높은 주파수에서는 모든 기구가 전기장에 반응하지 못하며 상대유전상수는 1에 근접한다.

온도는 양극성 분극처럼 장거리 이온 변위가 나타나는 분극 기구에만 영향을 준다. 이온 분극은 장거리 이온 이동이 필요하지 않으므로 온도에 크게 영향을 받지 않는다.[14]

예제 14.4

물의 정적유전상수는 80이고 고주파수 유전상수는 5이다. 60°C에서 k''_{dip}이 30 GHz에서 최대가 된다면, 물 쌍극자의 완화 시간을 구하시오. 물의 적외선 흡수 스펙트럼 결과 100 cm^{-1}에서 봉우리가 관찰되었다. 이 두 사실이 연결되어 있다고 생각하는가? 모든 가정을 명시하시오.

정답

그림 14.13에 따르면 40 GHz에서 양극성 분극이 나타나므로 양극성이 원인이라고 가정한다. 이 문제를 푸는 가장 쉬운 방법은 $\omega_{max}\tau = 1$을 이용하는 것이다. 주어진 문제에서 $\omega_{max} = 30$ GHz이다. τ를 구하기 위해서는 먼저 Hz의 주파수를 각주파수로 환산해야 한다.

$$\omega_{max} = 30 \times 10^9 \times 2\pi = 1.9 \times 10^{11} \text{ rad/s}$$

그리고

$$\tau = \frac{1}{1.9 \times 10^{11}} = 5.3 \times 10^{-12} = 5.3 \text{ ps}$$

따라서 물 분자의 평균 완화 시간은 약 5 ps 수준이다. 만약 가해준 전기장의 주파수가 10^{10} rad/s라면 쌍극자는 전기장에 반응하는 데 아무 문제가 없을 것이다. 그러나 만약 가해준 전기장의 주파수가 10^{12} rad/s라면 물 분자는 전기장에 반응하지 못하고 분극에 기여하지 못한다.

이 결과를 적외선 흡수와 비교하기 위해서 파수(wave number)를 주파수로 환산해야 한다. SI 단위에서, $k = 10^4$ m^{-1}이므로

$$\omega = 2\pi\nu = 2\pi c(k) = 2\pi \times 3 \times 10^8(10^4) = 1.9 \times 10^{13} \text{ rad/s}$$

여기서 c는 빛의 속도이다. 두 주파수의 차이는 크므로 서로 다른 원인에서 발생한다고 가정할 수 있으며, 실제로도 그렇다. 첫 번째는 양극성 분극이 원인이고, 두 번째는 이온 분극 때문이다.

이 문제에서 인생과 마찬가지로 필요한 것 이상으로 더 많은 정보가 주어졌음에 유의하라! ■

---

[14] 이 부분은 유전손실에 미치는 온도의 영향과 혼동하지 말아야 한다(다음 절 참고).

14.5 유전손실

유전손실은 전기장이 가해졌을 때 유전체에서 단위시간당 발생하는 에너지 손실의 척도이다. 식 (14.25)에 따라 유전체의 단위부피당 전력 손실은 k'', 전기장의 주파수, 그리고 직류 전기전도도와 관련되어 있다.

전력 손실은 낭비되는 에너지를 뜻하며 일반적으로 유전체에서 열로 나타난다. 만약 열이 손실되는 정도보다 더 빠르게 발생하면 유전체는 가열되어 아래에서 살펴보듯이 유전 파괴와 다른 문제들을 일으킬 수 있다. 또한 온도가 증가하면서 유전상수도 변하는데, 이는 미세하게 조절된 회로에 심각한 문제를 일으킬 수 있다. k''값이 낮을수록 공진주파수가 예리해지므로 축전기를 이용하는 회로를 미세하게 조절하기 위해서는 k''을 최소화해야 한다(그림 14.7b 참고).

식 (14.25)로부터 전력 손실을 줄이기 위해서는 다음 사항이 중요함을 알 수 있다.

∞ 전기전도도가 매우 낮은 고체를 이용한다($\sigma_{dc} \Rightarrow 0$). 즉, 띠간격이 크고 순수한 고체(불순물 이온, 자유전자, 또는 양공 등과 같은 자유전하 나르개 개수가 매우 적은)를 이용한다.

∞ k''을 줄인다.

그러므로 정의로부터 좋은 유전체는 낮은 전기전도도($\sigma_{dc} \Rightarrow 0$)와 낮은 k''을 가져야 하며, 이에 k''에 영향을 미치는 요인을 이해할 필요가 있다. 세라믹의 전도도는 온도에 따라 지수함수적으로 증가하므로(7장), 온도는 유전손실에 큰 영향을 준다. 여러 가지 유리의 손실 탄젠트가 온도의 함수로 표시된 그림 14.14a에서 이 사실을 알 수 있다. 모든 경우에서 양이온 이동도가 증가하면 유전손실 탄젠트가 증가한다. 불순물은 세라믹의 전도도 증가에 기여하므로 불순물이 많아지면 유전손실이 크

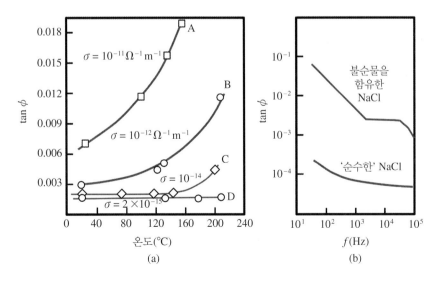

그림 14.14 (a) 알칼리 유리의 온도에 따른 손실각의 변화. 10^6 Hz에서 측정. (b) NaCl의 tan ϕ에 미치는 불순물과 주파수의 영향.

게 증가한다. 순수한 NaCl(아래 곡선)과 불순물을 함유한 NaCl(위 곡선)을 비교한 그림 14.14b에서 이 사실을 알 수 있다.

공진주파수 부근에서는 k''이 매우 크게 증가하므로 유전체가 사용될 주파수는 공진주파수에서 최대한 멀리 떨어져 있어야 한다.

흥미롭게도 결정구조 또한 k''에 영향을 줄 수 있다. 일반적으로 조밀한 이온 고체에서는 유전손실이 작고, 조밀하지 않은 구조에서는 유전손실이 더 커지는 경향이 있다. 이 사실은 α-와 γ-알루미나의 $\tan \phi$값을 비교해보면 알 수 있다. 100°C에서 α-알루미나의 $\tan \phi < 0.0003$인 반면, α-알루미나보다 조밀하지 않은 γ-알루미나의 $\tan \phi$는 같은 조건에서 0.1보다 크다.

14.6 유전 파괴

유전체에 가해지는 전기장의 크기가 계속해서 증가하면 어느 순간 단락 회로가 발생한다. **유전 파괴**는 단락 회로를 유발할 정도의 전압 기울기 또는 전기장으로 정의한다. 이 현상은 시편의 두께, 온도, 전극 조성과 형태, 기공률 등 많은 요인에 의존한다.

세라믹스에서는 고유 파괴와 열적 파괴의 2가지 기본 형태가 있다.

∞ 고유 파괴. 이 기구에서는 전도띠의 전자가 가속되며 격자 이온을 이온화하기 시작한다. 이온들이 이온화하면서 자유전자의 개수가 증가하고 사태 효과(avalanche effect)가 나타난다. 가해준 전기장이 클수록 전자도 빠르게 가속되어 이 방식으로 유전 파괴가 일어날 가능성도 커진다.

∞ 열적 파괴. 손실의 결과로 유전체에서 발생하는 열이 사라지는 열의 비율보다 클 때 열적 파괴가 나타난다. 이 조건이 나타나면 유전체는 가열되고 전기전도도가 상승하며, 이는 유전체를 더욱 가열하게 한다. 열적 파괴 또는 열 폭주(thermal runaway)라고 부른다.

14.7 축전기와 절연체

세라믹 유전체는 보통 전기회로에서 축전기나 절연체로 사용된다. 축전기는 불필요한 전기신호를 막고 회로에 손상을 줄 수 있는 급등하는 전하를 저장하여 전기적으로 완충제의 역할을 한다. 축전기는 직류 신호를 막고 교류 신호만을 허용하므로 교류와 직류 신호를 분리할 수 있고, 회로의 한 부분에서 다른 부분으로 교류를 결합할 수 있다. 축전기는 전하를 저장할 뿐만 아니라 다른 주파수를 구분할 수도 있다.

고체 유전체는 특성에 따라 축전기 또는 절연체로 사용될 수 있다. 축전기로 사용되기 위해서는 낮은 손실과 함께 높은 상대유전상수가 필요하다. 완벽한 유전체는 k'값이 매우 크고 손실이 없어야 한다. 그러나 만약 유전체가 고전압용 또는 집적회로의 기판과 같이 절연 특성이 중요한 응용 분야에서 사용된다면, 유전상수가 낮을수록 좋고 손실이 없으면 좋다. 최근 고주파수 통신망의 발전으로 저손실 유전체에 대한 수요가 크게 증가했다는 사실은 주목할만하다. 전력 손실[식 (14.25)]은 ω에 비례하므로 손실이 낮은 절연체가 어느 때보다도 필요하다.

표 14.2에 몇 가지 세라믹스의 k'_{static}과 k'_e(16장에 나오듯 굴절률의 제곱) 그리고 $\tan \phi$를 나타내었다.

일반적으로 유전체는 3가지 종류로 나눌 수 있다.

1종 유전체는 유전상수가 낮거나 중간 정도인 세라믹스로 0.003 미만의 손실 계수를 갖는다. k'_{static}의 낮은 영역은 5~15, 중간 영역은 15~500이다.

2종 유전체는 강유전체 기반의 높은 유전상수를 갖는 세라믹스(15장 참고)이며 k'은 2000~20000 사이이다.

3종 유전체(여기서 다루지 않음)는 유전체의 두께 감소 효과를 유발하는 전도 상(conductive phase)을 포함하며 그 결과 매우 큰 전기용량을 갖는다. 그러나 이 유전체의 유전 파괴 전압은 상당히 낮다.

유전상수가 낮은 세라믹스는 절연 특성이 중요한 응용에서 널리 사용된다. 이러한 응용을 위해서는 기계적/열적/화학적 안정성이 좋아야 하고, 열충격 저항이 좋아야 하고, 원료 가격이 낮아야 하고, 제조비용이 낮아야 한다. 이러한 세라믹스에는 전기 도자기로 알려진 점토 또는 활석 기반의 세라믹스가 포함된다. 이러한 세라믹스는 대부분 송전용 고장력 전선을 지지하는 절연체로 사용된다. 다른 응용 분야로는 회로용 리드 피드스루(lead feedthrough)나 기판, 단자 연결 블록(terminal connecting block), 고전압 퓨즈와 권선형 저항기 지지대 등이 있다.

또 다른 중요한 낮은 유전상수, 저손실 세라믹스로 알루미나가 있다. 알루미나는 기계적 특성이 좋고, 열전도도가 높고, 금속 피복이 쉬워 후막 회로 기판과 집적회로 패키징에 널리 사용된다.

알루미나를 대체할 가능성이 있는 다른 낮은 유전상수 세라믹스로는 BeO와 AlN가 떠오르고 있다. 대략 이러한 물질들은 알루미나와 거의 비슷한 물성을 가지고 있는데, 다만 열전도도는 알루미나와 비교해 약 5~10배 크다. AlN는 열팽창 계수가 $4.5 \times 10^{-6}°C^{-1}$로 알루미나보다 Si의 열팽창 계수($2.6 \times 10^{-6}°C^{-1}$)와 더 잘 맞는다. 반도체 칩의 크기, 개수, 밀도가 증가하면서 방열이 중요해지고 있으므로 AlN는 가격이 비싼데도 불구하고 알루미나를 대체할지도 모른다.

중간 정도의 유전상수를 갖는 세라믹스는 손실 계수가 낮은 경우에 한해 1종 유전체로 널리 사용된다. 따라서 손실 탄젠트가 큰 대부분의 강유전체는 사용하기 어렵다. 이러한 저손실 1종 유전체는 메가헤르츠 주파수 영역의 고전압 송전 축전기, 일반적인 전자회로용 축전기, 기가헤르츠 영역에서 작동하는 마이크로파-공진 공동(resonant cavity) 등 세 분야에서 주로 사용된다.

다층 축전기. 매일 수십억 개의 다층 축전기(대부분 BaTiO₃)가 생산된다. 그림 14.15는 금속전극과 유전체층의 두께가 1 μm보다 얇은 다층 축전기의 SEM 사진을 보여준다. 이러한 다층 축전기는 거의 모든 전자 소자에 들어 있다. 예를 들어, 휴대전화 한 대에는 크기와 형태가 다른 700개 이

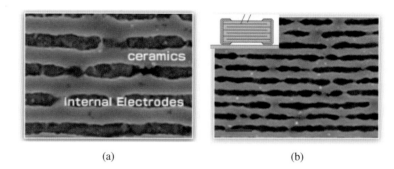

(a)   (b)

그림 14.15 박막으로 이루어진 전형적인 다층 축전기의 SEM 사진. (a) 세라믹층과 Ni 금속층의 두께는 각각 1 μm, 0.7 μm 이다. (b) 세라믹층과 금속층의 두께는 각각 0.5 μm, 0.4 μm이다. 삽입 사진은 전체 소자의 개략도이다. (Murata Corp. 제공. https://www.murata.com/products/capacitor/mlcc/strength.)

상의 다층 축전기가 들어 있다. 다층 축전기의 핵심은 최소의 부피에서 최대의 축전기를 얻는 것이다. 아래 예제에서 설명한다.

예제 14.5

(a) k'이 2000이고 전극 사이 거리가 3 mm인 축전기의 단위면적당 전기용량을 계산하시오.

(b) 만약 전극 사이 거리가 10 μm로 줄어들고(그림 14.5 참고) 전극 두께도 10 μm라면, 3 mm 안에 들어갈 수 있는 축전기는 몇 개인가? 이 경우, 전체 전기용량은 얼마이며 문항 (a)에 서 구한 전기용량과 비교할 때 어떤가?

정답

(a) 단위면적당 전기용량을 계산하기 위해 식 (14.6)을 이용하면

$$\frac{C}{A} = \frac{k'\varepsilon_0}{d} = \frac{2000 \times 8.85 \times 10^{-12}}{0.003} = 5.9 \ \mu\text{F/m}^2$$

(b) 3 mm 안에 $3 \times 10^{-3}/(20 \times 10^{-6}) = 150$개의 축전기가 들어갈 수 있다. 각각의 전기용량은

$$\frac{C}{A} = \frac{k'\varepsilon_0}{d} = \frac{2000 \times 8.85 \times 10^{-12}}{10 \times 10^{-6}} = 1.77 \ \text{mF/m}^2$$

각 축전기는 병렬로 연결되어 있으므로 전체 전기용량은 더하면 된다. 따라서 전체 전기 용량은 $1.77 \times 10^{-3} \times 150 = 0.265$ F/m²이다. 다층 축전기는 같은 부피의 단일 축전기 보다 45000배 더 많은 전하를 저장할 수 있다! ■

사례연구 14.1: 전기화학 임피던스 분광법

때로는 교류 임피던스라고 불리는 전기화학 임피던스 분광법(electrochemical impedance spectros-copy, EIS)에 대해서는 앞에서 간단하게 논의했다. 이 방법은 물질 내부와 계면 특성의 이해와 분리, 그리고 k'과 k'' 정량화와 관련해 중요하고 유용하므로 여기서 다시 한번 살펴본다. 이 사례연구에서는 고체에서 무슨 일이 일어나는지 이 방법을 통해 어떻게 알 수 있는지 살펴본다. 더 나아가기 전에 **등가회로**를 가정하지 않으면 EIS 그래프를 이해하거나 해석하기가 불가능하다는 점을 말해 둔다. EIS 결과를 해석하기 위해 가장 어려운 부분은 측정 대상 시스템의 물성을 나타내는 등가회로를 만드는 것이다.

전형적인 실험에서 대상인 세라믹이나 유리에는 전극이 형성되어 임피던스와 위상 변화를 측정한다. 측정한 Z와 ϕ는 보드 선도(Bode plot, 그림 14.16a)에 나타낼 수 있다. 여기서 Z와 ϕ는 log ω에 대한 y_1, y_2축에 각각 그린다. 같은 결과를 나이퀴스트 선도(Nyquist plot)에 다시 나타내는 것도 많이 사용하는 방법이다. 보드 선도에서 나이퀴스트 선도로 나타내기 위해서는 다음 관계식이 유용하다.

$$Z(\omega) = \frac{E}{I} = Z_0 \exp(i\phi) = Z_0(\cos\phi + i\sin\phi) \tag{14.57}$$

따라서 보드 선도를 나이퀴스트 선도로 옮기기 위해서는 먼저 주파수를 선택하고, 그 주파수의 Z_0를 찾아서 $Z_0\cos\phi$와 $Z_0\sin\phi$를 구한다. 이 값들은 나이퀴스트 선도에 해당하는 지점의 x, y좌표를 나타낸다. 예를 들어, 나이퀴스트 선도에서 $\phi = 0$이면, $x = Z_0$, $y = 0$이다. 이 값들은 등가회로에서 R_1과 $R_1 + R_2$를 나타내며(그림 14.16b 내부 회로 참고) 둘 다 x축에 위치한다. 이제 보드 선도에서 $\phi = 45°$인 지점을 그림 14.16a에 얇은 화살표로 표시한다. 이 지점을 나이퀴스트 선도에 표시하면 x좌표는 $Z_0\cos\phi$, y좌표는 $Z_0\sin\phi$가 된다. 이 지점에 대해 log $Z_0 = 3.325$이다. 나이퀴스트 선도에서 해당하는 x, y좌표는 약 1490 Ω임을 보이는 것은 독자들에게 연습문제로 남겨둔다. 나이

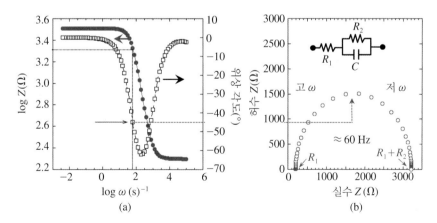

그림 14.16 전형적인 교류 임피던스 결과. (a) 왼쪽 y축은 임피던스이고 오른쪽 y축은 위상 각도인 보드 선도. (b) 같은 결과를 나타내는 나이퀴스트 선도. 등가회로가 내부에 그려져 있다. (a)에서 위상 각도 45°인 지점은 (b)의 나이퀴스트 선도에서 최댓값에 해당함을 유의하라.

퀴스트 반원의 최고점에서의 주파수(이 경우 63 Hz)는 $1/R_2C$와 같으므로 상당히 중요하다. R_2를 알면 C를 쉽게 계산할 수 있다.

보드 선도와 나이퀴스트 선도는 같은 결과를 보여주며 같은 정보를 가지고 있다. 그림 14.16을 가로지르는 선은 보드 선도와 나이퀴스트 선도의 같은 지점을 연결한다. 보드 선도에서 주파수는 명확하며 작은 임피던스는 큰 임피던스에 압도되지 않는다. 나이퀴스트 선도에서 주파수는 명확하지 않으며 작은 임피던스는 큰 임피던스에 가려질 수 있다.

그림 14.16이 계면 저항 R_1, 부피 저항 R_2, 부피의 k'은 전기용량 C와 연관된 시스템에서 측정한 결과라고 가정해보자. 이 경우 등가회로는 그림 14.16b의 내부에 그려져 있다. R_1과 R_2가 그림의 다양한 영역과 어떻게 연결되는지는 이제 명백하다. 앞에서 언급한 것처럼, 반원의 최댓값에서 주파수 ω_{RC}는 약 60 Hz이고 이는 $1/CR_2$와 같다. 이 경우, $R_2 \approx 2964\ \Omega$이므로 $C = 5.6\ \mu F$이다. C와 측정 대상 물체의 크기를 알면 앞서 예제에서 보았듯이 k'은 쉽게 계산할 수 있다. 나이퀴스트 선도의 데이터 점들에 주파수를 표시한다면 ω_{RC}는 쉽게 구할 수 있다. 보드 선도에서 ω_{RC}는 $\phi = 45°$이고 Z_0는 최대인 주파수이다.

이 사례에서 계면 전기용량을 무시했고 R_1, R_2는 각각 계면과 부피의 저항이다. 이 저항값을 물성과 연결하는 과정은 상당한 복잡하다. 이 부분은 다음 사례연구에서 살펴본다.

사례연구 14.2 전기 분극처리와 공핍층

이 사례연구는 기술적으로 크게 중요하지는 않으나 다음 사항을 알려주므로 여러 가지로 유용하다. (i) EIS를 이용하여 전극 근처와 부피에서 원자 수준에서 무슨 일이 일어나는지 파악, (ii) 알칼리 이온이 직류 전기전도도와 계면 전기용량에 미치는 영향, (iii) 유리에서 k'을 계산, (iv) 직류 전기장 아래에서 유리의 이온 이동과 전기전도도와 k'에 미치는 영향.

McLaren 등이 진행한 실험의 개략도가 그림 14.17에 나타나 있다. 이 실험에서 두 전극 사이에 유리가 위치하며 직류 전압이 가해져 있다(그림 14.17a). 동시에 EIS를 이용하여 유리에서 발생하는 변화를 시간의 함수로 측정한다. 전압(V_p) 25 V로 온도(T_p) 100°C에서 분극처리(poling)한 Na−규산염($0.33Na_2O \cdot 0.67SiO_2$) 유리에서 얻은 전형적인 결과를 그림 14.17b에 나타내었다. T_p는 유리의 전기전도도가 10^{-6} S/cm가 되는 온도로 결정했다. 초기에 유리의 알칼리 이온은 균등하게 분포하며 전기전도도는 그림 14.17b에 나타나듯 약 10^{-6} S/cm이다. 시간이 흐르면서 고주파수 컨덕턴스는 변하지 않으나, 저주파수 컨덕턴스는 2시간에 걸쳐 약 1/100로 감소한다(그림 14.17b).

모든 EIS 측정과 마찬가지로 결과를 이해하기 위해서는 전기적 등가회로를 가정해야 한다. 이 사례에서 가정한 등가회로는 그림 14.17c에 나타내었고 전극의 전기용량 C_E, 공핍층(DL), 공핍층 전기용량 C_{DL}, 공핍층 저항 R_{DL}, 그리고 유리의 부피 전기용량 C_B, 저항 R_B 등이 있다고 가정했다. 초기에 임피던스 분광 모델(해당 그림 없음)을 위해 필요한 회로 요소는 C_E, C_B, 그리고 R_B이다. 분극처리 과정에서 C_{DL}과 R_{DL}이 추가된다. 회로 구성요소가 결정되고 크기가 알려지면, 상대유전상

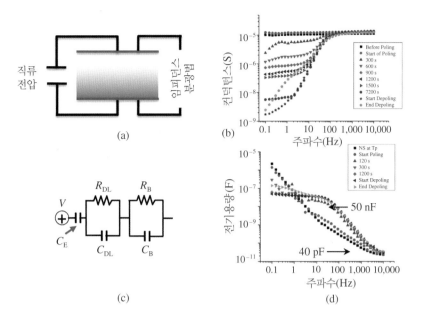

그림 14.17 (a) 나트륨 규산염 유리의 분극을 이해하기 위한 실험 개략도. (b) 분극처리와 분극처리 시간에 따른 보드 선도. (c) 등가회로. DL, B, E는 각각 공핍층, 부피, 전극 분극을 나타낸다. (d) 전기용량의 주파수, 분극처리, 분극처리 시간 의존성. (C. McLaren et al., *J. Electrochem. Soc.*, 163, H809–H817, 2016에서 발췌.)

수와 전기전도도를 계산할 수 있다.

공핍층의 전기전도도는 약 2×10^{-12} S/cm 정도로 계산되며 모든 퍼즐 조각이 맞춰진다. 유리 부피의 상대유전상수 k'_B는 상온과 100°C에서 각각 14.5와 35이다. T_p에서 공핍층의 k'_{DL}은 10 정도 이다. 이 값들은 C_B와 C_{DL}에서 결정되었다. C_B는 고주파수 회로 전기용량(그림 14.17d)에서 주어 지며 약 40 pF, C_{DL}은 저주파수의 평탄역에서 주어지며 50 nF이다. $k'_B = 8.4$이고 유리의 두께 $d_B = 0.8$ mm인 사실을 이용하면 d_{DL}은 식 (14.6)으로부터

$$\frac{C_{DL}}{C_B} = \frac{k'_{DL} d_B}{k'_B d_{DL}} \tag{14.58}$$

이 식을 정리하면 약 200 nm이다. 이 값은 2차 이온 질량 분석기로 측정한 값 200 nm와 일치하므 로 설정한 가정들이 모두 타당함을 증명하고 있다.

이러한 특성들을 바탕으로 원자 수준에서 일어나는 일들을 설명해볼 수 있다. 전기장을 가해주 면 양극 근처의 양이온은 공핍층을 형성하면서 멀어진다. $k'_{DL} \approx 10$으로 알칼리 규산염 유리와 비슷 한 정도이다. 흥미롭게도 $k'_B \approx 3k'_{DL}$밖에 되지 않는다. 그러나 공핍층은 유리 부피보다 약 100만 배 더 저항이 크다. 이렇듯 전기전도도 변화와 유전 반응 사이에 큰 차이가 나는 것으로부터 분극과정 에서 알칼리 이온 중 아주 작은 비율만 실제로 이동하며 직류 전기전도도에 기여함을 알 수 있다. 나머지는 갇혀 있으며 k'에만 기여한다.

14.8 요약

1. 유전체에 전기장 **E**를 가하면 분극 **P**가 발생하거나 양전하와 음전하가 분리된다. 상대유전상수 k'은 고체가 진공 대비 전하를 저장하는 능력의 척도이며 고체의 전하가 분극이 되는 정도와 관련되어 있다. 원자 수준으로 4가지 분극 기구가 존재한다(전자, 이온, 양극성, 그리고 공간전하).

   선형 유전체에 대해 **P**는 **E**에 선형적으로 비례한다고 가정했고, 비례상수는 k'과 관련되어 있다. 주파수 ω인 사인/코사인 형태의 전기장이 유전체에 가해지면 구속전하 중 일부가 전기장과 같은 위상으로 움직이며 k'에 기여한다. 다른 구속전하는 전기장과 어긋나 위상으로 움직이며 에너지 손실을 일으키고 유전손실 계수 k''에 기여한다. 이러한 구속전하 외에도 전체 전류에는 직류 성분도 존재하여 전기전도도에 기여하며 손실 전류가 발생한다.

2. 전자 분극은 핵에 대한 전자의 변위로 발생하며 가해준 전기장 주파수가 전자구름의 자연 진동 주파수 ω_e와 비슷하면 공진을 일으킨다. 공진은 몇 가지 요인에 의해 결정되며, 가장 중요한 요인은 이온의 부피이다. 전자 분극은 온도에 무관하며 모든 물질에서 나타난다.

3. 이온 분극은 음이온에 대한 양이온의 변위로 발생한다. 가해준 전기장의 주파수가 이온의 자연 진동 주파수 ω_{ion}와 비슷하면 공진이 발생한다. 공진은 이온의 전하, 평형상태에서 원자 간 거리 등과 관련된 이온의 결합 강도에 의해 결정된다. 이온 분극은 격자 위치를 이동하는 이온과 무관하므로 온도에 무관하다.

4. 양극성 분극이 일어나려면 에너지 장벽으로 분리된 격자 위치가 근처에 2개 또는 그보다 많아야 한다. 전기장을 가해주면 이온이 선택적으로 한 위치를 차지하며 고체의 k'값이 매우 커진다. 온도가 증가하면 물질의 무질서도가 증가하면서 k''_{dip}이 감소한다. 이런 고체는 이온이 주어진 위치에 존재하는 평균 시간의 척도인 완화 시간 τ를 갖는다. $\omega\tau = 1$이면 손실 k''_{dip}은 최대가 되고 k'_{dip}은 변곡점을 갖는다.

5. 유전체의 전력 손실은 직류 전기전도도와 k''에 의존한다. 일반적으로 유전체는 공진 또는 완화 주파수에서 최대한 먼 온도와 주파수 영역에서 사용해야 한다. 또한 직류 전기전도도를 최소화하는 조성이 되어야 한다.

6. 축전기에서 k'은 최대가 되어야 한다. 절연체에서 k'은 최소가 되어야 한다. 그러나 2가지 경우 모두 손실은 최소가 되어야 한다.

부록 14A: 국소 전기장

국소 전기장을 계산하기 위해서는 그림 14.18을 참조하라. 기준 원자가 가상의 구에 둘러싸여 가상의 구 외부에서 이 물질은 연속체로 간주할 수 있다. 주변의 변화 없이 기준 원자가 제거되면, A 지

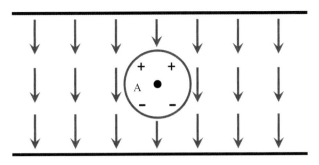

그림 14.18 내부 전기장 계산을 위한 모델

점에서 총 전기장은 3가지 원인에서 발생할 것이다.

- ∞ E_1, 가해준 전기장 E에 의한 자유전하
- ∞ E_2, 공동 표면에 닿는 쌍극자에 의한 전기장
- ∞ E_3, 기준 분자의 주변에 있는 원자나 분자에 의한 전기장

입방 결정과 같이 대칭성이 높은 결정에서는 주변 원자들에 의한 개별적인 영향은 상쇄된다고 가정할 수 있으므로 $E_3 = 0$. 구의 표면에 쿨롱의 법칙을 적용하면 다음 식을 얻는다.[15]

$$E_2 = \frac{E}{3}(k' - 1) \tag{14A.1}$$

따라서 국소 전기장은 다음과 같다.

$$E_{\text{loc}} = E_1 + E_2 = E + \frac{E}{3}(k' - 1) = \frac{E}{3}(k' + 2) \tag{14A.2}$$

식 (14.13)과 결합하면

$$E_{\text{loc}} = E_1 + E_2 = E + \frac{P}{3\varepsilon_0} \tag{14A.3}$$

식 (14.29)에 가해준 전기장 대신 국소 전기장을 대입하면

$$M_r \left\{ \frac{d^2\delta}{dt^2} + f\frac{d\delta}{dt} + \left(\omega_e^2 - \frac{Ne^2}{3M_r\varepsilon_0} \right)\delta = Z_i e E_0 \exp i\omega t \right\} \tag{14A.4}$$

따라서 분극이 발생하면 개별 진동자의 공진주파수가 ω_e에서 다음과 같이 감소한다.

$$\omega_e' = \sqrt{\omega_e^2 - \frac{Ne^2}{3m_e\varepsilon_0}} \tag{14A.5}$$

[15] N. Ashcroft and N. Mermin, *Solid State Physics*, Holt–Saunders, International Ed., 1976, p. 534 또는 C. Kittel, *Introduction to Solid State Physics*, 6th ed, Wiley, New York, 1988을 참고하라.

문제

14.1 (a) 식 (14.17)은 다음과 같음을 보이고

$$i\omega CV = \omega CV_0 \exp i\left(\omega t + \frac{\pi}{2}\right)$$

결국 $I_{chg} = -\omega k' C_{vac} V_0 \sin \omega t$임을 보이시오.

(b) 회로의 **어드미턴스**는 다음과 같이 정의한다.

$$Y^* = \frac{I_0}{V_0} \cos\left(\frac{\pi}{2} - \phi\right) - i\frac{I_0}{V_0} \sin\left(\frac{\pi}{2} - \phi\right)$$

여기서 I_0, V_0, 그리고 ϕ는 그림 14.5b에서 정의했다. 첫 항은 손실, 둘째 항은 충전 전류를 나타낸다. 이 식을 본문에서 유도한 충전 전류와 손실 전류와 같다고 놓고, 다음 식이 성립함을 보이시오.

$$\sigma_{ac} = \frac{I_0 d}{V_0 A} \cos\left[\frac{\pi}{2} - \phi(\omega)\right]$$

14.2 평판 간격 0.5 cm, 평판 면적 100 cm^2인 평판 축전기가 1000 V의 전압을 받고 있다.

(a) 전기용량을 계산하시오.

답: C = 18 pF

(b) k' = 5.6인 유리판이 두 평판 사이에 채워졌다. 유리판의 표면 전하 밀도를 계산하시오.

답: 8.14 $\mu C/m^2$

(c) 면적 20 × 20 mm^2 평판이 0.01 mm 떨어져 있는 축전기에 5×10^{-10} C 전하를 저장하려면 평판 사이가 (i) 진공일 때, (ii) $BaTiO_3$로 채워졌을 때 인가해야 할 전압의 크기를 구하시오. $BaTiO_3$의 k'은 2000으로 가정하시오.

답: 1.4×10^5 V, 47 V

(d) 만약 문항 (c)의 축전기가 2000 V/m의 전기장에 놓여 있어 5×10^{-8} C/m^2의 분극이 발생한다면, 이 물질의 상대유전상수는 얼마인가?

답: 3.82

(e) 예제 14.5를 최신 숫자를 대입해 푸시오. 전체 크기는 0.25 × 0.125 × 0.125 mm^3이고 $BaTiO_3$와 전극의 두께는 각각 0.5 μm, 0.4 μm이다.

14.3 식 (14.30) 또는 식 (14.31)은 식 (14.29)의 해임을 보이시오.

14.4 (a) NaCl 결정에 외부 전기장이 가해질 때, 격자가 5% 팽창한다. 각 Na^+-Cl^- 이온쌍에 대해 쌍극자 모멘트를 계산하시오. Na와 Cl의 이온 반지름은 각각 0.116 nm, 0.167 nm이다.

답: 2.30×10^{-30} C·m

(b) 만약 이온 간 거리가 2.5 Å이라면 NaCl 기체 분자의 쌍극자 모멘트를 계산하시오. 모든 가정을 명시하시오.

14.5 (a) 식 (14.30) 또는 (14.31)에서 시작해서 식 (14.33)과 (14.34)를 유도하시오.

(b) 식 (14.33)과 (14.34)를 여러 f 값에 대해 그래프로 나타내시오.

14.6 (a) Ar 기체, LiF, 물, Si에서 가능한 분극 기구를 설명하시오.

(b) 고주파수(> 10^{14} Hz)에서 측정한 소다라임 유리의 유전상수는 2.3이다. 저주파수(≈ 1 MHz)에서 k'은 6.9이다. 이 현상을 설명하시오.

(c) 고체의 정적유전상수가 다음과 같이 주어졌다.

| NaCl | 5.9 | MgO | 9.6 | SiO$_2$ | 3.8 | BaTiO$_3$ | 1600.0 | 소다라임 유리 | 7.0 |

서로 다른 값을 갖는 이유를 간단히 설명하시오. k'_{static}에 기여하는 요소를 설명하시오. 주파수 10^{14} Hz 에서 이 물질의 유전상수 순위가 변할 것으로 예상하는가? 설명하시오.

14.7 0 °C, 1기압에서 측정한 1몰 Ar 기체의 k'은 1.00056이다.

(a) Ar의 분극률을 계산하시오.

(b) 만약 압력이 2기압으로 증가하면 k'을 계산하시오.

(c) Ar 원자의 반지름을 계산하고, 이 결과와 반데르발스 반지름 ≈ 0.19 nm를 비교하시오.

답: 0.218 nm

14.8 그림 14.19에 나온 정방형 BaTiO$_3$ 단위격자의 이온 위치를 이용해서 단위격자당 전기쌍극자 모멘트와 포화 분극을 계산하시오. 계산 결과를 측정한 포화 분극(P_s = 0.26 C/m^2)과 비교하시오. 힌트: Ba 이온을 기준으로 삼는다.

답: P_s = 0.16 C/m^2

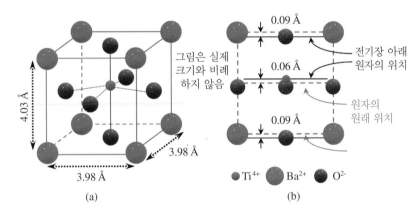

그림 14.19 (a) 정방형 BaTiO$_3$ 단위격자. Ba 이온은 단위격자 모서리에 있고, Ti은 단위격자의 중심 부근에 있다. 산소는 각 면의 중심 부근에 있다. (b) (100) 면의 투사도. 이온들이 대칭 위치에서 이동했으므로 음전하의 중심은 양전하의 중심과 일치하지 않으며 단위격자에 쌍극자 모멘트가 생성된다.

14.9 (a) 그림 14.20a에 몇 가지 기체의 온도에 따른 정적유전상수의 변화를 나타내었다. 다음 질문에 답하시오.

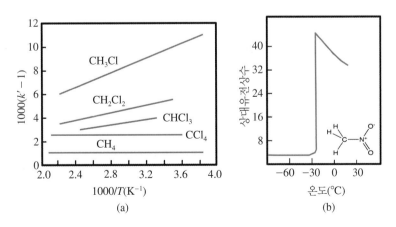

그림 14.20 70 kHz에서 측정한 (a) 일부 기체와 (b) 니트로메탄 상대유전상수의 온도 의존성

(i) CCl_4와 CH_4의 유전상수가 온도에 따라 변하지 않는 이유는 무엇인가?

(ii) CCl_4와 CH_4의 분극 종류는 무엇인가?

(iii) CCl_4의 k'이 CH_4보다 큰 이유는 무엇인가?

(iv) 어떤 분극이 CH_3Cl, CH_2Cl_2, $CHCl_3$와 같이 온도에 반비례하는 k'을 유발하는가?

(v) k'의 온도에 따른 변화가 $CHCl_3$보다 CH_3Cl에서 큰 이유는 무엇인가?

(b) 그림 14.20b에 녹는점이 $-29°C$인 니트로메탄 정적유전상수의 온도에 따른 변화를 나타내었다.

(i) 분극 기구와 온도 의존성에 유의하여 이 현상을 설명하시오.

(ii) 이 결과는 70 kHz에서 측정했다. 측정 주파수가 10 GHz로 증가하면 어떻게 될 것으로 생각하는가?

14.10 (a) 그림 14.10에서 평형상태일 때 어디에 이온이 더 많을 것으로 예상하는가? 두 위치에서 이온 분포가 동등하지 않으면 왜 분극이 발생하는지 설명하시오.

(b) $200°C$에서 세라믹의 정적 k'가 140으로 측정되었다. 도약거리를 구하시오. 필요한 가정을 모두 명시하시오. 몰부피 = 10 cm^3/mol, 양이온 전하 $+4$이다.

답: 0.036 nm

14.11 (a) 물의 전기쌍극자 모멘트는 6.13×10^{-30} $C \cdot m$이다. 각 $O-H$ 결합의 쌍극자 모멘트를 계산하시오.

답: 5.05×10^{-30} $C \cdot m$

(b) 물 분자의 수를 일정하게 유지하며 물의 유전상수를 온도의 함수로 측정했다. 이 결과를 아래 표에 나타내었다. 이 결과는 퀴리의 법칙(즉, $1/T$ 의존성)을 따르는가? 설명하시오.

(c) 이 결과로부터 물 분자의 밀도를 계산하시오. 계산 결과가 타당한가?

온도(℃)	119	148	171	200
k'	1.004	1.0037·	1.0035	1.0032

답: $N = 2.62 \times 10^{25}$ m^{-3}

14.12 (a) k''_{dip}이 최대일 때 $\tau\omega_{max} = 1$임을 보이시오.

(b) 이산화토륨의 유전손실을 온도와 주파수의 함수로 측정하여 아래 표와 같은 결과를 얻었다.[16] 다른 방법으로 측정한 정적유전상수와 고주파수 유전상수는 다음과 같다.

$$k'_s = 19.2, \quad k'_\infty = 16.2$$

양극성 분극으로 인해 $\tan \phi$의 변화가 나타난다고 가정하고, 식 (14.56)에서 정의한 τ_0와 ΔH_m을 계산하시오.

$\omega = 695$ Hz		$\omega = 6950$ Hz	
$T(K)$	$\tan \phi$	$T(K)$	$\tan \phi$
475	0.029	498	0.010
485	0.042	518	0.025
494	0.063	543	0.055
503	0.081	568	0.086
509	0.086	581	0.086
516	0.092	590	0.073

---

[16] Ph. D. Thesis of J. Wachtman, U. of Maryland, 1962에서 발췌. *Lectures on the Electrical Properties of Materials*, 4th ed., Solymar and Walsh, Oxford Science Publications, 1989에서 인용.

524	0.086	604	0.055
532	0.070	612	0.043
543	0.042	621	0.036
555	0.023	631	0.026

14.13 (a) 식 (14.24)를 유도하시오.

(b) 다음 실험결과[17]는 어떤 세라믹에서 온도의 함수로 얻었다. 이 세라믹은 평판 축전기 형태이며 두께는 0.5 cm, 지름은 2.54 cm이다.

(i) 한 그래프에 세 온도의 k'-log ω 관계를 모두 그리시오.

(ii) 한 그래프에 세 온도의 k''-log ω 관계를 모두 그리시오.

(iii) 한 그래프에 세 온도의 tan ϕ-log ω 관계를 모두 그리시오.

(iv) 완화 과정의 활성화 에너지를 계산하고, 직류 전기전도도의 활성화 에너지와 비교하시오. 2가지 활성화 에너지를 어떻게 비교할 수 있는가? 전기전도도와 분극을 유발하는 기본 원자 기구에 대해 어떤 결론에 도달할 수 있는가?

(v) 이 세라믹에서 가장 지배적인 분극 기구는 무엇인가?

주파수(Hz)	72°C		90°C		112°C	
	$G_{ac}(\mu\Omega^{-1})$	$C(pF)$	$G_{ac}(\mu\Omega^{-1})$	$C(pF)$	$G_{ac}(\mu\Omega^{-1})$	$C(pF)$
20 K	0.88	4.8	3.8	5.7	6.8	6.4
15 K					6.8	6.8
10 K	0.79	5.4	3.7	6.5	6.7	8.0
5 K	0.75	6.1	3.6	7.9	6.7	12.8
3 K					6.6	21.8
2 K	0.73	7.1	3.6	15.2	6.6	39.4
1.5 K					6.5	62.2
1.2 K					6.5	91.1
1 K	0.71	8.9	3.6	36.1	6.4	118.7
500	0.68	14.5	3.5	104.7	6.1	353.4
340	0.67	22.5				
260	0.60	32.4				
200	0.60	47.1	3.3	455.4		
100	0.57	139.0				

14.14 모든 가정을 명시하면서 $MgAl_2O_4$로 이루어진 평판 축전기($d = 0.02$ cm, $A = 1$ cm²)의 전력 손실을 계산하시오.

(a) 직류 전압 120 V를 가할 때

(b) 전압 120 V와 주파수 60 Hz의 교류 신호를 가할 때

답: 1.9×10^{-6} W

---

[17] 이 문제는 다음 문헌에 나온 내용을 변형했다. L. L. Hench and J. K. West, *Principles of Electronic Ceramics*, Wiley-Interscience, New York, 1990. 이 문헌에 나온 주파수는 저온에서 옳지 않으므로 이 문제에서는 올바르게 수정되었다.

(c) 전압 120 V와 주파수 60 MHz의 교류 신호를 가할 때

답: 0.05 W

14.15 (a) 물이나 수분 함유물을 급속하고 효율적으로 가열하기 위해 마이크로파를 쓰면 왜 효과적인지 설명하시오.

(b) 마이크로파 오븐(즉, 전자레인지)에서 음식은 내부에서 외부로 가열되지만, 일반 오븐에서 음식은 외부에서 내부로 가열된다. 이유를 설명하시오.

14.16 (a) 사례연구 14.2에서 상온에서 100°C로 온도가 변하면서 유리의 k'이 증가한 이유는 무엇인가?

(b) 만약 유리 시편의 면적이 10×10 mm이면 k'_B를 계산하시오. 또한 그림 14.17b에서 전기전도도를 계산하시오.

더 읽을거리

1. H. Fröhlich, *Theory of Dielectrics*, 2nd ed., Oxford Science Publications, 1958.
2. L. L. Hench and J. K. West, *Principles of Electronic Ceramics*, Wiley-Interscience, New York, 1990.
3. A. J. Moulson and J. H. Herbert, *Electroceramics*, Chapman & Hall, London, 1990.
4. N. Ashcroft and N. Mermin, *Solid State Physics*, Holt-Saunders International Ed., 1976.
5. C. Kittel, *Introduction to Solid State Physics*, 6th ed., Wiley, New York, 1988.
6. J. C. Anderson, *Dielectrics*, Chapman & Hall, London, 1964.
7. L. Azaroff and J. J. Brophy, *Electronic Processes in Materials*, McGraw-Hill, New York, 1963.
8. A. Von Hippel, Ed., *Dielectric Materials and Applications*, Wiley, New York, 1954.
9. R. C. Buchanan, Ed., *Ceramic Materials for Electronics*, Marcel Dekker, New York, 1986.
10. D. M. Trotter, Capacitors, *Sci. Am.*, July 1988, p. 86.
11. P. Fulay, *Electronic, Magnetic and Optical Properties of Materials*, CRC Press, Boca Raton, FL, 2010.

15

자성과 비선형 유전 특성

MAGNETIC AND NONLINEAR
DIELECTRIC PROPERTIES

15.1 서론

인류가 항해 도구인 나침반으로 최초로 이용한 자성체는 세라믹(자철광 Fe_3O_4)이었다. 그러나 역설적으로 자성 세라믹스가 산업에서 중요하게 사용되기 시작한 시점은 세월이 한참 지난 1950년대 중반이다. 이후 자성 세라믹스는 전 세계 생산량이 계속 증가하여 금속 자성체의 생산량을 추월했다. 자성 세라믹스는 정보통신혁명 덕분에 그 중요성이 더욱 커졌다.

이 장에서는 자성 세라믹스뿐만 아니라 강유전체와 같은 유전 특성이 비선형적인 유전체 세라믹스도 다룬다. 강유전체는 1921년 로셸염(Rochelle salt)의 특이한 특성을 연구하던 중 발견되었다. 1935년에 두 번째 강유전체가 발견되었다. 세 번째 강유전체 $BaTiO_3$는 1944년에 알려졌다. 강유전체는 놀라운 특성을 보유하고 있어서 고 유전상수 축전기, 변위 변환기와 액추에이터, 적외선 감지기, 기체 점화기, 가속도계, 파동 필터, 색 필터, 광 스위치, 음파 에너지 발생 등 다양한 용도로 사용되고 있다.

언뜻 자성과 비선형 유진 특성 사이에 공통점이 보이지 않으나, 실제로는 공통점이 많다. 강자성체와 유사한 특성 때문에 강유전체[1]라는 이름이 붙여졌다. 따라서 두 현상 사이의 유사성을 살펴보며 시작하는 것이 유익하다. 두 현상 모두

---

* J. Updike, *Midpoint and Other Poems*, A. Knopf, Inc., New York, 1969. 허가 후 게재.

[1] 곧 살펴보겠지만 강유전체는 철과 무관하다. 강유전체보다 먼저 발견된 강자성체와의 유사성 때문에 그렇게 명명되었다. (역자주: 강유전체의 영어 표현인 ferroelectric에서 접두사 ferro-는 철을 뜻한다.)

외부에서 인가한 장(자기장 또는 전기장)에 반응하는 **영구 쌍극자**(자기쌍극자 또는 전기쌍극자) 때문에 가능하다. 쌍극자 사이의 교환 에너지(exchange energy) 덕분에 상호작용하는 쌍극자는 자발적으로 정렬하며, 그 결과 비선형적인 반응을 일으킨다. 인가한 장의 방향으로 모든 쌍극자가 정렬하면 포화 상태가 되며, 인가한 장을 제거하면 영구적인 잔류 특성(자기 또는 전기)을 갖는다. 두 현상 모두 구역의 개념을 적용할 수 있고, 온도에 대한 변화도 유사하다.

이 장은 다음과 같이 구성되어 있다. 15.2절에서는 기본 원리와 다양한 자성 변수 사이의 관계를 소개한다. 15.3절에서는 원자 수준에서 자성을 다룬다. 15.4절에서는 상자성, 강자성, 반강자성, 그리고 준강자성 사이의 차이점과 유사점을 다룬다. 자기구역과 이력 곡선은 15.5절에서 다루며, 15.6절에서는 자성 세라믹스에 대해 다룬다. 이 장의 남은 부분에서는 14장과 자성을 바탕으로 세라믹스의 비선형 유전 특성을 다룬다.

상세히 들어가기 전에 역사적인 이유로 자기장의 단위는 매우 복잡하다는 점을 유의하기 바란다. 따라서 앞으로 살펴볼 내용에 매우 집중하기 바란다.

15.2 기초 이론

전하가 이동하면 언제나 **자기장 강도**(magnetic field intensity) **H**가 발생한다. 전하의 이동은 도체를 따라 전자가 흐르는 경우 또는 전자가 핵 주위를 궤도 운동하거나 전자의 스핀에 의해 발생한다. 예를 들어, 반지름 r인 원형 고리를 전류 i가 흐를 때 중심에서 자기장 강도 **H**는 다음과 같음을 보일 수 있다.

$$\mathbf{H} = \frac{i}{2r} \tag{15.1}$$

벡터 **H**는 이 경우 그림 15.1a에 나타나듯이 고리 평면과 수직이다. **H**의 단위는 A/m이다. 1 A의 전류가 1 m 지름의 고리를 따라 흐르면 1 A/m의 **H**장이 발생한다.

진공에서 **H**는 **자기장**(magnetic field)[2] **B**에 의해 다음과 같이 주어진다.

$$\mathbf{B} = \mu_0 \mathbf{H} \tag{15.2}$$

여기서 상수 μ_0는 **자유 공간의 투자율**(permeability of free space)로 $4\pi \times 10^{-7}$ Wb/(A·m)이다. **B**는 V·s/m^2 = Wb/m^2 = T(tesla) = 10^4 G(gauss) 등 몇 가지 동등한 단위로 나타낼 수 있다(표 15.1 참고). 1 N의 힘이 1 A의 전류가 흐르는 도체에 작용하면 힘과 수직인 방향으로 1 T의 자기 유도가 발생한다.

---

[2] 자기장 **B**는 자기 유도, 자기장 강도, 자기 유속 밀도 등 다른 이름으로 사용되어 혼동을 준다. 이 책에서 **B**는 엄밀하게 자기장만을 의미한다. 많은 경우, **H** 또한 자기장으로 불리면서 더욱 혼동을 준다. 이는 역사적인 이유 때문으로, cgs 단위에서는 $\mu_0 = 1$이고, 따라서 **B**와 **H**는 같은 값을 갖는다. 혼동을 피하고자 이 책에서는 **H**를 자기장 강도, 인가한 장, 자화장, 또는 **H**장으로 부른다.

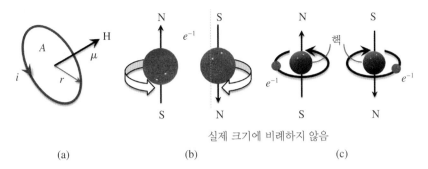

실제 크기에 비례하지 않음

(a)   (b)   (c)

그림 15.1 (a) 반지름 r인 고리를 흐르는 전류에 의해 발생하는 자기장 강도, 또는 동등하게 면적 A인 전류 고리의 자기 모멘트 μ. (b) 전자의 스핀에 의해 스핀 자기 모멘트가 발생한다. (c) 전자의 핵 주위 궤도 운동에서 궤도 모멘트가 발생한다. (b), (c) 모두 모멘트의 방향은 스핀 방향에 의존한다. 개략도는 실제 크기에 비례하지 않는다.

기호	물리량	값	단위
	표 15.1 자기에서 사용되는 정의, 단위의 차원, 그리고 기호[a]		
H	Magnetic field intensity or magnetizing field		A/m[b]
M	Magnetization		A/m
B	Magnetic field		$Wb/m^2 = T = V{\cdot}s/m^2 = 10^4 G$
μ_0	Permeability of free space	$4\pi \times 10^{-7}$	$Wb/(A{\cdot}m) = V{\cdot}s/(A{\cdot}m)$
μ	Permeability of a solid		$Wb/(A{\cdot}m) = V{\cdot}s/(A{\cdot}m)$
μ_r	Relative permeability		Dimensionless
χ_{mag}	Relative susceptibility		Dimensionless
μ_{ion}	Net magnetic moment of an atom or ion		$A{\cdot}m^2 = C{\cdot}m^2/s$
μ_s	Spin magnetic moment		$A{\cdot}m^2$
μ_{orb}	Orbital magnetic moment		$A{\cdot}m^2$
μ_B	Bohr magneton	9.274×10^{-24}	$A{\cdot}m^2$

[a] μ_0와 μ_{ion} 모두 같은 기호로 표시되나, 혼동을 피하려고 언제나 명확히 구분해서 표시할 것이다.
[b] 1 A/m = 0.0126에르스텟(Oe)

고체 내부에서 **B**는 두 부분, 즉 고체가 없는 진공 중 나타나는 부분과 고체에 의한 부분으로 구성된다.

$$\mathbf{B} = \mu_0(\mathbf{H} + \mathbf{M}) \tag{15.3}$$

여기서 **M**은 고체의 **자화량**(magnetization)으로 단위부피당 **알짜 자기 모멘트**(net magnetic moment) μ_{ion}으로 정의된다.

$$\mathbf{M} = \frac{\mu_{ion}}{V} \tag{15.4}$$

μ_{ion}의 근원에 대해서는 다음 절에서 자세히 다룬다. μ_{ion}의 단위는 $A{\cdot}m^2$이다. 1 $A{\cdot}m^2$의 μ_{ion}은 1 T

의 **B**장에 수직인 방향으로 최대 토크 1 N·m를 받는다.

상자성체와 반자성체에서(아래 참고) **B**는 **H**에 선형적인 함수이며

$$\mathbf{B} = \mu \mathbf{H} \tag{15.5}$$

여기서 μ는 고체의 투자율(permeability)로 μ_{ion}과 혼동하지 말기 바란다. 그러나 강자성체와 준강자성체에서 **B**와 **H**는 선형적으로 연결되지 않으며, 아래에 나오듯 μ는 **H**에 대해 급격하게 변할 수 있다.

자화율(magnetic susceptibility)은 다음과 같이 정의되며

$$\chi_{mag} = \frac{\mathbf{M}}{\mathbf{H}} \tag{15.6}$$

상대 투자율 μ_r은 다음과 같으며

$$\mu_r = \frac{\mu}{\mu_0} \tag{15.7}$$

진공 대비 물질의 투자율을 나타낸 값이다. 상대 투자율은 상대유전상수 k'과 유사하다. μ_r과 χ_{mag}은 다음 관계식으로 나타낼 수 있다.

$$\mu_r = \chi_{mag} + 1 \tag{15.8}$$

M과 **H**는 같은 단위를 가지고 있으나, 전류 또는 물질 외부의 영구자석에 의해 발생하는 **H** [이런 이유로 간혹 자화장(magnetizing field)으로 불림]에 반해, **M**은 고체 내부의 상쇄되지 않은 전자의 스핀과 각운동량에 의해 발생한다. χ과 μ는 스칼라이나, **B**, **H**, **M**은 벡터이고 등방성 고체에서는 같은 방향을 향한다.

| 실 험 세 부 사 항 | **자성 측정**

그림 15.2a에 있는 실험 설비는 4가지 요소로 구성되어 있다.[3]

- ∞ 자성을 측정할 시편
- ∞ 시편이 매달릴 민감한 저울
- ∞ N극이 위로 향한 영구 막대자석
- ∞ 전류 i가 흐르는 미터당 n번 감긴 솔레노이드(영구자석의 N극과 같은 방향으로 자기장 강도 **H**가 발생). 여기서는 오른손 법칙을 사용했다.

---

[3] 실제로는 솔레노이드 대신 균일한 자기장 기울기 dB/dz를 발생시키는 특수한 형태로 가공된 자극편(pole piece)을 사용한다. 그림 15.2a의 측정 장치는 다양한 개념을 명확히 설명하기 위해 더 단순하게 나타내었다.

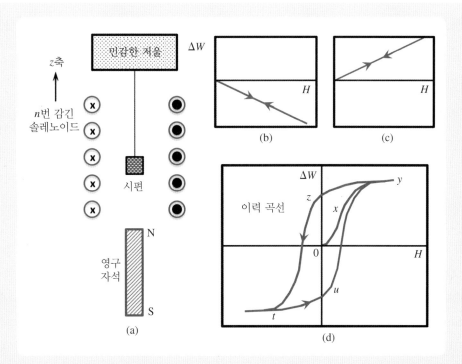

그림 15.2 (a) 물질의 자성을 측정하는 개략도. 솔레노이드는 균일한 자기장을 발생하여 시편에 아무 힘도 가하지 않는다. 자기장이 불균일한 ($dB/dz \neq 0$) 영구자석만이 힘을 발생한다. (b) 반자성체의 전형적인 결과. (c) 상자성체의 전형적인 결과. (d) 강자성체의 전형적인 결과. 자기장을 제거해도 잔류 자화량이 존재함에 유의하라.

자성을 측정하기 위해서는 민감한 저울에 매달린 작은 원통형의 고체를 솔레노이드 중심에 넣는다(그림 15.2a). 암페어의 법칙에 따라 솔레노이드를 지나는 전류 i는 축 방향으로 균일한 **H**를 발생시킨다.

$$\mathbf{H} = ni \tag{15.9}$$

이 자화장은 인가한 장과 같은 방향 또는 반대방향으로 정렬하여 물질 내부에 자기 모멘트(이에 대해서는 나중에 다룬다)를 유도한다. 자화량 **M**이고 부피 V인 물질에 작용하는 자기력은 다음과 같다.[4]

$$\mathbf{F}_z = \mu_{\text{ion}} \frac{d\mathbf{B}}{dz} = V\mathbf{M} \frac{d\mathbf{B}}{dz} \tag{15.10}$$

여기서 $d\mathbf{B}/dz$는 영구자석에 의한 자기장의 z축 기울기다. 식 (15.10)과 (15.6)을 결합하면 다음과 같다.

$$\mathbf{F}_z = V\chi_{\text{mag}} \mathbf{H} \frac{d\mathbf{B}}{dz} \tag{15.11}$$

즉, 시편에 가해지는 힘은 자화율과 가해준 **H**장에 비례한다. 이 경우 dB/dz는 음수이므로, 만약 시편이 영구자석 쪽으로 이동하면, χ_{mag}은 양수이고, 반대의 경우라면 음수이다(예제 15.1 참고).

---

[4] 만약 영구자석이 존재하지 않으면, 시편에는 아무 힘도 가해지지 않는다. 힘이 발생하기 위해서는 자기장은 기울기를 가져야 하며, 균일해서는 안 된다.

이런 실험에서 가능한 결과는 다음 4가지이다.

1. 영구자석이 시편을 살짝 밀어내고 시편의 무게가 감소하는 경우(그림 15.2b), χ_{mag}은 음수이다. 솔레노이드에 전류가 증가해서 **H**가 증가하면 반발력도 선형적으로 증가한다. 이런 물질은 **반자성체**(diamagnetic material)라고 부르며 대부분 세라믹스가 여기에 해당한다.

2. 영구자석이 시편을 약하게 끌어당기며 인력은 **H**에 비례한다. 시편 무게가 증가하는 경우(그림 15.2c), χ_{mag}은 양수이다. 이런 고체는 **상자성체**(paramagnetic material)이다. 다른 온도에서 실험을 반복하면 인력, 즉 χ_{mag}은 온도에 반비례함을 알 수 있다. *H*를 제거하면 시편은 원래 무게로 돌아간다, 즉, 자기장 아래 발생한 모든 변화는 완벽하게 가역적이다. 이는 반자성체도 마찬가지이다.

3. 영구자석이 시편을 강하게 끌어당긴다(그림 15.2d). 그러나 측정한 곡선의 형태는 시편의 이력에 의존한다. 만약 이전에 자기장에 노출되지 않은 시편이라면, 그림 15.2d의 선 *Oxy*를 따라 무게가 증가한다. 낮은 **H**에서 시편은 초기에 약한 인력을 받지만, **H**가 증가하면서 무게가 급격하게 증가한다. 강한 **H**에서는 힘이 포화 상태가 되어 **H**가 더 증가해도 효과가 거의 없다(그림 15.2d). 이런 평탄역(plateau)은 **포화 자화량**(saturation magnetization)이라고 부른다.

   또한 **H**가 감소하면 시편의 반응은 비가역적이며 선 *yz*를 따른다. **H** = 0이면, 시편은 영구적으로 무게가 증가한다! 즉, **잔류 자화량**(remnant magnetization) $\mathbf{M_r}$을 갖는 영구자석이 탄생한다. 계속해서 반복하면 시편의 반응은 고리 *yztu*를 따른다. 이러한 이력 곡선은 에너지 손실을 의미하며 모든 강자성체에서 나타나는 특징이다. 이러한 거동의 원인에 대해서는 아래에서 자세히 다룬다. 이러한 거동을 **강자성**(ferromagnetic) 또는 **준강자성**(ferrimagnetic)이라고 부른다.

   온도를 올려주면서 같은 실험을 반복하면 물질의 반응이 약해지면서 $\mathbf{M_r}$이 감소하는 것 말고는 같은 거동이 나타난다. 임계온도 T_c에서는 물질은 강자성을 완전히 상실하고 상자성체가 된다.

4. **반강자성체**(antiferromagnetic material)는 상자성체와 비슷하게 반응하여 약한 인력을 받는다. 그러나 반강자성체와 상자성체를 구분하기 위해서는 온도 의존성을 측정하면 된다. 반강자성체의 자화율은 온도가 감소하면서 최댓값을 통과하지만(그림 15.5b), 상자성체의 자화율은 온도가 감소하면 계속해서 증가한다(그림 15.3c).

   이런 많은 현상을 설명하기 전에 자성을 유발하는 원자 수준에서 일어나는 현상을 이해할 필요가 있으며, 이는 15.3절에서 다룬다.

예제 15.1

그림 15.2a와 같이 10 g의 자성 세라믹 덩어리가 민감한 저울에 매달려 센티미터당 10번 감긴 솔레노이드 중심에 들어가 있다. 코일을 따라 9 A의 전류가 흐른다. 영구자석에 의한 자기장 기울기는 100 G/cm으로 측정되었다. 전류가 흐르기 시작해 **H**가 영구자석과 같은 방향으로 가해지면서 시편의 무게는 10.00005 g으로 증가했다. 고체의 밀도는 5 g/cm³이다.

(a) 이 물질의 자화율을 계산하시오.

(b) 이 물질의 자화량 **M**을 계산하시오.

(c) 이 물질의 자성에 대해 어떤 결론을 내릴 수 있는가?

정답

(a) SI 단위로 z 방향의 힘, **H**, dB/dz, 그리고 V는 각각 다음과 같다.

$$F_2 = \Delta W \cdot g = 0.00005 \times 10^{-3} \times 9.8 = -4.9 \times 10^{-7} \text{ N}$$

$$H = ni = \frac{9 \times 10}{10^{-2}} = 9000 \text{ A/m}$$

$$\frac{dB}{dz} = \frac{100 \times 10^{-4}}{10^{-2}} = 1.0 \text{ T/m}$$

$$V = \frac{10}{5} = 2 \text{ cm}^3 = 2 \times 10^{-6} \text{ m}^3$$

이 값들을 식 (15.11)에 대입하고 χ_{mag}에 대해 풀면

$$\chi_{\text{mag}} = \frac{4.9 \times 10^{-7}}{2 \times 10^{-6} \times 9000 \times 1} = 2.7 \times 10^{-5}$$

(b) $\mathbf{M} = \chi_{\text{mag}} \mathbf{H} = 2.7 \times 10^{-5} \times 9000 = 0.245 \text{ A/m}$. 이 경우 χ_{mag}은 작으므로 정확도에 큰 차이 없이 다음과 같은 관계가 성립함을 유의하라.

$$\mathbf{B} = \mu_0 (\mathbf{H} + \mathbf{M}) \approx \mu_0 \mathbf{H} \tag{15.12}$$

(c) 자석이 시편을 끌어당겼으므로 상자성체, 강자성체, 또는 반강자성체 중 하나이다. 그러나 χ_{mag}이 작으므로 강자성체가 되기는 어렵고, 물질은 상자성체 또는 반강자성체이다. 범위를 더 좁히기 위해서는 온도에 대한 의존성을 측정해야만 한다. ■

15.3 미시 이론

잠시 후 살펴보겠지만, 고체가 자화장 **H**와 상호작용을 하기 위해서는 고체에 전자의 자전(그림 15.1b) 그리고/또는 핵 주변의 공전(그림 15.1c) 결과로 나타나는 전자의 각운동량과 관련된 자기 모멘트가 있어야 한다. 핵 주변의 공전은 **궤도 각 모멘트**(orbital angular moment) μ_{orb}을 유발하고, 자전은 **스핀 각 모멘트**(spin angular moment) μ_s를 유발한다. 이 두 성분의 합은 원자 또는 이온의 **전체 각 모멘트**(total angular moment) μ_{ion}이다.

만약 원자가 **H**장에 놓여 있다면 토크에 의해 원자는 자기 모멘트를 갖는다. 이 장의 남은 부분에서 간혹 벡터 기호를 사용하지 않음에 유의하라.

15.3.1 궤도 자기 모멘트

기초 자기학에 따르면 면적 $A'(\pi r^2)$인 고리에 전류 i가 흐르면 궤도 자기 모멘트 μ_{orb}이 발생하고

$$\mu_{orb} = iA' = i\pi r^2 \tag{15.13}$$

고리 평면에 수직인 방향(그림 15.1a)으로 향한다. 각주파수 ω_0인 단위 전하 e를 갖는 전자는 다음과 같은 전류를 유발한다.

$$i = \frac{e\omega_0}{2\pi} \tag{15.14}$$

전자가 반지름 r인 원으로 움직인다고 가정하고 식 (15.13)과 (15.14)를 결합하면

$$\mu_{orb} = \frac{e\omega_0 r^2}{2} \tag{15.15}$$

그러나 $m_e\omega_0 r^2$는 전자의 **궤도 각운동량**(orbital angular momentum) Π_o이므로,

$$\mu_{orb} = \frac{e\Pi_o}{2m_e} \tag{15.16}$$

여기서 m_e는 전자의 정지 질량이다. 이 관계식은 각운동량이 자기 모멘트를 유발함을 분명하게 보여준다.

식 (15.16)은 $h/(2\pi)$ 단위로 다음과 같이 약간 변형할 수 있다.

$$\mu_{orb} = \frac{eh}{4\pi m_e}\frac{2\pi\Pi_o}{h} = \frac{eh}{4\pi m_e}l \tag{15.17}$$

여기서 정수 $l (= 2\pi\Pi_o/h)$은 궤도 각운동량 양자수(2장 참고)이다. 이 결과는 각운동량은 $h/(2\pi)$의 정수배라는 양자역학의 예측과 일치함에 유의하라. 즉, 각운동량은 양자화된다.

자기학에서 $eh/4\pi m_e$는 자주 나타나며 그 값은 9.27×10^{-24} A·m²이다. 이는 **보어 자기자**(Bohr magneton) μ_B로 알려져 있으며, 아래에서 논의하듯이 보어 원자 주변을 도는 전자의 궤도 각운동량이다. μ_B를 이용하면 식 (15.17)은 간단하게 표현된다.

$$\mu_{orb} = \mu_B l \tag{15.18}$$

식 (15.18)을 유도하면서 각운동량은 l의 정수배라고 가정했다. 그러나 양자역학에 따르면 그 관계식은 훨씬 복잡하고 유도과정도 쉽지 않다.[5] 증명을 생략하고, 더 정확한 관계식을 다음과 같이 나타낼 수 있다.

$$\mu_{orb} = \mu_B\sqrt{l(l+1)} \tag{15.19}$$

---

[5] R. P. Feynman, R. B. Leighton, and M. Sands, *The Feynman Lectures on Physics*, vol. 2, Chap. 34, Addison–Wesley, Reading, Massachusetts, 1964.

15.3.2 스핀 자기 모멘트

이 모멘트는 전자의 자전에서 기인한다(그림 15.1b). 정량적으로 **스핀 자기 모멘트**(spin magnetic moment) μ_s는 다음과 같다.

$$\mu_s = \frac{e\Pi_s}{m_e} \tag{15.20}$$

여기서 Π_s는 **스핀 각운동량**(spin angular momentum)이다. Π_s는 $h/2\pi$의 정수배이므로, 다음과 같음을 보일 수 있다.

$$\mu_s = 2\mu_B s \tag{15.21}$$

여기서 s는 스핀 양자수이다. $s = \pm 1/2$이므로, 전자의 μ_s는 보어 자기자와 같다. 그러나 식 (15.21)은 정확하지 않음을 유의하라. 양자역학적으로 올바른 관계식은 다음과 같음을 보일 수 있다.

$$\mu_{ion} = 2\mu_B \sqrt{s(s+1)} \tag{15.22}$$

15.3.3 2개 이상의 전자를 갖는 원자나 이온의 전체 자기 모멘트

짝 없는 전자의 전체 각 모멘트 $\mu_{ion,1}$은 다음과 같다.

$$\mu_{ion,1} = \mu_s + \mu_{orb} = \frac{e\Pi_s}{m_e} + \frac{e\Pi_o}{2m_e} \tag{15.23}$$

아래 첨자 1은 이 식이 한 전자에만 유효함을 나타내기 위해 추가했다. 항을 결합하고 **랑데 분할 인자**(Lande splitting factor) g를 도입하면

$$\mu_{ion,1} = \mu_s + \mu_{orb} = g\left(\frac{e}{2m_e}\right)\Pi_{tot} \tag{15.24}$$

여기서 Π_{tot}은 원자 또는 이온의 전체 각운동량이다. 만약 오직 스핀만이 $\mu_{ion,1}$에 이바지한다면, $g = 2$이다. 반대로, 만약 각운동량만이 이바지한다면, $g = 1$이다. 따라서 g는 $\mu_{ion,1}$에 대한 μ_s와 μ_{orb}의 상대적인 기여도에 따라 1~2 사이의 값을 갖는다.

식 (15.23)과 (15.24)는 하나의 전자만을 갖는 이온에 대해 유효하다. 만약 원자나 이온이 2개 이상의 전자를 갖는다면, 상황은 더 복잡해진다. 전자의 궤도 자기 모멘트는 벡터 합으로 주어진다(부록 15A).

$$\mathbf{L} = \sum m_l \tag{15.25}$$

여기서 m_l은 궤도 자기 양자수(2장 참고)이다. 마찬가지로, 이온의 전체 스핀 각운동량은 다음과 같이 주어진다.

$$\mathbf{S} = \sum s \tag{15.26}$$

여기서 $s = \pm 1/2$이다.

원자의 전체 각운동량 $\mathbf{J}$는 두 운동량 $\mathbf{L}$과 $\mathbf{S}$의 벡터 합이며

$$\mathbf{J} = \mathbf{L} + \mathbf{S}$$

이 관계식은 **러셀-손더스 결합**(Russell-Saunders coupling)으로 알려져 있으며, 세라믹의 자성과 관련 있는 3d 전이금속의 궤도 각운동량은 많은 경우 소멸하여 $\mathbf{L} = 0$이므로 더는 논의하지 않는다. 덕분에 문제가 간단해지며, $\mathbf{J} = \mathbf{S}$이고 μ_{ion}은 다음과 같다.

$$\mu_{ion} = 2\mu_B \sqrt{\mathbf{S}(\mathbf{S}+1)} \tag{15.27}$$

따라서 각운동량이 소멸하는 경우, 이온의 전체 자기 모멘트는 짝 없는 전자의 개별 기여도 합과 관련되어 있다. 모멘트를 계산하기 위해서는 짝 없는 전자의 개수 또는 주어진 원자나 이온에서 전자가 차지하는 양자 상태를 알기만 하면 된다. 다음 예제들은 이 요점을 명확히 이해하기 위해 도움이 될 것이다.

예제 15.2

궤도 각운동량이 소멸하였다고 가정하고($\mathbf{L} = 0$), 고립된 Mn^{2+} 양이온의 스핀 자기 모멘트와 전체 자기 모멘트를 계산하시오.

정답

Mn^{2+}은 5개의 d 전자를 가지고 있으며 다음 궤도를 차지한다(표 15.2 참고).

$$
\begin{array}{lcccccccccc}
m_l & 2 & 1 & 0 & -1 & -2 & 2 & 1 & 0 & -1 & -2 \\
m_s & 1/2 & 1/2 & 1/2 & 1/2 & 1/2 & -1/2 & -1/2 & -1/2 & -1/2 & -1/2 \\
s & \downarrow & \downarrow & \downarrow & \downarrow & \downarrow
\end{array}
$$

따라서 $\mathbf{S} = \sum m_s = 5 \times 1/2 = 2.5\,\mu_B$. 각운동량이 소멸하였으므로, $\mathbf{J} = \mathbf{S}$이고 식 (15.27)에 따라 전체 자기 모멘트는

$$\mu_{ion} = 2\mu_B \sqrt{\mathbf{S}(\mathbf{S}+1)} = 5.92\,\mu_B$$

이 결과는 측정값 $5.9\,\mu_B$와 매우 잘 맞는다(표 15.2 참고). ■

예제 15.3

최외곽 껍질에 전자가 가득 찬 원자나 이온의 각운동량은 0임을 보이시오.

정답

Cu^+가 좋은 예이다. 10개의 d 전자가 다음과 같이 배치되어 있다.

$$
\begin{array}{lcccccccccc}
m_l & 2 & 1 & 0 & -1 & -2 & 2 & 1 & 0 & -1 & -2 \\
m_s & 1/2 & 1/2 & 1/2 & 1/2 & 1/2 & -1/2 & -1/2 & -1/2 & -1/2 & -1/2 \\
s & \downarrow & \downarrow & \downarrow & \downarrow & \downarrow & \uparrow & \uparrow & \uparrow & \uparrow & \uparrow
\end{array}
$$

따라서 $\mathbf{L} = \sum m_l = 0$, $\mathbf{S} = \sum m_s = 0$이고 결국 $\mathbf{J} = 0$이다. ■

표 15.2 고립된 3d 전이금속의 자기 모멘트. 모든 모멘트는 μ_B의 배수로 표시되었다. 고립되지 않은 경우, 다른 숫자로 나타난다.

양이온	전자 배열	계산한 양자 모멘트 $2\sqrt{S(S+1)}$	고전 모멘트	측정한 모멘트
Sc^{3+}, Ti^{4+}	$3d^0$	0.00	0	0.0
V^{4+}, Ti^{3+}	$3d^1$	1.73	1	1.8
V^{3+}	$3d^2$	2.83	2	2.8
V^{2+}, Cr^{3+}	$3d^3$	3.87	3	3.8
Mn^{3+}, Cr^{2+}	$3d^4$	4.90	4	4.9
Mn^{2+}, Fe^{3+}	$3d^5$	5.92	5	5.9
Fe^{2+}	$3d^6$	4.90	4	5.4
Co^{2+}	$3d^7$	3.87	3	4.8
Ni^{2+}	$3d^8$	2.83	2	3.2
Cu^{2+}	$3d^9$	1.73	1	1.9
Cu^+, Zn^{2+}	$3d^{10}$	0.00	0	0.0

위 예제를 통해 2가지 중요한 결론을 도출할 수 있다.

1. 전자껍질이 완전히 채워지면 모든 전자는 짝을 이루고, 전자의 자기 모멘트는 상쇄되어 알짜 자기 모멘트는 사라진다. 따라서 자성과 관련해서는 부분적으로 채워진 궤도만을 고려하면 된다. 즉, 짝 없는 전자의 존재는 자성이 존재하기 위한 필요조건이다.

2. 고립된 3d 전이금속 양이온의 스핀 궤도 운동량만을 고려하고 계산한 자기 모멘트가 실험값과 잘 맞는다는 사실(표 15.2 참고)로부터 이러한 이온의 궤도 각운동량이 실제로 소멸하였음을 알 수 있다.

15.4 상자성, 강자성, 반강자성, 그리고 준강자성

앞에서 언급했듯이 대부분 세라믹스는 자화율($\approx 10^{-6}$ 정도)이 음수인 반자성체이다. 따라서 사성의 효과가 거의 없고 실질적인 중요성도 거의 없으므로 더 다루지 않는다. 대신 다음 절에서는 더 유용하고 기술적으로 중요한 자성 세라믹스인 강자성체와 준강자성체에 대해 초점을 맞출 것이다. 그러나 이 물질들을 살펴보기 전에 상자성체에 대해 이해하는 것은 중요하다. 상자성체 역시 실질적인 중요성은 없으나, 더 복잡한 다른 자성체를 이해하는 바탕이 되기 때문이다.

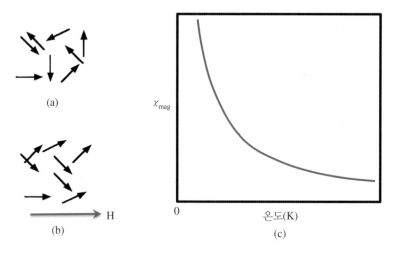

그림 15.3 (a) 자기장 강도가 없는 경우, 개별 원자의 자기 모멘트는 무질서한 방향으로 향하여 고체의 자기 모멘트는 0이다. (b) 자화장을 인가하면 장의 방향으로 모멘트가 정렬하여 모멘트를 갖는다. (c) 상자성체 자화율의 온도에 따른 변화.

15.4.1 상자성

상자성체에서 원자들은 영구 자기쌍극자(즉, 짝 없는 전자)를 갖는다. 자화장이 없는 경우, 전자의 자기 모멘트는 무질서하게 분포하여 단위부피당 알짜 자기 모멘트는 0이다(그림 15.3a). 자화장 H가 인가되면 이 모멘트는 장의 방향으로 정렬하여 알짜 자기 모멘트가 H와 같은 방향으로 발생한다(그림 15.3b). 따라서 자화율은 양수이나 그 크기는 대개 $10^{-3} \sim 10^{-6}$ 정도로 매우 작다. 늘 그렇듯이 이런 규칙성은 열운동에 의해 자연스럽게 흩어진다. 자화율은 온도가 증가하면 감소하고 다음과 같은 관계를 갖는다.

$$\chi_{\text{mag}} = \frac{C}{T} \tag{15.28}$$

여기서 C는 **퀴리 상수**(Curie constant)로 알려져 있다. 그림 15.3c에 개략도로 나타낸 $1/T$ 의존성을 **퀴리의 법칙**(Curie's law)이라고 부르며, 이 절의 남은 부분에서는 이러한 온도 의존성이 나타나는 원인에 대해 알아보겠다.

상황은 14장에서 양극성 분극을 다룰 때와 거의 같으며, 식 (14.51)을 유도하는 것과 거의 같은 방식으로 문제를 해결할 수 있다. 문제를 간단히 하기 위해 고체의 이온은 식 (15.27)로 주어진 전체 자기 모멘트 μ_{ion}을 갖는다고 가정한다(즉, 궤도 각운동량은 소멸하였다고 가정한다). 또한 이 모멘트는 자기장 B에 평행하거나 반대방향으로 정렬한다고 가정한다. 따라서 자기 에너지는 $\pm\mu_{\text{ion}}B$이며, +는 전자가 자기장에 반대방향으로 정렬한 경우이고, −는 전자가 자기장과 평행하게 정렬한 경우이다. $\mu_{\text{ion}}B/(kT) \ll 1$이므로, 알짜 자화량 **M**은 다음과 같이 주어진다(문제 15.2a).[6]

---

[6] $\mu_{\text{ion}}B/(kT) \ll 1$이라는 가정은 대부분 잘 맞는다(문제 15.3 참고).

$$\mathbf{M} = (N_1 - N_2)\mu_{\text{ion}} = \frac{N\mu_{\text{ion}}^2 \mathbf{B}}{kT} \qquad (15.29)$$

여기서 N은 단위부피당 자기 원자 또는 이온의 총 개수이며 $N = N_1 + N_2$이다. N_1과 N_2는 각각 자기장과 평행하거나 반대방향으로 정렬한 단위부피당 전자의 개수다. 즉, 알짜 자화량은 자기장과 같은 방향으로 정렬한 전자의 수 $N_1 - N_2$에 비례한다. 상자성체에서는 $\mathbf{B} \approx \mu_0 \mathbf{H}$[식 (15.12)]로 가정할 수 있고, 식 (15.29)와 (15.6)을 결합하면

$$\chi_{\text{mag}} = \frac{N\mu_0 \mu_{\text{ion}}^2}{kT} = \frac{C}{T} \qquad (15.30)$$

으로 자화율이 온도에 반비례함을 알려준다. 그러나 식 (15.30)은 전자들이 자기장 B와 같은 방향 또는 반대방향으로만 정렬한다고 가정하였으므로 약간 오류가 있다. 실제로는 전자들이 아무 방향으로나 향할 수 있으므로 식 (15.30)을 유도하는 과정에서 각도 의존성을 고려해야 한다. 이 문제는 랑주뱅이 해결했으며 최종 결과는

$$\chi_{\text{mag}} = \frac{N\mu_0 \mu_{\text{ion}}^2}{3kT} = \frac{C}{T} \qquad (15.31)$$

으로 모든 각도에 걸쳐 모멘트의 평균을 구하여 분모에 3이 추가되는 것을 제외하면 식 (15.30)과 같다. 상자성체를 분석할 때에는 이 식을 이용해야 한다.

15.4.2 강자성

강자성체는 자화율이 퀴리의 법칙을 따르지 않고 다음과 같이 변형된 형태를 따르며

$$\chi_{\text{mag}} = \frac{C}{T - T_c} \qquad (15.32)$$

이 관계는 **퀴리-바이스 법칙**(Curie-Weiss law)으로 알려져 있으며 그림 15.4a에 나타냈다. **퀴리온도**로 알려진 임계온도 T_c 이상에서는 상자성체처럼 거동하며, T_c 이하에서는 **자발 자화량 M**이 발생한다. 또한 그림 15.4b에서 보듯 M의 크기는 온도의 함수이며 절대온도 0도에서 최댓값을 갖는다.

이는 정성적으로 다음과 같이 설명한다. 고온에서 열적 무질서가 지배적이며 고체는 상자성을 나타낸다. 그러나 온도가 내려가면 **자기 상호작용 에너지**(magnetic interaction energy)가 작용하여 자기 모멘트를 서로 평행하게 정렬하고 0K에서 자기 모멘트가 가장 규칙적으로 정렬한다. 이러한 규칙성이 나타나는 온도를 퀴리온도라고 부르며, 상호작용이 강할수록 퀴리온도는 높다.[7]

강자성은 절대온도 0도부터 유한한 온도까지 존재하다가 사라지므로, 이러한 물질에 대해 다음

---

[7] 이 상황은 녹는점과 유사하다. 원자 사이의 결합이 강할수록 녹는점이 높다. 퀴리온도는 자기 규칙성이 '녹는' 온도라고 생각할 수 있다.

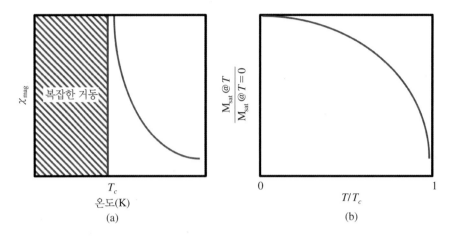

그림 15.4 (a) 퀴리온도 T_c에서 변하는 강자성체 자화율의 온도 의존성. (b) 온도에 따른 강자성체 자발 자화량(H = 0) 변화

과 같이 가설을 세울 수 있다.

- ∞ 원자의 스핀 중 일부는 짝을 이루지 못한다.
- ∞ 이웃하는 전자의 스핀끼리 **상호작용**을 통해 한 방향으로 정렬되며 외부 자기장이 **없어도** 정렬을 유지한다.
- ∞ 충분히 고온이 되면, 이러한 정렬 에너지는 열적 무질서 효과를 억제하지 못하며, 물질은 자발적인 자화 특성을 상실하고 상자성체가 된다.

더 나아가기 전에 **교환 에너지**(exchange energy)라고도 알려진 이 상호작용 에너지의 근원은 자성과 무관하며 이웃하는 원자들 사이에 작용하는 양자역학적인 정전기 상호작용이라는 점을 강조하고 싶다. 개별 이온의 자기 모멘트를 정렬하는 내부 또는 국소 자기장이 강자성을 유발한다고 말해 두자.

강자성체의 온도 의존성을 이해하기 위해서는 자화장 H에 놓여 있는 강자성체 내부의 전자가 받는 국소 자기장 B_{loc}의 식을 알아야 한다. 이는 매우 어려운 문제이고 여기서는 최종 결과인

$$B_{loc} = \mu_0(H + \lambda M) \tag{15.33}$$

만 가져온다. λ는 **평균 장 상수**(mean field constant) 또는 **결합계수**(coupling coefficient)로 알려져 있으며, 이웃하는 모멘트 사이 상호작용의 강도를 보여주는 척도이다. λ가 클수록 상호작용도 강하다.

식 (15.29)의 B를 B_{loc}으로 대체하고 식 (15.33)을 이용하면

$$M = N\mu_{ion}^2 \frac{B_{loc}}{kT} = N\mu_{ion} \frac{\mu_{ion}\mu_0 H + \lambda_{loc}\mu_{ion}\mu_0 M}{kT} \tag{15.34}$$

나아가 $M_{sat} = N\mu_{ion}$(아래 참고)이고 T_c를 다음과 같이 정의하면

$$T_c = \frac{\lambda\mu_{ion}\mu_0 M_{sat}}{k} \tag{15.35}$$

식 (15.34)는 다음과 같다.

$$\frac{M}{M_{sat}} = \frac{\mu_{ion}\mu_0 H}{kT} + \frac{MT_c}{M_{sat}T}$$ (15.36)

이 식을 더 간단히 정리하면

$$\frac{M}{M_{sat}} = \frac{\mu_{ion}\mu_0 H}{k(T - T_c)}$$ (15.37)

마지막으로, 정의에 따라 M/H = χ_{mag}이므로, 자화율의 온도 의존성을 알려주는 퀴리-바이스 법칙의 최종 식을 구할 수 있다.

$$\chi_{mag} = \frac{\mu_{ion}\mu_0 M_{sat}}{3k(T - T_c)} = \frac{C}{(T - T_c)}$$ (15.38)

분모의 3은 모든 각도에 대한 평균을 고려해 들어갔다. 만약 이웃하는 모멘트 사이 상호작용을 무시한다면(즉, λ 그리고 T_c가 0이라고 가정하면), 이 식은 당연히 식 (15.28)과 같다. 따라서 이웃하는 전자 사이의 상호작용 때문에 T_c와 강자성이 발생한다.

또한 식 (15.38)은 T_c 이상에서만 적용된다. T_c 이하에서는 물질이 매우 다른 특성을 보여 자발적으로 자화된다(즉, 심지어 H = 0이어도). M/M_{sat}을 T/T_c에 대해 나타낸 그림 15.4b는 T_c 이하에서 특성의 변화를 보여준다. 온도가 절대온도 0도에 접근하면 M은 M_{sat}에 접근한다.

지금까지 논의한 내용의 기저에 있는 물리는 다음과 같이 요약할 수 있다. 원자들의 열운동이 작을 때, 작은 원자 자석들(즉, 짝 없는 전자들)이 결합하여 외부 자기장이 없어도 서로 평행하게 정렬하여 영구적으로 자화 물질이 된다.

요약하면, 이웃하는 짝 없는 전자들이 상호작용하여 외부의 자화장과 같은 방향으로 스핀을 정렬한다고 생각하면, 온도와 자화장에 대한 강자성체의 일반적인 특성을 적어도 정성적으로 설명할 수 있다.

15.4.3 반강자성과 준강자성

일부 물질에서는 결합계수가 음수이며 이는 그림 15.5a처럼 이웃하는 이온의 자기 모멘트가 반대방향이라는 의미이다. 만약 모멘트가 같다면 상쇄되어 알짜 모멘트는 0이다. 이런 고체를 **반강자성체**(antiferromagnet)라고 부른다. 식 (15.35)에 따르면, λ가 음수면 T_c가 음수이고 그림 15.5b에 이에 해당하는 자화율과 온도 그래프가 나타나 있다. 자화율의 최댓값은 **닐 온도**(Néel temperature) T_N에서 관찰된다. 온도가 T_N 이상이면 물질은 상자성이며 다음과 같이 변형된 퀴리-바이스 법칙이 성립한다.

$$\chi_{mag} = \frac{C}{T + T_N}$$ (15.39)

이 식은 T_c가 음수라는 사실을 고려했다.

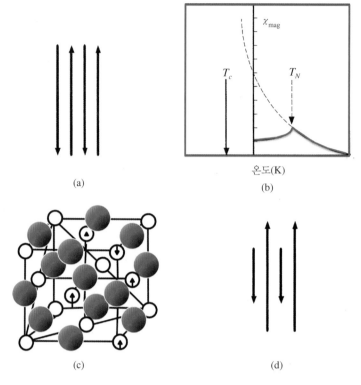

(a)

(b)

(c)

(d)

그림 15.5 (a) 반강자성체에서 가장 가까운 모멘트는 서로 반대방향으로 정렬되어 알짜 모멘트는 0이다. (b) 온도에 따른 반강자성체 자화율의 변화. 자화율 최댓값은 닐 온도에서 발생한다. (c) MnO에서 반대방향인 자기 스핀. (d) 옆자리에 있는 크기가 다른 자기 모멘트는 알짜 자기 모멘트를 유발한다. 이 경우 준강자성이라고 부른다.

반강자성은 주로 Mn, Fe, Co의 불화물과 산화물인 MnF_2, MnO, FeF_2, CoF_2, NiO, CoO, FeO, MnS, MnSe, Cr_2O_3 등 화합물에서 관찰된다. 해당 화합물의 결정구조에 따라 나타나는 규칙성의 종류가 정해진다. 예를 들어, NiO와 MnO에서 스핀은 그림 15.5c처럼 정렬되어 특정한 (111) 면에서는 평행하나 이웃하는 (111) 면에서는 반대방향이다.

그림 15.5d에 나타난 상황은 변형된 반강자성으로 결합은 음수이나 이웃하는 모멘트의 크기가 서로 다르므로 상쇄되지 않고 그 차이만큼 알짜 모멘트가 발생한다. 이런 물질을 **준강자성체**(ferrimagnet)라고 부르며 다음에 설명할 이유로 대부분의 자성 세라믹스가 여기에 속한다. 흥미롭게도 준강자성체의 온도 의존성은 강자성체와 같다.

15.4.4 결정 장 이론

자기구역과 그 역할을 살펴보기 전에, 전이금속을 함유한 많은 세라믹스의 색상과 자성을 잘 설명하는 중요한 이론에 대해 간단히 알아본다. 대부분 고립된 전이금속 양이온의 d 전자는 결정 내부에 위치할 때와 매우 다른 특성을 나타낸다. 결정 안에서는 대칭에 따라 전이금속의 d 궤도는 자신을 둘러싼 리간드와 특정 방향으로 상호작용하여 그 에너지 준위가 나누어진다. **리간드**(ligand)는 음전하를 띠며, 중심에 있는 전이금속 이온과 부분적으로 공유결합하며 둘러싸고 있는 구형이 아닌

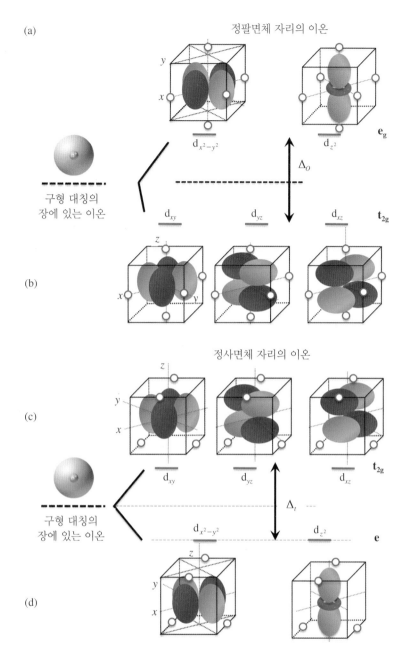

그림 15.6 정팔면체와 정사면체 리간드와 d 궤도의 상호작용. (a) 만약 리간드가 구형 대칭이라면 모든 d 궤도는 같은 에너지를 갖는다. (b) 6개의 리간드를 갖는 정팔면체 장에서는 d_{z^2}와 $d_{x^2-y^2}$ 궤도의 에너지가 증가하고(위) d_{xy}, d_{xz}, d_{zy} 궤도 에너지가 감소한다(아래). 에너지 차이는 Δ_O (c) 4개의 리간드를 갖는 정사면체 장에서는 d_{z^2}와 $d_{x^2-y^2}$ 궤도의 에너지가 감소하고(아래) d_{xy}, d_{xz}, d_{zy} 궤도 에너지가 증가한다(위). 에너지 차이는 Δ_t.

환경이다(그림 15.6b의 내부가 빈 빨간 테두리 원들).

전이금속 이온은 5개의 d 궤도를 가지며 구형 환경에서는 에너지가 겹치고 전자들은 같은 확률로 발견될 수 있다(그림 15.6a). 그러나 만약 그 이온이 정팔면체 리간드에 둘러싸인 장에 놓이면, 대칭에 의해 d_{z^2}와 $d_{x^2-y^2}$ 궤도(그림 15.6a)는 d_{xy}, d_{xz}, d_{zy} 궤도(그림 15.6b)보다 더 강하게 밀려난다. 그 결과 궤도 에너지가 나누어져 밀려난 리간드의 e_g 궤도의 에너지가 t_{2g}보다 증가한다. 에너지 차이 Δ_O는 **결정 장 분할**(crystal field splitting)이라고 부른다. 역사적인 이유로 정팔면체 형태에 있는 d_{xy}, d_{xz}, d_{zy} 궤도를 t_{2g}라고 부르고, d_{z^2}와 $d_{x^2-y^2}$ 궤도를 e_g라고 부른다.

둘러싼 리간드가 정사면체 형태라면(그림 15.6c와 d), 반대 상황이 된다. d_{xy}, d_{xz}, d_{zy} 궤도가 결정 (리간드, 장)에 의해 더 강하게 밀려나고 더 높은 에너지를 갖는다(그림 15.6c). 다른 두 궤도는 더 낮은 에너지 준위를 갖는다(그림 15.6d). 여기에서도 다시 결정 장 에너지 분할이 발생한다. 정사면체 대칭을 강조하기 위해 이 값을 Δ_t로 표시했다. 마찬가지 역사적인 이유로 **정사면체** 형태에 있는 d_{xy}, d_{xz}, d_{zy} 궤도를 t_2라고 부르고, d_{z^2}와 $d_{x^2-y^2}$ 궤도를 e라고 부른다.

Δ_O와 Δ_t의 크기는 (i) 산소 p 궤도와 전이금속 d 궤도가 겹치는 정도, (ii) 전이금속 양이온의 전하, (iii) 금속이 3d, 4d, 5d인지 여부에 의존한다. 모든 경우에 $\Delta_O > \Delta_t$이다.

이런 궤도가 존재함을 알았으므로, 다음 단계는 이런 궤도의 전자 점유도를 결정하는 것이다. 훈트는 어떤 조건에서 전자가 짝을 이루는지 또는 이루지 않는지 결정하는 규칙을 개발했다. 비록 그 규칙은 약간 복잡하지만, 최종적으로 전자는 큰 속박 아래에서만 짝을 이룬다. 이런 상황은 Δ_O값이 클 때 발생한다. 즉, 대부분 전자는 짝을 이루지 않는 것을 선호한다.

금속에서 이웃하는 모멘트는 직접 상호작용하여 강자성 또는 반강자성 규칙성을 유발한다. 반대로 자화 산화물에서는 전이금속 이온의 모멘트가 산소 이온과 **간접적으로** 상호작용한다. 2가지 사례가 그림 15.9a와 b에 나타나 있다. 이 상호작용을 **초교환**(superexchange)이라고 부르며 아래에서 다룬다.

15.5 자기구역과 이력 곡선

15.5.1 자기구역

앞에서 강자성체를 논의하면서 T_c 이상의 온도에서 M은 H(또는 B)에 비례하여 상자성체처럼 거동하나, T_c 이하에서는 자발 자화가 발생한다고 결론을 내렸다. 그러나 이 장 초기에 실험을 설명하면서 자기장에 노출된 적 없는 자성 물질은 알짜 자화량이 0이라고 명시했다. 언뜻 이 두 사실은 서로 모순으로 보인다. 이러한 모순은 자발 자화가 고체의 작은 영역($\approx 10^{-5}$ m) 내부에서 발생한다는 사실을 이해하면 해결할 수 있다. 이 영역을 **자기구역**(magnetic domain)이라고 부르며 모든 스핀이 같은 방향을 향하는 영역으로 정의한다. 아래에서 상세히 설명하겠지만, 전체 시스템의 에너지를 줄이기 위해 이러한 구역이 형성되며, 각 구역은 **구역 벽**(domain wall) 또는 **블로흐 벽**(Bloch wall)으로 분리되어 있다. 구역 벽은 에너지가 높은 영역으로[8] 다른 방향으로 자화된 영역들을 분리하는 전이층으로 정의된다(그림 15.7d). 아래에서 논의하겠지만, 구역이 존재하여 가역적 또는 비가역적으로 이동하는 덕분에 B-H 이력 곡선이 나타난다.

---

[8] 이 상황은 다결정 물질의 입계와 크게 다르지 않다. 다만, 다결정 고체는 항상 에너지가 높은 이 부분을 없애려고 하지만, 자성 물질에서는 평형상태인 점이 다르다.

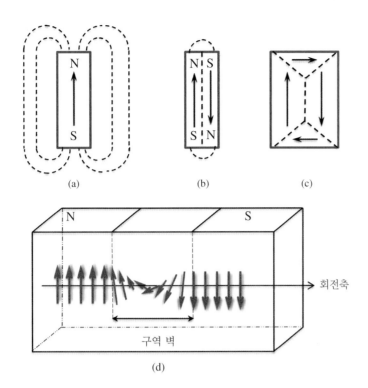

그림 15.7 구역이 형성되어 시스템의 에너지가 감소하는 과정을 보여주는 개략도. (a) 구역이 없는 경우. (b) 180° 벽으로 분리된 두 구역. (c) 90° 구역은 선속이 고체 내부에 완벽히 갇히므로 폐쇄 구역이라고 불린다. 입방 결정의 이방성 때문에 폐쇄 구역은 육방 결정보다 입방 결정에서 더 흔하다. (d) 180° 벽 내부에서 개별 자기 모멘트의 배열.

그림 15.7a-c를 보면 자기구역이 형성되는 원인을 알 수 있다. 하나의 구역만 있는 경우(그림 15.7a) 자기장이 결정을 빠져나가 다시 들어가야 하므로 에너지가 높은 상태이다. 그림 15.7b와 c처럼 구역이 형성되면 관찰되는 알짜 자기장은 0이고 시스템은 에너지가 낮아진다. 그러나 감소한 에너지는 구역 벽이 생성되며 부분적으로 상쇄된다. 예를 들어, 그림 15.7d에 180° 구역이 개략도로 나와 있다. 또한 일부 에너지는 결정이 서로 다른 방향으로 자화되면 나타나는 에너지 차이와 연결된 **이방성 에너지**(anisotropy energy)에 의해 상쇄된다. 아래에서 살펴보겠지만 고체를 자화하는 에너지는 결정 방향에 의존하여 '쉬운' 방향과 '어려운' 방향이 존재한다.

15.5.2 이력 곡선

구역과 이력 곡선 사이의 관계는 그림 15.8에 나타내었다. 자기장에 노출된 적 없는 시편에서 M의 H 의존성은 그림 15.8a에 나타내었다. 미시적으로 발생하는 일은 그림 15.8b-e에 나타내었다. 초기에 이 시편은 다양한 구역의 모멘트들이 서로 상쇄하여 자화되지 않는다(그림 15.8b). 원점 부근에서 M의 변화는 블로흐 벽이 가역적으로 이동하여 물질이 자화되었음을 보여주며,[9] 초기 투자율의

---

[9] 낮은 자기장에서 구역 벽의 움직임은 가역적으로 늘어나는 탄성 띠(또는 고정된 전위)와 매우 비슷하다. 늘어난 지점에서 자기장이 사라지면, '하역' 곡선은 '부하' 곡선과 일치하며 이 과정은 완벽하게 가역적이다.

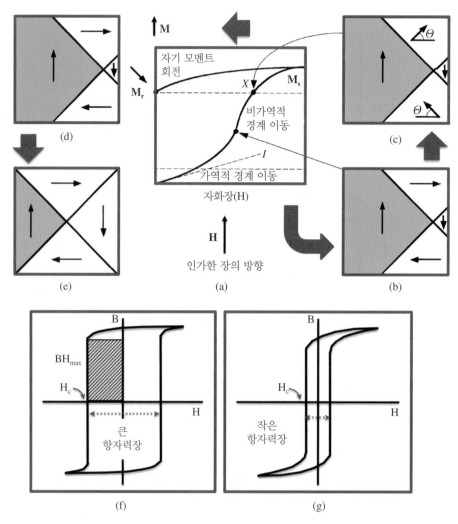

그림 15.8 구역과 이력 곡선의 관계. (a) 강자성체의 전형적인 이력 곡선. (b) 자기장에 노출된 적 없는 시편의 경우, 폐쇄 구역 때문에 H = 0이고 M = 0. (c) H가 증가하면 H와 평행하게 정렬된 회색으로 칠한 구역은 구역이 *X*까지 비가역적으로 이동하여 성장한다. (d) *X*를 지나면 모멘트가 회전해야만 자화가 일어난다. (e) 장을 제거하면 구역 벽이 비가역적으로 이동하여 잔류 자화량을 보유한다. 즉, 고체는 이제 영구자석이다. (f) 경자성체의 이력 곡선. (g) 연자성체의 이력 곡선. 경자성체는 H_c가 높다.

접선 *OI*는 **초기 상대 투자율**(initial relative permeability) μ_i라고 부른다. H가 증가하면서 인가한 장과 평행하게 모멘트가 배열된 구역은 그렇지 않은 구역을 잠식하며 성장한다. (그림 15.8b와 c의 회색으로 칠한 부분을 비교하라.) 이 과정은 구역 벽이 어느 지점까지는(그림 15.8a의 *X*) 비가역적으로 이동하여 발생하며, 그 이후 벽은 거의 이동하지 않는다. 그림 15.8d처럼 구역 내부에서 인가한 장과 평행하지 않은 모멘트가 회전하여 추가로 자화가 발생한다. 매우 높은 H에서는 모든 구역이 회전을 마치며 자화량은 M_s에서 **포화** 상태가 된다. 이러한 **포화 자화량**(saturation magnetization)은 각이온의 자화 모멘트 μ_{ion}과 단위부피당 자성 원자의 전체 개수 N의 곱으로 다음과 같다.

$$M_{sat} = N\mu_{ion} \tag{15.40}$$

H를 제거하면, M은 원래 곡선을 따르지 않고 대신 $M_s - M_r$ 선을 따르며, **잔류 자화량**(remnant magnetization)으로 알려진 M_r로 표시한 지점에서 y축과 만난다. H를 제거해도 구역의 크기와 방향은 변하지 않음에 유의하라. M_s와 M_r의 차이는 구역의 회전 성분을 회복하는지 그렇지 않은지 여부에 달려 있다.

물질에서 M_r을 완벽하게 제거하려면 M의 극성이 반대로 되어야 한다. M이 0이 되는 H의 값을 **항자력장**(coercive magnetic field) 또는 **보자력장** H_c라고 부른다(그림 15.8f).

이력 곡선의 형태에 따라 자성체는 연자성체 또는 경자성체로 구분한다. 각각의 B–H 이력 곡선이 그림 15.8f와 g에 나타나 있다. 대략 **연자성체**(그림 15.8g)는 항자력장이 약 1 kA/m 이하이며, **경자성체**(그림 15.8f)는 10 kA/m 이상이다. 이런 구분 외에도, 이력 곡선의 모양은 영구자석에서 단위부피당 저장된 자기 에너지를 계산하는 데 이용할 수 있다. 이 값은 그림 15.8f의 빗금 친 부분처럼 $(BH)_{max}$로 주어진다.

이러한 두 종류 자성체의 차이는 구역의 존재와 구역이 이동하기 쉬운지 또는 어려운지와 관련되어 있다. 지금까지의 논의에서 **M**은 **H**의 고유한 함수인 것처럼 다루었으나 실제로는 더 복잡하다. **M**은 다양한 결정면과 **H** 방향의 상대적인 방향에 의존한다. 즉 **방향 이방성**(orientation anisotropy)을 나타낸다. 또한 **M**은 자화되는 결정의 형상에도 의존하여 **형상 이방성**(shape anisotropy)을 나타낸다. 이 형상 인자는 꽤 중요하다. 예를 들어, 얇고 긴 바늘의 긴 축이 **H**와 수직일 경우보다 평행할 경우, 이 바늘을 자화시키기가 매우 쉽다.

방향 이방성은 **자기변형**(magnetostriction)과 관련되어 있다. 물질이 자화되면, 형상이 약간 변해 탄성 변형률이 발생한다. 탄성은 텐서이므로 결정을 자화할 때 방향에 따라 차이가 나타난다. 어떤 결정 방향은 다른 방향보다 자화가 쉽다. 이러한 효과를 나타내는 척도는 **자기변형 상수** λ_m으로 포화 자기장에서 유도되는 변형률로 정의한다. 만약 자기장이 가해진 방향으로 길이가 증가하면 λ_m은 양수이다. 표 15.3에 몇 가지 다결정 페라이트의 λ_m값을 나타내었다. 표시된 값은 단결정 값의 평균을 나타낸다.

이 흥미로운 현상의 자세한 내용은 이 책의 범위를 벗어나지만, 관심 있는 독자들은 참고문헌을 찾아보기 바란다. 여기서 중요한 점은 지난 세기가 끝난 이후 이 현상을 이용하여 자기 에너지 밀도가 약 10년마다 10배씩 증가했다는 사실을 인식하는 것이다!

표 15.3 몇 가지 다결정 페라이트의 포화 자기변형 상수

조성	λ_m
Fe_3O_4	$+40 \times 10^{-6}$
$MnFe_2O_4$	-5×10^{-6}
$CoFe_2O_4$	-110×10^{-6}
$NiFe_2O_4$	-26×10^{-6}
$MgFe_2O_4$	-6×10^{-6}

15.6 자성 세라믹스와 응용

위에서 보았듯 연자성체는 낮은 H에서 큰 포화 자화량과 낮은 항자력장(보자력장)을 나타내며, 전자석, 변압기 심(core)과 계전기(relay) 등 자화량의 방향이 급격하게 변하는 응용처에 주로 사용한다. 세라믹 연자성체는 전기 절연체이므로 금속 연자성체보다 중요한 장점이 있다. 절연체를 사용하면 맴돌이 전류(eddy current)가 감소하므로, 맴돌이 전류가 최소가 되어야 하는 분야에서 세라믹 자성체를 주로 사용하는 이유이다.

그러나 경자성체는 높은 포화 자화량과 높은 항자기력(보자기력)을 나타내어 자기 소거(demag-netization)가 쉽지 않다(그림 15.8e). 따라서 경자성체는 영구자석과 기록 매체를 제조하는 용도로 주로 사용한다.

자성 세라믹스는 결정구조에 따라 스피넬, 석류석, 그리고 육방정 페라이트로 분류한다. 표 15.4에 전형적인 조성과 일부 자기 특성을 나타내었다.

15.6.1 스피넬 또는 입방정 페라이트

스피넬은 3장에서 처음 다루었으며(그림 3.10), 이 구조에서 양이온이 팔면체 자리와 사면체 자리를 차지하는 입방 밀집 구조에서 산소 이온이 부격자(sublattice)로 배열되어 있다. 입방 단위격자는 크며 8개의 화학식 단위로 구성되어 32개의 팔면체 자리(O 자리)와 64개의 사면체 자리(T 자리)를 포함하고 있다(그림 3.10). 일반 화학식이 $A^{2+}B^{3+}O_4$인(또는 동등하게 $AO \cdot B_2O_3$) 정상 스피넬에서 2가 양이온 A는 T 자리에 있고 3가 양이온 B는 O 자리에 있다. 역스피넬에서는 A 양이온과 B 양이온 중 절반이 O 자리에 있고, 남은 B 양이온이 T 자리에 있다.[10]

6장에서 보았듯 스피넬 구조는 치환 가능성이 커서 페라이트의 기술적인 이용을 가져왔다. 가장 간단한 자성 산화물인 자철광(Fe_3O_4)[11]은 자연적으로 존재하는 페라이트로 수백 년간 항해에서 나침반으로 사용했다. 일반 화학식 $MeO \cdot Fe_2O_3$인 다른 가능한 조성도 여러 가지이며, 이 중 일부를 표 15.4에 나타내었다. Me는 Mn^{2+}, Co^{2+}, Ni^{2+}, Cu^{2+} 등과 같은 2가 이온 또는 평균 이온화수 +2인 이온 조합을 나타낸다. 일반적으로, 2가 이온은 O 자리를 선호하므로 대부분 페라이트는 역스피넬을 형성한다. 그러나 Zn와 Cd 이온은 T 자리를 선호하여 정상 스피넬을 형성한다.

스피넬에서 A와 B 부격자 사이 상호작용은 거의 언제나 반강자성(즉, 반대 스핀을 갖는다)이다.[12] 이 스핀 규칙화는 산소 이온과 같이 자성을 띠지 않는 매개를 통해 발생하므로 **초교환**(super-exchange) 형태이다. 이 규칙화는 기본 규칙을 따르며, 이를 개발한 과학자들의 이름을 따서 굿이너프-카나모리-앤더슨 규칙(또는 GKA 규칙)이라고 한다. 이 중 2가지만 살펴본다.

---

[10] 역스피넬이 안정한 이유는 결정 장 에너지 또는 리간드 장 분할(그림 15.6) 때문이다.
[11] 스피넬과의 구조 관계는 화학식을 $FeO \cdot Fe_2O_3$로 표기하면 명백하다.
[12] 그러나 예외도 있다(예제 15.4c 참고).

표 15.4 몇 가지 자성 세라믹스의 자기 특성. 자기 모멘트는 0K에서 화학식 단위당 μ_B로 표시

재료	퀴리온도 T(K)	B_{sat}(T) @ RT	계산한 모멘트[a]			실험값
			T site	O site	Net	
Fe^b	1043	2.14			2.14	2.22
스피넬 페라이트[AOB_2O_3]						
$Zn^{2+}[Fe^{3+}Fe^{3+}]O_4$			0	$5-5$	0	Antiferro.
$Fe^{3+}[Cu^{2+}Fe^{3+}]O_4$	728	0.20	-5^c	$1+5$	1	1.30
$Fe^{3+}[Ni^{2+}Fe^{3+}]O_4$	858	0.34	-5^c	$2+5$	2	2.40
$Fe^{3+}[Co^{2+}Fe^{3+}]O_4$	1020	0.50	-5^c	$3+5$	3	3.70 – 3.90
$Fe^{3+}[Fe^{2+}Fe^{3+}]O_4$	858	0.60	-5^c	$4+5$	4	4.10
$Fe^{3+}[Mn^{2+}Fe^{3+}]O_4$	573	0.51	-5^c	$5+5$	5	4.60 – 5.0
$Fe^{3+}[Li_{0.5}Fe_{1.5}]O_4$	943		-5^c	$5+2{:}5$	2.5	2.60
$Mg_{0.1}Fe_{0.9}[Mg_{0.9}Fe_{1.1}]O_4$	713	0.14	$0-4.5$	$0+5{:}5$	1	1.10
육방정 페라이트						
$BaO{\cdot}6Fe_2O_3$	723	0.48				1.10
$SrO{\cdot}6Fe_2O_3$	723	0.48				1.10
$Y_2O_3{\cdot}5Fe_2O_3$	560	0.16				5.00
$BaO{\cdot}9Fe_2O_3$	718	0.65				
가넷						
$YIG\{Y_3\}[Fe_2]Fe_3O_{12}$	560	0.16			5	4.96
$\{Gd_3\}[Fe_2]Fe_3O_{12}$	560				16	15.20
이원소(2성분계) 산화물						
EuO	69					6.80
CrO_2	386	0.49				2.00

[a] 간단하게 하려고 모멘트는 더 정확한 양자역학 결과[식 (15.27)] 대신 고전 결과[식 (15.21)]를 이용하여 계산했다.
[b] Fe는 비교 목적으로 포함했다.
[c] 마이너스(−) 기호는 반강자성 결합을 의미한다.

a) 귓불꼴(lobe)이 팔면체의 d_{z^2} 궤도일 때, 180° 위치에서 이 귓불꼴은 서로 리간드를 향하고(그림 15.9a), 특히 반강자성 초교환이 강하게 일어난다.

b) 만약 d 궤도가 그림 15.9b처럼 배열되어 있다면, 상호작용은 강자성이다.

그림 15.9c는 사면체 위치(빨간색)와 팔면체 위치(회색)에 있는 원자 결합의 성격에 초점을 맞춰 스피넬 단위격자의 개략도를 보여준다. 이러한 산소 원자에 대한 양이온의 배열 때문에 A와 B 부격자 사이에 반강자성 결합이 유발되는지 확인하는 것은 독자들에게 연습문제로 남겨둔다.

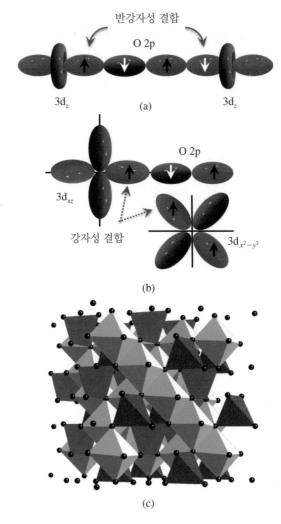

반강자성 결합

O 2p

3d$_z$ (a)   3d$_z$

O 2p

3d$_{xz}$

강자성 결합   3d$_{x^2-y^2}$

(b)

(c)

그림 15.9 d 전자와 O 2p, (a) d$_{z^2}$, (b) d$_{x^2-y^2}$와 t_{2g}의 초교환 배치

예제 15.4

(a) 역스피넬 Fe_3O_4의 알짜 자기 모멘트를 계산하시오.[13] 또한 M_{sat}과 B_{sat}을 계산하시오. 32개의 산소 이온으로 구성된 단위격자의 격자 상수는 837 pm이다.

(b) 자성이 없는 ZnO를 Ni 페라이트와 같은 스피넬 페라이트에 첨가하면 포화 자화량이 증가한다. 이유를 설명하시오.

(c) 정상 스피넬 $ZnO \cdot Fe_2O_3$에 대해 문항 (a)를 반복하시오. 이 스피넬에서 팔면체 또는 O 자리는 반강자성으로 결합하였음에 유의하라.

---

[13] 여기서 제시한 간단한 분석은 전형적인 스피넬에서 고용체, 소멸, 산화환원 평형 때문에 매우 복잡해질 수 있다. 관심 있는 독자들은 참고문헌을 찾아보기 바란다.

정답

(a) Fe_3O_4는 $FeO \cdot Fe_2O_3$ 또는 $Fe^{3+}[Fe^{2+}Fe^{3+}]O_4$로 표시할 수 있다. 역스피넬이므로, Fe^{3+} 양이온의 절반은 T 자리를 차지하고, 나머지 절반은 O 자리를 차지한다. 이 양이온들은 반강자성 상호작용하므로 알짜 모멘트가 0이다. Fe^{2+} 양이온은 남아 있는 O 자리를 차지하고 알짜 자기 모멘트는 4.9 μ_B이다(표 15.2 참고). 따라서 알짜 모멘트를 계산하면 4.9 μ_B이며, 이 값은 측정값 4.1과 어느 정도 잘 맞는다(표 15.4 참고). 이는 대략 이온의 궤도 각운동량이 실제로 소멸하였음을 의미한다.

각 단위격자가 8개의 Fe^{2+} 이온을 포함하고 있으므로(그림 15.9 참고), 포화 자화량은 식 (15.40)으로 주어진다.

$$M_s = \frac{8 \times 4.9 \times 9.274 \times 10^{-24}}{(8.37 \times 10^{-10})^3} = 6.2 \times 10^5 \text{ A/m}$$

따라서 포화 자기장은 다음과 같으며

$$B_{sat} = \mu_0 M_s = 4\pi \times 10^{-7} \times 6.2 \times 10^5 = 0.78 \text{ T}$$

이는 측정값 0.6 T과 비교할 때 꽤 비슷하다(표 15.4 참고).

흥미롭게도, 이유는 명확하게 모르지만, 고전적인 μ_{ion}의 식 $\mu_{ion} = 2\mu_B S$를 이용하면 더 정확한 식 (15.27)을 이용할 때보다 실험값과 이론값이 더 잘 맞는다.

(b) 표 15.4에 따르면 $NiO \cdot Fe_2O_3$의 포화 자화량은 $2\mu_B$이다. Ni을 Zn로 치환하면 T 자리를 선호하므로 다음과 같이 자리를 차지한다.

$$(Fe_{1-d}^{3+} Zn_d^{2+})(Fe_{1+d}^{3+} Ni_{1-d}^{2+})O_4$$

이 결과 T 자리(첫째 괄호)의 자기 모멘트 개수가 줄어들고 O 자리의 자기 모멘트 개수가 늘어나 자화량이 높아진다. 더욱이 A 자리를 차지하는 자기 이온이 줄어들며 A와 B 자리의 반대방향 결합이 감소하여 퀴리온도가 내려간다.

(c) 정상 스피넬이 되면 Zn^{2+} 이온은 사면체 A 자리를 차지하고 Fe^{3+} 이온은 O 자리를 차지한다. Zn 이온은 반자성이며 자기 모멘트에 기여하지 않는다(표 15.2). O 자리의 Fe^{3+} 양이온은 반강자성적으로 결합하므로, 자기 모멘트는 상쇄되고 알짜 자화량은 0이다.

요약하면, O-T 결합은 자성에 좋지만, O-O 결합은 나쁘다. ■

판매하는 다결정 페라이트에서 공정변수와 그 결과로 나타나는 미세조직은 측정한 특성에 큰 영향을 미친다. 여기서 몇 가지만 살펴본다. 예를 들어, Ni 페라이트에 수 %의 Co를 추가하면 철이 Fe^{3+} 상태를 유지하는 한 비저항이 몇 자리수 증가한다. 비슷하게, MnZn 페라이트는 Mn이 Mn^{2+} 상태를 유지하도록 환원 분위기에서 소결하는 것이 중요하다. 그러나 너무 강한 환원 분위기에서는 Fe^{3+}가 Fe^{2+}로 변환된다.

이차상 입자 또는 기공과 같은 추가 개재물 형태로 미세조직이 변하면, 구역 벽 이동을 방해하는 고정 위치가 생성되고, 따라서 항자력(보자력)과 이력 손실이 증가한다. 반대로 고 투과율 세라믹스에서는 구역 벽 이동이 활발해야 한다. 자성 세라믹스의 구역 이동(즉 이력 곡선의 형상)에 영향을 주는 가장 중요한 미세조직 요인은 입계로 알려져 있다. 예를 들어, Mn-Zn 페라이트의 평균 결정립 크기가 10 μm에서 30 μm로 증가하면 μ_i는 10^4에서 2.5×10^4로 증가한다.

스피넬 페라이트의 응용은 (i) 저주파수, 고 투과율 응용, (ii) 고주파수, 저손실 응용, (iii) 마이크로파 응용의 세 분야로 나눠진다. 자성체의 특성은 유전체만큼이나 주파수에 의존함을 유의하라. 14장에서 논의한 공진과 손실의 개념 및 주파수 의존성은 자성체에도 적용된다. 이 경우, 인가한 자기장 주파수와 자기 모멘트 벡터가 결합한다. 비록 이 주제는 이 책의 범위를 벗어나지만, 다양한 응용에 맞게 자성체를 선택할 때 이 부분을 이해하는 것이 중요하다.[14]

15.6.2 석류석

자성 석류석의 일반 화학식은 $P_3Q_2R_3O_{12}$ 또는 $3RE_2O_3 \cdot 5Fe_2O_3$이며, 여기서 RE는 대개 Y이나 다른 희토류 이온도 될 수 있다.[15] 기본 결정구조는 그림 15.10a(십이면체는 하나만 나타나 있음)처럼 정팔면체 하나, 정사면체 하나, 그리고 십이면체(왜곡된 정육면체) 둘을 기본 구성요소로 갖는 입방정이다. Q와 R 양이온은 각각 O와 T 자리를 차지하고 있고, P 또는 RE 양이온은 십이면체를 차지하고 있다. 각각의 산소는 4개의 다각형에 공통인 꼭짓점에 있다(즉, 정사면체 하나, 정팔면체 하나, 십이면체 둘).

가장 많이 연구되고 가장 중요한 자성 석류석은 이트륨-철 석류석, $\{Y_3\}[Fe_2]Fe_3O_{12}$ 또는 $3Y_2O_3 \cdot 5Fe_2O_3$으로 보통 YIG로 불린다. YIG에서 Y^{3+} 양이온은 십이면체 자리를 차지하고 꽉 찬 껍질 때문에 반자성을 띤다. Fe^{3+} 양이온(그림 15.10a에 표시)은 O와 T 자리에 분포하며 각각 모멘트의 차이로 알짜 자화량이 나타난다. T 자리에 있는 2개의 Fe^{3+} 이온에 대해 O 자리에 있는 3개의 Fe^{3+}이 존재하므로, 화학식 단위(0K)당 알짜 자기 모멘트는 $3 \times 5.92 - 2 \times 5.92 = 5.9\mu_B$이며 측정값 $4.96\mu_B$와 꽤 잘 맞는다. 여기서 고전적인 μ_B값인 $5\mu_B$를 사용하면 이론값과 실험값이 더 잘 맞는다.

그림 15.10b처럼 자성 희토류 이온이 Y를 치환하면 상황이 더욱 복잡해진다. 이러한 희토류 석류석에 대해서는 희토류 3가 이온이 십이면체 자리를 차지한다. 이러한 이온의 자화량은 O와 T 자리에 있는 철 이온의 **알짜** 자화량과 반대방향이다(그림 15.10c의 삽입 그림 참고). 저온에서 희토류 이온의 알짜 모멘트는 Fe^{3+} 이온의 모멘트를 압도할 수 있다(그림 15.10b). 그러나 십이면체 자리와 T와 O 자리 사이 결합 때문에, 온도가 증가하면서 희토류 격자는 자화량을 급격히 잃는다(그림 15.10b). 따라서 전체 모멘트는 원점을 통과하며 극성이 바뀌고, Fe^{3+} 모멘트가 지배하기 시작하면서 다시 증가한다. 그림 15.10c에 다양한 철 석류석의 전형적인 M-T 곡선을 나타내었다. 자화량이

---

[14] 더 자세한 정보는 A. J. Moulson and J. M. Herbert, *Electroceramics*, Chapman & Hall, London, 1990을 참고하라.

[15] 자성 석류석은 준보석 석류석 $Ca_3Al_2(SiO_4)_3$와 같은 구조이다. 천연 석류석은 자성을 띠지 않고, R 이온은 항상 Si^{4+}, P 양이온은 Ca 또는 Mn 같은 2가 양이온, Q 양이온은 Al^{3+} 또는 Fe^{3+} 같은 3가 양이온이다.

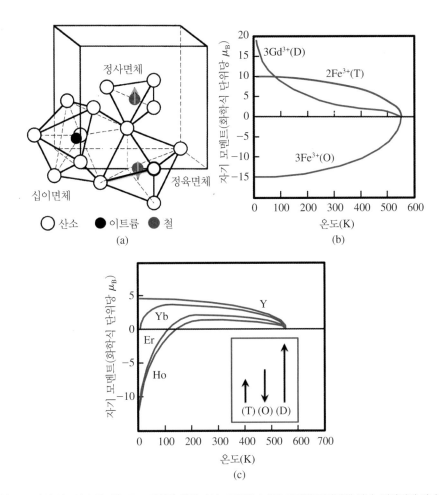

그림 15.10 (a) 자성 석류석의 양이온 구조 단위와 위치. 산소 이온은 4개의 다면체(정팔면체 하나, 정사면체 하나, 십이면체 둘)와 겹친다(십이면체는 하나만 표시). (b) Gd–Fe 석류석 또는 GdIG에서 온도에 따른 부격자의 자화량. Gd와 Fe 사이의 약한 결합 때문에 자화량은 온도에 따라 급격히 감소한다. 보상점은 $\approx$ 290K. (c) 일부 Fe 석류석의 자화량과 온도 곡선.

0이 되는 지점은 **보상점**(compensation point)으로 알려져 있다. 이러한 보상점 때문에 자화량은 온도에 대해 꽤 안정적이며, 이는 마이크로파 소자에서 중요한 고려사항이다. 이 특성 덕분에 철 석류석은 독특하며 상당히 유용하다.

15.6.3 육방정 페라이트

이 물질은 모든 이웃하는 스핀이 평행하기 때문이 아니라 한 층의 스핀이 평행하므로 강자성이다.[16] 이웃하는 층에서는 모든 스핀은 층 내부에서 평행하지만 첫 번째 층과 다른 방향을 향해 있다. 상업적으로 가장 중요한 육방정 페라이트는 $BaO \cdot 6Fe_2O_3$로 마그네토플럼바이트(magneto-plumbite)로 알려진 광물과 같은 구조이며 이런 이유로 육방정 페라이트를 간혹 **마그네토페라이트**

---

[16] 더 자세한 사항은 L. L. Hench and J. K. West, *Principles of Electronic Ceramics*, Wiley, New York, 1990, p. 321을 참고하라.

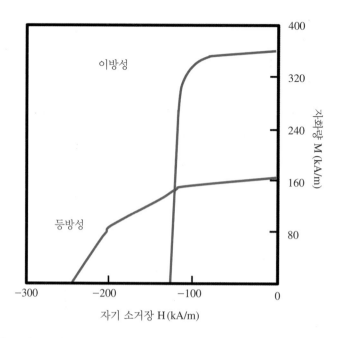

그림 15.11 배향된(위), 그리고 등방성/무질서한(아래) 육방정 페라이트의 자기 소거 곡선 (F. Esper, in *High Tech Ceramics*, G. Kostortz, ed., Academic Press, London, 1989에서 발췌.)

(magnetoferrite)라고 부른다.

경자성 페라이트의 결정구조에서 밑면에 수직인 c축이 자기적으로 선호하는(즉 자화가 잘 되는) 방향이다. 따라서 육방정 페라이트는 결정립이 무질서하게 배열되었는지 또는 배향성을 갖는지에 따라 등방성 또는 이방성으로 더 구분한다. 이방성은 자기장에서 분말을 압축하여 얻는다. 결정립을 배향하면 그림 15.11처럼 B-H 곡선이 변하며, 제조과정에서 입자의 방향성을 향상하여 에너지가 대폭 증가함을 알 수 있다. 다른 중요한 미세조직 요소로는 입자의 크기와 형상, 그리고 페라이트 상의 부피 분율 등이 있다. 페라이트 상의 부피 분율은 소결한 물질의 경우 0.9이고, 플라스틱 기지를 이용한 경우 0.6이다.

육방정 페라이트는 결정 이방성 상수가 매우 높아서 항자기장이 큰 경자석 제조에 사용된다. 전형적인 육방정 페라이트는 $(BH)_{max}$값이 8~27 kJ/m³ 범위에 있으며 금속 영구자석($\approx$ 80 kJ/m³)보다 매우 낮다. 이런 단점에도 불구하고, 전기전도도가 낮고(10^{-18} S/m), 항자력이 크며(0.2~0.4 T), 밀도가 낮고, 제조가 쉽고, 원재료를 구하기 쉽고, 특히 자기 에너지당 가격 때문에 가장 중요한 영구자성체 중의 하나이다. 플랫 라우드스피커(flat loudspeaker)와 소형 직류 모터와 같이 큰 자기 소거장이 존재하는 응용 분야에서 주로 사용된다. 또한 자기 입자들이 고분자 기지에 들어 있는 '플라스틱' 자석을 생산하기 위해 사용된다.

15.7 압전체와 강유전체

이 장의 남은 부분에서 다루는 고체는 한 가지 공통점이 있다. 압전성, 초전성, 그리고 강유전성과 같이 다양한 극성 효과를 나타낸다.

압전체(piezoelectric)는 응력을 받으면 전기적 분극이 발생하거나 분극이 변하는 물질이다. 압축응력을 가하면 측정 회로의 한 방향으로 전하가 흐르고, 인장응력을 가하면 반대방향으로 흐른다. 반대로 전기장 E를 가하면 결정의 분극에 대한 E의 방향에 따라 결정이 팽창하거나 수축한다.

초전체(pyroelectric)는 자발적으로 분극이 발생하며(아래 참고) 온도가 변하면 자발분극에 변화가 나타나는 물질이다. 초전 결정 중 일부 제한된 물질은 전기장을 가하면 자발분극의 방향이 반대로 되는 추가적인 특성을 가지며, 이러한 물질을 강유전체라고 부른다. 따라서 **강유전체**(ferroelectric)는 방향을 바꿀 수 있는 자발적인 분극을 갖는 물질이다. 더 자세히 나가기 전에, 극성 효과는 제한된 일부 결정계에서만 나타난다는 사실을 기억하기 바란다.

15.7.1 결정학적 고려사항

32 결정계 또는 점군 중(1장 참고) 11개는 대칭중심을 가지며 이에 따라 비극성(그림 15.a와 b)이다. 남은 21개 비대칭중심 결정계 중 20개는 하나 또는 그 이상의 극성 축을 가지는 압전체이며, 그 중 10개가 극성을 갖는다.[17] 극성을 갖는 결정은 자발적으로 분극을 형성하며 분극의 크기 P가 온도에 의존하므로 **극성** 결정(polar crystal)이라고 부른다. 극성 상태에서는 양전하의 중심과 음전하의 중심이 일치하지 **않는다**(그림 15.12c). 즉 결정에 **영구 전기쌍극자**가 생성된다. 10개의 결정계 각각은 초전체이며, 그중 일부는 강유전체가 된다. 따라서 강유전 결정은 초전체이고, 모든 초전체는 압전체이나, 반대는 성립하지 않는다. 그림 15.12c와 d를 비교하면 압전체와 강유전체의 차이를 이해할 수 있다. 응력을 받지 않는 압전체(그림 15.12c)에서 대칭의 결과로 응력을 받으면(그림 15.12d) 쌍극자가 생성된다. 반면 강유전 결정은 응력을 받지 않은 상태에서도(그림 15.12e) 영구 쌍극자 모멘트를 갖는다. 응력을 받으면 P의 크기가 변할 뿐이다(그림 15.12f). 예를 들어, 수정은 압전체이나 강유전체는 아니며, $BaTiO_3$는 압전체이며 강유전체이다. 이 장의 남은 부분에서는 강유전체와 압전체에 대해 자세히 살펴본다.

15.7.2 강유전 세라믹스

강유전성을 방향을 바꿀 수 있는 **자발적인 분극**을 갖는 고체의 특성이라고 정의하면, 강유전성과 강자성은 공통점이 많다(표 15.5). 특정 임계온도 T_c 이상에서 강유전성은 사라지며, 임계온도 이상에서는 상유전 상태라고 부르며(상자성과 유사하게) 퀴리-바이스 법칙을 따른다. T_c 이하에서는 구

---

[17] 비대칭중심 점군 중 입방정 432는 극성 효과를 차단하는 대칭 요소를 갖는다.

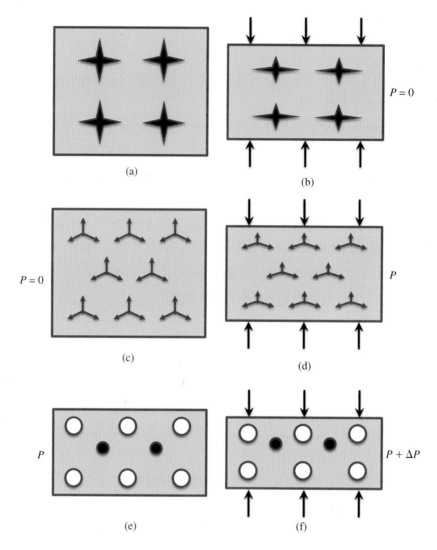

그림 15.12 (a) 응력을 받지 않는 대칭중심 결정. 화살표는 쌍극자 모멘트를 나타낸다. (b) 이 결정에 응력을 가해도 분극이 발생하지 않는다. (c) 응력을 받지 않는 비대칭중심 결정, 즉 압전체. 영구 쌍극자가 없으므로 이 구조는 강유전체는 아님에 유의하라. (d) 응력을 받으면 그림과 같이 분극이 발생한다. (e) 응력을 받지 않는 극성 결정, 즉 강유전체는 영구 쌍극자를 갖는다. (f) 응력을 받는 강유전체. 응력을 가하면 분극이 ΔP만큼 변한다.

역에서 자발분극이 발생한다. 전형적인 분극과 전기장 그래프는 이력 곡선을 나타낸다(그림 15.14 참고).

강유전 상태의 구조적 발생원인

상업적으로 가장 중요한 강유전체는 $BaTiO_3$와 $PbTiO_3$ 등과 같이 페로브스카이트 구조를 갖는 산화타이타늄 기반 세라믹스이다. 자성과는 다르게, 강유전체에서는 T_c에서 대칭중심 비극성 격자에서 비대칭중심 극성 격자로 상전이가 일어난다. 보통 이러한 페로브스카이트 물질은 고온에서 입방정이며 온도가 감소하며 정방정이 된다. 그림 15.13a에 $BaTiO_3$에서 일어나는 결정학적 변화 및 분극

표 15.5 유전 특성과 자기 특성 비교

	자기	유전
공통 물리량		
가해준 장	$H(\text{A/m})$	$E(\text{V/m})$
물질 반응	$\boldsymbol{M}(\text{A/m})$	$P(\text{C/m}^2)$
장 방정식	$B = \mu_0(H+M)$	$D = \varepsilon_0 E + P$
	$B_{\text{loc}} = \mu_0(H + \lambda M)$	$E_{\text{loc}} = E + \dfrac{\beta P}{\varepsilon_0}$
감수율	$\mu_t - 1 = \chi_{\text{mag}} = \dfrac{M}{H}$	$k' - 1 = \chi_{\text{die}} = \dfrac{P}{\varepsilon_0 E}$
모멘트의 에너지	$U = -\mu_{\text{ion}} B$	$U = -\mu_{\text{dip}} E$
	상자성	**양극성 분극**
	$M = \dfrac{N\mu_{\text{ion}}^2 B}{3kT}$	$P = \dfrac{N\mu_{\text{dip}}^2 E}{3kT}$
퀴리 상수(K)	$C = \dfrac{\mu_0 \mu_{\text{ion}}^2 N}{3k}$ Eq. (15.31)	$C = \dfrac{N_{\text{dip}} \mu_{\text{dip}}^2}{3k\varepsilon_0}$ Eq. (14.51)
	강자성	**강유전성**
퀴리–바이스 법칙($T > T_C$)	$\chi_{\text{mag}} = \dfrac{C}{T - T_c}$	$\chi_{\text{die}} = \dfrac{C}{T - T_C}$
포화	$M_s = N\mu_{\text{ion}}$	$P_s = N_{\text{dip}} \mu_{\text{dip}}$

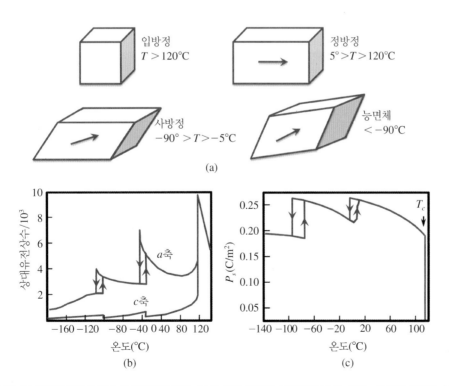

그림 15.13 (a) 온도에 따른 BaTiO$_3$의 결정학적 변화. (b) BaTiO$_3$ 단결정 상대유전상수의 c축과 a축 온도 의존성. (c) 다결정 BaTiO$_3$ 포화 분극의 온도 의존성. 이 그림과 그림 15.4b의 유사성에 주목하라.

을 온도의 함수로 나타내었다. 입방정 구조에서 TiO_6 정팔면체는 대칭중심을 가지며 6개의 Ti-O 쌍극자 모멘트는 역평행 방향으로 짝을 이루며 상쇄된다. T_c 이하에서 Ti 이온의 위치는 중심에서 벗어나고 그 결과 단위격자에 영구 쌍극자가 생성된다(예제 15.5 참고). 그림 15.13b에 유전상수의 변화를 나타내었으며, 입방정에서 정방정으로 상전이가 일어나는 온도 부근에서 k'이 급격하게 증가하는 특징을 보인다.

상유전-강유전 상전이의 원인과 이에 따른 구조적인 상전이를 이해하기 위해서는 격자의 분극이 국소장에 미치는 영향을 이해하는 것이 중요하다. 국소 전기장 E_{loc}과 인가한 전기장 E 사이 관계를 보여주는 식 (14A.3)과 분극 P는 다음과 같이 일반화할 수 있다.

$$\mathbf{E} = \mathbf{E}_0 + \beta \frac{\mathbf{P}}{\varepsilon_0} \tag{15.41}$$

여기서 β는 국소 전기장이 증가하는 척도이다.[18] 분극률 α가 온도에 반비례한다(즉 $N\alpha = C'/T$)고 가정하고, 식 (15.41), (14.13), (14.14)를 결합하면

$$k' - 1 = \frac{N\alpha}{\varepsilon_0 - \beta N\alpha} = \frac{(T_C/\beta)}{T - T_C} \tag{15.42}$$

여기서 $T_c = \beta C'/\varepsilon_0$이다. 이 식을 퀴리–바이스 법칙[식 (15.32)]과 비교하면, 다음을 얻는다.

$$T_c = \beta C' \tag{15.43}$$

여기서 C'은 강유전 세라믹스의 퀴리 상수이다. 표 15.6을 살펴보면 타이타늄 화합물 및 나이오븀

표 15.6 일부 강유전 세라믹스의 유전특성 요약

물질	T_C (°C)	퀴리 상수(K)	k' at T_C	P_{sat}(C/m²)
로셸염	24	2.2×10^2	5000	0.25 (RT)
$BaTiO_3$	120	1.7×10^5	1600	0.26 (RT)
				0.18 @ T_C
$SrTiO_3$(약 1K까지 상유전체)		7.8×10^5		
$PbTiO_3$	490	1.1×10^5		0.50(RT)
$PbZrO_3$(반강유전체)	230		3500	
$LiNbO_3$	1210			0.71−3.00(RT)
$NaNbO_3$	−200			0.12 @ T_C
$KNbO_3$	434	2.4×10^5	4200	0.26 @ T_C
$LiTaO_3$	630			0.50 @ T_C
$PbTa_2O_5$	260			0.10 @ T_C
$PbGeO_{11}$	178			0.05 @ T_C
$SrTeO_3$	485			0.40 @ T_C

---

[18] 식 (14A.3)에서 β는 1/3이었으나, 이 값은 입방정 대칭을 갖는 선형 유전체에서만 유효하다.

화합물 계열 세라믹스의 경우 퀴리 상수 C'은 10^5 K 정도이다.[19]

식 (15.42)는 상전이가 발생하지 않으면 온도가 T_c에 접근하면서(또는 $\varepsilon_0 = \beta N\alpha$) 결정은 산산 조각 난다고 알려준다. 2장에서 살펴보았듯이 모든 결합의 총 결합 에너지에는 인력과 척력 성분이 있다. 온도가 감소할 때 만약 척력 성분이 약해지거나 부드러워지면, 결합의 비조화성이 증가하여 4장에서 보았듯 이온의 변위가 증가하고, 결국 유전상수가 증가한다. 그러나 결합의 비조화성은 무한정 증가할 수 없고, 그림 14.10b에서 보듯이 임계온도에서 단위격자 중심에 있는 Ti^{4+} 이온의 에너지 우물은 두 자리로 나누어진다. 이온이 어느 한쪽 자리를 차지하면서, 둘 사이 상호작용으로 다른 이온들은 같은 자리에 있으며 자발분극이 발생한다.

예제 15.5

그림 14.16에 있는 정방정 $BaTiO_3$ 단위격자의 이온 위치를 이용하여 단위격자당 전기쌍극자 모멘트와 포화 분극을 계산하시오. 계산 결과를 관찰한 포화 분극 값($P_s = 0.26$ C/m²)과 비교하시오.

정답

첫 단계는 단위격자 내 각 이온의 모멘트를 계산하는 것이다. 꼭짓점에 있는 Ba 이온을 기준으로 삼으면,

이온	$Q(C)$	$d(m)$	$\mu = Qd$(C·m)
Ba^{2+}(기준)	$+2e$	0	0.0
Ti^{4+}	$+4e$	$+0.006 \times 10^{-9}$	3.84×10^{-30}
$2O^{2-}$	$-4e$	-0.006×10^{-9}	3.84×10^{-30}
O^{2-}	$-2e$	-0.009×10^{-9}	2.88×10^{-30}
		합	10.56×10^{-30}

따라서 단위격자당 쌍극자 모멘트는 10.56×10^{-30} C·m이다.

$P_s = \mu/V$이므로(여기서 V는 단위격자의 부피), 포화 분극은 다음과 같다.

$$P_s = 10.56 \times 10^{-30}/(0.403 \times 0.398 \times 0.398) \times 10^{-27} = 0.16 \text{ C/m}^2$$

이 값은 전자 분극을 고려하지 않았으므로 관찰한 값 0.26 C/m²보다 작다. ■

이력 곡선

자발분극의 결과 T_c에서 k'이 커질 뿐 아니라, 그림 15.14에 나오듯 이력 곡선을 나타내게 된다. 약한 전기장을 인가하면 분극은 가역적이며 인가한 전기장에 거의 선형적이다. 더 강한 전기장을 인

---

[19] 강자성체와 강유전체를 비교하면 도움이 된다. 두 물질 모두 교환 에너지 또는 상호작용 에너지 때문에 자발분극이 발생한다. 강자성체의 경우, 교환 결합계수 λ는 350 정도이다(문제 15.5 참고). 강유전체의 경우, β로 측정되는 상호작용은 2×10^{-3} 정도이다(문제 15.13 참고). 따라서 상호작용 인자는 강자성체에서 강유전체보다 약 10만 배 더 크다.

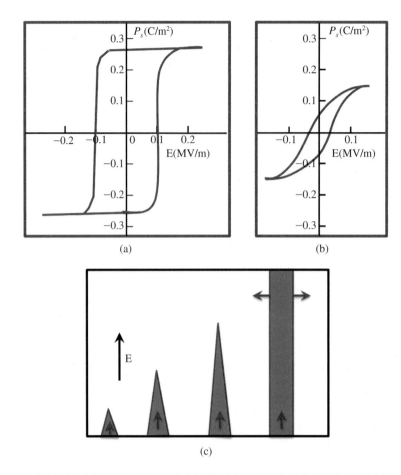

그림 15.14 (a) 단결정 강유전체의 이력 곡선. (b) 다결정 강유전체. (c) 인가한 전기장 방향으로 성장하는 강유전 구역.

가하면 강유전 구역의 방향이 바뀌므로 분극이 매우 커진다. 전기장을 더욱 증가하면 TiO_6 정육면체가 더욱 심하게 뒤틀리면서 분극은 계속 증가한다.[20]

전기장을 제거하면 분극은 0으로 가지 않고 **잔류분극**(remnant polarization) P_r이라고 부르는 특정한 값을 갖는다. 강자성체와 마찬가지로, 인가한 장을 제거해도 구역이 무질서한 상태로 되돌아갈 수 없으므로 이러한 잔류분극이 유발된다.[21] 잔류분극을 없애려면 반대방향으로 **항전기장**(coercive field) E_c을 인가해야 한다.

이력 곡선의 원인은 강자성체의 경우와 같다. 즉 전기장을 인가하면 전기장과 같은 방향으로 정렬하는 쌍극자들로 이루어진 구역이 성장하고 같은 방향이 아닌 쌍극자들로 이루어진 구역은 소멸한다(그림 15.14c). 포화 상태가 되면 쌍극자 대부분이 전기장과 같은 방향으로 정렬한다. 더 구체적으로 말하자면, Ti^{4+} 이온이 전기장과 같은 방향으로 c축을 따라 움직인다(그림 14.10a).

---

[20] 강자성체와 달리 강유전체는 진정한 포화 상태를 나타낸다.

[21] 자석에서 자기장이 발생하듯 극성 결정에서 전기장이 발생하는 것이 자연스러워 보인다. 그러나 실제로는 강유전체의 표면 전하가 대개 대기 중의 전하에 의해 급속도로 중성화되므로 알짜 쌍극자 모멘트는 감지되지 않는다.

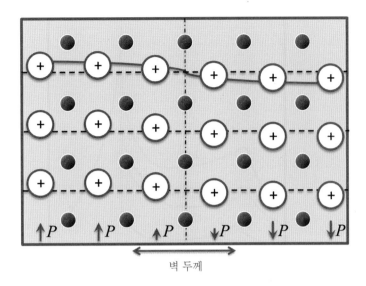

그림 15.15 강유전체의 구역 벽 두께

강유전 구역

앞서 정의한 것처럼, 구역은 분극이 균일한 결정의 미시적인 영역이다. 그러나 강자성체의 구역 벽이 상대적으로 두꺼운 것(그림 15.7d)과 다르게, 강유전체의 구역 벽은 매우 얇다(그림 15.15). 따라서 벽 에너지는 매우 국소적이고 벽은 쉽게 움직이지 못한다.

실제로는 k'이 온도에 따라 너무 급격하게 변하지 않도록 조절하는 것이 중요하다. 즉, 유전상수와 온도 그래프에서 봉우리를 최대한 넓게 만드는 것이 중요하다. 세라믹 강유전체는 조성이나 미세조직을 조절하여 물성을 쉽게 조절할 수 있는 중요한 장점이 있다. 예를 들어, Ti를 다른 양이온으로 치환하면 그림 15.16처럼 T_c가 변한다. Ti^{4+}를 Sr^{2+}로 치환하면 T_c가 감소하고, Pb^{2+}로 치환하

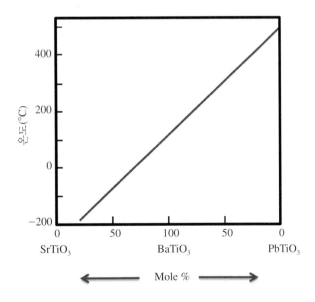

그림 15.16 $BaTiO_3$에서 양이온 치환이 T_c에 미치는 효과

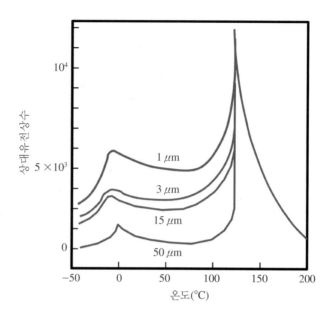

그림 15.17 $BaTiO_3$ 결정립 크기가 유전상수에 미치는 영향

면 T_c가 증가한다. 이렇게 하면 강유전체 소자를 사용하는 온도 범위에서 유전상수 봉우리를 조절할 수 있으므로 매우 유용하다. 또한 예를 들어 $CaZrO_3$를 $BaTiO_3$에 첨가하면 조성과 퀴리온도가 일정하지 않은 영역이 생기며, 그 결과 유전상수의 큰 값이 넓은 온도 영역에 걸쳐 분산된다.

소결 조건 또한 유전상수에 큰 영향을 미칠 수 있다. $BaTiO_3$에서 Nb^{5+}와 같은 다양한 양이온을 치환하면 결정립 성장을 억제하여 그림 15.17에서 보듯 T_c 이하에서 유전상수가 증가하는 효과가 있다. 마지막으로, Mn^{3+}를 Ti^{4+}에 치환하듯 이온화 수가 낮은 이온으로 치환하면 억셉터(acceptor)가 되어 저압 분위기에서 높은 비저항의 유전체를 소결할 수 있다.

표 15.6에 몇 가지 세라믹 강유전체와 그 특성을 나타내었다.

14장 마지막에 논의했듯이 매일 주로 $BaTiO_3$를 기반으로 수십억 개의 다층 축전기가 생산된다. $BaTiO_3$는 유전상수가 크고, 다양한 조성을 활용할 수 있고, 주파수 반응이 좋고, 상대적으로 비싸지 않으므로 이러한 응용에 최적이다.

| 실 험 세 부 사 항 | **강유전 특성 측정**

강유전체의 가장 큰 특징은 이력 곡선이다. 이력 곡선은 다양한 방식으로 측정할 수 있으며, 그중 하나는 그림 15.18에 개략도로 나타낸 전기회로를 이용한다. 강유전체에 인가한 전압이 오실로스코프의 수평 판에 가해진다. 오실로스코프의 수직 판은 강유전체와 직렬로 이어진 선형 유전체 축전기에 연결된다. 선형 축전기에서 발생하는 전압은 강유전체의 분극에 비례하므로 오실로스코프는 이력 곡선을 표시하게 된다.

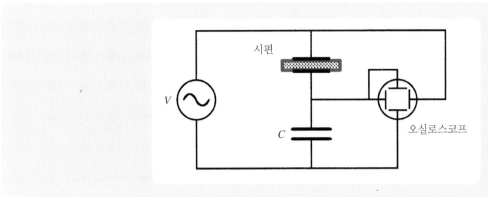

그림 15.18 강유전체 이력 곡선을 측정하는 회로

15.7.3 반강유전 세라믹스

페로브스카이트 구조를 갖는 세라믹스에서는 퀴리온도에서 발생하는 불안정성 때문에, 강유전체가 아닌 반강유전체(antiferroelectric)가 되는 경우가 있다. 반강유전체에서는 이웃하는 이온이 반대방향으로 이동하여 동등하지만 반대 분극을 갖는 2개의 반복하는 쌍극자 부격자를 생성한다. 따라서 알짜 분극은 0이다. 반강유전체로는 WO_3, $NaNbO_3$, $PbZrO_3$, 그리고 $PbHfO_3$ 등이 있다.

일반적으로, 강유전 상태와 반강유전 상태의 에너지 차이는 꽤 작다(수 J/mol). 따라서 두 상태 사이 상전이는 쉽게 일어나고 조성이 살짝 변하거나 강한 전기장을 인가하면 발생할 수 있다.

15.7.4 압전 세라믹스

압전체는 기계적인 에너지를 전기적인 에너지로 변환할 수 있는 고체이며, 그 반대도 가능하다. 그림 15.19a에 개략도로 나와 있듯이 응력을 가하면 P가 변한다. 외부에서 힘이 가해져 압축 또는 인장 변형률이 발생하면, 쌍극자 모멘트에서 전하가 발생하고 세라믹 양쪽 끝에서 전압이 생성된다(그림 15.19a). 반대 경우도 마찬가지다. 전기장을 인가하면 크기의 변화가 나타난다(그림 15.19b).

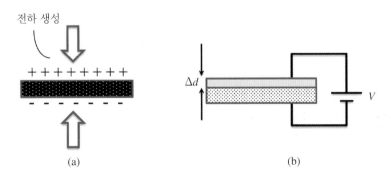

(a)　　　　　　　　　(b)

그림 15.19 (a) 직접 압전 효과에서는 응력에 의해 분극 전하가 생성된다. (b) 역압전 효과에서는 전압을 가하면 변형률이 발생한다.

압전 세라믹스는 주로 고전압에서 전하를 발생시키거나, 기계적인 진동을 감지하거나, 주파수를 조절하거나, 음파/초음파 진동을 발생하는 데 사용된다. 상업적으로 이용하는 압전체는 대부분 강유전체이다. 상업적으로 개발한 최초의 압전체는 $BaTiO_3$이다. 그러나 오늘날 가장 널리 사용하는 압전체는 $Pb(Ti, Zr)O_3$ 또는 PZT 고용체이다.

유용한 물질을 생산하기 위해서는 압전체의 영구 쌍극자를 한 방향으로 고정해야 한다. 이를 위해 보통 시편을 퀴리온도 이하로 냉각하면서 전기장을 인가한다. 이 과정을 **분극처리**라고 하며 쌍극자가 정렬하여 영구 쌍극자가 발생한다.

사례연구 15.1: 코발트 화합물, 망간 화합물, 그리고 초거대 자기저항

La-Co 화합물과 La-Mn 화합물은 외부 자기장 H에 영향을 받는 흥미롭고 잠재적으로 유용한 전하 전달 특성을 갖는다. 그러나 전하전달 특성을 이해하기 위해서는 먼저 Mn와 Co 양이온의 전자구조를 이해해야 한다. 각각 분리해서 생각해보자.

코발트 화합물: 스피넬 구조를 갖는 3원계 $LaCoO_3$가 특별히 중요하다. 상대적으로 낮은 온도에서 Co^{3+} 양이온의 6 d 전자는 낮은 스핀 상태이다(그림 15.20a). 온도가 상승하면서 전자의 일부가 중간(그림 15.20b), 그리고 높은(그림 15.20c) 스핀 상태로 뛰어 올라간다. 따라서 저온에서는 반도체 특성이 나타나고 고온에서는 금속 특성이 나타난다.

망가니즈 화합물: $LaMnO_3$에 불순물이 주입되면 **초거대 자기저항**(colossal magnetoresistance, CMR)이 나타나 이 물질이 큰 관심을 받고 있다. 자기저항은 H 변화에 따른 저항 변화의 척도이며 다음과 같이 정의된다.

$$MR = \frac{R(H) - R(0)}{R(0)} \tag{15.44}$$

$R(H)$는 외부 H장이 존재할 때 물질의 저항이며, $R(0)$는 H $=0$일 때 저항이다. 자기장이 존재할 때

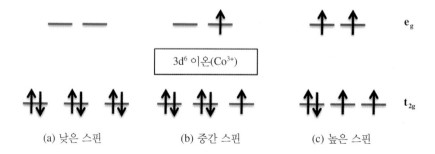

그림 15.20 코발트 화합물 Co^{3+} 양이온의 $3d^6$ 전자의 스핀 상태. (a) 낮은 스핀, (b) 중간 스핀, (c) 높은 스핀. 높은 스핀 상태는 좋은 도체에 해당한다.

많은 물체의 저항은 약간 변하지만, CMR은 저항의 변화가 수십 배 이상 변할 만큼 큰 Mn 기반 페로브스카이트에서 주로 나타난다. CMR과 금속 다층박막에서 나타나는 거대 자기저항(giant magnetoresistance)을 혼동하지 말아야 한다.

전형적인 CMR 화합물은 $LaMnO_3$ 페로브스카이트에서 유도되며 Ca, Mg, Sr 등 알칼리 토금속 양이온이 La^{3+}를 치환하여 정공이 생성된다. 전형적인 반응식은 다음과 같다.

$$CaO + \frac{1}{2}O_2 + MnO \xrightarrow[LaMnO_3]{} Ca'_{La} + 3O_o^x + Mn_{Mn}^x + h^{\cdot} \tag{15.45}$$

고체의 최종 화학식은 $Ca_xLa_{(1-x)}MnO_3$이다. Mn 양이온의 산화 상태에 집중하면, 최종 화학식은 다음과 같이 나타낼 수 있다.

$$(La_{La}^{3+})_{1-x}(Ca_{La}^{2+})_x(Mn_{Mn}^{3+})_{1-x}(Mn_{Mn}^{4+})_x(O_o^{2-})_3 \tag{15.46}$$

도핑된 양 x는 정공 농도의 직접적인 척도임을 주목하라. 즉 Mn^{4+}/Mn^{3+} 비율은 불순물에 의해 거의 고정되며 이 때문에 전기전도도는 산소분압이 높은 영역에서 산소분압의 영향을 받지 않는다(그림 7.21c 참고).

CMR의 핵심은 Mn^{3+}를 Mn^{4+}로 바꿔주는 정공 도핑이다. 정공 농도 x가 20~40% holes/Mn 이온일 때, 이 물질은 고온 상자성 절연체에서 저온 강자성 금속으로 변한다(그림 15.21e).

앞에서 살펴보았듯이 전이금속 산화물의 최저 에너지 상태는 중간에 있는 O^{2-} 이온을 통한 간접적인 자기 '초교환' 상호작용으로 결정된다(그림 15.7 참고). 정공 도핑된 망간 화합물에서는 **이중 교환**(double exchange)이라고 불리는 새로운 기구가 중요한 역할을 하는 것으로 알려져 있다. 이 주제를 이해하기 위해 우선 Mn^{3+}와 Mn^{4+}의 높은 스핀 상태를 나타낸 그림 15.21a와 b를 참조하라. Mn^{3+}의 경우, 전자 하나가 e_g 궤도에 있다. 이 전자는 산소 $2p_z$ 궤도를 통해 Mn^{4+} $3d_{z^2}$ 궤도로 뛰어오를 수 있다(그림 15.21c). Mn^{4+}의 경우 그림 15.21c처럼 각각의 Mn 이온의 스핀이 서로 평행하게 정렬할 때만 가능하다. 그러나 만약 그렇지 않다면, 전하전달이 방해받는다. 따라서 강자성 기저 상태와 Mn^{3+}와 Mn^{4+} 사이 호핑에 의한 전기전도도 사이에는 연관성이 높다(7장 참고). H장이 비저항에 미치는 영향도 이해하기 어렵지 않다. 모든 Mn 이온이 +3 상태인 $LaMnO_3$에서는 순수한 반도체 특성이 나타난다. 이 단계에서 CMR이 나타나는 정확한 기구는 밝혀지지 않았으나, 앞에서 살펴본 Mn^{3+}와 Mn^{4+} 사이의 상호작용이 중요한 역할을 하는 것으로 보인다.

15.8 요약

1. 상쇄되지 않은 짝 없는 전자스핀이 존재하므로, 전자의 자전(스핀 자기 모멘트)과 핵 주변 공전(궤도 자기 모멘트)에 의해 원자나 이온은 알짜 자기 모멘트를 갖는다. 이온의 알짜 자기 모멘트는 모든 짝 없는 전자들의 개별 기여를 합한 것이다.

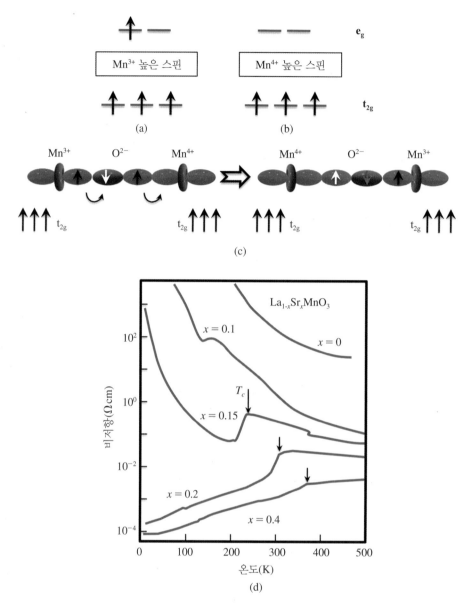

그림 15.21 (a) Mn^{3+}와 (b) Mn^{4+}의 높은 스핀 상태. (c) 두 인접한 Mn^{3+}와 Mn^{4+} 양이온 사이의 이중 교환은 중간에 있는 산소의 p 궤도를 통해 발생한다. (d) $La_{1-x}Sr_xMnO_3$ 전기전도도에 미치는 x의 영향. (Urushibara et al., *Phys. Rev. B* 51, 1995에서 발췌.)

2. 이러한 자기 모멘트는

(i) 상호작용이 없으며, 이 경우 고체는 상자성체이며 자화율이 온도에 반비례하는 퀴리의 법칙을 따른다. 고온에서는 열적 무질서가 증가하여 자화율이 감소한다.

(ii) 상호작용하여 인가한 자기장 강도와 같은 방향으로 이웃한 모멘트를 정렬하려고 하며, 이 경우 고체는 강자성체이며 특정한 임계온도 T_c 이하에서 자발적으로 자화된다. 이 고체는 퀴리-바이스 법칙을 따르며, T_c 이상에서는 상자성체가 된다. 에너지를 낮추기 위해 자화

가 균일하게 일어나지 않고, 구역 내에서 일어난다. 이러한 구역들은 구역 벽으로 분리되어 있고, 구역이 이동하면서 전형적인 강자성체의 이력 곡선이 발생한다.

(iii) 상호작용하여 이웃한 모멘트를 반대방향으로 정렬한다. 이웃한 모멘트가 똑같은 크기라면 서로 상쇄되며 고체는 **반강자성체**가 된다. 그러나 만약 이웃한 모멘트의 크기가 다르면 서로 상쇄되지 **않으며** 고체는 알짜 자기 모멘트를 갖는다. 이러한 물질을 준강자성체라고 부르며 모든 알려진 자성 세라믹스가 여기에 속한다. 준강자성체와 강자성체는 현상학적으로는 구분할 수 없다.

3. 자성 세라믹스는 준강자성체이며 결정구조에 따라 스피넬, 육방정 페라이트, 석류석으로 구분한다.

4. 고체 내 이웃한 쌍극자의 상호작용과 배열 때문에 강유전성이 발생한다.

5. 이웃한 모멘트의 상호작용(양극성 및 자성) 때문에 고체는 임계온도 이하에서 자발 자화 또는 자발분극이 발생하며, 이때 모든 모멘트는 작은 미시적인 구역 안에서 서로 평행하게 정렬한다. 외부에서 인가한 자기장(또는 전기장) 아래 이러한 구역들이 회전하고 성장하면서 이력 곡선과 잔류 자화(또는 잔류분극)가 발생한다.

부록 15A: 궤도 자기 양자수

식 (15.25)에서 $\mathbf{L}$은 l이 아니라 m_l의 합이다. 그 이유는 그림 15.22에 개략도로 나타나 있는데, 이 경우 $l = 3$이다. 자화장 $\mathbf{H}$가 존재하면 전자의 궤도 각운동량은 $\mathbf{H}$ 방향으로 양자화된다. m_l의 물리적 의미와 궤도 자기 양자수라고 부르는 이유는 이제 더 분명하게 드러난다. 궤도 각운동량 l을 인가한 자기장 강도의 방향으로 투사하면 m_l이 된다.

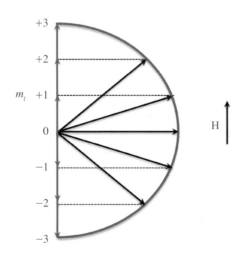

그림 15.22 m_l은 $l = 3$인 궤도 각운동량을 인가한 자기장 방향으로 투사하는 모든 가능한 개수를 결정한다. $l = 3$일 때, 7개의 투사가 가능하다(3, 2, 1, 0, −1, −2, −3).

문제

15.1 보어의 수소 원자 모형에서[22] 전자는 반지름 5.3×10^{11} m의 원형 궤도를 돈다. 이 전자와 관련된 전류와 자기 모멘트를 계산하시오. 계산한 모멘트와 μ_B를 비교하시오. 힌트: 전자의 퍼텐셜 에너지를 계산하고 진동 에너지와 같다고 놓는다.

답: $i \approx 1.05$ mA, $\mu_{orb} \approx 9.25 \times 10^{-24}$ A·m²

15.2 (a) 식 (15.29)를 유도하시오.

(b) 전자스핀이 있는 고체가 1.6×10^6 A/m의 자화장 H 아래 위치한다. 만약 자기장과 평행한 스핀의 개수가 반대방향인 스핀의 개수보다 3배 더 많다면, 전체 온도는 얼마인가? 모든 가정을 명시하시오.

답: $T \approx 2.54$K

(c) 모든 스핀이 자기장과 평행하게 정렬하는 온도는 몇 도라고 예상하는가? 위로 향한 스핀의 개수가 아래로 향한 스핀의 개수와 같아지는 온도는 몇 도인가?

15.3 (a) 만약 $\mu_{ion}B \ll kT$라는 가정이 없다면, 자화율이 다음과 같음을 보이시오.

$$M = (N_1 - N_2)\mu_{ion} = N\mu_{ion}\tanh\left(\frac{\mu_{ion}B}{kT}\right)$$

이 식을 $\mu_{ion}B/kT$의 함수로 그리시오. 높은 자기장 또는 매우 낮은 온도에서 고체의 거동에 대해 어떤 결론을 내릴 수 있는가?

(b) 어떤 고체가 300K에서 2 T의 자기장 아래 놓여 있다면, 식 (15.29) 대신 이 식을 이용할 때 발생하는 오차를 계산하시오. $\mu_{ion} = \mu_B$라고 가정해도 좋다.

답: $\approx 0.001\%$

(c) 10K일 때 문항 (b)를 반복하시오.

답: $\approx 0.6\%$

15.4 전자빔이 1.2 T의 균일한 자기장으로 들어간다. 이 자기장과 스핀이 평행한 전자와 반대방향인 전자의 에너지 차이는 무엇인가? 모든 가정을 명시하시오.

답: 1.4×10^{-4} eV

15.5 (a) 강자성체에 대해 다음 식을 유도하시오.

$$T_C = \frac{\lambda\mu_{ion}^2\mu_0 N}{k} = 3\lambda C$$

(b) 강자성체인 철의 경우, $C \approx 1$이고 T_c는 1043K이다. μ_{ion}과 λ를 계산하시오.

답: $\mu_{ion} = 2.13\mu_B$, $\lambda \approx 350$

15.6 Gd^{3+}를 함유한 염의 자화율을 온도의 함수로 측정했다. 그 결과를 아래에 나타내었다. 이 결과는 퀴리의 법칙과 일치하는가? 만약 그렇다면, 그래프를 이용하여 퀴리 상수를 계산하고, 이온당 유효 보어 자기자를 계산하시오.

T(K)	100	142	200	300
χ(cm³/mol)	6.9×10^{-5}	5×10^{-5}	3.5×10^{-5}	2.4×10^{-5}

---

[22] 이 문제에도 불구하고 s 전자는 궤도 모멘트가 없다는 사실에 유의하라. 양자역학에 따르면 $l = 0$이므로 각운동량은 0이다.

염의 분자량 = 851 g/mol, 밀도 = 3 g/cm³이다.

힌트: 먼저 자화율을 SI 단위로 변환하라. 그렇게 하기 위해서는 인터넷을 검색해야만 할 수도 있다.

15.7 ZnO · Fe₂O₃는 반강자성체이다. 만약 이 화합물이 정상 스피넬이라면, 반강자성을 설명하는 모형을 제안하시오.

15.8 Fe₃O₄의 자화량-온도 곡선을 그리시오.

15.9 철 결정의 개별 이온은 평균 $2.22\mu_B$를 기여한다. 그러나 Fe₃O₄에서 개별 철 이온은 평균 $4.08\mu_B$를 기여한다. 이 결과를 어떻게 설명할 수 있는가?

15.10 Fe(Ni$_x$Fe$_{2-x}$)O₄에서 화학식 단위당 알짜 자기 모멘트가 정확히 $2\mu_B$라면 x의 값은 얼마인가?

힌트: Ni²⁺는 정팔면체 위치를 차지한다.

답: $x = 1$

15.11 (a) Ni²⁺, Zn²⁺, Fe³⁺의 스핀만의 자기 모멘트를 계산하시오.

(b) Ni 페라이트(NiO · Fe₂O₃)와 Zn 페라이트(ZnO · Fe₂O₃)는 각각 역스피넬 구조와 정상 스피넬 구조로 되어 있다. 두 화합물이 혼합된 페라이트를 형성한다. 이온의 결합이 자철광과 같고 궤도 운동량이 소멸한다고 가정하고, (Zn$_{0.25}$Ni$_{0.75}$O) · Fe₂O₃의 화학식 단위당 자기 모멘트를 계산하시오.

15.12 그림 15.23은 서로 다른 두 온도에서 소결한 자성 세라믹의 자화량 곡선을 보여준다.

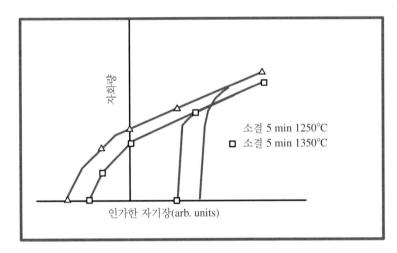

그림 15.23 공정 시간과 온도에 따른 Ba 페라이트의 이력 곡선 윗부분

(a) 이 곡선의 형상에 대해 이유를 설명하시오. 즉, 인가한 자기장이 작을 때, 중간일 때, 클 때 곡선의 형상이 어떤 과정으로 결정되는가?

(b) 물질이 어떻게 변하면, 소결 온도가 증가하면서 나타나는 자성의 변화를 설명할 수 있는가?

15.13 표 15.6에 주어진 자료를 이용하여 BaTiO₃의 상호작용 인자 β를 계산하시오.

답: 2.3×10^{-3}

15.14 (a) 두께 1 mm이고 면적 1 cm²인 BaTiO₃ 축전기가 T_c 부근에서 작동할 때, 직류 전기용량을 계산하시오.

답: 1.4 μF

(b) 두께 2 mm이고 면적 1 cm²인 BaTiO₃의 전체 쌍극자 모멘트를 계산하시오.

(c) 전기장 아래에서 BaTiO₃ 단위격자의 분극이 0.18 C/m² 증가했다면, 단위격자의 길이를 계산하시오.

15.15 분극이 무한대가 되는 Ar 밀도를 계산하시오. 모든 가정을 명시하시오. Ar의 원자량은 39.94 g/mol이다.

답: 9.57 g/cm³

더 읽을거리

1. D. Jiles, *Introduction to Magnetism and Magnetic Materials*, Chapman & Hall, London, 1991.
2. L. L. Hench and J. K. West, *Principles of Electronic Ceramics*, Wiley, New York, 1990.
3. B. Jaffe, W. R. Cook, and H. Jaffe, *Piezoelectric Ceramics*, Academic Press, New York, 1971.
4. E. Fatuzzo and W. J. Merz, *Ferroelectricity*, North-Holland, Amsterdam, 1967.
5. H. Frohlich, *Theory of Dielectrics*, 2nd ed., Oxford Science Publications, 1958.
6. M. E. Lines and A. M. Glass, *Ferroelectrics and Related Materials*, Oxford Science Publications, 1977.
7. N. Ashcroft and N. Mermin, *Solid State Physics*, Holt-Saunders Int. Ed., 1976.
8. C. Kittel, *Introduction to Solid State Physics*, 6th ed., Wiley, New York, 1988.
9. K. J. Standley, *Oxide Magnetic Materials*, 2nd ed., Oxford Science Publications, 1992.
10. H. Morrish, *The Physical Principles of Magnetism*, Wiley, New York, 1965.
11. J. Moulson and J. M. Herbert, *Electroceramics*, Chapman & Hall, London, 1990.
12. D. W. Richerson, *Modern Ceramic Engineering*, 2nd ed., Marcel Dekker, New York, 1992.
13. J. M. Herbert, *Ceramic Dielectrics and Capacitors*, Gordon & Breach, London, 1985.
14. J. M. Herbert, *Ferroelectric Transducers and Sensors*, Gordon & Breach, London, 1982
15. J. C. Burfoot and G. W. Taylor, *Polar Dielectrics and Their Applications*, Macmillan, London, 1979.
16. R. C. Buchanan, Ed., *Ceramic Materials for Electronics*, Marcel Dekker, New York, 1986.
17. L. M. Levinson, Ed., *Electronic Ceramics*, Marcel Dekker, New York, 1988.
18. J. C. Burfoot, *Ferroelectrics, An Introduction to the Physical Principles*, Nostrand, London, 1967.
19. P. Fulay, *Electronic, Magnetic and Optical Properties of Materials*, CRC Press, Boca Raton, FL, 2010.

16

광학적 특성
OPTICAL PROPERTIES

White sunlight Newton saw, is not so pure;
A Spectrum bared the Rainbow to his view.
Each Element absorbs its signature:
Go add a negative Electron to
Potassium Chloride; it turns deep blue,
As Chromium incarnadines Sapphire.
Wavelengths, absorbed are reemitted through
Fluorescence, Phosphorescence, and the higher
Intensities that deadly Laser Beams require.

John Updike, ***The Dance of the Solids**

16.1 서론

문명이 시작된 이래로 보석과 유리는 투명성, 광채, 그리고 다양한 색상으로 인하여 높이 평가되어 왔다. 미학적인 매력이 주로 이 보석들 중의 일부가 희귀하다는 점에서 찾아졌다. 광통신 및 컴퓨팅 시대의 도래로 유리와 세라믹 재료의 광학적 특성은 아무리 중요성을 강조해도 지나치지 않을 정도로 매우 중요해지고 있다. 예를 들어, 21세기의 핵심 기술에 전념한 〈Scientific American〉[1] 저널지의 150주년 기념호에서 광통신에 관한 논문을 기고하였다. 오늘날 상용화된 광섬유 통신은 매우 얇은 원통형 유리 도관이 초당 수십 기가비트의 정보를 전송하는 기능을 기반으로 한다.[2] 오늘날 1개의 섬유가 초당 13테라비트의 정보를 전송할 수 있다(1테라는 10^{12}). 따라서 2개의 섬유는 25테라비트의 정보를 전송할 수 있는데, 이는 미국의 어머니 날(Mother's Day, 1년 중 정보통신의 양이 가장 많은 날)에 모든 전화 통화를 동시에 수행하기에 충분한 양이다.

교류, 적외선, 마이크로파, 가시광선, X선, 자외선 등은 주파수에서는 다르지만, 모두 진동하는 전자기장을 만들어낸다. 그리고 때때로 그들이 구별되는 것으로 생각될 수 있지만, 그들은 전자기(electromagnetic, EM) 스펙트럼으로 알려진

---

[*] J. Updike, *Midpoint and Other Poems*, A. Knopf, Inc., New York, 1969. 허가 후 게재.
[1] V. Chan, *Scientific American*, September, 1995, p. 72.
[2] 1기가비트는 10억 비트이다. 1테라비트는 1조 비트이다.

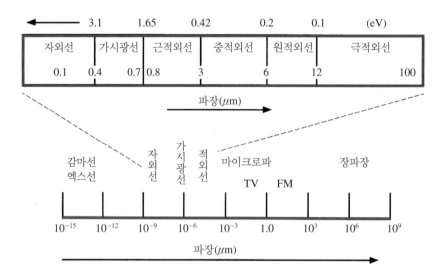

그림 16.1 전자기파 스펙트럼. 가시광 스펙트럼은 0.4~0.7 μm 또는 1.7~3.1 eV 사이의 작은 영역을 나타낸다.

10^{24}배의 주파수 ν와 파장 λ의 범위를 갖는 연속체를 구성한다(그림 16.1 참고). 이 스펙트럼 범위에서 가시광선은 0.4~0.7 μm 또는 1.65~3.0 eV 사이의 작은 영역을 나타낸다.[3]

모든 전자기파는 어떤 방식으로든 고체와 상호작용을 한다. 이러한 상호작용의 본질을 이해하는 것이 재료의 미스터리를 해독하고 밝히는 데 매우 중요해지고 있다. 예를 들어, 고체 상태를 연구하기 위한 가장 중요한 기술 중에 하나가 X선 회절법이라는 것은 충분히 주장할 만한 사실이다. 또한 방사선원의 종류 및 모니터링되는 방사선의 종류(즉 반사, 회절, 흡수 등)에 따라 다양한 분광학적 기술들이 존재한다.

이 장에서는 전자기파와 세라믹스의 다양한 상호작용에 대해 논의할 것이다. 그러나 이 장에서 소개될 현상들은 대부분 50 nm~100 μm의 파장대역(0.1~25 eV)을 포함하는 전자기파 스펙트럼의 '광학적' 영역에 해당된다. 즉 그림 16.1의 윗부분에 확대해서 보인 대로 전체 스펙트럼의 일부 영역에만 해당된다. 또한 단지 절연성 세라믹스만 이 장에서 다룰 것이다. 즉 자유전자의 농도가 큰 경우들은 논의하지 않을 것이다.

16.2 기본 원리

빛 또는 전자기파가 고체에 충돌하게 되면(그림 16.2), 그 전자기파는 다음과 같이 된다.

- ∞ 시료를 통하여 투과
- ∞ 시료에 의해 흡수
- ∞ 다양한 각도로 산란

---

[3] 진공에서, 파장 λ와 진동수 ν(단위: Hz)는 $\nu = c/\lambda$의 관계를 갖는다. 여기서 c는 빛의 속도이다. 에너지는 $E = h\nu$의 관계식을 가지며 h는 플랑크 상수이다. 또한 $\omega = 2\pi\nu$이다.

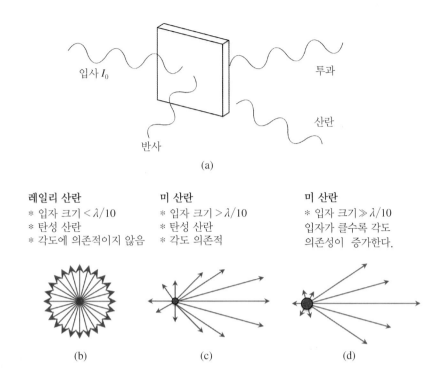

그림 16.2 전자기파와 고체 사이의 다양한 상호작용. (a) 주파수 ν와 세기 I_0를 갖는 단파장 빛은 투과(같은 주파수를 갖지만 감소된 빛의 세기를 가짐), 산란, 흡수 또는 반사된다. (b) 레일리 산란의 개략도. (c)와 (d) 2개의 다른 크기를 갖는 입자에 대한 미산란. 파장 λ에 상대적으로 입자의 크기 r_s가 커질수록, 산란은 더 비등방성으로 일어난다.

산란된 파는 가간섭성 또는 비간섭성 특성을 갖는다(자세한 내용은 부록 16A 참고). 산란된 파들이 서로 보강 간섭을 하게 되면, 그 산란은 **가간섭성**을 갖는다고 한다. 입사광과 반대방향으로 산란된 빛은 반사로 이어지게 된다. 입사광과 같은 방향으로 산란된 빛과 원래의 입사광이 재결합하면 굴절이 발생한다. 산란된 빔의 재결합은 또한 회절을 일으킬 수 있으며, 여기서 회절된 빔의 세기는 구성 원자들의 상대적 위치에 따라 달라진다. 따라서 이는 고체에서 원자의 위치를 결정하는 데 사용된다(예: X선 회절, 3장 참고). 반면에 비간섭성은 다른 형태의 산란을 일으킨다. 그들 중 중요한 사항은 다음과 같다.

∞ **레일리 산란**(Rayleigh scattering)은 $r_s \ll \lambda$가 되는 크기를 가진 입자에 의한 빛의 탄성 산란이다. 그림 16.2b에서 볼 수 있듯이 산란은 다소 등방성이다. 낮에는 하늘을 파란색으로, 일몰에는 빨간색으로 만드는 것이 이러한 유형의 산란이다. 또한 광섬유에서 신호 손실의 주요 원인이기도 하다. 이 산란은 16.4절에서 자세히 논의할 것이다.

∞ **미 산란**(Mie scattering)은 모든 반지름의 구형 입자에 의한 빛의 탄성 산란이지만 일반적으로 레일리 산란을 담당하는 입자보다 큰 입자 또는 $r_s > \lambda/10$에 해당된다. r_s가 증가함에 따라 산란은 더 비대칭적이 된다(그림 16.2c와 d 비교). $r_s \ll \lambda$인 경우 미 산란은 레일리 산란과 구별할 수 없게 된다. 이러한 조건에서 입자의 모양은 중요하지 않다. 이 산란은 16.4절에서도 논의할 것이다. 구름과 안개를 흰색으로 만드는 것이 이 산란 때문이다.

- **틴들 산란**(Tyndall scattering)은 미 산란과 유사하지만, 산란시키는 입자가 구형일 필요는 없다.
- **브릴루앙 산란**(Brillouin scattering)은 고체에서 음향 포논(acoustic phonon)에 의한 빛의 비탄성 산란이다. 이 산란은 고체의 음속을 측정하는 데 사용할 수 있으며, 원칙적으로 단결정의 탄성 계수를 계산하는 데 사용할 수 있다.
- **라만 산란**(Raman scattering)은 광학 포논(optical phonon)에 의한 빛의 비탄성 산란이다. 산란이 비탄성적이기 때문에 산란된 포논은 입사 광자와 다른 (보통 더 낮은) 에너지를 갖는다. 이러한 에너지 차이는 분자를 더 높은 진동 모드로 들뜨게 하는 데 필요한 에너지에 해당한다. 라만 효과는 과학자들이 고체에 대한 정보를 얻기 위해 사용하는 라만 분광법의 기초를 형성한다.

광자의 총 입사된 선속(flux) I_0에 대하여, 에너지 보존 법칙에 의해 다음 관계가 성립되어야 한다.

$$I_0 = I_T + I_R + I_A$$

여기서 I_T, I_R, 그리고 I_A는 각각 투과, 반사, 흡수된 세기이다. 세기 I는 단위면적당 에너지 선속이며, $J/(m^2 \cdot s)$의 단위를 갖는다. 이 식의 양변을 I_0로 나누면 다음과 같이 된다.

$$1 = T + R + A \tag{16.1}$$

여기서 T, R, 그리고 A는 각각 투과, 반사, 흡수된 비율을 의미한다.

다음 절과 이 장 전체에서 고체의 구성과 광학 특성 간의 상관관계에 대해 논의한다. 여기서 가장 중요한 광학적 특성은 저손실 재료의 경우 반사율과 투과율을 결정하는 굴절률 n과 흡수 및/또는 산란에 영향을 미치는 다양한 과정이다.

16.2.1 굴절

굴절의 일반적인 예는 빛이 한 매질에서 다른 매질로 통과할 때 가시광선이 휘어지는 현상이다. 예를 들어, 액체 안에 담근 막대기는 휘어져 보인다. 이 효과의 정도는 모든 재료의 기본 특성, 즉 굴절률 n에 의해 크게 영향을 받는다. 빛이 다른 굴절률을 가진 두 재료 사이의 경계를 만날 때, 그 속도와 방향이 갑자기 바뀌는 현상을 **굴절**이라고 한다. 그 이유는 뒤에서 자세히 논의할 것이다. n을 발생시키는 물리학은 고체에서 원자 또는 이온의 전자 분극성(electronic polarizability)과 밀접한 관련이 있다. n의 물리적 기원을 이해하기 위해서는 다음 2가지 단순화 가정을 하는 것이 유용하다. 첫째, 입사 장(applied field)의 주파수 ω는 ω_{ion}보다 훨씬 크지만 **전자구름**(electronic cloud)의 고유 진동 주파수인 ω_0보다 작다. 둘째, $k''_e = 0$, 다시 말해서, 전기적 전하는 입사 장에 따라 모두 같은 위상으로 진동한다(14장 참고). 이러한 전하를 띤 입자가 진동함에 따라 동일한 주파수의 전자기파를 다시 방출하여 자체 전기장을 생성하여 입사 장과 상호작용하고 그 속도를 늦추게 한다.[4]

---

[4] 이러한 현상의 자세한 내용은 이 책의 범위를 초과하지만, R. P. Feynman, R. B. Leighton, and M. Sands, *The Feynman Lectures on Physics*, vol. 1, Chap. 31, Addison-Wesley, Reading, MA, 1963에 잘 기술되어 있다.

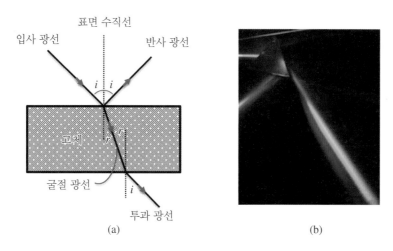

그림 16.3 (a) 빛의 굴절과 반사. 각각의 계면은 입사빔의 일부분을 반사 및 굴절시킨다. (b) 프리즘에 의한 빛의 굴절 현상.

앞서 언급했듯이 입사파와 재방출파의 상호작용의 주요 효과는 투과된 빛의 속도가 진공(v_{vac})보다 고체(v_{sol})를 통해서 더 느리게 이동하게 하는 것이다. 이는 다음의 가장 간단한 관계식으로 이어진다.

$$n = \frac{v_{vac}}{v_{sol}}$$ (16.2)

그림 16.3을 참조하라. 또 다른 유사한 관계식은 다음과 같다.

$$n = \frac{\sin i}{\sin r}$$ (16.3)

n의 대표적인 값은 표 16.1에 나열되어 있으며, 대부분의 세라믹스에서 n은 1.2~2.6 사이에 있다. 모든 값이 1보다 크므로, 모든 재료에 대해 $v_{solid} < v_{vac}$이다.

일반적인 경우, 즉 k_e''을 무시할 수없는 경우 n은 복소수가 되어야 한다. 즉[5]

$$\hat{n} = n + i\kappa$$ (16.4)

여기서 κ는 **흡광 계수**(extinction coefficient) 또는 **흡수 지수**(absorption index)라고 하며 물질의 흡수 능력을 나타낸다. 카파(kappa, κ)는 k_e' 또는 k_e''과 서로 관련이 있지만 이와 혼동해서는 안 된다 (아래 참고).

14장에서 논의된 바와 같이, 약 $10^{15}\,s^{-1}$보다 큰 주파수에서는 전자만 장(field)을 따를 수 있고 이온 분극을 포함한 다른 모든 분극 메커니즘은 적용되지 못한다. 이러한 상황에서 전자 분극성 매개변수 k_e' 또는 k_e''과 n 및 κ 사이에 다음 관계가 성립됨을 볼 수 있다(유도과정이 쉽지 않음).

$$k_e' = n^2 - \kappa^2 = 1 + \frac{e^2 N}{\varepsilon_0 m_e} \frac{\omega_e^2 - \omega^2}{(\omega_e^2 - \omega^2)^2 + f^2 \omega^2}$$ (16.5)

---

[5] 이 식과 식 (14.20) 사이의 유사성을 주목하면 도움이 된다.

표 16.1 선택된 세라믹 재료의 굴절률

재료	n	재료	n
할로겐화물 및 황화물			
CaF_2	1.430	NaF	1.330
BaF_2	1.480	NaI	1.770
KBr	1.560	PbF_2	1.780
KCl	1.510	PbS	3.910
LiF	1.390	TlBr	2.370
NaCl	1.550	ZnS	2.200
산화물			
Al_2O_3(사파이어)	1.760	PbO	2.610
$3Al_2O_3 \cdot 2SiO_2$	1.640	TiO2	2.710
$BaTiO_3$	2.400	SrO	1.810
BaO	1.980	$SrTiO_3$	2.490
BeO	1.720	Y_2O_3	1.920
$CaCO_3$	1.658, 1.486	ZnO	2.000
$MgAl_2O_4$	1.720	ZrSiO4	1.950
MgO	1.740	ZrO_2^4	2.190
공유 결합 세라믹스			
C(다이아몬드)	2.424	α-SiO_2(석영)	1.544, 1.553
α-SiC	2.680		
유리			
납-규산염 유리	2.500	소다석회 규산염 유리	1.510
용융 석영	1.458	Na_2O-CaO-SiO_2^+	1.458
Pyrex®b	1.470	Vycor®c	1.458

[a] 조밀한 광학 부싯돌
[b] 붕규산염

그리고

$$k''_e = 2n\kappa = \frac{e^2 N}{\varepsilon_0 m_e} \frac{\omega f}{(\omega_e^2 - \omega^2)^2 + f^2 \omega^2} \tag{16.6}$$

또한 위의 두 식으로부터 다음 식이 성립됨을 볼 수 있다(문제 16.1 참고).

$$n = \frac{1}{\sqrt{2}} \sqrt{\left(k'^2_e + k''^2_e\right)^{1/2} + k'_e} \tag{16.7}$$

그리고

$$\kappa = \frac{1}{\sqrt{2}} \sqrt{(k'^2_e + k''^2_e)^{1/2} - k'_e} \tag{16.8}$$

식 (16.5)~(16.8)은 다음의 이유들로 중요하다.

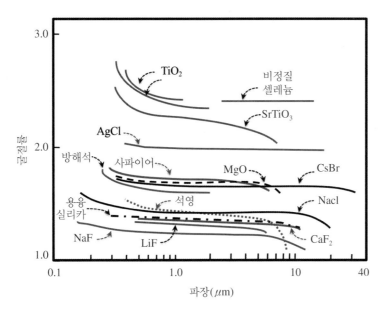

그림 16.4 다양한 유리 및 결정에 대한 주파수에 따른 굴절률의 변화

1. 그들은 전자 분극과 n 사이의 일대일 대응을 명확하게 보여준다. 일반적으로 세라믹스의 경우 k_e''은 $0.01 \sim 0.0001$ 정도이다(표 14.1 참고). 결과적으로 정확도가 크게 떨어지지 않은 범위에서 식 (16.7)의 k_e'에 상대적으로 k_e''을 무시할 수 있다. 이러한 경우

$$n = \sqrt{k_e'} \tag{16.9}$$

2. k_e'은 ω의 함수이므로 n도 ω의 함수이다(예제 16.1 참고). ω 또는 파장에 따른 n의 이러한 변화를 **분산**(dispersion)이라고 한다. 많은 세라믹 재료에 대한 일반적인 분산 곡선은 그림 16.4에 나와 있다. 이를 통해 n은 빛의 ω가 증가함에 따라 증가한다는 것이 분명하다.

3. k_e''의 가장 큰 범위(즉, ≈ 0.01)와 k_e'의 가능한 가장 낮은 값, 즉 1이라고 가정하면, 식 (16.8)로부터 계산된 κ값은 0.005 정도이므로 대부분의 응용분야에서 무시할 수 있다. 이 결론은 시스템이 공명과 거리가 먼 경우에만 유효하다.

예제 16.1

식 (16.5)를 바탕으로 그림 16.3b에 있는 프리즘에 의한 빛의 굴절 현상을 설명하시오. 그것은 백색광의 본질에 대해 무엇을 말하는가?

정답

식 (16.5)에 따르면, $\omega < \omega_0$인 경우 k_e'은 입사광의 ω가 증가하면 역시 증가하게 된다. 결과적으로 식 (16.9)에 따라 ω가 증가하면 n도 증가한다. 즉, 그림 16.3b에서 볼 수 있듯이 고주파 광(예: 보라색, 파란색)은 저주파 광(예: 빨간색)보다 더 큰 각도로 굴절 또는 편향되어야 한

다. 이 간단한 실험은 '백색'광이 다양한 주파수 스펙트럼으로 구성되어 있고 n이 실제로 ω의 함수임을 분명히 해준다. ■

16.2.2 반사

표면에 입사하는 모든 빛이 굴절되는 것은 아니다. 그림 16.3a와 같이 일부는 반사될 수 있다. 유도 과정이 쉽지는 않지만, 수직 입사광에 대하여 완벽하게 매끄러운 고체 표면의 반사율은 다음과 같이 주어지며,

$$R = \frac{(n-1)^2 + \kappa^2}{(n+1)^2 + \kappa^2} \tag{16.10}$$

이는 **프리넬의 공식**(Fresnel's formula)으로 알려져 있다.

다시 말하지만, 대부분의 세라믹스와 유리의 경우 $\kappa \ll 1$이며, R은 간단히 다음과 같이 n과 관련 된다.

$$R = \frac{(n-1)^2}{(n+1)^2}$$

그리고

$$T = R - 1 = \frac{(n-1)^2}{(n+1)^2} - 1$$

예를 들어, 약 2.6의 굴절률을 가진 납-규산염 유리(수정 유리라고도 알려짐[6])는 입사광의 약 20%를 반사한다(이것이 수정 유리가 반짝이는 이유를 설명함). 반대로 $n \approx 1.5$인 일반적인 소다석회 규산염 유리는 약 4%만 반사한다.

흥미롭게도 공진 근처에서 n은 매우 크게 증가하므로 식 (16.10)에 따라 반사율도 매우 커진다. 이것은 표면 원자로부터 발생된 다양한 2차 파동들이 합쳐져서 입사각과 동일한 각도로 진행하는 반사파면을 생성하기 때문에 발생한다. 따라서 **선택적 반사**는 공진 현상이며 물질의 고정 전하 (bound charge)의 고유 진동수에 해당하는 파장 근처, 즉 공진 근처에서 강하게 발생한다. 물질은 이러한 파장의 빛을 투과하지 않고, 대신 강하게 반사한다. 빛이 열로 변환되는(즉 k_e'' 또는 κ와 관련되는 과정) 실제 흡수(아래 참고)는 관련된 진동하는 전하의 큰 진폭 때문에 공진 주파수에서 어느 정도로 발생한다. 그러나 실제 흡수가 완전히 없다면 반사력은 관심의 파장 λ에서 100%가 될 것이다.

16.2.3 흡수도와 투과도

투명 매질을 통한 투과율 T는 반사나 흡수가 되지 않는 빛의 양에 비례한다. 저손실(저흡수) 재료의 경우 식 (16.1)에서 A는 무시할 수 있기 때문에 $T \approx 1 - R$이다. 즉, 반사되지 않은 빛의 일부가

---

[6] 이것은 불운한 명명법이다. 이러한 유리 또는 그 종류의 다른 유리에도 결정질은 없다.

투과된다.

그러나 일반적으로 빛이 x와 같은 주어진 방향으로 매질을 통과할 때 2가지 메커니즘 중 하나에 의해 감쇠되거나 손실된다. 즉, 빛이 흡수되거나(즉 빛이 열로 변환됨) 또는 산란된다(즉, 빔의 일부가 편향되어 x 방향으로부터 산란된다).[7]

고유 흡수. 14장에서 유전체의 단위부피당 전력 손실(power dissipation)은 다음과 같이 유도되었고[식 (14.25)]

$$P_V = \frac{1}{2}\sigma_{ac}E_0^2 = \frac{1}{2}(\sigma_{dc} + \omega k_e'' \varepsilon_0)E_0^2 \tag{16.11}$$

여기서 E_0는 가해준 전기장이다. 에너지 보존에 의하면 다른 에너지 손실 메커니즘이 없을 때 이 손실로 인해 빛의 세기 I가 감소하게 된다. 즉, 두께 dx의 재료를 통과할 때 $P_V = -dI/dx$이다. 또한 굴절률이 n인 매질에서 빛의 세기는 다음과 같이 주어지며[8]

$$I = \frac{n\varepsilon_o c E_0^2}{2} \tag{16.12}$$

여기서 c는 진공 안에서 빛의 속도이다. 식 (16.11)에서 σ_{dc}를 무시하면, 이는 대부분의 절연체 및 광학 재료에 대해 탁월한 가정이며(문제 16.1 참고), $k_e'' = 2n\kappa$를 주목하고 식 (16.11) 및 (16.12)를 결합하면 다음 식을 얻는다.

$$\frac{dI}{dx} = -\frac{2I\omega\kappa}{c} = -\alpha_a I \tag{16.13}$$

초기 빛의 세기 I_0로부터 최종 또는 투과된 세기 I_T까지 적분하면 다음 식을 얻고

$$\frac{I_T}{I_0} = \exp(-\alpha_a x) \tag{16.14}$$

여기서 x는 광학 경로 길이이고 α_a는 $2\omega\kappa/c$로 나타낼 수 있는 **흡수 상수**(absorption constant)이다. α_a는 m^{-1}의 단위를 갖고 분명히 ω에 대한 함수관계를 갖는다.

α_a는 k_e''에 비례한다는 점에 주목하라. 이는 입사된 전자기장과 위상이 같지 않은 진동 전하가 흡수에 영향을 미치는 사실을 반영한다. 이상적인 유전체의 경우 k_e'', κ 및 α_a가 모두 사라지고 에너지가 전혀 흡수되지 않는다(예제 16.2 참고). 마지막으로, 입사 방사선의 ω가 결합 전자 또는 이온의 공진 주파수에 접근하면 강한 흡수가 발생하고, 이후에 논의되는 바와 같이 궁극적으로 재료가 투명한 주파수 범위를 결정하는 역할을 하는 흡수가 된다.

불순물 이온에 의한 흡수도. 나중에 더 자세히 논의하겠지만, 재료 내의 불순물 이온은 특정 파장의

---

[7] 산란의 좋은 예는 창에서 들어오는 햇빛이 공기 중에 부유하는 매우 미세한 먼지 입자에 의해 가시화되는 것이다.

[8] 예를 들어, R. P. Feynman, R. B. Leighton, and M. Sands, *The Feynman Lectures on Physics*, vol. 1, pp. 31-110, Addison-Wesley, Reading, MA, 1963을 참고하라.

빛을 선택적으로 흡수할 수 있다. 이러한 화학종을 **발색단**(chromophore)이라고 한다. 감쇠는 **비어-람베르트**(Beer-Lambert) **법칙**에 설명된 대로 이동 경로 dx 및 흡수 불순물(absorbing center)의 농도 c_i에 비례하며

$$-\frac{dI}{dx} = \varepsilon_{BL} c_i I \tag{16.15}$$

여기서 ε_{BL}는 불순물과 불순물이 있는 매질에 따라 달라지는 상수이다. ε_{BL}는 **선형 흡수 계수**(linear absorption coefficient)라고도 하고 때로는 **흡광 계수**(extinction coefficient)라고도 한다. 다시 한번 이 식을 적분하면

$$\frac{I_T}{I_0} = \exp(-\varepsilon_{BL} c_i x) \tag{16.16}$$

이것은 방사선 검출기(단위면적 및 단위시간당 에너지 흐름 속도를 측정함)의 판독값이 매질의 두께와 흡수 불순물의 농도에 따라 기하급수적으로 감소할 것으로 예측하기 때문에 중요한 결과이다.

식 (16.14)와 (16.16)을 유도할 때 이루어진 암묵적인 가정에 의하면 산란은 무시할 수 있다. 그러나 일반적으로 손실 계수는 모든 손실을 설명해야 하므로,

$$\alpha_{tot} = \alpha_a + \varepsilon_{BL} c_i + \alpha_s \tag{16.17}$$

여기서 α_s는 산란으로 인한 흡수 계수이다(16.4절 참고). 대부분의 일반적인 경우

$$I_T = I_0 \exp(-\alpha_{tot} x) \tag{16.18}$$

많은 경우 이러한 메커니즘 중 일부는 다른 메커니즘에 비해 무시할 수 있지만, 그 존재와 둘 이상의 메커니즘이 작동할 수 있다는 사실을 깨닫는 것이 중요하다.[9]

| 실 험 세 부 사 항 | **광학 특성 측정**

분명히 2가지 중요한 광학적 특성은 n과 κ이다. 그것들을 측정하는 몇 가지 기술이 있다. 여기에서는 일반적으로 분광 광도계(spectrophotometer)[10]로 알려진 장치에서 수행되는 얇은 판상 형태 재료의 투과율과 반사율을 측정하

---

[9] 감쇠의 간단한 측정에서 흡수 및 산란 손실을 구별하는 것은 불가능하다. 두 현상 모두 감쇠를 유발한다. 그러나 둘을 구별하는 한 가지 방법은 모든 각도에서 빛의 세기를 측정하는 것이다. 측정 결과 원래 빔에서 제거된 모든 빛이 산란된 빛으로 다시 나타난다면, 결론은 흡수가 아닌 산란이 감쇠의 원인이라는 것이다. 에너지가 흡수되면 사라지지 않고 다른 주파수, 즉 열로 다시 나타난다.

[10] 이 논의에서 암시하는 것은 재료가 완전히 조밀하고 기공이 없으며 입자 크기가 입사 방사선의 파장보다 훨씬 작거나 훨씬 크다는 것이다. 그렇지 않은 경우 나중에 자세히 설명하겠지만 산란이 고려되어야 한다. 또한 그 재료는 $\varepsilon_{BL} c_i$ 항을 무시할 수 있을 만큼 충분히 순수하다고 가정되어야 한다.

는 가장 간단한 방법 중 하나를 설명한다.

그림 16.5는 이러한 장치의 4가지 주요 구성요소인 방사선원, 단색기, 시료 및 다수의 검출기를 개략적으로 보여준다. 일반적인 실험에서 T와 R은 동시에 측정되는 것이 선호된다. 결정의 다양한 평면에서 다중 반사 때문에 T는 식 (16.14)에 의해 주어지지 않고, 대신 다음 식에 의해 설명되며,[11]

$$T = \frac{I_{\text{out}}}{I_0} = \frac{(1-R)^2 e^{-\alpha_a x}}{1 - R^2 e^{-2\alpha_a x}} \tag{16.19}$$

여기서 R은 식 (16.10)에 의해 주어지고 x는 시료 두께이다. 이 표현식은 수직 입사에만 유효하며 $R = 0$일 때 식 (16.14)와 동일하게 된다.

원칙적으로 관찰된 반사율 R_{obs}은 그림 16.5와 같이 두 번째 검출기의 위치를 제공하여 측정할 수 있다. 관찰된 반사율 R_{obs}은 R과 다음과 같이 관련된다.

$$R_{\text{obs}} \approx \left(1 + \frac{I_T}{I_0} e^{-\alpha_a x}\right) \tag{16.20}$$

따라서 시료의 반사율과 투과율을 모두 측정하여 n과 κ를 식 (16.10), (16.19) 및 (16.20)에서 계산할 수 있다 (예제 16.2 참고).

다른 접근법은 동일한 반사율을 가진 두께가 다른 두 시료의 투과율을 측정하는 것이다.[12]

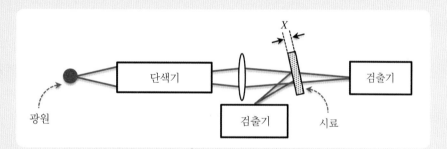

그림 16.5 고체의 광학 상수를 측정하는 데 사용되는 장치의 개략도

예제 16.2

1 mm 유리 패널에 입사된 Na 램프 빛 $\lambda = 0.59$ μm의 80%가 투과되고 4%가 반사된다면, 이 유리의 n 및 κ를 결정하시오.

---

[11] J. C. Slater, *Electromagnetic Theory*, McGraw-Hill, New York, 1941.

[12] 흥미롭게도 (독자들에게 연습문제로 남겨두고) 강하게 흡수하는 시료들은 반사율이 매우 높으며 그 반대의 경우도 마찬가지이다.

정답

$R = 0.04$ 및 식 (16.10)을 적용하고 κ(아래 참고)를 무시하면 $n = 1.5$를 얻는다. α_a를 계산하기 위해 식 (16.9)를 사용한다. 그러나 손실이 작다면, 분모의 둘째 항은 무시할 수 있으며, 식 (16.19)는 다음과 같이 단순화된다.

$$T = (1 - R)^2 e^{-\alpha_a x}$$
$$0.8 = (1 - 0.04)^2 e^{-\alpha_a(0.001)}$$

α_a에 대해서 풀면 141 m^{-1}을 얻는다.

$\lambda = 0.59\ \mu$m이면 $\nu = c/\lambda = 5.1 \times 10^{14}$ s이다. 또한 $\alpha_a = 2\omega\kappa/c$가 주어지면 다음과 같이 정리할 수 있다.

$$\kappa = \frac{\alpha_a c}{4\pi\nu} = \frac{141(3 \times 10^8)}{(4 \times 3.14)(5.1 \times 10^{14})} = 6.6 \times 10^{-6}$$

식 (16.10)에서 κ를 무시하는 데서 발생하는 오차는 매우 작다는 것을 알 수 있다. ■

예제 16.3

전자기파가 (a) $n = 2$ 및 $\alpha_{\text{tot}} = \alpha_a = 0$, (b) $n = 2$ 및 $\alpha_{\text{tot}} = \alpha_a = 0.4$인 고체에 충돌할 때 발생하는 변화를 설명하시오.

정답

(a) 진공에서 전파하는 파동이 $n = 2$ 및 $\alpha_a = 0$인 고체에 정상적으로 충돌할 때 결과는 그림 16.6a에 개략적으로 나타난다. $n = 2$이므로 파동의 속도는 절반으로 줄어들고, 이는 λ도 고체에서 절반이 됨을 의미한다. $\alpha_a = 0$이므로 투과된 빛의 세기와 주파수는 전체적으로 일정하게 유지된다.

(b) α_a가 0이 아닌 경우, 고체에 의한 흡수의 결과로 투과된 빛의 세기가 감소한다(그림 16.6b). 이 두 경우 모두 단순화를 위해 반사는 무시되었다. ■

16.3 흡수 및 투과

이전 절에서는 투과율과 흡수도 사이의 관계에 대해 설명했지만 세부 사항은 거의 논의하지 않았다. 이번 절에서는 몇 가지 세부 사항을 설명하였다. 산란은 16.4절에서 별도로 다룰 예정이다.

상황의 복잡성은 그림 16.7에 나타나 있으며, 여기서 10K에서 KBr의 반사율[13]은 적외선에서 자외선에 이르는 광범위한 범위의 입사 광자 에너지 함수로 표시되었다. 가장 두드러진 특징은 0.03 eV

---

[13] 앞서 언급했듯이 공진 근처에서 결정은 매우 큰 반사율을 갖는다.

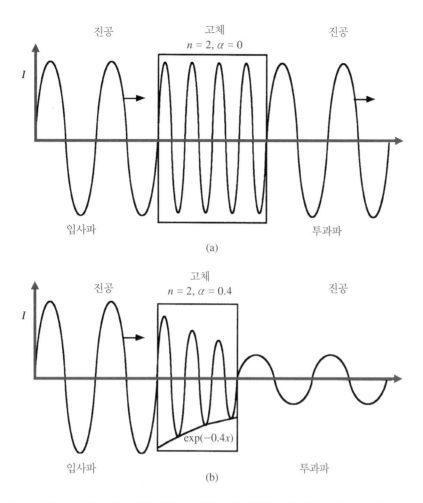

그림 16.6 (a) $n = 2$ 및 $\alpha_a = 0$인 고체를 통해 투과되는 전자기파에 발생하는 변화의 개략도. 파장이 반으로 줄어드는 것을 주목하라. $\alpha_a = 0$이므로 파동이 고체를 통과할 때 세기 또는 에너지 손실이 없다. (b) $n = 2$이고 $\alpha_a = 0.4$인 경우. 시료는 입사파의 에너지 일부를 흡수하여 투과파의 세기가 감소한다. $n = 2$이므로 고체에서의 파장은 다시 진공에서의 파장의 절반이다.

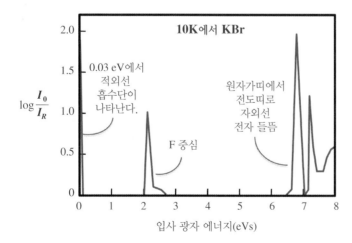

그림 16.7 입사 광선의 넓은 에너지 범위에 대한 KBr의 스펙트럼 반사율. 공진 부근에서 고체는 매우 높은 반사율을 갖지만 공진에서 멀어지면 대부분의 빛이 투과된다. (적외선 흡수단과 자외선 스펙트럼 사이에서 그래프에 포함된 정보는 동일한 범위에서 그림 14.13b에 나타난 것과 동일한 정보이다.)

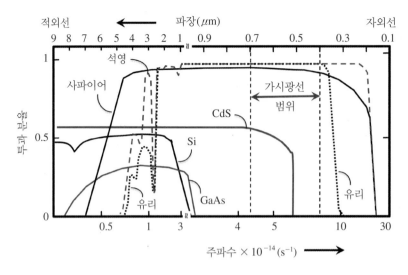

그림 16.8 다수의 선택된 재료의 스펙트럼 투과도. 0.9~1 μm 사이의 파장 범위에서의 변화를 주목하라.

에서의 적외선 흡수단(absorption edge), 약 2 eV에서의 흡수 피크(absorption peak), 그리고 약 7 eV 부근의 스펙트럼상에서 자외선 부분의 여러 흡수 피크들이다.

이전 논의로부터 재료가 투명해지기 위한 요구사항은 가시광 범위에서 강한 흡수 또는 산란이 없어야 한다는 것이 분명하다. 고체가 투명한 범위를 **투과 범위**(transmission range)라고 하며 고주파(낮은 λ) 쪽은 자외선 흡수 현상에 의해, 저주파 쪽은 적외선 흡수에 의해 경계가 지정된다. 다양한 세라믹 재료의 스펙트럼 투과 범위는 그림 16.8과 16.9에서 비교되었으며, 대부분의 세라믹스는 넓은 범위의 주파수에서 실제로 투명하다는 것이 분명하다. 예를 들어, 창 유리는 1×10^{15}에서 $\approx 7.5 \times 10^{13}$ s^{-1}까지의 빛을 투과하므로 창문으로 사용되는 것이 놀랍지 않다. Si 및 GaAs와 같은 대표적인 반도체 재료는 적외선 범위에서만 투명하다는 점이 흥미롭다.

16.3.1 자외선 범위

전자적 공진

이는 16.2절에서 논의하였다. 공진이 발생하는 주파수에 영향을 미치는 요인은 14장에서 논의하였으며, 유리에서 비가교 산소(nonbridging oxygen, NBO)의 형성이 공진이 발생하는 주파수를 감소(파장 λ의 증가)시키는 경향이 있다는 점을 제외하고는 여기서 반복되지 않을 것이다. 이는 그림 16.8에서 명확히 알 수 있다. 석영은 NBO를 포함하는 창 유리보다 더 높은 주파수까지 투명하다. 또한 14장(그림 14.8 참고)에서 S^{2-}, Te^{2-}, Se^{2-}가 강한 분극성 이온 중 일부라고 언급했다. 따라서 이러한 이온을 함유한 세라믹스가 가시광 스펙트럼에서 불투명하고 적외선 범위로 이동한 흡수단을 갖는 것은 놀랄 일이 아니다. CdS(그림 16.8)가 좋은 예이다.

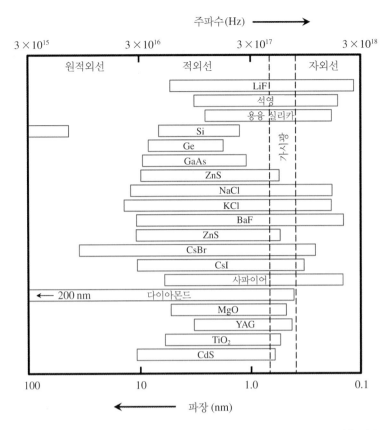

그림 16.9 선택된 재료의 투과 범위. 2 mm 두께 시료의 경우 10%보다 큰 투과율 범위

광전 효과

2장에서 논의한 바와 같이, 절연성 결정 재료는 원자가띠와 전도띠 사이의 에너지 차이인 E_g를 갖는다. 입사된 광자가 E_g보다 큰 에너지를 가질 때, 즉

$$h\nu > E_g \tag{16.21}$$

일 때 그것은 전자를 원자가띠에서 전도띠로 승격시킴으로써 흡수될 것이다. 이를 **광전 효과**(photo-electric effect)라고 하며, 고체의 전도성을 높이는 것 외에도 입사파의 흡수를 유발한다. 빛이 E_g보다 작은 에너지를 가지면 흡수가 일어나지 않는다는 점을 주목하는 것은 중요하다. 따라서 재료의 띠간격을 측정하기 위해 잘 확립된 기술은 입사광의 ν 함수로써 시료의 전도성을 측정하는 것이다. 식 (16.21)로부터 광전도성이 시작되는 ν가 E_g와 관련된다.

16.3.2 가시광 범위

가시광 범위에서 상당한 흡수가 이루어지려면, 전자 전이가 이루어져야 한다. 이러한 전이의 특성은 지금 설명되는 것처럼 다양한 공급원으로부터 발생한다.

전이금속 양이온

결정과 광물의 색은 도펀트(dopant) 또는 불순물 원자, 특히 전이금속 양이온 종류 등에 따라 결정된다고 잘 알려져 있다. 예를 들어, 루비는 빨간색이고 일부 사파이어는 파란색이지만 둘 다 기본적으로 Al_2O_3이다. Al_2O_3에 백만 분의 1 농도로 Cr 이온을 주입함으로써 아름다운 빨간색이 생긴다. 마찬가지로 사파이어는 Ni 도핑의 결과로 푸른색을 띠게 된다. 루비는 빨간색이고 순수한 알루미나는 투명하기 때문에 Cr 이온이 푸른 빛을 흡수하고 눈에 보이는 붉은 빛을 투과해야 한다.

이러한 현상을 설명하기 위해 **리간드 장 이론**(ligand field theory)이 제안되었으며, 성공적으로 많은 전이금속 함유 세라믹스의 색상과 자기적 특성을 설명한다. 이 이론은 15.4.4절에서 상세히 논의하였으며 여기서 반복하지 않을 것이다. 그림 15.6과 16.10은 리간드가 대칭성에 따라 d 궤도 에너지를 분할하는 기본적인 아이디어를 요약한다. 이 에너지 분할은 관찰된 다양한 색상을 발생시킨다. 입사된 광자의 에너지가 d 궤도 사이의 에너지 차이에 가까우면 흡수되고 전자는 낮은 준위에서 높은 준위 에너지 상태로 천이된다. 에너지 분할의 크기와 그 결과 발생하는 색상은 전이 이온과 호스트 결정 사이의 상호작용 강도와 중심 이온의 배위수에 따라 달라진다. 이는 표 16.2에서 명확히 확인할 수 있으며, 소다석회 규산염 유리 내 전이금속 이온에 대한 다양한 흡수띠(absorption band)가 요약되어 있다.

참고로, 입사광의 에너지가 d 궤도 간 에너지 분할과 크게 다르게 되면 전이 가능성은 감소한다. 다시 말해, 입사광의 에너지가 준위 간에 분할된 에너지와 동일할 때 전이할 확률이 최대이다. 게다가 대부분의 경우, 물체는 관찰된 대로 색을 유지한다. 왜냐하면 들뜬 전자는 열로 인해(즉 다른 주파수로) 에너지를 즉시 주변 환경으로 빠르게 잃어버리게 되므로 흡수가 발생하더라도 들뜨게 될 수 있는 이온의 수는 시간에 따라 대략 일정하게 유지되기 때문이다.

방사선 또는 환원에 의해 생성된 색 중심에 의한 흡수

세라믹스, 특히 산화물은 강하게 환원되거나 장기간 강한 방사선에 노출될 경우 검은색으로 변하는

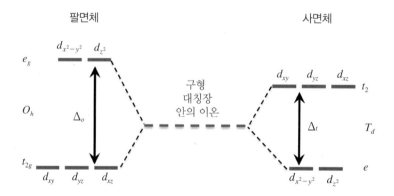

그림 16.10 d 궤도의 결정장 분할. 이온이 구형의 빈 부분에 있으면, 모든 궤도는 동일한 에너지를 갖는다(가운데). 리간드가 팔면체 배열인 경우, 궤도의 에너지는 왼쪽에 표시된 것처럼 Δ_o의 에너지로 분할된다. 이 경우 낮은 궤도는 t_{2g}, 높은 궤도는 e_g로 표시되어 있다. 리간드가 사면체 배열에 있는 경우, 궤도의 에너지는 오른쪽에 표시된 것처럼 Δ_t 에너지로 분할된다. 이 경우 아래쪽은 e이고 위쪽은 t_2이다.

표 16.2 소다-석회 규산염 유리의 흡수 최대치 및 전이금속 이온이 첨가되었을 때의 색상

이온	d 전자의 개수	흡수 최대치(μm)	산소와의 배위수	색상
Cr^{3+}	1	0.66	6	초록색
V^{3+}	2	0.64	6	초록색
Fe^{2+}	6	1.10	4 또는 6?	파란색
Mn^{3+}	4	0.50	6	보라색
Mn^{2+}	5	0.43	4 또는 6?	갈색
Ni^{2+}	8	1.33	6	보라색
Cu^{2+}	9	0.79	6	파란색

경우가 종종 있다. 두 경우 모두 **색 중심**(color center) 형성이 원인이 된다. 색 중심은 전자 또는 정공이 국부적으로 고정되는 불순물 또는 결함이다. 예를 들어, 산화물의 환원이 $V_O^{\bullet}$와 $V_O^{\times}$ 결함을 어떻게 형성하는지는 6장에서 자세히 설명하였다(그림 6.4a 및 b 참고). 이 장에서는 2가지 모두 색 중심으로 고려된다. 만약 이러한 결함에 대한 E_d가 전자를 전도띠로 방출하는 데 필요한 에너지인 경우(그림 7.12c 참고), 해당 주파수의 빛이 흡수된다. 여기서 주목해야 할 점은 전자가 유한한 폭을 갖는 전도띠의 어떤 에너지 준위로도 천이될 수 있기 때문에 $\approx E_d$뿐만 아니라 E_d 이상의 에너지를 가진 입사 파장이 모두 흡수된다는 것이다. 결함이 어떻게 색을 나타나게 하는지는 사례연구 16.1에 자세히 설명되어 있다.

미시적 이차상에 의한 흡수

유리 안에 퍼져 있는 작은 금속 입자가 빛을 산란시키고 눈에 띄는 색을 만들 수 있다. 이 현상은 기본적으로 산란 효과이며 다음 절에서 보다 자세히 논의할 것이다.

예제 16.4

그림 16.11a에 표시된 에너지 띠구조를 고려하여 입사 광자 에너지의 함수로써 광학적 흡수 스펙트럼을 그리시오. 또한 예상되는 광전도성에 대해 논의하시오. 그림 16.11a의 화살표는 가능한 전이를 나타낸다. 이외 다른 모든 것은 허용되지 않는다.

정답

흡수 스펙트럼은 그림 16.11a에 나타나 있으며 다음의 특징을 갖는다. E_1 아래에는 흡수가 없다. E_1을 중심으로 한 첫 번째 흡수 피크는 전자가 결함의 바닥상태에서 들뜬상태로 천이하는 것과 일치한다. 그러나 전자가 여전히 국부적이기 때문에 이러한 변화는 광전도성에 영향을 미치지 않는다. E_2에 중심을 갖는 다음 흡수는 결함의 바닥상태에서 전도띠로 전자가 들뜨기 때문에 발생한다. 이로 인해 전류가 발생한다. 마지막으로, E_g에 중심을 갖는 흡수는 띠간격을 뛰어넘는 고유 전이(intrinsic transition) 때문이다. ∎

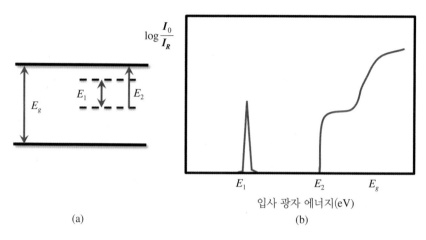

(a)   (b)

그림 16.11 (a) 에너지 준위 그림. (b) 이에 따른 광학적 반응 특성.

16.3.3 적외선 범위

이온 분극

이 현상은 14.4.2절에서 자세히 다루었다. 입사광의 ω가 고체 내 이온의 고유 진동 주파수 ω_{ion}에 근접하면 공진이 일어나 에너지가 입사광에서 고체로 전달된다. 즉, 입사파가 흡수된다. 이러한 현상이 발생하는 ω를 **적외선 흡수단**(IR absorption edge) ω_{ion}이라고 한다. 14.4.2절에서 설명한 것처럼 그것은 이온의 고유 진동 주파수 ω_{ion}과 전하량 및 질량에 의해 나타나는 이온 결합의 강도에 따라 결정된다. 이러한 요인과 적외선 흡수단에 미치는 영향이 그림 16.12에 명확하게 나타나 있는데, 여기서 적외선 흡수단이 다양한 세라믹 결정에 대해 ω의 함수로 그려져 있다.

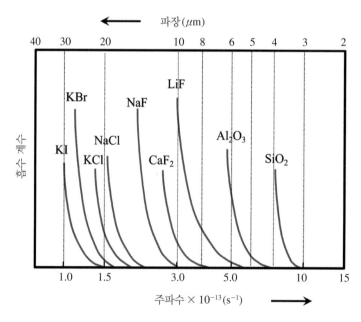

그림 16.12 선택된 세라믹 결정의 적외선 흡수단. 적외선 흡수단과 고체의 융점 사이의 상관관계를 주목하라.

16.4 산란 및 불투명도

대부분의 세라믹스는 띠간격이 1 eV를 초과하고(표 2.6 참고), 앞서 설명한 내용에 따르면 대부분의 세라믹스가 고유하게 투명하다는 것은 당연한 결론이다. 그러나 일상 경험에 따르면 유리를 제외하고 대부분의 세라믹스는 실제로 투명하지 않고 불투명하다. 앞서 언급되었고 이 절에서 자세히 다루겠지만, 이러한 상태의 원인은 어떠한 흡수 메커니즘 **자체와는** 관련이 없으며 세라믹 내부에 존재하는 기공 및/또는 결정립계(grain boundary)에 의한 입사광의 산란으로 인한 것이다. 대부분의 세라믹스에서 밀도가 높은 단결정은 실제로 투명하며, 보석류가 이의 훌륭한 예이다.

광학적으로 이질적인 시스템은 빛을 산란시킨다. 광학적으로 이질적인 고체는 기공과 같은 밀도 변화를 보인다. 산란은 내부 표면에서 반사된 결과로 아마도 가장 쉽게 설명될 것이다. 그림 16.13은 고립된 구형의 기공에 의해 빛이 산란되는 방법을 도식적으로 보여준다. 산란된 빛은 더 이상 평행하지 않다.

불순물로 인한 다중의 고유 산란 및 흡수를 무시함으로써 식 (16.18)은 다음과 같이 단순화되며

$$\frac{I_T}{I_0} = \exp(-\alpha_s x) \tag{16.22}$$

여기서 α_s는 앞서 산란 계수로 정의되었으며, **혼탁도**(turbidity) 또는 **소멸 계수**(extinction coefficient)라고도 한다.

각각 반지름 r_s를 가진 단위부피당 N_s개의 산란 중심(scattering center)이 있다고 가정하면, 주어진 방향에서 단위부피당 산란되는 세기는 간단하게 하나의 입자에 의해 산란되는 세기와 N_s의 곱에 비례한다. 다시 말하면,

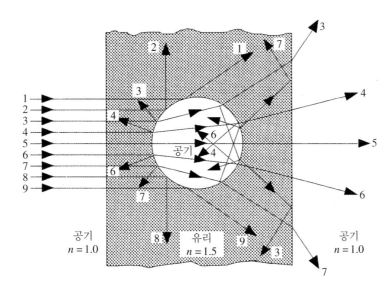

그림 16.13 불균질 매질에서 구형 기공에 의한 광 산란

$$\alpha_s = Q_s N_s \pi r_s^2 \tag{16.23}$$

여기서 Q_s는 입사광과 산란광 사이의 각도 및 입사광의 λ에 대한 r_s의 상대적 크기에 따라 달라지는 무차원 상수이다. 이 시점에서 2가지 제한 사례를 고려하는 것이 유용하다.

첫째, 빛의 파장에 비해 크기가 작은 입자, 즉 $r_s \ll \lambda$이다. 이 경우, 전방 방향으로의 산란은 후방 방향의 산란과 동일하며(그림 16.2b 참고), 다음과 같다.[14]

$$Q_s = (상수)\left(\frac{r_s}{\lambda}\right)^4 \left(n_{\text{matrix}}^2 - n_{\text{scatter}}^2\right)^2 \tag{16.24}$$

여기서 n_i는 기지와 산란 입자의 굴절률을 나타낸다. 이러한 유형의 산란을 **레일리 산란**이라고 하며 동일한 크기의 독립된 구형 입자에 의한 단일 산란과 관련이 있다. 즉, 입자가 서로 너무 멀리 떨어져 있어 각 입자가 평행한 빛의 영향을 받게 되고 다른 입자의 존재에 의해서 방해받지 않고 자체적인 산란 패턴을 형성할 수 있는 충분한 공간이 있는 실험 조건하에서 적용된다(자세한 내용은 부록 16B 참고).

둘째, 빛의 파장에 비해 매우 큰 입자, 즉 $r_s \gg \lambda$이다. 이를 미 산란(그림 16.2c와 d)이라고 한다. 여기서 산란된 총에너지는 입자가 가로챌 수 있는 양의 간단히 2배이며, 또는

$$Q_s = 2 \tag{16.25}$$

이다. 즉 반지름 r_s 입자에 의해 산란된 총 빛은 해당 입자의 단면적의 간단히 2배이다.[15]

마지막으로 산란 상(scattering phase)의 부피 분율이 f_p이면 다음과 같다.

$$f_p = \frac{4}{3}\pi r_s^3 N_s \tag{16.26}$$

앞의 논의를 바탕으로 주목할 점은 다음과 같다.

1. 작은 입자의 산란은 $1/\lambda^4$[식 (16.24)]에 비례한다. 결과적으로 빨간색 빛보다 파란색 빛이 훨씬 강하게 산란된다. 이 현상은 파란 하늘과 붉은 일몰의 원인이 된다. 해가 질 때 태양은 직접 관측되고, 파란색 빛이 직진하는 빛에서 선택적으로 산란되기 때문에 붉은색으로 보인다. 낮 동안에는 대기 중의 분자와 먼지 입자들이 파란색 빛을 다양한 각도로 분산시켜 하늘을 파랗게 만든다.

---

[14] 예를 들어 H. C. van de Hulst, *Light Scattering by Small Particles*, Dover, New York, 1981을 참고하라.

[15] 면적 A를 갖는 입자가 가로챌 수 있는 에너지의 2배를 제거하는 것을 소멸 역설(extinction paradox)이라고 한다. 결국, 일반적인 경험으로 볼 때 물체의 그림자는 보통 물체의 2배가 아니라 물체와 같다는 것을 알 수 있다! 역설은 식 (16.25)를 도출하기 위한 가정들이 고려될 때 제거된다. 즉, (1) 작은 각도의 모든 산란광을 제거하고, (2) 관측을 그림자를 구별할 수 있는 영역을 훨씬 벗어난 곳과 같이 매우 먼 거리에서 수행할 때.

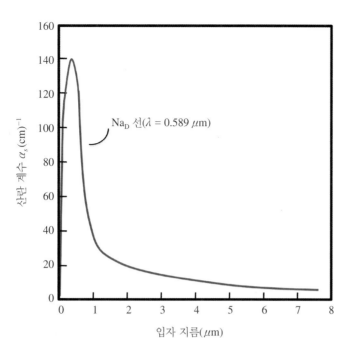

그림 16.14 일정한 부피를 갖는 입자의 크기에 따른 산란 계수. 사용된 광은 파장이 0.589 μm인 단색광이다.

2. 작은 입자에 의한 산란은 재료와 산란자의 굴절률에 차이가 있는 범위 내에서만 발생한다. 세라믹스에서 기공은 $n = 1$인 매우 강력한 산란자이다. 또한 2.5(그림 16.4)의 비교적 높은 n을 가진 TiO_2를 라텍스에 첨가하여 흰색 페인트를 만드는 것과 동일한 이유이다.

3. 산란은 r_s에 강하게 의존한다. 입자가 일정한 부피를 갖는다고 가정하고 식 (16.23), (16.24) 및 (16.26)을 조합함으로써 초소형 입자의 경우 α_s가 r_s^3에 비례한다는 것을 입증하는 것은 어렵지 않다. 반면에 식 (16.23), (16.25) 및 (16.26)을 조합하면 α_s가 $1/r_s$에 비례하는 것을 쉽게 구할 수 있다. α_s에 대한 r_s의 효과는 그림 16.14에 나타나 있다. $r_s \approx \lambda$일 때 최대 산란이 발생한다.

| 실 험 세 부 사 항 | **광 산란 측정**

광 산란 연구를 위한 일반적인 배열은 그림 16.15에 나와 있다. 검출기는 입사빔 방향에서 산란된 빛의 세기에 대한 각도 의존성 θ를 측정할 수 있도록 장착되어 있다. 산란 계수 α_s는 입사빔에 대한 모든 각도에서 산란된 세기를 적분하여 결정된다. 산란과 흡수를 구별하기 위해서는 이러한 실험적 배열이 필요하다.

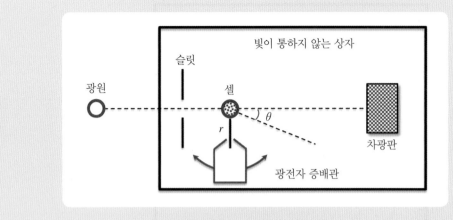

그림 16.15 광산란 장치의 기본 구조

예제 16.5

(a) 하늘은 왜 파란가? 해질녘에 태양은 왜 붉은가?

(b) 구름은 왜 하얀가?

(c) 안개 속에서 가시성이 떨어지는 이유는 무엇인가? 안개 안에 있는 물방울이 모두 같은 크기라면, 무엇이 어느 안개는 가볍고 다른 안개는 무겁게 하는가?

정답

(a) 대기 중 분자 N_2와 O_2의 지름은 가시광 스펙트럼에서 태양으로부터 오는 빛의 파장보다 훨씬 작다. 그 다음에는 $r_s \ll \lambda$, 즉 식 (16.24)가 적용된다. 이제 $\lambda_{blue}(0.4\ \mu m) < \lambda_{red}(0.7\ \mu m)$ 이므로 파란색 빛이 더 많이 산란된다. 정량적으로,

$$\frac{Q_{blue}}{Q_{red}} = \left(\frac{\lambda_{red}}{\lambda_{blue}}\right)^4 = 9.4$$

그래서 파란색 빛은 빨간색 빛보다 대략 10배 더 많이 산란된다. 이 문제를 보는 또 다른 방법은 파란색에 비해 빨간색 빛이 더 직선으로 진행한다고 생각하는 것이다. 이것이 바로 태양을 똑바로 바라볼 때 노란색인 이유이다. 파란색이 사방으로 산란된다. 이러한 다중 산란 과정을 통해 파란 하늘로 보이게 된다. 해가 질 때, 햇빛은 더 많은 대기를 통과해서 세기를 잃고(원하는 만큼 응시할 수 있다), 이제 훨씬 더 많은 파란색이 산란되고 진한 빨간색이 남는다.

(b) 구름의 경우 산란 입자 크기(물/얼음 방울)는 가시광 스펙트럼에서 태양으로부터 오는 빛의 파장 λ보다 크며 식 (16.25)가 적용된다($Q = 2$). 산란은 더 이상 λ의 함수가 아니다. 그래서 모든 λ는 동일하게 산란되고 비가 올 때 산란이 약해서 길 건너를 볼 수 있다.

(c) 안개는 땅에 가까운 구름이다. 이 경우 물 입자의 지름이 0.5 μm에 가까워 산란이 최대화된다(그림 16.14 참고). 산란된 빛이 더 이상 가간섭성 특성을 갖지 않기 때문에 빛은 하얀색으로 보인다. 광원을 직접 보면 빛이 산란되고 여러 방향으로 다시 산란되며 흐릿하고 초점이 맞지 않는 것처럼 보인다. 반면에 헤드라이트를 켠 채로 길을 따라 운전하고 있다면, 물 분자가 단순히 빛을 후방산란하거나 반사하여 눈으로 되돌려주기 때문에 도움이 되지 않는다. 만약 모든 물방울의 r_s가 같다면, 가볍고 무거운 안개의 유일한 차이점은 단위 부피당 산란 중심의 개수 N_s이다. ■

사례연구 16.1: 결함으로부터의 색상

(디지털카메라 이전의) 사진 촬영 과정을 이해하기 위해 알칼리 할로겐화물(alkali halides), 특히 은(silver)의 색 중심 형성에 대해 광범위하고 상세하게 연구되었다. 이러한 재료에서 적어도 6개의 색 중심이 확인되었으며, 그 중 가장 널리 연구되고 잘 이해되는 것은 아마도 음이온 공공(anion vacancy)에 갇힌 전자로 정의되는 **F 중심**(F-center)일 것이다(그림 16.16). 이름은 독일어로 색을 나타내는 단어 *farbe*에서 유래하였다.

알칼리 할로겐화물이 X선 또는 γ선(결함이 다수 발생하는)에 노출될 경우 다양한 색상이 발생한다. 같은 현상이 그것 자신의 금속 증기 안에서 가열될 때도 일어난다. 이러한 흥미로운 현상을 이해하기 위해서는 금속 증기에 노출된 후 F 중심의 농도가 증가함에 따라 결정 밀도가 감소한다는 점을 유념해야 한다. 따라서 밀도가 감소하는 결정 반응을 가정해야 한다. 가장 간단한 방법은 다음과 같다.

$$Na(vap.) = V_{cl}^x + Na_{Na}^x \tag{16.27}$$

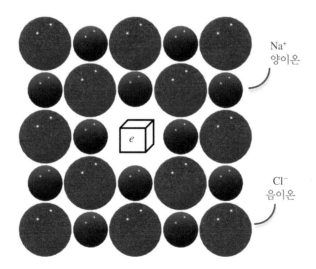

Na⁺ 양이온

Cl⁻ 음이온

그림 16.16 NaCl에서 F 중심의 개략도

이 반응은 그림 16.16에 나타낸 것처럼 Na 원자에 의해 결정으로 유입된 전자가 음이온 공공 부위에 국부화됨을 강조하기 위해 이러한 식으로 작성되었다.

F 중심은 전자가 상자 안에 갇혀 있다고 가정하여 모델링할 수 있으며, 상자는 알칼리 할로겐화물의 격자 상수 a에 따라 증가하는 모서리 길이 d를 갖는다. F 중심 천이는 '상자 속의 입자'의 바닥 상태와 첫 번째 들뜬상태 사이에 있는 것으로 여겨진다. 질량 m인 입자가 한 변의 길이 d를 갖는 입방체에 갇힌 경우 에너지 준위는 다음과 같이 구한다.

$$E_n = \frac{h^2 n^2}{8md^2} \tag{16.28}$$

그리고

$$\Delta E = E_{n+1} - E_n = \frac{h^2(2n+1)}{8md^2} \tag{16.29}$$

따라서 d가 a에 비례하고 $n = 1$이라고 가정할 경우 $E_{cc} = \Delta E$일 때 F 중심이 광자를 흡수하고, 또는

$$E_{cc} \propto \frac{3h^2}{8ma^2} \tag{16.30}$$

표 16.3에 모두 암염 구조를 갖는 다수의 알칼리염 할로겐화물과 몇 개의 산화물에 대한 실험적 E_{cc} 값들이 제시되어 있다. eV 단위를 갖는 E_{cc}와 Å 단위를 갖는 격자 상수 a의 상관관계를 그려보면 다음 관계식이 성립된다(문제 16.15 참고).

$$E_{cc} = \frac{17.7}{a^{1.84}} \tag{16.31}$$

이 관계식은 몰로(Mollwo)에 의해 처음 얻어졌고 나중에 아이비(Ivey)에 의해 수정되었기 때문에 **몰로-아이비**(Mollwo-Ivey) 관계라고도 한다. 이것은 전자와 같은 작은 입자를 빈 격자 자리에 국한시키면 슈뢰딩거 방정식에 의해 예측된 대로 결과적으로 항상 에너지의 양자화를 불러오는 매우 우아한 예이다.

표 16.3 선택된 할로겐화물과 산화물에 대한 F 중심의 광학 흡수 피크 위치(단위: eV)

결정	E_{cc}	결정	E_{cc}	결정	E_{cc}	결정	E_{cc}
LiF	5.08	NaCl	2.75	KBr	2.06	RbI	1.70
LiCl	3.25	NaBr	2.34	KI	1.87	BaO	2.0
LiBr	2.77	NaI	2.06	RbF	2.41	MgO	4.9
LiI	3.18	KF	2.87	RbCl	2.04	CaO	3.7
NaF	3.7	KCl	2.29	RbBr	1.85	SrO	3.0

사례연구 16.2: 광섬유 및 광통신

광섬유 도파관(fiber-optic waveguide)은 굴절률이 높은 재료로 구성된 얇은 장치로, 굴절률이 낮은 재료로 완전히 둘러싸여 있다. 이러한 상황은 그림 16.17a에 묘사되어 있으며, **스넬의 법칙**(Snell's law)에 따르면,

$$n \sin \phi = n' \sin \phi' \qquad (16.32)$$

입사각이 임계각도 ϕ_c보다 클 경우 그림 16.17b와 같이 굴절보다는 전반사가 발생한다. 이 각도는 $\phi' = 90°$일 때 스넬의 법칙에 의해 주어진다.

$$\sin \phi_c = \frac{n'}{n} \qquad (16.33)$$

따라서 광학 도파관에서 고굴절률 중심부로 들어오는 빛의 일부는 그림 16.17c와 같이 저굴절률 피복층(cladding)과의 계면에서 반사되면서 중심부 영역을 따라 전달된다.

광 통신 과정은 다음 4가지 부분으로 구성된다.

1. 전기 신호는 디지털 방식으로 코딩되어 광학 신호로 변환된다.
2. 고주파 레이저 펄스로 구성된 광학 신호는 도파관을 따라 전송되며, 도파관은 일반적으로 중심부와 피복층을 갖는 초순도 실리카 섬유이다. 중심부는 빛을 전달하며 피복층은 중심부를 통해 빛을 안내한다.

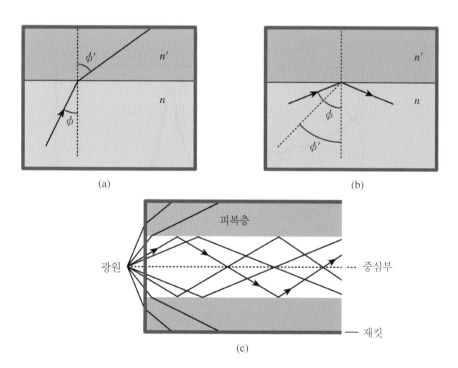

그림 16.17 (a) 스넬의 굴절 법칙. (b) 내부 전반사. (c) 점광원으로부터 여러 각도로 입사하는 빛. 임계각도보다 작은 각도로 입사하는 광선은 내부 전반사에 의해 광학 도파관을 따라 전달된다.

3. 빛이 섬유를 따라 이동할 때 퍼지면서 약해지므로 신호는 주기적으로 증폭되어야 한다.

4. 신호는 전화나 컴퓨터가 해석할 수 있는 형태로 광 펄스를 다시 전기 신호로 변환하여 수신 및 해독된다.

이 절에서는 전송 매질과 무엇이 디지털 0 또는 1을 나타내는 광 펄스가 왜곡 또는 감쇠 없이 전송될 수 있는 길이를 제한하는지 설명한다.

약 1 km 이하의 단거리에 대해서는 고분자 도파관을 사용할 수 있다. 그러나 더 장거리의 경우, 손실이 크기 때문에 무기계 유리를 사용해야 한다. 지금까지 선택한 재료는 매우 순수한 실리카 유리섬유이다. 이상적으로 광섬유는 손실이 없어야 하며, 이러한 경우 신호가 감쇠되지 않는다. 감쇠는 일반적으로 다음과 같이 데시벨(dB) 단위로 표시된다.

$$dB = 10 \log \left(\frac{\text{전력 출력}}{\text{전력 출력}} \right) = 10 \log \frac{I_T}{I_0} \tag{16.34}$$

여기서 I_T/I_0는 발생원에서의 세기에 대한 검출기에서의 빛의 세기의 비율이다.[16]

도파관을 따라 이동하는 광신호의 산란, 흡수 및 전반적인 악화에 영향을 미치는 여러 현상이 있다. 이러한 내용은 다음 부분에서 자세히 설명한다. 보통의 실리카 광섬유의 일반적인 흡수 또는 데이터 손실은 그림 16.18에 나타나 있으며, 다음 사항을 주목할 만하다.

1. 5 μm 이상에서는 Si–O–Si 결합 네트워크의 흡수, 즉 이온 분극이 중요해진다.

2. 극미량의 불순물, 특히 전이금속 산화물은 앞서 언급한 전자 천이에 의한 흡수에 큰 영향을 미칠 수 있다. 또한 유리에 Si–OH가 존재하면 O–H 결합 진동의 오버톤(overtone)으로 인해

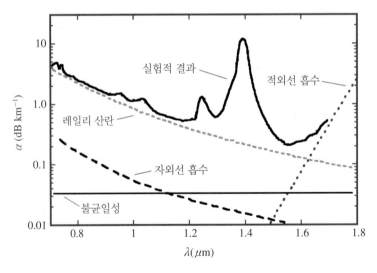

그림 16.18 용융 실리카의 광학적 손실 원인

---

[16] 1 dB/km = 0.23 km^{-1}임을 주목하라(문제 16.23 참고).

상당한 흡수를 일으킬 수 있다. 이러한 불순물은 유용한 투과 창 안에 위치하므로 이를 제어하는 것이 중요하다. 예를 들어, 이러한 불순물 중 10억분의 1은 규산염 유리에서 1 dB/km 손실을 초래할 수 있는 것으로 추정되었다(문제 16.25 참고). 이러한 불순물의 영향은 그림 16.18에서 실리카 섬유의 1.4 μm 대역에서 흡수의 이유이다.

3. 0.5 μm 미만의 파장에서 유리의 전자 천이가 중요해진다.

4. 밀도 및 조성 변동은 유리에 본질적으로 존재하며 산란으로 이어진다. 예를 들어, 용융 실리카 내 레일리 산란은 1 μm에서 약 0.7 dB/km에 달한다. 산란은 $1/\lambda^4$에 비례하기 때문에 파장이 짧을 때 가장 중요하다.

이러한 메커니즘 외에도, 제작과정 중 섬유에 유입되는 기공, 개재물 또는 먼지 입자와 같은 결함으로 인한 산란을 제거해야 한다. 또 다른 산란 원인은 섬유 지름의 불규칙성이다. 이는 지름의 변동이 정기적이고 촘촘하게(< 1 mm 간격) 배열된 경우 특히 중요하다.

광섬유 도파관의 정보 전달 용량에 대한 또 다른 제한 사항은 광 펄스가 겹치지 않고 얼마나 가까이 전송될 수 있는가 하는 것이다. 이는 일반적으로 펄스 넓어짐(pulse broadening)에 의해 결정된다. 이에 대한 한 가지 이유는 광선이 섬유를 통해 다른 경로를 이동하기 때문에 발생하는 차등 지연(differential delay)이다. 이러한 문제를 피하기 위해 도파관은 종종 경사도 지수(graded index)로 구성되며, 중앙의 구성은 게르마니아(germania)를 실리카에 도핑하고 게르마니아 양은 바깥쪽으로 갈수록 감소한다. 게르마니아가 실리카보다 n이 높기 때문에 n은 섬유 중심에서 거리가 멀수록 감소한다. 굴절률이 낮은 매질에서 빛이 더 빨리 이동한다는 점을 고려하면, 중앙에서 벗어난 광파는 섬유 중심을 타고 내려오는 광파보다 더 빠른 속도로 이동하기 때문에 불필요한 펄스 넓어짐이 최소화되는 경향이 있다.

최고 비트 전송률과 최대 전송 길이의 곱으로 정의되는 전송 용량은 1975년 이후 4년마다 대략 10배씩 증가해 왔다. 1978년까지 10억 비트(1 Gbit)가 10 km 길이의 시스템을 통해 매초 전송될 수 있었다. 따라서 전송 용량은 초당 10기가비트-킬로미터였다. 이후 3년 동안 향상된 기술로 용량은 100 Gbit·km/s로 증가했다. 이는 중심부 크기를 줄여 '단일 모드' 섬유를 만듦으로써 빛을 거의 균일한 속도로 이동시켜 분산을 크게 줄임으로써 이루어졌다. 두 번째 발전은 실리카가 더 투명한 파장인 1.3 μm의 빛(그림 16.18)을 처리할 수 있는 송신기와 수신기를 개발해서 가능했다. 1982년 연구진이 실리카 섬유 순도를 1.2~1.6 μm 범위에서 높이는 공정 기술을 개발하면서 3세대가 등장하기 시작했다. 이러한 개선으로 전송 용량이 수백 기가바이트로 증가했다.

1980년대 후반 에르비움(erbium)을 도핑한 실리카 유리의 개발은 초당 수천 기가비트-킬로미터의 전송 용량을 가진 새로운 세대의 광파 통신 시스템을 도입했다. 유리에 내장된 에르비움은 1.48 μm 또는 0.98 μm의 파장에서 레이저 다이오드 칩이 만들어내는 적외선을 흡수해 신호를 증폭시킨다. 빛은 흡수되어 에르비움 원자를 높은 에너지 준위로 오르게 한다. 약해진 신호가 에르비움을 도핑한 섬유로 들어가면, 들뜬 에르비움 원자는 약해진 광학 신호로 에너지를 전달하여 광학 신호는 다시 재생된다. 이는 신호 재생기(signal regenerator) 또는 반복기(repeater)의 필요성을 없앴기 때문에 중대한 혁신이었다. 반복기는 빛을 전류로 변환하고 전류를 증폭시켜 다시 빛으로 변환하는 기능을 수행한다. 에르비움을 도핑한 섬유는 섬유를 통해 전파될 때 빛의 경로를 방해하지 않으며, 이를 통해 훨씬 긴 케이블의 사용이 가능해졌다.

16.5 요약

전자기파가 한 매질에서 다른 매질로 진행되면 일부는 반사, 흡수, 산란 및/또는 투과될 수 있다.

1. 전자 분극은 굴절의 직접적인 원인이 되는 전자기파의 지연(retardation)을 유발한다. 굴절률 n은 굽힘 또는 지연 정도를 정량화한다. n은 전자 분극과 직접적인 관련이 있으며, 이는 고체에 있는 원자나 이온의 분극성에 의해 결정된다. 이온 또는 원자의 분극성이 클수록 n은 커진다.

2. 표면의 반사율도 n에 따라 결정된다. 굴절률이 큰 절연체는 작은 절연체보다 반사율이 더 높다.

3. 빛이 고체에 흡수되는 과정은 여러 가지이며 다음을 포함한다.

   ∞ 전자가 입사광을 흡수하여 전도띠로 천이되는 광전 효과이다. 이 과정이 일어나려면 입사광의 에너지가 재료의 띠간격보다 커야 한다. 대부분의 세라믹스에서 이 에너지는 일반적으로 자외선 범위에 있다.

   ∞ 전이금속 이온 d 및 f 궤도의 에너지 분할은 국부적 환경과의 상호작용으로 생성되며, 가시광 범위에서 선택적 흡수를 유발한다. 이러한 흡수가 일부 유리와 보석에서 두드러지는 색을 만들어내는 원인이 된다.

   ∞ 환원과 방사선 조사는 전자 또는 정공이 국부적으로 결합되는 불순물 또는 결함으로 정의되는 색 중심을 발생시킬 수 있다. 전자의 국부화 및 더 높은 에너지 준위로의 승격은 흡수를 유발한다.

4. 적외선 범위에서 흡수는 일반적으로 이온성 격자가 전체적으로 방사선을 흡수하고 입사 장과 공진하면서 진동하는 이온 분극과 관련이 있다. 적외선 흡수가 발생하는 주파수를 결정하는 가장 중요한 요인은 이온 결합의 강도 및 관련된 이온의 질량이다. 결합이 강하고 원자/이온이 가벼우면 공진 주파수가 높아지고 그 반대의 경우도 성립한다.

5. 빛은 흡수 외에 다른 방향으로 산란될 수 있다. 입사광의 에너지가 시료에 흡수되지 않고 다양한 방향으로 산란된다는 점에서 산란과 흡수가 구별된다. 산란은 산란자의 밀도, 입사광의 파장에 대한 산란자의 상대적인 크기, 그리고 산란자와 매질의 상대적인 굴절률에 따라 복잡한 함수 관계를 갖는다. 일반적으로 산란자의 크기가 입사광의 파장 크기와 비슷할 때 최대의 산란이 발생한다.

6. 광통신은 매우 얇은 실리카 섬유가 거의 감쇠되지 않고 광신호를 원거리에 전달하는 능력에 달려 있다. 유리섬유는 외부 표면이 중심보다 굴절률이 낮아 섬유 내 광신호의 내부 전반사를

일으키도록 설계되었다. 다시 말해, 광신호는 손실이 거의 없이 광섬유 내에 가두어지며 기본적으로 광학 도파관 역할을 한다.

부록 16A: 가간섭성

굴절, 반사 및 회절을 관찰하려면 입사광의 가간섭성이 있는 것이 중요하다. 일반적으로 태양 또는 백열등 필라멘트 같은 보통의 광원으로부터 발생된 빛은 이러한 광원 내 방출 원자가 협력적이기보다는 독립적으로 작용하기 때문에 간섭성이 없다. 가간섭성과 비간섭성의 빛은 다르게 취급된다. 완전히 가간섭성인 빛의 경우, 파형의 진폭은 벡터적으로 더해지고, 결과적인 진폭은 세기에 비례하는 양을 얻기 위해 제곱할 수 있다. 완전히 비간섭성 경우, 먼저 빛의 진폭을 제곱하여 세기에 비례하는 양을 구한 다음 세기를 더하여 최종적인 세기를 구한다. 이 과정은 완전히 독립적인 광원의 경우 모든 지점에서의 세기가 광원이 단독으로 존재할 때의 세기보다 크다는 사실과 일치한다.

부록 16B: 식 (16.24)를 유도할 때 필요한 가정들

식 (16.24)를 유도할 때 다음과 같은 4가지 가정이 필요하다.

1. 산란광의 주파수는 입사광과 동일하며, 이는 단색광을 의미한다. 즉, 하나의 주파수로 제한된다.
2. 산란자는 독립적인 것으로 가정된다. 즉 산란자 간의 협력 효과가 없으므로 산란된 빔의 위상 간에는 체계적인 관계가 없다. 독립적인 산란을 보장하기 위해 산란자 사이의 거리는 입자 반지름의 약 3배여야 한다. 이러한 가정을 통해 다양한 입자에 의해 산란된 세기는 위상을 고려할 필요 없이 단순히 더해질 수 있다. 즉, 위에서 언급한 것처럼 진폭보다는 세기가 더해진다.
3. 다중 산란은 무시된다. 즉, 각 입자가 입사된 빛에 노출된다고 가정한다. 입자가 다른 입자에 의해 산란된 빛에 노출되는 산란을 다중 산란이라고 하며 여기서는 고려하지 않는다. 이 조건이 충족되도록 하려면 시료가 얇거나 산란자의 밀도가 작아야 한다. 즉, 산란 중심 N_s가 있는 경우, 산란된 빔의 세기는 1개의 입자에 의해 제거된 세기와 N_s의 곱으로 나타낸다.
4. 산란 중심은 등방성이며 크기가 같다.

문제

16.1 세라믹 재료에 대해서 k_e''의 일반적인 값은 0.01~0.0001이다. 광학적 특성을 다룰 때 무시할 수 있는 최대 σ_{dc}값을 추정하시오. 모든 가정을 진술하시오.

답: ≈ 0.01 S/m

16.2 (a) 표 16.1을 참조하여, n의 값이 가장 높은 재료와 가장 낮은 재료를 구분하고, 이들의 이온 구성성분의 분극성 측면에서 차이를 설명하시오.

(b) LiF와 PbS 중 어느 쪽의 n이 높을 것으로 예상하는가? 설명하시오.

답: PbS

(c) MgO와 BaO 중 어느 쪽의 n이 높을 것으로 예상하는가? 설명하시오.

답: BaO

16.3 반사율이 높은 표면이 필요할 경우, n이 높은 재료를 사용해야 하는가 아니면 낮은 재료를 사용해야 하는가? 설명하시오.

16.4 유리판이 순수한 실리카로 만들어졌는지 아니면 소다석회 실리카 유리로 만들어졌는지 구별하는 한 가지 방법은 가장자리에 놓고 보는 것이다. 실리카 판은 투명한 반면 창 유리는 녹색이다. 설명하시오.

16.5 동일한 반사율을 가지는 서로 다른 두께의 두 시료의 투과도를 측정하여 α_a를 측정할 수 있음을 실험 세부 사항에 기술하였다. 그러한 측정을 수행하기 위해 무엇을 측정하며, 얻은 결과에서 α를 추출하는 방법을 포함하는 실험 설정을 설명하시오. 두 시료의 반사율이 동일한 이유는 무엇인가?

16.6 $\varepsilon_{BL} = 10$ m^{-1}%$^{-1}$인 이온의 경우, 다음 질문에 답하시오.

(a) 용액 안에 광흡수 이온 농도가 3배 증가하였을 때 두께가 1 cm이면 투과율은 어떻게 변하는가?

답: $I_1 = 1.22I_2$

(b) 2가지 용액을 통하여 투과도를 불변 상태로 유지하기 위해 시료 두께는 어떻게 변경되어야 하는가?

답: $x_1 = 3x_2$

16.7 40 cm 유리 막대는 0.429 m^{-1}의 흡수 계수 α_a를 갖는다. 막대의 한쪽 끝에서 들어오는 빛의 50%가 투과되는 경우, 다음 사항을 계산하시오.

(a) 산란 계수 α_s

답: 1.304 m^{-1}

(b) 총 계수 α_{tot}

답: 1.733 m^{-1}

16.8 (a) 적외선 흡수 실험에서, 2개의 흡수 대역은 3000 cm^{-1}와 750 cm^{-1}에서 측정된다. 하나는 C–H 스트레칭 진동으로, 다른 하나는 C–Cl 스트레칭 진동으로 의심된다. 각 흡수띠를 적절한 결합에 할당하시오. 대답을 설명하시오.

(b) C–O 및 C=O에 대해 문항 (a)를 반복하시오. 측정된 흡수 대역은 1000 cm^{-1}와 1700 cm^{-1}이었다. 각각의 대역이 어떤 결합에 해당하는가? 답을 설명하시오.

16.9 (a) 약한 결합과 무거운 이온이 확대된 적외선 투과에 더 바람직하다. 이 진술은 참인가 거짓인가? 그림 16.9에서의 예를 들어 설명하시오.

(b) 다음 중 적외선 방사선을 가장 긴 파장까지 투과하는 재료는 MgO, SrO, BaO 중 어느 것인가? 설명하시오.

16.10 다음 중 가시광선에 투명할 것으로 예상되는 재료는 무엇인가? 설명하시오.

재료	다이아몬드	ZnS	CdS	PbTe
띠간격(eV)	5.4	3.54	2.42	0.25

16.11 (a) 적외선 조사를 위해 프리즘에 사용할 재료는 무엇인가?

(b) 자외선 분광 렌즈를 만드는 데 어떤 재료를 사용하겠는가?

16.12 띠간격이 2.4 eV인 5 mm 두께의 CdS 시료를 통해 투과되는 빛이 관찰된다. 이와 같은 상황에서,

(a) 시료의 색상은 무엇인가?

답: 불그스름한 주황색

(b) Cu는 불순물로 CdS에서 용해될 수 있으며, 일반적으로 어두운 곳에서 CdS의 원자가띠보다 1.0 eV 높은 곳에 전자에 의해 채워진 에너지 준위를 형성한다. Cu 농도가 1에서 1000 ppm으로 증가하면 어떤 색으로 변하는가?

(c) CdS의 띠간격 E_g는 온도에 따라 다음과 같이 변화한다. $E_g = 2.56 - 5.2 \times 10^{-4}$ T. CdS가 0에서 1000K로 가열될 때 투과된 빛의 색상은 어떻게 변하는가?

16.13 NaCl의 결정들은 약 0.6 μm의 파장에서 강한 전자기파 흡수를 보인다. 이것이 개별 원자들의 진동 때문이라고 가정한다.

(a) 진동 주파수를 계산하시오.

답: 5×10^{12} Hz

(b) 평형 위치에서 거리 r의 함수로 나트륨 이온의 퍼텐셜 에너지를 진동이 단순 조화파라고 가정하여 계산하시오.

답: $1.89 \times 10^{-4} r^2$ J (여기서 r은 Å 단위)

16.14 25℃ 및 1000℃에서 최저 에너지 상태에 대한 들뜬 회전, 진동 및 전자 에너지 준위에 존재하는 분자 비율을 계산하시오. 그 에너지 준위를 최저 에너지 상태보다 각각 30, 1000 및 40,000 cm^{-1}로 설정하시오.

16.15 다양한 알칼리 할로겐화물과 산화물 내 존재하는 F 중심의 흡수 에너지 실험값(단위: eV)은 표 16.3에 열거되어 있다. 알칼리 할로겐화물 결과가 몰로-아이비 관계, 식 (16.31)을 뒷받침한다고 생각하는가? 설명하시오.

16.16 스케치를 사용하여, 왜 s와 p 궤도가 팔면체 장 안의 리간드에 의해 영향을 받지 않는지(즉, 에너지가 분할되지 않음) 설명하시오.

16.17 레일리 산란은 입자 크기 r에 대한 강력한 함수이다. 주어진 빛의 파장과 산란 입자의 부피 분율에 대한 r의 함수로써 산란 계수의 함수 관계를 그리시오. 즉 그림 16.14와 유사한 그림을 그리시오.

16.18 일반적으로 TiO$_2$ 입자는 굴절률이 1.5인 고분자 기반인 라텍스에 첨가되어 흰색 페인트를 만든다.

(a) TiO$_2$가 이러한 응용분야에 적합한 이유를 논의하시오.

(b) 시장에서 0.2, 2.0 또는 20 μm의 평균 입자 크기를 갖는 TiO$_2$를 찾을 수 있다고 가정하자. 흰색 페인트를 만들기 위해 어떤 것을 사용하겠는가? 그 이유는 무엇인가?

16.19 40 cm 유리 막대가 한쪽 끝에서 들어오는 빛의 15%를 흡수한다. 강한 방사선에 노출되면 레일리 산란을 일으키는 작은 입자가 생성된다. 방사선 노출 후 막대가 빛의 55%를 투과한다. 다음을 계산하시오.

(a) 흡수 계수 α_a

답: 0.406 m^{-1}

(b) 산란 계수 α_s

답: 1.09 m^{-1}

16.20 유리판의 표면은 입사광 파장의 범위에서 거칠다. 스케치를 사용하여 빛이 비스듬한 입사각으로 표면에 부딪힐 때 어떤 일이 발생하는지 보이시오. 표면이 같은 굴절률의 액체로 젖었을 때 어떤 일이 일어나는지 보이시오.

16.21 도로가 젖었을 때 자동차 헤드라이트가 더 밝게 보이는 이유는 무엇인가?

16.22 (a) 광학 도파관이 종종 굴절률 구배를 갖는 이유를 설명하시오.

(b) 임계각에 대한 정보가 주어졌을 때 n을 계산하는 방법을 보이시오.

16.23 1 dB/km = 0.23 km^{-1}임을 보이시오.

16.24 (a) 광통신 네트워크에서 검출기에서의 빛의 세기에 대한 광원에서의 세기의 비율은 10^{-6}이다. 이 시스템의 손실(단위: dB)은 얼마인가?

답: -60 dB

(b) 일반 소다석회 규산염 유리의 감쇠는 ≈ -3000 dB/km이다. 1 m 동안 손실되는 광신호의 비율은 얼마인가?

답: 50%

16.25 500 ppm의 Cr^{3+} 이온을 포함하는 어느 유리가 10 cm 길이에서 입사광의 10%를 흡수한다. Cr^{3+} 이온이 그 흡수를 담당한다고 가정한다.

(a) 원래 유리의 흡광도 손실(dB/km)은 얼마인가?

답: 4576 dB/km

(b) 100 m에서 흡광도가 10%가 되려면 Cr^{3+}의 농도는 얼마가 되어야 하는가?

답: 0.5 ppm

(c) 100 m 시료에 대한 손실(dB/km)을 계산하시오.

답: 4.6 dB/km

16.26 (a) 중심부 굴절률이 1.520이고 피복층의 굴절률이 1.46인 광섬유의 내부 전반사 임계각은 얼마인가?

답: 74°

(b) 중심부 굴절률이 1.46이고 피복층의 굴절률이 1.46인 시스템에 대해 문항 (a)를 반복하시오.

16.27 (a) 0.25 vol% 구형 기공을 포함하는 어느 세라믹이 1 mm 두께에서 입사광의 50%를 투과하고 50%를 산란시킨다. 기공의 평균 지름을 추정하시오. 필요한 모든 가정을 기술하시오.

답: 10.8 μm

(b) 평균 기공 지름이 1 μm인 경우 투과되는 빛의 비율을 계산하시오. 이 결과는 투명 다결정 세라믹스를 얻기 위한 요구사항에 대해 무엇을 의미하는가?

답: 0.05%

16.28 (a) 식 (16.24)에서 상수값이 30이고, 지름이 1.2 nm인 산란자의 농도가 10^{25} m^{-3}인 용액 5 cm를 통해 투과된 빛의 비율을 계산하시오. 입사광이 $\lambda = 0.6$ μm인 단색광이라고 가정할 수 있다. 이 파장에서 용액의 유전율은 2.25이고 입자의 유전율은 1에 가깝다고 가정할 수 있다.

답: 99.97%

(b) 지름이 6 nm인 입자에 대해 문항 (a)를 반복하시오.

답: $\approx$15%

16.29 (a) 저지방 우유가 일반 우유보다 더 투명한 이유를 설명하시오.

(b) 일부 안개 헤드라이트가 노란색인 이유는 무엇이라고 생각하는가? 설명하시오.

16.30 ZnS는 3.64 eV의 띠간격을 갖는다. Cu^{2+}로 도핑되면 670 nm에서 방사선을 방출한다. Cl^- 이온의 첨가에 의해 아연 공공이 생성될 때, 방사선은 440 nm에서 방출된다.

(a) 아연 공공을 형성시키는 결함 반응식을 쓰시오.

(b) 스케치를 사용하여 가전도띠에 상대적으로 띠간격 내 불순물 에너지 준위를 나타내시오.

16.31 (a) 다양한 공급원에서 얻은 300~5000 ppm 불순물 함유량을 갖는 광학 품질 다결정 MgF_2의 탄성 계수, 열전도도 및 열팽창 계수 값을 50~800℃ 온도 범위에서 비교하도록 요청받았다. 이러한 특성과 시료에 대해 그 결과가 거의 동일하거나 현저하게 다를 것으로 예상하는가? 설명하시오.

(b) 문항 (a)에 나열된 시료들 간에 훨씬 더 가변적일 것으로 예상되는 다른 물리적 특성을 나열하시오. 설명하시오.

더 읽을거리

1. J. N. Hodgson, *Optical Absorption and Dispersion in Solids*, Chapman & Hall, London, 1976.
2. F. Wooten, *Optical Properties of Solids*, Academic Press, New York, 1972.
3. L. L. Hench and J. K. West, *Principles of Electronic Ceramics*, Wiley-Interscience, New York, 1990.
4. A. J. Moulson and J. H. Herbert, *Electroceramics*, Chapman & Hall, London, 1990.
5. R. P. Feynman, R. B. Leighton, and M. Sands, *The Feynman Lectures on Physics*, vols. 1 and 3, Addison-Wesley, Reading, MA, 1963.
6. A. Javan, The optical properties of materials, *Sci. Am.*, 1967.
7. W. D. Kingery, H. K. Bowen, and D. R. Uhlmann, *Introduction to Ceramics*, 2nd ed., Wiley, New York, 1976.
8. J. S. Cook, Communications by optical fibers, *Sci. Am.*, 229, 28–35, 1973.
9. M. E. Lines, The search for very low loss fiber-optics materials, *Science*, 226, 663, 1984.
10. E. Dusurvire, Lightwave communications: the fifth generation, *Sci. Am.*, 266 (1), 114, 1993.
11. B. E. A. Saleh and M. C. Teich, *Fundamentals of Photonics*, Wiley, New York, 1991.
12. F. A. Jenkins and H. E. White, *Fundamentals of Optics*, 4th ed., McGraw-Hill, New York, 1976.
13. H. C. van de Hulst, *Light Scattering by Small Particles*, Dover, New York, 1981.
14. B. A. Leyland, *Introduction to Laser Physics*, Wiley, New York, 1966.
15. P. Fulay, *Electronic, Magnetic and Optical Properties of Materials*, CRC Press, 2010.

내가 뽑은 원픽! 최신 출제경향에 맞춘 최고의 수험서

사회복지사 1급 합격을 위한 **최종 단계**

대표문제로 유형별 출제경향 **파악**

최신 개정법령 반영

사회복지사 1급 단원별 기출문제집

노민래 저

전 과목 무료동영상

Ⅰ권 / 문제

최근 8개년 (2017~2024년) 기출문제 수록

동영상 강의, 1:1 Q&A 등 학습자료 제공

NAVER 카페 한끝사 ▼

예문사

무료 동영상 강의 수강안내

 다음 단계에 따라 시리얼 번호를 등록하면 무료 동영상 강의를 수강할 수 있습니다.

 →

| STEP 1 | 사이트 접속 | 인터넷 주소창에 www.yeamoonsa.com을 입력하여 예문사 홈페이지에 접속합니다. |

| STEP 2 | 회원가입 로그인 | 홈페이지 우측 상단에 있는 회원가입 메뉴를 클릭하여 회원가입 후 로그인합니다. |

| STEP 3 | 해당 과목 클릭 | 로그인 후 우측 상단 또는 중간의 동영상 메뉴에 들어가 해당 과목을 클릭합니다. |

| STEP 4 | 시리얼 번호 등록 | 시리얼 등록 팝업에서 확인을 누른 후 표지 안쪽 하단의 '저자 직강 무료 동영상 인증번호' 스크래치를 긁어 나오는 시리얼 번호 16자리를 입력하면 동영상 강의를 수강할 수 있습니다. |

시리얼 번호

	–		–		–	

☆ 모바일 동영상 강의 수강 안내

① 모바일 기기로 QR코드를 스캔합니다.
② 회원가입 및 로그인 후 시리얼 번호를 등록합니다.
③ 시리얼 번호를 입력하면 동영상 강의를 수강할 수 있습니다.

사회복지사 합격은
예문사 사회복지사 1급
시리즈로 통한다!

기본서 (이론+문제)	핵심요약집	단원별 기출문제집

사회복지사 1급 **전 과목 무료동영상**	**사회복지사 1급** **핵심요약집** **전 과목 무료동영상**	**사회복지사 1급** **단원별 기출문제집** **전 과목 무료동영상**

- 꼼꼼하고 알찬 과목별 핵심이론
- 출제 가능성 높은 문제로 구성한 챕터별 실전문제
- 최근 5개년(2020~2024년) 과년도 기출문제 수록

- 단기간 합격을 위한 한달 완성 요약집
- 꼭 알아야 할 핵심이론 압축 요약
- 과목별 출제경향 및 핵심문제 수록
- 과목별 빈출문제로 자주 출제되는 문제 유형 파악

- 15~22회 기출문제를 유형별로 수록
- 정답과 오답을 분석한 상세한 해설로 기출문제 완전 정복

※ 도서의 이미지와 구성은 변경될 수 있습니다.

한 권으로 끝내는 사회복지사

#합격 미룰래?   #안 미룰래!   **#노민래**

노민래 강사가 알려주는

사회복지사 1급 이론 / 단원별 기출문제집 / 핵심요약집

NAVER 카페 한끝사 가입회원 전용 혜택

저자 직강
무료동영상 제공!

**비싸고 부담스러운 유료 강의는
가라!**

한끝사 카페 가입 후 도서 구매 인증
만 하면 저자 무료 강의가 쏟아진다!

※ 단원별 기출문제집은 예문사 홈페이지
　에서 수강 가능합니다.

빠르고 정확한
1:1 Q&A 제공!

**방대한 학습량으로 헷갈리고 이해
가 되지 않는다면?**

사회복지사 전문가의 핵심을 짚어
주는 답변으로 빠르게 문제해결!

다양한
이벤트 제공!

한끝사 회원들에게만 드리는 선물!

시험 후기 작성, 도서 정오 등을 발견한
수험생들에게는 예문사에서 소정의 선물
을 드립니다.

이 외에도 다양한 이벤트가 제공될 예정
이니 기대해 주세요!

사회복지사 1급
단원별 기출문제집

전 과목 무료동영상

예문사

사회복지사가 담당하는 클라이언트는 생각보다 많고, 사회복지사는 자신의 삶을 위한 직업이 아닌 타인을 위해 희생해야 하는 직업이기에 많은 사회복지사들이 소진에 빠지고 있습니다. 타인을 위해 자신의 삶을 희생하기 위해서는 자기 자신을 먼저 사랑해야 합니다. 그래야만 타인을 사랑할 수 있습니다.

휴머니즘과 열성만 있으면 사회복지사가 될 수 있다고 생각하는 사람들이 있습니다. 하지만 사회복지사는 휴머니즘과 열성만으로 되는 자리가 아닙니다. 많은 지식과 기술이 필요한 자리입니다.

부족한 자원을 활용하여 많은 욕구를 가진 클라이언트에게 합리적이고 공정한 방법을 통하여 자원을 재분배해야 하기 때문에 반드시 전문성을 입증해야 합니다. 결국 사회복지사는 누구나 할 수 있는 일이 아니라 전문적 기술과 지식, 열정, 봉사, 사랑, 가치 등을 겸비한 멀티플레이어가 되어야만 할 수 있습니다. 사회복지사는 사회복지 전담공무원보다 사회복지정책과 법을 더 많이 알고 있어야 클라이언트를 도울 수 있고 지도점검에도 대처할 수 있습니다.

최근 1년에 10만 명이 자격증을 취득할 정도로 사회복지사 2급의 무분별한 배출로 인하여 많은 문제가 발생하고 있습니다. 이럴 때일수록 사회복지사 1급 자격증은 더욱 빛을 낼 수 있습니다.

사회복지사 2급 자격증을 취득하기 위해 사회복지학을 공부했기 때문에 다른 과목보다 쉽게 느껴질 것입니다. 그러나 사회복지사 1급 시험은 8과목으로 나누어져 있

고 8과목 모두 공부하려면 많은 시간이 필요하며, 시험에서는 통합적이고 유기적인 문제들이 자주 출제되고 있습니다. 따라서 자주 출제되고 있는 부분을 집중적으로 공부해야 합니다.

사회복지사 1급 시험을 준비하기 위해서는 우선 기본서를 충실하게 학습하여 이론을 정립한 후에 기출문제의 특징을 파악해야 합니다. 짧은 시간에 준비하는 것보다는 여유 있게 준비하는 것이 유리합니다. 하지만 공부를 하다 보면 시간은 늘 부족할 수밖에 없습니다.

이에 본 도서에서는 최근 시험의 기출문제를 목차별·회차별로 정리하여 이론을 공부한 학습자들이 시험에 자주 출제되고 있는 부분을 한눈에 볼 수 있도록 하였습니다. 빈출도 높은 유형과 지문을 파악할 수 있어 짧은 시간 집중적으로 공부하여 큰 효과를 볼 수 있을 것입니다.

아무것도 하지 않으면 아무 일도 일어나지 않는다는 말이 있습니다. 부정적인 생각은 하지 말고 자신을 믿고 끝까지 완주한다면 좋은 결과가 있을 것입니다. 모든 수험생 여러분을 응원합니다!

저자 노민래

Information
시험 개요

1. **자격명** : 사회복지사 1급
2. **관련 부처** : 보건복지부
3. **시행기관** : 한국산업인력공단
4. **도입 목적**

   사회복지에 관한 소정의 전문지식과 기술을 가진 자에게 사회복지사 자격을 부여하고 이들에게 복지업무를 담당하도록 함으로써 아동·청소년·노인·장애인 등 보호가 필요한 사람들에게 전문적이고 체계적인 복지서비스를 제공하기 위하여 도입됨

   ※ 시행관련 법령 : 「사회복지사업법」 제12조 및 동법 시행령 제3조 제2항

5. **응시 자격**
   - 「고등교육법」에 따른 대학원에서 사회복지학 또는 사회사업학을 전공하고 석사학위 또는 박사학위를 취득한 자

     ※ 시행연도 2월 말일까지 학위를 취득한 자 포함

   - 「고등교육법」에 따른 대학에서 보건복지부령이 정하는 사회복지학 전공교과목과 사회복지관련 교과목을 이수하고 학사학위를 취득한 자

     ※ 시행연도 2월 말일까지 학위를 취득한 자 포함

   - 법령에서 「고등교육법」에 따른 대학을 졸업한 자와 동등 이상의 학력이 있다고 인정하는 자로서 보건복지부령으로 정하는 사회복지학 전공교과목과 사회복지관련 교과목을 이수한 자

     ※ 시행연도 2월 말일까지 동등학력 취득자 포함

   - 외국의 대학 또는 대학원(단, 보건복지부장관이 인정한 대학 또는 대학원)에서 사회복지학 또는 사회사업학을 전공하고 학사학위 이상을 취득한 자로서 위의 두 항목의 자격과 동등하다고 보건복지부장관이 인정하는 자

   - 다음에 해당하는 자로서 사회복지사 2급 자격증을 취득한 자 중에서, 그 자격증을 취득한 날부터 시험일까지의 기간 동안 1년(2,080시간) 이상 사회복지사업의 실무경험이 있는 자

     ① 「고등교육법」에 의한 전문대학에서 보건복지부령이 정하는 사회복지학 전공교과목과 사회복지관련 교과목을 이수하고 졸업한 자

② 법령에서 「고등교육법」에 전문대학을 졸업한 자와 동등 이상의 학력이 있다고 인정하는 자로서 보건복지부령이 정하는 사회복지학 전공교과목과 사회복지관련 교과목을 이수한 자

※ 자세한 사항은 반드시 해당 연도 시행계획 공고 참고 요망

6. 결격사유

- 피성년후견인 또는 피한정후견인

- 금고 이상의 형을 선고받고 그 집행이 끝나지 아니하였거나 그 집행을 받지 아니하기로 확정되지 아니한 자

- 법원의 판결에 따라 자격이 상실되거나 정지된 자

- 마약·대마 또는 향정신성의약품의 중독자

- 「정신건강증진 및 정신질환자 복지서비스 지원에 관한 법률」 제3조 제1호에 따른 정신질환자. 다만, 전문의가 사회복지사로서 적합하다고 인정하는 사람은 제외

7. 수행직무

- 사회복지 프로그램의 개발 및 운영

- 시설 거주자의 생활지도 업무

- 사회복지를 필요로 하는 자에 대한 상담 업무 등

8. 최종합격자 발표

- 매 과목 4할, 전 과목 6할 이상 득점한 자를 합격예정자로 결정

- 필기시험에 합격하고 응시자격 서류심사에 통과한 자

- 사회복지사 1급 합격예정자에 대해서는 한국사회복지사협회에서 응시자격 서류심사를 실시하며, 심사결과 부적격 사유에 해당되거나 응시자격서류를 정해진 기한 내에 제출하지 않은 경우 합격예정을 취소함

- 최종합격자 발표 후라도 제출된 서류 등의 기재사항이 사실과 다르거나 응시자격 부적격 사유가 발견된 때에는 합격을 취소함

시험 개요

1. 시험 일정

원서접수 기간		시험 시행일
정기접수	빈자리 접수	
12월 초	1월 초	1월 2~3째 주 토요일
합격예정자 발표	응시자격 서류제출	최종합격자 발표
2월 중	2~3월 중	3월 중

① 원서접수 기간 중에는 24시간 접수 가능하며, 접수기간 종료 후에는 접수 불가

② 빈자리 접수는 환불기간 종료 후, 환불(취소)로 발생한 수용인원 범위 내에서만 선착순으로 접수되므로 사정에 따라 조기에 마감될 수 있으며 이 기간에는 취소 및 환불 불가

③ 자세한 사항은 큐넷 사회복지사 1급 홈페이지(www.q-net.or.kr/site/welfare) 참고

④ 합격예정자는 필기시험 합격자에 해당

2. 시험 시행지역

전국 12개 지역(서울, 강원, 부산, 경남, 울산, 대구, 인천, 경기, 광주, 전북, 제주, 대전)

3. 시험 시간 및 시험 과목

● 시험 구성

시험 과목 수	문제 수	배점	총점	문제 형식
3과목(8영역)	200문제	1점/1문제	200점	객관식 5지 택1형

● 시험 과목 및 시험 시간(일반수험자 기준)

구분	시험 과목	세부영역	입실 시간	시험 시간
1교시	사회복지기초 (50문항)	• 인간행동과 사회환경(25문항) • 사회복지조사론(25문항)	09:00	09:30~10:20 (50분)

휴식 시간 10:20 ~ 10:40(20분)				
2교시	사회복지실천 (75문항)	• 사회복지실천론(25문항) • 사회복지실천기술론(25문항) • 지역사회복지론(25문항)	10:40	10:50~12:05 (75분)
휴식 시간 12:05 ~ 12:25(20분)				
3교시	사회복지정책과 제도(75문항)	• 사회복지정책론(25문항) • 사회복지행정론(25문항) • 사회복지법제론(25문항)	12:25	12:35~13:50 (75분)

① 시험관련 법령 등을 적용하여 정답을 구하여야 하는 문제는 시험 시행일 현재 시행 중인 법령을 기준으로 출제함

② 수험자는 매 과목 시험 시간표와 입실 시간을 반드시 확인하시어 차질이 없도록 함

③ 응시편의 제공 대상자는 일반 수험자의 1.2~1.7배 시간 연장

4. 취득 방법

필기시험에 합격하고 응시자격 서류심사에 통과한 자를 최종합격자로 발표하며, 최종합격자에 대해서는 (사)한국사회복지사협회에서 응시자격 서류심사, 신원조회 실시 후 자격증 교부

5. 2024년 주요 변경 사항

● 응시자격 서류 등기우편 접수 마감 기준 변경

기존		변경 후
등기우편 접수는 응시자격 서류접수 마감일 도착분까지 유효	➡	등기우편은 응시자격 서류접수 마감일 기준으로 우체국 소인이 찍힌 경우 유효

● 폐업기관(시설) 종사자의 경우 폐업 전 발급받은 '경력증명서' 제출 가능

6. 통계자료

사회복지사 1급					
연도	대상	응시	응시율(%)	합격	합격률(%)
2019년	28,271	22,646	80.1	7,734	34.2
2020년	33,787	25,462	75.4	8,388	32.9
2021년	35,598	28,391	79.8	17,158	60.4
2022년	31,016	24,248	78.2	8,753	36.1
2023년	30,528	24,119	79.0	9,673	40.1
2024년	31,608	25,458	80.5	7,633	29.98

Features 이 책의 특징

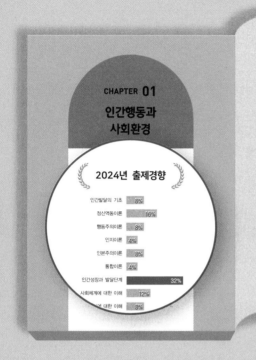

출제경향
가장 최근 시험의 챕터별 출제경향을 통해 출제비중이 높은 주제를 확인할 수 있어요.

대표문제
기출문제를 풀기 전 유형별 대표문제를 풀어 보면서 출제 형태를 파악할 수 있어요.

3회독 표기
기출문제를 한 번만 학습하는 건 방심! 3회독 학습으로 유형과 내용을 완벽하게 학습할 수 있어요.

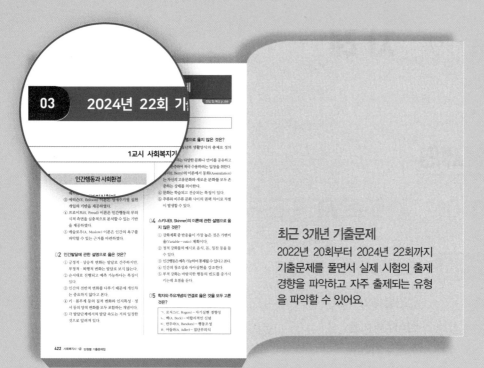

최근 3개년 기출문제

2022년 20회부터 2024년 22회까지
기출문제를 풀면서 실제 시험의 출제
경향을 파악하고 자주 출제되는 유형
을 파악할 수 있어요.

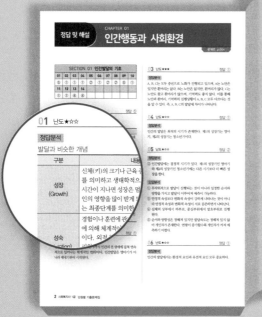

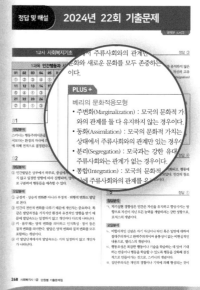

상세한 해설

모든 문제에 정답과 오답을 분석한 해설을 실어
완벽하게 최종점검을 할 수 있어요.
유형별 문제에는 문제마다 난도를 표시하였고,
[PLUS+]와 [관계 법령]을 통해 문제와 관련된
이론을 한 번 더 확인할 수 있어요.

Features 차 례

PART 02　사회복지실천

Features 차례

CHAPTER 08 사회복지법제론

PART 04   과년도 기출문제

Features 차 례

Ⅱ권 해설편

단원별 기출문제

과년도 기출문제

사회복지기초

CHAPTER 01

인간행동과
사회환경

 2024년 출제경향

인간발달의 기초	8%
정신역동이론	16%
행동주의이론	8%
인지이론	4%
인본주의이론	8%
통합이론	4%
인간성장과 발달단계	32%
사회체계에 대한 이해	12%
사회환경에 대한 이해	8%

유형 01 인간발달의 개념
빈출도 ★☆☆

대표문제

인간발달 및 그 유사개념에 관한 설명으로 옳지 않은 것은?
[20회]

① 성장(Growth)은 시간의 경과에 따라 나타나는 양적 변화이다.
② 성숙(Maturation)은 환경과의 상호작용에 의한 사회적 발달이다.
③ 학습(Learning)은 경험이나 훈련의 결과로 나타나는 행동변화이다.
④ 인간발달은 유전과 환경의 상호작용 결과이다.
⑤ 인간발달은 상승적 변화와 하강적 변화를 모두 포함한다.

해설

성숙은 경험이나 훈련에 관계없이 유전적 기제의 작용에 의해 체계적이고 규칙적으로 진행되는 변화이다. 환경과의 상호작용에 의한 사회적 발달은 사회화이다.

답 ②

123

01 다음의 설명으로 옳은 것을 모두 고른 것은?
[18회]

> ㄱ. 성장은 키가 커지거나 몸무게가 늘어나는 등의 양적 변화를 의미한다.
> ㄴ. 성숙은 유전인자에 의해 발달 과정이 방향 지어지는 것을 의미한다.
> ㄷ. 학습은 직·간접 경험 및 훈련과정을 통한 변화를 의미한다.

① ㄱ
② ㄴ
③ ㄱ, ㄴ
④ ㄴ, ㄷ
⑤ ㄱ, ㄴ, ㄷ

유형 02 인간발달의 원리
빈출도 ★★★

대표문제

인간발달에 관한 설명으로 옳은 것은?
[22회]

① 긍정적·상승적 변화는 발달로 간주하지만, 부정적·퇴행적 변화는 발달로 보지 않는다.
② 순서대로 진행되고 예측 가능하다는 특징이 있다.
③ 인간의 전반적 변화를 다루기 때문에 개인차는 중요하지 않다고 본다.
④ 키·몸무게 등의 질적 변화와 인지특성·정서 등의 양적 변화를 모두 포함하는 개념이다.
⑤ 각 발달단계에서의 발달속도는 거의 일정한 것으로 알려져 있다.

해설

② 인간발달은 상부에서 하부로, 중심에서 말초로 순서는 바뀌지 않고 일정한 방향에 따라 진행되며, 영아기, 유아기 등으로 구분하여 행동을 예측할 수 있다.

① 긍정적·상승적 변화뿐 아니라 부정적·퇴행적 변화도 발달로 본다.
③ 인간의 전반적 변화를 다루기 때문에 개인차는 중요하다. 똑같은 발달과정을 거치지만 환경과 유전적인 영향에 따라 발달속도는 일정하지 않고 개인마다 다르게 나타난다.
④ 키·몸무게는 양적 변화를 의미하고 인지특성·정서 등은 질적 변화를 의미한다. 발달은 양적 변화와 질적 변화를 모두 포함하는 개념이다.
⑤ 각 발달단계에서의 발달속도는 일정하지 않고 개인차가 나타난다.

답 ②

02 인간발달에 관한 설명으로 옳지 않은 것은?

[21회]

① 영아기에서 노년기까지 시간 흐름의 과정이다.
② 일정한 순서와 방향성이 있어 예측이 가능하다.
③ 생애 전 과정에 걸쳐 진행되는 환경적, 유전적 상호작용의 결과이다.
④ 각 발달단계 별 인간행동의 특성이 있다.
⑤ 발달에는 개인차가 있다.

03 동갑 친구들 A~C의 대화에서 알 수 있는 인간발달의 원리는?

[20회]

- A : 나는 50세가 되니 확실히 노화가 느껴져. 얼마 전부터 노안이 와서 작은 글씨를 읽기 힘들어.
- B : 나는 노안은 아직 안 왔는데 흰머리가 너무 많아지네. A는 흰머리가 거의 없구나.
- C : 나는 노안도 왔고 흰머리도 많아. 게다가 기억력도 예전 같지 않아.

① 발달에는 개인차가 있다.
② 발달의 초기단계가 일생에서 가장 중요하다.
③ 발달은 학습에 따른 결과이다.
④ 발달은 분화와 통합의 과정이다.
⑤ 발달은 이전의 발달과업 성취에 기초하여 이루어진다.

04 인간발달의 원리에 관한 설명으로 옳지 않은 것은?

[20회]

① 발달에는 최적의 시기가 존재하지 않는다.
② 발달의 각 영역은 상호 밀접한 연관이 있다.
③ 일정한 순서와 방향이 있어서 예측 가능하다.
④ 대근육이 있는 중심부위에서 소근육의 말초부위 순으로 발달한다.
⑤ 연속적 과정이지만 발달의 속도는 일정하지 않다.

05 인간발달의 원리에 관한 설명으로 옳은 것은?

[19회]

① 무작위적으로 발달이 진행되기 때문에 예측이 불가능하다.
② 발달에는 결정적 시기가 있다.
③ 안정적 속성보다 변화적 속성이 강하게 나타난다.
④ 신체의 하부에서 상부로, 말초부위에서 중심부위로 진행된다.
⑤ 순서와 방향성이 정해져 있으므로 발달속도에는 개인차가 존재하지 않는다.

06 인간발달의 원리에 관한 설명으로 옳지 않은 것은?

[18회]

① 환경적 요인보다 유전적 요인을 중요시한다.
② 결정적 시기가 있다.
③ 일정한 순서가 있다.
④ 개인차이가 존재한다.
⑤ 특정단계의 발달은 이전의 발달과업 성취에 기초한다.

07 인간발달의 원리로 옳지 않은 것은? [17회]

① 유전과 환경의 영향을 모두 받는다.
② 일생에 걸친 예측 불가능한 변화이다.
③ 발달의 정도와 속도는 개인마다 다르다.
④ 일정한 순서와 방향성이 존재한다.
⑤ 멈추는 일 없이 지속된다.

1 2 3

08 인간발달에 관한 설명으로 옳지 않은 것은?

[16회]

① 발달의 속도에는 개인차가 있다.
② 발달은 하부에서 상부로, 말초부위에서 중심부위로 진행된다.
③ 발달은 유전과 환경의 상호작용에 의해 이루어진다.
④ 발달에는 결정적 시기가 있다.
⑤ 발달은 양적 변화와 질적 변화를 포함한다.

1 2 3

09 인간 생애 주기의 이해에 관한 설명으로 옳은 것은?

[15회]

① 성장과 발달은 횡단적으로 일어난다.
② 인간의 삶에는 비지속성 혹은 단절의 특성이 있다.
③ 인간의 삶을 전체가 아닌 부분으로 이해해야 한다.
④ 인간행동 이해를 위하여 환경보다 유전적 원인을 분석하여야 한다.
⑤ 생애주기의 연령구분은 국가와 사회적 상황에 따라 다양하게 나타난다.

1 2 3

10 인간발달에 관한 설명으로 옳지 않은 것은?

[15회]

① 각 단계의 발달은 이전 단계의 발달에 의해 영향을 받지 않는다.
② 인간발달에는 일반적인 원리가 존재하지만 모든 사람들이 동일하게 발달하는 것은 아니다.
③ 발달과정에는 결정적 시기가 존재한다.
④ 유전적 요인과 환경적 요인 모두 인간발달에 중요하다.
⑤ 중추부에서 말초로, 상체에서 하체의 방향으로 발달한다.

유형 03 사회복지실천에 미치는 기여 및 유용성

빈출도 ★★★

대표문제

인간발달이론과 사회복지실천에 관한 설명으로 옳지 않은 것은?

[21회]

① 다양한 연령층의 클라이언트와 일할 수 있는 토대가 된다.
② 발달단계별 욕구를 기반으로 사회복지서비스를 개발할 수 있다.
③ 발달단계별 발달과제는 문제해결의 목표와 방법 설정에 유용하다.
④ 발달단계별 발달 저해 요소들을 이해하는 데 유용하다.
⑤ 인간발달이론은 문제사정단계에서만 유용하다.

해설

클라이언트의 욕구나 문제에 대해 알고 개입하기 위해서는 인간발달단계에 대한 지식이 필요하다. 노년기에 나타나는 특성을 이해하고 있으면 노년기가 되지 않았다 하더라도 노년의 클라이언트 문제에 대처할 수 있게 된다. 따라서 인간발달이론은 문제사정단계뿐 아니라 자료수집단계에서도 중요하다.

답 ⑤

1 2 3

11 인간발달이론이 사회복지실천에 미친 영향으로 옳지 않은 것은?

[22회]

① 스키너(B. Skinner) 이론은 행동결정요인으로 인지와 정서의 중요성을 이해하는 계기를 제공하였다.
② 융(C. Jung) 이론은 중년기 이후의 발달을 이해하는 데 도움을 제공하였다.
③ 에릭슨(E. Erikson) 이론은 생애주기별 실천개입의 기반을 제공하였다.
④ 프로이트(S. Freud) 이론은 인간행동의 무의식적 측면을 심층적으로 분석할 수 있는 기반을 제공하였다.
⑤ 매슬로우(A. Maslow) 이론은 인간의 욕구를 파악할 수 있는 근거를 마련하였다.

12 인간발달이론이 사회복지실천에 미친 영향으로 옳은 것은? [19회]

① 아들러(A. Adler)의 이론은 인간을 하나의 통합된 유기체로 인식하는 데 공헌하였다.

② 피아제(J. Piaget)의 이론은 발달단계의 순서가 개인과 문화에 따라 다르게 나타날 수 있음을 인식하는 데 공헌하였다.

③ 프로이트(S. Freud)의 이론은 모방학습의 중요성을 인식하는 데 공헌하였다.

④ 스키너(B. Skinner)의 이론은 인간행동이 내적 동기에 의해 강화됨을 이해하는 데 공헌하였다.

⑤ 로저스(C. Rogers)의 이론은 클라이언트의 생애발달 단계를 파악하고 평가하는 데 공헌하였다.

13 인간발달이론이 사회복지실천에 유용한 이유로 옳지 않은 것은? [17회]

① 개인 적응과 부적응의 판단 기준이 된다.

② 모든 연령 계층의 클라이언트와 일할 수 있는 기반이 된다.

③ 생애주기에 따른 변화와 안정 요인을 이해하게 된다.

④ 발달단계에 따라 신체, 심리, 사회적 기능을 분절적으로 이해하게 한다.

⑤ 발달단계별 욕구에 따른 사회복지제도의 기반을 제공한다.

14 인간발달이론이 사회복지실천에 미친 영향으로 옳지 않은 것은? [15회]

① 피아제(J. Piaget)의 이론은 아동의 과학적, 수리적 추리과정의 발달과정을 이해할 수 있도록 준거 틀을 제시하였다.

② 프로이트(S. Freud)의 이론은 클라이언트의 심리내적 갈등이 무의식의 동기에서 비롯된다는 것을 인식하도록 하였다.

③ 에릭슨(E. Erikson)의 이론은 클라이언트의 생애주기에 따른 실천개입의 지표를 제시해 주었다.

④ 스키너(B. Skinner)의 이론은 클라이언트의 모방학습의 중요성을 인식하도록 하였다.

⑤ 매슬로우(A. Maslow)의 이론은 클라이언트의 욕구를 파악하고 평가하는 데 유용하다.

유형 01 프로이트(S. Freud)의
정신분석이론

빈출도
★★☆

대표문제

프로이트(S. Freud)의 정신분석이론에 관한 설명으로 옳은 것은? [21회]

① 인간이 가진 자유의지의 중요성을 강조하였다.
② 거세불안과 남근선망은 주로 생식기(Genital Stage)에 나타난다.
③ 성격구조를 원초아, 자아, 초자아로 구분하였다.
④ 초자아는 현실원리에 지배되며 성격의 실행자이다.
⑤ 성격의 구조나 발달단계를 제시하지 않았다.

해설

③ 프로이트의 정신분석이론은 지형학적 모델, 구조적 모델, 심리성적 발달단계로 구분한다. 구조적 모델의 원초아는 원초적인 부분으로 쾌락원칙을 따르고 본능의 저장소이며, 자아는 생각과 행동을 통제하는 조정자의 역할로 현실원칙을 따른다. 또, 초자아는 도덕적인 측면이 강하며 현실보다는 이상, 쾌락보다는 완벽을 추구하고 자아의 기능을 관찰·평가한다.

① 인간이 가진 자유의지의 중요성을 강조한 이론은 인본주의이론이다.
② 거세불안과 남근선망은 주로 남근기에 나타난다.
④ 초자아는 도덕적인 측면이 강하며 현실보다는 이상, 쾌락보다는 완벽을 추구하고 자아의 기능을 관찰·평가한다. 현실원리에 지배되며 성격의 실행자는 자아이다.
⑤ 성격의 구조나 발달단계로 구강기, 항문기, 남근기, 잠복기, 생식기로 구분하였다.

답 ③

---

① ② ③

01 프로이트(S. Freud)의 정신분석이론에 관한 설명으로 옳은 것을 모두 고른 것은? [20회]

> ㄱ. 자아(Ego)는 일차적 사고과정과 현실원칙을 따른다.
> ㄴ. 잠복기에 원초아(Id)는 약해지고 초자아(Superego)는 강해진다.
> ㄷ. 신경증적 불안은 자아의 욕구를 초자아가 통제하지 못하고 압도될 때 나타난다.
> ㄹ. 방어기제는 외부세계의 요구로부터 스스로를 보호하고자 하는 무의식적 시도이다.

① ㄷ
② ㄱ, ㄷ
③ ㄴ, ㄹ
④ ㄱ, ㄴ, ㄹ
⑤ ㄱ, ㄴ, ㄷ, ㄹ

---

① ② ③

02 프로이트(S. Freud)의 심리성적 발달단계에 관한 설명으로 옳은 것은? [19회]

① 남근기 : 동성 부모에 대한 동일시의 기제가 나타나는 시기이다.
② 항문기 : 양육자와의 상호작용 과정에서 최초로 갈등을 경험하는 시기이다.
③ 구강기 : 자율성과 수치심을 주로 경험하는 시기이다.
④ 생식기 : 오이디푸스·엘렉트라 콤플렉스가 강해지는 시기이다.
⑤ 잠복기 : 리비도(Libido)가 항문부위로 집중되는 시기이다.

03 프로이트(S. Freud)의 정신분석이론에 관한 설명으로 옳지 않은 것은? [16회]

① 어린 시절에 겪었던 과거 경험의 중요성을 강조한다.

② 엄격한 배변훈련으로 항문 보유적 성격이 형성될 수 있다.

③ 초자아는 성격의 실행자이자 마음의 이성적인 부분이다.

④ 생식기에는 이성에 대한 관심과 호기심이 높아진다.

⑤ 남자아이는 남근기에 오이디푸스 콤플렉스(Oedipus Complex)로 거세불안을 경험한다.

유형 02 안나 프로이트의 자기방어기제이론 빈출도 ★★★

대표문제

방어기제와 그 예시로 옳지 않은 것은? [22회]

① 합리화(Rationalization) : 지원한 회사에 불합격한 후 그냥 한번 지원해본 것이며 합격했어도 다니지 않았을 것이라 생각한다.

② 억압(Repression) : 시험을 망친 후 성적발표 날짜를 아예 잊어버린다.

③ 투사(Projection) : 자신이 싫어하는 직장 상사에 대해서 상사가 자기를 싫어하기 때문에 사이가 나쁘다고 여긴다.

④ 반동형성(Reaction Formation) : 관심이 가는 이성에게 오히려 짓궂은 말을 하게 된다.

⑤ 전치(Displacement) : 낮은 성적을 받은 이유를 교수가 중요치 않은 문제만 출제한 탓이라 여긴다.

해설

전치(Displacement)는 감정을 자신보다 덜 위험한 대상으로 옮기는 것으로 엄마한테 혼난 아이가 동생에게 화풀이하는 것이다. 낮은 성적을 받은 이유를 교수가 중요치 않은 문제만 출제한 탓이라 여기는 것은 투사(Projection)이다.

답 ⑤

---

04 받아들일 수 없는 자신의 욕망이나 충동을 타인에게 돌리는 방어기제는? [18회]

① 전치   ② 억압

③ 투사   ④ 합리화

⑤ 반동형성

---

05 방어기제에 관한 설명으로 옳지 않은 것은? [17회]

① 반동형성 : 어떤 충동이나 감정을 반대로 표현하는 것이다.

② 전치 : 본능적 충동의 대상을 원리의 대상에서 덜 위협적인 대상으로 옮겨서 발산하는 것이다.

③ 전환 : 심리적 갈등이 감각기관 또는 수의근계 기관의 증상으로 표출되는 것이다.

④ 투사 : 용납할 수 없는 자신의 충동, 생각, 행동을 무의식적으로 다른 사람의 탓으로 돌리는 것이다.

⑤ 해리 : 어떤 대상에 피해를 주었을 경우, 취소 또는 무효화하는 것이다.

---

06 다음에서 설명하는 방어기제에 해당하는 것은? [16회]

> 어떤 대상이나 사물로 향했던 본능적이고 충동적인 감정을 덜 위험하거나 편안한 대상 혹은 사물로 향하게 하여 긴장을 완화시키는 방어기제이다. 아버지에게 혼이 난 아이가 마당의 개를 발로 차버림으로써 화를 푸는 것이 그 예이다.

① 부정(Denial)

② 투사(Projection)

③ 반동형성(Reaction Formation)

④ 해리(Dissociation)

⑤ 전치(Displacement)

1 2 3

07 방어기제에 관한 설명으로 옳은 것은? [15회]

① 억압(Repression) : 고통스런 생각이나 기억을 감정상태와 분리시키는 것이다.

② 반동형성(Reaction Formation) : 불합리한 태도, 생각, 행동을 정당한 것으로 그럴 듯한 이유를 붙이는 것이다.

③ 투사(Projection) : 자신의 부정적인 충동, 욕구, 감정 등을 타인에게 찾아 그 원인을 전가시키는 것이다.

④ 보상(Compensation) : 죄의식을 느끼게 하는 일들을 의식으로부터 무의식으로 밀어내는 것이다.

⑤ 전치(Displacement) : 심리적인 갈등이 신체적인 증상으로 나타나는 것이다.

유형 03	에릭슨(E. Erikson)의 심리사회이론	빈출도 ★★★

대표문제

에릭슨(E. Erikson)의 심리사회적 발달단계 위기와 성취 덕목(Virtue)이 옳게 연결된 것은? [22회]

① 근면성 대 열등감 - 성실(Fidelity)
② 주도성 대 죄의식 - 목적(Purpose)
③ 신뢰 대 불신 - 의지(Will)
④ 자율성 대 수치심과 의심 - 능력(Competence)
⑤ 정체감 대 정체감 혼란 - 희망(Hope)

해설

① 근면성 대 열등감(아동기) : 능력
③ 신뢰 대 불신(영아기) : 희망
④ 자율성 대 수치심과 의심(유아기) : 의지력
⑤ 정체감 대 정체감 혼란(청소년기) : 성실

답 ②

1 2 3

08 에릭슨(E. Erikson)의 이론으로 옳지 않은 것은? [21회]

① 개인의 성격은 전 생애를 통하여 발달한다.
② 청소년기의 주요 발달과업은 자아정체감 형성이다.
③ 각 단계의 발달은 이전 단계의 발달을 토대로 이루어진다.
④ 성격발달에 있어서 환경과의 상호작용이 중요하다고 본다.
⑤ 학령기(아동기)는 자율성 대 수치와 의심의 심리사회적 위기를 겪는다.

1 2 3

09 에릭슨(E. Erikson)의 이론에 관한 설명으로 옳은 것은? [19회]

① 발달에 영향을 미치는 유전적 · 생물학적 요인을 배제하였다.
② 발달에 영향을 미치는 사회적 · 문화적 요인을 인정하지 않았다.
③ 성인기 이후의 발달을 고려하지 않았다.
④ 자아(Ego)의 자율적, 창조적 기능을 고려하지 않았다.
⑤ 과학적 근거나 경험적 증거가 미흡하다.

1 2 3

10 에릭슨의 이론에 관한 설명으로 옳지 않은 것은? [18회]

① 사회적 관심, 창조적 자아, 가족형상 등을 강조한다.
② 청소년기의 자아정체감 발달을 강조한다.
③ 성격 발달에 있어 환경과의 상호작용이 중요하다고 본다.
④ 각 단계의 발달은 이전 단계의 심리사회적 갈등해결과 통합을 토대로 이루어진다.
⑤ 발달은 점성의 원리에 기초한다.

1 2 3

11 에릭슨의 심리사회적 발달단계에서 긍정적 결과와 주요관계의 연결이 옳지 않은 것은?

[17회]

① 영아기(0~2세, 신뢰감 대 불신감) : 지혜 – 어머니
② 유아기(2~4세, 자율성 대 수치심과 의심) : 의지 – 부모
③ 학령전기(4~6세, 주도성 대 죄의식) : 목적 – 가족
④ 아동기(6~12세, 근면성 대 열등감) : 능력 – 이웃, 학교
⑤ 청소년기(12~19세, 자아정체감 대 정체감 혼란) : 성실 – 또래집단

1 2 3

12 에릭슨(E. Erikson)의 심리사회적 위기와 자아 강점의 연결이 옳지 않은 것은?

[16회]

① 신뢰 대 불신 – 희망
② 근면성 대 열등감 – 유능성
③ 친밀감 대 고립감 – 사랑
④ 정체감 대 역할 혼미 – 목적
⑤ 자율성 대 수치심 – 의지

1 2 3

13 에릭슨(E. Erikson)의 이론에 관한 설명으로 옳은 것을 모두 고른 것은?

[16회]

ㄱ. 각 단계의 발달은 이전 단계의 발달을 토대로 이루어진다.
ㄴ. 사회문화적 환경이 성격발달에 영향을 미친다.
ㄷ. 청소년기의 주요 발달과업은 자아정체감 형성이다.
ㄹ. 인간의 발달은 전 생애에 걸쳐 일어난다.

① ㄱ, ㄴ
② ㄱ, ㄷ
③ ㄷ, ㄹ
④ ㄱ, ㄴ, ㄹ
⑤ ㄱ, ㄴ, ㄷ, ㄹ

1 2 3

14 에릭슨(E. Erikson)의 심리사회적 위기와 주요 관계가 바르게 연결된 것은?

[15회]

① 자율성 대 수치감 – 교사
② 근면성 대 열등감 – 부모
③ 통합성 대 절망감 – 동료
④ 친밀성 대 고립감 – 리더
⑤ 정체감 대 역할혼미 – 또래집단

| 유형 04 | 아들러(A. Adler)의 개인심리이론 | 빈출도 ★★★ |

대표문제

아들러(A. Adler)의 이론에 관한 설명으로 옳지 않은 것은?

[19회]

① 개인이 지닌 창조성과 주관성을 강조한다.
② 위기와 전념을 기준으로 생활양식을 4가지 유형으로 구분하였다.
③ 열등감은 모든 인간이 지닌 보편적인 감정이다.
④ 사회적 관심은 선천적으로 타고 나는 것이다.
⑤ 개인이 추구하는 목표는 현실에서 검증하기 어려운 가상적 목표이다.

해설

생활양식은 인생 목표뿐 아니라 자아개념, 성격, 문제에 대처하는 방법, 타인에 대한 감정, 세상에 대한 태도를 포함한 한 개인의 독특한 특징을 나타내는 개념으로 지배형, 획득형, 회피형, 사회적 유용형으로 구분하였다.

답 ②

1 2 3

15 아들러(A. Adler)의 이론에 관한 설명으로 옳은 것은?

[22회]

① 성격은 점성원리에 따라 발달한다.
② 개인의 창조성을 부정한다.
③ 무의식적 결정론을 고수하고 있다.
④ 유전적 · 환경적 요인의 중요성을 배제한다.
⑤ 인간을 목표지향적 존재로 본다.

ⅠⅡⅢ

16 아들러(A. Adler)의 개인심리이론에 관한 설명으로 옳지 않은 것은? [20회]

① 지배형 생활양식은 사회적 관심은 낮으나 활동수준이 높은 유형이다.
② 개인이 궁극적으로 추구하는 목적은 가상적 목표이다.
③ 인간은 목적론적 존재이다.
④ 아동에 대한 방임은 병적 열등감을 초래할 수 있다.
⑤ 사회적 관심은 선천적으로 타고나는 것이어서 의식적인 개발과 교육이 필요하지 않다.

ⅠⅡⅢ

17 아들러의 이론에 관한 설명으로 옳은 것을 모두 고른 것은? [18회]

> ㄱ. 인간을 사회적 존재로 보았다.
> ㄴ. 인간의 성격발달 단계를 제시하였다.
> ㄷ. 출생순위, 가족과 형제관계에서의 경험은 생활양식에 영향을 준다.

① ㄱ
② ㄴ
③ ㄷ
④ ㄱ, ㄴ
⑤ ㄱ, ㄷ

ⅠⅡⅢ

18 아들러(A. Adler)의 개인심리이론에 관한 설명으로 옳지 않은 것은? [16회]

① 열등감은 보다 나은 자기완성의 의지를 약화시키는 요소이다.
② 인간은 우월성을 추구하려는 동기를 가지고 있다.
③ 사회적 관심은 가족관계 및 아동기 경험의 맥락에서 발달한다.
④ 인간은 자신의 삶을 스스로 창조해갈 수 있는 능동적인 존재이다.
⑤ 출생순위, 가족의 크기 등은 개인의 성격발달과 생활양식에 영향을 미친다.

ⅠⅡⅢ

19 아들러(A. Adler)의 생활양식 유형 중 '지배형'에 관한 설명으로 옳은 것은? [15회]

① 사회적 관심이 적고 활동수준이 높아 독단적이고 공격적이며 자신의 욕구를 충족시킨다.
② 사회적 관심과 활동수준이 높아 자신과 타인의 욕구를 동시에 충족시키며 인생과업을 완수한다.
③ 사회적 관심과 활동수준이 낮은 유형으로 성공보다 실패하는 것을 더 두려워한다.
④ 기생적인 방법으로 외부세계와 관계를 맺으며 다른 사람에게 의존하여 자신의 욕구를 충족시킨다.
⑤ 사회적 관심이 많고 활동수준이 낮으며 타인의 안녕에 관심이 많다.

 유형 05 **융(C. Jung)의 분석심리이론** 빈출도 ★★★

대표문제

융(C. Jung)의 이론으로 옳은 것을 모두 고른 것은? [21회]

> ㄱ. 무의식을 개인무의식과 집단무의식으로 구분하였다.
> ㄴ. 그림자(Shadow)는 인간에게 있는 동물적 본성을 포함하는 부정적인 측면이다.
> ㄷ. 페르소나(Persona)는 개인이 외부세계에 보여주는 이미지 혹은 가면이다.
> ㄹ. 남성의 여성적 면은 아니무스(Animus), 여성의 남성적 면은 아니마(Anima)이다.

① ㄱ, ㄴ
② ㄷ, ㄹ
③ ㄱ, ㄴ, ㄷ
④ ㄱ, ㄴ, ㄹ
⑤ ㄱ, ㄴ, ㄷ, ㄹ

해설

융의 이론에는 개인무의식, 집단무의식, 자기와 자아, 개성화, 자기실현, 페르소나와 음영(그림자), 아니무스와 아니마, 콤플렉스, 리비도 등이 있다.

ㄱ. 개인무의식은 개인이 경험을 하였으나 기억나지 않는 기억이고, 집단무의식은 조상들의 경험을 통해 형성된 인류의 보편적인 경험이다.

ㄴ. 그림자는 인간이 가지고 있는 어둡거나 사악한 측면이다.

ㄷ. 페르소나는 자아의 가면으로 개인이 외부 세계에 보이는 이미지이다.

ㄹ. 아니무스는 여성의 남성성을 의미하고 아니마는 남성의 여성성을 의미한다.

답 ③

①②③

20 융(C. Jung)의 이론에 관한 설명으로 옳은 것은?

[22회]

① 정신분석(Psychoanalysis)이론이라 불린다.

② 사회적 관심과 활동수준을 기준으로 심리적 유형을 8가지로 구분하였다.

③ 발달단계에 관하여 언급하지 않았다는 특징을 지니고 있다.

④ 개성화(Individuation)를 통한 자기실현과정을 중요시하였다.

⑤ 성격형성에 있어서 창조적 자기(Creative Self)의 역할을 강조하였다.

①②③

21 융(C. Jung)의 분석심리이론에 관한 설명으로 옳은 것은?

[20회]

① 페르소나(Persona)는 외부의 요구나 기대에 부응하는 과정에서 생긴 자아의 가면이라고 한다.

② 인간을 성(性)적 에너지인 리비도(Libido)에 의해 지배되는 수동적 존재로 보았다.

③ 원형(Archetype)이란 개인의 의식 속에 존재하는 유일한 정신기관이다.

④ 아니무스(Animus)는 남성이 억압시킨 여성성이다.

⑤ 자아의 기능에서 감각(Sensing)과 직관(Intuiting)은 이성을 필요로 하는 합리적 기능이다.

①②③

22 융(C. Jung)의 이론에 관한 설명으로 옳은 것을 모두 고른 것은?

[19회]

ㄱ. 자기(Self)는 중년기 이후에 나타나는 원형(Archetype)이다.

ㄴ. 과거의 사건 및 미래에 대한 열망이 성격발달에 동시에 영향을 미친다.

ㄷ. 리비도(Libido)는 전반적인 삶의 에너지를 말한다.

ㄹ. 성격발달은 개성화를 통한 자기실현의 과정이다.

① ㄴ
② ㄱ, ㄴ
③ ㄷ, ㄹ
④ ㄱ, ㄷ, ㄹ
⑤ ㄱ, ㄴ, ㄷ, ㄹ

①②③

23 융의 이론에 관한 설명으로 옳은 것은? [18회]

① 남성의 여성적인 면은 아니무스, 여성의 남성적인 면은 아니마이다.

② 원초아, 자아, 초자아의 중요성을 강조한다.

③ 음영은 자기나 자아상과 같은 개념으로 인간의 어둡고 동물적인 측면이다.

④ 페르소나는 개인이 외부 세계에 보여주는 이미지이며, 사회적 요구에 대한 반응이다.

⑤ 집단무의식은 다양한 콤플렉스에 기초한다.

①②③

24 융(C. Jung)의 분석심리이론에 관한 설명으로 옳지 않은 것은?

[16회]

① 인간은 생물학적, 심리적, 사회문화적 존재이다.

② 인간은 자신의 일부로 받아들이기 꺼리는 그림자(Shadow)를 가지고 있다.

③ 집단무의식을 '조상 대대로의 경험의 침전물'로 보았다.

④ 남자의 여성적인 면은 '아니무스(Animus)', 여자의 남성적인 면은 '아니마(Anima)'이다.

⑤ 페르소나(Persona)는 개인이 외부에 표출하는 이미지 혹은 가면을 의미한다.

25 융(C. Jung)의 분석심리이론에 관한 설명으로 옳지 않은 것은? [15회]

① 자아(Ego) : 의식과 무의식을 결합시키는 원형적인 심상이며, 의식은 자아에 의해 지배된다.

② 페르소나(Persona) : '자아의 가면'이라고 하며 외부와의 적응에서 생긴 기능 콤플렉스이다.

③ 음영/그림자(Shadow) : 자신이 모르는 무의식적 측면에 있는 부정적인 또 다른 나의 모습으로 모순된 행동을 하게 만든다.

④ 집단무의식(Collective Unconscious) : 인류역사를 통해 조상으로부터 물려받은 정서적 소인으로 개인마다 그 원형은 다르다.

⑤ 개성화(Individuation) : 자기실현이라고도 하며 모든 콤플렉스와 원형을 끌어들여 성격을 조화하고 안정성을 유지하는 것이다.

26 융(C. Jung)이 제시한 장년기의 성격발달 특성으로 옳은 것을 모두 고른 것은? [15회]

> ㄱ. 자아가 발달하고 외부세계에 대처하는 역량을 발휘한다.
> ㄴ. 남성은 여성적 측면인 아니무스를 나타낸다.
> ㄷ. 외부세계에 쏟았던 에너지를 자기내면에 돌려 자아정체감 대 혼란이 나타난다.
> ㄹ. 여성은 독립적이고 공격적인 측면이 나타난다.

① ㄱ, ㄴ   ② ㄱ, ㄹ

③ ㄴ, ㄷ   ④ ㄴ, ㄹ

⑤ ㄷ, ㄹ

유형 01 스키너의 행동주의이론   빈출도 ★★★

대표문제

> 스키너(B. Skinner)의 이론에 관한 설명으로 옳지 않은 것은?   [22회]
>
> ① 강화계획 중 반응율이 가장 높은 것은 가변비율(Variable – ratio) 계획이다.
> ② 정적 강화물의 예시로 음식, 돈, 칭찬 등을 들 수 있다.
> ③ 인간행동은 예측가능하며 통제될 수 있다고 본다.
> ④ 인간의 창조성과 자아실현을 강조한다.
> ⑤ 부적 강화는 바람직한 행동의 빈도를 증가시키는 데 초점을 둔다.
>
> **해설**
>
> 스키너(B. Skinner)는 인간행동은 환경의 자극에 의해 동기화되고, 행동에 따르는 강화에 의해 전적으로 결정된다고 보고 있다. 인간의 창조성과 자아실현을 강조한 학자는 로저스(C. Rogers)이다.
>
> **답** ④

01 행동주의이론에 관한 설명으로 옳은 것을 모두 고른 것은?   [21회]

> ㄱ. 인간행동에 대한 환경의 결정력을 강조한다.
> ㄴ. 강화계획은 행동의 반응 가능성을 증가시키고 유지시키기 위한 방법이다.
> ㄷ. 행동조성(Shaping)은 복잡한 행동의 점진적 습득을 설명하는 개념이다.
> ㄹ. 고정간격 강화계획은 정해진 수의 반응이 일어난 후 강화를 주는 것이다.

① ㄱ, ㄴ   ② ㄱ, ㄹ
③ ㄴ, ㄹ   ④ ㄷ, ㄹ
⑤ ㄱ, ㄴ, ㄷ

02 스키너(B. Skinner)의 조작적 조건형성을 위한 강화 계획 중 '가변(변동)간격 강화'에 해당하는 사례는?   [20회]

① 정시 출근한 아르바이트생에게 매주 추가수당을 지급하여 정시 출근을 유도한다.
② 어린이집에서 어린이가 규칙을 지킬 때마다 바로 칭찬해서 규칙을 지키는 행동이 늘어나도록 한다.
③ 수강생이 평균 10회 출석할 경우 상품을 1개 지급하되, 출석 5회 이상 15회 이내에서 무작위로 지급하여 성실한 출석을 유도한다.
④ 영업사원이 판매 목표를 10 %씩 초과 달성할 때마다 초과 달성분의 3 %를 성과급으로 지급하여 의욕을 고취한다.
⑤ 1년에 6회 자체 소방안전 점검을 하되, 불시에 실시하여 소방안전 관리를 철저히 하도록 장려한다.

03 스키너(B. Skinner)의 이론에 관한 설명으로 옳은 것은?   [19회]

① 행동조성(Shaping)은 복잡한 행동의 점진적 습득을 설명하는 개념이다.
② 조작적 행동보다 반응적 행동을 강조한다.
③ 변동간격 계획은 평균적으로 일정한 수의 반응이 일어난 후에 강화물을 제공하는 것을 말한다.
④ 인간행동은 인간이 지닌 자유의지의 결과이다.
⑤ 부적 강화는 특정 행동의 빈도를 감소시키는 효과를 지닌다.

1 2 3

04 행동주의이론의 주요개념에 관한 설명으로 옳은 것을 모두 고른 것은? [18회]

> ㄱ. 인간의 행동은 환경적 자극에 의해 동기화된다.
> ㄴ. 변별자극은 어떤 반응이 보상될 것이라는 단서 혹은 신호로 작용하는 자극이다.
> ㄷ. 강화에는 즐거운 결과를 의미하는 정적 강화와 혐오적 결과를 제거하는 부적 강화가 있고 이 두 가지는 모두 행동의 빈도를 증가시킨다.

① ㄱ
② ㄴ
③ ㄱ, ㄴ
④ ㄴ, ㄷ
⑤ ㄱ, ㄴ, ㄷ

1 2 3

05 행동주의 기법에 해당하지 않는 것은? [15회]

① 이완훈련기법
② 토큰경제기법
③ 정보처리기법
④ 자기주장훈련
⑤ 타임아웃기법

| 유형 02 | 반두라(A. Bandura)의 사회학습이론 | 빈출도 ★★★ |

대표문제

반두라(A. Bandura)의 사회학습이론의 주요 개념으로 옳지 않은 것은? [21회]

① 모델이 관찰자와 유사할 때 관찰자는 모델을 더욱 모방하는 경향이 있다.
② 자신이 통제할 수 있는 보상을 자신에게 줌으로써 자기 행동을 유지시키거나 개선시킬 수 있다.
③ 학습은 사람, 환경 및 행동의 상호작용에 의해 이루어짐을 강조한다.
④ 조작적 조건화에 의해 행동은 습득된다.
⑤ 관찰학습은 주의집중과정 → 보존과정(기억과정) → 운동재생과정 → 동기화과정을 통해 이루어진다.

|해설|

반두라의 사회학습이론에서는 인간의 행동은 개인·행동·환경 간의 상호작용의 산물이며, 인간을 관찰이나 자기 강화를 통해 스스로 행동을 규제할 수 있는 존재로 보았다. 또, 인간은 자신으로부터 보상이나 처벌, 다른 사람의 행동을 보고 자신의 행동을 수정할 수 있다고 보았다. 관찰학습은 주의집중단계 → 기억(보존, 파지)단계 → 운동재생단계 → 동기화(동기) 순의 단계로 이루어진다.
④ 조작적 조건화(조건형성)은 스키너의 이론이다. 반두라의 사회학습이론은 대리적 조건화(조건형성)로 불린다.
답 ④

1 2 3

06 반두라(A. Bandura)의 이론에 관한 설명으로 옳은 것을 모두 고른 것은? [22회]

> ㄱ. 개인의 신념, 기대와 같은 인지적 요인을 중요시하였다.
> ㄴ. 대리적 강화(Vicarious Reinforcement)의 중요성을 강조하였다.
> ㄷ. 자기효능감을 높이는 가장 효과적인 방법으로 대리적 경험을 제시하였다.
> ㄹ. 외부로부터 주어지는 강화의 중요성을 강조하는 자기강화(Self Reinforcement)의 개념을 제시하였다.

① ㄱ
② ㄴ
③ ㄱ, ㄴ
④ ㄴ, ㄷ, ㄹ
⑤ ㄱ, ㄴ, ㄷ, ㄹ

1 2 3

07 반두라(A. Bandura)의 이론에 관한 설명으로 옳지 않은 것은? [19회]

① 학습은 사람, 환경 및 행동의 상호작용에 의해 이루어짐을 강조한다.
② 특정행동을 성공적으로 수행할 수 있다는 신념을 강조한다.
③ 개인이 지닌 인지적 요인의 영향력을 강조한다.
④ 관찰학습의 첫 번째 단계는 동기유발과정이며, 학습한 내용의 행동적 전환을 강조한다.
⑤ 인간은 스스로 자신의 행동을 강화할 수 있음을 강조한다.

□①②③
08 반두라의 사회학습이론으로 옳지 않은 것은?

[18회]

① 자기강화란 자기 스스로 목표한 일을 달성하고 자신에게 강화물을 주어서 행동을 유지하고 변화해 나가는 과정이다.
② 자기효능감은 자신이 바라는 목적을 이루기 위해 특정 행동을 성공적으로 수행할 수 있다는 신념이다.
③ 관찰학습은 단순한 환경적 자극에 대한 반응을 통하여 행동을 학습하는 것이 아니라 타인의 행동을 관찰함으로써 행동을 습득하는 것이다.
④ 관찰학습의 마지막 단계는 운동재생단계이다.
⑤ 인간의 성격은 개인적, 행동적, 환경적 요소들 간의 지속적인 상호작용에 의하여 발달한다.

□①②③
09 반두라가 설명한 자기효능감의 형성요인이 아닌 것은?

[17회]

① 대리경험   ② 언어적 설득
③ 정서적 각성   ④ 행동조성
⑤ 성취경험

□①②③
10 반두라(A. Bandura)의 사회학습이론의 주요 개념으로 옳지 않은 것은?

[16회]

① 모델링   ② 관찰학습
③ 자기강화   ④ 자기효능감
⑤ 논박

유형 01 피아제(J. Piaget)의
인지발달이론

빈출도
★★★

대표문제

피아제(J. Piaget)의 이론에 관한 설명으로 옳지 않은 것은? [22회]

① 인간은 자신과 환경 사이에 조화로운 관계인 평형화(Equilibration)를 이루고자 하는 경향성이 있다.
② 감각운동기에 대상영속성(Object Permanence)을 획득한다.
③ 조절(Accommodation)은 새로운 정보를 접했을 때 기존의 도식을 변경하는 것을 말한다.
④ 구체적 조작기에는 추상적 사고가 가능해진다.
⑤ 보존(Conservation) 개념 획득을 위해서는 동일성, 가역성, 보상성의 원리를 이해해야 한다.

해설
구체적 조작기(7~11세)는 보존의 개념을 획득하여 비논리적인 사고에서 논리적인 사고를 할 수 있게 되는 시기이다. 추상적 개념을 이용하여 논리적인 사고를 할 수 있는 능력인 추상적 사고는 형식적 조작기(12세~성인)에 가능하다.

답 ④

01 피아제(J. Piaget)의 인지발달이론에 관한 설명으로 옳은 것은? [21회]

① 전 생애의 인지발달을 다루고 있다.
② 문화적ㆍ사회경제적ㆍ인종적 차이를 고려하였다.
③ 추상적 사고의 확립은 구체적 조작기의 특징이다.
④ 인지는 동화와 조절의 과정을 통하여 발달한다.
⑤ 전조작적 사고 단계에서 보존개념이 획득된다.

02 피아제(J. Piaget)의 인지발달이론에서 '전조작기'의 발달특성으로 옳지 않은 것은? [20회]

① 상징놀이를 한다.
② 비가역적 사고를 한다.
③ 물활론적 사고를 한다.
④ 직관에 의존해 판단한다.
⑤ 다중 유목화의 논리를 이해한다.

03 피아제(J. Piaget)가 제시한 인지발달의 촉진요인이 아닌 것은? [19회]

① 성숙
② 애착 형성
③ 평형화
④ 물리적 경험
⑤ 사회적 상호작용

04 피아제의 인지이론에 관한 설명으로 옳은 것은? [18회]

① 구체적 조작기에는 추상적으로 사고하고 추론을 통해 검증할 수 있다.
② 인지능력의 발달은 아동과 환경 간의 상호작용에 의해 단계적으로 성취되며 발달단계의 순서는 변하지 않는다.
③ 인간의 무의식에 초점을 둔다.
④ 도덕발달단계를 1단계에서 6단계로 제시했다.
⑤ 보존개념은 전조작기에 획득된다.

05 피아제(J. Piaget)의 인지발달단계 중 감각운동기의 세부 단계와 그 설명으로 옳지 않은 것은?

[16회]

① 반사기(출생~1개월) : 반사행동을 통하여 환경 내 자극들을 동화시키며 성장한다.
② 1차 순환반응기(1~4개월) : 손가락 빨기와 같이 우연한 신체적 경험을 하여 흥미 있는 결과를 얻었을 때 이를 반복한다.
③ 2차 순환반응기(4~8개월) : 딸랑이 흔들기와 같이 환경 변화에 흥미를 가지고 그 행동을 반복한다.
④ 2차 도식협응기(8~12개월) : 장애물을 치우고 원하는 물건을 잡는 등 의도적 행동을 할 수 있다.
⑤ 3차 순환반응기(12~18개월) : 행동하기 전에 생각을 반복한다.

06 피아제(J. Piaget)의 인지발달이론에 관한 설명으로 옳지 않은 것은?

[16회]

① 인지발달은 동화기제와 조절기제를 활용하여 환경에 적응하는 것이다.
② 인지발달을 감각운동기, 전조작기, 구체적 조작기, 형식적 조작기로 구분된다.
③ 구체적 조작기에는 추상적 사고가 가능하다.
④ 인지발달은 개인과 환경의 상호작용에서 이루어지는 적응과정이다.
⑤ 상위단계는 이전 하위단계를 기초로 형성되며 하위단계를 통합한다.

07 피아제(J. Piaget)의 인지발달이론에 관한 설명으로 옳지 않은 것은?

[15회]

① 발달단계의 순서는 문화와 개인에 따라 다르게 나타난다.
② 인지구조는 각 단계마다 사고의 방식이 질적으로 다르다.
③ 인지발달은 동화기제와 조절기제를 활용하여 환경에 적응하는 것이다.
④ 상위단계는 바로 하위단계를 기초로 형성되고 하위단계를 통합한다.
⑤ 각 단계는 내부적인 일관된 체계를 갖추고 있는 하나의 완전체이다.

08 피아제(J. Piaget)의 감각운동기에 발달특성에 관한 설명으로 옳은 것은?

[15회]

① 대상을 특징에 따라 분류(Classification)한다.
② 대상을 연속(Seriation)적인 순서에 따라 배열한다.
③ 대상의 질량 혹은 무게가 형태 및 위치에 따라 변하여도 보존(Conservation)될 수 있다고 생각한다.
④ 대상영속성(Object Permanence)을 획득한다.
⑤ 조합기술(Combination Skill)을 획득한다.

09 피아제(J. Piaget)의 인지발달이론에서 '구체적 조작기'에 관한 설명으로 옳은 것을 모두 고른 것은?

[15회]

ㄱ. 인지적 능력이 급속도로 발전하는 단계이다.
ㄴ. 비논리적 사고에서 논리적 사고로 전환된다.
ㄷ. 분류화, 서열화, 탈중심화, 언어기술을 획득한다.
ㄹ. 대상의 형태와 위치가 변화하면 그 양적 속성도 바뀐다.

① ㄱ, ㄴ   ② ㄱ, ㄷ
③ ㄴ, ㄷ   ④ ㄴ, ㄹ
⑤ ㄷ, ㄹ

콜버그(L. Kohlberg)의 도덕성 발달이론에 관한 설명으로 옳지 않은 것은? [20회]

① 법과 질서 지향 단계는 인습적 수준에 해당한다.

② 피아제(J. Piaget)의 도덕성 발달이론에 기초를 제공하였다.

③ 전인습적 수준에서는 행동의 원인보다 결과에 따라 옳고 그름을 판단한다.

④ 보편적 윤리 지향 단계에서는 정의, 평등 등 인권적 가치와 양심적 행위를 지향한다.

⑤ 도덕적 딜레마가 포함된 이야기를 아동, 청소년 등에게 들려주고, 이야기 속 주인공의 행동에 대한 도덕적 판단과 그 근거를 질문한 후 그 응답에 따라 도덕성 발달단계를 파악하였다.

해설

인지발달이론은 피아제의 이론으로 전조작기에 타율적 도덕성, 구체적 조작기에 자율적 도덕성에 대한 설명이 나온다. 타율적 도덕성과 자율적 도덕성을 기초로 콜버그는 도덕성 발달이론을 창시하였다.

답 ②

①②③

10 콜버그의 후인습적 수준의 도덕성에 관한 설명으로 옳은 것은? [17회]

① 일반윤리에 의해 자신의 이익에 따라 행동을 판단한다.

② 개인 상호 간 대인관계의 조화를 바탕으로 행동한다.

③ 인간의 존엄성과 양심에 따라 자율적이고 독립적 판단이 가능하다.

④ 타인중심에서 벗어나 개인의 욕구충족을 위해 행동한다.

⑤ 도덕적으로 옳고 법적으로도 타당할 때 충족된다.

유형 01 **로저스(C. Rogers)의 현상학이론** 빈출도 ★★★

대표문제

로저스(C. Rogers)의 인본주의이론에 관한 설명으로 옳은 것을 모두 고른 것은? [21회]

> ㄱ. 인간의 주관적 경험을 강조한다.
> ㄴ. 인간은 자아실현 경향을 가지고 있다.
> ㄷ. 인간의 욕구발달단계를 제시했다.
> ㄹ. 완전히 기능하는 사람은 자신의 경험에 개방적이다.

① ㄱ, ㄹ ② ㄴ, ㄷ
③ ㄱ, ㄴ, ㄹ ④ ㄴ, ㄷ, ㄹ
⑤ ㄱ, ㄴ, ㄷ, ㄹ

해설

로저스는 인간을 이해하는 데 '지금 – 여기'를 강조하였다. 또한 객관적 경험은 존재하지 않고 주관적 경험을 강조하면서 현상학적 장(과거 경험에 대한 개인의 해석)을 설명하였고, 자기실현 경향성(인간의 궁극적 동기는 잠재력을 개발하는 것)과 완전히(충분히) 기능하는 사람을 강조하였다. 이때, 완전히 기능하는 사람은 자기의 잠재력을 실현하여 진정한 자기 자신으로 살아가는 것을 의미한다.
ㄷ. 로저스는 인간의 욕구발달(위계)단계를 제시하지 않았다. 욕구발달(위계)단계를 제시한 학자는 매슬로우이다.

답 ③

1 2 3
01 로저스(C. Rogers) 이론에 관한 설명으로 옳지 않은 것은? [22회]

① 개인의 잠재력 실현을 위하여 조건적 긍정적 관심의 제공이 중요함을 강조하였다.
② 자기실현을 완성하는 사람의 특성을 완전히 기능하는 사람(Fully Functioning Person)이라는 용어로 제시하였다.
③ 클라이언트에 대한 공감적 이해의 중요성을 강조하였다.
④ 주관적이고 사적인 경험 세계를 강조하였다.
⑤ 인간을 긍정적이며 창조적인 존재로 보았다.

1 2 3
02 로저스(C. Rogers)의 이론에 관한 설명으로 옳은 것을 모두 고른 것은? [20회]

> ㄱ. 인간의 주관적 경험을 강조하였다.
> ㄴ. 공감과 지시적인 상담을 강조하였다.
> ㄷ. 인간을 통합적 존재로 규정하였다.
> ㄹ. 인간의 욕구발달단계를 제시하였다.

① ㄱ ② ㄱ, ㄷ
③ ㄴ, ㄹ ④ ㄴ, ㄷ, ㄹ
⑤ ㄱ, ㄴ, ㄷ, ㄹ

1 2 3
03 로저스(C. Rogers)의 이론에 관한 설명으로 옳지 않은 것은? [19회]

① 개입과정에서 상담가의 진실성 및 일치성을 강조하였다.
② 자아실현을 하는 사람을 완전히 기능하는 인간(Fully Functioning Person)이라는 용어로 정리하였다.
③ 인간이 지닌 보편적·객관적 경험을 강조하였다.
④ 무조건적 긍정적 관심과 수용을 강조하였다.
⑤ 인간 본성이 지닌 낙관적이고 긍정적인 측면을 강조하였다.

□ 1 □ 2 □ 3

04 로저스의 이론에 관한 설명으로 옳은 것을 모두 고른 것은? [18회]

> ㄱ. 인간은 합목적적이며 건설적인 존재이다.
> ㄴ. 모든 인간에게는 객관적 현실만 존재한다.
> ㄷ. 완전히 기능하는 사람은 자신의 경험에 대해 개방적이다.
> ㄹ. 무조건적인 긍정적 관심이 건강한 성격 발달을 위한 중요한 요소이다.

① ㄱ, ㄴ   ② ㄴ, ㄷ
③ ㄱ, ㄴ, ㄷ   ④ ㄱ, ㄷ, ㄹ
⑤ ㄱ, ㄴ, ㄷ, ㄹ

□ 1 □ 2 □ 3

05 로저스의 이론이 사회복지실천에 미친 영향으로 옳지 않은 것은? [18회]

① 비지시적인 상담의 중요성을 강조한다.
② 공감적 상담의 중요성을 강조한다.
③ 비심판적 태도는 원조관계에 유용하다.
④ 클라이언트 자기결정권의 중요성을 강조한다.
⑤ 클라이언트의 과거 정신적 외상의 중요성을 강조한다.

□ 1 □ 2 □ 3

06 로저스(C. Rogers)의 인본주의이론에 관한 설명으로 옳지 않은 것은? [16회]

① 인간의 주관적 경험을 강조한다.
② 인간의 성격발달단계를 제시한다.
③ 인간을 통합적 존재로 규정한다.
④ 인간을 합리적이고 미래지향적 존재로 규정한다.
⑤ 인간 본성의 긍정적인 측면과 자아개념의 중요성을 강조한다.

□ 1 □ 2 □ 3

07 로저스(C. Rogers)의 이론이 사회복지실천에 미친 영향으로 옳은 것을 모두 고른 것은? [15회]

> ㄱ. 클라이언트의 자기결정권의 중요성을 인식하는 데 유용하다.
> ㄴ. 클라이언트에 대한 비심판적인 태도의 중요성을 인식하는 데 유용하다.
> ㄷ. 상담사의 지시적인 상담의 중요성을 인식하는 데 유용하다.

① ㄱ   ② ㄴ
③ ㄱ, ㄴ   ④ ㄴ, ㄷ
⑤ ㄱ, ㄴ, ㄷ

유형 **02** 매슬로우(A. Maslow)의 욕구위계이론   빈출도 ★★☆

대표문제

매슬로우(A. Maslow)의 욕구이론에 관한 설명으로 옳지 않은 것은? [19회]

① 생리적 욕구는 가장 하위단계에 있는 욕구이다.
② 극소수의 사람들만이 자아실현을 달성할 수 있다.
③ 자아실현의 욕구는 가장 상위단계에 있는 욕구이다.
④ 상위단계의 욕구는 하위단계의 욕구가 완전히 충족된 이후에 나타난다.
⑤ 인간의 욕구는 강도와 중요도에 따라 위계적으로 구성되어 있다.

│해설│

상위단계의 욕구는 하위단계의 욕구가 완전히 충족된 이후에 나타나는 것이 아니라 개인의 욕구가 어느 정도 만족이 되면 다음 욕구로 넘어가게 된다.

답 ④

08 매슬로우(A. Maslow)의 이론으로 옳지 않은 것은?

[21회]

① 인간에 대해 희망적이고 낙관적인 관점을 갖는다.
② 자아존중감의 욕구는 욕구 위계에서 가장 높은 단계이다.
③ 일반적으로 욕구 위계서열이 높을수록 욕구의 강도가 낮다.
④ 인간은 삶을 유지하려는 동기와 삶을 창조하려는 동기를 가진다.
⑤ 인간은 자아실현을 이루려고 노력하는 존재이다.

09 매슬로우(A. Maslow)의 이론에 관한 설명으로 옳은 것은?

[20회]

① 대부분의 사람들이 자아실현의 욕구를 달성한다.
② 자존감의 욕구는 소속과 사랑의 욕구보다 상위단계의 욕구이다.
③ 인간본성에 대해 비관적인 태도를 갖고 있다.
④ 인간의 성격은 환경에 의해 수동적으로 결정된다.
⑤ 무조건적인 긍정적 관심을 강조하였다.

10 매슬로우의 이론에 관한 설명으로 옳지 않은 것은?

[18회]

① 인간의 창조성은 잠재적 본성이다.
② 각 개인은 통합된 전체로 간주된다.
③ 안전의 욕구는 소속과 사랑의 욕구보다 상위단계의 욕구이다.
④ 인간의 욕구는 자신을 성장하도록 동기부여한다.
⑤ 인간본성에 대해서 낙관적인 태도를 보이고 있다.

11 매슬로우(A. Maslow)의 욕구단계에 관한 설명으로 옳지 않은 것은?

[15회]

① 생리적 욕구 – 음식, 수면, 성의 욕구
② 안전의 욕구 – 보호, 의존, 질서, 구조의 욕구
③ 소속감과 사랑의 욕구 – 친분, 우정, 존경의 욕구
④ 자존감의 욕구 – 능력, 신뢰감, 성취, 독립의 욕구
⑤ 자아실현의 욕구 – 자발성, 포부실현, 창조성의 욕구

PART 01

사회복지기초

유형 01 학자별 통합이론

빈출도 ★★★

대표문제

학자와 주요 개념의 연결로 옳은 것을 모두 고른 것은?

[22회]

ㄱ. 로저스(C. Rogers) – 자기실현 경향성
ㄴ. 벡(A. Beck) – 비합리적인 신념
ㄷ. 반두라(A. Bandura) – 행동조성
ㄹ. 아들러(A. Adler) – 집단무의식

① ㄱ
② ㄱ, ㄴ
③ ㄴ, ㄷ
④ ㄱ, ㄴ, ㄷ
⑤ ㄴ, ㄷ, ㄹ

해설

ㄱ. 자기실현 경향성은 인간은 자신을 유지하고 향상시키는 방향으로 자신이 지닌 모든 능력을 개발하려는 강한 성향으로 로저스(C. Rogers)의 개념이다.

ㄴ. 비합리적인 신념은 자기 자신이나 타인 혹은 일반에 대하여 절대주의적이고 완벽주의적이며 융통성이 없는 비현실적인 내용으로 엘리스(Ellis)의 개념이다.

ㄷ. 행동조성은 복잡한 행동이나 기술을 학습하는 데 있어 기대하는 반응이나 행동을 학습할 수 있도록 행동을 강화해 점진적으로 만들어가는 것으로 스키너(B. Skinner)의 개념이다.

ㄹ. 집단무의식은 개인의 경험이나 기억에 의해 형성되는 것이 아니기 때문에 의식화할 수 없으나 모든 인간의 공통된 오랜 경험에서 형성된 잠재적 이미지의 저장고로 융(C. Jung)의 개념이다.

답 ①

| 1 | 2 | 3 |

01 다음 학자와 그의 주요 기법이 옳게 연결된 것은?

[20회]

① 반두라(A. Bandura) – 행동조성
② 로저스(C. Rogers) – 타임아웃
③ 스키너(B. Skinner) – 모델링
④ 피아제(J. Piaget) – 가족조각
⑤ 프로이트(S. Freud) – 자유연상

| 1 | 2 | 3 |

02 다음 학자의 주요 이론과 기법의 연결이 옳은 것은?

[18회]

① 스키너 – 행동주의이론 – 강화계획
② 프로이트 – 정신분석이론 – 타임아웃기법
③ 피아제 – 분석심리이론 – 합리정서치료
④ 매슬로우 – 인본주의이론 – 자유연상
⑤ 융 – 개인심리이론 – 행동조성

| 1 | 2 | 3 |

03 다음 학자의 주요 이론과 개념의 연결이 옳지 않은 것은?

[17회]

① 에릭슨 – 분석심리이론 – 원형, 집단무의식
② 프로이트 – 정신분석이론 – 원초아, 자아, 초자아
③ 아들러 – 개인심리이론 – 열등감과 보상, 생활양식
④ 반두라 – 사회학습이론 – 자기강화, 관찰학습
⑤ 로저스 – 인본주의이론 – 완전히 기능하는 사람, 현상학적 장

04 다음의 이론과 그 기본 가정의 연결이 옳은 것은?

[16회]

① 피아제(J. Piaget)의 인지발달이론 – 정신결정론

② 프로이트(S. Freud)의 정신분석이론 – 상호결정론

③ 스키너(B. F. Skinner)의 행동주의이론 – 환경결정론

④ 반두라(A. Bandura)의 사회학습이론 – 정신결정론

⑤ 매슬로우(A. Maslow)의 인본주의이론 – 환경결정론

유형 01 태아기 · 태내기
빈출도 ★★★

대표문제

다음 중 태내기(수정~출산)에 관한 설명으로 옳지 않은 것은?　　　　　　　　　　　　[22회]

① 배종기(Germinal Period)는 수정 후 수정란이 자궁벽에 착상할 때까지의 시기를 말한다.
② 임신 3개월이 지나면 태아의 성별구별이 가능해진다.
③ 양수검사(Amniocentesis)를 통해서 다운증후군 등 다양한 유전적 결함을 판별할 수 있다.
④ 임신 중 어머니의 과도한 음주는 태아알코올증후군(Fetal Alcohol Syndrome)을 초래할 수 있다.
⑤ 배아의 구성은 외배엽과 내배엽으로 이루어지며, 외배엽은 폐, 간, 소화기관 등을 형성하게 된다.

해설

수정 3주째에 배판(Embryonic Disk)은 외배엽, 중배엽, 내배엽 3개의 초기 배엽으로 분화되며, 외배엽은 표피, 손톱, 머리카락, 중추, 말초신경계 등을 형성한다. 폐, 간, 소화기관 등을 형성하는 것은 내배엽이다.

답 ⑤

1 2 3
01 태내기(수정~출산)에 유전적 요인으로 인해 발생할 수 있는 장애에 관한 설명으로 옳은 것은?
　　　　　　　　　　　　　　　　　[20회]

① 다운증후군은 지능 저하를 동반하지 않는다.
② 헌팅톤병은 열성 유전인자 질병으로서 단백질의 대사장애를 일으킨다.
③ 클라인펠터증후군은 X염색체를 더 많이 가진 남성에게 나타난다.
④ 터너증후군은 Y염색체 하나가 더 있는 남성에게 나타난다.
⑤ 혈우병은 여성에게만 발병한다.

1 2 3
02 태내기(수정~출산)에 관한 설명으로 옳지 않은 것은?　　　　　　　　　　　　　[19회]

① 성염색체 이상증세로는 클라인펠터증후군(Klinefelter's Syndrome), 터너증후군(Turner's Syndrome)이 있다.
② 임산부의 심각하고 지속적인 불안은 높은 비율의 유산이나 난산, 조산, 저체중아 출산과 연관이 있다.
③ 태아의 성장, 발육을 위하여 칼슘, 단백질, 철분, 비타민 등을 충분히 섭취하여야 한다.
④ 다운증후군은 46개의 염색체를 가짐으로 나타나는 증후군이다.
⑤ 기형발생물질이란 태내발달에 영향을 미쳐 심각한 손상을 일으키는 환경적 매개물을 말한다.

03 태내기의 발달에 관한 설명으로 옳지 않은 것은?

[18회]

① 환경호르몬, 방사능 등 외부환경과 임신부의 건강상태, 정서상태, 생활습관 등이 태아의 발달에 영향을 미친다.

② 터너증후군은 남아가 XXY, XXXY 등의 성염색체를 가져 외모는 남자이지만 사춘기에 여성적인 2차 성징이 나타난다.

③ 양수검사는 임신초기에 할 경우 자연유산의 위험성이 있으므로 임신 중기에 실시하는 것이 좋다.

④ 융모막검사는 정확도가 양수검사에 비해 떨어지고 유산의 위험성이나 사지 기형의 가능성이 있어 염색체 이상이나 노산일 경우에 제한적으로 실시하는 것이 좋다.

⑤ 다운증후군은 23쌍의 염색체 중 21번 염색체가 하나 더 존재해서 유발된다.

04 태아기에 관한 설명으로 옳지 않은 것은?

[17회]

① 수정이 이루어지는 순간부터 출생하기까지의 시기를 말한다.

② 태내발달은 어머니의 영양상태, 학력, 질병 등으로부터 영향을 받는다.

③ 임신부 연령은 임신부와 태아 모두에게 영향을 미칠 수 있다.

④ 태아는 임신부의 정서 상태로부터 영향을 받을 수 있다.

⑤ 약물은 태아에게 치명적인 영향을 미칠 수 있다.

05 태아의 발달과정 중 가장 먼저 발달하는 것은?

[16회]

① 귀
② 눈
③ 다리
④ 심장
⑤ 외부 생식기

06 임신 중 태아기에 기형 혹은 저체중을 발생시키는 요인으로 옳지 않은 것은?

[15회]

① 간접흡연
② 항생제 섭취
③ 알코올 섭취
④ 폴리염화비페닐(PCB)에 노출
⑤ 철분 섭취

07 태아기의 유전성 질환에 관한 설명으로 옳지 않은 것은?

[15회]

① 유전성 질환은 유전자 이상으로 발생하는 신체적, 정신적 이상을 모두 가리키는 것이다.

② 유전자 이상으로 인한 장애에 묘성(Cat-cry) 증후군이 포함된다.

③ 유전성 질환은 유전적 요인과 환경적 요인의 상호작용에 의해 발생할 수 있다.

④ 유전성 질환을 가진 태아는 임신초기에 유산된다.

⑤ 유전질환 가능성을 알기 위하여 임신 15~17주경 양수를 채취하여 진단할 수 있으나 태아에 손상을 줄 우려가 있다.

대표문제

영아기(0~2세)에 관한 설명으로 옳지 않은 것은?

[21회]

① 인지발달은 감각기관과 운동기능을 통해 이루어지며 언어나 추상적 개념은 포함되지 않는다.
② 정서발달은 긍정적 정서를 표현하는 것에서 시작하여 점차 부정적 정서까지 표현하게 된다.
③ 언어발달은 인지 및 사회성 발달과 밀접한 관련이 있다.
④ 영아와 보호자 사이에 애착관계 형성이 중요하다.
⑤ 낯가림이 시작된다.

해설

영아기는 제1의 성장기로 일생 중 가장 빠른 성장이 이루어진다. 친숙한 사람에게 애착관계가 형성되고 애착경험은 이후 인간관계를 형성할 수 있는 능력의 기초가 된다. 애착관계를 통해 낯가림이 생기고 돌이 지난 후부터 없어지게 된다. 피아제에 의하면 영아기는 감각운동기 시기로 타고난 반사행동을 통해 환경을 적응한다.
영아기의 정서는 처음에는 기쁨과 슬픔 두 가지 정서로 구분되다가 시간이 지날수록 성인들처럼 정서가 함께 분화되며, 부정적 정서가 긍정적 정서보다 먼저 발달하게 된다.

답 ②

---

08 영아기(0~2세)에 관한 설명으로 옳은 것은?

[22회]

① 콜버그(L. Kohlberg) : 전인습적 도덕기에 해당한다.
② 에릭슨(E. Erikson) : 주 양육자와의 "신뢰 대 불신"이 중요한 시기이다.
③ 피아제(J. Piaget) : 보존(Conservation) 개념이 확립되는 시기이다.
④ 프로이트(S. Freud) : 거세불안(Castration Anxiety)을 경험하는 시기이다.
⑤ 융(C. Jung) : 생활양식이 형성되는 시기이다.

---

09 신생아기(출생~1개월)의 반사운동에 관한 설명으로 옳지 않은 것은?

[21회]

① 바빈스키반사(Babinski Reflect)는 입 부근에 부드러운 자극을 주면 자극이 있는 쪽으로 입을 벌리는 반사운동이다.
② 파악반사(Grasping Reflect)는 손에 닿는 것을 움켜쥐고 놓지 않으려는 반사운동이다.
③ 연하반사(Swallowing Reflect)는 입 속에 있는 음식물을 삼키려는 반사운동이다.
④ 모로반사(Moro Reflect)는 갑작스러운 외부 자극에 팔과 다리를 쭉 펴면서 껴안으려고 하는 반사운동이다.
⑤ 원시반사(Primitive Reflect)에는 바빈스키반사, 모로반사, 파악반사, 걷기반사 등이 있다.

---

10 영아기(0~2세)에 관한 설명으로 옳지 않은 것은?

[19회]

① 양육자와의 애착형성은 사회·정서적 발달에 중요하다.
② 피아제(J. Piaget)의 감각운동기에 해당한다.
③ 프로이트(S. Freud)의 구강기에 해당한다.
④ 에릭슨(E. Erikson)의 자율성 대 수치심 단계에 해당한다.
⑤ 제1성장급등기라고 할 정도로 일생 중 신체적으로 급격한 성장이 일어난다.

11 영아기(0~2세)에 관한 설명으로 옳지 않은 것은?

[18회]

① 제1성장급등기라고 할 정도로 일생 중 신체적으로 급격한 성장이 일어난다.
② 프로이트의 구강기, 피아제의 감각운동기에 해당한다.
③ 생존반사로는 연하반사(삼키기반사), 빨기반사, 바빈스키반사, 모로반사 등이 있다.
④ 대상이 눈에 보이지 않아도 존재한다는 사실을 인식할 수 있는 대상영속성이 습득된다.
⑤ 양육자와의 애착관계 형성은 사회·정서적 발달에 매우 중요하다.

12 영아기(0~2세)의 발달특성으로 옳은 것을 모두 고른 것은?

[17회]

> ㄱ. 외부자극에 주로 반사운동을 한다.
> ㄴ. 주 양육자와 관계를 바탕으로 신뢰감을 형성한다.
> ㄷ. 대상영속성이 발달한다.
> ㄹ. 서열화 사고의 특징을 나타낸다.

① ㄱ, ㄴ
② ㄷ, ㄹ
③ ㄱ, ㄴ, ㄷ
④ ㄱ, ㄷ, ㄹ
⑤ ㄱ, ㄴ, ㄷ, ㄹ

유형 03 유아기

빈출도 ★★★

대표문제

유아기(3~6세)에 관한 설명으로 옳은 것은?

[21회]

① 남아는 오이디푸스 콤플렉스를 경험하고 여아는 엘렉트라 콤플렉스를 경험한다.
② 콜버그(L. Kohlberg)에 의하면 인습적 수준의 도덕성 발달단계를 보인다.
③ 피아제의 구체적 조작기에 해당되며 상징적 사고가 가능하다.
④ 인지발달은 상위개념과 하위개념을 구분하여 완전한 수준의 분류능력을 보인다.
⑤ 영아기에 비해 성장속도가 빨라지며 지속적으로 성장한다.

해설

① 유아기는 프로이트의 남근기(3~6세)에 해당하며, 아이는 자신의 성기를 만지면서 쾌감은 느끼고 오이디푸스 콤플렉스(남아의 엄마사랑으로 거세불안)와 엘렉트라 콤플렉스(여아의 아빠사랑으로 남근선호사상)가 생긴다.
② 콜버그의 인습적 수준(7세 이후)의 도덕성 발달단계는 아동기이다. 유아기에는 전인습적 수준(7세 이전)의 도덕성 발달단계에 해당한다.
③ 피아제의 구체적 조작기는 아동기(7~12세)에 해당되며 유아기(3~6세)는 전조작기에 해당한다.
④ 유아기의 인지발달은 성인과 달리 사건을 정서적·주관적으로 파악한다. 상위개념과 하위개념을 구분하지 못한다.
⑤ 영아기에 비해 성장속도가 느려지지만 지속적으로 성장한다.

답 ①

---

13 유아기(3~6세)에 관한 설명으로 옳지 않은 것은?

[22회]

① 자신의 성을 인식하는 성정체성이 발달한다.
② 놀이를 통한 발달이 활발한 시기이다.
③ 신체적 성장이 영아기(0~2세)보다 빠른 속도로 진행된다.
④ 언어발달이 현저하게 이루어지는 시기이다.
⑤ 정서적 표현의 특징은 일시적이며 유동적이다.

PART 01

사회복지기초

14 유아기(3~6세)에 관한 설명으로 옳지 않은 것은?

[20회]

① 영아기(0~2세)보다 성장속도가 느려진다.
② 성역할의 내면화가 이루어진다.
③ 오로지 자신의 관점에 비추어 타인의 감정이나 사고를 예측하는 경향이 있다.
④ 피아제(J. Piaget)의 형식적 조작기에 해당한다.
⑤ 전환적 추론이 가능하다.

15 유아기(3~6세)에 관한 설명으로 옳지 않은 것은?

[19회]

① 프로이트(S. Freud)의 오이디푸스·엘렉트라 콤플렉스가 나타나는 시기이다.
② 콜버그(L. Kohlberg)의 도덕발달단계에서는 보상 또는 처벌회피를 위해 행동을 하는 시기이다.
③ 에릭슨(E. Erikson)의 주도성 대 죄의식 단계에 해당한다.
④ 성적 정체성(Gender Identity)이 발달하는 시기이다.
⑤ 영아기(0~2세)에 비해 성장속도가 빨라지는 특성을 보인다.

16 유아기(3~6세)의 발달에 관한 설명으로 옳은 것은?

[18회]

① 프로이트의 오이디푸스 콤플렉스와 엘렉트라 콤플렉스가 일어나는 시기이다.
② 콜버그의 후인습적 단계의 도덕적 사고가 나타나는 시기이다.
③ 피아제의 자율적 도덕성의 단계이다.
④ 심리사회적 유예가 일어나는 시기이다.
⑤ 보존기술, 분류기술 등 기본적 논리체계가 획득된다.

17 유아기(3~6세)의 발달특성에 관한 설명으로 옳지 않은 것은?

[17회]

① 피아제의 전조작기의 시기로 분리불안이 나타난다.
② 프로이트의 오이디푸스 콤플렉스 시기로 이성부모에게 관심을 갖게 된다.
③ 콜버그의 도덕발달단계에서는 보상 또는 처벌회피를 위해 행동한다.
④ 에릭슨의 주도성 대 죄의식 단계로 부모와 가족이 가장 큰 영향을 미친다.
⑤ 성적 정체성이 발달하는 시기이다.

18 2~3세 유아의 특징으로 옳지 않은 것은?

[16회]

① 숟가락질을 할 수 있다.
② 혼자 넘어지지 않고 잘 걸으며 뛸 수 있게 된다.
③ 프로이트(S. Freud) 이론의 항문기에 해당되고 배변훈련이 시작된다.
④ 양육자와의 애착관계가 시작되고 분리불안이 늘어난다.
⑤ 언어활동이 급격히 증가하고 낱말을 이어 문장으로 말하기 시작한다.

19 유아기(3~6세) 혹은 아동기(7~12세)의 주요 발달과업에 해당하지 않는 것은?

[15회]

① 애착관계 형성
② 또래관계 증진
③ 도덕 및 가치체계 발달
④ 성역할 습득
⑤ 학습기술 습득

20 유아기(3~6세)의 인지발달 특성에 해당하지 않는 것은? [15회]

① 표상에 의한 상징적 사고
② 자기중심적 사고
③ 비가역적 사고
④ 물활론적 사고
⑤ 연역적 사고

| 유형 04 | **아동기** | 빈출도 ★★★ |

대표문제

아동기(7~12세)에 관한 설명으로 옳은 것을 모두 고른 것은? [21회]

> ㄱ. 제1의 반항기이다.
> ㄴ. 조합기술의 획득으로 사칙연산이 가능해진다.
> ㄷ. 객관적, 논리적 사고가 가능해진다.
> ㄹ. 정서적 통제와 분화된 정서표현이 가능해진다.
> ㅁ. 타인의 입장을 고려하지 못한다.

① ㄴ, ㄷ
② ㄱ, ㄴ, ㄹ
③ ㄴ, ㄷ, ㄹ
④ ㄷ, ㄹ, ㅁ
⑤ ㄱ, ㄴ, ㄷ, ㄹ, ㅁ

해설

아동기는 연령이 7~12세로 초등학교 입학부터 졸업하는 시기를 말한다. 생활의 중심이 가정에서 학교로 바뀌면서 다양한 경험과 기술을 습득하게 되고, 가족보다 친구들과 어울리기 시작하여 도당기, 학동기, 학령기 등으로 불린다. 자신만의 가치관이나 습관, 문화를 형성하고 이 과정을 통하여 자신감과 독립심이 발달하고 자신만의 세계관을 형성한다.

ㄱ. 제1의 반항기는 유아기이다.
ㅁ. 자아중심성은 자신과 타인을 구별하지 못하는 것으로, 유아기에는 자아중심성으로 타인의 입장을 고려하지 못한다.

답 ③

21 아동기(7~12세)의 발달에 관한 설명으로 옳은 것을 모두 고른 것은? [22회]

> ㄱ. 프로이트(S. Freud) : 성 에너지(리비도)가 무의식 속에 잠복하는 잠재기(Latency Stage)
> ㄴ. 피아제(J. Piaget) : 보존, 분류, 유목화, 서열화 등의 개념을 점차적으로 획득
> ㄷ. 콜버그(L. Kohlberg) : 인습적 수준의 도덕성 발달단계로 옮겨가는 시기
> ㄹ. 에릭슨(E. Erikson) : "주도성 대 죄의식"의 발달이 중요한 시기

① ㄱ, ㄴ
② ㄴ, ㄹ
③ ㄱ, ㄴ, ㄷ
④ ㄱ, ㄷ, ㄹ
⑤ ㄴ, ㄷ, ㄹ

22 에릭슨(E. Erickson)의 심리사회이론에서 아동기(7~12세) 발달과업을 성취하지 못할 경우 경험하는 심리사회적 위기는? [20회]

① 불신감
② 절망감
③ 침체감
④ 고립감
⑤ 열등감

23 아동기(7~12세)에 관한 설명으로 옳은 것을 모두 고른 것은? [19회]

> ㄱ. 보존개념을 획득한다.
> ㄴ. 분류화·유목화가 가능하다.
> ㄷ. 역조작 사고가 가능하다.
> ㄹ. 자아정체감을 획득한다.

① ㄱ
② ㄴ, ㄹ
③ ㄱ, ㄴ, ㄷ
④ ㄱ, ㄷ, ㄹ
⑤ ㄴ, ㄷ, ㄹ

24 아동기(7~12세)의 발달에 관한 설명으로 옳은 것을 모두 고른 것은? [18회]

> ㄱ. 에릭슨의 심리사회적 위기 중 솔선성 대 죄의식이 해당된다.
> ㄴ. 조합기술을 획득하기 위해서는 가역성, 보상성, 동일성의 원리에 대한 이해가 필요하다.
> ㄷ. 단체놀이를 통해 개인의 목표가 단체의 목표에 속함을 인식하고 노동배분(역할분담)의 개념을 학습한다.
> ㄹ. 추상적 사고가 가능해져서 미래의 사건을 예측할 수 있는 가설적, 연역적 사고가 발달한다.

① ㄱ
② ㄷ
③ ㄱ, ㄷ
④ ㄴ, ㄷ
⑤ ㄴ, ㄹ

25 아동기(7~12세)에 관한 설명으로 옳은 것은? [17회]

① 자아중심적 사고 특성을 나타낸다.
② 동성 또래관계를 통해 사회화를 경험한다.
③ 신뢰감 대 불신감이 형성되는 시기이다.
④ 심리사회적 유예기간이다.
⑤ 경험하지 않고도 추론이 가능해진다.

| 유형 **05** 청소년기 | 빈출도 ★★★ |

대표문제

청소년기(13~19세)에 관한 설명으로 옳지 않은 것은? [21회]

① 친밀감 형성이 주요 발달과업이다.
② 신체적 발달이 활발하여 제2의 성장 급등기로 불린다.
③ 특징적 발달 중 하나로 성적 성숙이 있다.
④ 정서의 변화가 심하며 극단적 정서를 경험하기도 한다.
⑤ 추상적 이론과 관념적 사상에 빠져 때로 부정적 정서를 경험한다.

해설

청소년기는 나이가 딱 정해져 있는 것이 아니라 아동기에서 성인으로 가는 과도기 시기이다. 급격한 신체변화·성숙과 더불어 인지적·사회적 행동양식이 성숙해진다. 신체적 측면으로 제2차 성장급등기, 성적성숙이 이루어지는 사춘기, 심리적 측면에서는 부모로부터 심리적으로 독립하고 자아정체감을 형성하는 심리적 이유기, 정서적변화가 급격히 일어나는 질풍노도의 시기라 부르기도 한다. 사회적 측면에서는 부모로부터 독립된 인격체로 대우받기 원하고 정서적으로 독립하려고 갈등이 생기는 제2의 반항기, 어린이도 아닌 주변인에 머물러 있는 특징이 있다. 프로이트의 생식기, 에릭슨의 청소년기(자아정체감 대 자아정체감 혼란), 피아제의 형식적 조작기에 해당한다.
① 친밀감 대 고립은 청년기의 심리사회적 위기이다.

답 ①

26 청소년기(13~19세)에 관한 설명으로 옳지 않은 것은? [22회]

① 신체적 측면에서 제2의 급성장기이다.
② 심리적 이유기의 특징을 보인다
③ 부모보다 또래집단의 영향력이 커진다.
④ 피아제(J. Piaget)에 의하면 비가역적 사고의 특징이 나타나는 시기이다.
⑤ 프로이트(S. Freud)의 심리성적 발달단계에서 생식기에 해당한다.

27 엘킨드(D. Elkind)가 제시한 청소년기(13~19세) 자기중심성(Egocentrism)에 관한 내용으로 옳지 않은 것은? [20회]

① 다른 사람이 경험하는 위기가 자신에게는 일어나지 않으리라 믿는다.
② 상상적 관중을 의식하여 작은 실수에 대해서도 번민한다.
③ 자신의 감정이나 경험이 매우 특별하다고 생각한다.
④ 자신과 타인에 대해 객관적으로 이해하고 판단한다.
⑤ 자신이 타인으로부터 집중적인 관심의 대상이 된다고 믿는다.

28 청소년기(13~19세)의 성적 성숙에 관한 설명으로 옳은 것은? [19회]

① 성적 성숙에는 개인차가 있지만 발달의 순서는 일정하다.
② 여성은 난소에서 에스트로겐이 분비되어 초경, 가슴, 발육, 음모, 겨드랑이 체모 등의 순으로 성적 성숙이 진행된다.
③ 남성은 고환에서 분비되는 안드로겐의 영향으로 음모, 고환과 음경 확대, 겨드랑이 체모, 수염 등의 순으로 성적 성숙이 진행된다.
④ 1차 성징은 성적 성숙의 생리적 징후로서 여성의 가슴 발달과 남성의 넓은 어깨를 비롯하여 변성, 근육 발달 등의 변화가 나타나는 것을 말한다.
⑤ 2차 성징은 여성의 난소, 나팔관, 자궁, 질, 남성의 고환, 음경, 음낭 등 생식을 위해 필요한 기관의 발달을 말한다.

29 마샤의 자아정체감 유형에 속하지 않는 것은? [18회]

① 정체감 수행 ② 정체감 혼란
③ 정체감 성취 ④ 정체감 유예
⑤ 정체감 유실

30 청소년기(13~19세)에 관한 설명으로 옳지 않은 것은? [18회]

① 신체적 성장이 급속히 이루어진다는 점에서 제2의 성장급등기라고 한다.
② 어린이도 성인도 아니라는 점에서 주변인이라고 불린다.
③ 상상적 청중과 개인적 우화는 청소년기에 타인을 배려하는 사고가 반영된 예이다.
④ 피아제의 인지발달과정 중 형식적 조작기에 해당한다.
⑤ 정서적 변화가 급격히 일어난다는 점에서 질풍노도의 시기라고 한다.

31 청소년기(13~19세)에 관한 설명으로 옳지 않은 것은? [17회]

① 구체적 조작기에 해당한다.
② 부모의 권위에 도전하며 잦은 갈등을 겪는 시기이다.
③ 동년배 집단에 참여하여 다양한 경험을 한다.
④ 심리적 이유기라고도 한다.
⑤ 애착대상이 부모에서 친구로 이동한다.

32 청소년기 인지발달의 일반적 특성으로 옳지 않은 것은? [16회]

① 자기개념(Self-Concept)의 발달이 시작되고 자기효능감이 급격히 증가한다.
② 구체적인 사물에 한정되지 않고 추상적 개념을 다룰 수 있다.
③ 가설을 세울 수 있고 인과관계를 추론할 수 있는 연역적 사고가 가능해진다.
④ 피아제(J. Piaget)의 이론에 따르면 형식적 조작기에 속한다.
⑤ 자아중심적 사고로 상상적 청중 현상과 개인적 우화 현상을 보인다.

33 마샤(J. Marcia)의 자아정체감 이론에서 다음의 정체감 상태를 설명하는 것으로 옳은 것은?

[16회]

> 철수는 어려서부터 변호사였던 아버지의 영향을 받아 법조인이 되는 것을 꿈으로 생각하였고, 사회에서도 유망한 직업이라 생각하여 법학과에 진학하였다. 철수는 법학 전공이 자신의 적성과 잘 맞는지 탐색해보지 못했지만 이미 선택했기에 법조인 외의 직업은 생각해본 적이 없다.

① 정체감 유실(Identity Foreclosure)
② 정체감 혼란(Identity Diffusion)
③ 정체감 성취(Identity Achievement)
④ 정체감 유예(Identity Moratorium)
⑤ 정체감 전념(Identity Commitment)

유형 **06** **청년기**   빈출도 ★★☆

대표문제

청년기(20~35세)에 관한 설명으로 옳지 않은 것은?

[20회]

① 자기 부양 능력을 갖추어야 하는 시기이다.
② 자아정체감 형성이 주요 발달 과제인 시기이다.
③ 부모로부터 심리적, 경제적으로 독립하여 자율성을 성취하는 시기이다.
④ 개인적 욕구와 사회적 욕구 사이에 균형을 찾아 직업을 선택하는 시기이다.
⑤ 타인과의 관계에서 친밀감을 형성하면서 결혼과 부모됨을 고려하는 시기이다.

해설

자아정체감 형성이 주요 발달과제인 시기는 청소년기이다. 청년기의 주요 발달과제는 결혼과 직업이다.

답 ②

---

34 청년기(20~39세)에 관한 설명으로 옳은 것은?

[22회]

① 에릭슨(E. Erikson)은 근면성의 발달을 중요한 과업으로 보았다.
② 다른 시기에 비하여 경제적으로 안정되어 있고 직업에서도 높은 지위와 책임을 갖게 된다.
③ 빈둥지 증후군을 경험하는 시기이다.
④ 또래와의 상호작용을 통하여 자아개념이 발달하기 시작한다.
⑤ 직업 준비와 직업선택에 대한 의사결정을 하는 시기이다.

---

35 하비거스트(R. Havighurst)의 청년기(20~35세) 발달과업으로 옳지 않은 것은?

[19회]

① 배우자 선택
② 직장생활 시작
③ 경제적 수입 감소에 따른 적응
④ 사회적 집단 형성
⑤ 직업의 준비와 선택

---

36 청년기(20~35세)에 관한 설명으로 옳지 않은 것은?

[17회]

① 부모로부터의 독립에 대한 양가감정에서 해방된다.
② 직업의 준비와 선택은 주요한 발달과업이다.
③ 사랑하고 보살피는 능력이 심화되는 시기이다.
④ 사회적 성역할 정체감이 확립되는 시기이다.
⑤ 친밀감 형성과 성숙한 사회관계 성취가 중요하다.

---

37 청년기 혹은 장년기의 발달과제의 학자와 내용의 연결이 옳지 않은 것은?

[15회]

① 레빈슨(D. Levinson) – 직업선택, 사회적 역할
② 펙(R. Peck) – 자아분화, 친밀한 관계 활동

③ 굴드(R. Gould) – 자신의 삶에 대한 책임 있는 행동

④ 에릭슨(E. Erikson) – 타인과 조화로운 관계 형성

⑤ 하비거스트(R. Havighurst) – 배우자 선택, 가정관리

대표문제

중년기(40~64세)의 설명으로 옳은 것은? [22회]

① 에릭슨(E. Erikson)에 의하면 "생산성 대 침체"라는 심리사회적 위기를 극복하게 되면 돌봄(Care)의 덕목을 갖추게 된다.

② 유동성 지능(Fluid Intelligence)은 높아지며 문제해결능력도 향상될 수 있다.

③ 자아통합이 완성되는 시기로 자신의 삶에 대한 평가를 시도한다.

④ 갱년기 증상은 여성에게 나타나고 남성은 경험하지 않는다.

⑤ 융(C. Jung)에 의하면 남성에게는 아니무스가, 여성에게는 아니마가 드러나는 시기이다.

해설

① 중년기(40~64세)는 인생의 중반에 해당되며 자신의 세대뿐 아니라 다음 세대까지 양육에 관심을 갖고 있고 양육은 가장 중요한 과업 중 하나라고 여긴다. 자녀를 양육하는 것뿐 아니라 다음 세대가 살아갈 수 있도록 사상을 전수하는 것을 통해 생산성이 발달된다.

② 중년기(40~64세)는 새롭고 친숙하지 않은 일을 수행하는 능력인 유동성 지능(Fluid Intelligence)은 점점 낮아지고 경험을 통해 습득한 학습 지능인 결정성 지능(Crystalized Intelligence)이 점점 높아져 문제해결능력이 향상될 수 있다.

③ 자아통합이 완성되는 시기로 자신의 삶에 대한 평가를 시도하는 시기는 노년기이다.

④ 갱년기 증상은 여성과 남성 모두에게 나타나고 다만, 남성은 여성에 비해 약하게 나타난다.

⑤ 융(C. Jung)에 의하면 남성에게는 아니마(남성의 여성성)가, 여성에게는 아니무스(여성의 남성성)가 드러나는 시기이다.

답 ①

---

1 2 3

38 중년기(40~64세)에 관한 설명으로 옳은 것은?
[21회]

① 여성만이 우울, 무기력감 등 심리적 증상을 경험한다.

② 여성은 에스트로겐의 분비가 감소되고 남성은 테스토스테론의 분비가 증가된다.

③ 인지적 반응속도가 최고조에 달한다.

④ 외부세계에 쏟았던 에너지가 자신의 내부로 향한다.

⑤ 친밀감 형성이 주요 과업이며 사회관계망이 축소된다.

---

1 2 3

39 중년기(40~64세)에 관한 설명으로 옳은 것은?
[20회]

① 펙(R. Peck)은 신체 중시로부터 신체 초월을 중년기의 중요한 발달과제로 보았다.

② 결정성(Crystallized) 지능은 감소하고 유동성(Fluid) 지능은 증가한다.

③ 융(C. Jung)에 따르면, 외부세계에 쏟았던 에너지를 자신의 내부에 초점을 두며 개성화의 과정을 경험한다.

④ 여성은 에스트로겐의 분비가 감소되고 남성은 테스토스테론의 분비가 증가된다.

⑤ 갱년기는 여성만이 경험하는 것으로 신체적 변화와 동시에 우울, 무기력감 등 심리적 증상을 동반한다.

---

40 중년기(40~64세)에 관한 설명으로 옳지 않은 것은? [19회]

① 혼(J. Horn)은 유동적 지능은 증가하는 반면, 결정적 지능은 감소한다고 하였다.
② 레빈슨(D. Levinson)은 성인 초기의 생애구조에 대한 평가, 중년기에 대한 가능성 탐구, 새로운 생애구조 설계를 위한 선택 등을 과업으로 제시하였다.
③ 굴드(R. Gould)는 46세 이후에 그릇된 가정을 모두 극복하고 진정한 자아를 찾는 시기라고 하였다.
④ 에릭슨(E. Erikson)은 생산성 대 침체성의 시기라고 하였다.
⑤ 융(C. Jung)은 중년기에 관한 구체적인 개념을 발전시킨 학자이다.

41 중년기(성인 중기, 40~64세)에 관한 설명으로 옳지 않은 것은? [18회]

① 에릭슨의 생산성 대 침체성의 단계에 해당된다.
② 아들러는 외부에 쏟았던 에너지를 자기 내부로 돌리며 개성화 과정을 경험한다고 본다.
③ 결정성 지능은 계속 증가하지만 유동성 지능은 감소한다고 본다.
④ 성인병 같은 다양한 신체적 질환이 많이 나타나고 갱년기를 경험한다.
⑤ 남성은 테스토스테론이, 여성은 에스트로겐의 분비가 감소되는 호르몬의 변화과정을 겪는다.

42 중장년기(36~64세)의 특성으로 옳은 것을 모두 고른 것은? [17회]

| ㄱ. 생산성 대 침체성 | ㄴ. 전인습적 도덕성 |
| ㄷ. 빈둥지 중후군 | ㄹ. 개성화 |

① ㄱ, ㄹ
② ㄴ, ㄷ
③ ㄱ, ㄷ, ㄹ
④ ㄴ, ㄷ, ㄹ
⑤ ㄱ, ㄴ, ㄷ, ㄹ

43 중년기에 경험하는 갱년기 증상에 관한 설명으로 옳지 않은 것은? [16회]

① 여성은 안면홍조와 수면장애 등의 증상을 경험하며, 폐경으로 가임기가 끝나게 된다.
② 신체적 변화뿐만 아니라 우울, 무기력감 등 심리적 증상을 동반하게 된다.
③ 남성은 성기능 저하 및 성욕감퇴를 경험하지만 생식능력은 있다.
④ 여성의 경우 에스트로겐의 분비가 감소되며 남성의 경우 테스토스테론의 분비가 감소된다.
⑤ 결정성(Crystallized) 지능은 감소하고 유동성(Fluid) 지능이 증가하는 인지변화를 경험한다.

유형 08 노년기 빈출도 ★★★

대표문제

노년기(65세 이상)에 관한 설명으로 옳지 않은 것은?
[21회]

① 주요 과업은 이제까지의 자신의 삶을 수용하는 것이다.
② 생에 대한 회상이 증가하고 사고의 융통성이 증가한다.
③ 친근한 사물에 대한 애착이 많아진다.
④ 치매의 발병 가능성이 다른 연령대에 비해 높아진다.
⑤ 내향성이 증가한다.

해설

생에 대한 회상이 증가하지만 조심성의 증가로 융통성은 증가하지 않는다.

답 ②

44 다음이 설명하는 퀴블러-로스(E. Kübler-Ross)의 죽음과 상실에 대한 심리적 단계는? [19회]

> 요양병원에 입원하고 있는 A씨는 간암 말기 진단을 받았다. 그는 자신이 죽는다는 것을 인정하고, 가족들이 받게 될 충격을 최소화하기 위해 만남과 헤어짐, 죽음, 추억 등의 이야기를 나누며 시간을 보내고 있다.

① 부정(Denial)
② 분노(Rage and Anger)
③ 타협(Bargaining)
④ 우울(Depression)
⑤ 수용(Acceptance)

45 노년기(65세 이상)에 관한 설명으로 옳지 않은 것은? [19회]

① 분리이론은 노년기를 노인 개인과 사회가 동시에 상호분리를 시작하는 시기로 보는 이론이다.
② 활동이론은 노년기를 잘 보내기 위해서는 은퇴와 같은 종결되는 역할들을 대치할 수 있는 활동을 발견하는 것이 중요하다는 이론이다.
③ 에릭슨(E. Erikson)은 노년기의 발달과제로 자아통합이 중요하다고 주장하였다.
④ 퀴블러-로스(E. Kübler-Ross)는 죽음과 상실에 대한 심리적 5단계를 제시하였다.
⑤ 펙(R. Peck)의 발달과업이론은 생애주기를 중년기와 노년기로 구분하여 설명하였다.

46 노년기(성인 후기 65세 이상)에 관한 설명으로 옳지 않은 것은? [18회]

① 시각, 청각, 미각 등의 감각기능이 약화되고, 생식기능 또한 점차 약화된다.
② 퀴블러-로스(E. Kübler-Ross)는 인간이 죽음에 적응하는 5단계 중 마지막 단계를 타협단계라고 하였다.
③ 신체변화에 대한 적응, 인생에 대한 평가, 역할 재조정, 죽음에 대한 대비 등이 주요 발달과업이다.
④ 에릭슨(E. Erikson)은 자아통합을 이루지 못하면 절망감을 느낀다고 보았다.
⑤ 신장기능이 저하되어 신장질환에 걸릴 가능성이 증가하고, 방광이나 요도기능의 저하로 야간에 소변보는 횟수가 증가한다.

47 퀴블러-로스(E. Kübler-Ross)의 죽음에 이르는 5단계에 관한 설명으로 옳지 않은 것은? [17회]

① 1단계 : 죽음을 사실로 받아들이지 않고 부정한다.
② 2단계 : 주변 사람들에게 화를 내며 분노한다.
③ 3단계 : 죽음의 연기를 위해 특정 대상과 타협을 시도한다.
④ 4단계 : 의사의 오진이라고 생각하며 죽음을 회피한다.
⑤ 5단계 : 죽음을 수용하고 임종을 준비한다.

48 퀴블러-로스(E. Kübler-Ross)가 제시한 '죽음의 직면단계'에 포함되지 않는 것은? [15회]

① 부정　　　　② 자학
③ 타협　　　　④ 우울
⑤ 분노

대표문제

생애주기와 발달적 특징의 연결로 옳지 않은 것은?

[22회]

① 영아기(0~2세) – 애착발달
② 아동기(7~12세) – 자아정체감 확립
③ 청소년기(13~19세) – 제2차 성징의 발달
④ 중년기(40~64세) – 신진대사의 저하
⑤ 노년기(65세 이상) – 내향성과 수동성의 증가

해설
자아정체감을 확립하는 시기는 청소년기(13~19세)이다. 아동기(7~12세)에는 근면성으로 능력이 향상된다.

답 ②

|1|2|3|

49 생애주기별 특징으로 옳은 것을 모두 고른 것은?

[21회]

> ㄱ. 유아기(3~6세)는 성역할을 인식하기 시작한다.
> ㄴ. 아동기(7~12세)는 자기중심성을 보이며 자신의 시각에서 사물을 본다.
> ㄷ. 성인기(20~35세)는 신체적 기능이 최고조에 달하며 이 시기를 정점으로 쇠퇴하기 시작한다.
> ㄹ. 노년기(65세 이상)는 단기기억보다 장기기억의 감퇴 속도가 느리다.

① ㄱ, ㄴ
② ㄱ, ㄹ
③ ㄴ, ㄷ
④ ㄱ, ㄷ, ㄹ
⑤ ㄴ, ㄷ, ㄹ

|1|2|3|

50 생애주기에 따른 주요 발달과업의 연결이 옳은 것을 모두 고른 것은?

[20회]

> ㄱ. 영아기(0~2세) – 신뢰감, 애착형성
> ㄴ. 청소년기(13~19세) – 생산성, 서열화
> ㄷ. 노년기(65세 이상) – 자아통합, 죽음수용

① ㄱ
② ㄴ
③ ㄱ, ㄴ
④ ㄱ, ㄷ
⑤ ㄴ, ㄷ

|1|2|3|

51 인생주기별 특징에 관한 설명으로 옳지 않은 것은?

[19회]

① 영아기(0~2세)에는 주 양육자와의 안정된 정서적 신뢰관계가 다른 사람이나 사물과의 관계를 형성하는 데 영향을 미치고 이후의 사회적 발달의 밑바탕이 된다.
② 유아기(3~6세)는 사물을 정신적으로 표상할 수 있는 능력이 발달하여 가상놀이를 즐기며, 이는 사회정서발달에 영향을 미친다.
③ 아동기(7~12세)는 또래 친구들과 함께 많은 시간을 보내면서 정서 및 사회적 발달에 영향을 받아 도당기라고도 한다.
④ 청소년기(13~19세)는 또래집단의 지지를 더 선호함으로써 부모로부터 독립하려는 경향을 보인다.
⑤ 노년기(65세 이상)는 생물학적으로 노화를 경험하는 시기이면서 경제적으로 안정된 시기이므로 심리적 위기를 경험하지 않는다.

|1|2|3|

52 생애주기에 따른 주요 발달과업의 연결이 옳은 것은?

[17회]

① 영아기(0~2세) : 대상영속성, 자율적 도덕성
② 아동기(7~12세) : 근면성, 보존개념
③ 청소년기(13~19세) : 자아정체감, 분류화
④ 청년기(20~35세) : 친밀감, 서열화
⑤ 중장년기(36~64세) : 자아통합, 노부모 부양

53 연령별 발달과업에 관한 설명으로 옳은 것을 모두 고른 것은? [16회]

> ㄱ. 영아기(0~2세) : 사물이 눈에 보이지 않아도 존재하고 있음을 아는 대상영속성(Object Permanence)이 습득된다.
> ㄴ. 유아기(3~6세) : 콜버그(L. Kohlberg)의 도덕발달단계에서 착한 아이를 지향하여 다른 사람의 인정이나 사회규범을 따르는 인습적 수준에 해당된다.
> ㄷ. 아동기(7~12세) : 보존개념을 획득하며 분류와 조합개념이 점차 발달한다.
> ㄹ. 노년기(65세 이상) : 죽음과 상실에 대한 심리적 반응으로 퀴블러─로스(Kübler─Ross)가 제시한 부정─분노─타협─우울─수용 과정을 경험할 수 있다.

① ㄱ, ㄴ   ② ㄷ, ㄹ

③ ㄱ, ㄷ, ㄹ   ④ ㄴ, ㄷ, ㄹ

⑤ ㄱ, ㄴ, ㄷ, ㄹ

유형 01 일반체계이론

빈출도 ★★★

대표문제

체계이론에 관한 설명으로 옳지 않은 것은? [22회]

① 넥엔트로피(Negentropy)란 체계를 유지하고, 발전을 도모하고, 생존하는 것을 의미한다.
② 항상성(Homeostasis)은 비교적 안정적으로 균형상태를 유지하기 위한 체계의 경향을 말한다.
③ 경계(Boundary)는 체계를 외부 환경과 구분 짓는 둘레를 말한다.
④ 다중종결성(Multifinality)은 서로 다른 경로와 방법을 통해 같은 결과에 도달할 수 있음을 말한다.
⑤ 부적 환류(Negative Feedback)는 체계가 목적 달성이 어려운 방식으로 움직이고 있다는 정보를 제공하여 체계의 변화를 도모한다.

|해설|

다중종결성은 유사한 조건이라도 각기 다른 결과를 초래하는 경우를, 동등종결성은 서로 다른 조건이라도 유사한 결과를 초래하는 경우를 의미한다.

답 ④

□②③
01 체계로서의 지역사회에 관한 설명으로 옳은 것을 모두 고른 것은? [22회]

ㄱ. 지역을 중심으로 형성된 공동체적 특징을 지닌다.
ㄴ. 구성원에게 사회규범에 순응하도록 규제하는 사회통제의 기능을 지닌다.
ㄷ. 사회가 향유하는 지식, 가치 등을 구성원에게 전달하는 기능을 지닌다.
ㄹ. 외부와 상호작용을 통하여 엔트로피(Entropy) 상태를 유지하는 것이 필요하다.

① ㄱ
② ㄱ, ㄴ
③ ㄱ, ㄴ, ㄷ
④ ㄴ, ㄷ, ㄹ
⑤ ㄱ, ㄴ, ㄷ, ㄹ

□②③
02 다음에 해당하는 개념으로 옳은 것은? [22회]

• 한 체계에서 일부가 변화하면 그 변화가 체계의 나머지 부분들의 변화를 초래하게 되는 개념을 말한다.
• 예시로는 회사에서 간부 직원이 바뀌었을 때, 파생적으로 나타나는 조직의 변화 및 직원 역할의 변화 등을 들 수 있다.

① 균형(Equilibrium)
② 호혜성(Reciprocity)
③ 안정상태(Steady State)
④ 항상성(Homeostasis)
⑤ 적합성(Goodness of Fit)

□②③
03 생태체계이론의 주요 개념에 관한 설명으로 옳은 것은? [21회]

① 시너지는 폐쇄체계 내에서 체계 구성요소들 간 유용한 에너지의 증가를 의미한다.
② 엔트로피는 체계 내 질서, 형태, 분화 등이 정돈된 상태이다.
③ 항상성은 모든 사회체계의 기본 속성으로 체계의 목표와 정체성을 유지하려는 의도적 노력에 의해 수정된다.
④ 피드백은 체계의 순환적 성격을 반영하는 개념으로 안정상태를 유지하는 데 필요하다.
⑤ 적합성은 인간의 적응욕구와 환경자원의 부합 정도로서 특정 발달단계에서 성취된다.

04 사회체계이론의 주요 개념에 관한 설명으로 옳지 않은 것은? [20회]

① 넥엔트로피(Negentropy)는 폐쇄체계가 지속되면 나타나는 현상이다.
② 항상성(Homeostasis)은 비교적 안정적이며 지속적인 균형상태를 유지하기 위한 체계의 경향을 말한다.
③ 시너지(Synergy)는 체계 내부 간 혹은 외부와의 상호작용이 증가함으로써 체계 내에서 유용한 에너지양이 증가하는 현상이다.
④ 경계(Boundary)란 체계와 환경 혹은 체계와 체계 간을 구분하는 일종의 테두리를 의미한다.
⑤ 균형(Equilibrium)은 외부체계로부터의 투입이 없어 체계의 구조변화가 거의 없이 고정된 평형상태를 의미한다.

05 체계이론의 개념에 관한 설명으로 옳은 것을 모두 고른 것은? [19회]

> ㄱ. 균형(Equilibrium) : 환경과 상호작용하기 위하여 체계의 구조를 변화시키는 과정 또는 상태
> ㄴ. 넥엔트로피(Negentropy) : 체계 내부의 유용하지 않은 에너지가 감소되는 상태
> ㄷ. 공유영역(Interface) : 두 개 이상의 체계가 공존하는 부분으로 체계 간의 교류가 일어나는 장소
> ㄹ. 홀론(Holon) : 외부와의 상호작용으로 체계 내의 에너지가 증가하는 현상 또는 상태

① ㄱ
② ㄱ, ㄹ
③ ㄴ, ㄷ
④ ㄴ, ㄷ, ㄹ
⑤ ㄱ, ㄴ, ㄷ, ㄹ

06 사회체계이론의 개념 중 체계 내부 간 또는 체계 외부와의 상호작용이 증가함으로써 체계 내의 에너지 양이 증가하는 것을 의미하는 것은? [18회]

① 엔트로피
② 시너지
③ 항상성
④ 넥엔트로피
⑤ 홀론

07 다양한 사회체계에 관한 설명으로 옳은 것은? [17회]

① 조직의 경계 속성은 조직의 유지 및 변화와 관련이 없다.
② 가족체계 내 반복적 상호작용은 구성원들의 행동에 영향을 미치지 않는다.
③ 집단체계의 전체는 하위체계인 개개인의 고유한 특성의 총합과 동일하다.
④ 지역사회는 완전개방체계의 속성을 유지한다.
⑤ 가상공간은 시공을 초월하여 새로운 공동체 형성을 가능하게 한다.

08 사회체계이론의 주요 개념에 관한 설명으로 옳은 것을 모두 고른 것은? [17회]

> ㄱ. 폐쇄체계가 지속되면 엔트로피 속성이 나타난다.
> ㄴ. 환류는 정보의 투입에 대한 반응으로 일종의 적응기제이다.
> ㄷ. 항상성은 외부체계로부터 투입이 없어 체계의 구조변화가 고정된 평형상태를 말한다.
> ㄹ. 체계는 부분성과 전체성을 동시에 가지며 위계질서가 존재하는 경우가 많다.

① ㄱ, ㄴ
② ㄷ, ㄹ
③ ㄱ, ㄴ, ㄹ
④ ㄱ, ㄷ, ㄹ
⑤ ㄱ, ㄴ, ㄷ, ㄹ

1 2 3

09 체계이론에서 다음에 해당하는 개념으로 옳은 것은?　　　　　　　　　　　　　　[16회]

> 외부환경과 에너지의 상호교환이 이루어지지 않은 채 고립되어, 다른 체계로부터 투입도 없고 다른 체계로 산출도 전하지 못하는 체계이다.

① 경계　　　　　　② 폐쇄체계
③ 홀론　　　　　　④ 다중종결성
⑤ 개방체계

1 2 3

10 사회체계이론의 주요 개념에 관한 설명으로 옳은 것은?　　　　　　　　　　　　　　[15회]

① 시너지(Synergy)는 폐쇄체계의 특징과 관련이 있다.
② 안정상태(Steady State)는 환경과의 상호작용에서 부분들 간의 관계를 유지하기 위하여 에너지를 계속적으로 사용하는 상태를 의미한다.
③ 항상성(Homeostasis)은 시스템에서 위기가 왔을 때 불균형을 유지하려는 경향을 말한다.
④ 균형(Equilibrium)은 주로 개방체계에서 나타나며 외부로부터 새로운 에너지를 투입하여 변화시키려 노력하는 속성이다.
⑤ 피드백(Feedback)은 체계 구성 간의 상호작용이 증가함에 따라 유용한 에너지가 감소하는 상태를 의미한다.

유형 02 생태학적 이론　　　　　　　빈출도 ★★★

대표문제

생태체계이론의 유용성에 관한 설명으로 옳지 않은 것은?　　　　　　　　　　　　　[21회]
① 문제에 대한 총체적 이해와 조명을 제공된다.
② 각 체계들로부터 다양하고 객관적인 정보획득이 용이하다.
③ 각 환경 수준별 개입의 근거를 제시한다.
④ 구체적인 방법과 기술 제시에는 한계가 있다.
⑤ 개인보다 가족, 집단, 공동체 등의 문제에 적용하는 데 유용하다.

| 해설 |

생태체계이론은 인간을 이해할 때 인간을 둘러싸고 있는 환경 속에서 이해하고 인간과 환경 간의 상호작용뿐 아니라 인간과 환경에 미치는 영향을 강조하며, 단순한 인과관계의 규명이 아니라 복잡한 인간과 환경 간의 불확정된 상호교류에 관심이 있다. 즉, 생태체계이론은 가족, 집단, 공동체 등의 문제에 적용하는 것보다 개인의 문제에 적용하는 것이 더 유용하다.

답 ⑤

1 2 3

11 생태체계이론에 관한 설명으로 옳지 않은 것은?　　　　　　　　　　　　　　[20회]

① 인간은 목적 지향적이다.
② 적합성은 개인이 환경과 효과적으로 상호작용을 할 수 있는 능력이다.
③ 생활상의 문제는 전체 생활공간 내에서 이해해야 한다.
④ 스트레스는 개인과 환경 간 상호교류에서의 불균형이 야기하는 현상이다.
⑤ 환경 속의 인간을 강조한다.

⑤ 개인의 심리역동적 변화의지 향상에 초점을 둔다.

12 생태학 이론에 관한 설명으로 옳지 않은 것을 모두 고른 것은? [19회]

> ㄱ. 인간과 환경을 서로 영향을 주고받는 단일체계로 간주한다.
> ㄴ. 인간본성에 대한 정신적 · 환경적 결정론을 이론적 바탕으로 한다.
> ㄷ. 성격을 개인과 환경 사이의 상호교류의 산물로 이해한다.
> ㄹ. 타인과 관계를 맺는 인간의 능력은 환경과의 상호작용을 통하여 후천적으로 습득된다고 전제한다.

① ㄷ   ② ㄱ, ㄷ
③ ㄴ, ㄹ   ④ ㄱ, ㄴ, ㄹ
⑤ ㄱ, ㄴ, ㄷ, ㄹ

① ② ③

13 생태학적 이론에 관한 설명으로 옳지 않은 것은? [18회]

① 개인을 환경과 상황 속에서 이해한다.
② 성격은 개인과 환경 사이의 상호작용이 산물이다.
③ 적합성은 인간의 욕구와 환경자원이 부합되는 정도를 말한다.
④ 생활상의 문제는 전체적 생활공간 내에서 이해한다.
⑤ 환경과의 상호작용에서 인간은 수동적인 존재로 본다.

① ② ③

14 생태체계이론이 사회복지실천에 유용한 점으로 옳지 않은 것은? [17회]

① 전체 체계를 고려하여 문제를 이해한다.
② 클라이언트와 사회복지사 간의 상호교류를 중시한다.
③ 각 체계들로부터 풍부한 정보의 획득이 가능하다.
④ 환경적 수준에 개입하는 근거를 제시한다.

① ② ③

15 생태학의 주요 개념에 해당하는 것은? [17회]

① 무의식 결정론
② 자아실현 경향성
③ 단선적 인과론
④ 개인의 창조적 힘
⑤ 개인 – 환경 간의 적합성

① ② ③

16 생태체계이론에 관한 설명으로 옳은 것을 모두 고른 것은? [16회]

> ㄱ. 체계이론과 생태학적 관점을 통합한다.
> ㄴ. 인간과 환경은 분리할 수 없으며 동시에 고려해야 한다.
> ㄷ. 적합성(Goodness – of – Fit)이란 체계가 균형을 위협받았을 때 이를 회복하려는 경향을 말한다.
> ㄹ. 실천과정의 사정(Assessment)단계에 유용하게 활용된다.

① ㄱ, ㄷ   ② ㄴ, ㄷ
③ ㄷ, ㄹ   ④ ㄱ, ㄴ, ㄹ
⑤ ㄱ, ㄴ, ㄷ, ㄹ

① ② ③

17 생태학적 이론에 관한 설명으로 옳지 않은 것은? [15회]

① 인간과 환경의 지속적인 상호작용을 강조한다.
② 인간의 병리적인 관점을 강조한다.
③ 적합성이란 인간의 욕구와 환경자원이 부합되는 정도를 말한다.
④ 인간은 자신의 요구에 맞게 환경을 만들어내기도 한다.
⑤ 인간의 생활상의 문제는 전체 생활공간 내에서 이해한다.

유형 03 **브론펜브레너의 생태학적 체계이론** 빈출도 ★★★

대표문제

브론펜브레너(U. Bronfenbrenner)의 생태체계이론에서 다음에 해당하는 개념으로 옳은 것은?

[22회]

- 전 생애에 걸쳐 발생하는 변화와 사회역사적인 환경을 포함한다.
- 인간의 생에 단일 사건뿐 아니라 시간의 경과와 함께 연속적으로 일어나는 사건들이 누적되어 영향을 미친다는 것을 보여주고 있다.

① 미시체계(Micro System)
② 외체계(Exo System)
③ 거시체계(Macro System)
④ 환류체계(Feedback System)
⑤ 시간체계(Chrono System)

해설

시간체계(Chrono System)는 개인의 전 생애에 걸쳐 일어나는 변화와 역사적인 환경을 포함하는 체계로 시간에 따라 변화한다. 한 개인이 성장하고 죽음에 이르기까지 경험하게 되는 생활 사건을 포함한다.

답 ⑤

18 생태체계이론의 중간체계(Meso System)에 관한 설명으로 옳은 것은? [22회]

① 미시체계 간의 상호작용에 초점을 둔다.
② 개인이 직접적으로 대면하는 체계를 의미한다.
③ 신념, 태도, 전통 등을 통해 영향력을 행사한다.
④ 대표적인 중간체계로 가족과 집단을 들 수 있다.
⑤ 문화, 정치, 사회, 법, 종교 등이 해당된다.

19 브론펜브레너(U. Bronfenbrenner)의 사회환경체계에 관한 설명으로 옳은 것은? [21회]

① 문화, 정치, 교육정책 등 거시체계는 개인의 삶에 직접적이고 강력한 영향을 미친다.

② 인간을 둘러싼 사회환경을 미시체계, 중간체계, 내부체계, 거시체계로 구분했다.
③ 중간체계는 상호작용하는 둘 이상의 미시체계 간의 관계로 구성된다.
④ 내부체계는 개인이 직접 참여하거나 관여하지는 않으나 개인에게 영향을 미치는 체계로 부모의 직장 등이 포함된다.
⑤ 미시체계는 개인이 새로운 환경으로 이동할 때마다 형성되거나 확대된다.

20 브론펜브레너(U. Bronfenbrenner)의 거시체계(Macro System) 수준에서 학교폭력 피해 청소년에게 개입한 사례는? [20회]

① 피해 청소년과 개별 상담을 실시한다.
② 피해 청소년의 성장사와 가족력 등을 파악한다.
③ 피해 청소년 부모의 근무 환경, 소득 등을 살펴본다.
④ 피해 청소년이 다시 피해를 입지 않도록 학교폭력에 대한 처벌을 강화하는 특별법을 제정한다.
⑤ 피해 청소년의 부모, 교사, 사회복지사가 함께 피해 청소년 보호를 위한 구체적 방법을 정기적으로 의논한다.

21 브론펜브레너(U. Bronfenbrenner)의 미시체계(Micro System)에 관한 설명으로 옳은 것은? [20회]

① 개인의 생활에 직접적으로 개입하지 않는다.
② 조직수준에서 영향을 미칠 수 있는 체계이다.
③ 개인의 성장 시기에 따라 달라지며 상호 호혜성에 기반을 두는 체계이다.
④ 개인의 발달에 영향을 미치는 부모의 직업, 자녀의 학교 등을 중시한다.
⑤ 개인이 사회관습과 유행을 통해 자신의 가치관을 표현한다.

22 브론펜브레너(U. Bronfenbrenner)의 거시체계 (Macro System)에 관한 설명으로 옳은 것은? [19회]

① 가족 체계를 구성하는 요소는 개인이다.
② 역사적·사회적·문화적 요인에 의해서 형성되고 수정되는 특성이 있다.
③ 개인이 가장 밀접하게 상호작용하는 사회적·물리적 환경을 말한다.
④ 개인, 가족, 이웃, 소집단, 문화를 의미한다.
⑤ 인간의 삶과 행동에 일방적인 영향을 미친다.

23 브론펜브레너(U. Bronfenbrenner)의 생태체계이론에 관한 설명이다. ( )의 내용으로 옳은 것은? [19회]

> • (ㄱ)는 개인이 참여하는 둘 이상의 미시체계 간의 상호작용으로서, 미시체계 간의 연결망을 의미한다.
> • (ㄴ)는 개인이 직접 참여하고 있지는 않지만, 그 개인의 발달에 영향을 주는 사회적 환경을 의미한다.

① ㄱ : 외체계, ㄴ : 중간체계
② ㄱ : 미시체계, ㄴ : 외체계
③ ㄱ : 중간체계, ㄴ : 외체계
④ ㄱ : 미시체계, ㄴ : 중간체계
⑤ ㄱ : 중간체계, ㄴ : 미시체계

24 거시체계에 관한 설명으로 옳은 것은? [16회]

① 개인을 의미한다.
② 가족, 소집단, 이웃이 포함된다.
③ 국가, 사회제도가 포함된다.
④ 미시체계 간의 연결망을 의미한다.
⑤ 인간의 삶과 행동에 일방적인 영향을 미친다.

25 브론펜브레너의 중간체계에 관한 설명으로 옳지 않은 것은? [17회]

① 미시체계 간의 상호작용으로 구성된다.
② 개인이 새로운 환경으로 이동할 때마다 형성되거나 변화된다.
③ 개인이 다양한 역할을 동시에 수행한다는 의미가 내포된다.
④ 신념, 태도, 문화를 통해 인간에게 간접적으로 강력한 영향력을 행사한다.
⑤ 여러 미시체계가 각기 다른 가치관을 표방할 때 잠재적 갈등의 위험이 따른다.

PART
01

사
회
복
지
기
초

유형 01 **가족** 　　빈출도 ★☆☆

대표문제

개방형 가족체계에 관한 설명으로 옳은 것은? [18회]
① 외부체계와의 상호작용을 하지 않는다.
② 체계 내의 가족기능은 쇠퇴하게 된다.
③ 에너지, 정보, 자원을 다른 체계들과 교환한다.
④ 주변 환경으로부터 고립되어 있다.
⑤ 지역사회와의 교류가 제한된다.

│해설│
③ 개방형 가족체계는 에너지의 흐름이 자유로운 넥엔트로피가 특징이며, ①, ②, ④, ⑤는 폐쇄형 가족체계에서 나오는 엔트로피에 대한 설명이다.

답 ③

---

1 2 3
01 개방형 가족체계에 관한 설명으로 옳은 것을 모두 고른 것은? [15회]

> ㄱ. 가족 체계 내 엔트로피 상태가 지속된다.
> ㄴ. 외부로부터 정보를 통해 체계의 기능을 발전시킨다.
> ㄷ. 지역사회와의 교류가 활발하다.
> ㄹ. 투입과 산출이 거의 없는 상태이다.

① ㄱ, ㄴ
② ㄱ, ㄷ
③ ㄴ, ㄷ
④ ㄱ, ㄷ, ㄹ
⑤ ㄴ, ㄷ, ㄹ

유형 02 **집단** 　　빈출도 ★★☆

대표문제

집단에 관한 설명으로 옳은 것은? [18회]
① 일차집단은 목적 달성을 위해 인위적으로 만들어진 집단이다.
② 이차집단은 혈연이나 지연을 바탕으로 자연발생적으로 이루어진 집단이다.
③ 자연집단은 특정위원회나 팀처럼 일정한 목적을 갖는 것이 특징이다.
④ 자조집단은 유사한 어려움과 관심사를 가진 구성원들의 경험을 나누며 바람직한 변화를 추구한다.
⑤ 개방집단은 집단이 진행되는 동안 새로운 구성원의 입회가 불가능하다.

│해설│
④ 자조집단은 스스로 해결하기 어려운 문제를 구성원들의 도움으로 해결하는 것을 목적으로 하는 집단이다.

① 목적 달성을 위해 인위적으로 만들어진 집단은 이차집단이다.
② 혈연이나 지연을 바탕으로 자연발생적으로 이루어진 집단은 일차집단이다.
③ 특정위원회나 팀처럼 일정한 목적을 갖는 것이 특징인 집단은 과업집단이다.
⑤ 집단이 진행되는 동안 새로운 구성원의 입회가 불가능한 집단은 폐쇄집단이다.

답 ④

---

1 2 3
02 집단에 관한 설명으로 옳은 것은? [21회]
① 2차집단은 인간의 성격형성을 목적으로 한다.
② 개방집단은 구성원의 개별화와 일정 수준 이상의 심도 깊은 목적 달성에 적합하다.
③ 구성원의 상호작용이 중요하므로 최소 단위는 4인 이상이다.

④ 형성집단은 특정 목적 없이 만들 수 있다.

⑤ 집단활동을 통해 집단에 관한 정체성인 '우리 의식'이 형성된다.

1 2 3

03 집단의 구성 동기에 따른 유형과 그 예가 올바르게 연결된 것을 모두 고른 것은? [16회]

> ㄱ. 자연 집단(Natural Group) – 또래집단
> ㄴ. 1차 집단(Primary Group) – 과업집단
> ㄷ. 형성 집단(Formed Group) – 치료집단
> ㄹ. 2차 집단(Secondary Group) – 이웃

① ㄱ, ㄹ
② ㄱ, ㄷ
③ ㄴ, ㄹ
④ ㄴ, ㄷ, ㄹ
⑤ ㄱ, ㄴ, ㄷ, ㄹ

유형 03 문화 빈출도 ★★★

대표문제

다문화에 관한 설명으로 옳지 않은 것은? [21회]

① 대표적인 사회문제로 인종차별이 있다.
② 다양한 문화를 수용하고 문화의 단일화를 지향한다.
③ 서구화, 근대화, 세계화는 다문화의 중요성을 표면으로 부상시켰다.
④ 동화주의는 이민을 받는 사회의 문화적 우월성을 전제로 한다.
⑤ 용광로 개념은 동화주의와 관련이 있다.

│해설│

다문화는 이민자집단이나 소수민족의 정체성이 공존하는 것을 의미하는 것으로 이주노동자, 결혼이민자, 북한이탈주민 등의 문화를 인정하는 것인데, 모든 문화를 인정하지 않아 인종차별이 생긴다. 동화는 모국의 문화적 가치는 유지하지 않은 상태에서 주류사회의 관계만 인정하는 것으로 이민을 받는 사회의 문화적 우월성을 전제로 한다. 또한 용광로 이론은 다양한 문화를 가진 사람들이 섞여 하나의 동일한 문화를 만들어가는 것으로 동화주의와 관련이 있다.
② 다문화는 다양한 문화를 수용하고 그 문화를 인정하는 것이지 문화의 단일화를 지향하는 것은 아니다.

답 ②

1 2 3

04 문화에 관한 설명으로 옳은 것은? [21회]

① 선천적으로 습득된다.
② 개인행동에 대한 규제와 사회통제의 기능은 없다.
③ 고정적이며 구체적이다.
④ 다른 사회의 구성원과 구별되는 공통적 속성이 있다.
⑤ 다양성은 차별을 의미한다.

1 2 3

05 문화에 관한 설명으로 옳지 않은 것은? [20회]

① 사회체계로서 중간체계에 해당된다.
② 사회 구성원들 간에 공유된다.
③ 문화변용은 둘 이상의 문화가 지속적으로 접촉하여 한쪽이나 양쪽에 변화가 일어나는 현상이다.
④ 세대 간에 전승되며 축적된다.
⑤ 사회화에 대한 지침을 제공한다.

1 2 3

06 사회체계로서 문화에 관한 설명으로 옳은 것은? [17회]

① 미시체계에 해당된다.
② 후천적으로 습득되기보다는 타고나는 것이다.
③ 구성원 간 공유되는 생활양식으로 다른 사회 구성원과 구별된다.
④ 규범적 문화는 종교적 신념, 신화, 사상 등으로 구성된다.
⑤ 문화는 외부의 요구와 무관하게 고정되어 있다.

① ② ③

07 문화와 관련된 내용으로 옳은 것은?　　[16회]

　① 관념문화에는 법과 관습이 포함된다.

　② 물질문화에는 신화와 전설이 포함된다.

　③ 문화는 중간체계로서 개인에게 영향을 미친다.

　④ 비물질문화에는 관념문화와 규범문화가 포함된다.

　⑤ 규범문화에는 종교적 신념과 과학적 진리가 포함된다.

① ② ③

08 문화에 관한 설명으로 옳은 것은?　　[15회]

　① 동화(Assimilation)는 원문화의 가치를 유지하면서 주류사회의 문화에 소극적으로 참여하는 유형이다.

　② 인간행동에 영향을 주는 미시체계이다.

　③ 개인의 생리적 욕구와 심리적 욕구 충족에 영향을 준다.

　④ 예술, 도덕, 제도 등이 각기 독립적으로 존재하며, 서로 영향을 주지 않는다.

　⑤ 지속적으로 누적되기 때문에 항상 같은 형태를 지닌다.

CHAPTER 02

사회복지조사론

 2024년 출제경향

항목	비율
과학	8%
사회복지조사방법의 형태와 절차	12%
사회조사방법의 기본 개념	12%
척도 구성	12%
측정의 타당도와 신뢰도	8%
표본설계	12%
단일사례설계	4%
실험조사설계	12%
자료수집	8%
자료수집방법	0%
질적 연구	12%

유형 01 **과학적 조사**   빈출도 ★★☆

대표문제

과학적 지식의 특성에 관한 설명으로 옳은 것을 모두 고른 것은?   [22회]

> ㄱ. 경험적으로 검증 가능하여야 한다.
> ㄴ. 연구결과는 잠정적이며 수정될 수 있다.
> ㄷ. 연구자의 주관적 가치 판단이 연구과정이나 결론에 작용하지 않도록 객관성을 추구한다.
> ㄹ. 같은 절차를 다른 대상에 반복적으로 적용하여 같은 결과가 나오는지 검토할 수 있다.

① ㄱ, ㄷ   ② ㄴ, ㄹ
③ ㄱ, ㄴ, ㄷ   ④ ㄴ, ㄷ, ㄹ
⑤ ㄱ, ㄴ, ㄷ, ㄹ

해설

ㄱ. 경험적 검증 가능성 : 이론이나 경험에 근거하는 것이 아니라 지식이 현실에서 경험으로 검증이 가능해야 하는 것을 의미한다.
ㄴ. 수정 가능성 : 과학은 변하지 않는 것이 아니라 상황, 시대에 따라서 수정이 가능한 것을 의미한다.
ㄷ. 객관성 : 많은 사람들이 어떠한 대상의 지식을 습득하는 데 있어서 대상을 같게 인식하고 습득한 지식이 일치하는 것을 의미한다.
ㄹ. 간주관성 : 연구에 대한 주관적 동기가 다르더라도 같은 방법의 과학적 연구 과정이면 같은 결론을 얻을 수 있는 것을 의미한다.

답 ⑤

1 2 3
01 **사회과학의 특성에 관한 설명으로 옳지 않은 것은?**   [19회]

① 자연과학에 비해 인과관계에 대한 명확한 결론을 내리기 어렵다.

② 끊임없이 변화하는 사회현상을 규명한다.
③ 관찰대상물과 관찰자가 분명히 구분된다.
④ 인간의 행위를 연구대상으로 한다.
⑤ 사회문화적 특성의 영향을 받는다.

1 2 3
02 **사회과학과 사회복지학에 관한 설명으로 옳은 것을 모두 고른 것은?**   [19회]

> ㄱ. 사회복지학은 사회문제에 대처하기 위한 학문이다.
> ㄴ. 사회과학은 사회복지의 실천적 지식의 제공 및 이론적 발전에 기여할 수 있다.
> ㄷ. 사회복지학은 응용과학이 아닌 순수과학에 속한다.
> ㄹ. 사회복지학은 사회과학에 의해 발전된 개념들을 활용할 수 있다.

① ㄴ, ㄷ   ② ㄷ, ㄹ
③ ㄱ, ㄴ, ㄷ   ④ ㄱ, ㄴ, ㄹ
⑤ ㄱ, ㄷ, ㄹ

1 2 3
03 **과학적 방법에 관한 설명으로 옳지 않은 것은?**   [15회]

① 잠정적이지 않은 지식을 추구한다.
② 철학이나 신념보다는 이론에 기반한다.
③ 경험적인 증거에 기반하여 지식을 탐구한다.
④ 현상의 규칙성에 대한 관심이 높다.
⑤ 허위화(Falsification)의 가능성에 대해 개방적이어야 한다.

대표문제

과학철학에 관한 설명으로 옳지 않은 것은? [22회]

① 쿤(T. Kuhn)은 과학적 혁명에서 패러다임 전환을 제시하였다.
② 쿤(T. Kuhn)은 당대의 지배적 패러다임에서 벗어나지 않는 것을 정상과학이라고 지칭하였다.
③ 포퍼(K. Popper)는 쿤의 과학적 인식에 내재된 문제점을 극복하기 위하여 반증주의를 제시하였다.
④ 포퍼(K. Popper)의 반증주의는 연역법에 의존한다.
⑤ 포퍼(K. Popper)는 이론이란 증명되는 것이 아니라 반증되는 것이라고 하였다.

해설

포퍼(K. Popper)의 반증주의는 과학적 이론은 증명되는 것이 아니라 반증되는 것으로 과학이론은 검증될 수 없어도 반증될 수 있다고 보았고, 검증 가능한 것만 과학이라고 주장한 논리실증주의에 반기를 들었다. 기존이론과 상충되는 현상을 찾아 이론을 반증하는 과정을 거쳐 과학이 발달한다고 보았다.
③ 과학적 인식에 내재된 문제점을 극복하기 위한 것이 아니라 기존의 이론을 반증하기 위해 반증주의를 제시하였다.

답 ③

□1□2□3
04 사회과학의 패러다임에 관한 설명으로 옳지 않은 것은? [21회]

① 실증주의는 연구결과를 해석할 때 정치적 가치나 이데올로기의 영향을 적극적으로 고려한다.
② 해석주의는 삶에 관한 심층적이고 주관적인 이해를 얻고자 한다.
③ 비판주의는 사회변화를 목적으로 사회의 본질적이고 구조적 측면의 파악에 주목한다.
④ 후기실증주의는 객관적인 지식에 대한 직접적 확충은 불가능하다고 본다.
⑤ 포스트모더니즘은 객관적 실제와 진리의 보편적 기준을 거부한다.

□1□2□3
05 과학철학에 관한 설명으로 옳은 것은? [20회]

① 논리적 실증주의에 가장 큰 영향을 미친 사람은 영국의 철학자 흄(D. Hume)이다.
② 상대론적인 입장에서는 경험에 의한 지식의 객관성을 추구한다.
③ 쿤(T. Kuhn)에 의하면 과학은 기존의 이론과 상충되는 현상을 관찰하는 데서 출발하여 기존의 이론에 엄격한 검증을 행한다.
④ 반증주의는 누적적인 진보를 부정하면서 역사적 사실들과 더 잘 부합하는 새로운 패러다임을 제시하였다.
⑤ 논리적 경험주의는 과학의 이론들이 확률적으로 검증되는 관찰에 의해서만 정당화될 수 있다고 주장한다.

□1□2□3
06 실증주의의 특징과 가장 거리가 먼 것은? [20회]

① 이론의 재검증
② 객관적 조사
③ 사회현상의 주관적 의미에 대한 해석
④ 보편적이고 적용가능한 통계적 분석도구
⑤ 연구결과의 일반화

□1□2□3
07 후기실증주의 과학철학에 관한 설명으로 옳은 것은? [18회]

① 실증주의가 주장하는 연역주의에 대한 대안이다.
② 관찰대상이 인간과 무관하게 존재할 수 있다고 본다.
③ 지식의 본질은 잠정적, 확률적으로 본다.
④ 관찰의 이론 의존성을 부인한다.
⑤ 과학은 혁명적으로 변화한다고 본다.

① ② ③

08 실증주의에 관한 설명으로 옳지 않은 것은?

[17회]

① 인간행위를 예측할 수 있는 확률적 법칙을 강조한다.
② 과학과 비과학을 철저히 구분하려 한다.
③ 관찰결과의 일반화 가능성을 강조한다.
④ 연구결과를 잠정적인 지식으로 간주한다.
⑤ 사회적 행동을 행위자의 입장에서 이해하려 한다.

① ② ③

09 사회과학의 패러다임에 관한 설명으로 옳지 않은 것은?

[16회]

① 비판사회과학적 패러다임은 억압받는 집단의 권한을 강화하는 데에 관심을 둔다.
② 포스트모더니즘적 패러다임은 객관적 실재라는 개념을 신뢰한다.
③ 해석주의적 패러다임은 삶에 대한 주관적 의미에 관해 깊이 있게 탐구한다.
④ 실증주의적 패러다임은 경험적 관찰의 중요성을 강조한다.
⑤ 후기실증주의적 패러다임은 인간의 비합리적 행위도 합리적으로 설명할 수 있다고 본다.

① ② ③

10 쿤(T. Kuhn)의 과학적 패러다임에 관한 설명으로 옳지 않은 것은?

[16회]

① 현상에 대한 우리의 관점을 조직하는 근본적인 도식을 패러다임이라 한다.
② 과학은 지식의 누적에 의해 점진적으로 진보한다고 본다.
③ 학문 공동체의 사회적 성격이 과학이론 선택에 중요한 역할을 한다.
④ 상이한 과학적 패러다임은 실재의 본질에 대한 다른 입장을 반영한다.
⑤ 기존 패러다임의 위기가 명백해지면 새로운 패러다임으로 전환된다.

정답 및 해설 p.027

유형 01 사회복지조사방법의 형태
빈출도
★★★

대표문제

사회복지조사에 관한 설명으로 옳은 것을 모두 고른 것은?
[20회]

ㄱ. 사회복지관련 이론 개발에 사용된다.
ㄴ. 여론조사나 인구센서스 조사는 전형적인 탐색 목적의 조사연구이다.
ㄷ. 연구의 전 과정에서 결정주의적 성향을 지양해야 한다.
ㄹ. 조사범위에 따라 횡단연구와 종단연구로 나뉜다.

① ㄱ, ㄷ
② ㄴ, ㄹ
③ ㄱ, ㄴ, ㄷ
④ ㄴ, ㄷ, ㄹ
⑤ ㄱ, ㄴ, ㄷ, ㄹ

해설

ㄱ. 사회복지조사는 사회복지관련 이론 개발에 사용된다.
ㄷ. 과학의 특성에는 수정 가능성(과학은 변하지 않는 것이 아니라 상황이나 시대에 따라 수정이 가능하다)이 있어 연구의 전 과정에서 결정주의적 성향을 지양해야 한다.

ㄴ. 탐색 목적의 조사연구는 어떤 현상에 대하여 사전 지식이 없을 경우 탐색을 목적으로 하는 조사를 말한다.
ㄹ. 횡단연구와 종단연구는 시점에 따른 분류이다.

답 ①

---

① ② ③

01 다음에서 설명하는 조사유형을 바르게 짝지은 것은?
[22회]

ㄱ. 동일한 표본을 대상으로 시간을 달리하여 추적 관찰하는 연구
ㄴ. 일정연령이나 일정연령 범위 내 사람들의 집단이 조사대상인 종단연구

① ㄱ : 경향조사, ㄴ : 코호트(Cohort)조사
② ㄱ : 경향조사, ㄴ : 패널조사
③ ㄱ : 코호트(Cohort)조사, ㄴ : 경향조사
④ ㄱ : 패널조사, ㄴ : 경향조사
⑤ ㄱ : 패널조사, ㄴ : 코호트(Cohort)조사

① ② ③

02 종단연구(Longitudinal Study)에 관한 설명으로 옳은 것은?
[21회]

① 베이비붐 세대를 시간변화에 따라 연구하는 것은 추이연구(Trend Study)이다.
② 일정기간 센서스 자료를 비교하여 전국 인구의 성장을 추적하는 것은 동류집단연구(Cohort Study)이다.
③ 매번 동일한 집단을 관찰하는 연구는 패널연구(Panel Study)이다.
④ 시간에 따른 변화를 가장 정확하게 알려주는 것은 동류집단연구(Cohort Study)이다.
⑤ 일반 모집단의 변화를 시간변화에 따라 연구하는 것은 동류집단연구(Cohort Study)이다.

1 2 3

03 사회조사의 목적에 관한 설명으로 옳지 않은 것은?

[21회]

① 지난해 발생한 데이트 폭력사건의 빈도와 유형을 자세히 보고하는 것은 기술적 연구이다.
② 외상후스트레스로 퇴역한 군인을 위한 서비스개발의 가능성을 파악하기 위한 초기면접은 설명적 연구이다.
③ 사회복지협의회가 매년 실시하는 사회복지기관 통계조사는 기술적 연구이다.
④ 지방도시에 비해 대도시의 아동학대비율이 높은 이유를 보고하는 것은 설명적 연구이다.
⑤ 지역사회대상 설문조사를 통해 사회복지서비스의 만족도를 조사하는 것은 기술적 연구이다.

1 2 3

04 다음에서 설명하는 조사유형에 해당하는 것은?

[20회]

- 둘 이상의 시점에서 조사가 이루어진다.
- 동일대상 반복측정을 원칙으로 하지 않는다.

① 추세연구, 횡단연구
② 패널연구, 추세연구
③ 횡단연구, 동년배(Cohort)연구
④ 추세연구, 동년배(Cohort)연구
⑤ 패널연구, 동년배(Cohort)연구

1 2 3

05 양적 조사방법에 관한 설명으로 옳은 것은?

[20회]

① 자료수집을 완료한 후 가설을 설정해야 한다.
② 자료수집 방법은 조사 설계에 포함할 수 없다.
③ 연구가설은 독립변수와 종속변수는 관계가 없다고 설정한다.
④ 개념적 정의는 측정 가능성을 전제로 하지 않는다.
⑤ 사회과학에서 이론은 직접검증을 원칙으로 한다.

1 2 3

06 양적 조사와 질적 조사의 비교로 옳지 않은 것은?

[19회]

① 질적 조사에 비하여 양적 조사의 표본크기가 상대적으로 크다.
② 질적 조사에 비하여 양적 조사에서는 귀납법을 주로 사용한다.
③ 양적 조사에 비하여 질적 조사는 사회 현상의 주관적 의미에 관심을 갖는다.
④ 양적 조사는 가설검증을 지향하고, 질적 조사는 탐색, 발견을 지향한다.
⑤ 양적 조사에 비하여 질적 조사는 조사결과의 일반화가 어렵다.

1 2 3

07 다음 ( ) 안에 알맞은 조사유형을 모두 나열한 것은?

[19회]

일정한 시간간격을 두고 연구대상을 표본추출하여 반복적으로 조사하는 방법에는 ( ), ( ), 동년배조사 등이 있다.

① 패널조사, 경향조사
② 패널조사, 문헌조사
③ 전수조사, 경향조사
④ 전수조사, 표본조사
⑤ 문헌조사, 전문가조사

1 2 3

08 다음 연구 상황에 유용한 조사유형은?

[18회]

일본 후쿠시마 원전 유출이 지역주민들의 삶에 초래한 변화를 연구하고자 하였으나 관련 연구나 선행자료가 상당히 부족함을 발견하였다.

① 평가적 연구
② 기술적 연구
③ 설명적 연구
④ 탐색적 연구
⑤ 척도개발 연구

□①②③

09 종단연구에 관한 설명으로 옳지 않은 것은?

[18회]

① 시간흐름에 따른 조사 대상의 변화를 측정하는 연구이다.
② 일정기간의 변화에 대해 가장 포괄적 자료를 제공하는 것은 동년배 집단연구이다.
③ 조사대상의 추적과 관리 때문에 가장 많은 비용이 드는 것은 패널연구이다.
④ 일정 주기별 인구변화에 대한 조사는 경향연구이다.
⑤ 동년배집단연구는 언제나 동일한 대상을 조사하는 것은 아니다.

□①②③

10 혼합연구방법에 관한 설명으로 옳지 않은 것은?

[18회]

① 철학적, 개념적, 이론적 틀을 기반으로 한다.
② 설계유형에는 병합, 설명, 구축, 실험이 있다.
③ 양적 설계에 질적 자료를 단순히 추가하는 것이 아니다.
④ 각각의 연구방법을 통해 얻은 결과가 서로 확증되는지 알아보기 위해 사용한다.
⑤ 질적 연구방법으로 발견한 연구주제를 양적 연구방법을 이용하여 탐구하기도 한다.

□①②③

11 패널조사에 관한 설명으로 옳지 않은 것은?

[16회]

① 동일 대상을 반복 조사하는 것이다.
② 패널조건화(Panel Conditioning) 현상으로 연구결과의 정확성이 높아질 수 있다.
③ 조사대상자의 추적과 관리에 비용이 많이 든다.
④ 독립변수의 시간적 우선성을 확보할 수 있어 내적 타당도를 높일 수 있다.
⑤ 조사대상자의 상실로 변화를 확인하기 어려울 수 있다.

□①②③

12 혼합연구방법론(Mixed Methodology)에 관한 설명으로 옳지 않은 것은?

[16회]

① 질적 연구 결과와 양적 연구 결과는 일치해야 한다.
② 양적 연구와 질적 연구에 대한 전문적 지식이 모두 필요하다.
③ 연구에 따라 양적 연구와 질적 연구의 상대적 비중이 상이할 수 있다.
④ 질적 연구의 결과에 기반하여 양적 연구를 시작할 수 있다.
⑤ 상충되는 패러다임들도 수용할 수 있어야 한다.

□①②③

13 다음에서 설명하는 조사는?

[15회]

기초연금의 노인 빈곤 감소효과를 알아보기 위해 동일한 노인을 표본으로 10년간 매년 조사한다.

① 전수조사　　　　② 추세조사
③ 패널조사　　　　④ 탐색적 조사
⑤ 횡단적 조사

분석단위에 관한 설명으로 옳은 것을 모두 고른 것은?

[22회]

ㄱ. 이혼, 폭력, 범죄 등과 같은 분석단위는 사회적 가공물(Social Artifacts)에 해당한다.
ㄴ. 생태학적 오류는 집단에 대한 조사를 기초로 하여 개인을 분석단위로 주장하는 오류이다.
ㄷ. 환원주의는 특정 분석단위 또는 변수가 다른 분석단위 또는 변수에 비해 관련성이 높다고 설명하는 경향이 있다.

① ㄴ
② ㄱ, ㄴ
③ ㄱ, ㄷ
④ ㄴ, ㄷ
⑤ ㄱ, ㄴ, ㄷ

해설

ㄱ. 분석단위 : 조사하는 최종적인 대상을 의미하는 것으로 사회적 가공물은 인간이 만들어 낼 수 있는 가시적인 자료이다.
ㄴ. 생태학적 오류 : 집단에서 발견된 내용을 개인에게 적용하는 경우이다(집단 → 개인).
ㄷ. 환원주의적 오류 : 어떤 현상의 원인이나 설명을 한 가지 개념이나 변수로 지나치게 제한하는 경우 또는 지나치게 단순화하는 경우이다(여러 변수 → 하나의 변수).

답 ⑤

□ 1 2 3

14 다음에서 설명하는 오류는?

[15회]

17개 시·도를 조사하여 대학 졸업 이상의 인구비율이 높은 지역이 낮은 지역에 비해 중위소득이 더 높음을 알게 되었다. 이를 통해 학력수준이 높은 사람이 낮은 사람에 비해 소득수준이 높다는 결론에 도달했다.

① 무작위 오류
② 체계적 오류
③ 환원주의 오류
④ 생태학적 오류
⑤ 개체주의적 오류

□ 1 2 3

15 측정의 오류에 관한 설명으로 옳은 것은?

[15회]

① 편향에 의해 체계적 오류가 발생한다.
② 무작위 오류는 측정의 타당도를 저해한다.
③ 체계적 오류는 측정의 신뢰도를 저해한다.
④ 표준화된 측정도구를 사용하더라도 체계적 오류를 줄일 수 없다.
⑤ 측정자, 측정 대상자 등에 일관성이 없어 생기는 오류를 체계적 오류라 한다.

사회복지조사를 위한 수행단계로 옳은 것은? [19회]

① 문제설정 → 가설설정 → 조사설계 → 자료수집 → 자료분석 → 보고서 작성
② 문제설정 → 가설설정 → 자료수집 → 자료분석 → 조사설계 → 보고서 작성
③ 가설설정 → 문제설정 → 자료수집 → 조사설계 → 자료분석 → 보고서 작성
④ 가설설정 → 문제설정 → 자료수집 → 자료분석 → 조사설계 → 보고서 작성
⑤ 가설설정 → 문제설정 → 조사설계 → 자료수집 → 자료분석 → 보고서 작성

해설

조사연구 과정은 문제설정 → 가설설정 → 조사설계 → 자료수집 → 자료처리 및 분석 → 결과해석 및 보고서 작성 순이다.

답 ①

□ 1 2 3

16 조사설계에 반드시 포함되어야 할 내용이 아닌 것은?

[18회]

① 구체적인 자료수집 방법
② 모집단 및 표집방법
③ 자료분석 절차와 방법

④ 연구문제의 의의와 조사의 필요성

⑤ 주요변수의 개념정의와 측정방법

대표문제

사회조사 과정에서 준수해야 할 연구윤리로 옳지 않은 것은? [21회]

① 참여자의 익명성과 비밀을 보장한다.

② 참여자가 원할 경우 언제든지 참여를 중단할 수 있음을 사전에 고지한다.

③ 일반적으로 연구의 공익적 가치가 연구윤리보다 우선해야 한다.

④ 참여자가 연구에 참여하여 얻을 수 있는 혜택은 사전에 고지한다.

⑤ 참여자의 연구 참여는 자발적이어야 한다.

해설

사회조사를 시작할 때는 주제를 선정할 때부터 윤리적 이슈를 고려해야 하고 비윤리적인 행위들은 미리 차단해야 한다. 사회조사의 윤리를 지키기 위해서는 고지된 동의(사전고지)와 자발적 참여, 익명성 보장과 비밀 보장을 준수해야 한다.

③ 일반적으로 연구의 공익적 가치가 연구윤리보다 우선할 수 없다. 연구윤리가 연구의 공익적 가치보다 우선한다. 연구의 공익적 가치가 아무리 높다 하더라도 조사대상자의 비밀 보장이나 자기결정권, 사전고지 등이 되지 않는다면 사회조사윤리위원회를 통과할 수 없고 조사연구결과도 퇴색될 수 있다.

답 ③

□1□2□3

17 조사연구 과정의 일부분이다. 이를 올바르게 나열한 것은? [17회]

> ㄱ. '대학생들의 전공에 따라 다문화수용성이 다를 것이다.'라는 가설설정
> ㄴ. 표본을 추출하여 자료수집
> ㄷ. 대학생들의 다문화수용성에 관한 선행연구 고찰
> ㄹ. 구조화된 설문지 작성

① ㄱ → ㄴ → ㄷ → ㄹ

② ㄱ → ㄷ → ㄴ → ㄹ

③ ㄱ → ㄷ → ㄹ → ㄴ

④ ㄷ → ㄱ → ㄴ → ㄹ

⑤ ㄷ → ㄱ → ㄹ → ㄴ

□1□2□3

18 사회복지조사의 연구문제에 관한 설명으로 옳은 것을 모두 고른 것은? [16회]

> ㄱ. 연구문제는 연구자의 관심이나 의문의 대상을 포함한다.
> ㄴ. 잠정적 결과를 예측하는 연구문제를 제시할 수 있다.
> ㄷ. 모든 사회복지 조사는 연구문제가 있다.
> ㄹ. 문제형성 과정에 다른 연구자의 참여가 가능하다.
> ㅁ. 연구문제가 변수 간의 관계를 예측할 필요는 없다.

① ㄱ, ㅁ

② ㄴ, ㄹ

③ ㄱ, ㄹ, ㅁ

④ ㄱ, ㄴ, ㄷ, ㅁ

⑤ ㄱ, ㄴ, ㄷ, ㄹ, ㅁ

□1□2□3

19 과학적 탐구에서 제기되는 윤리적 문제에 관한 설명으로 옳지 않은 것은? [22회]

① 어떤 경우라도 연구참여자 속이기는 허용되지 않는다.

② 고지된 동의는 조사대상자의 판단능력을 고려하여야 한다.

③ 연구자는 기대했던 연구결과와 다르더라도 그 결과를 사실대로 보고해야 한다.

④ 사회복지조사에서는 비밀유지가 엄격히 지켜질 수 없는 상황이 발생할 수 있다.

⑤ 연구자는 개인정보 유출 등으로 인해 연구참여자에게 피해를 주지 않도록 신중을 기해야 한다.

20 연구윤리에 부합하는 사회복지조사로 옳은 것은?

[18회]

① 연구 참여자가 평소와 다른 행동을 하지 않도록 연구자의 신분을 숨기고 자료를 수집하였다.
② 연구결과의 확산을 위해 연구 참여자의 신분을 다른 연구기관에 동의 없이 공개하였다.
③ 연구결과에 영향을 미치지 않도록 연구 참여자에게 일어날 수 있는 이익을 미리 알리지 않았다.
④ 연구 참여여부를 성적평가와 연계하여 연구 참여자의 참여 동기를 높였다.
⑤ 연구 참여자에게 연구과정에서 발생할 수 있는 고통을 미리 알리고 사전 동의를 구하였다.

21 사회과학의 연구윤리에 관한 설명으로 옳지 않은 것은?

[16회]

① 수업시간에 조사하는 설문지도 응답자의 동의와 자발적 참여가 필요하다.
② 연구자는 연구대상자에게 피해를 줘서는 안 된다.
③ 응답자의 익명성과 비밀을 보장해야 한다.
④ 연구의 공익적 가치는 일반적으로 연구윤리보다 우선해야 한다.
⑤ 타인의 연구결과를 인용 없이 사용하는 경우를 표절이라 한다.

22 사회복지조사의 연구윤리에 관한 설명으로 옳은 것을 모두 고른 것은?

[15회]

ㄱ. 연구대상을 관찰하기에 앞서 그들의 동의를 구해야 한다.
ㄴ. 연구로부터 얻을 수 있는 사회적 이익이 비용을 초과해야만 한다.
ㄷ. 조사과정에서 드러난 문제점과 실패도 모두 보고해야 한다.
ㄹ. 비밀성이 보장되면 익명성도 보장된다.

① ㄴ, ㄷ
② ㄷ, ㄹ
③ ㄱ, ㄴ, ㄷ
④ ㄱ, ㄴ, ㄹ
⑤ ㄴ, ㄷ, ㄹ

유형 **01** 변수 <small>빈출도</small> ★★★

대표문제

변수에 관한 설명으로 옳지 않은 것은? [22회]

① 매개변수(Mediating Variable)는 독립변수의 영향을 받아 종속변수에 영향을 미치는 변수이다.

② 통제변수(Control Variable)는 독립변수와 종속변수의 관계에 영향을 줄 수 있기 때문에 통제대상이 되는 변수이다.

③ 독립변수는 결과변수이고 종속변수는 설명변수이다.

④ 조절변수(Moderating Variable)는 독립변수와 종속변수 간의 관계의 강도에 영향을 미칠 수 있다.

⑤ 변수들 간의 관계는 그 속성에 따라 직선이 아닌 곡선의 형태로도 나타날 수 있다.

해설

• 독립변수는 조사하고자 하는 사건이나 상황을 일으키거나 영향을 미친다고 생각되는 변수로 원인변수, 설명변수, 예측변수로도 불린다.

• 종속변수는 독립변수의 영향을 받아 변화된 변수로 결과변수, 피설명변수, 피예측변수로도 불린다.

답 ③

□①②③
01 인과관계 추론에 관한 설명으로 옳은 것은?

[22회]

① 독립변수들 사이의 상관관계는 인과관계 추론의 일차적 조건이다.

② 독립변수와 종속변수 간의 관계는 두 변수 모두의 원인이 되는 제3의 변수로 설명되어서는 안 된다.

③ 종속변수가 독립변수를 시간적으로 앞서야 한다.

④ 횡단적 연구는 종단적 연구에 비해 인과관계 추론에 더 적합하다.

⑤ 독립변수의 변화는 종속변수의 변화와 관련성이 없어야 한다.

□①②③
02 17개 시·도의 69개 사회복지기관에서 근무하는 사회복지사 396명을 대상으로 근무기관의 규모별 직무만족도를 설문조사할 때 독립변수와 종속변수의 관찰단위를 순서대로 옳게 짝지은 것은?

[20회]

① 개인 – 개인

② 기관 – 개인

③ 지역사회 – 개인

④ 지역사회 – 기관

⑤ 개인 – 지역사회

□1 2 3

03 다음 사례에서 부모의 재산은 어떤 변수인가?
[20회]

> 한 연구에서 부모의 학력이 자녀의 대학 진학률에 영향을 미치는 것으로 나타났다. 그러나 부모의 재산이 비슷한 조사 대상에 한정하여 다시 분석해 본 결과, 부모의 학력과 자녀의 대학 진학률 사이에는 통계적으로 유의미한 관계가 없는 것으로 나타났다.

① 독립변수　　　② 종속변수
③ 조절변수　　　④ 억제변수
⑤ 통제변수

□1 2 3

04 다음 ( ) 안에 알맞은 내용으로 옳은 것은?
[19회]

> • 독립변수 앞에서 독립변수에 영향을 주는 변수를 (ㄱ)라고 한다.
> • 독립변수의 결과인 동시에 종속변수의 원인이 되는 변수를 (ㄴ)라고 한다.
> • 다른 변수에 의존하지만 다른 변수에 영향을 미칠 수 없는 변수를 (ㄷ)라고 한다.
> • 독립변수와 종속변수 모두에 영향을 미치는 제3의 변수를 (ㄹ)라고 한다.

① ㄱ : 외생변수, ㄴ : 더미변수,
　ㄷ : 종속변수, ㄹ : 조절변수
② ㄱ : 외생변수, ㄴ : 매개변수,
　ㄷ : 종속변수, ㄹ : 더미변수
③ ㄱ : 선행변수, ㄴ : 조절변수,
　ㄷ : 종속변수, ㄹ : 외생변수
④ ㄱ : 선행변수, ㄴ : 매개변수,
　ㄷ : 외생변수, ㄹ : 조절변수
⑤ ㄱ : 선행변수, ㄴ : 매개변수,
　ㄷ : 종속변수, ㄹ : 외생변수

□1 2 3

05 다음 ( ) 안에 알맞은 내용으로 옳은 것은?
[19회]

> • 내적 타당도를 높이기 위해서는 (ㄱ) 이외의 다른 변수가 (ㄴ)에 개입할 조건을 통제하여야 한다.
> • 외적 타당도를 높이기 위해서는 (ㄷ)으로 연구대상을 선정하거나 표본크기를 (ㄹ) 하여야 한다.

① ㄱ : 원인변수, ㄴ : 결과변수,
　ㄷ : 확률표집방법, ㄹ : 크게
② ㄱ : 원인변수, ㄴ : 결과변수,
　ㄷ : 무작위할당, ㄹ : 작게
③ ㄱ : 원인변수, ㄴ : 결과변수,
　ㄷ : 확률표집방법, ㄹ : 작게
④ ㄱ : 결과변수, ㄴ : 원인변수,
　ㄷ : 확률표집방법, ㄹ : 크게
⑤ ㄱ : 결과변수, ㄴ : 원인변수,
　ㄷ : 무작위할당, ㄹ : 작게

□1 2 3

06 가정폭력이 피해 여성의 우울증에 미치는 영향은 여성이 맺고 있는 사회적 네트워크의 수준에 따라 달라진다는 연구결과가 발표되었다. 이 연구에 존재하지 않는 변수는?
[18회]

① 독립변수　　　② 매개변수
③ 종속변수　　　④ 조절변수
⑤ 내생변수

□1 2 3

07 '사회복지사의 근무지역에 따른 직업만족도 차이의 연구'라는 논문의 제목에서 알 수 없는 것은?
[17회]

① 독립변수
② 종속변수
③ 통제변수
④ 분석단위
⑤ 독립변수의 측정수준

|1|2|3|

08 또래관계증진 프로그램이 결혼이민자 가정 자녀들의 자아정체감에 미치는 영향을 평가하는 연구를 실시하고자 한다. 이때 자아정체감의 차이를 불러올 수 있는 부모의 사회경제적 지위는 다음 중 무엇에 해당하는가? [17회]

① 산출변수   ② 외생변수
③ 투입변수   ④ 종속변수
⑤ 전환변수

|1|2|3|

09 변수에 관한 설명으로 옳지 않은 것은? [17회]

① 직접 관찰할 수 있는 것들만 측정한 것이다.
② 경험적으로 측정할 수 있는 개념이다.
③ 조작적 정의의 결과물이다.
④ 두 개 이상의 속성을 가져야만 한다.
⑤ 연속형 또는 비연속형으로 측정될 수 있다.

유형 02	가설	빈출도 ★★★

대표문제

영가설(Null Hypothesis)과 연구가설(Research Hypothesis)에 관한 설명으로 옳은 것은? [22회]

① 연구가설은 연구의 개념적 틀 혹은 연구모형으로부터 도출될 수 있다.
② 연구가설은 그 자체를 직접 검정할 수 있다.
③ 영가설은 연구가설의 검정 결과에 따라 채택되거나 기각된다.
④ 연구가설은 수집된 자료에서 나타난 차이나 관계가 표본추출에서 오는 우연에 의한 것으로 진술된다.
⑤ 연구가설은 영가설에 대한 반증의 목적으로 설정된다.

해설

② 가설을 검증할 때에는 연구가설을 검증하기보다는 영가설을 검증하고 기각시켜 연구가설을 채택하게 된다. 연구가설은 직접 검증할 필요가 없는 반면, 영가설은 직접 검증을 거쳐야 하는 가설이다.

③ 연구가설은 영가설의 검정 결과에 따라 채택되거나 기각된다.
④ 수집된 자료에서 나타난 차이나 관계가 표본추출에서 오는 우연에 의한 것으로 진술되는 가설은 영가설이다.
⑤ 영가설에 대한 반증의 목적으로 설정되는 가설은 대립가설이다.

답 ①

|1|2|3|

10 영가설에 관한 설명으로 옳은 것을 모두 고른 것은? [21회]

ㄱ. 연구가설에 대한 반증가설이 영가설이다.
ㄴ. 영가설은 변수 간에 관계가 없음을 뜻한다.
ㄷ. 대안가설을 검증하여 채택하는 가설이다.
ㄹ. 변수 간의 관계가 우연이 아님을 증명한다.

① ㄱ, ㄴ   ② ㄱ, ㄹ
③ ㄴ, ㄷ   ④ ㄱ, ㄷ, ㄹ
⑤ ㄴ, ㄷ, ㄹ

|1|2|3|

11 통계적 가설검증에 관한 설명으로 옳지 않은 것은? [20회]

① 영가설을 기각하면 연구가설이 잠정적으로 채택된다.
② 영가설은 연구가설과 대조되는 가설이다.
③ 통계치에 대한 확률(p)이 유의수준(α)보다 낮으면 영가설이 기각된다.
④ 연구가설은 표본의 통계치에 대한 가정이다.
⑤ 연구가설은 경험적으로 검증이 가능하여야 한다.

|1|2|3|

12 영가설에 관한 설명으로 옳은 것은? [18회]

① 변수 간의 관계가 존재한다는 가설이다.
② 변수 간 관계없음이 검증된 가설이다.
③ 조사자가 검증하고자 하는 가설이다.
④ 영가설에 대한 반증가설이 연구가설이다.
⑤ 변수 간 관계가 우연임을 말하는 가설이다.

13 가설에 관한 설명으로 옳은 것을 모두 고른 것은?

[18회]

> ㄱ. 이론적 배경을 가져야 한다.
> ㄴ. 변수 간 관계를 가정한 문장이다.
> ㄷ. 가설구성을 통해 연구문제가 도출된다.
> ㄹ. 창의적 해석이 가능하도록 개방적으로 구성
> 되어야 한다.

① ㄱ, ㄴ　　　　　② ㄱ, ㄷ
③ ㄱ, ㄴ, ㄹ　　　④ ㄴ, ㄷ, ㄹ
⑤ ㄱ, ㄴ, ㄷ, ㄹ

14 경험적으로 검증할 수 있는 가설의 예로 옳은 것은?

[17회]

① 불평등은 모든 사회에서 나타날 것이다.
② 대한민국에서 65세 이상인 노인이 전체 인구의 14% 이상이다.
③ 다양성이 존중되는 사회가 그렇지 않은 사회보다 더 바람직하다.
④ 여성의 노동참여율이 높을수록 출산율은 낮을 것이다.
⑤ 모든 행위는 비용과 보상에 의해 결정된다.

15 변수와 가설에 관한 설명으로 옳은 것을 모두 고른 것은?

[16회]

> ㄱ. 가설은 검증이 가능해야 한다.
> ㄴ. 가설은 변수 간의 관계를 가정하는 문장이다.
> ㄷ. 모든 변수는 개념이 아니지만 모든 개념은 변수다.
> ㄹ. 영가설은 독립변수가 종속변수에 영향을 미치지 않는다고 가정한다.

① ㄱ, ㄴ　　　　　② ㄱ, ㄹ
③ ㄱ, ㄴ, ㄹ　　　④ ㄴ, ㄷ, ㄹ
⑤ ㄱ, ㄴ, ㄷ, ㄹ

16 가설에 관한 설명으로 옳지 않은 것은? [15회]

① 가설이란 둘 이상의 변수들 간의 관계를 예측하는 진술이다.
② 영가설은 독립변수가 종속변수에 영향을 미치지 않는다고 가정한다.
③ 연구가설은 이론으로부터 도출된다.
④ 가설은 경험적으로 검증할 수 있어야 한다.
⑤ 가설은 방향성을 가져야 한다.

유형 01 **척도**　　　　　빈출도 ★★★

대표문제

척도에 관한 설명으로 옳은 것은?　[21회]

① 리커트(Likert)척도는 개별문항의 중요도를 차등화한다.
② 보가더스(Bogardus)의 사회적 거리척도는 누적척도이다.
③ 평정(Rating)척도는 문항의 적절성 평가가 용이하다.
④ 거트만(Guttman)척도는 다차원적 내용을 분석할 때 사용된다.
⑤ 의미차별(Semantic Differential)척도는 느낌이나 감정을 나타내는 한 쌍의 유사한 형용사를 사용한다.

해설

① 개별문항의 중요도를 차등화하는 척도는 서스톤척도이다. 리커트척도는 측정에 동원된 모든 항목들에 대한 동일한 가치를 부여한다.
③ 평정(Rating)척도는 리커트척도로 측정이 비교적 단순하여 양적 조사에서 보편적으로 사용되며, 구체적 행동을 평가한다.
④ 거트만(Guttman)척도는 개별 문항들을 서열화하는 구성을 취하고 개별항목들 자체에 서열성이 미리 부여되는 방식을 택한다. 단일차원적 내용을 분석할 때 사용된다.
⑤ 의미차별(Semantic Differential)척도는 어떤 개념을 평가하기 위해 양 끝에 반대되는 형용사(잘생김 – 못생김)를 배치하여 그 속성을 평가내리는 척도이다.

답 ②

□1 2 3
01 척도의 종류가 올바르게 짝지어진 것은? [22회]

> ㄱ. 종교 – 기독교, 불교, 천주교, 기타
> ㄴ. 교육연수 – 정규 학교 교육을 받은 기간(년)
> ㄷ. 학점 – A, B, C, D, F

① ㄱ : 명목척도, ㄴ : 서열척도, ㄷ : 비율척도
② ㄱ : 명목척도, ㄴ : 비율척도, ㄷ : 서열척도
③ ㄱ : 비율척도, ㄴ : 등간척도, ㄷ : 서열척도
④ ㄱ : 서열척도, ㄴ : 등간척도, ㄷ : 비율척도
⑤ ㄱ : 서열척도, ㄴ : 비율척도, ㄷ : 명목척도

□1 2 3
02 측정의 수준이 서로 다른 변수로 묶인 것은?

[22회]

① 대학 전공, 아르바이트 경험 유무
② 복지비 지출 증가율, 월평균 소득(만 원)
③ 온도(℃), 지능지수(IQ)
④ 생활수준(상, 중, 하), 혈액형
⑤ 성별, 현재 흡연여부

1 2 3

03 측정에 관한 설명으로 옳지 않은 것은? [22회]

① 측정은 연구대상의 속성에 대하여 일정한 규칙에 따라 숫자나 기호를 부여하는 과정이다.
② 사회과학에서는 개념을 측정하기 위해 특질 자체를 측정하기보다는 특질을 나타내는 지표를 사용하여 간접적으로 측정하는 경우가 많다.
③ 보가더스(Bogardus)의 사회적 거리척도는 등간척도의 한 종류이다.
④ 리커트(Likert) 척도는 각 문항의 점수를 합산하여 전체적인 경향이나 특성을 측정하는 방법이다.
⑤ 측정항목의 수를 많게 하면 신뢰도가 높아지는 경향이 있다.

1 2 3

04 측정의 오류에 관한 설명으로 옳지 않은 것은? [21회]

① 연구자의 의도가 포함된 질문은 체계적 오류를 발생시킨다.
② 사회적으로 바람직한 응답은 체계적 오류를 발생시킨다.
③ 측정의 오류는 연구의 타당도를 낮춘다.
④ 타당도가 낮은 척도의 사용은 무작위오류를 발생시킨다.
⑤ 측정의 다각화는 측정의 오류를 줄여 객관성을 높인다.

1 2 3

05 다음 연구과제의 변수들을 측정할 때 ㄱ~ㄹ의 척도유형을 바르게 짝지은 것은? [21회]

> 장애인의 성별(ㄱ)과 임금수준의 관계를 정확하게 파악하기 위해서는 장애유형(ㄴ), 거주지역(ㄷ), 직업종류(ㄹ)와 같은 변수들의 영향력을 적절히 통제해야 한다.

① ㄱ : 명목, ㄴ : 명목, ㄷ : 명목, ㄹ : 명목
② ㄱ : 명목, ㄴ : 서열, ㄷ : 서열, ㄹ : 명목
③ ㄱ : 명목, ㄴ : 서열, ㄷ : 명목, ㄹ : 비율
④ ㄱ : 명목, ㄴ : 등간, ㄷ : 명목, ㄹ : 명목
⑤ ㄱ : 명목, ㄴ : 등간, ㄷ : 서열, ㄹ : 비율

1 2 3

06 다음 변수의 측정수준에 따른 분석 방법이 옳지 않은 것은? [21회]

> ㄱ. 출신지역 : 도시, 도농복합, 농어촌, 기타
> ㄴ. 교육수준 : 무학, 초등학교 졸업, 중학교 졸업, 고등학교 졸업, 대졸 이상
> ㄷ. 가출경험 : 유, 무
> ㄹ. 연간기부금액 : (　)만 원
> ㅁ. 연령 : 10대, 20대, 30대, 40대, 50대, 60대 이상

① ㄱ : 최빈값
② ㄴ : 중위수
③ ㄷ : 백분율
④ ㄹ : 범위
⑤ ㅁ : 산술평균

1 2 3

07 측정수준이 서로 다른 변수로 묶인 것은? [20회]

① 연령, 백신 접종률
② 학년, 이수과목의 수
③ 섭씨(℃), 화씨(℉)
④ 강우량, 산불발생 건수
⑤ 거주지역, 혈액형

1 2 3

08 척도유형에 관한 설명으로 옳지 않은 것은? [20회]

① 리커트척도(Likert Scale)는 문항 간 내적 일관성이 중요하다.
② 거트만척도(Guttman Scale)는 누적 척도이다.
③ 서스톤척도(Thurstone Scale)의 장점은 개발의 용이성이다.
④ 보가더스척도(Borgadus Scale)는 사회집단 간의 심리적 거리감을 측정하는 데 적절하다.
⑤ 의미분화척도(semantic Differential Scale)의 문항은 한 쌍의 대조되는 형용사를 사용한다.

09 측정에 관한 설명으로 옳지 않은 것은? [20회]

① 측정은 연구대상에 대해 일정한 규칙에 따라 숫자나 기호를 부여하는 과정이다.

② 지표는 개념 속에 내재된 속성들이 표출되어 나타난 결과를 말한다.

③ 측정의 체계적 오류는 타당도와 관련이 없다.

④ 리커트척도는 각 항목의 단순합산을 통해 서열성을 산출한다.

⑤ 조작적 정의는 실질적으로 측정하게 되는 연구대상의 세부적 속성이다.

10 측정에 관한 설명으로 옳지 않은 것은? [19회]

① 일정한 규칙에 따라 측정대상에 값을 부여하는 과정이다.

② 이론적 모델과 사건이나 현상을 연결하는 방법이다.

③ 사건이나 현상을 세분화하고 통계적 분석에 활용할 수 있는 정보를 제공한다.

④ 측정도구의 신뢰도를 높이기 위해서는 설문문항 수가 적을수록 좋다.

⑤ 측정의 수준에 따라 명목, 서열, 등간, 비율의 4가지 유형으로 분류한다.

11 척도에 관한 설명으로 옳은 것을 모두 고른 것은?

[19회]

> ㄱ. 명목척도는 응답범주의 서열이 없는 척도이다.
> ㄴ. 비율척도의 대표적인 유형은 리커트척도이다.
> ㄷ. 비율척도는 절대 0점이 존재하는 척도이다.
> ㄹ. 서열척도는 변수의 속성에 따라 일정한 범주로 분류한다.

① ㄱ, ㄴ   ② ㄴ, ㄹ

③ ㄷ, ㄹ   ④ ㄱ, ㄴ, ㄷ

⑤ ㄱ, ㄷ, ㄹ

12 다음이 설명하는 척도로 옳은 것은? [19회]

> 사회복지사에 대해 느끼는 감정에 대해 해당 점수에 체크하시오.
>
>   1점 2점 3점 4점 5점 6점 7점 8점
> 1. 친절한 ├─┼─┼─┼─┼─┼─┼─┤ 불친절한
> 2. 행복한 ├─┼─┼─┼─┼─┼─┼─┤ 불행한

① 리커트척도(Likert Scale)

② 거트만척도(Guttman Scale)

③ 보가더스척도(Borgadus Scale)

④ 어의적 분화척도(Semantic Differential Scale)

⑤ 서스톤척도(Thurstone Scale)

13 다음 변수의 측정수준을 고려하여 변수의 유형을 순서대로 나열한 것은? [18회]

> • 장애유형 – 정신장애, 지체장애 등
> • 장애 등록 후 기간 – 개월 수
> • 장애 등록 연령 – 나이
> • 장애인의 건강 정도 – 상, 중, 하

① 비율변수, 비율변수, 서열변수, 명목변수

② 명목변수, 비율변수, 비율변수, 서열변수

③ 명목변수, 등간변수, 명목변수, 서열변수

④ 등간변수, 비율변수, 서열변수, 비율변수

⑤ 명목변수, 비율변수, 비율변수, 명목변수

1 2 3

14 다음은 무엇에 관한 설명인가? [17회]

A연구소가 정치적 보수성을 판단할 수 있는 문항들의 상대적인 강도를 11개의 점수로 평가자들에게 분류하게 한다. 다음 단계로 평가자들 간에 불일치도가 높은 항목들을 제외하고, 각 문항이 평가자들로부터 받은 점수의 중위수를 가중치로 하여 정치적 보수성 척도를 구성한다.

① 거트만(Guttman)척도
② 서스톤(Thurstone)척도
③ 리커트(Likert)척도
④ 보가더스(Borgadus)척도
⑤ 의미차이(Sematic Differential)척도

1 2 3

15 측정 및 측정도구에 관한 설명으로 옳은 것을 모두 고른 것은? [17회]

ㄱ. 측정도구를 개발하기 위해서 조작화가 요구된다.
ㄴ. 문화적 편견은 측정의 무작위오류를 발생시킨다.
ㄷ. 리커트척도구성(Scaling)은 서열척도구성이다.
ㄹ. 수능시험은 대학에서의 학업능력을 예비적으로 파악하는 측정도구이다.

① ㄴ, ㄷ   ② ㄴ, ㄹ
③ ㄱ, ㄷ, ㄹ   ④ ㄴ, ㄷ, ㄹ
⑤ ㄱ, ㄴ, ㄷ, ㄹ

1 2 3

16 측정의 4등급 – 사례 – 가능한 통계분석의 연결이 옳지 않은 것은? [17회]

① 명목등급 – 베이비붐 세대 여부 – 백분율
② 서열등급 – 학점(A, B, C…) – 최빈치
③ 등간등급 – 온도(℃) – 중위수
④ 비율등급 – 시험점수(0~100점) – 산술평균
⑤ 명목등급 – 성별, 현재 흡연여부 – 교차분석

1 2 3

17 변수의 측정 종류가 바르게 짝지어진 것은? [16회]

ㄱ. 사회복지사의 근무지역 동(洞)
ㄴ. 사회복지사가 이수한 보수교육 시간(분)
ㄷ. 사회복지사의 근무기관 평가등급 점수(A, B, C, D)

① ㄱ : 명목측정, ㄴ : 서열측정, ㄷ : 비율측정
② ㄱ : 비율측정, ㄴ : 서열측정, ㄷ : 명목측정
③ ㄱ : 서열측정, ㄴ : 비율측정, ㄷ : 서열측정
④ ㄱ : 명목측정, ㄴ : 비율측정, ㄷ : 서열측정
⑤ ㄱ : 서열측정, ㄴ : 명목측정, ㄷ : 비율측정

1 2 3

18 척도 수준(Level of Measurement)에 관한 설명으로 옳은 것은? [16회]

① 연령은 모든 척도 수준으로 분석이 가능하다.
② 표준화된 지능검사점수는 비율척도다.
③ 소득을 비율척도로 질문하면 다른 척도 수준으로 질문할 때보다 응답률이 높은 편이다.
④ 등간척도는 절대 영점이 있다.
⑤ 서열척도는 비율척도로 변환이 가능하다.

1 2 3

19 변수의 측정수준에 관한 설명으로 옳은 것은? [15회]

① 성별은 이산적 특성을 가진 서열척도이다.
② 인종과 종교는 등간척도이다.
③ 석차로 평가된 성적은 등간척도이다.
④ 5점 척도로 측정된 서비스 만족도는 비율척도이다.
⑤ IQ와 온도는 등간척도이다.

유형 01 **타당도**

빈출도
★★★

대표문제

타당도에 관한 설명으로 옳은 것을 모두 고른 것은?

[21회]

> ㄱ. 특정 개념에 포함되어 있는 의미를 포괄하는 정도는 내용타당도(Content Validity)이다.
> ㄴ. 개발된 측정도구의 측정값을 현재 사용되고 있는 측정도구와 비교하는 것은 동시타당도(Concurrent Valility)이다.
> ㄷ. 예측타당도(Predict Validity)의 하위 타당도는 기준관련 타당도(Criterion Related Validity)와 동시타당도이다.
> ㄹ. 측정하려는 개념이 포함된 이론체계 안에서 다른 변수와 관련된 방식에 기초한 타당도는 구성타당도(Construct Validity)이다.

① ㄱ, ㄴ   ② ㄴ, ㄷ
③ ㄷ, ㄹ   ④ ㄱ, ㄴ, ㄹ
⑤ ㄱ, ㄴ, ㄷ, ㄹ

|해설|

ㄱ. 내용타당도는 측정하고자 하는 내용을 측정 문항들이 그 내용을 포함하고 있는지 보는 것으로 측정도구의 대표성 또는 표본 문항의 적절성을 의미한다.
ㄴ. 두 개의 측정도구로 측정한 결과를 비교했을 때 상관관계가 높게 나오면 동시적 타당도가 높다고 할 수 있다.
ㄹ. 측정하고자 하는 개념이 전반적인 이론적 틀 속에서 논리적으로나 실제적으로 적절한 관련성이 있는지를 검증하는 것은 구성타당도이다.
ㄷ. 기준관련 타당도의 하위 타당도는 예측타당도와 동시타당도이다.

답 ④

---

1 2 3

01 신뢰도와 타당도에 관한 설명으로 옳은 것은?

[22회]

① 타당도가 있다면 어느 정도 신뢰도가 있다고 볼 수 있다.
② 신뢰도가 높을 경우 타당도도 높다고 할 수 있다.
③ 요인분석법은 신뢰도를 측정하는 방법이다.
④ 신뢰도는 측정하려고 의도된 개념을 얼마나 정확하게 측정하는가를 나타내는 것이다.
⑤ 주어진 척도가 측정하고자 하는 내용을 담고 있다고 일련의 전문가가 판단할 때 판별타당도가 있다고 한다.

1 2 3

02 척도의 타당도를 평가하는 기준이 아닌 것은?

[20회]

① 하나의 개념을 측정하는 개별 항목들 간의 일관성
② 이론적으로 관련성이 없는 두 개념을 측정한 두 척도 간의 상관관계
③ 어떤 척도와 기준이 되는 척도 간의 상관관계
④ 개념 안에 포함된 포괄적인 의미를 척도가 포함하는 정도
⑤ 개별 항목들이 연구자가 의도한 개념을 구성하는 요인으로 모이는 정도

03 다음 사례에서 측정하고자 하는 타당도로 옳은 것은? [19회]

> 연구자는 새로 개발한 우울척도 A의 타당도를 확인하기 위하여 자아존중감 척도 B와의 상관계수를 산출하였다. 그 결과, A와 B의 상관관계가 매우 낮은 것을 확인하였다.

① 동시타당도(Concurrent Validity)
② 판별타당도(Discriminant Validity)
③ 내용타당도(Content Validity)
④ 수렴타당도(Convergent Validity)
⑤ 예측타당도(Predictive Validity)

04 다음에서 설명하고 있는 타당도는? [18회]

> 측정되는 개념이 속한 이론 체계 내에서 다른 개념들과 논리적으로 어느 정도 관련성을 갖고 있는지를 경험적으로 검증하는 가장 수준이 높은 타당도

① 액면타당도   ② 기준타당도
③ 동시타당도   ④ 구성타당도
⑤ 예측타당도

05 측정의 신뢰도와 타당도에 관한 설명으로 옳은 것은? [18회]

① 신뢰도는 일관성으로 표현될 수 있는 개념이다.
② 측정도구의 문항 수가 적을수록 신뢰도는 높아진다.
③ 검사 – 재검사 방법은 타당도를 측정하는 방법이다.
④ 편향은 측정의 비체계적 오류와 관련된다.
⑤ 측정도구의 신뢰도가 높아지면 타당도도 높아진다.

06 다음에서 설명하는 타당도 유형은? [17회]

> 최근에 개발된 불안척도를 사용하여 불안으로 치료 중인 집단과 일반인 집단의 불안수준을 측정하였다. 측정 결과 치료집단의 평균이 일반인 집단의 평균보다 통계적으로 유의미하게 높아 불안척도는 두 집단을 잘 구별하였다.

① 액면(Face)타당도
② 내용(Ccontent)타당도
③ 기준(Criterion)타당도
④ 이해(Nomological)타당도
⑤ 수렴(Convergent)타당도

07 측정 항목들이 적절한 내용을 담고 있는가에 대해 이론에 비추어 경험적으로 검증해 보는 것과 관련된 것을 모두 고른 것은? [16회]

> ㄱ. 체계적 오류
> ㄴ. 무작위적 오류
> ㄷ. 신뢰도
> ㄹ. 타당도
> ㅁ. 이분절(Split – Half) 기법
> ㅂ. 구성타당도

① ㄱ, ㄹ   ② ㄱ, ㄷ, ㅁ
③ ㄱ, ㄹ, ㅂ   ④ ㄴ, ㄷ, ㅁ
⑤ ㄱ, ㄹ, ㅁ, ㅂ

08 신뢰도와 타당도에 관한 설명으로 옳은 것은? [16회]

① 측정할 때마다 항상 30분 빠르게 측정되는 시계는 신뢰도가 높은 것이다.
② 측정도구의 신뢰도가 높으면 타당도도 높아진다.
③ 측정도구를 동일 응답자에게 반복 적용했을 때 일관된 결과가 나오면 타당도가 높은 것이다.

④ 동일한 변수를 측정할 때 신뢰도와 타당도를 높이기 위해서는 관련 문항 수를 줄인다.
⑤ 타당도를 검사하기 위해 복수양식법을 활용한다.

①②③
09 다음에서 사용한 타당도는? [15회]

> 새로 개발된 주관적인 행복감 측정도구를 사용하여 측정한 결과와 이미 검증되고 널리 사용되고 있는 주관적인 행복감 측정도구의 결과를 비교하여 타당도를 확인한다.

① 내용(Content)타당도
② 동시(Concurrent)타당도
③ 예측(Predictive)타당도
④ 요인(Factor)타당도
⑤ 판별(Discriminant)타당도

유형 02 **신뢰도** 빈출도 ★★★

대표문제

신뢰도를 측정하는 방법으로 옳은 것을 모두 고른 것은? [19회]

> ㄱ. 재검사법
> ㄴ. 대안법
> ㄷ. 반분법
> ㄹ. 내적 일관성 분석법

① ㄴ   ② ㄱ, ㄷ
③ ㄴ, ㄹ   ④ ㄱ, ㄷ, ㄹ
⑤ ㄱ, ㄴ, ㄷ, ㄹ

해설

신뢰도는 측정하고 싶은 것을 반복해서 측정하더라도 같은 값을 얻는 것을 의미한다. 신뢰도의 종류로는 조사자 간 신뢰도, 검사 – 재검사법, 복수양식법(대안법), 반분법, 내적 일관성 분석(크론바 알파)이 있다.

답 ⑤

①②③
10 내적 일관성 방법에 근거하여 신뢰도를 측정하는 방법으로 옳은 것을 모두 고른 것은? [22회]

> ㄱ. 검사 – 재검사법   ㄴ. 조사자 간 신뢰도
> ㄷ. 알파계수   ㄹ. 대안법

① ㄱ   ② ㄷ
③ ㄴ, ㄷ   ④ ㄱ, ㄷ, ㄹ
⑤ ㄴ, ㄷ, ㄹ

①②③
11 신뢰도를 측정하는 방법으로 옳지 않은 것은? [21회]

① 동일한 상황에서 동일한 측정도구로 동일한 대상을 다시 측정하는 방법
② 측정도구를 반으로 나누어 두 개의 독립된 척도로 구성한 후 동일한 대상을 측정하는 방법
③ 상관관계가 높은 문항들을 범주화하여 하위요인을 구성하는 방법
④ 동질성이 있는 두 개의 측정도구를 동일한 대상에게 측정하는 방법
⑤ 전체 척도와 척도의 개별항목이 얼마나 상호 연관성이 있는지 분석하는 방법

①②③
12 신뢰도를 높이는 방법에 관한 설명으로 옳은 것은? [20회]

① 측정 항목수를 가능한 줄여야 한다.
② 유사한 질문을 2회 이상 하지 않는다.
③ 측정자에게 측정도구에 대한 교육을 사후에 실시한다.
④ 측정자들이 측정방식을 대상자에 맞게 유연하게 바꾸어야 한다.
⑤ 조사대상자가 알지 못하는 내용에 대해서는 측정하지 않는 것이 좋다.

13 신뢰도에 관한 설명으로 옳은 것을 모두 고른 것은?

[20회]

> ㄱ. 재검사법, 반분법은 신뢰도를 평가하는 방법이다.
> ㄴ. 신뢰도는 타당도의 필요충분조건이다.
> ㄷ. 측정할 때마다 실제보다 5g 더 높게 측정되는 저울은 신뢰도가 있다.

① ㄱ   ② ㄴ
③ ㄱ, ㄴ   ④ ㄱ, ㄷ
⑤ ㄱ, ㄴ, ㄷ

14 측정도구의 신뢰도에 관한 설명으로 옳은 것은?

[17회]

① 일관성 또는 안정성으로 표현될 수 있는 개념이다.
② 측정도구가 의도하는 개념의 실질적 의미를 반영하는 정도와 관련이 있다.
③ 검사 – 재검사 신뢰도는 가장 널리 사용되는 신뢰도 유형이다.
④ 사회적 바람직성 편향은 신뢰도를 낮추는 주요 요인이다.
⑤ 특정 개념을 측정하는 문항수가 많을수록 신뢰도는 낮아진다.

15 A시설 어린이들의 발달 상태를 조사하기 위해 체중계를 이용하여 몸무게를 측정했는데 항상 2.5kg이 더 무겁게 측정되었다. 이 측정에 관한 설명으로 옳은 것은?

[15회]

① 타당도는 높지만 신뢰도는 낮다.
② 신뢰도는 높지만 타당도는 낮다.
③ 신뢰도도 높고 타당도도 높다.
④ 신뢰도도 낮고 타당도도 낮다.
⑤ 신뢰도나 타당도를 평가할 수 없다.

유형 01 표본설계　　　　　　　　빈출도
★★★

대표문제

다른 조건이 같다면, 확률표집에서 표집오차(Sampling Error)에 관한 설명으로 옳지 않은 것은?

[20회]

① 표준오차(Standard Error)가 커지면 표집오차도 커진다.
② 신뢰수준(Confidence Level)을 높이면 표집오차가 감소한다.
③ 표본의 수가 증가하면 표집오차가 감소한다.
④ 이질적인 모집단보다 동질적인 모집단에서 추출한 표본의 표집오차가 작다.
⑤ 층화를 통해 단순무작위추출의 표집오차를 줄일 수 있다.

해설

① 표준오차는 표본들의 오차이고, 표집오차는 표본의 통계치와 모집단의 모수와의 차이(표집 자체에서 발생하는 오차)이다. 표준오차(표본들의 오차)가 커지면 표집오차(표집자체에서 발생하는 오차)가 커진다.
③ 표본의 수가 증가하면 표집오차가 감소한다. 표본을 추출할 때 10명보다는 100명, 100명보다는 1,000명의 대표성이 높다.
④ 이질적인 모집단보다 동질적인 모집단에서 추출한 표본의 표집오차가 작다. 이질적 집단(천만~1억 원)의 평균은 5천 5백만 원이고, 동질적 집단(5천만~6천만 원)의 평균은 5천 5백만 원으로 같지만 동질적 집단의 연봉 차가 비슷하여 이질적 집단보다 표집오차가 작다.
⑤ 단순무작위추출은 전체 모집단에서 표본을 뽑고 층화표집은 모집단을 층으로 나누어 표본을 뽑는다. 층화표집이 단순무작위추출보다 동질성이 높으므로 표집오차가 작다.

답 ②

□ 2 3
01 표집오차(Sampling Error)에 관한 설명으로 옳지 않은 것은?

[22회]

① 표본의 선정과정에서 발생하는 오차이다.
② 표집방법에 따라 달라질 수 있다.
③ 동일한 조건이라면 표본크기가 클수록 감소한다.
④ 모집단의 크기와 표본크기의 차이를 말한다.
⑤ 동일한 조건이라면 이질적 집단보다 동질적 집단에서 추출한 표본의 표집오차가 작다.

□ 2 3
02 다음 사례에 해당하는 표집용어와 관련한 내용으로 옳은 것은?

[22회]

A종합사회복지관을 이용하는 노인들을 대상으로 노인맞춤돌봄서비스에 관한 설문조사를 위하여 노인 이용자명단에서 300명을 무작위 표본 추출하였다.

① 모집단 : 표본추출된 300명
② 표집방법 : 할당표집
③ 관찰단위 : 집단
④ 표집틀 : 노인 이용자명단
⑤ 분석단위 : 집단

① ② ③

03 표본크기에 관한 설명으로 옳지 않은 것은?

[19회]

① 표본의 크기가 클수록 시간과 비용이 많이 든다.
② 신뢰수준을 높이려면 표본의 크기도 커져야 한다.
③ 표본의 크기가 증가하면 표본오차(Sampling Error)도 커진다.
④ 모집단이 이질적인 경우에는 표본의 크기를 늘려야 한다.
⑤ 같은 표본추출방법을 사용한다면 표본의 크기가 클수록 대표성은 커진다.

① ② ③

04 측정 시 나타날 수 있는 체계적 오류에 관한 설명으로 옳지 않은 것은?

[18회]

① 코딩 왜곡은 체계적 오류를 발생시킨다.
② 익명의 응답은 체계적 오류를 최소화한다.
③ 편견 없는 단어는 체계적 오류를 최소화한다.
④ 척도구성 과정의 실수는 체계적 오류를 발생시킨다.
⑤ 비관여적 관찰은 체계적 오류를 최소화한다.

① ② ③

05 표본추출과정을 올바르게 나열한 것은? [17회]

ㄱ. 모집단 확정　　　ㄴ. 표본크기 결정
ㄷ. 표본추출　　　　ㄹ. 표본추출방법 결정
ㅁ. 표집틀 선정

① ㄱ → ㄹ → ㅁ → ㄷ → ㄴ
② ㄱ → ㅁ → ㄹ → ㄴ → ㄷ
③ ㄴ → ㅁ → ㄱ → ㄹ → ㄷ
④ ㄹ → ㄱ → ㅁ → ㄷ → ㄴ
⑤ ㅁ → ㄱ → ㄹ → ㄴ → ㄷ

① ② ③

06 신뢰수준에 관한 설명으로 옳은 것을 모두 고른 것은?

[16회]

ㄱ. 99% 신뢰수준은 1% 유의수준을 사용한다는 의미다.
ㄴ. 신뢰수준을 95%에서 99%로 높이면 1종 오류를 줄일 수 있다.
ㄷ. 95% 신뢰수준은 100번 조사하면 5번 정도는 오차가 허용될 수 있다는 의미다.
ㄹ. 99% 신뢰수준에서 모집단의 평균값이 신뢰구간 내에 존재한다는 것을 99% 확신할 수 있다.

① ㄱ, ㄴ, ㄷ
② ㄱ, ㄴ, ㄹ
③ ㄱ, ㄷ, ㄹ
④ ㄴ, ㄷ, ㄹ
⑤ ㄱ, ㄴ, ㄷ, ㄹ

유형 02 표집방법

빈출도 ★★★

대표문제

표집에 관한 설명으로 옳지 않은 것은? [22회]

① 의도적 표집(Purposive Sampling)은 비확률표집이다.
② 할당표집(Quota Sampling)은 동일추출확률에 근거한다.
③ 눈덩이표집(Snowball Sampling)은 질적 연구나 현장연구에서 많이 사용된다.
④ 집락표집(Cluster Sampling)은 모집단에 대한 표집틀이 갖추어지지 않더라도 사용 가능하다.
⑤ 체계적 표집(Systematic Sampling)은 주기성(Periodicity)이 문제가 될 수 있다.

해설

② 동일추출확률에 근거하는 표집은 단순무작위표집(Simple Random Sampling)이다.

① 의도적 표집(Purposive Sampling)뿐 아니라 편의표집, 할당표집, 눈덩이표집은 비확률표집이다.

③ 눈덩이표집(Snowball Sampling)은 한 명의 대상자로 시작하여 점진적인 방법을 통해 자료를 모으는 방법으로 질적 연구나 현장연구에서 많이 사용된다.

④ 집락표집(Cluster Sampling)은 여러 개의 집단을 구분하여 그중에서 하나의 집단을 선택하고 선택된 집단의 하위 집단에서 하나를 무작위로 선택하는 방법으로 모집단에 대한 표집틀이 갖추어지지 않더라도 사용 가능하다.
⑤ 체계적 표집(Systematic Sampling)은 모집단 목록에서 일정한 순서에 따라 매 K번째 요소를 표본으로 추출하여 일정한 패턴이나 규칙에 영향을 받는 표집으로 주기성(Periodicity)이 문제가 될 수 있다.

답 ②

07 할당표집방법에 관한 설명으로 옳지 않은 것은?

[21회]

① 모집단의 주요 특성에 대한 정보를 활용한다.
② 모집단을 구성하는 주요 변수별로 표본을 할당한 후 확률표집을 실시한다.
③ 지역주민 조사에서 전체 주민의 연령대별 구성 비율에 따라 표본을 선정한다.
④ 표본추출 시 할당틀을 만들어 사용한다.
⑤ 우발적 표집보다 표본의 대표성이 높다.

08 표본추출에 관한 설명으로 옳은 것은? [21회]

① 모집단을 가장 잘 대표하는 표본추출방법은 유의표집이다.
② 모집단이 이질적인 경우에는 표본의 크기를 줄여야 한다.
③ 전수조사에서는 모수와 통계치의 구분이 필요하다.
④ 표집오류를 줄이기 위해 층화표집방법(Stratified Sampling)을 사용할 수 있다.
⑤ 체계적 표집방법(Systematic Sampling)은 모집단에서 유의표집을 실시한 후 일정한 표본추출 간격으로 표본을 선정한다.

09 표집에 관한 설명으로 옳은 것은? [20회]

① 할당표집(Quota Sampling)은 무작위표집을 전제로 한다.

② 유의표집(Purposive Sampling)은 확률표집이다.
③ 눈덩이표집(Snowball Sampling)은 모집단의 규모를 알아야만 사용할 수 있다.
④ 단순무작위표집(Simple Random Sampling)은 모집단으로부터 표본으로 추출될 확률을 알 수 있다.
⑤ 임의표집(Convenience Dampling)은 모집단의 대표성이 높은 표본을 추출한다.

10 다음 사례의 표집에 관한 설명으로 옳은 것은?

[20회]

400명의 명단에서 80명의 표본을 선정하는 경우, 그 명단에서 최초의 다섯 사람 중에서 무작위로 한 사람을 뽑는다. 그 후 표집간격만큼을 더한 번호에 해당하는 사람을 표본으로 선택한다.

① 단순무작위표집이다.
② 표집틀이 있어야 한다.
③ 모집단의 배열에 일정한 주기성을 가지고 있어야 한다.
④ 비확률표집법을 사용하였다.
⑤ 모집단에 대한 대표성이 부족하다.

11 다음 사례에서 설명하는 표본추출방법은? [19회]

사회복지사들의 감정노동 정도를 조사하기 위하여 설문조사를 실시하였다. 표본은 전국 사회복지관에 근무하는 사회복지사를 대상으로 연령(30세 미만, 30세 이상 50세 미만, 50세 이상)을 고려하여 연령 집단별 각각 100명씩 총 300명을 임의 추출하였다.

① 비례층화표본추출
② 할당표본추출
③ 체계적 표본추출
④ 눈덩이표본추출
⑤ 집락표본추출

12 확률표집에 관한 설명으로 옳지 않은 것은?

[18회]

① 무작위추출방식으로 표본을 추출한다.
② 의식적이거나 무의식적인 편향을 방지할 수 있다.
③ 모집단의 규모와 특성을 알 때 사용할 수 있다.
④ 표본오차를 추정할 수 있다.
⑤ 질적 연구에서 주로 사용된다.

13 다음 해당하는 표집방법은?

[18회]

> 빈곤노인을 위한 새로운 사회복지서비스 개발을 위해 사회복지관의 노인 사례관리담당자에게 의뢰하여 자신의 욕구를 잘 표현할 수 있는 빈곤노인을 조사 대상으로 선정하였다.

① 층화표집　　　　② 할당표집
③ 의도적 표집　　　④ 우발적 표집
⑤ 체계적 표집

14 소득주도성장에 대한 국내 일간지의 사설을 내용분석할 때, 다음의 표본추출방법 중 가능한 것을 모두 고른 것은?

[17회]

> ㄱ. 무작위표본추출
> ㄴ. 층화표본추출
> ㄷ. 체계적 표본추출
> ㄹ. 군집(집락)표본추출

① ㄱ, ㄴ　　　　　② ㄱ, ㄹ
③ ㄴ, ㄷ　　　　　④ ㄴ, ㄷ, ㄹ
⑤ ㄱ, ㄴ, ㄷ, ㄹ

15 할당표본추출에 관한 설명으로 옳지 않은 것은?

[17회]

① 연구자는 모집단에 대한 사전지식을 가지고 있어야 한다.
② 연구자의 편향적 선정이 이루어질 수 있다.
③ 모집단의 구성요소들이 표본으로 선정될 확률이 동일하지 않다.
④ 표본추출 시 할당틀을 만들어 사용한다.
⑤ 전체 모집단에서 직접 표본을 추출한다.

16 표본의 대표성에 관한 설명으로 옳지 않은 것은?

[17회]

① 무작위로 추출된 표본의 크기는 표본의 대표성과 관계가 있다.
② 층화표본추출은 단순무작위 표본추출보다 대표성이 높은 표본을 추출하는 방법으로 알려져 있다.
③ 표본의 대표성은 표본의 질을 판단하는 주요 기준이다.
④ 동일확률선정법으로 추출된 표본은 모집단을 완벽하게 대표한다.
⑤ 모집단의 동질성은 표본의 대표성과 관계가 있다.

17 초 · 중 · 고등학생의 행복도를 조사하기 위해 모집단에서 차지하는 비율에 맞춰 조사대상자를 표집하고자 한다. 이때 적절하게 사용할 수 있는 비확률표집방법은?

[16회]

① 층화(Stratified)표집
② 체계(Dystematic)표집
③ 할당(Quota)표집
④ 눈덩이(Snowball)표집
⑤ 편의(Convenience)표집

18 다음 조사에 해당하는 표집방법은? [15회]

한국산업인력공단은 2015년 사회복지사 1급 국가시험 합격자 명단에서 수험번호가 가장 앞쪽인 10명 중 무작위로 첫 번째 요소를 추출하였다. 그 후 첫 번째 요소로부터 매 10번째 요소를 추출하여 합격자들의 특성을 파악하였다.

① 체계적 표집   ② 단순무작위표집
③ 층화표집   ④ 할당표집
⑤ 다단계 집락표집

유형 01 단일사례설계

빈출도 ★★☆

대 표 문 제

단일사례설계의 결과 분석방법에 관한 설명으로 옳지 않은 것은?

[21회]

① 시각적 분석은 변화의 수준, 파동, 경향을 고려해야 한다.

② 통계적 분석을 할 때 기초선이 불안정한 경우 평균비교가 적합하다.

③ 평균비교에서는 평균과 표준편차를 함께 고려해야 한다.

④ 경향성 분석에서는 기초선의 정찰을 두 영역으로 나누어 경향선을 구한다.

⑤ 임상적 분석은 결과 판단에 주관적 요소의 개입 가능성이 크다.

해설

② 통계적 분석을 할 때 기초선이 불안정한 경우 경향선 분석이 적합하다.

① 시각적 분석은 표적행동의 수준과 경향의 변화가 그래프에서 시각적으로 나타나 있는가를 개입이 도입되거나 중단된 후에만 분석한다. 개입을 평가함에 있어서 파동, 경향, 수준을 고려한다.

③ 평균비교방법은 기초선에서의 관찰값 평균과 개입국면에서의 관찰값 평균을 비교하여 통계적으로 비교한다. 개입국면이 (기초선의 평균)±2×(기초선의 표준편차)를 벗어나 위치하면 통계적으로 차이가 있다고 본다.

④ 경향선은 기초선 관찰을 두 영역으로 나누고 각 영역의 평균을 구한 후 이 두 평균을 연결한 선으로, 경향성을 분석할 경우 두 영역으로 나누어 경향선을 구한다.

⑤ 실질적 · 임상적 분석은 개입으로 인한 표적행동의 변화량을 실질적 · 임상적 관점에서 판단하여 실천적 의미를 분석한다.

답 ②

---

[1][2][3]

01 단일사례연구에 관한 설명으로 옳지 않은 것은?

[22회]

① 복수의 각기 다른 개입방법을 연속적으로 도입할 수 없다.

② 시계열설계의 논리를 개별사례에 적용한 것이다.

③ 윤리적인 문제가 발생할 수 있다.

④ 실천과정과 조사연구과정이 통합될 수 있다.

⑤ 다중기초선설계의 적용이 가능하다.

[1][2][3]

02 단일사례설계에 관한 설명으로 옳은 것을 모두 고른 것은?

[21회]

> ㄱ. BA설계는 개입의 긴급성이 있는 상황에 적합하다.
> ㄴ. ABAC설계는 선행효과의 통제가 가능하다.
> ㄷ. ABAB설계는 AB설계에 비해 외부사건의 영향력에 대한 통제력이 크다.
> ㄹ. 복수기초선디자인은 AB설계에 비해 외부사건의 영향력에 대한 통제력이 크다.

① ㄱ, ㄴ   ② ㄴ, ㄹ

③ ㄷ, ㄹ   ④ ㄱ, ㄴ, ㄷ

⑤ ㄱ, ㄷ, ㄹ

03 단일사례설계방법에 관한 설명으로 옳은 것은?

[19회]

① ABCD설계는 여러 개의 개입효과를 개별적으로 증명하기 위한 설계이다.

② AB설계는 외부요인을 충분히 통제할 수 있기 때문에 여러 유형의 문제에 적용가능하다.

③ 복수기초선설계는 기초선단계 이후 여러 개의 다른 개입방법을 순차적으로 적용한다.

④ ABAB설계는 외부요인을 통제할 수 있어 개입의 효과를 확인할 수 있다.

⑤ 평균비교는 기초선이 불안정할 때 기초선의 변화의 폭과 기울기까지 고려하여 결과를 분석하는 방법이다.

04 단일사례설계의 개입효과에 관한 설명으로 옳지 않은 것은?

[18회]

① 개입 후 변화의 파동이 심하면 효과 판단이 어렵다.

② 기초선이 불안정할 경우 기초선의 경향선을 이용하여 통계적 개입효과를 판단한다.

③ 기초선에서 개입시기까지의 경향선을 통해 시각적으로 개입효과를 판단한다.

④ 기초선과 개입기간 두 평균값의 통계적 검증을 통해 개입효과를 판단한다.

⑤ 개입 후 상당한 기간이 지나 최초의 변화가 발생할 경우 개입효과가 있다고 판단한다.

05 단일사례설계 중 다중기초선설계에 관한 설명으로 옳지 않은 것은?

[17회]

① 내적 타당도 저해요인을 통제하기 위한 주요 수단으로 개입의 철회를 사용한다.

② 일부 연구대상자에게 개입의 제공이 지연되는 문제를 갖는다.

③ 연구대상자의 수가 증가할수록 내적 타당도는 증가한다.

④ 동일한 개입을 특정 연구대상자의 여러 표적행동에 적용하여 개입의 효과를 평가할 수 있다.

⑤ 수집된 자료의 분석을 위해 통계적 방법이 사용되기도 한다.

06 단일사례설계에 관한 설명으로 옳지 않은 것은?

[16회]

① 기초선 국면과 개입 국면이 있다.

② 연구대상과 개입방법은 여러 개가 될 수 없다.

③ 조사연구 과정과 실천 과정의 통합이 가능하다.

④ 경향과 변화를 파악하도록 반복 관찰한다.

⑤ 통계적 원리를 적용하여 분석할 수 있다.

07 다음에서 설명하는 것은?

[15회]

> 단일사례설계에서 기초선이 불안정하게 형성되어 있는 경우, 기초선의 변화의 폭과 기울기까지 고려하여 결과를 분석한다.

① 평균비교　　　　② 시각적 분석

③ 경향선 접근　　　④ 임상적 분석

⑤ 이론적 분석

유형 01 타당도 저해요인
빈출도 ★★★

대표문제

외적 타당도를 저해하는 요인으로 옳은 것은?
[19회]

① 실험대상의 탈락
② 외부사건(History)
③ 통계적 회귀
④ 개입의 확산 또는 모방
⑤ 연구 참여자의 반응성

해설

⑤ 외적 타당도는 표본에서 얻어진 연구의 결과로 인해 연구조건을 넘어선 다른 환경이나 다른 집단들에게까지 적용할 수 있는 정도 또는 일반화할 수 있는 정도를 말한다. 외적 타당도의 저해요인으로는 표본의 대표성, 조사반응성(호손효과), 플라시보효과(위약효과)가 있다.
①~④는 내적 타당도 저해요인이다.

답 ⑤

---

[1][2][3]
01 내적 타당도 저해요인 중 통계적 회귀에 관한 설명으로 옳은 것은?
[22회]

① 프로그램의 개입 후 측정치가 기초선으로 돌아가려는 경향
② 프로그램 개입의 효과가 완전한 선형관계로 나타나는 경향
③ 프로그램의 개입과 관계없이 사후검사 측정치가 평균값에 근접하려는 경향
④ 프로그램 개입 전부터 이미 이질적인 두 집단이 사후조사 결과에서도 차이가 나타나는 경향
⑤ 프로그램의 개입 전후에 각각 다른 측정도구로 측정함으로써 차이가 나타나는 경향

[1][2][3]
02 조사설계의 내적 타당도와 외적 타당도에 관한 설명으로 옳은 것은?
[21회]

① 어떤 변수가 다른 변수의 원인임을 정확하게 기술하는 것이 외적 타당도이다.
② 연구결과를 연구조건을 넘어서는 상황이나 모집단으로 일반화하는 정도가 내적 타당도이다.
③ 내적 타당도는 외적 타당도의 필요조건이지만 충분조건은 아니다.
④ 실험대상의 탈락이나 우연한 사건은 외적 타당도 저해요인이다.
⑤ 외적 타당도가 낮은 경우 내적 타당도 역시 낮다.

[1][2][3]
03 연구의 외적 타당도를 저해하는 상황으로 옳은 것은?
[21회]

① 연구대상의 건강 상태가 시간 경과에 따라 회복되는 상황
② 자아존중감을 동일한 측정도구로 사전 – 사후 검사하는 상황
③ 사회적 지지를 다른 측정도구로 사전 – 사후 검사하는 상황
④ 실험집단과 통제집단 간 연령 분포의 차이가 크게 발생하는 상황
⑤ 자발적 참여자만을 대상으로 연구표본을 구성하게 되는 상황

04 실험설계의 내적 타당도에 관한 설명으로 옳은 것을 모두 고른 것은? [18회]

ㄱ. 우연한 사건은 내적 타당도에 부정적 영향을 미칠 수 있다.
ㄴ. 사전점수가 매우 높은 집단을 선정하면 내적 타당도를 저해한다.
ㄷ. 내적 타당도가 높은 연구결과는 일반화 가능성이 높다.

① ㄱ
② ㄴ
③ ㄱ, ㄴ
④ ㄴ, ㄷ
⑤ ㄱ, ㄴ, ㄷ

05 외적 타당도와 내적 타당도에 관한 설명으로 옳지 않은 것은? [17회]

① 사전검사의 실시가 내적 타당도에 부정적으로 영향을 미칠 수 있다.
② 외적 타당도를 높이는 중요한 전략 중 하나는 연구를 반복적으로 실시하여 결과를 축적하는 것이다.
③ 내적 타당도가 높으면 외적 타당도 또한 높다.
④ 자신이 연구대상자라는 인식이 외적 타당도를 낮출 수 있다.
⑤ 내적 타당도는 인과관계를 추론할 수 있는 정도를 의미한다.

06 실험설계 시 고려해야 할 타당도 저해요인 중 특성이 같은 요인끼리 묶인 것은? [15회]

ㄱ. 역사(History)
ㄴ. 성숙(Maturation)
ㄷ. 표본의 대표성(Sample Representativeness)
ㄹ. 중도탈락(Mortality)

① ㄴ, ㄷ
② ㄷ, ㄹ
③ ㄱ, ㄴ, ㄷ
④ ㄱ, ㄴ, ㄹ
⑤ ㄴ, ㄷ, ㄹ

유형 02 실험조사설계유형

빈출도
★★★

대표문제

순수실험설계에서 인과성 검증에 관한 설명으로 옳지 않은 것은? [20회]

① 사회복지 프로그램의 실행 여부가 독립변수로 설정될 수 있다.
② 사전조사에서 실험집단과 통제집단의 종속변수 측정치는 통계적으로 유의미한 차이가 없어야 한다.
③ 사전조사와 사후조사에서 통제집단의 종속변수 측정치는 통계적으로 유의미한 차이가 있어야 한다.
④ 실험집단과 통제집단의 동질성 확보가 필요하다.
⑤ 실험집단과 통제집단의 차이는 독립변수의 개입 유무이다.

해설

순수실험조사는 유형 중 가장 완벽하게 내적 타당도를 저해하는 요인을 통제하여 인과관계를 가장 완벽하게 검증할 수 있는 설계이다. 인과성 검증은 내적 타당도로 독립변수에 의해 종속변수가 변화하는지 알아보는 것이다.
③ 통제집단 자체는 아무런 조작을 하지 않았으므로 사전조사와 사후조사에서 통제집단의 종속변수 측정치는 통계적으로 유의미한 차이가 없어야 한다.

① 프로그램 실행 여부가 원인이 될 수 있다.
② 실험집단과 통제집단은 조작을 하지 않았으므로 통계적으로 같아야 한다는 뜻으로 유의미한 차이가 없어야 한다.
④ 무작위할당을 했으므로 실험집단과 통제집단의 동질성 확보가 필요하다.
⑤ 실험집단에는 개입을 하고 통제집단에는 개입을 하지 않는 차이가 발생한다.

답 ③

07 다음에서 설명하는 설계에 해당하는 것은?

[22회]

> 심리상담 프로그램이 시설입소 노인의 정서적 안정감에 미치는 영향을 알아보기 위해 사전조사 없이 A요양원의 노인들을 대상으로 프로그램을 실시하였다. 프로그램 종료 후, 인구사회학적 배경이 유사한 B요양원 노인들을 비교집단으로 하여 두 집단의 정서적 안정감을 측정하였다.

① 비동일 통제집단설계
② 정태적 집단비교설계
③ 다중시계열설계
④ 통제집단 사후검사설계
⑤ 플라시보 통제집단설계

08 다음 사례에 관한 설명으로 옳지 않은 것은?

[22회]

> 다문화교육이 청소년들의 다문화수용성에 미치는 영향을 알아보기 위해 청소년 100명을 무작위로 두 집단으로 나누었다. 교육실시 전 두 집단의 다문화수용성을 측정하고, 한 집단에만 다문화 교육을 실시한 후 다시 두 집단 모두 다문화수용성을 측정하였다.

① 전형적인 실험설계이다.
② 교육에 참여한 집단이 실험집단이다.
③ 외적 요인의 통제를 시도하지 않았다.
④ 내적 타당도의 저해요인이 발생할 수 있다.
⑤ 두 집단 간의 사전, 사후 측정치를 비교하여 효과를 판단할 수 있다.

09 다음의 연구에서 활용한 연구설계에 관한 설명으로 옳은 것은?

[21회]

> 청소년의 자원봉사의식 향상 프로그램의 효과성을 검증하기 위하여 청소년 200명을 무작위로 두 개의 집단으로 나눈 후 A측정도구 활용하여 사전검사를 실시하였다. 하나의 집단에만 프로그램을 실시한 후 두 개의 집단 모두를 대상으로 A측정도구를 활용하여 사후검사를 실시하였다.

① 테스트 효과의 발생 가능성이 낮다.
② 집단 간 동질성의 확인 가능성이 낮다.
③ 사전 검사와 프로그램의 상호작용 효과의 통제가 가능하다.
④ 자연적 성숙에 따른 효과의 통제가 가능하다.
⑤ 실험집단의 개입효과가 통제집단으로 전이된다.

10 다음과 같은 절차로 진행된 유사(준)실험설계의 특징으로 옳지 않은 것은?

[20회]

> • 우울예방 프로그램에 참여할 하나의 집단을 모집함
> • 우울검사를 일정한 간격으로 여러 차례 실시함
> • 우울예방 프로그램을 진행함
> • 우울검사를 동일한 측정도구를 이용해 일정한 간격으로 여러 차례 실시함

① 통제집단을 두기 어려울 때 사용할 수 있다.
② 검사효과가 발생할 수 없다.
③ 정태적 집단비교설계(Static-group Comparison Design)보다 내적 타당도가 높다.
④ 개입효과는 사전검사와 사후검사 측정치의 평균을 비교해서 측정할 수 있다.
⑤ 사전검사와 개입의 상호작용 효과가 발생할 수 있다.

11 외부사건(History)을 통제할 수 있는 실험설계를 모두 고른 것은? [19회]

> ㄱ. 솔로몬 4집단설계
> (Solomon Four – group Dsign)
> ㄴ. 단일집단 사전사후검사설계
> (One – group Pretest – posttest Design)
> ㄷ. 단일집단 사후검사설계
> (One – group Posttest – only Design)
> ㄹ. 통제집단 사후검사설계
> (Posttest – only Control Croup Design)

① ㄹ   ② ㄱ, ㄹ
③ ㄴ, ㄷ   ④ ㄱ, ㄴ, ㄹ
⑤ ㄴ, ㄷ, ㄹ

12 실험설계의 유형에 관한 설명으로 옳지 않은 것은? [19회]

① 다중시계열설계(Multiple Time – series Design)는 통제집단을 설정하지 않는다.
② 단일집단 사전사후검사설계(One – group Pretest – posttest Design)는 검사효과를 통제하기 어렵다.
③ 통제집단 사후검사설계(Posttest – only Control Group Design)는 사전검사의 영향을 배제할 수 있다.
④ 시계열설계(Time – series Design)는 검사효과와 외부사건을 통제하기 어렵다.
⑤ 정태적 집단비교설계(Static Group Design)는 두 집단의 본래의 차이를 확인하기 어렵다.

13 다음 연구설계에 관한 설명으로 옳지 않은 것은? [18회]

> 노인복지관의 노노케어 프로그램 자원봉사자 40명을 무작위로 골라 20명씩 두 집단으로 배치하고 한 집단에는 자원봉사 교육을 실시하고 다른 집단에는 아무런 개입을 하지 않았다. 10주 후 두 집단 간 자원봉사 만족도를 비교·분석하였다.

① 사전조사를 실시하지 않아 내적 타당도를 저해하지 않는다.
② 무작위 선정으로 내적 타당도를 저해하지 않는다.
③ 통제집단을 확보하기 어려울 때 사용하는 설계이다.
④ 사전검사를 하지 않아도 집단 간 차이를 어느 정도 통제할 수 있다.
⑤ 통제집단 전후비교에 비해 설계가 간단하여 사회조사에서 많이 활용된다.

14 다음 설계에 관한 설명으로 옳은 것은? [17회]

> 01 X 02
> 01 : 사전검사, X : 개입 프로그램, 02 : 사후검사

① 내적 타당도가 강한 설계이다.
② 검사효과를 통제하는 설계이다.
③ 진(순수)실험설계에 속하는 설계이다.
④ 통제집단을 확보하기 어려울 때 사용할 수 있는 설계이다.
⑤ 연구결과의 일반화가 용이한 설계이다.

15 다음에 해당하는 설계로 옳은 것은? [17회]

> 학교폭력 예방프로그램의 효과를 평가하기 위
> 해 ○○시 소재 중학교 중에서 학교와 학생들의
> 특성이 유사한 A학교와 B학교를 선정하였다.
> 두 학교 학생들을 대상으로 사전검사를 실시한
> 다음 A학교에서 학교폭력 예방프로그램을 실시
> 한 후 다시 한 번 두 학교 학생들을 대상으로 사
> 후검사를 실시하였다.

① 비동일 통제집단설계
② 통제집단 사후검사설계
③ 정태적 집단(고정집단)비교설계
④ 일회검사사례연구
⑤ 솔로몬 4집단설계

16 실험설계에 관한 설명으로 옳지 않은 것은?

[15회]

① 통제집단 사후검사설계는 무작위할당으로
　통제집단과 실험집단으로 나누고 실험집단
　에만 개입을 한다.
② 정태적(Static) 집단비교설계는 실험집단과
　개입이 주어지지 않는 집단을 사후에 구분해
　서 종속변수의 값을 비교한다.
③ 비동일 통제집단설계는 임의적으로 나눈 실
　험집단과 통제집단 간의 교류를 통제한다.
④ 솔로몬 4집단설계는 통제집단 사전－사후
　검사설계와 통제집단 사후검사설계를 결합
　한 것이다.
⑤ 복수시계열설계는 실험집단과 통제집단에
　대해 개입 전과 개입 후 여러 차례 종속변수를
　측정한다.

SECTION 09 자료수집

유형 01 자료수집기법

빈출도 ★★★

대표문제

자료수집방법에 관한 설명으로 옳은 것은? [20회]

① 질문의 유형과 형태를 결정할 때 조사대상자의 응답능력을 고려할 필요가 있다.

② 설문문항 작성 시 이중질문(Double−barreled Question)을 넣어야 한다.

③ 비참여관찰법은 연구자가 관찰대상과 상호작용을 유지하는 것이 중요하다.

④ 설문지에서 질문 순서는 무작위배치를 원칙으로 한다.

⑤ 우편조사는 프로빙(Probing) 기술이 중요하다.

해설

① 조사대상자의 응답능력에 따라 질문의 유형이 결정된다.

② 설문문항 작성 시 이중질문(Double−barreled Question)은 피해야 한다.

③ 비참여관찰법은 관찰자는 조사대상자 집단에 들어가지 않고 제3자의 입장에서 거리를 유지하여 관찰하는 방법으로 연구자가 관찰대상과 상호작용을 유지하는 것이 불가능하다.

④ 설문지에서 질문 순서는 무작위배치가 아닌 응답하기 쉬운 질문, 가벼운 질문, 흥미로운 질문 등을 먼저 하고, 민감한 질문, 주관식 질문은 뒷부분에 배치한다.

⑤ 프로빙(Probing) 기술은 응답자의 대답이 불충분하거나 정확하지 못할 때 추가질문을 하여 충분하고 정확한 대답을 얻을 수 있도록 캐묻는 질문으로 면접조사에서 사용한다.

답 ①

1 2 3

01 질문내용 및 방법의 표준화 정도가 낮은 자료수집 유형끼리 바르게 묶인 것은? [22회]

> ㄱ. 스케줄−구조화 면접
> ㄴ. 설문지를 이용한 면접조사
> ㄷ. 심층면접
> ㄹ. 비구조화 면접

① ㄱ, ㄴ   ② ㄱ, ㄹ

③ ㄴ, ㄷ   ④ ㄴ, ㄹ

⑤ ㄷ, ㄹ

1 2 3

02 다음에서 설문조사 결과를 해석할 때 유의해야 할 사항을 모두 고른 것은? [20회]

> ㄱ. 표집방법이 확률표집인가 비확률표집인가?
> ㄴ. 표본의 크기는 모집단을 대표하기에 적절한가?
> ㄷ. 설문조사는 언제 이루어졌는가?
> ㄹ. 측정도구가 신뢰할 만한 것인가?

① ㄱ, ㄴ   ② ㄷ, ㄹ

③ ㄱ, ㄴ, ㄷ   ④ ㄱ, ㄴ, ㄹ

⑤ ㄱ, ㄴ, ㄷ, ㄹ

[1][2][3]

03 서베이(Survey) 조사에 관한 설명으로 옳은 것을 모두 고른 것은? [19회]

> ㄱ. 전화조사는 무작위표본추출이 가능하다.
> ㄴ. 우편조사는 심층규명이 쉽다.
> ㄷ. 배포조사는 응답 환경을 통제하기 쉽다.
> ㄹ. 면접조사는 우편조사에 비해 비용이 많이 든다.

① ㄱ, ㄴ   ② ㄱ, ㄹ
③ ㄴ, ㄷ   ④ ㄱ, ㄷ, ㄹ
⑤ ㄴ, ㄷ, ㄹ

[1][2][3]

04 자료수집에 관한 설명으로 옳지 않은 것은? [18회]

① 질문지법은 문서화된 설문지를 사용한다.
② 면접법은 조사대상자에게 질문내용을 모두 전달한다.
③ 관찰법은 유형, 시기, 방법 추론 정도에 따라 조직적 관찰과 비조직적 관찰로 구분된다.
④ 비관여적 조사는 기존의 기록물이나 역사자료 등을 분석한다.
⑤ 내용분석법은 신문, 책, 일기, 등의 직접 자료를 수집하고 분석하는 방법이다.

[1][2][3]

05 다음 중 옳지 않은 것은? [17회]

① 우편설문 : 원래 표본으로 추출된 응답자가 응답하지 않을 수 있다.
② 실험설계 : 개입을 제공하기 전에는 종속변수의 측정이 사실상 불가능하다.
③ 관찰 : 비언어적 자료수집이 가능하다.
④ 비반응성 자료수집 : 연구대상의 반응성 오류를 피할 수 있다.
⑤ 대인면접설문 : 방문 조사원에 의해 보충적인 자료가 수집될 수 있다.

[1][2][3]

06 서베이 조사에 관한 설명으로 옳지 않은 것은? [15회]

① 면접조사는 우편조사에 비해 비언어적 행위의 관찰이 가능하다.
② 일반적으로 전화조사는 면접조사에 비해 면접시간이 길다.
③ 질문의 순서는 응답률에 영향을 줄 수 있다.
④ 폐쇄형 질문의 응답범주는 상호배타적이어야 한다.
⑤ 면접조사는 전화조사에 비해 비용이 높을 수 있지만 무응답률은 낮은 편이다.

유형 02 관찰법   빈출도 ★☆☆

대표문제

관찰을 통한 자료수집에 관한 설명으로 옳은 것은? [21회]

① 피관찰자에 의해 자료가 생성된다.
② 비언어적 상황의 자료수집이 용이하다.
③ 자료수집 상황에 대한 통제가 용이하다.
④ 내면적 의식의 파악이 용이하다.
⑤ 수집된 자료를 객관화하는 최적의 방법이다.

해설

② 관찰법은 주위에서 일어나는 일들에 대한 지식을 얻는 가장 기본적인 방법으로 시각, 청각과 같은 감각기관을 통하여 현상을 인지한다. 즉, 연구대상을 통제하지 않고 있는 그대로 일정시간 관찰결과를 기록한다.

① 피관찰자가 아니라 관찰자에 의해 자료가 생성된다. 어떤 목적을 가지고 관찰을 하느냐에 따라 달라진다.
③ 자료수집 상황에 대한 통제가 불가능하다. 관찰자는 피관찰자를 통제하지 않고 관찰 그대로 기록한다.
④ 내면적 의식의 파악은 불가능하다. 보이는 것만 관찰할 수 있다.
⑤ 수집된 자료를 객관화하는 최적의 방법으로 볼 수 없다. 관찰한 내용만 조사할 수 있으며, 관찰을 하고 있다는 것을 알아 자신의 행동을 하지 않을 수도 있으므로 객관적인 조사가 될 수 없다.

답 ②

07 완전참여자(Complete Participant)에 관한 설명으로 옳은 것은? [22회]

① 연구대상이 관찰된다는 사실을 알기에 자연적인 상태에서의 관찰이 불가능하다.
② 관찰대상과 상호작용 없이 연구대상을 관찰할 수 있다.
③ 관찰대상의 승인을 받고 관찰대상과 어울리면서도 객관성을 유지할 수 있다.
④ 관찰대상의 승인을 받지 않고 관찰한다는 점에서 연구윤리문제가 제기될 수 있다.
⑤ 관찰 상황을 인위적으로 통제한 상황에서 관찰을 진행할 수 있다.

08 관찰법에 관한 설명으로 옳지 않은 것은? [16회]

① 행위가 일어나는 현장에서 즉시 자료수집이 가능하다.
② 관찰자의 주관성이 개입될 수 있다.
③ 비언어적 상황에 대한 자료수집이 가능하다.
④ 서베이에 비해 자료의 계량화가 쉽다.
⑤ 질적 연구나 탐색적 연구에 사용하기 용이하다.

유형 03 **면접법** 빈출도 ★☆☆

대표문제

피면접자를 직접 대면하는 면접조사가 우편설문에 비해 갖는 장점이 아닌 것은? [21회]

① 응답자의 익명성 보장 수준이 높다.
② 보충적 자료 수집이 가능하다.
③ 대리 응답의 방지가 가능하다.
④ 높은 응답률을 기대할 수 있다.
⑤ 조사 내용에 대한 심층적 이해가 가능하다.

해설

면접조사는 면접자와 피면접자가 직접 대면을 통해 면접이 이루어지므로 익명성이 부족하다. 익명성 보장 수준이 높아 민감한 주제도 조사할 수 있는 것은 우편설문이다.

답 ①

09 대인면접에 비해 우편설문이 갖는 장점은? [16회]

① 질문 과정의 유연성 증대
② 동일 표집조건 시 비용의 절감
③ 높은 응답률
④ 응답환경의 통제 용이
⑤ 심층규명 증대

유형 04 **설문지법 · 전자조사법** 빈출도 ★☆☆

대표문제

설문지 작성방법에 관한 설명으로 옳은 것은? [19회]

① 개방형 질문은 미리 유형화된 응답범주들을 제시해 놓은 질문 유형이다.
② 행렬식(Matrix) 질문은 한 주제의 응답에 따라 부가질문을 연결해서 사용하는 질문이다.
③ 많은 정보가 필요할 경우 이중질문을 사용한다.
④ 신뢰도 측정을 위해 짝(Pair)으로 된 문항들을 이어서 배치한다.
⑤ 다항선택식(Multiple Choice) 질문은 응답범주들 중에서 하나 또는 그 이상을 선택하도록 하는 질문이다.

해설

① 개방형 질문은 질문에 대해 자신의 생각을 서술할 수 있는 질문으로 자유응답 질문이라고도 한다.
② 한 주제의 응답에 따라 부가질문을 연결해서 사용하는 질문은 종단적 질문이다.
③ 많은 정보가 필요할 경우 개방형 질문을 사용한다.
④ 신뢰도 측정을 위해 짝(Pair)으로 된 문항들은 떨어지게 배치해야 한다. 비슷한 문항을 연속해서 배치하는 경우 신뢰도가 떨어진다.

답 ⑤

□1 □2 □3

10 설문지 작성에 관한 설명으로 옳은 것은? [16회]

① 개방형 질문은 응답률을 높이기 위해 주로 설문지의 앞부분에 배치한다.

② 수반형(Contingency) 질문이 많아질수록 응답률은 높아진다.

③ 명확한 응답을 얻기 위해 이중(Double-barreled)질문을 사용한다.

④ 문항은 응답자의 특성과 무관하게 작성되어야 한다.

⑤ 신뢰도 측정을 위해 짝(Pair)으로 된 문항들은 가급적 떨어지게 배치한다.

□1 □2 □3

11 A대학교는 전체 재학생 중 5백 명을 선정하여 취업욕구조사를 하고자 한다. 비용 부담이 가장 적고 절차가 간편한 자료수집방법은? [18회]

① 우편조사   ② 방문조사

③ 전화조사   ④ 온라인조사

⑤ 면접조사

유형 01 자료수집방법 빈출도 ★★☆

대표문제

델파이 조사에 관한 설명으로 옳지 않은 것은?
[21회]

① 전문가 패널을 대상으로 견해를 파악한다.
② 되풀이되는 조사 과정을 통해 합의를 도출한다.
③ 반대 의견에 대한 패널 참가자들의 감정적 충돌을 줄일 수 있다.
④ 패널 참가자의 익명성 보장에 어려움이 있다.
⑤ 조사 자료의 정리에 연구사의 편향이 발생할 수 있다.

해설

델파이기법은 전문가들로부터 우편이나 이메일(E-mail)로 의견이나 정보를 수집하여 그 결과를 분석한 후 그것을 다시 응답자들에게 보내어 의견을 묻는 식으로 만족스러운 결과를 얻을 때까지 계속하는 방법이다. 델파이기법은 전문가들이 모이지 않기 때문에 익명성이 보장된다.

답 ④

[1][2][3]
01 초점집단(Focus Group) 조사에 관한 설명으로 옳지 않은 것은? [19회]

① 집단을 활용한 자료수집방법이다.
② 익명의 전문가들을 패널로 활용한다.
③ 욕구조사에서 활용된다.
④ 직접적인 자료수집 방법이다.
⑤ 연구자의 개입에 의해 편향이 발생할 수 있다.

[1][2][3]
02 2차 자료 분석에 관한 설명으로 옳은 것을 모두 고른 것은? [15회]

> ㄱ. 비관여적 방법이다.
> ㄴ. 관찰대상에 대한 연구자의 영향이 크다.
> ㄷ. 통계적 기법으로 자료의 결측값을 대체할 수 없다.
> ㄹ. 신뢰도와 타당도에 관한 문제는 발생하지 않는다.

① ㄱ
② ㄱ, ㄷ
③ ㄱ, ㄷ, ㄹ
④ ㄴ, ㄷ, ㄹ
⑤ ㄱ, ㄴ, ㄷ, ㄹ

[1][2][3]
03 욕구조사를 위한 자료수집방법에 관한 설명으로 옳지 않은 것은? [15회]

① 지역의 통반장을 통해 자료를 수집한다.
② 지역사회 공청회를 통해 자료를 수집한다.
③ 지역주민에게 서베이를 실시한다.
④ 정부기관에서 발표하는 사회지표를 활용한다.
⑤ 일반인을 대상으로 델파이기법을 활용한다.

유형 01 질적 연구

빈출도
★★★

대표문제

질적 연구에 관한 설명으로 옳은 것은? [22회]

① 변수중심의 분석이 이루어진다.
② 논리실증주의적 관점을 견지한다.
③ 인간행동의 규칙성과 보편성을 중시한다.
④ 모집단을 대표할 수 있는 표본을 추출한다.
⑤ 관찰로부터 이론을 도출하는 귀납적 방법을 활용한다.

해설

• 질적 연구는 주로 탐구적인 연구로서 연구자의 직관적인 통찰을 통해 현상의 의미를 해석하고 이해하려는 연구방법으로 귀납법적 방법을 활용한다.
• 양적 연구는 수량적으로 측정할 수 있는 특성을 포함하는 연구문제 또는 가설에 대해 답하거나 검증하는 탐구 방법이다.
• ①~④는 모두 양적 연구에 대한 설명이다.

답 ⑤

1 2 3

01 내용분석에 관한 설명으로 옳지 않은 것은?

[22회]

① 반응적(Reactive) 연구방법이다.
② 서베이(Survey) 조사에서 사용하는 표본 추출 방법을 사용할 수 있다.
③ 연구과정에서 실수를 하더라도 재조사가 가능하다.
④ 숨은 내용(Latent Content)의 분석이 가능하다.
⑤ 양적 분석과 질적 분석 모두 적용 가능하다.

1 2 3

02 질적 연구에서 일반적으로 사용되는 표집방법이 아닌 것은?

[22회]

① 판단(Judgemental)표집
② 체계적(Systematic) 표집
③ 결정적 사례(Ccritical Case)표집
④ 극단적 사례(Extreme Case)표집
⑤ 최대변이(Maximum Variation)표집

1 2 3

03 다음의 연구에서 활용한 질적 연구방법에 관한 설명으로 옳은 것은?

[21회]

A사회복지사는 가정 밖 청소년들의 범죄피해와 정신건강의 문제를 당사자의 관점에서 이해하고 주체적으로 해결하기 위해 연구를 시작하였다. 연구에 참여한 가정 밖 청소년들은 A사회복지사와 함께 범죄피해와 정신건강과 관련된 사회 구조적인 문제를 해결하기 위한 다양한 방안들을 스스로 만들고 수행하였다.

① 개방코딩 – 축코딩 – 선택코딩의 방법을 활용한다.
② 범죄피해와 정신건강을 설명하는 이론 개발에 초점을 둔다.
③ 단일사례에 대한 깊이 있는 분석에 초점을 둔다.
④ 관찰대상의 개인적 신화(Narrative)를 만드는 것에 초점을 둔다.
⑤ 사회변화와 임파워먼트에 초점을 둔다.

04 '마을만들기 사업' 참여경험에 관한 연구의 엄격성을 높이는 방법으로 옳은 것을 모두 고른 것은? [21회]

> ㄱ. 삼각측정(Triangulation)
> ㄴ. 예외사례 표본추출
> ㄷ. 장기적 관찰
> ㄹ. 연구윤리 강화

① ㄱ, ㄴ
② ㄷ, ㄹ
③ ㄱ, ㄴ, ㄷ
④ ㄱ, ㄴ, ㄹ
⑤ ㄱ, ㄴ, ㄷ, ㄹ

05 근거이론의 분석방법에서 축코딩(Axial Coding)에 관한 설명으로 옳은 것은? [20회]

① 추상화시킨 구절에 번호를 부여한다.
② 개념으로 도출된 내용을 가지고 하위범주를 만든다.
③ 발견된 범주의 속성과 차원을 고려하여 유형화를 시도한다.
④ 이론개발을 위해 핵심범주를 중심으로 다른 범주와의 통합과 정교화를 만드는 과정을 진행한다.
⑤ 발견된 범주를 가지고 중심현상을 중심으로 인과적 조건을 만든다.

06 다음 중 질적 연구와 가장 거리가 먼 것은? [20회]

① 문화기술지(Ethnography)연구
② 심층사례연구
③ 사회지표조사
④ 근거이론연구
⑤ 내러티브(Narrative)연구

07 질적 조사의 엄격성(Rigor)을 높이는 방법으로 옳은 것을 모두 고른 것은? [19회]

> ㄱ. 장기간 관찰
> ㄴ. 표준화된 척도의 사용
> ㄷ. 부정적 사례(Negative Cases) 분석
> ㄹ. 다각화(Triangulation)

① ㄱ, ㄴ
② ㄱ, ㄷ
③ ㄴ, ㄹ
④ ㄱ, ㄷ, ㄹ
⑤ ㄱ, ㄴ, ㄷ, ㄹ

08 다음에서 설명하는 근거이론의 분석방법은? [19회]

> 수집된 자료에서 나타난 범주들 간의 관계를 파악하기 위해 범주들을 특정한 구조적 틀에 맞추어 연결하는 과정이다. 중심현상을 설명하는 전략들, 전략을 형성하는 맥락과 중재조건 그리고 전략을 수행한 결과를 설정하여 찾아내는 과정이다.

① 조건 매트릭스
② 개방코딩
③ 축코딩
④ 괄호치기
⑤ 선택코딩

09 내용분석(Content Analysis)에 관한 설명으로 옳지 않은 것을 모두 고른 것은? [19회]

> ㄱ. 기존자료에 의존하기 때문에 연구의 범위가 무제한적이다.
> ㄴ. 선정편향(Selection Bias)이 발생할 수 있다.
> ㄷ. 연구대상자의 반응성을 배제할 수 있다.
> ㄹ. 기존자료를 활용하는 질적 조사이기 때문에 가설검증은 필요하지 않다.

① ㄴ
② ㄱ, ㄴ
③ ㄱ, ㄹ
④ ㄷ, ㄹ
⑤ ㄱ, ㄴ, ㄹ

PART 01 사회복지기초

1 2 3

10 질적 조사에서 일반적으로 사용되는 표본추출 방법으로 옳지 않은 것은? [19회]

① 이론적(Theoretical) 표본추출
② 집락(Cluster)표본추출
③ 눈덩이(Snowball)표본추출
④ 극단적 사례(Extreme Case)표본추출
⑤ 최대변이(Maximum Variation)표본추출

1 2 3

11 질적 연구에 관한 설명으로 옳지 않은 것은? [18회]

① 풍성하고 자세한 사실의 발견이 가능하다.
② 문제에 대한 통찰력을 제공한다.
③ 연구 참여자의 상황적 · 맥락 안에서 이루어진다.
④ 다른 연구자들이 재현하기 용이하다.
⑤ 현상에 대한 심층적으로 기술한다.

1 2 3

12 질적 연구방법과 적절한 연구주제가 바르게 연결된 것을 모두 고른 것은? [18회]

> ㄱ. 현상학 – 늙어간다는 것이 어떤 의미인지 이해할 수 있다.
> ㄴ. 참여행동연구 – 이혼가족이 경험한 가족해체 사례를 심층적으로 이해할 수 있다.
> ㄷ. 근거이론 – 지속적 비교 기법을 통해 노인의 재취업경험을 이론화할 수 있다.
> ㄹ. 생애사 – 위안부 피해자 할머니 삶의 중요한 사건을 이해할 수 있다.

① ㄱ, ㄴ   ② ㄴ, ㄷ
③ ㄷ, ㄹ   ④ ㄱ, ㄷ, ㄹ
⑤ ㄱ, ㄴ, ㄷ, ㄹ

1 2 3

13 내용분석에 관한 설명으로 옳지 않은 것은? [18회]

① 역사적 분석과 같은 시계열 분석에 어려움이 있다.

② 인간의 의사소통 기록을 체계적으로 분석한다.
③ 분석상의 실수를 언제라도 수정할 수 있다.
④ 양적 조사와 질적 조사에 공동으로 사용할 수 있다.
⑤ 기존 자료를 활용하여 타당도 확보가 어렵다.

1 2 3

14 질적 조사로 보기 어려운 것은? [17회]

① 근거이론연구
② 문화기술지연구
③ 솔로몬설계연구
④ 내러티브연구
⑤ 현상학적 연구

1 2 3

15 질적 조사의 자료수집에 관한 설명으로 옳은 것은? [17회]

① 심층면접은 주요 자료수집 방법 중 하나이다.
② 연구자는 자료수집과정에서 배제되는 것이 원칙이다.
③ 완전관찰자로서의 연구자는 먼저 자료제공자들과 라포 형성이 요청된다.
④ 가설설정은 자료수집을 위해 필수적 요건이다.
⑤ 표준화된 측정도구를 갖추어야 자료수집이 가능하다.

1 2 3

16 질적 조사에 관한 설명으로 옳지 않은 것은? [17회]

① 실천, 이야기, 생활방식, 하위문화 등이 질적 조사의 주제가 된다.
② 자연주의는 질적 조사의 오랜 전통이다.
③ 확률표본추출방법이 사용될 수 있다.
④ 일반화 가능성이 양적 조사보다 높다.
⑤ 현장연구라고 명명되기도 한다.

17 근거이론에서 다음 설명에 해당하는 것은?

[16회]

- 이론을 통합시키고 정교화하는 과정으로 이론적 포화(Theoretical Saturation)와 변화범위 (Range of Variability)에 대한 작업을 진행한다.
- 주로 근거이론 코딩의 마지막 단계로서 모형 내 범주들의 관계를 진술하는 명제를 구체화하거나 범주들을 통합하는 이야기를 서술한다.

① 선택(Selective)코딩
② 자료(Data)코딩
③ 축(Axial)코딩
④ 개방(Open)코딩
⑤ 역(Reverse)코딩

18 양적 연구와 비교한 질적 연구의 특성으로 옳지 않은 것은?

[15회]

① 연구자의 역할이 더 중요하다.
② 소수의 사례를 깊이 있게 관찰할 수 있다.
③ 연구결과의 일반화가 목표가 아니다.
④ 일반적으로 신뢰도가 더 높다.
⑤ 귀납적 추론의 경향이 더 강하다.

19 질적 연구방법에 관한 설명으로 옳지 않은 것은?

[15회]

① 근거이론의 목적은 사람, 사건 및 현상에 대한 이론의 생성이다.
② 문화기술지(Ethnography)는 특정 문화를 이해하기 위한 방법, 과정 및 결과이다.
③ 현상학은 개인의 주관적인 경험의 본질과 의미에 초점을 둔다.
④ 자료 수집원을 다양화하여 연구의 엄격성을 높일 수 있다.
⑤ 부정적 사례(Negative Case)의 목적은 연구자가 편견에 빠지지 않게 동료집단이 감시기제로서의 역할을 하는 것이다.

PART

2

사회복지실천

CHAPTER 03

사회복지실천론

 2024년 출제경향

사회복지실천의 정의 및 목적 0%

사회복지실천의 이념 및 철학 **24%**

사회복지실천의 가치와 윤리 12%

사회복지실천현장에 대한 이해 4%

사회복지실천의 관점 16%

관계론 16%

면접론 12%

사회복지실천의 과정 8%

사례관리 8%

사회복지실천의 이념 및 철학

정답 및 해설 p.051

유형 01 자선조직협회와 인보관운동 빈출도 ★★★

대표문제

자선조직협회 우애방문자의 활동에 해당하는 사회복지실천의 이념을 모두 고른 것은? [20회]

ㄱ. 인도주의 ㄴ. 이타주의
ㄷ. 사회개혁 ㄹ. 사회진화론

① ㄱ ② ㄴ, ㄷ
③ ㄷ, ㄹ ④ ㄱ, ㄴ, ㄹ
⑤ ㄱ, ㄴ, ㄷ, ㄹ

해설

자선조직협회는 상류층 부인들이 빈곤 가정에 대한 조사를 통하여 필요한 원조를 제공하면서 빈민에 대한 인도주의, 이타주의, 사회진화론 성격으로 시작하였다.
ㄷ. 사회개혁은 인보관운동의 이념이다. 사회문제를 점진적으로 해결하는 것이 아니라 한 번에 문제를 해결하기 위한 급진주의 성격을 가지고 있다.

답 ④

---

1 2 3
01 자선조직협회(COS) 활동에 관한 설명으로 옳지 않은 것은? [21회]

① 민간 사회복지기관의 활동을 체계적으로 조정하기 위해 등장하였다.
② 적자생존에 기반한 사회진화론을 구빈의 이론적 기반으로 삼았다.
③ 빈민지역에 거주하며 지역사회문제에 대한 집합적이고 개혁적인 해결을 강조하였다.
④ 과학적이고 적절한 자선활동을 수행하기 위해 클라이언트 등록체계를 실시하였다.
⑤ 자선조직협회 활동은 개별사회사업의 초석이 되었다.

1 2 3
02 인보관운동에 관한 내용으로 옳지 않은 것은? [20회]

① 빈민을 통제하는 사회통제적 기능을 담당함
② 인보관에서 일하는 사람은 지역사회에서 함께 살면서 활동함
③ 지역사회 문제에 관한 연구와 조사를 실시함
④ 빈민지역의 주택 개선, 공중보건 향상 등에 관심을 둠
⑤ 사회문제에 대한 집합적이고 개혁적인 해결을 강조함

1 2 3
03 자선조직협회에 관한 설명으로 옳은 것은? [18회]

① 빈민 지원 시 중복과 누락을 방지하고자 시작되었다.
② 빈곤의 원인을 개인의 도덕 문제가 아니라 산업화의 결과로 보았다.
③ 연구 및 조사를 통하여 사회제도를 개혁하고자 설립되었다.
④ 빈민 지역의 주민들을 이웃으로 생각하여 함께 생활하였다.
⑤ 집단 및 지역사회복지의 태동에 영향을 주었다.

1 2 3
04 사회복지실천의 역사에 관한 설명으로 옳지 않은 것은? [15회]

① 우애방문자들은 빈곤가정을 방문하면서 상담 및 교육, 교화를 하는 역할을 수행하였다.
② 우애방문자들은 빈민구제에 도덕적 잣대를 적용하여 빈민을 통제하고자 하였다.

③ 우애방문자들의 개입대상은 개인이나 가족이었다.

④ 자선조직협회는 연구와 조사를 통해 사회제도를 개혁해야 한다는 기본개념을 가졌다.

⑤ 인보관운동은 빈곤의 원인을 산업화의 결과로 보았다.

유형 02 기능주의와 진단주의 빈출도 ★☆☆

대표문제

기능주의(Functionalism)에서 강조한 내용으로 옳은 것을 모두 고른 것은? [22회]

ㄱ. 개인의 의지
ㄴ. 개인에 대한 심리 내적 진단
ㄷ. 전문가와 클라이언트 사이의 원조관계
ㄹ. 기관의 기능

① ㄱ, ㄴ   ② ㄷ, ㄹ
③ ㄱ, ㄷ, ㄹ   ④ ㄴ, ㄷ, ㄹ
⑤ ㄱ, ㄴ, ㄷ, ㄹ

해설

기능주의는 인간의 자유의지와 성장 가능성을 강조하였다. 현재 및 미래를 강조하였고, 치료의 책임은 사회복지사가 아니라 클라이언트에게 있음을 강조하면서 치료보다는 사정이라는 단어를 사용하였다.

ㄴ. 개인에 대한 심리 내적 진단은 진단주의의 내용이다.

답 ③

□□□

05 기능주의 학파(Functional School)에 관한 내용으로 옳지 않은 것은? [20회]

① 개인의 의지 강조
② 인간의 성장 가능성 중시
③ '지금 – 이곳'에 초점
④ 인간과 환경의 관계 분석
⑤ 과거 경험중심적 접근

□□□

06 사회복지실천의 전문화 과정에서 기능주의와 진단주의에 관한 설명으로 옳은 것은? [16회]

① 기능주의의 대표적인 학자는 메리 리치몬드(M. Richmond)이다.

② 기능주의는 과거의 심리사회적 문제가 현재의 기능에 영향을 미친다는 관점을 갖는다.

③ 기능주의는 인간의 성장 가능성과 자유의지를 강조한다.

④ 진단주의는 시간 제한적이고 과제중심적인 단기개입을 선호한다.

⑤ 진단주의는 기관의 기능과 서비스를 최대한 활용하여 문제를 해결하는 것을 선호한다.

유형 03 사회복지 전문직 빈출도 ★★☆

대표문제

사회복지실천이 봉사활동에서 전문직으로 출발하게 된 계기가 아닌 것은? [18회]

① 우애방문자들의 활동에 보수를 지급하기 시작하였다.

② 우애방문자를 지도 · 감독하는 체계를 마련하였다.

③ 자선조직협회는 교육 프로그램을 마련하였다.

④ 의사인 카보트가 메사추세츠병원에 의료사회복지사를 정식으로 채용하였다.

⑤ 전통적 방법론의 한계로 인하여 통합적 방법론이 등장하였다.

해설

사회복지실천이 봉사활동에서 전문직으로 출발하게 된 계기는 전통적 방법론의 한계로 인하여 통합적 방법론이 등장한 것과는 아무런 관련이 없다. 사회복지실천이 전문직으로 확립한 시기는 1900~1920년대이고 통합적 방법론이 등장한 시기는 1950년대이다.

답 ⑤

Ⅰ②③

07 그린우드(E. Greenwood)가 제시한 전문직의 속성 중 다음 설명에 해당하는 것은? [19회]

> • 자기규제를 통해 클라이언트를 보호한다.
> • 전문가가 지켜야 할 전문적 행동기준과 원칙을 기술해 놓은 것이다.

① 윤리강령   ② 전문직 문화
③ 사회적인 인가   ④ 전문적인 권위
⑤ 체계적인 이론

Ⅰ②③

08 사회복지 전문직에 관한 설명으로 옳은 것을 모두 고른 것은? [17회]

> ㄱ. 전문적인 이론체계를 갖고 있음
> ㄴ. 개인의 변화와 사회적 변혁에 관심을 둠
> ㄷ. 미시 및 거시적 개입방법을 모두 이해해야 함
> ㄹ. 타 분야 전문가와의 협업을 위해 고유한 정체성의 발전은 불필요함

① ㄱ, ㄴ   ② ㄱ, ㄷ
③ ㄴ, ㄷ   ④ ㄱ, ㄴ, ㄷ
⑤ ㄱ, ㄷ, ㄹ

Ⅰ②③

09 사회복지 전문직에 관한 설명으로 옳지 않은 것은? [16회]

① 서구에서 전문직 교육과정이 시작된 것은 19세기 후반이다.
② 실천의 가치와 지식은 방법(Methods)을 통해 현장에서 구현된다.
③ 한국 사회복지사의 자격 및 처우에 관한 사항은 「사회복지사업법」에 근거한다.
④ 플렉스너(A. Flexner)는 체계적 이론과 전문적 권위, 윤리강령 등을 전문직의 속성으로 꼽았다.
⑤ 밀포드(Milford)회의에서 사회복지실천의 공통요소를 제시하였다.

Ⅰ②③

10 사회복지실천 전문직으로의 발전과정에서 플렉스너(A. Flexner)의 비판에 대한 반응에 해당하지 않는 것은? [15회]

① 리치몬드(M. Richmond)가 《사회진단(Social Diagnosis)》을 출간하였다.
② 밀포드(Milford)회의에서 개별사회사업 방법론을 기본으로 하는 사회복지실천의 공통요소가 정리되어 발표되었다.
③ 미국사회복지사협회(American Association of Social Workers)가 설립되었다.
④ 의사인 카보트(R. Cabot)가 매사추세츠병원에 의료사회복지사를 정식으로 채용하였다.
⑤ 사회복지사들이 치료자로서의 역할을 강조하면서 위상을 높이고자 하였다.

유형 04 | 사회복지실천의 이념   빈출도 ★★☆

대표문제

사회복지실천의 사회통제적 측면과 관련성이 가장 높은 이념은? [22회]

① 인도주의   ② 민주주의
③ 박애사상   ④ 사회진화론
⑤ 다양화

해설

사회진화론은 '부자는 우월해서 부유층으로 살아남게 되고 빈곤한 사람들은 게으르고 비도덕적인 열등한 인간이기에 가난하게 살 수밖에 없다.'는 이론이다. 사회진화론은 자선조직협회의 기본이념으로, 자선조직협회의 우애방문원 활동은 빈민이 부자에게 위협적이거나 방해가 되지 않는 존재로만 남도록 빈민들을 통제하는 사회통제적인 측면이 있다.

답 ④

11 개인주의가 사회복지실천에 미친 영향으로 옳은 것을 모두 고른 것은? [21회]

> ㄱ. 개별화
> ㄴ. 개인의 권리와 의무 강조
> ㄷ. 최소한의 수혜자격 원칙
> ㄹ. 사회적 책임 중시

① ㄱ, ㄴ, ㄷ ② ㄱ, ㄴ, ㄹ
③ ㄱ, ㄷ, ㄹ ④ ㄴ, ㄷ, ㄹ
⑤ ㄱ, ㄴ, ㄷ, ㄹ

12 사회복지실천의 이념적 배경을 모두 고른 것은? [19회]

> ㄱ. 인도주의 ㄴ. 민주주의
> ㄷ. 개인주의 ㄹ. 문화 다양성

① ㄱ, ㄴ ② ㄴ, ㄷ
③ ㄷ, ㄹ ④ ㄱ, ㄴ, ㄹ
⑤ ㄱ, ㄴ, ㄷ, ㄹ

13 민주주의(Democracy)가 사회복지실천에 미친 영향으로 옳지 않은 것은? [16회]

① 서비스 제공자와 소비자의 동등한 관계 강조
② 최소한의 수혜자격 강조
③ 빈곤에 대한 사회적 책임 중시
④ 대상자의 서비스 선택권 강조
⑤ 서비스 이용자의 정책결정 참여

유형 05 한국의 역사 빈출도 ★☆☆

대표문제

1960년대와 1970년대 외원단체 활동이 우리나라 사회복지발달에 미친 영향으로 옳지 않은 것은? [22회]

① 사회복지가 종교와 밀접한 관련하에 전개되도록 하였다.
② 전문 사회복지의 시작을 촉발하였다.
③ 시설 중심보다 지역사회 중심의 사회복지가 발전하는 계기를 만들었다.
④ 사회복지가 거시적인 사회정책보다는 미시적인 사회사업 위주로 발전하게 하였다.
⑤ 사람들이 사회복지를 구호사업 또는 자선사업과 같은 것으로 인식하게 하였다.

| 해설 |

민간외원기관들은 시설 중심의 사회복지를 실천하였다. 한국의 지역사회 중심의 사회복지가 발전하게 된 계기는 사회복지관의 설립이다.

답 ③

14 사회복지실천의 역사적 발달과정을 발생한 순서대로 옳게 나열한 것은? [21회]

> ㄱ. 밀포드(Milford) 회의에서 사회복지실천의 공통요소를 발표하였다.
> ㄴ. 「사회복지사업법」에 따라 국내에서 사회복지사 명칭을 사용하기 시작하였다.
> ㄷ. 태화여자관이 설립되었다.
> ㄹ. 사회복지전문요원이 국내 행정기관에 배치되었다.

① ㄱ - ㄴ - ㄷ - ㄹ
② ㄱ - ㄷ - ㄴ - ㄹ
③ ㄱ - ㄷ - ㄹ - ㄴ
④ ㄷ - ㄱ - ㄴ - ㄹ
⑤ ㄷ - ㄱ - ㄹ - ㄴ

15 한국 사회복지실천의 역사적 발달과정을 발생한 순서대로 나열한 것은? [19회]

> ㄱ. 대학교에서 사회복지전문인력의 양성교육을 시작하였다.
> ㄴ. 「사회복지사업법」에 따라 사회복지사 명칭을 사용하기 시작하였다.
> ㄷ. 사회복지전문요원(이후 전담공무원)을 행정기관에 배치하기 시작하였다.
> ㄹ. 「정신건강증진 및 정신질환자 복지서비스 지원에 관한 법률」에 따라 정신건강사회복지사 명칭을 사용하기 시작하였다.

① ㄱ – ㄴ – ㄷ – ㄹ
② ㄴ – ㄱ – ㄹ – ㄷ
③ ㄴ – ㄹ – ㄱ – ㄷ
④ ㄷ – ㄴ – ㄹ – ㄱ
⑤ ㄹ – ㄷ – ㄴ – ㄱ

정답 및 해설 p.053

유형 01 가치
빈출도 ★☆☆

대표문제

레비(C. Levy)가 제시한 사회복지 전문직의 가치 중 결과우선 가치에 해당하는 것은? [21회]

① 자기결정권 존중
② 인간 존엄성에 대한 믿음
③ 비심판적 태도
④ 동등한 사회참여 기회 제공
⑤ 개별성에 대한 인정

해설

결과우선의 가치는 클라이언트에게 서비스를 제공하고 초래되는 결과에 대한 가치관으로, 사회참여에 대하여 동등한 기회를 제공해야 한다는 사회적 책임에 대한 믿음이다.

답 ④

1 2 3

01 레비(C. Levy)가 제시한 사회복지 전문직의 가치 중 수단에 관한 가치에 해당하는 것은? [15회]

① 소속의 욕구
② 건설적 변화에 대한 능력과 열망
③ 자기결정권 존중
④ 상호책임성
⑤ 인간의 공통된 욕구

유형 02 윤리
빈출도 ★☆☆

대표문제

사회복지사가 경험할 수 있는 윤리적 딜레마 상황을 모두 고른 것은? [18회]

> ㄱ. 실천 결과의 모호성
> ㄴ. 사회복지사와 클라이언트 간의 힘의 불균형
> ㄷ. 클라이언트 체계의 다중성
> ㄹ. 기관에 대한 의무와 클라이언트에 대한 의무의 상충

① ㄱ, ㄹ
② ㄴ, ㄷ
③ ㄴ, ㄹ
④ ㄱ, ㄴ, ㄷ
⑤ ㄱ, ㄴ, ㄷ, ㄹ

해설

사회복지사가 경험할 수 있는 윤리적 딜레마 상황은 클라이언트의 자기결정권, 비밀보장, 진실성 고수와 알 권리, 제한된 자원의 공정한 분배, 상충되는 의무와 기대, 전문적 관계 유지, 클라이언트의 이익과 사회복지사의 이익, 전문적 동료관계, 규칙과 정책 준수이다.
ㄱ~ㄹ은 모두 윤리적 딜레마 상황이다.

답 ⑤

1 2 3

02 한국 사회복지사 윤리강령에서 '사회복지사의 윤리기준' 중 '클라이언트에 대한 윤리기준' 영역에 해당하지 않는 것은? [22회]

① 서비스의 종결
② 기록·정보 관리
③ 직업적 경계 유지
④ 정보에 입각한 동의
⑤ 이해 충돌에 대한 대처

03 로웬버그와 돌고프(F. Loewenberg & R. Dolgoff)의 윤리적 원칙 중 다음 사례에서 아동학대전담공무원이 결정을 할 때 최우선적으로 고려해야 할 원칙은? [22회]

> 아동학대가 발생한 가정의 학대피해 아동을 원가정에서 생활하도록 할 것인가 또는 학대피해 아동쉼터에서 생활하도록 할 것인가에 대해 1차 결정을 해야 한다.

① 평등과 불평등의 원칙
② 최소 손실의 원칙
③ 사회정의 실현의 원칙
④ 진실성과 정보 개방의 원칙
⑤ 사생활 보호와 비밀보장의 원칙

04 특정 문제에 대해 어떠한 서비스를 제공할 것인가 결정할 때, 클라이언트의 의사를 존중해주는 것을 의미하는 윤리적 쟁점은? [22회]

① 비밀보장
② 진실성 고수와 알 권리
③ 제한된 자원의 공정한 분배
④ 전문적 관계 유지
⑤ 클라이언트의 자기결정권

05 로웬버그와 돌고프(F. Loewenberg & R. Dolgoff)의 윤리적 원칙 심사표에서 '도움을 요청해 온 클라이언트의 의사를 존중해 주는 것'에 해당하는 윤리적 원칙은? [20회]

① 자율성과 자유의 원칙
② 평등과 불평등의 원칙
③ 최소 손실의 원칙
④ 사생활과 비밀보장의 원칙
⑤ 진실성과 정보 개방의 원칙

06 윤리강령의 기능으로 옳은 것을 모두 고른 것은? [20회]

> ㄱ. 외부통제로부터 전문직 보호
> ㄴ. 윤리적 갈등이 생겼을 때 지침과 원칙 제공
> ㄷ. 사회복지사의 자기규제를 통한 클라이언트 보호
> ㄹ. 전문가로서 사회복지사의 기본업무 및 자세 알림

① ㄱ, ㄷ
② ㄱ, ㄹ
③ ㄱ, ㄴ, ㄹ
④ ㄴ, ㄷ, ㄹ
⑤ ㄱ, ㄴ, ㄷ, ㄹ

07 돌고프, 로웬버그와 해링턴의 윤리적 의사결정 과정의 순서로 옳은 것은? [18회]

> ㄱ. 가장 적절한 전략이나 개입방법을 선택한다.
> ㄴ. 해당문제와 관련된 사람과 제도를 확인한다.
> ㄷ. 확인된 목표에 따라 설정된 개입방안의 효과성과 효율성을 평가한다.
> ㄹ. 문제를 해결하거나 문제의 정도를 경험할 수 있게 개입목표를 명확히 한다.

① ㄴ → ㄱ → ㄹ → ㄷ
② ㄴ → ㄹ → ㄱ → ㄷ
③ ㄴ → ㄹ → ㄷ → ㄱ
④ ㄹ → ㄴ → ㄱ → ㄷ
⑤ ㄹ → ㄷ → ㄴ → ㄱ

08 사회복지사의 가치갈등이나 윤리적 딜레마에 관한 설명으로 옳지 않은 것은? [17회]

① 윤리기준은 지속적으로 변화된다.
② 가치갈등에 대응하는 첫 단계는 가치갈등의 존재를 인식하는 것이다.
③ 윤리적 결정에 따른 결과의 모호성으로 윤리적 딜레마가 발생할 수 있다.
④ 기관의 목표가 클라이언트 이익에 위배될 때 가치상충으로 윤리적 딜레마가 발생할 수 있다.

⑤ 윤리적 결정을 위해 로웬버그와 돌고프의 일반결정모델을 활용할 수 있다.

①②③

09 사회복지사 윤리에 관한 설명으로 옳은 것을 모두 고른 것은? [17회]

> ㄱ. 사회복지사는 원조과정에서 자신의 이익을 위해 행동해서는 안 됨
> ㄴ. 로웬버그와 돌고프의 윤리원칙 준거틀은 생명보호를 최우선으로 함
> ㄷ. 윤리강령은 윤리적 갈등이 생겼을 때 법적 제재의 근거를 제공함
> ㄹ. 사회복지사는 국가자격이므로 사회복지사 윤리강령은 국가가 채택함

① ㄱ, ㄴ ② ㄱ, ㄷ
③ ㄱ, ㄴ, ㄷ ④ ㄱ, ㄴ, ㄹ
⑤ ㄴ, ㄷ, ㄹ

유형 01 | 사회복지실천현장 | 빈출도 ★★★

사회복지실천현장 분류의 예로 옳지 않은 것은?
[22회]

① 1차 현장 : 노인복지관
② 이용시설 : 아동보호치료시설
③ 생활시설 : 장애인 거주시설
④ 2차 현장 : 교정시설
⑤ 생활시설 : 노인요양원

해설

이용시설은 지역사회에서 생활하고 있는 클라이언트에게 필요한 사회복지서비스를 제공하는 시설이다. 아동보호치료시설은 불량행위를 하거나 할 우려가 있는 아동 또는 정서적, 행동적 장애가 있는 아동 또는 학대로 인해 부모로부터 일시격리되어 치료가 필요한 아동 등의 보호 및 치료를 목적으로 하는 생활시설이다.

답 ②

□1□2□3
01 사회복지실천현장과 분류의 연결로 옳지 않은 것은?
[21회]

① 사회복지관 - 1차 현장
② 종합병원 - 2차 현장
③ 발달장애인지원센터 - 이용시설
④ 노인보호전문기관 - 생활시설
⑤ 사회복지공동모금회 - 비영리기관

□1□2□3
02 사회복지실천현장의 기능과 목적에 따른 분류에서 1차 현장에 해당하지 않는 것은? [20회]

① 양로시설   ② 교정시설
③ 사회복지관   ④ 지역아동센터
⑤ 장애인 거주시설

□1□2□3
03 이용시설에 해당하지 않는 것은? [19회]

① 재가복지센터   ② 아동상담소
③ 주간보호센터   ④ 아동양육시설
⑤ 지역사회복지관

□1□2□3
04 다음 중 1차 현장이면서 이용시설에 해당하는 것은? [18회]

① 장애인복지관, 보건소
② 노인복지관, 지역아동센터
③ 아동양육시설, 사회복지관
④ 노인요양시설, 장애인공동생활가정
⑤ 정신건강복지센터, 학교

□1□2□3
05 이용시설 - 간접서비스기관 - 민간기관의 예를 순서대로 바르게 나열한 것은? [17회]

① 지역아동센터 - 사회복지협의회 - 주민센터
② 장애인복지관 - 주민센터 - 지역사회보장협의체
③ 청소년 쉼터 - 사회복지관 - 사회복지공동모금회
④ 사회복지관 - 노인보호전문기관 - 성폭력피해상담소
⑤ 다문화가족지원센터 - 사회복지공동모금회 - 한국사회복지사협회

①②③

06 사회복지실천현장 중 생활시설로만 구성된 것은?

[16회]

① 재가노인복지시설, 장애인지역사회재활시설

② 장애인직업재활시설, 아동보호치료시설

③ 노인의료복지시설, 자립지원시설

④ 정신요양시설, 자활지원센터

⑤ 장애인주간보호시설, 성폭력피해자보호시설

①②③

07 생활시설에 해당하는 것은?　　　　　[15회]

① 아동보호치료시설

② 아동보호전문기관

③ 영유아보육시설

④ 지역아동센터

⑤ 가정위탁지원센터

①②③

08 사회복지실천현장 중 보건복지부가 주무부처인 시설은?

[15회]

① 청소년쉼터

② 자립지원시설

③ 청소년상담복지센터

④ 다문화가족지원센터

⑤ 건강가정지원센터

유형 02　사회복지사의 역할

빈출도 ★★★

대표문제

양자 간의 논쟁에 개입하여 중립을 지키면서 상호합의를 이끌어내는 사회복지사의 역할은?　　　[21회]

① 중개자　　　　　② 조정자

③ 중재자　　　　　④ 옹호자

⑤ 교육자

해설

③ 누구의 편을 들지 않고 중립적인 입장에서 상호합의를 이끌어내는 사회복지사의 역할은 중재자이다.

① 중개자(Broker)는 클라이언트가 필요한 자원을 찾을 수 있도록 도와주거나 직접적으로 자원과 클라이언트를 연결해주는 역할이다.

② 조정자(통합자, Coordinator)는 클라이언트가 받아야 할 서비스가 흩어져 있거나 다양한 기관에서 산발적으로 주어지는 경우 이러한 서비스를 한 곳에서 서비스를 받을 수 있도록 정리하는 역할이다.

④ 옹호자(대변자, Advocate)는 클라이언트 입장에서 정당성을 주장하고 기존 제도나 기관으로부터 클라이언트가 불이익을 받을 때 클라이언트를 위해 정보를 수집하고 요구사항을 분명히 하여 정책이나 제도를 변화시키는 역할이다.

⑤ 교육자(교사, Educator)는 클라이언트에게 정보를 주고 적응기술을 가르치는 역할로, 사회복지사가 이 역할을 수행하기 위해서는 그 기술과 관련된 지식을 가지고 있어야 하며 클라이언트가 이해할 수 있도록 명확히 전달할 수 있는 능력이 있어야 한다.

답 ③

①②③

09 사회복지실천의 간접적 개입에 해당하는 것은?

[21회]

① 의사소통 교육　　② 프로그램 개발

③ 부모교육　　　　④ 가족상담

⑤ 사회기술훈련

1 2 3

10 사회복지사의 옹호활동으로 옳지 않은 것은?

[19회]

① 자신의 권리를 주장할 수 없는 영유아를 대변한다.
② 무국적 아동의 교육평등권을 위한 법안을 제안한다.
③ 사회복지사가 클라이언트 집단의 대표로 나서서 협상을 주도한다.
④ 이주노동자에게 최저임금을 받을 권리를 교육한다.
⑤ 철거민들의 자체 회의를 위해 종합사회복지관의 공간을 제공한다.

1 2 3

11 사회복지사의 역할에 관한 설명으로 옳지 않은 것은?

[17회]

① 옹호자 : 클라이언트 권익 변호
② 계획자 : 변화과정 기획
③ 연구자 : 개입효과 평가
④ 교육자 : 지식과 기술 전수
⑤ 중개자 : 조직이나 집단의 갈등 해결

1 2 3

12 사회복지사의 역할에 관한 설명으로 옳은 것을 모두 고른 것은?

[16회]

> ㄱ. 중개자(Broker) : 가족이 없는 중증장애인에게 주거시설을 소개해주는 것
> ㄴ. 중재자(Mediator) : 갈등으로 이혼위기에 처한 부부관계에 개입하여 상호 만족스러운 합의점을 도출하는 것
> ㄷ. 옹호자(Advocate) : 장애학생의 교육권 확보를 위해 학교당국에 편의시설을 요구하는 것
> ㄹ. 조력자(Enabler) : 알코올중독자가 자신의 문제를 깨닫고 금주방법을 찾도록 도와주는 것

① ㄱ, ㄴ
② ㄱ, ㄴ, ㄷ
③ ㄱ, ㄷ, ㄹ
④ ㄴ, ㄷ, ㄹ
⑤ ㄱ, ㄴ, ㄷ, ㄹ

1 2 3

13 미시적 실천을 모두 고른 것은?

[15회]

> ㄱ. 위탁가정 아동 방문
> ㄴ. 노숙인 보호를 위한 모금 활동
> ㄷ. 정신장애인 재활 상담
> ㄹ. 직업재활 대상자를 위한 자원 개발

① ㄹ
② ㄱ, ㄷ
③ ㄴ, ㄹ
④ ㄱ, ㄴ, ㄷ
⑤ ㄱ, ㄴ, ㄷ, ㄹ

유형 03 다문화사회복지실천

빈출도 ★☆☆

대표문제

다문화사회복지실천에서 사회복지사에게 요구되는 문화적 역량으로 옳지 않은 것은?

[19회]

① 문화적 상이성에 대한 수용과 존중
② 주류문화에 대한 동화주의적 실천 지향
③ 자신의 문화적 정체성과 편견에 대한 성찰적 분석
④ 다문화 배경의 클라이언트에 관한 지식의 필요성 인식
⑤ 다문화 배경의 클라이언트에게 개입하고 의사소통할 수 있는 능력

해설

동화는 모국의 문화적 가치는 유지하지 않은 상태에서 주류사회와의 관계만 있는 경우이고, 다문화주의는 한 사회에서 여러 유형의 문화를 수용하여 하나의 문화로 통일시키지 않고 있는 그대로 인정하며 공존하는 모형이다. 다문화에서는 동화주의보다 다문화주의가 더 중요하므로 주류문화에 대한 동화주의적 실천을 지양해야 한다.

답 ②

14 문화적 다양성과 사회복지실천에 관한 설명으로 옳은 것은? [17회]

① 다문화주의는 문화상대주의이다.

② 다문화사회복지실천에서 기술은 지식보다 중요하다.

③ 다문화주의는 사회통합을 위해 소수자의 동화를 유도한다.

④ 다문화사회복지실천은 클라이언트의 차이점을 고려하지 않은 중립적 실천이다.

⑤ 사회복지사는 한국사회복지사 윤리강령에 명시된 다문화적 역량증진 의무를 준수해야 한다.

유형 01 통합적 접근방법
빈출도 ★★★

대표문제

통합적 접근방법에 관한 설명으로 옳지 않은 것은?
[22회]

① 클라이언트의 참여와 개별성을 강조한다.
② 광범위하고 포괄적으로 문제를 규정한다.
③ 클라이언트의 잠재력에 대해 미래지향적 관점을 갖는다.
④ 전통적 접근방법인 개별사회사업과 집단사회사업을 지역사회조직으로 통합하였다.
⑤ 사회복지실천 과정에서 공통적으로 적용 가능한 개념이나 원리 등이 있음을 전제한다.

해설

통합적 방법이란 사회문제에 적용할 수 있는 공통된 원리나 개념을 제공하는 '방법의 통합화'를 의미한다. 한 명의 사회복지사가 다양하고 복잡한 문제를 가진 클라이언트에게 개입할 수 있도록 하는 것이다.

답 ④

1 2 3
01 통합적 접근의 특징에 관한 내용으로 옳지 않은 것은?
[21회]

① 생태체계 관점에서 인간과 환경 체계를 고려한다.
② 미시 수준에서 거시 수준에 이르는 다차원적 접근을 한다.
③ 개입에 적합한 이론과 방법을 폭넓게 활용한다.
④ 다양하고 복합적인 원인으로 발생하는 문제를 해결하기 위한 접근이다.
⑤ 서비스 영역별로 분화되고 전문화된 접근이다.

1 2 3
02 사회복지실천에서 통합적 접근방법에 관한 내용으로 옳지 않은 것은?
[20회]

① 전통적인 방법론의 한계로 인해 등장
② 클라이언트의 참여와 자기결정권 강조
③ 인간의 행동은 환경과 연결되어 있음을 전제
④ 이론이 아닌 상상력에 근거를 둔 해결방법 지향
⑤ 궁극적으로 클라이언트의 삶의 질 향상을 돕고자 함

1 2 3
03 통합적 접근에 관한 사회복지실천의 특징이 아닌 것은?
[19회]

① 생태체계 관점을 토대로 한다.
② 클라이언트의 자기결정을 최소화한다.
③ 문제에 대해 광범위하고 포괄적으로 접근한다.
④ 체계와 체계를 둘러싼 환경 간의 관계를 중시한다.
⑤ 사회복지실천 과정을 점진적 문제해결 과정으로 본다.

1 2 3
04 사회복지실천에서 통합적 방법에 관한 설명으로 옳은 것은?
[18회]

① 사례관리가 실천현장에서 일반화된 이후 등장하였다.
② 다양한 클라이언트 체계와 수준에 접근할 수 있다.
③ 고도의 전문화를 통해 해당 실천 영역 고유의 문제에 집중한다.
④ 전통적 방법에 비하여 다양하고 복잡한 문제 상황에 개입하기에 적합하지 않다.
⑤ 다양한 유형의 클라이언트를 통합한다는 의미를 가진다.

◻1◻2◻3

05 통합적 방법의 특징으로 옳지 않은 것은? [16회]

① 실천의 유용한 이론적 틀로서 생태체계적 관점에 기초한다.
② 개인과 체계 간의 상호작용에 초점을 둔다.
③ 사회복지사는 미시적 수준에서부터 거시적 수준의 실천까지 다양한 체계에 개입한다.
④ 인간에 초점을 두거나 환경에 초점을 두는 2궤도 접근이다.
⑤ 일반주의(Generalist)실천에서 활용하는 접근방법이다.

◻1◻2◻3

06 통합적 접근방법에서 사회복지사의 활동원칙이 아닌 것은? [15회]

① 클라이언트와 협동노력 강조
② 병리보다 강점을 강조
③ 다양한 모델과 기술을 활용
④ 경험적으로 검증된 개입방법을 우선 적용
⑤ 이론에 기초한 개입원리와 기법보다 직관과 창의적 방법 중시

◻1◻2◻3

07 통합적 방법으로서 문제해결모델에 관한 설명으로 옳지 않은 것은? [15회]

① 자아심리학, 듀이(J. Dewey)의 사상, 역할이론, 체계이론 등에 기반한다.
② 펄만(H. Perlman)의 모델에서는 주로 개인의 사회적 기능에 문제의 초점을 둔다.
③ 콤튼과 갤러웨이(B. Compton & R. Galaway) 모델에서는 개인, 집단, 환경 간 상호작용 문제로 초점이 확대된다.
④ 사회복지사는 클라이언트와 협동적 작업 관계 외에 다른 체계와 협조, 교섭, 갈등의 관계도 가진다.
⑤ 미시체계, 중간체계, 외적체계, 거시체계의 4체계 모델에서 6체계 모델로 발전한다.

 유형 02 **통합모델** 빈출도 ★☆☆

대표문제

핀커스와 미나한(A. Pincus & A. Minahan)의 4체계 모델을 다음 사례에 적용할 때 대상과 체계의 연결로 옳은 것은? [22회]

가족센터의 교육 강좌를 수강 중인 결혼이민자 A는 최근 결석이 잦아졌다. A의 이웃에 살며 자매처럼 친하게 지내는 변호사 B에게서 A의 근황을 전해들은 가족센터 소속의 사회복지사 C는 A와 연락 후 가정방문을 하여 A와 남편 D, 시어머니 E를 만나 이야기를 나누었다. C는 가족센터를 이용하면 '바람이 난다'라고 여긴 E가 A를 통제하고 있는 것을 알게 되었다. 또한 D는 A를 지지하고 싶지만 E의 눈치를 보느라 소극적으로 행동하는 것도 파악하였다. A의 도움 요청을 받은 C는 우선 E의 변화를 통해 상황을 개선해보고자 한다.

① 결혼이민자(A) : 행동체계
② 변호사(B) : 전문가체계
③ 사회복지사(C) : 의뢰－응답체계
④ 남편(D) : 변화매개체계
⑤ 시어머니(E) : 표적체계

해설
① 결혼이민자(A) : 클라이언트체계
② 변호사(B) : 행동체계
③ 사회복지사(C) : 변화매개체계
④ 남편(D) : 행동체계

답 ⑤

◻1◻2◻3

08 콤튼과 갤러웨이(B. Compton & B. Galaway)의 사회복지실천 구성체계 중 '사회복지사협회'가 해당되는 체계는? [21회]

① 변화매개체계　　② 클라이언트체계
③ 표적체계　　　　④ 행동체계
⑤ 전문가체계

1 2 3

09 펄만(H. Perlman)이 사회복지실천을 구성하는 요소로 제시한 4P에 관한 내용으로 옳은 것을 모두 고른 것은? [20회]

> ㄱ. 문제(Problem) : 해결하고자 하는 문제나 욕구
> ㄴ. 프로그램(Program) : 문제해결을 위해 시행되는 프로그램
> ㄷ. 장소(Place) : 문제해결을 위한 서비스가 제공되는 물리적 공간
> ㄹ. 전문가(Professional) : 문제해결을 위해 개입하는 전문가

① ㄱ, ㄴ ② ㄱ, ㄷ
③ ㄴ, ㄹ ④ ㄴ, ㄷ, ㄹ
⑤ ㄱ, ㄴ, ㄷ, ㄹ

1 2 3

10 콤튼과 갤러웨이(B. Compton & B. Galaway)의 6체계 모델을 다음 사례에 적용할 때 구성체계의 연결이 옳은 것은? [19회]

> 사회복지사 A는 중학생 B가 동급생들로부터 상습적으로 집단폭력을 당하는 것을 알게 되었다. A는 이 문제를 해결하기 위하여 B가 다니는 학교의 학교사회복지사 C와 경찰서의 학교폭력담당자 D에게도 사건내용을 알려, C와 D는 가해학생에게 개입하고 있다. A는 학교사회복지사협회(E)의 학교폭력관련 워크숍에 참가하면서, C와 D를 만나 정기적으로 사례회의를 하고 있다.

① A(사회복지사) – 변화매개체계
② B(학생) – 행동체계
③ C(학교사회복지사) – 클라이언트체계
④ D(경찰) – 전문가체계
⑤ E(학교사회복지사협회) – 표적체계

1 2 3

11 핀커스와 미나한의 4체계 모델에 관한 설명으로 옳은 것은? [18회]

① 이웃이나 가족 등은 변화매개체계에 해당한다.
② 문제해결을 위해 사회복지사와 상호작용하는 사람들은 행동체계에 해당한다.
③ 비자발적인 클라이언트는 의뢰 – 응답체계에 해당한다.
④ 목표달성을 위해 변화가 필요한 사람들은 변화매개체계에 해당한다.
⑤ 전문가 육성 교육체계도 전문체계에 해당한다.

1 2 3

12 콤튼과 갤러웨이의 6체계에 관한 설명으로 옳지 않은 것은? [17회]

① 표적체계 : 목표달성을 위해 변화가 필요한 체계
② 클라이언트체계 : 서비스나 도움을 필요로 하는 체계
③ 변화매개체계 : 목표달성을 위해 사회복지사가 상호작용하는 체계
④ 전문가체계 : 변화매개체계에 영향을 미치는 교육체계나 전문가 체계
⑤ 의뢰 – 응답체계 : 서비스를 요청한 체계와 그러한 요청으로 서비스기관에 오게 된 체계

1 2 3

13 음주상태에서 아내에게 폭력을 가하던 남편이 이웃주민의 신고로 경찰을 통해 중독관리통합지원센터에 의뢰되었다. 핀커스와 미나한(Pincus & Minahan)의 4체계 모델에서의 변화매개체계는? [16회]

① 남편 ② 아내
③ 경찰 ④ 이웃주민
⑤ 중독치료 전문가

SECTION 05 관계론

유형 01 전문적 관계의 기본요소

빈출도 ★★★

대표문제

전문적 원조관계에 관한 설명으로 옳은 것은?

[22회]

① 클라이언트의 문제와 욕구가 중심이 된다.
② 시간적 제한을 두지 않는 관계이다.
③ 전문가의 권위는 부정적 작용을 한다.
④ 전문가가 자신과 원조 방법에 대해 통제해서는 안된다.
⑤ 클라이언트는 전문가의 지시에 무조건 따라야 한다.

│해설│

① 전문적 관계는 클라이언트의 문제를 해결하거나 적응시키는 분명한 목적을 가지고 제한된 시간 안에서 이루어지는 특수한 관계이다. 클라이언트는 도움을 요청하고 사회복지사는 전문적인 도움을 주는 관계이다.
② 시간적 제한을 두는 관계이다.
③ 전문가의 권위와 권한은 긍정적 작용도 한다.
④ 전문가가 자신과 원조 방법에 대해 통제하는 관계이다.
⑤ 클라이언트는 전문가의 지시에 무조건 따르는 것이 아니라 합의된 지시만 따르면 된다.

답 ①

01 사회복지실천 관계의 요소인 헌신과 의무에 관한 설명으로 옳은 것을 모두 고른 것은? [22회]

```
ㄱ. 일관성을 포함하는 개념이다.
ㄴ. 원조관계에서 책임감과 관련이 있다.
ㄷ. 원조관계의 목적을 달성하기 위해 필요하다.
ㄹ. 클라이언트는 헌신을 해야 하나 의무를 갖지는 않는다.
```

① ㄴ
② ㄱ, ㄴ, ㄷ
③ ㄱ, ㄷ, ㄹ
④ ㄴ, ㄷ, ㄹ
⑤ ㄱ, ㄴ, ㄷ, ㄹ

02 전문적 원조관계 형성의 장애요인이 아닌 것은?

[22회]

① 전문가의 권위
② 변화에 대한 저항
③ 클라이언트의 전문가에 대한 부정적 전이
④ 전문가의 클라이언트에 대한 역전이
⑤ 클라이언트의 불신

03 사회복지실천 관계의 요소인 수용에 관한 설명으로 옳지 않은 것은? [22회]

① 클라이언트를 있는 그대로 이해한다.
② 클라이언트의 부정적인 감정도 받아들인다.
③ 사회규범에서 벗어난 행동도 허용할 수 있다.
④ 편견이나 선입관을 줄여나가면 수용에 도움이 된다.
⑤ 클라이언트가 안도감을 갖게 하여 현실적인 방법으로 문제 대처를 할 수 있도록 돕는다.

04 다음에서 설명하고 있는 사회복지사의 자질은?

[21회]

- 클라이언트의 감정을 잘 관찰하는 것과 경청하는 과정에서 비롯된다.
- 클라이언트가 언어적으로 표현한 것뿐만 아니라 표현하지 않은 비언어적 내용들도 파악한다.

① 민감성
② 진실성
③ 헌신
④ 수용
⑤ 일치성

ⅠⅡⅢ

05 사회복지실천의 전문적 관계에 관한 설명으로 옳지 않은 것은? [21회]

① 사회복지사와 클라이언트가 합의하여 목적을 설정한다.
② 사회복지사는 소속된 기관의 특성에 영향을 받는다.
③ 사회복지사의 이익과 욕구 충족을 위한 일방적 관계이다.
④ 사회복지사는 전문성에 바탕을 둔 권위를 가진다.
⑤ 계약에 의해 이루어지는 시간제한적인 특징을 갖는다.

ⅠⅡⅢ

06 원조관계에서 사회복지사의 태도에 관한 내용으로 옳은 것은? [21회]

① 개선의 여지가 있다고 판단된 경우에 한해서 클라이언트와 전문적 관계를 형성하였다.
② 클라이언트의 감정에 이입되어 면담을 지속할 수 없었다.
③ 자신의 생각과 다른 클라이언트의 의견은 관계형성을 위해 즉시 수정하도록 지시하였다.
④ 법정으로부터 정보공개 명령을 받고 관련된 클라이언트 정보를 제공하였다.
⑤ 클라이언트 특성이나 상황이 일반적인 경우와 다르지만 획일화된 서비스를 그대로 제공하였다.

ⅠⅡⅢ

07 사회복지실천에서 전문적 관계의 특성으로 옳은 것은? [20회]

① 사회복지사는 자신의 반응을 통제하면 안 된다.
② 클라이언트는 전문성에서 비롯된 권위를 가진다.
③ 사회복지사와 클라이언트 사이에 합의된 목적이 있다.
④ 문제가 해결되어야만 종결되는 관계이기 때문에 시간의 제한이 없다.

⑤ 사회복지사와 클라이언트는 반드시 상호 간의 이익에 헌신하는 관계이다.

ⅠⅡⅢ

08 사회복지실천에서 관계에 관한 설명으로 옳은 것은? [20회]

① 비자발적인 클라이언트는 원천적으로 배제한다.
② 사회복지사는 전문성에 바탕을 둔 권위라도 가져서는 안 된다.
③ 클라이언트는 사회복지사와의 문화적 차이를 수용해야만 한다.
④ 사회복지사와 클라이언트 모두에게 요구되는 의무와 책임감이 있다.
⑤ 선한 목적을 위해 클라이언트에게 진실을 감추는 것은 필수적으로 허용된다.

ⅠⅡⅢ

09 원조관계에서 책임감을 갖고 절차상의 조건을 따르는 관계형성의 기본요소는? [19회]

① 구체성
② 헌신과 의무
③ 감정이입
④ 자아노출
⑤ 수용과 기대

ⅠⅡⅢ

10 전문적 관계의 특성으로 옳은 것은? [19회]

① 전문가 윤리강령에 따른다.
② 기관의 입장에서 출발한다.
③ 시간에 제한을 두지 않는다.
④ 전문가 권위와 권한이 없다.
⑤ 클라이언트 동의가 필요 없다.

ⅠⅡⅢ

11 사회복지실천에서 전문적 관계의 특성에 관한 설명으로 옳지 않은 것은? [18회]

① 클라이언트의 욕구가 중심이 된다.
② 시간적인 제한을 둔다.
③ 전문가 자신의 정서를 통제하는 관계이다.

④ 전문가가 설정한 목적 달성을 위해 형성된다.

⑤ 전문가는 전문성에 기반을 둔 권위를 가진다.

④ 전문적 관계와 사적 관계의 경계를 분명히 함

⑤ 자신의 편견과 선입견을 인지함

1 2 3

12 전문적 원조관계의 특성으로 옳은 것은? [17회]

① 사회복지사는 클라이언트에 비해 우월적 지위에 있다.

② 클라이언트에게 도움을 주기 위해 정해진 기간 동안 관계를 맺는다.

③ 사회복지사의 욕구에 부응하기 위해 상호 만족스러운 관계를 형성한다.

④ 관계의 전반적인 과정에 대해 사회복지사와 클라이언트가 공동으로 책임진다.

⑤ 전문적 관계를 통해 사회복지사는 클라이언트의 감정과 행동의 변화를 통제한다.

1 2 3

13 다음 내용을 모두 충족하는 원조관계의 기본요소는? [17회]

- 사회복지사와 클라이언트의 책임감을 의미하는 것으로 관계의 목적을 이루기 위해 서로를 신뢰하고 일관된 태도를 유지함
- 클라이언트는 문제와 상황을 솔직하게 말해야 하고, 사회복지사는 클라이언트의 변화와 성장을 위해 노력해야 함

① 수용

② 존중

③ 일치성

④ 헌신과 의무

⑤ 권위와 권한

1 2 3

14 바람직한 원조관계 형성에 방해가 되는 사회복지사의 행동은? [15회]

① 상황에 적절한 옷을 갖추어 입음

② 클라이언트의 비언어적 행동을 민감하게 관찰함

③ 클라이언트를 감동시키려고 노력함

1 2 3

15 전문적 원조관계의 기본요소인 사회복지사의 문화적 민감성 관련 내용으로 옳은 것은? [15회]

① 문화적 다양성과 유사성을 인지하고 선호나 옳고 그름의 가치를 부여

② 자신의 문화를 중심에 두면서 타 문화를 이해하기 위해 의사소통

③ 출신국가, 피부색 간에 존재하는 권력적 위계관계 무시

④ 자신의 문화에 대한 인식에 기초하여 다문화 배경 클라이언트의 상황을 규정

⑤ 다문화 생활경험과 가치에 맞는 개입전략 개발

1 2 3

16 양가감정(Ambivalence)에 관한 설명으로 옳은 것을 모두 고른 것은? [15회]

ㄱ. 변화를 원하는 것과 원하지 않는 마음이 공존하는 것을 의미한다.

ㄴ. 클라이언트가 양가감정을 갖는 것은 자연스러운 현상이다.

ㄷ. 클라이언트의 양가감정을 수용하면 클라이언트의 저항감이 강화된다.

ㄹ. 양가감정은 초기 접촉단계가 아닌 중간단계에서부터 다루어져야 한다.

① ㄱ

② ㄱ, ㄴ

③ ㄴ, ㄷ

④ ㄱ, ㄴ, ㄹ

⑤ ㄱ, ㄷ, ㄹ

대표문제

비스텍(F. Biestek)이 제시한 사회복지실천의 관계
원칙에 해당하지 않는 것은? [20회]

① 클라이언트의 비밀을 보장해야 한다.
② 클라이언트의 욕구를 범주화해야 한다.
③ 클라이언트를 비난하거나 심판하지 않아야 한다.
④ 클라이언트의 감정을 자유롭게 표현하도록 해야
한다.
⑤ 클라이언트를 있는 그대로 인정하고 받아들여야
한다.

│해설│

비스텍의 사회복지실천의 관계원칙은 개별화, 의도적 감
정표현, 통제된 정서적 관여, 수용, 비심판적 태도, 클라이
언트의 자기결정, 비밀보장이다. 클라이언트의 욕구를 범
주화하는 것은 비스텍의 관계원칙에 포함되지 않는다.

답 ②

17 비스텍(F. Biestek)의 관계의 원칙 중 '의도적
감정표현'에 해당하는 것은? [21회]

① 클라이언트의 부정적 감정을 자유롭게 표현
할 수 있도록 지지한다.
② 클라이언트의 감정이나 태도를 있는 그대로
받아들이고 존중한다.
③ 목적달성을 위한 방안들의 장 · 단점을 설명
하고 클라이언트가 스스로 선택하도록 한다.
④ 공감을 받고 싶어 하는 클라이언트의 욕구에
따라 클라이언트에게 공감하는 반응을 표현
한다.
⑤ 사회복지사 자신의 생각과 느낌, 개인적인 경
험을 이야기한다.

18 다음에서 설명하는 전문적 관계의 기본원칙은?
[19회]

- 클라이언트는 문제에 대한 공감적 반응을 얻
고자 하는 욕구가 있다.
- 사회복지사는 클라이언트 감정에 대해 민감
성, 공감적 이해로 의도적이고 적절한 반응을
한다.

① 수용
② 개별화
③ 비심판적 태도
④ 의도적인 감정표현
⑤ 통제된 정서적 관여

19 클라이언트의 자기결정을 돕는 데 필요한 사회
복지사의 역량으로 옳은 것을 모두 고른 것은?
[18회]

ㄱ. 경청하고 수용하는 태도
ㄴ. 클라이언트가 활용 가능한 자원을 찾고 분석
하도록 지원하는 능력
ㄷ. 클라이언트의 잠재력을 개발하는 데 도움이
되는 환경조성 능력
ㄹ. 클라이언트에게 필요한 것들을 결정하여 이
를 관철시키는 능력

① ㄱ, ㄹ   ② ㄴ, ㄷ
③ ㄱ, ㄴ, ㄷ   ④ ㄴ, ㄷ, ㄹ
⑤ ㄱ, ㄴ, ㄷ, ㄹ

20 클라이언트를 개별화하기 위해 사회복지사에
게 필요한 역량이 아닌 것은? [18회]

① 언어적 표현에 대한 경청 능력
② 비언어적 표현에 대한 관찰 능력
③ 질환에 대해 진단할 수 있는 능력
④ 편견과 선입관에 대한 자기인식 능력
⑤ 감정을 민감하게 포착할 수 있는 능력

21 전문적 관계의 기본원칙 중 다음 내용 모두에 해당하는 것은? [17회]

> • 문제의 해결자가 사회복지사가 아닌 클라이언트임을 강조함
> • 법률에 따라 제한되는 경우를 제외하고 최대한 존중되어야 함
> • 사회복지사는 문제해결을 위해 다양한 대안을 알고 있어야 함

① 수용
② 비밀보장
③ 비심판적 태도
④ 통제된 정서적 관여
⑤ 클라이언트의 자기결정권

22 비스텍(F. Biestek)의 관계의 원칙에 관한 설명으로 옳은 것은? [16회]

① 의도적 감정표현이란 클라이언트와의 라포 형성을 위해 사회복지사의 감정을 주의 깊게 표현하는 것이다.
② 수용이란 클라이언트의 행동변화를 위해 바람직한 가치를 받아들이도록 격려하는 것을 의미한다.
③ 개별화란 클라이언트가 속한 집단적 특성을 탐색하는 과정을 포함한다.
④ 비심판적 태도란 클라이언트의 자기결정능력이 부족한 경우에 판단을 유보하는 것이다.
⑤ 통제된 정서적 관여란 클라이언트가 자기이해를 통해 부정적 감정에 직면하도록 강화할 때 필요하다.

23 실천관계의 기본원칙과 그 예의 연결로 옳지 않은 것은? [15회]

① 수용 : 학교폭력 가해자의 행동에 대해 그 상황과 감정을 이해함
② 자기결정 : 학생의 자퇴 결정을 존중함

③ 개별화 : 따돌림 방지를 위해 다문화가정 학생의 사고방식과 생활유형을 개별적으로 조정함
④ 통제된 정서적 관여 : 피해학생의 분노와 공포감을 민감하게 이해하고 적절하게 반응함
⑤ 비밀보장 : 학생의 뜻에 따라 부모의 이혼사실을 교사에게 알리지 않음

유형 01 면접의 특성

빈출도 ★★★

대표문제

면접의 유형에 관한 예로 옳은 것을 모두 고른 것은?

[22회]

> ㄱ. 정보수집면접 : 갈등을 겪고 있는 부부를 대상으로 문제에 대한 과거력, 개인력, 가족력을 파악하는 면접을 진행함
> ㄴ. 사정면접 : 클라이언트의 사회적응을 위해 환경변화를 목적으로 클라이언트와 관련 있는 중요한 사람과 면접을 진행함
> ㄷ. 치료면접 : 학교폭력 피해학생의 자존감 향상을 위해 심리적 지지를 제공하는 면접을 진행함

① ㄱ
② ㄱ, ㄴ
③ ㄱ, ㄷ
④ ㄴ, ㄷ
⑤ ㄱ, ㄴ, ㄷ

해설

ㄱ. 정보수집면접은 클라이언트의 개인적 · 사회적 문제에 관련된 성장배경이나 사회적 배경에 관한 정보를 수집하기 위한 면접이다.
ㄷ. 치료면접은 클라이언트를 도와 변화시키거나 클라이언트의 기능 향상을 위해 환경을 변화시키는 것이다.
ㄴ. 사정면접은 문제가 무엇인지, 어떤 원인이 있는지, 해결하기 위해서는 어떻게 해야 하는지, 어떤 서비스를 제공할 것인지 등으로 정보수집면접보다 목적 지향적인 특성이 있다. 즉, 어떠한 치료를 할 것인가를 결정하기 위한 면접이다.

답 ③

ⓘ②③

01 사회복지실천 면접에 관한 설명으로 옳지 않은 것은? [20회]

① 개입에 필요한 자료를 수집하기 위한 도구가 될 수 있다.
② 사회복지사와 클라이언트 사이의 특정한 역할관계가 있다.
③ 특정 상황이나 맥락에 관련하여 이루어진다.
④ 목적은 클라이언트의 삶의 질 향상을 위한 것이어야 한다.
⑤ 목적이 옳으면 기간이나 내용이 제한되지 않는 활동이다.

ⓘ②③

02 면접에 관한 설명으로 옳지 않은 것은? [18회]

① 사회복지사와 클라이언트 사이의 특정한 역할 관계가 있다.
② 시간과 장소 등 구체적인 요건이 필요하다.
③ 목적보다는 과정 지향적 활동이므로 목적에 집착하는 것을 지양한다.
④ 클라이언트의 어려움을 극복하는 데 필요한 변화들을 가져오기도 한다.
⑤ 클라이언트를 이해하는 데 필요한 정보를 수집하기도 한다.

03 다음 사례에서 사회복지사가 진행한 면접의 유형은? [17회]

> 학대의심 사례를 의뢰받은 노인보호전문기관의 사회복지사는 어르신을 만나 학대의 내용과 정도를 파악하고 어르신의 정서 상태와 욕구를 확인하는 면접을 진행하였다.

① 평가면접
② 치료면접
③ 정보수집면접
④ 계획수립면접
⑤ 정서지원면접

04 면접과정에서의 질문으로 적절한 것을 모두 고른 것은? [15회]

> ㄱ. 부인은 남편의 행동에 대해 어떻게 대응하셨나요?
> ㄴ. 그 민감한 상황에서 왜 그런 말을 하셨지요?
> ㄷ. 이번처럼 갈등이 심각한 적은 몇 번 정도 되나요?
> ㄹ. 그때 아내의 반응은 어땠나요? 죄책감이 들지는 않았나요?

① ㄹ
② ㄱ, ㄷ
③ ㄴ, ㄹ
④ ㄱ, ㄴ, ㄷ
⑤ ㄱ, ㄴ, ㄷ, ㄹ

유형 02 면접의 기술 빈출도 ★★★

대표문제

다음에서 설명하고 있는 면접기술은? [21회]

- 클라이언트가 말하는 것만으로도 치료효과를 얻을 수 있다.
- 클라이언트의 억압된 또는 부정적인 감정이 문제해결을 방해하거나 감정자체에 문제가 있는 경우 이를 표출하게 하여 감정을 해소시키려 할 때 활용한다.

① 해석
② 환기
③ 직면
④ 반영
⑤ 재보증

| 해설 |

① 해석은 클라이언트의 표현과 행동을 관찰하고 문제의 요인을 발견하여 클라이언트가 깨달을 수 있도록 도와주는 방법이다.
③ 직면은 클라이언트의 말과 행동이 일치하지 않거나 자신의 문제를 회피 또는 부정하는 것을 지적하는 방법이다.
④ 반영은 사회복지사가 클라이언트의 이야기를 듣고 이해한 것을 다시 말하는 방법으로 의미는 부여하지 않는다.
⑤ 재보증은 클라이언트가 자신의 능력이나 상황에 회의를 느끼고 있을 때 사회복지사가 신뢰를 표현함으로 자신감을 향상시키는 방법이다.

답 ②

05 경청에 관한 내용으로 옳지 않은 것은? [22회]

① 클라이언트와 시선을 맞추어야 한다.
② 클라이언트의 이야기에 반응하지 않아야 한다.
③ 클라이언트의 언어적·비언어적 표현을 함께 파악해야 한다.
④ 클라이언트의 감정과 사고를 이해하고 파악하는 것이다.
⑤ 클라이언트에 대한 열린 마음과 수용적인 태도가 필요하다.

06 사회복지실천 면접의 질문기술에 관한 내용으로 옳은 것은? [21회]

① 클라이언트가 방어적인 태도를 취할 수 있기에 '왜'라는 질문은 피한다.
② 클라이언트가 자유롭게 대답할 수 있도록 폐쇄형 질문을 활용한다.
③ 사회복지사가 의도하는 특정방향으로 이끌기 위해 유도질문을 사용한다.
④ 클라이언트에게 이중 또는 삼중 질문을 한다.
⑤ 클라이언트가 개인적으로 궁금해 하는 사적인 질문은 거짓으로 답한다.

07 사회복지실천 면접에서 경청에 관한 설명으로 옳지 않은 것은? [20회]

① 클라이언트의 진술을 즉각적으로 교정해주는 것이 핵심이다.
② 클라이언트에 관한 중요한 정보를 얻는 방법 중 하나이다.
③ 클라이언트의 표정이나 몸짓도 관찰하여 의미를 파악한다.
④ 클라이언트의 사고와 감정을 이해하려는 적극적 활동이기도 하다.
⑤ 클라이언트와 사회복지사 사이의 신뢰관계 형성에 도움이 된다.

08 클라이언트와의 면접 중 질문에 관한 설명으로 옳은 것은? [20회]

① 폐쇄형 질문은 클라이언트의 상세한 설명과 느낌을 듣기 위해 사용한다.
② 유도형 질문은 비심판적 태도로 상대방을 존중하기 위해 사용한다.
③ '왜'로 시작하는 질문은 클라이언트의 가장 개방적 태도를 이끌어낼 수 있다.
④ 개방형 질문은 '예', '아니오' 또는 단답형으로 한정하여 대답한다.
⑤ 중첩형 질문(Stacking Question)은 클라이언트를 혼란스럽게 만들 수 있다.

09 면접에서 피해야 할 질문기술이 아닌 것은? [19회]

① 개방형 질문
② 모호한 질문
③ 유도질문
④ '왜?'라는 질문
⑤ 복합질문

10 초기단계에서 사용하는 면접기술에 관한 설명으로 옳은 것을 모두 고른 것은? [19회]

> ㄱ. 공감적 태도와 적극적 반응으로 경청한다.
> ㄴ. 표정, 눈맞춤 등 비언어적 표현을 관찰한다.
> ㄷ. 가벼운 대화로 시작하여 분위기를 조성한다.
> ㄹ. 침묵을 허용하지 않고 그 이유에 대해 질문한다.

① ㄱ, ㄴ
② ㄴ, ㄹ
③ ㄱ, ㄴ, ㄷ
④ ㄴ, ㄷ, ㄹ
⑤ ㄱ, ㄴ, ㄷ, ㄹ

11 개방형 질문의 예시로 옳지 않은 것은? [18회]

① 선생님은 어제 자녀와 대화를 나누셨나요?
② 부모님은 그 상황에서 무엇을 생각하셨을까요?
③ 그 상황에서 선생님의 기분은 어떠하셨나요?
④ 어떤 상황이 되면 문제가 해결되었다고 생각하세요?
⑤ 그러한 행동을 하게 되면 선생님의 가족들은 어떤 반응을 보이시나요?

12 면접을 위한 의사소통기술 중 클라이언트의 혼란스럽고 갈등이 되는 느낌을 가려내어 분명히 해주는 기술은? [18회]

① 재명명
② 재보증
③ 세분화
④ 명료화
⑤ 모델링

13 다음에서 설명하는 면접기술은? [17회]

> • 클라이언트가 보여준 언행들의 의미와 관계에 대한 가설을 제시함
> • 클라이언트가 자신의 행동, 감정, 생각을 새로운 시각으로 볼 수 있게 함

① 해석   ② 요약
③ 직면   ④ 관찰
⑤ 초점화

14 전문적 관계의 기본요소 중 자기 인식을 바탕으로 사회복지사의 감정과 반응을 있는 그대로 클라이언트에게 전달하는 능력은? [16회]

① 구체성   ② 공감
③ 진실성   ④ 헌신
⑤ 민감성

15 사회복지사 면접기술을 활용할 때 주의할 점으로 옳은 것은? [16회]

① 클라이언트로부터 사적 질문을 받을 경우 간단히 답하고 초점을 다시 돌리는 것이 좋다.
② 한 번에 다양한 정보를 얻기 위해서는 중첩형 질문을 적극적으로 활용해야 한다.
③ 클라이언트의 침묵은 저항이므로 힘들더라도 대화를 지속하도록 촉구해야 한다.
④ 클라이언트가 받아들이기 어려운 경우에도 자기탐색을 위해 해석을 반복한다.
⑤ 바람직한 결정을 이끌어내기 위해 원하는 방향으로 유도질문을 하는 것이 중요하다.

16 직면(Confrontation) 기법에 관한 설명으로 옳지 않은 것은? [15회]

① 클라이언트의 말과 행동 간에 모순이 있으나 클라이언트가 이를 부인하고 인정하기를 거부하는 경우에 사용될 수 있다.
② 클라이언트가 극심한 정서적 긴장상태에 있을 때는 사용하지 않는 것이 좋다.
③ 클라이언트에게 방어적 반응을 불러일으킬 수 있다.
④ 클라이언트가 자신의 결정이나 행동이 실제로 합리적임에도 이에 대한 확신을 갖지 못하고 주저할 때 사용된다.
⑤ 클라이언트와의 신뢰관계가 충분히 형성된 뒤에 사용하는 것이 유용하다.

PART
02

사
회
복
지
실
천

정답 및 해설 p.065

유형 01 접수

빈출도 ★★★

대표문제

접수단계의 주요과업에 해당하지 않는 것은?

[20회]

① 관계형성을 통한 클라이언트의 참여 유도
② 클라이언트의 드러난 문제확인
③ 서비스의 효율성과 효과성 측정
④ 서비스에 대한 클라이언트의 동의 확인
⑤ 클라이언트의 문제가 기관의 자원과 정책에 부합되는지 판단

해설

접수단계에서는 클라이언트의 문제확인, 관계형성, 동기화, 기관의 서비스에 대한 정보제공, 의뢰, 원조과정에 대한 안내, 클라이언트의 기본정보, 주요문제, 기관을 알게 된 동기, 타 기관의 서비스 경험 유무를 파악한다.
③ 서비스의 효율성과 효과성 측정은 접수단계가 아니라 평가단계에서 실시한다. 클라이언트에게 실시한 서비스가 계획에 맞게 진행이 되었는지, 비용은 얼마가 들었는지 등은 서비스가 끝난 후에 알 수 있는 부분이다.

답 ③

□1□2□3
01 접수단계에서 사회복지사가 수행해야 할 과제를 모두 고른 것은?

[19회]

> ㄱ. 개입 목표의 우선순위 합의
> ㄴ. 클라이언트의 강점과 자원 조사
> ㄷ. 욕구에 적합한 기관으로 의뢰
> ㄹ. 기관에서 제공하는 서비스 적격 여부 확인

① ㄱ, ㄷ
② ㄴ, ㄹ
③ ㄷ, ㄹ
④ ㄱ, ㄴ, ㄷ
⑤ ㄱ, ㄴ, ㄷ, ㄹ

□1□2□3
02 노인복지관의 사회복지사가 접수단계에서 수행하는 역할로 옳지 않은 것은?

[18회]

① 가족 간의 상호작용 유형을 조정한다.
② 기관 및 사회복지사 자신을 소개한다.
③ 원하는 서비스가 무엇인지 질문한다.
④ 이름과 나이를 확인한다.
⑤ 클라이언트의 저항감이 파악되면 완화시킨다.

□1□2□3
03 의뢰에 관한 설명으로 옳은 것을 모두 고른 것은?

[17회]

> ㄱ. 클라이언트가 거부감을 느끼지 않도록 정서적으로 지지함
> ㄴ. 의뢰하는 기관과 서비스의 정보를 클라이언트에게 제공함
> ㄷ. 반드시 클라이언트의 동의가 필요한 것은 아님
> ㄹ. 의뢰된 기관에서 클라이언트가 서비스를 적절히 받는지 확인함

① ㄱ, ㄴ
② ㄱ, ㄷ
③ ㄱ, ㄴ, ㄹ
④ ㄴ, ㄷ, ㄹ
⑤ ㄱ, ㄴ, ㄷ, ㄹ

□1□2□3
04 문제와 욕구를 확인하여 기관의 정책과 서비스에 부합하는지 판단하는 사회복지실천의 과정은?

[17회]

① 접수
② 사정
③ 평가
④ 자료수집
⑤ 목표설정

05 접수를 위한 초기면접지(Intake Sheet)에 포함되지 않는 내용은? [16회]

① 동거 중인 가족관계
② 개입방법과 비용
③ 타 기관으로부터의 의뢰 이유
④ 이전의 서비스를 받은 경험
⑤ 기관에 오게 된 주요문제

유형 **02** 자료수집   빈출도 ★★★

대표문제

자료수집을 위한 자료 출처에 해당하는 것을 모두 고른 것은? [21회]

ㄱ. 문제, 사건, 기분, 생각 등에 관한 클라이언트 진술
ㄴ. 클라이언트와 직접 상호작용한 사회복지사의 경험
ㄷ. 심리검사, 지능검사, 적성검사 등의 검사 결과
ㄹ. 친구, 이웃 등 클라이언트의 중요한 타인으로부터 수집한 정보

① ㄱ, ㄴ, ㄷ   ② ㄱ, ㄴ, ㄹ
③ ㄱ, ㄷ, ㄹ   ④ ㄴ, ㄷ, ㄹ
⑤ ㄱ, ㄴ, ㄷ, ㄹ

해설

자료수집방법
• 클라이언트의 구두보고
• 클라이언트의 비언어적 행동 관찰
• 클라이언트의 자기 모니터링
• 부수적 출처 정보
• 심리검사
• 사회복지사의 관찰
• 사회복지사의 개인적 경험

답 ⑤

06 다음 사례에서 사회복지사가 자료수집과정에서 사용한 정보의 출처가 아닌 것은? [22회]

사회복지사는 결석이 잦은 학생 A에 대한 상담을 하기 전 담임선생님으로부터 A와 반 학생들 사이에 갈등관계가 있음을 들었다. 이후 상담을 통해 A가 반 학생들로부터 따돌림당하고 있음을 알게 되었다. 상담 과정에서 A는 사회복지사와 눈을 맞추지 못하고 본인의 이야기를 하는 것에 주저하는 모습을 보이며 상담 내내 매우 위축된 모습이었다. 어머니와의 전화상담을 통해 A가 집에서 가족들과 대화를 하지 않고 방 안에서만 지내고 있다는 것을 알게 되었다.

① 클라이언트의 이야기
② 클라이언트의 비언어적 행동
③ 상호작용의 직접적 관찰
④ 주변인으로부터 정보 획득
⑤ 클라이언트와의 직접적 상호작용 경험

07 자료수집단계에 관한 설명으로 옳은 것은? [20회]

① 클라이언트 개인에게만 초점을 두어 정보를 모은다.
② 다양한 정보원으로부터 자료를 수집하므로 검사도구를 사용하면 안 된다.
③ 초기면접은 비구조화된 양식만을 사용하여 기본적인 정보를 수집해야 한다.
④ 객관적인 자료뿐만 아니라 클라이언트의 주관적인 인식이 담긴 자료도 포함하여 수집한다.
⑤ 클라이언트로부터 얻은 정보가 가장 중요하므로 클라이언트가 직접 작성한 자료에만 의존한다.

PART **02**

사회복지실천

08 자료수집에 관한 설명으로 옳지 않은 것은?

[19회]

① 클라이언트의 참여가 필요하다.
② 실천의 전 과정을 통해 이루어진다.
③ 상반된 정보를 제공하는 자료는 폐기한다.
④ 문제와 욕구, 강점과 자원을 모두 포함한다.
⑤ 가정방문으로 자연스러운 상호작용을 관찰할 수 있다.

09 사회복지실천 과정의 자료수집에 관한 예시로 옳은 것을 모두 고른 것은? [18회]

> ㄱ. 가출청소년의 가족관계 파악을 위해 부모와 면담 실시
> ㄴ. 진로 고민 중인 청년의 진로검색을 위해 적성검사 실시
> ㄷ. 이웃의 아동학대 신고가 사실인지 여부를 확인하기 위해 가정방문 실시

① ㄱ   ② ㄷ
③ ㄱ, ㄴ   ④ ㄴ, ㄷ
⑤ ㄱ, ㄴ, ㄷ

10 자료수집에 관한 설명으로 옳지 않은 것은?

[15회]

① 자료수집은 실천의 전 과정에 걸쳐 이루어지는 지속적인 과정이다.
② 접수단계에서의 자료수집은 클라이언트 문제와 기관의 서비스 간 부합 여부를 판단하는 데 필요한 정도면 충분하다.
③ 클라이언트와 사회복지사의 상호작용 유형은 클라이언트와 제3자의 상호작용 유형을 짐작할 수 있게 한다.
④ 클라이언트의 언어적 표현과 비언어적 행동이 일치하지 않을 경우 언어적 표현에 더 주의를 기울여야 한다.
⑤ 수집된 자료는 클라이언트를 둘러싼 주변 체계에 대한 정보도 포함해야 한다.

유형 **03** 사정
빈출도 ★★★

대표문제

사정(Assessment)의 특성으로 옳지 않은 것은?

[22회]

① 클라이언트의 강점을 포함해야 한다.
② 사회복지사의 지식적 근거가 필요하다.
③ 사회복지사와 클라이언트의 상호작용 과정이다.
④ 클라이언트를 완전히 이해하는 것은 한계가 있다.
⑤ 사회복지실천의 초기단계에서만 이루어진다.

해설
사정은 초기단계에서만 이루어지는 것이 아니라 계속적인 과정이다.

답 ⑤

11 생태도 작성에 관한 내용으로 옳은 것을 모두 고른 것은? [21회]

> ㄱ. 용지의 중앙에 가족 또는 클라이언트체계를 나타내는 원을 그린다.
> ㄴ. 중심원 내부에 클라이언트 또는 동거가족을 그린다.
> ㄷ. 중심원 외부에 클라이언트 또는 가족과 상호작용하는 외부체계를 작은 원으로 그린다.
> ㄹ. 자원의 양은 '선'으로, 관계의 속성은 '원'으로 표시한다.

① ㄹ   ② ㄱ, ㄷ
③ ㄴ, ㄹ   ④ ㄱ, ㄴ, ㄷ
⑤ ㄱ, ㄴ, ㄷ, ㄹ

12 세대 간 반복된 가족 특성을 파악하기 위한 사정 도구는? [20회]

① 가계도
② 생태도
③ 소시오그램
④ 생활력 도표
⑤ 사회적 관계망 그리드

□1 2 3

13 사정도구와 파악할 수 있는 정보의 연결이 옳지 않은 것은? [19회]

① 생태도 : 개인과 가족에 영향을 미치는 주요 환경체계 확인

② 생활력 도표 : 개인의 과거 주요한 생애 사건

③ DSM－Ⅴ 분류체계 : 클라이언트의 정신장애 증상에 대한 진단

④ 소시오그램 : 집단 성원 간 상호작용 및 하위 집단 형성 여부

⑤ PIE 분류체계 : 주변인과의 접촉 빈도 및 사회적 지지의 강도와 유형

□1 2 3

14 생태도를 통하여 파악할 수 있는 내용에 해당되지 않는 것은? [18회]

① 클라이언트·가족 구성원과 자원체계 간의 에너지 흐름

② 클라이언트·가족 구성원에게 스트레스가 되는 체계

③ 클라이언트·가족 구성원 간의 자원 교환 정도

④ 클라이언트·가족 구성원의 환경체계 변화가 필요한 내용

⑤ 클라이언트·가족 구성원의 생애 동안 발생한 문제의 발전과정에 관한 정보

□1 2 3

15 다음은 사정결과를 요약한 것이다. 사회복지사가 이후 단계에서 가장 먼저 수행해야 할 과업은? [18회]

경제적 도움을 요청하여 기관에 접수된 클라이언트는 성장기 학대경험과 충동적인 성격 때문에 가족 및 이웃과의 갈등 문제를 심각하게 겪고 있다. 배우자와는 이혼 위기에 있고, 근로능력은 있으나 근로의지가 거의 없어서 실직한 상태이다.

① 이혼 위기에 접근하기 위해 부부 상담서비스를 제공한다.

② 이웃과의 갈등 문제해결을 위하여 분쟁조정위원회에 의뢰한다.

③ 원인이 되는 성장기 학대 경험에 관한 치료부터 시작한다.

④ 근로의욕을 높이기 위해 집단 프로그램에 참여하도록 한다.

⑤ 클라이언트와 함께 다루고자 하는 문제의 우선순위를 정한다.

□1 2 3

16 사정단계에서 클라이언트가 제시한 '남편의 일중독' 문제를 '자신이 남편에게 중요한 존재임을 느끼고 싶어 하는' 욕구로 바꾸어 진술하는 것은? [17회]

① 문제발견　　② 문제형성

③ 정보발견　　④ 자료수집

⑤ 목표설정

□1 2 3

17 가계도에 관한 설명으로 옳지 않은 것은? [17회]

① 가족과 환경의 상호작용을 볼 수 있다.

② 가족의 구조적 및 관계적 측면을 볼 수 있다.

③ 여러 세대의 가족에 대한 정보를 얻을 수 있다.

④ 가족의 문제를 체계적으로 이해할 수 있게 한다.

⑤ 세대 간 반복되는 관계유형을 찾고 통찰력을 갖게 한다.

□1 2 3

18 사정을 위한 면접의 기능에 해당하지 않는 것은? [16회]

① 문제상황에 대한 이해

② 클라이언트의 강점 파악

③ 문제해결과정의 장애물 탐색

④ 클라이언트의 욕구 우선순위 설정

⑤ 클라이언트 환경의 변화 촉진

19 가계도에 관한 설명으로 옳지 않은 것은? [16회]

① 세대 간의 반복적 유형을 분석할 수 있다.

② 가족환경을 체계론적 관점에서 이해한다.

③ 가계도는 일반적으로 3세대를 포함한다.

④ 자녀는 출생순서에 따라 왼쪽부터 오른쪽으로 순차적으로 그린다.

⑤ 가계도에는 친밀한 관계나 갈등관계와 같은 정서적 관계를 포함한다.

20 생태도(Eco-Map)를 통해 알 수 없는 것은?

[16회]

① 가족규칙

② 가족이 이용하는 서비스기관의 종류

③ 가족의 여가활동

④ 이웃주민들과의 친밀도

⑤ 확대가족과의 관계

유형 04 **목표설정** 　　빈출도 ★★★

대표문제

사회복지실천 과정 중 계획수립단계에서 수행해야 하는 사회복지사의 과업은? [22회]

① 서비스 효과 점검

② 실천활동에 대한 동료 검토

③ 개입효과의 유지와 강화

④ 개입목표 설정

⑤ 평가 후 개입계획 수정

해설

④ 계획수립단계의 활동은 표적문제 선정하기와 개입목표 설정하기이다.

① 서비스 효과 점검은 종결단계의 과업이다.

② 실천활동에 대한 동료 검토는 종결단계의 과업이다.

③ 개입효과의 유지와 강화는 종결단계의 과업이다.

⑤ 평가 후 개입계획 수정은 종결단계의 과업이다.

답 ④

---

21 사회복지서비스 계획수립단계에 관한 설명으로 옳지 않은 것은? [20회]

① 계획의 목표는 기관의 기능과 일치해야 한다.

② 목표설정은 미시적 수준과 거시적 수준에서 클라이언트의 변화를 고려한다.

③ 계약서는 클라이언트만 작성하여 과업과 의무를 공식화한다.

④ 목표는 클라이언트가 원하는 결과를 포함하여 클라이언트의 적극적인 참여를 유도한다.

⑤ 계획단계의 목표는 클라이언트와 사회복지사가 함께 합의하여 결정한다.

22 표적문제의 우선순위 결정에서 고려해야 할 사항으로 옳지 않은 것은? [16회]

① 긴급성

② 변화 가능성

③ 측정 가능성

④ 해결 가능성

⑤ 클라이언트의 선택

23 표적문제(Target Problem) 선정 시 고려할 사항으로 옳은 것은? [15회]

① 표적문제는 가능한 한 많이 선정하는 것이 좋다.

② 사회복지사와 클라이언트 중 어느 한 쪽에서 문제로 인식하는 것은 모두 표적문제로 선정한다.

③ 표적문제의 우선순위를 정할 때 사회복지사의 전문적 판단을 중심으로 한다.

④ 표적문제를 선정할 때 사회복지사 자신의 지식과 기술을 고려한다.

⑤ 표적문제는 전문적 용어로 기술되는 것이 바람직하다.

대표문제

사회복지실천 개입기술에 관한 설명으로 옳은 것을 모두 고른 것은? [21회]

ㄱ. 재보증은 어떤 문제에 대해 클라이언트가 부여하는 의미를 수정해 줌으로써 클라이언트의 시각을 긍정적인 방향으로 변화시키려는 전략이다.
ㄴ. 모델링은 실제 다른 사람의 행동을 직접 관찰함으로써만 시행 가능하다.
ㄷ. 격려기법은 주로 클라이언트 행동이 변화에 장애가 되거나 타인에게 위협이 될 때, 이를 인식하도록 하기 위한 목적으로 사용한다.
ㄹ. 일반화란 클라이언트 혼자만이 겪는 문제가 아니라는 것을 인식하게 하는 기법이다.

① ㄱ   ② ㄹ
③ ㄱ, ㄹ   ④ ㄱ, ㄴ, ㄷ
⑤ ㄴ, ㄷ, ㄹ

해설
일반화는 클라이언트가 사고, 감정, 행동에 대한 자신만의 심각한 문제가 있다고 생각하는 것에 대하여 다른 사람들도 클라이언트의 문제와 같은 경험을 하기에 클라이언트만 겪는 문제가 아니라는 것을 지적하여 다른 사람으로부터 소외시키거나 일탈감이 생기지 않게 하는 기술이다.

답 ②

│1│2│3│
24 클라이언트가 타인이 하는 바람직한 행동을 보고 모방함으로써 행동의 변화를 가져오는 개입기술은? [22회]

① 초점화   ② 모델링
③ 환기   ④ 직면
⑤ 격려

│1│2│3│
25 사회복지사의 직접적인 개입활동으로 옳은 것은? [20회]

① 아동학대 예방 캠페인 진행
② 다른 기관과 협력체계 구축
③ 지역사회 전달체계 재정립
④ 가출청소년 보호 네트워크 형성
⑤ 역기능적 가족 규칙 재구성

│1│2│3│
26 사회복지실천 과정의 개입단계에서 사회복지사가 수행하는 과업으로 옳은 것을 모두 고른 것은? [18회]

ㄱ. 계획된 방법으로 서비스를 제공
ㄴ. 서비스 제공 전략 및 우선순위 결정
ㄷ. 계획 수정 필요 시 재사정 실시
ㄹ. 제공된 서비스에 대한 과정 및 총괄평가

① ㄱ   ② ㄱ, ㄷ
③ ㄴ, ㄹ   ④ ㄱ, ㄴ, ㄷ
⑤ ㄱ, ㄴ, ㄷ, ㄹ

│1│2│3│
27 문제에 대한 관점이나 인식을 변화시켜 새로운 이해를 촉진하는 개입기법이 아닌 것은? [15회]

① 모델링   ② 직면
③ 재명명   ④ 일반화
⑤ 재보증

PART 02 사회복지실천

빈출도
★★★

대표문제

종결단계에서 사회복지사의 과업으로 옳지 않은 것은?

[20회]

① 사후관리 계획 수립
② 목표달성을 위한 서비스 제공
③ 클라이언트 변화결과에 대한 최종 확인
④ 다른 기관 또는 외부자원 연결
⑤ 종결에 대한 클라이언트 반응 처리

해설

종결단계에서 사회복지사의 역할로는 종결 계획하기, 종결에 대한 감정 다루기, 성취한 것 정리하기, 변화 안정시키기 등이 있다.
② 목표달성을 위한 서비스 제공은 실행단계에서 진행되는 과업이다.

답 ②

□②③

28 클라이언트의 혼합된 정서적 반응을 정리하고 사후관리를 계획하는 단계는?

[19회]

① 접수　　　　② 사정
③ 계획　　　　④ 개입
⑤ 종결

□②③

29 종결단계에서 사회복지사의 과업이 아닌 것은?

[18회]

① 사후관리 계획 수립
② 성과유지 전략 확인
③ 필요시 타 기관에 의뢰
④ 종결 기준 및 목표 수립
⑤ 종결에 대한 정서다루기

□②③

30 종결단계의 사회복지사 과업으로 옳지 않은 것은?

[17회]

① 클라이언트가 이룬 성과를 확인한다.
② 종결에 의한 클라이언트의 상실감에 공감한다.
③ 클라이언트의 감정을 이해하고 있음을 전달한다.
④ 클라이언트의 비언어적 메시지에 민감하게 반응한다.
⑤ 종결에 대한 클라이언트의 부정적 감정은 다루지 않는다.

□②③

31 평가 및 종결단계에서 사회복지사의 역할에 관한 설명으로 옳지 않은 것은?

[16회]

① 변화전략 설정
② 진전수준 검토
③ 사후관리 계획
④ 정서적 반응 처리
⑤ 결과의 안정화

유형 01 사례관리의 등장배경   빈출도 ★☆☆

대표문제

사례관리 등장배경에 관한 설명으로 옳지 않은 것은?
[21회]

① 탈시설화로 인해 많은 정신 장애인이 지역사회 내에서 생활하게 되었다.
② 지역사회 내 서비스 간 조정이 필요하게 되었다.
③ 복지비용 절감에 관심이 커지면서 저비용 고효율을 지향하게 되었다.
④ 인구·사회적 변화에 따라 다양하고, 복합적이며 만성적인 욕구를 가진 클라이언트가 증가하였다.
⑤ 사회복지서비스 공급주체가 지방정부에서 중앙정부로 변화하였다.

│해설│
사회복지서비스 공급주체가 지방정부에서 중앙정부로 변화한 것이 아니라 중앙정부에서 지방정부로 변화한 것이다.

답 ⑤

1 2 3
01 사례관리의 등장배경으로 옳지 않은 것은?
[19회]

① 가족의 보호부담 증가
② 장기보호에서 단기개입 중심으로 전환
③ 통합적 서비스 지원의 필요성 증가
④ 복합적인 욕구를 가진 클라이언트 증가
⑤ 시설보호에서 지역사회보호로 전환

유형 02 사례관리의 특징   빈출도 ★★★

대표문제

다음에서 설명하고 있는 사례관리 개입원칙은?
[21회]

• 변화하는 클라이언트 욕구에 반응하여 장기적으로 서비스를 제공해야 한다.
• 클라이언트에게 필요한 서비스를 중단하지 않고 제공해야 한다.

① 서비스의 체계성
② 서비스의 접근성
③ 서비스의 개별화
④ 서비스의 연계성
⑤ 서비스의 지속성

│해설│
서비스의 지속성은 클라이언트의 욕구에 맞게 제공되는 서비스는 일회성이 아니라 지속적으로 제공되어야 한다는 원칙이다.

답 ⑤

1 2 3
02 사례관리의 원칙에 해당하지 않는 것은? [22회]

① 서비스의 개별화
② 서비스의 접근성
③ 서비스의 연계성
④ 서비스의 분절성
⑤ 서비스의 체계성

[1][2][3]

03 사례관리의 목적에 해당하는 것을 모두 고른 것은?

[20회]

> ㄱ. 서비스의 통합성 확보
> ㄴ. 서비스 접근성 강화
> ㄷ. 보호의 연속성 보장
> ㄹ. 사회적 책임성 제고

① ㄱ, ㄴ   ② ㄴ, ㄹ
③ ㄱ, ㄷ, ㄹ   ④ ㄴ, ㄷ, ㄹ
⑤ ㄱ, ㄴ, ㄷ, ㄹ

[1][2][3]

04 사례관리의 원칙에 해당되지 않는 것은? [19회]

① 다양한 욕구를 포괄
② 개별화된 서비스 제공
③ 클라이언트의 자율성 극대화
④ 충분하고 연속성 있는 서비스 제공
⑤ 임상적인 치료에 집중된 서비스 제공

[1][2][3]

05 사례관리에 관한 내용으로 옳지 않은 것은?

[18회]

① 중복서비스를 제공하는 전문기관의 확대로 등장
② 클라이언트의 자율성 극대화 및 역량 강화
③ 주로 복합적인 욕구나 문제를 가진 사람이 대상
④ 계획 – 사정 – 연계 · 조정 – 점검의 순으로 진행
⑤ 다양한 욕구충족을 위해 포괄적인 서비스 제공

[1][2][3]

06 사례관리에 관한 설명으로 옳지 않은 것은?

[17회]

① 통합적 방법을 활용한다.
② 직접 서비스와 간접 서비스를 결합한 것이다.
③ 포괄적이고 지속적인 서비스를 제공하는 것이다.
④ 전통적인 사회복지방법론과 전혀 다른 실천 방법이다.
⑤ 기관의 범위를 넘은 지역사회 차원의 서비스 제공과 점검을 강조한다.

[1][2][3]

07 사례관리의 원칙과 활동의 연결로 옳지 않은 것은?

[16회]

① 통합성 : 서비스 조정을 위해 사례회의를 개최한다.
② 접근성 : 사각지대 발굴을 위해 아웃리치를 한다.
③ 포괄성 : 기관 네트워크를 통해 서비스 의뢰를 한다.
④ 체계성 : 중도 탈락한 클라이언트를 찾아 서비스를 재개한다.
⑤ 지속성 : 종단적 차원에서 개인의 욕구에 반응하여 서비스를 제공한다.

[1][2][3]

08 사례관리에 관한 설명으로 옳지 않은 것은?

[15회]

① 클라이언트 중심적 서비스이다.
② 종결이 어려운 장기적 욕구를 갖는 대상자에게 적절하다.
③ 상담이나 조언, 치료 등의 임상적 개입을 할 수 있다.
④ 한 기관 내에서의 팀 협력 및 지역사회 타 전문 분야와의 협력이 중요하다.
⑤ 공공부문의 역할을 확대하기 위한 목적에서 시작되었다.

대표문제

사례관리실천 과정 중 개입(실행)단계의 과업에 해당하는 것은? [18회]

① 클라이언트와 서비스 제공자 간의 갈등 발생 시 조정
② 클라이언트의 욕구에 기초하여 구체적이고 명확한 목표수립
③ 서비스 이용 대상자에 대한 적격성 여부 판별
④ 기관 내부 사례관리팀 구축 및 운영능력 파악
⑤ 클라이언트가 달성한 변화, 성과, 영향 등을 측정하기 위한 도구 개발

해설
① 클라이언트와 서비스 제공자 간의 갈등 발생 시 조정은 서비스 실행단계에서 가능하다.
② 클라이언트의 욕구에 기초한 구체적이고 명확한 목표수립은 계획단계에서 수립한다.
③ 서비스 이용 대상자에 대한 적격성 여부 판별은 접수단계에서 실시한다.
④ 기관 내부 사례관리팀의 구축 및 운영능력은 계획단계에서 파악한다.
⑤ 클라이언트가 달성한 변화, 성과, 영향 등을 측정하기 위한 도구 개발은 계획단계에 개발한다.

답 ①

□1 2 3
09 다음에서 설명하고 있는 사례관리 과정은? [21회]

- 계획 수정 여부 논의
- 클라이언트 욕구변화 검토
- 서비스 계획의 목표달성 정도 파악
- 서비스가 효과적으로 제공되고 있는지 확인

① 점검 ② 계획
③ 사후관리 ④ 아웃리치
⑤ 사정

□1 2 3
10 사례관리의 사정에 관한 설명으로 옳은 것을 모두 고른 것은? [17회]

ㄱ. 클라이언트와 함께 문제 목록 작성
ㄴ. 클라이언트의 욕구 및 자원 확인
ㄷ. 계획된 서비스의 전달과정 추적

① ㄱ ② ㄴ
③ ㄱ, ㄴ ④ ㄴ, ㄷ
⑤ ㄱ, ㄴ, ㄷ

□1 2 3
11 사례관리의 점검에 관한 설명으로 옳지 않은 것은? [17회]

① 서비스의 산출 결과를 검토
② 서비스의 최종 효과성을 검토
③ 서비스 계획의 목표달성 정도를 검토
④ 서비스 계획이 적절히 실행되고 있는지를 검토
⑤ 클라이언트의 욕구변화를 점검하여 서비스 계획의 변경 필요성을 검토

□1 2 3
12 사례관리의 과정을 순서대로 바르게 나열한 것은? [16회]

① 계획 – 사정 – 연계 및 조정 – 점검
② 계획 – 사정 – 점검 – 연계 및 조정
③ 사정 – 계획 – 점검 – 연계 및 조정
④ 사정 – 계획 – 연계 및 조정 – 점검
⑤ 점검 – 사정 – 계획 – 연계 및 조정

13 사례관리자의 간접적 개입으로 옳지 않은 것은?

[16회]

① 장애인 인식개선을 위한 지역사회 홍보활동을 한다.
② 가정폭력 피해여성을 위한 모금활동을 한다.
③ 청소년 유해환경을 줄이기 위한 프로그램을 개발한다.
④ 사각지대 발굴을 위해 이웃주민을 조직한다.
⑤ 예비부모를 대상으로 가족교육을 실시한다.

14 사례관리 과정을 순서대로 바르게 나열한 것은?

[15회]

① 아웃리치 → 사정 → 점검 → 계획 → 재사정
② 아웃리치 → 사정 → 계획 → 재사정 → 점검
③ 사정 → 아웃리치 → 계획 → 재사정 → 점검
④ 사정 → 아웃리치 → 재사정 → 계획 → 점검
⑤ 아웃리치 → 사정 → 계획 → 점검 → 재사정

| 유형 04 | 사례관리자의 역할 | 빈출도 ★★★ |

대표문제

사례관리자의 역할에 관한 예로 옳은 것은? [22회]

① 중개자 : 독거노인의 식사지원을 위해 지역사회 내 무료급식소 연계
② 상담가 : 욕구사정을 통해 클라이언트에 대한 체계적인 개입계획을 세움
③ 조정자 : 사례회의에서 시청각장애인의 입장을 대변하여 이야기함
④ 옹호자 : 지역사회 기관 담당자들이 모여 난방비 지원사업에 중복지원되는 대상자가 없도록 사례회의를 실시함
⑤ 평가자 : 청소년기 자녀와 갈등을 겪고 있는 부모와 자녀 사이에 개입하여 상호 만족스러운 합의점을 도출함

해설

① 중개자는 클라이언트가 필요한 자원을 찾을 수 있도록 도와주거나 직접적으로 자원과 클라이언트를 연결해주는 역할로, 독거노인의 식사지원을 위해 지역사회 내 무료급식소를 연계하는 역할은 중개자이다.
② 욕구사정을 통해 클라이언트에 대한 체계적인 개입계획을 세우는 역할은 계획가이다.
③ 사례회의에서 시청각장애인의 입장을 대변하여 이야기하는 역할은 옹호자이다.
④ 지역사회 기관 담당자들이 모여 난방비 지원사업에 중복지원되는 대상자가 없도록 사례회의를 실시하는 역할은 통합자(조정자)이다.
⑤ 청소년기 자녀와 갈등을 겪고 있는 부모와 자녀 사이에 개입하여 상호 만족스러운 합의점을 도출하는 역할은 중재자이다.

답 ①

15 사례관리자 역할과 그 예의 연결로 옳지 않은 것은?

[21회]

① 조정자(Coordinator) : 사례회의를 통해 독거노인지원서비스가 중복제공되지 않도록 하였다.
② 옹호자(Advocate) : 사례회의에서 장애아동의 입장을 대변하였다.
③ 협상가(Negotiator) : 사례회의를 통해 생활형편이 어려운 가정의 아동에게 재정 후원자를 연결해주었다.
④ 평가자(Evaluator) : 사례 종결 여부를 결정하기 위해 목표 달성 여부를 확인하였다.
⑤ 기획가(Planner) : 욕구사정을 통해 클라이언트에게 필요한 자원을 설계하고 체계적인 개입 계획을 세웠다.

16 사례관리자의 역할에 관한 내용으로 옳지 않은 것은?

[20회]

① 중개자 : 지역사회 자원이나 서비스 체계를 연계
② 옹호자 : 클라이언트의 권리를 대변하는 활동수행

③ 정보제공자 : 개인이나 집단의 갈등 파악과 조정
④ 위기개입자 : 위기사정, 계획수립, 위기 해결
⑤ 교육자 : 교육, 역할 연습 등을 통한 클라이언트 역량 강화

17 다음 설명에서 사례관리자가 수행한 역할은?

[19회]

> 클라이언트는 경제적 지원과 건강 지원을 요구하지만, 현재 종합사회복지관, 노인복지관, 경로당, 무료 급식소에서 중복적으로 급식지원을 제공받고 있으며, 정서지원도 중복되고 있다. 사례관리자는 사례회의를 통해서 평일 중식은 경로당에서, 주말 중식은 무료 급식소를 이용하고, 종합사회복지관은 경제적 지원을, 노인복지관은 건강지원을 제공하는 데 합의하였다.

① 중개자   ② 훈련가
③ 중재자   ④ 조정자
⑤ 옹호자

18 다음에서 사례관리자가 수행한 역할이 아닌 것은?

[18회]

> 사례관리자는 알코올, 가정폭력, 실직문제가 있는 클라이언트를 면담하여 알코올 치료와 근로에 대한 동기를 부여하고 지역자활센터 이용방법을 설명하였다. 또한 클라이언트의 배우자와 다른 알코올 중독자들의 배우자 5명으로 집단을 구성하고 알코올 중독의 영향에 대해서 체계적으로 가르쳐 주었으며, 가정폭력상담소에 연계하여 전문상담을 받도록 하였다.

① 상담자   ② 중재자
③ 교육자   ④ 중개자
⑤ 정보제공자

19 사례관리자의 역할로 옳은 것을 모두 고른 것은?

[15회]

> ㄱ. 사례관리자는 기관 정책상 클라이언트에게 서비스를 제공해 주기 어려울 때 다른 기관에 의뢰한다.
> ㄴ. 사례관리자는 기관의 정책이 클라이언트에게 불리하다고 판단될 때 기관의 정책에 도전하는 옹호 역할을 수행한다.
> ㄷ. 복합적인 욕구를 갖는 클라이언트를 위해 다양한 서비스를 조정·연계한다.
> ㄹ. 클라이언트의 자기결정이 중요하므로 사례관리자는 어떠한 상황에서도 클라이언트를 대신하여 행동해서는 안 된다.

① ㄱ, ㄷ   ② ㄴ, ㄷ
③ ㄴ, ㄹ   ④ ㄱ, ㄴ, ㄷ
⑤ ㄱ, ㄴ, ㄷ, ㄹ

CHAPTER **04**

사회복지실천기술론

 2024년 출제경향

사회복지사의 정체성과 실천기술 　4%

사회복지실천모델　36%

가족의 이해　24%

집단실천기술　28%

사회복지실천의 기록　4%

단일사례설계　4%

유형 01 사회복지사의 실천기술 빈출도 ★★★

대표문제

사회복지실천에 관한 설명으로 옳지 않은 것은?

[20회]

① 과학성과 예술성을 통합적으로 활용한다.
② 사회복지의 관점과 이론을 토대로 한다.
③ 심리학, 사회학 등 타 학문과 배타적 관계에 있다.
④ 클라이언트의 특성을 반영한다.
⑤ 사회복지 가치와 윤리를 반영한다.

해설

배타적 관계는 두 대상이 어떤 속성에서 서로 다른 것을 말하는 것으로 사회복지실천은 심리학이나 사회학, 행정학, 정책학, 법학 등 다른 학문과 연관되어 있는 이론이다.

답 ③

□②③

01 사회복지사가 가져야 할 지식의 내용으로 옳은 것을 모두 고른 것은?

[22회]

ㄱ. 인간행동과 발달
ㄴ. 인간관계와 상호작용
ㄷ. 사회복지정책과 서비스
ㄹ. 사회복지사 자신에 관한 지식

① ㄱ
② ㄱ, ㄴ
③ ㄴ, ㄷ
④ ㄱ, ㄷ, ㄹ
⑤ ㄱ, ㄴ, ㄷ, ㄹ

□②③

02 사회복지실천현장의 지식 유형에 관한 설명으로 옳지 않은 것은?

[21회]

① 이론은 현상을 설명하기 위한 가설이나 개념의 집합체이다.
② 관점은 개인과 사회에 관한 주관적 인식의 차이를 보여주는 사고체계이다.
③ 실천지혜는 실천활동의 원칙과 방식을 구조화한 것이다.
④ 패러다임은 역사와 사상의 흐름에 영향을 받는 추상적 개념틀이다.
⑤ 모델은 실천과정에 직접적으로 필요한 기술적 적용방법을 제시한 것이다.

□②③

03 사회복지실천기술의 전문적 기반에 관한 설명으로 옳지 않은 것은?

[19회]

① 이론과 실천의 준거틀을 적절하게 이용하는 것은 예술적 기반에 해당된다.
② 연구자료를 수집하고 분석하는 것은 과학적 기반에 해당된다.
③ 사회복지전문가로서 가지는 가치관은 예술적 기반에 해당된다.
④ 감정이입적 의사소통, 진실성, 융통성은 예술적 기반에 해당된다.
⑤ 사회복지사에게는 과학성과 예술성의 상호보완적이고 통합적인 실천역량이 요구된다.

04 사회복지실천의 지식과 기술을 습득하는 방법으로 옳은 것을 모두 고른 것은? [18회]

> ㄱ. 사례회의를 개최하여 통합적 지원방법에 대해 논의한다.
> ㄴ. 가족치료모델을 이해하기 위해 해결중심가족치료 세미나에 참석한다.
> ㄷ. 윤리적 가치갈등의 문제에 대하여 직장동료한테 자문을 구한다.
> ㄹ. 초점집단면접을 실시하여 이용자 인식을 확인한다.

① ㄱ, ㄷ   ② ㄴ, ㄹ
③ ㄱ, ㄴ, ㄷ   ④ ㄴ, ㄷ, ㄹ
⑤ ㄱ, ㄴ, ㄷ, ㄹ

05 실천지식의 구성수준을 추상성에서 구체성의 방향으로 순서대로 나열한 것은? [16회]

① 패러다임－관점－이론－모델－실천지혜
② 패러다임－이론－관점－모델－실천지혜
③ 관점－패러다임－이론－모델－실천지혜
④ 실천지혜－모델－이론－관점－패러다임
⑤ 실천지혜－이론－모델－관점－패러다임

유형 **01** 정신역동모델   빈출도 ★★★

대표문제

정신역동모델에 관한 설명으로 옳은 것은? [18회]
① 통찰보다는 치료적 처방에 초점을 둔다.
② 무의식적 충동과 미래의지를 강조한다.
③ 사회구성주의적 관점의 영향을 받았다.
④ 기능주의학파의 이론적 기초가 되었다.
⑤ 자유현상, 훈습, 직면의 기술을 사용한다.

해설
⑤ 정신역동모델의 개입기법에는 자유연상, 저항, 꿈의 분석, 전이, 역전이, 훈습, 정신결정론, 해석, 직면 등이 있다.

① 치료적 처방보다는 통찰에 초점을 둔다.
② 무의식적 충동을 강조하고 미래의지가 아니라 과거를 중시한다.
③ 정신역동모델은 사회구성주의적 관점의 영향을 받지 않았다.
④ 기능주의학파가 아니라 진단주의학파의 이론적 기초가 되었다.

답 ⑤

□□□
01 정신역동모델 개입과정을 순서대로 옳게 나열한 것은? [22회]

> ㄱ. 동일시를 위한 자아구축 단계
> ㄴ. 클라이언트의 자기이해를 원조하는 단계
> ㄷ. 관계형성 단계
> ㄹ. 클라이언트가 독립된 자아정체감을 형성하도록 원조하는 단계

① ㄱ - ㄷ - ㄹ - ㄴ
② ㄴ - ㄷ - ㄱ - ㄹ
③ ㄴ - ㄹ - ㄷ - ㄱ
④ ㄷ - ㄱ - ㄹ - ㄴ
⑤ ㄷ - ㄴ - ㄱ - ㄹ

□□□
02 정신역동모델의 개입기법에 관한 설명으로 옳은 것을 모두 고른 것은? [21회]

> ㄱ. 직면 : 클라이언트의 이야기와 행동 간 불일치를 보일 때 자기모순을 직시하게 한다.
> ㄴ. 해석 : 치료적 관계에서 나타나는 클라이언트의 특정 생각이나 행동의 의미를 설명한다.
> ㄷ. 전이분석 : 클라이언트가 과거의 중요한 인물에 대해 느꼈던 감정을 치료사에게 재현하는 현상을 분석하여 과거문제를 해석하고 통찰하도록 한다.
> ㄹ. 명료화 : 저항이나 전이에 대한 이해를 심화·확장하여 통합적으로 이해하도록 한다.

① ㄱ
② ㄴ, ㄹ
③ ㄷ, ㄹ
④ ㄱ, ㄴ, ㄷ
⑤ ㄱ, ㄴ, ㄷ, ㄹ

□□□
03 정신역동모델의 개념과 개입기술에 관한 설명으로 옳은 것을 모두 고른 것은? [17회]

> ㄱ. 해석의 목적은 통찰력 향상에 있다.
> ㄴ. 훈습은 모순이나 불일치를 직시하도록 원조하는 단회성기법이다.
> ㄷ. 전이는 반복적이며 퇴행하는 특징을 갖는다.
> ㄹ. 자유연상을 시행하는 경우 주제와 관련 없는 내용을 억제시킨다.

① ㄱ, ㄴ
② ㄱ, ㄷ
③ ㄴ, ㄹ
④ ㄱ, ㄴ, ㄷ
⑤ ㄱ, ㄴ, ㄷ, ㄹ

04 정신역동모델에 관한 설명으로 옳지 않은 것은?

[15회]

① 심리적 결정론에 근거한다.
② 발달단계상의 고착과 퇴행을 고려한다.
③ 성장의지가 높은 클라이언트에게 효과적이다.
④ 통찰보다는 치료적 처방제공에 초점을 둔다.
⑤ 원초아와 초자아 사이에 발생하는 불안과 긴장해소를 위해 방어기제를 사용한다.

유형 **02** 심리사회모델

빈출도
★★★

대표문제

심리사회모델에 관한 설명으로 옳은 것을 모두 고른 것은?

[22회]

ㄱ. 심리사회모델을 체계화하는 데 홀리스(F. Hollis)가 공헌하였다.
ㄴ. "직접적 영향주기"는 언제나 사용 가능한 기법이다.
ㄷ. "환기"는 클라이언트의 긍정적 감정을 표출시킨다.
ㄹ. 간접적 개입기법으로 "환경조정"을 사용한다.

① ㄱ, ㄹ ② ㄴ, ㄷ
③ ㄷ, ㄹ ④ ㄴ, ㄷ, ㄹ
⑤ ㄱ, ㄴ, ㄷ, ㄹ

해설

ㄴ. "직접적 영향주기"는 조언이나 제안, 지시 등을 통하여 클라이언트의 행동을 변화시키기 위한 방법으로 판단을 내리기 어렵거나 위기상황에 사용하는 방법이다.
ㄷ. "환기"는 클라이언트의 문제가 환경과 어떤 상호작용을 하고 있는지 이해하고 설명할 수 있도록 하며, 나아가 부정적인 감정까지도 밖으로 표출할 수 있도록 도와주는 방법이다.

답 ①

---

05 다음 사례에서 활용한 심리사회모델의 개입기법은?

[21회]

"지금까지의 방법이 효과적이지 않다면 다른 방법을 시도해 보면 어떨까요? 제 생각에는 지금쯤 변화가 필요하니 가족상담에 참여해 보시면 어떨까 합니다."

① 지지하기
② 직접적 영향주기
③ 탐색 – 기술 – 환기
④ 인간 – 환경에 관한 고찰
⑤ 유형 – 역동성 고찰

---

06 심리사회모델의 개입기법에 관한 설명으로 옳지 않은 것은?

[20회]

① 직접적 개입과 간접적 개입으로 구분된다.
② 직접적 영향은 주변인에게 영향력을 행사하여 환경을 변화시키는 기법이다.
③ 탐색 – 기술(묘사) – 환기는 자기 상황과 감정을 말로 표현하게 함으로써 감정전환을 도모하는 기법이다.
④ 지지는 이해, 격려, 확신감을 표현하는 기법이다.
⑤ 유형의 역동 성찰은 성격, 행동, 감정의 주요 경향에 관한 자기이해를 돕는다.

PART
02

사
회
복
지
실
천

①②③

07 심리사회모델의 기법에 관한 설명으로 옳지 않은 것은? [18회]

① 발달적 성찰 : 현재 클라이언트 성격이나 기능에 영향을 미친 가족의 기원이나 초기 경험을 탐색한다.

② 지지하기 : 클라이언트의 현재 또는 최근 사건을 고찰하게 하여 현실적인 해결방법을 찾는다.

③ 탐색 – 기술 – 환기 : 클라이언트의 상황에 대한 사실을 드러내고 감정의 표현을 통해 감정의 전환을 제공한다.

④ 수용 : 온정과 친절한 태도를 클라이언트의 감정이나 주관적인 상태에 감정이입을 하며 공감한다.

⑤ 직접적 영향 : 사회복지사와 클라이언트 간의 신뢰관계를 바탕으로 클라이언트에게 제안과 설득을 제공한다.

①②③

08 음주문제와 가정불화로 직장에 적응하지 못해 의뢰된 클라이언트에게 심리사회모델을 적용할 때 그 개입기법으로 적절하지 않은 것은? [17회]

① 음주와 관련된 감정을 표출하도록 한다.

② 문제해결을 위해 직접 충고한다.

③ 클라이언트의 인지오류와 신념체계를 탐색한다.

④ 직장 상사와의 갈등이 현재에 미친 영향을 파악한다.

⑤ 유년기 문제와 현재 행동의 인과관계를 지각하도록 한다.

유형 03 인지행동모델 빈출도 ★★★

대표문제

인지행동모델 개입기법에 관한 설명으로 옳은 것은? [22회]

① 행동시연 : 관찰학습 과정을 통해 클라이언트가 시행착오를 거치지 않고 행동할 수 있도록 한다.

② 유머사용 : 인지적 기법의 하나로서 비합리적인 신념에서 오는 불안을 감소시키는 데 유용하다.

③ 내적 의사소통 명료화 : 클라이언트 스스로 자신에 대해 독백하고 사고하는 과정이다.

④ 역설적 의도(Paradoxical Intention) : 클라이언트의 역기능적 사고를 인식하고 이를 현실적인 사고로 대치한다.

⑤ 이완훈련 : 클라이언트가 가장 덜 위협적인 상황에서 가장 위협적인 상황까지 순서대로 제시한다.

해설

내적 의사소통 명료화는 클라이언트 스스로 자신에 대해 독백하고 사고하는 것으로, 사회복지사는 클라이언트에게 피드백을 줌으로써 클라이언트 자신의 생각과 이야기 속에 숨겨진 인지적 오류와 비합리적 신념에 대한 통찰력을 발전시키고 이해할 수 있도록 돕는 기법이다.

답 ③

①②③

09 인지적 오류(왜곡)에 관한 예로 옳지 않은 것은? [21회]

① 임의적 추론 : 내가 뚱뚱해서 지나가는 사람들이 나만 쳐다봐.

② 개인화 : 그때 내가 전화만 받았다면 동생이 사고를 당하지 않았을 텐데. 나 때문이야.

③ 이분법적 사고 : 이 일을 완벽하게 하지 못하면 실패한 것이야.

④ 과잉일반화 : 시험 보는 날인데 아침에 미역국을 먹었으니 나는 떨어질 거야.

⑤ 선택적 요약 : 지난번 과제에 나쁜 점수를 받았어. 이건 내가 꼴찌라는 것을 의미해.

□ 1 2 3

10 인지행동모델에 관한 설명으로 옳지 않은 것은?

[21회]

① 개인의 주관적 경험의 독특성을 중시한다.
② 클라이언트의 강점과 자원이 문제해결의 주요 요소이다.
③ 제한된 시간 내에 특정 문제에 초점을 두고 접근한다.
④ 과제활용과 교육적인 접근으로 자기치료가 가능하도록 한다.
⑤ 클라이언트의 적극적 참여와 협조적 태도를 중시한다.

□ 1 2 3

11 인지행동모델의 개입방법에 해당되는 것을 모두 고른 것은?

[20회]

> ㄱ. 내적 의사소통의 명료화
> ㄴ. 모델링
> ㄷ. 기록과제
> ㄹ. 자기지시

① ㄱ, ㄴ
② ㄷ, ㄹ
③ ㄱ, ㄴ, ㄷ
④ ㄴ, ㄷ, ㄹ
⑤ ㄱ, ㄴ, ㄷ, ㄹ

□ 1 2 3

12 인지행동모델에서 비합리적인 사고에 대해 '실용성에 관한 논박기법'을 사용한 질문은?

[20회]

① 그 생각이 옳다는 것을 어떻게 아세요?
② 지금 느끼는 감정을 명확하게 설명할 수 있으세요?
③ 그 일이 실제로 일어날 가능성이 얼마나 될까요?
④ 그 생각이 문제해결에 얼마나 도움이 될까요?
⑤ 그 생각의 논리적 근거는 무엇입니까?

□ 1 2 3

13 인지적 왜곡이나 오류의 유형에 관한 설명으로 옳은 것은?

[18회]

① 과잉일반화는 정반대의 증거나 증거가 없음에도 불구하고 어떤 결론을 내리는 것이다.
② 임의적 추론은 상반된 사고의 경향성을 보이는 것이다.
③ 개인화는 하나 또는 별개의 사건들을 가지고 결론을 내린 후 비논리적으로 확장하는 것이다.
④ 선택적 사고는 상황에 대한 자신의 관점을 지지하기 위해 특정 자료들을 걸러 내거나 무시하는 것이다.
⑤ 과장과 축소는 하나의 사건 혹은 별개의 사건들의 결론을 주관적으로 내리는 것이다.

□ 1 2 3

14 인지행동모델의 개입기법에 관한 설명으로 옳지 않은 것은?

[17회]

① 행동형성은 강화원리를 따른다.
② 모델링은 관찰학습과정을 통해 이루어진다.
③ 경험적 학습에는 인지불일치 원리가 적용된다.
④ 타임아웃은 정적강화원리를 이용한 것이다.
⑤ 체계적 탈감법은 고전적 조건화에 근거한다.

□ 1 2 3

15 인지행동모델에 관한 설명으로 옳은 것은?

[17회]

① 탈이론적이다.
② 비구조화된 접근을 강조한다.
③ 주관적 경험과 인식을 중시한다.
④ 클라이언트가 수동적으로 참여한다.
⑤ 클라이언트의 무의식적 언행에 초점을 맞춘다.

□ 1 2 3

16 인지행동모델의 특성을 모두 고른 것은? [16회]

> ㄱ. 객관적 경험의 일반화
> ㄴ. 사건을 이해하는 신념체계가 감정에 어떤 영향을 주는지 파악
> ㄷ. 문제에 대한 통제력이 자신에게 있다고 전제
> ㄹ. 질문을 통해 자기발견과 타당화의 과정을 거침

① ㄱ, ㄹ
② ㄴ, ㄹ
③ ㄱ, ㄴ, ㄷ
④ ㄴ, ㄷ, ㄹ
⑤ ㄱ, ㄴ, ㄷ, ㄹ

① ② ③

17 인지행동모델에 관한 설명으로 옳지 않은 것은?

[15회]

① 인간행동은 의지에 의해 결정된다.
② 인간행동은 전 생애에 걸쳐 학습된다.
③ 주관적인 경험의 독특성을 인정하지 않는다.
④ 구조화된 접근을 강조한다.
⑤ 지적능력을 가진 클라이언트에게 적용이 보다 용이하다.

유형 04 과제중심모델 빈출도 ★★★

대표문제

과제중심모델에서 과제에 관한 설명으로 옳지 않은 것은?

[20회]

① 사회복지사보다 클라이언트가 제시하는 문제나 욕구를 고려하여 선정한다.
② 조작적 과제는 일반적 과제에 비해 구체적이다.
③ 과거보다 현재에 초점을 둔다.
④ 과제 수는 가급적 3개를 넘지 않게 한다.
⑤ 과제달성 정도는 최종평가 시 결정되므로 과제수행 도중에는 점검하지 않는다.

해설

과제달성 정도는 최종평가 시 결정되지만 실행단계에서 문제를 해결하기 위해 결정된 과제들을 수행하고 과제수행의 정도를 점검하며 모니터링한다. 실행단계는 개입과정에서 가장 많은 시간이 소요되는 단계로서 문제에 대하여 집중적으로 사정하고, 대안들을 모색하여 결정한다.

답 ⑤

---

① ② ③

18 다음 설명에 해당하는 모델로 옳은 것은? [22회]

- 구조화된 개입
- 개입의 책임성 강조
- 클라이언트의 자기결정권 강조
- 클라이언트의 환경에 대한 개입

① 심리사회모델
② 위기개입모델
③ 해결중심모델
④ 인지행동모델
⑤ 과제중심모델

---

① ② ③

19 과제중심모델에 관한 설명으로 옳지 않은 것은?

[19회]

① 개입 초기에 빠른 사정을 한다.
② 구조화된 접근을 한다.
③ 다양한 이론과 모델을 절충적으로 활용한다.
④ 조사에 근거한 경험적 자료를 중심으로 진행한다.
⑤ 사회복지사는 적극적으로 개입하지 않고 클라이언트가 주체적인 역할을 하도록 한다.

---

① ② ③

20 철수는 무단결석과 친구를 괴롭히는 문제로 담임선생님에 의해 학교사회복지사에게 의뢰되었다. 철수와의 상담을 과제중심모델로 진행할 때 그 개입방법에 해당하지 않는 것은? [17회]

① 철수의 성격유형과 심리역동을 탐색한다.
② 지역사회에서 지원할 수 있는 방법을 확인한다.
③ 담임선생님이 제시한 문제를 확인한다.
④ 철수의 노력으로 해결 가능한 문제를 선정한다.
⑤ 제시된 문제가 철수의 욕구와 일치하지 않는 경우 조정한다.

1 2 3

21 과제중심모델의 개입과정 중 중기(실행)단계에서 해야 할 과업이 아닌 것은? [16회]

① 표적문제의 변화 과정 확인
② 실질적 장애물의 규명과 해결
③ 표적문제에 대한 초점화된 집중
④ 표적문제의 설정
⑤ 과제 계획과 이행

1 2 3

22 과제중심모델에 관한 설명으로 옳지 않은 것은? [15회]

① 단기간의 종합적인 개입모델이다.
② 클라이언트가 동의한 과제를 중심으로 개입한다.
③ 경험적 자료보다는 발달이론을 중심으로 개입한다.
④ 계약한 구체적인 문제해결에 초점을 두고 접근한다.
⑤ 클라이언트의 문제는 자원 혹은 기술의 부족으로 이해한다.

유형 **05** 행동수정모델 빈출도 ★★★

대표문제

사회기술훈련에서 사용되는 행동주의모델 기법을 모두 고른 것은? [20회]

| ㄱ. 정적 강화 | ㄴ. 역할 연습 |
| ㄷ. 직면 | ㄹ. 과제를 통한 연습 |

① ㄱ, ㄴ
② ㄱ, ㄷ
③ ㄱ, ㄴ, ㄹ
④ ㄴ, ㄷ, ㄹ
⑤ ㄱ, ㄴ, ㄷ, ㄹ

해설
ㄷ. 직면은 인지에 개입하는 기술로 행동주의모델의 기법에 속하지 않는다.

답 ③

1 2 3

23 사회복지실천의 개입기법에 관한 설명으로 옳지 않은 것은? [21회]

① 소거 : 부적처벌의 원리를 이용하여 바람직하지 않은 행동을 중단시키는 것
② 시연 : 클라이언트가 힘들어하는 행동에 대해 실생활에서 실행 전에 반복적으로 연습하는 것
③ 행동조성 : 특정 행동 수준까지 끌어올리기 위해 작은 단위의 행동으로 나누어 과제를 주는 것
④ 체계적 둔감법 : 두려움이 적은 상황부터 큰 상황까지 단계적으로 노출시켜 문제를 극복하도록 하는 것
⑤ 내적 의사소통의 명료화 : 클라이언트가 자신의 생각을 말로 표현하고, 피드백을 통해 사고의 명료화를 돕는 것

1 2 3

24 사회기술훈련의 단계를 순서대로 옳게 나열한 것은? [21회]

| ㄱ. 역할극 | ㄴ. 적용 |
| ㄷ. 시연 | ㄹ. 평가 |

① ㄱ - ㄷ - ㄴ - ㄹ
② ㄱ - ㄷ - ㄹ - ㄴ
③ ㄴ - ㄷ - ㄹ - ㄱ
④ ㄷ - ㄱ - ㄴ - ㄹ
⑤ ㄷ - ㄱ - ㄹ - ㄴ

1 2 3

25 사회기술훈련에서 활용되는 기법을 모두 고른 것은? [18회]

| ㄱ. 코칭 | ㄴ. 과제제시 |
| ㄷ. 모델링 | ㄹ. 자기옹호 |

① ㄱ, ㄷ
② ㄴ, ㄹ
③ ㄱ, ㄴ, ㄷ
④ ㄴ, ㄷ, ㄹ
⑤ ㄱ, ㄴ, ㄷ, ㄹ

26 다음의 사례에서 사용한 행동주의모델 전략은?

[16회]

> 아이가 버릇없이 굴 때마다 어머니는 아이를 달래주거나 야단을 쳤다. 그래도 아이의 행동이 변화되지 않자, 어머니는 생각을 바꿔 아이를 달래주지도, 야단치지도 않았다. 그 결과, 아이의 버릇없는 행동이 감소되었다.

① 멈춤
② 소거
③ 사회기술훈련
④ 행동형성(Shaping)
⑤ 대리적 조건 형성

27 대중 앞에서 발표할 때 만성적 긴장과 불안을 호소하는 클라이언트의 문제를 해결하기 위한 다음의 실천활동에 포함되지 않은 기법은? [16회]

> 사회복지사는 대중 앞에서 발표를 잘 하는 사람의 동영상을 클라이언트에게 여러 차례 보여 주었다. 이후 사회복지사 앞에서 간단한 발표를 반복적으로 연습하게 한 후, 2~3명 앞에서 발표하게 하였다. 발표에 앞서 사회복지사는 20초 복식호흡과 함께 평화로운 하늘의 구름을 연상하도록 지시하였다. 그 후, 그룹의 크기를 조금씩 키워가면서 발표하도록 하였고, 나중에는 200여 명 앞에서 발표를 하도록 하였다. 이때도 복식호흡과 심상훈련을 하게 하였다.

① 시연   ② 모델링
③ 이완훈련   ④ 정적강화
⑤ 체계적 둔감화

28 행동수정모델의 개입기술에 관한 설명으로 옳은 것을 모두 고른 것은?

[15회]

> ㄱ. 처벌받는 행동은 발생빈도가 줄어든다.
> ㄴ. 간헐적으로 강화된 행동은 소거하기 어렵다.
> ㄷ. 긍정적인 강화는 행동의 발생빈도와 정도를 증가시킨다.
> ㄹ. 부적 처벌은 체벌을 제시함으로써 행동의 발생 가능성을 감소시킨다.

① ㄹ
② ㄱ, ㄷ
③ ㄴ, ㄹ
④ ㄱ, ㄴ, ㄷ
⑤ ㄱ, ㄴ, ㄷ, ㄹ

유형 06 위기개입모델   빈출도 ★★★

대표문제

다음 사례에 대한 위기개입으로 옳은 것은? [20회]

> 20대인 A씨는 최근 코로나19에 감염되어 실직한 이후 경제적 어려움과 신체적 후유증으로 인해 일상을 유지하기 힘들 정도로 우울감을 경험하며 때때로 자살까지 생각하곤 한다.

① A씨의 문제를 발달적 위기로 사정한다.
② 코로나19 감염 이전 기능수준으로 회복하는 것을 목표로 잡는다.
③ 적절한 감정표현행동을 습득하도록 장기교육 프로그램을 실시한다.
④ A씨 스스로 도움을 요청할 때까지 개입을 유보한다.
⑤ 보다 긍정적인 인생관을 갖도록 삶의 태도를 근본적으로 재조직한다.

해설

위기개입의 목표 중 가장 중요한 것은 클라이언트의 위기 이전의 기능수준으로 회복시키는 것이다.

답 ②

29 위기개입모델의 중간단계 활동으로 옳지 않은 것은? [22회]

① 위기상황에 대한 초기사정을 실시한다.
② 클라이언트의 일상생활에 활용할 수 있는 자원과 지지체계를 찾아낸다.
③ 목표달성을 위한 구체적인 과제들에 대해 작업한다.
④ 위기사건 이후 상황과 관련된 자료를 보충한다.
⑤ 현재 위기와 관련된 과거 경험을 탐색한다.

30 위기개입모델에 관한 설명으로 옳지 않은 것은? [21회]

① 클라이언트에게 실용적 정보를 제공하고 지지체계를 개발하도록 한다.
② 단기개입서비스를 제공한다.
③ 구체적이고 관찰 가능한 문제에 초점을 둔다.
④ 위기발달은 촉발요인이 발생한 후에 취약단계로 넘어간다.
⑤ 사회복지사는 다른 개입모델에 비해 적극적이고 직접적인 역할을 수행한다.

31 위기개입모델의 개입원칙에 관한 설명으로 옳은 것은? [19회]

① 장기적인 개입방법을 사용한다.
② 개입목표는 가능한 한 포괄적으로 설정한다.
③ 사회복지사는 비지시적인 역할을 수행한다.
④ 위기 이전의 기능수준으로 회복하도록 돕는다.
⑤ 문제의 원인에 대한 이해를 위해 클라이언트의 과거탐색에 초점을 둔다.

32 청소년의 정체성 위기, 결혼, 자녀의 출산, 중년기의 직업변화, 은퇴 등 개인의 생애주기에 따른 위기는? [18회]

① 실존적 위기   ② 상황적 위기
③ 발달적 위기   ④ 부정적 위기
⑤ 환경적 위기

33 다음 사례에 적용한 실천모델은? [18회]

> 성폭력 피해 대학생인 A씨는 심적 고통을 받고 있으며 서비스 제공자와의 만남도 거부하고 있다. 이에 사회복지사는 A씨가 절망감에 극단적인 선택을 할 가능성이 높다고 생각하여 안전 확보를 위한 지지체계를 구성하였다.

① 과제중심모델
② 심리사회모델
③ 해결중심모델
④ 위기개입모델
⑤ 역량강화모델

34 위기개입모델에 관한 설명으로 옳지 않은 것은? [17회]

① 다른 모델에 비해 상대적으로 단기서비스를 제공한다.
② 위기개입의 표적문제는 구체적이어야 한다.
③ 위기에 대한 반응보다 위기사건 자체 해결에 일차적 목표를 둔다.
④ 절망하고 있는 클라이언트에게 희망을 고취시키는 것이 중요하다.
⑤ 위기에 개입하는 사회복지사는 적극적이고 직접적인 역할을 수행한다.

대표문제

임파워먼트모델에 관한 설명으로 옳은 것은? [22회]

① 병리적 관점에 기초를 둔다.
② 어떤 경우에도 환경의 변화를 추구하지 않는다.
③ 클라이언트의 적극적인 참여를 강조한다.
④ 전문성을 기반으로 사회복지사는 클라이언트를 통제한다.
⑤ 클라이언트에 대한 정확한 진단을 최우선으로 한다.

│해설│

③ 임파워먼트모델은 사회복지사가 클라이언트의 문제를 해결하는 것이 아니라 클라이언트가 스스로 문제를 해결할 수 있도록 능력을 향상시키는 것을 목적으로 하는 클라이언트의 적극적인 참여를 강조한다.

① 강점관점에 기초를 둔다.
② 클라이언트의 잠재된 역량과 자원을 강조하고 환경의 변화를 추구한다.
④ 사회복지사는 클라이언트와 동반자적 성격으로 협력적 파트너십을 강조한다.
⑤ 클라이언트에 대한 역량을 최우선으로 한다.

답 ③

□2③

35 강점관점에 관한 설명으로 옳은 것을 모두 고른 것은? [22회]

ㄱ. 개입의 핵심은 개인과 가족, 지역사회의 참여이다.
ㄴ. 클라이언트의 능력보다 전문가의 지식이 우선시된다.
ㄷ. 사회복지사는 클라이언트의 진술을 긍정적으로 재해석하여 활용한다.
ㄹ. 현재 강점을 갖게 된 어린 시절의 원인 사건에 치료의 초점을 맞춘다.

① ㄱ   ② ㄱ, ㄹ
③ ㄴ, ㄷ   ④ ㄱ, ㄷ, ㄹ
⑤ ㄱ, ㄴ, ㄷ, ㄹ

□2③

36 다음에서 설명하고 있는 사회복지실천모델은? [21회]

• 비장애인이 대부분인 사회에서 장애인 클라이언트의 취약한 권리에 주목하였다.
• 사회복지사와 클라이언트 집단은 장애인의 권익을 옹호하는 데 협력하였다.
• 대화, 발견, 발전의 단계를 통해 클라이언트 집단은 주도적으로 불평등한 사회제도를 개선하였다.

① 의료모델   ② 임파워먼트모델
③ 사례관리모델   ④ 생활모델
⑤ 문제해결모델

□2③

37 강점관점에 관한 설명으로 옳지 않은 것은? [20회]

① 개입의 초점은 가능성에 있다.
② 클라이언트를 재능과 자원을 가진 사람으로 규정한다.
③ 개입의 핵심은 개인, 가족, 지역사회의 참여이다.
④ 사회복지사는 클라이언트의 진술에 대해 회의적이기 때문에 재해석하여 진단에 활용한다.
⑤ 돕는 목적은 클라이언트의 삶에 함께하며 가치를 확고히 하도록 지원하는 것이다.

□2③

38 역량강화모델(Empowerment Model)에 관한 설명으로 옳은 것을 모두 고른 것은? [19회]

ㄱ. 클라이언트를 자신 문제의 전문가로 인정한다.
ㄴ. 사회복지사와 클라이언트 간의 상호 협력적 파트너십을 강조한다.
ㄷ. 클라이언트를 개입의 개체가 아닌 주체로 보기 때문에 자기결정권이 잘 보호될 수 있다.
ㄹ. 클라이언트가 가진 문제의 원인에 초점을 두고 개입한다.

① ㄱ, ㄷ   ② ㄴ, ㄹ
③ ㄱ, ㄴ, ㄷ   ④ ㄱ, ㄷ, ㄹ
⑤ ㄴ, ㄷ, ㄹ

39 임파워먼트모델의 실천단계를 대화단계, 발견단계, 발전단계로 나눌 때, 대화단계에서 실천해야 할 과정을 모두 고른 것은? [19회]

> ㄱ. 방향 설정
> ㄴ. 자원 활성화
> ㄷ. 강점의 확인
> ㄹ. 기회의 확대
> ㅁ. 파트너십 형성
> ㅂ. 현재 상황의 명확화

① ㄱ, ㄴ, ㄷ   ② ㄱ, ㄷ, ㄹ
③ ㄱ, ㅁ, ㅂ   ④ ㄴ, ㄷ, ㄹ
⑤ ㄴ, ㄷ, ㄹ, ㅁ, ㅂ

40 사회복지사가 현장에서 활용할 수 있는 강점관점 실천의 원리에 해당하지 않는 것은? [19회]

① 모든 환경은 자원으로 가득 차 있다.
② 모든 개인·집단·가족·지역사회는 강점을 가지고 있다.
③ 클라이언트와 협동 작업이 이루어질 때 최선의 도움을 줄 수 있다.
④ 클라이언트의 성장과 변화는 제한적이다.
⑤ 클라이언트의 고난은 상처가 될 수 있지만, 동시에 도전과 기회가 될 수 있다.

41 임파워먼트모델에 관한 설명으로 옳지 않은 것은? [18회]

① 클라이언트와 문제해결 방안을 함께 수립한다.
② 개인, 대인관계, 제도적 차원에서 임파워먼트가 이루어진다.
③ 클라이언트와 협력관계를 확립하는 것을 중요시한다.
④ 클라이언트의 문제와 부적응의 개입에 초점을 맞춘다.
⑤ 개입과정은 대화 – 발견 – 발달 단계로 진행된다.

42 클라이언트를 문제 중심으로 보지 않고, 필요한 자원을 활용하거나 문제에 대처할 수 있도록 지지하여 자립을 가능하게 하는 실천모델은? [18회]

① 과제중심모델
② 심리사회모델
③ 역량강화모델
④ 위기개입모델
⑤ 인지행동모델

43 병리관점과 비교한 강점관점의 특징으로 옳은 것은? [17회]

① 클라이언트의 문제에 초점을 둠
② 사회복지사는 클라이언트 삶의 전문가임
③ 변화를 위한 자원은 전문가의 지식과 기술임
④ 실천의 초점을 과거에서 현재와 미래로 전환함
⑤ 강점은 용기와 낙관주의 같은 개인 내적인 요소로 한정함

44 임파워먼트모델에 관한 설명으로 옳은 것을 모두 고른 것은? [17회]

> ㄱ. 임파워먼트는 개인, 대인관계, 제도적 차원에서 이루어짐
> ㄴ. 클라이언트를 문제해결의 협력적 파트너로 인정함
> ㄷ. 클라이언트를 위해 자원을 동원하거나 권리를 옹호함
> ㄹ. 모델의 이념적 근원은 레이놀즈의 활동에서 찾을 수 있음

① ㄱ, ㄴ   ② ㄴ, ㄷ
③ ㄷ, ㄹ   ④ ㄱ, ㄴ, ㄷ
⑤ ㄱ, ㄴ, ㄷ, ㄹ

｜1｜2｜3｜

45 강점관점에 관한 설명으로 옳은 것을 모두 고른 것은? [16회]

> ㄱ. 클라이언트를 희생자로 인식한다.
> ㄴ. 대표적인 학자로 샐리비(D. Saleebey)와 밀리(K. Miley)가 있다.
> ㄷ. 외상, 학대, 질병 등과 같은 힘겨운 일들을 도전과 기회로 고려한다.
> ㄹ. 개입의 초점은 클라이언트의 역기능과 증상의 영향을 감소시키는 것이다.

① ㄴ
② ㄷ
③ ㄴ, ㄷ
④ ㄱ, ㄴ, ㄷ
⑤ ㄴ, ㄷ, ㄹ

｜1｜2｜3｜

46 다음의 설명에 해당하는 사회복지실천모델은? [16회]

> • 의미 있는 선택을 할 수 있게 자아효능감을 증진하고 자신의 강점을 찾도록 돕는다.
> • 클라이언트를 잠재력 있는 인간이며, 문제해결을 위한 자원으로 인식한다.
> • 클라이언트 자신의 삶과 상황에 대해 더 많은 통제력을 갖도록 돕는다.

① 해결중심모델
② 심리사회모델
③ 임파워먼트모델
④ 과제중심모델
⑤ 위기모델

｜1｜2｜3｜

47 임파워먼트모델에서 사회복지사의 활동으로 옳지 않은 것은? [16회]

① 활용 가능한 자원 확보
② 역량강화를 위한 실천가 중심의 개입
③ 클라이언트와 사회복지사의 역할 정하기
④ 권리와 함께 클라이언트의 책임 강조
⑤ 클라이언트 감정의 구체화

｜1｜2｜3｜

48 역량강화(Empowerment) 실천활동으로 옳은 것을 모두 고른 것은? [15회]

> ㄱ. 클라이언트와 협력
> ㄴ. 생태체계적 관점 적용
> ㄷ. 사회변화를 위한 행동에 참여
> ㄹ. 억압받는 집단에 대한 역사적 관점 이해

① ㄹ
② ㄱ, ㄷ
③ ㄴ, ㄹ
④ ㄱ, ㄴ, ㄷ
⑤ ㄱ, ㄴ, ㄷ, ㄹ

유형 08 모델 통합 빈출도 ★★★

사회복지실천모델에 관한 설명으로 옳지 않은 것은? [22회]

① 역량강화모델의 발견단계에서는 사정, 분석, 계획하기를 수행한다.
② 클라이언트중심모델은 문제해결에 대한 클라이언트의 책임을 강조한다.
③ 행동주의모델에서는 인간을 병리적인 관점에서 바라본다.
④ 위기개입모델에서 위기는 사건 자체보다 사건에 대한 개인의 주관적 현실에 기반을 두고 있다.
⑤ 해결중심모델은 사회구성주의 시각을 가진다.

해설

행동주의모델은 문제행동을 수정해야 한다고 생각하지만 문제가 되는 행동 자체에 초점을 둔다. 인간을 병리적인 관점에서 바라보는 모델은 정신역동모델이다.

답 ③

｜1｜2｜3｜

49 사회복지실천모델과 기법으로 옳지 않은 것은? [22회]

① 행동주의모델 : 소거
② 해결중심모델 : 대처질문
③ 과제중심모델 : 유형 – 역동에 관한 고찰

④ 인지행동모델 : 소크라테스식 문답법
⑤ 위기개입모델 : 자살의 위험성 평가

1 2 3
50 사회복지실천모델에 관한 설명으로 옳은 것을 모두 고른 것은? [21회]

> ㄱ. 위기개입모델에서는 사건에 대한 클라이언트의 주관적인 인식보다 사건 자체를 중시한다.
> ㄴ. 클라이언트중심모델에서는 현재 직면한 문제와 앞으로의 문제를 극복할 수 있도록 성장 과정을 도와준다.
> ㄷ. 임파워먼트모델에서는 클라이언트가 자신의 삶을 스스로 통제할 수 있도록 원조한다.
> ㄹ. 과제중심모델에서는 클라이언트가 인식한 문제에 초점을 두고, 클라이언트의 욕구를 최대한 반영한다.

① ㄱ
② ㄴ, ㄷ
③ ㄱ, ㄴ, ㄷ
④ ㄴ, ㄷ, ㄹ
⑤ ㄱ, ㄴ, ㄷ, ㄹ

1 2 3
51 사회복지실천모델에 관한 설명으로 옳지 않은 것은? [20회]

① 행동수정모델은 선행요인, 행동, 강화요소에 의해 인간행동을 예측하고 통제할 수 있다고 본다.
② 심리사회모델은 상황 속 인간을 고려하되 환경보다 개인의 내적변화를 중시한다.
③ 인지행동모델은 왜곡된 사고에 의한 정서적 문제의 개입에 효과적이다.
④ 과제중심모델은 여러 모델들을 절충적으로 활용하며 개입의 책임성을 강조한다.
⑤ 위기개입모델은 위기에 의한 병리적 반응과 영구적 손상의 치료에 초점을 둔다.

1 2 3
52 단기개입을 특징으로 하는 사회복지실천모델을 모두 고른 것은? [19회]

> ㄱ. 과제중심모델   ㄴ. 위기개입모델
> ㄷ. 해결중심모델   ㄹ. 정신역동모델

① ㄱ, ㄷ
② ㄴ, ㄹ
③ ㄱ, ㄴ, ㄷ
④ ㄴ, ㄷ, ㄹ
⑤ ㄱ, ㄴ, ㄷ, ㄹ

1 2 3
53 사회복지실천모델에 관한 설명으로 옳은 것을 모두 고른 것은? [17회]

> ㄱ. 임파워먼트모델에서는 클라이언트를 일방적 수혜자로 인식하지 않는다.
> ㄴ. 과제중심모델은 펄만의 문제해결요소의 영향을 받았다.
> ㄷ. 위기개입모델에서는 클라이언트의 과거를 탐색하는 데 우선순위를 두지 않는다.
> ㄹ. 클라이언트중심모델에서는 사회복지사의 권위적인 역할이 강조된다.

① ㄱ, ㄷ
② ㄴ, ㄹ
③ ㄷ, ㄹ
④ ㄱ, ㄴ, ㄷ
⑤ ㄱ, ㄴ, ㄷ, ㄹ

1 2 3
54 사회복지실천모델의 특성과 해당 모델의 연결이 옳지 않은 것은? [15회]

① 단기개입을 강조 – 위기개입모델
② 클라이언트의 자기결정권을 강조 – 과제중심모델
③ 환경에 대한 개입을 강조 – 생태체계모델
④ 클라이언트의 강점을 강조 – 인지행동모델
⑤ 클라이언트와의 협력적 관계를 강조 – 클라이언트중심모델

55 사회복지실천모델에 관한 설명으로 옳은 것을 모두 고른 것은?　　　　　[15회]

> ㄱ. 권한부여모델에서는 클라이언트를 파트너로 인식한다.
> ㄴ. 진단주의와 기능주의의 논쟁 통합이 문제해결모델에서 이루어졌다.
> ㄷ. 클라이언트중심모델에서는 과거의 경험보다 현재의 경험을 강조한다.
> ㄹ. 위기개입모델에서는 사건에 대한 주관적인 인식보다 사건자체를 중요시한다.

① ㄱ
② ㄱ, ㄴ
③ ㄱ, ㄴ, ㄷ
④ ㄴ, ㄷ, ㄹ
⑤ ㄱ, ㄴ, ㄷ, ㄹ

유형 01 가족의 개념

빈출도
★★★

대표문제

가족에 관한 체계론적 관점의 기술로 옳지 않은 것은?

[20회]

① 가족은 하위체계이면서 상위체계이다.
② 가족 규칙은 가족 항상성에 영향을 준다.
③ 가족 내 하위체계의 경계유형은 투과성 정도에 따라 나뉠 수 있다.
④ 가족문제의 원인을 구성원 간 상호작용에서 찾는 것을 순환적 인과관계라고 한다.
⑤ 가족이 처한 상황을 구성원의 인식과 언어체계로 표현하면서 가족 스스로 문제해결의 단서를 찾도록 한다.

해설
⑤는 주관적으로 인식하는 사회구성주의 방법이다. 가족이 처한 상황을 구성원의 인식과 언어체계로 표현하면서 가족 스스로 문제해결의 단서를 찾도록 하기보다는 가족이 처한 상황을 어떻게 인식하고 있는지 고려하는 것이 중요하다.

답 ⑤

01 사회변화에 따라 달라지는 가족에 관한 설명으로 옳지 않은 것은?

[22회]

① 가족 형태가 다양해지는 경향이 있다.
② 저출산 시대에는 무자녀 부부가 증가한다.
③ 세대구성이 단순화되면서 확대가족의 의미가 약화된다.
④ 단독으로 생계를 유지하는 경우는 가구의 범위에 속하지 않는다.
⑤ 양육, 보호, 교육, 부양 등에서 사회 이슈가 발생한다.

02 다음 사례에서 사회복지사가 우선적으로 개입해야 하는 것은?

[21회]

> A씨는 25세로 알코올 중독진단을 받았으나 문제에 대한 본인의 인식은 부족한 상황이다. 현재 A씨는 부모와 함께 살고 있으나 몇 년 전부터 대화가 단절되어 있다. A씨가 술을 마실 때면 아버지로부터 학대도 발생하고 있는 상황이다.

① 경직된 가족경계를 재구조화한다.
② 단절된 의사소통의 문제를 해결한다.
③ 알코올 중독 문제에 관여한다.
④ 술 문제의 원인으로 보이는 부모를 대상으로 상담한다.
⑤ 부모 간 갈등으로부터 벗어나도록 자아분화를 촉진한다.

03 가족경계(Boundary)에 관한 설명으로 옳은 것은?

[21회]

① 하위체계의 경계가 경직된 경우에는 지나친 간섭이 증가한다.
② 하위체계의 경계가 희미한 경우에는 감정의 합일현상이 증가한다.
③ 하위체계의 경계가 경직된 경우에는 가족의 보호 기능이 강화된다.
④ 하위체계의 경계가 희미한 경우에는 가족 간 의사소통이 감소한다.
⑤ 하위체계의 경계가 경직된 경우에는 가족 구성원이 독립적으로 행동하기 어렵다.

Ⅰ②③

04 가족대상 사회복지실천의 과정에 관한 설명으로 옳은 것을 모두 고른 것은? [19회]

> ㄱ. 가족과 함께 문제의 우선순위를 설정한다.
> ㄴ. 사회복지사는 한 단계 낮은 자세를 취하여 가족의 정보를 얻는다.
> ㄷ. 가족과의 관계형성을 위해 가족이 있는 곳으로 합류할 필요가 있다.
> ㄹ. 문제가 가족 모두에게 영향을 미치고 있고 가족 구성원이 그 문제의 발생과 유지에 영향을 주고 있을 경우 가족단위의 개입을 고려한다.

① ㄹ
② ㄱ, ㄷ
③ ㄴ, ㄹ
④ ㄱ, ㄴ, ㄷ
⑤ ㄱ, ㄴ, ㄷ, ㄹ

Ⅰ②③

05 가족대상 사회복지실천에 관한 설명으로 옳은 것은? [19회]

① 누가 가족문제를 일으키는 원인제공자인지 확인하기 위해 순환적 인과관계를 적용한다.
② 동귀결성을 적용하여 어떤 결과에 어떤 하나의 원인이 작용하였는지를 밝힌다.
③ 가족은 사회환경의 하위체계이나 그 내부는 하위체계가 없는 체계이다.
④ 가족체계는 성장과 발전을 추구하면서도 지나친 변화는 제어하며 일정한 안정성을 유지하고자 한다.
⑤ 일차적 사이버네틱스에서 가족은 스스로 창조하고 독립된 실제이며 사회복지사를 가족과 완전 분리된 사람으로 보지 않는다.

Ⅰ②③

06 가족의 특성에 관한 설명으로 옳은 것을 모두 고른 것은? [18회]

> ㄱ. 사회변화에 민감한 체계이다.
> ㄴ. 현대 가족은 점차 정서적 기능이 약화되고 있다.
> ㄷ. 가족의 현재 모습은 세대 간 전승된 통합과 조정의 결과물이다.
> ㄹ. 기능적인 가족은 응집성과 적응성, 문제해결력이 높은 가족이다.

① ㄱ, ㄷ
② ㄴ, ㄹ
③ ㄱ, ㄴ, ㄷ
④ ㄴ, ㄷ, ㄹ
⑤ ㄱ, ㄴ, ㄷ, ㄹ

Ⅰ②③

07 알코올 중독자 당사자는 치료에 거부적이다. 우선적으로 동기화되어 있는 가족들을 알코올 중독자 가족모임이나 자녀모임에 참여하도록 하였다. 이때 사회복지사가 개입 시 고려한 내용으로 옳은 것은? [18회]

① 가족 항상성
② 가족 모델링
③ 가족 재구조화
④ 다세대 간 연합
⑤ 순환적 인과성

Ⅰ②③

08 가족사회복지실천의 개념에 관한 설명으로 옳은 것을 모두 고른 것은? [17회]

> ㄱ. 1차 수준 사이버네틱스 – 전문가가 가족 내부의 의사소통과 제어과정을 객관적으로 발견한다.
> ㄴ. 환류고리 – 가족규범이 유지되거나 변화되는 과정을 설명한다.
> ㄷ. 가족의사소통 – 내용기능이 관계기능보다 더 중요하다.
> ㄹ. 가족규칙 – 암묵적인 규칙은 역기능적이므로 제거되어야 한다.

① ㄱ
② ㄱ, ㄴ
③ ㄴ, ㄷ
④ ㄴ, ㄷ, ㄹ
⑤ ㄱ, ㄴ, ㄷ, ㄹ

123

09 가족에 관한 설명으로 옳지 않은 것은? [17회]

① 사회변화에 따라 가족의 구조와 기능도 변화한다.
② 위기 시 가족은 역기능적 행동을 보일 수도 있지만 가족 탄력성을 보일 수도 있다.
③ 가족은 생활주기를 따라 단계적으로 발달하고 변화한다.
④ 가족은 가족 항상성을 통해 다른 가족과 구별되는 정체성을 갖는다.
⑤ 가족은 권력구조를 갖고 있지 않은 애정공동체이다.

123

10 가족체계의 순환적 인과성에 관한 설명으로 옳지 않은 것은? [16회]

① 가족체계 내 문제가 세대 간 전이를 통해 나타남을 의미한다.
② 가족 구성원이 많을 때 더욱 복잡한 양상을 띤다.
③ 상호 영향을 주고받는 과정에서 나타나는 현상이다.
④ 가족의 문제가 유지되는 상호작용 과정을 파악하여 문제를 해결한다.
⑤ 증상을 표출하는 성원 또는 다른 성원의 변화를 통해 가족문제를 해결한다.

123

11 현대사회 가족의 변화에 해당하지 않는 것은? [16회]

① 규모의 축소
② 권력구조의 불평등 심화
③ 생활주기의 변화
④ 기능의 축소
⑤ 형태의 다양화

123

12 가족에 관한 설명으로 옳은 것은? [15회]

① 정서적 기능보다 가계계승과 같은 제도적 기능이 중시되는 방향으로 변화하고 있다.
② 부모－자녀 관계는 밀착된 경계를 가진 관계일수록 기능적이다.
③ 가족문제는 단선적 인과론으로 설명하는 것이 효과적이다.
④ 가족 항상성은 가족규칙을 활성화하여 지속적인 관계를 유지하도록 한다.
⑤ 가족생활주기가 변해도 역할분담은 고정되어 있는 것이 적응적이다.

유형 02 가족사정도구 빈출도 ★★★

대표문제

자녀양육의 어려움을 호소하는 가족의 사정도구에 관한 설명으로 옳지 않은 것은? [20회]

① 가계도를 활용하여 구성원 간 관계를 파악한다.
② 생태도를 통해 회복탄력성과 문제해결능력을 확인한다.
③ 양육태도 척도를 활용하여 문제가 되는 부분을 탐색한다.
④ 자녀 입장의 가족조각으로 자녀가 인식하는 가족관계를 탐색한다.
⑤ 생활력표를 활용하여 현재 어려움에 영향을 주는 발달단계상의 경험을 이해한다.

| 해설 |

생태도는 클라이언트와 가족들이 환경과 어떠한 관계가 있는지를 그림으로 나타낸 것이다. 클라이언트뿐 아니라 가족이 환경과 어떠한 상호작용을 하는지, 어떠한 에너지의 흐름이 있는지 알 수 있어 문제해결을 위한 개입 계획을 설정하는 데 유용한 도구이다.
② 생태도를 통해서는 환경과의 관계를 파악할 수 있지만 회복탄력성과 문제해결능력은 확인할 수 없다. 문제해결능력을 확인할 수 있는 사정도구는 가족사정척도이다.

답 ②

13 가족사정에 관한 설명으로 옳은 것을 모두 고른 것은? [21회]

> ㄱ. 가족체계가 어떻게 기능하는지 발견하는 것이 목적이다.
> ㄴ. 가족상호작용 유형에 적합한 방법을 찾는 것이다.
> ㄷ. 가족사정과 개입과정은 상호작용적이며 순환적이다.
> ㄹ. 가족이 제시하는 문제, 생태학적 사정, 세대 간 사정, 가족내부 간 사정으로 이루어진다.

① ㄱ, ㄴ   ② ㄷ, ㄹ
③ ㄱ, ㄴ, ㄷ   ④ ㄱ, ㄴ, ㄹ
⑤ ㄱ, ㄴ, ㄷ, ㄹ

14 가계도를 통한 분석 내용으로 옳은 것을 모두 고른 것은? [19회]

> ㄱ. 가족 내 삼각관계
> ㄴ. 지배적인 주제와 가족구조의 변화
> ㄷ. 가족이 위치한 지역사회의 안정성과 쾌적성
> ㄹ. 가족 내 반복적으로 나타나고 있는 사건의 연결성

① ㄴ   ② ㄱ, ㄴ
③ ㄱ, ㄹ   ④ ㄱ, ㄴ, ㄹ
⑤ ㄱ, ㄴ, ㄷ, ㄹ

15 가계도 분석에 관한 설명으로 옳은 것을 모두 고른 것은? [18회]

> ㄱ. 세대를 통해 반복되는 패턴 분석
> ㄴ. 가족 구성원에 대한 객관적 정보를 파악
> ㄷ. 가족기능의 불균형과 그것에 기여하는 요인 분석
> ㄹ. 가족 구성원별 인생의 중요사건과 이에 대한 다른 가족 구성원의 역할 분석

① ㄹ   ② ㄱ, ㄷ
③ ㄴ, ㄹ   ④ ㄱ, ㄴ, ㄷ
⑤ ㄱ, ㄴ, ㄷ, ㄹ

16 가족사정도구에 관한 설명으로 옳은 것을 모두 고른 것은? [17회]

> ㄱ. 생태도는 진행과정과 종결과정에서도 활용한다.
> ㄴ. 생활력표를 활용하여 현재의 기능수행에 영향을 미치는 발달단계상 생활경험을 이해한다.
> ㄷ. 소시오그램은 가족 구성원의 사회적 활동을 측정하는 도구이다.
> ㄹ. 가족조각은 가족역동을 시각적으로 표현하여 구성원의 인식을 파악하는 도구이다.

① ㄱ, ㄷ   ② ㄱ, ㄹ
③ ㄴ, ㄷ   ④ ㄱ, ㄴ, ㄹ
⑤ ㄱ, ㄴ, ㄷ, ㄹ

17 가족사정방법에 관한 설명으로 옳은 것은? [15회]

① 가계도로 가족과 환경과의 접촉에서 발생하는 정보를 수집하고 정리한다.
② 생태도로 세대 간 반복되는 유형을 파악한다.
③ 사회적 관계망표로 사회적 관계에서의 지지 유형과 정도를 파악한다.
④ 가족지도로 가족생활주기를 파악한다.
⑤ PIE 척도로 종단적 생활사건을 한눈에 파악한다.

유형 03 다세대 가족치료   빈출도 ★☆☆

대표문제

보웬(M. Bowen)의 다세대 가족치료의 기법이 적용된 사례에 관한 설명으로 옳지 않은 것은? [22회]

① 자아분화 : 가족의 빈곤한 상황에서도 아동 자녀가 자율적으로 생각하고 행동함
② 삼각관계 : 아동 자녀가 부모와의 갈등을 피하기 위해 경찰에 신고함
③ 정서적 체계 : 부모의 긴장관계가 아동 자녀에게 주는 정서적 영향을 파악함

④ 가족투사 과정 : 핵가족의 부부체계가 자신들의
불안을 아동 자녀에게 투영하는 과정을 검토함
⑤ 다세대 전이 : 가족의 관계형성이나 정서, 증상이
여러 세대에 걸쳐 전수되는 것을 파악함

| 해설 |

삼각관계는 두 사람 사이에 생긴 문제에 제3자가 개입하여
두 사람의 문제를 해결하는 방법이다. 아동 자녀가 부모와
의 갈등을 피하기 위해 경찰에 신고하고 경찰이 개입하였
으므로 삼각관계로 볼 수 있으나 제3자로는 다른 가족 성
원을 끌어 들여야 한다.

답 ②

□□□

18 보웬(M. Bowen)이 제시한 개념 중 다음 설명에
해당하는 것은? [20회]

- 여러 세대에 거쳐 전수될 수 있다.
- 정신내적 개념이면서 대인관계적 개념이다.
- 정신내적 개념은 자신의 지적 측면과 정서적
  측면의 구분을 의미한다.
- 대인관계적 개념은 타인과 친밀하면서도 독
  립성을 유지하는 능력을 말한다.

① 가족투사 　　② 삼각관계
③ 자아분화 　　④ 핵가족 정서
⑤ 다세대 전수

□□□

19 보웬(M. Bowen)의 다세대체계이론에 관한 설
명으로 옳은 것을 모두 고른 것은? [15회]

ㄱ. 자아분화수준이 낮은 부모는 미분화에서 오
　는 자신들의 불안이나 갈등을 삼각관계를
　통해 회피하려 한다.
ㄴ. 나 – 입장취하기(I – position)는 타인을 비
　난하는 대신 자신이 생각하고 느낀 바를 말
　하며 탈삼각화를 촉진한다.
ㄷ. 가족조각으로 가족에 대한 인식을 시각적으
　로 표현하고 이해하도록 돕는다.
ㄹ. 가계도를 작성하고 해석하면서 가족의 정서
　적 과정을 가족과 함께 이야기한다.

① ㄱ 　　　　　② ㄴ, ㄷ
③ ㄱ, ㄴ, ㄹ 　④ ㄴ, ㄷ, ㄹ
⑤ ㄱ, ㄴ, ㄷ, ㄹ

유형 04 구조적 가족치료 　빈출도 ★☆☆

대표문제

다음 사례에 대해 미누친(S. Minuchin)의 구조적 모
델을 적용한 개입방법이 아닌 것은? [20회]

자녀교육 문제로 시어머니와 대립하는 며느리가
가족상담을 요청했다. 며느리는 남편이 모든 것을
어머니한테 맞추라고 한다며 섭섭함을 토로했다.

① 가족을 이해하고 수용하면서 합류한다.
② 가족문제를 더 정확히 이해하기 위해 실연을 요청
한다.
③ 가족지도를 통해 가족구조와 가족역동을 이해하
도록 돕는다.
④ 남편이 시어머니의 영향권에서 벗어나도록 탈삼
각화를 진행한다.
⑤ 부부가 함께 부모역할을 수행하도록 하위체계의
경계를 명확하게 한다.

| 해설 |

구조적 가족치료는 가족을 재구조화하여 가족이 적절한
수행을 할 수 있도록 돕는 방법이다. 가족 내에서 발생되는
일관성 있고 반복적인 상호작용을 가족구조라 하며, 그 패
턴을 재조직하거나 새로운 구조와 상호작용 형태로 대체
시키는 작업이 가족의 재구조화이다.
④ 미분화된 가족일수록 가족 성원 간 불안 수준이 높아져
다른 사람을 개입시켜 삼각관계를 형성하려고 한다. 탈
삼각화는 보웬의 다세대 가족치료의 기법으로 두 사람
사이에 생긴 문제에 해결하기 위해 개입된 제3자를 분
리시키는 과정이다.

답 ④

20 다음 가족사례에 적용된 실천기법은? [21회]

> • 클라이언트 : "저희 딸은 제 말은 안 들어요. 저희 남편이 뭐든 대신 다 해주거든요. 아이가 남편 말만 들어요. 결국 아이문제로 인해 부부 싸움으로 번지거든요."
> • 사회복지사 : "아버지가 아이를 대신해서 다 해주시는군요. 어머니는 그 사이에서 소외된다고 느끼시네요. 자녀가 스스로 할 수 있도록 아버지는 기다려주고 어머니와 함께 지켜보는 것이 어떨까요?"

① 합류　　　　　② 역설적 지시
③ 경계선 만들기　④ 증상처방
⑤ 가족조각

21 다음 사례를 구조적 가족치료모델로 개입할 때 활용할 수 있는 기법이 아닌 것은? [15회]

> 초등학교 2학년 아이를 키우며 직장을 다니고 있는 한부모 A씨는 아이가 자신의 말을 잘 듣지 않고 무시하는 문제를 호소하고 있는데, 아이의 행동문제가 점점 심각해지고 있다. 아이는 A씨가 올 때까지 외조모가 돌봐주고 있으며 외조모는 종종 A씨의 훈육과 반대되는 방향으로 아이를 대하며, 아이 앞에서 A씨의 훈육방법을 야단친다.

① 하위체계 간 경계 만들기
② 과제 주기
③ 가족 재구조화
④ 실연
⑤ 외현화

유형 05 경험적 가족치료 　빈출도 ★★★

대표문제

사티어(V. Satir)의 의사소통유형에 관한 설명으로 옳은 것은? [20회]

① 회유형은 자신을 무시하고 타인을 떠받든다.
② 일치형은 자신을 보호하기 위해 타인을 비난한다.
③ 산만형은 자신과 타인을 무시하고 상황을 중요시한다.
④ 초이성형은 자신과 상황을 중시하고 상대를 과소평가한다.
⑤ 비난형은 자기 생각을 관철시키려고 어려운 말로 장황하게 설명한다.

│해설│
② 비난형은 자신을 보호하기 위해 타인을 비난한다.
③ 일치형은 자신과 타인, 상황을 모두 존중한다.
④ 초이성형은 자신과 타인을 중시하고 상황을 무시한다.
⑤ 비난형은 상대방보다 더 우월하다는 것을 보여주기 위해 타인의 결점을 발견하고 비난한다.

답 ①

22 알코올 의존을 겪는 가장과 그 자녀의 상황에 사티어(V. Satir)의 의사소통유형을 적용한 것으로 옳은 것은? [22회]

① 회유형 : 모든 것이 자녀 때문이라며 자신이 외롭다고 함
② 초이성형 : 스트레스가 유해하다는 연구를 인용하며 술이라도 마셔서 스트레스를 풀겠다고 침착하게 말함
③ 비난형 : 어려서 고생을 많이 해서 그렇다며 벌떡 일어나 방 안을 왔다갔다 함
④ 산만형 : 살기 힘들어 술을 마신다며 자신의 술 문제가 자녀 학업을 방해했다고 인정함
⑤ 일치형 : 다른 사람들 말이 다 옳고 자신은 아무것도 아니라고 술 문제에 대한 벌을 달게 받겠다고 함

23 사티어(V. Satir)의 의사소통유형에 관한 설명으로 옳은 것을 모두 고른 것은? [19회]

> ㄱ. 일치형 의사소통유형이 치료의 목표다.
> ㄴ. 의사소통유형은 자존감과 연관하여 설명한다.
> ㄷ. 가족생활주기는 역기능적 의사소통 유형에 영향을 미친다.
> ㄹ. 역기능적 의사소통유형에서 공통적으로 발견되는 것은 언어적 메시지와 비언어적 메시지의 불일치다.

① ㄱ, ㄴ   ② ㄷ, ㄹ
③ ㄱ, ㄴ, ㄷ   ④ ㄱ, ㄴ, ㄹ
⑤ ㄱ, ㄷ, ㄹ

24 가족조각 기법에 관한 설명으로 옳지 않은 것은? [16회]

① 가족의 상호작용 양상을 공간 속에 배치하는 방법이다.
② 가족 내 숨겨져 표현되지 못했던 감정이나 가족규칙 등이 노출될 수 있다.
③ 조각 후, 사회복지사는 현재의 조각이 어떻게 변화되기 바라는지를 다시 조각으로 표현하게 한다.
④ 조각을 하는 동안 서로 웃거나 이야기하지 않는다.
⑤ 가족을 조각한 사람은 객관성을 유지하기 위해 조각에서 제외되는 것이 일반적이다.

25 사티어(V.Satir)의 의사소통유형과 그 내용의 연결이 옳지 않은 것은? [16회]

① 아첨형 : 자신 무시, 타인 존중, 상황 존중
② 일치형 : 자신 존중, 타인 존중, 상황 존중
③ 비난형 : 자신 존중, 타인 무시, 상황 존중
④ 산만형 : 자신 무시, 타인 무시, 상황 무시
⑤ 초이성형 : 자신 존중, 타인 무시, 상황 무시

26 사티어(V. Satir)의 의사소통 가족치료모델에 관한 설명으로 옳지 않은 것은? [15회]

① 자아존중감 향상을 목적으로 한다.
② 개인의 내적 과정을 이끌어 내기 위해 빙상기법을 활용한다.
③ 효과적인 의사소통을 위해 솔직하게 표현하고 타인의 생각과 감정을 수용한다.
④ 회유형 의사소통은 기능적 의사소통이다.
⑤ 정서적 경험과 가족체계에 대한 이중적 초점을 강조한다.

PART
02

사
회
복
지
실
천

대표문제

가족개입의 전략적 모델에 관한 설명으로 옳은 것은?

[20회]

① 역기능적인 구조의 재구조화를 개입목표로 한다.
② 증상처방이나 고된 체험기법을 비지시적으로 활용한다.
③ 가족문제가 왜 일어났는지 파악하여 원인 제거에 필요한 전략을 사용한다.
④ 가족 내 편중된 권력으로 인해 고착된 불평등한 위계구조를 재배치한다.
⑤ 문제를 보는 시각을 변화시키고 새로운 의미를 발견하는 재명명기법을 사용한다.

해설

⑤ 재명명은 가족 구성원이 다른 구성원들에게 있는 어떤 문제의 부정적 의미, 고정관념, 사고, 가치를 변화하여 문제를 다른 관점으로 이해하도록 돕는 기법으로 문제의 속성을 변화시키는 것이 아니라 의미를 긍정적으로 볼 수 있도록 변화시키는 것이다. 즉, 부정적 의미를 긍정적 의미로 변화시키는 것이다.
① 역기능적인 구조의 재구조화를 개입목표로 하는 모델은 구조적 가족치료모델이다.
② 비지시적기법을 활용하는 모델은 전략적 가족치료모델이지만 증상처방, 고된 체험기법은 지시적 기법이다.
③ 가족문제가 왜 일어났는지 파악하기보다는 문제해결에 필요한 전략을 사용한다.
④ 가족 내 편중된 권력으로 인해 고착된 불평등한 위계구조를 재배치하는 모델은 구조적 가족치료모델이다.

답 ⑤

1 2 3
27 다음과 같은 기법을 사용하는 가족치료모델은?

[22회]

> • 가족 구성원들 사이 힘의 우위에 따라 대칭적이거나 보완적 관계가 형성된다.
> • 비언어적 의사소통이 가족의 욕구를 나타내므로 메타 의사소통이 중요하다.
> • 가족이 문제행동을 유지하도록 지시함으로써 클라이언트가 통제력을 발휘한다.

① 전략적 가족치료모델
② 해결중심 가족치료모델
③ 구조적 가족치료모델
④ 다세대 가족치료모델
⑤ 경험적 가족치료모델

1 2 3
28 아무리 해도 말이 안 통한다고 하는 부부에게 "여기서 직접 한 번 서로 말씀해 보도록 하겠습니까?"라고 하는 것은 어떤 기법을 활용한 것인가?

[19회]

① 실연   ② 추적하기
③ 빙산치료   ④ 치료 삼각관계
⑤ 경계선 만들기

1 2 3
29 가족의 문제가 개선될 때 체계의 항상성 균형이 위험하다고 판단되어 사용하는 전략으로, 변화의 속도가 빠르다고 지적하며 조금 천천히 변화하라고 하는 기법은?

[19회]

① 시련   ② 제지
③ 재정의   ④ 재구조화
⑤ 가족옹호

1 2 3
30 전략적 가족치료의 치료적 이중구속에 관한 설명으로 옳지 않은 것은?

[17회]

① 증상을 이용한다.
② 빙산기법을 이용한다.
③ 지시적 기법을 이용한다.
④ 역설적 기법을 이용한다.
⑤ 치료자의 지시를 따르지 않아도 문제가 해결될 수 있다.

31 역설적 개입에 관한 설명으로 옳은 것을 모두 고른 것은? [15회]

> ㄱ. 가족이 변화에 대한 저항이 클 때 사용할 수 있다.
> ㄴ. 문제와 관련된 가족의 행동체계를 정확히 파악하여 증상처방기법을 활용한다.
> ㄷ. 원가족 분석을 중시하는 개입방법이다.
> ㄹ. 치료적 이중구속을 활용하여 문제를 해결하는 것이다.

① ㄱ, ㄴ   ② ㄷ, ㄹ
③ ㄱ, ㄴ, ㄷ   ④ ㄱ, ㄴ, ㄹ
⑤ ㄱ, ㄴ, ㄷ, ㄹ

유형 07 해결중심 가족치료   빈출도 ★★★

대표문제

해결중심모델에 관한 설명으로 옳은 것은? [21회]

① 클라이언트에게 대처행동을 가르치고 훈련함으로써 부적응을 해소하도록 한다.
② 탈이론적이고 비규범적이며 클라이언트의 견해를 존중한다.
③ 문제의 원인을 클라이언트의 심리 내적 요인에서 찾는다.
④ 클라이언트의 문제를 자원 혹은 기술 부족으로 본다.
⑤ 문제와 관련이 있는 환경과 자원을 사정하고 개입 방안을 강조한다.

해설

① 클라이언트의 부적응에 초점을 두는 것이 아니라 강점에 초점을 둔다.
③ 문제의 원인을 클라이언트의 심리 내적 요인에서 찾는 이론은 정신분석이론이다.
④ 클라이언트의 문제를 자원 혹은 기술 부족으로 보는 것이 아니라 클라이언트는 문제를 해결할 수 있는 능력이 있다고 보고 강점에 초점을 둔다.
⑤ 문제와 관련이 있는 환경과 자원을 사정하고 개입 방안을 강조하는 것이 아니라 문제보다는 강점에 초점을 둔다.

답 ②

---

32 해결중심모델의 개입목표 설정 원칙에 관한 설명으로 옳지 않은 것은? [22회]

① 클라이언트에게 중요한 것을 목표로 하기
② 작은 것을 목표로 하기
③ 목표를 종료보다는 시작으로 간주하기
④ 있는 것보다 없는 것에 관심 두기
⑤ 목표수행은 힘든 일이라고 인식하기

33 해결중심모델에서 사용하는 질문기법과 그에 관한 예로 옳은 것은? [21회]

① 관계성 질문 : 재혼하신 아버지는 이 문제를 어떻게 생각하실까요?
② 기적질문 : 처음 상담했을 때와 지금의 스트레스 수준을 비교한다면 지금은 몇 점인가요?
③ 대처질문 : 어떻게 하면 그 문제가 발생하지 않을 것 같나요?
④ 예외질문 : 당신은 그 어려운 상황에서 어떻게 견딜 수 있었나요?
⑤ 척도질문 : 처음 상담을 약속했을 때와 지금은 무엇이 어떻게 달라졌는지 말씀해 주세요.

34 해결중심모델의 질문기법 예시로 옳지 않은 것은? [20회]

① 관계성 질문 : 두 분이 싸우지 않을 때는 어떠세요?
② 예외질문 : 매일 싸운다고 하셨는데, 안 싸운 날은 없었나요?
③ 대처질문 : 자녀에게 잔소리하는 횟수를 어떻게 줄일 수 있었나요?
④ 첫 상담 이전의 변화에 대한 질문 : 상담신청 후 지금까지 어떤 변화가 있었나요?
⑤ 기적질문 : 밤새 기적이 일어나서 문제가 다 해결됐는데, 자느라고 기적이 일어난 걸 몰라요. 아침에 뭘 보면 기적이 일어났다는 걸 알 수 있을까요?

35 해결중심모델에 관한 설명으로 옳지 않은 것은?

[19회]

① 사회복지사는 클라이언트를 변화시키는 전문가가 아니라 변화에 도움을 주는 자문가 역할을 한다.
② 문제의 원인과 발전과정에 관심을 두기보다 문제해결 방안을 모색하는 것이 더 효과적이라고 본다.
③ 모든 사람은 강점과 자원, 능력을 가지고 있다고 가정한다.
④ 클라이언트의 견해를 존중한다.
⑤ 클라이언트의 과거에 관해 깊이 탐색하여 현재와 미래에 적응하도록 돕는 데 관심을 둔다.

① ② ③

36 해결중심모델에서 사용하는 질문기법과 이에 관한 예로 옳은 것은?

[19회]

① 예외질문 : 그 어려운 상황 속에서도 견딜 수 있었던 것은 무엇이라 생각합니까?
② 관계성 질문 : 남편이 여기 있다면 당신이 어떻게 하는 것이 문제 해결에 도움이 된다고 할까요?
③ 기적질문 : 잠이 안 와서 힘들다고 하셨는데, 잠을 잘 잤다고 느낄 때는 언제일까요?
④ 대처질문 : 지난 1주일간 어떤 변화가 있었나요?
⑤ 척도질문 : 문제가 발생하지 않았던 때는 언제인가요?

① ② ③

37 해결중심모델에 관한 설명으로 옳은 것은?

[18회]

① 클라이언트의 문제 원인을 심리 내부에서 찾는다.
② 의료모델을 기초로 문제 중심의 접근을 지향한다.
③ 다양한 질문기법들을 활용하여 클라이언트와 대화한다.
④ 클라이언트의 준거틀, 인식, 강점보다 문제 자체에 초점을 둔다.
⑤ 신속한 문제해결을 위해 행동변화를 위한 새로운 전략을 가르친다.

① ② ③

38 해결중심모델에 관한 설명으로 옳지 않은 것은?

[17회]

① 클라이언트 지향적 모델이다.
② 임시대응적 기법이라는 비판이 있다.
③ 메시지 작성과 전달, 과제를 활용한다.
④ 사회복지사와 클라이언트 간 협력적 관계를 중시한다.
⑤ 문제가 해결된 상태를 가정하는 대처질문을 활용할 수 있다.

① ② ③

39 해결중심모델에 관한 설명으로 옳은 것은?

[15회]

① 규범적이다.
② 과거를 지향한다.
③ 병리적인 것에 초점을 둔다.
④ 문제의 원인규명에 초점을 둔다.
⑤ 변화는 항상 일어나며 불가피하다.

대표문제

다음의 사례에 나타난 가족 의사소통 내용은?

[16회]

> 아버지는 아들에게 "가족회의에서는 자신의 의견을 소신 있게 밝힐 줄 알아야 한다."라고 평소에 강조한다. 그런데 막상 가족회의에서 아들이 자신의 의견을 말하면, "너는 아직 어리니 가만히 있어!"라고 하면서 면박을 준다.

① 구두점   ② 이중구속
③ 피드백   ④ 역설적 지시
⑤ 이중질문

해설

이중구속이란 두 개 이상의 상반된 메시지를 동시에 보내 무조건 잘못된 행동을 하게 되는 것이다. 아버지는 아들에게 "가족회의에서는 자신의 의견을 소신 있게 밝혀야 한다."라고 하고 가족회의에서는 "너는 아직 어리니 가만히 있어!"라고 면박을 주므로 가만히 있어도, 자신의 의견을 내도 무조건 잘못된 행동이 되는 이중구속에 속한다.

답 ②

□1□2□3

40 가족치료모델의 개입 목표에 관한 설명으로 옳지 않은 것은?

[22회]

① 이야기 가족치료 : 문제중심 이야기에서 벗어나 새롭고 건설적인 가족 이야기 작성
② 구조적 가족치료 : 가족관계 역기능을 유발하는 가족 위계와 경계의 변화 도모
③ 경험적 가족치료 : 가족이 미분화에서 벗어나 가족체계의 변화를 달성
④ 전략적 가족치료 : 의사소통과 행동 문제의 순환 고리를 끊고 연쇄작용 변화
⑤ 해결중심 가족치료 : 문제가 일어나지 않는 예외상황을 찾아서 확대

□1□2□3

41 가족실천모델과 주요개념, 기법의 연결로 옳지 않은 것은?

[21회]

① 보웬모델 – 자아분화 – 탈삼각화
② 구조적 모델 – 하위체계 – 균형 깨뜨리기
③ 경험적 모델 – 자기대상 – 외현화
④ 전략적 모델 – 환류고리 – 재구성
⑤ 해결중심모델 – 강점과 자원 – 예외질문

□1□2□3

42 다음 전제에 해당되는 사회복지실천모델은?

[20회]

> • 삶에서 변화는 불가피하며 작은 변화가 더 큰 변화로 이어진다.
> • 모든 문제에는 예외가 존재한다.
> • 클라이언트는 자기 삶의 주체이며, 자신에게 중요한 사람과 일에 대해 가장 잘 아는 전문가이다.

① 클라이언트중심모델
② 해결중심모델
③ 문제해결모델
④ 정신역동모델
⑤ 동기상담모델

□1□2□3

43 어느 시점에서의 인간관계, 타인에 대한 느낌과 감정을 동작과 공간을 사용하여 표현하는 비언어적 기법은?

[19회]

① 연합   ② 은유
③ 외현화   ④ 가족조각
⑤ 원가족 도표

1 2 3

44 다음 사례에서 사회복지사가 우선적으로 계획할 내용으로 적절한 것은? [18회]

> 은옥씨는 심각한 호흡기 질환을 앓고 있으며, 28세 아들은 고교 졸업 후 게임에만 몰두하여 집에만 있다. 아들은 쓰레기를 건드리지도 못하게 하여 집은 쓰레기로 넘쳐 나고, 이는 은옥씨의 건강에 치명적인 위협이 되고 있다. 은옥씨는 과거 자신의 잘못과 아들에 대한 죄책감을 호소하고 있으나, 서비스를 거부하며 특히 아들에 대한 접근을 막고 있다.

① 치료적 삼각관계 형성하기
② 가족 하위체계 간의 경계 만들기
③ 가족의 기능적 분화수준 향상시키기
④ 가족과 합류할 수 있는 방법 탐색하기
⑤ 역설적 개입으로 치료자의 지시에 저항하도록 하기

1 2 3

45 노인학대가 의심된다는 이웃의 신고로 노인복지전문기관에서 상황을 파악하고자 하였다. 어르신은 사회복지사의 개입을 거부하며 방어적이다. 이 상황에 관한 분석으로 적절하지 않은 것은? [18회]

① 비난형 의사소통유형이다.
② 스스로 해결하고자 하는 의지의 표현이다.
③ 현재의 상태를 유지하려고 하는 항상성이 있다.
④ 독립과 자립을 강조하는 사회문화적 영향으로 도움에 거부적이다.
⑤ 일방적 신고를 당해서 외부인에 대한 불신과 배신감을 느끼고 있다.

1 2 3

46 다음 사례에서 세대 간 반복되는 문제를 해결하기에 가장 적절한 기법은? [17회]

> 이혼 이후 대인기피와 우울 증세를 보이는 클라이언트의 가계도를 통해 원가족을 살펴보니 이혼과 우울증이 되풀이되고 있다. 클라이언트는 어머니와 밀착적이면서 갈등적이고, 딸과도 지나치게 밀착되어 있다.

① 기적질문과 척도질문
② 지시와 역설
③ 문제의 내재화
④ 실연
⑤ 분화촉진

1 2 3

47 다음 대화에서 사회복지사 B가 클라이언트 A에게 사용한 기법에 해당하는 것은? [17회]

> • A : "저는 조그마한 어려움이 있어도 쉽게 좌절하는 사람이에요."
> • B : "좌절감이 당신으로 하여금 새로운 일을 하는 것을 방해하네요."

① 문제의 외현화
② 재보증
③ 코칭
④ 가족지도
⑤ 체험기법

1 2 3

48 다음과 같은 목표설정을 주로 하는 사회복지실천모델은? [16회]

> • 작고 구체적이며 행동적일 것
> • 클라이언트가 중요하다고 생각하는 것
> • 클라이언트가 갖지 않은 것보다 갖고 있는 것에 초점을 둠
> • 긍정적이며 과정의 형태로 정의
> • 목표를 문제해결의 시작으로 간주

① 인지행동모델

② 해결중심모델

③ 클라이언트중심모델

④ 심리사회모델

⑤ 행동수정모델

１２３

49 다음 사례에서 사회복지사가 사용하고 있는 기술은?   [15회]

> 딸이 말을 하면 엄마가 나서서 설명하며 대변하는 일이 반복될 때, 사회복지사가 딸을 보면서 "엄마가 대변인이시네요. 이것에 대해서 딸이 설명해보겠어요?"라고 하면서 딸이 직접 말할 수 있도록 한다.

① 추적하기

② 경계 만들기

③ 치료적 삼각관계

④ 대처질문

⑤ 재명명

유형 01 집단　　　　　　빈출도 ★★★

대표문제

집단에 관한 설명으로 옳은 것은?　[22회]

① 개방형 집단은 폐쇄형 집단에 비해 집단 성원의 중도 가입이 어렵다.
② 개방형 집단은 폐쇄형 집단에 비해 응집력이 강하다.
③ 개방형 집단은 폐쇄형 집단에 비해 집단 성원의 역할이 안정적이다.
④ 폐쇄형 집단은 개방형 집단에 비해 집단 발달단계를 예측하기 어렵다.
⑤ 폐쇄형 집단은 개방형 집단에 비해 집단 규범이 안정적이다.

해설
폐쇄집단은 집단이 진행되는 동안에 새로운 구성원의 합류가 불가능한 집단으로 집단 규범이 안정적이다.

답 ⑤

01 역기능적 집단의 특성으로 옳은 것은?　[22회]

① 자발적인 자기표출
② 문제해결 노력의 부족
③ 모든 집단 성원의 토론 참여
④ 집단 성원 간 직접적인 의사소통
⑤ 집단 사회복지사를 존중

02 집단 사회복지실천의 장점에 관한 설명으로 옳지 않은 것은?　[22회]

① 모방행동 : 기존의 행동을 고수한다.

② 희망의 고취 : 문제가 개선될 수 있다는 희망을 갖게 한다.
③ 이타심 : 위로, 지지 등으로 서로 도움을 주고받는다.
④ 사회기술의 발달 : 대인관계에 관한 사회기술을 습득한다.
⑤ 보편성 : 다른 사람들도 비슷한 경험을 하는 것으로 위로를 받는다.

03 집단대상실천의 장점으로 옳지 않은 것은?　[21회]

① 타인의 문제에 관심을 갖고 공감하면서 이타심이 커진다.
② 유사 경험을 가진 사람들을 만나면서 문제의 보편성을 경험한다.
③ 다양한 성원들로부터 새로운 행동을 학습하면서 정화 효과를 얻는다.
④ 사회복지사나 성원의 행동을 모방하면서 사회기술이 향상된다.
⑤ 성원 간 관계를 통해 원가족과의 갈등을 탐색하는 기회를 갖는다.

04 집단의 성과를 평가하는 방법으로 옳지 않은 것은?　[21회]

① 사전사후검사
② 개별인터뷰
③ 단일사례설계
④ 델파이조사
⑤ 초점집단면접

05 집단응집력에 관한 설명으로 옳은 것을 모두 고른 것은? [20회]

> ㄱ. 구성원 간 신뢰감이 높을수록 응집력이 높다.
> ㄴ. 응집력이 높은 집단에서는 자기노출을 억제한다.
> ㄷ. 구성원이 소속감을 가지면 응집력이 강화된다.
> ㄹ. 응집력이 높은 집단이 낮은 집단보다 생산적인 작업에 더 유리하다.

① ㄱ ② ㄱ, ㄷ
③ ㄴ, ㄹ ④ ㄱ, ㄷ, ㄹ
⑤ ㄱ, ㄴ, ㄷ, ㄹ

06 집단목표에 관한 설명으로 옳은 것은? [20회]

① 목표는 구체적으로 수립한다.
② 한 번 정한 목표는 혼란 방지를 위해 수정하지 않는다.
③ 집단 크기나 기간을 정할 때 목표는 고려하지 않는다.
④ 집단목표는 구성원의 목표와 관련 없다.
⑤ 목표는 집단과정에서 자연스럽게 형성되므로 의도적인 노력은 필요 없다.

07 다음에서 설명하는 집단의 치료적 효과는? [19회]

> 집단 내 상호작용 과정에서 그동안 해결되지 않은 원가족과의 갈등에 대해 탐색하고 행동패턴을 수정할 기회를 갖게 된다.

① 정화
② 일반화
③ 희망증진
④ 이타성 향상
⑤ 재경험의 기회 제공

08 집단역동에 관한 설명으로 옳지 않은 것은? [19회]

① 하위집단은 집단에 부정적인 영향을 미치기 때문에 사회복지사가 개입하여 만들어지지 않도록 한다.
② 집단 성원 간 직접적 의사소통을 격려하여 집단역동을 발달시킨다.
③ 집단응집력이 강할 경우, 집단 성원들 사이에 상호 의존하려는 경향이 강해진다.
④ 개별 성원의 목적과 집단 전체의 목적의 일치 여부에 따라 집단역동은 달라진다.
⑤ 긴장과 갈등을 적절하고 건설적인 방법으로 해결할 때 집단은 더욱 성장할 수 있다.

09 집단응집력을 향상하는 요인이 아닌 것은? [19회]

① 이질적 집단으로 구성
② 집단에 대한 자부심 고취
③ 집단 성원 간의 다른 인식과 관점의 인정
④ 집단 성원 간 공개적이고 활발한 상호작용
⑤ 집단의 참여를 통해 얻게 되는 보상, 자원 제공

10 집단구성에 관한 설명으로 옳지 않은 것은? [19회]

① 집단이 커질수록 구성원의 참여의식이 증가하고 통제와 개입이 쉽다.
② 집단상담을 위해 가능하면 원형으로 서로 잘 볼 수 있는 공간을 만들 수 있는 장소가 바람직하다.
③ 집단 성원의 유사함은 집단소속감을 증가시킨다.
④ 개방집단은 새로운 정보와 자원의 유입을 허용한다.
⑤ 비구조화된 집단에서는 집단 성원의 자발성이 더욱 요구된다.

11 집단을 대상으로 한 실천의 내용으로 옳지 않은 것은? [18회]

① 성원 간의 갈등이 심하여 조기종결을 하였다.
② 집단 과정을 촉진하기 위해 공동지도자를 두었다.
③ 적정규모를 유지하기 위해 신규 회원을 받았다.
④ 집단규칙은 사회복지사가 제공하였다.
⑤ 개별 성원의 의도적인 집단 경험을 유도하였다.

12 집단사회복지실천에서 집단구성과 구조에 관한 설명으로 옳지 않은 것은? [17회]

① 일반적으로 사회적 목표모델보다 치료모델의 집단 규모가 더 작다.
② 아동집단은 성인집단에 비해 모임 시간은 더 짧게 빈도는 더 자주 설정한다.
③ 집단 구성원의 동질성이 강할수록 성원 간 방어와 저항도 더 많이 발생한다.
④ 물리적 공간을 결정할 때 좌석배치까지 고려한다.
⑤ 개방형집단이 폐쇄형집단에 비해 위기상황에 처한 사람들에게 더 융통성 있는 참여기회를 제공한다.

13 집단사회복지실천기술에 관한 설명으로 옳은 것은? [17회]

① 집단과정의 명료화기술은 성원들이 어떻게 상호작용하고 있는지를 인식하도록 돕는 기술이다.
② 사회복지사와의 의사소통을 집단 성원들 간 의사소통보다 중시해야 한다.
③ 사회복지사는 특정한 집단과정에 선택적으로 반응해서는 안 된다.
④ 직면은 집단 초반에 구성원의 참여를 촉진하는 기술이다.
⑤ 집단의 목표는 집단과정을 통해 성취하면 되므로 처음부터 설명할 필요는 없다.

14 집단을 활용한 사회복지실천의 치료적 효과 요인으로 옳지 않은 것은? [17회]

① 고유성
② 이타성 향상
③ 실존적 요인
④ 재경험의 기회 제공
⑤ 희망고취

15 집단과정을 촉진하기 위한 사회복지사의 실천 활동으로 옳은 것은? [16회]

① 원만한 관계 유지를 위해 추상적으로 우회적인 피드백 제공
② 집단 성원이 전달하는 메시지 사이에 불일치가 있을 경우, 이를 확인
③ 집단 성원의 긍정적 변화를 위해 그의 단점을 중심으로 피드백 제공
④ 자신의 경험, 감정, 생각 등을 집단 성원에게 지속적으로 상세하게 노출
⑤ 다차원적인 내용의 여러 가지 피드백을 한 번에 제공

16 집단사회사업의 장점에 관한 설명으로 옳지 않은 것은? [16회]

① 타인에게 도움을 줄 수 있는 기회를 통해 이타성이 향상된다.
② 집단 내에서 서로 공통된 문제를 확인함으로써 자신의 문제를 일반화할 수 있다.
③ 타인의 행동을 관찰하는 과정에서 자신의 잘못된 생각을 고쳐 나갈 수 있는 치료적 효과를 가진다.
④ 구성원과 자신의 문제를 분석하고 역전이를 통해 해결하는 보편성을 경험한다.
⑤ 집단 내에서 역기능적인 경험을 재현함으로써 이를 통해 성장의 기회를 가진다.

□1□2□3

17 집단사회복지실천에 관한 설명으로 옳지 않은 것은? [16회]

① 집단이 개방적일 경우, 발달단계를 예측하는 것이 용이하다.
② 하위집단의 발생은 필연적이기 때문에 전체 집단에 부정적 영향을 주는지 파악하는 것이 필요하다.
③ 집단의 규범은 집단 내부를 통제하기 때문에 외적 통제의 수준을 감소시킨다.
④ 집단 내 공동지도자의 참여는 집단지도자의 역전이를 막을 수 있다.
⑤ 자기애적 성향을 가진 성원의 경우 집단에 적절한 행동과 사고를 할 수 있도록 돕는다.

□1□2□3

18 집단역학(Group Dynamics)의 구성요소가 아닌 것은? [16회]

① 긴장과 갈등
② 가치와 규범
③ 집단목적
④ 의사소통유형
⑤ 지식 및 정보습득

□1□2□3

19 집단프로그램 참여자에 대한 사전면접의 중요성에 관한 설명으로 옳지 않은 것은? [15회]

① 관계형성을 하고 개별적인 관심사를 찾아낼 수 있다.
② 추가정보를 얻어서 개입의 방향을 조정할 수 있다.
③ 참여자에 대한 사전지식으로 집단 내 행동의 의미를 빨리 파악할 수 있게 한다.
④ 참여자들이 집단 내에서 좀 더 쉽게 개방적이 되도록 돕는다.
⑤ 패턴화된 집단행동을 확인하고 성장을 지원할 수 있다.

□1□2□3

20 집단구성단계에서 유의할 점으로 옳지 않은 것은? [15회]

① 인구학적 특성, 문제 유형 간의 동질성과 이질성의 균형을 고려한다.
② 의사결정의 역효과 예방을 위해 구성원들의 집단 의사결정방법을 확인한다.
③ 응집력과 신뢰감을 발달시킬 만큼 충분한 회기로 계획한다.
④ 회합의 빈도구성은 구성원들의 욕구나 문제를 다루기에 적절해야 한다.
⑤ 집단크기는 목적을 달성할 만큼 작고 경험의 다양성을 제공할 만큼 크게 구성하는 것이 좋다.

□1□2□3

21 집단프로그램 유형별 지도자의 역할로 옳지 않은 것은? [15회]

① 한부모가족 자조모임 – 감정이입적 이해와 상호원조의 촉진자
② 중간관리자 역량강화 프로그램 – 집단토의를 위한 구조제공자
③ 에니어그램을 통한 자기인식향상 프로그램 – 통찰력 발달의 촉진자
④ 우울증 인지행동집단치료 프로그램 – 무력감 극복을 위한 옹호자
⑤ 중도입국자녀들의 한국사회적응 프로그램 – 프로그램 디렉터

대표문제

집단 사회복지실천 사정에 활용되는 것을 모두 고른 것은? [22회]

> ㄱ. 집단 사회복지사의 관찰
> ㄴ. 외부전문가의 보고
> ㄷ. 표준화된 사정도구
> ㄹ. 집단 성원의 자기관찰

① ㄱ, ㄴ　　　　② ㄱ, ㄹ
③ ㄴ, ㄷ　　　　④ ㄱ, ㄷ, ㄹ
⑤ ㄱ, ㄴ, ㄷ, ㄹ

│해설│
집단 단계 사정에서는 구성원의 자기관찰, 사회복지사의 관찰, 외부전문가 보고, 표준화된 사정도구가 활용된다.

답 ⑤

Ⅰ②③

22 집단 성원 간의 관계를 파악하는 사정도구에 관한 설명으로 옳은 것은? [18회]

① 소시오메트리 : 성원 간의 상호작용 빈도를 기록한다.
② 상호작용차트 : 집단 성원에 대한 다양한 측면의 인식 정도를 평가한다.
③ 소시오그램 : 성원 간의 관계를 표현한 것으로 하위집단의 유무를 알 수 있다.
④ 목적달성척도 : 목적달성을 위한 집단 성원들의 협력과 지지정도를 측정한다.
⑤ 의의차별척도 : 가장 호감도가 높은 성원과 호감도가 낮은 성원을 파악할 수 있다.

Ⅰ②③

23 1인 가구의 가족사정에 관한 내용으로 옳은 것을 모두 고른 것은? [18회]

> ㄱ. 원가족 생활주기 파악
> ㄴ. 원가족 스트레스와 레질리언스 탐색
> ㄷ. 구조적 관점으로 미분화된 경계 파악
> ㄹ. 역사적 관점으로 미해결된 과제 관계의 잔재 확인

① ㄹ　　　　　　② ㄱ, ㄷ
③ ㄴ, ㄹ　　　　④ ㄱ, ㄴ, ㄷ
⑤ ㄱ, ㄴ, ㄷ, ㄹ

대표문제

토스랜드와 리바스(R. Toseland & R. Rivas)가 분류한 집단모델에 관한 설명으로 옳은 것은? [22회]

① 치료모델은 집단의 사회적 목표를 강조한다.
② 상호작용모델은 개인 치료를 위한 수단으로 집단을 강조한다.
③ 상호작용모델은 개인의 역기능 변화가 목적이다.
④ 사회적 목표모델은 민주시민의 역량 개발에 초점을 둔다.
⑤ 사회적 목표모델은 집단 성원 간 투사를 활용한다.

│해설│
• 사회적 목표모델은 민주적 집단과정을 중요시하며, 책임성 있는 민주시민 양성이 목적이다. 민주시민의 역량 개발에 초점을 둔다.
• 치료모델은 집단을 치료의 수단으로 보며, 기능을 치료하고 재활하는 것이 목적이다. 과학적 방법을 통한 문제해결에 초점을 둔다.
• 대인관계 향상이 목적이며, 구성원 간 지지체계 형성, 구성원 간 상호작용을 통한 목적 설정에 초점을 둔다.

답 ④

[1][2][3]

24 사회목표모델에 관한 내용에 해당하지 않는 것은? [21회]

① 자원 개발의 과제
② 민주적 의사결정 방식
③ 인본주의이론에 근거
④ 사회복지사의 촉진자 역할
⑤ 성원 간 소속감과 결속력 강조

[1][2][3]

25 지지집단의 주요 목적으로 옳은 것은? [20회]

① 구성원의 자기인식 증진
② 클라이언트의 병리적 행동 치료
③ 구성원에게 기술과 정보 제공
④ 사회적응 지원
⑤ 동병상련의 경험으로 해결책 모색

[1][2][3]

26 집단유형별 특성에 관한 설명으로 옳지 않은 것은? [19회]

① 지지집단은 유사한 문제와 욕구를 가진 사람들로 구성하여 유대가 빨리 형성된다.
② 성장집단은 집단 참여자의 자기인식을 증가시켜 개인의 잠재력을 최대화하는 데 초점을 둔다.
③ 치료집단은 성원의 병리적 행동과 외상 후 상실된 기능을 회복하는 데 초점을 둔다.
④ 교육집단은 지도자가 집단 성원의 문제와 욕구를 해결하기 위해 필요한 기술과 정보를 제공한다.
⑤ 자조집단에서는 전문가가 의도적으로 집단을 구성하여 정서적 지지와 문제해결을 지원한다.

[1][2][3]

27 토스랜드와 리바스가 분류한 성장집단에 관한 설명으로 옳지 않은 것은? [18회]

① 촉진자로서의 전문가 역할이 강조된다.
② 성원 간의 상호작용이 중요한 도구가 된다.
③ 개별 성원의 자기표출을 긍정적으로 인식한다.
④ 공동과업의 성공적 수행이 일차적인 목표이다.
⑤ 공감과 지지를 얻기 위해 동질성이 높은 성원으로 구성한다.

[1][2][3]

28 집단 성원의 주도성이 높은 것부터 순서대로 나열한 것은? [18회]

ㄱ. 자조집단	ㄴ. 성장집단
ㄷ. 치료집단	ㄹ. 교육집단

① ㄱ-ㄴ-ㄹ-ㄷ ② ㄱ-ㄷ-ㄴ-ㄹ
③ ㄱ-ㄹ-ㄷ-ㄴ ④ ㄴ-ㄱ-ㄹ-ㄷ
⑤ ㄴ-ㄹ-ㄱ-ㄷ

[1][2][3]

29 집단유형별 특성에 관한 설명으로 옳지 않은 것은? [15회]

① 치료집단은 자기노출정도가 높아서 비밀보장이 중요하다.
② 과업집단은 구성원의 발달과업 완수를 위해 조직구조의 영향을 최소화한다.
③ 자발적 형성집단은 구성원들이 설정한 목적을 보호하는 것이 중요하다.
④ 자조집단에서 사회복지사의 역할은 공유된 문제에 대한 지지를 하는 것이다.
⑤ 비자발적 집단에서는 협상 불가능영역이 있음을 분명히 한다.

대표문제

집단 중간단계의 개입기술에 관한 설명으로 옳지 않은 것은? [22회]

① 집단 성원 간 상호작용을 향상시킨다.
② 집단 성원을 사후관리한다.
③ 집단의 목표를 달성하도록 원조한다.
④ 집단의 응집력을 향상시킨다.
⑤ 집단 성원이 집단과정에 적극 활동하도록 촉진한다.

해설
사후관리는 종결 후에 하는 과업이다.

답 ②

---

30 집단 종결단계에서 사회복지사의 역할로 옳은 것을 모두 고른 것은? [22회]

> ㄱ. 집단과정에서 성취한 변화를 지속적으로 유지하도록 돕는다.
> ㄴ. 집단 성원의 개별 목표를 설정한다.
> ㄷ. 종결을 앞두고 나타나는 다양한 감정을 토론하도록 격려한다.
> ㄹ. 집단에 대한 의존성을 서서히 감소시켜 나간다.

① ㄱ, ㄴ
② ㄷ, ㄹ
③ ㄱ, ㄴ, ㄹ
④ ㄱ, ㄷ, ㄹ
⑤ ㄴ, ㄷ, ㄹ

---

31 집단을 준비 또는 계획하는 단계에서 고려할 사항으로 옳은 것을 모두 고른 것은? [21회]

> ㄱ. 집단 성원의 참여 자격
> ㄴ. 공동지도자 참여 여부
> ㄷ. 집단 성원 모집방식과 절차
> ㄹ. 집단의 회기별 주제

① ㄱ
② ㄱ, ㄷ
③ ㄴ, ㄹ
④ ㄱ, ㄷ, ㄹ
⑤ ㄱ, ㄴ, ㄷ, ㄹ

---

32 집단발달의 초기단계에 적합한 실천기술에 해당하는 것을 모두 고른 것은? [21회]

> ㄱ. 집단 성원이 신뢰감을 갖고 참여할 수 있는 분위기를 조성한다.
> ㄴ. 집단 성원이 수행한 과제에 대해 솔직하고 구체적인 피드백을 준다.
> ㄷ. 집단역동을 촉진하기 위해 사회복지사가 의도적인 자기노출을 한다.
> ㄹ. 집단 성원의 행동과 태도가 불일치하는 경우에 직면을 통해 지적한다.

① ㄱ
② ㄱ, ㄷ
③ ㄴ, ㄹ
④ ㄱ, ㄷ, ㄹ
⑤ ㄱ, ㄴ, ㄷ, ㄹ

---

33 집단 초기단계에서 사회복지사의 역할을 모두 고른 것은? [20회]

> ㄱ. 집단과 구성원의 목표를 설정한다.
> ㄴ. 지도자인 사회복지사를 소개하며 신뢰감을 형성한다.
> ㄷ. 구성원 간 유사성을 토대로 응집력을 형성한다.
> ㄹ. 구성원이 집단에 의존하는 정도를 감소시킨다.

① ㄱ, ㄴ
② ㄴ, ㄷ
③ ㄷ, ㄹ
④ ㄱ, ㄴ, ㄷ
⑤ ㄱ, ㄴ, ㄷ, ㄹ

---

34 집단사정을 위한 소시오그램에 관한 설명으로 옳은 것은? [20회]

① 구성원 간 호감도 질문은 하위집단을 형성하므로 피한다.
② 구성원 모두가 관심을 갖는 주제를 발견하는 데 목적이 있다.
③ 소시오메트리 질문을 활용하여 정보를 파악한다.
④ 구성원 간 상호작용을 문장으로 표현한다.
⑤ 특정 구성원에 대한 상반된 입장 중 하나를 선택하는 것이다.

35 집단 초기단계에 나타나는 특성으로 옳은 것을 모두 고른 것은? [19회]

> ㄱ. 집단 성원의 불안감과 저항이 높다.
> ㄴ. 집단에 대한 오리엔테이션이 필요하다.
> ㄷ. 사회복지사보다는 다른 집단 성원과 대화하려고 시도한다.
> ㄹ. 문제해결과정에서 나타나는 갈등과 차이점을 적극적으로 표현한다.

① ㄹ ② ㄱ, ㄴ
③ ㄴ, ㄹ ④ ㄷ, ㄹ
⑤ ㄱ, ㄷ, ㄹ

36 집단 사회복지실천의 중간단계에 해당하는 내용으로 옳은 것을 모두 고른 것은? [18회]

> ㄱ. 성원의 내적 변화를 파악하기 위해 개별상담을 한다.
> ㄴ. 성원들의 참여를 촉진하기 위해 집단의 목적을 상기시킨다.
> ㄷ. 하위집단의 의사소통과 상호작용 빈도를 평가한다.
> ㄹ. 집단에 대한 의존성을 감소시키기 위해 모임주기를 조절한다.

① ㄱ, ㄷ ② ㄴ, ㄹ
③ ㄱ, ㄴ, ㄷ ④ ㄴ, ㄷ, ㄹ
⑤ ㄱ, ㄴ, ㄷ, ㄹ

37 초기면접을 위한 준비로 적절하지 않은 것은? [18회]

① 면접 목적을 잠정적으로 설정한다.
② 모든 질문을 사전에 확정해 놓는다.
③ 슈퍼바이저나 동료에게 미리 조언을 구한다.
④ 클라이언트 특성을 고려하여 시설환경에 대한 준비를 한다.
⑤ 의뢰서에 있는 클라이언트의 문제와 관련한 전문 지식을 보완한다.

38 집단의 종결단계에서 집중적으로 수행해야 하는 과업으로 적절하지 않은 것은? [17회]

① 집단 의존성 감소
② 의뢰의 필요성 검토
③ 변화노력의 일반화
④ 구성원 간 피드백 교환
⑤ 집단 성원 간 공통점과 차이점 파악

39 집단 사회복지실천에서 하위집단에 관한 설명으로 옳은 것을 모두 고른 것은? [17회]

> ㄱ. 집단 초기단계에 나타나 집단응집력을 촉진한다.
> ㄴ. 정서적 유대감을 갖게 된 집단 구성원 간에 형성된다.
> ㄷ. 적게는 한 명에서 많게는 다수로 구성된다.
> ㄹ. 소시오메트리를 통해 측정 가능하다.

① ㄱ, ㄴ ② ㄴ, ㄹ
③ ㄱ, ㄷ, ㄹ ④ ㄴ, ㄷ, ㄹ
⑤ ㄱ, ㄴ, ㄷ, ㄹ

40 집단 회기를 마무리하는 방식으로 옳은 것을 모두 고른 것은? [17회]

> ㄱ. 회기에 대한 사회복지사의 관찰과 생각을 전달한다.
> ㄴ. 회기 중 제기된 이슈를 다 마무리하지 않고 회기를 마쳐도 된다.
> ㄷ. 회기에서 다룬 내용을 집단 밖에서 어떻게 적용할지에 대한 계획을 묻는다.
> ㄹ. 다음 회기에 다루기 원하는 주제나 문제를 질문한다.

① ㄱ, ㄴ ② ㄱ, ㄷ
③ ㄱ, ㄴ, ㄹ ④ ㄴ, ㄷ, ㄹ
⑤ ㄱ, ㄴ, ㄷ, ㄹ

41 집단사정이 개별 성원 – 전체집단 – 집단외부 환경 차원에서 실행될 때 '전체집단' 사정에 해당하는 것을 모두 고른 것은? [17회]

> ㄱ. 집단을 인가하고 지원하는 기관의 목표
> ㄴ. 하위집단 형성
> ㄷ. 집단 구성원의 변화와 성장
> ㄹ. 집단 내 상호작용 방식

① ㄱ   ② ㄴ
③ ㄴ, ㄹ   ④ ㄴ, ㄷ, ㄹ
⑤ ㄱ, ㄴ, ㄷ, ㄹ

42 다음의 집단사회복지사의 활동이 주로 나타나는 단계는? [16회]

> • 집단 성원의 불안감, 저항감을 감소시키기 위해 노력
> • 집단 성원 간 공통점을 찾아 연결시킴
> • 집단의 목적을 집단 성원 모두가 공유하게 함

① 준비단계   ② 초기단계
③ 중간단계   ④ 종결단계
⑤ 사후관리단계

43 집단사정을 위한 활동으로 옳지 않은 것은?
[16회]

① 개별 성원에 대해서는 기능적 행동과 비기능적 행동을 파악하여 개인별 프로파일을 작성
② 소시오그램을 활용하여 집단 성원 간 결탁, 수용, 거부 등을 파악
③ 의의차별척도(Semantic Differential Scale)를 활용하여 집단의 전반적 상호작용 양상을 평가
④ 상호작용 차트를 활용하여 일정시간 동안 집단 성원 간 발생한 특정행동의 빈도를 측정
⑤ 집단에서 허용되지 않는 감정표현이나 이야기 주제 그리고 집단활동에 대한 성원의 태도 등을 통해 집단의 규범을 확인

44 집단의 종결단계에서 사회복지사의 역할에 관한 설명으로 옳은 것은? [15회]

① 계획된 목표달성 여부에 집중하며 의도하지 않는 결과는 확인하지 않는다.
② 참여자 간 서열화 투쟁이 시작되므로 책임을 설정한 계약을 재확인시킨다.
③ 집단의 목적에 따른 집단구성과 구성원의 목적 성취를 원조한다.
④ 종결에 대한 양가감정을 이해하고 이를 반영하여 다룬다.
⑤ 도움을 많이 받은 사람은 종결의 어려움을 덜 느끼므로 그렇지 않은 사람에게 집중한다.

사회복지실천의 기록

정답 및 해설 p.093

유형 01 **기록**   빈출도 ★★★

대표문제

다음에 해당되는 기록방법은?   [21회]

- 교육과 훈련의 중요한 수단이며, 자문의 근거자료로 유용
- 면담전개 과정을 시간의 흐름에 따라 기술하는 방식
- 사회복지사 자신의 행동분석을 통해 사례에 대한 개입능력 향상에 도움

① 과정기록
② 문제중심기록
③ 이야기체기록
④ 정보시스템을 이용한 기록
⑤ 요약기록

해설

과정기록은 사회복지사와 클라이언트의 원조 과정이나 상호작용 과정에 있었던 내용을 있는 그대로 기록하는 방법이다. 사회복지실천 현장에서는 거의 사용되지 않는 방법이지만 학생이나 실습생, 경력이 적은 사회복지사를 위하여 교육용 도구로 광범위하게 사용되고 있다. 사회복지사가 클라이언트와 면담의 모든 내용을 인용부호(" ")를 사용하여 대화체로 기록하고 간접인용과 직접인용으로 기록할 수 있다.

답 ①

123
01 사회복지실천 과정의 개입단계 기록에 포함될 내용으로 옳지 않은 것은?   [22회]

① 클라이언트와의 활동
② 개입과정의 진전 상황
③ 클라이언트의 문제에 관한 추가 정보
④ 클라이언트에게 제공한 자원들
⑤ 클라이언트에 관한 사후지도 결과

123
02 다음 설명에 해당하는 기록방법은?   [20회]

- 날짜와 클라이언트의 기본사항을 기입하고 개입 내용과 변화를 간단히 기록함
- 시간 흐름에 따라 변화된 상황, 개입 활동, 주요 정보 등의 요점을 기록함

① 과정기록
② 요약기록
③ 이야기체기록
④ 문제중심기록
⑤ 최소기본기록

123
03 기록의 목적과 용도에 관한 설명으로 옳은 것을 모두 고른 것은?   [19회]

ㄱ. 사회복지사의 전문적 활동을 입증하는 자료로 활용한다.
ㄴ. 기관 내에서만 활용하고 다른 전문직과는 공유하지 않는다.
ㄷ. 기관의 프로그램 수행 자료로 보고하며 기금을 조성하는 근거로 활용한다.
ㄹ. 클라이언트와 정보를 공유하고 의사소통하는 도구로 활용한다.

① ㄷ
② ㄱ, ㄹ
③ ㄱ, ㄷ, ㄹ
④ ㄴ, ㄷ, ㄹ
⑤ ㄱ, ㄴ, ㄷ, ㄹ

1 2 3

04 문제중심기록의 특성으로 옳지 않은 것은?

[18회]

① 현상의 복잡성을 단순화시키고 부분화를 강조하는 단점이 있다.
② 문제유형의 파악이 용이하며 책무성이 명확해진다.
③ 클라이언트의 주관적 진술과 사회복지사의 관찰과 같은 객관적 자료를 구분한다.
④ 클라이언트의 문제 상황을 진단하고 개입계획을 제외한 문제의 목록을 작성한다.
⑤ 슈퍼바이저, 조사연구자, 외부자문가 등이 함께 검토하는 데 용이하다.

1 2 3

05 다음을 문제중심기록의 S-O-A-P 순서대로 배치한 것은?

[17회]

ㄱ. 질문에만 겨우 답하고 눈물을 보이며 시선을 제대로 마주치지 못함
ㄴ. "저는 이 문제를 해결할 수 없어요. 저를 도와줄 사람도 없고요."
ㄷ. 우울증 검사와 욕구에 따른 인적·물적 자원연결이 필요함
ㄹ. 자기효능감이 저하된 상태로 지지체계가 빈약함

① ㄱ-ㄴ-ㄷ-ㄹ
② ㄱ-ㄹ-ㄴ-ㄷ
③ ㄴ-ㄱ-ㄷ-ㄹ
④ ㄴ-ㄱ-ㄹ-ㄷ
⑤ ㄴ-ㄹ-ㄱ-ㄷ

1 2 3

06 사회복지실천 기록의 목적에 해당하는 것을 모두 고른 것은?

[16회]

ㄱ. 개인적 보관 및 활용
ㄴ. 지도감독 및 교육 활성화
ㄷ. 책임성의 확보
ㄹ. 정보 제공
ㅁ. 클라이언트에 대한 이해 증진

① ㄴ, ㄹ
② ㄱ, ㄷ, ㅁ
③ ㄱ, ㄴ, ㄷ, ㄹ
④ ㄴ, ㄷ, ㄹ, ㅁ
⑤ ㄱ, ㄴ, ㄷ, ㄹ, ㅁ

1 2 3

07 좋은 기록의 특징으로 옳은 것은?

[15회]

① 서비스의 결정과 실행에 초점을 둔다.
② 상황묘사와 사회복지사의 견해를 구분하지 않는다.
③ 비밀보장을 위해 정보를 쉽게 분류할 수 없게 한다.
④ 모든 문제나 상황을 가능한 자세하고 풍부하게 기술한다.
⑤ 클라이언트의 관점은 배제하고 전문적 견해를 강조한다.

단일사례설계

정답 및 해설 p.094

유형 01 단일사례설계

빈출도
★★☆

대표문제

다음에 해당하는 단일사례설계의 유형은? [21회]

친구를 사귀는 데 어려움을 갖고 있는 여름이와 겨울이는 사회복지기관을 찾아가 대인관계 향상 프로그램에 참여하게 되었다. 먼저 두 사람은 대인관계 수준을 측정하였으며, 여름이는 곧바로 대인관계 훈련을 시작하여 변화정도를 측정하고 있다. 3주간 시간차를 두고 겨울이의 대인관계 훈련을 시작하고 그 변화를 관찰하였다.

① AB
② BAB
③ ABC
④ ABAB
⑤ 다중기초선설계

해설

여름이와 겨울이는 대인관계 향상프로그램에 참여해서 3주간 시간차를 두고 훈련의 변화를 관찰하였는데 이 방법은 대상자 간 다중(복수)기초선을 사용하여 평가한 것이다. 대상자 간 다중(복수)기초선은 특정 개입방법이 같은 상황에서 같은 문제를 가진 두 명 이상의 다른 대상에게 적용될 때 개입방법의 효과를 평가하는 것이다.

답 ⑤

|1|2|3|

01 다음에 해당하는 단일사례설계의 유형에 관한 설명으로 옳지 않은 것은? [22회]

김모씨는 대인관계에 어려움이 있어서 지역사회복지관에서 실시하는 사회기술훈련프로그램에 참여하였다. 개입 전 4주간(주2회) 조사를 실시하고 4주간(주2회) 개입의 변화를 기록한 후 개입을 멈추고 다시 4주간(주2회)의 변화를 기록하였다.

① 기초선을 두 번 설정한다.
② 통제집단을 활용한다.
③ 개입효과성에 대한 파악이 가능하다.
④ 표본이 하나다.
⑤ 조사기간이 길어진다.

|1|2|3|

02 다음 사례에 해당되는 단일사례설계의 유형은?
[20회]

독거노인의 우울감 해소를 위해 5주간의 전화상담(주1회)에 이어 5주간의 집단활동(주1회)을 진행했다. 참가자 5명을 대상으로 프로그램 시작 3주 전부터 매주 1회 우울증검사를 실시했고, 프로그램 시작 전, 5주 후, 10주 후에 삶의 만족도를 조사했다.

① AB설계
② ABC설계
③ ABAB설계
④ ABAC설계
⑤ 다중(복수)기초선설계

1 2 3

03 다음 사례에 해당하는 단일사례설계의 유형은?

[18회]

> 노인복지관 사회복지사가 어르신들의 우울감 개선프로그램을 계획하였다. 프로그램 시작 전에 참여하는 어르신들의 심리검사를 행하였고, 2주간 정서지원프로그램 실시 후 변화를 측정하였다. 1주일 후에는 같은 어르신들을 대상으로 2주간의 명상프로그램을 진행하여 우울감을 개선하고자 한다.

① AB   ② BAB

③ ABA   ④ ABAB

⑤ ABAC

1 2 3

04 다음 사례에 해당되는 단일사례설계 평가유형은?

[17회]

> 대인관계 문제로 어려움을 겪던 재훈이와 수지는 사회성 측정 후 사회기술훈련에 의뢰되었다. 재훈이는 곧바로 사회기술훈련을 시작하여 사회성의 변화추이를 측정해 오고 있으며, 수지는 3주간 시간차를 두고 사회기술훈련을 시작하면서 변화추이를 관찰하였다.

① AB설계

② ABAB설계

③ BAB설계

④ 다중(복수)기초선설계

⑤ 다중(복수)요소설계

CHAPTER 05

지역사회복지론

 2024년 출제경향

지역사회에 대한 이해	8%
지역사회복지의 정의	8%
지역사회복지 역사	12%
지역사회실천이론	12%
지역사회복지실천모델	8%
사회복지사의 역할과 기술	24%
지방분권화와 지역사회복지	8%
지역사회복지 추진 및 재편	16%
지역사회복지운동	4%

유형 01 지역사회의 개념
빈출도 ★★★

대표문제

기능적 공동체에 관한 설명으로 옳은 것을 모두 고른 것은? [19회]

> ㄱ. 멤버십(Membership) 공동체 개념을 말한다.
> ㄴ. 외국인 근로자 공동체의 사례가 포함된다.
> ㄷ. 가상공동체인 온라인 커뮤니티도 포함된다.
> ㄹ. 사회문화적 동질성이 기반이 된다.

① ㄱ
② ㄴ, ㄹ
③ ㄷ, ㄹ
④ ㄱ, ㄴ, ㄹ
⑤ ㄱ, ㄴ, ㄷ, ㄹ

해설

기능적인 지역사회는 공간과 상관없이 공통된 이해와 목적, 기능 등으로 상호작용을 하는 사람들의 집단이다. 종교집단, 회사, 조합, 정당과 같이 이익을 목적으로 모인 집단을 의미한다. 멤버십 공동체, 외국인 근로자 공동체, 가상공동체, 사회문화적 동질성 등 공통의 목적으로 모인 집단들도 기능적인 지역사회에 모두 포함된다.

답 ⑤

---

1 2 3
01 던햄(A. Dunham)의 지역사회유형 구분과 예시의 연결로 옳지 않은 것은? [19회]

① 인구 크기 – 대도시, 중 · 소도시 등
② 산업구조 및 경제적 기반 – 농촌, 어촌, 산업단지 등
③ 연대성 수준 – 기계적 연대 지역, 유기적 연대 지역 등
④ 행정구역 – 특별시, 광역시 · 도, 시 · 군 · 구 등
⑤ 인구 구성의 사회적 특수성 – 쪽방촌, 외국인 밀집지역 등

---

1 2 3
02 힐러리가 제시한 지역사회의 기본요소로 옳게 묶인 것은? [17회]

① 지역주민, 사회계층, 전통적 가치체계
② 사회적 상호작용, 공동의 유대감, 지리적 영역의 공유
③ 경제, 종교, 교육, 보건과 사회복지
④ 역사적 유산의 공유, 지역 거주, 공동생활양식
⑤ 사회적 유사성, 공동체의식, 전통과 관심

---

1 2 3
03 지역사회복지에 관한 내용으로 옳은 것은? [18회]

① UN 지역사회개발 원칙은 정부의 적극적 지원을 받는 것이 아니라 민간 자원동원을 강조하였다.
② 던햄은 사회복지기관은 조직운영과 실천을 민주적으로 해야 한다고 하였다.
③ 로스는 추진회 활동 초기에는 소수집단을 위한 사업부터 전개하는 것이 좋다고 하였다.
④ 맥닐은 지역사회도 자기결정의 권리가 있어 자발적인 사업추진은 거부해야 한다고 하였다.
⑤ 워렌은 지역사회조직사업의 주요목적은 지역사회이익 옹호, 폭넓은 권력 집중이라고 하였다.

---

1 2 3
04 지역사회에 관한 설명으로 옳지 않은 것은? [18회]

① 지역사회에 대한 정의나 구분은 학자에 따라 매우 다양하다.
② 현대의 지역사회는 지리적 개념을 넘어 기능적 개념까지 포괄하는 추세이다.

③ 지역사회를 상호의존적인 집단들의 결합체로
도 볼 수 있다.
④ 펠린은 역량 있는 지역사회를 바람직한 지역
사회로 보았다.
⑤ 로스는 지역사회의 기능을 사회통제, 사회통
합 등 다섯 가지로 구분하였다.

|1|2|3|
05 지역사회 개념에 관한 설명으로 옳지 않은 것은?
[15회]

① 지리적 지역사회는 일정한 지리적 공간을 공
유하는 사람들의 집단을 의미한다.
② 기능적 지역사회는 구성원 공동의 이익과 이
해관계를 같이 하는 공동체를 의미한다.
③ 지역사회는 사회적 상호작용과 연대성을 기
초로 한다.
④ 지역사회는 이익사회에서 공동사회로 발전한다.
⑤ 가상공동체는 새로운 형태의 지역사회로 등
장하고 있다.

유형 02 **지역사회의 기능**
빈출도
★★★

대표문제

**길버트와 스펙트(N. Gilbert & H. Specht, 1974)가
제시한 지역사회의 기능은?** [22회]

> 사회적 위험으로부터 어려움에 직면하게 되었을
> 때 구성원들 간에 서로 돕는 것

① 생산 · 분배 · 소비의 기능
② 사회화의 기능
③ 상부상조의 기능
④ 사회통합의 기능
⑤ 사회통제의 기능

해설
구성원들 간에 서로 돕는 것은 사회복지제도인 상부상조
에 대한 내용이다.

답 ③

|1|2|3|
06 다음 ( )에 들어갈 내용은? [22회]

> 사회복지사는 자신이 가지고 있는 가치와 신념,
> 행동과 관습 등이 참여자보다 상위에 있는 전문
> 가라고 생각할 수 있기 때문에 ( )을/를 통하
> 여 참여자들의 문화적 배경에 대해 배우고자 하
> 는 자세가 필요하다.

① 상호학습
② 의사통제
③ 우월의식
④ 지역의 자치성
⑤ 서비스 영역의 일치성

|1|2|3|
07 지역사회 기능의 비교척도로 옳지 않은 것은?
[15회]

① 사회성 : 지역사회의 사회적 분화 정도
② 서비스의 일치성 : 지역사회 내 서비스 영역
이 동일지역 내에서 일치하는 정도
③ 심리적 동일시 : 지역주민들이 자기 지역을
중요한 준거집단으로 생각하는 정도
④ 자치성 : 지역사회가 타 지역에 의존하지 않
는 정도
⑤ 수평적 유형 : 상이한 조직들의 구조적 · 기
능적 관련 정도

|1|2|3|
08 다음은 길버트와 스펙트(N. Gilbert & H. Specht)
의 지역사회 기능 중 무엇에 해당되는가? [21회]

> 구성원들이 지역사회의 다양한 사회적 규범을
> 준수하고 순응하게 하는 것

① 생산 · 분배 · 소비 기능
② 의사소통 기능
③ 사회치료 기능
④ 상부상조 기능
⑤ 사회통제 기능

09 다음은 워렌(R. Warren)이 제시한 지역사회 비교척도 중 어느 것에 해당하는가? [20회]

> 지역사회 내 상이한 단위 조직들 간의 구조적·기능적 관련 정도

① 지역적 자치성
② 서비스 영역의 일치성
③ 수평적 유형
④ 심리적 동일성
⑤ 시민통제

10 길버트와 스펙트(N. Gilbert & H. Specht)가 제시한 지역사회의 기능으로 옳은 것은? [20회]

> • (ㄱ) 기능 : 지역주민들이 필요한 재화와 서비스를 어느 정도 제공받을 수 있느냐를 결정하는 것
> • (ㄴ) 기능 : 구성원들이 사회의 규범에 순응하게 하는 것

① ㄱ : 생산·분배·소비, ㄴ : 사회통제
② ㄱ : 사회통합, ㄴ : 상부상조
③ ㄱ : 사회통제, ㄴ : 사회통합
④ ㄱ : 생산·분배·소비, ㄴ : 상부상조
⑤ ㄱ : 상부상조, ㄴ : 생산·분배·소비

11 지역사회에 관한 설명으로 옳지 않은 것은?

[16회]

① 기능적 지역사회는 이념, 사회계층, 직업유형 등을 중심으로 이루어진다.
② 지리적 지역사회는 이웃, 마을, 도시 등을 예로 들 수 있다.
③ 던햄은 지역사회를 인구크기, 경제적 기반, 행정구역, 사회적 특수성으로 유형화했다.
④ 퇴니스는 지역사회를 공동사회와 이익사회로 구분했다.
⑤ 길버트와 스펙트는 지역사회의 사회통합 기능이 현대의 사회복지제도로 정착되었다고 했다.

유형 01 지역사회복지 개념　빈출도 ★☆☆

대표문제

다음의 설명에 해당하는 지역사회복지 이념은?

[21회]

- 개인의 자유와 권리 증진의 순기능이 있다.
- 의견수렴과정을 통해 합리적 의사결정을 할 수 있다.
- 지역주민의 공동체의식을 강화한다.

① 정상화　　　② 주민참여
③ 네트워크　　④ 전문화
⑤ 탈시설화

해설

② 주민참여는 지역주민이 자신의 욕구와 문제를 주체적으로 해결할 수 있도록 하는 것으로 사회복지가 중앙정부에서 지방정부로 이양되면서 지방자치제도가 실시됨에 따라 주민참여의 중요성이 강조되고 주민과 지방자치단체의 동등한 파트너십이 형성되었다.

① 정상화는 장애인들이 지역사회에 나와 비장애인과 동등한 생활을 할 수 있도록 지원하는 것이다.
③ 네트워크는 지역사회복지실천의 측면에서 기존의 공급자 중심의 서비스에서 탈피하여 이용자 중심의 서비스로 발전하기 위한 공급체계의 네트워크화 및 관련기관 간의 연계를 말한다.
④ 전문화는 특정분야에 대한 지식과 경험이 극대화된 것을 의미한다.
⑤ 탈시설화는 생활시설에서 벗어나 지역사회에서 생활시설에서 받던 서비스를 그대로 받는 것을 의미한다.

답 ②

①②③
01 다음이 설명하는 것은?

[22회]

> 1950년대 영국의 정신장애인과 지적장애인 시설수용보호에 대한 문제제기로 등장하였으며, 지역사회복지의 가치인 정상화(Normalization)와 관련이 있다.

① 지역사회보호
② 지역사회 사회 · 경제적 개발
③ 자원개발
④ 정치 · 사회행동
⑤ 주민조직

①②③
02 지역사회복지 관련 개념에 대한 설명으로 옳지 않은 것은?

[16회]

① 지역사회조직은 전통적인 전문 사회복지실천 방법 중 하나이다.
② 지역사회개발은 지역사회문제를 해결하기 위해 전문가에 의한 주도적 개입을 강조한다.
③ 지역사회보호는 가정 또는 그와 유사한 지역사회 내의 환경에서 서비스를 제공하는 사회적 돌봄의 형태이다.
④ 지역사회복지실천은 지역사회를 대상으로 하는 사회복지실천을 포괄적으로 일컫는 개념이다.
⑤ 재가보호는 대상자의 가정에서 서비스를 받는 것을 의미한다.

대표문제

지역사회복지실천 원칙으로 옳은 것을 모두 고른 것은? [22회]

> ㄱ. 지역사회 욕구 변화에 따른 유연한 대응
> ㄴ. 지역사회 주민을 중심으로 개입 목표설정과 평가
> ㄷ. 지역사회 특성의 일반화
> ㄹ. 지역사회의 자기결정권 강조

① ㄱ, ㄴ
② ㄷ, ㄹ
③ ㄱ, ㄴ, ㄷ
④ ㄱ, ㄴ, ㄹ
⑤ ㄱ, ㄴ, ㄷ, ㄹ

해설

ㄷ. 지역사회는 특유의 성격과 문제 및 욕구를 가진다. 지역사회의 특성을 일반화시키는 것이 아니라 개별화시켜 지역사회의 특성을 인정해야 한다.

탭 ④

---

03 지역사회복지실천의 원칙으로 옳지 않은 것은? [21회]

① 지역사회 기관 간 협력관계 구축
② 지역사회 특성을 반영한 계획 수립
③ 지역사회 문제 인식의 획일화
④ 욕구 가변성에 따른 실천과정의 변화 이해
⑤ 지역사회 변화에 초점을 둔 개입

---

04 지역사회복지실천의 원칙으로 옳지 않은 것은? [20회]

① 지역사회 특성과 문제의 일반화
② 지역주민 간의 상생 협력화
③ 지역사회 특징을 반영한 실천
④ 지역사회 구성원 관점의 목표 형성
⑤ 지역사회 문제의 구조적 요인을 고려한 개입

---

05 지역사회복지실천 가치에 관한 설명으로 옳지 않은 것은? [18회]

① 상호학습이 없으면 비판적 의식은 제한적으로 생성됨
② 억압을 조장하는 사회구조 및 의사결정과정을 주시하고 이해함
③ 억압적이고 정의롭지 못한 사회현실 개혁을 위한 끊임없는 노력이 필요함
④ 실천가가 주목해야 할 역량강화는 불리한 조건에 처한 주민들의 능력 고취임
⑤ 다양한 문화에 대한 이해를 바탕으로 특수 문화가 있는 지역에서 일어나는 억압은 인정됨

---

06 지역사회복지실천의 원칙으로 옳지 않은 것은? [17회]

① 지역주민 간의 협력 관계 구축
② 지역사회 구성원 중심의 목표 형성과 평가
③ 지역사회의 특성과 문제의 일반화
④ 사회문제의 구조적 요인을 반영한 개입방안 마련
⑤ 지역사회 변화에 초점을 둔 단계적 개입

유형 01 영국의 역사   빈출도 ★★★

대표문제

영국의 지역사회복지 역사에 관한 설명으로 옳지 않은 것은?   [21회]

① 중복구호 방지를 위해 자선조직협회가 설립되었다.
② 1884년에 토인비 홀(Toynbee Hall)이 설립되었다.
③ 정신보건법 제정에 따라 지역사회보호가 법률적으로 규정되었다.
④ 하버트(Harbert) 보고서는 헐 하우스(Hull House) 건립의 기초가 되었다.
⑤ 그리피스(Griffiths) 보고서는 지역사회보호의 일차적 책임주체가 지방정부임을 강조하였다.

해설

하버트 보고서는 1971년 영국에서 《지역사회에 기초한 사회적 보호》라는 제명으로 출판되었다. 공공서비스가 주민의 욕구를 다 해결하지 못하기 때문에 재정적인 지원이 필요하였고 공공과 민간서비스 외의 비공식서비스(가족체계, 이웃)의 중요성을 강조하였다.
④ 헐 하우스는 1889년 미국에서 만들어진 인보관으로, 하버트 보고서와 헐 하우스는 아무 관련이 없다.

답 ④

☐1 ☐2 ☐3

01 영국의 지역사회복지 역사에 해당하지 않는 것은?   [22회]

① 자선조직협회(COS)는 사회진화론에 영향을 받았다.
② 토인비 홀은 사무엘 바네트(S. Barnett) 목사가 설립한 인보관이다.
③ 헐 하우스는 제인 아담스(J. Adams)에 의해 설립되었다.

④ 시봄(Seebohm) 보고서는 사회서비스의 협력과 통합을 제안하였다.
⑤ 그리피스(Griffiths) 보고서는 지방정부의 책임을 강조하였다.

☐1 ☐2 ☐3

02 영국의 지역사회복지 역사에 관한 설명으로 옳지 않은 것은?   [20회]

① 시설보호로부터 지역사회보호로 전환이 이루어졌다.
② 자선조직협회는 사회진화론의 영향을 받았다.
③ 지역사회보호가 강조되면서 민간서비스, 비공식서비스의 역할은 점차 감소하였다.
④ 1959년 정신보건법(Mental Health Act) 제정으로 지역사회보호가 법률적으로 규정되었다.
⑤ 그리피스 보고서(Griffiths Report)에서 지역사회보호의 권한과 재정을 지방정부로 이양할 것을 권고하였다.

☐1 ☐2 ☐3

03 영국의 지역사회복지 역사에 관한 설명으로 옳은 것은?   [19회]

① 헐 하우스(Hull House)는 빈민들의 도덕성 향상을 위해 노력하였다.
② 우애방문단은 기존 사회질서를 비판하고 개혁을 주장하였다.
③ 인보관 이념은 우애방문단 활동의 기반이 되었다.
④ 1960년대 존슨 행정부는 '빈곤과의 전쟁'을 선포하고 다양한 지역사회 개혁을 단행하였다.
⑤ 1980년대 그리피스(E. Griffiths) 보고서는 복지 주체의 다원화에 영향을 미쳤다.

04 영국 지역사회복지의 발달에 영향을 미친 주요 사건을 순서대로 나열한 것은? [17회]

> ㄱ. 토인비 홀 설립 ㄴ. 정신보건법 제정
> ㄷ. 그리피스 보고서 ㄹ. 하버트 보고서
> ㅁ. 시봄 보고서

① ㄱ - ㄴ - ㄷ - ㅁ - ㄹ
② ㄱ - ㄴ - ㅁ - ㄹ - ㄷ
③ ㄱ - ㅁ - ㄹ - ㄴ - ㄷ
④ ㄴ - ㄱ - ㅁ - ㄹ - ㄷ
⑤ ㄴ - ㄷ - ㅁ - ㄹ - ㄱ

05 영국의 그리피스 보고서(1988)에서 강조하고 있는 지역사회보호에 관한 설명으로 옳은 것을 모두 고른 것은? [16회]

> ㄱ. 지역사회보호를 위한 권한과 재정을 지방정부에 이양할 것을 주장하였다.
> ㄴ. 지역사회보호를 위한 지방정부의 서비스 공급자 역할을 강조하였다.
> ㄷ. 서비스의 적절성 확보를 위한 케어 매니지먼트를 강조하였다.
> ㄹ. 지역사회보호 실천 주체 다양화를 추구하였다.

① ㄱ, ㄴ   ② ㄱ, ㄹ
③ ㄴ, ㄷ   ④ ㄱ, ㄷ, ㄹ
⑤ ㄴ, ㄷ, ㄹ

06 영국의 지역사회보호역사 중 다음의 특성 모두와 관련 있는 것은? [15회]

> • 사회서비스 부서 창설 제안
> • 대인사회서비스
> • 지역사회를 사회서비스 제공자로 인식
> • 서비스의 협력 및 통합

① 시봄(Seebohm) 보고서
② 하버트(Haebert) 보고서

유형 02 한국의 역사 빈출도 ★★★

대표문제

우리나라 지역사회복지 환경 변화의 순서로 옳은 것은? [22회]

> ㄱ. 희망복지지원단 설치 · 운영
> ㄴ. 사회복지통합관리망(행복e음) 구축
> ㄷ. 지역사회통합돌봄(커뮤니티케어) 선도사업 시행
> ㄹ. '읍 · 면 · 동 복지허브화' 사업 시행

① ㄱ → ㄴ → ㄷ → ㄹ
② ㄱ → ㄴ → ㄹ → ㄷ
③ ㄴ → ㄱ → ㄷ → ㄹ
④ ㄴ → ㄱ → ㄹ → ㄷ
⑤ ㄴ → ㄷ → ㄱ → ㄹ

해설
ㄴ. 사회복지통합관리망(행복e음)은 2010년에 구축되었다.
ㄱ. 희망복지지원단은 2012년에 설치 · 운영되었다.
ㄹ. '읍 · 면 · 동 복지허브화' 사업은 2016년에 시행되었다.
ㄷ. 지역사회 통합돌봄(커뮤니티케어)은 2019년에 선도사업이 시행되었다.

답 ④

07 우리나라의 지역사회복지 역사에 관한 설명으로 옳지 않은 것은? [22회]

① 향약은 주민 교화 등을 목적으로 한 지식인 간의 자치적인 협동조직이다.
② 오가통 제도는 일제강점기 최초의 인보제도이다.
③ 메리 놀스(M. Knowles)에 의해 반열방이 설립되었다.

④ 태화여자관은 메리 마이어스(M. D. Myers)에 의해 설립되었다.

⑤ 농촌 새마을운동에서 도시 새마을운동으로 확대되었다.

1 2 3

08 한국의 지역사회복지 역사에 관한 설명으로 옳은 것은? [21회]

① 1960년대 – 지역자활센터 설치 · 운영
② 1970년대 – 사회복지관 운영 국고보조금 지원
③ 1980년대 – 희망복지지원단 설치 · 운영
④ 1990년대 – 재가복지봉사센터 설치 · 운영
⑤ 2010년대 – 사회복지사무소 시범 설치 · 운영

1 2 3

09 최근 복지전달체계의 동향으로 옳지 않은 것은? [21회]

① 사회복지 전담인력의 확충
② 수요자 중심 복지서비스 제공
③ 통합사례관리의 축소
④ 민 · 관 협력의 활성화
⑤ 보건과 연계한 서비스의 통합성 강화

1 2 3

10 우리나라 지역사회복지 역사를 과거부터 순서대로 옳게 나열한 것은? [20회]

> ㄱ. 영구임대주택단지 내에 사회복지관 건립이 의무화되었다.
> ㄴ. 지역사회복지협의체가 지역사회보장협의체로 명칭이 변경되었다.
> ㄷ. 「국민기초생활 보장법」 제정으로 공공의 책임성이 강화되었다.

① ㄱ → ㄴ → ㄷ ② ㄱ → ㄷ → ㄴ
③ ㄴ → ㄱ → ㄷ ④ ㄴ → ㄷ → ㄱ
⑤ ㄷ → ㄱ → ㄴ

1 2 3

11 최근 지역사회복지 동향으로 옳지 않은 것은? [20회]

① '찾아가는 동주민센터' 사업 실시
② 읍 · 면 · 동 맞춤형 복지전담팀 설치
③ 지역사회 통합돌봄사업의 축소
④ 행정복지센터로의 행정조직 재구조화
⑤ 지역사회복지계획이 지역사회보장계획으로 변경

1 2 3

12 한국의 지역사회복지 역사에 관한 설명으로 옳지 않은 것은? [19회]

① 새마을운동은 정부 주도적 지역사회 개발이었다.
② 사회복지관 운영은 지역사회 기반의 복지서비스를 촉진시켰다.
③ 복지사각지대 발굴의 효과를 제고하고자 읍 · 면 · 동 복지허브화를 추진하였다.
④ 시 · 군 · 구 지역사회보장협의체는 지역사회복지협의체로 대체되었다.
⑤ 국민기초생활보장제도의 시행은 지역사회 중심의 자활사업을 촉진시켰다.

1 2 3

13 최근 지역사회복지의 변화과정을 순서대로 옳게 나열한 것은? [19회]

> ㄱ. 사회서비스원 시범사업
> ㄴ. 희망복지지원단 운영
> ㄷ. 사회복지통합관리망(행복e음) 구축
> ㄹ. 찾아가는 보건복지서비스

① ㄱ – ㄴ – ㄷ – ㄹ
② ㄴ – ㄷ – ㄱ – ㄹ
③ ㄴ – ㄷ – ㄹ – ㄱ
④ ㄷ – ㄴ – ㄹ – ㄱ
⑤ ㄷ – ㄹ – ㄴ – ㄱ

□ 1 2 3

14 한국 지역사회복지 역사에 관한 설명으로 옳은 것은? [18회]

① 2001년 국민기초생활보장제도 시행으로 정부의 책임성 강화
② 2007년 「협동조합 기본법」의 제정으로 자활공동체가 보다 쉽게 협동조합을 결성할 수 있게 됨
③ 2010년 사회복지통합관리망(행복e음) 구축
④ 2015년 시·군·구 희망복지지원단 운영으로 통합사례관리 시행
⑤ 2018년 주민자치센터를 행정복지센터로 명칭 변경

□ 1 2 3

15 한국 지역사회복지 역사에 관한 설명으로 옳은 것을 모두 고른 것은? [18회]

> ㄱ. 1970년대 : 재가복지서비스 도입
> ㄴ. 1990년대 : 사회복지공동모금제도 실시
> ㄷ. 2000년대 : 지역사회복지계획 수립의 법제화

① ㄱ
② ㄱ, ㄴ
③ ㄱ, ㄷ
④ ㄴ, ㄷ
⑤ ㄱ, ㄴ, ㄷ

□ 1 2 3

16 한국 지역사회복지의 최근 동향으로 옳은 것을 모두 고른 것은? [18회]

> ㄱ. 중앙정부의 '사회서비스원' 운영
> ㄴ. '시·군·구 복지허브화' 실시
> ㄷ. '읍·면·동 찾아가는 보건복지서비스' 실시
> ㄹ. 사회적 경제 주체들의 다양화

① ㄱ, ㄴ
② ㄴ, ㄹ
③ ㄷ, ㄹ
④ ㄱ, ㄷ, ㄹ
⑤ ㄱ, ㄴ, ㄷ, ㄹ

□ 1 2 3

17 2000년대 이후 한국의 지역사회복지발달에 영향을 미친 주요사건을 모두 고른 것은? [17회]

> ㄱ. 지방자치단체의 장 직접 선출
> ㄴ. 시·군·구에 희망복지지원단 설치
> ㄷ. 영구임대아파트단지 내 사회복지관 건립 의무화
> ㄹ. 지역사회서비스 투자사업 실시

① ㄱ, ㄴ
② ㄴ, ㄹ
③ ㄷ, ㄹ
④ ㄱ, ㄴ, ㄷ
⑤ ㄴ, ㄷ, ㄹ

□ 1 2 3

18 최근 공공 사회복지전달체계가 읍·면·동 중심으로 개편됨에 따라 나타난 현상이 아닌 것은? [17회]

① 찾아가는 보건·복지서비스 확대
② 읍·면·동에서 통합사례관리 직접 수행
③ 사회보장정보시스템(행복e음) 개시
④ 복지·보건·고용 연계 등 통합서비스 강화
⑤ 지역인적안전망 구성의 활성화

□ 1 2 3

19 최근 우리나라의 지역사회복지 동향에 관한 내용으로 옳은 것은? [16회]

① 중앙정부 중심의 지역사회복지서비스 전달체계 구축
② 복지재정 분권화로 인한 지역 간 사회복지 불균형
③ 다양한 서비스 공급 주체의 참여 축소
④ 서비스 이용자의 권리 제한
⑤ 지역사회복지 네트워크 중요성 감소

20 우리나라 지역사회복지의 역사적 흐름에 관한 설명으로 옳지 않은 것은? [16회]

① 1950년대 외국원조기관은 구호 및 생활보호 등에 기여하였다.

② 1970년대 사회복지관 국고보조금 지침이 마련되었다.

③ 1980년대 민주화운동으로 전개된 지역사회 생활권 보장을 위한 활동을 사회행동모델에서 비롯되었다.

④ 1990년대 재가복지서비스의 확대가 이루어졌다.

⑤ 2000년대 도입된 지역사회서비스투자사업의 사회서비스이용권 비용 지급 · 정산은 사회보장 정보원이 담당한다.

21 조선시대 흉년으로 인한 이재민과 빈민을 구제한 국가기관은? [15회]

① 향약   ② 활인서

③ 진휼청   ④ 기로소

⑤ 동서대비원

지역사회실천이론

정답 및 해설 p.101

유형 01 힘의존이론 · 갈등이론

빈출도
★☆☆

대표문제

갈등이론에 관한 설명으로 옳은 것은? [21회]

① 이익과 보상으로 사회적 관계가 유지된다.
② 특정집단이 지닌 문화의 의미를 해석한다.
③ 지역사회는 상호의존적인 부분들로 구성되어 있다.
④ 조직구조 개발에 자원동원 과정을 중요하게 여긴다.
⑤ 이해관계의 대립을 불평등한 분배로 설명한다.

해설

⑤ 갈등이론은 지역사회에서 갈등이 일어난다고 가정하고 갈등으로 인하여 지역사회가 변화하고 발전한다고 본다. 지역사회 내의 구성원들이 경제적 자원, 권력, 권위 등 불평등한 배분관계에 놓일 때 갈등이 발생하며 갈등이 생기는 것은 자원이 한정되어 있기 때문이라고 설명한다.

① 이익과 보상으로 사회적 관계가 유지되는 이론은 교환이론이다.
② 특정집단이 지닌 문화의 의미를 해석하는 이론은 사회구성이론이다.
③ 지역사회는 상호의존적인 부분들로 구성되어 있다고 보는 이론은 사회체계이론이다.
④ 조직구조 개발에 자원동원 과정을 중요하게 여긴 이론은 자원동원이론이다.

답 ⑤

---

1 2 3

01 지역사회복지를 권력의존이론의 관점에서 설명한 것을 모두 고른 것은? [21회]

> ㄱ. 장애인 편의시설 설치를 위해 다양한 장애인 단체가 의사결정에 참여하도록 한다.
> ㄴ. 노인복지관은 은퇴노인의 재능을 활용한 봉사활동을 기획한다.
> ㄷ. 사회복지관은 지방정부로부터 보조금 집행에 대한 지도점검을 받았다.

① ㄱ   ② ㄷ
③ ㄱ, ㄴ   ④ ㄱ, ㄷ
⑤ ㄱ, ㄴ, ㄷ

1 2 3

02 갈등이론에 관한 설명으로 옳은 것을 모두 고른 것은? [18회]

> ㄱ. 갈등현상을 사회적 과정의 본질로 간주한다.
> ㄴ. 사회나 조직을 지배하는 특정 소수집단의 역할이 중요하다.
> ㄷ. 사회관계는 교환적인 활동을 통해 이익이나 보상이 주어질 때 유지된다.
> ㄹ. 사회문제는 사회변화가 아닌 개인의 사회적 응을 통해 해결할 수 있다.

① ㄱ   ② ㄱ, ㄴ
③ ㄱ, ㄷ   ④ ㄱ, ㄴ, ㄷ
⑤ ㄴ, ㄷ, ㄹ

대표문제

사회자본이론과 관련된 개념을 모두 고른 것은?

[22회]

| ㄱ. 신뢰 | ㄴ. 호혜성 |
| ㄷ. 경계 | ㄹ. 네트워크 |

① ㄱ, ㄴ   ② ㄷ, ㄹ

③ ㄱ, ㄴ, ㄷ   ④ ㄱ, ㄴ, ㄹ

⑤ ㄱ, ㄴ, ㄷ, ㄹ

해설

사회자본이론은 물리적 자본과 반대되는 개념으로 사회 구성원을 묶어 주는 네트워크, 상호관계, 신뢰, 사회적 규범, 개인 및 집단 호용, 구성원 간 협동심, 규범 등이 있다.

답 ④

□ 1 2 3

03 사회적 자본에 관한 설명으로 옳지 않은 것은?

[19회]

① 지역사회 문제해결 능력과는 무관하다.

② 네트워크는 사회적 자본의 전제가 된다.

③ 지역사회의 집합적 자산으로서 의미를 가진다.

④ 한 번 형성된 후에도 소멸될 수 있다.

⑤ 신뢰는 공동체의 문제를 해결할 수 있는 자원이다.

□ 1 2 3

04 사회자본이론 내용에 관한 설명으로 옳지 않은 것은?

[15회]

① 사회적 교환관계에 내재된 자본이다.

② 수평적 관계에 형성된다.

③ 자본의 총량은 고정적이다.

④ 구성원 일부가 아닌 모두에게 공유된다.

⑤ 호혜적 문화를 기초로 형성된다.

대표문제

지역사회복지이론에 관한 설명으로 옳은 것은?

[22회]

① 교환이론 : 자원의 교환을 통한 지역사회 발전 강조

② 자원동원이론 : 이익집단들 간의 갈등과 타협 강조

③ 다원주의이론 : 소수 엘리트에 의한 지역사회 발전 강조

④ 기능주의이론 : 지역사회 변화의 원동력을 갈등으로 간주

⑤ 사회자본이론 : 지역사회 하위체계의 기능과 역할 강조

해설

① 사회교환이론은 인간이 하는 모든 교환을 상호작용의 근본 형태로 파악하며, 인간의 모든 상호작용에는 반드시 교환관계가 따른다고 본다. 지역사회는 상호작용 간 문제점을 해결하면서 발전한다고 본다.

② 이익집단들 간의 갈등과 타협을 강조하는 이론은 이익집단이론이다.

③ 소수 엘리트에 의한 지역사회 발전을 강조하는 이론은 엘리트이론이다.

④ 지역사회 변화의 원동력을 갈등으로 간주하는 이론은 갈등이론이다.

⑤ 지역사회 하위체계의 기능과 역할을 강조하는 이론은 사회체계이론이다.

답 ①

□ 1 2 3

05 다음을 설명하고 있는 이론은? [22회]

> 최근 A지방자치단체와 B지방자치단체는 중앙정부로부터 각각 100억 원의 복지예산을 지원받았다. 노인복지단체가 많은 A지방자치단체는 지역 노인회의 요구로 노인복지예산 편성비율이 전체 예산의 50%를 차지하게 되었고, 상대적으로 젊은 층이 많이 거주하고 있는 B지방자치단체는 노인복지예산의 편성비율이 20% 수준에 그쳤다.

① 교환이론   ② 갈등주의이론

③ 사회체계이론   ④ 사회자본이론

⑤ 다원주의이론

| 1 | 2 | 3 |

06 다음 A지역의 변화를 분석하기 위한 지역사회복지실천이론은? [21회]

> A지역은 외국인 노동자의 유입으로 특정 국적의 외국인 주거공동체가 형성되기 시작하면서 주민 간 갈등이 발생하였다.

① 생태학이론
② 사회학습이론
③ 엘리트주의이론
④ 교환이론
⑤ 다원주의이론

| 1 | 2 | 3 |

07 이론과 관련 내용의 연결이 옳은 것은? [20회]

① 지역사회상실이론 – 전통사회가 가지고 있는 지역사회의 사회적 기능을 보존할 수 있다.
② 사회구성(주의)이론 – 가치나 규범, 신념, 태도 등은 다양한 문화적 집단에 따라 다르게 구성된다.
③ 자원동원이론 – 자원이 집단행동의 성패에 영향을 미치지 않는다.
④ 다원주의이론 – 집단 간 발생하는 갈등을 활용한다.
⑤ 권력의존이론 – 사회의 주류 이데올로기가 어떻게 만들어지고 있는지에 관심을 갖는다.

| 1 | 2 | 3 |

08 이론과 주요개념의 연결이 옳지 않은 것은? [20회]

① 사회체계이론 – 체계와 경계
② 생태학적 관점 – 분리(Segregation), 경쟁, 침입, 계승
③ 사회자본이론 – 네트워크, 일반화된 호혜성 규범
④ 갈등이론 – 갈등전술, 내부결속
⑤ 사회교환이론 – 자기효능감, 집단효능감

| 1 | 2 | 3 |

09 지역사회복지 관련 이론과 내용의 연결로 옳은 것은? [19회]

① 다원주의이론 : 인간과 환경과의 상호작용에 초점을 둔다.
② 구조기능론 : 지역사회 내 갈등이 변화의 원동력이다.
③ 사회구성주의이론 : 지역사회 문제를 객관적 사실로 인정하지 않고, 특정집단에 의해 규정된다고 본다.
④ 권력관계이론 : 지역사회는 구성 부분들의 조화와 협력으로 발전된다.
⑤ 사회자본이론 : 지역사회 내 소수의 엘리트 집단의 권력이 정책을 좌우한다.

| 1 | 2 | 3 |

10 다음 사례에 해당하는 지역사회복지 실천이론이 올바르게 짝지어진 것은? [18회]

> A복지관은 지역의 B단체로부터 많은 후원금을 지원받았고 단체 회원들의 자원봉사 참여가 많았다. 그러나 최근에는 B단체의 후원금과 자원봉사자가 감소하여 교육을 통해 주민들의 역량을 강화시켜 복지관 사업에 함께 참여하도록 하고 있다. 또한 다양한 후원기관을 발굴하고자 노력 중이다.

① 사회학습이론, 권력의존이론
② 권력의존이론, 사회구성이론
③ 사회구성이론, 다원주의이론
④ 다원주의이론, 엘리트이론
⑤ 엘리트이론, 사회학습이론

11 다음 설명에 해당하는 지역사회복지 실천이론은?

[17회]

A사회복지사는 결혼이주여성들을 지원하는 과정에서 그들의 행동에 영향을 미쳤던 자국의 사회, 경제 및 정치적 구조를 이해하고 그들의 문화적 가치와 규범에 대한 의미를 해석해야 한다.

① 사회연결망이론　　② 사회교환이론
③ 사회구성론　　　　④ 권력의존이론
⑤ 갈등이론

12 다음은 도농복합지역 A시의 최근 10년간 사회지표 분석결과이다. 이를 설명하는 이론은?

[16회]

원도심 지역은 공동화가 이루어지면서 노인 가구 및 1인 가구 증가율이 급상승한 반면, 농촌지역은 공공기관 이전으로 인구의 평균연령이 낮아져 A시가 계층화되고 있는 것으로 나타났다.

① 생태체계이론　　② 사회연결망이론
③ 사회구성론　　　④ 사회교환이론
⑤ 다원주의이론

13 다음 사례를 설명할 수 있는 지역사회복지이론은?

[15회]

사회복지관은 생존차원에서 외부 재정지원을 필요로 하지만 재정지원자의 요구를 무시하기 어렵다. 이런 상황에서 A사회복지관은 기관 운영 재원을 마련하기 위해 다양한 후원기관을 발굴하였고, 이를 통해 직원들은 사업 운영의 자율성이 확대되는 것을 경험하였다.

① 생태학이론　　　② 사회구성론
③ 기능주의이론　　④ 권력의존이론
⑤ 사회체계이론

14 다음 설명과 관련된 지역사회복지이론은?

[15회]

• 다양한 집단과 조직이 이익을 표출함으로써 정책과정에 영향을 미칠 수 있다.
• 지역사회복지정책은 이익집단들 간의 갈등과 타협의 산물로 간주된다.
• 지역사회복지정책 결정은 이익집단들의 상대적 영향력 정도에 따라 달라진다.

① 구조기능론　　　② 교환이론
③ 상호작용론　　　④ 역할이론
⑤ 다원주의이론

정답 및 해설 p.104

유형 01 로스만의 모형

빈출도 ★★★

대표문제

로스만(J. Rothman)의 지역사회복지실천모델에 관한 설명으로 옳은 것을 모두 고른 것은? [21회]

ㄱ. 지역사회개발모델은 지역사회 구성원의 조직화를 주요 실천과정으로 본다.
ㄴ. 지역사회개발모델의 변화 매개체는 공식적 조직과 객관적 자료이다.
ㄷ. 사회계획모델에서 사회복지사의 핵심 역할은 협상가, 옹호자이다.
ㄹ. 사회행동모델에서는 지역사회 내 집단들이 갈등관계로 인해 타협과 조정이 어렵다고 본다.

① ㄱ, ㄷ
② ㄱ, ㄹ
③ ㄴ, ㄷ
④ ㄱ, ㄴ, ㄹ
⑤ ㄱ, ㄷ, ㄹ

해설

• 지역사회개발모델은 광범위한 주민들을 변화의 목표설정과 실천행동에 참여시키는 모델로 지역사회의 통합과 주민의 능력을 향상시킨다.
• 사회계획모델은 범죄, 주택, 정신건강과 같은 사회문제를 해결하고자 하는 기술적 과정을 강조한다.
• 사회행동모델은 지역사회의 불우계층, 기존 제도와 현실에 대한 근본적인 변화를 요구한다.
ㄴ. 변화 매개체가 공식적 조직과 객관적 자료인 모델은 사회계획모델이다. 지역사회개발모델은 과업지향의 소집단을 활용한다.
ㄷ. 사회복지사의 핵심 역할이 협상가, 옹호자인 모델은 사회행동모델이다. 사회계획모델의 사회복지사 역할은 전문가, 계획가, 분석가, 촉진자 등이다.

답 ②

---

1 2 3

01 로스만(J. Rothman)의 사회행동모델에 해당하지 않는 것은? [22회]

① 클라이언트 집단을 소비자로 본다.
② 변화를 위한 기본전략은 '억압자에 대항하기 위한 규합'을 추구한다.
③ 지역사회 내 불평등한 권력구조의 변화를 지향한다.
④ 변화 매개체로 대중조직을 활용한다.
⑤ 여성운동, 빈민운동, 환경운동 등 시민운동에도 활용될 수 있다.

1 2 3

02 로스만(J. Rothman)의 지역사회조직모델 중 지역사회개발에 관한 설명으로 옳지 않은 것은? [20회]

① 지역사회 변화를 위한 전술로 합의방법을 사용한다.
② 변화의 매개체는 과업지향의 소집단이다.
③ 지역사회의 아노미 상황에 사용할 수 있다.
④ 정부조직을 경쟁자로 인식한다.
⑤ 변화를 위한 전략으로 문제해결에 다수의 사람을 참여시킨다.

1 2 3

03 지역사회복지실천모델에 관한 설명으로 옳지 않은 것은? [18회]

① 로스만의 사회행동모델은 불이익을 받거나 권리가 박탈당한 사람의 이익을 옹호한다.
② 로스만의 지역사회개발모델은 지역사회나 문제의 아노미 또는 쇠퇴된 상황을 전제한다.

③ 로스만의 사회계획모델은 주택이나 정신건강 등의 이슈를 명확히 하고 권력구조에 대항한다.

④ 웨일과 갬블의 기능적 지역사회조직모델은 발달장애아동의 부모모임과 같이 공통이슈를 지닌 집단의 이해관계를 기반으로 한다.

⑤ 웨일과 갬블의 연합모델의 표적체계는 선출직 공무원이나 재단 및 정부당국이 될 수 있다.

Ⅰ②③

04 다음 예시문의 ( )에 들어갈 내용을 옳게 나열한 것은? [17회]

> 지역사회복지실천의 효과성을 높이기 위해 로스만의 모델을 순차적으로 적용해볼 수 있다. 즉, (ㄱ) 모델로 지역사회 내의 자원배분과 권력이양을 성취한 후 고도의 복잡한 지역사회문제를 조사·분석하고 해결방안을 모색하기 위해 (ㄴ) 모델을 적용할 수 있다.

① ㄱ : 사회행동, ㄴ : 사회계획

② ㄱ : 지역사회개발, ㄴ : 계획

③ ㄱ : 사회행동, ㄴ : 근린지역의 지역사회조직

④ ㄱ : 근린지역의 지역사회조직, ㄴ : 계획

⑤ ㄱ : 연합, ㄴ : 사회계획

Ⅰ②③

05 로스만의 지역사회개발모델에 관한 설명으로 옳지 않은 것은? [16회]

① 지역사회 주민의 광범위한 참여를 제시한다.

② 조력자, 촉매자, 조정자로서의 사회복지사 역할을 강조한다.

③ 과업의 성취보다는 과정중심 목표에 중점을 둔다.

④ 변화의 매개체로 과업지향적인 소집단 활용한다.

⑤ 변화전략은 표적대상에 대한 조치를 취할 수 있도록 주민을 동원하는 것이다.

Ⅰ②③

06 로스만(J. Rothman)의 지역사회복지실천모델 중 지역사회개발모델에 관한 설명으로 옳은 것은? [15회]

① 사회복지사의 역할은 분석전문가이다.

② 수급자 역할의 개념을 소비자로 본다.

③ 변화전술과 기법은 합의와 집단토의이다.

④ 수급자 체계의 범위는 약물중독과 같은 특정 집단이다.

⑤ 제도의 변화를 목표로 한다.

다음에서 설명하는 웨일과 갬블(M. Weil & D. Gamble)의 지역사회복지실천모델은?　　　[21회]

- 공통 관심사나 특정 이슈에 대한 정책, 행위, 인식의 변화에 초점
- 일반대중 및 정부기관을 변화의 표적체계로 파악
- 조직가, 촉진자, 옹호자, 정보전달자를 사회복지사의 주요역할로 인식

① 사회계획
② 기능적 지역사회조직
③ 프로그램 개발과 지역사회연계
④ 연합
⑤ 정치사회행동

해설

기능적인 지역사회조직모델
- 특징 : 지리적 개념의 지역사회에 초점을 두기보다는 기능에 초점을 두는 모델로 이해관계를 기초한 지역사회조직을 의미한다.
- 표적체계 : 기능적 지역사회의 삶과 관련된 사회적 제도 형성에 영향을 주는 일반대중이 될 수 있고, 정책을 결정하고 집행하는 정부기관이 될 수 있다.
- 구성원 : 문제를 공유하거나 뜻을 같이하는 사람(동호인)들이다.
- 관심영역 : 개인이 택한 특정 이슈의 정책, 행위, 태도의 변화에 관심이 있다.
- 사회복지사의 역할 : 구성원을 발굴하고 조직화하고 문제를 정의하는 전략을 결정하는 역할을 하며, 변화활동을 할 수 있게 도와주는 촉진자의 역할을 한다. 또, 조사나 분석기법을 알려주는 교육자의 역할을 한다.

답 ②

|1|2|3|

07 다음의 설명에 해당되는 웨일과 갬블(M. Weil & D. Gamble)의 실천모델은?　　　[20회]

- 기회를 제한하는 불평등에 도전
- 사회적·정치적·경제적 정의를 위한 행동
- 표적체계에 선출직 공무원도 해당

① 근린·지역사회 조직화모델
② 지역사회 사회·경제개발모델
③ 프로그램 개발과 지역사회연계모델
④ 정치·사회행동모델
⑤ 사회계획모델

|1|2|3|

08 다음에서 설명하는 웨일과 갬블(M. Weil & D. Gamble)의 지역사회복지 실천모형에 해당하는 것은?　　　[19회]

- 대면접촉이 이루어지는 가까운 지역사회에 초점을 둔다.
- 조직화를 위한 구성원의 능력개발, 지역주민의 삶의 질 증진을 목표로 한다.
- 사회복지사의 역할은 조직가, 촉진자, 교육자, 코치 등이다.

① 근린지역사회조직모형
② 프로그램 개발모형
③ 정치·사회적행동모형
④ 연합모형
⑤ 사회운동모형

|1|2|3|

09 다음에서 설명하는 지역사회복지실천 모델은?　　　[18회]

주민의 관점에서 개발계획을 수립하고, 주민들이 사회·경제적 투자를 이용하도록 준비시킨다.

① 사회운동모델
② 정치·사회적 행동모델
③ 근린지역사회조직모델
④ 지역사회 사회·경제개발모델
⑤ 프로그램 개발과 지역사회연계모델

|1|2|3|

10 웨일과 갬블이 제안한 프로그램 개발과 지역사회연계모델에서 사회복지사의 역할로 옳게 묶인 것은?　　　[17회]

① 대변자, 계획가, 중재자

② 계획가, 관리자, 프로포절 제안자

③ 대변자, 조직가, 촉진자

④ 관리자, 대변자, 교육자

⑤ 협상가, 전문가, 프로포절 제안자

1 2 3

11 웨일과 갬블의 지역사회복지실천모델에 관한 설명으로 옳은 것을 모두 고른 것은? [16회]

> ㄱ. 사회운동모델 : 성취목표는 특정대상 집단 또는 이슈 관련 사회정의를 위한 행동이다.
>
> ㄴ. 근린지역사회조직모델 : 사회복지사의 역할은 정보전달자, 관리자 등이다.
>
> ㄷ. 사회계획모델 : 관심영역은 특정욕구를 가진 대상자를 위한 서비스 개발이다.
>
> ㄹ. 정치·사회행동모델 : 일차적 구성원은 선출된 공무원, 사회복지기관 등이다.

① ㄱ ② ㄱ, ㄴ

③ ㄴ, ㄷ ④ ㄷ, ㄹ

⑤ ㄱ, ㄷ, ㄹ

1 2 3

12 다음에서 설명하는 웨일과 갬블(M. Weil & D. Gamble)의 지역사회복지실천모델은? [15회]

> • 목표는 프로그램의 방향 또는 자원을 최대한 끌어낼 수 있는 조직 기반
>
> • 변화의 표적체계는 선출된 공무원, 재단, 정부기관
>
> • 일차적 구성원은 특정 이슈에 이해관계가 있는 조직
>
> • 사회복지사의 역할은 중재자, 협상가, 대변인

① 연합

② 정치적 권력 강화

③ 근린지역사회조직

④ 기능적인 지역사회조직

⑤ 프로그램의 개발과 조정

대표문제

테일러와 로버츠(S. Taylor & R. Roberts)의 지역사회복지실천모델에 관한 설명으로 옳지 않은 것은? [21회]

① 프로그램 개발과 조정 : 지역주민의 역량강화 및 지도력 개발에 관심

② 계획 : 구체적 조사전략 및 기술 강조

③ 지역사회연계 : 지역사회 문제해결을 위한 관계망 구축 강조

④ 지역사회개발 : 지역주민의 참여와 자조 중시

⑤ 정치적 역량강화 : 상대적으로 권력이 약한 시민의 권한 강화에 관심

| 해설 |

테일러와 로버츠의 지역사회복지실천모델은 로스만의 3모형에 프로그램 개발 및 조정모델, 지역사회연계모델을 추가한 것이다.

① 지역주민의 역량강화 및 지도력 개발에 관심을 두는 모델은 지역사회개발모델이다. 프로그램 개발 및 조정모델은 지역사회를 변화시키거나 문제를 해결하기 위해 가장 효과적이고 효율적으로 프로그램을 개발하고 조정해 나가는 모델로 후원자의 영향력이 100%인 모델이다.

② 계획모델은 계획을 수립하는 과정에 있어 합리성과 전문성을 기초로 하는 과업 지향적 모델이다. 로스만의 사회계획모델보다 인간적인 면을 강조하는 모델로 후원자의 영향력이 7/8인 후원자 중심모델이다.

③ 지역사회연계모델은 개인적인 문제와 지역사회문제를 연계하여 지역사회문제를 해결하려는 모형으로 후원자와 클라이언트의 영향력이 각각 50%인 모델이다.

④ 지역사회개발모델은 지역주민의 교육을 통한 적극적인 참여를 강조하여 지역사회 자체적 역량을 강화하고 스스로 문제를 해결할 수 있도록 지원하는 모델로 클라이언트 영향력이 7/8인 클라이언트 중심모델이다.

⑤ 정치적 행동 및 역량강화모델은 사회적으로 배제된 집단의 사회적 참여를 지원하여 스스로의 권리를 찾을 수 있도록 하는 모델로 클라이언트가 100% 권한을 가진 모델이다.

답 ①

13 테일러와 로버츠(S. Taylor & R. Roberts) 모델에 해당되는 것을 모두 고른 것은?　[20회]

> ㄱ. 프로그램 개발 및 조정
> ㄴ. 지역사회개발
> ㄷ. 정치적 권력(역량)강화
> ㄹ. 연합
> ㅁ. 지역사회연계

① ㄱ, ㄴ
② ㄴ, ㄷ
③ ㄱ, ㄹ, ㅁ
④ ㄱ, ㄴ, ㄷ, ㅁ
⑤ ㄱ, ㄷ, ㄹ, ㅁ

14 다음 설명에 해당하는 테일러와 로버츠의 지역사회복지실천모델은?　[16회]

> • 갈등이론과 다원주의 사회에서의 다양한 이익집단의 경쟁원리에 기초한다.
> • 시민의 참여를 보장하고 극대화하는 데 중요한 목적이 있다.
> • 전문가들은 교육자, 자원개발자, 운동가의 역할을 한다.

① 프로그램 개발 및 조정
② 계획
③ 지역사회연계
④ 지역사회개발
⑤ 정치적 권력강화

유형 01 사회복지사의 역할

빈출도
★★★

대표문제

다음에 제시된 사회복지사의 핵심 역할은? [21회]

A지역은 저소득가구 밀집지역으로 방임, 결식 등 취약계층 아동 비율이 높은 곳이다. 사회복지사는 지역사회 아동의 안전한 보호와 부모의 양육부담 완화를 위해 아동돌봄시설 확충을 위한 서명운동 및 조례제정 입법활동을 하였다.

① 옹호자
② 교육자
③ 중재자
④ 자원연결자
⑤ 조정자

해설

① 옹호자는 클라이언트 입장에서 정당성을 주장하고 기존 제도나 기관으로부터 클라이언트가 불이익을 받을 때 클라이언트를 위해 정보를 수집하고 요구사항을 분명히 하여 정책이나 제도를 변화시키는 역할이다. 아동돌봄시설 확충을 위한 서명운동 및 조례제정 입법활동은 옹호자의 역할이다.

② 교육자는 클라이언트에게 정보를 주고 적응기술을 가르치는 역할이다.

③ 중재자는 서로 다른 입장을 가지고 있는 개인이나 집단 간의 문제에 개입하여 타협, 차이점을 조정하거나 서로 만족할 수 있는 합의점을 도출할 수 있도록 돕는 역할이다.

④ 자원연결자(중개자)는 클라이언트가 필요한 자원을 찾을 수 있도록 도와주거나 직접적으로 자원과 클라이언트를 연결해주는 역할이다.

⑤ 조정자는 클라이언트가 받아야 할 서비스가 흩어져 있거나 다양한 기관에서 산발적으로 주어지는 경우 이러한 서비스를 한 곳에서 서비스를 받을 수 있도록 정리하는 역할이다.

답 ①

□1□2□3

01 사회계획모델에서 샌더스(I. T. Sanders)가 주장한 사회복지사의 역할이 아닌 것은? [22회]

① 분석가
② 조직가
③ 계획가
④ 옹호자
⑤ 행정가

□1□2□3

02 지역사회개발모델 중 조력자로서의 사회복지사 역할이 아닌 것은? [22회]

① 좋은 대인관계를 조성하는 일
② 지역사회를 진단하는 일
③ 불만을 집약하는 일
④ 공동의 목표를 강조하는 일
⑤ 조직화를 격려하는 일

□1□2□3

03 다음 사례에 해당하는 사회복지사의 역할이 아닌 것은? [18회]

A사회복지관에서는 클라이언트의 노후화된 주택의 개·보수를 위해 다양한 자원을 활용한 주거지원 서비스를 제공하려고 한다.

① 관리자
② 후보자
③ 정보전달자
④ 네트워커
⑤ 계획가

04 조직가의 역할과 기술이 바르게 연결되지 않은 것은? [18회]

① 교사 – 능력개발

② 옹호자 – 소송제기

③ 연계자 – 모니터링

④ 평가자 – 자금 제공

⑤ 협상가 – 회의 및 회담 진행

05 지역사회복지실천에서 조력자의 역할로 옳은 것을 모두 고른 것은? [17회]

> ㄱ. 지역사회 내 다양한 집단들에 의해 표출된 불만의 집약
> ㄴ. 지역사회문제의 조사 및 평가
> ㄷ. 지역사회 내 불이익을 당하는 주민의 옹호와 대변
> ㄹ. 지역사회조직 과정에서 지역주민들에게 공동의 목표 강조

① ㄱ, ㄴ ② ㄱ, ㄷ

③ ㄱ, ㄹ ④ ㄴ, ㄷ

⑤ ㄴ, ㄷ, ㄹ

06 밑줄 친 사회복지사의 핵심 역할로 옳은 것은? [16회]

> A지역은 공장지대에 위치해 있어 학교의 대기오염도가 매우 높게 나타났다. 그래서 사회복지사는 학생들의 건강권 확보를 위한 조례제정 입법활동을 하였다.

① 계획가 ② 옹호자

③ 치료자 ④ 교육자

⑤ 행정가

07 다음 사회복지전담공무원의 핵심 역할은? [16회]

> A씨는 최근 건강이 나빠져서 일을 할 수 없게 되자 주민센터(행정복지센터)를 찾아갔다. 사회복지전담공무원은 지원 가능한 급여와 서비스 등을 알려주고 A씨는 이를 이용하였다.

① 조직가 ② 교육자

③ 옹호자 ④ 협상가

⑤ 자원연결자

08 지역사회복지실천에서 다음의 모든 활동과 관계되는 사회복지전담공무원의 역할은? [15회]

> • 잠재적 수급권자 파악
> • 자산조사 및 수급권자 욕구조사
> • 서비스 및 시설입소 의뢰
> • 취업정보 제공 및 알선

① 자문가 ② 옹호자

③ 조력자 ④ 상담가

⑤ 자원연결자

유형 02 지역사회복지실천의 과정   빈출도 ★★★

대표문제

지역사회복지실천 과정의 순서로 옳은 것은? [22회]

> ㄱ. 지역사회 사정 ㄴ. 실행
> ㄷ. 성과평가 ㄹ. 실행계획 수립

① ㄱ → ㄴ → ㄷ → ㄹ

② ㄱ → ㄹ → ㄴ → ㄷ

③ ㄹ → ㄱ → ㄴ → ㄷ

④ ㄹ → ㄱ → ㄷ → ㄴ

⑤ ㄹ → ㄴ → ㄷ → ㄱ

해설

지역사회복지실천 과정은 문제분석 → 지역사회 욕구 사정 → 계획수립 → 프로그램 실행 → 자원동원 및 활용 → 프로그램 평가 순이다.

답 ②

09 지역사회 사정에 해당하지 않는 것은? [22회]

① 지역사회의 욕구를 파악한다.
② 협력·조정을 위한 네트워크를 구축한다.
③ 지역 공청회를 통해 주민 의견을 수렴한다.
④ 명목집단 등을 활용한 욕구의 우선순위를 결정할 수 있다.
⑤ 서베이, 델파이기법 등을 활용하여 자료를 수집한다.

10 지역사회복지실천 과정에서 다음 과업이 수행되는 단계는? [21회]

- 재정자원의 집행
- 추진인력의 확보 및 활용
- 협력과 조정을 위한 네트워크 구축

① 문제발견 및 분석 단계
② 사정 및 욕구 파악 단계
③ 계획단계
④ 실행단계
⑤ 점검 및 평가 단계

11 다음의 설명에 해당하는 지역사회복지실천 단계는? [20회]

- 이슈의 개념화
- 이슈와 관련된 다양한 가치관 고려
- 이슈와 관련된 이론과 자료 분석

① 문제확인단계   ② 자원동원단계
③ 실행단계   ④ 모니터링단계
⑤ 평가단계

12 지역사회복지실천의 '실행단계'에 해당하지 않는 것은? [20회]

① 재정자원 집행
② 참여자 간의 갈등관리

③ 클라이언트의 적응 촉진
④ 실천계획의 목표설정
⑤ 협력과 조정을 위한 네트워크 구축

13 다음 자료를 활용한 지역사회 사정(Assessment) 유형에 해당하는 것은? [19회]

- 사회복지시설 및 기관의 자원봉사자 수
- 관할 지방자치단체의 사회복지분야 예산 규모
- 기업의 사회공헌 프로그램 유형과 이용자 수

① 하위체계 사정   ② 포괄적 사정
③ 자원 사정   ④ 문제중심 사정
⑤ 협력적 사정

14 지역사회복지실천 단계와 활동의 연결로 옳지 않은 것은? [18회]

① 지역사회 욕구조사단계 – 초점집단면접 진행
② 목적·목표 설정단계 – 스마트 기법 활용
③ 실행계획단계 – 프로젝트 활용
④ 자원계획단계 – 실행예산 수렴
⑤ 평가단계 – 저항과 갈등 관리

15 지역사회복지실천 과정에 관한 설명으로 옳지 않은 것은? [17회]

① 지역사회문제해결 과정으로 볼 수 있다.
② 문제발견은 다양한 정보수집과 자료수집과정을 통해 이루어진다.
③ 문제를 어떻게 개념화하느냐에 따라 해결방안과 실천전략이 달라진다.
④ 총괄평가는 프로그램 수행과정 중에 실시되어 프로그램의 문제점을 관찰·수정하는 데 유용하다.
⑤ 정책목표를 수립할 때 실현 가능성을 고려할 필요가 있다.

⒈②③

16 지역사회복지실천에서 이루어지는 초기욕구사정에 관한 설명으로 옳지 않은 것은? [16회]

① 욕구의 상대적 중요성을 확인하려는 목적이 있다.
② 지역사회복지실천을 위한 성과평가의 의미를 갖는다.
③ 욕구사정에 대한 다양한 방법론을 이해해야 한다.
④ 문제 확인과 해결의 우선순위에 주안점을 둔다.
⑤ 욕구사정의 초점은 서비스 및 접근 가능성이 포함된다.

⒈②③

17 지역사회복지실천 과정 중 다음 활동을 해야 하는 단계는? [15회]

• 참여자 적응 촉진하기
• 참여자 간 저항과 갈등 관리하기

① 실행단계
② 자원계획단계
③ 목적·목표 설정단계
④ 문제분석단계
⑤ 평가단계

⒈②③

18 지역사회복지실천 과정에 관한 설명으로 옳은 것을 모두 고른 것은? [15회]

ㄱ. 실행과정점검단계(Monitoring)에서 실행과 결과를 추적함으로써 프로그램의 진척도를 파악한다.
ㄴ. 목적·목표 설정단계에서는 간트 차트(Gantt Chart)를 활용하기도 한다.
ㄷ. 평가단계에서는 결과평가만 실시한다.
ㄹ. 욕구조사단계에서는 주요 정보제공자 인터뷰, 지역사회포럼 개최, 사회지표 등을 활용할 수 있다.

① ㄱ, ㄴ
② ㄴ, ㄹ
③ ㄷ, ㄹ
④ ㄱ, ㄴ, ㄹ
⑤ ㄱ, ㄷ, ㄹ

유형 **03** 지역사회복지실천 기술 – 옹호·대변기술

빈출도 ★☆☆

대표문제

다음에 제시된 지역사회복지실천 기술은? [20회]

• 소외되고 억압된 집단의 입장을 주장한다.
• 보이콧, 피케팅 등의 방법으로 표적을 난처하게 한다.
• 지역주민이 정당한 처우나 서비스를 받지 못하는 경우에 활용된다.

① 프로그램개발 기술
② 기획기술
③ 자원동원기술
④ 옹호기술
⑤ 지역사회 사정 기술

해설

옹호·대변 기술은 클라이언트가 받아야 할 서비스를 받지 못할 때나 불합리한 대우를 받을 경우 사용하는 기술로, 클라이언트 편에 서서 정당성을 요구하거나 이익을 위해 대변한다.

답 ④

⒈②③

19 지역사회복지실천에서 옹호(Advocacy)활동에 해당하지 않는 것은? [19회]

① 지역사회 내 복지자원을 조정하고 연계한다.
② 시의원 등에게 정치적 압력을 행사한다.
③ 피케팅으로 해당 기관을 난처하게 한다.
④ 행정기관에 증언 청취를 요청한다.
⑤ 지역주민으로부터 탄원서에 서명을 받는다.

①②③

20 옹호(Advocacy) 기술의 특성 중 옳은 것을 모두 고른 것은? [15회]

> ㄱ. 사회정의를 지키고 유지하는 목적
> ㄴ. 조직 구성원의 경제적 자립 강조
> ㄷ. 표적집단에 대한 강력한 영향력이나 압력 행사
> ㄹ. 정당한 처우나 서비스를 받지 못하는 경우에 활용

① ㄱ, ㄷ　　　　② ㄴ, ㄹ
③ ㄴ, ㄷ　　　　④ ㄱ, ㄷ, ㄹ
⑤ ㄱ, ㄴ, ㄷ, ㄹ

유형 04 지역사회복지실천 기술 – 연계기술　　빈출도 ★☆☆

대표문제

지역사회복지실천 기술 중 연계에 관한 내용으로 옳지 않은 것은? [21회]

① 인적·물적 자원의 효율적 관리
② 사회복지사의 자원 네트워크 확장
③ 지역의 사회적 자본 확대
④ 클라이언트 중심의 통합적 서비스 제공
⑤ 지역주민 권익향상을 위한 사회행동

해설

연계기술은 서비스의 중복을 방지하거나 자원을 효율적으로 관리하고 지역사회의 사람들 간의 관계를 강화하여 연계망이라 일컫는 사회적 자산을 형성하는 것이다. 지역주민들이 자원에 대한 정보가 부족하거나 이용할 능력이 없을 경우에 사용한다.
⑤ 지역주민 권익향상을 위한 사회행동은 옹호기술이다.

답 ⑤

---

①②③

21 지역사회복지실천에서 연계기술에 관한 설명으로 옳지 않은 것은? [17회]

① 사회복지기관의 서비스 제공과정에서 효율성 증대
② 사회복지사의 연계망 강화 및 확장
③ 이용자 중심의 통합적 서비스 제공
④ 서비스 계획의 공동 수립과 서비스 제공에서 팀 접근 수행
⑤ 지역사회복지 의제개발과 주민 의식화

①②③

22 연계기술에 해당하지 않는 것은? [22회]

① 클라이언트 중심의 사회적 관계망을 강화시킬 수 있다.
② 이용자 중심의 통합적 서비스를 제공할 수 있다.
③ 새로운 인프라 구축에 필요한 시간과 비용을 줄일 수 있다.
④ 사회복지시설의 서비스 중복·누락을 방지할 수 있다.
⑤ 지역사회 공공의제를 개발하고 주민 의식화를 강화할 수 있다.

①②③

23 지역사회복지실천에서 사회복지사의 기술과 역할 간 연결로 옳지 않은 것은? [15회]

① 네트워킹기술 – 촉진자
② 연계기술 – 옹호자
③ 참여기술 – 교육가
④ 임파워먼트기술 – 자원연결자
⑤ 자원동원기술 – 모금가

유형 05 지역사회복지실천 기술 – 조직화 기술

빈출도 ★☆☆

대표문제

조직화 기술에 관한 설명으로 옳은 것을 모두 고른 것은? [20회]

ㄱ. 지역주민이 주체가 되어 사회복지조직의 목표를 성취하도록 운영한다.
ㄴ. 지역주민이 자신들의 문제를 함께 풀어나가는 과정을 포함한다.
ㄷ. 지역사회 역량강화를 위해 지역사회복지 거버넌스 구조와 기능을 축소시킨다.

① ㄴ
② ㄱ, ㄴ
③ ㄱ, ㄷ
④ ㄴ, ㄷ
⑤ ㄱ, ㄴ, ㄷ

해설

조직화 기술은 지역사회가 처한 상황과 해결방향에 따라 목표를 세우고 합당한 주민을 선정하여 모임을 만들어 지역사회의 욕구나 문제를 해결해 나가도록 돕는 기술이다.
ㄷ. 조직화 기술은 지역주민들의 능력을 향상시켜 문제를 해결할 수 있도록 돕는 기술이다. 지역사회복지 거버넌스는 지역사회의 역량을 강화시키기 위해 민·관을 넘어 지방정부와 비영리단체뿐 아니라 영리단체까지 참여하는 삼자 이상의 협의체계를 가능하게 하므로 지역사회복지 거버넌스 구조와 기능을 축소시키는 것이 아니라 강화시키는 것이다.

답 ②

24 다음 설명에 해당하는 지역사회복지실천 기술은? [17회]

A사회복지사는 지역사회 내 저소득 장애인의 취업 문제를 해결하는 과정에서 당사자들이 문제의식을 갖게 하고, 그들 스스로 문제해결능력을 향상시키기 위해 노력하였다.

① 중개
② 연계
③ 옹호
④ 조직화
⑤ 자원개발

25 사회복지사가 활용하는 조직화 기술에 해당하지 않는 것은? [15회]

① 회의기술
② 협상기술
③ 지역문제 이슈설정 기술
④ 지역사회 지도자 발굴 기술
⑤ 주민통제기술

유형 06 지역사회복지실천 기술 – 자원개발 및 동원기술

빈출도 ★☆☆

대표문제

다음 사례에서 사회복지사가 활용한 기술은? [21회]

A사회복지사는 독거노인이 따뜻한 겨울을 보낼 수 있도록 지역 내 종교단체에 예산과 자원봉사자를 지원해 줄 것을 요청하였다.

① 조직화
② 옹호
③ 자원개발 및 동원
④ 협상
⑤ 교육

해설

③ 자원개발 및 동원기술은 지역사회의 문제를 해결하는 데 있어 부족한 자원을 발굴하고 동원하는 기술이다. A사회복지사는 종교단체에 예산과 자원봉사자를 지원해 줄 것을 요청하여 독거노인이 따뜻한 겨울을 보낼 수 있도록 자원을 개발하고 동원하기 위한 기술을 사용하였다.

① 조직화 기술은 지역사회가 처한 상황과 해결방향에 따라 목표를 세우고 합당한 주민을 선정하여 모임을 만들고 지역사회의 욕구나 문제를 해결해 나가도록 돕는 기술이다.
② 옹호기술은 클라이언트가 받아야 할 서비스를 받지 못할 때나 불합리한 대우를 받을 경우 사용하는 기술이다.
④ 협상기술은 갈등상황에 놓인 클라이언트와 기관 사이에서 상호합의를 이끌어내기 위해 타협하는 역할이다.
⑤ 교육기술은 지역주민들에게 교육을 통해 정보를 제공하거나 기술을 가르치는 기술이다.

답 ③

26 지역사회복지실천 과정에서 사회복지사가 활용한 기술은? [19회]

> 사회복지사 A는 가족캠핑을 희망하는 한부모 가족 10세대를 대상으로 프로그램을 계획하고 있다. A는 개인적으로 참여하고 있는 수영클럽을 통해 프로그램 운영에 필요한 예산과 자원봉사자를 확보하고자 운영진에게 모임 개최를 요청하였고, 성공적인 결과를 얻었다.

① 옹호
② 조직화
③ 임파워먼트
④ 지역사회교육
⑤ 자원개발 및 동원

| 유형 07 | 지역사회복지실천 기술 – 임파워먼트기술 | 빈출도 ★☆☆ |

대표문제

다음 사례에서 사회복지사가 활용한 기술은? [22회]

> 행복시(市)에 근무하는 A사회복지사는 무력화되어 있는 클라이언트의 잠재 역량 및 자원을 인정하고 삶을 스스로 결정할 수 있도록 북돋아주었다.

① 자원동원기술
② 자원개발기술
③ 임파워먼트기술
④ 조직화 기술
⑤ 네트워크기술

해설

임파워먼트기술은 치료보다는 역량을 강조하고 능력향상을 통해 문제를 해결할 수 있다고 보고 클라이언트는 잠재능력이 있어 자신의 문제를 스스로 해결할 수 있다고 본다. 사회복지사가 클라이언트의 잠재 역량 및 자원을 인정하고 삶을 스스로 결정할 수 있도록 북돋아주는 기술은 임파워먼트기술이다.

답 ③

---

27 다음에서 설명하고 있는 지역사회복지실천 기술은? [19회]

> 지역주민의 강점을 인정하고 스스로 삶을 결정할 수 있도록 역량을 강화하며, 지역 구성원의 능력에 대한 신념을 중요시한다.

① 임파워먼트
② 자원개발과 동원
③ 조직화
④ 네트워크
⑤ 지역사회연계

28 임파워먼트기술에 해당하는 것을 모두 고른 것은? [18회]

> ㄱ. 권력키우기
> ㄴ. 의식고양하기
> ㄷ. 공공의제만들기
> ㄹ. 지역사회 사회자본 확장

① ㄹ
② ㄱ, ㄷ
③ ㄴ, ㄹ
④ ㄱ, ㄴ, ㄷ
⑤ ㄱ, ㄴ, ㄷ, ㄹ

PART **02**
사회복지실천

대표문제

네트워크기술의 특성으로 옳지 않은 것은? [19회]

① 자원의 효율적 관리
② 사회정의 준수 및 유지
③ 서비스의 중복과 누락 방지
④ 참여를 통한 시민 연대의식 강화
⑤ 지역주민에게 필요한 자원이나 서비스 연결

해설

공급자 중심의 사회복지에서 이용자 중심 사회복지로의
변화로 다양한 욕구를 지닌 이용자들이 원하는 서비스를
제공하기 위한 네트워크가 필요하다. 네트워크기술은 다
양한 지역사회 주체들의 자발성을 촉진할 수 있으며 서비
스 중복과 누락문제를 해결하기 위해 사용할 수 있다. 참여
기관들은 평등한 주체로서의 관계가 보장되어야 하며 구
성원 사이의 신뢰와 호혜성이 형성되어야 네트워크가 지
속될 수 있다.
② 사회정의 준수 및 유지는 옹호기술의 특징이다.

답 ②

①②③

29 네트워크기술에 관한 설명으로 옳지 않은 것을
모두 고른 것은? [18회]

ㄱ. 달성하고자 하는 목적을 위해서는 항상 강한
   결속력이 필요하다.
ㄴ. 참여 기관들은 평등한 주체로서의 관계가 보
   장되어야 한다.
ㄷ. 구성원 사이의 신뢰와 호혜성이 형성되어야
   네트워크가 지속될 수 있다.
ㄹ. 사회적 교환은 네트워크 형성과 유지의 작동
   원리이다.

① ㄱ
② ㄴ, ㄷ
③ ㄱ, ㄴ, ㄹ
④ ㄴ, ㄷ, ㄹ
⑤ ㄱ, ㄴ, ㄷ, ㄹ

유형 01 지방분권화 빈출도 ★★★

대표문제

지방자치제에 관한 설명으로 옳은 것을 모두 고른 것은? [22회]

ㄱ. 지방자치제는 자기통치원리를 담고 있다.
ㄴ. 지방자치는 주민자치와 단체자치를 일컫는다.
ㄷ. 지방자치단체는 사회복지시설을 평가할 수 있다.
ㄹ. 「지방자치법」을 제정함으로써 지방분권을 위한 법적장치가 만들어졌다.

① ㄱ, ㄴ
② ㄷ, ㄹ
③ ㄱ, ㄴ, ㄷ
④ ㄱ, ㄴ, ㄹ
⑤ ㄱ, ㄴ, ㄷ, ㄹ

해설

지방자치제(지방분권화)는 중앙정부의 권한을 받은 지방정부가 스스로 지역의 공공사무를 처리하는 것으로 지방정부의 자율성을 강화하고 지역 간 균형발전을 도모하는 데 목적이 있다.

답 ⑤

01 지방분권에 관한 설명으로 옳은 것은? [21회]

① 사회보험제도의 지방분권이 확대되고 있다.
② 주민참여로 권력의 재분배가 이루어진다.
③ 지역주민의 욕구에 대한 민감성이 약화된다.
④ 복지수준의 지역 간 균형이 이루어진다.
⑤ 중앙정부의 사회적 책임성이 강화된다.

02 지방자치제도에 관한 설명으로 옳은 것은? [20회]

① 지방정부에 비해 중앙정부의 책임을 강조하고 있다.
② 지역 간 복지수준의 격차가 발생하지 않는다.
③ 복지예산의 지방이양으로 지방정부의 책임이 강화된다.
④ 지방자치단체장은 중앙정부가 임명한다.
⑤ 지방정부의 복지예산 확대로 민간의 참여가 약화된다.

03 지방분권에 관한 설명으로 옳지 않은 것은? [19회]

① 주민참여 기회가 확대된다.
② 중앙정부의 책임성이 강화된다.
③ 지역 특성에 맞는 정책을 수립할 수 있다.
④ 지역 간 복지수준의 격차가 발생할 수 있다.
⑤ 지방자치단체의 역할과 책임을 강화시킬 수 있다.

04 지방자치제에 관한 설명으로 옳지 않은 것은? [19회]

① 민주주의 사상에 기초를 두고 있다.
② 지방자치단체의 장은 선거로 선출한다.
③ 지역문제에 대한 자기통치 원리를 담고 있다.
④ 우리나라에서는 1990년에 처음으로 실시되었다.
⑤ 지방자치단체의 행정사무가 주민참여에 의해 이루어져야 한다.

05 지방자치발달이 지역사회복지에 미치는 영향이 아닌 것은? [18회]

① 지방정부 간 복지 수준 불균형 초래
② 지역주민들의 주체적 참여 기회 제공
③ 중앙정부의 사회복지 책임과 권한 강화
④ 지역주민들의 지역사회복지에 대한 책임의식 향상
⑤ 지방자치단체 장 후보의 사회복지 관련 선거 공약 활성화

06 우리나라 지역사회복지 환경변화와 과제에 관한 다음 설명 중 옳은 것을 모두 고른 것은? [16회]

> ㄱ. 지방자치단체는 지역별 특성에 맞는 사회적 기업 지원시책을 수립·시행해야 한다.
> ㄴ. 탈시설화 경향에 따라 지역사회 중심의 복지 체계 구축이 중요해지고 있다.
> ㄷ. 읍·면·동 복지허브화로 지역사회복지 네트워크가 약화되었다.

① ㄱ
② ㄴ
③ ㄱ, ㄴ
④ ㄴ, ㄷ
⑤ ㄱ, ㄴ, ㄷ

07 지방자치가 지역사회복지에 미친 긍정적 영향을 모두 고른 것은? [15회]

> ㄱ. 지역사회복지에 대한 주민의 주체적 참여기회 제공
> ㄴ. 주민욕구 맞춤형 복지 프로그램 제공
> ㄷ. 지방행정부서의 역할 강화
> ㄹ. 비정부조직(NGO)의 자원 활동

① ㄱ, ㄴ
② ㄴ, ㄷ
③ ㄱ, ㄴ, ㄷ
④ ㄱ, ㄷ, ㄹ
⑤ ㄱ, ㄴ, ㄷ, ㄹ

유형 02 지역사회보장협의체 빈출도 ★★★

대표문제

지역사회보장협의체에 관한 설명으로 옳은 것은? [19회]

① 「사회복지사업법」에 법적 근거를 두고 있다.
② 10명 이상 25명 이하의 위원으로 구성하고, 임기는 2년이다.
③ 관할 지역의 사회복지사업에 관한 중요사항을 심의·건의한다.
④ 민·관 네트워크를 통한 지역복지 거버넌스 구조와 기능을 축소시킨다.
⑤ 실무협의체, 실무분과, 읍·면·동 협의체 간 수평적 네트워크 관계를 형성한다.

해설

⑤ 지역사회보장협의체는 대표협의체, 실무협의체, 실무분과, 읍·면·동 협의체로 구성되고 협의체 간 수평적 네트워크 관계를 형성한다.

① 지역사회보장협의체는 「사회보장급여의 이용·제공 및 수급권자 발굴에 관한 법률」에 법적 근거를 두고 있다.
② 위원장을 포함한 10명 이상 40명 이하의 위원으로 구성하고, 임기는 2년이다.
③ 관할 지역의 사회복지사업에 관한 중요사항을 심의·자문한다. 건의는 사회복지협의회의 역할이다.
④ 민·관 네트워크를 통한 지역복지 거버넌스 구조와 기능을 확대시킨다.

답 ⑤

08 지역사회보장협의체의 실무협의체 운영에 관한 설명으로 옳은 것은? [21회]

① 사회보장업무를 담당하는 공무원은 제외된다.
② 위원장 1명을 포함하여 10명 미만의 위원으로 구성한다.
③ 지역사회보장계획과 관련된 조례를 제정한다.
④ 시·군·구의 사회보장급여 제공에 관한 사항을 심의·자문한다.
⑤ 전문성 원칙에 따라 현장 전문가를 중심으로 구성한다.

09 시·군·구 지역사회보장협의체의 심의·자문 사항이 아닌 것은? [20회]

① 시·군·구의 지역사회보장계획 수립·시행 및 평가에 관한 사항
② 시·군·구의 사회보장급여 제공에 관한 사항
③ 시·군·구의 사회보장 추진에 관한 사항
④ 읍·면·동 단위 지역사회보장협의체의 구성 및 운영에 관한 사항
⑤ 읍·면·동의 지역사회보장조사 및 지역사회 보장지표에 관한 사항

10 시·군·구 지역사회보장협의체가 심의·자문 하는 내용이 아닌 것은? [18회]

① 시·군·구 사회보장 추진
② 시·군·구 사회보장급여 제공
③ 시·군·구 지역사회보장계획 수립·시행 및 평가
④ 읍·면·동 단위 지역사회보장협의체의 구성 및 운영
⑤ 특별자치시의 사회보장과 관련된 서비스를 제공하는 관계 기관·법인·단체·시설과의 연계·협력 강화

11 지역사회보장협의체의 구성 조직 및 역할을 적절하게 연결하고 있는 것은? [17회]

① 대표협의체 : 통합사례관리 지원
② 실무협의체 : 지역사회보장계획의 의회보고
③ 실무분과 : 사회복지법인 이사의 추천과 선임 조정
④ 실무분과 : 지역사회보장계획의 연차별 시행계획 모니터링
⑤ 읍·면·동 지역사회보장협의체 : 실무협의체 업무 지원

12 읍·면·동 지역사회보장협의체의 역할로 볼 수 없는 것은? [17회]

① 복지대상자 발굴
② 지역특화사업 추진
③ 지역자원의 발굴 및 연계
④ 지역인적안전망 구축
⑤ 지역사회보장지표의 생성

13 지역사회보장협의체에 관한 설명으로 옳지 않은 것은? [16회]

① 사회보장 관련 서비스 제공기관과의 연계·협력을 강화할 목적으로 운영된다.
② 공공과 민간의 적극적이고 자발적인 참여가 전제되어야 한다.
③ 2015년 지역사회복지협의체가 지역사회보장협의체로 명칭이 변경되었다.
④ 실무협의체는 시·군·구의 사회보장급여 제공에 관한 사항을 심의·자문한다.
⑤ 사회보장 관련 기관·법인·단체·시설 간 연계와 협력강화를 위해 실무분과를 운영한다.

14 지역사회보장협의체에 관한 내용으로 옳지 않은 것은? [15회]

① 네트워크 원리에 따른 운영
② 민간사회복지기관에 대한 감사 및 평가
③ 수요자 중심의 지역사회보장서비스 제공기반 마련
④ 지역사회공동체 기능 회복과 사회자본 확대 지향
⑤ 「사회보장급여의 이용·제공 및 수급권자 발굴에 관한 법률」로 시행

대표문제

지역사회보장에 관한 계획(이하 '지역사회보장계획'이라 한다)에 관한 설명으로 옳은 것은? [22회]

① 시장·군수·구청장은 4년마다 지역사회보장계획을 수립한 후 보건복지부장관에게 제출한다.

② 시·군·구의 지역사회보장계획은 시·도 사회보장위원회의 심의를 거친다.

③ 지역사회보장계획은 「사회복지사업법」에 의거 매년 연차별 시행계획을 수립한다.

④ 시·도의 지역사회보장계획은 지역사회보장협의체의 심의를 거친다.

⑤ 지역사회보장계획의 수립 및 지역사회보장조사의 시기·방법 등에 필요한 사항은 대통령령으로 정한다.

해설

① 시장·군수·구청장은 4년마다 지역사회보장계획을 수립한 후 시·도지사에게 제출한다.

② 시·군·구의 지역사회보장계획은 지역사회보장협의체의 심의를 거친다.

③ 지역사회보장계획은 「사회보장급여의 이용·제공 및 수급권자 발굴에 관한 법률」에 의거 매년 연차별 시행계획을 수립한다.

④ 시·도의 지역사회보장계획은 시·도 사회보장위원회의 심의를 거친다.

답 ⑤

□1□2□3

15 시·군·구 지역사회보장계획에 관한 설명으로 옳은 것을 모두 고른 것은? [21회]

ㄱ. 시·군·구 지역사회보장협의체의 보고와 의회의 심의를 거쳐야 한다.

ㄴ. 「사회보장급여의 이용·제공 및 수급권자 발굴에 관한 법률」에 의거한다.

ㄷ. 시행연도의 전년도 11월 30일까지 수립하여 제출하여야 한다.

ㄹ. 4년마다 수립하고 매년 연차별 시행계획을 수립해야 한다.

① ㄱ, ㄴ　　　　　　② ㄱ, ㄷ
③ ㄴ, ㄹ　　　　　　④ ㄱ, ㄴ, ㄹ
⑤ ㄴ, ㄷ, ㄹ

□1□2□3

16 시·군·구 지역사회보장계획에 포함되어야 하는 사항을 모두 고른 것은? [20회]

ㄱ. 지역사회보장 전달체계의 조직과 운영

ㄴ. 사회보장급여의 사각지대 발굴 및 지원 방안

ㄷ. 지역사회보장에 관련한 통계 수집 및 관리 방안

ㄹ. 지역사회보장에 필요한 재원의 규모와 조달 방안

① ㄱ, ㄴ　　　　　　② ㄱ, ㄷ
③ ㄴ, ㄷ　　　　　　④ ㄱ, ㄴ, ㄹ
⑤ ㄱ, ㄴ, ㄷ, ㄹ

□1□2□3

17 지역사회보장계획에 관한 설명으로 옳은 것은? [19회]

① 시·군·구 지역사회보장계획은 변경할 수 없다.

② 사회보장에 관한 기본계획과 연계되도록 하여야 한다.

③ 3년마다 수립하고, 매년 연차별 시행계획을 수립하여야 한다.

④ 시·군·구 지역사회보장계획은 사회보장위원회의 심의를 거쳐야 한다.

⑤ 지역사회보장계획의 평가, 지원 등을 위한 지역사회보장지원센터를 설치·운영할 수 있다.

18 시·군·구 지역사회보장계획에 포함되어야 할 내용으로 옳은 것을 모두 고른 것은? [18회]

> ㄱ. 지역사회보장 전달체계의 조직과 운영
> ㄴ. 지역 내 부정수급 발생현황 및 방지대책
> ㄷ. 사회보장급여의 사각지대 발굴 및 지원 방안
> ㄹ. 지역사회보장의 분야별 추진전략, 중점 추진사업 및 연계협력 방안

① ㄱ, ㄹ ② ㄴ, ㄹ
③ ㄱ, ㄴ, ㄷ ④ ㄱ, ㄷ, ㄹ
⑤ ㄱ, ㄴ, ㄷ, ㄹ

19 시·군·구 지역사회보장계획의 내용에 포함될 수 없는 것은? [17회]

① 지역사회보장의 수요 측정 내용
② 지역사회보장의 중점 추진사업 및 연계협력 방안
③ 지역사회보장 전달체계의 조직과 운영
④ 사회보장급여의 사각지대 발굴 및 지원 방안
⑤ 기초지방자치단체 간 사회보장의 균형 발전 노력

20 지역사회보장계획의 수립 과정을 순서대로 옳게 나열한 것은? [17회]

> ㄱ. 세부사업 계획 수립
> ㄴ. 지역사회보장협의체 심의
> ㄷ. 지역사회보장조사
> ㄹ. 행·재정 계획 수립
> ㅁ. 의회보고
> ㅂ. 추진 비전 및 목표수립

① ㄱ－ㄴ－ㅁ－ㄹ－ㅂ－ㄷ
② ㄴ－ㄹ－ㄱ－ㅁ－ㅂ－ㄷ
③ ㄷ－ㄹ－ㅂ－ㄱ－ㄴ－ㅁ
④ ㄷ－ㅂ－ㄹ－ㄱ－ㄴ－ㅁ
⑤ ㄷ－ㅂ－ㄱ－ㄹ－ㄴ－ㅁ

21 지역사회보장계획에 관한 설명으로 옳지 않은 것은? [16회]

① 지역사회보장서비스의 수급조정과 안정적 공급을 위해 필요하다.
② 시·군·구 및 시·도는 4년마다 지역사회보장계획을 수립해야 한다.
③ 시·군·구 지역사회보장계획은 시·군·구 의회의 심의와 지역사회보장협의체의 보고를 거쳐야 한다.
④ 「사회보장급여의 이용·제공 및 수급권자 발굴에 관한 법률」에 근거한다.
⑤ 시·군·구 지역사회보장계획은 시행연도의 전년도 9월 30일까지 시·도지사에게 제출되어야 한다.

22 지역사회보장계획에 관한 설명으로 옳지 않은 것은? [15회]

① 사회보장급여의 사각지대 발굴 및 지원 방안을 모색한다.
② 지역사회보장 수요를 측정하고, 목표 및 추진 전략을 수립한다.
③ 주택, 고용, 문화를 제외한 보건과 의료영역에 초점을 둔다.
④ 시·도 및 시·군·구에서 계획을 수립한다.
⑤ 지역사회보장서비스의 수급조정과 안정적 공급을 도모한다.

정답 및 해설 p.112

유형 01 사회복지관   빈출도 ★★★

대표문제

사회복지관의 사업내용 중 기능이 다른 것은?

[22회]

① 지역 내 보호가 필요한 대상자 및 위기 개입 대상자 발굴
② 개입 대상자의 문제와 욕구에 맞는 맞춤형 서비스 제공을 위한 사례개입
③ 지역 내 민간 및 공공자원 연계 및 의뢰
④ 발굴한 사례에 대한 개입계획 수립
⑤ 주민협력 강화를 위한 주민의식 교육

해설

⑤ 주민협력 강화를 위한 주민의식 교육은 주민조직화 기능에 대한 내용이고, ①~④는 사례관리 기능에 대한 내용이다.

답 ⑤

01

「사회복지사업법」상 ( )에 들어갈 내용으로 옳은 것은?

[22회]

> 제34조의5(사회복지관의 설치 등) ① 제34조 제1항과 제2항에 따른 시설 중 사회복지관은 지역복지증진을 위하여 다음 각 호의 사업을 실시할 수 있다.
> 1. 지역사회의 특성과 지역주민의 복지욕구를 고려한 (ㄱ) 사업
> 2. 국가 · 지방자치단체 및 민간 부문의 사회복지서비스를 연계 · 제공하는 (ㄴ) 사업
> 3. 지역사회 복지공동체 활성화를 위한 복지자원 관리, 주민교육 및 (ㄷ) 사업

① ㄱ : 서비스 제공, ㄴ : 사례관리, ㄷ : 조직화

② ㄱ : 서비스 제공, ㄴ : 조직화, ㄷ : 사례관리
③ ㄱ : 사례관리, ㄴ : 서비스 제공, ㄷ : 조직화
④ ㄱ : 조직화, ㄴ : 사례관리, ㄷ : 재가복지
⑤ ㄱ : 조직화, ㄴ : 지역사회보호, ㄷ : 사례관리

02

사회복지관 사업 내용 중 지역사회 조직화 기능에 해당하는 것은?

[21회]

① 독거노인을 위한 도시락 배달
② 한부모가정 아동을 위한 문화 프로그램 제공
③ 아동 자립생활 지원을 위한 후원자 개발
④ 학교 밖 청소년을 위한 직업기능 교육
⑤ 장애인 일상생활 지원을 위한 서비스 제공

03

사회복지관 사업내용 중 서비스 제공 기능에 해당하지 않는 것은?

[20회]

① 지역사회보호   ② 사례관리
③ 교육문화   ④ 자활지원
⑤ 가족기능강화

04

다음 사회복지관에 관한 설명으로 옳지 않은 것은?

[19회]

> 행복시(市)에서 직영하고 있는 A사회복지관은 노인, 장애인 등 취약계층의 욕구 충족과 사회적 지지체계 구축을 위한 자원봉사 프로그램을 개발하였고, 이를 심의하기 위해 운영위원회를 개최하였다.

① 운영위원회는 프로그램 개발, 평가에 관한 사항을 심의한다.

② 자원봉사자 개발 · 관리는 지역조직화 기능에 해당한다.

③ 취약계층 주민에게 우선적인 서비스를 제공하여야 한다.

④ 운영위원회는 5명 이상 15명 이하의 위원으로 구성한다.

⑤ 사회복지법인, 기타 비영리법인에 한하여 설치 · 운영할 수 있다.

1 2 3

05 다음에서 사회복지관이 사회복지서비스를 우선 제공하여야 할 대상을 모두 고른 것은? [18회]

> A씨는 「국민기초생활 보장법」에 따른 수급자로서, 75세인 어머니와 보호가 필요한 유아 자녀, 교육이 필요한 청소년 자녀, 취업을 희망하는 배우자와 함께 살고 있다.

① A씨

② A씨, 배우자

③ 어머니, 배우자

④ 배우자, 자녀

⑤ A씨, 어머니, 배우자, 자녀

1 2 3

06 다음 사례의 ㄱ, ㄴ과 관련한 사회복지관의 역할을 순서대로 옳게 나열한 것은? [17회]

> ㄱ. A종합사회복지관은 인근 독거노인의 복합적이고 장기적인 욕구를 사정하고 통합적인 서비스 제공 및 점검계획을 수립하였다.
> ㄴ. 이후 독거노인의 생활을 지원하기 위해 주민봉사단을 조직하여 정기적인 가정방문을 실시하고 있다.

① 지역사회보호, 주민조직화

② 사례개입, 당사자 교육

③ 서비스 연계, 자원 개발 및 관리

④ 서비스 제공, 복지네트워크 구축

⑤ 사례관리, 주민조직화

1 2 3

07 다음 사업을 모두 수행하는 지역사회복지기관은? [16회]

> • 주민복지증진사업, 주민조직화 사업
> • 사례 발굴 및 개입
> • 아동 · 청소년 사회교육, 문화 복지사업

① 사회복지관

② 지역사회보장협의체

③ 지역자활센터

④ 지역아동센터

⑤ 자원봉사센터

1 2 3

08 우리나라 사회복지관에 관한 설명으로 옳지 않은 것은? [15회]

① 사회복지관 사업이 지방이양사업으로 선정되어 재정지원방법이 변경되었다.

② 사회복지관 5대 사업이 사례관리 기능, 서비스제공 기능, 지역조직화 기능 등 3대 기능으로 재편되었다.

③ 사회복지관 운영은 「사회보장기본법」에 근거한다.

④ 사회복지관 평가제도가 실시되고 있다.

⑤ 사회복지관의 운영원칙으로 지역성, 전문성, 책임성 등이 있다.

대표문제

사회복지협의회에 관한 설명으로 옳지 않은 것은?

[19회]

① 「사회복지사업법」에 근거를 둔 법정단체이다.
② 민·관 협력을 위해 시·군·구에 설치된 공공기관이다.
③ 한국사회복지협의회는 기타 공공기관으로 지정되었다.
④ 사회복지기관 간 연계·협력·조정 등의 업무를 수행한다.
⑤ 광역 및 지역 단위 사회복지협의회는 독립적인 사회복지법인이다.

해설

사회복지협의회는 지역사회의 여러 기관들이 모여 함께 지역의 사회복지 문제를 해결하기 위해 협의하고 조정하는 민간기관으로, 클라이언트에 직접적인 서비스를 제공하기보다는 기관이나 조직을 지원하는 성격이 더 강한 기관이다.
② 민·관 협력을 위해 시·군·구에 설치된 공공기관은 지역사회보장협의체이다.

답 ②

123

09 한국사회복지협의회의 주요사업이 아닌 것은?

[20회]

① 사회복지에 관한 교육훈련
② 사회복지에 관한 계몽 및 홍보
③ 자원봉사활동의 진흥
④ 사회복지사업에 관한 기부문화의 조성
⑤ 읍·면·동이 위탁하는 사회복지에 관한 업무

123

10 사회복지협의회에 관한 설명으로 옳은 것은?

[17회]

① 읍·면·동 중심의 공공부문 전달체계와 지역사회보호체계를 구축하고 운영한다.

② 관련법령에 따라 10명 이상 40명 이하의 규모로 위원회를 구성해야 한다.
③ 시·군·구 단위에 의무적으로 설치하여야 한다.
④ 사회복지시설 및 기관 중심의 지역사회복지 증진을 위한 법정단체이다.
⑤ 「사회보장급여의 이용·제공 및 수급권자 발굴에 관한 법률」에 근거하여 설립된다.

대표문제

사회적 경제에 관한 설명으로 옳은 것을 모두 고른 것은?

[20회]

ㄱ. 사회적 기업은 경제적 이익을 추구한다.
ㄴ. 사회적 경제는 자본주의 시장경제의 대안모델이다.
ㄷ. 사회적 협동조합의 목적은 취약계층에게 사회서비스 또는 일자리를 제공하는 것이다.

① ㄱ   ② ㄴ
③ ㄱ, ㄴ   ④ ㄴ, ㄷ
⑤ ㄱ, ㄴ, ㄷ

해설

ㄱ. 사회적 기업은 경제적 이익을 추구하여 이익을 지역주민에 활용한다.
ㄴ. 사회적 경제는 자본주의 시장경제의 대안모델로 사람을 우선순위에 두는 사람중심의 경제활동을 의미한다.
ㄷ. 사회적 협동조합의 목적은 취약계층에게 사회서비스 또는 일자리를 제공하는 것이다. 사회적 협동조합은 영리를 목적으로 하지 않는다.

답 ⑤

□1□2□3

11 다음 설명을 모두 충족하는 것은? [22회]

> • 지역공동체에 기반하여 활동한다.
> • 「도시재생 활성화 및 지원에 관한 특별법」에 근거를 두고 있다.
> • 주민이 지역자원을 활용한 수익사업을 통해 지역공동체를 활성화한다.

① 사회적 기업   ② 마을기업
③ 자활기업   ④ 협동조합
⑤ 자선단체

□1□2□3

12 사회적 기업에 관한 설명으로 옳은 것을 모두 고른 것은? [21회]

> ㄱ. 유급근로자를 고용하여 영업활동을 해야 사회적 기업으로 인증받을 수 있다.
> ㄴ. 조직형태는 민법에 따른 조합, 상법에 따른 회사, 특별법에 따른 법인 등이 있다.
> ㄷ. 보건복지부로부터 사회적 기업으로 인증을 받아야 활동할 수 있다.
> ㄹ. 서비스 수혜자, 근로자 등 이해관계자가 참여하는 의사결정 구조를 갖추어야 한다.

① ㄱ, ㄴ   ② ㄱ, ㄷ
③ ㄴ, ㄷ   ④ ㄱ, ㄴ, ㄹ
⑤ ㄱ, ㄷ, ㄹ

□1□2□3

13 사회적 경제 주체에 해당하는 것을 모두 고른 것은? [19회]

> ㄱ. 사회적 기업
> ㄴ. 마을기업
> ㄷ. 사회적 협동조합
> ㄹ. 자활기업

① ㄱ, ㄴ   ② ㄱ, ㄷ
③ ㄴ, ㄷ   ④ ㄱ, ㄷ, ㄹ
⑤ ㄱ, ㄴ, ㄷ, ㄹ

□1□2□3

14 사회적 경제에 관한 설명으로 옳은 것을 모두 고른 것은? [18회]

> ㄱ. 협동조합의 발기인은 5인 이상의 조합원 자격을 가진 자가 된다.
> ㄴ. 마을기업은 회원 외에도 지역주민의 의견을 적극 반영한다.
> ㄷ. 자활기업은 조합 또는 「부가가치세법」상의 사업자로 한다.

① ㄱ   ② ㄱ, ㄴ
③ ㄱ, ㄷ   ④ ㄴ, ㄷ
⑤ ㄱ, ㄴ, ㄷ

□1□2□3

15 사회적 경제 영역에 관한 설명으로 옳지 않은 것은? [17회]

① 협동조합은 「협동조합 기본법」에 따라 조합원의 권익옹호와 지역사회에 공헌하는 사업 조직을 말한다.
② 마을기업은 주민이 지역자원을 활용한 수익 사업을 통해 지역공동체를 활성화한다.
③ 사회적 기업은 취약계층에게 일자리를 제공하며 「사회적기업 육성법」에 따라 영리를 추구하지 않는다.
④ 자활기업은 저소득층이 상호 협력하여 공동 사업자의 형태로 탈 빈곤을 도모한다.
⑤ 사회적 경제는 사회적 목적과 민주적 운영 원리를 가진 호혜적 경제활동조직이다.

□1□2□3

16 지역사회복지 영역에서 사회적 경제에 관한 설명으로 옳지 않은 것은? [16회]

① 사회적 가치 실현을 중요시한다.
② 사회적 기업은 사회적 일자리 창출을 목적으로 한다.
③ 사회적 기업은 이윤창출이 제한된다.
④ 마을기업은 지역공동체에 기반하여 활동한다.
⑤ 협동조합은 조합원 자격자 5인 이상으로 설립한다.

PART 02

사회복지실천

17 사회적 경제의 주체에 관한 설명으로 옳은 것을 모두 고른 것은? [15회]

> ㄱ. 마을기업은 지역공동체 이익을 추구하고 지역자원을 활용한다.
> ㄴ. 사회적 기업은 사회적 목적을 추구하며 영업활동을 하는 기업은 아니다.
> ㄷ. 협동조합은 조합원의 권익 향상과 지역사회 공헌을 목적으로 한다.
> ㄹ. 지역자활센터는 수급자와 차상위계층의 자활을 촉진하며, 사회복지법인만이 신청할 수 있다.

① ㄱ, ㄷ ② ㄴ, ㄷ
③ ㄴ, ㄹ ④ ㄱ, ㄴ, ㄷ
⑤ ㄱ, ㄴ, ㄷ, ㄹ

유형 **04** 사회복지공동모금회   빈출도 ★★☆

대표문제

「사회복지공동모금회법」상 사회복지공동모금회에 관한 설명으로 옳지 않은 것은? [22회]
① 사회복지공동모금회는 사회복지법인이다.
② 특별시 · 광역시 · 특별자치시 · 도 · 특별자치도 단위 사회복지공동모금지회를 둔다.
③ 임원의 임기는 2년으로 하며, 한 차례만 연임할 수 있다.
④ 모금회가 아닌 자는 사회복지공동모금 또는 이와 유사한 명칭을 사용하지 못한다.
⑤ 사회복지활동 등을 지원하기 위한 재원을 조성하기 위하여 복권을 발행할 수 있다.

해설
임원의 임기는 3년으로 하며, 한 차례만 연임할 수 있다.
답 ③

18 「사회복지공동모금회법」상 사회복지공동모금회에 관한 설명으로 옳지 않은 것은? [20회]
① 회장, 부회장 및 이사의 임기는 3년으로 하며, 한 차례만 연임할 수 있다.
② 사회복지공동모금사업을 수행한다.
③ 모금회의 업무를 처리하기 위하여 사무총장 1명과 필요한 직원 및 기구를 둔다.
④ 특별시 · 광역시 · 특별자치시 · 도 · 특별자치도 단위 사회복지공동모금지회를 둔다.
⑤ 사회복지사업이나 그 밖의 사회복지활동 등을 지원하기 위한 재원을 조성하기 위하여 기획재정부장관의 승인을 받아 복권을 발행할 수 있다.

19 사회복지공동모금회에 관한 설명으로 옳지 않은 것은? [19회]
① 기획, 홍보, 모금, 배분 업무를 수행한다.
② 「사회복지사업법」에 의한 사회복지법인이다.
③ 지정기부금 모금단체이다.
④ 사회복지 프로그램의 전문성 제고에 기여할 수 있다.
⑤ 지역사회의 자원을 동원하는 민간운동적인 특성이 있다.

20 자원동원 기관에 관한 설명으로 옳지 않은 것은? [17회]
① 사회복지공동모금회의 신청사업은 프로그램사업과 긴급지원사업으로 나누어 공모형태로 진행된다.
② 기업의 사회공헌센터를 통한 기여 형태는 현금, 물품, 인력 등으로 다양하다.
③ 기부식품 등 제공 사업은 이용자에게 기초 푸드뱅크 · 마켓을 통해 기부물품을 제공하고 있다.

④ 자원봉사센터는 「자원봉사활동 기본법」에 근거하여 자원봉사자를 양성·배치하는 역할을 수행한다.

⑤ 사회복지공동모금회는 노블레스 오블리주 실천을 위한 아너 소사이어티를 운영하고 있다.

④ 자활기업은 저소득층의 탈빈곤을 위한 자활사업을 운영한다.

⑤ 사회복지공동모금회는 취약한 사회복지현장의 역량강화를 위해 주제를 정하여 사업을 배분하기도 한다.

유형 05 자원봉사

빈출도 ★☆☆

대표문제

자원봉사활동 추진체계의 역할로 옳지 않은 것은?

[21회]

① 보건복지부 : 자원봉사활동의 진흥을 위한 국가기본계획 수립

② 지방자치단체 : 자원봉사센터 운영을 위한 예산지원

③ 중앙자원봉사센터 : 자원봉사센터 정책 개발 및 연구

④ 시·도 자원봉사센터 : 자원봉사 프로그램 개발 및 보급

⑤ 시·군·구 자원봉사센터 : 지역 자원봉사 거점 역할 수행

│해설│
자원봉사활동의 진흥을 위한 국가기본계획 수립은 행정안전부가 수립한다. 자원봉사진흥 제4차 국가기본계획이 수립되었으며, 2027년까지 확정하여 추진할 예정이다.

답 ①

1 2 3

21 지역사회복지기관에 관한 설명으로 옳지 않은 것은?

[16회]

① 지역자활센터에서는 조건부 수급자만을 대상으로 자활의욕 고취를 위한 사업을 추진한다.

② 사회복지관은 경제적 지원, 일상생활 지원 등의 지역사회보호 사업을 수행한다.

③ 자원봉사센터는 자원봉사를 필요로 하는 기관과 단체에 자원봉사자를 공급한다.

유형 01 지역사회복지운동   빈출도 ★★☆

대표문제

지역사회복지운동에 관한 설명으로 옳은 것은?

[21회]

① 사회복지전문가 중심의 활동으로 이루어진다.
② 목적지향적인 조직적 활동이다.
③ 운동의 초점은 정치권력의 장악이다.
④ 지역사회의 구조적 문제는 배제된다.
⑤ 지역사회복지운동단체는 서비스 제공 활동을 하지 않는다.

해설

② 지역사회복지운동은 지역주민의 욕구와 문제를 해결하기 위하여 지역사회의 역량을 강화시켜 주민들의 욕구 충족과 지역공동체 형성이라는 목적지향적이며 조직적인 활동이다.

① 사회복지전문가 중심의 활동이 아니라 지역사회 주민 전체를 기반으로 하는 활동이다.
③ 운동의 초점은 사회변화와 시민사회의 성장이라는 사회적 관심에 초점을 두는 것이지 정치권 장악의 목적이 아니다.
④ 지역사회의 구조적 문제는 배제되지 않는다. 지역사회 문제를 해결하는 것뿐 아니라 문제에 영향을 미칠 수 있는 제도를 수정하는 것이 중요하다.
⑤ 지역사회복지운동단체는 서비스 제공 활동을 한다. 지역주민, 지역사회활동가, 사회복지전문가는 물론 사회복지시설 종사자 및 사회복지서비스 이용자도 사회복지운동의 주체가 될 수 있다.

답 ②

---

① ② ③

01 지역사회복지운동에 관한 설명으로 옳은 것은?

[19회]

① 계획되지 않은 조직적 활동이다.
② 사회복지전문가 중심의 활동이다.
③ 개인의 성장과 변화에 우선적인 초점을 둔다.
④ 노동자, 장애인 등 일부 주민을 대상으로 한다.
⑤ 복지권리 · 시민의식을 배양하는 사회권 확립 운동이다.

① ② ③

02 지역사회복지운동이 갖는 의의에 관한 설명으로 옳은 것을 모두 고른 것은?

[18회]

> ㄱ. 복지권리의식과 시민의식을 배양하는 복지권 확립
> ㄴ. 지역사회의 다양한 자원 활용 및 관련조직 간의 협력을 통한 지역자원 동원
> ㄷ. 지역사회의 정체성 확인과 역량강화를 통해 지역사회 변화를 주도
> ㄹ. 사회복지가 추구하는 사회적 가치로서 사회 정의 실현

① ㄱ
② ㄱ, ㄹ
③ ㄴ, ㄷ
④ ㄱ, ㄴ, ㄷ
⑤ ㄱ, ㄴ, ㄷ, ㄹ

① ② ③

03 지역사회복지운동에 관한 설명으로 옳지 않은 것은?

[17회]

① 지역사회복지서비스 제공기관의 주도성을 강화하기 위해 필요하다.
② 지역주민, 지역사회활동가, 사회복지전문가 등이 운동의 주체가 될 수 있다.

③ 지역사회문제를 해결하기 위한 목적지향성을 가진다.
④ 「국민기초생활 보장법」 시행 이후 자활후견기관(지역자활센터)이 설치·운영되어 자활운동이 공적 전달체계에 편입되었다.
⑤ 지역주민의 삶의 질과 관련된 생활영역을 포함한다.

□1 □2 □3
04 지역사회복지운동에 해당하지 않는 것은?
[15회]

① 지역사회의 변화를 주도하는 조직운동
② 노동자 계층의 소득수준을 높이는 민중운동
③ 지역사회복지의 확산과 발전을 위한 생활운동
④ 복지권리의식과 시민의식을 배양하는 사회권 확립운동
⑤ 지역사회 관련조직 간의 유기적인 협력이 이루어지는 연대운동

유형 **02** 주민참여
빈출도 ★★☆

대표문제

아른스테인(S. Arnstein)이 분류한 주민참여단계에 해당하지 않는 것은?
[22회]

① 협동관계 ② 정보제공
③ 주민회유 ④ 주민동원
⑤ 권한위임

해설
아른스테인(Arenstein)의 주민참여 8단계
• 비참여 상태 : 1. 조작, 2. 치료
• 형식적 참여 : 3. 정보제공, 4. 상담, 5. 회유
• 주민권력 : 6. 협동관계, 7. 권한위임, 8. 주민통제
④ 주민동원은 주민참여단계에 해당하지 않는다.

정답 ④

□1 □2 □3
05 주민참여와 관련이 없는 것은?
[20회]

① 지방자치제도의 발달
② 마을만들기사업(운동)
③ 지역사회복지 정책결정과정
④ 공무원 중심의 복지정책 결정권한 강화
⑤ 아른스테인(S. Arnstein)의 주장

□1 □2 □3
06 다음 사례에서 설명하는 아른스테인(S. Arnstein)의 주민참여수준은?
[19회]

> A시(市)는 도시재생사업과 관련하여 주민들과 갈등을 겪고 있다. B씨는 A시의 추천으로 도시재생사업추진위원회에 주민대표로 참여하였다. 하지만 회의는 B씨의 기대와는 달리 A시가 의도한 방향대로 최종결정되었다.

① 조작   ② 회유
③ 주민통제   ④ 권한위임
⑤ 정보제공

□1 □2 □3
07 다음 설명은 아른스테인이 분류한 주민참여단계 중 어디에 해당되는가?
[17회]

> • 행정기관과 주민이 서로 간의 관계 확인
> • 행정기관이 일방적으로 주민들을 교육, 설득시키고 주민은 단순히 참여하는 수준
> • 주민참여에서 권력분배정도가 가장 낮은 수준

① 주민회유   ② 협동관계
③ 정보제공   ④ 권한위임
⑤ 조작

□1 □2 □3
08 아른스테인의 주민참여수준 8단계 중 주민들이 특정계획에 관해서 우월한 결정권을 행사하고 집행단계에서도 강력한 권한을 행사하는 단계는?
[16회]

① 조작   ② 주민회유
③ 협동관계   ④ 권한위임
⑤ 주민통제

대표문제

다음에서 설명하는 지역사회 욕구사정 방법은?

[20회]

- 전문가 패널의 의견을 수렴하는 방법
- 합의에 이르기까지 여러 번 설문 실시
- 반복되는 설문을 통하여 패널의 의견 수정 가능

① 명목집단기법 ② 2차자료 분석
③ 델파이기법 ④ 지역사회포럼
⑤ 초점집단기법

해설

③ 델파이기법은 전문가들이 직접적으로 대면하지 않고 우편을 통하여 합의점을 도출하는 방법이다. 익명성이 보장된다는 장점이 있는 반면에 2회 이상 실시하기 때문에 장기적으로 시간과 비용이 많이 드는 단점이 있다.

① 명목집단기법은 지역주민을 한자리에 모아 지역에 영향을 미치는 문제나 이슈를 제시하도록 하고 참가자들로 하여금 열거된 문제에 대한 해결책의 우선순위를 종이에 적어 평점이 제일 높은 해결책을 선택하는 방법이다.

② 2차 자료분석은 지역주민이나 전문가들에게 자료를 얻는 것이 아니라 기존 기록을 검토하여 클라이언트의 욕구나 문제를 파악하는 방법이다.

④ 지역사회포럼은 지역사회에 거주하는 모든 주민들이 참여하고 그 지역의 욕구나 문제에 대해 의견을 발표하여 지역사회 주민의 문제를 파악하는 방법이다.

⑤ 초점집단기법은 질적 자료수집 방법 중 하나로 6~10명 정도의 소집단으로 구성되며 여러 명이 동시에 질의와 응답에 참여할 수 있고, 집중적인 토론에 유용하다.

답 ③

1 2 3

09 다음에 제시된 지역사회 욕구사정 방법은? [17회]

- 지역사회문제에 대한 전문지식을 갖고 있는 주요 정보제공자 구성
- 응답 내용이 합의에 이르기까지 여러 번에 걸쳐 설문 과정 반복
- 설문구성은 개방형으로 시작해서 이후에는 유사한 응답내용을 폐쇄형으로 구성하여 질문

① 델파이기법
② 초점집단기법
③ 공청회
④ 지역포럼기법
⑤ 사회지표분석

1 2 3

10 다음 설명하는 욕구사정 자료수집방법으로 옳은 것은? [16회]

- 욕구의 배경이나 결정과정보다 욕구 내용 결정에 초점을 둔다.
- 모든 참여자가 직접 만나서 욕구에 대한 우선순위를 결정한다.
- 욕구순위에 대한 합의의 과정이 반복시행을 거쳐 이루어질 수 있다.

① 초점집단기법
② 델파이기법
③ 지역사회포럼
④ 명목집단기법
⑤ 민속학적 조사방법

1 2 3

11 다음에서 설명하는 지역사회의 욕구사정방법은? [15회]

- 지역사회집단의 이해관계를 가장 잘 대표할 수 있는 참여자들을 선택한다.
- 선택된 사람들은 한 곳에 모여 특정 문제에 대한 의견을 집단으로 토론한다.
- 의사소통은 개방형 질문으로 진행한다.

① 델파이(Delphi)기법
② 지역사회포럼(Community Forum)
③ 민속학적(Ethnographic)기법
④ 명목집단(Nominal Group)기법
⑤ 초점집단(Focus Group)기법

PART 3

사회복지정책과 제도

CHAPTER 06

사회복지정책론

 2024년 출제경향

사회복지정책의 개요	12%
사회복지정책의 역사	12%
사회복지정책 관련 이론 및 사상	8%
사회복지정책의 분석틀	20%
빈곤과 공공부조	24%
사회보장론	20%
기타 복지제도	4%

유형 01 사회복지정책의 특징

빈출도 ★★★

대표문제

사회복지정책 평가가 갖는 특징으로 옳지 않은 것은?

[21회]

① 정치적이다.
② 실용적이다.
③ 종합학문적이다.
④ 기술적이다.
⑤ 가치중립적이다.

해설

사회복지정책 평가의 특징
• 사회복지정책의 평가는 기술적이다.
• 사회복지정책의 평가는 실용적이다.
• 사회복지정책의 평가는 개별 사례적이다.
• 사회복지정책의 평가는 가치지향적이다.
⑤ 사회복지정책은 가치지향적으로 정책을 기획할 때 보편주의와 선별주의 중 하나를 선택해야 한다. 가치가 보편주의와 선별주의 중 어느 하나를 선택하지 못하면 사회복지정책을 실행하기 어렵다.

답 ⑤

□②③
01 다음 중 사회복지정책이 필요한 이유를 모두 고른 것은?

[21회]

> ㄱ. 국민의 생존권 보장
> ㄴ. 사회통합의 증진
> ㄷ. 개인의 자립성 증진
> ㄹ. 능력에 따른 분배

① ㄱ, ㄴ   ② ㄴ, ㄷ
③ ㄴ, ㄹ   ④ ㄱ, ㄴ, ㄷ
⑤ ㄱ, ㄷ, ㄹ

□②③
02 사회복지정책 급여의 적절성에 관한 설명으로 옳지 않은 것은?

[21회]

① 인간다운 생활을 할 수 있는 수준의 급여를 제공하는 것을 말한다.
② 기초연금 지급액 인상은 적절성 수준을 높여줄 수 있다.
③ 급여를 받는 사람의 삶의 질에 대한 관심의 표현이다.
④ 일정한 수준의 물질적, 정신적 복지를 제공해야 한다는 것과 관련된다.
⑤ 적절성에 대한 기준은 시간과 환경에 따라 변하지 않는다.

□②③
03 사회복지정책의 원칙과 기능에 관한 설명으로 옳지 않은 것은?

[19회]

① 능력에 비례한 배분을 원칙으로 한다.
② 소득을 재분배하는 기능을 한다.
③ 경제의 자동안정화 기능을 한다.
④ 국민의 최저생활을 보장하는 기능을 한다.
⑤ 사회통합과 정치적 안정화 기능을 한다.

□②③
04 민간의 사회복지에 대한 우리나라 사회복지정책의 내용이 아닌 것은?

[17회]

① 국가와 지방자치단체는 국가 및 지방자치단체의 사회복지사업과 민간부문의 사회복지 증진활동이 원활하게 연계될 수 있도록 노력하여야 한다.

② 국가와 지방자치단체는 사회복지를 필요로 하는 사람의 인권이 충분히 존중되는 방식으로 사회복지서비스를 제공하여야 한다.

③ 보건복지부장관은 사회복지시설에서 제공하는 사회복지서비스의 최저기준을 마련하여야 한다.

④ 국가나 지방자치단체가 설치한 사회복지시설은 사회복지법인이나 비영리법인에 위탁하여 운영하게 할 수 있다.

⑤ 국가나 지방자치단체는 사회복지법인에 우선하여 사회복지시설을 설치 · 운영할 수 없다.

□1□2□3

05 사회복지정책의 특성에 관한 설명으로 옳지 않은 것은? [16회]

① 가치판단적 특성을 가진다.
② 국민의 최저생활을 보장한다.
③ 개인의 자립성을 증진시킨다.
④ 능력에 비례한 배분을 원칙으로 한다.
⑤ 경제의 자동안정장치(Built − in − Stabilizer) 기능을 수행한다.

□1□2□3

06 사회복지정책과 경제정책의 관계에 관한 설명으로 옳은 것을 모두 고른 것은? [15회]

> ㄱ. 경제정책은 사회복지정책에 영향을 준다.
> ㄴ. 사회복지정책은 경제에 영향을 준다.
> ㄷ. 경제정책과 사회복지정책은 서로 상생적인 역할을 할 수 있다.
> ㄹ. 자본주의 경제체제 유지를 위하여 사회복지정책이 필요하다고 설명하기도 한다.

① ㄱ ② ㄱ, ㄷ
③ ㄴ, ㄹ ④ ㄴ, ㄷ, ㄹ
⑤ ㄱ, ㄴ, ㄷ, ㄹ

유형 02 사회복지정책의 목표 빈출도 ★★★

대표문제

사회복지정책의 가치에 관한 설명으로 옳지 않은 것은? [20회]

① 소극적 자유는 자신이 원하는 것을 할 수 있는 자유를 강조한다.
② 평등을 추구하는 사회복지정책은 선택의 자유를 제한한다는 비판이 있다.
③ 형평성이 신빈민법의 열등처우원칙에 적용되었다.
④ 적절성은 일정한 수준의 신체적 · 정신적 복리를 제공하는 것을 의미한다.
⑤ 기회의 평등의 예로 사회적으로 취약한 아동을 위한 적극적 교육지원을 들 수 있다.

│해설│

소극적 자유(Negative Freedom)는 국가의 구속으로부터의 자유 또는 해방의 의미로 개인이 자신의 욕구를 충족하는 데 있어 일정한 유형의 간섭도 없는 것을 의미한다. 자신이 원하는 것을 할 수 있는 자유는 적극적 자유이다.

답 ①

□1□2□3

07 소득재분배에 관한 설명으로 옳은 것은? [22회]

① 수평적 재분배는 공공부조를 들 수 있다.
② 세대 간 재분배는 부과방식 공적연금을 들 수 있다.
③ 수직적 재분배는 아동수당을 들 수 있다.
④ 단기적 재분배는 적립방식 공적연금을 들 수 있다.
⑤ 소득재분배는 조세를 통해서만 발생한다.

08 소득재분배에 관한 설명으로 옳은 것은? [20회]

① 소득재분배는 1차적으로 시장을 통해서 발생한다.

② 세대 내 재분배에서는 한 세대에서 다음 세대로 소득이 이전된다.

③ 수직적 재분배의 예로 공공부조제도를 들 수 있다.

④ 수평적 재분배는 누진적 재분배의 효과가 가장 크다.

⑤ 세대 간 재분배는 적립방식을 통해 운영된다.

09 사회복지정책의 가치에 관한 설명으로 옳은 것은? [19회]

① 비례적 평등은 개인의 능력, 업적, 공헌에 따라 사회적 자원을 분배하는 것을 의미한다.

② 적극적 자유는 타인의 간섭 혹은 의지로부터의 자유를 의미한다.

③ 결과의 평등을 달성하기 위해 부자들의 소득을 재분배하더라도 소극적 자유를 침해하지 않는다.

④ 결과가 평등하다면 과정의 불평등은 상관없다는 것이 기회의 평등이다.

⑤ 기회의 평등은 적극적인 평등의 개념이다.

10 소득재분배에 관한 설명으로 옳은 것을 모두 고른 것은? [19회]

> ㄱ. 조세를 재원으로 하는 공공부조제도에서 일반적으로 나타난다.
> ㄴ. 사회적 취약계층을 대상으로 하는 사회복지서비스는 수직적 재분배 효과가 있다.
> ㄷ. 위험 미발생집단에서 위험 발생집단으로 소득이 이전되는 것은 수평적 소득재분배에 해당한다.
> ㄹ. 재원조달 측면에서 부조방식이 보험방식보다 재분배 효과가 크다.

① ㄱ, ㄴ 　　　　② ㄱ, ㄴ, ㄷ
③ ㄱ, ㄷ, ㄹ 　　　④ ㄴ, ㄷ, ㄹ
⑤ ㄱ, ㄴ, ㄷ, ㄹ

11 사회복지의 가치 중 '자유'에 관한 설명으로 옳은 것은? [18회]

① 자유지상주의 관점에서는 적극적 자유를 옹호한다.

② 소극적 자유 보장을 위해서는 국가의 역할이 많을수록 좋다.

③ 적극적 자유의 관점에서 자유의 침해는 개인에게 필요한 자원이나 기회를 박탈당한 것을 의미한다.

④ 적극적 자유의 관점에서는 임차인의 주거 안정을 위해 임대인의 자유를 제약할 수 없다.

⑤ 개인의 행동에 대한 외적 강제가 없는 상태는 적극적 자유의 핵심이다.

12 평등에 관한 설명으로 옳지 않은 것은? [17회]

① 보험료 수준에 따라 급여를 차등하는 것은 비례적 평등으로 볼 수 있다.

② 드림스타트(Dream Start) 사업은 기회의 평등을 반영하는 것으로 볼 수 있다.

③ 공공부조의 급여는 산술적 평등을, 열등처우의 원칙은 비례적 평등을 반영하는 것이다.

④ 모든 사람에게 동등한 의료서비스를 제공하는 영국의 국민보건서비스(NHS)는 결과의 평등을 반영하는 것으로 볼 수 있다.

⑤ 비례적 평등은 결과의 평등이다.

13 재분배와 파레토(Pareto) 효율에 관한 설명으로 옳지 않은 것은? [17회]

① 파레토 개선이란 다른 사람들의 효용을 감소시키지 않으면서 어떤 사람들의 효용을 증가시키는 것이다.

② 파레토 효율의 정의상 소득재분배는 매우 효율적이다.

③ 재분배를 통하여 빈곤층의 소득이 늘어나도 개인의 효용은 증가할 수 있다.

④ 파레토 개선의 예로 민간의 자선활동을 들 수 있다.

⑤ 파레토 효율은 완전경쟁시장에서 개인의 자발적인 선택을 전제로 한다.

④ 개인의 자발적 기부와 같이 민간에 의해 이루어질 수도 있다.

⑤ 시간적 소득재분배는 한 개인이 안정된 근로생활 시기에서 불안정한 소득시기로 소득을 이전하는 것을 의미한다.

|대표문제|

사회복지정책의 주체 및 그 역할에 관한 설명으로 옳지 않은 것은? [21회]

① 긍정적 외부효과가 큰 영역은 민간부문이 담당하는 것이 바람직하다.

② 사회복지정책의 주체는 국가, 지방자치단체, 공공복지기관 등 다양하다.

③ 공공재적 성격이 강한 재화나 서비스는 공공부문이 개입하는 것이 바람직하다.

④ 정보의 비대칭성이 강한 영역은 정부가 개입하는 것이 바람직하다.

⑤ 민간복지기관은 정부 및 공공기관에 의하여 권한을 위임받은 경우 사회복지정책의 주체가 될 수 있다.

|해설|

사회복지정책의 주체는 사회복지정책 과정을 직접적으로 실행하는 기관으로 공공기관과 민간기관으로 나눌 수 있다. 공공기관은 국가와 지방자치단체를 의미하고 민간기관은 개인, 가족, 협동조합, 종교조직, 기업, 사회복지법인들이 될 수 있다.

① 공공재, 외부효과, 대규모, 강제적, 평등, 안정성, 지속성, 표준화 등의 영역은 공공부문, 즉 국가가 개입하는 것이 바람직하고, 개별화의 경우 민간부문이 담당하는 것이 바람직하다.

답 ①

□1□2□3

14 사회복지정책이 추구하는 목표와 추진 방법을 연결한 것으로 옳지 않은 것은? [16회]

① 형평 – 실업급여

② 적절성 – 최저임금

③ 기회의 평등 – 여성고용할당

④ 적극적 자유 – 최저생활보장

⑤ 결과의 평등 – 드림스타트(Dream Start)

□1□2□3

15 소득재분배 유형과 관련된 제도를 연결한 것 중 옳은 것을 모두 고른 것은? [16회]

> ㄱ. 수직적 재분배 – 공공부조
> ㄴ. 세대 내 재분배 – 개인연금
> ㄷ. 수평적 재분배 – 아동수당
> ㄹ. 세대 간 재분배 – 장기요양보험

① ㄹ   ② ㄱ, ㄷ

③ ㄴ, ㄹ   ④ ㄱ, ㄴ, ㄷ

⑤ ㄱ, ㄴ, ㄷ, ㄹ

□1□2□3

16 소득재분배에 관한 설명으로 옳지 않은 것은? [15회]

① 소득재분배는 세대 내 재분배와 세대 간 재분배로 구분할 수 있다.

② 소득재분배는 시장의 기능에 따라 1차적으로 소득이 분배되는 것이다.

③ 정부가 조세정책과 사회복지정책 등을 통해 실현한다.

□1□2□3

17 국가가 주도적으로 사회복지를 제공해야 할 필요성으로 옳지 않은 것은? [22회]

① 역선택   ② 도덕적 해이

③ 규모의 경제   ④ 능력에 따른 분배

⑤ 정보의 비대칭

18 사회복지 재화나 서비스를 국가가 제공해야 하는 이유가 아닌 것은? [20회]

① 사회복지의 공공재적 성격
② 전염병에 대한 치료의 긍정적 외부효과 발생
③ 질병의 위험에 대한 보험방식의 역선택 문제 해결
④ 경제성장의 낙수효과 발생
⑤ 의료서비스에 대한 정보의 비대칭 문제 해결

19 다음 설명에 해당하는 것은? [19회]

> 비경합적이고 비배제적인 성격을 지니고 있기 때문에 구성원이 각각 생산에 기여했는지 여부에 관계없이 모든 구성원이 활용할 수 있는 재화를 말한다.

① 비대칭적 정보
② 공공재
③ 외부효과
④ 도덕적 해이
⑤ 역선택

20 실업보험을 민간시장에서 제공할 때 발생할 수 있는 문제점을 모두 고른 것은? [18회]

> ㄱ. 역의 선택이 나타난다.
> ㄴ. 가입자의 도덕적 해이가 발생할 가능성이 크다.
> ㄷ. 위험발생이 상호의존적이기 때문에 보험료율 계산이 어렵다.
> ㄹ. 무임승차자 문제가 발생한다.

① ㄹ
② ㄱ, ㄷ
③ ㄴ, ㄹ
④ ㄱ, ㄴ, ㄷ
⑤ ㄱ, ㄴ, ㄷ, ㄹ

21 국가가 시장에 개입하는 근거로 옳은 것을 모두 고른 것은? [17회]

> ㄱ. 긍정적 외부효과   ㄴ. 부정적 외부효과
> ㄷ. 비대칭적 정보   ㄹ. 역선택

① ㄱ, ㄷ
② ㄴ, ㄹ
③ ㄱ, ㄷ, ㄹ
④ ㄴ, ㄷ, ㄹ
⑤ ㄱ, ㄴ, ㄷ, ㄹ

유형 01 영국의 역사

빈출도 ★★★

대표문제

영국 사회복지정책의 역사에 관한 설명으로 옳은 것을 모두 고른 것은? [22회]

```
ㄱ. 길버트법은 빈민의 비참한 생활과 착취를 개
   선하기 위해 원외구제를 허용했다.
ㄴ. 스핀햄랜드법은 빈민의 임금을 보충하기 위해
   가족 수에 따라 보조금을 지급할 수 있게 했다.
ㄷ. 신빈민법은 열등처우의 원칙을 적용하였고
   원내구제를 금지했다.
ㄹ. 왕립빈민법위원회의 소수파보고서는 구빈
   법의 폐지보다는 개혁을 주장했다.
ㅁ. 베버리지 보고서를 근거로 하여 가족수당법,
   국민부조법 등이 제정되었다.
```

① ㄱ, ㄷ   ② ㄷ, ㅁ
③ ㄱ, ㄴ, ㅁ   ④ ㄴ, ㄷ, ㄹ
⑤ ㄴ, ㄹ, ㅁ

해설

- ㄷ. 신빈민법은 열등처우의 원칙을 적용하였고 원외구제를 금지하고 원내구호만 실시하였다.
- ㄹ. 왕립빈민법위원회의 소수파보고서는 구빈행정의 전문성 부족과 중복문제로 인해 구빈법의 폐지를 주장하였다.

답 ③

---

01 1942년 베버리지 보고서에서 규정한 5대 악에 해당되지 않는 것은? [21회]

① 무지   ② 질병
③ 산업재해   ④ 나태
⑤ 결핍(궁핍)

---

02 영국 구빈제도의 역사에 관한 설명으로 옳지 않은 것은? [21회]

① 1601년 엘리자베스 빈민법은 빈민을 노동능력 있는 빈민, 노동능력 없는 빈민, 빈곤 아동으로 분류하였다.
② 1662년 정주법은 부랑자들의 자유로운 이동을 금지하였다.
③ 1782년 길버트법은 원외구제를 허용하였다.
④ 1795년 스핀햄랜드법은 열등처우의 원칙을 명문화하였다.
⑤ 1834년 신빈민법은 노동능력이 있는 빈민에 대한 원외구제를 폐지하였다.

---

03 사회복지역사에 관한 설명으로 옳은 것을 모두 고른 것은? [20회]

```
ㄱ. 길버트법은 작업장 노동의 비인도적인 문제
   에 대응하여 원외구제를 실시하였다.
ㄴ. 신빈민법은 특권적 지주계급을 위한 법으로
   구빈업무를 전국적으로 통일하였다.
ㄷ. 미국의 사회보장법(1935)은 연방정부의 책임
   을 축소하고 지방정부의 책임을 확대하였다.
ㄹ. 비스마르크는 독일제국의 사회통합을 위해
   사회보험을 도입하였다.
```

① ㄱ, ㄴ   ② ㄱ, ㄷ
③ ㄱ, ㄹ   ④ ㄴ, ㄷ
⑤ ㄷ, ㄹ

1 2 3

04 신빈민법(New Poor Law)에 관한 설명으로 옳지 않은 것은? [19회]

① 1832년 왕립위원회(Royal Commission)의 조사를 토대로 1834년에 제정되었다.
② 국가의 도움을 받는 사람의 처우는 스스로 벌어서 생활하는 최하위 노동자의 생활수준보다 높지 않아야 한다는 원칙을 내용으로 하고 있다.
③ 원외구제를 인정하였다.
④ 구빈행정체계를 통일시키고자 하였다.
⑤ 빈민을 가치 있는 빈민과 가치 없는 빈민으로 분류하였다.

1 2 3

05 사회복지역사에 관한 내용 중 연결이 옳은 것은? [18회]

① 엘리자베스 구빈법(1601) – 열등처우의 원칙
② 길버트법(1782) – 원외구제 허용
③ 비스마르크 3대 사회보험 – 질병보험, 실업보험, 노령폐질보험
④ 미국 사회보장법(1935) – 보편적 의료보험제도 도입
⑤ 베버리지 보고서(1942) – 소득비례방식의 사회보험 도입

1 2 3

06 베버리지가 사회보장 프로그램의 성공을 위해 제시한 전제조건을 모두 고른 것은? [18회]

| ㄱ. 아동(가족)수당 |
| ㄴ. 완전고용 |
| ㄷ. 포괄적 의료 및 재활서비스 |
| ㄹ. 최저임금 |

① ㄹ
② ㄱ, ㄷ
③ ㄴ, ㄹ
④ ㄱ, ㄴ, ㄷ
⑤ ㄱ, ㄴ, ㄷ, ㄹ

1 2 3

07 영국의 신빈민법(1834)과 우리나라의 현재 국민기초생활보장제도에서 공통으로 나타나는 원칙은? [16회]

① 비례급여의 원칙
② 원외구제의 원칙
③ 임금보조의 원칙
④ 열등처우의 원칙
⑤ 비부양의무의 원칙

1 2 3

08 1942년 베버리지 보고서에서 구상한 복지국가 모형의 특징이 아닌 것은? [15회]

① 빈곤계층을 대상으로 하는 선별적 복지를 강조한다.
② 정액부담과 정액급여의 원리를 바탕으로 한다.
③ 베버리지는 결핍(궁핍), 질병, 무지, 불결, 나태를 5대 악으로 규정한다.
④ 정액부담의 원칙은 보험료의 징수와 관련한 행정비용을 절감할 수 있는 효과가 있다.
⑤ 노령, 장애, 실업, 질병 등과 같은 사회적 위험들을 하나의 국민보험에서 통합적으로 운영한다.

유형 02 복지국가단계

빈출도
★★★

대표문제

복지다원주의 또는 복지혼합에 관한 설명으로 옳지 않은 것은? [22회]

① 국가는 복지의 주된 공급자로 인정하면서도 불평등을 야기하는 시장은 복지공급자로 수용하지 않는다.
② 국가를 포함한 복지제공의 주체를 재구성하는 논리로 활용된다.
③ 비공식부문은 제도적 복지의 발달에도 불구하고 존재하는 비복지문제에 대응하는 복지주체이다.
④ 시민사회는 사회적경제조직을 구성하여 지역사회에서 공급주체로 참여하는 역할을 한다.
⑤ 복지제공의 주체로 국가 외에 다른 주체를 수용한다는 점에서 복지국가를 비판하는 논리로 쓰인다.

해설
복지다원주의는 사회복지 공급 주체를 국가 외에 지방정부, 비영리부문(제3섹터), 기업 등으로 다원화하는 것이다.

🔖 ①

---

① ② ③

09 사회적 배제의 특성에 관한 설명으로 옳지 않은 것은? [22회]

① 문제의 초점을 소득의 결핍으로 제한한다.
② 빈곤에 대해 다차원적으로 접근하는 개념이다.
③ 빈곤의 역동성과 동태적 과정을 강조한다.
④ 개인과 집단의 박탈과 불평등을 유발하는 다양한 영역을 포괄한다.
⑤ 사회적 관계망으로부터의 단절 문제를 제기한다.

---

① ② ③

10 사회투자전략에 관한 설명으로 옳은 것은? [20회]

① 인적자원에 대한 투자는 결과의 평등을 목적으로 한다.
② 사회적 약자 집단에 대한 현금이전을 중시한다.
③ 현재 아동세대에 대한 선제적 투자를 중시한다.
④ 사회정책과 경제정책을 분리한 전략이다.
⑤ 소득재분배와 소비 지원을 강조한다.

---

① ② ③

11 새로운 사회적 위험(New Social Risk)에 관한 설명이 아닌 것은? [19회]

① 여성들의 유급노동시장으로의 참여 증가로 일과 가정의 양립 문제가 확산되고 있다.
② 노인인구 증가로 인한 복지비용 증가와 노인 돌봄이 중요한 문제로 대두되고 있다.
③ 노동시장의 불안정으로 근로빈곤층이 증가하고 있다.
④ 국가 간의 노동인구 이동이 줄어들고 있다.
⑤ 새로운 사회적 위험으로 인한 수요 증가에 필요한 복지재정의 부족현상이 심화되고 있다.

---

① ② ③

12 사회적 배제의 개념적 특성에 관한 설명으로 옳지 않은 것은? [18회]

① 개인과 집단의 다차원적 불이익에 초점을 두고, 다층적 대책을 촉구한다.
② 특정 집단이 경험하는 배제는 정태적 사건이 아니라 동태적 과정으로 본다.
③ 사회적 배제 개념은 열등처우의 원칙으로부터 등장하였다.
④ 소득의 결핍 그 자체보다 다양한 배제 행위가 발생하는 과정에 초점을 둔다.
⑤ 사회적 관계망으로부터의 단절과 차별 문제를 제기한다.

① ② ③

13 서구 복지국가의 위기 이후 나타난 흐름에 관한 설명으로 옳지 않은 것은? [16회]

① 공공서비스의 시장화
② 노동시장의 유연화정책
③ 계층 간 소득불평등 완화
④ 복지의 투자 · 생산적 성격 강조
⑤ 경제 활성화를 위한 법인세 인하

① ② ③

14 최근 20년간 우리나라 사회복지정책의 환경변화에 관한 설명으로 옳지 않은 것은? [15회]

① 전 인구 중 노인의 비율이 높아졌다.
② 고용안정성에 대한 정책적 대응의 필요성이 높아졌다.
③ 다양한 문화적 배경의 사회 구성원이 증가하였다.
④ 저출산 현상이 주요 사회문제로 등장하게 되었다.
⑤ 높은 수준의 경제성장이 지속됨에 따라 복지 재원 마련이 용이해졌다.

① ② ③

15 사회투자전략에 관한 설명으로 옳지 않은 것은? [15회]

① 아동 세대에게 교육기회를 제공하여 미래의 근로능력을 향상시킨다.
② 사회정책과 경제정책을 통합적으로 실시하여 사회적 목표를 추구한다.
③ 사회투자모형에서 인적자원에 대한 투자는 결과의 평등을 지향한다.
④ 인적자본의 근본적 육성을 통해 사회참여 촉진을 목표로 한다.
⑤ 경제활동 참여를 활성화한다.

① ② ③

16 최근 10년간 우리나라 사회복지정책의 변화에 관한 설명으로 옳은 것은? [15회]

① 고용불안정의 심화로 사회보험제도의 기반이 견고해지고 있다.
② 사회복지정책의 총 지출이 감소하는 추세에 있다.
③ 근로빈곤층 지원제도가 약화되고 있다.
④ 지방자치단체의 자체적인 복지사업이 증가하는 추세에 있다.
⑤ 복지정책 대상의 초점이 극빈층으로 변화하고 있다.

① ② ③

17 후기산업사회의 특징이 아닌 것은? [15회]

① 노인부양비의 감소
② 인간 욕구의 다변화
③ 가족해체 현상의 증가
④ 세계화에 따른 경쟁의 심화
⑤ 아동 및 노인에 대한 가정 내 돌봄 여력 감소

유형 01 사회복지정책 발달이론   빈출도 ★★★

대표문제

사회복지정책 발달이론에 관한 설명으로 옳지 않은 것은?   [19회]

① 사회양심론은 인도주의에 기초하고 있다.
② 음모이론은 사회복지정책을 사회안정과 질서유지를 위한 통제수단으로 보는 이론이다.
③ 확산이론은 한 지역의 사회복지정책이 다른 지역으로 전파되어 나간다는 이론이다.
④ 시민권론은 참정권, 공민권, 사회권 순으로 발전했다고 설명한다.
⑤ 산업화이론은 사회복지정책발달은 그 사회의 산업화 정도에 따라 결정된다고 보는 이론이다.

| 해설 |
시민권은 공민권(18세기) → 정치권(참정권, 19세기) → 사회권(복지권, 20세기) 순으로 발전하였다.

답 ④

---

1 2 3

01 사회복지정책의 발달을 설명하는 이론으로 옳은 것을 모두 고른 것은?   [22회]

> ㄱ. 시민권이론은 정치권, 공민권, 사회권의 순서로 발달한 것으로 본다.
> ㄴ. 권력자원이론은 노동조합의 중앙집중화 정도, 좌파정당의 집권을 복지국가 발달의 변수로 본다.
> ㄷ. 이익집단이론은 다양한 이익집단들의 정치적 활동을 통해 복지국가가 발달한 것으로 본다.
> ㄹ. 국가중심이론은 국가 엘리트들과 고용주들의 의지와 능력에 의해 결정된다고 본다.
> ㅁ. 수렴이론은 그 사회의 기술수준과 산업화 정도에 따라 사회복지의 발달이 수렴된다고 본다.

① ㄱ, ㄴ, ㄹ
② ㄱ, ㄷ, ㅁ
③ ㄴ, ㄷ, ㄹ
④ ㄴ, ㄷ, ㅁ
⑤ ㄷ, ㄹ, ㅁ

---

1 2 3

02 사회복지정책의 발달이론 중 의회민주주의의 정착과 노동자계급의 조직화된 힘을 강조하는 이론은?   [21회]

① 산업화론
② 권력자원이론
③ 확산이론
④ 사회양심이론
⑤ 국가중심이론

03 사회복지정책의 발달이론에 관한 설명으로 옳지 않은 것은? [20회]

① 산업화론 – 농경사회에서 산업사회로 변화하면서 사회문제가 발생하였고, 그 대책으로 사회복지정책이 발달하였다.

② 권력자원론 – 복지국가 발전의 중요 변수들은 노동조합의 중앙집중화 정도, 노동자 정당의 영향력 등이다.

③ 수렴이론 – 사회적 양심과 이타주의의 확대에 따라 모든 국가는 복지국가로 수렴한다.

④ 시민권론 – 마샬(T. H. Marshall)에 따르면 시민권은 공민권, 참정권, 사회권 순서로 발전하였고, 사회복지정책은 사회권이 발달한 결과이다.

⑤ 국가중심적 이론 – 적극적 행위자로서 국가를 강조하고 사회복지정책의 발전을 국가 관료제의 영향으로 설명한다.

04 사회복지발달이론에 관한 설명으로 옳지 않은 것은? [18회]

① 사회양심이론 : 사회복지는 이타주의가 제도화된 것임

② 수렴이론 : 산업화를 이룬 나라들은 사회복지 제도를 도입하게 됨

③ 시민권론 : 마샬은 사회권을 복지권이라고 함

④ 권력자원론 : 사회복지정책은 권력 엘리트의 산물임

⑤ 구조기능주의론 : 사회복지는 산업화, 도시화에 따른 사회문제에 대한 적응의 결과임

05 복지국가의 이론적 기초가 되는 케인즈(J. M. Keynes)의 경제이론에 관한 설명으로 옳지 않은 것은? [17회]

① 고용이 증가하면 소득이 증가하고, 소득이 증가하면 유효수요가 증가한다.

② 유효수요가 감소하면 경기불황을 가져오고, 소득이 감소한다.

③ 저축이 증가하면 투자가 감소하고, 고용의 감소로 이어진다.

④ 유효수요가 증가하면 경기호황을 가져와 투자의 증가로 이어진다.

⑤ 소득이 증가하면 저축이 감소하고, 투자의 감소로 이어진다.

06 사회복지정책의 발달이론에 관한 설명으로 옳지 않은 것은? [16회]

① 확산이론 : 한 국가의 제도나 기술 혁신이 인근 국가에 영향을 준다.

② 음모이론 : 사회복지정책에 대해 사회 안정과 질서 유지를 위한 하나의 수단으로 보았다.

③ 독점자본이론 : 경제발전이 상당 수준에 이르면 사회복지 발전 정도가 유사하게 나타난다.

④ 이익집단이론 : 현대사회에서 귀속적 차이 등에 따른 집단들 간의 정치적 행위가 커지고 있다.

⑤ 사회양심이론 : 인도주의에 입각한 사회적 의무감이 사회복지정책을 확대할 수 있다.

대표문제

정책결정이론 모형에 관한 설명으로 옳은 것을 모두 고른 것은? [20회]

ㄱ. 합리모형은 인간의 이성과 합리성을 믿고 주어진 상황에서 목표 달성을 극대화하는 최선의 정책대안을 찾아낼 수 있다고 본다.
ㄴ. 점증모형은 조직화된 무정부상태 속에서 점진적으로 질서를 찾아가는 과정을 정책결정 과정으로 설명한다.
ㄷ. 쓰레기통모형은 문제의 흐름, 정책대안의 흐름, 정치의 흐름이 우연히 결합하여 정책의 창이 열릴 때 정책이 결정된다고 본다.
ㄹ. 혼합모형은 합리모형과 최적모형을 혼합하여 최선의 정책결정에 도달하는 정책결정모형이다.

① ㄱ, ㄷ
② ㄱ, ㄹ
③ ㄴ, ㄹ
④ ㄱ, ㄴ, ㄷ
⑤ ㄱ, ㄴ, ㄷ, ㄹ

해설
ㄱ. 합리모형은 정책결정자가 높은 이성과 합리성을 가지고 주어진 상황에서 최선의 정책대안을 찾아낼 수 있다는 모형이다.
ㄷ. 코헨, 마치, 올슨의 쓰레기통모형은 조직화된 무정부상태 속에서 선택기회, 문제, 해결방안, 참여자 등 네 가지 흐름에 의해 우연히 쓰레기통 속에서 만나게 되면 정책결정이 이루어진다는 모형이다. 킹돈의 쓰레기통모형은 정치의 흐름, 문제의 흐름, 정책의 흐름 등 세 가지 흐름이 각각 존재하다가 우연히 만날 때 정책의 창문이 열리고 그때 정책결정을 하면 문제가 해결된다고 하였다.
ㄴ. 점증모형은 과거의 정책결정을 기초로 하여 약간의 변화를 추구하면서 새로운 정책대안을 검토하고 점증적으로 수정하는 과정을 거친다고 보는 모형이다.
ㄹ. 혼합모형은 합리모형과 점증모형의 절충적인 형태의 모형이다.

답 ①

07 정책결정모형 중 드로어(Y. Dror)가 제시한 최적모형에 관한 설명으로 옳은 것을 모두 고른 것은? [21회]

ㄱ. 합리모형과 점증모형의 단순혼합이 아닌 정책성과를 최적화하려는 데 초점을 둔다.
ㄴ. 합리적 요소와 초합리적 요소를 다 고려하는 질적 모형이다.
ㄷ. 초합리성의 구체적인 달성 방법에 대한 명확한 설명이 제시되었다.
ㄹ. 정책결정을 체계론적 시각에서 파악한다.
ㅁ. 정책결정과정에서 실현 가능성이 낮다는 비판이 있다.

① ㄱ, ㄴ
② ㄱ, ㄷ, ㄹ
③ ㄱ, ㄴ, ㄹ, ㅁ
④ ㄱ, ㄷ, ㄹ, ㅁ
⑤ ㄴ, ㄷ, ㄹ, ㅁ

08 킹돈(J. Kingdon)의 쓰레기통모형에 관한 설명으로 옳은 것을 모두 고른 것은? [17회]

ㄱ. 정책결정은 조직화된 상태 속에서 나타나는 몇 가지 흐름에 의하여 체계적으로 이루어진다.
ㄴ. 정치의 흐름, 문제의 흐름, 정책대안의 흐름이 각각 따로 존재하며, 그 과정의 참여자도 다르다.
ㄷ. 정책의 흐름 속에 떠다니던 정책대안이 연결되어 정책결정의 기회를 맞는다.
ㄹ. 정치의 흐름 및 문제의 흐름 각각에 의하여 또는 이들의 결합에 의하여 정책 아젠다가 결정된다.

① ㄱ, ㄴ
② ㄱ, ㄷ
③ ㄴ, ㄷ
④ ㄴ, ㄷ, ㄹ
⑤ ㄱ, ㄴ, ㄷ, ㄹ

① ② ③

09 정책결정이론 모형에 관한 설명으로 옳지 않은 것은? [16회]

① 합리모형 : 인간의 이성과 합리성을 전제로 최선의 정책대안을 찾을 수 있다고 가정한다.

② 혼합모형 : 조직화된 무정부상태 속에서 정책이 우연히 결정된다고 가정한다.

③ 최적모형 : 체계론적 시각에서 정책성과를 최적화하려는 정책결정 모형이다.

④ 만족모형 : 사람은 자신의 제한된 능력과 환경적 제약으로 모든 대안이 초래할 결과를 완전히 예측할 수는 없다.

⑤ 점증모형 : 과거의 정책을 약간 수정한 정책결정이 이루어지고, 여론의 반응에 따라 정책수정을 반복한다.

| 유형 03 | 사회복지정책 모형 – 에스핑 안데르센(Esping – Andersen) | 빈출도 ★★★ |

대표문제

에스핑–안데르센(G. Esping–Andersen)의 복지국가 유형에 관한 설명으로 옳은 것은?

[22회]

① 복지국가 유형을 탈상품화, 계층화 등을 기준으로 분류하였다.

② 보수주의 복지국가는 탈가족주의와 통합적 사회보험을 강조한다.

③ 자유주의 복지국가는 공공부조의 비중과 탈상품화 수준이 낮은 편이다.

④ 사회민주주의 복지국가는 국가의 책임을 최소화하고 시장을 통해 문제해결을 한다.

⑤ 보수주의 복지국가의 예로는 프랑스, 영국, 미국을 들 수 있다.

해설

① 에스핑 – 안데르센은 유형화를 분류하는 기준으로 탈상품화와 계층화를 활용하였다.

② 보수주의 복지국가는 가족을 중시하는 가족주의와 통합적 사회보험을 강조한다.

③ 자유주의 복지국가는 공공부조의 비중은 높고 탈상품화 수준이 낮은 편이다.

④ 자유주의 복지국가는 국가의 책임을 최소화하고 시장을 통해 문제해결을 한다.

⑤ 보수주의 복지국가의 예로는 프랑스, 독일을 들 수 있고 영국, 미국은 자유주의 복지국가이다.

 정답 ①

① ② ③

10 에스핑–안데르센(G. Esping–Andersen)의 복지국가 유형에 관한 설명으로 옳지 않은 것은?

[21회]

① 탈상품화 정도, 계층화 정도 등에 따라 복지국가를 3가지 유형으로 분류하였다.

② 탈상품화는 돌봄이나 서비스 부담을 가족에게 의존하지 않는 정도를 의미한다.

③ 사회민주주의 복지국가는 탈상품화 정도가 높고 보편적 사회서비스를 제공한다.

④ 보수주의 복지국가에서 사회보험은 직업집단 등에 따라 분절적으로 운영된다.

⑤ 자유주의 복지국가는 공공부조의 역할이 크고 탈상품화 정도는 낮다.

① ② ③

11 에스핑–안데르센(G. Esping–Andersen)의 세가지 복지체제에 관한 설명으로 옳지 않은 것은?

[20회]

① 보수주의 복지체제 국가는 가족의 중요성을 강조한다.

② 자유주의 복지체제 국가에서 탈상품화 정도가 가장 높다.

③ 사회민주주의 복지체제 국가는 보편주의를 강조한다.

④ 보수주의 복지체제 국가의 예로 독일, 프랑스, 이탈리아가 있다.

⑤ 자유주의 복지체제 국가의 사회보장급여는 잔여적 특성이 강하다.

12 에스핑-안데르센(Esping-Anderson)의 복지국가 유형에 관한 설명으로 옳은 것을 모두 고른 것은? [19회]

> ㄱ. 복지국가 유형을 탈상품화, 계층화 등을 기준으로 분류하였다.
> ㄴ. 자유주의 복지국가는 자산조사에 의한 공공부조의 비중이 큰 국가이다.
> ㄷ. 보수주의 복지국가는 사회보험에 의존하지 않는다.
> ㄹ. 사회민주주의 복지국가는 보편적 원칙과 사회권을 통한 탈상품화 효과가 크다.

① ㄱ, ㄴ　　　　　② ㄱ, ㄹ
③ ㄱ, ㄴ, ㄹ　　　④ ㄴ, ㄷ, ㄹ
⑤ ㄱ, ㄴ, ㄷ, ㄹ

13 에스핑-안데르센(G. Esping-Andersen)의 복지국가 유형 중 조합주의 복지국가 모형의 특징이 아닌 것은? [15회]

① 사회보험 가입자들의 직장 이동성을 활성화할 수 있다.
② 산업재해와 같은 동일한 위험에 대해서 다수의 운영주체가 존재한다.
③ 제도의 적용대상은 임금근로계층을 원칙으로 한다.
④ 사회복지제도들은 위험별로 구분하여 각각 독립적인 제도로 운영된다.
⑤ 조합단위의 제도로 인하여 위험분산의 효과가 상대적으로 낮게 발생한다.

14 에스핑-안데르센(G. Esping-Andersen)의 복지국가 유형에 관한 설명으로 옳지 않은 것은? [16회]

① 자유주의 복지국가는 시장의 효율성을 중시한다.
② 자유주의 복지국가는 저소득층에 초점을 맞춘다.

③ 보수주의 복지국가는 개인책임과 자조의 원리를 강조한다.
④ 보수주의 복지국가는 사회적 지위에 따라 사회보험 혜택의 차이가 있다.
⑤ 사회민주주의 복지국가는 보편주의적 개입을 통해 가족과 시장을 대체하는 특성을 갖고 있다.

유형 04 사회복지정책 모형 – 조지와 윌딩 (George & Wilding)　빈출도 ★☆☆

대표문제

> 조지와 윌딩(V. George & P. Wilding, 1976 ; 1994)의 사회복지모형에서 복지국가의 확대를 가장 지지하는 이념은? [20회]
>
> ① 신우파　　　　② 반집합주의
> ③ 마르크스주의　④ 페이비언 사회주의
> ⑤ 녹색주의
>
> **해설**
> 페이비언주의는 평등과 적극적인 자유를 강조하여 국가의 적극적인 개입을 인정한다.
>
> 답 ④

15 조지(V. George)와 윌딩(P. Wilding)이 제시한 이념 중 소극적 집합주의에 관한 설명으로 옳은 것은? [21회]

① 시장에 대한 국가개입을 최소화하고 개인의 소극적 자유를 극대화하는 것이 바람직하다.
② 개인의 적극적 자유를 보장하기 위해서는 철저한 계획경제와 생산수단의 국유화가 필요하다.
③ 환경과 생태의 관점에서 자본주의의 성장과 복지국가의 확대는 지속 가능하지 않다.
④ 복지국가는 노동의 성(Gender) 분업과 자본주의 가부장제를 고착화시키는 역할을 한다.
⑤ 시장의 약점을 보완하고 불평등과 빈곤에 대응하기 위하여 실용적인 국가개입이 필요하다.

16 반집합주의가 선호하는 가치 영역이 아닌 것은?

[17회]

① 개인　　　　② 시장
③ 평등　　　　④ 가족
⑤ 경쟁

유형 01 사회복지정책 분석의 유형 빈출도 ★★☆

대표문제

사회복지정책 분석에서 산물(Product) 분석의 한계에 관한 설명으로 옳은 것은? [21회]

① 정해진 틀에 따라 사회복지정책 내용을 분석함으로써 적용된 사회적 가치를 평가하기 쉽다.
② 사회복지정책의 방향성을 제시하기가 용이하다.
③ 현행 사회복지정책에서 배제되고 차별받는 사람들의 욕구를 파악하기 쉽다.
④ 산물분석 결과는 기존의 사회주류적 입장을 대변할 가능성이 높다.
⑤ 사회복지정책의 구체적인 대안을 담아내기 쉽다.

해설

④ 산출(산물)분석은 선택한 정책과 연관된 다양한 쟁점에 대한 분석으로 정책의 내용이나 구체적인 프로그램의 내용에 관해 분석하는 방법이다. 현재 서비스를 받거나 기존에 받았던 사회 주류적 입장만을 대변할 수 있다.

① 사회복지정책의 내용을 정해진 틀에 따라 분석해 사회적 가치(서비스나 상품의 사회에 대한 상대적 가치)를 평가하기는 쉽지 않다. 틀은 정해져 있지만 사회적 가치는 변화한다.
② 사회복지정책의 방향성을 제시하기가 용이한 분석은 성과분석이다.
③ 사회복지정책에서 배제되고 차별받는 사람들의 욕구를 사회복지정책의 내용으로는 파악하기 어렵다.
⑤ 사회복지정책의 내용을 분석하므로 구체적인 대안을 담아내기 어렵다.

답 ④

PART 03 사회복지정책과 제도

1 2 3

01 우리나라의 건강보험제도를 할당, 급여, 전달체계, 재정의 영역으로 구분한 것이다. 내용 연결이 옳은 것을 모두 고른 것은? [20회]

> ㄱ. 할당 – 기여조건
> ㄴ. 급여 – 현금급여, 현물급여
> ㄷ. 전달체계 – 민간전달체계, 공공전달체계
> ㄹ. 재정 – 보험료, 국고보조금, 이용료

① ㄱ, ㄴ
② ㄱ, ㄷ
③ ㄱ, ㄴ, ㄷ
④ ㄴ, ㄷ, ㄹ
⑤ ㄱ, ㄴ, ㄷ, ㄹ

1 2 3

02 길버트(N. Gilbert)와 스펙트(H. Specht) 등의 사회복지정책 분석에 관한 설명으로 옳지 않은 것은? [19회]

① 과정분석은 정책형성에 영향을 미치는 사회정치적 · 기술적 · 방법적 변수를 중심으로 분석하는 접근방법이다.
② 산물분석은 정책선택에 관련된 여러 가지 쟁점을 분석하는 접근방법이다.
③ 성과분석은 실행된 정책이 낳은 결과를 기술하고 분석하는 접근방법이다.
④ 산물분석은 할당, 급여, 전달체계, 재정 차원으로 구분하여 분석한다.
⑤ 과정분석은 연구자의 주관을 배재해야 한다.

03 사회복지정책을 분석하는 접근방법에 관한 설명으로 옳은 것은? [18회]

① 산물분석은 특정정책이 실행된 이후 그 결과를 분석·평가하는 데 관심을 둔다.

② 산물분석은 정책이 형성되는 사회정치적 맥락을 고찰한다.

③ 성과분석은 정책결정이라는 정책활동의 결과물에 대한 내용을 분석하는 것이다.

④ 과정분석은 정책 기회과정을 거쳐 이끌어 낸 여러 정책대안을 분석한다.

⑤ 과정분석은 정책사정이 어떻게 이루어지는지를 이해하기 위한 목적에서 이루어진다.

유형 02 할당체계 빈출도 ★★★

대표문제

우리나라 사회복지제도의 급여자격 조건에 관한 설명으로 옳은 것은? [20회]

① 국민연금은 소득수준 하위 70%를 기준으로 급여자격이 부여되므로 자산조사 방식이 적용된다.

② 노인장기요양보험제도는 요양등급을 판정하여 급여를 제공하므로 진단적 구분이 적용된다.

③ 아동수당은 전체 아동이 적용대상이 아니므로 선별주의 제도이다.

④ 국민기초생활보장제도는 부양의무자 조건을 완화하였으므로 보편주의 제도이다.

⑤ 장애인연금은 모든 장애인에게 지급하는 보편주의 제도이다.

│해설│

② 노인장기요양보험제도는 요양등급을 판정하여 급여를 제공하므로 진단적 구분이 적용된다. 의사의 진단과 함께 노인장기요양보험에 따른 요양등급을 받아야 급여를 제공받을 수 있다.

① 소득수준 하위 70%를 기준으로 급여자격이 부여되어 자산조사 방식이 적용되는 것은 기초연금이다. 국민연금은 소득수준을 적용하지 않는다.

③ 아동의 나이는 18세 미만이고, 아동수당은 전체 아동이

아니라 만 8세 미만의 아동이 적용대상이므로 선별주의 제도로 볼 수 있으나 만 8세 미만의 아동들에게만 한정한다면 보편주의 제도가 된다.

④ 국민기초생활보장제도는 부양의무자 조건을 완화하였다 하더라도 소득기준이 있으므로 선별주의 제도이다.

⑤ 장애인연금은 모든 장애인에게 지급하지 않고 중증장애인과 소득기준으로 판별하므로 선별주의 제도이다.

답 ②

---

04 보편주의와 선별주의에 관한 설명으로 옳은 것을 모두 고른 것은? [22회]

> ㄱ. 보편주의는 시민권에 입각해 권리로서 복지를 제공하므로 비납세자는 사회복지대상에서 제외한다.
>
> ㄴ. 보편주의는 기여자와 수혜자를 구별하지 않는다.
>
> ㄷ. 선별주의는 수급자격이 제한된 급여를 제공하기 위해 자산조사 또는 소득조사를 한다.
>
> ㄹ. 보편주의자와 선별주의자 모두 사회적 평등성 또는 사회적 효과성을 나름대로 추구한다.

① ㄷ
② ㄱ, ㄷ
③ ㄴ, ㄹ
④ ㄱ, ㄴ, ㄹ
⑤ ㄴ, ㄷ, ㄹ

---

05 사회복지정책의 수급조건에 해당하지 않는 것은? [19회]

① 연령
② 자산조사
③ 기여 여부
④ 진단평가
⑤ 최종 학력

---

06 사회복지의 잔여적 개념과 제도적 개념에 관한 설명으로 옳은 것을 모두 고른 것은? [22회]

> ㄱ. 잔여적 개념에 따르면 개인은 기본적으로 가족과 시장을 통해 욕구를 충족시킨다.
>
> ㄴ. 제도적 개념에 따르면 가족과 시장에 의한 개인의 욕구충족이 실패했을 때 국가가 잠

정적·일시적으로 그 기능을 대신한다.
- ㄷ. 잔여적 개념은 작은 정부를 옹호하고 시장과 민간의 역할을 중시하는 보수주의자들의 선호와 맥락을 같이한다.
- ㄹ. 제도적 개념은 사회복지를 시혜나 자선으로 보지 않지만 국가에 의해 주어진 것이므로 권리성은 약하다.

① ㄱ
② ㄹ
③ ㄱ, ㄷ
④ ㄴ, ㄷ
⑤ ㄴ, ㄷ, ㄹ

| 1 2 3 |

07 선별주의에 근거한 제도에 해당하는 것을 모두 고른 것은? [19회]

| ㄱ. 장애인연금 | ㄴ. 아동수당 |
| ㄷ. 기초연금 | ㄹ. 의료급여 |

① ㄱ, ㄴ, ㄷ
② ㄱ, ㄴ, ㄹ
③ ㄱ, ㄷ, ㄹ
④ ㄴ, ㄷ, ㄹ
⑤ ㄱ, ㄴ, ㄷ, ㄹ

| 1 2 3 |

08 우리나라 사회복지정책의 대상 선정에 관한 설명으로 옳은 것은? [18회]

① 소득이나 자산을 조사하여 대상을 선정하는 것은 보편주의 원칙에 부합한다.
② 아동수당은 인구학적 기준을 적용한 제도이다.
③ 장애수당은 전문가의 진단을 고려하지 않는다.
④ 긴급복지지원제도는 보편주의 원칙에 부합한다.
⑤ 기초연금의 대상 선정기준에는 부양의무자 유무가 포함된다.

| 1 2 3 |

09 우리나라 사회복지제도 중에서 보편주의 범주에 포함되는 것은? [17회]

① 의료급여
② 생계급여
③ 주거급여
④ 실업급여
⑤ 기초연금

유형 **03** 급여체계

빈출도 ★★★

대표문제

급여의 형태에 관한 설명으로 옳은 것을 모두 고른 것은? [22회]

- ㄱ. 현금급여는 선택의 자유를 보장하지만 사회적 통제가 부과된다.
- ㄴ. 현물급여는 집합적 선을 추구하고 용도 외 사용을 방지하지만 관리비용이 많이 든다.
- ㄷ. 서비스는 클라이언트를 위한 제반 활동을 말하며 목적 외 다른 용도로 사용할 수 없다.
- ㄹ. 증서는 일정한 범위 내에서만 교환가치를 가지기 때문에 개인주의자와 집합주의자 모두 선호한다.
- ㅁ. 기회는 재화와 자원을 통제할 수 있는 영향력을 의미하며 정책에 관한 의사결정권을 갖는 것을 말한다.

① ㄱ, ㄹ
② ㄴ, ㅁ
③ ㄱ, ㄴ, ㄷ
④ ㄱ, ㄷ, ㅁ
⑤ ㄴ, ㄷ, ㄹ

| **해설** |

ㄴ. 현물은 수급자가 필요한 물품과 서비스를 받는 급여로 수급자에게 필요한 물건을 직접 제공하여 목표효율성이 높다. 효과가 확실하여 정치권에서 선호하며, 현금보다 효용이 낮아 낙인이 발생하고 운영효율성이 낮다.
ㄷ. 서비스는 생산과 동시에 소비가 되는 클라이언트를 위한 제반 활동을 말하며 목적 외 다른 용도로 사용할 수 없다.
ㄹ. 증서는 수급자들이 정해진 용도 안에서 자기결정을 극대화할 수 있고, 공급자들의 경쟁을 유발시켜 서비스의 질을 향상시킬 수 있다.
ㄱ. 현금은 수급자 자신이 필요한 것을 선택할 수 있도록 화폐로 받아 수급자의 선택에 자유와 효용, 자기결정을 극대화시킨다. 인간의 존엄성을 높이고 운영효율성이 높다. 현금급여는 사회적 통제 없이 선택의 자유를 보장한다.
ㅁ. 기회는 사회적으로 취약한 위치에 있는 집단이 접근하지 못했던 부분에 접근이 가능하도록 기회를 제공하여 시장의 경쟁에서 평등한 기회를 주는 것이다. 재화와 자원을 통제할 수 있는 영향력을 의미하며 정책에 관한 의사결정권을 갖는 것은 권력이다.

답 ⑤

10 사회서비스 전자바우처에 관한 설명으로 옳지 않은 것은? [22회]

① 급여형태는 신용카드 또는 체크카드로 구현한 증서이다.
② 공급자 중심의 직접지원 또는 직접지불 방식이다.
③ 서비스 제공자의 도덕적 해이를 방지하기 위해 도입되었다.
④ 수요자의 선택권을 보장하기 위한 수단으로 활용되고 있다.
⑤ 금융기관 시스템을 활용하여 재정흐름의 투명성이 높아졌다.

11 사회보장급여 중 현물급여가 아닌 것은? [22회]

① 산업재해보상보험의 요양급여
② 고용보험의 상병급여
③ 노인장기요양보험의 재가급여
④ 국민기초생활보장의 의료급여
⑤ 국민건강보험의 건강검진

12 사회복지 급여 형태에 관한 설명으로 옳은 것은? [20회]

① 현금급여는 사회적 통제를 강조한다.
② 현물급여는 자기결정권을 강조한다.
③ 바우처는 공급자에게 보조금을 직접 지원한다.
④ 기회를 제공하는 프로그램의 예로 장애인의 무고용제를 들 수 있다.
⑤ 소비자 선택권은 현금급여, 바우처, 현물급여 순서로 높아진다.

13 복지혼합의 유형 중 서비스 이용자의 선택권이 작은 것에서 큰 순서로 나열한 것은? [18회]

① 세제혜택 – 계약 – 증서
② 세제혜택 – 증서 – 계약
③ 증서 – 계약 – 세제혜택
④ 계약 – 증서 – 세제혜택
⑤ 계약 – 세제혜택 – 증서

14 사회복지급여의 하나인 증서(Voucher)에 관한 설명으로 옳지 않은 것은? [16회]

① 현금급여에 비해 목표달성에 효과적이다.
② 현물급여에 비해 소비자의 선택권이 낮다.
③ 현물급여에 비해 공급자 간 경쟁을 유도하는 데 유리하다.
④ 공급자가 소비자를 자의적으로 선택하는 현상이 발생할 수 있다.
⑤ 현물급여에 비해 서비스에 대한 충분한 정보 접근이 이루어져야 한다.

15 사회복지 재원 중 이용료에 관한 설명으로 옳지 않은 것은? [16회]

① 정부의 재정 부담을 완화하는 효과가 있다.
② 정액의 이용료는 소득재분배에 역진적이다.
③ 서비스 이용자의 도덕적 해이를 방지할 수 있다.
④ 저소득층의 서비스 접근성을 향상시킬 수 있다.
⑤ 이용자의 권리의식을 높여 서비스 질을 향상시킬 수 있다.

16 현금급여와 현물급여의 장단점에 관한 설명으로 옳지 않은 것은? [15회]

① 현금급여는 복지상품이나 서비스의 선택권을 보장할 수 있다.
② 현금급여는 사회복지기관 관리운영비의 절감과 행정적 편의를 가져다줄 수 있다.
③ 현물급여는 현금급여에 비해 오남용의 위험이 크다.
④ 현물급여는 정책의 목표효율성을 높일 수 있다.
⑤ 현물급여는 개인들의 복지욕구와 괴리가 나타날 수 있다.

대표문제

사회복지의 민간재원에 관한 설명으로 옳은 것은?

[22회]

① 사회복지의 민간재원에는 조세지출, 기부금, 기업복지, 퇴직금 등이 포함된다.
② 기부금 규모는 국세청이 추산한 액수보다 더 적을 것으로 추정된다.
③ 이용료는 클라이언트가 직접 지불한 것을 제외하고 사회보장기관 등의 제3자가 서비스 비용을 지불한 것을 의미한다.
④ 기업복지는 기업이 그 피용자들에게 제공하는 임금과 임금 외 급여 또는 부가급여를 의미한다.
⑤ 기업복지의 규모가 커질수록 노동자들 사이의 불평등이 증가한다.

해설

⑤ 직책에 따른 복지수준이 다르기 때문에 기업복지의 규모가 커질수록 노동자들 사이의 불평등이 증가한다.

① 사회복지의 민간재원에는 기부금, 기업복지, 퇴직금 등이 포함된다. 조세지출은 공공재원이다.
② 기부금을 납부하고 기부금 영수증을 발급하지 않은 기부금의 규모는 파악할 수 없어 기부금 규모는 국세청이 추산한 액수보다 더 많을 것으로 추정된다. 국세청이 추산한 기부금 액수는 기부금 영수증을 발급한 금액만 추려 집계한 것이다.
③ 이용료는 클라이언트가 직접 지불한 것을 의미한다.
④ 기업복지는 기업이 그 피용자들에게 직접적인 임금을 제공하는 대신 복지를 실시하는 것을 의미한다.

답 ⑤

☐1☐2☐3
17 기업복지의 장점에 해당하지 않는 것은? [20회]

① 조세방식보다 재분배효과가 크다.
② 노사관계의 안정화 기능을 수행한다.
③ 근로의욕을 고취하여 생산성이 향상하는 효과가 있다.
④ 기업에 대한 사회적 이미지를 제고하는 기능이 있다.
⑤ 기업의 입장에서 임금을 높여주는 것보다 조세부담의 측면에 유리하다.

☐1☐2☐3
18 사회복지 재원에 관한 설명으로 옳지 않은 것은?

[18회]

① 일반세 중 재산세의 계층 간 소득재분배 효과가 가장 크다.
② 목적세는 사용 목적이 정해져 있어 재원안정성이 높다.
③ 이용료는 저소득층의 서비스 이용을 저해할 수 있다.
④ 고용주가 부담하는 사회보험료는 수직적 소득재분배 성격을 지닌다.
⑤ 기업이 직원들에게 제공하는 기업복지는 소득 역진적 성격이 강하다.

☐1☐2☐3
19 이용료(본인부담금) 부과방식에 따른 소득재분배 효과가 작은 것에서 큰 순서로 나열한 것은?

[18회]

① 정액제 – 정률제 – 연동제
② 정률제 – 연동제 – 정액제
③ 정률제 – 정액제 – 연동제
④ 연동제 – 정액제 – 정률제
⑤ 연동제 – 정률제 – 정액제

대표문제

사회복지 전달체계에 관한 설명으로 옳은 것을 모두 고른 것은? [19회]

ㄱ. 공급자와 수요자가 가격기구를 매개로 상호 작용하는 것을 원칙으로 한다.
ㄴ. 공급자와 수요자를 이어주는 매개체 역할을 한다.
ㄷ. 클라이언트에게 사회복지서비스를 제공하기 위한 조직 및 인력이다.
ㄹ. 공급자들을 공간적으로 분산배치하면 전달체계에 대한 접근성을 높일 수 있다.

① ㄱ, ㄴ   ② ㄴ, ㄷ
③ ㄷ, ㄹ   ④ ㄱ, ㄷ, ㄹ
⑤ ㄴ, ㄷ, ㄹ

│해설│

사회복지 전달체계는 지역사회 혹은 그 이상의 지역단위에서 사회복지 정책, 제도 및 서비스가 이용자에게 전달되는 과정에서 발생하는 일련의 조직과 활동을 포괄하는 것으로 공공 전달체계와 민간 전달체계로 구분된다.
ㄱ. 공급자와 수요자가 가격기구를 매개로 상호작용하는 것을 원칙으로 하는 것이 아니라 민간기관이나 공공기관이 일방적으로 클라이언트에게 서비스를 제공하며 직접 관리하고 운영한다.

답 ⑤

---

1 2 3
20 사회복지 전달체계에서 민간영리기관이 사회서비스를 전달하는 사례는? [20회]

① 지역자활센터가 사회적 기업을 창업하는 사례
② 지방자치단체가 장애인복지관을 설치하고 민간위탁하는 사례
③ 광역지방자치단체가 사회서비스원을 설치하는 사례
④ 사회복지법인이 지역아동센터를 운영하는 사례
⑤ 개인사업자가 노인요양시설을 운영하는 사례

---

1 2 3
21 사회복지 전달체계에서 제공되는 재화나 서비스의 속성 등에 관한 설명으로 옳은 것은? [19회]

① 사회복지 재화나 서비스는 단일한 전달체계에서 독점적으로 제공하는 것이 바람직하다.
② 공공재적인 성격이 강한 재화나 서비스는 민간에서 제공하는 것이 바람직하다.
③ 사회복지의 재화나 서비스는 정보의 불완전성으로 인해 소비자들의 합리적 선택에 차이가 난다.
④ 공공부문의 전달체계는 경쟁체제가 이루어지기 때문에 효율적이다.
⑤ 사회복지 재화나 서비스는 수급자들에 의한 오용과 남용의 문제가 발생하지 않는다.

SECTION 05 빈곤과 공공부조

PART 03 사회복지정책과 제도

유형 01 빈곤 측정방법   빈출도 ★★★

대표문제

빈곤과 소득불평등의 측정에 관한 설명으로 옳은 것은? [22회]
① 반물량 방식은 엥겔계수를 활용하여 빈곤선을 추정한다.
② 상대적 빈곤은 생존에 필요한 생활수준이 최소한의 수준에 도달하지 못한 상태를 말한다.
③ 라이덴 방식은 객관적 평가에 기초하여 빈곤선을 측정한다.
④ 빈곤율은 빈곤층의 소득을 빈곤선 수준으로 끌어올리는데 필요한 총소득을 나타낸다.
⑤ 지니계수가 1일 경우는 완전 평등한 분배상태를 의미한다.

해설
① 반물량 방식은 모든 품목이 아닌 식비만을 측정한 것으로, 과정을 단순화하여 식비가 소득 가운데에서 차지하는 비율을 파악하는 방법이다. 최저식료품비를 구하여 엥겔계수(식료품비/총소득)의 역수를 곱한 금액이 최저생계비이다.
② 생존에 필요한 생활수준이 최소한의 수준에 도달하지 못한 상태는 절대적 빈곤이다.
③ 라이덴 방식은 개인이 주관적으로 자신의 소득을 생각할 때 충분히 가지고 있지 않다고 느끼는 것으로, 적절한 생활수준을 유지하는 데 필요한 소득수준에 대한 개인들의 평가에 근거하여 결정된다.
④ 빈곤율은 빈곤선 이하에 있는 빈곤한 사람의 규모로 빈곤인구가 전체인구에서 차지하는 비율이다. 빈곤층의 소득을 빈곤선 수준으로 끌어올리는 데 필요한 총소득을 나타내는 것은 빈곤갭이다.
⑤ 지니계수가 0에 가까울수록 평등에 가깝고 1에 가까울수록 불평등에 가깝다.

답 ①

---

01 다음 중 상대적 빈곤선을 설정(측정)하는 방식으로 옳은 것을 모두 고른 것은? [21회]

> ㄱ. 중위소득의 일정 비율
> ㄴ. 라이덴(Leyden) 방식
> ㄷ. 반물량 방식
> ㄹ. 라운트리(Rowntree) 방식
> ㅁ. 타운센드(Townsend) 방식

① ㄱ, ㄴ
② ㄱ, ㅁ
③ ㄴ, ㅁ
④ ㄷ, ㄹ
⑤ ㄱ, ㄷ, ㄹ

02 빈곤의 개념에 관한 설명으로 옳지 않은 것은? [20회]

① 상대적 빈곤은 한 사회의 평균적인 생활수준을 기준으로 정한다.
② 절대적 빈곤은 최소한의 생필품을 구입하는 데 필요한 비용으로 정한다.
③ 반물량 방식은 모든 항목의 생계비를 계산하지 않고 엥겔계수를 활용하여 생계비를 추정한다.
④ 중위소득의 50%를 빈곤선으로 책정할 경우, 사회 구성원 99명을 소득액 순으로 나열하여 이 중 50번째 사람의 소득 50%를 빈곤선으로 한다.
⑤ 상대적 박탈은 인간의 기본적 욕구의 기준을 생물학적 요인에만 초점을 둔다.

① ② ③

03 빈곤의 기준을 정하는 방법에 관한 설명으로 옳은 것은? [19회]

① 전(全)물량 방식은 식료품비를 계산하고 엥겔 수의 역을 곱해서 빈곤선을 기준으로 측정하는 방식이다.
② 기초생활보장제도의 수급자 선정기준은 상대적 빈곤 개념을 반영하고 있다.
③ 라이덴 방식은 상대적 빈곤 측정방식이다.
④ 반물량 방식은 소득분배 분포상에서 하위 10% 나 20%를 빈곤한 사람들로 간주한다.
⑤ 중위소득 또는 평균소득을 근거로 빈곤선을 측정하는 것은 절대적 빈곤 측정방식이다.

① ② ③

04 빈곤의 개념에 관한 설명으로 옳지 않은 것은? [18회]

① 절대적 빈곤은 육체적 효율성을 유지하기 위한 최소한의 생활필수품을 소비하지 못하는 상태이다.
② 최저생계비를 계측하여 빈곤선을 설정하는 방식은 절대적 빈곤개념을 적용한 것이다.
③ 국민기초생활보장제도는 절대적 빈곤 개념을 적용하고 있다.
④ 상대적 빈곤은 한 사회의 평균적인 생활수준과 비교하여 빈곤을 규정한다.
⑤ 중위소득을 활용하여 상대적 빈곤선을 설정할 수 있다.

① ② ③

05 빈곤에 관한 설명으로 옳은 것을 모두 고른 것은? [16회]

> ㄱ. 사회적 배제는 빈곤·박탈과 관련된 사회문제를 나타내는 새로운 접근법이다.
> ㄴ. 빈곤율(Poverty Rate)은 빈곤선 이하의 사람들 간의 소득분포 상태를 파악할 수 있는 방법이다.
> ㄷ. 국민기초생활보장제도에서 생계급여 선정기준은 기준 평균소득 30% 이하의 가구이다.
> ㄹ. 상대적 빈곤은 박탈지표방식과 소득·지출을 이용한 상대적 추정방식으로 측정할 수 있다.

① ㄱ, ㄷ ② ㄱ, ㄹ
③ ㄴ, ㄷ ④ ㄷ, ㄹ
⑤ ㄴ, ㄷ, ㄹ

① ② ③

06 소득빈곤 및 소득불평등의 측정에 관한 설명으로 옳지 않은 것은? [15회]

① 지니계수는 그 값이 클수록 더 불평등한 수준을 의미한다.
② 상대적 빈곤은 소득불평등과 관계가 있다.
③ 소득빈곤의 측정만으로 삶의 다양한 문제를 모두 포착하기는 어렵다.
④ 소득불평등 수준이 같은 국가라도 계층이동성의 수준이 상이할 수 있다.
⑤ 로렌츠 곡선에서 수직선은 모든 개인이 동일한 수준의 소득을 가지고 있다는 것을 의미한다.

대표문제

소득불평등과 빈곤 측정에 관한 설명으로 옳은 것을 모두 고른 것은? [20회]

ㄱ. 로렌츠 곡선의 가로축은 소득을 기준으로 하위에서 상위 순서로 모든 인구의 누적분포를 표시한다.

ㄴ. 지니계수는 불평등도가 증가할수록 수치가 커져 가장 불평등한 상태는 1이다.

ㄷ. 빈곤율은 모든 빈곤층의 소득을 빈곤선 수준으로 끌어올리는 데에 필요한 총소득으로 빈곤의 심도를 나타낸다.

ㄹ. 5분위 배율에서는 수치가 작을수록 평등한 상태를 나타낸다.

① ㄱ, ㄴ   ② ㄱ, ㄷ
③ ㄴ, ㄷ   ④ ㄱ, ㄴ, ㄹ
⑤ ㄱ, ㄷ, ㄹ

해설

ㄱ. 로렌츠 곡선은 전체적인 소득불평등 상태를 알아보는 데 유용하다. 가로축은 소득액순으로 소득인원수의 누적백분비를 나타내고, 세로축은 소득액의 누적백분비를 나타냄으로써 얻어지는 곡선이다.

ㄴ. 지니계수는 로렌츠 곡선에 수치를 부여함으로써 분배상태에 대한 비교를 가능하게 하는 곡선으로 얼마나 균등하게 분배되어 있는가를 나타낸다. 0에 가까울수록 평등에 가깝고 1에 가까울수록 불평등에 가깝다.

ㄹ. 5분위 배율은 소득 분위를 5분위로 구분하여 (상위 20%/하위 20%)로 나눈 값으로 소득분배상태를 파악한다. 즉, 상위소득 20% 사람이 하위소득 20% 사람보다 얼마나 더 버는가를 의미한다. 크기가 클수록 불평등을 의미한다.

ㄷ. 빈곤율은 빈곤 개인이 전체인구에서 차지하는 비율이다. 빈곤선 이하에 소득을 받는 사람들의 소득을 빈곤선 위로 끌어올리기 위해 필요한 총소득을 의미하는 것은 빈곤갭이다.

답 ④

---

① ② ③

07 빈곤과 불평등 측정에 관한 설명으로 옳은 것은? [18회]

① 완전평등사회에서 로렌츠 곡선은 45° 각도의 직선과 거리가 가장 멀어진다.

② 지니계수의 최댓값은 1, 최솟값은 −1이다.

③ 빈곤갭은 빈곤선 이하에 속하는 인구가 전체 인구에 차지하는 비율을 의미한다.

④ 빈곤율은 빈곤선과 실제소득과의 격차를 반영한다.

⑤ 센지수는 빈곤집단 내의 불평등 정도를 반영한다.

① ② ③

08 빈곤 또는 불평등의 측정에 관한 설명으로 옳지 않은 것은? [17회]

① 로렌츠 곡선은 가로축에는 소득이 낮은 인구로부터 가장 높은 순으로 비율을 누적하여 표시하고, 세로축에는 각 인구의 소득수준을 누적한 비율을 표시한 후 그 대응점을 나타낸 곡선이다.

② 지니계수가 1에 가까울수록 평등한 상태를 의미한다.

③ 10분위 분배율에서는 수치가 클수록 평등한 상태를 의미한다.

④ 5분위 분배율에서는 수치가 작을수록 평등한 상태를 의미한다.

⑤ 빈곤율은 빈곤인구가 전체 인구에서 차지하는 비율로 정의된다.

09 소득불평등에 관한 설명으로 옳은 것을 모두 고른 것은? [16회]

> ㄱ. 10분위 분배율은 그 비율이 낮을수록 소득분배가 평등하다.
> ㄴ. 지니계수가 0.3에서 0.4로 상승했다면 소득불평등이 완화된 것이다.
> ㄷ. 5분위 배율은 상위 20%의 소득을 하위 20%의 소득으로 나눈 비율이다.
> ㄹ. 로렌츠 곡선(Lorenz Curve)이 45°선과 일치하면 소득분포가 완전히 균등하다.

① ㄱ, ㄴ　　　　② ㄴ, ㄷ
③ ㄷ, ㄹ　　　　④ ㄱ, ㄴ, ㄷ
⑤ ㄱ, ㄴ, ㄹ

공공부조의 특징

빈출도
★★★

대표문제

우리나라 공공부조제도에 관한 설명으로 옳지 않은 것은? [22회]

① 긴급복지지원제도는 현금급여와 민간기관 연계 등의 지원을 제공한다.
② 국민기초생활보장제도 부양의무자 기준은 복지 사각지대 해소를 위해 단계적으로 완화되고 있다.
③ 긴급복지지원제도는 단기 지원의 원칙, 선심사 후지원의 원칙, 다른 법률 지원 우선의 원칙이 적용된다.
④ 의료급여 수급권자에는 「입양특례법」에 따라 국내 입양된 18세 미만의 아동이 포함된다.
⑤ 국민기초생활보장제도 급여 신청은 신청주의와 직권주의를 병행하고 있다.

해설

「긴급복지지원법」의 기본원칙에는 선지원 후조사 원칙, 타 법률 지원 우선의 원칙, 가구단위 지원의 원칙, 단기 지원의 원칙이 있다. 선지원 후조사 원칙은 위기상황에 처한 사람에게 일시적으로 신속하게 지원하는 것을 기본원칙으로 하여 먼저 지원한 후에 조사·보고를 한다.

답 ③

---

10 사회보험과 비교하여 공공부조제도의 장점으로 옳은 것은? [21회]

① 대상효율성이 높다.
② 가입률이 높다.
③ 수급자에 대한 낙인을 예방할 수 있다.
④ 행정 비용이 발생하지 않는다.
⑤ 수평적 재분배 효과가 크다.

---

11 우리나라가 시행하고 있는 취약계층 취업지원 제도에 관한 설명으로 옳은 것은? [21회]

① 노인 일자리사업의 총괄 운영기관은 대한노인회이다.
② 장애인고용의무제도는 모든 사업체에 적용된다.
③ 맞춤형 취업지원서비스로 취업성공패키지가 운영되고 있다.
④ 모든 국민기초생활보장 수급자는 반드시 자활사업에 참여해야 한다.
⑤ 고령자를 채용하지 않는 기업은 정부에 부담금을 납부해야 한다.

---

12 우리나라에서 시행 중인 소득보장제도에 관한 설명으로 옳지 않은 것은? [21회]

① 기초연금은 노인의 생활안정 지원을 목적으로 한다.
② 장애정도가 심하지 않은 장애인은 장애인연금을 받을 수 없다.
③ 장애수당은 장애로 인해 발생하는 추가비용을 보전하기 위해 도입되었다.
④ 만 10세 아동은 아동수당을 받을 수 있다.
⑤ 저소득 한부모가족에게는 아동양육비가 지급될 수 있다.

13 공공부조, 사회보험, 사회수당의 특성에 관한 설명으로 옳지 않은 것은? [18회]

① 공공부조는 다른 두 제도에 비해 권리성이 약하다.

② 사회수당은 수평적 재분배 효과가 있다.

③ 사회보험의 급여조건은 보험료 기여조건과 함께 사회적 위험에 직면해야 하는 조건이 부가된다.

④ 사회수당은 기여 여부와 무관하게 지급된다.

⑤ 운영효율성은 세 제도 중 공공부조가 가장 높다.

14 우리나라의 사회보장급여 중에서 공공부조에 해당되는 것은? [17회]

① 장애연금   ② 장해연금

③ 장애인연금   ④ 상병보상연금

⑤ 노령연금

15 사회보험과 비교할 때 공공부조가 갖는 장점은? [16회]

① 높은 비용효과성

② 근로동기의 강화

③ 재정 예측의 용이성

④ 수평적 재분배의 효과

⑤ 높은 수급률(Take – up Rate)

16 공공부조에 관한 설명으로 옳은 것을 모두 고른 것은? [15회]

ㄱ. 신청과정을 거치지 않는다.

ㄴ. 자산조사를 거쳐 대상을 선정한다.

ㄷ. 중앙정부가 단독으로 공공부조의 책임을 지는 것은 세계적 현상이다.

ㄹ. 사회보장제도 중 공공부조는 투입재원 대비 소득재분배 효과가 가장 낮다.

① ㄱ   ② ㄴ

③ ㄴ, ㄷ   ④ ㄱ, ㄷ, ㄹ

⑤ ㄱ, ㄴ, ㄷ, ㄹ

유형 04 국민기초생활 보장법   빈출도 ★★★

대표문제

다음에서 ㄱ, ㄴ을 순서대로 옳게 나열한 것은? [22회]

2024년 국민기초생활보장제도 수급자 선정 소득기준은 다음과 같다. 생계급여는 기준 중위소득의 (ㄱ)% 이하, 주거급여는 기준 중위소득의 48% 이하, 의료급여는 기준 중위소득의 (ㄴ)% 이하, 교육급여는 기준 중위소득의 50% 이하이다.

① 30, 30   ② 30, 40

③ 32, 30   ④ 32, 40

⑤ 35, 40

│해설│

2024년 「국민기초생활 보장법」의 생계급여는 기준 중위소득의 32%, 의료급여는 기준 중위소득의 40%, 주거급여는 기준 중위소득의 48%, 교육급여는 기준 중위소득의 50% 이하이다.

답 ④

17 최근 10년간 국민기초생활보장제도의 변화에 관한 설명으로 옳은 것을 모두 고른 것은? [21회]

ㄱ. 수급자격 중 부양의무자 기준은 완화되었다.

ㄴ. 기준 중위소득은 2015년 이후 지속적으로 인상되었다.

ㄷ. 교육급여가 신설되었다.

ㄹ. 근로능력평가 방식이 변화되었다.

① ㄱ, ㄴ   ② ㄱ, ㄷ

③ ㄱ, ㄹ   ④ ㄴ, ㄹ

⑤ ㄱ, ㄴ, ㄹ

18 우리나라의 국민기초생활보장제도에 관한 설명으로 옳은 것은? [20회]

① 의료급여 선정기준은 기준 중위소득의 100분의 50 이상으로 한다.

② 교육급여 선정기준은 기준 중위소득의 100분의 40 이상으로 한다.

③ "수급권자"란「국민기초생활 보장법」에 따른 급여를 받는 사람을 말한다.

④ 국민기초생활보장제도에서의 "보장기관"은 사회복지서비스를 제공하는 사회복지기관을 말한다.

⑤ 사회복지전담공무원은 수급권자의 동의를 받아 수급권자에 대한 급여를 직권으로 신청할 수 있다.

19 국민기초생활보장제도에 관한 설명으로 옳지 않은 것은? [18회]

① 국민기초생활보장제도는 보충성의 원칙에 기반하고 있다.

②「북한이탈주민의 보호 및 정착지원에 관한 법률」상의 북한이탈주민과 그 가족은 의료급여 2종 수급권자에 속한다.

③ 급여는 개별가구 단위로 실시하되, 특히 필요하다고 인정되는 경우에는 개별 단위로 실시할 수 있다.

④ 수급권자와 그 친족, 그 밖의 관계인은 관할 시장·군수·구청장에게 수급권자에 대한 급여를 신청할 수 있다.

⑤ 생계급여는 수급자의 소득인정액 등을 고려하여 차등지급할 수 있다.

20 우리나라의 국민기초생활보장제도에 관한 설명으로 옳은 것은? [16회]

① 의료급여는 국가가 진료비를 지원하는 공공부조제도로서 본인부담금이 없다.

② 희망키움통장과 내일키움통장은 자산형성 지원사업이다.

③ 중위소득은 가구 경상소득 중간값에 전년도 대비 가구소득 증가율을 곱하여 산정한다.

④ 노숙인은 의료급여 2종 수급권자의 대상에 포함된다.

⑤ 생계급여, 의료급여, 주거급여, 교육급여는 부양의무자 기준이 적용된다.

21 우리나라의 사회복지정책 중 대상을 빈곤층으로 한정하는 정책이 아닌 것은? [15회]

① 보육급여   ② 생계급여

③ 주거급여   ④ 의료급여

⑤ 교육급여

22 국민기초생활보장제도의 특징으로 옳은 것은? [15회]

① 대상 가구당 행정관리비용이 사회보험보다 저렴하다.

② 재원은 기금에 의존한다.

③ 재원부담을 하는 자와 수급자가 동일하다.

④ 대상 선정에서 부양의무자 존재 여부는 고려되지 않는다.

⑤ 선정기준으로 기준 중위소득을 활용한다.

대표문제

다음에서 ㄱ, ㄴ을 합한 값은?　　　　　[22회]

> 긴급복지지원제도의 생계급여 지원은 최대 (ㄱ)회, 의료급여 지원은 최대 (ㄴ)회, 주거급여는 최대 12회, 복지시설 이용은 최대 6회 지원된다.

① 4　　　　　　　② 6
③ 8　　　　　　　④ 10
⑤ 12

해설

생계급여는 최대 6회, 의료급여는 최대 2회 지원된다.
→ 6+2=8

답 ③

|1|2|3|

23 우리나라의 의료급여에 관한 설명으로 옳지 않은 것은?　　[20회]

① 의료급여수급권자는 1종과 2종으로 구분한다.
② 의료급여기금에는 지방자치단체의 출연금도 포함된다.
③ 의료급여수급권자의 1촌 직계혈족 및 그 배우자는 원칙적으로 부양의무가 있다.
④ 국민기초생활보장제도 수급자 중 보장시설에서 급여를 받는 자는 2종 수급자로 구분된다.
⑤ 「약사법」에 따라 개설등록된 약국은 의료급여를 실시하는 의료기관이다.

|1|2|3|

24 긴급복지지원제도에 관한 설명으로 옳지 않은 것은?　　[19회]

① 주소득자가 사망, 가출, 행방불명, 구금시설에 수용되는 등의 사유로 소득을 상실한 경우 긴급지원대상자가 될 수 있다.
② 긴급지원은 위기상황에 처한 사람에게 일시적으로 신속하게 지원하는 것을 기본원칙으로 한다.

③ 긴급지원의 종류에는 금전 또는 현물 등의 직접지원과 민간기관 · 단체와의 연계 등의 지원이 있다.
④ 「사회복지사업법」에 따른 사회복지시설의 종사자는 긴급지원을 요청할 수 있다.
⑤ 「국민기초생활 보장법」에 따른 지원을 받고 있는 경우에 「긴급복지지원법」을 우선 적용한다.

|1|2|3|

25 기초연금제도에 관한 설명으로 옳은 것은?
　　　　　　　　　　　　　　　　[18회]

① 65세 이상 모든 고령자에게 제공하는 사회수당이다.
② 무기여 방식의 노후 소득보장제도이다.
③ 기초연금액의 산정 시 국민연금급여액을 고려하지 않는다.
④ 기초연금액은 가구유형, 소득과 상관없이 동일하다.
⑤ 기초연금의 수급권자가 사망하면 유족급여를 지급한다.

유형 01 사회보험 일반론

빈출도 ★★★

대표문제

조세와 사회보험료에 관한 설명으로 옳은 것은?

[22회]

① 조세는 사회보험료에 비해 소득역진적이다.
② 조세와 사회보험료는 공통적으로 빈곤완화, 위험 분산, 소득유지, 불평등완화의 기능을 수행한다.
③ 조세와 사회보험료는 공통적으로 상한선이 있어 서 고소득층에 유리하다.
④ 사회보험료를 조세로 보기는 하지만 임금으로 보 지는 않는다.
⑤ 개인소득세는 누진성이 강하고 일반소비세는 역 진성이 강하다.

해설

⑤ 개인소득세는 많이 벌면 많이 납부하므로 누진성이 강 하고, 일반소비세는 정해진 세금을 납부하므로 역진성 이 강하다.

① 조세는 사회보험료에 비해 누진적이다. 조세의 경우 많 이 벌면 많이 납부하지만 사회보험료의 경우 상한선이 있어 역진적이다.
② 조세는 빈곤완화, 불평등완화의 기능을 수행하지만 위 험분산과 소득유지의 기능은 없다. 사회보험료는 위험 분산과 소득유지 기능이 있지만 빈곤완화 및 불평등완 화의 기능은 없다.
③ 사회보험료는 공통적으로 상한선이 있어 고소득층에 유리하다. 조세는 상한선이 없다.
④ 사회보험료는 사회보장성 조세로 볼 수 있고, 연금보험 의 경우 매달 정기적으로 현금으로 직접 지급하기 때문 에 임금으로 볼 수 있다.

답 ⑤

---

1 2 3

01 「사회보장기본법」상 사회서비스에 관한 설명 으로 옳지 않은 것은?

[22회]

① 주체는 민간부문을 제외한 국가와 지방자치 단체이다.
② 대상은 도움이 필요한 모든 국민이다.
③ 분야는 복지, 보건, 의료, 교육, 고용, 주거, 문 화, 환경 등이다.
④ 상담, 재활, 돌봄, 정보의 제공, 관련시설의 이 용, 역량개발, 사회참여 지원 등을 내용으로 한다.
⑤ 인간다운 생활을 보장하고 국민의 삶의 질이 향상되도록 지원하는 제도이다.

1 2 3

02 보건복지부장관이 관장하는 사회보험제도를 모두 고른 것은?

[22회]

> ㄱ. 국민연금
> ㄴ. 국민건강보험
> ㄷ. 산업재해보상보험
> ㄹ. 고용보험
> ㅁ. 노인장기요양보험

① ㄱ, ㄴ
② ㄴ, ㄷ
③ ㄱ, ㄴ, ㅁ
④ ㄱ, ㄷ, ㄹ
⑤ ㄷ, ㄹ, ㅁ

ⅠⅡⅢ

03 사회보장의 특성에 관한 설명으로 옳은 것을 모두 고른 것은? [22회]

> ㄱ. 공공부조는 사회보험에 비해 권리성이 약하다.
> ㄴ. 사회보험과 비교할 때 공공부조는 비용효과성이 높다.
> ㄷ. 사회수당과 사회보험은 기여 여부를 급여지급 요건으로 한다.
> ㄹ. 사회보험과 공공부조는 방빈제도이고 사회수당은 구빈제도이다.

① ㄱ
② ㄱ, ㄴ
③ ㄴ, ㄷ
④ ㄷ, ㄹ
⑤ ㄱ, ㄴ, ㄹ

ⅠⅡⅢ

04 우리나라 사회보험의 운영 원리에 관한 설명으로 옳지 않은 것은? [21회]

① 수익자 부담 원칙을 전제로 하고 있다.
② 사회보험은 수평적 또는 수직적 재분배 기능이 있다.
③ 가입자의 보험료율은 사회보험 종류별로 다르다.
④ 사회보험급여는 피보험자와 보험자 간 계약에 의해 규정된 법적 권리이다.
⑤ 모든 사회보험 업무가 통합되어 1개 기관에서 운영된다.

ⅠⅡⅢ

05 우리나라 사회보험방식의 공적연금에 관한 설명으로 옳은 것을 모두 고른 것은? [21회]

> ㄱ. 국민연금과 특수직역연금으로 구분하여 운영되고 있다.
> ㄴ. 국민연금이 가장 먼저 시행되었다.
> ㄷ. 2022년 12월말 기준 공적연금 수급개시 연령은 동일하다.
> ㄹ. 가입자의 노령(퇴직), 장애(재해), 사망으로 인한 소득중단 시 급여를 지급한다.

① ㄱ, ㄴ
② ㄱ, ㄹ
③ ㄱ, ㄴ, ㄹ
④ ㄱ, ㄷ, ㄹ
⑤ ㄴ, ㄷ, ㄹ

ⅠⅡⅢ

06 우리나라의 「사회보장기본법」에 근거한 사회보장제도가 아닌 것은? [20회]

① 고용보험
② 국민연금
③ 최저임금제
④ 국민기초생활보장
⑤ 보육서비스

ⅠⅡⅢ

07 사회보험과 민영보험의 차이점에 관한 설명으로 옳지 않은 것은? [20회]

① 사회보험은 현금급여를 원칙으로 하고, 민영보험은 현물급여를 원칙으로 한다.
② 사회보험은 대부분 국가 또는 공법인이 운영하지만 민영보험은 사기업이 운영한다.
③ 사회보험은 강제로 가입되지만 민영보험은 임의로 가입한다.
④ 사회보험은 국가가 주로 독점하지만 민영보험은 사기업들이 경쟁한다.
⑤ 사회보험은 사회적 적절성을 강조하지만 민영보험은 개별 형평성을 강조한다.

ⅠⅡⅢ

08 연금제도의 적립방식과 부과방식에 관한 설명으로 옳은 것을 모두 고른 것은? [19회]

> ㄱ. 적립방식은 부과방식에 비해 세대 내 소득재분배 효과가 크다.
> ㄴ. 부과방식은 적립방식에 비해 자본축적 효과가 크다.
> ㄷ. 부과방식은 적립방식에 비해 기금확보가 더 용이하다.

① ㄱ
② ㄴ
③ ㄷ
④ ㄱ, ㄴ
⑤ ㄱ, ㄷ

09 사회보험제도에 관한 설명으로 옳지 않은 것은?

[19회]

① 사회보험제도는 위험의 분산이라는 보험기술을 사용한다.
② 사회보험급여를 받을 권리 여부는 자산조사 결과에 근거하여 결정된다.
③ 한국의 사회보험제도는 의무가입 원칙을 적용한다.
④ 사회보험은 위험이전과 위험의 광범위한 공동분담에 기초하고 있다.
⑤ 사회보험은 피보험자의 욕구에 기초하지 않고 사전에 결정된 급여를 제공한다.

10 사회보험료와 조세에 관한 설명으로 옳은 것을 모두 고른 것은?

[18회]

> ㄱ. 정률의 사회보험료는 소득세에 비해 역진적이다.
> ㄴ. 사회보험료는 조세에 비해 징수에 대한 저항이 적다.
> ㄷ. 소득세와 사회보험료 모두 소득이 높은 사람이 더 많이 부담한다.
> ㄹ. 조세는 지불능력과 관련되어 있다.

① ㄹ
② ㄱ, ㄷ
③ ㄴ, ㄹ
④ ㄱ, ㄴ, ㄷ
⑤ ㄱ, ㄴ, ㄷ, ㄹ

11 확정급여식 연금과 확정기여식 연금에 관한 설명으로 옳은 것을 모두 고른 것은?

[17회]

> ㄱ. 확정급여식 연금의 재정은 완전적립방식에서 부과방식까지 다양하게 운용될 수 있다.
> ㄴ. 확정기여식 연금의 급여액은 기본적으로 적립한 기여금과 기여금의 투자수익에 의해서 결정된다.
> ㄷ. 확정급여식 연금제도에서는 투자위험에 대해서 개인이 전적으로 책임진다.
> ㄹ. 확정기여식 연금제도에서는 물가상승, 경기침체 등의 위험을 사회 전체적으로 분산 대응하는 장점이 있다.

① ㄱ, ㄴ
② ㄱ, ㄷ
③ ㄴ, ㄹ
④ ㄱ, ㄴ, ㄷ
⑤ ㄱ, ㄴ, ㄷ, ㄹ

12 사회보험과 민영보험에 관한 설명으로 옳은 것은?

[17회]

① 사회보험급여는 철저한 보험수리원칙에 따라 납부한 보험료에 비례한다.
② 민영보험의 보험료는 평균적인 위험에 비례하여 결정된다.
③ 사회보험은 가입자의 개별위험에 따라 보험료가 책정된다.
④ 사회보험의 보험료와 급여는 개별적 공평성과 사회적 적절성을 반영한다.
⑤ 민영보험의 재정운영방식으로 적립방식과 부과방식이 있다.

ⓛ②③

13 사회보험과 공공부조의 차이에 관한 설명으로 옳지 않은 것을 모두 고른 것은? [17회]

구분	사회보험	공공부조
ㄱ. 재원	사회보험료	조세
ㄴ. 대상자 범주	보편주의	선별주의
ㄷ. 권리성	추상적이고 약함	구체적이고 강함
ㄹ. 수급자격	기여금	자산조사
ㅁ. 특징	사후적	사전적

① ㄱ, ㄴ   ② ㄷ, ㅁ
③ ㄱ, ㄴ, ㄷ   ④ ㄴ, ㄷ, ㄹ
⑤ ㄷ, ㄹ, ㅁ

ⓛ②③

14 공적연금 재정관리 방식의 특징이 아닌 것은? [15회]

① 적립방식은 가입자들 각자가 보험료를 납부하여 축적한 적립기금으로 자신들의 노후를 보장하는 방식이다.
② 부과방식은 매년도 연금재정의 수입총액과 지출총액이 균형을 유지할 수 있도록 운영하는 방식이다.
③ 적립방식의 연금제도에서 수지상등의 원칙은 고려하지 않는다.
④ 부과방식의 연금제도는 도입 당시의 노인세대에게도 일정한 연금을 제공할 수 있다.
⑤ 적립방식의 연금제도는 저축 기능을 토대로 운영된다.

대표문제

우리나라 산업재해보상보험의 급여가 아닌 것은?
[20회]

① 요양급여   ② 상병수당
③ 유족급여   ④ 장례비
⑤ 직업재활급여

해설
상병수당은 「국민건강보험법」의 급여이다.

답 ②

ⓛ②③

15 산업재해보상보험제도에 관한 설명으로 옳지 않은 것은? [18회]

① 근로복지공단은 보험급여를 결정하고 지급한다.
② 업무상의 재해란 업무상의 사유에 따른 근로자의 부상·질병·장해 또는 사망을 말한다.
③ 직장 내 괴롭힘, 고객의 폭언 등으로 인한 업무상 정신적 스트레스가 원인이 되어 발생한 질병은 업무상 재해로 인정되지 않는다.
④ 업무상 질병의 인정 여부를 심의하기 위하여 근로복지공단 소속 기관에 업무상질병판정위원회를 둔다.
⑤ 국민건강보험공단이 보험료를 징수한다.

ⓛ②③

16 우리나라 산업재해보상보험제도에서 업무상 재해의 인정기준을 모두 고른 것은? [17회]

ㄱ. 출퇴근 재해	ㄴ. 업무상 질병
ㄷ. 업무상 사고	ㄹ. 장애등급

① ㄴ, ㄹ   ② ㄱ, ㄴ, ㄷ
③ ㄱ, ㄷ, ㄹ   ④ ㄴ, ㄷ, ㄹ
⑤ ㄱ, ㄴ, ㄷ, ㄹ

17 우리나라 산업재해보상보험제도의 특징이 아닌 것은? [15회]

① 보험료는 업종별로 상이한 보험료율을 적용하고 있다.

② 보험료는 개별 사업장의 산재사고실적에 따라 보험료를 증감한다.

③ 당연적용사업장 중 미가입 사업장에서 발생한 산재사고에 대해서는 보상받을 수 없다.

④ 보험료는 개산보험료와 확정보험료로 구성되어 있다.

⑤ 산업재해보상보험에서는 근로자의 과실 여부에 상관없이 산재사고에 대한 보상이 이루어진다.

18 우리나라의 산업재해보상보험에 관한 설명으로 옳은 것은? [15회]

① 장해급여는 등급에 따라 연금이나 일시금으로 지급된다.

② 업무와 재해 사이의 인과관계와 상관없이 보상한다.

③ 산업재해보상보험 급여수급권은 퇴직하면 소멸한다.

④ 산업재해보상보험은 보건복지부장관이 관장한다.

⑤ 각종 민간 사회단체는 산업재해보상보험의 임의적용사업장으로 분류된다.

유형 03 **국민연금법** 빈출도 ★★★

대표문제

국민연금의 연금 크레딧 제도 중 가장 최근에 시행된 것은? [20회]

① 실업 크레딧 　② 고용 크레딧

③ 양육 크레딧 　④ 군복무 크레딧

⑤ 출산 크레딧

해설

고용 크레딧, 양육 크레딧 제도는 실시하고 있지 않고 군복무 크레딧, 출산 크레딧은 2008년에 시행되었다. 가장 최근에 시행된 크레딧은 2016년에 시행한 실업 크레딧이다.

 ①

19 국민연금의 가입기간 추가 산입에 관한 내용으로 옳지 않은 것은? [17회]

① 「병역법」에 따라 현역병으로 병역의무를 수행한 경우 가입기간을 추가 산입한다.

② 가입기간의 추가 산입에 따른 비용은 국가와 사용자가 2분의 1씩 부담한다.

③ 자녀가 두 명인 경우 12개월을 추가 산입한다.

④ 「고용보험법」에 따른 구직급여를 받는 경우 구직급여를 받는 기간을 가입기간에 추가 산입한다.

⑤ 사용자가 근로자의 임금에서 기여금을 공제하고 연금보험료를 내지 아니한 경우에는 그 내지 아니한 기간의 2분의 1에 해당하는 기간을 근로자의 가입기간으로 산입하되, 1개월 미만의 기간은 1개월로 한다.

20 우리나라의 국민연금제도에 관한 설명으로 옳은 것은? [16회]

① 실업기간 중에는 가입기간을 추가로 산입할 수 없다.

② 출산 크레딧은 3명 이상의 자녀가 있을 때부터 가능하다.

③ 농·어업인에 대해 연금보험료를 국가가 보조할 수 없다.

④ 노령연금 수급권자가 소득활동을 하면 최대 3년 동안 연금액이 감액된다.

⑤ 군복무자에게는 노령연금수급권 취득 시 6개월을 가입기간에 추가로 산입한다.

I 2 3

21 국민연금 보험료 부과체계상 소득상한선과 소득하한선에 관한 설명으로 옳지 않은 것은?

[15회]

① 소득하한선은 일정수준 이하의 저소득계층을 제도의 적용으로부터 제외시키는 기능을 한다.

② 소득하한선을 높게 설정할 경우 국민연금 가입자 규모가 감소할 수 있다.

③ 소득상한선을 낮게 유지할 경우 고소득계층의 부담은 그만큼 더 커지게 된다.

④ 소득상한선은 국민연금 가입자들 상호 간 연금급여의 편차를 일정수준에서 제한하는 기능을 하게 된다.

⑤ 소득상한선은 그 이상의 소득에 대해서는 더 이상 보험료가 부과되지 않는 소득의 경계선을 의미한다.

I 2 3

22 국민연금의 연금보험료와 연금급여액에 관한 설명으로 옳은 것을 모두 고른 것은? [15회]

> ㄱ. 저소득층에게 유리하게 설계되어 있다.
> ㄴ. 기본연금액의 균등부분에서 소득재분배 기능이 나타난다.
> ㄷ. 2008년 이후 급여수준을 결정하는 비례상수는 매년 0.5%씩 감소한다.
> ㄹ. 연금액은 지급사유에 따라 기본연금액과 부양가족연금액을 기초로 산정한다.

① ㄱ, ㄴ   ② ㄴ, ㄹ

③ ㄷ, ㄹ   ④ ㄱ, ㄴ, ㄹ

⑤ ㄱ, ㄴ, ㄷ, ㄹ

유형 04 **고용보험법**

빈출도 ★★★

대표문제

우리나라의 고용보험에 관한 설명으로 옳은 것을 모두 고른 것은?

[20회]

> ㄱ. 직업능력개발 훈련을 실시하는 사업주를 지원할 수 있다.
> ㄴ. 예술인은 고용보험 가입대상이 아니다.
> ㄷ. 실업 신고를 한 이후에 질병·부상 또는 출산으로 취업이 불가능하여 구직활동을 할 수 없는 경우 상병급여를 지급할 수 있다.
> ㄹ. 고용안정 및 직업능력개발사업의 보험료는 사업주와 근로자가 공동으로 부담한다.

① ㄱ, ㄴ   ② ㄱ, ㄷ

③ ㄷ, ㄹ   ④ ㄴ, ㄷ, ㄹ

⑤ ㄱ, ㄴ, ㄷ, ㄹ

|해설|

ㄴ. 「고용보험법」 제77조의2에 따라 예술인은 고용보험 가입대상이 된다.

ㄹ. 「고용보험 및 산업재해보상보험의 보험료징수 등에 관한 법률」 제13조에 따라 고용안정 및 직업능력개발사업의 보험료는 사업주가 부담한다.

目 ②

I 2 3

23 우리나라 고용보험과 산업재해보상보험에 관한 설명으로 옳은 것은? [21회]

① 소득활동 중 발생할 수 있는 소득상실 위험에 대한 사회안전망이라는 공통점을 가지고 있다.

② 구직급여는 구직활동 여부와 관계없이 지급된다.

③ 고용형태 및 근로시간에 관계없이 모든 근로자는 두 보험의 적용을 받는다.

④ 장해급여는 산업재해를 입은 모든 근로자에게 지급된다.

⑤ 두 보험의 가입자 보험료율은 동일하다.

24 고용보험제도에 관한 설명으로 옳은 것은?

[19회]

① 고용보험료는 고용보험위원회에서 부과·징수한다.
② 고용보험의 가입대상은 모든 국민과 국내에 거주하는 외국인이다.
③ 고용보험 구직급여는 30일 동안의 구직기간에는 지급되지 않는다.
④ 보험가입자는 사업주와 근로자 모두 포함한다.
⑤ 고용보험의 재원은 사용자가 단독으로 부담한다.

25 고용보험제도에 관한 설명으로 옳은 것은?

[18회]

① 실업급여를 받을 권리는 양도 또는 압류하거나 담보로 제공할 수 없다.
② 구직급여의 급여일수는 대기기간을 포함하여 산정한다.
③ 육아휴직 시작일로부터 3개월까지는 월 통상임금의 100분의 50에 해당하는 금액을 지급한다.
④ 자영업자인 피보험자의 실업급여에는 구직급여, 연장급여, 조기재취업수당이 포함된다.
⑤ 65세 이후에 자영업을 개시한 사람에게도 구직급여를 적용한다.

26 우리나라 자영업자의 고용보험에 관한 설명으로 옳지 않은 것은?

[15회]

① 본인의 희망에 따라 가입이 가능하다.
② 구직급여를 받기 위해서는 재취업을 위해 적극적으로 노력하여야 한다.
③ 자영업자도 직업능력개발훈련을 받을 수 있다.
④ 구직급여는 90일~240일까지 받을 수 있다.
⑤ 보험료를 체납한 사람에게는 실업급여를 지급하지 아니할 수 있다.

유형 05 국민건강보험법

빈출도 ★★★

대표문제

국민건강보험제도에 관한 설명으로 옳은 것은?

[19회]

① 본인의 의사에 따라 임의가입할 수 있다.
② 조합방식 의료보험제도가 통합방식으로 전환되어 국민건강보험제도로 변경되었다.
③ 건강보험료는 수직적 소득재분배 기능을 하지 않는다.
④ 국민건강보험의 보험자는 보건복지부이다.
⑤ 직장가입자의 보험료는 평균보수월액에 보험료율을 곱하여 얻은 금액이다.

해설

① 본인의 의사에 따라 임의가입할 수 있는 보험은 국민연금이다. 국민건강보험은 소득이 없어도 보험료를 납부해야 하는 강제가입이다.
③ 건강보험료는 수직적 소득재분배 효과와 수평적 소득재분배 효과가 모두 나타난다. 소득이 많은 사람은 많은 금액을 납부하여 수직적 재분배 효과가 나타나고 다치지 않은 사람에게서 다친 사람에게 소득이 이전되어 수평적 재분배 효과가 나타난다.
④ 국민건강보험의 보험자는 건강보험공단이다.
⑤ 직장가입자의 보험료는 보수월액에 보험료율을 곱하여 얻은 금액이고, 지역가입자의 보험료는 평균보수월액에 보험료율을 곱하여 얻은 금액이다.

 ②

27 우리나라 의료보장제도(국민건강보험, 의료급여)에서 시행하고 있는 것 중 의료비 절감효과와 관련이 가장 적은 것은?

[21회]

① 포괄수가제
② 의료급여 사례관리제도
③ 건강보험급여 심사평가제도
④ 행위별 수가제
⑤ 본인일부부담금

[1][2][3]

28 진료비 지불방식 중 행위별 수가제와 포괄수가제에 관한 설명으로 옳은 것을 모두 고른 것은?

[20회]

> ㄱ. 행위별 수가제는 의료기관의 과잉진료를 유도할 수 있다.
> ㄴ. 행위별 수가제에서는 의료진의 진료행위에 대한 자율성이 확보된다.
> ㄷ. 포괄수가제는 주로 발생빈도가 높은 질병군에 적용한다.
> ㄹ. 포괄수가제를 적용함으로써 환자의 본인부담금이 감소할 수 있다.

① ㄱ
② ㄱ, ㄷ
③ ㄱ, ㄴ, ㄷ
④ ㄴ, ㄷ, ㄹ
⑤ ㄱ, ㄴ, ㄷ, ㄹ

[1][2][3]

29 국민건강보험제도에 관한 설명으로 옳지 않은 것은?

[18회]

① 사립학교교원이 보험료는 가입자 본인, 사용자, 국가가 분담한다.
② 직장가입자의 부수월액은 직장가입자가 지급받는 보수를 기준으로 하여 산정한다.
③ 직장가입자의 보험료율은 건강보험정책심의위원회에서 심의·의결한다.
④ 부가급여로 임신·출산 진료비, 장제비, 상병수당을 지급하고 있다.
⑤ 국민건강보험공단의 회계연도는 정부의 회계연도에 따른다.

[1][2][3]

30 우리나라의 국민건강보험제도에 관한 설명으로 옳지 않은 것은?

[16회]

① 본인부담상한액은 가입자의 소득수준 등에 따라 정한다.

② 월별 보험료의 총체납횟수가 6회 이상일 경우 급여가 제한될 수 있다.
③ 외래의 본인부담금은 의료기관 및 질병의 종류에 따라 달라진다.
④ 직종조합, 지역조합 등이 통합되어 운영되고 있다.
⑤ 진료비 지불방식 중 포괄수가제(Diagnosis Related Groups)를 2002년 7개 질병군에 한해 시행하였다.

[1][2][3]

31 국민건강보험료 경감대상자를 모두 고른 것은?

[15회]

> ㄱ. 휴직자
> ㄴ. 60세인 자
> ㄷ. 「장애인복지법」에 따라 등록한 장애인
> ㄹ. 섬·벽지·농어촌 등 대통령령이 정하는 지역에 거주하는 자

① ㄱ
② ㄴ, ㄷ
③ ㄷ, ㄹ
④ ㄱ, ㄷ, ㄹ
⑤ ㄱ, ㄴ, ㄷ, ㄹ

대표문제

우리나라의 노인장기요양보험에 관한 설명으로 옳지 않은 것은? [20회]

① 가족의 부담을 덜어줌으로써 국민의 삶의 질을 향상하는 것을 목적으로 한다.
② 노인장기요양보험기금과 국민건강보험기금은 통합하여 관리한다.
③ 노인장기요양보험료는 국민건강보험료와 통합하여 징수한다.
④ 65세 이상의 노인은 소득수준과 상관없이 적용대상자이다.
⑤ 재가급여를 시설급여에 우선하여 제공하여야 한다.

해설

노인장기요양보험료와 국민건강보험료는 건강보험공단에서 통합징수를 하지만 노인장기요양기금과 국민건강보험기금은 각각 독립회계를 통해 관리한다.

답 ②

Ⅰ 2 3

32 노인장기요양보험제도에 관한 설명으로 옳은 것은? [18회]

① 장기요양보험사업의 보험자는 보건복지부장관이다.
② 등급판정에 따른 장기요양인정의 유효기간은 최소 6개월 이상으로서 대통령령으로 정한다.
③ 통합 징수한 장기요양보험료와 건강보험료를 각각의 독립회계로 관리하여야 한다.
④ 재가급여비용은 수급자가 해당 장기요양급여비용의 100분의 20을 부담한다.
⑤ 수급자는 시설급여와 특별현금급여를 중복하여 받을 수 있다.

Ⅰ 2 3

33 노인장기요양보험의 급여를 제공하는 장기요양기관이 아닌 것은? [17회]

① 노인요양시설
② 주 · 야간보호시설
③ 노인요양병원
④ 단기보호시설
⑤ 노인요양공동생활가정

Ⅰ 2 3

34 우리나라의 노인장기요양보험제도에 관한 설명으로 옳은 것은? [16회]

① 단기보호는 시설급여에 해당한다.
② 가족에게 요양을 받을 때 지원되는 현금급여가 있다.
③ 보험료는 건강보험료와 분리하여 징수한다.
④ 장기요양인정의 유효기간은 3개월 이상으로 한다.
⑤ 보험료율은 보건복지부령으로 정한다.

Ⅰ 2 3

35 노인장기요양보험의 급여에 관한 설명으로 옳은 것을 모두 고른 것은? [15회]

> ㄱ. 시설급여 제공기관에는 노인의료복지시설인 노인전문요양병원이 포함된다.
> ㄴ. 노인장기요양보험에서는 재가급여를 시설급여에 우선한다.
> ㄷ. 재가급여에는 방문요양, 방문목욕 등이 있다.
> ㄹ. 특별현금급여에는 가족요양비 등이 있다.

① ㄱ, ㄹ
② ㄴ, ㄹ
③ ㄱ, ㄴ, ㄷ
④ ㄴ, ㄷ, ㄹ
⑤ ㄱ, ㄴ, ㄷ, ㄹ

유형 01 근로장려세제

빈출도
★☆☆

대표문제

우리나라 근로장려세제(EITC)에 관한 설명으로 옳지 않은 것은? [22회]

① 소득재분배 효과를 기대할 수 있다.
② 근로능력이 있는 저소득층의 근로유인을 제고한다.
③ 소득과 재산보유상태 등을 반영하여 지급한다.
④ 근로장려금 모형은 점증구간, 평탄구간, 점감구간으로 되어 있다.
⑤ 사업자는 근로장려금을 받을 수 없다.

해설

근로장려세제(EITC)란 일을 하고 있지만 그 금액이 적어서 생활이 어려운 근로자 가구에게 부양가족 대비 총연간급여액을 산정하여 금전적인 지원을 통해 실질소득을 지원하기 위한 환급형 세액제도로, 수급자의 근로유인을 강화하고 근로의욕을 고취시키려는 것이 목적이다. 근로 빈곤층이 근로를 계속할 수 있게 하여 극빈층이 되는 것을 예방할 수 있다.
⑤ 근로장려금의 수급대상은 저소득임금근로자와 영세자영업자이며 사업자도 근로장려금을 받을 수 있다.

답 ⑤

---

① ② ③

01 「조세특례제한법」상의 '총급여액 등'을 기준으로 근로장려금 산정방식을 다음과 같이 설계하였다고 가정할 때, 총급여액 등에 따른 근로장려금 계산 결과로 옳지 않은 것은? [21회]

- 총급여액 등 1,000만 원 미만 : 근로장려금 = 총급여액 등×100분의 20
- 총급여액 등 1,000만 원 이상 1,200만 원 미만 : 근로장려금 200만 원
- 총급여액 등 1,200만 원 이상 3,200만 원 미만 : 근로장려금 = 200만 원 - (총급여액 등 - 1,200만원)×100분의 10
- ※ 재산, 가구원 수, 부양아동 수, 소득의 종류 등 다른 조건은 일체 고려하지 않음

① 총급여액 등이 500만 원일 때, 근로장려금 100만 원
② 총급여액 등이 1,100만 원일 때, 근로장려금 200만 원
③ 총급여액 등이 1,800만 원일 때, 근로장려금 150만 원
④ 총급여액 등이 2,200만 원일 때, 근로장려금 100만 원
⑤ 총급여액 등이 2,700만 원일 때, 근로장려금 50만 원

① ② ③

02 우리나라의 근로장려세제에 관한 설명으로 옳지 않은 것은? [18회]

① 근로장려금 신청접수는 보건복지부에서 담당한다.

② 근로능력이 있는 빈곤층에 대해 근로의욕을 고취한다.

③ 미국의 EITC를 모델로 하였다.

④ 근로장려금은 근로소득 외에 재산보유상태 등을 반영하여 지급한다.

⑤ 근로빈곤층에게 실질적 혜택을 제공하여 빈곤탈출을 지원한다.

CHAPTER 07

사회복지행정론

유형 01 사회복지행정의 특성 | 빈출도 ★★★

대표문제

사회복지조직의 특성에 관한 설명으로 옳지 않은 것은? [22회]

① 사회복지사의 전문성과 자율성을 인정한다.
② 클라이언트와 사회복지사의 관계에 따라 서비스의 효과성이 좌우된다.
③ 서비스의 효과성을 객관적으로 입증하기가 용이하다.
④ 다양한 상황에서 윤리적 딜레마와 가치 선택에 직면한다.
⑤ 조직의 목표가 명확하거나 구체적이기 어렵다.

해설

사회복지조직은 클라이언트와 직접 접촉하고 활동한다. 복잡한 인간이 대상이므로 사용되는 기술이 복잡하고 불확실하여 목표가 모호하고 애매하며, 효과성과 효율성의 표준척도가 없기 때문에 서비스의 효과성을 객관적으로 입증하기가 어렵다.

답 ③

①②③

01 사회복지행정의 특징에 관한 설명으로 옳은 것은? [21회]

① 서비스 성과를 평가하기 어렵다.
② 사회복지행정가는 가치중립적이어야 한다.
③ 서비스 효율성은 고려하지 않는다.
④ 재정관리는 사회복지행정에 포함되지 않는다.
⑤ 직무환경에 관계없이 획일적으로 운영된다.

①②③

02 하센필드(Y. Hasenfeld)가 제시한 휴먼서비스 조직의 특성으로 옳지 않은 것은? [21회]

① 인간을 원료(Raw Material)로 한다.
② 클라이언트와의 직접적 관계 속에서 활동한다.
③ 조직의 목표가 불확실하며 모호해지기 쉽다.
④ 조직의 업무과정에서 주로 전문가에 의존한다.
⑤ 목표달성을 위해 명확한 지식과 기술을 사용한다.

①②③

03 사회복지행정가가 가져야 할 능력이 아닌 것은? [20회]

① 배타적 사고
② 대안모색
③ 조직이론 이해
④ 우선순위 결정
⑤ 권한위임과 권한실행

①②③

04 사회복지조직의 책임성을 확보하기 위한 노력이 아닌 것은? [18회]

① 개인정보보호를 위해 사회복지조직 후원금 사용정보의 미공개
② 「사회복지사업법」에 따른 사회복지법인 이사회 구성
③ 「사회복지법인 및 사회복지시설 재무·회계 규칙」에 근거한 예산 편성
④ 배분사업 공모를 통한 사회복지 프로그램 제정지원 시행
⑤ 사회복지예산 수립을 위한 주민참여제도 시행

05 사회복지행정의 개념에 관한 설명으로 옳지 않은 것은? [18회]

① 사회복지정책을 개별적이고 구체적인 서비스로 전환시키는 과정이다.
② 사회복지서비스 활동으로 민간조직을 제외한 공공조직이 수행한다.
③ 관리자가 조직목표를 달성하기 위해서 수행하는 과정, 기능 그리고 활동이다.
④ 사회복지 과업수행을 위해서 인적·물적 자원을 체계적으로 결합·운영하는 합리적 행동이다.
⑤ 사회복지제도와 정책을 서비스 급여, 프로그램으로 전화시키기 위한 전달체계이다.

06 사회복지행정의 특성에 관한 설명으로 옳지 않은 것은? [18회]

① 조직들 간의 통합과 연계를 중시한다.
② 지역사회 욕구를 충족시키기 위한 조직관리 기술을 필요로 한다.
③ 모든 구성원들이 조직운영 과정에 참여하여 일정부분 영향을 미친다.
④ 조직내부 부서 간의 관료적이고 위계적인 조직관리기술을 필요로 한다.
⑤ 사회복지조직의 관리자는 조직의 운영을 지역사회와 연관시킬 책임이 있다.

07 사회복지조직의 특성으로 옳은 것은? [17회]

① 클라이언트와 직접 접촉을 피한다.
② 정부 이외의 지원을 받지 않는다.
③ 조직성과의 객관적 증명이 쉽지 않다.
④ 법률과 규칙에 의해 운영되므로 전문성은 중요하지 않다.
⑤ 기업조직과 비교할 때 대표적 차별성은 효율성을 중요하게 여긴다는 점이다.

08 사회복지행정의 특성으로 옳지 않은 것은? [16회]

① 인적·물적 자원을 활용하여 조직 목적과 목표를 달성한다.
② 지역사회의 욕구를 충족시키기 위한 활동이다.
③ 사회복지행정가는 대안선택 시 가치중립적이어야 한다.
④ 사회복지조직이 제공하는 서비스는 전문적인 성격을 가지고 있다.
⑤ 사회복지행정가는 조직운영에서 지역사회 협력의 중요성을 인식해야 한다.

유형 02 사회복지행정의 과정   빈출도 ★☆☆

대표문제

사회복지행정의 기능에 관한 설명으로 옳은 것을 모두 고른 것은? [21회]

ㄱ. 기획(Planning) : 조직의 목적과 목표달성 방법을 설정하는 활동
ㄴ. 조직화(Organizing) : 조직의 활동을 이사회와 행정기관 등에 보고하는 활동
ㄷ. 평가(Evaluating) : 설정된 목표에 따라 성과를 평가하는 활동
ㄹ. 인사(Staffing) : 직원 채용, 해고, 교육, 훈련 등의 활동

① ㄱ, ㄴ   ② ㄱ, ㄷ
③ ㄱ, ㄷ, ㄹ   ④ ㄴ, ㄷ, ㄹ
⑤ ㄱ, ㄴ, ㄷ, ㄹ

해설
ㄴ. 조직화(Organizing)는 조직의 구조를 설정하는 과정으로 과업이 할당되고 조정되는 과정이다. 조직의 활동을 이사회와 행정기관 등에 보고하는 활동은 보고이다.

답 ③

09 사회복지행정의 실행과정을 순서대로 나열한
것은? [20회]

ㄱ. 과업평가	ㄴ. 과업촉진
ㄷ. 과업조직화	ㄹ. 과업기획
ㅁ. 환류	

① ㄱ - ㄷ - ㄹ - ㅁ - ㄴ
② ㄷ - ㄱ - ㄹ - ㄴ - ㅁ
③ ㄷ - ㄹ - ㅁ - ㄴ - ㄱ
④ ㄹ - ㄴ - ㄷ - ㄱ - ㅁ
⑤ ㄹ - ㄷ - ㄴ - ㄱ - ㅁ

10 다음 설명에 해당하는 사회복지행정 기능은?

[16회]

- 조직의 공식구조를 통해 업무를 규정한다.
- 조직목표와 과업변화에 부응하여 조직구조를
  확립한다.

① 조정(Coordinating)
② 인사(Staffing)
③ 지휘(Directing)
④ 조직화(Organizing)
⑤ 기획(Planning)

SECTION 02 사회복지행정의 역사

정답 및 해설 p.142

유형 01 한국의 역사   빈출도 ★★★

대표문제

한국 사회복지행정의 역사에 관한 설명으로 옳지 않은 것은? [22회]

① 6.25 전쟁 이후 외국원조기관을 중심으로 사회복지시설이 설립되었다.
② 1960년대 외국원조기관 철수 후 자생적 사회복지단체들이 성장했다.
③ 1980년대 후반부터 지역사회 이용시설 중심의 사회복지기관이 증가했다.
④ 1980년대 후반부터 사회복지전문요원이 배치되기 시작했다.
⑤ 1990년대 후반에 사회복지시설 설치기준이 허가제에서 신고제로 바뀌었다.

해설

1970년 초 외국 민간원조기관들은 새마을운동 이후 경제가 발전하면서 철수하였고, 「사회복지사업법」이 제정되면서 사회복지단체들이 성장할 수 있었다.

답 ②

01 공공 사회복지전달체계에 관한 설명으로 옳은 것은? [22회]

① 사회복지전담공무원 제도 이후 사회복지전문요원 제도가 실시되었다.
② 보건복지사무소와 사회복지사무소 시범사업은 동시에 진행되었다.
③ 읍·면·동 복지허브화 사업 이후 읍·면·동사무소가 주민자치센터로 변경되었다.
④ 지역사회복지협의체가 지역사회보장협의체로 명칭이 변경되었다.

⑤ 사회서비스원 설치 후 전자바우처 방식의 사회서비스 사업이 시작되었다.

02 한국 사회복지행정의 역사에 관한 설명으로 옳지 않은 것은? [21회]

① 1950~1960년대 사회복지서비스는 주로 외국원조단체들에 의해 제공되었다.
② 1970년대 「사회복지사업법」 제정으로 사회복지시설에 대한 제도적 지원과 감독의 근거가 마련되었다.
③ 1980년대에 사회복지전문요원제도가 도입되었다.
④ 1990년대에 사회복지시설 평가제도가 도입되었다.
⑤ 2000년대에 사회복지관에 대한 정부 보조금 지원이 제도화되었다.

03 한국의 사회복지전달체계 개편순서를 올바르게 나열한 것은? [21회]

ㄱ. 주민생활지원서비스 전달체계
ㄴ. 사회복지통합관리망(행복e음) 개통
ㄷ. 읍·면·동 복지허브화
ㄹ. 지역사회 통합돌봄

① ㄱ-ㄴ-ㄷ-ㄹ
② ㄱ-ㄴ-ㄹ-ㄷ
③ ㄱ-ㄷ-ㄴ-ㄹ
④ ㄴ-ㄱ-ㄷ-ㄹ
⑤ ㄴ-ㄷ-ㄱ-ㄹ

□1□2□3

04 사회복지행정 환경의 변화에 관한 설명으로 옳지 않은 것은? [21회]

① 책임성 요구가 높아지고 있다.
② 서비스 이용자의 소비자주권이 강해지고 있다.
③ 빅데이터 활용이 증가하고 있다.
④ 사회서비스 공급에 민간의 참여가 증가하고 있다.
⑤ 기업의 경영관리기법 도입이 줄어들고 있다.

□1□2□3

05 한국 사회복지행정체계에 관한 설명으로 옳지 않은 것은? [21회]

① 읍·면·동 중심의 서비스 제공에 노력하고 있다.
② 사회서비스는 단일한 공급주체에 의해 제공된다.
③ 위험관리는 위험의 사전예방과 사후관리를 모두 포함한다.
④ 지역사회 통합돌봄(커뮤니티케어) 시행으로 지역사회 내 보건복지서비스 제공이 확대되고 있다.
⑤ 사회서비스의 개념이 기존의 사회복지서비스를 포괄하고 있다.

□1□2□3

06 최근 사회복지조직의 환경변화로 옳은 것을 모두 고른 것은? [20회]

> ㄱ. 사회복지 공급주체의 다양화
> ㄴ. 행정관리능력 향상으로 거주시설 대규모화
> ㄷ. 성과에 대한 강조와 마케팅 활성화
> ㄹ. 기업의 경영관리 기법 도입

① ㄱ, ㄴ   ② ㄱ, ㄷ
③ ㄴ, ㄹ   ④ ㄱ, ㄷ, ㄹ
⑤ ㄴ, ㄷ, ㄹ

□1□2□3

07 사회복지서비스전달체계 도입순서가 올바르게 제시된 것은? [20회]

> ㄱ. 희망복지지원단 설치
> ㄴ. 지역사회복지협의체 설치
> ㄷ. 읍면동 복지허브화 사업 실행

① ㄱ-ㄴ-ㄷ   ② ㄱ-ㄷ-ㄴ
③ ㄴ-ㄱ-ㄷ   ④ ㄴ-ㄷ-ㄱ
⑤ ㄷ-ㄴ-ㄱ

□1□2□3

08 다음에서 설명하는 사회복지정보시스템 명칭은? [20회]

> • 사회복지사업 정보와 지원대상자의 자격정보, 수급이력정보 등을 통합관리하는 시스템
> • 대상자의 소득, 재산, 인적자료, 수급이력정보 등을 연계하여 정확한 사회복지대상자 선정 및 효율적 복지업무 처리 지원

① 복지로
② 사회보장정보시스템(범정부)
③ 사회복지시설정보시스템
④ 사회서비스전자바우처시스템
⑤ 보건복지정보시스템

□1□2□3

09 우리나라 사회복지전달체계의 변화과정을 순서대로 나열한 것은? [19회]

> ㄱ. 사회복지사무소 시범사업
> ㄴ. 지역사회 통합돌봄
> ㄷ. 읍·면·동 복지허브화
> ㄹ. 사회복지통합관리망(행복e음) 개통
> ㅁ. 보건복지사무소 시범사업

① ㄱ-ㅁ-ㄷ-ㄹ-ㄴ
② ㄴ-ㄱ-ㄹ-ㅁ-ㄷ
③ ㄷ-ㄴ-ㅁ-ㄹ-ㄱ
④ ㄹ-ㅁ-ㄱ-ㄷ-ㄴ
⑤ ㅁ-ㄱ-ㄹ-ㄷ-ㄴ

10 사회복지행정 환경의 동향에 관한 설명으로 옳지 않은 것은? [19회]

① 사회서비스 확대로 사회적 일자리가 창출되고 있다.
② 지방자치단체에서 주민참여를 활성화하고 있다.
③ 주민센터를 행정복지센터로 개편하는 추세이다.
④ 지역사회 통합돌봄 추진에 따라 생활시설 거주자의 퇴소를 금지하고 있다.
⑤ 지역사회 통합돌봄 도입으로 전문 직종 간 서비스를 연계하여 제공한다.

11 한국의 사회복지행정체계에 관한 설명으로 옳지 않은 것은? [19회]

① 공공 행정체계와 민간 행정체계로 구성된다.
② 중앙정부의 사회복지 담당 부처는 보건복지부이다.
③ 지방자치단체의 사회복지행정체계는 일반 행정체계에 포함되어 있다.
④ 민간 사회복지기관은 국가나 지방자치단체의 보조금을 받지 않는다.
⑤ 사회복지행정체계에는 영리 사업자도 참여하고 있다.

12 1950년대 우리나라 사회복지행정 역사에 관한 설명으로 옳지 않은 것은? [18회]

① 외국민간원조기관협의회(KAVA)는 구호물자의 배분을 중심으로 사회복지행정 활동을 하였다.
② KAVA는 구호 활동과 관련된 조직관리 기술을 도입했다.
③ 사회복지기관들은 수용·보호에 바탕을 둔 행정관리 기술을 사용하였다.
④ KAVA는 서비스 중복, 누락, 서비스 제공자 간의 협력체계 구축에 초점을 두었다.
⑤ KAVA는 지역사회 조직화나 공동체 형성을 위한 조직관리기술을 적극적으로 활용하였다.

13 사회복지서비스 전달체계의 도입을 시대순으로 나열한 것은? [18회]

> ㄱ. 사회복지사무소 시범사업
> ㄴ. 희망복지지원단
> ㄷ. 사회복지전문요원
> ㄹ. 보건복지사무소 시범사업
> ㅁ. 지역사회보장협의체

① ㄹ － ㄷ － ㄴ － ㄱ － ㅁ
② ㄷ － ㄹ － ㄱ － ㄴ － ㅁ
③ ㄹ － ㄱ － ㄷ － ㄴ － ㅁ
④ ㄱ － ㄷ － ㄹ － ㅁ － ㄴ
⑤ ㄷ － ㄹ － ㅁ － ㄴ － ㄱ

14 최근 사회복지행정의 환경변화로 옳지 않은 것은? [18회]

① 지역사회 주민운동의 활성화
② 사회서비스 공급의 주체로서 영리부문의 참여
③ 지역사회보장협의체를 통한 민·관 협력체계 구축
④ 사회적 경제에 의한 비영리조직의 시장경쟁력 강화 필요
⑤ 복지다원주의 패러다임 등장으로 국가 주도의 복지서비스 공급

15 최근 한국 사회복지행정의 추세에 관한 설명으로 옳지 않은 것은? [17회]

① 민간부문과 공공부문의 협력이 강조되고 있다.
② 이용시설보다는 생활시설 중심의 보호가 강조된다.
③ 공공성 강화방향으로 전달체계 개편이 이루어지고 있다.
④ 영리기관의 전달체계 참여가 증가하고 있다.
⑤ 지역사회를 중심으로 서비스를 통합하려고 한다.

16 우리나라 사회복지전달체계에 관한 설명으로 옳지 않은 것은? [16회]

① 최근 민관 통합사례관리의 중요성이 높아지고 있다.
② 희망복지지원단을 시·군·구에 설치하였다.
③ 2016년에 맞춤형 통합서비스를 목적으로 읍면동 복지허브화사업을 시작했다.
④ 「국민기초생활 보장법」상 생계급여의 집행체계는 읍·면·동이다.
⑤ 희망복지지원단 설치 후 사회복지통합관리망(행복e음)을 구축하였다.

17 2000년 이후 공적 사회복지전달체계의 변화에 해당하는 것을 모두 고른 것은? [15회]

> ㄱ. 사회복지통합관리망 구축
> ㄴ. 주민생활지원서비스로의 개편
> ㄷ. 사회복지전문요원제 도입
> ㄹ. 사회보장정보시스템 구축

① ㄱ, ㄴ
② ㄱ, ㄹ
③ ㄱ, ㄴ, ㄹ
④ ㄴ, ㄷ, ㄹ
⑤ ㄱ, ㄴ, ㄷ, ㄹ

18 최근 사회복지행정의 환경변화에 관한 설명으로 옳지 않은 것은? [15회]

① 사회서비스 공급에서 영리부문의 참여가 감소되고 있다.
② 사회복지조직 관리에 기업경영기법이 도입되고 있다.
③ 품질관리를 통한 이용자중심 서비스가 요구되고 있다.
④ 사회서비스의 시장화 경향성이 뚜렷해지고 있다.
⑤ 서비스 이용자의 권리가 강조되고 있다.

19 우리나라 사회복지행정의 변화과정과 주요정책에 관한 설명으로 옳지 않은 것은? [15회]

① 사회복지시설평가제 도입은 자원의 효율적 운영에 대한 관심을 확대시키는 계기가 되었다.
② 주로 지방정부에서 운영되는 사회복지사업이 국고보조사업으로 이양되었다.
③ '읍면동 복지허브화' 전략은 맞춤형 통합서비스를 제공하기 위한 민·관 협력을 기반으로 한다.
④ 희망복지지원단은 공공영역에서의 사례관리 기능을 담당한다.
⑤ 국민기초생활보장제도는 복지가 국민의 권리로서 인정받기 시작했다는 의미를 갖는다.

유형 01 **관료제** 빈출도 ★★☆

대표문제

베버(M. Weber)가 제시한 이상적 관료제형으로 옳지 않은 것은? [21회]

① 공식적 위계와 업무처리 구조
② 전문성에 근거한 분업구조
③ 전통적 권위에 의한 조직 통제
④ 직무 범위와 권한의 명확화
⑤ 조직의 기능은 규칙에 의해 제한

해설

관료제이론에서 각 구성원은 계층화된 위계질서를 가지고 업무를 세분화하여 그 업무를 한정된 사람들에게 배정하고, 인간관계가 아니라 일정한 규칙과 절차에 따라 업무를 처리하게 된다. 그 결과 전통적 권위에 의존하지 않으며, 합리성과 규칙성을 기반으로 비자의적 행동(Impersonal Conduct)이 최대한 억제된다. 관료제의 구성원(관료)은 신분이나 인맥이 아니라 실적에 따라 평가받으며 그 결과 조직 전체의 효율성은 증가한다. 실적은 효율성에 부합하는지의 여부에 따라 결정되기 때문이다.

답 ③

1 2 3

01 사회복지조직에서 활용되고 있는 관료제의 역기능으로 옳지 않은 것은? [18회]

① 조직 운영규정 자체가 목적으로 인식될 수 있다.
② 조직변화가 어렵다.
③ 부서 이기주의가 나타날 수 있다.
④ 서비스가 최저수준에 머무를 수 있다.
⑤ 조직의 복잡한 규칙을 적용하면서 창조성이 향상된다.

1 2 3

02 관료제의 주요특성으로 옳은 것을 모두 고른 것은? [17회]

ㄱ. 조직 내 권위는 수평적으로 구조화된다.
ㄴ. 조직 운영에서 구성원 개인의 사적 감정은 배제된다.
ㄷ. 직무 배분과 인력 배치는 공식적 규칙과 규정에 의해서 이루어진다.
ㄹ. 업무와 활동을 분업화함으로써 전문화를 추구한다.

① ㄱ, ㄴ ② ㄷ, ㄹ
③ ㄱ, ㄴ, ㄷ ④ ㄴ, ㄷ, ㄹ
⑤ ㄱ, ㄴ, ㄷ, ㄹ

1 2 3

03 베버(M. Weber)의 관료제이론에 관한 설명으로 옳은 것을 모두 고른 것은? [16회]

ㄱ. 조직 내 비공식집단의 중요성을 인식한다.
ㄴ. 조직이 수행해야 할 과업이 일상적·일률적인 경우 효율적이다.
ㄷ. 조직 외부의 정치적 상황에 주목한다.
ㄹ. 조직운영의 권한양식이 합법성·합리성을 띠고 있다.

① ㄱ, ㄷ ② ㄱ, ㄹ
③ ㄴ, ㄹ ④ ㄱ, ㄴ, ㄹ
⑤ ㄴ, ㄷ, ㄹ

대표문제

테일러(F. W. Taylor)의 과학적 관리론에 관한 설명으로 옳은 것을 모두 고른 것은?　　[22회]

> ㄱ. 직무의 과학적 분석 : 업무시간과 동작의 체계적 분석
> ㄴ. 권위의 위계구조 : 권리와 책임을 수반하는 권위의 위계
> ㄷ. 경제적 보상 : 직무성과에 따른 인센티브 제공
> ㄹ. 사적 감정의 배제 : 공식적인 원칙과 절차 중시

① ㄱ, ㄴ　　　② ㄱ, ㄷ
③ ㄴ, ㄹ　　　④ ㄱ, ㄴ, ㄷ
⑤ ㄱ, ㄷ, ㄹ

해설

ㄱ. 과학적 관리론은 업무에 필요한 동작에 대한 소요시간을 표준화하여 적정한 1일 업무를 분업하고, 업무의 객관화·분업화를 통하여 업무의 능률성을 강조한다.
ㄷ. 표준화된 분업을 확립하고 성과와 임금을 연계하여 성과에 따른 임금을 제시한다.

ㄴ. 권위의 위계구조 : 권리와 책임을 수반하는 권위의 위계를 중시하는 이론은 관료제이론이다.
ㄹ. 사적 감정의 배제 : 공식적인 원칙과 절차를 중시하는 이론은 관료제이론이다.

답 ②

1 2 3
04 다음의 (　)에 들어갈 내용으로 옳은 것은?　　[20회]

> 테일러(F. W. Taylor)가 개발한 과학적 관리론은 (ㄱ)에게만 조직의 목표를 설정할 수 있는 (ㄴ)을 부여하기 때문에 (ㄷ)의 의사결정(ㄹ)을 (를) 지향하는 사회복지조직에 적용하는 데는 한계가 있을 수 있다.

① ㄱ : 직원, ㄴ : 책임, ㄷ : 직원, ㄹ : 과업
② ㄱ : 관리자, ㄴ : 책임, ㄷ : 직원, ㄹ : 참여
③ ㄱ : 관리자, ㄴ : 과업, ㄷ : 관리자, ㄹ : 참여
④ ㄱ : 직원, ㄴ : 과업, ㄷ : 직원, ㄹ : 과업
⑤ ㄱ : 직원, ㄴ : 과업, ㄷ : 관리자, ㄹ : 참여

1 2 3
05 과학적 관리론(Scientific Management)에 관한 설명으로 옳은 것을 모두 고른 것은?　　[19회]

> ㄱ. 조직 구성원의 업무를 과학적으로 분석하여 활용한다.
> ㄴ. 집권화를 통한 위계구조 설정이 조직성과의 결정적 요인이다.
> ㄷ. 호손(Hawthorne) 공장에서의 실험결과를 적극 반영하였다.
> ㄹ. 경제적 보상을 통해 생산성을 극대화할 수 있다.

① ㄱ, ㄴ　　　② ㄱ, ㄷ
③ ㄱ, ㄹ　　　④ ㄴ, ㄷ
⑤ ㄷ, ㄹ

1 2 3
06 과학적 관리론에 관한 설명으로 옳지 않은 것은?　　[15회]

① 구성원들의 비인간화로 소외현상이 발생한다.
② 인간의 정서적인 측면과 사회적 관계를 중시한다.
③ 주로 경제적 보상을 강조한다.
④ 폐쇄적 환경을 강조하여 환경적 요인이 조직의 목적과 구조에 미치는 영향을 등한시한다.
⑤ 비공식집단, 커뮤니케이션 등의 중요성을 간과하였다.

대표문제

메이요(E. Mayo)가 제시한 인간관계이론에 관한 설명으로 옳은 것은?　　[22회]

① 생산성은 근로조건과 환경에 의해서만 좌우된다.
② 심리적 요인은 생산성 향상에 영향을 미친다.
③ 사회적 상호작용은 생산성 향상에 부정적인 영향을 미친다.

④ 공식적인 부서의 형성은 생산성 향상으로 이어진다.
⑤ 근로자는 집단 구성원이 아닌 개인으로서 행동하고 반응한다.

│해설│

② 인간관계론은 구성원의 경제적인 욕구나 동기에 따른 행동보다도 비경제적 요인인 사회적·심리적 욕구나 동기가 행동에 영향을 미치고 구성원의 작업능률은 다른 구성원과의 인간관계에 크게 좌우된다고 본다.

① 생산성은 인간관계에 의해서만 좌우된다.
③ 사회적 상호작용은 생산성 향상에 긍정적인 영향을 미친다.
④ 비공식적인 부서의 형성은 생산성 향상으로 이어진다.
⑤ 근로자는 개인이 아니라 집단 구성원으로서 행동하고 반응한다.

답 ②

① ② ③

07 다음에서 설명하는 조직이론은? [21회]

- 인간의 사회적, 심리적, 정서적 욕구 강조
- 조직 내 비공식집단의 중요성 인식
- 조직 내 개인은 감정적이며 비물질적 보상에 민감하게 반응

① 과학적 관리론
② 관료제론
③ 인간관계론
④ 행정관리론
⑤ 자원의존론

① ② ③

08 다음에서 설명하는 이론은? [17회]

조직 구성원은 비공식집단의 성원으로 행동하며, 이러한 비공식집단이 개인의 생산성에 영향을 준다.

① 인간관계이론
② 생산집단이론
③ 과학적 관리론
④ 상황생태이론
⑤ 개방구조이론

대표문제

총체적 품질관리(TQM)에 관한 설명으로 옳지 않은 것은? [20회]

① 지속적인 품질개선을 강조하는 일련의 과정이다.
② 자료와 사실에 기반한 의사결정을 중시한다.
③ 좋은 품질이 무엇인지는 고객이 결정한다.
④ 집단의 노력보다는 개인의 노력이 품질향상에 더 기여한다고 본다.
⑤ 조직 구성원에 대한 훈련을 강조한다.

│해설│

총체적 품질관리는 개인의 노력보다 집단의 노력이 품질향상에 더 기여한다고 본다.

답 ④

① ② ③

09 총체적 품질관리 원칙에 관한 설명으로 옳은 것은? [18회]

① 조직 구성원들의 집단적 노력을 강조한다.
② 현상유지가 조직의 중요한 관점이다.
③ 의사결정은 전문가의 직관을 기반으로 한다.
④ 구성원들과 각 부서는 경쟁체계를 형성한다.
⑤ 품질결정은 전문가가 주도한다.

① ② ③

10 총체적 품질관리(TQM)에 관한 설명으로 옳은 것은? [16회]

① 최고책임자의 의사결정권을 강조한다.
② 조직관리 및 업적평가 방식으로 고안되었다.
③ 맥그리거(D. McGregor)의 X이론을 발전시켰다.
④ 서비스 생산과정과 절차를 지속적으로 개선한다.
⑤ 작업시간 단축을 목표로 둔다.

11 총체적 품질관리(TQM)에 관한 설명으로 옳지 않은 것은? [15회]

① 고객중심관리를 강조한다.
② 지속적인 서비스 품질향상을 강조한다.
③ 서비스 품질은 마지막 단계에 고려한다.
④ 의사결정은 자료분석에 기반한다.
⑤ 품질향상은 모든 조직 구성원들의 헌신을 필요로 한다.

유형 05 정치경제이론(자원의존이론) 빈출도 ★☆☆

대표문제

다음에서 설명하고 있는 이론은? [18회]

• 서비스 전달체계에서 업무 환경을 강조한다.
• 생존을 위해서 환경으로부터 합법성을 부여받아야 한다.
• 조직의 내·외부 환경의 역학 관계가 서비스 전달체계에 영향을 미친다.

① 관료제이론
② 정치경제이론
③ 인간관계론
④ 목표관리이론
⑤ 총체적 품질관리

│해설│

정치경제이론은 조직운영에서 정치적 요인과 경제적 요인을 중시하는 이론이다. 업무환경의 중요성을 강조하고 업무환경은 조직이 필요로 하는 중요한 자원을 통제하고 조직을 통해 해당 목표를 달성하기 때문에 조직 내·외부의 역학관계가 전달체계에 어떤 영향을 미치는지 분석하는 데 초점을 둔다.

답 ②

---

12 다음 설명에 해당하는 조직이론은? [16회]

• 자원을 소유하고 있는 이해관계집단이 조직에 영향력을 발휘한다.
• 조직환경에서 재원을 둘러싼 권력관계를 부각시킨다.
• 외부환경에 의존하는 사회복지조직의 현실을 설명할 수 있다.

① 정치경제(Political Economy)이론
② 신제도(New Institutional)이론
③ 과학적 관리(Scientific Management)이론
④ 의사결정(Decision-Making)이론
⑤ 조직군생태(Organizational Ecology)이론

유형 06 SERVQUAL(서브퀄) 모형 빈출도 ★★★

대표문제

패러슈라만 등(A. Parasuraman, V. A. Zeithaml & L. L. Berry)의 SERVQUAL 구성차원에 해당하는 질문을 모두 고른 것은? [22회]

ㄱ. 약속한 대로 서비스를 제공했는가?
ㄴ. 안전하게 서비스를 제공했는가?
ㄷ. 자신감을 가지고 정확하게 서비스를 제공했는가?
ㄹ. 위생적이고 정돈된 시설에서 서비스를 제공했는가?

① ㄱ, ㄹ
② ㄴ, ㄷ
③ ㄴ, ㄹ
④ ㄱ, ㄴ, ㄷ
⑤ ㄱ, ㄷ, ㄹ

│해설│

SERVQUAL(서브퀄)은 Service와 Quality의 합성어로 서비스 행위에 대한 고객의 기대와 실제로 고객이 경험한 서비스에 대한 인식을 비교하여 일치하는 정도와 방향을 측정하는 서비스품질 관리기법이다. 서브퀄의 요인에는 유형성, 신뢰성, 대응성, 확신성, 공감성이 있다.
ㄱ. '약속한 대로 서비스를 제공했는가?'는 신뢰성이다.
ㄷ. '자신감을 가지고 정확하게 서비스를 제공했는가?'는 확신성이다.

ㄹ. '위생적이고 정돈된 시설에서 서비스를 제공했는가?'는 유형성이다.

답 ⑤

123

13 사회복지조직의 서비스 질 관리에 관한 설명으로 옳은 것은? [21회]

① 서비스 질 관리를 위하여 위험관리가 필요하다.

② 총체적 품질관리(TQM)는 기업의 소비자 만족을 극대화하기 위한 기법이므로 사회복지기관에 적용하기에는 적합하지 않다.

③ 총체적 품질관리는 지속적인 개선보다는 현상유지에 초점을 둔다.

④ 서브퀄(SERVQUAL)의 요소에 확신성(Assurance)은 포함되지 않는다.

⑤ 서브퀄에서 유형성(Tangible)은 고객요청에 대한 즉각적 반응을 말한다.

123

14 패러슈라만 등(A. Parasuraman, V. A. Zeithaml & L. L. Berry)의 SERVQUAL 구성차원에 관한 설명으로 옳은 것은? [20회]

① 신뢰성 : 이용자의 요구에 선제적으로 응대할 수 있는 능력

② 유형성 : 시설, 장비 및 서비스 제공자 용모 등의 적합성

③ 확신성 : 이용자에 대한 관심이나 상황이해 능력

④ 공감성 : 전문적 지식과 기술, 정중한 태도로 이용자를 대하는 능력

⑤ 대응성 : 저렴한 비용으로 서비스를 제공할 수 있는 능력

123

15 사회복지기관의 서비스 질에 관한 설명으로 옳지 않은 것은? [19회]

① 서브퀄(SERVQUAL)에는 신뢰성과 확신성이 포함된다.

② 서비스 질은 사회복지평가의 기준이 될 수 없다.

③ 위험관리(Risk Management)는 이용자에 대한 서비스관리 측면과 조직관리 측면을 모두 포함한다.

④ 총체적 품질관리(TQM)에서 서비스의 질은 고객의 결정에 의한다.

⑤ 서비스 이용자와 제공자 관점에서 질적 평가가 중요시되고 있다.

123

16 패러슈라만 등이 주장한 서비스 질 측정도구인 SERVQUAL 구성차원이 아닌 것은? [17회]

① 중립성 　　　　② 신뢰성

③ 확신성 　　　　④ 유형성

⑤ 공감성

유형 07 **사회복지행정의 기초개념** 　빈출도 ★★☆

대표문제

다음 설명에 해당되는 것은? [22회]

- 비(非)표적 인구가 서비스에 접근하여 나타나는 문제
- 사회적 자원의 낭비 유발

① 서비스 과활용 　　　② 크리밍

③ 레드테이프 　　　　④ 기준행동

⑤ 매몰비용

해설

서비스 과활용은 서비스가 필요하지 않은 클라이언트에게 서비스를 제공하거나 서비스를 너무 많이 주는 것을 의미한다.

답 ①

17 다음 사례에 해당하는 현상은? [21회]

> A사회복지기관은 프로그램 운영 성과를 높이기 위해 기부금 모금실적을 직원 직무평가에 반영하기로 했다. 직원들이 직무평가에서 높은 점수를 받기 위해 모금활동에 더 많은 시간과 노력을 기울이게 되면서 오히려 프로그램 운영 성과는 저조하게 되었다.

① 리스트럭쳐링(Restructuring)

② 목적전치(Goal Displacement)

③ 크리밍(Creaming)

④ 소진(Burnout)

⑤ 다운사이징(Downsizing)

18 다음에서 공통적으로 설명하는 것은? [17회]

> • 사회복지서비스 평가로 인해 발생 가능한 부정적 현상이다.
> • 양적 평가지표가 많을 때 증가되기 쉽다.
> • 평가지표 충족에만 관심이 집중되어 서비스 효과성이 낮아질 수 있다.

① 레드테이프   ② 모듈화

③ 옴부즈맨   ④ 기준행동

⑤ 분절성

19 다음에서 나타나지 않는 현상은? [17회]

> A지역자활센터는 대상자의 취업 성공률을 높이기 위해 전담직원을 신규 채용해서 맞춤형 프로그램 기획을 담당하도록 하였다. 또한 대상자를 개별적으로 사정, 상담하여 취업 방해요인을 분석하였다. 몇몇 대상자들은 A센터의 취업성공률을 낮출 것이라고 보고 타 기관으로 보낼 방안을 검토하고 이를 요청하였다.

① 서비스 과활용   ② 크리밍

③ 의뢰   ④ 사례관리

⑤ 스태핑(Staffing)

SECTION 04 사회복지서비스 전달체계

유형 01 사회복지서비스 전달체계   빈출도 ★★★

대표문제

사회복지전달체계 구축 시 고려해야 할 사항으로 옳지 않은 것은? [19회]

① 통합성 : 서비스의 중복과 누락을 방지하고 다양한 서비스를 통합적으로 제공해야 한다.
② 포괄성 : 클라이언트의 다양한 욕구 중 한 가지 욕구를 해결하기 위하여 전문가 집단이 개입하는 방식이다.
③ 적절성 : 사회복지서비스의 양과 질이 서비스 수요자의 욕구 충족과 서비스 목표 달성에 적합해야 한다.
④ 접근성 : 서비스 이용자에게 공간, 시간, 정보, 재정 등의 제약이 없는 서비스 제공을 의미한다.
⑤ 전문성 : 충분한 사회복지전문가의 확보가 필요하다.

해설

포괄성은 대상자의 욕구가 다양하기 때문에 욕구를 해결하기 위해 다양한 서비스가 제공되어야 한다는 것이다. 다양한 욕구 중 한 가지 욕구만 해결하지 않는다.

답 ②

☐1 ☐2 ☐3

01 사회복지전달체계 구축원칙에 관한 설명으로 옳지 않은 것은? [22회]

① 서비스 비용 부담을 낮춤으로써 접근성을 높일 수 있다.
② 서비스 간 연계성을 강화함으로써 연속성을 높일 수 있다.
③ 양·질적으로 이용자 욕구에 부응함으로써 적절성을 높일 수 있다.

④ 최소비용으로 최대효과를 얻음으로써 전문성을 높일 수 있다.
⑤ 이용자의 요구나 불만을 파악함으로써 책임성을 높일 수 있다.

☐1 ☐2 ☐3

02 사회복지서비스 전달체계에 관한 설명으로 옳지 않은 것은? [20회]

① 구조·기능 차원에서 행정체계와 집행체계로 구분할 수 있다.
② 운영주체에 따라서 공공체계와 민간체계로 구분할 수 있다.
③ 전달체계의 접근성을 높이기 위해서는 서비스 이용의 장애요인을 줄여야 한다.
④ 사회복지서비스 급여의 유형과 전달체계 특성은 관련이 없다.
⑤ 서비스 제공기관을 의도적으로 중복해서 만드는 것이 전달체계를 개선해 줄 수도 있다.

☐1 ☐2 ☐3

03 독거노인을 위한 복지서비스 전달체계 구축원칙과 내용이 옳지 않은 것은? [17회]

① 충분성 : 치매예방서비스 양을 증가시킴
② 연속성 : 치매예방 및 관리서비스를 중단 없이 이용하게 함
③ 접근성 : 치매예방서비스 비용을 낮춤
④ 책임성 : 치매예방서비스 불만사항 파악절차를 마련함
⑤ 통합성 : 치매예방서비스를 적극적으로 홍보함

PART 03 사회복지정책과 제도

04 전달체계의 원칙에 관한 설명으로 옳은 것을 모두 고른 것은? [16회]

> ㄱ. 책임성 : 충분한 양과 질 높은 서비스가 제공되어야 한다.
> ㄴ. 접근성 : 제약 없이 서비스를 쉽게 받을 수 있어야 한다.
> ㄷ. 연속성 : 필요한 서비스가 일정기간 동안 지속적으로 제공되어야 한다.
> ㄹ. 전문성 : 종합적으로 서비스가 제공되어야 한다.

① ㄱ, ㄴ   ② ㄴ, ㄷ
③ ㄱ, ㄴ, ㄷ   ④ ㄱ, ㄷ, ㄹ
⑤ ㄴ, ㄷ, ㄹ

05 다음 ( )에 들어갈 사회복지서비스 전달체계 구축원칙의 연결이 옳은 것은? [15회]

> (ㄱ) : 클라이언트의 욕구와 문제해결을 위해 다양한 서비스를 제공해야 한다.
> (ㄴ) : 서비스의 양과 질이 욕구와 목표달성에 충분해야 한다.
> (ㄷ) : 핵심적인 업무는 반드시 객관적으로 자격이 인정된 사람이 담당해야 한다.
> (ㄹ) : 서비스를 필요로 하는 사람은 누구나 쉽게 받을 수 있어야 한다.

① ㄱ : 전문성, ㄴ : 접근성, ㄷ : 포괄성,
   ㄹ : 적절성
② ㄱ : 포괄성, ㄴ : 적절성, ㄷ : 전문성,
   ㄹ : 접근성
③ ㄱ : 포괄성, ㄴ : 전문성, ㄷ : 적절성,
   ㄹ : 접근성
④ ㄱ : 전문성, ㄴ : 포괄성, ㄷ : 접근성,
   ㄹ : 적절성
⑤ ㄱ : 포괄성, ㄴ : 접근성, ㄷ : 적절성,
   ㄹ : 전문성

06 사회복지서비스 전달체계에 관한 설명으로 옳지 않은 것은? [15회]

① 구조·기능적 차원에서는 행정체계와 집행체계로 구분된다.
② 서비스 종류에 따라 공적 전달체계와 사적 전달체계로 구분된다.
③ 행정체계는 서비스를 기획, 지시, 지원, 관리하는 것을 말한다.
④ 집행체계는 서비스 전달기능을 주로 수행하면서 행정기능도 수행한다.
⑤ 읍·면·동은 사회복지서비스와 급여를 제공하는 집행체계에 해당한다.

PART
03

사회복지정책과 제도

유형 01 조직

빈출도
★★★

대표문제

조직구조에 관한 설명으로 옳은 것은? [21회]

① 조직규모가 커질수록 공식화 정도가 낮아진다.
② 공식화 정도가 높을수록 직원의 재량권이 줄어든다.
③ 과업의 종류가 많을수록 수직적 분화가 늘어난다.
④ 분권화 정도가 높을수록 최고관리자에게 조직통제 권한이 집중된다.
⑤ 집권화 정도가 높을수록 직원의 권한과 책임의 범위가 모호해진다.

해설

② 공식화는 직무의 표준화 정도로 직원들이 명문화된 규칙이나 절차에 얼마만큼 의존하는지의 정도를 의미한다. 단순하고 반복적인 직무일수록 공식화가 높고 직원들의 공식화가 높으면 표준화가 높다. 공식화 정도가 높을수록 직원은 명문화된 규칙이나 절차를 사용하여 재량권이 줄어든다.

① 조직규모가 커질수록 공식화 정도가 높아진다. 소규모 조직에서는 최고관리자에 의한 집권적인 의사결정이 가능하나 조직이 대규모화할수록 의사결정권의 위임은 불가피하다.
③ 수직적 분화가 발달하면(계층의 수가 많으면) 통솔범위가 줄어들어 과업의 종류가 많을수록 수직적 분화는 줄어들게 된다.
④ 분권화는 의사결정의 공식적 권한이 분산되거나 이양되는 것으로 분권화 정도가 높을수록 최고관리자에게 조직통제권한이 약화된다.
⑤ 집권화는 각종 권한이 조직의 정점에 집중되어 나타나는 현상으로 집권화 정도가 높을수록 직원의 권한과 책임의 범위가 명확해진다.

답 ②

123

01 조직 구성요소에 관한 설명으로 옳은 것은?

[22회]

① 집권화 수준을 높이면 의사결정의 권한이 분산된다.
② 업무가 복잡할수록 공식화의 효과는 더 크다.
③ 공식화 수준을 높이면 직무의 사적 영향력이 높아진다.
④ 과업분화가 적을수록 수평적 분화가 더 이루어진다.
⑤ 수직적 분화가 많아질수록 의사소통의 절차가 복잡해진다.

123

02 비영리 사회복지조직에 관한 설명으로 옳지 않은 것은?

[21회]

① 수익성과 서비스 질을 고려하지 않고 조직을 운영한다.
② 정부조직에 비해 관료화 정도가 낮다.
③ 국가와 시장이 공급하기 어려운 서비스를 제공할 수 있다.
④ 특정 이익집단을 위한 서비스를 제공할 수 있다.
⑤ 개입대상 선정과 개입방법을 특화할 수 있다.

1 2 3

03 조직구조 유형 중 태스크포스(TF)에 관한 설명으로 옳은 것을 모두 고른 것은? [20회]

> ㄱ. 팀 형식으로 운영하는 조직이다.
> ㄴ. 특정 목표달성을 위한 업무에 전문가들을 배치한다.
> ㄷ. 환경의 변화에 대응하기 위해서 만든 조직의 성격이 강하다.

① ㄱ
② ㄴ
③ ㄱ, ㄷ
④ ㄴ, ㄷ
⑤ ㄱ, ㄴ, ㄷ

1 2 3

04 사회복지조직의 책임성에 관한 설명으로 옳지 않은 것은? [20회]

① 업무수행 결과에 대한 책임뿐만 아니라 업무 과정에 대한 정당성을 의미한다.
② 책임성 이행측면에서 효율성을 배제하고 효과성을 극대화해야 한다.
③ 지역사회와의 관계뿐만 아니라 조직 내 상호작용에서도 정당성을 확보해야 한다.
④ 정부 및 재정자원 제공자, 사회복지조직, 사회복지전문직, 클라이언트 등에게 책임성을 입증해야 한다.
⑤ 클라이언트 집단의 욕구를 충족시키고 당면한 사회문제를 해결하고 있다는 증거를 보여줘야 한다.

1 2 3

05 비영리조직의 특성을 설명한 것으로 옳지 않은 것은? [19회]

① 사적 이익보다는 공동체의 이익을 우선적으로 추구한다.
② 필요에 따라 수익사업을 실시하기도 한다.
③ 회원조직도 비영리조직에 포함된다.
④ 기부금이나 후원금이 조직의 중요한 재원이다.
⑤ 한국에는 비영리조직에 대한 세제혜택이 없다.

1 2 3

06 다음에 해당하는 사회복지조직구조의 변화는? [19회]

> A지방자치단체는 아동학대 문제에 적극 대처하기 위해 'A지역 아동보호네트워크'를 발족했다. 이 네트워크에는 지역 내 공공기관, 아동보호전문기관, 초등학교, 지역아동센터, 병원, 시민단체, 편의점 등이 참여하여 학대가 의심되는 아동을 발견했을 때 신속하게 신고, 접수 및 대응할 수 있도록 했다.

① 지역복지 거버넌스 구축
② 사업성과 평가체계 구축
③ 서비스 경쟁체계 도입
④ 복지시설 확충
⑤ 서비스 품질인증제 도입

1 2 3

07 조직의 구성요소에 관한 설명으로 옳지 않은 것은? [18회]

① 예산, 구성원 수 등으로 조직의 규모를 나타낼 수 있다.
② 직무표준화 정도가 지나치게 높으면 구성원의 재량권은 낮아진다.
③ 사업의 종류가 많을수록 조직의 복잡성이 증가한다.
④ 집권화는 구성원의 자발적 참여와 재량권을 확대시킨다.
⑤ 분권화는 책임과 권한을 조직 내에 분산하는 전략이다.

1 2 3

08 조직 내 비공식조직의 순기능으로 옳은 것은? [18회]

① 조직의 응집력을 높인다.
② 공식업무의 신뢰성과 일관성을 높인다.
③ 정형화된 구조로 조직의 안정성을 높인다.
④ 파벌이나 정실인사의 부작용이 나타난다.
⑤ 의사결정이 하층부에 위임되어 직원들의 참여의식을 높인다.

① ② ③

09 행렬조직(Matrix Organization)에 관한 설명으로 옳은 것은? [17회]

① 직무배치가 위계와 부서별 구분에 따라 이루어지는 전형적 조직이다.

② 조직운영을 지원하는 비공식조직을 의미한다.

③ 합리성을 강조하기 때문에 조직 유연성을 저하시킬 수 있다.

④ 직무별 분업을 인정하면서 동시에 사업별 협력을 강조한다.

⑤ 현실에서 작동하지 않는 가상의 사업조직을 일컫는다.

| 유형 **02** 환경전략 | 빈출도 ★☆☆ |

대표문제

사회복지조직의 환경에 관한 설명으로 옳지 않은 것은? [19회]

① 다른 기관과의 경쟁은 고려하지 않는다.

② 과학기술의 발전은 사회복지기관의 서비스에도 영향을 미친다.

③ 사회인구적 특성은 사회문제와 밀접한 관계가 있다.

④ 경제적 상황은 서비스 수요에 영향을 미친다.

⑤ 법적 규제가 많을수록 서비스에 대한 클라이언트의 접근이 제한된다.

│ 해설 │

사회복지조직은 욕구를 가진 클라이언트를 위해 전문적이고 직업적인 기술을 제공하도록 사회로부터 위임받은 조직이다. 사회복지조직도 일반조직과 같이 수익사업을 실시하지 않지만 조직을 운영하기 위해서는 후원금이나 자원봉사자를 모집한다. 이때 다른 기관들과 경쟁을 통해 많은 후원금을 모금하려고 노력한다.

답 ①

---

① ② ③

10 하센필드가 주장하는 조직환경 대응전략이 아닌 것은? [18회]

① 권위주의 전략

② 경쟁전략

③ 협동전략

④ 방해전략

⑤ 전문화 전략

---

① ② ③

11 다음에서 설명하는 환경의존 대응전략은? [16회]

- 사회적 약자를 대신해 권한을 가진 조직으로부터 양보를 얻는 데 효과적일 수 있다.
- 일시적으로 얻은 이익을 상쇄하는 반작용을 야기할 수 있다.
- 표적조직이 평화적인 요구를 무시할 때 채택할 수 있다.

① 방해전략

② 교환전략

③ 흡수전략

④ 경쟁전략

⑤ 권위주의전략

대표문제

조직문화에 관한 설명으로 옳지 않은 것은? [22회]

① 조직의 정체성을 결정하는 일련의 가치와 신념이다.
② 조직과 일체감을 갖게 함으로써 구성원의 정체감 형성에 기여한다.
③ 조직의 믿음과 가치가 깊게 공유될 때 조직문화는 더 강해진다.
④ 경직된 조직문화는 불확실한 환경에 대처하도록 돕는다.
⑤ 조직 내에서 자연적으로 생길 수 있다.

| 해설 |

건강한 조직문화는 성과를 창출하고 위기에 슬기롭게 대처하는 힘이 되지만 경직된 조직문화는 조직을 위기에 빠뜨리고 쇠락하도록 돕는다. 경직된 조직문화는 불확실한 환경에 대처할 수 없다.

답 ④

1 2 3

12 사회복지조직의 조직문화에 관한 설명으로 옳은 것을 모두 고른 것은? [18회]

ㄱ. 사회복지서비스 체계의 규범과 가치로서 역할을 한다.
ㄴ. 사회복지서비스 제공자의 상황인식에 중요한 역할을 한다.
ㄷ. 조직 구성원의 형태와 인식 그리고 태도를 통해서 조직효과성과 연결하는 역할을 한다.

① ㄱ
② ㄷ
③ ㄱ, ㄴ
④ ㄴ, ㄷ
⑤ ㄱ, ㄴ, ㄷ

SECTION 06 리더십

정답 및 해설 p.151

유형 01 리더십이론 빈출도 ★★★

대표문제

조직이론에 관한 설명으로 옳지 않은 것은? [22회]

① 학습조직이론 : 개인 및 조직의 학습공유를 통해 역량 강화
② 정치경제이론 : 경제적 자원과 권력 간 상호작용 강조
③ 상황이론 : 조직을 폐쇄체계로 보며, 조직 내부의 상황에 초점
④ 총체적 품질관리론 : 지속적이고 총체적인 서비스 질 향상을 통한 고객만족 극대화
⑤ X이론 : 생산성 향상을 위해 조직 구성원에 대한 감독, 보상과 처벌, 지시 등이 필요

해설

상황이론은 모든 조직에 보편적으로 효과적인 조직구성 원칙은 없으며, 조직의 효과성은 외부조건(상황)들의 개연성에 적합하게 반응할 때 나타난다고 본다. 상황이론은 개방체계관점이다.

답 ③

01 섬김 리더십(Servant Leadership)에 관한 설명으로 옳은 것을 모두 고른 것은? [22회]

ㄱ. 인간 존중, 정의, 정직성, 공동체적 윤리성 강조
ㄴ. 가치의 협상과 계약
ㄷ. 청지기(Stewardship) 책무 활동
ㄹ. 지능, 사회적 지위, 교육 정도, 외모 강조

① ㄱ, ㄷ
② ㄴ, ㄹ
③ ㄷ, ㄹ
④ ㄱ, ㄴ, ㄷ
⑤ ㄱ, ㄴ, ㄷ, ㄹ

02 리더십이론에 관한 설명으로 옳지 않은 것은? [21회]

① 상황이론에 의하면 상황에 따라 적합하게 대응하는 리더십이 효과적이다.
② 행동이론에서 컨트리클럽형(Country Club Management)은 사람에 대한 관심과 일에 대한 관심이 모두 높은 리더이다.
③ 행동이론에서 과업형은 일에만 관심이 있고 사람에 대해서는 전혀 관심이 없는 리더이다.
④ 서번트 리더십(Servant Leadership)은 사회복지조직 관리에 적합한 리더십이 될 수 있다.
⑤ 생산성 측면에서 서번트 리더십은 자발적 행동의 정도를 중시한다.

03 사회복지조직관리자가 상황이론(Contingency Theory)을 활용할 경우 고려해야 할 것을 모두 고른 것은? [20회]

ㄱ. 계층적 승진제도를 통해서 직원의 성취욕구를 고려한다.
ㄴ. 시간과 동작 분석을 활용하여 표준시간과 표준동작을 정한다.
ㄷ. 사회복지조직을 둘러싸고 있는 사회, 정치, 경제, 문화 변수 등을 고려한다.

① ㄱ
② ㄴ
③ ㄷ
④ ㄱ, ㄷ
⑤ ㄴ, ㄷ

① ② ③

04 변혁적 리더십에 관한 설명으로 옳은 것을 모두 고른 것은? [20회]

> ㄱ. 구성원들에게 봉사하는 것을 핵심적 가치로 한다.
> ㄴ. 구성원들에 대한 상벌체계를 강조한다.
> ㄷ. 구성원들 스스로 혁신할 수 있도록 비전을 제시해 주는 것을 강조한다.

① ㄱ
② ㄴ
③ ㄷ
④ ㄱ, ㄴ
⑤ ㄴ, ㄷ

① ② ③

05 리더십이론에 관한 설명으로 옳은 것은? [20회]

① 블레이크와 머튼(R. Blake & J. Mouton)의 관리격자모형은 자질이론 중 하나이다.
② 블레이크와 머튼의 관리격자모형에서 가장 바람직한 행동유형은 극단에 치우치지 않은 중도형이다.
③ 허시와 블랜차드(P. Hersey & K. H. Blanchard)의 상황적 리더십 모형에서는 구성원의 성숙도를 중요하게 고려한다.
④ 퀸(R. Quinn)의 경쟁가치 리더십 모형은 행동이론의 대표적 모형이다.
⑤ 퀸의 경쟁가치 리더십 모형에서는 조직환경의 변화에 따라 리더십이 달라져서는 안 된다는 것을 강조한다.

① ② ③

06 다음에서 설명하고 있는 조직이론은? [19회]

> • 효과적인 조직관리방법은 조직이 처한 환경과 조건에 따라 달라진다.
> • 경직된 규칙과 구조를 가진 조직이 효과적일 경우도 있다.
> • 어느 경우에나 적용되는 최선의 조직관리이론은 없다.

① 상황이론
② 관료제이론
③ 논리적합이론
④ 인지이론
⑤ 인간관계이론

① ② ③

07 관리격자(Managerial Grid)이론에 따르면 다음에 해당하는 리더십 유형은? [19회]

> A사회복지관의 관장은 직원 개인의 문제와 상황에 관심을 갖고 적극적으로 지원한다. 관장은 조직 내 인간관계도 중요하게 여겨서 공식·비공식적 방식으로 직원들의 공동체 의식을 키우기 위해 노력한다. 사회복지관 사업관리는 서비스 제공 팀장에게 일임하고 있으며, 자신은 화기애애한 조직 분위기를 조성하는 역할에 전념한다.

① 무력형(Impoverished Management)
② 과업형(Task Management)
③ 팀형(Team Management)
④ 중도형(Middle of the Road Management)
⑤ 컨트리클럽형(Country Club Management)

① ② ③

08 리더십이론에 관한 설명으로 옳지 않은 것은? [18회]

① 관리격자이론은 조직원의 특성과 같은 상황적 요소를 고려하고 있다.
② 특성이론은 비판적 대안으로 행동이론이 등장하였다.
③ 섬김의 리더십은 힘과 권력에 의한 조직지배를 지양한다.
④ 거래적 리더십은 교환관계를 기반으로 하여 조직성과를 높이고자 한다.
⑤ 상황이론은 과업환경에 따라 적합하게 대응하는 리더십이 효과적이라고 가정한다.

ⓘ②③

09 변혁적 리더십에 관한 설명으로 옳은 것을 모두 고른 것은? [18회]

> ㄱ. 새로운 비전제시 및 지적 자극, 조직문화 창출을 지향한다.
> ㄴ. 성과에 대한 금전적인 보상이 구성원의 높은 헌신을 가능하게 한다.
> ㄷ. 조직목표 중 개인의 사적이익을 가장 우선시한다.

① ㄱ
② ㄴ
③ ㄱ, ㄷ
④ ㄴ, ㄷ
⑤ ㄱ, ㄴ, ㄷ

ⓘ②③

10 리더십이론에 관한 설명으로 옳은 것은? [17회]

① 블레이크와 머튼(R. Blake & J. Mouton)의 관리격자이론에 의하면 과업형(1.9)이 가장 이상적인 리더이다.
② 피들러(F. E. Fiedler)의 상황이론에 의하면 상황의 호의성이 모두 불리하면 리더가 인간중심의 행동을 해야 효과적이다.
③ 허시와 블랜차드(P. Hersey & K. H. Blanchard)의 상황이론에 의하면 구성원의 성숙도가 낮을 경우 위임형 리더십이 적합하다.
④ 퀸(R. Quinn)의 경쟁적 가치 리더십에 의하면 동기부여형 리더십은 목표달성가 리더십과 상반된 가치를 추구한다.
⑤ 배스(B. M. Bass)의 변혁적 리더십에 의하면 변혁적 리더는 구성원의 욕구와 보상에 주된 관심을 갖는다.

ⓘ②③

11 다음에서 설명하는 리더십이론은? [16회]

> • 리더의 지위권력 정도, 직원과의 관계, 과업의 구조화가 중요하다.
> • 직원의 성숙도가 중요하다.
> • 한 조직에서 성공한 리더가 타 조직에서도 반드시 성공하는 것은 아니다.

① 행동이론
② 상황이론
③ 특성이론
④ 공동체이론
⑤ 카리스마이론

유형 02 리더십 유형   빈출도 ★★☆

대표문제

참여적 리더십에 관한 설명으로 옳지 않은 것은? [20회]

① 의사결정의 시간과 에너지가 절약될 수 있다.
② 하급자가 의사결정에 참여하는 것을 강조한다.
③ 동기부여수준이 높은 업무자로 구성된 조직에서 효과적이다.
④ 책임성 소재가 모호해질 수 있다.
⑤ 사회복지의 가치와 부합한다.

해설

참여적 리더십은 모든 구성원이 참여하여 의사결정의 시간과 에너지가 많이 소요된다.

정답 ①

ⓘ②③

12 다음에 해당하는 리더십 유형은? [19회]

> • 조직의 목표에 대한 구성원의 참여동기가 증대될 수 있다.
> • 조직의 리더와 구성원 간 의사소통이 활발해질 수 있다.
> • 집단의 지식, 경험, 기술의 활용이 용이하다.

① 지시적 리더십
② 참여적 리더십
③ 방임적 리더십
④ 과업형 리더십
⑤ 위계적 리더십

13 참여적 리더십에 관한 설명으로 옳지 않은 것은?

[16회]

① 집단지식과 기술활용이 용이하다.
② 상급자의 권한과 책임을 포기하는 것이다.
③ 소요시간과 책임소재 문제 등이 단점이다.
④ 기술수준이 높고, 동기부여된 직원들이 있을
때 효과적이다.
⑤ 직원들을 의사결정에 참여시켜 일에 대한 적
극적 동기부여가 가능하다.

14 참여적 리더십에 관한 설명으로 옳지 않은 것은?

[15회]

① 직원들의 지식과 기술활용이 용이하다.
② 직원들의 사명감이 증진될 수 있다.
③ 책임분산으로 인해 조직이 무기력하게 될 수
있다.
④ 하급자들이 의사결정을 적극적으로 주도한다.
⑤ 리더 – 직원들 간의 양방향 의사소통이 가능
하다.

유형 **01** 인적자원관리 빈출도 ★★★

대표문제

사회복지조직의 인적자원관리에 관한 설명으로 옳지 않은 것은? [21회]

① 동기부여를 위한 보상관리는 해당되지 않는다.
② 직원채용, 직무수행 평가, 직원개발을 포함한다.
③ 목표관리법(MBO)으로 직원을 평가할 수 있다.
④ 직무수행 과정에서 경력을 개발해 나갈 수 있도록 한다.
⑤ 직무만족도 개선과 소진관리가 포함된다.

해설

인적자원관리는 인사관리라고도 불리며, 조직의 유지를 위해 조직이 필요로 하는 인사를 채용, 개발, 유지, 활용하는 일련의 관리활동체계를 말한다. 또한 복지조직 구성원의 소양·능력을 개발하고 직무수행에 필요한 지식과 기술을 향상시키며 가치관이나 태도를 바람직한 방향으로 변화시키기 위한 교육 및 훈련을 말한다.
① 동기부여는 구성원들로 하여금 목표달성을 위한 활동을 열심히 하도록 유도하는 것으로 동기부여를 위한 보상관리도 인적자원관리에 해당된다.

답 ①

1 2 3

01 인적자원관리의 구성요소에 관한 설명으로 옳지 않은 것은? [22회]

① 확보 : 직원모집, 심사, 채용
② 개발 : 직원훈련, 지도, 감독
③ 보상 : 임금, 복리후생
④ 정치 : 승진, 근태관리
⑤ 유지 : 인적자원 유지, 이직관리

1 2 3

02 다음에서 설명하는 인적자원개발 방법은? [22회]

• 짧은 시간에 많은 사람을 대상으로 교육내용을 체계적으로 전달할 때 사용
• 직원들에게 사회복지시설 평가제도에 대한 이해를 높여서 기관평가에 좋은 결과를 얻도록 하기 위하여 사용

① 멘토링 ② 감수성 훈련
③ 역할연기 ④ 소시오 드라마
⑤ 강의

1 2 3

03 직무수행평가 순서로 옳은 것은? [22회]

ㄱ. 실제 직무수행을 직무수행 평가기준과 비교
ㄴ. 직원과 평가결과 회의 진행
ㄷ. 평가도구를 사용하여 직원의 실제 직무수행을 측정
ㄹ. 직무수행 기준 확립
ㅁ. 직무수행 기대치를 직원에게 전달

① ㄷ-ㄹ-ㅁ-ㄱ-ㄴ
② ㄹ-ㄷ-ㄴ-ㅁ-ㄱ
③ ㄹ-ㅁ-ㄷ-ㄱ-ㄴ
④ ㅁ-ㄱ-ㄷ-ㄴ-ㄹ
⑤ ㅁ-ㄹ-ㄴ-ㄷ-ㄱ

① ② ③

04 직무기술서에 관한 설명으로 옳은 것을 모두 고른 것은? [21회]

> ㄱ. 작업조건을 파악해서 작성한다.
> ㄴ. 직무수행을 위한 책임과 행동을 명시한다.
> ㄷ. 종사자의 교육수준, 기술, 능력 등을 포함한다.
> ㄹ. 직무의 성격, 내용, 수행방법 등을 정리한 문서이다.

① ㄱ, ㄴ ② ㄱ, ㄷ
③ ㄱ, ㄴ, ㄹ ④ ㄴ, ㄷ, ㄹ
⑤ ㄱ, ㄴ, ㄷ, ㄹ

① ② ③

05 인적자원관리에 관한 설명으로 옳은 것을 모두 고른 것은? [20회]

> ㄱ. 직무분석은 직무명세 이후 가능하다.
> ㄴ. 직무명세는 특정 직무수행을 위해 필요한 지식과 기능, 능력 등을 작성하는 것이다.
> ㄷ. 직무평가에서는 조직목표 달성에 대한 구성원의 기여도를 고려한다.

① ㄱ ② ㄱ, ㄴ
③ ㄱ, ㄷ ④ ㄴ, ㄷ
⑤ ㄱ, ㄴ, ㄷ

① ② ③

06 인적자원관리의 영역에 해당하지 않는 것은? [19회]

① 채용 ② 배치
③ 평가 ④ 승진
⑤ 재무

① ② ③

07 직무를 통한 연수(OJT)에 관한 설명으로 옳은 것을 모두 고른 것은? [19회]

> ㄱ. 직원이 지출한 자기개발비용을 조직에서 지원한다.
> ㄴ. 일반적으로 조직의 상사나 선배를 통해 이루어진다.
> ㄷ. 일상적인 업무를 통해 이루어지는 경우가 많다.
> ㄹ. 조직 외부의 전문교육기관에서 제공된다.

① ㄱ, ㄴ ② ㄱ, ㄷ
③ ㄱ, ㄹ ④ ㄴ, ㄷ
⑤ ㄷ, ㄹ

① ② ③

08 직무기술서에 포함되어야 할 내용으로 옳지 않은 것은? [19회]

① 급여수준 ② 직무명칭
③ 직무내용 ④ 직무수행방법
⑤ 핵심과업

① ② ③

09 다음에서 설명하는 직원 능력개발방법은? [18회]

> • 지속적이고 새로운 전문지식 습득 방법
> • 지역사회의 필요 및 구성원의 욕구에 따라 융통성 있게 실시 가능
> • 사회복지사에게 직무연수 방식으로 제공

① 패널토의 ② 순환보직
③ 계속교육 ④ 역할연기
⑤ 분임토의

10 직무소진에 관한 설명으로 옳은 것을 모두 고른 것은? [18회]

> ㄱ. 직무에서 비롯되는 스트레스에 대한 반응이다.
> ㄴ. 목적의식이나 관심을 점차적으로 상실하는 과정이다.
> ㄷ. 감정이입이 업무의 주요기술인 직무현장에서 발생하는 현상이다.

① ㄱ　　　　　　② ㄴ
③ ㄱ, ㄷ　　　　④ ㄴ, ㄷ
⑤ ㄱ, ㄴ, ㄷ

11 사회복지조직의 인적자원관리에 관한 설명으로 옳은 것은? [17회]

① 직무만족은 조직몰입에 부정적인 영향을 미친다.
② 신규채용은 비공개모집을 원칙으로 한다.
③ 브레인스토밍은 제시된 아이디어의 양보다는 질을 더욱 중시한다.
④ 갈등은 조직 내에 비능률을 가져오는 역기능만을 갖는다.
⑤ 소진은 일반적으로 열성 – 침체 – 좌절 – 무관심의 단계로 진행된다.

12 다음에서 공통적으로 설명하는 인적자원관리 방식은? [17회]

> • 인적자원관리의 기초가 된다.
> • 직무에 대한 업무내용과 책임을 종합적으로 분류한다.
> • 직무명세서 작성의 전 단계이다.

① 직무평가
② 직무분석
③ 직무순환
④ 직무수행평가
⑤ 직무충실

13 인사관리에 관한 설명으로 옳지 않은 것은? [15회]

① 직무분석 이전에 직무명세서와 직무기술서를 작성한다.
② 직무기술서는 직무 자체에 대한 기술이다.
③ 직무명세서는 직무수행자의 요건에 대한 기술이다.
④ 인사관리는 성과관리, 개발관리, 보상관리 등을 포함한다.
⑤ OJT(On – the – Job Training)는 일상업무를 수행하면서 훈련을 실시한다.

14 사회복지조직에서의 인적자원관리에 관한 설명으로 옳은 것을 모두 고른 것은? [16회]

> ㄱ. 직원채용을 위해서 직업능력검사를 시행하였다.
> ㄴ. 조직의 역사, 사명, 기본정책 등에 관하여 직원 오리엔테이션을 가졌다.
> ㄷ. 업무 담당자를 위해 직무기술서를 작성하였다.
> ㄹ. 업무성과 평가를 위해 직원의 행동평가를 실시하였다.

① ㄱ, ㄷ
② ㄴ, ㄹ
③ ㄱ, ㄴ, ㄷ
④ ㄱ, ㄷ, ㄹ
⑤ ㄱ, ㄴ, ㄷ, ㄹ

대표문제

사회복지 슈퍼비전에 관한 설명으로 옳지 않은 것은?

[21회]

① 행정적 기능, 교육적 기능, 지지적 기능이 있다.
② 소진 발생 및 예방에 영향을 미친다.
③ 동료집단 간에는 슈퍼비전이 수행되지 않는다.
④ 슈퍼바이저는 직속상관이나 중간관리자가 주로 담당한다.
⑤ 직무를 수행하면서 훈련을 받을 수 있다는 장점이 있다.

|해설|

슈퍼비전은 종사자가 업무를 효과적이고 효율적으로 지식과 기술을 잘 사용할 수 있도록 도와주는 활동을 말한다. 슈퍼비전의 질은 슈퍼바이저의 역량에 의해 좌우되며 긍정적 슈퍼비전은 사회복지사의 소진 예방에 도움이 된다. 슈퍼비전의 기능은 행정적 슈퍼비전, 교육적 슈퍼비전, 지지적 슈퍼비전으로 구분된다. 슈퍼비전의 모형은 개인교습, 사례상담, 집단, 동료집단, 직렬, 팀 슈퍼비전으로 구분된다.
③ 동료집단 간에는 슈퍼비전의 모형이 있다. 동료집단 슈퍼비전은 슈퍼바이저가 없는 상태에서 슈퍼바이지로만 구성된 모형이다.

답 ③

1 2 3

15 퀸(R. Quinn)이 주장하는 혁신적 슈퍼바이저가 가져야 할 능력으로 옳지 않은 것은?　[16회]

① 유연한 변화를 만들기 위한 의사소통 능력
② 비판적 · 창의적 사고 능력
③ 슈퍼바이지(Supervisee)의 개인성과를 점검하는 능력
④ 조직을 둘러싼 변화를 판단할 수 있는 능력
⑤ 조직 구성원과 이해관계자들 간의 갈등을 예방할 수 있는 능력

대표문제

동기부여이론에 관한 설명으로 옳은 것은? [20회]

① 알더퍼(C. Alderfer)의 ERG이론은 고순위 욕구가 충족되지 못하면 저순위 욕구를 더욱 원하게 된다는 좌절퇴행(Frustration Regression) 개념을 제시한다.
② 맥그리거(D. McGregor)의 X · Y이론은 조직에 대한 기대와 현실 간 차이가 동기수준을 결정한다는 점을 강조한다.
③ 허즈버그(F. Herzberg)의 동기 – 위생요인이론은 불만 초래 요인을 동기요인으로 규정한다.
④ 맥클리랜드(D. McClelland)의 성취동기이론은 조직 공정성을 성취동기 고취를 위한 핵심요소로 간주한다.
⑤ 매슬로우(A. Maslow)의 욕구단계이론은 욕구가 존재, 관계, 성장욕구의 세 단계로 구성된다고 주장한다.

|해설|

② 맥그리거(D. McGregor)의 X이론에서 인간은 본래 일을 싫어한다고 규정하였고, Y이론에서 인간은 본래 일을 좋아한다고 규정하였다. 조직에 대한 기대와 현실 간 차이가 동기수준을 결정한다는 점을 강조하는 이론은 브룸의 기대이론이다.
③ 허즈버그(F. Herzberg)의 동기 – 위생요인이론의 동기요인은 만족요인으로 심리적 성장과 만족을 성취하려는 욕구이다.
④ 조직 공정성을 성취동기 고취를 위한 핵심요소로 간주하는 이론은 아담스의 공평성이론이다.
⑤ 매슬로우(A. Maslow)의 욕구단계이론은 생리적 욕구, 안전의 욕구, 소속과 사랑의 욕구, 존경의 욕구, 자아실현의 욕구로 구성된다. 존재, 관계, 성장욕구의 세 단계로 구성된 이론은 알더퍼의 ERG이론이다.

답 ①

16 사회복지행정가 A는 직원의 불만족 요인을 낮추기 위하여 급여를 높이고, 업무환경 개선을 위한 사무실 리모델링을 진행하여 조직의 성과를 높이고자 하였다. 이때 적용한 이론은? [22회]

① 브룸(V. H. Vroom)의 기대이론
② 허즈버그(F. Herzberg)의 동기위생이론
③ 스위스(K. E. Swiss)의 TQM이론
④ 맥그리거(D. McGregor)의 XY이론
⑤ 아담스(J. S. Adams)의 형평성이론

17 다음 사례에서 설명하는 동기이론은? [18회]

> A는 자신보다 승진이 빠른 입사 동기인 사회복지사 B와의 비교로, 보충해야 할 업무역량을 분석하였다. A는 B가 가진 프로그램 기획력과 사례관리 역량의 필요성을 알게 되었고 직무향상과 승진을 위해 대학원 진학을 결정하였다.

① 욕구위계이론
② 동기위생이론
③ ERG이론
④ 형평성이론
⑤ 기대이론

18 다음 (   )에 들어갈 내용으로 옳은 것은? [17회]

> 맥클리랜드(D. McClelland)의 성취동기이론을 자원봉사자관리에 적용할 경우 자원봉사자의 욕구유형에 따라 배정할 업무가 다를 것이다. 가령 (ㄱ)욕구가 강한 자원봉사자에게는 말벗되기 등 대면서비스를 담당하도록 배정하고, (ㄴ)욕구가 강한 자원봉사자에게는 팀장 등 관리 업무를 맡기고, (ㄷ)욕구가 강한 자원봉사자에게는 후원자 개발 등 다소 어려운 업무를 배정한다.

① ㄱ : 인간관계, ㄴ : 성취, ㄷ : 권력
② ㄱ : 친교, ㄴ : 권력, ㄷ : 성취
③ ㄱ : 관계, ㄴ : 성장, ㄷ : 자아실현
④ ㄱ : 사회적, ㄴ : 권력, ㄷ : 성장
⑤ ㄱ : 친교, ㄴ : 존경, ㄷ : 권력

19 동기부여이론에 관한 설명으로 옳지 않은 것은? [17회]

① 매슬로우(A. Maslow)의 욕구단계이론에서 최상위 단계는 자아실현욕구이다.
② 알더퍼(C. Alderfer)의 ERG이론은 인간의 욕구를 세 가지 범주로 나누었다.
③ 허즈버그(F. Herzberg)의 동기 – 위생이론에 의하면 감독, 안전은 위생요인에 해당한다.
④ 맥클리랜드(D. McClelland)의 성취동기이론에 의하면 성장욕구는 관계욕구보다 상위단계이다.
⑤ 아담스(J. S. Adams)는 공평성이론에서 조직이 공평성을 실천함으로써 구성원을 동기부여 할 수 있다고 하였다.

20 동기부여이론에 관한 설명으로 옳지 않은 것은? [15회]

① 인간관계이론 : 구성원들 간에 호의적인 태도를 가지는 조직은 생산성이 높다.
② 동기 – 위생이론 : 책임성이나 성취에 대한 인정은 동기유발요인에 해당된다.
③ Z이론 : 인간은 통제와 강제의 대상이다.
④ Y이론 : 인간은 자율성과 창조성을 지닌다.
⑤ 성취동기이론 : 인간의 동기부여 욕구를 권력욕구, 친화욕구, 성취욕구로 구분하였다.

21 동기부여이론과 주요학자의 연결이 옳은 것은? [15회]

① 인간관계이론 – 매슬로우(Maslow)
② ERG이론 – 허즈버그(Herzberg)
③ 성취동기이론 – 맥클리랜드(McClelland)
④ 욕구계층이론 – 맥그리거(McGregor)
⑤ X · Y이론 – 알더퍼(Alderfer)

PART 03

사회복지정책과 제도

유형 01 기획　빈출도 ★☆☆

대표문제

사회복지프로그램 기획과정에서 대상인구 규정에 관한 설명으로 옳은 것은? [17회]

① 위험인구란 프로그램 수급 자격을 갖춘 사람을 말한다.
② 클라이언트인구란 프로그램에 실제 참여하는 사람을 말한다.
③ 일반인구란 프로그램이 해결하려는 문제에 취약성이 있는 사람을 말한다.
④ 일반적으로 표적인구가 일반인구보다 많다.
⑤ 자원이 부족하면 클라이언트인구가 표적인구보다 많아진다.

해설

② 클라이언트인구는 표적인구 중에서 실제로 프로그램에 참여하는 사람들을 말한다.

① 위험인구는 일반인구 중에서 사회문제에 노출되어 프로그램을 통하여 문제를 해결하려는 사람들을 말한다.
③ 일반인구란 지역 전체의 인구를 말한다.
④ 프로그램 대상 선정순서는 일반 → 위험 → 표적 → 클라이언트인구 순으로 일반인구가 가장 많다.
⑤ 클라이언트인구는 표적인구 중에서 실제로 프로그램에 참여하는 사람들로 자원이 부족하면 클라이언트인구는 줄어들게 된다.

답 ②

1│2│3
01 기획에 관한 설명으로 옳지 않은 것은? [16회]

① 연속적이며 동태적인 과업이다.
② 효율성 및 효과성 모두 관련이 있다.
③ 타당한 사업추진을 하기 위함이다.
④ 미래의 환경 변화에 대응하기 위한 의사결정 과정이다.
⑤ 목표지향적이나 과정지향적이지는 않다.

1│2│3
02 기획의 유형에 관한 설명으로 옳은 것은? [15회]

① 최고관리층은 조직의 사업계획 및 할당기획에 관여한다.
② 중간관리층은 구체적인 프로그램 기획에 관여한다.
③ 감독관리층은 주로 1년 이상의 장기기획에 관여한다.
④ 전략적 기획은 조직의 기본적인 결정과 행동계획을 수립하기 위해 이루어진다.
⑤ 운영기획은 외부환경과의 경쟁에 관한 사정을 포함한다.

유형 02 프로그램 기획기법　빈출도 ★★★

대표문제

다음 설명에 해당하는 프로그램 관리기법은? [22회]

- 프로그램 진행일정을 관리하는 목적으로 많이 활용됨
- 프로그램을 구성하는 활동들 간 상호관계와 연계성을 명확하게 보여줌
- 임계경로와 여유시간에 대한 정보를 파악할 수 있음

① 프로그램 평가 검토기법(PERT)
② 간트차트(Gantt Chart)
③ 논리모델(Logic Model)
④ 임팩트모델(Impact Model)
⑤ 플로우차트(Flow Chart)

□1 2 3

**03 기획의 모델과 기법에 관한 설명으로 옳지 않은
것은?** [19회]

① 논리모델은 투입－활동－산출－성과로 도
식화하는 방법이다.

② 전략적 기획은 과정을 강조하므로 우선순위
를 설정하고 단계적인 계획을 수립한다.

③ 방침관리기획(PDCA)은 체계이론을 적용한
모델이다.

④ 간트도표(Gantt Chart)는 사업별로 진행시간
을 파악하여 각각 단계별로 분류한 시간을 단
선적 활동으로 나타낸다.

⑤ 프로그램 평가 검토기법(PERT)은 일정한 기간
에 추진해야 하는 행사에 필요한 복잡한 과업
의 순서가 보이도록 하고 임계통로를 거친다.

□1 2 3

**04 시간별 활동계획도표의 설명으로 옳은 것을 모
두 고른 것은?** [18회]

ㄱ. 시간별 활동계획의 설계는 확인－조정－계
획－실행의 순환적 과정으로 이루어진다.
ㄴ. 헨리간트에 의해 최초로 개발되었다.
ㄷ. 목표달성 기한을 정해놓고 목표달성을 위해
설정된 주요활동과 시간계획을 연결시켜 도
표로 나타낸 것이다.
ㄹ. 활동과 활동 사이의 상관관계를 파악하기 힘
들다.

① ㄱ, ㄴ   ② ㄱ, ㄷ
③ ㄴ, ㄷ   ④ ㄴ, ㄹ
⑤ ㄷ, ㄹ

□1 2 3

**05 사회복지기획과 관리기법에 관한 설명으로 옳
은 것은?** [17회]

① PERT는 최초로 시도되는 프로그램 관리에는
유용하지 않다.

② 간트차트는 임계통로에 대한 정확한 정보파
악에 유용하다.

③ 책임행렬표는 목표, 활동, 책임유형을 구성원
별로 제시한다.

④ 사례모델링이란 클라이언트의 서비스 이용경
로를 제시하는 것이다.

⑤ 마일스톤은 월별활동내용을 파악하는 주된
기법이다.

□1 2 3

06 다음에서 설명하는 기획기법은? [16회]

• 막대그래프를 이용해서 막대그래프 차트로도
불린다.
• 작업 간의 연결성에 대한 파악이 어렵다.

① 프로그램 평가 검토기법(PERT)
② 시간별 활동계획도표(Gantt Chart)
③ 월별활동계획카드(Shed－U Graph)
④ 방침관리기획(P－D－C－A)
⑤ 주요경로방법(Critical Path Method)

□1 2 3

**07 프로그램 평가 검토기법(PERT)에 관한 설명으
로 옳지 않은 것은?** [15회]

① 목표달성의 기한을 정해 놓고 진행한다.

② 과업별 소요시간을 계산하여 추정한다.

③ 최종 목표를 달성하는 데 있어 필요한 최단기
간을 제시할 수 있는 기법이다.

④ 주요세부목표 또는 활동의 상호관계와 시간
계획을 연결시켜 나타낸 것이다.

⑤ 간트차트(Gantt Chart)에 비해 활동 간의 상관
관계를 파악하는 데 유용하지 않다.

유형 01 예산

빈출도 ★☆☆

대표문제

예산집행의 통제 기제에 관한 설명으로 옳지 않은 것은? [22회]

① 개별기관의 제약조건, 요구사항 및 기대사항에 맞게 고안되어야 한다.
② 예외적 상황에 적용되는 규칙을 명시해야 한다.
③ 보고의 규정을 두어야 한다.
④ 강제성을 갖는 규정은 두지 않는다.
⑤ 필요할 경우 규칙은 새로 개정할 수 있다.

해설
예산통제의 원칙 중 강제성의 원칙은 강제성을 띠는 명시적인 규정이 있어야 한다는 것이다.

답 ④

123

01 예산통제의 원칙으로 옳지 않은 것은? [20회]

① 강제의 원칙
② 개별화의 원칙
③ 접근성의 원칙
④ 효율성의 원칙
⑤ 예외의 원칙

유형 02 예산 모형

빈출도 ★★☆

대표문제

예산에 관한 설명으로 옳은 것은? [21회]

① 영기준 예산(Zero Based Budgeting)은 전년도 예산 내역을 반영하여 수립한다.
② 계획 예산(Planning Programming Budgeting System)은 국가의 단기적 계획 수립을 위한 장기적 예산편성방식이다.
③ 영기준 예산(Zero Based Budgeting)은 비용-편익 분석, 비용-효과 분석을 거치지 않고 수립한다.
④ 성과주의 예산(Performance Budgeting)은 전년도 사업의 성과를 고려하지 않고 수립한다.
⑤ 품목별 예산(Line Item Budgeting)은 수입과 지출을 항목별로 명시하여 수립한다.

해설
⑤ 품목별 예산은 예산의 통제기능을 충족시키기 위해 구입하고자 하는 품목별로 편성하는 예산으로 전년도 예산을 근거로 하여 일정한 양만큼 증가시켜 나가는 점진주의적 특성을 가지고 있다.

① 영기준 예산(Zero Based Budgeting)은 전년도 예산과는 무관하게 프로그램의 효율성을 평가하여 우선순위를 정하고 우선순위가 높은 프로그램에 먼저 예산을 편성하는 예산이다.
② 계획 예산(Planning Programming Budgeting System)은 목표를 달성하기 위해 장기적인 계획을 세우고 매년 기본계획을 실행하기 위해 프로그램별로 예산을 편성하는 예산이다.
③ 영기준 예산(Zero Based Budgeting)은 비용-편익 분석, 비용-효과 분석을 거쳐 수립한다.
④ 성과주의 예산(Performance Budgeting)은 조직의 활동을 기능별 또는 프로그램별로 나눈 후 다시 세부 프로그램으로 나누고 각 세부 프로그램의 원가를 업무량을 계산하여 편성하는 예산이다.

답 ⑤

02 예산에 관한 설명으로 옳지 않은 것은? [19회]

① 영기준 예산(Zero Based Budgeting)은 예산의 효율성을 중요시한다.

② 영기준 예산(Zero Based Budgeting)은 전년도 예산을 고려하지 않는다.

③ 성과주의 예산(Performance Budgeting)은 업무에 중점을 두는 관리지향의 예산제도이다.

④ 기획예산제도(Planning programming Budgeting System)는 미래의 비용을 고려하지 않는다.

⑤ 품목별 예산(Line Item Budgeting)은 전년도 예산을 근거로 한다.

03 품목별 예산에 관한 설명으로 옳지 않은 것은?
[18회]

① 예산의 남용을 방지할 수 있다.

② 회계책임을 명백히 할 수 있다.

③ 신축성 있게 예산을 집행할 수 있다.

④ 급여와 재화 및 서비스 구매에 효과적이다.

⑤ 정책 및 사업의 우선순위를 소홀히 할 수 있다.

04 성과주의 예산모형에 관한 설명으로 옳지 않은 것은?
[15회]

① 사업별 예산통제가 가능하다.

② 예산배정에 있어서 직관적 성격이 강하다.

③ 목표수행에 중점을 두는 관리지향 예산제도이다.

④ 예산집행에 있어 신축성을 부여한다.

⑤ 실적의 평가를 용이하게 한다.

유형 01 마케팅 빈출도 ★★★

대표문제

사회복지 마케팅 기법에 관한 설명으로 옳지 않은 것은? [22회]

① 다이렉트 마케팅은 방송이나 잡지 등 대중매체를 활용하는 방식이다.
② 기업연계 마케팅은 명분마케팅이라고도 한다.
③ 데이터베이스 마케팅은 이용자에 대한 각종 정보를 수집, 분석하여 활용하는 방식이다.
④ 사회 마케팅은 대중에 대한 캠페인 등을 통해 행동 변화를 유도하는 방식이다.
⑤ 고객관계관리 마케팅은 개별 고객특성에 맞춘 서비스를 지속적으로 제공하는 방식이다.

해설

다이렉트 마케팅은 잠재적 후원자에게 기관의 소식지나 후원자료, 서비스에 대한 정보를 우편으로 발송하여 후원자를 개발하는 기법이다. 방송이나 잡지 등 대중매체를 활용하는 방식은 뉴미디어 마케팅이다.

目 ①

☐1☐2☐3

01 사회복지서비스 마케팅 과정을 옳게 연결한 것은? [22회]

> ㄱ. STP 전략 설계
> ㄴ. 고객관계관리(CRM)
> ㄷ. 마케팅 믹스
> ㄹ. 고객 및 시장 조사

① ㄱ - ㄴ - ㄷ - ㄹ
② ㄱ - ㄹ - ㄴ - ㄷ
③ ㄷ - ㄹ - ㄱ - ㄴ
④ ㄹ - ㄱ - ㄴ - ㄷ
⑤ ㄹ - ㄱ - ㄷ - ㄴ

☐1☐2☐3

02 마케팅 믹스 4P에 관한 설명으로 옳은 것을 모두 고른 것은? [21회]

> ㄱ. 유통(Place) : 고객이 서비스를 쉽게 이용할 수 있도록 하는 조직적 활동
> ㄴ. 가격(Price) : 판매자가 이윤 극대화를 위하여 임의로 설정하는 금액
> ㄷ. 제품(Product) : 고객의 욕구를 충족시키기 위하여 제공하는 재화나 서비스
> ㄹ. 촉진(Promotion) : 판매실적에 따라 직원을 승진시키는 제도

① ㄱ, ㄴ
② ㄱ, ㄷ
③ ㄱ, ㄴ, ㄷ
④ ㄴ, ㄷ, ㄹ
⑤ ㄱ, ㄴ, ㄷ, ㄹ

☐1☐2☐3

03 비영리조직 마케팅의 특성으로 옳지 않은 것은? [21회]

① 이윤추구보다는 사회적 가치실현에 주안점을 둔다.
② 마케팅에서 교환되는 것은 유형의 재화보다는 무형의 서비스가 대부분이다.
③ 영리조직에 비해 인간의 태도나 행동을 변화시키는 것이 어렵다.
④ 서비스의 생산과 소비의 동시성을 고려한다.
⑤ 조직의 목표달성과 측정이 용이하다.

04 다음에서 설명하는 마케팅 방법은? [20회]

> A초등학교의 학부모들이 사회복지사에게 본인들의 자녀와 연령대가 비슷한 아이들을 돕고 싶다고 이야기하였다. 이에 사회복지사들은 월 1회 아동문화체험 프로그램을 기획하여 이들을 후원자로 참여할 수 있도록 요청하였다.

① 사회 마케팅
② 공익연계 마케팅
③ 다이렉트 마케팅
④ 데이터베이스 마케팅
⑤ 고객관계관리 마케팅

05 비영리조직 마케팅에 관한 설명으로 옳은 것은? [19회]

① 영리추구의 목적으로만 마케팅을 추진한다.
② 비영리조직 간의 경쟁에 대한 대응은 필요 없다.
③ 공익사업과 수익사업의 적절한 운영을 위하여 필요하다.
④ 사회복지조직이 제공하는 비물질적인 서비스는 마케팅 대상이 아니다.
⑤ 비영리조직의 재정자립은 마케팅의 목표가 될 수 없다.

06 마케팅 믹스(Marketing mix)의 4P에 해당하지 않는 것은? [19회]

① 제품(Product)
② 가격(Price)
③ 판매촉진(Promotion)
④ 입지(Place)
⑤ 성과(Performance)

07 사회복지관에서 우편으로 잠재적 후원자에게 기관의 현황이나 정보 등을 제공하여 후원자를 개발하는 마케팅 방법은? [18회]

① 고객관계관리 마케팅
② 데이터베이스 마케팅
③ 다이렉트 마케팅
④ 소셜 마케팅
⑤ 클라우드 펀딩

08 일반적인 마케팅 믹스(4P) 전략에 포함되지 않는 것은? [17회]

① 가격(Price)
② 촉진(Promotion)
③ 성과(Performance)
④ 유통(Place)
⑤ 상품(Product)

09 사회복지조직을 포함한 비영리조직 마케팅에 관한 설명으로 옳은 것은? [16회]

① 생산 후 소비의 발생이 이루어진다.
② 틈새시장 마케팅이 시장 세분화 정도가 가장 높다.
③ 사회복지서비스의 표준성은 영리조직 마케팅과의 차이점 중 하나이다.
④ 마케팅 믹스의 4P는 유통(Place), 촉진(Promotion), 가격(Price), 문제(Problem)를 의미한다.
⑤ 공익연계 마케팅을 통해 참여 기업과 사회복지조직 모두 혜택을 얻을 수 있다.

10 다음 ( )에 해당하는 마케팅 기법은? [15회]

> ( )은 고객들이 A기업의 물품을 구입할 경우 A기업이 그 수입의 일정비율을 B복지관에 기부하는 방식이다.

① 공익연계 마케팅
② 고객관계관리 마케팅
③ 다이렉트 마케팅
④ 데이터베이스 마케팅
⑤ 사회 마케팅

유형 **01** 프로그램 평가   빈출도 ★★★

대표문제

우리나라의 사회복지시설 평가제도에 관한 설명으로 옳은 것은?   [19회]

ㄱ. 3년마다 평가 실시
ㄴ. 5년마다 평가 실시
ㄷ. 평가결과의 비공개원칙
ㄹ. 평가결과를 시설지원에 반영

① ㄱ, ㄷ   ② ㄱ, ㄹ
③ ㄴ, ㄷ   ④ ㄴ, ㄹ
⑤ ㄷ, ㄹ

│해설│

우리나라 사회복지시설 평가는 3년마다 평가를 실시(ㄱ)하고 평가결과에 따라 인센티브를 지원(ㄹ)하고 있다.

답 ②

□1□2□3

01 사회복지 프로그램 평가의 목적과 그 설명으로 옳은 것은?   [22회]

① 정책개발 : 사회복지실천 이념 개발
② 책임성 이행 : 재무·회계적, 전문적 책임 이행
③ 이론형성 : 급여의 공평한 배분을 위한 여론 형성
④ 자료수집 : 종사자의 기준행동 강화
⑤ 정보관리 : 민간기관의 행정협상력 약화

□1□2□3

02 사회복지시설평가에 관한 설명으로 옳지 않은 것은?   [18회]

① 평가의 근거는 1997년 개정된 「사회복지사업법」이다.
② 평가의 목적은 시설운영의 효율화 등을 위한 것이다.
③ 이용자의 권리에 관한 지표의 경우 거주시설(생활시설)에 한해서 적용하여 평가한다.
④ 개별 사회복지시설의 고유성이 반영되지 못하는 점은 평가의 한계점으로 여겨진다.
⑤ 평가지표 선정 시 현장의견수렴 절차가 필요하다.

□1□2□3

03 사회복지평가의 유형에 관한 설명으로 옳은 것은?   [17회]

① 총괄평가는 주로 프로그램 개발을 목적으로 한다.
② 형성평가의 대표적인 예는 효과성 평가이다.
③ 총괄평가는 모니터링 평가라고도 한다.
④ 형성평가는 목표달성도에 주된 관심을 갖는다.
⑤ 총괄평가는 성과와 비용에 관심이 크다.

04 「사회복지사업법」상 사회복지 시설평가에 관한 설명으로 옳은 것은? [16회]

① 보건복지부장관이 시설의 서비스 최저기준을 고려하여 평가기준을 정한다.
② 1997년에 처음으로 시행되었다.
③ 보건복지부장관과 시·군·구의 장이 시설평가의 주체이다.
④ 4년마다 한 번씩 평가를 실시한다.
⑤ 시설평가 결과를 공표할 수 없으나 시설의 지원에는 반영할 수 있다.

05 사회복지평가의 의의로 옳지 않은 것은? [15회]

① 환류기능을 가지고 있다.
② 행정관리수단의 역할을 한다.
③ 책무성을 강조한다.
④ 기관의 외부자원 확보에 영향을 미친다.
⑤ 평가결과는 기관의 변화를 반드시 수반한다.

06 사회복지서비스 성과평가의 내용으로 옳은 것을 모두 고른 것은? [15회]

> ㄱ. 아동의 자아존중감 향상 정도를 평가한다.
> ㄴ. 유사한 취업프로그램의 1인당 취업비용을 비교한다.
> ㄷ. 프로그램 참여자의 취업률을 측정한다.

① ㄱ　　　　　　　② ㄴ
③ ㄱ, ㄷ　　　　　④ ㄴ, ㄷ
⑤ ㄱ, ㄴ, ㄷ

유형 02 프로그램 평가기준　　　　빈출도 ★★★

대표문제

프로그램 평가에 관한 설명으로 옳은 것을 모두 고른 것은? [21회]

> ㄱ. 비용－효과 분석은 프로그램의 비용과 결과의 금전적 가치를 고려하지 않는다.
> ㄴ. 비용－편익 분석은 프로그램의 비용과 결과를 금전적 가치로 환산하여 평가한다.
> ㄷ. 노력성 평가는 프로그램 수행에 투입된 인적·물적 자원 등을 기준으로 평가한다.
> ㄹ. 효과성 평가는 프로그램의 목표 달성 정도를 평가한다.

① ㄱ, ㄴ　　　　　② ㄱ, ㄷ
③ ㄴ, ㄹ　　　　　④ ㄴ, ㄷ, ㄹ
⑤ ㄱ, ㄴ, ㄷ, ㄹ

해설

ㄱ. 비용－효과 분석은 프로그램을 분석할 때 비용과 효과를 동시에 비교하여 고려하는 방법으로 같은 효과가 나올 경우 비용이 저렴한 프로그램을 선택한다. 즉, 프로그램의 비용과 결과의 금전적 가치를 고려한다.

답 ④

07 다음에서 설명하는 프로그램 평가의 기준은? [20회]

> • 서비스를 받은 클라이언트 수
> • 목표달성을 위해 투입된 시간 및 자원의 양
> • 프로그램 담당자의 제반활동

① 노력　　　　　　② 영향
③ 효과성　　　　　④ 효율성
⑤ 서비스의 질

Ⅰ 2 3

08 사회복지행정에서 효과성(Effectiveness)에 관한 설명으로 옳은 것은? [19회]

① 조직의 목표달성 정도
② 투입에 대한 산출의 비율
③ 사회복지기관의 지역적 집중도
④ 서비스 이용의 편의성 정도
⑤ 서비스 자원의 활용 가능성 정도

Ⅰ 2 3

09 사회복지의 책임성 평가에 관한 설명으로 옳지 않은 것은? [19회]

① 효과성 평가를 위하여 비용편익분석을 실시한다.
② 형성평가는 과정을 파악하는 동태적 분석으로 프로그램 진행 중에 실시할 수 있다.
③ 사회복지 프로그램 평가를 통하여 프로그램 수정과 정책개발 등에 활용한다.
④ 사회복지전달체계는 사회복지의 책임성을 이행할 수 있도록 구축되어야 한다.
⑤ 우리나라의 사회복지시설 평가는 「사회복지사업법」에 근거하여 실시한다.

Ⅰ 2 3

10 사회복지평가의 기준이 되는 효율성에 관한 설명으로 옳지 않은 것은? [19회]

① 사회복지조직의 책임성평가 방식이다.
② 투입한 자원과 산출된 결과의 비율을 측정한다.
③ 자금이나 시간의 투입과 서비스 제공 실적의 비율을 파악한다.
④ 비용절감은 서비스 이용자의 욕구충족을 위한 목표와 관련성이 없다.
⑤ 최소한의 비용으로 최대한의 효과를 거둘 수 있도록 한다.

Ⅰ 2 3

11 사회복지 평가기준과 내용이 바르게 연결된 것은? [17회]

① 노력 : 클라이언트의 변화 정도로 측정됨
② 효율성 : 목표달성 정도로 측정됨
③ 효과성 : 대안비용과의 비교로 측정됨
④ 영향 : 서비스가 인구집단에 형평성 있게 배분된 정도로 측정됨
⑤ 과정 : 절차나 규정준수 여부 등으로 측정됨

Ⅰ 2 3

12 사회복지 평가기준과 그 설명으로 옳지 않은 것은? [16회]

① 효과성은 목표달성 정도를 의미한다.
② 영향성은 사회집단 간 얼마나 공평하게 배분되었는가를 의미한다.
③ 노력성은 프로그램을 위해 동원된 자원 정도를 의미한다.
④ 서비스 질은 이용자의 욕구충족 수준과 전문가의 서비스 제공 여부 등을 의미한다.
⑤ 효율성은 투입 대비 산출을 의미한다.

Ⅰ 2 3

13 프로그램 평가기준에 관한 내용으로 옳지 않은 것은? [15회]

① 노력성 : 비용 – 효과 분석
② 효율성 : 비용 – 편익 분석
③ 효과성 : 서비스 목표 달성 정도
④ 과정 : 프로그램 환경 조건
⑤ 영향 : 사회문제해결에 미친 영향 정도

대표문제

논리모델을 적용하여 치매부모부양 가족원 스트레스 완화 프로그램을 설계했을 때, 옳은 것을 모두 고른 것은? [17회]

> ㄱ. 투입 : 스트레스 완화 프로그램 실행 비용 1,500만 원
> ㄴ. 활동 : 프로그램 참여자의 스트레스 완화
> ㄷ. 산출 : 상담전문가 10인
> ㄹ. 성과 : 치매부모 부양 가족원 삶의 질 향상

① ㄱ
② ㄱ, ㄹ
③ ㄴ, ㄷ
④ ㄷ, ㄹ
⑤ ㄴ, ㄷ, ㄹ

| 해설 |
ㄴ. 프로그램 참여자의 스트레스 완화 : 성과(결과)
ㄷ. 상담전문가 10인 : 투입

답 ②

① ② ③
14 다음에서 설명하는 프로그램 평가요소는? [16회]

> • 프로그램 활동 후 얻은 양적인 최종실적을 의미한다.
> • 서비스 제공시간과 프로그램 참가자 수 등으로 나타난다.

① 산출(Output)
② 투입(Input)
③ 성과(Outcome)
④ 전환(Throughput)
⑤ 피드백(Feedback)

① ② ③
15 논리모델(Logic Model)을 적용한 '독거노인 사회관계형성 프로그램'의 내용으로 옳지 않은 것은? [15회]

① 투입 : 독거노인 20명, 사회복지사 2명
② 활동 : 자원봉사자 모집, 사회성 향상 프로그램 실시
③ 산출 : 교육시간, 출석률
④ 성과 : 노인의 자살률 감소, 노인부양의식 향상
⑤ 영향 : 지역의 독거노인 관심도 향상

SECTION 12 사회복지법인 및 사회복지시설 재무·회계 규칙

정답 및 해설 p.161

유형 01 예산 · 결산 빈출도 ★★★

대표문제

사회복지조직의 재정관리에 관한 설명으로 옳지 않은 것은? [22회]

① 「사회복지법인 및 사회복지시설 재무 · 회계 규칙」을 따른다.
② 사회복지법인과 시설은 매년 1회 이상 감사를 실시한다.
③ 시설운영 사회복지법인인 경우, 시설회계와 법인회계는 통합하여 관리한다.
④ 사회복지법인의 회계연도는 정부의 회계연도를 따른다.
⑤ 사회복지법인이 설치 · 운영하는 시설의 경우 시설운영위원회에 보고하고 법인 이사회의 의결을 통해 예산편성을 확정한다.

해설

「사회복지법인 및 사회복지시설 재무 · 회계 규칙」 제6조(회계의 구분)에는 회계는 법인의 업무전반에 관한 회계(법인회계)와 법인이 설치 · 운영하는 사회복지시설의 운영에 관한 회계(시설회계) 및 법인이 수행하는 수익사업에 대한 회계(수익사업회계)로 구분해야 한다고 명시되어 있다.

답 ③

□ 2 3
01 「사회복지법인 및 사회복지시설 재무 · 회계 규칙」상 사회복지관에서 예산서류를 제출할 때 첨부하는 서류가 아닌 것은? [20회]

① 예산총칙
② 세입 · 세출명세서
③ 사업수입명세서
④ 임직원 보수 일람표

⑤ 예산을 의결한 이사회 회의록 또는 예산을 보고받은 시설운영위원회 회의록 사본

□ 2 3
02 「사회복지법인 및 사회복지시설 재무 · 회계 규칙」상 사회복지관의 결산보고서에 첨부해야 하는 서류가 아닌 것은? [18회]

① 과목 전용조서
② 사업수입명세서
③ 사업비명세서
④ 세입 · 세출명세서
⑤ 인건비명세서

□ 2 3
03 「사회복지법인 및 사회복지시설 재무 · 회계 규칙」상 준예산 체제하에서 집행할 수 있는 항목을 모두 고른 것은? [17회]

> ㄱ. 직원 급여
> ㄴ. 전기요금
> ㄷ. 한국사회복지관협회 회비
> ㄹ. 국민연금보험료 사용자 부담분

① ㄱ, ㄴ
② ㄱ, ㄷ
③ ㄱ, ㄴ, ㄹ
④ ㄴ, ㄷ, ㄹ
⑤ ㄱ, ㄴ, ㄷ, ㄹ

04 「사회복지법인 및 사회복지시설 재무 · 회계 규칙」 상 다음에서 설명하는 예산은? [16회]

> 회계연도 개시 전까지 법인 예산이 성립되지 아니한 때는 시장 · 군수 · 구청장에게 그 사유를 보고하고 예산 성립 전까지 임 · 직원의 보수, 법인 및 시설운영에 직접 사용되는 필수경비, 법령상 지급의무가 있는 경비는 전년도 예산에 준하여 집행할 수 있다.

① 계획예산   ② 본예산
③ 특별예산   ④ 준예산
⑤ 추가경정예산

CHAPTER 08

사회복지법제론

 2024년 출제경향

항목	비율
사회복지법의 개요	12%
사회보장법	20%
사회복지사업법	16%
아동복지법	4%
장애인복지법	0%
노인복지법	4%
가족복지법	4%
사회복지공동모금회법	4%
공공부조	16%
사회보험	20%
헌법재판소 결정	0%

유형 01 헌법

빈출도
★★★

대표문제

헌법 제34조 규정의 일부이다. ㄱ~ㄷ에 들어갈 내용으로 옳은 것은? [21회]

• 국가는 (ㄱ)·(ㄴ)의 증진에 노력할 의무를 진다.
• 신체장애자 및 질병·노령 기타의 사유로 생활능력이 없는 국민은 (ㄷ)이 정하는 바에 의하여 국가의 보호를 받는다.

① ㄱ : 사회보장, ㄴ : 사회복지, ㄷ : 법률
② ㄱ : 사회보장, ㄴ : 공공부조, ㄷ : 법률
③ ㄱ : 사회복지, ㄴ : 공공부조, ㄷ : 헌법
④ ㄱ : 사회복지, ㄴ : 사회복지서비스, ㄷ : 헌법
⑤ ㄱ : 공공부조, ㄴ : 사회복지서비스, ㄷ : 법률

해설

ㄱ·ㄴ. 국가는 사회보장·사회복지의 증진에 노력할 의무를 진다.
ㄷ. 신체장애자 및 질병·노령 기타의 사유로 생활능력이 없는 국민은 법률이 정하는 바에 의하여 국가의 보호를 받는다.

답 ①

□ ② ③

01 헌법 제10조의 일부이다. ( )에 들어갈 내용으로 옳은 것은? [22회]

모든 국민은 인간으로서의 존엄과 가치를 가지며, ( )을 추구할 권리를 가진다.

① 자유권　　　② 생존권
③ 인간다운 생활　　　④ 행복
⑤ 인권

□ ② ③

02 헌법 규정의 사회적 기본권에 관한 설명으로 옳지 않은 것은? [20회]

① 국가는 근로자의 고용의 증진과 적정임금의 보장에 노력하여야 한다.
② 국가는 여자의 복지와 권익의 향상을 위하여 노력하여야 한다.
③ 국가는 모든 공무원인 근로자의 단결권·단체교섭권 및 단체행동권을 보장하여야 한다.
④ 국가는 평생교육을 진흥하여야 한다.
⑤ 국가는 모성의 보호를 위하여 노력하여야 한다.

□ ② ③

03 헌법 제34조 규정의 일부이다. ( )에 들어갈 내용이 순서대로 옳은 것은? [18회]

• 국가는 사회보장·( )의 증진에 노력할 의무를 진다.
• 신체장애자 및 질병·노령 기타의 사유로 생활능력이 없는 국민은 ( )이 정하는 바에 의하여 국가의 보호를 받는다.

① 공공부조, 헌법
② 공공부조, 법률
③ 사회복지, 헌법
④ 사회복지, 법률
⑤ 자원봉사, 법률

□ ② ③

04 헌법 규정의 내용 중 사회적 기본권으로 보기 어려운 것은? [17회]

① 모든 국민은 신체의 자유를 가진다.
② 모든 국민은 근로의 권리를 가진다.

③ 모든 국민은 인간다운 생활을 할 권리를 가진다.

④ 모든 국민은 능력에 따라 균등하게 교육을 받을 권리를 가진다.

⑤ 모든 국민은 건강하고 쾌적한 환경에서 생활할 권리를 가진다.

①②③

05 헌법 규정 중 ( )에 들어갈 내용이 순서대로 옳은 것은? [17회]

> • 신체장애자 및 질병·노령 기타의 사유로 생활능력이 없는 국민은 ( )이 정하는 바에 의하여 국가의 보호를 받는다.
> • 지방자치단체는 주민의 복리에 관한 사무를 처리하고 재산을 관리하며, ( )의 범위 안에서 자치에 관한 규정을 제정할 수 있다.

① 대통령령, 법률
② 법률, 대통령령
③ 법률, 법령
④ 법령, 법률
⑤ 대통령령, 법령

①②③

06 우리나라 사회복지법에 관한 설명으로 옳지 않은 것은? [15회]

① 헌법상의 생존권을 구체적으로 실현하기 위한 법이 사회복지법이다.

② 사회복지법은 단일 법전 형식이 아니라 개별법 체계로 구성되어 있다.

③ 「최저임금법」은 실질적 의미의 사회복지법에 포함된다.

④ 사회복지법은 사회법으로서 과실책임의 원칙에 기초하고 있다.

⑤ 사회복지법에는 공법과 사법의 요소들이 공존하고 있다.

①②③

07 사회복지와 관련한 헌법의 내용으로 옳은 것을 모두 고른 것은? [15회]

> ㄱ. 헌법 전문에는 사회복지와 관련된 내용이 없다.
> ㄴ. 환경권의 내용과 행사에 관하여는 조례로 정한다.
> ㄷ. 모든 국민은 능력에 따라 균등하게 교육을 받을 권리를 가진다.
> ㄹ. 여자의 근로는 특별한 보호를 받으며, 고용·임금 및 근로조건에 있어서 부당한 차별을 받지 아니한다.

① ㄱ, ㄴ
② ㄴ, ㄷ
③ ㄷ, ㄹ
④ ㄱ, ㄷ, ㄹ
⑤ ㄴ, ㄷ, ㄹ

PART **03**

사회복지정책과 제도

대표문제

우리나라 사회복지법의 법원에 관한 설명으로 옳은 것은? [22회]

① 관습법은 사회복지법의 법원이 될 수 없다.
② 법률은 정부의 의결을 거쳐 제정·공포된 법을 말한다.
③ 지방자치단체의 조례는 성문법원이다.
④ 명령은 행정기관이 제정한 법규로 국회의 의결을 거쳐야 한다.
⑤ 일반적으로 승인된 국제법규는 사회복지법의 법원에 포함되지 않는다.

해설

③ 지방자치단체의 조례는 지방자치단체의 의회가 법령에 반하지 않는 범위 내에서 그 권한에 속하는 사항에 대하여 의결로서 제정한 것으로 성문법원에 해당한다.

① 관습법은 불문법으로 사회복지법의 법원이다.
② 법률은 국회에서 제정되어 대통령이 공포한 법을 의미한다.
④ 명령은 대통령의 명령을 의미하는 것으로 기본법에 규정이 있어야만 가능하다.
⑤ 일반적으로 승인된 국제법규는 사회복지법의 법원에 포함된다.

답 ③

08 자치법규에 관한 설명으로 옳지 않은 것은? [21회]

① 지방의회는 규칙 제정권을 갖고 지방자치단체의 장은 조례 제정권을 갖는다.
② 시·군 및 자치구의 조례는 시·도의 조례를 위반해서는 아니 된다.
③ 사회복지시설의 설치·운영 및 관리는 주민의 복지증진과 관련된 지방자치단체의 사무이다.
④ 지방자치단체는 법령의 범위 안에서 자치에 관한 규정을 제정할 수 있다.
⑤ 주민은 지방자치단체의 조례를 제정할 것을 청구할 수 있다.

09 우리나라 사회복지법의 법원에 해당하는 것을 모두 고른 것은? [20회]

> ㄱ. 대통령령
> ㄴ. 조례
> ㄷ. 일반적으로 승인된 국제법규
> ㄹ. 규칙

① ㄱ
② ㄱ, ㄴ
③ ㄱ, ㄴ, ㄹ
④ ㄴ, ㄷ, ㄹ
⑤ ㄱ, ㄴ, ㄷ, ㄹ

10 사회복지법의 성문법원에 해당하는 것끼리 묶은 것은? [19회]

① 관습법, 판례법
② 헌법, 판례법
③ 헌법, 명령
④ 관습법, 법률
⑤ 법률, 조리

11 자치법규에 관한 설명으로 옳지 않은 것은? [19회]

① 조례는 지방의회에서 제정하는 자치법규이다.
② 지방자치단체는 법령의 범위와 무관하게 조례를 제정할 수 있다.
③ 규칙은 지방자치단체의 장이 법령이나 조례가 위임한 범위에서 그 권한에 속하는 사무에 관하여 제정할 수 있는 자치법규이다.
④ 시·군 및 자치구의 조례나 규칙은 시·도의 조례나 규칙을 위반하여서는 아니 된다.
⑤ 조례안이 지방의회에서 의결되면 의장은 의결된 날부터 5일 이내에 그 지방자치단체의 장에게 이를 이송하여야 한다.

12 우리나라 법체계에 관한 설명으로 옳지 않은 것은? [19회]

① 법규범 위계에서 최상위 법규범은 헌법이다.

② 법률은 법규범의 위계에서 헌법 다음 단계의 규범이다.

③ 법률은 국회에서 제정하거나 행정부에서 제출하여 국회의 의결을 거쳐 제정된다.

④ 시행령은 국무총리나 행정각부의 장이 발(發)하는 명령이다.

⑤ 명령에는 시행령과 시행규칙이 있다.

③ 법률의 위임에 의한 조례는 법률과 동등한 자격을 가진다.

④ 법령의 범위를 벗어난 조례는 법적 구속력이 없다.

⑤ 관습법은 사회복지법의 법원이 될 수 없다.

□1 2 3
13 법령의 제정에 관한 헌법의 내용으로 옳은 것은?
[18회]

① 국무총리는 총리령을 발할 수 없다.

② 지방자치단체의 장은 부령을 발할 수 있다.

③ 정부는 법률안을 제출할 수 없다.

④ 법률안은 국무회의의 심의를 거쳐야 한다.

⑤ 법률은 특별한 규정이 없는 한 공포한 날로부터 90일을 경과함으로써 효력이 발생한다.

□1 2 3
14 법률의 제정에 관한 헌법의 내용으로 옳은 것은?
[16회]

① 법률은 국무회의의 의결을 거쳐 대통령이 제정한다.

② 대통령은 법률안의 일부에 대하여 재의를 요구할 수 있다.

③ 국무회의에서 의결된 법률안은 지체 없이 대통령이 공포한다.

④ 법률은 특별한 규정이 없는 한 공포한 날로부터 20일을 경과함으로써 효력을 발생한다.

⑤ 대통령이 15일 이내에 재의 요구를 하지 아니한 때에는 그 법률안은 폐기된다.

□1 2 3
15 사회복지법의 법원(法源)에 관한 설명으로 옳은 것은?
[15회]

① 대통령의 긴급명령은 법원이 될 수 없다.

② 국무총리는 사회복지에 관하여 총리령을 직권으로 제정할 수 없다.

유형 03 **사회복지법의 연혁** 빈출도 ★★★

대표문제

법률의 제정 연도가 가장 최근인 것은? [22회]

① 「아동복지법」
② 「노인복지법」
③ 「장애인복지법」
④ 「한부모가족지원법」
⑤ 「다문화가족지원법」

| 해설 |

⑤ 「다문화가족지원법」은 2008년에 제정되었다.

① 「아동복지법」은 1981년에 제정되었다.
② 「노인복지법」은 1981년에 제정되었다.
③ 「장애인복지법」은 1989년에 제정되었다.
④ 「한부모가족지원법」은 2007년에 제정되었다.

답 ⑤

□1 2 3
16 법률의 제정 연도가 빠른 순서대로 옳게 나열된 것은?
[21회]

> ㄱ. 「국민기초생활 보장법」
> ㄴ. 「산업재해보상보험법」
> ㄷ. 「사회복지사업법」
> ㄹ. 「고용보험법」
> ㅁ. 「노인복지법」

① ㄱ - ㄴ - ㄷ - ㄹ - ㅁ
② ㄴ - ㄱ - ㅁ - ㄷ - ㄹ
③ ㄴ - ㄷ - ㅁ - ㄹ - ㄱ
④ ㄷ - ㄱ - ㄹ - ㅁ - ㄴ
⑤ ㄷ - ㅁ - ㄴ - ㄹ - ㄱ

1 2 3

17 사회복지법의 역사적 변천에 관한 설명으로 옳은 것을 모두 고른 것은? [21회]

> ㄱ. 2014년 「기초노령연금법」이 제정되면서 「기초연금법」은 폐지되었다.
> ㄴ. 1999년 제정된 「국민의료보험법」은 「국민건강보험법」을 대체한 것이다.
> ㄷ. 1973년 제정된 「국민복지연금법」은 1986년 「국민연금법」으로 전부개정되었다.

① ㄱ   ② ㄴ
③ ㄷ   ④ ㄱ, ㄴ
⑤ ㄴ, ㄷ

1 2 3

18 법률의 제정 연도가 가장 빠른 것은? [20회]

① 「사회보장기본법」
② 「국민건강보험법」
③ 「고용보험법」
④ 「영유아보육법」
⑤ 「노인복지법」

1 2 3

19 법률과 그 제정 연도의 연결이 옳은 것은? [19회]

① 「산업재해보상보험법」, 「장애인복지법」 － 1970년대
② 「사회복지사업법」, 「국민기초생활 보장법」 － 1980년대
③ 「고용보험법」, 「사회복지공동모금회법」 － 1990년대
④ 「국민연금법」, 「노인복지법」 － 2000년대
⑤ 「아동복지법」, 「국민건강보험법」 － 2010년대

1 2 3

20 제정 연도가 가장 빠른 것과 가장 늦은 것을 순서대로 짝지은 것은? [18회]

> ㄱ. 「긴급복지지원법」
> ㄴ. 「고용보험법」
> ㄷ. 「노인복지법」
> ㄹ. 「기초연금법」

① ㄴ, ㄱ   ② ㄴ, ㄹ
③ ㄷ, ㄱ   ④ ㄷ, ㄴ
⑤ ㄷ, ㄹ

1 2 3

21 법률의 제정 연도가 빠른 순서대로 나열된 것은? [17회]

> ㄱ. 「국민연금법」
> ㄴ. 「고용보험법」
> ㄷ. 「국민건강보험법」
> ㄹ. 「산업재해보상보험법」

① ㄱ － ㄴ － ㄷ － ㄹ
② ㄱ － ㄷ － ㄹ － ㄴ
③ ㄹ － ㄱ － ㄴ － ㄷ
④ ㄹ － ㄱ － ㄷ － ㄴ
⑤ ㄹ － ㄴ － ㄱ － ㄷ

1 2 3

22 다음 중 가장 최근에 제정된 법률은? [16회]

① 「장애인복지법」
② 「사회복지사업법」
③ 「고용보험법」
④ 「노인장기요양보험법」
⑤ 「산업재해보상보험법」

①②③

23 2000년대 제정된 사회복지법이 아닌 것은?

[15회]

① 「영유아보육법」
② 「긴급복지지원법」
③ 「노인장기요양보험법」
④ 「장애인연금법」
⑤ 「다문화가족지원법」

정답 및 해설 p.166

유형 01 사회보장기본법 – 사회보장 빈출도 ★☆☆

대표문제

「사회보장기본법」의 내용으로 옳지 않은 것은?

[22회]

① 사회보장위원회의 위원 임기는 3년으로 한다.
② 국가와 지방자치단체는 평생사회안전망을 구축하여야 한다.
③ 사회보장 기본계획에는 사회보장 관련 기금 운용 방안이 포함되어야 한다.
④ 사회보장제도를 운영하는 자는 불법행위의 책임이 있는 자에 대하여 구상권을 행사할 수 있다.
⑤ 사회보장에 관한 다른 법률을 개정하는 경우에는 이 법에 부합되도록 하여야 한다.

해설
사회보장기본법 제21조 제4항 위원의 임기는 2년으로 한다. 다만, 공무원인 위원의 임기는 그 재임 기간으로 하고, 위원이 기관·단체의 대표자 자격으로 위촉된 경우에는 그 임기는 대표의 지위를 유지하는 기간으로 한다.

답 ①

1|2|3

01 「사회보장기본법」상 국가와 지방자치단체에 관한 설명으로 옳지 않은 것은? [20회]

① 국가와 지방자치단체는 모든 국민의 인간다운 생활을 유지·증진하는 책임을 가진다.
② 국가와 지방자치단체는 사회보장에 관한 책임과 역할을 합리적으로 분담하여야 한다.
③ 국가와 지방자치단체는 사회보장제도의 안정적인 운영을 위하여 중장기 사회보장 재정 추계를 매년 실시하고 이를 공표하여야 한다.
④ 국가와 지방자치단체는 지속 가능한 사회보

장제도를 확립하고 매년 이에 필요한 재원을 조달하여야 한다.
⑤ 국가와 지방자치단체는 가정이 건전하게 유지되고 그 기능이 향상되도록 노력하여야 한다.

1|2|3

02 「사회보장기본법」상 용어의 정의에 관한 내용으로 옳은 것을 모두 고른 것은? [19회]

> ㄱ. "사회보험"이란 국민에게 발생하는 사회적 위험을 보험의 방식으로 대처함으로써 국민의 건강과 소득을 보장하는 제도를 말한다.
> ㄴ. "공공부조"(公共扶助)란 국가와 지방자치단체의 책임 하에 생활 유지 능력이 없거나 생활이 어려운 국민의 최저생활을 보장하고 자립을 지원하는 제도를 말한다.
> ㄷ. "평생사회안전망"이란 생애주기에 걸쳐 보편적으로 충족되어야 하는 기본욕구와 특정한 사회위험에 의하여 발생하는 특수욕구를 동시에 고려하여 소득·서비스를 보장하는 맞춤형 사회보장제도를 말한다.

① ㄱ
② ㄱ, ㄴ
③ ㄱ, ㄷ
④ ㄴ, ㄷ
⑤ ㄱ, ㄴ, ㄷ

1|2|3

03 「사회보장기본법」상 사회보장제도의 신설 또는 변경에 따른 협의 및 조정에 관한 내용으로 옳지 않은 것은? [18회]

① 국가와 지방자치단체는 기존 제도와의 관계, 사회보장 전달체계와 재정 등에 미치는 영향 등을 사전에 충분히 검토하여야 한다.
② 지방자치단체의 장은 국무조정실장과 협의하여야 한다.

③ 중앙행정기관의 장은 보건복지부장관과 협의하여야 한다.

④ 국가와 지방자치단체는 사회보장급여가 중복 또는 누락되지 아니하도록 하여야 한다.

⑤ 중앙행정기관의 장은 협의에 관련된 자료의 수집·조사 및 분석에 관한 업무를 사회보장정보원에 위탁할 수 있다.

축·운영을 총괄한다.

③ 사회보장정보의 보호 및 관리는 사회보장위원회의 심의·조정 사항이 아니다.

④ 모든 국민은 자신의 능력을 최대한 발휘하여 자립·자활할 수 있도록 노력하여야 한다.

⑤ 국가와 지방자치단체는 사회보장에 관한 책임과 역할을 합리적으로 분담하여야 한다.

04 「사회보장기본법」의 내용으로 옳지 않은 것은?
[18회]

① 사회보장위원회의 위원장은 보건복지부장관이 된다.

② 사회보장위원회는 30명 이내의 위원으로 구성한다.

③ 사회보장 기본계획은 5년마다 수립하여야 한다.

④ 보건복지부장관은 사회보장정보시스템의 구축·운영을 총괄한다.

⑤ 모든 국민은 사회보장 관계 법령에서 정하는 바에 따라 사회보장급여를 받을 권리를 가진다.

05 「사회보장기본법」상 국가와 지방자치단체가 구축·운영하여야 하는 사회보장급여의 관리체계로 명시되지 않은 것은?
[17회]

① 사회보장제도의 평가 및 개선

② 사회보장수급권자 권리구제

③ 사회보장급여의 사각지대 발굴

④ 사회보장급여의 부정·오류 관리

⑤ 사회보장급여의 과오지급액의 환수 등 관리

06 「사회보장기본법」의 내용으로 옳지 않은 것은?
[17회]

① 국내에 거주하는 외국인에게 사회보장제도를 적용할 때에는 상호주의의 원칙에 따르되, 관계 법령에서 정하는 바에 따른다.

② 보건복지부장관은 사회보장정보시스템의 구

07 「사회보장기본법」상 사회보장에 관한 국민의 권리의 내용으로 옳지 않은 것은?
[17회]

① 사회보장수급권의 포기는 취소할 수 있다.

② 모든 국민은 사회보장 관계 법령에서 정하는 바에 따라 사회보장급여를 받을 권리를 가진다.

③ 국가는 관계 법령에서 정하는 바에 따라 최저보장수준과 최저임금을 매년 공표하여야 한다.

④ 사회보장수급권은 다른 사람에게 양도하거나 담보로 제공할 수 있다.

⑤ 사회보장수급권은 제한되거나 정지될 수 없다. 다만, 관계 법령에서 따로 정하고 있는 경우에는 그러하지 아니하다.

08 「사회보장기본법」의 내용으로 옳지 않은 것은?
[16회]

① 국내외에 거주하는 외국인에게 평등주의의 원칙에 따라 사회보장제도를 적용하여야 한다.

② 국가와 지방자치단체는 공공부문과 민간부문의 소득보장제도가 효과적으로 연계되도록 하여야 한다.

③ 국가와 지방자치단체는 사회보장제도를 시행할 때에 가정과 지역공동체의 자발적인 복지활동을 촉진하여야 한다.

④ 사회보장에 관한 다른 법률을 제정하거나 개정하는 경우에는 「사회보장기본법」에 부합되도록 하여야 한다.

⑤ 모든 국민은 자신의 능력을 최대한 발휘하여 자립·자활할 수 있도록 노력하여야 한다.

① ② ③

09 다음은 「사회보장기본법」상 어떤 용어에 관한 정의인가? [16회]

> 국가·지방자치단체 및 민간부문의 도움이 필요한 모든 국민에게 복지, 보건의료, 교육, 고용, 주거, 문화, 환경 등의 분야에서 인간다운 생활을 보장하고 상담, 재활, 돌봄, 정보의 제공, 관련 시설의 이용, 역량 개발, 사회참여 지원 등을 통하여 국민의 삶의 질이 향상되도록 지원하는 제도를 말한다.

① 사회서비스
② 공공부조제도
③ 사회보험제도
④ 평생사회안전망
⑤ 맞춤형 사회보장제도

① ② ③

10 「사회보장기본법」상 사회보장 기본계획에 대한 내용이다. ( )에 들어갈 숫자로 옳은 것은? [15회]

> 보건복지부장관은 관계 중앙행정기관의 장과 협의하여 사회보장 증진을 위하여 사회보장에 관한 기본계획을 ( )년마다 수립하여야 한다.

① 1   ② 2
③ 3   ④ 4
⑤ 5

① ② ③

11 「사회보장기본법」상 비용부담에 관한 설명으로 옳은 것을 모두 고른 것은? [15회]

> ㄱ. 사회보장 비용의 부담은 각각의 사회보장제도의 목적에 따라 국가, 지방자치단체 및 민간부문 간에 합리적으로 조정되어야 한다.
> ㄴ. 국가만이 공공부조에 드는 비용의 전부 또는 일부를 부담한다.
> ㄷ. 관계 법령에서 정하는 일정 소득 수준 이하의 국민에 대한 사회서비스에 대해서는 국가와 지방자치단체가 비용의 전부 또는 일부를 부담한다.
> ㄹ. 부담 능력이 있는 국민에 대한 사회서비스에 대해서는 관계 법령에서 정하는 바에 따라 지방자치단체가 그 비용의 일부를 부담할 수 있다.

① ㄱ, ㄴ   ② ㄴ, ㄷ
③ ㄷ, ㄹ   ④ ㄱ, ㄴ, ㄷ
⑤ ㄱ, ㄷ, ㄹ

유형 02 사회보장기본법-사회보장수급권 　빈출도 ★★★

대표문제

「사회보장기본법」상 사회보장수급권에 관한 설명으로 옳지 않은 것은? [21회]

① 사회보장급여를 받으려는 사람은 국가나 지방자치단체에 신청하는 것을 원칙으로 하고 있다.
② 사회보장수급권은 다른 사람에게 양도하거나 담보로 제공할 수 없다.
③ 사회보장수급권은 원칙적으로 제한되거나 정지될 수 없다.
④ 사회보장수급권은 구두로 통지하여 포기할 수 있다.
⑤ 사회보장수급권의 포기는 취소할 수 있다.

해설
사회보장기본법 제14조 제1항 사회보장수급권은 정당한 권한이 있는 기관에 서면으로 통지하여 포기할 수 있다.

답 ④

1 2 3

12 「사회보장기본법」상 사회보장에 관한 국민의 권리에 대한 설명으로 옳지 않은 것을 모두 고른 것은? [22회]

> ㄱ. 지방자치단체는 최저보장수준과 최저임금을 매년 공표하여야 한다.
> ㄴ. 사회보장수급권은 구두로 통지하여 포기할 수 있다.
> ㄷ. 사회보장수급권이 제한되는 경우에는 제한하는 목적에 필요한 최소한의 범위에 그쳐야 한다.
> ㄹ. 사회보장수급권을 포기하는 것이 다른 사람에게 피해를 주게 되는 경우 사회보장수급권을 포기할 수 없다.

① ㄱ, ㄴ
② ㄴ, ㄹ
③ ㄱ, ㄷ, ㄹ
④ ㄴ, ㄷ, ㄹ
⑤ ㄱ, ㄴ, ㄷ, ㄹ

1 2 3

13 「사회보장기본법」상 사회보장수급권에 관한 내용으로 옳은 것을 모두 고른 것은? [19회]

> ㄱ. 모든 국민은 사회보장 관계 법령에서 정하는 바에 따라 사회보장급여를 받을 권리인 사회보장수급권을 가진다.
> ㄴ. 사회보장수급권은 정당한 권한이 있는 기관에게 구두로 통지하여 포기할 수 있다.
> ㄷ. 사회보장수급권은 수급자 임의로 다른 사람에게 양도할 수 있다.
> ㄹ. 사회보장수급권의 포기는 취소할 수 없다.

① ㄱ
② ㄱ, ㄹ
③ ㄷ, ㄹ
④ ㄱ, ㄴ, ㄹ
⑤ ㄱ, ㄷ, ㄹ

1 2 3

14 「사회보장기본법」상 '사회보장에 관한 국민의 권리'에 대한 설명으로 옳지 않은 것은? [15회]

① 국가와 지방자치단체는 최저보장수준과 최저임금 등을 고려하여 사회보장급여의 수준을 결정하여야 한다.
② 관계 법령에서 따로 정하는 경우에는 국가나 지방자치단체가 사회보장급여의 신청을 대신할 수 있다.
③ 사회보장수급권은 관계 법령에서 따로 정하고 있는 경우에는 제한될 수 있다.
④ 사회보장수급권은 압류할 수 있다.
⑤ 모든 국민은 사회보장 관계 법령에서 정하는 바에 따라 사회보장수급권을 가진다.

유형 03 사회보장기본법-사회보장위원회 빈출도 ★☆☆

대표문제

「사회보장기본법」상 사회보장위원회 위원으로 포함되어야 하는 중앙행정기관의 장을 모두 고른 것은? [20회]

> ㄱ. 행정안전부장관   ㄴ. 고용노동부장관
> ㄷ. 기획재정부장관   ㄹ. 국토교통부장관

① ㄱ, ㄴ, ㄷ   ② ㄱ, ㄴ, ㄹ
③ ㄱ, ㄷ, ㄹ   ④ ㄴ, ㄷ, ㄹ
⑤ ㄱ, ㄴ, ㄷ, ㄹ

해설

사회보장기본법 제21조 제1항 위원회는 위원장 1명, 부위원장 3명과 행정안전부장관, 고용노동부장관, 여성가족부장관, 국토교통부장관을 포함한 30명 이내의 위원으로 구성한다.

답 ②

15 「사회보장기본법」상 사회보장위원회에 관한 설명으로 옳은 것은? [21회]

① 대통령 소속의 위원회이다.

② 위원장 1명, 부위원장 2명과 행정안전부장관, 고용노동부장관을 포함한 40명 이내의 위원으로 구성한다.

③ 위원의 임기는 3년으로 하되, 공무원인 위원의 임기는 그 재임 기간으로 한다.

④ 고용노동부에 사무국을 둔다.

⑤ 관계 중앙행정기관의 장은 위원회의 심의·조정 사항을 반영하여 사회보장제도를 운영 또는 개선하여야 한다.

16 「사회보장기본법」상 사회보장위원회에 관한 설명으로 옳은 것은? [16회]

① 사회보장위원회는 대통령 소속으로 둔다.

② 부위원장은 기획재정부장관, 법무부장관 및 보건복지부장관이 된다.

③ 보궐위원의 임기는 2년으로 한다.

④ 공무원인 위원의 임기는 1년으로 한다.

⑤ 사회보장위원회는 위원장 1명, 부위원장 3명과 행정안전부장관, 고용노동부장관, 여성가족부장관, 국토교통부장관을 포함한 30명 이내의 위원으로 구성한다.

유형 **04** 사회보장기본법 – 사회보장위 원회의 운영원칙 빈출도 ★☆☆

대 표 문 제

「사회보장기본법」상 사회보장제도의 운영원칙에 관한 사항이다. ( )에 들어갈 내용으로 옳은 것은? [20회]

> 사회보험은 (ㄱ)의 책임으로 시행하고, 공공부조와 사회서비스는 (ㄴ)의 책임으로 시행하는 것을 원칙으로 한다.

① ㄱ : 국가, ㄴ : 국가

② ㄱ : 지방자치단체, ㄴ : 지방자치단체

③ ㄱ : 국가와 지방자치단체, ㄴ : 국가

④ ㄱ : 국가, ㄴ : 국가와 지방자치단체

⑤ ㄱ : 국가와 지방자치단체, ㄴ : 국가와 지방자치단체

해설

사회보장기본법 제25조 제5항 사회보험은 국가(ㄱ)의 책임으로 시행하고, 공공부조와 사회서비스는 국가와 지방자치단체(ㄴ)의 책임으로 시행하는 것을 원칙으로 한다. 다만, 국가와 지방자치단체의 재정 형편 등을 고려하여 이를 협의·조정할 수 있다.

답 ④

17 「사회보장기본법」상 사회보장제도의 운영에 관한 설명으로 옳은 것은? [22회]

① 사회보험은 국가와 지방자치단체의 책임으로 시행한다.

② 국가는 사회보장 관계 법령에서 정하는 바에 따라 사회보장에 관한 상담에 응하여야 한다.

③ 일정 소득 수준 이하의 국민에 대한 사회서비스에 드는 비용은 수익자 부담을 원칙으로 한다.

④ 통계청장은 제출된 사회보장통계를 종합하여 사회보장위원회에 제출하여야 한다.

⑤ 지방자치단체의 장은 사회보장제도를 신설할 경우 보건복지부장관과 합의하여야 한다.

18 「사회보장기본법」상 국가와 지방자치단체의 사회보장 운영원칙에 관한 설명으로 옳지 않은 것은?

[21회]

① 사회보험은 지방자치단체의 책임으로 시행하는 것을 원칙으로 한다.
② 공공부조와 사회서비스는 국가와 지방자치단체의 책임으로 시행하는 것을 원칙으로 한다.
③ 사회보장제도의 급여수준과 비용부담 등에서 형평성을 유지하여야 한다.
④ 사회보장제도를 필요로 하는 모든 국민에게 적용하여야 한다.
⑤ 국민의 다양한 복지욕구를 효율적으로 충족시키기 위하여 연계성과 전문성을 높여야 한다.

19 「사회보장기본법」상 사회보장제도의 운영원칙에 관한 설명으로 옳지 않은 것은?

[15회]

① 국가와 지방자치단체가 사회보장제도를 운영할 때에는 이 제도를 필요로 하는 모든 국민에게 적용하여야 한다.
② 사회보험은 국가와 지방자치단체의 책임으로 시행하는 것을 원칙으로 한다.
③ 국가와 지방자치단체는 사회보장제도의 정책 결정 및 시행 과정에 공익의 대표자 및 이해관계인 등을 참여시켜 이를 민주적으로 결정하고 시행하여야 한다.
④ 국가와 지방자치단체가 사회보장제도를 운영할 때에는 국민의 다양한 복지 욕구를 효율적으로 충족시키기 위하여 연계성과 전문성을 높여야 한다.
⑤ 국가와 지방자치단체는 사회보장제도의 급여수준과 비용 부담 등에서 형평성을 유지하여야 한다.

유형 05 사회보장급여의 이용·제공 및 수급권자 발굴에 관한 법률

빈출도 ★★★

대표문제

「사회보장급여의 이용 · 제공 및 수급권자 발굴에 관한 법률」의 내용으로 옳은 것은? [21회]

① 시 · 군 · 구청장은 중앙생활보장위원회를 둔다.
② 보건복지부장관은 사회보장급여 부정수급 실태조사를 3년마다 실시하고 그 결과를 공개하여야 한다.
③ "수급권자"란 사회보장급여를 제공하는 국가기관과 지방자치단체를 말한다.
④ 보장기관의 업무담당자는 지원대상자가 심신미약 등 대통령령으로 정하는 경우에 해당하면 지원대상자의 동의하에서만 직권으로 사회보장급여의 제공을 신청할 수 있다.
⑤ 보장기관의 장은 지원대상자 발굴체계의 운영 실태를 3년마다 점검하고 개선방안을 마련하여야 한다.

해설

② 사회보장급여의 이용 · 제공 및 수급권자 발굴에 관한 법률 제19조의2 제1항 보건복지부장관은 속임수 등의 부정한 방법으로 사회보장급여를 받거나 타인으로 하여금 사회보장급여를 받게 한 경우에 대하여 보장기관이 효과적인 대책을 세울 수 있도록 그 발생 현황, 피해사례 등에 관한 실태조사를 3년마다 실시하고, 그 결과를 공개하여야 한다.

① 중앙생활보장위원회는 「사회보장급여의 이용제공 및 수급권자 발굴에 관한 법률」이 아니라 「국민기초생활 보장법」에 따라 설치된 것이다. 「사회보장급여의 이용제공 및 수급권자 발굴에 관한 법률」 제41조에는 시 · 군 · 구에 지역사회보장협의체를 둔다고 명시되어 있다.

③ 사회보장급여의 이용 · 제공 및 수급권자 발굴에 관한 법률 제2조 제2항 "수급권자"란 사회보장급여를 제공받을 권리를 가진 사람을 말한다. 사회보장급여를 제공하는 국가기관과 지방자치단체는 보장기관이다.

④ 사회보장급여의 이용 · 제공 및 수급권자 발굴에 관한 법률 제5조 제3항 보장기관의 업무담당자는 지원대상자가 심신미약 또는 심신상실 등 대통령령으로 정하는 경우에 해당하면 지원대상자의 동의 없이 직권으로 사회보장급여의 제공을 신청할 수 있다. 이 경우 보장기관의 업무담당자는 직권 신청한 사실을 보장기관의 장에게 지체 없이 보고하여야 한다.

⑤ 사회보장급여의 이용 · 제공 및 수급권자 발굴에 관한 법률 제12조의2 제2항 보건복지부장관은 지원대상자 발굴체계의 운영 실태를 매년 정기적으로 점검하고 개선방안을 마련하여야 한다.

답 ②

PART **03**

사회복지정책과 제도

① ② ③

20 「사회보장급여의 이용 · 제공 및 수급권자 발굴에 관한 법률」상 지원대상자의 발굴에 관한 설명으로 옳은 것은? [22회]

① "지원대상자"란 사회보장급여를 제공받을 권리를 가진 사람을 말한다.

② 사회복지시설의 장은 사회보장급여의 제공을 직권으로 신청할 수 있다.

③ 국민건강보험공단 이사장은 보험료를 7개월 이상 체납한 사람의 가구정보를 사회보장정보시스템을 통하여 처리할 수 있다.

④ 시 · 도지사는 지원대상자에 대한 발굴조사를 1년마다 정기적으로 실시하여야 한다.

⑤ 보장기관의 장은 지원대상자를 발굴하기 위하여 사회보장급여의 제공규모에 대한 정보의 제공과 홍보에 노력하여야 한다.

① ② ③

21 「사회보장급여의 이용 · 제공 및 수급권자 발굴에 관한 법률」의 내용으로 옳지 않은 것은? [22회]

① 보장기관은 지역의 사회보장 수준이 균등하게 실현될 수 있도록 노력하여야 한다.

② 「청소년 기본법」에 따른 청소년상담사는 지원대상자의 사회보장급여를 신청할 수 있다.

③ 보장기관의 장은 위기가구를 발굴하기 위하여 노력하여야 한다.

④ 정부는 한국사회보장정보원의 설립 · 운영에 필요한 비용을 출연할 수 없다.

⑤ 특별자치시 지역사회보장계획은 사회보장급여 담당 인력의 양성 및 전문성 제고 방안을 포함하여야 한다.

① ② ③

22 「사회보장급여의 이용 · 제공 및 수급권자 발굴에 관한 법률」의 내용으로 옳지 않은 것은? [20회]

① 보장기관의 장은 「긴급복지지원법」 제7조의2에 따른 발굴조사를 실시한 경우를 제외하고 지원대상자에 대한 발굴조사를 1년마다 정기적으로 실시하여야 한다.

② 보장기관은 지역의 사회보장 수준이 균등하게 실현될 수 있도록 노력하여야 한다.

③ 누구든지 사회적 위험으로 인하여 사회보장급여를 필요로 하는 지원대상자를 발견하였을 때에는 보장기관에 알려야 한다.

④ 이의신청은 그 처분을 받은 날로부터 90일 이내에 처분을 결정한 보장기관의 장에게 할 수 있다.

⑤ 사회서비스 제공기관의 운영자는 위기가구의 발굴 지원업무 수행을 위해 사회서비스정보시스템을 이용할 수 있다.

① ② ③

23 「사회보장급여의 이용 · 제공 및 수급권자 발굴에 관한 법률」상 수급자격 확인을 위해 지원대상자와 그 부양의무자에 대하여 조사할 수 있는 사항을 모두 고른 것은? [20회]

> ㄱ. 인적사항 및 가족관계 확인에 관한 사항
> ㄴ. 소득 · 재산 · 근로능력 및 취업상태에 관한 사항
> ㄷ. 사회보장급여 수급이력에 관한 사항
> ㄹ. 수급권자를 선정하기 위하여 보장기관의 장이 필요하다고 인정하는 사항

① ㄱ, ㄴ   ② ㄷ, ㄹ

③ ㄱ, ㄴ, ㄷ   ④ ㄴ, ㄷ, ㄹ

⑤ ㄱ, ㄴ, ㄷ, ㄹ

24 「사회보장급여의 이용 · 제공 및 수급권자 발굴에 관한 법률」의 설명으로 옳은 것은? [19회]

① 2017년 12월 30일에 제정, 2018년 7월 1일부터 시행되었다.
② 지원대상자가 누락되지 않도록 하기 위해 보장기관의 업무담당자는 지원대상자의 동의를 받지 않고도 직권으로 사회보장급여의 제공을 신청할 수 있다.
③ 수급자란 사회보장급여를 받고 있는 사람을 말한다.
④ 보건복지부장관은 사회보장급여 부정수급 실태조사를 5년마다 실시하고 그 결과를 공개해야 한다.
⑤ 이 법에 따른 처분에 이의가 있는 수급권자등은 그 처분을 받은 날부터 30일 이내에 처분을 결정한 보장기관의 장에게 이의신청을 해야 한다.

25 「사회보장급여의 이용 · 제공 및 수급권자 발굴에 관한 법률」상 사회복지전담공무원에 관한 내용으로 옳지 않은 것을 모두 고른 것은? [18회]

> ㄱ. 시 · 군 · 구, 읍 · 면 · 동에 사회복지전담공무원을 둘 수 있고 시 · 도에는 둘 수 없다.
> ㄴ. 사회복지전담공무원은 「사회복지사업법」에 따른 사회복지사의 자격을 가진 사람으로 한다.
> ㄷ. 시 · 도지사 및 시장 · 군수 · 구청장은 「지방공무원 교육훈련법」에 따라 사회복지전담공무원의 교육훈련에 필요한 시책을 수립 · 시행하여야 한다.

① ㄱ   ② ㄴ
③ ㄱ, ㄴ   ④ ㄱ, ㄷ
⑤ ㄴ, ㄷ

26 「사회보장급여의 이용 · 제공 및 수급권자 발굴에 관한 법률」상 사회보장정보원에 관한 내용으로 옳지 않은 것은? [18회]

① 사회보장정보원은 법인으로 한다.
② 정부는 사회보장정보원의 설립에 필요한 비용을 출연할 수 있다.
③ 사회보장정보원의 운영에 필요한 비용은 정부가 지원할 수 없으며 정보이용자가 지불하는 부담금으로 충당한다.
④ 사회보장정보원에 관하여 이 법에서 규정한 사항 외에는 민법 중 재단법인에 관한 규정을 준용한다.
⑤ 사회보장정보원의 임직원은 그 직무상 알게 된 비밀을 다른 용도로 사용하여서는 아니 된다.

27 「사회보장급여의 이용 · 제공 및 수급권자 발굴에 관한 법률」의 내용으로 옳은 것을 모두 고른 것은? [17회]

> ㄱ. "지원대상자"란 사회보장급여를 필요로 하는 사람을 말한다.
> ㄴ. "보장기관"이란 관계 법령 등에 따라 사회보장급여를 제공하는 국가기관과 지방자치단체를 말한다.
> ㄷ. 통합사례관리를 실시하기 위하여 필요한 경우에는 특별자치시 및 시 · 군 · 구에 통합사례관리사를 둘 수 있다.

① ㄱ   ② ㄷ
③ ㄱ, ㄷ   ④ ㄴ, ㄷ
⑤ ㄱ, ㄴ, ㄷ

유형 01 사회복지사업

빈출도 ★★★

대표문제

「사회복지사업법」상 사회복지사업 관련 법률을 모두 고른 것은? [22회]

ㄱ. 「아동복지법」
ㄴ. 「장애인복지법」
ㄷ. 「국민기초생활 보장법」
ㄹ. 「기초연금법」

① ㄱ, ㄴ
② ㄷ, ㄹ
③ ㄱ, ㄴ, ㄷ
④ ㄱ, ㄴ, ㄹ
⑤ ㄱ, ㄴ, ㄷ, ㄹ

해설

「사회복지사업법」 제2조 제1호에는 사회복지사업과 관련된 법률이 명시되어 있다.
사회보험법, 고용촉진, 처벌의 용어가 들어 있으면 「사회복지사업법」과 관계가 없다.

답 ⑤

1 2 3

01 「사회복지사업법」의 내용으로 옳은 것은?

[22회]

① 사회복지서비스는 현금과 현물로 제공하는 것을 원칙으로 한다.
② 국가는 사회복지 자원봉사활동을 지원·육성하기 위하여 자원봉사활동의 홍보 및 교육을 실시하여야 한다.
③ 사회복지에 관한 조사·연구 및 정책 건의를 위하여 한국사회복지사협회를 둔다.
④ 사회복지사 자격증을 다른 사람에게 빌려주거나 빌린 사람은 10년 이하의 징역 또는 1억원 이하의 벌금에 처한다.

⑤ 시·도지사는 사회복지에 관한 전문지식과 기술을 가진 사람에게 사회복지사 자격증을 발급할 수 있다.

1 2 3

02 「사회복지사업법」상 사회복지사에 관한 설명으로 옳지 않은 것은? [21회]

① 사회복지사의 등급은 1급·2급으로 한다.
② 보건복지부장관은 정신건강사회복지사·의료사회복지사·학교사회복지사의 자격을 부여할 수 있다.
③ 보건복지부장관은 사회복지사가 거짓이나 그 밖의 부정한 방법으로 자격을 취득한 경우 그 자격을 1년의 범위에서 정지할 수 있다.
④ 사회복지법인에 종사하는 사회복지사는 정기적으로 보수교육을 받아야 한다.
⑤ 자신의 사회복지사 자격증은 타인에게 빌려주어서는 아니 된다.

1 2 3

03 사회복지사업법령상 보건복지부장관이 시설에서 제공하는 서비스의 최저기준을 마련하지 않아도 되는 시설은? [21회]

① 사회복지관
② 자원봉사센터
③ 아동양육시설
④ 장애인 지역사회재활시설
⑤ 부자가족복지시설

04 「사회복지사업법」상 사회복지서비스 제공의 원칙에 관한 설명으로 옳지 않은 것은? [21회]

① 사회복지서비스는 현물로 제공하는 것이 원칙이다.
② 지방자치단체는 사회복지서비스의 품질향상을 위하여 필요한 시책을 마련하여야 한다.
③ 지방자치단체는 사회복지시설의 서비스 환경 등을 평가할 수 있다.
④ 시장·군수·구청장은 보호대상자에게 사회복지서비스 이용권을 지급할 수 있다.
⑤ 보건복지부장관은 사회복지서비스 품질평가를 위한 전문기관을 직접 설치·운영해야 하며, 관계기관 등에 위탁하여서는 아니 된다.

Ⅰ2Ⅰ3

05 「사회복지사업법」의 내용으로 옳지 않은 것은? [20회]

① 보건복지부장관은 사회복지사가 거짓으로 자격을 취득한 경우 그 자격을 취소하여야 한다.
② 사회복지법인을 설립하려는 자는 대통령령으로 정하는 바에 따라 시·도지사의 허가를 받아야 한다.
③ 사회복지법인이 설립 후 기본재산을 출연하지 아니한 때 시·도지사는 시정명령을 내릴 수 있다.
④ 누구든지 정당한 이유 없이 사회복지시설의 설치를 방해하여서는 아니 된다.
⑤ 사회복지를 필요로 하는 사람은 누구든지 자신의 의사에 따라 서비스를 신청하고 제공받을 수 있다.

Ⅰ2Ⅰ3

06 「사회복지사업법」상 기본이념에 해당하는 것은? [19회]

① 사회통합과 행복한 복지사회의 실현
② 국민의 복지증진에 이바지
③ 어려운 사람의 자활을 지원
④ 사회참여와 평등을 통한 사회통합
⑤ 사회복지서비스를 이용하는 사람의 선택권 보장

Ⅰ2Ⅰ3

07 「사회복지사업법」의 내용으로 옳은 것은? [19회]

① 「사회보장기본법」상 사회서비스는 사회복지서비스의 범위에 포함되는 개념이다.
② 사회복지서비스 제공은 현물 제공이 원칙이다.
③ 사회복지사 자격은 1년을 초과하여 정지시킬 수 있다.
④ 사회복지법인은 보건복지부장관의 허가를 받아 설립한다.
⑤ 보건복지부장관은 시설에서 제공하는 서비스의 적정기준을 마련하여야 한다.

Ⅰ2Ⅰ3

08 「사회복지사업법」에 명시된 날에 해당하는 것은? [19회]

① 장애인의 날 4월 20일
② 노인의 날 10월 2일
③ 아동학대예방의 날 11월 19일
④ 사회복지의 날 9월 7일
⑤ 어버이의 날 5월 8일

Ⅰ2Ⅰ3

09 「사회복지사업법」에서 열거하고 있는 사회복지사업 관련 법률에 해당하지 않는 것은? [18회]

① 「아동복지법」
② 「노인복지법」
③ 「입양특례법」
④ 「국민건강보험법」
⑤ 「사회복지공동모금회법」

① ② ③

10 「사회복지사업법」의 내용으로 옳지 않은 것은?

[17회]

① 사회복지서비스를 제공하는 자는 사회복지서비스를 이용하는 사람의 선택권을 보장하여야 한다.

② 사회복지서비스를 필요로 하는 사람에 대한 사회복지서비스 제공은 현금으로 제공하는 것이 원칙이다.

③ 국가는 매년 9월 7일을 사회복지의 날로 한다.

④ 보건복지부장관은 사회복지사가 법원의 판결에 따라 자격이 정지된 경우에는 그 자격을 취소하여야 한다.

⑤ 시장 · 군수 · 구청장은 정당한 이유 없이 사회복지시설의 설치를 지연시키는 조치를 하여서는 아니 된다.

① ② ③

11 「사회복지사업법」상 사회복지의 날은? [16회]

① 4월 20일

② 6월 5일

③ 7월 11일

④ 9월 7일

⑤ 10월 2일

① ② ③

12 「사회복지사업법」상 사회복지사 의무채용 제외시설이 아닌 곳은? [15회]

① 「영유아보육법」에 따른 어린이집

② 「노인복지법」에 따른 노인복지관

③ 「장애인복지법」에 따른 점자도서관

④ 「정신보건법」에 따른 정신질환자지역사회재활시설

⑤ 「성매매방지 및 피해자보호 등에 관한 법률」에 따른 성매매피해상담소

유형 02 사회복지법인

빈출도
★★★

대표문제

「사회복지사업법」상 사회복지법인(이하 '법인'으로 한다)에 관한 설명으로 옳지 않은 것은? [22회]

① 정관에는 회의에 관한 사항이 포함되어야 한다.

② 법인은 사회복지사업의 운영에 필요한 재산을 소유하여야 한다.

③ 감사 중에 결원이 생겼을 때 3개월 이내에 보충하여야 한다.

④ 법인은 임원을 임면하는 경우에 지체 없이 시 · 도지사에게 보고하여야 한다.

⑤ 법인이 목적사업 외의 사업을 하였을 때 설립허가가 취소될 수 있다.

해설

사회복지사업법 제20조 이사 또는 감사 중에 결원이 생겼을 때 2개월 이내에 보충하여야 한다.

답 ③

① ② ③

13 「사회복지사업법」상 사회복지법인(이하 '법인'으로 한다)에 관한 설명으로 옳지 않은 것은?

[20회]

① 법인이 설치한 사회복지시설의 장과 직원은 그 법인의 이사를 겸할 수 없다.

② 파산선고를 받고 복권되지 아니한 사람은 임원이 될 수 없다.

③ 법인은 대표이사를 포함한 이사 7명 이상과 감사 2명 이상을 두어야 한다.

④ 이사회는 안건, 표결수 등을 기재한 회의록을 작성하여야 한다.

⑤ 해산한 법인의 남은 재산은 정관으로 정하는 바에 따라 국가 또는 지방자치단체에 귀속된다.

14 「사회복지사업법」상 사회복지법인(이하'법인'이라 한다)에 관한 내용으로 옳은 것은? [18회]

① 법인 설립 허가자는 보건복지부장관이다.
② 법인 설립은 시장·군수·구청장에 신고한다.
③ 해산한 법인의 남은 재산은 설립자에 귀속된다.
④ 이사는 법인이 설치한 사회복지시설의 장을 겸직할 수 있다.
⑤ 주된 사무소가 서로 다른 시·도에 소재한 법인이 합병할 경우 시·도지사에게 신고하여야 한다.

15 「사회복지사업법」상 사회복지법인(이하 "법인"이라 한다)에 관한 설명으로 옳은 것은? [17회]

① 법인을 설립하려는 자는 시장·군수·구청장의 허가를 받아야 한다.
② 법인은 대표이사를 제외하고 이사 7명 이상을 두어야 한다.
③ 이사의 임기는 4년으로 하고 연임할 수 있다.
④ 법인은 수익사업에서 생긴 수익을 법인 또는 법인이 설치한 사회복지시설의 운영 외의 목적에 사용할 수 없다.
⑤ 이사는 법인이 설치한 사회복지시설의 장 또는 그 시설의 직원을 겸할 수 있다.

16 「사회복지사업법」상 사회복지법인에 관한 설명으로 옳지 않은 것은? [16회]

① 사회복지법인의 이사 중에 결원이 생겼을 때에는 3개월 이내에 보충하여야 한다.
② 사회복지법인의 이사는 해당 법인이 설치한 사회복지시설의 장을 제외한 그 시설의 직원을 겸할 수 없다.
③ 시·도지사는 임시이사가 선임되었음에도 불구하고 해당 사회복지법인이 정당한 사유 없이 이사회 소집을 기피할 경우 이사회 소집을 권고할 수 있다.

④ 해산한 사회복지법인의 남은 재산은 정관으로 정하는 바에 따라 국가 또는 지방자치단체에 귀속된다.
⑤ 사회복지법인을 설립하려는 자는 시·도지사의 허가를 받아야 한다.

17 「사회복지사업법」상 사회복지법인의 임원에 관한 내용이다. ( )에 들어갈 숫자를 옳게 짝지은 것은? [16회]

- 법인은 대표이사를 포함한 이사 (ㄱ)명 이상과 감사 2명 이상을 두어야 한다.
- 이사의 임기는 3년으로 하고 감사의 임기는 (ㄴ)년으로 하며, 각각 연임할 수 있다.
- 외국인인 이사는 이사 현원의 (ㄷ)분의 1 미만이어야 한다.

① ㄱ : 5, ㄴ : 3, ㄷ : 2
② ㄱ : 5, ㄴ : 3, ㄷ : 5
③ ㄱ : 7, ㄴ : 2, ㄷ : 2
④ ㄱ : 7, ㄴ : 2, ㄷ : 3
⑤ ㄱ : 7, ㄴ : 2, ㄷ : 5

18 「사회복지사업법」상 사회복지법인의 정관에 포함되어야 할 사항을 모두 고른 것은? [15회]

ㄱ. 회의에 관한 사항
ㄴ. 자산 및 회계에 관한 사항
ㄷ. 임원의 임면 등에 관한 사항
ㄹ. 공고 및 공고방법에 관한 사항

① ㄱ, ㄴ
② ㄴ, ㄷ
③ ㄱ, ㄷ, ㄹ
④ ㄴ, ㄷ, ㄹ
⑤ ㄱ, ㄴ, ㄷ, ㄹ

「사회복지사업법」상 사회복지시설에 관한 설명으로 옳은 것은? [21회]

① 사회복지시설 운영위원회는 심의·의결 기구이다.
② 사회복지시설은 손해배상책임의 면책사업자이다.
③ 사회복지시설의 장은 비상근으로 근무할 수 있다.
④ 사회복지시설은 둘 이상의 사회복지사업을 통합하여 수행할 수 있다.
⑤ 지방자치단체는 사회복지시설을 설치·운영하여서는 아니 된다.

해설

④ 「사회복지사업법」에 따른 시설을 설치·운영하려는 경우에는 지역특성과 시설분포의 실태를 고려하여 「사회복지사업법」에 따른 시설을 통합하여 하나의 시설로 설치·운영하거나 하나의 시설에서 둘 이상의 사회복지사업을 통합하여 수행할 수 있다. 이 경우 국가 또는 지방자치단체 외의 자는 통합하여 설치·운영하려는 각각의 시설이나 사회복지사업에 관하여 해당 관계 법령에 따라 신고하거나 허가 등을 받아야 한다.

① **사회복지사업법 제36조 제1항** 시설의 장은 시설의 운영에 관한 사항을 심의하기 위하여 시설에 운영위원회를 두어야 한다.
② **사회복지사업법 제34조의3 제1항** 시설의 운영자는 손해배상책임을 이행하기 위하여 손해보험회사의 책임보험에 가입하거나 「사회복지사 등의 처우 및 지위 향상을 위한 법률」에 따른 한국사회복지공제회의 책임공제에 가입하여야 한다.
③ **사회복지사업법 제35조 제1항** 시설의 장은 상근하여야 한다.
⑤ **사회복지사업법 제34조 제1항** 국가나 지방자치단체는 사회복지시설을 설치·운영할 수 있다.

📖 ④

[1] [2] [3]

19 「사회복지사업법」상 사회복지시설(이하 '시설'이라 한다)에 관한 설명으로 옳지 않은 것은? [22회]

① 사회복지관은 직업 및 취업 알선이 필요한 지역주민에게 사회복지서비스를 우선 제공하여야 한다.

② 지방자치단체는 시설의 책임보험 가입에 드는 비용의 전부를 보조할 수 없다.
③ 국가는 시설을 운영할 수 있다.
④ 시설 종사자의 근무환경 개선에 관한 사항은 운영위원회에서 심의한다.
⑤ 회계부정이 발견되었을 때 보건복지부장관은 시설의 폐쇄를 명할 수 있다.

[1] [2] [3]

20 「사회복지사업법」상 사회복지시설(이하 '시설'이라 한다)에 관한 설명으로 옳은 것은? [20회]

① 지방자치단체가 시설을 설치·운영하려는 경우에는 보건복지부에 신고하여야 한다.
② 사회복지법인의 대표는 시설에 대하여 정기 및 수시 안전점검을 실시하여야 한다.
③ 시설을 설치·운영하는 자는 시설에 근무할 종사자를 채용할 수 있다.
④ 시설의 장은 시설의 운영에 관한 사항을 의결하기 위하여 시설에 운영위원회를 두어야 한다.
⑤ 지방자치단체는 시설의 책임보험 가입에 드는 비용의 전부를 보조하여야 한다.

[1] [2] [3]

21 「사회복지사업법」상 사회복지시설(이하 '시설'이라 한다)의 운영위원회에 관한 내용으로 옳은 것은? [18회]

① 시설의 장은 운영위원이 될 수 없다.
② 운영위원회의 위원은 시설의 장이 위촉한다.
③ 시설 거주자 대표는 운영위원이 될 수 없다.
④ 운영위원회는 시설운영에 관하여 의결권을 갖는다.
⑤ 시설 거주자의 보호자 대표는 운영위원이 될 수 있다.

22 「사회복지사업법」상 사회복지시설(이하 "시설"이라 한다)에 관한 설명으로 옳은 것은? [17회]

① 국가가 시설을 설치·운영하려는 경우에는 소재지 관할 시·도지사에게 신고하여야 한다.

② 화재로 인한 손해배상책임을 이행하기 위하여 시설의 운영자는 손해보험회사의 책임보험 및 한국사회복지공제회의 책임공제에 각각 가입하여야 한다.

③ 시·도지사의 해임명령에 따라 사회복지법인의 임원에서 해임된 자는 해임된 날부터 7년이내에는 시설의 장이 될 수 없다.

④ 시장·군수·구청장은 시설에 대하여 정기 및 수시 안전점검을 실시한 후 그 결과를 시·도지사에게 제출하여야 한다.

⑤ 국가나 지방자치단체가 설치·운영하는 시설중 사회복지관은 지역사회의 특성과 지역주민의 복지욕구를 고려하여 서비스 제공 등 지역복지증진을 위한 사업을 실시할 수 있다.

23 「사회복지사업법」상 사회복지시설에 관한 설명으로 옳은 것은? [16회]

① 국가는 사회복지시설을 운영할 수 없다.

② 사회복지시설의 장은 상근(常勤)하여야 한다.

③ 사회복지시설의 운영자는 지진에 의한 물적 피해의 책임을 이행하기 위하여 책임보험에 가입하여야 한다.

④ 보건복지부장관은 사회복지시설에 대하여 정기 및 수시 안전점검을 실시하여야 한다.

⑤ 지방자치단체가 설치한 사회복지시설은 비영리법인에 위탁하여 운영하여야 한다.

정답 및 해설 p.176

유형 01 아동복지법　빈출도 ★★★

대표문제

「아동복지법」의 내용으로 옳지 않은 것은? [22회]

① 지방자치단체는 아동이 항상 이용할 수 있는 아동 전용시설을 설치하도록 노력하여야 한다.
② 시·도지사 또는 시장·군수·구청장은 보호조치 중인 보호대상아동의 양육상황을 분기별로 점검하여야 한다.
③ 아동정책조정위원회 위원장은 국무총리가 된다.
④ 아동위원은 명예직으로 하되, 아동위원에 대하여는 수당을 지급할 수 있다.
⑤ 보건복지부장관은 아동정책의 효율적인 추진을 위하여 5년마다 아동정책기본계획을 수립하여야 한다.

해설

아동복지법 제15조의3 제1항 시·도지사 또는 시장·군수·구청장은 보호조치 중인 보호대상아동의 양육상황을 보건복지부령으로 정하는 바에 따라 매년 점검하여야 한다.

답 ②

---

01 다음과 같은 역할을 하는 사회복지시설은?

[21회]

- 아동의 안전한 보호
- 안전하고 균형 있는 급식 및 간식의 제공
- 등·하교 전후, 야간 또는 긴급상황 발생 시 돌봄서비스 제공
- 체험활동 등 교육·문화·예술·체육 프로그램의 연계·제공
- 돌봄 상담, 관련 정보의 제공 및 서비스의 연계

① 장애인 지역사회재활시설

② 다함께돌봄센터
③ 아동보호전문기관
④ 지역장애아동지원센터
⑤ 노인공동생활가정

---

02 「아동복지법」상 보호가 필요한 아동을 발견하고 양육환경을 개선할 수 있도록 지원하기 위하여 이용할 수 있는 자료와 정보에 해당하는 것을 모두 고른 것은?

[21회]

ㄱ. 「국민건강보험법」 제41조 제1항 각 호에 따른 요양급여 실시 기록
ㄴ. 「국민건강보험법」 제52조에 따른 영유아건 강검진 실시 기록
ㄷ. 「초·중등교육법」 제25조에 따른 학교생활 기록 정보
ㄹ. 「전기사업법」 제14조에 따른 단전 가구정보

① ㄱ, ㄴ, ㄷ
② ㄱ, ㄴ, ㄹ
③ ㄱ, ㄷ, ㄹ
④ ㄴ, ㄷ, ㄹ
⑤ ㄱ, ㄴ, ㄷ, ㄹ

---

03 「아동복지법」의 내용으로 옳은 것은? [20회]

① 시장·군수·구청장은 보호조치 중인 보호대상 아동의 양육상황을 3년마다 점검하여야 한다.
② 시·군·구에 두는 아동위원은 명예직으로 수당을 지급할 수 없다.
③ 보건복지부장관 소속으로 아동정책조정위원 회를 둔다.
④ 아동권리보장원의 장은 아동학대가 종료된 이후에도 아동학대의 재발 여부를 확인하여야 한다.

⑤ 아동복지시설의 장은 보호하고 있는 12세 이
상의 아동을 대상으로 자립지원계획을 수립
하여야 한다.

①②③
04 「아동복지법」의 내용이다. (   )에 들어갈 내용
이 순서대로 옳은 것은?　　　　　　[18회]

> • 국무총리 소속으로 (   )를 둔다.
> • 시·도지사, 시장·군수·구청장 소속으로
> 　(   )를 각각 둔다.
> • 보건복지부장관은 아동정책기본계획을 (   )년
> 마다 수립하여야 한다.
> • 보건복지부장관은 아동종합실태를 (   )년마
> 다 조사하여 그 결과를 공표하여야 한다.

① 아동복지심의위원회, 아동정책조정위원회, 3, 5
② 아동정책조정위원회, 아동복지심의위원회, 3, 5
③ 아동복지심의위원회, 아동정책조정위원회, 5, 3
④ 아동정책조정위원회, 아동복지심의위원회, 5, 3
⑤ 아동정책조정위원회, 아동복지심의위원회, 5, 5

①②③
05 「아동복지법」의 내용으로 옳지 않은 것은?

[17회]

① "아동"이란 18세 미만인 사람을 말한다.
② 보건복지부장관은 5년마다 아동정책기본계
획을 수립하여야 한다.
③ 국가 또는 지방자치단체 외의 자는 관할 시
장·군수·구청장에게 신고하고 아동복지시
설을 설치할 수 있다.
④ 아동정책조정위원회는 국무총리 소속으로 둔다.
⑤ 국가기관은 아동학대 예방교육을 연 2회 이상
실시하여야 한다.

①②③
06 「아동복지법」의 내용으로 옳지 않은 것은?

[16회]

① 학교의 장은 친권자가 없는 아동을 발견한 경
우 그 복지를 위하여 필요하다고 인정할 때에
는 시장·군수·구청장에게 친권자의 선임을
청구하여야 한다.
② 아동위원은 명예직으로 하되, 아동위원에 대
하여는 수당을 지급할 수 있다.
③ 누구든지 아동의 정신건강 및 발달에 해를 끼
치는 정서적 학대행위를 하여서는 아니 된다.
④ 매년 5월 5일을 어린이날로 하며, 5월 1일부터
5월 7일까지를 어린이주간으로 한다.
⑤ 법원의 심리과정에서 변호사가 아닌 아동보
호전문기관의 상담원은 학대아동사건의 심
리에 있어서 법원의 허가를 받아 보조인이 될
수 있다.

PART **03**

사회복지정책과 제도

유형 01 장애인복지법 · 정신건강증진 및 정신
질환자 복지서비스 지원에 관한 법률   빈출도 ★☆☆

대표문제

「**장애인복지법**」의 내용으로 옳은 것은?   [20회]

① 「난민법」 제2조 제2호에 따른 난민인정자는 장애인 등록을 할 수 있다.
② 보건복지부장관은 3년마다 장애인정책종합계획을 수립 · 시행하여야 한다.
③ 보건복지부장관은 5년마다 장애실태조사를 실시하여야 한다.
④ 보건복지부장관은 피해장애인의 임시 보호 및 사회복귀 지원을 위하여 장애인 쉼터를 설치 · 운영할 수 있다.
⑤ 장애인복지시설의 장은 장애인 거주시설에서 제공하여야 하는 서비스의 최저기준을 마련하여야 한다.

해설

① 장애인복지법 제32조의2 제1항 제5호 「난민법」 제2조 제2호에 따른 난민인정자는 장애인 등록을 할 수 있다.
② 장애인복지법 제10조의2 제1항 보건복지부장관은 장애인의 권익과 복지증진을 위하여 관계 중앙행정기관의 장과 협의하여 5년마다 장애인정책종합계획을 수립 · 시행하여야 한다.
③ 장애인복지법 제31조 제1항 보건복지부장관은 장애인복지정책의 수립에 필요한 기초 자료로 활용하기 위하여 3년마다 장애실태조사를 실시하여야 한다.
④ 장애인복지법 제59조의13 제1항 특별시장 · 광역시장 · 특별자치시장 · 도지사 · 특별자치도지사는 피해장애인의 임시 보호 및 사회복귀 지원을 위하여 장애인 쉼터를 설치 · 운영할 수 있다.
⑤ 장애인복지법 제60조의3 제1항 보건복지부장관은 장애인 거주시설에서 제공하여야 하는 서비스의 최저기준을 마련하여야 하며, 장애인복지실시기관은 그 기준이 충족될 수 있도록 필요한 조치를 취하여야 한다.

답 ①

---

1 2 3

01 「정신건강증진 및 정신질환자 복지서비스 지원에 관한 법률」상 정신질환자의 보호의무자가 될 수 있는 사람은?   [21회]

① 후견인
② 파산선고를 받고 복권되지 아니한 사람
③ 해당 정신질환자를 상대로 소송 중인 사람
④ 행방불명자
⑤ 미성년자

1 2 3

02 「장애인복지법」에 근거하여 설치 또는 설립하는 것이 아닌 것은?   [18회]

① 장애인 거주시설
② 한국장애인개발원
③ 장애인권익옹호기관
④ 발달장애인지원센터
⑤ 장애인자립생활지원센터

1 2 3

03 「장애인복지법」상 벌칙에 관한 내용이다. ( )에 들어갈 숫자가 순서대로 옳은 것은?   [17회]

장애인의 신체에 폭행을 가한 사람은 ( )년 이하의 징역 또는 ( )천만 원 이하의 벌금에 처한다.

① 1, 1   ② 3, 3
③ 5, 5   ④ 7, 7
⑤ 10, 7

1 2 3

04 「장애인복지법」의 내용으로 옳지 않은 것은?

[16회]

① 중앙행정기관의 장은 해당 기관의 장애인정책을 효율적으로 수립·시행하기 위하여 소속공무원 중에서 장애인정책책임관을 지정할 수 있다.

② 「재한외국인 처우 기본법」에 따른 결혼이민자는 「장애인복지법」에 따른 장애인 등록을 할 수 없다.

③ 국가와 지방자치단체는 장애 정도가 심하여 자립하기가 매우 곤란한 장애인이 필요한 보호 등을 평생 받을 수 있도록 알맞은 정책을 강구하여야 한다.

④ 장애인은 장애인 관련 정책결정과정에 우선적으로 참여할 권리가 있다.

⑤ 국가는 초·중등교육법에 따른 학교에서 사용하는 교과용 도서에 장애인에 대한 인식개선을 위한 내용이 포함되도록 하여야 한다.

PART 03

사회복지정책과 제도

SECTION 06 노인복지법

유형 01 노인복지법 빈출도 ★★★

대표문제

「노인복지법」의 내용으로 옳지 않은 것은? [20회]

① 노인복지주택 입소자격자는 60세 이상의 노인이다.
② 보건복지부장관은 요양보호사가 거짓으로 자격증을 취득한 경우 그 자격을 취소하여야 한다.
③ 누구든지 노인학대를 알게 된 때에는 노인보호전문기관 또는 수사기관에 신고할 수 있다.
④ 노인일자리전담기관에는 노인인력개발기관, 노인취업알선기관, 노인일자리지원기관이 있다.
⑤ 지방자치단체는 65세 이상의 자에 대하여 건강진단과 보건교육을 실시할 수 있다.

해설

노인복지법 제39조의14 제1항 제3호 시·도지사는 요양보호사가 거짓이나 그 밖의 부정한 방법으로 자격증을 취득한 경우 그 자격을 취소하여야 한다.

답 ②

---

01 「노인복지법」의 내용으로 옳은 것은? [22회]

① 노인복지주택에 입소할 수 있는 자는 65세 이상의 노인으로 한다.
② 국가는 지역 간의 연계체계를 구축하고 노인학대를 예방하기 위하여 중앙노인보호전문기관을 설치·운영하여야 한다.
③ 노인취업알선기관은 지역사회 등에서 노인에 의한 재화의 생산판매 등을 직접 담당하는 기관이다.
④ 노인요양공동생활가정은 노인들에게 일상생활에 필요한 편의를 제공함을 목적으로 하는 노인주거복지시설이다.

⑤ 지역노인보호전문기관은 시·군·구에 둔다.

---

02 「노인복지법」상 노인복지시설의 종류에 해당하지 않는 것은? [19회]

① 노인주거복지시설
② 독거노인종합지원센터
③ 노인보호전문기관
④ 학대피해노인 전용쉼터
⑤ 노인일자리지원기관

---

03 「노인복지법」상 노인학대에 관한 내용으로 옳지 않은 것은? [18회]

① 119구조·구급에 관한 법률에 다른 119구급대와 구급대원은 65세 이상의 사람에 대한 노인학대 신고의무자에 속한다.
② 노인학대를 알게 된 때에는 신고의무자만 신고할 수 있다.
③ 법원이 노인학대 관련범죄자에 대하여 취업제한명령을 하는 경우 취업제한기간은 10년을 초과하지 못한다.
④ 노인학대신고를 접수한 노인보호전문기관의 직원은 지체 없이 노인학대의 현장에 출동하여야 한다.
⑤ 국가와 지방자치단체는 노인학대를 예방하고 수시로 신고를 받을 수 있도록 긴급전화를 설치하여야 한다.

04 「노인복지법」상 노인학대에 관한 설명으로 옳지 않은 것은? [15회]

① 지방자치단체는 노인학대를 예방하기 위하여 긴급전화를 설치하여야 한다.

② 누구든지 노인학대를 알게 된 때에는 수사기관에 신고할 수 있다.

③ 누구든지 정당한 사유 없이 노인학대 현장에 출동한 자에 대하여 현장조사를 거부하여서는 아니 된다.

④ 부양의무자인 자녀는 노인을 위하여 지급된 금품을 그 목적 외의 용도에 사용할 수 있다.

⑤ 노인학대신고를 접수한 노인보호전문기관의 직원은 지체 없이 노인학대의 현장에 출동하여야 한다.

SECTION 07 가족복지

유형 01 한부모가족지원법
빈출도 ★★☆

대표문제

「한부모가족지원법」의 내용으로 옳지 않은 것은?

[20회]

① "청소년 한부모"란 24세 이하의 모 또는 부를 말한다.
② 한부모가족의 모 또는 부와 아동은 한부모가족 관련 정책결정과정에 참여할 권리가 있다.
③ 여성가족부장관은 자녀양육비 산정을 위한 자녀양육비 가이드라인을 마련하여 법원이 이혼 판결 시 적극 활용할 수 있도록 노력하여야 한다.
④ 국가와 지방자치단체는 청소년 한부모의 건강증진을 위하여 건강진단을 실시할 수 있다.
⑤ 국가나 지방자치단체는 아동양육비를 대여할 수 있다.

해설

한부모가족지원법 제12조 제1항 국가나 지방자치단체는 복지급여의 신청이 있으면 생계비, 아동교육지원비, 아동양육비 등의 복지급여를 실시하여야 한다.

답 ⑤

123

01 「한부모가족지원법」의 내용으로 옳은 것은?

[22회]

① 여성가족부장관은 5년마다 한부모가족에 대한 실태조사를 실시하고 그 결과를 공표하여야 한다.
② "청소년 한부모"란 18세 이하의 모 또는 부를 말한다.
③ 교육부장관은 청소년 한부모가 학업을 계속할 수 있도록 여성가족부장관에게 협조를 요청하여야 한다.

④ "모" 또는 "부"에는 아동인 자녀를 양육하는 미혼자(사실혼 관계에 있는 자는 제외한다)도 해당된다.
⑤ 한부모가족에 대한 국민의 이해와 관심을 제고하기 위하여 매년 9월 7일을 한부모가족의 날로 한다.

123

02 다음이 설명하는 「한부모가족지원법」상의 한부모가족복지시설은?

[21회]

배우자(사실혼 관계에 있는 사람을 포함한다)가 있으나 배우자의 물리적·정신적 학대로 아동의 건전한 양육이나 모의 건강에 지장을 초래할 우려가 있을 경우 일시적 또는 일정 기간 동안 모와 아동 또는 모에게 주거와 생계를 지원하는 시설

① 일시지원복지시설
② 부자가족복지시설
③ 모자가족복지시설
④ 한부모가족복지상담소
⑤ 미혼모자가족복지시설

123

03 「한부모가족지원법」상 지원대상자인 아동으로 옳은 것은 모두 몇 개인가?

[15회]

ㄱ. 부모의 생사가 분명하지 아니한 아동
ㄴ. 부모가 유기하여 부양을 받을 수 없는 아동
ㄷ. 부모가 신체의 질병으로 장기간 노동능력을 상실한 아동
ㄹ. 부모가 가정의 불화로 가출하여 부모의 부양을 받을 수 없는 아동
ㅁ. 부모의 장기복역으로 부양을 받을 수 없는 아동

① 1개   ② 2개

③ 3개   ④ 4개

⑤ 5개

유형 02 다문화가족지원법 빈출도 ★☆☆

대표문제

「다문화가족지원법」의 내용으로 옳지 않은 것은?

[18회]

① 다문화가족은 대한민국 국적을 취득한 자로 이루어진 가족이어야 한다.

② 다문화가족이 이혼 등의 사유로 해체된 경우에도 그 구성원이었던 자녀에 대하여 이 법을 적용한다.

③ 다문화 가족지원센터는 결혼이민자 등에 대한 한국어 교육 업무를 수행한다.

④ 국가와 지방자치단체는 다문화가족에 대해 가족생활교육 등을 추진하는 경우, 문화의 차이를 고려한 전문적인 서비스가 제공될 수 있도록 노력하여야 한다.

⑤ 여성가족부장관은 5년마다 다문화가족정책에 관한 기본계획을 수립하여야 한다.

해설

대한민국 국적을 취득한 자로 이루어진 가족뿐 아니라 결혼이민자, 귀화허가를 받은 자도 다문화가족이 될 수 있다.

답 ①

---

③ 지방자치단체는 다문화가족의 현황 및 실태를 파악하고 다문화가족 지원을 위한 정책수립에 활용하기 위하여 5년마다 다문화가족에 대한 실태조사를 실시하고 그 결과를 공표하여야 한다.

④ 시·도에는 다문화가족 지원을 담당할 기구와 공무원을 두어야 한다.

⑤ 기업은 다문화가족에 대한 사회적 차별 및 편견을 예방하고 사회 구성원이 문화적 다양성을 인정하고 존중할 수 있도록 홍보와 교육 및 재정상 필요한 조치를 하여야 한다.

① ② ③

05 「다문화가족지원법」상 실태조사 등에 관한 내용이다. ( )에 들어갈 용어를 바르게 짝지은 것은?

[15회]

(ㄱ)장관은 다문화가족의 현황 및 실태를 파악하고 다문화가족 지원을 위한 정책수립에 활용하기 위하여 (ㄴ)년마다 다문화가족에 대한 실태조사를 실시하고 그 결과를 공표하여야 한다.

① ㄱ : 고용노동부, ㄴ : 3

② ㄱ : 고용노동부, ㄴ : 5

③ ㄱ : 여성가족부, ㄴ : 3

④ ㄱ : 여성가족부, ㄴ : 5

⑤ ㄱ : 보건복지부, ㄴ : 3

① ② ③

04 「다문화가족지원법」의 내용으로 옳은 것은?

[16회]

① 여성가족부장관은 다문화가족 지원을 위하여 3년마다 다문화가족정책에 관한 기본계획을 수립하여야 한다.

② 다문화가족의 삶의 질 향상과 사회통합에 관한 중요 사항을 심의·조정하기 위하여 여성가족부장관 소속으로 다문화가족정책위원회를 둔다.

가정폭력방지 및 피해자보호 등에 관한 법률

빈출도 ★★☆

대표문제

「가정폭력방지 및 피해자보호 등에 관한 법률」의 내용으로 옳지 않은 것은? [18회]

① 이 법에서의 "아동"이란 18세 미만인 자를 말한다.
② 국가인권위원회 위원장은 3년마다 가정폭력에 대한 실태조사를 실시하여야 한다.
③ 시·도지사는 외국어 서비스를 제공하는 긴급전화센터를 따로 설치·운영할 수 있다.
④ 지방자치단체는 가정폭력 관련 상담소를 외국인, 장애인 등 대상별로 특화하여 운영할 수 있다.
⑤ 지방자치단체는 가정폭력 관련 상담원 교육훈련시설을 설치·운영할 수 있다.

해설

② 가정폭력방지 및 피해자보호 등에 관한 법률 제4조의2 제1항 여성가족부장관은 3년마다 가정폭력에 대한 실태조사를 실시하여 그 결과를 발표하고, 이를 가정폭력을 예방하기 위한 정책수립의 기초자료로 활용하여야 한다.

🗎 답 ②

---

1 2 3

06 「가정폭력방지 및 피해자보호 등에 관한 법률」의 내용으로 옳지 않은 것은? [17회]

① 단기보호시설은 피해자등을 6개월의 범위에서 보호하는 시설이다.
② 국가는 가정폭력 관련 상담소의 설치·운영에 드는 경비의 전부를 보조하여야 한다.
③ 여성가족부장관 또는 시·도지사는 긴급전화센터를 설치·운영하여야 한다.
④ 가정폭력의 예방과 방지에 관한 교육 및 홍보는 가정폭력 관련 상담소의 업무에 해당한다.
⑤ 사회복지법인은 시장·군수·구청장의 인가를 받아 가정폭력피해자 보호시설을 설치·운영할 수 있다.

---

1 2 3

07 「가정폭력방지 및 피해자보호 등에 관한 법률」상 긴급전화센터의 업무에 해당하지 않는 것은? [16회]

① 가정폭력상담
② 관련 기관·시설과의 연계
③ 가정폭력 관련 법률자문 및 가해자조사
④ 경찰관서 등으로부터 인도받은 피해자의 임시보호
⑤ 피해자에 대한 긴급한 구조의 지원

---

1 2 3

08 「가정폭력방지 및 피해자보호 등에 관한 법률」상 가정폭력피해자 보호시설의 종류에 해당하지 않는 것은? [15회]

① 단기보호시설
② 장기보호시설
③ 외국인보호시설
④ 장애인보호시설
⑤ 노인보호시설

유형 04 **성폭력방지 및 피해자보호 등에 관한 법률**

빈출도 ★★☆

대표문제

「성폭력방지 및 피해자보호 등에 관한 법률」의 내용으로 옳지 않은 것은? [19회]

① 피해자의 의사에 반하여 피해자 상담을 할 수 있다.
② 보호시설의 장이나 종사자는 업무상 알게 된 비밀을 누설해서는 아니 된다.
③ 보호시설에 대한 보호비용의 지원 방법 및 절차 등에 필요한 사항은 여성가족부령으로 정한다.
④ 시장·군수·구청장은 민간의료시설을 피해자 등의 치료를 위한 전담의료기관으로 지정할 수 있다.
⑤ 국가 또는 지방자치단체는 이 법 제27조제2항에 따른 치료 등 의료 지원에 필요한 경비의 전부 또는 일부를 지원할 수 있다.

[1][2][3]

09 「성폭력방지 및 피해자보호 등에 관한 법률」상 성폭력피해자보호시설의 종류가 아닌 것은?

[18회]

① 일반보호시설
② 상담지원시설
③ 외국인보호시설
④ 특별지원 보호시설
⑤ 자립지원 공동생활시설

[1][2][3]

10 「성폭력방지 및 피해자보호 등에 관한 법률」상 국가와 지방자치단체의 책무에 해당하는 것을 모두 고른 것은?

[17회]

> ㄱ. 성폭력 신고체계의 구축·운영
> ㄴ. 성폭력 예방을 위한 유해환경 개선
> ㄷ. 성폭력 예방을 위한 조사·연구, 교육 및 홍보
> ㄹ. 피해자에 대한 직업훈련 및 법률구조 등 사회복귀 지원

① ㄱ, ㄴ
② ㄴ, ㄷ
③ ㄱ, ㄷ, ㄹ
④ ㄴ, ㄷ, ㄹ
⑤ ㄱ, ㄴ, ㄷ, ㄹ

[1][2][3]

11 「성폭력방지 및 피해자보호 등에 관한 법률」상 피해자보호에 관한 설명으로 옳지 않은 것은?

[15회]

① 일반보호시설에의 입소기간은 1년 이내이나 예외적으로 연장할 수 있다.
② 누구든지 피해자를 고용하고 있는 자는 성폭력과 관련하여 피해자를 해고하여서는 아니 된다.

③ 지방자치단체는 성폭력 전담의료기관의 의료지원에 필요한 경비의 전부를 지원할 수 없다.
④ 국가는 피해자에 대하여 법률상담과 소송대리 등의 지원을 할 수 있다.
⑤ 미성년자가 피해자인 경우 성폭력행위자가 아닌 보호자가 입소에 동의하는 때에는 그 미성년자는 보호시설에 입소할 수 있다.

유형 01 사회복지공동모금회법   빈출도 ★★★

「사회복지공동모금회법」상 사회복지공동모금회(이하 '모금회'라 한다)에 관한 설명으로 옳지 않은 것은?

[22회]

① 모금회는 사회복지사업을 지원하기 위하여 연중 기부금품을 모집할 수 있다.
② 지방자치단체는 모금회의 기부금품 모집에 필요한 비용을 보조할 수 있다.
③ 배분분과실행위원회는 20명 이상의 위원으로 구성된다.
④ 모금회는 정관을 작성하여 보건복지부장관의 허가를 받아 등기함으로써 설립된다.
⑤ 모금회는 매년 8월 31일까지 다음 회계연도의 공동모금재원 배분기준을 정하여 공고하여야 한다.

해설

사회복지공동모금회법 제4조 제3항 모금회는 정관을 작성하여 보건복지부장관의 인가를 받아 등기함으로써 설립된다.

답 ④

01 「사회복지공동모금회법」의 내용으로 옳은 것은?

[20회]

① 배분분과실행위원회는 위원장 1명을 포함하여 20명 이내의 위원으로 구성한다.
② 국가나 지방자치단체는 모금회의 관리·운영에 필요한 비용을 보조할 수 있다.
③ 기부금품의 기부자는 배분지역, 배분대상자 또는 사용 용도를 지정할 수 없다.
④ 사회복지공동모금회는 언론기관을 모금창구로 지정할 수 있으나 지정된 언론기관의 명의로 모금계좌를 개설할 수 없다.
⑤ 모금회의 정관으로 규정하지 아니한 사항은 「민법」 중 사단법인에 관한 규정을 준용한다.

02 「사회복지공동모금회법」의 내용으로 옳지 않은 것은?

[19회]

① 기부하는 자의 의사에 반하여 기부금품을 모집하여서는 아니 된다.
② 공동모금재원은 지역·단체·대상자 및 사업별로 복지수요가 공정하게 충족되도록 배분하여야 한다.
③ 공동모금재원의 배분은 객관적인 기준에 따라 효율적으로 이루어지도록 하고, 그 결과를 공개하여야 한다.
④ 이 법 또는 모금회의 정관으로 규정하지 아니한 사항은 「민법」 중 사단법인에 관한 규정을 준용한다.
⑤ 국가나 지방자치단체는 모금회에 기부금품 모집에 필요한 비용과 모금회의 관리·운영에 필요한 비용을 보조할 수 있다.

03 「사회복지공동모금회법」상 공동모금재원 배분기준에 포함되어야 하는 사항으로 명시되지 않은 것은?

[18회]

① 배분한도액
② 배분심사기준
③ 배분신청자의 재산
④ 공동모금재원의 배분대상
⑤ 배분신청기간 및 배분신청서 제출 장소

Ⅰ Ⅱ Ⅲ

04 「사회복지공동모금회법」의 내용으로 옳은 것은?

[17회]

① 사회복지공동모금회에는 20명 이상 25명 이하의 이사를 둔다.
② 사회복지공동모금회는 보건복지부장관의 승인 없이 복권을 발행할 수 있다.
③ 사회복지공동모금회는 모금창구로 지정된 언론기관의 명의로 모금계좌를 개설할 수 없다.
④ 사회복지공동모금회의 회계연도는 1월 1일부터 12월 31일까지로 한다.
⑤ 기부금품의 기부자는 사용 용도를 지정할 수 없다.

유형 01 국민기초생활 보장법 빈출도 ★★★

대표문제

「국민기초생활 보장법」상 급여의 종류와 방법에 관한 설명으로 옳은 것은? [22회]

① 생계급여는 물품으로는 지급할 수 없다.
② 생계급여는 수급자에게 주거 안정에 필요한 임차료, 수선유지비, 그 밖의 수급품을 지급하는 것으로 한다.
③ 장제급여는 자활급여를 받는 수급자가 사망한 경우 장제조치를 하는 것으로 한다.
④ 자활급여는 관련 비영리법인에 위탁하여 실시할 수 있다.
⑤ 교육급여는 보건복지부장관의 소관으로 한다.

해설

④ 국민기초생활 보장법 제15조 제2항 자활급여는 관련 공공기관·비영리법인·시설과 그 밖에 대통령령으로 정하는 기관에 위탁하여 실시할 수 있다. 이 경우 그에 드는 비용은 보장기관이 부담한다.

① 국민기초생활 보장법 제9조 제1항 생계급여는 금전을 지급하는 것으로 한다. 다만, 금전으로 지급할 수 없거나 금전으로 지급하는 것이 적당하지 아니하다고 인정하는 경우에는 물품을 지급할 수 있다.
② 국민기초생활 보장법 제11조 제1항 주거급여는 수급자에게 주거안정에 필요한 임차료, 수선유지비, 그 밖의 수급품을 지급하는 것으로 한다.
③ 국민기초생활 보장법 제14조 제1항 장제급여는 생계급여, 주거급여, 의료급여 중 하나 이상의 급여를 받는 수급자가 사망한 경우 사체의 검안(檢案)·운반·화장 또는 매장, 그 밖의 장제조치를 하는 것으로 한다.
⑤ 국민기초생활 보장법 제12조 제2항 교육급여는 교육부장관의 소관으로 한다.

답 ④

□①②③
01 「국민기초생활 보장법」상 지역자활센터의 사업이 아닌 것은? [22회]

① 자활을 위한 사업자금 융자
② 자활을 위한 정보제공, 상담, 직업교육 및 취업알선
③ 생업을 위한 자금융자 알선
④ 자활기업의 설립·운영 지원
⑤ 자영창업 지원 및 기술·경영 지도

□①②③
02 「국민기초생활 보장법」상 급여의 기본원칙을 모두 고른 것은? [21회]

| ㄱ. 근로능력 활용 | ㄴ. 보충급여 |
| ㄷ. 타법 우선 | ㄹ. 수익자부담 |

① ㄱ, ㄴ
② ㄷ, ㄹ
③ ㄱ, ㄴ, ㄷ
④ ㄴ, ㄷ, ㄹ
⑤ ㄱ, ㄴ, ㄷ, ㄹ

□①②③
03 「국민기초생활 보장법」상 보장기관에 관한 설명으로 옳은 것은? [21회]

① 교육급여 및 의료급여는 시·도교육감이 실시한다.
② 생계급여는 수급자의 거주지를 관할하는 시·도지사와 시장·군수·구청장이 실시한다.
③ 보장기관은 위기개입상담원을 배치하여야 한다.
④ 생활보장위원회는 자문기구이다.
⑤ 소관 중앙행정기관의 장은 5년마다 기초생활보장 시행계획을 수립하여야 한다.

Ⅰ②③

04 「국민기초생활 보장법」상 급여의 종류와 방법에 관한 설명으로 옳은 것은? [21회]

① 부양의무자가 「병역법」에 따라 징집되거나 소집된 경우 부양능력이 있는 것으로 본다.

② 보장기관은 차상위자의 가구별 생활여건을 고려하여 예산의 범위에서 급여의 전부 또는 일부를 실시할 수 있다.

③ 생계급여 선정기준은 기준 중위소득의 100분의 50 이상으로 한다.

④ 생계급여는 상반기 · 하반기로 나누어 지급하여야 한다.

⑤ 주거급여는 주택 매입비, 수선유지비 등이 포함된다.

Ⅰ②③

05 「국민기초생활 보장법」상 보장기관과 보장시설에 대한 예시이다. '보장기관 – 보장시설'을 순서대로 옳게 짝지은 것은? [20회]

> ㄱ. 「장애인복지법」 제58조 제1항 제1호의 장애인 거주시설
> ㄴ. 「사회복지사업법」 제2조 제4호의 사회복지시설 중 결핵 및 한센병 요양시설
> ㄷ. 대전광역시장
> ㄹ. 전라남도지사
> ㅁ. 인천광역시 교육감

① ㄱ – ㄴ   ② ㄴ – ㅁ
③ ㄷ – ㄱ   ④ ㄹ – ㄷ
⑤ ㅁ – ㄹ

Ⅰ②③

06 「국민기초생활 보장법」상 외국인에 대한 특례 규정이다. ( )에 들어갈 내용이 옳지 않은 것은? [19회]

> 국내에 체류하고 있는 외국인 중 (ㄱ)하여 본인 또는 배우자가 임신 중이거나 (ㄴ)하고 있거나 (ㄷ)과 (ㄹ)으로서 (ㅁ)으로 정하는 사람이 이 법에 따른 급여를 받을 수 있는 자격을 가진 경우에는 수급권자가 된다.

① ㄱ : 대한민국 국민과 혼인

② ㄴ : 대한민국 국적의 미성년 자녀를 양육

③ ㄷ : 배우자의 대한민국 국적인 직계비속

④ ㄹ : 생계나 주거를 같이하고 있는 사람

⑤ ㅁ : 대통령령

Ⅰ②③

07 「국민기초생활 보장법」상 5년 이하의 징역 또는 5천만 원 이하의 벌금에 처해지는 경우는? [19회]

① 부정한 방법으로 급여를 받은 경우

② 수급권자의 금융정보를 사용 · 제공한 경우

③ 지급받은 급여를 용도 외로 사용한 경우

④ 직무상 알게 된 비밀을 누설한 경우

⑤ 종교상의 행위를 강제한 경우

Ⅰ②③

08 「국민기초생활 보장법」상 용어의 정의로 옳은 것은? [18회]

① 수급권자란 이 법에 따른 급여를 받는 사람을 말한다.

② 기준 중위소득이란 국민 가구소득의 평균값을 말한다.

③ 보장기관이란 이 법에 따른 급여를 실시하는 사회복지시설을 말한다.

④ 소득인정액이란 보장기관이 급여의 결정 및 실시 등에 사용하기 위하여 산출한 개별가구의 소득평가액과 재산의 소득환산액을 합산한 금액을 말한다.

⑤ 최저생계비란 국민이 쾌적한 문화생활을 유지하기 위하여 필요한 적정선의 비용을 말한다.

09 「국민기초생활 보장법」상 자활지원에 관한 내용으로 옳지 않은 것은? [18회]

① 보장기관은 자활지원사업의 원활한 추진을 위하여 자활기금을 적립한다.

② 보장기관은 지역자활센터에 국유·공유 재산의 무상임대 지원을 할 수 있다.

③ 보장기관은 수급자 및 차상위자가 자활에 필요한 자산을 형성할 수 있도록 재정적인 지원을 할 수 있다.

④ 보장기관은 수급자 및 차상위자의 자활촉진에 필요한 사업을 수행하게 하기 위하여 법인 등의 신청을 받아 지역자활센터를 지정할 수 있다.

⑤ 수급자 및 소득인정액이 기준 중위소득의 100분의 70 이상인 자는 상호 협력하여 자활기업을 설립·운영할 수 있다.

10 「국민기초생활 보장법」의 내용으로 옳지 않은 것은? [17회]

① 수급자에 대한 급여는 정당한 사유 없이 수급자에게 불리하게 변경할 수 없다.

② "수급자"란 이 법에 따른 급여를 받는 사람을 말한다.

③ 이 법에 따른 급여는 건강하고 문화적인 최저생활을 유지할 수 있는 것이어야 한다.

④ 수급자 및 차상위자는 상호 협력하여 자활기업을 설립·운영할 수 있다.

⑤ 교육급여는 보건복지부장관의 소관으로 한다.

11 「국민기초생활 보장법」에 따른 의료급여 수급자로서 「의료급여법」상 1종 수급권자가 아닌 사람은? [15회]

① 18세인 자

② 65세인 자

③ 장애인고용촉진 및 직업재활법에 따른 중증장애인

④ 임신 중에 있는 자

⑤ 병역법에 따른 병역의무를 이행 중인 자

12 「국민기초생활 보장법」상 소득의 범위에 해당하지 않는 것은? [15회]

① 퇴직금

② 임대소득

③ 사업소득

④ 「국민연금법」에 따른 연금

⑤ 친족으로부터 정기적으로 받는 금품 중 보건복지부장관이 정하는 금액 이상의 금품

유형 02 긴급복지지원법 　　빈출도 ★★☆

대표문제

「긴급복지지원법」의 내용으로 옳지 않은 것은?
[18회]

① 주거지가 불분명한 자도 긴급지원대상자가 될 수 있다.

② 국내에 체류하는 모든 외국인은 긴급지원대상자가 될 수 없다.

③ 위기상황에 처한 사람에게 일시적으로 신속하게 지원하는 것을 기본원칙으로 한다.

④ 누구든지 긴급지원대상자를 발견한 경우에는 관할 시장·군수·구청장에게 신고하여야 한다.

⑤ 국가 및 지방자치단체는 위기상황에 처한 사람에 대한 발굴조사를 연 1회 이상 정기적으로 실시하여야 한다.

해설

긴급복지지원법 시행령 제1조의2 「긴급복지지원법」 제5조의2에 따라 법 제5조에 따른 긴급지원대상자가 될 수 있는 외국인은 다음의 어느 하나에 해당하는 사람으로 한다.

1. 대한민국 국민과 혼인 중인 사람
2. 대한민국 국민인 배우자와 이혼하거나 그 배우자가 사망한 사람으로서 대한민국 국적을 가진 직계존비속(直系尊卑屬)을 돌보고 있는 사람
3. 「난민법」 제2조 제2호에 따른 난민(難民)으로 인정된 사람
4. 본인의 귀책사유 없이 화재, 범죄, 천재지변으로 피해를 입은 사람
5. 그 밖에 보건복지부장관이 긴급한 지원이 필요하다고 인정하는 사람

답 ②

[1][2][3]

13 「긴급복지지원법」상 "위기상황"에 해당하는 사유를 모두 고른 것은? [21회]

> ㄱ. 주소득자가 사망, 가출, 행방불명 등으로 소득을 상실하여 생계유지가 어렵게 된 경우
> ㄴ. 본인이 중한 질병 또는 부상을 당하여 생계유지가 어렵게 된 경우
> ㄷ. 본인이 가구 구성원으로부터 방임 등을 당하여 생계유지가 어렵게 된 경우
> ㄹ. 본인이 가구 구성원으로부터 성폭력을 당하여 생계유지가 어렵게 된 경우

① ㄱ, ㄴ, ㄷ   ② ㄱ, ㄴ, ㄹ
③ ㄱ, ㄷ, ㄹ   ④ ㄴ, ㄷ, ㄹ
⑤ ㄱ, ㄴ, ㄷ, ㄹ

[1][2][3]

14 「긴급복지지원법」상 직무수행 과정에서 긴급지원대상자가 있음을 알게 된 경우 이를 신고하고, 긴급지원대상자가 신속하게 지원을 받을 수 있도록 노력하여야 하는 자에 해당하지 않는 것은? [20회]

① 「의료법」에 따른 의료기관의 종사자
② 「고등교육법」에 따른 직원
③ 「지방공무원법」에 따른 공무원
④ 「무형문화재 보전 및 진흥에 관한 법률」에 따라 지정된 국가무형문화재의 보유자
⑤ 「사회복지사업법」에 따른 사회복지시설의 종사자

[1][2][3]

15 「긴급복지지원법」상 긴급지원의 종류 중 직접지원에 해당하지 않는 것은? [17회]

① 생계지원
② 의료지원
③ 교육지원
④ 정보제공 지원
⑤ 사회복지시설 이용 지원

유형 03   기초연금법   빈출도 ★★★

 대표문제

「기초연금법」의 내용으로 옳은 것을 모두 고른 것은? [22회]

> ㄱ. 본인과 그 배우자가 모두 기초연금 수급권자인 경우에는 각각의 기초연금액에서 기초연금액의 100분의 20에 해당하는 금액을 감액한다.
> ㄴ. 기초연금 수급권자의 권리는 3년간 행사하지 아니하면 시효의 완성으로 소멸한다.
> ㄷ. 기초연금 수급자가 대통령령으로 정하는 바에 따라 사망한 것으로 추정되는 경우 수급권을 상실한다.

① ㄱ
② ㄱ, ㄴ
③ ㄱ, ㄷ
④ ㄴ, ㄷ
⑤ ㄱ, ㄴ, ㄷ

해설

ㄱ. 기초연금법 제8조 제1항 본인과 그 배우자가 모두 기초연금 수급권자인 경우에는 각각의 기초연금액에서 기초연금액의 100분의 20에 해당하는 금액을 감액한다.

ㄴ. 기초연금법 제23조 환수금을 환수할 권리와 기초연금 수급권자의 권리는 5년간 행사하지 아니하면 시효의 완성으로 소멸한다.

ㄷ. 기초연금법 제16조 제1항 제2호 특별자치시장·특별자치도지사·시장·군수·구청장은 기초연금 수급자가 행방불명되거나 실종되는 등 대통령령으로 정하는 바에 따라 사망한 것으로 추정되는 경우에 해당하면 그 사유가 발생한 날이 속하는 달의 다음 달부터 그 사유가 소멸한 날이 속하는 달까지는 기초연금의 지급을 정지한다.

답 ①

PART 03

사회복지정책과 제도

16 「기초연금법」상 기초연금의 지급정지 사유에 해당하는 것을 모두 고른 것은?　　[20회]

> ㄱ. 기초연금 수급자가 금고 이상의 형을 선고받고 교정시설 또는 치료감호시설에 수용되어 있는 경우
> ㄴ. 기초연금 수급자가 행방불명되거나 실종되는 등 대통령령으로 정하는 바에 따라 사망한 것으로 추정되는 경우
> ㄷ. 기초연금 수급권자가 국적을 상실한 때
> ㄹ. 기초연금 수급자의 국외 체류기간이 60일 이상 지속되는 경우

① ㄱ, ㄴ
② ㄷ, ㄹ
③ ㄱ, ㄴ, ㄷ
④ ㄱ, ㄴ, ㄹ
⑤ ㄱ, ㄴ, ㄷ, ㄹ

17 「기초연금법」상 수급권자의 범위에 관한 내용이다. ( )에 들어갈 숫자가 옳은 것은? [19회]

> • 기초연금은 (ㄱ)세 이상인 사람으로서 소득인정액이 보건복지부장관이 정하여 고시하는 금액(이하 "선정기준액"이라 한다) 이하인 사람에게 지급한다.
> • 보건복지부장관은 선정기준액을 정하는 경우 (ㄱ)세 이상인 사람 중 기초연금 수급자가 100분의 (ㄴ) 수준이 되도록 한다.

① ㄱ : 60, ㄴ : 70
② ㄱ : 65, ㄴ : 70
③ ㄱ : 65, ㄴ : 80
④ ㄱ : 70, ㄴ : 70
⑤ ㄱ : 70, ㄴ : 80

18 「기초연금법」의 내용이다. ( )에 들어갈 숫자가 순서대로 옳은 것은?　　[18회]

> • 보건복지부장관은 선정기준액을 정하는 경우 65세 이상인 사람 중 기초연금 수급자가 100분의 ( ) 수준이 되도록 한다.
> • 본인과 그 배우자가 모두 기초연금 수급권자인 경우에는 각각의 기초연금액에서 기본연금액의 100분의 ( )에 해당하는 금액을 감액한다.

① 60, 40
② 60, 50
③ 70, 20
④ 70, 30
⑤ 80, 10

19 「기초연금법」의 내용으로 옳은 것은?　[17회]

① "소득인정액"이란 본인 및 배우자의 소득평가액과 재산의 소득환산액을 합산한 금액을 말한다.
② 기초연금 수급권자가 국외로 이주하더라도 기초연금 수급권을 상실하지 않는다.
③ 기초연금으로 지급받은 금품은 압류할 수 있다.
④ 기초연금은 기초연금의 지급을 신청한 날이 속하는 달의 다음 달부터 지급한다.
⑤ 본인과 그 배우자가 모두 기초연금 수급권자인 경우에는 각각의 기초연금액에서 기초연금액의 100분의 50에 해당하는 금액을 감액한다.

20 「기초연금법」의 내용으로 옳지 않은 것은?

[16회]

① 보건복지부장관은 선정기준액을 정하는 경우 65세 이상인 사람 중 기초연금 수급자가 100분의 70 수준이 되도록 한다.
② 기초연금으로 지급받은 금품은 압류할 수 없다.

③ 기초연금의 지급이 정지된 기간에는 기초연금을 지급하지 아니한다.

④ 기초연금 수급권자가 국외로 이주한 때에 기초연금 수급권을 상실한다.

⑤ 기초연금 수급권자의 권리는 3년간 행사하지 아니하면 시효의 완성으로 소멸한다.

123

21 「기초연금법」에 관한 설명으로 옳지 않은 것은?

[15회]

① 기초연금은 65세 이상인 사람으로서 소득인정액이 선정기준액 이하인 사람에게 지급한다.

② 기초연금 수급희망자는 특별자치시장·특별자치도지사·시장·군수·구청장에게 기초연금의 지급을 신청할 수 있다.

③ 부부가 모두 기초연금 수급권자인 경우 각각의 기초연금액에서 기초연금액의 100분의 30에 해당하는 금액을 감액한다.

④ 수급권자가 국외로 이주한 경우 수급권을 상실한다.

⑤ 시장은 수급자가 법령에 따라 사망한 것으로 추정되는 경우 그 사유가 발생한 날이 속하는 달의 다음 달부터 그 사유가 소멸한 날이 속하는 달까지는 기초연금의 지급을 정지한다.

대표문제

「의료급여법」의 내용으로 옳은 것은?

[22회]

① 시·도지사는 의료급여증을 발급하여야 한다.

② 급여비용의 재원을 충당하기 위하여 보건복지부에 의료급여기금을 설치한다.

③ 보건복지부에 두는 의료급여심의위원회는 의료급여의 수가에 관한 사항을 심의한다.

④ 시·도지사는 상환받은 대지급금을 의료급여기금에 납입하여야 한다.

⑤ 수급권자가 의료급여를 거부한 경우 시·도지사는 의료급여를 중지해야 한다.

해설

③ 의료급여법 제6조 제2항 제2호 보건복지부에 두는 의료급여심의위원회는 의료급여의 기준 및 수가에 관한 사항을 심의한다.

① 의료급여법 제8조 제1항 시장·군수·구청장은 수급자가 신청하는 경우 의료급여증을 발급하여야 한다. 다만, 부득이한 사유가 있는 경우에는 의료급여증을 갈음하여 의료급여증명서를 발급하거나 보건복지부령으로 정하는 바에 따라 의료급여증을 발급하지 아니할 수 있다.

② 의료급여법 제25조 제1항 이 법에 따른 급여비용의 재원을 충당하기 위하여 시·도에 의료급여기금을 설치한다.

④ 의료급여법 제21조 제3항 대지급금을 상환받은 시장·군수·구청장은 이를 의료급여기금에 납입하여야 한다.

⑤ 의료급여법 제17조 제2항 시장·군수·구청장은 수급권자가 의료급여를 거부한 경우에는 수급권자가 속한 가구원 전부에 대하여 의료급여를 중지하여야 한다.

📖 ③

123

22 「의료급여법」상 의료급여의 내용에 해당하지 않는 것은?

[20회]

① 진찰·검사

② 예방·재활

③ 입원

④ 간호

⑤ 화장 또는 매장 등 장제 조치

23 「의료급여법」의 내용이다. (   )에 들어갈 숫자를 옳게 짝지은 것은? [16회]

> • 의료급여기관은 의료급여가 끝난 날부터 (ㄱ)년간 보건복지부령으로 정하는 바에 따라 급여비용의 청구에 관한 서류를 보존하여야 한다.
> • 약국 등 보건복지부령으로 정하는 의료급여기관은 처방전을 급여비용을 청구한 날부터 (ㄴ)년간 보존하여야 한다.

① ㄱ : 2, ㄴ : 3
② ㄱ : 3, ㄴ : 3
③ ㄱ : 3, ㄴ : 5
④ ㄱ : 5, ㄴ : 3
⑤ ㄱ : 5, ㄴ : 5

SECTION 10 사회보험

유형 01 산업재해보상보험법   빈출도 ★★★

대표문제

「산업재해보상보험법」의 내용으로 옳지 않은 것은?

[20회]

① "업무상의 재해"란 업무상의 사유에 따른 근로자의 부상 · 질병 · 장해 또는 사망을 말한다.
② 보험급여에는 간병급여, 상병보상연금, 실업급여 등이 있다.
③ 근로복지공단은 법인으로 한다.
④ "출퇴근"이란 취업과 관련하여 주거와 취업장소 사이의 이동 또는 한 취업장소에서 다른 취업장소로의 이동을 말한다.
⑤ 요양급여는 근로자가 업무상의 사유로 부상을 당하거나 질병에 걸린 경우에 그 근로자에게 지급한다.

해설

보험급여에 실업급여는 포함되지 않는다. 실업급여는 고용보험의 급여이다.

답 ②

01 산업재해보상보험법령상 유족급여에 관한 설명으로 옳지 않은 것은?

[21회]

① 근로자가 업무상의 사유로 사망한 경우 유족에게 지급한다.
② 유족보상연금 수급권자가 2명 이상 있을 때 그 중 1명을 대표자로 선임할 수 있다.
③ 근로자와 「주민등록법」상 세대를 같이 하고 동거하던 유족으로서 근로자의 소득으로 생계의 상당 부분을 유지하고 있던 사람은 유족에 해당한다.
④ 근로자의 소득으로 생계의 전부를 유지하고

있던 유족으로서 학업으로 주민등록을 달리하였거나 동거하지 않았던 사람은 유족에 해당되지 않는다.
⑤ 유족보상연금 수급 권리는 배우자 · 자녀 · 부모 · 손자녀 · 조부모 및 형제자매의 순서로 한다.

02 「산업재해보상보험법」상 '업무상 사고'에 해당하지 않는 것은?

[19회]

① 근로자가 근로계약에 따른 업무나 그에 따르는 행위를 하던 중 발생한 사고
② 사업주가 제공한 시설물 등을 이용하던 중 그 시설물 등의 결함이나 관리소홀로 발생한 사고
③ 사업주가 주관하거나 사업주의 지시에 따라 참여한 행사나 행사준비 중에 발생한 사고
④ 비통상적인 경로와 방법으로 출퇴근하는 중 발생한 사고
⑤ 휴게시간 중 사업주의 지배관리하에 있다고 볼 수 있는 행위로 발생한 사고

03 「산업재해보상보험법」상 업무상 사고에 해당하지 않는 것은?

[18회]

① 출장기간 중 발생한 모든 사고
② 근로자가 근로계약에 따른 업무나 그에 따르는 행위를 하던 중 발생한 사고
③ 휴게시간 중 사업주의 지배관리하에 있다고 볼 수 있는 행위로 발생한 사고
④ 사업주가 주관하거나 사업주의 지시에 따라 참여한 행사나 행사준비 중에 발생한 사고
⑤ 사업주가 제공한 시설물 등을 이용하던 중 그 시설물 등의 결함이나 관리소홀로 발생한 사고

① ② ③

04 「산업재해보상보험법」상 보험급여의 종류로 명시되지 않은 것은? [17회]

① 휴업급여
② 구직급여
③ 유족급여
④ 상병보상연금
⑤ 장해급여

① ② ③

05 「산업재해보상보험법」상 업무상 재해를 입은 근로자 등의 진료·요양 및 재활 사업을 수행하는 기관은? [16회]

① 국민연금공단
② 국민건강보험공단
③ 근로복지공단
④ 한국장애인고용공단
⑤ 한국산업인력공단

① ② ③

06 「산업재해보상보험법」상 용어에 관한 설명으로 옳지 않은 것은? [15회]

① 업무상의 사유에 따른 근로자의 부상·질병·장해 또는 사망은 업무상의 재해이다.
② 근로자란 「근로기준법」에 따른 근로자를 말한다.
③ 사실혼 관계에 있는 배우자는 유족에 포함되지 않는다.
④ 치유란 부상 또는 질병이 완치되거나 치료의 효과를 더 이상 기대할 수 없고 그 증상이 고정된 상태에 이르게 된 것을 말한다.
⑤ 진폐는 분진을 흡입하여 폐에 생기는 섬유증식성 변화를 주된 증상으로 하는 질병이다.

유형 02 국민연금법 빈출도 ★★★

대표문제

「국민연금법」의 내용으로 옳은 것은? [22회]

① 가입자의 가입 종류가 변동되면 그 가입자의 가입기간은 각 종류별 가입기간을 합산한 기간으로 한다.
② 국민연금사업은 기획재정부장관이 맡아 주관한다.
③ "수급권자"란 이 법에 따른 급여를 받을 권리를 말한다.
④ 국내에 거주하는 국민으로서 18세 이상 65세 미만인 자는 국민연금 가입 대상이 된다.
⑤ 「국민연금법」을 적용할 때 배우자에는 사실상의 혼인관계에 있는 자는 포함되지 않는다.

해설

① 국민연금법 제20조 제2항 가입자의 가입 종류가 변동되면 그 가입자의 가입기간은 각 종류별 가입기간을 합산한 기간으로 한다.
② 국민연금법 제2조 이 법에 따른 국민연금사업은 보건복지부장관이 맡아 주관한다.
③ 국민연금법 제3조 제1항 제15호 "수급권자"란 수급권을 가진 자를 말한다.
④ 국민연금법 제6조 국내에 거주하는 국민으로서 18세 이상 60세 미만인 자는 국민연금 가입 대상이 된다.
⑤ 헌법재판소 2015헌바182결정 「국민연금법」을 적용할 때 배우자에는 사실상의 혼인관계에 있는 자도 포함된다.

답 ①

① ② ③

07 「국민연금법」상 급여의 종류에 해당하는 것을 모두 고른 것은? [20회]

ㄱ. 노령연금	ㄴ. 장애인연금
ㄷ. 장해급여	ㄹ. 장애연금
ㅁ. 반환일시금	

① ㄱ, ㄴ, ㄹ
② ㄱ, ㄴ, ㅁ
③ ㄱ, ㄷ, ㅁ
④ ㄱ, ㄹ, ㅁ
⑤ ㄴ, ㄷ, ㄹ

Ⅰ Ⅱ Ⅲ

08 「국민연금법」상 급여의 종류에 해당하는 것을 모두 고른 것은? [19회]

> ㄱ. 노령연금　　ㄴ. 장해급여
> ㄷ. 유족연금　　ㄹ. 반환일시금

① ㄱ, ㄴ, ㄷ
② ㄱ, ㄴ, ㄹ
③ ㄱ, ㄷ, ㄹ
④ ㄴ, ㄷ, ㄹ
⑤ ㄱ, ㄴ, ㄷ, ㄹ

Ⅰ Ⅱ Ⅲ

09 「국민연금법」의 내용으로 옳은 것은? [17회]

① 이 법을 적용할 때 배우자의 범위에는 사실상의 혼인관계에 있는 자를 제외한다.
② 수급권을 취득할 당시 가입자였던 자의 태아가 출생하면 그 자녀는 가입자였던 자에 의하여 생계를 유지하고 있던 자녀로 본다.
③ 가입자의 종류는 사업장가입자와 지역가입자의 2가지로 구분된다.
④ 지역가입자가 사업장가입자의 자격을 취득한 때에는 그에 해당하게 된 날의 다음 날에 지역가입자의 자격을 상실한다.
⑤ 수급권자가 사망한 경우 그 수급권자에게 미지급 급여가 있으면 그 급여를 받을 순위는 자녀, 배우자, 부모의 순으로 한다.

Ⅰ Ⅱ Ⅲ

10 「국민연금법」에 따른 급여에 해당하지 않는 것은? [16회]

① 노령연금　　② 장애연금
③ 유족연금　　④ 반환일시금
⑤ 장의비(葬儀費)

Ⅰ Ⅱ Ⅲ

11 「국민연금법」상 유족연금에 관한 설명으로 옳지 않은 것은? [15회]

① 노령연금 수급권자가 사망하면 그 유족에게 유족연금이 지급된다.
② 가입기간이 10년 이상인 가입자가 사망하면 그 유족에게 유족연금이 지급된다.
③ 유족연금 수급권자인 배우자가 재혼한 때에는 그 수급권은 소멸한다.
④ 자녀인 유족연금 수급권자가 다른 사람에게 입양된 때에는 그 수급권은 소멸하지 않는다.
⑤ 장애등급이 3급인 장애연금 수급권자가 사망하면 그 유족에게 유족연금이 지급되지 아니한다.

유형 03　고용보험법　　빈출도 ★★★

대표문제

「고용보험법」상 실업급여의 종류로 취업촉진 수당에 해당하는 것을 모두 고른 것은? [22회]

> ㄱ. 이주비
> ㄴ. 광역 구직활동비
> ㄷ. 직업능력개발 수당
> ㄹ. 조기재취업 수당

① ㄱ, ㄴ, ㄷ　　② ㄱ, ㄴ, ㄹ
③ ㄱ, ㄷ, ㄹ　　④ ㄴ, ㄷ, ㄹ
⑤ ㄱ, ㄴ, ㄷ, ㄹ

│해설│

고용보험법 제37조 제2항 취업촉진 수당의 종류로는 조기재취업 수당, 직업능력개발 수당, 광역 구직활동비, 이주비가 있다.

답 ⑤

12 「고용보험법」의 내용으로 옳은 것은? [22회]

① "실업의 인정"이란 근로의 의사와 능력이 있음에도 불구하고 취업하지 못한 상태에 있는 것을 말한다.

② "일용근로자"란 3개월 미만 동안 고용되는 사람을 말한다.

③ 지방자치단체는 매년 보험사업에 드는 비용의 일부를 일반회계에서 부담하여야 한다.

④ 고용보험기금은 고용노동부장관이 관리·운용한다.

⑤ 실업급여를 받을 권리는 양도 또는 압류하거나 담보로 제공할 수 있다.

13 고용보험법령상 중대한 귀책사유로 해고된 피보험자로서 구직급여 수급자격의 제한 사유에 해당되는 것을 모두 고른 것은? [21회]

> ㄱ. 「형법」을 위반하여 금고 이상의 형을 선고받은 경우
> ㄴ. 정당한 사유 없이 근로계약을 위반하여 장기간 무단 결근한 경우
> ㄷ. 사업기밀을 경쟁관계에 있는 사업자에게 제공한 경우

① ㄱ　　　　　　② ㄷ

③ ㄱ, ㄴ　　　　④ ㄴ, ㄷ

⑤ ㄱ, ㄴ, ㄷ

14 「고용보험법」의 내용으로 옳은 것은? [20회]

① 고용보험기금은 기획재정부장관이 관리·운용한다.

② 국가는 매년 보험사업에 드는 비용의 일부를 일반회계에서 부담하여야 한다.

③ 취업촉진 수당의 종류로는 구직급여, 직업능력개발 수당 등이 있다.

④ "실업"이란 근로의 의사와 능력이 없어 취업하지 못한 상태에 있는 것을 말한다.

⑤ "일용근로자"란 6개월 미만 동안 고용되는 사람을 말한다.

15 「고용보험법」의 내용으로 옳은 것은? [19회]

① 구직급여를 지급받으려는 사람은 이직 후 지체 없이 직업안정기관에 출석하여 실업을 신고하여야 한다.

② 농업·임업 및 어업 중 법인이 아닌 자가 상시 4명의 근로자를 사용하는 사업에 대하여 고용보험법은 적용된다.

③ 구직급여의 수급 요건으로서 기준기간은 피보험자의 이직일 이전 36개월로 한다.

④ 실업 신고일부터 계산하기 시작하여 14일간의 대기기간 중에는 구직급여를 지급하지 않는다.

⑤ 이주비는 구직급여의 종류에 해당한다.

16 「고용보험법」의 내용으로 옳은 것은? [18회]

① 고용노동부장관은 보험 사업에 대하여 3년마다 평가를 하여야 한다.

② 국가는 매년 보험 사업에 드는 비용의 20%를 특별회계에서 부담하여야 한다.

③ 피보험자는 이 법이 적용되는 사업에 고용된 날의 다음 달부터 피보험자격을 취득한다.

④ 실업급여로서 지급된 금품에 대하여 국가는 「국세기본법」에 따른 모든 공과금을 부과하여야 한다.

⑤ 고용보험사업으로 고용안정·직업능력개발 사업, 실업급여, 육아휴직 급여 및 출산전후휴가 급여 등을 실시한다.

① ② ③

17 「고용보험법」의 내용으로 옳지 않은 것은?

[17회]

① "일용근로자"는 1개월 미만 동안 고용되는 자를 말한다.
② 실업급여에는 취업촉진 수당이 포함되지 않는다.
③ "실업"이란 근로의 의사와 능력이 있음에도 불구하고 취업하지 못한 상태에 있는 것을 말한다.
④ 구직급여를 지급받으려는 자는 이직 후 지체 없이 직업안정기관에 출석하여 실업을 신고하여야 한다.
⑤ 65세 이후에 고용되거나 자영업을 개시한 자에 대한 고용안정 · 직업능력개발 사업에 관하여는 이 법을 적용한다.

유형 04 국민건강보험법
빈출도 ★★★

대 표 문 제

「국민건강보험법」의 내용으로 옳지 않은 것은?

[22회]

① 「의료급여법」에 따라 의료급여를 받는 사람은 건강보험의 가입자가 될 수 없다.
② 보건복지부장관은 국민건강보험종합계획에 따라 연도별 시행계획에 따른 추진실적을 매년 평가하여야 한다.
③ 건강보험 가입자는 국내에 거주하지 아니하게 된 날에 그 자격을 잃는다.
④ 건강보험정책에 관한 사항을 심의 · 의결하기 위하여 보건복지부장관 소속으로 건강보험정책심의위원회를 둔다.
⑤ 건강보험 지역가입자는 직장가입자와 그 피부양자를 제외한 가입자를 말한다.

│ 해설 │
국민건강보험법 제10조 제1항 제3호 가입자는 국내에 거주하지 아니하게 된 날의 다음 날에 그 자격을 잃는다.

답 ③

① ② ③

18 「국민건강보험법」상 건강보험심사평가원의 업무에 해당하는 것은?

[20회]

① 요양급여의 적정성 평가
② 가입자의 자격 관리
③ 보험급여의 관리
④ 보험급여 비용의 지급
⑤ 보험료의 부과 · 징수

① ② ③

19 「국민건강보험법」상 국민건강보험공단이 관장하는 업무에 해당하지 않는 것은?

[19회]

① 가입자 및 피부양자의 자격 관리
② 자산의 관리 · 운영 및 증식사업
③ 의료시설의 운영
④ 건강보험에 관한 교육훈련 및 홍보
⑤ 요양급여비용의 심사

① ② ③

20 「국민건강보험법」상 요양급여에 해당하지 않는 것은?

[18회]

① 예방 · 재활
② 이송
③ 요양병원 간병비
④ 처치 · 수술 및 그 밖의 치료
⑤ 약제 · 치료재료의 지급

① ② ③

21 「국민건강보험법」상 가입자가 자격을 상실하는 시기로 옳은 것은?

[17회]

① 사망한 날의 다음 날
② 국적을 잃은 날
③ 국내에 거주하지 아니하게 된 날
④ 직장가입자의 피부양자가 된 다음 날
⑤ 수급권자가 된 다음 날

22 다음 중 「국민건강보험법」상 국민건강보험종합계획에 포함되어야 할 사항을 모두 고른 것은?

[16회]

> ㄱ. 보험료 부과체계에 관한 사항
> ㄴ. 요양급여비용에 관한 사항
> ㄷ. 취약계층 지원에 관한 사항
> ㄹ. 건강보험에 관한 통계 및 정보의 관리에 관한 사항

① ㄱ, ㄴ   ② ㄴ, ㄹ
③ ㄱ, ㄷ, ㄹ   ④ ㄴ, ㄷ, ㄹ
⑤ ㄱ, ㄴ, ㄷ, ㄹ

유형 05 노인장기요양보험법   빈출도 ★☆☆

대표문제

「노인장기요양보험법」의 내용으로 옳지 않은 것은?

[22회]

① "노인등"이란 65세 이상의 노인 또는 65세 미만의 자로서 치매·뇌혈관성질환 등 대통령령으로 정하는 노인성 질병을 가진 자를 말한다.
② 장기요양급여는 노인등이 가족과 함께 생활하면서 가정에서 장기요양을 받는 재가급여를 우선적으로 제공하여야 한다.
③ 장기요양보험사업은 보건복지부장관이 관장한다.
④ 장기요양급여를 받고 있는 수급자는 장기요양등급의 내용을 변경하여 장기요양급여를 받고자 하는 경우 국민건강보험공단에 변경신청을 하여야 한다.
⑤ 재가급여에는 방문요양, 방문목욕, 특별현금급여가 포함된다.

해설

노인장기요양보험법 제23조 제1항 재가급여에는 방문요양, 방문목욕, 방문간호, 주·야간보호, 단기보호, 기타재가급여(복지용품)가 포함된다.

답 ⑤

---

23 「노인장기요양보험법」의 내용으로 옳은 것은?

[20회]

① 장기요양보험사업은 보건복지부장관이 관장한다.
② "장기요양급여"란 장기요양등급판정 결과에 따라 1개월 이상 동안 혼자서 일상생활을 수행하기 어렵다고 인정되는 자에게 신체활동·가사활동의 지원 또는 간병 등의 서비스를 말한다.
③ 장기요양기관은 수급자에게 재가급여 또는 시설급여를 제공한 경우 시·도지사에게 장기요양급여비용을 청구하여야 한다.
④ "노인등"이란 60세 이상의 노인 또는 60세 미만의 자로서 치매·뇌혈관성질환 등 대통령령으로 정하는 노인성 질병을 가진 자를 말한다.
⑤ 재가급여에는 방문요양, 방문목욕, 특별현금급여가 있다.

---

24 「노인장기요양보험법」상 장기요양급여 제공의 기본원칙에 해당하는 것을 모두 고른 것은?

[18회]

> ㄱ. 노인등의 심신상태나 건강 등이 악화되지 아니하도록 의료서비스와 연계하여 이를 제공하여야 한다.
> ㄴ. 노인등이 자신의 의사와 능력에 따라 최대한 자립적으로 일상생활을 수행할 수 있도록 제공하여야 한다.
> ㄷ. 노인등이 가족과 함께 생활하면서 가정에서 장기요양을 받는 재가급여를 우선적으로 제공하여야 한다.
> ㄹ. 노인등의 심신상태·생활환경과 노인등 및 그 가족의 욕구·선택을 종합적으로 고려하여 필요한 범위 안에서 이를 적정하게 제공하여야 한다.

① ㄴ, ㄹ   ② ㄱ, ㄴ, ㄷ
③ ㄱ, ㄷ, ㄹ   ④ ㄴ, ㄷ, ㄹ
⑤ ㄱ, ㄴ, ㄷ, ㄹ

25 「노인장기요양보험법」상 장기요양인정을 신청할 수 있는 자격을 갖춘 자를 모두 고른 것은? [17회]

> ㄱ. 65세 미만의 자로서 대통령령으로 정하는 노인성 질병을 가진 자로 「의료급여법」 제3조 제1항에 따른 수급권자
> ㄴ. 대통령령으로 정하는 노인성 질병이 없는 65세 미만의 외국인으로서 「국민건강보험법」 제109조에 따른 건강보험의 가입자
> ㄷ. 65세 이상의 노인으로 「국민건강보험법」 제5조에 따른 건강보험 가입자의 피부양자

① ㄱ ② ㄷ
③ ㄱ, ㄴ ④ ㄱ, ㄷ
⑤ ㄱ, ㄴ, ㄷ

26 「노인장기요양보험법」의 내용으로 옳지 않은 것은? [16회]

① 장기요양사업이란 장기요양보험료, 국가 및 지방자치단체의 부담금 등을 재원으로 하여 노인등에게 장기요양급여를 제공하는 사업을 말한다.
② 장기요양보험사업의 피보험자는 「국민건강보험법」에 따른 국민건강보험공단으로 한다.
③ 국가는 노인성질환예방사업을 수행하는 지방자치단체에 대하여 이에 소요되는 비용을 지원할 수 있다.
④ 장기요양급여는 노인등이 가족과 함께 생활하면서 가정에서 장기요양을 받는 재가급여를 우선적으로 제공하여야 한다.
⑤ 보건복지부장관은 장기요양사업의 실태를 파악하기 위하여 3년마다 장기요양인정에 관한 사항 등에 관한 조사를 정기적으로 실시하고 그 결과를 공표하여야 한다.

27 「노인장기요양보험법」상 다음은 어떤 장기요양급여에 관한 설명인가? [15회]

> 수급자를 하루 중 일정한 시간 동안 장기요양기관에 보호하여 신체활동 지원 및 심신기능의 유지 · 향상을 위한 교육 · 훈련 등을 제공하는 장기요양급여

① 방문요양
② 방문간호
③ 주 · 야간보호
④ 단기보호
⑤ 기타재가급여

28 다음의 역할을 하는 「노인장기요양보험법」상 기구는? [21회]

> • 장기요양요원의 권리 침해에 관한 상담 및 지원
> • 장기요양요원의 역량강화를 위한 교육지원
> • 장기요양요원에 대한 건강검진 등 건강관리를 위한 사업

① 장기요양위원회
② 등급판정위원회
③ 장기요양심사위원회
④ 장기요양요원지원센터
⑤ 공표심의위원회

유형 01 헌법재판소 결정
빈출도
★★☆

대표문제

의족 파손에 따른 요양급여 청구사건 대법원 판례 (2012두20991)의 내용으로 옳지 않은 것은? [21회]

(개요) 의족을 착용하고 아파트 경비원으로 근무하던 갑이 제설작업 중 넘어져 의족이 파손되는 등의 재해를 입고 요양급여를 신청하였으나, 근로복지공단이 '의족 파손'은 요양급여 기준에 해당하지 않는다는 이유로 요양불승인처분을 한 사안에 대하여 요양불승인처분 취소

① 업무상 재해로 인한 부상의 대상인 신체를 반드시 생리적 신체에 한정할 필요는 없다.

② 의족 파손을 업무상 재해로 보지 않을 경우 장애인 근로자에 대한 보상과 재활에 상당한 공백을 초래한다.

③ 신체 탈부착 여부를 기준으로 요양급여 대상을 가르는 것이 합리적이라 할 수 없다.

④ 의족 파손을 업무상 재해에서 제외한다면, 사업자들로 하여금 의족 착용 장애인들의 고용을 소극적으로 만들 우려가 있다.

⑤ 업무상의 사유로 근로자가 장착한 의족이 파손된 경우는 「산업재해보상보험법」상 요양급여의 대상인 근로자의 부상에 포함되지 않는다.

해설

의족은 단순히 신체를 보조하는 기구가 아니라 신체의 일부인 다리를 기능적·물리적·실질적으로 대체하는 장치로서, 업무상의 사유로 근로자가 장착한 의족이 파손된 경우는 「산업재해보상보험법」상 요양급여의 대상인 근로자의 부상에 포함된다고 보아야 한다.
한 근로자가 1995년 교통사고로 오른쪽 무릎 위에서 다리를 절단한 후 의족을 착용하여 정상적으로 사회 생활을 해오던 중 2009년에는 아파트 경비원으로 취업하여 근무하기 시작했는데, 아파트 경비원의 업무인 제설작업을 하던

중 넘어져 의족이 파손되었다. 이 근로자는 착용하고 있던 의족의 파손에 대하여 근로복지공단에 업무상 재해에 따른 요양급여를 신청하였다. 1심과 2심에서는 근로자가 패소하였으나, 대법원은 의족의 파손도 요양급여의 신청대상인 근로자의 업무상 부상에 해당한다고 판단하였다. 따라서 업무상의 사유로 근로자가 장착한 의족이 파손된 경우는 「산업재해보상보험법」상 요양급여의 대상인 근로자의 부상에 포함된다.

目 ⑤

[1] [2] [3]

01 장애인고용부담금 부과처분과 관련한 헌법재판소 결정(2001헌바96)의 내용으로 옳지 않은 것은? [19회]

① 기업의 경제상 자유는 공공복리를 위해 법률로 제한할 수 있다.

② 국가는 경제주체 간의 조화를 통한 경제민주화를 위해 규제와 조정을 할 수 있다.

③ 고용부담금제도는 장애인고용의무제의 실효성을 확보하는 수단이므로 입법목적의 정당성이 인정된다.

④ 고용부담금제도는 그 자체가 고용의무를 성실히 이행하는 사업주와 그렇지 않은 사업주 간의 경제적 부담의 불균형을 조정하는 기능을 하기 때문에 고용부담금제도 자체의 차별성은 문제가 되지 않는다.

⑤ 대통령령이 정하는 일정 수 이상의 근로자를 고용하는 사업주는 기준고용률 이상에 해당하는 장애인을 고용해야 한다고 규정한 구 「장애인고용촉진등에관한법률」 제35조 제1항 본문은 헌법에 불합치한다.

123

02 사회보장과 관련한 헌법재판소 결정의 내용으로 옳은 것은? [17회]

① 「국민연금법」상 연금보험료의 강제징수는 헌법상 재산권보장에 위배된다.

② 국민건강보험료 체납으로 인하여 보험급여가 제한되는 기간 중에 발생한 보험료에 대한 강제 징수는 건강보험가입자의 재산권을 침해한다.

③ 국민기초생활 보장법령상 수급자등의 금융자산을 확인할 수 있는 자료의 제출요구는 급여신청자의 평등권을 침해한다.

④ 60세 이상의 국민에 대한 국민연금제도 가입을 제한하는 것은 헌법상의 인간다운 생활을 할 권리를 침해하는 것이라고 볼 수 없다.

⑤ 「사회복지사업법」의 규정 내용 중 사회복지법인의 재산을 기본재산과 보통재산으로 구분하도록 한 것은 명확성의 원칙에 위반된다.

123

03 국민연금에 관한 헌법재판소의 결정 내용으로 옳지 않은 것은? [15회]

① 국민연금제도는 다음 세대에서 현재 세대로 국민 간에 소득재분배의 기능을 한다.

② 국민연금보험료는 조세로 볼 수 없다.

③ 국민연금의 소득재분배 기능은 고소득자의 재산권을 침해하는 것이 아니다.

④ 국민연금제도는 헌법상의 시장경제질서에 위배되지 않는다.

⑤ 공적연금수급권은 재산권 보호의 대상이 된다.

PART
03

사
회
복
지
정
책
과

제
도

PART 4

과년도 기출문제

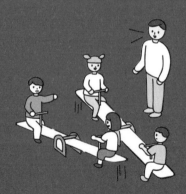

1교시 사회복지기초

1과목 인간행동과 사회환경

01 인간발달의 원리에 관한 설명으로 옳지 않은 것은?

① 발달에는 최적의 시기가 존재하지 않는다.
② 발달의 각 영역은 상호 밀접한 연관이 있다.
③ 일정한 순서와 방향이 있어서 예측 가능하다.
④ 대근육이 있는 중심부위에서 소근육의 말초 부위 순으로 발달한다.
⑤ 연속적 과정이지만 발달의 속도는 일정하지 않다.

02 인간발달 및 그 유사개념에 관한 설명으로 옳지 않은 것은?

① 성장(Growth)은 시간의 경과에 따라 나타나는 양적 변화이다.
② 성숙(Maturation)은 환경과의 상호작용에 의한 사회적 발달이다.
③ 학습(Learning)은 경험이나 훈련의 결과로 나타나는 행동변화이다.
④ 인간발달은 유전과 환경의 상호작용 결과이다.
⑤ 인간발달은 상승적 변화와 하강적 변화를 모두 포함한다.

03 동갑 친구들 A~C의 대화에서 알 수 있는 인간 발달의 원리는?

> A : 나는 50세가 되니 확실히 노화가 느껴져. 얼마 전부터 노안이 와서 작은 글씨를 읽기 힘들어.
> B : 나는 노안은 아직 안 왔는데 흰머리가 너무 많아지네. A는 흰머리가 거의 없구나.
> C : 나는 노안도 왔고 흰머리도 많아. 게다가 기억력도 예전 같지 않아.

① 발달에는 개인차가 있다.
② 발달의 초기단계가 일생에서 가장 중요하다.
③ 발달은 학습에 따른 결과이다.
④ 발달은 분화와 통합의 과정이다.
⑤ 발달은 이전의 발달과업 성취에 기초하여 이루어진다.

04 프로이트(S. Freud)의 정신분석이론에 관한 설명으로 옳은 것을 모두 고른 것은?

> ㄱ. 자아(Ego)는 일차적 사고과정과 현실원칙을 따른다.
> ㄴ. 잠복기에 원초아(Id)는 약해지고 초자아(Superego)는 강해진다.
> ㄷ. 신경증적 불안은 자아의 욕구를 초자아가 통제하지 못하고 압도될 때 나타난다.
> ㄹ. 방어기제는 외부세계의 요구로부터 스스로를 보호하고자 하는 무의식적 시도이다.

① ㄷ
② ㄱ, ㄷ
③ ㄴ, ㄹ
④ ㄱ, ㄴ, ㄹ
⑤ ㄱ, ㄴ, ㄷ, ㄹ

05 융(C. Jung)의 분석심리이론에 관한 설명으로 옳은 것은?

① 페르소나(Persona)는 외부의 요구나 기대에 부응하는 과정에서 생긴 자아의 가면이라고 한다.
② 인간을 성(性)적 에너지인 리비도(Libido)에 의해 지배되는 수동적 존재로 보았다.
③ 원형(Archetype)이란 개인의 의식 속에 존재하는 유일한 정신기관이다.
④ 아니무스(Animus)는 남성이 억압시킨 여성성이다.
⑤ 자아의 기능에서 감각(Sensing)과 직관(Intuiting)은 이성을 필요로 하는 합리적 기능이다.

06 아들러(A. Adler)의 개인심리이론에 관한 설명으로 옳지 않은 것은?

① 지배형 생활양식은 사회적 관심은 낮으나 활동수준이 높은 유형이다.
② 개인이 궁극적으로 추구하는 목적은 가상적 목표이다.
③ 인간은 목적론적 존재이다.
④ 아동에 대한 방임은 병적 열등감을 초래할 수 있다.
⑤ 사회적 관심은 선천적으로 타고나는 것이어서 의식적인 개발과 교육이 필요하지 않다.

07 고전적 조건형성의 학습 원리에 관한 설명으로 옳은 것을 모두 고른 것은?

ㄱ. 시간의 원리 : 무조건자극보다 조건자극이 늦게 제공되어야 조건형성이 이루어진다.
ㄴ. 강도의 원리 : 무조건자극에 대한 반응이 조건자극에 대한 반응보다 약해야 한다.
ㄷ. 일관성의 원리 : 무조건자극과 조건자극은 조건이 형성될 때까지 지속적으로 제시되어야 한다.
ㄹ. 계속성의 원리 : 자극과 반응 과정의 반복 횟수가 많을수록 조건형성이 잘 이루어진다.

① ㄱ, ㄴ　　　　　② ㄴ, ㄹ
③ ㄷ, ㄹ　　　　　④ ㄱ, ㄴ, ㄷ
⑤ ㄱ, ㄷ, ㄹ

08 스키너(B. Skinner)의 조작적 조건형성을 위한 강화 계획 중 '가변(변동)간격 강화'에 해당하는 사례는?

① 정시 출근한 아르바이트생에게 매주 추가수당을 지급하여 정시 출근을 유도한다.
② 어린이집에서 어린이가 규칙을 지킬 때마다 바로 칭찬해서 규칙을 지키는 행동이 늘어나도록 한다.
③ 수강생이 평균 10회 출석할 경우 상품을 1개 지급하되, 출석 5회 이상 15회 이내에서 무작위로 지급하여 성실한 출석을 유도한다.
④ 영업사원이 판매 목표를 10%씩 초과 달성할 때마다 초과 달성분의 3%를 성과급으로 지급하여 의욕을 고취한다.
⑤ 1년에 6회 자체 소방안전 점검을 하되, 불시에 실시하여 소방안전 관리를 철저히 하도록 장려한다.

09 로저스(C. Rogers)의 이론에 관한 설명으로 옳은 것을 모두 고른 것은?

ㄱ. 인간의 주관적 경험을 강조하였다.
ㄴ. 공감과 지시적인 상담을 강조하였다.
ㄷ. 인간을 통합적 존재로 규정하였다.
ㄹ. 인간의 욕구발달단계를 제시하였다.

① ㄱ　　　　　② ㄱ, ㄷ
③ ㄴ, ㄹ　　　　　④ ㄴ, ㄷ, ㄹ
⑤ ㄱ, ㄴ, ㄷ, ㄹ

10 매슬로우(A. Maslow)의 이론에 관한 설명으로 옳은 것은?

① 대부분의 사람들이 자아실현의 욕구를 달성한다.
② 자존감의 욕구는 소속과 사랑의 욕구보다 상위단계의 욕구이다.
③ 인간본성에 대해 비관적인 태도를 갖고 있다.
④ 인간의 성격은 환경에 의해 수동적으로 결정된다.
⑤ 무조건적인 긍정적 관심을 강조하였다.

11 피아제(J. Piaget)의 인지발달이론에서 '전조작기'의 발달 특성으로 옳지 않은 것은?

① 상징놀이를 한다.
② 비가역적 사고를 한다.
③ 물활론적 사고를 한다.
④ 직관에 의존해 판단한다.
⑤ 다중 유목화의 논리를 이해한다.

12 콜버그(L. Kohlberg)의 도덕성 발달이론에 관한 설명으로 옳지 않은 것은?

① 법과 질서 지향 단계는 인습적 수준에 해당한다.
② 피아제(J. Piaget)의 도덕성발달이론에 기초를 제공하였다.
③ 전인습적 수준에서는 행동의 원인보다 결과에 따라 옳고 그름을 판단한다.
④ 보편적 윤리 지향 단계에서는 정의, 평등 등 인권적 가치와 양심적 행위를 지향한다.
⑤ 도덕적 딜레마가 포함된 이야기를 아동, 청소년 등에게 들려주고, 이야기 속 주인공의 행동에 대한 도덕적 판단과 그 근거를 질문한 후 그 응답에 따라 도덕성 발달 단계를 파악하였다.

13 사회체계이론의 주요 개념에 관한 설명으로 옳지 않은 것은?

① 넥엔트로피(Negentropy)는 폐쇄체계가 지속되면 나타나는 현상이다.
② 항상성(Homeostasis)은 비교적 안정적이며 지속적인 균형상태를 유지하기 위한 체계의 경향을 말한다.
③ 시너지(Synergy)는 체계 내부 간 혹은 외부와의 상호작용이 증가함으로써 체계 내에서 유용한 에너지양이 증가하는 현상이다.
④ 경계(Boundary)란 체계와 환경 혹은 체계와 체계 간을 구분하는 일종의 테두리를 의미한다.
⑤ 균형(Equilibrium)은 외부체계로부터의 투입이 없어 체계의 구조변화가 거의 없이 고정된 평형상태를 의미한다.

14 생태체계이론에 관한 설명으로 옳지 않은 것은?

① 인간은 목적 지향적이다.
② 적합성은 개인이 환경과 효과적으로 상호작용을 할 수 있는 능력이다.
③ 생활상의 문제는 전체 생활공간 내에서 이해해야 한다.
④ 스트레스는 개인과 환경 간 상호교류에서의 불균형이 야기하는 현상이다.
⑤ 환경 속의 인간을 강조한다.

15 브론펜브레너(U. Bronfenbrenner)의 미시체계(Micro System)에 관한 설명으로 옳은 것은?

① 개인의 생활에 직접적으로 개입하지 않는다.
② 조직수준에서 영향을 미칠 수 있는 체계이다.
③ 개인의 성장 시기에 따라 달라지며 상호 호혜성에 기반을 두는 체계이다.
④ 개인의 발달에 영향을 미치는 부모의 직업, 자녀의 학교 등을 중시한다.
⑤ 개인이 사회관습과 유행을 통해 자신의 가치관을 표현한다.

16 브론펜브레너(U. Bronfenbrenner)의 거시체계(Macro System) 수준에서 학교폭력 피해 청소년에게 개입한 사례는?

① 피해 청소년과 개별 상담을 실시한다.
② 피해 청소년의 성장사와 가족력 등을 파악한다.
③ 피해 청소년 부모의 근무 환경, 소득 등을 살펴본다.
④ 피해 청소년이 다시 피해를 입지 않도록 학교폭력에 대한 처벌을 강화하는 특별법을 제정한다.
⑤ 피해 청소년의 부모, 교사, 사회복지사가 함께 피해 청소년 보호를 위한 구체적 방법을 정기적으로 의논한다.

17 문화에 관한 설명으로 옳지 않은 것은?

① 사회체계로서 중간체계에 해당된다.

② 사회 구성원들 간에 공유된다.

③ 문화변용은 둘 이상의 문화가 지속적으로 접촉하여 한쪽이나 양쪽에 변화가 일어나는 현상이다.

④ 세대 간에 전승되며 축적된다.

⑤ 사회화에 대한 지침을 제공한다.

18 태내기(수정~출산)에 유전적 요인으로 인해 발생할 수 있는 장애에 관한 설명으로 옳은 것은?

① 다운증후군은 지능 저하를 동반하지 않는다.

② 헌팅톤병은 열성 유전인자 질병으로서 단백질의 대사장애를 일으킨다.

③ 클라인펠터증후군은 X염색체를 더 많이 가진 남성에게 나타난다.

④ 터너증후군은 Y염색체 하나가 더 있는 남성에게 나타난다.

⑤ 혈우병은 여성에게만 발병한다.

19 유아기(3~6세)에 관한 설명으로 옳지 않은 것은?

① 영아기(0~2세)보다 성장속도가 느려진다.

② 성역할의 내면화가 이루어진다.

③ 오로지 자신의 관점에 비추어 타인의 감정이나 사고를 예측하는 경향이 있다.

④ 피아제(J. Piaget)의 형식적 조작기에 해당한다.

⑤ 전환적 추론이 가능하다.

20 에릭슨(E. Erickson)의 심리사회이론에서 아동기(7~12세) 발달과업을 성취하지 못할 경우 경험하는 심리사회적 위기는?

① 불신감 　　　　② 절망감

③ 침체감 　　　　④ 고립감

⑤ 열등감

21 엘킨드(D. Elkind)가 제시한 청소년기(13~19세) 자기중심성(Egocentrism)에 관한 내용으로 옳지 않은 것은?

① 다른 사람이 경험하는 위기가 자신에게는 일어나지 않으리라 믿는다.

② 상상적 관중을 의식하여 작은 실수에 대해서도 번민한다.

③ 자신의 감정이나 경험이 매우 특별하다고 생각한다.

④ 자신과 타인에 대해 객관적으로 이해하고 판단한다.

⑤ 자신이 타인으로부터 집중적인 관심의 대상이 된다고 믿는다.

22 청년기(20~35세)에 관한 설명으로 옳지 않은 것은?

① 자기 부양 능력을 갖추어야 하는 시기이다.

② 자아정체감 형성이 주요 발달 과제인 시기이다.

③ 부모로부터 심리적, 경제적으로 독립하여 자율성을 성취하는 시기이다.

④ 개인적 욕구와 사회적 욕구 사이에 균형을 찾아 직업을 선택하는 시기이다.

⑤ 타인과의 관계에서 친밀감을 형성하면서 결혼과 부모됨을 고려하는 시기이다.

23 중년기(40~64세)에 관한 설명으로 옳은 것은?

① 펙(R. Peck)은 신체 중시로부터 신체 초월을 중년기의 중요한 발달과제로 보았다.

② 결정성(Crystallized) 지능은 감소하고 유동성(Fluid) 지능은 증가한다.

③ 융(C. Jung)에 따르면, 외부세계에 쏟았던 에너지를 자신의 내부에 초점을 두며 개성화의 과정을 경험한다.

④ 여성은 에스트로겐의 분비가 감소되고 남성은 테스토스테론의 분비가 증가된다.

⑤ 갱년기는 여성만이 경험하는 것으로 신체적 변화와 동시에 우울, 무기력감 등 심리적 증상을 동반한다.

24 다음 학자와 그의 주요 기법이 옳게 연결된 것은?

① 반두라(A. Bandura) – 행동조성
② 로저스(C. Rogers) – 타임아웃
③ 스키너(B. Skinner) – 모델링
④ 피아제(J. Piaget) – 가족조각
⑤ 프로이트(S. Freud) – 자유연상

25 생애주기에 따른 주요 발달과업의 연결이 옳은 것을 모두 고른 것은?

> ㄱ. 영아기(0~2세) – 신뢰감, 애착형성
> ㄴ. 청소년기(13~19세) – 생산성, 서열화
> ㄷ. 노년기(65세 이상) – 자아통합, 죽음수용

① ㄱ
② ㄴ
③ ㄱ, ㄴ
④ ㄱ, ㄷ
⑤ ㄴ, ㄷ

`2과목` **사회복지조사론**

26 다음 중 질적 연구와 가장 거리가 먼 것은?

① 문화기술지(Ethnography)연구
② 심층사례연구
③ 사회지표조사
④ 근거이론연구
⑤ 내러티브(Narrative)연구

27 과학철학에 관한 설명으로 옳은 것은?

① 논리적 실증주의에 가장 큰 영향을 미친 사람은 영국의 철학자 흄(D. Hume)이다.
② 상대론적인 입장에서는 경험에 의한 지식의 객관성을 추구한다.
③ 쿤(T. Kuhn)에 의하면 과학은 기존의 이론과 상충되는 현상을 관찰하는 데서 출발하여 기존의 이론에 엄격한 검증을 행한다.

④ 반증주의는 누적적인 진보를 부정하면서 역사적 사실들과 더 잘 부합하는 새로운 패러다임을 제시하였다.
⑤ 논리적 경험주의는 과학의 이론들이 확률적으로 검증되는 관찰에 의해서만 정당화될 수 있다고 주장한다.

28 실증주의의 특징과 가장 거리가 먼 것은?

① 이론의 재검증
② 객관적 조사
③ 사회현상의 주관적 의미에 대한 해석
④ 보편적이고 적용 가능한 통계적 분석도구
⑤ 연구결과의 일반화

29 평가연구에 관한 설명으로 옳지 않은 것은?

① 보고서의 형식은 의뢰기관의 요청에 따를 수 있다.
② 목표달성에 대한 해석이 다양한 이해관계에 영향을 받을 수 있다.
③ 질적 연구방법을 적용할 수 있다.
④ 프로그램의 실행과정도 평가할 수 있다.
⑤ 과학적 객관성을 저해하더라도 의뢰기관의 요구를 수용하여 평가결과를 조정할 수 있다.

30 사회복지조사에 관한 설명으로 옳은 것을 모두 고른 것은?

> ㄱ. 사회복지관련 이론 개발에 사용된다.
> ㄴ. 여론조사나 인구센서스 조사는 전형적인 탐색 목적의 조사연구이다.
> ㄷ. 연구의 전 과정에서 결정주의적 성향을 지양해야 한다.
> ㄹ. 조사범위에 따라 횡단연구와 종단연구로 나뉘어진다.

① ㄱ, ㄷ
② ㄴ, ㄹ
③ ㄱ, ㄴ, ㄷ
④ ㄴ, ㄷ, ㄹ
⑤ ㄱ, ㄴ, ㄷ, ㄹ

31 다음에서 설명하는 조사 유형에 해당하는 것은?

> • 둘 이상의 시점에서 조사가 이루어진다.
> • 동일대상 반복측정을 원칙으로 하지 않는다.

① 추세연구, 횡단연구
② 패널연구, 추세연구
③ 횡단연구, 동년배(Cohort)연구
④ 추세연구, 동년배연구
⑤ 패널연구, 동년배연구

32 17개 시·도의 69개 사회복지기관에서 근무하는 사회복지사 396명을 대상으로 근무기관의 규모별 직무만족도를 설문조사할 때 독립변수와 종속변수의 관찰단위를 순서대로 옳게 짝 지은 것은?

① 개인 – 개인
② 기관 – 개인
③ 지역사회 – 개인
④ 지역사회 – 기관
⑤ 개인 – 지역사회

33 다음 사례에서 부모의 재산은 어떤 변수인가?

> 한 연구에서 부모의 학력이 자녀의 대학 진학률에 영향을 미치는 것으로 나타났다. 그러나 부모의 재산이 비슷한 조사 대상에 한정하여 다시 분석해 본 결과, 부모의 학력과 자녀의 대학 진학률 사이에는 통계적으로 유의미한 관계가 없는 것으로 나타났다.

① 독립변수
② 종속변수
③ 조절변수
④ 억제변수
⑤ 통제변수

34 양적 조사방법에 관한 설명으로 옳은 것은?

① 자료수집을 완료한 후 가설을 설정해야 한다.
② 자료수집방법은 조사 설계에 포함할 수 없다.
③ 연구가설은 독립변수와 종속변수는 관계가 없다고 설정한다.
④ 개념적 정의는 측정 가능성을 전제로 하지 않는다.
⑤ 사회과학에서 이론은 직접검증을 원칙으로 한다.

35 측정수준이 서로 다른 변수로 묶인 것은?

① 연령, 백신 접종률
② 학년, 이수과목의 수
③ 섭씨(℃), 화씨(℉)
④ 강우량, 산불발생 건수
⑤ 거주지역, 혈액형

36 척도유형에 관한 설명으로 옳지 않은 것은?

① 리커트척도(Likert Scale)는 문항 간 내적 일관성이 중요하다.
② 거트만척도(Guttman Scale)는 누적 척도이다.
③ 서스톤척도(Thurstone Scale)의 장점은 개발의 용이성이다.
④ 보가더스척도(Borgadus Scale)는 사회집단 간의 심리적 거리감을 측정하는 데 적절하다.
⑤ 의미분화척도(Semantic Differential Scale)의 문항은 한 쌍의 대조되는 형용사를 사용한다.

37 측정에 관한 설명으로 옳지 않은 것은?

① 측정은 연구대상에 대해 일정한 규칙에 따라 숫자나 기호를 부여하는 과정이다.
② 지표는 개념 속에 내재된 속성들이 표출되어 나타난 결과를 말한다.
③ 측정의 체계적 오류는 타당도와 관련이 없다.
④ 리커트척도는 각 항목의 단순합산을 통해 서열성을 산출한다.
⑤ 조작적 정의는 실질적으로 측정하게 되는 연구대상의 세부적 속성이다.

38 척도의 타당도를 평가하는 기준이 아닌 것은?

① 하나의 개념을 측정하는 개별 항목들 간의 일관성
② 이론적으로 관련성이 없는 두 개념을 측정한 두 척도 간의 상관관계
③ 어떤 척도와 기준이 되는 척도 간의 상관관계
④ 개념 안에 포함된 포괄적인 의미를 척도가 포함하는 정도
⑤ 개별 항목들이 연구자가 의도한 개념을 구성하는 요인으로 모이는 정도

39 신뢰도를 높이는 방법에 관한 설명으로 옳은 것은?

① 측정 항목 수를 가능한 줄여야 한다.
② 유사한 질문을 2회 이상 하지 않는다.
③ 측정자에게 측정도구에 대한 교육을 사후에 실시한다.
④ 측정자들이 측정방식을 대상자에 맞게 유연하게 바꾸어야 한다.
⑤ 조사대상자가 알지 못하는 내용에 대해서는 측정하지 않는 것이 좋다.

40 신뢰도에 관한 설명으로 옳은 것을 모두 고른 것은?

> ㄱ. 재검사법, 반분법은 신뢰도를 평가하는 방법이다.
> ㄴ. 신뢰도는 타당도의 필요충분조건이다.
> ㄷ. 측정할 때마다 실제보다 5g 더 높게 측정되는 저울은 신뢰도가 있다.

① ㄱ   ② ㄴ
③ ㄱ, ㄴ   ④ ㄱ, ㄷ
⑤ ㄱ, ㄴ, ㄷ

41 다른 조건이 같다면, 확률표집에서 표집오차(Sampling Error)에 관한 설명으로 옳지 않은 것은?

① 표준오차(Standard Error)가 커지면 표집오차도 커진다.
② 신뢰수준(Confidence Level)을 높이면 표집오차가 감소한다.
③ 표본의 수가 증가하면 표집오차가 감소한다.
④ 이질적인 모집단 보다 동질적인 모집단에서 추출한 표본의 표집오차가 작다.
⑤ 층화를 통해 단순무작위추출의 표집오차를 줄일 수 있다.

42 다음 사례의 표집에 관한 설명으로 옳은 것은?

> 400명의 명단에서 80명의 표본을 선정하는 경우, 그 명단에서 최초의 다섯 사람 중에서 무작위로 한 사람을 뽑는다. 그 후 표집간격만큼을 더한 번호에 해당하는 사람을 표본으로 선택한다.

① 단순무작위표집이다.
② 표집틀이 있어야 한다.
③ 모집단의 배열에 일정한 주기성을 가지고 있어야 한다.
④ 비확률표집법을 사용하였다.
⑤ 모집단에 대한 대표성이 부족하다.

43 표집에 관한 설명으로 옳은 것은?

① 할당표집(Quota Sampling)은 무작위표집을 전제로 한다.
② 유의표집(Purposive Sampling)은 확률표집이다.
③ 눈덩이표집(Snowball Sampling)은 모집단의 규모를 알아야만 사용할 수 있다.
④ 단순무작위표집(Simple Random Sampling)은 모집단으로부터 표본으로 추출될 확률을 알 수 있다.
⑤ 임의표집(Convenience Sampling)은 모집단의 대표성이 높은 표본을 추출한다.

44 통계적 가설검증에 관한 설명으로 옳지 않은 것은?

① 영가설을 기각하면 연구가설이 잠정적으로 채택된다.
② 영가설은 연구가설과 대조되는 가설이다.
③ 통계치에 대한 확률(p)이 유의수준(α)보다 낮으면 영가설이 기각된다.
④ 연구가설은 표본의 통계치에 대한 가정이다.
⑤ 연구가설은 경험적으로 검증이 가능하여야 한다.

45 다음에서 설문조사 결과를 해석할 때 유의해야 할 사항을 모두 고른 것은?

> ㄱ. 표집방법이 확률표집인가 비확률표집인가?
> ㄴ. 표본의 크기는 모집단을 대표하기에 적절한가?
> ㄷ. 설문조사는 언제 이루어졌는가?
> ㄹ. 측정도구가 신뢰할 만한 것인가?

① ㄱ, ㄴ　　　　　② ㄷ, ㄹ
③ ㄱ, ㄴ, ㄷ　　　④ ㄱ, ㄴ, ㄹ
⑤ ㄱ, ㄴ, ㄷ, ㄹ

46 자료수집방법에 관한 설명으로 옳은 것은?

① 질문의 유형과 형태를 결정할 때 조사대상자의 응답능력을 고려할 필요가 있다.
② 설문문항 작성 시 이중질문(Double-barreled Question)을 넣어야 한다.
③ 비참여관찰법은 연구자가 관찰대상과 상호작용을 유지하는 것이 중요하다.
④ 설문지에서 질문 순서는 무작위 배치를 원칙으로 한다.
⑤ 우편조사는 프로빙(Probing) 기술이 중요하다.

47 다음 조사에서 연구대상을 배정한 방법은?

> 사회복지사협회에서 회보 발송 여부에 따라 회비 납부율에 차이가 있는지 알아보고자 한다. 이를 위해 전체 회원을 연령과 성별로 구성된 할당 행렬의 각 칸에 배치하고, 절반에게는 회보를 보내고 나머지 절반은 회보를 보내지 않았다.

① 무작위표집(Random Sampling)
② 할당표집(Quota Sampling)
③ 매칭(Matching)
④ 소시오매트릭스(Sociomatrix)
⑤ 다중특질 - 다중방법(Multi Trait - Multi Method)

48 순수실험설계에서 인과성 검증에 관한 설명으로 옳지 않은 것은?

① 사회복지 프로그램의 실행 여부가 독립변수로 설정될 수 있다.
② 사전조사에서 실험집단과 통제집단의 종속변수 측정치는 통계적으로 유의미한 차이가 없어야 한다.
③ 사전조사와 사후조사에서 통제집단의 종속변수 측정치는 통계적으로 유의미한 차이가 있어야 한다.
④ 실험집단과 통제집단의 동질성 확보가 필요하다.
⑤ 실험집단과 통제집단의 차이는 독립변수의 개입 유무이다.

49 다음과 같은 절차로 진행된 유사(준)실험설계의 특징으로 옳지 않은 것은?

> • 우울예방 프로그램에 참여할 하나의 집단을 모집함
> • 우울검사를 일정한 간격으로 여러 차례 실시함
> • 우울예방 프로그램을 진행함
> • 우울검사를 동일한 측정도구를 이용해 일정한 간격으로 여러 차례 실시함

① 통제집단을 두기 어려울 때 사용할 수 있다.
② 검사효과가 발생할 수 없다.
③ 정태적 집단비교설계(Static-group Comparison Design)보다 내적 타당도가 높다.
④ 개입효과는 사전검사와 사후검사 측정치의 평균을 비교해서 측정할 수 있다.
⑤ 사전검사와 개입의 상호작용 효과가 발생할 수 있다.

50 근거이론의 분석방법에서 축코딩(Axial Coding)에 관한 설명으로 옳은 것은?

① 추상화시킨 구절에 번호를 부여한다.
② 개념으로 도출된 내용을 가지고 하위범주를 만든다.
③ 발견된 범주의 속성과 차원을 고려하여 유형화를 시도한다.
④ 이론개발을 위해 핵심범주를 중심으로 다른 범주와의 통합과 정교화를 만드는 과정을 진행한다.
⑤ 발견된 범주를 가지고 중심현상을 중심으로 인과적 조건을 만든다.

2교시 사회복지실천

01 인보관운동에 관한 내용으로 옳지 않은 것은?

① 빈민을 통제하는 사회통제적 기능을 담당함
② 인보관에서 일하는 사람은 지역사회에서 함께 살면서 활동함
③ 지역사회 문제에 관한 연구와 조사를 실시함
④ 빈민지역의 주택 개선, 공중보건 향상 등에 관심을 둠
⑤ 사회문제에 대한 집합적이고 개혁적인 해결을 강조함

02 기능주의학파(Functional School)에 관한 내용으로 옳지 않은 것은?

① 개인의 의지 강조
② 인간의 성장 가능성 중시
③ '지금 – 이곳'에 초점
④ 인간과 환경의 관계 분석
⑤ 과거경험 중심적 접근

03 자선조직협회 우애방문자의 활동에 해당하는 사회복지실천의 이념을 모두 고른 것은?

ㄱ. 인도주의	ㄴ. 이타주의
ㄷ. 사회개혁	ㄹ. 사회진화론

① ㄱ
② ㄴ, ㄷ
③ ㄷ, ㄹ
④ ㄱ, ㄴ, ㄹ
⑤ ㄱ, ㄴ, ㄷ, ㄹ

04 로웬버그와 돌고프(F. Loewenberg & R. Dolgoff)의 윤리적 원칙 심사표에서 '도움을 요청해 온 클라이언트의 의사를 존중해 주는 것'에 해당하는 윤리적 원칙은?

① 자율성과 자유의 원칙
② 평등과 불평등의 원칙
③ 최소 손실의 원칙
④ 사생활과 비밀보장의 원칙
⑤ 진실성과 정보개방의 원칙

05 접수단계의 주요과업에 해당하지 않는 것은?

① 관계형성을 통한 클라이언트의 참여 유도
② 클라이언트의 드러난 문제 확인
③ 서비스의 효율성과 효과성 측정
④ 서비스에 대한 클라이언트의 동의 확인
⑤ 클라이언트의 문제가 기관의 자원과 정책에 부합되는지 판단

06 윤리강령의 기능으로 옳은 것을 모두 고른 것은?

> ㄱ. 외부통제로부터 전문직 보호
> ㄴ. 윤리적 갈등이 생겼을 때 지침과 원칙 제공
> ㄷ. 사회복지사의 자기규제를 통한 클라이언트 보호
> ㄹ. 전문가로서 사회복지사의 기본업무 및 자세 알림

① ㄱ, ㄷ　　　　② ㄱ, ㄹ
③ ㄱ, ㄴ, ㄹ　　　④ ㄴ, ㄷ, ㄹ
⑤ ㄱ, ㄴ, ㄷ, ㄹ

07 사회복지실천현장의 기능과 목적에 따른 분류에서 1차 현장에 해당하지 않는 것은?

① 양로시설　　　　② 교정시설
③ 사회복지관　　　④ 지역아동센터
⑤ 장애인 거주시설

08 강점관점에 관한 설명으로 옳지 않은 것은?

① 개입의 초점은 가능성에 있다.
② 클라이언트를 재능과 자원을 가진 사람으로 규정한다.
③ 개입의 핵심은 개인, 가족, 지역사회의 참여이다.
④ 사회복지사는 클라이언트의 진술에 대해 회의적이기 때문에 재해석하여 진단에 활용한다.
⑤ 돕는 목적은 클라이언트의 삶에 함께하며 가치를 확고히 하도록 지원하는 것이다.

09 사회복지실천에서 통합적 접근방법에 관한 내용으로 옳지 않은 것은?

① 전통적인 방법론의 한계로 인해 등장
② 클라이언트의 참여와 자기결정권 강조
③ 인간의 행동은 환경과 연결되어 있음을 전제
④ 이론이 아닌 상상력에 근거를 둔 해결방법 지향
⑤ 궁극적으로 클라이언트의 삶의 질 향상을 돕고자 함

10 비스텍(F. Biestek)이 제시한 사회복지실천의 관계 원칙에 해당하지 않는 것은?

① 클라이언트의 비밀을 보장해야 한다.
② 클라이언트의 욕구를 범주화해야 한다.
③ 클라이언트를 비난하거나 심판하지 않아야 한다.
④ 클라이언트의 감정을 자유롭게 표현하도록 해야 한다.
⑤ 클라이언트를 있는 그대로 인정하고 받아들여야 한다.

11 자료수집단계에 관한 설명으로 옳은 것은?

① 클라이언트 개인에게만 초점을 두어 정보를 모은다.
② 다양한 정보원으로부터 자료를 수집하므로 검사 도구를 사용하면 안 된다.
③ 초기면접은 비구조화된 양식만을 사용하여 기본적인 정보를 수집해야 한다.
④ 객관적인 자료뿐만 아니라 클라이언트의 주관적인 인식이 담긴 자료도 포함하여 수집한다.
⑤ 클라이언트로부터 얻은 정보가 가장 중요하므로 클라이언트가 직접 작성한 자료에만 의존한다.

12 사회복지실천에서 전문적 관계의 특성으로 옳은 것은?

① 사회복지사는 자신의 반응을 통제하면 안 된다.
② 클라이언트는 전문성에서 비롯된 권위를 가진다.
③ 사회복지사와 클라이언트 사이에 합의된 목적이 있다.
④ 문제가 해결되어야만 종결되는 관계이기 때문에 시간의 제한이 없다.
⑤ 사회복지사와 클라이언트는 반드시 상호 간의 이익에 헌신하는 관계이다.

13 일반체계이론에서 체계의 작용 과정을 순서대로 옳게 나열한 것은?

| ㄱ. 투입 | ㄴ. 산출 |
| ㄷ. 환류 | ㄹ. 전환 |

① ㄱ – ㄴ – ㄷ – ㄹ
② ㄱ – ㄴ – ㄹ – ㄷ
③ ㄱ – ㄹ – ㄴ – ㄷ
④ ㄹ – ㄱ – ㄴ – ㄷ
⑤ ㄹ – ㄷ – ㄱ – ㄴ

14 사회복지실천에서 관계에 관한 설명으로 옳은 것은?

① 비자발적인 클라이언트는 원천적으로 배제한다.
② 사회복지사는 전문성에 바탕을 둔 권위라도 가져서는 안 된다.
③ 클라이언트는 사회복지사와의 문화적 차이를 수용해야만 한다.
④ 사회복지사와 클라이언트 모두에게 요구되는 의무와 책임감이 있다.
⑤ 선한 목적을 위해 클라이언트에게 진실을 감추는 것은 필수적으로 허용된다.

15 사회복지실천 면접에 관한 설명으로 옳지 않은 것은?

① 개입에 필요한 자료를 수집하기 위한 도구가 될 수 있다.
② 사회복지사와 클라이언트 사이의 특정한 역할 관계가 있다.
③ 특정 상황이나 맥락에 관련하여 이루어진다.
④ 목적은 클라이언트의 삶의 질 향상을 위한 것이어야 한다.
⑤ 목적이 옳으면 기간이나 내용이 제한되지 않는 활동이다.

16 펄만(H. Perlman)이 사회복지실천을 구성하는 요소로 제시한 4P에 관한 내용으로 옳은 것을 모두 고른 것은?

> ㄱ. 문제(Problem) – 해결하고자 하는 문제나 욕구
> ㄴ. 프로그램(Program) – 문제해결을 위해 시행되는 프로그램
> ㄷ. 장소(Place) – 문제해결을 위한 서비스가 제공되는 물리적 공간
> ㄹ. 전문가(Professional) – 문제해결을 위해 개입하는 전문가

① ㄱ, ㄴ   ② ㄱ, ㄷ

③ ㄴ, ㄹ   ④ ㄴ, ㄷ, ㄹ
⑤ ㄱ, ㄴ, ㄷ, ㄹ

17 사회복지실천 면접에서 경청에 관한 설명으로 옳지 않은 것은?

① 클라이언트의 진술을 즉각적으로 교정해 주는 것이 핵심이다.
② 클라이언트에 관한 중요한 정보를 얻는 방법 중 하나이다.
③ 클라이언트의 표정이나 몸짓도 관찰하여 의미를 파악한다.
④ 클라이언트의 사고와 감정을 이해하려는 적극적 활동이기도 하다.
⑤ 클라이언트와 사회복지사 사이의 신뢰 관계 형성에 도움이 된다.

18 세대 간 반복된 가족 특성을 파악하기 위한 사정 도구는?

① 가계도
② 생태도
③ 소시오그램
④ 생활력 도표
⑤ 사회적 관계망 그리드

19 '양로시설에서 생활하는 노인의 의사결정을 사회복지사가 대신할 수 없다.'는 의미의 인권 특성은?

① 천부성
② 불가양성 · 불가분성
③ 보편성
④ 사회성 · 문화성
⑤ 환경성 · 평화성

20 클라이언트와의 면접 중 질문에 관한 설명으로 옳은 것은?

① 폐쇄형 질문은 클라이언트의 상세한 설명과 느낌을 듣기 위해 사용한다.
② 유도형 질문은 비심판적 태도로 상대방을 존중하기 위해 사용한다.
③ '왜'로 시작하는 질문은 클라이언트의 가장 개방적 태도를 이끌어 낼 수 있다.
④ 개방형 질문은 '예', '아니오' 또는 단답형으로 한정하여 대답한다.
⑤ 중첩형 질문(Stacking Question)은 클라이언트를 혼란스럽게 만들 수 있다.

21 종결단계에서 사회복지사의 과업으로 옳지 않은 것은?

① 사후관리 계획 수립
② 목표달성을 위한 서비스 제공
③ 클라이언트 변화결과에 대한 최종 확인
④ 다른 기관 또는 외부 자원 연결
⑤ 종결에 대한 클라이언트 반응 처리

22 사례관리의 목적에 해당하는 것을 모두 고른 것은?

> ㄱ. 서비스의 통합성 확보
> ㄴ. 서비스 접근성 강화
> ㄷ. 보호의 연속성 보장
> ㄹ. 사회적 책임성 제고

① ㄱ, ㄴ
② ㄴ, ㄹ
③ ㄱ, ㄷ, ㄹ
④ ㄴ, ㄷ, ㄹ
⑤ ㄱ, ㄴ, ㄷ, ㄹ

23 사례관리자의 역할에 관한 내용으로 옳지 않은 것은?

① 중개자 : 지역사회 자원이나 서비스 체계를 연계
② 옹호자 : 클라이언트의 권리를 대변하는 활동 수행
③ 정보제공자 : 개인이나 집단의 갈등 파악과 조정
④ 위기개입자 : 위기 사정, 계획 수립, 위기 해결
⑤ 교육자 : 교육, 역할 연습 등을 통한 클라이언트 역량 강화

24 사회복지사의 직접적인 개입 활동으로 옳은 것은?

① 아동학대 예방 캠페인 진행
② 다른 기관과 협력체계 구축
③ 지역사회 전달체계 재정립
④ 가출청소년 보호 네트워크 형성
⑤ 역기능적 가족 규칙 재구성

25 사회복지서비스 계획수립단계에 관한 설명으로 옳지 않은 것은?

① 계획의 목표는 기관의 기능과 일치해야 한다.
② 목표설정은 미시적 수준과 거시적 수준에서 클라이언트의 변화를 고려한다.
③ 계약서는 클라이언트만 작성하여 과업과 의무를 공식화한다.
④ 목표는 클라이언트가 원하는 결과를 포함하여 클라이언트의 적극적인 참여를 유도한다.
⑤ 계획단계의 목표는 클라이언트와 사회복지사가 함께 합의하여 결정한다.

4과목 　　　　　　사회복지실천기술론

26 사회복지실천에 관한 설명으로 옳지 않은 것은?

① 과학성과 예술성을 통합적으로 활용한다.
② 사회복지의 관점과 이론을 토대로 한다.
③ 심리학, 사회학 등 타 학문과 배타적 관계에 있다.
④ 클라이언트의 특성을 반영한다.
⑤ 사회복지 가치와 윤리를 반영한다.

27 지지집단의 주요 목적으로 옳은 것은?

① 구성원의 자기인식 증진
② 클라이언트의 병리적 행동 치료
③ 구성원에게 기술과 정보 제공
④ 사회적응 지원
⑤ 동병상련의 경험으로 해결책 모색

28 집단 초기단계에서 사회복지사의 역할을 모두 고른 것은?

> ㄱ. 집단과 구성원의 목표를 설정한다.
> ㄴ. 지도자인 사회복지사를 소개하며 신뢰감을 형성한다.
> ㄷ. 구성원 간 유사성을 토대로 응집력을 형성한다.
> ㄹ. 구성원이 집단에 의존하는 정도를 감소시킨다.

① ㄱ, ㄴ
② ㄴ, ㄷ
③ ㄷ, ㄹ
④ ㄱ, ㄴ, ㄷ
⑤ ㄱ, ㄴ, ㄷ, ㄹ

29 집단활동 중 발생하는 저항에 관한 설명으로 옳지 않은 것은?

① 구성원이 피하고 싶은 주제가 논의될 때 일어날 수 있다.
② 사회복지사가 제안한 과업의 실행방법을 모를 때 발생할 수 있다.
③ 목표 달성을 위해서는 저항 이유를 무시해야 한다.
④ 효과적으로 해결하면 집단활동이 촉진될 수 있다.
⑤ 다른 구성원의 의견을 통해 해결방안을 찾을 수 있다.

30 집단사정을 위한 소시오그램에 관한 설명으로 옳은 것은?

① 구성원 간 호감도 질문은 하위집단을 형성하므로 피한다.
② 구성원 모두가 관심을 갖는 주제를 발견하는 데 목적이 있다.
③ 소시오메트리 질문을 활용하여 정보를 파악한다.
④ 구성원 간 상호작용을 문장으로 표현한다.
⑤ 특정 구성원에 대한 상반된 입장 중 하나를 선택하는 것이다.

31 집단응집력에 관한 설명으로 옳은 것을 모두 고른 것은?

> ㄱ. 구성원 간 신뢰감이 높을수록 응집력이 높다.
> ㄴ. 응집력이 높은 집단에서는 자기노출을 억제한다.
> ㄷ. 구성원이 소속감을 가지면 응집력이 강화된다.
> ㄹ. 응집력이 높은 집단이 낮은 집단보다 생산적인 작업에 더 유리하다.

① ㄱ
② ㄱ, ㄷ
③ ㄴ, ㄹ
④ ㄱ, ㄷ, ㄹ
⑤ ㄱ, ㄴ, ㄷ, ㄹ

32 집단목표에 관한 설명으로 옳은 것은?

① 목표는 구체적으로 수립한다.
② 한 번 정한 목표는 혼란 방지를 위해 수정하지 않는다.
③ 집단 크기나 기간을 정할 때 목표는 고려하지 않는다.
④ 집단목표는 구성원의 목표와 관련 없다.
⑤ 목표는 집단과정에서 자연스럽게 형성되므로 의도적인 노력은 필요 없다.

33 심리사회모델의 개입기법에 관한 설명으로 옳지 않은 것은?

① 직접적 개입과 간접적 개입으로 구분된다.
② 직접적 영향은 주변인에게 영향력을 행사하여 환경을 변화시키는 기법이다.
③ 탐색 – 기술(묘사) – 환기는 자기 상황과 감정을 말로 표현하게 함으로써 감정전환을 도모하는 기법이다.
④ 지지는 이해, 격려, 확신감을 표현하는 기법이다.
⑤ 유형의 역동 성찰은 성격, 행동, 감정의 주요 경향에 관한 자기이해를 돕는다.

34 인지행동모델의 개입방법에 해당되는 것을 모두 고른 것은?

> ㄱ. 내적 의사소통의 명료화
> ㄴ. 모델링
> ㄷ. 기록과제
> ㄹ. 자기지시

① ㄱ, ㄴ
② ㄷ, ㄹ
③ ㄱ, ㄴ, ㄷ
④ ㄴ, ㄷ, ㄹ
⑤ ㄱ, ㄴ, ㄷ, ㄹ

35 과제중심모델에서 과제에 관한 설명으로 옳지 않은 것은?

① 사회복지사보다 클라이언트가 제시하는 문제나 욕구를 고려하여 선정한다.
② 조작적 과제는 일반적 과제에 비해 구체적이다.
③ 과거보다 현재에 초점을 둔다.
④ 과제 수는 가급적 3개를 넘지 않게 한다.
⑤ 과제달성 정도는 최종평가 시 결정되므로 과제수행 도중에는 점검하지 않는다.

36 다음 전제에 해당되는 사회복지실천모델은?

> • 삶에서 변화는 불가피하며 작은 변화가 더 큰 변화로 이어진다.
> • 모든 문제에는 예외가 존재한다.
> • 클라이언트는 자기 삶의 주체이며, 자신에게 중요한 사람과 일에 대해 가장 잘 아는 전문가이다.

① 클라이언트중심모델
② 해결중심모델
③ 문제해결모델
④ 정신역동모델
⑤ 동기상담모델

37 다음 사례에 대한 위기개입으로 옳은 것은?

> 20대인 A씨는 최근 코로나19에 감염되어 실직한 이후 경제적 어려움과 신체적 후유증으로 인해 일상을 유지하기 힘들 정도로 우울감을 경험하며 때때로 자살까지 생각하곤 한다.

① A씨의 문제를 발달적 위기로 사정한다.
② 코로나19 감염 이전 기능수준으로 회복하는 것을 목표로 잡는다.
③ 적절한 감정표현행동을 습득하도록 장기교육 프로그램을 실시한다.
④ A씨 스스로 도움을 요청할 때까지 개입을 유보한다.
⑤ 보다 긍정적인 인생관을 갖도록 삶의 태도를 근본적으로 재조직한다.

38 인지행동모델에서 비합리적인 사고에 대해 '실용성에 관한 논박기법'을 사용한 질문은?

① 그 생각이 옳다는 것을 어떻게 아세요?
② 지금 느끼는 감정을 명확하게 설명할 수 있으세요?
③ 그 일이 실제로 일어날 가능성이 얼마나 될까요?
④ 그 생각이 문제해결에 얼마나 도움이 될까요?
⑤ 그 생각의 논리적 근거는 무엇입니까?

39 다음 사례에 대한 초기접근으로 옳은 것은?

> 같은 반 친구를 때린 중학생 B는 학교폭력대책
> 심의위원회의 결정에 따라 사회복지사가 진행
> 하는 학교폭력가해자 프로그램에 의뢰되었다.
> 그러나 B는 억울함을 호소하며 비협조적인 태
> 도를 보이고 있다.

① 클라이언트보다 의뢰자의 견해에 초점을 맞
　춰 개입한다.
② 비협조적 태도는 저항에서 비롯된 것으로 그
　원인까지 탐색할 필요는 없다.
③ 원치 않는 의뢰과정에서 생긴 억눌린 감정을
　표현할 수 있는 기회를 제공한다.
④ 비협조적 태도를 바꾸려고 시간을 소모하지
　말고 곧바로 개입한다.
⑤ 비밀보장원칙이나 학교에 보고해야 할 사항
　에 대해 설명하지 않는다.

40 사회기술훈련에서 사용되는 행동주의모델기법
을 모두 고른 것은?

| ㄱ. 정적 강화 | ㄴ. 역할 연습 |
| ㄷ. 직면 | ㄹ. 과제를 통한 연습 |

① ㄱ, ㄴ　　　　　② ㄱ, ㄷ
③ ㄱ, ㄴ, ㄹ　　　④ ㄴ, ㄷ, ㄹ
⑤ ㄱ, ㄴ, ㄷ, ㄹ

41 사회복지실천모델에 관한 설명으로 옳지 않은
것은?

① 행동수정모델은 선행요인, 행동, 강화요소에 의
　해 인간행동을 예측하고 통제할 수 있다고 본다.
② 심리사회모델은 상황 속 인간을 고려하되 환
　경보다 개인의 내적변화를 중시한다.
③ 인지행동모델은 왜곡된 사고에 의한 정서적
　문제의 개입에 효과적이다.
④ 과제중심모델은 여러 모델들을 절충적으로
　활용하며 개입의 책임성을 강조한다.
⑤ 위기개입모델은 위기에 의한 병리적 반응과
　영구적 손상의 치료에 초점을 둔다.

42 가족에 관한 체계론적 관점의 기술로 옳지 않은
것은?

① 가족은 하위체계이면서 상위체계이다.
② 가족 규칙은 가족 항상성에 영향을 준다.
③ 가족 내 하위체계의 경계유형은 투과성 정도
　에 따라 나뉠 수 있다.
④ 가족문제의 원인을 구성원 간 상호작용에서
　찾는 것을 순환적 인과관계라고 한다.
⑤ 가족이 처한 상황을 구성원의 인식과 언어체
　계로 표현하면서 가족 스스로 문제해결의 단
　서를 찾도록 한다.

43 자녀양육의 어려움을 호소하는 가족의 사정도구
에 관한 설명으로 옳지 않은 것은?

① 가계도를 활용하여 구성원 간 관계를 파악한다.
② 생태도를 통해 회복탄력성과 문제해결능력
　을 확인한다.
③ 양육태도척도를 활용하여 문제가 되는 부분
　을 탐색한다.
④ 자녀 입장의 가족조각으로 자녀가 인식하는
　가족관계를 탐색한다.
⑤ 생활력표를 활용하여 현재 어려움에 영향을
　주는 발달단계상의 경험을 이해한다.

44 사티어(V. Satir)의 의사소통유형에 관한 설명
으로 옳은 것은?

① 회유형은 자신을 무시하고 타인을 떠받든다.
② 일치형은 자신을 보호하기 위해 타인을 비난
　한다.
③ 산만형은 자신과 타인을 무시하고 상황을 중
　요시한다.
④ 초이성형은 자신과 상황을 중시하고 상대를
　과소평가한다.
⑤ 비난형은 자기 생각을 관철시키려고 어려운
　말로 장황하게 설명한다.

45 보웬(M. Bowen)이 제시한 개념 중 다음 설명에 해당하는 것은?

> - 여러 세대에 거쳐 전수될 수 있다.
> - 정신내적 개념이면서 대인관계적 개념이다.
> - 정신내적 개념은 자신의 지적 측면과 정서적 측면의 구분을 의미한다.
> - 대인관계적 개념은 타인과 친밀하면서도 독립성을 유지하는 능력을 말한다.

① 가족투사   ② 삼각관계
③ 자아분화   ④ 핵가족 정서
⑤ 다세대 전수

46 다음 사례에 대해 미누친(S. Minuchin)의 구조적 모델을 적용한 개입방법이 아닌 것은?

> 자녀교육 문제로 시어머니와 대립하는 며느리가 가족상담을 요청했다. 며느리는 남편이 모든 것을 어머니한테 맞추라고 한다며 섭섭함을 토로했다.

① 가족을 이해하고 수용하면서 합류한다.
② 가족문제를 더 정확히 이해하기 위해 실연을 요청한다.
③ 가족지도를 통해 가족구조와 가족역동을 이해하도록 돕는다.
④ 남편이 시어머니의 영향권에서 벗어나도록 탈삼각화를 진행한다.
⑤ 부부가 함께 부모역할을 수행하도록 하위체계의 경계를 명확하게 한다.

47 해결중심모델의 질문기법 예시로 옳지 않은 것은?

① 관계성질문 : 두 분이 싸우지 않을 때는 어떠세요?
② 예외질문 : 매일 싸운다고 하셨는데, 안 싸운 날은 없었나요?
③ 대처질문 : 자녀에게 잔소리하는 횟수를 어떻게 줄일 수 있었나요?
④ 첫 상담 이전의 변화에 대한 질문 : 상담신청 후 지금까지 어떤 변화가 있었나요?

⑤ 기적질문 : 밤새 기적이 일어나서 문제가 다 해결됐는데, 자느라고 기적이 일어난 걸 몰라요. 아침에 뭘 보면 기적이 일어났다는 걸 알 수 있을까요?

48 가족개입의 전략적 모델에 관한 설명으로 옳은 것은?

① 역기능적인 구조의 재구조화를 개입목표로 한다.
② 증상처방이나 고된 체험기법을 비지시적으로 활용한다.
③ 가족문제가 왜 일어났는지 파악하여 원인 제거에 필요한 전략을 사용한다.
④ 가족 내 편중된 권력으로 인해 고착된 불평등한 위계구조를 재배치한다.
⑤ 문제를 보는 시각을 변화시키고 새로운 의미를 발견하는 재명명기법을 사용한다.

49 다음 설명에 해당하는 기록방법은?

> - 날짜와 클라이언트의 기본사항을 기입하고 개입 내용과 변화를 간단히 기록함
> - 시간 흐름에 따라 변화된 상황, 개입 활동, 주요 정보 등의 요점을 기록함

① 과정기록
② 요약기록
③ 이야기체기록
④ 문제중심기록
⑤ 최소기본기록

50 다음 사례에 해당되는 단일사례설계의 유형은?

> 독거노인의 우울감 해소를 위해 5주간의 전화상담(주1회)에 이어 5주간의 집단활동(주1회)을 진행했다. 참가자 5명을 대상으로 프로그램 시작 3주 전부터 매주 1회 우울증검사를 실시했고, 프로그램 시작 전, 5주 후, 10주 후에 삶의 만족도를 조사했다.

① AB설계
② ABC설계
③ ABAB설계
④ ABAC설계
⑤ 다중(복수)기초선설계

51 다음은 워렌(R. Warren)이 제시한 지역사회 비교척도 중 어느 것에 해당하는가?

> 지역사회 내 상이한 단위 조직들 간의 구조적 · 기능적 관련 정도

① 지역적 자치성
② 서비스 영역의 일치성
③ 수평적 유형
④ 심리적 동일성
⑤ 시민통제

52 길버트와 스펙트(N. Gilbert & H. Specht)가 제시한 지역사회의 기능으로 옳은 것은?

> - (ㄱ) 기능 : 지역주민들이 필요한 재화와 서비스를 어느 정도 제공받을 수 있느냐를 결정하는 것
> - (ㄴ) 기능 : 구성원들이 사회의 규범에 순응하게 하는 것

① ㄱ : 생산 · 분배 · 소비, ㄴ : 사회통제
② ㄱ : 사회통합, ㄴ : 상부상조
③ ㄱ : 사회통제, ㄴ : 사회통합
④ ㄱ : 생산 · 분배 · 소비, ㄴ : 상부상조
⑤ ㄱ : 상부상조, ㄴ : 생산 · 분배 · 소비

53 우리나라 지역사회복지 역사를 과거부터 순서대로 옳게 나열한 것은?

> ㄱ. 영구임대주택단지 내에 사회복지관 건립이 의무화되었다.
> ㄴ. 지역사회복지협의체가 지역사회보장협의체로 명칭이 변경되었다.
> ㄷ. 「국민기초생활 보장법」 제정으로 공공의 책임성이 강화되었다.

① ㄱ → ㄴ → ㄷ   ② ㄱ → ㄷ → ㄴ
③ ㄴ → ㄱ → ㄷ   ④ ㄴ → ㄷ → ㄱ
⑤ ㄷ → ㄱ → ㄴ

54 영국의 지역사회복지 역사에 관한 설명으로 옳지 않은 것은?

① 시설보호로부터 지역사회보호로 전환이 이루어졌다.
② 자선조직협회는 사회진화론의 영향을 받았다.
③ 지역사회보호가 강조되면서 민간서비스, 비공식 서비스의 역할은 점차 감소하였다.
④ 1959년 정신보건법(Mental Health Act) 제정으로 지역사회보호가 법률적으로 규정되었다.
⑤ 그리피스 보고서(Griffiths Report)에서 지역사회보호의 권한과 재정을 지방정부로 이양할 것을 권고하였다.

55 이론과 주요 개념의 연결이 옳지 않은 것은?

① 사회체계이론 – 체계와 경계
② 생태학적 관점 – 분리(Segregation), 경쟁, 침입, 계승
③ 사회자본이론 – 네트워크, 일반화된 호혜성 규범
④ 갈등이론 – 갈등전술, 내부결속
⑤ 사회교환이론 – 자기효능감, 집단효능감

56 지역사회복지실천의 원칙으로 옳지 않은 것은?

① 지역사회 특성과 문제의 일반화
② 지역주민 간의 상생협력화
③ 지역사회 특징을 반영한 실천
④ 지역사회 구성원 관점의 목표 형성
⑤ 지역사회 문제의 구조적 요인을 고려한 개입

57 이론과 관련 내용의 연결이 옳은 것은?

① 지역사회상실이론 – 전통사회가 가지고 있는 지역사회의 사회적 기능을 보존할 수 있다.
② 사회구성(주의)이론 – 가치나 규범, 신념, 태도 등은 다양한 문화적 집단에 따라 다르게 구성된다.
③ 자원동원이론 – 자원이 집단행동의 성패에 영향을 미치지 않는다.
④ 다원주의이론 – 집단 간 발생하는 갈등을 활용한다.
⑤ 권력의존이론 – 사회의 주류 이데올로기가 어떻게 만들어지고 있는지에 관심을 갖는다.

58 테일러와 로버츠(S. Taylor & R. Roberts) 모델에 해당되는 것을 모두 고른 것은?

> ㄱ. 프로그램 개발 및 조정
> ㄴ. 지역사회개발
> ㄷ. 정치적 권력(역량)강화
> ㄹ. 연합
> ㅁ. 지역사회연계

① ㄱ, ㄴ
② ㄴ, ㄷ
③ ㄱ, ㄹ, ㅁ
④ ㄱ, ㄴ, ㄷ, ㅁ
⑤ ㄱ, ㄷ, ㄹ, ㅁ

59 로스만(J. Rothman)의 지역사회조직모델 중 지역사회개발에 관한 설명으로 옳지 않은 것은?

① 지역사회 변화를 위한 전술로 합의방법을 사용한다.
② 변화의 매개체는 과업지향의 소집단이다.
③ 지역사회의 아노미 상황에 사용할 수 있다.

④ 정부조직을 경쟁자로 인식한다.
⑤ 변화를 위한 전략으로 문제해결에 다수의 사람을 참여시킨다.

60 다음의 설명에 해당되는 웨일과 갬블(M. Weil & D. Gamble)의 실천모델은?

> • 기회를 제한하는 불평등에 도전
> • 사회적 · 정치적 · 경제적 정의를 위한 행동
> • 표적체계에 선출직 공무원도 해당

① 근린 · 지역사회 조직화모델
② 지역사회 사회 · 경제개발 모델
③ 프로그램 개발과 지역사회연계모델
④ 정치 · 사회행동 모델
⑤ 사회계획모델

61 다음의 설명에 해당하는 지역사회복지실천 단계는?

> • 이슈의 개념화
> • 이슈와 관련된 다양한 가치관 고려
> • 이슈와 관련된 이론과 자료 분석

① 문제확인 단계
② 자원동원 단계
③ 실행 단계
④ 모니터링 단계
⑤ 평가 단계

62 지역사회복지실천의 '실행단계'에 해당하지 않는 것은?

① 재정자원 집행
② 참여자 간의 갈등 관리
③ 클라이언트의 적응 촉진
④ 실천계획의 목표설정
⑤ 협력과 조정을 위한 네트워크 구축

63 다음에 제시된 지역사회복지실천기술은?

- 소외되고, 억압된 집단의 입장을 주장한다.
- 보이콧, 피케팅 등의 방법으로 표적을 난처하게 한다.
- 지역주민이 정당한 처우나 서비스를 받지 못하는 경우에 활용된다.

① 프로그램 개발기술
② 기획기술
③ 자원동원기술
④ 옹호기술
⑤ 지역사회 사정기술

64 조직화 기술에 관한 설명으로 옳은 것을 모두 고른 것은?

ㄱ. 지역주민이 주체가 되어 사회복지조직의 목표를 성취하도록 운영한다.
ㄴ. 지역주민이 자신들의 문제를 함께 풀어나가는 과정을 포함한다.
ㄷ. 지역사회 역량강화를 위해 지역사회복지 거버넌스 구조와 기능을 축소시킨다.

① ㄴ   ② ㄱ, ㄴ
③ ㄱ, ㄷ   ④ ㄴ, ㄷ
⑤ ㄱ, ㄴ, ㄷ

65 다음에서 설명하는 지역사회 욕구사정 방법은?

- 전문가 패널의 의견을 수렴하는 방법
- 합의에 이르기까지 여러 번 설문 실시
- 반복되는 설문을 통하여 패널의 의견 수정 가능

① 명목집단기법
② 2차 자료분석
③ 델파이기법
④ 지역사회포럼
⑤ 초점집단기법

66 지방자치제도에 관한 설명으로 옳은 것은?

① 지방정부에 비해 중앙정부의 책임을 강조하고 있다.
② 지역 간 복지수준의 격차가 발생하지 않는다.
③ 복지예산의 지방이양으로 지방정부의 책임이 강화된다.
④ 지방자치단체장은 중앙정부가 임명한다.
⑤ 지방정부의 복지예산 확대로 민간의 참여가 약화된다.

67 시 · 군 · 구 지역사회보장계획에 포함되어야 하는 사항을 모두 고른 것은?

ㄱ. 지역사회보장 전달체계의 조직과 운영
ㄴ. 사회보장급여의 사각지대 발굴 및 지원 방안
ㄷ. 지역사회보장에 관련한 통계 수집 및 관리 방안
ㄹ. 지역사회보장에 필요한 재원의 규모와 조달 방안

① ㄱ, ㄴ   ② ㄱ, ㄷ
③ ㄴ, ㄷ   ④ ㄱ, ㄴ, ㄹ
⑤ ㄱ, ㄴ, ㄷ, ㄹ

68 시 · 군 · 구 지역사회보장협의체의 심의 · 자문 사항이 아닌 것은?

① 시 · 군 · 구의 지역사회보장계획 수립 · 시행 및 평가에 관한 사항
② 시 · 군 · 구의 사회보장급여 제공에 관한 사항
③ 시 · 군 · 구의 사회보장 추진에 관한 사항
④ 읍 · 면 · 동 단위 지역사회보장협의체의 구성 및 운영에 관한 사항
⑤ 읍 · 면 · 동의 지역사회보장조사 및 지역사회보장지표에 관한 사항

69 「사회복지공동모금회법」상 사회복지공동모금회에 관한 설명으로 옳지 않은 것은?

① 회장, 부회장 및 이사의 임기는 3년으로 하며, 한 차례만 연임할 수 있다.
② 사회복지공동모금사업을 수행한다.
③ 모금회의 업무를 처리하기 위하여 사무총장 1명과 필요한 직원 및 기구를 둔다.
④ 특별시·광역시·특별자치시·도·특별자치도 단위 사회복지공동모금지회를 둔다.
⑤ 사회복지사업이나 그 밖의 사회복지활동 등을 지원하기 위한 재원을 조성하기 위하여 기획재정부장관의 승인을 받아 복권을 발행할 수 있다.

70 사회복지관 사업내용 중 서비스제공 기능에 해당하지 않는 것은?

① 지역사회 보호　② 사례관리
③ 교육문화　④ 자활지원
⑤ 가족기능 강화

71 한국사회복지협의회의 주요 사업이 아닌 것은?

① 사회복지에 관한 교육훈련
② 사회복지에 관한 계몽 및 홍보
③ 자원봉사활동의 진흥
④ 사회복지사업에 관한 기부문화의 조성
⑤ 읍·면·동이 위탁하는 사회복지에 관한 업무

72 사회적 경제에 관한 설명으로 옳은 것을 모두 고른 것은?

> ㄱ. 사회적 기업은 경제적 이익을 추구한다.
> ㄴ. 사회적 경제는 자본주의 시장경제의 대안모델이다.
> ㄷ. 사회적 협동조합의 목적은 취약계층에게 사회서비스 또는 일자리를 제공하는 것이다.

① ㄱ　　② ㄴ
③ ㄱ, ㄴ　　④ ㄴ, ㄷ
⑤ ㄱ, ㄴ, ㄷ

73 지역사회복지운동에 관한 설명으로 옳지 않은 것은?

① 지역사회복지운동의 계층적 기반은 노동운동이나 여성운동과 같이 뚜렷하다.
② 지역사회복지운동의 주된 관심사는 주민 삶의 질과 관련된 생활영역에 있다.
③ 지역사회의 다양한 자원 활용 및 조직 간 유기적 협력이 이루어진다.
④ 지역사회복지운동에는 다양한 이념이 사용될 수 있다.
⑤ 지역사회복지운동의 주체는 사회복지전문가, 지역활동가, 지역사회복지이용자 등 다양하다.

74 주민참여와 관련이 없는 것은?

① 지방자치제도의 발달
② 마을만들기 사업(운동)
③ 지역사회복지 정책결정과정
④ 공무원 중심의 복지정책 결정권한 강화
⑤ 아른스테인(S. Arnstein)의 주장

75 최근 지역사회복지 동향으로 옳지 않은 것은?

① '찾아가는 동주민센터' 사업 실시
② 읍·면·동 맞춤형 복지전담팀 설치
③ 지역사회통합돌봄사업의 축소
④ 행정복지센터로의 행정조직 재구조화
⑤ 지역사회복지계획이 지역사회보장계획으로 변경

6과목 사회복지정책론

01 조지와 윌딩(V. George & P. Wilding, 1976 ; 1994)의 사회복지모형에서 복지국가의 확대를 가장 지지하는 이념은?

① 신우파
② 반집합주의
③ 마르크스주의
④ 페이비언 사회주의
⑤ 녹색주의

02 사회복지정책의 가치에 관한 설명으로 옳지 않은 것은?

① 소극적 자유는 자신이 원하는 것을 할 수 있는 자유를 강조한다.
② 평등을 추구하는 사회복지정책은 선택의 자유를 제한한다는 비판이 있다.
③ 형평성이 신빈민법의 열등처우원칙에 적용되었다.
④ 적절성은 일정한 수준의 신체적 · 정신적 복리를 제공하는 것을 의미한다.
⑤ 기회의 평등의 예로 사회적으로 취약한 아동을 위한 적극적 교육 지원을 들 수 있다.

03 국민연금의 연금 크레딧 제도 중 가장 최근에 시행된 것은?

① 실업 크레딧   ② 고용 크레딧
③ 양육 크레딧   ④ 군복무 크레딧
⑤ 출산 크레딧

04 진료비 지불방식 중 행위별 수가제와 포괄수가제에 관한 설명으로 옳은 것을 모두 고른 것은?

> ㄱ. 행위별 수가제는 의료기관의 과잉진료를 유도할 수 있다.
> ㄴ. 행위별 수가제에서는 의료진의 진료행위에 대한 자율성이 확보된다.
> ㄷ. 포괄수가제는 주로 발생빈도가 높은 질병군에 적용한다.
> ㄹ. 포괄수가제를 적용함으로써 환자의 본인부담금이 감소할 수 있다.

① ㄱ   ② ㄱ, ㄷ
③ ㄱ, ㄴ, ㄷ   ④ ㄴ, ㄷ, ㄹ
⑤ ㄱ, ㄴ, ㄷ, ㄹ

05 우리나라의 노인장기요양보험에 관한 설명으로 옳지 않은 것은?

① 가족의 부담을 덜어줌으로써 국민의 삶의 질을 향상하는 것을 목적으로 한다.
② 노인장기요양보험기금과 국민건강보험기금은 통합하여 관리한다.
③ 노인장기요양보험료는 국민건강보험료와 통합하여 징수한다.
④ 65세 이상의 노인은 소득수준과 상관없이 적용대상자이다.
⑤ 재가급여를 시설급여에 우선하여 제공하여야 한다.

06 우리나라의 고용보험에 관한 설명으로 옳은 것을 모두 고른 것은?

> ㄱ. 직업능력개발훈련을 실시하는 사업주를 지원할 수 있다.
> ㄴ. 예술인은 고용보험 가입대상이 아니다.
> ㄷ. 실업 신고를 한 이후에 질병·부상 또는 출산으로 취업이 불가능하여 구직활동을 할 수 없는 경우 상병급여를 지급할 수 있다.
> ㄹ. 고용안정 및 직업능력개발사업의 보험료는 사업주와 근로자가 공동으로 부담한다.

① ㄱ, ㄴ 　　　② ㄱ, ㄷ
③ ㄷ, ㄹ 　　　④ ㄴ, ㄷ, ㄹ
⑤ ㄱ, ㄴ, ㄷ, ㄹ

07 사회보험과 민영보험의 차이점에 관한 설명으로 옳지 않은 것은?

① 사회보험은 현금급여를 원칙으로 하고, 민영보험은 현물급여를 원칙으로 한다.
② 사회보험은 대부분 국가 또는 공법인이 운영하지만 민영보험은 사기업이 운영한다.
③ 사회보험은 강제로 가입되지만 민영보험은 임의로 가입한다.
④ 사회보험은 국가가 주로 독점하지만 민영보험은 사기업들이 경쟁한다.
⑤ 사회보험은 사회적 적절성을 강조하지만 민영보험은 개별 형평성을 강조한다.

08 우리나라의 의료급여에 관한 설명으로 옳지 않은 것은?

① 의료급여 수급권자는 1종과 2종으로 구분한다.
② 의료급여기금에는 지방자치단체의 출연금도 포함된다.
③ 의료급여 수급권자의 1촌 직계혈족 및 그 배우자는 원칙적으로 부양의무가 있다.
④ 국민기초생활보장제도 수급자 중 보장시설에서 급여를 받는 자는 2종 수급자로 구분된다.
⑤ 「약사법」에 따라 개설등록된 약국은 의료급여를 실시하는 의료기관이다.

09 우리나라 산업재해보상보험의 급여가 아닌 것은?

① 요양급여 　　　② 상병수당
③ 유족급여 　　　④ 장례비
⑤ 직업재활급여

10 우리나라의 국민기초생활보장제도에 관한 설명으로 옳은 것은?

① 의료급여 선정기준은 기준 중위소득의 100분의 50 이상으로 한다.
② 교육급여 선정기준은 기준 중위소득의 100분의 40 이상으로 한다.
③ "수급권자"란 「국민기초생활 보장법」에 따른 급여를 받는 사람을 말한다.
④ 국민기초생활보장제도에서의 "보장기관"은 사회복지서비스를 제공하는 사회복지기관을 말한다.
⑤ 사회복지전담공무원은 수급권자의 동의를 받아 수급권자에 대한 급여를 직권으로 신청할 수 있다.

11 에스핑 – 안데르센(G. Esping – Andersen)의 세 가지 복지체제에 관한 설명으로 옳지 않은 것은?

① 보수주의 복지체제 국가는 가족의 중요성을 강조한다.
② 자유주의 복지체제 국가에서 탈상품화 정도가 가장 높다.
③ 사회민주주의 복지체제 국가는 보편주의를 강조한다.
④ 보수주의 복지체제 국가의 예로 독일, 프랑스, 이탈리아가 있다.
⑤ 자유주의 복지체제 국가의 사회보장급여는 잔여적 특성이 강하다.

12 사회복지 재화나 서비스를 국가가 제공해야 하는 이유가 아닌 것은?

① 사회복지의 공공재적 성격
② 전염병에 대한 치료의 긍정적 외부효과 발생
③ 질병의 위험에 대한 보험방식의 역선택 문제 해결
④ 경제성장의 낙수효과 발생
⑤ 의료서비스에 대한 정보의 비대칭 문제 해결

13 우리나라 사회복지제도의 급여자격 조건에 관한 설명으로 옳은 것은?

① 국민연금은 소득수준 하위 70%를 기준으로 급여자격이 부여되므로 자산조사 방식이 적용된다.
② 노인장기요양보험제도는 요양등급을 판정하여 급여를 제공하므로 진단적 구분이 적용된다.
③ 아동수당은 전체 아동이 적용대상이 아니므로 선별주의 제도이다.
④ 국민기초생활보장제도는 부양의무자 조건을 완화하였으므로 보편주의 제도이다.
⑤ 장애인연금은 모든 장애인에게 지급하는 보편주의 제도이다.

14 사회복지역사에 관한 설명으로 옳은 것을 모두 고른 것은?

> ㄱ. 길버트법은 작업장 노동의 비인도적인 문제에 대응하여 원외구제를 실시하였다.
> ㄴ. 신빈민법은 특권적 지주계급을 위한 법으로 구빈업무를 전국적으로 통일하였다.
> ㄷ. 미국의 사회보장법(1935)은 연방정부의 책임을 축소하고 지방정부의 책임을 확대하였다.
> ㄹ. 비스마르크는 독일제국의 사회통합을 위해 사회보험을 도입하였다.

① ㄱ, ㄴ   ② ㄱ, ㄷ
③ ㄱ, ㄹ   ④ ㄴ, ㄷ
⑤ ㄷ, ㄹ

15 우리나라의 건강보험제도를 할당, 급여, 전달체계, 재정의 영역으로 구분한 것이다. 내용 연결이 옳은 것을 모두 고른 것은?

> ㄱ. 할당 – 기여조건
> ㄴ. 급여 – 현금급여, 현물급여
> ㄷ. 전달체계 – 민간전달체계, 공공전달체계
> ㄹ. 재정 – 보험료, 국고보조금, 이용료

① ㄱ, ㄴ   ② ㄱ, ㄷ
③ ㄱ, ㄴ, ㄷ   ④ ㄴ, ㄷ, ㄹ
⑤ ㄱ, ㄴ, ㄷ, ㄹ

16 우리나라의 「사회보장기본법」에 근거한 사회보장제도가 아닌 것은?

① 고용보험   ② 국민연금
③ 최저임금제   ④ 국민기초생활보장
⑤ 보육서비스

17 기업복지의 장점에 해당하지 않는 것은?

① 조세방식보다 재분배효과가 크다.
② 노사관계의 안정화 기능을 수행한다.
③ 근로의욕을 고취하여 생산성이 향상하는 효과가 있다.
④ 기업에 대한 사회적 이미지를 제고하는 기능이 있다.
⑤ 기업의 입장에서 임금을 높여주는 것보다 조세부담의 측면에 유리하다.

18 사회복지 전달체계에서 민간영리기관이 사회서비스를 전달하는 사례는?

① 지역자활센터가 사회적기업을 창업하는 사례
② 지방자치단체가 장애인복지관을 설치하고 민간위탁하는 사례
③ 광역지방자치단체가 사회서비스원을 설치하는 사례
④ 사회복지법인이 지역아동센터를 운영하는 사례
⑤ 개인 사업자가 노인요양시설을 운영하는 사례

19 정책결정이론 모형에 관한 설명으로 옳은 것을 모두 고른 것은?

> ㄱ. 합리모형은 인간의 이성과 합리성을 믿고 주어진 상황에서 목표 달성을 극대화하는 최선의 정책대안을 찾아낼 수 있다고 본다.
> ㄴ. 점증모형은 조직화된 무정부상태 속에서 점진적으로 질서를 찾아가는 과정을 정책 결정과정으로 설명한다.
> ㄷ. 쓰레기통모형은 문제의 흐름, 정책대안의 흐름, 정치의 흐름이 우연히 결합하여 정책의 창이 열릴 때 정책이 결정된다고 본다.
> ㄹ. 혼합모형은 합리모형과 최적모형을 혼합하여 최선의 정책결정에 도달하는 정책결정 모형이다.

① ㄱ, ㄷ
② ㄱ, ㄹ
③ ㄴ, ㄹ
④ ㄱ, ㄴ, ㄷ
⑤ ㄱ, ㄴ, ㄷ, ㄹ

20 빈곤의 개념에 관한 설명으로 옳지 않은 것은?

① 상대적 빈곤은 한 사회의 평균적인 생활수준을 기준으로 정한다.
② 절대적 빈곤은 최소한의 생필품을 구입하는 데 필요한 비용으로 정한다.
③ 반물량 방식은 모든 항목의 생계비를 계산하지 않고 엥겔계수를 활용하여 생계비를 추정한다.
④ 중위소득의 50%를 빈곤선으로 책정할 경우, 사회 구성원 99명을 소득액 순으로 나열하여 이 중 50번째 사람의 소득 50%를 빈곤선으로 한다.
⑤ 상대적 박탈은 인간의 기본적 욕구의 기준을 생물학적 요인에만 초점을 둔다.

21 소득불평등과 빈곤 측정에 관한 설명으로 옳은 것을 모두 고른 것은?

> ㄱ. 로렌츠곡선의 가로축은 소득을 기준으로 하위에서 상위 순서로 모든 인구의 누적분포를 표시한다.
> ㄴ. 지니계수는 불평등도가 증가할수록 수치가 커져 가장 불평등한 상태는 1이다.
> ㄷ. 빈곤율은 모든 빈곤층의 소득을 빈곤선 수준으로 끌어올리는 데에 필요한 총소득으로 빈곤의 심도를 나타낸다.
> ㄹ. 5분위 배율에서는 수치가 작을수록 평등한 상태를 나타낸다.

① ㄱ, ㄴ
② ㄱ, ㄷ
③ ㄴ, ㄷ
④ ㄱ, ㄴ, ㄹ
⑤ ㄱ, ㄷ, ㄹ

22 사회복지 급여 형태에 관한 설명으로 옳은 것은?

① 현금급여는 사회적 통제를 강조한다.
② 현물급여는 자기결정권을 강조한다.
③ 바우처는 공급자에게 보조금을 직접 지원한다.
④ 기회를 제공하는 프로그램의 예로 장애인의 무고용제를 들 수 있다.
⑤ 소비자 선택권은 현금급여, 바우처, 현물급여 순서로 높아진다.

23 사회복지정책의 발달이론에 관한 설명으로 옳지 않은 것은?

① 산업화론 – 농경사회에서 산업사회로 변화하면서 사회문제가 발생하였고, 그 대책으로 사회복지정책이 발달하였다.
② 권력자원론 – 복지국가 발전의 중요 변수들은 노동조합의 중앙집중화 정도, 노동자 정당의 영향력 등이다.
③ 수렴이론 – 사회적 양심과 이타주의의 확대에 따라 모든 국가는 복지국가로 수렴한다.

④ 시민권론 – 마샬(T. H. Marshall)에 따르면 시민권은 공민권, 참정권, 사회권 순서로 발전하였고, 사회복지정책은 사회권이 발달한 결과이다.

⑤ 국가중심적 이론 – 적극적 행위자로서 국가를 강조하고 사회복지정책의 발전을 국가관료제의 영향으로 설명한다.

24 소득재분배에 관한 설명으로 옳은 것은?

① 소득재분배는 1차적으로 시장을 통해서 발생한다.

② 세대 내 재분배에서는 한 세대에서 다음 세대로 소득이 이전된다.

③ 수직적 재분배의 예로 공공부조제도를 들 수 있다.

④ 수평적 재분배는 누진적 재분배의 효과가 가장 크다.

⑤ 세대 간 재분배는 적립방식을 통해 운영된다.

25 사회투자전략에 관한 설명으로 옳은 것은?

① 인적자원에 대한 투자는 결과의 평등을 목적으로 한다.

② 사회적 약자 집단에 대한 현금이전을 중시한다.

③ 현재 아동세대에 대한 선제적 투자를 중시한다.

④ 사회정책과 경제정책을 분리한 전략이다.

⑤ 소득재분배와 소비 지원을 강조한다.

7과목	사회복지행정론

26 사회복지행정가가 가져야 할 능력이 아닌 것은?

① 배타적 사고
② 대안모색
③ 조직이론 이해
④ 우선순위 결정
⑤ 권한위임과 권한실행

27 사회복지행정의 실행 과정을 순서대로 나열한 것은?

> ㄱ. 과업 평가   ㄴ. 과업 촉진
> ㄷ. 과업 조직화   ㄹ. 과업 기획
> ㅁ. 환류

① ㄱ - ㄷ - ㄹ - ㅁ - ㄴ
② ㄷ - ㄱ - ㄹ - ㄴ - ㅁ
③ ㄷ - ㄹ - ㅁ - ㄴ - ㄱ
④ ㄹ - ㄴ - ㄷ - ㄱ - ㅁ
⑤ ㄹ - ㄷ - ㄴ - ㄱ - ㅁ

28 다음의 (   )에 들어갈 내용으로 옳은 것은?

> 테일러(F. W. Taylor)가 개발한 과학적 관리론은 (ㄱ)에게만 조직의 목표를 설정할 수 있는 (ㄴ)을 부여하기 때문에 (ㄷ)의 의사결정(ㄹ)을(를) 지향하는 사회복지조직에 적용하는 데는 한계가 있을 수 있다.

① ㄱ : 직원, ㄴ : 책임, ㄷ : 직원, ㄹ : 과업
② ㄱ : 관리자, ㄴ : 책임, ㄷ : 직원, ㄹ : 참여
③ ㄱ : 관리자, ㄴ : 과업, ㄷ : 관리자, ㄹ : 참여
④ ㄱ : 직원, ㄴ : 과업, ㄷ : 직원, ㄹ : 과업
⑤ ㄱ : 직원, ㄴ : 과업, ㄷ : 관리자, ㄹ : 참여

29 사회복지조직관리자가 상황이론(Contingency Theory)을 활용할 경우 고려해야 할 것을 모두 고른 것은?

> ㄱ. 계층적 승진제도를 통해서 직원의 성취욕구를 고려한다.
> ㄴ. 시간과 동작 분석을 활용하여 표준시간과 표준동작을 정한다.
> ㄷ. 사회복지조직을 둘러싸고 있는 사회, 정치, 경제, 문화 변수 등을 고려한다.

① ㄱ   ② ㄴ
③ ㄷ   ④ ㄱ, ㄷ
⑤ ㄴ, ㄷ

30 조직구조 유형 중 태스크포스(TF)에 관한 설명으로 옳은 것을 모두 고른 것은?

> ㄱ. 팀 형식으로 운영하는 조직이다.
> ㄴ. 특정 목표달성을 위한 업무에 전문가들을 배치한다.
> ㄷ. 환경의 변화에 대응하기 위해서 만든 조직의 성격이 강하다.

① ㄱ
② ㄴ
③ ㄱ, ㄷ
④ ㄴ, ㄷ
⑤ ㄱ, ㄴ, ㄷ

31 현대조직운영 기법에 관한 설명으로 옳지 않은 것은?

① 리스트럭처링(Restructuring) : 중복사업을 통합하여 조직 경쟁력 확보
② 리엔지니어링(Re－engineering) : 업무시간을 간소화시켜 서비스 시간 단축
③ 벤치마킹(Benchmarking) : 특수분야에서 우수한 대상을 찾아 뛰어난 부분 모방
④ 아웃소싱(Outsourcing) : 계약을 통해 외부 전문가에게 조직기능 일부 의뢰
⑤ 균형성과표(Balanced Score Card) : 공정한 직원채용을 위해서 만든 면접평가표

32 학습조직 구축요인에 관한 설명으로 옳은 것은?

① 자기숙련(Personal Mastery) : 명상 활동
② 공유비전(Shared Vision) : 개인적 비전 유지
③ 사고모형(Mental Models) : 계층적 수직구조 이해
④ 팀학습(Team Learning) : 최고관리자의 감독과 통제를 통한 학습
⑤ 시스템 사고(Systems Thinking) : 전체와 부분 간 역동적 관계 이해

33 다음에서 설명하는 사회복지정보시스템 명칭은?

> • 사회복지사업 정보와 지원대상자의 자격정보, 수급이력정보 등을 통합관리하는 시스템
> • 대상자의 소득, 재산, 인적자료, 수급이력정보 등을 연계하여 정확한 사회복지대상자 선정 및 효율적 복지업무 처리 지원

① 복지로
② 사회보장정보시스템(범정부)
③ 사회복지시설정보시스템
④ 사회서비스전자바우처시스템
⑤ 보건복지정보시스템

34 스키드모어(R. A. Skidmore)의 기획과정을 순서대로 나열한 것은?

> ㄱ. 대안 모색
> ㄴ. 가용자원 검토
> ㄷ. 대안 결과예측
> ㄹ. 최종대안 선택
> ㅁ. 구체적 목표 설정
> ㅂ. 프로그램 실행계획 수립

① ㄱ － ㄴ － ㄷ － ㅁ － ㅂ － ㄹ
② ㄱ － ㄷ － ㄹ － ㄴ － ㅁ － ㅂ
③ ㄱ － ㄷ － ㅁ － ㄴ － ㅂ － ㄹ
④ ㅁ － ㄴ － ㄱ － ㄷ － ㄹ － ㅂ
⑤ ㅁ － ㅂ － ㄴ － ㄱ － ㄷ － ㄹ

35 예산통제의 원칙으로 옳지 않은 것은?

① 강제의 원칙
② 개별화의 원칙
③ 접근성의 원칙
④ 효율성의 원칙
⑤ 예외의 원칙

36 「사회복지법인 및 사회복지시설 재무·회계 규칙」상 사회복지관에서 예산서류를 제출할 때 첨부하는 서류가 아닌 것은?

① 예산총칙
② 세입·세출명세서
③ 사업수입명세서

④ 임직원 보수 일람표

⑤ 예산을 의결한 이사회 회의록 또는 예산을 보고받은 시설운영위원회 회의록 사본

37 사회복지조직의 책임성에 관한 설명으로 옳지 않은 것은?

① 업무수행 결과에 대한 책임뿐만 아니라 업무과정에 대한 정당성을 의미한다.

② 책임성 이행측면에서 효율성을 배제하고 효과성을 극대화해야 한다.

③ 지역사회와의 관계뿐만 아니라 조직 내 상호작용에서도 정당성을 확보해야 한다.

④ 정부 및 재정자원제공자, 사회복지조직, 사회복지전문직, 클라이언트 등에게 책임성을 입증해야 한다.

⑤ 클라이언트 집단의 욕구를 충족시키고 당면한 사회문제를 해결하고 있다는 증거를 보여줘야 한다.

38 다음에서 설명하는 마케팅 방법은?

> A초등학교의 학부모들이 사회복지사에게 본인들의 자녀와 연령대가 비슷한 아이들을 돕고 싶다고 이야기하였다. 이에 사회복지사들은 월 1회 아동문화체험 프로그램을 기획하여 이들을 후원자로 참여할 수 있도록 요청하였다.

① 사회 마케팅

② 공익연계 마케팅

③ 다이렉트 마케팅

④ 데이터베이스 마케팅

⑤ 고객관계관리 마케팅

39 다음에서 설명하는 프로그램평가의 기준은?

> • 서비스를 받은 클라이언트 수
> • 목표달성을 위해 투입된 시간 및 자원의 양
> • 프로그램 담당자의 제반활동

① 노력　　　　　　② 영향

③ 효과성　　　　　④ 효율성

⑤ 서비스의 질

40 최근 사회복지조직의 환경변화로 옳은 것을 모두 고른 것은?

> ㄱ. 사회복지 공급주체의 다양화
> ㄴ. 행정관리능력 향상으로 거주시설 대규모화
> ㄷ. 성과에 대한 강조와 마케팅 활성화
> ㄹ. 기업의 경영관리 기법 도입

① ㄱ, ㄴ　　　　　② ㄱ, ㄷ

③ ㄴ, ㄹ　　　　　④ ㄱ, ㄷ, ㄹ

⑤ ㄴ, ㄷ, ㄹ

41 사회복지관에서 제공해야 하는 서비스의 최저기준에 포함되지 않는 것은?

① 시설의 환경　　　② 시설의 규모

③ 시설의 안전관리　④ 시설의 인력관리

⑤ 시설 이용자의 인권

42 동기부여이론에 관한 설명으로 옳은 것은?

① 알더퍼(C. Alderfer)의 ERG이론은 고순위 욕구가 충족되지 못하면 저순위 욕구를 더욱 원하게 된다는 좌절퇴행(Frustration Regression) 개념을 제시한다.

② 맥그리거(D. McGregor)의 X·Y이론은 조직에 대한 기대와 현실 간 차이가 동기수준을 결정한다는 점을 강조한다.

③ 허즈버그(F. Herzberg)의 동기-위생요인이론은 불만 초래 요인을 동기요인으로 규정한다.

④ 맥클리랜드(D. McClelland)의 성취동기이론은 조직 공정성을 성취동기 고취를 위한 핵심요소로 간주한다.

⑤ 매슬로우(A. Maslow)의 욕구단계이론은 욕구가 존재, 관계, 성장욕구의 세 단계로 구성된다고 주장한다.

43 변혁적 리더십에 관한 설명으로 옳은 것을 모두 고른 것은?

> ㄱ. 구성원들에게 봉사하는 것을 핵심적 가치로 한다.
> ㄴ. 구성원들에 대한 상벌체계를 강조한다.
> ㄷ. 구성원들 스스로 혁신할 수 있도록 비전을 제시해 주는 것을 강조한다.

① ㄱ　　　　　　② ㄴ
③ ㄷ　　　　　　④ ㄱ, ㄴ
⑤ ㄴ, ㄷ

44 인적자원관리에 관한 설명으로 옳은 것을 모두 고른 것은?

> ㄱ. 직무분석은 직무명세 이후 가능하다.
> ㄴ. 직무명세는 특정 직무수행을 위해 필요한 지식과 기능, 능력 등을 작성하는 것이다.
> ㄷ. 직무평가에서는 조직목표 달성에 대한 구성원의 기여도를 고려한다.

① ㄴ　　　　　　② ㄱ, ㄴ
③ ㄱ, ㄷ　　　　　④ ㄴ, ㄷ
⑤ ㄱ, ㄴ, ㄷ

45 리더십이론에 관한 설명으로 옳은 것은?

① 블레이크와 머튼(R. Blake & J. Mouton)의 관리격자 모형은 자질이론 중 하나이다.
② 블레이크와 머튼의 관리격자 모형에서 가장 바람직한 행동유형은 극단에 치우치지 않은 중도형이다.
③ 허시와 블랜차드(P. Hersey & K. H. Blanchard)의 상황적 리더십 모형에서는 구성원의 성숙도를 중요하게 고려한다.
④ 퀸(R. Quinn)의 경쟁가치 리더십 모형은 행동이론의 대표적 모형이다.
⑤ 퀸의 경쟁가치 리더십 모형에서는 조직환경의 변화에 따라 리더십이 달라져서는 안 된다는 것을 강조한다.

46 참여적 리더십에 관한 설명으로 옳지 않은 것은?

① 의사결정의 시간과 에너지가 절약될 수 있다.
② 하급자가 의사결정에 참여하는 것을 강조한다.
③ 동기부여 수준이 높은 업무자로 구성된 조직에서 효과적이다.
④ 책임성 소재가 모호해질 수 있다.
⑤ 사회복지의 가치와 부합한다.

47 사회복지서비스 전달체계에 관한 설명으로 옳지 않은 것은?

① 구조·기능 차원에서 행정체계와 집행체계로 구분할 수 있다.
② 운영주체에 따라서 공공체계와 민간체계로 구분할 수 있다.
③ 전달체계의 접근성을 높이기 위해서는 서비스 이용의 장애요인을 줄여야 한다.
④ 사회복지서비스 급여의 유형과 전달체계 특성은 관련이 없다.
⑤ 서비스 제공기관을 의도적으로 중복해서 만드는 것이 전달체계를 개선해 줄 수도 있다.

48 사회복지서비스 전달체계 도입 순서가 올바르게 제시된 것은?

> ㄱ. 희망복지지원단 설치
> ㄴ. 지역사회복지협의체 설치
> ㄷ. 읍·면·동 복지허브화 사업 실행

① ㄱ - ㄴ - ㄷ
② ㄱ - ㄷ - ㄴ
③ ㄴ - ㄱ - ㄷ
④ ㄴ - ㄷ - ㄱ
⑤ ㄷ - ㄴ - ㄱ

49 패러슈라만 등(A. Parasuraman, V. A. Zeithaml & L. L. Berry)의 SERVQUAL 구성차원에 관한 설명으로 옳은 것은?

① 신뢰성 : 이용자의 요구에 선제적으로 응대할 수 있는 능력
② 유형성 : 시설, 장비 및 서비스 제공자 용모 등의 적합성
③ 확신성 : 이용자에 대한 관심이나 상황이해 능력
④ 공감성 : 전문적 지식과 기술, 정중한 태도로 이용자를 대하는 능력
⑤ 대응성 : 저렴한 비용으로 서비스를 제공할 수 있는 능력

50 총체적 품질관리(TQM)에 관한 설명으로 옳지 않은 것은?

① 지속적인 품질개선을 강조하는 일련의 과정이다.
② 자료와 사실에 기반한 의사결정을 중시한다.
③ 좋은 품질이 무엇인지는 고객이 결정한다.
④ 집단의 노력보다는 개인의 노력이 품질향상에 더 기여한다고 본다.
⑤ 조직 구성원에 대한 훈련을 강조한다.

8과목　　　　　　**사회복지법제론**

51 헌법 규정의 사회적 기본권에 관한 설명으로 옳지 않은 것은?

① 국가는 근로자의 고용의 증진과 적정임금의 보장에 노력하여야 한다.
② 국가는 여자의 복지와 권익의 향상을 위하여 노력하여야 한다.
③ 국가는 모든 공무원인 근로자의 단결권 · 단체교섭권 및 단체행동권을 보장하여야 한다.
④ 국가는 평생교육을 진흥하여야 한다.
⑤ 국가는 모성의 보호를 위하여 노력하여야 한다.

52 우리나라 사회복지법의 법원에 해당하는 것을 모두 고른 것은?

> ㄱ. 대통령령
> ㄴ. 조례
> ㄷ. 일반적으로 승인된 국제법규
> ㄹ. 규칙

① ㄱ
② ㄱ, ㄴ
③ ㄱ, ㄴ, ㄹ
④ ㄴ, ㄷ, ㄹ
⑤ ㄱ, ㄴ, ㄷ, ㄹ

53 법률의 제정 연도가 가장 빠른 것은?

① 「사회보장기본법」
② 「국민건강보험법」
③ 「고용보험법」
④ 「영유아보육법」
⑤ 「노인복지법」

54 「사회보장기본법」상 사회보장제도의 운영원칙에 관한 사항이다. (　　)에 들어갈 내용으로 옳은 것은?

> 사회보험은 (ㄱ)의 책임으로 시행하고, 공공부조와 사회서비스는 (ㄴ)의 책임으로 시행하는 것을 원칙으로 한다.

① ㄱ : 국가, ㄴ : 국가
② ㄱ : 지방자치단체, ㄴ : 지방자치단체
③ ㄱ : 국가와 지방자치단체, ㄴ : 국가
④ ㄱ : 국가, ㄴ : 국가와 지방자치단체
⑤ ㄱ : 국가와 지방자치단체, ㄴ : 국가와 지방자치단체

55 「사회보장기본법」상 국가와 지방자치단체에 관한 설명으로 옳지 않은 것은?

① 국가와 지방자치단체는 모든 국민의 인간다운 생활을 유지·증진하는 책임을 가진다.

② 국가와 지방자치단체는 사회보장에 관한 책임과 역할을 합리적으로 분담하여야 한다.

③ 국가와 지방자치단체는 사회보장제도의 안정적인 운영을 위하여 중장기 사회보장 재정추계를 매년 실시하고 이를 공표하여야 한다.

④ 국가와 지방자치단체는 지속가능한 사회보장제도를 확립하고 매년 이에 필요한 재원을 조달하여야 한다.

⑤ 국가와 지방자치단체는 가정이 건전하게 유지되고 그 기능이 향상되도록 노력하여야 한다.

56 「사회보장기본법」상 사회보장위원회 위원으로 포함되어야 하는 중앙행정기관의 장을 모두 고른 것은?

> ㄱ. 행정안전부장관 ㄴ. 고용노동부장관
> ㄷ. 기획재정부장관 ㄹ. 국토교통부장관

① ㄱ, ㄴ, ㄷ   ② ㄱ, ㄴ, ㄹ
③ ㄱ, ㄷ, ㄹ   ④ ㄴ, ㄷ, ㄹ
⑤ ㄱ, ㄴ, ㄷ, ㄹ

57 「사회보장급여의 이용·제공 및 수급권자 발굴에 관한 법률」의 내용으로 옳지 않은 것은?

① 보장기관의 장은 「긴급복지지원법」 제7조의2에 따른 발굴조사를 실시한 경우를 제외하고 지원대상자에 대한 발굴조사를 1년마다 정기적으로 실시하여야 한다.

② 보장기관은 지역의 사회보장 수준이 균등하게 실현될 수 있도록 노력하여야 한다.

③ 누구든지 사회적 위험으로 인하여 사회보장급여를 필요로 하는 지원대상자를 발견하였을 때에는 보장기관에 알려야 한다.

④ 이의신청은 그 처분을 받은 날로부터 90일 이내에 처분을 결정한 보장기관의 장에게 할 수 있다.

⑤ 사회서비스 제공기관의 운영자는 위기가구의 발굴 지원업무 수행을 위해 사회서비스정보시스템을 이용할 수 있다.

58 「사회보장급여의 이용·제공 및 수급권자 발굴에 관한 법률」상 수급자격 확인을 위해 지원대상자와 그 부양의무자에 대하여 조사할 수 있는 사항을 모두 고른 것은?

> ㄱ. 인적사항 및 가족관계 확인에 관한 사항
> ㄴ. 소득·재산·근로능력 및 취업상태에 관한 사항
> ㄷ. 사회보장급여 수급이력에 관한 사항
> ㄹ. 수급권자를 선정하기 위하여 보장기관의 장이 필요하다고 인정하는 사항

① ㄱ, ㄴ   ② ㄷ, ㄹ
③ ㄱ, ㄴ, ㄷ   ④ ㄴ, ㄷ, ㄹ
⑤ ㄱ, ㄴ, ㄷ, ㄹ

59 「사회복지사업법」의 내용으로 옳지 않은 것은?

① 보건복지부장관은 사회복지사가 거짓으로 자격을 취득한 경우 그 자격을 취소하여야 한다.

② 사회복지법인을 설립하려는 자는 대통령령으로 정하는 바에 따라 시·도지사의 허가를 받아야 한다.

③ 사회복지법인이 설립 후 기본재산을 출연하지 아니한 때 시·도지사는 시정명령을 내릴 수 있다.

④ 누구든지 정당한 이유 없이 사회복지시설의 설치를 방해하여서는 아니 된다.

⑤ 사회복지를 필요로 하는 사람은 누구든지 자신의 의사에 따라 시비스를 신청하고 제공받을 수 있다.

60 「사회복지사업법」상 사회복지시설(이하 '시설'이라고 한다)에 관한 설명으로 옳은 것은?

① 지방자치단체가 시설을 설치·운영하려는 경우에는 보건복지부에 신고하여야 한다.
② 사회복지법인의 대표는 시설에 대하여 정기 및 수시 안전점검을 실시하여야 한다.
③ 시설을 설치·운영하는 자는 시설에 근무할 종사자를 채용할 수 있다.
④ 시설의 장은 시설의 운영에 관한 사항을 의결하기 위하여 시설에 운영위원회를 두어야 한다.
⑤ 지방자치단체는 시설의 책임보험 가입에 드는 비용의 전부를 보조하여야 한다.

61 「사회복지사업법」상 사회복지법인(이하 '법인'으로 한다)에 관한 설명으로 옳지 않은 것은?

① 법인이 설치한 사회복지시설의 장과 직원은 그 법인의 이사를 겸할 수 없다.
② 파산선고를 받고 복권되지 아니한 사람은 임원이 될 수 없다.
③ 법인은 대표이사를 포함한 이사 7명 이상과 감사 2명 이상을 두어야 한다.
④ 이사회는 안건, 표결수 등을 기재한 회의록을 작성하여야 한다.
⑤ 해산한 법인의 남은 재산은 정관으로 정하는 바에 따라 국가 또는 지방자치단체에 귀속된다.

62 「국민기초생활 보장법」상 보장기관과 보장시설에 대한 예시이다. '보장기관 – 보장시설'을 순서대로 옳게 짝지은 것은?

> ㄱ. 「장애인복지법」 제58조 제1항 제1호의 장애인 거주시설
> ㄴ. 「사회복지사업법」 제2조 제4호의 사회복지시설 중 결핵 및 한센병요양시설
> ㄷ. 대전광역시장
> ㄹ. 전라남도지사
> ㅁ. 인천광역시 교육감

① ㄱ – ㄴ
② ㄴ – ㅁ
③ ㄷ – ㄱ
④ ㄹ – ㄷ
⑤ ㅁ – ㄹ

63 「의료급여법」상 의료급여의 내용에 해당하지 않는 것은?

① 진찰·검사
② 예방·재활
③ 입원
④ 간호
⑤ 화장 또는 매장 등 장제 조치

64 「기초연금법」상 기초연금의 지급정지 사유에 해당하는 것을 모두 고른 것은?

> ㄱ. 기초연금 수급자가 금고 이상의 형을 선고받고 교정시설 또는 치료감호시설에 수용되어 있는 경우
> ㄴ. 기초연금 수급자가 행방불명되거나 실종되는 등 대통령령으로 정하는 바에 따라 사망한 것으로 추정되는 경우
> ㄷ. 기초연금 수급권자가 국적을 상실한 때
> ㄹ. 기초연금 수급자의 국외 체류기간이 60일 이상 지속되는 경우

① ㄱ, ㄴ
② ㄷ, ㄹ
③ ㄱ, ㄴ, ㄷ
④ ㄱ, ㄴ, ㄹ
⑤ ㄱ, ㄴ, ㄷ, ㄹ

65 「긴급복지지원법」상 직무수행 과정에서 긴급지원대상자가 있음을 알게 된 경우 이를 신고하고, 긴급지원대상자가 신속하게 지원을 받을 수 있도록 노력하여야 하는 자에 해당하지 않는 것은?

① 「의료법」에 따른 의료기관의 종사자
② 「고등교육법」에 따른 직원
③ 「지방공무원법」에 따른 공무원
④ 「무형문화재 보전 및 진흥에 관한 법률」에 따라 지정된 국가무형문화재의 보유자
⑤ 「사회복지사업법」에 따른 사회복지시설의 종사자

66 「국민건강보험법」상 건강보험심사평가원의 업무에 해당하는 것은?

① 요양급여의 적정성 평가
② 가입자의 자격 관리
③ 보험급여의 관리
④ 보험급여 비용의 지급
⑤ 보험료의 부과 · 징수

67 「국민연금법」상 급여의 종류에 해당하는 것을 모두 고른 것은?

ㄱ. 노령연금	ㄴ. 장애인연금
ㄷ. 장해급여	ㄹ. 장애연금
ㅁ. 반환일시금	

① ㄱ, ㄴ, ㄹ
② ㄱ, ㄴ, ㅁ
③ ㄱ, ㄷ, ㅁ
④ ㄱ, ㄹ, ㅁ
⑤ ㄴ, ㄷ, ㄹ

68 「산업재해보상보험법」의 내용으로 옳지 않은 것은?

① "업무상의 재해"란 업무상의 사유에 따른 근로자의 부상 · 질병 · 장해 또는 사망을 말한다.
② 보험급여에는 간병급여, 상병보상연금, 실업급여 등이 있다.
③ 근로복지공단은 법인으로 한다.
④ "출퇴근"이란 취업과 관련하여 주거와 취업장소 사이의 이동 또는 한 취업장소에서 다른 취업장소로의 이동을 말한다.
⑤ 요양급여는 근로자가 업무상의 사유로 부상을 당하거나 질병에 걸린 경우에 그 근로자에게 지급한다.

69 「고용보험법」의 내용으로 옳은 것은?

① 고용보험기금은 기획재정부장관이 관리 · 운용한다.
② 국가는 매년 보험사업에 드는 비용의 일부를 일반회계에서 부담하여야 한다.

③ 취업촉진 수당의 종류로는 구직급여, 직업능력개발 수당 등이 있다.
④ "실업"이란 근로의 의사와 능력이 없어 취업하지 못한 상태에 있는 것을 말한다.
⑤ "일용근로자"란 6개월 미만 동안 고용되는 사람을 말한다.

70 「노인장기요양보험법」의 내용으로 옳은 것은?

① 장기요양보험사업은 보건복지부장관이 관장한다.
② "장기요양급여"란 장기요양등급판정 결과에 따라 1개월 이상 동안 혼자서 일상생활을 수행하기 어렵다고 인정되는 자에게 신체활동 · 가사활동의 지원 또는 간병 등의 서비스를 말한다.
③ 장기요양기관은 수급자에게 재가급여 또는 시설급여를 제공한 경우 시 · 도지사에게 장기요양급여비용을 청구하여야 한다.
④ "노인등"이란 60세 이상의 노인 또는 60세 미만의 자로서 치매 · 뇌혈관성질환 등 대통령령으로 정하는 노인성 질병을 가진 자를 말한다.
⑤ 재가급여에는 방문요양, 방문목욕, 특별현금급여가 있다.

71 「한부모가족지원법」의 내용으로 옳지 않은 것은?

① "청소년 한부모"란 24세 이하의 모 또는 부를 말한다.
② 한부모가족의 모 또는 부와 아동은 한부모가족 관련 정책결정과정에 참여할 권리가 있다.
③ 여성가족부장관은 자녀양육비 산정을 위한 자녀양육비 가이드라인을 마련하여 법원이 이혼 판결 시 적극 활용할 수 있도록 노력하여야 한다.
④ 국가와 지방자치단체는 청소년 한부모의 건강증진을 위하여 건강진단을 실시할 수 있다.
⑤ 국가나 지방자치단체는 아동양육비를 대여할 수 있다.

72 「노인복지법」의 내용으로 옳지 않은 것은?

① 노인복지주택 입소자격자는 60세 이상의 노인이다.

② 보건복지부장관은 요양보호사가 거짓으로 자격증을 취득한 경우 그 자격을 취소하여야 한다.

③ 누구든지 노인학대를 알게 된 때에는 노인보호전문기관 또는 수사기관에 신고할 수 있다.

④ 노인일자리전담기관에는 노인인력개발기관, 노인취업알선기관, 노인일자리지원기관이 있다.

⑤ 지방자치단체는 65세 이상의 자에 대하여 건강진단과 보건교육을 실시할 수 있다.

73 「장애인복지법」의 내용으로 옳은 것은?

① 「난민법」 제2조 제2호에 따른 난민인정자는 장애인등록을 할 수 있다.

② 보건복지부장관은 3년마다 장애인정책종합계획을 수립·시행하여야 한다.

③ 보건복지부장관은 5년마다 장애실태조사를 실시하여야 한다.

④ 보건복지부장관은 피해장애인의 임시 보호 및 사회복귀 지원을 위하여 장애인 쉼터를 설치·운영할 수 있다.

⑤ 장애인복지시설의 장은 장애인 거주시설에서 제공하여야 하는 서비스의 최저기준을 마련하여야 한다.

74 「아동복지법」의 내용으로 옳은 것은?

① 시장·군수·구청장은 보호조치 중인 보호대상아동의 양육상황을 3년마다 점검하여야 한다.

② 시·군·구에 두는 아동위원은 명예직으로 수당을 지급할 수 없다.

③ 보건복지부장관 소속으로 아동정책조정위원회를 둔다.

④ 아동권리보장원의 장은 아동학대가 종료된 이후에도 아동학대의 재발 여부를 확인하여야 한다.

⑤ 아동복지시설의 장은 보호하고 있는 12세 이상의 아동을 대상으로 자립지원계획을 수립하여야 한다.

75 「사회복지공동모금회법」의 내용으로 옳은 것은?

① 배분분과실행위원회는 위원장 1명을 포함하여 20명 이내의 위원으로 구성한다.

② 국가나 지방자치단체는 모금회의 관리·운영에 필요한 비용을 보조할 수 있다.

③ 기부금품의 기부자는 배분지역, 배분대상자 또는 사용 용도를 지정할 수 없다.

④ 사회복지공동모금회는 언론기관을 모금창구로 지정할 수 있으나 지정된 언론기관의 명의로 모금계좌를 개설할 수 없다.

⑤ 모금회의 정관으로 규정하지 아니한 사항은 「민법」 중 사단법인에 관한 규정을 준용한다.

1교시 사회복지기초

인간행동과 사회환경

01 인간발달에 관한 설명으로 옳지 않은 것은?

① 영아기에서 노년기까지 시간 흐름의 과정이다.
② 일정한 순서와 방향성이 있어 예측이 가능하다.
③ 생애 전 과정에 걸쳐 진행되는 환경적, 유전적 상호작용의 결과이다.
④ 각 발달단계별 인간행동의 특성이 있다.
⑤ 발달에는 개인차가 있다.

02 생태체계이론의 유용성에 관한 설명으로 옳지 않은 것은?

① 문제에 대한 총체적 이해와 조명을 제공된다.
② 각 체계들로부터 다양하고 객관적인 정보획득이 용이하다.
③ 각 환경 수준별 개입의 근거를 제시한다.
④ 구체적인 방법과 기술 제시에는 한계가 있다.
⑤ 개인보다 가족, 집단, 공동체 등의 문제에 적용하는 데 유용하다.

03 인간발달이론과 사회복지실천에 관한 설명으로 옳지 않은 것은?

① 다양한 연령층의 클라이언트와 일할 수 있는 토대가 된다.
② 발달단계별 욕구를 기반으로 사회복지서비스를 개발할 수 있다.
③ 발달단계별 발달과제는 문제해결의 목표와 방법 설정에 유용하다.
④ 발달단계별 발달 저해 요소들을 이해하는 데 유용하다.
⑤ 인간발달이론은 문제사정 단계에서만 유용하다.

04 생태체계이론의 주요 개념에 관한 설명으로 옳은 것은?

① 시너지는 폐쇄체계 내에서 체계 구성요소들 간 유용한 에너지의 증가를 의미한다.
② 엔트로피는 체계 내 질서, 형태, 분화 등이 정돈된 상태이다.
③ 항상성은 모든 사회체계의 기본 속성으로 체계의 목표와 정체성을 유지하려는 의도적 노력에 의해 수정된다.
④ 피드백은 체계의 순환적 성격을 반영하는 개념으로 안정 상태를 유지하는 데 필요하다.
⑤ 적합성은 인간의 적응욕구와 환경자원의 부합 정도로서 특정 발달단계에서 성취된다.

05 에릭슨(E. Erikson)의 이론으로 옳지 않은 것은?

① 개인의 성격은 전 생애를 통하여 발달한다.
② 청소년기의 주요 발달과업은 자아정체감 형성이다.
③ 각 단계의 발달은 이전 단계의 발달을 토대로 이루어진다.
④ 성격발달에 있어서 환경과의 상호작용이 중요하다고 본다.
⑤ 학령기(아동기)는 자율성 대 수치와 의심의 심리사회적 위기를 겪는다.

06 프로이트(S. Freud)의 정신분석이론에 관한 설명으로 옳은 것은?

① 인간이 가진 자유의지의 중요성을 강조하였다.
② 거세불안과 남근선망은 주로 생식기(Genital Stage)에 나타난다.
③ 성격구조를 원초아, 자아, 초자아로 구분하였다.
④ 초자아는 현실원리에 지배되며 성격의 실행자이다.
⑤ 성격의 구조나 발달단계를 제시하지 않았다.

07 매슬로우(A. Maslow)의 이론으로 옳지 않은 것은?

① 인간에 대해 희망적이고 낙관적인 관점을 갖는다.
② 자아존중감의 욕구는 욕구 위계에서 가장 높은 단계이다.
③ 일반적으로 욕구 위계서열이 높을수록 욕구의 강도가 낮다.
④ 인간은 삶을 유지하려는 동기와 삶을 창조하려는 동기를 가진다.
⑤ 인간은 자아실현을 이루려고 노력하는 존재이다.

08 반두라(A. Bandura)의 사회학습이론의 주요 개념으로 옳지 않은 것은?

① 모델이 관찰자와 유사할 때 관찰자는 모델을 더욱 모방하는 경향이 있다.
② 자신이 통제할 수 있는 보상을 자신에게 줌으로써 자기 행동을 유지시키거나 개선시킬 수 있다.
③ 학습은 사람, 환경 및 행동의 상호작용에 의해 이루어짐을 강조한다.
④ 조작적 조건화에 의해 행동은 습득된다.
⑤ 관찰학습은 주의집중과정 → 보존과정(기억과정) → 운동재생과정 → 동기화과정을 통해 이루어진다.

09 영아기(0~2세)에 관한 설명으로 옳지 않은 것은?

① 인지발달은 감각기관과 운동기능을 통해 이루어지며 언어나 추상적 개념은 포함되지 않는다.
② 정서발달은 긍정적 정서를 표현하는 것에서 시작하여 점차 부정적 정서까지 표현하게 된다.
③ 언어발달은 인지 및 사회성 발달과 밀접한 관련이 있다.
④ 영아와 보호자 사이에 애착관계 형성이 중요하다.
⑤ 낯가림이 시작된다.

10 중년기(40~64세)에 관한 설명으로 옳은 것은?

① 여성만이 우울, 무기력감 등 심리적 증상을 경험한다.
② 여성은 에스트로겐의 분비가 감소되고 남성은 테스토스테론의 분비가 증가된다.
③ 인지적 반응속도가 최고조에 달한다.
④ 외부세계에 쏟았던 에너지가 자신의 내부로 향한다.
⑤ 친밀감 형성이 주요 과업이며 사회관계망이 축소된다.

11 유아기(3~6세)에 관한 설명으로 옳은 것은?

① 남아는 오이디푸스 콤플렉스를 경험하고 여아는 엘렉트라 콤플렉스를 경험한다.
② 콜버그(L. Kohlberg)에 의하면 인습적 수준의 도덕성 발달단계를 보인다.
③ 피아제의 구체적 조작기에 해당되며 상징적 사고가 가능하다.
④ 인지발달은 상위 개념과 하위 개념을 구분하여 완전한 수준의 분류능력을 보인다.
⑤ 영아기에 비해 성장 속도가 빨라지며 지속적으로 성장한다.

12 로저스(C. Rogers)의 인본주의이론에 관한 설명으로 옳은 것을 모두 고른 것은?

> ㄱ. 인간의 주관적 경험을 강조한다.
> ㄴ. 인간은 자아실현경향을 가지고 있다.
> ㄷ. 인간의 욕구발달단계를 제시했다.
> ㄹ. 완전히 기능하는 사람은 자신의 경험에 개방적이다.

① ㄱ, ㄹ   ② ㄴ, ㄷ
③ ㄱ, ㄴ, ㄹ   ④ ㄴ, ㄷ, ㄹ
⑤ ㄱ, ㄴ, ㄷ, ㄹ

13 융(C. Jung)의 이론으로 옳은 것을 모두 고른 것은?

> ㄱ. 무의식을 개인무의식과 집단무의식으로 구분하였다.
> ㄴ. 그림자(Shadow)는 인간에게 있는 동물적 본성을 포함하는 부정적인 측면이다.
> ㄷ. 페르소나(Persona)는 개인이 외부세계에 보여주는 이미지 혹은 가면이다.
> ㄹ. 남성의 여성적 면은 아니무스(Animus), 여성의 남성적 면은 아니마(Anima)이다.

① ㄱ, ㄴ   ② ㄷ, ㄹ
③ ㄱ, ㄴ, ㄷ   ④ ㄱ, ㄴ, ㄹ
⑤ ㄱ, ㄴ, ㄷ, ㄹ

14 브론펜브레너(U. Bronfenbrenner)의 사회환경체계에 관한 설명으로 옳은 것은?

① 문화, 정치, 교육정책 등 거시체계는 개인의 삶에 직접적이고 강력한 영향을 미친다.
② 인간을 둘러싼 사회환경을 미시체계, 중간체계, 내부체계, 거시체계로 구분했다.
③ 중간체계는 상호작용하는 둘 이상의 미시체계 간의 관계로 구성된다.
④ 내부체계는 개인이 직접 참여하거나 관여하지는 않으나 개인에게 영향을 미치는 체계로 부모의 직장 등이 포함된다.

⑤ 미시체계는 개인이 새로운 환경으로 이동할 때마다 형성되거나 확대된다.

15 집단에 관한 설명으로 옳은 것은?

① 2차집단은 인간의 성격형성을 목적으로 한다.
② 개방집단은 구성원의 개별화와 일정 수준 이상의 심도깊은 목적 달성에 적합하다.
③ 구성원의 상호작용이 중요하므로 최소 단위는 4인 이상이다.
④ 형성집단은 특정 목적 없이 만들 수 있다.
⑤ 집단활동을 통해 집단에 관한 정체성인 '우리의식'이 형성된다.

16 문화에 관한 설명으로 옳은 것은?

① 선천적으로 습득된다.
② 개인행동에 대한 규제와 사회통제의 기능은 없다.
③ 고정적이며 구체적이다.
④ 다른 사회의 구성원과 구별되는 공통적 속성이 있다.
⑤ 다양성은 차별을 의미한다.

17 피아제(J. Piaget)의 인지발달이론에 관한 설명으로 옳은 것은?

① 전 생애의 인지발달을 다루고 있다.
② 문화적 · 사회경제적 · 인종적 차이를 고려하였다.
③ 추상적 사고의 확립은 구체적 조작기의 특징이다.
④ 인지는 동화와 조절의 과정을 통하여 발달한다.
⑤ 전조작적 사고 단계에서 보존개념이 획득된다.

18 행동주의이론에 관한 설명으로 옳은 것을 모두 고른 것은?

> ㄱ. 인간행동에 대한 환경의 결정력을 강조한다.
> ㄴ. 강화계획은 행동의 반응 가능성을 증가시키고 유지시키기 위한 방법이다.
> ㄷ. 행동조성(Shaping)은 복잡한 행동의 점진적 습득을 설명하는 개념이다.
> ㄹ. 고정간격 강화계획은 정해진 수의 반응이 일어난 후 강화를 주는 것이다.

① ㄱ, ㄴ
② ㄱ, ㄹ
③ ㄴ, ㄹ
④ ㄷ, ㄹ
⑤ ㄱ, ㄴ, ㄷ

19 다문화에 관한 설명으로 옳지 않은 것은?

① 대표적인 사회문제로 인종차별이 있다.
② 다양한 문화를 수용하고 문화의 단일화를 지향한다.
③ 서구화, 근대화, 세계화는 다문화의 중요성을 표면으로 부상시켰다.
④ 동화주의는 이민을 받는 사회의 문화적 우월성을 전제로 한다.
⑤ 용광로 개념은 동화주의와 관련이 있다.

20 노년기(65세 이상)에 관한 설명으로 옳지 않은 것은?

① 주요 과업은 이제까지의 자신의 삶을 수용하는 것이다.
② 생에 대한 회상이 증가하고 사고의 융통성이 증가한다.
③ 친근한 사물에 대한 애착이 많아진다.
④ 치매의 발병 가능성이 다른 연령대에 비해 높아진다.
⑤ 내향성이 증가한다.

21 신생아기(출생~1개월)의 반사운동에 관한 설명으로 옳지 않은 것은?

① 바빈스키반사(Babinski Reflect)는 입 부근에 부드러운 자극을 주면 자극이 있는 쪽으로 입을 벌리는 반사운동이다.
② 파악반사(Grasping Reflect)는 손에 닿는 것을 움켜쥐고 놓지 않으려는 반사운동이다.
③ 연하반사(Swallowing Reflect)는 입 속에 있는 음식물을 삼키려는 반사운동이다.
④ 모로반사(Moro Reflect)는 갑작스러운 외부 자극에 팔과 다리를 쭉 펴면서 껴안으려고 하는 반사운동이다.
⑤ 원시반사(Primitive Reflect)에는 바빈스키, 모로, 파악, 걷기반사 등이 있다.

22 청소년기(13~19세)에 관한 설명으로 옳지 않은 것은?

① 친밀감 형성이 주요 발달과업이다.
② 신체적 발달이 활발하여 제2의 성장 급등기로 불린다.
③ 특징적 발달 중 하나로 성적 성숙이 있다.
④ 정서의 변화가 심하며 극단적 정서를 경험하기도 한다.
⑤ 추상적 이론과 관념적 사상에 빠져 때로 부정적 정서를 경험한다.

23 아동기(7~12세)에 관한 설명으로 옳은 것을 모두 고른 것은?

> ㄱ. 제1의 반항기이다.
> ㄴ. 조합기술의 획득으로 사칙연산이 가능해진다.
> ㄷ. 객관적, 논리적 사고가 가능해진다.
> ㄹ. 정서적 통제와 분화된 정서표현이 가능해진다.
> ㅁ. 타인의 입장을 고려하지 못한다.

① ㄴ, ㄷ
② ㄱ, ㄴ, ㄹ
③ ㄴ, ㄷ, ㄹ
④ ㄷ, ㄹ, ㅁ
⑤ ㄱ, ㄴ, ㄷ, ㄹ, ㅁ

24 생애주기별 특징으로 옳은 것을 모두 고른 것은?

> ㄱ. 유아기(3~6세)는 성역할을 인식하기 시작한다.
> ㄴ. 아동기(7~12세)는 자기중심성을 보이며 자신의 시각에서 사물을 본다.
> ㄷ. 성인기(20~35세)는 신체적 기능이 최고조에 달하며 이 시기를 정점으로 쇠퇴하기 시작한다.
> ㄹ. 노년기(65세 이상)는 단기기억보다 장기기억의 감퇴 속도가 느리다.

① ㄱ, ㄴ   ② ㄱ, ㄹ
③ ㄴ, ㄷ   ④ ㄱ, ㄷ, ㄹ
⑤ ㄴ, ㄷ, ㄹ

25 이상행동과 사회복지실천에 관한 설명으로 옳지 않은 것은?

① 사회문화적 규범에서 벗어나거나 개인과 타인에게 불편과 고통을 유발하는 행동이다.
② 유일한 진단분류체계로 '정신질환 진단 및 통계편람(DSM)'이 있다.
③ 이상행동의 개념은 사회문화, 역사진행과정의 영향을 받는다.
④ 정신건강사회복지사가 전문실천가로 활동한다.
⑤ 이상행동은 클라이언트들이 겪는 문제의 원인이나 결과가 되기도 한다.

---

26 사회조사 과정에서 준수해야 할 연구윤리로 옳지 않은 것은?

① 참여자의 익명성과 비밀을 보장한다.
② 참여자가 원할 경우 언제든지 참여를 중단할 수 있음을 사전에 고지한다.
③ 일반적으로 연구의 공익적 가치가 연구윤리보다 우선해야 한다.

④ 참여자가 연구에 참여하여 얻을 수 있는 혜택은 사전에 고지한다.
⑤ 참여자의 연구 참여는 자발적이어야 한다.

27 사회과학의 패러다임에 관한 설명으로 옳지 않은 것은?

① 실증주의는 연구결과를 해석할 때 정치적 가치나 이데올로기의 영향을 적극적으로 고려한다.
② 해석주의는 삶에 관한 심층적이고 주관적인 이해를 얻고자 한다.
③ 비판주의는 사회변화를 목적으로 사회의 본질적이고 구조적 측면의 파악에 주목한다.
④ 후기실증주의는 객관적인 지식에 대한 직접적 확증은 불가능하다고 본다.
⑤ 포스트모더니즘은 객관적 실재와 진리의 보편적 기준을 거부한다.

28 종단연구(Longitudinal Study)에 관한 설명으로 옳은 것은?

① 베이비붐 세대를 시간변화에 따라 연구하는 것은 추이연구(Trend Study)이다.
② 일정기간 센서스 자료를 비교하여 전국 인구의 성장을 추적하는 것은 동류집단연구(Cohort Study)이다.
③ 매번 동일한 집단을 관찰하는 연구는 패널연구(Panel Study)이다.
④ 시간에 따른 변화를 가장 정확하게 알려주는 것은 동류집단연구(Cohort Study)이다.
⑤ 일반 모집단의 변화를 시간변화에 따라 연구하는 것은 동류집단연구(Cohort Study)이다.

29 영가설에 관한 설명으로 옳은 것을 모두 고른 것은?

> ㄱ. 연구가설에 대한 반증가설이 영가설이다.
> ㄴ. 영가설은 변수 간에 관계가 없음을 뜻한다.
> ㄷ. 대안가설을 검증하여 채택하는 가설이다.
> ㄹ. 변수 간의 관계가 우연이 아님을 증명한다.

① ㄱ, ㄴ ② ㄱ, ㄹ
③ ㄴ, ㄷ ④ ㄱ, ㄷ, ㄹ
⑤ ㄴ, ㄷ, ㄹ

30 사회조사의 목적에 관한 설명으로 옳지 않은 것은?

① 지난해 발생한 데이트폭력 사건의 빈도와 유형을 자세히 보고하는 것은 기술적 연구이다.
② 외상후스트레스로 퇴역한 군인을 위한 서비스개발의 가능성을 파악하기 위한 초기면접은 설명적 연구이다.
③ 사회복지협의회가 매년 실시하는 사회복지기관 통계조사는 기술적 연구이다.
④ 지방도시에 비해 대도시의 아동학대비율이 높은 이유를 보고하는 것은 설명적 연구이다.
⑤ 지역사회대상 설문조사를 통해 사회복지서비스의 만족도를 조사하는 것은 기술적 연구이다.

31 다음 연구과제의 변수들을 측정할 때 ㄱ~ㄹ의 척도유형을 바르게 짝지은 것은?

> 장애인의 성별(ㄱ)과 임금수준의 관계를 정확하게 파악하기 위해서는 장애유형(ㄴ), 거주지역(ㄷ), 직업종류(ㄹ)와 같은 변수들의 영향력을 적절히 통제해야 한다.

① ㄱ : 명목, ㄴ : 명목, ㄷ : 명목, ㄹ : 명목
② ㄱ : 명목, ㄴ : 서열, ㄷ : 서열, ㄹ : 명목
③ ㄱ : 명목, ㄴ : 서열, ㄷ : 명목, ㄹ : 비율
④ ㄱ : 명목, ㄴ : 등간, ㄷ : 명목, ㄹ : 명목
⑤ ㄱ : 명목, ㄴ : 등간, ㄷ : 서열, ㄹ : 비율

32 조사설계의 내적 타당도와 외적 타당도에 관한 설명으로 옳은 것은?

① 어떤 변수가 다른 변수의 원인임을 정확하게 기술하는 것이 외적 타당도이다.
② 연구결과를 연구조건을 넘어서는 상황이나 모집단으로 일반화하는 정도가 내적 타당도이다.
③ 내적 타당도는 외적 타당도의 필요조건이지만 충분조건은 아니다.
④ 실험대상의 탈락이나 우연한 사건은 외적 타당도 저해요인이다.
⑤ 외적 타당도가 낮은 경우 내적 타당도 역시 낮다.

33 피면접자를 직접 대면하는 면접조사가 우편설문에 비해 갖는 장점이 아닌 것은?

① 응답자의 익명성 보장 수준이 높다.
② 보충적 자료 수집이 가능하다.
③ 대리 응답의 방지가 가능하다.
④ 높은 응답률을 기대할 수 있다.
⑤ 조사 내용에 대한 심층적 이해가 가능하다.

34 다음 변수의 측정 수준에 따른 분석 방법이 옳지 않은 것은?

> ㄱ. 출신지역 : 도시, 도농복합, 농어촌, 기타
> ㄴ. 교육수준 : 무학, 초등학교 졸업, 중학교 졸업, 고등학교 졸업, 대졸 이상
> ㄷ. 가출경험 : 유, 무
> ㄹ. 연간기부금액 : (   )만 원
> ㅁ. 연령 : 10대, 20대, 30대, 40대, 50대, 60대 이상

① ㄱ : 최빈값 ② ㄴ : 중위수
③ ㄷ : 백분율 ④ ㄹ : 범위
⑤ ㅁ : 산술평균

35 델파이조사에 관한 설명으로 옳지 않은 것은?

① 전문가 패널을 대상으로 견해를 파악한다.
② 되풀이 되는 조사 과정을 통해 합의를 도출한다.
③ 반대 의견에 대한 패널 참가자들의 감정적 충돌을 줄일 수 있다.
④ 패널 참가자의 익명성 보장에 어려움이 있다.
⑤ 조사 자료의 정리에 연구사의 편향이 발생할 수 있다.

36 관찰을 통한 자료수집에 관한 설명으로 옳은 것은?

① 피관찰자에 의해 자료가 생성된다.
② 비언어적 상황의 자료수집이 용이하다.
③ 자료수집 상황에 대한 통제가 용이하다.
④ 내면적 의식의 파악이 용이하다.
⑤ 수집된 자료를 객관화하는 최적의 방법이다.

37 다음의 연구에서 활용한 질적 연구방법에 관한 설명으로 옳은 것은?

A사회복지사는 가정 밖 청소년들의 범죄피해와 정신건강의 문제를 당사자의 관점에서 이해하고 주체적으로 해결하기 위해 연구를 시작하였다. 연구에 참여한 가정 밖 청소년들은 A사회복지사와 함께 범죄피해와 정신건강과 관련된 사회 구조적인 문제를 해결하기 위한 다양한 방안들을 스스로 만들고 수행하였다.

① 개방코딩－축코딩－선택코딩의 방법을 활용한다.
② 범죄피해와 정신건강을 설명하는 이론 개발에 초점을 둔다.
③ 단일사례에 대한 깊이 있는 분석에 초점을 둔다.
④ 관찰대상의 개인적 신화(Narrative)를 만드는 것에 초점을 둔다.
⑤ 사회변화와 임파워먼트에 초점을 둔다.

38 다음의 연구에서 활용한 연구설계에 관한 설명으로 옳은 것은?

청소년의 자원봉사의식 향상 프로그램의 효과성을 검증하기 위하여 청소년 200명을 무작위로 두 개의 집단으로 나눈 후 A측정도구를 활용하여 사전 검사를 실시하였다. 하나의 집단에만 프로그램을 실시한 후 두 개의 집단 모두를 대상으로 A측정도구를 활용하여 사후 검사를 실시하였다.

① 테스트 효과의 발생 가능성이 낮다.
② 집단 간 동질성의 확인 가능성이 낮다.
③ 사전 검사와 프로그램의 상호작용 효과의 통제가 가능하다.
④ 자연적 성숙에 따른 효과의 통제가 가능하다.
⑤ 실험집단의 개입 효과가 통제집단으로 전이된다.

39 연구의 외적 타당도를 저해하는 상황으로 옳은 것은?

① 연구대상의 건강 상태가 시간 경과에 따라 회복되는 상황
② 자아존중감을 동일한 측정도구로 사전－사후 검사하는 상황
③ 사회적 지지를 다른 측정도구로 사전－사후 검사하는 상황
④ 실험집단과 통제집단 간 연령 분포의 차이가 크게 발생하는 상황
⑤ 자발적 참여자만을 대상으로 연구표본을 구성하게 되는 상황

40 단일사례설계에 관한 설명으로 옳은 것을 모두 고른 것은?

> ㄱ. BA설계는 개입의 긴급성이 있는 상황에 적합하다.
> ㄴ. ABAC설계는 선행 효과의 통제가 가능하다.
> ㄷ. ABAB설계는 AB설계에 비해 외부사건의 영향력에 대한 통제력이 크다.
> ㄹ. 복수기초선디자인은 AB설계에 비해 외부사건의 영향력에 대한 통제력이 크다.

① ㄱ, ㄴ   ② ㄴ, ㄹ
③ ㄷ, ㄹ   ④ ㄱ, ㄴ, ㄷ
⑤ ㄱ, ㄷ, ㄹ

41 단일사례설계의 결과 분석 방법에 관한 설명으로 옳지 않은 것은?

① 시각적 분석은 변화의 수준, 파동, 경향을 고려해야 한다.
② 통계적 분석을 할 때 기초선이 불안정한 경우 평균비교가 적합하다.
③ 평균비교에서는 평균과 표준편차를 함께 고려해야 한다.
④ 경향성 분석에서는 기초선의 정찰을 두 영역으로 나누어 경향선을 구한다.
⑤ 임상적 분석은 결과 판단에 주관적 요소의 개입 가능성이 크다.

42 측정의 오류에 관한 설명으로 옳지 않은 것은?

① 연구자의 의도가 포함된 질문은 체계적 오류를 발생시킨다.
② 사회적으로 바람직한 응답은 체계적 오류를 발생시킨다.
③ 측정의 오류는 연구의 타당도를 낮춘다.
④ 타당도가 낮은 척도의 사용은 무작위오류를 발생시킨다.
⑤ 측정의 다각화는 측정의 오류를 줄여 객관성을 높인다.

43 변수의 조작적 정의에 관한 설명으로 옳은 것을 모두 고른 것은?

> ㄱ. 개념적 정의를 실제로 관찰할 수 있는 수준으로 전환시키는 것이다.
> ㄴ. 조작적 정의를 하면 개념의 의미가 다양하고 풍부해진다.
> ㄷ. 조작적 정의를 통해 개념이 더욱 추상화된다.
> ㄹ. 조작적 정의가 없이도 가설 검증이 가능하다.

① ㄱ   ② ㄱ, ㄴ
③ ㄴ, ㄹ   ④ ㄱ, ㄴ, ㄷ
⑤ ㄱ, ㄷ, ㄹ

44 표집오차(Sampling Error)에 관한 설명으로 옳지 않은 것은?

① 신뢰수준을 높이면 표집오차는 감소한다.
② 모집단의 모수와 표본의 통계치 간의 차이이다.
③ 표본의 크기가 커지면 표집오차는 커진다.
④ 모집단의 동질성에 영향을 받는다.
⑤ 표본으로 추출될 기회가 동등하면 표집오차는 감소한다.

45 '마을만들기 사업 참여경험에 관한 연구'의 엄격성을 높이는 방법으로 옳은 것을 모두 고른 것은?

> ㄱ. 삼각측정(Triangulation)
> ㄴ. 예외사례 표본추출
> ㄷ. 장기적 관찰
> ㄹ. 연구윤리 강화

① ㄱ, ㄴ   ② ㄷ, ㄹ
③ ㄱ, ㄴ, ㄷ   ④ ㄱ, ㄴ, ㄹ
⑤ ㄱ, ㄴ, ㄷ, ㄹ

46 표본추출에 관한 설명으로 옳은 것은?

① 모집단을 가장 잘 대표하는 표본추출방법은 유의표집이다.
② 모집단이 이질적인 경우에는 표본의 크기를 줄여야 한다.
③ 전수조사에서는 모수와 통계치의 구분이 필요하다.
④ 표집오류를 줄이기 위해 층화표집방법(Stratified Sampling)을 사용할 수 있다.
⑤ 체계적표집방법(Systematic Sampling)은 모집단에서 유의표집을 실시한 후 일정한 표본 추출 간격으로 표본을 선정한다.

47 척도에 관한 설명으로 옳은 것은?

① 리커트(Likert)척도는 개별문항의 중요도를 차등화한다.
② 보가더스(Bogardus)의 사회적 거리척도는 누적척도이다.
③ 평정(Rating)척도는 문항의 적절성 평가가 용이하다.
④ 거트만(Guttman)척도는 다차원적 내용을 분석할 때 사용된다.
⑤ 의미차별(Semantic Differential)척도는 느낌이나 감정을 나타내는 한 쌍의 유사한 형용사를 사용한다.

48 타당도에 관한 설명으로 옳은 것을 모두 고른 것은?

> ㄱ. 특정 개념에 포함되어 있는 의미를 포괄하는 정도는 내용타당도(Content Validity)이다.
> ㄴ. 개발된 측정도구의 측정값을 현재 사용되고 있는 측정도구와 비교하는 것은 동시타당도(Concurrent Valility)이다.
> ㄷ. 예측타당도(Predict Validity)의 하위 타당도는 기준관련타당도(Criterion Related Validity)와 동시타당도이다.
> ㄹ. 측정하려는 개념이 포함된 이론체계 안에서 다른 변수와 관련된 방식에 기초한 타당도는 구성타당도(Construct Validity)이다.

① ㄱ, ㄴ
② ㄴ, ㄷ
③ ㄷ, ㄹ
④ ㄱ, ㄴ, ㄹ
⑤ ㄱ, ㄴ, ㄷ, ㄹ

49 신뢰도를 측정하는 방법으로 옳지 않은 것은?

① 동일한 상황에서 동일한 측정도구로 동일한 대상을 다시 측정하는 방법
② 측정도구를 반으로 나누어 두 개의 독립된 척도로 구성한 후 동일한 대상을 측정하는 방법
③ 상관관계가 높은 문항들을 범주화하여 하위요인을 구성하는 방법
④ 동질성이 있는 두 개의 측정도구를 동일한 대상에게 측정하는 방법
⑤ 전체 척도와 척도의 개별항목이 얼마나 상호 연관성이 있는지 분석하는 방법

50 할당표집방법에 관한 설명으로 옳지 않은 것은?

① 모집단의 주요 특성에 대한 정보를 활용한다.
② 모집단을 구성하는 주요 변수별로 표본을 할당한 후 확률표집을 실시한다.
③ 지역주민 조사에서 전체주민의 연령대별 구성 비율에 따라 표본을 선정한다.
④ 표본추출 시 할당 틀을 만들어 사용한다.
⑤ 우발적 표집보다 표본의 대표성이 높다.

2교시 사회복지실천

01 사회복지실천의 역사적 발달과정을 발생한 순서대로 옳게 나열한 것은?

> ㄱ. 밀포드(Milford) 회의에서 사회복지실천의 공통요소를 발표하였다.
> ㄴ. 「사회복지사업법」에 따라 국내에서 사회복지사 명칭을 사용하기 시작하였다.
> ㄷ. 태화여자관이 설립되었다.
> ㄹ. 사회복지전문요원이 국내 행정기관에 배치되었다.

① ㄱ - ㄴ - ㄷ - ㄹ
② ㄱ - ㄷ - ㄴ - ㄹ
③ ㄱ - ㄷ - ㄹ - ㄴ
④ ㄷ - ㄱ - ㄴ - ㄹ
⑤ ㄷ - ㄱ - ㄹ - ㄴ

02 양자 간의 논쟁에 개입하여 중립을 지키면서 상호합의를 이끌어내는 사회복지사의 역할은?

① 중개자   ② 조정자
③ 중재자   ④ 옹호자
⑤ 교육자

03 다음에서 설명하고 있는 것은?

> 사회복지사가 자신의 가치, 신념, 행동습관, 편견 등이 사회복지실천에 어떤 영향을 미치는지 정확하게 이해하는 것이다.

① 자기지시   ② 자기규제
③ 자기노출   ④ 자기인식
⑤ 자기결정

04 사회복지실천 면접의 질문기술에 관한 내용으로 옳은 것은?

① 클라이언트가 방어적인 태도를 취할 수 있기에 '왜'라는 질문은 피한다.
② 클라이언트가 자유롭게 대답할 수 있도록 폐쇄형 질문을 활용한다.
③ 사회복지사가 의도하는 특정방향으로 이끌기 위해 유도질문을 사용한다.
④ 클라이언트에게 이중 또는 삼중 질문을 한다.
⑤ 클라이언트가 개인적으로 궁금해 하는 사적인 질문은 거짓으로 답한다.

05 생태도 작성에 관한 내용으로 옳은 것을 모두 고른 것은?

> ㄱ. 용지의 중앙에 가족 또는 클라이언트체계를 나타내는 원을 그린다.
> ㄴ. 중심원 내부에 클라이언트 또는 동거가족을 그린다.
> ㄷ. 중심원 외부에 클라이언트 또는 가족과 상호작용하는 외부체계를 작은 원으로 그린다.
> ㄹ. 자원의 양은 '선'으로, 관계의 속성은 '원'으로 표시한다.

① ㄹ
② ㄱ, ㄷ
③ ㄴ, ㄹ
④ ㄱ, ㄴ, ㄷ
⑤ ㄱ, ㄴ, ㄷ, ㄹ

06 다음에서 설명하고 있는 면접 기술은?

> • 클라이언트가 말하는 것만으로도 치료효과를 얻을 수 있다.
> • 클라이언트의 억압된 또는 부정적인 감정이 문제해결을 방해하거나 감정자체에 문제가 있는 경우 이를 표출하게 하여 감정을 해소시키려 할 때 활용한다.

① 해석   ② 환기
③ 직면   ④ 반영
⑤ 재보증

07 다음에서 설명하고 있는 사회복지사의 자질은?

> • 클라이언트의 감정을 잘 관찰하는 것과 경청하는 과정에서 비롯된다.
> • 클라이언트가 언어적으로 표현한 것뿐만 아니라 표현하지 않은 비언어적 내용들도 파악한다.

① 민감성   ② 진실성
③ 헌신   ④ 수용
⑤ 일치성

08 자선조직협회(COS) 활동에 관한 설명으로 옳지 않은 것은?

① 민간 사회복지기관의 활동을 체계적으로 조정하기 위해 등장하였다.
② 적자생존에 기반한 사회진화론을 구빈의 이론적 기반으로 삼았다.
③ 빈민지역에 거주하며 지역사회 문제에 대한 집합적이고 개혁적인 해결을 강조하였다.
④ 과학적이고 적절한 자선활동을 수행하기 위해 클라이언트 등록체계를 실시하였다.
⑤ 자선조직협회 활동은 개별사회사업의 초석이 되었다.

09 개인주의가 사회복지실천에 미친 영향으로 옳은 것을 모두 고른 것은?

> ㄱ. 개별화
> ㄴ. 개인의 권리와 의무 강조
> ㄷ. 최소한의 수혜자격 원칙
> ㄹ. 사회적 책임 중시

① ㄱ, ㄴ, ㄷ   ② ㄱ, ㄴ, ㄹ
③ ㄱ, ㄷ, ㄹ   ④ ㄴ, ㄷ, ㄹ
⑤ ㄱ, ㄴ, ㄷ, ㄹ

10 거시수준의 사회복지실천에 관한 내용으로 옳지 않은 것은?

① 다문화 청소년을 위한 조례 제정을 추진한다.
② 부모와 자녀의 관계증진을 위한 소집단프로그램을 진행한다.
③ 피학대 노인보호를 위한 제도 개선을 제안한다.
④ 장애인복지에 필요한 정부 예산 증액을 촉구한다.
⑤ 고독사 문제해결을 위해 정책 토론회를 개최한다.

11 다음에서 설명하고 있는 사회복지실천모델은?

> • 비장애인이 대부분인 사회에서 장애인 클라이언트의 취약한 권리에 주목하였다.
> • 사회복지사와 클라이언트 집단은 장애인의 권익을 옹호하는 데 협력하였다.
> • 대화, 발견, 발전의 단계를 통해 클라이언트 집단은 주도적으로 불평등한 사회제도를 개선하였다.

① 의료모델   ② 임파워먼트모델
③ 사례관리모델   ④ 생활모델
⑤ 문제해결모델

12 통합적 접근의 특징에 관한 내용으로 옳지 않은 것은?

① 생태체계 관점에서 인간과 환경 체계를 고려한다.
② 미시 수준에서 거시 수준에 이르는 다차원적 접근을 한다.
③ 개입에 적합한 이론과 방법을 폭넓게 활용한다.
④ 다양하고 복합적인 원인으로 발생하는 문제를 해결하기 위한 접근이다.
⑤ 서비스 영역별로 분화되고 전문화된 접근이다.

13 사회복지 실천현장과 분류의 연결로 옳지 않은 것은?

① 사회복지관 – 1차 현장
② 종합병원 – 2차 현장
③ 발달장애인지원센터 – 이용시설
④ 노인보호전문기관 – 생활시설
⑤ 사회복지공동모금회 – 비영리기관

14 콤튼과 갤러웨이(B. Compton & B. Galaway)의 사회복지실천 구성체계 중 '사회복지사협회'가 해당되는 체계는?

① 변화매개체계 ② 클라이언트체계
③ 표적체계 ④ 행동체계
⑤ 전문가체계

15 사회복지실천의 전문적 관계에 관한 설명으로 옳지 않은 것은?

① 사회복지사와 클라이언트가 합의하여 목적을 설정한다.
② 사회복지사는 소속된 기관의 특성에 영향을 받는다.
③ 사회복지사의 이익과 욕구 충족을 위한 일방적 관계이다.
④ 사회복지사는 전문성에 바탕을 둔 권위를 가진다.

⑤ 계약에 의해 이루어지는 시간제한적인 특징을 갖는다.

16 비스텍(F. Biestek)의 관계의 원칙 중 '의도적 감정표현'에 해당하는 것은?

① 클라이언트의 부정적 감정을 자유롭게 표현할 수 있도록 지지한다.
② 클라이언트의 감정이나 태도를 있는 그대로 받아들이고 존중한다.
③ 목적달성을 위한 방안들의 장·단점을 설명하고 클라이언트가 스스로 선택하도록 한다.
④ 공감을 받고 싶어 하는 클라이언트의 욕구에 따라 클라이언트에게 공감하는 반응을 표현한다.
⑤ 사회복지사 자신의 생각과 느낌, 개인적인 경험을 이야기한다.

17 다음에서 설명하고 있는 사례관리 개입원칙은?

> • 변화하는 클라이언트 욕구에 반응하여 장기적으로 서비스를 제공해야 한다.
> • 클라이언트에게 필요한 서비스를 중단하지 않고 제공해야 한다.

① 서비스의 체계성 ② 서비스의 접근성
③ 서비스의 개별화 ④ 서비스의 연계성
⑤ 서비스의 지속성

18 원조관계에서 사회복지사의 태도에 관한 내용으로 옳은 것은?

① 개선의 여지가 있다고 판단된 경우에 한해서 클라이언트와 전문적 관계를 형성하였다.
② 클라이언트의 감정에 이입되어 면담을 지속할 수 없었다.
③ 자신의 생각과 다른 클라이언트의 의견은 관계형성을 위해 즉시 수정하도록 지시하였다.
④ 법정으로부터 정보공개 명령을 받고 관련된 클라이언트 정보를 제공하였다.
⑤ 클라이언트 특성이나 상황이 일반적인 경우와 다르지만 획일화된 서비스를 그대로 제공하였다.

19 자료수집을 위한 자료 출처에 해당하는 것을 모두 고른 것은?

> ㄱ. 문제, 사건, 기분, 생각 등에 관한 클라이언트 진술
> ㄴ. 클라이언트와 직접 상호작용한 사회복지사의 경험
> ㄷ. 심리검사, 지능검사, 적성검사 등의 검사 결과
> ㄹ. 친구, 이웃 등 클라이언트의 중요한 타인으로부터 수집한 정보

① ㄱ, ㄴ, ㄷ   ② ㄱ, ㄴ, ㄹ
③ ㄱ, ㄷ, ㄹ   ④ ㄴ, ㄷ, ㄹ
⑤ ㄱ, ㄴ, ㄷ, ㄹ

20 레비(C. Levy)가 제시한 사회복지전문직의 가치 중 결과우선가치에 해당하는 것은?

① 자기결정권 존중
② 인간 존엄성에 대한 믿음
③ 비심판적 태도
④ 동등한 사회 참여 기회 제공
⑤ 개별성에 대한 인정

21 사회복지실천 개입기술에 관한 설명으로 옳은 것을 모두 고른 것은?

> ㄱ. 재보증은 어떤 문제에 대해 클라이언트가 부여하는 의미를 수정해 줌으로써 클라이언트의 시각을 긍정적인 방향으로 변화시키려는 전략이다.
> ㄴ. 모델링은 실제 다른 사람의 행동을 직접 관찰함으로써만 시행 가능하다.
> ㄷ. 격려기법은 주로 클라이언트 행동이 변화에 장애가 되거나 타인에게 위협이 될 때, 이를 인식하도록 하기 위한 목적으로 사용한다.
> ㄹ. 일반화란 클라이언트 혼자만이 겪는 문제가 아니라는 것을 인식하게 하는 기법이다.

① ㄱ   ② ㄹ
③ ㄱ, ㄹ   ④ ㄱ, ㄴ, ㄷ
⑤ ㄴ, ㄷ, ㄹ

22 사례관리 등장 배경에 관한 설명으로 옳지 않은 것은?

① 탈시설화로 인해 많은 정신 장애인이 지역사회 내에서 생활하게 되었다.
② 지역사회 내 서비스 간 조정이 필요하게 되었다.
③ 복지비용 절감에 관심이 커지면서 저비용 고효율을 지향하게 되었다.
④ 인구·사회적 변화에 따라 다양하고, 복합적이며 만성적인 욕구를 가진 클라이언트가 증가하였다.
⑤ 사회복지서비스 공급주체가 지방정부에서 중앙정부로 변화하였다.

23 사회복지실천의 간접적 개입에 해당하는 것은?

① 의사소통 교육   ② 프로그램 개발
③ 부모교육   ④ 가족상담
⑤ 사회기술훈련

24 다음에서 설명하고 있는 사례관리 과정은?

> • 계획 수정 여부 논의
> • 클라이언트 욕구변화 검토
> • 서비스 계획의 목표달성 정도 파악
> • 서비스가 효과적으로 제공되고 있는지 확인

① 점검   ② 계획
③ 사후관리   ④ 아웃리치
⑤ 사정

25 사례관리자 역할과 그 예의 연결로 옳지 않은 것은?

① 조정자(Coordinator) : 사례회의를 통해 독거노인지원서비스가 중복 제공되지 않도록 하였다.
② 옹호자(Advocate) : 사례회의에서 장애아동의 입장을 대변하였다.

③ 협상가(Negotiator) : 사례회의를 통해 생활 형편이 어려운 가정의 아동에게 재정 후원자를 연결해주었다.

④ 평가자(Evaluator) : 사례 종결 여부를 결정하기 위해 목표 달성 여부를 확인하였다.

⑤ 기획가(Planner) : 욕구사정을 통해 클라이언트에게 필요한 자원을 설계하고 체계적인 개입 계획을 세웠다.

4과목   **사회복지실천기술론**

26 사회복지실천현장의 지식 유형에 관한 설명으로 옳지 않은 것은?

① 이론은 현상을 설명하기 위한 가설이나 개념의 집합체이다.

② 관점은 개인과 사회에 관한 주관적 인식의 차이를 보여주는 사고체계이다.

③ 실천지혜는 실천 활동의 원칙과 방식을 구조화한 것이다.

④ 패러다임은 역사와 사상의 흐름에 영향을 받는 추상적 개념 틀이다.

⑤ 모델은 실천과정에 직접적으로 필요한 기술적 적용방법을 제시한 것이다.

27 위기개입모델에 관한 설명으로 옳지 않은 것은?

① 클라이언트에게 실용적 정보를 제공하고 지지체계를 개발하도록 한다.

② 단기개입 서비스를 제공한다.

③ 구체적이고 관찰 가능한 문제에 초점을 둔다.

④ 위기 발달은 촉발요인이 발생한 후에 취약단계로 넘어간다.

⑤ 사회복지사는 다른 개입모델에 비해 적극적이고 직접적인 역할을 수행한다.

28 해결중심모델에 관한 설명으로 옳은 것은?

① 클라이언트에게 대처행동을 가르치고 훈련함으로써 부적응을 해소하도록 한다.

② 탈이론적이고 비규범적이며 클라이언트의 견해를 존중한다.

③ 문제의 원인을 클라이언트의 심리 내적 요인에서 찾는다.

④ 클라이언트의 문제를 자원 혹은 기술 부족으로 본다.

⑤ 문제와 관련이 있는 환경과 자원을 사정하고 개입 방안을 강조한다.

29 인지적 오류(왜곡)에 관한 예로 옳지 않은 것은?

① 임의적 추론 : 내가 뚱뚱해서 지나가는 사람들이 나만 쳐다봐.

② 개인화 : 그때 내가 전화만 받았다면 동생이 사고를 당하지 않았을 텐데. 나 때문이야.

③ 이분법적 사고 : 이 일을 완벽하게 하지 못하면 실패한 것이야.

④ 과잉일반화 : 시험보는 날인데 아침에 미역국을 먹었으니 나는 떨어질 거야.

⑤ 선택적 요약 : 지난번 과제에 나쁜 점수를 받았어. 이건 내가 꼴찌라는 것을 의미해.

30 인지행동모델에 관한 설명으로 옳지 않은 것은?

① 개인의 주관적 경험의 독특성을 중시한다.

② 클라이언트의 강점과 자원이 문제해결의 주요 요소이다.

③ 제한된 시간 내에 특정 문제에 초점을 두고 접근한다.

④ 과제 활용과 교육적인 접근으로 자기 치료가 가능하도록 한다.

⑤ 클라이언트의 적극적 참여와 협조적 태도를 중시한다.

31 사회복지실천의 개입기법에 관한 설명으로 옳지 않은 것은?

① 소거 : 부적 처벌의 원리를 이용하여 바람직하지 않은 행동을 중단시키는 것
② 시연 : 클라이언트가 힘들어하는 행동에 대해 실생활에서 실행 전에 반복적으로 연습하는 것
③ 행동조성 : 특정 행동 수준까지 끌어올리기 위해 작은 단위의 행동으로 나누어 과제를 주는 것
④ 체계적 둔감법 : 두려움이 적은 상황부터 큰 상황까지 단계적으로 노출시켜 문제를 극복하도록 하는 것
⑤ 내적 의사소통의 명료화 : 클라이언트가 자신의 생각을 말로 표현하고, 피드백을 통해 사고의 명료화를 돕는 것

32 사회복지실천모델에 관한 설명으로 옳은 것을 모두 고른 것은?

> ㄱ. 위기개입모델에서는 사건에 대한 클라이언트의 주관적인 인식보다 사건 자체를 중시한다.
> ㄴ. 클라이언트중심모델에서는 현재 직면한 문제와 앞으로의 문제를 극복할 수 있도록 성장 과정을 도와준다.
> ㄷ. 임파워먼트모델에서는 클라이언트가 자신의 삶을 스스로 통제할 수 있도록 원조한다.
> ㄹ. 과제중심모델에서는 클라이언트가 인식한 문제에 초점을 두고, 클라이언트의 욕구를 최대한 반영한다.

① ㄱ
② ㄴ, ㄷ
③ ㄱ, ㄴ, ㄷ
④ ㄴ, ㄷ, ㄹ
⑤ ㄱ, ㄴ, ㄷ, ㄹ

33 해결중심모델에서 사용하는 질문기법과 그에 관한 예로 옳은 것은?

① 관계성 질문 : 재혼하신 아버지는 이 문제를 어떻게 생각하실까요?
② 기적질문 : 처음 상담했을 때와 지금의 스트레스 수준을 비교한다면 지금은 몇 점인가요?
③ 대처질문 : 어떻게 하면 그 문제가 발생하지 않을 것 같나요?
④ 예외질문 : 당신은 그 어려운 상황에서 어떻게 견딜 수 있었나요?
⑤ 척도질문 : 처음 상담을 약속했을 때와 지금은 무엇이 어떻게 달라졌는지 말씀해 주세요.

34 다음 사례에서 활용한 심리사회모델의 개입기법은?

> "지금까지의 방법이 효과적이지 않다면 다른 방법을 시도해 보면 어떨까요? 제 생각에는 지금쯤 변화가 필요하니 가족상담에 참여해 보시면 어떨까 합니다."

① 지지하기
② 직접적 영향주기
③ 탐색 – 기술 – 환기
④ 인간 – 환경에 관한 고찰
⑤ 유형 – 역동성 고찰

35 정신역동모델의 개입기법에 관한 설명으로 옳은 것을 모두 고른 것은?

> ㄱ. 직면 : 클라이언트의 이야기와 행동 간 불일치를 보일 때 자기모순을 직시하게 한다.
> ㄴ. 해석 : 치료적 관계에서 나타나는 클라이언트의 특정 생각이나 행동의 의미를 설명한다.
> ㄷ. 전이분석 : 클라이언트가 과거의 중요한 인물에 대해 느꼈던 감정을 치료사에게 재현하는 현상을 분석하여 과거 문제를 해석하고 통찰하도록 한다.
> ㄹ. 명료화 : 저항이나 전이에 대한 이해를 심화 · 확장하여 통합적으로 이해하도록 한다.

① ㄱ
② ㄴ, ㄹ
③ ㄷ, ㄹ
④ ㄱ, ㄴ, ㄷ
⑤ ㄱ, ㄴ, ㄷ, ㄹ

36 클라이언트와의 면접 중에 주제를 전환하기 위한 목적으로 사용하는 실천기술은?

① 반영   ② 요약
③ 해석   ④ 직면
⑤ 초점화

37 가족개입을 위한 전제조건에 관한 설명으로 옳지 않은 것은?

① 한 사람의 문제는 가족 성원 모두에게 영향을 미친다.
② 한 가족 성원의 개입노력은 가족 전체에 영향을 준다.
③ 가족 성원의 행동은 순환적 인과성의 특성을 갖는다.
④ 가족문제의 원인은 단선적 관점으로 파악한다.
⑤ 한 가족 성원이 보이는 증상은 가족의 문제를 대신해서 호소하는 것으로 본다.

38 다음 가족사례에 적용된 실천기법은?

> • 클라이언트 : "저희 딸은 제 말은 안 들어요. 저희 남편이 뭐든 대신 다 해주거든요. 아이가 남편 말만 들어요. 결국 아이문제로 인해 부부싸움으로 번지거든요."
> • 사회복지사 : "아버지가 아이를 대신해서 다 해주시는군요. 어머니는 그 사이에서 소외된다고 느끼시네요. 자녀가 스스로 할 수 있도록 아버지는 기다려주고 어머니와 함께 지켜보는 것이 어떨까요?"

① 합류
② 역설적 지시
③ 경계선 만들기
④ 증상처방
⑤ 가족조각

39 다음 사례에서 사회복지사가 우선적으로 개입해야 하는 것은?

> A씨는 25세로 알코올 중독진단을 받았으나 문제에 대한 본인의 인식은 부족한 상황이다. 현재 A씨는 부모와 함께 살고 있으나 몇 년 전부터 대화가 단절되어 있다. A씨가 술을 마실 때면 아버지로부터 학대도 발생하고 있는 상황이다.

① 경직된 가족경계를 재구조화한다.
② 단절된 의사소통의 문제를 해결한다.
③ 알코올 중독 문제에 관여한다.
④ 술 문제의 원인으로 보이는 부모를 대상으로 상담한다
⑤ 부모 간 갈등으로부터 벗어나도록 자아분화를 촉진한다.

40 가족경계(Boundary)에 관한 설명으로 옳은 것은?

① 하위체계의 경계가 경직된 경우에는 지나친 간섭이 증가한다.
② 하위체계의 경계가 희미한 경우에는 감정의 합일현상이 증가한다.
③ 하위체계의 경계가 경직된 경우에는 가족의 보호 기능이 강화된다.
④ 하위체계의 경계가 희미한 경우에는 가족 간 의사소통이 감소한다.
⑤ 하위체계의 경계가 경직된 경우에는 가족 구성원이 독립적으로 행동하기 어렵다.

41 가족사정에 관한 설명으로 옳은 것을 모두 고른 것은?

> ㄱ. 가족체계가 어떻게 기능하는지 발견하는 것이 목적이다.
> ㄴ. 가족상호작용 유형에 적합한 방법을 찾는 것이다.
> ㄷ. 가족사정과 개입과정은 상호작용적이며 순환적이다.
> ㄹ. 가족이 제시하는 문제, 생태학적 사정, 세대 간 사정, 가족내부 간 사정으로 이루어진다.

① ㄱ, ㄴ 　　　② ㄷ, ㄹ
③ ㄱ, ㄴ, ㄷ 　　④ ㄱ, ㄴ, ㄹ
⑤ ㄱ, ㄴ, ㄷ, ㄹ

42 가족실천모델과 주요개념, 기법의 연결로 옳지 않은 것은?

① 보웬모델 – 자아분화 – 탈삼각화
② 구조적 모델 – 하위체계 – 균형깨뜨리기
③ 경험적 모델 – 자기대상 – 외현화
④ 전략적 모델 – 환류고리 – 재구성
⑤ 해결중심모델 – 강점과 자원 – 예외질문

43 집단대상 실천의 장점으로 옳지 않은 것은?

① 타인의 문제에 관심을 갖고 공감하면서 이타심이 커진다.
② 유사 경험을 가진 사람들을 만나면서 문제의 보편성을 경험한다.
③ 다양한 성원들로부터 새로운 행동을 학습하면서 정화 효과를 얻는다.
④ 사회복지사나 성원의 행동을 모방하면서 사회기술이 향상된다.
⑤ 성원 간 관계를 통해 원가족과의 갈등을 탐색하는 기회를 갖는다.

44 집단을 준비 또는 계획하는 단계에서 고려할 사항으로 옳은 것을 모두 고른 것은?

> ㄱ. 집단 성원의 참여 자격
> ㄴ. 공동지도자 참여 여부
> ㄷ. 집단 성원 모집방식과 절차
> ㄹ. 집단의 회기별 주제

① ㄱ 　　　　② ㄱ, ㄷ
③ ㄴ, ㄹ 　　④ ㄱ, ㄷ, ㄹ
⑤ ㄱ, ㄴ, ㄷ, ㄹ

45 집단의 성과를 평가하는 방법으로 옳지 않은 것은?

① 사전사후검사 　② 개별인터뷰
③ 단일사례설계 　④ 델파이조사
⑤ 초점집단면접

46 사회기술훈련의 단계를 순서대로 옳게 나열한 것은?

> ㄱ. 역할극 　　　ㄴ. 적용
> ㄷ. 시연 　　　　ㄹ. 평가

① ㄱ → ㄷ → ㄴ → ㄹ
② ㄱ → ㄷ → ㄹ → ㄴ
③ ㄴ → ㄷ → ㄹ → ㄱ
④ ㄷ → ㄱ → ㄴ → ㄹ
⑤ ㄷ → ㄱ → ㄹ → ㄴ

47 집단발달의 초기단계에 적합한 실천기술에 해당하는 것을 모두 고른 것은?

> ㄱ. 집단 성원이 신뢰감을 갖고 참여할 수 있는 분위기를 조성한다.
> ㄴ. 집단 성원이 수행한 과제에 대해 솔직하고 구체적인 피드백을 준다.
> ㄷ. 집단역동을 촉진하기 위해 사회복지사가 의도적인 자기노출을 한다.
> ㄹ. 집단 성원의 행동과 태도가 불일치하는 경우에 직면을 통해 지적한다.

① ㄱ　　　　　　② ㄱ, ㄷ

③ ㄴ, ㄹ　　　　　④ ㄱ, ㄷ, ㄹ

⑤ ㄱ, ㄴ, ㄷ, ㄹ

48 사회목표모델에 관한 내용에 해당하지 않는 것은?

① 자원 개발의 과제

② 민주적 의사결정 방식

③ 인본주의이론에 근거

④ 사회복지사의 촉진자 역할

⑤ 성원 간 소속감과 결속력 강조

49 다음에 해당되는 기록방법은?

> - 교육과 훈련의 중요한 수단이며, 자문의 근거 자료로 유용
> - 면담전개 과정을 시간의 흐름에 따라 기술하는 방식
> - 사회복지사 자신의 행동분석을 통해 사례에 대한 개입능력 향상에 도움

① 과정기록

② 문제중심기록

③ 이야기체기록

④ 정보시스템을 이용한 기록

⑤ 요약기록

50 다음에 해당하는 단일사례설계의 유형은?

> 친구를 사귀는 데 어려움을 갖고 있는 여름이와 겨울이는 사회복지기관을 찾아가 대인관계향상 프로그램에 참여하게 되었다. 먼저 두 사람은 대인관계 수준을 측정하였으며, 여름이는 곧바로 대인관계 훈련을 시작하여 변화정도를 측정하고 있다. 3주간 시간차를 두고 겨울이의 대인관계 훈련을 시작하고 그 변화를 관찰하였다.

① AB　　　　　　② BAB

③ ABC　　　　　　④ ABAB

⑤ 다중기초선설계

51 다음은 길버트와 스펙트(N. Gilbert & H. Specht)의 지역사회 기능 중 무엇에 해당되는가?

> 구성원들이 지역사회의 다양한 사회적 규범을 준수하고 순응하게 하는 것

① 생산 · 분배 · 소비 기능

② 의사소통 기능

③ 사회치료 기능

④ 상부상조 기능

⑤ 사회통제 기능

52 다음의 설명에 해당하는 지역사회복지 이념은?

> - 개인의 자유와 권리 증진의 순기능이 있다.
> - 의견수렴과정을 통해 합리적 의사결정을 할 수 있다.
> - 지역주민의 공동체의식을 강화한다.

① 정상화　　　　　② 주민참여

③ 네트워크　　　　④ 전문화

⑤ 탈시설화

53 한국의 지역사회복지 역사에 관한 설명으로 옳은 것은?

① 1960년대 – 지역자활센터 설치 · 운영

② 1970년대 – 사회복지관 운영 국고보조금 지원

③ 1980년대 – 희망복지지원단 설치 · 운영

④ 1990년대 – 재가복지봉사센터 설치 · 운영

⑤ 2010년대 – 사회복지사무소 시범 설치 · 운영

54 영국의 지역사회복지 역사에 관한 설명으로 옳지 않은 것은?

① 중복구호 방지를 위해 자선조직협회가 설립되었다.
② 1884년에 토인비 홀(Toynbee Hall)이 설립되었다.
③ 정신보건법 제정에 따라 지역사회보호가 법률적으로 규정되었다.
④ 하버트(Harbert) 보고서는 헐하우스(Hull House) 건립의 기초가 되었다.
⑤ 그리피스(Griffiths) 보고서는 지역사회보호의 일차적 책임주체가 지방정부임을 강조하였다.

55 갈등이론에 관한 설명으로 옳은 것은?

① 이익과 보상으로 사회적 관계가 유지된다.
② 특정집단이 지닌 문화의 의미를 해석한다.
③ 지역사회는 상호의존적인 부분들로 구성되어 있다.
④ 조직구조 개발에 자원 동원 과정을 중요하게 여긴다.
⑤ 이해관계의 대립을 불평등한 분배로 설명한다.

56 다음 A지역의 변화를 분석하기 위한 지역사회복지 실천이론은?

A지역은 외국인 노동자의 유입으로 특정 국적의 외국인 주거 공동체가 형성되기 시작하면서 주민 간 갈등이 발생하였다.

① 생태학이론 　　② 사회학습이론
③ 엘리트주의이론 　④ 교환이론
⑤ 다원주의이론

57 지역사회복지를 권력의존이론의 관점에서 설명한 것을 모두 고른 것은?

ㄱ. 장애인 편의시설 설치를 위해 다양한 장애인 단체가 의사결정에 참여하도록 한다.
ㄴ. 노인복지관은 은퇴 노인의 재능을 활용한 봉사활동을 기획한다.
ㄷ. 사회복지관은 지방정부로부터 보조금 집행에 대한 지도점검을 받았다.

① ㄱ 　　　　　　② ㄷ
③ ㄱ, ㄴ 　　　　④ ㄱ, ㄷ
⑤ ㄱ, ㄴ, ㄷ

58 지역사회복지실천의 원칙으로 옳지 않은 것은?

① 지역사회 기관 간 협력관계 구축
② 지역사회 특성을 반영한 계획 수립
③ 지역사회 문제 인식의 획일화
④ 욕구 가변성에 따른 실천과정의 변화 이해
⑤ 지역사회 변화에 초점을 둔 개입

59 다음에서 설명하는 웨일과 갬블(M. Weil & D. Gamble)의 지역사회복지 실천모델은?

• 공통 관심사나 특정 이슈에 대한 정책, 행위, 인식의 변화에 초점
• 일반대중 및 정부기관을 변화의 표적체계로 파악
• 조직가, 촉진자, 옹호자, 정보전달자를 사회복지사의 주요 역할로 인식

① 사회계획
② 기능적 지역사회조직
③ 프로그램 개발과 지역사회 연계
④ 연합
⑤ 정치사회행동

60 로스만(J. Rothman)의 지역사회복지 실천모델에 관한 설명으로 옳은 것을 모두 고른 것은?

> ㄱ. 지역사회개발모델은 지역사회 구성원의 조직화를 주요 실천과정으로 본다.
> ㄴ. 지역사회개발모델의 변화 매개체는 공식적 조직과 객관적 자료이다.
> ㄷ. 사회계획모델에서 사회복지사의 핵심 역할은 협상가, 옹호자이다.
> ㄹ. 사회행동모델에서는 지역사회 내 집단들이 갈등관계로 인해 타협과 조정이 어렵다고 본다.

① ㄱ, ㄷ ② ㄱ, ㄹ
③ ㄴ, ㄷ ④ ㄱ, ㄴ, ㄹ
⑤ ㄱ, ㄷ, ㄹ

61 테일러와 로버츠(S. Taylor & R. Roberts)의 지역사회복지실천모델에 관한 설명으로 옳지 않은 것은?

① 프로그램 개발과 조정 : 지역주민의 역량강화 및 지도력 개발에 관심
② 계획 : 구체적 조사전략 및 기술 강조
③ 지역사회연계 : 지역사회 문제해결을 위한 관계망 구축 강조
④ 지역사회개발 : 지역주민의 참여와 자조 중시
⑤ 정치적 역량강화 : 상대적으로 권력이 약한 시민의 권한 강화에 관심

62 지역사회복지 실천과정에서 다음 과업이 수행되는 단계는?

> • 재정자원의 집행
> • 추진인력의 확보 및 활용
> • 협력과 조정을 위한 네트워크 구축

① 문제발견 및 분석 단계
② 사정 및 욕구 파악단계
③ 계획단계
④ 실행단계
⑤ 점검 및 평가 단계

63 지역사회 욕구사정 방법에 관한 설명으로 옳은 것은?

① 명목집단기법 : 지역주민으로부터 설문조사를 통해 직접적으로 자료를 획득
② 초점집단기법 : 전문가 패널을 대상으로 반복된 설문을 통해 합의에 이를 때까지 의견을 수렴
③ 델파이기법 : 정부기관이나 사회복지관련 조직에 의해 수집된 기존 자료를 활용
④ 지역사회포럼 : 지역주민이 참여할 수 있는 공개 모임을 개최하여 구성원의 의견을 모색
⑤ 사회지표분석 : 지역사회 문제를 잘 파악하고 있는 사람들을 대상으로 정보를 확보

64 다음에 제시된 사회복지사의 핵심 역할은?

> A지역은 저소득가구 밀집지역으로 방임, 결식 등 취약계층 아동 비율이 높은 곳이다. 사회복지사는 지역사회 아동의 안전한 보호와 부모의 양육부담 완화를 위해 아동돌봄시설 확충을 위한 서명운동 및 조례제정 입법 활동을 하였다.

① 옹호자 ② 교육자
③ 중재자 ④ 자원연결자
⑤ 조정자

65 지역사회복지 실천기술 중 연계에 관한 내용으로 옳지 않은 것은?

① 인적 · 물적 자원의 효율적 관리
② 사회복지사의 자원 네트워크 확장
③ 지역의 사회적 자본 확대
④ 클라이언트 중심의 통합적 서비스 제공
⑤ 지역주민 권익향상을 위한 사회행동

66 다음 사례에서 사회복지사가 활용한 기술은?

> A사회복지사는 독거노인이 따뜻한 겨울을 보낼 수 있도록 지역 내 종교단체에 예산과 자원봉사자를 지원해 줄 것을 요청하였다.

① 조직화   ② 옹호
③ 자원개발 및 동원   ④ 협상
⑤ 교육

67 지방분권에 관한 설명으로 옳은 것은?

① 사회보험제도의 지방분권이 확대되고 있다.
② 주민참여로 권력의 재분배가 이루어진다.
③ 지역주민의 욕구에 대한 민감성이 약화된다.
④ 복지수준의 지역 간 균형이 이루어진다.
⑤ 중앙정부의 사회적 책임성이 강화된다.

68 시·군·구 지역사회보장계획에 관한 설명으로 옳은 것을 모두 고른 것은?

> ㄱ. 시·군·구 지역사회보장협의체의 보고와 의회의 심의를 거쳐야 한다.
> ㄴ. 「사회보장급여의 이용·제공 및 수급권자 발굴에 관한 법률」에 의거한다.
> ㄷ. 시행 연도의 전년도 11월 30일까지 수립하여 제출하여야 한다.
> ㄹ. 4년마다 수립하고 매년 연차별 시행계획을 수립해야 한다.

① ㄱ, ㄴ   ② ㄱ, ㄷ
③ ㄴ, ㄹ   ④ ㄱ, ㄴ, ㄹ
⑤ ㄴ, ㄷ, ㄹ

69 지역사회보장협의체의 실무협의체 운영에 관한 설명으로 옳은 것은?

① 사회보장업무를 담당하는 공무원은 제외된다.
② 위원장 1명을 포함하여 10명 미만의 위원으로 구성한다.
③ 지역사회보장계획과 관련된 조례를 제정한다.

④ 시·군·구의 사회보장급여 제공에 관한 사항을 심의·자문한다.
⑤ 전문성 원칙에 따라 현장 전문가를 중심으로 구성한다.

70 자원봉사활동 추진체계의 역할로 옳지 않은 것은?

① 보건복지부 : 자원봉사활동의 진흥을 위한 국가기본계획 수립
② 지방자치단체 : 자원봉사센터 운영을 위한 예산 지원
③ 중앙자원봉사센터 : 자원봉사센터 정책 개발 및 연구
④ 시·도 자원봉사센터 : 자원봉사 프로그램 개발 및 보급
⑤ 시·군·구 자원봉사센터 : 지역 자원봉사 거점역할 수행

71 사회복지관 사업 내용 중 지역사회 조직화 기능에 해당하는 것은?

① 독거노인을 위한 도시락 배달
② 한부모가정 아동을 위한 문화 프로그램 제공
③ 아동 자립생활 지원을 위한 후원자 개발
④ 학교 밖 청소년을 위한 직업기능 교육
⑤ 장애인 일상생활 지원을 위한 서비스 제공

72 사회적기업에 관한 설명으로 옳은 것을 모두 고른 것은?

> ㄱ. 유급근로자를 고용하여 영업활동을 해야 사회적기업으로 인증받을 수 있다.
> ㄴ. 조직형태는 민법에 따른 조합, 상법에 따른 회사, 특별법에 따른 법인 등이 있다.
> ㄷ. 보건복지부로부터 사회적기업으로 인증을 받아야 활동할 수 있다.
> ㄹ. 서비스 수혜자, 근로자 등 이해관계자가 참여하는 의사결정 구조를 갖추어야 한다.

① ㄱ, ㄴ   ② ㄱ, ㄷ
③ ㄴ, ㄷ   ④ ㄱ, ㄴ, ㄹ
⑤ ㄱ, ㄷ, ㄹ

73 지역사회복지실천에서 지역주민 참여수준이 높은 것에서 낮은 것 순서로 옳게 나열한 것은?

| ㄱ. 계획단계에 참여 ㄴ. 조직대상자 |
| ㄷ. 단순정보수혜자 ㄹ. 의사결정권 행사 |

① ㄴ - ㄷ - ㄹ - ㄱ
② ㄷ - ㄱ - ㄴ - ㄹ
③ ㄷ - ㄴ - ㄱ - ㄹ
④ ㄹ - ㄱ - ㄴ - ㄷ
⑤ ㄹ - ㄴ - ㄱ - ㄷ

74 지역사회복지운동에 관한 설명으로 옳은 것은?

① 사회복지전문가 중심의 활동으로 이루어진다.
② 목적지향적인 조직적 활동이다.
③ 운동의 초점은 정치권력의 장악이다.
④ 지역사회의 구조적 문제는 배제된다.
⑤ 지역사회복지운동단체는 서비스제공 활동을 하지 않는다.

75 최근 복지전달체계의 동향으로 옳지 않은 것은?

① 사회복지 전담인력의 확충
② 수요자 중심 복지서비스 제공
③ 통합사례관리의 축소
④ 민·관 협력의 활성화
⑤ 보건과 연계한 서비스의 통합성 강화

3교시 사회복지정책과 제도

사회복지정책론

01 1942년 베버리지 보고서에서 규정한 5대 악에 해당되지 않는 것은?

① 무지 ② 질병
③ 산업재해 ④ 나태
⑤ 결핍(궁핍)

02 사회복지정책 평가가 갖는 특징으로 옳지 않은 것은?

① 정치적이다. ② 실용적이다.
③ 종합학문적이다. ④ 기술적이다.
⑤ 가치중립적이다.

03 롤스(J. Rawls)의 정의론(공정으로서의 정의)에 관한 설명으로 옳은 것은?

① 제1원칙은 기본적 자유에 대한 동등한 권리이다.
② 기회의 균등보다는 결과의 평등이 더 중요하다.
③ 사회경제적 불평등은 어떠한 경우라도 허용될 수 없다.
④ 최대다수의 최대행복을 추구한다.
⑤ 정당한 소유와 합법적인 이전은 정의로운 결과를 가져온다.

04 다음 중 사회복지정책이 필요한 이유를 모두 고른 것은?

```
ㄱ. 국민의 생존권 보장
ㄴ. 사회통합의 증진
ㄷ. 개인의 자립성 증진
ㄹ. 능력에 따른 분배
```

① ㄱ, ㄴ ② ㄴ, ㄷ
③ ㄴ, ㄹ ④ ㄱ, ㄴ, ㄷ
⑤ ㄱ, ㄷ, ㄹ

05 사회복지정책의 발달이론 중 의회민주주의의 정착과 노동자계급의 조직화된 힘을 강조하는 이론은?

① 산업화론 ② 권력자원이론
③ 확산이론 ④ 사회양심이론
⑤ 국가중심이론

06 영국 구빈제도의 역사에 관한 설명으로 옳지 않은 것은?

① 1601년 엘리자베스 빈민법은 빈민을 노동능력 있는 빈민, 노동능력 없는 빈민, 빈곤 아동으로 분류하였다.
② 1662년 정주법은 부랑자들의 자유로운 이동을 금지하였다.
③ 1782년 길버트법은 원외구제를 허용하였다.
④ 1795년 스핀햄랜드법은 열등처우의 원칙을 명문화하였다.
⑤ 1834년 신빈민법은 노동능력이 있는 빈민에 대한 원외구제를 폐지하였다.

07 조지(V. George)와 윌딩(P. Wilding)이 제시한 이념 중 소극적 집합주의에 관한 설명으로 옳은 것은?

① 시장에 대한 국가개입을 최소화하고 개인의 소극적 자유를 극대화하는 것이 바람직하다.
② 개인의 적극적 자유를 보장하기 위해서는 철저한 계획경제와 생산수단의 국유화가 필요하다.
③ 환경과 생태의 관점에서 자본주의의 성장과 복지국가의 확대는 지속 가능하지 않다.
④ 복지국가는 노동의 성(Gender) 분업과 자본주의 가부장제를 고착화시키는 역할을 한다.
⑤ 시장의 약점을 보완하고 불평등과 빈곤에 대응하기 위하여 실용적인 국가개입이 필요하다.

08 에스핑 – 안데르센(G. Esping – Andersen)의 복지국가 유형에 관한 설명으로 옳지 않은 것은?

① 탈상품화 정도, 계층화 정도 등에 따라 복지국가를 3가지 유형으로 분류하였다.
② 탈상품화는 돌봄이나 서비스 부담을 가족에게 의존하지 않는 정도를 의미한다.
③ 사회민주주의 복지국가는 탈상품화 정도가 높고 보편적 사회서비스를 제공한다.
④ 보수주의 복지국가에서 사회보험은 직업집단 등에 따라 분절적으로 운영된다.
⑤ 자유주의 복지국가는 공공부조의 역할이 크고 탈상품화 정도는 낮다.

09 우리나라 의료보장제도(국민건강보험, 의료급여)에서 시행하고 있는 것 중 의료비 절감효과와 관련이 가장 적은 것은?

① 포괄수가제
② 의료급여 사례관리제도
③ 건강보험급여 심사평가제도
④ 행위별 수가제
⑤ 본인일부부담금

10 「조세특례제한법」상의 '총급여액 등'을 기준으로 근로장려금 산정방식을 다음과 같이 설계하였다고 가정할 때, 총급여액 등에 따른 근로장려금 계산 결과로 옳지 않은 것은?

- 총급여액 등 1,000만 원 미만 : 근로장려금 = 총급여액 등×100분의 20
- 총급여액 등 1,000만 원 이상 1,200만 원 미만 : 근로장려금 200만 원
- 총급여액 등 1,200만 원 이상 3,200만 원 미만 : 근로장려금 = 200만 원 − (총급여액 등 − 1,200만 원)×100분의 10
※ 재산, 가구원 수, 부양아동 수, 소득의 종류 등 다른 조건은 일체 고려하지 않음

① 총급여액 등이 500만 원일 때, 근로장려금 100만 원
② 총급여액 등이 1,100만 원일 때, 근로장려금 200만 원
③ 총급여액 등이 1,800만 원일 때, 근로장려금 150만 원
④ 총급여액 등이 2,200만 원일 때, 근로장려금 100만 원
⑤ 총급여액 등이 2,700만 원일 때, 근로장려금 50만 원

11 최근 10년간 국민기초생활보장제도의 변화에 관한 설명으로 옳은 것을 모두 고른 것은?

ㄱ. 수급자격 중 부양의무자 기준은 완화되었다.
ㄴ. 기준중위소득은 2015년 이후 지속적으로 인상되었다.
ㄷ. 교육급여가 신설되었다.
ㄹ. 근로능력평가 방식이 변화되었다.

① ㄱ, ㄴ
② ㄱ, ㄷ
③ ㄱ, ㄹ
④ ㄴ, ㄹ
⑤ ㄱ, ㄴ, ㄹ

12 사회보험과 비교하여 공공부조제도의 장점으로 옳은 것은?

① 대상효율성이 높다.
② 가입률이 높다.
③ 수급자에 대한 낙인을 예방할 수 있다.
④ 행정비용이 발생하지 않는다.
⑤ 수평적 재분배 효과가 크다.

13 우리나라가 시행하고 있는 취약계층 취업지원 제도에 관한 설명으로 옳은 것은?

① 노인 일자리사업의 총괄 운영기관은 대한노인회이다.
② 장애인고용의무제도는 모든 사업체에 적용된다.
③ 맞춤형 취업지원서비스로 취업성공패키지가 운영되고 있다.
④ 모든 국민기초생활보장 수급자는 반드시 자활사업에 참여해야 한다.
⑤ 고령자를 채용하지 않는 기업은 정부에 부담금을 납부해야 한다.

14 우리나라 고용보험과 산업재해보상보험에 관한 설명으로 옳은 것은?

① 소득활동 중 발생할 수 있는 소득상실 위험에 대한 사회안전망이라는 공통점을 가지고 있다.
② 구직급여는 구직활동 여부와 관계없이 지급된다.
③ 고용형태 및 근로시간에 관계없이 모든 근로자는 두 보험의 적용을 받는다.
④ 장해급여는 산업재해를 입은 모든 근로자에게 지급된다.
⑤ 두 보험의 가입자 보험료율은 동일하다.

15 다음 중 상대적 빈곤선을 설정(측정)하는 방식으로 옳은 것을 모두 고른 것은?

> ㄱ. 중위소득의 일정 비율
> ㄴ. 라이덴(Leyden) 방식
> ㄷ. 반물량 방식
> ㄹ. 라운트리(Rowntree) 방식
> ㅁ. 타운센드(Townsend) 방식

① ㄱ, ㄴ   ② ㄱ, ㅁ
③ ㄴ, ㅁ   ④ ㄷ, ㄹ
⑤ ㄱ, ㄷ, ㄹ

16 우리나라 사회보험의 운영 원리에 관한 설명으로 옳지 않은 것은?

① 수익자 부담 원칙을 전제로 하고 있다.
② 사회보험은 수평적 또는 수직적 재분배 기능이 있다.
③ 가입자의 보험료율은 사회보험 종류별로 다르다.
④ 사회보험급여는 피보험자와 보험자 간 계약에 의해 규정된 법적 권리이다.
⑤ 모든 사회보험 업무가 통합되어 1개 기관에서 운영된다.

17 우리나라 사회보험방식의 공적연금에 관한 설명으로 옳은 것을 모두 고른 것은?

> ㄱ. 국민연금과 특수직역연금으로 구분하여 운영되고 있다.
> ㄴ. 국민연금이 가장 먼저 시행되었다.
> ㄷ. 2022년 12월 말 기준 공적연금 수급개시 연령은 동일하다.
> ㄹ. 가입자의 노령(퇴직), 장애(재해), 사망으로 인한 소득중단 시 급여를 지급한다.

① ㄱ, ㄴ   ② ㄱ, ㄹ
③ ㄱ, ㄴ, ㄹ   ④ ㄱ, ㄷ, ㄹ
⑤ ㄴ, ㄷ, ㄹ

18 길버트(N. Gilbert)와 테렐(P. Terrell)이 주장한 사회복지전달체계 재구조화 전략으로 옳지 않은 것은?

① 수급자 수요 강화
② 기관들의 동일 장소 배치
③ 사례별 협력
④ 관료적 구조로부터의 전문가 이탈
⑤ 시민 참여

19 사회복지정책의 주체 및 그 역할에 관한 설명으로 옳지 않은 것은?

① 긍정적 외부효과가 큰 영역은 민간부문이 담당하는 것이 바람직하다.
② 사회복지정책의 주체는 국가, 지방자치단체, 공공복지기관 등 다양하다.
③ 공공재적 성격이 강한 재화나 서비스는 공공부문이 개입하는 것이 바람직하다.
④ 정보의 비대칭성이 강한 영역은 정부가 개입하는 것이 바람직하다.
⑤ 민간복지기관은 정부 및 공공기관에 의하여 권한을 위임받은 경우 사회복지정책의 주체가 될 수 있다.

20 사회복지정책분석에서 산물(Product) 분석의 한계에 관한 설명으로 옳은 것은?

① 정해진 틀에 따라 사회복지정책 내용을 분석함으로써 적용된 사회적 가치를 평가하기 쉽다.
② 사회복지정책의 방향성을 제시하기가 용이하다.
③ 현행 사회복지정책에서 배제되고 차별받는 사람들의 욕구를 파악하기 쉽다.
④ 산물분석 결과는 기존의 사회주류적 입장을 대변할 가능성이 높다.
⑤ 사회복지정책의 구체적인 대안을 담아내기 쉽다.

21 길버트(N. Gilbert)와 테렐(P. Terrell)이 제시한 사회적 효과성에 관한 설명으로 옳은 것은?

① 수급자격을 얻기 위해 개인의 특수한 욕구가 선별적인 세밀한 조사에 노출될 수밖에 없다.
② 사람들이 사회의 평등한 구성원으로 어느 정도나 대우받는가에 따라 판단하는 것이다.
③ 시민권은 수급권을 얻을 수 있는 자격이 안 된다.
④ 급여를 신청할 때 까다로운 행정절차가 반드시 필요하다.
⑤ 사회적 효과성은 단기적 비용절감을 목표로 한다.

22 정책결정모형 중 드로어(Y. Dror)가 제시한 최적모형에 관한 설명으로 옳은 것을 모두 고른 것은?

> ㄱ. 합리모형과 점증모형의 단순혼합이 아닌 정책성과를 최적화하려는 데 초점을 둔다.
> ㄴ. 합리적 요소와 초합리적 요소를 다 고려하는 질적 모형이다.
> ㄷ. 초합리성의 구체적인 달성 방법에 대한 명확한 설명이 제시되었다.
> ㄹ. 정책결정을 체계론적 시각에서 파악한다.
> ㅁ. 정책결정과정에서 실현 가능성이 낮다는 비판이 있다.

① ㄱ, ㄴ   ② ㄱ, ㄷ, ㄹ
③ ㄱ, ㄴ, ㄹ, ㅁ   ④ ㄱ, ㄷ, ㄹ, ㅁ
⑤ ㄴ, ㄷ, ㄹ, ㅁ

23 사회복지정책 급여의 적절성에 관한 설명으로 옳지 않은 것은?

① 인간다운 생활을 할 수 있는 수준의 급여를 제공하는 것을 말한다.
② 기초연금 지급액 인상은 적절성 수준을 높여줄 수 있다.
③ 급여를 받는 사람의 삶의 질에 대한 관심의 표현이다.
④ 일정한 수준의 물질적, 정신적 복지를 제공해야 한다는 것과 관련된다.
⑤ 적절성에 대한 기준은 시간과 환경에 따라 변하지 않는다.

24 사회복지운동에 관한 설명으로 옳은 것을 모두 고른 것은?

> ㄱ. 민간이 사회복지에 대한 특정 견해를 가지고 이를 관철시키려는 실천이다.
> ㄴ. 노동운동·시민운동·여성운동 단체 등 다양한 주체들이 관심과 역량을 투여하는 사회운동의 한 분야이다.
> ㄷ. 사회복지종사자들이 갖고 있는 전문성을 실현하는 중요한 통로의 하나이다.
> ㄹ. 우리나라의 사회복지역사에서 정부는 사회복지운동단체의 의견을 모두 수용하였다.

① ㄱ, ㄷ ② ㄴ, ㄹ
③ ㄱ, ㄴ, ㄷ ④ ㄴ, ㄷ, ㄹ
⑤ ㄱ, ㄴ, ㄷ, ㄹ

25 우리나라에서 시행 중인 소득보장제도에 관한 설명으로 옳지 않은 것은?

① 기초연금은 노인의 생활안정 지원을 목적으로 한다.
② 장애정도가 심하지 않은 장애인은 장애인연금을 받을 수 없다.
③ 장애수당은 장애로 인해 발생하는 추가비용을 보전하기 위해 도입되었다.
④ 만 10세 아동은 아동수당을 받을 수 있다.
⑤ 저소득 한부모가족에게는 아동양육비가 지급될 수 있다.

26 한국 사회복지행정의 역사에 관한 설명으로 옳지 않은 것은?

① 1950~1960년대 사회복지서비스는 주로 외국 원조단체들에 의해 제공되었다.
② 1970년대 「사회복지사업법」 제정으로 사회복지시설에 대한 제도적 지원과 감독의 근거가 마련되었다.
③ 1980년대에 사회복지전문요원제도가 도입되었다.
④ 1990년대에 사회복지시설 평가제도가 도입되었다.
⑤ 2000년대에 사회복지관에 대한 정부 보조금 지원이 제도화되었다.

27 사회복지행정의 기능에 관한 설명으로 옳은 것을 모두 고른 것은?

> ㄱ. 기획(Planning) : 조직의 목적과 목표달성 방법을 설정하는 활동
> ㄴ. 조직화(Organizing) : 조직의 활동을 이사회와 행정기관 등에 보고하는 활동
> ㄷ. 평가(Evaluating) : 설정된 목표에 따라 성과를 평가하는 활동
> ㄹ. 인사(Staffing) : 직원 채용, 해고, 교육, 훈련 등의 활동

① ㄱ, ㄴ ② ㄱ, ㄷ
③ ㄱ, ㄷ, ㄹ ④ ㄴ, ㄷ, ㄹ
⑤ ㄱ, ㄴ, ㄷ, ㄹ

28 사회복지행정의 특징에 관한 설명으로 옳은 것은?

① 서비스 성과를 평가하기 어렵다.
② 사회복지행정가는 가치중립적이어야 한다.
③ 서비스 효율성은 고려하지 않는다.
④ 재정관리는 사회복지행정에 포함되지 않는다.
⑤ 직무환경에 관계없이 획일적으로 운영된다.

29 다음에서 설명하는 조직이론은?

- 인간의 사회적, 심리적, 정서적 욕구 강조
- 조직 내 비공식 집단의 중요성 인식
- 조직 내 개인은 감정적이며 비물질적 보상에 민감하게 반응

① 과학적 관리론　　② 관료제론
③ 인간관계론　　　④ 행정관리론
⑤ 자원의존론

30 베버(M. Weber)가 제시한 이상적 관료제형으로 옳지 않은 것은?

① 공식적 위계와 업무처리 구조
② 전문성에 근거한 분업 구조
③ 전통적 권위에 의한 조직 통제
④ 직무 범위와 권한의 명확화
⑤ 조직의 기능은 규칙에 의해 제한

31 신공공관리론(New Public Management)에 관한 설명으로 옳지 않은 것은?

① 공공서비스 공급에 있어 정부실패를 해결하기 위해 대두하였다.
② 신자유주의에 이론적 기반을 둔다.
③ 시장의 경쟁원리를 공공행정에 도입하였다.
④ 민간이 공급하던 서비스를 정부가 직접 공급하도록 하였다.
⑤ 정부, 시장, 시민사회의 협치를 추구한다.

32 하센필드(Y. Hasenfeld)가 제시한 휴먼서비스 조직의 특성으로 옳지 않은 것은?

① 인간을 원료(Raw Material)로 한다.
② 클라이언트와의 직접적 관계 속에서 활동한다.
③ 조직의 목표가 불확실하며 모호해지기 쉽다.
④ 조직의 업무과정에서 주로 전문가에 의존한다.
⑤ 목표달성을 위해 명확한 지식과 기술을 사용한다.

33 조직구조에 관한 설명으로 옳은 것은?

① 조직규모가 커질수록 공식화 정도가 낮아진다.
② 공식화 정도가 높을수록 직원의 재량권이 줄어든다.
③ 과업의 종류가 많을수록 수직적 분화가 늘어난다.
④ 분권화 정도가 높을수록 최고관리자에게 조직 통제권한이 집중된다.
⑤ 집권화 정도가 높을수록 직원의 권한과 책임의 범위가 모호해진다.

34 다음 사례에 해당하는 현상은?

A사회복지기관은 프로그램 운영 성과를 높이기 위해 기부금 모금실적을 직원 직무평가에 반영하기로 했다. 직원들이 직무평가에서 높은 점수를 받기 위해 모금활동에 더 많은 시간과 노력을 기울이게 되면서 오히려 프로그램 운영 성과는 저조하게 되었다.

① 리스트럭처링(Restructuring)
② 목적전치(Goal Displacement)
③ 크리밍(Creaming)
④ 소진(Burnout)
⑤ 다운사이징(Downsizing)

35 리더십이론에 관한 설명으로 옳지 않은 것은?

① 상황이론에 의하면 상황에 따라 적합하게 대응하는 리더십이 효과적이다.
② 행동이론에서 컨트리클럽형(Country Club Management)은 사람에 대한 관심과 일에 대한 관심이 모두 높은 리더이다.
③ 행동이론에서 과업형은 일에만 관심이 있고 사람에 대해서는 전혀 관심이 없는 리더이다.
④ 서번트 리더십(Servant Leadership)은 사회복지조직 관리에 적합한 리더십이 될 수 있다.
⑤ 생산성 측면에서 서번트 리더십은 자발적 행동의 정도를 중시한다.

36 사회복지조직의 인적자원관리에 관한 설명으로 옳지 않은 것은?

① 동기부여를 위한 보상관리는 해당되지 않는다.
② 직원채용, 직무수행 평가, 직원개발을 포함한다.
③ 목표관리법(MBO)으로 직원을 평가할 수 있다.
④ 직무수행 과정에서 경력을 개발해 나갈 수 있도록 한다.
⑤ 직무만족도 개선과 소진관리가 포함된다.

37 직무기술서에 관한 설명으로 옳은 것을 모두 고른 것은?

> ㄱ. 작업조건을 파악해서 작성한다.
> ㄴ. 직무수행을 위한 책임과 행동을 명시한다.
> ㄷ. 종사자의 교육수준, 기술, 능력 등을 포함한다.
> ㄹ. 직무의 성격, 내용, 수행 방법 등을 정리한 문서이다.

① ㄱ, ㄴ   ② ㄱ, ㄷ
③ ㄱ, ㄴ, ㄹ   ④ ㄴ, ㄷ, ㄹ
⑤ ㄱ, ㄴ, ㄷ, ㄹ

38 사회복지 슈퍼비전에 관한 설명으로 옳지 않은 것은?

① 행정적 기능, 교육적 기능, 지지적 기능이 있다.
② 소진 발생 및 예방에 영향을 미친다.
③ 동료집단 간에는 슈퍼비전이 수행되지 않는다.
④ 슈퍼바이저는 직속상관이나 중간관리자가 주로 담당한다.
⑤ 직무를 수행하면서 훈련을 받을 수 있다는 장점이 있다.

39 예산에 관한 설명으로 옳은 것은?

① 영기준 예산(Zero Based Budgeting)은 전년도 예산 내역을 반영하여 수립한다.
② 계획 예산(Planning Programming Budgeting System)은 국가의 단기적 계획 수립을 위한 장기적 예산편성 방식이다.
③ 영기준 예산(Zero Based Budgeting)은 비용 – 편익 분석, 비용 – 효과 분석을 거치지 않고 수립한다.
④ 성과주의 예산(Performance Budgeting)은 전년도 사업의 성과를 고려하지 않고 수립한다.
⑤ 품목별 예산(Line Item Budgeting)은 수입과 지출을 항목별로 명시하여 수립한다.

40 한국 사회복지행정체계에 관한 설명으로 옳지 않은 것은?

① 읍·면·동 중심의 서비스 제공에 노력하고 있다.
② 사회서비스는 단일한 공급주체에 의해 제공된다.
③ 위험관리는 위험의 사전예방과 사후관리를 모두 포함한다.
④ 지역사회 통합돌봄(커뮤니티 케어) 시행으로 지역사회 내 보건복지서비스 제공이 확대되고 있다.
⑤ 사회서비스의 개념이 기존의 사회복지서비스를 포괄하고 있다.

41 사회복지조직의 서비스 질 관리에 관한 설명으로 옳은 것은?

① 서비스 질 관리를 위하여 위험관리가 필요하다.
② 총체적 품질관리(TQM)는 기업의 소비자 만족을 극대화하기 위한 기법이므로 사회복지기관에 적용하기에는 적합하지 않다.
③ 총체적 품질관리는 지속적인 개선보다는 현상유지에 초점을 둔다.
④ 서브퀄(SERVQUAL)의 요소에 확신성(Assurance)은 포함되지 않는다.
⑤ 서브퀄에서 유형성(Tangible)은 고객 요청에 대한 즉각적 반응을 말한다.

42 한국의 사회복지전달체계 개편 순서를 올바르게 나열한 것은?

> ㄱ. 주민생활지원서비스 전달체계
> ㄴ. 사회복지통합관리망(행복e음) 개통
> ㄷ. 읍·면·동 복지허브화
> ㄹ. 지역사회 통합돌봄

① ㄱ - ㄴ - ㄷ - ㄹ
② ㄱ - ㄴ - ㄹ - ㄷ
③ ㄱ - ㄷ - ㄴ - ㄹ
④ ㄴ - ㄱ - ㄷ - ㄹ
⑤ ㄴ - ㄷ - ㄱ - ㄹ

43 사회복지조직의 의사결정모형에 관한 설명으로 옳은 것은?

① 점증모형은 여러 대안을 평가하여 합리적 평가 순위를 정하는 모형이다.
② 연합모형은 경제적·시장 중심적 시각에서 이루어지는 모형이다.
③ 만족모형은 주로 해결해야 할 문제가 분명하고 단순한 의사결정에 적용된다.
④ 쓰레기통모형은 조직의 목표가 모호하고, 조직의 기술이 막연한 경우에 적용되는 모형이다.
⑤ 공공선택모형은 시민들을 공공재의 생산자로 규정하고 정부를 소비자로 규정한다.

44 사회복지정보화에 관한 설명으로 옳지 않은 것은?

① 조직의 업무효율성을 증대시킬 수 있다.
② 대상자 관리의 정확성, 객관성을 확보할 수 있다.
③ 클라이언트에 대한 사생활침해 가능성이 높아졌다.
④ 학습조직의 필요성이 감소하였다.
⑤ 사회복지행정가가 정보를 체계적으로 다룰 수 있다.

45 비영리조직 마케팅의 특성으로 옳지 않은 것은?

① 이윤추구보다는 사회적 가치 실현에 주안점을 둔다.
② 마케팅에서 교환되는 것은 유형의 재화보다는 무형의 서비스가 대부분이다.
③ 영리조직에 비해 인간의 태도나 행동을 변화시키는 것이 어렵다.
④ 서비스의 생산과 소비의 동시성을 고려한다.
⑤ 조직의 목표달성과 측정이 용이하다.

46 마케팅 믹스 4P에 관한 설명으로 옳은 것을 모두 고른 것은?

> ㄱ. 유통(Place) : 고객이 서비스를 쉽게 이용할 수 있도록 하는 조직적 활동
> ㄴ. 가격(Price) : 판매자가 이윤 극대화를 위하여 임의로 설정하는 금액
> ㄷ. 제품(Product) : 고객의 욕구를 충족시키기 위하여 제공하는 재화나 서비스
> ㄹ. 촉진(Promotion) : 판매 실적에 따라 직원을 승진시키는 제도

① ㄱ, ㄴ   ② ㄱ, ㄷ
③ ㄱ, ㄴ, ㄷ   ④ ㄴ, ㄷ, ㄹ
⑤ ㄱ, ㄴ, ㄷ, ㄹ

47 프로그램 평가에 관한 설명으로 옳은 것을 모두 고른 것은?

> ㄱ. 비용-효과 분석은 프로그램의 비용과 결과의 금전적 가치를 고려하지 않는다.
> ㄴ. 비용-편익 분석은 프로그램의 비용과 결과를 금전적 가치로 환산하여 평가한다.
> ㄷ. 노력성 평가는 프로그램 수행에 투입된 인적·물적 자원 등을 기준으로 평가한다.
> ㄹ. 효과성 평가는 프로그램의 목표 달성 정도를 평가한다.

① ㄱ, ㄴ   ② ㄱ, ㄷ
③ ㄴ, ㄹ   ④ ㄴ, ㄷ, ㄹ
⑤ ㄱ, ㄴ, ㄷ, ㄹ

48 사회복지조직의 혁신에 관한 설명으로 옳은 것은?

① 변혁적 리더십은 부하 직원의 변화를 필요로 하지 않는다.
② 혁신은 목표를 더 효과적으로 달성하기 위한 인위적이고 계획적인 활동이다.
③ 사회환경 변화와 조직 혁신은 무관하다.
④ 조직 내부환경을 고려하지 않고 변화를 추진할 때 혁신이 성공한다.
⑤ 변혁적 리더십은 조직보다는 개인의 사적 이익을 강조한다.

49 비영리 사회복지조직에 관한 설명으로 옳지 않은 것은?

① 수익성과 서비스 질을 고려하지 않고 조직을 운영한다.
② 정부조직에 비해 관료화 정도가 낮다.
③ 국가와 시장이 공급하기 어려운 서비스를 제공할 수 있다.
④ 특정 이익집단을 위한 서비스를 제공할 수 있다.
⑤ 개입대상 선정과 개입방법을 특화할 수 있다.

50 사회복지행정 환경의 변화에 관한 설명으로 옳지 않은 것은?

① 책임성 요구가 높아지고 있다.
② 서비스 이용자의 소비자주권이 강해지고 있다.
③ 빅데이터 활용이 증가하고 있다.
④ 사회서비스 공급에 민간의 참여가 증가하고 있다.
⑤ 기업의 경영관리 기법 도입이 줄어들고 있다.

51 법률의 제정 연도가 빠른 순서대로 옳게 나열된 것은?

> ㄱ. 「국민기초생활 보장법」
> ㄴ. 「산업재해보상보험법」
> ㄷ. 「사회복지사업법」
> ㄹ. 「고용보험법」
> ㅁ. 「노인복지법」

① ㄱ - ㄴ - ㄷ - ㄹ - ㅁ
② ㄴ - ㄱ - ㅁ - ㄷ - ㄹ
③ ㄴ - ㄷ - ㅁ - ㄹ - ㄱ
④ ㄷ - ㄱ - ㄹ - ㅁ - ㄴ
⑤ ㄷ - ㅁ - ㄴ - ㄹ - ㄱ

52 헌법 제34조 규정의 일부이다. ㄱ~ㄷ에 들어갈 내용으로 옳은 것은?

> • 국가는 (ㄱ)·(ㄴ)의 증진에 노력할 의무를 진다.
> • 신체장애자 및 질병·노령 기타의 사유로 생활능력이 없는 국민은 (ㄷ)이 정하는 바에 의하여 국가의 보호를 받는다.

① ㄱ : 사회보장, ㄴ : 사회복지, ㄷ : 법률
② ㄱ : 사회보장, ㄴ : 공공부조, ㄷ : 법률
③ ㄱ : 사회복지, ㄴ : 공공부조, ㄷ : 헌법
④ ㄱ : 사회복지, ㄴ : 사회복지서비스, ㄷ : 헌법
⑤ ㄱ : 공공부조, ㄴ : 사회복지서비스, ㄷ : 법률

53 사회복지법의 역사적 변천에 관한 설명으로 옳은 것을 모두 고른 것은?

> ㄱ. 2014년 「기초노령연금법」이 제정되면서 「기초연금법」은 폐지되었다.
> ㄴ. 1999년 제정된 「국민의료보험법」은 「국민건강보험법」을 대체한 것이다.
> ㄷ. 1973년 제정된 「국민복지연금법」은 1986년 「국민연금법」으로 전부개정되었다.

① ㄱ   ② ㄴ
③ ㄷ   ④ ㄱ, ㄴ
⑤ ㄴ, ㄷ

54 「사회보장기본법」상 국가와 지방자치단체의 사회보장 운영원칙에 관한 설명으로 옳지 않은 것은?

① 사회보험은 지방자치단체의 책임으로 시행하는 것을 원칙으로 한다.

② 공공부조와 사회서비스는 국가와 지방자치단체의 책임으로 시행하는 것을 원칙으로 한다.

③ 사회보장제도의 급여수준과 비용부담 등에서 형평성을 유지하여야 한다.

④ 사회보장제도를 필요로 하는 모든 국민에게 적용하여야 한다.

⑤ 국민의 다양한 복지욕구를 효율적으로 충족시키기 위하여 연계성과 전문성을 높여야 한다.

55 「사회보장기본법」상 사회보장수급권에 관한 설명으로 옳지 않은 것은?

① 사회보장급여를 받으려는 사람은 국가나 지방자치단체에 신청하는 것을 원칙으로 하고 있다.

② 사회보장수급권은 다른 사람에게 양도하거나 담보로 제공할 수 없다.

③ 사회보장수급권은 원칙적으로 제한되거나 정지될 수 없다.

④ 사회보장수급권은 구두로 통지하여 포기할 수 있다.

⑤ 사회보장수급권의 포기는 취소할 수 있다.

56 「사회보장기본법」상 사회보장위원회에 관한 설명으로 옳은 것은?

① 대통령 소속의 위원회이다.

② 위원장 1명, 부위원장 2명과 행정안전부장관, 고용노동부장관을 포함한 40명 이내의 위원으로 구성한다.

③ 위원의 임기는 3년으로 하되, 공무원인 위원의 임기는 그 재임기간으로 한다.

④ 고용노동부에 사무국을 둔다.

⑤ 관계 중앙행정기관의 장은 위원회의 심의·조정 사항을 반영하여 사회보장제도를 운영 또는 개선하여야 한다.

57 자치법규에 관한 설명으로 옳지 않은 것은?

① 지방의회는 규칙 제정권을 갖고 지방자치단체의 장은 조례 제정권을 갖는다.

② 시·군 및 자치구의 조례는 시·도의 조례를 위반해서는 아니 된다.

③ 사회복지시설의 설치·운영 및 관리는 주민의 복지증진과 관련된 지방자치단체의 사무이다.

④ 지방자치단체는 법령의 범위 안에서 자치에 관한 규정을 제정할 수 있다.

⑤ 주민은 지방자치단체의 조례를 제정할 것을 청구할 수 있다.

58 「사회보장급여의 이용·제공 및 수급권자의 발굴에 관한 법률」의 내용으로 옳은 것은?

① 시장·군수·구청장은 중앙생활보장위원회를 둔다.

② 보건복지부장관은 사회보장급여 부정수급 실태조사를 3년마다 실시하고 그 결과를 공개하여야 한다.

③ "수급권자"란 사회보장급여를 제공하는 국가기관과 지방자치단체를 말한다.

④ 보장기관의 업무담당자는 지원대상자가 심신미약 등 대통령령으로 정하는 경우에 해당하면 지원대상자의 동의하에서만 직권으로 사회보장급여의 제공을 신청할 수 있다.

⑤ 보장기관의 장은 지원대상자 발굴체계의 운영 실태를 3년마다 점검하고 개선방안을 마련하여야 한다.

59 「사회복지사업법」상 사회복지서비스 제공의 원칙에 관한 설명으로 옳지 않은 것은?

① 사회복지서비스는 현물로 제공하는 것이 원칙이다.
② 지방자치단체는 사회복지서비스의 품질향상을 위하여 필요한 시책을 마련하여야 한다.
③ 지방자치단체는 사회복지시설의 서비스 환경 등을 평가할 수 있다.
④ 시장·군수·구청장은 보호대상자에게 사회복지서비스 이용권을 지급할 수 있다.
⑤ 보건복지부장관은 사회복지서비스 품질 평가를 위한 전문기관을 직접 설치·운영해야 하며, 관계기관 등에 위탁하여서는 아니 된다.

60 「사회복지사업법」상 사회복지사에 관한 설명으로 옳지 않은 것은?

① 사회복지사의 등급은 1급·2급으로 한다.
② 보건복지부장관은 정신건강사회복지사·의료사회복지사·학교사회복지사의 자격을 부여할 수 있다.
③ 보건복지부장관은 사회복지사가 거짓이나 그 밖의 부정한 방법으로 자격을 취득한 경우 그 자격을 1년의 범위에서 정지할 수 있다.
④ 사회복지법인에 종사하는 사회복지사는 정기적으로 보수교육을 받아야 한다.
⑤ 자신의 사회복지사 자격증은 타인에게 빌려주어서는 아니 된다.

61 「사회복지사업법」상 사회복지시설에 관한 설명으로 옳은 것은?

① 사회복지시설 운영위원회는 심의·의결기구이다.
② 사회복지시설은 손해배상책임의 면책사업자이다.
③ 사회복지시설의 장은 비상근으로 근무할 수 있다.
④ 사회복지시설은 둘 이상의 사회복지사업을 통합하여 수행할 수 있다.
⑤ 지방자치단체는 사회복지시설을 설치·운영하여서는 아니 된다.

62 「국민기초생활 보장법」상 급여의 종류와 방법에 관한 설명으로 옳은 것은?

① 부양의무자가 「병역법」에 따라 징집되거나 소집된 경우 부양능력이 있는 것으로 본다.
② 보장기관은 차상위자의 가구별 생활여건을 고려하여 예산의 범위에서 급여의 전부 또는 일부를 실시할 수 있다.
③ 생계급여 선정기준은 기준 중위소득의 100분의 50 이상으로 한다.
④ 생계급여는 상반기·하반기로 나누어 지급하여야 한다.
⑤ 주거급여는 주택 매입비, 수선유지비 등이 포함된다.

63 「국민기초생활 보장법」상 급여의 기본원칙을 모두 고른 것은?

ㄱ. 근로능력 활용	ㄴ. 보충급여
ㄷ. 타법 우선	ㄹ. 수익자부담

① ㄱ, ㄴ
② ㄷ, ㄹ
③ ㄱ, ㄴ, ㄷ
④ ㄴ, ㄷ, ㄹ
⑤ ㄱ, ㄴ, ㄷ, ㄹ

64 「긴급복지지원법」상 "위기상황"에 해당하는 사유를 모두 고른 것은?

ㄱ. 주소득자가 사망, 가출, 행방불명 등으로 소득을 상실하여 생계유지가 어렵게 된 경우
ㄴ. 본인이 중한 질병 또는 부상을 당하여 생계유지가 어렵게 된 경우
ㄷ. 본인이 가구 구성원으로부터 방임 등을 당하여 생계유지가 어렵게 된 경우
ㄹ. 본인이 가구 구성원으로부터 성폭력을 당하여 생계유지가 어렵게 된 경우

① ㄱ, ㄴ, ㄷ
② ㄱ, ㄴ, ㄹ
③ ㄱ, ㄷ, ㄹ
④ ㄴ, ㄷ, ㄹ
⑤ ㄱ, ㄴ, ㄷ, ㄹ

65 「건강가정기본법」에 관한 설명으로 옳지 않은 것은?

① "가족"이라 함은 혼인 · 혈연 · 입양으로 이루어진 사회의 기본단위를 말한다.
② 모든 국민은 혼인과 출산의 사회적 중요성을 인식하여야 한다.
③ "1인가구"라 함은 성인 1명 또는 그와 생계를 같이하는 미성년자녀로 구성된 생활단위를 말한다.
④ 국가는 양성이 평등한 육아휴직제 등의 정책을 적극적으로 확대 시행하여야 한다.
⑤ 국가는 생애주기에 따르는 가족 구성원의 종합적인 건강증진대책을 마련하여야 한다.

66 사회복지사업법령상 보건복지부장관이 시설에서 제공하는 서비스의 최저기준을 마련하지 않아도 되는 시설은?

① 사회복지관
② 자원봉사센터
③ 아동양육시설
④ 장애인 지역사회재활시설
⑤ 부자가족복지시설

67 「국민기초생활 보장법」상 보장기관에 관한 설명으로 옳은 것은?

① 교육급여 및 의료급여는 시 · 도교육감이 실시한다.
② 생계급여는 수급자의 거주지를 관할하는 시 · 도지사와 시장 · 군수 · 구청장이 실시한다.
③ 보장기관은 위기개입상담원을 배치하여야 한다.
④ 생활보장위원회는 자문기구이다.
⑤ 소관 중앙행정기관의 장은 5년마다 기초생활보장 시행계획을 수립하여야 한다.

68 고용보험법령상 중대한 귀책사유로 해고된 피보험자로서 구직급여 수급자격의 제한 사유에 해당되는 것을 모두 고른 것은?

> ㄱ. 「형법」을 위반하여 금고 이상의 형을 선고받은 경우
> ㄴ. 정당한 사유 없이 근로계약을 위반하여 장기간 무단 결근한 경우
> ㄷ. 사업기밀을 경쟁관계에 있는 사업자에게 제공한 경우

① ㄱ
② ㄷ
③ ㄱ, ㄴ
④ ㄴ, ㄷ
⑤ ㄱ, ㄴ, ㄷ

69 산업재해보상보험법령상 유족급여에 관한 설명으로 옳지 않은 것은?

① 근로자가 업무상의 사유로 사망한 경우 유족에게 지급한다.
② 유족보상연금 수급권자가 2명 이상 있을 때 그중 1명을 대표자로 선임할 수 있다.
③ 근로자와 「주민등록법」상 세대를 같이하고 동거하던 유족으로서 근로자의 소득으로 생계의 상당 부분을 유지하고 있던 사람은 유족에 해당한다.
④ 근로자의 소득으로 생계의 전부를 유지하고 있던 유족으로서 학업으로 주민등록을 달리하였거나 동거하지 않았던 사람은 유족에 해당되지 않는다.
⑤ 유족보상연금 수급 권리는 배우자 · 자녀 · 부모 · 손자녀 · 조부모 및 형제자매의 순서로 한다.

70 「정신건강증진 및 정신질환자 복지서비스 지원에 관한 법률」상 정신질환자의 보호의무자가 될 수 있는 사람은?

① 후견인
② 파산선고를 받고 복권되지 아니한 사람
③ 해당 정신질환자를 상대로 소송 중인 사람
④ 행방불명자
⑤ 미성년자

71 다음이 설명하는 「한부모가족지원법」상의 한부모가족복지시설은?

> 배우자(사실혼 관계에 있는 사람을 포함한다)가 있으나 배우자의 물리적·정신적 학대로 아동의 건전한 양육이나 모의 건강에 지장을 초래할 우려가 있을 경우 일시적 또는 일정 기간 동안 모와 아동 또는 모에게 주거와 생계를 지원하는 시설

① 일시지원복지시설
② 부자가족복지시설
③ 모자가족복지시설
④ 한부모가족복지상담소
⑤ 미혼모자가족복지시설

72 의족 파손에 따른 요양급여 청구사건 대법원 판례(2012두20991)의 내용으로 옳지 않은 것은?

> (개요) 의족을 착용하고 아파트 경비원으로 근무하던 갑이 제설작업 중 넘어져 의족이 파손되는 등의 재해를 입고 요양급여를 신청하였으나, 근로복지공단이 '의족 파손'은 요양급여 기준에 해당하지 않는다는 이유로 요양불승인처분을 한 사안에 대하여 요양불승인처분 취소

① 업무상 재해로 인한 부상의 대상인 신체를 반드시 생래적 신체에 한정할 필요는 없다.
② 의족 파손을 업무상 재해로 보지 않을 경우 장애인 근로자에 대한 보상과 재활에 상당한 공백을 초래한다.
③ 신체 탈부착 여부를 기준으로 요양급여 대상을 가르는 것이 합리적이라 할 수 없다.
④ 의족 파손을 업무상 재해에서 제외한다면, 사업자들로 하여금 의족 착용 장애인들의 고용을 소극적으로 만들 우려가 있다.
⑤ 업무상의 사유로 근로자가 장착한 의족이 파손된 경우는 「산업재해보상보험법」상 요양급여의 대상인 근로자의 부상에 포함되지 않는다.

73 다음의 역할을 하는 「노인장기요양보험법」상 기구는?

> • 장기요양요원의 권리 침해에 관한 상담 및 지원
> • 장기요양요원의 역량강화를 위한 교육지원
> • 장기요양요원에 대한 건강검진 등 건강관리를 위한 사업

① 장기요양위원회
② 등급판정위원회
③ 장기요양심사위원회
④ 장기요양요원지원센터
⑤ 공표심의위원회

74 다음과 같은 역할을 하는 사회복지시설은?

> • 아동의 안전한 보호
> • 안전하고 균형 있는 급식 및 간식의 제공
> • 등·하교 전후, 야간 또는 긴급상황 발생 시 돌봄서비스 제공
> • 체험활동 등 교육·문화·예술·체육 프로그램의 연계·제공
> • 돌봄 상담, 관련 정보의 제공 및 서비스의 연계

① 장애인 지역사회재활시설
② 다함께돌봄센터
③ 아동보호전문기관
④ 지역장애아동지원센터
⑤ 노인공동생활가정

75 「아동복지법」상 보호가 필요한 아동을 발견하고 양육환경을 개선할 수 있도록 지원하기 위하여 이용할 수 있는 자료와 정보에 해당하는 것을 모두 고른 것은?

> ㄱ. 「국민건강보험법」 제41조 제1항 각 호에 따른 요양급여 실시 기록
> ㄴ. 「국민건강보험법」 제52조에 따른 영유아건강검진 실시 기록
> ㄷ. 「초·중등교육법」 제25조에 따른 학교생활기록 정보
> ㄹ. 「전기사업법」 제14조에 따른 단전 가구정보

① ㄱ, ㄴ, ㄷ   ② ㄱ, ㄴ, ㄹ
③ ㄱ, ㄷ, ㄹ   ④ ㄴ, ㄷ, ㄹ
⑤ ㄱ, ㄴ, ㄷ, ㄹ

정답 및 해설 p.268

1교시 사회복지기초

1과목 인간행동과 사회환경

01 인간발달이론이 사회복지실천에 미친 영향으로 옳지 않은 것은?

① 스키너(B. Skinner) 이론은 행동결정요인으로 인지와 정서의 중요성을 이해하는 계기를 제공하였다.

② 융(C. Jung) 이론은 중년기 이후의 발달을 이해하는 데 도움을 제공하였다

③ 에릭슨(E. Erikson) 이론은 생애주기별 실천개입의 기반을 제공하였다.

④ 프로이트(S. Freud) 이론은 인간행동의 무의식적 측면을 심층적으로 분석할 수 있는 기반을 제공하였다.

⑤ 매슬로우(A. Maslow) 이론은 인간의 욕구를 파악할 수 있는 근거를 마련하였다.

02 인간발달에 관한 설명으로 옳은 것은?

① 긍정적 · 상승적 변화는 발달로 간주하지만, 부정적 · 퇴행적 변화는 발달로 보지 않는다.

② 순서대로 진행되고 예측 가능하다는 특징이 있다.

③ 인간의 전반적 변화를 다루기 때문에 개인차는 중요하지 않다고 본다.

④ 키 · 몸무게 등의 질적 변화와 인지특성 · 정서 등의 양적 변화를 모두 포함하는 개념이다.

⑤ 각 발달단계에서의 발달 속도는 거의 일정한 것으로 알려져 있다.

03 문화와 관련된 설명으로 옳지 않은 것은?

① 문화는 인간집단의 생활양식의 총체로 정의할 수 있다.

② 다문화주의는 다양한 문화나 언어를 공유하고 상호 존중하여 적극 수용하려는 입장을 취한다.

③ 베리(J. Berry)의 이론에서 동화(Assimilation)는 자신의 고유문화와 새로운 문화를 모두 존중하는 상태를 의미한다.

④ 문화는 학습되고 전승되는 특징이 있다.

⑤ 주류와 비주류 문화 사이의 권력 차이로 차별이 발생할 수 있다.

04 스키너(B. Skinner)의 이론에 관한 설명으로 옳지 않은 것은?

① 강화계획 중 반응율이 가장 높은 것은 가변비율(Variable – ratio) 계획이다.

② 정적 강화물의 예시로 음식, 돈, 칭찬 등을 들 수 있다.

③ 인간행동은 예측 가능하며 통제될 수 있다고 본다.

④ 인간의 창조성과 자아실현을 강조한다.

⑤ 부적 강화는 바람직한 행동의 빈도를 증가시키는데 초점을 둔다.

05 학자와 주요개념의 연결로 옳은 것을 모두 고른 것은?

```
ㄱ. 로저스(C. Rogers) – 자기실현 경향성
ㄴ. 벡(A. Beck) – 비합리적인 신념
ㄷ. 반두라(A. Bandura) – 행동조성
ㄹ. 아들러(A. Adler) – 집단무의식
```

① ㄱ　　　　　　　　② ㄱ, ㄴ
③ ㄴ, ㄷ　　　　　　④ ㄱ, ㄴ, ㄷ
⑤ ㄴ, ㄷ, ㄹ

06 아들러(A. Adler)의 이론에 관한 설명으로 옳은 것은?

① 성격은 점성원리에 따라 발달한다.
② 개인의 창조성을 부정한다.
③ 무의식적 결정론을 고수하고 있다.
④ 유전적 · 환경적 요인의 중요성을 배제한다.
⑤ 인간을 목표지향적 존재로 본다.

07 에릭슨(E. Erikson)의 심리사회적 발달단계 위기와 성취 덕목(Virtue)이 옳게 연결된 것은?

① 근면성 대 열등감 – 성실(Fidelity)
② 주도성 대 죄의식 – 목적(Purpose)
③ 신뢰 대 불신 – 의지(Will)
④ 자율성 대 수치심과 의심 – 능력(Competence)
⑤ 정체감 대 정체감 혼란 – 희망(Hope)

08 로저스(C. Rogers) 이론에 관한 설명으로 옳지 않은 것은?

① 개인의 잠재력 실현을 위하여 조건적 긍정적 관심의 제공이 중요함을 강조하였다.
② 자기실현을 완성하는 사람의 특성을 완전히 기능하는 사람(Fully Functioning Person)이라는 용어로 제시하였다.
③ 클라이언트에 대한 공감적 이해의 중요성을 강조하였다.
④ 주관적이고 사적인 경험 세계를 강조하였다.
⑤ 인간을 긍정적이며 창조적인 존재로 보았다.

09 융(C. Jung)의 이론에 관한 설명으로 옳은 것은?

① 정신분석(Psychoanalysis)이론이라 불린다.
② 사회적 관심과 활동수준을 기준으로 심리적 유형을 8가지로 구분하였다.

③ 발달단계에 관하여 언급하지 않았다는 특징을 지니고 있다.
④ 개성화(Individuation)를 통한 자기실현과정을 중요시하였다.
⑤ 성격형성에 있어서 창조적 자기(Creative Self)의 역할을 강조하였다.

10 반두라(A. Bandura)의 이론에 관한 설명으로 옳은 것을 모두 고른 것은?

> ㄱ. 개인의 신념, 기대와 같은 인지적 요인을 중요시 하였다.
> ㄴ. 대리적 강화(Vicarious Reinforcement)의 중요성을 강조하였다.
> ㄷ. 자기효능감을 높이는 가장 효과적인 방법으로 대리적 경험을 제시하였다.
> ㄹ. 외부로부터 주어지는 강화의 중요성을 강조하는 자기강화(Self Reinforcement)의 개념을 제시하였다.

① ㄱ　　　　　　　　② ㄴ
③ ㄱ, ㄴ　　　　　　④ ㄴ, ㄷ, ㄹ
⑤ ㄱ, ㄴ, ㄷ, ㄹ

11 방어기제와 그 예시로 옳지 않은 것은?

① 합리화(Rationalization) : 지원한 회사에 불합격한 후 그냥 한번 지원해본 것이며 합격했어도 다니지 않았을 것이라 생각한다.
② 억압(Repression) : 시험을 망친 후 성적발표 날짜를 아예 잊어버린다.
③ 투사(Projection) : 자신이 싫어하는 직장 상사에 대해서 상사가 자기를 싫어하기 때문에 사이가 나쁘다고 여긴다.
④ 반동형성(Reaction Formation) : 관심이 가는 이성에게 오히려 짓궂은 말을 하게 된다.
⑤ 전치(Displacement) : 낮은 성적을 받은 이유를 교수가 중요치 않은 문제만 출제한 탓이라 여긴다.

12 피아제(J. Piaget)의 이론에 관한 설명으로 옳지 않은 것은?

① 인간은 자신과 환경 사이에 조화로운 관계인 평형화(Equilibration)를 이루고자 하는 경향성이 있다.
② 감각운동기에 대상영속성(Object Permanence)을 획득한다.
③ 조절(Accommodation)은 새로운 정보를 접했을 때 기존의 도식을 변경하는 것을 말한다.
④ 구체적 조작기에는 추상적 사고가 가능해진다.
⑤ 보존(Conservation) 개념 획득을 위해서는 동일성, 가역성, 보상성의 원리를 이해해야 한다.

13 생태체계이론의 중간체계(Meso System)에 관한 설명으로 옳은 것은?

① 미시체계 간의 상호작용에 초점을 둔다.
② 개인이 직접적으로 대면하는 체계를 의미한다.
③ 신념, 태도, 전통 등을 통해 영향력을 행사한다.
④ 대표적인 중간체계로 가족과 집단을 들 수 있다.
⑤ 문화, 정치, 사회, 법, 종교 등이 해당된다.

14 체계로서의 지역사회에 관한 설명으로 옳은 것을 모두 고른 것은?

> ㄱ. 지역을 중심으로 형성된 공동체적 특징을 지닌다.
> ㄴ. 구성원에게 사회규범에 순응하도록 규제하는 사회통제의 기능을 지닌다.
> ㄷ. 사회가 향유하는 지식, 가치 등을 구성원에게 전달하는 기능을 지닌다.
> ㄹ. 외부와 상호작용을 통하여 엔트로피(Entropy) 상태를 유지하는 것이 필요하다.

① ㄱ
② ㄱ, ㄴ
③ ㄱ, ㄴ, ㄷ
④ ㄴ, ㄷ, ㄹ
⑤ ㄱ, ㄴ, ㄷ, ㄹ

15 브론펜브레너(U. Bronfenbrenner)의 생태체계 이론에서 다음에 해당하는 개념으로 옳은 것은?

> • 전 생애에 걸쳐 발생하는 변화와 사회역사적인 환경을 포함한다.
> • 인간의 생에 단일 사건뿐 아니라 시간의 경과와 함께 연속적으로 일어나는 사건들이 누적되어 영향을 미친다는 것을 보여주고 있다.

① 미시체계(Micro System)
② 외체계(Exo System)
③ 거시체계(Macro System)
④ 환류체계(Feedback System)
⑤ 시간체계(Chrono System)

16 다음에 해당하는 개념으로 옳은 것은?

> • 한 체계에서 일부가 변화하면 그 변화가 체계의 나머지 부분들의 변화를 초래하게 되는 개념을 말한다.
> • 예시로는 회사에서 간부 직원이 바뀌었을 때, 파생적으로 나타나는 조직의 변화 및 직원 역할의 변화 등을 들 수 있다.

① 균형(Equilibrium)
② 호혜성(Reciprocity)
③ 안정상태(Steady State)
④ 항상성(Homeostasis)
⑤ 적합성(Goodness of Fit)

17 영아기(0~2세)에 관한 설명으로 옳은 것은?

① 콜버그(L. Kohlberg) : 전인습적 도덕기에 해당한다.
② 에릭슨(E. Erikson) : 주 양육자와의 "신뢰 대 불신"이 중요한 시기이다.
③ 피아제(J. Piaget) : 보존(Conservation) 개념이 확립되는 시기이다.
④ 프로이트(S. Freud) : 거세불안(Castration anxiety)을 경험하는 시기이다.
⑤ 융(C. Jung) : 생활양식이 형성되는 시기이다.

18 청소년기(13~19세)에 관한 설명으로 옳지 않은 것은?

① 신체적 측면에서 제2의 급성장기이다.
② 심리적 이유기의 특징을 보인다.
③ 부모보다 또래집단의 영향력이 커진다.
④ 피아제(J. Piaget)에 의하면 비가역적 사고의 특징이 나타나는 시기이다.
⑤ 프로이트(S. Freud)의 심리성적 발달단계에서 생식기에 해당한다.

19 유아기(3~6세)에 관한 설명으로 옳지 않은 것은?

① 자신의 성을 인식하는 성정체성이 발달한다.
② 놀이를 통한 발달이 활발한 시기이다.
③ 신체적 성장이 영아기(0~2세)보다 빠른 속도로 진행된다.
④ 언어발달이 현저하게 이루어지는 시기이다.
⑤ 정서적 표현의 특징은 일시적이며 유동적이다.

20 청년기(20~39세)에 관한 설명으로 옳은 것은?

① 에릭슨(E. Erikson)은 근면성의 발달을 중요한 과업으로 보았다.
② 다른 시기에 비하여 경제적으로 안정되어 있고 직업에서도 높은 지위와 책임을 갖게 된다.
③ 빈둥지 증후군을 경험하는 시기이다.
④ 또래와의 상호작용을 통하여 자아개념이 발달하기 시작한다.
⑤ 직업 준비와 직업선택에 대한 의사결정을 하는 시기이다.

21 생애주기와 발달적 특징의 연결로 옳지 않은 것은?

① 영아기(0~2세) – 애착발달
② 아동기(7~12세) – 자아정체감 확립
③ 청소년기(13~19세) – 제2차 성징의 발달
④ 중년기(40~64세) – 신진대사의 저하
⑤ 노년기(65세 이상) – 내향성과 수동성의 증가

22 다음 중 태내기(수정~출산)에 관한 설명으로 옳지 않은 것은?

① 배종기(Germinal Period)는 수정 후 수정란이 자궁벽에 착상할 때까지의 시기를 말한다.
② 임신 3개월이 지나면 태아의 성별구별이 가능해진다.
③ 양수검사(Amniocentesis)를 통해서 다운증후군 등 다양한 유전적 결함을 판별할 수 있다.
④ 임신 중 어머니의 과도한 음주는 태아알콜증후군(Fetal Alcohol Syndrome)을 초래할 수 있다.
⑤ 배아의 구성은 외배엽과 내배엽으로 이루어지며, 외배엽은 폐, 간, 소화기관 등을 형성하게 된다.

23 중년기(40~64세)의 설명으로 옳은 것은?

① 에릭슨(E. Erikson)에 의하면 "생산성 대 침체"라는 심리사회적 위기를 극복하게 되면 돌봄(Care)의 덕목을 갖추게 된다.
② 유동성 지능(Fluid Intelligence)은 높아지며 문제해결능력도 향상될 수 있다.
③ 자아통합이 완성되는 시기로 자신의 삶에 대한 평가를 시도한다.
④ 갱년기 증상은 여성에게 나타나고 남성은 경험하지 않는다.
⑤ 융(C. Jung)에 의하면 남성에게는 아니무스가, 여성에게는 아니마가 드러나는 시기이다.

24 아동기(7~12세)의 발달에 관한 설명으로 옳은 것을 모두 고른 것은?

> ㄱ. 프로이트(S. Freud) : 성 에너지(리비도)가 무의식 속에 잠복하는 잠재기(Latency Stage)
> ㄴ. 피아제(J. Piaget) : 보존, 분류, 유목화, 서열화 등의 개념을 점차적으로 획득
> ㄷ. 콜버그(L. Kohlberg) : 인습적 수준의 도덕성 발달단계로 옮겨가는 시기
> ㄹ. 에릭슨(E. Erikson) : "주도성 대 죄의식"의 발달이 중요한 시기

① ㄱ, ㄴ   ② ㄴ, ㄹ
③ ㄱ, ㄴ, ㄷ   ④ ㄱ, ㄷ, ㄹ
⑤ ㄴ, ㄷ, ㄹ

25 체계이론에 관한 설명으로 옳지 않은 것은?

① 넥엔트로피(Negentropy)란 체계를 유지하고, 발전을 도모하고, 생존하는 것을 의미한다.
② 항상성(Homeostasis)은 비교적 안정적으로 균형 상태를 유지하기 위한 체계의 경향을 말한다.
③ 경계(Boundary)는 체계를 외부 환경과 구분 짓는 둘레를 말한다.
④ 다중종결성(Multifinality)은 서로 다른 경로와 방법을 통해 같은 결과에 도달할 수 있음을 말한다.
⑤ 부적 환류(Negative Feedback)는 체계가 목적 달성이 어려운 방식으로 움직이고 있다는 정보를 제공하여 체계의 변화를 도모한다.

26 과학철학에 관한 설명으로 옳지 않은 것은?

① 쿤(T. Kuhn)은 과학적 혁명에서 패러다임 전환을 제시하였다.
② 쿤(T. Kuhn)은 당대의 지배적 패러다임에서 벗어나지 않는 것을 정상과학이라고 지칭하였다.
③ 포퍼(K. Popper)는 쿤의 과학적 인식에 내재된 문제점을 극복하기 위하여 반증주의를 제시하였다.
④ 포퍼(K. Popper)의 반증주의는 연역법에 의존한다.
⑤ 포퍼(K. Popper)는 이론이란 증명되는 것이 아니라 반증되는 것이라고 하였다.

27 과학적 탐구에서 제기되는 윤리적 문제에 관한 설명으로 옳지 않은 것은?

① 어떤 경우라도 연구참여자 속이기는 허용되지 않는다.
② 고지된 동의는 조사대상자의 판단능력을 고려하여야 한다.
③ 연구자는 기대했던 연구결과와 다르더라도 그 결과를 사실대로 보고해야 한다.
④ 사회복지조사에서는 비밀유지가 엄격히 지켜질 수 없는 상황이 발생할 수 있다.
⑤ 연구자는 개인정보 유출 등으로 인해 연구참여자에게 피해를 주지 않도록 신중을 기해야 한다.

28 과학적 지식의 특성에 관한 설명으로 옳은 것을 모두 고른 것은?

> ㄱ. 경험적으로 검증 가능하여야 한다.
> ㄴ. 연구결과는 잠정적이며 수정될 수 있다.
> ㄷ. 연구자의 주관적 가치 판단이 연구과정이나 결론에 작용하지 않도록 객관성을 추구한다.
> ㄹ. 같은 절차를 다른 대상에 반복적으로 적용하여 같은 결과가 나오는지 검토할 수 있다.

① ㄱ, ㄷ   ② ㄴ, ㄹ
③ ㄱ, ㄴ, ㄷ   ④ ㄴ, ㄷ, ㄹ
⑤ ㄱ, ㄴ, ㄷ, ㄹ

29 다음에서 설명하는 조사유형을 바르게 짝지은 것은?

> ㄱ. 동일한 표본을 대상으로 시간을 달리하여 추적 관찰하는 연구
> ㄴ. 일정연령이나 일정연령 범위 내 사람들의 집단이 조사대상인 종단연구

① ㄱ : 경향조사, ㄴ : 코호트(Cohort)조사
② ㄱ : 경향조사, ㄴ : 패널조사
③ ㄱ : 코호트(Cohort)조사, ㄴ : 경향조사
④ ㄱ : 패널조사, ㄴ : 경향조사
⑤ ㄱ : 패널조사, ㄴ : 코호트(Cohort)조사

30 분석단위에 관한 설명으로 옳은 것을 모두 고른 것은?

> ㄱ. 이혼, 폭력, 범죄 등과 같은 분석단위는 사회적 가공물(Social Artifacts)에 해당한다.
> ㄴ. 생태학적 오류는 집단에 대한 조사를 기초로 하여 개인을 분석단위로 주장하는 오류이다.
> ㄷ. 환원주의는 특정 분석단위 또는 변수가 다른 분석단위 또는 변수에 비해 관련성이 높다고 설명하는 경향이 있다.

① ㄴ   ② ㄱ, ㄴ
③ ㄱ, ㄷ   ④ ㄴ, ㄷ
⑤ ㄱ, ㄴ, ㄷ

31 변수에 관한 설명으로 옳지 않은 것은?

① 매개변수(Mediating Variable)는 독립변수의 영향을 받아 종속변수에 영향을 미치는 변수이다.
② 통제변수(Control Variable)는 독립변수와 종속변수의 관계에 영향을 줄 수 있기 때문에 통제대상이 되는 변수이다.

③ 독립변수는 결과변수이고 종속변수는 설명변수이다.
④ 조절변수(Moderating Variable)는 독립변수와 종속변수 간의 관계의 강도에 영향을 미칠 수 있다.
⑤ 변수들 간의 관계는 그 속성에 따라 직선이 아닌 곡선의 형태로도 나타날 수 있다.

32 영가설(Null Hypothesis)과 연구가설(Research Hypothesis)에 관한 설명으로 옳은 것은?

① 연구가설은 연구의 개념적 틀 혹은 연구모형으로부터 도출될 수 있다.
② 연구가설은 그 자체를 직접 검정할 수 있다.
③ 영가설은 연구가설의 검정 결과에 따라 채택되거나 기각된다.
④ 연구가설은 수집된 자료에서 나타난 차이나 관계가 표본추출에서 오는 우연에 의한 것으로 진술된다.
⑤ 연구가설은 영가설에 대한 반증의 목적으로 설정된다.

33 인과관계 추론에 관한 설명으로 옳은 것은?

① 독립변수들 사이의 상관관계는 인과관계 추론의 일차적 조건이다.
② 독립변수와 종속변수 간의 관계는 두 변수 모두의 원인이 되는 제3의 변수로 설명되어서는 안 된다.
③ 종속변수가 독립변수를 시간적으로 앞서야 한다.
④ 횡단적 연구는 종단적 연구에 비해 인과관계 추론에 더 적합하다.
⑤ 독립변수의 변화는 종속변수의 변화와 관련성이 없어야 한다.

34 척도의 종류가 올바르게 짝지어진 것은?

> ㄱ. 종교 – 기독교, 불교, 천주교, 기타
> ㄴ. 교육연수 – 정규 학교 교육을 받은 기간(년)
> ㄷ. 학점 – A, B, C, D, F

① ㄱ : 명목척도, ㄴ : 서열척도, ㄷ : 비율척도
② ㄱ : 명목척도, ㄴ : 비율척도, ㄷ : 서열척도
③ ㄱ : 비율척도, ㄴ : 등간척도, ㄷ : 서열척도
④ ㄱ : 서열척도, ㄴ : 등간척도, ㄷ : 비율척도
⑤ ㄱ : 서열척도, ㄴ : 비율척도, ㄷ : 명목척도

35 측정의 수준이 서로 다른 변수로 묶인 것은?

① 대학 전공, 아르바이트 경험 유무
② 복지비 지출 증가율, 월평균 소득(만 원)
③ 온도(℃), 지능지수(IQ)
④ 생활수준(상, 중, 하), 혈액형
⑤ 성별, 현재 흡연여부

36 측정에 관한 설명으로 옳지 않은 것은?

① 측정은 연구대상의 속성에 대하여 일정한 규칙에 따라 숫자나 기호를 부여하는 과정이다.
② 사회과학에서는 개념을 측정하기 위해 특질 자체를 측정하기보다는 특질을 나타내는 지표를 사용하여 간접적으로 측정하는 경우가 많다.
③ 보가더스(Bogardus)의 사회적 거리척도는 등간척도의 한 종류이다.
④ 리커트(Likert) 척도는 각 문항의 점수를 합산하여 전체적인 경향이나 특성을 측정하는 방법이다.
⑤ 측정항목의 수를 많게 하면 신뢰도가 높아지는 경향이 있다.

37 내적 일관성 방법에 근거하여 신뢰도를 측정하는 방법으로 옳은 것을 모두 고른 것은?

> ㄱ. 검사 – 재검사법   ㄴ. 조사자 간 신뢰도
> ㄷ. 알파계수   ㄹ. 대안법

① ㄱ   ② ㄷ
③ ㄴ, ㄷ   ④ ㄱ, ㄷ, ㄹ
⑤ ㄴ, ㄷ, ㄹ

38 신뢰도와 타당도에 관한 설명으로 옳은 것은?

① 타당도가 있다면 어느 정도 신뢰도가 있다고 볼 수 있다.
② 신뢰도가 높을 경우 타당도도 높다고 할 수 있다.
③ 요인분석법은 신뢰도를 측정하는 방법이다.
④ 신뢰도는 측정하려고 의도된 개념을 얼마나 정확하게 측정하는가를 나타내는 것이다.
⑤ 주어진 척도가 측정하고자 하는 내용을 담고 있다고 일련의 전문가가 판단할 때 판별타당도가 있다고 한다.

39 다음 사례에 해당하는 표집용어와 관련한 내용으로 옳은 것은?

> A종합사회복지관을 이용하는 노인들을 대상으로 노인맞춤돌봄서비스에 관한 설문조사를 위하여 노인 이용자명단에서 300명을 무작위 표본 추출하였다.

① 모집단 : 표본추출된 300명
② 표집방법 : 할당표집
③ 관찰단위 : 집단
④ 표집틀 : 노인 이용자명단
⑤ 분석단위 : 집단

40 표집에 관한 설명으로 옳지 않은 것은?

① 의도적 표집(Purposive Sampling)은 비확률 표집이다.

② 할당표집(Quota Sampling)은 동일추출확률에 근거한다.

③ 눈덩이표집(Snowball Sampling)은 질적연구나 현장연구에서 많이 사용된다.

④ 집락표집(Cluster Sampling)은 모집단에 대한 표집틀이 갖추어지지 않더라도 사용 가능하다.

⑤ 체계적 표집(Systematic Sampling)은 주기성(Periodicity)이 문제가 될 수 있다.

41 표집오차(Sampling Error)에 관한 설명으로 옳지 않은 것은?

① 표본의 선정과정에서 발생하는 오차이다.

② 표집방법에 따라 달라질 수 있다.

③ 동일한 조건이라면 표본크기가 클수록 감소한다.

④ 모집단의 크기와 표본크기의 차이를 말한다.

⑤ 동일한 조건이라면 이질적 집단보다 동질적 집단에서 추출한 표본의 표집오차가 작다.

42 질적연구에서 일반적으로 사용되는 표집방법이 아닌 것은?

① 판단(Judgemental) 표집

② 체계적(Systematic) 표집

③ 결정적 사례(Critical Case) 표집

④ 극단적 사례(Extreme Case) 표집

⑤ 최대변이(Maximum Variation) 표집

43 다음 사례에 관한 설명으로 옳지 않은 것은?

> 다문화교육이 청소년들의 다문화 수용성에 미치는 영향을 알아보기 위해 청소년 100명을 무작위로 두 집단으로 나누었다. 교육실시 전 두 집단의 다문화 수용성을 측정하고, 한 집단에만 다문화 교육을 실시한 후 다시 두 집단 모두 다문화 수용성을 측정하였다.

① 전형적인 실험설계이다.

② 교육에 참여한 집단이 실험집단이다.

③ 외적 요인의 통제를 시도하지 않았다.

④ 내적 타당도의 저해요인이 발생할 수 있다.

⑤ 두 집단 간의 사전, 사후 측정치를 비교하여 효과를 판단할 수 있다.

44 내용분석에 관한 설명으로 옳지 않은 것은?

① 반응적(Reactive) 연구방법이다.

② 서베이(Survey) 조사에서 사용하는 표본 추출방법을 사용할 수 있다.

③ 연구과정에서 실수를 하더라도 재조사가 가능하다.

④ 숨은 내용(Latent Content)의 분석이 가능하다.

⑤ 양적 분석과 질적 분석 모두 적용 가능하다.

45 단일사례연구에 관한 설명으로 옳지 않은 것은?

① 복수의 각기 다른 개입방법을 연속적으로 도입할 수 없다.

② 시계열설계의 논리를 개별사례에 적용한 것이다.

③ 윤리적인 문제가 발생할 수 있다.

④ 실천과정과 조사연구과정이 통합될 수 있다.

⑤ 다중기초선 설계의 적용이 가능하다.

46 질적 연구에 관한 설명으로 옳은 것은?

① 변수 중심의 분석이 이루어진다.
② 논리실증주의적 관점을 견지한다.
③ 인간행동의 규칙성과 보편성을 중시한다.
④ 모집단을 대표할 수 있는 표본을 추출한다.
⑤ 관찰로부터 이론을 도출하는 귀납적 방법을 활용한다.

47 다음에서 설명하는 설계에 해당하는 것은?

> 심리상담 프로그램이 시설입소 노인의 정서적 안정감에 미치는 영향을 알아보기 위해 사전조사 없이 A요양원의 노인들을 대상으로 프로그램을 실시하였다. 프로그램 종료 후, 인구사회학적 배경이 유사한 B요양원 노인들을 비교집단으로 하여 두 집단의 정서적 안정감을 측정하였다.

① 비동일통제집단 설계
② 정태적 집단비교 설계
③ 다중시계열 설계
④ 통제집단 사후검사 설계
⑤ 플라시보 통제집단 설계

48 질문 내용 및 방법의 표준화 정도가 낮은 자료수집 유형끼리 바르게 묶인 것은?

> ㄱ. 스케줄-구조화 면접
> ㄴ. 설문지를 이용한 면접조사
> ㄷ. 심층면접
> ㄹ. 비구조화 면접

① ㄱ, ㄴ   ② ㄱ, ㄹ
③ ㄴ, ㄷ   ④ ㄴ, ㄹ
⑤ ㄷ, ㄹ

49 내적 타당도 저해요인 중 통계적 회귀에 관한 설명으로 옳은 것은?

① 프로그램의 개입 후 측정치가 기초선으로 돌아가려는 경향
② 프로그램 개입의 효과가 완전한 선형관계로 나타나는 경향
③ 프로그램의 개입과 관계없이 사후검사 측정치가 평균값에 근접하려는 경향
④ 프로그램 개입 전부터 이미 이질적인 두 집단이 사후조사 결과에서도 차이가 나타나는 경향
⑤ 프로그램의 개입 전후에 각각 다른 측정도구로 측정함으로써 차이가 나타나는 경향

50 완전참여자(Complete Participant)에 관한 설명으로 옳은 것은?

① 연구대상이 관찰된다는 사실을 알기에 자연적인 상태에서의 관찰이 불가능하다.
② 관찰대상과 상호작용 없이 연구대상을 관찰할 수 있다.
③ 관찰대상의 승인을 받고 관찰대상과 어울리면서도 객관성을 유지할 수 있다.
④ 관찰대상의 승인을 받지 않고 관찰한다는 점에서 연구윤리문제가 제기될 수 있다.
⑤ 관찰 상황을 인위적으로 통제한 상황에서 관찰을 진행할 수 있다.

01 사회복지실천의 사회통제적 측면과 관련성이 가장 높은 이념은?

① 인도주의   ② 민주주의
③ 박애사상   ④ 사회진화론
⑤ 다양화

02 기능주의(Functionalism)에서 강조한 내용으로 옳은 것을 모두 고른 것은?

> ㄱ. 개인의 의지
> ㄴ. 개인에 대한 심리 내적 진단
> ㄷ. 전문가와 클라이언트 사이의 원조관계
> ㄹ. 기관의 기능

① ㄱ, ㄴ   ② ㄷ, ㄹ
③ ㄱ, ㄷ, ㄹ   ④ ㄴ, ㄷ, ㄹ
⑤ ㄱ, ㄴ, ㄷ, ㄹ

03 특정 문제에 대해 어떠한 서비스를 제공할 것인가 결정할 때, 클라이언트의 의사를 존중해 주는 것을 의미하는 윤리적 쟁점은?

① 비밀보장
② 진실성 고수와 알 권리
③ 제한된 자원의 공정한 분배
④ 전문적 관계 유지
⑤ 클라이언트의 자기결정권

04 인권에 관한 설명으로 옳지 않은 것은?

① 천부성은 인간이 세상에 태어나면서부터 존엄성을 가지고 태어났다는 의미이다.
② 자유권은 시민적, 정치적 권리이다.
③ 평화권은 국가들 간의 연대와 단결의 권리이다.
④ 보편성은 자기의 인권은 자기만이 소유할 수 있다는 의미이다.
⑤ 평등권은 경제적, 사회적, 문화적 권리이다.

05 로웬버그와 돌고프(F. Loewenberg & R. Dolgoff)의 윤리적 원칙 중 다음 사례에서 아동학대전담공무원이 결정을 할 때 최우선적으로 고려해야 할 원칙은?

> 아동학대가 발생한 가정의 학대피해 아동을 원가정에서 생활하도록 할 것인가 또는 학대피해 아동쉼터에서 생활하도록 할 것인가에 대해 1차 결정을 해야 한다.

① 평등과 불평등의 원칙
② 최소 손실의 원칙
③ 사회정의 실현의 원칙
④ 진실성과 정보 개방의 원칙
⑤ 사생활보호와 비밀보장의 원칙

06 1960년대와 1970년대 외원단체 활동이 우리나라 사회복지발달에 미친 영향으로 옳지 않은 것은?

① 사회복지가 종교와 밀접한 관련하에 전개되도록 하였다.
② 전문 사회복지의 시작을 촉발하였다.
③ 시설 중심보다 지역사회 중심의 사회복지가 발전하는 계기를 만들었다.
④ 사회복지가 거시적인 사회정책보다는 미시적인 사회사업 위주로 발전하게 하였다.
⑤ 사람들이 사회복지를 구호사업 또는 자선사업과 같은 것으로 인식하게 하였다.

07 1929년 밀포드(Milford) 회의에서 발표한 사회 복지사가 갖추어야 할 기본적인 지식 및 방법론에 관한 공통요소에 해당하지 않는 것은?

① 사회에서 받아들여지는 규범적 행동에서 벗어난 행동에 관한 지식
② 인간관계 규범의 활용도
③ 클라이언트 사회력(Social History)의 중요성
④ 사회치료(Social Treatment)에 지역사회자원 활용
⑤ 집단사회사업의 목적, 윤리, 의무를 결정하는 철학적 배경 이해

08 사회복지실천현장 분류의 예로 옳지 않은 것은?

① 1차 현장 : 노인복지관
② 이용시설 : 아동보호치료시설
③ 생활시설 : 장애인 거주시설
④ 2차 현장 : 교정시설
⑤ 생활시설 : 노인요양원

09 강점관점에 관한 설명으로 옳은 것을 모두 고른 것은?

┌─────────────────────────────────┐
│ ㄱ. 개입의 핵심은 개인과 가족, 지역사회의 참 │
│   여이다.   │
│ ㄴ. 클라이언트의 능력보다 전문가의 지식이   │
│   우선시 된다.   │
│ ㄷ. 사회복지사는 클라이언트의 진술을 긍정적 │
│   으로 재해석하여 활용한다.   │
│ ㄹ. 현재 강점을 갖게 된 어린 시절의 원인 사건 │
│   에 치료의 초점을 맞춘다.   │
└─────────────────────────────────┘

① ㄱ   ② ㄱ, ㄹ
③ ㄴ, ㄷ   ④ ㄱ, ㄷ, ㄹ
⑤ ㄱ, ㄴ, ㄷ, ㄹ

10 전문적 원조관계에 관한 설명으로 옳은 것은?

① 클라이언트의 문제와 욕구가 중심이 된다.
② 시간적 제한을 두지 않는 관계이다.
③ 전문가의 권위는 부정적 작용을 한다.
④ 전문가 자신과 원조 방법에 대해 통제해서는 안 된다.
⑤ 클라이언트는 전문가의 지시에 무조건 따라야 한다.

11 핀커스와 미나한(A. Pincus & A. Minahan)의 4체계 모델을 다음 사례에 적용할 때 대상과 체계의 연결로 옳은 것은?

┌─────────────────────────────────┐
│ 가족센터의 교육 강좌를 수강 중인 결혼이민자 │
│ A는 최근 결석이 잦아졌다. A의 이웃에 살며 자 │
│ 매처럼 친하게 지내는 변호사 B에게서 A의 근황 │
│ 을 전해들은 가족센터 소속의 사회복지사 C는 A │
│ 와 연락 후 가정방문을 하여 A와 남편 D, 시어머 │
│ 니 E를 만나 이야기를 나누었다. C는 가족센터를 │
│ 이용하면 '바람이 난다'라고 여긴 E가 A를 통제 │
│ 하고 있는 것을 알게 되었다. 또한 D는 A를 지지 │
│ 하고 싶지만 E의 눈치를 보느라 소극적으로 행동 │
│ 하는 것도 파악하였다. A의 도움 요청을 받은 C │
│ 는 우선 E의 변화를 통해 상황을 개선해보고자 │
│ 한다.   │
└─────────────────────────────────┘

① 결혼이민자(A) : 행동체계
② 변호사(B) : 전문가체계
③ 사회복지사(C) : 의뢰-응답체계
④ 남편(D) : 변화매개체계
⑤ 시어머니(E) : 표적체계

12 임파워먼트 모델에 관한 설명으로 옳은 것은?

① 병리적 관점에 기초를 둔다.
② 어떤 경우에도 환경의 변화를 추구하지 않는다.
③ 클라이언트의 적극적인 참여를 강조한다.
④ 전문성을 기반으로 사회복지사는 클라이언트를 통제한다.
⑤ 클라이언트에 대한 정확한 진단을 최우선으로 한다.

13 통합적 접근방법에 관한 설명으로 옳지 않은 것은?

① 클라이언트의 참여와 개별성을 강조한다.
② 광범위하고 포괄적으로 문제를 규정한다.
③ 클라이언트의 잠재력에 대해 미래지향적 관점을 갖는다.
④ 전통적 접근방법인 개별사회사업과 집단사회사업을 지역사회조직으로 통합하였다.
⑤ 사회복지실천 과정에서 공통적으로 적용 가능한 개념이나 원리 등이 있음을 전제한다.

14 사회복지실천 관계의 요소인 헌신과 의무에 관한 설명으로 옳은 것을 모두 고른 것은?

ㄱ. 일관성을 포함하는 개념이다.
ㄴ. 원조관계에서 책임감과 관련이 있다.
ㄷ. 원조관계의 목적을 달성하기 위해 필요하다.
ㄹ. 클라이언트는 헌신을 해야 하나 의무를 갖지는 않는다.

① ㄴ
② ㄱ, ㄴ, ㄷ
③ ㄱ, ㄷ, ㄹ
④ ㄴ, ㄷ, ㄹ
⑤ ㄱ, ㄴ, ㄷ, ㄹ

15 한국 사회복지사 윤리강령에서 '사회복지사의 윤리기준' 중 '클라이언트에 대한 윤리기준' 영역에 해당하지 않는 것은?

① 서비스의 종결
② 기록 · 정보 관리
③ 직업적 경계 유지
④ 정보에 입각한 동의
⑤ 이해 충돌에 대한 대처

16 전문적 원조관계 형성의 장애요인이 아닌 것은?

① 전문가의 권위
② 변화에 대한 저항
③ 클라이언트의 전문가에 대한 부정적 전이
④ 전문가의 클라이언트에 대한 역전이
⑤ 클라이언트의 불신

17 사회복지실천 관계의 요소인 수용에 관한 설명으로 옳지 않은 것은?

① 클라이언트를 있는 그대로 이해한다.
② 클라이언트의 부정적인 감정도 받아들인다.
③ 사회규범에서 벗어난 행동도 허용할 수 있다.
④ 편견이나 선입관을 줄여나가면 수용에 도움이 된다.
⑤ 클라이언트가 안도감을 갖게 하여 현실적인 방법으로 문제 대처를 할 수 있도록 돕는다.

18 사정(Assessment)의 특성으로 옳지 않은 것은?

① 클라이언트의 강점을 포함해야 한다.
② 사회복지사의 지식적 근거가 필요하다.
③ 사회복지사와 클라이언트의 상호작용 과정이다.
④ 클라이언트를 완전히 이해하는 것은 한계가 있다.
⑤ 사회복지실천의 초기 단계에서만 이루어진다.

19 사례관리자의 역할에 관한 예로 옳은 것은?

① 중개자 : 독거노인의 식사지원을 위해 지역사회 내 무료급식소 연계
② 상담가 : 욕구사정을 통해 클라이언트에 대한 체계적인 개입 계획을 세움
③ 조정자 : 사례회의에서 시청각장애인의 입장을 대변하여 이야기함
④ 옹호자 : 지역사회 기관 담당자들이 모여 난방비 지원사업에 중복 지원되는 대상자가 없도록 사례회의를 실시함
⑤ 평가자 : 청소년기 자녀와 갈등을 겪고 있는 부모와 자녀 사이에 개입하여 상호 만족스러운 합의점을 도출함

20 클라이언트가 타인이 하는 바람직한 행동을 보고 모방함으로써 행동의 변화를 가져오는 개입기술은?

① 초점화
② 모델링
③ 환기
④ 직면
⑤ 격려

21 사례관리의 원칙에 해당하지 않는 것은?

① 서비스의 개별화
② 서비스의 접근성
③ 서비스의 연계성
④ 서비스의 분절성
⑤ 서비스의 체계성

22 다음 사례에서 사회복지사가 자료수집과정에서 사용한 정보의 출처가 아닌 것은?

사회복지사는 결석이 잦은 학생 A에 대한 상담을 하기 전 담임선생님으로부터 A와 반 학생들 사이에 갈등관계가 있음을 들었다. 이후 상담을 통해 A가 반 학생들로부터 따돌림 당하고 있음을 알게 되었다. 상담 과정에서 A는 사회복지사와 눈을 맞추지 못하고 본인의 이야기를 하는 것에 주저하는 모습을 보이며 상담 내내 매우 위축된 모습이었다. 어머니와의 전화 상담을 통해 A가 집에서 가족들과 대화를 하지 않고 방 안에서만 지내고 있다는 것을 알게 되었다.

① 클라이언트의 이야기
② 클라이언트의 비언어적 행동
③ 상호작용의 직접적 관찰
④ 주변인으로부터 정보 획득
⑤ 클라이언트와의 직접적 상호작용 경험

23 경청에 관한 내용으로 옳지 않은 것은?

① 클라이언트와 시선을 맞추어야 한다.
② 클라이언트의 이야기에 반응하지 않아야 한다.
③ 클라이언트의 언어적 · 비언어적 표현을 함께 파악해야 한다.
④ 클라이언트의 감정과 사고를 이해하고 파악하는 것이다.
⑤ 클라이언트에 대한 열린 마음과 수용적인 태도가 필요하다.

24 사회복지실천과정 중 계획수립단계에서 수행해야 하는 사회복지사의 과업은?

① 서비스 효과 점검
② 실천활동에 대한 동료 검토
③ 개입효과의 유지와 강화
④ 개입목표 설정
⑤ 평가 후 개입계획 수정

25 면접의 유형에 관한 예로 옳은 것을 모두 고른 것은?

ㄱ. 정보수집면접 : 갈등을 겪고 있는 부부를 대상으로 문제에 대한 과거력, 개인력, 가족력을 파악하는 면접을 진행함
ㄴ. 사정면접 : 클라이언트의 사회적응을 위해 환경변화를 목적으로 클라이언트와 관련 있는 중요한 사람과 면접을 진행함
ㄷ. 치료면접 : 학교폭력 피해학생의 자존감 향상을 위해 심리적 지지를 제공하는 면접을 진행함

① ㄱ
② ㄱ, ㄴ
③ ㄱ, ㄷ
④ ㄴ, ㄷ
⑤ ㄱ, ㄴ, ㄷ

4과목 **사회복지실천기술론**

26 사회복지사가 가져야 할 지식의 내용으로 옳은 것을 모두 고른 것은?

ㄱ. 인간행동과 발달
ㄴ. 인간관계와 상호작용
ㄷ. 사회복지정책과 서비스
ㄹ. 사회복지사 자신에 관한 지식

① ㄱ
② ㄱ, ㄴ
③ ㄴ, ㄷ
④ ㄱ, ㄷ, ㄹ
⑤ ㄱ, ㄴ, ㄷ, ㄹ

27 다음 설명에 해당하는 모델로 옳은 것은?

> • 구조화된 개입
> • 개입의 책임성 강조
> • 클라이언트의 자기결정권 강조
> • 클라이언트의 환경에 대한 개입

① 심리사회모델
② 위기개입모델
③ 해결중심모델
④ 인지행동모델
⑤ 과제중심모델

28 해결중심모델의 개입목표 설정 원칙에 관한 설명으로 옳지 않은 것은?

① 클라이언트에게 중요한 것을 목표로 하기
② 작은 것을 목표로 하기
③ 목표를 종료보다는 시작으로 간주하기
④ 있는 것보다 없는 것에 관심 두기
⑤ 목표수행은 힘든 일이라고 인식하기

29 위기개입모델의 중간단계 활동으로 옳지 않은 것은?

① 위기상황에 대한 초기사정을 실시한다.
② 클라이언트의 일상생활에 활용할 수 있는 자원과 지지체계를 찾아낸다.
③ 목표달성을 위한 구체적인 과제들에 대해 작업한다.
④ 위기사건 이후 상황과 관련된 자료를 보충한다.
⑤ 현재 위기와 관련된 과거 경험을 탐색한다.

30 사회복지실천모델과 기법으로 옳지 않은 것은?

① 행동주의모델 : 소거
② 해결중심모델 : 대처질문
③ 과제중심모델 : 유형 – 역동에 관한 고찰
④ 인지행동모델 : 소크라테스식 문답법
⑤ 위기개입모델 : 자살의 위험성 평가

31 심리사회모델에 관한 설명으로 옳은 것을 모두 고른 것은?

> ㄱ. 심리사회모델을 체계화하는 데 홀리스(F. Hollis)가 공헌하였다.
> ㄴ. "직접적 영향주기"는 언제나 사용 가능한 기법이다.
> ㄷ. "환기"는 클라이언트의 긍정적 감정을 표출시킨다.
> ㄹ. 간접적 개입기법으로 "환경조정"을 사용한다.

① ㄱ, ㄹ
② ㄴ, ㄷ
③ ㄷ, ㄹ
④ ㄴ, ㄷ, ㄹ
⑤ ㄱ, ㄴ, ㄷ, ㄹ

32 인지행동모델개입 기법에 관한 설명으로 옳은 것은?

① 행동시연 : 관찰학습 과정을 통해 클라이언트가 시행착오를 거치지 않고 행동할 수 있도록 한다.
② 유머사용 : 인지적 기법의 하나로서 비합리적인 신념에서 오는 불안을 감소시키는 데 유용하다.
③ 내적 의사소통 명료화 : 클라이언트 스스로 자신에 대해 독백하고 사고하는 과정이다.
④ 역설적 의도(Paradoxical Intention) : 클라이언트의 역기능적 사고를 인식하고 이를 현실적인 사고로 대치한다.
⑤ 이완훈련 : 클라이언트가 가장 덜 위협적인 상황에서 가장 위협적인 상황까지 순서대로 제시한다.

33 사회복지실천모델에 관한 설명으로 옳지 않은 것은?

① 역량강화모델의 발견단계에서는 사정, 분석, 계획하기를 수행한다.
② 클라이언트 중심모델은 문제해결에 대한 클라이언트의 책임을 강조한다.
③ 행동주의모델에서는 인간을 병리적인 관점에서 바라본다.
④ 위기개입모델에서 위기는 사건 자체보다 사건에 대한 개인의 주관적 현실에 기반을 두고 있다.
⑤ 해결중심모델은 사회구성주의 시각을 가진다.

34 정신역동모델 개입과정을 순서대로 옳게 나열한 것은?

> ㄱ. 동일시를 위한 자아구축 단계
> ㄴ. 클라이언트의 자기이해를 원조하는 단계
> ㄷ. 관계형성 단계
> ㄹ. 클라이언트가 독립된 자아정체감을 형성하도록 원조하는 단계

① ㄱ → ㄷ → ㄹ → ㄴ
② ㄴ → ㄷ → ㄱ → ㄹ
③ ㄴ → ㄹ → ㄷ → ㄱ
④ ㄷ → ㄱ → ㄹ → ㄴ
⑤ ㄷ → ㄴ → ㄱ → ㄹ

35 사회복지사가 비자발적 클라이언트와 공감하는 기술로 옳은 것을 모두 고른 것은?

> ㄱ. 원하지 않는 면담이 클라이언트에게 힘들다는 것을 이해한다.
> ㄴ. 클라이언트의 행동을 사회복지사의 가치관에 맞추어 평가한다.
> ㄷ. 클라이언트의 어려움을 사회복지사가 도울 수 있다는 것을 알려준다.
> ㄹ. 클라이언트의 저항을 온화한 태도로 수용한다.

① ㄱ, ㄷ
② ㄴ, ㄹ
③ ㄱ, ㄴ, ㄹ
④ ㄱ, ㄷ, ㄹ
⑤ ㄴ, ㄷ, ㄹ

36 생태체계적 관점에서 보는 가족에 관한 설명으로 옳지 않은 것은?

① 항상성 : 가족 구성원들이 현재 상태를 유지
② 경직된 경계 : 가족이 다수의 복지서비스를 이용
③ 하위체계 : 가족 구성원들이 경계를 가지고 각자의 기능을 수행
④ 피드백 : 가족이 사회환경과 환류를 주고 받으며 변화를 도모
⑤ 순환적 인과관계 : 가족 한 사람의 행동이 다른 구성원에게 영향을 주어 가족 전체를 변화

37 알코올 의존을 겪는 가장과 그 자녀의 상황에 사티어(V. Satir)의 의사소통유형을 적용한 것으로 옳은 것은?

① 회유형 : 모든 것이 자녀 때문이라며 자신이 외롭다고 함
② 초이성형 : 스트레스가 유해하다는 연구를 인용하며 술이라도 마셔서 스트레스를 풀겠다고 침착하게 말함
③ 비난형 : 어려서 고생을 많이 해서 그렇다며 벌떡 일어나 방 안을 왔다갔다 함
④ 산만형 : 살기 힘들어 술을 마신다며 자신의 술 문제가 자녀 학업을 방해했다고 인정함
⑤ 일치형 : 다른 사람들 말이 다 옳고 자신은 아무 것도 아니라고 술 문제에 대한 벌을 달게 받겠다고 함

38 가족치료모델의 개입 목표에 관한 설명으로 옳지 않은 것은?

① 이야기 가족치료 : 문제중심 이야기에서 벗어나 새롭고 건설적인 가족 이야기 작성
② 구조적 가족치료 : 가족관계 역기능을 유발하는 가족 위계와 경계의 변화 도모

③ 경험적 가족치료 : 가족이 미분화에서 벗어나 가족체계의 변화를 달성

④ 전략적 가족치료 : 의사소통과 행동 문제의 순환 고리를 끊고 연쇄작용 변화

⑤ 해결중심 가족치료 : 문제가 일어나지 않는 예외상황을 찾아서 확대

39 보웬(M. Bowen)의 다세대 가족치료의 기법이 적용된 사례에 관한 설명으로 옳지 않은 것은?

① 자아분화 : 가족의 빈곤한 상황에서도 아동 자녀가 자율적으로 생각하고 행동함

② 삼각관계 : 아동 자녀가 부모와의 갈등을 피하기 위해 경찰에 신고함

③ 정서적 체계 : 부모의 긴장관계가 아동 자녀에게 주는 정서적 영향을 파악함

④ 가족투사 과정 : 핵가족의 부부체계가 자신들의 불안을 아동 자녀에게 투영하는 과정을 검토함

⑤ 다세대 전이 : 가족의 관계 형성이나 정서, 증상이 여러 세대에 걸쳐 전수되는 것을 파악함

40 사회변화에 따라 달라지는 가족에 관한 설명으로 옳지 않은 것은?

① 가족 형태가 다양해지는 경향이 있다.

② 저출산 시대에는 무자녀 부부가 증가한다.

③ 세대구성이 단순화되면서 확대가족의 의미가 약화된다.

④ 단독으로 생계를 유지하는 경우는 가구의 범위에 속하지 않는다.

⑤ 양육, 보호, 교육, 부양 등에서 사회 이슈가 발생한다.

41 다음과 같은 기법을 사용하는 가족치료모델은?

> • 가족 구성원들 사이 힘의 우위에 따라 대칭적이거나 보완적 관계가 형성된다.
> • 비언어적 의사소통이 가족의 욕구를 나타내므로 메타 의사소통이 중요하다.
> • 가족이 문제행동을 유지하도록 지시함으로써 클라이언트가 통제력을 발휘한다.

① 전략적 가족치료모델

② 해결중심 가족치료모델

③ 구조적 가족치료모델

④ 다세대 가족치료모델

⑤ 경험적 가족치료모델

42 토스랜드와 리바스(R. Toseland & R. Rivas)가 분류한 집단모델에 관한 설명으로 옳은 것은?

① 치료모델은 집단의 사회적 목표를 강조한다.

② 상호작용모델은 개인 치료를 위한 수단으로 집단을 강조한다.

③ 상호작용모델은 개인의 역기능 변화가 목적이다.

④ 사회적 목표모델은 민주시민의 역량 개발에 초점을 둔다.

⑤ 사회적 목표모델은 집단 성원 간 투사를 활용한다.

43 집단 사회복지실천 사정에 활용되는 것을 모두 고른 것은?

> ㄱ. 집단 사회복지사의 관찰
> ㄴ. 외부 전문가의 보고
> ㄷ. 표준화된 사정도구
> ㄹ. 집단 성원의 자기관찰

① ㄱ, ㄴ

② ㄱ, ㄹ

③ ㄴ, ㄷ

④ ㄱ, ㄷ, ㄹ

⑤ ㄱ, ㄴ, ㄷ, ㄹ

44 집단에 관한 설명으로 옳은 것은?

① 개방형 집단은 폐쇄형 집단에 비해 집단 성원의 중도 가입이 어렵다.
② 개방형 집단은 폐쇄형 집단에 비해 응집력이 강하다.
③ 개방형 집단은 폐쇄형 집단에 비해 집단 성원의 역할이 안정적이다.
④ 폐쇄형 집단은 개방형 집단에 비해 집단 발달 단계를 예측하기 어렵다.
⑤ 폐쇄형 집단은 개방형 집단에 비해 집단 규범이 안정적이다.

45 집단 중간단계의 개입기술에 관한 설명으로 옳지 않은 것은?

① 집단 성원 간 상호작용을 향상시킨다.
② 집단 성원을 사후관리한다.
③ 집단의 목표를 달성하도록 원조한다.
④ 집단의 응집력을 향상시킨다.
⑤ 집단 성원이 집단과정에 적극 활동하도록 촉진한다.

46 집단 종결단계에서 사회복지사의 역할로 옳은 것을 모두 고른 것은?

> ㄱ. 집단과정에서 성취한 변화를 지속적으로 유지하도록 돕는다.
> ㄴ. 집단 성원의 개별 목표를 설정한다.
> ㄷ. 종결을 앞두고 나타나는 다양한 감정을 토론하도록 격려한다.
> ㄹ. 집단에 대한 의존성을 서서히 감소시켜 나간다.

① ㄱ, ㄴ　　　　② ㄷ, ㄹ
③ ㄱ, ㄴ, ㄹ　　④ ㄱ, ㄷ, ㄹ
⑤ ㄴ, ㄷ, ㄹ

47 역기능적 집단의 특성으로 옳은 것은?

① 자발적인 자기표출
② 문제해결 노력의 부족
③ 모든 집단 성원의 토론 참여
④ 집단 성원 간 직접적인 의사소통
⑤ 집단 사회복지사를 존중

48 집단 사회복지실천의 장점에 관한 설명으로 옳지 않은 것은?

① 모방행동 : 기존의 행동을 고수한다.
② 희망의 고취 : 문제가 개선될 수 있다는 희망을 갖게 한다.
③ 이타심 : 위로, 지지 등으로 서로 도움을 주고받는다.
④ 사회기술의 발달 : 대인관계에 관한 사회기술을 습득한다.
⑤ 보편성 : 다른 사람들도 비슷한 경험을 하는 것으로 위로를 받는다.

49 사회복지실천 과정의 개입단계 기록에 포함될 내용으로 옳지 않은 것은?

① 클라이언트와의 활동
② 개입과정의 진전 상황
③ 클라이언트의 문제에 관한 추가 정보
④ 클라이언트에게 제공한 자원들
⑤ 클라이언트에 관한 사후지도 결과

50 다음에 해당하는 단일사례설계 유형에 관한 설명으로 옳지 않은 것은?

> 김모씨는 대인관계에 어려움이 있어서 지역사회복지관에서 실시하는 사회기술훈련프로그램에 참여하였다. 개입 전 4주간(주2회) 조사를 실시하고 4주간(주2회) 개입의 변화를 기록한 후 개입을 멈추고 다시 4주간(주2회)의 변화를 기록하였다.

① 기초선을 두 번 설정한다.
② 통제집단을 활용한다.
③ 개입효과성에 대한 파악이 가능하다.
④ 표본이 하나다.
⑤ 조사기간이 길어진다.

③ 메리 놀스(M. Knowles)에 의해 반열방이 설립되었다.
④ 태화여자관은 메리 마이어스(M. D. Myers)에 의해 설립되었다.
⑤ 농촌 새마을운동에서 도시 새마을운동으로 확대되었다.

5과목 지역사회복지론

51 다음이 설명하는 것은?

> 1950년대 영국의 정신장애인과 지적장애인 시설수용보호에 대한 문제제기로 등장하였으며, 지역사회복지의 가치인 정상화(Normalization)와 관련이 있다.

① 지역사회보호
② 지역사회 사회·경제적 개발
③ 자원개발
④ 정치·사회행동
⑤ 주민조직

52 길버트와 스펙트(N. Gilbert & H. Specht, 1974)가 제시한 지역사회의 기능은?

> 사회적 위험으로부터 어려움에 직면하게 되었을 때 구성원들 간에 서로 돕는 것

① 생산·분배·소비의 기능
② 사회화의 기능
③ 상부상조의 기능
④ 사회통합의 기능
⑤ 사회통제의 기능

53 우리나라의 지역사회복지 역사에 관한 설명으로 옳지 않은 것은?

① 향약은 주민 교화 등을 목적으로 한 지식인 간의 자치적인 협동조직이다.
② 오가통 제도는 일제강점기 최초의 인보제도이다.

54 영국의 지역사회복지 역사에 해당하지 않는 것은?

① 자선조직협회(COS)는 사회진화론에 영향을 받았다.
② 토인비 홀은 사무엘 바네트(S. Barnett) 목사가 설립한 인보관이다.
③ 헐하우스는 제인 아담스(J. Adams)에 의해 설립되었다.
④ 시봄(Seebohm) 보고서는 사회서비스의 협력과 통합을 제안하였다.
⑤ 그리피스(Griffiths) 보고서는 지방정부의 책임을 강조하였다.

55 지역사회복지 이론에 관한 설명으로 옳은 것은?

① 교환이론 : 자원의 교환을 통한 지역사회 발전 강조
② 자원동원이론 : 이익집단들 간의 갈등과 타협 강조
③ 다원주의이론 : 소수 엘리트에 의한 지역사회 발전 강조
④ 기능주의이론 : 지역사회 변화의 원동력을 갈등으로 간주
⑤ 사회자본이론 : 지역사회 하위체계의 기능과 역할 강조

56 사회자본이론과 관련된 개념을 모두 고른 것은?

> ㄱ. 신뢰 ㄴ. 호혜성
> ㄷ. 경계 ㄹ. 네트워크

① ㄱ, ㄴ ② ㄷ, ㄹ
③ ㄱ, ㄴ, ㄷ ④ ㄱ, ㄴ, ㄹ
⑤ ㄱ, ㄴ, ㄷ, ㄹ

57 다음을 설명하고 있는 이론은?

> 최근 A지방자치단체와 B지방자치단체는 중앙 정부로부터 각각 100억 원의 복지 예산을 지원받았다. 노인복지단체가 많은 A지방자치단체는 지역 노인회의 요구로 노인복지 예산편성 비율이 전체 예산의 50%를 차지하게 되었고, 상대적으로 젊은 층이 많이 거주하고 있는 B지방자치단체는 노인복지 예산의 편성비율이 20% 수준에 그쳤다.

① 교환이론 ② 갈등주의이론
③ 사회체계이론 ④ 사회자본이론
⑤ 다원주의이론

58 다음 ( )에 들어갈 내용은?

> 사회복지사는 자신이 가지고 있는 가치와 신념, 행동과 관습 등이 참여자보다 상위에 있는 전문가라고 생각할 수 있기 때문에 ( )을/를 통하여 참여자들의 문화적 배경에 대해 배우고자 하는 자세가 필요하다.

① 상호학습
② 의사통제
③ 우월의식
④ 지역의 자치성
⑤ 서비스 영역의 일치성

59 지역사회복지실천 원칙으로 옳은 것을 모두 고른 것은?

> ㄱ. 지역사회 욕구 변화에 따른 유연한 대응
> ㄴ. 지역사회 주민을 중심으로 개입 목표 설정과 평가
> ㄷ. 지역사회 특성의 일반화
> ㄹ. 지역사회의 자기결정권 강조

① ㄱ, ㄴ ② ㄷ, ㄹ
③ ㄱ, ㄴ, ㄷ ④ ㄱ, ㄴ, ㄹ
⑤ ㄱ, ㄴ, ㄷ, ㄹ

60 포플(K. Popple, 1996)의 지역사회복지실천 모델을 모두 고른 것은?

> ㄱ. 지역사회개발 ㄴ. 지역사회보호
> ㄷ. 지역사회조직 ㄹ. 지역사회연계

① ㄱ, ㄴ ② ㄷ, ㄹ
③ ㄱ, ㄴ, ㄷ ④ ㄱ, ㄴ, ㄹ
⑤ ㄱ, ㄴ, ㄷ, ㄹ

61 다음 사례에서 사회복지사가 활용한 기술은?

> 행복시(市)에 근무하는 A사회복지사는 무력화되어 있는 클라이언트의 잠재 역량 및 자원을 인정하고 삶을 스스로 결정할 수 있도록 북돋아주었다.

① 자원동원 기술 ② 자원개발 기술
③ 임파워먼트 기술 ④ 조직화 기술
⑤ 네트워크 기술

62 지역사회 사정에 해당하지 않은 것은?

① 지역사회의 욕구를 파악한다.
② 협력 · 조정을 위한 네트워크를 구축한다.
③ 지역 공청회를 통해 주민 의견을 수렴한다.
④ 명목집단 등을 활용한 욕구의 우선순위를 결정할 수 있다.

⑤ 서베이, 델파이기법 등을 활용하여 자료를 수집한다.

63 지역사회복지 실천과정의 순서로 옳은 것은?

> ㄱ. 지역사회 사정   ㄴ. 실행
> ㄷ. 성과평가   ㄹ. 실행계획 수립

① ㄱ → ㄴ → ㄷ → ㄹ
② ㄱ → ㄹ → ㄴ → ㄷ
③ ㄹ → ㄱ → ㄴ → ㄷ
④ ㄹ → ㄱ → ㄷ → ㄴ
⑤ ㄹ → ㄴ → ㄷ → ㄱ

64 지역사회개발모델 중 조력자로서의 사회복지사 역할이 아닌 것은?

① 좋은 대인관계를 조성하는 일
② 지역사회를 진단하는 일
③ 불만을 집약하는 일
④ 공동의 목표를 강조하는 일
⑤ 조직화를 격려하는 일

65 사회계획모델에서 샌더스(I. T. Sanders)가 주장한 사회복지사의 역할이 아닌 것은?

① 분석가   ② 조직가
③ 계획가   ④ 옹호자
⑤ 행정가

66 로스만(J. Rothman)의 사회행동모델에 해당하지 않는 것은?

① 클라이언트 집단을 소비자로 본다.
② 변화를 위한 기본 전략은 '억압자에 대항하기 위한 규합'을 추구한다.
③ 지역사회 내 불평등한 권력구조의 변화를 지향한다.
④ 변화 매개체로 대중조직을 활용한다.
⑤ 여성운동, 빈민운동, 환경운동 등 시민운동에도 활용될 수 있다.

67 연계기술에 해당하지 않는 것은?

① 클라이언트 중심의 사회적 관계망을 강화시킬 수 있다.
② 이용자 중심의 통합적 서비스를 제공할 수 있다.
③ 새로운 인프라 구축에 필요한 시간과 비용을 줄일 수 있다.
④ 사회복지시설의 서비스 중복·누락을 방지할 수 있다.
⑤ 지역사회 공공의제를 개발하고 주민 의식화를 강화할 수 있다.

68 지방자치제에 관한 설명으로 옳은 것을 모두 고른 것은?

> ㄱ. 지방자치제는 자기통치원리를 담고 있다.
> ㄴ. 지방자치는 주민자치와 단체자치를 일컫는다.
> ㄷ. 지방자치단체는 사회복지시설을 평가할 수 있다.
> ㄹ. 지방자치법을 제정함으로써 지방분권을 위한 법적장치가 만들어졌다.

① ㄱ, ㄴ   ② ㄷ, ㄹ
③ ㄱ, ㄴ, ㄷ   ④ ㄱ, ㄴ, ㄹ
⑤ ㄱ, ㄴ, ㄷ, ㄹ

69 지역사회보장에 관한 계획(이하 '지역사회보장계획'이라 한다)에 관한 설명으로 옳은 것은?

① 시장·군수·구청장은 4년마다 지역사회보장계획을 수립한 후 보건복지부장관에게 제출한다.
② 시·군·구의 지역사회보장계획은 시·도사회보장위원회의 심의를 거친다.
③ 지역사회보장계획은 사회복지사업법에 의거 매년 연차별 시행계획을 수립한다.
④ 시·도의 지역사회보장계획은 지역사회보장협의체의 심의를 거친다.
⑤ 지역사회보장계획의 수립 및 지역사회보장조사의 시기·방법 등에 필요한 사항은 대통령령으로 정한다.

70 「사회복지사업법」상 (   )에 들어갈 내용으로 옳은 것은?

> 제34조의5(사회복지관의 설치 등) ① 제34조 제1항과 제2항에 따른 시설 중 사회복지관은 지역복지 증진을 위하여 다음 각 호의 사업을 실시할 수 있다.
> 1. 지역사회의 특성과 지역주민의 복지욕구를 고려한 (ㄱ) 사업
> 2. 국가 · 지방자치단체 및 민간 부문의 사회복지서비스를 연계 · 제공하는 (ㄴ) 사업
> 3. 지역사회 복지공동체 활성화를 위한 복지자원 관리, 주민교육 및 (ㄷ) 사업

① ㄱ : 서비스 제공, ㄴ : 사례관리, ㄷ : 조직화
② ㄱ : 서비스 제공, ㄴ : 조직화, ㄷ : 사례관리
③ ㄱ : 사례관리, ㄴ : 서비스 제공, ㄷ : 조직화
④ ㄱ : 조직화, ㄴ : 사례관리, ㄷ : 재가복지
⑤ ㄱ : 조직화, ㄴ : 지역사회보호, ㄷ : 사례관리

71 사회복지관의 사업내용 중 기능이 다른 것은?

① 지역 내 보호가 필요한 대상자 및 위기 개입 대상자 발굴
② 개입 대상자의 문제와 욕구에 맞는 맞춤형 서비스 제공을 위한 사례 개입
③ 지역 내 민간 및 공공자원 연계 및 의뢰
④ 발굴한 사례에 대한 개입계획 수립
⑤ 주민 협력 강화를 위한 주민의식 교육

72 「사회복지공동모금회법」상 사회복지공동모금회에 관한 설명으로 옳지 않은 것은?

① 사회복지공동모금회는 사회복지법인이다.
② 특별시 · 광역시 · 특별자치시 · 도 · 특별자치도 단위 사회복지공동모금지회를 둔다.
③ 임원의 임기는 2년으로 하며, 한 차례만 연임할 수 있다.
④ 모금회가 아닌 자는 사회복지공동모금 또는 이와 유사한 명칭을 사용하지 못한다.
⑤ 사회복지활동 등을 지원하기 위한 재원을 조성하기 위하여 복권을 발행할 수 있다.

73 다음 설명을 모두 충족하는 것은?

> • 지역공동체에 기반하여 활동한다.
> • 「도시재생 활성화 및 지원에 관한 특별법」에 근거를 두고 있다.
> • 주민이 지역자원을 활용한 수익사업을 통해 지역공동체를 활성화한다.

① 사회적기업   ② 마을기업
③ 자활기업   ④ 협동조합
⑤ 자선단체

74 아른스테인(S. Arnstein)이 분류한 주민참여 단계에 해당하지 않는 것은?

① 협동관계   ② 정보제공
③ 주민회유   ④ 주민동원
⑤ 권한위임

75 우리나라 지역사회복지 환경 변화의 순서로 옳은 것은?

> ㄱ. 희망복지지원단 설치 · 운영
> ㄴ. 사회복지통합관리망(행복e음) 구축
> ㄷ. 지역사회통합돌봄(커뮤니티케어) 선도사업 시행
> ㄹ. '읍 · 면 · 동 복지허브화' 사업 시행

① ㄱ → ㄴ → ㄷ → ㄹ
② ㄱ → ㄴ → ㄹ → ㄷ
③ ㄴ → ㄱ → ㄷ → ㄹ
④ ㄴ → ㄱ → ㄹ → ㄷ
⑤ ㄴ → ㄷ → ㄱ → ㄹ

01 사회복지의 잔여적 개념과 제도적 개념에 관한 설명으로 옳은 것을 모두 고른 것은?

> ㄱ. 잔여적 개념에 따르면 개인은 기본적으로 가족과 시장을 통해 욕구를 충족시킨다.
> ㄴ. 제도적 개념에 따르면 가족과 시장에 의한 개인의 욕구 충족이 실패했을 때 국가가 잠정적·일시적으로 그 기능을 대신한다.
> ㄷ. 잔여적 개념은 작은 정부를 옹호하고 시장과 민간의 역할을 중시하는 보수주의자들의 선호와 맥락을 같이한다.
> ㄹ. 제도적 개념은 사회복지를 시혜나 자선으로 보지 않지만 국가에 의해 주어진 것이므로 권리성은 약하다.

① ㄱ
② ㄹ
③ ㄱ, ㄷ
④ ㄴ, ㄷ
⑤ ㄴ, ㄷ, ㄹ

02 복지다원주의 또는 복지혼합에 관한 설명으로 옳지 않은 것은?

① 국가는 복지의 주된 공급자로 인정하면서도 불평등을 야기하는 시장은 복지 공급자로 수용하지 않는다.
② 국가를 포함한 복지제공의 주체를 재구성하는 논리로 활용된다.
③ 비공식부문은 제도적 복지의 발달에도 불구하고 존재하는 비복지 문제에 대응하는 복지 주체이다.
④ 시민사회는 사회적경제조직을 구성하여 지역사회에서 공급주체로 참여하는 역할을 한다.
⑤ 복지제공의 주체로 국가 외에 다른 주체를 수용한다는 점에서 복지국가를 비판하는 논리로 쓰인다.

03 급여의 형태에 관한 설명으로 옳은 것을 모두 고른 것은?

> ㄱ. 현금급여는 선택의 자유를 보장하지만 사회적 통제가 부과된다.
> ㄴ. 현물급여는 집합적 선을 추구하고 용도 외 사용을 방지하지만 관리비용이 많이 든다.
> ㄷ. 서비스는 클라이언트를 위한 제반 활동을 말하며 목적 외 다른 용도로 사용할 수 없다.
> ㄹ. 증서는 일정한 범위 내에서만 교환가치를 가지기 때문에 개인주의자와 집합주의자 모두 선호한다.
> ㅁ. 기회는 재화와 자원을 통제할 수 있는 영향력을 의미하며 정책에 관한 의사결정권을 갖는 것을 말한다.

① ㄱ, ㄹ
② ㄴ, ㅁ
③ ㄱ, ㄴ, ㄷ
④ ㄱ, ㄷ, ㅁ
⑤ ㄴ, ㄷ, ㄹ

04 사회서비스 전자바우처에 관한 설명으로 옳지 않은 것은?

① 급여형태는 신용카드 또는 체크카드로 구현한 증서이다.
② 공급자 중심의 직접지원 또는 직접지불방식이다.
③ 서비스 제공자의 도덕적 해이를 방지하기 위해 도입되었다.
④ 수요자의 선택권을 보장하기 위한 수단으로 활용되고 있다.
⑤ 금융기관 시스템을 활용하여 재정흐름의 투명성이 높아졌다.

05 보편주의와 선별주의에 관한 설명으로 옳은 것을 모두 고른 것은?

> ㄱ. 보편주의는 시민권에 입각해 권리로서 복지를 제공하므로 비납세자는 사회복지 대상에서 제외한다.
> ㄴ. 보편주의는 기여자와 수혜자를 구별하지 않는다.
> ㄷ. 선별주의는 수급자격이 제한된 급여를 제공하기 위해 자산조사 또는 소득조사를 한다.
> ㄹ. 보편주의자와 선별주의자 모두 사회적 평등성 또는 사회적 효과성을 나름대로 추구한다.

① ㄷ ② ㄱ, ㄷ
③ ㄴ, ㄹ ④ ㄱ, ㄴ, ㄹ
⑤ ㄴ, ㄷ, ㄹ

06 사회복지의 민간재원에 관한 설명으로 옳은 것은?

① 사회복지의 민간재원에는 조세지출, 기부금, 기업복지, 퇴직금 등이 포함된다.
② 기부금 규모는 국세청이 추산한 액수보다 더 적을 것으로 추정된다.
③ 이용료는 클라이언트가 직접 지불한 것을 제외하고 사회보장기관 등의 제3자가 서비스 비용을 지불한 것을 의미한다.
④ 기업복지는 기업이 그 피용자들에게 제공하는 임금과 임금 외 급여 또는 부가급여를 의미한다.
⑤ 기업복지의 규모가 커질수록 노동자들 사이의 불평등이 증가한다.

07 조세와 사회보험료에 관한 설명으로 옳은 것은?

① 조세는 사회보험료에 비해 소득역진적이다.
② 조세와 사회보험료는 공통적으로 빈곤완화, 위험분산, 소득유지, 불평등 완화의 기능을 수행한다.
③ 조세와 사회보험료는 공통적으로 상한선이 있어서 고소득층에 유리하다.
④ 사회보험료를 조세로 보기는 하지만 임금으로 보지는 않는다.
⑤ 개인소득세는 누진성이 강하고 일반소비세는 역진성이 강하다.

08 길버트와 테렐(Gilbert & Terrell)이 주장한 전달체계의 개선전략 중 서비스에 대한 접근성 자체를 중요하게 간주하여 독자적인 서비스를 제공하려는 재구조화 전략은 무엇인가?

① 중앙집중화(Centralization)
② 사례수준 협력(Case – level Cooperation)
③ 시민참여(Citizen Participation)
④ 전문화된 접근구조(Specialized Access Structure)
⑤ 경쟁(Competition)

09 사회복지정책의 발달을 설명하는 이론으로 옳은 것을 모두 고른 것은?

> ㄱ. 시민권이론은 정치권, 공민권, 사회권의 순서로 발달한 것으로 본다.
> ㄴ. 권력자원이론은 노동조합의 중앙집중화 정도, 좌파정당의 집권을 복지국가 발달의 변수로 본다.
> ㄷ. 이익집단이론은 다양한 이익집단들의 정치적 활동을 통해 복지국가가 발달한 것으로 본다.
> ㄹ. 국가중심이론은 국가 엘리트들과 고용주들의 의지와 능력에 의해 결정된다고 본다.
> ㅁ. 수렴이론은 그 사회의 기술수준과 산업화 정도에 따라 사회복지의 발달이 수렴된다고 본다.

① ㄱ, ㄴ, ㄹ ② ㄱ, ㄷ, ㅁ
③ ㄴ, ㄷ, ㄹ ④ ㄴ, ㄷ, ㅁ
⑤ ㄷ, ㄹ, ㅁ

10 빈곤과 소득불평등의 측정에 관한 설명으로 옳은 것은?

① 반물량 방식은 엥겔계수를 활용하여 빈곤선을 추정한다.

② 상대적 빈곤은 생존에 필요한 생활수준이 최소한의 수준에 도달하지 못한 상태를 말한다.

③ 라이덴 방식은 객관적 평가에 기초하여 빈곤선을 측정한다.

④ 빈곤율은 빈곤층의 소득을 빈곤선 수준으로 끌어올리는 데 필요한 총소득을 나타낸다.

⑤ 지니계수가 1인 경우는 완전 평등한 분배상태를 의미한다.

11 사회적 배제의 특성에 관한 설명으로 옳지 않은 것은?

① 문제의 초점을 소득의 결핍으로 제한한다.

② 빈곤에 대해 다차원적으로 접근하는 개념이다.

③ 빈곤의 역동성과 동태적 과정을 강조한다.

④ 개인과 집단의 박탈과 불평등을 유발하는 다양한 영역을 포괄한다.

⑤ 사회적 관계망으로부터의 단절 문제를 제기한다.

12 영국 사회복지정책의 역사에 관한 설명으로 옳은 것을 모두 고른 것은?

> ㄱ. 길버트법은 빈민의 비참한 생활과 착취를 개선하기 위해 원외구제를 허용했다.
> ㄴ. 스핀햄랜드법은 빈민의 임금을 보충하기 위해 가족 수에 따라 보조금을 지급할 수 있게 했다.
> ㄷ. 신빈민법은 열등처우의 원칙을 적용하였고 원내구제를 금지했다.
> ㄹ. 왕립빈민법위원회의 소수파보고서는 구빈법의 폐지보다는 개혁을 주장했다.
> ㅁ. 베버리지 보고서를 근거로 하여 가족수당법, 국민부조법 등이 제정되었다.

① ㄱ, ㄷ   ② ㄷ, ㅁ

③ ㄱ, ㄴ, ㅁ   ④ ㄴ, ㄷ, ㄹ

⑤ ㄴ, ㄹ, ㅁ

13 미국의 빈곤가족한시지원(TANF)에 관한 설명으로 옳지 않은 것은?

① 수급기간 제한

② 개인 책임 강조

③ 근로연계복지 강화

④ 요보호아동가족부조(AFDC)와 병행

⑤ 주정부의 역할과 기능 강화

14 국가가 주도적으로 사회복지를 제공해야 할 필요성으로 옳지 않은 것은?

① 역선택   ② 도덕적 해이

③ 규모의 경제   ④ 능력에 따른 분배

⑤ 정보의 비대칭

15 에스핑 – 안데르센(G. Esping – Andersen)의 복지국가 유형에 관한 설명으로 옳은 것은?

① 복지국가 유형을 탈상품화, 계층화 등을 기준으로 분류하였다.

② 보수주의 복지국가는 탈가족주의와 통합적 사회보험을 강조한다.

③ 자유주의 복지국가는 공공부조의 비중과 탈상품화 수준이 낮은 편이다.

④ 사회민주주의 복지국가는 국가의 책임을 최소화하고 시장을 통해 문제해결을 한다.

⑤ 보수주의 복지국가의 예로는 프랑스, 영국, 미국을 들 수 있다.

16 소득재분배에 관한 설명으로 옳은 것은?

① 수평적 재분배는 공공부조를 들 수 있다.

② 세대 간 재분배는 부과방식 공적연금을 들 수 있다.

③ 수직적 재분배는 아동수당을 들 수 있다.

④ 단기적 재분배는 적립방식 공적연금을 들 수 있다.

⑤ 소득재분배는 조세를 통해서만 발생한다.

17 다음에서 ㄱ, ㄴ을 순서대로 옳게 나열한 것은?

> 2024년 국민기초생활보장제도 수급자 선정 소득기준은 다음과 같다. 생계급여는 기준 중위소득의 (ㄱ)% 이하, 주거급여는 기준 중위소득의 48% 이하, 의료급여는 기준 중위소득의 (ㄴ)% 이하, 교육급여는 기준 중위소득의 50% 이하이다.

① 30, 30
② 30, 40
③ 32, 30
④ 32, 40
⑤ 35, 40

18 「사회보장기본법」상 사회서비스에 관한 설명으로 옳지 않은 것은?

① 주체는 민간부문을 제외한 국가와 지방자치단체이다.
② 대상은 도움이 필요한 모든 국민이다.
③ 분야는 복지, 보건, 의료, 교육, 고용, 주거, 문화, 환경 등이다.
④ 상담, 재활, 돌봄, 정보의 제공, 관련시설의 이용, 역량개발, 사회참여 지원 등을 내용으로 한다.
⑤ 인간다운 생활을 보장하고 국민의 삶의 질이 향상되도록 지원하는 제도이다.

19 우리나라 사회보험제도에 관한 설명으로 옳은 것은?

① 기여방식 공적연금은 국민연금, 특수직역연금, 기초연금으로 구분하여 운영된다.
② 고용보험의 고용안정 및 직업능력개발사업 보험료는 노사가 1/2씩 부담한다.
③ 노인장기요양보험의 시설급여 제공기관에는 노인요양공동생활가정과 노인전문요양병원이 포함된다.
④ 국민건강보험의 직장가입자 보험료는 노사가 1/2씩 부담하지만 사립학교 교직원은 국가가 20% 부담한다.
⑤ 산업재해보상보험의 급여에는 상병수당과 상병보상연금이 있다.

20 우리나라 공공부조제도에 관한 설명으로 옳지 않은 것은?

① 긴급복지지원제도는 현금급여와 민간기관 연계 등의 지원을 제공한다.
② 국민기초생활보장제도 부양의무자 기준은 복지사각지대 해소를 위해 단계적으로 완화되고 있다.
③ 긴급복지지원제도는 단기 지원의 원칙, 선심사 후지원의 원칙, 다른 법률 지원 우선의 원칙이 적용된다.
④ 의료급여 수급권자에는 「입양특례법」에 따라 국내 입양된 18세 미만의 아동이 포함된다.
⑤ 국민기초생활 보장제도 급여신청은 신청주의와 직권주의를 병행하고 있다.

21 다음에서 ㄱ, ㄴ을 합한 값은?

> 긴급복지지원제도의 생계급여 지원은 최대 (ㄱ)회, 의료급여 지원은 최대 (ㄴ)회, 주거급여는 최대 12회, 복지시설 이용은 최대 6회 지원된다.

① 4
② 6
③ 8
④ 10
⑤ 12

22 사회보장의 특성에 관한 설명으로 옳은 것을 모두 고른 것은?

> ㄱ. 공공부조는 사회보험에 비해 권리성이 약하다.
> ㄴ. 사회보험과 비교할 때 공공부조는 비용효과성이 높다.
> ㄷ. 사회수당과 사회보험은 기여 여부를 급여 지급 요건으로 한다.
> ㄹ. 사회보험과 공공부조는 방빈제도이고 사회수당은 구빈제도이다.

① ㄱ
② ㄱ, ㄴ
③ ㄴ, ㄷ
④ ㄷ, ㄹ
⑤ ㄱ, ㄴ, ㄹ

23 우리나라 근로장려세제(EITC)에 관한 설명으로 옳지 않은 것은?

① 소득재분배 효과를 기대할 수 있다.
② 근로능력이 있는 저소득층의 근로유인을 제고한다.
③ 소득과 재산보유상태 등을 반영하여 지급한다.
④ 근로장려금 모형은 점증구간, 평탄구간, 점감구간으로 되어 있다.
⑤ 사업자는 근로장려금을 받을 수 없다.

24 사회보장급여 중 현물급여가 아닌 것은?

① 산업재해보상보험의 요양급여
② 고용보험의 상병급여
③ 노인장기요양보험의 재가급여
④ 국민기초생활보장의 의료급여
⑤ 국민건강보험의 건강검진

25 보건복지부장관이 관장하는 사회보험제도를 모두 고른 것은?

ㄱ. 국민연금
ㄴ. 국민건강보험
ㄷ. 산업재해보상보험
ㄹ. 고용보험
ㅁ. 노인장기요양보험

① ㄱ, ㄴ   ② ㄴ, ㄷ
③ ㄱ, ㄴ, ㅁ   ④ ㄱ, ㄷ, ㄹ
⑤ ㄷ, ㄹ, ㅁ

26 사회복지조직의 특성에 관한 설명으로 옳지 않은 것은?

① 사회복지사의 전문성과 자율성을 인정한다.
② 클라이언트와 사회복지사의 관계에 따라 서비스의 효과성이 좌우된다.
③ 서비스의 효과성을 객관적으로 입증하기가 용이하다.
④ 다양한 상황에서 윤리적 딜레마와 가치 선택에 직면한다.
⑤ 조직의 목표가 명확하거나 구체적이기 어렵다.

27 한국 사회복지행정의 역사에 관한 설명으로 옳지 않은 것은?

① 6.25 전쟁 이후 외국원조기관을 중심으로 사회복지시설이 설립되었다.
② 1960년대 외국원조기관 철수 후 자생적 사회복지단체들이 성장했다.
③ 1980년대 후반부터 지역사회 이용시설 중심의 사회복지기관이 증가했다.
④ 1980년대 후반부터 사회복지전문요원이 배치되기 시작했다.
⑤ 1990년대 후반에 사회복지시설 설치기준이 허가제에서 신고제로 바뀌었다.

28 메이요(E. Mayo)가 제시한 인간관계이론에 관한 설명으로 옳은 것은?

① 생산성은 근로조건과 환경에 의해서만 좌우된다.
② 심리적 요인은 생산성 향상에 영향을 미친다.
③ 사회적 상호작용은 생산성 향상에 부정적인 영향을 미친다.
④ 공식적인 부서의 형성은 생산성 향상으로 이어진다.
⑤ 근로자는 집단 구성원이 아닌 개인으로서 행동하고 반응한다.

PART **04**

과년도 기출문제

29 조직이론에 관한 설명으로 옳지 않은 것은?

① 학습조직이론 : 개인 및 조직의 학습공유를 통해 역량강화
② 정치경제이론 : 경제적 자원과 권력 간 상호작용 강조
③ 상황이론 : 조직을 폐쇄체계로 보며, 조직 내부의 상황에 초점
④ 총체적 품질관리론 : 지속적이고 총체적인 서비스 질 향상을 통한 고객만족 극대화
⑤ X이론 : 생산성 향상을 위해 조직 구성원에 대한 감독, 보상과 처벌, 지시 등이 필요

30 테일러(F. W. Taylor)의 과학적 관리론에 관한 설명으로 옳은 것을 모두 고른 것은?

> ㄱ. 직무의 과학적 분석 : 업무시간과 동작의 체계적 분석
> ㄴ. 권위의 위계구조 : 권리와 책임을 수반하는 권위의 위계
> ㄷ. 경제적 보상 : 직무성과에 따른 인센티브 제공
> ㄹ. 사적 감정의 배제 : 공식적인 원칙과 절차 중시

① ㄱ, ㄴ   ② ㄱ, ㄷ
③ ㄴ, ㄹ   ④ ㄱ, ㄴ, ㄷ
⑤ ㄱ, ㄷ, ㄹ

31 조직 구성요소에 관한 설명으로 옳은 것은?

① 집권화 수준을 높이면 의사결정의 권한이 분산된다.
② 업무가 복잡할수록 공식화의 효과는 더 크다.
③ 공식화 수준을 높이면 직무의 사적 영향력이 높아진다.
④ 과업분화가 적을수록 수평적 분화가 더 이루어진다.
⑤ 수직적 분화가 많아질수록 의사소통의 절차가 복잡해진다.

32 다음에서 설명하는 조직구조는?

> • 일상 업무수행기구와는 별도로 구성
> • 특별과업이나 문제해결을 위한 전문가 중심 조직
> • 낮은 수준의 수직적 분화와 공식화

① 기계적 관료제 구조
② 사업부제 구조
③ 전문적 관료제 구조
④ 단순구조
⑤ 위원회 구조

33 조직문화에 관한 설명으로 옳지 않은 것은?

① 조직의 정체성을 결정하는 일련의 가치와 신념이다.
② 조직과 일체감을 갖게 함으로써 구성원의 정체감 형성에 기여한다.
③ 조직의 믿음과 가치가 깊게 공유될 때 조직문화는 더 강해진다.
④ 경직된 조직문화는 불확실한 환경에 대처하도록 돕는다.
⑤ 조직 내에서 자연적으로 생길 수 있다.

34 섬김 리더십(Servant Leadership)에 관한 설명으로 옳은 것을 모두 고른 것은?

> ㄱ. 인간 존중, 정의, 정직성, 공동체적 윤리성 강조
> ㄴ. 가치의 협상과 계약
> ㄷ. 청지기(Stewardship) 책무 활동
> ㄹ. 지능, 사회적 지위, 교육 정도, 외모 강조

① ㄱ, ㄷ   ② ㄴ, ㄹ
③ ㄷ, ㄹ   ④ ㄱ, ㄴ, ㄷ
⑤ ㄱ, ㄴ, ㄷ, ㄹ

35 사회복지행정가 A는 직원의 불만족 요인을 낮추기 위하여 급여를 높이고, 업무환경 개선을 위한 사무실 리모델링을 진행하여 조직의 성과를 높이고자 하였다. 이때 적용한 이론은?

① 브룸(V. H. Vroom)의 기대이론
② 허즈버그(F. Herzberg)의 동기위생이론
③ 스위스(K. E. Swiss)의 TQM이론
④ 맥그리거(D. McGregor)의 XY이론
⑤ 아담스(J. S. Adams)의 형평성이론

36 인적자원관리의 구성요소에 관한 설명으로 옳지 않은 것은?

① 확보 : 직원모집, 심사, 채용
② 개발 : 직원훈련, 지도, 감독
③ 보상 : 임금, 복리후생
④ 정치 : 승진, 근태관리
⑤ 유지 : 인적자원 유지, 이직관리

37 다음에서 설명하는 인적자원개발 방법은?

> • 짧은 시간에 많은 사람을 대상으로 교육내용을 체계적으로 전달할 때 사용
> • 직원들에게 사회복지시설 평가제도에 대한 이해를 높여서 기관평가에 좋은 결과를 얻도록 하기 위하여 사용

① 멘토링   ② 감수성 훈련
③ 역할연기   ④ 소시오 드라마
⑤ 강의

38 직무수행평가 순서로 옳은 것은?

> ㄱ. 실제 직무수행을 직무수행 평가기준과 비교
> ㄴ. 직원과 평가결과 회의 진행
> ㄷ. 평가도구를 사용하여 직원의 실제 직무수행을 측정
> ㄹ. 직무수행 기준 확립
> ㅁ. 직무수행 기대치를 직원에게 전달

① ㄷ－ㄹ－ㅁ－ㄱ－ㄴ
② ㄹ－ㄷ－ㄴ－ㅁ－ㄱ
③ ㄹ－ㅁ－ㄷ－ㄱ－ㄴ
④ ㅁ－ㄱ－ㄷ－ㄴ－ㄹ
⑤ ㅁ－ㄹ－ㄴ－ㄷ－ㄱ

39 사회복지조직의 재정관리에 관한 설명으로 옳지 않은 것은?

① 「사회복지법인 및 사회복지시설 재무·회계 규칙」을 따른다.
② 사회복지법인과 시설은 매년 1회 이상 감사를 실시한다.
③ 시설운영 사회복지법인인 경우, 시설회계와 법인회계는 통합하여 관리한다.
④ 사회복지법인의 회계연도는 정부의 회계연도를 따른다.
⑤ 사회복지법인이 설치·운영하는 시설의 경우 시설운영위원회에 보고하고 법인 이사회의 의결을 통해 예산편성을 확정한다.

40 예산집행의 통제 기제에 관한 설명으로 옳지 않은 것은?

① 개별 기관의 제약조건, 요구사항 및 기대사항에 맞게 고안되어야 한다.
② 예외적 상황에 적용되는 규칙을 명시해야 한다.
③ 보고의 규정을 두어야 한다.
④ 강제성을 갖는 규정은 두지 않는다.
⑤ 필요할 경우 규칙은 새로 개정할 수 있다.

41 패러슈라만 등(A. Parasuraman, V. A. Zeithaml & L. L. Berry)의 SERVQUAL 구성 차원에 해당하는 질문을 모두 고른 것은?

> ㄱ. 약속한대로 서비스를 제공했는가?
> ㄴ. 안전하게 서비스를 제공했는가?
> ㄷ. 자신감을 가지고 정확하게 서비스를 제공했는가?
> ㄹ. 위생적이고 정돈된 시설에서 서비스를 제공했는가?

① ㄱ, ㄹ   ② ㄴ, ㄷ
③ ㄴ, ㄹ   ④ ㄱ, ㄴ, ㄷ
⑤ ㄱ, ㄷ, ㄹ

42 공공 사회복지전달체계에 관한 설명으로 옳은 것은?

① 사회복지전담공무원 제도 이후 사회복지전문요원 제도가 실시되었다.
② 보건복지사무소와 사회복지사무소 시범사업은 동시에 진행되었다.
③ 읍·면·동 복지허브화 사업 이후 읍·면·동사무소가 주민자치센터로 변경되었다.
④ 지역사회복지협의체가 지역사회보장협의체로 명칭이 변경되었다.
⑤ 사회서비스원 설치 후 전자바우처 방식의 사회서비스 사업이 시작되었다

43 사회복지전달체계 구축 원칙에 관한 설명으로 옳지 않은 것은?

① 서비스 비용 부담을 낮춤으로써 접근성을 높일 수 있다.
② 서비스 간 연계성을 강화함으로써 연속성을 높일 수 있다.
③ 양·질적으로 이용자 욕구에 부응함으로써 적절성을 높일 수 있다.
④ 최소 비용으로 최대 효과를 얻음으로써 전문성을 높일 수 있다.
⑤ 이용자의 요구나 불만을 파악함으로써 책임성을 높일 수 있다.

44 다음 설명에 해당하는 의사결정기법은?

- 대면하여 의사결정
- 집단적 상호작용의 최소화
- 민주적 방식으로 최종 의사결정

① 명목집단기법
② 브레인스토밍
③ 델파이기법
④ SWOT기법
⑤ 초점집단면접

45 다음 설명에 해당하는 프로그램 관리기법은?

- 프로그램 진행 일정을 관리하는 목적으로 많이 활용됨
- 프로그램을 구성하는 활동들 간 상호관계와 연계성을 명확하게 보여줌
- 임계경로와 여유시간에 대한 정보를 파악할 수 있음

① 프로그램 평가 검토기법(PERT)
② 간트차트(Gantt Chart)
③ 논리모델(Logic Model)
④ 임팩트모델(Impact Model)
⑤ 플로우 차트(Flow Chart)

46 사회복지서비스 마케팅 과정을 옳게 연결한 것은?

ㄱ. STP 전략 설계
ㄴ. 고객관계관리(CRM)
ㄷ. 마케팅 믹스
ㄹ. 고객 및 시장 조사

① ㄱ－ㄴ－ㄷ－ㄹ
② ㄱ－ㄹ－ㄴ－ㄷ
③ ㄷ－ㄹ－ㄱ－ㄴ
④ ㄹ－ㄱ－ㄴ－ㄷ
⑤ ㄹ－ㄱ－ㄷ－ㄴ

47 사회복지 마케팅 기법에 관한 설명으로 옳지 않은 것은?

① 다이렉트 마케팅은 방송이나 잡지 등 대중매체를 활용하는 방식이다.
② 기업연계 마케팅은 명분마케팅이라고도 한다.
③ 데이터베이스 마케팅은 이용자에 대한 각종 정보를 수집, 분석하여 활용하는 방식이다.
④ 사회 마케팅은 대중에 대한 캠페인 등을 통해 행동변화를 유도하는 방식이다.
⑤ 고객관계관리 마케팅은 개별 고객특성에 맞춘 서비스를 지속적으로 제공하는 방식이다.

48 다음 설명에 해당되는 것은?

> • 비(非)표적 인구가 서비스에 접근하여 나타나는 문제
> • 사회적 자원의 낭비 유발

① 서비스 과활용　② 크리밍
③ 레드테이프　④ 기준행동
⑤ 매몰비용

49 사회복지 프로그램 평가의 목적과 그 설명으로 옳은 것은?

① 정책개발 : 사회복지실천 이념 개발
② 책임성 이행 : 재무·회계적, 전문적 책임 이행
③ 이론형성 : 급여의 공평한 배분을 위한 여론 형성
④ 자료수집 : 종사자의 기준행동 강화
⑤ 정보관리 : 민간기관의 행정협상력 약화

50 사회복지조직 혁신의 방해 요인으로 옳지 않은 것은?

① 무사안일주의
② 비전의 영향력을 과소평가
③ 비전에 대한 불충분한 의사소통
④ 핵심리더의 변화노력에 대한 구성원의 공개 지지
⑤ 변화를 막는 조직구조나 보상체계의 유지

8과목	사회복지법제론

51 헌법 제10조의 일부이다. (　)에 들어갈 내용으로 옳은 것은?

> 모든 국민은 인간으로서의 존엄과 가치를 가지며, (　)을 추구할 권리를 가진다.

① 자유권　② 생존권
③ 인간다운 생활　④ 행복
⑤ 인권

52 법률의 제정 연도가 가장 최근인 것은?

① 「아동복지법」
② 「노인복지법」
③ 「장애인복지법」
④ 「한부모가족지원법」
⑤ 「다문화가족지원법」

53 우리나라 사회복지법의 법원에 관한 설명으로 옳은 것은?

① 관습법은 사회복지법의 법원이 될 수 없다.
② 법률은 정부의 의결을 거쳐 제정·공포된 법을 말한다.
③ 지방자치단체의 조례는 성문법원이다.
④ 명령은 행정기관이 제정한 법규로 국회의 의결을 거쳐야 한다.
⑤ 일반적으로 승인된 국제법규는 사회복지법의 법원에 포함되지 않는다.

54 「사회복지사업법」상 사회복지사업 관련 법률을 모두 고른 것은?

> ㄱ. 「아동복지법」
> ㄴ. 「장애인복지법」
> ㄷ. 「국민기초생활 보장법」
> ㄹ. 「기초연금법」

① ㄱ, ㄴ　② ㄷ, ㄹ
③ ㄱ, ㄴ, ㄷ　④ ㄱ, ㄴ, ㄹ
⑤ ㄱ, ㄴ, ㄷ, ㄹ

55 「사회복지사업법」상 사회복지법인(이하 '법인'으로 한다)에 관한 설명으로 옳지 않은 것은?

① 정관에는 회의에 관한 사항이 포함되어야 한다.
② 법인은 사회복지사업의 운영에 필요한 재산을 소유하여야 한다.
③ 감사 중에 결원이 생겼을 때 3개월 이내에 보충하여야 한다.
④ 법인은 임원을 임면하는 경우에 지체없이 시 · 도지사에게 보고하여야 한다.
⑤ 법인이 목적사업 외의 사업을 하였을 때 설립허가가 취소될 수 있다.

56 「사회복지사업법」상 사회복지시설(이하 '시설'이라 한다)에 관한 설명으로 옳지 않은 것은?

① 사회복지관은 직업 및 취업 알선이 필요한 지역주민에게 사회복지서비스를 우선 제공하여야 한다.
② 지방자치단체는 시설의 책임보험 가입에 드는 비용의 전부를 보조할 수 없다.
③ 국가는 시설을 운영할 수 있다.
④ 시설 종사자의 근무환경 개선에 관한 사항은 운영위원회에서 심의한다.
⑤ 회계부정이 발견되었을 때 보건복지부장관은 시설의 폐쇄를 명할 수 있다.

57 「사회복지사업법」의 내용으로 옳은 것은?

① 사회복지서비스는 현금과 현물로 제공하는 것을 원칙으로 한다.
② 국가는 사회복지 자원봉사활동을 지원 · 육성하기 위하여 자원봉사활동의 홍보 및 교육을 실시하여야 한다.
③ 사회복지에 관한 조사 · 연구 및 정책 건의를 위하여 한국사회복지사협회를 둔다.
④ 사회복지사 자격증을 다른 사람에게 빌려주거나 빌린 사람은 10년 이하의 징역 또는 1억원 이하의 벌금에 처한다.
⑤ 시 · 도지사는 사회복지에 관한 전문지식과 기술을 가진 사람에게 사회복지사 자격증을 발급할 수 있다.

58 「사회보장기본법」상 사회보장에 관한 국민의 권리에 대한 설명으로 옳지 않은 것을 모두 고른 것은?

```
ㄱ. 지방자치단체는 최저보장수준과 최저임금
   을 매년 공표하여야 한다.
ㄴ. 사회보장수급권은 구두로 통지하여 포기할
   수 있다.
ㄷ. 사회보장수급권이 제한되는 경우에는 제한
   하는 목적에 필요한 최소한의 범위에 그쳐
   야 한다.
ㄹ. 사회보장수급권을 포기하는 것이 다른 사
   람에게 피해를 주게 되는 경우 사회보장수
   급권을 포기할 수 없다.
```

① ㄱ, ㄴ   ② ㄴ, ㄹ
③ ㄱ, ㄷ, ㄹ   ④ ㄴ, ㄷ, ㄹ
⑤ ㄱ, ㄴ, ㄷ, ㄹ

59 「사회보장기본법」상 사회보장제도의 운영에 관한 설명으로 옳은 것은?

① 사회보험은 국가와 지방자치단체의 책임으로 시행한다.
② 국가는 사회보장 관계 법령에서 정하는 바에 따라 사회보장에 관한 상담에 응하여야 한다.
③ 일정 소득 수준 이하의 국민에 대한 사회서비스에 드는 비용은 수익자 부담을 원칙으로 한다.
④ 통계청장은 제출된 사회보장통계를 종합하여 사회보장위원회에 제출하여야 한다.
⑤ 지방자치단체의 장은 사회보장제도를 신설할 경우 보건복지부장관과 합의하여야 한다.

60 「사회보장기본법」의 내용으로 옳지 않은 것은?

① 사회보장위원회의 위원 임기는 3년으로 한다.
② 국가와 지방자치단체는 평생사회안전망을 구축하여야 한다.
③ 사회보장 기본계획에는 사회보장 관련 기금 운용방안이 포함되어야 한다.
④ 사회보장제도를 운영하는 자는 불법행위의 책임이 있는 자에 대하여 구상권을 행사할 수 있다.
⑤ 사회보장에 관한 다른 법률을 제정하는 경우에는 이 법에 부합되도록 하여야 한다.

61 「사회보장급여의 이용·제공 및 수급권자 발굴에 관한 법률」의 내용으로 옳지 않은 것은?

① 보장기관은 지역의 사회보장 수준이 균등하게 실현될 수 있도록 노력하여야 한다.
② 「청소년 기본법」에 따른 청소년상담사는 지원대상자의 사회보장급여를 신청할 수 있다.
③ 보장기관의 장은 위기가구를 발굴하기 위하여 노력하여야 한다.
④ 정부는 한국사회보장정보원의 설립·운영에 필요한 비용을 출연할 수 없다.
⑤ 특별자치시 지역사회보장계획은 사회보장급여 담당 인력의 양성 및 전문성 제고 방안을 포함하여야 한다.

62 「사회보장급여의 이용·제공 및 수급권자 발굴에 관한 법률」상 지원대상자의 발굴에 관한 설명으로 옳은 것은?

① "지원대상자"란 사회보장급여를 제공받을 권리를 가진 사람을 말한다.
② 사회복지시설의 장은 사회보장급여의 제공을 직권으로 신청할 수 있다.
③ 국민건강보험공단 이사장은 보험료를 7개월 이상 체납한 사람의 가구정보를 사회보장정보시스템을 통하여 처리할 수 있다.
④ 시·도지사는 지원대상자에 대한 발굴조사를 1년마다 정기적으로 실시하여야 한다.
⑤ 보장기관의 장은 지원대상자를 발굴하기 위하여 사회보장급여의 제공규모에 대한 정보의 제공과 홍보에 노력하여야 한다.

63 「국민기초생활 보장법」상 급여의 종류와 방법에 관한 설명으로 옳은 것은?

① 생계급여는 물품으로는 지급할 수 없다.
② 생계급여는 수급자에게 주거 안정에 필요한 임차료, 수선유지비, 그 밖의 수급품을 지급하는 것으로 한다.
③ 장제급여는 자활급여를 받는 수급자가 사망한 경우 장제조치를 하는 것으로 한다.
④ 자활급여는 관련 비영리법인에 위탁하여 실시할 수 있다.
⑤ 교육급여는 보건복지부장관의 소관으로 한다.

64 「국민기초생활 보장법」상 지역자활센터의 사업이 아닌 것은?

① 자활을 위한 사업자금 융자
② 자활을 위한 정보제공, 상담, 직업교육 및 취업알선
③ 생업을 위한 자금융자 알선
④ 자활기업의 설립·운영 지원
⑤ 자영창업 지원 및 기술·경영 지도

65 「의료급여법」의 내용으로 옳은 것은?

① 시·도지사는 의료급여증을 발급하여야 한다.
② 급여비용의 재원을 충당하기 위하여 보건복지부에 의료급여기금을 설치한다.
③ 보건복지부에 두는 의료급여심의위원회는 의료급여의 수가에 관한 사항을 심의한다.
④ 시·도지사는 상환받은 대지급금을 의료급여기금에 납입하여야 한다.
⑤ 수급권자가 의료급여를 거부한 경우 시·도지사는 의료급여를 중지해야 한다.

66 「기초연금법」의 내용으로 옳은 것을 모두 고른 것은?

> ㄱ. 본인과 그 배우자가 모두 기초연금 수급권자인 경우에는 각각의 기초연금액에서 기초연금액의 100분의 20에 해당하는 금액을 감액한다.
> ㄴ. 기초연금 수급권자의 권리는 3년간 행사하지 아니하면 시효의 완성으로 소멸한다.
> ㄷ. 기초연금 수급자가 대통령령으로 정하는 바에 따라 사망한 것으로 추정되는 경우 수급권을 상실한다.

① ㄱ
② ㄱ, ㄴ
③ ㄱ, ㄷ
④ ㄴ, ㄷ
⑤ ㄱ, ㄴ, ㄷ

67 「국민건강보험법」의 내용으로 옳지 않은 것은?

① 「의료급여법」에 따라 의료급여를 받는 사람은 건강보험의 가입자가 될 수 없다.
② 보건복지부장관은 국민건강보험종합계획에 따라 연도별 시행계획에 따른 추진실적을 매년 평가하여야 한다.
③ 건강보험 가입자는 국내에 거주하지 아니하게 된 날에 그 자격을 잃는다.
④ 건강보험정책에 관한 사항을 심의·의결하기 위하여 보건복지부장관 소속으로 건강보험정책심의위원회를 둔다.
⑤ 건강보험 지역가입자는 직장가입자와 그 피부양자를 제외한 가입자를 말한다.

68 「노인장기요양보험법」의 내용으로 옳지 않은 것은?

① "노인등"이란 65세 이상의 노인 또는 65세 미만의 자로서 치매·뇌혈관성질환 등 대통령령으로 정하는 노인성 질병을 가진 자를 말한다.
② 장기요양급여는 노인등이 가족과 함께 생활하면서 가정에서 장기요양을 받는 재가급여를 우선적으로 제공하여야 한다.

③ 장기요양보험사업은 보건복지부장관이 관장한다.
④ 장기요양급여를 받고 있는 수급자는 장기요양등급의 내용을 변경하여 장기요양급여를 받고자 하는 경우 국민건강보험공단에 변경신청을 하여야 한다.
⑤ 재가급여에는 방문요양, 방문목욕, 특별현금급여가 포함된다.

69 「국민연금법」의 내용으로 옳은 것은?

① 가입자의 가입 종류가 변동되면 그 가입자의 가입기간은 각 종류별 가입기간을 합산한 기간으로 한다.
② 국민연금사업은 기획재정부장관이 맡아 주관한다.
③ "수급권자"란 이 법에 따른 급여를 받을 권리를 말한다.
④ 국내에 거주하는 국민으로서 18세 이상 65세 미만인 자는 국민연금 가입 대상이 된다.
⑤ 「국민연금법」을 적용할 때 배우자에는 사실상의 혼인관계에 있는 자는 포함되지 않는다.

70 「고용보험법」의 내용으로 옳은 것은?

① "실업의 인정"이란 근로의 의사와 능력이 있음에도 불구하고 취업하지 못한 상태에 있는 것을 말한다.
② "일용근로자"란 3개월 미만 동안 고용되는 사람을 말한다.
③ 지방자치단체는 매년 보험사업에 드는 비용의 일부를 일반회계에서 부담하여야 한다.
④ 고용보험기금은 고용노동부장관이 관리·운용한다.
⑤ 실업급여를 받을 권리는 양도 또는 압류하거나 담보로 제공할 수 있다.

71 「고용보험법」상 실업급여의 종류로 취업촉진 수당에 해당하는 것을 모두 고른 것은?

> ㄱ. 이주비
> ㄴ. 광역 구직활동비
> ㄷ. 직업능력개발 수당
> ㄹ. 조기재취업 수당

① ㄱ, ㄴ, ㄷ   ② ㄱ, ㄴ, ㄹ
③ ㄱ, ㄷ, ㄹ   ④ ㄴ, ㄷ, ㄹ
⑤ ㄱ, ㄴ, ㄷ, ㄹ

72 「노인복지법」의 내용으로 옳은 것은?

① 노인복지주택에 입소할 수 있는 자는 65세 이상의 노인으로 한다.
② 국가는 지역 간의 연계체계를 구축하고 노인학대를 예방하기 위하여 중앙노인보호전문기관을 설치·운영하여야 한다.
③ 노인취업알선기관은 지역사회 등에서 노인에 의한 재화의 생산판매 등을 직접 담당하는 기관이다.
④ 노인요양공동생활가정은 노인들에게 일상생활에 필요한 편의를 제공함을 목적으로 하는 노인주거복지시설이다.
⑤ 지역노인보호전문기관은 시·군·구에 둔다.

73 「아동복지법」의 내용으로 옳지 않은 것은?

① 지방자치단체는 아동이 항상 이용할 수 있는 아동전용시설을 설치하도록 노력하여야 한다.
② 시·도지사 또는 시장·군수·구청장은 보호조치 중인 보호대상아동의 양육상황을 분기별로 점검하여야 한다.
③ 아동정책조정위원회 위원장은 국무총리가 된다.
④ 아동위원은 명예직으로 하되, 아동위원에 대하여는 수당을 지급할 수 있다.
⑤ 보건복지부장관은 아동정책의 효율적인 추진을 위하여 5년마다 아동정책기본계획을 수립하여야 한다.

74 「한부모가족지원법」의 내용으로 옳은 것은?

① 여성가족부장관은 5년마다 한부모가족에 대한 실태조사를 실시하고 그 결과를 공표하여야 한다.
② "청소년 한부모"란 18세 이하의 모 또는 부를 말한다.
③ 교육부장관은 청소년 한부모가 학업을 계속할 수 있도록 여성가족부장관에게 협조를 요청하여야 한다.
④ "모" 또는 "부"에는 아동인 자녀를 양육하는 미혼자(사실혼 관계에 있는 자는 제외한다)도 해당된다.
⑤ 한부모가족에 대한 국민의 이해와 관심을 제고하기 위하여 매년 9월 7일을 한부모가족의 날로 한다.

75 「사회복지공동모금회법」상 사회복지공동모금회(이하 '모금회'라 한다)에 관한 설명으로 옳지 않은 것은?

① 모금회는 사회복지사업을 지원하기 위하여 연중 기부금품을 모집할 수 있다.
② 지방자치단체는 모금회의 기부금품 모집에 필요한 비용을 보조할 수 있다.
③ 배분분과실행위원회는 20명 이상의 위원으로 구성된다.
④ 모금회는 정관을 작성하여 보건복지부장관의 허가를 받아 등기함으로써 설립된다.
⑤ 모금회는 매년 8월 31일까지 다음 회계연도의 공동모금재원 배분기준을 정하여 공고하여야 한다.

과년도 기출문제

MEMO

MEMO

MEMO

2025

사회복지사

1급 단원별 기출문제집

전 과목 ▶ 무료동영상

I권
문제

이 책의 구성

PART 01 사회복지기초
CHAPTER 01   인간행동과 사회환경
CHAPTER 02   사회복지조사론

PART 02 사회복지실천
CHAPTER 03   사회복지실천론
CHAPTER 04   사회복지실천기술론
CHAPTER 05   지역사회복지론

PART 03 사회복지정책과 제도
CHAPTER 06   사회복지정책론
CHAPTER 07   사회복지행정론
CHAPTER 08   사회복지법제론

PART 04 과년도 기출문제

내가 뽑은 ❶ 원픽!

최신 출제경향에 맞춘 최고의 수험서

www.yeamoonsa.com

내가 뽑은 원픽! 최신 출제경향에 맞춘 최고의 수험서

2025

사회복지사 1급

단원별 기출문제집

노민래 저

전 과목 무료동영상

II권
해설

최근 8개년 (2017~2024년) 기출문제 수록

사회복지사 1급 합격을 위한 **최종 단계**

대표문제로 유형별 출제경향 파악

최신 개정법령 반영

동영상 강의, 1:1 Q&A 등 학습자료 제공

NAVER 카페 한끝사 ▼

예문사

CONTENTS

정답 및 해설

SECTION 01 인간발달의 기초

01	02	03	04	05	06	07	08	09	10
⑤	①	①	①	②	①	②	②	⑤	①
11	12	13	14						
①	①	④	④						

01 난도 ★☆☆　　　　　　　　　　　　정답 ⑤

정답분석

발달과 비슷한 개념

구분	내용
성장 (Growth)	신체(키)의 크기나 근육 증가와 같이 양적확대를 의미하고 생태학적으로 이미 정해져 있는 시간이 지나면 성장은 멈추게 된다. 유전적 요인의 영향을 많이 받게 되고 인간이 이룰 수 있는 최종단계를 의미한다.
성숙 (Maturation)	경험이나 훈련에 관계없이 유전적 기제의 작용에 의해 체계적이고 규칙적으로 진행되는 변화이다. 외적 환경과 무관하게 일어나는 신경생리학적·생화학적 변화와 내적·유전적 메커니즘에 의해 출현되는 신체적·심리적 변화를 의미한다.
학습 (Learning)	인간이 환경을 통해 변하는 것을 의미하고 경험과 훈련을 통해 기술과 지식, 정서, 가치를 얻을 수 있는 것으로 후천적 변화 과정이다.
발달 (Development)	직접적·간접적 경험의 산물, 유전과 환경의 상호작용에 의해 이루어지는 인간의 총체적인 변화에 초점을 둔다.

02 난도 ★☆☆　　　　　　　　　　　　정답 ①

정답분석

인간발달은 태내기에서 노년기까지 인간의 전 생애에 걸쳐 연속적으로 일어나는 체계적인 변화이다. 인간발달은 영아기가 아니라 태내기부터 시작된다.

03 난도 ★★★　　　　　　　　　　　　정답 ①

정답분석

A, B, C는 모두 중년으로 노화가 진행되고 있으며, A는 노안은 있지만 흰머리는 없다. B는 노안은 없지만, 흰머리가 많다. C는 노안도 왔고 흰머리가 많으며, 기억력도 좋지 않다. 이를 통해 노안과 흰머리, 기억력의 진행상황이 A, B, C 모두 다르다는 것을 알 수 있다. 즉, A, B, C의 발달에 차이가 나타난다.

04 난도 ★☆☆　　　　　　　　　　　　정답 ①

정답분석

인간의 발달은 최적의 시기가 존재한다. 제1의 성장기는 영아기, 제2의 성장기는 청소년기이다.

05 난도 ★☆☆　　　　　　　　　　　　정답 ②

정답분석

② 인간발달에는 결정적 시기가 있다. 제1의 성장기인 영아기와 제2의 성장기인 청소년기에는 다른 시기보다 더 빠른 성장을 한다.

오답분석

① 무작위적으로 발달이 진행되는 것이 아니라 일정한 순서와 방향을 가지고 발달이 이루어져 예측이 가능하다.
③ 안정적 속성보다 변화적 속성이 강하게 나타나는 것이 아니라 안정적 속성과 변화적 속성이 서로 공존하면서 나타난다.
④ 신체의 상부에서 하부로, 중심부위에서 말초부위로 진행된다.
⑤ 순서와 방향성은 정해져 있지만 발달속도는 정해져 있지 않아 개인차가 존재한다. 연령이 증가할수록 개인차가 커져 예측하기 어렵다.

06 난도 ★☆☆　　　　　　　　　　　　정답 ①

정답분석

인간의 발달에서는 환경적 요인과 유전적 요인 모두 중요하다.

07 난도 ★★★   정답 ②

정답분석

인간은 태어나서 생이 다할 때까지 다양하게 변화가 일어나는데, 발달단계에 따라 일정한 순서와 방향성을 갖고 변화한다. 아이는 앉은 후에 설 수 있고 선 후에 걸을 수 있다. 서지 못하는 아이가 뛸 수 없는 것처럼 인간의 발달은 일생에 걸친 예측 가능한 변화이다.

08 난도 ★☆☆   정답 ②

정답분석

발달은 상부에서 하부로, 중심부위에서 말초부위로 진행된다.

09 난도 ★☆☆   정답 ⑤

오답분석

① 성장과 발달은 횡단적이 아니라 종단적으로 일어난다.
② 인간의 삶에는 지속성의 특성이 있다.
③ 인간의 삶을 부분이 아닌 전체로 이해해야 한다.
④ 인간행동 이해를 위하여 환경과 유전적 원인 모두 분석하여야 한다.

10 난도 ★☆☆   정답 ①

정답분석

인간의 발달은 이전 단계의 발달이 이후에 발달에 영향을 미친다. 영아기에 발달하지 못한 부분은 유아기에 영향을 미친다.

11 난도 ★☆☆   정답 ①

정답분석

스키너는 행동주의이론을 주장한 학자로 인간행동은 인지와 정서보다는 환경의 자극에 의해 동기화되고, 행동에 따르는 강화에 의해 전적으로 결정된다고 보았다.

12 난도 ★★☆   정답 ①

오답분석

② 피아제의 이론은 발달단계의 순서를 감각운동기, 전조작기, 구체적 조작기, 형식적 조작기로 구분하였다. 이 발달단계는 개인과 문화에 따라 다르게 나타날 수 있는 것이 아니라 연령에 따라 모두 동일하게 나타난다.
③ 모방학습의 중요성을 인식하는 데 공헌한 학자는 반두라이다. 프로이트는 정신분석이론의 학자이다.
④ 스키너의 이론은 인간행동이 내적 동기가 아니라 외적 동기에 의해 강화됨을 이해하는 데 공헌하였다. 스키너는 인간행동은 환경의 자극에 의해 동기화되고, 행동에 따르는 강화에 의해 전체적으로 결정된다고 보았다. 즉, 관찰이 가능한 행동에 초점을 둔다.
⑤ 로저스의 이론은 클라이언트의 생애발달 단계를 파악하지 않았다. 발달단계를 이야기한 학자는 프로이트, 에릭슨, 융, 피아제이다.

13 난도 ★★☆   정답 ④

정답분석

발달단계에 따라 신체, 심리, 사회적 기능을 분절적(마디나 절로 나누는 것)으로 이해하는 것이 아니라 통합적으로 이해하게 한다. 발달은 환경과 유전과의 상호관련성이 없어 보이지만 밀접한 관계를 유지하고 있다.

14 난도 ★☆☆   정답 ④

정답분석

모방학습은 사회학습이론에서 나오는 개념으로 반두라가 주장하였다. 스키너는 조작적 조건화를 주장하였다.

01	02	03	04	05	06	07	08	09	10
③	①	③	③	⑤	⑤	③	⑤	⑤	①
11	12	13	14	15	16	17	18	19	20
①	④	⑤	⑤	⑤	⑤	⑤	①	①	④
21	22	23	24	25	26				
①	⑤	④	④	④	②				

01 난도 ★★☆   정답 ③

오답분석

ㄱ. 자아는 현실원칙을 따르나 일차적 사고과정은 원초아에 대한 내용이다.

ㄷ. 신경증적 불안은 본능이 의식 밖으로 나와 처벌을 걱정하는 불안으로 원초아가 쾌락원리에 따라 본능이나 욕구 등을 통제하지 못해 '처벌받으면 어떡하지' 하는 두려움이다.

02 난도 ★☆☆   정답 ①

정답분석

① 남근기는 3~6세의 시기이다. 모든 에너지가 성기에 집중되는 시기로 자신의 성기를 만지면서 만족감을 느낀다. 남자아이는 어머니를 사랑하여 오이디푸스 콤플렉스가 생기고 여자아이는 아버지를 사랑하여 엘렉트라 콤플렉스가 생긴다. 남아는 오이디푸스 콤플렉스로 인하여 거세불안을 경험하게 되고 여아는 엘렉트라 콤플렉스로 인하여 남근 선호사상이 생긴다. 남근기에 고착이 되면 남자는 경솔하고 과장되며 야심적인 성격이 되고, 여자는 난잡하고 유혹적이며 경박한 성격이 된다.

오답분석

② 양육자와의 상호작용 과정에서 최초로 갈등을 경험하는 시기는 구강기이다.

③ 자율성과 수치심을 주로 경험하는 시기는 항문기이다.

④ 오이디푸스 · 엘렉트라 콤플렉스가 강해지는 시기는 남근기이다.

⑤ 리비도(Libido)가 항문부위로 집중되는 시기는 항문기이다.

03 난도 ★☆☆   정답 ③

정답분석

성격의 실행자는 초자아가 아니라 자아에 대한 설명이다. 자아는 행동과 생각을 통제하는 조정자, 실행자의 역할을 한다.

04 난도 ★☆☆   정답 ③

정답분석

③ 투사는 자신이 받아들일 수 없는 충동, 행동을 남의 탓으로 돌리는 것이다.

오답분석

① 전치는 자신보다 덜 위험한 대상으로 감정을 옮기는 것이다.

② 억압은 현실에서 받아들이기 힘든 생각, 감정, 사고, 기억 등을 무의식 속에 집어넣는 것이다.

④ 합리화는 받아들일 수 없는 현상에 대한 그럴듯한 변명을 하는 것이다.

⑤ 반동형성은 받아들일 수 없는 욕구, 생각, 충동 등을 반대되는 감정으로 표현하는 것이다.

05 난도 ★☆☆   정답 ⑤

정답분석

해리는 성격의 일부가 자아를 벗어나 각각의 독립된 기능을 수행하는 것으로 이중인격을 의미한다. 어떤 대상에 피해를 주었을 경우 취소 또는 무효화하는 것은 취소이다. 취소의 예로는 동생을 때린 형이 죄책감으로 동생에게 간식을 주는 행위가 있다.

06 난도 ★★☆   정답 ⑤

정답분석

전치는 자신의 행동이나 생각, 표현을 자신보다 덜 위험한 대상으로 옮기는 것을 의미한다.

07 난도 ★☆☆   정답 ③

오답분석

① 억압(Repression)은 현실에서 받아들이기 힘든 생각, 욕망, 소망, 기억 등을 무의식 속에 머물도록 눌러 놓는 것이다. 고통스러운 생각이나 기억을 감정상태와 분리시키는 것은 격리이다.

② 반동형성(Reaction Formation)은 무의식 속에서 받아들일 수 없는 반대의 욕구, 생각, 충동 등을 의식에서 갖는 것이다. 불합리한 태도, 생각, 행동을 정당한 것으로 그럴듯한 이유를 붙이는 것은 합리화이다.

④ 보상(Compensation)은 약점이 있는 사람이 이를 보충하기 위해 다른 것을 발전시키는 것이다. 죄의식을 느끼게 하는 일들을 의식으로부터 무의식으로 밀어내는 것은 억압이다.

⑤ 전치(Displacement)는 자신의 행동이나 생각, 표현을 자신보다 덜 위험한 대상으로 옮기는 것이다. 심리적인 갈등이 신체적인 증상으로 나타나는 것은 신체화이다.

08 난도 ★☆☆   정답 ⑤

정답분석

자율성 대 수치심과 의심의 심리사회적 위기는 유아기(초기 아동기)에 일어난다. 학령기(아동기)의 심리사회적 위기는 근면성 대 열등감이다.

PLUS +

심리사회적 발달단계
에릭슨은 인간의 전 생애를 인간발달 8단계(영아기~노년기)로 구분하였다. 각 단계마다 심리사회적 위기를 겪게 되고 심리사회적 위기를 극복하는가에 따라 성격형성이 달라진다고 보았다. 프로이트와 달리 환경과의 상호작용을 중요하게 보았다.

단계	심리사회적 위기	시기	연령	중요관계 범위
1	신뢰감 대 불신감 : 희망/위축	영아기	출생~18개월	어머니
2	자율성 대 수치심과 의심 : 의지력/강박적 행동	유아기	18개월~3세	부모
3	주도성(솔선성) 대 죄의식 : 목적/억제	아동 전기	3~6세	가족
4	근면성 대 열등감 : 능력/무력감	아동기	7~12세	이웃, 학교
5	자아정체감 대 자아정체감 혼란 : 성실성/불확실성	청소년기	12~22세	또래집단
6	친밀감 대 고립감 : 사랑/배척	성인 초기	22~35세	우정, 애정
7	생산성 대 침체 : 배려/거절	중년기	35~65세	직장, 확대가족
8	자아통합 대 절망 : 지혜/경멸	노년기	65세 이상	인류 동족

09 난도 ★☆☆   정답 ⑤

오답분석

① 발달에 영향을 미치는 유전적 · 생물학적 요인을 모두 인정하였다.
② 발달에 영향을 미치는 사회적 · 문화적 요인을 모두 인정하고 확대, 발전시켰다.
③ 청소년기에서 끝나는 프로이트와 달리 인생 전반에 걸친 발달단계를 제시하였다.
④ 자아(Ego)의 자율적, 창조적 기능을 고려하였다. 프로이트는 원초아를, 에릭슨은 자아를 강조하였다.

10 난도 ★★☆   정답 ①

정답분석

사회적 관심, 창조적 자아, 가족형상 등을 강조한 학자는 아들러이다.

11 난도 ★★☆   정답 ①

정답분석

영아기의 심리사회적 위기는 신뢰감 대 불신감이고 주요관계 범위는 어머니, 자아특질은 희망이다. 어머니와의 관계로 인하여 심리사회적 위기가 생기는데, 어머니에게 사랑을 받게 되면 신뢰감이 형성되어 희망이, 사랑을 받지 못할 경우 불신감이 형성되어 공포가 생긴다. 지혜는 노년기의 자아특질이다.

12 난도 ★☆☆   정답 ④

정답분석

청소년기의 자아정체감 대 자아정체감 혼란의 자아특질은 성실이다.

13 난도 ★☆☆   정답 ⑤

정답분석

에릭슨은 인간의 발달이 전생애에 걸쳐 일어나고, 이전의 발달이 이후의 발달에 영향을 미친다고 주장하였다. 프로이트와 달리 환경이 인간에게 영향을 미치는 것을 인정하고 자아정체감을 형성하는 청소년기를 가장 중요하게 보았다.

14 난도 ★☆☆   정답 ⑤

정답분석

08번 해설 [PLUS +] 참조

15 난도 ★★☆　　　　　　　　　　정답 ⑤

정답분석

⑤ 아들러는 우월에 대한 추구(인간이 목적을 갖게 하는 동기)의 개념을 주장하면서 인간을 목표지향적 존재로 보았다.

오답분석

① 점성원리는 에릭슨의 개념이다.
② 개인의 창조성을 긍정한다. 아들러의 개념 중 창조적 자아는 환경, 경험, 지각 등으로 인하여 스스로 자신의 삶을 만들 수 있는 능력이 있으며 자유가 있는 존재로 본다.
③ 무의식적 결정론을 고수하고 있는 학자는 프로이트이다.
④ 인간의 성격형성에 영향을 주는 것으로 생활양식과 출생순위 등을 주장하면서 유전적 · 환경적 요인의 중요성을 인정한다.

16 난도 ★★☆　　　　　　　　　　정답 ⑤

정답분석

사회적 관심은 자신이 속한 사회에 대한 소속감, 타인에 대한 감정이입 등과 같이 공동의 목적을 이루기 위해 실행하는 노력을 의미하며 의식적인 개발과 교육이 필요하다. 아들러는 인간은 자신의 이익을 포기해서라도 사회적 이익을 얻기 위해 노력하는 본능이 있다고 믿었다. 특히 사회적 관심은 선천적으로 타고나지만 어머니와 학교교육, 아동기의 경험을 통해서도 후천적으로 발달할 수 있다고 보았다.

17 난도 ★☆☆　　　　　　　　　　정답 ⑤

오답분석

ㄴ. 인간의 성격발달 단계를 제시한 학자는 프로이트, 에릭슨, 융, 피아제이다.

18 난도 ★★☆　　　　　　　　　　정답 ①

정답분석

열등감은 자신을 발전시키는 동기유발의 근거로, 보다 나은 자기완성의 의지를 강화시키는 요소이다.

19 난도 ★★☆　　　　　　　　　　정답 ①

오답분석

② 사회적 관심과 활동수준이 높아 자신과 타인의 욕구를 동시에 충족시키며 인생과업을 완수하는 유형은 사회적 유용형이다.
③ 사회적 관심과 활동수준이 낮은 유형으로 성공보다 실패하는 것을 더 두려워하는 유형은 회피형이다.
④ 기생적인 방법으로 외부세계와 관계를 맺으며 다른 사람에게 의존하여 자신의 욕구를 충족시키는 유형은 획득형이다.

⑤ 사회적 관심이 많고 활동수준이 낮으며 타인의 안녕에 관심이 많은 유형은 없다.

20 난도 ★★☆　　　　　　　　　　정답 ④

정답분석

④ 개성화(Individuation)는 한 개인의 의식이 다른 사람으로부터 분리되는 것으로, 융은 개성화를 통한 자기실현과정을 중요시하였다.

오답분석

① 정신분석(Psychoanalysis)이론은 프로이트의 이론이고 융의 이론은 분석심리이론이다.
② 사회적 관심과 활동수준을 기준으로 심리적 유형을 자아의 태도(외향성, 내향성)와 자아의 기능(사고형, 감정형, 감각형, 직관형) 6가지로 구분하였다.
③ 아동기, 청년기, 중년기, 노년기로 발달단계를 구분하였다.
⑤ 성격형성에 있어서 창조적 자기(Creative Self)의 역할을 강조한 학자는 아들러이다.

21 난도 ★★★　　　　　　　　　　정답 ①

정답분석

① 페르소나(Persona)는 자아가 외부로 보이는, 즉 개인이 사회에 공개되는 얼굴이다. 사회생활을 많이 할수록 페르소나는 많아지고 사회에 적응하기 위해서도 페르소나를 발달시켜야 한다. 하지만 페르소나를 자신과 동일시하여 자신의 본 모습이 보이지 않을 수 있게 된다.

오답분석

② 인간을 성(性)적 에너지인 리비도(Libido)에 의해 지배되는 수동적 존재로 본 학자는 프로이트이다. 융은 리비도를 생활에너지로 보았다.
③ 원형(Archetype)이란 인류 역사를 물려받은 정신으로 집단 무의식을 구성하고 보편적으로 존재하는 인류의 가장 원초적인 행동 유형이다. 표상이 불가능하고 무의식적이며 선험적인 이미지를 의미하며 대표적인 원형으로는 페르소나, 아니마, 아니무스, 음영이 있다.
④ 아니마는 남성의 여성적인 측면을 의미하고 아니무스는 여성의 남성적인 측면을 의미한다.
⑤ 자아의 기능에서 감각형(Sensing)은 오감을 통하여 관찰한 것을 인식하는 것으로 직접적인 경험에 초점을 맞추어 현실적이고 구체적이며 관찰능력이 뛰어나다. 또한 가능성보다는 보이는 구체적인 현실을 추구한다. 직관형(Intuition)은 관찰을 통해 의미나 관계를 의식하는 것으로 육감이나 예감을 통하여 인식하고 아직 일어나지 않은 일을 포함하여 감각을 통해 보이지 않는 것까지 인식한다. 미래지향적이며 추상적 · 상상적인 특징이 있다.

22 난도 ★★☆　　　　　　　　　　　　　정답 ⑤

정답분석

ㄱ. 자기는 성격의 모든 요소들 간 통일성, 전체성, 조화성을 이루기 위해 무의식적으로 추구하는 원형으로 중년기에 나타나 자기실현의 중심역할을 한다.

ㄴ. 인간행동은 과거 사건에 의해 일부 결정되지만 미래의 목표와 가능성에 따라 조정된다고 보았다.

ㄷ. 리비도는 인생 전반에 작동하는 생활에너지로 창조적인 모든 형태의 활동에 에너지를 제동하는 생명력을 의미한다.

ㄹ. 개성화는 한 개인의 의식이 다른 사람으로부터 분리되는 것으로 무의식적인 내용을 의식화하는 과정이다. 성격발달은 개성화의 과정을 통한 자기실현의 과정이라고 보았다.

23 난도 ★★☆　　　　　　　　　　　　　정답 ④

오답분석

① 남성의 여성적인 면은 아니마, 여성의 남성적인 면은 아니무스이다.

② 원초아, 자아, 초자아의 중요성을 강조한 학자는 프로이트이다.

③ 음영은 인간의 어둡고 동물적인 측면이지만 자기나 자아상과 같은 개념은 아니다.

⑤ 집단무의식은 모든 인간의 공통된 오랜 경험에서 형성된 잠재적 이미지의 저장고로, 다양한 콤플렉스에 기초하지 않는다.

24 난도 ★★☆　　　　　　　　　　　　　정답 ④

정답분석

남자의 여성성은 아니마, 여자의 남성성은 아니무스이다.

25 난도 ★★☆　　　　　　　　　　　　　정답 ④

정답분석

집단무의식은 개인적으로 경험할 수 있는 것이 아니라 인류의 오랜 경험으로부터 형성된 것으로 역사와 문화를 통해 공유해 온 모든 정신적 자료의 저장소이다. 모든 인류에게 공통적으로 유전되어 온 것이다.

26 난도 ★★☆　　　　　　　　　　　　　정답 ②

오답분석

ㄴ. 남성은 여성적 측면인 아니마가 나타난다.

ㄷ. 외부세계에 쏟았던 에너지를 자기내면에 돌려 개성화과정을 경험한다. 에릭슨은 중(장)년기의 주요 발달과업을 생산성 대 침체로 구분하였다.

SECTION 03 **행동주의이론**									
01	02	03	04	05	06	07	08	09	10
⑤	⑤	①	⑤	③	③	④	④	④	⑤

01 난도 ★★☆　　　　　　　　　　　　　정답 ⑤

정답분석

스키너의 행동주의이론은 인간행동이 환경의 자극에 의해 동기화되고, 행동에 따르는 강화에 의해 전적으로 결정된다고 보고 있다. 조작적 조건화는 고전적 조건화와 다르게 사람이 원하는 결과를 얻기 위해 스스로 행동하는 능동적인 반응으로 결과에 의해 행동이 변하는 것이다. 행동조성(행동형성)은 복잡한 행동이나 기술을 학습하는 데 있어 기대하는 반응이나 행동을 학습할 수 있도록 행동을 강화해 점진적으로 만들어가는 것을 의미한다.

PLUS +

강화계획
• 고정간격 강화계획은 정해진 시간이 지난 후 강화를 주는 것이다.
• 고정비율 강화계획은 정해진 횟수가 지난 후 강화를 주는 것이다.
• 가변간격 강화계획은 가변적인 임의의 시간 이후 강화를 주는 것으로 일정한 시간 안에서 시간을 다르게 하여 강화를 준다.
• 가변비율 강화계획은 평균적으로 정해진 횟수가 지난 후에 강화를 주는 것으로 언제 강화될지 예측할 수 없어 꾸준한 반응을 한다.

02 난도 ★★★　　　　　　　　　　　　　정답 ⑤

정답분석

⑤ 가변(변동)간격 강화계획은 강화를 주는 평균적인 시간 간격은 일정하지만 실제 강화를 제공하는 시간 간격에 어느 정도 편차를 주는 것으로 1년 동안 6회 자체 소방안전 점검을 하되 2개월마다 한다면 고정간격 강화가 되지만 불시에 실시하므로 가변간격 강화가 된다.

오답분석

① 고정간격 강화계획은 요구되는 행동의 발생빈도에 상관없이 일정한 시간 간격에 따라 강화를 부여하는 것으로 정시 출근한 아르바이트생에게 매주 추가수당을 지급하여 정시 출근을 유도하는 강화는 고정간격 강화계획이다.

② 계속적(연속적) 강화계획은 반응의 횟수나 시간에 상관없이 기대하는 반응이 나타날 때마다 강화를 부여하는 것으로 어린이집에서 어린이가 규칙을 지킬 때마다 바로 칭찬해서 규칙을 지키는 행동이 늘어나도록 하는 것은 계속적 강화계획이다.

③ 가변비율 강화계획은 반응행동에 변동적인 비율을 적용하여 불규칙한 횟수의 바람직한 행동이 나타난 후 강화를 부여하는 것으로 수강생이 평균 10회 출석할 경우 상품을 1개 지급하되, 출석 5회 이상 15회 이내에서 무작위로 지급하여 성실한 출석을 유도하는 것은 가변비율 강화계획이다.
④ 고정비율 강화계획은 행동중심적 강화방법으로 일정한 횟수의 바람직한 반응이 나타난 다음에 강화를 부여하는 것으로, 영업사원이 판매 목표를 10%씩 초과 달성할 때마다 초과 달성분의 3%를 성과급으로 지급하여 의욕을 고취하는 것은 고정비율 강화계획이다.

03 난도 ★★☆　　　　　　　　　정답 ①

정답분석

① 행동조성(Shaping)은 복잡한 행동이나 기술을 학습하는 데 있어 기대하는 반응이나 행동을 학습할 수 있도록 행동을 강화해 점진적으로 만들어가는 것을 의미한다.

오답분석

② 스키너는 조작적 조건화로 반응적 행동보다는 조작적 행동을 강조한다. 반응적 행동을 강조한 학자는 파블로프이다.
③ 변동간격 계획은 가변적인 임의의 시간 이후 강화를 주는 것으로 일정한 시간 안에서 시간을 다르게 하여 강화를 준다. 평균적으로 일정한 수의 반응이 일어난 후에 강화물을 제공하는 것은 가변비율 강화계획이다.
④ 인간행동은 인간이 지닌 자유의지의 결과가 아니라 환경적 자극에 대한 반응이다.
⑤ 부적 강화는 싫어하는 것을 빼어 바람직한 행동이 증가시키는 것이다. 특정 행동의 빈도를 감소시키는 것은 처벌이다.

04 난도 ★★☆　　　　　　　　　정답 ⑤

정답분석

행동주의이론은 조작적 조건형성으로 인간의 행동이 외부(환경)의 자극에 의해 동기화된다고 본다. 변별자극은 어떤 반응이 보상될 것이라는 단서 혹은 신호로 작용하는 자극이다. 강화에는 정적 강화와 부적 강화가 있으며, 정적 강화는 긍정적인 결과를 제시하여 긍정적인 행동을 증가시키고 부적 강화는 부정적인 결과를 제시하여 긍정적인 행동을 증가시킨다.

05 난도 ★★☆　　　　　　　　　정답 ③

정답분석

이완훈련기법, 토큰경제기법, 자기주장훈련, 타임아웃기법은 행동주의 기법이고 정보처리기법은 학습이론의 기법이다.
③ 정보처리기법은 새로운 정보는 투입되고 저장되며 기억으로부터 인출되는 방식에 대한 연구를 통해 학습자의 내부에서 학습이 발생하는 기제를 설명해 주는 것으로 정보와 관련된

인간의 내적 처리과정을 컴퓨터의 처리과정에 비유하여 설명하는 기법이다.

06 난도 ★★☆　　　　　　　　　정답 ③

오답분석

ㄷ. 자기효능감을 높이는 방법으로 직접적 성취경험, 대리적 경험, 언어적 설득, 정서적 각성 등을 제시하였고 가장 효과적인 방법으로는 직접적 성취경험을 제시하였다.
ㄹ. 자기강화는 자신이 통제할 수 있는 보상을 자기 스스로에게 줌으로써 자신의 행동을 유지하거나 변화시키는 과정을 의미하는 것으로 외부로부터 주어지는 강화가 아니라 내적인 행동평가 기준을 갖는다.

07 난도 ★☆☆　　　　　　　　　정답 ④

정답분석

관찰학습은 주의집중과정 → 기억과정 → 운동재생과정 → 동기화과정 순으로 진행된다. 동기유발(동기화)과정은 맨 마지막 과정이다.

08 난도 ★☆☆　　　　　　　　　정답 ④

정답분석

07번 해설 참조

09 난도 ★☆☆　　　　　　　　　정답 ④

정답분석

행동조성은 복잡한 행동이나 기술을 학습하는 데 있어 기대하는 반응이나 행동을 학습할 수 있도록 행동을 강화해 점진적으로 만들어 가는 것이다. 자기효능감을 형성하는 요인과는 거리가 멀다.

PLUS +

자기효능감
자기효능감이란 인간이 자신의 행동을 책임지거나 통제할 수 있다고 믿는, 즉 자신의 행동에 대한 믿음이다. 경험이나 교육을 통해 자기효능감이 형성된다.

10 난도 ★☆☆　　　　　　　　　정답 ⑤

정답분석

논박은 엘리스의 합리－정서적 치료에서 사용하는 개념이다.

SECTION 04 인지이론

01	02	03	04	05	06	07	08	09	10
④	⑤	②	②	⑤	③	①	④	①	③

01 난도 ★★☆   정답 ④

정답분석

④ 피아제는 사물의 기본적인 이해의 틀을 도식으로 규정하고 이후 개인이 가지고 있는 도식을 통해 사물을 이해하는 동화와 개인이 가지고 있는 도식을 변경하여 새로운 사물을 이해하는 조절을 통해 인지를 발달시킨다고 보았다.

오답분석

① 전 생애의 인지발달을 다루고 있지는 않다. 감각운동기, 전조작기, 구체적 조작기, 형식적 조작기 시기로 구분하면서 청소년기까지의 인지발달단계를 다루고 있다.
② 문화적 · 사회경제적 · 인종적 차이를 고려하지 않고 모든 인간은 동일한 인지발달단계를 거친다고 주장하였다.
③ 실제로 경험할 수 없는 사건을 머리로 생각할 수 있는 추상적 사고의 확립은 형식적 조작기의 특징이다.
⑤ 동일성, 가역성, 보상성의 원리를 이해하는 보존개념은 구체적 조작기에 획득된다.

02 난도 ★☆☆   정답 ⑤

정답분석

유목화(분류화)는 구체적 조작기에 나타나는 특성이다.

PLUS +

전조작기의 특성
• 타율적 도덕성, 물활론, 상징놀이, 자아중심성(자기중심성), 중심화, 인공론적 사고, 목적론적 사고, 비가역성 등
• 보고 느끼는 것만을 직관적으로 믿으며 논리적 설명보다 감각적 · 직관적 판단에 의존한다.

03 난도 ★☆☆   정답 ②

정답분석

• 피아제는 인지발달 촉진요인으로 성숙, 평형화, 물리적 경험, 사회적 상호작용을 제시하였다.
• 애착형성은 영아와 주 양육자 사이에 형성되는 특수하고 긍정적인 유대관계나 친밀한 정서적 유대감을 의미하는 것이다. 영아는 자신을 돌보는 사람과의 신뢰를 통해 외부환경에 대하여 신뢰감을 형성하게 된다.

04 난도 ★★☆   정답 ②

정답분석

② 피아제의 발달단계는 감각운동기, 전조작기, 구체적 조작기, 형식적 조작기 순으로 발전한다.

오답분석

① 추상적으로 사고하고 추론을 통해 검증할 수 있는 시기는 형식적 조작기이다.
③ 인간의 무의식에 초점을 둔 학자는 프로이트이다.
④ 도덕발달단계를 1단계에서 6단계로 제시한 학자는 콜버그이다.
⑤ 보존개념은 구체적 조작기에 획득된다.

05 난도 ★★☆   정답 ⑤

정답분석

행동하기 전에 생각을 하는 시기는 18개월 이후인 상징적 표상 시기이다.

06 난도 ★☆☆   정답 ③

정답분석

추상적 사고가 가능한 시기는 형식적 조작기이다.

07 난도 ★★☆   정답 ①

정답분석

감각운동기(0~2세) – 전조작기(2~7세) – 구체적 조작기(7~11세) – 형식적 조작기(12세 이후)로 이 발달순서는 누구에게나 똑같이 나타난다.

08 난도 ★★☆   정답 ④

오답분석

① 대상을 특징에 따라 분류(Classification)할 수 있는 분류화는 구체적 조작기에 발달한다.
② 대상을 연속(Seriation)적인 순서에 따라 배열하는 서열화는 구체적 조작기에 발달한다.
③ 대상의 질량 혹은 무게가 형태 및 위치에 따라 변하여도 보존(Conservation)될 수 있다고 생각하는 보존개념은 구체적 조작기에 발달한다.
⑤ 조합기술(Combination Skill)을 획득하는 시기는 형식적 조작기이다.

정답분석

구체적 조작기(7~11세)는 보존개념을 획득하게 되고 역조작성의 논리를 사용할 수 있는 시기로 분류화, 서열화, 탈중심화, 자율적 도덕성이 발달한다. 이 시기에는 인지적 능력이 급속도로 발전하고 논리적 사고가 가능해진다.

오답분석

보존개념을 획득하는 시기는 구체적 조작기가 맞으나 보존은 사물의 형태나 위치가 바뀌어도 속성은 변하지 않는다는 것인데 그 양적 속성이 바뀐다고 하였으므로 틀린 지문이다. 또한 언어 기술을 획득하는 시기는 전조작기이다.

10 난도 ★★☆ 정답 ③

정답분석

③ 후인습적 수준은 특별한 단계로 자신의 가치에 따라 도덕적 기준에 의한 판단을 중요시한다.

오답분석

① 일반윤리에 의해 자신의 이익에 따라 행동을 판단하는 단계는 욕구충족수단 단계이다.
② 개인 상호 간 대인관계의 조화를 바탕으로 행동하는 단계는 대인관계 조화 단계이다.
④ 타인중심에서 벗어나 개인의 욕구충족을 위해 행동하는 단계는 욕구충족수단 단계이다.
⑤ 도덕적으로 옳고 법적으로도 타당할 때 충족되는 단계는 법과 질서 지향 단계이다.

SECTION 05 **인본주의이론**									
01	02	03	04	05	06	07	08	09	10
①	②	③	④	⑤	②	③	②	②	③
11									
③									

01 난도 ★★☆ 정답 ①

정답분석

로저스는 개인의 잠재력 실현을 위해서 무조건적 긍정적 관심을 주장하였다. 무조건적 긍정적 관심은 타인에 대하여 아무런 조건 없이 있는 그대로 수용하거나 받아들이는 것을 의미한다.

02 난도 ★★☆ 정답 ②

오답분석

ㄴ. 공감과 비지시적인 상담을 강조하였다.
ㄹ. 인간의 욕구발달단계를 제시한 학자는 매슬로우이다.

PLUS +

로저스의 현상학이론의 특징
• 인간의 주관적 경험을 강조하며, 주관적 현실세계만이 존재한다고 본다.
• 인간을 통합적 존재로 규정하며, 전체론적 관점에서 접근해야 한다고 주장한다.
• 인간을 유목적인 존재인 동시에 합리적이고 미래지향적인 존재로 규정한다.
• 인간은 능력이 있고 자기이해와 자기실현을 위한 잠재력을 가지고 있다고 본다.
• 인간 본성의 긍정적인 측면과 자기개념의 중요성을 강조한다.
• 사회복지실천의 측면에서 클라이언트의 자기결정권과 비심판적 태도 그리고 비지시적 상담의 중요성을 인식하는 데 유용하다.
• 개인의 존엄과 가치, 사회적 책임에 대한 소신은 사회복지실천 철학과 조화를 이룬다.

03 난도 ★☆☆ 정답 ③

정답분석

로저스의 현상학적 장은 개인의 세계가 체험의 세계이며 체험은 특정 순간 개인이 의식하는 것으로 본다. 현재 행동에 영향을 미치는 것은 과거의 경험 속의 사실이 아니라 과거 경험에 대한 현재의 해석이다. 즉, 로저스는 인간이 지닌 개인의 주관적 경험을 강조하였다.

04 난도 ★★☆　　　　　　　　　　　정답 ④

오답분석

ㄴ. 로저스는 모든 인간의 주관적인 경험이 중요하므로 클라이언트의 주관적인 경험을 존중하였다.

05 난도 ★★☆　　　　　　　　　　　정답 ⑤

정답분석

클라이언트의 과거 정신적 외상의 중요성을 강조한 이론은 정신분석이론이다.

PLUS +

상담자가 갖추어야 할 능력
• 일치성 또는 진실성
• 감정이입적 이해와 경청
• 무조건적인 긍정적 관심

06 난도 ★☆☆　　　　　　　　　　　정답 ②

정답분석

로저스는 인간의 성격발달단계를 제시하지 않았다.

07 난도 ★☆☆　　　　　　　　　　　정답 ③

정답분석

로저스의 인본주의이론은 비지시적 상담, 인간중심 상담, 내담자 중심 상담을 강조한다.

08 난도 ★★☆　　　　　　　　　　　정답 ②

정답분석

매슬로우는 인간을 원래 선한 존재로 인식하면서 자유롭고 자율적이며 합리적이고 창조적인 존재로 보았다. 매슬로우의 욕구단계는 생리적 욕구, 안전의 욕구, 사랑과 소속의 욕구, 존경(자존감)의 욕구, 자아실현의 욕구 순이다. 하위단계의 욕구가 더 중요하고 하위단계의 욕구가 충족되어야 상위욕구로 올라간다.

09 난도 ★★☆　　　　　　　　　　　정답 ②

정답분석

② 매슬로우의 욕구위계는 생리적 욕구 – 안전 욕구 – 소속과 사랑의 욕구 – 존경의 욕구 – 자아실현의 욕구 순이다. 자존감의 욕구가 소속과 사랑의 욕구보다 상위단계의 욕구이다.

오답분석

① 대부분의 사람들이 아니라 소수의 사람이 자아실현의 욕구를 달성한다.
③ 인간본성에 대해 비관적인 태도가 아니라 낙천적인 태도를 갖고 있다.
④ 인간의 성격은 환경에 의해 수동적으로 결정된다고 보지 않고, 인간의 행동을 결정짓는 동기요인으로서 다양한 욕구체계를 제시하였다.
⑤ 무조건적인 긍정적 관심을 강조한 학자는 로저스이다.

10 난도 ★☆☆　　　　　　　　　　　정답 ③

정답분석

생리적 욕구, 안전의 욕구, 사랑의 욕구, 존경의 욕구, 자아실현의 욕구 순으로 안전의 욕구는 사랑의 욕구보다 하위단계의 욕구이다.

11 난도 ★☆☆　　　　　　　　　　　정답 ③

정답분석

소속감과 사랑의 욕구는 다른 사람들과 사랑을 나누고 어울려 생활하고 싶은 욕구로 친분과 우정은 해당 욕구에 포함되나 존경은 자존감의 욕구에 포함된다.

SECTION 06 통합이론

01	02	03	04						
⑤	①	①	③						

01 난도 ★★☆　　　　　　　　　　정답 ⑤

정답분석

① 반두라 : 모방, 모델링, 대리학습, 자기강화, 자기효율성, 자기조절
② 로저스 : 현상학적 장, 자기, 자기실현 경향성
③ 스키너 : 강화와 처벌, 강화계획, 불안감소기법, 학습촉진기법, 행동조성, 타임아웃
④ 피아제 : 도식, 적응, 조직화, 자아중심성

02 난도 ★★☆　　　　　　　　　　정답 ①

오답분석

② 타임아웃기법은 스키너의 기법이다.
③ 분석심리이론은 융의 이론이고, 합리정서치료는 엘리스의 기법이다.
④ 자유연상은 프로이트의 기법이다.
⑤ 개인심리이론은 아들러의 이론이다.

03 난도 ★★☆　　　　　　　　　　정답 ①

정답분석

에릭슨의 이론은 심리사회이론으로 점성원리, 자아정체감이 주요 내용이다. 분석심리이론의 원형, 집단무의식은 융의 이론이다.

04 난도 ★☆☆　　　　　　　　　　정답 ③

정답분석

③ 스키너의 행동주의이론은 인간의 내적 영향보다는 환경에서 오는 외적 영향을 중요하게 보았다.

오답분석

① 피아제의 인지발달이론은 인간의 인지능력이 나이에 따라 어떻게 발달하는지에 대한 심리이론이다.
② 프로이트의 정신분석이론의 정신결정론은 인간의 행동이 우연히 나타나는 것이 아니라 어린시절의 경험이 현재에 나타나는 것으로 본다.
④ 반두라의 사회학습이론의 상호결정론은 개인, 행동, 환경의 상호작용으로 인간의 삶이 조절된다는 이론이다.
⑤ 매슬로우의 인본주의이론은 개인의 주관성을 인정한다.

SECTION 07 인간성장과 발달단계

01	02	03	04	05	06	07	08	09	10
③	④	②	①,②	④	⑤	④	②	①	④
11	12	13	14	15	16	17	18	19	20
③	③	③	④	①	⑤	①	④	①	⑤
21	22	23	24	25	26	27	28	29	30
③	④	②	②	②	④	④	①,⑤	①	③
31	32	33	34	35	36	37	38	39	40
①	①	①	⑤	③	①	②	④	③	①
41	42	43	44	45	46	47	48	49	50
②	③	⑤	⑤	⑤	②	④	②	④	④
51	52	53							
⑤	②	③							

01 난도 ★★☆　　　　　　　　　　정답 ③

정답분석

③ 정상인의 성염색체는 남성 XY, 여성 XX를 나타내지만, 클라인펠터증후군 염색체는 XXY, XXYY, XXXY 등의 여러 가지 이상한 형태를 나타낸다. 이들은 남성 염색체가 있음에도 불구하고 가슴이 발달하는 등 여성의 신체적 특성을 보인다.

오답분석

① 다운증후군은 운동신경이 지체되고 지적장애가 있으며 질병에 대한 저항력이 약하다.
② 헌팅톤병은 무도병과 치매를 특징으로 하는, 주로 30~40대 발병의 신경계 퇴행질환이며 염색체 우성 유전질환이다.
④ 터너증후군은 성염색체 이상으로 X염색체가 1개이며, 전체 염색체 수가 45개로 외견상 여성이지만 2차적 성적 발달이 없고 목이 짧은 것이 특징이다.
⑤ 혈우병은 X염색체의 유전적 돌연변이에 의한 유전질환으로서, 정상적인 혈액에 존재하는 혈액응고인자가 없거나 부족하여 발병하는 출혈성 질환이다. 대부분 남성에게서 발병한다.

02 난도 ★★☆

정답 ④

정답분석

다운증후군은 47개의 염색체를 가짐으로써 나타나는 증후군이다. 키가 작고 정신지체를 가지고 있으며 손가락과 발가락이 작다. 몽고증이라고도 부르며, 어머니의 나이가 많을수록 발병률이 높다. 머리가 작으며 팔과 다리가 짧고 통통한 신체적 특징과 언어, 기억, 지적장애 등의 인지적 특징을 가진다. 인간의 염색체는 23쌍으로 46개의 염색체로 구성되는데 21번째 염색체가 하나 더 존재하여 47개의 염색체가 되는 것은 삼각형 다운증후군, 15번, 22번 염색체에 문제가 발생한 것은 전위형 다운증후군이다.

PLUS +

태아관련질환
- 클라인펠터증후군(Klinefelter Syndrome)은 남성에게 나타나는 증후군으로 남성의 특성이 약하고 염색체 이상으로 X염색체를 더 가지고 태어난다. 46번 염색체가 XY형이 아닌 XXY형을 이루고, 고환이 작고 남성호르몬이 부족하며 사춘기에 여성의 2차 성징 같이 가슴과 엉덩이가 커진다.
- 터너증후군(Turner Syndrome)은 여성의 46번 염색체 이상으로 2개가 있어야 할 X염색체가 부족하거나 불완전하여 염색체의 모양 이상이 자궁 안에 발생하는 질환이다. 외관상으로는 여성이지만 사춘기에 2차 성징이 나타나지 않아 여성호르몬이 분배되지 않고 키가 작다.
- 기형발생물질은 발육 중의 배아 혹은 태아에 신체적 결함을 야기시키는 인자 또는 물질로 생체에 섭취 또는 흡수되어 태아의 기형을 초래하는 물질이다. 탈리도미드, 항갑상선제, 항암제, 퀴닌 등이 있다.

03 난도 ★★☆

정답 ②

정답분석

02번 해설 [PLUS+] 참조

04 난도 ★☆☆

정답 ①, ②

정답분석

① 태아기는 수정 후 3개월부터 출산까지의 시기를 말한다. 수정이 이루어지는 순간부터 출생하기까지의 시기는 태내기라고 한다.
② 태내발달의 환경적 요인에는 어머니의 영양상태, 질병, 정서상태, 연령, 약물 중독 등이 있으며, 어머니의 학력과는 무관하다.

05 난도 ★☆☆

정답 ④

정답분석

태아의 발달과정 중 심장이 가장 먼저 발달한다.

06 난도 ★☆☆

정답 ⑤

정답분석

철분 안에 있는 헤모글로빈은 산소를 운반하는 역할을 하는 단백질로 임산부에게 꼭 필요한 필수 영양소이다. 임신 중반 태아가 급격히 성장하면서 임산부의 혈장량이 크게 증가하여 빈혈증상이 나타날 수 있는데 철분섭취로 예방할 수 있다.

07 난도 ★★★

정답 ④

정답분석

유전성 질환을 가진 태아라 해서 임신초기에 유산이 되지는 않는다.

08 난도 ★★☆

정답 ②

정답분석

② 영아기는 출생에서부터 24개월까지의 시기로 출생 30일 이전은 신생아기라고도 한다. 이 시기는 프로이트의 구강기, 에릭슨의 영아기, 피아제의 감각운동기에 해당한다.

오답분석

① 전인습적 도덕기는 4~9세로 유아기에 해당한다.
③ 보존(Conservation) 개념이 확립되는 시기는 아동기이다.
④ 거세불안(Castration Anxiety)을 경험하는 시기는 유아기이다.
⑤ 생활양식은 아들러의 개념으로 5세에 형성되며, 시기는 유아기이다.

09 난도 ★☆☆

정답 ①

정답분석

바빈스키반사(Babinski Reflect)는 신생아의 발바닥을 문지르면 발가락을 부채처럼 쫙 펴는 반사운동이다. 입 부근에 부드러운 자극을 주면 자극이 있는 쪽으로 입을 벌리는 반사운동은 탐색반사이다.

신생아기 반사운동

유형		내용
생존 반사	빨기 반사 (Sucking Reflect)	신생아의 입을 자극하면 무의식적으로 입에 닿는 것 모두 빨리고 하는 행동을 한다.
	탐색반사 (Rooting Reflect)	외부자극에 자동으로 반응하며 입 주위에 자극이 생기면 자동적으로 그 자극을 향해 고개를 돌려 찾으려고 하는 행동을 한다.
	눈깜빡거리기 반사 (Blinking Reflect)	신생아의 눈에 물체가 오면 신생아는 눈을 깜빡거리는 행동을 한다.
	연하반사 (Swallowing Reflect)	음식물을 삼키는 행동을 한다.
원시 반사	걷기반사 (Walking Reflect)	영아의 발을 바닥에 닿게 하면 영아는 자연스럽게 한 다리를 들어 올리고 발을 번갈아 짚어 걷는 것과 같은 행동을 한다.
	파악반사 (Grasping Reflect)	신생아의 손바닥에 물건을 놓으면 그것을 빼앗기지 않기 위하여 힘을 주어 손을 쥐는 행동을 한다. 이 행동은 3~4개월경에 사라진다.
	바빈스키반사 (Babinski Reflect)	신생아의 발바닥을 문지르면 발가락을 부채처럼 쫙 펴는 행동을 한다. 이 행동은 12개월경에 사라진다.
	모로반사 (Moro Reflect)	갑자기 큰소리를 듣게 되면 무언가를 안는 것과 같이 팔과 다리를 쫙 펴는 행동과 머리를 뒤로 젖히는 행동을 한다. 이 행동은 3~4개월경에 사라진다.

10 난도 ★★☆   정답 ④

정답분석

영아기는 에릭슨의 신뢰감 대 불신감 단계에 해당한다. 자율성 대 수치심 단계에 해당하는 시기는 유아기이다.

11 난도 ★★☆   정답 ③

정답분석

신생아 반사운동은 생존반사와 원시반사로 이루어진다. 생존반사에는 빨기반사, 탐색반사, 눈깜박거리기반사, 연하반사가 있고 원시반사에는 걷기반사, 파악반사, 바빈스키반사, 모로반사가 있다.

12 난도 ★★☆   정답 ③

정답분석

신체적 성장이 매우 급격히 이루어지고 언어, 운동, 감각 발달이 이루어진다. 영아기에는 주 양육자와의 관계가 성격형성에 많은 영향을 주는데, 주 양육자와의 관계가 좋을수록 신뢰감을 형성하게 되고 관계가 좋지 않을 경우 불신감을 형성하게 된다.

오답분석

ㄹ. 서열화 사고의 특징을 나타내는 시기는 아동기이다.

13 난도 ★★☆   정답 ③

정답분석

영아기(0~2세)는 제1의 성장기로 인생에서 가장 급격한 성장이 이루어지는 시기이다.

14 난도 ★★☆   정답 ④

정답분석

피아제는 감각운동기(0~2세), 전조작기(2~7세), 구체적 조작기(7~12세), 형식적 조작기(12세 이상) 시기로 구분하였다. 유아기는 전조작기에 속한다.

15 난도 ★★☆   정답 ⑤

정답분석

영아기는 제1의 성장기로 성장속도가 가장 빠른 시기이고, 유아기는 영아기에 비해 성장 속도가 둔화되지만 계속 성장하는 시기이다.

16 난도 ★★☆   정답 ①

오답분석

② 유아기는 콜버그의 전인습적 단계에 해당한다.
③ 피아제의 자율적 도덕성의 단계는 구체적 조작기로 아동기이다.
④ 심리사회적 유예가 일어나는 시기는 청소년기이다.
⑤ 보존기술, 분류기술 등 기본적 논리체계가 획득되는 시기는 아동기이다.

17 난도 ★★☆　　　　　　　　　정답 ①

정답분석
분리불안이 나타나는 시기는 영아기로 피아제의 감각운동기에 나타난다.

> **PLUS +**
>
> **유아기의 특징**
> 유아기 초기에는 걸음걸이가 안정되지 못하고 이야기를 많이 하며 타인과 물체에 대한 호기심과 움직임이 상당히 많은 시기이다. 또한 스스로 계획을 수립할 수 있을 정도로 자의식이 발달되고 적극적인 의사표현과 고집스러운 행동이 나타난다. 또래집단과의 접촉을 통해 사회적 기술을 배우고 독립적인 존재가 되어가는 시기이다. 3세에는 성정체감, 4~5세에는 성안정성, 6세 이후로는 성항상성이 발달한다.

18 난도 ★☆☆　　　　　　　　　정답 ④

정답분석
양육자와의 애착관계가 시작되고 분리불안이 늘어나는 시기는 영아기이다.

19 난도 ★★☆　　　　　　　　　정답 ①

정답분석
애착이란 영아와 양육자 사이에 형성되는 친밀한 정서적 유대감으로 애착관계 형성은 영아기(0~2세)에 나타난다.

20 난도 ★☆☆　　　　　　　　　정답 ⑤

정답분석
유아기의 인지발달은 피아제의 전조작기(2~7세)에 해당되며 타율적 도덕성, 상징적 사고, 자기중심적 사고, 물활론적 사고, 인공론적 사고, 비가역성, 목적론적 사고 등이 나타난다. 연역적 사고는 형식적 조작기(12세 이후), 즉 유아기가 아니라 청소년기에 나타난다.

21 난도 ★★☆　　　　　　　　　정답 ③

오답분석
ㄹ. 에릭슨의 "주도성 대 죄의식"의 발달이 중요한 시기는 유아기이다. 아동기는 "근면성 대 열등감"의 발달이 중요한 시기이다.

22 난도 ★☆☆　　　　　　　　　정답 ⑤

정답분석
아동기에 발달과업을 성취하지 못하면 열등감이 생긴다.

> **PLUS +**
>
> **에릭슨의 심리사회이론**
> * 신뢰감 대 불신감 – 영아기
> * 자율성 대 수치심과 의심 – 유아기
> * 주도성(솔선성) 대 죄의식 – 아동 전기
> * 근면성 대 열등감 – 아동기
> * 자아정체감 대 자아정체감 혼란 – 청소년기
> * 친밀감 대 고립감 – 성인 초기
> * 생산성 대 침체 – 중년기
> * 자아통합 대 절망 – 노년기

23 난도 ★☆☆　　　　　　　　　정답 ③

오답분석
ㄹ. 자아정체감을 획득하는 시기는 청소년기이다.

> **PLUS +**
>
> **아동기의 인지발달**
> * 보존개념 획득 : 보존의 개념을 획득하여 비논리적인 사고에서 논리적인 사고를 할 수 있게 되고 보존 개념이 획득되어 동일성, 보상성, 가역성을 이해한다.
> * 서열화 : 많은 종류의 사물을 큰 순서대로 또는 작은 순서대로 크기에 맞게 분류할 수 있는 능력을 말한다.
> * 탈중심화 : 중심에서 벗어나 다른 면도 고려할 수 있는 능력을 말한다. 어떤 사물에 대해 한 측면만을 고려하는 것이 아니라 전체를 고려하는 것으로 문제를 해결할 때 다양한 변수를 고려하여 문제를 조사할 수 있게 된다.
> * 유목화(분류화) : 사물의 특성이 비슷한 것끼리 분류할 수 있는 능력을 말한다.
> * 자율적 도덕성 : 행동을 하는 데 있어 행동의 결과가 좋은지 나쁜지보다는 행동의 의도가 좋은지 아니면 나쁜지에 따라 달라진다. 어머니의 설거지를 도와주다 컵을 두 개 깨는 것보다 장난치다 컵을 하나 깨는 것이 나쁘다는 것을 알게 돼서 행동에 대해 무조건 처벌을 받지 않고 상황에 따라 달라진다는 것을 알 수 있다.
> * 가역적 사고 : 어떤 변화가 일어났을 때 이것을 이전 상태로 되돌려놓는 것인데 구체적 조작기에는 사고의 비가역성을 극복함으로써 가역적 사고가 가능해진다.

24 난도 ★★☆　　　　　　　　　　　정답 ②

정답분석

ㄷ. 또래 친구들과의 상호작용으로 자아중심적 사고가 감소하고 협동이나 경쟁을 습득하게 되어 사회성이 발달하게 된다.

오답분석

ㄱ. 에릭슨의 심리사회적 위기 중 솔선성 대 죄의식은 유아기에 해당된다.

ㄴ. 보존개념을 획득하기 위해서는 가역성, 보상성, 동일성의 원리에 대한 이해가 필요하다.

ㄹ. 추상적 사고가 가능해져서 미래의 사건을 예측할 수 있는 가설적, 연역적 사고가 발달하는 시기는 청소년기이다.

25 난도 ★★☆　　　　　　　　　　　정답 ②

정답분석

② 아동기에는 생활의 중심이 가정에서 학교로 바뀌면서 다양한 경험과 기술을 습득하게 되며, 연령은 7~12세로 초등학교 입학부터 졸업하는 시기이다. 이 시기는 가족보다는 친구들과 어울리기 시작하여 도당기, 학동기, 학령기 등으로 불리며, 동성 또래관계를 통해 사회화를 경험한다. 자신만의 가치관이나 습관, 문화를 형성하고 이 과정을 통해 자신감과 독립심이 발달하여 자신만의 세계관을 형성한다.

오답분석

① 자아중심적 사고 특성을 나타내는 시기는 유아기이다.

③ 신뢰감 대 불신감이 형성되는 시기는 영아기이다.

④ 심리사회적 유예기간은 청소년기이다.

⑤ 경험하지 않고도 추론이 가능해지는 시기는 청소년기이다. 이 시기에는 추상적으로 사고하여 가설을 설정할 수 있다.

26 난도 ★★☆　　　　　　　　　　　정답 ④

정답분석

비가역적 사고의 특징이 나타나는 시기는 유아기이다.

27 난도 ★☆☆　　　　　　　　　　　정답 ④

정답분석

청소년기의 자기중심성은 청소년기에 특수하게 관찰되는 자기 자신에 대한 강한 몰두이며, 이로 인해 자신과 타인의 관심사를 적절하게 구분하지 못하는 인지적 경향성을 말한다. 자신과 타인에 대해 주관적으로 이해하고 판단한다.

28 난도 ★☆☆　　　　　　　　　　　정답 ①, ⑤

오답분석

② 여성은 난소에서 에스트로겐이 분비되어 가슴 발달, 생식기관 성장, 음모 발생, 월경 시작, 겨드랑이 털과 여드름의 순서로 성적 성숙이 진행된다.

③ 남성은 고환에서 분비되는 안드로겐의 영향으로 고환(정소)의 발달, 음모 발생, 음경 발달, 사정 경험, 겨드랑이 털과 수염, 여드름의 순서로 성적 성숙이 진행된다.

④ 2차 성징은 성적 성숙의 생리적 징후로서 여성의 가슴 발달과 남성의 넓은 어깨를 비롯하여 변성, 근육 발달 등의 변화가 나타나는 것을 말한다.

29 난도 ★☆☆　　　　　　　　　　　정답 ①

정답분석

자아정체감 유형에 정체감 수행은 포함되지 않는다.

PLUS +

자아정체감 유형

• 정체감 혼란 : 정체감을 확립하기 위한 노력도 없고 기존의 가치관에 대한 의문도 제기하지 않은 상태이다.

• 정체감 성취 : 위기를 성공적으로 극복하고 정치적 또는 개인적 이념체계를 확립하며, 자신의 의사에 따라 자율적으로 의사결정을 하며 직업적 역할을 성공적으로 수행할 수 있는 상태이다.

• 정체감 유예 : 정체감 성취 또는 정체감 혼란 중 어느 방향으로도 나갈 수 있는 가능성이 있는 상태이다.

• 정체감 유실 : 부모나 사회의 가치관을 자신의 것으로 그대로 선택하므로 위기도 경험하지 않고, 쉽게 의사결정을 내리지만 독립적 의사결정을 하지 못하는 상태이다.

30 난도 ★★☆　　　　　　　　　　　정답 ③

정답분석

상상적 청중은 청소년이 실제적이거나 가상적인 상황에서 자신에 대해 다른 사람이 어떤 반응을 할 것인지를 예측해 보려는 경향이고, 개인적 우화는 자신의 감정과 사고는 너무나 독특한 것이어서 다른 사람들이 이해할 수 없을 것이라고 상상하는 것으로, 상상적 청중과 개인적 우화는 타인을 배려하는 것이 아닌 자기중심적인 것이다.

31 난도 ★★☆ 정답 ①

정답분석

구체적 조작기는 7~12세로 아동기에 해당한다. 청소년기는 형식적 조작기이다.

PLUS +

청소년기의 특징
청소년기의 나이는 딱 정해져 있는 것이 아니라 아동기에서 성인으로 가는 과도기이다. 급격한 신체 변화·성숙과 더불어 인지적·사회적 행동양식이 성숙해진다. 신체적 측면으로 '제2차 성장급등기', 성적성숙이 이루어지는 '사춘기', 심리적 측면에서는 부모로부터 심리적으로 독립하고 자아정체감을 형성하는 '심리적 이유기', 정서적 변화가 급격히 일어나는 '질풍노도의 시기'라 부르기도 한다. 사회적 측면에서는 부모로부터 독립된 인격체로 대우받기 원하고 정서적 독립 과정에서 갈등이 생기는 제2의 반항기이며, 어린이도 아닌 주변인에 머물러 있는 특징이 있다.

32 난도 ★★☆ 정답 ①

정답분석

자기개념(Self-Concept)의 발달이 시작되고 자기효능감이 급격히 증가하는 시기는 아동기이다.

33 난도 ★★☆ 정답 ①

정답분석

29번 해설 [PLUS +] 참조

34 난도 ★★☆ 정답 ⑤

오답분석

① 근면성의 발달이 중요한 과업인 시기는 아동기이다.
② 다른 시기에 비하여 경제적으로 안정되어 있고 직업에서도 높은 지위와 책임을 갖게 되는 시기는 중년기이다.
③ 빈둥지 증후군을 경험하는 시기는 중년기이다.
④ 또래와의 상호작용을 통하여 자아개념이 발달하기 시작하는 시기는 아동기이다.

35 난도 ★☆☆ 정답 ③

정답분석

경제적 수입 감소에 따른 적응은 노년기의 은퇴로 인한 문제이다.

PLUS +

하비거스트의 청년기 발달과업
• 배우자를 선택하고, 가정을 꾸린다.
• 배우자와 함께 생활하는 방법을 학습한다.
• 자녀를 양육하고 가정을 관리한다.
• 직업생활을 시작한다.
• 시민의 의무를 완수한다.
• 마음이 맞는 사람들과 사회적 집단을 형성한다.

36 난도 ★★☆ 정답 ①

정답분석

청년기는 부모로부터의 독립에 대한 양가감정에서 해방되는 것이 아니라, 부모로부터 독립에 대한 불안감과 의존감을 동시에 갖는 양가감정이 생기는 시기이다.

PLUS +

청년기의 특징
일생 동안 가장 활발하고 신체적·심리적·사회적으로 성숙해지는 시기로 학업을 마치고 집을 떠나 독립하여 성인의 세계로 들어가 사회적 역할을 수행한다. 경제적으로는 자립한 상태일지라도 정서적으로는 유아일 수 있다. 또한 배우자를 만나 가정을 이루고 자녀를 양육하면서 가정생활과 직장생활을 한다.

37 난도 ★★★ 정답 ②

정답분석

자아분화와 친밀한 관계 활동을 이야기한 학자는 머레이 보웬이다.

38 난도 ★★☆ 정답 ④

오답분석

① 여성뿐 아니라 남성도 우울, 무기력감 등 심리적 증상을 경험한다. 그러나 여성의 증상이 더 강하다.
② 여성은 에스트로겐의 분비가 감소하고 남성은 테스토스테론의 분비가 감소하는 대신 상대 성호르몬이 증가한다.
③ 중년기에는 신체능력과 인지능력이 감소한다. 학습능력은 저하되지만 문제해결능력은 높아진다.
⑤ 중년기는 생산성 형성이 주요 과업이며 사회관계망은 축소되지 않는다. 사회관계망이 축소되는 시기는 노년기이다.

39 난도 ★★☆ 정답 ③

정답분석

③ 융에 따르면, 중년기에는 외부세계에 쏟았던 에너지를 자신의 내부에 초점을 두며 개성화의 과정을 경험한다. 또한 남성의 여성성(아니마)과 여성의 남성성(아니무스)이 나타난다.

오답분석

① 펙은 신체 중시로부터 신체 초월을 노년기의 중요한 발달과제로 보았다.
② 유동성 지능은 퇴보하기 시작하는 반면, 결정성 지능은 계속 발달하는 경향이 있다.
④ 여성은 에스트로겐의 분비가 감소되고 남성은 테스토스테론의 분비가 감소된다.
⑤ 갱년기는 여성과 남성이 모두 경험하는 것으로 신체적 변화와 동시에 우울, 무기력감 등 심리적 증상을 동반한다.

40 난도 ★★☆ 정답 ①

정답분석

중년기에는 결정적 지능은 증가하고 유동적 지능은 감소한다.

PLUS +

혼(J. Horn)의 중년기의 지능
- 유동성 지능은 문화적 영향을 받지 않는 유전적 혹은 생리학적 영향하에 있는 능력을 의미하고 주어진 자극을 바탕으로 이를 분석하고 의미를 파악하는 능력으로 경험에 바탕을 두지 않는다. 유동성 지능은 10대 후반에 절정에 도달하고 성년기에는 중추신경구조의 점차적인 노화로 인해 감소하기 시작한다.
- 결정적 지능은 후천적 경험에 의해 발달한 지적인 능력을 지칭하는 것으로 특정 문화 속에서 교육에 의해 형성된 일종의 지식체계를 가리킨다고 할 수 있다. 결정적 지능을 구성하는 기본 정신능력은 언어이해력, 개념, 일반추리력 등이며, 결정적 지능은 교육이나 경험의 축적된 효과를 반영하므로 생의 말기까지 계속 증가한다.

41 난도 ★★☆ 정답 ②

정답분석

중년기에는 외부에 쏟았던 에너지를 자기 내부로 돌리며 개성화 과정을 경험한다고 주장한 학자는 융이다.

42 난도 ★☆☆ 정답 ③

정답분석

ㄱ. 생산성 대 침체성은 에릭슨의 중년기 발달단계이다.
ㄷ. 빈둥지 증후군은 자녀들이 출가하여 나타나는 중년기 현상이다.
ㄹ. 융의 개성화는 한 개인의 의식이 다른 사람으로부터 분리되는 것을 의미하고 중년기가 될 때까지 나타나지 않는다.

오답분석

ㄴ. 콜버그의 도덕성 발달단계인 전인습적 도덕성은 4~9세에 나타난다. 중장년기에는 인습적 도덕성(10세 이후)이 나타난다.

43 난도 ★☆☆ 정답 ⑤

정답분석

결정성(Crystallized) 지능은 감소하고 유동성(Fluid) 지능이 증가하는 인지변화를 경험하는 시기는 노년기이다.

44 난도 ★☆☆ 정답 ⑤

정답분석

퀴블러-로스의 죽음에 대한 적응단계
- 부정단계 : 불치병을 인정하지 않고 의사의 오진이라고 생각하는 단계
- 분노단계 : '왜 나만 죽어야 하는가?'라고 건강한 사람을 원망하며, 주변 사람들에게 화를 내는 단계
- 타협단계 : 죽음을 받아들이고, 해결하지 못한 인생과업을 해결할 때까지라도 살 수 있도록 기원하고 불가사의한 힘과 타협하는 단계
- 우울단계 : 주변사람과 일상생활에 대한 애착을 보이고, 이런 것들과 헤어져야 한다는 점 때문에 우울증이 나타나는 단계
- 수용단계 : 죽음 자체를 수용하고, 마음의 평화를 회복하여 임종에 직면하는 단계

45 난도 ★☆☆ 정답 ⑤

정답분석

펙의 발달과업이론은 에릭슨의 후기 발달단계이론 중 7단계와 8단계를 통합하여 7단계 모델을 제시하였다. 7단계는 중년 이후의 단계로 자아분화 대 직업 역할에의 열중, 신체초월 대 신체집착, 자아초월 대 자아집중의 발달과업을 갖는다.

PLUS +

노년기에 나타나는 특징적 변화

변화	내용
내향성 및 수동성의 증가	내적인 측면에 더 관심을 기울이며 자신의 일을 스스로 해결하기보다는 다른 사람에 대한 의존성이 증가한다.
조심성의 증가	노인은 젊은 사람들에 비해 모든 일에 조심하는 경향이 있는데 자신의 일에 대한 정확성을 중시하고 자신감 결여로 확신한 것을 추구한다.
경직성의 증가	기존에 가지고 있던 습관이나 지식을 고수하려고 하기 때문에 학습이나 문제를 해결하는 데 어려움을 가지게 된다.
우울성향의 증가	신체적 질병, 배우자 사망, 사회와 가족으로부터 고립 등으로 우울성향이 증가된다.
생에 대한 회상의 경향	지금까지 살아온 생을 뒤돌아보면서 해결하지 못한 문제가 없는지 생각하고 그 문제를 해결하기 위해 시도하면서 인생의 의미를 발견한다.
친근한 사물에 대한 애착증가	노인은 자신이 생활하면서 사용한 물건들에 애착을 가지며 그것을 통하여 과거를 회상하게 되고 마음의 안정을 찾는다. 그래서 오랫동안 사용해 온 물건에 애착심이 증가한다.
성역할 지각의 변화	남성은 친밀성, 의존성, 관계지향성이 증가하고 여성은 공격성, 자기주장, 자기중심적, 권위주의가 증가한다.
의존성의 증가	노인은 노화가 진행될수록 경제적, 신체적, 정서적 의존성이 증가한다. 그러나 이러한 모습은 병리성이 아닌 정상성이다.
시간전망의 변화	노인은 자신이 살아갈 날이 얼마 남지 않았다는 사실을 알지만 회피하기 위해 과거를 회상하거나 미래지향적이 된다.
유산을 남기려는 경향	노인은 죽기 전에 자신의 재산, 자녀, 기술, 지식 등을 남기려는 성향이 강해진다.

46 난도 ★☆☆   정답 ②

정답분석

죽음에 대한 적응 마지막 단계는 수용단계이다.

47 난도 ★☆☆   정답 ④

정답분석

죽음은 부정 → 분노 → 타협 → 우울 → 수용의 5단계로 이루어진다. 의사의 오진이라고 생각하며 죽음을 회피하는 단계는 1단계 부정단계이다.

48 난도 ★☆☆   정답 ②

정답분석

퀴블러-로스의 인간이 죽음에 이르는 심리적 변화과정은 부정 → 분노 → 타협 → 우울 → 수용 순이다. 자학은 포함되지 않는다.

49 난도 ★★☆   정답 ④

정답분석

ㄱ. 유아기에는 성역할이 발달한다. 3세에는 성정체감이 형성되어 자신의 성이 남성인지 여성인지 알게 되고, 4~5세에는 성 안정성이 형성되어 남자아이는 남자성인이 되는 것처럼 자신의 성이 평생 변하지 않는다는 것을 알게 된다. 6세 이후에는 성항상성이 형성되어 머리나 옷과 같은 겉모습에 변화를 준다 하더라도 자신의 성이 변하지 않는다는 것을 알게 된다.
ㄷ. 성인기(청년기)는 일생 중 가장 활발하고 신체적·심리적·사회적으로 성숙해지는 시기로 학업을 마치고 집을 떠나 독립하여 성인의 세계로 들어가 사회적 역할을 수행한다. 경제적으로는 자립한 상태일지라도 정서적으로는 유아일 수도 있다. 또한 배우자를 만나 가정을 이루고 자녀를 양육하면서 가정생활과 직장생활을 한다. 신체적으로 최고조에 이르고 25세를 정점으로 30세가 지나면서 하향세를 타기 시작한다.
ㄹ. 노년기는 신체적 노화로 인해 감각기능이 쇠퇴하는 시기로 신체적 노화, 직장에서 은퇴, 배우자와 사별의 경험으로 인한 심리적 변화에 적응해야 한다. 머리카락이 희어져서 실버세대라고 부른다. 기억력의 감퇴가 확실히 나타나는데 일반적으로 단기기억과 최근 기억의 능력이 약화되지만 오래 전의 일은 정확히 기억하고 있다.

오답분석

ㄴ. 자기중심성을 보이며 자신의 시각에서 사물을 보는 시기는 유아기이다.

50 난도 ★★☆   정답 ④

오답분석

ㄴ. 생산성은 청소년기가 아니라 중년기의 발달과업이다. 청소년기는 자아정체감 대 자아정체감 혼란의 시기이고 중년기는 생산성 대 침체감의 시기이다.

51 난도 ★★☆   정답 ⑤

정답분석

노년기는 65세부터 죽음에 이르는 시기로 신체적 노화로 인해 감각기능이 쇠퇴하는 시기이다. 신체적 노화, 직장에서 은퇴, 배우자와 사별의 경험으로 인한 심리적 변화에 적응해야 한다.

52 난도 ★★☆   정답 ②

정답분석
② 아동기의 자아 특징은 근면성 대 열등감이다. 보존개념의 획득, 서열화, 탈중심화, 유목화, 자율적 도덕성 등이 발달한다.

오답분석
① 대상영속성은 영아기에 형성되지만 자율적 도덕성은 아동기에 형성된다.
③ 자아정체감은 청소년기 형성되지만 분류화는 아동기에 형성된다.
④ 친밀감은 청년기에 형성되지만 서열화는 아동기에 형성된다.
⑤ 자아통합은 노년기에 형성되고, 노부모 부양은 중장년기에 해당한다.

53 난도 ★★☆   정답 ③

정답분석
인습적 수준은 10세 이후로, 유아기 시기는 전인습적 수준에 해당된다.

SECTION 08 사회체계에 대한 이해

01	02	03	04	05	06	07	08	09	10
③	②	④	①	③	②	⑤	③	②	②
11	12	13	14	15	16	17	18	19	20
②	③	⑤	⑤	⑤	④	②	①	③	④
21	22	23	24	25					
②	②	③	③	④					

01 난도 ★★☆   정답 ③

오답분석
ㄹ. 엔트로피(Entropy)는 외부체계와 교류되지 않고 에너지의 투입이 이루어지지 않아 유용한 에너지가 감소하는 체계로, 외부와 상호작용을 하는 것은 넥엔트로피(Negentropy)이다.

02 난도 ★★☆   정답 ②

정답분석
② 호혜성(Reciprocity)은 한 체계에서 일부가 변화하면 그 변화가 다른 모든 부분들과 상호작용하여 나머지 부분들도 변화하게 되는 것이다.

오답분석
① 균형(Equilibrium)은 외부로부터 새로운 에너지의 투입 없이 현 상태를 유지하려는 속성이다.
③ 안정상태(Steady State)는 체계가 정상적인 기능을 유지할 수 있도록 정보와 자원이 안정적인 흐름을 보이는 것이다.
④ 항상성(Homeostasis)은 변화에 저항하고 현 상태를 유지하려는 것으로 비교적 안정적이며 지속적인 평형상태를 유지하기 위한 체계의 경향이다.
⑤ 적합성(Goodness of Fit)은 환경과 인간이 상호작용을 통하여 얼마나 조화를 이룰 수 있는가를 의미한다.

03 난도 ★★☆   정답 ④

정답분석
④ 피드백은 자신이 수행하고 산출된 것에서 다시 정보를 얻는 것으로 산출된 에너지가 다시 내부로 투입되는 것을 의미한다.

오답분석
① 시너지는 체계를 유지하고 발전시키는 긍정적 에너지의 증가이며, 개방체계에서 나타난다.
② 엔트로피는 외부의 에너지가 투입되지 않아 내부의 에너지가 소모되는 것을 의미하고 폐쇄체계에서 나타난다.
③ 항상성은 변화에 저항하고 현 상태를 유지하려는 것을 의미한다. 비교적 안정적이며 지속적인 평형상태를 유지하기 위

한 체계의 경향이다.
⑤ 적합성은 개인의 적응력이 환경과 얼마만큼 조화를 잘 이루는지의 정도를 의미한다.

04 난도★★☆　　　　　　　　　　　정답 ①

정답분석

넥엔트로피는 개방체계적인 속성을 가지며, 체계 외부로부터 에너지가 유입됨으로써 체계 내부의 불필요한 에너지가 감소하는 상태, 즉 체계 내에 질서, 형태, 분화가 있는 상태를 의미한다. 폐쇄체계에서 나타나는 것은 엔트로피이다.

05 난도★★☆　　　　　　　　　　　정답 ③

오답분석

ㄱ. 균형(Equilibrium)은 외부로부터 새로운 에너지의 투입 없이 현상을 유지하려는 속성으로 고정된 구조를 지니고 환경과 수직적 상호작용보다는 수평적 상호작용을 선호한다. 환경과 상호작용하기 위하여 체계의 구조를 변화시키는 과정 또는 상태는 형태 변형성이다.

ㄹ. 홀론(Holon)은 상위체계에 포함되는 동시에 하위체계에 포함되는 것이다. 외부와의 상호작용으로 체계 내의 에너지가 증가하는 현상 또는 상태를 의미하는 것은 넥엔트로피이다. 넥엔트로피는 외부의 에너지가 투입되어 내부의 유용하지 않은 에너지를 소멸시키는 것을 의미하며 개방체계에서 나타난다.

06 난도★☆☆　　　　　　　　　　　정답 ②

정답분석

② 시너지는 체계 내에서 유용한 에너지가 증가하는 것이다.

오답분석

① 엔트로피는 외부체계와 교류되지 않아 에너지의 투입이 이루어지지 않는 체계이다.
③ 항상성은 변화에 저항하고 현 상태를 유지하려는 것이다.
④ 넥엔트로피는 외부체계와의 교류를 통해 에너지의 투입이 이루어지는 체계이다.
⑤ 홀론은 한 체계가 상위체계에 포함되는 동시에 하위체계에 포함되는 것이다.

07 난도★★☆　　　　　　　　　　　정답 ⑤

오답분석

① 조직의 경계 속성은 조직의 유지 및 변화와 관련이 있다.
② 가족체계 내 반복적 상호작용은 구성원들의 행동에 영향을 미친다.

③ 집단체계의 전체는 하위체계인 개개인의 고유한 특성의 총합보다 크다.
④ 지역사회는 완전개방체계가 아닌 개방체계와 폐쇄체계가 공존한다.

08 난도★★☆　　　　　　　　　　　정답 ③

오답분석

ㄷ. 항상성이란 변화에 저항하고 현 상태를 유지하려는 것으로 비교적 안정적이며 지속적인 평형상태를 유지하기 위한 체계이다. 외부체계로부터 투입이 없어 체계의 구조변화가 고정된 평형상태는 엔트로피이다.

09 난도★☆☆　　　　　　　　　　　정답 ②

정답분석

폐쇄체계는 외부의 에너지 유입이 없어 고갈되는 체계를 말한다.

10 난도★★☆　　　　　　　　　　　정답 ②

오답분석

① 시너지(Synergy)는 체계 내에 유용한 에너지가 증가하는 것으로 체계의 구성요소 사이에 상호작용이 증가하면서 나타나게 되는데 폐쇄체계보다는 개방체계와 관련이 있다.
③ 항상성(Homeostasis)은 시스템에서 위기가 왔을 때 균형을 유지하려는 경향을 말한다.
④ 균형(Equilibrium)은 주로 폐쇄체계에서 나타나며 외부로부터의 새로운 에너지 투입 없이 현상을 유지하려는 속성이다.
⑤ 피드백(Feedback)은 산출된 에너지가 다시 투입되는 것이다.

11 난도★★☆　　　　　　　　　　　정답 ②

정답분석

적합성이란 환경과 인간이 상호작용을 통해 얼마나 조화를 이룰 수 있는가를 의미한다. 개인과 환경이 효과적으로 상호작용할 수 있는 능력은 유능성이다.

12 난도★★☆　　　　　　　　　　　정답 ③

정답분석

생태학 이론은 단순한 인과관계의 규명이 아니라 복잡한 인간과 환경 간의 불확실한 상호교류에 관심이 있다. 인간과 환경 간의 상호작용과 상호교류를 통해 서로에게 영향을 미치고 호혜적인 관계를 유지한다고 본다.

ㄴ. 인간본성에 대한 정신적·환경적 결정론은 이론적 바탕이 아니라 인간과 환경 간의 상호작용을 바탕으로 한다.
ㄹ. 타인과 관계를 맺는 인간의 능력은 환경과의 상호작용을 통하여 후천적으로 습득되는 것이 아니라 타고나는 것이다.

13 난도 ★☆☆ 　　　　　　　정답 ⑤

정답분석

인간은 환경과 상호작용을 할 때 능동적인 면과 수동적인 면이 모두 나타난다.

14 난도 ★☆☆ 　　　　　　　정답 ⑤

정답분석

개인의 심리역동적 변화의지 향상에 초점을 두는 이론은 정신분석이론이다.

15 난도 ★☆☆ 　　　　　　　정답 ⑤

정답분석

생태학(생태체계)은 단순한 인과관계를 규명하는 것이 아니라 인간과 환경 간의 복잡하고 불확정된 상호교류에 관심을 둔다.

오답분석

무의식 결정론은 프로이트의 정신역동이론, 자아실현 경향성은 로저스의 현상학이론, 개인의 창조적 힘(창조적 자아)은 아들러의 개인심리이론의 주요 개념이다.

16 난도 ★★☆ 　　　　　　　정답 ④

오답분석

ㄷ. 적합성이란 환경과 인간이 상호작용을 통해 얼마나 조화를 이룰 수 있는가를 의미한다.

17 난도 ★★☆ 　　　　　　　정답 ②

정답분석

생태학적 이론은 인간과 환경과의 상호작용을 보는 것이기 때문에 인간의 병리적 관점을 강조하기보다는 강점관점을 강조한다.

18 난도 ★☆☆ 　　　　　　　정답 ①

정답분석

① 브론펜브레너의 생태체계이론의 중간체계는 두 개 이상의 미시체계로 구성된 체계로 서로 연결되어 영향을 미친다.

오답분석

② 개인이 직접적으로 대면하는 체계 미시체계이다.
③ 신념, 태도, 전통 등을 통해 영향력을 행사하는 체계는 거시체계이다.
④ 가족과 집단은 대표적인 미시체계의 예이다.
⑤ 문화, 정치, 사회, 법, 종교 등은 거시체계에 해당한다.

19 난도 ★★☆ 　　　　　　　정답 ③

오답분석

① 문화, 정치, 교육정책 등은 거시체계이지만 개인의 삶에 직접적이고 강력한 영향을 미치는 체계는 미시체계이다.
② 인간을 둘러싼 사회환경을 미시체계, 중간체계, 외체계, 거시체계, 시간체계로 구분하였다.
④ 외체계는 개인이 직접 참여하거나 관여하지는 않으나 개인에게 영향을 미치는 체계로 부모의 직장 등이 포함된다.
⑤ 미시체계는 끊임없이 변화하며, 개인이 성장하면서 점점 상호작용이 약해진다.

20 난도 ★★☆ 　　　　　　　정답 ④

정답분석

학교폭력 피해 청소년이 다시 피해를 입지 않도록 학교폭력에 대한 처벌을 강화하는 특별법을 제정하는 것은 거시체계에 속한다. 거시체계는 개인이 속한 사회의 이념(신념)이나 제도, 정치, 경제, 문화 등의 광범위한 사회적 맥락을 의미한다. 개인생활에 직접적으로 개입하지 않지만, 간접적이면서도 전체적으로 강력한 영향력을 발휘한다.

21 난도 ★★☆ 　　　　　　　정답 ②

정답분석

② 미시체계는 개인에게 가장 근접한 환경이며, 가족, 학교, 이웃 등의 물리적 환경과 사회적 환경 그리고 그 환경 내에서 갖게 되는 지위, 역할, 활동, 대인관계 등을 의미한다.

오답분석

① 개인의 생활에 직접적으로 개입하지 않지만 간접적으로 영향을 주는 체계는 외체계이다.
③ 개인의 성장 시기에 따라 달라지며 상호 호혜성에 기반을 두는 체계는 중간체계이다.
④ 개인의 발달에 영향을 미치는 부모의 직업, 자녀의 학교 등을 중시하는 체계는 외체계이다.
⑤ 개인이 사회관습과 유행을 통해 자신의 가치관을 표현하는 체계는 거시체계이다.

22 난도 ★☆☆ 　　　　　　　정답 ②

정답분석

② 거시체계는 미시체계, 중간체계, 외체계 등을 모두 포함한 체계이다. 정치, 경제, 종교, 교육, 윤리와 가치, 신념, 관습, 문화 등의 광범위한 사회적 맥락을 의미한다.

오답분석
① 개인은 가족체계가 아니라 미시체계에 속한다.
③ 개인이 가장 밀접하게 상호작용하는 사회적·물리적 환경을 말하는 체계는 미시체계이다.
④ 개인, 가족, 이웃, 소집단을 의미하는 것은 미시체계이고 문화를 의미하는 체계는 거시체계이다.
⑤ 인간의 삶과 행동에 일방적인 영향을 미치는 체계는 외체계이다.

23 난도 ★☆☆ 　　　　　　　　　 정답 ③

정답분석
브론펜브레너의 생태체계이론

- 미시체계 : 개인의 가장 근접한 환경으로서 가족, 학교, 이웃 등의 물리적 환경과 사회적 환경 그리고 환경 내에서 갖게 되는 지위나 역할, 활동, 대인관계 등을 의미한다.
- 중간체계 : 서로 상호작용하는 두 가지 이상의 미시체계의 관계망을 말하는데 개인이 가족 내에서 아들의 지위와 역할을 수행하지만 학교에서는 학생으로서의 지위와 역할을 동시에 갖게 되는 경우를 예로 들 수 있다.
- 외체계 : 개인이 직접 참여하거나 관여하지는 않지만 개인에게 영향을 미치는 환경체계로서 부모의 직장, 정부, 사회복지기관, 대중매체 등이 포함된다.
- 거시체계 : 미시체계, 중간체계, 외체계 등 모든 체계를 포함한 체계이다. 정치, 경제, 종교, 교육, 윤리와 가치, 신념, 관습, 문화 등의 광범위한 사회적 맥락을 의미한다.
- 시간체계 : 개인의 전 생애에 걸쳐 일어나는 변화와 역사적인 환경을 포함하는 체계로서 개인은 성장하면서 경험하게 되는 생활사건은 특정 시점에 국한된 것이 아니며, 사전, 진행기간, 사후기간이라는 서로 연결된 시간 속에서 발생한다.

24 난도 ★★☆ 　　　　　　　　　 정답 ③

정답분석
23번 해설 참조

25 난도 ★☆☆ 　　　　　　　　　 정답 ④

정답분석
중간체계는 두 개 이상의 미시체계로 구성된 체계가 서로 연결되어 영향을 미치는 체계이다.
④ 신념, 태도, 문화를 통해 인간에게 간접적으로 강력한 영향력을 행사하는 체계는 거시체계이다.

SECTION 09 사회환경에 대한 이해

01	02	03	04	05	06	07	08		
③	⑤	②	④	①	③	④	③		

01 난도 ★★☆ 　　　　　　　　　 정답 ③

정답분석
개방형 가족체계는 가족 외부와의 경계가 분명하면서 침투력이 있다. 가족의 경계가 유동적이며 가족 공간은 더 큰 지역사회의 공간으로 확대되는 동시에 외부 문화도 가족공간으로 유입된다. 구성원의 행위를 제한하는 규칙은 집단의 합의과정에서 도출되고 개인은 다른 가족에게 악영향을 주거나 가족규범을 위반하지 않는 범위 내에서 왕래할 수 있는 특징을 가지고 있다.

오답분석
가족체계 내 엔트로피 상태가 지속되고 투입과 산출이 거의 없는 상태의 체계는 폐쇄형 가족체계이다.

02 난도 ★★☆ 　　　　　　　　　 정답 ⑤

정답분석
⑤ 집단의 구성원은 공통된 정체성을 가지고 다양한 집단활동을 통해 '우리'라는 의식이 형성된다.

오답분석
① 2차집단은 성원 간 관계가 이성적이고 계약적인 회사, 단체를 의미한다. 인간의 성격형성을 목적으로 하는 집단은 1차집단이다.
② 구성원의 개별화와 일정 수준 이상의 심도 깊은 목적달성에 적합한 집단은 구성원이 바뀌지 않는 폐쇄집단이다.
③ 구성원의 상호작용이 중요하므로 최소 단위는 2인 이상이다.
④ 형성집단은 특정 목적을 달성하기 위해 의도적으로 구성한 집단으로 특정한 목적 없이는 만들 수 없다.

03 난도 ★☆☆ 　　　　　　　　　 정답 ②

오답분석
1차 집단은 가족, 친구, 이웃 등과 같이 혈연과 지연을 바탕으로 자연발생적으로 이루어진 집단이고 2차 집단은 공통의 목적을 달성하기 위하여 인위적·선택적으로 만들어진 집단이다. 과업집단은 2차 집단이고 이웃은 1차 집단이다.

04 난도 ★★☆ 정답 ④

정답분석

④ 문화는 사람들이 공유하는 행동양식, 규칙, 규범 등의 총체로 상호 긴밀한 관계를 유지하는 통합체이다. 문화는 개인에게 영향을 주는 거시체계이다.

오답분석

① 선천적으로 습득되지 않고 사회적 경험 속에서 후천적으로 학습된다.
② 개인행동에 대한 규제와 사회통제의 기능이 있다. 사회의 안전과 질서를 위해 문제를 제거하거나 조절하는 기능을 수행한다.
③ 문화는 고정적이며 구체적이 아니라 지역과 세대에 따라 매우 다양하고 상이하다.
⑤ 다양성은 문화를 좋고 나쁨으로 구별하는 것이 아니라 문화에 영향을 받는 사회나 세대 안에서 상대적으로 구별한다. 이것은 차별을 의미하는 것이 아니라 개별성을 인정하는 것이다.

05 난도 ★☆☆ 정답 ①

정답분석

문화는 거시체계에 속한다. 거시체계는 개인이 속한 사회의 이념(신념)이나 제도, 정치, 경제, 문화 등의 광범위한 사회적 맥락을 의미한다. 개인생활에 직접적으로 개입하지 않지만, 간접적이면서도 전체적으로 강력한 영향력을 발휘한다.

06 난도 ★☆☆ 정답 ③

정답분석

③ 문화란 사회 성원으로서 인간이 습득한 지식, 믿음, 예술, 도덕, 법, 관습, 그 밖의 모든 능력과 습관의 복합적인 총체로, 상호 긴밀한 관계를 유지하면서 하나의 전체를 이루는 통합체이다. 문화는 국가나 지역에 따라 다양한 양상으로 나타난다.

오답분석

① 문화는 미시체계가 아니라 거시체계에 해당된다.
② 문화는 타고나는 것이 아니라 후천적으로 습득된다. A나라에서 B나라로 문화가 이전된다.
④ 종교적 신념, 신화, 사상은 관념적 문화에 해당된다. 규범적 문화에는 법, 관습, 민습, 원규, 유행 등이 있다.
⑤ 문화는 외부의 요구로 인하여 변화된다.

07 난도 ★★☆ 정답 ④

오답분석

① 법과 관습은 규범문화에 포함된다.
② 신화와 전설은 비물질문화에 포함된다.
③ 문화는 거시체계로서 개인에게 영향을 미친다.
⑤ 종교적 신념과 과학적 진리는 관념문화에 포함된다.

08 난도 ★★☆ 정답 ③

오답분석

① 동화(Assimilation)는 원문화의 가치를 유지하지 않은 상태에서 주류사회의 문화에 참여하는 유형이다.
② 문화는 인간행동에 영향을 주는 거시체계이다.
④ 예술, 도덕, 제도 등은 서로 밀접한 관계를 가진다.
⑤ 지속적으로 누적되기 때문에 항상 같은 형태를 지니는 것이 아닌 점진적으로 변화하는 가변성과 역동성을 지니고 있다.

SECTION 01 과학

01	02	03	04	05	06	07	08	09	10
③	④	①	①	⑤	③	③	⑤	②	②

01 난도 ★★☆ 정답 ③

정답분석

③ 사회과학의 경우 관찰자가 관찰대상자가 되기도 하여 자연과학과 달리 관찰자와 관찰대상자(물)가 명확하게 구별되지 않는다.

오답분석

① 사회과학은 자연과학에 비해 인과관계에 대한 명확한 결론을 내리기 어렵고, 다양한 원인으로 인해 인간관계에 대한 객관적인 탐구를 하는 것이 어렵다.

② 사회과학은 끊임없이 변화하는 사회현상을 규명하는 과학이다.

④ 사회과학은 사회문화, 사회현상, 사회 구성원 등의 변화를 연구하고 인간의 행위도 연구대상으로 한다.

⑤ 사회과학은 사회문화적 특성의 영향을 받아 지속적으로 변화한다.

02 난도 ★★☆ 정답 ④

오답분석

ㄷ. 순수과학은 영리활동을 목적으로 두지 않은 순수한 지적 호기심에서 나오는 학문의 진리 탐구 자체를 목적으로 하는 학문이다. 사회복지학은 응용과학에 속하며 응용과학은 자연과학·사회과학의 내용을 실생활에 적용하여 인간생활을 보다 윤택하게 만드는 것에 목적이 있는 학문이다.

03 난도 ★★☆ 정답 ①

정답분석

과학의 결과는 확정적이지 않다. 시대, 상황, 현상에 따라 다르게 나타날 수 있으므로 수정하고 보완하는 것이며, 과학의 결과는 잠정적(임시적)인 이론이다.

04 난도 ★★☆ 정답 ①

정답분석

① 실증주의(경험주의)는 연구의 가치중립성을 강조하여 연구자의 가치나 편향이 개입되어서는 안 된다고 본다. 경험적인 관찰을 사용(통제된 실험, 표준화된 척도에 의한 측정)하며 구조화된 양적방법을 고수한다.

오답분석

② 해석주의에는 과학과 과학이 아닌 것을 구분하는 기준은 없으며 인간의 다양한 지적 주장들은 인식론적으로 동등하다. 인간 행동에 대한 특수한 이유를 설명하여 감정이입적 이해를 얻고자 한다. 즉, 현상에 대한 직접적 이해가 가능하지 않다고 본다.

③ 비판주의는 사람들이 스스로 현재의 조건을 변화시키고 개선된 사회를 구성할 수 있도록 돕기 위해, 현재 사회의 실질적 구조를 발견하는 비판적 탐구를 수행한다.

④ 후기실증주의는 관찰과 측정이 순수하게 객관적일 수 없음을 인정한다. 과학의 이론들이 확률적으로 검증되는 관찰에 의해서만 정당화될 수 있다고 주장한다.

⑤ 포스트모더니즘은 진리에 대한 객관적인 기준이 없고 모든 것은 주관적이라고 본다.

05 난도 ★★☆ 정답 ⑤

정답분석

⑤ 논리적 경험주의는 논리적 실증주의와 같이 경험적으로 검증이 가능해야 한다고 생각하지만 논리적 실증주의보다 검증 가능성 측면에 대해서는 관대한 태도를 취하고 있다. 확률적으로 검증되는 관찰에 의해서만 정당화될 수 있다고 본다.

오답분석

① 논리적 실증주의에 가장 큰 영향을 미친 사람은 스펜서와 베이컨이다.

② 상대론적인 입장에서 경험에 의한 지식은 주관적이다. 객관성을 추구하는 것이 아니라 주관성을 추구한다.

③ 쿤은 과학은 점진적으로 발전하는 것이 아니라 급진적·혁명적으로 발전한다고 보고, 이를 패러다임의 전환으로 설명하였다. 과학적 진리는 과학 공동체의 패러다임에 의존하고 사회의 성격에 영향을 받는다고 본다.

④ 반증주의는 가설이나 이론은 관찰 또는 실험에 의해 지속적인 확인을 받게 되며 반증된 가설이나 이론은 더 우수한 가설이나 이론으로 대체되어 과학이 발전한다는 과학관이다.

06 난도 ★★☆ 정답 ③

실증주의는 과학과 비과학을 구분하고 사회과학도 자연과학과 같이 실험과 관찰을 통해서 검증된 것만 인정한다. 객관적 조사를 통해 이론을 재검증하고 연구결과의 일반화 가능성을 주장한다. 실증주의 시각에서 과학적 방법은 이론 → 가설 → 관찰 → 일반화 → 이론 → 가설 순으로 반복하는 것을 의미한다.

07 난도 ★★☆ 정답 ③

③ 후기실증주의는 실증주의 패러다임의 문제를 개선하려는 노력 속에서 정립된 패러다임이다. 관찰과 측정이 순수하게 객관적일 수 없음을 인정하고 과학적 지식은 반증되기 전까지만 그 타당성이 인정되는 간주관적, 잠정적, 확률적인 지식이라고 본다. 지식의 내용보다는 지식을 탐구하는 방법과 절차를 더 중요시하고 인간의 비합리적인 행위도 합리적으로 이해할 수 있다고 본다.

① 실증주의는 연역주의가 아닌 경험주의를 주장한다.
② 경험적 관찰의 중요성을 강조하므로 관찰대상은 경험할 수 있는 인간이다.
④ 관찰의 이론의존성은 순수한 관찰은 존재하지 않으며 관찰자의 지식, 신념, 기대, 이론 등이 관찰에 영향을 미치기 때문에 관찰의 이론 의존성을 부인하지 않는다.
⑤ 과학이 혁명적으로 변화한다고 보는 것은 토마스 쿤의 패러다임이다.

08 난도 ★★☆ 정답 ⑤

실증주의는 경험적 관찰을 통해 이론을 재검증하며 일반화를 강조하는데, 적은 수의 표본으로 결과를 일반화하는 것은 무리라고 주장한다. 인간행동을 예측하는 데 사용할 수 있는 확률적 법칙을 발견하고 이 법칙을 확인하기 위하여 유추와 경험적 관찰을 결합하여 인간행동을 연구하는 방법이다.
⑤ 사회적 행동을 행위자의 입장에서 이해하려는 것은 귀납법적 방법이다.

확률적 법칙, 과학적 원칙, 일반화 가능성, 잠정적 지식 등은 연역법의 내용으로 실증주의자들이 주로 사용한다.

09 난도 ★★★ 정답 ②

포스트모더니즘적 패러다임은 진리에는 객관적인 기준이 없어 주관적인 특성을 가지고 있으며 실증주의의 객관적 실재의 개념과 객관적인 기준을 거부한다.

10 난도 ★★★ 정답 ②

쿤은 과학은 점진적으로 발전하는 것이 아니라 급진적이고 혁명적으로 발전한다고 보고, 이를 패러다임의 전환으로 설명하였다.

01	02	03	04	05	06	07	08	09	10
⑤	③	②	④	④	②	①	④	②	②
11	12	13	14	15	16	17	18	19	20
②	①	③	④	①	④	⑤	⑤	①	⑤
21	22								
④	③								

01 난도 ★★☆ 　　　　　　　　　정답 ⑤

정답분석

ㄱ. 동일한 표본을 대상으로 시간을 달리하여 추적 관찰하는 연구는 패널조사이다.

ㄴ. 일정연령이나 일정연령 범위 내 사람들의 집단이 조사대상인 종단연구는 코호트조사이다.

02 난도 ★★☆ 　　　　　　　　　정답 ③

오답분석

① 베이비붐 세대를 시간변화에 따라 연구하는 것은 동년배조사이다. 동년배조사는 시간의 변화에 따른 특정 집단(베이비붐 세대)의 변화를 연구한다.

② 일정기간 센서스 자료를 비교하여 전국 인구의 성장을 추적하는 것은 경향조사이다. 같은 사람을 조사하기에는 조사대상자의 탈락의 위험이 있으므로 경향조사로 실시한다.

④ 시간에 따른 변화를 가장 정확하게 알려주는 것은 패널조사이다.

⑤ 일반 모집단의 변화를 시간변화에 따라 연구하는 것은 경향조사이다.

PLUS +

종단조사의 종류

종단조사는 시간적 차이를 두고 여러 번 걸쳐 조사하는 것을 말한다. 적어도 2번 이상의 사회 현상을 조사하며 횡단조사보다 논리적이고 타당도가 높다.

- 패널조사 : 한 집단을 두고 오랫동안 연속적으로 조사하는 것으로 시간이 흐름에 따라 변화를 조사한다.
- 경향(추이, 추세)조사 : 한 질문을 반복적으로 조사하되 조사할 때마다 대상자가 다른 것으로 일반 모집단 내의 변화를 일정 기간에 걸쳐 연구한다.
- 동년배(동류집단, 코호트)조사 : 동년배집단을 선정하여 일정한 시간을 두고 조사하는 것을 말하고 같은 시기에 태어나 같은 문화에서 비슷한 경험을 한 사람들을 동년배집단이라고 한다. 일반적으로 동년배연구는 동일한 연령집단을 대상으로 한다.

03 난도 ★★☆ 　　　　　　　　　정답 ②

정답분석

외상후스트레스로 퇴역한 군인을 위한 서비스개발의 가능성을 파악하기 위한 초기면접은 정책이나 프로그램을 개발하기 위한 조사이므로 기술적 조사이다.

PLUS +

사회조사의 종류

- 탐색적 조사 : 어떤 현상에 대하여 사전 지식이 없을 경우 탐색을 목적으로 하는 조사를 말한다. 한 번도 조사된 적 없는 문제를 알기 위한 목적으로, 조사를 실시해야 하는지를 파악하기 위해 조사한다.
- 기술적 조사 : 어떤 현상에 대하여 현상의 특성을 있는 그대로 기술하는 것을 말한다. 현상, 분포, 관계 등에 대해 자세히 기술하여 정책·프로그램을 개발하거나 결정할 때 자료를 얻기 위해 조사한다.
- 설명적 조사 : 어떤 현상에 대하여 그 현상이 왜 나타나게 되었는지 알기 위해 연구하여 설명하는 것을 말한다. 어떤 변수들 간의 인과관계를 규명하고자 할 때 사용하는 조사이다.

04 난도 ★☆☆ 　　　　　　　　　정답 ④

정답분석

- 추세조사(경향조사, 추이조사)는 한 질문을 반복적으로 조사하나 조사할 때마다 대상자가 다른 것을 말한다.
- 동년배조사(동류집단조사, 코호트조사)는 조사는 매번 같은 대상자를 조사하지 않고 집단 안에 있는 다른 대상자로 바뀔 수 있다.

05 난도 ★★☆ 　　　　　　　　　정답 ④

정답분석

④ 개념적 정의는 연구 대상의 속성, 현상 등의 변수를 개념적으로 정의하는 것으로, 용어가 의미하는 바가 무엇인지를 구체화하는 과정이기 때문에 추상적이고 주관적이다. 따라서 개념적 정의는 측정 가능성을 전제로 하지 않는다.

오답분석

① 조사 과정은 연구주제 선정 → 가설 설정 및 조작화 → 조사 설계 → 자료수집 → 자료 해석 및 분석 → 보고서 작성 순으로, 가설설정 후에 자료수집을 한다.

② 자료수집방법은 조사 설계에 포함된다.

③ 연구가설은 독립변수와 종속변수는 관계가 있다고 설정한다. 독립변수와 종속변수의 관계가 없다는 가설은 영가설이다.

⑤ 사회과학에서 이론은 직접검증을 원칙으로 하지 않고 간접적으로 검증하기도 한다.

06 난도 ★★☆ 정답 ②

정답분석

양적 조사는 연역법의 방법을 사용하고 질적 조사는 귀납법의 방법을 사용한다.

PLUS +

양적 조사와 질적 조사의 특징

양적 조사	질적 조사
• 연역법의 방법을 사용한다. • 결과지향적이다. • 정형화된 측정과 척도를 활용한다. • 조사결과는 일반화가 가능하다. • 신뢰성 있는 자료를 산출한다.	• 귀납법의 방법을 사용한다. • 과정지향적이다. • 조사자만의 준거틀을 활용한다. • 조사결과는 일반화가 어렵다. • 깊이 있는 자료를 산출한다.

07 난도 ★☆☆ 정답 ①

정답분석

일정한 시간간격을 두고 연구대상을 표본추출하여 반복적으로 조사하는 방법은 종단조사이다. 종단조사에는 패널조사, 경향(추이)조사, 동년배(동류집단, 코호트)조사가 있다.

오답분석

• 전수조사는 모집단 전체를 대상으로 하는 조사방법이다.
• 표본조사는 모집단 중 대표할 수 있는 표본을 뽑아 조사하는 방법이다.
• 문헌조사는 과거나 현재 발행된 신문, 보고서, 통계자료, 예산서, 편지, 사진 또는 도면 따위의 내용을 검토하여 원하는 정보를 찾아내는 방법이다.
• 전문가조사는 특정 영역에 대한 풍부한 경험과 지식을 보유한 사람을 만나 정보를 얻는 방법이다.

08 난도 ★★☆ 정답 ④

정답분석

탐색적 조사는 어떤 현상에 대하여 사전 지식이 없을 경우 탐색을 목적으로 하는 조사를 말하고 한 번도 조사가 된 적 없는 문제를 알기를 목적으로 하는 조사이다. 일본 후쿠시마 원전 유출이 지역주민들의 삶에 초래한 변화를 연구하고자 하였으나 관련 연구나 선행자료가 부족하기 때문에 선행조사인 탐색적 조사를 먼저 실시해야 한다.

09 난도 ★★☆ 정답 ②

정답분석

② 일정기간의 변화에 대해 가장 포괄적 자료를 제공하는 것은 동년배 연구가 아니라 경향조사이다.

오답분석

① 종단조사는 시간적 차이를 두고 여러 번 걸쳐 조사하는 것을 말하고 패널조사, 경향(추이)조사, 동년배(동류집단, 코호트)조사로 구분된다.
③ 패널조사는 한 집단을 두고 오랜 시간 동안 연속적으로 조사하는 것을 말한다.
④ 경향조사는 한 질문을 반복적으로 조사하나 조사할 때마다 대상자가 다른 것을 말한다.
② · ⑤ 동년배조사는 같은 시기에 태어나 같은 문화에서 비슷한 경험을 한 사람들을 동년배집단으로 선정하고 일정한 시간을 두고 조사하는 것이다. 조사는 매번 같은 대상자를 조사하지 않고 집단 안에 있는 다른 대상자로 바뀔 수 있다.

10 난도 ★★☆ 정답 ②

정답분석

설계유형에는 삼각화설계, 내재설계, 설명설계, 탐색설계가 있다.

오답분석

혼합연구는 양적 연구와 질적 연구를 합한 방법으로 질적 · 양적 자료를 동시에 수집하여 상호보완적인 방식으로 분석한다. 그룹수준에 따라 질적 연구와 양적 연구를 섞어 분석하며 연구자에 따라 두 가지 연구방법의 비중은 상이할 수 있다. 또한 질적 연구와 양적 연구를 순차적으로 수행할 수 있으며, 주도적인 하나의 패러다임과 방법에 일부 다른 방법을 적용시켜 다양한 패러다임을 수용할 수 있어야 한다.

11 난도 ★★☆ 정답 ②

정답분석

패널조사는 동일한 집단을 동일한 주제로 조사하는 것을 말하며, 시간에 지남에 따라 조사대상자들이 개인적 사정에 의해 줄어들고 시간과 비용이 많이 들어가는 문제점이 있다. 패널조건화는 같은 대상에 대한 반복적 조사가 응답결과에 영향을 미치는 현상으로 연구결과의 정확성이 떨어질 수 있다.

12 난도 ★★☆　　　　　　　　　정답 ①

정답분석

질적 연구 결과와 양적 연구 결과는 무조건 일치해야 하는 것은 아니다. 두 가지 연구방법의 비중이 상이하여 결과가 일치하면 좋지만 연구방법이 다르기 때문에 일치하지 않을 수도 있다.

PLUS +

혼합연구방법(Mixed Method)
- 양적 연구와 질적 연구를 통합한 방법이다.
- 양적 연구의 결과에서 질적 연구가 시작될 수 있다.
- 질적 연구 결과와 양적 연구 결과는 상반될 수 있다.
- 두 가지 연구방법 모두에 대한 전문적 지식이 필요하다.
- 연구자에 따라 두 가지 연구방법의 비중은 상이할 수 있다.
- 다양한 패러다임을 수용할 수 있어야 한다.

13 난도 ★★☆　　　　　　　　　정답 ③

정답분석

패널조사는 한 집단을 두고 오랜 시간 동안 연속적으로 조사하는 것으로 동일한 집단을 동일한 주제로 조사하는 것을 말한다. 동일한 노인(동일한 대상)을 기초연금의 노인빈곤 감소효과(동일한 주제)를 10년간 같은 주제로 조사하므로 패널조사에 해당한다.

14 난도 ★★☆　　　　　　　　　정답 ④

정답분석

대학 졸업 이상의 인구비율이 높은 지역이 낮은 지역에 비해 중위소득이 높다는 것을 알게 된 것은 집단을 조사한 것이고, 학력수준이 높은 사람이 낮은 사람에 비해 소득수준이 높다는 결론은 개인에게 대입한 것이다. 집단에서 조사하고 개인에게 대입을 한 결과의 오류는 생태학적 오류이다.

15 난도 ★★☆　　　　　　　　　정답 ①

정답분석

① 편향은 한쪽으로 치우침을 의미하고 체계적 오류는 측정 결과가 일관성 있는 오류이다. 편향이 있으면 체계적 오류가 발생한다.

오답분석

② 무작위 오류는 처음 측정한 결과와 다음에 측정한 결과가 서로 일관성 있게 영향을 미치지 않는 오류로 신뢰도를 저해한다.
③ 체계적 오류는 조사자가 수집하려는 정보가 측정하려는 개념을 잘못 나타내고 있는 경우에 나타나는 오류로 타당도를 저해한다.

④ 표준화된 측정도구를 사용하면 체계적 오류를 줄일 수 있다.
⑤ 측정자, 측정 대상자 등에 일관성이 없어 생기는 오류를 무작위 오류라 한다.

16 난도 ★☆☆　　　　　　　　　정답 ④

정답분석

사회조사는 문제설정 → 가설설정 → 조사설계 → 자료수집 → 자료처리 및 분석 → 결과해석 및 보고서 작성 순으로 이루어진다. 조사설계는 가설을 설정한 후 가설이 맞는지 확인하기 위해 조사계획을 수립하는 것을 의미한다. 조사대상자는 어떻게 선정할 것인지, 어떤 방법으로 자료를 수집할 것인지, 조사기간과 자료수집방법은 어떻게 할 것인지, 측정도구는 어떤 것을 사용할 것인지 등을 조사설계 단계에서 준비한다.
④ 연구문제의 의의와 조사의 필요성은 문제설정 단계에서 고려하지만 반드시 포함되어야 하는 것은 아니다.

17 난도 ★★☆　　　　　　　　　정답 ⑤

정답분석

조사연구 과정은 문제설정 → 가설설정 → 조사설계 → 자료수집 → 자료처리 및 분석 → 결과해석 및 보고서 작성 순이다.
ㄷ. 대학생들의 다문화수용성에 관한 선행연구 고찰 – 문제설정 단계
ㄱ. '대학생들의 전공에 따라 다문화수용성이 다를 것이다.'라는 가설설정 – 가설설정 단계
ㄹ. 구조화된 설문지 작성 – 조사설계 단계
ㄴ. 표본을 추출하여 자료수집 – 자료수집 단계

18 난도 ★★☆　　　　　　　　　정답 ⑤

정답분석

연구문제는 부가적 이해와 연구가 필요한 분야로 문제를 요약하여 진술하는 역할을 한다. 연구문제를 통해 이 연구에서 탐색하고자 하는 문제를 간단히 설명할 수 있다.

19 난도 ★★☆　　　　　　　　　정답 ①

정답분석

한국상담심리교육복지학회 윤리규정 제15조 제1항에 따르면 속이기 기법을 사용하는 것이 연구에서 예상되는 과학적, 교육적 혹은 응용 가치에 의해서 정당한 사유가 되고, 또한 속임수를 쓰지 않는 효과적인 대안적 절차들이 가능하지 않다고 결정한 경우를 제외하고는 속임수가 포함된 연구를 수행하지 않는다고 정의되어 있다. 따라서 연구참여자 속이기는 상황에 따라 달라진다.

20 난도 ★☆☆　　　　　　　　　　정답 ⑤

① 연구 참여자가 평소와 다른 행동을 하더라도 연구자의 신분을 숨기고 자료를 수집하면 안 된다.
② 연구결과의 확산을 위해서라도 연구 참여자의 신분을 다른 연구기관에 동의 없이 공개하면 안 된다.
③ 연구결과에 영향을 미치더라도 연구 참여자에게 일어날 수 있는 이익을 미리 알려야 한다.
④ 연구 참여자의 참여 동기를 높이기 위해 연구 참여여부를 성적평가와 연계하면 안 된다.

21 난도 ★☆☆　　　　　　　　　　정답 ④

연구윤리는 연구자가 연구를 수행하면서 지켜야 할 원칙이나 행동 양식으로 연구의 공익적 가치보다는 연구윤리가 우선한다. 아무리 연구의 공익적 가치가 크더라도 연구윤리를 지켜야 하며, 이 상황은 개인이 선택하는 것이 아니라 기관윤리위원회에서 판단한다.

22 난도 ★★☆　　　　　　　　　　정답 ③

ㄹ. 사회복지조사의 윤리성에는 고지된 동의, 비밀보장, 익명성, 보고의 의무가 있다. 사회복지조사의 연구윤리에서 비밀성이 보장된다고 무조건 익명성이 보장되는 것은 아니다. 면접법으로 직접 만나 설문을 한 대상자의 내용은 비밀보장이 가능하지만 조사자는 조사대상자가 누군지 알 수 있으므로 익명성은 보장되지 않는다.

SECTION 03 **사회조사방법의 기본 개념**									
01	**02**	**03**	**04**	**05**	**06**	**07**	**08**	**09**	**10**
②	①	⑤	⑤	①	②	③	②	①	①
11	**12**	**13**	**14**	**15**	**16**				
④	⑤	①	④	③	⑤				

01 난도 ★★☆　　　　　　　　　　정답 ②

② 독립변수와 종속변수 간의 관계는 두 변수 모두의 원인이 되는 제3의 변수로 설명되어서는 안 된다. 종속변수는 독립변수의 영향을 받아 변해야 한다.

① 독립변수와 종속변수들 사이의 상관관계는 인과관계 추론의 일차적 조건이다.
③ 독립변수는 종속변수보다 시간적으로 앞서야 한다.
④ 여러 번 조사하여 변화상태를 확인하는 종단적 연구는 횡단적 연구에 비해 인과관계 추론에 더 적합하다.
⑤ 종속변수의 변화는 독립변수의 변화와 관련성이 있어야 한다. 독립변수가 변화한 후 종속변수가 변해야 한다.

02 난도 ★★☆　　　　　　　　　　정답 ①

사회복지사 396명은 조사대상이 되고 근무기관의 규모는 독립변수, 직무만족도는 종속변수가 된다. 사회복지관에서 근무하는 사회복지사는 개인이고, 직무만족도를 응답하는 사회복지사도 개인이므로 관찰단위는 모두 개인이다.

03 난도 ★★★　　　　　　　　　　정답 ⑤

통제변수는 독립변수와 종속변수 간의 관계를 좀 더 정확하게 파악하기 위해서 두 변수 간의 인과관계에 영향을 미칠 수 있는 제3의 변수를 사용하여 통제하는 변수이다.
사례에서 부모의 학력은 독립변수, 자녀의 대학 진학률은 종속변수가 되고 서로 유의미한 관계이다. 부모의 재산이 비슷한 조사 대상을 통제변수로 하여 부모의 재산을 통제하였더니 유의미한 관계에서 무의미한 관계로 바뀌었다.

04 난도 ★★★　　　　　　　　　정답 ⑤

정답분석

ㄱ. 독립변수 앞에서 독립변수에 영향을 주는 변수를 선행변수라고 한다.

ㄴ. 독립변수의 결과인 동시에 종속변수의 원인이 되는 변수를 매개변수라고 한다.

ㄷ. 다른 변수에 의존하지만 다른 변수에 영향을 미칠 수 없는 변수를 종속변수라고 한다.

ㄹ. 독립변수와 종속변수 모두에 영향을 미치는 제3의 변수를 외생변수라고 한다.

05 난도 ★★★　　　　　　　　　정답 ①

정답분석

• 내적 타당도는 종속변수가 변한 이유가 독립변수의 원인인지 아니면 다른 원인으로 인하여 변한 것이지 알아내는 것으로, 내적 타당도를 높이기 위해서는 독립(원인)변수 이외의 다른 변수가 종속(결과)변수에 개입할 조건을 통제하여야 한다.

• 외적 타당도는 표본에서 얻어진 연구의 결과로 인해 연구조건을 넘어선 다른 환경이나 다른 집단들에게까지 적용할 수 있는 정도 또는 일반화할 수 있는 정도로, 외적 타당도를 높이기 위해서는 확률표집방법으로 연구대상을 선정하거나 표본크기를 크게 하여야 한다.

06 난도 ★★★　　　　　　　　　정답 ②

오답분석

'가정폭력이 피해 여성의 우울증에 미치는 영향은 여성이 맺고 있는 사회적 네트워크의 수준에 따라 달라진다는 연구 결과가 발표되었다.'에서 '가정폭력'은 독립변수가 되고 '여성의 우울증'은 종속변수와 내생변수가 된다. '네트워크의 수준에 따라'는 조절변수가 된다.

> **PLUS +**
>
> 변수의 종류
> • 독립변수 : 조사하고자 하는 사건이나 상황을 일으키거나 영향을 미친다고 생각되는 변수
> • 종속변수 : 독립변수의 영향을 받아 일정하게 변화된 결과를 나타내는 기능을 수행하는 변수
> • 매개변수 : 독립변수의 영향을 받아 종속변수에 영향을 주는 변수
> • 조절변수 : 독립변수와 종속변수 사이의 제2의 독립변수로 독립변수와 종속변수 간 관계를 강화시키거나 약화시키는 변수
> • 내생변수 : 변수의 값이 내부에서 결정되는 변수

07 난도 ★★☆　　　　　　　　　정답 ③

정답분석

논문 제목에서 독립변수는 근무지역이고, 종속변수는 직업만족도 차이이다. 분석단위는 개인, 조직, 집단이며, 분석단위를 대상으로 조사할 수 있다. 또한 독립변수의 측정수준은 독립변수인 근무지역에 따라 측정 대상을 분류한 명목변수이다.

③ 통제변수는 독립변수와 종속변수 간의 관계를 좀 더 정확하게 파악하기 위해서 두 변수 간의 인과관계에 영향을 미칠 수 있는 제3의 변수를 사용하여 통제하는 변수로, 주어진 논문 제목에서는 알 수 없다.

08 난도 ★★★　　　　　　　　　정답 ②

정답분석

또래관계증진 프로그램은 독립변수이고, 결혼이민자 가정 자녀들의 자아정체감은 종속변수이다. 부모의 사회경제적 지위는 또래관계증진 프로그램이 결혼이민자 가정 자녀들의 자아정체감에 미치는 영향을 왜곡할 수 있다. 독립변수가 종속변수에게 영향을 주어 인과관계가 있는 것처럼 보이지만 실제로는 독립변수와 종속변수 사이에 외생변수가 각각의 두 변수(독립변수와 종속변수)에 밀접한 관계를 가지고 있어 두 변수가 인과관계가 있는 것처럼 보이게 하는 제3의 변수는 외생변수이다.

09 난도 ★★☆　　　　　　　　　정답 ①

정답분석

직접 관찰할 수 있는 것들만 측정한 것이 아니라 경험할 수 있는 것들을 측정한 것이다.

> **PLUS +**
>
> 변수의 개념
> • 둘 이상의 값이나 범주로 경험적으로 분류 및 측정할 수 있는 개념을 말한다.
> • 두 가지 이상의 가치를 가지고 있으며 변할 수 있는 속성도 가지고 있다.
> • 어느 개념이 가설의 진술에 사용될 때 그것을 변수라고 부르고 측정이 가능하다.
> • 개념을 관찰하거나 측정하는 의미로 사용 또는 조작적 정의가 이루어지면 그 개념은 변수로 바뀐다.
> • 상수는 불변의 값을 갖는 변수로 변하지 않는다.
> • 연구대상의 경험적 속성을 나타내는 동시에 계량적 수치나 계량적 가치를 부여할 수 있는 개념이다.
> • 사람, 물건, 사건 등의 속성 및 특성을 경험적으로 관찰할 수 있도록 만든 것을 의미한다.

10 난도 ★★☆　　　　　　　　　　　정답 ①

정답분석

- 연구가설은 2개 이상의 변수 간에 차이가 있다고 예측하는 것으로 독립변수가 종속변수에 영향을 미친다고 가정한다.
- 영가설(귀무가설)은 연구가설에 대한 반증가설로 2개 이상의 변수 간에 차이가 없음을 예측하며, 독립변수가 종속변수에 영향을 미치지 않는다고 가정한다.
- 대립가설은 영가설에 대립되는 가설로 영가설이 기각될 때 채택하기 위해 설정한다.

오답분석

ㄷ. 대안(대립)가설은 영가설의 반증가설이다.
ㄹ. 변수 간의 관계가 우연이 아님을 증명하는 가설은 연구가설이다.

11 난도 ★★★　　　　　　　　　　　정답 ④

정답분석

④ 연구가설은 이론이 표본의 통계치의 가정이 아니라 검증되기 전까지의 잠정적인 해답이다.

오답분석

① 영가설과 연구가설은 서로 반대되는 가설로 영가설을 기각하면 연구가설이 잠정적으로 채택된다.
② 영가설은 독립변수가 종속변수에 영향을 미치지 않는다는 가설이고 연구가설은 독립변수가 종속변수에 영향을 미친다는 가설이므로 영가설과 연구가설은 대조되는 가설이다.
③ 유의수준 95%에서 확률이 0.05보다 낮으면 영가설을 기각하고, 유의수준 99%에서 확률이 0.01보다 낮으면 영가설을 기각한다. 반대로 유의수준 95%에서 확률이 0.05보다 높으면 영가설을 채택하고, 유의수준 99%에서 확률이 0.01보다 높으면 영가설을 채택한다.
⑤ 연구가설은 경험적으로 검증이 가능하도록 진술한 가설이다.

12 난도 ★☆☆　　　　　　　　　　　정답 ⑤

정답분석

⑤ 조사에서 인과관계에 대한 가설을 설정한 후 이를 검증함으로써 조사문제를 해결하는 방식을 취한다. 따라서 가설은 언제나 경험적으로 검증이 가능해야 한다. 가설은 보통 연구(조사)가설, 영가설, 대립가설로 이루어진다. 연구가설을 검증하기 위해 필요한 가설이 영가설과 대립가설인데, 변수 간에 서로 영향을 미치지 않는다고 가설을 설정하는 것은 영가설이다. 조사를 한 후에 영향이 없는 경우 영가설을 채택하게 되고 영향이 있는 경우에는 대립가설을 선택하게 된다.

오답분석

① 변수 간의 관계가 존재한다는 가설은 대립가설이다.
② 변수 간 관계없음이 검증된 가설이 아니라 변수 간의 관계가 없음을 가정하는 가설이다.
③ 조사자가 검증하고자 하는 가설은 연구가설이다.
④ 영가설에 대한 반증가설은 대립가설이다.

13 난도 ★★☆　　　　　　　　　　　정답 ①

정답분석

가설이란 두 개 이상의 변수나 현상 간의 특별한 관계를 검증한 형태로 서술하여 변수 간의 관계를 예측하려는 문장이다. 연구주제를 구체적으로 세분한 것으로 문제의 잠정적인 해답이다.

오답분석

ㄷ. 가설구성을 통해 연구문제가 도출되는 것이 아니라 연구문제를 설정한 후에 가설을 설정한다.
ㄹ. 가설은 창의적 해석이 가능하도록 개방적으로 구성하지 않고, 잠정적인 결론 형태로 범위를 한정한다.

PLUS +

가설의 특성
- 상호연관성 : 두 개 이상의 변수로 구성되며 변수들 간에 관계를 나타내야 한다.
- 검증 가능성 : 경험적으로 검증하기 위해 조작적으로 정의될 수 있어야 한다.
- 추계성 : 아직 확정된 이론이 아니기 때문에 확률적으로 표현되어야 한다.
- 문제해결성 : 문제를 해결할 수 있어야 한다.
- 구체성 : 변수들의 관계를 나타내기 때문에 구체적이어야 한다.

14 난도 ★☆☆　　　　　　　　　　　정답 ④

정답분석

④ '여성의 노동참여율이 높을수록 출산율은 낮을 것이다.'라는 가설은 여성의 노동참여와 출산율에 대한 조사를 통해 경험적으로 검증이 가능하다. 검증을 하기 위해서는 조작화를 통해 수치화시켜야 한다. 노동참여율과 출산율은 모두 수치화가 가능하여 검증할 수 있다.

오답분석

① '불평등은 모든 사회에서 나타날 것이다.'라는 가설은 전 세계의 나라를 상황과 조건에 맞게 조사하기에 너무 광범위하여 쉽지 않다.
② 가설에는 독립변수와 종속변수가 있어야 하는데, '대한민국에서 65세 이상인 노인이 전체 인구의 14% 이상이다.'에는 종속변수가 없으므로 가설이 될 수 없다.

③ '다양성이 존중되는 사회가 그렇지 않은 사회보다 더 바람직하다.'라는 가설은 다양성을 조작화를 통해 수치화할 수 없으므로 조사할 수 없다.
⑤ '모든 행위가 비용과 보상에 의해 결정된다.'라는 가설은 '모든'이란 단어가 너무 광범위하므로 경험적으로 검증할 수 없다.

15 난도 ★★☆　　　　　　　　　　　　　　정답 ③

오답분석

ㄷ. 변수는 개념을 조작화한 것으로 모든 개념은 변수가 아니지만 모든 변수는 개념이다. 변수는 개념의 특수한 하나의 형태를 지칭하는 것이다.

16 난도 ★☆☆　　　　　　　　　　　　　　정답 ⑤

정답분석

가설이란 두 개 이상의 변수나 현상 간의 특별한 관계를 검증한 형태로 서술하여 변수 간의 관계를 예측하려는 문장이다. 연구주제를 구체적으로 세분화한 것으로 문제의 잠정적인 해답이다. 연구가설은 다양한 범주로 구분할 수 있는데, 두 변수 간의 방향이나 특성을 예측하는 방향성 가설과 두 변수 간의 방향이나 특성을 예측하지 않는 비방향성 가설이 있다. 따라서 가설은 꼭 방향성을 가지지 않아도 된다.

SECTION 04 척도 구성

01	02	03	04	05	06	07	08	09	10
②	④	③	④	①	⑤	②	③	③	④
11	12	13	14	15	16	17	18	19	
⑤	④	②	②	③	④	④	①	⑤	

01 난도 ★★☆　　　　　　　　　　　　　　정답 ②

정답분석

ㄱ. 종교 : 기독교, 불교, 천주교, 기타와 같이 특성에 따라 몇 개의 카테고리로 구분하는 척도는 명목척도이다.
ㄴ. 교육연수 : 정규 학교 교육을 받은 기간(년)과 같이 계산이 가능하고 절대 0값을 가진 척도는 비율척도이다.
ㄷ. 학점 : A, B, C, D, F와 같이 순서로만 구분하는 척도는 서열척도이다.

02 난도 ★★☆　　　　　　　　　　　　　　정답 ④

정답분석

④ 생활수준(상, 중, 하)은 서열척도이고 혈액형은 명목척도이다.

오답분석

① 대학 전공, 아르바이트 경험 유무는 명목척도이다.
② 복지비 지출 증가율, 월평균 소득(만 원)은 비율척도이다.
③ 온도(℃), 지능지수(IQ)는 등간척도이다.
⑤ 성별, 현재 흡연여부는 명목척도이다.

03 난도 ★★☆　　　　　　　　　　　　　　정답 ③

정답분석

보가더스(Bogardus)의 사회적 거리척도는 누적척도의 한 종류이며, 문항 간의 거리를 알 수 없으므로 서열척도에 속한다. 거트만척도도 누적척도의 한 종류이다.

04 난도 ★★☆　　　　　　　　　　　　　　정답 ④

정답분석

④ 무작위오류(비체계적 오류)는 일관성이 없어 발생하는 오류로 측정의 전 과정에서 항상 나타난다. 무작위오류를 발생시키는 것은 신뢰도가 낮은 척도이다.

오답분석

체계적 오류는 일정한 양태나 일관성이 존재하는 측정오류로 자료를 수집하는 방법(교수가 보는 앞에서 만족도 조사)이나 측정대상자들의 역학(집단 구성원에게 집단을 평가하면 평가 점수가 높은 현상)에서 발생하는 오류이다. 잘못된 측정도구로 인해 발생한다.

① 연구자가 의도한 문항에는 계속하여 오류가 발생하기 때문에 체계적 오류가 발생한다.
② 자신의 생각과 상관없이 좋은 모습으로 보이기 위해 응답할 경우 체계적 오류가 생긴다.
③ 타당도는 조사하고 싶은 것을 정확히 조사하는 것으로 측정의 오류가 나타날수록 타당도는 낮아진다.
⑤ 측정의 다각화는 두 가지 이상의 다양한 방법으로 자료를 수집하는 것으로 자료의 객관성이 높다.

05 난도 ★☆☆ 　　　　　　　　　　 정답 ①

정답분석
장애인의 성별, 장애유형, 거주지역, 직업종류는 모두 같은 속성끼리 분류한 것이므로 명목변수에 속한다.

PLUS +

변수의 종류
- 명목변수 : 어떤 사물의 속성을 질적인 특성에 의해 상호 배타적인 몇 개의 카테고리로 나눈 것이다.
  예 성별, 직업, 종교, 결혼, 인종, 운동선수의 등번호, 거주지역 등
- 서열변수는 어떤 사물의 속성을 상호배타적인 몇 개의 카테고리로 나누고 서열(상대적 순서관계)을 측정할 수 있다.
  예 지체장애 등급, 정치성향, 생활수준, 석차, 사회복지사 등급 등
- 등간변수는 어떤 변수의 카테고리 간의 순서뿐만 아니라 카테고리 간의 정확한 간격을 알 수 있다.
  예 온도, 지능지수, 도덕지수, 물가지수, 생산성 지수, 시험 점수 등
- 비율변수는 변수의 카테고리 간의 간격뿐만 아니라 카테고리 간에 몇 배나 큰가, 또는 몇 배나 작은가를 측정할 수 있는 변수이다.
  예 시청률, 투표율, 키, 몸무게, 연령, 자녀, 가격 등

06 난도 ★★★ 　　　　　　　　　　 정답 ⑤

정답분석
⑤ 산술평균은 주어진 수의 합을 수의 개수로 나눈 값으로 평균을 의미한다. 10대, 20대, 30대, 40대, 50대, 60대 이상 연령의 순서대로 정렬했으므로 ㅁ은 중위수에 해당한다.

오답분석
① 최빈값은 가장 많이 관측되는 수로 데이터에서 가장 많이 나오는 값이다.
② 중위수(중앙값)는 어떤 주어진 값들을 크기의 순서대로 정렬했을 때 가장 중앙에 위치하는 값을 의미한다.
③ 백분율은 전체 사례 수를 100으로 보고 각 범주에 속하는 사례 수가 그중에 차지하는 비율을 의미한다.

④ 범위는 임의의 변수가 가지는 데이터 값들의 집합에서 최댓값과 최솟값의 차이를 말한다.

07 난도 ★☆☆ 　　　　　　　　　　 정답 ②

정답분석
학년은 서열척도(변수), 이수과목의 수는 비율척도(변수)이다.

오답분석
연령과 백신 접종률은 비율척도(변수), 섭씨와 화씨는 등간척도(변수), 강우량과 산불발생 건수는 비율척도(변수), 거주지역과 혈액형은 명목척도(변수)이다.

08 난도 ★★☆ 　　　　　　　　　　 정답 ③

정답분석
③ 서스톤척도(Thurstone Scale)는 척도를 구성하면서 평가가 이루어지기 때문에 객관성이 인정되는 것이 장점이나, 판단자에 의해 문항평가가 좌우되므로 개발하기 어렵다. 개발이 용이한 척도는 리커트척도이다.

오답분석
① 리커트척도(Likert Scale)는 측정에 동원된 모든 항목들에 대한 동일한 가치를 부여하여 문항 간 내적 일관성이 중요하다. 내적 일관성은 신뢰도를 떨어트리는 문항을 제거하여 신뢰도를 높이는 방법이다.
② 거트만척도(Guttman Scale)뿐 아니라 리커트척도, 보가더스 사회적 거리감 척도도 누적 척도이다.
④ 보가더스척도(Borgadus Scale)는 사회집단 간의 심리적 거리감을 측정하는 데 유용하지만 원근감 표시에 그쳐 친밀감 크기가 나타나지 않는다.
⑤ 의미분화척도(Semantic Differential Scale)의 문항은 한 쌍의 대조되는 형용사를 사용하여 그 속성을 평가하는 척도이다.

09 난도 ★★☆ 　　　　　　　　　　 정답 ③

정답분석
③ 측정의 체계적 오류는 항상 똑같은 방향으로 생기는 오류로 측정의 타당도를 저해한다.

오답분석
① 측정은 연구대상에 대해 일정한 규칙에 따라 숫자나 기호를 부여하는 과정으로 이론과 현상을 연결하는 방법이다.
② 지표는 개념 속에 내재된 속성들이 표출되어 나타난 결과를 말한다. 즉, 하나의 개념을 측정한 값을 의미한다.
④ 리커트척도는 각 항목의 단순합산을 통해 서열성을 산출하는 서열측정이다.

⑤ 조작적 정의는 추상적인 개념들을 실제 현장에서 측정 가능하도록 관찰 가능한 형태로 정의하고 개념적 정의를 벗어나지 않는 범위 안에서 측정 가능하도록 구체화한 것이다.

10 난도 ★★☆　　　　　　　　　　　　정답 ④

정답분석

측정(척도)은 어떤 현상을 측정하기 위한 도구 또는 일정한 규칙에 따라 숫자나 기호를 배열하여 도구를 만드는 것을 의미한다.
④ 측정도구의 신뢰도를 높이기 위해서는 측정항목의 수를 늘리고 항목의 선택 범위를 넓혀야 한다.

11 난도 ★☆☆　　　　　　　　　　　　정답 ⑤

정답분석

ㄱ. 명목척도는 어떤 사물의 속성을 질적인 특성에 의해 상호배타적인 몇 개의 카테고리로 나눈 것이다.
ㄷ. 비율척도는 척도의 카테고리 간의 등간격뿐만 아니라 카테고리 간에 몇 배나 큰가 또는 몇 배나 작은가를 측정할 수 있는 변수로 절대 0점을 가지고 있다.
ㄹ. 서열척도는 어떤 사물의 속성을 상호배타적인 몇 개의 카테고리로 나눌 수 있고 서열(상대적 순서관계)을 측정할 수 있다.

오답분석

ㄴ. 리커트척도는 최상, 상, 중, 하, 최하와 같이 서열성을 가지고 있으므로 서열척도이다.

12 난도 ★☆☆　　　　　　　　　　　　정답 ④

정답분석

어의적 분화척도(Semantic Differential Scale) 또는 의미분화척도는 어떤 개념을 평가하기 위해 양 끝에 반대되는 형용사를 배치하여 그 속성을 평가를 내리는 척도이다.

13 난도 ★☆☆　　　　　　　　　　　　정답 ②

정답분석

• 명목변수는 같은 카테고리로 구분한 것으로 장애유형이 이에 해당된다.
• 서열변수는 같은 카테고리로 나누고 서열을 나눈 것으로 장애인의 건강 정도가 해당된다.
• 등간변수는 같은 카테고리로 나누고 서열을 나누어 간격을 알 수 있는 변수이다.
• 비율변수는 같은 카테고리로 나누고 서열을 나누어 간격을 알 수 있는 것으로 절대 0점을 포함하고 있으며 장애 등록 후 기간이나 장애 등록연령 등이 해당된다.

14 난도 ★★☆　　　　　　　　　　　　정답 ②

정답분석

② 서스톤척도는 가장 긍정적인 태도와 가장 부정적인 태도를 나타내는 양 극단을 등간격으로 구분하여 수치를 부여함으로써 등간 척도를 구성하는 방법으로, 각 문항에 가중치를 둔다.

오답분석

① 거트만척도는 누적 스케일의 대표적인 척도로 개별항목들 자체에 서열성이 미리 부여되는 방식을 택한다.
③ 리커트척도는 측정에 동원된 모든 항목들에 대한 동일한 가치를 부여하여 양적 조사에 가장 많이 사용되며, 단순하고 유용한 척도이다.
④ 보가더스척도는 사람들 간의 사회적 관계의 거리를 파악하기 위한 도구로 연속성이 있는 문항들로 구성되고 관계의 거리를 측정하는 데 유용하다.
⑤ 의미차이(분화)척도는 어떤 개념을 평가하기 위해 양 끝에 반대되는 형용사를 배치하여 그 속성을 평가를 내리는 척도이다.

15 난도 ★★☆　　　　　　　　　　　　정답 ③

오답분석

ㄴ. 측정의 무작위오류는 어디에서 오류가 발생했는지 알 수 없는 오류이다. 문화적 편견이라는 오류의 원인을 알 수 있는 것은 체계적 오류이다.

16 난도 ★★☆　　　　　　　　　　　　정답 ④

정답분석

④ 비율등급은 같은 카테고리로 나누고 서열을 나누어 간격을 알 수 있는 것으로 절대 0점을 포함하고 있으며 사칙연산(산술평균)이 가능하다. 시험점수(0~100점)는 등간변수의 예이다.

오답분석

① 명목등급은 같은 카테고리로 나눈 것으로 베이비붐 세대인가 아닌가로 구분할 수 있고 백분율로 나타낼 수 있다.
② 서열등급은 같은 카테고리로 나누고 서열을 나눈 것으로 학점으로 순서를 구분할 수 있고 가장 많은 응답값(최빈치)을 구할 수 있다.
③ 등간등급은 같은 카테고리로 나누고 서열을 나누어 간격을 알 수 있는 것으로 절대 0점이 없어 온도(℃)를 측정할 수 있으며 중앙에 위치한 값(중위수)을 구할 수 있다.
⑤ 명목등급은 같은 카테고리로 나눈 것으로 성별, 현재 흡연여부 등 카테고리로 구분할 수 있으며 구성된 자료들 간의 상관관계를 확인(교차분석)할 수 있다.

17 난도 ★☆☆　　　　　　　　　　　　정답 ④

정답분석

ㄱ. 사회복지사의 근무지역 동(洞)은 특성에 의해 상호배타적인 몇 개의 카테고리로 구분한 척도는 명목척도(측정)에 속한다. 동은 특성에 맞게 구분한 것이다.

ㄴ. 사회복지사가 이수한 보수교육 시간(분)은 카테고리 간의 간격이 등간격일 뿐만 아니라 카테고리 간에 몇 배나 큰가 또는 몇 배나 작은가를 측정할 수 있는 비율척도에 속한다. 시간(분)은 보수교육을 이수한 사회복지사에 따라 다르게 나타난다.

ㄷ. 사회복지사의 근무기관 평가등급 점수(A, B, C, D)는 어떤 사물의 속성을 상호배타적인 몇 개의 카테고리로 나누고 서열[점수(A, B, C, D)]을 측정할 수 있는 척도는 서열척도에 속한다.

18 난도 ★★☆　　　　　　　　　　　　정답 ①

정답분석

① 연령은 비율척도로 명목, 서열, 등간, 비율척도 수준으로 분석이 가능하다.

오답분석

② 표준화된 지능검사점수에는 절대 영점이 없으므로 등간척도이다.

③ 소득을 비율척도로 질문하면 다른 척도 수준으로 질문할 때보다 응답률이 낮은 편이다. 비율척도로 질문하면 자세한 소득수준이 나오기 때문에 응답률이 낮다.

④ 등간척도는 절대 영점이 없다. 절대 영점이 있는 척도는 비율척도이다.

⑤ 서열척도는 서열성만 있는 반면 비율척도는 서열성·등간격뿐 아니라 절대 영점까지 있다. 비율척도는 서열척도로 변환이 가능하지만 서열척도는 비율척도로 변환이 불가능하다.

19 난도 ★☆☆　　　　　　　　　　　　정답 ⑤

정답분석

⑤ 등간척도에는 지능, 온도, 시험점수, 학년 등이 있다.

오답분석

① 성별은 이산적(연속성이 없는) 특성이 없으므로 서열척도가 아니라 명목척도이다.

② 인종과 종교는 등간척도가 아니라 명목척도이다.

③ 석차로 평가된 성적은 등간척도가 아니라 서열척도이다.

④ 5점 척도로 측정된 서비스 만족도는 비율척도가 아니라 서열척도이다.

SECTION 05 측정의 타당도와 신뢰도

01	02	03	04	05	06	07	08	09	10
①	①	②	④	①	③	③	①	②	②
11	**12**	**13**	**14**	**15**					
③	⑤	④	①	②					

01 난도 ★★☆　　　　　　　　　　　　정답 ①

정답분석

① 타당도와 신뢰도의 관계 중 타당도가 높으면 반드시 신뢰도가 높다. 즉, 타당도가 있으면 신뢰도가 있다고 볼 수 있다.

오답분석

② 신뢰도가 높을 경우 타당도는 높을 수도 있고 낮을 수도 있다.

③ 요인분석법은 구성타당도를 점검하기 위한 방법으로 타당도를 측정하는 방법이다.

④ 신뢰도는 측정하고 싶은 것을 반복해서 측정하더라도 같은 값을 얻는 것을 의미한다. 측정하려고 의도된 개념을 얼마나 정확하게 측정하는가를 나타내는 것은 타당도이다.

⑤ 주어진 척도가 측정하고자 하는 내용을 담고 있다고 일련의 전문가가 판단할 때 내용타당도가 있다고 본다. 판별(구성)타당도는 측정해야 할 내용이 포함되었는지 확인하고 그 내용을 경험적으로 검증하는 방법이다.

02 난도 ★★☆　　　　　　　　　　　　정답 ①

정답분석

타당도는 측정하고자 하는 것을 정확하게 측정해 내는 정도를 의미하고, 신뢰도는 측정하고 싶은 것을 반복해서 측정하더라도 같은 값을 얻는 것을 의미한다. 즉, 하나의 개념을 측정하는 개별 항목들 간의 일관성을 말한다.

03 난도 ★★☆　　　　　　　　　　　　정답 ②

정답분석

② 판별타당도(Discriminant Validity)는 다른 개념을 같은 측정방법으로 측정했을 때 상관관계가 낮게 나오는지 알아보는 방법으로 A와 B의 상관관계가 매우 낮은 것을 확인하였으므로 판별타당도가 높은 것이다.

오답분석

① 동시타당도(Concurrent Validity)는 두 개의 측정도구로 측정한 결과를 비교하여 현재의 상태를 비교하는 방법이다.

③ 내용타당도(Content Validity)는 측정하고자 하는 내용을 측정 문항들이 그 내용을 포함하고 있는지 확인하는 방법이다.

④ 수렴타당도(Convergent Validity)는 같은 개념을 상이한 측정 방법으로 측정했을 때 측정한 값의 상관관계가 높게 나오는지 알아보는 방법이다.
⑤ 예측타당도(Predictive Validity)는 현재 측정한 타당도가 미래의 사건을 예측할 수 있는지 확인하는 방법이다.

04 난도 ★★☆ 　　　　　　　　　　　　정답 ④

정답분석
타당도는 측정하고 싶은 것을 정확히 측정하였는가를 말하는 것으로 내용(액면)타당도, 기준(관련)타당도, 개념(구성)타당도로 구분된다. 기준(관련)타당도는 동시적 타당도, 예측적 타당도로 구분되고 개념(구성)타당도는 이해타당도, 수렴타당도, 판별타당도로 구분된다. 구성타당도는 측정하는 개념이 전반적인 이론틀 속에서 다른 개념들과 실제적·논리적으로 적절한 관련성을 갖고 있는 정도를 검증하는 방법이다.

05 난도 ★★☆ 　　　　　　　　　　　　정답 ①

정답분석
① 타당도는 측정하고자 하는 것을 정확하게 측정하는 정도를 의미하고 신뢰도는 여러 번 측정해도 같은 값을 얻는 것, 즉 일관성을 의미한다.

오답분석
② 측정도구의 문항 수가 많을수록 신뢰도는 높아진다.
③ 검사-재검사 방법은 신뢰도를 측정하는 방법이다.
④ 편향은 측정의 체계적 오류와 관련된다.
⑤ 측정도구의 신뢰도가 높아진다고 해서 타당도가 반드시 높은 것은 아니다.

06 난도 ★★☆ 　　　　　　　　　　　　정답 ③

정답분석
③ 기준타당도는 기존에 사용하고 있는 설문지와 비교하여 새로 만든 설문지와 상관관계가 높은지 알아보는 것이다. 최근에 개발된 불안척도를 사용하여 불안으로 치료 중인 집단과 일반인 집단의 불안수준을 측정한 결과 유의미한 결과를 도출하였으므로 기준타당도가 높다고 할 수 있다.

오답분석
①·② 액면(내용)타당도는 측정하고자 하는 내용을 측정 문항들이 그 내용을 포함하고 있는지 보는 것이다.
④ 이해타당도는 어떠한 개념을 이해하는 데 있어 타당한가를 측정한다.
⑤ 수렴타당도는 같은 개념을 상이한 측정방법으로 측정했을 때 측정한 값이 상관관계가 높게 나오면 수렴타당도가 높다고 할 수 있다.

07 난도 ★★☆ 　　　　　　　　　　　　정답 ③

정답분석
ㄱ. 체계적 오류는 항상 일정하게 발생하는 오류로 측정의 타당도를 저해한다.
ㄹ. 타당도는 측정 항목들이 적절한 내용을 담고 있는가와 관련이 있다.
ㅂ. 구성타당도는 측정해야 할 내용이 포함되었는지 확인하고 그 내용을 경험적으로 검증하는 방법으로 타당도의 종류이다.

08 난도 ★★☆ 　　　　　　　　　　　　정답 ①

정답분석
① 신뢰도는 측정하고 싶은 것을 반복해서 측정하더라도 같은 값을 얻는 것으로, 측정의 일관성을 말한다. 측정할 때마다 항상 30분 빠르게 측정되는 시계는 반복해서 측정해도 같은 값을 얻어 신뢰도가 높은 것이다.

오답분석
② 측정도구의 신뢰도가 높으면 타당도는 높을 수도 있고 낮을 수도 있다.
③ 측정도구를 동일 응답자에게 반복 적용했을 때 일관된 결과가 나오면 신뢰도가 높은 것이다. 타당도는 측정하고자 하는 것을 정확하게 측정해 내는 정도를 의미한다.
④ 동일한 변수를 측정할 때 신뢰도와 타당도를 높이기 위해서는 관련 문항 수를 늘려야 한다. 문항 수가 많을수록 신뢰도와 타당도가 높다.
⑤ 복수양식법은 신뢰도를 검사하기 위한 조사방법이다. 타당도를 검사하기 위해서는 내용타당도, 기준타당도, 구성체타당도로 검사해야 한다.

09 난도 ★☆☆ 　　　　　　　　　　　　정답 ②

정답분석
동시적 타당도는 두 개의 측정도구로 측정한 결과를 비교하여 현재의 상태를 측정하는 방법으로, 새로 개발된 주관적인 행복감 측정도구를 사용하여 측정한 결과와 이미 검증되고 널리 사용되고 있는 주관적인 행복감 측정도구의 결과를 비교하여 타당도를 확인하므로 동시적 타당도에 대한 내용이다.

10 난도 ★☆☆ 　　　　　　　　　　　　정답 ②

정답분석
내적 일관성 분석(크론바알파)에 의한 척도의 평가방법으로는 크론바의 알파계수가 있다. 알파계수는 0부터 1 사이의 값을 가지며 높을수록 좋지만 정확한 기준은 없다. 하지만 보통 0.6점 이상이면 신뢰도가 있다고 본다.

11 난도 ★★☆   정답 ③

③ 신뢰도는 여러 번 조사해도 같은 값(결과)이 나타나는가를 의미한다. 신뢰도 측정방법에는 조사자 간 신뢰도, 검사-재검사법, 복수양식법(대안법), 반분법, 내적 일관성 분석(크론바 알파)이 있으며, 상관관계가 높은 문항들을 범주화하여 하위요인을 구성하는 방법은 신뢰도 측정방법에 없다.

오답분석

① 동일한 상황에서 동일한 측정도구로 동일한 대상을 다시 측정하는 방법은 검사-재검사법이다.
② 측정도구를 반으로 나누어 두 개의 독립된 척도로 구성한 후 동일한 대상을 측정하는 방법은 반분법이다.
④ 동질성이 있는 두 개의 측정도구를 동일한 대상에게 측정하는 방법은 복수양식법(대안법)이다.
⑤ 전체 척도와 척도의 개별항목이 얼마나 상호 연관성이 있는지 분석하는 방법은 내적 일관성 분석이다.

12 난도 ★★☆   정답 ⑤

오답분석

① 측정항목의 수를 늘려야 한다.
② 유사한 질문을 늘려 신뢰도를 높여야 한다.
③ 측정자에게 측정도구에 대한 교육을 사전에 실시한다.
④ 측정자들은 측정방식을 대상자에 맞게 유연하게 바꾸지 않고 정해진 측정도구를 사용하는 것이 좋다.

PLUS +

신뢰도를 높이는 방법
• 측정항목의 모호성을 줄이고 구체화해야 한다.
• 측정항목의 수를 늘리고 항목의 선택 범위를 넓혀야 한다.
• 측정자의 측정방식에는 일관성이 있어야 한다.
• 기존에 신뢰도가 있다고 인정된 측정도구를 사용하는 것이 유리하다.
• 측정하는 동안에 환경적 요인을 통제해야 한다.
• 응답자가 무관심하거나 잘 모르는 내용은 측정하지 않는 것이 좋다.

13 난도 ★★☆   정답 ④

정답분석

ㄱ. 재검사법, 반분법뿐 아니라 복수양식법, 내적 일관성 분석도 신뢰도를 평가하는 방법이다.
ㄷ. 신뢰도는 일관성 있게 측정하는 것으로 측정할 때마다 실제보다 5g 더 높게 측정되는 저울은 신뢰도가 있다.

오답분석

ㄴ. 신뢰도는 타당도의 필요조건이지 필요충분조건은 아니다.

14 난도 ★★☆   정답 ①

정답분석

① 신뢰도는 측정하고 싶은 것을 반복해서 측정하더라도 같은 값을 얻는 것을 의미한다.

오답분석

② 측정도구가 의도하는 개념의 실질적 의미를 반영하는 정도와 관련이 있는 것은 타당도이다. 타당도는 조사하고 싶은 것을 정확히 조사하는 것이다.
③ 검사-재검사는 동일한 검사지를 가지고 동일한 대상자에게 시간 간격을 두고 2번 검사한 결과를 비교하는 방법이다. 신뢰도 중 가장 널리 사용되는 유형은 내적 일관성 분석이다.
④ 사회적 바람직성 편향은 타당도를 낮추는 주요 요인이다. 사회적 바람직성 편향은 여론조사나 설문조사에서 응답자들이 다른 사람들에 의해 좋게 보이거나 좋은 인상을 줄 수 있는 답을 하려는 경향으로 대상자와 연구자의 의도가 같지 않아 정확한 측정이 불가능하여 타당도에 영향을 미친다.
⑤ 특정 개념을 측정하는 문항수가 많을수록 신뢰도는 높아진다. 100개 중 1개는 1%이지만 10,000개 중 1개는 0.01%로 신뢰도가 높아진다.

15 난도 ★★☆   정답 ②

정답분석

타당도는 측정하고자 하는 것을 정확하게 측정해 내는 정도를 의미하고, 신뢰도는 측정하고 싶은 것을 반복해서 측정하더라도 같은 값을 얻는 것을 의미한다. A시설 어린이들의 발달 상태를 조사하기 위해 체중계를 이용하여 몸무게를 측정했는데 항상 2.5kg이 더 무겁게 측정되었다는 것은 여러 번 반복해서 측정해도 항상 같은 값이 나왔다는 뜻이므로 신뢰도가 높고, 2.5kg씩 더 무겁게 측정되었으므로 타당도는 낮다고 할 수 있다.

SECTION 06 표본설계									
01	**02**	**03**	**04**	**05**	**06**	**07**	**08**	**09**	**10**
④	④	③	①	②	⑤	②	④	④	②
11	**12**	**13**	**14**	**15**	**16**	**17**	**18**		
②	⑤	③	⑤	⑤	④	③	①		

01 난도 ★★☆ 　　　　　　　　정답 ④

정답분석

표집오차는 표본의 통계치(평균)와 모집단의 모수치(평균)의 차이로 조사대상자가 모집단을 대표하지 못할 때 나타난다. 표본이 크면 클수록, 표본이 추출되는 모집단의 동질성이 클수록 표본의 대표성에 대한 확신을 가질 수 있고, 표본의 비율보다 표본의 크기가 더 중요하다.

02 난도 ★★☆ 　　　　　　　　정답 ④

정답분석

④ 표집틀(표본추출)은 표집단위나 분석단위가 될 수 있는 명부로, 사례에서 표집틀은 표집단위의 실제 목록인 노인 이용자 명단이다.

오답분석

① 모집단은 연구대상의 집합체로 전체 대상을 의미하므로 복지관을 이용하는 노인들이다.
② 표집방법은 확률·비확률 표집 중 선택하는 방법으로 300명을 무작위로 표본을 추출하므로 층화표집이다.
③ 관찰단위는 자료수집의 단위로 복지관을 이용하는 노인들로 개인이다.
⑤ 분석단위는 연구의 대상인 복지관을 이용하는 노인들로 개인이다.

03 난도 ★★☆ 　　　　　　　　정답 ③

정답분석

③ 표본오차는 표본의 통계치에서 모집단의 추정치를 추정하는 과정에서 발생하는 오차로, 표본의 크기가 커질수록 집단을 대표할 가능성이 높아져 표본오차는 낮아진다.

오답분석

모집단의 모든 인원을 서베이하거나 관찰을 하는 것은 시간과 비용이 많이 들어가기 때문에 현실적으로 불가능한 경우가 많다. 이러한 문제를 해결하기 위해 전체의 모집단 중에서 대표할 수 있는 일부를 뽑아 서베이 또는 관찰을 하게 되는데, 이것을 표본이라 하고 이러한 과정을 표본추출 혹은 표집이라고 한다.
① 표본의 크기가 클수록 많은 대상자를 관찰해야 하므로 시간과 비용이 많이 든다.

② 신뢰수준을 높이면 표집오차도 커지는데, 표본의 크기를 증가시키면 표집오차가 작아지므로 표집오차가 커지는 것을 막을 수 있다.
④ 모집단은 동질성이 클수록 표본의 대표성에 대한 확신을 가질 수 있는데 이질적인 경우에는 표본의 크기를 늘려 표본오차를 감소시켜 대표성을 높여야 한다.
⑤ 같은 표본추출방법을 사용한다면 표본의 크기가 클수록 대표성이 높아진다.

04 난도 ★★☆ 　　　　　　　　정답 ①

정답분석

표집오차는 모집단을 정확하게 반영해주지 못하는 표본을 선정했을 때 발생하는 오류이고, 비표집오차는 표집과정이 아닌 여타의 자료수집 과정에서 발생하는 오류이다. 코딩작업 시 생기는 오류는 비체계적 오류이며, 컴퓨터에 입력 시 실수로 생기는 오류이기 때문에 언제 어디서 생길지 모른다.

05 난도 ★☆☆ 　　　　　　　　정답 ②

정답분석

표본추출과정은 모집단 확정 → 표집틀 선정 → 표본추출방법 결정 → 표본크기 결정 → 표본추출 순이다.

06 난도 ★★★ 　　　　　　　　정답 ⑤

정답분석

ㄱ. 신뢰수준과 유의수준은 반대되는 내용으로 99% 신뢰수준은 1% 유의수준을 사용한다는 의미이고, 95%의 신뢰수준은 5%의 유의수준을 사용한다는 의미이다.
ㄴ. 유의수준은 1종 오류에 영향을 주어 유의수준이 낮을수록 1종 오류가 낮아진다. 신뢰수준을 95%에서 99%로 높이면 1종 오류를 줄일 수 있다.
ㄷ. 95% 신뢰수준은 100번 조사하면 5번 정도는 오차가 허용될 수 있다는 의미이고, 99% 신뢰수준은 100번 조사하면 1번의 오차가 허용된다는 의미이다.
ㄹ. 99% 신뢰수준에서 모집단의 평균값이 신뢰구간 내에 존재한다는 것을 99% 확신할 수 있다. 신뢰구간에 모수가 존재한다고 확신하는 수준이 신뢰수준이다. 신뢰수준 99%는 99% 확신한다는 의미이다.

07 난도 ★★☆ 　　　　　　　　정답 ②

정답분석

할당표집은 비확률표집으로 모집단을 속성에 따라 여러 개의 집단을 나누고 모집단을 편의대로 할당시켜 표본을 인위적으로 추출하는 방법이다. 층화표집법과 같은 방법을 사용하지만 층화표집은 무작위표집을 하고 할당표집은 인위적으로 표집을 한다는 점이 다르다.

08 난도 ★★☆   정답 ④

정답분석

④ 층화표집은 동질적인 집단이 이질적인 집단보다 표집오차가 더 작다는 확률분포의 논리에 기초하므로 표집오류를 줄이기 위해 층화표집방법(Stratified Sampling)을 사용할 수 있다.

오답분석

① 모집단을 가장 잘 대표하는 표본추출방법은 확률표집 중 하나인 단순무작위표집이다. 유의표집은 비확률표집으로 모집단을 가장 대표하지 못하는 표본추출방법이다.
② 모집단이 이질적인 경우에는 표본의 크기를 늘려야 한다. 모집단이 이질적인 요소로 구성될수록 표집오차가 커지므로 표본의 크기를 늘려야 한다.
③ 모든 모집단을 조사하는 전수조사는 모수(모집단의 특성)와 통계치(표본의 특성)의 구분이 불필요하다. 모수와 통계치는 표본조사에서 필요하다.
⑤ 체계적 표집방법(Systematic Sampling)은 모집단 목록에서 일정한 순서에 따라 매 K번째 요소를 표본으로 추출하는 방법으로 매 K번째는 무작위추출을 해야 한다. 목록 자체가 일정한 주기성을 갖지 않아야 한다.

09 난도 ★★☆   정답 ④

정답분석

④ 단순무작위표집(Simple Random Sampling)은 모집단으로부터 표본으로 추출될 확률을 알 수 있다. 예를 들어 1,000명 중 10명을 뽑는다면 1%의 확률이라는 것을 알 수 있다.

오답분석

① 할당표집(Quota Sampling)은 비확률표집으로 인위적 표집을 전제로 한다.
② 유의표집(Purposive Sampling)은 비확률표집이다.
③ 눈덩이표집(Snowball Sampling)은 비확률표집으로 모집단의 규모를 몰라도 사용할 수 있다.
⑤ 임의표집(Convenience Sampling)은 모집단에 대한 사전 정보가 없는 경우 모집단이 극히 동질적이어서 표집 요소들 간에 차이가 없다고 판단될 때 연구자가 쉽게 이용 가능한 대상들을 표본으로 선택하는 방법이다. 따라서 모집단의 대표성이 없다.

10 난도 ★★★   정답 ②

정답분석

해당 사례의 표집방법은 계통적 표집(체계적, 계층적)으로 확률표집의 종류이며, 모집단 목록에서 일정한 순서에 따라 매 K번째 요소를 표본으로 추출하는 방법이다. 매 K번째는 무작위추출을 해야 하고 목록 자체가 일정한 주기성을 갖지 않아야 한다.

11 난도 ★★☆   정답 ②

정답분석

② 할당표본추출은 모집단을 속성에 따라 여러 개의 집단을 나누고 모집단을 편의대로 할당시켜 표본을 인위적으로 추출하는 방법이다.

오답분석

① 비례층화표본추출은 집단의 크기에 맞게 표본의 크기를 정하는 방법으로 모집단의 크기가 작으면 사용하기 어렵다.
③ 체계적 표본추출은 모집단 목록에서 일정한 순서에 따라 매 K번째 요소를 표본으로 추출하는 방법이다.
④ 눈덩이표본추출은 처음의 굴리는 눈은 작지만 계속 굴리면 커지는 것처럼 한 명의 대상자로 시작하여 점진적인 방법으로 자료를 모으는 방법이다.
⑤ 집락표본추출은 여러 개의 집단을 구분하여 하나의 집단을 선택하고 선택된 집단의 하위 집단에서 하나를 무작위로 선택하는 방법이다.

12 난도 ★☆☆   정답 ⑤

정답분석

확률표집은 누구나 표집에 포함될 확률이 있는 것으로 각 단위가 추출된 확률을 정확히 알고 무작위 방법에 기초하여 표집하는 방법이다. 많은 사람들을 한번에 조사하는 방법으로 양적 조사에 사용된다. 질적 연구에 주로 사용되는 방법은 비확률표집이다.

13 난도 ★★☆   정답 ③

정답분석

의도적 표집은 판단·유의 표집이라고도 한다. 조사자가 충분한 사전지식을 가지고 있고 주관적 판단에 따라 목적달성이 가능하도록 구성요소를 의도적으로 선정하는 방법이다. 자신의 욕구를 잘 표현할 수 있는 빈곤노인을 조사 대상으로 의도적으로 선정하였으므로 의도적 표집에 대한 설명이다.

14 난도 ★★☆   정답 ⑤

정답분석

내용분석은 확률표집을 사용할 수 있다. 확률표집에는 단순무작위표집, 층화표집, 계통적 표집, 집락표집이 있다.

15 난도 ★★☆ 정답 ⑤

정답분석
전체 모집단에서 직접 표본을 추출하는 방법은 확률표집의 특징이다.

오답분석
할당표집은 비확률표집의 하나로 모집단을 속성에 따라 여러 개의 집단으로 나누고 모집단을 편의대로 할당시켜 표본을 인위적으로 추출하는 방법이다. 층화표집법과 같은 방법을 사용하지만 층화표집은 무작위표집을 하고 할당표집은 인위적으로 표집을 한다는 점이 다르다.
모집단의 사전지식, 연구자의 편향적 선정, 선정될 확률이 동일하지 않는 방식은 비확률표집의 특징이다.

16 난도 ★★☆ 정답 ④

정답분석
동일확률선정법(확률표집)으로 추출된 표본이라 할지라도 모집단을 완벽하게 대표할 수는 없다. 모집단을 대표하기 위해서는 모집단 전체를 표본으로 추출해야 한다. 확률표집에서 단순무작위표집 외에는 모집단 전체를 표본으로 추출하지 않는다.

17 난도 ★☆☆ 정답 ③

정답분석
모집단의 비율에 맞게 표집하는 방법에는 층화(Stratified)표집과 할당(Quota)표집이 있다. 층화표집은 확률표집방법의 종류이고 할당표집은 비확률표집방법의 종류이다.

18 난도 ★☆☆ 정답 ①

정답분석
체계적 표집은 모집단 목록에서 일정한 순서에 따라 매 K번째 요소를 표본으로 추출하는 방법으로 매 K번째는 무작위추출을 한다. 수험번호가 가장 앞쪽인 10명 중 무작위로 첫 번째 요소를 추출하고 그 첫 번째 요소로부터 매 10번째 요소를 추출하여 합격자들의 특성을 파악하였으므로 체계적 표집에 해당한다.

SECTION 07 **단일사례설계**									
01	02	03	04	05	06	07			
①	⑤	④	⑤	①	②	③			

01 난도 ★★☆ 정답 ①

정답분석
① ABCD조사는 기초선을 보고 제1개입 후 개입의 효과가 없을 때 제2개입을 하고 제2개입도 효과가 없을 경우 제3개입을 하는 방법으로 복수의 각기 다른 개입방법을 연속적으로 도입할 수 있다.

오답분석
② 시계열설계의 논리를 개별사례에 적용한 것이다. 시계열설계는 3번의 기초선을 조사하고 개입 후 3번의 조사를 비교하는 설계로 단일사례연구는 한 번의 기초선과 한 번의 조사를 비교한다.
③ 개입의 효과를 알기 위해 개입 후 다시 기초선을 보므로 윤리적인 문제가 발생할 수 있다.
④ 시간적 여유가 없는 경우나 급한 경우에 기초선을 보지 않고 바로 개입을 통한 개입효과를 보므로 실천과정과 조사연구과정이 통합될 수 있다.
⑤ 다중기초선설계는 AB조사를 여러 상황, 여러 문제, 여러 사람들에게 적용하는 방법으로 다중기초선설계의 적용이 가능하다.

02 난도 ★★★ 정답 ⑤

정답분석
단일사례설계는 기초선(A)과 개입국면(B)을 통하여 변화를 확인하는 방법이다. 보통 4주 정도 기초선을 관찰한 후 개입 후의 변화상태를 확인하며, 위기 시에는 기초선을 보지 않고 바로 개입하기도 한다.
ㄱ. 긴급한 상황에서는 기초선을 보기 어려우므로 BA설계는 개입의 긴급성이 있는 상황에 적합하다.
ㄷ. 개입의 효과가 프로그램의 효과인지 아니면 외부사건에 의한 변화인지 다시 기초선을 보면서 확인할 수 있으므로 ABAB설계는 AB설계에 비해 외부사건의 영향력에 대한 통제력이 크다.
ㄹ. 복수기초선디자인은 AB조사를 여러 상황, 여러 문제, 여러 사람들에게 적용하는 방법으로 AB설계보다는 외부사건에 대한 통제력이 크다.

오답분석
ㄴ. B(놀이치료)의 효과가 있었는데 개입효과를 보기 위해 다시 기초선을 보고 다시 C(음악치료)로 개입효과를 본다면 기존의 놀이치료의 효과가 음악치료의 효과에 영향을 미칠 수 있어 ABAC설계는 선행효과 통제가 불가능하다.

03 난도 ★★☆　　　　　　　　　　　정답 ④

정답분석
④ ABAB설계는 처음에 기초선을 보고 개입을 한 후 제2기초선을 보고 다시 개입을 하는 유형으로 외생변수를 효과적으로 통제할 수 있기 때문에 두 번의 기초선과 두 번의 개입을 한다.

오답분석
① ABCD설계는 여러 개의 개입효과를 개별적으로 증명할 수 없다. ABCD설계는 많은 개입으로 인하여 어떤 개입의 영향이 있었는지 알 수 없다는 단점이 있다.
② AB설계는 기초선과 개입국면으로 이루어져 가장 자주 사용되는 설계이지만 외부요인을 통제할 수 없는 단점이 있다. 여러 유형의 문제에 적용 가능한 설계는 복수기초선설계이다.
③ 복수기초선설계는 AB조사를 여러 상황, 여러 문제, 여러 사람들에게 적용하는 방법이다.
⑤ 평균비교는 기초선에서 나타나는 관찰값들의 평균과 개입선의 평균값들을 비교해 보는 방법이다. 기초선이 불안정할 때 기초선의 변화의 폭과 기울기까지 고려하여 결과를 분석하는 방법은 경향선 접근이다.

04 난도 ★★★　　　　　　　　　　　정답 ⑤

정답분석
개입 후 상당한 기간이 지나 변화가 발생한 경우에는 개입의 효과보다는 성숙(성장)효과가 있다고 판단한다.

05 난도 ★★★　　　　　　　　　　　정답 ①

정답분석
다수의 AB조사를 상황, 문제, 대상에 따라 다르게 하는 방법으로 내적 타당도 저해요인을 통제하기 위해 개입의 철회를 사용하지 않는다.

> **PLUS +**
> 다중(복수)기초선설계는 내적 타당도 저해요인을 통제하기 위한 주요 수단으로 복수의 사례들에 대해 개입의 시점을 각각 달리하는 방법을 사용한다.
> • 상황 간 복수기초선은 하나의 개입방법이 같은 대상자의 같은 문제를 두 가지 이상 다른 상황에서 어떠한 효과가 있는지 평가하는 것이다.
> • 문제 간 복수기초선은 하나의 개입방법이 같은 상황에서 같은 대상자의 다른 문제해결에 어떠한 효과가 있는지 평가하는 것이다.
> • 대상자 간 복수기초선은 특정 개입방법이 같은 상황에서 같은 문제를 가진 두 명 이상의 다른 대상에게 적용될 때 개입방법의 효과를 평가하는 것이다.

06 난도 ★★☆　　　　　　　　　　　정답 ②

정답분석
단일사례설계의 조사대상은 개인, 가족, 집단, 조직체, 지역사회 등이 될 수 있다. 또한 개입방법으로는 다중요소설계(ABCD설계)와 같이 한 개입에 다수의 개입방법을 사용할 수 있다.

07 난도 ★★★　　　　　　　　　　　정답 ③

정답분석
③ 경향선 접근은 기초선이 불안정할 경우에 사용하는 방법으로 기초선 관찰을 두 영역으로 나눈 후 각각을 다시 둘로 나누어 각 그룹별 평균을 산출한다. 이 평균을 연결하여 경향선을 만든다. 개입단계에서의 관찰점이 경향선 아래나 위에 있다면 개입은 효과적이다.

오답분석
① 평균비교는 기초선이 안정적인 경우 기초선과 개입단계의 자료의 평균을 비교하는 방법으로 기초선의 평균보다 개입단계의 평균이 2배 이상 차이가 날 경우 유의미함을 인정하는 방법이다.
② 시각적 분석은 기초선과 개입단계의 그래프를 보면서 어떤 변화가 있었는지 시각적으로 확인하는 방법으로 가장 보편적인 분석방법이다.
④ 임상적 분석은 개입 이후에 변화가 나타났다면 그 변화가 사회복지 실천에서 어느 정도 의미를 갖는 변화인지 임상적으로 확인하는 방법으로 다소 주관적인 단점이 있는 분석방법이다.

SECTION 08 **실험조사설계**									
01	02	03	04	05	06	07	08	09	10
③	③	⑤	③	③	④	②	③	④	②
11	12	13	14	15	16				
②	①	③	④	①	③				

01 난도 ★☆☆ 　　　　　　　　　　　　정답 ③

정답분석

통계적 회귀는 사전검사에서 너무 높거나 낮은 극단적인 점수를 나타냈다면 사후검사에서는 독립변수의 효과와 무관하게 평균 값으로 회귀하려는 경향을 말한다.

02 난도 ★★☆ 　　　　　　　　　　　　정답 ③

정답분석

③ 내적 타당도가 높다고 해서 외적 타당도까지 높은 것은 아니므로 A지역에서는 효과가 있다고 해도 B지역에서도 효과가 있는 것은 아니다. 따라서 특정한 지역이나 조건에 한정된 검증은 일반화할 수 없다.

오답분석

① 어떤 변수가 다른 변수의 원인임을 정확하게 기술하는 것은 내적 타당도이다. 내적 타당도는 종속변수가 변한 이유가 독립변수의 원인인지 아니면 다른 원인으로 인하여 변한 것인지 알아내는 것이다.

② 연구결과를 연구조건을 넘어서는 상황이나 모집단으로 일반화하는 정도는 외적 타당도이다. 외적 타당도의 저해요인으로는 표본의 대표성, 조사반응성(호손효과), 위약효과(플라시보 효과), 후광효과 등이 있다.

④ 실험대상의 탈락이나 우연한 사건은 내적 타당도 저해요인이다.

⑤ 외적 타당도가 낮은 경우 내적 타당도가 낮다고 할 수 없다. 일반화를 할 수 없다고 해서 종속변수가 변한 이유가 독립변수의 원인인지 아니면 다른 원인으로 인하여 변한 것인지 알아내지 못하는 것은 아니다.

03 난도 ★★☆ 　　　　　　　　　　　　정답 ⑤

정답분석

⑤ 외적 타당도는 표본에서 얻어진 연구의 결과로 인해 연구조건을 넘어선 다른 환경이나 다른 집단들에게까지 적용할 수 있는 정도 또는 일반화할 수 있는 정도를 말한다. 외적 타당도의 저해요인으로는 표본의 대표성, 조사반응성, 위약효과, 후광효과 등이 있다. 자발적 참여자만을 대상으로 연구표본을 구성하게 되는 상황은 표본의 대표성의 문제점이 발생한다.

오답분석

① 연구대상의 건강 상태가 시간 경과에 따라 회복되는 상황에서 성장요인의 문제가 생긴다.

② 자아존중감을 동일한 측정도구로 사전-사후 검사하는 상황에서 검사요인의 문제가 생긴다.

③ 사회적 지지를 다른 측정도구로 사전-사후 검사하는 상황에서 도구요인의 문제가 생긴다.

④ 실험집단과 통제집단 간 연령 분포의 차이가 크게 발생하는 상황에서 편향된 선별의 문제가 생긴다.

04 난도 ★★☆ 　　　　　　　　　　　　정답 ③

정답분석

내적 타당도는 독립변수와 종속변수 사이의 인과관계가 얼마나 확실한가, 즉 독립변수로 인하여 종속변수가 변한 것이라고 얼마나 확신할 수 있는가를 의미한다.

ㄱ. 연구자의 의도와 상관없이 우연한 사건으로 인해 결과에 영향을 미친다.

ㄴ. 사전점수가 매우 높은 집단을 선정할 때 내적 타당도가 저해되는 요인은 통계적 회귀이다.

오답분석

ㄷ. 내적 타당도가 높은 연구결과는 일반화 가능성이 높지 않다. 연구결과를 일반화할 수 있는 타당도는 외적 타당도이다.

05 난도 ★★☆ 　　　　　　　　　　　　정답 ③

정답분석

내적 타당도는 종속변수가 변한 이유가 독립변수의 원인인지 아니면 다른 원인으로 인하여 변한 것이지 실험을 통해 인과관계를 검증하는 것이고 외적 타당도는 일반화 정도를 의미하는 것이다. 내적 타당도가 높다고 해서 외적 타당도가 높은 것은 아니며 내적 타당도와 외적 타당도는 아무 관련이 없다.

06 난도 ★★☆ 　　　　　　　　　　　　정답 ④

정답분석

• 내적 타당도 저해요인에는 성장(성숙)요인, 역사요인(우연한 사건), 선발요인, 상실요인, 검사요인, 도구요인, 통계적 회귀, 모방, 선택과의 상호작용이 있다.

• 외적 타당도 저해요인에는 표본의 대표성, 조사 반응성(호손효과), 플라시보 효과(위약 효과)가 있다.

07 난도 ★★★ 　　　　　　　　　　　　정답 ②

정답분석

비동일집단 후비교조사(정태적 집단비교)는 단일집단 전후비교조사와 단일집단 후비교조사의 단점을 보완한 형태로 통제집단

사후조사에서 무작위할당이 제외된 조사이다. 무작위할당을 하지 않고 사전검사도 하지 않으며 실험집단과 통제집단을 비교하여 개입의 효과를 알아내는 방법이다. 집단 간에 동질성 보장이 어렵고 외부요인의 설명 가능성을 배제하기 어렵다.

실험집단(A요양원 노인들)	프로그램 진행(X)	정서적 안정감 측정01
통제집단(B요양원 노인들)		정서적 안정감 측정02

08 난도 ★★★   정답 ③

정답분석

청소년 100명을 무작위로 통제집단과 실험집단으로 구분하고 사전검사와 사후검사를 실시한 통제집단 전후비교설계로 사전검사가 사후검사에 영향을 주는 검사요인, 역사요인이 발생할 수 있다.
③ 실험집단과 통제집단으로 구분하여 실험집단의 영향이 통제집단에 영향을 주지 못하게 하였으므로 외적 요인을 통제하였다.

09 난도 ★★★   정답 ④

정답분석

④ 청소년의 자원봉사의식 향상 프로그램의 효과성을 검증하기 위해 실험집단과 통제집단으로 구분하여 사전검사를 실시하였다. 실험집단에는 프로그램을 실시한 후에 사후검사를 실시하여 프로그램의 효과를 확인하였다. 사전검사와 사후검사가 다른 경우 프로그램의 효과로 볼 수 있어 자연적 성숙(시간에 흐름에 따른 변화)에 따른 효과를 통제할 수 있다.

오답분석

① 사전검사가 사후검사에 영향을 미치므로 테스트 효과의 발생 가능성이 높다.
② 청소년 200명을 무작위로 집단을 선정해서 집단 간 동질성을 확인할 수 있다.
③ 사전검사와 프로그램의 상호작용 효과의 통제는 불가능하다. 사전검사는 사후검사에 영향을 미치고 실험집단은 프로그램을 통한 효과가 나타난다.
⑤ 실험집단과 통제집단으로 나누어 실험집단에만 프로그램을 진행하였으므로 실험집단의 개입 효과가 통제집단으로 전이되지 않는다.

10 난도 ★★☆   정답 ②

정답분석

제시된 실험설계는 유사실험설계 중 하나인 단순시계열설계에 대한 설명이다. 단순시계열설계는 통제집단을 설정하기 곤란한 경우 실험집단을 선정하고 3번 이상 사전검사와 사후검사를 실시한다. 사전검사 후 개입하고 사후검사를 실시하여 사전검사와 사후검사의 합을 비교하는 개입의 효과를 알아내는 방법이다.

② 단순시계열설계는 사전검사를 실시하고 사후검사를 실시했으므로 검사효과가 발생할 수 있다.

오답분석

① 단순시계열설계는 통제집단이 없고 실험집단만 있으므로 통제집단을 두기 어려울 때 사용할 수 있다.
③ 정태적 집단비교설계는 비동일집단 후비교조사로 사전검사를 실시하지 않는 설계이다. 또한 전 실험조사의 종류로 가장 내적 타당도가 떨어지므로 단순시계열설계가 정태적 집단비교설계보다 내적 타당도가 높다.
④ 사후검사의 평균이 개입 이전인 사전검사 평균보다 얼마나 차이가 있는지 비교할 수 있다. 즉, 개입효과는 사전검사와 사후검사 측정치의 평균을 비교해서 측정할 수 있다.
⑤ 사전검사와 개입의 상호작용 효과가 발생할 수 있다. 상호작용 효과는 개입의 효과로 인하여 사전검사보다 사후검사 점수가 높은 것을 의미한다.

11 난도 ★★☆   정답 ②

정답분석

외부사건은 내적 타당도 저해요인이다. 종속변수가 변한 이유가 독립변수의 원인인지 아니면 다른 원인으로 인하여 변한 것이지 알아내는 것이 내적 타당도이며, 내적 타당도 저해요인을 해결할 수 있는 실험설계는 순수실험설계이다. 순수실험설계는 통제집단 전후비교설계, 통제집단 후비교설계, 솔로몬 4집단으로 구분된다.

오답분석

단일집단 사전사후검사설계와 단일집단 사후검사설계는 전실험조사설계의 종류이다.

12 난도 ★★☆   정답 ①

정답분석

① 다중시계열설계(Multiple Time-series Design)는 통제집단을 설정한다. 통제집단을 설정하지 않는 것은 단순시계열설계(Simple Time-series Design)이다.

오답분석

② 단일집단 사전사후검사설계(One-group Pretest-posttest Design)는 사전검사가 사후검사에 영향을 미쳐 검사효과를 통제하기 어렵다.
③ 통제집단 사후검사설계(Posttest-only Control Group Design)는 사전검사를 실시하지 않아 사전검사의 영향을 배제할 수 있다.
④ 시계열설계(Time-series Design)는 통제집단을 설정하기 곤란한 경우 실험집단을 선정하고 3번 이상 사전검사와 사후검사를 실시한다. 사전검사 후 개입하고 사후검사를 실시하여 사전검사와 사후검사의 합을 비교하는 개입의 효과를 알아내는 방법이다. 검사효과와 외부사건을 통제하기 어렵다.

⑤ 정태적 집단비교설계(Static Group Design)는 단일집단전후
비교조사와 단일집단후비교조사의 단점을 보완한 형태이다.
통제집단 사후조사에서 무작위 할당이 제외되어 두 집단의
본래의 차이를 확인하기 어렵다.

13 난도 ★★☆　　　　　　　　　　　　　정답 ③

정답분석

자원봉사자 40명을 20명씩 통제집단과 실험집단으로 구분하고
실험집단에는 교육을, 통제집단에는 아무런 개입을 하지 않은
후 만족도를 비교하였다. 이러한 연구설계는 통제집단 후비교
설계에 해당되며 통제집단이 없는 설계방법에는 시계열조사, 단
일집단 후비교조사, 단일집단 전후비교조사가 있다.

14 난도 ★★☆　　　　　　　　　　　　　정답 ④

정답분석

주어진 설계는 전실험조사의 한 종류인 단일집단 전후비교조사
이다. 단일집단 전후비교조사는 내·외적 타당도가 모두 낮으
므로 일반화하기는 어렵고, 사전검사와 사후검사를 실시하여 검
사효과를 통제할 수 없다.

15 난도 ★★☆　　　　　　　　　　　　　정답 ①

정답분석

A학교와 B학교를 선정하여 실험집단과 통제집단을 구성하였
다. 또한 사전검사를 실시한 후 A학교에만 학교폭력 예방 프로
그램을 실시하고 사후검사를 실시하였으므로 비동일 통제집단
설계에 대한 내용이다. A학교나 B학교 중 한 곳에서 집단을 구
분하였다면 통제집단 사전사후조사 설계로 볼 수 있으나 학교를
달리하였으므로 비동일 통제집단설계이다.

16 난도 ★★★　　　　　　　　　　　　　정답 ③

정답분석

비동일 통제집단설계는 실험집단과 통제집단의 교류를 통제하
지 못해 모방·확산되어 실험의 영향이 나타나는 단점이 있다.

SECTION 09 자료수집

01	02	03	04	05	06	07	08	09	10
⑤	⑤	②	⑤	②	②	④	④	②	⑤
11									
④									

01 난도 ★★☆　　　　　　　　　　　　　정답 ⑤

정답분석

질문내용 및 방법의 표준화 정도는 양적 조사 자료수집이 질적
조사 자료수집보다 높다. 설문지를 이용한 면접조사와 스케줄
－구조화 면접은 틀이 정해져 있고 심층면접과 비구조화 면접
은 틀이 정해져 있지 않다. 따라서 설문지를 이용한 면접조사와
스케줄－구조화 면접이 심층면접과 비구조화 면접보다 표준화
정도가 높다.

02 난도 ★★☆　　　　　　　　　　　　　정답 ⑤

정답분석

설문조사 결과를 해석할 때에는 표집방법, 표본의 크기, 설문조
사 시기, 측정도구의 신뢰성 등을 유의해야 한다.

03 난도 ★★☆　　　　　　　　　　　　　정답 ②

정답분석

ㄱ. 전화조사는 조사자가 조사대상자에게 전화로 질문내용을
　 묻고 응답을 기록하는 방법으로, 전화번호부에 의해 무작위
　 추출이 가능하다.
ㄹ. 면접조사는 조사자와 조사대상자 간에 상호작용을 통하여
　 자료를 수집하는 방법으로, 조사자를 교육시켜야 하므로 시
　 간과 비용이 많이 든다.

오답분석

ㄴ. 우편조사는 조사대상자에게 우편으로 설문지를 보내 설문
　 지 작성 후 다시 우편으로 보내는 방법으로, 많은 정보를 획
　 득하기 위해 사용하는 심층규명 방법을 사용하기 어렵다.
ㄷ. 배포조사는 설문지를 배포하고 일정시간이 지난 후에 설문
　 지를 회부하는 방법으로, 응답 환경을 통제하기 어렵다.

04 난도 ★★☆　　　　　　　　　　　　　정답 ⑤

정답분석

⑤ 내용분석법은 조사자가 새로운 자료를 수집하는 것이 아니
　 라 기존의 자료를 분석하여 자료를 수집하는 방법이다. 인간
　 의 의사소통 기록물(신문, 책, 일기)을 분석하는 간접(2차) 자
　 료수집 방법 중 하나이다.

① 질문지법은 질문지를 사용하여 정보를 얻는 방법으로 서베이 방법 중 양적 조사에서 가장 많이 사용된다.
② 면접법은 조사자와 조사대상자 간에 상호작용을 통하여 자료를 수집하는 방법이다.
③ 관찰법은 주위에서 일어나는 일들에 대한 지식을 얻는 방법으로 시각, 청각과 같은 감각기관을 통하여 현상을 인지하는 가장 기본적인 방법이다.
④ 비관여적 조사는 조사자가 직접 자료를 수집하는 것이 아니라 기존의 자료를 가지고 자신이 원하는 자료만 분석하는 방법이다.

05 난도 ★★☆ 　　　　　　　　　　　　　　정답 ②

② 실험설계는 개입을 제공하기 전 사전검사와 사후검사를 하기 때문에 종속변수를 측정할 수 있다.

① 우편설문은 원래 표본으로 추출된 응답자가 응답하지 않을 수 있으며, 다른 대상자가 대신 응답할 수 있다.
③ 관찰은 조사대상자의 모든 것을 볼 수 있어 비언어적 자료수집이 가능하다.
④ 비반응성 자료수집은 연구 대상자의 반응성에서 야기되는 오류를 피하기 위한 것으로 연구대상의 반응성 오류를 피할 수 있다.
⑤ 대인면접설문은 방문 조사원이 직접 만나 자료를 수집하여 보충적인 자료가 수집될 수 있다.

06 난도 ★★☆ 　　　　　　　　　　　　　　정답 ②

전화조사는 면접조사에 비해 면접시간이 짧다. 전화조사는 조사자가 조사대상자에게 전화로 질문내용을 묻고 응답을 기록하는 방법으로 짧은 시간의 응답만이 가능하여 자세한 설명이 필요한 경우 시간이 짧아 설문하기 어렵다.

07 난도 ★★☆ 　　　　　　　　　　　　　　정답 ④

완전참여자(참여관찰)는 연구자가 신분과 목적을 알리지 않은 상태에서 원래의 상황을 전혀 방해하지 않고 자연스러운 상태 그대로 관찰하는 방법으로 관찰대상의 승인을 받지 않고 관찰한다는 점에서 연구윤리문제가 제기될 수 있다.

08 난도 ★★☆ 　　　　　　　　　　　　　　정답 ④

관찰법은 주위에서 일어나는 일들에 대한 지식을 얻는 가장 기본적인 방법으로 시각, 청각과 같은 감각기관을 통하여 현상을 인지하는 기본적인 방법이다. 연구대상을 통제하지 않고 있는 그대로 일정시간 관찰결과를 기록하는 방법이다. 즉, 주관적이므로 서베이에 비해 자료의 계량화가 어렵다.

관찰법의 장점
- 조사대상자의 행동을 현장에서 있는 그대로 포착할 수 있다.
- 지적장애인이나 어린아이, 동물처럼 자신의 생각을 말로 표현하지 못하는 경우 유용하다.
- 언어능력이 있더라도 비협조적인 조사대상자에게 유용하다.
- 설문지법이나 면접법에서 얻을 수 없는 자료도 얻을 수 있고 응답의 오차도 줄어든다.
- 장기간의 종단분석이 가능하므로 질적 연구나 귀납법에 적합하다.

관찰법의 단점
- 겉으로 보이는 정보만 관찰할 수 있고 보이지 않는 정보(특성, 과거사실)는 수집할 수 없다.
- 조사해야 할 행동을 할 때까지 기다려야 한다.
- 조사대상자에 접근과 해석이 어려울 수도 있다.
- 시간과 비용, 노력이 많이 든다.
- 관찰이 불가능(범죄)한 것들도 있다.
- 관찰을 하고 있다는 것을 알고 평소와 다른 행동을 할 수 있다.
- 큰 규모나 많은 인원을 한번에 관찰하지 못한다.
- 응답자로부터 조사를 승낙 받기가 어렵다.
- 관찰 내용의 수량화가 어렵기 때문에 관찰 결과를 일반화시키기 어렵다.
- 변수의 의미를 구체적으로 정의할 수 없다.
- 자연적 환경에서 외생변수의 통제가 불가능하다.

09 난도 ★★☆ 　　　　　　　　　　　　　　정답 ②

질문 과정의 유연성 증대, 높은 응답률, 응답환경의 통제 용이, 심층규명 증대는 대인면접법의 특징이다.

우편설문의 장점
- 시간과 비용이 절약된다.
- 설문지를 받고 바로 하지 않고 자신의 시간에 맞게 설문지를 작성할 수 있다.
- 접근하기 어려운 곳에도 설문이 가능하다.

- 조사자가 조사대상자를 보지 않기 때문에 조사자의 편견이 들어가지 않는다.
- 많은 사람을 표본으로 삼을 수 있기 때문에 대표성을 확보할 수 있어 일반화가 가능하다.
- 전국에 있는 조사대상자에게 보내는 것이기 때문에 표준화된 화법을 사용해야 한다.

10 난도 ★★☆   정답 ⑤

정답분석
⑤ 설문지의 문항을 배치할 때 신뢰도를 검사하는 질문은 서로 떨어져 있어야 한다. 붙어 있는 경우 1번 문제가 2번 문제에 영향을 줄 수 있기 때문이다.

오답분석
① 개방형 질문은 응답률을 높이기 위해 주로 설문지의 뒷부분에 배치한다. 응답하기 쉬운 질문을 먼저 배치해야 한다.
② 수반형(Contingency) 질문은 응답자가 한 문항에 응답하면 그에 따라 각기 다른 질문을 해야 할 경우에 사용되는 질문 방식으로 많아질수록 응답률은 낮아진다.
③ 명확한 응답을 얻기 위해 개방형 질문을 한다.
④ 문항은 응답자의 특성에 맞게 작성되어야 한다. 여성에게 군대에 대한 문항이나 남성에게 출산에 대한 문항을 물어보는 경우 답변하기 어렵다.

11 난도 ★☆☆   정답 ④

정답분석
온라인조사는 네트워크, 인터넷 등에 컴퓨터가 연결된 상태에서 이루어지는 조사로, 일반면접보다 시간적·공간적으로 비용절감의 효과가 있다.

SECTION 10 자료수집방법

01	02	03							
②	①	⑤							

01 난도 ★★☆   정답 ②

정답분석
초점집단기법은 10명 이내의 인원을 동시에 면접을 하면서 참여자 간 상호 토의를 통하여 의견을 수렴하는 방법이다. 조사에 필요한 가설을 설정하거나 설문지를 작성할 때 의견을 듣기 위해 실시하고 대부분 비표준화된 면접을 사용한다. 익명의 전문가를 패널로 활용하는 방법은 델파이기법이다.

02 난도 ★★☆   정답 ①

정답분석
ㄱ. 2차 자료 분석은 지역주민이나 전문가들에게 자료를 얻는 것이 아니라 기존에 기록을 검토하여 클라이언트의 욕구나 문제를 파악하는 방법으로 필요한 자료를 조사자가 직접 구하지 않는 비관여적인 방법이다. 어떤 자료를 분석하느냐에 따라 신뢰도와 타당도에 문제가 발생할 수 있다.

오답분석
ㄴ. 직접 자료를 조사한 것이 아니라 가공된 자료를 보기 때문에 관찰대상에 대한 연구자의 영향이 없다.
ㄷ. 통계적 기법으로 자료의 결측값을 대체할 수 있다. 결측값이 나오는 경우 다른 자료를 활용할 수 있다.
ㄹ. 어떤 자료를 조사하고 분석하느냐에 따라 신뢰도와 타당도에 문제가 발생할 수 있다.

03 난도 ★☆☆   정답 ⑤

정답분석
델파이기법은 전문가들에게 우편으로 의견이나 정보를 주고받아 합의점을 도출하는 방법으로, 일반인을 대상으로는 델파이기법을 활용하지 않는다.

SECTION 11 질적 연구

01	02	03	04	05	06	07	08	09	10
①	②	⑤	⑤	⑤	③	④	③	③	②
11	**12**	**13**	**14**	**15**	**16**	**17**	**18**	**19**	
④	④	①	③	①	④	①	④	⑤	

01 난도 ★★☆　　　　　　　　　　정답 ①

정답분석

내용분석은 조사자가 새로운 자료를 수집하는 것이 아니라 기존의 자료를 분석하여 자료를 수집하는 방법으로 비반응적 연구방법이다.

오답분석

내용분석은 책, 음악, 잡지, 회의록, 학술논문, 신문, 문서, 일기, 편지 등 기록물을 분석대상으로 하여 질적 내용을 양적 내용으로 전환할 수 있고, 연구의 목적에 따라 변수를 측정할 수 있도록 객관적이거나 계량적으로 전환하는 연구방법이다. 또한 조사대상자의 반응성의 문제를 피할 수 있는 2차 자료수집 방법으로 원하는 결과가 나오지 않으면 재조사가 가능하다.

02 난도 ★☆☆　　　　　　　　　　정답 ②

정답분석

체계적 표집은 확률표집으로 양적 연구 표집방법이다.

PLUS +

질적 연구의 표집방법
- **기준표집** : 연구자가 연구목적에 맞게 결정한 기준에 충족되는 사례를 선정하는 표집방법이다.
- **동질적 표집** : 동질적인 사례를 선정하는 표집방법이다.
- **결정적 사례표집** : 구체적인 정보를 제공하는 결정적인 사례를 선정하는 표집방법이다.
- **극단적 사례표집** : 주제의 현상이 나타나는 사례와 예외적인 사례를 표집하여 현상을 이해하는 방법이다.
- **최대변이표집** : 적은 수의 다양한 속성을 가진 사례의 표본을 확보하기 위한 표집방법이다.
- **예외사례표집** : 조사주제나 유형에 맞지 않는 예외적인 사례를 표집하는 방법이다.

03 난도 ★★★　　　　　　　　　　정답 ⑤

정답분석

임파워먼트는 클라이언트에게 권한을 부여하여 스스로 자신의 문제를 해결할 수 있도록 능력을 향상시켜 주는 것이다. A사회복지사는 정신건강의 문제를 해결하기 위해 연구하였고 소년들

은 A사회복지사와 함께 범죄피해와 정신건강과 관련된 사회 구조적인 문제를 해결하기 위한 다양한 방안들을 스스로 만들고 수행하여 사회변화와 임파워먼트에 초점을 두었다.

04 난도 ★★★　　　　　　　　　　정답 ⑤

정답분석

연구의 엄격성은 연구를 통해서 얻을 수 있는 결과와 결과해석을 신뢰할 수 있는 정도를 의미한다. 질적 연구의 엄격성을 높이기 위한 방법으로는 다각적 접근방법의 활용(삼각측정), 연구자의 동료집단의 조언, 예외적인 사례분석, 연구대상을 통한 재확인, 장기간 관계형성, 감사자료 남기기 등이 있다.

05 난도 ★★★　　　　　　　　　　정답 ⑤

오답분석

① 추상화시킨 구절에 번호를 부여하는 것은 코딩이다.
② 개념으로 도출된 내용을 가지고 하위범주를 만드는 것은 개방코딩이다.
③ 발견된 범주의 속성과 차원을 고려하여 유형화를 시도하는 것은 선택코딩이다.
④ 이론개발을 위해 핵심범주를 중심으로 다른 범주와의 통합과 정교화를 만드는 과정을 진행하는 것은 선택코딩이다.

PLUS +

코딩의 종류
코딩이란 질적 연구에서 연구자가 관여하는 기본적인 분석과정이다.
- **개방코딩** : 조사로 얻은 개념을 하위범주로 나누고 다시 범주로 나누는 방법과 같이 조사로 얻은 개념을 유사성과 차이점으로 분절함으로써 코드화하고 범주를 생성하는 것이다.
- **축코딩** : 개방코딩을 하면서 분절하였던 자료를 하나로 묶는 과정이다. 개념을 하위범주들과 연결시켜서 그 상호작용을 통해 얻은 결과로 패러다임을 밝혀 낸다.
- **선택코딩** : 조사로 얻은 개념을 개방코딩, 축 코딩의 과정을 거쳐 내용들을 기반으로 이론화하는 과정이다. 즉, 가장 중요한 핵심단어로 선택해서 추출하는 것이다.

06 난도 ★★☆　　　　　　　　　　정답 ③

정답분석

사회지표조사는 국민의 사회적 관심사와 주관적 의식에 관한 사항을 파악하여 관련 정책을 수립 및 연구의 기초자료로 제공하는 사회조사로 사회조사 자료를 활용하여 조사하는 2차 자료 분석조사이다.

질적 연구는 주로 작은 규모의 대상자를 대상으로 귀납적 원리를 선호하며 조사자 자신이 조사도구가 된다. 질적 연구의 종류로는 근거이론, 사례연구, 민속지학(문화기술지)연구, 현상학연구, 네러티브연구, 생애사연구, 참여행동연구 등이 있다.

07 난도 ★★☆　　　　　　　　　　　　　　정답 ④

정답분석

질적 조사의 엄격성(Rigor)을 높이는 방법으로는 장기간 관계유지, 다원화, 동료집단의 조언 및 지지, 연구대상을 통한 재확인, 예외적 사례분석, 감사자료 남기기가 있다.

오답분석

ㄴ. 표준화된 척도는 양적 조사에서 사용하는 방법이다.

08 난도 ★★★　　　　　　　　　　　　　　정답 ③

정답분석

축코딩은 개방코딩을 하면서 분절하였던 자료를 하나로 묶는 과정이다. 개념을 하위범주들과 연결시켜서 그 상호작용을 통해 얻은 결과로 패러다임을 밝혀 낸다.

09 난도 ★★☆　　　　　　　　　　　　　　정답 ③

정답분석

내용분석은 조사자가 새로운 자료를 수집하는 것이 아니라 기존의 자료를 분석하여 자료를 수집하는 방법이다. 책, 음악, 잡지, 회의록, 학술논문, 신문, 문서, 일기, 편지 등 기록물을 분석대상으로 한다. 질적 내용을 양적 내용으로 전환할 수 있고 연구의 목적에 따라서 변수를 측정할 수 있도록 객관적이거나 계량적으로 전환한다.

ㄱ. 기존자료에 의존하기 때문에 연구의 범위가 무제한적이지 않고 기록된 자료만 분석이 가능하다.

ㄹ. 기존자료를 활용하는 질적 조사나 양적 조사로 전환할 수 있어 가설검증이 필요하다.

오답분석

ㄴ. 기존자료 중 원하는 자료만으로 조사가 가능하므로 선정편향이 나타날 수 있다.

ㄷ. 직접 조사한 것이 아니라 연구 대상자의 반응을 알 수 없어 배제할 수 있다.

10 난도 ★☆☆　　　　　　　　　　　　　　정답 ②

정답분석

질적 조사는 과정지향적이고 조사자만의 준거틀을 활용하여 조사결과의 일반화가 어렵다는 특징이 있다. 이론적·눈덩이·극단적 사례·최대변이 표본추출은 비확률표집방법으로 질적 조사방법이다. 집락표본추출은 확률표집방법이고, 많은 인원을 조사할 때 사용하는 방법으로 양적 조사방법이다.

11 난도 ★★☆　　　　　　　　　　　　　　정답 ④

정답분석

조사대상자의 주관적인 세계를 조사하기 때문에 다른 연구자들이 재현하기 어렵다.

오답분석

질적 연구는 조사대상자의 주관적 세계를 조사하는 것으로 사람들이 행동하는 의미를 통해 사회현상을 해석하여 주로 해석적·자연적인 접근 방법에 사용된다. 조사자의 주관성을 활용하여 자료수집과 함께 자료분석을 병행한다.

12 난도 ★★★　　　　　　　　　　　　　　정답 ④

정답분석

ㄱ. 현상학은 개인생활의 역사적 시간에 따라 이야기 형식으로 서술한 조사방법이다.

ㄷ. 근거이론은 경험적 자료를 근거로 귀납법적 방법을 중시하는 조사방법이다.

ㄹ. 생애사는 문화를 공유하는 사람들의 행동, 신념, 언어의 형태를 분석하는 조사방법이다.

오답분석

ㄴ. 참여행동연구는 문제인식과 해결과정에서 조사자와 조사대상자가 함께 문제를 분석하고 해결책을 강구하는 조사방법으로 조사자와 조사대상자의 집합적인 토론과 상호작용을 통해 지역사회 문제의 원인을 분석한다. 이혼가족이 경험한 가족해체 사례를 심층적으로 이해할 수 있는 것은 사례연구이다.

13 난도 ★★☆　　　　　　　　　　　　　　정답 ①

정답분석

내용분석은 인간의 의사소통 기록물(신문, 책, 일기)을 분석하는 간접(2차) 자료수집 방법 중 하나이며, 역사적 분석과 같은 시계열 분석에 좋은 방법이다. 결과가 나와 있는 역사적 분석은 시작부터 끝까지 모두 조사할 수 있어 시계열적 분석이 가능하다.

14 난도 ★☆☆　　　　　　　　　　정답 ③

정답분석

질적 연구의 종류로는 근거이론, 사례연구, 민속지학, 현상학, 내러티브가 있다. 솔로몬설계연구는 실험조사설계 유형 중 순수실험설계의 한 종류이다.

15 난도 ★★☆　　　　　　　　　　정답 ①

정답분석

① 질적 연구의 대표적인 자료수집 방법으로는 심층면접, 관찰 등이 있다.

오답분석

② 질적 조사에서 연구자가 자료수집과정에서 배제되면 조사를 할 수 없다. 질적 조사에서는 연구자 자신이 조사도구가 되기도 한다.
③ 완전관찰자로서의 연구자는 참여하지 않고 관찰만 하기 때문에 라포 형성의 필요성이 없다. 참여관찰자(완전참여자)는 참여하여 자료제공자들과 라포 형성이 요청된다.
④ 양적 연구에서는 가설설정이 자료수집을 위해 필수적 요건이지만 질적 조사에서는 가설설정이 필요 없다.
⑤ 질적 연구는 귀납법적 논리를 선호하여 연구대상자의 구체적 행동을 관찰로 자료를 모아 이론으로 개발한다. 측정도구가 없어도 자료수집이 가능하다.

16 난도 ★★☆　　　　　　　　　　정답 ④

정답분석

질적 조사는 귀납법적 방법으로 직접적인 관찰을 통하여 자료를 수집한다. 이때 조사자 자신이 조사도구가 되고 주로 작은 규모의 대상자를 조사한다. 양적 조사와 달리 소수의 사람을 관찰하기 때문에 일반화하기에는 무리가 있다.

17 난도 ★★★　　　　　　　　　　정답 ①

정답분석

① 선택(Selective)코딩은 가장 중요한 핵심단어로 선택해서 추출하여 핵심범주를 선택하고 핵심범주와 다른 범주들을 통합시켜 정교화하는 방식으로 현상을 정리하여 이론화하는 과정이다.

오답분석

② 자료(Data)코딩은 수집된 설문지 응답자료를 숫자로 표현하여 입력하는 과정이다.
③ 축(Axial)코딩은 개방코딩을 하면서 분절하였던 자료를 하나로 묶는 과정이다. 개념을 하위범주들과 연결시켜서 그 상호작용을 통해 얻은 결과로 패러다임을 밝혀 낸다.

④ 개방(Open)코딩은 조사로 얻은 개념을 하위범주로 나누고 다시 범주로 나누는 방법과 같이 조사로 얻은 개념을 유사성과 차이점으로 분절함으로써 코드화하고 범주를 생성하는 것이다.
⑤ 역(Reverse)코딩은 구성개념을 반대로 측정하는 역문항을 제대로 구성개념을 측정하기 위해서 역문항의 점수를 변환시키는 과정이다.

18 난도 ★★☆　　　　　　　　　　정답 ④

정답분석

신뢰도가 더 높기 위해서는 많은 대상자를 대상으로 많은 측정 결과가 있어야 하는데 질적 연구는 소수의 사람을 반복해서 측정하는 것이므로 신뢰도는 낮을 수밖에 없다.

오답분석

질적 연구는 대부분 소수집단에 대한 심층 관찰이 주를 이루는 연구로 특수한 경험을 조사하는 것이므로 일반화하기가 어렵다. 질적 연구는 연구방법으로 귀납법을 사용하고 있다.

19 난도 ★☆☆　　　　　　　　　　정답 ⑤

정답분석

연구자가 편견에 빠지지 않게 동료집단이 감시기제로서의 역할을 수행하는 것은 동료집단의 조언 및 지지이다.

SECTION 01 사회복지실천의 이념 및 철학

01	02	03	04	05	06	07	08	09	10
③	①	①	④	⑤	③	①	④	④	④
11	12	13	14	15					
①	⑤	②	④	①					

01 난도 ★★☆　　　　　　　　　　정답 ③

정답분석

빈민지역에 거주하며 지역사회 문제에 대한 집합적이고 개혁적인 해결을 강조한 것은 인보관운동이다.

PLUS +

자선조직협회(COS)의 내용

• 다수의 난립된 자선기관을 조정 및 통합을 통해 중복구호를 방지하고자 하였다.
• 무급자원봉사자인 우애방문원이 빈곤 가정에 대한 조사를 통하여 필요한 원조를 제공하고 스스로 자립할 수 있도록 지원하였다.
• 빈민을 가치 있는 자와 가치 없는 자로 구분, 원조 대상을 가치 있는 자로 한정하였다. 가치 있는 자는 자활 의지가 있는, 근검절약하는, 선량한 성격을 가진 자들이다.
• 빈곤은 빈민의 성격이나 생활방식에 있다고 생각하여 구빈비 사용을 반대하였다.
• 빈곤은 개인적 문제이기 때문에 사회개혁이 아니라 빈민의 변화에 핵심이 있다.
• 게으름이나 음주 등의 무책임한 행동의 결과가 빈곤이다.
• 빈민에게 물고기를 주지 말고 물고기 잡는 방법을 가르쳐 주자는 슬로건을 가지고 있다.
• 우애방문원의 빈곤 가정에 대한 조사는 개별사회사업으로 발전하였다.
• 빈곤에 대한 사회적 기반을 경시하였다는 점은 비판을 받고 있다.
• 독일의 엘버펠트 제도를 모방하였고 인도주의, 박애주의의 기본철학과 사회진화론에 바탕을 두었다.

02 난도 ★★☆　　　　　　　　　　정답 ①

정답분석

인보관운동은 취약 지역의 문제를 해결하기 위하여 현지에 정착하여 문제를 해결하고자 하는 운동이다. 빈곤의 원인은 사회적 문제이기 때문에 사회개혁에 의해서만 해결이 가능하다고 보았고 국가의 구빈비 사용에 찬성하였다. 빈민들의 빈곤의 대물림을 방지하기 위해서 교육 사업에 치중하였고 지역을 변화시키기 위한 노력은 집단 사회사업으로 발전하였다.

① 자선조직협회의 이데올로기는 인도주의적 기능을 하고 사회진화론적 성격을 가지고 있다. 또한 정부가 제공하는 원조에 대한 수혜자격을 평가하면서 조사와 등급제를 통해 빈민을 통제하고자 하여 사회통제적 기능이 있다.

03 난도 ★★☆　　　　　　　　　　정답 ①

정답분석

우애방문원들이 각자 봉사를 실시하며 중복과 누락이 발생하여 자선조직협회를 결성하였다.

04 난도 ★★☆　　　　　　　　　　정답 ④

정답분석

연구와 조사를 통해 사회제도를 개혁해야 한다는 기본개념을 가진 것은 인보관운동이다. 자선조직협회는 빈민의 변화에 초점을 두었다.

05 난도 ★★☆ 정답 ⑤

정답분석
과거 경험중심적 접근은 진단주의 학파의 내용이다.

PLUS +

기능주의 학파
기능주의 학파는 결정론적 성격과 인간을 무의식적, 기계론적으로 보는 접근에 불만이 생기면서 생겨났는데, 대공황을 무의식이나 과거의 문제로 규정하기에는 문제가 있었다. 기능주의는 오토 랭크(Otto Rank)의 이론을 기반으로 하고 있는데 과거를 강조하는 프로이트와 달리 현재 및 미래를 강조하고, 인간의 성격을 파악하기 위한 방법으로 보지 않았다. 치료의 책임은 사회복지사가 아니라 클라이언트에게 있음을 강조하고 치료보다는 사정이라는 단어를 사용했다.

진단주의 학파
진단주의는 프로이트의 정신분석모델을 기반으로 한 학파로 과거의 경험이 현재에 영향을 미친다는 결정론적 성격을 가지고 있다. 해밀턴(Hamilton)이 대표학자이며 홀리스(Hollis)에 의해 더욱 발전되었다. 진단주의는 프로이트(Freud)의 정신분석적 사고에 많은 영향을 받아 과거에 대한 분석을 통해 진단을 내렸으며, 조사·진단을 개념화하고 사회복지사와 클라이언트 간의 치료적 관계를 중요시하였다. 무의식, 전이, 저항, 정신결정론과 같은 개념들을 중요하게 생각하였고 자아의 힘을 강화하면 현실 적응력과 사회환경에 대한 적응이 높아진다고 보았다. 진단주의의 또 다른 이름은 질병의 심리학이라고도 한다.

06 난도 ★★☆ 정답 ③

오답분석
① 기능주의의 대표적인 학자는 오토 랭크이다.
② 진단주의는 과거의 심리사회적 문제가 현재의 기능에 영향을 미친다는 관점을 갖는다.
④ 기능주의는 시간제한적이고 과제중심적인 단기개입을 선호한다.
⑤ 기능주의는 기관의 기능과 서비스를 최대한 활용하여 문제를 해결하는 것을 선호한다.

07 난도 ★★☆ 정답 ①

정답분석
그린우드는 체계적 이론, 전문적 문화, 사회적 승인, 전문가 윤리강령, 전문적 권위체계를 전문직의 조건으로 제시하였다. 한국사회복지사 윤리강령은 사회복지 전문직의 가치와 윤리적 실천을 위한 기준을 안내하고, 윤리적 이해가 충돌할 때 고려해야 할 사항을 제시하고자 하였다.

08 난도 ★★☆ 정답 ④

정답분석
그린우드는 사회복지전문직의 속성으로 체계적인 이론, 전문적인 권위, 사회적 승인, 윤리강령, 전문직 문화를 주장하였다.

오답분석
ㄹ. 사회복지는 하나의 학문이 아니라 다양한 학문이 합쳐진 학문이므로 타 분야 전문가와의 협업을 통해 고유한 정체성을 발전시켜야 한다.

09 난도 ★★☆ 정답 ④

정답분석
플렉스너는 사회복지가 전문직이라고 할 수 없다고 하였다. 전문직의 조건으로 체계적 이론, 전문적 문화, 사회적 승인, 전문가 윤리강령, 전문적 권위체계를 제시한 학자는 그린우드이다.

10 난도 ★★☆ 정답 ④

정답분석
의료사회복지사를 정식 채용한 시기는 1905년으로 플렉스너(Flexner)는 1915년에 사회사업은 아직까지 어떤 특수한 전문가적 기능을 담당하기에는 구체적인 기술이 부족하므로 전문직이라고 할 수 없다고 하였다. 의사인 카보트(R. Cabot)가 매사추세츠병원에 의료사회복지사를 정식으로 채용한 것과는 무관하다.

11 난도 ★☆☆ 정답 ①

정답분석
개인주의는 두 가지 형태로 나타나는데 하나는 개인의 권리와 의무의 강조이고 또 다른 하나는 수혜자격 축소의 강조이다. 개인의 권리와 의무가 강조되면서 빈곤의 문제를 개인에게 책임 전가하였고 이러한 빈곤한 자들에게 사회복지서비스를 실시하면서도 최소한의 수혜자격 원칙을 적용하여 저임금 노동자들보다 더 낮은 혜택을 받도록 정책을 펼쳤다. 반면 사회복지실천에서는 클라이언트의 개인적 특성을 중시하여 개별화에 중점을 두고 있다.

오답분석
ㄹ. 사회적 책임 중시는 개인주의가 아니라 민주주의에 대한 내용이다. 민주주의에서는 빈곤이 환경의 문제로 인하여 발생했다는 생각으로 사회적 책임을 강조한다.

12 난도 ★☆☆ 정답 ⑤

정답분석

사회복지실천의 이념적 배경에는 인도주의, 이타주의, 사회진화론, 민주주의, 개인주의, 다양화가 있다.

13 난도 ★☆☆ 정답 ②

정답분석

최소한의 수혜자격을 강조한 것은 개인주의이다. 민주주의는 모든 인간이 평등하다는 것을 인정하므로 합당한 대우를 받을 권리가 있다고 본다.

14 난도 ★☆☆ 정답 ④

정답분석

ㄷ. 태화여자관은 1921년에 설립되었다.
ㄱ. 밀포드 회의에서 사회복지실천의 공통요소를 발표한 시기는 1929년이다.
ㄴ. 1983년 「사회복지사업법」에 따라 국내에서 사회복지사 명칭을 사용하기 시작하였다.
ㄹ. 1987년 사회복지전문요원이 5대 직할시 행정기관에 처음으로 배치되었다.

15 난도 ★★☆ 정답 ①

정답분석

ㄱ. 1947년 이화여자대학교에서 사회복지전문인력의 양성교육을 시작하였다.
ㄴ. 1983년 「사회복지사업법」에 따라 사회복지사 명칭을 사용하기 시작하였다.
ㄷ. 1987년 사회복지전문요원(이후 전담공무원)을 행정기관에 배치하기 시작하였다.
ㄹ. 2016년 「정신건강증진 및 정신질환자 복지서비스 지원에 관한 법률」에 따라 정신건강사회복지사 명칭을 사용하기 시작하였다.

SECTION 02 사회복지실천의 가치와 윤리

01	02	03	04	05	06	07	08	09	
③	⑤	②	⑤	①	⑤	③	④	①	

01 난도 ★☆☆ 정답 ③

정답분석

수단 우선의 가치는 사회복지사가 클라이언트에게 제공하는 서비스를 수행하는 방법, 수단, 도구에 대한 가치관으로 모든 결정에는 클라이언트의 자기결정권이 인정되어야 한다는 것이다.

02 난도 ★★★ 정답 ⑤

정답분석

클라이언트에 대한 윤리기준에는 클라이언트의 권익옹호, 클라이언트의 자기결정권 존중, 클라이언트의 사생활 보호 및 비밀보장, 정보에 입각한 동의, 기록·정보 관리, 직업적 경계 유지, 서비스의 종결이 있다. 이해 충돌에 대한 대처는 전문가로서의 실천에 대한 내용이다.

03 난도 ★★☆ 정답 ②

정답분석

최소 해악(손실)의 원칙은 선택 가능한 대안이 유해할 때 가장 최소한으로 유해한 것을 선택해야 한다는 원칙이다. 학대피해아동을 원가정에서 생활하는 것과 아동쉼터에서 생활하는 것 중에서 덜 유해한 것을 선택해야 한다.

PLUS +

윤리적 원칙 심사표
- 생명보호의 원칙 : 인간의 생명보호가 다른 모든 것보다 우선한다.
- 평등 및 불평등의 원칙 : 동등한 사람은 평등하게 처우되어야 하는 권리를 가진다.
- 자율과 자유의 원칙 : 자율성과 자유를 존중하는 결정을 해야 한다.
- 최소 해악의 원칙 : 선택 가능한 대안이 유해할 때 가장 최소한으로 유해한 것을 선택해야 한다.
- 삶의 질 원칙 : 지역사회는 물론이고 개인과 모든 사람의 삶의 질을 좀 더 증진시킬 수 있는 것을 선택해야 한다.
- 사생활 보호와 비밀보장의 원칙 : 사회복지사가 클라이언트에 대하여 알게 된 사실을 다른 사람에게 공개해서는 안 된다.
- 진실성과 정보개방의 원칙 : 클라이언트와 여타의 관련된 당사자에게 오직 진실만을 이야기하며 모든 관련 정보를 완전히 공개해야 한다.

04 난도 ★☆☆ 정답 ⑤

정답분석

클라이언트의 자기결정권은 클라이언트가 어떠한 일을 결정할 때 타인에 의한 결정이 아니라 스스로 의사를 결정할 수 있는 권리를 의미한다.

05 난도 ★☆☆ 정답 ①

정답분석

도움을 요청해 온 클라이언트의 의사를 존중해 주는 것은 자율성과 자유의 원칙에 속한다.

06 난도 ★★☆ 정답 ⑤

정답분석

윤리강령이란 일정한 단체가 외부적으로 공적인 사회적 책임을 인식하고 이를 바탕으로 구성원들의 의식혁신을 통하여 조직의 투명성을 제고하며, 윤리적 소명을 다하기 위하여 사회와 직장 및 나아가 사적인 생활영역에 이르기까지 스스로 준수하여야 할 자세와 실천규범을 정립하는 것을 의미한다.

사회복지사 윤리강령은 인간의 존엄성과 사회정의를 실현하기 위해 앞장서고 기본적 윤리기준, 클라이언트에 대한 윤리기준, 동료에 대한 윤리기준, 기관에 대한 윤리기준, 사회에 대한 윤리기준으로 구분된다.

07 난도 ★★☆ 정답 ③

정답분석

윤리적 의사결정과정의 순서는 다음과 같다.
1. 문제와 그 문제를 지속시키는 요인 찾기
2. 당면한 문제에 관련된 사람들과 제도 찾기
3. 당면문제와 관련된 다양한 참여자들이 갖고 있는 가치 찾기
4. 당면 문제를 해결하거나 감소시킬 수 있는 목적과 목표 찾기
5. 대안적인 개입전략과 개입대상 찾기
6. 구체적 목표에 부합하는 각 대안들의 효과성과 효율성 검토
7. 의사결정에 관여해야 할 사람이 누구인지 결정하기
8. 가장 적절한 전략 선택
9. 선택된 전략 실행하기
10. 실행을 검토하고 예기치 않은 결과들에 특별한 주의 기울이기
11. 결과를 평가하고 부가적인 문제 찾기

08 난도 ★★☆ 정답 ④

정답분석

기관의 목표가 클라이언트 이익에 위배될 때는 윤리적 딜레마 상황에 포함되지 않는다. 기관의 목표가 클라이언트 이익과 상충되는 경우에는 접수를 받지 않는다. 예를 들면 비장애인인 아동이 장애인 복지관에 와서 서비스를 받지 못하는 경우이다.

오답분석

윤리적 딜레마에는 클라이언트의 자기결정권, 비밀보장, 진실성 고수와 알권리, 상충되는 의무와 기대, 전문적 관계 유지, 규칙과 정책 준수, 제한된 자원의 공정한 배분, 클라이언트의 이익과 사회복지사의 이익 등이 포함된다.

09 난도 ★★☆ 정답 ①

오답분석

ㄷ. 윤리강령은 윤리적 갈등이 생겼을 때 해결할 수 있도록 하는 것으로 법적 제재의 근거는 없다.
ㄹ. 사회복지사는 국가자격이지만 사회복지사 윤리강령은 한국 사회복지사협회에서 채택한다.

01	02	03	04	05	06	07	08	09	10
④	②	④	②	⑤	③	①	②	②	③
11	12	13	14						
⑤	⑤	②	①						

01 난도 ★☆☆　　　　　　　　　　정답 ④

정답분석

노인보호전문기관은 학대받는 노인의 발견·보호·치료 등을 신속히 처리하고 노인학대를 예방하기 위하여 설치된 기관이다. 중앙노인보호전문기관은 정책, 프로그램 개발 등의 업무를 실행하고 지역노인보호전문기관은 상담이나 현장조사, 사례접수를 한다. 주거서비스를 제공하지 않으므로 이용시설에 해당된다.

PLUS +

사회복지실천현장
- 1차 현장 : 사회복지사가 주를 이루는 현장으로, 사회복지사가 다른 전문가보다 더 많이 있는 현장이다.
  예 복지관, 아동복지시설, 노인복지시설, 장애인복지시설 등
- 2차 현장 : 사회복지사가 객을 이루는 현장으로 사회복지사보다 다른 전문가들이 더 많이 있는 현장이다.
  예 학교, 공공기관, 병원, 군, 기업, 보호관찰소 등
- 생활시설 : 클라이언트의 주거를 포함한 모든 사회복지서비스를 제공하는 시설이다.
  예 보육원, 양로원, 공동생활가정, 청소년 쉼터 등
- 이용시설 : 지역사회에서 생활하고 있는 클라이언트에게 필요한 사회복지서비스를 제공하는 시설이다.
  예 사회복지관, 지역아동센터, 주간보호센터, 쪽방상담소 등

02 난도 ★☆☆　　　　　　　　　　정답 ②

정답분석

교정시설은 사회복지사보다 다른 전문가들이 더 많이 있는 현장으로 2차 현장에 해당된다.

03 난도 ★☆☆　　　　　　　　　　정답 ④

정답분석

이용시설은 지역사회에서 생활하고 있는 클라이언트에게 필요한 사회복지서비스를 제공하는 시설이다. 아동양육시설은 보호대상아동을 입소시켜 보호, 양육 및 취업훈련, 자립지원서비스 등을 제공하는 것을 목적으로 하는 시설로 생활시설에 속한다.

04 난도 ★☆☆　　　　　　　　　　정답 ②

정답분석

1차 현장은 사회복지사가 주를 이루는 현장으로, 사회복지사가 다른 전문가보다 더 많이 있는 현장이고, 이용시설은 지역사회에서 생활하고 있는 클라이언트에게 필요한 사회복지서비스를 제공하는 시설이다. 장애인복지관, 노인복지관, 지역아동센터, 정신건강복지센터가 1차 현장이면서 이용시설이다.

오답분석

보건소와 학교는 2차 현장이고 아동양육시설, 노인요양시설, 장애인공동생활가정은 생활시설이다.

05 난도 ★★☆　　　　　　　　　　정답 ⑤

정답분석

⑤ 다문화가족지원센터는 이용시설이고 사회복지공동모금회는 간접서비스기관, 한국사회복지사협회는 민간기관이다.

오답분석

① 지역아동센터(이용시설) – 사회복지협의회(간접서비스기관) – 주민센터(공공기관)
② 장애인복지관(이용시설) – 주민센터(직접서비스기관) – 지역사회보장협의체(민·관협동기관)
③ 청소년 쉼터(생활시설) – 사회복지관(직접서비스기관) – 사회복지공동모금회(민간기관)
④ 사회복지관(이용시설) – 노인보호전문기관(직접서비스기관) – 성폭력피해상담소(민간기관)

06 난도 ★☆☆　　　　　　　　　　정답 ③

정답분석

생활시설은 클라이언트의 주거를 포함한 모든 사회복지서비스를 제공하는 시설이다. 노인의료복지시설과 자립지원시설이 생활시설에 해당된다.

오답분석

이용시설은 지역사회에서 생활하고 있는 클라이언트에게 필요한 사회복지서비스를 제공하는 시설이다.

07 난도 ★☆☆　　　　　　　　　　정답 ①

정답분석

아동보호치료시설은 불량행위를 하거나 불량행위를 할 우려가 있는 아동, 정서적·행동적 장애로 인하여 어려움을 겪고 있는 아동 등을 보호·치료하는 시설로 생활시설이다.

오답분석

아동보호전문기관, 영유아보육시설, 지역아동센터, 가정위탁지원센터는 이용시설이다.

08 난도 ★☆☆ 정답 ②

정답분석

청소년, 가족, 여성에 대한 실천현장의 주무부처는 여성가족부이다. 즉, 청소년쉼터, 청소년상담복지센터, 다문화가족지원센터, 건강가정지원센터는 여성가족부 소속이다.

09 난도 ★☆☆ 정답 ②

오답분석

의사소통 교육, 부모교육, 가족상담, 사회기술훈련은 사회복지사가 클라이언트에게 직접적으로 서비스를 제공하는 것으로 직접실천에 해당한다.

PLUS +

사회복지사의 개입
- 간접적 실천은 사회복지사가 클라이언트의 욕구나 문제를 해결하기 위하여 직접 해결하는 것이 아니라 지역사회, 자원과 연계하는 것을 의미한다. **예** 공청회, 홍보활동, 프로그램 개발, 예산확보, 캠페인, 옹호, 서비스 조정
- 직접적 실천은 사회복지사가 클라이언트의 욕구나 문제를 해결하기 위하여 직접 클라이언트의 문제를 해결하는 것을 의미한다. **예** 정보제공, 가족치료, 상담

10 난도 ★★☆ 정답 ③

정답분석

③ 사회복지사가 클라이언트 집단을 대표로 나서서 협상을 주도하는 역할은 협상가이다.

오답분석

옹호자는 클라이언트 입장에서 정당성을 주장하고 기존 제도나 기관으로부터 클라이언트가 불이익을 받을 때 클라이언트를 위해 정보를 수집하고 요구사항을 분명히 하여 정책이나 제도를 변화시키는 역할이다.
① 자신의 권리를 주장할 수 없는 영유아를 대변하는 것은 개별옹호이다.
② 무국적 아동의 교육 평등권을 위한 법안을 제안하는 것은 정책옹호이다.
④ 이주 노동자에게 최저 임금을 받을 권리를 교육하는 것은 개별옹호이다.
⑤ 철거민들의 자체 회의를 위해 종합사회복지관의 공간을 제공하는 것은 지역사회옹호이다.

11 난도 ★☆☆ 정답 ⑤

정답분석

⑤ 중개자는 서비스가 필요한 클라이언트와 서비스를 제공하려는 기관을 연결시키는 역할이다. 조직이나 집단의 갈등을 해결하는 역할은 중재자이다.

오답분석

① 옹호자는 클라이언트의 입장에서 정당성을 주장하고 기존 제도나 기관으로부터 클라이언트가 불이익을 받을 때 클라이언트를 위해 정보를 수집하고 요구사항을 분명히 하여 정책이나 제도를 변화시키는 역할이다.
② 계획자는 변화과정을 기획하는 역할이다.
③ 연구자는 지역사회 욕구조사, 지역사회문제 파악 및 해결방향을 모색하는 역할이다.
④ 교육자는 보호대상자의 자립과 자녀교육에 대한 관련 정보를 제공하거나 사회복지서비스 관련 정보를 제공하는 역할이다.

12 난도 ★★☆ 정답 ⑤

정답분석

ㄱ. 중개자(Broker)는 클라이언트가 필요한 자원을 찾을 수 있도록 도와주거나 직접적으로 자원과 클라이언트를 연결해 주는 역할이다.
ㄴ. 중재자(Mediator)는 서로 다른 입장을 가지고 있는 개인이나 집단 간의 문제에 개입하여 타협, 차이점을 조정하거나 서로 만족할 수 있는 합의점 도출을 할 수 있도록 돕는 역할이다.
ㄷ. 옹호자(대변자, Advocate)는 클라이언트 입장에서 정당성을 주장하고 기존 제도나 기관으로부터 클라이언트가 불이익을 받을 때 클라이언트를 위해 정보를 수집하고 요구사항을 분명히 하여 정책이나 제도를 변화시키는 역할이다.
ㄹ. 조성자(조력자, Enabler)는 클라이언트의 욕구와 문제를 명확히 진단하여 클라이언트가 처할 수 있는 문제에 스스로 대처하도록 능력을 개발하는 역할이다.

13 난도 ★★☆
정답 ②

정답분석

미시적 차원의 사회복지실천 기술은 개인, 가족을 포함하는 클라이언트 체계로 사회복지사는 클라이언트와 개별적으로 접촉하면서 직접 서비스를 제공하는 것을 의미한다.

위탁가정 아동 방문, 정신장애인 재활 상담은 사회복지사가 클라이언트에게 직접 주는 서비스이므로 미시적 실천에 해당한다.

오답분석

노숙인 보호를 위한 모금 활동, 직업재활 대상자를 위한 자원 개발은 클라이언트에게 직접 서비스를 주는 것이 아니라 서비스를 받을 수 있도록 지역사회조직과정, 사회계획을 포함하여 사회문제를 해결하기 위해 개인, 집단, 조직으로 이루어진 지역사회 행동체계를 원조하는 역할로 거시적 실천에 해당한다.

14 난도 ★★☆
정답 ①

정답분석

① 문화상대주의는 세계 문화의 다양성을 인정하고 이해하려는 양상을 말하는 것으로, 어떤 문화든 저마다 독자적인 발전을 이루어왔으므로 특정한 문화의 입장에서 다른 문화의 우열을 결정하는 것이 옳지 않다는 견해이다.

오답분석

② 다문화사회복지실천에서도 기술과 지식 모두 중요하다.
③ 동화는 기존의 문화를 버리고 새로운 문화를 받아들이는 것으로 사회통합을 위해 동화를 유도하는 것이 아니라 다른 문화를 인정해 주어야 한다.
④ 다문화사회복지실천은 클라이언트의 차이점을 고려한 개별적인 실천이다.
⑤ 한국사회복지사 윤리강령에는 사회복지사의 다문화적 역량 증진 의무가 명시되어 있지 않다.

SECTION 04 사회복지실천의 관점

01	02	03	04	05	06	07	08	09	10
⑤	④	②	②	④	⑤	⑤	⑤	②	①
11	12	13							
②	③	⑤							

01 난도 ★★☆
정답 ⑤

정답분석

서비스 영역별로 분화되고 전문화된 접근은 전통적 접근방법이다. 분화되고 접근하기 어려워 통합적 접근방법이 등장하였다.

PLUS +

통합적 접근방법의 특징
• 사회복지의 지식은 과거의 심리내적인 정신 역동적 측면으로부터 상황 속의 인간을 이해하고자 하는 일반체계이론까지 확대된 개념을 사용한다.
• 사회복지사가 사회적 기능수행 영역까지 개입해야 한다고 강조한다.
• 병리적인 것보다 강점을 더 강조한다.
• 클라이언트의 잠재성을 인정하고 잠재성이 개발될 수 있다고 보는 미래지향적인 접근을 강조한다.
• 사회복지사는 미시적 수준에서부터 거시적 수준의 실천까지 다양한 체계에 개입한다.
• 클라이언트의 존엄성을 인정하고 클라이언트의 참여와 자기결정 및 개별화를 극대화할 것을 강조한다.
• 다양한 클라이언트의 수준에 맞는 다양한 모델과 기술을 활용하여 접근할 수 있다.
• 문제에 맞는 접근법을 활용하고, 경험적으로 검증된 개입방법을 우선적으로 적용한다.

02 난도 ★☆☆
정답 ④

정답분석

통합적 방법은 사회문제에 적용할 수 있는 공통된 원리나 개념을 제공하는 '방법의 통합화'를 의미하며, 사회복지실천에도 공통적으로 적용될 수 있는 방법이 필요하게 되어 등장하게 되었다. 한 명의 사회복지사가 다양하고 복잡한 문제를 가진 클라이언트에게 개입할 수 있도록 하는 것으로, 통합적 방법은 통합적 모델을 통해 해결방법을 지향하는 것이지 상상력에 근거를 둔 해결방법을 지향하는 것은 아니다.

03 난도 ★★☆ 정답 ②

정답분석

통합적 접근은 '환경 속의 인간'을 기본적인 관점으로 하여 인간과 환경을 단선적인 관계가 아니라 순환적인 관계로 이해하는 일반체계이론의 관점과 개인·집단·조직·지역사회 등 보다 구체적이고 역동적인 체계들 간의 관계를 가정하는 사회체계이론의 관점, 유기체와 환경 간의 상호교류 및 역학적 관계를 중시하는 생태체계이론의 관점 등을 포괄한다. 통합적 접근은 클라이언트의 참여와 자기결정을 강조한다.

04 난도 ★★☆ 정답 ②

오답분석

① 통합적 방법은 사례관리가 실천현장에서 일반화된 이전에 등장하였다.
③ 고도의 전문화를 통해 해당 실천 영역 고유의 문제에 집중하는 방법은 전통적 방법이다.
④ 통합적 방법은 전통적 방법에 비하여 다양하고 복잡한 문제 상황에 개입하기에 적합하다.
⑤ 통합적 방법은 다양한 유형의 클라이언트를 통합한다는 의미를 가지는 것이 아니라 클라이언트가 가진 다양한 유형의 문제를 통합한다는 의미를 가진다.

05 난도 ★★☆ 정답 ④

정답분석

통합적 방법은 인간에 초점을 두거나 환경에 초점을 두는 2궤도적 접근방법이 아니라 인간과 환경의 양면적 상호작용에 초점을 두는 방법이다.

06 난도 ★☆☆ 정답 ⑤

정답분석

통합적 방법이란 사회문제에 적용할 수 있는 공통된 원리나 개념을 제공하는 '방법의 통합화'를 의미한다. 직관과 창의적 방법을 중시하기보다는 이론에 기초한 개입원리와 기법을 중시한다.

07 난도 ★★☆ 정답 ⑤

정답분석

변화매개인체계, 클라이언트체계, 표적체계, 행동체계의 4체계 모델에서 전문가체계, 의뢰응답체계를 포함한 6체계 모델로 발전한다.

08 난도 ★☆☆ 정답 ⑤

정답분석

문제해결과정모델 – 콤튼과 갤러웨이의 6체계 모델
• 변화매개체계 : 사회복지사와 사회복지사를 고용하고 있는 기관 및 조직을 의미한다.
• 클라이언트체계 : 자신이 처한 문제를 해결하기 위해 서비스나 도움을 필요로 하는 사람들을 의미한다.
• 표적체계 : 변화매개인이 클라이언트를 변화시키기 위하여 변화시킬 필요가 있는 사람들을 의미한다.
• 행동체계 : 클라이언트를 변화시키기 위해 상호작용하는 사람들을 의미한다.
• 전문체계 : 전문가 단체, 전문가를 육성하는 교육체계 등을 의미한다.
• 의뢰응답체계 : 클라이언트가 다른 사람의 요청이나 법원, 경찰 등에 의해 강제로 오게 된 경우로 서비스를 요청한 사람을 의뢰체계라 하고, 강요에 의해서 오게 된 사람을 응답체계라 한다.

09 난도 ★☆☆ 정답 ②

정답분석

펄만의 문제해결모델의 4P는 사람(Person)이 문제(Problem)를 가지고 기관(Place)을 찾아오는 과정(Process)이다. 6P는 4P + 프로그램(Program) + 전문가(Professional)이다.

오답분석

문제해결을 위해 시행되는 프로그램과 문제해결을 위해 개입하는 전문가는 6P에 해당한다.

10 난도 ★★☆ 정답 ①

오답분석

② B(학생) : 클라이언트체계
③ C(학교사회복지사) : 행동체계
④ D(경찰) : 행동체계
⑤ E(학교사회복지사협회) : 전문체계

11 난도 ★☆☆   정답 ②

오답분석
① 변화매개체계는 사회복지사나 사회복지사를 채용하고 있는 기관이 해당한다.
③ 비자발적인 클라이언트는 의뢰－응답체계에 해당하지만 4체계모델이 아니라 콤튼과 갤러웨이의 일반체계모델(6체계)에 속한다.
④ 목표달성을 위해 변화가 필요한 사람들은 클라이언트체계에 해당한다.
⑤ 전문가 육성 교육체계도 전문체계에 해당하지만 4체계모델이 아니라 콤튼과 갤러웨이의 일반체계모델(6체계)에 속한다.

PLUS +

핀커스(A. Pincus)와 미나한(A. Minahan)의 4체계 모델
• 변화매개체계 : 사회복지사와 사회복지사를 고용하고 있는 기관 및 조직을 의미하며, 변화매개란 계획적 변화를 목적으로 특수하게 고용된 돕는 사람, 즉 사회복지사와 사회복지사를 고용한 기관을 의미한다.
• 클라이언트체계 : 자신이 처한 문제를 해결하기 위해 서비스나 도움을 필요로 하는 사람들로서, 변화매개인과 계약이 이루어졌을 때 비로소 클라이언트가 된다.
• 표적체계 : 변화매개인이 클라이언트를 변화시키기 위하여 직접적으로 영향을 주거나 변화시킬 필요가 있는 사람들로서 클라이언트 체계와 중복이 되기도 한다.
• 행동체계 : 클라이언트를 변화시키기 위해 상호작용하는 사람들을 의미하며, 이웃, 가족, 전문가들이 이 체계에 해당된다. 변화노력의 과정에서 변화매개인은 단계에 따라 여러 다른 유형의 행동체계와 작업할 수 있다.

12 난도 ★☆☆   정답 ③

정답분석
변화매개체계는 사회복지사나 사회복지사를 고용하고 있는 기관을 의미한다. 목표달성을 위해 사회복지사가 상호작용하는 체계는 행동체계로, 행동체계는 클라이언트를 변화시키기 위해 사회복지사와 상호작용하는 체계이다.

13 난도 ★☆☆   정답 ⑤

정답분석
변화매개체계는 변화를 시키는 사람이나 변화를 시키는 사람을 고용한 기관을 의미하므로 중독치료 전문가를 의미한다.

SECTION 05 관계론									
01	02	03	04	05	06	07	08	09	10
②	①	③	①	③	④	③	④	②	①
11	12	13	14	15	16	17	18	19	20
④	②	④	③	⑤	②	①	⑤	③	③
21	22	23							
⑤	③	③							

01 난도 ★☆☆   정답 ②

정답분석
전문적 관계에서 대개 헌신적인 자세는 일정한 '의무'도 함께 요구된다. 클라이언트에게 기대되는 일반적인 의무는 그들이 지닌 문제와 상황, 문제에 대처하는 그들의 태도에 대해 정직하고도 개방적으로 제시할 것과 전문적 관계에서 최소한의 절차상 조건에 따르는 것을 말한다.

오답분석
ㄹ. 전문적 관계에서 관계의 목적을 이루기 위해서는 사회복지사뿐 아니라 클라이언트 역시 헌신과 의무로 맺어져야 한다.

02 난도 ★☆☆   정답 ①

정답분석
전문적 원조관계 형성의 장애요인에는 클라이언트의 불신, 비자발성, 전이, 역전이, 저항 등이 있다. 전문가의 권위는 전문적 원조관계 형성의 장애요인에 속하지 않는다.

03 난도 ★☆☆   정답 ③

정답분석
사회규범에서 벗어난 행동도 허용하는 것은 동의로, 동의는 클라이언트의 문제행동을 승인하는 것이지만 수용은 문제상황을 이해하고 클라이언트를 있는 그대로 받아들이는 것을 의미한다. 즉, 사회복지사가 클라이언트의 강점과 약점, 좋은 성격과 나쁜 성격, 긍정적인 감정과 부정적인 감정 등을 있는 그대로 인정하는 것을 말한다. 수용의 대상은 선한 것이 아니라 참된 것이다.

04 난도 ★☆☆   정답 ①

정답분석
① 민감성은 클라이언트의 이야기를 듣고 감정을 보고 듣는 것에 초점을 두어 비언어적 내용도 파악할 수 있는 것이다.

CHAPTER
03

정답 및 해설

② 진실성은 사회복지사가 클라이언트에게 자신의 감정과 반응을 있는 그대로 전달하는 능력이다.
③ 헌신은 사회복지사가 클라이언트의 문제를 해결하기 위해 노력하는 것이다.
④ 수용은 클라이언트를 있는 그대로 받아들이는 것이다.
⑤ 일치성은 사회복지사의 말과 행동이 일치한다는 것이다.

05 난도 ★★☆   정답 ③

정답분석

전문적 관계는 사회복지사의 이익과 욕구 충족을 위한 일방적 관계가 아니라 클라이언트의 문제를 해결하거나 적응시키는 분명한 목적을 가지고 제한된 시간 안에서 이루어지는 특수한 관계이다. 전문적 관계에서 클라이언트는 도움을 요청하고 사회복지사는 클라이언트의 이익과 욕구 충족을 위해 전문적인 도움을 준다.

06 난도 ★★☆   정답 ④

오답분석

① 클라이언트와 전문적 관계를 형성할 때에는 개선의 여지와는 관계없이 전문적 관계를 형성해야 한다.
② 사회복지사는 클라이언트의 감정에 이입되어 면담을 실시해야 한다. 클라이언트를 이해하지 못한다면 면담을 지속할 수 없다.
③ 사회복지사와 생각이 다른 클라이언트의 의견도 수용해야 한다. 클라이언트와 사회복지사는 생각이 같을 수 없다.
⑤ 클라이언트 특성이나 상황이 일반적인 경우와 다를 경우 클라이언트의 특성이나 상황에 맞는 개별화된 서비스를 제공해야 한다.

PLUS +

원조관계에서 비밀보장이 유보될 수 있는 경우
비밀보장은 클라이언트 자신의 비밀을 간직하려는 욕구이다. 하지만 비밀보장이 유보될 수 있는 상황이 있다.
• 전문가들의 서비스에 필요한 정보교환을 하는 경우
• 학생이나 실습생 등 지도를 위해 슈퍼바이저에게 보고하는 경우
• 기관에 기록보관이나 동료들과의 사례회의를 하는 경우
• 클라이언트나 타인의 생명을 위협하는 경우
• 법원으로부터 클라이언트의 정보공개 명령을 받았을 경우

07 난도 ★★☆   정답 ③

정답분석

③ 전문적 관계는 클라이언트의 문제를 해결하거나 적응시키는 분명한 목적을 가지고 제한된 시간 안에서 이루어지는 특수한 관계이다. 전문적 관계에서 클라이언트는 도움을 요청하고 사회복지사는 전문적인 도움을 준다.

오답분석

① 사회복지사는 자신의 반응을 통제하고 클라이언트의 상황을 이해해야 한다.
② 전문성에서 비롯된 권위를 가지는 것은 클라이언트가 아니라 사회복지사이다.
④ 다양한 종결의 유형 중 문제가 해결되지 않아도 계획된 시간이 만료되면 종결되는 계획된 종결도 있으므로 시간의 제한이 있다.
⑤ 전문적 관계는 사회복지사가 클라이언트의 이익에 헌신하는 관계이다.

08 난도 ★★☆   정답 ④

오답분석

① 비자발적인 클라이언트를 원천적으로 배제하지 않고 비자발적인 클라이언트와도 전문적 관계를 가져야 한다.
② 사회복지사는 전문성에 바탕을 둔 권위와 권한을 가진다.
③ 사회복지사는 클라이언트와의 문화적 차이를 수용해야만 한다.
⑤ 선한 목적이라도 클라이언트에게 진실을 감추는 것은 안 된다.

09 난도 ★☆☆   정답 ②

정답분석

전문적 관계에서 관계의 목적을 이루기 위해서는 사회복지사뿐 아니라 클라이언트 역시 헌신과 의무로 맺어져야 한다. 전문적 관계에서 대개 헌신적인 자세는 일정한 '의무'도 함께 요구하고 있다. 클라이언트에게 기대되는 일반적인 의무는 그들이 지닌 문제와 상황, 문제에 대처하는 그들의 태도에 대해 정직하고도 개방적으로 제시할 것과 전문적 관계에서 최소한의 절차상 조건에 따르는 것을 말한다.

10 난도 ★☆☆   정답 ①

오답분석

② 기관의 입장에서 출발하지 않고 클라이언트 입장에서 출발한다.
③ 시간에 제한을 두고 전문적 관계를 맺는다.
④ 전문가의 위치에서 오는 권위와 권한이 있다.
⑤ 클라이언트에게는 자기결정권이 있어 동의가 필요하다.

11 난도 ★☆☆　　정답 ④

사회복지사와 클라이언트의 전문적 관계는 클라이언트의 문제를 해결하거나 적응시키는 분명한 목적을 가지고 제한된 시간 안에서 이루어지는 특수한 관계이다. 이 관계는 사회복지사가 설정한 목적 달성을 위해 형성되지 않고 클라이언트가 설정한 목표를 달성하기 위해 형성된다.

12 난도 ★★☆　　정답 ②

① 사회복지사는 클라이언트에 비해 우월적 지위가 아니라 동등한 지위에 있다.
③ 사회복지사의 욕구가 아니라 클라이언트 욕구에 부응하기 위해 상호 만족스러운 관계를 형성한다.
④ 관계의 전반적인 과정에 대해 사회복지사와 클라이언트가 공동의 책임을 지는 것이 아니라 사회복지사가 책임을 진다.
⑤ 전문적 관계를 통해 사회복지사는 클라이언트의 감정과 행동의 변화를 통제하지 않고 촉진한다.

13 난도 ★★☆　　정답 ④

④ 헌신과 의무는 원조과정에서의 책임감을 의미하는 것으로 일관성이 포함되고 클라이언트의 성장과 변화를 가져오기 위한 관계를 유지하는 것을 말한다.

① 수용은 클라이언트를 있는 그대로 받아들이는 것을 의미한다.
② 존중은 사회복지사가 클라이언트를 함부로 대하지 않고 정중하게 대하는 것을 의미한다.
③ 일치성은 사회복지사가 정직하고 일관된 태도를 유지하며, 말과 행동에서 상호일치를 보이는 것을 말한다.
⑤ 권위는 클라이언트와 기관에 의해 사회복지사에게 위임된 권한을 말한다.

14 난도 ★☆☆　　정답 ③

사회복지사는 클라이언트와 관계 형성을 맺기 위해 클라이언트를 감동시키려고 노력할 필요는 없다.

15 난도 ★★☆　　정답 ⑤

⑤ 문화적 민감성은 각 문화마다 다른 점이 있음을 자각하고 이를 비판적으로 수용하는 것으로 다문화 생활경험과 가치에 맞는 개입전략을 개발해야 한다.

① 문화적 다양성과 유사성을 인지하는 것은 중요하지만 선호나 옳고 그름의 가치를 부여하면 안 된다.
② 자신의 문화를 중심에 두지 않고 타 문화를 이해하기 위해 의사소통을 해야 한다.
③ 출신 국가, 피부색 간에 존재하는 권력적 위계관계를 무시하지 않고 인정해야 한다.
④ 자신의 문화에 대한 인식에 기초하여 다문화 배경의 클라이언트 상황을 규정하면 편견이나 오해가 생길 수 있으므로 자신의 문화에 대한 인식에 기초하는 것은 적절하지 않다.

16 난도 ★★☆　　정답 ②

양가감정은 긍정적인 감정과 부정적인 감정이 동시에 상충되어 일어나는 반응이나 행동으로 클라이언트의 양가감정을 수용하면 클라이언트의 저항감이 약해지며, 양가감정은 초기 접촉단계에서 이루어져야 한다.

17 난도 ★☆☆　　정답 ①

① 의도적 감정표현은 클라이언트가 자신의 감정, 특히 부정적인 감정을 자유롭게 표현하고자 하는 욕구로 사회복지사는 클라이언트에게 편안한 분위기를 조성하여 클라이언트가 자신의 감정을 표현할 수 있도록 격려해야 한다. 필요한 경우에는 클라이언트가 감정을 자유롭게 표현할 수 있도록 자극하고 격려해 주어야 한다.

② 클라이언트의 감정이나 태도를 있는 그대로 받아들이고 존중하는 것은 수용이다.
③ 목적달성을 위한 방안들의 장·단점을 설명하고 클라이언트가 스스로 선택하도록 하는 것은 클라이언트의 자기결정이다.
④ 공감을 받고 싶어 하는 클라이언트의 욕구에 따라 클라이언트에게 공감하는 반응을 표현하는 것은 통제된 정서적 관여이다.
⑤ 사회복지사 자신의 생각과 느낌, 개인적인 경험을 이야기하는 것은 관계의 원칙에 해당하지 않는다.

18 난도 ★☆☆　　정답 ⑤

클라이언트가 공감을 얻고 싶은 욕구는 통제된 정서적 관여이다. 따라서 사회복지사는 클라이언트의 감정에 대하여 민감성을 갖고 그 감정에 대하여 어떠한 의미를 내포하고 있는지 이해하며 적절한 반응을 보여야 한다.

19 난도 ★★☆ 　　　　　　　　정답 ③

ㄹ. 사회복지사는 클라이언트의 문제해결에 대한 다양한 대안을 알고 클라이언트가 스스로 결정할 수 있도록 돕는 능력이 필요하다. 클라이언트에게 필요한 것들을 결정하여 이를 관철시키는 능력은 필요 없다.

PLUS +

클라이언트의 자기결정 원리를 실천하기 위해 고려할 사항
- 클라이언트는 자신의 문제를 해결하기 위한 다양한 대안들을 알고 있어야 한다.
- 주요 문제를 해결하는 사람은 사회복지사가 아니라 클라이언트임을 강조한다.
- 사회복지사는 클라이언트가 문제를 결정할 수 있도록 클라이언트에게 문제해결에 대한 다양한 의견을 제시하여야 한다.
- 클라이언트가 성장하고 스스로 문제를 해결할 수 있도록 환경을 만들어 주어야 한다.

20 난도 ★☆☆ 　　　　　　　　정답 ③

클라이언트를 개별화하기 위해서 질환에 대해 진단할 수 있는 능력은 필요 없다.

PLUS +

사회복지사의 자세
- 사회복지사는 인간에 대한 편견이나 선입견을 가지면 안 된다.
- 클라이언트의 개별적인 측면뿐 아니라 환경적인 측면까지도 알아야 한다.
- 사회복지사는 클라이언트가 개별적인 서비스를 받고 있다는 사실을 인식할 수 있도록 해야 하고 이때 클라이언트에 대한 세심한 배려가 필요하다.
- 사회복지사는 클라이언트에 대하여 개인적인 특성을 확실히 알고 이해해야 하며, 이를 위한 경청, 감정이입, 수용, 진실성 등이 요구된다.

21 난도 ★☆☆ 　　　　　　　　정답 ⑤

⑤ 클라이언트의 자기결정권은 클라이언트가 자신의 문제를 스스로 결정하고 싶은 욕구로 사회복지사는 클라이언트가 선택을 할 수 있도록 문제에 대한 해결책을 알고 있어야 한다. 클라이언트가 자기결정권을 사용하지 못하는 경우는 나이가 어려 선택을 하지 못하거나 정신 질환이 있는 경우이다.

① 수용은 클라이언트를 있는 그대로 받아들이는 것을 의미한다.
② 비밀보장은 클라이언트와 사회복지사의 관계에서 개인적인 사실을 다른 사람에게 알려져서는 안 된다는 원칙이다.
③ 비심판적 태도는 클라이언트의 문제가 누구의 잘못인지, 클라이언트에게 책임이 있는지 등을 심판하지 않고 클라이언트의 가치나 특성을 비난해서는 안 된다는 원칙이다.
④ 통제된 정서적 관여는 클라이언트의 감정에 대하여 민감성을 갖고 그 감정에 대하여 어떠한 의미를 내포하고 있는지 이해하고 적절한 반응을 하는 것을 의미한다.

22 난도 ★☆☆ 　　　　　　　　정답 ③

① 의도적 감정표현이란 클라이언트가 부정적인 감정까지도 자유롭게 표현하고 싶은 욕구로, 클라이언트와의 라포 형성을 위해 클라이언트의 감정을 주의 깊게 표현하는 것이다.
② 수용이란 클라이언트의 행동변화를 위해 바람직한 가치를 받아들이도록 격려하는 것이 아니라 클라이언트의 행동을 있는 그대로 인정하는 욕구를 말한다.
④ 비심판적 태도란 심판받고 싶지 않은 욕구로 클라이언트의 자기결정능력이 부족한 경우에 판단을 유보하는 것이 아니라 판단을 하지 않는 것이다.
⑤ 클라이언트가 자기이해를 통해 부정적 감정에 직면하도록 강화할 때 필요한 기술은 의도적 감정표현이다.

23 난도 ★★☆ 　　　　　　　　정답 ③

개별화란 개인적으로 처우 받고 싶은 욕구로 따돌림 방지를 위해 다문화가정 학생의 사고방식과 생활유형을 개별적으로 조정하지 않고 개별적 특성을 인정해 주어야 한다.

SECTION 06 면접론									
01	**02**	**03**	**04**	**05**	**06**	**07**	**08**	**09**	**10**
⑤	③	③	②	②	①	①	⑤	①	③
11	**12**	**13**	**14**	**15**	**16**				
①	④	①	③	①	④				

01 난도 ★★☆　　　　　　　　　정답 ⑤

정답분석

면접은 사회복지사와 클라이언트 사이의 일련의 의사소통으로 사회복지개입의 주요한 도구이다. 사회복지실천과정에서 면접은 전문적 관계에 바탕을 두고 정보수집, 과업수행, 클라이언트의 문제나 욕구해결 등과 같은 목적을 수행하는 시간 제한적 대화이다. 따라서 면접은 목적과 방향이 있고 목적이 옳다고 해서 기간이나 내용이 제한되지 않는 활동이 아니며, 사회복지사와 클라이언트의 계약에 따라 달라진다.

PLUS +

콤튼과 갤러웨이의 면접의 특성
- 맥락이나 세팅을 가지고 있다.
- 목적과 방향이 있다.
- 계약에 의한다.
- 면접에서는 관련자 간의 특별한 역할관계가 있다.
- 면접은 공식적인 활동이다.
- 면접의 목적은 단계마다 달라진다.

02 난도 ★★☆　　　　　　　　　정답 ③

정답분석

면접은 목적과 방향이 있어 구체적 목표를 달성하기 위해 수행되는 과정으로, 전문적 관계에 바탕을 두고 정보수집, 과업수행, 클라이언트의 문제나 욕구해결 등과 같은 목적을 수행하는 시간 제한적 대화이다. 따라서 면접은 과정 지향적 활동이 아니라 목적을 이루기 위한 과정이다.

03 난도 ★☆☆　　　　　　　　　정답 ③

정답분석

면접의 유형은 크게 정보수집면접, 사정면접, 치료면접으로 나뉜다. 정보수집면접은 클라이언트의 성장배경이나 사회적 배경에 관한 정보를 수집하기 위한 면접이고, 사정면접은 어떤 치료를 할 것인가를 결정하기 위한 면접이다. 치료면접은 클라이언트를 변화시키거나 클라이언트의 기능을 향상시키기 위한 면접이다. 사례에서 사회복지사는 어르신의 정서상태와 욕구를 확인하는 면접을 진행하였으므로 정보수집면접에 해당한다.

04 난도 ★★☆　　　　　　　　　정답 ②

오답분석

ㄴ과 ㄹ은 사회복지사가 클라이언트에게 잘못된 행동이라는 느낌을 주는 부정적인 질문이므로 적절하지 않다.

05 난도 ★☆☆　　　　　　　　　정답 ②

정답분석

경청은 면접에서 가장 중요한 기술로 클라이언트가 무엇을 이야기하는지, 면접자에게 어떻게 반응하는지 클라이언트의 어려움에 공감하거나 필요한 반응을 하면서 잘 듣는 것이다. 사회복지사는 클라이언트가 하는 이야기에 적절한 반응을 보여야 하며, 특히 비언어적 표현에 대해서도 경청해야 한다.

06 난도 ★★☆　　　　　　　　　정답 ①

정답분석

① 클라이언트가 방어적인 태도를 취할 수 있으므로 '왜'라는 질문은 피해야 하며, 이 외에 이중질문과 유도질문 형태에 주의해야 한다.

오답분석

② 클라이언트가 자유롭게 대답할 수 있도록 하는 질문은 개방형 질문이다.
③ 사회복지사가 의도하는 특정 방향으로 이끌기 위해 유도질문을 사용하면 안 된다. 사회복지사 기대하는 방향으로 거짓 답변을 할 수 있다.
④ 클라이언트에게 이중 또는 삼중 질문을 하면 클라이언트가 어떤 질문에 대답을 해야 할지 혼란스러워 할 수 있으므로 하나씩 질문하는 것이 좋다.
⑤ 클라이언트가 개인적으로 궁금해하는 사적인 질문에 거짓으로 답하는 것이 아니라, 클라이언트의 문제해결에 관련이 있는 질문인 경우에 간결하게 대답하고 다시 초점을 클라이언트에게 옮기는 것이 좋다.

07 난도 ★★☆　　　　　　　　　정답 ①

정답분석

경청이란 면접에서 가장 중요한 기술로 클라이언트가 무엇을 이야기하는지, 면접자에게 어떻게 반응하는지 듣는 것이다. 클라이언트의 어려움에 공감하고 필요한 반응을 하면서 경청해야 하며, 클라이언트의 진술을 즉각적으로 교정해 줄 필요는 없다.

08 난도 ★★☆ 정답 ⑤

정답분석

⑤ 중첩형 질문(Stacking Question)은 클라이언트에게 이중 또는 삼중으로 하는 질문으로 클라이언트를 혼란스럽게 만들 수 있다.

오답분석

① 클라이언트의 상세한 설명과 느낌을 듣기 위해 사용하는 질문은 개방형 질문이다.
② 유도형 질문은 미리 답변을 정해두고 클라이언트가 그 답변을 하게끔 유도하는 질문이다.
③ 클라이언트에게서 가장 개방적 태도를 이끌어낼 수 있는 질문은 개방형 질문이다.
④ '예', '아니오' 또는 단답형으로 한정하여 대답하게 유도하는 질문은 폐쇄형 질문이다.

09 난도 ★☆☆ 정답 ①

정답분석

개방형 질문은 면접의 질문기술 중 하나이다. 면접에서는 클라이언트의 생각과 감정을 자유롭게 표현할 수 있는 개방형 질문, 클라이언트가 제한된 대답을 하는 폐쇄형 질문, 클라이언트가 질문을 받았다는 느낌을 받는 직접질문, 클라이언트가 질문을 받았다는 느낌을 받지 못하는 간접질문 등을 활용하고 왜 질문, 이중질문, 유도하는 질문, 모호한 질문은 주의해야 한다.

10 난도 ★☆☆ 정답 ③

정답분석

면접기술은 분위기 조성기술, 관찰기술, 경청기술, 해석기술, 질문기술, 표현촉진기술 등이며, 초기단계에서는 분위기 조성기술, 관찰기술, 경청기술 등을 사용한다.

오답분석

ㄹ. 침묵은 저항의 유형으로 인내심을 가지고 어느 정도 기다려 주는 것이 바람직하다.

11 난도 ★☆☆ 정답 ①

정답분석

개방형 질문은 클라이언트가 질문에 대하여 자신의 생각과 감정을 자유롭게 표현할 수 있는 질문으로, "선생님은 어제 자녀와 대화를 나누셨나요?"는 폐쇄형 질문이다. 이 질문이 개방형 질문이 되려면 "선생님은 어제 자녀와 어떠한 대화를 나누셨나요?"라고 질문해야 한다.

12 난도 ★☆☆ 정답 ④

정답분석

④ 명료화란 클라이언트의 메시지가 추상적이거나 혼란스러운 경우, 보다 구체적으로 표현하도록 하는 기법이다.

오답분석

① 재명명은 사회복지사가 클라이언트에게 특정 문제에 있는 부정적 의미, 고정관념, 사고, 가치를 변화시켜 문제를 다른 관점으로 이해하도록 돕는 기법이다.
② 재보증은 클라이언트가 자신의 능력이나 상황에 회의를 느끼고 있을 때 사회복지사가 신뢰를 표현함으로 자신감을 향상시키는 기법이다.
③ 세분화는 자세히 분류하거나 여러 갈래로 잘게 나누는 것이다.
⑤ 모델링은 반두라의 사회학습이론에서 나온 이론으로 사람은 다른 사람의 행동을 보면서 자신의 행동을 변화시키는 기법이다.

13 난도 ★☆☆ 정답 ①

정답분석

① 해석은 클라이언트의 표현과 행동을 관찰하고 문제의 요인을 발견하여 클라이언트가 깨달을 수 있도록 도와주는 방법으로 클라이언트의 행동, 감정, 생각을 새로운 시각으로 볼 수 있도록 설명한다.

오답분석

② 요약은 이전 면접에서 언급된 내용을 간략히 요약하여 기술하는 것이다.
③ 직면은 클라이언트가 자신의 문제원인이 되는 사고, 감정, 행동을 인식하게 하여 변화를 촉진시키는 방법이다.
④ 관찰은 클라이언트가 말하고 행동하는 것에 주의를 기울이는 기술이다.
⑤ 초점화는 제한된 시간에 최대한 효과를 가져오기 위하여 면접의 주제와 벗어난 경우 불필요한 방황과 시간 낭비를 막는 효과적인 방법이다.

14 난도 ★☆☆ 정답 ③

정답분석

진실성이란 사회복지사가 자신의 감정에 대해 정직한 태도를 갖고 자신의 경험 및 감정을 클라이언트의 경험 및 감정과 분리하는 능력으로, 사회복지사의 감정과 반응을 있는 그대로 클라이언트에게 전달하는 능력이다.

15 난도 ★★☆ 정답 ①

오답분석

② 한 번에 다양한 정보를 얻기 위해서는 중첩형 질문이 아닌 개방형 질문을 적극적으로 활용해야 한다.
③ 클라이언트의 침묵은 저항이므로 침묵이 끝날 때까지 기다려야 한다.
④ 클라이언트가 받아들이기 어려운 경우에는 면접을 중단하는 것이 좋다.
⑤ 바람직한 결정을 이끌어내기 위해 원하는 방향으로 유도질문을 하는 것은 좋지 않다.

16 난도 ★★☆ 정답 ④

정답분석

직면은 클라이언트가 자신의 문제 원인이 되는 사고, 감정, 행동을 인식하게 하여 변화를 촉진시키는 방법이다. 클라이언트가 자신의 행동, 생각, 감정의 모순을 발견하지 못할 때 사용하면 효과적이다.
④는 재보증에 대한 설명이다.

01 난도 ★☆☆ 정답 ③

오답분석

ㄱ. 개입 목표의 우선순위 합의는 목표설정단계에서 실시한다.
ㄴ. 클라이언트의 강점과 자원 조사는 자료수집단계에서 실시한다.

02 난도 ★☆☆ 정답 ①

정답분석

가족 간의 상호작용 유형을 조정하기 위해서는 상호작용 유형을 먼저 파악해야 한다. 가족 간 상호작용 유형을 파악할 수 있는 단계는 실행단계이다.

PLUS +

접수 시 고려사항
• 클라이언트의 욕구를 정확하게 확인해야 한다.
• 클라이언트와 사회복지사의 면담의 목적을 명확히 하고 이 과정에서 원하는 바가 무엇인지를 정확히 해야 한다.
• 클라이언트가 가질 수 있는 두려움과 긴장감, 양가감정을 완화시키고 비자발적인 클라이언트인 경우 동기가 부족할 수 있으므로 동기를 가질 수 있도록 도와야 한다.
• 클라이언트의 문제가 기관에서 도움을 줄 수 있는 문제인지를 판단하여 서비스 제공 여부를 결정해야 한다.
• 클라이언트에 대한 서비스를 접수한 후 고려사항에 부합하지 않는 경우 종결 또는 다른 기관으로의 의뢰를 결정해야 한다.

03 난도 ★★☆ 정답 ③

정답분석

의뢰는 접수단계에서 클라이언트의 욕구와 문제를 파악하고 해결할 수 없거나 기관의 성책과 부합되는 경우 더 적절한 기관에 클라이언트를 보내는 것이다. 이때 클라이언트가 거부감을 갖지 않도록 정서적 지지와 적절한 정보를 제공해야 한다.

오답분석

ㄷ. 의뢰할 때에는 클라이언트와 충분한 상의를 해야 한다.

04 난도 ★☆☆   정답 ①

클라이언트의 문제와 욕구 문제를 확인하여 기관의 정책과 서비스에 부합하는지 판단하는 단계는 접수단계이다.

05 난도 ★☆☆   정답 ②

접수단계에서는 클라이언트의 기본정보, 주요문제, 기관을 알게 된 동기, 타 기관의 서비스 경험 유무 등이 초기면접지에 포함된다. 개입방법과 비용은 초기면접지에 포함되지 않아도 된다.

06 난도 ★★☆   정답 ③

담임선생님으로부터 A와 반 학생들 사이에 갈등관계, A가 따돌림당하고 있음을 알게 된 것은 주변인으로부터 정보 획득(④)이다. A는 사회복지사와 눈을 맞추지 못하고 본인의 이야기를 하는 것에 주저하는 모습을 보이며 상담 내내 매우 위축된 모습은 클라이언트의 이야기(①)와 클라이언트의 비언어적 행동(②), 클라이언트와의 직접적 상호작용 경험(⑤)이다. 사회복지사는 A가 다른 사람들과 상호작용하는 것을 직접적으로 관찰(③)하지 않았다.

07 난도 ★★☆   정답 ④

④ 자료수집은 클라이언트의 문제를 이해, 분석, 해결하기 위해 필요한 자료들을 모으는 것으로 클라이언트의 문제에 대해 사정하기 위한 매우 중요한 과정이다. 자료수집을 할 때에는 클라이언트의 기본적인 정보, 문제에 대한 정보, 개인력, 가족력, 클라이언트의 자원 등을 수집한다. 수집방법으로는 클라이언트의 구두 보고, 클라이언트의 비언어적 행동 관찰, 클라이언트의 자기 모니터링, 부수적 출처 정보, 심리검사, 사회복지사의 관찰, 사회복지사의 개인적 경험이 있다.

① 클라이언트 개인에게만 초점을 두어 정보를 모으는 것이 아니라 주변 환경에 초점을 두어 정보를 모은다.
② 다양한 정보원으로부터 자료를 수집하므로 검사도구를 사용하여 정보를 수집한다.
③ 초기면접 시 구조화된 양식과 비구조화된 양식을 사용하여 기본적인 정보를 수집한다.
⑤ 클라이언트로부터 얻은 정보뿐 아니라 다양한 경로로 클라이언트의 정보를 수집하여 직접 자료와 간접 자료 모두 사용한다.

08 난도 ★★☆   정답 ③

자료수집단계에서는 상반된 정보를 제공하는 자료라 할지라도 클라이언트의 중요한 정보가 될 수 있으므로 폐기하지 않는다.

09 난도 ★★☆   정답 ⑤

자료수집단계에서는 클라이언트의 구두보고, 클라이언트의 비언어적 행동 관찰, 클라이언트의 자기 모니터링, 부수적 출처 정보, 심리검사, 사회복지사의 관찰, 사회복지사의 개인적 경험 등을 통해 자료를 수집한다. 부모면담, 적성검사, 가정방문은 모두 자료수집방법에 해당한다.

10 난도 ★★☆   정답 ④

언어적 표현과 비언어적 행동이 일치하지 않을 경우에는 비언어적 행동에 더 주의를 기울여야 한다. 언어적 표현은 거짓을 말할 수 있지만 비언어적 행동은 언어적 표현보다 거짓 표현을 하기 어렵다.

11 난도 ★★☆   정답 ④

생태도는 클라이언트를 의미하는 원을 중앙에 그린 후(ㄱ) 원 주변에 클라이언트의 환경요소들을 작성한다. 원 내부에는 클라이언트뿐 아니라 클라이언트의 가족을 그리고(ㄴ) 원 외부에는 가족과 상호작용하는 외부체계를 원으로 그린다(ㄷ). 화살표는 자원과 에너지의 흐름의 방향을 나타낸다.

ㄹ. 원의 크기는 자원의 양, 실선은 긍정, 굵은 선은 강한 긍정, 점선은 약한 관계를 의미한다. 따라서 자원의 양은 '원'으로, 관계의 속성은 '선'으로 표시한다.

12 난도 ★☆☆   정답 ①

① 가계도 : 가계도는 2~3세대에 걸친 가족 성원의 정보와 관계를 간단한 그림으로 표시한 것이다. 가족구조에 대한 체계적인 이해, 가족 내에서 클라이언트의 위치, 가족의 상호작용을 분석하여 클라이언트의 문제를 사정하는 데 유용하다.

② 생태도 : 클라이언트와 가족들이 환경과 어떠한 관계가 있는지 그림으로 나타낸 것이다. 클라이언트뿐 아니라 가족이 환경과 어떠한 상호작용을 하는지, 어떠한 에너지의 흐름이 있

는지 알 수 있어 문제해결을 위한 개입 계획을 설정하는 데 유용하다.
③ 소시오그램 : 집단 내 성원들 간의 상호작용을 그림으로 표현한 것으로 집단 내에서 지위를 나타내고, 성원들 간의 관계는 호의적, 무관심, 적대적인 관계로 표현된다. 사회도는 집단의 변화과정을 측정할 때 활용된다.
④ 생활력 도표 : 출생부터 개입시점까지 특정시기의 클라이언트나 가족의 경험을 시계열적으로 알 수 있도록 도표화한 것이다.
⑤ 사회적 관계망 그리드 : 클라이언트의 환경 내에 영향을 미치는 중요한 사람이나 체계를 지칭하는 것으로 사회적 지지 유형의 종류와 정도, 소속감과 유대감, 자원정보, 접촉 빈도 등에 관한 정보를 나타내는 도표이다.

13 난도 ★★☆ 　　　　　　　　　　정답 ⑤

정답분석

PIE 분류체계는 DSM-IV가 지니는 전인적 관점의 한계를 보완하기 위해 미국사회복지사협회가 개발하였다. 성인 클라이언트의 사회기능 수행 문제를 기술하고 분류하며 기록하기 위한 체계로 클라이언트의 사회적 기능수행문제, 환경문제, 정신건강문제, 신체건강문제 등을 간결하게 묘사한다. 주변인과의 접촉 빈도 및 사회적 지지의 강도와 유형은 사회적 관계망에 대한 설명이다.

14 난도 ★☆☆ 　　　　　　　　　　정답 ⑤

정답분석

클라이언트 · 가족 구성원의 생애 동안 발생한 문제의 발전과정에 관한 정보를 알 수 있는 것은 생태도가 아니라 생활력표이다. 생활력표는 출생부터 개입시점까지 특정시기의 클라이언트나 가족의 경험을 시계열적으로 알 수 있도록 도표화한 것이다.

15 난도 ★★☆ 　　　　　　　　　　정답 ⑤

정답분석

클라이언트에게는 복합적인 문제가 있으므로 여러 가지 문제를 해결하기 위해서는 우선순위를 정한 후 우선순위에 따라 실행해야 한다.

16 난도 ★☆☆ 　　　　　　　　　　정답 ②

정답분석

문제형성은 클라이언트가 제시한 문제를 충족되지 못한 욕구로 바꾸어 클라이언트가 이해하기 쉽게 하는 것이다. 클라이언트가 제시한 남편의 알중독에 대한 문제를 사회복지사가 클라이언트에게 자신이 남편에게 중요한 존재임을 느끼고 싶어 하는 욕구로 바꾸어 진술한 것이므로 문제형성에 해당된다.

17 난도 ★☆☆ 　　　　　　　　　　정답 ①

정답분석

가족과 환경의 상호작용을 볼 수 있는 것은 가계도가 아니라 생태도이다.

오답분석

머레이 보웬(Murray Bowen)에 의해 개발된 가계도는 2~3세대에 걸친 가족 성원의 정보와 관계를 간단한 그림으로 표시한 것이다. 가족구조에 대한 체계적인 이해, 가족 내에서 클라이언트의 위치, 가족의 상호작용을 분석하여 클라이언트의 문제를 사정하는 데 유용하다. 현재 제시된 문제의 근원을 찾는 것으로 가족 내에서 반복되는 행동적, 정서적 패턴을 확인하고 이해할 수 있으며 항상 사회복지사와 클라이언트가 함께 작성해야 한다.

18 난도 ★★☆ 　　　　　　　　　　정답 ⑤

정답분석

사정면접의 문제는 '무엇인지', '어떤 원인이 있는지', '해결하기 위해서는 어떻게 해야 하는지', '어떤 서비스를 제공할 것인지' 등이다. 사정은 어떠한 치료를 할 것인가를 결정하기 위한 면접이므로 클라이언트 환경의 변화 촉진은 포함되지 않는다.

19 난도 ★☆☆ 　　　　　　　　　　정답 ②

정답분석

가족의 환경에 대해 알 수 있는 것은 생태도이다.

20 난도 ★☆☆ 　　　　　　　　　　정답 ①

정답분석

생태도는 가족의 환경에 대한 내용을 알 수 있는 것으로 가족의 규칙은 알 수 없다.

21 난도 ★★☆ 　　　　　　　　　　정답 ③

정답분석

계획은 클라이언트의 문제와 욕구를 이해한 후 변화에 초점을 두고 어떻게 개입할 것인지를 설계하는 과정으로서, 목표를 설정하고 이를 구체화하는 과정 등이 포함된다. 계약서는 클라이언트만 작성하는 것이 아니라 사회복지사도 함께 작성하며, 이때 사회복지사의 권리나 가치에 맞지 않으면 동의하지 않아야 한다.

정답 및 해설

목표설정의 선정지침

- 목표는 반드시 클라이언트가 원하는 결과와 연결되어야 한다. 목표 속에 클라이언트가 추구하고 바라는 결과가 반영되어야 클라이언트가 동기를 가지고 목표를 달성하고자 하는 노력을 하게 될 것이다.
- 목표는 명시적이며 측정 가능한 형태로 진술되어야 한다. 원조과정이 방향성을 갖기 위해서는 계획된 목표가 구체적으로 정의되어야 하며, 모든 참여자들이 달성해야 할 변화에 대한 분명한 이해가 있어야 한다. 변화하고자 하는 바가 무엇인지 분명할 때에만 그 결과를 객관적 관찰에 의해 평가할 수 있기 때문이다.
- 목표는 현실적으로 달성 가능한 것이어야 한다. 클라이언트의 목표는 작더라도 달성 가능해야 하며 목표를 방해하는 환경적 요소들은 고려되어야 하고 한정된 기간 동안에 달성하기 어려운 목표설정은 피해야 한다.
- 목표는 사회복지사의 지식과 기술에 상응하는 것이어야 한다. 사회복지사는 자신의 능력을 벗어나는 개입은 하지 않아야 하며, 목표는 사회복지사의 기술과 지식 내에서 설정해야 한다.
- 목표는 성장을 강조하는 긍정적 형태여야 한다. 목표는 클라이언트가 얻게 될 이득이나 혜택을 강조하여 성장에 중점을 두어야 한다.
- 목표가 사회복지사의 권리나 가치에 맞지 않으면 동의하지 않아야 한다. 사회복지사는 자신이나 타인을 유해할 수 있는 목표는 동의하지 않아야 한다.
- 목표는 반드시 기관의 기능과 일치해야 한다. 클라이언트의 욕구와 문제가 기관의 프로그램과 일치해야 하고 일치하지 않을 경우에는 다른 기관에서 서비스를 받을 수 있도록 의뢰해야 한다.

22 난도 ★★☆ 　　　　　　　정답 ④

정답분석

표적문제와 우선순위를 결정하는 데 있어 무조건 해결 가능성이 높은 것을 결정하는 것은 바람직하지 않다.

23 난도 ★★☆ 　　　　　　　정답 ④

정답분석

④ 사회복지사의 능력을 넘어서는 표적문제를 선정하면 문제를 해결할 수 없으므로 표적문제를 선정할 때 사회복지사 자신의 지식과 기술을 고려한다.

오답분석

① 표적문제는 중요한 소수의 문제를 선정하는 것이 좋다.
② 사회복지사와 클라이언트가 문제로 인식하는 것을 표적문제로 선정한다.

③ 표적문제의 우선순위를 정할 때 클라이언트와 사회복지사가 함께 정한다.
⑤ 표적문제는 누구나 알 수 있는 용어로 기술되는 것이 바람직하다.

24 난도 ★★☆ 　　　　　　　정답 ②

정답분석

② 모델링은 사람이 다른 사람의 행동을 보면서 자신의 행동을 변화시키는 기술이다.

오답분석

① 초점화는 클라이언트의 산만한 이야기나 목표와 맞지 않는 이야기를 주제에 맞게 되돌리는 기술이다.
③ 환기는 클라이언트의 문제 또는 억압되어 있는 부정적인 감정이 문제가 되거나 문제해결에 있어 방해가 되는 경우 이를 표출시켜 감정의 강도를 없애거나 약화시키는 기술이다.
④ 직면은 클라이언트의 말과 행동이 일치하지 않거나 자신의 문제를 회피 또는 부정하는 것을 지적하는 기술이다.
⑤ 격려는 사회복지사가 클라이언트의 가능성에 대한 표현과 감정을 인정하고 지지하는 기술이다.

25 난도 ★☆☆ 　　　　　　　정답 ⑤

정답분석

직접적 개입은 클라이언트의 욕구나 문제를 사회복지사가 직접 해결하는 것을 의미하며, 개입활동으로는 정보제공, 가족치료, 상담, 직업훈련 등이 있다. 역기능적 가족 규칙 재구성은 사회복지사가 클라이언트의 역기능적 가족 규칙을 기능적 가족 규칙으로 재구성하는 것이므로 직접적 개입이다.

오답분석

간접적 개입은 클라이언트의 욕구나 문제를 지역사회, 자원과 연계하는 것을 의미하며, 개입활동으로는 공청회, 홍보활동, 프로그램 개발, 예산확보, 캠페인, 옹호, 서비스 조정 등이 있다.
①~④는 간접적 개입에 해당된다.

26 난도 ★★☆ 　　　　　　　정답 ②

오답분석

ㄴ. 서비스 제공 전략 및 우선순위 결정은 목표설정단계에서 수행한다.
ㄹ. 제공된 서비스에 대한 과정 및 총괄평가는 평가단계에서 수행한다.

27 난도 ★☆☆   정답 ①

정답분석

문제에 대한 관점이나 인식을 변화시켜 새로운 이해를 촉진하는 개입기법은 행동수정기법이다. 직면, 재명명은 인지에 개입하는 기법이고, 조언, 정보제공은 정서에 개입하는 기법이다. 모델링은 다른 사람의 행동을 보고 자신의 행동을 수정하거나 행동을 학습하는 기법이다.

28 난도 ★☆☆   정답 ⑤

정답분석

사후관리는 클라이언트와 사회복지사의 공식적 관계가 종료된 후 1~6개월이 지났을 때 클라이언트가 잘 적응하고 있는지 점검하는 과정으로, 클라이언트가 종결 시까지 같은 수준에서 잘 기능하고 있는지 알아보기 위함이다. 클라이언트가 어려움을 겪고 있다면 필요한 도움을 제공하기 위해서 실시되며, 종결 시 클라이언트와 함께 계획한다.

29 난도 ★☆☆   정답 ④

정답분석

종결 시 사회복지사의 역할은 종결 계획하기, 종결에 대한 감정다루기, 성취한 것 정리하기, 변화 안정시키기, 타 기관에 의뢰하기, 사후관리, 변화된 결과의 강화 및 유지하기 등이다. 종결 기준 및 목표 수립은 목표설정단계에서 사회복지사가 하는 과업이다.

30 난도 ★☆☆   정답 ⑤

정답분석

사회복지사는 종결 이후 클라이언트가 대비할 수 있도록 계획수립에 도움을 주어야 하고 클라이언트가 가질 수 있는 부정적 감정에 대한 감정이입이 필요하다.

31 난도 ★☆☆   정답 ①

정답분석

변화전략 설정은 평가 및 종결단계가 아니라 계획단계에서 설정한다.

SECTION 08 사례관리

01	02	03	04	05	06	07	08	09	10
②	④	⑤	⑤	④	④	④	⑤	①	③
11	12	13	14	15	16	17	18	19	
②	④	⑤	⑤	③	③	④	②	④	

01 난도 ★☆☆   정답 ②

정답분석

사례관리의 등장배경은 다음과 같다.
- 탈시설화의 영향
- 복합적 욕구를 가진 클라이언트의 증가
- 클라이언트와 그 가족에게 부과되는 과도한 책임
- 복잡하고 분산된 서비스 체계
- 서비스 전달의 지방분권화
- 서비스 비용 억제 효과

02 난도 ★☆☆   정답 ④

정답분석

사례관리의 개입원칙은 서비스의 개별화, 클라이언트의 자율성 극대화, 서비스의 지속성, 복잡하고 분리되어 있는 서비스 전달체계 연결, 클라이언트의 욕구 충족, 서비스 제공의 포괄성, 서비스의 접근성이다. 서비스의 분절성은 사례관리의 개입원칙에 포함되지 않는다.

PLUS +

사례관리 개입원칙
- 서비스의 개별화 : 클라이언트가 가지고 있는 문제는 같은 문제이더라도 서로 다른 욕구와 강점이 있기 때문에 욕구와 강점에 맞는 서비스를 개발하여 제공해야 한다.
- 클라이언트의 자율성 극대화 : 클라이언트에게 선택할 자유를 주어 자신이 받아야 할 기관의 서비스를 스스로 결정할 수 있도록 해야 한다.
- 서비스의 접근성 : 클라이언트에게 좋은 서비스일지라도 접근하기 어려움이 있을 경우에는 서비스 효과를 볼 수 없기에 최대한 서비스에 대한 접근성을 높여야 한다.
- 복잡하고 분리되어 있는 서비스 전달체계 연결 : 클라이언트에게 서비스의 정보를 제공하고 서로 연결하여 서비스 효과를 높이기 위하여 복잡하고 분리되어 있는 서비스를 연결해야 한다.
- 클라이언트의 욕구 충족 : 클라이언트의 다양한 욕구가 충족될 수 있도록 다양한 분야에서 서비스를 제공해야 한다.
- 서비스 제공의 포괄성 : 클라이언트의 욕구가 다양하므로 욕구를 충족하기 위하여 포괄적인 서비스를 제공할 수 있어야 한다.

03 난도 ★☆☆　　　　　　　정답 ⑤

사례관리의 목적은 다음과 같다.

- 서비스의 통합성 확보 : 클라이언트의 다양한 욕구를 충족시키기 위하여 타 기관의 전문가들과 연합할 수 있고 클라이언트의 서비스 중복과 누락을 예방할 수 있다.
- 보호의 연속성 보장 : 클라이언트의 다양한 욕구를 충족하기 위하여 단일한 서비스가 아닌 다양한 서비스를 제공한다.
- 서비스의 접근성 향상 : 클라이언트가 서비스를 제공받을 수 있도록 조건을 완화하여 접근성을 향상시킨다.
- 사회적 책임성 보장 : 클라이언트의 욕구를 충족시키기 위하여 효율성과 효과성을 보장하여야 한다.
- 역량 강화 : 클라이언트가 자신의 문제를 해결할 수 있도록 역량을 강화해 자신의 삶을 스스로 향상시킬 수 있도록 해야 한다.

04 난도 ★★☆　　　　　　　정답 ⑤

사례관리 개입원칙은 서비스의 개별화, 클라이언트의 자율성 극대화, 서비스의 지속성, 복잡하고 분리되어 있는 서비스 전달체계 연결, 클라이언트의 욕구 충족, 서비스 제공의 포괄성, 서비스의 접근성이다. 임상적인 치료에 집중된 서비스 제공은 포함되지 않는다.

05 난도 ★★☆　　　　　　　정답 ④

사례관리는 일반적으로 초기접촉(접수) → 사정 → 계획 → 개입 → 점검 → 평가의 단계로 실행된다.

06 난도 ★★☆　　　　　　　정답 ④

사례관리는 복합적인 문제를 가진 클라이언트의 욕구를 충족시키기 위하여 공식적 · 비공식적 자원을 연결해 주는 단순한 간접서비스뿐 아니라 직접서비스까지 모두 포함하는 활동이다. 사례관리는 통합적 방법을 활용하는데, 통합적 방법은 과거의 심리내적인 정신역동 측면부터 일반체계이론까지 확대된 개념을 사용하는 방법이다. 즉, 사례관리는 전통적인 사회복지방법론(정신분석이론)까지 포함된 실천방법이다.

07 난도 ★☆☆　　　　　　　정답 ④

중도 탈락한 클라이언트를 찾아 서비스를 재개할 필요는 없다.

08 난도 ★☆☆　　　　　　　정답 ⑤

사례관리는 생활시설에서 생활하던 클라이언트들이 탈시설화로 인하여 전문적인 서비스를 받지 못하게 되면서 시작된 것이므로 공공부문의 역할을 확대하기 위한 목적이라고 할 수는 없다.

09 난도 ★★☆　　　　　　　정답 ①

① 점검은 서비스와 지원이 잘 이루어지고 있는지 확인하는 것으로 사례관리의 기능 중에서 매우 중요하다. 서비스 계획이 적절하게 이루어지는지와 클라이언트에 관한 서비스 및 지원계획의 목표에 대한 성취 여부, 서비스와 사회적 지지의 산출 여부, 클라이언트의 욕구변화를 점검하여 서비스 계획의 변화 여부를 검토한다.

② 계획은 사정에서 수집한 정보를 가지고 클라이언트에게 도움이 되는 행동으로 전환하는 과정이다.
③ 사후관리는 클라이언트와 사회복지사의 공식적 관계가 종료된 후 시간이 지나고 클라이언트가 잘 적응하고 있는지 점검하는 과정이다.
④ 아웃리치는 사회복지사가 클라이언트를 찾아 접수하는 방식이다.
⑤ 사정은 클라이언트의 강점, 욕구, 능력, 자원, 잠재능력 등 환경을 포함한 모든 상황을 이해하는 과정이다.

10 난도 ★★☆　　　　　　　정답 ③

사정은 클라이언트의 감정, 욕구, 능력, 자원, 잠재능력 등 환경을 포함한 모든 상황, 즉 클라이언트의 현 상태를 이해하는 과정이다.

ㄷ. 계획된 서비스의 전달과정 추적, 즉 서비스가 잘 실행되고 있는지 보는 것은 점검단계에서 이루어진다.

11 난도 ★★☆　　　　　　　정답 ②

서비스의 최종 효과성을 검토하는 것은 평가단계에서 이루어진다.

12 난도 ★☆☆　　　　　　　정답 ④

사례관리는 일반적으로 초기접촉(접수) → 사정 → 계획 → 개입 → 점검 → 평가의 단계로 실행된다.

13 난도 ★★☆　　　　　　　　　　정답 ⑤

정답분석

예비부모를 대상으로 가족교육을 실시하는 것은 직접적 개입이다.

14 난도 ★☆☆　　　　　　　　　　정답 ⑤

정답분석

12번 해설 참조

15 난도 ★☆☆　　　　　　　　　　정답 ③

정답분석

사례회의를 통해 생활 형편이 어려운 가정의 아동에게 재정 후원자를 연결해 주는 역할은 중개자이다. 협상가는 갈등상황에 놓인 클라이언트와 기관 사이에서 상호합의를 이끌어내기 위해 타협하는 역할이다. 양쪽이 모두 잘 되기를 바란다는 점에서 중재자와 비슷하나 협상가는 클라이언트 편에 서서 타협을 이끌어낸다.

PLUS +

사례관리자의 역할
사례관리자의 역할은 사회복지사의 역할과 동일하다.

- 조정자(통합자, Coordinator)는 클라이언트가 받아야 할 서비스가 흩어져 있거나 다양한 기관에서 산발적으로 주어지는 경우 이러한 서비스를 한 곳에서 서비스를 받을 수 있도록 정리하는 역할이다.
- 옹호자(대변자, Advocate)는 클라이언트 입장에서 정당성을 주장하고 기존 제도나 기관으로부터 클라이언트가 불이익을 받을 때 클라이언트를 위해 정보를 수집하고 요구사항을 분명히 하여 정책이나 제도를 변화시키는 역할이다.
- 평가자(Evaluator)는 서비스 자원과 욕구 충족의 정도를 평가하고, 새로운 대안을 모색하는 역할이다.
- 기획가(Planner)는 클라이언트를 위하여 필요한 프로그램이나 서비스를 기획하는 역할이다.

16 난도 ★☆☆　　　　　　　　　　정답 ③

정답분석

③ 개인이나 집단의 갈등을 파악하고 조정하는 역할은 조정자이다.

오답분석

① 중개자는 클라이언트가 필요한 자원을 찾을 수 있도록 도와주거나 직접적으로 자원과 클라이언트를 연결해주는 역할이다.
② 옹호자는 클라이언트 입장에서 정당성을 주장하고 기존 제도나 기관으로부터 클라이언트가 불이익을 받을 때 클라이

언트를 위해 정보를 수집하고 요구사항을 분명히 하여 정책이나 제도를 변화시키는 역할이다.
④ 위기개입자는 위기사정, 계획수립, 위기해결 등을 제공하는 역할이다.
⑤ 교육자는 문제해결능력이 향상될 수 있도록 다양한 정보와 교육프로그램을 제공하는 역할이다.

17 난도 ★★☆　　　　　　　　　　정답 ④

정답분석

조정자는 클라이언트가 받아야 할 서비스가 흩어져 있거나 다양한 기관에서 산발적으로 주어지는 경우, 이러한 서비스를 한 곳에서 받을 수 있도록 정리하는 역할이다. 사례관리자는 클라이언트가 중복된 급식지원과 정서지원을 받고 있는 것을 파악하고 사례회의를 통해 중복된 서비스를 조정하였다.

18 난도 ★★☆　　　　　　　　　　정답 ②

정답분석

② 제시문에는 중재자에 대한 설명은 나와 있지 않다.

오답분석

① 알코올, 가정폭력, 실직 문제가 있는 클라이언트를 면담하여 알코올 치료와 근로에 대한 동기를 부여한 역할은 상담가이다.
③ 알코올 중독의 영향에 대해서 체계적으로 가르쳐 준 역할은 교육자이다.
④ 가정폭력상담소에 연계하여 전문상담을 받도록 소개시켜 준 역할은 중개자이다.
⑤ 지역자활센터 이용 방법을 설명한 역할은 정보제공자이다.

19 난도 ★★☆　　　　　　　　　　정답 ④

오답분석

ㄹ. 클라이언트의 자기결정권이 중요하지만 나이가 어리거나 정신적 장애로 인해 클라이언트가 스스로 결정할 능력이 없는 경우에는 자기결정의 기회가 제한될 수 있다.

정답 및 해설

SECTION 01 사회복지사의 정체성과 실천기술

01	02	03	04	05				
⑤	③	①	⑤	①				

01 난도 ★☆☆   정답 ⑤

정답분석

사회복지사 가져야 할 지식은 다음과 같다.
- 인간행동과 발달에 관한 지식
- 인간관계와 상호작용에 관한 지식
- 실천이론과 모델에 관한 지식
- 특정분야나 대상 집단에 관한 지식
- 사회정책과 서비스에 대한 지식
- 사회복지사 자신에 관한 지식

02 난도 ★★☆   정답 ③

정답분석

사회복지실천에 영향을 주는 지식은 다양하며, 사회복지실천에 영향을 주는 정도에 따라 패러다임, 시각(관점), 이론, 모델, 실천지혜로 구분된다.
③ 실천지혜는 사회복지현장에서 경험을 통해 만들어진 지식으로 주관적이고 구체적으로 명시할 수 없으며, 사회복지사의 경험으로 만들어져 실천활동의 원칙과 방식을 구조화할 수 없다.

오답분석

① 이론은 실천현장에서 클라이언트의 현상을 설명하기 위한 학자들의 가설이나 의미이다.
② 시각(관점)은 개념적 준거틀로서 관심영역과 가치, 대상들을 규정하는 사고체계이다.
④ 패러다임은 가장 추상적인 틀로 인식의 방향을 결정하는 데 영향을 미친다.
⑤ 모델은 이론을 기반으로 하고 실천현장에서 필요한 개입기술을 포함하여 실천활동을 구조화시킨다.

03 난도 ★★☆   정답 ①

정답분석

이론과 실천의 준거틀을 적절하게 이용하는 것은 과학적 기반에 해당된다.

PLUS +

사회복지실천기술의 전문적 기반
- 전문적 기반 : 사회복지실천은 과학성이 결여된 예술성만으로는 효과적인 실천이 이루어질 수 없기 때문에 과학적 요소와 예술적 요소는 조화를 이루어야 한다. 과학성과 예술성은 상호보완적인 관계로 과학적 기반과 예술적 기반으로 구분된다.
- 과학적 기반 : 개인, 가족, 집단, 지역사회 등을 대상으로 하기에 기초과학뿐 아니라 다양한 지식들이 있어야 하고 클라이언트가 환경과 상호작용을 하므로 생태학적 지식도 필요하다.
- 예술적 기반 : 학습으로 배울 수 없는 기술들이 있어 직관적인 능력이 필요하다. 사회복지사는 클라이언트를 충분히 이해하고 공감하여 원조관계를 유지해야 한다.

04 난도 ★☆☆   정답 ⑤

정답분석

사회복지실천의 지식과 기술은 교육이나 경험 등으로 습득할 수 있다. 따라서 ㄱ~ㄹ 모두 사회복지실천의 지식과 기술을 습득하는 방법에 해당된다.

05 난도 ★☆☆   정답 ①

정답분석

처음 나온 유형의 문제로 조사론에서 배운 내용을 생각하면서 풀어야 할 문제이다. 추상성과 구체성만 봤을 경우 추상성이 크고 구체성이 작기 때문에 단어에서 큰 순서대로 찾으면 된다. 패러다임이 제일 크고 관점 > 이론 > 모델 > 실천지혜 순이다. 어떤 관점을 가지고 있느냐에 따라 이론이 구분되고 이론에 따라 모델이 선정되면 모델에 따라 실천하게 된다. 문제를 읽는 순간 당황할 수 있으나 문제 자체만 볼 때는 쉬운 문제이다.

SECTION 02 사회복지실천모델

01	02	03	04	05	06	07	08	09	10
④	④	②	④	②	②	②	③	④	②
11	**12**	**13**	**14**	**15**	**16**	**17**	**18**	**19**	**20**
⑤	④	④	④	③	④	③	⑤	⑤	①
21	**22**	**23**	**24**	**25**	**26**	**27**	**28**	**29**	**30**
④	③	①	⑤	⑤	②	④	④	①	④
31	**32**	**33**	**34**	**35**	**36**	**37**	**38**	**39**	**40**
④	③	④	③	①	②	④	③	③	④
41	**42**	**43**	**44**	**45**	**46**	**47**	**48**	**49**	**50**
④	③	④	④	③	③	②	⑤	③	④
51	**52**	**53**	**54**	**55**					
⑤	③	④	④	③					

01 난도 ★★★ 정답 ④

정답분석

ㄷ. 관계형성 단계 : 사회복지사와 클라이언트가 신뢰관계를 형성하는 단계로 클라이언트와 라포형성이 중요하다.

ㄱ. 동일시를 통한 자아구축 단계 : 클라이언트는 사회복지사와 동일시하여 사회복지사의 생각과 태도를 받아들이고 세상을 현실적으로 볼 수 있게 한다.

ㄹ. 클라이언트가 독립된 정체감을 형성하도록 원조하는 단계 : 클라이언트가 독립된 정체감을 확립할 수 있도록 원조하는 단계이다.

ㄴ. 클라이언트의 자기이해를 원조하는 단계 : 클라이언트가 자신의 행동과 그 행동의 과거의 뿌리를 이해할 수 있도록 원조한다.

02 난도 ★★☆ 정답 ④

정답분석

ㄱ. 직면은 클라이언트의 자기 인식을 증진시키고 변화를 촉진시키기 위한 기술로 클라이언트의 문제를 지속시키는 감정, 행동, 사고를 직접 지적하는 기술이다.

ㄴ. 해석은 클라이언트의 꿈, 자유연상, 저항, 전이 등을 분석하고 그 의미를 설명하며 때로는 가르치는 것이다.

ㄷ. 전이는 클라이언트가 어린 시절에 억눌려 있던 경험 또는 기억들이 사회복지사를 통하여 그 경험과 기억이 되살아나는 것을 의미한다.

오답분석

ㄹ. 저항이나 전이에 대한 이해를 심화·확장하여 통합적으로 이해하도록 하는 기법은 훈습이다. 명료화는 사회복지사 자신이 클라이언트가 한 이야기를 잘 이해하고 있는지 다시 물어보는 방법으로 클라이언트의 메시지가 추상적이거나 혼란스러운 경우 구체적으로 표현하도록 하는 방법이다.

03 난도 ★★☆ 정답 ②

정답분석

ㄱ. 해석은 클라이언트의 꿈, 자유연상, 저항, 전이 등을 분석하여 그 의미를 설명하고 때로는 가르치는 것이다.

ㄷ. 전이는 클라이언트가 어린 시절에 억눌려 있던 경험 또는 기억들이 사회복지사를 통하여 그 경험과 기억이 되살아나는 것을 의미한다.

오답분석

ㄴ. 훈습은 저항이나 전이를 극복할 수 있도록 돕는 것으로 한 번에 극복할 수 없어 극복할 수 있을 때까지 전이 – 해석 – 통찰의 과정을 반복한다.

ㄹ. 자유연상은 클라이언트가 마음속에 떠오르는 것을 모두 이야기할 수 있도록 도와주는 기술로 클라이언트의 무의식 속에 있는 생각을 의식 속으로 끌어내는 방법이다. 주제와 관련이 없다 하더라도 내용을 억제시키는 것이 아니라 어떤 것이든지 말하도록 하는 것이 중요하다.

04 난도 ★☆☆ 정답 ④

정답분석

통찰은 과거의 경험으로 인하여 나타나는 무의식적 갈등을 인식하게 하는 방법으로 정신역동모델의 중요한 기법 중 하나이다. 정신역동모델은 현재의 문제를 해결하기 위해 치료적 처방제공보다는 통찰에 더 초점을 둔다.

05 난도 ★★☆ 정답 ②

정답분석

② 지시적 기법(직접적 영향주기)은 사회복지사는 조언이나 제안, 지시 등을 통하여 클라이언트의 행동을 변화시키기 위한 방법으로 판단을 내리기 어렵거나 위기상황에 사용하는 방법이다. 지문은 사회복지사가 클라이언트에게 개입의 방법을 제안하여 문제를 해결하려고 한다.

오답분석

① 지지적 기법(=받쳐주기)은 클라이언트의 문제행동능력에 대한 확신을 표현하여 클라이언트가 느끼는 불안을 감소시키고 자아존중감을 향상시키기 위한 방법으로 개입 초기뿐 아니라 치료전반에 걸쳐 사용되는 방법이다.

③ 탐색, 기술, 환기법(카타르시스, 정화법)은 클라이언트의 문제가 환경과 어떤 상호작용을 하고 있는지 이해하고 설명할 수 있도록 하고 나아가 감정까지도 밖으로 표출할 수 있도록 도와주는 방법이다.

④ 클라이언트 환경에 관한 반성적 고찰은 클라이언트의 환경과 타인과의 상호작용에 대한 인식, 생각, 감정을 잘 알 수 있도록 도와 클라이언트가 문제를 확실히 이해하고 행동이 변할 수 있게 하는 기술이다.

⑤ 유형-역동에 관한 반성적 고찰은 클라이언트의 성격이나 행동, 방어기제, 특징 등 심리내적 요소에 대하여 이해할 수 있도록 원조하는 것이다.

06 난도 ★★☆   정답 ②

정답분석

직접적 영향은 사회복지사는 조언이나 제안, 지시 등을 통하여 클라이언트의 행동을 변화시키기 위한 방법으로 판단을 내리기 어렵거나 위기상황에 사용하는 방법이다. 클라이언트가 자기결정권을 사용하는 것도 중요하지만 때론 적절한 결과를 얻을 수 있도록 직접적으로 영향을 주는 것이다.

② 주변인에게 영향력을 행사하여 환경을 변화시키는 기법은 클라이언트 환경에 관한 반성적 고찰이다.

07 난도 ★★☆   정답 ②

정답분석

지지하기(지지적 기법)는 클라이언트의 문제행동능력에 대한 확신을 표현하여 클라이언트가 느끼는 불안을 감소시키고 자아존중감을 향상시키기 위한 방법으로 개입초기뿐 아니라 치료 전반에 걸쳐 사용되는 방법이다. 클라이언트의 불안감, 자아존중감의 결핍, 자신감 결핍 등을 감소시킨다. 클라이언트의 현재 또는 최근 사건을 고찰하게 하여 현실적인 해결방법을 찾는 방법은 클라이언트 환경에 관한 반성적 고찰이다.

08 난도 ★★☆   정답 ③

정답분석

심리사회모델은 인간과 환경 간의 상호작용을 중요시하며 상황속의 인간을 강조하는 관점이다.

③ 클라이언트의 인지오류와 신념체계를 탐색하는 것은 인지행동모델의 특징이다. 인지행동모델은 벡의 인지적 오류, 엘리스의 비합리적 신념에 대한 내용이다.

09 난도 ★★☆   정답 ④

정답분석

'시험 보는 날인데 아침에 미역국을 먹었으니 나는 떨어질 거야.'는 미역국과 시험에서 떨어지는 것과는 아무런 관련이 없음에도 잘못된 결론을 내리는 것으로 임의적 추론에 해당한다.

PLUS +

인지적 오류

• 임의적 추론은 충분한 근거가 없고 반대 증거가 있음에도 불구하고 잘못된 결론을 내리는 것이다.

• 선택적 축약은 문제의 전체를 보는 것이 아니라 소수의 부분만 보고 결론을 내리든지 많은 장점들 중에서 한 가지 단점에 집착하는 것이다.

• 과잉일반화는 한두 가지 사건의 결과를 가지고 관련된 사건이나 관련되지 않은 사건의 모든 결과에 대입하는 것이다.

• 극대화와 극소화는 어떠한 사건에 대한 작은 사실을 크게 확대하거나 큰 사실을 작게 왜곡하는 것이다.

• 개인화는 나와 아무런 상관이 없는 일을 나와 상관이 있는 일인 것처럼 이야기하는 것이다.

• 이분법적 사고는 양극단적인 사고로 융통성이 없으며 어떤 것을 선택하는 데 있어 모 아니면 도, 성공 아니면 실패처럼 극단적으로 이해하려는 경향을 의미한다.

10 난도 ★★☆   정답 ②

정답분석

인지행동모델은 클라이언트의 왜곡되고 역기능적인 신념이 행동에 영향을 미친다는 가정하에 신념을 변화시킴으로써 감정이나 행동을 수정하게 된다. 클라이언트의 주관적 의미를 중요시하고 클라이언트와 사회복지사의 협력적 관계를 유지한다. 클라이언트가 개입에 대하여 이해하게 되면 개입기간은 줄어들게 되고 목표를 지향하고 구조화된 접근방식으로 개입이 단기화될 수 있다. 문제해결과 원인탐색을 위해 과거의 경험이나 무의식에 집착하는 것이 아니라 현재가 중심이 되고 지금ㆍ여기를 강조한다.

② 클라이언트의 강점과 자원을 문제해결의 주요 요소로 보는 모델은 임파워먼트(역량강화)모델이다.

11 난도 ★★☆   정답 ⑤

정답분석

인지행동모델은 인지이론과 행동주의이론이 합해진 모델로 인간은 외적 자극에 단순히 반응하는 존재가 아니며 상징을 사용할 수 있는 능력을 가지고 있어 스스로 사고하고 창조하며 계획하는 것이 가능한 존재로 본다. 클라이언트의 문제를 해결하기 위해서는 생각을 바꾸어 행동을 수정하는 방법을 사용한다. 주요기술로는 재적(내적) 의사소통의 명료화, 설명, 기록과제, 경험적 학습, 역설적 의도, 실존적 숙고 치료활동, 인지 재구조화, 모델링, 시연, 자기지시기법, 체계적 둔감법, 이완운동, 생각중지기법, 침습적 생각의 외현화, 코칭, 기록과제 등이 있다.

ㄱ. 내적 의사소통의 명료화는 클라이언트 스스로에게 피드백을 줌으로써 자신의 생각과 이야기 속에 숨겨진 인지적 오류와 비합리적 신념에 대한 통찰력을 발전시키고 이해할 수 있도록 도움을 준다.

ㄴ. 모델링은 하나 이상의 모델을 관찰함으로써 나타나는 행동적, 인지적, 정의적 변화를 가리킨다.

ㄷ. 기록과제는 특정 상황에 떠오르는 생각을 점검하기 위해 기록하도록 과제를 주는 것이다.

ㄹ. 자기지시는 내적 대화와 겉으로 드러나지 않은 자기진술을 하게 함으로써 어려운 생활사건에 대처하고 행동문제를 해결하게 하는 기법이다.

12 난도 ★★☆ 정답 ④

정답분석

비합리적인 사고에 대한 '실용성에 관한 논박기법'

- 논리성 : 어떤 조건이 바람직하다고 해서 그것이 반드시 존재하는 것이 아님을 알도록 한다.
  예 그 생각이 옳다는 것을 어떻게 아세요?, 그 생각의 논리적 근거는 무엇입니까?
- 실용성 : 클라이언트가 가지고 있는 신념이 혼란을 초래할 뿐 아무런 이득이 없음을 알도록 한다.
  예 그 생각이 문제해결에 얼마나 도움이 될까요?
- 현실성 : 클라이언트가 가지고 있는 신념이 현실적으로 이루어질 수 없음을 알도록 한다.
  예 그 일이 실제로 일어날 가능성이 얼마나 될까요?

13 난도 ★☆☆ 정답 ④

정답분석

09번 해설 [PLUS+] 참조

14 난도 ★★☆ 정답 ④

정답분석

타임아웃은 바람직하지 않은 행동을 중단시키기 위한 방법으로 정적강화의 원리가 아니라 부적처벌의 원리를 이용한 것이다. 잘못된 행동을 했을 때 긍정적인 환경으로부터 떨어져 있게 함으로써 문제행동을 감소시키는 방법이다. 아동에게는 잘못된 행동이 무엇인지 설명해 주어야 하며 시간은 짧을수록 좋다.

15 난도 ★☆☆ 정답 ③

오답분석

① 이론보다 경험을 중시하는 탈이론적 성격을 가진 모델은 과제중심모델이다.

② 엘리스의 ABCDE이론과 같이 구조화된 접근을 강조한다.

④ 사회복지사와 클라이언트는 협력적 관계로, 사회복지사가 문제를 해결해 주는 것이 아니라 클라이언트가 스스로 문제해결에 참여해야 한다.

⑤ 인지행동모델은 정신분석모델의 거부와 한계점을 극복하기 위해 만들어진 모델로 클라이언트의 무의식적 언행에 초점을 맞추는 모델은 정신분석모델이다

16 난도 ★★☆ 정답 ④

오답분석

ㄱ. 인지행동모델은 클라이언트가 경험하고 느끼고 해석하는 방식과 신념체계 등을 존중하고 이해하므로 주관적 경험을 중시한다.

17 난도 ★☆☆ 정답 ③

정답분석

인지행동모델은 개인의 주관적인 경험의 독특성을 인정한다. 인간은 특정 사건에 대해 다르게 생각하고 그 생각으로 인하여 행동이 나타나기 때문이다.

18 난도 ★☆☆ 정답 ⑤

정답분석

리드(Reid)와 엡스타인(Epstein)에 의해 개발된 과제중심모델은 사회복지사가 효율적으로 학습할 수 있고 직접적 실천의 효과성과 효율성을 증진하기 위한 요소로 단기개입, 구조화된 접근, 클라이언트의 자기결정권 존중, 환경에 대한 개입, 개입의 책무성에 대해 강조하였다.

19 난도 ★★☆ 정답 ⑤

정답분석

⑤ 클라이언트의 자기결정권을 인정한다고 해서 클라이언트가 주체적인 역할을 한다고 할 수 없다. 클라이언트의 자기결정권을 인정할 뿐 사회복지사도 적극적인 개입을 한다.

오답분석

① 과제중심모델의 특징 중 하나는 단기모형이다.

② 실천과정이 5단계로 구조화되어 있다.

③ 통합적 접근으로 다양한 이론과 모델을 절충적으로 활용한다.

④ 과제중심모델은 다른 모델과 달리 경험지향적이며, 조사에 근거한 경험적 자료를 중심으로 진행한다.

20 난도 ★★☆ 정답 ①

정답분석

철수의 성격유형과 심리역동을 탐색하는 방법은 정신분석모델 개입방법이다.

21 난도 ★★☆ 정답 ④

정답분석

표적문제를 설정하는 시기는 실행단계가 아니라 문제규명하기 단계이다.

22 난도 ★★☆ 정답 ③

정답분석

과제중심모델은 경험적 연구에서 지지되고 검증된 방법과 이론들을 선호하는 경험위주의 모델이다. 발달이론을 중심으로 개입하기보다는 경험적 자료를 중시한다.

23 난도 ★★☆ 정답 ①

정답분석

① 소거는 부적처벌의 원리를 이용하여 바람직하지 않은 행동을 중단시키는 것이 아니라 강화를 통해 증가한 반응이 강화를 받지 못하면 줄어들거나 사라지는 현상이다.

오답분석

② 시연 : 문제 상황이 생겼을 경우에 그 문제에 어떻게 대처할 것인지 반복적으로 미리 연습하여 문제에 적절한 대처를 할 수 있도록 준비하는 기법이다.
③ 행동조성 : 복잡한 행동이나 기술을 학습하는 데 있어 기대하는 반응이나 행동을 학습할 수 있도록 행동을 강화해 점진적으로 만들어가는 것을 의미한다.
④ 체계적 둔감화 : 불안을 일으키는 자극을 행동적으로 분석하고 불안유발상황에 대한 위계목록을 작성한 다음 이완훈련을 시키고 불안을 유발하는 상황을 상상하게 하여 치료하는 기법이다.
⑤ 내적 의사소통의 명료화 : 클라이언트가 자신의 생각과 이야기 속에 감춰진 인지적 오류와 비합리적인 신념에 대해 통찰하도록 클라이언트 스스로에게 피드백을 주는 기법이다.

24 난도 ★★☆ 정답 ⑤

정답분석

사회기술훈련은 대인관계에 어려움이 있는 사람들을 대상으로 대인관계 기술을 향상시키는 방법이다. 시연을 통해 문제에 대해 연습을 하고 문제가 생긴 경우 다른 사람의 역할을 바꾸어 실행하여 상황과 감정을 이해하고 평가하여 문제에 적용한다.
ㄱ. 역할극은 가족의 상황을 역할극으로 표현하게 하는 기법으로 다른 가족의 역할을 수행하게 한다. 다른 구성원의 위치를 경험하게 함으로써 다른 구성원의 상황과 감정의 이해를 높일 수 있다.
ㄷ. 시연은 문제 상황이 생겼을 경우에 그 문제에 어떻게 대처할 것인지 반복적으로 미리 연습하여 문제에 적절한 대처를 할 수 있도록 준비하는 기법이다.

25 난도 ★★☆ 정답 ⑤

정답분석

사회기술훈련에는 행동주의모델의 대표적인 기법들이 활용되며 행동시연, 코칭, 역할극, 모델링, 과제부여, 자기옹호, 강화, 직접적 지시 등이 있다.

26 난도 ★★☆ 정답 ②

정답분석

소거는 강화를 통해 증가한 반응이 강화를 받지 못하면 줄어들거나 사라지는 현상이다. 어머니는 아이의 행동을 수정하기 위해 달래주거나 야단을 쳐 강화를 했지만 이후 달래주거나 야단이라는 강화가 없어지자 아이의 행동이 감소되었으므로 이때 사용한 전략은 소거이다.
멈춤은 타임아웃을 의미하는데 잘못된 행동을 고치기 위해 달래주거나 야단이라는 강화가 없던 상태에서 아무런 행동을 하지 않은 경우에는 멈춤(타임아웃)을 사용했다고 할 수 있다. 그러나 사례에서는 강화를 주고 강화에 대한 행동이 없어지는 것이므로 소거의 기법을 사용한 것이다.

27 난도 ★★★ 정답 ④

정답분석

④ 정적 강화는 바람직한 행동을 증가하기 위해 좋아하는 것을 주는 방법으로, 사례에서 사회복지사는 정적 강화를 실시하지 않았다.

오답분석

① 시연 : 문제 상황이 생겼을 경우에 그 문제에 어떻게 대처할 것인지 반복적으로 미리 연습하여 문제에 적절한 대처를 할 수 있도록 준비하는 기법이다.
② 모델링 : 자신이 직접 경험하지 않고도 타인의 행동으로 인하여 변화할 수 있게 돕는 기법이다.
③ 이완훈련 : 긴장의 완화를 통해 불안 수준을 낮추는 기법이다.
⑤ 체계적 둔감화 : 불안을 일으키는 자극을 행동적으로 분석하고 불안유발상황에 대한 위계목록을 작성한 다음 이완훈련을 시키고 불안을 유발하는 상황을 상상하게 하여 치료하는 기법이다.

28 난도 ★★☆ 정답 ④

정답분석

부적 처벌은 바람직하지 않은 행동을 감소시키기 위해 좋아하는 것을 뺏는 것이다. 체벌을 제시함으로써 행동의 발생 가능성을 감소시키는 것은 정적 처벌이다.
• 정적 – 주는 것
• 부적 – 뺏는 것

- 강화-바람직한 행동의 증가
- 처벌-바람직하지 못한 행동의 감소

29 난도 ★★☆ 정답 ①

정답분석
위기상황에 대한 초기사정은 초기단계에서 실시한다.

PLUS +
중간단계 활동
- 클라이언트의 주요 주제에 대해 탐색하고 필요한 경우에는 과거에 대해서도 탐색한다.
- 위험 사건 이후의 자료를 조직화한다.
- 목표와 목표를 달성하기 위한 과제들에 대해 작업한다.
- 사회복지사는 소극적 역할로 전환한다.
- 클라이언트의 일상생활에서 활용할 수 있는 자원과 지지체계를 찾는다.

30 난도 ★★☆ 정답 ④

정답분석
위기개입모델은 위험상황을 경험하고 클라이언트의 능력으로 대처할 수 없는 불균형 상태를 위기로 보며, 위기상황에 신속하게 대처하여 스트레스가 높은 상황에 있는 클라이언트를 단기적으로 원조하는 모델이다. 위기상황과 직접적으로 관련된 문제에 초점을 두고 간결하게 사회복지사가 직접적이고 적극적인 역할을 한다.
④ 위기발달단계는 위험사건단계 → 취약단계 → 위기촉발요인단계 → 실제위기단계 → 회복(재통합)단계로 구성된다. 촉발요인이 발생한 후에 취약단계로 넘어가는 것이 아니라 취약단계 이후 위기촉발요인단계로 넘어간다.

31 난도 ★☆☆ 정답 ④

정답분석
위기개입의 개입원칙
- 6주 이내에 해결되어야 하는 단기적 성격을 가지고 즉시 개입이 이루어져야 한다.
- 클라이언트의 위기 행동에 초점을 두며, 과거에 비중을 두지 않고 현재에 집중한다.
- 위기상황과 직접적으로 관련된 문제에 초점을 두고 간결하게 개입을 해야 한다.
- 사회복지사는 다른 모델과 다르게 직접적이고 적극적인 역할을 해야 한다.
- 클라이언트에게 필요한 정보를 제공하거나 정서적으로 지지하여 희망을 고취시킨다.

32 난도 ★☆☆ 정답 ③

정답분석
③ 발달적 위기는 클라이언트가 살아가는 데 있어 자연스럽게 일어나는 위기로 인간의 발달단계에서 요구되는 문제나 가족의 생애주기에 따른 위기가 포함된다.

오답분석
① 실존적 위기는 클라이언트가 살아가는 데 있어서 목적, 책임감, 독립성, 자유, 헌신 등으로 인한 갈등이나 불안과 관련된 위기이다.
② 상황적 위기는 클라이언트가 예측하거나 스스로 통제할 수 없는 위기로 실업, 죽음 등 갑작스럽게 발생하기도 한다.
⑤ 환경적 위기는 클라이언트가 통제할 수 없는 홍수, 화재, 지진, 산불과 같은 자연에 의한 재해 또는 전염병, 전쟁 등과 같은 인간에 의한 재해이다.

33 난도 ★☆☆ 정답 ④

정답분석
A씨는 극단적인 선택을 할 가능성이 높아 안전을 확보해야 하는 긴급한 상황이다. 이때 실천해야 하는 모델은 위기개입모델이다. 위기개입모델은 위기상황에 신속하게 대처하여 스트레스가 높은 상황에 있는 클라이언트를 단기적으로 원조하는 모델이다.

34 난도 ★★☆ 정답 ③

정답분석
위기개입모델은 위기로 인한 증상을 제거하여 위기 이전의 기능 수준으로 회복하게 하는 것으로, 위기사건 자체를 해결하는 것이 아니라 위기사건으로 인하여 나타난 기능의 문제, 즉 위기에 대한 반응을 해결하는 것이다. 교통사고와 같은 위기사건은 되돌릴 수 없다.

35 난도 ★★☆ 정답 ①

정답분석
ㄱ. 강점관점은 클라이언트를 독특한 존재로서 다양성을 인정하고 존중하면서 클라이언트의 결점보다는 강점에 초점을 두고 가능한 모든 자원을 활용하여 클라이언트의 역량을 실현해 나가도록 돕는 것이다. 개입의 핵심은 개인과 가족, 지역사회의 참여이다.

오답분석
ㄴ. 전문가의 지식보다 클라이언트의 능력을 우선시한다.
ㄷ. 사회복지사는 클라이언트의 진술을 긍정적으로 재해석하여 활용하는 것이 아니라 그대로 인정한다.
ㄹ. 어린 시절의 원인 사건에 치료의 초점을 두는 것은 전통적 문제해결 방식(정신분석)이다.

36 난도 ★★☆   정답 ②

정답분석

② 임파워먼트모델은 클라이언트를 문제 중심으로 보는 것이 아니라 강점 중심으로 봄으로써 클라이언트의 잠재력 및 자원을 인정하고 클라이언트가 건강한 삶을 결정할 수 있도록 권한 혹은 힘을 부여하는 것이다. 개입과정은 대화단계, 발견단계, 발전단계로 구성된다.

오답분석

① 의료모델은 전통적인 방법으로 특정 문제를 중심으로 개입하는 모델이다.

③ 사례관리모델은 복합적인 문제를 가진 클라이언트의 욕구를 충족시키기 위하여 공식적·비공식적 자원을 연결해주는 단순한 간접서비스뿐 아니라 직접서비스까지 모두 포함하는 활동이다.

④ 생활모델은 인간과 환경의 상호작용에 초점을 두고 개인, 집단, 지역사회에 개입할 수 있는 원칙과 기술을 통합한 것으로 목표는 치료를 제공하는 것이 아니라 개인의 잠재력을 표현하도록 격려하고 지속시킬 수 있는 환경을 만들어 그 환경에 잘 적응할 수 있도록 변화시키는 것이다.

⑤ 문제해결모델은 문제해결을 초점으로 삼고 클라이언트의 대처능력 강화에 두며, 개인의 문제를 치료하는 것보다는 문제에 대처하도록 문제해결 능력을 회복시키는 데 초점을 둔다.

37 난도 ★★☆   정답 ④

정답분석

사회복지사가 클라이언트의 진술에 대해 회의적이기 때문에 재해석하여 진단에 활용하는 방법은 강점관점이 아니라 병리적 관점이다.

PLUS +

강점관점의 특징
- 개인은 강점, 재능, 자원이 있다.
- 개입의 초점은 가능성에 있다.
- 클라이언트의 진술을 인정한다.
- 클라이언트의 진술은 그 사람에 대해 알아가는 중요한 방법 중 하나이다.
- 개입의 핵심은 개인, 가족, 지역사회의 참여이다.
- 개인, 가족, 지역사회가 클라이언트 삶의 전문가이다.
- 개인의 발전은 항상 개방되어 있다.
- 변화 자원은 개인, 가족, 지역사회의 강점, 능력, 적응기술이다.
- 돕는 목적은 클라이언트의 삶에 함께하며 가치를 확고히 하도록 지원하는 것이다.

38 난도 ★★☆   정답 ③

정답분석

역량강화모델은 클라이언트를 문제 중심으로 보는 것이 아니라 강점 중심으로 봄으로써 클라이언트의 잠재력 및 자원을 인정하고 클라이언트가 건강한 삶을 결정할 수 있도록 권한 혹은 힘을 부여하는 것이다.

오답분석

ㄹ. 클라이언트가 가진 문제의 원인에 초점을 두고 개입을 하는 모델은 정신분석모델이다.

39 난도 ★★☆   정답 ③

정답분석

임파워먼트모델의 실천단계
- 대화단계 : 파트너십 형성, 현재 상황의 명확화, 방향 설정
- 발견단계 : 강점 확인, 자원의 역량사정, 해결방안 수립
- 발달단계 : 자원 활성화, 동맹관계 창출, 기회의 확대, 성공의 확인, 성과의 집대성

40 난도 ★☆☆   정답 ④

정답분석

강점관점에서는 인간은 성장과 변화를 위한 능력을 가지고 있어 스스로 회복될 수 있다고 본다.

41 난도 ★☆☆   정답 ④

정답분석

임파워먼트모델은 클라이언트의 문제와 부적응의 개입에 초점을 맞추는 것이 아니라 강점에 초점을 맞춘다.

42 난도 ★☆☆   정답 ③

정답분석

임파워먼트(역량강화)모델은 클라이언트를 문제 중심으로 보는 것이 아니라 강점 중심으로 봄으로써 클라이언트의 잠재력 및 자원을 인정하고 클라이언트가 건강한 삶을 결정할 수 있도록 권한 혹은 힘을 부여하는 것이다.

43 난도 ★★☆   정답 ④

정답분석

④ 강점관점은 개인은 고유한 특성, 자원과 강점을 가진 독특한 존재로 규정하고 클라이언트의 가능성에 초점을 둔다. 또한 문제를 도전과 기회로 적극적으로 인식하고 현재와 미래에 초점을 둔다.

오답분석

① 클라이언트의 문제에 초점을 두는 것은 병리적 관점이다.
② 사회복지사를 클라이언트 삶의 전문가로 보는 것은 병리적 관점이다.
③ 변화를 위한 자원을 전문가의 지식과 기술로 보는 것은 병리적 관점이다.
⑤ 강점은 용기와 낙관주의 같은 개인 내적인 요소뿐 아니라 외적인 요소까지 포함한다.

44 난도 ★★☆ 정답 ④

오답분석

ㄹ. 임파워먼트의 기원을 인보관운동에서 찾기도 한다. 인보관운동은 빈곤 지역의 대학생 및 지식인이 찾아가 함께 생활하면서 그들을 변화시켜 어려움에서 벗어날 수 있도록 도와주는 활동을 전개하였다. 대학생들이 빈민의 생활환경에 직접 뛰어들어 함께 생활하며 변화를 꾀하였다는 점에서 소외계층에 대한 역량강화를 시도한 것으로 볼 수 있다.

45 난도 ★★☆ 정답 ③

정답분석

강점관점의 대표적인 학자는 샐리비(D. Saleebey)와 밀리(K. Miley)이고 클라이언트의 문제보다는 강점을 강화시키는 데 초점을 둔다.

오답분석

ㄱ. 클라이언트를 파트너로 인식한다.
ㄹ. 개입의 초점은 클라이언트의 강점에 둔다.

46 난도 ★☆☆ 정답 ③

정답분석

클라이언트의 잠재력과 강점을 이용하여 능력을 향상시키는 방법은 임파워먼트모델이다.

47 난도 ★★☆ 정답 ②

정답분석

임파워먼트모델은 클라이언트의 잠재력 및 자원을 인정하고 클라이언트가 건강한 삶을 결정할 수 있도록 권한 혹은 힘을 부여하는 것으로 역량강화를 위해서 클라이언트 중심으로 개입해야 한다.

48 난도 ★★☆ 정답 ⑤

정답분석

ㄱ. 사회복지사와 클라이언트가 협력적인 관계를 맺는다.
ㄴ. 클라이언트뿐 아니라 클라이언트의 주변 환경까지 확인하는 생태체계적 관점이다.
ㄷ. 클라이언트는 자신의 상황을 개선하기 위해 사회변화를 위한 행동에 참여해야 한다.
ㄹ. 역량강화 실천활동은 사회적으로 소외받은 집단에서 시작되어 역사적 관점을 이해하는 것이 중요하다.

49 난도 ★★☆ 정답 ③

정답분석

유형-역동에 관한 고찰은 심리사회모델의 기법이다. 과제중심모델의 특징은 사회복지사가 효율적으로 학습할 수 있고 직접적 실천의 효과성과 효율성을 증진하기 위한 요소로 단기개입, 구조화된 접근, 클라이언트의 자기결정권 존중, 환경에 대한 개입, 개입의 책무성에 대해 강조하였다.

50 난도 ★★☆ 정답 ④

정답분석

ㄴ. 클라이언트중심모델은 비지시적인 모델로서, 기존의 지시적인 접근법에서의 치료자와 클라이언트 간의 위계적인 관계를 수평적·협력적인 관계로 전환시켰다. 즉, 클라이언트에게 해석을 내리는 권위주의적 관계구조에 반대하며, 클라이언트와 사회복지사 간의 인간적인 관계를 중시한다. 모든 인간이 자기실현의 욕구를 가지고 있으며, 자신의 모든 능력을 개발하려는 타고난 성향을 가지고 있다고 보았다. 따라서 클라이언트의 자기성장을 향한 잠재력이 발현될 수 있는 분위기를 조성하는 데 목표를 둔다.
ㄷ. 임파워먼트모델은 클라이언트를 강점 중심으로 봄으로써 클라이언트의 잠재력 및 자원을 인정하고 클라이언트가 건강한 삶을 결정할 수 있도록 권한 혹은 힘을 부여하는 것이다. 클라이언트에게 권한을 부여하여 스스로 자신의 문제를 해결할 수 있도록 능력을 향상시켜 준다.
ㄹ. 과제중심모델은 클라이언트가 인식한 문제를 사회복지사가 인정하였을 때 그 문제가 과제가 된다. 클라이언트와 사회복지사가 합의한 문제가 과제가 되고 문제를 규명할 때에는 사회복지사의 관점이 아니라 클라이언트의 관점에 우선한다.

오답분석

ㄱ. 위기개입모델에서의 위기란 '위협적 혹은 외상적 위험사건을 경험하여 취약해지면서 지금까지의 대처전략으로는 스트레스나 외상에 대해 대처하거나 경감할 수 없는 불균형의 상태가 되는 것' 또는 '어떠한 문제를 해결하지 못하여 정서적으로 심각한 혼란을 경험하는 상태'라고 하였다. 위기는 개인이 사건을 보는 관점에 따라 다르게 인식되는데, 같은

상황에 대해 위기로 느끼는 사람이 있는가 하면 위기가 아니라고 느끼는 사람도 있다. 따라서 사건보다는 클라이언트의 주관적인 인식이 더 중요하다.

51 난도 ★★☆   정답 ⑤

정답분석

위기개입모델은 클라이언트가 스트레스나 외상을 대처하거나 경감할 수 없는 불균형의 상태가 되는 것을 위기로 보고 클라이언트의 불균형 상태로 사건을 이해하여 위기 이전의 기능 수준으로 회복시킨다. 클라이언트에게 필요한 정보를 제공하거나 정서적으로 지지하여 희망을 고취시킨다.

⑤ 위기개입모델은 위기에 의한 병리적 반응과 영구적 손상의 치료에 초점을 두기보다는 위기행동에 초점을 두며 과거에 비중을 두지 않고 현재에 집중한다.

52 난도 ★☆☆   정답 ③

정답분석

단기개입모델에는 과제중심모델, 인지행동모델, 해결중심모델, 위기개입모델 등이 있다.

오답분석

ㄹ. 정신역동모델은 과거의 문제가 현재 영향을 미친다는 결정론적 성격이며, 현재의 문제를 파악하기 위해서는 과거의 문제를 파악해야 하므로 장기개입모델이다.

53 난도 ★★☆   정답 ④

오답분석

ㄹ. 클라이언트중심모델은 기존의 정신분석학적이고 사회복지사와 클라이언트 간의 위계적 관계를 수평적 관계로 전환시킨 모델이다. 사회복지사의 권위적인 역할을 강조하는 모델은 정신분석모델이다.

54 난도 ★★☆   정답 ④

정답분석

클라이언트의 강점을 강조하는 모델은 임파워먼트(역량강화)모델이다. 인지행동모델은 사람의 생각을 바꾸어 행동을 변화시키는 모델이다.

55 난도 ★★☆   정답 ③

오답분석

ㄹ. 위기개입모델에서의 위기는 사건에 대한 개인의 주관적인 느낌으로 나타나는 것이기 때문에 사건 자체보다는 사건에 대한 주관적인 인식을 중요시한다.

SECTION 03 가족의 이해									
01	02	03	04	05	06	07	08	09	10
④	③	②	⑤	④	⑤	⑤	②	⑤	①
11	12	13	14	15	16	17	18	19	20
②	④	⑤	④	⑤	④	③	③	③	③
21	22	23	24	25	26	27	28	29	30
⑤	②	④	⑤	⑤	④	①	①	②	②
31	32	33	34	35	36	37	38	39	40
④	④	①	①	⑤	②	③	⑤	⑤	③
41	42	43	44	45	46	47	48	49	
③	②	④	④	①	⑤	①	②	②	

01 난도 ★☆☆   정답 ④

정답분석

가족의 범위에는 핵가족, 확대가족, 수정확대가족, 노인가족, 한부모가족, 혼합가족, 다문화가족, 위탁가족, 1인가족 등이 있다. 산업화 이후로 단독가구나 1인 가구뿐 아니라 한부모가족, 혼합가족, 위탁가족, 다문화가족 등 다양한 가족이 증가하고 있다.

02 난도 ★★☆   정답 ③

정답분석

A씨의 문제는 알코올 중독과 대화 단절, 학대의 문제가 발생하고 있다는 점이다. A씨의 알코올 중독으로 인하여 아버지로부터 학대가 발생하고 대화가 단절되고 있으므로 이 문제들을 해결하기 위해서는 A씨의 알코올 중독을 먼저 치료하는 것이 중요하다.

03 난도 ★★☆   정답 ②

정답분석

가족경계는 경직된(유리된) 경계, 희미된(밀착된) 경계, 명료한(명확한) 경계로 이루어진다. 경직된(유리된) 경계는 가족 간 상호작용이 거의 없는 관계이고 희미된(밀착된) 경계는 가족 간 상호작용이 지나치게 높아 자율성이 없는 관계이다. 명료한(명확한) 경계는 가족 간 상호작용이 밀착되지도 유리되지도 않아 융통성이 있는 관계이다.

② 하위체계의 경계가 희미한 경우에는 가족 간 상호작용이 지나치게 높아 감정의 합일현상(둘 이상이 하나가 되는 현상)이 증가한다.

오답분석

① 하위체계의 경계가 경직된 경우에는 가족 간 상호작용이 없어 간섭이 감소한다.

③ 하위체계의 경계가 경직된 경우에는 가족 간 상호작용이 없어 가족의 보호 기능이 약화된다.
④ 하위체계의 경계가 희미한 경우에는 가족 간 상호작용이 지나치게 높아 가족 간 의사소통이 증가한다.
⑤ 하위체계의 경계가 경직된 경우에는 가족 간 상호작용이 없어 가족 구성원이 독립적으로 행동한다.

04 난도 ★★☆ 　　　　　　　　　　정답 ⑤

정답분석

가족대상 사회복지실천 과정은 준비단계, 초기단계, 사정단계, 개입단계, 종결단계로 구성된다. 가족대상, 개인대상, 집단대상 사회복지실천은 대상만 다를 뿐 실천과정은 같다. 따로 가족대상 사회복지실천 과정을 설명하지 않았지만 개인대상 사회복지실천의 단계를 이해하면 된다.

05 난도 ★★★ 　　　　　　　　　　정답 ④

오답분석

① 순환적 인과성은 가족의 한 구성원의 영향이 가족의 모든 구성원에게 영향을 미치고 다시 그 영향으로 인해 구성원이 영향을 받아 가족 전체에게 영향을 미치는 것으로, 누가 가족문제를 일으키는 원인 제공자인지 확인하는 것이 아니라 어떤 영향을 주고 받는지를 확인한다.
② 동귀결성은 시작은 다르지만 동일한 결과를 가져올 수 있다는 것이다.
③ 가족은 사회환경의 하위체계로 가족체계 안에는 부부하위체계, 자녀하위체계 등이 존재한다.
⑤ 일차적 사이버네틱스에서 사회복지사는 가족을 관찰하는 외부의 관찰자로 가족의 밖에 존재하며, 가족과 분리되어 조정이 가능하다고 보았다.

06 난도 ★★☆ 　　　　　　　　　　정답 ⑤

정답분석

가족은 인간이 유지해온 가장 오래된 사회화제도로 가족의 개념은 시대와 문화, 사회의 영향을 받아 달라진다. 현재는 전통적으로 가족이 수행하던 기능이 축소되었고 가족의 보호의 기능, 부양의 기능이 약화되었다.

07 난도 ★★☆ 　　　　　　　　　　정답 ⑤

정답분석

순환적 인과성이란 한 체계에서 일부가 변화하면 그 변화가 다른 모든 부분들과 상호작용하여 나머지 부분들도 변화하게 되는 것으로, 사회복지사는 가족을 먼저 알코올 중독자 가족모임이나 자녀모임에 참여하도록 하여 알코올 중독자 당사자에게 치료를 받을 수 있도록 하는 것이다.

08 난도 ★★☆ 　　　　　　　　　　정답 ②

오답분석

ㄷ. 가족의사소통은 가족 구성원들의 의사소통 문제로 인하여 가족의 문제가 생기게 되므로 내용의 기능보다 관계의 기능이 더 중요하다는 것이다.
ㄹ. 가족규칙은 가족 구성원이 서로 행동을 규정하고 제한하는 관계상의 합의를 의미한다. 가족 구성원들은 지켜야 할 지침에 대부분 동의하지만 말로 표현되지 않는 경우도 있다. 이런 암묵적인 규칙도 가족규칙이다.

09 난도 ★★☆ 　　　　　　　　　　정답 ⑤

정답분석

가족 안에도 권력구조를 가지고 있어 그 구조에 따라 행위가 이루어지고 있다. 부모에 비해 자녀의 권력이 낮고, 가부장적 성격이 짙은 가족의 경우 아버지가 권력을 모두 가지고 있다.

PLUS +

가족의 기본 속성
• 가족은 특정한 목적달성을 위해 인위적으로 형성된 일반 집단이 아니라 자연스럽게 형성된 사회집단이다.
• 가족은 생활해 가는 가운데 일련의 생활유형 또는 규칙을 발전시키게 된다.
• 가족의 각 성원에게는 나름대로 할당되고 부여된 역할이 있다.
• 가족은 나름대로의 권력구조를 가지고 있다.
• 가족은 공공연하거나 은밀하면서 복잡한 의사소통형태를 갖고 있으며 가족마다 다르게 나타난다.
• 가족은 나름대로 문제를 해결하고 타협·협상하는 방법을 갖고 있으며 가족마다 다르게 나타난다.

10 난도 ★☆☆ 　　　　　　　　　　정답 ①

정답분석

순환적 인과성은 전략적 가족치료의 대표적 치료 기법으로 가족의 한 구성원의 영향이 가족의 모든 구성원에게 영향을 미치고 다시 그 영향으로 인해 구성원이 영향을 받아 가족 전체에게 영향을 미치는 것을 의미한다. 가족의 세대 간 전이를 통해 나타남을 의미하는 것은 다세대 가족치료에 대한 내용이다.

11 난도 ★☆☆ 　　　　　　　　　　정답 ②

정답분석

현대사회 가족의 권력구조는 양성평등으로 아버지의 권력이 가족(부부)의 권력으로 분배되고 있다. 권력구조의 불평등이 심화되지 않고 평등해지고 있다.

정답 및 해설

12 난도 ★★☆　　　　　　　　　　　　정답 ④

① 가계계승과 같은 제도적 기능보다 정서적 기능이 중시되는 방향으로 변화하고 있다.
② 부모–자녀 관계는 명확한 경계를 가진 관계일수록 기능적이다.
③ 가족문제는 순환적 인과론으로 설명하는 것이 효과적이다.
⑤ 가족생활주기가 변하면 역할분담도 변해야 하고 만약 고정되어 있다면 부적응적이다.

13 난도 ★★☆　　　　　　　　　　　　정답 ⑤

정답분석

가족사정은 가족을 하나의 단위로 보고 가족 내부 및 외부 요인, 양자 간의 상호작용 등을 파악하기 위해 자료를 수집, 분석, 종합하여 그 가족에 대한 개입을 계획하는 일련의 과정이다. 가족의 문제는 무엇인지, 가족의 관계는 어떠한지 등 자료를 수집하고 분석하여 개입을 계획하는 일련의 과정이다.

14 난도 ★☆☆　　　　　　　　　　　　정답 ④

정답분석

가계도는 2~3세대에 걸친 가족 성원의 정보와 관계를 간단한 그림으로 표시한 것이다. 가족구조에 대한 체계적인 이해, 가족 내에서 클라이언트의 위치, 가족의 상호작용을 분석하여 클라이언트의 문제를 사정하는 데 유용하다. 현재 제시된 문제의 근원을 찾는 것으로 가족 내에서 반복되는 행동적, 정서적 패턴을 확인하고 이해할 수 있으며 항상 사회복지사와 클라이언트가 함께 작성해야 한다. 가족 내에서 클라이언트의 위치, 가족의 상호작용 유형, 클라이언트의 문제를 발견할 수 있으며, 가족 구성원의 성별, 나이, 출생 및 사망, 직업, 결혼관계, 동거, 종교 등 상세 정보도 알 수 있다.

오답분석

ㄷ. 가족을 둘러싼 환경체계(지역사회의 안정성과 쾌적성)는 생태도를 통해서 알 수 있다.

15 난도 ★☆☆　　　　　　　　　　　　정답 ⑤

정답분석

14번 해설 [정답분석] 참조

16 난도 ★★☆　　　　　　　　　　　　정답 ④

오답분석

ㄷ. 소시오그램은 집단 내 성원들 간의 상호작용을 그림으로 표현한 도구로, 가족사정도구가 아니라 집단사정도구이다.

17 난도 ★★☆　　　　　　　　　　　　정답 ③

정답분석

③ 사회적 관계망표는 클라이언트의 환경 내에 영향을 미치는 중요한 사람이나 체계를 지칭하는 것으로서 소속감과 유대감, 자원정보, 접촉 빈도 등에 관한 정보를 나타내는 도표이다. 클라이언트가 이웃, 지역사회, 직장 등 관계를 맺고 있는 체계들과의 상호작용을 나타내어 클라이언트에 대한 이해를 돕는 도표이다.

오답분석

① 가족과 환경과의 접촉에서 발생하는 정보를 수집하고 정리할 수 있는 것은 생태도이다.
② 세대 간 반복되는 유형의 파악이 가능한 것은 가계도이다.
④ 가족생활주기를 파악할 수 있는 것은 생활주기표이다.
⑤ 가족의 종단적 생활사건을 한눈에 파악이 가능한 것은 생활력도표이다.

18 난도 ★☆☆　　　　　　　　　　　　정답 ③

정답분석

③ 자아분화는 자신과 타인의 사고와 감정을 분리하여 구분할 수 있는 능력을 의미한다.

오답분석

① 가족투사는 원가족에서 형성된 자신의 불안한 감정의 문제들을 가족관계에 투사하는 것을 의미한다.
② 삼각관계는 두 사람 사이에 생긴 문제에 제3자가 개입하여 두 사람의 문제를 해결하는 방법을 의미한다.
④ 핵가족 정서는 핵가족 내에서 가족이 정서적으로 기능하는 패턴이나 가족들이 정서적으로 얼마나 강한 결속력으로 연결되어 있는지의 정도를 나타내는 것을 의미한다.
⑤ 다세대 전수는 다세대를 통해 가족의 정서과정이 전수되는 것으로 미분화된 가족정서가 가족투사와 삼각관계 과정을 거쳐 세대 간에 불안이 전달되고 가족의 증상이 반복되는 것을 의미한다.

19 난도 ★★☆　　　　　　　　　　　　정답 ③

정답분석

가족조각은 가족관계를 조각으로 표현하여 가족에 대한 구성원들의 인식을 파악하는 기법이다. 어느 시점을 선택하여 그 시점에서의 인간관계, 타인에 대한 느낌과 감정을 동작(몸짓, 위치, 자세)과 공간을 사용하여 표현하는 비언어적 기법을 말하며 사티어의 경험적 가족치료에서 사용하는 기법이다.

오답분석

가족조각은 한 가족 구성원이 다른 가족 구성원에 대해 느끼는 정서 상태를 동작 및 소도구를 사용하여 공간적으로 나타내는 것이다.

정답분석

③ 경계선 만들기는 가족 구성원의 경계가 너무 밀착되거나 분리된 경우 경계선을 수정하는 방법이다. 사회복지사는 어머니와 딸의 관계가 분리되어 있고 아버지와 딸의 관계는 밀착되어 있어서 어머니와 딸의 관계는 밀착되게 하고, 아버지와 딸의 관계는 분리되게 하려고 경계선 만들기를 실시하였다.

오답분석

① 합류는 사회복지사가 클라이언트 가족에 합류하여 가족의 규칙과 행동을 이해하면 클라이언트 가족은 사회복지사를 받아들여 가족의 문제를 다각적인 측면에서 해결하는 방법이다.
② 역설적 지시는 문제행동을 계속하도록 지시하여 역설적 치료 상황을 조장하는 것이다.
④ 증상처방은 사회복지사는 클라이언트에게 도움이 되지만 실천하기 다소 어려운 행동을 할 수 있도록 지시하는 방법이다.
⑤ 가족조각은 가족관계를 조각으로 표현하여 가족에 대한 성원들의 인식을 파악하는 기법이다.

---

21 난도 ★★☆   정답 ⑤

정답분석

외현화는 구조적 가족치료모델이 아니라 이야기 치료의 기법이다. 문제의 외현화는 문제와 사람을 구분하는 것으로 좌절하는 사람에게 좌절감과 사람을 구분하여 문제를 해결한다.

---

22 난도 ★★☆   정답 ②

정답분석

② 초이성형은 자신의 감정보다는 이성적으로 행동한다. 나약한 모습을 보여주지 않기 위해 항상 이성적으로 행동하여 상대방에게 차가운 느낌을 주는 유형이다.

오답분석

① 회유형은 자신보다 상대방의 비유를 맞추는 유형으로 다른 사람들 말이 다 옳고 자신은 아무것도 아니라고 술 문제에 대한 벌을 달게 받겠다고 하는 것이다.
③ 비난형은 타인을 비난하는 유형으로 모든 것이 자녀 때문이라며 자신이 외롭다고 하는 것이다.
④ 산만형은 상황에 맞지 않은 주제를 꺼내는 유형으로 어려서 고생을 많이 해서 그렇느냐며 밀띡 일이니 방 안을 왔다갔다 하는 것이다.
⑤ 일치형은 자신의 생각을 타인에게 정확히 전달하는 유형으로 살기 힘들어 술을 마신다며 자신의 술 문제가 자녀 학업을 방해했다고 인정하는 것이다.

---

23 난도 ★★☆   정답 ④

오답분석

ㄷ. 가족생활주기는 가족 구성원이 발달단계에 따라 발달하고 변화한다는 것으로 역기능적 의사소통유형과는 아무런 관련이 없다.

PLUS +

사티어의 의사소통유형
- 회유형은 항상 자신보다는 상대방의 비유를 맞추려고 하며, 자존감이 낮아 어떠한 비판에도 동의하고 상대방의 인정을 얻으려고 노력하는 유형이다.
- 비난형은 상대방보다 더 우월하다는 것을 보여주거나 상대방에게 강하게 보이기 위해 타인의 결점을 발견하고 비난하며, 낮은 자존심으로 타인의 복종을 통해서 자신의 존재를 느끼려는 유형이다.
- 초이성형은 자신의 감정보다는 이성적으로 행동하고 나약한 모습을 보여 주지 않기 위해 항상 이성적으로 행동하여 상대방에게 차가운 느낌을 주는 유형이다.
- 산만형은 상황을 제대로 파악하지 못하여 상황에 맞지 않는 주제를 꺼내는 것과 같이 현실을 인식하지 못하는 유형으로 의사소통 내용에 초점이 없고 산만하며 상황에 적절한 반응을 보이지 못한다.
- 일치형은 자신의 생각을 타인에게 정확히 전달하는 유형으로 자신의 감정과 의사소통의 내용이 일치한다.

---

24 난도 ★★☆   정답 ⑤

정답분석

가족조각은 가족관계를 조각으로 표현하여 가족에 대한 성원들의 인식을 파악하는 기법으로 어느 시점을 선택하여 그 시점에서의 인간관계, 타인에 대한 느낌과 감정을 동작(몸짓, 위치, 자세)과 공간을 사용하여 표현하는 비언어적 기법이다. 가족조각을 할 때에는 전 가족이 참여해야 하며, 가족을 조각한 사람은 조각에서 제외되지 않는다.

---

25 난도 ★★☆   정답 ⑤

정답분석

초이성형은 자신과 타인을 존중하지만 상황은 무시한다.

---

26 난노 ★☆☆   정답 ④

정답분석

회유형 의사소통은 항상 자신보다는 상대방의 비유를 맞추려고 한다. 자존감이 낮아 어떠한 비판에도 동의하고 상대방의 인정을 얻으려고 노력하는 유형으로 역기능적 의사소통이다.

27 난도 ★★★   정답 ①

정답분석

전략적 가족치료모델은 문제에 직접적 방법을 사용하기보다는 간접적 방법을 사용하고 역설적이다. 증상처방기법을 사용하여 가족의 문제행동에 대해 그대로 유지하도록 지시하여 문제를 해결하려고 한다.

28 난도 ★☆☆   정답 ①

정답분석

실연은 가족의 갈등을 성원들이 어떻게 해결하는지 실제로 재현시켜 역기능적인 상호작용을 수정하고 구조화하는 방법이다. 사회복지사는 부부에게 "여기서 직접 한 번 서로 말씀해 보시겠습니까?"라고 이야기하며 실제로 재현시켜 실연 방법을 사용하였다.

29 난도 ★★☆   정답 ②

정답분석

변화제지(제지기법)는 전략적 가족치료의 기법으로 문제가 재발하는 것을 예측하여 경고하거나, 변화의 속도가 지나치게 빠른 것을 지적하여 변화속도를 통제한다.

30 난도 ★★☆   정답 ②

정답분석

이중구속은 서로 다른 수준에서 상호 모순되는 메시지를 상대방에게 보내 듣는 사람이 어떠한 메시지에도 반응할 수 없는 정서적 혼란 상태에 빠지게 만드는 것이다. 주요기법으로는 직접적 지시, 역설적 지시, 재구성, 순환질문, 긍정적 의미부여, 시련기법 등이 있다.
② 빙산기법은 사티어의 경험적 가족치료에서 사용하는 기법이다. 수면 위에 보이는 빙산은 사람의 행동을 의미하고, 수면 밑의 보이지 않는 빙산은 사람의 감정, 열망, 지각, 기대를 의미한다.

31 난도 ★★☆   정답 ④

정답분석

역설적 지시는 문제행동을 유지하거나 더욱 강화되는 행동을 하도록 지시하여 문제를 해결하는 기술이다. 가족이 변화에 대한 저항이 클 때 사용할 수 있고 문제와 관련된 가족의 행동체계를 정확히 파악하여 증상처방, 변화제지기법을 활용하기도 한다. 이중구속은 두 개 이상의 상반된 메시지를 동시에 보내 무조건 잘못된 행동을 하게 되는 것으로 역설적 개입에서 사용하기도 한다.

오답분석

ㄷ. 원가족 분석을 중시하는 개입방법은 보웬의 다세대 가족치료의 가계도를 분석하는 방법이다.

32 난도 ★★☆   정답 ④

정답분석

해결중심모델은 병리적이 아니라 강점에 초점을 두고 클라이언트의 강점과 자원을 발견하여 치료에 활용한다. 따라서 클라이언트가 가지고 있는 것에 관심을 둔다.

PLUS +

해결중심모델의 개입목표 설정원칙
① 클라이언트에게 중요한 것을 목표로 하기
② 작은 것을 목표로 하기
③ 구체적이고 명확하며 행동적인 것을 목표로 하기
④ 없는 것(문제를 없애는 것)보다는 있는 것(바람직한, 긍정적인 행동들)에 관심을 두기
⑤ 목표를 종식보다는 시작 단계로 간주하기
⑥ 클라이언트의 생활에서 현실적이고 성취 가능한 것을 목표로 하기
⑦ 목표수행은 힘든 일이라고 인식하기

33 난도 ★★☆   정답 ①

정답분석

① 관계성 질문은 클라이언트와 중요한 관계를 가지고 있는 사람들에 대한 질문으로 "재혼하신 아버지는 이 문제를 어떻게 생각하실까요?"라고 클라이언트의 아버지가 문제에 대해 어떻게 생각하는지 물어보았으므로 옳은 예이다.

오답분석

② '처음 상담했을 때와 지금의 스트레스 수준을 비교한다면 지금은 몇 점인가요?'라는 질문은 척도질문이다.
③ '어떻게 하면 그 문제가 발생하지 않을 것 같나요?'라는 질문은 예외질문이다.
④ '당신은 그 어려운 상황에서 어떻게 견딜 수 있었나요?'라는 질문은 대처질문이다.
⑤ '처음 상담을 약속했을 때와 지금은 무엇이 어떻게 달라졌는지 말씀해 주세요.'라는 질문은 치료 면담 전의 변화에 대한 질문이다.

PLUS +

해결중심모델의 질문기법의 예
• 치료 면담 전의 변화에 대한 질문 : "상담예약을 하신 후부터 지금까지 시간이 좀 지났는데 그동안 상황이 좀 바뀌었나요? 그렇다면 무엇이 어떻게 달라졌는지 말씀해 주세요."
• 예외 질문 : "아드님과의 관계가 지금보다 조금이라도 나았을 때는 언제였나요?", "두 분이 매일 싸우신다고 말씀하셨는데, 혹시 싸우지 않은 날은 없었나요?"

- 기적질문 : "간밤에 기적이 일어나 걱정하던 문제가 해결되었다고 생각해 보세요. 당신은 주변에 무엇을 보고 기적이 일어난 것을 알 수 있을까요?"
- 대처질문 : "어려운 상황 속에서도 더 나빠지지 않고 견뎌낼 수 있었던 것은 무엇 때문이라고 생각하십니까?"
- 척도질문 : "처음 상담에 오셨을 때가 0점이고 개입 목표가 달성된 상태를 10점이라고 한다면, 지금 당신의 상태는 몇 점입니까?"

34 난도 ★☆☆　　　　　　　　　　　정답 ①

정답분석

관계성 질문은 클라이언트와 중요한 관계를 갖는 사람들에 대한 질문으로, '당신의 어머니는 이 상황에서 당신이 무엇을 해야 문제해결에 도움이 된다고 말씀하실까요?'라고 물어볼 수 있다. '두 분이 싸우지 않을 때는 어떠세요?'와 같은 질문은 예외질문에 해당한다.

35 난도 ★☆☆　　　　　　　　　　　정답 ⑤

정답분석

해결중심모델은 병리적이 아니라 강점에 초점을 두고 클라이언트의 강점과 자원을 발견하여 치료에 활용한다. 클라이언트가 원하는 결과를 얻기 위해 클라이언트의 자원, 기술, 지식, 행동, 환경 등을 활용한다.
⑤ 해결중심모델은 과거보다는 현재와 미래지향적인 성격을 가지고 있어 클라이언트의 문제의 원인보다는 문제해결 방법에 초점을 맞춘다.

PLUS +

해결중심모델의 특징
- 인수버그(Insoo Berg)와 세이저(Shazer)가 1970년 개발한 단기문제해결모델의 이론과 전략적 가족치료모델을 토대로 성장하였다.
- 병리적이 아니라 강점에 초점을 두고 클라이언트의 강점과 자원을 발견하여 치료에 활용한다.
- 클라이언트가 원하는 결과를 얻기 위해 클라이언트의 자원, 기술, 지식, 행동, 환경 등을 활용한다.
- 과거보다는 현재와 미래 지향적이다.
- 문제의 원인보다는 문제해결 방법에 초점을 맞춘다.
- 클라이언트는 자신의 문제를 잘 알고 해결할 수 있는 능력이 있다고 보기 때문에 서로 협력하여 문제를 해결한다.
- 10회기 정도로 이루어지는 단기치료이다.
- 단순하고 간단한 방법을 사용하여 경제성을 추구한다.
- 탈이론적이며 비규범적이다.
- 클라이언트와의 협동 작업을 중요시하고 변화를 불가피한 것으로 인식한다.

36 난도 ★★☆　　　　　　　　　　　정답 ②

정답분석

② 관계성 질문은 클라이언트와 중요한 관계를 갖고 있는 사람들에 대한 질문이다.

오답분석

① '그 어려운 상황 속에서도 견딜 수 있었던 것은 무엇이라 생각합니까?'는 대처질문이다.
③ '잠이 안 와서 힘들다고 하셨는데, 잠을 잘 잤다고 느낄 때는 언제일까요?'는 예외질문이다.
④ '지난 1주일간 어떤 변화가 있었나요?'는 치료 면담 전 변화에 대한 질문이다.
⑤ '문제가 발생하지 않았던 때는 언제인가요?'는 예외질문이다.

37 난도 ★★☆　　　　　　　　　　　정답 ③

정답분석

③ 해결중심모델의 다양한 질문기법들은 면담 전의 변화에 대한 질문, 예외질문, 기적질문, 대처질문, 척도질문, 관계성질문, 악몽질문으로 이루어져 있다.

오답분석

① 클라이언트의 문제의 원인을 찾기보다는 문제의 해결방법에 초점을 맞춘다.
② 의료모델을 기초로 문제 중심의 접근을 지향하는 모델은 정신역동모델이다.
④ 클라이언트의 문제 자체에 초점을 두기보다는 과거의 성공이나 강점에 초점을 둔다.
⑤ 신속한 문제해결을 위해 단순하고 간단한 방법을 사용한다.

38 난도 ★★☆　　　　　　　　　　　정답 ⑤

정답분석

대처질문은 클라이언트가 문제 상황에서 어떻게 대처했는지 물어보는 질문이다. 문제가 해결된 상태를 가정하고 질문하는 것은 기적질문이다.

39 난도 ★☆☆　　　　　　　　　　　정답 ⑤

정답분석

인간에게 있어 변화는 항상 일어나며 불가피한 것으로 변화는 삶의 일부이기 때문에 막을 수 없다.

40 난도 ★★☆　　　　　　　　　　　정답 ③

정답분석

가족이 미분화에서 벗어나 가족체계의 변화를 달성하는 가족치료는 보웬의 다세대 가족치료이다.

41 난도 ★☆☆　　　　　　　　　　　　　정답 ③

경험적 모델에는 의사소통유형, 가족조각, 역할극(역할연습), 가족그림, 접촉, 유머, 은유 등이 있다. 문제의 외현화는 이야기 치료의 기법이다.

PLUS +

모델에 대한 기법	
모델	기법
보웬모델 (다세대 가족치료)	자아분화 및 분화촉진, 삼각관계 및 탈삼각화, 다세대 전수과정, 가계도, 코칭 등
구조적 모델	하위체계, 경계 만들기, 합류하기, 실연, 긴장고조시키기, 과제부여, 역기능적 균형 깨트리기 등
전략적 모델	직접적 지시, 역설적 지시, 증상처방, 변화제지, 순환질문, 긍정적 의미부여, 재정의, 시련기법, 이중구속 메시지 등
해결중심모델	치료 면담 전의 변화에 대한 질문, 예외질문, 기적질문, 대처질문, 척도질문, 관계성 질문 등

42 난도 ★☆☆　　　　　　　　　　　　　정답 ②

해결중심가족치료의 특징은 다음과 같다.
- 병리적이 아니라 강점에 초점을 두고 클라이언트의 강점과 자원을 발견하여 치료에 활용한다. 클라이언트가 원하는 결과를 얻기 위해 클라이언트의 자원, 기술, 지식, 행동, 환경 등을 활용한다.
- 과거보다는 현재와 미래지향적이다.
- 문제의 원인보다는 문제해결 방법에 초점을 맞춘다.
- 클라이언트는 자신의 문제를 잘 알고 해결할 수 있는 능력이 있다고 보기 때문에 서로 협력하여 문제를 해결한다.
- 단순하고 간단한 방법을 사용한다. 즉, 경제성을 추구한다.
- 탈이론적이고 비규범적이다.
- 클라이언트와의 협동 작업을 중요시하고 변화를 불가피한 것으로 인식한다.

43 난도 ★☆☆　　　　　　　　　　　　　정답 ④

가족조각은 가족관계를 조각으로 표현하여 가족에 대한 성원들의 인식을 파악하는 기법이다. 어느 시점을 선택하여 그 시점에서의 인간관계, 타인에 대한 느낌과 감정을 동작(몸짓, 위치, 자세)과 공간을 사용하여 표현하는 비언어적 기법이다.

44 난도 ★★☆　　　　　　　　　　　　　정답 ④

합류하기란 사회복지사가 클라이언트 가족에 합류하여 가족의 규칙과 행동을 이해하면 클라이언트 가족은 사회복지사를 받아들여 가족의 문제를 다각적인 측면에서 해결하는 방법이다. 사회복지사는 아들이 왜 게임에만 몰두하고 쓰레기를 치우지 못하게 하는지 알기 위해 가족과 합류할 수 있는 방법을 모색하고 적응하는 능력을 갖고 있어야 한다.

45 난도 ★☆☆　　　　　　　　　　　　　정답 ①

비난형 의사소통유형은 상대방보다 더 우월하다는 것을 보여주거나 상대방에게 강하게 보이기 위해 타인의 결점을 발견하고 비난한다. 낮은 자존심으로 타인의 복종을 통해서 자신의 존재를 느끼려는 유형이다. 어르신이 사회복지사의 개입을 거부하며 방어적이라고 해도 비난형 의사소통유형이라고 할 수 없다.

46 난도 ★★☆　　　　　　　　　　　　　정답 ⑤

다세대 가족치료의 자아분화는 자신과 타인의 사고와 감정을 분리하여 구분할 수 있는 능력을 의미한다. 자아분화를 촉진하는 것이 분화촉진이다. 클라이언트는 가족(어머니, 딸)과 밀착되어 있어 자아분화가 되어 있지 않다. 이렇게 해결되지 않은 정서적 애착을 해결하기 위해서는 미분화된 가족 자아 덩어리로부터 벗어날 수 있도록 도와주고 불안을 경감시켜 자기분화를 촉진하게 해야 한다.

47 난도 ★☆☆　　　　　　　　　　　　　정답 ①

① 문제의 외현화(외재화)는 이야기 치료의 기법으로 '겉으로 드러내고 밖으로 도출하는' 것이다. 사람이 문제가 아니라 단지 문제가 문제일 뿐이며 클라이언트와 문제를 분리하게끔 도와서 클라이언트가 문제를 심각하게 여기지 않도록 동기를 부여하는 것이다. 사회복지사 B는 클라이언트 A가 쉽게 좌절하는 것이 문제가 아니라 A의 좌절감 자체가 문제라고 지적하고 있다.

② 재보증은 클라이언트가 자신의 능력이나 상황에 회의를 느끼고 있을 때 사회복지사가 신뢰를 표현함으로 자신감을 향상시키는 것이다.
③ 코칭은 가족문제를 가진 내담자에게 개방적이고 직접적으로 접근하는 기법이다.
⑤ 체험기법은 클라이언트의 증상이나 문제가 나타날 때마다 클라이언트가 괴로워하는 일을 하도록 지시하는 기법이다.

48 난도 ★★★   정답 ②

정답분석

해결중심모델의 목표설정 내용이다.

PLUS +

해결중심모델의 개입목표 설정원칙
• 클라이언트에게 중요한 것을 목표로 하기
• 작은 것을 목표로 하기
• 구체적이고 명확하며 행동적인 것을 목표로 하기
• 없는 것(문제를 없애는 것)보다는 있는 것(바람직한, 긍정적인 행동들)에 관심을 두기
• 목표를 종식보다는 시작 단계로 간주하기
• 클라이언트의 생활에서 현실적이고 성취 가능한 것을 목표로 하기
• 목표수행은 힘든 일이라고 인식하기

49 난도 ★★☆   정답 ②

정답분석

경계 만들기는 밀착된 경계는 가족 구성원들이 지나치게 밀착되어 역기능이 발생하기 때문에 어느 정도 거리를 둘 수 있도록 하고 유리된 경계는 가족 구성원들이 서로 관심을 가질 수 있도록 개입하는 방법이다. 엄마는 딸을 대변하고 있는 상황으로 밀착된 관계를 보이고 있다. 이러한 밀착된 관계를 해결하기 위해서는 엄마와 딸이 어느 정도 거리를 둘 수 있도록 해야 한다. 명확한 경계가 될 수 있도록 경계 만들기가 필요하다.

SECTION 04 **집단실천기술**									
01	**02**	**03**	**04**	**05**	**06**	**07**	**08**	**09**	**10**
②	①	③	④	④	①	⑤	①	①	①
11	**12**	**13**	**14**	**15**	**16**	**17**	**18**	**19**	**20**
④	③	①	①	②	④	①	⑤	⑤	②
21	**22**	**23**	**24**	**25**	**26**	**27**	**28**	**29**	**30**
④	③	⑤	③	⑤	⑤	④	①	③	④
31	**32**	**33**	**34**	**35**	**36**	**37**	**38**	**39**	**40**
⑤	①	④	③	②	③	②	⑤	②	⑤
41	**42**	**43**	**44**						
③	②	③	④						

01 난도 ★☆☆   정답 ②

정답분석

역기능적 집단은 집단의 역할이 이루어지지 않는 집단으로 문제해결 노력이 부족할 수밖에 없다.

02 난도 ★☆☆   정답 ①

정답분석

집단의 장점에는 희망의 고취, 보편성(일반화), 정보전달, 이타심, 1차 가족집단의 교정적 반복발달, 사회기술의 발달, 모방행동, 대인관계 학습, 집단응집력, 정화, 실존적 요인 등이 있다.
① 모방행동은 사회복지사나 다른 성원들의 행동을 보고 새로운 행동을 학습하는 것이다.

03 난도 ★☆☆   정답 ③

정답분석

정화란 집단 내의 비교적 안전한 분위기 속에서 집단 성원이 그동안 억압되어 온 감정을 자유롭게 발산하는 것을 말한다. 다양한 성원들로부터 새로운 행동을 학습하면서는 정화 효과를 얻을 수 없고, 구성원이 바뀌지 않는 폐쇄집단에서 정화가 나타난다.

04 난도 ★☆☆   정답 ④

정답분석

성과평가는 프로그램 운영이 끝날 때 행해지는 평가조사로서, 해당 프로그램이 달성하고자 했던 목표를 얼마나 잘 성취했는가의 여부를 평가한다.
④ 델파이기법은 전문가들이 직접적으로 대면하지 않고 우편을 통하여 합의점을 도출하는 방법이다. 집단의 목표달성을 평가하는 데 프로그램에 참여하지 않은 전문가를 조사한다고

해도 프로그램 이후 변화상태를 알 수 없다. 델파이기법은 익명성이 중요한데 집단에서 프로그램에 참여했다면 익명성이 보장될 수 없다.

오답분석
① 사전사후검사는 사전검사 후 사후검사를 통하여 프로그램이 어떤 영향이 있었는가 검사하는 방법으로 변화상태를 알아볼 수 있다.
② 개별인터뷰는 프로그램에 참여했던 집단 구성원의 목표달성을 물어볼 수 있어 변화상태를 알아볼 수 있다.
③ 단일사례설계는 기초선을 보고 프로그램 진행 후 변화상태를 알아볼 수 있다.
⑤ 초점집단면접은 6~10명 정도의 소집단으로 구성되며 여러 명이 동시에 질의와 응답에 참여할 수 있고, 집중적인 토론에 유용한 방법으로 프로그램 진행 후 토론을 통해 변화상태를 알아볼 수 있다.

05 난도 ★☆☆　　　　　　　　　　　정답 ④

정답분석
집단응집력은 집단 구성원들이 그 집단에 매력을 느끼고 그 안에 머무르도록 작용하는 자발적인 힘의 총체로 집단 내에서 자신이 인정받고, 수용된다는 소속감은 그 자체로서 집단 구성원의 긍정적인 변화에 영향을 미친다.

오답분석
ㄴ. 자기노출이 높은 집단일수록 응집력이 높다.

06 난도 ★☆☆　　　　　　　　　　　정답 ①

정답분석
① 집단목표는 집단의 문제가 해결된 상태 혹은 개입을 통해 일어나기를 바라는 변화를 의미한다.

오답분석
② 한 번 정한 목표도 집단의 요구에 따라 목표를 수정할 수 있다. 목표가 변하지 않으면 클라이언트의 탈퇴로 인해 집단의 붕괴를 막을 수 없다.
③ 목표를 고려하여 집단 크기나 기간을 정한다. 교육집단에 기간을 짧게 잡으면 교육의 효과를 볼 수 없다.
④ 집단목표는 구성원의 목표와 관련이 있다. 구성원이 원하는 목표를 달성하기 위해 집단에 참여하므로 집단목표와 구성원의 목표는 관련성이 높다.
⑤ 목표가 집단과정에서 자연스럽게 형성되는 것이 아니라 목표를 먼저 설정한 후 집단을 만들고 구성원을 모집한다.

07 난도 ★☆☆　　　　　　　　　　　정답 ⑤

정답분석
⑤ 재경험의 기회 제공은 집단 내에서 이전의 역기능적 경험을 재현하는 것이다.

오답분석
① 정화 : 집단 내의 비교적 안전한 분위기 속에서 집단 성원은 그동안 억압되어 온 감정을 자유롭게 발산할 수 있다.
② 일반화 : 집단을 통해 다른 사람들도 자기와 비슷한 갈등과 생활경험 또는 문제를 가지고 있다는 것을 알고 위로를 얻는다.
③ 희망증진 : 집단은 클라이언트에게 그들의 문제가 개선될 수 있다는 희망을 심어주고 이러한 희망은 그 자체가 치료적 효과를 갖는다.
④ 이타성 향상 : 집단 성원들은 위로, 지지, 제안 등을 통하여 서로 도움을 주고받는다.

08 난도 ★★☆　　　　　　　　　　　정답 ①

정답분석
집단역동은 함께 일하는 한 무리의 사람들 간의 상호작용, 태도, 행동을 말한다. 집단역동의 요소로는 의사소통 유형, 집단목적, 대인관계, 지위와 역할, 가치와 규범, 긴장과 갈등, 집단응집력, 하위집단이 있다. 하위집단은 정서적 유대감을 갖게 된 집단 구성원 간에 형성되고, 집단에서 하위집단의 발생은 필연적이므로 집단에 부정적 영향이 있는지 파악해야 한다.

09 난도 ★☆☆　　　　　　　　　　　정답 ①

정답분석
집단응집력을 향상하기 위해서는 동질적 집단으로 구성해야 한다.

PLUS +

집단응집력 향상을 위한 방안(Corey & Corey, Toseland et al.)
- 집단 성원들 간의 활발한 상호작용을 위해 집단토의와 프로그램 활동을 적극적으로 활용하도록 한다.
- 집단 성원 개개인이 스스로 가치 있고 능력 있는 존재이며, 서로 다른 인식과 관점을 가진 존재임을 깨닫도록 돕는다.
- 집단 성원들의 욕구가 집단 내에서 충족된 방법들을 파악하도록 돕는다.
- 집단 성원들이 목표에 초점을 두고 목표를 달성할 수 있도록 돕는다.
- 집단 성원들 간 비경쟁적 관계 및 상호협력적인 관계를 형성하도록 돕는다.
- 집단 성원들이 집단 과정에 완전히 참여할 수 있는 규모의 집단을 형성하도록 한다.
- 집단 성원들이 기대하는 바를 명확히 하고 집단 성원의 기대와 집단의 목적을 일치시킨다.

- 집단에 참여함으로써 얻을 수 있는 자원이나 보상 등의 자극제를 제시한다.
- 집단 성원들이 현재 참여하고 있는 집단에 대해 자부심을 느끼도록 돕는다.
- 집단 성원으로서의 책임성을 강조한다.

10 난도 ★★☆　　　　　　　　　　　정답 ①

정답분석

집단의 크기가 커져 집단 구성원이 많아지면 구성원들은 더 열심히 하는 것이 아니라 '나 하나쯤은 괜찮겠지.' 하는 생각을 하게 되어 기대보다 못한 결과가 나오게 된다. 집단의 크기가 커질수록 개인의 공헌도가 더 떨어지는 현상을 링겔만 효과라고 한다. 집단의 크기가 커질수록 구성원의 참여의식과 공헌도는 줄어들고 통제와 개입이 어려워진다.

11 난도 ★☆☆　　　　　　　　　　　정답 ④

정답분석

집단규칙의 큰 틀은 사회복지사가 정해줄 수 있지만 자신들이 지켜야 할 규칙은 집단 구성원들이 정하도록 한다. 사회복지사가 집단 규칙을 10개 정도 정해준다면 집단 구성원이 스스로 지킬 규칙을 10개 중에서 선정한다.

12 난도 ★★☆　　　　　　　　　　　정답 ③

정답분석

집단 구성원의 동질성이 강할수록 생각과 행동, 동기, 목적 등이 같기 때문에 방어나 저항은 적게 발생한다. 동질성보다는 이질성 집단에서 생각과 행동, 동기, 목적 등이 달라 성원 간 방어와 저항이 더 많이 발생한다.

13 난도 ★★☆　　　　　　　　　　　정답 ①

정답분석

① 명료화는 사회복지사 자신이 클라이언트가 한 이야기를 잘 이해하고 있는지 다시 물어보는 방법으로 클라이언트의 메시지가 추상적이거나 혼란스러운 경우 구체적으로 표현하도록 한다.

오답분석

② 집단에서는 사회복지사와의 의사소통보다 집단 성원들 간 의사소통을 더 중시해야 한다.
③ 사회복지사는 특정한 집단과정에 선택적으로 반응해야 한다. 잘 되고 있는 과정보다는 잘 안 되는 과정에 반응해야 한다.
④ 직면은 집단 초반에 구성원의 참여를 촉진하는 기술이 아니라 말과 행위 사이의 불일치를 인식할 수 있도록 지적하는 기술이다.

⑤ 집단의 목표는 집단을 설정하기 전에 정하고 집단 구성원들에게 처음부터 설명해야 한다.

14 난도 ★☆☆　　　　　　　　　　　정답 ①

정답분석

집단치료의 효과로는 희망주기, 보편성, 정보전달, 이타주의, 모방행동, 집단의 응집력, 실존적 요인, 재경험의 기회 제공이 있다.
① 고유성은 개인이 가지고 있는 독특한 것으로 다른 구성원과 관계가 없다. 보편성이 치료적 효과가 있는 이유는 구성원들도 유사한 어려움을 가지고 있기에 혼자만 겪는 문제가 아니라 누구나 겪을 수 있는 문제라는 것을 알 수 있기 때문이다.

15 난도 ★★☆　　　　　　　　　　　정답 ②

오답분석

① 원만한 관계 유지를 위해 구체적으로 직접적인 피드백을 제공한다.
③ 집단 성원의 긍정적 변화를 위해 그의 장점을 중심으로 피드백을 제공한다.
④ 자신의 경험, 감정, 생각 등을 집단 성원에게 지속적으로 상세하게 노출할 필요는 없다.
⑤ 다차원적인 내용의 여러 가지 피드백을 여러 번에 걸쳐서 제공한다.

16 난도 ★★☆　　　　　　　　　　　정답 ④

정답분석

집단사회사업의 장점은 희망의 고취, 보편성(일반화), 정보전달, 이타심, 사회기술의 발달, 대인관계 학습, 집단응집력, 정화, 실존적 요인, 1차 가족집단의 교정적 재현이 있다. 역전이란 사회복지사의 과거의 문제가 클라이언트를 통해 나타나는 것으로 역전이를 통해 문제를 해결하는 보편성을 경험할 수 없다.

17 난도 ★★☆　　　　　　　　　　　정답 ①

정답분석

발달단계를 예측하는 것이 용이한 집단은 폐쇄집단이다. 폐쇄집단은 구성원이 변하지 않아 행동을 예측할 수 있다.

18 난도 ★☆☆　　　　　　　　　　　정답 ⑤

정답분석

집단역학(Group Dynamics)의 구성요소는 의사소통유형, 집단목적, 지위와 역할, 긴장과 갈등, 집단응집력, 하위집단, 상호작용, 집단규범 등이다.

정답 및 해설

19 난도 ★☆☆ 정답 ⑤

정답분석

집단이 형성되기 전 집단 참여자에 대한 사전면접에서는 패턴화된 집단행동을 확인할 수 없다. 집단이 형성되고 진행되는 과정에서 패턴화된 집단행동을 확인하고 성장을 지원할 수 있다.

20 난도 ★★☆ 정답 ②

정답분석

집단구성단계는 사회복지사가 집단을 계획하는 단계로 아직 집단이 구성되지 않은 상황이다. 의사결정의 역효과 예방을 위한 구성원들의 집단 의사결정방법 확인은 집단이 구성되고 난 후 실행단계에서 집중적으로 이루어진다.

21 난도 ★★☆ 정답 ④

정답분석

우울증 인지행동 집단치료 프로그램은 치료집단에 속한다. 치료집단의 사회복지사는 전문가, 변화매개인의 역할을 한다.

22 난도 ★★☆ 정답 ③

정답분석

③ 소시오그램은 구성원 간 상호관계, 하위집단 여부, 집단 성원 간 결속의 강도를 알 수 있다.

오답분석

① 소시오메트리는 집단 내 대인관계에 대한 매력을 기술하고 측정하기 위해 특정 성원에 대한 호감도를 1점에서 5점으로 평가하는 방법이다. 점수를 합산하면 점수가 높은 사람을 알 수 있고 집단의 응집력을 상대적으로 비교할 수 있다.
② 상호작용차트는 집단 성원들 간의 상호작용이나 집단 성원과 사회복지사 간의 상호작용의 빈도를 기록한 것으로 특정 행동이 발생할 때마다 기록하는 방법과 일정시간 동안 특정 행동의 발생빈도를 기록하는 방법이 있다.
④ 목적달성척도는 목표에 도달한 정도를 측정하는 척도이다.
⑤ 의의차별척도는 양 끝에 반대되는 형용사적 단어 중 선택하는 방법으로 동료에 대한 평가나 동료의 잠재력에 대한 인식, 성원의 활동력에 대한 인식 등을 사정할 수 있다.

23 난도 ★★☆ 정답 ⑤

정답분석

가족사정이란 가족을 하나의 단위로 보고 가족 내부 및 가족 외부 요인 그리고 이들 양자 간의 상호작용 등을 파악하기 위해 자료를 수집 · 분석하는 종합적 과정이다. 가족사정을 하기 위해서는 가족사정도구인 가계도, 생태도, 생활력도표, 생활주기표,

사회관계망표 등에 대해 알아야 하고, 가족치료모델별 가족사정의 특징도 알아야 한다. ㄱ~ㄹ은 가계도에서 확인이 가능하다.

24 난도 ★☆☆ 정답 ③

정답분석

사회적 목표모델은 민주시민의 양성을 목적으로 하며, 인본주의 이론이 아니라 민주주의이론에 근거한 모델이다.

> **PLUS +**
>
> 사회적 목표모델
> • 민주주의 정신에 입각한 민주적 집단 과정을 중요시하는 가장 고전적인 모델이다.
> • 사회적 의식과 사회적 책임을 향상시켜 책임성 있는 시민 양성을 목적으로 한다.
> • 지역주민을 대상으로 개인의 성숙과 민주시민의 역량개발에 초점을 둔다.
> • 사회복지사는 교사, 조력자, 지도자의 역할을 한다.
> • 청소년단체, 인보관운동에서 발전하였다.
> • 집단의 크기는 3~30명 정도이다.

25 난도 ★☆☆ 정답 ⑤

정답분석

⑤ 지지집단은 집단 구성원이 스트레스를 받게 되는 사건에 대해 잘 대처하거나 적응하고, 기존의 대처능력을 회복하거나 향상될 수 있도록 원조하는 것이 목적이다. 사회복지사는 집단 구성원의 대처기술을 향상시키고 미래에 대하여 희망을 갖도록 촉진시키는 역할을 한다.

오답분석

① 구성원의 자기인식 증진은 성장집단이다.
② 클라이언트의 병리적 행동 치료는 치료집단이다.
③ 구성원에게 기술과 정보 제공은 교육집단이다.
④ 사회적응 지원은 사회화집단이다.

26 난도 ★★☆ 정답 ⑤

정답분석

자조집단은 서로 유사한 문제나 공통의 관심사를 가진 사람들이 자발적으로 구성하여 각자의 경험을 공유하며 상호 원조하는 집단이다.

27 난도 ★☆☆　　　　　　　　　　　　　　정답 ④

정답분석

성장집단은 집단 구성원의 잠재력, 인식, 통찰의 발전을 시킬 수 있는 기회를 통해 잠재력을 발휘하도록 하는 것으로 치료를 목적으로 하는 것이 아니라 잠재력을 향상시키는 것을 목적으로 한다. 집단 구성원들은 집단을 자신들의 성장기회로 활용하고 자기 표출이 높은 편이다. 또한 동질성을 가진 구성원으로 집단을 구성할 경우 감정이입이나 지지가 증가하기도 한다.
④ 공동과업의 성공적 수행이 일차적인 목표인 집단은 과업집단이다.

28 난도 ★★☆　　　　　　　　　　　　　　정답 ①

정답분석

치료집단은 문제나 욕구를 충족시키는 데 목적을 두고 있는 집단으로 지지, 교육, 성장, 치료, 사회화집단으로 나뉜다. 자조(지지)집단 > 성장집단 > 교육집단 > 치료집단 순으로 집단 성원들의 주도성이 높다.

29 난도 ★★☆　　　　　　　　　　　　　　정답 ②

정답분석

과업집단은 공통의 목적을 이루기 위해 모인 집단이기 때문에 과업완수를 위해서는 조직구조의 영향을 많이 받는다.

30 난도 ★☆☆　　　　　　　　　　　　　　정답 ④

정답분석

종결단계의 사회복지사 과제는 조기종결 사유 이해, 변화노력 유지 및 일반화, 집단에 대한 의존성 감소, 종결 감정다루기, 미래 계획세우기, 의뢰, 평가이다.

오답분석

ㄴ. 집단 성원의 개별 목표를 설정하는 단계는 초기단계의 과업이다.

31 난도 ★☆☆　　　　　　　　　　　　　　정답 ⑤

정답분석

집단 성원의 참여 자격, 공동지도자 참여 여부, 집단 성원 모집방식과 절차, 집단의 회기별 주제 등 모두 계획단계에서 고려할 사항이다.

32 난도 ★☆☆　　　　　　　　　　　　　　정답 ①

정답분석

ㄱ. 초기단계에서는 구성원 소개, 프로그램 설명, 비밀보장 정하기, 집단 소속감 갖기, 목표설정, 집단 규칙수립, 동기부여 등을 실시한다.

오답분석

ㄴ. 집단 성원이 수행한 과제에 대해 솔직하고 구체적인 피드백을 주는 단계는 종결단계이다.
ㄷ. 집단역동을 촉진하기 위해 사회복지사가 의도적인 자기노출을 하는 단계는 중간단계이다.
ㄹ. 집단 성원의 행동과 태도가 불일치하는 경우에 직면을 통해 지적하는 단계는 중간단계이다.

33 난도 ★☆☆　　　　　　　　　　　　　　정답 ④

정답분석

계획단계에서는 집단의 목적과 목표 달성, 미래 구성원의 정보수집, 구성원 모집, 오리엔테이션, 계약을 실시한다. 또한 집단 구성원의 동질성과 이질성, 집단의 개방수준, 집단의 크기를 정하고 집단구성 요소를 고려하여 집단을 계획한다.

오답분석

ㄹ. 구성원이 집단에 의존하는 정도를 감소시키는 단계는 종결단계이다.

34 난도 ★☆☆　　　　　　　　　　　　　　정답 ③

정답분석

소시오그램은 집단 내 성원들 간의 상호작용을 그림으로 표현한 것으로 집단 내에서 지위를 나타내고, 성원들 간의 관계는 호의적, 무관심, 적대적인 관계로 표현한다.
③ 소시오메트리 질문을 활용하여 정보를 파악한다. 소시오메트리는 집단 성원 간 관심 정도를 측정하기 위해 각 성원에 대한 호감도를 1점(가장 싫어함)에서 5점(가장 좋아함)으로 평가하는 방법이다.

오답분석

① 구성원 간 호감도 질문을 통하여 구성원들의 관계를 확인할 수 있다.
② 구성원 모두가 관심을 갖는 주제를 발견하는 데 목적이 있는 것이 아니라 구성원들의 상호작용을 그림으로 표현한 것이다.
④ 구성원 간 상호작용을 문장이 아니라 그림으로 표현한 것이다.
⑤ 특정 구성원에 대한 상반된 입장을 파악하는 것이지 하나를 선택하는 것이 아니다.

35 난도 ★☆☆　　　　　　　　　　정답 ②

오답분석
ㄷ. 사회복지사보다는 다른 집단 성원과 대화하려고 시도하는 시기는 중간단계이다.
ㄹ. 문제해결과정에서 나타나는 갈등과 차이점을 적극적으로 표현하는 시기는 중간단계이다.

PLUS +

집단 초기단계
- 구성원 소개
- 비밀보장 한계 정하기
- 문제 예측하기
- 계약
- 프로그램 설명
- 집단 소속감 갖기
- 오리엔테이션

36 난도 ★☆☆　　　　　　　　　　정답 ③

오답분석
ㄹ. 집단에 대한 의존성을 감소시키기 위해 모임주기를 조절하는 단계는 종결단계이다.

PLUS +

중간단계(개입단계)
- 개별 성원의 태도, 관계, 행동, 동기, 목표 등을 평가한다.
- 집단 성원 간의 공통점과 차이점을 파악한다.
- 집단 성원이 다양한 경험을 할 수 있도록 돕는다.
- 집단의 상호작용, 갈등, 진행상황, 협조체계 등을 파악한다.

37 난도 ★★☆　　　　　　　　　　정답 ②

정답분석
클라이언트의 상황에 맞는 질문을 해야 하므로 모든 질문을 사전에 확정해 놓아서는 안 된다.

PLUS +

초기면접
- 가족에게 원조를 제공하기 전에 이루어져야 할 조건
  - 가족이 특정 문제에 대해 외부에서 개입하는 것에 동의한다.
  - 가족은 문제에 새롭게 대처하게 될 때 기관과 연계한다.
  - 기관은 가족의 문제가 기관의 정책(방침)에 적절한지 결정한다.
- 초기단계에서 사회복지사가 완수해야 할 과업
  - 가족 구성원 모두와 계약을 맺어야 한다.
  - 가족 구성원이 현재 나타난 문제를 어떻게 인식하고 있는지 파악한다.
  - 목표를 설정하고 개입과정을 명확히 한다.

38 난도 ★★☆　　　　　　　　　　정답 ⑤

정답분석
집단 성원 간 공통점과 차이점을 파악하는 것은 종결단계가 아니라 초기단계에서 수행하는 과업이다.

39 난도 ★★☆　　　　　　　　　　정답 ②

오답분석
ㄱ. 하위집단은 집단 초기단계에 나타나지 않고 구성원들이 서로 신뢰가 쌓여야 하위집단이 만들어진다. 하위집단이 만들어지면 집단응집력을 촉진한다.
ㄷ. 하위집단은 구성원들의 공통점을 찾아 만들어지기 때문에 한 명으로는 하위집단을 구성할 수 없다.

40 난도 ★★☆　　　　　　　　　　정답 ⑤

정답분석
회기를 마무리 할 때는 이번 회기에 있었던 내용을 정리하고 다음 회기의 주제나 문제에 대해 이야기한다.

41 난도 ★★☆　　　　　　　　　　정답 ③

정답분석
집단을 인가하고 지원하는 기관의 목표는 집단 외부환경 차원의 사정이고 집단 구성원의 변화와 성장은 개별 성원 차원의 사정이다.

42 난도 ★☆☆　　　　　　　　　　정답 ②

정답분석
초기단계에서의 사회복지사의 역할이다. 초기단계에는 구성원 소개, 프로그램 설명, 비밀보장 한계 정하기, 집단 소속감 갖기, 문제 예측하기 등을 한다.

43 난도 ★★☆　　　　　　　　　　정답 ③

정답분석
의의차별척도는 어떤 개념을 평가하기 위해 양 끝에 반대되는 형용사(잘생김－못생김)를 배치하여 그 속성을 평가를 내리는 척도이다. 이분법적 방식으로 집단의 전반적 상호작용 양상을 평가하는 것은 옳지 않다.

44 난도 ★☆☆   정답 ④

정답분석

④ 집단 사회복지사는 집단 구성원의 종결에 대한 반응에 대해 이해하고 대처해야 한다.

오답분석

① 계획된 목표달성여부에 집중하고 의도하지 않는 결과도 확인한다.
② 참여자 간 서열화 투쟁이 시작되므로 책임을 설정한 계약을 재확인시키는 시기는 종결단계의 역할이 아니라 초기단계의 역할이다.
③ 집단의 목적에 따른 집단구성과 구성원의 목적 성취를 원조하는 것은 종결단계의 역할이 아니라 실행단계의 역할이다.
⑤ 도움을 많이 받은 사람은 종결의 어려움을 더 느낄 수 있지만 특정 사람이 아니라 모든 사람에게 집중해야 한다.

01 난도 ★☆☆   정답 ⑤

정답분석

클라이언트에 관한 사후지도 결과는 사후지도를 한 후에 작성해야 한다.

02 난도 ★☆☆   정답 ②

정답분석

② 요약기록은 사회복지사와 클라이언트의 면담에서 있었던 내용 중 중요한 정보만 요약하여 기록하는 방법이다.

오답분석

① 과정기록은 사회복지사와 클라이언트의 원조과정이나 상호작용과정에 있었던 내용을 있는 그대로 기록하는 방법이다.
③ 이야기체기록은 면담 내용이나 서비스 제공과정에 대해 이야기하듯 서술체로 기록하는 방법이다.
④ 문제중심기록은 클라이언트의 현재 문제를 중심으로 구성하고, 문제를 규명하고 사정하여 각 문제에 무엇을 할 것인지 계획을 기록하는 방법이다.
⑤ 최소기본기록은 클라이언트의 기본정보, 주요문제, 개입정도만 단순하게 기록하는 방법이다.

03 난도 ★☆☆   정답 ③

정답분석

사회복지실천에서 기록은 사회복지사가 개입한 사례에 대해 계획에서부터 종결 및 사후지도에 이르기까지의 과정을 합당한 형식을 갖춘 틀에 객관적으로 서술하는 작업이다.

오답분석

ㄴ. 기록은 기관 내에서만 활용하는 것이 아니라 다른 전문직과도 공유한다.

04 난도 ★★☆   정답 ④

정답분석

문제중심기록은 클라이언트의 현재 문제를 중심으로 구성하며, 문제를 규명하고 사정하여 각 문제에 무엇을 할 것인지 계획을 기록하는 것으로 주관적 정보, 객관적 정보, 사정, 계획으로 구성된다.
④ 개입에 대한 계획도 문제의 목록에 포함되어야 한다.

CHAPTER 04

정답 및 해설

05 난도 ★★☆　　　　　　　　　　　정답 ④

정답분석

S는 클라이언트가 인지한 주관적인 정보, O는 사회복지사가 클라이언트를 관찰한 객관적인 정보, A는 클라이언트의 문제에 대한 사정, 견해, 해설, 분석, P는 클라이언트의 문제에 대한 계획이다.
- ㄴ. 클라이언트가 직접 말한 주관적 정보
- ㄱ. 사회복지사가 관찰한 정보
- ㄹ. 주관적·객관적 정보를 토대로 사정
- ㄷ. 사정을 통한 계획

06 난도 ★★☆　　　　　　　　　　　정답 ④

정답분석

사회복지실천 기록의 목적은 책임성, 정보제공, 서비스 점검, 클라이언트에 대한 이해 증진, 지도감독, 서비스 지속성 여부, 전문가 간 정보교류 원활화, 근거자료이다. 개인적 보관 및 활용을 하기 위해 기록을 하지는 않는다.

07 난도 ★☆☆　　　　　　　　　　　정답 ①

오답분석

② 상황묘사와 사회복지사의 견해를 구분해야 한다.
③ 비밀보장도 중요하지만 기록은 구조화되고 정보를 쉽게 찾을 수 있어야 한다.
④ 모든 문제나 상황을 가능한 자세하고 풍부하게 기술하는 것이 아니라 필요한 내용만 자세히 기술한다.
⑤ 클라이언트의 관점과 전문적 견해를 강조한다.

SECTION 06 **단일사례설계**

01	02	03	04						
②	②	⑤	④						

01 난도 ★★☆　　　　　　　　　　　정답 ②

정답분석

ABA설계에 대한 설명이다. 단일사례설계는 실험조사설계와 달리 통제집단을 설정하지 않는다.

02 난도 ★★☆　　　　　　　　　　　정답 ②

정답분석

② ABC설계는 한 번의 기초선을 보고 두 번의 다른 개입을 실시하는 유형이다. 한 번의 기초선에 한 번의 개입(전화상담)과 또 다른 개입(집단활동)을 실시한다.

오답분석

① AB설계는 한 번의 기초선을 보고 한 번의 개입을 실시하는 유형이다.
③ ABAB설계는 기초선을 보고 개입을 한 후 다시 기초선을 보고 같은 개입을 하는 유형이다.
④ ABAC설계는 기초선을 보고 개입을 한 후 다시 기초선을 보고 다른 개입을 하는 유형이다.
⑤ 다중(복수)기초선설계는 AB 조사를 여러 상황, 여러 문제, 여러 사람에게 적용하는 방법으로 상황 간, 문제 간, 대상자 간 복수기초선으로 이루어진다.

03 난도 ★★☆　　　　　　　　　　　정답 ⑤

정답분석

프로그램 시작 전에 참여하는 어르신들의 심리검사(A) → 2주간 정서지원프로그램 실시 후 변화 측정(B) → 1주일 후(A) → 2주간의 명상프로그램 진행(C)으로 설계한 것이다.
⑤ ABAC설계는 기존의 ABAB설계를 수정한 것으로, 기초선을 보고 개입을 한 후 다시 기초선을 보고 다른 개입을 하여 개입의 효과를 극대화한다.

정답분석

다중(복수)기초선설계는 AB설계를 여러 상황, 여러 문제, 여러 사람에게 적용하는 방법으로 상황 간, 문제 간, 대상자 간 복수기초선으로 이루어진다. 같은 상황에서 같은 문제를 가진 두 명 이상의 대상자에게 적용될 때 효과가 있는지 평가하기 위해 복수의 조사대상자들에게 개입 시기를 다르게 도입하는 설계가 대상자 간 다중기초선 설계이다.

④ 재훈이와 수지를 사회기술훈련에 대입하는 데 같은 상황에서 같은 문제를 3주간 시간차를 두고 대입한 방법은 대상자 간 다중기초선설계방법이다.

SECTION 01 **지역사회에 대한 이해**

01	02	03	04	05	06	07	08	09	10
③	②	②	⑤	④	①	①	⑤	③	①
11									
⑤									

01 난도 ★☆☆
정답 ③

정답분석

던햄의 지역사회유형에 연대성 수준은 포함되지 않는다. 기계적 연대와 유기적 연대로 구분한 학자는 에밀 뒤르켐이다.

PLUS +

던햄(Dunham)의 지역사회유형 구분
- 인구에 따른 구분 : 대도시, 중·소도시, 읍·면·동과 같이 인구 크기에 따라 분류된 형태의 지역사회이다.
- 경제적 기반에 따른 구분 : 산촌, 어촌, 농촌 등과 같이 문화적 특성을 갖는 지역사회이다.
- 행정구역에 따른 구분 : 특별시, 광역시, 시·도, 읍·면·동과 같이 행정구역에 따른 지역사회로, 반드시 인구크기에 따라 구분되지 않는다.
- 인구구성의 특성에 따른 구분 : 경제(신도시), 인종(할렘가)과 같이 사회적 특성을 중심으로 구분되는 지역사회이다.

02 난도 ★☆☆
정답 ②

정답분석

힐러리는 지역사회의 본질은 완전히 일치할 수 없다고 보았고, 공간단위, 사회적 상호작용 단위, 심리적·문화적 공통의 유대감이 있는 지역사회로 기본요소를 구분하였다.

03 난도 ★★★
정답 ②

오답분석

① UN은 지역사회의 자조적인 프로젝트들이 효과를 거두기 위해서는 정부로부터 적극적인 지원을 받아야 한다고 강조하였다.
③ 로스는 추진회 활동 초기에는 주민전체를 위한 사업부터 전개하는 것이 좋다고 하였다.
④ 지역사회도 자기결정의 권리가 있어 자발적인 사업추진은 거부해야 한다고 한 학자는 존슨과 디마치이다.
⑤ 워렌은 지역사회조직사업의 주요목적은 지역사회이익 옹호이며, 폭넓은 권력은 분산되어야 한다고 하였다.

04 난도 ★☆☆
정답 ⑤

정답분석

로스는 지역사회를 지리적인 지역사회와 기능적인 지역사회로 구분하였다. 생산·분배·소비의 기능, 사회화, 사회통제, 사회통합, 사회화, 상부상조의 기능으로 지역사회를 구분한 학자는 길버트와 스펙트이다.

05 난도 ★☆☆
정답 ④

정답분석

지역사회는 산업화로 인하여 지리적 의미의 공동사회에서 기능적 의미의 이익사회로 발전하고 있다.

06 난도 ★★☆
정답 ①

정답분석

상호학습은 대상 집단의 문화적 배경을 적극적으로 배우고자 하는 자세가 필요하며, 클라이언트의 역할뿐 아니라 파트너로서 역할을 할 수 있도록 동기부여를 해주어야 한다는 것이다. 사회복지사와 클라이언트는 파트너이다.

07 난도 ★☆☆
정답 ①

정답분석

지역사회 기능의 비교척도는 지역적 자치성, 서비스 영역의 일치성, 지역에 대한 주민들의 심리적 동일시, 수평적 유형으로 나뉜다. 사회성은 지역사회 기능의 비교 척도에 포함되지 않는다.

08 난도 ★☆☆　　　　　　　　　　　정답 ⑤

정답분석

⑤ 사회통제 기능(정치제도) : 지역사회 내 경찰과 사법권을 통해 그 구성원들에게 순응하도록 강제력을 발휘하는 과정으로, 규범을 준수하고 순응하게 하는 기능을 말한다.

오답분석

① 생산·분배·소비 기능(경제제도) : 지역사회에서 지역주민이 살아가는 데 필요한 물건을 생산하고 분배하며 소비하는 과정이다.

② 사회화 기능(가족제도) : 일반적인 지식이나 사회적 가치, 행동 양태를 사회 구성원에게 전달시키는 과정이다.

③ 사회통합 기능(종교제도) : 사회 체계를 구성하는 사회 단위 조직들 간의 관계와 관련된 사회참여의 과정이다.

④ 상부상조 기능(사회복지제도) : 사회제도로 지역 주민들의 욕구를 충족할 수 없는 경우에 필요한 기능으로 기존에는 가족, 친척, 이웃으로부터 수행되었으나 현재는 정부, 사회복지관 등에서 수행한다.

09 난도 ★☆☆　　　　　　　　　　　정답 ③

정답분석

지역사회 내 상이한 단위 조직들 간의 구조적·기능적 관련 정도는 수평적 유형에 대한 설명이다.

PLUS +

지역사회 비교척도
- 지역적 자치성은 지역사회가 중요한 기능을 수행하는 데 있어 타 지역에 어느 정도 의존하느냐에 관심을 두는 차원이다.
- 서비스 영역의 일치성은 학교, 병원, 공공시설이 일정한 지역 내에서 이루어지고 있느냐에 관심을 두는 차원이다.
- 지역에 대한 주민의 심리적 동일시는 지역사회에 있는 주민들이 자신이 살고 있는 지역사회를 얼마나 중요한 준거 집단으로 생각하고 있으며 어느 정도 소속감을 갖고 있느냐의 차원이다.
- 수평적 유형은 지역사회 내에 다른 조직들끼리 서로 얼마나 강한 관련성을 가지고 있느냐에 관심을 두는 차원이다.

10 난도 ★☆☆　　　　　　　　　　　정답 ①

정답분석

ㄱ. 지역주민들이 필요한 재화와 서비스를 어느 정도 제공받을 수 있느냐를 결정하는 것은 생산·분배·소비의 기능이다.

ㄴ. 구성원들이 사회의 규범에 순응하게 하는 것은 사회통제의 기능이다.

PLUS +

길버트와 스펙트의 지역사회 기능
- 생산·분배·소비의 기능(경제제도)은 지역사회 주민들이 일상생활을 영위하는 데 있어 필요한 서비스를 생산하고 분배하고 소비하는 과정과 관련된 기능을 말한다.
- 사회화의 기능(가족제도)은 일반적인 지식, 사회적 가치, 행동 양태를 사회 구성원에게 전달시키는 과정을 말한다.
- 사회통제의 기능(정치제도)은 지역사회 구성원들이 사회의 규칙을 준수하도록 강제력을 행사하는 것을 말한다.
- 사회통합의 기능(종교제도)은 사회 체계를 구성하는 사회 단위 조직들 간의 관계와 관련된 기능으로 사회적 집단 및 조직의 활동에 참여하는 과정을 말한다.
- 상부상조의 기능(사회복지제도)은 스스로의 욕구를 해결할 수 없는 경우 필요로 하는 사회적 기능을 말한다.

11 난도 ★★☆　　　　　　　　　　　정답 ⑤

정답분석

길버트와 스펙트의 지역사회 기능에서 사회통합 기능은 사회복지제도가 아니라 종교제도이다.

정답 및 해설

SECTION 02 지역사회복지의 정의

01	02	03	04	05	06				
①	②	③	①	⑤	③				

01 난도 ★☆☆　　　　　　　　　　　　　정답 ①

정답분석

정상화로 인하여 탈시설화가 시행되면서 사회통합이 가능해졌다. 이후 탈시설화로 인하여 지역사회 안에 있는 클라이언트들의 문제를 해결하기 위하여 지역사회보호가 실시되었다.

02 난도 ★★☆　　　　　　　　　　　　　정답 ②

정답분석

지역사회개발은 지역주민들을 모아 스스로의 문제를 해결할 수 있도록 능력을 향상시키는 것이 주 목적이다. 지역사회문제를 해결하기 위해 전문가에 의한 주도적 개입을 강조하는 것은 사회계획이다.

03 난도 ★☆☆　　　　　　　　　　　　　정답 ③

정답분석

지역사회복지실천은 지역사회의 특성에 따라 실천이 달라진다. 지역사회의 문제해결과 복지증진을 위한 전문적ㆍ비전문적 활동을 포함하며, 지역사회 수준에서 지역 내의 집단과 조직, 제도, 지역주민 간의 상호관계 및 상호작용의 행동패턴을 변화시키기 위해 다양한 실천기술을 적용한다.
③ 지역사회 문제를 인식하는 데 획일화(모두가 한결같아서 다름이 없음)는 원칙으로 볼 수 없다. 특정 지역사회가 가지고 있는 특성을 이해하고 문제를 인식해야 한다.

04 난도 ★☆☆　　　　　　　　　　　　　정답 ①

정답분석

지역사회복지실천의 원칙은 지역사회의 갈등을 해결하기 위해 지역사회 내 풀뿌리 지도자를 발굴하고 참여시키는 것이다. 지역사회의 공동 목표를 수립하고 이를 실천할 수 있는 방법을 수립한다.
① 지역사회복지실천에서 클라이언트는 지역사회가 된다. 지역사회의 특성과 문제가 모두 다르므로 지역사회마다 개별적으로 처우해야 한다.

05 난도 ★★☆　　　　　　　　　　　　　정답 ⑤

정답분석

지역사회복지실천의 가치는 다양성 및 문화적 이해, 비판의식의 개발, 상호학습, 사회정의와 균등한 자원배분이다. 다양한 문화를 이해해야 하지만 억압까지 인정할 필요는 없다.

06 난도 ★☆☆　　　　　　　　　　　　　정답 ③

정답분석

지역사회마다 특성이 다르기 때문에 지역사회의 특성에 따른 문제는 일반화할 수 없다. 지역사회 특성과 문제에 맞는 개별화의 원칙을 준수해야 한다.

01	02	03	04	05	06	07	08	09	10
③	③	⑤	②	④	①	②	④	③	②
11	12	13	14	15	16	17	18	19	20
③	④	④	④	④	③	②	②	②	②
21									
③									

01 난도 ★★☆   정답 ③

정답분석

헐 하우스가 제인 아담스(J. Adams)에 의해 설립된 것은 옳으나 영국이 아니라 미국의 시카고에 설립되었다.

02 난도 ★★☆   정답 ③

정답분석

지역사회보호가 강조되면서 민간서비스, 비공식서비스의 역할이 점차 강조되었다. 지역사회보호는 수용시설의 부정적 평가에서 출발한 사회적 돌봄으로, 이후 가정이나 지역사회에서 노인과 장애인을 대상으로 한 지역사회보호 프로그램들이 개발되고 확대되었다.

03 난도 ★★☆   정답 ⑤

정답분석

⑤ 그리피스 보고서는 재정을 중앙정부에서 지방정부로 이양할 것을 강조하면서 경쟁을 통하여 서비스 제공의 다양화를 도모해야 한다고 주장하였다.

오답분석

① 빈민들의 도덕성 향상을 위해 노력한 것은 자선조직협회이다.
② 기존 사회질서를 비판하고 개혁을 주장한 것은 인보관이다.
③ 우애방문단 활동의 기반이 된 것은 자선조직협회이다.
④ 1960년대 미국의 존슨 행정부는 '빈곤과의 전쟁'을 선포하고 다양한 지역사회 개혁을 단행하였다.

04 난도 ★☆☆   정답 ②

정답분석

영국의 역사에 대한 내용으로 주요 사건 연도는 다음과 같다.
ㄱ. 토인비 홀 설립(1884년)
ㄴ. 정신보건법 제정(1959년)
ㅁ. 시봄 보고서(1968년)
ㄹ. 하버트 보고서(1971년)
ㄷ. 그리피스 보고서(1988년)

05 난도 ★★☆   정답 ④

오답분석

ㄴ. 그리피스 보고서는 지방정부의 서비스 공급자 역할이 아니라 민간부문의 역할을 상대적으로 강조하였다.

06 난도 ★☆☆   정답 ①

정답분석

시봄 보고서는 지역사회를 사회서비스의 수혜자이면서 서비스 제공자로 인식한다. 사회서비스의 행정적인 재조직에 초점을 두고 클라이언트의 욕구에 대응할 수 있도록 여러 부서에 분리되어 있는 서비스 통합의 중요성을 강조하며, 지역사회복지에 관심을 두고 비공식적 서비스와 지역사회 주민의 참여를 강조한다.

07 난도 ★★☆   정답 ②

정답분석

오가통은 5가구를 1통으로 묶어 서로 도울 수 있도록 하는 제도로, 어려움이 있을 때 도와주는 역할을 하였고 가족 불화나 질서 문란에 대한 신고의무가 있었다. 오가통은 조선시대에 실시된 인보제도이다.

08 난도 ★☆☆   정답 ④

정답분석

④ 재가복지봉사센터는 1992년에 설치 · 운영되었다.

오답분석

① 지역자활센터는 1996년에 시범운영되었다.
② 1989년 사회복지관 설치 및 운영규정이 제정됨에 따라 사회복지관 운영 국고보조금이 지원되었다.
③ 희망복지지원단은 2012년 설치 · 운영되었다.
⑤ 사회복지사무소는 2004년에 시범운영되었다.

09 난도 ★☆☆   정답 ③

정답분석

2012년 시 · 군 · 구 희망복지지원단 운영으로 통합사례관리가 시행되었고, 2016년 읍 · 면 · 동을 중심으로 복지 사각지대 발굴, 통합사례관리, 지역자원 발굴 및 지원 등의 서비스를 제공하고 있어 통합사례관리가 확대되고 있다.

10 난도 ★★☆　　　　　　　　　　정답 ②

정답분석

ㄱ. 1989년 사회복지관 설치 및 운영규정이 제정됨에 따라 영구 임대주택단지 내에 사회복지관 건립이 의무화되었다.

ㄷ. 「국민기초생활 보장법」 제정으로 공공의 책임성이 강화된 시기는 1999년이다.

ㄴ. 지역사회복지협의체의 명칭이 지역사회보장협의체로 변경 된 시기는 2015년이다.

11 난도 ★☆☆　　　　　　　　　　정답 ③

정답분석

③ 2019년 6월부터 주거, 보건, 의료, 요양, 돌봄, 일상생활의 지원을 통합하여 지역사회 통합돌봄(커뮤니티케어) 선도사업이 실시되었다.

오답분석

① 2015년 서울시에서 '찾아가는 동주민센터' 사업을 실시하였다.

② 2016년 읍·면·동 복지허브화로 읍·면·동 맞춤형 복지전담팀이 설치되었다.

④ 2016년 읍·면·동 복지허브화로 행정복지센터로의 행정조직을 재구조화하였다.

⑤ 2015년 지역사회복지계획이 지역사회보장계획으로 변경되었다.

12 난도 ★☆☆　　　　　　　　　　정답 ④

정답분석

지역사회의 욕구에 맞는 복지서비스를 제공하기 위해 2015년 시·군·구 지역사회복지협의체가 지역사회보장협의체로 대체되었다.

13 난도 ★★☆　　　　　　　　　　정답 ④

정답분석

ㄷ. 2010년에 사회복지통합관리망(행복e음)이 시행되었다.

ㄴ. 2012년 희망복지지원단이 운영되었다.

ㄹ. 2017년에 찾아가는 보건복지서비스가 시행되었다.

ㄱ. 2019년 사회서비스원 시범사업이 시행되었다.

14 난도 ★☆☆　　　　　　　　　　정답 ③

오답분석

① 국민기초생활보장제도는 2000년 10월 1일에 시행하였다.

② 「협동조합 기본법」은 2012년에 제정되었다.

④ 2012년 5월부터 시·군·구 희망복지지원단 운영으로 통합 사례관리가 시행되었다.

⑤ 2016년부터 주민자치센터의 명칭을 행정복지센터로 변경하였다.

15 난도 ★☆☆　　　　　　　　　　정답 ④

정답분석

ㄴ. 「사회복지공동모금법」이 1997년에 제정되어 1998년부터 사회복지공동모금제도가 실시되었고, 1999년에 「사회복지공동모금회법」으로 변경되었다.

ㄷ. 지역사회복지계획은 2005년에 수립되었다.

오답분석

ㄱ. 재가복지봉사센터가 설립·운영된 시기는 1992년이다.

16 난도 ★★☆　　　　　　　　　　정답 ③

오답분석

ㄱ. 사회서비스원은 지자체로부터 국공립시설을 위탁받아 직접 운영하고 서비스 종사자를 직접 고용하는 형태로 운영되는 시설이다.

ㄴ. 복지허브화는 읍·면·동에서 실시하는 서비스이다.

17 난도 ★★☆　　　　　　　　　　정답 ②

정답분석

시·군·구에 희망복지지원단 설치(ㄴ)와 지역사회서비스 투자사업 실시(ㄹ)는 2012년에 시행되었다.

오답분석

ㄱ. 지방자치단체의 장을 처음으로 직접 선출한 시기는 1995년이다.

ㄷ. 1989년 사회복지관 설치 및 운영규정이 제정됨에 따라 영구 임대주택단지 내에 사회복지관 건립이 의무화되었다.

18 난도 ★☆☆　　　　　　　　　　정답 ③

정답분석

사회보장정보시스템은 각종 사회복지 급여 및 서비스 지원 대상자의 자격과 이력에 관한 정보를 통합관리하고, 지자체의 복지업무 처리를 지원하기 위해 기존 시·군·구별 행정시스템의 31개 업무 지원시스템 중 복지분야를 분리하여 개인별 가구별 DB로 중앙에 통합 구축한 정보시스템이다. 읍·면·동에서는 실시하지 않는다.

19 난도 ★☆☆　　　　　　　　　　정답 ②

오답분석

① 지방정부 중심의 지역사회복지서비스 전달체계 구축

③ 다양한 서비스 공급 주체의 참여 확대
④ 서비스 이용자의 권리 확대
⑤ 지역사회복지 네트워크 중요성 증가

20 난도 ★☆☆　　　　　　　　　　정답 ②

정답분석

1989년 사회복지관 설치 및 운영규정이 제정됨에 따라 사회복지관 운영 국고보조금이 지원되었다.

21 난도 ★☆☆　　　　　　　　　　정답 ③

정답분석

③ 진휼청은 흉년에 구휼 업무를 담당하고 이재민과 빈민을 구제하는 국가기관이다.

오답분석

① 향약은 조선 시대 지식인들의 자치 조직으로 농민들을 향촌 사회에 묶어 두고 토지에서 벗어나지 못하게 하여 사회질서를 유지하기 위한 목적이다.
② 활인서는 서울 성 안에 있는 환자를 구휼하는 기관이다.
④ 기로소는 70세 이상의 노인을 입소시켜 구제활동을 하는 담당하는 곳이다.
⑤ 동서대비원은 환자치료, 빈민구제를 위주로 실시하고 노인, 아동, 환과고독 등도 수용한 지금의 병원과 복지원(수용시설)을 겸한 기관이다.

SECTION 04 지역사회실천이론

01	02	03	04	05	06	07	08	09	10
②	①	①	③	⑤	①	②	⑤	③	①
11	**12**	**13**	**14**						
③	①	④	⑤						

01 난도 ★★☆　　　　　　　　　　정답 ②

정답분석

ㄷ. 권력의존이론은 사회복지기관들이 생존하기 위해 외부의 지원에 의존할 수밖에 없다는 이론이다. 사회복지관이 지방정부로부터 보조금 집행에 대한 지도점검을 받는 것은 사회복지관이 스스로 생존하지 못하여 지방정부에 의존하는 것으로 본다.

오답분석

ㄱ. 장애인 편의시설 설치를 위해 다양한 장애인 단체가 의사결정에 참여하도록 하는 이론은 다원주의이론이다. 다원주의이론은 다수의 집단들이 정책결정과정에서 자신에게 유리하게 영향력을 행사할 수 있다고 본다.
ㄴ. 노인복지관에서 은퇴노인의 재능을 활용한 봉사활동을 기획하는 이론은 자원동원이론이다.

02 난도 ★★☆　　　　　　　　　　정답 ①

오답분석

ㄴ. 사회나 조직을 지배하는 특정 소수집단의 역할이 중요하다고 보는 이론은 엘리트이론이다.
ㄷ. 교환적인 활동을 통해 이익이나 보상이 주어질 때 사회관계가 유지된다는 이론은 사회교환이론이다.
ㄹ. 사회변화가 아니라 개인의 사회적응을 통해 사회문제를 해결할 수 있다는 이론은 생태학적 이론이다.

PLUS +

갈등이론의 특징
• 지역사회에서 갈등이 일어나는 것은 일반적인 특징이다.
• 갈등은 상반되는 이익에 의해 발생하고 이러한 갈등으로 인하여 지역사회가 변화하고 발전한다.
• 지역사회 내의 구성원들이 경제적 자원, 권력, 권위 등 불평등한 배분관계에 놓일 때 갈등이 발생한다.
• 영향력 있는 사람들은 갈등에 많은 영향을 미친다.
• 지역사회의 불평등 관계를 바꾸고자 한다.
• 갈등이 생기는 것은 자원이 한정되어 있기 때문이라고 본다.

CHAPTER 05 정답 및 해설

03 난도 ★☆☆　　　정답 ①

정답분석

사회적 자본은 사회적 교환관계에 내재된 자본으로 일부 구성원이 아니라 관계를 맺고 있는 지역사회 주민들과 이익이 공유될 수 있는 자산이다. 사용할수록 총량이 증가하여 자본의 총량은 변화하며, 사회적 자본이 많을수록 지역사회 문제를 해결하는 데 있어 큰 도움이 된다.

04 난도 ★★☆　　　정답 ③

정답분석

사회적 자본은 물리적 자본과 반대되는 개념으로 사회 구성원을 묶어 주는 사회적 신뢰, 규범, 네트워크, 구성원 간 협동심 등의 전체의 양을 뜻한다. 수혜자는 개인이 아니라 공동체가 되고 이익이 공유되는 특성을 보인다. 또한 개인들이 개별적으로 보유하는 자본이 아니라 개인들 사이의 관계 속에 내재하는 자본이므로 자본의 총량은 고정적이지 않고 변화한다.

05 난도 ★★☆　　　정답 ⑤

정답분석

다원주의이론은 노동자나 이익집단의 정치적인 힘이 결합할 때 복지국가로 발전한다는 이론이다. 노인회의 요구로 노인복지예산 편성비율이 젊은 층이 많은 지역의 예산 편성비율보다 높아진 것은 정치적 힘을 가진 노인회의 요구를 무시하지 못하였기 때문이다.

06 난도 ★★☆　　　정답 ①

정답분석

특정 국적의 외국인 주거공동체가 형성되어 주민 간 갈등이 발생한 것을 기존 주민이 변한 환경을 다시 변화시키려고 갈등이 발생한 것으로 보는 것은 생태학이론에 대한 내용이다. 생태학이론은 인간이 환경을 변화시키거나 환경에 잘 적응하려고 노력하여 환경과 교류하며 적응과 진화를 한다는 견해이다. 지역사회의 변환과정을 역동적 진화과정으로 설명하고, 지역사회는 공간을 점유하는 인간집합체로서 경쟁, 중심화, 분산 및 분리 등의 현상이 존재한다고 본다.

07 난도 ★☆☆　　　정답 ②

정답분석

② 사회구성주의이론은 지식은 인간의 경험세계로부터 주관적으로 구성된다고 주장하는 이론이다.

오답분석

① 지역사회상실이론은 사회복지정당화이론으로 과거에 전통사회에서 이루어지던 행위들이 산업화로 인하여 가족이나 이웃의 역할이 상실되었다고 보는 이론이다. 전통사회의 역할이 복구할 수 없게 되어 과거의 공동체에 대한 향수가 깔려 있고 전통사회에 대한 향수로 상실된 지역사회의 기능을 대처할 새로운 제도가 필요하게 되었다. 산업사회에서는 1차 집단의 해체, 공동체의 쇠퇴, 비인간성이 특징이다.
③ 자원동원이론은 힘의존이론과 연관되며 사회운동조직들의 역할과 한계를 설명하고 조직의 발전과 승패를 위해서 구성원 모집, 자금 확충, 직원 고용에 힘쓴다.
④ 다원주의이론은 다양한 이익단체들의 이익에 초점을 두는 이론이다.
⑤ 권력의존이론은 사회복지기관들이 생존하기 위해 외부의 지원에 의존할 수밖에 없다는 이론이다.

08 난도 ★★☆　　　정답 ⑤

정답분석

⑤ 자기효능감이란 인간은 자신의 행동을 책임지거나 통제할 수 있다고 믿는 믿음으로 반두라의 사회학습이론의 개념이며, 사회교환이론과는 아무런 관련이 없다. 사회교환이론에서 교환을 할 경우에는 호혜성과 시혜성으로 교환이 이루어진다.

오답분석

① 사회체계이론 : 다양한 체계들 간의 상호작용을 강조하고 하나의 사회체계로 본다.
② 생태학적 관점 : 지역사회는 공간을 점유하는 인간집합체로서 경쟁, 중심화, 분산 및 분리 등의 현상이 존재한다고 본다.
③ 사회자본이론 : 사회 구성원을 묶어주는 사회적 신뢰, 규범, 네트워크, 구성원 간 협동심 등의 전체의 양을 뜻한다.
④ 갈등이론 : 지역사회에서 갈등이 일어나는 것은 일반적인 특징이며 사회적 과정의 본질로 간주한다. 지역사회 내의 구성원들이 경제적 자원, 권력, 권위 등 불평등한 배분관계에 놓일 때 갈등이 발생한다.

09 난도 ★☆☆

정답 ③

정답분석

③ 사회구성주의이론은 모든 현상에 대한 객관적 진실이 존재한다는 점에 의구심을 던져 지역사회 문제를 객관적 사실로 인정하지 않고, 특정집단에 의해 규정된다고 본다.

오답분석

① 인간과 환경과의 상호작용에 초점을 둔다는 이론은 생태학이론이다.
② 지역사회 내 갈등이 변화의 원동력이라는 이론은 갈등이론이다.
④ 지역사회는 구성 부분들의 조화와 협력으로 발전된다는 이론은 사회체계이론이다.
⑤ 지역사회 내 소수의 엘리트 집단의 권력이 정책을 좌우한다는 이론은 엘리트이론이다.

10 난도 ★★★

정답 ①

정답분석

사회학습이론이란 행동들을 관찰하고 모방함으로써 생활방식을 사회화되는 것으로, A복지관이 B단체의 후원금과 자원봉사자가 감소하는 경험을 통해 주민들을 교육하여 역량을 강화시키려고 한 행위는 사회학습이론에 해당한다. 또한 다양한 후원기관을 발굴하려고 노력한 행위, B단체로부터 많은 후원금 지급을 받은 것은 권력의존이론에 해당한다. 권력(힘)의존이론은 사회복지기관들은 외부의 지원에 의존할 수밖에 없다는 전제에서 출발하며, 외부의 재정지원은 서비스 조직이 후원자의 욕구에 충실할 수밖에 없는 구조를 만든다고 본다.

11 난도 ★★☆

정답 ③

정답분석

사회구성론은 인간의 믿음, 가치, 규범, 전통 및 삶의 방식의 교류 속에서 발전하고 개인이 처한 사회나 문화에 따라 현실의 문제를 구성하거나 재구성할 수 있다는 관점으로 모든 현상에 대한 객관적 진실이 존재한다는 점에 의구심을 던지는 이론이다.
③ A사회복지사는 결혼이주여성들의 행동에 영향을 미쳤던 자국의 사회, 경제 및 정치적 구조를 이해하고 문화적 가치와 규범에 대한 의미를 해석해야 하므로 사회구성론에 해당한다.

12 난도 ★★☆

정답 ①

정답분석

생태체계이론은 인간과 환경은 서로를 변화시키거나 변화에 적응하려고 끊임없이 노력하는 것으로 인간의 인구가 변화함에 따라 A시가 함께 변화하고 있다는 것이 생태체계이론의 내용이다.

13 난도 ★★☆

정답 ④

정답분석

권력(힘)의존이론은 사회복지기관들은 외부의 지원에 의존할 수밖에 없다는 전제에서 출발한다. 후원자에 대한 지나친 의존은 조직의 목적을 상실하고 자율성을 제한하여 사회옹호능력을 저해시켜 조직에 부정적인 영향을 미친다. 복지기관이 여러 곳에서 지원을 받는 이유는 많은 재원 확보의 목적이 아니라 특정 지원에 의존성을 줄이기 위함이다.

14 난도 ★★☆

정답 ⑤

정답분석

다원주의이론은 집단들이 자신의 이익을 위해 정책에 영향력을 행사할 수 있다고 보는 이론으로 권력은 개인이나 집단 등 소수의 사람들에게 집중되어 있는 것이 아니라 다수의 사람들에게 분포되어 있는 것을 의미한다. 제시문은 모두 다원주의이론에 대한 내용이다.

01 난도 ★☆☆　　　　　　　　　　　　정답 ①

정답분석

클라이언트 집단을 소비자로 보는 모델은 사회계획모델이다. 사회행동모델은 클라이언트를 희생자로 본다.

02 난도 ★☆☆　　　　　　　　　　　　정답 ④

정답분석

정부조직을 경쟁자로 인식하는 모델은 사회행동모델이다. 지역사회개발모델은 지역주민의 협력이 중요하다.

03 난도 ★★☆　　　　　　　　　　　　정답 ③

정답분석

사회계획모델은 범죄, 주택, 정신건강과 같은 사회문제를 해결하고자 하는 기술적 과정을 강조한다. 권력구조에 대항하는 것은 사회행동모델이며, 지역사회의 불우계층, 기존 제도와 현실에 대한 근본적인 변화를 요구한다.

04 난도 ★★☆　　　　　　　　　　　　정답 ①

정답분석

사회행동은 지역사회의 불우계층, 기존 제도와 현실에 대한 근본적인 변화를 요구하는 것이고, 사회계획은 범죄, 주택, 정신건강과 같은 사회문제를 해결하고자 하는 기술적 과정을 강조하는 것이다.

ㄱ. 지역사회 내의 자원배분과 권력이양을 성취하였으므로 사회행동모델에 대한 내용이다.

ㄴ. 고도의 복잡한 지역사회문제를 조사·분석하고 해결방안을 모색하였으므로 사회계획에 대한 내용이다.

05 난도 ★★☆　　　　　　　　　　　　정답 ⑤

정답분석

표적대상에 대한 조치를 취할 수 있도록 주민을 동원하는 것이 변화전략인 모델은 지역사회개발모델이 아니라 사회행동모델이다.

06 난도 ★☆☆　　　　　　　　　　　　정답 ③

오답분석

① 사회복지사의 역할을 분석전문가로 보는 것은 사회계획모델이다.

② 수급자 역할의 개념을 소비자로 보는 것은 사회계획모델이다.

④ 수급자 체계의 범위를 약물중독과 같은 특정집단으로 보는 것은 사회행동모델이다.

⑤ 제도의 변화를 목표로 하는 것은 사회행동모델이다.

07 난도 ★★☆　　　　　　　　　　　　정답 ④

정답분석

정치·사회행동모델

• 특징 : 지역사회에서 불평등을 극복하거나 지역사회의 욕구를 무시하는 의사결정자에게 대항하고 불공정한 조건을 변화시키려는 기술을 개발함으로써 사람들의 권한을 부여하는 것을 주요내용으로 한다.

• 표적체계 : 잠재적 참여자와 선거로 선출된 공직자와 행정관료가 될 수 있다.

• 구성원 : 정치적 권한이 있는 시민이다.

• 관심영역 : 저소득층 집단에 생기는 불이익을 발생시키는 정부의 조치를 변화시키는 데 초점이 있다.

• 사회복지사의 역할 : 옹호자, 교육자, 조직가, 연구자로서의 역할을 수행한다.

08 난도 ★★☆　　　　　　　　　　　　정답 ①

정답분석

근린지역사회조직모델

• 특징 : 지리적 개념의 지역사회에 초점을 두고 지역주민의 삶의 질을 향상시키고 스스로 역량을 강화시키기 위해 지역사회 구성원의 역량을 개발하는 데 목적이 있다. 또한 지역주민이 스스로 원하는 변화를 이끌어낼 수 있도록 지역사회 변화과업을 수행하는 데 초점을 둔다.

• 표적체계 : 지역사회의 삶의 질을 저해하는 모든 부분으로 공공행정기관, 개발계획의 추진기업, 지역주민 모두 표적체계가 될 수 있다.

• 관심영역 : 구성원들의 삶의 질 향상이다.

• 사회복지사의 역할 : 조직가, 교사, 코치, 촉진자 등이다.

09 난도 ★★☆　　　　　　　　　　　　정답 ④

정답분석

지역사회 사회·경제 개발모델은 사회에서 억압받는 저소득층이 있는 지역 주민의 삶의 질을 제고하고 사회적·경제적 기회를 증진시키는 데 있다. 지역의 사회적·경제적 개발을 위하여 계획을 개발하고 진행하도록 능력을 강화시키며, 투자를 통한 외부적 지원 강화를 위해 자원을 개발, 목록화하는 것에 관심을 둔다.

10 난도 ★☆☆　　　　　　　　　　　　정답 ②

정답분석

프로그램 개발과 지역사회연계모델의 사회복지사 역할은 대변자, 중개자, 촉진자, 관리자, 계획가, 평가자, 프로포절 제안자이다.

11 난도 ★★☆　　　　　　　　　　　　정답 ①

오답분석

ㄴ. 근린지역사회조직모델의 사회복지사의 역할은 조직가, 교사, 촉진자, 코치이다.
ㄷ. 사회계획모델의 관심영역은 휴먼서비스의 관계망 계획과 조정이다.
ㄹ. 정치·사회행동모델의 일차적 구성원은 정치적 권한이 있는 시민이다.

12 난도 ★★☆　　　　　　　　　　　　정답 ①

정답분석

연합모델
• 특징 : 지역사회를 기반으로 존재하는 각 기관들이 함께 힘을 모아 지역사회가 가진 문제에 대해 변화시키는 모델이다.
• 표적체계 : 특정 문제에 대해 권한을 가지고 있는 공무원이나 지역사회 지원 재단이다.
• 구성원 : 지역사회의 특정 문제에 관계가 있는 조직체와 시민이 될 수 있다.
• 관심영역 : 개인의 힘으로 해결할 수 없는 지역사회의 문제로 해결할 수 있도록 연대적 접근을 추구한다.
• 사회복지사의 역할 : 중재자, 협상가, 대변인, 조직가이다.

13 난도 ★☆☆　　　　　　　　　　　　정답 ④

정답분석

테일러와 로버츠의 모델
• 프로그램 개발 및 조정 모델
• 계획모델
• 지역사회연계모델
• 지역사회개발모델
• 정치적 행동 및 역량강화 모델

오답분석

ㄹ. 연합모델은 웨일과 갬블의 모델이다.

14 난도 ★★☆　　　　　　　　　　　　정답 ⑤

정답분석

갈등과 경쟁원리를 기초로 사회적으로 배제된 집단의 사회적 참여를 지원하고 지지하는 모델은 정치적 권력강화이다.

정답 및 해설

01 난도 ★☆☆   정답 ④

정답분석
옹호자는 사회행동모델의 사회복지사 역할이다.

PLUS +
사회계획모델의 사회복지사 역할
- 분석가 : 지역사회의 문제에 대해 조사하고 과정을 분석하거나 목표달성에 대해 분석하는 역할이다.
- 조직가 : 지역주민의 참여의식을 높이고 조직에 참여시키기 위해 훈련시키는 역할이다.
- 계획가 : 지역사회의 문제를 해결하기 위해 합리적인 계획을 수립하는 역할이다.
- 행정가 : 서비스 프로그램을 계획하고 수행하는 데 필요한 행동을 실행하는 역할로 인적·물적 자원을 관리하는 역할이다.

02 난도 ★★☆   정답 ②

정답분석
지역사회를 진단하는 일을 하는 사회복지사의 역할은 사회치료자이다.

PLUS +
지역사회개발모델의 조력자 역할
- 지역사회의 개인적·집단적 불만을 집약과 동시에 표출할 수 있도록 지원한다.
- 불만을 해소할 수 있도록 조직을 격려하고 공동목표를 강조해야 한다.
- 구성원 간 좋은 관계를 유지할 수 있도록 가교역할을 한다.
- 목표달성을 위해 지역사회의 역량을 개발한다.

03 난도 ★★☆   정답 ②

정답분석
클라이언트의 노후화된 주택의 개·보수를 위해 다양한 자원을 활용한 주거지원 서비스를 제공하려고 할 때 사회복지사는 주거지원 서비스를 제공하려고 하는 계획가, 다양한 자원을 활용한 네트워커, 다양한 자원을 통해 제공할 주거지원 서비스를 관리해야 하는 관리자, 자신이 가지고 있는 자원이나 정보, 기술을 제공하는 정보전달자의 역할을 한다.

04 난도 ★☆☆   정답 ④

정답분석
조직가는 지역주민의 참여의식을 높이고 조직에 참여시키기 위해 훈련을 시키는 역할로, 계획의 수립과 실천과정에 지역사회에 있는 클라이언트를 적절히 참여시킨다.
④ 평가자는 프로그램을 진행한 후에 목적을 얼마나 달성했는지 평가하는 역할로 자금을 제공하는 역할은 아니다.

05 난도 ★★☆   정답 ③

정답분석
ㄱ·ㄹ. 조력자는 불만을 집약하는 일, 조직화를 격려하는 일, 좋은 관계를 육성하는 일 등을 한다.

오답분석
ㄴ. 지역사회문제의 조사 및 평가는 조사자나 평가자의 역할이다.
ㄷ. 지역사회 내 불이익을 당하는 주민의 옹호와 대변은 옹호자나 대변자의 역할이다.

06 난도 ★★☆   정답 ②

정답분석
옹호자는 클라이언트 입장에 서서 정당성을 주장하고 기존제도로 클라이언트가 불이익을 받을 때 클라이언트 입장에 서서 정책이나 제도를 변화시키는 역할이다. 학생들의 건강권 확보를 위해 조례제정 입법활동을 한 것은 옹호자의 역할이다.

07 난도 ★★☆   정답 ⑤

정답분석
사회복지전담공무원은 A씨에게 필요한 급여와 서비스를 알려주었으므로 자원연결자의 역할을 한 것이다.

08 난도 ★★☆   정답 ⑤

정답분석
시설입소 의뢰, 취업 정보를 제공 및 알선을 하는 역할은 자원연결자(중개자)만의 역할이다.

09 난도 ★☆☆   정답 ②

정답분석

협력·조정을 위한 네트워크를 구축하는 단계는 실행단계이다. 실행해야만 필요한 협력·조정을 할 수 있다.

10 난도 ★★☆   정답 ④

정답분석

실행은 목표를 달성하기 위해 실시하는 행동으로 참여자의 적응을 촉진하고 참여자 간 저항과 갈등을 관리한다. 또한 프로그램을 진행하기 위해서 필요한 인적·물적 자원을 동원할 수 있어야 하며 동원된 자원을 적재적소에 분배하여 활용해야 한다.

11 난도 ★★☆   정답 ①

정답분석

지역사회복지실천 단계는 문제확인단계 → 욕구사정단계 → 계획수집단계 → 자원동원단계 → 실행·평가 단계 순이다.
① 문제확인단계는 클라이언트의 욕구나 문제를 확인하는 단계로 이슈화, 자료분석, 가치관 등을 고려한다.

12 난도 ★☆☆   정답 ④

정답분석

실행단계에는 재정실행, 갈등관리, 클라이언트 적응 촉진, 네트워크 구축 등이 해당된다.
④ 실천계획의 목표설정은 개입방향을 정하는 목적 및 목표설정 단계이다.

13 난도 ★★☆   정답 ③

정답분석

③ 자원 사정은 지역사회에서 이용할 수 있는 권력, 전문기술, 재정, 서비스 등 자원영역을 검토하는 것이다. 이러한 자원 사정은 클라이언트의 욕구보다는 이용 가능한 자원의 본질과 운영 그리고 질에 초점을 둔다.

오답분석

① 하위체계 사정은 전체 지역사회를 사정하는 것이 아니라 지역의 특정 부분이나 일면을 조사하는 것으로, 특히 지역사회의 하위체계에 초점을 둔다.
② 포괄적 사정은 특정한 문제나 표적집단 관련 욕구보다는 지역사회 전반을 대상으로 한 1차 자료의 생성을 주된 목적으로 한다.

④ 문제중심 사정은 전체 지역사회와 관련되지만 지역사회의 중요한 특정 문제에 초점을 둔다.
⑤ 협력적 사정은 지역사회 참여자들이 완전한 파트너로서 조사계획, 참여관찰, 분석 및 실행 국면 등에 관계되면서 지역사회에 의해 수행된다.

14 난도 ★☆☆   정답 ⑤

정답분석

평가단계는 계획에 대한 목표의 성취 정도와 프로그램 실행 과정에서 나타난 문제점을 수정하는 단계이다. 저항과 갈등을 관리하는 단계는 실행단계이다.

15 난도 ★☆☆   정답 ④

정답분석

총괄평가는 프로그램에 대한 효과성·효율성을 평가하고 프로그램의 지속여부를 결정하며 프로그램 종료 후에 이루어지는 평가이다. 프로그램 수행과정 중에 실시되어 프로그램의 문제점을 관찰·수정하는 데 유용한 평가는 형성평가이다.

16 난도 ★☆☆   정답 ②

정답분석

성과평가는 초기욕구 사정에서 하는 것이 아니라 마지막 평가과정에서 이루어진다.

17 난도 ★★☆   정답 ①

정답분석

참여자가 적응을 잘 하는지, 참여자 간 저항과 갈등은 없는지는 프로그램을 실시해야 알 수 있는 부분이다. 즉, 참여자 적응 촉진하기, 참여자 간 저항과 갈등 관리하기는 실행단계에서 해야 하는 활동이다.

18 난도 ★★☆   정답 ④

오답분석

ㄷ. 평가단계에는 결과 평가뿐 아니라 효율성 평가, 효과성 평가, 형성평가, 총괄평가, 통합평가를 실시할 수 있다.

19 난도 ★★☆   정답 ①

정답분석

옹호활동은 클라이언트가 받아야 할 서비스를 받지 못할 때나 불합리한 대우를 받을 경우 사용하는 기술로 클라이언트 편에 서서 정당성을 요구하거나 이익을 위해 대변한다. 옹호의 구체적인 전술로는 설득, 공청회, 표적을 난처하게 하기, 정치적 압력, 미디어 활용, 청원 등이 있다.

① 지역사회 내 복지자원을 조정하고 연계하는 역할은 연계기술이다.

20 난도 ★★☆   정답 ④

정답분석

옹호기술은 클라이언트의 입장에 서서 정당성을 요구하거나 클라이언트의 이익을 위하여 대변인으로 활동하는 역할 또는 클라이언트가 불합리한 대우를 받거나 서비스를 받지 못할 때 사용되는 기술이다.

오답분석

ㄴ. 조직 구성원의 경제적 자립을 강조하는 것은 옹호기술에 맞지 않는다.

21 난도 ★☆☆   정답 ⑤

정답분석

지역사회복지 의제개발과 주민 의식화는 연계기술에 포함되지 않는다.

> **PLUS +**
>
> 연계기술
> - 서비스 중복은 막고 누락은 방지하여 자원을 효과적으로 사용할 수 있도록 한다.
> - 주민들이 정보가 부족하거나 이용할 자원이 없는 경우 사용한다.
> - 참여조직들에 대한 업무의 배분과 조정에 초점을 둔다.
> - 개별조직들 간의 수직적 관계를 통해 조직의 독립성을 유지한다.
> - 새로운 인프라 구축을 위한 시간과 비용을 절감할 수 있다.

22 난도 ★☆☆   정답 ⑤

정답분석

지역사회 공공의제를 개발하고 주민 의식화를 강화할 수 있는 기술은 조직화 기술이다.

23 난도 ★★☆   정답 ②

정답분석

연계기술은 클라이언트와 기관을 연결해 주거나 클라이언트와 자원을 연결해 주는 기술로 중개자가 가장 중요하게 사용하는 기술이다. 옹호자는 클라이언트가 받아야 할 서비스를 받지 못할 때나 불합리한 대우를 받을 경우 사용하는 역할이다.

24 난도 ★★☆   정답 ④

정답분석

조직화 기술은 클라이언트의 능력을 향상시켜 스스로 문제에 대처하여 문제를 해결할 수 있도록 돕는 기술이다. 저소득 장애인의 취업 문제를 해결하기 위해 그들 스스로 문제해결능력을 향상시키는 역할이 이에 해당된다.

25 난도 ★☆☆   정답 ⑤

정답분석

조직화 기술은 지역사회의 문제를 해결하기 위해 지역주민들의 대표를 뽑아 모임을 구성하고 지역주민들의 능력을 향상시키는 기술로 주민을 통제하는 기술은 필요하지 않다.

26 난도 ★★☆   정답 ⑤

정답분석

자원개발 및 동원 기술은 지역사회의 문제를 해결하는 데 있어 부족한 자원을 발굴하고 동원하는 기술로 인적 · 물적 자원이 포함되며, 기존집단, 개인의 직접적인 참여, 네트워크 등을 활용한다. 사회복지사는 예산과 자원봉사자를 확보하기 위해 노력하여 자원개발 및 동원 기술을 사용하였다.

27 난도 ★★☆   정답 ①

정답분석

① 임파워먼트기술은 치료보다 역량을 강조하고 능력향상을 통해 문제를 해결할 수 있다고 보며, 클라이언트는 잠재능력이 있어 자신의 문제를 스스로 해결할 수 있다고 본다.

오답분석

② 자원개발과 동원 기술은 지역사회의 문제를 해결하는 데 있어 부족한 자원을 발굴하고 동원하는 기술로 인적 · 물적 자원이 포함된다.

③ 조직화 기술은 지역사회가 처한 상황과 해결방향에 따라 목표를 세우고, 합당한 주민을 선정하여 모임을 만들어 지역사회의 욕구나 문제를 해결해 나가도록 돕는 기술이다.

④ 네트워크기술은 사회복지사가 지역사회 대상자의 정신적 · 신체적 · 경제적 안정을 위한 상담, 치료, 재활서비스 등 사회적 서비스를 제공하기 위해 지역사회 자원과 연계하는 기술이다.

⑤ 지역사회연계기술은 서비스 중복을 막고 누락은 방지하여 자원을 효과적으로 사용할 수 있도록 한다.

28 난도 ★★★　　　　　　　　　　　정답 ⑤

정답분석

효과적인 임파워먼트의 원칙은 의식제고, 자기주장, 공공의제, 권력키우기, 역량구축, 사회적 자본창출이다.

29 난도 ★★☆　　　　　　　　　　　정답 ①

정답분석

네트워크란 클라이언트의 다양한 욕구에 맞는 서비스를 제공하기 위한 서비스 공급체계의 네트워크, 이용자의 조직화, 관련기관의 연계 등을 의미한다. 참여 기관들은 평등한 주체로서의 관계가 보장되어야 하며 구성원 사이의 신뢰와 호혜성이 형성되어야 네트워크가 지속될 수 있다.

ㄱ. 달성하고자 하는 목적을 위해서 항상 강한 결속력이 필요한 것은 아니다.

SECTION 07 **지방분권화와 지역사회복지**									
01	**02**	**03**	**04**	**05**	**06**	**07**	**08**	**09**	**10**
②	③	②	④	③	③	⑤	⑤	⑤	⑤
11	**12**	**13**	**14**	**15**	**16**	**17**	**18**	**19**	**20**
④	⑤	④	②	③	⑤	②	⑤	⑤	⑤
21	**22**								
③	③								

01 난도 ★☆☆　　　　　　　　　　　정답 ②

정답분석

② 지방분권화는 중앙정부의 권한을 받은 지방정부가 스스로 지역의 공공사무를 처리하는 것으로, 주민참여로 권력의 재분배가 이루어진다.

오답분석

① 사회보험제도는 중앙정부의 책임으로 운영된다.

③ 주민들의 지방행정 참여로 인해 지역주민의 욕구에 대한 민감성이 강화된다.

④ 지방정부 간의 재정력 격차, 지방자치단체의 장의 의지에 따라 복지서비스의 지역 간 불균형이 나타날 수 있다.

⑤ 사회복지 행정업무와 재정을 지방에 이양함으로써 중앙정부의 사회적 책임성을 약화시킬 수 있다.

02 난도 ★☆☆　　　　　　　　　　　정답 ③

정답분석

③ 지방자치제에서는 중앙정부의 복지예산이 지방으로 이양되어 지방정부의 책임이 강화된다.

오답분석

① 지방정부에 비해 중앙정부의 책임이 약화되고 있다.

② 지방 자립도에 따라 지역 간 복지수준의 격차가 발생한다.

④ 지방자치단체장은 투표로 선출한다.

⑤ 지방정부의 복지예산 확대로 민간의 참여가 강화된다.

03 난도 ★☆☆　　　　　　　　　　　정답 ②

정답분석

지방분권화는 지방정부의 책임성이 강화되는 것이며, 중앙정부의 책임성이 강화되는 것은 중앙집권화이다.

04 난도 ★☆☆　　　　　　　　　　　　　정답 ④

정답분석

1949년 「지방자치법」이 제정되고 1952년 지방의회가 구성되었지만 중단되었다. 이후 1991년 지방의회선거를 시작으로 1995년 지방자치단체장 선거를 통해 실시되면서 지방자치 시대가 실시되었다.

05 난도 ★☆☆　　　　　　　　　　　　　정답 ③

정답분석

지방자치단체는 중앙정부의 권한을 받아 스스로 지역의 공공사무를 처리하는 것으로 지방자치가 발달할수록 중앙정부의 사회복지 책임과 권한은 약화된다.

PLUS +

지방분권화의 단점

- 사회복지 행정업무와 재정을 지방에 이양함으로써 중앙정부의 사회적 책임성을 약화시킬 수 있다.
- 지방정부가 사회개발정책에 우선을 두는 경우 지방정부의 복지예산이 감소될 수 있다.
- 지방정부 간의 재정력 격차로 복지수준의 차이가 나타날 수 있다.
- 지방자치단체장의 의지에 따라 복지서비스의 지역 간 불균형이 나타날 수 있다.

06 난도 ★★☆　　　　　　　　　　　　　정답 ③

오답분석

ㄷ. 읍 · 면 · 동 복지허브화로 지역사회복지 네트워크가 강화되었다.

07 난도 ★★☆　　　　　　　　　　　　　정답 ⑤

정답분석

지방분권화의 장점은 주민참여 기회로 인하여 욕구에 맞는 프로그램을 제공할 수 있다는 것이다. 지방자치단체의 역할이 강화되며 중앙정부의 재원뿐 아니라 민간 자원을 활용할 수 있다.

08 난도 ★☆☆　　　　　　　　　　　　　정답 ⑤

정답분석

⑤ 실무협의체는 위원장 1명을 포함하여 10명 이상 40명 이하로 구성하되, 특정 성별에 편중되지 않도록 임명 또는 위촉한다. 실무협의체 위원은 해당 시 · 군 · 구의 지역사회보장 영역 업무에 종사하고 있는 실무자(현장전문가)를 중심으로 구성한다. 임명직 위원의 수는 전체 위원 수를 고려하여 적정 범위 내로 구성하고 위촉위원은 지역 내 사회보장 업무를 수행

하거나 서비스를 제공하는 기관 · 법인 · 단체 · 시설의 실무자 중에서 해당 기관 등의 추천을 받거나 공모를 통하여 대표협의체 위원장이 위촉한다. 임기는 2년으로 하되 위원장은 한 차례 연임할 수 있고, 위원의 결원으로 인하여 새로 위촉된 위원의 임기는 전임위원 임기의 남은 기간으로 한다. 공무원 위원의 임기는 그 직위의 재직기간으로 한다.

오답분석

① 사회보장업무를 담당하는 공무원도 포함된다.

② 위원장 1명을 포함하여 10명 이상 40명 이하의 위원으로 구성한다.

③ 지역사회보장계획 심의는 대표협의체가 하고 조례는 의회에서 제정한다.

④ 시 · 군 · 구의 사회보장계획 심의 · 자문은 대표협의체가 한다.

09 난도 ★★☆　　　　　　　　　　　　　정답 ⑤

정답분석

읍 · 면 · 동의 지역사회보장조사 및 지역사회보장지표에 관한 사항은 포함되지 않는다.

PLUS +

대표협의체의 역할

- 시 · 군 · 구의 지역사회보장계획 수립 · 시행 및 평가에 관한 사항
- 시 · 군 · 구의 지역사회보장조사 및 지역사회보장지표에 관한 사항
- 시 · 군 · 구의 사회보장급여 제공에 관한 사항
- 시 · 군 · 구의 사회보장 추진에 관한 사항
- 읍 · 면 · 동 단위 지역사회보장협의체의 구성 및 운영에 관한 사항

10 난도 ★★☆　　　　　　　　　　　　　정답 ⑤

정답분석

특별자치시의 사회보장과 관련된 서비스를 제공하는 관계 기관 · 법인 · 단체 · 시설과의 연계 · 협력 강화는 지역사회보장협의체가 아니라 사회복지협의회의 내용이다.

11 난도 ★★☆　　　　　　　　　　　　　정답 ④

오답분석

① 통합사례관리 지원은 읍 · 면 · 동 지역사회보장협의체의 역할이다.

② 지역사회보장계획의 의회보고는 대표협의체의 역할이다.

③ 사회복지법인 이사의 추천과 선임 조정은 대표협의체의 역할이다.

⑤ 실무협의체 업무 지원은 실무분과의 역할이다.

실무분과의 역할
- 분과별 자체사업 계획 · 시행 · 평가
- 지역사회보장(분야별)과 관련된 현안 논의 및 안건 도출
- 지역사회보장계획 시행과정(연차별 시행계획) 모니터링

- 지역사회보장의 목표를 점검할 수 있는 지표의 설정 및 목표
- 지역사회보장의 분야별 추진전략, 중점 추진사업 및 연계협력 방안
- 지역사회보장 전달체계의 조직과 운영
- 사회보장급여의 사각지대 발굴 및 지원 방안
- 지역사회보장에 필요한 재원의 규모와 조달 방안
- 지역사회보장에 관련된 통계 수집 및 관리 방안 등
- 지역 내 부정수급 발생 현황 및 방지대책

12 난도 ★☆☆   정답 ⑤

정답분석

지역사회보장지표의 생성은 읍 · 면 · 동 지역사회보장협의체의 역할이 아니라 대표협의체의 역할이다.

읍 · 면 · 동 지역사회보장협의체의 역할
- 관할지역 내 사회보장 대상자 및 자원 발굴 업무 지원
- 사회보장 대상자에 대한 서비스 연계 · 지원
- 지역사회보호 체계 구축 · 운영 업무 지원
- 지역 내 복지문제 해결을 위한 자체 특화사업 수행

13 난도 ★☆☆   정답 ④

정답분석

시 · 군 · 구의 사회보장급여 제공에 관한 사항을 심의 · 자문하는 곳은 실무협의체가 아니라 대표협의체이다.

14 난도 ★☆☆   정답 ②

정답분석

지역사회보장계획의 심의는 지역사회보장협의체의 역할이며 민간사회복지기관에 대한 감사 및 평가는 실시하지 않는다.

15 난도 ★★☆   정답 ③

오답분석

ㄱ. 시 · 군 · 구 지역사회보장협의체의 심의와 의회의 보고를 거쳐 시 · 도지사에게 제출한다.
ㄷ. 시 · 군 · 구청장은 보장계획을 시행연도의 전년도 9월 30일까지 수립하여 시 · 도지사에게 제출하여야 한다. 11월 30일은 시 · 도 계획을 시 · 도지사가 보건복지부장관에게 제출하는 시기이다.

16 난도 ★★☆   정답 ⑤

정답분석

지역사회보장계획안
- 지역사회보장 수요의 측정, 목표 및 추진전략

17 난도 ★☆☆   정답 ②

정답분석

② 시 · 군 · 구청장은 시 · 군 · 구 지역사회보장계획을 수립한 후 시 · 도지사에게 제출하고 시 · 도지사는 시 · 도 지역사회보장 계획을 수립한다. 시 · 도지사가 보건복지부장관에게 시 · 도 지역사회보장계획을 제출하면 보건복지부장관은 사회보장위원회에서 사회보장기본계획을 수립한다.

오답분석

① 시 · 군 · 구 지역사회보장계획은 변경할 수 있다.
③ 시 · 군 · 구청장과 시 · 도지사의 임기인 4년마다 수립하고, 매년 연차별 시행계획을 수립하여야 한다.
④ 시 · 군 · 구 지역사회보장계획은 지역사회보장협의체의 심의를 거쳐야 한다.
⑤ 지역사회보장계획 평가를 위한 지역사회보장지원센터는 없다.

18 난도 ★★☆   정답 ⑤

정답분석

16번 해설 참조

19 난도 ★★☆   정답 ⑤

정답분석

기초지방자치단체 간 사회보장의 균형 발전 노력은 시 · 군 · 구 지역사회보장계획의 내용에 포함되지 않는다.

20 난도 ★★☆   정답 ⑤

정답분석

지역주민의 의견을 수렴하여 계획을 수립하고 지역사회보장협의체 심의를 거쳐 지방의회 보고 후 시 · 군 · 구에 계획을 제출한다.
⑤ 지역사회보장계획의 수립과정은 지역사회보장조사 → 추진 비전 및 목표수립 → 세부사업 계획 수립 → 행정 · 재정계획 수립 → 지역사회보장협의체 심의 → 의회보고 순이다.

21 난도 ★☆☆　　　　　　　　　　　　　　　정답 ③

정답분석

시·군·구 지역사회보장계획은 지역사회보장협의체의 심의를 거쳐야 한다.

22 난도 ★☆☆　　　　　　　　　　　　　　　정답 ③

정답분석

지역사회보장계획은 기존의 지역사회복지계획을 더 확대한 계획으로 사회복지뿐 아니라 보건, 의료, 고용, 주택, 문화, 보육, 교육 등을 통하여 인간다운 생활을 할 권리를 최대한 보장하는 계획이다.

SECTION 08 지역사회복지 추진 및 재편

01	02	03	04	05	06	07	08	09	10
①	③	②	⑤	⑤	⑤	①	③	⑤	③,④
11	**12**	**13**	**14**	**15**	**16**	**17**	**18**	**19**	**20**
②	④	⑤	⑤	③	③	①	⑤	③	①
21									
①									

01 난도 ★★☆　　　　　　　　　　　　　　　정답 ①

정답분석

사회복지사업법 제34조의5(사회복지관의 설치 등)
① 제34조 제1항과 제2항에 따른 시설 중 사회복지관은 지역복지증진을 위하여 다음 각 호의 사업을 실시할 수 있다.
　　1. 지역사회의 특성과 지역주민의 복지욕구를 고려한 <u>서비스 제공</u> 사업
　　2. 국가·지방자치단체 및 민간 부문의 사회복지서비스를 연계·제공하는 <u>사례관리</u> 사업
　　3. 지역사회 복지공동체 활성화를 위한 복지자원 관리, 주민교육 및 <u>조직화</u> 사업

02 난도 ★☆☆　　　　　　　　　　　　　　　정답 ③

정답분석

③ 사회복지관 지역조직화 기능에는 복지네트워크 구축, 주민조직화, 자원개발 및 관리의 기능이 있다. 자원개발 및 관리의 기능에는 자원봉사자 개발·관리, 후원자 개발·관리에 대한 내용이 포함된다.

오답분석

① 독거노인을 위한 도시락 배달은 지역사회보호서비스에 포함된다.
② 한부모가정 아동을 위한 문화 프로그램 제공은 교육문화서비스에 포함된다.
④ 학교 밖 청소년을 위한 직업기능 교육은 교육문화서비스에 포함된다.
⑤ 장애인 일상생활 지원을 위한 서비스 제공은 지역사회보호서비스에 포함된다.

03 난도 ★☆☆　　　　　　　　　　　　　　　정답 ②

정답분석

사회복지관 서비스 제공 기능에는 가족기능강화, 지역사회보호, 교육문화, 자활지원 등이 있다.
② 사례관리 기능에는 사례발굴, 사례개입, 서비스연계가 있다.

04 난도 ★★☆　　　　　　　　　　정답 ⑤

정답분석

국가나 지방자치단체는 사회시설을 설치·운영할 수 있고, 국가나 지방자치단체가 설치한 시설은 필요한 경우 사회복지법인이나 비영리법인에 위탁하여 운영하게 할 수 있다. 국가나 지방자치단체 외의 자가 시설을 설치·운영하려는 경우 시장·군수·구청장에게 신고해야 한다.

⑤ 사회복지법인과 기타 비영리법인에 한하여 설치·운영할 수 있는 것이 아니라 국가 및 지방자치단체도 설치·운영할 수 있다.

05 난도 ★★☆　　　　　　　　　　정답 ⑤

정답분석

A씨는 「국민기초생활 보장법」에 따른 수급자이므로 가족 모두 수급자이고, 모두 우선 제공자들이다.

> **PLUS +**
>
> 사회복지관의 우선적 사업대상
> - 국민기초생활보장 수급자
> - 차상위계층 등 저소득 주민
> - 장애인, 노인, 모·부자가정 등 취약계층 주민
> - 직업·부업훈련 및 취업알선이 필요한 주민
> - 유아, 아동 또는 청소년의 보호 및 교육이 필요한 주민

06 난도 ★★☆　　　　　　　　　　정답 ⑤

정답분석

ㄱ. 사회복지관의 사례관리 기능은 파편화되고 분절화된 지역사회복지서비스의 제한점을 극복하고 서비스 네트워크 구축 및 다양한 지역 주민의 복지 욕구를 연결시켜 맞춤형 서비스를 제공하는 것이다. A종합사회복지관은 인근 독거노인의 복합적이고 장기적인 욕구를 사정하고 통합적인 서비스 제공 및 점검계획을 수립하였으므로 사례관리 기능에 해당된다.

ㄴ. 사회복지관의 주민조직화는 주민이 지역사회문제에 스스로 참여하고 공동체 의식을 갖도록 주민 조직의 육성을 지원하고 이러한 주민 협력 강화에 필요한 주민의식을 높이기 위한 교육을 실시하는 것이다. 이후 독거노인의 생활을 지원하기 위해 주민봉사단을 조직하여 정기적인 가정방문을 실시하고 있으므로 주민조직화에 해당된다.

07 난도 ★★☆　　　　　　　　　　정답 ①

정답분석

주민복지증진사업, 주민조직화 사업, 사례 발굴 및 개입, 아동·청소년 사회교육, 문화 복지사업의 업무를 수행하는 곳은 사회복지관이다.

08 난도 ★☆☆　　　　　　　　　　정답 ③

정답분석

사회복지관의 운영은 「사회보장기본법」이 아니라 「사회복지사업법」에 근거한다.

09 난도 ★☆☆　　　　　　　　　　정답 ⑤

정답분석

읍·면·동이 아니라 보건복지부장관이 위탁하는 사회복지에 관한 업무이다.

> **PLUS +**
>
> 한국사회복지협의회의 업무
> - 사회복지에 관한 조사연구 및 정책 건의
> - 사회복지에 관한 교육훈련
> - 사회복지에 관한 자료수집 및 간행물 발간
> - 사회복지에 관한 계몽 및 홍보
> - 사회복지사업에 관한 기부문화의 조성
> - 자원봉사활동의 진흥
> - 사회복지사업에 종사하는 자의 교육훈련과 복지증진
> - 사회복지에 관한 학술도입과 국제사회복지단체와의 교류
> - 보건복지부장관이 위탁하는 사회복지에 관한 업무(중앙협의회만 해당)
> - 시·도지사 및 중앙협의회가 위탁하는 사회복지에 관한 업무(시·도 협의회만 해당)
> - 시·도지사, 시장·군수·구청장, 중앙협의회 및 시·도 협의회가 위탁하는 사회복지에 관한 업무(시·군·구 협의회만 해당)
> - 그 밖에 중앙협의회 또는 시·도 협의회 또는 시·군·구 협의회의 목적달성에 필요하여 정관으로 정하는 사항

10 난도 ★☆☆　　　　　　　　　　정답 ③, ④

정답분석

사회복지협의회는 사회복지시설 및 기관 중심의 지역사회복지 증진을 위한 법정단체이다. 법령의 변경으로 인하여 중앙, 시·도, 시·군·구 단위에 의무적으로 설치하여야 한다.

오답분석

① 읍·면·동 중심의 공공부문 전달체계와 지역사회보호체계를 구축하고 운영하는 것은 읍·면·동 지역사회보장협의체이다.

② 관련법령에 따라 10명 이상 40명 이하의 규모로 위원회를 구성해야 하는 것은 지역사회보장협의체이다.

⑤ 「사회보장급여의 이용·제공 및 수급권자 발굴에 관한 법률」에 근거하여 설립되는 것은 지역사회보장협의체이다.

정답 및 해설

11 난도 ★★☆ 정답 ②

정답분석

마을기업은「도시재생 활성화 및 지원에 관한 특별법」을 근거로 지역주민 또는 단체가 해당 지역의 인력, 향토, 문화, 자연, 자원 등 각종 자원을 활용하여 생활환경을 개선하고 지역 공동체를 활성화하여 소득 및 일자리 창출을 목적으로 운영하는 기업이다. 회원 외에도 지역주민의 의견을 적극 반영한다.

12 난도 ★★☆ 정답 ④

정답분석

사회적 기업은「사회적기업 육성법」을 근거로 취약계층에게 사회서비스 또는 일자리를 제공하거나 지역사회에 공헌함으로써 지역주민의 삶의 질을 높이는 사회적 목적을 추구하면서 재화 및 서비스의 생산과 판매 등 영업활동을 하는 기업이다.「사회적기업 육성법」제7조에는 '사회적 기업을 운영하려는 자는 법령에 따른 인증 요건을 갖추어 고용노동부장관의 인증을 받아야 하며, 고용노동부장관은 인증을 하려면 고용정책심의회의 심의를 거쳐야 한다.'고 명시되어 있다.

오답분석

ㄷ. 보건복지부가 아니라 고용노동부장관으로부터 사회적 기업으로 인증을 받아야 활동할 수 있다.

13 난도 ★☆☆ 정답 ⑤

정답분석

사회적 경제의 주요 주체는 자활기업, 사회적 기업, 마을기업, 협동조합으로 구분된다.

PLUS +

사회적 경제의 주요 주체
- 사회적 기업은「사회적기업 육성법」을 근거로 취약계층에게 사회서비스 또는 일자리를 제공하거나 지역사회에 공헌함으로써 지역주민의 삶의 질을 높이는 사회적 목적을 추구하면서 재화 및 서비스의 생산과 판매 등 영업활동을 하는 기업이다.
- 마을기업은「도시재생 활성화 및 지원에 관한 특별법」을 근거로 지역주민 또는 단체가 해당 지역의 인력, 향토, 문화, 자연, 자원 등 각종 자원을 활용하여 생활환경을 개선하고 지역 공동체를 활성화하여 소득 및 일자리를 창출하기 위하여 운영하는 기업이다. 회원 외에도 지역 주민의 의견을 적극 반영한다.
- 협동조합은「협동조합 기본법」을 근거로 재화 또는 용역의 구매·생산·판매·제공 등을 협동으로 영위함으로써 조합원의 권익을 향상하고 지역사회에 공헌하고자 하는 사업조직이다. 발기인은 5인 이상의 조합원 자격을 가진 자가 된다.

- 자활기업은「국민기초생활 보장법」을 근거로 2인 이상의 수급자 또는 저소득층이 상호협력하여 조합 또는 사업자의 형태로 탈빈곤을 위한 자활사업을 운영하는 기업이다. 조합 또는「부가가치세법」상의 사업자로 한다.

14 난도 ★☆☆ 정답 ⑤

정답분석

ㄱ. 협동조합은「협동조합 기본법」을 근거로 재화 또는 용역의 구매·생산·판매·제공 등을 협동으로 영위함으로써 조합원의 권익을 향상하고 지역사회에 공헌하고자 하는 사업조직이다. 발기인은 5인 이상의 조합원 자격을 가진 자가 된다.
ㄴ. 마을기업은「도시재생 활성화 및 지원에 관한 특별법」을 근거로 지역주민 또는 단체가 해당 지역의 인력, 향토, 문화, 자연, 자원 등 각종 자원을 활용하여 생활환경을 개선하고 지역 공동체를 활성화하여 소득 및 일자리를 창출하기 위하여 운영하는 기업이다.
ㄷ. 자활기업은「국민기초생활 보장법」을 근거로 2인 이상의 수급자 또는 저소득층이 상호협력하여 조합 또는 사업자의 형태로 탈빈곤을 위한 자활사업을 운영하는 기업이다. 조합 또는「부가가치세법」상의 사업자로 한다.

15 난도 ★★☆ 정답 ③

정답분석

사회적 기업은「사회적기업 육성법」을 근거로 취약계층에게 사회서비스 또는 일자리를 제공하여 지역 주민의 삶의 질을 높이는 등의 사회적 목적을 추구하면서 재화 및 서비스의 생산·판매 등 영업활동을 수행하는 기업이다.

16 난도 ★☆☆ 정답 ③

정답분석

사회적 기업은 사회적 일자리 창출을 목적으로 하기 때문에 사회적 기업이 지속적인 성장을 하기 위해서는 이윤이 창출되어야 한다.

17 난도 ★★☆ 정답 ①

정답분석

ㄱ. 마을기업은 지역주민 또는 단체가 해당 지역의 인력, 향토, 문화, 자연, 자원 등 각종 자원을 활용하여 생활환경을 개선하고 지역 공동체를 활성화하여 소득 및 일자리 창출을 목적으로 운영하는 기업이다.
ㄷ. 협동조합은 재화 또는 용역의 구매·생산·판매·제공 등을 협동으로 영위함으로써 조합원의 권익을 향상하고 지역사회에 공헌하고자 하는 사업조직이다.

ㄴ. 사회적 기업은 취약계층에게 사회서비스 또는 일자리를 제공하거나 지역사회에 공헌함으로써 지역주민의 삶의 질을 높이는 사회적 목적을 추구하면서 재화 및 서비스의 생산과 판매 등 영업활동을 하는 기업이다.

ㄹ. 지역자활센터는 근로능력이 있는 국민기초생활보장수급자 및 차상위계층에게 집중적이고 체계적인 자활지원서비스를 제공함으로써 자활의욕을 고취하고 자립능력 향상을 지원하는 기관으로 사회복지법인뿐 아니라 사회적 협동조합, 비영리법인 등이 신청하여 지역자활센터로 지정받는다.

18 난도 ★★☆   정답 ⑤

정답분석

⑤ **사회복지공동모금회법 제18조의2** 모금회는 사회복지사업이나 그 밖의 사회복지활동 등을 지원하기 위한 재원을 조성하기 위하여 복권을 발행할 수 있다. 복권을 발행하려면 보건복지부장관의 승인을 받아야 한다.

오답분석

① **사회복지공동모금회법 제7조** 회장, 부회장 및 이사의 임기는 3년으로 하며, 한 차례만 연임할 수 있다.

② **사회복지공동모금회법 제5조 제1항** 모금회는 사회복지공동모금사업을 수행한다.

③ **사회복지공동모금회법 제12조** 모금회의 업무를 처리하기 위하여 사무총장 1명과 필요한 직원 및 기구를 둔다.

④ **사회복지공동모금회법 제14조 제1항** 특별시 · 광역시 · 특별자치시 · 도 · 특별자치도 단위 사회복지공동모금지회를 둔다.

19 난도 ★☆☆   정답 ③

정답분석

사회복지공동모금회의 지정기탁사업은 사회복지 증진을 위하여 기부자가 기부금품의 배분지역 · 배분대상자 또는 사용용도를 지정한 경우 그 지정취지에 따라 배분하는 사업이다.

③ 사회복지공동모금회의 업무는 지정기탁사업뿐 아니라 신청사업, 기획사업, 긴급지원사업도 있다. 따라서 지정기부금 모금단체라고는 할 수 없다.

20 난도 ★★☆   정답 ①

정답분석

사회복지공동모금회의 신청사업은 사회복지 증진을 위하여 자유주제 공모형태로 복지사업을 신청받아 지원하는 사업이지만, 프로그램사업과 긴급지원사업으로 나뉘는 것은 아니다. 긴급지원사업은 재난구호 및 긴급구호, 저소득층 응급지원 등 긴급히 지원해야 할 필요가 있는 경우에 지원하는 사업이다.

21 난도 ★★☆   정답 ①

정답분석

지역자활센터에서는 조건부 수급자뿐 아니라 다양한 대상으로 자활의욕 고취를 위한 사업을 추진한다.

| 자활사업 대상자 | = | ① 조건부 수급자 | + | ② 자활급여 특례자 | + | ③ 일반수급자 ④ 급여특례가구원 ⑤ 차상위계층 ⑥ 시설수급자 |

SECTION 09 지역사회복지운동

01	02	03	04	05	06	07	08	09	10
⑤	⑤	①	②	④	②	⑤	④	①	④
11									
⑤									

01 난도 ★☆☆   정답 ⑤

정답분석

⑤ 지역사회복지운동은 지역사회의 변화를 주도하는 조직운동, 복지권리의식과 시민의식을 배양하는 사회권 확립운동, 주민의 삶의 질 향상 운동이다.

오답분석

① 지역사회복지운동은 목적지향적 조직활동이다.
② 지역사회 주민들의 주체적 참여 활동이다.
③ 지역사회의 성장과 변화에 우선적인 초점을 둔다.
④ 노동자, 장애인뿐 아니라 지역사회 전체 주민을 대상으로 한다.

02 난도 ★★☆   정답 ⑤

정답분석

지역사회복지운동이 갖는 의의
- 지역사회 주민의 주체성과 역량을 강화하고, 지역사회의 변화를 주는 조직운동
- 주민참여의 활성화에 의해 복지권리의식과 시민의식을 배양하는 복지권 확립운동
- 지역사회의 다양한 자원 활용 및 관련조직 간의 유기적인 협력이 이루어지는 운동
- 지역사회 주민의 삶의 질과 관련된 생활영역에 초점을 둔 지역사회복지의 확산과 발전을 위한 생활운동

03 난도 ★☆☆   정답 ①

정답분석

지역사회복지운동의 의미는 지역사회복지라는 용어에 운동을 결합한 것으로 지역사회복지 발전을 목표로 하는 사회 운동적 노력을 말하며 목표로서의 지역사회복지 발전과 이를 달성하기 위한 수단적 노력으로써의 사회운동의 조합을 의미한다. 사회 구성원의 삶을 질을 향상시키기 위한 목적의식적이며 조직적인 활동이며 사회복지대상자 외에도 사회복지 실무자 또는 전문가 등 모든 지역주민의 주체적인 참여와 행동을 통해 사회복지 목표달성을 위해 의도적으로 추진해가는 사회운동이다.
① 구성원의 삶의 질 향상을 시키기 위한 조직적인 활동이므로 지역사회복지서비스 제공기관의 주도성을 강화하는 것은 옳지 않다.

04 난도 ★☆☆   정답 ②

정답분석

지역사회복지운동은 지역주민의 욕구와 문제를 해결하기 위하여 지역사회의 역량을 강화시켜 주민들의 욕구충족과 지역공동체 형성이라는 목적을 달성하려는 조직적인 운동으로, 노동자 계층의 소득수준을 높이는 민중운동과 지역사회복지운동은 거리가 멀다.

05 난도 ★☆☆   정답 ④

정답분석

주민참여는 지역주민들의 욕구를 정책이나 계획에 반영될 수 있도록 정부의 의사결정 과정에 적극적으로 관여하는 것을 말한다.
④ 공무원 중심의 복지정책 결정권한 강화가 아니라 지역주민 중심의 복지정책 결정권한을 강화한다.

06 난도 ★★☆   정답 ②

정답분석

아른스테인의 주민참여 8단계
- 1단계(조작) : 행정기관과 주민이 서로 간의 관계를 확인하고, 공무원이 일방적으로 교육·설득시키고 주민은 단순히 참석하는 수준이다.
- 2단계(치료) : 주민의 욕구 불만을 일정한 사업에 분출시켜 치료하는 단계로 일방적인 지도에 그친다.
- 3단계(정보제공) : 주민에게 일방적으로 정보를 제공하여 환류는 잘 일어나지 않는다.
- 4단계(상담) : 공청회나 집회 등의 방법으로 행정에 참여하기를 유도하고 있으나 형식적인 단계이다.
- 5단계(회유) : 주민의 참여범위가 확대되지만 최종적인 판단은 행정기관이 한다는 점에서 제한적이다.
- 6단계(협동관계) : 행정기관이 최종결정권을 가지고 있지만 주민들이 필요한 경우 그들의 주장을 협상으로 유도할 수 있다.
- 7단계(권한위임) : 주민들이 우월한 결정권을 행사하고 집행단계에서도 강력한 권한을 행사한다.
- 8단계(주민통제) : 주민 스스로 입안, 결정에서 집행, 평가까지 모든 것을 주민이 통제하는 단계이다.

07 난도 ★★☆   정답 ⑤

정답분석

공무원이 일방적으로 교육·설득시키고 주민은 단순히 참석하는 수준은 1단계 조작단계이다.

08 난도 ★★☆   정답 ④

오답분석

① 조작 : 공무원이 일방적으로 교육, 설득시키고 주민은 단순히 참석하는 수준
② 주민회유 : 주민의 참여 범위가 확대되지만 최종적인 판단은 행정기관이 한다는 점에서 제한적
③ 협동관계 : 행정기관이 최종결정권을 가지고 있지만 주장을 협상으로 유도할 수 있음
⑤ 주민통제 : 주민 스스로 입안, 결정에서 집행, 평가까지 모든 것을 주민이 통제하는 단계

09 난도 ★★☆   정답 ①

정답분석

델파이기법은 전문가들이 직접적으로 대면하지 않고 우편을 통하여 합의점을 도출하는 방법으로 합의를 보기 위해서 2회 이상 실시하기 때문에 장기적인 방법이다.

10 난도 ★★☆   정답 ④

정답분석

명목집단기법은 비난하지 않는 상황에서 문제에 대한 해결책을 우선순위와 중요성에 따라 종이에 평점을 적어 제일 높은 점수를 받은 아이디어를 채택하는 방법이다.

11 난도 ★★☆   정답 ⑤

정답분석

초점집단기법은 질적 자료수집 방법 중 하나로 6~10명 정도의 소집단으로 구성되며, 여러 명이 동시에 질의와 응답에 참여할 수 있고 집중적인 토론에 유용한 방법이다.

정답 및 해설

SECTION 01 **사회복지정책의 개요**									
01	02	03	04	05	06	07	08	09	10
④	⑤	①	⑤	④	⑤	②	③	①	⑤
11	12	13	14	15	16	17	18	19	20
③	⑤	②	⑤	⑤	②	④	④	②	④
21									
⑤									

01 난도 ★☆☆ 정답 ④

오답분석

ㄹ. 능력에 따른 분배는 신자유주의 입장으로 사회복지정책과 는 아무 관련이 없다.

PLUS +

사회복지정책의 긍정적 기능
• 사회통합과 정치적 안정
• 사회문제 해결과 사회적 욕구 충족
• 소득재분배 및 최저생활 보장
• 경제성장 안정
• 개인의 자립 및 성장
• 잠재능력 향상을 통한 재생산의 보장

02 난도 ★☆☆ 정답 ⑤

정답분석

사회복지정책 급여의 적절성이란 사회복지 급여를 받는 클라이 언트의 문제를 해결하는 데 적절한가를 의미한다. 클라이언트 의 삶의 질을 향상하는 데 있어 클라이언트의 상황이 모두 다르 므로 각 상황에 맞게 급여를 제공해야 한다.
⑤ 사회복지정책 급여의 적절성의 기준은 시간, 공간, 나라, 환 경에 따라 모두 다르게 나타난다. 예를 들면 스웨덴의 아동수 당은 16세 미만의 아동을 양육하는 모든 부모에게 소득과 관 계없이 제공되며, 한국의 아동수당은 8세 미만의 아동을 양 육하는 모든 부모에게 소득과 관계없이 제공된다.

03 난도 ★☆☆ 정답 ①

정답분석

사회복지정책은 인간이 살아가는 데 필요한 욕구를 해결하고 동 시에 사회문제를 예방하여 삶의 질을 향상시키기 위한 노력으로 정부가 사회복지제도나 프로그램을 만들어 사회적 약자에게 제 공하는 것을 의미한다. 사회복지정책은 소득재분배, 최저생활 보 장, 사회통합 및 정치적 안정, 개인의 성장 등을 목적으로 한다.
① 클라이언트의 능력에 비례한 배분을 원칙으로 하지 않고 사 회적 가치와 평등에 기초한다. 클라이언트의 능력에 비례한 배분은 보완적 개념으로 사회복지정책은 보완적 개념보다 제도적 개념을 더 중시한다.

04 난도 ★☆☆ 정답 ⑤

정답분석

국가나 지방자치단체는 사회복지법인에 우선하여 사회복지시 설을 설치 · 운영할 수 있고, 설치 후 사회복지법인에 위탁을 할 수 있다.

05 난도 ★☆☆ 정답 ④

정답분석

사회복지정책은 클라이언트의 능력에 비례한 배분을 원칙으로 하지 않고 사회적 가치와 평등에 기초한다. 클라이언트의 능력 에 비례한 배분은 보완적 개념으로 사회복지정책은 보완적 개념 보다는 제도적 개념을 더 중시한다.

PLUS +

사회복지정책의 특성
• 국민의 최저수준을 보장하고 삶의 질을 향상시킨다.
• 인간존엄성과 사회연대의식을 기초로 사회통합 · 정치적 안정 및 질서를 유지한다.
• 개인의 자립성 증진 및 정상화 이념을 확대한다.
• 사회연대의식에 기초하여 사회적 평등을 실현한다.
• 개인의 자립 · 성장 및 잠재력을 향상시킨다.
• 소득재분배와 최저생활을 확보한다.
• 시장실패를 시정하여 자원배분의 효율화 기능을 수행한다.

06 난도 ★★☆　　　　　　　　　　정답 ⑤

정답분석

사회복지정책과 경제정책은 서로 영향을 주고받는다. 유효수요이론과 같이 경기가 어려운 경우 사회복지정책을 통해 경제성장을 유도할 수 있고 경제가 좋은 경우 사회복지정책에 사용할 재원이 많아 사회복지정책이 발전할 수 있다.

07 난도 ★★☆　　　　　　　　　　정답 ②

정답분석

② 세대 간 재분배는 이전 세대와 현 세대, 현 세대와 미래세대 간에 자원이 재분배되는 것으로 부과방식 공적연금을 들 수 있다.

오답분석

① 수평적 재분배는 사회보험을 들 수 있다.
③ 수직적 재분배는 재산세, 법인세 등을 들 수 있다.
④ 단기적 재분배는 공공부조를 들 수 있다.
⑤ 소득재분배는 조세와 사회보험을 통해서 발생한다.

08 난도 ★★☆　　　　　　　　　　정답 ③

정답분석

③ 공공부조는 수입이 많은 사람에게서 수입이 적은 사람에게로 소득이 이전하는 것으로 수직적 재분배의 예로 볼 수 있다.

오답분석

① 소득재분배는 시장경제에서 1차적으로 배분된 소득을 사회보장제도를 통해서 2차적으로 재분배하는 것으로 사회보험, 공공부조에서 발생한다.
② 세대 내 재분배는 동일한 세대에서 소득이 이전하는 것이다. 한 세대에서 다음 세대로 소득이 이전되는 것은 세대 간 재분배이다.
④ 누진적 재분배의 효과가 가장 큰 것은 수평적 재분배가 아니라 수직적 재분배이다. 많이 벌면 많은 세금을 납부해야 하기 때문이다.
⑤ 세대 간 재분배는 적립방식이 아니라 부과방식을 통해 운영된다.

09 난도 ★☆☆　　　　　　　　　　정답 ①

정답분석

① 비례적 평등은 구성원의 기여, 욕구, 능력에 따라 다르게 사회적 자원을 배분하는 것을 의미한다.

오답분석

② 타인의 간섭 또는 의지로부터의 자유를 의미하는 것은 소극적 자유이다.

③ 결과의 평등을 달성하기 위해 부자들의 소득을 재분배하면 부자들의 소극적 자유를 침해하는 것이 된다.
④ 결과가 평등하다면 과정의 불평등은 상관없다는 것은 수량적 평등이다.
⑤ 기회의 평등은 가장 소극적인 평등의 개념이다. 적극적인 평등은 수량적 평등이다.

10 난도 ★★☆　　　　　　　　　　정답 ⑤

정답분석

ㄱ. 조세를 재원으로 하는 공공부조제도에서 일반적으로 나타나는 소득재분배는 수직적 재분배이다.
ㄴ. 사회적 취약계층을 대상으로 소득이 높은 사람들의 세금을 사용하여 실시하는 사회복지서비스는 수직적 재분배 효과가 있다.
ㄷ. 사회보험과 같이 위험 미발생집단에서 위험 발생집단으로 소득이 이전되는 것은 수평적 소득재분배에 해당한다.
ㄹ. 부조방식은 세금을 통해 수직적 재분배를 실시하며, 보험방식은 보험료를 가지고 수평적 재분배를 실시하므로 부조방식이 보험방식보다 재분배 효과가 크다.

11 난도 ★★☆　　　　　　　　　　정답 ③

정답분석

③ 자유는 소극적 자유와 적극적 자유로 구분된다. 소극적 자유는 국가의 구속으로부터의 자유 또는 해방을 의미하는 것으로 개인이 자신의 욕구를 충족하는 데 있어 일정한 유형의 간섭도 없는 것을 말한다. 적극적 자유는 국가에 대하여 자신이 원하는 것을 말할 수 있는 자유를 의미하는 것으로 개인이 욕구를 충족하는 데 있어 자유를 보장받는 것을 말한다.

오답분석

① 자유-지상주의 관점에서는 자유가 우선이므로 소극적 자유를 옹호한다.
② 소극적 자유 보장을 위해서는 국가의 역할이 적을수록 좋다. 국가의 역할이 많을수록 적극적 자유에 가깝다.
④ 적극적 자유의 관점에서는 임차인의 주거 안정을 위해 임대인의 자유를 제약할 수 있으며, 임대인이 많은 임대료를 받을 수 없게 규정을 만들어 임차인을 보호한다. 임대인 입장에서는 임대료에 대한 규정으로 구속을 받아 소극적 자유를 침해당한 것이다.
⑤ 개인의 행동에 대한 외적 강제가 없는 상태는 소극적 자유의 핵심이다. 적극적 자유는 민간이 국가에게 원하는 정책을 말하는 것이다.

정답 및 해설

12 난도 ★★☆   정답 ⑤

정답분석

비례적 평등은 개인의 능력에 따라 대우해 주는 것으로 형평 또는 공평이라고 한다. 결과의 평등은 개인의 능력에 상관없이 똑같이 분배하는 것으로 수량적 평등에 해당한다.

13 난도 ★★☆   정답 ②

정답분석

파레토 효율은 배분적 효율을 의미하는 것으로 사회전체의 효용을 높일 수 있도록 사회적 자원을 배분하는 것이다. 정부의 개입이 없는 완전경쟁시장에서만 가능하기 때문에 소득재분배는 매우 비효율적이다.

14 난도 ★★☆   정답 ⑤

정답분석

결과의 평등(절대적 평등과 수량적 평등)은 구성원의 기여, 욕구, 능력과 상관없이 사회주의와 같이 사회적 자원을 공평하게 배분하는 것을 의미한다. 드림스타트(Dream Start)는 저소득층 아이들에게 공부할 수 있는 기회를 주는 것으로 기회의 평등에 속한다.

15 난도 ★☆☆   정답 ⑤

정답분석

ㄱ. 수직적 재분배는 상위계층에서 하위계층으로 자원이 재분배되는 것으로 소득이 많은 사람에게서 소득이 적은 사람에게로 재분배되는 것이다.

ㄴ. 세대 내 재분배는 동일 세대 안에서 재분배되는 것으로 본인이 납부하고 본인이 제공받는 것이다.

ㄷ. 수평적 재분배은 소득과 상관없이 욕구에 따라 소득이 이전되는 것으로 자녀가 없는 가정에서 자녀가 있는 가정으로 소득이 이전되는 것이다.

ㄹ. 세대 간 재분배는 현 세대의 소득이 이전 세대로 이전되는 것으로 현 세대가 납부하고 있는 연금을 이전 세대가 받는 것이다.

16 난도 ★★☆   정답 ②

정답분석

1차적 소득재분배는 시장이 아니라 국가의 기능을 통해 분배된다.

17 난도 ★☆☆   정답 ④

정답분석

국가복지의 정당성에는 공공재적 성격, 역선택, 규모의 경제, 외부효과, 정보의 비대칭성, 위험의 상호 의존성이 있다. 능력에 따른 분배는 시장경제를 의미한다.

18 난도 ★☆☆   정답 ④

정답분석

낙수효과는 고소득층의 소득과 부를 늘려주면 이들의 소비와 투자증가를 통해 전체 경제활동이 활발해지면서 결국 저소득층도 혜택을 볼 수 있다는 이론이다. 낙수효과는 시장경제에서 나타난다.

19 난도 ★☆☆   정답 ②

정답분석

② 공공재적 성격이란 공동으로 사용하는 재화나 서비스가 한 사람이 필요에 의해 공급되어도 다른 사람에게도 혜택이 돌아갈 수 있는 것을 의미한다.

오답분석

① 비대칭적 정보는 거래자 간에 정보의 양이 달라 불균등한 구조를 말하는 것을 의미한다.

③ 외부효과는 어떤 경제활동을 하면서 다른 사람에게 의도하지 않게 이익이나 손해를 주면서 아무런 대가나 비용을 지불하지 않는 상태를 의미한다.

④ 도덕적 해이는 보험가입자가 보험에 들기 전에 조심하던 행동들을 보험에 가입한 후에는 하지 않는 것을 의미한다.

⑤ 역선택은 비대칭적 정보 또는 불완전한 정보로 인하여 보험시장에 불합리한 결과가 발생하는 현상을 의미한다.

20 난도 ★★☆   정답 ④

정답분석

시장실패 시 나타나는 문제(국가가 복지를 담당해야 하는 이유)로는 공공재적 성격, 규모의 경제, 외부효과, 불완전한 정보, 도덕적 해이, 역선택, 정보의 비대칭성, 위험의 상호의존성 등이 있다.

오답분석

ㄹ. 민간에서 보험을 제공할 경우 모든 가입자가 보험료를 납부하기 때문에 무임승차는 발생하지 않는다. 예를 들어 A가 골목이 어두워 가로등을 설치하고 싶지만 A뿐 아니라 다른 사람들도 가로등의 불빛을 이용하기에 A뿐 아니라 누구도 가로등을 설치하려고 하지 않는다. 무임승차자 문제가 발생하지 않는 것은 민간의 장점이다.

21 난도 ★☆☆   정답 ⑤

정답분석

공공재적 성격, 규모의 경제, 외부효과, 정보의 비대칭성, 도덕적 해이, 역선택, 위험발생의 상호의존성 등의 문제를 해결하기 위해 국가가 시장에 개입해야 한다.

SECTION 02 **사회복지정책의 역사**									
01	**02**	**03**	**04**	**05**	**06**	**07**	**08**	**09**	**10**
③	④	③	③	②	④	④	①	①	③
11	**12**	**13**	**14**	**15**	**16**	**17**			
④	③	③	⑤	③	④	①			

01 난도 ★☆☆   정답 ③

정답분석

베버리지 보고서에서 규정한 5대 악은 나태, 무지, 질병, 불결, 결핍이다. 산업재해는 베버리지 보고서에 규정되어 있는 5대 악에 포함되지 않는다.

02 난도 ★★☆   정답 ④

정답분석

④ 스핀햄랜드법(1795)은 임금수준이 낮아서 자신과 가족의 생계유지를 위한 빵을 구입하지 못할 경우 부족한 만큼 교구에서 구빈비를 통해 지급해주는 제도로 가족수당제도, 최저생활보장, 임금보조제도를 실시하였고 인도주의적, 낙인이 없는 현금급여를 실시하였다. 열등처우의 원칙을 명문화한 것은 신구빈법이다.

오답분석

① 엘리자베스의 빈민법(1601)은 기존의 빈민법을 집대성하여 빈민을 통제하는 동시에 노동력을 확보하고자 노동능력이 있는 빈민, 노동능력이 없는 빈민, 아동으로 구분하였다. 빈곤구제에 대한 책임과 주체가 국가가 되는 공공부조의 효시이다.

② 정주법(거주지 제한법. 1662)은 교구마다의 구제수준의 차이로 빈민들이 처우가 좋은 교구를 찾아 유랑하기 시작하면서 도시지역의 구빈비 상승과 농촌지역의 노동력의 이주를 막기 위해 이전에 살던 교구로 다시 돌려보내는 법이다.

③ 길버트법(1782)은 인도주의화를 실시하여 작업장에서 일하는 빈민의 열악한 생활과 착취를 개선하려는 것이 목적으로, 노동능력이 있는 자에게는 일자리를 제공하고 취업알선을 통한 원외구호를 실시하였고 노동능력이 없는 자에게는 현금급여를 실시하였다.

⑤ 신빈민법(1834)의 주요원칙은 열등처우의 원칙, 작업장수용의 원칙(원외구제 금지의 원칙), 전국 통일의 원칙(균일처우의 원칙)이다.

03 난도 ★★☆　　　　　　　　　　정답 ③

오답분석

ㄴ. 신빈민법의 목적은 특권적 지주계급을 위한 법이 아니라 빈민을 작업장에 입소하지 못하게 하여 구빈비용을 억제하려는 것이다. 주요원칙으로는 열등처우의 원칙, 작업장수용의 원칙(원외구제 금지의 원칙), 전국 통일의 원칙(균일처우의 원칙)이 있다.

ㄷ. 미국의 사회보장법(1935)은 연방정부의 책임을 강화하였다. 연방정부의 책임을 축소하고 지방정부와 민간의 책임을 확대한 것은 레이거노믹스(1980년대)이다.

04 난도 ★☆☆　　　　　　　　　　정답 ③

정답분석

최초의 원외구제를 인정한 법은 길버트법이다. 노동능력이 있는 자에게는 일자리를 제공하고 취업알선을 통한 원외구호를 실시하였다.

PLUS +

왕립위원회
- 스핀햄랜드법의 임금보조제도를 철폐한다.
- 노동이 가능한 자는 작업장 구호를 적용한다.
- 병자·노약자·아동을 거느린 과부에 한해 원외구호를 제공한다.
- 여러 교구의 구호 행정을 구빈법 연맹으로 통합한다.
- 구호의 수준은 그 지역사회의 최저임금 수준보다 더 낮아야 한다.
- 구빈행정을 통제하는 중앙기구를 설립한다.

05 난도 ★★☆　　　　　　　　　　정답 ②

오답분석

① 열등처우의 원칙은 균일처우의 원칙, 작업장활용의 원칙과 함께 신빈민법의 3대 구빈행정원칙 중 하나이다.
③ 비스마르크 3대 사회보험은 질병(건강)보험, 재해(산재)보험, 노령폐질(연금)보험이다.
④ 미국 사회보장법은 보편적 의료보험제도를 도입하지 않았다.
⑤ 베버리지 보고서의 사회보험 6원칙은 정액급여의 원칙, 균일한 기여의 원칙, 행정책임의 통일화 원칙, 급여수준의 적정화 원칙, 적용범위의 포괄성 원칙, 적용대상의 계층화 원칙으로 소득비례방식은 없다.

06 난도 ★☆☆　　　　　　　　　　정답 ④

정답분석

베버리지 보고서는 소득보장을 위한 전제조건으로 완전고용, 포괄적 건강재활서비스, 가족(아동)수당을 강조하였다.

오답분석

ㄹ. 최저임금은 베버리지 보고서의 전제조건에 포함되지 않는다.

07 난도 ★☆☆　　　　　　　　　　정답 ④

정답분석

신빈민법의 주요원칙은 열등처우의 원칙(균일처우의 원칙), 작업장수용의 원칙(원외구제 금지의 원칙), 전국 통일의 원칙(균일처우의 원칙)이다. 열등처우의 원칙은 수급을 받는 사람이 최저임금을 받는 사람보다 열등해야 한다는 원칙으로, 국민기초생활보장제도에는 열등처우의 원칙이 해당된다.

08 난도 ★★☆　　　　　　　　　　정답 ①

정답분석

베버리지 보고서의 이념은 보편주의와 국민최저선으로, 빈민에 대하여 자산조사를 통한 낙인을 방지하고자 보편주의를 선택하였다.

09 난도 ★★☆　　　　　　　　　　정답 ①

정답분석

사회적 배제는 사회·경제적·심리적 문제를 포함하여 빈곤의 결과뿐 아니라 원인과 과정에 이르는 종합적인 관점이다. 사회구조적으로 다양한 영역에서의 박탈과 결핍, 불이익을 당해 사회·경제·정치 활동에 제대로 참여할 수 없게 됨으로써 인간으로서의 최소한의 기본권마저 침해당하는 상황을 의미한다.

10 난도 ★★☆　　　　　　　　　　정답 ③

정답분석

③ 사회투자전략은 인적자본의 근본적 육성을 통한 사회참여 촉진과 기회의 평등을 통한 인적자원의 투자를 강조하는 것으로 아동세대에 대한 선제적 투자를 중시하는 것은 기회의 평등을 주는 것이다.

오답분석

① 인적자원에 대한 투자는 기회의 평등을 목적으로 한다.
② 사회적 약자 집단에 대한 현금이전을 중시하는 것은 공공부조이다.
④ 사회정책과 경제정책을 분리한 것이 아니라 두 정책을 합한 전략이다.
⑤ 사회투자전략은 소득재분배와 소비 지원을 강조하는 것이 아니라 기회의 평등을 지원하는 것이다.

11 난도 ★☆☆   정답 ④

정답분석

국가 간 노동인구 이동으로 인하여 인권침해와 불법체류가 증가하고 있다.

PLUS +

신사회적 위험
- 인구 노령화로 인하여 노인케어에 대한 부담이 증가하고 노인복지비용과 경제활동 포기로 인한 소득 감소로 빈곤의 가능성이 높아진다.
- 여성의 경제활동 참여가 증가하여 따른 여성의 일·가정 양립의 문제로 어려움이 발생한다.
- 미숙련 생산직의 비중 하락을 가져온 생산기술의 변동으로 인한 저학력자들이 사회적으로 배제되거나 비정규직을 증가시켰다.
- 국가보험이 아닌 민영보험을 잘못 선택하거나 민영보험에 대한 잘못된 규제가 있는 경우 위험이 발생할 수 있다.
- 복지재정의 부족현상으로 인하여 선별주의 접근방식으로 전환되고 있다.
- 국가 간 노동인구 이동으로 인하여 인권침해와 불법체류가 증가하고 있다.
- 소득양극화로 인하여 소득집단 내 차이는 작아지고 있지만 고소득층과 저소득층의 소득집단 차이는 커지고 있다.
- 고령화, 출산율 감소, 가족구조의 변화로 인하여 기존의 복지제도가 지속되는 데 어려움이 있다.

12 난도 ★★☆   정답 ③

정답분석

사회적 배제는 경제성장에도 불구하고 '갈수록 많은 사람들이 경제적 불안정을 경험하고 있는 현상을 어떻게 이해해야 할 것인가 하는 문제에 직면하게 되면서부터 빈곤 문제에 대한 새로운 접근을 위하여 유럽에서 주목받기 시작한 개념이다. 사회적 배제는 인간이 현대사회의 정상적인 교환, 관행, 권리로부터 배제되는 복합적이고 변화하는 요인들을 말한다. 주거, 교육, 건강 및 서비스에 대한 접근 등의 권리가 부적절하게 주어져 있는 상태를 의미하기도 한다. 이는 내버려 두면 사회적 기본 구조의 취약성이 드러나고, 이중구조 사회가 나타날 위험성이 있음을 강조하고 있다.
③ 열등처우의 원칙은 국가의 원조를 받는 사람은 국가의 원조를 받지 않는 사람보다 처우가 열등해야 한다는 원칙으로 사회적 배제 개념과는 아무 관련이 없다.

13 난도 ★☆☆   정답 ③

정답분석

서구 복지국가의 위기 이후 신자유주의가 강세를 보이면서 신자유주의 지배 속에서 노동과 복지를 연계한 제3의 길이 등장하였다. 시장경제로 인하여 계층 간 소득불평등이 심화되었다.

14 난도 ★★☆   정답 ⑤

정답분석

높은 수준의 경제성장이 끝나고 저성장이 지속되고 복지 대상자는 상승함에 따라 복지재원 마련에 어려움이 있어 선별적 복지로 변화하고 있다.

15 난도 ★☆☆   정답 ③

정답분석

사회투자 전략은 기회, 안전, 성장, 생산성을 결합한 전략이다. 복지가 갖는 투자적 성격, 생산적 성격을 강조하면서, 복지와 성장 그리고 사회정책과 경제정책의 상호보완성을 강조한다.
③ 사회투자모형에서 인적자원에 대한 투자는 결과의 평등이 아니라 기회의 평등을 지향한다.

16 난도 ★★☆   정답 ④

정답분석

④ 지방분권화로 인하여 지역주민의 욕구에 맞는 지방자치단체의 자체적인 복지사업이 증가하는 추세에 있다.

오답분석

① 고용불안정의 심화로 사회보험제도의 기반이 약해지고 있다.
② 사회복지정책의 총 지출이 증가하는 추세에 있다.
③ 근로빈곤층 지원제도가 강화되고 있다.
⑤ 복지정책 대상의 초점이 극빈층에서 중산층으로 변화하고 있다.

17 난도 ★☆☆   정답 ①

정답분석

탈산업사회가 되면서 기존의 가족제도와 사회제도가 변화하였다. 특히 의료기술의 발달로 인간의 수명이 늘어나 노인부양비(의료, 연금)가 급격하게 증가하였다.

01	02	03	04	05	06	07	08	09	10
④	②	③	④	⑤	③	③	④	②	②
11	12	13	14	15	16				
②	③	①	③	⑤	③				

01 난도 ★★☆ 정답 ④

오답분석

ㄱ. 시민권이론은 공민권, 정치권, 사회권의 순서로 발달한 것으로 본다.

ㄹ. 국가중심이론은 중앙집권적이거나 조합주의적인 국가구조의 형태와 정치인의 개혁성이 사회복지의 수요를 증대시켜 복지국가가 발전하게 되었다는 이론이다.

02 난도 ★☆☆ 정답 ②

정답분석

의회민주주의는 선거의 기능이 국민의 대표를 선출하고 국가기관을 구성한다는 의미를 가지고 있다. 사회민주주의이론의 다른 이름은 권력자원이론으로, 권력자원이론은 계급갈등의 정치적 과정을 중요하게 생각하고 갈등과 정치화 과정을 통해 복지국가가 발전한다고 보았다. 노동자들의 정치적 참여의 결과로 정치적인 면을 중요하게 생각하고 노동자계급을 대변하는 정치적 집단의 정치적 세력이 커질수록 복지국가가 발전하며, 복지국가를 자본과 노동의 계급투쟁에서 노동이 획득한 승리의 전리품으로 보았다.

03 난도 ★☆☆ 정답 ③

정답분석

③ 사회적 양심과 이타주의의 확대에 따라 복지국가가 발전한다는 이론은 사회양심이론이다.

오답분석

① 산업화이론(수렴이론)은 기술발전과 산업화로 인하여 발생한 사회문제를 해결하기 위하여 새로운 복지 프로그램이 개발되면서 사회복지가 발전한다는 이론이다.

② 사회민주주의이론(권력자원이론)은 계급갈등의 정치적 과정을 중요하게 생각하고 갈등과 정치화 과정을 통해 복지국가가 발전한다는 이론이다. 노동자들의 정치적 참여의 결과로 정치적인 면을 중요하게 생각한다.

④ 시민권론은 공민권(18세기) → 정치권(참정권, 19세기) → 사회권(복지권, 20세기) 순으로 발전하였다.

⑤ 국가중심이론은 중앙집권적이거나 조합주의적인 국가구조의 형태와 정치인의 개혁성이 사회복지의 수요를 증대시켜 복지국가가 발전하게 되었다는 이론이다.

04 난도 ★☆☆ 정답 ④

정답분석

사회복지정책을 권력 엘리트의 산물로 보는 이론은 권력자원론이 아니라 엘리트이론이다. 권력자원론은 처음에는 자본가들이 모든 권력을 갖고 정치마저 좌우하지만 민주정치가 활발해지고 유권자들의 의식이 깨어나면서 필요의 원칙에 따라 최소한의 삶이 보장되는 방향으로 복지가 확대된다고 본다. 즉, 노동자 계급의 정치적 세력이 확대되면 그 결과로 사회복지가 발전한다고 본다.

05 난도 ★☆☆ 정답 ⑤

정답분석

케인즈의 경제이론은 국가가 시장에 개입하고 공적자금을 투입하여 국가 경기를 활성화함으로써 소비와 투자를 늘려 유효수요를 증대시키고자 한 것이다. 고용이 증가하면 소득이 증가하고, 소득이 증가하면 유효수요가 증가하여 경기가 좋아진다. 유효수요가 감소하면 소득이 감소하여 경기불황이 오고, 경기불황으로 소득이 감소하면 실업이 증가하게 된다.

⑤ 케인즈의 유효수요이론은 시장실패 시 국가의 공적자금을 투입하여 소비를 늘리고 시장을 활성화하여 소비와 투자를 늘리는 방법이다. 소득이 증가하면 저축과 투자가 증가한다.

06 난도 ★★☆ 정답 ③

정답분석

경제발전이 상당 수준에 이르면 사회복지의 발전 정도가 유사하게 나타난다는 이론은 산업화이론(수렴)이다. 독점자본이론은 거대자본과 국가가 융합하여 자본주의 체제의 영속화를 도모하는 과정에서 국가가 임금문제나 실업문제에 개입하면서 복지국가가 등장하게 된다는 이론이다.

07 난도 ★★☆ 정답 ③

정답분석

최적모형은 정책결정을 체계론적 시각에서 파악하고 정책성과를 최적화하려는 정책결정모형으로 합리적 요소와 함께 직관, 판단, 통찰력과 같은 초합리적 요소를 바탕으로 정책결정을 하는 질적 모형이다. 정책결정에 드는 비용보다 효과가 더 높아야 한다는 전제로 경제적 합리성을 추구한다. 또한 초합리적 요소를 강조하게 되면 신비주의에 빠질 가능성이 있다.

오답분석

ㄷ. 초합리성의 정책결정과정에서 사용되고 있는 것은 밝혀냈지만 구체적인 달성 방법에 대한 설명이 제시되지 않았다. 그래서 주먹구구식 정책결정에 대한 변명거리로 사용될 수 있다.

08 난도 ★☆☆   정답 ④

오답분석

ㄱ. 쓰레기통모형은 정치의 흐름, 문제의 흐름, 정책대안의 흐름
   이 몇 가지 흐름에 의하여 체계적으로 이루어지는 것이 아니
   라 우연히 만나 정책의 창이 열릴 때 정책의 대안을 마련할
   수 있다고 본다.

09 난도 ★☆☆   정답 ②

정답분석

혼합모형은 합리모형과 점증모형의 절충적인 형태의 모형이다.
조직화된 무정부상태 속에서 정책이 우연히 결정된다고 가정하
는 모형은 쓰레기통모형이다.

10 난도 ★☆☆   정답 ②

정답분석

탈상품화의 정도에 따라 자유주의 복지국가, 조합(보수)주의 복
지국가, 사회민주주의 복지국가로 구분하였다. 자유주의 복지
국가는 소득과 자산조사에 의한 공공부조를 실시하고 시장경제
를 강조하여 탈상품화가 가장 낮다. 조합(보수)주의 복지국가는
보험원칙을 강조하여 사회계층의 유지에 목적을 두고 있어 탈상
품화 효과가 제한적이다. 사회민주주의 복지국가는 시민권에
기초한 보편적이고 포괄적인 복지체계가 특징이며 보편주의 원
칙과 사회권을 통한 탈상품화 효과가 높다.
② 탈상품화는 근로자가 자신의 노동력을 시장에 팔지 않고 생
   계를 유지할 수 있는 정도를 말한다.

11 난도 ★★☆   정답 ②

정답분석

탈상품화가 가장 높은 복지국가는 사회민주주의 복지국가이다.

PLUS +

자유주의적 복지국가
- 시장경제를 강조하여 탈상품화 효과가 가장 낮다.
- 소득과 재산조사에 의한 공공부조를 실행한다.
- 시장의 규제완화와 복지축소를 통해 복지국가의 위기를
  모색한다.
- 시장의 효율성과 근로의욕 고취를 강조하고 엄격한 과정
  으로 인하여 낙인이 생긴다.
- 시장의 효율성, 노동력의 상품화, 근로의욕의 고취를 강조
  한다.
- 시장규제 완화와 복지축소를 통해 복지국가 위기를 이겨
  낸다.
- 미국, 캐나다, 오스트레일리아가 해당된다.

12 난도 ★☆☆   정답 ③

정답분석

ㄴ. 자유주의적 복지국가는 소득과 재산조사에 의한 공공부조
   를 실행한다.
ㄹ. 사회민주주의적 복지국가는 복지와 일을 적절히 배합하여
   완전고용정책과 직접적인 관련이 있다.

오답분석

ㄷ. 보수주의(조합주의)적 복지국가는 재분배 효과가 거의 없고
   보험원칙을 강조하여 사회보험에 의존한다.

13 난도 ★☆☆   정답 ①

정답분석

조합주의 복지국가는 사회보험을 강조하고 사회적 지위의 차이
를 유지하는 것이 목표이다. 직업별, 계층별로 다르게 복지급여
가 제공되고 사회복지제도를 위험별로 분류하여 운영한다. 보
험자와 가입자가 공동으로 보험의 재원을 부담하고 운영하는 방
식으로 사회계층 유지가 목적이기 때문에 탈상품화 효과에는 한
계가 있다.
① 조합주의 복지국가는 사회보험을 강조하지만 사회보험 가입
   자들의 직장 이동성을 활성화할 수는 없다.

14 난도 ★☆☆   정답 ③

정답분석

개인책임과 자조의 원리를 강조하는 복지국가는 자유주의적 복
지국가이다.

15 난도 ★★☆   정답 ⑤

오답분석

① 시장에 대한 국가개입을 최소화하고 개인의 소극적 자유를
   극대화하는 것이 바람직하다는 이념은 반집합주의이다.
② 개인의 적극적 자유를 보장하기 위해서는 철저한 계획경제와
   생산수단의 국유화가 필요하다는 이념은 마르크스주의이다.
③ 환경과 생태의 관점에서 자본주의의 성장과 복지국가의 확
   대가 지속 가능하지 않다고 보는 이념은 녹색주의이다.
④ 복지국가가 노동의 성(Gender) 분업과 자본주의 가부장제를
   고착화시키는 역할을 한다고 보는 이념은 페미니즘이다.

CHAPTER 06 정답 및 해설

16 난도 ★☆☆　　　　　　　　　　정답 ③

정답분석

반집합주의는 소극적 자유, 개인주의 불평등을 사회적 가치로 강조하며, 불평등으로 인하여 경제가 성장한다는 이유로 불평등을 정당화한다.

SECTION 04 사회복지정책의 분석틀

01	02	03	04	05	06	07	08	09	10
⑤	⑤	⑤	⑤	⑤	③	③	②	④	②
11	**12**	**13**	**14**	**15**	**16**	**17**	**18**	**19**	**20**
②	④	④	②	④	③	①	①	①	⑤
21									
③									

01 난도 ★★☆　　　　　　　　　　정답 ⑤

정답분석

ㄱ. 할당체계 : 누구에게 급여를 제공할 것인가로, 귀속적 욕구, 보상, 진단, 자산조사로 나뉘고 보상에는 기여의 조건이 포함된다.
ㄴ. 급여체계 : 무엇을 급여로 제공할 것인가로, 종류로는 현금급여, 현물급여, 증서, 권력, 기회가 있다.
ㄷ. 전달체계 : 어떻게 급여를 제공할 것인가로, 공공전달체계와 민간전달체계로 나뉜다.
ㄹ. 재정체계 : 어떻게 재정을 충당할 것인가로, 공공재원과 민간재원으로 나뉜다.

02 난도 ★☆☆　　　　　　　　　　정답 ⑤

정답분석

- 산물(산출)분석은 선택한 정책과 연관된 다양한 쟁점에 대한 분석으로 정책의 내용이나 구체적인 프로그램의 내용에 관해 분석하는 방법이다.
- 성과분석은 선택한 정책의 결과에 대한 분석으로 정책을 집행한 결과가 정책 목표와 비교하여 그 효과성이나 효율성을 비교하는 방법이다.
- 과정분석은 다양한 변수들의 영향력과 관계를 알아보는 작업으로 전체 또는 부분적인 과정과 연관한 분석이다. 정책의 형성이나 결정과정에 관하여 분석한다.
⑤ 과정분석은 대부분 질적 연구로 연구자의 주관을 배재할 수 없다.

03 난도 ★★☆　　　　　　　　　　정답 ⑤

정답분석

⑤ 과정분석은 사회복지정책 형성과정을 분석하는 것이고, 산출(산물)분석은 사회복지정책 내용(핵심)을 분석하는 것이다. 성과분석은 사회복지정책의 평가를 분석하는 것이다.

오답분석

① 특정정책이 실행된 이후 그 결과를 분석·평가하는 데 관심을 두는 것은 성과분석이다.

② 정책이 형성되는 사회정치적 맥락을 고찰하는 것은 과정분석이다.
③ 정책결정이라는 정책활동의 결과물에 대한 내용을 분석하는 것은 산출분석이다.
④ 정책 기회과정을 거쳐 이끌어 낸 여러 정책대안을 분석하는 것은 산출분석이다.

04 난도 ★★☆   정답 ⑤

오답분석

ㄱ. 보편주의는 시민권에 입각한 권리로서 복지를 제공하므로 비납세자도 사회복지 대상에 포함된다.

PLUS +

보편주의와 선별주의
• 보편주의는 사회의 모든 구성원에게 사회적 권리를 통해 사회복지서비스를 제공하는 것으로 시민권 외에는 어떤 자격요건도 필요로 하지 않는다.
• 선별주의는 사회적 기준에 따라 대상자를 엄격하게 구별하여 사회복지서비스를 제공하는 것으로 자산·소득조사를 통해 대상자를 선별한다.

05 난도 ★☆☆   정답 ⑤

정답분석

사회복지정책의 수급조건에는 귀속적 욕구, 보상, 진단, 자산조사가 있다. 연령은 귀속적 욕구, 자산조사는 자산조사, 기여 여부는 보상, 진단평가는 진단이다. 최종학력은 사회복지정책의 수급조건 어디에도 포함되지 않는다.

06 난도 ★★☆   정답 ③

오답분석

ㄴ. 가족과 시장에 의한 개인의 욕구충족이 실패했을 때 국가가 잠정적·일시적으로 그 기능을 대신하는 개념은 잔여적 개념이다.
ㄹ. 제도적 개념은 사회복지를 시혜나 자선으로 보지 않는다. 그러나 국가에 의해 주어진 것이므로 권리성이 약하다고 보는 개념은 잔여적 개념이다.

PLUS +

사회복지의 잔여적 개념과 제도적 개념
• 잔여적 개념은 개인의 욕구가 가족이나 시장을 통하여 충족되지 않아 위기상황 시 일시적 혹은 보충적으로 국가가 사회복지 기능을 수행하는 것을 의미한다. 빈곤은 개인의 책임이며 국가의 역할을 최소화한다.

• 제도적 개념은 개인의 욕구가 충족되지 않아 어려움을 겪기 전에 국가가 사회복지기능을 수행하여 어려움을 겪지 않게 예방하는 것을 의미한다. 빈곤은 환경의 영향이며 국가의 역할을 극대화한다.

07 난도 ★☆☆   정답 ③

정답분석

선별주의는 모든 대상자에게 사회복지 급여를 제공하는 것이 아니라 빈민에게만 사회복지 급여를 제공하는 것으로 잔여적 성격을 가지고 있다.

오답분석

ㄴ. 아동수당은 만 8세 미만(인구학적 기준)의 아동이 대상이다. 만 8세 미만의 모든 아동이 대상이 되므로 보편주의에 근거한 제도이다.

08 난도 ★★☆   정답 ②

정답분석

② 아동수당은 「아동수당법」에 근거하여 만 8세 미만의 모든 아동에게 월 10만 원씩 현금으로 지원하므로 인구학적 기준을 적용한 제도에 해당한다.

오답분석

① 소득이나 자산을 조사하여 대상을 선정하는 것은 보편주의 원칙이 아니라 선별주의 원칙에 부합한다.
③ 장애수당은 전문가의 진단을 고려한다.
④ 긴급복지지원제도는 보편주의 원칙이 아니라 선별주의에 부합한다.
⑤ 기초연금의 대상 선정기준에는 부양의무자 유무가 포함되지 않는다. 「국민기초생활 보장법」의 수급자 선정기준에만 부양의무자 유무가 포함된다.

09 난도 ★☆☆   정답 ④

정답분석

④ 실업급여는 「고용보험법」의 급여로 「고용보험법」은 사회보험법에 속한다. 공공부조는 선별주의에 의거한 급여이고 사회보험은 보편주의에 의거한 급여이다.

오답분석

의료급여, 생계급여, 주거급여는 「국민기초생활 보장법」의 급여이고 기초연금은 「기초연금법」의 급여이다. 「국민기초생활 보장법」과 「기초연금법」은 공공부조이다.

정답 및 해설

10 난도 ★★☆   정답 ②

정답분석
전자바우처(증서)는 현금(운영효율성)과 현물(목표효율성)의 장점을 합한 제3의 급여형태로 수급자는 정해진 용도 안에서 자기결정을 극대화할 수 있다. 서비스 사용 용도를 명시하고 있어 현금급여에 비해 정책 목표를 달성하는 데 용이하다.
② 공급자 중심의 직접지원 또는 직접지불 방식은 현물(서비스)이다.

11 난도 ★☆☆   정답 ②

정답분석
현물급여는 현금이 아니라 현물이나 서비스로 급여를 받는 것으로 산업재해보상보험의 요양급여는 병원에서 받는 의료서비스, 노인장기요양보험의 재가급여는 가정에서 받는 요양서비스, 국민기초생활보장의 의료급여는 병원에서 받는 의료서비스, 국민건강보험의 건강검진은 병원에서 받는 의료서비스를 의미한다.
② 고용보험에는 상병급여가 없다. 상병급여는 일상생활을 하다 다친 경우 병원에서 치료받는 기간 동안 현금으로 받을 수 있는 급여로 국민건강보험의 급여이다.

12 난도 ★☆☆   정답 ④

정답분석
④ 기회는 사회적으로 취약한 위치에 있는 집단이 접근하지 못했던 부분에 접근이 가능하도록 시장의 경쟁에서 평등한 기회를 주는 것으로 장애인의무고용제, 장애인 특례입학, 양성고용평등제 등이 있다.

오답분석
① 현금급여는 수급자 자신이 필요한 것을 선택할 수 있도록 화폐로 받는 급여를 의미한다. 사회적 통제를 강조하는 급여는 현물급여이다.
② 현물급여는 수급자가 필요한 물품과 서비스를 받는 급여로 선택권이 없다. 자기결정권을 강조하는 급여는 현금급여이다.
③ 증서(바우처)는 현금의 장점(운영효율성)과 현물의 장점(목표효율성)을 합한 제3의 급여형태로 수급자는 정해진 용도 안에서 자기결정을 극대화할 수 있다. 공급자에게 보조금을 직접 지원하는 급여는 현물급여이다.
⑤ 소비자 선택권은 현금급여, 바우처, 현물급여 순서로 높아지는 것이 아니라 낮아진다. 현금급여가 소비자 선택권이 가장 높고 바우처, 현물급여 순으로 낮아진다.

13 난도 ★☆☆   정답 ④

정답분석
복지혼합은 복지제공주체(가족, 시장, 국가)의 다양한 조합에 의해 이루어진다. 산업화 이전에는 국가의 비중이 높았지만 시간이 지날수록 국가의 비중이 낮아지고 다양한 복지주체들이 나타나게 되었다. 공공과 민간이 혼합된 유형들이 있는데 민간부문과의 계약 → 민간부문에서의 재정보조 → 증서(바우처) → 상황 → 세제혜택 → 독점권 → 위임 → 규제 순으로 국가의 역할이 소극적으로 변한다. 민간부문과의 계약은 정부가 특정 사회복지서비스를 특정 민간기관과 계약하고 구입하여 소비자에게 제공하는 방식으로 국가의 역할이 가장 적극적이고, 규제는 민간부문의 사회복지 제공에 있어서 정부는 단지 서비스의 질, 가격, 종류 등 제한적 범위에서 규제하여 소비자를 보호하는 방식으로 국가의 역할이 가장 소극적이다. 계약-증서-세제혜택 순으로 이용자의 선택권이 커진다.

14 난도 ★☆☆   정답 ②

정답분석
증서는 현금(운영효율성)과 현물(목표효율성)의 장점을 합한 제3의 급여형태이다. 수급자는 정해진 용도 안에서 자기결정을 극대화할 수 있으며, 공급자들의 경쟁을 유발시켜 서비스의 질을 향상시킬 수 있다. 현금급여에 비해 오남용 문제를 막을 수 있고 현금급여에 비해 정책 목표를 달성하는 데 용이하다.
② 현물급여에 비해 소비자의 선택권이 높다. 현물급여는 선택권이 없으나 증서의 경우 정해진 용도 안에서 자기결정을 극대화할 수 있다.

15 난도 ★★☆   정답 ④

정답분석
이용료는 사용자 부담으로 사회복지서비스를 받는 이용자가 부담하는 금액을 의미한다. 무료에서 오는 오남용을 억제하고, 사용자의 권리와 자기존중감을 높일 수 있으며 사회복지재정의 부담을 완화한다. 그러나 소득과 상관없이 같은 이용료를 납부하기에는 역진적인 성격이고 서비스 이용에 저항이 커 저소득층의 서비스 접근성이 떨어진다.

16 난도 ★☆☆   정답 ③

정답분석
현물급여는 물품과 서비스를 급여로 받아 목표효율성이 높고 오남용의 위험이 적다. 현금급여는 현금으로 급여를 받아 선택의 자유와 효용, 자기결정을 극대화할 수 있지만 오남용 문제가 발생한다.

17 난도 ★★☆   정답 ①

정답분석
기업복지는 사업주가 직접적인 임금 대신 기업복지의 형태로 제공하는 것이다. 기업이 복지에 사용하는 금액에는 세제혜택이

주어지므로 사업주에게 유리하고 기업복지는 역진적 성격의 조세방식으로 재분배효과가 나타나지 않는다. 각종 복지로 노사관계는 안정화가 되고 근로자는 근로의욕이 높아진다.

18 난도 ★★☆　　　　　　　　　　　　　정답 ①

정답분석

일반세 중 소득재분배 효과가 가장 큰 것은 재산세가 아니라 소득세이다. 소득세는 정부의 일반예산을 구성하는 조세 중 가장 많은 비중을 차지하고 있으며 조세의 누진성을 높이는 데 가장 크게 기여한다.

19 난도 ★☆☆　　　　　　　　　　　　　정답 ①

정답분석

- 정액제는 모든 이용자가 같은 금액을 부담하는 방법이다.
- 정률제는 모든 이용자에게 일정한 비율만큼 본인이 부담하는 방법이다.
- 연동제는 일정한 방식에 따라 물가에 맞춰 연동시키는 방법이다.
① 이용료 부과방식에 따른 소득재분배 효과가 작은 것은 정액제로, 모두 같은 금액을 부담하기 때문에 소득재분배 효과가 없다. 가장 높은 것은 연동제로 상황에 맞게 이용료를 부담하기 때문에 소득재분배 효과가 높다.

20 난도 ★★☆　　　　　　　　　　　　　정답 ⑤

정답분석

민간영리기관은 민간에서 사회서비스를 실시하고 수익을 창출하는 기관이다. 지역자활센터와 사회복지법인은 비영리기관이고 지방자치단체와 광역지방자치단체는 공공기관이다.
⑤ 개인사업자가 노인요양시설을 운영하는 사례는 개인사업자가 수익을 창출하기 위해 하는 행위로 민간영리기관에 해당한다.

21 난도 ★★☆　　　　　　　　　　　　　정답 ③

오답분석

① 사회복지 재화나 서비스는 다양한 전달체계에서 경쟁적으로 제공하는 것이 바람직하다.
② 공공재적인 성격이 강한 재화나 서비스는 공공에서 제공하는 것이 바람직하다. 민간에서 제공하는 경우 무임승차가 나타난다.
④ 민간부문의 전달체계는 경쟁체제가 이루어지기 때문에 효율적이다. 공공부문의 전달체계는 독과점이다.
⑤ 사회복지 재화나 서비스는 수급자들에 의한 오용과 남용의 문제가 발생한다.

SECTION 05 빈곤과 공공부조

01	02	03	04	05	06	07	08	09	10
②	⑤	②	③	②	⑤	⑤	②	③	①
11	12	13	14	15	16	17	18	19	20
③	④	⑤	③	①	②	⑤	⑤	②	②
21	22	23	24	25					
①	⑤	④	⑤	②					

01 난도 ★☆☆　　　　　　　　　　　　　정답 ②

정답분석

상대적 빈곤은 한 사회의 평균적인 생활수준과 비교했을 때 평균적인 생활수준 이하인 상태로, 다른 사람과 비교하여 빈곤을 측정한다. 한 사회의 평균적인 생활수준과 비교하는 타운센드 방식은 중위소득의 각각 40%, 50%, 60% 지점을 빈곤선으로 지정한다.

오답분석

ㄴ. 라이덴(Leyden) 방식은 주관적 빈곤을 측정하는 방식으로 개인이 생활하는 데 있어 필요하다고 생각되는 최소소득이 얼마인가를 물어보고 개인의 소득과 필요한 소득을 분석하여 그 일치점을 기준으로 정하는 방식이다.
ㄷ. 반물량 방식은 절대적 빈곤을 측정하는 방식 중 전물량 방식을 간소화한 것으로 최저식품비에 엥겔계수의 역수를 곱한 금액을 빈곤선으로 보는 방식이다.
ㄹ. 라운트리(Rowntree) 방식은 절대적 빈곤을 측정하는 방식 중 하나인 전물량 방식으로 한 사람의 1일 평균 필요한 영양을 추정하고 필요한 영양을 구입하기 위해 물품의 목록과 양을 결정하는 방식이다.

02 난도 ★★☆　　　　　　　　　　　　　정답 ⑤

정답분석

상대적 박탈감은 자신보다 상위계층이나 상위집단의 말과 행동 또는 상위집단의 평균치와 자신의 처지를 보고 느끼는 박탈감과 소외감을 의미하며 생물학적 요인에만 초점을 두지 않는다. 경제적, 정치적, 사회적 박탈의 감정 등 모든 요인에 초점을 둔다.

정답 및 해설

03 난도 ★★☆   정답 ②

② 기초생활보장제도의 수급자 선정기준은 상대적 빈곤 개념을 반영하고 있다. 「국민기초생활 보장법」에서는 다른 사람들과 비교하여 중위소득을 통해 수급자를 선정한다.

① 식료품비를 계산하고 엥겔지수의 역을 곱해서 빈곤선을 기준으로 측정하는 방식은 반물량 방식이다.
③ 라이덴 방식은 주관적 빈곤 측정방식이다.
④ 소득분배 분포상에서 하위 10%나 20%를 빈곤한 사람들로 간주하는 방식은 상대적 빈곤 방식이다.
⑤ 중위소득 또는 평균소득을 근거로 빈곤선을 측정하는 것은 상대적 빈곤 측정방식이다.

04 난도 ★★☆   정답 ③

상대적 빈곤은 특정 사회의 전반적인 생활수준과 밀접한 관련이 있다. 상대적 박탈과 불평등의 개념을 반영한 빈곤의 개념으로, 다른 사람과 비교를 통하여 심리적인 박탈감과 빈곤감을 느끼게 되는 것을 말한다. 「국민기초생활 보장법」의 수급자는 중위소득 50% 이하인 사람들로 상대적 빈곤 개념을 적용한다.

05 난도 ★★☆   정답 ②

ㄱ. 사회적 배제는 사회 · 경제적 · 심리적 문제를 포함하여 빈곤의 결과뿐 아니라 원인과 과정에 이르는 종합적인 관점이다.
ㄹ. 상대적 빈곤은 한 사회의 평균적인 생활수준과 비교하여 평균인 생활수준 이하의 상태로, 다른 사람과 비교하여 빈곤을 측정한다.

ㄴ. 빈곤율(Poverty Rate)은 빈곤선 이하에 있는 빈곤한 사람의 규모로 빈곤인구가 전체인구에서 차지하는 비율이다.
ㄷ. 국민기초생활보장제도에서 생계급여 선정기준은 기준 중위소득 32% 이상의 가구이다.

06 난도 ★★☆   정답 ⑤

⑤ 로렌츠 곡선에서 수직선은 모든 개인이 동일한 수준의 소득을 가지고 있다는 것을 의미하는 것이 아니라 균등분포선을 의미한다.

① 지니계수는 그 값이 클수록 더 불평등한 수준을 의미한다. 0에 가까울수록 평등에 가깝고 1에 가까울수록 불평등에 가깝다.
② 상대적 빈곤은 한 사회의 평균적인 생활수준과 비교했을 때 평균적인 생활수준 이하인 상태로, 다른 사람과 비교하여 빈곤을 측정하므로 소득불평등과 관계가 있다.
③ 소득빈곤의 측정만으로 삶의 다양한 문제를 모두 포착하기는 어렵다. 소득뿐 아니라 다양한 항목을 측정해야 한다.
④ 소득불평등 수준이 같은 국가라도 국가마다 소득불평등을 제외한 인구, 특성 등이 다를 수 있으므로 계층 이동성의 수준이 상이할 수 있다.

07 난도 ★☆☆   정답 ⑤

① 완전평등사회에서 로렌츠 곡선은 45° 각도의 직선과 똑같다.
② 지니계수의 최댓값은 1로 불평등을 의미하고, 최솟값은 0으로 완전평등을 의미한다.
③ 빈곤갭은 빈곤선 이하의 사람이나 가구를 빈곤선 수준까지 끌어올리는 데 필요한 금액이 얼마인가를 총합하여 계산한 값이다.
④ 빈곤율은 한 사회에서 빈곤선 이하의 사람 또는 가구가 전체 인구나 가구에서 얼마나 차지하고 있는가를 비율로 측정한 값이다.

08 난도 ★★☆   정답 ②

지니계수가 0에 가까울수록 완전평등한 상태이고, 1에 가까울수록 완전불평등한 상태이다.

09 난도 ★★☆   정답 ③

ㄷ. 5분위 배율은 상위소득 20% 가구의 소득의 합을 하위소득 20% 가구의 합으로 나누는 것을 의미하고 크기가 클수록 불평등을 의미한다.
ㄹ. 로렌츠 곡선(Lorenz Curve)은 전체적인 소득불평등 상태를 알아보는 데 유용하다.

ㄱ. 소득 분위를 10분위로 구분하여 (하위 40%/상위 20%)로 나눈 값으로, 소득분배 상태를 파악한다. 2에 가까울수록 평등에 가깝고 0에 가까울수록 불평등에 가깝다.
ㄴ. 지니계수는 0에 가까울수록 평등에 가깝고 1에 가까울수록 불평등에 가깝다. 지니계수가 0.3에서 0.4로 상승했다면 소득불평등이 상승된 것이다.

10 난도 ★☆☆　　　　　　　　　　　　　정답 ①

오답분석

②~⑤는 모두 사회보험에 대한 설명이다.
② 선정된 사람만 수혜자가 되므로 가입을 할 수 없다.
③ 재산과 소득조사를 통해 수혜자를 선별하여 수급자에 대한 낙인이 있다.
④ 재산과 소득조사를 통해 수혜자를 조사하여 행정 비용이 발생한다.
⑤ 급여가 많은 사람에게 많은 세금을 거둬들여 어려운 사람에게 도움을 주므로 수평적 재분배 효과는 없고 수직적 재분배 효과가 크다.

> **PLUS +**
>
> 공공부조의 특징
> • 사후적 대응이 가능하다.
> • 급여의 양을 예상할 수 없다.
> • 재산과 소득조사를 통해 수혜자를 선별한다.
> • 일반조세를 통하여 재원을 조달한다.
> • 권리성이 추상적이다.
> • 수직적 재분배 기능만 있다.
> • 신청하여 선정되는 사람만이 수혜자가 된다.

11 난도 ★★☆　　　　　　　　　　　　　정답 ③

정답분석

③ 맞춤형 취업지원서비스는 저소득 구직자 등 취업취약계층에게 통합적인 취업지원서비스를 제공하고 생계를 지원함으로써 이들의 구직활동 및 생활안정을 지원한다.

오답분석

① 대한노인회에서도 노인 일자리사업을 실시하지만 총괄 운영기관은 한국노인인력개발원이다.
② 장애인고용의무제도는 민간기관은 50인 이상 사업체에 적용된다.
④ 국민기초생활보장 수급자는 자활사업에 참여할 수 있으나 반드시 참여해야 하는 수급자는 조건부 수급자이다.
⑤ 고령자를 채용하지 않는 기업은 정부에 부담금을 납부하지 않아도 된다. 그러나 장애인고용의무제도에 따라 장애인 고용부담금은 정부에 납부해야 한다.

12 난도 ★★☆　　　　　　　　　　　　　정답 ④

정답분석

④ 아동수당은 경제적 수준과 상관없이 8세 미만의 아동이 있는 가구를 대상으로 하는 보편주의에 근거한 제도이다.

오답분석

① OECD 국가 중 노인빈곤율 1위로 노인의 빈곤율을 낮추기 위해 기초연금을 제정하였다.
② 장애정도가 심하지 않은 장애인은 장애인연금을 받을 수 없다. 장애인연금은 18세 이상의 중증장애인이 받을 수 있다.
③ 18세 이상의 경증장애인이 받을 수 있다.
⑤ 저소득 한부모가족에게는 아동양육비가 지급될 수 있으며, 아동양육비뿐 아니라 생계비, 아동교육지원비와 그 밖에 대통령령으로 정하는 비용이 지급될 수 있다.

13 난도 ★★☆　　　　　　　　　　　　　정답 ⑤

정답분석

목표효율성은 정책이 목표로 하는 대상자들에게 자원이 얼마나 집중적으로 할당되는지의 여부를 판단하는 기준을 의미하고, 운영효율성은 정책을 집행하고 운영하는 데 있어서 얼마나 적은 비용을 사용하여 많은 효과를 볼 수 있는가의 기준을 의미한다. 운영효율성이 가장 높은 것은 사회수당이고, 목표효율성이 가장 높은 것은 공공부조이다.

> **PLUS +**
>
> | 공공부조와 사회보험의 비교 | |
> | --- | --- |
> | 공공부조 | • 사후적 대응이 가능하다.
• 급여의 양을 예상할 수 없다.
• 재산과 소득조사를 통해 수혜자를 선별한다.
• 일반조세를 통하여 재원을 조달한다.
• 권리성이 추상적이다.
• 수직적 재분배 기능만 있다.
• 신청하여 선정되는 사람이 수혜자가 된다. |
> | 사회보험 | • 사전적 대응이 가능하다.
• 보험 기여금을 통해 급여의 양을 예상할 수 있다.
• 재산과 소득조사가 필요 없다.
• 보험 기여금과 지정된 세금을 통해 재원을 조달한다.
• 권리성이 강하다.
• 수평적 재분배 기능이 크지만 수직적 재분배 기능도 한다.
• 소득이 있는 사람만이 가입자가 되고 가입자만이 수혜자가 된다. |

14 난도 ★☆☆　　　　　　　　　　　　　정답 ③

정답분석

장애연금과 노령연금은 「국민연금법」에 속한 급여이고, 상병보상연금과 장해연금은 「산재보험법」에 속한 급여이다. 「국민연금법」과 「산재보험법」은 사회보험법에 속한다. 장애인연금은 「장애연금법」에 속한 급여로 공공부조에 속한다.

15 난도 ★☆☆　　　　　　　　　　정답 ①

비용효과성이란 적게 투입하여 결과가 좋은 것을 의미하는데 공공부조는 한정된 예산을 꼭 필요한 저소득층에게 집중적으로 사용하기 때문에 목표효율성과 비용효과성이 높다.

16 난도 ★★☆　　　　　　　　　　정답 ②

정답분석

ㄴ. 공공부조는 선별주의로 자산조사를 거쳐 대상을 선정한다.

오답분석

ㄱ. 공공부조는 선별주의로 신청을 하지 않으면 혜택을 받을 수 없다.

ㄷ. 중앙정부와 지방자치단체가가 공동으로 공공부조의 책임을 지는 것이 세계적 현상이다.

ㄹ. 사회보장제도 중 공공부조는 세금으로 부자에게 걷은 세금을 투입재원으로 하여 빈자에게 혜택을 주는 것으로 소득재분배 효과가 가장 높다.

17 난도 ★★☆　　　　　　　　　　정답 ⑤

오답분석

ㄷ. 교육급여는 입학금, 수업료, 학용품비 기타 수급품을 지원하는 것으로 1979년 「생활보호법」에서 생활보호대상자 중학교 과정 수업료를 지원하면서 신설되었으며 「국민기초생활 보장법」의 교육급여는 이 법이 처음 제정될 때 이미 있었던 급여이다.

18 난도 ★☆☆　　　　　　　　　　정답 ⑤

정답분석

⑤ 사회복지전담공무원은 「국민기초생활 보장법」, 「긴급복지지원법」, 「장애인연금법」, 「사회보장급여의 이용·제공 및 수급권자 발굴에 관한 법률」에 의해 직권신청이 가능하다.

오답분석

① 의료급여 선정기준은 기준 중위소득의 100분의 40 이상으로 한다.

② 교육급여 선정기준은 기준 중위소득의 100분의 50 이상으로 한다.

③ 「국민기초생활 보장법」에 따른 급여를 받는 사람은 수급자, 급여를 받을 권리가 있는 자는 수급권자이다.

④ 국민기초생활보장제도에서의 "보장기관"은 국가와 지방자치단체를 의미한다.

19 난도 ★★☆　　　　　　　　　　정답 ②

정답분석

「북한이탈주민의 보호 및 정착지원에 관한 법률」상의 북한이탈주민과 그 가족은 의료급여 1종 수급권자에 속한다. 의료급여 1종 수급권자는 국민기초생활보장 수급권자, 이재민, 의사상자, 국가유공자, 무형문화재보유자, 북한이탈주민, 광주민주화보상자, 입양아동(18세 미만), 행려환자, 차상위 수급권자(희귀난치성질환자)이다.

20 난도 ★★☆　　　　　　　　　　정답 ②

정답분석

② 일하는 수급가구, 차상위계층 및 자활근로사업단 참여자(단, 청년의 경우 기준 중위소득 100% 이하)의 자립·자활 지원을 위해 정부가 자산형성을 지원하는 사업으로는 희망키움통장과 내일키움통장이 있다.

오답분석

① 의료급여는 국가가 진료비를 지원하는 공공부조제도로서 본인부담금이 있다. 1종 의료급여자의 경우 급여 부분에 본인부담금이 없지만 2종 의료급여자는 약간의 본인부담금이 있다. 또한 비급여항목은 본인이 모두 부담해야 한다.

③ 「국민기초생활 보장법」 제2조 제11호에는 기준 중위소득이란 보건복지부장관이 급여의 기준 등에 활용하기 위하여 중앙생활보장위원회의 심의·의결을 거쳐 고시하는 국민 가구 소득의 중위값을 말한다고 명시되어 있다.

④ 「의료급여법 시행령」 제3조 제2항 제2호에는 노숙인은 의료급여 1종 수급권자의 대상에 포함된다고 명시되어 있다.

⑤ 주거급여, 교육급여는 부양의무자 기준이 적용되지 않고 생계급여는 조건부 부양의무자 기준을 적용한다. 「국민기초생활 보장법」 제12조의3에서 의료급여 수급권자는 부양의무자가 없거나, 부양의무자가 있어도 부양능력이 없거나 부양을 받을 수 없는 사람으로 정해저 부양의무자 기준이 적용된다.

21 난도 ★☆☆　　　　　　　　　　정답 ①

정답분석

빈곤층에 한정하는 공공부조인 「국민기초생활 보장법」에는 교육급여, 주거급여, 장제급여, 자활급여, 의료급여, 생계급여, 해산급여에 대한 내용이 들어 있다. 보육급여는 빈곤층을 한정하지 않고 모든 영유아에게 제공하는 급여이다.

22 난도 ★☆☆　　　　　　　　　　　　　　　정답 ⑤

정답분석

⑤ 선정기준으로 기준 중위소득을 활용하며 생계급여는 중위소득 32%, 의료급여는 중위소득 40%, 주거급여는 중위소득 48%, 교육급여는 중위소득 50% 이상이다.

오답분석

① 사회보험의 경우 보험료 납입금으로 대처하지만 국민기초생활보장제도는 100% 세금으로 운영되며, 대상자를 선별하므로 사회보험보다 행정관리비용이 비싸다.
② 재원은 100% 세금에 의존한다.
③ 재원부담을 하는 자는 부유층이며 수급자는 부담하지 않는다.
④ 대상 선정에서 부양의무자 존재 여부가 조건부로 고려되고 있다. 생계급여, 주거급여, 교육급여는 부양의무자를 보지 않지만 의료급여는 부양의무자를 본다. 다만 생계급여는 고소득(연 1억 원 이상, 세전), 고재산(9억 원)의 부양의무자가 있는 경우 부양의무자 제외기준을 적용하여 부양의무자를 본다.

23 난도 ★★☆　　　　　　　　　　　　　　　정답 ④

정답분석

「의료급여법」 제3조에 의해 1종 수급자로 구분된다.

24 난도 ★★☆　　　　　　　　　　　　　　　정답 ⑤

정답분석

⑤ 「긴급복지지원법」 제3조 제2항에는 「재해구호법」, 「국민기초생활 보장법」, 「의료급여법」, 「사회복지사업법」, 「가정폭력방지 및 피해자보호 등에 관한 법률」, 「성폭력방지 및 피해자보호 등에 관한 법률」 등 다른 법률에 따라 이 법에 따른 지원 내용과 동일한 내용의 구호·보호 또는 지원을 받고 있는 경우에는 이 법에 따른 지원을 하지 아니한다고 명시되어 있다.

오답분석

① 「긴급복지지원법」 제2조 제1호에는 주소득자가 사망, 가출, 행방불명, 구금시설에 수용되는 등의 사유로 소득을 상실한 경우 긴급지원대상자가 될 수 있다고 명시되어 있다.
② 「긴급복지지원법」 제3조 제1항 제1호에는 긴급지원은 위기상황에 처한 사람에게 일시적으로 신속하게 지원하는 것을 기본원칙으로 한다고 명시되어 있다.
③ 「긴급복지지원법」 제9조에는 긴급지원의 종류에 금전 또는 현물 등의 직접지원과 민간기관·단체와의 연계 등의 지원이 있다고 명시되어 있다.
④ 「긴급복지지원법」 제7조 제3항 제3호에는 「사회복지사업법」에 따른 사회복지시설의 종사자는 긴급지원을 요청할 수 있다고 명시되어 있다.

25 난도 ★☆☆　　　　　　　　　　　　　　　정답 ②

오답분석

① 65세 이상 모든 고령자에게 제공하는 것이 아니라 65세 이상인 사람 중 기초연금 수급자가 100분의 70 수준이 되도록 하는 것이다.
③ 기초연금액의 산정 시 국민연금급여액을 고려하여 지급한다.
④ 기초연금액은 가구유형 및 소득과 관련이 있어 부부가 동시 수급할 경우 20% 감액이 되고 소득에 따라 차등 지급된다.
⑤ 기초연금의 수급권자가 사망하면 수급권은 소멸된다.

정답 및 해설

SECTION 06 **사회보장론**

01	02	03	04	05	06	07	08	09	10
①	③	②	⑤	②	③	①	①	②	⑤
11	12	13	14	15	16	17	18	19	20
①	④	②	③	③	②	③	①	②	⑤
21	22	23	24	25	26	27	28	29	30
③	④	①	④	①	④	④	⑤	④	③,⑤
31	32	33	34	35					
④	③	③	②	④					

01 난도 ★☆☆   정답 ①

정답분석
사회서비스는 국가·지방자치단체 및 민간부문의 도움이 필요한 모든 국민에게 복지, 보건의료, 교육, 고용, 주거, 문화, 환경 등의 분야에서 인간다운 생활을 보장하고 상담, 재활, 돌봄, 정보의 제공, 관련 시설의 이용, 역량 개발, 사회참여 지원 등을 통하여 국민의 삶의 질이 향상되도록 지원하는 제도를 말한다.

02 난도 ★☆☆   정답 ③

정답분석
보건복지부장관이 관장하는 사회보험제도는 국민연금, 국민건강보험, 노인장기요양보험이고, 고용노동부장관이 관장하는 사회보험제도는 고용보험과 산업재해보상보험이다.

03 난도 ★★☆   정답 ②

오답분석
ㄷ. 사회보험은 기여 여부를 급여지급 요건으로 하지만 사회수당은 기여 여부와 상관없이 지급받을 수 있다.
ㄹ. 사회보험과 사회수당은 방빈(예방)제도, 공공부조는 구빈제도이다.

04 난도 ★★☆   정답 ⑤

정답분석
모든 사회보험 업무가 통합되어 1개 기관에서 운영되는 것이 아니라 국민건강보험공단에서 보험료만 통합하여 징수한다. 산업재해보상보험과 고용보험은 근로복지공단에서 운영하고, 국민건강보험과 노인장기요양보험은 건강보험공단, 국민연금은 국민연금공단에서 운영한다.

05 난도 ★★☆   정답 ②

정답분석
ㄱ. 특수직역연금은 공무원연금, 군인연금, 사학연금을 의미한다.
ㄹ. 국민연금과 특수직역연금은 사회적 위험에 맞게 급여의 종류를 나누어 지급한다.

오답분석
ㄴ. 국민연금은 1988년 시행되었다. 사회보험 중 가장 먼저 제정된 보험법은 1963년에 시행된 「산업재해보상보험법」이다.
ㄷ. 다음과 같이 2024년 기준 공적연금 수급개시 연령은 동일하지 않다.

국민연금	• 1953~1956년 : 61세 • 1957~1960년 : 62세 • 1961~1964년 : 63세 • 1965~1968년 : 64세 • 1969년생 이후 : 65세
공무원연금	• 2016~2021년 : 60세 • 2022~2023년 : 61세 • 2024~2026년 : 62세 • 2027~2029년 : 63세 • 2030~2032년 : 64세 • 2033년부터 : 65세
군인연금	20년 이상 복무하고 퇴직한 경우 죽을 때까지 연금 지급
사학연금	• 1957~1960년 : 62세 • 1961~1964년 : 63세 • 1965~1968년 : 64세 • 1969년 이후 : 65세

06 난도 ★☆☆   정답 ③

정답분석
「사회보장기본법」 제3조에는 사회보험, 공공부조, 사회서비스, 평생사회안전망, 사회보장행정데이터의 정의가 명시되어 있다. 고용보험과 국민연금은 사회보험, 국민기초생활보장은 공공부조, 보육서비스는 사회서비스에 포함된다.
③ 최저임금제는 「사회보장기본법」에 포함되지 않고 「사회복지사업법」에 포함된다.

07 난도 ★★☆   정답 ①

정답분석
사회보험과 민영보험 모두 현금급여를 원칙으로 한다.

사회보험과 민간보험의 차이점

사회보험	민간보험
• 강제적	• 자발적
• 최저소득의 보장	• 개인의 의사와 지불능력에 따라 고액보장 가능
• 사회적 충분성 강조(복지 요소)	• 개인적 공평성 강조
• 급여는 법에 의해 규정(법적 권리)	• 법적 계약에 의거(계약적 권리)
• 정부 독점	• 자유 경쟁
• 비용 예측 곤란	• 비용 예측 전제
• 완전 적립 불필요	• 완전 적립
• 보험계약 불필요	• 개인적 또는 집단적 보험 계약
• 목적과 결과를 감안, 다양한 옵션 부여	• 목적과 결과를 감안, 단일 옵션 부여
• 중앙정부의 통제하에 투자	• 사적 경로를 통한 투자
• 인플레이션 대응을 위해 조세제도 이용 가능	• 인플레이션에 취약

08 난도 ★★☆ 　　　　　　　　 정답 ①

정답분석

• 적립방식은 가입자들이 보험료를 납부하고 적립하여 이를 급여재원으로 사용하는 것으로 가입자 각각의 보험료가 적립이 된다.
• 부과방식은 이전 세대의 보험료를 현 세대의 기여금으로 부담하는 방식이다.

오답분석

ㄴ. 자본축적 효과가 큰 방식은 보험료를 적립하는 방식이다. 매월 보험료를 납부하고 계속 적립하므로 안정적인 운영이 가능하다.
ㄷ. 기금확보가 더 용이한 방식은 보험료를 적립하는 방식이다. 20년 이상 보험료를 납부해야 연금을 받을 수 있으므로 기금확보가 가능하다.

09 난도 ★☆☆ 　　　　　　　　 정답 ②

정답분석

사회보험급여를 받을 권리 여부는 기여금 납부 여부로 결정한다. 자산조사 결과에 근거하여 결정되는 것은 공공부조이다.

10 난도 ★★☆ 　　　　　　　　 정답 ⑤

정답분석

ㄱ. 사회보험료는 상한제가 있어 소득세에 비해 역진적이다.
ㄴ. 사회보험료는 사회보험에만 사용하기 때문에 징수에 대한 저항이 적다.

ㄷ · ㄹ. 조세는 소득이 높은 사람이 많이 부담하기 때문에 지불능력과 연관이 있다.

11 난도 ★★☆ 　　　　　　　　 정답 ①

오답분석

ㄷ. 확정급여식은 개인이 부담한 보험료의 크기에 관계없이 사전에 확정된 금액으로 급여를 지급하는 방식으로 정해진 급여를 받으므로 투자위험에 대해서는 국가가 책임진다.
ㄹ. 확정기여식은 사전에 확정된 보험료를 부담하고 그에 상응하는 연금급여를 확정하지 않은 채 가입자 개인이 결정한 투자의 적립수익금을 월정연금이나 일시금으로 되돌려 주는 방식으로 물가상승, 경기침체 등의 위험을 개인이 책임진다.

12 난도 ★☆☆ 　　　　　　　　 정답 ④

오답분석

① 철저한 보험수리원칙에 따라 납부한 보험료에 비례하는 보험은 민영보험이다.
② 평균적인 위험에 비례하여 보험료를 결정하는 보험은 사회보험 중 산재보험이다.
③ 가입자의 개별위험에 따라 보험료가 책정하는 보험은 민영보험이다.
⑤ 재정운영방식으로 적립방식과 부과방식이 있는 보험은 사회보험 중 국민연금이다.

13 난도 ★★☆ 　　　　　　　　 정답 ②

정답분석

ㄷ. 사회보험은 구체적이고 강한 권리를 갖는 반면 공공부조는 추상적이고 약한 권리를 갖는다.
ㅁ. 사회보험은 사전적 성격이 있고 공공부조는 사후적 성격이 있다.

14 난도 ★★☆ 　　　　　　　　 정답 ③

정답분석

수지상등의 원칙이란 보험 가입자가 납입하는 보험료의 총액과 보험회사가 지급한 보험금과 경비의 총액이 같은 수준에서 결정되어야 한다는 원칙이다. 공적연금뿐 아니라 민간연금의 적립방식은 수지상등의 원칙을 고려해야 한다.

정답 및 해설

15 난도 ★☆☆   정답 ③

정답분석

업무상의 재해란 업무상의 사유에 따른 근로자의 부상·질병·장해 또는 사망을 말한다. 업무상의 재해의 인정기준은 업무상의 사유에 따른 근로자의 부상·질병·장해 또는 사망하면 업무상의 재해로 본다. 다만, 업무와 재해 사이에 상당인과관계(相當因果關係)가 없는 경우에는 그러하지 아니하다.

③ 직장 내 괴롭힘, 고객의 폭언 등으로 인한 업무상 정신적 스트레스가 원인이 되어 발생한 질병은 업무상 재해로 인정된다.

16 난도 ★☆☆   정답 ②

정답분석

산재보험의 업무상 재해의 인정기준은 업무상 사고, 업무상 질병, 출퇴근 재해로 인하여 부상, 질병 또는 장해가 발생하거나 사망하면 업무상의 재해로 본다.

17 난도 ★★☆   정답 ③

정답분석

「산업재해보상보험법」은 원칙적으로 근로자를 사용하는 모든 사업 또는 사업장에 적용된다. 법적으로 가입할 의무가 있는 사업주가 산재재해보상보험에 가입하지 않은 것은 사업주가 자신의 의무를 다하지 않아 위법행위를 한 것으로 보고 근로자에게는 책임이 없어 산재사고가 발생하면 보상을 받을 수 있다. 그러나 사업주는 법적의무를 하지 않아 일정한 불이익을 받게 된다.

18 난도 ★★☆   정답 ①

정답분석

① 장해급여는 등급에 따라 연금이나 일시금으로 지급된다. 1~7급까지는 연금이나 일시금을 선택할 수 있고 8~14급까지는 일시금으로 지급된다.

오답분석

② 업무와 재해 사이의 상당인과관계가 없는 경우 보상하지 않는다.

③ 근로자의 보험급여를 받을 권리는 그 퇴직으로 인하여 소멸되지 않는다.

④ 산업재해보상보험은 고용노동부장관이 관장한다.

⑤ 산재재해보상보험의 가입대상은 근로자를 사용하는 모든 사업장으로 사업의 종류, 영리성 여부 등에 관계없이 근로자를 사용하는 모든 사업장은 원칙적으로 가입대상이다.

19 난도 ★★☆   정답 ②

정답분석

가입기간의 추가 산입에 따른 비용은 국가가 전액 부담한다.

20 난도 ★★☆   정답 ⑤

정답분석

⑤ **국민연금법 제18조** 군복무자에게는 노령연금수급권 취득 시 6개월을 가입기간에 추가로 산입한다.

오답분석

① **국민연금법 제19조의2** 실업기간 중에는 가입기간을 추가로 산입할 수 있다.

② **국민연금법 제19조** 출산 크레딧은 2명 이상의 자녀가 있을 때부터 가능하다.

③ **농어촌주민의 보건복지증진을 위한 특별법 제27조** 농·어업인에 대해 연금보험료를 국가가 일부를 보조할 수 있다.

④ **국민연금법 제63조의2** 노령연금 수급권자가 소득활동을 하면(60세 이상 65세 미만인 기간) 최대 5년 동안 연금액이 감액된다.

21 난도 ★★☆   정답 ③

정답분석

소득상한선은 그 이상의 소득에 대해서 더 이상 보험료가 부과되지 않는 소득의 경계선으로, 만약 소득의 10%를 세금으로 납부할 때 소득상한선을 1,000만 원으로 설정한다면 소득이 1,000만 원 이상인 사람들은 모두 똑같은 세금을 납부하므로 소득이 많은 사람들이 유리하다.

③ 소득상한선을 낮게 유지할 경우 고소득층은 국가에 납부해야 할 금액이 줄어들게 된다.

22 난도 ★★☆   정답 ④

정답분석

ㄱ. 국민연금은 저소득층일수록 더 높은 소득대체율을 보장하도록 설계되어 있어 저소득층은 납입금액(보험료)보다 보장금액(연금)이 더 많다.

ㄴ. 기본연금액의 적립 시 마지막 3년에는 납입보험료가 적립되는 것이 아니라 평균 보험료가 적립되어 수직적 재분배 기능이 나타난다.

ㄹ. 연금액은 기본연금액과 부양가족연금액을 기초로 산정하여 지급한다.

오답분석

ㄷ. 2008년부터 소득대체율을 60%에서 50%로 하향 조정하고 이후 2009년부터 급여수준을 결정하는 비례상수를 매년 0.5%씩 감액시켜 2028년 이후 40%로 유지한다.

정답분석

- 고용노동부에서 운영하는 고용보험은 실업의 예방, 고용의 촉진 및 근로자 등의 직업능력의 개발과 향상을 꾀하고, 국가의 직업지도와 직업소개 기능을 강화하며, 근로자 등이 실업한 경우에 생활에 필요한 급여를 실시하여 근로자 등의 생활안정과 구직 활동을 촉진함으로써 경제 · 사회 발전에 이바지한다.
- 산업재해보상보험은 근로자의 업무상의 재해를 신속하고 공정하게 보상하며, 재해근로자의 재활 및 사회복귀를 촉진하기 위하여 사업을 실시한다.

오답분석

② 구직급여는 ㉠ 법령에 따른 기준기간이 합산하여 180일 이상일 것, ㉡ 근로의 의사와 능력이 있음에도 불구하고 취업하지 못한 상태에 있을 것, ㉢ 이직사유가 수급자격의 제한 사유에 해당하지 아니할 것, ㉣ 재취업을 위한 노력을 적극적으로 할 것을 요건으로 구직활동을 해야 구직급여를 받을 수 있다.

③ 「공무원연금법」과 「사립학교교직원 연금법」의 적용을 받는 사람, 소정 근로시간 60시간 미만인 사람은 적용이 제외된다.

④ 장해급여는 근로자가 업무상의 사유로 부상을 당하거나 질병에 걸려 치유된 후 신체 등에 장해가 있는 경우에 그 근로자에게 지급한다.

⑤ 고용보험의 보험료율은 본인과 사업주가 50%씩 부담하고 산업재해보상보험의 보험료율은 사업주가 100% 부담하므로 두 보험의 가입자 보험료율은 다르다.

24 난도 ★★☆   정답 ④

정답분석

④ 고용보험의 보험료는 사업주와 근로자가 50%씩 납부하므로 보험가입자에 사업주와 근로자 모두 포함된다.

오답분석

① 고용보험료는 고용보험위원회가 아니라 건강보험공단에서 부과 · 징수한다.

② 고용보험의 가입대상은 근로를 하는 국민과 국내에 거주하는 외국인 중 근로를 하고 있는 외국인이다.

③ 고용보험 구직급여는 7일을 대기기간으로 보고, 7일 동안 급여가 지급되지 않는다.

⑤ 고용보험의 재원은 사용자와 근로자가 공동으로 부담한다. 그러나 고용안정 · 직업능력개발사업에 해당하는 보험료에 대해서는 사용자가 전액 부담한다.

25 난도 ★★☆   정답 ①

오답분석

② 대기기간 7일간은 기본급여를 지급하지 않으므로 구직급여의 급여일수는 대기기간을 포함하지 않는다.

③ 육아휴직 시작일부터 첫 3개월까지는 통상임금의 100분의 80을 육아휴직 급여액으로 지급하고, 육아휴직 4개월째부터 육아휴직 종료일까지 통상임금의 100분의 50을 육아휴직 급여액으로 지급한다.

④ 자영업자인 피보험자의 실업급여에는 구직급여만 포함되고 연장급여와 조기재취업수당은 제외한다.

⑤ 65세 이상 근로자도 실업급여가 가능하다. 단, 65세 이전에 취업(고용보험 피보험자 자격취득)하여 65세 이후에 비자발적으로 퇴직하는 경우와 65세 이전에 취업하여 근무하던 중 회사(사업주)가 변경된 경우만 가능하다.

26 난도 ★★☆   정답 ④

정답분석

④ 구직급여는 120일에서 최대 270일까지 받을 수 있다.

오답분석

① 의무가입대상이 아닌 경우 본인의 희망에 따라 가입이 가능하다.

② 구직급여를 받기 위해서는 이직사유가 수급자격의 제한 사유에 해당하지 않으면서 재취업을 위해 적극적으로 노력하여야 한다.

③ 자영업자는 실업급여와 직업능력개발훈련을 받을 수 있다.

⑤ 보험료를 체납한 사람에게는 실업급여를 지급하지 아니할 수 있다. 보험료를 납부한 자영업자만 실업급여를 받을 수 있다.

27 난도 ★★☆   정답 ④

정답분석

④ 행위별 수가제는 의료기관에서 받는 진찰료, 검사료, 처치료, 입원료 등 행위에 정해진 수가를 지불하는 방법이다. 의료기관에서 받은 양질의 의료서비스로 인하여 과잉진료가 발생할 수 있어 의료비 절감효과가 낮다. 이 문제를 해결하기 위해 4과 7개 증후군에 포괄수가제를 실시하고 있다.

오답분석

① 포괄수가제는 의사에게 환자 1인당 또는 진료일수 1일당 또는 질병별로 부수 단가를 정하고 미리 정해진 수가를 지불하는 방법이다.

② 의료급여 사례관리는 수급권자 스스로 자신의 건강을 관리할 수 있도록 지원하고, 수급권자에게 실제적으로 필요한 의료이용을 하도록 하여 수급권자의 건강향상과 의료급여 재정을 효율적으로 관리하고자 도입된 제도이다.

③ 건강보험급여 심사평가제도는 국민건강보험 관련 요양급여 비용의 심사 및 요양급여의 적정성 여부를 평가하는 제도이다.

⑤ 본인일부부담금은 납부해야 할 전체 금액에서 본인이 책임을 지고 납부해야 할 금액을 말한다.

28 난도 ★★☆　　　　　　　　　　　　　　　　정답 ⑤

1. 포괄수가제
   - 의사에게 환자 1인당 또는 진료일수 1일당 또는 질병별로 부수 단가를 정하고 미리 정해진 수가를 지불하는 방법이다.
   - 새로운 약의 사용이나 새로운 의 · 과학 기술의 적용에는 적합하지 못하다.
   - 과잉진료를 억제하고 환자의 의료비 부담을 줄인다.
   - 행위별 수가제에 비해 과잉진료 행위가 줄어든다.
   - 행위별 수가제에 비해 의료서비스 품질의 저하가 우려된다.
   - 4과 7개 증후군에 포괄수가제를 적용한다.
2. 행위별 수가제
   - 의료기관에서 받는 진찰료, 검사료, 처치료, 입원료 등 행위에 정해진 수가를 지불하는 방법이다.
   - 의사의 자율성이 보장되어 환자들에게 양질의 의료서비스를 제공할 수 있다.
   - 신의료기술과 신약개발에 기여할 수 있다.
   - 과잉진료가 발생할 수 있어 의료수가가 상승한다.

29 난도 ★★☆　　　　　　　　　　　　　　　　정답 ④

정답분석

국민건강보험제도의 부가급여에는 임신 · 출산 진료비, 장제비, 상병수당이 있으나 장제비는 2008년 1월 1일에 폐지되었고 상병수당은 2022년부터 지정된 시 · 군 · 구에서 시범사업을 하고 있다.

30 난도 ★★★　　　　　　　　　　　　　　　정답 ③, ⑤

정답분석

③ 외래의 본인부담금은 질병의 종류에 따라 달라지는 것은 아니며 의료기관의 종류에 따라 달라진다.
⑤ 포괄수가제는 1997년 시범사업을 실시하였고, 이후 2012년 7개 질병군에 한하여 당연적용되었다.

31 난도 ★★★　　　　　　　　　　　　　　　　정답 ④

정답분석

섬 · 벽지 지역, 농어촌, 요양기관 이용제한 지역, 65세 이상 노인세대, 재난, 휴직자, 임의계속가입자, 소득월액보험료 부과대상자의 사업장 화재 등이 국민건강보험료 경감대상자이다.

오답분석

ㄴ. 60세 이상인 자는 경감대상자에 포함되지 않는다.

32 난도 ★★☆　　　　　　　　　　　　　　　　정답 ③

정답분석

③ 건강보험료와 노인장기요양보험료는 국민건강보험공단에서 통합하여 징수하지만 각각 독립된 회계로 관리한다.

오답분석

① 장기요양보험사업의 보험자는 국민건강보험공단이고 관장자는 보건복지부장관이다.
② 등급판정에 따른 장기요양인정의 유효기간은 최소 6개월 이상이 아니라 최소 1년 이상으로서 대통령령으로 정한다.
④ 재가급여비용은 수급자가 해당 장기요양급여 비용의 100분의 15를 부담하고 시설급여비용은 100분의 20을 부담한다.
⑤ 수급자는 시설급여와 특별현금급여를 중복하여 받을 수 없다.

33 난도 ★★☆　　　　　　　　　　　　　　　　정답 ③

정답분석

노인요양병원은 장기요양기관에 속하지 않는다.

오답분석

재가복지시설, 주 · 야간보호시설(데이케어센터), 단기보호시설, 노인요양시설과 노인요양공동생활가정(요양원)은 장기요양기관에 해당된다.

34 난도 ★★☆　　　　　　　　　　　　　　　　정답 ②

정답분석

② **노인장기요양보험법 제23조 제1항 제3호 가목** 가족에게 요양을 받을 때 지원되는 현금급여가 있다.

오답분석

① **노인장기요양보험법 제23조 제1항 제1호 마목** 단기보호는 재가급여에 해당한다.
③ **노인장기요양보험법 제8조(장기요양보험료의 징수) 제2항** 장기요양보험료는 국민건강보험보험료와 통합하여 징수한다.
④ **노인장기요양보험법 제19조 제1항** 장기요양인정의 유효기간은 최소 1년 이상으로서 대통령령으로 정한다.
⑤ **노인장기요양보험법 제9조 제2항** 장기요양보험료율은 장기요양위원회의 심의를 거쳐 대통령령으로 정한다.

35 난도 ★★☆ 　　　　　　　　　　　정답 ④

정답분석

ㄴ. 노인장기요양보험에서는 가족과 함께 생활하면서 가정에서 장기요양을 받는 재가급여를 시설급여에 우선한다.

ㄷ. 재가급여에는 주 · 야간 보호, 단기보호, 방문요양, 방문목욕, 방문간호 등이 있다.

ㄹ. 특별현금급여에는 가족요양비, 특례요양비, 요양병원간병비 등이 있다.

오답분석

ㄱ. 시설급여 제공기관에는 노인의료복지시설인 노인요양시설, 노인요양공동생활가정이 있다. 노인전문요양병원은 2011년 삭제되었다.

SECTION 07 **기타 복지제도**

01	02								
③	①								

---

01 난도 ★★★ 　　　　　　　　　　　정답 ③

정답분석

③ 총급여액 등이 1,800만 원일 때 : 근로장려금＝200만 원－(1,800－1,200)×10%＝140만 원이다.

오답분석

① 총급여액 등이 500만 원일 때 : 근로장려금＝500만 원×20%＝100만 원이다.

② 총급여액 등이 1,100만 원일 때 : 총급여액 등이 1,000만 원 이상 1,200만 원 미만인 경우이므로 근로장려금은 200만 원이다.

④ 총급여액 등이 2,200만 원일 때 : 근로장려금＝200만 원－(2,200－1,200)×10%＝100만 원이다.

⑤ 총급여액 등이 2,700만 원일 때 : 근로장려금＝200만 원－(2,700－1,200)×10%＝50만 원이다.

---

02 난도 ★★☆ 　　　　　　　　　　　정답 ①

정답분석

근로장려금 신청접수는 보건복지부가 아니라 관할 세무서에서 담당한다.

PLUS +

우리나라의 근로장려세제

• 일을 하고 있지만 그 금액이 적어서 생활이 어려운 근로자 가구에게 부양가족대비 총 연간급여액을 산정하여 금전적인 지원을 통해 실질소득을 지원하기 위한 환급형 세액제도이다.

• 2008년 소득을 기준으로 2009년에 처음 근로장려금을 지급하였고 주 수급대상은 저소득임금근로자와 영세자영업자이다.

• 근로빈곤층이 근로를 계속할 수 있게 하여 극빈층이 되는 것을 예방할 수 있다.

• 저소득임금근로자나 영세자영업자에게 혜택을 주어 소득재분배(수직) 효과를 기대할 수 있다.

• 「조세특례제한법」에 근거하고 국세청에서 관리한다.

• 수급자의 근로유인을 강화하고 근로의욕을 고취시키려는 목적이다.

• 우리나라의 근로장려세제는 미국의 EITC제도를 모델로 하였다.

• 가족 구성원(단독가구, 홀벌이 가구, 맞벌이 가구)에 따라 총소득기준금액을 차등하여 적용한다.

사회복지행정론

SECTION 01 사회복지행정

01	02	03	04	05	06	07	08	09	10
①	⑤	①	①	②	④	③	③	⑤	④

01 난도 ★☆☆
정답 ①

정답분석

① 사회복지조직은 인간을 대상으로 하기 때문에 목표가 모호하고 애매하며, 효과성과 효율성의 표준척도가 없다. 따라서 서비스 성과를 평가하기 어렵다.

오답분석

② 사회복지행정가는 가치중립적이 아니라 가치지향적이어야 한다. 가치를 가지고 가치에 따라 행동해야 한다.
③ 서비스 효율성을 고려해야 한다. 효율성과 효과성의 표준척도가 없으므로 프로그램 또는 클라이언트에 맞게 목표를 설정하여 효율성과 효과성을 측정해야 한다.
④ 재정관리는 사회복지행정에 포함된다.
⑤ 직무환경에 맞게 운영된다.

02 난도 ★☆☆
정답 ⑤

정답분석

목표가 모호하고 애매하며 효과성과 효율성의 표준척도가 없어 목표달성을 위해 명확한 지식과 기술을 사용할 수 없다.

PLUS +

하센필드(Y. Hasenfeld)의 사회복지조직의 특성
• 사회복지조직의 원료는 사회적 · 도덕적 정체성을 지닌 인간이다.
• 사회복지조직은 클라이언트와 직접 접촉하고 활동하므로 사회복지사와 클라이언트와의 관계가 중요하다.
• 사회복지조직은 복잡한 인간이 대상이므로 사용되는 기술이 복잡하고 불확실하다.
• 사회복지조직은 인간을 대상으로 하여 목표가 모호하고 애매하다.
• 목표가 모호하고 애매하며 효과성과 효율성의 표준척도가 없다.

• 공공의 이익을 위해서 사회로부터 후원을 받는다.
• 사회복지조직은 외부 환경과 관계에서 가치와 이해관계에 갈등이 있어 어려움을 겪는다.

03 난도 ★☆☆
정답 ①

정답분석

배타적 사고는 다른 사람의 의견을 배척하는 것으로 사회복지사는 배타적 사고를 피하고 클라이언트의 자기결정권을 인정해야 한다.

PLUS +

사회복지행정가가 갖추어야 할 기술(NASW)
• 현실에 근거하여 계획하고 그 실행 가능성을 사정하는 기술
• 각종 대안을 개발하고 각 대안의 결정이 가져올 영향을 예견 · 평가하는 기술
• 평가결과에 따라 우선순위를 정하고 최적 대안을 결정하는 기술
• 개인적 균형을 유지하면서 다양한 역할과 과업을 처리하는 기술
• 관료제와 조직 이론의 기능에 입각하여 기관 목표를 달성하는 기술
• 능률성 향상을 위해 조직 내 개인과 집단의 특수한 능력을 활용하는 기술
• 적절한 권한의 위임과 의사소통기술

04 난도 ★★☆
정답 ①

정답분석

개인정보보호를 위해서는 개인정보를 즉시 파기하는 것이 좋고, 사회복지조직 후원금의 경우 사용정보를 공개하는 것이 좋다.

05 난도 ★☆☆   정답 ②

정답분석

사회복지행정은 사회복지서비스 활동으로 민간조직과 공공조직 모두 수행한다.

PLUS +

사회복지행정의 개념
- 협의의 개념 : 지역사회가 필요로 하는 서비스를 제공하기 위해 이용 가능한 모든 자원을 주민들이 사용할 수 있도록 조직 구성원들이 역량을 발휘하게 하고 주민들과 함께 일하는 과정이다.
- 광의의 개념 : 모든 국민을 대상으로 사회의 전반적인 문제를 다루는 사회복지정책을 포함하고 일반적인 사회복지정책을 사회복지서비스로 전환시키는 데 필요한 사회복지조직에서의 총체적인 활동을 의미한다.

06 난도 ★★☆   정답 ④

정답분석

조직내부 부서 간의 관료적이고 위계적인 조직관리기술이 필요한 것은 일반행정이다.

PLUS +

사회복지행정의 특성
- 인본주의를 지향하므로 가치중립적이지 않고 가치지향적인 행정기술을 활용한다.
- 서비스 대상이 사람이라는 점과 직접 서비스를 제공하고 클라이언트가 그 과정에 참여한다는 점이 특징이다.
- 목표가 모호하고 사용하는 기술이 불확실하다.
- 서비스를 전달하는 담당자가 중요하다.

07 난도 ★☆☆   정답 ③

오답분석

① 클라이언트와 직접 접촉한다.
② 정부 이외에 민간에서 후원금을 받는다.
④ 법률과 규칙에 의해 운영되므로 사회복지사의 전문성이 요구된다.
⑤ 기업조직과 비교할 때 대표적인 차별성은 효율성을 중요하게 여기지 않는다는 점이다.

08 난도 ★★☆   정답 ③

정답분석

사회복지행정가는 대안선택 시 가치중립적이기보다는 가치지향적이어야 하며, 클라이언트에 유리한 대안을 선택해야 한다.

09 난도 ★★☆   정답 ⑤

정답분석

사회복지행정을 실시하기 위한 과정은 다음과 같다.
기획을 통한 목표의 설정과 목표를 달성하기 위한 과업 및 활동, 과업을 수행하기 위해 사용되는 방법 결정(ㄹ) → 구성원의 역할과 책임을 강조하고 조직구조를 설정하는 조직화 실시(ㄷ) → 기획한 활동이 원활하게 진행할 수 있도록 과업 촉진(ㄴ) → 실행한 과업의 평가(ㄱ) → 평가결과를 통한 문제점 보완(ㅁ)

10 난도 ★★☆   정답 ④

정답분석

조직화(조직, Organizing)는 조직구조를 설정하는 과정으로 과업이 할당·조정된다. 조직구성에 있어서 구성원들의 역할과 책임이 분명히 할당되지 않으면 구성원 간의 갈등이 초래되고, 비효율적이며 비효과적인 조직이 된다.

PLUS +

사회복지행정의 기능
- 기획(Planning) : 목표의 설정과 목표를 달성하기 위한 과업 및 활동, 과업을 수행하기 위해 사용되는 방법을 결정하는 단계이다.
- 조직(Organizing) : 조직의 구조를 설정하는 과정으로 과업이 할당되고 조정되는 과정이다.
- 인사(Staffing)는 직원의 채용과 해고, 직원의 훈련, 우호적인 근무조건의 유지 등이 포함되는 활동이다.
- 지시(Directing) : 행정책임자가 기관을 효과적으로 운영하기 위해 하위 구성원에게 업무를 부과하는 기능이다.
- 조정(Coordinating) : 사회복지기관의 활동에 있어 다양한 부분들을 상호 연결시키는 중요한 기능이다.
- 보고(Reporting) : 사회복지행정가가 직원, 이사회, 지역사회, 행정기관, 후원자 등에게 조직에서 일어나는 상황을 알리는 것이다.
- 재정(Budgeting) : 조직의 행정가는 현재를 포함하여 중·장기적인 재정계획을 수립해야 하고 재정운영에 대한 책임을 갖는다.
- 평가(Evaluating) : 사회복지기관의 목표에 따라 전반적인 활동결과를 사정하는 과정을 말한다.

CHAPTER 07

07

정 답 및 해 설

01	02	03	04	05	06	07	08	09	10
④	⑤	①	⑤	②	④	③	②	⑤	④
11	**12**	**13**	**14**	**15**	**16**	**17**	**18**	**19**	
④	⑤	②	⑤	②	⑤	③	①	②	

01 난도 ★★☆   정답 ④

정답분석

④ 2015년 지역사회복지협의체의 명칭이 지역사회보장협의체로 변경되었다.

오답분석

① 사회복지전문요원 제도 이후 사회복지전담공무원 제도가 실시되었다.
② 1995년에 보건복지사무소, 2004년에 사회복지사무소 시범사업이 진행되었다.
③ 2007년 읍·면·동사무소가 주민자치센터로 변경되었고, 이후 2016년 읍·면·동 복지허브화 사업이 진행되었다.
⑤ 2007년 전자바우처 방식의 사회서비스 사업이 시작되었고 2019년 사회서비스원이 설치되었다.

02 난도 ★★☆   정답 ⑤

정답분석

⑤ 1989년 사회복지관 설치 및 운영규정이 제정되면서 정부보조금이 지원되었다.

오답분석

① 1950~1960년대 사회복지서비스는 주로 외국 원조단체들에 의해 제공되었다. 1950년대 후반에 KAVA(Korea Association of Voluntary Agencies)를 창설하고 KAVA를 중심으로 개별 사회사업 및 시설중심의 서비스가 시행되었다.
② 1970년 「사회복지사업법」 제정으로 법에 의거한 정부의 보조를 받을 수 있게 되었다.
③ 1987년 5대 직할시에서 사회복지전문요원제도가 도입되었다.
④ 1997년 「사회복지사업법」 개정으로 사회복지시설 평가제도가 도입되었다.

03 난도 ★★☆   정답 ①

정답분석

ㄱ. 주민생활지원서비스 전달체계는 2006년에 실행되었다.
ㄴ. 사회복지통합관리망(행복e음) 개통은 2010년에 개통되었다.
ㄷ. 읍·면·동 복지허브화는 2016년에 시행되었다.
ㄹ. 지역사회 통합돌봄은 2019년에 시행되었다.

04 난도 ★☆☆   정답 ⑤

정답분석

사회복지행정은 서비스의 효과적 제공과 조직의 효율적 유지관리가 필요하다. 사회복지부문도 경쟁의 시대에 진입하면서 공급자 중심의 서비스에서 이용자 중심의 서비스, 즉 욕구중심의 복지에서 수요중심의 복지의 경쟁적 시장단계로 접어들었으며, 사회복지기관들도 경쟁적 시장단계로 접어들어 일반기업의 경영관리기법을 받아들이고 있다.

05 난도 ★★☆   정답 ②

정답분석

② 사회서비스는 단일한 공급주체에 의해 제공되는 것이 아니라 공공과 민간에 의해 제공된다.

오답분석

① 2016년 민·관 협력에 의한 맞춤형 통합서비스 제공을 목적으로 하는 '읍·면·동 복지허브화' 전략의 구체적인 사업계획이 마련되었다.
④ 2019년부터 각 지자체별로 사회서비스의 공공성 및 투명성 향상을 위한 사회서비스원을 설립·운영하기 시작하였고, 양질의 돌봄서비스 기반 구축을 위한 지역사회 통합돌봄(커뮤니티케어) 선도사업을 추진하기 시작하였다.
⑤ 사회서비스는 사회복지뿐 아니라 보건, 교육, 주거, 고용 등을 포함하고 있다.

06 난도 ★★☆   정답 ④

정답분석

사회복지조직은 민영화로 인해 사회복지 공급주체가 다양해짐에 따라 후원금을 모금하기 위해 마케팅 기법을 활용하여 기업의 경영관리기법을 도입하고 있다.

오답분석

ㄴ. 행정관리능력 향상으로 인한 거주시설 대규모화보다는 탈시설화로 인한 소규모의 공동생활가정 등이 더 강조되고 있다.

07 난도 ★★☆   정답 ③

정답분석

ㄴ. 지역사회복지협의체는 2005년에 설치되었다.
ㄱ. 희망복지지원단은 2012년에 설치되었다.
ㄷ. 읍·면·동 복지허브화 사업은 2016년에 실행되었다.

08 난도 ★☆☆　　　　　　　　　　　　　정답 ②

정답분석
② 사회보장정보시스템(범정부)은 각종 사회보장급여 및 서비스 지원대상자의 자격 및 이력에 관한 정보를 통합관리하고, 국가기관, 지자체 및 공공기관의 업무 처리를 지원하기 위한 정보시스템이다. 기초생활보장, 기초연금, 보육, 한부모 등 복지부, 여성가족부의 120여 개 사업에 대해 종합적인 복지서비스를 제공한다.

오답분석
① 복지로는 복지서비스를 온라인으로 신청할 수 있는 보건복지부 복지포털사이트이다.
③ 사회복지시설정보시스템은 아동시설, 노인시설, 장애인시설, 부랑인시설, 정신요양시설 등 시설의 종별에 관계없이 사회복지법인과 시설의 회계·급여·인사·후원금 등을 관리하는 시스템이다.
④ 사회서비스전자바우처시스템은 사회서비스 신청, 이용, 정산 등을 위한 전산시스템이다.

09 난도 ★★☆　　　　　　　　　　　　　정답 ⑤

정답분석
ㅁ. 보건복지사무소 시범사업 : 1995년
ㄱ. 사회복지사무소 시범사업 : 2004년
ㄹ. 사회복지통합관리망(행복e음) 개통 : 2010년
ㄷ. 읍·면·동 복지허브화 : 2016년
ㄴ. 지역사회 통합돌봄 : 2019년

10 난도 ★☆☆　　　　　　　　　　　　　정답 ④

정답분석
지역사회 통합돌봄은 돌봄이 필요한 주민이 지역(집)에서 건강하게 살아갈 수 있도록 주거, 보건·의료, 요양, 돌봄 등 필요한 서비스를 통합적으로 연계하는 지역주도형 사회서비스정책으로, 생활시설 거주자의 퇴소를 금지하는 것이 아니라 탈시설화를 지원한다.

11 난도 ★☆☆　　　　　　　　　　　　　정답 ④

정답분석
민간 사회복지기관은 국가나 지방자치단체의 보조금을 받아 운영한다. 민간 사회복지기관은 국가나 지방자치단체의 보조금이 없는 경우 운영될 수 없다.

12 난도 ★☆☆　　　　　　　　　　　　　정답 ⑤

정답분석
1950년대는 전쟁으로 인하여 고아, 미망인, 무의탁 노인 및 빈민들에 대한 긴급구호 위주였기 때문에 지역사회조직이나 공동체 형성을 위한 조직관리기술을 사용하지 못하고 일방적 구호 수준에 지나지 않았다.

13 난도 ★★☆　　　　　　　　　　　　　정답 ②

정답분석
ㄷ. 사회복지전문요원 : 1987년
ㄹ. 보건복지사무소 시범사업 : 1995년
ㄱ. 사회복지사무소 시범사업 : 2004년
ㄴ. 희망복지지원단 : 2012년
ㅁ. 지역사회보장협의체 : 2015년

14 난도 ★★☆　　　　　　　　　　　　　정답 ⑤

정답분석
복지다원주의 패러다임은 국가의 주도로 복지서비스를 공급하는 것이 아니라 국가의 개입을 줄이고 민간의 역할증대를 통하여 복지를 실행하는 것이다.

15 난도 ★☆☆　　　　　　　　　　　　　정답 ②

정답분석
1980년대 사회복지관의 양적팽창으로 인하여 사회복지관이 생활시설 중심에서 이용시설 중심으로 변화하였다.

16 난도 ★★☆　　　　　　　　　　　　　정답 ⑤

정답분석
희망복지지원단은 2012년에 설치되었고 사회복지통합관리망(행복e음)은 2010년에 설치되었다. 사회복지통합관리망(행복e음) 설치 이후 희망복지지원단이 구축되었다.

17 난도 ★★☆　　　　　　　　　　　　　정답 ③

정답분석
ㄱ. 사회복지통합관리망은 2010년에 구축되었다.
ㄴ. 주민생활지원서비스는 2006년에 개편되었다.
ㄹ. 사회보장정보시스템은 2013년에 구축되었다.

오답분석
ㄷ. 사회복지전문요원제는 1987년에 도입되었다.

18 난도 ★★☆ 정답 ①

정답분석
사회서비스 공급에서 공공부문 참여가 감소하면서 영리부문의 참여는 증가하고 있다.

19 난도 ★☆☆ 정답 ②

정답분석
사회복지사업이 국고보조사업에서 지방사업으로 이양되었다.

SECTION 03 **사회복지행정의 기초이론**									
01	**02**	**03**	**04**	**05**	**06**	**07**	**08**	**09**	**10**
⑤	④	③	②	③	②	③	①	①	④
11	**12**	**13**	**14**	**15**	**16**	**17**	**18**	**19**	
③	①	①	②	②	①	②	④	①	

01 난도 ★★☆ 정답 ⑤

정답분석
관료제는 무사안일주의로 창조성과는 거리가 멀다.

PLUS +

관료제의 단점
- 항상 틀에 박힌 일정한 방식이나 태도를 취하는 매너리즘에 빠져 독창성을 잃는다.
- 전문화로 인하여 자신의 업무 외에는 할 수 없다.
- 구성원이 현상만 유지하면 된다는 식의 무사안일주의에 빠진다.
- 사람보다는 규칙과 규정을 중요하게 생각하여 목적과 수단이 바뀌게 되는 목적 전치에 빠진다. 목적을 달성하기 위한 규칙이 목적 자체가 된다.
- 레드테이프(Red Tape)는 문서처리에 지나친 형식을 강조한다.
- 사적 관계를 배제해 몰인간성을 강조한다.
- 크리밍 현상이 나타날 수 있다.

02 난도 ★★☆ 정답 ④

오답분석
ㄱ. 관료제는 합리적인 규칙과 효율성을 강조하여 정해져 있는 규칙을 따라야 한다. 공적인 지위에 따른 위계적인 권위구조를 가지고 있어 권위는 수직적으로 구조화되어 있다.

PLUS +

관료제의 특징
- 합리적인 규칙과 효율성을 강조하여 정해져 있는 규칙을 따라야 한다.
- 공적인 지위에 따른 위계적인 권위구조를 가진다.
- 고도의 전문성이 요구된다.
- 구성원보다는 규칙이나 규정을 우선시한다.

03 난도 ★★☆   정답 ③

정답분석

관료제이론은 합리적인 규칙과 효율성을 강조하여 정해져 있는 규칙을 따라야 하고 공적인 지위에 따른 위계적인 권위구조를 가진다. 권한의 양식이 합법적이고 합리성을 띠고 있다.

오답분석

ㄱ. 조직 내 비공식집단의 중요성을 인식하는 이론은 인간관계론이다.

ㄷ. 조직 외부의 정치적 상황에 주목하는 이론은 정치경제이론이다.

04 난도 ★★☆   정답 ②

정답분석

과학적 관리론은 관리자(ㄱ)에게만 조직의 목표를 설정할 수 있는 책임(ㄴ)을 부여하기 때문에 직원(ㄷ)의 의사결정참여(ㄹ)를 지향하는 사회복지조직에 적용하는 데는 한계가 있을 수 있다. 과학적 관리론은 업무에 필요한 동작에 대한 소요시간을 표준화하여 적정한 1일 업무를 분업한다. 이때 관리자가 1일 업무를 정하고 직원을 따르게 되어 상부에서 정한 목적이 일치되지 않을 경우 문제가 발생한다.

05 난도 ★★☆   정답 ③

오답분석

ㄴ. 집권화를 통한 위계구조 설정이 조직성과의 결정적 요인인 이론은 관료제이론이다.

ㄷ. 호손(Hawthorne) 공장에서의 실험결과를 적극 반영한 이론은 인간관계론이다.

PLUS +

과학적 관리론
- 업무에 필요한 동작에 대한 소요시간을 표준화하여 적정한 1일 업무를 분업한다.
- 표준화된 분업을 확립하며, 성과와 임금을 연계하여 성과에 따른 임금을 제시한다.
- 객관화·분업화를 통하여 업무의 능률성을 강조한다.
- 생산성을 강조하여 구성원의 신체적 능력을 중요하게 여긴다.

06 난도 ★☆☆   정답 ②

정답분석

과학적 관리론은 업무에 필요한 동작에 대한 소요시간을 표준화하여 적정한 1일 업무를 분업한다. 표준화된 분업을 확립하고 성과와 임금을 연계하여 성과에 따른 임금을 제시한다. 객관화, 분업화를 통하여 업무의 능률성을 강조한다.

② 인간의 정서적인 측면과 사회적 관계를 중시하는 이론은 인간관계론이다.

07 난도 ★★☆   정답 ③

정답분석

③ 인간관계론은 조직의 생산성 향상을 위해 인간의 정서적인 요인과 함께 심리사회적 요인, 비공식적 요인에 역점을 두어 인간을 관리하는 기술이다. 인간의 심리사회적 욕구에 초점을 두며, 인간의 정서적인 측면과 사회적인 관계를 중시한다.

오답분석

① 과학적 관리론은 개인들의 과업을 수행하는 데 필요한 시간 및 동작에 초점을 두고, 조직에서 개인의 기여를 극대화하기 위해 개인의 동작에 대한 소요시간을 표준화하여 적정한 일의 분업을 확립한 다음 과업의 성과와 임금을 관련시킨다.

② 관료제론은 조직관리를 위한 합리적인 규칙을 의미하는 것으로, 의사결정의 계층화와 고도의 전문화에 기초한다.

④ 행정관리론은 상부(위)에서부터 연구하여 조직의 목적을 성취하기 위한 업무의 최적방법을 도출하고 그에 따라 조직을 설계하는 과정을 추구한다.

⑤ 자원의존론은 개방체계적 관점에서 조직과 환경 간의 상호작용을 중시하며, 그와 같은 상호작용이 조직의 내부 역학관계에 어떠한 영향을 미치는가에 초점을 둔다.

08 난도 ★☆☆   정답 ①

정답분석

인간관계론을 주장한 메이요는 구성원의 만족을 주는 요인을 실험하여 금전이나 작업환경이 생산성을 향상시키지 못하고, 구성원의 작업능률은 다른 구성원과의 인간관계에 크게 좌우된다는 것을 발견하였다. 인간관계론에서는 조직의 비공식적 집단이 생산성과 업무태도에 영향을 미친다고 본다.

09 난도 ★☆☆   정답 ①

오답분석

② 현상유지가 조직의 중요한 관점인 이론은 관료제이론이다.

③ 의사결정은 전문가의 직관을 기반으로 하는 것이 아니며, 전체 구성원의 참여를 활성화시키기 위한 권력의 분배가 필수적이다.

④ 구성원들과 각 부서는 경쟁체계를 형성하지 않고 품질을 전 부서에서 전 과정에 걸쳐 총체적으로 관리할 것을 강조한다.

⑤ 품질결정은 전문가가 아니라 소비자가 주도한다.

총체적 품질관리
• 고객만족을 위하여 모든 조직 구성원이 협력하여 품질의 개선과 향상을 위해 노력한다.
• 품질은 개인의 노력보다는 구성원 전원의 다양한 협력활동을 통해 나타난다.
• 투입과 과정에 대한 지속적인 개선을 하고 품질은 고객이 평가한다.
• 품질의 변이를 미리 예측하여 사전에 방지한다.
• 품질에 중점을 둔 관리기법으로 고객중심적인 관리체계이다.
• 서비스의 품질은 초기단계에서부터 고려된다.
• 고객의 욕구를 조사하며, 의사결정은 욕구조사 분석에 기반한다.
• 고객만족을 우선적 가치로 하며 서비스의 질을 강조한다.
• 조직의 문제점을 발견하고 시정함에 있어 지속적인 학습과정을 강조한다.
• 초기과정에서 조직리더의 주도성이 중요하다.

10 난도 ★★☆   정답 ④

정답분석

총체적 품질관리(TQM)는 고객만족을 위하여 모든 조직 구성원이 협력하여 품질의 개선과 향상을 위해 노력하고, 개인의 노력보다는 구성원 전원의 다양한 협력활동을 중요시한다. 투입과 과정에 대한 지속적인 개선을 하고 품질의 질은 고객이 평가하며 조직의 문제점을 발견하고 시정함에 있어 지속적인 학습과정을 강조한다.

11 난도 ★☆☆   정답 ③

정답분석

총체적 품질관리에서 서비스 품질은 마지막 단계가 아니라 초기단계에서부터 고려한다.

12 난도 ★★☆   정답 ①

정답분석

정치경제이론(자원의존이론)은 업무환경의 중요성을 강조하고 조직운영에서 정치적 요인과 경제적 요인을 중시하는 이론이다. 업무환경은 조직이 필요로 하는 중요한 자원을 통제하고 조직을 통해 목표를 달성한다.

13 난도 ★★☆   정답 ①

정답분석

① 위험관리는 위험을 예방·회피하려는 사전적인 대응활동으로 위험을 확인(발견), 분석, 평가하여 최적의 위험처리 방도

를 선택하는 관리과정이다. 클라이언트의 안전확보도 서비스의 질과 연결되어 있으므로 서비스 질 관리를 위하여 위험관리가 필요하다.

오답분석

② 총체적 품질관리(TQM)는 고객만족을 위하여 모든 조직 구성원이 협력하여 품질의 개선과 향상을 위해 노력하는 기법으로 사회복지기관에 적용 가능하다. 클라이언트가 많은 기관들 중에 선택하므로 사회복지기관은 클라이언트의 만족을 위해 프로그램의 품질을 향상시켜야 한다.
③ 총체적 품질관리는 현상유지에 초점을 두기보다는 지속적인 개선에 초점을 둔다. 품질의 변이를 미리 예측하여 사전에 방지한다.
④ 서브퀄(SERVQUAL)의 요소는 확신성, 신뢰성, 반응성, 공감성, 유형성이다.
⑤ 서브퀄에서 유형성(Tangible)은 서비스 제공이나 상품생산을 위해 사용된 장비나 물리적인 시설 등의 외형(외관) 혹은 미적 상태를 말한다. 고객요청에 대한 즉각적 반응은 반응성이다.

SERVQUAL(서브퀄) 모형
• 유형성 : 클라이언트 눈에 보이는 사회복지기관의 시설에 대한 부분으로 사회복지기관이 사용하는 장비나 시설의 외형을 의미한다.
• 신뢰성 : 사회복지기관이 클라이언트에게 약속한 서비스를 잘 지키고 있는지, 사회복지기관이 클라이언트에게 약속한 서비스를 믿을 수 있는지를 의미하고 지속성 및 예측성과 연관된다.
• 대응성 : 사회복지기관이 클라이언트에 대한 서비스를 얼마나 즉각적으로 실행하고 있는지를 의미한다.
• 확신성 : 사회복지기관에서 일을 하는 사회복지사의 능력이나 사회복지기관의 자원을 의미한다.
• 공감성 : 클라이언트에 대한 배려와 개별적 관심 및 클라이언트의 이익을 고려한 맞춤형 서비스를 제공할 수 있는지를 의미한다.

14 난도 ★★☆   정답 ②

정답분석

13번 해설 [PLUS +] 참조

15 난도 ★★☆   정답 ②

정답분석

서비스 질뿐 아니라 노력성, 효과성, 효율성, 공평성, 영향성, 과정 등은 사회복지평가의 기준이 될 수 있다.

16 난도 ★☆☆　　　　　　　　　　정답 ①

정답분석

서브퀄은 서비스 품질을 측정하기 위한 도구로 신뢰성, 반응성, 확신성, 공감성, 유형성으로 구분된다.

17 난도 ★★☆　　　　　　　　　　정답 ②

정답분석

② 목적전치(Goal Displacement)는 업무의 효율적 달성을 위하여 업무의 절차와 규칙을 정해 놓았는데 나중에는 그 절차의 준수에 얽매여 본래의 목표를 소홀히 하는 수단적 가치와 궁극적 가치가 바뀌는 현상으로 목적을 달성하기 위한 규칙이 목적 자체가 되는 것을 말한다. A사회복지기관의 직원은 프로그램 운영에 신경을 쓰는 것이 아니라 모금활동에 더 신경을 써 목적을 달성하기 위한 규칙이 목적 자체가 되었다.

오답분석

① 리스트럭처링(Restructuring)은 구조조정으로 기업의 기존 사업구조나 조직구조를 보다 효과적으로 기능하게 하거나 효율을 높이고자 실시하는 구조개혁 작업을 말한다.
③ 크리밍(Creaming)은 사회복지조직들이 프로그램의 성공 가능성이 높은 클라이언트만 선발하고, 비협조적이거나 어려울 것 같은 클라이언트를 선발하지 않는 것이다.
④ 소진(Burnout)은 평소 업무에 헌신적이었던 직원이 스트레스를 경험하여 직무에서 멀어져가는 것을 의미한다.
⑤ 다운사이징(Downsizing)은 조직의 효율성을 향상시키기 위해 의도적으로 조직 내의 인력이나 직무, 부서 등의 규모를 축소시키는 방법이다.

18 난도 ★★☆　　　　　　　　　　정답 ④

정답분석

기준행동은 업무자들이 기준으로 제시된 측정 가능한 사안들에만 집중하여 실질적인 서비스의 효과성에 대해서는 무관심하게 되는 것을 말한다.

19 난도 ★★☆　　　　　　　　　　정답 ①

정답분석

① 서비스의 과활용은 서비스가 필요하지 않은 클라이언트에게 서비스를 제공하거나 서비스를 너무 많이 주는 것을 의미한다. 사례에서는 전담직원을 채용하여 취업이 필요한 대상자의 취업 성공률을 높이기 위해 프로그램을 기획한 것이므로 서비스의 과활용에 대한 내용은 포함되어 있지 않다.

오답분석

② '몇몇 대상자들은 A센터의 취업성공률을 낮출 것이라고 보고'는 크리밍에 해당한다.
③ '타 기관으로 보낼 방안을 검토'는 의뢰에 해당한다.
④ '대상자를 개별적으로 사정, 상담하여 취업 방해요인을 분석'은 사례관리에 해당한다.
⑤ '전담직원을 신규 채용해서 맞춤형 프로그램 기획을 담당'은 스태핑에 해당한다.

01	02	03	04	05	06				
④	④	⑤	②	②	②				

01 난도★☆☆ 정답 ④

정답분석

전문성은 전문가가 직접 서비스를 제공해야 한다는 것이다. 최소비용으로 최대효과를 얻는 것은 효율성이다.

02 난도★★☆ 정답 ④

정답분석

사회복지서비스 급여의 유형과 전달체계에 따라 특성이 변경되며, 대상자에 따라 현금, 현물 등 다양한 유형으로 제공된다.

03 난도★☆☆ 정답 ⑤

정답분석

통합성은 대상자의 문제가 복잡하고 연관되어 있기 때문에 필요한 서비스도 서로 연관되어 제공되어야 한다는 것이다. 통합성과 홍보는 아무 관련이 없다.

04 난도★★☆ 정답 ②

오답분석

ㄱ. 책임성은 대상자에게 제공되는 서비스 전달을 위해 최선의 노력을 다해야 한다는 원칙이다. 충분한 양과 질 높은 서비스가 제공되어야 한다는 원칙은 적절성의 원칙이다.

ㄹ. 전문성은 전문가가 서비스를 직접 제공해야 한다는 원칙이다. 종합적으로 서비스가 제공되어야 한다는 원칙은 통합성의 원칙이다.

05 난도★☆☆ 정답 ②

정답분석

ㄱ. 클라이언트의 욕구와 문제해결을 위해 다양한 서비스를 제공해야 한다는 원칙은 포괄성이다.

ㄴ. 서비스의 양과 질이 욕구와 목표달성에 충분해야 한다는 원칙은 적절성이다.

ㄷ. 핵심적인 업무는 반드시 객관적으로 자격이 인정된 사람이 담당해야 한다는 원칙은 전문성이다.

ㄹ. 서비스를 필요로 하는 사람은 누구나 쉽게 받을 수 있어야 한다는 원칙은 접근성이다.

06 난도★★★ 정답 ②

정답분석

사회복지서비스 전달체계는 서비스 종류에 따라 공적 전달체계와 민간 전달체계로 구분된다.

01	02	03	04	05	06	07	08	09	10
⑤	①	⑤	②	⑤	①	④	①	④	⑤
11	12								
①	⑤								

01 난도 ★★☆ 정답 ⑤

정답분석

⑤ 수직적 분화는 조직 내의 계층의 수로, 과업의 분화가 상하관계를 가지고 이루어지는 것을 의미한다. 수직적 분화는 조직 내의 명령계통과 관련되는 개념으로 계층이라고 하며, 계층의 수가 많아질수록 조직은 수직적으로 더욱 복잡하게 되어 의사소통이 왜곡될 가능성이 커진다.

오답분석

① 집권화 수준을 높이면 의사결정의 권한이 상부에 집중된다.
② 업무가 복잡할수록 공식화의 효과는 더 작아진다.
③ 공식화는 직무의 표준화를 의미하고 공식화 수준을 높이면 직무의 사적 영향력이 낮아진다.
④ 과업분화가 높을수록 수평적 분화가 덜 이루어진다. 과업분화는 부서나 직업적 전문가의 수를 말하며, 조직 내에서 부서나 전문가의 수가 높을수록 수평적 분화가 더욱 높아져 조직은 그만큼 복잡하게 형성된다.

02 난도 ★★☆ 정답 ①

정답분석

비영리 사회복지조직은 재산상의 이익을 구하지 않고, 사회의 자원을 동원하여 국민의 복지를 유지 및 증진하는 공적 서비스 조직이다. 민간조직으로 공공조직보다 관료화 정도가 낮고, 국가와 시장이 공급하기 어려운 서비스를 제공할 수 있어 특정 클라이언트를 위한 서비스를 제공할 수 있다. 비영리 사회복지조직은 수익성은 고려하지 않을 수 있지만 서비스 질을 고려하여 조직을 운영한다.

03 난도 ★★☆ 정답 ⑤

정답분석

태스크포스(TF)는 프로젝트 팀이라고도 하며 특정한 과제를 성취하기 위해 필요한 전문가에 의해 기한이 정해진 임시조직을 말한다. 각 전문가 간의 커뮤니케이션과 조정을 쉽게 할 수 있고, 밀접한 협동관계를 형성하여 직위의 권한보다 능력이나 지식의 권한으로 행동하며 성과에 대한 책임이 명확하고 행동력도 가지고 있다.

04 난도 ★★☆ 정답 ②

정답분석

사회복지조직의 책임성은 수행의 결과에 대한 책임감과 함께 투입단계에서부터 산출단계까지의 과정에 있어서도 정당성을 갖추어야 함을 의미한다. 조직의 효과성뿐만 아니라 효율성도 중시해야 하고 권한의 원칙이나 영향력 등이 정당성까지도 고려해야 한다. 즉, 책임성 이행측면에서 효율성과 효과성 모두를 포괄하여 극대화해야 한다.

05 난도 ★★☆ 정답 ⑤

정답분석

비영리조직(법인)은 이윤을 추구하지 않고 다양한 목적으로 설립될 수 있다. 비영리조직의 주된 목적은 이익을 창출하는 것이 아니라 사회에 이익을 주는 것으로 비영리조직은 자선단체, 재단, 비정부조직 등의 형태를 취할 수 있다. 이익창출을 하지 않기 때문에 후원금이나 기부금이 중요한 재원이다.

⑤ 비영리조직(법인)은 법에서 정한 수익사업에 대해서만 법인세가 과세된다. 비영리조직(법인)은 고유목적사업 준비금 제도를 통해서 법인세가 일부 감면되고 재산에 대한 상속세와 증여세가 면제되어 세제혜택을 받는다.

06 난도 ★★☆ 정답 ①

정답분석

거버넌스는 공공서비스의 효율성을 높이고자 하는 새로운 조직구조상의 변화로, 정부만이 공공서비스를 공급하는 방식이 아니라 비정부조직이나 민간영역이 함께 공공서비스를 공급하는 구조이다. A지방자치단체는 아동학대 문제에 적극 대처하기 위해 'A지역 아동보호네트워크'를 발족하여 아동학대에 적극적으로 대응한 것은 거버넌스 구축에 해당한다.

07 난도 ★★☆ 정답 ④

정답분석

구성원의 자발적 참여와 재량권을 확대시키는 것은 분권화의 장점이다. 집권화는 책임과 권한을 한곳에 집중하는 것으로 한 사람이 모든 권한을 가지고 있다.

08 난도 ★☆☆　　　　　　　　　　정답 ①

정답분석

① 비공식조직은 조직 안에서 친한 구성원들끼리 인간관계를 맺기 위해 자연스럽게 발생한 집단이다.

오답분석

② 공식업무의 신뢰성과 일관성을 높이는 조직은 공식조직이다.
③ 정형화된 구조로 조직의 안정성을 높이는 조직은 공식조직이다.
④ 파벌이나 정실인사의 부작용이 나타나는 것은 비공식조직의 단점이다.
⑤ 의사결정이 하층부에 위임되어 직원들의 참여의식을 높이는 조직은 공식조직이다.

PLUS +

비공식조직의 장점
• 의사소통의 통로가 된다.
• 구성원들의 응집력을 유지시켜 준다.
• 구성원들의 스트레스를 배출시켜 준다.

09 난도 ★★☆　　　　　　　　　　정답 ④

정답분석

④ 행렬조직은 업무의 효율성을 높이기 위해 구성원이 부서에 소속되어 있으나 특정한 업무를 위해 프로젝트 팀에 편입되는 조직이다. 한 사람이 두 개의 라인을 통해 업무를 수행하고 프로젝트가 끝나면 원래 조직의 업무만 수행한다.

오답분석

① 문제를 해결하기 위해 임시로 만들어지는 조직이다.
② 조직운영을 지원하는 공식조직을 의미한다.
③ 합리성을 강조하기 때문에 조직 유연성을 상승시킬 수 있다.
⑤ 현실에 있는 사업조직을 일컫는다.

10 난도 ★☆☆　　　　　　　　　　정답 ⑤

정답분석

⑤ 조직환경 대응전략은 권위주의 전략, 경쟁적 전략, 협동적 전략(계약, 연합, 흡수), 방해전략으로 구분된다.

오답분석

① 권위주의 전략은 조직이 정확한 행동을 하도록 권력을 사용하고 이들 행동을 권장하거나 보상을 하지 않는다는 의미에서 권위주의적이다. 작은 조직이 행동을 하도록 세력이 큰 조직이 명령을 내리는 전략이다.
② 경쟁적 전략은 기관 프로그램의 서비스와 질을 더욱 바람직하고 좋은 서비스로 보이게 하여 다른 사회복지조직들과 경쟁하는 것을 말한다. 바람직한 현상이지만 상대 조직과의 경쟁으로 인하여 기관에게 유리한 대상자를 선정하는 크리밍 현상이 나타날 수 있다.
③ 협동적 전략은 계약, 연합 흡수 등의 방법을 통하여 권력을 증가시키는 전략이다.
④ 방해전략은 경쟁적 위치에 있는 다른 조직의 전략을 사용하지 못하도록 방해하는 전략이다.

11 난도 ★★☆　　　　　　　　　　정답 ①

정답분석

방해전략은 경쟁적 위치에 있는 다른 조직의 전략을 사용하지 못하도록 방해하는 전략으로 최후의 방법으로 사용해야 한다. 권력이 없는 사람들을 대신하여 다른 조직으로부터 양보를 얻어 낼 수 있다.

12 난도 ★★☆　　　　　　　　　　정답 ⑤

정답분석

조직문화란 한 조직의 구성원들이 공유하고 있는 가치관, 신념, 이념, 관습 등을 총칭하는 것으로서, 조직과 구성원의 행동에 영향을 주는 기본적인 요인으로 작용한다. 조직의 내적으로는 의사소통이나 의사결정 등에 영향을 미치고, 조직의 외적으로는 환경에 영향을 미친다.

SECTION 06 리더십

01	02	03	04	05	06	07	08	09	10
①	②	③	③	③	①	⑤	①	①	④
11	**12**	**13**	**14**						
②	②	②	④						

01 난도★★★   정답 ①

정답분석

서번트(섬김) 리더십은 리더는 권위주의자가 아니라 봉사하는 하인이며 구성원을 섬김의 대상으로 보고 리더의 헌신으로 인하여 구성원과 함께 조직의 목표를 달성한다고 본다.

오답분석

ㄴ. 가치의 협상과 계약을 중시하는 리더십은 거래적 리더십이다.
ㄹ. 지능, 사회적 지위, 교육 정도, 외모를 강조하는 리더는 특성이론이다.

02 난도★★☆   정답 ②

정답분석

행동이론에서 컨트리클럽형(Country Club Management)은 사람에 대한 관심은 높지만 일에 대한 관심은 없는 리더이다. 사람과 일에 대한 관심이 모두 높은 리더는 팀형이다.

PLUS +

리더십이론
• 특성이론은 리더가 될 수 있는 사람은 다른 사람과 다른 타고난 특성과 자질을 가지고 있다고 보는 이론이다.
• 행동이론은 리더의 자질과 특성보다는 리더의 행동에 초점을 두는 이론이다.
• 상황이론은 리더의 유형과 상황적 조건을 결합시킨 이론으로 상황에 따라 리더십이 달라진다고 전제한다.
• 서번트 리더십은 리더를 다른 사람에게 봉사하는 하인으로 보고, 구성원을 섬김의 대상으로 간주하였다.

03 난도★★★   정답 ③

정답분석

ㄷ. 상황이론은 리더의 유형과 상황적 조건을 결합시킨 이론으로 상황에 따라 리더십이 달라진다고 전제한다.

오답분석

ㄱ. 계층적 승진제도를 통해서 직원의 성취욕구를 고려하는 이론은 관료제이론이다.
ㄴ. 시간과 동작 분석을 활용하여 표준시간과 표준동작을 정하는 이론은 과학적 관리론이다.

04 난도★★☆   정답 ③

정답분석

ㄷ. 변혁적 리더십에서 리더는 구성원의 높은 도덕적 가치와 이상에 호소하여 의식을 변화시키며, 구성원들에게 권한을 부여하고 비전을 제시하여 생산성을 높인다.

오답분석

ㄱ. 구성원들에게 봉사하는 것을 핵심적 가치로 하는 리더십은 서번트 리더십이다.
ㄴ. 구성원들에 대한 상벌체계를 강조하는 리더십은 거래적 리더십이다.

05 난도★★★   정답 ③

정답분석

③ 허시와 블랜차드의 상황적 리더십 이론은 과업지향적 행동과 관계지향적 행동으로 구분하면서 구성원의 성숙도를 중요하게 생각하였다.

오답분석

① 블레이크와 머튼의 관리격자모형은 행동이론 중 하나이다.
② 블레이크와 머튼의 관리격자모형에서 가장 바람직한 행동유형은 인간과 생산에 관심이 높은 팀형이다.
④ 행동이론의 대표적 모형은 오하이오 연구, 미시간 연구, 관리격자이론, 아이오와 연구이다.
⑤ 퀸의 경쟁가치 리더십 모형에서는 내부지향 대 외부지향, 유연성 대 통제성을 각각 가로축과 세로축에 배치하고 인간관계기술, 경계─잇기기술, 조정기술, 지휘기술 등의 리더십을 제시하였다. 환경적응(비전제시가), 목표달성(목표달성가), 형태유지(분석가), 통합(동기부여)의 4가지 활동이 상반된 가치를 추구한다는 것을 의미한다.

06 난도★★☆   정답 ①

정답분석

상황이론
• 리더의 유형과 상황적 조건을 결합시킨 이론으로 상황에 따라 리더십이 달라진다고 전제한다.
• 상황에 따라 어떤 조직에는 효과적일 수도 있고 효과적이지 않을 수도 있다.
• 현 상태의 상황이 지도자의 행동이나 특성을 결정하는 요인이다.

07 난도 ★★☆　　　　　　　　정답 ⑤

정답분석

⑤ 컨트리클럽형(1.9)은 인간관계에 초점을 두고 구성원의 욕구에만 관심을 두는 유형으로, 생산에 대한 관심은 낮지만 인간에 대한 관심은 높은 유형이다. A사회복지관의 관장은 직원 개인의 문제에는 관심을 갖고 적극적으로 지원하지만 사업관리는 서비스 제공 팀장에게 일임하고 있으므로 컨트리클럽형이다.

오답분석

① 무기력형(1.1)은 생산에 대한 관심과 인간에 대한 관심이 모두 낮은 유형이다.
② 과업형(9.1)은 생산에 대한 관심은 높지만 인간에 대한 관심은 낮은 유형이다.
③ 팀형(9.9)은 생산에 대한 관심과 인간에 대한 관심이 높은 유형이다.
④ 중도형(5.5)은 생산과 인간에 대한 관심은 중간수준의 유형이다.

08 난도 ★★☆　　　　　　　　정답 ①

정답분석

관리격자이론은 생산과 인간에 대한 관심이라는 두 가지 차원으로 무기력형(1.1), 컨트리클럽형(1.9), 중도형(5.5), 과업형(9.1), 팀형(9.9)으로 구분하며 상황적 요소는 고려하지 않는다. 상황적 요소를 고려하는 이론은 상황이론이다.

09 난도 ★★☆　　　　　　　　정답 ①

정답분석

변혁적 리더십은 조직의 노선과 문화를 변동시키려고 노력하는 변화를 추구하거나 개혁하는 리더십이다. 환경의 변화에 대응하여 새로운 비전, 조직문화, 규범을 창출하고, 그것이 새로운 현실이 되도록 적절한 지지를 확보하는 등 조직의 변화를 주도하는 리더의 활동을 강조한다.
ㄱ. 지도자는 부하 직원에게 잠재능력을 개발하도록 도움을 주고 내재적 만족감을 갖게 하며, 리더십은 지도자와 추종자 간의 협력 과정을 통해 형성된다.

오답분석

ㄴ. 성과에 대한 금전적인 보상이 구성원의 높은 헌신을 가능하게 하는 리더십은 거래적 리더십이다.
ㄷ. 조직목표 중 개인의 사적이익을 가장 우선시하지 않는다.

10 난도 ★★☆　　　　　　　　정답 ④

오답분석

① 블레이크와 머튼의 관리격자이론에 의하면 팀형(9.9)이 가장 이상적인 리더이다.
② 피들러의 상황이론에 의하면 상황의 호의성이 모두 불리할 때 리더는 인간중심의 행동이 아니라 과업중심의 행동을 해야 효과적이라고 본다.
③ 허시와 블랜차드의 상황이론에 의하면 구성원의 성숙도가 낮을 경우 지시형 리더십이 적합하다.
⑤ 배스의 변혁적 리더십에 의하면 변혁적 리더는 동기나 도덕에 관심을 갖는다.

11 난도 ★★☆　　　　　　　　정답 ②

정답분석

상황이론은 리더의 유형과 상황적 조건을 결합시킨 이론으로 상황에 따라 리더십이 달라진다고 본다. 상황이론에는 피들러의 상황적합이론과 허시와 블랜차드의 상황적 리더십 이론이 있다. 허시와 블랜차드의 상황적 리더십 이론은 구성원의 성숙도가 중요하다.

12 난도 ★★☆　　　　　　　　정답 ②

오답분석

• 지시적 리더십은 모든 의사결정을 지도자가 독단적으로 결정하고 구성원에게 명령과 복종만 요구한다.
• 자율적 리더십은 모든 의사결정의 권한을 구성원에게 위임하여 구성원이 문제를 해결한다.

PLUS +

참여적(민주적) 리더십
• 모든 의사결정에 구성원의 참여시켜 함께 검토하여 해결한다.
• 구성원의 자유와 욕구를 인정하여 동기를 부여하고 지식과 기술을 활용한다.
• 구성원의 참여가 가능하여 구성원의 사기가 높다.
• 신속한 결정을 하지 못해 위기상황에 사용하지 못하고 지연 가능성이 있다.

13 난도 ★★☆　　　　　　　　정답 ②

정답분석

참여적 리더십은 모든 의사결정에 구성원의 참여시켜 함께 검토하여 해결하며, 구성원의 자유와 욕구를 인정하여 동기를 부여하고 지식과 기술을 활용한다. 상급자의 권한과 책임을 포기하는 리더십은 자율적(위임적) 리더십이다.

14 난도 ★☆☆   정답 ④

정답분석

참여적 리더십은 모든 의사결정에 구성원을 참여시켜 함께 검토하여 해결한다. 구성원의 자유와 욕구를 인정하여 동기를 부여하고 지식과 기술을 활용하여 구성원의 사기가 높다. 그러나 신속한 결정을 하지 못해 위기상황에 사용하지 못하고 지연 가능성이 있다.

④ 하급자들이 의사결정을 적극적으로 주도하는 리더십은 자율적(위임적) 리더십이다.

SECTION 07 **사회복지조직의 인적자원관리**									
01	**02**	**03**	**04**	**05**	**06**	**07**	**08**	**09**	**10**
④	⑤	③	③	④	⑤	④	①	③	⑤
11	**12**	**13**	**14**	**15**	**16**	**17**	**18**	**19**	**20**
⑤	②	①	⑤	③	②	④	②	④	③
21									
③									

01 난도 ★★☆   정답 ④

정답분석

인적자원관리의 구성요소
- 노사관계관리 : 인적자원관리에서는 경영자와 종업원 사이의 상하관계뿐만 아니라, 노동조합과 사용자 사이의 협력관계를 유지하고 관리
- 인적자원의 유지 : 기업이 이미 확보하고 개발한 인적자원을 유지시키기 위한 제도와 복리후생, 인간관계관리 등을 포함
- 보상관리 : 조직 구성원의 공헌에 대한 적정하고 공정한 급여 및 보상을 제공하는 것으로, 임금, 상여, 복리후생 등을 포괄적으로 다룸
- 직무관리 : 구성원의 직무에 대한 분석, 설계, 평가를 통해 효율적인 인사활동을 지원하고 기업의 목표달성에 필요한 기준을 제시
- 고용관리 : 유능한 인적자원을 계획적으로 모집·선발하고 적절한 직무에 배치하며, 이동 및 승진을 통해 최적의 성과를 추구하는 활동을 포함
- 인적자원의 개발 : 교육, 훈련, 경력개발 등을 통해 인적자원이 조직의 목표를 달성하기 위해 필요한 역량을 갖추도록 지원

02 난도 ★★☆   정답 ⑤

정답분석

⑤ 강의 : 학문이나 기술의 일정한 내용을 체계적으로 설명하여 가르치는 행위로 짧은 시간에 많은 사람에게 교육내용을 전달할 때 사용한다.

오답분석

① 멘토링 : 경험과 지식이 많은 사람이 스승의 역할을 하여 지도와 조언으로 그 대상자의 실력과 잠재력을 향상시키는 것이다.
② 감수성 훈련 : 사람들과의 집단토론을 통하여 소통하며 자신과 상대방에 대한 인식을 높이는 훈련이다.
③ 역할연기 : 현실에 일어나는 장면을 설정하고 여러 명의 사람들 각자가 맡은 역을 연기하여 비슷한 체험을 통해 일이 실제로 일어났을 때 올바르게 대처할 수 있게 하는 훈련이다.
④ 소시오 드라마 : 동의된 사회적 상황을 참가자들이 자발적으로 연기하는 집단행동방법으로, 사람들이 그들의 생각과 느낌을 표현하고 문제를 해결하여 그들의 가치를 명확히 하는 것이다.

CHAPTER **07**

정답 및 해설

03 난도 ★★☆　　　　　　　　　　정답 ③

정답분석

직무수행평가는 직무수행 기준 확립 → 직무수행 기대치를 직원에게 전달 → 평가도구를 사용하여 직원의 실제 직무수행을 측정 → 실제 직무수행을 직무수행 평가기준과 비교 → 직원과 평가결과 회의 진행 순으로 이루어진다.

04 난도 ★★★　　　　　　　　　　정답 ③

오답분석

ㄷ. 종사자의 교육수준, 기술, 능력 등을 포함하는 것은 직무기술서가 아니라 직무명세서이다.

PLUS +

직무기술서(직위기술서, 직무해설서)
- 직무 자체에 대한 기술로 직무분석의 결과에 의거하여 직무수행과 관련된 과업 및 직무행동을 일정한 양식에 따라 기술한 문서이다.
- 작업조건을 파악하여 작성하고 직무수행을 위한 책임과 행동을 명시한다.
- 직무의 성격, 내용, 수행방법 등을 정리한 문서이다.

05 난도 ★★☆　　　　　　　　　　정답 ④

정답분석

ㄴ. 직무명세서는 직무요건이나 자격요건만을 분리하여 구체적으로 작성한 문서이다.
ㄷ. 직무평가는 기업 목표 달성에 대한 직무의 기여도를 고려한다.

오답분석

ㄱ. 직무분석이 이루어진 이후 직무명세서와 직무기술서가 작성된다.

06 난도 ★☆☆　　　　　　　　　　정답 ⑤

정답분석

인적자원관리의 영역에는 교육 및 훈련, 직원채용, 승진 및 배치, 동기부여 등이 속한다. 재무는 재원과 관련이 있으므로 자본의 조달 및 운용에 관한 영역에 해당한다.

07 난도 ★★☆　　　　　　　　　　정답 ④

정답분석

OJT는 On the Job Training의 약자로 직장 내 교육훈련을 말한다. 직장상사에게 직접 직무교육을 받으며, 일상적인 업무를 통해 교육을 받는다.

오답분석

ㄱ · ㄹ. Off-JT에 대한 설명이다. Off-JT는 Off the Job Training의 약자로 업무를 멈추고 다른 전문교육기관에서 교육을 받는 방식으로 직장 외 교육훈련을 말한다.

08 난도 ★★★　　　　　　　　　　정답 ①

정답분석

급여수준은 직무기술서에 포함되지 않는다.

09 난도 ★★☆　　　　　　　　　　정답 ③

정답분석

계속교육은 학교교육이 끝난 직원들을 대상으로 전문성 유지 및 향상을 위해 계속적으로 교육하는 것이다.

10 난도 ★★☆　　　　　　　　　　정답 ⑤

정답분석

소진은 평소 직무에 헌신적이었던 직원이 스트레스에 대한 반응으로 직무에서 멀어져 가는 것으로 직업에 대한 이상, 열정, 목적의식이나 관심이 줄어드는 것을 의미한다. 열성단계 → 침체단계 → 좌절단계 → 무관심단계 순으로 진행된다.

11 난도 ★★☆　　　　　　　　　　정답 ⑤

정답분석

⑤ 소진은 평소 업무에 헌신적이었던 직원이 스트레스를 경험하여 직무에서 멀어져 가는 것을 말한다. 그 결과로 클라이언트에 대한 비인간적 태도, 근무태만, 서비스의 질 하락으로 나타난다. 소진은 열성단계 → 침체단계 → 좌절단계 → 무관심 순으로 진행된다.

오답분석

① 직무만족은 조직몰입에 부정적인 영향보다는 긍정적인 영향을 미친다.
② 신규채용은 공개모집을 원칙으로 한다.
③ 브레인스토밍은 제시된 아이디어의 질보다 양을 중시한다.
④ 갈등은 조직 내에 비능률을 가져오는 역기능뿐 아니라 긍정적인 기능도 한다.

12 난도 ★★☆　　　　　　　　　　정답 ②

정답분석

② 직무분석은 직무에 대한 업무내용과 책임을 종합적으로 분류하는 것으로, 직무를 구성하고 있는 일과 해당 직무의 내용 및 직무의 수행을 위한 직무조건을 조직적으로 밝히는 절차

이다. 직무명세서와 직무기술서는 직무분석이 이루어진 후에 작성한다.

오답분석
① 직무평가는 직무분석을 통해 작성된 직무명세서에 의해 조직 내 각종 직무의 숙련, 노력·책임의 정도, 직무수행의 난이도 등을 평가하는 것이다.
③ 직무순환은 주기적으로 다른 업무를 수행하도록 인력을 배치하는 방법이다.
④ 직무수행평가는 일정 기간 작업자들이 자신의 업무를 얼마나 잘 수행했는지를 평가하는 것이다.
⑤ 직무충실은 자신의 업무에 대해 책임이나 권한의 범위를 확대하여 업무의 폭을 넓히고자 하는 것이다.

13 난도 ★★☆   정답 ①

정답분석
직무명세서와 직무기술서는 직무분석이 이루어진 후에 작성한다.

14 난도 ★★☆   정답 ⑤

정답분석
인적자원관리는 인사관리라고도 불리며, 조직의 유지를 위해 조직이 필요로 하는 인사를 채용, 개발, 유지, 활용하는 일련의 관리활동체계를 말한다. 직무분석을 통해 직무명세서와 직무기술서가 작성된다.

15 난도 ★★★   정답 ③

정답분석
슈퍼바이저가 가져야 할 능력으로는 신중한 자세, 상담에 대한 헌신적 태도와 직업 정신, 상담자의 성장과 안녕에 대한 관심, 유머감각, 친밀한 관계를 맺는 자질, 적절한 시기 선택의 능력, 자기 성찰의 개방성, 책임감 등이 있다.
③ 혁신적 슈퍼바이저는 중간관리자로서 슈퍼바이지의 개인성과를 점검(평가)하는 것보다 미래지향적인 특성으로 팀을 이끌어나가는 능력을 가지고 있어야 한다.

16 난도 ★★☆   정답 ②

정답분석
허즈버그는 인간의 만족과 불만족이 별개의 차원에서 야기된다는 것을 발견하고 욕구충족지원설을 주장하였다. 동기요인은 만족요인으로 심리적 성장과 만족을 성취하려는 욕구이며 충족되지 않아도 불만이 없지만 충족되면 만족되어 직무성과는 올라간다. 위생요인은 불만족요인이며 불만은 고통에 의해 생겨나고 고통은 환경적인 문제들이 원인으로 위생요인이 좋으면 불만족을 감소시킬 수 있으나 만족감을 높이지는 못한다.

17 난도 ★★☆   정답 ④

정답분석
A가 B와의 비교로 프로그램 기획력과 사례관리역량의 필요성을 알게 되어 대학원 진학을 결정한 것은 타인과 비교하여 차이를 줄이기 위한 노력이다.

PLUS +
아담스(Adams)의 형평성(공정성 또는 공평성)이론
• 개인의 행위는 타인과의 관계에서 공정성(공평성)을 유지하는 방향으로 동기부여가 된다.
• 노력과 보상 간의 공정성이 동기부여의 핵심요소이다.

18 난도 ★★☆   정답 ②

정답분석
ㄱ. 친교욕구 : 다른 사람들과 친근하고 밀접한 관계를 맺으려는 욕구로 좋은 관계를 유지하려고 노력한다.
ㄴ. 권력욕구 : 다른 사람을 통제하거나 지시하려는 욕구로 조직에서 자신의 영향력을 행사하려고 한다.
ㄷ. 성취욕구 : 어려운 일을 이루려는 욕구로 목표를 달성하고 이루기 위해 노력하는 욕구로 자신의 능력으로 성공하여 자긍심을 높이려고 한다.

19 난도 ★★☆   정답 ④

정답분석
성취동기이론은 성취욕구, 권력욕구, 친교욕구로 이루어져 있으며, 성장욕구와 관계욕구, 존재욕구를 이야기하지 않는다. 성장욕구, 관계욕구, 존재욕구는 알더퍼의 ERG이론이다.

20 난도 ★★☆   정답 ③

정답분석
Z이론은 과학자나 연구자와 같은 사람들은 관리하지 않아도 자유의지에 따라 자율적인 업무를 수행하므로 분위기만 조성하면 되고, 통제하거나 지시해서는 안 된다고 본다. 통제와 강제의 대상으로 보는 이론은 X이론이다.

21 난도 ★☆☆   정답 ③

오답분석
① 매슬로우는 욕구계층이론을 주장하였다.
② 허즈버그는 동기 – 위생이론을 주장하였다.
④ 맥그리거는 X·Y이론을 주장하였다.
⑤ 알더퍼는 ERG이론을 주장하였다.

01	02	03	04	05	06	07			
⑤	④	③	④	③	②	⑤			

01 난도 ★☆☆   정답 ⑤

정답분석

기획은 목표지향적이며 동시에 과정지향적이다.

PLUS +

> 기획의 특징
> • 미래지향적이고 계속적인 과정이다.
> • 목표달성을 위한 수단적 과정이다
> • 목표지향적인 동시에 과정지향적이다.
> • 연속적이며 동태적인 과업이다.

02 난도 ★★☆   정답 ④

정답분석

④ 전략적 기획은 목표설정, 우선순위설정, 자원획득 및 분배에 관한 기획과정으로 조직의 기본적인 결정과 행동계획을 수립하기 위해 이루어진다.

오답분석

① 최고관리층은 장기적 기획, 전략적 기획, 조직 전체영역에 관여한다. 조직의 사업계획 및 할당에 관여하는 것은 중간관리층이다.
② 중간관리층은 부서별 기획, 운영기획, 할당기획에 관여한다. 구체적인 프로그램 기획에 관여하는 것은 감독관리층이다.
③ 감독관리층은 단기목표, 구체적 프로그램 기획, 운영기획에 관여한다. 주로 1년 이상의 장기기획에 관여하는 것은 최고관리층이다.
⑤ 운영기획은 자원의 관리에 관한 기획과정으로 획득된 자원이 조직의 목표를 효과적이고 효율적으로 달성하도록 사용하는 과정에 대한 것이다.

03 난도 ★★☆   정답 ③

정답분석

방침관리기법(PDCA)은 공통의 목표를 달성하기 위해 조직의 자원을 집결하는 데 초점을 두고 조직 구성원 전체의 노력을 적절하게 조정하기 위한 기법이다. 체계이론을 적용한 모델은 논리모델이다.

04 난도 ★★☆   정답 ④

오답분석

ㄱ. 확인 – 조정 – 계획 – 실행의 순환적 과정으로 이루어지는 것은 방침관리기법이다.
ㄷ. 목표달성 기한을 정해놓고 목표달성을 위해 설정된 주요활동과 시간계획을 연결시켜 도표로 나타낸 것은 프로그램 평가 검토기법이다.

05 난도 ★★★   정답 ③

오답분석

① PERT는 최초로 시도되는 프로그램 관리에 유용하다.
② 임계통로에 대한 정확한 정보파악에 유용한 것은 프로그램 평가 검토기법이다.
④ 사례모델링이란 클라이언트의 서비스 이용경로를 분석하는 방법이다.
⑤ 마일스톤은 프로그램 진행상황을 모니터링하고 목표성취를 가능하기 위한 기법이다. 월별 활동내용을 파악하는 주된 기법은 월별활동카드이다.

06 난도 ★★☆   정답 ②

정답분석

간트차트(Gantt Chart)는 사업시작부터 완료까지 기간을 막대모양으로 표시한 도표로 세로축에는 세부목표와 활동, 프로그램을 기입하고 가로축에는 일별 또는 월별 기간을 기입하는 기법이다. 단순하게 한 사업에 유용하고 계획대로 진행되는지 확인이 쉬운 장점이 있으나 활동 간의 상호관계를 도표로 나타낼 수 없어 활동 간 상관관계를 파악하기 어려운 단점이 있다.

07 난도 ★☆☆   정답 ⑤

정답분석

프로그램 평가 검토기법(PERT)은 최종목표를 달성하는 데 필요한 최단기간을 제시할 수 있는 기법이다. 세부목표 또는 활동의 상호관계와 시간계획을 연결시켜 나타낸다. 필요한 과업의 선후 병행관계 및 소요시간 등을 도표로 나타내어 전체과정을 쉽게 파악할 수 있다.
⑤ 간트차트(Gantt Chart)는 활동 간의 상호관계를 도표로 나타낼 수 없어 활동 간 상관관계를 파악하기 어려운 단점이 있다.

SECTION 09 재정관리

01	02	03	04						
③	④	③	②						

01 난도 ★★★   정답 ③

정답분석

접근성의 원칙은 예산통제의 원칙에 포함되지 않는다.

PLUS +

예산통제의 원칙

- 개별화의 원칙
- 강제의 원칙
- 예외의 원칙
- 보고의 원칙
- 개정의 원칙
- 효율성의 원칙
- 의미의 원칙
- 환류의 원칙
- 생산성의 원칙

02 난도 ★★☆   정답 ④

정답분석

기획예산은 목표를 달성하기 위해 장기적인 계획을 세우고 매년 기본계획을 실행하기 위해 프로그램별로 예산을 편성하는 예산이다. 따라서 미래의 비용을 고려한다.

03 난도 ★☆☆   정답 ③

정답분석

품목별 예산은 예산의 통제기능을 충족시키기 위해 구입하고자 하는 품목별로 편성하는 예산으로 전년도 예산을 근거로 하여 일정한 양만큼 증가시켜 나가는 점진주의적 특성을 가지고 있다. 품목별로 비용을 처리하기 때문에 회계자에게 유리하여 사회복지기관에서 가장 많이 사용된다.
③ 신축성 있게 예산을 집행할 수 있는 방법은 성과주의 예산이다.

04 난도 ★☆☆   정답 ②

정답분석

성과주의 예산모형은 조직의 활동을 기능별 또는 프로그램별로 나눈 후 다시 세부 프로그램으로 나누고 각 세부 프로그램의 원가를 업무량을 계산하여 편성하는 관리지향예산이다. 프로그램을 파악할 수 있어 예산분배를 합리적으로 할 수 있고 효율성을 높일 수 있다.

SECTION 10 마케팅

01	02	03	04	05	06	07	08	09	10
⑤	②	⑤	⑤	③	⑤	③	③	⑤	①

01 난도 ★★★   정답 ⑤

정답분석

ㄱ. STP 전략 설계 : STP는 세분화(Segmentation), 목표시장 선정(Target), 포지셔닝(Positioning)의 각 단계별 활동의 줄임말로 전체 시장을 일정한 기준에 따라 나누고(Segmentation), 기업과 제품에 적합한 시장을 선정하고(Targeting), 소비자의 마음속에 어떠한 위치를 선점하여(Positioning) 설정된 이들에게 다가가는 과정을 의미한다.
ㄴ. 고객관계관리(CRM)에서 소프트웨어는 기업들의 잠재고객 발굴현황 및 영업 파이프라인의 측정·관리이다.
ㄷ. 마케팅 믹스 : 기업이 제품이나 서비스를 고객에게 마케팅하기 위해 고려해야 할 요소들을 의미한다.
ㄹ. 고객 및 시장 조사 : 한 상품이나 서비스가 어떻게 구입되며 사용되고 있는가, 어떤 평가를 받고 있는가 하는 시장에 관한 조사이다.
⑤ 마케팅 과정은 '기관환경 분석 → 시장조사 욕구분석(ㄹ) → 마케팅 조사 → 프로그램 목표설정 → 시장분석(ㄱ) → 마케팅 설정(ㄷ) → 마케팅 실행(ㄴ) → 마케팅 평가' 순으로 이루어진다.

02 난도 ★★☆   정답 ②

정답분석

마케팅 4믹스

- 상품(제품, Product) : 클라이언트에게 필요한 서비스를 제공하기 위해 욕구를 파악하는 것이 중요하다.
- 장소(유통, Place) : 클라이언트가 서비스를 받기 위해 쉽게 기관을 이용할 수 있도록 하는 것이 중요하다.
- 촉진(Promotion) : 클라이언트에 필요한 서비스를 개발하더라도 홍보가 되지 않으면 서비스를 제공할 수 없다. 클라이언트가 알 수 있도록 기관은 서비스에 대한 홍보가 필요하다.
- 가격(Price) : 클라이언트가 서비스를 받기 위해 지불해야 하는 비용과 후원금을 의미한다. 너무 비싸지 않은 적당한 금액이어야 한다.

오답분석

ㄴ. 가격은 판매자가 이윤 극대화를 위하여 임의로 설정하는 금액이 아니라 클라이언트가 서비스를 받기 위해 지불해야 하는 비용이다.
ㄹ. 촉진은 판매 실적에 따라 직원을 승진시키는 제도가 아니라 홍보전략이다.

03 난도 ★☆☆　　　　　　　　　정답 ⑤

비영리조직의 마케팅은 사회복지기관으로부터 서비스를 제공받는 소비자(클라이언트)들로 구성된 시장과 사회복지기관의 활동을 지원해 주는 후원자들로 구성된 시장으로 이루어진다. 이윤추구를 목표로 하는 것이 아니라 해당 조직체가 추구하는 목표를 얼마나 효과적으로 달성하는가에 중점을 둔다. 소멸성을 가지고 있어 제공된 서비스를 반환하거나 되팔기 어렵고 생산과 소비가 동시에 일어나 서비스의 다양성과 복잡성이 나타난다.
⑤ 사회복지마케팅의 대상은 무형의 서비스로 이루어지는 경우가 많으므로 목표달성에 대한 측정이 어렵다.

04 난도 ★★☆　　　　　　　　　정답 ⑤

학부모들이 자녀와 연령대가 비슷한 아이들을 돕고 싶다고 이야기했으므로 고객의 특성에 맞는 마케팅인 고객관계관리 마케팅이다.

PLUS +

마케팅 설정
• 다이렉트 마케팅 : 잠재적 후원자에게 기관의 소식지나 후원자료, 서비스에 대한 정보를 우편으로 발송하여 후원자를 개발하는 기법이다.
• 고객관계관리 마케팅 : 고객에 대한 정보를 수집하고 분석하여 고객의 특성에 맞는 맞춤서비스를 제공하여 후원자를 개발하는 기법이다.
• 기업연계 마케팅 : 기관은 후원을 받고 기업은 세제혜택과 이미지 개선의 측면을 강조한 전략으로 기업과 기관이 서로 Win – Win 하는 기법이다.
• 데이터베이스 마케팅 : 고객(클라이언트, 후원자, 자원봉사자)의 나이, 주소, 성별, 선호도 등 정보를 데이터베이스화하여 관리하여 후원자를 개발하는 기법이다.
• 인터넷 마케팅 : 이메일이나 배너를 통해 정보를 전달하거나 기관을 홍보하여 후원자를 개발하는 기법이다.
• 사회 마케팅 : 공익을 실현하기 위해 사회문제해결을 위한 실천에 관심을 갖는 기법이다.

05 난도 ★★☆　　　　　　　　　정답 ③

① 비영리조직은 영리추구의 목적으로 마케팅을 추진하지 않는다.
② 비영리조직 간의 경쟁을 통해 후원금을 받으므로 대응이 필요하다.
④ 사회복지조직이 제공하는 물질적인 서비스와 비물질적인 서비스 모두 마케팅 대상이다.

⑤ 비영리조직의 재정자립은 마케팅의 목표가 될 수 있다. 마케팅을 통해 후원금의 규모가 달라질 수 있어 재정자립에도 도움이 된다.

06 난도 ★☆☆　　　　　　　　　정답 ⑤

① 상품(제품, Product) : 고객맞춤서비스
② 가격(Price) : 서비스 비용, 후원금
③ 촉진(Promotion) : 홍보
④ 장소(유통, Place) : 접근 용의성

07 난도 ★☆☆　　　　　　　　　정답 ③

③ 다이렉트 마케팅은 우편으로 후원을 요청하는 편지를 방송하여 후원자를 개발하는 방법이다.

① 고객관계관리 마케팅은 고객의 자료를 분석하고 맞춤 서비스를 제공하여 후원자를 개발하는 방법이다.
② 데이터베이스 마케팅은 고객정보에 대해 데이터베이스를 구축하여 후원자를 개발하는 방법이다.
④ 사회 마케팅은 시민과 지역주민에게 홍보하여 후원자를 개발하는 방법이다.

08 난도 ★☆☆　　　　　　　　　정답 ③

마케팅 믹스(4P)에는 가격, 촉진, 유통, 상품이 포함된다.

09 난도 ★★☆　　　　　　　　　정답 ⑤

⑤ 공익연계(기업연계) 마케팅은 기관은 후원을 받고 기업은 세제혜택과 이미지 개선의 측면을 강조한 전략으로 기업과 기관이 서로 Win – Win 하는 기법이다.

① 생산과 동시에 소비의 발생이 이루어진다.
② 시장 세분화는 모든 집단을 대상으로 마케팅을 할 수 없어 후원을 할 것 같은 집단을 분류하는 작업으로 시장의 빈틈을 찾아 공략하는 틈새시장 마케팅은 대상자가 적어 시장 세분화 정도가 가장 낮다.
③ 사회복지서비스의 대상이 인간이므로 표준성보다는 다양성과 복잡성을 가진다. 표준성을 강조하는 영리조직 마케팅과의 차이점이다.

④ 마케팅 믹스의 4P는 유통(Place), 촉진(Promotion), 가격(Price), 상품(Product)을 의미한다.

10 난도 ★★☆   정답 ①

정답분석

A기업이 수입의 일정 비율을 B복지관에 기부하고 긍정적인 이미지를 주어 판매량을 높이려고 하는 기법은 공익연계 마케팅이다.

SECTION 11 프로그램 평가

01	02	03	04	05	06	07	08	09	10
②	③	⑤	①	⑤	⑤	①	①	①	④
11	12	13	14	15					
⑤	②	①	①	④					

01 난도 ★☆☆   정답 ②

오답분석

① 정책개발 : 사회복지정책 개발
③ 이론형성 : 프로그램 개발에 필요한 이론 형성
④ 자료수집 : 클라이언트의 욕구 파악
⑤ 정보관리 : 민간기관의 행정협상력 강화

02 난도 ★★☆   정답 ③

정답분석

사회복지시설은 3년마다 평가를 받는다. 평가 시 시설의 환경, 재정, 인적자원관리, 지역사회관리, 이용자의 권리 등은 생활시설뿐 아니라 이용시설까지 모두 평가한다.

03 난도 ★☆☆   정답 ⑤

정답분석

• 형성평가는 개입과정에 대한 평가로 주기적으로 상황을 파악하여 수정 · 보완하는 것이 목적이며 프로그램 도중에 이루어지는 평가이다.
• 총괄평가는 프로그램이 목적을 달성했는지, 프로그램을 지속할지 중단할지를 프로그램의 종료 후에 실시하는 평가이다.

오답분석

① 주로 프로그램 개발을 목적으로 하는 평가는 형성평가이다.
② 효과성 평가는 총괄평가의 대표적인 예이다.
③ 모니터링 평가라고도 하는 평가는 형성평가이다.
④ 목표달성도에 주된 관심을 갖는 평가는 총괄평가이다.

04 난도 ★★☆   정답 ①

정답분석

「사회복지사업법」 제43조의2(시설의 평가)에 따라 보건복지부장관과 시 · 도지사가 3년마다 평가를 실시하도록 하고 있으며, 시설 평가기준은 서비스 최저기준을 고려하여 보건복지부장관이 정하고, 보건복지부장관과 시 · 도지사는 평가결과를 해당 기관의 홈페이지 등에 게시하여야 한다.

② 1999년에 처음으로 시행되었다.
③ 보건복지부장관과 시·도지사가 시설평가의 주체이다.
④ 3년마다 한 번씩 평가를 실시한다.
⑤ 시설평가 결과를 공표하고 시설의 지원에는 반영할 수 있다.

05 난도★☆☆   정답 ⑤

정답분석

사회복지평가를 통해 평가결과가 기관의 변화를 반드시 수반하는 것은 아니다. 평가를 통해 문제점이 발견되면 문제를 해결할 수 있지만 평가의 결과가 좋은 경우 현재 시스템을 그대로 유지해도 된다.

06 난도★★☆   정답 ⑤

정답분석

성과(총괄)평가는 프로그램에 대한 효과성과 효율성을 평가하고 프로그램의 지속 여부도 결정한다. 프로그램이 끝난 후 이루어지는 평가이다.
ㄱ. 아동의 자아존중감 향상 정도를 평가 - 효과성
ㄴ. 유사한 취업프로그램의 1인당 취업비용을 비교하는 것 - 효율성
ㄷ. 프로그램 참여자의 취업률을 측정하는 것 - 효과성

07 난도★★☆   정답 ①

정답분석

프로그램 평가의 기준 중 노력성은 프로그램을 위해 동원된 자원 정도를 의미한다. 노력성은 사회복지사의 참여시간, 인적·물적 자원 등을 평가하는 것이다.

08 난도★☆☆   정답 ①

정답분석

① 효과성은 정책 목표를 얼마만큼 달성했는지에 초점을 두는 것으로, 특히 사회복지정책에서는 사회연대 및 사회통합 달성 정도와 밀접하게 연관된다.

오답분석

② 투입에 대한 산출의 비율은 효율성이다. 사회복지조직의 재원은 한정되어 있으므로 한정된 재원으로 조직이 추구하는 복지행정을 펼쳐야 한다.
③·④·⑤ 사회복지기관의 지역적 집중도, 서비스 이용의 편의성 정도, 서비스 자원의 활용 가능성 정도는 접근성이다. 접근성은 클라이언트가 사회적 서비스를 이용하는 데 있어 얼마나 쉽게 이용할 수 있는가를 의미하며, 비용이 높거나 거리가 멀고 홍보가 되지 않으면 접근성은 떨어진다.

09 난도★☆☆   정답 ①

오답분석

비용-편익 분석은 결과를 비교하기 쉽게 금액으로 표현하고 이익이나 손실에 대하여 설명할 수 있으므로 효율성 평가를 위한 방법이다. 비용-효과 분석이 효과성 평가를 위한 방법이다.

10 난도★★☆   정답 ④

정답분석

효율성은 투입에 비해 산출이 얼마나 높은지를 평가한다. 이때 비용-효과 분석과 비용-편익 분석을 실시한다.
④ 이용하고 싶은 서비스가 있더라도 비용이 비싸 서비스를 이용하지 못하는 경우 비용절감을 통하여 서비스를 이용할 수 있도록 하는 것은 서비스 이용자의 욕구충족을 위한 목표와 관련성이 있다.

11 난도★☆☆   정답 ⑤

오답분석

① 클라이언트의 변화 정도로 측정하는 것은 효과성이다.
② 목표달성 정도로 측정하는 것은 효과성이다.
③ 대안비용과의 비교로 측정되는 것은 효율성이다.
④ 서비스가 인구집단에 형평성 있게 배분된 정도로 측정하는 것은 형평성(공평성)이다.

PLUS +

프로그램 평가기준
• 노력성 : 프로그램을 위해 동원된 자원 정도를 의미하며 사회복지사의 참여시간과 인적·물적 자원 등을 평가한다.
• 효과성 : 서비스의 목표를 얼마나 달성했는지를 평가한다.
• 효율성 : 투입에 비해 산출이 얼마나 높은지를 평가한다. 이때 비용-효과 분석과 비용-편익 분석을 실시한다.
• 서비스의 질 : 클라이언트의 욕구수준에 맞는 서비스를 제공했는지를 평가한다.
• 공평성(형평성) : 클라이언트에게 동일한 기회와 제공여부를 평가한다.
• 영향성 : 프로그램이 클라이언트의 문제를 해결하는 데 미치는 영향을 평가한다.
• 과정 : 미리 정해진 절차나 규정에 맞게 서비스가 제공되는지를 평가한다.

12 난도 ★☆☆　　　　　　　　　정답 ②

정답분석

영향성은 프로그램이 클라이언트의 문제를 해결하는 데 미치는 영향을 평가하는 것이다. 사회집단 간 얼마나 공평하게 배분되었는가를 의미하는 것은 공평성(형평성)이다.

13 난도 ★☆☆　　　　　　　　　정답 ①

정답분석

노력성은 프로그램을 위해 동원된 자원 정도를 의미하며, 사회복지사의 참여시간과 인적·물적 자원 등을 평가한다.

14 난도 ★★☆　　　　　　　　　정답 ①

정답분석

① 산출 : 프로그램에 참여한 실적을 의미한다.
　　예 프로그램 참가자 수, 프로그램 참여 횟수 등

오답분석

② 투입 : 프로그램에 투입되는 인적·물적 자원을 의미한다.
　　예 이용자, 봉사자, 예산, 장비 등
③ 성과 또는 결과 : 프로그램 종료 후 클라이언트의 변화로 프로그램에 참여한 클라이언트가 프로그램을 통하여 얻는 이익을 의미한다. 예 능력향상, 변화행동, 행동수정 등
④ 전환 또는 활동 : 프로그램을 실행하면서 사회복지사의 활동을 의미한다. 예 상담, 치료, 훈련 등

15 난도 ★★☆　　　　　　　　　정답 ④

정답분석

성과(결과)는 프로그램을 통한 이익을 의미한다. 노인의 자살률 감소는 성과에 해당하고 노인부양의식 향상은 영향에 해당한다.

<table>
<tr><td colspan="9">SECTION 12
사회복지법인 및 사회복지시설 재무·회계 규칙</td></tr>
<tr><td>01</td><td>02</td><td>03</td><td>04</td><td></td><td></td><td></td><td></td><td></td></tr>
<tr><td>③</td><td>④</td><td>③</td><td>④</td><td></td><td></td><td></td><td></td><td></td></tr>
</table>

01 난도 ★★☆　　　　　　　　　정답 ③

정답분석

사업수입명세서는 예산서류를 제출할 때 첨부하는 서류에 포함되지 않는다.

PLUS +

예산에 첨부하여야 할 서류
• 예산총칙
• 세입·세출명세서
• 추정대차대조표
• 추정수지계산서
• 임직원 보수 일람표
• 예산을 의결한 이사회 회의록 또는 예산을 보고받은 시설 운영위원회 회의록 사본

02 난도 ★★☆　　　　　　　　　정답 ④

정답분석

세입·세출명세서는 관·항·목으로 구분되어 있고 예산의 증감에 대한 내용이므로 결산이 아니라 예산에 포함된다. 따라서 세입·세출결산서는 예산보고서에 첨부해야 한다.

03 난도 ★★☆　　　　　　　　　정답 ③

정답분석

집행항목에는 임직원의 보수, 법인 및 시설운영에 직접 사용되는 필수적인 경비, 법령상 지급의무가 있는 경비 등이 포함된다.

오답분석

ㄷ. 한국사회복지관협회의 회비는 집행항목에 속하지 않는다. 회비는 시설운영에 직접적으로 사용하는 경비나 지급의무가 있는 경비가 아니다.

04 난도 ★★☆　　　　　　　　　정답 ④

정답분석

④ 준예산은 예산이 통과되지 못했을 때, 전년도 예산에 준하여 집행하는 예산이다.

정답 및 해설

② 본예산은 회계연도 개시 전에 정상적인 절차에 따라 편성된 예산이다.

③ 특별예산은 일반회계와 구분 경리할 필요가 있을 때 특수한 목적을 수행하기 위해 설치된 예산이다.

⑤ 추가경정예산은 예산이 국회(의회)를 통과하여 성립한 후 사유로 인하여 이미 성립된 예산에 변경을 가할 필요가 있을 때 사용하고, 본예산과 통산하여 전체로서 집행하는 예산이다.

SECTION 01 **사회복지법의 개요**									
01	02	03	04	05	06	07	08	09	10
④	③	④	①	③	④	③	①	⑤	③
11	12	13	14	15	16	17	18	19	20
②	④	④	④	④	③	③	⑤	③	⑤
21	22	23							
③	④	①							

01 난도 ★★☆ 정답 ④

정답분석

헌법 제10조 모든 국민은 인간으로서의 존엄과 가치를 가지며, 행복을 추구할 권리를 가진다. 국가는 개인이 가지는 불가침의 기본적 인권을 확인하고 이를 보장할 의무를 진다.

02 난도 ★★☆ 정답 ③

정답분석

사회적 기본권은 사회국가에서 국민이 인간다운 생활을 확보하기 위하여 일정한 국가적 급부와 배려를 요구할 수 있는 헌법상의 권리를 말한다. 헌법재판소는 헌법 제31조부터 제36조까지를 사회적 기본권의 보장을 규정한 것으로 본다. 대한민국 헌법에서는 사회적 기본권에 대하여 인간다운 생활을 할 권리, 교육을 받을 권리, 근로에 대한 권리, 근로 3권, 환경권 등을 규정하고 있다.

③ **헌법 제33조 제2항** 공무원인 근로자는 법률이 정하는 자에 한하여 단결권 · 단체교섭권 및 단체행동권을 가진다.

03 난도 ★★☆ 정답 ④

정답분석

• **헌법 제34조 제2항** 국가는 사회보장 · 사회복지의 증진에 노력할 의무를 진다.
• **헌법 제34조 제5항** 신체장애자 및 질병 · 노령 기타의 사유로 생활능력이 없는 국민은 법률이 정하는 바에 의하여 국가의 보호를 받는다.

04 난도 ★★★ 정답 ①

정답분석

사회적 기본권에는 교육을 받을 권리, 근로의 권리, 인간다운 생활을 할 권리, 환경권, 혼인, 보건에 관한 권리가 포함된다.
① '모든 국민은 신체의 자유를 가진다.'는 사회적 기본권이 아니라 자유권적 기본권이다.

05 난도 ★★☆ 정답 ③

정답분석

• **헌법 제34조 제5항** 신체장애자 및 질병 · 노령 기타의 사유로 생활능력이 없는 국민은 법률이 정하는 바에 의하여 국가의 보호를 받는다.
• **헌법 제117조 제1항** 지방자치단체는 주민의 복리에 관한 사무를 처리하고 재산을 관리하며, 법령의 범위 안에서 자치에 관한 규정을 제정할 수 있다.

06 난도 ★★☆ 정답 ④

정답분석

사회복지법은 사회법으로서 무과실책임의 원칙에 기초하고 있다. 「사회보장기본법」에서는 출산, 양육, 실업, 노령, 장애, 질병, 빈곤 및 사망 등을 사회적 위험으로 규정하고 있으며, 개인의 문제가 아니라 환경의 문제로 본다.

07 난도 ★★☆ 정답 ③

정답분석

ㄷ. **헌법 제31조 제1항** 모든 국민은 능력에 따라 균등하게 교육을 받을 권리를 가진다.
ㄹ. **헌법 제32조 제4항** 여자의 근로는 특별한 보호를 받으며, 고용 · 임금 및 근로조건에 있어서 부당한 차별을 받지 아니한다.

오답분석

ㄱ. 사회복지와 관련된 내용은 헌법 제34조에 나와 있다.
ㄴ. 환경권의 내용과 행사에 관련된 내용은 헌법 제35조에 나와 있다.

08 난도 ★★☆　　　　　　　　　　정답 ①

정답분석

자치법규는 지방자치단체의 지역 안에서만 효력을 가지며, 자치법규에는 조례와 규칙이 있다. 조례는 지방자치단체의 의회가 법령에 반하지 않는 범위 내에서 그 권한에 속하는 사항에 대하여 의결로서 제정한 것이고, 규칙은 지방자치단체의 장이 법령과 조례에 반하지 않는 범위 내에서 그 권한에 속하는 사항에 대하여 제정한 것이다. 법에는 상위법 우선의 법칙이 있어 상위법을 위반한 하위법은 위법이 된다.

① 지방의회는 조례 제정권을 갖고 지방자치단체의 장은 규칙 제정권을 갖는다. 조례가 규칙보다 상위법이다.

09 난도 ★☆☆　　　　　　　　　　정답 ⑤

정답분석

사회복지법의 법원은 성문법과 불문법으로 구분된다. 성문법은 헌법, 법률, 명령(시행령), 규칙(시행규칙), 자치법규(조례, 규칙), 국제조약, 국제법규로 구분되며, 불문법은 관습법, 판례법, 조리로 구분된다.

10 난도 ★☆☆　　　　　　　　　　정답 ③

정답분석

성문법에는 헌법, 법률, 명령(시행령), 규칙(시행규칙), 자치법규(조례, 규칙), 국제조약 및 국제법규가 있고, 불문법에는 관습법, 판례법, 조리가 있다.

11 난도 ★★☆　　　　　　　　　　정답 ②

정답분석

지방자치단체는 법령의 범위와 무관하게 조례를 제정할 수 없다. 법령을 위반한 조례는 위법이 된다.

12 난도 ★★☆　　　　　　　　　　정답 ④

정답분석

시행령은 대통령의 명령이다. 국무총리나 행정각부의 장이 발(發)하는 명령은 시행규칙이다.

13 난도 ★★☆　　　　　　　　　　정답 ④

오답분석

① 시행규칙은 총리령 또는 부령으로 보통 총리나 장관의 명령을 의미하므로 국무총리는 총리령을 발할 수 있다.
② 지방자치단체의 장은 법령과 조례에 반하지 않는 범위 내에서 규칙을 제정할 수 있다.

③ 헌법 제52조에는 법률안 제출권이 있는데 국회의원과 정부가 법률안을 국회에 제출할 수 있는 권리를 말한다.
⑤ 헌법 제53조 제1항에 따라 대통령은 국회에서 의결된 법률안이 정부에 이송되면 15일 이내에 공포해야 한다. 그러나 국회에서 의결된 법률안에 이의가 있을 때에는 대통령은 15일 내에 이의서를 붙여 법률안을 국회로 환부하고, 그 재의를 요구할 수 있다. 법률은 국회에서 제정되어 대통령이 공포한 법이다. 특별한 규정이 없는 한 공포한 날로부터 20일이 경과하면 효력이 발생한다.

14 난도 ★★★　　　　　　　　　　정답 ④

오답분석

① **헌법 제53조 제1항** 국회에서 의결된 법률안은 정부에 이송되면 15일 이내에 공포해야 한다. 법률은 국회에서 제정되어 대통령이 공포한 법이다.
② **헌법 제53조 제3항** 대통령은 법률안의 일부에 대하여 또는 법률안을 수정하여 재의를 요구할 수 없다.
③ **헌법 제53조 제1항** 국회에서 의결된 법률안은 정부에 이송되어 15일 이내에 대통령이 공포한다.
⑤ **헌법 제53조 제5항** 대통령이 15일 이내에 공포나 재의의 요구를 하지 아니한 때에도 그 법률안은 법률로서 확정된다.

15 난도 ★★☆　　　　　　　　　　정답 ④

정답분석

④ 상위법 우선의 법칙에 의거하여 법령의 범위를 벗어난 조례는 법적 구속력이 없다.

오답분석

① 대통령의 긴급명령은 법원이 될 수 있다.
② 국무총리는 사회복지에 관하여 총리령을 직권으로 제정할 수 있다.
③ 법률의 위임에 의한 조례는 법률의 하위법의 자격을 가진다.
⑤ 관습법은 불문법으로 성문법령이 없는 경우 사회복지법의 법원이 될 수 있다.

16 난도 ★★☆　　　　　　　　　　정답 ③

정답분석

ㄴ. 「산업재해보상보험법」은 1963년에 제정되었다.
ㄷ. 「사회복지사업법」은 1970년에 제정되었다.
ㅁ. 「노인복지법」은 1981년에 제정되었다.
ㄹ. 「고용보험법」은 1993년에 제정되었다.
ㄱ. 「국민기초생활 보장법」은 1999년에 제정되었다.

17 난도 ★★☆ 정답 ③

정답분석

ㄷ. 1973년에 제정되어 1974년 실시 예정이었던 「국민복지연금법」은 오일쇼크로 인하여 무기한 연기되었다가 1986년 「국민연금법」으로 전부개정되어 1988년 시행되었다.

오답분석

ㄱ. 2014년 「기초연금법」이 제정되면서 「기초노령연금법」은 폐지되었다.

ㄴ. 1999년에 제정된 「국민건강보험법」은 「국민의료보험법」을 대체한 것이다.

18 난도 ★☆☆ 정답 ⑤

정답분석

⑤ 「노인복지법」은 1981년에 제정되었다.

오답분석

① 「사회보장기본법」은 1995년에 제정되었다.
② 「국민건강보험법」은 1999년에 제정되었다.
③ 「고용보험법」은 1993년에 제정되었다.
④ 「영유아보육법」은 1991년에 제정되었다.

19 난도 ★★☆ 정답 ③

정답분석

③ 「고용보험법」은 1993년, 「사회복지공동모금회법」은 1999년에 제정되었다.

오답분석

① 「산업재해보상보험법」은 1963년, 「장애인복지법」은 1989년에 제정되었다.
② 「사회복지사업법」은 1970년, 「국민기초생활 보장법」은 1999년에 제정되었다.
④ 「국민연금법」은 1986년, 「노인복지법」은 1981년에 제정되었다.
⑤ 「아동복지법」은 1981년, 「국민건강보험법」은 1999년에 제정되었다.

20 난도 ★★☆ 정답 ⑤

정답분석

「긴급복지지원법」은 2005년, 「고용보험법」은 1993년, 「노인복지법」은 1981년, 「기초연금법」은 2014년에 제정된 법이다. 따라서 제정 연도가 가장 빠른 것은 「노인복지법」이고 가장 늦은 것은 「기초연금법」이다.

21 난도 ★★☆ 정답 ③

정답분석

ㄹ. 「산업재해보상보험법」은 1963년에 제정되었다.
ㄱ. 「국민연금법」은 1986년에 제정되었다.
ㄴ. 「고용보험법」은 1993년에 제정되었다.
ㄷ. 「국민건강보험법」은 1999년에 제정되었다.

22 난도 ★★☆ 정답 ④

정답분석

④ 「노인장기요양보험법」은 2007년에 제정되었다.

오답분석

① 「장애인복지법」은 1989년에 제정되었다.
② 「사회복지사업법」은 1970년에 제정되었다.
③ 「고용보험법」은 1993년에 제정되었다.
⑤ 「산업재해보상보험법」은 1963년에 제정되었다.

23 난도 ★☆☆ 정답 ①

정답분석

① 「영유아보육법」은 1991년에 제정되었다.

오답분석

② 「긴급복지지원법」은 2005년에 제정되었다.
③ 「노인장기요양보험법」은 2007년에 제정되었다.
④ 「장애인연금법」은 2010년에 제정되었다.
⑤ 「다문화가족지원법」은 2008년에 제정되었다.

01 난도 ★★☆   정답 ③

정답분석

③ **사회보장기본법 제5조 제4항** 국가는 사회보장제도의 안정적인 운영을 위하여 중장기 사회보장 재정추계를 격년으로 실시하고 이를 공표하여야 한다.

오답분석

① **사회보장기본법 제5조 제1항** 국가와 지방자치단체는 모든 국민의 인간다운 생활을 유지 · 증진하는 책임을 가진다.

② **사회보장기본법 제5조 제2항** 국가와 지방자치단체는 사회보장에 관한 책임과 역할을 합리적으로 분담하여야 한다.

④ **사회보장기본법 제5조 제4항** 국가와 지방자치단체는 지속가능한 사회보장제도를 확립하고 매년 이에 필요한 재원을 조달하여야 한다.

⑤ **사회보장기본법 제6조 제1항** 국가와 지방자치단체는 가정이 건전하게 유지되고 그 기능이 향상되도록 노력하여야 한다.

02 난도 ★★☆   정답 ⑤

정답분석

「사회보장기본법」 제3조에는 사회보장, 사회보험, 공공부조, 사회서비스, 평생사회안전망, 사회보장 행정데이터의 정의가 명시되어 있다.

⑤ 제시문의 사회보험, 공공부조, 평생사회안전망에 대한 설명은 모두 옳다.

관계 법령

사회보장기본법 제3조(정의)
이 법에서 사용하는 용어의 뜻은 다음과 같다.
1. "사회보장"이란 출산, 양육, 실업, 노령, 장애, 질병, 빈곤 및 사망 등의 사회적 위험으로부터 모든 국민을 보호하고 국민 삶의 질을 향상시키는 데 필요한 소득 · 서비스를 보장하는 사회보험, 공공부조, 사회서비스를 말한다.
2. "사회보험"이란 국민에게 발생하는 사회적 위험을 보험의 방식으로 대처함으로써 국민의 건강과 소득을 보장하는 제도를 말한다.
3. "공공부조"(公共扶助)란 국가와 지방자치단체의 책임 하에 생활 유지 능력이 없거나 생활이 어려운 국민의 최저생활을 보장하고 자립을 지원하는 제도를 말한다.
4. "사회서비스"란 국가 · 지방자치단체 및 민간부문의 도움이 필요한 모든 국민에게 복지, 보건의료, 교육, 고용, 주거, 문화, 환경 등의 분야에서 인간다운 생활을 보장하고 상담, 재활, 돌봄, 정보의 제공, 관련 시설의 이용, 역량 개발, 사회참여 지원 등을 통하여 국민의 삶의 질이 향상되도록 지원하는 제도를 말한다.
5. "평생사회안전망"이란 생애주기에 걸쳐 보편적으로 충족되어야 하는 기본욕구와 특정한 사회위험에 의하여 발생하는 특수욕구를 동시에 고려하여 소득 · 서비스를 보장하는 맞춤형 사회보장제도를 말한다.
6. "사회보장 행정데이터"란 국가, 지방자치단체, 공공기관 및 법인이 법령에 따라 생성 또는 취득하여 관리하고 있는 자료 또는 정보로서 사회보장 정책 수행에 필요한 자료 또는 정보를 말한다.

03 난도 ★★☆   정답 ②

정답분석

중앙행정기관의 장과 지방자치단체의 장은 모두 보건복지부장관과 협의해야 한다.

관계 법령

사회보장기본법 제26조(협의 및 조정)
② 중앙행정기관의 장과 지방자치단체의 장은 사회보장제도를 신설하거나 변경할 경우 신설 또는 변경의 타당성, 기존 제도와의 관계, 사회보장 전달체계에 미치는 영향, 지역복지 활성화에 미치는 영향 및 운영방안 등에 대하여 대통령령으로 정하는 바에 따라 보건복지부장관과 협의하여야 한다.

04 난도 ★★☆   정답 ①

정답분석

사회보장위원회의 위원장은 보건복지부장관이 아니라 국무총리이다.

관계 법령

사회보장기본법 제21조(위원회의 구성 등)
② 위원장은 국무총리가 되고 부위원장은 기획재정부장관, 교육부장관 및 보건복지부장관이 된다.

정답분석

「사회보장기본법」에 사회보장제도의 평가 및 개선에 대한 내용은 없다.

관계 법령

사회보장기본법 제30조(사회보장급여의 관리)
① 국가와 지방자치단체는 국민의 사회보장수급권의 보장 및 재정의 효율적 운용을 위하여 다음에 관한 사회보장급여의 관리체계를 구축·운영하여야 한다.
1. 사회보장수급권자 권리구제
2. 사회보장급여의 사각지대 발굴
3. 사회보장급여의 부정·오류 관리
4. 사회보장급여의 과오지급액의 환수 등 관리

---

06 난도 ★★☆　　　　　　　　　　　정답 ③

정답분석

사회보장정보의 보호 및 관리는 사회보장위원회의 심의·조정 사항에 해당된다.

관계 법령

사회보장기본법 제20조(사회보장위원회)
① 사회보장에 관한 주요 시책을 심의·조정하기 위하여 국무총리 소속으로 사회보장위원회(이하 "위원회"라 한다)를 둔다.
② 위원회는 다음의 사항을 심의·조정한다.
1. 사회보장 증진을 위한 기본계획
2. 사회보장 관련 주요 계획
3. 사회보장제도의 평가 및 개선
4. 사회보장제도의 신설 또는 변경에 따른 우선순위
5. 둘 이상의 중앙행정기관이 관련된 주요 사회보장정책
6. 사회보장급여 및 비용 부담
7. 국가와 지방자치단체의 역할 및 비용 분담
8. 사회보장의 재정추계 및 재원조달 방안
9. 사회보장 전달체계 운영 및 개선
10. 사회보장통계
11. 사회보장정보의 보호 및 관리

---

07 난도 ★★☆　　　　　　　　　　　정답 ④

정답분석

사회보장기본법 제12조 사회보장수급권은 관계 법령에서 정하는 바에 따라 다른 사람에게 양도하거나 담보로 제공할 수 없으며, 이를 압류할 수 없다.

---

08 난도 ★★☆　　　　　　　　　　　정답 ①

정답분석

사회보장기본법 제8조 국내에 거주하는 외국인에게 사회보장제도를 적용할 때에는 상호주의의 원칙에 따르되, 관계 법령에서 정하는 바에 따른다.

---

09 난도 ★☆☆　　　　　　　　　　　정답 ①

정답분석

사회보장기본법 제3조 제4호 "사회서비스"란 국가·지방자치단체 및 민간부문의 도움이 필요한 모든 국민에게 복지, 보건의료, 교육, 고용, 주거, 문화, 환경 등의 분야에서 인간다운 생활을 보장하고 상담, 재활, 돌봄, 정보의 제공, 관련 시설의 이용, 역량개발, 사회참여 지원 등을 통하여 국민의 삶의 질이 향상되도록 지원하는 제도를 말한다.

---

10 난도 ★☆☆　　　　　　　　　　　정답 ⑤

정답분석

사회보장기본법 제16조 제1항 보건복지부장관은 관계 중앙행정기관의 장과 협의하여 사회보장 증진을 위하여 사회보장에 관한 기본계획을 5년마다 수립하여야 한다.

---

11 난도 ★★☆　　　　　　　　　　　정답 ⑤

정답분석

ㄱ. **사회보장기본법 제28조 제1항** 사회보장 비용의 부담은 각각의 사회보장제도의 목적에 따라 국가, 지방자치단체 및 민간부문 간에 합리적으로 조정되어야 한다.
ㄷ. **사회보장기본법 제28조 제3항** 공공부조 및 관계 법령에서 정하는 일정 소득 수준 이하의 국민에 대한 사회서비스에 드는 비용의 전부 또는 일부는 국가와 지방자치단체가 부담한다.
ㄹ. **사회보장기본법 제28조 제4항** 부담 능력이 있는 국민에 대한 사회서비스에 드는 비용은 그 수익자가 부담함을 원칙으로 하되, 관계 법령에서 정하는 바에 따라 국가와 지방자치단체가 그 비용의 일부를 부담할 수 있다.

오답분석

ㄴ. **사회보장기본법 제28조 제3항** 부담 능력이 있는 국민에 대한 사회서비스에 드는 비용은 그 수익자가 부담함을 원칙으로 하되, 관계 법령에서 정하는 바에 따라 국가와 지방자치단체가 그 비용의 일부를 부담할 수 있다.

12 난도 ★★☆ 정답 ①

ㄱ. **사회보장기본법 제10조 제2항** 국가는 관계 법령에서 정하는 바에 따라 최저보장수준과 최저임금을 매년 공표하여야 한다.

ㄴ. **사회보장기본법 제14조 제1항** 사회보장수급권은 정당한 권한이 있는 기관에 서면으로 통지하여 포기할 수 있다.

ㄷ. **사회보장기본법 제13조 제2항** 사회보장수급권이 제한되거나 정지되는 경우에는 제한 또는 정지하는 목적에 필요한 최소한의 범위에 그쳐야 한다.

ㄹ. **사회보장기본법 제14조 제3항** 사회보장수급권을 포기하는 것이 다른 사람에게 피해를 주거나 사회보장에 관한 관계 법령에 위반되는 경우에는 사회보장수급권을 포기할 수 없다.

13 난도 ★★☆ 정답 ①

ㄱ. **사회보장기본법 제9조** 모든 국민은 사회보장 관계 법령에서 정하는 바에 따라 사회보장급여를 받을 권리(사회보장수급권)를 가진다.

ㄴ. **사회보장기본법 제14조 제1항** 사회보장수급권은 정당한 권한이 있는 기관에 서면으로 통지하여 포기할 수 있다.

ㄷ. **사회보장기본법 제12조** 사회보장수급권은 관계 법령에서 정하는 바에 따라 다른 사람에게 양도하거나 담보로 제공할 수 없으며, 이를 압류할 수 없다.

ㄹ. **사회보장기본법 제14조 제2항** 사회보장수급권의 포기는 취소할 수 있다.

14 난도 ★★☆ 정답 ④

④ **사회보장기본법 제12조** 사회보장수급권은 관계 법령에서 정하는 바에 따라 다른 사람에게 양도하거나 담보로 제공할 수 없으며, 이를 압류할 수 없다.

① **사회보장기본법 제10조 제3항** 국가와 지방자치단체는 최저보장수준과 최저임금 등을 고려하여 사회보장급여의 수준을 결정하여야 한다.

② **사회보장기본법 제11조 제1항** 사회보장급여를 받으려는 사람은 관계 법령에서 정하는 바에 따라 국가나 지방자치단체에 신청하여야 한다. 다만, 관계 법령에서 따로 정하는 경우에는 국가나 지방자치단체가 신청을 대신할 수 있다.

③ **사회보장기본법 제13조 제1항** 사회보장수급권은 제한되거나 정지될 수 없다. 다만, 관계 법령에서 따로 정하고 있는 경

우에는 그러하지 아니하다.

⑤ **사회보장기본법 제9조** 모든 국민은 사회보장 관계 법령에서 정하는 바에 따라 사회보장급여를 받을 권리를 가진다.

15 난도 ★★☆ 정답 ⑤

① 사회보장위원회는 대통령 소속이 아니라 국무총리 소속이다.

② 위원장 1명, 부위원장 3명과 행정안전부장관, 고용노동부장관을 포함한 30명 이내의 위원으로 구성한다.

③ 위원의 임기는 2년으로 하되, 공무원인 위원의 임기는 그 재임 기간으로 한다.

④ 고용노동부가 아니라 보건복지부에 사무국을 둔다.

사회보장기본법 제20조(사회보장위원회)
① 사회보장에 관한 주요 시책을 심의 · 조정하기 위하여 국무총리 소속으로 사회보장위원회(이하 "위원회")를 둔다.
④ 관계 중앙행정기관의 장과 지방자치단체의 장은 위원회의 심의 · 조정 사항을 반영하여 사회보장제도를 운영 또는 개선하여야 한다.

사회보장기본법 제21조(위원회의 구성 등)
① 위원회는 위원장 1명, 부위원장 3명과 행정안전부장관, 고용노동부장관, 여성가족부장관, 국토교통부장관을 포함한 30명 이내의 위원으로 구성한다.
② 위원장은 국무총리가 되고 부위원장은 기획재정부장관, 교육부장관 및 보건복지부장관이 된다.
④ 위원의 임기는 2년으로 한다. 다만, 공무원인 위원의 임기는 그 재임 기간으로 한다.

16 난도 ★★☆ 정답 ⑤

① **사회보장기본법 제20조 제1항** 사회보장에 관한 주요 시책을 심의 · 조정하기 위하여 국무총리 소속으로 사회보장위원회를 둔다.

② **사회보장기본법 제21조 제2항** 위원장은 국무총리가 되고 부위원장은 기획재정부장관, 교육부장관 및 보건복지부장관이 된다.

③ **사회보장기본법 제21조 제5항** 보궐위원의 임기는 전임자 임기의 남은 기간으로 한다.

④ **사회보장기본법 제21조 제4항** 위원의 임기는 2년으로 한다. 다만, 공무원인 위원의 임기는 그 재임 기간으로 한다.

17 난도 ★★☆　　　　　　　　　　정답 ②

② **사회보장기본법 제35조** 국가와 지방자치단체는 사회보장 관계 법령에서 정하는 바에 따라 사회보장에 관한 상담에 응하여야 한다.

① **사회보장기본법 제25조 제5항** 사회보험은 국가의 책임으로 하고, 공공부조와 사회서비스는 국가와 지방자치단체의 책임으로 시행하는 것을 원칙으로 시행한다.
③ **사회보장기본법 제28조 제4항** 부담 능력이 있는 국민에 대한 사회서비스에 드는 비용은 그 수익자가 부담함을 원칙으로 하되, 관계 법령에서 정하는 바에 따라 국가와 지방자치단체가 그 비용의 일부를 부담할 수 있다.
④ **사회보장기본법 제32조 제3항** 보건복지부장관은 제출된 사회보장통계를 종합하여 위원회에 제출하여야 한다.
⑤ **사회보장기본법 제26조 제2항** 중앙행정기관의 장과 지방자치단체의 장은 사회보장제도를 신설하거나 변경할 경우 신설 또는 변경의 타당성, 기존 제도와의 관계, 사회보장 전달체계에 미치는 영향, 지역복지 활성화에 미치는 영향 및 운영방안 등에 대하여 대통령령으로 정하는 바에 따라 보건복지부장관과 협의하여야 한다.

18 난도 ★★☆　　　　　　　　　　정답 ①

사회보장기본법 제25조 제5항 사회보험은 국가의 책임으로 시행하고, 공공부조와 사회서비스는 국가와 지방자치단체의 책임으로 시행하는 것을 원칙으로 한다. 다만 국가와 지방자치단체의 재정 형편 등을 고려하여 이를 협의·조정할 수 있다.

19 난도 ★★☆　　　　　　　　　　정답 ②

② **사회보장기본법 제25조 제5항** 사회보험은 국가의 책임으로 시행하고, 공공부조와 사회서비스는 국가와 지방자치단체의 책임으로 시행하는 것을 원칙으로 한다.

① **사회보장기본법 제25조 제1항** 국가와 지방자치단체가 사회보장제도를 운영할 때에는 이 제도를 필요로 하는 모든 국민에게 적용하여야 한다.
③ **사회보장기본법 제25조 제3항** 국가와 지방자치단체는 사회보장제도의 정책 결정 및 시행 과정에 공익의 대표자 및 이해관계인 등을 참여시켜 이를 민주적으로 결정하고 시행하여야 한다.
④ **사회보장기본법 제25조 제4항** 국가와 지방자치단체가 사회보장제도를 운영할 때에는 국민의 다양한 복지 욕구를 효율

적으로 충족시키기 위하여 연계성과 전문성을 높여야 한다.
⑤ **사회보장기본법 제25조 제2항** 국가와 지방자치단체는 사회보장제도의 급여 수준과 비용 부담 등에서 형평성을 유지하여야 한다.

20 난도 ★★☆　　　　　　　　　　정답 ⑤

⑤ **사회보장급여의 이용·제공 및 수급권자 발굴에 관한 법률 제10조 제1호** 보장기관의 장은 지원대상자를 발굴하기 위하여 사회보장급여의 제공규모에 대한 자료 또는 정보의 제공과 홍보에 노력하여야 한다.

① **사회보장급여의 이용·제공 및 수급권자 발굴에 관한 법률 제2조 제4호** "지원대상자"란 사회보장급여를 필요로 하는 사람을 말한다.
② **사회보장급여의 이용·제공 및 수급권자 발굴에 관한 법률 제5조 제2항** 보장기관의 업무담당자는 지원대상자가 누락되지 아니하도록 하기 위하여 관할 지역에 거주하는 지원대상자에 대한 사회보장급여의 제공을 직권으로 신청할 수 있다.
③ **사회보장급여의 이용·제공 및 수급권자 발굴에 관한 법률 제12조 제1항 제4호** 보건복지부장관은 보장기관이 제10조에 따른 업무를 효율적으로 수행할 수 있도록 지원하기 위하여 「사회보장기본법」에 따른 사회보장정보시스템을 통하여 「국민기초생활 보장법」 또는 「긴급복지지원법」에 따른 신청 또는 지원 중 탈락가구의 가구정보를 처리할 수 있다.
④ **사회보장급여의 이용·제공 및 수급권자 발굴에 관한 법률 제12조의2 제1항** 보장기관의 장은 지원대상자에 대한 발굴조사를 분기마다 정기적으로 실시하여야 한다.

21 난도 ★★☆　　　　　　　　　　정답 ④

④ **사회보장급여의 이용·제공 및 수급권자 발굴에 관한 법률 제29조 제4항** 정부는 사회보장급여의 이용 및 제공이 원활히 이루어질 수 있도록 한국사회보장정보원의 설립·운영에 필요한 비용을 출연하거나 지원할 수 있다.

① **사회보장급여의 이용·제공 및 수급권자 발굴에 관한 법률 제4조 제6항** 보장기관은 지역의 사회보장 수준이 균등하게 실현될 수 있도록 노력하여야 한다.
② **사회보장급여의 이용·제공 및 수급권자 발굴에 관한 법률 제5조 제1항** 지원대상자와 그 친족, 「민법」에 따른 후견인, 「청소년 기본법」에 따른 청소년상담사·청소년지도사, 지원대상자를 사실상 보호하고 있는 자 등은 지원대상자의 주소지 관할 보장기관에 사회보장급여를 신청할 수 있다.

③ **사회보장급여의 이용·제공 및 수급권자 발굴에 관한 법률 제9조의2 제1항** 보장기관의 장은 누락된 지원대상자가 적절한 사회보장급여를 제공받을 수 있도록 지원이 필요한 위기가구를 발굴하기 위하여 노력하여야 한다.

⑤ **사회보장급여의 이용·제공 및 수급권자 발굴에 관한 법률 제36조 제3항 제3호** 특별자치시 지역사회보장계획은 사회보장급여 담당 인력의 양성 및 전문성 제고 방안을 포함하여야 한다.

22 난도 ★★☆ 정답 ①

정답분석

① **사회보장급여의 이용·제공 및 수급권자 발굴에 관한 법률 제12조의2 제1항** 보장기관의 장은 지원대상자에 대한 발굴조사를 분기마다 정기적으로 실시해야 한다. 다만, 「긴급복지지원법」 제7조의2에 따라 발굴조사를 실시한 경우에는 그러하지 아니하다.

관계 법령

긴급복지지원법 제7조의2(위기상황의 발굴)
① 국가 및 지방자치단체는 위기상황에 처한 사람에 대한 발굴조사를 연 1회 이상 정기적으로 실시하여야 한다.
② 국가 및 지방자치단체는 제1항에 따른 정기 발굴조사 또는 수시 발굴조사를 위하여 필요한 경우 관계 기관·법인·단체 등의 장에게 자료의 제출, 위기상황에 처한 사람의 거주지 등 현장조사 시 소속 직원의 동행 등 협조를 요청할 수 있다. 이 경우 관계 기관·법인·단체 등의 장은 정당한 사유가 없으면 이에 따라야 한다.
③ 국가 및 지방자치단체는 위기상황에 처한 사람에 대한 발굴체계의 운영 실태를 정기적으로 점검하고 개선방안을 수립하여야 한다.

오답분석

② **사회보장급여의 이용·제공 및 수급권자 발굴에 관한 법률 제4조 제6항** 보장기관은 지역의 사회보장 수준이 균등하게 실현될 수 있도록 노력하여야 한다.

③ **사회보장급여의 이용·제공 및 수급권자 발굴에 관한 법률 제13조 제1항** 누구든지 사회적 위험으로 인하여 사회보장급여를 필요로 하는 지원대상자를 발견하였을 때에는 보장기관에 알려야 한다.

④ **사회보장급여의 이용·제공 및 수급권자 발굴에 관한 법률 제17조 제1항** 이 법에 따른 처분에 이의가 있는 수급권자등은 그 처분을 받은 날부터 90일 이내에 처분을 결정한 보장기관의 장에게 이의신청을 할 수 있다. 다만, 정당한 사유로 인하여 그 기간 내에 이의신청을 할 수 없음을 증명한 때에는 그 사유가 소멸한 때부터 60일 이내에 이의신청을 할 수 있다.

⑤ **사회보장급여의 이용·제공 및 수급권자 발굴에 관한 법률 제24조 제1항** 보장기관의 장은 업무를 효율적으로 수행하기 위하여 사회보장정보시스템을 이용하거나 관할 업무시스템과 사회보장정보시스템을 연계하여 이용할 수 있다.

23 난도 ★★☆ 정답 ⑤

정답분석

사회보장급여의 이용·제공 및 수급권자 발굴에 관한 법률 제7조 제1항 보장기관의 장은 제5조에 따른 사회보장급여의 신청을 받으면 지원대상자와 그 부양의무자(배우자와 1촌의 직계혈족 및 그 배우자)에 대하여 사회보장급여의 수급자격 확인을 위하여 다음의 어느 하나에 해당하는 자료 또는 정보를 제공받아 조사하고 처리(「개인정보 보호법」 제2조 제2호의 처리)할 수 있다.
1. 인적사항 및 가족관계 확인에 관한 사항
2. 소득·재산·근로능력 및 취업상태에 관한 사항
3. 사회보장급여 수급이력에 관한 사항
4. 그 밖에 수급권자를 선정하기 위하여 보장기관의 장이 필요하다고 인정하는 사항

24 난도 ★★☆ 정답 ③

정답분석

③ **사회보장급여의 이용·제공 및 수급권자 발굴에 관한 법률 제2조 제3호** "수급자"란 사회보장급여를 받고 있는 사람을 말한다.

오답분석

① 2014년 12월 30일에 제정, 2015년 7월 1일부터 시행되었다.
② **사회보장급여의 이용·제공 및 수급권자 발굴에 관한 법률 제5조 제2항** 보장기관의 업무담당자는 지원대상자가 누락되지 아니하도록 하기 위하여 관할 지역에 거주하는 지원대상자에 대한 사회보장급여의 제공을 직권으로 신청할 수 있다. 이 경우 지원대상자의 동의를 받아야 하며, 동의를 받은 경우에는 지원대상자가 신청한 것으로 본다.
④ **사회보장급여의 이용·제공 및 수급권자 발굴에 관한 법률 제19조의2 제1항** 보건복지부장관은 속임수 등의 부정한 방법으로 사회보장급여를 받거나 타인으로 하여금 사회보장급여를 받게 한 경우에 대하여 보장기관이 효과적인 대책을 세울 수 있도록 그 발생 현황, 피해사례 등에 관한 실태조사를 3년마다 실시하고, 그 결과를 공개하여야 한다.
⑤ **사회보장급여의 이용·제공 및 수급권자 발굴에 관한 법률 제17조 제1항** 이 법에 따른 처분에 이의가 있는 수급권자등은 그 처분을 받은 날부터 90일 이내에 처분을 결정한 보장기관의 장에게 이의신청을 할 수 있다. 다만, 정당한 사유로 인하여 그 기간 내에 이의신청을 할 수 없음을 증명한 때에는 그 사유가 소멸한 때부터 60일 이내에 이의신청을 할 수 있다.

25 난도 ★★☆ 정답 ①

정답분석

ㄱ. 사회복지전담공무원은 읍·면·동, 시·군·구, 시·도에도 둘 수 있다. 사회복지전담공무원은 지방직 공무원으로 지방자치단체에서 일을 한다.

26 난도 ★★☆   정답 ③

정답분석

사회보장정보원은 보건복지정보의 수집·제공과 보건복지 관련 정보시스템 개발 및 운영 등 보건복지 정보화사업을 수행함으로써 보건복지업무를 효율적으로 수행할 수 있도록 지원하는 보건복지부 산하 위탁집행형 준정부기관으로 2009년 12월에 설립되었다.

③ 정부는 한국사회보장정보원의 설립·운영에 필요한 비용을 출연하거나 지원할 수 있다.

27 난도 ★★☆   정답 ⑤

정답분석

ㄱ. 사회보장급여의 이용·제공 및 수급권자 발굴에 관한 법률 제2조 제4호 "지원대상자"란 사회보장급여를 필요로 하는 사람을 말한다.

ㄴ. 사회보장급여의 이용·제공 및 수급권자 발굴에 관한 법률 제2조 제5호 "보장기관"이란 관계 법령 등에 따라 사회보장급여를 제공하는 국가기관과 지방자치단체를 말한다.

ㄷ. 사회보장급여의 이용·제공 및 수급권자 발굴에 관한 법률 제42조의2 제2항 통합사례관리를 실시하기 위하여 필요한 경우에는 특별자치시 및 시·군·구에 통합사례관리사를 둘 수 있다.

SECTION 03 사회복지사업법

01	02	03	04	05	06	07	08	09	10
②	③	②	⑤	③	⑤	②	④	④	②
11	12	13	14	15	16	17	18	19	20
④	②	①	④	④	①	③	⑤	②	③
21	22	23							
⑤	⑤	②							

01 난도 ★★☆   정답 ②

정답분석

② 사회복지사업법 제9조 제1항 제1호 국가와 지방자치단체는 사회복지 자원봉사활동을 지원·육성하기 위하여 자원봉사활동의 홍보 및 교육을 실시하여야 한다.

오답분석

① 사회복지사업법 제5조의2 제1항 사회복지서비스를 필요로 하는 사람에 대한 사회복지서비스 제공은 현물로 제공하는 것을 원칙으로 한다.

③ 사회복지사업법 제46조 제1항 사회복지사는 사회복지에 관한 전문지식과 기술을 개발·보급하고, 사회복지사의 자질 향상을 위한 교육훈련을 실시하며, 사회복지사의 복지증진을 도모하기 위하여 한국사회복지사협회를 설립한다.

④ 사회복지사업법 제11조 제6항 사회복지사 자격증을 발급받은 사람은 다른 사람에게 그 자격증을 빌려주어서는 아니 되고, 누구든지 그 자격증을 빌려서는 아니 된다.

관계 법령

사회복지사업법 제54조(벌칙)
다음의 어느 하나에 해당하는 자는 1년 이하의 징역 또는 1천만 원 이하의 벌금에 처한다.
1의2. 제11조 제6항을 위반하여 사회복지사 자격증을 다른 사람에게 빌려주거나 빌린 사람

⑤ 사회복지사업법 제11조 제1항 보건복지부장관은 사회복지에 관한 전문지식과 기술을 가진 사람에게 사회복지사 자격증을 발급할 수 있다.

정답 및 해설

02 난도 ★★☆ 정답 ③

정답분석
③ 보건복지부장관은 사회복지사가 거짓이나 그 밖의 부정한 방법으로 자격을 취득한 경우 무조건 그 자격을 취소한다.

관계 법령

사회복지사업법 제11조의3(사회복지사의 자격취소 등)
① 보건복지부장관은 사회복지사가 다음에 해당하는 경우 그 자격을 취소하거나 1년의 범위에서 정지시킬 수 있다. 다만, 제1호부터 제3호까지에 해당하면 그 자격을 취소하여야 한다.
　1. 거짓이나 그 밖의 부정한 방법으로 자격을 취득한 경우
　2. 제11조의2 각 호의 어느 하나에 해당하게 된 경우
　3. 자격증을 대여 · 양도 또는 위조 · 변조한 경우

오답분석
① 사회복지사의 등급은 1급 · 2급으로 한다. 기존에 있던 3급은 취득할 수 없다.
② 보건복지부장관은 정신건강사회복지사 · 의료사회복지사 · 학교사회복지사의 자격을 부여할 수 있다. 사회복지사 1급 자격증 취득 후 1년의 수련을 거쳐 취득할 수 있다.
④ 사회복지법인에 종사하는 사회복지사는 1년에 8시간 이상 정기적으로 보수교육을 받아야 한다.
⑤ 자신의 사회복지사 자격증은 타인에게 빌려주어서는 아니 된다. 자격증을 양도하는 경우 자격취소에 해당한다.

03 난도 ★☆☆ 정답 ②

정답분석
자원봉사센터는 「사회복지사업법」상 31개 사회복지시설에 포함되지 않으며 행정안전부장관의 소관이다.

관계 법령

사회복지사업법 시행규칙 제27조(시설의 서비스 최저기준)
② 서비스 최저기준 대상시설의 범위는 다음과 같다. 다만, 시설의 규모, 제공하는 서비스의 특성, 이용자 수 등을 고려하여 보건복지부장관이 정하는 시설은 제외한다.
　1. 사회복지법에 따른 사회복지시설
　2. 사회복지관

04 난도 ★★☆ 정답 ⑤

정답분석
보건복지부장관은 평가를 위하여 평가기관을 설치 · 운영하거나 평가의 전부 또는 일부를 관계기관 또는 단체에 위탁할 수 있다.

관계 법령

사회복지사업법 제5조의2(사회복지서비스 제공의 원칙)
① 사회복지서비스를 필요로 하는 사람에 대한 사회복지서비스 제공은 현물(現物)로 제공하는 것을 원칙으로 한다.
② 시장 · 군수 · 구청장은 국가 또는 지방자치단체 외의 자로 하여금 제1항의 서비스 제공을 실시하게 하는 경우에는 보호대상자에게 사회복지서비스 이용권을 지급하여 국가 또는 지방자치단체 외의 자로부터 그 이용권으로 서비스 제공을 받게 할 수 있다.
③ 국가와 지방자치단체는 사회복지서비스의 품질향상과 원활한 제공을 위하여 필요한 시책을 마련하여야 한다.
④ 국가와 지방자치단체는 사회복지서비스의 품질을 관리하기 위하여 사회복지서비스를 제공하는 기관 · 법인 · 시설 · 단체의 서비스 환경, 서비스 제공 인력의 전문성 등을 평가할 수 있다.
⑤ 보건복지부장관은 평가를 위하여 평가기관을 설치 · 운영하거나 평가의 전부 또는 일부를 관계기관 또는 단체에 위탁할 수 있다.

05 난도 ★★☆ 정답 ③

정답분석
③ **사회복지사업법 제26조 제1항 제7호** 시 · 도지사는 법인이 법인 설립 후 기본재산을 출연하지 아니한 때에는 설립허가를 취소하여야 한다.

오답분석
① **사회복지사업법 제11조의3 제1항** 보건복지부장관은 사회복지사가 거짓으로 자격을 취득한 경우 그 자격을 취소하여야 한다.
② **사회복지사업법 제16조 제1항** 사회복지법인을 설립하려는 자는 대통령령으로 정하는 바에 따라 시 · 도지사의 허가를 받아야 한다.
④ **사회복지사업법 제6조 제1항** 누구든지 정당한 이유 없이 사회복지시설의 설치를 방해하여서는 아니 된다.
⑤ **사회복지사업법 제1조의2 제1항** 사회복지를 필요로 하는 사람은 누구든지 자신의 의사에 따라 서비스를 신청하고 제공받을 수 있다.

06 난도 ★★☆ 정답 ⑤

정답분석
사회복지사업법 제1조의2 제4항 사회복지서비스를 제공하는 자는 필요한 정보를 제공하는 등 사회복지서비스를 이용하는 사람의 선택권을 보장하여야 한다.

07 난도 ★★☆ 정답 ②

오답분석

① 「사회보장기본법」상 사회서비스가 더 큰 개념이다.

③ **사회복지사업법 제11조의3 제1항** 보건복지부장관은 사회복지사의 자격을 취소하거나 1년의 범위에서 정지시킬 수 있다.

④ **사회복지사업법 제16조 제1항** 사회복지법인을 설립하려는 자는 대통령령으로 정하는 바에 따라 시·도지사의 허가를 받아야 한다.

⑤ **사회복지사업법 제43조 제1항** 보건복지부장관은 시설에서 제공하는 서비스의 최저기준을 마련하여야 한다.

08 난도 ★★☆ 정답 ④

정답분석

④ 사회복지의 날은 9월 7일로 「사회복지사업법」에 명시되어 있다.

오답분석

① 장애인의 날은 4월 20일로 「장애인복지법」에 명시되어 있다.

② 노인의 날은 10월 2일로 「노인복지법」에 명시되어 있다.

③ 아동학대예방의 날은 11월 19일로 「아동복지법」에 명시되어 있다.

09 난도 ★☆☆ 정답 ④

정답분석

「국민건강보험법」은 사회보험법으로 사회보험은 「사회복지사업법」에 포함되지 않는다.

10 난도 ★★☆ 정답 ②

정답분석

사회복지사업법 제5조의2 제1항 사회복지서비스를 필요로 하는 사람에 대한 사회복지서비스 제공은 현물로 제공하는 것이 원칙으로 한다.

11 난도 ★★☆ 정답 ④

정답분석

④ 9월 7일은 「사회복지사업법」에 따른 사회복지의 날이다.

오답분석

① 4월 20일은 「장애인복지법」에 따른 장애인의 날이다.

③ 7월 11일은 「저출산고령기본법」에 따른 인구의 날이다.

⑤ 10월 2일은 「노인복지법」에 따른 노인의 날이다.

12 난도 ★☆☆ 정답 ②

정답분석

노인복지관은 반드시 사회복지사를 채용해야 하는 시설이다.

관계 법령

> 사회복지사업법 제13조(사회복지사의 채용 및 교육 등)
> ① 사회복지법인 및 사회복지시설을 설치·운영하는 자는 대통령령으로 정하는 바에 따라 사회복지사를 그 종사자로 채용한다. … (중략) … 다만, 대통령령으로 정하는 사회복지시설은 그러하지 아니하다.
>
> 사회복지사업법 시행령 제6조(사회복지사의 채용)
> ② 법 제13조 제1항에서 "대통령령으로 정하는 사회복지시설"이란 다음의 시설을 말한다.
> 1. 「노인복지법」에 따른 노인여가복지시설(노인복지관은 제외한다)
> 2. 「장애인복지법」에 따른 장애인 지역사회재활시설 중 수화통역센터, 점자도서관, 점자도서 및 녹음서 출판시설
> 3. 「영유아보육법」에 따른 어린이집
> 4. 「성매매방지 및 피해자보호 등에 관한 법률」에 따른 성매매피해자 등을 위한 지원시설 및 같은 법에 따른 성매매피해상담소
> 5. 「정신건강증진 및 정신질환자 복지서비스 지원에 관한 법률」에 따른 정신요양시설 및 정신재활시설
> 6. 「성폭력방지 및 피해자보호 등에 관한 법률」에 따른 성폭력피해상담소

13 난도 ★☆☆ 정답 ①

정답분석

① **사회복지사업법 제21조 제1항** 이사는 법인이 설치한 사회복지시설의 장을 제외한 그 시설의 직원을 겸할 수 없다. 법인이 설치한 사회복지시설의 장은 이사를 겸할 수 있다.

오답분석

② **사회복지사업법 제19조 제1항 제1의3호** 파산선고를 받고 복권되지 아니한 사람은 임원이 될 수 없다.

③ **사회복지사업법 제18조 제1항** 법인은 대표이사를 포함한 이사 7명 이상과 감사 2명 이상을 두어야 한다.

④ **사회복지사업법 제25조 제1항** 이사회는 안건, 표결수 등을 기재한 회의록을 작성하여야 한다.

⑤ **사회복지사업법 제27조 제1항** 해산한 법인의 남은 재산은 정관으로 정하는 바에 따라 국가 또는 지방자치단체에 귀속된다.

CHAPTER **08**

정답 및 해설

14 난도 ★★☆   정답 ④

정답분석

④ **사회복지사업법 제21조 제1항** 이사는 법인이 설치한 사회복지시설의 장을 제외한 그 시설의 직원을 겸할 수 없다.

오답분석

① · ② **사회복지사업법 제16조 제1항** 사회복지법인을 설립하려는 자는 대통령령으로 정하는 바에 따라 시 · 도지사의 허가를 받아야 한다.

③ **사회복지사업법 제27조 제1항** 해산한 법인의 남은 재산은 정관으로 정하는 바에 따라 국가 또는 지방자치단체에 귀속된다.

⑤ **사회복지사업법 제30조 제1항** 법인은 시 · 도지사의 허가를 받아 이 법에 따른 다른 법인과 합병할 수 있다. 다만, 주된 사무소가 서로 다른 특별시 · 광역시 · 특별자치시 · 도 · 특별자치도에 소재한 법인 간의 합병의 경우에는 보건복지부장관의 허가를 받아야 한다.

15 난도 ★★☆   정답 ④

정답분석

④ **사회복지사업법 제28조 제2항** 법인은 수익사업에서 생긴 수익을 법인 또는 법인이 설치한 사회복지시설의 운영 외의 목적에 사용할 수 없다.

오답분석

① **사회복지사업법 제16조 제1항** 법인을 설립하려는 자는 대통령령으로 정하는 바에 따라 시 · 도지사의 허가를 받아야 한다.

② **사회복지사업법 제18조 제1항** 법인은 대표이사를 포함한 이사 7명 이상과 감사 2명 이상을 두어야 한다.

③ **사회복지사업법 제18조 제4항** 이사의 임기는 3년으로 하고 감사의 임기는 2년으로 하며, 각각 연임할 수 있다.

⑤ **사회복지사업법 제21조 제1항** 이사는 법인이 설치한 사회복지시설의 장을 제외한 그 시설의 직원을 겸할 수 없다.

16 난도 ★★☆   정답 ①

정답분석

사회복지사업법 제20조 사회복지법인의 이사 중에 결원이 생겼을 때에는 2개월 이내에 보충하여야 한다.

17 난도 ★★☆   정답 ③

정답분석

ㄱ. **사회복지사업법 제18조 제1항** 법인은 대표이사를 포함한 이사 7명 이상과 감사 2명 이상을 두어야 한다.

ㄴ. **사회복지사업법 제18조 제4항** 이사의 임기는 3년으로 하고 감사의 임기는 2년으로 하며, 각각 연임할 수 있다.

ㄷ. **사회복지사업법 제18조 제5항** 외국인인 이사는 이사 현원의 2분의 1 미만이어야 한다.

18 난도 ★★☆   정답 ⑤

정답분석

사회복지사업법 제17조 제1항 법인의 정관에는 다음의 사항이 포함되어야 한다.

1. 목적
2. 명칭
3. 주된 사무소의 소재지
4. 사업의 종류
5. 자산 및 회계에 관한 사항
6. 임원의 임면(任免) 등에 관한 사항
7. 회의에 관한 사항
8. 수익(收益)을 목적으로 하는 사업이 있는 경우 그에 관한 사항
9. 정관의 변경에 관한 사항
10. 존립시기와 해산 사유를 정한 경우에는 그 시기와 사유 및 남은 재산의 처리방법
11. 공고 및 공고방법에 관한 사항

19 난도 ★★★   정답 ②

정답분석

② **사회복지사업법 제34조의3 제2항** 국가나 지방자치단체는 예산의 범위에서 책임보험 또는 책임공제의 가입에 드는 비용의 전부 또는 일부를 보조할 수 있다.

오답분석

① **사회복지사업법 제34조의5 제2항** 사회복지관은 모든 지역주민을 대상으로 사회복지서비스를 실시하되, 직업 및 취업 알선이 필요한 사람의 지역주민에게 우선 제공하여야 한다.

③ **사회복지사업법 제34조 제1항** 국가나 지방자치단체는 사회복지시설을 설치 · 운영할 수 있다.

④ **사회복지사업법 제36조 제1항 제3호** 시설의 장은 시설의 운영에 관한 시설 종사자의 근무환경 개선에 관한 사항을 심의하기 위하여 시설에 운영위원회를 두어야 한다. 다만, 보건복지부령으로 정하는 경우에는 복수의 시설에 공동으로 운영위원회를 둘 수 있다.

⑤ **사회복지사업법 제40조 제1항 제4호** 보건복지부장관, 시 · 도지사 또는 시장 · 군수 · 구청장은 회계부정이나 불법행위 또는 그 밖의 부당행위 등이 발견되었을 때에는 그 시설의 개선, 사업의 정지, 시설의 장의 교체를 명하거나 시설의 폐쇄를 명할 수 있다.

20 난도 ★★☆   정답 ③

정답분석

③ 「사회복지사업법」상 시설을 설치·운영하는 자는 시설에 근무할 종사자를 채용할 수 있다.

오답분석

① **사회복지사업법 제34조 제1항** 국가나 지방자치단체는 사회복지시설을 설치·운영할 수 있다.

② **사회복지사업법 제34조의4 제1항** 시설의 장은 시설에 대하여 정기 및 수시 안전점검을 실시하여야 한다.

④ **사회복지사업법 제36조 제1항** 시설의 장은 시설의 운영에 관한 사항을 심의하기 위하여 시설에 운영위원회를 두어야 한다.

⑤ **사회복지사업법 제34조의3 제2항** 국가나 지방자치단체는 예산의 범위에서 책임보험 또는 책임공제의 가입에 드는 비용의 전부 또는 일부를 보조할 수 있다.

21 난도 ★★★   정답 ⑤

정답분석

사회복지사업법 제36조 제2항 제2항 운영위원회의 위원은 다음에 해당하는 사람 중에서 관할 시장·군수·구청장이 임명하거나 위촉한다.

1. 시설의 장
2. 시설 거주자 대표
3. 시설 거주자의 보호자 대표
4. 시설 종사자의 대표
5. 해당 시·군·구 소속의 사회복지업무를 담당하는 공무원
6. 후원자 대표 또는 지역주민
7. 공익단체에서 추천한 사람
8. 그 밖에 시설의 운영 또는 사회복지에 관하여 전문적인 지식과 경험이 풍부한 사람

오답분석

① 시설의 장은 운영위원이 될 수 있다.

② 운영위원회의 위원은 시장·군수·구청장이 임명하거나 위촉한다.

③ 시설 거주자 대표는 운영위원이 될 수 있다.

④ 운영위원회는 시설운영에 관하여 심의권을 갖는다.

22 난도 ★★☆   정답 ⑤

정답분석

⑤ **사회복지사업법 제34조의5 제1항 제1호** 사회복지관은 지역복지증진을 위하여 지역사회의 특성과 지역주민의 복지욕구를 고려한 서비스 제공 사업을 실시할 수 있다.

오답분석

① **사회복지사업법 제34조 제2항** 국가 또는 지방자치단체 외의 자가 시설을 설치·운영하려는 경우에는 보건복지부령으로 정하는 바에 따라 시장·군수·구청장에게 신고하여야 한다.

② **사회복지사업법 제34조의3 제1항** 시설의 운영자는 화재로 인한 손해배상책임이나 화재 외의 안전사고로 인하여 생명·신체에 피해를 입은 보호대상자에 대한 손해배상책임을 이행하기 위하여 손해보험회사의 책임보험에 가입하거나 「사회복지사 등의 처우 및 지위 향상을 위한 법률」 제4조에 따른 한국사회복지공제회의 책임공제에 가입하여야 한다.

③ **사회복지사업법 제35조 제2항 제2호** 시·도지사의 해임명령에 따라 사회복지법인의 임원에서 해임된 자는 해임된 날부터 5년 이내에는 시설의 장이 될 수 없다.

④ **사회복지사업법 제34조의4 제1항** 시설의 장은 시설에 대하여 정기 및 수시 안전점검을 실시한 후 그 결과를 시장·군수·구청장에게 제출하여야 한다.

23 난도 ★★☆   정답 ②

정답분석

② **사회복지사업법 제35조 제1항** 사회복지시설의 장은 상근(常勤)하여야 한다.

오답분석

① **사회복지사업법 제34조 제1항** 국가나 지방자치단체는 사회복지시설을 설치·운영할 수 있다.

③ **사회복지사업법 제34조의3 제1항** 시설의 운영자는 화재로 인한 손해배상책임이나 화재 외의 안전사고로 인하여 생명·신체에 피해를 입은 보호대상자에 대한 손해배상책임을 이행하기 위하여 손해보험회사의 책임보험에 가입하거나 「사회복지사 등의 처우 및 지위 향상을 위한 법률」 제4조에 따른 한국사회복지공제회의 책임공제에 가입하여야 한다.

④ **사회복지사업법 제34조의4 제1항** 시설의 장은 시설에 대하여 정기 및 수시 안전점검을 실시하여야 한다.

⑤ **사회복지사업법 제34조 제5항** 국가나 지방자치단체가 설치한 시설은 필요한 경우 사회복지법인이나 비영리법인에 위탁하여 운영하게 할 수 있다.

SECTION 04			**아동복지법**						
01	02	03	04	05	06				
②	⑤	④	④	⑤	①				

01 난도 ★★☆   정답 ②

정답분석

아동복지법 제44조의2 제1항 시 · 도지사 및 시장 · 군수 · 구청장은 초등학교의 정규교육 이외의 시간 동안 다음의 돌봄서비스를 실시하기 위하여 다함께돌봄센터를 설치 · 운영할 수 있다.
1. 아동의 안전한 보호
2. 안전하고 균형 있는 급식 및 간식의 제공
3. 등 · 하교 전후, 야간 또는 긴급상황 발생 시 돌봄서비스 제공
4. 체험활동 등 교육 · 문화 · 예술 · 체육 프로그램의 연계 · 제공
5. 돌봄 상담, 관련 정보의 제공 및 서비스의 연계

02 난도 ★★☆   정답 ⑤

정답분석

「아동복지법」 제15조의4 제1항에는 "보건복지부장관은 보호가 필요한 아동을 발견하고 양육환경을 개선할 수 있도록 지원하기 위하여 「사회보장기본법」 제37조에 따른 사회보장정보시스템을 통하여 자료 또는 정보를 처리할 수 있으며, 해당 자료를 토대로 아동보호를 위한 실태조사 대상 아동을 선정할 수 있다."고 명시되어 있다.
ㄱ. 「국민건강보험법」 제41조 제1항 각 호에 따른 요양급여 실시 기록
ㄴ. 「국민건강보험법」 제52조에 따른 영유아건강검진 실시 기록 및 「의료급여법」 제14조에 따른 건강검진 실시 기록 중 6세 미만에 대한 기록
ㄴ. 「초 · 중등교육법」 제25조에 따른 학교생활기록 정보
ㄹ. 「전기사업법」 제14조에 따른 단전, 「수도법」 제39조에 따른 단수, 「도시가스사업법」 제19조에 따른 단가스 가구정보

03 난도 ★★★   정답 ④

정답분석

④ **아동복지법 제28조 제1항** 보장원의 장 또는 아동보호전문기관의 장은 아동학대가 종료된 이후에도 가정방문, 전화상담 등을 통하여 아동학대의 재발 여부를 확인하여야 한다.

오답분석

① **아동복지법 제15조의3 제1항** 시 · 도지사 또는 시장 · 군수 · 구청장은 보호조치 중인 보호대상아동의 양육상황을 보건복지부령으로 정하는 바에 따라 매년 점검하여야 한다.
② **아동복지법 제14조 제4항** 아동위원은 명예직으로 하되, 아동위원에 대하여는 수당을 지급할 수 있다.

③ **아동복지법 제10조 제1항** 아동의 권리증진과 건강한 출생 및 성장을 위하여 종합적인 아동정책을 수립하고 관계 부처의 의견을 조정하며 그 정책의 이행을 감독하고 평가하기 위하여 국무총리 소속으로 아동정책조정위원회를 둔다.
⑤ **아동복지법 제39조 제1항** 보장원의 장, 가정위탁지원센터의 장 및 아동복지시설의 장은 보호하고 있는 15세 이상의 아동을 대상으로 매년 개별 아동에 대한 자립지원계획을 수립하고, 그 계획을 수행하는 종사자를 대상으로 자립지원에 관한 교육을 실시하여야 한다.

04 난도 ★★★   정답 ④

정답분석

- **아동복지법 제10조 제1항** 아동의 권리증진과 건강한 출생 및 성장을 위하여 종합적인 아동정책을 수립하고 관계 부처의 의견을 조정하며 그 정책의 이행을 감독하고 평가하기 위하여 국무총리 소속으로 아동정책조정위원회를 둔다.
- **아동복지법 제12조 제1항** 시 · 도지사, 시장 · 군수 · 구청장은 그 소속으로 아동복지심의위원회를 각각 둔다.
- **아동복지법 제7조 제1항** 보건복지부장관은 아동정책의 효율적인 추진을 위하여 5년마다 아동정책기본계획을 수립하여야 한다.
- **아동복지법 제11조 제1항** 보건복지부장관은 3년마다 아동의 양육 및 생활환경, 언어 및 인지 발달, 정서적 · 신체적 건강, 아동안전, 아동학대 등 아동의 종합실태를 조사하여 그 결과를 공표하고, 이를 기본계획과 시행계획에 반영하여야 한다.

05 난도 ★★☆   정답 ⑤

정답분석

아동복지법 제26조의2 제1항 국가기관과 지방자치단체의 장, 「공공기관의 운영에 관한 법률」에 따른 공공기관과 대통령령으로 정하는 공공단체의 장은 아동학대의 예방과 방지를 위하여 필요한 교육을 연 1회 이상 실시하고, 그 결과를 보건복지부장관에게 제출하여야 한다.

06 난도 ★★★   정답 ①

정답분석

아동복지법 제18조 제1항 시 · 도지사, 시장 · 군수 · 구청장 또는 검사는 아동의 친권자가 그 친권을 남용하거나 현저한 비행이나 아동학대, 그 밖에 친권을 행사할 수 없는 중대한 사유가 있는 것을 발견한 경우 아동의 복지를 위하여 필요하다고 인정할 때에는 법원에 친권행사의 제한 또는 친권상실의 선고를 청구하여야 한다.

SECTION 05	장애인복지법							
01	**02**	**03**	**04**					
①	④	③	②					

01 난도 ★★☆   정답 ①

정답분석

후견인은 보호의무자가 될 수 없는 사람에 포함되지 않는다.

관계 법령

정신건강증진 및 정신질환자 복지서비스 지원에 관한 법률 제39조(보호의무자)
① 「민법」에 따른 후견인 또는 부양의무자는 정신질환자의 보호의무자가 된다. 다만, 다음 각 호의 어느 하나에 해당하는 사람은 보호의무자가 될 수 없다.
  1. 피성년후견인 및 피한정후견인
  2. 파산선고를 받고 복권되지 아니한 사람
  3. 해당 정신질환자를 상대로 한 소송이 계속 중인 사람 또는 소송한 사실이 있었던 사람과 그 배우자
  4. 미성년자
  5. 행방불명자
  6. 그 밖에 보건복지부령으로 정하는 부득이한 사유로 보호의무자로서의 의무를 이행할 수 없는 사람

02 난도 ★☆☆   정답 ④

정답분석

④ 발달장애인지원센터는 「발달장애인 권리보장 및 지원에 관한 법률」 제33조에 의해 설립되었다.

오답분석

① **장애인복지법 제58조 제1항** "장애인 거주시설"은 거주공간을 활용하여 일반가정에서 생활하기 어려운 장애인에게 일정 기간 동안 거주 · 요양 · 지원 등의 서비스를 제공하는 동시에 지역사회생활을 지원하는 시설이다.
② **장애인복지법 제29조의2 제1항** 장애인 관련 조사 · 연구 및 정책개발 · 복지진흥 등을 위하여 한국장애인개발원을 설립한다.
③ **장애인복지법 제59조의11 제1항** 국가는 지역 간의 연계체계를 구축하고 장애인학대를 예방하기 위하여 업무를 담당하는 중앙장애인권익옹호기관을 설치 · 운영하여야 한다.
⑤ **장애인복지법 제54조 제1항** 국가와 지방자치단체는 장애인의 자립생활을 실현하기 위하여 장애인자립생활지원센터를 통하여 필요한 각종 지원서비스를 제공한다.

03 난도 ★★☆   정답 ③

정답분석

장애인복지법 제86조 제3항 제3호 장애인의 신체에 폭행을 가하거나 상해를 입히는 행위는 5년 이하의 징역 또는 5천만 원 이하의 벌금에 처한다.

04 난도 ★★★   정답 ②

정답분석

장애인복지법 제32조의2 제1항 재외동포 및 외국인 중 「재한외국인 처우 기본법」 제2조 제3호에 따른 결혼이민자에 해당하는 사람은 장애인 등록을 할 수 있다.

01	02	03	04						
②	②	②	④						

01 난도 ★★★ 　　　　　　　　　　　　정답 ②

정답분석

② **노인복지법 제39조의5 제1항** 국가는 지역 간의 연계체계를 구축하고 노인학대를 예방하기 위하여 중앙노인보호전문기관을 설치·운영하여야 한다.

오답분석

① **노인복지법 제33조의2 제1항** 노인복지주택에 입소할 수 있는 자는 60세 이상의 노인으로 한다.

③ **노인복지법 제23조의2 제1항 제3호** "노인취업알선기관"은 노인에게 취업 상담 및 정보를 제공하거나 노인일자리를 알선하는 기관이다. 〈2024.11.1. 제23조의2 삭제,「노인 일자리 및 사회활동 지원에 관한 법률」로 이동 예정〉

④ **노인복지법 제34조 제1항 제2호** "노인요양공동생활가정"은 치매·중풍 등 노인성질환 등으로 심신에 상당한 장애가 발생하여 도움을 필요로 하는 노인에게 가정과 같은 주거여건과 급식·요양, 그 밖에 일상생활에 필요한 편의를 제공함을 목적으로 하는 시설이다.

⑤ **노인복지법 제39조의5 제2항** 학대받는 노인의 발견·보호·치료 등을 신속히 처리하고 노인학대를 예방하기 위하여 업무를 담당하는 지역노인보호전문기관을 특별시·광역시·도·특별자치도에 둔다.

02 난도 ★☆☆ 　　　　　　　　　　　　정답 ②

정답분석

「노인복지법」 제31조에는 노인복지시설의 종류가 명시되어 있다. 노인복지시설의 종류에는 노인여가복지시설, 노인보호전문기관, 노인의료복지시설, 재가노인복지시설, 노인주거복지시설, 노인일자리지원기관, 학대피해노인 전용쉼터가 있다. 여보의재주일학으로 암기하도록 하자.

03 난도 ★★☆ 　　　　　　　　　　　　정답 ②

정답분석

노인복지법 제39조의6 제1항 누구든지 노인학대를 알게 된 때에는 노인보호전문기관 또는 수사기관에 신고할 수 있다.

04 난도 ★★☆ 　　　　　　　　　　　　정답 ④

정답분석

④ **노인복지법 제39조의9 제5호** 누구든지 65세 이상의 사람에 대하여 노인을 위하여 증여 또는 급여된 금품을 그 목적 외의 용도에 사용하는 행위를 하여서는 아니 된다.

오답분석

① **노인복지법 제39조의4 제1항** 국가 및 지방자치단체는 노인학대를 예방하고 수시로 신고를 받을 수 있도록 긴급전화를 설치하여야 한다.

② **노인복지법 제39조의6 제1항** 누구든지 노인학대를 알게 된 때에는 노인보호전문기관 또는 수사기관에 신고할 수 있다.

③ **노인복지법 제39조의7 제6항** 누구든지 정당한 사유 없이 노인학대 현장에 출동한 자에 대하여 현장조사를 거부하거나 업무를 방해하여서는 아니 된다.

⑤ **노인복지법 제39조의7 제1항** 노인학대신고를 접수한 노인보호전문기관의 직원이나 사법경찰관리는 지체 없이 노인학대의 현장에 출동하여야 한다.

01	02	03	04	05	06	07	08	09	10
④	①	⑤	④	③	②	③	⑤	②	⑤
11									
③									

01 난도 ★★★   정답 ④

정답분석

④ 한부모가족지원법 제4조 제1호 라목 "모" 또는 "부"에는 아동인 자녀를 양육하는 미혼자(사실혼 관계에 있는 자는 제외)도 해당된다.

오답분석

① 한부모가족지원법 제6조 제1항 여성가족부장관은 한부모가족 지원을 위한 정책수립에 활용하기 위하여 3년마다 한부모가족에 대한 실태조사를 실시하고 그 결과를 공표하여야 한다.

② 한부모가족지원법 제4조 제1의2호 "청소년 한부모"란 24세 이하의 모 또는 부를 말한다.

③ 한부모가족지원법 제17조의2 제4항 여성가족부장관은 청소년 한부모가 학업을 계속할 수 있도록 교육부장관에게 협조를 요청하여야 한다.

⑤ 한부모가족지원법 제5조의4 제1항 한부모가족에 대한 국민의 이해와 관심을 제고하기 위하여 매년 5월 10일을 한부모가족의 날로 한다.

02 난도 ★★☆   정답 ①

정답분석

한부모가족지원법 제19조 제1항 한부모가족복지시설은 다음의 시설로 한다.

1. 출산지원시설 : 다음의 어느 하나에 해당하는 자의 임신·출산 및 그 출산 아동(3세 미만에 한정)의 양육을 위하여 주거 등을 지원하는 시설
   가. 제4조 제1호의 모
   나. 혼인 관계에 있지 아니한 자로서 출산 전 임신부
   다. 혼인 관계에 있지 아니한 자로서 출산 후 해당 아동을 양육하지 아니하는 모
2. 양육지원시설 : 6세 미만 자녀를 동반한 한부모가족에게 자녀를 양육할 수 있도록 주거 등을 지원하는 시설
3. 생활지원시설 : 18세 미만(취학 중인 경우에는 22세 미만, 「병역법」에 따른 병역의무를 이행하고 취학 중인 경우에는 병역의무를 이행한 기간을 가산한 연령 미만) 자녀를 동반한 한부모가족에게 자립을 준비할 수 있도록 주거 등을 지원하는 시설
4. 일시지원시설 : 배우자(사실혼 관계에 있는 사람을 포함)가

있으나 배우자의 물리적·정신적 학대로 아동의 건전한 양육이나 모 또는 부의 건강에 지장을 초래할 우려가 있을 경우 일시적 또는 일정 기간 동안 모와 아동, 부와 아동, 모 또는 부에게 주거 등을 지원하는 시설
5. 한부모가족복지상담소 : 한부모가족에 대한 위기·자립 상담 또는 문제해결 지원 등을 목적으로 하는 시설

03 난도 ★★☆   정답 ⑤

정답분석

한부모가족지원법 제5조의2 제2항 다음의 어느 하나에 해당하는 아동과 그 아동을 양육하는 조부 또는 조모로서 여성가족부령으로 정하는 자는 이 법에 따른 지원대상자가 된다.

1. 부모가 사망하거나 생사가 분명하지 아니한 아동
2. 부모가 정신 또는 신체의 장애·질병으로 장기간 노동능력을 상실한 아동
3. 부모의 장기복역 등으로 부양을 받을 수 없는 아동
4. 부모가 이혼하거나 유기하여 부양을 받을 수 없는 아동
5. 1부터 4까지에 규정된 자에 준하는 자로서 여성가족부령으로 정하는 아동

04 난도 ★★★   정답 ④

정답분석

④ 다문화가족지원법 제3조 제2항 특별시·광역시·특별자치시·도·특별자치도 및 시·군·구(자치구를 말한다)에는 다문화가족 지원을 담당할 기구와 공무원을 두어야 한다.

오답분석

① 다문화가족지원법 제3조의2 제1항 여성가족부장관은 다문화가족 지원을 위하여 5년마다 다문화가족정책에 관한 기본계획을 수립하여야 한다.

② 다문화가족지원법 제3조의4 제1항 다문화가족의 삶의 질 향상과 사회통합에 관한 중요 사항을 심의·조정하기 위하여 국무총리 소속으로 다문화가족정책위원회를 둔다.

③ 다문화가족지원법 제4조 제1항 여성가족부장관은 다문화가족의 현황 및 실태를 파악하고 다문화가족 지원을 위한 정책수립에 활용하기 위하여 3년마다 다문화가족에 대한 실태조사를 실시하고 그 결과를 공표하여야 한다.

⑤ 다문화가족지원법 제5조 제1항 국가와 지방자치단체는 다문화가족에 대한 사회적 차별 및 편견을 예방하고 사회 구성원이 문화적 다양성을 인정하고 존중할 수 있도록 다문화 이해교육을 실시하고 홍보 등 필요한 조치를 하여야 한다.

05 난도 ★★☆   정답 ③

다문화가족지원법 제4조 제1항 여성가족부장관은 다문화가족의 현황 및 실태를 파악하고 다문화가족 지원을 위한 정책수립에 활용하기 위하여 3년마다 다문화가족에 대한 실태조사를 실시하고 그 결과를 공표하여야 한다.

06 난도 ★★★   정답 ②

가정폭력방지 및 피해자보호 등에 관한 법률 제13조 제1항 국가나 지방자치단체는 상담소나 보호시설의 설치 · 운영에 드는 경비의 일부를 보조할 수 있다.

07 난도 ★★☆   정답 ③

가정폭력관련 법률자문 및 가해자조사는 실시하지 않는다.

가정폭력방지 및 피해자보호 등에 관한 법률 제4조의6 제1항 여성가족부장관 또는 시 · 도지사는 다음의 업무 등을 수행하기 위하여 긴급전화센터를 설치 · 운영하여야 한다. 이 경우 외국어서비스를 제공하는 긴급전화센터를 따로 설치 · 운영할 수 있다.
1. 피해자의 신고접수 및 상담
2. 관련 기관 · 시설과의 연계
3. 피해자에 대한 긴급한 구조의 지원
4. 경찰관서 등으로부터 인도받은 피해자 및 피해자가 동반한 가정구성원의 임시 보호

08 난도 ★☆☆   정답 ⑤

가정폭력방지 및 피해자보호 등에 관한 법률 제7조의2 제1항 보호시설의 종류는 단기보호시설, 장기보호시설, 외국인보호시설, 장애인보호시설로 구분된다.

09 난도 ★☆☆   정답 ②

성폭력피해자보호시설에 상담지원시설은 포함되지 않는다.

성폭력방지 및 피해자보호 등에 관한 법률 제12조 제3항 성폭력피해자보호시설은 일반보호시설, 장애인보호시설, 특별지원 보호시설, 외국인보호시설, 자립지원 공동생활시설, 장애인 자립지원 공동생활시설로 구분된다.

10 난도 ★★☆   정답 ⑤

성폭력방지 및 피해자보호 등에 관한 법률 제3조 제1항 국가와 지방자치단체는 성폭력을 방지하고 성폭력피해자를 보호 · 지원하기 위하여 다음의 조치를 하여야 한다.
1. 성폭력 신고체계의 구축 · 운영
2. 성폭력 예방을 위한 조사 · 연구, 교육 및 홍보
3. 피해자를 보호 · 지원하기 위한 시설의 설치 · 운영
4. 피해자에 대한 주거지원, 직업훈련 및 법률구조 등 사회복귀지원
5. 피해자에 대한 보호 · 지원을 원활히 하기 위한 관련 기관 간 협력체계의 구축 · 운영
6. 성폭력 예방을 위한 유해환경 개선
7. 피해자 보호 · 지원을 위한 관계 법령의 정비와 각종 정책의 수립 · 시행 및 평가

11 난도 ★★☆   정답 ③

③ **성폭력방지 및 피해자보호 등에 관한 법률 제28조 제1항** 지방자치단체는 성폭력 전담의료기관의 의료 지원에 필요한 경비의 전부 또는 일부를 지원할 수 있다.

① **성폭력방지 및 피해자보호 등에 관한 법률 제16조 제1항** 일반보호시설의 입소기간은 1년 이내이나 여성가족부령으로 정하는 바에 따라 1년 6개월의 범위에서 한 차례 연장할 수 있다.
② **성폭력방지 및 피해자보호 등에 관한 법률 제8조** 누구든지 피해자 또는 성폭력 발생 사실을 신고한 자를 고용하고 있는 자는 성폭력과 관련하여 피해자 또는 성폭력 발생 사실을 신고한 자에게 불이익조치를 하여서는 아니 된다.
④ **성폭력방지 및 피해자보호 등에 관한 법률 제7조의2 제1항** 국가는 피해자에 대하여 법률상담과 소송대리 등의 지원을 할 수 있다.
⑤ **성폭력방지 및 피해자보호 등에 관한 법률 제15조 제1항** 미성년자가 피해자에 해당하는 경우 성폭력행위자가 아닌 보호자가 입소에 동의하는 때에는 그 미성년자는 보호시설에 입소할 수 있다.

01 난도 ★★★   정답 ②

정답분석

② **사회복지공동모금회법 제33조 제1항** 국가나 지방자치단체는 모금회에 기부금품 모집에 필요한 비용과 모금회의 관리 · 운영에 필요한 비용을 보조할 수 있다.

오답분석

① **사회복지공동모금회법 제13조 제3항** 분과실행위원회는 위원장 1명을 포함하여 20명 이내의 위원으로 구성한다. 다만, 모금분과실행위원회 및 배분분과실행위원회는 각각 20명 이상의 위원으로 구성한다.

③ **사회복지공동모금회법 제27조 제1항** 기부금품의 기부자는 배분지역, 배분대상자 또는 사용 용도를 지정할 수 있다.

④ **사회복지공동모금회법 제19조** 모금회는 기부금품의 접수를 효율적이고 공정하게 하기 위하여 언론기관을 모금창구로 지정하고, 지정된 언론기관의 명의로 모금계좌를 개설할 수 있다.

⑤ **사회복지공동모금회법 제34조** 이 법 또는 모금회의 정관으로 규정하지 아니한 사항은 「민법」 중 재단법인에 관한 규정을 준용한다.

02 난도 ★★★   정답 ④

정답분석

사회복지공동모금회법 제34조 이 법 또는 모금회의 정관으로 규정하지 아니한 사항은 「민법」 중 재단법인에 관한 규정을 준용한다.

03 난도 ★★★   정답 ③

정답분석

배분신청자의 재산은 공공모금재원 배분기준에 명시되지 않는다.

관계 법령

사회복지공동모금회법 제20조(배분기준)
① 모금회는 매년 8월 31일까지 다음의 사항이 포함된 다음 회계연도의 공동모금재원 배분기준을 정하여 공고하여야 한다.
  1. 공동모금재원의 배분대상
  2. 배분한도액
  3. 배분신청기간 및 배분신청서 제출 장소
  4. 배분심사기준
  5. 배분재원의 과부족(過不足) 시 조정방법
  6. 배분신청 시 제출할 서류
  7. 그 밖에 공동모금재원의 배분에 필요한 사항

04 난도 ★★★   정답 ④

정답분석

④ **사회복지공동모금회법 제28조** 모금회의 회계연도는 1월 1일부터 12월 31일까지로 한다.

오답분석

① **사회복지공동모금회법 제7조 제3호** 모금회에는 15명 이상 20명 이하의 이사(회장 · 부회장 및 사무총장을 포함)를 둔다.

② **사회복지공동모금회 제18조의2 제2항** 복권을 발행하려면 그 종류 · 조건 · 금액 및 방법 등에 관하여 미리 보건복지부장관의 승인을 받아야 한다.

③ **사회복지공동모금회 제19조** 모금회는 기부금품의 접수를 효율적이고 공정하게 하기 위하여 언론기관을 모금창구로 지정하고, 지정된 언론기관의 명의로 모금계좌를 개설할 수 있다.

⑤ **사회복지공동모금회 제27조 제1항** 기부금품의 기부자는 배분지역, 배분대상자 또는 사용 용도를 지정할 수 있다.

01	02	03	04	05	06	07	08	09	10
①	③	②	②	③	③	②	④	⑤	⑤
11	**12**	**13**	**14**	**15**	**16**	**17**	**18**	**19**	**20**
①	①	⑤	④	④	④	②	③	①	⑤
21	**22**	**23**							
③	⑤	④							

01 난도 ★★☆ 　　　　　　　　　 정답 ①

정답분석
국민기초생활보장법 제16조 제1항 보장기관은 수급자 및 차상위자의 자활 촉진에 필요한 다음의 사업을 수행하게 하기 위하여 사회복지법인, 사회적 협동조합 등 비영리법인과 단체를 법인등의 신청을 받아 지역자활센터로 지정할 수 있다. 이 경우 보장기관은 법인등의 지역사회복지사업 및 자활지원사업 수행능력 · 경험 등을 고려하여야 한다.
1. 자활의욕 고취를 위한 교육
2. 자활을 위한 정보제공, 상담, 직업교육 및 취업알선
3. 생업을 위한 자금융자 알선
4. 자영창업 지원 및 기술 · 경영 지도
5. 자활기업의 설립 · 운영 지원
6. 그 밖에 자활을 위한 각종 사업

02 난도 ★★☆ 　　　　　　　　　 정답 ③

정답분석
- **국민기초생활 보장법 제3조 제1항** 이 법에 따른 급여는 수급자가 자신의 생활의 유지 · 향상을 위하여 그의 소득, 재산, 근로능력 등을 활용(ㄱ)하여 최대한 노력하는 것을 전제로 이를 보충 · 발전시키는 것을 기본원칙으로 한다.
- **국민기초생활 보장법 제3조 제2항** 부양의무자의 부양과 다른 법령에 따른 보호는 이 법에 따른 급여에 우선(ㄷ)하여 행하여지는 것으로 한다. 다만, 다른 법령에 따른 보호의 수준이 이 법에서 정하는 수준에 이르지 아니하는 경우에는 나머지 부분(ㄴ)에 관하여 이 법에 따른 급여를 받을 권리를 잃지 아니한다.

오답분석
ㄹ.「국민기초생활 보장법」은 공공부조이므로 수익자부담을 기본원칙으로 하지 않는다.

03 난도 ★★★ 　　　　　　　　　 정답 ②

정답분석
② **국민기초생활 보장법 제19조 제1항** 생계급여는 수급권자 또는 수급자의 거주지를 관할하는 시 · 도지사와 시장 · 군수 · 구청장이 실시한다.

오답분석
① **국민기초생활 보장법 제12조 제2항** 교육급여는 교육부장관 소관으로 한다.
③ **국민기초생활 보장법 제2조 제4호**에서 "보장기관"이란 이 법에 따른 급여를 실시하는 국가 또는 지방자치단체를 말한다고 명시되어 있으며, 보장기관은 위기개입상담원을 배치하여야 한다는 내용은 없다.
④ **국민기초생활 보장법 제20조 제2항** 보건복지부에 두는 생활보장위원회는 심의 · 의결 기구이다.
⑤ **국민기초생활 보장법 제20조의2 제1항** 소관 중앙행정기관의 장은 수급자의 최저생활을 보장하기 위하여 3년마다 소관별로 기초생활보장 기본계획을 수립하여 보건복지부장관에게 제출하여야 한다.

04 난도 ★★☆ 　　　　　　　　　 정답 ②

정답분석
② **국민기초생활 보장법 제7조 제3항** 차상위계층에 속하는 사람에 대한 급여는 보장기관이 차상위자의 가구별 생활여건을 고려하여 예산의 범위에서 급여의 전부 또는 일부를 실시할 수 있다.

오답분석
① **국민기초생활 보장법 제8조의2 제2항 제1호** 부양의무자가「병역법」에 따라 징집되거나 소집된 경우 부양능력이 없는 것으로 본다.
③ **국민기초생활 보장법 제8조 제2항** 생계급여 수급권자는 부양의무자가 없거나, 부양의무자가 있어도 부양능력이 없거나 부양을 받을 수 없는 사람으로서 그 소득인정액이 중앙생활보장위원회의 심의 · 의결을 거쳐 결정하는 금액(이하 "생계급여 선정기준") 이하인 사람으로 한다. 이 경우 생계급여 선정기준은 기준 중위소득의 100분의 30 이상으로 한다.
④ **국민기초생활 보장법 제9조 제2항** 수급품은 대통령령으로 정하는 바에 따라 매월 정기적으로 지급하여야 한다. 다만, 특별한 사정이 있는 경우에는 그 지급방법을 다르게 정하여 지급할 수 있다.
⑤ **국민기초생활 보장법 제11조** 주거급여는 수급자에게 주거안정에 필요한 임차료, 수선유지비, 그 밖의 수급품을 지급하는 것으로 주택 매입비는 포함되지 않는다.

05 난도 ★★☆   정답 ③

정답분석

보장기관은 ㄷ, ㄹ, ㅁ이고, 보장시설은 ㄱ, ㄴ이다. 따라서 보장기관과 보장시설이 옳게 연결된 것은 보장기관 – 대전광역시장(ㄷ), 보장시설 – 「장애인복지법」 제58조 제1항 제1호의 장애인 거주시설(ㄱ)이다.

국민기초생활 보장법 제2조 제4호
"보장기관"이란 이 법에 따른 급여를 실시하는 국가 또는 지방자치단체를 말한다.

국민기초생활 보장법 제32조(보장시설)
이 법에서 "보장시설"이란 급여를 실시하는 「사회복지사업법」에 따른 사회복지시설로서 다음의 시설 중 보건복지부령으로 정하는 시설을 말한다.
1. 「장애인복지법」 제58조 제1항 제1호의 장애인 거주시설
2. 「노인복지법」 제32조 제1항의 노인주거복지시설 및 같은 법 제34조 제1항의 노인의료복지시설
3. 「아동복지법」 제52조 제1항 및 제2항에 따른 아동복지시설 및 통합 시설
4. 「정신건강증진 및 정신질환자 복지서비스 지원에 관한 법률」 제22조에 따른 정신요양시설 및 같은 법 제26조에 따른 정신재활시설
5. 「노숙인 등의 복지 및 자립지원에 관한 법률」 제16조 제1항 제3호 및 제4호의 노숙인재활시설 및 노숙인요양시설
6. 「가정폭력방지 및 피해자보호 등에 관한 법률」 제7조에 따른 가정폭력피해자 보호시설
7. 「성매매방지 및 피해자보호 등에 관한 법률」 제9조 제1항에 따른 성매매피해자 등을 위한 지원시설
8. 「성폭력방지 및 피해자보호 등에 관한 법률」 제12조에 따른 성폭력피해자보호시설
9. 「한부모가족지원법」 제19조 제1항의 한부모가족복지시설
10. 「사회복지사업법」 제2조 제4호의 사회복지시설 중 결핵 및 한센병요양시설

06 난도 ★★☆   정답 ③

정답분석

국민기초생활 보장법 제5조의2 국내에 체류하고 있는 외국인 중 대한민국 국민과 혼인(ㄱ)하여 본인 또는 배우자가 임신 중이거나 대한민국 국적의 미성년 자녀를 양육(ㄴ)하고 있거나 배우자의 대한민국 국적인 직계존속(ㄷ)과 생계나 주거를 같이하고 있는 사람(ㄹ)으로서 대통령령(ㅁ)으로 정하는 사람이 이 법에 따른 급여를 받을 수 있는 자격을 가진 경우에는 수급권자가 된다.

07 난도 ★★★   정답 ②

정답분석

국민기초생활 보장법 제48조 제1항 금융정보 등을 사용·제공 또는 누설한 자는 5년 이하의 징역 또는 5천만 원 이하의 벌금에 처한다.

08 난도 ★★☆   정답 ④

정답분석

④ **국민기초생활 보장법 제2조 제9호** "소득인정액"이란 보장기관이 급여의 결정 및 실시 등에 사용하기 위하여 산출한 개별가구의 소득평가액과 재산의 소득환산액을 합산한 금액을 말한다.

오답분석

① **국민기초생활보장법 제2조 제1호** "수급권자"란 이 법에 따른 급여를 받을 수 있는 자격을 가진 사람을 말한다.
② **국민기초생활보장법 제2조 제11호** "기준 중위소득"이란 보건복지부장관이 급여의 기준 등에 활용하기 위하여 중앙생활보장위원회의 심의·의결을 거쳐 고시하는 국민 가구소득의 중위값을 말한다.
③ **국민기초생활보장법 제2조 제4호** "보장기관"이란 이 법에 따른 급여를 실시하는 국가 또는 지방자치단체를 말한다.
⑤ **국민기초생활보장법 제2조 제7호** "최저생계비"란 국민이 건강하고 문화적인 생활을 유지하기 위하여 필요한 최소한의 비용을 말한다.

09 난도 ★★★   정답 ⑤

정답분석

국민기초생활 보장법 제18조 수급자 및 차상위자는 상호 협력하여 자활기업을 설립·운영할 수 있다.

10 난도 ★★☆   정답 ⑤

정답분석

국민기초생활 보장법 제12조 제2항 교육급여는 교육부장관의 소관으로 한다.

11 난도 ★★☆   정답 ①

정답분석

의료급여법 시행령 제3조 제2항 1종 수급권자는 다음의 어느 하나에 해당하는 사람으로 한다.
1. 법 제3조 제1항 제1호 및 제3호부터 제8호까지의 규정에 해당하는 사람 중 다음의 어느 하나에 해당하는 사람
   가. 다음의 어느 하나에 해당하는 사람만으로 구성된 세대의 구성원

1) 18세 미만인 사람
2) 65세 이상인 사람
3) 「장애인고용촉진 및 직업재활법」에 따른 중증장애인
4) 질병, 부상 또는 그 후유증으로 치료나 요양이 필요한 사람 중에서 근로능력평가를 통하여 특별자치시장·특별자치도지사·시장(특별자치도의 행정시장은 제외한다)·군수·구청장(구청장은 자치구의 구청장을 말하며, 이하 "시장·군수·구청장"이라 한다)이 근로능력이 없다고 판정한 사람
5) 세대의 구성원을 양육·간병하는 사람 등 근로가 곤란하다고 보건복지부장관이 정하는 사람
6) 임신 중에 있거나 분만 후 6개월 미만의 여자
7) 「병역법」에 의한 병역의무를 이행중인 사람
나. 「국민기초생활 보장법」 제32조에 따른 보장시설에서 급여를 받고 있는 사람
다. 보건복지부장관이 정하여 고시하는 결핵질환, 희귀난치성질환 또는 중증질환을 가진 사람

12 난도 ★☆☆ 정답 ①

정답분석

국민기초생활 보장법 시행령 제5조 근로소득, 사업소득, 재산소득, 이전소득은 소득의 범위에 해당하고 퇴직금, 현상금, 보상금 등 정기적으로 지급되는 것을 볼 수 없는 금품은 소득으로 보지 아니한다.

13 난도 ★★☆ 정답 ⑤

정답분석

긴급복지지원법 제2조 이 법에서 "위기상황"이란 본인 또는 본인과 생계 및 주거를 같이하고 있는 가구 구성원이 다음에 해당하는 사유로 인하여 생계유지 등이 어렵게 된 것을 말한다.
1. 주소득자가 사망, 가출, 행방불명, 구금시설에 수용되는 등의 사유로 소득을 상실한 경우
2. 중한 질병 또는 부상을 당한 경우
3. 가구 구성원으로부터 방임 또는 유기되거나 학대 등을 당한 경우
4. 가정폭력을 당하여 가구 구성원과 함께 원만한 가정생활을 하기 곤란하거나 가구 구성원으로부터 성폭력을 당한 경우
5. 화재 또는 자연재해 등으로 인하여 거주하는 주택 또는 건물에서 생활하기 곤란하게 된 경우
6. 주소득자 또는 부소득자의 휴업, 폐업 또는 사업장의 화재 등으로 인하여 실질적인 영업이 곤란하게 된 경우
7. 주소득자 또는 부소득자의 실직으로 소득을 상실한 경우
8. 보건복지부령으로 정하는 기준에 따라 지방자치단체의 조례로 정한 사유가 발생한 경우

14 난도 ★★☆ 정답 ④

정답분석

「무형문화재 보전 및 진흥에 관한 법률」(현 「무형유산의 보전 및 진흥에 관한 법률」)에 따라 지정된 국가무형문화재의 보유자는 긴급지원대상자에 포함되지 않는다.

관계 법령

긴급복지지원법 제7조(지원요청 및 신고)
③ 다음의 어느 하나에 해당하는 사람은 진료·상담 등 직무수행 과정에서 긴급지원대상자가 있음을 알게 된 경우에는 관할 시장·군수·구청장에게 이를 신고하고, 긴급지원대상자가 신속하게 지원을 받을 수 있도록 노력하여야 한다.
  1. 「의료법」에 따른 의료기관의 종사자
  2. 「유아교육법」, 「초·중등교육법」 및 「고등교육법」에 따른 교원, 직원, 산학겸임교사, 강사
  3. 「사회복지사업법」에 따른 사회복지시설의 종사자
  4. 「국가공무원법」 및 「지방공무원법」에 따른 공무원
  5. 「장애인활동 지원에 관한 법률」에 따른 활동지원기관의 장 및 그 종사자와 같은 법에 따른 활동지원인력
  6. 「학원의 설립·운영 및 과외교습에 관한 법률」에 따른 학원의 운영자·강사·직원 및 교습소의 교습자·직원
  7. 「건강가정기본법」에 따른 건강가정지원센터의 장과 그 종사자
  8. 「청소년 기본법」에 따른 청소년시설 및 같은 조 제8호에 따른 청소년단체의 장과 그 종사자
  9. 「청소년 보호법」에 따른 청소년 보호·재활센터의 장과 그 종사자
  10. 「평생교육법」에 따른 평생교육기관의 장과 그 종사자
  11. 그 밖에 긴급지원대상자를 발견할 수 있는 자로서 보건복지부령으로 정하는 자

15 난도 ★☆☆ 정답 ④

정답분석

긴급복지지원법 제9조 제1항 이 법에 따른 지원의 종류 및 내용은 다음과 같다.
1. 금전 또는 현물(現物) 등의 직접지원
  가. 생계지원 : 식료품비·의복비 등 생계유지에 필요한 비용 또는 현물 지원
  나. 의료지원 : 각종 검사 및 치료 등 의료서비스 지원
  다. 주거지원 : 임시거소(臨時居所) 제공 또는 이에 해당하는 비용 지원
  라. 사회복지시설 이용 지원 : 「사회복지사업법」에 따른 사회복지시설 입소(入所) 또는 이용 서비스 제공이나 이에 필요한 비용 지원

마. 교육지원 : 초 · 중 · 고등학생의 수업료, 입학금, 학교운 영지원비 및 학용품비 등 필요한 비용 지원
바. 그 밖의 지원 : 연료비나 그 밖에 위기상황의 극복에 필요한 비용 또는 현물 지원

16 난도 ★★☆　　　　　　　　　　　　정답 ④

오답분석
ㄷ. 기초연금 수급권자가 국적을 상실한 때에는 기초연금의 수급권을 상실하게 된다.

관계 법령
기초연금법 제16조(기초연금 지급의 정지)
① 특별자치시장 · 특별자치도지사 · 시장 · 군수 · 구청장은 기초연금 수급자가 다음의 경우에 해당하면 그 사유가 발생한 날이 속하는 달의 다음 달부터 그 사유가 소멸한 날이 속하는 달까지는 기초연금의 지급을 정지한다.
  1. 기초연금 수급자가 금고 이상의 형을 선고받고 교정시설 또는 치료감호시설에 수용되어 있는 경우
  2. 기초연금 수급자가 행방불명되거나 실종되는 등 대통령령으로 정하는 바에 따라 사망한 것으로 추정되는 경우
  3. 기초연금 수급자의 국외 체류기간이 60일 이상 지속되는 경우. 이 경우 국외 체류 60일이 되는 날을 지급 정지의 사유가 발생한 날로 본다.
  4. 그 밖에 1부터 3까지의 경우에 준하는 경우로서 대통령령으로 정하는 경우
② 제1항에 따른 지급 정지의 절차 등에 관하여 필요한 사항은 보건복지부령으로 정한다.

17 난도 ★★☆　　　　　　　　　　　　정답 ②

정답분석
• 기초연금법 제3조 제1항 기초연금은 65(ㄱ)세 이상인 사람으로서 소득인정액이 보건복지부장관이 정하여 고시하는 금액 이하인 사람에게 지급한다.
• 기초연금법 제3조 제2항 보건복지부장관은 선정기준액을 정하는 경우 65(ㄱ)세 이상인 사람 중 기초연금 수급자가 100분의 70(ㄴ) 수준이 되도록 한다.

18 난도 ★★☆　　　　　　　　　　　　정답 ③

정답분석
• 기초연금법 제3조 제2항 보건복지부장관은 선정기준액을 정하는 경우 65세 이상인 사람 중 기초연금 수급자가 100분의 70 수준이 되도록 한다.
• 기초연금법 제8조 제1항 본인과 그 배우자가 모두 기초연금 수급권자인 경우에는 각각의 기초연금액에서 기초연금액의 100분의 20에 해당하는 금액을 감액한다.

19 난도 ★★★　　　　　　　　　　　　정답 ①

정답분석
① 기초연금법 제2조 제4호 "소득인정액"이란 본인 및 배우자의 소득평가액과 재산의 소득환산액을 합산한 금액을 말한다. 이 경우 소득평가액과 재산의 소득환산액을 산정하는 소득 및 재산의 범위는 대통령령으로 정하고, 소득평가액과 재산의 소득환산액의 구체적인 산정방법은 보건복지부령으로 정한다.

오답분석
② 기초연금법 제17조 제2항 기초연금 수급권자가 국적을 상실하거나 국외로 이주한 때 기초연금 수급권을 상실한다.
③ 기초연금법 제21조 제2항 기초연금으로 지급받은 금품은 압류할 수 없다.
④ 기초연금법 제14조 제1항 특별자치시장 · 특별자치도지사 · 시장 · 군수 · 구청장은 기초연금 수급권자로 결정한 사람에 대하여 기초연금의 지급을 신청한 날이 속하는 달부터 기초연금 수급권을 상실한 날이 속하는 달까지 매월 정기적으로 기초연금을 지급한다.
⑤ 기초연금법 제8조 제1항 본인과 그 배우자가 모두 기초연금 수급권자인 경우에는 각각의 기초연금액에서 기초연금액의 100분의 20에 해당하는 금액을 감액한다.

20 난도 ★★☆　　　　　　　　　　　　정답 ⑤

정답분석
기초연금법 제23조 환수금을 환수할 권리와 기초연금 수급권자의 권리는 5년간 행사하지 아니하면 시효의 완성으로 소멸한다.

21 난도 ★★☆　　　　　　　　　　　　정답 ③

정답분석
③ 기초연금법 제8조 제1항 본인과 그 배우자가 모두 기초연금 수급권자인 경우 각각의 기초연금액에서 기초연금액의 100분의 20에 해당하는 금액을 감액한다.

오답분석
① 기초연금법 제3조 제1항 기초연금은 65세 이상인 사람으로서 소득인정액이 선정기준액 이하인 사람에게 지급한다.
② 기초연금법 제10조 제1항 기초연금 수급희망자는 특별자치시장 · 특별자치도지사 · 시장 · 군수 · 구청장에게 기초연금의 지급을 신청할 수 있다.
④ 기초연금법 제17조 제1항 기초연금 수급권자가 국적을 상실하거나 국외로 이주한 때는 수급권을 상실한다.
⑤ 기초연금법 제16조 제1항 특별자치시장 · 특별자치도지사 · 시장 · 군수 · 구청장은 기초연금 수급자가 행방불명되거나 실종되는 등 대통령령으로 정하는 바에 따라 사망한 것으로 추정되는 경우 그 사유가 발생한 날이 속하는 달의 다음 달부터 그 사유가 소멸한 날이 속하는 달까지는 기초연금의 지급을 정지한다.

CHAPTER 08

답 및 해설

22 난도 ★☆☆ 정답 ⑤

정답분석
화장 또는 매장 등 장제 조치는 「의료급여법」의 급여에 속하지 않는다.

관계 법령
의료급여법 제7조(의료급여의 내용 등)
① 이 법에 따른 수급권자의 질병 · 부상 · 출산 등에 대한 의료급여의 내용은 다음 각 호와 같다.
  1. 진찰 · 검사
  2. 약제(藥劑) · 치료재료의 지급
  3. 처치 · 수술과 그 밖의 치료
  4. 예방 · 재활
  5. 입원
  6. 간호
  7. 이송과 그 밖의 의료목적 달성을 위한 조치

23 난도 ★★☆ 정답 ④

정답분석
ㄱ. 의료급여법 제11조의2 제1항 의료급여기관은 의료급여가 끝난 날부터 5년간 보건복지부령으로 정하는 바에 따라 제11조에 따른 급여비용의 청구에 관한 서류를 보존하여야 한다.
ㄴ. 의료급여법 제11조의2 제2항 제1항에도 불구하고 약국 등 보건복지부령으로 정하는 의료급여기관은 처방전을 급여비용을 청구한 날부터 3년간 보존하여야 한다.

01	02	03	04	05	06	07	08	09	10
④	④	①	②	③	③	④	③	②	⑤
11	**12**	**13**	**14**	**15**	**16**	**17**	**18**	**19**	**20**
④	④	⑤	②	①	⑤	②	①	⑤	③
21	**22**	**23**	**24**	**25**	**26**	**27**	**28**		
①	⑤	①	⑤	④	②	③	④		

01 난도 ★★★ 정답 ④

정답분석
④ 산업재해보상보험법 시행령 제61조 제2호 "근로자와 생계를 같이 하고 있던 유족"이란 근로자가 사망할 당시에 근로자의 소득으로 생계의 전부 또는 상당 부분을 유지하고 있던 유족으로서 학업 · 취업 · 요양, 그 밖에 주거상의 형편 등으로 주민등록을 달리하였거나 동거하지 않았던 사람을 말한다.

오답분석
① 산업재해보상보험법 제62조 제1항 유족급여는 근로자가 업무상의 사유로 사망한 경우 유족에게 지급한다.
② 산업재해보상보험법 시행령 제60조 제1항 유족보상연금 수급권자가 2명 이상 있을 때에는 그중 1명을 유족보상연금의 청구와 수령에 관한 대표자로 선임할 수 있다.
③ 산업재해보상보험법 시행령 제61조 제1호 "근로자와 생계를 같이 하고 있던 유족"이란 근로자가 사망할 당시에 근로자와 「주민등록법」상 세대를 같이 하고 동거하던 유족으로서 근로자의 소득으로 생계의 상당 부분을 유지하고 있던 사람을 말한다.
⑤ 산업재해보상보험법 제63조 제3항 유족보상연금 수급자격자 중 유족보상연금을 받을 권리의 순위는 배우자 · 자녀 · 부모 · 손자녀 · 조부모 및 형제자매의 순서로 한다.

02 난도 ★★☆ 정답 ④

정답분석
통상적인 경로와 방법으로 출퇴근하는 중 발생한 사고는 출퇴근 재해로 본다.

03 난도 ★★☆ 정답 ①

정답분석
업무상 사고에는 출장기간 중 발생한 사고 중 업무와 관련된 사고만 해당된다.

산업재해보상보험법 제37조(업무상의 재해의 인정기준)
① 근로자가 다음에 해당하는 사유로 부상·질병 또는 장해
가 발생하거나 사망하면 업무상의 재해로 본다. 다만, 업
무와 재해 사이에 상당인과관계(相當因果關係)가 없는
경우에는 그러하지 아니하다.
　1. 업무상 사고
　　가. 근로자가 근로계약에 따른 업무나 그에 따르는 행
　　　위를 하던 중 발생한 사고
　　나. 사업주가 제공한 시설물 등을 이용하던 중 그 시설
　　　물 등의 결함이나 관리소홀로 발생한 사고
　　라. 사업주가 주관하거나 사업주의 지시에 따라 참여
　　　한 행사나 행사준비 중에 발생한 사고
　　마. 휴게시간 중 사업주의 지배관리하에 있다고 볼 수
　　　있는 행위로 발생한 사고
　　바. 그 밖에 업무와 관련하여 발생한 사고

04 난도 ★☆☆　　　　　정답 ②

정답분석

구직급여는 고용보험의 종류이다.

산업재해보상보험법 제36조(보험급여의 종류와 산정 기준)
① 보험급여의 종류는 다음과 같다. 다만, 진폐에 따른 보험
　급여의 종류는 요양급여, 간병급여, 장례비, 직업재활급
　여, 진폐보상연금 및 진폐유족연금으로 하고, 건강손상
　자녀에 대한 보험급여의 종류는 요양급여, 장해급여, 간
　병급여, 장례비, 직업재활급여로 한다.
　1. 요양급여
　2. 휴업급여
　3. 장해급여
　4. 간병급여
　5. 유족급여
　6. 상병(傷病)보상연금
　7. 장례비
　8. 직업재활급여

05 난도 ★☆☆　　　　　정답 ③

정답분석

「산업재해보상보험법」과 「고용보험법」의 사업을 수행하는 기
관은 근로복지공단이다. 노인장기요양보험과 국민건강보험의
사업을 수행하는 기관은 국민건강보험공단이다.

06 난도 ★★☆　　　　　정답 ③

정답분석

유족이란 사망한 사람의 배우자(사실상 혼인 관계에 있는 사람을
포함)·자녀·부모·손자녀·조부모 또는 형제자매를 말한다.

산업재해보상보험법 제5조(정의)
이 법에서 사용하는 용어의 뜻은 다음과 같다.
　1. "업무상의 재해"란 업무상의 사유에 따른 근로자의 부상·
　　질병·장해 또는 사망을 말한다.
　2. "근로자"·"임금"·"평균임금"·"통상임금"이란 각각 「근
　　로기준법」에 따른 "근로자"·"임금"·"평균임금"·"통상
　　임금"을 말한다. 다만, 「근로기준법」에 따라 "임금" 또는
　　"평균임금"을 결정하기 어렵다고 인정되면 고용노동부장
　　관이 정하여 고시하는 금액을 해당 "임금" 또는 "평균임금"
　　으로 한다.
　3. "유족"이란 사망한 사람의 배우자(사실상 혼인 관계에 있
　　는 사람을 포함한다. 이하 같다)·자녀·부모·손자녀·
　　조부모 또는 형제자매를 말한다.
　4. "치유"란 부상 또는 질병이 완치되거나 치료의 효과를 더
　　이상 기대할 수 없고 그 증상이 고정된 상태에 이르게 된
　　것을 말한다.
　7. "진폐"(塵肺)란 분진을 흡입하여 폐에 생기는 섬유증식성
　　(纖維增殖性) 변화를 주된 증상으로 하는 질병을 말한다.

07 난도 ★☆☆　　　　　정답 ④

정답분석

ㄱ·ㄹ·ㅁ. **국민연금법 제49조** 이 법에 따른 급여의 종류는 다
　음과 같다.
　1. 노령연금　　　　　2. 장애연금
　3. 유족연금　　　　　4. 반환일시금

오답분석

ㄴ. 장애인연금은 「장애인연금법」에 따른 급여이다.
ㄷ. 장해급여는 「산업재해보상보험법」에 따른 급여이다.

08 난도 ★☆☆　　　　　정답 ③

정답분석

국민연금의 급여에는 노령연금, 장애연금, 유족연금, 일시금(반
환, 사망)이 있다.

오답분석

ㄴ. 장해급여는 「산업재해보상보험법」의 급여이며, 장해라는
　단어는 「산업재해보상보험법」에서만 사용한다.

09 난도 ★★☆　　　　　　　　　　　정답 ②

② **국민연금법 제3조 제3항** 수급권을 취득할 당시 가입자 또는 가입자였던 자의 태아가 출생하면 그 자녀는 가입자 또는 가입자였던 자에 의하여 생계를 유지하고 있던 자녀로 본다.

오답분석

① **국민연금법 제3조 제2항** 이 법을 적용할 때 배우자, 남편 또는 아내에는 사실상의 혼인관계에 있는 자를 포함한다.
③ **국민연금법 제7조** 가입자의 종류는 사업장가입자와 지역가입자, 임의가입자 및 임의계속가입자로 구분한다.
④ **국민연금법 제12조 제2항의4** 지역가입자가 사업장가입자의 자격을 취득한 때에는 그에 해당하게 된 날에 지역가입자의 자격을 상실한다.
⑤ **국민연금법 제55조 제1항** 수급권자가 사망한 경우 그 수급권자에게 지급하여야 할 급여 중 아직 지급되지 아니한 것이 있으면 그 배우자·자녀·부모·손자녀·조부모 또는 형제자매의 청구에 따라 그 미지급 급여를 지급한다.

10 난도 ★☆☆　　　　　　　　　　　정답 ⑤

정답분석

장의비는 「산업재해보상보험법」에 따른 급여이다. 2020년 장의비가 장례비로 변경되었다.

11 난도 ★★☆　　　　　　　　　　　정답 ④

정답분석

④ **국민연금법 제75조 제1항 제3호** 자녀나 손자녀인 유족연금 수급권자가 파양된 때에는 그 수급권은 소멸한다.

오답분석

① **국민연금법 제72조 제1항 제1호** 노령연금 수급권자가 사망하면 그 유족에게 유족연금을 지급한다.
② **국민연금법 제72조 제1항 제2호** 가입기간이 10년 이상인 가입자가 사망하면 그 유족에게 유족연금을 지급한다.
③ **국민연금법 제75조 제1항 제2호** 유족연금 수급권자인 배우자가 재혼한 때에는 그 수급권은 소멸한다.
⑤ **국민연금법 제72조 제1항 제5호** 장애등급이 2급 이상인 장애연금 수급권자가 사망하면 그 유족에게 유족연금을 지급한다.

12 난도 ★★★　　　　　　　　　　　정답 ④

정답분석

④ **고용보험법 제79조 제1항** 고용보험기금은 고용노동부장관이 관리·운용한다.

오답분석

① **고용보험법 제2조 제4호** "실업의 인정"이란 직업안정기관의 장이 수급자격자가 실업한 상태에서 적극적으로 직업을 구하기 위하여 노력하고 있다고 인정하는 것을 말한다.
② **고용보험법 제2조 제6호** "일용근로자"란 1개월 미만 동안 고용되는 사람을 말한다.
③ **고용보험법 제5조 제1항** 국가는 매년 보험사업에 드는 비용의 일부를 일반회계에서 부담하여야 한다.
⑤ **고용보험법 제38조 제1항** 실업급여를 받을 권리는 양도 또는 압류하거나 담보로 제공할 수 없다.

13 난도 ★★☆　　　　　　　　　　　정답 ⑤

정답분석

고용보험법 제58조 피보험자가 다음에 해당한다고 직업안정기관의 장이 인정하는 경우에는 수급자격이 없는 것으로 본다.
1. 중대한 귀책사유로 해고된 피보험자로서 다음의 어느 하나에 해당하는 경우
　가. 「형법」 또는 직무와 관련된 법률을 위반하여 금고 이상의 형을 선고받은 경우
　나. 사업에 막대한 지장을 초래하거나 재산상 손해를 끼친 경우로서 고용노동부령으로 정하는 기준에 해당하는 경우
　　－영업용 차량을 임의로 타인에게 대리운전하게 하여 교통사고를 일으킨 경우
　　－사업의 기밀이나 그 밖의 정보를 경쟁관계에 있는 다른 사업자 등에게 제공하여 사업에 지장을 가져온 경우
　　－허위 사실을 날조하여 유포하거나 불법 집단행동을 주도하여 사업에 막대한 지장을 가져온 경우
　　－영업용 차량 운송 수입금을 부당하게 착복하는 등 직책을 이용하여 공금을 착복, 장기유용, 횡령 또는 배임한 경우
　　－제품 또는 원료 등을 절취 또는 불법 반출한 경우
　　－인사·경리·회계담당 직원이 근로자의 근무상황 실적을 조작하거나 허위 서류 등을 작성하여 사업에 손해를 끼친 경우
　　－사업장의 기물을 고의로 파손하여 생산에 막대한 지장을 가져온 경우
　　－그 밖에 사회통념상 고의로 사업에 막대한 지장을 가져오거나 재산상 손해를 끼쳤다고 인정되는 경우
　다. 정당한 사유 없이 근로계약 또는 취업규칙 등을 위반하여 장기간 무단 결근한 경우

14 난도 ★★★　　　　　　　　　　　정답 ②

정답분석

② **고용보험법 제5조 제1항** 국가는 매년 보험사업에 드는 비용의 일부를 일반회계에서 부담하여야 한다.

① **고용보험법 제79조 제1항** 기금은 고용노동부장관이 관리 · 운용한다.
③ **고용보험법 제37조 제2항** 취업촉진 수당의 종류로는 조기재취업 수당, 직업능력개발 수당, 광역 구직활동비, 이주비가 있다.
④ **고용보험법 제2조 제3호** "실업"이란 근로의 의사와 능력이 있음에도 불구하고 취업하지 못한 상태에 있는 것을 말한다.
⑤ **고용보험법 제2조 제6호** "일용근로자"란 1개월 미만 동안 고용되는 사람을 말한다.

15 난도 ★★★　　　　　　　　　　　정답 ①

① **고용보험법 제42조 제1항** 구직급여를 지급받으려는 사람은 이직 후 지체 없이 직업안정기관에 출석하여 실업을 신고하여야 한다.

② 농업 · 임업 및 어업 중 법인이 아닌 자가 상시 4명의 근로자를 사용하는 사업에 대하여 「고용보험법」은 적용하지 아니한다.
③ **고용보험법 제40조 제2항** 구직급여의 수급 요건으로서 기준기간은 피보험자의 이직일 이전 18개월로 한다.
④ **고용보험법 제49조 제1항** 실업의 신고일부터 계산하기 시작하여 7일간은 대기기간으로 보아 구직급여를 지급하지 아니한다. 다만, 최종 이직 당시 건설일용근로자였던 사람에 대해서는 실업의 신고일부터 계산하여 구직급여를 지급한다.
⑤ **고용보험법 제37조 제2항** 취업촉진 수당의 종류로는 조기재취업 수당, 직업능력개발 수당, 광역 구직활동비, 이주비가 있다.

16 난도 ★★★　　　　　　　　　　　정답 ⑤

⑤ **고용보험법 제4조 제1항** 보험은 제1조의 목적을 이루기 위하여 고용보험 사업으로 고용안정 · 직업능력개발 사업, 실업급여, 육아휴직 급여 및 출산전후휴가 급여 등을 실시한다.

① 고용노동부장관은 보험 사업에 대하여 3년마다 평가를 하여야 한다는 내용은 없다.
② **고용보험법 제5조 제2항** 국가는 매년 예산의 범위에서 보험 사업의 관리 · 운영에 드는 비용을 부담할 수 있다. 국가는 매년 보험사업에 드는 비용의 20%를 특별회계에서 부담하는 보험은 노인장기요양보험이다.
③ **고용보험법 제13조 제1항** 근로자인 피보험자는 이 법이 적용되는 사업에 고용된 날에 피보험자격을 취득한다.

④ **고용보험법 제38조의2항** 실업급여로서 지급된 금품에 대하여는 국가나 지방자치단체의 공과금(「국세기본법」 또는 「지방세기본법」에 따른 공과금)을 부과하지 아니한다.

17 난도 ★★☆　　　　　　　　　　　정답 ②

② **고용보험법 제37조** 실업급여는 구직급여와 취업촉진 수당으로 구분하며, 취업촉진 수당의 종류로는 조기재취업 수당, 직업능력개발 수당, 광역 구직활동비, 이주비가 있다.

① **고용보험법 제2조 제6호** "일용근로자"란 1개월 미만 동안 고용되는 사람을 말한다.
③ **고용보험법 제2조 제3호** "실업"이란 근로의 의사와 능력이 있음에도 불구하고 취업하지 못한 상태에 있는 것을 말한다.
④ **고용보험법 제42조 제1항** 구직급여를 지급받으려는 사람은 이직 후 지체 없이 직업안정기관에 출석하여 실업을 신고하여야 한다.
⑤ **고용보험법 제10조 제2항** 65세 이후에 고용(65세 전부터 피보험 자격을 유지하던 사람이 65세 이후에 계속하여 고용된 경우는 제외)되거나 자영업을 개시한 사람에게는 제4장(실업급여) 및 제5장(육아휴직 급여) 외의 「고용보험법」을 적용한다.

18 난도 ★★☆　　　　　　　　　　　정답 ①

②~⑤는 국민건강보험공단의 업무이다.

관계 법령

> **국민건강보험법 제63조(업무 등)**
> ① 심사평가원은 다음의 업무를 관장한다.
> 1. 요양급여비용의 심사
> 2. 요양급여의 적정성 평가
> 3. 심사기준 및 평가기준의 개발
> 4. 1부터 3까지의 규정에 따른 업무와 관련된 조사연구 및 국제협력
> 5. 다른 법률에 따라 지급되는 급여비용의 심사 또는 의료의 적정성 평가에 관하여 위탁받은 업무
> 6. 그 밖에 이 법 또는 다른 법령에 따라 위탁받은 업무
> 7. 건강보험과 관련하여 보건복지부장관이 필요하다고 인정한 업무
> 8. 그 밖에 보험급여 비용의 심사와 보험급여의 적정성 평가와 관련하여 대통령령으로 정하는 업무

CHAPTER
08

정답 및 해설

19 난도 ★★☆   정답 ⑤

요양급여비용의 심사는 건강보험심사평가원의 업무이다.

관계 법령

국민건강보험법 제14조(업무)
① 공단은 다음의 업무를 관장한다.
1. 가입자 및 피부양자의 자격 관리
2. 보험료와 그 밖에 이 법에 따른 징수금의 부과 · 징수
3. 보험급여의 관리
4. 가입자 및 피부양자의 질병의 조기발견 · 예방 및 건강관리를 위하여 요양급여 실시 현황과 건강검진 결과 등을 활용하여 실시하는 예방사업으로서 대통령령으로 정하는 사업
5. 보험급여 비용의 지급
6. 자산의 관리 · 운영 및 증식사업
7. 의료시설의 운영
8. 건강보험에 관한 교육훈련 및 홍보
9. 건강보험에 관한 조사연구 및 국제협력
10. 이 법에서 공단의 업무로 정하고 있는 사항
11. 「국민연금법」, 「고용보험 및 산업재해보상보험의 보험료징수 등에 관한 법률」, 「임금채권보장법」 및 「석면피해구제법」(이하 "징수위탁근거법")에 따라 위탁받은 업무
12. 그 밖에 이 법 또는 다른 법령에 따라 위탁받은 업무
13. 그 밖에 건강보험과 관련하여 보건복지부장관이 필요하다고 인정한 업무

20 난도 ★★☆   정답 ③

노인장기요양보험법 제26조 제1항 공단은 수급자가 의료법에 따른 요양병원에 입원한 때 장기요양에 사용되는 비용의 일부를 요양병원 간병비로 지급할 수 있다.

21 난도 ★★☆   정답 ①

국민건강보험법 제10조 제1항 가입자는 다음의 어느 하나에 해당하게 된 날에 그 자격을 잃는다.
1. 사망한 날의 다음 날
2. 국적을 잃은 날의 다음 날
3. 국내에 거주하지 아니하게 된 날의 다음 날
4. 직장가입자의 피부양자가 된 날
5. 수급권자가 된 날
6. 건강보험을 적용받고 있던 사람이 유공자등 의료보호대상자가 되어 건강보험의 적용배제신청을 한 날

22 난도 ★★★   정답 ⑤

국민건강보험법 제3조의2 제2항 종합계획에는 다음의 사항이 포함되어야 한다.
1. 건강보험정책의 기본목표 및 추진방향
2. 건강보험 보장성 강화의 추진계획 및 추진방법
3. 건강보험의 중장기 재정 전망 및 운영
4. 보험료 부과체계에 관한 사항
5. 요양급여비용에 관한 사항
6. 건강증진 사업에 관한 사항
7. 취약계층 지원에 관한 사항
8. 건강보험에 관한 통계 및 정보의 관리에 관한 사항
9. 그 밖에 건강보험의 개선을 위하여 필요한 사항으로 대통령령으로 정하는 사항

23 난도 ★★☆   정답 ①

① **노인장기요양보험법 제7조 제1항** 장기요양보험사업은 보건복지부장관이 관장한다.

② **노인장기요양보험법 제2조 제2호** "장기요양급여"란 장기요양등급판정 결과에 따라 6개월 이상 동안 혼자서 일상생활을 수행하기 어렵다고 인정되는 자에게 신체활동 · 가사활동의 지원 또는 간병 등의 서비스나 이에 갈음하여 지급하는 현금 등을 말한다.
③ **노인장기요양보험법 제38조 제1항** 장기요양기관은 수급자에게 재가급여 또는 시설급여를 제공한 경우 공단에 장기요양급여비용을 청구하여야 한다.
④ **노인장기요양보험법 제2조 제1호** "노인등"이란 65세 이상의 노인 또는 65세 미만의 자로서 치매 · 뇌혈관성질환 등 대통령령으로 정하는 노인성 질병을 가진 자를 말한다.
⑤ **노인장기요양보험법 제23조 제1항** 재가급여에는 방문요양, 방문목욕, 방문간호, 주 · 야간보호, 단기보호, 기타재가급여가 있다.

24 난도 ★★☆   정답 ⑤

ㄱ. **노인장기요양보험법 제3조 제4항** 노인등의 심신상태나 건강 등이 악화되지 아니하도록 의료서비스와 연계하여 이를 제공하여야 한다.
ㄴ. **노인장기요양보험법 제3조 제1항** 노인등이 자신의 의사와 능력에 따라 최대한 자립적으로 일상생활을 수행할 수 있도록 제공하여야 한다.
ㄷ. **노인장기요양보험법 제3조 제3항** 노인등이 가족과 함께 생

활하면서 가정에서 장기요양을 받는 재가급여를 우선적으로 제공하여야 한다.
ㄹ. **노인장기요양보험법 제3조 제2항** 노인등의 심신상태·생활환경과 노인등 및 그 가족의 욕구·선택을 종합적으로 고려하여 필요한 범위 안에서 이를 적정하게 제공하여야 한다.

25 난도 ★★☆　　　　　　　　　　　정답 ④

오답분석

ㄴ. 「노인장기요양보험법」 제1조에서는 고령이나 노인성 질병 등의 사유로 일상생활을 혼자서 수행하기 어려운 노인 등에게 제공하는 신체활동 또는 가사활동 지원 등의 장기요양급여에 관한 사항을 규정하고 있다. 따라서 노인성 질병이 없는 자는 장기요양인정을 신청할 수 없다.

26 난도 ★★★　　　　　　　　　　　정답 ②

정답분석

② **노인장기요양보험법 제7조 제2항** 장기요양보험의 보험자는 국민건강보험공단으로 한다.

오답분석

① **노인장기요양보험법 제2조 제3호** "장기요양사업"이란 장기요양보험료, 국가 및 지방자치단체의 부담금 등을 재원으로 하여 노인등에게 장기요양급여를 제공하는 사업을 말한다.
③ **노인장기요양보험법 제4조 제2항** 국가는 노인성질환예방사업을 수행하는 지방자치단체 또는 「국민건강보험법」에 따른 국민건강보험공단에 대하여 이에 소요되는 비용을 지원할 수 있다.
④ **노인장기요양보험법 제3조 제3항** 장기요양급여는 노인등이 가족과 함께 생활하면서 가정에서 장기요양을 받는 재가급여를 우선적으로 제공하여야 한다.
⑤ **노인장기요양보험법 제6조의2 제1항** 보건복지부장관은 장기요양사업의 실태를 파악하기 위하여 3년마다 다음의 사항에 관한 조사를 정기적으로 실시하고 그 결과를 공표하여야 한다.
　1. 장기요양인정에 관한 사항
　2. 장기요양등급판정위원회의 판정에 따라 장기요양급여를 받을 사람의 규모, 그 급여의 수준 및 만족도에 관한 사항
　3. 장기요양기관에 관한 사항
　4. 장기요양요원의 근로조건, 처우 및 규모에 관한 사항
　5. 그 밖에 장기요양사업에 관한 사항

27 난도 ★★☆　　　　　　　　　　　정답 ③

정답분석

③ 주·야간보호 : 수급자를 하루 중 일정한 시간 동안 장기요양기관에 보호하여 신체활동 지원 및 심신기능의 유지·향상을 위한 교육·훈련 등을 제공하는 장기요양급여

오답분석

① 방문요양 : 장기요양요원이 수급자의 가정 등을 방문하여 신체활동 및 가사활동 등을 지원하는 장기요양급여
② 방문간호 : 장기요양요원인 간호사 등이 의사, 한의사 또는 치과의사의 지시서에 따라 수급자의 가정 등을 방문하여 간호, 진료의 보조, 요양에 관한 상담 또는 구강위생 등을 제공하는 장기요양급여
④ 단기보호 : 수급자를 보건복지부령으로 정하는 범위 안에서 일정 기간 동안 장기요양기관에 보호하여 신체활동 지원 및 심신기능의 유지·향상을 위한 교육·훈련 등을 제공하는 장기요양급여
⑤ 기타재가급여 : 수급자의 일상생활·신체활동 지원 및 인지기능의 유지·향상에 필요한 용구를 제공하거나 가정을 방문하여 재활에 관한 지원 등을 제공하는 장기요양급여로서 대통령령으로 정하는 것

28 난도 ★★★　　　　　　　　　　　정답 ④

정답분석

④ **노인장기요양보험법 제47조의2 제2항** 장기요양요원지원센터는 다음의 업무를 수행한다.
　1. 장기요양요원의 권리 침해에 관한 상담 및 지원
　2. 장기요양요원의 역량강화를 위한 교육지원
　3. 장기요양요원에 대한 건강검진 등 건강관리를 위한 사업

오답분석

① **노인장기요양보험법 제45조** 다음의 사항을 심의하기 위하여 보건복지부장관 소속으로 장기요양위원회를 둔다.
　1. 장기요양보험료율
　2. 가족요양비, 특례요양비 및 요양병원간병비의 지급기준
　3. 재가 및 시설 급여비용
　4. 그 밖에 대통령령으로 정하는 주요 사항
② **노인장기요양보험법 제52조 제1항** 장기요양인정 및 장기요양등급 판정 등을 심의하기 위하여 공단에 장기요양등급판정위원회를 둔다.
③ **노인장기요양보험법 제55조 제3항** 심사청구 사항을 심사하기 위하여 공단에 장기요양심사위원회를 둔다.
⑤ **국민건강보험법 제100조 제2항** 보건복지부장관은 공표여부 등을 심사하기 위하여 건강보험공표심의위원회를 설치·운영한다.

01 난도 ★★★   정답 ⑤

정답분석

장애인고용의무제가 적용되는 사업주의 범위는 우리나라의 전체 실업자 수와 그중 장애인실업자 수가 차지하는 비율, 경제상황 등을 고려하여 시대에 따라 탄력적으로 정하여야 할 사항이어서 이를 법률에서 명시하는 것은 적당하지 아니하다는 입법자의 판단이 반드시 잘못되었다고 볼 수는 없다. 사업주는 그 근로자의 총수의 100분의 1 이상 100분의 5 이내의 범위 안에서 대통령령이 정하는 비율 이상에 해당하는 장애인을 고용하여야 한다고 규정하고 있다. 여기에서 이 규정의 해석상 최소한 20인 이상의 근로자를 고용하는 사업주에게만 장애인고용의무가 도출됨을 알 수 있다. 왜냐하면, 기준고용률의 상한인 5%를 상정하더라도 20인이 되어야 1명의 장애인고용의무가 생기기 때문이다. 따라서 동 조항은 포괄위임입법금지원칙 내지는 법률유보원칙에 위반된다고 할 수 없다.

PLUS +

구 장애인고용촉진등에관한법률 제35조(사업주의 장애인 고용의무)

① 대통령령이 정하는 일정 수 이상의 근로자를 고용하는 사업주는 그 근로자의 총수의 100분의 1 이상 100분의 5 이내의 범위 안에서 대통령령이 정하는 비율 이상에 해당하는 장애인을 고용하여야 하며 다만, 장애인을 사용하기 어렵다고 인정하는 직종의 근로자가 상당한 비율을 차지하는 업종에 대하여는 노동부장관이 위원회의 심의를 거쳐 정하는 적용제외율에 해당하는 근로자의 수를 그 근로자의 총수에서 제외할 수 있다.

02 난도 ★★★   정답 ④

오답분석

① 「국민연금법」상 연금보험료의 강제징수는 헌법상 재산권보장에 위배되지 않는다.
② 국민건강보험료 체납으로 인하여 보험급여가 제한되는 기간 중에 발생한 보험료에 대한 강제징수는 건강보험가입자의 재산권을 침해하지 않는다.
③ 국민기초생활 보장법령상 수급자 등의 금융자산을 확인할 수 있는 자료의 제출요구는 급여신청자의 평등권을 침해하지 않는다.

⑤ 「사회복지사업법」의 규정 내용 중 사회복지법인의 재산을 기본재산과 보통재산으로 구분하도록 한 것은 명확성의 원칙에 위배되지 않는다.

03 난도 ★★★   정답 ①

정답분석

① 국민연금제도는 현재 세대에서 이전 세대로 국민 간에 소득 재분배의 기능을 한다.

오답분석

② 사회보험을 사회보장성 조세라고도 하지만 국민연금 특성상 이후에 받을 수 있어 조세로 볼 수 없다. 국민연금제도의 고도의 공익성을 고려하여 법률이 특별히 연금보험료의 강제징수 규정을 둔 것일 뿐 국민연금보험료를 조세로 볼 수는 없다(99헌마365).
③ 국민연금은 모두 똑같은 비율에 맞게 보험료를 납부하며, 소득의 상한제가 있어 고소득자에게 유리하므로 고소득자의 재산권을 침해한다고 할 수 없다.
④ 국민연금제도는 자신이 납부한 보험료를 출생연도에 따라 60~65세부터 연금으로 받으므로 시장경제질서에 위배되지 않는다.
⑤ 공적연금수급권은 양도·압류하거나 담보로 제공할 수 없다.

정답 및 해설

과년도 기출문제

2022년 20회 기출문제

문제편 p.352

1교시 사회복지기초

1과목 인간행동과 사회환경

01	02	03	04	05	06	07	08	09	10
①	②	①	③	①	⑤	③	⑤	②	②
11	**12**	**13**	**14**	**15**	**16**	**17**	**18**	**19**	**20**
⑤	②	①	①	⑤	④	①	③	④	⑤
21	**22**	**23**	**24**	**25**					
④	②	③	⑤	④					

01
정답 ①

정답분석

인간의 발달은 최적의 시기가 존재한다. 제1의 성장기는 영아기, 제2의 성장기는 청소년기이다.

02
정답 ②

정답분석

성숙은 경험이나 훈련에 관계없이 유전적 기제의 작용에 의해 체계적이고 규칙적으로 진행되는 변화이다. 환경과의 상호작용에 의한 사회적 발달은 사회화이다.

PLUS +

발달과 유사한 개념

구분	내용
성장 (Growth)	신체(키)의 크기나 근육 증가와 같이 양적확대를 의미하고 생태학적으로 이미 정해져 있는 시간이 지나면 성장은 멈추게 된다. 유전적 요인의 영향을 많이 받게 되고 인간이 이룰 수 있는 최종단계를 의미한다.
성숙 (Maturation)	경험이나 훈련에 관계없이 유전적 기제의 작용에 의해 체계적이고 규칙적으로 진행되는 변화이다. 외적 환경과 무관하게 일어나는 신경생리학적 생화학적 변화 내적, 유전적 메커니즘에 의해 출현되는 신체적, 심리적 변화를 의미한다.

구분	내용
학습 (Learning)	인간이 환경을 통해 변하는 것을 의미하고 경험과 훈련을 통해 기술과 지식, 정서, 가치를 얻을 수 있는 것으로 후천적 변화 과정이다.
발달 (Development)	직접적 · 간접적 경험의 산물, 유전과 환경의 상호작용에 의해 이루어지는 인간의 총체적인 변화에 초점을 둔다.

03
정답 ①

정답분석

A, B, C는 모두 중년으로 노화가 진행되고 있으며, A는 노안은 있지만 흰머리는 없다. B는 노안은 없지만 흰머리가 많다. C는 노안도 왔고 흰머리가 많으며, 기억력도 좋지 않다. 이를 통해 노안과 흰머리, 기억력의 상황이 A, B, C 모두 다르다는 것을 알 수 있다. 즉, A, B, C의 발달에 차이가 나타난다.

04
정답 ③

오답분석

ㄱ. 자아는 현실원칙을 따르나 일차적 사고과정은 원초아에 대한 내용이다.

ㄷ. 신경증적 불안은 본능이 의식 밖으로 나와 처벌을 걱정하는 불안으로 원초아가 쾌락원리에 따라 본능이나 욕구 등을 통제하지 못해 '처벌받으면 어떡하지' 하는 두려움이다.

05
정답 ①

정답분석

① 페르소나(Persona)는 자아가 외부로 보이는, 즉 개인이 사회에 공개되는 얼굴이다. 사회생활을 많이 할수록 페르소나는 많아지고 사회에 적응하기 위해서도 페르소나를 발달시켜야 한다. 하지만 페르소나를 자신과 동일시하여 자신의 본 모습이 보이지 않을 수 있게 된다.

오답분석

② 인간을 성(性)적 에너지인 리비도(Libido)에 의해 지배되는 수동적 존재로 본 학자는 프로이트이다. 융은 리비도를 생활 에너지로 보았다.

③ 원형(Archetype)이란 인류 역사를 물려받은 정신으로 집단

무의식을 구성하고 보편적으로 존재하는 인류의 가장 원초적인 행동 유형이다. 표상이 불가능하고 무의식적이며 선험적인 이미지를 의미하며 대표적인 원형으로는 페르소나, 아니마, 아니무스, 음영이 있다.

④ 아니마는 남성의 여성적인 측면을 의미하고 아니무스는 여성의 남성적인 측면을 의미한다.

⑤ 자아의 기능에서 감각형(Sensing)은 오감을 통하여 관찰한 것을 인식하는 것으로 직접적인 경험에 초점을 맞추어 현실적이고 구체적이며 관찰능력이 뛰어나다. 또한 가능성보다는 보이는 구체적인 현실을 추구한다. 직관형(Intuition)은 관찰을 통해 의미나 관계를 의식하는 것으로 육감이나 예감을 통하여 인식하고 아직 일어나지 않은 일을 포함하여 감각을 통해 보이지 않는 것까지 인식한다. 미래지향적이며 추상적·상상적인 특징이 있다.

06 　　　　　　　　　　　　　　　정답 ⑤

정답분석

사회적 관심은 자신이 속한 사회에 대한 소속감, 타인에 대한 감정이입 등과 같이 공동의 목적을 이루기 위해 실행하는 노력을 의미하며 의식적인 개발과 교육이 필요하다. 아들러는 인간은 자신의 이익을 포기해서라도 사회적 이익을 얻기 위해 노력하는 본능이 있다고 믿었다. 특히 사회적 관심은 선천적으로 타고나지만 어머니와 학교교육, 아동기의 경험을 통해서도 후천적으로 발달할 수 있다.

07 　　　　　　　　　　　　　　　정답 ③

정답분석

고전적 조건형성의 학습 원리

- 시간의 원리 : 조건자극은 무조건적 자극의 제시와 거의 동시에 이루어져야 한다.
- 강도의 원리 : 무조건적 자극의 강도가 강하면 강할수록 조건형성이 쉽게 이루어진다.
- 일관성의 원리 : 동일한 조건자극을 통해 일관성 있게 강화해주어야 한다.
- 계속성의 원리 : 자극과 반응의 결합이 반복되는 횟수가 많으면 많을수록 효과적이다.

08 　　　　　　　　　　　　　　　정답 ⑤

정답분석

⑤ 가변(변동)간격 강화계획은 강화를 주는 평균적인 시간 간격은 일정하지만 실제 강화를 제공하는 시간 간격에 어느 정도 편차를 주는 것으로 1년 동안 6회 자체 소방안전 점검을 하되 2개월마다 한다면 고정간격 강화가 되지만 불시에 실시하므로 가변간격 강화가 된다.

오답분석

① 고정간격 강화계획은 요구되는 행동의 발생빈도에 상관없이 일정한 시간 간격에 따라 강화를 부여하는 것으로 정시 출근한 아르바이트생에게 매주 추가수당을 지급하여 정시 출근을 유도하는 강화는 고정간격 강화계획이다.

② 계속적(연속적) 강화계획은 반응의 횟수나 시간에 상관없이 기대하는 반응이 나타날 때마다 강화를 부여하는 것으로 어린이집에서 어린이가 규칙을 지킬 때마다 바로 칭찬해서 규칙을 지키는 행동이 늘어나도록 하는 것은 계속적 강화계획이다.

③ 가변비율 강화계획은 반응행동에 변동적인 비율을 적용하여 불규칙한 횟수의 바람직한 행동이 나타난 후 강화를 부여하는 것으로 수강생이 평균 10회 출석할 경우 상품을 1개 지급하되, 출석 5회 이상 15회 이내에서 무작위로 지급하여 성실한 출석을 유도하는 것은 가변비율 강화계획이다.

④ 고정비율 강화계획은 행동중심적 강화방법으로 일정한 횟수의 바람직한 반응이 나타난 다음에 강화를 부여하는 것으로, 영업사원이 판매 목표를 10%씩 초과 달성할 때마다 초과 달성분의 3%를 성과급으로 지급하여 의욕을 고취하는 것은 고정비율 강화계획이다.

09 　　　　　　　　　　　　　　　정답 ②

오답분석

ㄴ. 공감과 비지시적인 상담을 강조하였다.
ㄹ. 인간의 욕구발달단계를 제시한 학자는 매슬로우이다.

PLUS +

로저스의 현상학이론의 특징

- 인간의 주관적 경험을 강조하며, 주관적 현실세계만이 존재한다고 본다.
- 인간을 통합적 존재로 규정하며, 전체론적 관점에서 접근해야 한다고 주장한다.
- 인간을 유목적인 존재인 동시에 합리적이고 미래지향적인 존재로 규정한다.
- 인간은 능력이 있고 자기이해와 자기실현을 위한 잠재력을 가지고 있다고 본다.
- 인간 본성의 긍정적인 측면과 자기개념의 중요성을 강조한다.
- 사회복지실천의 측면에서 클라이언트의 자기결정권과 비심판적 태도 그리고 비지시적 상담의 중요성을 인식하는 데 유용하다.
- 개인의 존엄과 가치, 사회적 책임에 대한 소신은 사회복지실천 철학과 조화를 이룬다.

10 정답 ②

정답분석
② 매슬로우의 욕구위계는 생리적 욕구 – 안전 욕구 – 소속과 사랑의 욕구 – 존경의 욕구 – 자아실현의 욕구 순이다. 자존감의 욕구가 소속과 사랑의 욕구보다 상위단계의 욕구이다.

오답분석
① 대부분의 사람들이 아니라 소수의 사람이 자아실현의 욕구를 달성한다.
③ 인간본성에 대해 비관적인 태도가 아니라 낙천적인 태도를 갖고 있다.
④ 인간의 성격은 환경에 의해 수동적으로 결정된다고 보지 않고, 인간의 행동을 결정짓는 동기요인으로서 다양한 욕구체계를 제시하였다.
⑤ 무조건적인 긍정적 관심을 강조한 학자는 로저스이다.

11 정답 ⑤

정답분석
유목화(분류화)는 구체적 조작기 시기에 나타나는 특성이다.

12 정답 ②

정답분석
인지발달이론은 피아제의 이론으로 전조작기에 타율적 도덕성, 구체적 조작기에 자율적 도덕성에 대한 설명이 나온다. 타율적 도덕성과 자율적 도덕성을 기초로 콜버그는 도덕성 발달이론을 창시하였다.

13 정답 ①

정답분석
넥엔트로피는 개방체계적인 속성을 가지며, 체계 외부로부터 에너지가 유입됨으로써 체계 내부의 불필요한 에너지가 감소하는 상태, 즉 체계 내에 질서, 형태, 분화가 있는 상태를 의미한다. 폐쇄체계에서 나타나는 것은 엔트로피이다.

14 정답 ②

정답분석
적합성이란 환경과 인간이 상호작용을 통해 얼마나 조화를 이룰 수 있는가를 의미한다. 개인과 환경이 효과적으로 상호작용할 수 있는 능력은 유능성이다.

15 정답 ②

정답분석
② 미시체계는 개인에게 가장 근접한 환경이며, 가족, 학교, 이웃 등의 물리적 환경과 사회적 환경 그리고 그 환경 내에서 갖게 되는 지위, 역할, 활동, 대인관계 등을 의미한다.

오답분석
① 개인의 생활에 직접적으로 개입하지 않지만 간접적으로 영향을 주는 체계는 외체계이다.
③ 개인의 성장 시기에 따라 달라지며 상호 호혜성에 기반을 두는 체계는 중간체계이다.
④ 개인의 발달에 영향을 미치는 부모의 직업, 자녀의 학교 등을 중시하는 체계는 외체계이다.
⑤ 개인이 사회관습과 유행을 통해 자신의 가치관을 표현하는 체계는 거시체계이다.

16 정답 ④

정답분석
학교폭력 피해 청소년이 다시 피해를 입지 않도록 학교폭력에 대한 처벌을 강화하는 특별법을 제정하는 것은 거시체계에 속한다. 거시체계는 개인이 속한 사회의 이념(신념)이나 제도, 정치, 경제, 문화 등의 광범위한 사회적 맥락을 의미한다. 개인생활에 직접적으로 개입하지 않지만, 간접적이면서도 전체적으로 강력한 영향력을 발휘한다.

17 정답 ①

정답분석
문화는 거시체계에 속한다. 거시체계는 개인이 속한 사회의 이념(신념)이나 제도, 정치, 경제, 문화 등의 광범위한 사회적 맥락을 의미한다. 개인생활에 직접적으로 개입하지 않지만, 간접적이면서도 전체적으로 강력한 영향력을 발휘한다.

18 정답 ③

정답분석
③ 정상인의 성염색체는 남성 XY, 여성 XX를 나타내지만, 클라인펠터증후군 염색체는 XXY, XXYY, XXXY 등의 여러 가지 이상한 형태를 나타낸다. 이들은 남성 염색체가 있음에도 불구하고 가슴이 발달하는 등 여성의 신체적 특성을 보인다.

오답분석
① 다운증후군은 운동신경이 지체되고 지적장애가 있으며 질병에 대한 저항력이 약하다.

② 헌팅톤병은 무도병과 치매를 특징으로 하는, 주로 30~40대 발병의 신경계 퇴행질환이며 염색체 우성 유전질환이다.

④ 터너증후군은 성염색체 이상으로 X염색체가 1개이며, 전체 염색체 수가 45개로 외견상 여성이지만 2차적 성적 발달이 없고 목이 짧은 것이 특징이다.

⑤ 혈우병은 X염색체의 유전적 돌연변이에 의한 유전질환으로서, 정상적인 혈액에 존재하는 혈액응고인자가 없거나 부족하여 발병하는 출혈성 질환이다. 대부분 남성에게서 발병한다.

19 정답 ④

정답분석
피아제는 감각운동기(0~2세), 전조작기(2~7세), 구체적 조작기(7~12세), 형식적 조작기(12세 이상)로 구분하였다. 유아기는 전조작기에 속한다.

20 정답 ⑤

정답분석
아동기에 발달과업을 성취하지 못하면 열등감이 생긴다.

PLUS +

에릭슨의 심리사회이론의 과정
- 신뢰감 대 불신감 – 영아기
- 자율성 대 수치심과 의심 – 유아기
- 주도성(솔선성) 대 죄의식 – 아동 전기
- 근면성 대 열등감 – 아동기
- 자아정체감 대 자아정체감 혼란 – 청소년기
- 친밀감 대 고립감 – 성인 초기
- 생산성 대 침체 – 중년기
- 자아통합 대 절망 – 노년기

21 정답 ④

정답분석
청소년기의 자기중심성은 청소년기에 특수하게 관찰되는 자기 자신에 대한 강한 몰두이며, 이로 인해 자신과 타인의 관심사를 적절하게 구분하지 못하는 인지적 경향성을 말한다. 자신과 타인에 대해 주관적으로 이해하고 판단한다.

22 정답 ②

정답분석
자아정체감 형성이 주요 발달 과제인 시기는 청소년기이다. 청년기의 주요 발달과제는 결혼과 직업이다.

23 정답 ③

정답분석
③ 융에 따르면, 중년기에는 외부세계에 쏟았던 에너지를 자신의 내부에 초점을 두며 개성화의 과정을 경험한다. 또한 남성의 여성성(아니마)과 여성의 남성성(아니무스)가 나타난다.

오답분석
① 펙은 신체 중시로부터 신체 초월을 노년기의 중요한 발달과제로 보았다.
② 유동성 지능은 퇴보하기 시작하는 반면, 결정성 지능은 계속 발달하는 경향이 있다.
④ 여성은 에스트로겐의 분비가 감소되고 남성은 테스토스테론의 분비가 감소된다.
⑤ 갱년기는 여성과 남성이 모두 경험하는 것으로 신체적 변화와 동시에 우울, 무기력감 등 심리적 증상을 동반한다.

24 정답 ⑤

오답분석
① 반두라 : 모방, 모델링, 대리학습, 자기강화, 자기효율성, 자기조절
② 로저스 : 현상학적 장, 자기, 자기실현 경향성
③ 스키너 : 강화와 처벌, 강화계획, 불안감소기법, 학습촉진기법
④ 피아제 : 도식, 적응, 조직화, 자아중심성

25 정답 ④

오답분석
ㄴ. 생산성은 청소년기가 아니라 중년기의 발달과업이다. 청소년기는 자아정체감 대 자아정체감 혼란의 시기이고 중년기는 생산성 대 침체감의 시기이다.

2과목 **사회복지조사론**									
26	27	28	29	30	31	32	33	34	35
③	⑤	③	⑤	①	④	①	⑤	④	②
36	37	38	39	40	41	42	43	44	45
③	③	①	⑤	④	②	②	④	④	⑤
46	47	48	49	50					
①	③	③	②	⑤					

26 정답 ③

정답분석

사회지표조사는 국민의 사회적 관심사와 주관적 의식에 관한 사항을 파악하여 관련 정책을 수립 및 연구의 기초자료로 제공하는 사회조사로 사회조사 자료를 활용하여 조사하는 2차자료 분석조사이다.

오답분석

질적 연구는 주로 작은 규모의 대상자를 대상으로 귀납적 원리를 선호하며 조사자 자신이 조사도구가 된다. 질적 연구의 종류로는 근거이론, 시례 연구, 민속지학(문화기술지) 연구, 현상학 연구, 네러티브 연구, 생애사 연구, 참여행동 연구 등이 있다.

27 정답 ⑤

정답분석

⑤ 논리적 경험주의는 논리적 실증주의와 같이 경험적으로 검증이 가능해야 한다고 생각하지만 논리적 실증주의보다 검증 가능성 측면에 대해서는 관대한 태도를 취하고 있다. 확률적으로 검증되는 관찰에 의해서만 정당화될 수 있다고 본다.

오답분석

① 논리적 실증주의에 가장 큰 영향을 미친 사람은 스펜서와 베이컨이다.
② 상대론적인 입장에서 경험에 의한 지식은 주관적이다. 객관성을 추구하는 것이 아니라 주관성을 추구한다.
③ 쿤은 과학은 점진적으로 발전하는 것이 아니라 급진적·혁명적으로 발전한다고 보고, 이를 패러다임의 전환으로 설명하였다. 과학적 진리는 과학 공동체의 패러다임에 의존하고 사회의 성격에 영향을 받는다고 본다.
④ 반증주의는 가설이나 이론은 관찰 또는 실험에 의해 지속적인 확인을 받게 되며 반증된 가설이나 이론은 더 우수한 가설이나 이론으로 대체되어 과학이 발전한다는 과학관이다.

28 정답 ③

정답분석

실증주의 과학과 비과학을 구분하고 사회과학도 자연과학과 같이 실험과 관찰을 통해서 검증된 것만 인정한다. 객관적 조사를 통해 이론을 재검증하고 연구결과의 일반화 가능성을 주장한다. 실증주의 시각에서 과학적 방법은 이론 → 가설 → 관찰 → 일반화 → 이론 → 가설 순으로 반복하는 것을 의미한다.

29 정답 ⑤

정답분석

평가연구는 특정 프로그램이나 정책의 효과를 분석하기 위한 연구이며, 사회조사의 경우 과학적 객관성을 가지고 진행하므로 과학적 객관성을 저해하면 평가결과를 조정할 수 없다.

30 정답 ①

정답분석

ㄱ. 사회복지조사는 사회복지관련 이론 개발에 사용된다.
ㄷ. 과학의 특성에는 수정 가능성(과학은 변하지 않는 것이 아니라 상황이나 시대에 따라 수정이 가능하다)이 있어 연구의 전 과정에서 결정주의적 성향을 지양해야 한다.

오답분석

ㄴ. 탐색 목적의 조사연구는 어떤 현상에 대하여 사전 지식이 없을 경우 탐색을 목적으로 하는 조사를 말한다.
ㄹ. 횡단연구와 종단연구는 시점에 따른 분류이다.

31 정답 ④

정답분석

• 추세조사(경향조사, 추이조사)는 한 질문을 반복적으로 조사하나 조사할 때마다 대상자가 다른 것을 말한다.
• 동년배조사(동류집단조사, 코호트조사)는 조사는 매번 같은 대상자를 조사하지 않고 집단 안에 있는 다른 대상자로 바뀔 수 있다.

32 정답 ①

정답분석

사회복지사 396명은 조사대상이 되고 근무기관의 규모는 독립변수, 직무만족도는 종속변수가 된다. 사회복지관에서 근무하는 사회복지사는 개인이고, 직무만족도를 응답하는 사회복지사도 개인이므로 관찰단위는 모두 개인이다.

33 정답 ⑤

정답분석

통제변수는 독립변수와 종속변수 간의 관계를 좀 더 정확하게 파악하기 위해서 두 변수 간의 인과관계에 영향을 미칠 수 있는 제3의 변수를 사용하여 통제하는 변수이다.

사례에서 부모의 학력은 독립변수, 자녀의 대학 진학률은 종속변수가 되고 서로 유의미한 관계이다. 부모의 재산이 비슷한 조사 대상을 통제변수로 하여 부모의 재산을 통제하였더니 유의미한 관계에서 무의미한 관계로 바뀌었다.

34 정답 ④

정답분석

④ 개념적 정의는 연구 대상의 속성, 현상 등의 변수를 개념적으로 정의하는 것으로, 용어가 의미하는 바가 무엇인지를 구체화하는 과정이기 때문에 추상적이고 주관적이다. 따라서 개념적 정의는 측정 가능성을 전제로 하지 않는다.

오답분석

① 조사 과정은 연구주제 선정 → 가설 설정 및 조작화 → 조사 설계 → 자료수집 → 자료 해석 및 분석 → 보고서 작성 순으로, 가설설정 후에 자료수집을 한다.
② 자료수집방법은 조사 설계에 포함된다.
③ 연구가설은 독립변수와 종속변수는 관계가 있다고 설정한다. 독립변수와 종속변수의 관계가 없다는 가설은 영가설이다.
⑤ 사회과학에서 이론은 직접검증을 원칙으로 하지 않고 간접적으로 검증하기도 한다.

35 정답 ②

정답분석

학년은 서열척도(변수), 이수과목의 수는 비율척도(변수)이다.

오답분석

연령과 백신 접종률은 비율척도(변수), 섭씨와 화씨는 등간(척도)변수, 강우량과 산불발생 건수는 비율척도(변수), 거주지역과 혈액형은 명목척도(변수)이다.

36 정답 ③

정답분석

③ 서스톤척도(Thurstone Scale)는 척도를 구성하면서 평가가 이루어지기 때문에 객관성이 인정되는 것이 장점이나, 판단자에 의해 문항평가가 좌우되므로 개발하기 어렵다. 개발이 용이한 척도는 리커트척도이다.

오답분석

① 리커트척도(Likert Scale)는 측정에 동원된 모든 항목들에 대한 동일한 가치를 부여하여 문항 간 내적 일관성이 중요하다. 내적 일관성은 신뢰도를 떨어트리는 문항을 제거하여 신뢰도를 높이는 방법이다.
② 거트만 척도뿐 아니라 리커트 척도, 보가더스 사회적 거리감 척도도 누적 척도이다.
④ 보가더스척도(Borgadus Scale)는 사회집단 간의 심리적 거리감을 측정하는 데 유용하지만 원근감 표시에 그쳐 친밀감 크기가 나타나지 않는다.
⑤ 의미분화척도(Semantic Differential Scale)의 문항은 한 쌍의 대조되는 형용사를 사용하여 그 속성을 평가하는 척도이다.

37 정답 ③

정답분석

③ 측정의 체계적 오류는 항상 똑같은 방향으로 생기는 오류로 측정의 타당도를 저해한다.

오답분석

① 측정은 연구대상에 대해 일정한 규칙에 따라 숫자나 기호를 부여하는 과정으로 이론과 현상을 연결하는 방법이다.
② 지표는 개념 속에 내재된 속성들이 표출되어 나타난 결과를 말한다. 즉, 하나의 개념을 측정한 값을 의미한다.
④ 리커트척도는 각 항목의 단순합산을 통해 서열성을 산출하는 서열측정이다.
⑤ 조작적 정의는 추상적인 개념들을 실제 현장에서 측정 가능하도록 관찰 가능한 형태로 정의하고 개념적 정의를 벗어나지 않는 범위 안에서 측정 가능하도록 구체화한 것이다.

38 정답 ①

정답분석

타당도는 측정하고자 하는 것을 정확하게 측정해 내는 정도를 의미하고, 신뢰도는 측정하고 싶은 것을 반복해서 측정하더라도 같은 값을 얻는 것을 의미한다. 즉, 하나의 개념을 측정하는 개별 항목들 간의 일관성을 말한다.

39 정답 ⑤

오답분석

① 측정항목 수를 늘려야 한다.
② 유사한 질문을 늘려 신뢰도를 높여야 한다.
③ 측정자에게 측정도구에 대한 교육을 사전에 실시한다.
④ 측정자들은 측정방식을 대상자에 맞게 유연하게 바꾸지 않고 정해진 측정도구를 사용하는 것이 좋다.

40 정답 ④

정답분석

ㄱ. 재검사법, 반분법뿐 아니라 복수양식법, 내적 일관성 분석도 신뢰도를 평가하는 방법이다.
ㄷ. 신뢰도는 일관성 있게 측정하는 것으로 측정할 때마다 실제보다 5g 더 높게 측정되는 저울은 신뢰도가 있다.

오답분석

ㄴ. 신뢰도는 타당도의 필요조건이지 필요충분조건은 아니다.

41 정답 ②

오답분석

① 표준오차는 표본들의 오차이고, 표집오차는 표본의 통계치와 모집단의 모수와의 차이(표집 자체에서 발생하는 오차)이다. 표준오차(표본들의 오차)가 커지면 표집오차(표집자체에서 발생하는 오차)가 커진다.
③ 표본의 수가 증가하면 표집오차가 감소한다. 표본을 추출할 때 10명보다는 100명, 100명보다는 1,000명의 대표성이 높다.
④ 이질적인 모집단보다 동질적인 모집단에서 추출한 표본의 표집오차가 작다. 이질적 집단(천만~1억 원)의 평균은 5천5백만 원이고, 동질적 집단(5천만~6천만 원)의 평균은 5천5백만 원으로 같지만 동질적 집단의 연봉 차가 비슷하여 이질적 집단보다 표집오차가 작다.
⑤ 단순무작위추출은 전체 모집단에서 표본을 뽑고 층화표집은 모집단을 층으로 나누어 표본을 뽑는다. 층화표집이 단순무작위추출보다 동질성이 높으므로 표집오차가 작다.

42 정답 ②

정답분석

해당 사례의 표집방법은 계통적 표집(체계적, 계층적)으로 확률표집의 종류이며, 모집단 목록에서 일정한 순서에 따라 매 K번째 요소를 표본으로 추출하는 방법이다. 매 K번째는 무작위추출을 해야 하고 목록 자체가 일정한 주기성을 갖지 않아야 한다.

43 정답 ④

정답분석

④ 단순무작위표집(Simple Random Sampling)은 모집단으로부터 표본으로 추출될 확률을 알 수 있다. 예를 들어 1,000명 중 10명을 뽑는다면 1%의 확률이라는 것을 알 수 있다.

오답분석

① 할당표집(Quota Sampling)은 비확률표집으로 인위적 표집을 전제로 한다.
② 유의표집(Purposive Sampling)은 비확률표집이다.
③ 눈덩이표집(Snowball Sampling)은 비확률표집으로 모집단의 규모를 몰라도 사용할 수 있다.
⑤ 임의표집(Convenience Sampling)은 모집단에 대한 사전 정보 없는 경우 모집단이 극히 동질적이어서 표집 요소들 간에 차이가 없다고 판단될 때 연구자가 쉽게 이용 가능한 대상들을 표본으로 선택하는 방법이다. 따라서 모집단의 대표성이 없다.

44 정답 ④

정답분석

④ 연구가설은 이론이 표본의 통계치의 가정이 아니라 검증되기 전까지의 잠정적인 해답이다.

오답분석

① 영가설과 연구가설은 서로 반대되는 가설로 영가설을 기각하면 연구가설이 잠정적으로 채택된다.
② 영가설은 독립변수가 종속변수에 영향을 미치지 않는다는 가설이고 연구가설은 독립변수가 종속변수에 영향을 미친다는 가설이므로 영가설과 연구가설은 대조되는 가설이다.
③ 유의수준 95%에서 확률이 0.05보다 낮으면 영가설을 기각하고, 유의수준 99%에서 확률이 0.01보다 낮으면 영가설을 기각한다. 반대로 유의수준 95%에서 확률이 0.05보다 높으면 영가설을 채택하고, 유의수준 99%에서 확률이 0.01보다 높으면 영가설을 채택한다.
⑤ 연구가설은 경험적으로 검증이 가능하도록 진술한 가설이다.

45 정답 ⑤

정답분석

설문조사 결과를 해석할 때에는 표집방법, 표본의 크기, 설문조사 시기, 측정도구의 신뢰성 등을 유의해야 한다.

46 정답 ①

정답분석

① 조사대상자의 응답능력에 따라 질문의 유형이 결정된다.

오답분석

② 설문문항 작성 시 이중질문(Double-barreled Question)은 피해야 한다.

③ 비참여관찰법은 관찰자는 조사대상자 집단에 들어가지 않고 제3자의 입장에서 거리를 유지하여 관찰하는 방법으로 연구자가 관찰대상과 상호작용을 유지하는 것이 불가능하다.

④ 설문지에서 질문 순서는 무작위 배치가 아닌 응답하기 쉬운 질문, 가벼운 질문, 흥미로운 질문 등을 먼저 하고, 민감한 질문, 주관식 질문은 뒷부분에 배치한다.

⑤ 프로빙(Probing) 기술은 응답자의 대답이 불충분하거나 정확하지 못할 때 추가질문을 하여 충분하고 정확한 대답을 얻을 수 있도록 캐묻는 질문으로 면접조사에서 사용한다.

47 정답 ③

정답분석

매칭(배합)은 한정된 수의 변수만을 동등하게 하는 과정이다. 사전에 집단의 속성을 파악하여 내적 타당도를 저해할 것으로 여겨지는 요인들을 실험집단과 통제집단에 동일하게 분배하는 방법으로 무작위할당과 병행하여 사용한다. 회보를 보내는 실험집단과 회보를 보내지 않는 통제집단으로 구분하여 연구대상을 배정하였다.

48 정답 ③

정답분석

순수실험조사는 유형 중 가장 완벽하게 내적 타당도를 저해하는 요인을 통제하여 인과관계를 가장 완벽하게 검증할 수 있는 설계이다. 인과성 검증은 내적 타당도로 독립변수에 의해 종속변수가 변화하는지 알아보는 것이다.

③ 통제집단 자체는 아무런 조작을 하지 않았으므로 사전조사와 사후조사에서 통제집단의 종속변수 측정치는 통계적으로 유의미한 차이가 없어야 한다.

오답분석

① 프로그램 실행 여부가 원인이 될 수 있다.

② 실험집단과 통제집단은 조작을 하지 않았으므로 통계적으로 같아야 한다는 뜻으로 유의미한 차이가 없어야 한다.

④ 무작위할당을 했으므로 실험집단과 통제집단의 동질성 확보가 필요하다.

⑤ 실험집단에는 개입을 하고 통제집단에는 개입을 하지 않는 차이가 발생한다.

49 정답 ②

정답분석

제시된 실험설계는 유사실험설계 중 하나인 단순시계열설계에 대한 설명이다. 단순시계열설계는 통제집단을 설정하기 곤란한 경우 실험집단을 선정하고 3번 이상 사전검사와 사후검사를 실시한다. 사전검사 후 개입하고 사후검사를 실시하여 사전검사와 사후검사의 합을 비교하는 개입의 효과를 알아내는 방법이다.

② 단순시계열조사는 사전검사를 실시하고 사후검사를 실시했으므로 검사효과가 발생할 수 있다.

오답분석

① 단순시계열설계는 통제집단이 없고 실험집단만 있으므로 통제집단을 두기 어려울 때 사용할 수 있다.

③ 정태적 집단비교설계는 비동일집단 후비교조사로 사전검사를 실시하지 않는 설계이다. 또한 전 실험조사의 종류로 가장 내적 타당도가 떨어지므로 단순시계열설계가 정태적 집단비교설계보다 내적 타당도가 높다.

④ 사후검사의 평균이 개입 이전인 사전검사 평균보다 얼마나 차이가 있는지 비교할 수 있다. 즉, 개입효과는 사전검사와 사후검사 측정치의 평균을 비교해서 측정할 수 있다.

⑤ 사전검사와 개입의 상호작용 효과가 발생할 수 있다. 상호작용 효과는 개입의 효과로 인하여 사전검사보다 사후검사 점수가 높은 것을 의미한다.

50 정답 ⑤

오답분석

① 추상화시킨 구절에 번호를 부여하는 것은 코딩이다.

② 개념으로 도출된 내용을 가지고 하위범주를 만드는 것은 개방코딩이다.

③ 발견된 범주의 속성과 차원을 고려하여 유형화를 시도하는 것은 선택코딩이다.

④ 이론개발을 위해 핵심범주를 중심으로 다른 범주와의 통합과 정교화를 만드는 과정을 진행하는 것은 선택코딩이다.

PLUS +

코딩의 종류

코딩이란 질적 연구에서 연구자가 관여하는 기본적인 분석 과정이다.

- 개방코딩(open coding) : 조사로 얻은 개념을 하위범주로 나누고 다시 범주로 나누는 방법과 같이 조사로 얻은 개념을 유사성과 차이점으로 분절함으로써 코드화하고 범주를 생성하는 것이다.
- 축코딩(Axial Coding) : 개방코딩을 하면서 분절하였던 자료를 하나로 묶는 과정이다. 개념을 하위범주들과 연결시켜서 그 상호작용을 통해 얻은 결과로 패러다임을 밝혀 낸다.
- 선택코딩(selective coding) : 조사로 얻은 개념을 개방코딩, 축코딩의 과정을 거쳐 내용들을 기반으로 이론화하는 과정이다. 즉, 가장 중요한 핵심단어로 선택해서 추출하는 것이다.

3과목 **사회복지실천론**

01	02	03	04	05	06	07	08	09	10
①	⑤	④	①	③	⑤	②	④	④	②
11	12	13	14	15	16	17	18	19	20
④	③	③	④	⑤	②	①	①	②	⑤
21	22	23	24	25					
②	⑤	③	⑤	③					

01
정답 ①

정답분석

인보관운동은 취약 지역의 문제를 해결하기 위하여 현지에 정착하여 문제를 해결하고자 하는 운동이다. 빈곤의 원인은 사회적 문제이기 때문에 사회개혁에 의해서만 해결이 가능하다고 보았고 국가의 구빈비 사용에 찬성하였다. 빈민들의 빈곤의 대물림을 방지하기 위해서 교육 사업에 치중하였고 지역을 변화시키기 위한 노력은 집단 사회사업으로 발전하였다.

① 자선조직협회의 이데올로기는 인도주의적 기능을 하고 사회진화론적 성격을 가지고 있다. 또한 정부가 제공하는 원조에 대한 수혜자격을 평가하면서 조사와 등급제를 통해 빈민을 통제하고자 하여 사회 통제적 기능이 있다.

02
정답 ⑤

정답분석

과거 경험중심적 접근은 진단주의 학파의 내용이다.

PLUS +

기능주의 학파
기능주의 학파는 결정론적 성격과 인간을 무의식적, 기계론적으로 보는 접근에 불만이 생기면서 생겨났는데, 대공황을 무의식이나 과거의 문제로 규정하기에는 문제가 있었다. 기능주의는 오토 랭크(Otto Rank)의 이론을 기반으로 하고 있는데 과거를 강조하는 프로이트와 달리 현재 및 미래를 강조하고, 인간의 성격을 파악하기 위한 방법으로 보지 않았다. 치료의 책임은 사회복지사가 아니라 클라이언트에게 있음을 강조하고 치료보다는 사정이라는 단어를 사용했다.

진단주의 학파
진단주의는 프로이트의 정신분석모델을 기반으로 한 학파로 과거의 경험이 현재에 영향을 미친다는 결정론적 성격을 가지고 있다. 해밀튼(Hamilton)이 대표학자이며 홀리스(Hollis)에 의해 더욱 발전되었다. 진단주의는 프로이트(Freud)의 정신분석적 사고에 많은 영향을 받아 과거에 대한 분석을 통해 진단을 내렸으며, 조사·진단을 개념화하고 사회복지사와 클라이언트 간의 치료적 관계를 중요시하였다. 무의식, 전이, 저항, 정신결정론과 같은 개념들을 중요하게 생각하였고 자아의 힘을 강화하면 현실 적응력과 사회환경에 대한 적응이 높아진다고 보았다. 진단주의의 또 다른 이름은 질병의 심리학이라고도 한다.

03
정답 ④

정답분석

자선조직협회는 상류층 부인들이 빈곤 가정에 대한 조사를 통하여 필요한 원조를 제공하면서 빈민에 대한 인도주의, 이타주의, 사회진화론 성격으로 시작하였다.

ㄷ. 사회개혁은 인보관운동의 이념이다. 사회문제를 점진적으로 해결하는 것이 아니라 한 번에 문제를 해결하기 위한 급진주의 성격을 가지고 있다.

04
정답 ①

정답분석

도움을 요청해 온 클라이언트의 의사를 존중해 주는 것은 자율성과 자유의 원칙에 속한다.

PLUS +

윤리적 원칙 심사표
• 생명보호의 원칙 : 인간의 생명보호가 다른 모든 것보다 우선한다.
• 평등 및 불평등의 원칙 : 동등한 사람은 평등하게 처우되어야 하는 권리를 가진다.
• 자율과 자유의 원칙 : 자율성과 자유를 존중하는 결정을 해야 한다.
• 최소 해악의 원칙 : 선택 가능한 대안이 유해할 때 가장 최소한으로 유해한 것을 선택해야 한다.
• 삶의 질 원칙 : 지역사회는 물론이고 개인과 모든 사람의 삶의 질을 좀 더 증진시킬 수 있는 것을 선택해야 한다.
• 사생활 보호와 비밀보장의 원칙 : 사회복지사가 클라이언트에 대하여 알게 된 사실을 다른 사람에게 공개해서는 안 된다.
• 진실성과 정보개방의 원칙 : 클라이언트와 여타의 관련된 당사자에게 오직 진실만을 이야기하며 모든 관련 정보를 완전히 공개해야 한다.

05 정답 ③

정답분석

접수단계에서는 클라이언트의 문제확인, 관계형성, 동기화, 기관의 서비스에 대한 정보제공, 의뢰, 원조과정에 대한 안내, 클라이언트의 기본정보, 주요문제, 기관을 알게 된 동기, 타 기관의 서비스 경험 유무를 파악한다.

③ 서비스의 효율성과 효과성 측정은 접수단계가 아니라 평가단계에서 실시한다. 클라이언트에게 실시한 서비스가 계획에 맞게 진행이 되었는지, 비용은 얼마가 들었는지 등은 서비스가 끝난 후에 알 수 있는 부분이다.

06 정답 ⑤

정답분석

윤리강령이란 일정한 단체가 외부적으로 공적인 사회적 책임을 인식하고 이를 바탕으로 구성원들의 의식혁신을 통하여 조직의 투명성을 제고하며, 윤리적 소명을 다하기 위하여 사회와 직장 및 나아가 사적인 생활영역에 이르기까지 스스로 준수하여야 할 자세와 실천규범을 정립하는 것을 의미한다.

사회복지사 윤리강령은 인간의 존엄성과 사회정의를 실현하기 위해 앞장서고 기본적 윤리기준, 클라이언트에 대한 윤리기준, 동료에 대한 윤리기준, 기관에 대한 윤리기준, 사회에 대한 윤리기준으로 구분된다.

07 정답 ②

정답분석

교정시설은 사회복지사보다 다른 전문가들이 더 많이 있는 현장으로 2차 현장에 해당된다.

08 정답 ④

정답분석

사회복지사가 클라이언트의 진술에 대해 회의적이기 때문에 재해석하여 진단에 활용하는 방법은 강점관점이 아니라 병리적 관점이다.

PLUS +

강점관점의 특징
- 개인은 강점, 재능, 자원이 있다.
- 개입의 초점은 가능성에 있다.
- 클라이언트의 진술을 인정한다.
- 클라이언트의 진술은 그 사람에 대해 알아가는 중요한 방법 중 하나이다.
- 개입의 핵심은 개인, 가족, 지역사회의 참여이다.
- 개인, 가족, 지역사회가 클라이언트 삶의 전문가이다.

- 개인의 발전은 항상 개방되어 있다.
- 변화 자원은 개인, 가족, 지역사회의 강점, 능력, 적응기술이다.
- 돕는 목적은 클라이언트의 삶에 함께하며 가치를 확고히 하도록 지원하는 것이다.

09 정답 ④

정답분석

통합적 방법은 사회문제에 적용할 수 있는 공통된 원리나 개념을 제공하는 '방법의 통합화'를 의미하며, 사회복지실천에도 공통적으로 적용될 수 있는 방법이 필요하게 되어 등장하게 되었다. 한 명의 사회복지사가 다양하고 복잡한 문제를 가진 클라이언트에게 개입할 수 있도록 하는 것으로, 통합적 방법은 통합적 모델을 통해 해결방법을 지향하는 것이지 상상력에 근거를 둔 해결방법을 지향하는 것은 아니다.

10 정답 ②

정답분석

비스텍의 사회복지실천의 관계원칙은 개별화, 의도적 감정표현, 통제된 정서적 관여, 수용, 비심판적 태도, 클라이언트의 자기결정, 비밀보장이다. 클라이언트의 욕구를 범주화하는 것은 비스텍의 관계원칙에 포함되지 않는다.

11 정답 ④

정답분석

④ 자료수집은 클라이언트의 문제를 이해, 분석, 해결하기 위해 필요한 자료들을 모으는 것으로 클라이언트의 문제에 대해 사정하기 위한 매우 중요한 과정이다. 자료수집을 할 때에는 클라이언트의 기본적인 정보, 문제에 대한 정보, 개인력, 가족력, 클라이언트의 자원 등을 수집한다. 수집방법으로는 클라이언트의 구두 보고, 클라이언트의 비언어적 행동 관찰, 클라이언트의 자기 모니터링, 부수적 출처 정보, 심리검사, 사회복지사의 관찰, 사회복지사의 개인적 경험이 있다.

오답분석

① 클라이언트 개인에게만 초점을 두어 정보를 모으는 것이 아니라 주변 환경에 초점을 두어 정보를 모은다.

② 다양한 정보원으로부터 자료를 수집하므로 검사도구를 사용하여 정보를 수집한다.

③ 초기면접 시 구조화된 양식과 비구조화된 양식을 사용하여 기본적인 정보를 수집한다.

⑤ 클라이언트로부터 얻은 정보뿐 아니라 다양한 경로로 클라이언트의 정보를 수집하여 직접 자료와 간접 자료 모두 사용한다.

12 정답 ③

정답분석

③ 전문적 관계는 클라이언트의 문제를 해결하거나 적응시키는 분명한 목적을 가지고 제한된 시간 안에서 이루어지는 특수한 관계이다. 전문적 관계에서 클라이언트는 도움을 요청하고 사회복지사는 전문적인 도움을 준다.

오답분석

① 사회복지사는 자신의 반응을 통제하고 클라이언트의 상황을 이해해야 한다.
② 전문성에서 비롯된 권위를 가지는 것은 클라이언트가 아니라 사회복지사이다.
④ 다양한 종결의 유형 중 문제가 해결되지 않아도 계획된 시간이 만료되면 종결되는 계획된 종결도 있으므로 시간의 제한이 있다.
⑤ 전문적 관계는 사회복지사가 클라이언트의 이익에 헌신하는 관계이다.

13 정답 ③

정답분석

체계의 작용 과정은 투입 → 전환 → 산출 → 환류 순이다.

14 정답 ④

오답분석

① 비자발적인 클라이언트를 원천적으로 배제하지 않고 비자발적인 클라이언트와도 전문적 관계를 가져야 한다.
② 사회복지사는 전문성에 바탕을 둔 권위와 권한을 가진다.
③ 사회복지사는 클라이언트와의 문화적 차이를 수용해야만 한다.
⑤ 선한 목적이라도 클라이언트에게 진실을 감추는 것은 안 된다.

15 정답 ⑤

정답분석

면담은 사회복지사와 클라이언트 사이의 일련의 의사소통으로 사회복지개입의 주요한 도구이다. 사회복지실천과정에서 면담은 전문적 관계에 바탕을 두고 정보수집, 과업수행, 클라이언트의 문제나 욕구해결 등과 같은 목적을 수행하는 시간제한적 대화이다. 따라서 면접은 목적과 방향이 있고 목적이 옳다고 해서 기간이나 내용이 제한되지 않는 활동이 아니며, 사회복지사와 클라이언트의 계약에 따라 달라진다.

PLUS +

콤튼과 갤러웨이의 면접의 특성
• 맥락이나 세팅을 가지고 있다.
• 목적과 방향이 있다.
• 계약에 의한다.
• 면접에서는 관련자 간의 특별한 역할관계가 있다.
• 면접은 공식적인 활동이다.
• 면접의 목적은 단계마다 달라진다.

16 정답 ②

정답분석

펄만의 문제해결모델의 4P는 사람(Person)이 문제(Problem)를 가지고 기관(Place)을 찾아오는 과정(Process)이다. 6P는 4P + 프로그램(Program) + 전문가(Professional)이다.

오답분석

ㄴ. 문제해결을 위해 시행되는 프로그램과 ㄹ. 문제해결을 위해 개입하는 전문가는 6P에 해당한다.

17 정답 ①

정답분석

경청이란 면접에서 가장 중요한 기술로 클라이언트가 무엇을 이야기하는지, 면접자에게 어떻게 반응하는지 듣는 것이다. 클라이언트의 어려움을 공감하고 필요한 반응을 하면서 경청해야 하며, 특히 비언어적 표현에 대해서도 경청해야 한다.

18 정답 ①

정답분석

① 가계도 : 가계도는 2~3세대에 걸친 가족 성원의 정보와 관계를 간단한 그림으로 표시한 것이다. 가족구조에 대한 체계적인 이해, 가족 내에서 클라이언트의 위치, 가족의 상호작용을 분석하여 클라이언트의 문제를 사정하는 데 유용하다.

오답분석

② 생태도 : 클라이언트와 가족들이 환경과 어떠한 관계가 있는지 그림으로 나타낸 것이다. 클라이언트뿐 아니라 가족이 환경과 어떠한 상호작용을 하는지, 어떠한 에너지의 흐름이 있는지 알 수 있어 문제해결을 위한 개입 계획을 설정하는 데 유용하다.
③ 소시오그램 : 집단 내 성원들 간의 상호작용을 그림으로 표현한 것으로 집단 내에서 지위를 나타내고, 성원들 간의 관계는 호의적, 무관심, 적대적인 관계로 표현된다. 사회도는 집단의 변화과정을 측정할 때 활용된다.
④ 생활력 도표 : 출생부터 개입시점까지 특정시기의 클라이언트나 가족의 경험을 시계열적으로 알 수 있도록 도표화한 것이다.

⑤ 사회적 관계망 그리드 : 클라이언트의 환경 내에 영향을 미치는 중요한 사람이나 체계를 지칭하는 것으로 사회적 지지 유형의 종류와 정도, 소속감과 유대감, 자원정보, 접촉 빈도 등에 관한 정보를 나타내는 도표이다.

19
정답 ②

정답분석
양로시설에서 생활하는 노인의 의사결정을 사회복지사가 대신할 수 없다는 인권의 특성은 불가양성 · 불가분성이다. 클라이언트의 결정은 클라이언트만 할 수 있다.

PLUS +
인권의 특성
• 천부성은 하늘로부터 부여받은 인권으로 태어나면서부터 지니게 된다.
• 보편성은 인종, 성별, 사회적 신분과 상관없이 모든 인간이 누려야 한다.
• 불가분성은 누군가가 빼앗거나 무시하고 침해할 수 없는 권리이다.
• 항구성은 영원히 보장되는 권리이다.

20
정답 ⑤

정답분석
⑤ 중첩형 질문(Stacking Question)은 클라이언트에게 이중 또는 삼중으로 하는 질문으로 클라이언트를 혼란스럽게 만들 수 있다.

오답분석
① 클라이언트의 상세한 설명과 느낌을 듣기 위해 사용하는 질문은 개방형 질문이다.
② 유도형 질문은 미리 답변을 정해두고 클라이언트가 그 답변을 하게끔 유도하는 질문이다.
③ 클라이언트에게서 가장 개방적 태도를 이끌어 낼 수 있는 질문은 개방형 질문이다.
④ '예', '아니오' 또는 단답형으로 한정하여 대답하게 유도하는 질문은 폐쇄형 질문이다.

21
정답 ②

정답분석
종결단계에서 사회복지사의 역할로는 종결 계획하기, 종결에 대한 감정 다루기, 성취한 것 정리하기, 변화 안정시키기 등이 있다.
② 목표달성을 위한 서비스 제공은 실행단계에서 진행되는 과업이다.

22
정답 ⑤

정답분석
사례관리의 목적
• 보호의 연속성을 보장한다. 클라이언트의 다양한 욕구를 충족하기 위하여 단일한 서비스가 아닌 다양한 서비스를 제공한다.
• 서비스의 통합성을 확보한다. 클라이언트의 다양한 욕구를 충족시키기 위하여 타 기관의 전문가들과 연합할 수 있고 클라이언트의 서비스 중복과 누락을 예방할 수 있다.
• 서비스의 접근성을 향상한다. 클라이언트가 서비스를 제공받을 수 있도록 조건을 완화하여 접근성을 향상시킨다.
• 사회적 책임성을 보장한다. 클라이언트의 욕구를 충족시키기 위하여 효율성과 효과성을 보장하여야 한다.
• 역량을 강화한다. 클라이언트가 자신의 문제를 해결할 수 있도록 역량을 강화해 자신의 삶을 스스로 향상시킬 수 있도록 해야 한다.

23
정답 ③

정답분석
③ 개인이나 집단의 갈등을 파악하고 조정하는 역할은 조정자이다.

오답분석
① 중개자는 클라이언트가 필요한 자원을 찾을 수 있도록 도와주거나 직접적으로 자원과 클라이언트를 연결해주는 역할이다.
② 옹호자는 클라이언트 입장에서 정당성을 주장하고 기존 제도나 기관으로부터 클라이언트가 불이익을 받을 때 클라이언트를 위해 정보를 수집하고 요구사항을 분명히 하여 정책이나 제도를 변화시키는 역할이다.
④ 위기개입자는 위기사정, 계획수립, 위기해결 등을 재공하는 역할이다.
⑤ 교육자는 문제해결능력이 향상될 수 있도록 다양한 정보와 교육프로그램을 제공하는 역할이다.

24
정답 ⑤

정답분석
직접적 개입은 클라이언트의 욕구나 문제를 사회복지사가 직접 해결하는 것을 의미하며, 개입활동으로는 정보제공, 가족치료, 상담, 직업훈련 등이 있다. 역기능적 가족 규칙 재구성은 사회복지사가 클라이언트의 역기능적 가족 규칙을 기능적 가족 규칙으로 재구성하는 것이므로 직접적 개입이다.

오답분석
간접적 개입은 클라이언트의 욕구나 문제를 지역사회, 자원과 연계하는 것을 의미하며, 개입활동으로는 공청회, 홍보활동, 프로그램 개발, 예산확보, 캠페인, 옹호, 서비스 조정 등이 있다.
①~④는 간접적 개입에 해당한다.

25

정답 ③

정답분석

계획은 클라이언트의 문제와 욕구를 이해한 후 변화에 초점을 두고 어떻게 개입할 것인지를 설계하는 과정으로서, 목표를 설정하고 이를 구체화하는 과정 등이 포함된다. 계약서는 클라이언트만 작성하는 것이 아니라 사회복지사도 함께 작성하며, 이때 사회복지사의 권리나 가치에 맞지 않으면 동의하지 않아야 한다.

PLUS +

목표설정의 선정지침

- 목표는 반드시 클라이언트가 원하는 결과와 연결되어야 한다. 목표 속에 클라이언트가 추구하고 바라는 결과가 반영되어야 클라이언트가 동기를 가지고 목표를 달성하고자 하는 노력을 하게 될 것이다.
- 목표는 명시적이며 측정 가능한 형태로 진술되어야 한다. 원조과정이 방향성을 갖기 위해서는 계획된 목표가 구체적으로 정의되어야 하며, 모든 참여자들이 달성해야 할 변화에 대한 분명한 이해가 있어야 한다. 변화하고자 하는 바가 무엇인지 분명할 때에만 그 결과를 객관적 관찰에 의해 평가할 수 있기 때문이다.
- 목표는 현실적으로 달성 가능한 것이어야 한다. 클라이언트의 목표는 작더라도 달성 가능해야 하며 목표를 방해하는 환경적 요소들은 고려되어야 하고 한정된 기간 동안에 달성하기 어려운 목표설정은 피해야 한다.
- 목표는 사회복지사의 지식과 기술에 상응하는 것이어야 한다. 사회복지사는 자신의 능력을 벗어나는 개입은 하지 않아야 하며, 목표는 사회복지사의 기술과 지식 내에서 설정해야 한다.
- 목표는 성장을 강조하는 긍정적 형태여야 한다. 목표는 클라이언트가 얻게 될 이득이나 혜택을 강조하여 성장에 중점을 두어야 한다.
- 목표가 사회복지사의 권리나 가치에 맞지 않으면 동의하지 않아야 한다. 사회복지사는 자신이나 타인을 유해할 수 있는 목표는 동의하지 않아야 한다.
- 목표는 반드시 기관의 기능과 일치해야 한다. 클라이언트의 욕구와 문제가 기관의 프로그램과 일치해야 하고 일치하지 않을 경우에는 다른 기관에서 서비스를 받을 수 있도록 의뢰해야 한다.

4과목 **사회복지실천기술론**									
26	27	28	29	30	31	32	33	34	35
③	⑤	④	③	③	④	①	②	⑤	⑤
36	37	38	39	40	41	42	43	44	45
②	②	④	③	③	⑤	⑤	②	①	③
46	47	48	49	50					
④	①	⑤	②	②					

26

정답 ③

정답분석

배타적 관계는 두 대상이 어떤 속성에서 서로 다른 것을 말하는 것으로 사회복지실천은 심리학이나 사회학, 행정학, 정책학, 법학 등 다른 학문과 연관되어 있는 이론이다.

27

정답 ⑤

정답분석

⑤ 지지집단은 집단 구성원이 스트레스를 받게 되는 사건에 대해 잘 대처하거나 적응하고, 기존의 대처능력을 회복하거나 향상될 수 있도록 원조하는 것이 목적이다. 사회복지사는 집단 구성원의 대처기술을 향상시키고 미래에 대하여 희망을 갖도록 촉진시키는 역할을 한다.

오답분석

① 구성원의 자기인식 증진은 성장집단이다.
② 클라이언트의 병리적 행동 치료는 치료집단이다.
③ 구성원에게 기술과 정보 제공은 교육집단이다.
④ 사회적응 지원은 사회화집단이다.

28

정답 ④

정답분석

계획단계에서는 집단의 목적과 목표 달성, 미래 구성원의 정보 수집, 구성원 모집, 오리엔테이션, 계약을 실시한다. 또한 집단 구성원의 동질성과 이질성, 집단의 개방수준, 집단의 크기를 정하고 집단구성 요소를 고려하여 집단을 계획한다.

오답분석

ㄹ. 구성원이 집단에 의존하는 정도를 감소시키는 단계는 종결 단계이다.

29

정답 ③

정답분석

저항은 개입목표와는 반대되는 클라이언트의 행동 또는 서비스

를 잘못 이해하거나 사회복지사에 대하여 부정적 감정을 가지고 있을 때 나타난다. 목표 달성을 위해 저항의 이유를 알고 저항을 다루는 것이 중요하다.

30 정답 ③

정답분석

소시오그램은 집단 내 성원들 간의 상호작용을 그림으로 표현한 것으로 집단 내에서 지위를 나타내고, 성원들 간의 관계는 호의적, 무관심, 적대적인 관계로 표현한다.
③ 소시오메트리 질문을 활용하여 정보를 파악한다. 소시오메트리는 집단 성원 간 관심 정도를 측정하기 위해 각 성원에 대한 호감도를 1점(가장 싫어함)에서 5점(가장 좋아함)으로 평가하는 방법이다.

오답분석

① 구성원 간 호감도 질문을 통하여 구성원들의 관계를 확인할 수 있다.
② 구성원 모두가 관심을 갖는 주제를 발견하는 데 목적이 있는 것이 아니라 구성원들의 상호작용을 그림으로 표현한 것이다.
④ 구성원간 상호작용을 문장이 아니라 그림으로 표현한 것이다.
⑤ 특정 구성원에 대한 상반된 입장을 파악하는 것이지 하나를 선택하는 것이 아니다.

31 정답 ④

정답분석

집단응집력은 집단 구성원들이 그 집단에 매력을 느끼고 그 안에 머무르도록 작용하는 자발적인 힘의 총체로 집단 내에서 자신이 인정받고, 수용된다는 소속감은 그 자체로서 집단 구성원의 긍정적인 변화에 영향을 미친다.

오답분석

ㄴ. 자기노출이 높은 집단일수록 응집력이 높다.

32 정답 ①

정답분석

① 집단목표는 집단의 문제가 해결된 상태 혹은 개입을 통해 일어나기를 바라는 변화를 의미한다.

오답분석

② 한 번 정한 목표도 집단의 요구에 따라 목표를 수정할 수 있다. 목표가 변하지 않으면 클라이언트의 탈퇴로 인해 집단의 붕괴를 막을 수 없다.
③ 목표를 고려하여 집단 크기나 기간을 정한다. 교육집단에 기간을 짧게 잡으면 교육의 효과를 볼 수 없다.
④ 집단목표는 구성원의 목표와 관련이 있다. 구성원이 원하는 목표를 달성하기 위해 집단에 참여하므로 집단목표와 구성원의 목표는 관련성이 높다.
⑤ 목표가 집단과정에서 자연스럽게 형성되는 것이 아니라 목표를 먼저 설정한 후 집단을 만들고 구성원을 모집한다.

33 정답 ②

정답분석

직접적 영향은 사회복지사는 조언이나 제안, 지시 등을 통하여 클라이언트의 행동을 변화시키기 위한 방법으로 판단을 내리기 어렵거나 위기상황에 사용하는 방법이다. 클라이언트가 자기결정권을 사용하는 것도 중요하지만 때로는 적절한 결과를 얻을 수 있도록 직접적으로 영향을 주는 것이다.
② 주변인에게 영향력을 행사하여 환경을 변화시키는 기법은 클라이언트 환경에 관한 반성적 고찰이다.

34 정답 ⑤

정답분석

인지행동모델은 인지이론과 행동주의이론이 합해진 모델로 인간은 외적 자극에 단순히 반응하는 존재가 아니며 상징을 사용할 수 있는 능력을 가지고 있어 스스로 사고하고 창조하며 계획하는 것이 가능한 존재로 본다. 클라이언트의 문제를 해결하기 위해서는 생각을 바꾸어 행동을 수정하는 방법을 사용한다. 주요기술로는 재적(내적) 의사소통의 명료화, 설명, 기록과제, 경험적 학습, 역설적 의도, 실존적 숙고 치료활동, 인지재구조화, 모델링, 시연, 자기 지시기법, 체계적 둔감법, 이완운동, 생각중지기법, 침습적 생각의 외현화, 코칭, 기록과제 등이 있다.
ㄱ. 내적 의사소통의 명료화는 클라이언트 스스로에게 피드백을 줌으로써 자신의 생각과 이야기 속에 숨겨진 인지적 오류와 비합리적 신념에 대한 통찰력을 발전시키고 이해할 수 있도록 도움을 준다.
ㄴ. 모델링은 하나 이상의 모델을 관찰함으로써 나타나는 행동적, 인지적, 정의적 변화를 가리킨다.
ㄷ. 기록과제는 특정 상황에 떠오르는 생각을 점검하기 위해 기록하도록 과제를 주는 것이다.
ㄹ. 자기지시는 내적 대화와 겉으로 드러나지 않은 자기진술을 하게 함으로써 어려운 생활사건에 대처하고 행동문제를 해결하게 하는 기법이다.

35 정답 ⑤

정답분석

과제달성 정도는 최종평가 시 결정되지만 실행단계에서 과제수행의 정도를 점검하고 모니터링한다. 실행단계는 개입과정에서 가장 많은 시간을 소요되는 단계로서 문제에 대하여 집중적으로 사정하고, 대안들을 모색하여 결정한다.

36

정답분석

해결중심가족치료의 특징은 다음과 같다.

• 병리적이 아니라 강점에 초점을 두고 클라이언트의 강점과 자원을 발견하여 치료에 활용한다. 클라이언트가 원하는 결과를 얻기 위해 클라이언트의 자원, 기술, 지식, 행동, 환경 등을 활용한다.
• 과거보다는 현재와 미래지향적이다.
• 문제의 원인보다는 문제해결 방법에 초점을 맞춘다.
• 클라이언트는 자신의 문제를 잘 알고 해결할 수 있는 능력이 있다고 보기 때문에 서로 협력하여 문제를 해결한다.
• 단순하고 간단한 방법을 사용한다. 즉, 경제성을 추구한다.
• 탈이론적이고 비규범적이다.
• 클라이언트와의 협동 작업을 중요시하고 변화를 불가피한 것으로 인식한다.

37
정답 ②

정답분석

위기개입의 목표 중 가장 중요한 것은 클라이언트의 위기 이전의 기능수준으로 회복시키는 것이다.

PLUS +

위기개입의 목표(라포포트, Rapoport)
• 위기로 인한 증상을 제거한다.
• 위기 이전의 기능 수준으로 회복시킨다.
• 불균형 상태를 가지고 온 사건에 대해 이해한다.
• 현재의 문제와 과거의 경험이나 갈등과 연관성을 인식한다.
• 위기상황 이후에도 사용할 수 있는 대처방법을 개발한다.
• 클라이언트나 가족이 사용하거나 지역사회 지원에서 이용할 수 있는 치료기제에 대해 규명한다.

38
정답 ④

정답분석

비합리적인 사고에 대한 '실용성에 관한 논박기법'
• 논리성 : 어떤 조건이 바람직하다고 해서 그것이 반드시 존재하는 것이 아님을 알도록 한다.
  예 그 생각이 옳다는 것을 어떻게 아세요? 그 생각의 논리적 근거는 무엇입니까?
• 실용성 : 클라이언트가 가지고 있는 신념이 혼란을 초래할 뿐 아무런 이득이 없음을 알도록 한다.
  예 그 생각이 문제해결에 얼마나 도움이 될까요?
• 현실성 : 클라이언트가 가지고 있는 신념이 현실적으로 이루어질 수 없음을 알도록 한다.
  예 그 일이 실제로 일어날 가능성이 얼마나 될까요?

39
정답 ③

정답분석

③ B는 억울함을 호소하며 비협조적인 태도를 보이고 있으므로 원치 않는 의뢰과정에서 생긴 억눌린 감정을 표현할 수 있는 기회를 제공한다.

오답분석

① 의뢰자의 견해보다는 클라이언트에 초점을 맞춰 개입한다. 초기접근에서 클라이언트의 진술은 중요한 정보가 되므로 사회복지사는 클라이언트를 인정해 주어야 한다.
② 비협조적 태도는 저항에서 비롯된 것으로 그 이유를 계속 물어볼 필요는 없지만 클라이언트의 저항의 원인이 무엇에서 오는지는 탐색할 필요가 있다.
④ 비협조적 태도를 바꾸려고 시간을 소모하지 말고, 곧바로 개입하면 사례가 유지되기 어려우므로 클라이언트의 관점을 이해한 후에 개입을 진행해야 한다.
⑤ 비밀보장원칙이나 학교에 보고해야 할 사항에 대해 명확하게 설명해야 한다.

40
정답 ③

오답분석

ㄷ. 직면은 인지에 개입하는 기술로 행동주의모델의 기법에 속하지 않는다.

41
정답 ⑤

정답분석

위기개입모델은 클라이언트가 스트레스나 외상을 대처하거나 경감할 수 없는 불균형의 상태가 되는 것을 위기로 보고 클라이언트의 불균형 상태로 사건을 이해하여 위기 이전의 기능 수준으로 회복시킨다. 클라이언트에게 필요한 정보를 제공하거나 정서적으로 지지하여 희망을 고취시킨다.

⑤ 위기개입모델은 위기에 의한 병리적 반응과 영구적 손상의 치료에 초점을 두기보다는 위기행동에 초점을 두며 과거에 비중을 두지 않고 현재에 집중한다.

42
정답 ⑤

정답분석

⑤는 주관적으로 인식하는 사회구성주의 방법이다. 가족이 처한 상황을 구성원의 인식과 언어체계로 표현하면서 가족 스스로 문제해결의 단서를 찾도록 하기보다는 가족이 처한 상황을 어떻게 인식하고 있는지 고려하는 것이 중요하다.

43 정답 ②

정답분석

생태도는 클라이언트와 가족들이 환경과 어떠한 관계가 있는지를 그림으로 나타낸 것이다. 클라이언트뿐 아니라 가족이 환경과 어떠한 상호작용을 하는지, 어떠한 에너지의 흐름이 있는지 알 수 있어 문제해결을 위한 개입 계획을 설정하는 데 유용한 도구이다.

② 생태도를 통해서는 환경과의 관계를 파악할 수 있지만 회복탄력성과 문제해결능력은 확인할 수 없다. 문제해결능력을 확인할 수 있는 사정도구는 가족사정척도이다.

44 정답 ①

오답분석

② 자신을 보호하기 위해 타인을 비난하는 유형은 비난형이다.
③ 자신과 타인을 무시하고 상황을 중요시하는 유형은 없다. 산만형은 자신과 타인, 상황을 모두 무시한다.
④ 초이성형은 자신과 타인을 중시하고 상황을 무시한다.
⑤ 비난형은 상대방보다 더 우월하다는 것을 보여주기 위해 타인의 결점을 발견하고 비난한다.

45 정답 ③

정답분석

③ 자아분화는 자신과 타인의 사고와 감정을 분리하여 구분할 수 있는 능력을 의미한다.

오답분석

① 가족투사는 원가족에서 형성된 자신의 불안한 감정의 문제들을 가족관계에 투사하는 것을 의미한다.
② 삼각관계는 두 사람 사이에 생긴 문제에 제3자가 개입하여 두 사람의 문제를 해결하는 방법을 의미한다.
④ 핵가족 정서는 핵가족 내에서 가족이 정서적으로 기능하는 패턴이나 가족들이 정서적으로 얼마나 강한 결속력으로 연결되어 있는지의 정도를 나타내는 것을 의미한다.
⑤ 다세대 전수는 다세대를 통해 가족의 정서과정이 전수되는 것으로 미분화된 가족정서가 가족투사와 삼각관계 과정을 거쳐 세대 간에 불안이 전달되고 가족의 증상이 반복되는 것을 의미한다.

46 정답 ④

정답분석

구조적 가족치료는 가족을 재구조화하여 가족이 적절한 수행을 할 수 있도록 돕는 방법이다. 가족 내에서 발생되는 일관성 있고 반복적인 상호작용을 가족구조라 하며, 그 패턴을 재조직하거나 새로운 구조와 상호작용 형태로 대체시키는 작업이 가족의 재구조화이다.

④ 미분화된 가족일수록 가족 성원 간 불안 수준이 높아져 다른 사람을 개입시켜 삼각관계를 형성하려고 한다. 탈삼각화는 보웬의 다세대 가족치료의 기법으로 두 사람 사이에 생긴 문제를 해결하기 위해 개입된 제3자를 분리시키는 과정이다.

47 정답 ①

정답분석

관계성 질문은 클라이언트와 중요한 관계를 갖는 사람들에 대한 질문으로, "당신의 어머니는 이 상황에서 당신이 무엇을 해야 문제해결에 도움이 된다고 말씀하실까요?"라고 물어볼 수 있다. "두 분이 싸우지 않을 때는 어떠세요?"와 같은 질문은 예외질문에 해당한다.

48 정답 ⑤

정답분석

⑤ 재명명은 가족 구성원이 다른 구성원들에게 있는 어떤 문제의 부정적 의미, 고정관념, 사고, 가치를 변화하여 문제를 다른 관점으로 이해하도록 돕는 기법으로 문제의 속성을 변화시키는 것이 아니라 의미를 긍정적으로 볼 수 있도록 변화시키는 것이다. 즉, 부정적 의미를 긍정적 의미로 변화시키는 것이다.

오답분석

① 역기능적인 구조의 재구조화를 개입목표로 하는 모델은 구조적 가족치료모델이다.
② 비지시적으로 활용하는 모델은 전략적 가족치료모델이지만 증상처방과 고된 체험기법은 지시적 기법이다.
③ 가족문제가 왜 일어났는지 파악하기보다는 문제해결에 필요한 전략을 사용한다.
④ 가족 내 편중된 권력으로 인해 고착된 불평등한 위계구조를 재배치하는 모델은 구조적 가족치료모델이다.

49 정답 ②

정답분석

② 요약기록은 사회복지사와 클라이언트의 면담에서 있었던 내용 중 중요한 정보만 요약하여 기록하는 방법이다.

오답분석

① 과정기록은 사회복지사와 클라이언트의 원조과정이나 상호작용과정에 있었던 내용을 있는 그대로 기록하는 방법이다.
③ 이야기체기록은 면담 내용이나 서비스 제공과정에 대해 이야기하듯 서술체로 기록하는 방법이다.
④ 문제중심기록은 클라이언트의 현재 문제를 중심으로 구성하고, 문제를 규명하고 사정하여 각 문제에 무엇을 할 것인지 계획을 기록하는 방법이다.
⑤ 최소기본기록은 클라이언트의 기본정보, 주요문제, 개입정도만 단순하게 기록하는 방법이다.

50 정답 ②

정답분석

② ABC설계는 한 번의 기초선을 보고 두 번의 다른 개입을 실시하는 유형이다. 한 번의 기초선에 한 번의 개입(전화상담)과 또 다른 개입(집단활동)을 실시한다.

오답분석

① AB설계는 한 번의 기초선을 보고 한 번의 개입을 실시하는 유형이다.
③ ABAB설계는 기초선을 보고 개입을 한 후, 다시 기초선을 보고 같은 개입을 하는 유형이다.
④ ABAC설계는 기초선을 보고 개입을 한 후, 다시 기초선을 보고 다른 개입을 하는 유형이다.
⑤ 다중(복수)기초선설계는 AB 조사를 여러 상황, 여러 문제, 여러 사람에게 적용하는 방법으로 상황 간, 문제 간, 대상자 간 복수기초선으로 이루어진다.

5과목 지역사회복지론

51	52	53	54	55	56	57	58	59	60
③	①	②	③	⑤	①	②	④	④	④
61	**62**	**63**	**64**	**65**	**66**	**67**	**68**	**69**	**70**
①	④	④	②	③	③	⑤	⑤	⑤	②
71	**72**	**73**	**74**	**75**					
⑤	⑤	①	④	③					

51 정답 ③

정답분석

지역사회 내 상이한 단위 조직들 간의 구조적·기능적 관련 정도는 수평적 유형에 대한 설명이다.

PLUS +

지역사회 비교척도
• 지역적 자치성은 지역사회가 중요한 기능을 수행하는 데 있어 타 지역에 어느 정도 의존하느냐에 관심을 두는 차원이다.
• 서비스 영역의 일치성은 학교, 병원, 공공시설이 일정한 지역 내에서 이루어지고 있느냐에 관심을 두는 차원이다.
• 지역에 대한 주민의 심리적 동일시는 지역사회에 있는 주민들이 자신이 살고 있는 지역사회를 얼마나 중요한 준거집단으로 생각하고 있으며 어느 정도 소속감을 갖고 있느냐의 차원이다.
• 수평적 유형은 지역사회 내에 다른 조직들끼리 서로 얼마나 강한 관련성을 가지고 있느냐에 관심을 두는 차원이다.

52 정답 ①

정답분석

ㄱ. 지역주민들이 필요한 재화와 서비스를 어느 정도 제공받을 수 있느냐를 결정하는 것은 생산·분배·소비의 기능이다.
ㄴ. 구성원들이 사회의 규범에 순응하게 하는 것은 사회통제의 기능이다.

PLUS +

길버트와 스펙트의 지역사회 기능
• 생산·분배·소비의 기능(경제제도)은 지역사회 주민들이 일상생활을 영위하는 데 있어 필요한 서비스를 생산하고 분배하고 소비하는 과정과 관련된 기능을 말한다.
• 사회화의 기능(가족제도)은 일반적인 지식, 사회적 가치, 행동 양태를 사회 구성원에게 전달시키는 과정을 말한다.
• 사회통제의 기능(정치제도)은 지역사회 구성원들이 사회의 규칙을 준수하도록 강제력을 행사하는 것을 말한다.

- 사회통합의 기능(종교제도)은 사회 체계를 구성하는 사회 단위 조직들 간의 관계와 관련된 기능으로 사회적 집단 및 조직의 활동에 참여하는 과정을 말한다.
- 상부상조의 기능(사회복지제도)은 스스로의 욕구를 해결할 수 없는 경우 필요로 하는 사회적 기능을 말한다.

53 정답 ②

정답분석

ㄱ. 1989년 사회복지관 설치 및 운영규정이 제정됨에 따라 영구임대주택단지 내에 사회복지관 건립이 의무화되었다.

ㄷ. 「국민기초생활 보장법」 제정으로 공공의 책임성이 강화된 시기는 1999년이다.

ㄴ. 지역사회복지협의체의 명칭이 지역사회보장협의체로 변경된 시기는 2015년이다.

54 정답 ③

정답분석

지역사회보호가 강조되면서 민간서비스, 비공식서비스의 역할이 점차 강조되었다. 지역사회보호는 수용시설의 부정적 평가에서 출발한 사회적 돌봄으로, 이후 가정이나 지역사회에서 노인과 장애인을 대상으로 한 지역사회보호 프로그램들이 개발되고 확대되었다.

55 정답 ⑤

정답분석

⑤ 자기효능감이란 인간은 자신의 행동을 책임지거나 통제할 수 있다고 믿는 믿음으로 반두라의 사회학습이론의 개념이며, 사회교환이론과는 아무런 관련이 없다. 사회교환이론에서 교환을 할 경우에는 호혜성과 시혜성으로 교환이 이루어진다.

오답분석

① 사회체계이론 : 다양한 체계들 간의 상호작용을 강조하고 하나의 사회체계로 본다.

② 생태학적 관점 : 지역사회는 공간을 점유하는 인간집합체로서 경쟁, 중심화, 분산 및 분리 등의 현상이 존재한다고 본다.

③ 사회자본이론 : 사회 구성원을 묶어주는 사회적 신뢰, 규범, 네트워크, 구성원 간 협동심 등의 전체의 양을 뜻한다.

④ 갈등이론 : 지역사회에서 갈등이 일어나는 것은 일반적인 특징이며 사회적 과정의 본질로 간주한다. 지역사회 내의 구성원들이 경제적 자원, 권력, 권위 등 불평등한 배분관계에 놓일 때 갈등이 발생한다.

56 정답 ①

정답분석

지역사회복지실천의 원칙은 지역사회의 갈등을 해결하기 위해 지역사회 내 풀뿌리 지도자를 발굴하고 참여시키는 것이다. 지역사회의 공동 목표를 수립하고 이를 실천할 수 있는 방법을 수립한다.

① 지역사회복지실천에서 클라이언트는 지역사회가 된다. 지역사회의 특성과 문제가 모두 다르므로 지역사회마다 개별적으로 처우해야 한다.

57 정답 ②

정답분석

② 사회구성주의이론은 지식은 인간의 경험세계로부터 주관적으로 구성된다고 주장하는 이론이다.

오답분석

① 지역사회상실이론은 사회복지정당화이론으로 과거에 전통사회에서 이루어지던 행위들이 산업화로 인하여 가족이나 이웃의 역할이 상실되었다고 보는 이론이다. 전통사회의 역할이 복구할 수 없게 되어 과거의 공동체에 대한 향수가 깔려 있고 전통사회에 대한 향수로 상실된 지역사회의 기능을 대처할 새로운 제도가 필요하게 되었다. 산업사회에서는 1차 집단의 해체, 공동체의 쇠퇴, 비인간성이 특징이다.

③ 자원동원이론은 힘의존이론과 연관되며 사회운동조직들의 역할과 한계를 설명하고 조직의 발전과 승패를 위해서 구성원 모집, 자금 확충, 직원 고용에 힘쓴다.

④ 다원주의이론은 다양한 이익단체들 간의 이익에 초점을 두는 이론이다.

⑤ 권력의존이론은 사회복지기관들이 생존하기 위해 외부의 지원에 의존할 수 밖에 없다는 이론이다.

58 정답 ④

정답분석

테일러와 로버츠의 모델

- 프로그램 개발 및 조정 모델
- 계획모델
- 지역사회연계모델
- 지역사회개발모델
- 정치적 행동 및 역량강화 모델

오답분석

ㄹ. 연합모델은 웨일과 갬블의 모델이다.

59 정답 ④

정답분석

정부조직을 경쟁자로 인식하는 모델은 사회행동모델이다. 지역 사회개발모델은 지역주민의 협력이 중요하다.

60 정답 ④

정답분석

정치·사회행동모델
- 특징 : 지역사회에서 불평등을 극복하거나 지역사회의 욕구를 무시하는 의사결정자에게 대항하고 불공정한 조건을 변화시키려는 기술을 개발함으로써 사람들의 권한을 부여하는 것을 주요 내용으로 한다.
- 표적체계 : 잠재적 참여자와 선거로 선출된 공직자와 행정 관료가 될 수 있다.
- 구성원 : 정치적 권한이 있는 시민이다.
- 관심영역 : 저소득층 집단에 생기는 불이익을 발생시키는 정부의 조치를 변화시키는 데 초점이 있다.
- 사회복지사의 역할 : 옹호자, 교육자, 조직가, 연구자로서의 역할을 수행한다.

61 정답 ①

정답분석

지역사회복지실천 단계는 문제확인 단계 → 욕구사정 단계 → 계획수집 단계 → 자원동원 단계 → 실행·평가 단계 순이다.
① 문제확인 단계는 클라이언트의 욕구나 문제를 확인하는 단계로 이슈화, 자료분석, 가치관 등을 고려한다.

62 정답 ④

정답분석

실행 단계에는 재정실행, 갈등관리, 클라이언트 적응 촉진, 네트워크 구축 등이 실행된다.
④ 실천계획의 목표설정은 개입방향을 정하는 목적 및 목표설정 단계이다.

63 정답 ④

정답분석

옹호·대변 기술은 클라이언트가 받아야 할 서비스를 받지 못할 때나 불합리한 대우를 받을 경우 사용하는 기술로, 클라이언트 편에 서서 정당성을 요구하거나 이익을 위해 대변한다.

64 정답 ②

정답분석

조직화 기술은 지역사회가 처한 상황과 해결방향에 따라 목표를 세우고 합당한 주민을 선정하여 모임을 만들어 지역사회의 욕구나 문제를 해결해 나가도록 돕는 기술이다.

오답분석

ㄷ. 조직화 기술은 지역주민들의 능력을 향상시켜 문제를 해결할 수 있도록 돕는 기술이다. 지역사회복지 거버넌스는 지역사회의 역량을 강화시키기 위해 민·관을 넘어 지방정부와 비영리단체뿐 아니라 영리단체까지 참여하는 삼자 이상의 협의체계를 가능하게 하므로 지역사회복지 거버넌스 구조와 기능을 축소시키는 것이 아니라 강화시키는 것이다.

65 정답 ③

정답분석

③ 델파이기법은 전문가들이 직접적으로 대면하지 않고 우편을 통하여 합의점을 도출하는 방법이다. 익명성이 보장된다는 장점이 있는 반면에 2회 이상 실시하기 때문에 장기적으로 시간과 비용이 많이 드는 단점이 있다.

오답분석

① 명목집단기법은 지역주민을 한자리에 모아 지역에 영향을 미치는 문제나 이슈를 제시하도록 하고 참가자들로 하여금 열거된 문제에 대한 해결책의 우선순위를 종이에 적어 평점이 제일 높은 해결책을 선택하는 방법이다.
② 2차 자료분석은 지역주민이나 전문가들에게 자료를 얻는 것이 아니라 기존의 기록을 검토하여 클라이언트의 욕구나 문제를 파악하는 방법이다.
④ 지역사회포럼은 지역사회에 거주하는 모든 주민들이 참여하여 그 지역의 욕구나 문제에 대해 의견을 발표하여 지역사회 주민의 문제를 파악하는 방법이다.
⑤ 초점집단기법은 질적 자료수집 방법 중 하나로 6~10명 정도의 소집단으로 구성되며 여러 명이 동시에 질의와 응답에 참여할 수 있고, 집중적인 토론에 유용하다.

66 정답 ③

정답분석

③ 지방자치제에서는 중앙정부 복지예산이 지방으로 이양되어 지방정부의 책임이 강화된다.

오답분석

① 지방정부에 비해 중앙정부의 책임이 약화되고 있다.
② 지방 자립도에 따라 지역 간 복지수준의 격차가 발생한다.
④ 지방자치단체장은 투표로 선출한다.
⑤ 지방정부의 복지예산 확대로 민간의 참여가 강화된다.

67

정답 ⑤

지역사회보장계획안

- 지역사회보장 수요의 측정, 목표 및 추진전략
- 지역사회보장의 목표를 점검할 수 있는 지표의 설정 및 목표
- 지역사회보장의 분야별 추진전략, 중점 추진사업 및 연계협력 방안
- 지역사회보장 전달체계의 조직과 운영
- 사회보장급여의 사각지대 발굴 및 지원 방안
- 지역사회보장에 필요한 재원의 규모와 조달 방안
- 지역사회보장에 관련한 통계 수집 및 관리 방안 등
- 지역 내 부정수급 발생 현황 및 방지대책

68

정답 ⑤

읍·면·동의 지역사회보장조사 및 지역사회보장지표에 관한 사항은 포함되지 않는다.

PLUS +

대표협의체의 역할

- 시·군·구의 지역사회보장계획 수립·시행 및 평가에 관한 사항
- 시·군·구의 지역사회보장조사 및 지역사회보장지표에 관한 사항
- 시·군·구의 사회보장급여 제공에 관한 사항
- 시·군·구의 사회보장 추진에 관한 사항
- 읍·면·동 단위 지역사회보장협의체의 구성 및 운영에 관한 사항

69

정답 ⑤

⑤ **사회복지공동모금회법 제18조의2** 모금회는 사회복지사업이나 그 밖의 사회복지활동 등을 지원하기 위한 재원을 조성하기 위하여 복권을 발행할 수 있다. 복권을 발행하려면 보건복지부장관의 승인을 받아야 한다.

① **사회복지공동모금회법 제7조** 회장, 부회장 및 이사의 임기는 3년으로 하며, 한 차례만 연임할 수 있다.
② **사회복지공동모금회법 제5조 제1항** 모금회는 사회복지공동모금사업을 수행한다.
③ **사회복지공동모금회법 제12조** 모금회의 업무를 처리하기 위하여 사무총장 1명과 필요한 직원 및 기구를 둔다.
④ **사회복지공동모금회법 제14조 제1항** 특별시·광역시·특별자치시·도·특별자치도 단위 사회복지공동모금지회를 둔다.

70

정답 ②

사회복지관서비스 제공기능에는 가족기능 강화, 지역사회보호, 교육문화, 자활지원 등이 있다.
② 사례관리 기능에는 사례발굴, 사례개입, 서비스 연계가 있다.

71

정답 ⑤

읍·면·동이 아니라 보건복지부장관이 위탁하는 사회복지에 관한 업무이다.

PLUS +

한국사회복지협의회의 업무

- 사회복지에 관한 조사연구 및 정책 건의
- 사회복지에 관한 교육훈련
- 사회복지에 관한 자료수집 및 간행물 발간
- 사회복지에 관한 계몽 및 홍보
- 사회복지사업에 관한 기부문화의 조성
- 자원봉사활동의 진흥
- 사회복지사업에 종사하는 자의 교육훈련과 복지증진
- 사회복지에 관한 학술도입과 국제사회복지단체와의 교류
- 보건복지부장관이 위탁하는 사회복지에 관한 업무(중앙협의회만 해당)
- 시·도지사 및 중앙협의회가 위탁하는 사회복지에 관한 업무(시·도 협의회만 해당)
- 시·도지사, 시장·군수·구청장, 중앙협의회 및 시·도 협의회가 위탁하는 사회복지에 관한 업무(시·군·구협의회만 해당)
- 그 밖에 중앙협의회 또는 시·도 협의회의 또는 시·군·구협의회의 목적달성에 필요하여 정관으로 정하는 사항

72

정답 ⑤

ㄱ. 사회적 기업은 경제적 이익을 추구하여 이익을 지역주민에 활용한다.
ㄴ. 사회적 경제는 자본주의 시장경제의 대안모델로 사람을 우선순위에 두는 사람중심의 경제활동을 의미한다.
ㄷ. 사회적 협동조합의 목적은 취약계층에게 사회서비스 또는 일자리를 제공하는 것이다. 사회적 협동조합은 영리를 목적으로 하지 않는다.

2022년
20회

정답 및 해설

73 정답 ①

정답분석

지역사회복지운동은 지역주민의 욕구와 문제를 해결하기 위하여 지역사회의 역량을 강화시켜 주민들의 욕구충족과 지역공동체 형성이라는 목적을 달성하려는 조직적인 운동이다. 지역사회 주민 전체를 기반으로 하는 활동으로 노동운동이나 민중운동과 같이 정해진 계층이 있는 것이 아니라 지역사회 주민의 발전에 초점을 두고 있다.

74 정답 ④

정답분석

주민참여는 지역주민들의 욕구를 정책이나 계획에 반영될 수 있도록 정부의 의사결정 과정에 적극적으로 관여하는 것을 말한다.
④ 공무원 중심의 복지정책 결정권한 강화가 아니라 지역주민 중심의 복지정책 결정 권한을 강화한다.

75 정답 ③

정답분석

③ 2019년 6월부터 주거, 보건, 의료, 요양, 돌봄, 일상생활의 지원을 통합하여 지역사회 통합돌봄(커뮤니티케어) 선도사업이 실시되었다.

오답분석

① 2015년 서울시에서 '찾아가는 동주민센터' 사업을 실시하였다.
② 2016년 읍·면·동 복지허브화로 읍·면·동 맞춤형 복지전담팀이 설치되었다.
④ 2016년 읍·면·동 복지허브화로 행정복지센터로의 행정조직을 재구조화하였다.
⑤ 2015년 지역사회복지계획이 지역사회보장계획으로 변경되었다.

3교시 사회복지정책과 제도

6과목 사회복지정책론

01	02	03	04	05	06	07	08	09	10
④	①	①	⑤	②	②	①	④	②	⑤
11	12	13	14	15	16	17	18	19	20
②	④	②	③	⑤	③	①	⑤	①	⑤
21	22	23	24	25					
④	④	③	③	③					

01 정답 ④

정답분석

페이비언주의는 평등과 적극적인 자유를 강조하여 국가의 적극적인 개입을 인정한다.

02 정답 ①

정답분석

소극적 자유는 국가의 구속으로부터의 자유 또는 해방의 의미로 개인이 자신의 욕구를 충족하는 데 있어 일정한 유형의 간섭도 없는 것을 의미한다. 자신이 원하는 것을 할 수 있는 자유는 적극적 자유이다.

03 정답 ①

정답분석

고용 크레딧, 양육 크레딧 제도는 실시하고 있지 않고 군복무 크레딧, 출산 크레딧은 2008년에 시행되었다. 가장 최근에 시행된 크레딧은 2016년에 시행한 실업 크레딧이다.

04 정답 ⑤

정답분석

1. 포괄수가제
• 의사에게 환자 1인당 또는 진료일수 1일당 또는 질병별로 부수 단가를 정하고 미리 정해진 수가를 지불하는 방법이다.
• 새로운 약의 사용이나 새로운 의·과학 기술의 적용에는 적합하지 못하다.
• 과잉진료를 억제하고 환자의 의료비 부담을 줄인다.
• 행위별 수가제에 비해 과잉진료 행위가 줄어든다.
• 행위별 수가제에 비해 의료서비스 품질의 저하가 우려된다.
• 4과 7개 증후군에 포괄수가제를 적용한다.

2. 행위별 수가제
- 의료기관에서 받는 진찰료, 검사료, 처치료, 입원료 등 행위에 정해진 수가를 지불하는 방법이다.
- 의사의 자율성이 보장되어 환자들에게 양질의 의료서비스를 제공할 수 있다.
- 신의료기술과 신약개발에 기여할 수 있다.
- 과잉진료가 발생할 수 있어 의료수가가 상승한다.

05 　　　　　　　　　　　　　　　 정답 ②

정답분석

노인장기요양보험료와 국민건강보험료는 건강보험공단에서 통합징수를 하지만 노인장기요양기금과 국민건강보험기금은 각각 독립회계를 통해 관리한다.

06 　　　　　　　　　　　　　　　 정답 ②

오답분석

ㄴ. 「고용보험법」 제77조의2에 따라 예술인은 고용보험 가입대상이 된다.
ㄹ. 「고용보험 및 산업재해보상보험의 보험료징수 등에 관한 법률」 제13조에 따라 고용안정 및 직업능력개발사업의 보험료는 사업주가 부담한다.

07 　　　　　　　　　　　　　　　 정답 ①

정답분석

사회보험과 민영보험 모두 현금급여를 원칙으로 한다.

PLUS +

사회보험과 민간보험의 차이점

사회보험	민간보험
1. 강제적	1. 자발적
2. 최저소득의 보장	2. 개인의 의사와 지불능력에 따라 고액 보장 가능
3. 사회적 충분성 강조(복지요소)	3. 개인적 공평성 강조
4. 급여는 법에 의해 규정(법적 권리)	4. 법적 계약에 의거(계약적 권리)
5. 정부 독점	5. 자유 경쟁
6. 비용 예측 곤란	6. 비용 예측 전제
7. 완전 적립 불필요	7. 완전 적립
8. 보험계약 불필요	8. 개인적 또는 집단적 보험계약
9. 목적과 결과를 감안, 다양한 옵션 부여	9. 목적과 결과를 감안, 단일 옵션 부여
10. 중앙정부의 통제하에 투자	10. 사적 경로를 통한 투자
11. 인플레 대응을 위해 조세제도 이용 가능	11. 인플레에 취약

08 　　　　　　　　　　　　　　　 정답 ④

정답분석

「의료급여법」 제3조에 의해 1종 수급자로 구분된다.

09 　　　　　　　　　　　　　　　 정답 ②

정답분석

상병수당은 「국민건강보험법」의 급여이다.

10 　　　　　　　　　　　　　　　 정답 ⑤

정답분석

⑤ 사회복지전담공무원은 「국민기초생활 보장법」, 「긴급복지지원법」, 「장애인연금법」, 「사회보장급여의 이용·제공 및 수급권자 발굴에 관한 법률」에 의해 직권신청이 가능하다.

오답분석

① 의료급여 선정기준은 기준 중위소득의 100분의 40 이상으로 한다.
② 교육급여 선정기준은 기준 중위소득의 100분의 50 이상으로 한다.
③ 「국민기초생활 보장법」에 따른 급여를 받는 사람은 수급자, 급여를 받을 권리가 있는 자는 수급권자이다.
④ 국민기초생활보장제도에서의 "보장기관"은 국가와 지방자치단체를 의미한다.

11 　　　　　　　　　　　　　　　 정답 ②

정답분석

탈상품화가 가장 높은 복지국가는 사회민주주의 복지국가이다.

PLUS +

자유주의적 복지국가

- 시장경제를 강조하여 탈상품화 효과가 가장 낮다.
- 소득과 재산조사에 의한 공공부조를 실행한다.
- 시장의 규제완화와 복지축소를 통해 복지국가의 위기를 모색한다.
- 시장의 효율성과 근로의욕 고취를 강조하고 엄격한 과정으로 인하여 낙인이 생긴다.
- 시장의 효율성, 노동력의 상품화, 근로의욕의 고취를 강조한다.
- 시장규제 완화와 복지축소를 통해 복지국가 위기를 이겨낸다.
- 미국, 캐나다, 오스트레일리아가 해당된다.

12 정답 ④

정답분석

낙수효과는 고소득층의 소득과 부를 늘려주면 이들의 소비와 투자증가를 통해 전체 경제활동이 활발해지면서 결국 저소득층도 혜택을 볼 수 있다는 이론이다. 낙수효과는 시장경제에서 나타난다.

13 정답 ②

정답분석

② 노인장기요양보험제도는 요양등급을 판정하여 급여를 제공하므로 진단적 구분이 적용된다. 의사의 진단과 함께 노인장기요양보험에 따른 요양등급을 받아야 급여를 제공받을 수 있다.

오답분석

① 소득수준 하위 70%를 기준으로 급여자격이 부여되어 자산조사 방식이 적용되는 것은 기초연금이다. 국민연금은 소득수준을 적용하지 않는다.
③ 아동의 나이는 18세 미만이고, 아동수당은 전체 아동이 아니라 만 8세 미만의 아동이 적용대상이므로 선별주의 제도로 볼 수 있으나 만 8세 미만의 아동들에게만 한정한다면 보편주의 제도가 된다.
④ 국민기초생활보장제도는 부양의무자 조건을 완화하였다 하더라도 소득기준이 있으므로 선별주의 제도이다.
⑤ 장애인연금은 모든 장애인에게 지급하지 않고 중증장애인과 소득기준으로 판별하므로 선별주의 제도이다.

14 정답 ③

오답분석

ㄴ. 신빈민법의 목적은 특권적 지주계급을 위한 법이 아니라 빈민을 작업장에 입소하지 못하게 하여 구빈비용을 억제하려는 것이다. 주요원칙으로는 열등처우의 원칙, 작업장수용의 원칙(원외구제 금지의 원칙), 전국 통일의 원칙(균일처우의 원칙)이 있다.
ㄷ. 미국의 사회보장법(1935년)은 연방정부의 책임을 강화하였다. 연방정부의 책임을 축소하고 지방정부와 민간의 책임을 확대한 것은 레이거노믹스(1980년대)이다.

15 정답 ⑤

정답분석

ㄱ. 할당체계 : 누구에게 급여를 제공할 것인가로, 귀속적 욕구, 보상, 진단, 자산조사로 나뉘어지고 보상에는 기여의 조건이 포함된다.
ㄴ. 급여체계 : 무엇을 급여로 제공할 것인가로, 종류로는 현금급여, 현물급여, 증서, 권력, 기회가 있다.
ㄷ. 전달체계 : 어떻게 급여를 제공할 것인가로, 공공전달체계와 민간전달체계로 나뉜다.
ㄹ. 재정체계 : 어떻게 재정을 충당할 것인가로, 공공재원과 민간재원으로 나뉜다.

16 정답 ③

정답분석

「사회보장기본법」 제3조에는 사회보험, 공공부조, 사회서비스, 평생사회안정망, 사회보장행정데이터의 정의가 명시되어 있다. 고용보험과 국민연금은 사회보험, 국민기초생활보장은 공공부조, 보육서비스는 사회서비스에 포함된다.
③ 최저임금제는 「사회보장기본법」에 포함되지 않고 「사회복지사업법」에 포함된다.

17 정답 ①

정답분석

기업복지는 사업주가 직접적인 임금 대신 기업복지의 형태로 제공하는 것이다. 기업이 복지에 사용하는 금액에는 세제혜택이 주어지므로 사업주에게 유리하고 기업복지는 역진적 성격의 조세방식으로 재분배효과가 나타나지 않는다. 각종 복지로 노사관계는 안정화되고 근로자는 근로의욕이 높아진다.

18 정답 ⑤

정답분석

민간영리기관은 민간에서 사회서비스를 실시하고 수익을 창출하는 기관이다. 지역자활센터와 사회복지법인은 비영리기관이고 지방자치단체와 광역지방자치단체는 공공기관이다.
⑤ 개인 사업자가 노인요양시설을 운영하는 사례는 개인사업자가 수익을 창출하기 위해 하는 행위로 민간영리기관에 해당한다.

19 정답 ①

정답분석

ㄱ. 합리모형은 정책결정자가 높은 이성과 합리성을 가지고 주어진 상황에서 최선의 정책 대안을 찾아낼 수 있다는 모형이다.
ㄷ. 코헨, 마치, 올슨의 쓰레기통모형은 조직화된 무정부상태 속에서 선택기회, 문제, 해결방안, 참여자 등 네가지 흐름에 의해 우연히 쓰레기통 속에서 만나게 되면 정책 결정이 이루어진다는 이론이다. 킹돈의 쓰레기통모형은 정치의 흐름, 문제의 흐름, 정책의 흐름 등 세 가지 흐름이 각각 존재하다가 우연히 만날 때 정책의 창문이 열리고 그때 정책결정을 하면 문제가 해결된다고 보았다.

ㄴ. 점증모형은 과거의 정책결정을 기초로 하여 약간의 변화를 추구하면서 새로운 정책대안을 검토하고 점증적으로 수정하는 과정을 거친다고 보는 모형이다.
ㄹ. 혼합모형은 합리모형과 점증모형의 절충적인 형태의 모형이다.

20
정답 ⑤

정답분석
상대적 박탈감은 자신보다 상위계층이나 상위집단의 말과 행동 혹은 상위집단의 평균치와 자신의 처지를 보고 느끼는 박탈감과 소외감을 의미하며 생물학적 요인에만 초점을 두지 않는다. 경제적, 정치적, 사회적 박탈의 감정 등 모든 요인에 초점을 둔다.

21
정답 ④

정답분석
ㄱ. 로렌츠곡선은 전체적인 소득불평등 상태를 알아보는 데 유용하다. 가로축은 소득액순으로 소득인원 수의 누적백분비를 나타내고, 세로축은 소득액의 누적백분비를 나타냄으로써 얻어지는 곡선이다.
ㄴ. 지니계수는 로렌츠 곡선에 수치를 부여함으로써 분배 상태에 대한 비교를 가능하게 하는 곡선으로 얼마나 균등하게 분배되어 있는가를 나타낸다. 0에 가까울수록 평등에 가깝고 1에 가까울수록 불평등에 가깝다.
ㄹ. 5분위 배율은 소득 분위를 5분위로 구분하여 (상위 20% / 하위 20%)로 나눈 값으로 소득분배상태를 파악한다. 즉, 상위소득 20% 사람이 하위소득 20% 사람보다 얼마나 더 버는가를 의미한다. 크기가 클수록 불평등을 의미한다.

오답분석
ㄷ. 빈곤율은 빈곤 개인이 전체인구에서 차지하는 비율이다. 빈곤선 이하에 소득을 받는 사람들의 소득을 빈곤선 위로 끌어올리기 위해 필요한 총소득을 의미하는 것은 빈곤갭이다.

22
정답 ④

정답분석
④ 기회는 사회적으로 취약한 위치에 있는 집단이 접근하지 못했던 부분에 접근이 가능하도록 시장의 경쟁에서 평등한 기회를 주는 것으로 장애인의무고용제, 장애인 특례입학, 양성고용평등제 등이 있다.

오답분석
① 현금급여는 수급자 자신이 필요한 것을 선택할 수 있도록 화폐로 받는 급여를 의미한다. 사회적 통제를 강조하는 급여는 현물급여이다.
② 현물급여는 수급자가 필요한 물품과 서비스를 받는 급여로 선택권이 없다. 자기결정권을 강조하는 급여는 현금급여이다.
③ 증서(바우처)는 현금의 장점(운영효율성)과 현물의 장점(목표효율성)을 합한 제3의 급여형태로 수급자는 정해진 용도 안에서 자기결정을 극대화할 수 있다. 공급자에게 보조금을 직접 지원하는 급여는 현물급여이다.
⑤ 소비자 선택권은 현금급여, 바우처, 현물급여 순서로 높아지는 것이 아니라 낮아지는 것이다. 현금급여가 소비자 선택권이 가장 높고 바우처, 현물급여 순으로 낮아진다.

23
정답 ③

정답분석
③ 사회적 양심과 이타주의의 확대에 따라 복지국가가 발전한다는 이론은 사회양심이론이다.

오답분석
① 산업화이론(수렴이론)은 기술발전과 산업화로 인하여 발생한 사회문제를 해결하기 위하여 새로운 복지 프로그램이 개발되면서 사회복지가 발전한다는 이론이다.
② 사회민주주의이론(권력자원이론)은 계급갈등의 정치적 과정을 중요하게 생각하고 갈등과 정치화 과정을 통해 복지국가가 발전한다는 이론이다. 노동자들의 정치적 참여의 결과로 정치적인 면을 중요하게 생각한다.
④ 시민권론은 공민권(18세기) → 정치권(참정권, 19세기) → 사회권(복지권, 20세기) 순으로 발전하였다.
⑤ 국가중심이론은 중앙집권적이거나 조합주의적인 국가구조의 형태와 정치인의 개혁성이 사회복지의 수요를 증대시켜서 복지국가가 발전하게 되었다는 이론이다.

24
정답 ③

정답분석
③ 공공부조는 수입이 많은 사람에게서 수입이 적은 사람에게 소득이 이전하므로 수직적 재분배의 예로 볼 수 있다.

오답분석
① 소득재분배는 시장경제에서 1차적으로 배분된 소득을 사회보장제도를 통해서 2차적으로 재분배하는 것으로 사회보험, 공공부조에서 발생한다.
② 세대 내 재분배는 동일한 세대에서 소득이 이전하는 것이다. 한 세대에서 다음 세대로 소득이 이전되는 것은 세대 간 재분배이다.
④ 누진적 재분배의 효과가 가장 큰 것은 수평적 재분배가 아니라 수직적 재분배이다. 많이 벌면 많은 세금을 납부해야 하기 때문이다.
⑤ 세대 간 재분배는 적립방식이 아니라 부과방식을 통해 운영된다.

25

정답 ③

정답분석

③ 사회투자전략은 인적자본의 근본적 육성을 통한 사회참여 촉진과 기회의 평등을 통한 인적자원의 투자를 강조하는 것으로 아동세대에 대한 선제적 투자를 중시하는 것은 기회의 평등을 주는 것이다.

오답분석

① 인적자원에 대한 투자는 기회의 평등을 목적으로 한다.
② 사회적 약자 집단에 대한 현금 이전을 중시하는 것은 공공부조이다.
④ 사회정책과 경제정책을 분리하는 것이 아니라 두 정책을 합한 전략이다.
⑤ 사회투자전략은 소득재분배와 소비 지원을 강조하는 것이 아니라 기회의 평등을 지원하는 것이다.

7과목 사회복지행정론									
26	27	28	29	30	31	32	33	34	35
①	⑤	②	③	⑤	⑤	⑤	②	④	③
36	37	38	39	40	41	42	43	44	45
③	②	⑤	①	④	②	①	③	④	③
46	47	48	49	50					
①	④	③	②	④					

26

정답 ①

정답분석

배타적 사고는 다른 사람의 의견을 배척하는 것으로 사회복지사는 배타적 사고를 피하고 클라이언트의 자기결정권을 인정해야 한다.

PLUS +

사회복지행정가가 갖추어야 할 기술 특성(NASW)
• 현실에 근거하여 계획하고 그 실행 가능성을 사정하는 기술
• 각종 대안을 개발하고 각 대안의 결정이 가져올 영향을 예견·평가하는 기술
• 평가결과에 따라 우선순위를 정하고 최적 대안을 결정하는 기술
• 개인적 균형을 유지하면서 다양한 역할과 과업을 처리하는 기술
• 관료제와 조직 이론의 기능에 입각하여 기관 목표를 달성하는 기술
• 능률성 향상을 위해 조직 내 개인과 집단의 특수한 능력을 활용하는 기술
• 적절한 권한의 위임과 의사소통 기술

27

정답 ⑤

정답분석

사회복지행정을 실시하기 위한 과정은 다음과 같다.
기획을 통한 목표의 설정과 목표를 달성하기 위한 과업 및 활동, 과업을 수행하기 위해 사용되는 방법 결정(ㄹ) → 구성원의 역할과 책임을 강조하고 조직구조를 설정하는 조직화 실시(ㄷ) → 기획한 활동이 원활하게 진행할 수 있도록 과업 촉진(ㄴ) → 실행한 과업의 평가(ㄱ) → 평가결과를 통한 문제점 보완(ㅁ)

28

정답 ②

정답분석

과학적 관리론은 관리자(ㄱ)에게만 조직의 목표를 설정할 수 있는 책임(ㄴ)을 부여하기 때문에 직원(ㄷ)의 의사결정참여(ㄹ)를

지향하는 사회복지조직에 적용하는 데는 한계가 있을 수 있다. 과학적 관리론은 업무에 필요한 동작에 대한 소요시간을 표준화하여 적정한 1일 업무를 분업한다. 이때 관리자가 1일 업무를 정하고 직원을 따르게 되어 상부에서 정한 목적이 일치되지 않을 경우 문제가 발생한다.

29 정답 ③

정답분석

ㄷ. 상황이론은 리더의 유형과 상황적 조건을 결합시킨 이론으로 상황에 따라 리더십이 달라진다고 전제한다.

오답분석

ㄱ. 계층적 승진제도를 통해서 직원의 성취욕구를 고려하는 이론은 관료제이론이다.

ㄴ. 시간과 동작 분석을 활용하여 표준시간과 표준동작을 정하는 이론은 과학적 관리론이다.

30 정답 ⑤

정답분석

태스크포스(TF)는 프로젝트 팀이라고도 하며 특정한 과제를 성취하기 위해 필요한 전문가에 의해 기한이 정해진 임시조직을 말한다. 각 전문가 간의 커뮤니케이션과 조정을 쉽게 할 수 있고, 밀접한 협동관계를 형성하여 직위의 권한보다 능력이나 지식의 권한으로 행동하며 성과에 대한 책임이 명확하고 행동력도 가지고 있다.

31 정답 ⑤

정답분석

⑤ 균형성과표는 기업의 비전과 전략을 조직 내·외부의 핵심 성과지표로 재구성하여 전체 조직이 목표달성을 위한 활동에 집중하도록 하는 전략경영이다. 공정한 직원채용을 위해서 만든 면접평가표는 채용면접평가표이다.

오답분석

① 리스트럭처링은 제고를 위해 사업 단위들을 어떻게 통합해 나갈 것인가를 결정하는 중장기 경영혁신 전략이다.

② 리엔지니어링은 비용·품질·서비스와 같은 핵심적인 경영 요소를 획기적으로 향상시킬 수 있도록 경영과정과 지원시스템을 근본적으로 재설계하는 기법이다.

③ 벤치마킹은 기업에서 경쟁력을 제고하기 위한 방법의 일환으로 타사에서 배워오는 혁신 기법이다.

④ 아웃소싱은 제품의 생산과 유통 및 포장, 용역 등 기업 외부에서 필요한 것을 마련하는 방식의 경영전략이다.

32 정답 ⑤

오답분석

① 명상 활동은 사고의 틀이다.

② 공유비전은 조직 구성원들이 공동으로 추구하는 목표와 원칙이다.

③ 사고모형은 정신적 이미지를 성찰하고 새롭게 하는 것이다.

④ 팀학습은 구성원들의 진정한 대화와 사과의 과정을 통한 학습이다.

PLUS +

학습조직의 구축요인

• 자기숙련(Personal Mastery)은 개인은 원하는 결과를 창출할 수 있는 자기역량의 확대방법이다.

• 사고모형(Mental Models)은 현상을 이해하기 위해 새로운 양식에 맞게 도식을 만드는 것이다.

• 공유비전(Shared Vision)은 조직 구성원들이 공동으로 추구하는 목표와 원칙에 관한 공감대를 형성하는 것이다. 조직의 비전이 곧 나의 비전이며 나의 비전이 곧 조직의 비전이라는 인식으로 승화시켜 적극적인 참여로의 유도가 필요하다.

• 팀학습(Team Learning)은 집단 구성원들이 진정한 대화와 집단적인 사고의 과정을 통해 개인적 능력의 한계를 능가하는 지혜와 능력을 구축할 수 있게 하는 것이다.

• 시스템 사고(Systems Thinking)는 체제를 구성하는 여러 연관 요인들을 통합적인 이론체계 또는 실천체계로 융합시키는 능력을 키우는 통합적 훈련이다.

33 정답 ②

정답분석

② 사회보장정보시스템(범정부)은 각종 사회보장급여 및 서비스 지원 대상자의 자격 및 이력에 관한 정보를 통합관리하고, 국가기관, 지자체 및 공공기관의 업무 처리를 지원하기 위한 정보시스템이다. 기초생활보장, 기초연금, 보육, 한부모 등 복지부, 여성가족부의 120여 개 사업에 대해 종합적인 복지서비스를 제공한다.

오답분석

① 복지로는 복지서비스를 온라인으로 신청할 수 있는 보건복지부 복지포털사이트이다.

③ 사회복지시설정보시스템은 아동시설, 노인시설, 장애인시설, 부랑인시설, 정신요양시설 등시설의 종별에 관계없이 사회복지법인과 시설의 회계·급여·인사·후원금 등의 관리하는 시스템이다.

④ 사회서비스전자바우처시스템은 사회서비스 신청, 이용, 정산 등을 위한 전산시스템이다.

34
정답 ④

정답분석
스키드모어의 기획과정은 목표 설정 → 자원 고려 → 대안 모색 → 결과예측 → 계획결정 → 구체적 프로그램 수립 → 개방성 유지 순이다.

35
정답 ③

정답분석
접근성의 원칙은 예산통제의 원칙에 포함되지 않는다.

PLUS +
예산통제의 원칙
- 개별화의 원칙
- 예외의 원칙
- 개정의 원칙
- 의미의 원칙
- 생산성의 원칙
- 강제의 원칙
- 보고의 원칙
- 효율성의 원칙
- 환류의 원칙

36
정답 ③

정답분석
사업수입 명세서는 예산서류를 제출할 때 첨부하는 서류에 포함되지 않는다.

PLUS +
예산에 첨부하여야 할 서류
- 예산총칙
- 세입 · 세출명세서
- 추정대차대조표
- 추정수지계산서
- 임직원 보수 일람표
- 예산을 의결한 이사회 회의록 또는 예산을 보고받은 시설 운영위원회 회의록 사본

37
정답 ②

정답분석
사회복지조직의 책임성은 수행의 결과에 대한 책임감과 함께 투입단계에서부터 산출단계까지의 과정에 있어서도 정당성을 갖추어야 함을 의미한다. 조직의 효과성뿐만 아니라 효율성도 중시하고 권한의 원칙이나 영향력 등이 정당성까지도 고려해야 한다. 즉, 책임성 이행측면에서 효율성과 효과성 모두를 포괄하여 극대화해야 한다.

38
정답 ⑤

정답분석
학부모들이 자녀와 연령대가 비슷한 아이들을 돕고 싶다고 이야기했으므로 고객의 특성에 맞는 마케팅인 고객관계관리 마케팅이다.

PLUS +
마케팅 설정
- 다이렉트 마케팅 : 잠재적 후원자에게 기관의 소식지나 후원자료, 서비스에 대한 정보를 우편으로 발송하여 후원자를 개발하는 기법이다.
- 고객관계관리 마케팅 : 고객에 대한 정보를 수집하고 분석하여 고객의 특성에 맞는 맞춤서비스를 제공하여 후원자를 개발하는 기법이다.
- 기업연계 마케팅 : 기관은 후원을 받고 기업은 세제혜택과 이미지 개선의 측면을 강조한 전략으로 기업과 기관이 서로 Win – Win하는 기법이다.
- 데이터베이스 마케팅 : 고객(클라이언트, 후원자, 자원봉사자)의 나이, 주소, 성별, 선호도 등 정보를 데이터베이스화하여 관리하여 후원자를 개발하는 기법이다.
- 인터넷 마케팅 : 이메일이나 배너를 통해 정보를 전달하거나 기관을 홍보하여 후원자를 개발하는 기법이다.
- 사회 마케팅 : 공익을 실현하기 위해 사회문제해결을 위한 실천에 관심을 갖는 기법이다.

39
정답 ①

정답분석
프로그램 평가의 기준 중 노력성은 프로그램을 위해 동원된 자원 정도를 의미한다. 노력성은 사회복지사의 참여시간, 인적 · 물적 자원 등을 평가하는 것이다.

40
정답 ④

정답분석
사회복지조직은 민영화로 인해 사회복지 공급주체가 다양해짐에 따라 후원금을 모금하기 위해 마케팅 기법을 활용하여 기업의 경영관리기법을 도입하고 있다.

오답분석
ㄴ. 행정관리능력 향상으로 거주시설 대규모화보다는 탈시설화로 인한 소규모의 공동생활가정 등이 더 강조되고 있다.

41 정답 ②

정답분석

시설의 규모는 서비스 최저기준에 포함되지 않는다.

> **PLUS +**
>
> 시설의 서비스 최저기준
> - 시설 이용자의 인권
> - 시설의 환경
> - 시설의 운영
> - 시설의 안전관리
> - 시설의 인력관리
> - 지역사회 연계
> - 서비스의 과정 및 결과
> - 그 밖에 서비스 최저기준 유지에 필요한 사항

42 정답 ①

오답분석

② 맥그리거의 X이론에서 인간은 본래 일을 싫어한다고 규정하였고, Y이론에서 인간은 본래 일을 좋아한다고 규정하였다. 조직에 대한 기대와 현실 간 차이가 동기수준을 결정한다는 점을 강조한 이론은 브룸의 기대이론이다.

③ 허즈버그의 동기 – 위생요인이론의 동기요인은 만족요인으로 심리적 성장과 만족을 성취하려는 욕구이다.

④ 조직 공정성을 성취동기 고취를 위한 핵심요소로 간주하는 이론은 아담스의 공평성이론이다.

⑤ 매슬로우의 욕구단계이론은 생리적 욕구, 안전의 욕구, 소속과 사랑의 욕구, 존경의 욕구, 자아실현의 욕구로 구성된다. 존재, 관계, 성장욕구의 세 단계로 구성된 이론은 알더퍼의 ERG이론이다.

43 정답 ③

정답분석

ㄷ. 변혁적 리더십에서 리더는 구성원의 높은 도덕적 가치와 이상에 호소하여 의식을 변화시키고, 구성원들에게 권한을 부여하고 비전을 제시하여 생산성을 높인다.

오답분석

ㄱ. 구성원들에게 봉사하는 것을 핵심적 가치로 하는 리더십은 서번트 리더십이다.

ㄴ. 구성원들에 대한 상벌체계를 강조하는 리더십은 거래적 리더십이다.

44 정답 ④

정답분석

ㄴ. 직무명세서는 직무요건이나 자격요건만을 분리하여 구체적으로 작성한 문서이다.

ㄷ. 직무평가는 기업 목표 달성에 대한 직무의 기여도를 고려한다.

오답분석

ㄱ. 직무분석이 이루어진 이후 직무명세서와 직무기술서가 작성된다.

45 정답 ③

정답분석

③ 허시와 블랜차드의 상황적 리더십 이론은 과업지향적 행동과 관계지향적 행동으로 구분하면서 구성원의 성숙도를 중요하게 생각하였다.

오답분석

① 블레이크와 머튼의 관리격자모형은 행동이론 중 하나이다.

② 블레이크와 머튼의 관리격자모형에서 가장 바람직한 행동유형은 인간과 생산에 관심이 높은 팀형이다.

④ 행동이론의 대표적 모형은 오하이오 연구, 미시간 연구, 관리격자이론, 아이오와 연구이다.

⑤ 퀸의 경쟁가치 리더십 모형에서는 내부지향 대 외부지향, 유연성 대 통제성을 각각 가로축과 세로축에 배치하고 인간관계기술, 경계 – 잇기기술, 조정기술, 지휘기술 등의 리더십을 제시하였다. 환경적응(비전제시가), 목표달성(목표달성가), 형태유지(분석가), 통합(동기부여)의 4가지 활동이 상반된 가치를 추구한다는 것을 의미한다.

46 정답 ①

정답분석

참여적 리더십은 모든 구성원이 참여하여 의사결정의 시간과 에너지가 많이 소요된다.

47 정답 ④

정답분석

사회복지서비스 급여의 유형과 전달체계에 따라 특성이 변경되며, 대상자에 따라 현금, 현물 등 다양한 유형으로 제공된다.

48

정답 ③

정답분석

ㄴ. 지역사회복지협의체는 2005년에 설치되었다.
ㄱ. 희망복지지원단은 2012년에 설치되었다.
ㄷ. 읍·면·동 복지허브화사업은 2016년에 실행되었다.

49

정답 ②

정답분석

SERVQUAL(서브퀄) 모형

• 유형성 : 클라이언트 눈에 보이는 사회복지기관의 시설에 대한 부분으로 사회복지기관이 사용하는 장비나 시설의 외형을 의미한다.
• 신뢰성 : 사회복지기관이 클라이언트에게 약속한 서비스를 잘 지키고 있는지, 사회복지기관이 클라이언트에게 약속한 서비스를 믿을 수 있는지를 의미하고 지속성과 예측성과 연관된다.
• 대응성 : 사회복지기관이 클라이언트에 대한 서비스를 얼마나 즉각적으로 실행하고 있는지를 의미한다.
• 확신성 : 사회복지기관에서 일을 하는 사회복지사의 능력이나 사회복지기관의 자원을 의미한다.
• 공감성 : 클라이언트에 대한 배려와 개별적 관심 및 클라이언트의 이익을 고려한 맞춤형 서비스를 제공할 수 있는지를 의미한다.

50

정답 ④

정답분석

총체적 품질관리는 개인의 노력보다 집단의 노력이 품질향상에 더 기여한다고 본다.

PLUS +

총체적 품질관리
• 고객 만족을 위하여 모든 조직 구성원이 협력하여 품질의 개선과 향상을 위해 노력한다.
• 개인의 노력보다는 구성원 전원의 다양한 협력활동을 통해 품질로 나타난다.
• 투입과 과정에 대한 지속적인 개선을 하고 품질은 고객이 평가한다.
• 품질의 변이를 미리 예측하여 사전에 방지한다.
• 품질에 중점을 둔 관리기법으로 고객중심적인 관리체계이다.
• 서비스의 품질은 초기 단계에서부터 고려된다.
• 고객의 욕구를 조사하며, 의사결정은 욕구조사 분석에 기반한다.
• 고객만족을 우선적 가치로 하며 서비스 질을 강조한다.
• 조직의 문제점을 발견하고 시정함에 있어 지속적인 학습과정을 강조한다.
• 초기 과정에서 조직리더의 주도성이 중요하다.

8과목 사회복지법제론

51	52	53	54	55	56	57	58	59	60
③	⑤	⑤	④	③	②	①	⑤	③	③
61	62	63	64	65	66	67	68	69	70
①	③	⑤	④	④	①	④	②	②	①
71	72	73	74	75					
⑤	②	①	④	②					

51

정답 ③

정답분석

사회적 기본권은 사회국가에서 국민이 인간다운 생활을 확보하기 위하여 일정한 국가적 급부와 배려를 요구할 수 있는 헌법상의 권리를 말한다. 헌법재판소는 헌법 제31조부터 제36조까지를 사회적 기본권의 보장을 규정한 것으로 본다. 대한민국 헌법에서는 사회적 기본권에 대하여 인간다운 생활을 할 권리, 교육을 받을 권리, 근로에 대한 권리, 근로 3권, 환경권 등을 규정하고 있다.
③ 헌법 제33조 제2항 공무원인 근로자는 법률이 정하는 자에 한하여 단결권·단체교섭권 및 단체행동권을 가진다.

52

정답 ⑤

정답분석

사회복지법의 법원은 성문법과 불문법으로 구분된다. 성문법은 헌법, 법률, 명령(시행령), 규칙(시행규칙), 자치법규(조례, 규칙), 국제조약, 국제법규로 구분되며, 불문법은 관습법, 판례법, 조리로 구분된다.

53

정답 ⑤

정답분석

⑤ 「노인복지법」은 1981년에 제정되었다.

오답분석

① 「사회보장기본법」은 1995년에 제정되었다.
② 「국민건강보험법」은 1999년에 제정되었다.
③ 「고용보험법」은 1993년에 제정되었다.
④ 「영유아보육법」은 1991년에 제정되었다.

54

정답 ④

정답분석

사회보장기본법 제25조 제5항 사회보험은 국가(ㄱ)의 책임으로 시행하고, 공공부조와 사회서비스는 국가와 지방자치단체(ㄴ)의 책임으로 시행하는 것을 원칙으로 한다. 다만, 국가와 지방자치단체의 재정 형편 등을 고려하여 이를 협의·조정할 수 있다.

55

정답분석

③ **사회보장기본법 제5조 제4항** 국가는 사회보장제도의 안정적인 운영을 위하여 중장기 사회보장 재정추계를 격년으로 실시하고 이를 공표하여야 한다.

오답분석

① **사회보장기본법 제5조 제1항** 국가와 지방자치단체는 모든 국민의 인간다운 생활을 유지·증진하는 책임을 가진다.

② **사회보장기본법 제5조 제2항** 국가와 지방자치단체는 사회보장에 관한 책임과 역할을 합리적으로 분담하여야 한다.

④ **사회보장기본법 제5조 제4항** 국가와 지방자치단체는 지속가능한 사회보장제도를 확립하고 매년 이에 필요한 재원을 조달하여야 한다.

⑤ **사회보장기본법 제6조 제1항** 국가와 지방자치단체는 가정이 건전하게 유지되고 그 기능이 향상되도록 노력하여야 한다.

56

정답분석

사회보장기본법 제21조 제1항 위원회는 위원장 1명, 부위원장 3명과 행정안전부장관, 고용노동부장관, 여성가족부장관, 국토교통부장관을 포함한 30명 이내의 위원으로 구성한다.

57

정답분석

① **사회보장급여의 이용·제공 및 수급권자 발굴에 관한 법률 제12조의2 제1항** 보장기관의 장은 지원대상자에 대한 발굴조사를 분기마다 정기적으로 실시해야 한다. 다만, 「긴급복지지원법」 제7조의2에 따라 발굴조사를 실시한 경우에는 그러하지 아니하다.

관계 법령

긴급복지지원법 제7조의2(위기상황의 발굴)
① 국가 및 지방자치단체는 위기상황에 처한 사람에 대한 발굴조사를 연 1회 이상 정기적으로 실시하여야 한다.
② 국가 및 지방자치단체는 제1항에 따른 정기 발굴조사 또는 수시 발굴조사를 위하여 필요한 경우 관계 기관·법인·단체 등의 장에게 자료의 제출, 위기상황에 처한 사람의 거주지 등 현장조사 시 소속 직원의 동행 등 협조를 요청할 수 있다. 이 경우 관계 기관·법인·단체 등의 장은 정당한 사유가 없으면 이에 따라야 한다.
③ 국가 및 지방자치단체는 위기상황에 처한 사람에 대한 발굴체계의 운영 실태를 정기적으로 점검하고 개선방안을 수립하여야 한다.

오답분석

② **사회보장급여의 이용·제공 및 수급권자 발굴에 관한 법률 제4조 제6항** 보장기관은 지역의 사회보장 수준이 균등하게 실현될 수 있도록 노력하여야 한다.

③ **사회보장급여의 이용·제공 및 수급권자 발굴에 관한 법률 제13조 제1항** 누구든지 사회적 위험으로 인하여 사회보장급여를 필요로 하는 지원대상자를 발견하였을 때에는 보장기관에 알려야 한다.

④ **사회보장급여의 이용·제공 및 수급권자 발굴에 관한 법률 제17조 제1항** 이의신청은 그 처분을 받은 날로부터 90일 이내에 처분을 결정한 보장기관의 장에게 할 수 있다.

⑤ **사회보장급여의 이용·제공 및 수급권자 발굴에 관한 법률 제24조 제1항** 사회서비스 제공기관의 운영자는 위기가구의 발굴지원업무 수행을 위해 사회서비스정보시스템을 이용할 수 있다.

58

정답분석

사회보장급여의 이용·제공 및 수급권자 발굴에 관한 법률 제7조 제1항 보장기관의 장은 제5조에 따른 사회보장급여의 신청을 받으면 지원대상자와 그 부양의무자(배우자와 1촌의 직계혈족 및 그 배우자)에 대하여 사회보장급여의 수급자격 확인을 위하여 다음의 어느 하나에 해당하는 자료 또는 정보를 제공받아 조사하고 처리(「개인정보 보호법」 제2조 제2호의 처리)할 수 있다.
1. 인적사항 및 가족관계 확인에 관한 사항
2. 소득·재산·근로능력 및 취업상태에 관한 사항
3. 사회보장급여 수급이력에 관한 사항
4. 그 밖에 수급권자를 선정하기 위하여 보장기관의 장이 필요하다고 인정하는 사항

59

정답분석

③ **사회복지사업법 제26조 제1항 제7호** 시·도지사는 법인이 법인 설립 후 기본재산을 출연하지 아니한 때에는 설립허가를 취소하여야 한다.

오답분석

① **사회복지사업법 제11조의3 제1항** 보건복지부장관은 사회복지사가 거짓으로 자격을 취득한 경우 그 자격을 취소하여야 한다.

② **사회복지사업법 제16조 제1항** 사회복지법인을 설립하려는 자는 대통령령으로 정하는 바에 따라 시·도지사의 허가를 받아야 한다.

④ **사회복지사업법 제6조 제1항** 누구든지 정당한 이유 없이 사회복지시설의 설치를 방해하여서는 아니 된다.

⑤ **사회복지사업법 제1조의2 제1항** 사회복지를 필요로 하는 사람은 누구든지 자신의 의사에 따라 서비스를 신청하고 제공받을 수 있다.

20회

정답 및 해설

2022년 20회 기출문제 **223**

60

정답분석

③ 「사회복지사업법」상 시설을 설치 · 운영하는 자는 시설에 근무할 종사자를 채용할 수 있다.

오답분석

① **사회복지사업법 제34조 제1항** 국가나 지방자치단체는 사회복지시설을 설치 · 운영할 수 있다.
② **사회복지사업법 제34조의4 제1항** 시설의 장은 시설에 대하여 정기 및 수시 안전점검을 실시하여야 한다.
④ **사회복지사업법 제36조 제1항** 시설의 장은 시설의 운영에 관한 사항을 심의하기 위하여 시설에 운영위원회를 두어야 한다.
⑤ **사회복지사업법 제34조의3 제2항** 국가나 지방자치단체는 예산의 범위에서 제1항에 따른 책임보험 또는 책임공제의 가입에 드는 비용의 전부 또는 일부를 보조할 수 있다.

61

정답분석

① **사회복지사업법 제21조 제1항** 이사는 법인이 설치한 사회복지시설의 장을 제외한 그 시설의 직원을 겸할 수 없다.

오답분석

② **사회복지사업법 제19조 제1항 제1의3호** 파산선고를 받고 복권되지 아니한 사람은 임원이 될 수 없다.
③ **사회복지사업법 제18조 제1항** 법인은 대표이사를 포함한 이사 7명 이상과 감사 2명 이상을 두어야 한다.
④ **사회복지사업법 제25조 제1항** 이사회는 안건, 표결수 등을 기재한 회의록을 작성하여야 한다.
⑤ **사회복지사업법 제27조 제1항** 해산한 법인의 남은 재산은 정관으로 정하는 바에 따라 국가 또는 지방자치단체에 귀속된다.

62

정답분석

보장기관은 ㄷ, ㄹ, ㅁ이고, 보장시설은 ㄱ, ㄴ이다. 따라서 보장기관과 보장시설이 옳게 연결된 것은 보장기관 – 대전광역시장(ㄷ), 보장시설 – 「장애인복지법」 제58조 제1항 제1호의 장애인 거주시설(ㄱ)이다.

관계 법령

국민기초생활 보장법 제2조 제4호
"보장기관"이란 이 법에 따른 급여를 실시하는 국가 또는 지방자치단체를 말한다.

국민기초생활 보장법 제32조(보장시설)
이 법에서 "보장시설"이란 급여를 실시하는 「사회복지사업법」에 따른 사회복지시설로서 다음 의 시설 중 보건복지부령으로 정하는 시설을 말한다.
1. 「장애인복지법」 제58조 제1항 제1호의 장애인 거주시설
2. 「노인복지법」 제32조 제1항의 노인주거복지시설 및 같은 법 제34조 제1항의 노인의료복지시설
3. 「아동복지법」 제52조 제1항 및 제2항에 따른 아동복지시설 및 통합 시설
4. 「정신건강증진 및 정신질환자 복지서비스 지원에 관한 법률」 제22조에 따른 정신요양시설 및 같은 법 제26조에 따른 정신재활시설
5. 「노숙인 등의 복지 및 자립지원에 관한 법률」 제16조 제1항 제3호 및 제4호의 노숙인재활시설 및 노숙인요양시설
6. 「가정폭력방지 및 피해자보호 등에 관한 법률」 제7조에 따른 가정폭력피해자 보호시설
7. 「성매매방지 및 피해자보호 등에 관한 법률」 제9조 제1항에 따른 성매매피해자 등을 위한 지원시설
8. 「성폭력방지 및 피해자보호 등에 관한 법률」 제12조에 따른 성폭력피해자보호시설
9. 「한부모가족지원법」 제19조 제1항의 한부모가족복지시설
10. 「사회복지사업법」 제2조 제4호의 사회복지시설 중 결핵 및 한센병요양시설

63

정답분석

화장 또는 매장 등 장제 조치는 「의료급여법」의 급여에 속하지 않는다.

관계 법령

의료급여법 제7조(의료급여의 내용 등)
① 이 법에 따른 수급권자의 질병 · 부상 · 출산 등에 대한 의료급여의 내용은 다음 각 호와 같다.
  1. 진찰 · 검사
  2. 약제(藥劑) · 치료재료의 지급
  3. 처치 · 수술과 그 밖의 치료
  4. 예방 · 재활
  5. 입원
  6. 간호
  7. 이송과 그 밖의 의료목적 달성을 위한 조치

64 정답 ④

오답분석

ㄷ. 기초연금 수급권자가 국적을 상실한 때에는 기초연금의 수급권을 상실하게 된다.

관계 법령

기초연금법 제16조(기초연금 지급의 정지)

① 특별자치시장·특별자치도지사·시장·군수·구청장은 기초연금 수급자가 다음의 경우에 해당하면 그 사유가 발생한 날이 속하는 달의 다음 달부터 그 사유가 소멸한 날이 속하는 달까지는 기초연금의 지급을 정지한다.
  1. 기초연금 수급자가 금고 이상의 형을 선고받고 교정시설 또는 치료감호시설에 수용되어 있는 경우
  2. 기초연금 수급자가 행방불명되거나 실종되는 등 대통령령으로 정하는 바에 따라 사망한 것으로 추정되는 경우
  3. 기초연금 수급자의 국외 체류기간이 60일 이상 지속되는 경우. 이 경우 국외 체류 60일이 되는 날을 지급 정지의 사유가 발생한 날로 본다.
  4. 그 밖에 제1호부터 제3호까지의 경우에 준하는 경우로서 대통령령으로 정하는 경우

② 제1항에 따른 지급 정지의 절차 등에 관하여 필요한 사항은 보건복지부령으로 정한다.

65 정답 ④

정답분석

「무형문화재 보전 및 진흥에 관한 법률」(현 「무형유산의 보전 및 진흥에 관한 법률」)에 따라 지정된 국가무형문화재의 보유자는 긴급지원대상자에 포함되지 않는다.

관계 법령

긴급복지지원법 제7조(지원요청 및 신고)

③ 다음의 어느 하나에 해당하는 사람은 진료·상담 등 직무수행 과정에서 긴급지원대상자가 있음을 알게 된 경우에는 관할 시장·군수·구청장에게 이를 신고하고, 긴급지원대상자가 신속하게 지원을 받을 수 있도록 노력하여야 한다.
  1. 「의료법」에 따른 의료기관의 종사자
  2. 「유아교육법」, 「초·중등교육법」 및 「고등교육법」에 따른 교원, 직원, 산학겸임교사, 강사
  3. 「사회복지사업법」에 따른 사회복지시설의 종사자
  4. 「국가공무원법」 및 「지방공무원법」에 따른 공무원
  5. 「장애인활동 지원에 관한 법률」 제20조에 따른 활동지원기관의 장 및 그 종사자와 같은 법 제26조에 따른 활동지원인력

  6. 「학원의 설립·운영 및 과외교습에 관한 법률」 제6조에 따른 학원의 운영자·강사·직원 및 같은 법 제14조에 따른 교습소의 교습자·직원
  7. 「건강가정기본법」 제35조에 따른 건강가정지원센터의 장과 그 종사자
  8. 「청소년 기본법」 제3조제6호에 따른 청소년시설 및 같은 조 제8호에 따른 청소년단체의 장과 그 종사자
  9. 「청소년 보호법」 제35조에 따른 청소년 보호·재활센터의 장과 그 종사자
  10. 「평생교육법」 제2조에 따른 평생교육기관의 장과 그 종사자
  11. 그 밖에 긴급지원대상자를 발견할 수 있는 자로서 보건복지부령으로 정하는 자

66 정답 ①

오답분석

②∼⑤는 국민건강보험공단의 업무이다.

관계 법령

국민건강보험법 제63조(업무 등)

① 심사평가원은 다음의 업무를 관장한다.
  1. 요양급여비용의 심사
  2. 요양급여의 적정성 평가
  3. 심사기준 및 평가기준의 개발
  4. 1부터 3까지의 규정에 따른 업무와 관련된 조사연구 및 국제협력
  5. 다른 법률에 따라 지급되는 급여비용의 심사 또는 의료의 적정성 평가에 관하여 위탁받은 업무
  6. 그 밖에 이 법 또는 다른 법령에 따라 위탁받은 업무
  7. 건강보험과 관련하여 보건복지부장관이 필요하다고 인정한 업무
  8. 그 밖에 보험급여 비용의 심사와 보험급여의 적정성 평가와 관련하여 대통령령으로 정하는 업무

67 정답 ④

정답분석

ㄱ·ㄹ·ㅁ. **국민연금법 제49조** 이 법에 따른 급여의 종류는 다음과 같다.
  1. 노령연금   2. 장애연금
  3. 유족연금   4. 반환일시금

오답분석

ㄴ. 장애인연금은 「장애인연금법」에 따른 급여의 종류이다.
ㄷ. 장해급여는 「산업재해보상보험법」에 따른 급여의 종류이다.

68

정답분석

실업급여는 보험급여에 포함되지 않는다. 실업급여는 고용보험의 급여이다.

69
정답 ②

정답분석

② **고용보험법 제5조 제1항** 국가는 매년 보험사업에 드는 비용의 일부를 일반회계에서 부담하여야 한다.

오답분석

① **고용보험법 제79조 제1항** 기금은 고용노동부장관이 관리 · 운용한다.
③ **고용보험법 제37조 제2항** 취업촉진 수당의 종류로는 조기재취업 수당, 직업능력개발 수당, 광역 구직활동비, 이주비가 있다.
④ **고용보험법 제2조 제3호** "실업"이란 근로의 의사와 능력이 있음에도 불구하고 취업하지 못한 상태에 있는 것을 말한다.
⑤ **고용보험법 제2조 제6호** "일용근로자"란 1개월 미만 동안 고용되는 사람을 말한다.

70
정답 ①

정답분석

① **노인장기요양보험법 제7조 제1항** 장기요양보험사업은 보건복지부장관이 관장한다.

오답분석

② **노인장기요양보험법 제2조 제2호** "장기요양급여"란 장기요양등급판정 결과에 따라 6개월 이상 동안 혼자서 일상생활을 수행하기 어렵다고 인정되는 자에게 신체활동 · 가사활동의 지원 또는 간병 등의 서비스나 이에 갈음하여 지급하는 현금 등을 말한다.
③ **노인장기요양보험법 제38조 제1항** 장기요양기관은 수급자에게 재가급여 또는 시설급여를 제공한 경우 공단에 장기요양급여비용을 청구하여야 한다.
④ **노인장기요양보험법 제2조 제1호** "노인 등"이란 65세 이상의 노인 또는 65세 미만의 자로서 치매 · 뇌혈관성질환 등 대통령령으로 정하는 노인성 질병을 가진 자를 말한다.
⑤ **노인장기요양보험법 제23조 제1항** 재가급여에는 방문요양, 방문목욕, 방문간호, 주 · 야간보호, 단기보호, 기타재가급여가 있다.

71
정답 ⑤

정답분석

한부모가족지원법 제12조 제1항 국가나 지방자치단체는 복지급여의 신청이 있으면 생계비, 아동교육지원비, 아동양육비의 복지급여를 실시하여야 한다.

72
정답 ②

정답분석

노인복지법 제39조의14 제1항 제3호 시 · 도지사는 요양보호사가 거짓으로 자격증을 취득한 경우 그 자격을 취소하여야 한다.

73
정답 ①

정답분석

① **장애인복지법 제32조의2 제1항 제5호** 「난민법」 제2조 제2호에 따른 난민인정자는 장애인 등록을 할 수 있다.

오답분석

② **장애인복지법 제10조의2 제1항** 보건복지부장관은 장애인의 권익과 복지증진을 위하여 관계 중앙행정기관의 장과 협의하여 5년마다 장애인정책종합계획을 수립 · 시행하여야 한다.
③ **장애인복지법 제31조 제1항** 보건복지부장관은 장애인 복지정책의 수립에 필요한 기초 자료로 활용하기 위하여 3년마다 장애실태조사를 실시하여야 한다.
④ **장애인복지법 제59조의13 제1항** 특별시장 · 광역시장 · 특별자치시장 · 도지사 · 특별자치도지사는 피해장애인의 임시보호 및 사회복귀 지원을 위하여 장애인 쉼터를 설치 · 운영할 수 있다.
⑤ **장애인복지법 제60조의3 제1항** 보건복지부장관은 장애인 거주시설에서 제공하여야 하는 서비스의 최저기준을 마련하여야 하며, 장애인복지실시기관은 그 기준이 충족될 수 있도록 필요한 조치를 취하여야 한다.

74
정답 ④

정답분석

④ **아동복지법 제28조 제1항** 보장원의 장 또는 아동보호전문기관의 장은 아동학대가 종료된 이후에도 가정방문, 전화상담 등을 통하여 아동학대의 재발 여부를 확인하여야 한다.

오답분석

① **아동복지법 제15조의3 제1항** 시 · 도지사 또는 시장 · 군수 · 구청장은 보호조치 중인 보호대상아동의 양육상황을 보건복지부령으로 정하는 바에 따라 매년 점검하여야 한다.
② **아동복지법 제14조 제4항** 아동위원은 명예직으로 하되, 아동위원에 대하여는 수당을 지급할 수 있다.

226 사회복지사 1급 단원별 기출문제집

③ **아동복지법 제10조 제1항** 아동의 권리증진과 건강한 출생 및 성장을 위하여 종합적인 아동정책을 수립하고 관계 부처의 의견을 조정하며 그 정책의 이행을 감독하고 평가하기 위하여 국무총리 소속으로 아동정책조정위원회를 둔다.

⑤ **아동복지법 제39조 제1항** 보장원의 장, 가정위탁지원센터의 장 및 아동복지시설의 장은 보호하고 있는 15세 이상의 아동을 대상으로 매년 개별 아동에 대한 자립지원계획을 수립하고, 그 계획을 수행하는 종사자를 대상으로 자립지원에 관한 교육을 실시하여야 한다.

75 정답 ②

정답분석

② **사회복지공동모금회법 제33조 제1항** 국가나 지방자치단체는 모금회에 기부금품 모집에 필요한 비용과 모금회의 관리·운영에 필요한 비용을 보조할 수 있다.

오답분석

① **사회복지공동모금회법 제13조 제3항** 분과실행위원회는 위원장 1명을 포함하여 20명 이내의 위원으로 구성한다. 다만, 모금분과실행위원회 및 배분분과실행위원회는 각각 20명 이상의 위원으로 구성한다.

③ **사회복지공동모금회법 제27조 제1항** 기부금품의 기부자는 배분지역, 배분대상자 또는 사용 용도를 지정할 수 있다.

④ **사회복지공동모금회법 제19조** 모금회는 기부금품의 접수를 효율적이고 공정하게 하기 위하여 언론기관을 모금창구로 지정하고, 지정된 언론기관의 명의로 모금계좌를 개설할 수 있다.

⑤ **사회복지공동모금회법 제34조** 이 법 또는 모금회의 정관으로 규정하지 아니한 사항은 「민법」 중 재단법인에 관한 규정을 준용한다.

2023년 21회 기출문제

문제편 p.386

1교시 사회복지기초

1과목 인간행동과 사회환경

01	02	03	04	05	06	07	08	09	10
①	⑤	⑤	④	⑤	③	②	④	②	④
11	12	13	14	15	16	17	18	19	20
①	③	③	③	⑤	④	④	⑤	②	②
21	22	23	24	25					
①	①	③	④	②					

01
정답 ①

정답분석

인간발달은 태내기에서 노년기까지 인간의 전 생애에 걸쳐 연속적으로 일어나는 체계적인 변화이다. 인간발달은 영아기가 아니라 태내기부터 시작된다.

02
정답 ⑤

정답분석

생태체계이론은 인간을 이해할 때 인간을 둘러싸고 있는 환경 속에서 이해하고 인간과 환경 간의 상호작용뿐 아니라 인간과 환경에 미치는 영향을 강조하며, 단순한 인과관계의 규명이 아니라 복잡한 인간과 환경 간의 불확정된 상호교류에 관심이 있다. 즉, 생태체계이론은 가족, 집단, 공동체 등의 문제에 적용하는 것보다 개인의 문제에 적용하는 것이 더 유용하다.

03
정답 ⑤

정답분석

클라이언트의 욕구나 문제에 대해 알고 개입하기 위해서는 인간 발달단계에 대한 지식이 필요하다. 노년기에 나타나는 특성을 이해하고 있으면 노년기가 되지 않았다 하더라도 노년의 클라이언트 문제에 대처할 수 있게 된다. 따라서 인간발달이론은 문제 사정단계뿐 아니라 자료수집단계에서도 중요하다.

04
정답 ④

정답분석

④ 피드백은 자신이 수행하고 산출된 것에서 다시 정보를 얻는 것으로 산출된 에너지가 다시 내부로 투입되는 것을 의미한다.

오답분석

① 시너지는 체계를 유지하고 발전시키는 긍정적 에너지의 증가이며, 개방체계에서 나타난다.
② 엔트로피는 외부의 에너지가 투입되지 않아 내부의 에너지가 소모되는 것을 의미하고 폐쇄체계에서 나타난다.
③ 항상성은 변화에 저항하고 현 상태를 유지하려는 것을 의미한다. 비교적 안정적이며 지속적인 평형상태를 유지하기 위한 체계의 경향이다.
⑤ 적합성은 개인의 적응력이 환경과 얼마만큼 조화를 잘 이루는지의 정도를 의미한다.

05
정답 ⑤

정답분석

자율성 대 수치심과 의심의 심리사회적 위기가 아니라 유아기(초기 아동기) 시기의 심리사회적 위기이다. 학령기(아동기)의 심리사회적 위기는 근면성 대 열등감이다.

PLUS +

심리사회적 발달단계
에릭슨은 인간의 전 생애를 인간발달 8단계(영아기~노년기)로 구분하였다. 각 단계마다 심리사회적 위기를 겪게 되고 심리사회적 위기를 극복하는가에 따라 성격형성이 달라진다고 보았다. 프로이트와 달리 환경과의 상호작용을 중요하게 보았다.

단계	심리사회적 위기	시기	연령	중요관계 범위
1	신뢰감 대 불신감 희망/위축	영아기	출생~ 18개월	어머니
2	자율성 대 수치심과 의심 : 의지력/강박적 행동	유아기	18개월~ 3세	부모
3	주도성(솔선성) 대 죄의식 : 목적/억제	아동전기	3~6세	가족

단계	심리사회적 위기	시기	연령	중요관계 범위
4	근면성 대 열등감 : 능력/무력감	아동기	7~12세	이웃, 학교
5	자아정체감 대 자아정체감 혼란 : 성실성/불확실성	청소년기	12~22세	또래집단
6	친밀감 대 고립감 : 사랑/배척	성인초기	22~35세	우정, 애정
7	생산성 대 침체 : 배려/거절	중년기	35~65세	직장, 확대가족
8	자아통합 대 절망 : 지혜/경멸	노년기	65세 이상	인류동족

06 　　　　　　　　　　　　　정답 ③

정답분석

③ 프로이트의 정신분석이론은 지형학적 모델, 구조적 모델, 심리성적 발달단계로 구분한다. 구조적 모델의 원초아는 원초적인 부분으로 쾌락원칙을 따르고 본능의 저장소이며, 자아는 생각과 행동을 통제하는 조정자의 역할로 현실원칙을 따른다. 또, 초자아는 도덕적인 측면이 강하며 현실보다는 이상, 쾌락보다는 완벽을 추구하고 자아의 기능을 관찰·평가한다.

오답분석

① 인간이 가진 자유의지의 중요성을 강조한 이론은 인본주의 이론이다.
② 거세불안과 남근선망은 주로 남근기에 나타난다.
④ 초자아는 도덕적인 측면이 강하며 현실보다는 이상, 쾌락보다는 완벽을 추구하고 자아의 기능을 관찰·평가한다. 현실원리에 지배되며 성격의 실행자는 자아이다.
⑤ 성격의 구조나 발달단계로 구강기, 항문기, 남근기, 잠복기, 생식기로 구분하였다.

07 　　　　　　　　　　　　　정답 ②

정답분석

매슬로우는 인간을 원래 선한 존재로 인식하면서 자유롭고 자율적이며 합리적이고 창조적인 존재로 보았다. 매슬로우의 욕구단계는 생리적 욕구, 안전의 욕구, 사랑과 소속의 욕구, 존경(자존감)의 욕구, 자아실현의 욕구 순이다. 하위 단계의 욕구가 더 중요하고 하위 단계의 욕구가 충족되어야 상위욕구로 올라간다.

08 　　　　　　　　　　　　　정답 ④

정답분석

반두라의 사회학습이론에서는 인간의 행동이 개인·행동·환경 간의 상호작용의 산물이며, 인간을 관찰이나 자기 강화를 통해 스스로 행동을 규제할 수 있는 존재로 보았다. 또, 인간은 자신으로부터 보상이나 처벌, 다른 사람의 행동을 보고 자신의 행동을 수정할 수 있다고 보았다. 관찰학습은 주의집중단계 → 기억(보존, 파지)단계 → 운동재생단계 → 동기화(동기) 순으로 이루어진다.

④ 조작적 조건화(조건형성)은 스키너의 이론이다. 반두라의 사회학습이론은 대리적 조건화(조건형성)로 불린다.

09 　　　　　　　　　　　　　정답 ②

정답분석

영아기는 제1의 성장기로 일생 중 가장 빠른 성장이 이루어진다. 친숙한 사람에게 애착관계가 형성되고 애착경험은 이후 인간관계를 형성할 수 있는 능력의 기초가 된다. 애착관계를 통해 낯가림이 생기고 돌이 지난 후부터 없어지게 된다. 피아제에 의하면 영아기는 감각운동기 시기로 타고난 반사행동을 통해 환경을 적응한다.

② 영아기의 정서는 처음에는 기쁨과 슬픔 두 가지 정서로 구분되다가 시간이 지날수록 성인들처럼 정서가 함께 분화되고, 부정적 정서가 긍정적 정서보다 먼저 발달하게 된다.

10 　　　　　　　　　　　　　정답 ④

오답분석

① 여성뿐 아니라 남성도 우울, 무기력감 등 심리적 증상을 경험한다. 그러나 여성의 증상이 더 강하다.
② 여성은 에스트로겐의 분비가 감소하고 남성은 테스토스테론의 분비가 감소하는 대신 상대 성호르몬이 증가한다.
③ 중년기에는 신체능력과 인지능력이 감소한다. 학습능력은 저하되지만 문제해결능력은 높아진다.
⑤ 중년기는 생산성 형성이 주요 과업이며 사회관계망은 축소되지 않는다. 사회관계망이 축소되는 시기는 노년기이다.

11 　　　　　　　　　　　　　정답 ①

정답분석

① 유아기는 프로이트의 남근기(3~6세)로 아이는 자신의 성기를 만지면서 쾌감은 느끼고 오이디푸스 콤플렉스(남아의 엄마사랑으로 거세불안)와 엘렉트라 콤플렉스(여아의 아빠사랑으로 남근선호사상)가 생긴다.

오답분석

② 콜버그의 인습적 수준(7세 이후)의 도덕성 발달단계는 아동기이다. 유아기에는 전 인습적 수준(7세 이전)의 도덕성 발달단계에 해당한다.
③ 피아제의 구체적 조작기는 아동기(7~12세)에 해당되며 유아기(3~6세)는 전조작기에 해당한다.

④ 유아기의 인지발달은 성인과 달리 사건을 정서적·주관적으로 파악한다. 상위 개념과 하위 개념을 구분하지 못한다.
⑤ 영아기에 비해 성장 속도가 느려지지만 지속적으로 성장한다.

12 정답 ③

정답분석
로저스는 인간을 이해하는 데 '지금-여기'를 강조하였다. 또한 객관적 경험은 존재하지 않고 주관적 경험을 강조하면서 현상학적 장(과거 경험에 대한 개인의 해석)을 설명하였다. 자기실현 경향성(인간의 궁극적 동기는 잠재력을 개발하는 것)과 완전히 (충분히) 기능하는 사람을 강조하였다. 이때, 완전히 기능하는 사람은 자기의 잠재력을 실현하여 진정한 자기 자신으로 살아가는 것을 의미한다.

오답분석
ㄷ. 로저스는 인간의 욕구발달(위계)단계를 제시하지 않았다. 욕구발달(위계)단계를 제시한 학자는 매슬로우이다.

13 정답 ③

정답분석
융의 이론에는 개인무의식, 집단무의식, 자기와 자아, 개성화, 자기실현, 페르소나와 음영(그림자), 아니무스와 아니마, 콤플렉스, 리비도 등이 있다.
ㄱ. 개인무의식은 개인이 경험을 하였으나 기억나지 않는 기억이고, 집단무의식은 조상들의 경험을 통해 형성된 인류의 보편적인 경험이다.
ㄴ. 그림자는 인간이 가지고 있는 어둡거나 사악한 측면이다.
ㄷ. 페르소나는 자아의 가면으로 개인이 외부 세계에 보이는 이미지이다.

오답분석
ㄹ. 아니무스는 여성의 남성성을 의미하고 아니마는 남성의 여성성을 의미한다.

14 정답 ③

오답분석
① 문화, 정치, 교육정책 등은 거시체계이지만 개인의 삶에 직접적이고 강력한 영향을 미치는 체계는 미시체계이다.
② 인간을 둘러싼 사회환경을 미시체계, 중간체계, 외체계, 거시체계, 시간체계로 구분하였다.
④ 외체계는 개인이 직접 참여하거나 관여하지는 않으나 개인에게 영향을 미치는 체계로 부모의 직장 등이 포함된다.
⑤ 미시체계는 끊임없이 변화하며, 개인이 성장하면서 점점 상호작용이 약화된다.

15 정답 ⑤

정답분석
⑤ 집단의 구성원은 공통된 정체성을 가지고 다양한 집단활동을 통해 '우리'라는 의식이 형성된다.

오답분석
① 2차집단은 성원 간 관계가 이성적이고 계약적인 회사, 단체를 의미한다. 인간의 성격형성을 목적으로 하는 집단은 1차집단이다.
② 구성원의 개별화와 일정 수준 이상의 심도 깊은 목적달성에 적합한 집단은 구성원이 바뀌지 않는 폐쇄집단이다.
③ 구성원의 상호작용이 중요하므로 최소 단위는 2인 이상이다.
④ 형성집단은 특정 목적을 달성하기 위해 의도적으로 구성한 집단으로 특정한 목적 없이는 만들 수 없다.

16 정답 ④

정답분석
④ 문화는 사람들이 공유하는 행동양식, 규칙, 규범 등의 총체로 상호 긴밀한 관계를 유지하는 통합체이다. 문화는 개인에게 영향을 주는 거시체계이다.

오답분석
① 선천적으로 습득되지 않고 사회적 경험 속에서 후천적으로 학습된다.
② 개인행동에 대한 규제와 사회통제의 기능이 있다. 사회의 안전과 질서를 위해 문제를 제거하거나 조절하는 기능을 수행한다.
③ 문화는 고정적이며 구체적이 아니라 지역과 세대에 따라 매우 다양하고 상이하다.
⑤ 다양성은 문화를 좋고 나쁨으로 구별하는 것이 아니라 문화에 영향을 받는 사회나 세대 안에서 상대적으로 구별한다. 이것은 차별을 의미하는 것이 아니라 개별성을 인정하는 것이다.

17 정답 ④

정답분석
④ 피아제는 사물의 기본적인 이해의 틀을 도식으로 규정하고 이후 개인이 가지고 있는 도식을 통해 사물을 이해하는 동화와 개인이 가지고 있는 도식을 변경하여 새로운 사물을 이해하는 조절을 통해 인지를 발달시킨다고 보았다.

오답분석
① 전 생애의 인지발달을 다루고 있지는 않다. 감각운동기, 전조작기, 구체적 조작기, 형식적 조작기 시기로 구분하면서 청소년기까지의 인지발달단계를 다루고 있다.
② 문화적·사회경제적·인종적 차이를 고려하지 않고 모든 인간은 동일한 인지발달단계를 거친다고 주장하였다.

③ 실제로 경험할 수 없는 사건을 머리로 생각할 수 있는 추상적 사고의 확립은 형식적 조작기의 특징이다.
⑤ 동일성, 가역성, 보상성의 원리를 이해하는 보존개념은 구체적 조작기에 획득된다.

18
 정답 ⑤

정답분석

스키너의 행동주의이론은 인간행동이 환경의 자극에 의해 동기화되고, 행동에 따르는 강화에 의해 전적으로 결정된다고 보고 있다. 조작적 조건화는 고전적 조건화와 다르게 사람이 원하는 결과를 얻기 위해 스스로 행동하는 능동적인 반응으로 결과에 의해 행동이 변하는 것이다. 행동조성(행동형성)은 복잡한 행동이나 기술을 학습하는 데 있어 기대하는 반응이나 행동을 학습할 수 있도록 행동을 강화해 점진적으로 만들어가는 것을 의미한다.

PLUS +

강화계획
- 고정간격 강화계획은 정해진 시간이 지난 후 강화를 주는 것이다.
- 고정비율 강화계획은 정해진 횟수가 지난 후 강화를 주는 것이다.
- 가변간격 강화계획은 가변적인 임의의 시간 이후 강화를 주는 것으로 일정한 시간 안에서 시간을 다르게 하여 강화를 준다.
- 가변비율 강화계획은 평균적으로 정해진 횟수가 지난 후에 강화를 주는 것으로 언제 강화될지 예측할 수 없어 꾸준한 반응을 한다.

19
 정답 ②

정답분석

다문화는 이민자집단이나 소수민족의 정체성이 공존하는 것을 의미하는 것으로 이주노동자, 결혼이민자, 북한이탈주민 등의 문화를 인정하는 것인데, 모든 문화를 인정하지 않아 인종차별이 생긴다. 동화는 모국의 문화적 가치는 유지하지 않은 상태에서 주류사회의 관계만 인정하는 것으로 이민을 받는 사회의 문화적 우월성을 전제로 한다. 또한 용광로 이론은 다양한 문화를 가진 사람들이 섞여 하나의 동일한 문화를 만들어가는 것으로 동화주의와 관련이 있다.
② 다문화는 다양한 문화를 수용하고 그 문화를 인정하는 것이지 문화의 단일화를 지향하는 것은 아니다.

20
 정답 ②

정답분석

생에 대한 회상이 증가하지만 조심성의 증가로 융통성은 증가하지 않는다.

PLUS +

노년기에 나타나는 특징적 변화

변화	내용
내향성 및 수동성의 증가	내적인 측면에 더 관심을 기울이며 자신의 일을 스스로 해결하기보다는 다른 사람에 대한 의존성이 증가한다.
조심성의 증가	노인은 젊은 사람들에 비해 모든 일에 조심하는 경향이 있는데 자신의 일에 대한 정확성을 중시하고 자신감 결여로 확신한 것을 추구한다.
경직성의 증가	기존에 가지고 있던 습관이나 지식을 고수하려고 하기 때문에 학습이나 문제를 해결하는 데 어려움을 가지게 된다.
우울성향의 증가	신체적 질병, 배우자 사망, 사회와 가족으로부터의 고립 등으로 우울성향이 증가한다.
생에 대한 회상의 경향	지금까지 살아온 생을 뒤돌아보면서 해결하지 못한 문제가 없는지 생각하고 그 문제를 해결하기 위해 시도하면서 인생의 의미를 발견한다.
친근한 사물에 대한 애착증가	노인은 자신이 생활하면서 사용한 물건들에 애착을 가지며 그것을 통하여 과거를 회상하게 되고 마음의 안정을 찾는다. 그래서 오랫동안 사용해 온 물건에 애착심이 증가한다.
성역할 지각의 변화	남성은 친밀성, 의존성, 관계지향성이 증가하고 여성은 공격성, 자기주장, 자기중심적, 권위주의가 증가한다.
의존성의 증가	노인은 노화가 진행될수록 경제적, 신체적, 정서적 의존성이 증가한다. 그러나 이러한 모습은 병리성이 아니라 정상성이다.
시간전망의 변화	노인은 자신이 살아갈 날이 얼마 남지 않았다는 사실을 알지만 회피하기 위해 과거를 회상하거나 미래지향적이 된다.
유산을 남기려는 경향	노인은 죽기 전에 자신의 재산, 자녀, 기술, 지식 등을 남기려는 성향이 강해진다.

21
 정답 ①

정답분석

바빈스키반사(Babinski Reflect)는 신생아의 발바닥을 문지르면 발가락을 부채처럼 쫙 펴는 반사운동이다. 입 부근에 부드러운 자극을 주면 자극이 있는 쪽으로 입을 벌리는 반사운동은 탐색반사이다.

신생아기 반사운동

반사운동유형		내용
생존 반사	빨기반사 (Sucking Reflect)	신생아의 입을 자극하면 무의식적으로 입에 닿는 것 모두 빨려고 하는 행동을 한다.
	탐색반사 (Rooting Reflect)	외부자극에 자동으로 반응하며 입 주위에 자극이 생기면 자동적으로 그 자극을 향해 고개를 돌려 찾으려고 하는 행동을 한다.
	눈깜빡거리기반사 (Blinking Reflect)	신생아의 눈에 물체가 오면 신생아는 눈을 깜빡거리는 행동을 한다.
	연하반사 (Swallowing Reflect)	음식물을 삼키는 행동을 한다.
원시 반사	걷기반사 (Walking Reflect)	영아의 발을 바닥에 닿게 하면 영아는 자연스럽게 한 다리를 들어 올리고 발을 번갈아 짚어 걷는 것과 같은 행동을 한다.
	파악반사 (Grasping Reflect)	신생아의 손바닥에 물건을 놓으면 그것을 빼앗기지 않기 위하여 힘을 주어 손을 쥐는 행동을 한다. 이 행동은 3~4개월경에 사라진다.
	바빈스키반사 (Babinski Reflect)	신생아의 발바닥을 문지르면 발가락을 부채처럼 구부리는 행동을 한다. 이 행동은 12개월경에 사라진다.
	모로반사 (Mororeflect)	갑자기 큰소리를 듣게 되면 무언가를 안는 것과 같이 팔과 다리를 쫙 펴는 행동과 머리를 뒤로 젖히는 행동을 한다. 이 행동은 3~4개월경에 사라진다.

22
정답 ①

정답분석

청소년기는 나이가 딱 정해져 있는 것이 아니라 아동기에서 성인으로 가는 과도기 시기이다. 급격한 신체변화·성숙과 더불어 인지적·사회적 행동양식이 성숙해진다. 신체적 측면으로 제2차 성장급등기, 성적성숙이 이루어지는 사춘기, 심리적 측면에서는 부모로부터 심리적으로 독립하고 자아정체감을 형성하는 심리적 이유기, 정서적변화가 급격히 일어나는 질풍노도의 시기라 부르기도 한다. 사회적 측면에서는 부모로부터 독립된 인격체로 대우받기 원하고 정서적으로 독립하려고 갈등이 생기는 제2의 반항기이며, 어린이도 아닌 주변인에 머물러 있는 특징이 있다. 프로이트의 생식기, 에릭슨의 청소년기(자아정체감 대 자아정체감 혼란), 피아제의 형식적 조작기에 해당한다.
① 친밀감 대 고립은 청년기의 심리사회적 위기이다.

23
정답 ③

정답분석

아동기는 연령이 7~12세로 초등학교 입학부터 졸업하는 시기를 말한다. 생활의 중심이 가정에서 학교로 바뀌면서 다양한 경험과 기술을 습득하게 되고 가족보다 친구들과 어울리기 시작하여 도당기, 학동기, 학령기 등으로 불린다. 자신만의 가치관이나 습관, 문화를 형성하고 이 과정을 통하여 자신감과 독립심이 발달하고 자신만의 세계관을 형성한다.

오답분석

ㄱ. 제1의 반항기는 유아기이다.
ㄷ. 자아중심성은 자신과 타인을 구별하지 못하는 것으로, 유아기에는 자아중심성으로 타인의 입장을 고려하지 못한다.

24
정답 ④

정답분석

ㄱ. 유아기에는 성역할이 발달한다. 3세에는 성정체감이 형성되어 자신의 성이 남성인지 여성인지 알게 되고 4~5세에는 성 안정성이 형성되어 남자아이는 남자성인이 되는 것처럼 자신의 성이 평생 변하지 않는다는 것을 알게 된다. 또 6세 이후에는 성항상성이 형성되어 머리나 옷과 같은 겉모습에 변화를 준다 하더라도 자신의 성이 변하지 않는다는 것을 알게 된다.
ㄷ. 성인기(청년기)는 일생 중 가장 활발하고 신체적·심리적·사회적으로 성숙해지는 시기로 학업을 마치고 집을 떠나 독립하여 성인의 세계로 들어가 사회적 역할을 수행한다. 경제적으로는 자립한 상태일지라도 정서적으로는 유아일 수도 있다. 또한 배우자를 만나 가정을 이루고 자녀를 양육하면서 가정생활과 직장생활을 한다. 신체적으로 최고조에 이르고 25세를 정점으로 30세가 지나면서 하향세를 타기 시작한다.
ㄹ. 노년기는 신체적 노화로 인해 감각기능이 쇠퇴하는 시기로 신체적 노화, 직장에서 은퇴, 배우자와 사별의 경험으로 인한 심리적 변화에 적응해야 한다. 머리카락은 희어져서 노인을 실버세대라고 부른다. 기억력의 감퇴가 확실히 나타나는데 일반적으로 단기기억과 최근 기억의 능력이 약화되지만 오래 전의 일은 정확히 기억하고 있다.

오답분석

ㄴ. 자기중심성을 보이며 자신의 시각에서 사물을 보는 시기는 유아기이다.

25
정답 ②

정답분석

• 이상행동은 인간의 행동특성 중 사회문화적 규범에서 벗어나거나, 사회부적응 행동, 개인과 타인에게 불편과 고통을 유발하는 행동이다.

- 정신질환 진단 및 통계 편람(DSM)은 정신질환 진단에 가장 널리 사용하고, 질병 및 관련 건강문제의 국제적 통계 분류(ICD)는 모든 종류의 질병을 다룬다.
- 우리나라 사회복지 실천 분야에서는 이상행동과 부적응 행동을 판별하고 돕는 정신건강사회복지사가 전문실천가로 활동한다.
② 정신질환 진단 및 통계편람(DSM)으로만 이상행동을 진단하지 않고 질병 및 관련 건강문제의 국제적 통계 분류(ICD)로도 진단하고 있다.

2023년
21회

정답 및 해설

2과목 사회복지조사론

26	27	28	29	30	31	32	33	34	35
③	①	③	①	②	①	③	①	⑤	④
36	37	38	39	40	41	42	43	44	45
②	⑤	④	⑤	⑤	②	④	①	③	⑤
46	47	48	49	50					
④	②	④	③	②					

26 정답 ③

정답분석

사회조사를 시작할 때는 주제를 선정할 때부터 윤리적 이슈를 고려해야 하고 비윤리적인 행위들은 미리 차단해야 한다. 사회조사의 윤리를 지키기 위해서는 고지된 동의(사전고지)와 자발적 참여, 익명성 보장과 비밀 보장을 준수해야 한다.

③ 일반적으로 연구의 공익적 가치가 연구윤리보다 우선할 수 없다. 연구윤리가 연구의 공익적 가치보다 우선한다. 연구의 공익적 가치가 아무리 높다 하더라도 조사대상자의 비밀 보장이나 자기결정권, 사전고지 등이 되지 않는다면 사회조사윤리위원회를 통과할 수 없고 조사연구결과도 퇴색될 수 있다.

27 정답 ①

정답분석

① 실증주의(경험주의)는 연구의 가치중립성을 강조하여 연구자의 가치나 편향(Bias)이 개입되어서는 안 된다고 본다. 경험적인 관찰을 사용(통제된 실험, 표준화된 척도에 의한 측정)하며 구조화된 양적방법을 고수한다.

오답분석

② 해석주의에는 과학과 과학이 아닌 것을 구분하는 기준은 없으며 인간의 다양한 지적 주장들은 인식론적으로 동등하다. 인간행동에 대한 특수한 이유를 설명하여 감정이입적 이해를 얻고자 한다. 즉, 현상에 대한 직접적 이해가 가능하지 않다고 본다.

③ 비판주의는 사람들이 스스로 현재의 조건을 변화시키고 개선된 사회를 구성할 수 있도록 돕기 위해, 현재 사회의 실질적 구조를 발견하는 비판적 탐구를 수행한다.

④ 후기실증주의는 관찰과 측정이 순수하게 객관적일 수 없음을 인정한다. 과학의 이론들이 확률적으로 검증되는 관찰에 의해서만 정당화될 수 있다고 주장한다.

⑤ 포스트모더니즘은 진리에 대한 객관적인 기준이 없고 모든 것은 주관적이라고 본다.

2023년 21회 기출문제 **233**

28

① 베이비붐 세대를 시간변화에 따라 연구하는 것은 동년배조사이다. 동년배조사는 시간의 변화에 따른 특정 집단(베이비붐 세대)의 변화를 연구한다.
② 일정기간 센서스 자료를 비교하여 전국 인구의 성장을 추적하는 것은 경향조사이다. 같은 사람을 조사하기에는 조사대상자의 탈락의 위험이 있기에 경향조사로 실시한다.
④ 시간에 따른 변화를 가장 정확하게 알려주는 것은 패널조사이다.
⑤ 일반 모집단의 변화를 시간변화에 따라 연구하는 것은 경향조사이다.

PLUS +

종단조사의 종류
종단조사는 시간적 차이를 두고 여러 번 걸쳐 조사하는 것을 말한다. 적어도 2번 이상의 사회 현상을 조사하며 횡단조사보다 논리적이고 타당도가 높다.
• 패널조사 : 한 집단을 두고 오랫동안 연속적으로 조사하는 것으로 시간이 흐름에 따라 변화를 조사한다.
• 경향(추이, 추세)조사 : 한 질문을 반복적으로 조사하되 조사할 때마다 대상자가 다른 것으로 일반 모집단 내의 변화를 일정 기간에 걸쳐 연구한다.
• 동년배(동류집단, 코호트)조사 : 동년배집단을 선정하여 일정한 시간을 두고 조사하는 것을 말하고 같은 시기에 태어나 같은 문화에서 비슷한 경험을 한 사람들을 동년배집단이라고 한다. 일반적으로 동년배연구는 동일한 연령집단을 대상으로 한다.

29

정답 ①

정답분석

• 연구가설은 2개 이상의 변수 간에 차이가 있다고 예측하는 것으로 독립변수가 종속변수에 영향을 미친다고 가정한다.
• 영가설(귀무가설)은 연구가설에 대한 반증가설로 2개 이상의 변수 간에 차이가 없음을 예측하며, 독립변수가 종속변수에 영향을 미치지 않는다고 가정한다.
• 대립가설은 영가설에 대립되는 가설로 영가설이 기각될 때 채택하기 위해 설정한다.

오답분석

ㄷ. 대안(대립)가설은 영가설의 반증가설이다.
ㄹ. 변수 간의 관계가 우연이 아님을 증명하는 가설은 연구가설이다.

30

정답 ②

정답분석

외상후스트레스로 퇴역한 군인을 위한 서비스개발의 가능성을 파악하기 위한 초기면접은 정책이나 프로그램을 개발하기 위한 조사이므로 기술적 조사이다.

PLUS +

사회조사의 종류
• 탐색적 조사는 어떤 현상에 대하여 사전 지식이 없을 경우 탐색을 목적으로 하는 조사를 말한다. 한 번도 조사가 된 적 없는 문제를 알기 위한 목적으로, 조사를 실시해야 하는지를 파악하기 위해 조사한다.
• 기술적 조사는 어떤 현상에 대하여 그 현상이 왜 나타나게 되었는지를 알기 위함이 아니라 현상의 특성을 있는 그대로 기술하는 것을 말한다. 현상, 분포, 관계 등에 대해 자세히 기술하여 정책·프로그램을 개발하거나 결정할 때 자료를 얻기 위해 조사한다.
• 설명적 조사는 어떤 현상에 대하여 그 현상이 왜 나타나게 되었는지 알기 위해 연구하여 설명하는 것을 말한다. 어떤 변수들 간의 인과관계를 규명하고자 할 때 사용하는 조사이다.

31

정답 ①

정답분석

장애인의 성별, 장애유형, 거주지역, 직업종류는 모두 같은 속성끼리 분류한 것이므로 명목변수에 속한다.

PLUS +

• 명목변수는 어떤 사물의 속성을 질적인 특성에 의해 상호배타적인 몇 개의 카테고리로 나눈 것이다.
  예 성별, 직업, 종교, 결혼, 인종, 운동선수의 등번호, 거주지역 등
• 서열변수는 어떤 사물의 속성을 상호배타적인 몇 개의 카테고리로 나누고 서열(상대적 순서관계)을 측정할 수 있다.
  예 지체장애 등급, 정치성향, 생활수준, 석차, 사회복지사 등급 등
• 등간변수는 어떤 변수의 카테고리 간의 순서뿐만 아니라 카테고리 간의 정확한 간격을 알 수 있다.
  예 온도, 지능지수, 도덕지수, 물가지수, 생산성 지수, 시험점수 등
• 비율변수는 변수의 카테고리 간의 간격뿐만 아니라 카테고리 간에 몇 배나 큰가, 또는 몇 배나 작은가를 측정할 수 있는 변수이다.
  예 시청률, 투표율, 키, 몸무게, 연령, 자녀, 가격 등

234 사회복지사 1급 **단원별 기출문제집**

32 정답 ③

정답분석
③ 내적 타당도가 높다고 해서 외적 타당도까지 높은 것은 아니므로 A지역에서는 효과가 있다고 해도 B지역에서도 효과가 있는 것은 아니다. 따라서 특정한 지역이나 조건에 한정된 검증은 일반화할 수 없다.

오답분석
① 어떤 변수가 다른 변수의 원인임을 정확하게 기술하는 것은 내적 타당도이다. 내적 타당도는 종속변수가 변한 이유가 독립변수의 원인인지 아니면 다른 원인으로 인하여 변한 것인지 알아내는 것이다.
② 연구결과를 연구조건을 넘어서는 상황이나 모집단으로 일반화하는 정도는 외적 타당도이다. 외적 타당도의 저해요인으로는 표본의 대표성, 조사반응성(호손효과), 위약효과(플라시보 효과), 후광효과 등이 있다.
④ 실험대상의 탈락이나 우연한 사건은 내적 타당도 저해요인이다.
⑤ 외적 타당도가 낮은 경우 내적 타당도가 낮다고 할 수 없다. 일반화를 할 수 없다고 해서 종속변수가 변한 이유가 독립변수의 원인인지 아니면 다른 원인으로 인하여 변한 것이지 알아내지 못하는 것은 아니다.

33 정답 ①

정답분석
면접조사는 면접자와 피면접자가 직접 대면을 통해 면접이 이루어지므로 익명성이 부족하다. 익명성 보장 수준이 높아 민감한 주제도 조사할 수 있는 것은 우편설문이다.

34 정답 ⑤

정답분석
⑤ 산술평균은 주어진 수의 합을 수의 개수로 나눈 값으로 평균을 의미한다. 10대, 20대, 30대, 40대, 50대, 60대 이상 연령의 순서대로 정렬했으므로 ㅁ은 중위수에 해당한다.

오답분석
① 최빈값은 가장 많이 관측되는 수로 데이터에서 가장 많이 나오는 값이다.
② 중위수(중앙값)은 어떤 주어진 값들을 크기의 순서대로 정렬했을 때 가장 중앙에 위치하는 값을 의미한다.
③ 백분율은 전체 사례 수를 100으로 보고 각 범주에 속하는 사례 수가 그중에 차지하는 비율을 의미한다.
④ 범위는 임의의 변수가 가지는 데이터 값들의 집합에서 최댓값과 최솟값의 차이를 말한다.

35 정답 ④

정답분석
델파이기법은 전문가들로부터 우편이나 이메일(E-mail)로 의견이나 정보를 수집하여 그 결과를 분석한 후 그것을 다시 응답자들에게 보내어 의견을 묻는 식으로 만족스러운 결과를 얻을 때까지 계속하는 방법이다. 델파이기법은 전문가들이 모이지 않기 때문에 익명성이 보장된다.

36 정답 ②

정답분석
② 관찰법은 주위에서 일어나는 일들에 대한 지식을 얻는 가장 기본적인 방법으로 시각, 청각과 같은 감각기관을 통하여 현상을 인지한다. 즉, 연구대상을 통제하지 않고 있는 그대로 일정시간 관찰결과를 기록한다.

오답분석
① 피관찰자가 아니라 관찰자에 의해 자료가 생성된다. 어떤 목적을 가지고 관찰을 하느냐에 따라 달라진다.
③ 자료수집 상황에 대한 통제가 불가능하다. 관찰자는 피관찰자를 통제하지 않고 관찰 그대로 기록한다.
④ 내면적 의식의 파악은 불가능하다. 보이는 것만 관찰할 수 있다.
⑤ 수집된 자료를 객관화하는 최적의 방법으로 볼 수 없다. 관찰한 내용만 조사할 수 있고 관찰을 하고 있다는 것을 알고 자신의 행동을 하지 않을 수도 있으므로 객관적인 조사가 될 수 없다.

PLUS +

관찰법의 장점
• 조사대상자의 행동을 현장에서 있는 그대로 포착할 수 있다.
• 지적장애인이나 어린아이, 동물처럼 자신의 생각을 말로 표현하지 못하는 경우 유용하다.
• 언어능력이 있더라도 비협조적인 조사대상자에게 유용하다.
• 설문지법이나 면접법에서 얻을 수 없는 자료도 얻을 수 있고 응답의 오차도 줄어든다.
• 장기간의 종단분석이 가능하므로 질적 연구나 귀납법에 적합하다.

관찰법의 단점
• 겉으로 보이는 정보만 관찰할 수 있고 보이지 않는 정보(특성, 과거사실)는 수집할 수 없다.
• 조사해야 할 행동을 할 때까지 기다려야 한다.
• 조사대상자에 접근과 해석이 어려울 수도 있다.
• 시간과 비용, 노력이 많이 든다.
• 관찰이 불가능(범죄)한 것들도 있다.
• 관찰을 하고 있다는 것을 알고 평소와 다른 행동을 할 수 있다.
• 큰 규모나 많은 인원을 한번에 관찰하지 못한다.
• 응답자로부터 조사를 승낙 받기가 어렵다.

정답 및 해설

- 관찰 내용의 수량화가 어렵기 때문에 관찰 결과를 일반화
시키기 어렵다.
- 변수의 의미를 구체적으로 정의할 수 없다.
- 자연적 환경에서 외생변수의 통제가 불가능하다.

37   정답 ⑤

정답분석

임파워먼트는 클라이언트에게 권한을 부여하여 스스로 자신의
문제를 해결할 수 있도록 능력을 향상시켜 주는 것이다. A사회
복지사는 정신건강의 문제를 해결하기 위해 연구하였고 소년들
은 A사회복지사와 함께 범죄피해와 정신건강과 관련된 사회 구
조적인 문제를 해결하기 위한 다양한 방안들을 스스로 만들고
수행하여 사회변화와 임파워먼트에 초점을 두었다.

38   정답 ④

정답분석

④ 청소년의 자원봉사의식 향상 프로그램의 효과성을 검증하기
위해 실험집단과 통제집단으로 구분하여 사전검사를 실시하
였다. 실험집단에는 프로그램을 실시한 후에 사후검사를 실
시하여 프로그램의 효과를 확인하였다. 사전검사와 사후검
사가 다른 경우 프로그램의 효과로 볼 수 있어 자연적 성숙
(시간에 흐름에 따른 변화)에 따른 효과를 통제할 수 있다.

오답분석

① 사전검사가 사후검사에 영향을 미치므로 테스트 효과의 발
생 가능성이 높다.
② 청소년 200명을 무작위로 집단을 선정해서 집단 간 동질성을
확인할 수 있다.
③ 사전검사와 프로그램의 상호작용 효과의 통제는 불가능하
다. 사전검사는 사후검사에 영향을 미치고 실험집단은 프로
그램을 통한 효과가 나타난다.
⑤ 실험집단과 통제집단으로 나누어서 실험집단에만 프로그램
을 진행하였으므로 실험집단의 개입 효과가 통제집단으로
전이되지 않는다.

39   정답 ⑤

정답분석

⑤ 외적 타당도는 표본에서 얻어진 연구의 결과로 인해 연구조
건을 넘어선 다른 환경이나 다른 집단들에게까지 적용할 수
있는 정도 또는 일반화할 수 있는 정도를 말한다. 외적 타당도
의 저해요인으로는 표본의 대표성, 조사반응성, 위약효과, 후
광효과 등이 있다. 자발적 참여자만을 대상으로 연구표본을
구성하게 되는 상황은 표본의 대표성의 문제점이 발생한다.

오답분석

① 연구대상의 건강 상태가 시간 경과에 따라 회복되는 상황에
서 성장요인의 문제가 생긴다.
② 자아존중감을 동일한 측정도구로 사전-사후 검사하는 상황
에서 검사요인의 문제가 생긴다.
③ 사회적 지지를 다른 측정도구로 사전-사후 검사하는 상황
에서 도구요인의 문제가 생긴다.
④ 실험집단과 통제집단 간 연령 분포의 차이가 크게 발생하는
상황에서 편향된 선별의 문제가 생긴다.

40   정답 ⑤

정답분석

단일사례설계는 기초선(A)과 개입국면(B)을 통하여 변화를 확
인하는 방법이다. 보통 4주 정도 기초선을 관찰한 후 개입 후의
변화상태를 확인하며, 위기 시에는 기초선을 보지 않고 바로 개
입하기도 한다.
ㄱ. 긴급한 상황에서는 기초선을 보기 어려우므로 BA설계는 개
입의 긴급성이 있는 상황에 적합하다.
ㄷ. 개입의 효과가 프로그램의 효과인지 아니면 외부사건에 의
한 변화인지 다시 기초선을 보면서 확인할 수 있으므로
ABAB설계는 AB설계에 비해 외부사건의 영향력에 대한 통
제력이 크다.
ㄹ. 복수기초선디자인은 AB조사를 여러 상황, 여러 문제, 여러
사람들에게 적용하는 방법으로 AB설계보다는 외부사건에
대한 통제력이 크다.

오답분석

ㄴ. B(놀이치료)의 효과가 있었는데 개입효과를 보기 위해 다시
기초선을 보고 다시 C(음악치료)로 개입효과를 본다면 기존
의 놀이치료의 효과가 음악치료의 효과에 영향을 미칠 수 있
어 ABAC설계는 선행효과 통제가 불가능하다.

41   정답 ②

정답분석

② 통계적 분석을 할 때 기초선이 불안정한 경우 경향선 분석이
적합하다.

오답분석

① 시각적 분석은 표적행동의 수준과 경향의 변화가 그래프에
서 시각적으로 나타나 있는가를 개입이 도입되거나 중단된
후에만 분석한다. 개입을 평가함에 있어서 파동, 경향, 수준
을 고려한다.
③ 평균비교방법은 기초선에서의 관찰값 평균과 개입국면에서
의 관찰값 평균을 비교하여 통계적으로 비교한다. 개입국면
이 (기초선의 평균)±2×(기초선의 표준편차)를 벗어나 위치
하면 통계적으로 차이가 있다고 본다.

④ 경향선은 기초선 관찰을 두 영역으로 나누고 각 영역의 평균을 구한 후 이 두 평균을 연결한 선으로, 경향성을 분석할 경우 두 영역으로 나누어 경향선을 구한다.

⑤ 실질적·임상적 분석은 개입으로 인한 표적행동의 변화량이 실질적·임상적 관점에서 판단하여 실천적 의미를 분석한다.

42　　　　　　　　　　　　　　　　　　정답 ④

정답분석
④ 무작위오류(비체계적 오류)는 일관성이 없어 발생하는 오류로 측정의 전 과정에서 항상 나타난다. 무작위오류를 발생시키는 것은 신뢰도가 낮은 척도이다.

오답분석
체계적 오류는 일정한 양태나 일관성이 존재하는 측정오류로 자료를 수집하는 방법(교수가 보는 앞에서 만족도 조사)이나 측정대상자들의 역학(집단 구성원에게 집단을 평가하면 평가 점수가 높은 현상)에서 발생하는 오류이다. 잘못된 측정도구로 인해 발생한다.
① 연구자가 의도한 문항에는 계속 오류가 발생하기 때문에 체계적 오류가 발생한다.
② 자신의 생각과 상관없이 좋은 모습으로 보이기 위해 응답할 경우 체계적 오류가 생긴다.
③ 타당도는 조사하고 싶은 것을 정확히 조사하는 것으로 측정의 오류가 나타날수록 타당도는 낮아진다.
⑤ 측정의 다각화는 두 가지 이상의 다양한 방법으로 자료를 수집하는 것으로 자료의 객관성이 높다.

43　　　　　　　　　　　　　　　　　　정답 ①

정답분석
ㄱ. 조작적 정의는 추상적인 개념들을 실제 현장에서 측정이 가능하도록 관찰 가능한 형태로 정의하고 개념적 정의를 벗어나지 않는 범위 안에서 측정이 가능하도록 구체화한 것이다.

오답분석
ㄴ. 조작적 정의를 하면 개념의 의미가 구체화된다.
ㄷ. 조작적 정의를 통해 개념이 더욱 구체화된다.
ㄹ. 조작적 정의가 없으면 측정이 불가능하여 가설 검증이 불가능하다.

44　　　　　　　　　　　　　　　　　　정답 ③

정답분석
표집오차는 모집단의 모수와 표본의 통계치 간의 차이를 의미하며 표집 그 자체의 속성과 본질에서 발생하는 오차로 조사대상자가 모집단을 대표하지 못할 때 나타난다. 표본이 크면 클수록 표본의 대표성에 대한 확신을 가질 수 있고 표본이 추출되는 모집단은 동질성이 클수록 표본의 대표성에 대한 확신을 가질 수

있다. 표본의 크기가 클수록, 확률표집을 할수록, 모집단이 동질적일수록 표집오차는 감소한다.
③ 동일한 조건이라면 표본의 크기가 커질수록 표집오차가 감소한다. 다만, 표본의 크기가 커질수록 작아지던 오차는 일정 수준에 도달하게 되면 더 이상 줄어들지 않는다.

오답분석
① 표준오차 ±3%, 신뢰수준 95%에서 시험 점수가 70점이라면 100번을 조사했을 때 95번은 67~73점이 나온다. 여기서 신뢰수준을 99%로 높이면 시험점수가 67~73점이 나올 확률보다 나오지 않을 확률이 높아진다. 신뢰수준을 99%로 높이려면 시험점수에 대한 표준오차를 ±3%보다 더 높게 잡아야 신뢰수준 99% 안에 들어올 확률이 높아진다. 신뢰수준을 95%에서 99%로 높이면 표집오차를 높여야 한다.
※ ①번 선지는 틀린 내용이나 해답 정정 신청에서 받아들여지지 않아, 정답은 ③번으로 표기하였고 그 대신 ①번 선지의 옳은 설명을 제시하였습니다.

45　　　　　　　　　　　　　　　　　　정답 ⑤

정답분석
연구의 엄격성은 연구를 통해서 얻을 수 있는 결과와 결과해석을 신뢰할 수 있는 정도를 의미한다. 질적 연구의 엄격성을 높이기 위한 방법으로는 다각적 접근방법의 활용(삼각측정), 연구자의 동료집단의 조언, 예외적인 사례분석, 연구대상을 통한 재확인, 장기간 관계형성, 감사자료 남기기 등이 있다.

46　　　　　　　　　　　　　　　　　　정답 ④

정답분석
④ 층화표집은 동질적인 집단이 이질적인 집단보다 표집오차가 더 작다는 확률분포의 논리에 기초하므로 표집오류를 줄이기 위해 층화표집방법(Stratified Sampling)을 사용할 수 있다.

오답분석
① 모집단을 가장 잘 대표하는 표본추출방법은 확률표집 중 하나인 단순무작위표집이다. 유의표집은 비확률표집으로 모집단을 가장 대표하지 못하는 표본추출방법이다.
② 모집단이 이질적인 경우에는 표본의 크기를 늘려야 한다. 모집단이 이질적인 요소로 구성될수록 표집오차가 커지므로 표본의 크기를 늘려야 한다.
③ 모든 모집단을 조사하는 전수조사는 모수(모집단의 특성)와 통계치(표본의 특성)의 구분이 불필요하다. 모수와 통계치는 표본조사에서 필요하다.
⑤ 체계적 표집방법(Systematic Sampling)은 모집단 목록에서 일정한 순서에 따라 매 K번째 요소를 표본으로 추출하는 방법으로 매 K번째는 무작위추출을 해야 한다. 목록 자체가 일정한 주기성을 갖지 않아야 한다.

47
정답 ②

오답분석

① 개별문항의 중요도를 차등화하는 척도는 서스톤척도이다. 리커트척도는 측정에 동원된 모든 항목들에 대한 동일한 가치를 부여한다.
③ 평정(Rating)척도는 리커트척도로 측정이 비교적 단순하여 양적 조사에서 보편적으로 사용되며, 구체적 행동을 평가한다.
④ 거트만(Guttman)척도는 개별 문항들을 서열화하는 구성을 취하고 개별항목들 자체에 서열성이 미리 부여되는 방식을 택한다. 단일차원적 내용을 분석할 때 사용된다.
⑤ 의미차별(Semantic Differential)척도는 어떤 개념을 평가하기 위해 양 끝에 반대되는 형용사(잘생김 – 못생김)를 배치하여 그 속성을 평가내리는 척도이다.

48
정답 ④

정답분석

ㄱ. 내용타당도는 측정하고자 하는 내용을 측정 문항들이 그 내용을 포함하고 있는지 보는 것으로 측정도구의 대표성 또는 표본 문항의 적절성을 의미한다.
ㄴ. 두 개의 측정도구로 측정한 결과를 비교했을 때 상관관계가 높게 나오면 동시적 타당도가 높다고 할 수 있다.
ㄹ. 측정하고자 하는 개념이 전반적인 이론적 틀 속에서 논리적으로나 실제적으로 적절한 관련성이 있는지를 검증하는 것은 구성타당도이다.

오답분석

ㄷ. 기준관련 타당도의 하위 타당도는 예측타당도와 동시타당도이다.

49
정답 ③

정답분석

신뢰도는 여러 번 조사해도 같은 값(결과)이 나타나는가를 의미한다. 신뢰도 측정방법에는 조사자 간 신뢰도, 검사 – 재검사법, 복수양식법(대안법), 반분법, 내적일관성 분석(크론바 알파)이 있다.
③ 상관관계가 높은 문항들을 범주화하여 하위요인을 구성하는 방법은 신뢰도 측정방법에 없다.

오답분석

① 동일한 상황에서 동일한 측정도구로 동일한 대상을 다시 측정하는 방법은 검사 – 재검사법이다.
② 측정도구를 반으로 나누어 두 개의 독립된 척도로 구성한 후 동일한 대상을 측정하는 방법은 반분법이다.
④ 동질성이 있는 두 개의 측정도구를 동일한 대상에게 측정하는 방법은 복수양식법(대안법)이다.

⑤ 전체 척도와 척도의 개별항목이 얼마나 상호 연관성이 있는지 분석하는 방법은 내적 일관성 분석이다.

50
정답 ②

정답분석

할당표집은 비확률표집으로 모집단을 속성에 따라 여러 개의 집단을 나누고 모집단을 편의대로 할당시켜 표본을 인위적으로 추출하는 방법이다. 층화표집법과 같은 방법을 사용하지만 층화표집은 무작위표집을 하고 할당표집은 인위적으로 표집을 한다는 점이 다르다.

2교시 사회복지실천

3과목 사회복지실천론

01	02	03	04	05	06	07	08	09	10
④	③	④	①	④	②	①	③	①	②
11	12	13	14	15	16	17	18	19	20
②	⑤	④	⑤	③	①	⑤	④	⑤	④
21	22	23	24	25					
②	⑤	②	①	③					

01
정답 ④

정답분석

ㄷ. 태화여자관은 1921년에 설립되었다.

ㄱ. 밀포드(Milford) 회의에서 사회복지실천의 공통요소를 발표한 시기는 1929년이다.

ㄴ. 1983년 「사회복지사업법」에 따라 국내에서 사회복지사 명칭을 사용하기 시작하였다.

ㄹ. 1987년 사회복지전문요원이 5대 직할시 행정기관에 처음으로 배치되었다.

02
정답 ③

정답분석

③ 누구의 편을 들지 않고 중립적인 입장에서 상호합의를 이끌어내는 사회복지사의 역할은 중재자이다.

오답분석

① 중개자는 클라이언트가 필요한 자원을 찾을 수 있도록 도와주거나 직접적으로 자원과 클라이언트를 연결해주는 역할이다.

② 조정자(통합자)는 클라이언트가 받아야 할 서비스가 흩어져 있거나 다양한 기관에서 산발적으로 주어지는 경우 이러한 서비스를 한 곳에서 서비스를 받을 수 있도록 정리하는 역할이다.

④ 옹호자(대변자)는 클라이언트 입장에서 정당성을 주장하고 기존 제도나 기관으로부터 클라이언트가 불이익을 받을 때 클라이언트를 위해 정보를 수집하고 요구사항을 분명히 하여 정책이나 제도를 변화시키는 역할이다.

⑤ 교육자(교사)는 클라이언트에게 정보를 주고 적응기술을 가르치는 역할로, 이 역할을 사회복지사가 수행하기 위해서는 그 기술과 관련된 지식을 가지고 있어야 하며 클라이언트가 이해할 수 있도록 명확히 전달할 수 있는 능력이 있어야 한다.

03
정답 ④

정답분석

④ 자기인식은 대인관계에 있어서 자신이 어떻게 보이고 또 어떤 성향을 가지고 있는지를 파악할 수 있는 능력이다.

오답분석

① 자기지시는 수립된 목표에 도달하는 방법을 계획하고 그 과정을 점검함으로써 수립된 목표에 효과적으로 도달하도록 하는 자기주도능력이다.

② 자기규제는 스스로 자신의 행동에 제약을 가하는 행위이다.

③ 자기노출은 사회복지사가 클라이언트에게 적절하다고 생각되는 자신의 경험을 함께 나눌 수 있는 능력이다.

⑤ 자기결정은 클라이언트의 권리와 요구를 인식하고 그들이 스스로 선택하고 결정할 수 있도록 하는 원칙이다.

04
정답 ①

정답분석

① 사회복지사가 클라이언트에게 주의해야 할 질문 형태는 '왜'라는 질문, 이중질문, 유도질문이다. 클라이언트가 방어적인 태도를 취할 수 있으므로 '왜'라는 질문은 피해야 한다.

오답분석

② 클라이언트가 자유롭게 대답할 수 있도록 하는 질문은 개방형 질문이다.

③ 사회복지사가 의도하는 특정 방향으로 이끌기 위해 유도질문을 사용하면 안 된다. 사회복지사가 기대하는 방향으로 거짓 답변을 할 수 있다.

④ 클라이언트에게 이중 또는 삼중 질문을 하면 클라이언트가 어떤 질문에 대답을 해야 할지 혼란스러워 할 수 있으므로 하나씩 질문하는 것이 좋다.

⑤ 클라이언트가 개인적으로 궁금해 하는 사적인 질문은 클라이언트의 문제해결에 관련이 있는 질문인 경우에 간결하게 대답하고 다시 초점을 클라이언트에게 옮기는 것이 좋다.

05
정답 ④

정답분석

생태도는 클라이언트를 의미하는 원을 중앙에 그린 후(ㄱ) 원 주변에 클라이언트의 환경요소들을 작성한다. 원 내부에는 클라이언트뿐 아니라 클라이언트의 가족을 그리고(ㄴ) 원 외부에는 가족과 상호작용하는 외부체계를 원으로 그린다(ㄷ). 화살표는 자원과 에너지의 흐름의 방향을 나타낸다.

오답분석

ㄹ. 원의 크기는 자원의 양, 실선은 긍정, 굵은 선은 강한 긍정, 점선은 약한 관계를 의미한다. 따라서 자원의 양은 '원'으로, 관계의 속성은 '선'으로 표시한다.

06 정답 ②

정답 ②

오답분석

① 해석은 클라이언트의 표현과 행동을 관찰하고 문제의 요인을 발견하여 클라이언트가 깨달을 수 있도록 도와주는 방법이다.

③ 직면은 클라이언트의 말과 행동이 일치하지 않거나 자신의 문제를 회피 또는 부정하는 것을 지적하는 방법이다.

④ 반영은 사회복지사가 클라이언트의 이야기를 듣고 이해한 것을 다시 말하는 방법으로 의미는 부여하지 않는다.

⑤ 재보증은 클라이언트가 자신의 능력이나 상황에 회의를 느끼고 있을 때 사회복지사가 신뢰를 표현함으로 자신감을 향상시키는 방법이다.

07 정답 ①

정답분석

① 민감성은 클라이언트의 이야기를 듣고 감정을 보고 듣는 것에 초점을 두어 비언어적 내용도 파악하는 것이다.

오답분석

② 진실성은 사회복지사가 클라이언트에게 자신의 감정과 반응을 있는 그대로 전달하는 능력이다.

③ 헌신은 사회복지사가 클라이언트의 문제를 해결하기 위해 노력하는 것이다.

④ 수용은 클라이언트를 있는 그대로 받아들이는 것이다.

⑤ 일치성은 사회복지사의 말과 행동이 일치한다는 것이다.

08 정답 ③

정답분석

빈민지역에 거주하며 지역사회 문제에 대한 집합적이고 개혁적인 해결을 강조한 것은 인보관운동이다.

> **PLUS +**
>
> 자선조직협회(COS)의 내용
> - 다수의 난립된 자선기관을 조정 및 통합을 통해 중복구호를 방지하고자 하였다.
> - 무급자원봉사자인 우애방문원이 빈곤 가정에 대한 조사를 통하여 필요한 원조를 제공하고 스스로 자립할 수 있도록 지원하였다.
> - 빈민을 가치 있는 자와 가치 없는 자로 구분, 원조 대상을 가치 있는 자로 한정하였다. 가치 있는 자는 자활 의지가 있는, 근검절약하는, 선량한 성격을 가진 자들이다.
> - 빈곤은 빈민의 성격이나 생활방식에 있다고 생각하여 구빈비 사용을 반대하였다.
> - 빈곤은 개인적 문제이기 때문에 사회개혁이 아니라 빈민의 변화에 핵심이 있다.
> - 게으름이나 음주 등의 무책임한 행동의 결과가 빈곤이다.
> - 빈민에게 물고기를 주지 말고 물고기 잡는 방법을 가르쳐 주자는 슬로건을 가지고 있다.
> - 우애방문원의 빈곤 가정에 대한 조사는 개별사회사업으로 발전하였다.
> - 빈곤에 대한 사회적 기반을 경시하였다는 점은 비판을 받고 있다.
> - 독일의 엘버펠트 제도를 모방하였고 인도주의, 박애주의의 기본철학과 사회진화론에 바탕을 두었다.

09 정답 ①

정답분석

개인주의는 두 가지 형태로 나타나는데 하나는 개인의 권리와 의무의 강조이고 또 다른 하나는 수혜자격 축소의 강조이다. 개인의 권리와 의무가 강조되면서 빈곤의 문제를 개인에게 책임 전가하였고 이러한 빈곤한 자들에게 사회복지서비스를 실시하면서도 최소한의 수혜자격 원칙을 적용하여 저임금 노동자들보다 더 낮은 혜택을 받도록 정책을 펼쳤다. 반면 사회복지실천에서는 클라이언트의 개인적 특성을 중시하여 개별화에 중점을 두고 있다.

오답분석

ㄹ. 사회적 책임 중시는 개인주의가 아닌 민주주의에 대한 내용이다. 민주주의에서는 빈곤이 개인의 문제가 아니라 환경의 문제로 인하여 발생했다는 생각으로 사회적 책임을 강조한다.

10 정답 ②

정답분석

거시수준의 실천방법은 지역사회나 전체사회를 주요 대상으로 하고 문제해결을 위한 정책수립, 프로그램의 개발, 홍보·교육 활동 등을 수행한다. 클라이언트의 문제를 직접 해결해 주는 것이 아니라 문제를 해결할 수 있도록 사회복지정책을 개발하거나 정책대안을 제시하는 간접적인 서비스를 제공한다.

② 부모와 자녀의 관계증진을 위한 소집단프로그램을 진행하는 수준은 미시수준이다. 미시수준은 개인과 가족을 주요 대상으로 하고 클라이언트가 문제를 잘 해결할 수 있도록 상담을 제공하거나 클라이언트의 능력을 향상시키도록 돕는다.

11 정답 ②

정답분석

② 임파워먼트모델은 클라이언트를 문제 중심으로 보는 것이 아니라 강점 중심으로 봄으로써 클라이언트의 잠재력 및 자원을 인정하고 클라이언트가 건강한 삶을 결정할 수 있도록 권한 혹은 힘을 부여하는 것이다. 개입과정은 대화단계, 발견단계, 발전단계로 구성된다.

① 의료모델은 전통적인 방법으로 특정 문제를 중심으로 개입하는 모델이다.

③ 사례관리모델은 복합적인 문제를 가진 클라이언트의 욕구를 충족시키기 위하여 공식적·비공식적 자원을 연결해주는 단순한 간접서비스뿐 아니라 직접서비스까지 모두 포함하는 활동이다.

④ 생활모델은 인간과 환경의 상호작용에 초점을 두고 개인, 집단, 지역사회에 개입할 수 있는 원칙과 기술을 통합한 것으로 목표는 치료를 제공하는 것이 아니라 개인의 잠재력을 표현하도록 격려하고 지속시킬 수 있는 환경을 만들어 그 환경에 잘 적응할 수 있도록 변화시키는 것이다.

⑤ 문제해결모델은 문제해결을 초점으로 삼고 클라이언트의 대처능력 강화에 두며, 개인의 문제를 치료하는 것보다는 문제에 대처하도록 문제해결 능력을 회복시키는 데 초점을 둔다.

12 정답 ⑤

정답분석

서비스 영역별로 분화되고 전문화된 접근은 전통적 접근방법이다. 분화되고 접근하기 어려워 통합적 접근방법이 등장하였다.

PLUS +

통합적 접근방법의 특징
- 사회복지의 지식은 과거의 심리내적인 정신 역동적 측면으로부터 상황 속의 인간을 이해하고자 하는 일반체계이론까지 확대된 개념을 사용한다.
- 사회복지사가 사회적 기능수행 영역까지 개입해야 한다고 강조한다.
- 병리적인 것보다 강점을 더 강조한다.
- 클라이언트의 잠재성을 인정하고 잠재성이 개발될 수 있다고 보는 미래지향적인 접근을 강조한다.
- 사회복지사는 미시적 수준에서부터 거시적 수준의 실천까지 다양한 체계에 개입한다.
- 클라이언트의 존엄성을 인정하고 클라이언트의 참여와 자기결정 및 개별화를 극대화할 것을 강조한다.
- 다양한 클라이언트의 수준에 맞는 다양한 모델과 기술을 활용하여 접근할 수 있다.
- 문제에 맞는 접근법을 활용하고, 경험적으로 검증된 개입방법을 우선적으로 적용한다.

13 정답 ④

정답분석

노인보호전문기관은 학대받는 노인의 발견·보호·치료 등을 신속히 처리하고 노인학대를 예방하기 위하여 설치된 기관이다. 중앙노인보호전문기관은 정책, 프로그램 개발 등의 업무를 실행

하고 지역노인보호전문기관은 상담이나 현장조사, 사례접수를 한다. 주거서비스를 제공하지 않으므로 이용시설에 해당된다.

PLUS +

사회복지실천현장
- 1차 현장 : 사회복지사가 주를 이루는 현장으로, 사회복지사가 다른 전문가보다 더 많이 있는 현장이다.
  예 복지관, 아동복지시설, 노인복지시설, 장애인복지시설 등
- 2차 현장 : 사회복지사가 객을 이루는 현장으로 사회복지사보다 다른 전문가들이 더 많이 있는 현장이다.
  예 학교, 공공기관, 병원, 군, 기업, 보호관찰소 등
- 생활시설 : 클라이언트의 주거를 포함한 모든 사회복지서비스를 제공하는 시설이다.
  예 보육원, 양로원, 공동생활가정, 청소년 쉼터 등
- 이용시설 : 지역사회에서 생활하고 있는 클라이언트에게 필요한 사회복지서비스를 제공하는 시설이다.
  예 사회복지관, 지역아동센터, 주간보호센터, 쪽방상담소 등

14 정답 ⑤

정답분석

문제해결과정모델 – 콤튼과 갤러웨이의 6체계 모델
- 변화매개체계 : 사회복지사와 사회복지사를 고용하고 있는 기관 및 조직을 의미한다.
- 클라이언트체계 : 자신이 처한 문제를 해결하기 위해 서비스나 도움을 필요로 하는 사람들을 의미한다.
- 표적체계 : 변화매개인이 클라이언트를 변화시키기 위하여 변화시킬 필요가 있는 사람들을 의미한다.
- 행동체계 : 클라이언트를 변화시키기 위해 상호작용하는 사람들을 의미한다.
- 전문체계 : 전문가 단체, 전문가를 육성하는 교육체계 등을 의미한다.
- 의뢰응답체계 : 클라이언트가 다른 사람의 요청이나 법원, 경찰 등에 의해 강제로 오게 된 경우로 서비스를 요청한 사람을 의뢰체계라 하고, 강요에 의해서 오게 된 사람을 응답체계라 한다.

15 정답 ③

정답분석

전문적 관계는 사회복지사의 이익과 욕구 충족을 위한 일방적 관계가 아니라 클라이언트의 문제를 해결하거나 적응시키는 분명한 목적을 가지고 제한된 시간 안에서 이루어지는 특수한 관계이다. 전문적 관계에서 클라이언트는 도움을 요청하고 사회복지사는 클라이언트의 이익과 욕구 충족을 위해 전문적인 도움을 준다.

16 정답 ①

정답분석

① 의도적 감정표현은 클라이언트가 자신의 감정, 특히 부정적인 감정을 자유롭게 표현하고자 하는 욕구로 사회복지사는 클라이언트에게 편안한 분위기를 조성하여 클라이언트가 자신의 감정을 표현할 수 있도록 격려해야 한다. 필요한 경우에는 클라이언트가 감정을 자유롭게 표현할 수 있도록 자극하고 격려해 주어야 한다.

오답분석

② 클라이언트의 감정이나 태도를 있는 그대로 받아들이고 존중하는 것은 수용이다.
③ 목적달성을 위한 방안들의 장·단점을 설명하고 클라이언트가 스스로 선택하도록 하는 것은 클라이언트의 자기결정이다.
④ 공감을 받고 싶어 하는 클라이언트의 욕구에 따라 클라이언트에게 공감하는 반응을 표현하는 것은 통제된 정서적 관여이다.
⑤ 사회복지사 자신의 생각과 느낌, 개인적인 경험을 이야기하는 것은 관계의 원칙에 해당하지 않는다.

17 정답 ⑤

정답분석

서비스의 지속성은 클라이언트의 욕구에 맞게 제공되는 서비스는 일회성이 아니라 지속적으로 제공되어야 한다는 원칙이다.

PLUS +

사례관리 개입원칙
- 서비스의 개별화 : 클라이언트가 가지고 있는 문제는 같은 문제이더라도 서로 다른 욕구와 강점이 있기 때문에 욕구와 강점에 맞는 서비스를 개발하여 제공해야 한다.
- 클라이언트의 자율성 극대화 : 클라이언트에게 선택할 자유를 주어 자신이 받아야 할 기관의 서비스를 스스로 결정할 수 있도록 해야 한다.
- 서비스의 접근성 : 클라이언트에게 좋은 서비스일지라도 접근하기 어려움이 있을 경우에는 서비스 효과를 볼 수 없으므로 최대한 서비스에 대한 접근성을 높여야 한다.
- 복잡하고 분리되어 있는 서비스 전달체계 연결 : 클라이언트에게 서비스의 정보를 제공하고 서로 연결하여 서비스 효과를 높이기 위하여 복잡하고 분리되어 있는 서비스를 연결해야 한다.
- 클라이언트의 욕구 충족 : 클라이언트의 다양한 욕구가 충족될 수 있도록 다양한 분야에서 서비스를 제공해야 한다.
- 서비스 제공의 포괄성 : 클라이언트의 욕구가 다양하기에 욕구를 충족하기 위하여 포괄적인 서비스를 제공할 수 있어야 한다.

18 정답 ④

오답분석

① 클라이언트와 전문적 관계를 형성할 때에는 개선의 여지와는 관계없이 전문적 관계를 형성해야 한다.
② 사회복지사는 클라이언트의 감정에 이입되어 면담을 실시해야 한다. 클라이언트를 이해하지 못한다면 면담을 지속할 수 없다.
③ 사회복지사와 생각이 다른 클라이언트의 의견도 수용해야 한다. 클라이언트와 사회복지사는 생각이 같을 수 없다.
⑤ 클라이언트 특성이나 상황이 일반적인 경우와 다를 경우 클라이언트의 특성이나 상황에 맞는 개별화된 서비스를 제공해야 한다.

PLUS +

원조관계에서 비밀보장이 유보될 수 있는 경우
비밀보장은 클라이언트 자신의 비밀을 간직하려는 욕구이다. 하지만 비밀보장이 유보될 수 있는 상황이 있다.
- 전문가들의 서비스에 필요한 정보교환을 하는 경우
- 학생이나 실습생 등 지도를 위해 슈퍼바이저에게 보고하는 경우
- 기관에 기록보관이나 동료들과의 사례회의를 하는 경우
- 클라이언트나 타인의 생명을 위협하는 경우
- 법원으로부터 클라이언트의 정보공개 명령을 받았을 경우

19 정답 ⑤

정답분석

자료수집 방법
- 클라이언트의 구두보고
- 클라이언트의 비언어적 행동 관찰
- 클라이언트의 자기 모니터링
- 부수적 출처 정보
- 심리검사
- 사회복지사의 관찰
- 사회복지사의 개인적 경험

20 정답 ④

정답분석

결과우선의 가치는 클라이언트에게 서비스를 제공하고 초래되는 결과에 대한 가치관으로, 사회참여에 대하여 동등한 기회를 제공해야 한다는 사회적 책임에 대한 믿음이다.

21
정답 ②

정답분석

ㄹ. 일반화는 클라이언트가 사고, 감정, 행동에 대한 자신만의 심각한 문제가 있다고 생각하는 것에 대하여 다른 사람들도 클라이언트의 문제와 같은 경험을 하기에 클라이언트만 겪는 문제가 아니라는 것을 지적하여 다른 사람으로부터 소외시키거나 일탈감이 생기지 않게 하는 기술이다.

22
정답 ⑤

정답분석

사회복지서비스 공급주체가 지방정부에서 중앙정부로 변화한 것이 아니라 사회복지서비스 공급주체가 중앙정부에서 지방정부로 변화한 것이다.

23
정답 ②

오답분석

의사소통교육, 부모교육, 가족상담, 사회기술훈련은 사회복지사가 클라이언트에게 직접적으로 서비스를 제공하는 것으로 직접실천에 해당한다.

> **PLUS +**
>
> 사회복지사의 개입
> - 간접적 실천은 사회복지사가 클라이언트의 욕구나 문제를 해결하기 위하여 직접 해결하는 것이 아니라 지역사회, 자원과 연계하는 것을 의미한다.
>   예 공청회, 홍보활동, 프로그램 개발, 예산확보, 캠페인, 옹호, 서비스 조정
> - 직접적 실천은 사회복지사가 클라이언트의 욕구나 문제를 해결하기 위하여 직접 클라이언트의 문제를 해결하는 것을 의미한다. 예 정보제공, 가족치료, 상담

24
정답 ①

정답분석

① 점검은 서비스와 지원이 잘 이루어지고 있는지 확인하는 것으로 사례관리의 기능 중에서 매우 중요하다. 서비스 계획이 적절하게 이루어지는지와 클라이언트에 관한 서비스 및 지원계획의 목표에 대한 성취여부, 서비스와 사회적 지지의 산출 여부, 클라이언트의 욕구변화를 점검하여 서비스 계획의 변화 여부를 검토한다.

오답분석

② 계획은 사정에서 수집한 정보를 가지고 클라이언트에게 도움이 되는 행동으로 전환하는 과정이다.

③ 사후관리는 클라이언트와 사회복지사의 공식적 관계가 종료된 후 시간이 지나고 클라이언트가 잘 적응하고 있는지 점검하는 과정이다.

④ 아웃리치는 사회복지사가 클라이언트를 찾아 접수하는 방식이다.

⑤ 사정은 클라이언트의 강점, 욕구, 능력, 자원, 잠재능력 등 환경을 포함한 모든 상황을 이해하는 과정이다.

25
정답 ③

정답분석

사례회의를 통해 생활 형편이 어려운 가정의 아동에게 재정 후원자를 연결해 주는 역할은 중개자이다. 협상가는 갈등상황에 놓인 클라이언트와 기관 사이에서 상호합의를 이끌어내기 위해 타협하는 역할이다. 양쪽이 모두 잘 되기를 바란다는 점에서 중재자와 비슷하나 협상가는 클라이언트 편에 서서 타협을 이끌어 낸다.

정답 및 해설

4과목 사회복지실천기술론									
26	27	28	29	30	31	32	33	34	35
③	④	②	④	②	①	④	①	②	④
36	37	38	39	40	41	42	43	44	45
②	④	③	③	②	⑤	③	③	⑤	④
46	47	48	49	50					
⑤	①	③	①	⑤					

26 정답 ③

정답분석

사회복지실천에 영향을 주는 지식은 다양하며, 사회복지실천에 영향을 주는 정도에 따라 패러다임, 시각(관점), 이론, 모델, 실천지혜로 구분된다.

③ 실천지혜는 사회복지현장에서 경험을 통해 만들어진 지식으로 주관적이고 구체적으로 명시할 수 없으며 사회복지사의 경험으로 만들어져 실천활동의 원칙과 방식을 구조화할 수 없다.

오답분석

① 이론은 실천현장에서 클라이언트의 현상을 설명하기 위한 학자들의 가설이나 의미이다.

② 시각(관점)은 개념적 준거틀로서 관심영역과 가치, 대상들을 규정하는 사고체계이다.

④ 패러다임은 가장 추상적인 틀로 인식의 방향을 결정하는 데 영향을 미친다.

⑤ 모델은 이론을 기반으로 하고 실천현장에서 필요한 개입기술을 포함하여 실천활동을 구조화시킨다.

27 정답 ④

정답분석

위기개입모델은 위험상황을 경험하고 클라이언트의 능력으로 대처할 수 없는 불균형 상태를 위기로 보며, 위기상황에 신속하게 대처하여 스트레스가 높은 상황에 있는 클라이언트를 단기적으로 원조하는 모델이다. 위기상황과 직접적으로 관련된 문제에 초점을 두고 간결하게 사회복지사가 직접적이고 적극적인 역할을 한다.

④ 위기발달단계는 위험사건단계 → 취약단계 → 위기촉발요인단계 → 실제위기단계 → 회복(재통합)단계로 구성된다. 촉발요인이 발생한 후에 취약단계로 넘어가는 것이 아니라 취약단계 이후 위기촉발요인단계로 넘어간다.

28 정답 ②

오답분석

① 클라이언트의 부적응에 초점을 두는 것이 아니라 강점에 초점을 둔다.

③ 문제의 원인을 클라이언트의 심리 내적 요인에서 찾는 이론은 정신분석이론이다.

④ 클라이언트의 문제를 자원 혹은 기술 부족으로 보는 것이 아니라 클라이언트는 문제를 해결할 수 있는 능력이 있다고 보고 강점에 초점을 둔다.

⑤ 문제와 관련이 있는 환경과 자원을 사정하고 개입 방안을 강조하는 것이 아니라 문제보다는 강점에 초점을 둔다.

29 정답 ④

정답분석

'시험보는 날인데 아침에 미역국을 먹었으니 나는 떨어질 거야.'는 미역국과 시험에서 떨어지는 것과는 아무런 관련이 없음에도 잘못된 결론을 내리는 것으로 임의적 추론에 해당한다.

PLUS +

인지적 오류

• 임의적 추론은 충분한 근거가 없고 반대 증거가 있음에도 불구하고 잘못된 결론을 내리는 것이다.

• 선택적 축약은 문제의 전체를 보는 것이 아니라 소수의 부분만 보고 결론을 내리든지 많은 장점들 중에서 한 가지 단점에 집착하는 것이다.

• 과잉일반화는 한두 가지 사건의 결과를 가지고 관련된 사건이나 관련되지 않은 사건의 모든 결과에 대입하는 것이다.

• 극대화와 극소화는 어떠한 사건에 대한 작은 사실을 크게 확대하거나 큰 사실을 작게 왜곡하는 것이다.

• 개인화는 나와 아무런 상관이 없는 일을 나와 상관이 있는 일인 것처럼 이야기하는 것이다.

• 이분법적 사고는 양극단적인 사고로 융통성이 없으며 어떤 것을 선택하는 데 있어 모 아니면 도, 성공 아니면 실패처럼 극단적으로 이해하려는 경향을 의미한다.

30 정답 ②

정답분석

인지행동모델은 클라이언트의 왜곡되고 역기능적인 신념이 행동에 영향을 미친다는 가정하에 신념을 변화시킴으로써 감정이나 행동을 수정하게 된다. 클라이언트의 주관적 의미를 중요시하고 클라이언트와 사회복지사의 협력적 관계를 유지한다. 클라이언트가 개입에 대하여 이해하게 되면 개입기간은 줄어들게 되고 목표를 지향하고 구조화된 접근방식으로 개입이 단기화될 수 있다. 문제해결과 원인탐색을 위해 과거의 경험이나 무의식

에 집착하는 것이 아니라 현재가 중심이 되고 지금·여기를 강조한다.
② 클라이언트의 강점과 자원을 문제해결의 주요 요소로 보는 모델은 임파워먼트(역량강화)모델이다.

31

정답분석

① 소거 : 부적 처벌의 원리를 이용하여 바람직하지 않은 행동을 중단시키는 것이 아니라 강화를 통해 증가한 반응이 강화를 받지 못하면 줄어들거나 사라지는 현상이다.

오답분석

② 시연 : 문제 상황이 생겼을 경우에 그 문제에 어떻게 대처할 것인지 반복적으로 미리 연습하여 문제에 적절한 대처를 할 수 있도록 준비하는 기법이다.
③ 행동조성 : 복잡한 행동이나 기술을 학습하는 데 있어 기대하는 반응이나 행동을 학습할 수 있도록 행동을 강화해 점진적으로 만들어가는 것을 의미한다.
④ 체계적 둔감화 : 불안을 일으키는 자극을 행동적으로 분석하고 불안유발상황에 대한 위계목록을 작성한 다음 이완훈련을 시키고 불안을 유발하는 상황을 상상하게 하여 치료하는 기법이다.
⑤ 내적 의사소통의 명료화 : 클라이언트가 자신의 생각과 이야기 속에 감춰진 인지적 오류와 비합리적인 신념에 대해 통찰하도록 클라이언트 스스로에게 피드백을 주는 기법이다.

32

정답분석

ㄴ. 클라이언트중심모델은 비지시적인 모델로서, 기존의 지시적인 접근법에서의 치료자와 클라이언트 간의 위계적인 관계를 수평적·협력적인 관계로 전환시켰다. 즉, 클라이언트에게 해석을 내리는 권위주의적 관계구조에 반대하며, 클라이언트와 사회복지사 간의 인간적인 관계를 중시한다. 모든 인간이 자기실현의 욕구를 가지고 있으며, 자신의 모든 능력을 개발하려는 타고난 성향을 가지고 있다고 보았다. 따라서 클라이언트의 자기성장을 향한 잠재력이 발현될 수 있는 분위기를 조성하는 데 목표를 둔다.
ㄷ. 임파워먼트모델은 클라이언트를 강점 중심으로 봄으로써 클라이언트의 잠재력 및 자원을 인정하고 클라이언트가 건강한 삶을 결정할 수 있도록 권한 혹은 힘을 부여하는 것이다. 클라이언트에게 권한을 부여하여 스스로 자신의 문제를 해결할 수 있도록 능력을 향상시켜 준다.
ㄹ. 과제중심모델은 클라이언트가 인식한 문제를 사회복지사가 인정하였을 때 그 문제가 과제가 된다. 클라이언트와 사회복지사가 합의한 문제가 과제가 되고 문제를 규명할 때에는 사회복지사의 관점이 아니라 클라이언트의 관점에 우선한다.

오답분석

ㄱ. 위기개입모델에서의 위기란 '위협적 혹은 외상적 위험사건을 경험함으로써 취약해지면서 여태까지의 대처전략으로는 스트레스나 외상에 대처하거나 경감할 수 없는 불균형의 상태가 되는 것' 또는 '어떠한 문제를 해결하지 못하여 정서적으로 심각한 혼란을 경험하는 상태'라고 하였다. 위기는 개인이 사건을 보는 관점에 따라 다르게 인식되는데, 같은 상황에 대해 위기로 느끼는 사람이 있는가 하면 위기가 아니라고 느끼는 사람도 있다. 따라서 사건보다는 클라이언트의 주관적인 인식이 더 중요하다.

33

정답분석

① 관계성 질문은 클라이언트와 중요한 관계를 가지고 있는 사람들에 대한 질문으로 "재혼하신 아버지는 이 문제를 어떻게 생각하실까요?"라고 클라이언트의 아버지가 문제에 대해 어떻게 생각하는지 물어보았으므로 옳은 예이다.

오답분석

② "처음 상담했을 때와 지금의 스트레스 수준을 비교한다면 지금은 몇 점인가요?"라는 질문은 척도질문이다.
③ "어떻게 하면 그 문제가 발생하지 않을 것 같나요?"라는 질문은 예외질문이다.
④ "당신은 그 어려운 상황에서 어떻게 견딜 수 있었나요?"라는 질문은 대처질문이다.
⑤ "처음 상담을 약속했을 때와 지금은 무엇이 어떻게 달라졌는지 말씀해 주세요."라는 질문은 치료 면담 전의 변화에 대한 질문이다.

PLUS +

해결중심모델 질문기법의 예
• 치료 면담 전의 변화에 대한 질문 : "상담예약을 하신 후부터 지금까지 시간이 좀 지났는데 그동안 상황이 좀 바뀌었나요? 그렇다면 무엇이 어떻게 달라졌는지 말씀해 주세요."
• 예외 질문 : "아드님과의 관계가 지금보다 조금이라도 나았을 때는 언제였나요?", "두 분이 매일 싸우신다고 말씀하셨는데, 혹시 싸우지 않은 날은 없었나요?"
• 기적질문 : "간밤에 기적이 일어나 걱정하던 문제가 해결되었다고 생각해 보세요. 당신은 주변에 무엇을 보고 기적이 일어난 것을 알 수 있을까요?"
• 대처질문 : "어려운 상황 속에서도 더 나빠지지 않고 견뎌낼 수 있었던 것은 무엇 때문이라고 생각하십니까?"
• 척도질문 : "처음 상담에 오셨을 때가 0점이고 개입 목표가 달성된 상태를 10점이라고 한다면, 지금 당신의 상태는 몇 점입니까?"

정답 및 해설

2023년 21회 기출문제 **245**

34　정답 ②

정답분석

② 지시적 기법(직접적 영향 주기)은 사회복지사는 조언이나 제안, 지시 등을 통하여 클라이언트의 행동을 변화시키기 위한 방법으로 판단을 내리기 어렵거나 위기상황에 사용하는 방법이다. 지문은 사회복지사가 클라이언트에게 개입의 방법을 제안하여 문제를 해결하려고 한다.

오답분석

① 지지적 기법(받쳐주기)은 클라이언트의 문제행동능력에 대한 확신을 표현하여 클라이언트가 느끼는 불안을 감소시키고 자아존중감을 향상시키기 위한 방법으로 개입 초기뿐 아니라 치료전반에 걸쳐 사용되는 방법이다.

③ 탐색, 기술, 환기법(카타르시스, 정화법)은 클라이언트의 문제가 환경과 어떤 상호작용을 하고 있는지 이해하고 설명할 수 있도록 하고 나아가 감정까지도 밖으로 표출할 수 있도록 도와주는 방법이다.

④ 클라이언트 환경에 관한 반성적 고찰은 클라이언트의 환경과 타인과의 상호작용에 대한 인식, 생각, 감정을 잘 알 수 있도록 도와 클라이언트가 문제를 확실히 이해하고 행동이 변할 수 있게 하는 기술이다.

⑤ 유형 – 역동에 관한 반성적 고찰은 클라이언트의 성격이나 행동, 방어기제, 특징 등 심리내적 요소에 대하여 이해할 수 있도록 원조하는 것이다.

35　정답 ④

정답분석

ㄱ. 직면은 클라이언트의 자기 인식을 증진시키고 변화를 촉진시키기 위한 기술로 클라이언트의 문제를 지속시키는 감정, 행동, 사고를 직접 지적하는 기술이다.

ㄴ. 해석은 클라이언트의 꿈, 자유연상, 저항, 전이 등을 분석하고 그 의미를 설명하며 때로는 가르치는 것이다.

ㄷ. 전이는 클라이언트가 어린 시절에 억눌려 있던 경험 또는 기억들이 사회복지사를 통하여 그 경험과 기억이 되살아나는 것을 의미한다.

오답분석

ㄹ. 저항이나 전이에 대한 이해를 심화·확장하여 통합적으로 이해하도록 하는 기법은 훈습이다. 명료화는 사회복지사는 자신이 클라이언트가 한 이야기를 잘 이해하고 있는지 다시 물어보는 방법으로 클라이언트의 메시지가 추상적이거나 혼란스러운 경우 구체적으로 표현하도록 하는 방법이다.

36　정답 ②

정답분석

② 요약은 면접을 시작하거나 마칠 때 혹은 새로운 주제로 전환하려고 할 때나 한 회기가 지나고 다음 회기로 넘어가기 전에 지난 회기에 논의된 내용을 간단히 요약하여 핵심을 잡아주는 것이다.

오답분석

① 반영은 클라이언트의 말과 행동에서 표현된 기본적인 생각, 감정, 태도를 사회복지사가 다른 참신한 말로 부연해 주는 기술이다.

③ 해석은 클라이언트의 표현과 행동을 관찰하고 문제의 요인을 발견하여 클라이언트가 깨달을 수 있도록 도와주는 방법이다.

④ 직면은 클라이언트의 자기 인식을 증진시키고 변화를 촉진시키기 위한 기술로 클라이언트의 문제를 지속시키는 감정, 행동, 사고를 직접 지적하는 기술이다.

⑤ 초점화는 면접의 주제와 벗어난 이야기할 경우 다시 주제로 되돌아오는 방법이다.

37　정답 ④

정답분석

가족문제의 원인은 단선적 관점으로 파악하는 것이 아니라 순환적 인과관계로 파악해야 한다. 가족의 한 구성원의 영향이 가족의 모든 구성원에게 영향을 미치고 다시 그 영향으로 인해 구성원이 영향을 받아 가족 전체에게 영향을 미치기 때문이다.

38　정답 ③

정답분석

③ 경계선 만들기는 가족 구성원의 경계가 너무 밀착되거나 분리된 경우 경계선을 수정하는 방법이다. 사회복지사는 어머니와 딸의 관계는 분리되어 있고 아버지와 딸의 관계는 밀착되어 있어서 어머니와 딸의 관계는 밀착되게 하고, 아버지와 딸의 관계는 분리되게 하려고 경계만들기를 실시하였다.

오답분석

① 합류는 사회복지사가 클라이언트 가족에 합류하여 가족의 규칙과 행동을 이해하면 클라이언트 가족은 사회복지사를 받아들여 가족의 문제를 다각인 측면에서 해결하는 방법이다.

② 역설적 지시는 문제행동을 계속하도록 지시하여 역설적 치료 상황을 조장하는 것이다.

④ 증상처방은 사회복지사는 클라이언트에게 도움이 되지만 실천하기 다소 어려운 행동을 할 수 있도록 지시하는 방법이다.

⑤ 가족조각은 가족관계를 조각으로 표현하여 가족에 대한 성원들의 인식을 파악하는 기법이다.

39
정답 ③

정답분석

A씨의 문제는 알코올 중독과 대화 단절, 학대의 문제가 발생하고 있다는 점이다. A씨의 알코올 중독으로 인하여 아버지로부터 학대가 발생하고 대화가 단절되고 있으므로 이 문제들을 해결하기 위해서는 A씨의 알코올 중독을 먼저 치료하는 것이 중요하다.

40
정답 ②

정답분석

가족경계는 경직된(유리된) 경계, 희미된(밀착된) 경계, 명료한(명확한) 경계로 이루어진다. 경직된(유리된) 경계는 가족 간 상호작용이 거의 없는 관계이고 희미된(밀착된) 경계는 가족 간 상호작용이 지나치게 높아 자율성이 없는 관계이다. 명료한(명확한) 경계는 가족 간 상호작용이 밀착되지도 유리되지 않아 융통성이 있는 관계이다.
② 하위체계의 경계가 희미한 경우에는 가족 간 상호작용이 지나치게 높아 감정의 합일현상(둘 이상이 하나가 되는 현상)이 증가한다.

오답분석

① 하위체계의 경계가 경직된 경우에는 가족 간 상호작용이 없어 간섭이 감소한다.
③ 하위체계의 경계가 경직된 경우에는 가족 간 상호작용이 없어 가족의 보호 기능이 약화된다.
④ 하위체계의 경계가 희미한 경우에는 가족 간 상호작용이 지나치게 높아 가족 간 의사소통이 증가한다.
⑤ 하위체계의 경계가 경직된 경우에는 가족 간 상호작용이 없어 가족 구성원이 독립적으로 행동한다.

41
정답 ⑤

정답분석

가족사정은 가족을 하나의 단위로 보고 가족 내부 및 외부 요인, 양자 간의 상호작용 등을 파악하기 위해 자료를 수집, 분석, 종합하여 그 가족에 대한 개입을 계획하는 일련의 과정이다. 가족의 문제는 무엇인지, 가족의 관계는 어떠한지 등 자료를 수집하고 분석하여 개입을 계획하는 일련의 과정이다.

42
정답 ③

정답분석

경험적 모델에는 의사소통유형, 가족조각, 역할극(역할연습), 가족그림, 접촉, 유머, 은유 등이 있다. 문제의 외현화는 이야기치료의 기법이다.

PLUS +

가족실천모델에 대한 기법

모델	기법
보웬모델 (다세대가족치료)	자아분화 및 분화촉진, 삼각관계 및 탈삼각화, 다세대 전수과정, 가계도, 코칭 등
구조적 모델	하위체계, 경계 만들기, 합류하기, 실연, 긴장고조시키기, 과제부여, 역기능적 균형 깨뜨리기 등
전략적 모델	직접적 지시, 역설적 지시, 증상처방, 변화제지, 순환질문, 긍정적 의미부여, 재정의, 시련기법, 이중구속 메시지 등
해결중심모델	치료 면담 전의 변화에 대한 질문, 예외질문, 기적질문, 대처질문, 척도질문, 관계성질문 등

43
정답 ③

정답분석

정화란 집단 내의 비교적 안전한 분위기 속에서 집단 성원이 그동안 억압되어 온 감정을 자유롭게 발산하는 것을 말한다. 다양한 성원들로부터 새로운 행동을 학습하면서는 정화 효과를 얻을 수 없고, 구성원이 바뀌지 않는 폐쇄집단에서 정화가 나타난다.

44
정답 ⑤

정답분석

집단 성원의 참여 자격, 공동지도자 참여 여부, 집단 성원 모집방식과 절차, 집단의 회기별 주제 등 모두 계획단계에서 고려할 사항이다.

45
정답 ④

정답분석

성과평가는 프로그램 운영이 끝날 때 행해지는 평가조사로서, 해당 프로그램이 달성하고자 했던 목표를 얼마나 잘 성취했는가의 여부를 평가한다.
④ 델파이기법은 전문가들이 직접적으로 대면하지 않고 우편을 통하여 합의점을 도출하는 방법이다. 집단의 목표달성을 평가하는 데 프로그램에 참여하지 않은 전문가를 조사한다고 해도 프로그램 이후 변화상태를 알 수 없다. 델파이기법은 익명성이 중요한데 집단에서 프로그램에 참여했다면 익명성이 보장될 수 없다.

오답분석

① 사전사후검사는 사전검사 후 사후검사를 통하여 프로그램이 어떤 영향이 있었는가 검사하는 방법으로 변화상태를 알아볼 수 있다.

② 개별인터뷰는 프로그램에 참여했던 집단 구성원의 목표달성을 물어볼 수 있어 변화상태를 알아볼 수 있다.

③ 단일사례설계는 기초선을 보고 프로그램 진행 후 변화상태를 알아볼 수 있다.

⑤ 초점집단면접은 6~10명 정도의 소집단으로 구성되며 여러 명이 동시에 질의와 응답에 참여할 수 있고, 집중적인 토론에 유용한 방법으로 프로그램 진행 후 토론을 통해 변화상태를 알아볼 수 있다.

46 정답 ⑤

정답분석

사회기술훈련은 대인관계에 어려움이 있는 사람들을 대상으로 대인관계 기술을 향상시키는 방법으로 코칭, 역할극, 모델링, 과제부여, 자기옹호, 강화, 시연, 직접적 지시 등이 있다. 시연을 통해 문제에 대해 연습을 하고 문제가 생긴 경우 다른 사람의 역할을 바꾸어 실행하여 상황과 감정을 이해하고 평가하여 문제에 적용한다.

ㄱ. 역할극은 가족의 상황을 역할극으로 표현하게 하는 기법으로 다른 가족의 역할을 수행하게 한다. 다른 구성원의 위치를 경험하게 함으로써 다른 구성원의 상황과 감정의 이해를 높일 수 있다.

ㄷ. 시연은 문제 상황이 생겼을 경우에 그 문제에 어떻게 대처할 것인지 반복적으로 미리 연습하여 문제에 적절한 대처를 할 수 있도록 준비하는 기법이다.

47 정답 ①

정답분석

ㄱ. 초기단계에서는 구성원 소개, 프로그램 설명, 비밀보장 정하기, 집단 소속감 갖기, 목표설정, 집단 규칙수립, 동기부여 등을 실시한다.

오답분석

ㄴ. 집단 성원이 수행한 과제에 대해 솔직하고 구체적인 피드백을 주는 단계는 종결단계이다.

ㄷ. 집단역동을 촉진하기 위해 사회복지사가 의도적인 자기노출을 하는 단계는 중간단계이다.

ㄹ. 집단 성원의 행동과 태도가 불일치하는 경우에 직면을 통해 지적하는 단계는 중간단계이다.

48 정답 ③

정답분석

사회적 목표모델은 민주시민의 양성을 목적으로 한다. 따라서 인본주의 이론이 아니라 민주주의 이론에 근거한 모델이다.

49 정답 ①

정답분석

과정기록은 사회복지사와 클라이언트의 원조 과정이나 상호작용 과정에 있었던 내용을 있는 그대로 기록하는 방법이다. 사회복지실천 현장에서는 거의 사용되지 않는 방법이지만 학생이나 실습생, 경력이 적은 사회복지사를 위하여 교육용 도구로 광범위하게 사용되고 있다. 사회복지사가 클라이언트와 면담의 모든 내용을 인용부호(" ")를 사용하여 대화체로 기록하고 간접인용과 직접인용으로 기록할 수 있다.

50 정답 ⑤

정답분석

여름이와 겨울이는 대인관계 향상 프로그램에 참여해서 3주간 시간차를 두고 훈련의 변화를 관찰하였는데 이 방법은 대상자 간 다중(복수)기초선을 사용하여 평가한 것이다. 대상자 간 다중(복수)기초선은 특정 개입방법이 같은 상황에서 같은 문제를 가진 두 명 이상의 다른 대상에게 적용될 때 개입방법의 효과를 평가하는 것이다.

5과목 **지역사회복지론**									
51	52	53	54	55	56	57	58	59	60
⑤	②	④	④	⑤	①	②	③	②	②
61	62	63	64	65	66	67	68	69	70
①	④	④	①	⑤	③	②	③	⑤	①
71	72	73	74	75					
③	④	④	②	③					

51 정답 ⑤

정답분석
⑤ 사회통제 기능(정치제도) : 지역사회 내 경찰과 사법권을 통해 그 구성원들에게 순응하도록 강제력을 발휘하는 과정으로, 규범을 준수하고 순응하게 하는 기능을 말한다.

오답분석
① 생산 · 분배 · 소비 기능(경제제도) : 지역사회에서 지역주민이 살아가는 데 필요한 물건을 생산하고 분배하며 소비하는 과정이다.
② 사회화 기능(가족제도) : 일반적인 지식이나 사회적 가치, 행동 양태를 사회 구성원에게 전달시키는 과정이다.
③ 사회통합 기능(종교제도) : 사회 체계를 구성하는 사회 단위 조직들 간의 관계와 관련된 사회참여의 과정이다.
④ 상부상조 기능(사회복지제도) : 사회제도로 지역 주민들의 욕구를 충족할 수 없는 경우에 필요한 기능으로 기존에는 가족, 친척, 이웃으로부터 수행되었으나 현재는 정부, 사회복지관 등에서 수행한다.

52 정답 ②

정답분석
② 주민참여는 지역주민이 자신의 욕구와 문제를 주체적으로 해결할 수 있도록 하는 것으로 사회복지가 중앙정부에서 지방정부로 이양되면서 지방자치제도가 실시됨에 따라 주민참여의 중요성이 강조되고 주민과 지방자치단체의 동등한 파트너십이 형성되었다.

오답분석
① 정상화는 장애인을 시설에서 생활하는 것이 아니라 지역사회에 나와 비장애인과 동등한 생활을 할 수 있도록 지원하는 것이다.
③ 네트워크는 지역사회복지실천의 측면에서 기존의 공급자 중심의 서비스에서 탈피하여 이용자 중심의 서비스로 발전하기 위한 공급체계의 네트워크화 및 관련기관 간의 연계를 말한다.

④ 전문화는 특정분야에 대한 지식과 경험이 극대화된 것을 의미한다.
⑤ 탈시설화는 생활시설에서 벗어나 지역사회에서 생활시설에서 받던 서비스를 그대로 받는 것을 의미한다.

53 정답 ④

정답분석
④ 재가복지봉사센터는 1992년에 설치 · 운영되었다.

오답분석
① 지역자활센터는 1996년에 시범운영되었다.
② 1989년 사회복지관 설치 및 운영규정이 제정됨에 따라 사회복지관 운영 국고보조금이 지원되었다.
③ 희망복지지원단은 2012년 설치 · 운영되었다.
⑤ 사회복지사무소는 2004년에 시범운영되었다.

54 정답 ④

정답분석
하버트 보고서는 1971년 영국에서 《지역사회에 기초한 사회적 보호》라는 제명으로 출판되었다. 공공 서비스가 주민의 욕구를 다 해결하지 못하기 때문에 재정적인 지원이 필요하였고 공공과 민간서비스 외의 비공식서비스(가족체계, 이웃)의 중요성을 강조하였다.
④ 헐 하우스는 1889년 미국에서 만들어진 인보관으로, 하버트 보고서와 헐 하우스는 아무 관련이 없다.

55 정답 ⑤

정답분석
⑤ 갈등이론은 지역사회에서 갈등이 일어난다고 가정하고 갈등으로 인하여 지역사회가 변화하고 발전한다고 본다. 지역사회 내의 구성원들이 경제적 자원, 권력, 권위 등 불평등한 배분관계에 놓일 때 갈등이 발생하며 갈등이 생기는 것은 자원이 한정되어 있기 때문이라고 설명한다.

오답분석
① 이익과 보상으로 사회적 관계가 유지되는 이론은 교환이론이다.
② 특정집단이 지닌 문화의 의미를 해석하는 이론은 사회구성이론이다.
③ 지역사회가 상호의존적인 부분들로 구성되어 있다고 보는 이론은 사회체계이론이다.
④ 조직구조 개발에 자원동원 과정을 중요하게 여긴 이론은 자원동원이론이다.

56 정답 ①

정답분석

특정 국적의 외국인 주거공동체가 형성되어 주민 간 갈등이 발생한 것을 기존 주민이 변한 환경을 다시 변화시키려고 갈등이 발생한 것으로 보는 것은 생태학이론에 대한 내용이다. 생태학이론은 인간이 환경을 변화시키거나 환경에 잘 적응하려고 노력하여 환경과 교류하며 적응과 진화를 한다는 견해이다. 지역사회의 변환 과정을 역동적 진화 과정으로 설명하고 지역사회를 공간을 점유하는 인간집합체로서 경쟁, 중심화, 분산 및 분리 등의 현상이 존재한다고 본다.

57 정답 ②

정답분석

ㄷ. 권력의존이론은 사회복지기관들은 생존하기 위해 외부의 지원에 의존할 수밖에 없다는 이론이다. 사회복지관이 지방정부로부터 보조금 집행에 대한 지도점검을 받는 것은 사회복지관이 스스로 생존하지 못하여 지방정부에 의존하는 것이다.

오답분석

ㄱ. 장애인 편의시설 설치를 위해 다양한 장애인 단체가 의사결정에 참여하도록 하는 이론은 다원주의이론이다. 다원주의이론은 다수의 집단들이 정책결정과정에서 자신에게 유리하게 영향력을 행사할 수 있다고 본다.

ㄴ. 노인복지관에서 은퇴 노인의 재능을 활용한 봉사활동을 기획하는 이론은 자원동원이론이다.

58 정답 ③

정답분석

지역사회복지실천은 지역사회의 특성에 따라 실천이 달라진다. 지역사회의 문제해결과 복지 증진을 위한 전문적 · 비전문적 활동을 포함하며, 지역사회 수준에서 지역 내의 집단과 조직, 제도, 지역주민 간의 상호관계 및 상호작용의 행동패턴을 변화시키기 위해 다양한 실천기술을 적용한다.

③ 지역사회 문제를 인식하는 데 획일화(모두가 한결같아서 다름이 없음)는 원칙으로 볼 수 없다. 특정 지역사회가 가지고 있는 특성을 이해하고 문제를 인식해야 한다.

59 정답 ②

정답분석

기능적인 지역사회조직모델

• 특징 : 지리적 개념에 지역사회에 초점을 두기보다는 기능에 초점을 두는 모델로 이해관계를 기초한 지역사회조직을 의미한다.

• 표적체계 : 기능적 지역사회의 삶과 관련된 사회적 제도 형성에 영향을 주는 일반대중이 될 수 있고 정책을 결정하고 집행하는 정부기관이 될 수 있다.

• 구성원 : 문제를 공유하거나 뜻을 같이하는 사람(동호인)들이다.

• 관심영역 : 개인이 택한 특정 이슈의 정책, 행위, 태도의 변화에 관심이 있다.

• 사회복지사의 역할 : 구성원을 발굴하고 조직화하고 문제를 정의하는 전략을 결정하는 역할을 하며, 변화활동을 할 수 있게 도와주는 촉진자의 역할을 한다. 또, 조사나 분석기법을 알려주는 교육자의 역할을 한다.

60 정답 ②

정답분석

• 지역사회개발모델은 광범위한 주민들이 변화의 목표 설정과 실천행동에 참여하는 모델로 지역사회의 통합과 주민의 능력을 향상시킨다.

• 사회계획은 범죄, 주택, 정신건강과 같은 사회문제를 해결하고자 하는 기술적 과정을 강조한다.

• 사회행동은 지역사회의 불우계층, 기존 제도와 현실에 대한 근본적인 변화를 요구한다.

오답분석

ㄴ. 변화 매개체가 공식적 조직과 객관적 자료인 모델은 사회계획모델이다. 지역사회개발모델은 과업지향의 소집단을 활용한다.

ㄷ. 사회복지사의 핵심 역할은 협상가, 옹호자인 모델은 사회행동모델이다. 사회계획모델의 사회복지사 역할은 전문가, 계획가, 분석가, 촉진자 등이다.

61 정답 ①

정답분석

테일러와 로버츠의 지역사회복지실천모델은 로스만의 3모형에 프로그램 개발 및 조정모델, 지역사회연계모델을 추가한 것이다.

① 지역주민의 역량강화 및 지도력 개발에 관심을 두는 모델은 지역사회개발모델이다. 프로그램 개발 및 조정모델은 지역사회를 변화시키거나 문제를 해결하기 위해 가장 효과적이고 효율적으로 프로그램을 개발하고 조정해 나가는 모델로 후원자의 영향력이 100%인 모델이다.

오답분석

② 계획모델은 계획을 수립하는 과정에 있어 합리성과 전문성을 기초로 하는 과업 지향적 모델이다. 로스만의 사회계획모델보다 인간적인 면을 강조하는 모델로 후원자의 영향력이 7/8이 후원자 중심모델이다.

③ 지역사회연계모델은 개인적인 문제와 지역사회문제를 연계하여 지역사회문제를 해결하려는 모형으로 후원자와 클라이언트의 영향력이 각각 50%인 모델이다.

④ 지역사회개발모델은 지역주민의 교육을 통한 적극적인 참여를 강조하여 지역사회 자체적 역량을 강화하고 스스로 문제를 해결할 수 있도록 지원하는 모델로 클라이언트 영향력이 7/8인 클라이언트 중심모델이다.

⑤ 정치적 행동 및 역량강화모델은 사회적으로 배제된 집단의 사회적 참여를 지원하여 스스로의 권리를 찾을 수 있도록 하는 모델로 클라이언트가 100% 권한을 가진 모델이다.

62
정답 ④

정답분석
실행은 목표를 달성하기 위해 실시하는 행동으로 참여자의 적응을 촉진하고 참여자 간 저항과 갈등을 관리한다. 또한 프로그램을 진행하기 위해서 필요한 인적·물적 자원을 동원할 수 있어야 하며 동원된 자원을 적재적소에 분배하여 활용해야 한다.

63
정답 ④

정답분석
④ 지역사회포럼(공개토론회)은 지역주민을 한 곳에 모아 주민의 의사를 파악하는 방법이다.

오답분석
① 명목집단기법은 지역주민을 한자리에 모아 지역에 영향을 미치는 문제나 이슈를 제시하도록 하고 참가자들로 하여금 열거된 문제에 대한 해결책의 우선순위를 종이에 적어 평점이 제일 높은 해결책을 선택하는 방법으로 욕구조사와 우선순위를 결정할 수 있는 유용한 방법이다. 지역주민으로부터 설문조사를 통해 직접적으로 자료를 획득하는 방법은 설문조사이다.

② 초점집단방법은 질적 자료수집 방법 중 하나로서 6~10명 정도의 소집단으로 구성되며 여러 명이 동시에 질의와 응답에 참여할 수 있고, 집중적인 토론에 유용한 방법이다. 전문가 패널을 대상으로 반복된 설문을 통해 합의에 이를 때까지 의견을 수렴하는 방법은 델파이기법이다.

③ 델파이기법은 전문가들이 직접적으로 대면하지 않고 우편을 통하여 합의점을 도출하는 방법이다. 익명성이 보장된다는 장점이 있는 반면에 2회 이상 실시하기에 장기적인 방법으로 시간과 비용이 많이 드는 단점이 있다. 정부기관이나 사회복지관련 조직에 의해 수집된 기존 자료를 활용하는 방법은 사회지표분석이다.

⑤ 사회지표분석은 일정 인구가 생활하는 지역의 지역적, 생태적, 사회적, 경제적 및 인구적 특성(사회지표)에 근거하여 지역사회의 욕구를 추정할 수 있다는 전제하에 사회지표를 분석하는 것이다.

64
정답 ①

정답분석
① 옹호자는 클라이언트 입장에서 정당성을 주장하고 기존 제도나 기관으로부터 클라이언트가 불이익을 받을 때 클라이언트를 위해 정보를 수집하고 요구사항을 분명히 하여 정책이나 제도를 변화시키는 역할이다. 아동돌봄시설 확충을 위한 서명운동 및 조례제정 입법 활동은 옹호자의 역할이다.

오답분석
② 교육자는 클라이언트에게 정보를 주고 적응기술을 가르치는 역할이다.

③ 중재자는 서로 다른 입장을 가지고 있는 개인이나 집단 간의 문제에 개입하여 타협, 차이점을 조정하거나 서로 만족할 수 있는 합의점을 도출할 수 있도록 돕는 역할이다.

④ 자원연결자(중개자)는 클라이언트가 필요한 자원을 찾을 수 있도록 도와주거나 직접적으로 자원과 클라이언트를 연결해 주는 역할이다.

⑤ 조정자는 클라이언트가 받아야 할 서비스가 흩어져 있거나 다양한 기관에서 산발적으로 주어지는 경우 이러한 서비스를 한 곳에서 서비스를 받을 수 있도록 정리하는 역할이다.

65
정답 ⑤

정답분석
연계기술은 서비스의 중복을 방지하거나 자원을 효율적으로 관리하고 지역사회의 사람들 간의 관계를 강화하여 연계망이라 일컫는 사회적 자산을 형성하는 것이다. 지역주민들이 자원에 대한 정보가 부족하거나 이용할 능력이 없을 경우에 사용한다.

⑤ 지역주민 권익향상을 위한 사회행동은 옹호기술이다.

66
정답 ③

정답분석
③ 자원개발 및 동원기술은 지역사회의 문제를 해결하는 데 있어 부족한 자원을 발굴하고 동원하는 기술이다. A사회복지사는 종교단체에 예산과 자원봉사자를 지원해 줄 것을 요청하여 독거노인이 따뜻한 겨울을 보낼 수 있도록 자원을 개발하고 동원하기 위한 기술을 사용하였다.

오답분석
① 조직화 기술은 지역사회가 처한 상황과 해결방향에 따라 목표를 세우고 합당한 주민을 선정하여 모임을 만들고 지역사회의 욕구나 문제를 해결해 나가도록 돕는 기술이다.

② 옹호기술은 클라이언트가 받아야 할 서비스를 받지 못할 때나 불합리한 대우를 받을 경우 사용하는 기술이다.

④ 협상기술은 갈등상황에 놓인 클라이언트와 기관 사이에서 상호합의를 이끌어내기 위해 타협하는 역할이다.

⑤ 교육기술은 지역주민들에게 교육을 통해 정보를 제공하거나 기술을 가르치는 기술이다.

67 정답 ②

정답분석

② 지방분권화는 중앙정부의 권한을 받은 지방정부가 스스로 지역의 공공사무를 처리하는 것으로, 주민참여로 권력의 재분배가 이루어진다.

오답분석

① 사회보험제도는 중앙정부의 책임으로 운영된다.
③ 주민들의 지방행정 참여로 인해 지역주민의 욕구에 대한 민감성이 강화된다.
④ 지방정부 간의 재정력 격차, 지방자치단체장의 의지에 따라 복지서비스의 지역 간 불균형이 나타날 수 있다.
⑤ 사회복지 행정업무와 재정을 지방에 이양함으로써 중앙정부의 사회적 책임성을 약화시킬 수 있다.

68 정답 ③

오답분석

ㄱ. 시·군·구 지역사회보장협의체의 심의와 의회의 보고를 거쳐 시·도지사에게 제출한다.
ㄷ. 시·군·구청장은 보장계획을 시행연도의 전년도 9월 30일까지 수립하여 시·도지사에게 제출하여야 한다. 11월 30일은 시·도 계획을 시·도지사가 보건복지부장관에게 제출하는 시기이다.

69 정답 ⑤

정답분석

⑤ 실무협의체는 위원장 1명을 포함하여 10명 이상 40명 이하로 구성하되, 성별을 고려하고, 특정 성별에 편중되지 않도록 임명 또는 위촉한다. 실무협의체 위원은 해당 시·군·구의 지역사회보장 영역 업무에 종사하고 있는 실무자(현장전문가)를 중심으로 구성한다. 임명직 위원의 수는 전체 위원 수를 고려하여 적정 범위 내로 구성하고 위촉위원은 지역 내 사회보장 업무를 수행하거나 서비스를 제공하는 기관·법인·단체·시설의 실무자 중에서 해당 기관 등의 추천을 받거나 공모를 통하여 대표협의체 위원장이 위촉한다. 임기는 2년으로 하되 위원장은 한 차례 연임할 수 있고, 위원의 결원으로 인하여 새로 위촉된 위원의 임기는 전임위원 임기의 남은 기간으로 한다. 공무원 위원의 임기는 그 직위의 재직기간으로 한다.

오답분석

① 사회보장업무를 담당하는 공무원도 포함된다.

② 위원장 1명을 포함하여 10명 이상 40명 이하의 위원으로 구성한다.
③ 지역사회보장계획 심의는 대표협의체가 하고 조례는 의회에서 제정한다.
④ 시·군·구의 사회보장계획 심의·자문은 대표협의체가 한다.

70 정답 ①

정답분석

자원봉사활동의 진흥을 위한 국가기본계획 수립은 행정안전부가 수립한다. 자원봉사진흥 제4차 국가기본계획이 수립되었으며, 2027년까지 확정하여 추진할 예정이다.

71 정답 ③

정답분석

③ 사회복지관 지역조직화 기능에는 복지네트워크 구축, 주민조직화, 자원개발 및 관리의 기능이 있다. 자원개발 및 관리의 기능에는 자원봉사자 개발·관리, 후원자 개발·관리에 대한 내용이 포함된다.

오답분석

① 독거노인을 위한 도시락 배달은 지역사회보호서비스에 포함된다.
② 한부모가정 아동을 위한 문화 프로그램 제공은 교육문화서비스에 포함된다.
④ 학교 밖 청소년을 위한 직업기능 교육은 교육문화서비스에 포함된다.
⑤ 장애인 일상생활 지원을 위한 서비스 제공은 지역사회보호서비스에 포함된다.

72 정답 ④

정답분석

사회적 기업은 「사회적기업 육성법」을 근거로 취약계층에게 사회서비스 또는 일자리를 제공하거나 지역사회에 공헌함으로써 지역주민의 삶의 질을 높이는 사회적 목적을 추구하면서 재화 및 서비스의 생산과 판매 등 영업활동을 하는 기업이다. 「사회적기업 육성법」 제7조에는 '사회적 기업을 운영하려는 자는 법령에 따른 인증 요건을 갖추어 고용노동부장관의 인증을 받아야 하며, 고용노동부장관은 인증을 하려면 고용정책심의회의 심의를 거쳐야 한다.'고 명시되어 있다.

오답분석

ㄷ. 보건복지부가 아니라 고용노동부장관으로부터 사회적 기업으로 인증을 받아야 활동할 수 있다.

73 정답 ④

정답분석

아른슈타인의 주민참여 8단계에 따라 ㄹ. 의사결정권 행사 → ㄱ. 계획단계에 참여 → ㄴ. 조직대상자 → ㄷ. 단순정보수혜자 순이다.

74 정답 ②

정답분석

② 지역사회복지운동은 지역주민의 욕구와 문제를 해결하기 위하여 지역사회의 역량을 강화시켜 주민들의 욕구충족과 지역공동체 형성이라는 목적지향적이고 조직적인 활동이다.

오답분석

① 사회복지전문가 중심의 활동이 아니라 지역사회 주민 전체를 기반으로 하는 활동이다.
③ 운동의 초점은 사회변화와 시민사회의 성장이라는 사회적 관심에 초점을 두는 것이지 정치권 장악의 목적이 아니다.
④ 지역사회의 구조적 문제는 배제되지 않는다. 지역사회 문제를 해결하는 것뿐 아니라 문제에 영향을 미칠 수 있는 제도를 수정하는 것이 중요하다.
⑤ 지역사회복지 운동단체는 서비스 제공 활동을 한다. 지역주민, 지역사회활동가, 사회복지전문가는 물론 사회복지시설 종사자 및 사회복지서비스 이용자도 사회복지운동의 주체가 될 수 있다.

75 정답 ③

정답분석

2012년 시·군·구 희망복지지원단 운영으로 통합사례관리가 시행되었고, 2016년 읍·면·동을 중심으로 복지 사각지대 발굴, 통합사례관리, 지역자원 발굴 및 지원 등의 서비스를 제공하고 있어 통합사례관리가 확대되고 있다.

3교시 사회복지정책과 제도

6과목 사회복지정책론

01	02	03	04	05	06	07	08	09	10
③	⑤	①	④	②	④	⑤	②	④	③
11	12	13	14	15	16	17	18	19	20
⑤	①	③	①	②	⑤	②	①	①	④
21	22	23	24	25					
②	③	⑤	③	④					

01 정답 ③

정답분석

베버리지 보고서에서 규정한 5대 악은 나태, 무지, 질병, 불결, 결핍이다. 산업재해는 베버리지 보고서에 규정되어 있는 5대 악에 포함되지 않는다.

02 정답 ⑤

정답분석

사회복지정책은 가치 지향적으로 정책을 기획할 때 보편주의와 선별주의 중 하나를 선택해야 한다. 가치가 보편주의와 선별주의 중 어느 하나를 선택하지 못하면 사회복지정책을 실행하기 어렵다.

03 정답 ①

정답분석

① 롤스는 벤담의 최대다수의 최대행복을 사회정의의 원칙으로 삼고 사회효용의 총량은 강조하지만 사람들 간의 효용의 분배는 크게 중요하지 않게 된다는 공리주의의 분배문제를 비판하며, 사람들 간의 정의로운 분배가 가능하도록 하는 사회정의 원칙 3가지를 주장하였다.
• 1원칙 : 모든 이에게 자유를 완벽하게 누릴 수 있어야 한다는 것(평등 자유의 원칙)
• 2원칙 : 결과의 불평등은 존재하되 모든 사람에게 균등한 기회를 주는 것(공평한 기회의 원칙)
• 3원칙 : 가장 빈곤한 사람들의 복지에 대하여 우선으로 배려해야 한다는 것(차등의 원칙)

오답분석

② 결과의 균등보다는 기회의 평등이 더 중요하다.
③ 사회경제적 불평등은 존재한다고 인정한다.
④ 최대다수의 최대행복을 기본원칙으로 하는 공리주의의 분배문제에 대해서는 무관심하다고 비판한다.

⑤ 정당한 소유와 합법적인 이전은 불평등한 결과를 가져온다. 가장 불행한 사람에게 가장 불행하지 않은 상황을 제공해야 한다.

04 정답 ④

오답분석

ㄹ. 능력에 따른 분배는 신자유주의 입장으로 사회복지정책과는 아무 관련이 없다.

PLUS +

사회복지정책의 긍정적 기능
• 사회통합과 정치적 안정
• 사회문제 해결과 사회적 욕구 충족
• 소득재분배 및 최저생활 보장
• 경제성장 안정
• 개인의 자립 및 성장
• 잠재능력 향상을 통한 재생산의 보장

05 정답 ②

정답분석

의회민주주의는 선거의 기능이 국민의 대표를 선출하고 국가기관을 구성한다는 의미를 가지고 있다. 사회민주주의이론의 다른 이름은 권력자원이론으로, 권력자원이론은 계급갈등의 정치적 과정을 중요하게 생각하고 갈등과 정치화 과정을 통해 복지국가가 발전한다고 보았다. 노동자들의 정치적 참여의 결과로 정치적인 면을 중요하게 생각하고 노동자계급을 대변하는 정치적 집단의 정치적 세력이 커질수록 복지국가가 발전하며, 복지국가를 자본과 노동의 계급투쟁에서 노동이 획득한 승리의 전리품으로 보았다.

06 정답 ④

정답분석

④ 스핀햄랜드법(1795)은 임금수준이 낮아서 자신과 가족의 생계유지를 위한 빵을 구입하지 못할 경우 부족한 만큼 교구에서 구빈비를 통해 지급해주는 제도로 가족수당제도, 최저생활보장, 임금보조제도를 실시하였고 인도주의적, 낙인이 없는 현금급여를 실시하였다. 열등처우의 원칙을 명문화한 것은 신구빈법이다.

오답분석

① 엘리자베스의 빈민법(1601)은 기존의 빈민법을 집대성하여 빈민을 통제하는 동시에 노동력을 확보하고자 노동능력이 있는 빈민, 노동능력이 없는 빈민, 아동으로 구분하였다. 빈곤구제에 대한 책임과 주체가 국가가 되는 공공부조의 효시이다.
② 정주법(거주지 제한법. 1662)은 교구마다의 구제수준의 차

이로 빈민들이 처우가 좋은 교구를 찾아 유랑하기 시작하면서 도시지역의 구빈비 상승과 농촌지역의 노동력의 이주를 막기 위해 이전에 살던 교구로 다시 돌려보내는 법이다.
③ 길버트법(1782)은 인도주의화를 실시하여 작업장에서 일하는 빈민의 열악한 생활과 착취를 개선하려는 것이 목적으로, 노동능력이 있는 자에게는 일자리를 제공하고 취업알선을 통한 원외구호를 실시하였고, 노동능력이 없는 자에게는 현금급여를 실시하였다.
⑤ 신빈민법(1834)의 주요원칙은 열등처우의 원칙, 작업장수용의 원칙(원외구제 금지의 원칙), 전국 통일의 원칙(균일처우의 원칙)이다.

07 정답 ⑤

오답분석

① 시장에 대한 국가개입을 최소화하고 개인의 소극적 자유를 극대화하는 것이 바람직하다는 이념은 반집합주의이다.
② 개인의 적극적 자유를 보장하기 위해서는 철저한 계획경제와 생산수단의 국유화가 필요하다는 이념은 마르크스주의이다.
③ 환경과 생태의 관점에서 자본주의의 성장과 복지국가의 확대는 지속 가능하지 않다고 보는 이념은 녹색주의이다.
④ 복지국가가 노동의 성(Gender) 분업과 자본주의 가부장제를 고착화시키는 역할을 한다고 보는 이념은 페미니즘이다.

PLUS +

소극적 집합주의
• 불평등을 인정하지만 불평등을 완화시키기 위해 노력한다.
• 인도주의를 강조하고 시장실패를 보충하기 위해 복지국가를 조건부로 인정한다.
• 자본주의가 효율적이고, 공정하게 기능하기 위해서는 규제와 통제가 필요하다는 것을 인정한다.
• 국민의 최저생활을 정부의 책임으로 인정한다.
• 베버리지와 케인즈가 대표적인 인물이다.

08 정답 ②

정답분석

탈상품화의 정도에 따라 자유주의 복지국가, 조합(보수)주의 복지국가, 사회민주주의 복지국가로 구분하였다. 자유주의 복지국가는 소득과 자산조사에 의한 공공부조를 실시하고 시장경제를 강조하여 탈상품화가 가장 낮다. 조합(보수)주의 복지국가는 보험원칙을 강조하여 사회계층의 유지에 목적을 두고 있어 탈상품화 효과가 제한적이다. 사회민주주의 복지국가는 시민권에 기초한 보편적이고 포괄적인 복지체계가 특징이며 보편주의 원칙과 사회권을 통한 탈상품화 효과가 가장 높다.
② 탈상품화는 근로자가 자신의 노동력을 시장에 팔지 않고 생계를 유지할 수 있는 정도를 말한다.

09

정답분석

④ 행위별 수가제는 의료기관에서 받는 진찰료, 검사료, 처치료, 입원료 등 행위에 정해진 수가를 지불하는 방법이다. 의료기관에서 받은 양질의 의료서비스로 인하여 과잉진료가 발생할 수 있어 의료비 절감효가가 낮다. 이 문제를 해결하기 위해 4대 7개 증후군에 포괄수가제를 실시하고 있다.

오답분석

① 포괄수가제는 의사에게 환자 1인당 혹은 진료일수 1일당 아니면 질병별로 부수 단가를 정하고 미리 정해진 수가를 지불하는 방법이다.

② 의료급여 사례관리는 수급권자 스스로 자신의 건강을 관리할 수 있도록 지원하고, 수급권자에게 실제적으로 필요한 의료이용을 하도록 하여 수급권자의 건강향상과 의료급여 재정을 효율적으로 관리하고자 도입된 제도이다.

③ 건강보험급여 심사평가제도는 국민건강보험 관련 요양급여비용의 심사 및 요양급여의 적정성 여부를 평가하는 제도이다.

⑤ 본인일부부담금은 납부해야 할 전체 금액에서 본인이 책임을 지고 납부해야 할 금액을 말한다.

10

정답분석

③ 총급여액 등이 1,800만 원일 때 : 근로장려금＝200만 원－(1,800－1,200)×10%＝140만 원이다.

오답분석

① 총급여액 등이 500만 원일 때 : 근로장려금＝500만 원×20%＝100만 원이다.

② 총급여액 등이 1,100만 원일 때 : 총급여액 등이 1,000만 원 이상 1,200만 원 미만인 경우이므로 근로장려금은 200만 원이다.

④ 총급여액 등이 2,200만 원일 때 : 근로장려금＝200만 원－(2,200－1,200)×10%＝100만 원이다.

⑤ 총급여액 등이 2,700만 원일 때 : 근로장려금＝200만 원－(2,700－1,200)×10%＝50만 원이다.

11

오답분석

ㄷ. 교육급여는 입학금, 수업료, 학용품비 기타 수급품을 지원하는 것으로 1979년 「생활보호법」에서 생활보호대상자 중학교 과정 수업료를 지원하면서 신설되었으며, 「국민기초생활보장법」의 교육급여는 이 법이 처음 제정될 때 이미 있었던 급여이다.

12

오답분석

②～⑤는 모두 사회보험에 대한 설명이다.

② 선정된 사람만 수혜자가 되므로 가입을 할 수 없다.

③ 재산과 소득조사를 통해 수혜자를 선별하여 수급자에 대한 낙인이 있다.

④ 재산과 소득조사를 통해 수혜자를 조사하여 행정 비용이 발생한다.

⑤ 급여가 많은 사람에게 많은 세금을 거둬들여 어려운 사람에게 도움을 주므로 수평적 재분배 효과는 없고 수직적 재분배 효과가 크다.

13

정답분석

③ 맞춤형 취업지원서비스는 저소득 구직자 등 취업취약계층에게 통합적인 취업지원서비스를 제공하고 생계를 지원함으로써 이들의 구직활동 및 생활안정을 지원한다.

오답분석

① 대한노인회에서도 노인 일자리사업을 실시하지만 총괄 운영기관은 한국노인인력개발원이다.

② 장애인고용의무제도는 민간기관은 50인 이상 사업체에 적용된다.

④ 국민기초생활보장 수급자는 자활사업에 참여할 수 있으나 반드시 참여해야 하는 수급자는 조건부 수급자이다.

⑤ 고령자를 채용하지 않는 기업은 정부에 부담금을 납부하지 않아도 된다. 그러나 장애인고용의무제도에 따라 장애인 고용부담금은 정부에 납부해야 한다.

14

정답분석

• 고용노동부에서 운영하는 고용보험은 실업의 예방, 고용의 촉진 및 근로자 등의 직업능력의 개발과 향상을 꾀하고, 국가의 직업지도와 직업소개 기능을 강화하며, 근로자 등이 실업한 경우에 생활에 필요한 급여를 실시하여 근로자 등의 생활안정과 구직 활동을 촉진함으로써 경제ㆍ사회 발전에 이바지한다.

• 산업재해보상보험은 근로자의 업무상의 재해를 신속하고 공정하게 보상하며, 재해근로자의 재활 및 사회 복귀를 촉진하기 위하여 사업을 실시한다.

① 두 보험 모두 소득활동 중 발생할 수 있는 소득상실 위험에 대한 사회안전망이라는 공통점을 가지고 있다.

오답분석

② 구직급여는 법령에 따른 기준기간이 합산하여 180일 이상일 것, 근로의 의사와 능력이 있음에도 불구하고 취업하지 못한 상태에 있을 것, 이직사유가 수급자격의 제한 사유에 해당하

지 아니할 것, 재취업을 위한 노력을 적극적으로 할 것을 요
건으로 구직활동을 해야 구직급여를 받을 수 있다.
③ 「공무원연금법」과 「사립학교교직원 연금법」의 적용을 받는
사람, 소정 근로시간 60시간 미만인 사람은 적용 제외가 된다.
④ 장해급여는 근로자가 업무상의 사유로 부상을 당하거나 질
병에 걸려 치유된 후 신체 등에 장해가 있는 경우에 그 근로
자에게 지급한다.
⑤ 고용보험의 보험료율은 본인과 사업주가 50%씩 부담하고 산
업재해보상보험의 보험료율은 사업주 100% 부담하므로 두
보험의 가입자 보험료율은 다르다.

15 정답 ②

정답분석
상대적 빈곤은 한 사회의 평균적인 생활수준과 비교했을 때 평
균적인 생활수준 이하의 상태로 다른 사람과 비교하여 빈곤을
측정한다. 한 사회의 평균적인 생활수준과 비교하고 타운센드
방식은 중위소득의 각각 40%, 50%, 60% 지점을 빈곤선으로 지
정한다.

오답분석
ㄴ. 라이덴(Leyden) 방식은 주관적 빈곤을 측정하는 방식으로
개인이 생활하는 데 있어 필요하다고 생각되는 최소소득이
얼마인가를 물어보고 개인의 소득과 필요한 소득을 분석하
여 그 일치점을 기준으로 정하는 방식이다.
ㄷ. 반물량 방식은 절대적 빈곤을 측정하는 방식 중 전물량 방식
을 간소화 한 것으로 최저식품비에 엥겔계수의 역수를 곱한
금액을 빈곤선으로 보는 방식이다.
ㄹ. 라운트리(Rowntree) 방식은 절대적 빈곤을 측정하는 방식
중 하나인 전물량 방식으로 한 사람의 1일 평균 필요한 영양
을 추정하고 필요한 영양을 구입하기 위해 물품의 목록과 양
을 결정하는 방식이다.

16 정답 ⑤

정답분석
모든 사회보험 업무가 통합되어 1개 기관에서 운영되는 것이 아
니라 국민건강보험공단에서 보험료만 통합하여 징수한다. 산업
재해보상보험과 고용보험은 근로복지공단, 국민건강보험과 노
인장기요양보험은 건강보험공단, 국민연금은 국민연금공단에
서 운영한다.

17 정답 ②

정답분석
ㄱ. 특수직역연금은 공무원연금, 군인연금, 사학연금을 의미한다.
ㄹ. 국민연금과 특수직역연금은 사회적 위험에 맞게 급여의 종
류를 나누어 지급한다.

오답분석
ㄴ. 국민연금은 1988년 시행되었다. 사회보험 중 가장 먼저 제정
된 보험법은 1963년에 시행된 「산업재해보상보험법」이다.
ㄷ. 다음과 같이 2024년 기준 공적연금 수급개시 연령은 동일하
지 않다.

국민연금	• 1953~1956년 : 61세 • 1957~1960년 : 62세 • 1961~1964년 : 63세 • 1965~1968년 : 64세 • 1969년생 이후 : 65세
공무원연금	• 2016~2021년 : 60세 • 2022~2023년 : 61세 • 2024~2026년 : 62세 • 2027~2029년 : 63세 • 2030~2032년 : 64세 • 2033년부터 : 65세
군인연금	20년 이상 복무하고 퇴직한 경우 죽을 때까지 연금 지급
사학연금	• 1957~1960년 : 62세 • 1961~1964년 : 63세 • 1965~1968년 : 64세 • 1969년 이후 : 65세

18 정답 ①

정답분석
수급자 수요 강화는 수급자의 서비스 욕구를 강화하는 것으로
공공의 사회복지정책 강화를 의미한다. 그러나 사회복지전달체
계의 재구조화 전략은 공공과 민간의 강화를 의미한다.

PLUS +

사회복지전달체계 재구조화 전략		
정책결정권한 · 통제력 재조직	조정	행정적 단일화
		기관간의 연합
		사례별 협력
	시민참여	비분배적 참여
		정상적 · 일상적 참여
		재분배적 참여
업무배분 재조직	역할부과	
	전문가분리	
전달체계 조직구성 변화	접근구조의 전문화	경쟁
		분리

19 정답 ①

정답분석
사회복지정책의 주체는 사회복지정책과정을 직접적으로 실행
하는 기관으로 공공기관과 민간기관으로 나눌 수 있다. 공공기
관은 국가와 지방자치단체를 의미하고 민간기관은 개인, 가족,
협동조합, 종교조직, 기업, 사회복지법인들이 될 수 있다.
① 공공재, 외부효과, 대규모, 강제적, 평등, 안정성, 지속성, 표
준화 등의 영역은 공공부문, 즉 국가가 개입하는 것이 바람직
하고, 개별화의 경우 민간부문이 담당하는 것이 바람직하다.

20
정답 ④

정답분석
④ 산출(산물)분석은 선택한 정책과 연관된 다양한 쟁점에 대한 분석으로 정책의 내용이나 구체적인 프로그램의 내용에 관해 분석하는 방법이다. 현재 서비스를 받거나 받았던 사회 주류적 입장만을 대변할 수 있다.

오답분석
① 사회복지정책 내용을 정해진 틀에 따라 분석해 사회적 가치 (서비스나 상품의 사회에 대한 상대적 가치)를 평가하기는 쉽지 않다. 틀은 정해져 있지만 사회적 가치는 변화한다.
② 사회복지정책의 방향성을 제시하기가 용이한 분석은 성과분석이다.
③ 사회복지정책에서 배제되고 차별받는 사람들의 욕구를 사회복지정책의 내용으로는 파악하기 어렵다.
⑤ 사회복지정책의 내용을 분석하므로 구체적인 대안을 담아내기 어렵다.

21
정답 ②

정답분석
② 사회적 효과성은 사회통합 기능에 초점을 두어 사람들이 사회의 평등한 구성원으로 어느 정도나 대우받는가에 따라 판단하며, 사회복지정책으로 인해 사회연대 및 사회통합이 어느 정도 달성되었는지를 평가하고 보편주의의 원리를 강조한다.

오답분석
① 수급자격을 얻기 위해 개인의 특수한 욕구가 선별적인 세밀한 조사에 노출될 수밖에 없는 것은 선별주의이다.
③ 시민권은 모든 시민들의 권리로 수급권을 얻을 수 있는 자격이 있는 것으로 본다.
④ 급여를 신청할 때 까다로운 행정절차가 반드시 필요한 것은 선별주의이다.
⑤ 비용절감을 목표로 하는 것은 효율성이다.

22
정답 ③

정답분석
최적모형은 정책결정을 체계론적 시각에서 파악하고 정책성과를 최적화하려는 정책결정모형으로 합리적 요소와 함께 직관, 판단, 통찰력과 같은 초합리적 요소를 바탕으로 정책결정을 하는 질적 모형이다. 정책결정에 드는 비용보다 효과가 더 높아야 한다는 전제로 경제적 합리성을 추구한다. 또한 초합리적 요소를 강조하게 되면 신비주의에 빠질 가능성이 있다.

오답분석
ㄷ. 초합리성의 정책결정과정에서 사용되고 있는 것은 밝혀냈지만 구체적인 달성 방법에 대한 설명이 제시되지 않았다. 그래서 주먹구구식 정책결정에 대한 변명거리로 사용될 수 있다.

23
정답 ⑤

정답분석
사회복지정책 급여의 적절성이란 사회복지 급여를 받는 클라이언트의 문제를 해결하는 데 적절한가를 의미한다. 클라이언트의 삶의 질을 향상하는 데 있어 클라이언트의 상황이 모두 다르므로 각 상황에 맞게 급여를 제공해야 한다.
⑤ 사회복지정책 급여의 적절성의 기준은 시간, 공간, 나라, 환경에 따라 모두 다르게 나타난다. 스웨덴의 아동수당은 16세 미만의 아동을 양육하는 모든 부모에게 소득과 관계없이 제공되며, 한국의 아동수당은 8세 미만의 아동을 양육하는 모든 부모에게 소득과 관계없이 제공된다.

24
정답 ③

정답분석
사회복지운동은 지역주민의 욕구와 문제를 해결하기 위하여 지역사회의 역량을 강화시켜 주민들의 욕구충족과 지역공동체 형성이라는 목적을 달성하려는 조직적인 운동이다. 지역주민의 주체성 및 역량을 강화하고 지역사회의 변화를 주도하는 조직운동이며 지역주민, 지역사회활동가, 사회복지전문가는 물론 사회복지시설 종사자 및 사회복지서비스 이용자도 사회복지운동의 주체가 될 수 있다.

오답분석
ㄹ. 사회복지운동에는 다양한 이념이 사용되어 우리나라의 사회복지역사에서 정부는 사회복지운동단체의 의견을 모두 사용할 수 없다.

25
정답 ④

정답분석
④ 아동수당은 경제적 수준과 상관없이 8세 미만의 아동이 있는 가구를 대상으로 하는 보편주의에 근거한 제도이다.

오답분석
① OECD 국가 중 노인빈곤율 1위로 노인의 빈곤율을 낮추기 위해 기초연금을 제정하였다.
② 장애정도가 심하지 않은 장애인은 장애인연금을 받을 수 없다. 장애인연금은 18세 이상의 중증장애인이 받을 수 있다.
③ 18세 이상의 경증장애인이 받을 수 있다.
⑤ 저소득 한부모가족에게는 아동양육비가 지급될 수 있으며, 아동양육비뿐 아니라 생계비, 아동교육지원비와 그 밖에 대통령령으로 정하는 비용이 지급될 수 있다.

26 정답 ⑤

정답분석

⑤ 1989년 사회복지관 설치 및 운영규정이 제정되면서 정부보조금이 지원되었다.

오답분석

① 1950~1960년대 사회복지서비스는 주로 외국 원조단체들에 의해 제공되었다. 1950년대 후반에 KAVA(Korea Association of Voluntary Agencies)를 창설하고 KAVA를 중심으로 개별 사회사업 및 시설중심의 서비스가 시행되었다.
② 1970년 「사회복지사업법」 제정으로 법에 의거한 정부의 보조를 받을 수 있게 되었다.
③ 1987년 5대 직할시에서 사회복지전문요원제도가 도입되었다.
④ 1997년 「사회복지사업법」 개정으로 사회복지시설 평가제도가 도입되었다.

27 정답 ③

오답분석

ㄴ. 조직화(Organizing)는 조직의 구조를 설정하는 과정으로 과업이 할당되고 조정되는 과정이다. 조직의 활동을 이사회와 행정기관 등에 보고하는 활동은 보고이다.

28 정답 ①

정답분석

① 사회복지조직은 인간을 대상으로 하기 때문에 목표가 모호하고 애매하며, 효과성과 효율성 표준척도가 없다. 따라서 서비스 성과를 평가하기 어렵다.

오답분석

② 사회복지행정가는 가치중립적이 아니라 가치지향적이어야 한다. 가치를 가지고 가치에 따라 행동해야 한다.
③ 서비스 효율성을 고려해야 한다. 효율성과 효과성의 표준척도가 없어 프로그램 또는 클라이언트에 맞게 목표를 설정하여 효율성과 효과성을 측정해야 한다.
④ 재정관리는 사회복지행정에 포함된다.

⑤ 직무환경에 관계없이 획일적으로 운영될 수 없고, 직무환경에 맞게 운영된다.

29 정답 ③

정답분석

③ 인간관계론은 조직의 생산성 향상을 위해 인간의 정서적인 요인과 함께 심리사회적 요인, 비공식적 요인에 역점을 두어 인간을 관리하는 기술이다. 인간의 심리사회적 욕구에 초점을 두며, 인간의 정서적인 측면과 사회적인 관계를 중시한다.

오답분석

① 과학적 관리론은 개인들의 과업을 수행하는 데 필요한 시간 및 동작에 초점을 두고, 조직에서 개인의 기여를 극대화하기 위해 개인의 동작에 대한 소요시간을 표준화하여 적정한 일의 분업을 확립한 다음 과업의 성과와 임금을 관련시킨다.
② 관료제론은 조직관리를 위한 합리적인 규칙을 의미하는 것으로, 의사결정의 계층화와 고도의 전문화에 기초한다.
④ 행정관리론은 상부(위)에서부터 연구하여 조직의 목적을 성취하기 위한 업무의 최적방법을 도출하고 그에 따라 조직을 설계하는 과정을 추구한다.
⑤ 자원의존론은 개방체계적 관점에서 조직과 환경 간의 상호작용을 중시하며, 그와 같은 상호작용이 조직의 내부 역학 관계에 어떠한 영향을 미치는가에 초점을 둔다.

30 정답 ③

정답분석

관료제이론에서 각 구성원은 계층화된 위계질서를 가지고 업무를 세분화하여 그 업무를 한정된 사람들에게 배정하고, 인간관계가 아닌 일정한 규칙과 절차에 따라 업무를 처리하게 된다. 그 결과 전통적 권위에 의존하지 않으며, 합리성과 합규칙성을 기반으로 비자의적 행동이 최대한 억제된다. 관료제의 구성원(관료)은 신분이나 인맥이 아닌 실적에 따라 평가받으며 그 결과 조직 전체의 효율성은 증가한다. 실적은 효율성에 부합하는지의 여부에 따라 결정되기 때문이다.

31 정답 ④

정답분석

④ 신공공관리론은 1980년대 이후 신자유주의에서 강조되어 목표대비 성과에 초점을 맞추는 효과적인 행정체계이다. 민간이 공급하던 서비스를 정부가 직접 공급하도록 하는 것이 아니라 관료제 이론에 시장원리를 혼합하여 생산성과 효율성을 도출한다.

32 정답 ⑤

정답분석

목표가 모호하고 애매하여 효과성과 효율성 표준척도가 없어 목표 달성을 위해 명확한 지식과 기술을 사용할 수 없다.

33 정답 ②

정답분석

② 공식화는 직무의 표준화 정도로 직원들이 명문화된 규칙이나 절차에 얼마큼 의존하는 정도를 의미한다. 단순하고 반복적인 직무일수록 공식화가 높고 직원들 공식화가 높으면 표준화가 높다. 공식화 정도가 높을수록 직원은 명문화된 규칙이나 절차를 사용하여 재량권이 줄어든다.

오답분석

① 조직규모가 커질수록 공식화 정도가 높아진다. 소규모 조직에서는 최고관리자에 의한 집권적인 의사결정이 가능하나 조직이 대규모화할수록 의사결정권의 위임은 불가피하다.
③ 수직적 분화가 발달하면(계층의 수가 많으면) 통솔범위가 줄어들어 과업의 종류가 많을수록 수직적 분화는 줄어들게 된다.

④ 분권화는 의사결정의 공식적 권한이 분산되거나 이양되는 것으로 분권화 정도가 높을수록 최고관리자에게 조직통제권한이 약화된다.
⑤ 집권화는 각종 권한이 조직의 정점에 집중되어 나타나는 현상으로 집권화 정도가 높을수록 직원의 권한과 책임의 범위가 명확해진다.

34 정답 ②

정답분석

② 목적전치(Goal Displacement)는 업무의 효율적 달성을 위하여 업무의 절차와 규칙을 정해 놓았는데 나중에는 그 절차의 준수에 얽매여 본래의 목표를 소홀히 하는 수단적 가치와 궁극적 가치가 바뀌는 현상으로 목적을 달성하기 위한 규칙이 목적 자체가 되는 것이다. A사회복지기관의 직원은 프로그램 운영에 신경을 쓰는 것이 아니라 모금활동에 더 신경을 써 목적을 달성하기 위한 규칙이 목적 자체가 되었다.

오답분석

① 리스트럭처링(Restructuring)은 구조조정으로 기업의 기존 사업구조나 조직구조를 보다 효과적으로 그 기능 또는 효율을 높이고자 실시하는 구조개혁 작업을 말한다.
③ 크리밍(Creaming)은 사회복지조직들이 프로그램의 성공 가능성이 높은 클라이언트만 선발하고, 비협조적이거나 어려울 것 같은 클라이언트를 선발하지 않는 것이다.
④ 소진(Burnout)은 평소 업무에 헌신적이었던 직원이 스트레스를 경험하여 직무에서 멀어져가는 것을 의미한다.
⑤ 다운사이징(Downsizing)은 조직의 효율성을 향상시키기 위해 의도적으로 조직 내의 인력이나 직무, 부서 등의 규모를 축소시키는 방법이다.

35 정답 ②

정답분석

행동이론에서 컨트리클럽형(Country Club Management)은 사람에 대한 관심은 높지만 일에 대한 관심은 없는 리더이다. 사람과 일에 대한 관심이 모두 높은 리더는 팀형이다.

36 정답 ①

정답분석

인적자원관리는 인사관리라고도 불리며, 조직의 유지를 위해 조직이 필요로 하는 인사를 채용, 개발, 유지, 활용하는 일련의 관리활동체계를 말한다. 또한 복지조직 구성원의 소양·능력을 개발하고 직무수행에 필요한 지식과 기술을 향상시키며 가치관이나 태도를 바람직한 방향으로 변화시키기 위한 교육 및 훈련을 말한다.
① 동기부여는 구성원들로 하여금 목표달성을 위한 활동을 열심히 하도록 유도하는 것으로 동기부여를 위한 보상관리도 인적자원관리에 해당된다.

37 정답 ③

ㄷ. 종사자의 교육수준, 기술, 능력 등을 포함하는 것은 직무기술서가 아닌 직무명세서이다.

38 정답 ③

정답분석

슈퍼비전은 종사자가 업무를 효과적이고 효율적으로 지식과 기술을 잘 사용할 수 있도록 도와주는 활동을 말한다. 슈퍼비전의 질은 슈퍼바이저의 역량에 의해 좌우되며 긍정적 슈퍼비전은 사회복지사의 소진 예방에 도움이 된다. 슈퍼비전의 기능은 행정적 슈퍼비전, 교육적 슈퍼비전, 지지적 슈퍼비전으로 구분된다. 슈퍼비전의 모형은 개인교습, 사례상담, 집단, 동료집단, 직렬, 팀 슈퍼비전으로 구분된다.
③ 동료집단 간에는 슈퍼비전의 모형이 있다. 동료집단 슈퍼비전은 슈퍼바이저가 없는 상태에서 슈퍼바이지로만 구성된 모형이다.

39 정답 ⑤

정답분석

⑤ 품목별 예산은 예산의 통제기능을 충족시키기 위해 구입하고자 하는 품목별로 편성하는 예산으로 전년도 예산을 근거로 하여 일정한 양만큼 증가시켜 나가는 점진주의적 특성을 가지고 있다.

오답분석

① 영기준 예산(Zero Based Budgeting)은 전년도 예산과는 무관하게 프로그램의 효율성을 평가하여 우선순위를 정하고 우선순위가 높은 프로그램에 먼저 예산을 편성하는 예산이다.
② 계획 예산(Planning Programming Budgeting System)은 목표를 달성하기 위해 장기적인 계획을 세우고 매년 기본계획을 실행하기 위해 프로그램별로 예산을 편성하는 예산이다.
③ 영기준 예산(Zero Based Budgeting)은 비용－편익 분석, 비용－효과 분석을 거쳐 수립한다.
④ 성과주의 예산(Performance Budgeting)은 조직의 활동을 기능별 또는 프로그램별로 나눈 후 다시 세부 프로그램으로나누고 각 세부 프로그램의 원가를 업무량을 계산하여 편성하는 예산이다.

40 정답 ②

정답분석

② 사회서비스는 단일한 공급주체에 의해 제공되는 것이 아니라 공공과 민간에 의해 제공된다.

① 2016년 민·관 협력에 의한 맞춤형 통합서비스 제공을 목적으로 하는 '읍·면·동 복지허브화' 전략의 구체적인 사업계획이 마련되었다.
④ 2019년부터 각 지자체별로 사회서비스의 공공성 및 투명성 향상을 위한 사회서비스원을 설립·운영하기 시작하였고, 양질의 돌봄서비스 기반 구축을 위한 지역사회 통합돌봄(커뮤니티케어) 선도사업을 추진하기 시작하였다.
⑤ 사회서비스는 사회복지뿐 아니라 보건, 교육, 주거, 고용 등을 포함하고 있다.

41 정답 ①

정답분석

① 위험관리는 위험을 예방·회피하려는 사전적인 대응활동으로 위험을 확인(발견), 분석, 평가하여 최적의 위험 처리 방도를 선택하는 관리 과정이다. 클라이언트의 안전 확보도 서비스의 질과 연결되어 있으므로 서비스 질 관리를 위하여 위험관리가 필요하다.

오답분석

② 총체적 품질관리(TQM)는 고객 만족을 위하여 모든 조직 구성원이 협력하여 품질의 개선과 향상을 위해 노력하는 기법으로 사회복지기관에 적용 가능하다. 클라이언트가 많은 기관들 중에 선택하므로 사회복지기관은 클라이언트의 만족을 위해 프로그램의 품질을 향상시켜야 한다.
③ 총체적 품질관리는 현상유지에 초점을 두기보다는 지속적인 개선에 초점을 둔다. 품질의 변이를 미리 예측하여 사전에 방지한다.
④ 서브퀄(SERVQUAL)의 요소는 확신성, 신뢰성, 반응성, 공감성, 유형성이다.
⑤ 서브퀄에서 유형성(Tangible)은 서비스 제공이나 상품생산을 위해 사용된 장비나 물리적인 시설 등의 외형(외관) 혹은 미적 상태와 연관된다. 고객 요청에 대한 즉각적 반응은 반응성이다.

42 정답 ①

정답분석

ㄱ. 주민생활지원서비스 전달체계는 2006년에 실행되었다.
ㄴ. 사회복지통합관리망(행복e음) 개통은 2010년에 개통되었다.
ㄷ. 읍·면·동 복지허브화는 2016년에 시행되었다.
ㄹ. 지역사회 통합돌봄은 2019년에 시행되었다.

43 정답 ④

정답분석

④ 쓰레기통모형은 조직의 목표가 모호하고 조직의 기술이 불

확실한 경우에 적용될 수 있는데, 이 모형에서는 의사결정이 합리성이나 협상, 타협 등을 통해 이루어지는 것이 아니라, 선택의 기회, 문제, 대안, 의사결정과정 참여자 등이 의도하지 않은 우연한 접점에서 이루어진다고 본다.

오답분석
① 점증모형은 기존의 정책을 바탕으로 변화된 상황과 문제점들을 수정·보완하는 의사결정기법이다. 의사결정이 부분적·순차적으로 진행되고, 이 과정에서 목표와 수단은 상호 조절된다.
② 연합모형(혼합모형)은 인간의 정보수집 및 처리능력의 한계와 현실적 제약을 인정하면서 전체적이고 체계적인 검토 후에 이상이 있다고 판단되면 현실적인 제약의 한계 내에서 효과성과 효율성이 가장 높을 것으로 생각되는 대안을 선택하는 것이다.
③ 만족모형에서 현실적인 의사결정은 '어느 정도 만족할 만한' 대안의 선택으로 이루어지므로 제한된 합리성을 찾을 수밖에 없다. 만족을 객관적으로 평가할 기준이 없고 현실만족적이며 습관적으로 대안이 채택되기 때문에 쇄신적인 문제해결을 필요로 하는 경우에는 적용이 어렵다는 단점이 있다.
⑤ 공공선택모형은 정부 재정부문의 정책결정에서 바람직한 민주적 의사결정을 추구하면서 나온 모델이다. 이 모형에서는 이기적인 개인이 서로 다른 이익을 관철시키려 하는 것이 의사결정이고, 의사결정자로서의 개인을 분석단위로 삼기 때문에 가급적 많은 사람이 민주적으로 의사결정을 하는 집합적 의사결정을 강조한다.

---

44 정답 ④

정답분석
사회복지정보화는 서비스에 정보기술을 접목하여 클라이언트에게 적절하고 효과적인 서비스를 효율적으로 전달해 주는 것이다. 학습조직은 조직에서도 조직원이 학습할 수 있도록 기업이 모든 기회와 자원을 제공하고 학습결과에 따라 지속적 변화를 이루는 조직으로 사회복지기관에도 학습조직의 필요성이 증가하고 있다.

---

45 정답 ⑤

정답분석
비영리조직의 마케팅은 사회복지기관으로부터 서비스를 제공받는 소비자(클라이언트)들로 구성된 시장과 사회복지기관의 활동을 지원해 주는 후원자들로 구성된 시장으로 이루어진다. 이윤추구를 목표로 하는 것이 아니라 해당 조직체가 추구하는 목표를 얼마나 효과적으로 달성하는가에 중점을 둔다. 소멸성을 가지고 있어 제공된 서비스를 반환하거나 되팔기 어렵고 생산과 소비가 동시에 일어나 서비스의 다양성과 복잡성이 나타난다.
⑤ 사회복지마케팅의 대상은 무형의 서비스로 이루어지는 경우가 많으므로 목표달성에 대한 측정이 어렵다.

---

46 정답 ②

정답분석
마케팅 4믹스
• 상품(제품, Product) : 클라이언트에게 필요한 서비스를 제공하기 위해 욕구를 파악하는 것이 중요하다.
• 장소(유통, Place) : 클라이언트가 서비스를 받기 위해 쉽게 기관을 이용할 수 있도록 하는 것이 중요하다.
• 촉진(Promotion) : 클라이언트에 필요한 서비스를 개발하더라도 홍보가 되지 않으면 서비스를 제공할 수 없다. 클라이언트가 알 수 있도록 기관은 서비스에 대한 홍보가 필요하다.
• 가격(Price) : 클라이언트가 서비스를 받기 위해 지불해야 하는 비용과 후원금을 의미한다. 너무 비싸지 않은 적당한 금액이어야 한다.

오답분석
ㄴ. 가격은 판매자가 이윤 극대화를 위하여 임의로 설정하는 금액이 아니라 클라이언트가 서비스를 받기 위해 지불해야 하는 비용이다.
ㄹ. 촉진은 판매 실적에 따라 직원을 승진시키는 제도가 아니라 홍보전략이다.

---

47 정답 ④

오답분석
ㄱ. 비용-효과 분석은 프로그램을 분석할 때 비용과 효과를 동시에 비교하여 고려하는 방법으로 같은 효과가 나올 경우 비용이 저렴한 프로그램을 선택한다. 즉, 프로그램의 비용과 결과의 금전적 가치를 고려한다.

---

48 정답 ②

정답분석
② 혁신은 기존에 존재하지 않았던 새로운 가치를 더하는 행동으로, 가치를 창출한다는 부분을 포함하고 있으므로 주로 긍정적인 의미로 사용된다.

오답분석
① 변혁적 리더십은 높은 도덕적 가치와 이상에 호소하여 조직 성원의 의식을 변화시킨다. 리더가 부하들에게 장기적 비전을 제시하고 그 비전에 매진하도록 한다.
③ 사회환경에 따라 조직 혁신은 달라질 수 있으므로 조직 혁신은 사회환경 변화와 관계가 있다.
④ 조직 내부환경을 고려하지 않고 변화를 추진할 때 혁신에 실패할 수 있다.
⑤ 변혁적 리더십은 높은 도덕적 가치와 이상에 호소하여 조직 성원의 의식을 변화시켜 조직이익을 강조한다.

49

정답 ①

정답분석

비영리 사회복지조직은 재산상의 이익을 구하지 않고, 사회의 자원을 동원하여 국민의 복지를 유지 및 증진하는 공적 서비스 조직이다. 민간조직으로 공공조직보다 관료화 정도가 낮다. 국가와 시장이 공급하기 어려운 서비스를 제공할 수 있어 특정 클라이언트를 위한 서비스를 제공할 수 있다. 따라서 비영리 사회복지조직은 수익성은 고려하지 않을 수 있지만 서비스 질을 고려하여 조직을 운영한다.

50

정답 ⑤

정답분석

사회복지행정은 서비스의 효과적 제공과 조직의 효율적 유지관리가 필요하다. 사회복지부문도 경쟁의 시대에 진입하면서 공급자 중심의 서비스에서 이용자 중심의 서비스, 즉 욕구중심의 복지에서 수요중심의 복지의 경쟁적 시장단계로 접어들었으며, 사회복지기관들도 경쟁적 시장단계로 접어들어 일반기업의 경영관리기법을 받아들이고 있다.

8과목 **사회복지법제론**									
51	52	53	54	55	56	57	58	59	60
③	①	③	①	④	⑤	①	②	⑤	③
61	62	63	64	65	66	67	68	69	70
④	②	③	⑤	③	②	②	⑤	④	①
71	72	73	74	75					
①	⑤	④	②	⑤					

51

정답 ③

정답분석

ㄴ. 「산업재해보상보험법」은 1963년에 제정되었다.
ㄷ. 「사회복지사업법」은 1970년에 제정되었다.
ㅁ. 「노인복지법」은 1981년에 제정되었다.
ㄹ. 「고용보험법」은 1993년에 제정되었다.
ㄱ. 「국민기초생활 보장법」은 1999년에 제정되었다.

52

정답 ①

정답분석

ㄱ·ㄴ. 국가는 사회보장·사회복지의 증진에 노력할 의무를 진다.
ㄷ. 신체장애자 및 질병·노령 기타의 사유로 생활능력이 없는 국민은 법률이 정하는 바에 의하여 국가의 보호를 받는다.

53

정답 ③

정답분석

ㄷ. 1973년 제정되어 1974년 실시 예정이었던 「국민복지연금법」은 오일쇼크로 인하여 무기한 연기되었다가 1986년 「국민연금법」으로 전부개정되어 1988년 시행되었다.

오답분석

ㄱ. 2014년 「기초연금법」이 제정되면서 「기초노령연금법」은 폐지되었다.
ㄴ. 1999년에 제정된 「국민건강보험법」은 「국민의료보험법」을 대체한 것이다.

54

정답 ①

정답분석

사회보장기본법 제25조 제5항 사회보험은 국가의 책임으로 시행하고, 공공부조와 사회서비스는 국가와 지방자치단체의 책임으로 시행하는 것을 원칙으로 한다. 다만 국가와 지방자치단체의 재정 형편 등을 고려하여 이를 협의·조정할 수 있다.

55 정답 ④

정답분석

사회보장기본법 제14조 제1항 사회보장수급권은 구두로 통지하여 포기할 수 없고, 정당한 권한이 있는 기관에 서면으로 통지하여 포기할 수 있다(동법 제14조 제1항).

56 정답 ⑤

오답분석

① 사회보장위원회는 대통령 소속이 아니라 국무총리 소속이다.
② 위원장 1명, 부위원장 3명과 행정안전부장관, 고용노동부장관을 포함한 30명 이내의 위원으로 구성한다.
③ 위원의 임기는 2년으로 하되, 공무원인 위원의 임기는 그 재임기간으로 한다.
④ 고용노동부가 아니라 보건복지부에 사무국을 둔다.

관계 법령

사회보장기본법 제20조(사회보장위원회)
① 사회보장에 관한 주요 시책을 심의 · 조정하기 위하여 국무총리 소속으로 사회보장위원회를 둔다.
④ 관계 중앙행정기관의 장과 지방자치단체의 장은 위원회의 심의 · 조정 사항을 반영하여 사회보장제도를 운영 또는 개선하여야 한다.

사회보장기본법 제21조(위원회의 구성 등)
① 위원회는 위원장 1명, 부위원장 3명과 행정안전부장관, 고용노동부장관, 여성가족부장관, 국토교통부장관을 포함한 30명 이내의 위원으로 구성한다.
② 위원장은 국무총리가 되고 부위원장은 기획재정부장관, 교육부장관 및 보건복지부장관이 된다.
④ 위원의 임기는 2년으로 한다.

57 정답 ①

정답분석

자치법규는 지방자치단체의 지역 안에서만 효력을 가진다. 자치법규에는 조례와 규칙이 있다. 조례는 지방자치단체의 의회가 법령에 반하지 않는 범위 내에서 그 권한에 속하는 사항에 대하여 의결로서 제정한 것이고, 규칙은 지방자치단체의 장이 법령과 조례에 반하지 않는 범위 내에서 그 권한에 속하는 사항에 대하여 제정한 것이다. 법에는 상위법 우선의 법칙이 있어 상위법을 위반한 하위법은 위법이 된다.
① 지방의회는 조례 제정권을 갖고 지방자치단체의 장은 규칙 제정권을 갖는다. 조례가 규칙보다 상위법이다.

58 정답 ②

정답분석

② **사회보장급여의 이용 · 제공 및 수급권자 발굴에 관한 법률 제19조의2 제1항** 보건복지부장관은 속임수 등의 부정한 방법으로 사회보장급여를 받거나 타인으로 하여금 사회보장급여를 받게 한 경우에 대하여 보장기관이 효과적인 대책을 세울 수 있도록 그 발생 현황, 피해사례 등에 관한 실태조사를 3년마다 실시하고, 그 결과를 공개하여야 한다.

오답분석

① 중앙생활보장위원회는 「사회보장급여의 이용제공 및 수급권자 발굴에 관한 법률」이 아니라 「국민기초생활 보장법」에 따라 설치된 것이다. 「사회보장급여의 이용제공 및 수급권자 발굴에 관한 법률」 제41조에는 시 · 군 · 구에 지역사회보장협의체를 둔다고 명시되어 있다.
③ **사회보장급여의 이용 · 제공 및 수급권자 발굴에 관한 법률 제2조 제2항** "수급권자"란 사회보장급여를 제공받을 권리를 가진 사람을 말한다. 사회보장급여를 제공하는 국가기관과 지방자치단체는 보장기관이다.
④ **사회보장급여의 이용 · 제공 및 수급권자 발굴에 관한 법률 제5조 제3항** 보장기관의 업무담당자는 지원대상자가 심신미약 또는 심신상실 등 대통령령으로 정하는 경우에 해당하면 지원대상자의 동의 없이 직권으로 사회보장급여의 제공을 신청할 수 있다. 이 경우 보장기관의 업무담당자는 직권 신청한 사실을 보장기관의 장에게 지체 없이 보고하여야 한다.
⑤ **사회보장급여의 이용 · 제공 및 수급권자 발굴에 관한 법률 제12조의2 제2항** 보건복지부장관은 지원대상자 발굴체계의 운영 실태를 매년 정기적으로 점검하고 개선방안을 마련하여야 한다.

59 정답 ⑤

정답분석

보건복지부장관은 평가를 위하여 평가기관을 설치 · 운영하거나, 평가의 전부 또는 일부를 관계 기관 또는 단체에 위탁할 수 있다.

사회복지사업법 제5조의2(사회복지서비스 제공의 원칙)
① 사회복지서비스를 필요로 하는 사람에 대한 사회복지서비스 제공은 현물(現物)로 제공하는 것을 원칙으로 한다.
② 시장·군수·구청장은 국가 또는 지방자치단체 외의 자로 하여금 제1항의 서비스 제공을 실시하게 하는 경우에는 보호대상자에게 사회복지서비스 이용권을 지급하여 국가 또는 지방자치단체 외의 자로부터 그 이용권으로 서비스 제공을 받게 할 수 있다.
③ 국가와 지방자치단체는 사회복지서비스의 품질향상과 원활한 제공을 위하여 필요한 시책을 마련하여야 한다.
④ 국가와 지방자치단체는 사회복지서비스의 품질을 관리하기 위하여 사회복지서비스를 제공하는 기관·법인·시설·단체의 서비스 환경, 서비스 제공 인력의 전문성 등을 평가할 수 있다.
⑤ 보건복지부장관은 평가를 위하여 평가기관을 설치·운영하거나, 평가의 전부 또는 일부를 관계 기관 또는 단체에 위탁할 수 있다.

60
정답 ③

정답분석
③ 보건복지부장관은 사회복지사가 거짓이나 그 밖의 부정한 방법으로 자격을 취득한 경우 무조건 그 자격을 취소한다.

관계 법령

사회복지사업법 제11조의3(사회복지사의 자격취소 등)
① 보건복지부장관은 사회복지사가 다음에 해당하는 경우 그 자격을 취소하거나 1년의 범위에서 정지시킬 수 있다. 다만, 제1호부터 제3호까지에 해당하면 그 자격을 취소하여야 한다.
  1. 거짓이나 그 밖의 부정한 방법으로 자격을 취득한 경우
  2. 제11조의2 각 호의 어느 하나에 해당하게 된 경우
  3. 자격증을 대여·양도 또는 위조·변조한 경우

오답분석
① 사회복지사의 등급은 1급·2급으로 한다. 기존에 있던 3급은 취득할 수 없다.
② 보건복지부장관은 정신건강사회복지사·의료사회복지사·학교사회복지사의 자격을 부여할 수 있다. 사회복지사 1급 자격증 취득 후 1년의 수련을 거쳐 취득할 수 있다.
④ 사회복지법인에 종사하는 사회복지사는 1년에 8시간 이상 정기적으로 보수교육을 받아야 한다.
⑤ 자신의 사회복지사 자격증은 타인에게 빌려주어서는 아니 된다. 자격증을 양도하는 경우 자격취소에 해당한다.

61
정답 ④

정답분석
④ 「사회복지사업법」에 따른 시설을 설치·운영하려는 경우에는 지역특성과 시설분포의 실태를 고려하여 「사회복지사업법」에 따른 시설을 통합하여 하나의 시설로 설치·운영하거나 하나의 시설에서 둘 이상의 사회복지사업을 통합하여 수행할 수 있다. 이 경우 국가 또는 지방자치단체 외의 자는 통합하여 설치·운영하려는 각각의 시설이나 사회복지사업에 관하여 해당 관계 법령에 따라 신고하거나 허가 등을 받아야 한다.

오답분석
① 사회복지사업법 제36조 제1항 시설의 장은 시설의 운영에 관한 사항을 심의하기 위하여 시설에 운영위원회를 두어야 한다.
② 사회복지사업법 제34조의3 제1항 시설의 운영자는 손해배상 책임을 이행하기 위하여 손해보험회사의 책임보험에 가입하거나 「사회복지사 등의 처우 및 지위 향상을 위한 법률」에 따른 한국사회복지공제회의 책임공제에 가입하여야 한다.
③ 사회복지사업법 제35조 제1항 시설의 장은 상근하여야 한다.
⑤ 사회복지사업법 제34조 제1항 국가나 지방자치단체는 사회복지시설을 설치·운영할 수 있다.

62
정답 ②

정답분석
② 국민기초생활 보장법 제7조 제3항 차상위계층에 속하는 사람에 대한 급여는 보장기관이 차상위자의 가구별 생활여건을 고려하여 예산의 범위에서 급여의 전부 또는 일부를 실시할 수 있다.

오답분석
① 국민기초생활 보장법 제8조의2 제2항 제1호 부양의무자가 「병역법」에 따라 징집되거나 소집된 경우 부양능력이 없는 것으로 본다.
③ 국민기초생활 보장법 제8조 제2항 생계급여 수급권자는 부양의무자가 없거나, 부양의무자가 있어도 부양능력이 없거나 부양을 받을 수 없는 사람으로서 그 소득인정액이 중앙생활보장위원회의 심의·의결을 거쳐 결정하는 금액(이하 "생계급여 선정기준") 이하인 사람으로 한다. 이 경우 생계급여 선정기준은 기준 중위소득의 100분의 30 이상으로 한다.
④ 국민기초생활 보장법 제9조 제2항 수급품은 대통령령으로 정하는 바에 따라 매월 정기적으로 지급하여야 한다. 다만, 특별한 사정이 있는 경우에는 그 지급방법을 다르게 정하여 지급할 수 있다.
⑤ 국민기초생활 보장법 제11조 주거급여는 수급자에게 주거 안정에 필요한 임차료, 수선유지비, 그 밖의 수급품을 지급하는 것으로 주택 매입비는 포함되지 않는다.

63

정답분석

• **국민기초생활 보장법 제3조 제1항** 이 법에 따른 급여는 수급자가 자신의 생활의 유지·향상을 위하여 그의 소득, 재산, 근로능력 등을 활용(ㄱ)하여 최대한 노력하는 것을 전제로 이를 보충·발전시키는 것을 기본원칙으로 한다.

• **국민기초생활 보장법 제3조 제2항** 부양의무자의 부양과 다른 법령에 따른 보호는 이 법에 따른 급여에 우선(ㄷ)하여 행하여지는 것으로 한다. 다만, 다른 법령에 따른 보호의 수준이 이 법에서 정하는 수준에 이르지 아니하는 경우에는 나머지 부분(ㄴ)에 관하여 이 법에 따른 급여를 받을 권리를 잃지 아니한다.

오답분석

ㄹ. 「국민기초생활 보장법」은 공공부조이므로 수익자부담을 기본원칙으로 하지 않는다.

64
정답 ⑤

정답분석

ㄱ·ㄴ·ㄷ·ㄹ. **긴급복지지원법 제2조** 이 법에서 "위기상황"이란 본인 또는 본인과 생계 및 주거를 같이 하고 있는 가구 구성원이 다음에 해당하는 사유로 인하여 생계유지 등이 어렵게 된 것을 말한다.

1. 주소득자가 사망, 가출, 행방불명, 구금시설에 수용되는 등의 사유로 소득을 상실한 경우
2. 중한 질병 또는 부상을 당한 경우
3. 가구 구성원으로부터 방임 또는 유기되거나 학대 등을 당한 경우
4. 가정폭력을 당하여 가구 구성원과 함께 원만한 가정생활을 하기 곤란하거나 가구 구성원으로부터 성폭력을 당한 경우
5. 화재 또는 자연재해 등으로 인하여 거주하는 주택 또는 건물에서 생활하기 곤란하게 된 경우
6. 주소득자 또는 부소득자의 휴업, 폐업 또는 사업장의 화재 등으로 인하여 실질적인 영업이 곤란하게 된 경우
7. 주소득자 또는 부소득자의 실직으로 소득을 상실한 경우
8. 보건복지부령으로 정하는 기준에 따라 지방자치단체의 조례로 정한 사유가 발생한 경우

65
정답 ③

정답분석

③ **건강가정기본법 제3조 제2의2호** "1인가구"라 함은 1명이 단독으로 생계를 유지하고 있는 생활단위를 말한다.

오답분석

① **건강가정기본법 제3조 제1호** "가족"이라 함은 혼인·혈연·

입양으로 이루어진 사회의 기본단위를 말한다.

② **건강가정기본법 제8조 제1항** 모든 국민은 혼인과 출산의 사회적 중요성을 인식하여야 한다.

④ **건강가정기본법 제22조 제1항** 국가 및 지방자치단체는 자녀를 양육하는 가정에 대하여 자녀 양육으로 인한 부담을 완화하고 아동의 행복추구권을 보장하기 위하여 보육, 방과후 서비스, 양성이 평등한 육아휴직제 등의 정책을 적극적으로 확대 시행하여야 한다.

⑤ **건강가정기본법 제24조** 국가 및 지방자치단체는 영·유아, 아동, 청소년, 중·장년, 노인 등 생애주기에 따르는 가족 구성원의 종합적인 건강증진대책을 마련하여야 한다.

66
정답 ②

정답분석

자원봉사센터는 「사회복지사업법」상 사회복지시설 31개에 포함되지 않으며 행정안전부장관의 소관이다.

관계 법령

사회복지사업법 시행규칙 제27조(시설의 서비스 최저기준)
② 서비스 최저기준 대상시설의 범위는 다음과 같다. 다만, 시설의 규모, 제공하는 서비스의 특성, 이용자 수 등을 고려하여 보건복지부장관이 정하는 시설은 제외한다.
  1. 사회복지법에 따른 사회복지시설
  2. 사회복지관

67
정답 ②

정답분석

② **국민기초생활 보장법 제19조 제1항** 생계급여는 수급권자 또는 수급자의 거주지를 관할하는 시·도지사와 시장·군수·구청장이 실시한다.

오답분석

① **국민기초생활 보장법 제12조 제2항** 교육급여는 교육부장관 소관으로 한다.

③ **국민기초생활 보장법 제2조 제4호**에서 "보장기관"이란 이 법에 따른 급여를 실시하는 국가 또는 지방자치단체를 말한다고 명시되어 있으며, 보장기관은 위기개입상담원을 배치하여야 한다는 내용은 없다.

④ **국민기초생활 보장법 제20조 제2항** 보건복지부에 두는 생활보장위원회는 심의·의결 기구이다.

⑤ **국민기초생활 보장법 제20조의2 제1항** 소관 중앙행정기관의 장은 수급자의 최저생활을 보장하기 위하여 3년마다 소관별로 기초생활보장 기본계획을 수립하여 보건복지부장관에게 제출하여야 한다.

정답 및 해설

2023년 21회 기출문제 **265**

68 　　　　　　　　　　　　　　　정답 ⑤

고용보험법 제58조(이직 사유에 따른 수급자격의 제한)

피보험자가 다음에 해당한다고 직업안정기관의 장이 인정하는 경우에는 수급자격이 없는 것으로 본다.

1. 중대한 귀책사유로 해고된 피보험자로서 다음의 어느 하나에 해당하는 경우
   가. 「형법」 또는 직무와 관련된 법률을 위반하여 금고 이상의 형을 선고받은 경우
   나. 사업에 막대한 지장을 초래하거나 재산상 손해를 끼친 경우로서 고용노동부령으로 정하는 기준에 해당하는 경우
     - 영업용 차량을 임의로 타인에게 대리운전하게 하여 교통사고를 일으킨 경우
     - 사업의 기밀이나 그 밖의 정보를 경쟁관계에 있는 다른 사업자 등에게 제공하여 사업에 지장을 가져온 경우
     - 허위 사실을 날조하여 유포하거나 불법 집단행동을 주도하여 사업에 막대한 지장을 가져온 경우
     - 영업용 차량 운송 수입금을 부당하게 착복하는 등 직책을 이용하여 공금을 착복, 장기유용, 횡령 또는 배임한 경우
     - 제품 또는 원료 등을 절취 또는 불법 반출한 경우
     - 인사·경리·회계담당 직원이 근로자의 근무상황 실적을 조작하거나 허위 서류 등을 작성하여 사업에 손해를 끼친 경우
     - 사업장의 기물을 고의로 파손하여 생산에 막대한 지장을 가져온 경우
     - 그 밖에 사회통념상 고의로 사업에 막대한 지장을 가져오거나 재산상 손해를 끼쳤다고 인정되는 경우
   다. 정당한 사유 없이 근로계약 또는 취업규칙 등을 위반하여 장기간 무단 결근한 경우

69 　　　　　　　　　　　　　　　정답 ④

④ 산업재해보상보험법 시행령 제61조 제2호 "근로자와 생계를 같이 하고 있던 유족"이란 근로자가 사망할 당시에 근로자의 소득으로 생계의 전부 또는 상당 부분을 유지하고 있던 유족으로서 학업·취업·요양, 그 밖에 주거상의 형편 등으로 주민등록을 달리하였거나 동거하지 않았던 사람을 말한다.

① 산업재해보상보험법 제62조 제1항 유족급여는 근로자가 업무상의 사유로 사망한 경우 유족에게 지급한다.

② 산업재해보상보험법 시행령 제60조 제1항 유족보상연금 수급권자가 2명 이상 있을 때에는 그중 1명을 유족보상연금의 청구와 수령에 관한 대표자로 선임할 수 있다.

③ 산업재해보상보험법 시행령 제61조 제1호 "근로자와 생계를 같이 하고 있던 유족"이란 근로자가 사망할 당시에 근로자와 「주민등록법」상 세대를 같이 하고 동거하던 유족으로서 근로자의 소득으로 생계의 상당 부분을 유지하고 있던 사람을 말한다.

⑤ 산업재해보상보험법 제63조 제3항 유족보상연금 수급자격자 중 유족보상연금을 받을 권리의 순위는 배우자·자녀·부모·손자녀·조부모 및 형제자매의 순서로 한다.

70 　　　　　　　　　　　　　　　정답 ①

후견인은 보호의무자가 될 수 없는 사람에 포함되지 않는다.

정신건강증진 및 정신질환자 복지서비스 지원에 관한 법률 제39조(보호의무자)

① 「민법」에 따른 후견인 또는 부양의무자는 정신질환자의 보호의무자가 된다. 다만, 다음 각 호의 어느 하나에 해당하는 사람은 보호의무자가 될 수 없다.
   1. 피성년후견인 및 피한정후견인
   2. 파산선고를 받고 복권되지 아니한 사람
   3. 해당 정신질환자를 상대로 한 소송이 계속 중인 사람 또는 소송한 사실이 있었던 사람과 그 배우자
   4. 미성년자
   5. 행방불명자

71 　　　　　　　　　　　　　　　정답 ①

한부모가족지원법 제19조 제1항 한부모가족복지시설은 다음의 시설로 한다.

1. 출산지원시설 : 다음의 어느 하나에 해당하는 자의 임신·출산 및 그 출산 아동(3세 미만에 한정)의 양육을 위하여 주거 등을 지원하는 시설
   가. 제4조 제1호의 모
   나. 혼인 관계에 있지 아니한 자로서 출산 전 임신부
   다. 혼인 관계에 있지 아니한 자로서 출산 후 해당 아동을 양육하지 아니하는 모
2. 양육지원시설 : 6세 미만 자녀를 동반한 한부모가족에게 자녀를 양육할 수 있도록 주거 등을 지원하는 시설
3. 생활지원시설 : 18세 미만(취학 중인 경우에는 22세 미만, 「병역법」에 따른 병역의무를 이행하고 취학 중인 경우에는 병역의무를 이행한 기간을 가산한 연령 미만) 자녀를 동반한 한부모가족에게 자립을 준비할 수 있도록 주거 등을 지원하는 시설
4. 일시지원시설 : 배우자(사실혼 관계에 있는 사람을 포함)가 있으나 배우자의 물리적·정신적 학대로 아동의 건전한 양육이나 모 또는 부의 건강에 지장을 초래할 우려가 있을 경우 일

시적 또는 일정 기간 동안 모와 아동, 부와 아동, 모 또는 부에게 주거 등을 지원하는 시설

5. 한부모가족복지상담소 : 한부모가족에 대한 위기 · 자립 상담 또는 문제해결 지원 등을 목적으로 하는 시설

72 정답 ⑤

정답분석

의족은 단순히 신체를 보조하는 기구가 아니라 신체의 일부인 다리를 기능적 · 물리적 · 실질적으로 대체하는 장치로서, 업무상의 사유로 근로자가 장착한 의족이 파손된 경우는 「산업재해보상보험법」상 요양급여의 대상인 근로자의 부상에 포함된다고 보아야 한다.

한 근로자가 1995년 교통사고로 오른쪽 무릎 위에서 다리를 절단한 후 의족을 착용하여 정상적으로 사회 생활을 해오던 중 2009년에는 아파트 경비원으로 취업하여 근무하기 시작했는데, 아파트 경비원의 업무인 제설작업을 하던 중 넘어져 의족이 파손되었다. 이 근로자는 착용하고 있던 의족의 파손에 대하여 근로복지공단에 업무상 재해에 따른 요양급여를 신청하였다. 1심과 2심에서는 근로자가 패소하였으나, 대법원은 의족의 파손도 요양급여의 신청대상인 근로자의 업무상 부상에 해당한다고 판단하였다. 따라서 업무상의 사유로 근로자가 장착한 의족이 파손된 경우는 「산업재해보상보험법」상 요양급여의 대상인 근로자의 부상에 포함된다.

73 정답 ④

정답분석

④ 노인장기요양보험법 제47조의2 제2항 장기요양요원지원센터는 다음의 업무를 수행한다.
　1. 장기요양요원의 권리 침해에 관한 상담 및 지원
　2. 장기요양요원의 역량강화를 위한 교육지원
　3. 장기요양요원에 대한 건강검진 등 건강관리를 위한 사업

오답분석

① 노인장기요양보험법 제45조 다음의 사항을 심의하기 위하여 보건복지부장관 소속으로 장기요양위원회를 둔다.
　1. 장기요양보험료율
　2. 가족요양비, 특례요양비 및 요양병원간병비의 지급기준
　3. 재가 및 시설 급여비용
　4. 그 밖에 대통령령으로 정하는 주요 사항
② 노인장기요양보험법 제52조 제1항 장기요양인정 및 장기요양등급 판정 등을 심의하기 위하여 공단에 장기요양등급판정위원회를 둔다.
③ 노인장기요양보험법 제55조 제3항 심사청구 사항을 심사하기 위하여 공단에 장기요양심사위원회를 둔다.
⑤ 국민건강보험법 제100조 제2항 보건복지부장관은 공표여부 등을 심사하기 위하여 건강보험공표심의위원회를 설치 · 운영한다.

74 정답 ②

정답분석

아동복지법 제44조의2 제1항 시 · 도지사 및 시장 · 군수 · 구청장은 초등학교의 정규교육 이외의 시간 동안 다음의 돌봄서비스를 실시하기 위하여 다함께돌봄센터를 설치 · 운영할 수 있다.
1. 아동의 안전한 보호
2. 안전하고 균형 있는 급식 및 간식의 제공
3. 등 · 하교 전후, 야간 또는 긴급상황 발생 시 돌봄서비스 제공
4. 체험활동 등 교육 · 문화 · 예술 · 체육 프로그램의 연계 · 제공
5. 돌봄 상담, 관련 정보의 제공 및 서비스의 연계

75 정답 ⑤

정답분석

「아동복지법」 제15조의4 제1항에는 "보건복지부장관은 보호가 필요한 아동을 발견하고 양육환경을 개선할 수 있도록 지원하기 위하여 「사회보장기본법」 제37조에 따른 사회보장정보시스템을 통하여 자료 또는 정보를 처리할 수 있으며, 해당 자료를 토대로 아동보호를 위한 실태조사 대상 아동을 선정할 수 있다."고 명시되어 있다.
ㄱ. 「국민건강보험법」 제41조 제1항 각 호에 따른 요양급여 실시 기록
ㄴ. 「국민건강보험법」 제52조에 따른 영유아건강검진 실시 기록 및 「의료급여법」 제14조에 따른 건강검진 실시 기록 중 6세 미만에 대한 기록
ㄷ. 「초 · 중등교육법」 제25조에 따른 학교생활기록 정보
ㄹ. 「전기사업법」 제14조에 따른 단전, 「수도법」 제39조에 따른 단수, 「도시가스사업법」 제19조에 따른 단가스 가구정보

1교시 사회복지기초

1과목 인간행동과 사회환경

01	02	03	04	05	06	07	08	09	10
①	②	③	④	①	⑤	②	①	④	③
11	**12**	**13**	**14**	**15**	**16**	**17**	**18**	**19**	**20**
⑤	④	①	③	⑤	②	②	④	③	⑤
21	**22**	**23**	**24**	**25**					
②	⑤	①	③	④					

01 정답 ①

정답분석

스키너는 행동주의이론을 주장한 학자로 인간행동은 인지와 정서보다는 환경의 자극에 의해 동기화되고, 행동에 따르는 강화에 의해 전적으로 결정된다고 보았다.

02 정답 ②

정답분석

② 인간발달은 상부에서 하부로, 중심에서 말초로 순서는 바뀌지 않고 일정한 방향에 따라 진행되며, 영아기, 유아기 등으로 구분하여 행동들을 예측할 수 있다.

오답분석

① 긍정적 · 상승적 변화뿐 아니라 부정적 · 퇴행적 변화도 발달로 본다.
③ 인간의 전반적 변화를 다루기 때문에 개인차는 중요하다. 똑같은 발달과정을 거치지만 환경과 유전적인 영향을 받기 때문에 발달속도는 일정하지 않고 개인마다 다르게 나타난다.
④ 키 · 몸무게는 양적 변화를 의미하고 인지특성 · 정서 등은 질적 변화를 의미한다. 발달은 양적 변화와 질적 변화를 모두 포함하는 개념이다.
⑤ 각 발달단계에서의 발달속도는 거의 일정하지 않고 개인차가 나타난다.

03 정답 ③

정답분석

동화(Assimilation)는 자신의 고유문화적 가치를 유지하지 않은 상태에서 주류사회와의 관계만 있는 경우이다. 자신의 고유문화와 새로운 문화를 모두 존중하는 상태는 통합(Integration)이다.

PLUS +

베리의 문화적응모형
- 주변화(Marginalization) : 모국의 문화적 가치와 주류사회와의 관계를 둘 다 유지하지 않는 경우이다.
- 동화(Assimilation) : 모국의 문화적 가치는 유지하지 않은 상태에서 주류사회와의 관계만 있는 경우이다.
- 분리(Segregation) : 모국과는 강한 유대관계를 지니지만 주류사회와는 관계가 없는 경우이다.
- 통합(Integration) : 모국의 문화적 가치를 유지하면서 동시에 주류사회와의 관계를 유지하는 경우이다.

04 정답 ④

정답분석

스키너는 인간행동은 환경의 자극에 의해 동기화되고, 행동에 따르는 강화에 의해 전적으로 결정된다고 보았다. 인간의 창조성과 자아실현을 강조한 학자는 로저스이다.

05 정답 ①

정답분석

ㄱ. 자기실현 경향성은 인간은 자신을 유지하고 향상시키는 방향으로 자신이 지닌 모든 능력을 개발하려는 강한 성향으로, 로저스의 개념이다.

오답분석

ㄴ. 비합리적인 신념은 자기 자신이나 타인 혹은 일반에 대하여 절대주의적이고 완벽주의적이며 융통성이 없는 비현실적인 내용으로, 엘리스의 개념이다.
ㄷ. 행동조성은 복잡한 행동이나 기술을 학습하는 데 있어 기대하는 반응이나 행동을 학습할 수 있도록 행동을 강화해 점진적으로 만들어가는 것으로, 스키너의 개념이다.
ㄹ. 집단무의식은 개인의 경험이나 기억에 의해 형성되는 것이

아니기 때문에 의식화할 수 없으나 모든 인간의 공통된 오랜 경험에서 형성된 잠재적 이미지의 저장고로, 융의 개념이다.

06 정답 ⑤

정답분석
⑤ 아들러는 우월에 대한 추구(인간이 목적을 갖게 하는 동기)의 개념을 주장하면서 인간을 목표지향적 존재로 보았다.

오답분석
① 점성원리는 에릭슨의 개념이다.
② 개인의 창조성을 긍정한다. 아들러의 개념 중 창조적 자아는 환경, 경험, 지각 등으로 인하여 스스로 자신의 삶을 만들 수 있는 능력이 있으며 자유가 있는 존재로 본다.
③ 무의식적 결정론을 고수하는 학자는 프로이트이다.
④ 인간의 성격형성에 영향을 주는 것으로 생활양식과 출생순위 등을 주장하면서 유전적 · 환경적 요인의 중요성을 인정한다.

07 정답 ②

정답분석
① 근면성 대 열등감(아동기) : 능력
③ 신뢰 대 불신(영아기) : 희망
④ 자율성 대 수치심과 의심(유아기) : 의지력
⑤ 정체감 대 정체감 혼란(청소년기) : 성실

08 정답 ①

정답분석
로저스는 개인의 잠재력 실현을 위해서 무조건적 긍정적 관심을 주장하였다. 무조건적 긍정적 관심은 타인에 대하여 아무런 조건 없이 있는 그대로 수용하거나 받아들이는 것을 의미한다.

09 정답 ④

정답분석
④ 개성화(Individuation)는 한 개인의 의식이 다른 사람으로부터 분리되는 것으로 융은 개성화를 통한 자기실현과정을 중요시하였다.

오답분석
① 정신분석(Psychoanalysis)이론은 프로이트의 이론이고 융의 이론은 분석심리이론이다.
② 사회적 관심과 활동수준을 기준으로 심리적 유형을 자아의 태도(외향성, 내향성)와 자아의 기능(사고형, 감정형, 감각형, 직관형) 6가지로 구분하였다.
③ 아동기, 청년기, 중년기, 노년기로 발달단계를 구분하였다.
⑤ 성격형성에 있어서 창조적 자기(Creative Self)의 역할을 강조한 학자는 아들러이다.

10 정답 ③

오답분석
ㄷ. 자기효능감을 높이는 방법으로 직접적 성취경험, 대리적 경험, 언어적 설득, 정서적 각성 등을 제시하였고, 가장 효과적인 방법으로는 직접적 성취경험을 제시하였다.
ㄹ. 자기강화는 자신이 통제할 수 있는 보상을 자기 스스로에게 줌으로써 자신의 행동을 유지하거나 변화시키는 과정을 의미하는 것으로, 외부로부터 주어지는 강화가 아니라 내적인 행동평가 기준을 갖는다.

11 정답 ⑤

정답분석
전치(Displacement)는 감정을 자신보다 덜 위험한 대상으로 옮기는 것으로 엄마한테 혼난 아이가 동생에게 화풀이하는 것이다. 낮은 성적을 받은 이유를 교수가 중요치 않은 문제만 출제한 탓이라 여기는 것은 투사(Projection)이다.

12 정답 ④

정답분석
구체적 조작기(7~11세)는 보존의 개념을 획득하여 비논리적인 사고에서 논리적인 사고를 할 수 있게 되는 시기이다. 추상적 개념을 이용하여 논리적인 사고를 할 수 있는 능력인 추상적 사고는 형식적 조작기(12세~성인)에 가능하다.

13 정답 ①

정답분석
① 브론펜브레너의 생태체계이론의 중간체계는 두 개 이상의 미시체계로 구성된 체계로 서로 연결되어 영향을 미친다.

오답분석
② 개인이 직접적으로 대면하는 체계는 미시체계이다.
③ 신념, 태도, 전통 등을 통해 영향력을 행사하는 체계는 거시체계이다.
④ 가족과 집단은 대표적인 미시체계의 예이다.
⑤ 문화, 정치, 사회, 법, 종교 등은 거시체계에 해당한다.

14 정답 ③

오답분석
ㄹ. 엔트로피(Entropy)는 외부체계와 교류되지 않고 에너지의 투입이 이루어지지 않아 유용한 에너지가 감소하는 체계이며, 외부와 상호작용을 하는 것은 넥엔트로피(Negentropy)이다.

15 정답 ⑤

정답분석

시간체계(Chrono System)는 개인의 전 생애에 걸쳐 일어나는 변화와 역사적인 환경을 포함하는 체계로 시간에 따라 변화한다. 한 개인이 성장하고 죽음에 이르기까지 경험하게 되는 생활사건을 포함한다.

16 정답 ②

정답분석

② 호혜성(Reciprocity)은 한 체계에서 일부가 변화하면 그 변화가 다른 모든 부분들과 상호작용하여 나머지 부분들도 변화하게 되는 것이다.

오답분석

① 균형(Equilibrium)은 외부로부터 새로운 에너지의 투입 없이 현 상태를 유지하려는 속성이다.
③ 안정상태(Steady State)는 체계가 정상적인 기능을 유지할 수 있도록 정보와 자원이 안정적인 흐름을 보이는 것이다.
④ 항상성(Homeostasis)은 변화에 저항하고 현 상태를 유지하려는 것으로 비교적 안정적이며 지속적인 평형상태를 유지하기 위한 체계의 경향이다.
⑤ 적합성(Goodness of Fit)은 환경과 인간이 상호작용을 통하여 얼마나 조화를 이룰 수 있는가를 의미한다.

17 정답 ②

정답분석

② 영아기는 출생에서부터 24개월까지의 시기로 출생 30일 이전은 신생아기라고도 한다. 이 시기는 프로이트의 구강기, 에릭슨의 영아기, 피아제의 감각운동기에 해당한다.

오답분석

① 전인습적 도덕기는 4~9세로 유아기에 해당한다.
③ 보존(Conservation) 개념이 확립되는 시기는 아동기이다.
④ 프로이트 : 거세불안(Castration Anxiety)을 경험하는 시기는 유아기이다.
⑤ 생활양식은 아들러의 개념으로 5세에 형성되며, 시기는 유아기이다.

18 정답 ④

정답분석

비가역적 사고의 특징이 나타나는 시기는 유아기이다.

19 정답 ③

정답분석

영아기(0~2세)는 제1의 성장기로 인생에서 가장 급격한 성장이 이루어지는 시기이다.

20 정답 ⑤

오답분석

① 근면성의 발달이 중요한 과업인 시기는 아동기이다.
② 다른 시기에 비하여 경제적으로 안정되어 있고 직업에서도 높은 지위와 책임을 갖게 되는 시기는 중년기이다.
③ 빈둥지 증후군을 경험하는 시기는 중년기이다.
④ 또래와의 상호작용을 통하여 자아개념이 발달하기 시작하는 시기는 아동기이다.

21 정답 ②

정답분석

자아정체감을 확립하는 시기는 청소년기(13~19세)이다. 아동기(7~12세)에는 근면성으로 능력이 향상된다.

22 정답 ⑤

수정 3주째에 배판은 외배엽, 중배엽, 내배엽 3개의 초기 배엽으로 분화되며, 외배엽은 표피, 손톱, 머리카락, 중추, 말초신경계 등을 형성한다. 폐, 간, 소화기관 등을 형성하는 것은 내배엽이다.

23 정답 ①

정답분석

① 중년기(40~64세)는 인생의 중반에 해당되며 자신의 세대뿐 아니라 다음 세대까지 양육에 관심을 갖고 있고 양육은 가장 중요한 과업 중 하나라고 여긴다. 자녀를 양육하는 것뿐 아니라 다음 세대가 살아갈 수 있도록 사상을 전수하는 것을 통해 생산성이 발달된다.

오답분석

② 중년기(40~64세)에는 새롭고 친숙하지 않은 일을 수행하는 능력인 유동성 지능(Fluid Intelligence)은 점점 낮아지고 경험을 통해 습득한 학습 지능인 결정성 지능(Crystalized Intelligence)이 점점 높아져 문제해결능력이 향상될 수 있다.
③ 자아통합이 완성되는 시기로 자신의 삶에 대한 평가를 시도하는 시기는 노년기이다.
④ 갱년기 증상은 여성과 남성 모두에게 나타나고 다만, 남성은 여성에 비해 약하게 나타난다.

⑤ 융(C. Jung)에 의하면 중년기는 남성에게는 아니마(남성의 여성성)가, 여성에게는 아니무스(여성의 남성성)가 드러나는 시기이다.

24 정답 ③

오답분석
ㄹ. 에릭슨(E. Erikson)의 "주도성 대 죄의식"의 발달이 중요한 시기는 유아기이다. 아동기는 "근면성 대 열등감"의 발달이 중요한 시기이다.

25 정답 ④

정답분석
다중종결성은 유사한 조건이라도 각기 다른 결과를 초래하는 경우를, 동등종결성은 서로 다른 조건이라도 유사한 결과를 초래하는 경우를 의미한다.

2과목 **사회복지조사론**									
26	27	28	29	30	31	32	33	34	35
③	①	⑤	⑤	⑤	③	①	②	②	④
36	37	38	39	40	41	42	43	44	45
③	②	①	④	②	④	②	③	①	①
46	47	48	49	50					
⑤	②	⑤	③	④					

26 정답 ③

정답분석
포퍼(K. Popper)의 반증주의는 과학적 이론은 증명되는 것이 아니라 반증되는 것으로 과학이론은 검증될 수 없어도 반증될 수 있다고 보았고, 검증 가능한 것만 과학이라고 주장한 논리실증주의에 반기를 들었다. 기존이론과 상충되는 현상을 찾아 이론을 반증하는 과정을 거쳐 과학이 발달한다고 보았다.
③ 과학적 인식에 내재된 문제점을 극복하기 위한 것이 아니라 기존의 이론을 반증하기 위해 반증주의를 제시하였다.

27 정답 ①

정답분석
한국상담심리교육복지학회 윤리규정 제15조 제1항에 따르면 속이기 기법을 사용하는 것이 연구에서 예상되는 과학적, 교육적 혹은 응용 가치에 의해서 정당한 사유가 되고, 또한 속임수를 쓰지 않는 효과적인 대안적 절차들이 가능하지 않다고 결정한 경우를 제외하고는 속임수가 포함된 연구를 수행하지 않는다고 정의되어 있다. 따라서 연구참여자 속이기는 상황에 따라 달라진다.

28 정답 ⑤

ㄱ. 경험적 검증 가능성 : 이론이나 경험에 근거하는 것이 아니라 지식이 현실에서 경험으로 검증이 가능해야 하는 것을 의미한다.
ㄴ. 수정 가능성 : 과학은 변하지 않는 것이 아니라 상황, 시대에 따라서 수정이 가능한 것을 의미한다.
ㄷ. 객관성 : 많은 사람들이 어떠한 대상의 지식을 습득하는 데 있어서 대상을 같게 인식하고 습득한 지식이 일치하는 것을 의미한다.
ㄹ. 간주관성 : 연구에 대한 주관적 동기가 다르더라도 같은 방법의 과학적 연구 과정이면 같은 결론을 얻을 수 있는 것을 의미한다.

29 정답 ⑤

정답분석

ㄱ. 동일한 표본을 대상으로 시간을 달리하여 추적 관찰하는 연구는 패널조사이다.

ㄴ. 일정연령이나 일정연령 범위 내 사람들의 집단이 조사대상인 종단연구는 코호트조사이다.

30 정답 ⑤

정답분석

ㄱ. 분석단위 : 조사하는 최종적인 대상을 의미하는 것으로 사회적 가공물은 인간이 만들어 낼 수 있는 가시적인 자료이다.

ㄴ. 생태학적 오류 : 집단에서 발견된 내용을 개인에게 적용하는 경우이다(집단 → 개인).

ㄷ. 환원주의적 오류 : 어떤 현상의 원인이나 설명을 한 가지 개념이나 변수로 지나치게 제한하는 경우 또는 지나치게 단순화한 경우이다(여러 변수 → 하나의 변수).

31 정답 ③

정답분석

• 독립변수는 조사하고자 하는 사건이나 상황을 일으키거나 영향을 미친다고 생각되는 변수로 원인변수, 설명변수, 예측변수로도 불린다.

• 종속변수는 독립변수의 영향을 받아 변화된 변수로 결과변수, 피설명변수, 피예측변수로도 불린다.

32 정답 ①

오답분석

② 가설을 검증할 때에는 연구가설을 검증하기보다는 영가설을 검증하고 기각시켜 연구가설을 채택하게 된다. 연구가설은 직접 검증할 필요가 없는 반면, 영가설은 직접 검증을 거쳐야 하는 가설이다.

③ 연구가설은 영가설의 검정 결과에 따라 채택되거나 기각된다.

④ 수집된 자료에서 나타난 차이나 관계가 표본추출에서 오는 우연에 의한 것으로 진술되는 가설은 영가설이다.

⑤ 영가설에 대한 반증의 목적으로 설정되는 가설은 대립가설이다.

33 정답 ②

정답분석

② 독립변수와 종속변수 간의 관계는 두 변수 모두의 원인이 되는 제3의 변수로 설명되어서는 안 된다. 종속변수는 독립변수의 영향을 받아 변해야 한다.

오답분석

① 독립변수와 종속변수들 사이의 상관관계가 인과관계 추론의 일차적 조건이다.

③ 독립변수가 종속변수를 시간적으로 앞서야 한다.

④ 여러 번 조사하여 변화상태를 확인하는 종단적 연구는 횡단적 연구에 비해 인과관계 추론에 더 적합하다.

⑤ 종속변수의 변화는 독립변수의 변화와 관련성이 있어야 한다. 독립변수가 변화한 후 종속변수가 변해야 한다.

34 정답 ②

정답분석

ㄱ. 종교 : 기독교, 불교, 천주교, 기타와 같이 특성에 따라 몇 개의 카테고리로 구분하는 척도는 명목척도이다.

ㄴ. 교육연수 : 정규 학교 교육을 받은 기간(년)과 같이 계산이 가능하고 절대 0값을 가진 척도는 비율척도이다.

ㄷ. 학점 : A, B, C, D, F와 같이 순서로만 구분하는 척도는 서열척도이다.

35 정답 ④

정답분석

④ 생활수준(상, 중, 하)은 서열척도이고 혈액형은 명목척도이다.

오답분석

① 대학 전공, 아르바이트 경험 유무는 명목척도이다.

② 복지비 지출 증가율, 월평균 소득(만 원)은 비율척도이다.

③ 온도(℃), 지능지수(IQ)는 등간척도이다.

⑤ 성별, 현재 흡연여부는 명목척도이다.

36 정답 ③

정답분석

보가더스(Bogardus)의 사회적 거리척도는 누적척도의 한 종류이며 문항 간의 거리를 알 수 없어 서열척도에 속한다. 거트만 척도도 누적척도의 한 종류이다.

37 정답 ②

정답분석

내적 일관성 분석(크론바알파)에 의한 척도의 평가방법으로는 크론바의 알파계수가 있다. 알파계수는 0부터 1 사이의 값을 가지며 높을수록 좋지만 정확한 기준은 없다. 하지만 보통 0.6점 이상이면 신뢰도가 있다고 본다.

38 정답 ①

정답분석

① 타당도와 신뢰도의 관계 중 타당도가 높은 측정은 반드시 신뢰도가 높다. 즉, 타당도가 있다면 신뢰도가 있다고 볼 수 있다.

오답분석

② 신뢰도가 높을 경우 타당도가 높을 수도 있고 낮을 수도 있다.

③ 요인분석법은 구성타당도를 점검하기 위한 방법이므로 타당도를 측정하는 방법이다.

④ 신뢰도는 측정하고 싶은 것을 반복해서 측정하더라도 같은 값을 얻는 것을 의미한다. 측정하려고 의도된 개념을 얼마나 정확하게 측정하는가를 나타내는 것은 타당도이다.

⑤ 주어진 척도가 측정하고자 하는 내용을 담고 있다고 일련의 전문가가 판단할 때 내용타당도가 있다고 본다. 판별(구성)타당도는 측정해야 할 내용이 포함되었는지 확인하고 그 내용을 경험적으로 검증하는 방법이다.

39 정답 ④

정답분석

④ 표집틀(표본추출)은 표집단위나 분석단위가 될 수 있는 명부로, 사례에서 표집틀은 표집단위의 실제 목록인 노인 이용자 명단이다.

오답분석

① 모집단은 연구대상의 집합체로 전체 대상을 의미하므로 복지관을 이용하는 노인들이다.

② 표집방법은 확률·비확률 표집 중 선택하는 방법으로 300명을 무작위로 표본을 추출하므로 층화표집이다.

③ 관찰단위는 자료수집의 단위인 복지관을 이용하는 노인들로 개인이다.

⑤ 분석단위는 연구의 대상인 복지관을 이용하는 노인들로 개인이다.

40 정답 ②

정답분석

② 동일추출확률에 근거하는 표집은 단순무작위표집(Simple Random Sampling)이다.

오답분석

① 의도적 표집(Purposive Sampling)뿐 아니라 편의표집, 할당표집, 눈덩이표집은 비확률표집이다.

③ 눈덩이표집(Snowball Sampling)은 한 명의 대상자로 시작하여 점진적인 방법을 통해 자료를 모으는 방법으로, 질적 연구나 현장연구에서 많이 사용된다.

④ 집락표집(Cluster Sampling)은 여러 개의 집단을 구분하여 그 중에서 하나의 집단을 선택하고 선택된 집단의 하위 집단에서 하나를 무작위로 선택하는 방법으로, 모집단에 대한 표집틀이 갖추어지지 않더라도 사용 가능하다.

⑤ 체계적 표집(Systematic Sampling)은 모집단 목록에서 일정한 순서에 따라 매 K번째 요소를 표본으로 추출하여 일정한 패턴이나 규칙에 영향을 받는 표집으로, 주기성(Periodicity)이 문제가 될 수 있다.

41 정답 ④

정답분석

표집오차는 표본의 통계치(평균)와 모집단의 모수치(평균)의 차이로 조사대상자가 모집단을 대표하지 못할 때 나타난다. 표본이 크면 클수록, 표본이 추출되는 모집단의 동질성이 클수록 표본의 대표성에 대한 확신을 가질 수 있고, 표본의 비율보다 표본의 크기가 더 중요하다.

42 정답 ②

정답분석

체계적 표집은 확률표집으로 양적 연구 표집방법이다.

> **PLUS +**
>
> 질적연구의 표집방법
> - 기준 표집 : 연구자가 연구목적에 맞게 결정한 기준에 충족되는 사례를 선정하는 표집방법이다.
> - 동질적 표집 : 동질적인 사례를 선정하는 표집방법이다.
> - 결정적 사례표집 : 구체적인 정보를 제공하는 결정적인 사례를 선정하는 표집방법이다.
> - 극단적 사례표집 : 주제의 현상이 나타나는 사례와 예외적인 사례를 표집하여 현상을 이해하는 방법이다.
> - 최대변이표집 : 적은 수의 다양한 속성을 가진 사례의 표본을 확보하기 위한 표집방법이다.
> - 예외사례표집 : 조사주제나 유형에 맞지 않는 예외적인 사례를 표집하는 방법이다.

43 정답 ③

정답분석

청소년 100명을 무작위로 통제집단과 실험집단으로 구분하고 사전검사와 사후검사를 실시한 통제집단 전후비교설계로, 사전검사가 사후검사에 영향을 주는 검사요인 및 역사요인이 발생할 수 있다.

③ 실험집단과 통제집단으로 구분하여 실험집단의 영향이 통제집단에 영향을 주지 못하게 하였으므로 외적 요인을 통제하였다.

44 정답 ①

정답분석

내용분석은 조사자가 새로운 자료를 수집하는 것이 아니라 기존의 자료를 분석하여 자료를 수집하는 방법으로 비반응적 연구방법이다.

오답분석

내용분석은 책, 음악, 잡지, 회의록, 학술논문, 신문, 문서, 일기, 편지 등 기록물을 분석대상으로 하여 질적 내용을 양적 내용으로 전환할 수 있고, 연구의 목적에 따라 변수를 측정할 수 있도록 객관적이거나 계량적으로 전환하는 연구방법이다. 또한 조사대상자의 반응성의 문제를 피할 수 있는 2차 자료수집 방법으로 원하는 결과가 나오지 않으면 재조사가 가능하다.

45 정답 ①

정답분석

① ABCD조사는 기초선을 보고 제1개입 후 개입의 효과가 없을 때 제2개입을 하고, 제2개입도 효과가 없을 경우 제3개입을 하는 방법으로 복수의 각기 다른 개입방법을 연속적으로 도입할 수 있다.

오답분석

② 시계열설계의 논리를 개별사례에 적용한 것이다. 시계열설계는 3번의 기초선을 조사하고 개입 후 3번의 조사를 비교하는 설계로 단일사례연구는 한 번의 기초선과 한 번의 조사를 비교한다.
③ 개입의 효과를 알기 위해 개입 후 다시 기초선을 보므로 윤리적인 문제가 발생할 수 있다.
④ 시간적 여유가 없는 경우나 급한 경우에 기초선을 보지 않고 바로 개입을 통한 개입효과를 보므로 실천과정과 조사연구과정이 통합될 수 있다.
⑤ 다중기초선설계는 AB조사를 여러 상황, 여러 문제, 여러 사람들에게 적용하는 방법으로 다중기초선설계의 적용이 가능하다.

46 정답 ⑤

정답분석

• 질적 연구는 주로 탐구적인 연구로서 연구자의 직관적인 통찰을 통해 현상의 의미를 해석하고 이해하려는 연구방법으로 귀납법적 방법을 활용한다.
• 양적 연구는 수량적으로 측정할 수 있는 특성을 포함하는 연구문제 또는 가설에 대해 답하거나 검증하는 탐구방법이다.

오답분석

①~④는 모두 양적 연구에 대한 설명이다.

47 정답 ②

정답분석

비동일집단 후비교조사(정태적 집단비교)는 단일집단 전후비교조사와 단일집단 후비교조사의 단점을 보완한 형태로 통제집단 사후조사에서 무작위할당이 제외된 조사이다. 무작위할당을 하지 않고 사전검사도 하지 않으며 실험집단과 통제집단을 비교하여 개입의 효과를 알아내는 방법이다. 집단 간에 동질성 보장이 어렵고 외부요인의 설명 가능성을 배제하기 어렵다.

| 실험집단(A요양원 노인들) | 프로그램 진행(X) | 정서적 안정감 측정 01 |
| 통제집단(B요양원 노인들) | | 정서적 안정감 측정 02 |

48 정답 ⑤

정답분석

질문 내용 및 방법의 표준화 정도는 양적 조사 자료수집이 질적 조사 자료수집보다 높다. 설문지를 이용한 면접조사와 스케줄-구조화 면접은 틀이 정해져 있고 심층면접과 비구조화 면접은 틀이 정해져 있지 않다. 따라서 설문지를 이용한 면접조사와 스케줄-구조화 면접이 심층면접과 비구조화 면접보다 표준화 정도가 높다.

49 정답 ③

정답분석

통계적 회귀는 사전검사에서 너무 높거나 낮은 극단적인 점수를 나타냈다면 사후검사에서는 독립변수의 효과와 무관하게 평균값으로 회귀하려는 경향을 말한다.

50 정답 ④

정답분석

완전참여자(참여관찰)는 연구자가 신분과 목적을 알리지 않은 상태에서 원래의 상황을 전혀 방해하지 않고 자연스러운 상태 그대로 관찰하는 방법이다. 관찰대상의 승인을 받지 않고 관찰한다는 점에서 연구윤리문제가 제기될 수 있다.

3과목 **사회복지실천론**

01	02	03	04	05	06	07	08	09	10
④	③	⑤	④	②	③	⑤	②	①	①
11	**12**	**13**	**14**	**15**	**16**	**17**	**18**	**19**	**20**
⑤	③	④	②	⑤	①	③	⑤	①	②
21	**22**	**23**	**24**	**25**					
④	③	②	④	③					

01
정답 ④

정답분석

사회진화론은 '부자는 우월해서 부유층으로 살아남게 되고, 빈곤한 사람들은 게으르고 비도덕적인 열등한 인간이기 때문에 가난하게 살 수밖에 없다.'는 이론이다. 사회진화론은 자선조직협회의 기본이념으로, 자선조직협회의 우애방문원 활동은 빈민이 부자에게 위협적이거나 방해가 되지 않는 존재로만 남도록 빈민들을 통제하는 사회통제적인 측면이 있다.

02
정답 ③

정답분석

기능주의는 인간의 자유의지와 성장 가능성을 강조하였다. 현재 및 미래를 강조하였고, 치료의 책임은 사회복지사가 아니라 클라이언트에게 있음을 강조하면서 치료보다는 사정이라는 단어를 사용하였다.

오답분석

ㄴ. 개인에 대한 심리 내적 진단은 진단주의의 내용이다.

03
정답 ⑤

정답분석

클라이언트의 자기결정권이란 클라이언트가 어떠한 일을 결정할 때 타인에 의한 결정이 아니라 스스로 의사를 결정할 수 있는 권리를 의미한다.

04
정답 ④

정답분석

보편성이란 모든 것이 비슷하게 나타나는 성질로, 보편성을 자기의 인권은 자기만이 소유할 수 있다는 의미로 보기 어렵다.

05
정답 ②

정답분석

최소 손실(해악)의 원칙은 선택 가능한 대안이 유해할 때 가장 최소한으로 유해한 것을 선택해야 한다는 원칙이다. 학대피해아동을 원가정에서 생활하게 하는 것과 아동쉼터에서 생활하게 하는 것 중에서 덜 유해한 것을 선택해야 한다.

06
정답 ③

정답분석

민간외원기관들은 시설 중심의 사회복지를 실천하였다. 한국의 지역사회 중심의 사회복지가 발전하게 된 계기는 사회복지관의 설립이다.

07
정답 ⑤

오답분석

1929년 밀포드 회의의 개별사회사업 8요소
- 사회에서 받아들여지는 규범적 행동으로부터 벗어난 행동에 관한 지식 - ①
- 인간관계 규범의 활용도 - ②
- 클라이언트 사회력의 중요성 - ③
- 클라이언트 치료를 위한 방법
- 사회치료에 지역사회자원 활용 - ④
- 개별사회복지실천이 요구하는 과학적 지식과 경험 적용
- 개별사회복지실천의 목적, 윤리, 의무를 결정하는 철학적 배경 이해
- 위의 7가지를 사회치료에 융합

08
정답 ②

정답분석

이용시설은 지역사회에서 생활하고 있는 클라이언트에게 필요한 사회복지서비스를 제공하는 시설이다. 아동보호치료시설은 불량행위를 하거나 할 우려가 있는 아동 또는 정서적·행동적 장애가 있는 아동 또는 학대로 인해 부모로부터 일시격리되어 치료가 필요한 아동 등의 보호 및 치료를 목적으로 하는 생활시설이다.

09
정답 ①

정답분석

ㄱ. 강점관점은 클라이언트를 독특한 존재로서 다양성을 인정하고 존중하면서 클라이언트의 결점보다는 강점에 초점을 두고 가능한 모든 자원을 활용하여 클라이언트의 역량을 실현해 나가도록 돕는 것이다. 개입의 핵심은 개인과 가족, 지역사회의 참여이다.

ㄴ. 전문가의 지식보다 클라이언트의 능력이 우선시된다.

ㄷ. 사회복지사는 클라이언트의 진술을 긍정적으로 재해석하여 활용하는 것이 아니라 그대로 인정한다.

ㄹ. 어린 시절의 원인 사건에 치료의 초점을 두는 것은 전통적 문제해결 방식(정신분석)이다.

10 　　　　　　　　　　 정답 ①

① 전문적 관계는 클라이언트의 문제를 해결하거나 적응시키는 분명한 목적을 가지고 제한된 시간 안에서 이루어지는 특수한 관계이다. 클라이언트는 도움을 요청하고 사회복지사는 전문적인 도움을 주는 관계이다.

② 시간적 제한을 두는 관계이다.

③ 전문가의 권위와 권한은 긍정적 작용도 한다.

④ 전문가가 자신과 원조 방법에 대해 통제하는 관계이다.

⑤ 클라이언트는 전문가의 지시에 무조건 따르는 것이 아니라 합의된 지시만 따르면 된다.

11 　　　　　　　　　　 정답 ⑤

① 결혼이민자(A)는 클라이언트체계, ② 변호사(B)는 행동체계, ③ 사회복지사(C)는 변화매개체계, ④ 남편(D)은 행동체계이다.

12 　　　　　　　　　　 정답 ③

③ 임파워먼트 모델은 사회복지사가 클라이언트의 문제를 해결하는 것이 아니라 클라이언트가 스스로 문제를 해결할 수 있도록 능력을 향상시키는 것을 목적으로 하며, 클라이언트의 적극적인 참여를 강조한다.

① 강점관점에 기초를 둔다.

② 클라이언트의 잠재된 역량과 자원을 강조하고 환경의 변화를 추구한다.

④ 사회복지사는 클라이언트와 동반자적 성격으로 협력적 파트너십을 강조한다.

⑤ 클라이언트에 대한 역량을 최우선으로 한다.

13 　　　　　　　　　　 정답 ④

통합적 방법이란 사회문제에 적용할 수 있는 공통된 원리나 개념을 제공하는 '방법의 통합화'를 의미한다. 한 명의 사회복지사가 다양하고 복잡한 문제를 가진 클라이언트에게 개입할 수 있도록 하는 것이다.

14 　　　　　　　　　　 정답 ②

전문적 관계에서 대개 헌신적인 자세는 일정한 '의무'도 함께 요구된다. 클라이언트에게 기대되는 일반적인 의무는 그들이 지닌 문제와 상황, 문제에 대처하는 그들의 태도에 대해 정직하고도 개방적으로 제시할 것과 전문적 관계에서 최소한의 절차상 조건에 따르는 것을 말한다.

ㄹ. 전문적 관계에서 관계의 목적을 이루기 위해서는 사회복지사뿐 아니라 클라이언트 역시 헌신과 의무로 맺어져야 한다.

15 　　　　　　　　　　 정답 ⑤

클라이언트에 대한 윤리기준에는 클라이언트의 권익옹호, 클라이언트의 자기결정권 존중, 클라이언트의 사생활 보호 및 비밀보장, 정보에 입각한 동의, 기록·정보 관리, 직업적 경계 유지, 서비스의 종결이 있다. 이해 충돌에 대한 대처는 전문가로서의 실천에 대한 내용이다.

16 　　　　　　　　　　 정답 ①

전문적 원조관계 형성의 장애요인에는 클라이언트의 불신, 비자발성, 전이, 역전이, 저항 등이 있다. 전문가의 권위는 전문적 원조관계 형성의 장애요인에 속하지 않는다.

17 　　　　　　　　　　 정답 ③

사회규범에서 벗어난 행동도 허용하는 것은 동의로, 동의는 클라이언트의 문제행동을 승인하는 것이지만 수용은 문제상황을 이해하고 클라이언트를 있는 그대로 받아들이는 것을 의미한다. 즉, 사회복지사가 클라이언트의 강점과 약점, 좋은 성격과 나쁜 성격, 긍정적인 감정과 부정적인 감정 등을 있는 그대로 인정하는 것을 말한다. 수용의 대상은 선한 것이 아니라 참된 것이다.

18 　　　　　　　　　　 정답 ⑤

사정은 초기 단계에서만 이루어지는 것이 아니라 계속적인 과정이다.

사정의 특성
• 사정은 계속적인 과정이다.
• 사정은 이중 초점을 가진다.
• 사정은 클라이언트와 사회복지사의 상호과정이다.
• 사정에는 사고의 전개과정이 있다.
• 수평적 · 수직적 탐색 모두가 중요하다.
• 클라이언트를 이해하는 데는 지식적 근거가 필요하다.
• 클라이언트의 문제를 규명한다.
• 사정은 개별적이다.
• 판단이 중요하다.
• 클라이언트를 완전히 이해하는 데는 항상 한계가 있다.

19 정답 ①

정답분석

① 중개자는 클라이언트가 필요한 자원을 찾을 수 있도록 도와주거나 직접적으로 자원과 클라이언트를 연결해주는 역할로, 독거노인의 식사지원을 위해 지역사회 내 무료급식소 연계하는 역할은 중개자이다.

오답분석

② 욕구사정을 통해 클라이언트에 대한 체계적인 개입계획을 세우는 역할은 계획가이다.
③ 사례회의에서 시청각장애인의 입장을 대변하여 이야기하는 역할은 옹호자이다.
④ 지역사회 기관 담당자들이 모여 난방비 지원사업에 중복 지원되는 대상자가 없도록 사례회의를 실시하는 역할은 통합자(조정자)이다.
⑤ 청소년기 자녀와 갈등을 겪고 있는 부모와 자녀 사이에 개입하여 상호 만족스러운 합의점을 도출하는 역할은 중재자이다.

20 정답 ②

정답분석

② 모델링은 사람이 다른 사람의 행동을 보면서 자신의 행동을 변화시키는 기술이다.

오답분석

① 초점화는 클라이언트의 산만한 이야기나 목표와 맞지 않는 이야기를 주제에 맞게 되돌리는 기술이다.
③ 환기는 클라이언트의 문제 또는 억압되어 있는 부정적인 감정이 문제가 되거나 문제해결에 있어 방해가 되는 경우 이를 표출시켜 감정의 강도를 없애거나 약화시키는 기술이다.
④ 직면은 클라이언트의 말과 행동이 일치하지 않거나 자신의 문제를 회피 또는 부정하는 것을 지적하는 기술이다.
⑤ 격려는 사회복지사가 클라이언트의 가능성에 대한 표현과 감정을 인정하고 지지하는 기술이다.

21 정답 ④

정답분석

사례관리의 개입원칙은 서비스의 개별화, 클라이언트의 자율성 극대화, 서비스의 지속성, 복잡하고 분리되어 있는 서비스 전달체계 연결, 클라이언트의 욕구 충족, 서비스 제공의 포괄성, 서비스의 접근성이다. 서비스의 분절성은 사례관리의 개입원칙에 포함되지 않는다.

22 정답 ③

정답분석

담임선생님으로부터 A와 반 학생들 사이에 갈등관계, A가 따돌림당하고 있음을 알게 된 것은 주변인으로부터 정보 획득(④)이다. A는 사회복지사와 눈을 맞추지 못하고 본인의 이야기를 하는 것에 주저하는 모습을 보이며 상담 내내 매우 위축된 모습은 클라이언트의 이야기(①)와 클라이언트의 비언어적 행동(②), 클라이언트와의 직접적 상호작용 경험(⑤)이다. 사회복지사는 A가 다른 사람들과 상호작용하는 것을 직접적으로 관찰(③)하지 않았다.

23 정답 ②

정답분석

경청은 면접에서 가장 중요한 기술로 클라이언트가 무엇을 이야기하는지, 면접자에게 어떻게 반응하는지 클라이언트의 어려움에 공감하거나 필요한 반응을 하면서 잘 듣는 것이다. 사회복지사는 클라이언트가 하는 이야기에 적절한 반응을 보여야 하며 특히, 비언어적 표현에 대해서도 경청해야 한다.

24 정답 ④

정답분석

④ 계획수립 단계의 활동은 표적문제 선정하기와 개입목표 설정하기이다.

오답분석

① 서비스 효과 점검은 종결단계의 과업이다.
② 실천활동에 대한 동료 검토는 종결단계의 과업이다.
③ 개입효과의 유지와 강화는 종결단계의 과업이다.
⑤ 평가 후 개입계획 수정은 종결단계의 과업이다.

25 정답 ③

정답분석

ㄱ. 정보수집면접은 클라이언트의 개인적·사회적 문제에 관련된 성장배경이나 사회적 배경에 관한 정보를 수집하기 위한 면접이다.

ㄷ. 치료면접은 클라이언트를 도와 변화시키거나 클라이언트의 기능 향상을 위해 환경을 변화시키는 것이다.

오답분석

ㄴ. 사정면접은 문제가 무엇인지, 어떤 원인이 있는지, 해결하기 위해서는 어떻게 해야 하는지, 어떤 서비스를 제공할 것인지 등으로 정보수집면접보다 목적 지향적인 특성이 있다. 즉, 어떠한 치료를 할 것인가를 결정하기 위한 면접이다.

4과목 사회복지실천기술론

26	27	28	29	30	31	32	33	34	35
⑤	⑤	④	①	③	①	③	③	④	④
36	37	38	39	40	41	42	43	44	45
②	②	③	②	④	①	④	⑤	⑤	②
46	47	48	49	50					
④	②	①	⑤	②					

---

26 정답 ⑤

정답분석

사회복지사가 가져야 할 지식

- 인간행동과 발달에 관한 지식
- 인간관계와 상호작용에 관한 지식 : 효과적인 의사소통
- 실천이론과 모델에 관한 지식
- 특정분야나 대상집단에 관한 지식
- 사회정책과 서비스에 대한 지식
- 사회복지사 자신에 관한 지식

---

27 정답 ⑤

정답분석

리드(Reid)와 엡스타인(Epstein)에 의해 개발된 과제중심모델은 사회복지사가 효율적으로 학습할 수 있고 직접적 실천의 효과성과 효율성을 증진하기 위한 요소로 단기개입, 구조화된 접근, 클라이언트의 자기결정권 존중, 환경에 대한 개입, 개입의 책무성에 대해 강조하였다.

---

28 정답 ④

정답분석

해결중심모델은 병리적이 아니라 강점에 초점을 두고 클라이언트의 강점과 자원을 발견하여 치료에 활용한다. 따라서 클라이언트가 가지고 있는 것에 관심을 둔다.

PLUS +

해결중심모델의 개입목표 설정원칙
- 클라이언트에게 중요한 것을 목표로 하기
- 작은 것을 목표로 하기
- 구체적이고 명확하며 행동적인 것을 목표로 하기
- 없는 것(문제를 없애는 것)보다는 있는 것 (바람직한, 긍정적인 행동들)에 관심을 두기
- 목표를 종식보다는 시작 단계로 간주하기
- 클라이언트의 생활에서 현실적이고 성취 가능한 것을 목표로 하기
- 목표수행은 힘든 일이라고 인식하기

29 정답 ①

정답분석

위기상황에 대한 초기사정은 초기단계에서 실시한다.

PLUS +

중간단계 활동
- 클라이언트의 주요 주제에 대해 탐색하고 필요한 경우에는 과거에 대해서도 탐색한다.
- 위험 사건 이후의 자료를 조직화한다.
- 목표와 목표를 달성하기 위한 과제들에 대해 작업한다.
- 사회복지사는 소극적 역할로 전환한다.
- 클라이언트의 일상생활에서 활용할 수 있는 자원과 지지체계를 찾는다.

30 정답 ③

정답분석

유형 – 역동에 관한 고찰은 심리사회모델의 기법이다. 과제중심모델의 특징은 사회복지사가 효율적으로 학습할 수 있고 직접적 실천의 효과성과 효율성을 증진하기 위한 요소로 단기개입, 구조화된 접근, 클라이언트의 자기결정권 존중, 환경에 대한 개입, 개입의 책무성에 대해 강조하였다.

31 정답 ①

오답분석

ㄴ. "직접적 영향주기"는 조언이나 제안, 지시 등을 통하여 클라이언트의 행동을 변화시키기 위한 방법으로 판단을 내리기 어렵거나 위기상황에 사용하는 방법이다.

ㄷ. "환기"는 클라이언트의 문제가 환경과 어떤 상호작용을 하고 있는지 이해하고 설명할 수 있도록 하며 나아가 부정적인 감정까지도 밖으로 표출할 수 있도록 도와주는 방법이다.

32 정답 ③

정답분석

내적 의사소통 명료화는 클라이언트 스스로 자신에 대해 독백하고 사고하는 것으로, 사회복지사는 클라이언트에게 피드백을 줌으로써 클라이언트 자신의 생각과 이야기 속에 숨겨진 인지적 오류의 비합리적 신념에 대한 통찰력을 발전시키고 이해할 수 있도록 돕는 기법이다.

33 정답 ③

정답분석

행동주의모델은 문제행동을 수정해야 한다고 생각하지만 문제가 되는 행동 자체에 초점을 둔다. 인간을 병리적인 관점에서 바라보는 모델은 정신역동모델이다.

34 정답 ④

정답분석

ㄷ. 관계형성 단계 : 사회복지사와 클라이언트가 신뢰관계를 형성하는 단계로 클라이언트와 라포형성이 중요하다.

ㄱ. 동일시를 통한 자아구축 단계 : 클라이언트는 사회복지사와 동일시하여 사회복지사의 생각과 태도를 받아들이고 세상을 현실적으로 볼 수 있게 한다.

ㄹ. 클라이언트가 독립된 정체감을 형성하도록 원조하는 단계 : 클라이언트가 독립된 정체감을 확립할 수 있도록 원조하는 단계이다.

ㄴ. 클라이언트의 자기이해를 원조하는 단계 : 클라이언트가 자신의 행동과 그 행동의 과거의 뿌리를 이해할 수 있도록 원조한다.

35 정답 ④

정답분석

비자발적 클라이언트는 타인에 의하여 사회복지를 찾아온 경우 발생하며 클라이언트와의 라포형성이 중요하다. 공감은 사회복지사가 클라이언트를 수용하고 그에게 관심이 있음을 전달하는 능력으로 클라이언트의 감정을 공개적으로 수용하고 인정하는 것이다.

오답분석

ㄴ. 사회복지사는 클라이언트와 가치관의 차이가 있음을 인정하고 클라이언트의 가치관에 맞추어 평가해야 한다.

36 정답 ②

정답분석

경직된 경계는 가족의 경계가 분리되어 가족 구성원끼리의 관계가 너무 먼 경우로, 가족이 다수의 복지서비스를 이용할 수 없다.

37 정답 ②

정답분석

② 초이성형은 감정보다는 이성적으로 행동한다. 나약한 모습을 보여주지 않기 위해 항상 이성적으로 행동하여 상대방에게 차가운 느낌을 주는 유형이다.

오답분석

① 회유형은 자신보다 상대방의 비유를 맞추는 유형으로 다른 사람들 말이 다 옳고 자신은 아무것도 아니라고 술 문제에 대한 벌을 달게 받겠다고 하는 것이다.
③ 비난형은 타인을 비난하는 유형으로 모든 것이 자녀 때문이라며 자신이 외롭다고 하는 것이다.
④ 산만형은 상황에 맞지 않은 주제를 꺼내는 유형으로 어려서 고생을 많이 해서 그렇다며 벌떡 일어나 방 안을 왔다갔다 하는 것이다.
⑤ 일치형은 자신의 생각을 타인에게 정확히 전달하는 유형으로 살기 힘들어 술을 마신다며 자신의 술 문제가 자녀 학업을 방해했다고 인정하는 것이다.

38 정답 ③

정답분석

가족이 미분화에서 벗어나 가족체계의 변화를 달성하는 가족치료는 보웬의 다세대 가족치료이다.

39 정답 ②

정답분석

삼각관계는 두 사람 사이에 생긴 문제에 제3자가 개입하여 두 사람의 문제를 해결하는 방법이다. 아동 자녀가 부모와의 갈등을 피하기 위해 경찰에 신고하고 경찰이 개입하였으므로 삼각관계로 볼 수 있으나 제3자로는 다른 가족 성원을 끌어 들어야 한다.

40 정답 ④

정답분석

가족의 범위에는 핵가족, 확대가족, 수정확대가족, 노인가족, 한부모가족, 혼합가족, 다문화가족, 위탁가족, 1인가족 등이 있다. 산업화 이후로 단독가구나 1인가구뿐 아니라 한부모가족, 혼합가족, 위탁가족, 다문화가족 등 다양한 가족이 증가하고 있다.

41 정답 ①

정답분석

전략적 가족치료모델은 문제에 직접적 방법을 사용하기보다는 간접적 방법을 사용하고 역설적이다. 증상처방기법을 사용하여 가족의 문제행동에 대해 그대로 유지하도록 지시하여 문제를 해결하려고 한다.

42 정답 ④

정답분석

④ 사회적 목표모델은 책임성 있는 민주시민 양성이 목적이며 민주시민의 역량 개발에 초점을 둔다.

오답분석

① 집단의 사회적 목표를 강조한 모델은 사회적 목표모델이다.
② 개인 치료를 위한 수단으로 집단을 강조하는 모델은 치료모델이다.
③ 개인의 역기능 변화가 목적인 모델은 치료모델이다.
⑤ 사회적 목표모델은 민주적 집단과정을 중요시한다.

43 정답 ⑤

정답분석

집단단계 사정에서는 구성원의 자기관찰, 사회복지사의 관찰, 외부전문가의 보고, 표준화된 사정도구가 활용된다.

44 정답 ⑤

정답분석

폐쇄집단은 집단이 진행되는 동안에 새로운 구성원의 합류가 불가능한 집단으로 집단 규범이 안정적이다.

45 정답 ②

정답분석

사후관리는 종결 후에 하는 과업이다.

PLUS +

중간단계의 개입기술
- 집단모임 준비하기
- 집단 구조화하기
- 구성원 참여유도
- 구성원의 목표달성 원조
- 저항하는 구성원 다루기
- 집단 진행과정의 점검과 평가

46 정답 ④

정답분석

종결단계의 사회복지사 과제는 조기종결 사유 이해, 변화노력 유지 및 일반화, 집단에 대한 의존성 감소, 종결 감정 다루기, 미래 계획세우기, 의뢰, 평가이다.

오답분석
ㄴ. 집단 성원의 개별 목표를 설정하는 단계는 초기단계의 과업
이다.

47 정답 ②

정답분석
역기능적 집단은 집단의 역할이 이루어지지 않는 집단으로 문제
해결 노력이 부족할 수밖에 없다.

48 정답 ①

정답분석
집단의 장점에는 희망의 고취, 보편성(일반화), 정보전달, 이타
심, 1차 가족집단의 교정적 반복발달, 사회기술의 발달, 모방행
동, 대인관계 학습, 집단응집력, 정화, 실존적 요인 등이 있다.
① 모방행동은 사회복지사나 다른 성원들의 행동을 보고 새로
  운 행동을 학습하는 것이다.

49 정답 ⑤

정답분석
클라이언트에 관한 사후지도 결과는 사후지도를 한 후에 작성해
야 한다.

50 정답 ②

정답분석
ABA설계에 대한 설명이다. 단일사례설계는 실험조사설계와 달
리 통제집단을 설정하지 않는다.

5과목 지역사회복지론									
51	52	53	54	55	56	57	58	59	60
①	③	②	③	①	④	⑤	①	④	③
61	62	63	64	65	66	67	68	69	70
③	②	②	②	④	①	⑤	⑤	⑤	①
71	72	73	74	75					
⑤	③	②	④	④					

51 정답 ①

정답분석
정상화로 인하여 탈시설화가 시행되면서 사회통합이 가능해졌
다. 이후 탈시설화로 인하여 지역사회 안에 있는 클라이언트들
의 문제를 해결하기 위하여 지역사회보호가 실시되었다.

52 정답 ③

정답분석
구성원들 간에 서로 돕는 것은 사회복지제도인 상부상조에 대한
내용이다.

53 정답 ②

정답분석
오가통은 5가구를 1통으로 묶어 서로 도울 수 있도록 하는 제도
로, 어려움이 있을 때 도와주는 역할을 하였고 가족 불화나 질서
문란에 대한 신고의무가 있었다. 이 오가통은 조선시대에 실시
된 인보제도이다.

54 정답 ③

정답분석
헐 하우스가 제인 아담스(J. Adams)에 의해 설립된 것은 맞으나
영국이 아니라 미국의 시카고에 설립되었다.

55 정답 ①

정답분석
① 사회교환이론은 인간이 하는 모든 교환을 상호작용의 근본
  형태로 파악하며, 인간의 모든 상호작용에는 반드시 교환관
  계가 따른다고 본다. 지역사회는 상호작용 간 문제점을 해결
  하면서 발전한다고 본다.

② 이익집단들 간의 갈등과 타협을 강조하는 이론은 이익집단
이론이다.

③ 소수 엘리트에 의한 지역사회 발전을 강조하는 이론은 엘리
트이론이다.

④ 지역사회 변화의 원동력을 갈등으로 간주하는 이론은 갈등
이론이다.

⑤ 지역사회 하위체계의 기능과 역할을 강조하는 이론은 사회
체계이론이다.

56　　　　　　　　　　　　　　　　정답 ④

정답분석

사회자본이론은 물리적 자본과 반대되는 개념으로, 사회 구성원
을 묶어 주는 네트워크, 상호관계, 신뢰, 사회적 규범, 개인 및 집
단 호용, 구성원 간 협동심, 규범 등이 있다.

57　　　　　　　　　　　　　　　　정답 ⑤

정답분석

다원주의이론은 노동자이나 이익집단의 정치적인 힘이 결합할
때 복지국가로 발전한다는 이론이다. 노인회의 요구로 노인복
지 예산편성 비율이 젊은 층이 많은 지역의 예산편성 비율보다
높아진 것은 정치적 힘을 가진 노인회의 요구를 무시하지 못하
기 때문이라고 본다.

58　　　　　　　　　　　　　　　　정답 ①

정답분석

상호학습은 대상 집단의 문화적 배경을 적극적으로 배우고자 하
는 자세가 필요하며, 클라이언트의 역할뿐 아니라 파트너로서
역할을 할 수 있도록 동기부여를 해줘야 한다는 것이다. 사회복
지사와 클라이언트는 파트너이다.

59　　　　　　　　　　　　　　　　정답 ④

ㄷ. 지역사회는 특유의 성격과 문제 및 욕구를 가진다. 따라서
지역사회의 특성을 일반화시키는 것이 아니라 개별화시켜
서 지역사회의 특성을 인정해야 한다.

60　　　　　　　　　　　　　　　　정답 ③

정답분석

포플(K. Popple)의 지역사회복지실천모델

• 지역사회보호 : 사회적 관계망과 자발적 서비스의 증진
• 지역사회조직 : 타 복지기관 간 협력 증진

• 지역사회개발 : 삶의 질 향상과 관련된 신뢰 및 기술 습득을
하도록 집단 원조

• 사회 · 지역계획 : 사회적 상황의 분석, 목표와 우선순위의 설
정, 서비스 및 프로그램의 실행 및 평가

• 지역사회교육 : 교육과 지역사회 간의 밀접하고 동등한 관계
시도

• 지역사회행동 : 지역수준에서 계급 및 갈등에 기초한 직접적
인 행동

• 여권주의적 지역사회사업 : 여성복지의 향상, 성 불평등 해소
를 위한 집합적 활동

• 인종차별철폐 지역사회사업 : 소수인종의 욕구 충족을 위한
집단조직 및 활동, 인종주의에 대한 도전

61　　　　　　　　　　　　　　　　정답 ③

정답분석

임파워먼트기술은 치료보다 역량을 강조하고 능력향상을 통해
문제를 해결할 수 있다고 보고, 클라이언트는 잠재능력이 있어
자신의 문제를 스스로 해결할 수 있다고 본다. 사회복지사가 클
라이언트의 잠재 역량 및 자원을 인정하고 삶을 스스로 결정할
수 있도록 북돋아주는 기술은 임파워먼트기술이다.

62　　　　　　　　　　　　　　　　정답 ②

정답분석

협력 · 조정을 위한 네트워크를 구축하는 단계는 실행단계이다.
실행해야만 필요한 협력 · 조정을 할 수 있다.

63　　　　　　　　　　　　　　　　정답 ②

정답분석

지역사회복지실천 과정은 문제분석 → 지역사회 욕구 사정 →
계획수립 → 프로그램 실행 → 자원동원 및 활용 → 프로그램 평
가 순이다.

64　　　　　　　　　　　　　　　　정답 ②

정답분석

지역사회를 진단하는 일을 하는 역할은 사회치료자이다.

지역사회개발모델의 조력자 역할
- 지역사회의 개인적 · 집단적 불만을 집약과 동시에 표출할 수 있도록 지원한다.
- 불만을 해소할 수 있도록 조직을 격려하고 공동목표를 강조해야 한다.
- 구성원 간 좋은 관계를 유지할 수 있도록 가교역할을 한다.
- 목표달성을 위해 지역사회의 역량을 개발한다.

65 정답 ④

정답분석

옹호자는 사회행동모델의 사회복지사 역할이다.

PLUS +

사회계획모델의 사회복지사 역할
- 분석가 : 지역사회의 문제를 조사하고 과정을 분석하거나 목표달성에 대해 분석하는 역할이다.
- 계획가 : 지역사회의 문제를 해결하기 위해 합리적인 계획을 수립하는 역할이다.
- 조직가 : 지역주민의 참여의식을 높이고 조직에 참여시키기 위해 훈련시키는 역할이다.
- 행정가 : 서비스 프로그램을 계획하고 수행하는 데 필요한 행동을 실행하는 역할로 인적 · 물적 자원을 관리하는 역할이다.

66 정답 ①

정답분석

클라이언트 집단을 소비자로 보는 모델은 사회계획모델이다. 사회행동모델은 클라이언트를 희생자로 본다.

67 정답 ⑤

정답분석

지역사회 공공의제를 개발하고 주민 의식화를 강화할 수 있는 기술은 조직화 기술이다.

68 정답 ⑤

정답분석

지방자치제(지방분권화)는 중앙정부의 권한을 받은 지방정부가 스스로 지역의 공공사무를 처리하는 것으로 지방정부의 자율성을 강화하고 지역 간 균형발전을 도모하는 데 목적이 있다.

69 정답 ⑤

오답분석

① 시장 · 군수 · 구청장은 4년마다 지역사회보장계획을 수립한 후 시 · 도지사에게 제출한다.
② 시 · 군 · 구의 지역사회보장계획은 지역사회보장협의체의 심의를 거친다.
③ 지역사회보장계획은 「사회보장급여의 이용 · 제공 및 수급권자 발굴에 관한 법률」에 의거 매년 연차별 시행계획을 수립한다.
④ 시 · 도의 지역사회보장계획은 시 · 도사회보장위원회의 심의를 거친다.

70 정답 ①

정답분석

사회복지사업법 제34조의5(사회복지관의 설치 등)
① 제34조 제1항과 제2항에 따른 시설 중 사회복지관은 지역복지증진을 위하여 다음 각 호의 사업을 실시할 수 있다.
1. 지역사회의 특성과 지역주민의 복지욕구를 고려한 서비스 제공 사업
2. 국가 · 지방자치단체 및 민간 부문의 사회복지서비스를 연계 · 제공하는 사례관리 사업
3. 지역사회 복지공동체 활성화를 위한 복지자원 관리, 주민교육 및 조직화 사업

71 정답 ⑤

정답분석

⑤ 주민협력 강화를 위한 주민의식 교육은 지역조직과 기능에 대한 내용이다.

오답분석

①~④는 사례관리 기능에 대한 내용이다.

PLUS +

사례관리 기능
- 사례발굴 : 지역 내 보호가 필요한 대상자 및 위기 개입 대상자를 발굴하여 개입계획을 수립한다.
- 사례개입 : 지역 내 보호가 필요한 대상자 및 위기 개입 대상자의 문제와 욕구에 대한 맞춤형 서비스가 제공될 수 있도록 사례에 개입한다.
- 서비스연계 : 사례개입에 필요한 지역 내 민간 및 공공의 가용자원과 서비스에 대한 정보를 제공 · 연계 및 의뢰한다.

72　　　　　　　　　　　　　　정답 ③

정답분석

임원의 임기는 3년으로 하며, 한 차례만 연임할 수 있다.

73　　　　　　　　　　　　　　정답 ②

정답분석

마을기업은 「도시재생 활성화 및 지원에 관한 특별법」을 근거로 지역주민 또는 단체가 해당 지역의 인력, 향토, 문화, 자연, 자원 등 각종 자원을 활용하여 생활환경을 개선하고 지역 공동체를 활성화하여 소득 및 일자리를 창출하기 위해 운영하는 기업이다. 회원 외에도 지역주민의 의견을 적극 반영한다.

74　　　　　　　　　　　　　　정답 ④

정답분석

주민동원은 아른스테인의 주민참여 8단계에 해당하지 않는다.

75　　　　　　　　　　　　　　정답 ④

정답분석

ㄴ. 사회복지통합관리망(행복e음)은 2010년에 구축되었다.
ㄱ. 희망복지지원단은 2012년에 설치·운영되었다.
ㄹ. '읍·면·동 복지허브화' 사업은 2016년에 시행되었다.
ㄷ. 지역사회통합돌봄(커뮤니티케어)은 2019년에 선도사업 시행되었다.

3교시 사회복지정책과 제도

6과목 사회복지정책론

01	02	03	04	05	06	07	08	09	10
③	①	⑤	②	⑤	⑤	⑤	④	④	①
11	**12**	**13**	**14**	**15**	**16**	**17**	**18**	**19**	**20**
①	③	④	④	①	②	④	①	정답 없음	③
21	**22**	**23**	**24**	**25**					
③	②	⑤	②	⑤					

01　　　　　　　　　　　　　　정답 ③

오답분석

ㄴ. 가족과 시장에 의한 개인의 욕구충족이 실패했을 때 국가가 잠정적·일시적으로 그 기능을 대신하는 개념은 잔여적 개념이다.
ㄹ. 제도적 개념은 사회복지를 시혜나 자선으로 보지 않는다. 그러나 국가에 의해 주어진 것이므로 권리성이 약하다고 보는 개념은 잔여적 개념이다.

02　　　　　　　　　　　　　　정답 ①

정답분석

복지다원주의는 사회복지 공급 주체를 국가 외에 지방정부, 비영리부문(제3섹터), 기업 등으로 다원화하는 것이다.

03　　　　　　　　　　　　　　정답 ⑤

정답분석

ㄴ. 현물은 수급자가 필요한 물품과 서비스를 받는 급여로 수급자에게 필요한 물건을 직접 제공하여 목표효율성이 높다. 효과가 확실하여 정치권에서 선호하며, 현금보다 효용이 낮아 낙인이 발생하고 운영효율성이 낮다.
ㄷ. 서비스는 생산과 동시에 소비가 되는 클라이언트를 위한 제반 활동을 말하며 목적 외 다른 용도로 사용할 수 없다.
ㄹ. 증서는 수급자들이 정해진 용도 안에서 자기결정을 극대화할 수 있고, 공급자들의 경쟁을 유발시켜 서비스의 질을 향상시킬 수 있다.

오답분석

ㄱ. 현금은 수급자 자신이 필요한 것을 선택할 수 있도록 화폐로 받아 수급자의 선택에 자유와 효용, 자기결정을 극대화시킨다. 인간의 존엄성을 높이고 운영효율성이 높다. 현금급여는 사회적 통제 없이 선택의 자유를 보장한다.

ㅁ. 기회는 사회적으로 취약한 위치에 있는 집단이 접근하지 못
했던 부분에 접근이 가능하도록 기회를 제공하여 시장의 경
쟁에서 평등한 기회를 주는 것이다. 재화와 자원을 통제할
수 있는 영향력을 의미하며 정책에 관한 의사결정권을 갖는
것은 권력이다.

04 정답 ②

정답분석

전자바우처(증서)는 현금(운영효율성)과 현물(목표효율성)의 장
점을 합한 제3의 급여형태로 수급자는 정해진 용도 안에서 자기결
정을 극대화할 수 있다. 서비스 사용 용도를 명시하고 있어 현금급
여에 비해 정책 목표를 달성하는 데 용이하다.
② 공급자 중심의 직접지원 또는 직접지불방식은 현물(서비스)
이다.

05 정답 ⑤

오답분석

ㄱ. 보편주의는 시민권에 입각해 권리로서 복지를 제공하므로
비납세자도 사회복지 대상에 포함된다.

PLUS +

보편주의와 선별주의
• 보편주의는 사회의 모든 구성원에게 사회적 권리를 통해
사회복지서비스를 제공하는 것으로 시민권 외에는 어떤
자격요건을 필요로 하지 않는다.
• 선별주의는 사회적 기준에 따라 대상자를 엄격하게 구별
하여 사회복지서비스를 제공하는 것으로 자산·소득조사
를 통해 대상자를 선별한다.

06 정답 ⑤

정답분석

⑤ 직책에 따른 복지 수준이 다르기 때문에 기업복지의 규모가
커질수록 노동자들 사이의 불평등이 증가한다.

오답분석

① 사회복지의 민간재원에는 기부금, 기업복지, 퇴직금 등이 포
함된다. 조세지출은 공공재원이다.
② 기부금을 납부하고 기부금 영수증을 발급하지 않은 기부금의
규모는 파악할 수 없어 기부금 규모는 국세청이 추산한 액수
보다 더 많을 것으로 추정된다. 국세청이 추산한 기부금 액수
는 기부금 영수증을 발급한 금액만 추려 집계한 것이다.
③ 이용료는 클라이언트가 직접 지불한 것을 의미한다.
④ 기업복지는 기업이 그 피용자들에게 직적적인 임금을 제공
하는 대신 복지를 실시하는 것을 의미한다.

07 정답 ⑤

정답분석

⑤ 개인소득세는 많이 벌면 많이 납부하므로 누진성이 강하고
일반소비세는 정해진 세금을 납부하므로 역진성이 강하다.

오답분석

① 조세는 사회보험료에 비해 누진적이다. 조세의 경우 많이 벌
면 많이 납부하지만 사회보험료의 경우 상한선이 있어 역진
적이다.
② 조세는 빈곤완화, 불평등완화의 기능을 수행하지만 위험분산
과 소득유지의 기능은 없다. 사회보험료는 위험분산과 소득
유지 기능이 있지만 빈곤완화 및 불평등 완화의 기능은 없다.
③ 사회보험료는 공통적으로 상한선이 있어 고소득층에 유리하다.
조세는 상한선이 없다.
④ 사회보험료는 사회보장성 조세로 볼 수 있고 연금보험의 경
우 매달 정기적으로 현금으로 직접 지급하기 때문에 임금으
로 볼 수 있다.

08 정답 ④

정답분석

사회복지전달체계 재구조화 전략으로는 정책결정의 권한·통
제력 재조직, 업무배분 재조직, 전달체계 조직구성 변화가 있다.
④ 전문화된 접근구조란 전달체계의 권한이나 역할을 바꾸지
않고, 클라이언트가 좀 더 전달체계에 쉽게 접근할 수 있도록
돕는 전문화된 기구를 새로 만드는 것을 말한다.

09 정답 ④

오답분석

ㄱ. 시민권이론은 공민권, 정치권, 사회권의 순서로 발달한 것으
로 본다.
ㄹ. 국가중심이론은 중앙집권적이거나 조합주의적인 국가구조
의 형태와 정치인의 개혁성이 사회복지의 수용을 증대시켜
복지국가가 발전된다고 본다.

10 정답 ①

정답분석

① 반물량 방식은 모든 품목이 아닌 식비만을 측정한 것으로, 과
정을 단순화하여 식비가 소득 가운데에서 차지하는 비율을
파악하는 방법이다. 최저식료품비를 구하여 엥겔계수(식료
품비/총소득)의 역수를 곱한 금액이 최저생계비이다.

오답분석

② 생존에 필요한 생활수준이 최소한의 수준에 도달하지 못한
상태는 절대적 빈곤이다.

③ 라이덴 방식은 개인이 주관적으로 자신의 소득을 생각할 때 충분히 가지고 있지 않다고 느끼는 것으로, 적절한 생활수준을 유지하는 데 필요한 소득수준에 대한 개인들의 평가에 근거하여 결정된다.

④ 빈곤율은 빈곤선 이하에 있는 빈곤한 사람의 규모로 빈곤인구가 전체인구에서 차지하는 비율이다. 빈곤층의 소득을 빈곤선 수준으로 끌어올리는 데 필요한 총소득을 나타내는 것은 빈곤갭이다.

⑤ 지니계수가 0에 가까울수록 평등에 가깝고 1에 가까울수록 불평등에 가깝다.

11 정답 ①

정답분석

사회적 배제는 사회 · 경제적 · 심리적 문제를 포함하여 빈곤의 결과뿐 아니라 원인과 과정에 이르는 종합적인 관점이다. 사회 구조적으로 다양한 영역에서의 박탈과 결핍, 불이익을 당해 사회 · 경제 · 정치 활동에 제대로 참여할 수 없게 됨으로써 인간으로서의 최소한의 기본권마저 침해당하는 상황을 의미한다.

12 정답 ③

오답분석

ㄷ. 신빈민법은 열등처우의 원칙을 적용하였고 원외구제를 금지하고 원내구호만 실시하였다.

ㄹ. 왕립빈민법위원회의 소수파보고서는 구빈행정의 전문성 부족과 중복문제로 인해 구빈법의 폐지를 주장하였다.

13 정답 ④

정답분석

미국은 신자유주의 영향으로 연방정부의 역할을 축소하였다. 요보호아동가족부조(AFDC)를 폐지하고 1997년 빈곤가족을 위한 한시부조 프로그램(TANF)으로 대체하였다. 한시부조 프로그램(TANF)은 수혜를 받은 2년 후부터 자활 프로그램에 참여를 의무화하고 수혜기간을 최대 5년으로 축소시켰다.

14 정답 ④

정답분석

국가복지의 정당성에는 공공재적 성격, 역선택, 규모의 경제, 외부효과, 정보의 비대칭성, 위험의 상호 의존성이 있다. 능력에 따른 분배는 시장경제를 의미한다.

15 정답 ①

정답분석

① 에스핑 – 안데르센은 유형화를 분류하는 기준으로 탈상품화와 계층화를 활용하였다.

오답분석

② 보수주의 복지국가는 가족을 중시하는 가족주의와 통합적 사회보험을 강조한다.

③ 자유주의 복지국가는 공공부조의 비중은 높고 탈상품화 수준이 낮은 편이다.

④ 자유주의 복지국가는 국가의 책임을 최소화하고 시장을 통해 문제해결을 한다.

⑤ 보수주의 복지국가의 예로는 프랑스, 독일을 들 수 있고 영국, 미국은 자유주의 복지국가이다.

16 정답 ②

정답분석

② 세대 간 재분배는 이전 세대와 현 세대, 현 세대와 미래세대 간에 자원이 재분배되는 것으로 부과방식 공적연금을 들 수 있다.

오답분석

① 수평적 재분배는 사회보험을 들 수 있다.

③ 수직적 재분배는 재산세, 법인세 등을 들 수 있다.

④ 단기적 재분배는 공공부조를 들 수 있다.

⑤ 소득재분배는 조세와 사회보험을 통해서 발생한다.

17 정답 ④

정답분석

2024년 「국민기초생활보장법」의 생계급여는 기준 중위소득의 32%, 의료급여는 기준 중위소득의 40%, 주거급여는 기준 중위소득의 48%, 기준 교육급여는 중위소득의 50% 이하이다.

18 정답 ①

정답분석

사회서비스는 국가 · 지방자치단체 및 민간부문의 도움이 필요한 모든 국민에게 복지, 보건의료, 교육, 고용, 주거, 문화, 환경 등의 분야에서 인간다운 생활을 보장하고 상담, 재활, 돌봄, 정보의 제공, 관련 시설의 이용, 역량 개발, 사회참여 지원 등을 통하여 국민의 삶의 질이 향상되도록 지원하는 제도를 말한다.

19　　　　　　　　　　　　　　　　　정답 없음

정답분석

국민건강보험법 제76조(보험료의 부담)

① 직장가입자의 보수월액보험료는 직장가입자와 다음 각 호의
구분에 따른 자가 각각 보험료액의 100분의 50씩 부담한다.
다만, 직장가입자가 교직원으로서 사립학교에 근무하는 교
원이면 보험료액은 그 직장가입자가 100분의 50을, 사용자가
100분의 30을, 국가가 100분의 20을 각각 부담한다.

1. 직장가입자가 근로자인 경우에는 사업주
2. 직장가입자가 공무원인 경우에는 그 공무원이 소속되어
있는 국가 또는 지방자치단체
3. 직장가입자가 교직원(사립학교에 근무하는 교원은 제외
한다)인 경우에는 사용자

20　　　　　　　　　　　　　　　　　정답 ③

정답분석

「긴급복지지원법」의 기본원칙에는 선지원 후조사 원칙, 타 법률
지원 우선의 원칙, 가구단위 지원의 원칙, 단기 지원의 원칙이 있
다. 선지원 후조사 원칙은 지원은 위기상황에 처한 사람에게 일
시적으로 신속하게 지원하는 것을 기본원칙으로 하여 먼저 지원
한 후에 조사·보고를 한다.

21　　　　　　　　　　　　　　　　　정답 ③

정답분석

생계급여는 최대 6회, 의료급여는 최대 2회 지원된다.

22　　　　　　　　　　　　　　　　　정답 ②

오답분석

ㄷ. 사회보험은 기여여부를 급여지급 요건으로 하지만 사회수
당은 기여여부와 상관없이 지급받을 수 있다.

ㄹ. 사회보험은 방빈(예방)제도이고, 공공부조는 구빈제도이다.

23　　　　　　　　　　　　　　　　　정답 ⑤

정답분석

근로장려세제(EITC)란 일을 하고 있지만 그 금액이 적어서 생활
이 어려운 근로자 가구에게 부양가족 대비 총연간급여액을 산정
하여 금전적인 지원을 통해 실질소득을 지원하기 위한 환급형
세액제도로, 수급자의 근로유인을 강화하고 근로의욕을 고취시
키려는 목적이다. 근로 빈곤층이 근로를 계속할 수 있게 하여 극
빈층이 되는 것을 예방할 수 있다.

⑤ 근로장려금의 수급대상은 저소득임금근로자와 영세자영업
자로 사업자도 근로장려금을 받을 수 있다.

24　　　　　　　　　　　　　　　　　정답 ②

정답분석

현물급여는 현금이 아니라 현물이나 서비스로 급여를 받는 것으
로 산업재해보상보험의 요양급여는 병원에서 받는 의료서비스,
노인장기요양보험의 재가급여는 가정에서 받는 요양서비스, 국
민기초생활보장의 의료급여는 병원에서 받는 의료서비스, 국민
건강보험의 건강검진은 병원에서 받는 의료서비스를 의미한다.

② 고용보험에는 상병급여가 없다. 상병급여는 일상생활을 하
다 다친 경우 병원에서 치료받는 기간 동안 현금으로 받을 수
있는 급여로 국민건강보험의 급여이다.

25　　　　　　　　　　　　　　　　　정답 ③

정답분석

보건복지부장관이 관장하는 사회보험제도는 국민연금, 국민건
강보험, 노인장기요양보험이고, 고용노동부장관이 관장하는 사
회보험제도는 고용보험과 산업재해보상보험이다.

정
답

및

해
설

26	27	28	29	30	31	32	33	34	35
③	②	②	③	②	⑤	⑤	④	①	②
36	**37**	**38**	**39**	**40**	**41**	**42**	**43**	**44**	**45**
④	⑤	③	③	④	⑤	④	④	①	①
46	**47**	**48**	**49**	**50**					
⑤	①	①	②	④					

26　　　　　　　　　　　　　　　　정답 ③

정답분석

사회복지조직은 클라이언트와 직접 접촉하고 활동한다. 복잡한 인간이 대상이므로 사용되는 기술이 복잡하고 불확실하여 목표가 모호하고 애매하며, 효과성과 효율성 표준척도가 없기 때문에 서비스의 효과성을 객관적으로 입증하기 어렵다.

27　　　　　　　　　　　　　　　　정답 ②

정답분석

1970년대 초 외국 민간원조기관들은 새마을운동 이후 경제가 발전하면서 철수하였고, 「사회복지사업법」이 제정되면서 사회복지단체들이 성장할 수 있었다.

28　　　　　　　　　　　　　　　　정답 ②

정답분석

② 인간관계론은 구성원의 경제적인 욕구나 동기에 따른 행동보다 비경제적 요인인 사회적·심리적 욕구나 동기가 행동에 영향을 미치고 구성원의 작업능률은 다른 구성원과의 인간관계에 크게 좌우된다고 본다.

오답분석

① 생산성은 인간관계에 의해서만 좌우된다.
③ 사회적 상호작용은 생산성 향상에 긍정적인 영향을 미친다.
④ 비공식적인 부서의 형성은 생산성 향상으로 이어진다.
⑤ 근로자는 개인이 아니라 집단 구성원으로서 행동하고 반응한다.

29　　　　　　　　　　　　　　　　정답 ③

정답분석

상황이론은 모든 조직에 보편적으로 효과적인 조직구성 원칙은 없으며, 조직의 효과성은 외부조건(상황)들의 개연성에 적합하게 반응할 때 나타난다고 본다. 상황이론은 개방체계관점이다.

30　　　　　　　　　　　　　　　　정답 ②

정답분석

ㄱ. 과학적 관리론은 업무에 필요한 동작에 대한 소요시간을 표준화하여 적정한 1일 업무를 분업하고, 업무의 객관화·분업화를 통하여 업무의 능률성을 강조한다.
ㄷ. 표준화된 분업을 확립하고 성과와 임금을 연계하여 성과에 따른 임금을 제시한다.

오답분석

ㄴ. 권위의 위계구조 : 권리와 책임을 수반하는 권위의 위계를 중시하는 이론은 관료제이론이다.
ㄹ. 사적 감정의 배제 : 공식적인 원칙과 절차 중시하는 이론은 관료제이론이다.

31　　　　　　　　　　　　　　　　정답 ⑤

정답분석

⑤ 수직적 분화는 조직 내의 계층의 수로 과업의 분화가 상하관계를 가지고 이루어지는 것을 의미한다. 조직 내의 명령계통과 관련되는 개념으로 계층이라고도 하며, 계층의 수가 많아질수록 조직은 수직적으로 더욱 복잡하게 되어 의사소통의 왜곡될 가능성이 커진다.

오답분석

① 집권화 수준을 높이면 의사결정의 권한이 상부에 집중된다.
② 업무가 복잡할수록 공식화의 효과는 더 작아진다.
③ 공식화는 직무의 표준화를 의미하고 공식화 수준을 높이면 직무의 사적 영향력이 낮아진다.
④ 과업분화가 높을수록 수평적 분화가 덜 이루어진다. 과업분화는 부서나 직업적 전문가의 수를 말하며, 조직 내에서 부서나 전문가의 수가 높을수록 수평적 분화가 더욱 높아져 조직은 그만큼 복잡하게 형성된다.

32　　　　　　　　　　　　　　　　정답 ⑤

정답분석

위원회는 조직의 일상업무 수행기구와는 별도로 구성한 전문가 또는 업무 관련자들의 활동기구이다.

PLUS +

민츠버그(H. Mintzberg)의 조직구조 유형
• 단순구조 : 단순하고 정교하지 않은 형태로 단기적 과업을 수행하기 위한 집권적이면서 유기적인 조직
• 기계적 관료구조 : 일상적이고 반복적인 업무가 많을 경우 나타나는 유형으로 대량생산 및 정부조직에서 볼 수 있는 조직

- 전문적 관료구조 : 전문성이 요구되고 자율성이 부여된 조직 형태로 전문성을 극대화시키기 위한 조직
- 사업부제 구조 : 본사로부터 사업의 권한을 위임받아 제품별 · 지역별로 분화되어 독립적으로 운영되는 조직
- 임시특별구조 : 새로운 임무를 수행하기 위해 기존 조직에서 임시적으로 형성된 조직

33 　　　　　　　　　　　　　　　　　　정답 ④

정답분석
건강한 조직문화는 성과를 창출하고 위기를 슬기롭게 대처하는 힘이 되지만 경직된 조직문화는 조직을 위기에 빠뜨리고 쇠락하도록 돕는다. 경직된 조직문화는 불확실한 환경에 대처할 수 없다.

34 　　　　　　　　　　　　　　　　　　정답 ①

정답분석
서번트(섬김) 리더십은 리더는 권위주의자가 아니라 봉사하는 하인이며, 구성원을 섬김의 대상으로 보고 리더의 헌신으로 인하여 구성원과 함께 조직의 목표를 달성한다고 본다.

오답분석
ㄴ. 가치의 협상과 계약을 중시하는 리더십은 거래적 리더십이다.
ㄹ. 지능, 사회적 지위, 교육 정도, 외모를 강조하는 리더십은 특성이론이다.

35 　　　　　　　　　　　　　　　　　　정답 ②

정답분석
허즈버그는 인간의 만족과 불만족이 별개의 차원에서 야기된다는 것을 발견하고 욕구충족지원설을 주장하였다. 동기요인은 만족요인으로 심리적 성장과 만족을 성취하려는 욕구이며, 충족되지 않아도 불만이 없지만 충족되면 만족되어 직무성과는 올라간다. 위생요인은 불만족요인이며 불만은 고통에 의해 생겨나고 고통은 환경적인 문제들이 원인으로 위생요인이 좋으면 불만족을 감소시킬 수 있으나 만족감을 높이지는 못한다.

36 　　　　　　　　　　　　　　　　　　정답 ④

정답분석
인적자원관리의 구성요소
- 노사관계관리 : 경영자와 종업원 사이의 상하관계뿐만 아니라, 노동조합과 사용자 사이의 협력관계를 유지하고 관리
- 인적자원의 유지 : 기업이 이미 확보하고 개발한 인적자원을 유지시키기 위한 제도와 복리후생, 인간관계 관리 등을 포함
- 보상관리 : 조직 구성원의 공헌에 대한 적정하고 공정한 급여 및 보상을 제공하는 것으로, 임금, 상여, 복리 후생 등을 포괄적으로 다룸
- 직무관리 : 구성원의 직무에 대한 분석, 설계, 평가를 통해 효율적인 인사활동을 지원하고 기업의 목표달성에 필요한 기준을 제시
- 고용관리 : 유능한 인적자원을 계획적으로 모집 · 선발하고, 적절한 직무에 배치하며, 이동 및 승진을 통해 최적의 성과를 추구하는 활동을 포함
- 인적자원의 개발 : 교육, 훈련, 경력개발 등을 통해 인적자원이 조직의 목표를 달성하기 위해 필요한 역량을 갖추도록 지원

37 　　　　　　　　　　　　　　　　　　정답 ⑤

정답분석
⑤ 강의 : 학문이나 기술의 일정한 내용을 체계적으로 설명하여 가르치는 행위로 짧은 시간에 많은 사람에게 교육내용을 전달할 때 사용한다.

오답분석
① 멘토링 : 경험과 지식이 많은 사람이 스승의 역할을 하여 지도와 조언으로 그 대상자의 실력과 잠재력을 향상시키는 것이다.
② 감수성 훈련 : 사람들과의 집단토론을 통하여 소통하며 자신과 상대방에 대한 인식을 높이는 훈련이다.
③ 역할연기 : 현실에 일어나는 장면을 설정하고 여러 명의 사람들 각자가 맡은 역을 연기하여 비슷한 체험을 통해 일이 실제로 일어났을 때 올바르게 대처할 수 있게 하는 훈련이다.
④ 소시오 드라마 : 동의된 사회적 상황을 참가자들이 자발적으로 연기하는 집단행동방법으로, 사람들이 그들의 생각과 느낌을 표현하고 문제를 해결하며 그들의 가치를 명확히 하는 것이다.

38 　　　　　　　　　　　　　　　　　　정답 ③

정답분석
직무수행평가는 직무수행 기준 확립 → 직무수행 기대치를 직원에게 전달 → 평가도구를 사용하여 직원의 실제 직무수행을 측정 → 실제 직무수행을 직무수행 평가기준과 비교 → 직원과 평가결과 회의 진행 순으로 이루어진다.

39 　　　　　　　　　　　　　　　　　　정답 ③

정답분석
사회복지법인 및 사회복지시설 재무 · 회계 규칙 제6조 제1항
회계는 법인의 업무전반에 관한 회계(법인회계), 시설의 운영에 관한 회계(시설회계) 및 법인이 수행하는 수익사업회계로 구분해야 한다.

40
정답 ④

정답분석
예산통제의 원칙 중 강제성의 원칙은 강제성을 띠는 명시적인 규정이 있어야 한다는 것이다.

41
정답 ⑤

정답분석
SERVQUAL(서브퀄)은 Service와 Quality의 합성어로 서비스 행위에 대한 고객의 기대와 실제로 고객이 경험한 서비스에 대한 인식을 비교하여 일치하는 정도와 방향을 측정하는 서비스 품질관리 기법이다. 서브퀄의 요인에는 유형성, 신뢰성, 대응성, 확신성, 공감성이 있다.
ㄱ. '약속한 대로 서비스를 제공했는가?'는 신뢰성에 해당된다.
ㄷ. '자신감을 가지고 정확하게 서비스를 제공했는가?'는 확신성에 해당된다.
ㄹ. '위생적이고 정돈된 시설에서 서비스를 제공했는가?'는 유형성에 해당된다.

42
정답 ④

정답분석
④ 2015년 지역사회복지협의체의 명칭이 지역사회보장협의체로 변경되었다.

오답분석
① 사회복지전문요원 제도 이후 사회복지전담공무원 제도가 실시되었다.
② 1995년에 보건복지사무소, 2004년에 사회복지사무소 시범사업이 진행되었다.
③ 2007년에 읍·면·동사무소가 주민자치센터로 변경되었고 이후 2016년에 읍·면·동 복지허브화 사업이 진행되었다.
⑤ 2007년에 전자바우처 방식의 사회서비스 사업이 시작되었고 2019년에 사회서비스원이 설치되었다.

43
정답 ④

정답분석
전문성은 전문가가 직접 서비스를 제공해야 한다는 것이다. 최소비용으로 최대효과를 얻는 것은 효율성이다.

44
정답 ①

정답분석
명목집단기법은 지역주민을 한자리에 모아 지역에 영향을 미치는 문제나 이슈를 제시하도록 하고 참가자들로 하여금 열거된 문제에 대한 해결책의 우선순위를 종이에 적어 평점이 제일 높은 해결책을 선택하는 방법으로, 욕구조사와 우선순위를 결정할 수 있는 유용한 방법이다.

45
정답 ①

정답분석
프로그램 평가 검토기법(PERT)은 최종목표를 달성하는 데 필요한 최단기간을 제시할 수 있는 기법으로 세부목표 또는 활동의 상호관계와 시간계획을 연결시켜 나타낸다.

46
정답 ⑤

정답분석
ㄱ. STP 전략 설계 : STP는 세분화(Segmentation), 목표시장 선정(Target), 포지셔닝(Positioning)의 각 단계별 활동의 줄임말로 전체 시장을 일정한 기준에 따라 나누고(Segmentation), 기업과 제품에 적합한 시장을 선정하고(Targeting), 소비자의 마음속에 어떠한 위치를 선점하여(Positioning) 설정된 이들에게 다가가는 과정을 의미한다.
ㄴ. 고객관계관리(CRM)에서 소프트웨어는 기업들의 잠재 고객 발굴 현황 및 영업 파이프라인을 측정하고 관리한다.
ㄷ. 마케팅 믹스 : 기업이 제품이나 서비스를 고객에게 마케팅하기 위해 고려해야 할 요소들을 의미한다.
ㄹ. 고객 및 시장 조사 : 한 상품이나 서비스가 어떻게 구입되며 사용되고 있는가, 어떤 평가를 받고 있는가 하는 시장에 관한 조사이다.
⑤ 마케팅 과정은 '기관환경 분석 → 시장조사 욕구분석(ㄹ) → 마케팅 조사 → 프로그램 목표설정 → 시장분석(ㄱ) → 마케팅 설정(ㄷ) → 마케팅 실행(ㄴ) → 마케팅 평가' 순으로 이루어진다.

47
정답 ①

정답분석
다이렉트 마케팅은 잠재적 후원자에게 기관의 소식지나 후원자료, 서비스에 대한 정보를 우편으로 발송하여 후원자를 개발하는 기법이다. 방송이나 잡지 등 대중매체를 활용하는 방식은 뉴미디어 마케팅이다.

48
정답 ①

정답분석
서비스 과활용은 서비스가 필요하지 않은 클라이언트에게 서비스를 제공하거나 서비스를 너무 많이 주는 것을 의미한다.

49
정답 ②

오답분석
① 정책개발 : 사회복지정책 개발
③ 이론형성 : 프로그램 개발에 필요한 이론 형성
④ 자료수집 : 클라이언트의 욕구 파악
⑤ 정보관리 : 민간기관의 행정협상력 강화

50
정답 ④

정답분석
핵심리더의 변화노력에 대한 구성원의 공개적인 지지는 조직혁신에 도움이 된다.

PLUS +

조직혁신 방해 요인
- 지나치게 무사안일한 경우
- 충분히 영향력 있는 지도 연합을 형성하지 못한 경우
- 비전의 힘을 과소평가하는 경우
- 비전을 충분히 의사소통하지 못하는 경우
- 새로운 비전을 차단하는 장애물을 허용하는 경우
- 단기간의 승리를 이루어내지 못하는 경우
- 너무 일찍 승리를 선언하는 경우
- 변화가 있으나 이를 조직문화에 확실하게 정착시키는 것을 무시하는 경우

8과목 **사회복지법제론**									
51	52	53	54	55	56	57	58	59	60
④	⑤	③	⑤	③	②	②	①	②	①
61	62	63	64	65	66	67	68	69	70
④	⑤	④	①	③	①	③	⑤	①	④
71	72	73	74	75					
⑤	②	②	④	④					

51
정답 ④

정답분석
헌법 제10조 모든 국민은 인간으로서의 존엄과 가치를 가지며, 행복을 추구할 권리를 가진다. 국가는 개인이 가지는 불가침의 기본적 인권을 확인하고 이를 보장할 의무를 진다.

52
정답 ⑤

정답분석
⑤ 「다문화가족지원법」은 2008년에 제정되었다.

오답분석
① 「아동복지법」은 1981년에 제정되었다.
② 「노인복지법」은 1981년에 제정되었다.
③ 「장애인복지법」은 1989년에 제정되었다.
④ 「한부모가족지원법」은 2007년에 제정되었다.

53
정답 ③

정답분석
③ 지방자치단체의 조례는 지방자치단체의 의회가 법령에 반하지 않는 범위 내에서 그 권한에 속하는 사항에 대하여 의결로서 제정한 것으로 성문법원에 해당한다.

오답분석
① 관습법은 불문법으로 사회복지법의 법원이다.
② 법률은 국회에서 제정되어 대통령이 공포한 법을 의미한다.
④ 명령은 대통령의 명령을 의미하는 것으로 기본법에 규정이 있어야만 가능하다.
⑤ 일반적으로 승인된 국제법규는 사회복지법의 법원에 포함된다.

54
정답 ⑤

정답분석
「사회복지사업법」 제2조 제1호에는 사회복지사업법과 관련된 법률이 명시되어 있다.

사회보험법, 고용촉진, 처벌의 용어가 들어 있으면 「사회복지사업법」과 관계가 없다.

55 　　　　　　　　　　　　　　　　　정답 ③

정답분석
사회복지사업법 제20조 감사 중에 결원이 생겼을 때 2개월 이내에 보충하여야 한다.

56 　　　　　　　　　　　　　　　　　정답 ②

정답분석
② **사회복지사업법 제34조의3 제2항** 국가나 지방자치단체는 예산의 범위에서 책임보험 또는 책임공제의 가입에 드는 비용의 전부 또는 일부를 보조할 수 있다.

오답분석
① **사회복지사업법 제34조의5 제2항** 사회복지관은 모든 지역주민을 대상으로 사회복지서비스를 실시하되, 직업 및 취업 알선이 필요한 사람의 지역주민에게 우선 제공하여야 한다.
③ **사회복지사업법 제34조 제1항** 국가나 지방자치단체는 사회복지시설을 설치·운영할 수 있다.
④ **사회복지사업법 제36조 제1항 제3호** 시설의 장은 시설의 운영에 관한 시설 종사자의 근무환경 개선에 관한 사항을 심의하기 위하여 시설에 운영위원회를 두어야 한다. 다만, 보건복지부령으로 정하는 경우에는 복수의 시설에 공동으로 운영위원회를 둘 수 있다.
⑤ **사회복지사업법 제40조 제1항 제4호** 보건복지부장관, 시·도지사 또는 시장·군수·구청장은 회계부정이나 불법행위 또는 그 밖의 부당행위 등이 발견되었을 때에는 그 시설의 개선, 사업의 정지, 시설의 장의 교체를 명하거나 시설의 폐쇄를 명할 수 있다.

57 　　　　　　　　　　　　　　　　　정답 ②

정답분석
② **사회복지사업법 제9조 제1항 제1호** 국가와 지방자치단체는 사회복지 자원봉사활동을 지원·육성하기 위하여 자원봉사활동의 홍보 및 교육을 실시하여야 한다.

오답분석
① **사회복지사업법 제5조의2 제1항** 사회복지서비스를 필요로 하는 사람에 대한 사회복지서비스 제공은 현물로 제공하는 것을 원칙으로 한다.
③ **사회복지사업법 제46조 제1항** 사회복지사는 사회복지에 관한 전문지식과 기술을 개발·보급하고, 사회복지사의 자질 향상을 위한 교육훈련을 실시하며, 사회복지사의 복지증진을 도모하기 위하여 한국사회복지사협회를 설립한다.

④ **사회복지사업법 제11조 제6항** 사회복지사 자격증을 발급받은 사람은 다른 사람에게 그 자격증을 빌려주어서는 아니 되고, 누구든지 그 자격증을 빌려서는 아니 된다.

> **관계 법령**
>
> 사회복지사업법 제54조(벌칙)
> 1의2. 제11조 제6항을 위반하여 사회복지사 자격증을 다른 사람에게 빌려주거나 빌린 사람은 1년 이하의 징역 또는 1천만 원 이하의 벌금에 처한다.

⑤ **사회복지사업법 제11조 제1항** 보건복지부장관은 사회복지에 관한 전문지식과 기술을 가진 사람에게 사회복지사 자격증을 발급할 수 있다.

58 　　　　　　　　　　　　　　　　　정답 ①

정답분석
ㄱ. **사회보장기본법 제10조 제2항** 국가는 관계 법령에서 정하는 바에 따라 최저보장수준과 최저임금을 매년 공표하여야 한다.
ㄴ. **사회보장기본법 제14조 제1항** 사회보장수급권은 정당한 권한이 있는 기관에 서면으로 통지하여 포기할 수 있다.

오답분석
ㄷ. **사회보장기본법 제13조 제2항** 사회보장수급권이 제한되거나 정지되는 경우에는 제한 또는 정지하는 목적에 필요한 최소한의 범위에 그쳐야 한다.
ㄹ. **사회보장기본법 제14조 제3항** 사회보장수급권을 포기하는 것이 다른 사람에게 피해를 주거나 사회보장에 관한 관계 법령에 위반되는 경우에는 사회보장수급권을 포기할 수 없다.

59 　　　　　　　　　　　　　　　　　정답 ②

정답분석
② **사회보장기본법 제35조** 국가와 지방자치단체는 사회보장 관계 법령에서 정하는 바에 따라 사회보장에 관한 상담에 응하여야 한다.

오답분석
① **사회보장기본법 제25조 제5항** 사회보험은 국가의 책임으로 하고, 공공부조와 사회서비스는 국가와 지방자치단체의 책임으로 시행하는 것을 원칙으로 시행한다.
③ **사회보장기본법 제28조 제4항** 부담 능력이 있는 국민에 대한 사회서비스에 드는 비용은 그 수익자가 부담함을 원칙으로 하되, 관계 법령에서 정하는 바에 따라 국가와 지방자치단체가 그 비용의 일부를 부담할 수 있다.
④ **사회보장기본법 제32조 제3항** 보건복지부장관은 제출된 사회보장통계를 종합하여 위원회에 제출하여야 한다.
⑤ **사회보장기본법 제26조 제2항** 중앙행정기관의 장과 지방자치단체의 장은 사회보장제도를 신설하거나 변경할 경우 신

설 또는 변경의 타당성, 기존 제도와의 관계, 사회보장 전달체계에 미치는 영향, 지역복지 활성화에 미치는 영향 및 운영방안 등에 대하여 대통령령으로 정하는 바에 따라 보건복지부장관과 협의하여야 한다.

60

정답 ①

정답분석

사회보장기본법 제21조 제4항 위원의 임기는 2년으로 한다. 다만, 공무원인 위원의 임기는 그 재임 기간으로 하고, 위원이 기관·단체의 대표자 자격으로 위촉된 경우에는 그 임기는 대표의 지위를 유지하는 기간으로 한다.

61

정답 ④

정답분석

④ **사회보장급여의 이용·제공 및 수급권자 발굴에 관한 법률 제29조 제4항** 정부는 사회보장급여의 이용 및 제공이 원활히 이루어질 수 있도록 한국사회보장정보원의 설립·운영에 필요한 비용을 출연하거나 지원할 수 있다.

오답분석

① **사회보장급여의 이용·제공 및 수급권자 발굴에 관한 법률 제4조 제6항** 보장기관은 지역의 사회보장 수준이 균등하게 실현될 수 있도록 노력하여야 한다.

② **사회보장급여의 이용·제공 및 수급권자 발굴에 관한 법률 제5조 제1항** 지원대상자와 그 친족, 「민법」에 따른 후견인, 「청소년 기본법」에 따른 청소년상담사·청소년지도사, 지원대상자를 사실상 보호하고 있는 자 등은 지원대상자의 주소지 관할 보장기관에 사회보장급여를 신청할 수 있다.

③ **사회보장급여의 이용·제공 및 수급권자 발굴에 관한 법률 제9조의2 제1항** 보장기관의 장은 누락된 지원대상자가 적절한 사회보장급여를 제공받을 수 있도록 지원이 필요한 위기가구를 발굴하기 위하여 노력하여야 한다.

⑤ **사회보장급여의 이용·제공 및 수급권자 발굴에 관한 법률 제36조 제3항 제3호** 특별자치시 지역사회보장계획은 사회보장급여 담당 인력의 양성 및 전문성 제고 방안을 포함하여야 한다.

62

정답 ⑤

정답분석

⑤ **사회보장급여의 이용·제공 및 수급권자 발굴에 관한 법률 제10조 제1호** 보장기관의 장은 지원대상자를 발굴하기 위하여 사회보장급여의 제공규모에 대한 자료 또는 정보의 제공과 홍보에 노력하여야 한다.

오답분석

① **사회보장급여의 이용·제공 및 수급권자 발굴에 관한 법률**

제2조 제4호 "지원대상자"란 사회보장급여를 필요로 하는 사람을 말한다.

② **사회보장급여의 이용·제공 및 수급권자 발굴에 관한 법률 제5조 제2항** 보장기관의 업무담당자는 지원대상자가 누락되지 아니하도록 하기 위하여 관할 지역에 거주하는 지원대상자에 대한 사회보장급여의 제공을 직권으로 신청할 수 있다.

③ **사회보장급여의 이용·제공 및 수급권자 발굴에 관한 법률 제12조 제1항 제4호** 보건복지부장관은 보장기관이 제10조에 따른 업무를 효율적으로 수행할 수 있도록 지원하기 위하여 「사회보장기본법」에 따른 사회보장정보시스템을 통하여 「국민기초생활 보장법」 또는 「긴급복지지원법」에 따른 신청 또는 지원 중 탈락가구의 가구정보를 처리할 수 있다.

④ **사회보장급여의 이용·제공 및 수급권자 발굴에 관한 법률 제12조의2 제1항** 보장기관의 장은 지원대상자에 대한 발굴조사를 분기마다 정기적으로 실시하여야 한다.

63

정답 ④

정답분석

④ **국민기초생활 보장법 제15조 제2항** 자활급여는 관련 공공기관·비영리법인·시설과 그 밖에 대통령령으로 정하는 기관에 위탁하여 실시할 수 있다. 이 경우 그에 드는 비용은 보장기관이 부담한다.

오답분석

① **국민기초생활 보장법 제9조 제1항** 생계급여는 금전을 지급하는 것으로 한다. 다만, 금전으로 지급할 수 없거나 금전으로 지급하는 것이 적당하지 아니하다고 인정하는 경우에는 물품을 지급할 수 있다.

② **국민기초생활 보장법 제11조 제1항** 주거급여는 수급자에게 주거안정에 필요한 임차료, 수선유지비, 그 밖의 수급품을 지급하는 것으로 한다.

③ **국민기초생활 보장법 제14조 제1항** 장제급여는 생계급여, 주거급여, 의료급여 중 하나 이상의 급여를 받는 수급자가 사망한 경우 사체의 검안·운반·화장 또는 매장, 그 밖의 장제조치를 하는 것으로 한다.

⑤ **국민기초생활 보장법 제12조 제2항** 교육급여는 교육부장관의 소관으로 한다.

64

정답 ①

정답분석

국민기초생활보장법 제16조 제1항 보장기관은 수급자 및 차상위자의 자활 촉진에 필요한 다음의 사업을 수행하게 하기 위하여 사회복지법인, 사회적 협동조합 등 비영리법인과 단체를 법인등의 신청을 받아 지역자활센터로 지정할 수 있다. 이 경우 보장기관은 법인등의 지역사회복지사업 및 자활지원사업 수행능력·경험 등을 고려하여야 한다.

1. 자활의욕 고취를 위한 교육
2. 자활을 위한 정보제공, 상담, 직업교육 및 취업알선
3. 생업을 위한 자금융자 알선
4. 자영창업 지원 및 기술·경영 지도
5. 자활기업의 설립·운영 지원
6. 그 밖에 자활을 위한 각종 사업

65

정답 ③

정답분석

③ **의료급여법 제6조 제2항 제2호** 보건복지부에 두는 의료급여심의위원회는 의료급여의 기준 및 수가에 관한 사항을 심의한다.

오답분석

① **의료급여법 제8조 제1항** 시장·군수·구청장은 수급자가 신청하는 경우 의료급여증을 발급하여야 한다. 다만, 부득이한 사유가 있는 경우에는 의료급여증을 갈음하여 의료급여증명서를 발급하거나 보건복지부령으로 정하는 바에 따라 의료급여증을 발급하지 아니할 수 있다.
② **의료급여법 제25조 제1항** 이 법에 따른 급여비용의 재원을 충당하기 위하여 시·도에 의료급여기금을 설치한다.
④ **의료급여법 제21조 제3항** 대지급금을 상환받은 시장·군수·구청장은 이를 의료급여기금에 납입하여야 한다.
⑤ **의료급여법 제17조 제2항** 시장·군수·구청장은 수급권자가 의료급여를 거부한 경우에는 수급권자가 속한 가구원 전부에 대하여 의료급여를 중지하여야 한다.

66

정답 ①

정답분석

ㄱ. **기초연금법 제8조 제1항** 본인과 그 배우자가 모두 기초연금 수급권자인 경우에는 각각의 기초연금액에서 기초연금액의 100분의 20에 해당하는 금액을 감액한다.

오답분석

ㄴ. **기초연금법 제23조** 환수금을 환수할 권리와 기초연금 수급권자의 권리는 5년간 행사하지 아니하면 시효의 완성으로 소멸한다.
ㄷ. **기초연금법 제16조 제1항 제2호** 특별자치시장·특별자치도지사·시장·군수·구청장은 기초연금 수급자가 행방불명되거나 실종되는 등 대통령령으로 정하는 바에 따라 사망한 것으로 추정되는 경우에 해당하면 그 사유가 발생한 날이 속하는 달의 다음 달부터 그 사유가 소멸한 날이 속하는 달까지는 기초연금의 지급을 정지한다.

67

정답 ③

정답분석

국민건강보험법 제10조 제1항 제3호 가입자는 국내에 거주하지 아니하게 된 날의 다음 날에 그 자격을 잃는다.

68

정답 ⑤

정답분석

노인장기요양보험법 제23조 제1항 재가급여에는 방문요양, 방문목욕, 방문간호, 주·야간보호, 단기보호, 기타재가급여(복지용품)가 포함된다.

69

정답 ①

정답분석

① **국민연금법 제20조 제2항** 가입자의 가입 종류가 변동되면 그 가입자의 가입기간은 각 종류별 가입기간을 합산한 기간으로 한다.

오답분석

② **국민연금법 제2조** 국민연금사업은 보건복지부장관이 맡아 주관한다.
③ **국민연금법 제3조 제1항 제15호** "수급권자"란 수급권을 가진 자를 말한다.
④ **국민연금법 제6조** 국내에 거주하는 국민으로서 18세 이상 60세 미만인 자는 국민연금 가입 대상이 된다.
⑤ **헌법재판소 2015헌바182결정** 「국민연금법」을 적용할 때 배우자에는 사실상의 혼인관계에 있는 자도 포함된다.

70

정답 ④

정답분석

④ **고용보험법 제79조 제1항** 고용보험기금은 고용노동부장관이 관리·운용한다.

오답분석

① **고용보험법 제2조 제4호** "실업의 인정"이란 직업안정기관의 장이 수급자격자가 실업한 상태에서 적극적으로 직업을 구하기 위하여 노력하고 있다고 인정하는 것을 말한다.
② **고용보험법 제2조 제6호** "일용근로자"란 1개월 미만 동안 고용되는 사람을 말한다.
③ **고용보험법 제5조 제1항** 국가는 매년 보험사업에 드는 비용의 일부를 일반회계에서 부담하여야 한다.
⑤ **고용보험법 제38조 제1항** 실업급여를 받을 권리는 양도 또는 압류하거나 담보로 제공할 수 없다.

71
정답 ⑤

고용보험법 제37조 제2항 취업촉진 수당의 종류로는 조기재취업 수당, 직업능력개발 수당, 광역 구직활동비, 이주비가 있다.

72
정답 ②

② **노인복지법 제39조의5 제1항** 국가는 지역 간의 연계체계를 구축하고 노인학대를 예방하기 위하여 중앙노인보호전문기관을 설치·운영하여야 한다.

① **노인복지법 제33조의2 제1항** 노인복지주택에 입소할 수 있는 자는 60세 이상의 노인으로 한다.
③ **노인복지법 제23조의2 제1항 제3호** "노인취업알선기관"은 노인에게 취업 상담 및 정보를 제공하거나 노인일자리를 알선하는 기관이다. 〈2024.11.1. 제23조의2 삭제, 「노인 일자리 및 사회활동 지원에 관한 법률」로 이동 예정〉
④ **노인복지법 제34조 제1항 제2호** "노인요양공동생활가정"은 치매·중풍 등 노인성질환 등으로 심신에 상당한 장애가 발생하여 도움을 필요로 하는 노인에게 가정과 같은 주거여건과 급식·요양, 그 밖에 일상생활에 필요한 편의를 제공함을 목적으로 하는 시설이다.
⑤ **노인복지법 제39조의5 제2항** 학대받는 노인의 발견·보호·치료 등을 신속히 처리하고 노인학대를 예방하기 위하여 업무를 담당하는 지역노인보호전문기관을 특별시·광역시·도·특별자치도에 둔다.

73
정답 ②

아동복지법 제15조의3 제1항 시·도지사 또는 시장·군수·구청장은 보호조치 중인 보호대상아동의 양육상황을 보건복지부령으로 정하는 바에 따라 매년 점검하여야 한다.

74
정답 ④

④ **한부모가족지원법 제4조 제1호 라목** "모" 또는 "부"에는 아동인 자녀를 양육하는 미혼자(사실혼 관계에 있는 자는 제외)도 해당된다.

① **한부모가족지원법 제6조 제1항** 여성가족부장관은 한부모가족 지원을 위한 정책수립에 활용하기 위하여 3년마다 한부모가족에 대한 실태조사를 실시하고 그 결과를 공표하여야 한다.
② **한부모가족지원법 제4조 제1의2호** "청소년 한부모"란 24세 이하의 모 또는 부를 말한다.
③ **한부모가족지원법 제17조의2 제4항** 여성가족부장관은 청소년 한부모가 학업을 계속할 수 있도록 교육부장관에게 협조를 요청하여야 한다.
⑤ **한부모가족지원법 제5조의4 제1항** 한부모가족에 대한 국민의 이해와 관심을 제고하기 위하여 매년 5월 10일을 한부모가족의 날로 한다.

75
정답 ④

사회복지공동모금회법 제4조 제3항 모금회는 정관을 작성하여 보건복지부장관의 인가를 받아 등기함으로써 설립된다.

사회복지사 1급
단원별 기출문제집

발행일 | 2024. 9. 10 초판발행

저 자 | 노민래
발행인 | 정용수
발행처 | 예문사

주 소 | 경기도 파주시 직지길 460(출판도시) 도서출판 예문사
T E L | 031) 955 – 0550
F A X | 031) 955 – 0660
등록번호 | 11 – 76호

정가 : 29,000원

ISBN 978–89–274–5529–5   13330

2025

사회복지사
1급 단원별 기출문제집

전 과목
무료동영상

II 권
해설

이 책의 구성

내가 뽑은 **1** 원픽!

최신 출제경향에 맞춘 최고의 수험서

www.yeamoonsa.com

Power

$1\ \text{W} = 3.414\ \text{Btu/h}$	$1\ \text{cal/s} = 14.29\ \text{Btu/h}$	$1\ \text{kW} = 1.341\ \text{hp}$
$1\ \text{Btu/h} = 0.293\ \text{W}$	$1\ \text{Btu/h} = 0.070\ \text{cal/s}$	$1\ \text{hp} = 0.7457\ \text{kW}$

Heat Capacity

$1\ \text{J/kg} \cdot \text{K} = 2.39 \times 10^{-4}\ \text{cal/g} \cdot \text{K}$　　　　$1\ \text{J/kg} \cdot \text{K} = 2.39 \times 10^{-4}\ \text{Btu/lb}_\text{m} \cdot {}^\circ\text{F}$

$1\ \text{cal/g} \cdot {}^\circ\text{C} = 1.0\ \text{Btu/lb}_\text{m} \cdot {}^\circ\text{F}$　　　　$1\ \text{cal/g} \cdot {}^\circ\text{C} = 4184\ \text{J/kg} \cdot \text{K}$

$1\ \text{Btu/lb}_\text{m} \cdot {}^\circ\text{F} = 4184\ \text{J/kg} \cdot \text{K}$　　　　$1\ \text{Btu/lb}_\text{m} \cdot {}^\circ\text{F} = 1.0\ \text{cal/g} \cdot \text{K}$

Thermal Conductivity

$1\ \text{W/m} \cdot \text{K} = 2.39 \times 10^{-3}\ \text{cal/cm} \cdot \text{s} \cdot \text{K}$　　　$1\ \text{W/m} \cdot \text{K} = 0.578\ \text{Btu/Ft} \cdot \text{h} \cdot {}^\circ\text{F}$

$1\ \text{cal/cm} \cdot \text{s} \cdot \text{K} = 241.8\ \text{Btu/Ft} \cdot \text{h} \cdot {}^\circ\text{F}$　　　$1\ \text{cal/cm} \cdot \text{s} \cdot \text{K} = 418.4\ \text{W/m} \cdot \text{K}$

$1\ \text{Btu/Ft} \cdot \text{h} \cdot {}^\circ\text{F} = 1.730\ \text{W/m} \cdot \text{K}$　　　$1\ \text{Btu/Ft} \cdot \text{h} \cdot {}^\circ\text{F} = 4.136 \times 10^{-3}\ \text{cal/cm} \cdot \text{s} \cdot \text{K}$

Pressure (or stress)

$1\ \text{torr} = 130\ \text{Pa}$	$1\ \text{MPa} = 145\ \text{psi}$	$1\ \text{MPa} = 0.102\ \text{kg/mm}^2$
$1\ \text{Pa} = 10\ \text{dynes/cm}^2$	$1\ \text{kg/mm}^2 = 1422\ \text{psi}$	$1\ \text{Pa} = 1\ \text{N/m}^2$
$1\ \text{atm} = 1.013 \times 10^5\ \text{Pa} = 0.1\ \text{MPa}$	$1\ \text{bar} = 10^5\ \text{Pa}$	$1\ \text{atm} = 760\ \text{torr}$
$1\ \text{torr} = 1\ \text{mm Hg}$	$1\ \text{psi} = 6.90 \times 10^{-3}\ \text{MPa}$	$1\ \text{kg/mm}^2 = 9.806\ \text{MPa}$
$1\ \text{dyne/cm}^2 = 0.10\ \text{Pa}$	$1\ \text{psi} = 7.03 \times 10^{-4}\ \text{kg/mm}^2$	$1\ \text{N/m}^2 = 1\ \text{Pa}$
$1\ \text{Pa} = 9.869 \times 10^{-6}\ \text{atm}$	$1\ \text{Pa} = 10^{-5}\ \text{bar}$	$1\ \text{torr} = 1.316 \times 10^{-3}\ \text{atm}$
$1\ \text{mm Hg} = 1\ \text{torr}$		

Unit Abbreviations

atm = atmosphere	h = hour	mol = mole
A = ampere	J = joule	MPa = megapascal
Å = angstrom	K = degrees Kelvin	N = Newton
C = Coulomb	kg = kilogram	nm = nanometer
°C = degrees Celsius	l = liter	Pa = Pascal
cal = calorie (gram)	m = meter	s = second
cm = centimeter	Mg = megagram	T = temperature
eV = electron volt	min = minute	W = watt
g = gram	mm = millimeter	μ = micrometer (micron)

SI Multiple and Submultiple Prefixes

Multiplier	Prefix	Symbol	Multiplier	Prefix	Symbol
10^{18}	exa	E	10^{-3}	milli	m
10^{15}	peta	P	10^{-6}	micro	μ
10^{12}	tera	T	10^{-9}	nano	n
10^{9}	giga	G	10^{-12}	pico	p
10^{6}	mega	M	10^{-15}	femto	f
10^{3}	kilo	k	10^{-18}	atto	a
10^{-2}	centi	c			

Physical Constants

Gas Constant	R	8.31467 J/K·mol
Boltzmann's Constant	k	1.381×10^{-23} J/atom K $= 8.62 \times 10^{-5}$ eV/atom K
Plank's Constant	h	$6.625 \times 10^{-34} (\text{J} \cdot \text{s})$
Electronic charge	e	1.6×10^{-19} C
Velocity of light	c	2.998×10^{8} m/s
Permittivity of free space	ε_0	8.85×10^{-12} $C^2/\text{J m}$
Permeability of free space	μ_0	$4 \times \pi \times 10^{-7}$ Wb/A m
Rest mass of electron	m_e	9.11×10^{-31} (kg)
Avogadro's Constant	N_A	6.022×10^{23} particles/mole
Gravitational Acceleration	g	9.81 m^2/s
Faraday's Constant	F	96,487 C/equivalent

Conversions

Energy

$1 \text{ J} = 6.24 \times 10^{18}$ eV $\quad$ $1 \text{ J} = 0.239$ cal $\quad$ $1 \text{ eV} = 1.602 \times 10^{-19}$ J $\quad$ $1 \text{ J} = 10^{-7}$ ergs

$1 \text{ eV} = 3.83 \times 10^{-26}$ cal $\quad$ 1 Btu = 252.0 cal $\quad$ $1 \text{ cal} = 2.61 \times 10^{10}$ eV $\quad$ 1 cal = 4.184 J

$1 \text{ J} = 1 \text{ N} \cdot \text{m} = 1 \text{ W} \cdot \text{s}$ $\quad\quad$ 1 eV/particle = 96,500 J/mole

Photon energy: $E = 1.24$ eV at $\lambda = 1 \mu m$ $\quad$ Thermal energy (@300 K) $kT = 0.0258$ eV

Length

$1 \text{ m} = 10^{10} \text{Å}$	$1 \text{ Å} = 10^{-10}$ m
$1 \text{ m} = 10^{9}$ nm	$1 \text{ nm} = 10^{-9}$ m
$1 \text{ m} = 10^{6} \mu$	$1 \mu = 10^{-6}$ m
$1 \text{ m} = 10^{3}$ mm	$1 \text{ mm} = 10^{-3}$ m
$1 \text{ m} = 10^{2}$ cm	$1 \text{ cm} = 10^{-2}$ m
1 mm = 0.0394 in	1 in = 25.4 mm
1 cm = 0.394 in	1 in = 2.54 cm
1 m = 3.28 ft	1 ft = 0.3048 m

Area

$1 \text{ m}^2 = 10^4 \text{ cm}^2$	$1 \text{ cm}^2 = 10^{-4} \text{ m}^2$
$1 \text{ mm}^2 = 10^{-2} \text{ cm}^2$	$1 \text{ cm}^2 = 10^2 \text{ mm}^2$
$1 \text{ m}^2 = 10.76 \text{ ft}^2$	$1 \text{ ft}^2 = 0.093 \text{ m}^2$
$1 \text{ cm}^2 = 0.1550 \text{ in}^2$	$1 \text{ in}^2 = 6.452 \text{ cm}^2$

Volume

$1 \text{ m}^3 = 10^6 \text{ cm}^3$	$1 \text{ cm}^3 = 10^{-6} \text{ m}^3$
$1 \text{ mm}^3 = 10^{-3} \text{ cm}^3$	$1 \text{ cm}^3 = 10^3 \text{ mm}^3$
$1 \text{ m}^3 = 35.32 \text{ ft}^3$	$1 \text{ ft}^3 = 0.0283 \text{ m}^3$
$1 \text{ cm}^3 = 0.0610 \text{ in}^3$	$1 \text{ in}^3 = 16.39 \text{ cm}^3$
$1 \text{ L} = 10^3 \text{ cm}^3$	$1 \text{ cm}^3 = 10^{-3}$ l
1 gal(US) = 3.785 l	1 L = 0.264 gal

Mass

$1 \text{ Mg} = 10^3$ kg	$1 \text{ kg} = 10^{-3}$ Mg
$1 \text{ kg} = 10^3$ g	$1 \text{ g} = 10^{-3}$ kg
$1 \text{ kg} = 2.205 \text{ lb}_m$	$1 \text{ lb}_m = 0.4536$ kg

Density

$1 \text{ kg}/\text{m}^3 = 10^{-3} \text{ g}/\text{cm}^3$	$1 \text{ g}/\text{cm}^3 = 10^3 \text{ kg}/\text{m}^3$
$1 \text{ Mg}/\text{m}^3 = 1 \text{ g}/\text{m}^3$	$1 \text{ g}/\text{m}^3 = 1 \text{ Mg}/\text{m}^3$
$1 \text{ kg}/\text{cm}^3 = 0.0624 \text{ lb}_m/\text{ft}^3$	$1 \text{ lb}_m/\text{ft}^3 = 16.02 \text{ kg}/\text{m}^3$
$1 \text{ g}/\text{cm}^3 = 62.4 \text{ lb}_m/\text{ft}^3$	$1 \text{ lb}_m/\text{ft}^3 = 1.602 \times 10^{-2} \text{ g}/\text{m}^3$
$1 \text{ g}/\text{cm}^3 = 0.0361 \text{ lb}_m/\text{in}^3$	$1 \text{ lb}_m/\text{in}^3 = 27.7 \text{ g}/\text{cm}^3$

Force

$1 \text{ N} = \text{C V/m} = \text{J/m}$
$1 \text{ N} = 10^5$ dynes
$1 \text{ N} = 0.2248 \text{ lb}_f$
$1 \text{ dyne} = 10^{-5}$ N
$1 \text{ lb}_f = 4.448$ N

이온 반지름

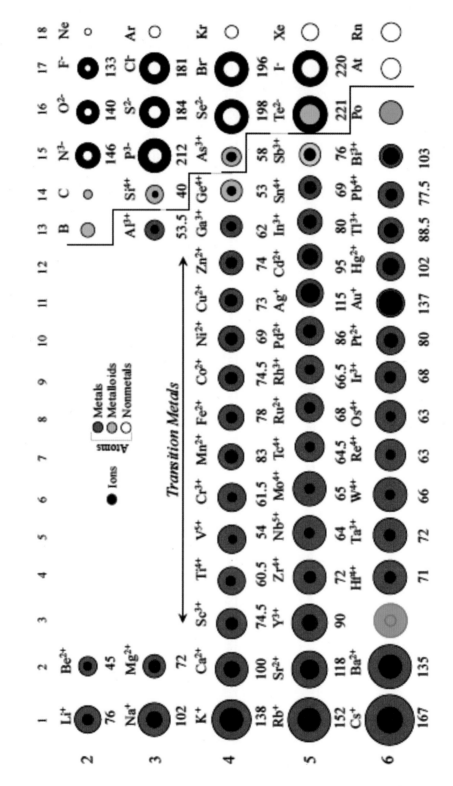

주기율표

A periodic table of the elements. Key legend elements:

- atomic number
- atomic mass (or most stable mass number)
- 1st ionization energy (in kJ/mol)
- electronegativity
- chemical symbol
- name
- oxidation states (most common one bold)
- electron configuration

Example element:
55.845 — 26
762.5 — 1.83
Fe
Iron
[Ar] 3d⁶ 4s²
+6 +5 +4 **+3** **+2** +1 -1 -2

Legend (color categories):
- alkali metals
- alkaline metals
- other metals
- transition metals
- lanthanoids
- actinoids
- metalloids
- nonmetals
- halogens
- noble gases
- unknown elements
- ✦✦ radioactive elements have masses in parenthesis

electron configuration blocks: s, p, d, f

notes:
- as of yet, elements 113–118 have no official name designated by the IUPAC.
- 1 kJ/mol ≈ 96.485 eV.
- all elements are implied to have an oxidation state of zero.

역자 소개

감수

최윤혁   대구가톨릭대학교 신소재화학공학부 신소재공학전공

번역

권도균   한국항공대학교 신소재공학과
김현석   충남대학교 신소재공학과
문경석   경상대학교 나노신소재공학부 세라믹공학전공
윤요한   한국항공대학교 신소재공학과
이정우   부산대학교 재료공학부
최용규   한국항공대학교 신소재공학과
최 웅   국민대학교 신소재공학부 전자화학재료전공
최윤혁   대구가톨릭대학교 신소재화학공학부 신소재공학전공

2판
BARSOUM
세라믹스 개론

2022년 2월 28일 2판 1쇄 펴냄

지은이 Michel W. Barsoum
감 수 최윤혁
옮긴이 권도균, 김현석, 문경석, 윤요한, 이정우, 최용규, 최웅, 최윤혁
펴낸이 류원식 | **펴낸곳** 교문사

편집팀장 김경수 | **책임편집** 안영선 | **표지디자인** 신나리 | **본문편집** 신성기획

주소 (10881) 경기도 파주시 문발로 116(문발동 536-2)
전화 031-955-6111~4 | **팩스** 031-955-0955
등록 1968. 10. 28. 제406-2006-000035호
홈페이지 www.gyomoon.com | **E-mail** genie@gyomoon.com
ISBN 978-89-363-2277-9 (93550)
값 34,000원